Stefan Smid
Handbuch Insolvenzrecht

de Gruyter Handbuch

Stefan Smid

Handbuch Insolvenzrecht

6., neu bearbeitete Auflage

De Gruyter

Das Werk ist von der 1. bis zur 4. Auflage im Verlag C.H. Beck erschienen.

Professor Dr. *Stefan Smid*, Centrum für Deutsches und Europäisches Insolvenzrecht an der Rechtswissenschaftlichen Fakultät der Universität zu Kiel

ISBN 978-3-11-027092-1
e-ISBN 978-3-11-027096-9

Bibliografische Information der Deutschen Nationalbibliothek

Die Deutsche Nationalbibliothek verzeichnet diese Publikation in der Deutschen Nationalbibliografie; detaillierte bibliografische Daten sind im Internet über http://dnb.d-nb.de abrufbar.

Einbandabbildung: Peter Dazeley/Photographer's Choice/getty images
Satz: jürgen ullrich typosatz, Nördlingen
Druck: Hubert & Co. GmbH & Co. KG, Göttingen

♾ Gedruckt auf säurefreiem Papier

Printed in Germany

www.degruyter.com

Vorwort zur 6. Auflage

Das deutsche Insolvenzrecht ist Gegenstand ständiger gesetzgeberischer Eingriffe. Deren Einarbeitung in die Vorentscheidungen des geltenden Rechts zur Entscheidung von Einzelfällen wird von der Rechtsprechung geleistet, die das Bild des deutschen Insolvenzrechts nachhaltig bestimmt. Positives Gesetzesrecht und die im Einzelfall ergangene Judikatur in ein möglichst stimmiges, widerspruchsfreies Bild zu fügen, ist die Aufgabe, der sich dieses Handbuch stellt.

Bislang vier Auflagen dieses Werkes sind in den zwanzig Jahren erschienen, seitdem mir seine Fortführung anvertraut worden ist. Es erscheint an der Zeit, nicht allein Überarbeitungen und Aktualisierungen vorzunehmen, sondern mit seiner Neugliederung der nachhaltigen Entwicklung Rechnung zu tragen, die das Insolvenzrecht in diesen beiden Jahrzehnten über das Inkrafttreten der Insolvenzordnung und der Europäischen Verordnung über Insolvenzverfahren hinaus erfahren hat.

Dieses Handbuch dient damit der vertieften Erarbeitung von insolvenzrechtlichen Fragestellungen durch ihre Behandlung im Gesamtzusammenhang.

Das ESUG, aber auch der Referentenentwurf eines Gesetzes zur Verkürzung des Restschuldbefreiungsverfahrens, zur Stärkung der Gläubigerrechte und zur Insolvenzfestigkeit von Lizenzen, sind in die nachfolgenden Untersuchungen eingearbeitet; die durch das ESUG geänderten oder neu eingeführten Regelungen als geltendes Recht und die des Referentenentwurfs als künftig geltendes Recht.

Absonderungsrecht und Insolvenzplanrecht haben selbstverständlich ihren besonderen Platz in diesem Werk; ihre vertiefende Behandlung, die hier naturgemäß nicht erfolgen kann, habe ich in meinem Buch Kreditsicherheiten in der Insolvenz, 2. Auflage 2008, und, mit *Rolf Rattunde* und *Torsten Martini*, in der 3. Auflage des Handbuches zum Insolvenzplan 2012 versucht. Das neue Recht der Eigenverwaltung wird von *Silke Wehdeking* und *Lucas Flöther* mit mir in einem Kurzhandbuch dargestellt werden, das wir hoffen, in 2. Auflage 2012 vorstellen zu können.

Das Internationale, besonders das europäisch-grenzüberschreitende Insolvenzrecht ist an den Stellen berücksichtigt, an denen es das deutsche Recht modifiziert; im Übrigen sei auf meine Darstellung Internationales Insolvenzrecht, 2009, verwiesen. Das Insolvenzsteuerrecht hat sich als eigene Materie herausgearbeitet, deren Behandlung den ohnedies angespannten Rahmen dieses Buches sprengen würde; es sei aber auf das Lehr- und Handbuch von *Jan Roth*, Insolvenzsteuerrecht, 2011, aufmerksam gemacht.

In dieser Neuauflage ist die Geschichte des Insolvenzrechts weitgehend ausgeblendet. Seine historische Entwicklung ist freilich für das Verständnis der Institutionen des Insolvenzrechts von erheblicher Bedeutung. Eine bloß schlagwortartige Behandlung hätte indes nur geringen Erkenntniswert. Mit dem Verlag ist vorgesehen, eine kurze monographische Darstellung der Geschichte des europäischen Insolvenzrechts in der Reihe Schriften zum Insolvenzrecht folgen zu lassen.

Meiner Frau Silke Wehdeking und meinen Kindern danke ich für ihre Geduld, die sie bewiesen haben, als ich diese Auflage vorbereitet habe.

Stefan Smid
Ostseebad Strande vor Kiel, Mai 2012

Inhaltsübersicht

Einführung

§ 1 Insolvenzrecht als Haftungsordnung

Erster Teil: Die Personen

§ 2 Die Schuldner und Gläubiger als die Beteiligten des Insolvenzverfahrens

§ 3 Die Eröffnungsgründe

§ 4 Verlust der Verwaltungs- und Verfügungsbefugnis des Schuldners

Vierter Teil: Die Masseverwaltung

Fünfter Teil: Die Abwicklung des Verfahrens durch einen Insolvenzplan

§ 39 Ablauf eines Insolvenzplanverfahrens

§ 40 Die insolvenzgerichtliche Bestätigung des Insolvenzplans

§ 41 Wirkungen des rechtskräftig bestätigten Insolvenzplans

§ 42 Funktion und Anordnung der Eigenverwaltung durch den Schuldner

§ 43 Rechtsstellung des eigenverwaltenden Schuldners, des Sachwalters und der Gläubiger

§ 44 Konkursabwendende Verfahren

Sechster Teil: Das Insolvenzverfahren über Sondervermögen

§ 45 Insolvenzverfahren über Nachlass und Gesamtgut

§ 46 Restschuldbefreiung

§ 47 Das Verbraucherinsolvenzverfahren

Inhaltsverzeichnis

Einführung

§ 1 Insolvenzrecht als Haftungsordnung

Zweiter Teil: Die Herstellung der Insolvenzmasse als haftendes Vermögen

§ 13 Die Beschlagnahme des Vermögens des Schuldners und der Umfang der Masse

§ 14 Die Freigabe von Massegegenständen

§ 15 Feststellung der Passivmasse: Forderungsanmeldung, Feststellungsstreit und die Mittelung des Rechts der Absonderungsberechtigten

Vierter Teil: Die Masseverwaltung

§ 32 Aufgaben des Insolvenzverwalters und die Mittel zu ihrer Wahrnehmung

§ 33 Die Verwertung der Gegenstände der Soll-Masse

§ 34 Verwertung von Gegenständen, an denen Absonderungsrechte bestehen

§ 40 Die insolvenzgerichtliche Bestätigung des Insolvenzplans

§ 41 Wirkungen des rechtskräftig bestätigten Insolvenzplans

Abkürzungsverzeichnis und Verzeichnis der abgekürzt zitierten Literatur

a. A.	anderer Auffassung
a. a. O.	am angegebenen Ort
Abs.	Absatz
abw.	abweichend
AcP	Archiv für die civilistische Praxis
aE	am (Absatz-)Ende
a. F.	alter Fassung
AFG	Arbeitsförderungsgesetz
AG	Aktiengesellschaft / Amtsgericht
AGB	Allgemeine Geschäftsbedingung(en)
AGBG	Gesetz zur Regelung des Rechts der Allgemeinen Geschäftsbedingungen
AktG	Aktiengesetz
allg.	allgemein
Alt.	Alternative
amtl.	amtlich
AnfG	Gesetz betreffend die Anfechtung von Rechtshandlungen eines Schuldners außerhalb des Insolvenzverfahrens (Anfechtungsgesetz)
Anm.	Anmerkung(en)
AO	Abgabenordnung/Anordnung
ArbG	Arbeitsgericht
ArbGG	Arbeitsgerichtsgesetz
Arge	Arbeitsgemeinschaft
Art.	Artikel
Aufl.	Auflage
AWD	Außenwirtschaftsdienst des Betriebs-Beraters
BAG	Bundesarbeitsgericht
BAGE	Entscheidungen des Bundesarbeitsgerichts
Baumbach/Lauterbach/ Bearbeiter	*Baumbach/Lauterbach/Albers/Hartmann*, Zivilprozessordnung, 70. Aufl. 2012
Baur/Stürner	*Baur/Stürner*, Zwangsvollstreckungs-, Konkurs- und Vergleichsrecht, Band 2, 12. Aufl. 1990
BayObLG	Bayerisches Oberstes Landgericht
BB	Der Betriebs-Berater
BBiG	Berufsbildungsgesetz
bc	(us-amerikanischer) bankruptcy code
Bd.	Band
Begr.	Begründung
Beschl.-Empf.	Beschlussempfehlung
Beschl. v.	Beschluss vom
Betr.AVG	Gesetz zur Verbesserung der betrieblichen Altersversorgung
BetrVG	Betriebsverfassungsgesetz
BFH	Bundesfinanzhof
BGB	Bürgerliches Gesetzbuch

BGBl.	Bundesgesetzblatt
BGH	Bundesgerichtshof
BGHZ	Entscheidungen des Bundesgerichtshofes in Zivilsachen
BMJ	Bundesministerium der Justiz
BRAO	Bundesrechtsanwaltsordnung
BSHG	Bundessozialhilfegesetz
bspw.	beispielsweise
BStBl.	Bundessteuerblatt
BT-Drucks.	Drucksache des Deutschen Bundestages
BVerfG	Bundesverfassungsgericht
BVerfGE	Entscheidungen des Bundesverfassungsgerichts
bzw.	beziehungsweise
c.i.c.	culpa in contrahendo
DB	Der Betrieb
DepotG	Depotgesetz. Gesetz über die Verwahrung und Anschaffung von Wertpapieren
ders.	derselbe
d.h.	das heißt
dies.	dieselbe(n)
Dietz/Richardi	*Dietz/Richardi*, Betriebsverfassungsgesetz mit Wahlordnungen, 7. Aufl. 1998
DiskussionsE	Diskussionsentwurf des Bundesministeriums der Justiz: Gesetz zur Reform des Insolvenzrechts, 1988
Diss.	Dissertation
DJT	Deutscher Juristentag
DRiG	Deutsches Richtergesetz
DStR	Deutsches Steuerrecht
DStZ	Deutsche Steuerzeitung
DtZ	Deutsch-deutsches Rechts-Zeitschrift
DZWIR	Deutsche Zeitschrift für Wirtschafts- und Insolvenzrecht
EB	Erster Bericht der Kommission für Insolvenzrecht, 1985
EGBGB	Einführungsgesetz zum Bürgerlichen Gesetzbuch
EGInsO	Einführungsgesetz zur Insolvenzordnung
EinigV	Einigungsvertrag vom 31. 8. 1990 (BGBl. II S. 889)
Einl.	Einleitung
EnWG	Energiewirtschaftsgesetz
EStG	Einkommensteuergesetz
ESUG	Gesetz über die weitere Erleichterung der Sanierung von Unternehmen
EuGH	Europäischer Gerichtshof
EuGVÜ	Europäisches Übereinkommen v. 27. 9. 1968 über die gerichtliche Zuständigkeit und die Vollstreckung gerichtlicher Entscheidungen in Zivil- und Handelssachen
EuIÜ	(Entwurf eines) Europäischen Übereinkommens über Insolvenzverfahren v. 23. 11. 1995
EWiR	Entscheidungen zum Wirtschaftsrecht
EzA	Entscheidungssammlung zum Arbeitsrecht
f(f).	(fort)folgende
FK-Bearbeiter	Frankfurter Kommentar zur Insolvenzverordnung, 6. Aufl. 2011
(Name)-Festschr.	Festschrift für …

Abkürzungsverzeichnis und Verzeichnis der abgekürzt zitierten Literatur

Fußn.	Fußnote(n)
gem.	gemäß
GenG	Gesetz betreffend die Erwerbs- und Wirtschaftsgenossenschaften
Gerhardt, Grundbegriffe	*Gerhardt*, Grundbegriffe des Vollstreckungs- und Insolvenzrechts, 1985
GesO	Gesamtvollstreckungsordnung
GG	Grundgesetz für die Bundesrepublik Deutschland
GKG	Gerichtskostengesetz
GmbH	Gesellschaft mit beschränkter Haftung
GmbHG	Gesetz betreffend die Gesellschaften mit beschränkter Haftung
GmbHRdSch	GmbH-Rundschau
Gottwald/Bearbeiter	*Gottwald* (Hrsg.), Insolvenzrechts-Handbuch, 4. Aufl. 2010
GrSen	Großer Senat
GUG	Gesetz über die Unterbrechung von Gesamtvollstreckungsverfahren
GVG	Gerichtsverfassungsgesetz
Hahn (Mat.)	Hahn (Hrsg.), Die gesamten Materialien zu den Reichs-Justizgesetzen, Bd. IV, Materialien zu der Konkursordnung und dem Einführungsgesetz vom 10. 2. 1877, 1881
Häsemeyer	*Häsemeyer*, Insolvenzrecht, 4. Aufl. 2007
Hess/Kropshofer	*Hess/Kropshofer*, Konkursordnung, 4. Aufl. 1993
Hess	*Hess*, Konkursordnung, 6. Aufl. 1998
HGB	Handelsgesetzbuch
HK-Bearbeiter	Heidelberger Kommentar zur Insolvenzordnung, 6. Aufl. 2011
hL	herrschende Lehre
hM	herrschende Meinung
Hrsg.	Herausgeber
hrsg.	herausgeben
i. d. F. (d. Bek.)	in der Fassung (der Bekanntmachung)
i. e. S.	im engeren Sinne
i. G.	in Gründung
IJVO	Internationale Juristenvereinigung Osnabrück
InsO	Insolvenzordnung
InsRÄndG	(österreichisches) Insolvenzrechtsänderungsgesetz
InsVV	Insolvenzrechtliche Vergütungsordnung
InVo	Insolvenz & Vollstreckung
IPRG	schweizerisches Bundesgesetz über das internationale Privatrecht
IPRspr.	IPR-Rechtsprechung
IRÄG	(österreichisches) Insolvenzrechtsänderungsgesetz
i. S. d.	im Sinne des
i. S. v.	im Sinne von
i. V. m.	im Verbindung mit
Jaeger/Bearbeiter	*Jaeger*, Großkommentar zur Insolvenzordnung, 1. Aufl., seit 2004
Jaeger, Lb	*Jaeger*, Lehrbuch des Konkursrechts, 8. Aufl. 1932
jprins	Juris Praxisreport Insolvenzrecht
Jauernig/Berger	*Jauernig/Berger*, Zwangsvollstreckungs- und Insolvenzrecht, 23. Aufl. 2010
Jura	Juristische Ausbildung
JuS	Juristische Schulung
JZ	Juristenzeitung

Kaug	Konkursausfallgeld
KG	Kommanditgesellschaft/Kammergericht
KGaA	Kommanditgesellschaft auf Aktien
Kilger/Schmidt	*Kilger/Schmidt*, Konkursordnung mit Gesamtvollstreckungsordnung, 16. Aufl. 1997
Kilger/Schmidt	*Kilger/Schmidt, K.*, Insolvenzgesetze KO/VerglO/GesO, 17. Aufl. 1997
KKZ	Kommunal-Kassen-Zeitschrift
KP-Bearbeiter	Kübler/Prütting, Insolvenzordnung, 47. Liefg. 2012
Kö/Sch-Bearbeiter	Kölner Schrift zur Insolvenzordnung, 3. Aufl. 2009
KO	Konkursordnung
KR/Bearbeiter	Gemeinschaftskommentar zum Kündigungsschutzgesetz und sonstigen kündigungsrechtlichen Vorschriften, 9. Aufl. 2009
KrG	Kreisgericht
krit.	kritisch
KSchG	Kündigungsschutzgesetz
KTS	Konkurs, Treuhand, Sanierung
LAG	Landesarbeitsgericht
Lb	Lehrbuch
LG	Landgericht
LM	Nachschlagewerk des BGH, hrsg. v. Lindenmaier, Möhring u.a.
L. Rev.	Law Review
LSZ	Leonhardt/Smid/Zeuner, Insolvenzordnung, 3. Aufl. 2011
m.a.W.	mit anderen Worten
m.w. Nachw.	mit weiteren Nachweisen
Mat.	Materialien
MDR	Monatszeitschrift für Deutsches Recht
Mot.	Motive
MünchKomm-Bearbeiter, BGB	Münchener Kommentar zum Bürgerlichen Gesetzbuch, 6. Aufl. 2012ff.
Nachw.	Nachweise
n.F.	neuer Fassung
NJW	Neue Juristische Wochenschrift
NJW-RR	Neue Juristische Wochenschrift-Rechtsprechungsreport
Nr.	Nummer
Obermüller, Handbuch	*Obermüller*, Handbuch für die Kreditwirtschaft, 4. Aufl. 1999
OHG	Offene Handelsgesellschaft
ÖKO	Österreichische Konkursordnung
OLG	Oberlandesgericht
OLGZ	Entscheidungen der Oberlandesgerichte in Zivilsachen einschließlich der freiwilligen Gerichtsbarkeit
p(p).	page(s)
Palandt/Bearbeiter, BGB	*Palandt*, Bürgerliches Gesetzbuch, 71. Aufl. 2012
PSV	Pensionssicherungsverein
RabelsZ	Rabels Zeitschrift für ausländisches und internationales Privatrecht
RAG	Reichsarbeitsgericht
RdNr.	Randnummer
RechtsBerG	Rechtsberatungsgesetz

RefEInsO	Referentenentwurf einer Insolvenzordnung
RegE	Regierungsentwurf
RegEEGInsO	Regierungsentwurf eines Einführungsgesetzes zur Insolvenzordnung
RegEInsO	Regierungsentwurf einer Insolvenzordnung
Rev.	Revised / Review
RFH	Reichsfinanzhof
RG	Reichsgericht
RGZ	Entscheidungen des Reichsgerichts in Zivilsachen
Rosenberg/Schwab/ Gottwald	*Rosenberg/Schwab/Gottwald*; Zivilprozessrecht, 17. Aufl. 2010
RPfleger	Der Deutsche Rechtspfleger
RPflG	Rechtspflegergesetz
S.	Seite/Satz
s.	siehe
SchBKG	Schweizerisches Schuldbetreibungs- und Konkurs-Gesetz
SGB	Sozialgesetzbuch
Smid/Bearbeiter, GesO	*Smid* (Hrsg.), Gesamtvollstreckungsordnung, 3. Aufl. 1996
Smid/Rattunde	*Smid/Rattunde,* Der Insolvenzplan, 2. Aufl. 2005
Smid, Rechtserkenntnis	*Smid*, Richterliche Rechtserkenntnis, Berlin 1989
Smid, Rechtsprechung	*Smid*, Zur Unterscheidung von Rechtsfürsorge und Prozess, Köln–Berlin–Bonn–München 1990
sog.	so genannt(er)
Staudinger/Bearbeiter	*von Staudinger*, Kommentar zum Bürgerlichen Gesetzbuch mit Einführungsgesetz und Nebengesetzen, 13. Bearbeitung 1992 ff.
StGB	Strafgesetzbuch
str.	streitig
Thomas/Putzo, ZPO	*Thomas/Putzo*, Zivilprozessordnung, 32. Aufl. 2011
u.a.	unter anderem
Uhlenbruck	Uhlenbruck, Insolvenzordnung, 13. Aufl. 2010
u.U.	unter Umständen
umf.	umfassend
umstr.	umstritten
UNCITRAL (ML)	United Nations Commission on International Trade Law (Modell Law on Cross-Border Insolvency)
URG	(österreichisches) Bundesgesetz über die Reorganisation von Unternehmen
Urt. v.	Urteil vom
USC	United States Code
UStG	Umsatzsteuergesetz
v.	von, vom/versus
VAG	Versicherungsaufsichtsgesetz
Var.	Variante
VerglO	Vergleichsordnung
VergütVO	Verordnung über die Vergütung des Konkursverwalters, des Vergleichsverwalters, der Mitglieder des Gläubigerausschusses und der Mitglieder des Gläubigerbeirats vom 25. 5. 1960, BGBl. I S. 329.
VFrRegG	Gesetz zur Regelung offener Vermögensfragen, EinigV, Anlage II, Kapitel III, Sachbereich B, Abschnitt I, Titel 2 Nr. 2
VGH	Verwaltungsgerichtshof

vgl.	vergleiche
VOB	Verdingungsordnung für Bauleistungen
VVG	Gesetz über den Versicherungsvertrag (Versicherungsvertragsgesetz)
WEG	Gesetz über das Wohnungseigentum und das Dauerwohnrecht (Wohnungseigentumsgesetz)
WG	Wechselgesetz
WM	Wertpapier-Mitteilungen. Zeitschrift für Wirtschafts- und Bankrecht
WPO	Wirtschaftsprüferordnung
z.B.	zum Beispiel
ZB	Zweiter Bericht der Kommission für Insolvenzrecht, 1986
ZBB	Zeitschrift für Bankrecht und Bankwirtschaft
ZGR	Zeitschrift für Unternehmens- und Gesellschaftsrecht
ZHR	Zeitschrift für das gesamte Handels- und Wirtschaftsrecht
Ziff.	Ziffer
ZInsO	Zeitschrift für das gesamte Insolvenzrecht
ZIP	Zeitschrift für Wirtschaftsrecht
Zöller/Bearbeiter	*Zöller*, Zivilprozessordnung, 29. Aufl. 2012
ZPO	Zivilprozessordnung
ZRP	Zeitschrift Rechtspolitik
ZSEG	Gesetz über die Entschädigung von Zeugen und Sachverständigen
z.T.	zum Teil
zust.	zustimmend
ZVG	Gesetz über die Zwangsversteigerung und die Zwangsverwaltung (Zwangsversteigerungsgesetz)
ZVglRWiss	Zeitschrift für vergleichende Rechtswissenschaft
ZZP	Zeitschrift für Zivilprozess

Einführung

§ 1 Insolvenzrecht als Haftungsordnung

I. Aufgaben des Insolvenzrechts

1. Allgemeine Definition

a) **Insolvenzrecht als Haftungsordnung.** Das Insolvenzrecht funktioniert als Regelungszusammenhang auf materiellrechtlichem und verfahrensrechtlichem Gebiet, der sowohl den persönlichen, als auch den gesicherten Gläubigern zur Durchsetzung ihrer Rechte (Art. 14 GG) gegen den (Insolvenz-)Schuldner im Rahmen der Zivilrechtspflege zur Verfügung steht.[1] Die insolvenzrechtliche Haftungsordnung greift in den Fällen, in denen die individuelle Rechtsdurchsetzung deshalb nicht mehr zu einer gleichmäßigen Befriedigung der Gläubiger führen kann, weil hierfür nicht mehr hinreichend Vermögen des Schuldners bereit steht – aus der Sicht der gesicherten Gläubiger: weil der Sicherungsfall eingetreten ist.[2] M.a.W. reguliert das Insolvenzrecht die zivilrechtliche **Haftungsordnung**, die im Falle der Krise des Schuldners sein Verhältnis zu seinen Gläubigern bestimmt.[3] 1

Konkurs- oder Insolvenzrecht (bankruptcy law) gehört zu dem Kernbestand der Regelwerke, der einer Rechtsordnung das Vertrauen der Rechtsgenossen sichert;[4] so sehen sich Staaten gezwungen, um auf dem internationalen Geldmarkt als kreditwürdig angesehen zu werden und um Kredite gewährt zu erhalten, den Gläubigern gegenüber darstellen zu können, dass ihre Rechtsordnungen u.a. ausgearbeitete insolvenzrechtliche Regelungen[5] aufweisen. Das ist seit Beginn der frühen Neuzeit dem europäischen Recht[6] bekannt[7]: Die Konkursordnung von 1877 galt als „Perle" der vier Reichsjustizgesetze.[8] Sie hat erst 1999 mit Inkrafttreten der InsO ihre Gesetzeskraft verloren.[9] Freilich wurde früh, bald nach Inkrafttreten der Konkursordnung darüber diskutiert, ob es genüge, einen haftungsverwirkli- 2

---

1 BVerfG, Beschl. v. 23. 5. 2006 – 1 BvR 2539/04 (Verwalterauswahl) – DZWIR 2006, 362 mit Bspr. *Smid*, DZWIR 2006, 353 ff.

2 *Häsemeyer*, Insolvenzrecht, 3. Aufl. 2003, S. 12 ff.; *Uhlenbruck*, in: Uhlenbruck, InsO, 12. Aufl. 2003, § 1 Rn. 1.

3 *Jackson*, Logic and Limits of Bankruptcy Law, 1986, p. 3; *Eidenmüller*, Unternehmenssanierung zwischen Markt und Gesetz, 1999, S. 15 ff.; *Kießner*, in: Braun, InsO, 2. Aufl. 2004, § 1 Rn. 3.

4 So wird z.T. behauptet, insolvency sei ein „by-product of market economy" (*Zahriev und andere* [in: EBRD, law in transition, 3/2000, pp. 25, focus on insolvency law).

5 Hierzu s. z.B. den Bericht *Gebhardt/Oblrich* (DZWIR 2001, 186) zu der Gesetzgebungsarbeit in der VR China; ferner *Paulus*, IPRax 1999, 148.

6 Das chinesische Recht hingegen kannte sehr lange kein Gemeinschuldrecht, so wie ihm auch Formen der Exekution überhaupt unbekannt geblieben sind, vgl. *Senger v.*, Einführung in das chinesische Recht, 1994, S. 129 ff.

7 *Smid*, Entwurf einer Geschichte des Konkursrechts, 2010.

8 *A. Meier*, Die Geschichte des deutschen Konkursrechts, insbesondere die Entstehung der Reichskonkursordnung von 1877, 2003.

9 Zur Reform des deutschen Insolvenzrechts unten II. und eingehend Vorauflage Kap. 1 Rn. 27 ff.

chenden Konkurs zu organisieren; mit der VerglO (1927 und 1935) wurde ein Konkursabwendungsverfahren eingerichtet, das indes nach dem 2. Weltkrieg zusehends an Bedeutung verlor, da seine Einleitung sowohl die Insolvenz des Schuldners voraussetzte, als auch, dass der Schuldner gesicherte und bevorrechtigte Gläubiger befriedigte. Das war angesichts geringfügiger Massen regelmäßig aussichtslos.[10] Die Reorganisation und Sanierung eines Schuldners setzt allerdings voraus, dass die Befriedigung seiner Gläubiger sichergestellt oder doch wenigstens durch sie nicht beeinträchtigt wird; auch dies gilt international als Maßstab für die Beurteilung der Kreditwürdigkeit eines Staates.[11]

3 **b) Schulden und Haften.** Was man sich unter dem Insolvenzrecht als „Haftungsordnung" vorzustellen hat, wird deutlicher, wenn man die Probleme in den Blick bekommt, die mit der Unterscheidung von „Schulden und Haften" angesprochen werden.[12] An dieser Stelle genügt es, darauf hinzuweisen, dass dieser Unterschied besonders für die Art der Behandlung des Einstehenmüssens des Insolvenzschuldners für seine Verbindlichkeiten *nach* Abschluss des Insolvenzverfahrens von Bedeutung ist[13] (vgl. unten § 45 zur Frage der nachkonkurslichen Haftung im Verhältnis zur sog. „Restschuldbefreiung" und zum außergerichtlichen Entschuldungsverfahren § 46). „Schuld" beschreibt in diesem Zusammenhang die Pflicht des Schuldners, durch ein Tun oder Unterlassen[14] einen rechtlichen Erfolg zu bewirken.[15] Damit ist das „Schulden" auf die *Person* des Schuldners bezogen, der rechtlich verpflichtet ist, die Bedingungen herbeizuführen, dass er seiner Leistungspflicht nachkommen kann.[16] Unter „Haftung" versteht man dagegen das **Unterworfensein des *Vermögens* einer Person unter die zwangsvollstreckungsweise Durchsetzung von Ansprüchen** des Gläubigers.[17] „Haftung" bezieht sich auf die Vermögensmasse, auf die der Gläubiger zurückgreifen kann und bezeichnet damit die möglicherweise unterschiedlichen Vermögen (Haftungsverbände von Werten), aus denen sich jeweils bestimmte Gruppen von Gläubigern befriedigen, vgl. Art. 1 Abs. 1 EuInsVO.[18]

4 **Beispiel:** Der Käufer *schuldet* gem. § 433 Abs. 2 BGB dem Verkäufer die Zahlung des Kaufpreises. Regelmäßig kann der persönliche Gläubiger auf das (gesamte) persönliche Vermögen des Schuldners zugreifen, mit dem dieser ihm *haftet.* Reicht das Vermögen nicht aus, um alle Schulden zu begleichen, entsteht ersichtlich ein Problem der Konkurrenz der Gläubiger um die freie Haftungsmasse, in die das Insolvenzrecht durch die Organisation eines Verfahrens ordnend eingreift.

5 Mit der Restschuldbefreiung (§§ 286 ff. InsO) wird freilich nicht allein die Haftung, sondern der Umfang der Verbindlichkeit der Person berührt, die in ihren Genuss gelangt.

---

10 *Gottwald,* in: Gottwald, Insolvenzrechts-Handbuch, 3. Aufl. 2006, § 1 Rn. 23 m. w. N.
11 Vgl. zur Evaluation mittel- und osteuropäischer Insolvenzrechte *Ramasastry* (EBRD law in transition, 3/2000, pp. 34).
12 Vgl. dazu insbesondere *Nunner/Krautgasser,* Schuld, Vermögenshaftung und Insolvenz, 2007, bes. 205 ff.; *Häsemeyer,* Insolvenzrecht, 3. Aufl. 2003, Rn. 2.17 ff.; *Spellenberg,* Zum Gegenstand der Konkursfeststellungsklage, 1973, S. 41 ff., 60 ff.
13 Vgl. hierzu *Rühle,* Gegenseitige Verträge nach Aufhebung des Insolvenzverfahrens, 2006.
14 § 194 BGB; zu den Problemen dieser Definition des Anspruchs durch das BGB im Kontext des Prozessrechts vgl. *Rimmelspacher,* Materiellrechtlicher Anspruch und Streitgegenstandsprobleme im Zivilprozess, 1970, passim. *Hier* muss auf diese Fragen nicht eingegangen werden.
15 *Spellenberg,* Zum Gegenstand der Konkursfeststellungsklage, 1973, S. 43.
16 Grundlegend hierzu *Boehmer,* Einführung in das bürgerliche Recht, 1965, S. 248 f.
17 Im Zusammenhang des Konkursrechts können Fragen ausgeblendet bleiben, die sich aus den §§ 885 ff. ZPO ergeben, da es hier nur um vermögensrechtliche Haftung geht; *Kießner* in: Braun, InsO, 2. Aufl. 2004, § 1 Rn. 5 f.
18 *Smid,* Deutsches und europäisches internationales Insolvenzrecht, 2004, Art. 1 Rn. 15.

c) Insolvenzrechtliche Universalexekution und Einzelzwangsvollstreckung. Die Betrachtung von Insolvenzrecht und Insolvenzverfahren als Veranstaltung der Haftungsrealisierung macht klarer, wie sich Konkurs und Einzelzwangsvollstreckung unterscheiden: Die Feststellung dieses Unterschieds setzt zunächst die Betonung der Gemeinsamkeit voraus, die in der Realisierung der Haftung des Vermögens des Schuldners zugunsten der Gläubiger liegt. Während die Einzelzwangsvollstreckung einzelne Vermögensgegenstände des Schuldners dem Zugriff des Gläubigers unterwirft, regelt das Insolvenzrecht den Zugriff auf das gesamte Vermögen des durch das insolvenzrechtliche Regime rechtlich entmachteten Schuldners (Gesamtvollstreckung oder Universalexekution).[19] 6

Diese strukturelle Gemeinsamkeit von Individualvollstreckung und einem als Gesamtvollstreckung begriffenen Insolvenzrecht trifft selbst dann zu, wenn nur ein Gläubiger die konkursweise Gesamtvollstreckung betreibt – die Haftung des schuldnerischen Vermögens realisieren will. Das war früher umstritten, weil man z. T. davon ausging, dass der Konkurs schon rein wörtlich als „Zusammenlaufen" der Gläubiger deren Mehrheit voraussetze. Die „collective action" der Gesamtheit der Gläubiger eines Schuldners wird aber auch immer dann notwendig mit unterstellt und mit berücksichtigt, wenn sich tatsächlich nur ein Gläubiger meldet. Denn diesen Gläubiger bewahrt die Einleitung des Konkurses an Stelle eines Vorgehens im Wege der Einzelzwangsvollstreckung vor dem Vorwurf, aus dem Vermögen des Schuldners in einer rechtlich nicht beständigen Weise (anfechtbar) Befriedigung erlangt zu haben. Das *potentielle* „Zusammenlaufen" der Gläubiger schützt also die Haftungsverwirklichung, die auch nur ein Gläubiger durch den Zugriff auf das gesamte Vermögen des Schuldners betreibt.[20] 7

Deckt das Vermögen des Schuldners seine Verbindlichkeiten nicht, wird nach alledem der sogenannte *Universalkonkurs*[21] über das Vermögen des Gemeinschuldners eröffnet. Der Begriff des Universalkonkurses findet in dem Begriffspaar von Universalitäts- und Territorialitätsprinzip[22] eine Widerspiegelung, das im Internationalen Insolvenzrecht eine wesentliche Rolle spielt[23]; gemeint ist, dass ein (kollektiver) Zugriff auf das *gesamte* Vermögen des Schuldners genommen wird. 8

Dabei wird zwischen der sog. Ist-Masse – allen beim Schuldner vorgefundenen Vermögensgegenständen – und der sog. Soll-Masse unterschieden, die durch Bereinigung der Ist-Masse von schuldnerfremden, freizugebenden wertlosen oder der Zwangsvollstreckung nicht unterworfenen Vermögensgegenständen gebildet wird (unten § 13 Rn. 6 ff.). 9

Das mag ein **Beispielsfall**[24] deutlich machen: Der den Lohn- und Gehaltsansprüche des verheirateten Schuldners S pfändende Gläubiger G muss im Individualzwangsvollstreckungsverfahren vor dem Voll- 10

---

19 *Henckel*, in: FS Merz, 1992, S. 197 ff.; *Häsemeyer*, Insolvenzrecht, 3. Aufl. 2003, Rn. 2.04; *Stürner*, in: MünchKomm, InsO, 1. Aufl. 2001, Einl. Rn. 164.
20 *Smid*, Europäisches Internationales Insolvenzrecht, 2002, Kap. 1 Rn. 2; *Häsemeyer*, Insolvenzrecht, 3. Aufl. 2003, Rn. 1.01, 1.11 ff.
21 Zur Gläubigeruniversalität *Prütting* in: Kübler/Prütting, Kommentar zur Insolvenzordnung, Einl. Rn. 75; *ders.*, in: Kölner Schrift zur Insolvenzordnung, 2. Aufl. 2000, S. 221, 242 (Rn. 65).
22 Dazu *Hanisch*, in: FS Merz, 1992, S. 159 ff.; *Häsemeyer*, Insolvenzrecht, 3. Aufl. 2003, Rn. 35.05, 35.08 ff.
23 *Smid*, Europäisches Internationales Insolvenzrecht, 2002, Kap. 1 Rn. 12 ff. et passim.
24 Diese Frage liegt einer Reihe von Entscheidungen zugrunde, die in den beiden Jahren nach Inkrafttreten der InsO ergangen sind; **anders** als hier vertreten OLG Frankfurt/M, Beschl. v. 29. 8. 2000 – 26 W 61/00 – NZI 2000, 531; OLG Köln, Beschl. v. 18. 8. 2000 – 2 W 155/00 – NZI 2000, 529; AG Aachen, Beschl. v. 13. 7. 2000 – 19 IK 29/99 – NZI 2000, 554. Vgl. auch *Steder*, ZIP 1999, 1874, 1876; *Mäusezahl*, ZInsO 2000, 193, 196; *Ott/Zimmermann*, ZInsO 2000, 421; *Grote*, ZInsO 2000, 490; differenzierend und informativ *Stephan*, ZInsO 2000, 376. Wie hier *Smid/Wehdeking*, InVo 2000, 293.

streckungsgericht (§ 828 ZPO) geltend machen, er könne auch auf das nach der Tabelle gem. § 850c Abs. 1 ZPO unpfändbare Arbeitseinkommen des S zugreifen, weil dessen nach der Tabelle grundsätzlich zu berücksichtigende Ehefrau F ein bestimmtes Arbeitseinkommen erziele, das anrechenbar sei (vgl. § 850c Abs. 4 ZPO). Der Gläubiger verlangt hier, einen gegenüber dem Gesetz erweiterten Zwangsvollstreckungszugriff zu nehmen. Im bisherigen *Verbraucherinsolvenzverfahren* wie allgemein in dem über das Vermögen natürlicher Personen eröffneten Insolvenzverfahren sieht dies nach den auch dort geltenden allgemeinen Regeln der Universalität des Insolvenzbeschlages *anders* aus: Die Rechtszuständigkeit des Insolvenzverwalters bezieht sich – wie noch näher zu zeigen sein wird – zunächst auf die sog. Ist-Masse, also alle Vermögenswerte, die sich im Besitz des Schuldners befinden. Hierzu zählen auch (künftige) Lohn- und Gehaltsansprüche (arg. § 35, 2. HS InsO): Der Insolvenzverwalter hat also vom Arbeitgeber des S Zahlung des *gesamten* Gehalts des S an sich zu verlangen; erst im „Innenverhältnis" zwischen Insolvenzverwalter und Gemeinschuldner kommen dann die Regeln des § 850 c ZPO zur Anwendung; der Treuhänder hat daher den Schuldner zu befragen, ob seine Ehefrau über Arbeitseinkommen verfügt und dann gegebenenfalls von sich aus § 850c Abs. 4 ZPO nach § 36 Abs. 1 InsO zu berücksichtigen.[25]

11 Das Insolvenzrecht ist nach dem Gesagten zunächst Gesamtvollstreckungsrecht[26], das seiner Anlage nach jedenfalls *historisch* auf die Liquidation des insolventen Unternehmensträgers zielte. Die Eingriffe, die das Gesamtvollstreckungsrecht sowohl in die Rechtsstellung des Gemeinschuldners als auch in die der Gläubiger zulässt, werden aus seiner Funktion gerechtfertigt, die Beschlagnahme und die Verwertung des Vermögens zugunsten der *Gläubigergemeinschaft* zu ermöglichen, die angesichts der Illiquidität des Gemeinschuldners an die Stelle der Individualvollstreckung tritt.[27] Dieses *klassische* Modell der Gesamtvollstreckung lag der KO zugrunde und ist auch vom Reformgesetzgeber durch § 1 Satz 1 InsO anerkannt worden. Denn beim Eintritt der Insolvenz sind nicht nur *einzelne* Gläubiger des krisenbefallenen Schuldners betroffen, sondern *alle* Gläubiger des Schuldners in ihrer Gesamtheit. Statistisches Material über Insolvenzverfahren zeigt die Bedeutung des Insolvenzrechts:

Insolvenzverfahren: Deutschland, Jahre, Beantragte Verfahren
Insolvenzstatistik Deutschland

Jahr	Beantragte Verfahren					
	eröffnet		mangels Masse abgewiesen		Schulden bereinigungsplan angenommen	
	Insolvenzverfahren (Unternehmen)	Insolvenzverfahren (Übrige Schuldner)	Insolvenzverfahren (Unternehmen)	Insolvenzverfahren (Übrige Schuldner)	Insolvenzverfahren (Unternehmen)	Insolvenzverfahren (Übrige Schuldner)
	Anzahl	Anzahl	Anzahl	Anzahl	Anzahl	Anzahl
1999	9564	2691	16898	4644	14	227
2000	11673	8025	16502	4855	60	1144
2001	14646	10584	17551	4809	81	1655
2002	21513	40178	16066	5485	X	1186
2003	23060	54177	16260	5874	X	1352

---

25 Anders dagegen *Grote,* Einkommensverwertung und Existenzminimum des Schuldners in der Verbraucherinsolvenz, 2000, bes. S. 81 ff., S. 89 ff.

26 *Henckel,* ZZP Bd. 97 (1984), 369 ff. So auch ausdrücklich BVerfG, Beschl. v. 23. 5. 2006 – 1 BvR 2539/04 (Verwalterauswahl) – DZWIR 2006, 362.

27 Vgl. aus der älteren Literatur die sehr klaren Darstellungen von *Kohler,* Leitfaden des Deutschen Konkursrechts, 1903, S. 1; *Oetker,* Konkursrechtliche Grundbegriffe, 1891, S. 15 ff.

Jahr	Beantragte Verfahren					
	eröffnet		mangels Masse abgewiesen		Schulden bereinigungsplan angenommen	
	Insolvenzverfahren (Unternehmen)	Insolvenzverfahren (Übrige Schuldner)	Insolvenzverfahren (Unternehmen)	Insolvenzverfahren (Übrige Schuldner)	Insolvenzverfahren (Unternehmen)	Insolvenzverfahren (Übrige Schuldner)
	Anzahl	Anzahl	Anzahl	Anzahl	Anzahl	Anzahl
2004	23897	71138	15316	6134	X	1789
2005	23247	92223	13596	5683	X	1805
2006	23293	120488	10844	4763	X	2042
2007	20491	128998	8669	4537	X	1902
2008	21359	119620	7932	4175	X	2116
2009	24315	123659	8372	4563	X	1998
2010	23531	130018	8467	4303	X	2139

(C)opyright Statistisches Bundesamt, Wiesbaden 2012 Stand: 25. 1. 2012 – 15:52:16

2. Drei Funktionen des Insolvenzrechts

a) Ziele der Verfahrensbeteiligten. Die Funktion des Insolvenzrechts aus seiner Struktur als Haftungsordnung abzuleiten, erscheint vielen allerdings als nicht mehr zeitgerecht. Die US-amerikanischen Quellen, aus denen der Reformgesetzgeber seine Anregungen bezogen hat,[28] sind davon ausgegangen, dass ein modernes Insolvenzrecht eine *Vielzahl von Zielen* verfolgen bzw. Aufgaben erfüllen könne und – z.B. aus Gründen des Sozialstaates – erfüllen müsse.[29] Neben die klassischen Aufgaben des Konkurses treten dann insbesondere Aufgaben der Restschuldbefreiung zugunsten privater Verbraucher, durch die – knüpft man sie an ein Konkursverfahren an – das Gesicht des Konkurses nachdrücklich verändert wird; aus dem klar konturierten Konkurs wird das Insolvenzverfahren, dessen terminologische Vieldeutigkeit die Zusammenfassung z.T. heterogener Verfahren widerspiegelt.[30] Diese Vieldeutigkeit rührt nicht allein von rechtspolitischen Zielsetzungen des Gesetzgebers her, sondern von der Notwendigkeit, in einem hochkomplex gewordenen Recht Insolvenzrecht, Arbeits-, Gesellschafts-, Steuerrecht usf. aufeinander abzustimmen.[31] Diese Abstimmung wird umso problematischer, je dringlicher mit der Regelung der Insolvenz Fragen der Sanierung des Gemeinschuldners im Falle der Unternehmensinsolvenz verknüpft werden. Denn die Sanierung des Gemeinschuldners setzt die Unternehmensfortführung im eröffneten Insolvenzverfahren voraus. Daher werden dem Insolvenzverwalter in weit größerem Umfang Aufgaben der Organisation einer Unternehmensführung auferlegt als im Falle der Liquidation; in komplexen Fällen (so jüngst in den Fällen *Kirch* und *Babcock/Borsig*) wird daher zusehends die Anordnung der Eigenverwaltung nach den §§ 270ff. InsO als sinnvoll angesehen (unten Rn. 107ff. und § 33).[32] Diese Aufgaben der Unternehmensleitung machen die Auseinandersetzung besonders mit steuer- und arbeitsrechtlichen Problemen unabweisbar. Der 12

28 Vgl. ausdrücklich *Balz*, ZIP 1988, 1438ff.; *Nerlich*, in: Nerlich/Römermann, InsO, Einl. Rn. 9; *Stürner*, in: MünchKomm, InsO, 1. Aufl. 2001, Einl. Rn. 39.

29 *Jackson*, The Logic and Limits of Bankruptcy Law, Harvard University Press 1986, pp. 3 et passim. Vgl. zudem Amtl. Begr. zum RegEInsO, Allg. Teil, BT-Drs. 12/2443, S. 5ff., S. 17ff.; *Balz*, in: Kölner Schrift zur Insolvenzordnung, 2. Aufl. 2000, S. 3, 5ff.

30 Das ist nicht nur ein begriffliches Argument, worauf *K. Schmidt*, 54. DJT D 17, hingewiesen hat.

31 *Jackson*, The Logic and Limits of Bankruptcy Law, Harvard University Press 1986, S. 1, spricht von einem „Ausbalancieren".

32 Im Schrifttum (z.B. *Förster* in: FS Kirchhof, 2004, S. 103) wird eine Schwächung der Verwalter „macht" zugunsten der Gläubiger befürchtet; dies ist aber eher zu begrüßen, vgl. *Smid*, in: 6. Leipziger Insolvenzrechtstag, 2005. Vgl. auch *Graf-Schlicker*, in: FS Kirchhof, 2004, S. 135ff.

Verweis auf die Verschiedenartigkeit der Rechtsmaterien von Arbeits-, Steuer-, Gesellschaftsrecht usf. spricht nicht nur rechtstechnische Anforderungen an, die an die Fähigkeiten von Insolvenzverwaltern gestellt werden müssen (unten § 9). Vielmehr lässt sich jeder dieser Rechtsmaterien eine *Interessenlage bestimmter Gläubiger* zuordnen, die von den Interessen anderer Gläubigergruppen nicht selten hochgradig verschieden ist.[33] Dinglich gesicherte Gläubiger – insbesondere Banken – verfolgen evident andere Interessen im Insolvenzverfahren als etwa die Arbeitnehmer des krisenbefallenen Gemeinschuldners. Die dinglich gesicherten Gläubiger haben die ökonomisch sinnvolle, effektive Verwertung der Sicherheiten durch den Insolvenzverwalter im Auge, die Arbeitnehmer sind am Erhalt ihrer Arbeitsplätze oder doch wenigstens einer hohen Abfindung aufgrund eines Sozialplanes interessiert, was den Interessen ungesicherter Gläubiger an einer möglichst hohen Quote zuwiderläuft. Auch die dinglich gesicherten Gläubiger bilden keine homogene Gruppe, da etwa die Gläubiger mit Beteiligungen am schuldnerischen Unternehmensträger andere Interessen haben als „schlichte", durch die verschiedenen Formen des Eigentumsvorbehalts gesicherte, Warenlieferanten. Interessen eigener Art werden oft die den Gemeinschuldner kreditierenden Banken haben.

13 **b) „Ziele des Insolvenzverfahrens", § 1 InsO.** Die einzelnen Aufgaben[34], die das Insolvenzrecht zu erfüllen hat, sind in einer gesetzlichen Funktionsbeschreibung des Insolvenzverfahrens in § 1 InsO niedergelegt:[35] Danach hat das Insolvenz*verfahren* die Aufgabe, die gemeinschaftliche **Befriedigung** „der Gläubiger" durch Verwertung und Verteilung des Schuldnervermögens herbeizuführen *oder* das schuldnerische *Unternehmen* zu erhalten (§ 1 Satz 1 InsO). Die Insolvenzordnung spricht in ihrer „Programmnorm" anders als die Konkursordnung nicht mehr von „den Insolvenzgläubigern", sondern ausdrücklich und mit Bedacht von „den Gläubigern", zu deren Befriedigung das Vermögen des Schuldners in konkurslichen Beschlag genommen werde, vgl. § 1 Satz 1, 1. HS InsO. Damit sollen verschiedene „Ziele"[36] der Insolvenzrechtsreform verwirklicht werden. Zum einen sollte die Aushöhlung von Massen durch dingliche Sicherheitenrechte nicht zuletzt zur Verbesserung der Chancen einer Sanierung von Unternehmensträgern dadurch vermieden werden, dass die dinglich Berechtigten in das Verfahren einbezogen werden sollten – nicht zuletzt auch, um sie einem **Zwangsakkord** unterwerfen zu können, wie dies durch die §§ 217, 223 Abs. 2, 228 InsO vorgesehen ist. Zwar hat der Vorschlag *Henckels*[37] in der Reform vordergründig kein Gehör gefunden, die nach altem Recht gem. § 4 Abs. 2 KO zur bevorzugten Befriedigung *außerhalb* des Konkursverfahrens berechtigenden Sicherungsrechte in die – durch die Reform allerdings abgeschaffte – Prioritätenordnung der Konkursgläubiger einzuordnen.[38] Gleichwohl hat das neue Gesetz die Rechtsausübung der absonderungsberechtigten Gläubiger in das Insolvenzverfahren eingebunden. Schließlich ordnet § 1 Satz 2 InsO an, dem „redlichen Schuldner" sei Gelegenheit zur Befreiung von seinen restlichen Verbindlichkeiten zu geben.

---

33 Darauf weisen *Jackson*, The Logic and Limits of Bankruptcy Law, Harvard University Press 1986 und *Balz*, ZIP 1988, 273 ff. mit Nachdruck hin.

34 *Windel*, in: Das Prinzip der Selbstverantwortung, hrsg. v. Riesenhuber, 2011, 450 ff.; *Häsemeyer*, Insolvenzrecht, 3. Aufl. 2003, Rn. 2.01 ff.; vgl. auch *Becker*, Insolvenzrecht, 2005, Rn. 129 ff.

35 Hierzu *Balz*, in: Kölner Schrift zur Insolvenzordnung, 2. Aufl. 2000, S. 3, 5 ff. (Rn. 8); *Smid*, DZWIR 1997, 309 ff.; *Uhlenbruck*, in: Uhlenbruck, InsO, 12. Aufl. 2003, § 1 Rn. 5.

36 Ablehnend *Balz*, in: Kölner Schrift zur Insolvenzordnung, 2. Aufl. 2000, S. 3, 9 (Rn. 23): Die Einbeziehung dient nur der allgemeinen Verfahrenseinbindung, um eine Wertmaximierung durch kollektives Handeln zu erleichtern.

37 *Henckel*, Sitzungsbericht zum 51. DJT, 1976, 8 ff.; *ders.*, ZIP 1981, 1296, 1300.

38 Zur Kontroverse vgl. *Serick*, FLF 1983, 10 ff.; *Henckel*, FLF 1983, 91 ff.; zum Kostenbeteiligungsmodell *Kilger*, ZIP 1982, 779.

14 Man mag im Übrigen bereits bezweifeln, ob das Insolvenzverfahren überhaupt der Befriedigung von Gläubigern dienen kann. Daher wird auch in der amerikanischen Literatur[39] darauf hingewiesen, dass es angemessener wäre, an Stelle einer Befriedigung von der (im Folgenden zu erörternden) **Befriedungsfunktion** zu sprechen. Eine wirtschaftlich angemessene Befriedigung unter Vermeidung erheblicher Ausfälle werden die Gläubiger nämlich oftmals in einem Insolvenzverfahren nicht erreichen, sondern allenfalls in dessen Vorfeld aufgrund eines erfolgreichen Sanierungsversuches.

15 Diese „Zielbestimmungen" lassen freilich noch nicht sehr viel von den Aufgaben erkennen, die das Insolvenz*recht* zu erfüllen hat; ein Verfahren, auch das Insolvenzverfahren, hat keine „eigenen" Ziele, die es erreicht oder verfehlt, vielmehr sind es die Verfahrensbeteiligten bzw. diejenigen, die an seinem Ausgang interessiert sind, die z.T. sehr unterschiedliche Ziele in und mit dem Verfahren verfolgen. Dennoch ist die Vorschrift des § 1 InsO wichtig. Sie zeigt nämlich, wo die *Grenzen* der Verfolgung der Ziele einzelner Verfahrensbeteiligter im Insolvenzverfahren liegen. Der Gesetzgeber hat damit einem Missbrauch des Verfahrens ebenso einen Riegel vorschieben wollen, wie er es verhindert, dass das Insolvenzverfahren in den Dienst der Verfolgung staatlicher Zwecke gestellt wird.[40]

16 In Europa trifft man auch „etatistische" Modelle des Insolvenzrechts an; so wird Insolvenzrecht in Frankreich[41] herkömmlich auch von wirtschaftsplanerischen Zwecken her verstanden; in Italien kennt man das Verfahren der ammistrazione straordinaria, dessen Auslösung in den Händen der Wirtschaftsverwaltung liegt.[42] Hiervon unterscheidet sich das deutsche Insolvenzrecht: § 1 Satz 1 InsO statuiert gegenüber allen möglichen hoheitlichen Zwecken (des Steuer-, Umwelt- oder des europäischen Beihilferechts) die Rigidität des Insolvenzrechts.[43] Die gesetzliche Statuierung von Verfahrenszwecken schützt den Verwalter daher um so mehr, als besonders größere Verfahren in nicht immer förderlicher Art Gegenstand einer oftmals wenig kompetenten Berichterstattung in der Presse werden,[44] was durchaus Handlungszwänge zu Lasten des Verwalters auslösen kann.[45]

17 Nach § 1 Satz 1 InsO kann sich der Verwalter darauf berufen, dass der Gesetzgeber zwingend Aufgaben des Insolvenzverfahrens in ein Stufenverhältnis gesetzt hat, das nicht zuletzt auch ihn, den Insolvenzverwalter, bindet. Gegenüber der Forderung nach dem Erhalt von Arbeitsplätzen, dem Schutz der Umwelt oder der Wahrung des Wirtschaftsstandorts eines Industrieunternehmens kann sich daher der Verwalter aufgrund § 1 InsO darauf berufen, sein Handeln bewege sich in dem durch den Gesetzgeber abgesteckten Spielraum und löse daher nicht als pflichtwidriges Handeln Schadenersatzpflichten aus.[46]

18 Im Übrigen sind die in § 1 InsO genannten Verfahrensziele aber wenig aufschlussreich: „Befriedigung" werden „die" Gläubiger regelmäßig im Insolvenzverfahren nicht erhalten. Selbst gesicherten

---

39 *Baird,* The Elements of Bankrupty Law, 1992, p. 14.
40 So auch *Uhlenbruck,* in: Uhlenbruck, InsO, 12. Aufl. 2003, § 1 Rn. 1.
41 *Niggemann,* Konkursrecht Frankreich, 1995, passim; *Kremer,* Unternehmenssanierung in Frankreich, 1994, S. 40ff., S. 157ff.; *Bauch,* Unternehmensinsolvenzen: Prophylaxe und Bewältigung in Frankreich, 1998, S. 83ff.
42 *L. Busch,* Zerschlagungsabwendende Verfahren im deutschen und italienischen Insolvenzrecht, 2009, 217ff.
43 *Häsemeyer,* in: FS Uhlenbruck, 2000, S. 97ff.
44 Auf diesen Gesichtspunkt weisen *Smid/Rattunde,* Der Insolvenzplan, 2. Aufl. 2005, Rn. 2.122 hin.
45 *Förster,* in: FS Kirchhof, 2004, S. 85, S. 95, sieht freilich Funktionen staatlicher Wirtschaftsplanung. Dies ist abzulehnen.
46 Zu weiteren Funktionen der legislativen Statuierung von Insolvenzzwecken vgl. *Smid,* DZWIR 1997, 309ff.

Gläubigern droht Verlust durch den Ausfall bei der Verwertung von Sicherheiten (vgl. § 52 InsO), und ungesicherte Insolvenzgläubiger (§ 38 InsO) werden auch in Zukunft nicht selten mit einer geringen *Quote* aus dem Verfahren herausgehen – also wegen ihrer Forderungen *keine* Befriedigung erhalten. Gemeint ist allein die Haftungsverwirklichung im und durch das eröffnete Verfahren; vor der wirtschaftlich regelmäßig nicht mehr vollständig möglichen „Befriedigung" der Forderungen steht die **Befriedung** der Gläubiger als ihrer Inhaber (sogleich Rn. 20). In vielen Fälle wird auch eine Sanierung des schuldnerischen Unternehmens kaum möglich sein – zumal der Insolvenzplan, wie noch zu zeigen sein wird (unten §§ 29ff.), ein sehr schwerfälliges Instrument darstellt. Und die Restschuldbefreiung ist ebenfalls kein allgemein erreichbares Verfahrensziel: Das Gesetz selbst schließt ein entsprechendes Verfahren an die Durchführung eines Insolvenzverfahrens an, zudem sind die Voraussetzungen hierfür so komplex, dass sie von vielen Schuldnern kaum erreicht werden können.

19 Daher muss über die Legaldefinition des § 1 InsO hinaus nach Funktionen des Insolvenz*rechts* gefragt werden, wobei an unsere eingangs aufgestellte Definition des Insolvenzrechts als Haftungsordnung angeknüpft werden kann.

20 **c) Befriedungsfunktion.** Aus seiner Aufgabe, die Haftung des insolventen Schuldners zu regeln, lässt sich ganz einfach die Befriedungsfunktion[47] des Insolvenzrechts ableiten. Die Zahlungsunfähigkeit oder Überschuldung eines Gemeinschuldners tritt regelmäßig dann ein, wenn sein Vermögen nicht mehr ausreicht, die Forderungen seiner Gläubiger zu befriedigen. Diese Masseinsuffizienz löst bei den Gläubigern gewöhnlich die berechtigte Sorge aus, zu kurz zu kommen: Die Gläubiger „laufen zusammen" *(concurrere)*. Wer dies einmal in der Praxis erlebt hat, weiß, dass dieser Vorgang des Zusammenlaufens der Gläubiger tumultuarische, nicht selten gewalttätige Szenen zur Folge hat. Man muss sich diesen Vorgang des „Zusammenlaufens" der Gläubiger plastisch vor Augen führen: Die *ungesicherten* nicht anders als die *gesicherten* Gläubiger treffen vielfach vor oder im Betrieb des insolventen Schuldners in der Krise bzw. nach Bekanntwerden der Antragstellung zusammen, um (aus ihrer Sicht!) zu retten, was noch zu retten ist (zu anfechtungsrechtlichen Problemen – siehe unten § 20). Und es wird noch zu zeigen sein, dass dies selbst auf die gesicherten Gläubiger zutrifft, die ihre Sicherheiten weiter zu schützen bestrebt sein werden.

21 Ein vom Prioritätsprinzip geprägtes Individualzwangsvollstreckungsrecht, wie es das geltende deutsche Recht ist, kann in dieser Lage Gewalt nicht vermeiden helfen – trägt nicht zur Befriedung der Verhältnisse unter den Gläubigern bei und schützt damit zuletzt auch den Schuldner nicht hinreichend. Die Umstellung von der Individualvollstreckung auf die Gesamtvollstreckung dient also der Befriedung der sozialen Verhältnisse.[48]

22 **Beispiel:** Die schädlichen Folgen, die durch die Abwesenheit eines geregelten Insolvenzverfahrens und eines funktionierenden Insolvenzrechts ausgelöst werden können, haben die Zusammenbrüche von Glücksspielunternehmen („Schneeballsystemen") in Albanien im Frühjahr 1997 dem Publikum bildlich vor Augen geführt: Der *concursus creditorum* kann – fehlt es an staatlich-rechtlicher Ordnung – in bürgerkriegsartige Verhältnisse umschlagen.

---

47 *Häsemeyer*, Insolvenzrecht, 3. Aufl. 2003, Rn. 2.04ff.; *Pape*, in: Uhlenbruck, InsO, 13. Aufl. 2010, § 1 Rn. 1; *Pape/Uhlenbruck*, Insolvenzrecht, 1. Aufl. 2002, Rn. 96ff. Daher ist das Insolvenzverfahren auch bei nur einem Gläubiger durchzuführen, *Weber*, in: Jaeger, KO, 8. Aufl., § 102 Anm. 2; vgl. aber auch *Jansen/Biebinger*, ZInsO 2006, 126.

48 Zu historischen Beispielen vgl. *Smid*, Grundzüge des Insolvenzrechts, 4. Aufl. 2002, § 1 Rn. 20; vgl. im Übrigen *Foerster*, Insolvenzrecht, 3. Aufl. 2006, § 1, Rn. 6ff., 7; *Becker*, Insolvenzrecht, 2005, Rn. 29, meint, das Verfahren nach dem ZVG „neige" zur Gleichbehandlung der Gläubiger. Das verkennt die Befriedigung nach grundbuchlichen Rängen.

Seine Befriedungswirkung geht von der Einleitung eines Insolvenzverfahrens im Wesentlichen deshalb aus, weil das Insolvenzverfahren wesentlich effizienter noch als die eidesstattliche Versicherung im Individualzwangsvollstreckungsverfahren den Gläubigern die Gewissheit verschafft, dass das Vermögen des Schuldners optimal erfasst und verwertet wird. Einfach ausgedrückt: Nur im Insolvenzverfahren können sich die Gläubiger davon überzeugen, dass eine verwertbare Masse nicht vorliegt.[49] Die Gläubiger werden darüber hinaus auch dadurch befriedet, dass ihnen das Verfahren eine Möglichkeit eröffnet, im Falle juristischer Personen und Personifikationen die wirtschaftliche Existenz des Schuldners zu beenden. Im Falle juristischer Personen führt die Verfahrenseinleitung sogar regelmäßig zu deren Liquidierung. Das Interesse der Gläubiger hieran ist legitim. Denn das Insolvenzrecht schützt die Gläubiger durch die Universalexekution auch vor einer Fortdauer wirtschaftlicher Operation eines Schuldners, der durch sein wirtschaftliches Scheitern zu erheblichen Schädigungen seiner Gläubiger geführt hat. In diesem Zusammenhang ist daran zu erinnern, dass das Insolvenzverfahren neben der seinen Kern bildende Funktion, die Haftung des insolventen Schuldners zu verwirklichen, noch einen anderen Aspekt aufweist, der freilich besonders in Deutschland verdrängt worden ist. 23

Der Konkurs war lange Zeit als Maßnahme der Bestrafung wirtschaftlichen Fehlverhaltens[50] gedacht, was ja heute noch im Wirtschaftsstrafrecht, aber auch noch in den Vergleichs-(Ausgleichs-)tatbeständen zum Ausdruck kommt. Das Insolvenzverfahren selbst hatte und hat aber solange eine wirtschafts-, ja sogar eine sozialhygienische Bedeutung, wie die Ausschaltung des maroden Gemeinschuldners den Gläubigern auch die Genugtuung verschafft, dass das Schaden stiftende Unternehmen aus dem Verkehr gezogen worden ist.[51] Diese wirtschaftsregulierende Funktion des Insolvenzverfahrens wird gleichsam als deren „Reflex" durch die Verwirklichung der Haftung des Schuldners gegenüber seinen Gläubigern erreicht; sie beschreibt keine eigene, etwa vom Insolvenzgericht zu verfolgende Aufgabe. So tritt z.B. auch die – gesellschaftsrechtliche – Frage des Schutzes der Gesellschafter bei der (stillen) gesellschaftsrechtlich geregelten Liquidation im Insolvenzverfahren in den Hintergrund, da es primär die Gläubiger sind, die von der Krise des gemeinschuldnerischen Unternehmens in Mitleidenschaft gezogen werden. Daher stellt sich das Insolvenzverfahren auch nicht als ein Verfahren der Wirtschaftsverwaltung dar – was es sein könnte und müsste, wenn man legislativ Gemeinwohlerwägungen bei der Abwicklung krisenbefallener Unternehmen den Vorrang vor dem Schutz der betroffenen Gläubiger einräumen wollte. Das Insolvenzverfahren macht dagegen mit einer gewissen Unerbittlichkeit[52] deutlich, dass weder die Interessen der Gesellschafter des krisenbefallenen Unternehmens noch Gemeinwohlinteressen etwa an einer wirtschaftsverwaltenden Regionalplanung, dem Erhalt von Arbeitsplätzen oder – doch recht zweifelhaft – dem Gewerbesteueraufkommen und dgl. mehr die Haftungsverwirklichung des gemeinschuldnerischen Vermögens zugunsten der Insolvenzgläubiger unterlaufen können. 24

d) Gleichbehandlungsfunktion. Die Befriedungsfunktion des Insolvenzverfahrens hängt eng damit zusammen, dass die Gesamtvollstreckung sicherstellt, dass die Gläubiger nach dem Maße ihrer Berechtigung keine Ungleichbehandlungen erleiden müssen. Man mag dies bedauern und (modisch) eine Sanierung des Unternehmensträgers nebst Rettung des „Standortes" und der Arbeitsplätze präferieren. Das Insolvenzrecht darf sich indes nicht von derartigen Vorstellungen leiten lassen, die meist auf bloßen unerfüllbaren Wünschbarkeiten beruhen. Die **Gleichbehandlungsfunktion**[53] des In- 25

---

49 *Baird,* The Elements of Bankruptcy, 1992, pp. 14.
50 Zum Makel des Konkurses *Gerhardt,* in: FS für Michaelis, 1972, S. 100 ff.; vgl. auch *Paulus,* KTS 2000, 239, 240.
51 Zum Verhältnis von Liquidation und Löschung insolventer Gesellschaften *Balz,* in: Kölner Schrift zur Insolvenzordnung, 2. Aufl. 2000, S. 12 (Rn. 30).
52 *Häsemeyer,* in: FS Uhlenbruck, 2000, S. 97 ff., schreibt von einer „Rigidität" der insolvenzrechtlichen Haftungsordnung.
53 BGH, Urt. v. 13. 3. 2003 – IX ZR 64/02 – DZWIR 2003, 291; *Häsemeyer,* Insolvenzrecht, 3. Aufl. 2003, Rn. 17 ff.; *Prütting,* in: Kübler/Prütting, Kommentar zur Insolvenzordnung, Einl. Rn. 74; *Pape,* in: Uhlenbruck, InsO, 13. Aufl. 2010, § 1 Rn. 2; *Stürner,* in: MünchKomm, InsO, Einl. Rn. 1, 62.

solvenzrechts trägt dem Umstand Rechnung, dass die geschilderte Insolvenzsituation des Schuldners Wirkungen auf sämtliche vom Schuldner mit anderen eingegangenen Rechtsgeschäfte zeitigt. Die Individualvollstreckung des Gläubigers A gegen den Schuldner lässt dessen Rechtsbeziehungen zu B, C usf. naturgemäß unberührt. Dagegen zeitigt die Eröffnung des Insolvenzverfahrens **allseitige Wirkungen:** *Häsemeyer*[54] spricht insofern überzeugend von einer *Ausgleichshaftung* der Insolvenzgläubiger mit ihren Forderungen. Insolvenzrecht stellt sich nämlich als Haftungsverwirklichungsinstrument dar, in dem die Gläubiger nicht wegen der Realisierung des Risikos leer ausgehen, sondern wegen ihrer vorangegangenen Einflussnahme auf die Geschäftspolitik des Schuldners miteinander verbunden sind. Wie *Häsemeyer* überzeugend darstellt, ist der Gesichtspunkt der Verteilung knapper Ressourcen dem Privatrecht fremd.[55] Die Ersetzung der zweiseitigen Haftungsordnung des Individualvollstreckungsrechts durch die allseitige Haftungsordnung des Insolvenzrechts[56] dient daher dem Ausgleich aus ökonomischem Übergewicht herrührender vorkonkurslicher Einflussnahmen der Gläubiger auf den Schuldner.[57]

26 **e) Entschuldungs- und Sanierungsfunktion.**[58] Schließlich lässt sich eine **Entschuldungsfunktion** des Insolvenzrechts ausmachen, die durch § 1 Satz 2 InsO anerkannt wird und besonders im Rahmen des Restschuldbefreiungsverfahrens gem. §§ 286 ff. InsO ihren Ort hat.[59]

27 Die in § 1 Satz 2 InsO genannte Sanierungsfunktion des Insolvenzverfahrens beschreibt nicht die Verbesserung der Befriedigungsaussichten der Gläubiger durch eine werterhaltende Sanierung des Schuldners. Zwar scheint § 1 Satz 2 InsO im Kontext des Satz 1 für einen Zusammenhang der Verfahrensfunktionen mit der Befriedigung der Gläubiger zu sprechen. Das deutsche Recht ordnet nicht ausdrücklich an, dass eine Restschuldbefreiung nur von der Gläubigerbefriedigung abhängt; was im – nunmehr überkommenen – Recht des Verbraucherinsolvenzverfahrens u.a. im Zusammenhang mit der Frage erörtert worden ist, ob ein sogenannter Null-Plan vorgelegt werden könne, den der Schuldner als natürliche Person seinen Gläubigern gemäß § 305 Abs. 1 Nr. 1 InsO präsentiert.[60] Aber auch das Recht des Entschuldungsverfahrens (§§ 304a InsO n.F.) sieht die Möglichkeit von Null-Plänen vor – was u.a. zu den Schwierigkeiten führt, „redliche“ von „unredlichen“ Schuldnern unterscheiden zu müssen.[61]

28 Während die Entschuldungsfunktion daher im Wesentlichen im Rahmen des über das Vermögen natürlicher Personen eröffneten Insolvenzverfahrens (hier bislang be-

---

54 *Häsemeyer*, Insolvenzrecht, 3. Aufl. 2003, Rn. 2.33 ff., 2.36.
55 *Häsemeyer*, Insolvenzrecht, 3. Aufl. 2003, Rn. 2.19, 2.20.
56 *Häsemeyer*, Insolvenzrecht, 3. Aufl. 2003, Rn. 2.17 ff.
57 *Häsemeyer*, Insolvenzrecht, 3. Aufl. 2003, Rn. 2.22 ff.
58 Zur historischen Dimension: *Breßler*, Schuldknechtschaft und Schuldturm, 2004. Zum fresh start natürlicher Personen: *Grote*, in: FS Kirchhof, 2004, S. 149.
59 § 245 Abs. 1 Nr. 1 InsO; Zur Rechtfertigung von „Null“-Plänen im bisherigen Verbraucherinsolvenzrecht: *Balz*, in: Kölner Schrift zur Insolvenzordnung, 2. Aufl. 2000, S. 3, 12 (Rn. 34 ff.); *Häsemeyer*, Insolvenzrecht, 3. Aufl. 2003, Rn. 2.37; *Pape*, in: Uhlenbruck, InsO, 13. Aufl. 2010, § 1 Rn. 3, 15; *Kießner*, in: Braun, InsO, 2. Aufl. 2004, § 1 Rn. 11 f.; *Stürner*, in: MünchKomm, InsO, 1. Aufl. 2001, Einl. Rn. 22, 70 f.
60 Zur Zulässigkeit von Nullplänen *Römermann*, in: Nerlich/Römermann, InsO, § 305 Rn. 47, 49; enger *Landfermann*, in: H-K, InsO, 4. Aufl. 2006, § 305 Rn. 27; *Henckel*, in: FS Gaul 1997, S. 199, S. 204 (flexibler Nullplan).
61 Vgl. krit. mit rechtsvergleichender Einbeziehung des österreichischen Mindestquotenmodells *Wehdeking*, in: Smid (Hrsg.), Große Insolvenzrechtsreform 2006, S. 219, S. 223 f.

sonders wichtig: Kleinverfahren nach den §§ 304ff., unten § 46) Bedeutung erlangt, stellt sich in der Insolvenz von **Gesellschaften** die Frage nach dem **Unternehmenserhalt durch Sanierung seines Trägers.** § 1 Satz 1, 2. HS InsO stellt diese Aufgabe derjenigen der Haftungsverwirklichung **gleichwertig** gegenüber. Anders als die im Falle natürlicher Personen diesen einzuräumenden Restschuldbefreiung stellt sich die Lage der Sanierung eines *Unternehmensträgers* dar: Diese setzt eine Vielzahl von Maßnahmen voraus, die vordergründig geradezu das direkte Gegenteil der Haftungsverwirklichung bilden. Kern von Sanierungsmaßnahmen wird stets sein, dass man dem angeschlagenen Unternehmensträger Kapital zuführt und ihm wenigstens einen Teil seiner Verbindlichkeiten erlässt, um seine Handlungsfähigkeit wiederherzustellen.[62] Hierfür die rechtlichen Voraussetzungen zu schaffen, kann aber nur insoweit Aufgabe des Insolvenzrechts sein, als die *Gläubiger* für sich eigene Vorteile aus einer Sanierung erwarten können – weil sich auf diesem Wege für sie ein besseres wirtschaftliches Ergebnis erzielen lässt als im Falle der Liquidation des Schuldnervermögens. Unter den Funktionen des Insolvenzrechts kann die Sanierungsfunktion daher immer nur sekundär derjenigen der Befriedung und Gläubigergleichbehandlung durch exekutierende Haftungsverwirklichung sein.[63]

Die UNCITRAL betont in ihren Modellregelungen für die innerstaatliche Insolvenzgesetzgebung diese Aufgabe des Insolvenzverfahrens.[64] Zugleich ist allerdings nicht zu übersehen, dass die politische Wirtschaftsplanung aufgerufen ist, Instrumente zu schaffen, um dem durch die internationale Konkurrenz bedingten Verlust von Schlüsselindustrien vorzubeugen. Dabei sind die Gläubigerrechte und die Gleichbehandlung der Gläubiger freilich unbedingt zu respektieren. Der Schutz eines Wirtschaftsstandortes setzt ein vernünftiges Steuersystem – nicht planwirtschaftliche Bevormundungen – voraus. 29

II. Das deutsche Insolvenzrecht und seine Reform

1. Verlust der Funktionsfähigkeit des überkommenen Konkursrechts

a) Krise des Konkursrechts. Die KO, die mit Recht als **„Perle der Reichsjustizgesetze“**[65] gepriesen wurde, war ein seit über einhundert Jahren aus- und aufgearbeitetes Instrument. Gleichwohl hatte das überkommene Konkursrecht die dargestellten Funktionen nicht mehr oder doch nicht mehr hinlänglich erfüllen können.[66] Die Gründe für die „Funktionsstörungen“ im überkommenen Konkursrecht lagen auf der Hand.[67] 30

Der Grund für das oft kritisierte „Versagen“ der KO[68] hatte weniger „immanente“ Ursachen, die in der KO selbst gelegen hätten, wollte man die Regelungen der KO isoliert betrachten. Das Insolvenzrecht ist aber ein „Corpus“ einer Reihe von Regelungsmaterien, die das rechtstechnische Umfeld ausmachen, in 31

---

62 Vgl. *Rattunde*, ZIP 2003, 589ff.
63 Rechtsvergleichend zu anderen Insolvenzrechtssystemen Vorauflage § 1 Rn. 26.
64 *Smid/Leonhardt*, in: LSZ, InsO, 3. Aufl. 2010, § 1 Rn. 32ff.
65 Vgl. allein statt vieler *Jaeger*, Lehrbuch des Konkursrechts, 1932, S. 15f., S. 17f.
66 Statt vieler *Gottwald*, in: Gottwald, Insolvenzrechts-Handbuch, 3. Aufl. 2006, § 1 Rn. 22ff.
67 Vgl. nur statt aller *Baur/Stürner*, Insolvenzrecht, 3. Aufl. (Taschenbuchausgabe), 1991, § 4 III, S. 15ff.
68 Amtl. Begr. (Fn. 69).

dem eine insolvenzrechtliche Kodifikation funktioniert – oder ihre Funktionen verfehlt. Wenn man so will, **umfasst das Konkursrecht das gesamte Recht,** denn der Konkursverwalter berührt bei seiner Tätigkeit prinzipiell alle Rechtsmaterien. Dieses Umfeld wird im Wesentlichen von zwei Faktoren bestimmt: Zum einen war für die Probleme des überkommenen Konkursrechts eine Inflation publizitätsloser Sicherungsrechte ab- und aussonderungsberechtigter Gläubiger verantwortlich, zu deren Gunsten die Masse ausgeblutet wurde; im Übrigen führten Konkursvorrechte ungesicherter Forderungen zu einer Gefährdung der Gleichbehandlung der Konkursgläubiger. *Kilger*[69] hat daher eindrucksvoll von einem „Konkurs des Konkurses" gesprochen.

32 Die rechtliche Anerkennung publizitätsloser Sicherheiten[70] kann nach der Ausbreitung von Vorrechten rechtstatsächlich als Grund dafür ausgemacht werden, dass die Großzahl von Konkursverfahren mangels Masse nicht mehr eröffnet und in den wenigen eröffneten Verfahren die Insolvenzgläubiger mit einer sehr geringen Quote abgespeist wurden.[71] Das Konkursverfahren wurde so immer mehr aus einem zivilverfahrensrechtlichen Rechtsdurchsetzungsinstrument zu einer Art bloßen „Vorverfahrens", das der weiteren strafrechtlichen Beurteilung des Verhaltens der Beteiligten vorgeschaltet ist. Der verfassungsrechtlich in Art. 3 Abs. 1 GG gewährleistete Grundsatz der Gleichbehandlung der Gläubiger wurde dadurch eklatant verletzt.[72]

33 Die Befugnis dazu, nach den allgemeinen Gesetzen außerhalb des Konkursverfahrens die Herausgabe des Absonderungsgutes verlangen und dieses verwerten zu dürfen, galt grundsätzlich nach § 4 Abs. 2 KO[73] sowohl für die Aus- als auch für die Absonderungsrechte. Zwar bestimmte § 127 Abs. 1 Satz 1 KO, dass der Konkursverwalter zur Verwertung des Absonderungsgutes berechtigt und der Absonderungsberechtigte nur den Erlös zu fordern befugt sei; diese *konkursrechtliche* Verwertungsbefugnis des Insolvenzverwalters am Absonderungsgut griff aber nur unter der Voraussetzung des § 127 Abs. 2 KO ein, dass zuvor der Gläubiger auf Antrag des Verwalters konkursgerichtlich gesetzte Frist zur Verwertung des Absonderungsgutes hat verstreichen lassen.

34 Für die Probleme des überkommenen Konkursrechts spielte weiterhin die Anerkennung von Vorrechten der Arbeitnehmer des schuldnerischen Unternehmens ebenso wie des Fiskus eine zentrale Rolle, die ebenfalls für den Gesetzgeber der KO in der zweiten Hälfte des 19. Jahrhundert noch keine Relevanz hatten. Sachlich war daher eine Reform des Konkursrechts geboten.

35 **b) Entwicklungsschritte der Reform.**[74] Durch den Bundesminister der Justiz wurde 1978 eine Kommission für Insolvenzrecht einberufen. Ein durch das BMJ erarbeiteter Diskussionsentwurf einer InsO wich von den Vorstellungen der Kommission für Insolvenzrecht insbesondere darin ab, dass Eingriffe

---

69 *Kilger*, KTS 1975, 143.

70 Den Diskussionsstand bis hin zu den Vorschlägen der Kommission für Insolvenzrecht stellt *Stürner*, ZZP Bd. 94 (1981), 263, 265 ff., dar.

71 *Dorndorf* (Kreditsicherungsrecht und Wirtschaftsordnung, 1986) hat daher gefordert, an *dieser* Stelle anzusetzen und die publizitätslosen Sicherungsrechte zurückzudrängen. Das erscheint wenig aussichtsreich, auch wenn diese Forderung scheinbar für sich in Anspruch nehmen kann, bei einem nicht unwesentlichen Faktor der „Ursachen" der Massearmut von Konkursen anzusetzen; *Dorndorfs* Vorschlag setzt aber voraus, dass man sich gegen eine über achtzig Jahre währende Entwicklung der Anerkennung publizitätsloser Sicherheiten stemmt – was auf erheblich größere Schwierigkeiten stoßen würde, als eine „insolvenzrechtsimmanent" bleibende Diskussion.

72 Hierzu eingehend *Häsemeyer*, KTS 1984, 507 ff.; *Bauer*, Ungleichbehandlung der Gläubiger im geltenden Insolvenzrecht, 2007.

73 *Kilger/K. Schmidt*, Konkursordnung, 16. Aufl. 1993, § 4 Anm. 3.

74 *Prütting*, in: Kübler/Prütting, Kommentar zur Insolvenzordnung, Einleitung Rn. 18 ff.; *Häsemeyer*, Insolvenzrecht, 3. Aufl. 2003, Rn. 4.03; *Stürner*, in: MünchKomm, InsO, 1. Aufl. 2001, Einl. Rn. 35 ff.

in Rechte gesicherter Gläubiger weithin vermieden werden sollten. Schließlich wurde die InsO 1994 verabschiedet, trat aber erst 1999 in Kraft.

c) Herstellung der deutschen Rechtseinheit. Für die legislatorischen Aktivitäten im insolvenzrechtlichen Bereich waren schließlich zwei Rahmendaten von Bedeutung: nämlich die Notwendigkeit der europäischen Rechtsvereinheitlichung – Stichwort 1. Januar 1993 – einerseits und die nach dem Zusammenbruch der DDR in den achtziger Jahren in jeder rechtspolitischen Überlegung bedeutsame innerdeutsche Rechtsanpassung andererseits.[75] Der Gesetzgeber sah sich im Übrigen dadurch in „Zugzwang" gesetzt[76], dass durch den EinigV in den fünf neuen Bundesländern und in Ostberlin die Gesamtvollstreckungsordnung (GesO) und das Gesetz über die Unterbrechung von Gesamtvollstreckungsverfahren (GUG) als Insolvenzrecht der DDR – wenngleich in stark modifizierter Form – bis zum Inkrafttreten der InsO fortgalten.[77] 36

d) Reform der InsO. Die Regelungen der InsO sind schon vor (!) und bereits kurze Zeit nach deren Inkrafttreten legislatorischen Revisionen unterzogen worden, von denen insbesondere die Einführung einer Verfahrenskostenstundung mit der Reform im Dezember 2001[78] hat der Gesetzgeber u.a. die Forderungen der Bundesanstalt für Arbeit (BfA) wegen erfolgter Insolvenzgeldleistungen von Masseforderungen gemäß § 55 Abs. 2 InsO zu einfachen Insolvenzforderungen zurückgestuft, um die Finanzierung des Insolvenzverfahrens zu erleichtern. Die InsO und die insolvenzrechtlichen Nebengesetze befinden sich nach wie vor in in ständiger Umarbeitung – was den Zugang zu diesem Rechtsgebiet nicht erleichtert und seine Kalkulierbarkeit erschwert, was aus wirtschaftspolitischen Gründen zu beklagen ist. Dies alles geht so weit, dass der Gesetzgeber sich nicht enthalten hat, aus wahltaktischen Gründen im Jahr 2002 temporär für bestimmte Personenkreise (im „Flutopfersolidaritätsgesetz") die Anfechtungsfristen auszusetzen.[79] All das setzt die Berechenbarkeit des so wichtigen Insolvenzrechts herab. Zur Verbesserung der Einnahmesituation des Bundeshaushalts ist im HaushaltsbegleitG 2011 ein § 55 Abs. 4 InsO eingeführt worden, mit dem durch den Schuldner im Eröffnungsverfahren begründete Steuerverbindlichkeiten als Masseverbindlichkeiten qualifiziert werden, was den Intentionen der Insolvenzrechtsreform glatt zuwider läuft und einen groben Systembruch darstellt. 37

2. Ziele des Reformgesetzgebers[80]

a) Erleichterung der Verfahrenseröffnung und Verbesserung der Gläubigergleichbehandlung. Mit der Reform sollte zunächst die Flut mangels Masse abgelehnter Eröffnungsanträge eingedämmt werden. Durch die Beschränkung der durch die Masse abzudeckenden Kosten (§§ 26, 54 InsO – unten § 29 Rn. 4 ff.) und durch die Statuierung einer persönlichen Haftung der Gesellschaftsorgane wegen unterlassener oder verspäteter Antragsstellung hoffte der Reformgesetzgeber dieses Ziel zu erreichen. 38

---

75 RegE InsO, Vorblatt Pkt. a), BT-Drs. 12/2443, 1; *Kießner,* in: Braun, InsO, 2. *Aufl.* 2004, Vor § 1 Rn. 15.
76 Bemerkenswert ist, dass die Ministerialbürokratie, die für die insolvenzrechtlichen Regelungen des EinigV ebenso wie für das Betreiben der Insolvenzrechtsreform zuständig ist, die Fortgeltung der GesO bewusst als Instrument eingesetzt hat, um dem Gesetzgeber einen entsprechenden Reformbedarf deutlich zu machen.
77 Vgl. hierzu *Smid* (Hrsg.), Gesamtvollstreckungsordnung, 3. Aufl. 1996/1997, Einl. Rn. 10 ff.
78 *Smid,* DZWIR 2002, 221 ff.
79 Krit. *Bähr/Smid,* DZWIR 2002, 455 f.
80 *Balz,* in: Kölner Schrift zur Insolvenzordnung, 2. Aufl. 2000, S. 3 ff., 5 ff. (Rn. 8 ff.); *Gottwald,* in: Gottwald, Insolvenzrechts-Handbuch, 3. Aufl. 2006, § 1 Rn. 42 ff.; *Uhlenbruck,* in: Uhlenbruck, InsO, 12. Aufl. 2003, § 1 Rn. 5, 14; *Kießner,* in: Braun, InsO, 2. Aufl. 2004, Vor § 1 Rn. 14 ff.

39 Mit der Abschaffung von Konkursvorrechten des § 61 KO[81] verfolgt der Gesetzgeber das Ziel, die Gleichbehandlung der Insolvenzgläubiger von sozialen Zielsetzungen zu entlasten. Bemühungen[82], im Insolvenzanfechtungsrecht Fiskus und Sozialversicherungsträger von Insolvenzanfechtungen freizustellen, sind vor diesem Hintergrund bedenklich. Das Anfechtungsrecht stellt – wie noch zu zeigen sein wird – die Kernaufgabe des Insolvenzrechts sicher, die Gleichbehandlung der Gläubiger zu gewährleisten. Gläubigerprivilegien sind mit dem Inkrafttreten der Insolvenzordnung 1999 weitgehend abgeschafft worden.

40 **b) Einheitlichkeit des Insolvenzverfahrens.** Nach einer in der Literatur[83] vielzitierten Vorstellung des Reformgesetzgebers soll sich das neue Insolvenzrecht dadurch auszeichnen, in einem einheitlichen Insolvenzverfahren die Option sowohl für die Universalexekution in das schuldnerische Vermögen als auch für die Sanierung des schuldnerischen Unternehmensträgers zu bieten. Unter dem Dach einer *einheitlichen Kodifikation* – die in der Tat ein besonderes, dem Konkurs vorgeschaltetes Vergleichs- als Abwendungsverfahren vermeidet – werden freilich verschiedenartige Verfahren geregelt, die sich bis hinein in ihre Eröffnungsvoraussetzungen nachhaltig voneinander unterscheiden: Das allgemeine Insolvenzverfahren zur Realisierung der Haftung eines Schuldners unterscheidet sich von dem zur Unternehmensträgersanierung eingeleiteten unter Eigenverwaltung durchzuführenden Insolvenzplanverfahren, das besondere Voraussetzungen und Strukturen aufweist; von diesen Verfahren unterscheidet sich wiederum das Partikularinsolvenzverfahren mit Auslandsbezug.

41 Mit der InsO wollte der Gesetzgeber weiter auf eine seit langem erhobene Kritik am Konkurs als Verfahren einer „Wertvernichtung"[84] reagieren. Freilich sind gegen diese Art der Darstellung auch Einwände erhoben worden. So ist behauptet worden,[85] durch die Insolvenz entstehe kein volkswirtschaftlicher Schaden, da die Werte, die bei der Verwertung der Masse umgeschichtet werden, volkswirtschaftlich nicht verloren seien. Das ist indes nur eingeschränkt richtig, da selbst dann, wenn man davon ausgehen könnte, dass im Gefolge des Konkurses keine Werte vernichtet werden, diese Ansicht wenigstens die erheblichen Transaktionskosten[86] außer Acht lässt, die im Zusammenhang des Verfahrens anfallen. Der Reformgesetzgeber hat mit den Rechtsinstituten des Insolvenzplans und der Eigenverwaltung des Schuldners Instrumentarien bereit gestellt, die den Verfahrensbeteiligten Alternativen zur Liquidation des schuldnerischen Vermögens und zur Entmachtung des Schuldners durch Einsetzung eines Insolvenzverwalters eröffnen.[87]

42 **c) Deregulierung und Gläubigerautonomie.** Ein ausdrückliches Ziel des Reformgesetzgebers war die „Deregulierung" des Insolvenzrechts.[88] Versteht man darunter Sparsamkeit mit dem Instrumentarium gesetzlich anordnender Regelung, ist dieses

---

81 *Smid,* KKZ 1995, 205 ff.; *Kießner,* in: Braun, InsO, 2. Aufl. 2004, § 1 Rn. 7.

82 Entwurf eines Gesetzes zum Pfändungsschutz der Altersvorsorge und zur Anpassung des Rechts der Insolvenzanfechtung vom 15. 8. 2005, BR-Drs. 618/05; krit. *Smid,* DZWIR 2005, 414 ff. und *Zeuner* in: Smid (Hrsg.), Große Insolvenzrechtsreform 2006, S. 244, S. 247 ff.

83 Vgl. allein *Balz,* in: Kölner Schrift zur Insolvenzordnung, 2. Aufl. 2000, S. 1, 8 (Rn. 19); *Gottwald* in: Gottwald, Insolvenzrechts-Handbuch, 3. Aufl. 2006, § 1 Rn. 42; *Ganter,* in: MünchKomm, InsO, 1. Aufl. 2001, § 1 Rn. 9 ff.; *Kießner,* in: Braun, InsO, 2. Aufl. 2004, Vor § 1 Rn. 16; *Pape,* in: Uhlenbruck, InsO, 13. Aufl. 2010, § 1 Rn. 4.

84 Häufig zitiert wird in diesem Zusammenhang *Jaeger* (Fn. 71), S. 16.

85 *Hess/Binz,* Der Konkurs der Insolvenzrechtsreform, 1987, S. 9.

86 Vgl. *Ott/Schäfer,* Ökonomische Analyse des Zivilrechts, 3. Aufl. 1999.

87 Zu den Verbindungen zum US-Amerikanischen Recht vgl. Vorauflage Kap. 1 Rn. 37.

88 Amtl. Begr. zum RegEInsO, Allg. Teil 3 a cc), BT-Drs. 12/2443, 78; *Ganter,* in: MünchKomm, InsO, 1. Aufl. 2001, § 1 Rn. 46; *Kießner,* in: Braun, InsO, 2. Aufl. 2004, § 1 Rn. 9; *Uhlenbruck,* in: Uhlenbruck, InsO, 12. Aufl. 2003, § 1 Rn. 9.

Ziel schlechthin verfehlt, denn an die Stelle der einfachen Systematik der KO, an die sich die VerglO angeschlossen hat, ist mit der InsO ein im Umfang angeschwollenes und in sich komplizierter gewordenes Regelwerk getreten. Ebenso wenig, wie der Gesetzgeber die „Regelungsdichte“ des Insolvenzrechts herabgefahren hat, ist durch die InsO die autonome Verfahrensgestaltung durch die Gläubiger gefördert worden: Im Gegenteil sind durch eine Vielzahl von ineinander verschränkten Mitwirkungsrechten von Gläubigern *und* Schuldner am Ende Entscheidungsbefugnisse und -zwänge des Insolvenzgerichts getreten. An die Stelle des weitgehend autonom gestalteten Verfahrens nach der KO ist ein von weit reichenden gerichtlichen Eingriffszwängen bestimmtes Insolvenzverfahren getreten. Sein Ziel einer Verfahrensderegulierung hat der Gesetzgeber nicht überall erreicht.

Mit dem nunmehr in Kraft getretenem Gesetz über die weitere Erleichterung der Sanierung von Unternehmen (ESUG) wird durch eine frühzeitige Beteiligung der Gläubiger namentlich an der Auswahl des Insolvenzverwalters deren Stellung im Insolvenzverfahren gestärkt. 43

Der vorliegende Entwurf mutet schwerfällig an und kann durchaus, würde er umgesetzt, in praxi zu Behinderungen des Verfahrens führen. Gegen das Modell des vorliegenden Regierungsentwurfs kann man viele Einwendungen erheben. Ein gesetzlicher Appell an derzeit noch deutlich über einhundert deutsche Insolvenzgerichte, dem Detmolder Modell zu folgen und im Wege des „good will“ Gläubiger frühzeitig zu beteiligen, wäre aber aller Wahrscheinlichkeit nach völlig erfolglos geblieben, wofür bereits die im Schrifttum laut gewordenen Stellungnahmen der Insolvenzrichter sprechen. Da aber das Ziel des vorliegenden ESUG, den Gläubigereinfluss auf das Verfahren zu stärken, durchweg legitim ist, ist das dabei eingesetzte Mittel, so sperrig es anmutet, richtig – da die gegenwärtige Erkenntnis eine Alternative nicht aufscheinen lässt. 44

III. Rechtsquellen des geltenden Insolvenzrechts

1. Europäische Verordnung über Insolvenzverfahren

Seit dem 31. Mai 2002 gilt es, in Deutschland als unmittelbar geltendes Recht die **EuInsVO**[89] anzuwenden. Der unmittelbare Anwendungsbereich der EuInsVO liegt in Fällen, die grenzüberschreitend für mehrere Mitgliedsstaaten der EU Bedeutung haben.[90] Allerdings wird darauf aufmerksam gemacht, dass von der EuInsVO über Ausführungsregelungen hinaus[91] Wirkungen auf die Insolvenzrechte der Mitgliedsstaaten der EU ausgehen[92], auf die an verschiedenen Stellen hinzuweisen sein wird. Jedenfalls europaweit genießen Hoheitsakte der Insolvenzgerichte nunmehr universelle Wirkungen (vgl. Art. 16ff. EuInsVO), was der geschilderten Funktion des Insol- 45

89 Verordnung (EG) Nr 1346/2000 des Rates über Insolvenzverfahren vom 29. 5. 2000, Nr. L 160, 1.
90 Mit Ausnahme Dänemarks, das wegen der EuInsVO einen Vorbehalt geltend gemacht und die Verordnung nicht in sein Recht inkorporiert hat.
91 Hierzu *Paulus*, in: FS Kreft, 2003, S. 469ff.
92 *Smid*, Europäisches internationales Insolvenzrecht, Wien 2002, Kap. 2 Rn. 1 ff. et passim.

venzverfahrens entspricht. Die EuInsVO hat *auch* die Aufgabe, Lücken in der Normierung der internationalen Zuständigkeit zu schließen, die sich auf Grund des Ausschlusstatbestandes des Art. 1 Abs. 2 Nr. 2 EuGVÜ ergeben haben und die durch die EG-Verordnung Nr. 44/2001 mit Blick auf die EuInsVO offen gehalten hat.[93] Anders als die Vorentwürfe zum nicht ratifizierten EuInsÜ, die eine weitgehende *vis attractiva concursus*[94] vorsahen, setzt die EuInsVO eine solche nicht voraus.[95]

a) **Kollektive Schuldenregelungen**[96]. Die EuInsVO trifft Regelungen für „Gesamtverfahren", welche die Insolvenz des Schuldners voraussetzen und den vollständigen oder teilweisen Vermögensbeschlag des Schuldners sowie die Bestellung eines Verwalters zur Folge haben (Art. 1 Abs. 1).[97] Der Begriff des „Gesamtverfahrens"[98] wird durch die Legaldefinition des Art. 2 lit. a als „Insolvenzverfahren" bezeichnet, die von Gesetzes wegen durch Anhang A definiert werden.[99] Insolvenzverfahren[100] i. S. v. Art 1 sind daher neben den liquidierenden Konkursverfahren (vgl. Art. 2 lit. c und Anhang B) **alle Verfahren kollektiver Schuldenregelungen**[101] wie bspw. in Österreich der Ausgleich, concordato preventivo, ammistrazione controllata und straordinaria in Italien oder concordat judiciaire und le réglement collectif de dettes in Belgien, um beispielhaft nur drei Länder zu nennen. Das universelle Geltung beanspruchende Hauptinsolvenzverfahren umfasst gem. Art. 3 Abs. 1 und Art. 2 lit. a i. V. m. Anhang A also auch Sanierungsverfahren. Das Gesamtverfahren muss einen universellen Beschlag des Vermögens des Insolvenzschuldners beanspruchen und verwirklichen. Dies ergibt sich eigentlich „von selbst", denn ohne diesen Anspruch bestünde für ein internationales Insolvenzrecht mit grenzüberschreitenden Wirkungen kein Raum.

Die EuInsVO erfasst nur solche Verfahren, die eine „Insolvenz" des Schuldners voraussetzen. Verfahren, die durch andere Ursachen ausgelöst werden, fallen dagegen nicht in den Anwendungsbereich der EuInsVO.[102] Dunkel bleibt dabei, ob z. B. ein auf Grund **drohender Zahlungsunfähigkeit** des Schuldners auf seinen Eigenantrag hin (vgl. § 18 Abs. 2 InsO oder § 1 Abs. 1 öAO[103]) eingeleitetes Verfahren die „Insolvenz" des Schuldners i. S. v. Art. 1 Abs. 1 „voraussetzt". Dies ist in der Literatur[104] bezweifelt worden, was jedoch nicht unplausibel ist, bedenkt man die Intentionen, die mit der Einführung eines Eröffnungsgrundes der drohenden Zahlungsunfähigkeit verbunden waren.[105] Allerdings darf nicht unbeachtet bleiben, dass die Einleitung eines Insolvenzverfahrens im Regelfall zur *materiellen Insolvenz*

---

93 *Wimmer,* in: Frankfurter Kommentar, 4. Aufl. 2006, Anhang I Rn. 77.

94 Krit dagegen *Jahr,* in: Kegel, Vorschläge und Gutachten zum Entwurf eines EG-Konkursübereinkommens, 1998, S. 305 ff.

95 *Wimmer,* in: Frankfurter Kommentar, 4. Aufl. 2006, Anhang I Rn. 77.

96 Vgl. auch UNCITRAL-guide Nr. 23.

97 *Virgos/Schmit,* in: Stoll, Vorschläge und Gutachten, 1997, Nr. 48 u 49; *Leible/Staudinger,* KTS 2000, 541; *Fritz/Bähr,* DZWIR 2001, 222; *Huber,* ZZP Bd. 114, 135; *Wimmer,* in: Frankfurter Kommentar, 4. Aufl., Anhang I Rn. 71; *Potthast,* Probleme eines Europäischen Konkursübereinkommens, 1995, S. 22 ff.

98 *Fritz/Bähr,* DZWIR 2001, 230, Fn. 143 zitieren zu Recht den Wortstamm des Konkurses; vgl. auch *Gottwald,* Grenzüberschreitende Insolvenzen, 1. Aufl. 1997, S. 1. Aufl. 1997, S. 18; *Spahlinger,* Sekundäre Insolvenzverfahren, 1998, S. 249 f.

99 *Leipold,* in: Stoll, Vorschläge und Gutachten, 1997, S. 187, 189, weist darauf hin, dass die Existenz des Anhanges A zeigen würde, wie wenig Vertrauen der Verordnungsgesetzgeber in die Auslegungsfähigkeit des Art. 1 Abs. 1 gelegt hat.

100 *Virgos/Schmit,* in: Stoll, Vorschläge und Gutachten, 1997, Nr. 62; *Fritz/Bähr,* DZWIR 2001, 223.

101 *Potthast,* Probleme eines Europäischen Konkursübereinkommens, 1995, S. 23 ff.

102 *Virgos/Schmit,* in: Stoll, Vorschläge und Gutachten, 1997, Nr. 49, lit b.

103 *Dr. Franz Mohr* hat darauf aufmerksam gemacht, dass bei der Beurteilung der drohenden Zahlungsunfähigkeit in Österreich auch künftig fällige Verbindlichkeiten zu berücksichtigen sind.

104 *Leipold,* in: Stoll, Vorschläge und Gutachten, 1997, S. 187.

105 Vgl. *Ritter v. Onciul,* Die rechtzeitige Auslösung des Insolvenzverfahrens, 2000, S. 106 ff. et passim.

des Eigenantrag stellenden Schuldners führt, da die Gläubigerbanken im Regelfall die Kreditlinien kündigen.[106]

b) Einsetzung eines Verwalters. Weiter müssen sich die dem Anwendungsbereich der EuInsVO unterliegenden Verfahren durch einen vollständigen Vermögensbeschlag gegen den Schuldner und die Anordnung des **Verlustes seiner Verwaltungs- und Verfügungsbefugnis** über die Massegegenstände auszeichnen,[107] was zwangsläufig die Einsetzung eines Verwalters erfordert, der entweder an die Stelle des Schuldners tritt oder dessen Geschäftstätigkeit in der Konstellation einer Eigenverwaltung (so im deutschen oder z. B. im Fall der *ammistrazione controllata* des italienischen Insolvenzrechts) tritt.[108] 46

Wiewohl die EuInsVO allein grenzüberschreitende Insolvenzen betrifft, strahlen ihre Regelungen nachhaltig auf die nationalen Insolvenzrechte der Mitgliedsstaaten der EU ab und lösen einen Anpassungsdruck innerhalb des *deutschen* Insolvenzrechts aus. 47

Bei der EuInsVO handelt es sich nicht um einen völkerrechtlichen Vertrag, dessen Wirksamkeit die Ratifikation durch dessen Signalstaaten bedarf. Die EuInsVO entfaltet als Sekundärrechtsakt gem. Art. 249 Abs. 2 S. 2 EGV in jedem Mitgliedstaat der EU unmittelbare Geltung. Ausgenommen hiervon ist Dänemark (Art 1 und 2 des Protokolls über die Position Dänemarks, das dem Vertrag über die EU und dem EGV beigefügt ist[109]). Das Vereinigte Königreich und Irland haben entsprechend Art. 3 des Protokolls über die Position des Vereinigten Königreichs und Irlands, das ebenfalls im Vertrag über die EU und dem EGV beigefügt ist, die Beteiligung und Annahme der EuInsVO mitgeteilt.[110] 48

2. Insolvenzordnung

Die **Insolvenzordnung** (InsO), die im Jahr 1994 vom Deutschen Bundestag verabschiedet wurde und am 1. Januar 1999 in Kraft getreten ist, bildet den *Hauptkorpus* der Gesetzesvorschriften des deutschen Insolvenzrechts. 49

Die InsO ist bereits vor und auch nach ihrem Inkrafttreten erheblichen Änderungen unterworfen worden, die zu einem Teil europäischen Rechtsänderungen geschuldet waren, überwiegend aber Reaktionen des Gesetzgebers auf nachhaltige Kritik aufgrund schlechter Erfahrungen der Praxis mit dem geltenden Recht darstellten.[111] 50

3. Weitere insolvenzrechtliche Gesetze

a) EGInsO. Das **Einführungsgesetz zur Insolvenzordnung** (EGInsO) normiert neben allfälligen Übergangsvorschriften, die insbesondere für das materielle Insolvenzrecht von Bedeutung sind, in seinem Art. 102 die deutschen Ausführungsvorschriften für die Anwendung der EuInsVO. Die **Verordnung zur öffentlichen Bekanntmachung in Insolvenzverfahren im Internet** v. 12. 2. 2002 (aufgrund § 9 Abs. 2 Sätze 2 und 3 InsO) schafft die Grundlage dafür, die sowohl kostenträchtige als auch zeitraubende Veröffentlichung insolvenzrechtlicher Entscheidungen in Druckmedien zugunsten der Internetbekanntmachung abzulösen. Die **Vergütung der professionell mit der Insolvenzabwicklung beschäftigten Personen** (Insolvenzverwalter, vorläu- 51

---

106 Im Ergebnis *Balz*, ZIP 1996, 948, Fn. 4.
107 *Virgos/Schmit*, in: Stoll, Vorschläge und Gutachten, 1997, Nr. 49, lit. c.
108 *Virgos/Schmit*, in: Stoll, Vorschläge und Gutachten, 1997, Nr. 49, lit. d; *L. Busch* (Fn. 42).
109 Grund Nr. 33.
110 Grund Nr. 32.
111 Erster und Zweiter Bericht der Kommission für Insolvenzrecht, 1985 und 1986. *Pape/Uhlenbruck*, Insolvenzrecht, 1. Aufl. 2002, Rn. 46 ff.

figer Insolvenzverwalter, Mitglieder des Gläubigerausschusses usf.) wird durch die **InsVV**[112] geregelt. Deren Vergütungssätze werden vom Gesetzgeber[113] an ggf. veränderte Bedingungen angepasst. Die **Verordnung zur Einführung von Vordrucken für das Verbraucherinsolvenzverfahren und das Restschuldbefreiungsverfahren** (VerbrInsVV) regelt die Formalisierung dieser Verfahren und wird auch nach Einführung des vereinfachten Entschuldungsverfahrens weiter von Bedeutung sein. Der Gesetzesentwurf der Bundesregierung vom 23. 1. 2007 sieht in seinem Art. 2 ein Gesetz über die Insolvenzstatistik (InsStatG) vor. Insolvenzverfahrensrechtliche Regelungen trifft das **Gesetz über die gemeinsamen Rechte der Gläubiger von Schuldverschreibungen** v. 4. Dezember 1899 (SchVG)[114] insbesondere in seinen §§ 18 und 19; die Bedeutung dieses Gesetzes ist in Fällen wie z.B. der Brokat AG und der Wohnungsbaugesellschaft Leipzig-West AG oder in der jüngsten Vergangenheit der SolarMillenium AG wieder in den Blick gerückt. Insolvenzverfahrensrechtliche Regelungen treffen weiter das GVG, die ZPO (§ 240) und § 3 Nr. 2 lit. e und § 18 RPflG. Für Unternehmen des Finanzdienstleistungssektors regeln die §§ 46b KWG[115], 88 VAG Insolvenzfälle.

52 **b) Normen des GmbHG.** Zum Bestand insolvenzanfechtungsrechtlicher Regelungen zählten bis zum Inkrafttreten des MoMiG die Vorschriften über die Behandlung von **Eigenkapitalersatz** in **§ 32a GmbHG.**[116] Umstritten ist, ob die Normierung von Insolvenzantragspflichten in **§ 64 GmbHG** insolvenzrechtlicher Natur sind, wogegen spricht, dass es sich dabei um spezifisch gesellschaftsrechtliche Anforderungen an das Handeln der organschaftlichen Vertreter der Gesellschaft handelt.[117]

IV. Außergerichtliche Sanierung[118] als Alternative zum gerichtlichen Insolvenzverfahren?

1. Abwendung des Insolvenzverfahrens und Rettung volkswirtschaftlicher Werte als Entscheidungsprozess

53 **a) Krisenmerkmale.** Das Eintreten der Insolvenzgründe, die im Folgenden (unten § 3 Rn. 4ff.) näher darzustellen sein werden, zeichnet sich allerdings regelmäßig weit vor der tatsächlichen Eröffnung des Insolvenzverfahrens ab. Die Krise des Unternehmens lässt sich an verschiedenen betriebswirtschaftlichen Indikatoren ablesen. Man spricht betriebswirtschaftlich von einer Krise, wenn sich das baldige Eintreten von Über-

112 *Smid,* in: Smid, InsO, 2. Aufl. 2001, Anhang 2.
113 Krit. gegen eine „Normenkontrollkompetenz" des BGH: *Smid,* DZWIR 2004, 265 ff.
114 *Vogel,* Die Vergemeinschaftung der Anleihegläubiger und ihre Vertretung nach dem Schuldverschreibungsgesetz, 1999.
115 *Pannen,* Krise und Insolvenz bei Kreditunternehmen, 2. Aufl. 2006.
116 *Haas,* NZI 2001, 1 ff.; *Pape/Uhlenbruck,* Insolvenzrecht, 1. Aufl. 2002, Rn. 66.
117 Vgl. aber BGH v. 21.7 2011 – IX ZR 185/10: Europarechtlich handelt es sich nach Art. 3 Abs. 1 EuInsVO um Rechtsnormen die, soweit sie den Rang von Forderungen betreffen, Insolvenzrecht sind.
118 *Oberle,* in: Wellensiek-F., 2011, 73 ff.; zu deren „Verfahren" *Eidenmüller* (Fn. 3), S. 261 ff.; früher *Künne,* Außergerichtliche Vergleichsordnung, 7. Aufl. 1968; *Ganter,* in: MünchKomm, InsO, 1. Aufl. 2001, § 1 Rn. 85 ff.; *Pape,* in: Uhlenbruck, InsO, 13. Aufl. 2010, § 1 Rn. 6.

schuldung oder Zahlungsunfähigkeit – die bereits dem überkommenen Insolvenzrecht bekannten Gründe für die Eröffnung eines Insolvenzverfahrens – *absehen* lässt.[119] Krise heißt allerdings, dass für das Unternehmen noch eine Abwendung der Insolvenz in Betracht kommt.[120] Es muss also die Möglichkeit einer „Wendung für das Unternehmen" bestehen.[121] Rechtlich folgen daraus Aufklärungs- und Warnpflichten des Wirtschaftsprüfers, der darauf hinweisen muss, wenn ihm bei seiner Prüfung schwerwiegende Bedenken gegen die Geschäftsführung, Rentabilität oder die Liquidität eines Unternehmens kommen,[122] was seinen Niederschlag in § 166 Abs. 2 AktG und § 321 Abs. 2 HGB gefunden hat. Nach § 321 Abs. 1 Satz 4 HGB hat der Wirtschaftsprüfer zudem über nachteilige Veränderungen der Vermögens-, Finanz- und Vertragslage, wesentliche Verluste, bestandsgefährdende sowie entwicklungsbeeinträchtigende Tatsachen zu berichten, die ihm bei der Prüfung aufgefallen sind. All diese, vom Wirtschaftsprüfer zu berichtenden Tatsachen[123], lassen sich als Indikatoren der Krise eines Unternehmens überschreiben.[124] Der Stand der wirtschaftsberatenden Berufe im weitesten Sinne (vom diffusen Berufsbild des sogenannten Unternehmensberaters ohne jede Sach- und Rechtskunde bis zu dem unter strengen Berufspflichten arbeitenden und wohlausgebildeten Steuerberater und vereidigten Buchprüfers) scheint prädestiniert zu sein, in diesem Zusammenhang tätig zu werden.

Beschreibt man die Krise des Unternehmens als eine Entscheidungssituation, in der sich entweder die Notwendigkeit einer Liquidation oder die Möglichkeit einer Sanierung des Unternehmens abzeichnet, stellen sich zwei Fragen: Zum einen die nach den Entscheidungs*kriterien,* zum anderen die nach dem zu wählenden *Instrumentarium,* was in den Blick bringt, wie angesichts der Krise zu verfahren ist. **54**

„Krise" des Unternehmens ist dabei ein schillernder Begriff, der sich aber durchaus schärfer fassen lässt[125]: Setzt eine Krise der „stakeholder" ein – verlieren die Inhaber die Fähigkeit, innovations- und motivationsfördernd auf das Unternehmen und seine Mitarbeiter einzuwirken – folgt dieser Lage eine Strukturkrise des Unternehmens nicht selten auf dem Fuße, dessen Außenwirkung beeinträchtigt wird. In beiden Phasen mag betriebswirtschaftlicher Rat sinnvoll sein (zur *Haftung* des Beraters unten Rn. 57). Die spezifisch *insolvenzrechtliche* Frage von Sanierung oder Liquidation stellt sich, sobald das Unternehmen nur noch unter going concern-Werten bilanzieren kann, um eine Überschuldungsbewertung (unten § 3 Rn. 59ff.) zu vermeiden. Schon in dieser Phase ist für eine Sanierung der Einsatz des insolvenzrechtlichen Instrumentariums (besonders des Insolvenzplans, unten §§ 29ff.) unerlässlich. Dies gilt stärker noch für die „Endphase" der wirtschaftlichen Krise des Unternehmensträgers, in der es zu Liquiditätsschwierigkeiten bis hin zur Zahlungsunfähigkeit (unten § 3 Rn. 45) kommt. **55**

---

119 *Druckarczyk/Brückner,* in: Gottwald, Insolvenzrechts-Handbuch, 3. Aufl. 2006, § 2 Rn. 1; vgl. aus betriebswirtschaftlicher Sicht: *Kühn,* Insolvenzindikatoren und Unternehmenskrise, 1991; *Ganter,* in: MünchKomm, InsO, 1. Aufl. 2001, § 1 Rn. 89; *Hirte,* in: Uhlenbruck, InsO, 12. Aufl. 2003, § 131 Rn. 30f.

120 *Witte,* in: *Bratschitsch/Schnellinger* (Hrsg.), Unternehmenskrise – Ursachen, Frühwarnung, Bewältigung, 1981, S. 9ff. Aus insolvenzrechtlicher Sicht: *Bichlmeier/Engberding/Oberhofer,* Insolvenzhandbuch, 1998, S. 33ff., 35ff.

121 *Maus,* in: Gottwald, Insolvenzrechts-Handbuch, 3. Aufl. 2006, § 2 Rn. 3.

122 BGH, Urt. v. 15. 12. 1954 – II ZR 322/53 – BGHZ 16, 17ff. – NJW 1955, 499.

123 Für den Wirtschaftsprüfer wird die Einhaltung der ihm nach § 15 WPO obliegenden Sorgfaltspflichten künftig überlebensnotwendig sein, da dem Insolvenzverwalter die Durchsetzung entsprechender Schadenersatzansprüche (§ 823 Abs. 2 BGB i. V. m. § 15 WPO) nach § 92 InsO obliegt, vgl. *Smid,* Insolvenzordnung, 2. Aufl. 2001, § 92 Rn. 7.

124 *Druckarczyk/Brückner,* in: Gottwald, Insolvenzrechts-Handbuch, 3. Aufl. 2006, § 2 Rn. 5ff.

125 Dabei verdanke ich viel den Untersuchungen von Dr. *Paul Groß,* Düsseldorf.

56 **b) Betriebswirtschaftliche Konsequenzen.** Zunächst zu den Entscheidungskriterien, die sich vordergründig einer strengen juristischen Betrachtungsweise zu entziehen scheinen. Hier scheint der betriebswirtschaftliche Fachmann gefragt zu sein, der mit Zahlenmaterial und eindrucksvoll grafisch aufbereiteten Statistiken aufzuwarten gewohnt ist.

57 **c) Schuldennachlass und Abschöpfung des „Sanierungsgewinns".** Die Krise begründet eine „Sanierungsbedürftigkeit" des Unternehmens, sofern der Zustand des Unternehmens es dazu geeignet erscheinen lässt, vor der Liquidation bewahrt zu werden. Kann das Unternehmen nach kaufmännischen Gesichtspunkten betrachtet ohne Eingreifen der Gläubiger und ohne Schuldnachlass nicht mehr in ordnungsgemäßer, ertragsfähiger Weise weitergeführt werden[126] und kann das Unternehmen durch eine Sanierung gerettet werden, ergeben sich Alternativen zur Zerschlagung des Unternehmens. Rechtsgrundlage des steuerfreien Sanierungsgewinns war § 3 Nr. 66 EStG,[127] dessen Novellierung, die eine Besteuerung des Sanierungsgewinns mit sich brachte, was Sanierungsversuche oft ausschloss.[128] Die Besteuerung von Sanierungsgewinnen wird aber mittlerweile entsprechend der *überkommenen* Regelung des § 3 Nr. 66 EStG auf Grundlage des BMF-Erlasses vom 27. 3. 2003[129] faktisch[130] regelmäßig erlassen.[131]

2. Risiken der außergerichtlichen Sanierung[132]

58 Das Licht der wenigstens dem politisch relevanten Insolvenzverfahren eigenen Publizität scheint in der Großzahl der Fälle einer Sanierung Abbruch zu tun, die der Stille der Bemühungen der Beteiligten bedarf. In dieser Stille tun sich aber für die Beteiligten nicht selten Abgründe auf, die schlechthin übersehen werden, gibt man sich dem verführerischen Reiz betriebswirtschaftlicher Rentabilitätsberechnungen usf. hin. Die hoffnungsfroh erstellte Sanierungsplanung kann sich im Falle des Scheiterns als Insolvenzbetrug und Insolvenzverschleppung (§§ 283 ff. StGB)[133] darstellen; neben den strafrechtlichen Konsequenzen ergeben sich erhebliche haftungsrechtliche Folgen.[134]

59 So hat der BGH[135] die schadenersatzrechtliche Haftung[136] auch der anwaltlichen Berater von Gesellschaftsvorständen für den Fall bejaht, dass die Beratung zu einer Verzögerung von Antragsstellungen

---

126 RFH, Urt. v. 2. 3. 1937 – I A 305/36 – RFH 41, 111; BFH, Urt. v. 12. 3. 1970 – IV R 39/69 – BStBl. II 1970, 518; BFH v. 25. 2. 1972 – VIII R 30/66 – BStBl. II 1972, 531.

127 *Drukarczyk/Brüchner*, in: Gottwald, Insolvenzrechts-Handbuch, 3. Aufl. 2006, § 3 Rn. 81; kritisch zur Streichung von § 3 Nr. 66 EStG *Maus*, NZI 2000, 449 ff.; *Voegeli*, ZInsO 2000, 144 ff.

128 Zur Reformbemühungen wegen § 3 Nr. 66 EstG: vgl. auch Bericht der Bund-Länder-Kommission zur Reform des Insolvenzrechts, ZInsO 2000, 640 ff.

129 BMF-Schreiben v. 27. 3. 2003, IV A 6 – S 2140 – 8/03, BStBl. I 2003, 240 = DB 2003, 796.

130 *Bareis/Kaiser*, DB 2004, 1841, 1843 weisen darauf hin, dass der BMF-Erlass anders als die Regelung vor 1998 Sanierungsgewinne nicht per se von der Steuerpflicht befreit, sondern die faktische Befreiung eine Folge der Ermessensausübung durch die Finanzverwaltung darstellt.

131 Zu den Problemen: *Smid/Rattunde*, Insolvenzplan, 2. Aufl. 2005, Rn. 2.24.

132 Zu den Haftungsgefahren von Geschäftsführern, Vorständen, Gesellschaftern: *Bauer*, ZInsO 2002, 153 ff.; zu denen der Rechtsinstitute: *Dethleffsen*, Chancen und Risiken der Kreditinstitute im Rahmen der Sanierung ihrer Kreditnehmer, 2010.

133 Diesen Zusammenhang zwischen § 283 StGB und § 823 Abs. 2 BGB übersieht *Gawatz*, Bankenhaftung für Sanierungskredite, 1997, Rn. 396–398.

134 Eingehend zur Haftung des außergerichtlichen Sanierers *Smid*, in: Konecny (Hrsg.), 11. Insolvenzforum 2004, 189 ff.; BGH, Urt. v. 26. 10. 2000 – IX ZR 289/99, WM 2001, 98.

135 BGH, Urt. v. 26. 10. 2000 – IX ZR 227/99 – ZInsO 2001, 72 – ZIP 2001, 33.

aufgrund fehlgeschlagener außergerichtlicher Sanierungsbemühungen geführt hat. Mit seinem „Akkordstörerurteil“[137] hat der BGH eine „Pflicht“ von Gläubigern zur Mitwirkung an Versuchen einer außergerichtlichen Sanierung ausdrücklich abgelehnt, was durch die InsO nachdrücklich bestärkt worden ist.[138]

3. Vorteile[139] eines gerichtlich organisierten Sanierungsverfahrens[140]

Unter welchen Voraussetzungen eine Sanierungswürdigkeit (zu diesem, aus dem ab- 60 getanen Vergleichsrecht stammenden Begriff und seiner Bedeutung *nach* der jüngsten Reform näher unten § 39 Rn. 8ff.) eines Unternehmens vorliegt, ist im Einzelnen umstritten.[141] Liegt eine Sanierungswürdigkeit des Unternehmens vor, so können sich die Gesellschaftsorgane im Innenverhältnis zur Gesellschaft bei einer übereilten Antragsstellung schadenersatzpflichtig machen, wenn sie schuldhaft notwendige Sanierungsmaßnahmen unterlassen,[142] da die Gesellschaftsorgane gem. §§ 43 Abs. 2 GmbHG, 93 AktG dafür verantwortlich sind, die zur außergerichtlichen Sanierung des Unternehmens erforderlichen Schritte in einer Krisensituation zu prüfen.[143] Im Übrigen darf die Geschäftsführung der GmbH auch im Rahmen der Antragspflicht des § 64 Abs. 1 GmbHG die Möglichkeit einer außergerichtlichen Sanierung prüfen.[144] Diese kann dann mit der Antragstellung in die Einleitung eines Insolvenzplanverfahrens übergehen.[145] Die dreiwöchige Antragsfrist des § 15a InsO ist allerdings eine Höchstfrist, deren Ablauf durch außergerichtliche Vergleichsbemühungen nicht gehemmt wird.[146]

An dieser Stelle kann nicht auf die verschiedenen Techniken von Sanierungsbemühungen und- 61 praktiken sowie deren gesetzliche Voraussetzungen eingegangen werden. Es ist aber darauf hinzuweisen, dass in der Literatur oftmals geltend gemacht wird, Sanierungsbemühungen würden sehr häufig dadurch beeinträchtigt, dass ein Insolvenzverfahren eingeleitet wird.[147] Dabei werden häufig folgende Überlegungen angestellt: Sei erst einmal die Krise des Unternehmens notwendig dadurch *publik* geworden, dass das gerichtliche Insolvenzverfahren durch öffentliche Bekanntmachung den Konkurren-

---

136 Zur allgemeinen Beratungspflicht für Risiken aus dem Mandanten bereits bekannten Gesetzesverstößen auch BGH, Urt. v. 6. 2. 1992 – IX ZR 95/91 – NJW 1992, 1159, 1160; abzul. OLG Celle, Urt. v. 6. 4. 2011 – 3 U 190/10.

137 BGH, Urt. v. 12. 12. 1991 – IX ZR 178/91 – BGHZ 116, 319.

138 Ausdrücklich anders *Eidenmüller* (Fn. 2), S. 555 ff., der von „Kooperationspflichten“ schreibt.

139 *Wittig*, NZI 1998, 49 ff.; *Ganter*, in: MünchKomm, InsO, 1. Aufl. 2001, § 1 Rn. 87.

140 *Eidenmüller* (Fn. 2), S. 49 ff. et passim.

141 *Maus*, in: Gottwald, Insolvenzrechts-Handbuch, 3. Aufl. 2006, § 3 Rn. 3 ff.; *K. Schmidt*, 54. DJT; *Kayser*, BB 1983, 415; *Birk/Kreuzer*, Das Unternehmen in der Krise. Probleme der Insolvenzvermeidung aus rechtsvergleichender Sicht, 1986; *Flosbach*, Sanierungsentscheidungen der Banken, 1988.

142 *K. Schmidt*, ZIP 1988, 1497, 1504; *Lutter/Hommelhoff/Timm*, BB 1980, 737, 739.

143 *Haas*, in: Gottwald, Insolvenzrechts-Handbuch, 3. Aufl. 2006, § 92 Rn. 45; *Schulze-Osterloh*, in: Baumbach, GmbHG, 15. Aufl. 1988, § 64 Rn. 81.

144 *Haas*, in: Gottwald, Insolvenzrechts-Handbuch, 3. Aufl. 2006, § 92 Rn. 45; *Henze-Bauer*, in: Kölner Schrift zur Insolvenzordnung, 2. Aufl. 2000, S. 1311, 1317 Rn. 20.

145 *Henze-Bauer*, in: Kölner Schrift zur Insolvenzordnung, 2. Aufl. 2000, S. 1311, 1318 Rn. 21.

146 BGH, Urt. v. 9. 7. 1979 – II ZR 118/77 – BGHZ 75, 96, 108; *Schulze-Osterloh*, in: Baumbach, GmbHG, 15. Aufl. 1988, § 64 Rn. 44.

147 Zu den Vorteilen einer verdeckten Sanierung *Drukarczyk/Brüchner*, in: Gottwald, Insolvenzrechts-Handbuch, 3. Aufl. 2006, § 3 Rn. 44 ff.; *Künne*, Außergerichtliche Vergleichsordnung, 7. Aufl. 1968, Einleitung S. XXXII; *K. Schmidt*, ZIP 1982, 11.

ten die neue Situation klarmacht, werde eine wirtschaftlich sinnvolle Verwertung des Unternehmens selten möglich sein.

62 Die Sanierung setzt in der Regel Diskretion voraus.[148] Andererseits stellt sich die Stellung eines Insolvenzantrages ebenfalls häufig als unausweichliche Voraussetzung der Sanierung dar. Und im Falle des Auftretens von Krisen im Großunternehmen wird die öffentliche Ankündigung des alsbald zu stellenden Insolvenzantrages vielfach als Instrument der Unternehmensleitung dargestellt, auf die Politik massiv Einfluss zu nehmen, um durch Subventionserteilungen die Schwierigkeiten des Unternehmens (und der betroffenen Region!) abzuwenden. Kommt es nämlich mit den Gläubigern des Unternehmens und gegebenenfalls Subventionsgebern der öffentlichen Hand nicht zu einem angemessenen außergerichtlichen Vergleich, kann sich die Einleitung des Insolvenzverfahrens als sinnvolles Instrument der Voraussetzung einer Sanierung durch den Insolvenzverwalter darstellen.[149] Und das krisenbefallene Unternehmen wird heute häufig die Publizität des Insolvenzverfahrens suchen, um öffentliche Subventionsgeber unter Druck setzen zu können. Es wird noch zu zeigen sein, dass der Insolvenzverwalter zur zeitlich begrenzten Unternehmensfortführung berechtigt ggf. verpflichtet ist (§§ 157, 158 Abs. 2 Satz 2, 160 ff. InsO).[150] Das Insolvenzverfahren als gerichtlich beaufsichtigtes Verfahren bildet ein (ggf. zweites) Moratorium der Geltendmachung von Forderungen durch die Gläubiger, das sowohl anfechtungsfreie Rechtsgeschäfte zur Besicherung der Kapitalgeber einer Sanierung zulässt als auch die allgemeinen Haftungsrisiken vermindert.

63 Das lenkt den Blick zurück auf das *Verfahren* der Insolvenz, das zunächst durch die Einschaltung des Insolvenzgerichts und – wenigstens in den meisten Fällen – die durch das Gericht vorzunehmende Einsetzung eines von den Beteiligten unabhängigen und sachkundigen Insolvenzverwalters gekennzeichnet wird. Damit geht eine „Justizialisierung" der Abwicklung auch einer im Verfahren nach Vorstellung der Beteiligten zu leistenden Sanierung einher, die vordergründig weniger flexibel erscheinen mag als es außergerichtliche Bemühungen stets sein werden. Der *Vorzug* des gerichtlich beaufsichtigten Insolvenzverfahrens liegt aber darin, dass es einen rechtlichen Schlussstrich unter die Unternehmenspolitik zieht, die in die Krise geführt hat.

V. Folgelasten der Reform: Komplizierung des Insolvenzrechts

1. Verselbständigung des Insolvenzrechts

64 Das deutsche Insolvenzrecht bildet sich zusehends zu einer eigenständigen Materie heran, deren Regelungen selbständig neben die des bürgerlichen Rechts und des Zivilverfahrensrechts treten. Damit vollzieht sich in Deutschland eine Entwicklung, wie sie in anderen Rechtsordnungen, namentlich der nordamerikanischen, seit langem zu beobachten war. Das überkommene Konkursrecht war eng auf das allgemeine Zivil- und Zivilverfahrensrecht bezogen, dessen Rechtsinstitute für die des Konkursrechts von unmittelbarer Bedeutung waren. Solange der Konkurs als Gesamtvollstreckung begriffen wurde, waren seine Regelungen mit dem Zivilprozessrecht verbunden; ebenso wie die Begrifflichkeiten des materiellen Konkursrechts ihren Inhalt und Sinn aus dem materiellen bürgerlichen Recht bezogen. An diese Bindung des früheren Konkursrechts an das allgemeine Zivil- und Zivilverfahrensrecht hat der Gesetzgeber nichts ändern wollen. So spricht die Amtliche Begründung zum RegEInsO[151] beispielsweise davon, mit der Neuordnung des Rechts der Verwertung von beweglichem Absonderungsgut solle keine Änderung des Sachenrechts bewirkt werden. Gleichwohl normiert § 51

---

148 *Heinsius*, in: *Birk/Kreuzer*, Das Unternehmen in der Krise. Probleme der Insolvenzvermeidung aus rechtsvergleichender Sicht, 1986, 147.

149 *Künne*, Außergerichtliche Vergleichsordnung, 7. Aufl. 1968; *Kohler-Gehrig*, Außergerichtlicher Vergleich zu Schuldenbereinigung und Sanierung, 1987.

150 *Klopp/Kluth*, in: Gottwald, Insolvenzrechts-Handbuch, 3. Aufl. 2006. § 22 Rn. 45 ff.

151 Amtl. Begr. zum RegEInsO, 4c aa), BT-Drs., 12/2443, 86 f.

Nr. 1 InsO ein Institut des Sicherungseigentums.[152] § 105 InsO weicht, um ein weiteres Beispiel zu nennen, von dem bürgerlichrechtlichen Begriff der teilbaren Leistungen (§ 266 BGB) ab. Weitere Beispiele ließen sich nennen. Deutlicher wird diese Entwicklung im Verhältnis der InsO zur ZPO: Das neue Insolvenzrecht tritt auch aus dem Zusammenhang des allgemeinen Zivilverfahrensrechts heraus. Während das alte Konkursverfahren sich durch außerordentlich sparsame Regelungen auszeichnete, die zwanglos durch den Rückgriff auf zivilprozessuale Normen ergänzt werden konnten, hat bereits der Gesetzgeber eine Reihe eigenständiger Institute des Insolvenzverfahrensrechts geschaffen. Ins Auge fällt dabei besonders das Recht der vorläufigen Maßnahmen des Insolvenzgerichts nach den §§ 21 ff. InsO, das im Unterschied zum alten § 106 KO nicht mehr auf Rechtsinstitute wie den Sequester nach den § 848 ZPO zurückgreift, sondern eigenständige Funktionen im Eröffnungsverfahren vorsieht. Diese dem deutschen Insolvenzrecht gleichsam innewohnende Tendenz zur Verselbständigung erhält dadurch Auftrieb, dass es durch das bereits angesprochene europäische Recht der Verordnung 1346/2000 mitgeformt wird, die bekanntlich als in den Mitgliedsstaaten der EU unmittelbar geltendes Recht anzuwenden und daher auch bei der Auslegung insolvenzrechtlicher Vorschriften zu beachten ist. Die EuInsVO lässt zwar das Recht der einzelnen Mitgliedsstaaten unberührt. Dennoch beeinflusst sie die Auslegung der nationalen Rechte. Dieser Prozess einer Verselbständigung des Insolvenzrechts gegenüber bürgerlichem Recht und allgemeinem Zivilverfahrensrecht zieht Folgelasten nach sich. Die *Auslegung* der insolvenzrechtlichen Regelungen wird durch die Verselbständigung des Insolvenzrechts komplizierter. Diese Komplizierung trifft auf die Regelungen selbst zu, die gegenüber denen des überkommenen Konkursrechts schwierige Einzelfallabwägungen zu erzwingen scheinen; besonders die Judikatur des IX. Zivilsenats des BGH strebt demgegenüber eine Systematisierung des Insolvenzrechts an.[153]

2. Insolvenzzweck als Auslegungsmaßstab[154]

65 Noch vor der wenig förderlichen Debatte um eine staatliche Zugangskontrolle zum Beruf des Insolvenzverwalters und seiner konkreten Ausübung hat der topos einer „verwalterfreundlichen Auslegung“ des Gesetzes an manchen Stellen Eingang in den Argumentationshaushalt gefunden, nicht ohne den Blick für die systematische Absicherung richtiger Entscheidungen zu verstellen. Auch wenn es einem Zeitgeist entspricht, im Spannungsfeld zwischen „verwalterfreundlichen“ und „verwalterunfreundlichen“ Unterscheidungen zu konstruieren, ist allein diejenige Auslegung „verwalterfreundlich“, die rechtlich zutreffend *(richtig)* ist – in Einklang mit der Rechtsordnung als Ganzem, als System steht. Der IX. Zivilsenat argumentiert demgegenüber *teleologisch* und sieht gleichsam als archimedischen Punkt, bei dem eine jede Auslegung insolvenzrechtlicher Normen ansetzt, die Organisation der Gleichbehandlung der Gläubiger (par conditio creditorum) als „Hauptzweck“ des Insolvenzrechts an.[155] Der Grundsatz der Gläubigergleichbehandlung verweist somit auf den „Insolvenzzweck“ – die Aufgaben von Insolvenzrecht und Insolvenzverfahren.

66 Das neue Insolvenzrecht schafft im Übrigen eine Reihe von Tatbeständen, die Eingriffe in die Stellung der Verfahrensbeteiligten, namentlich in Statusrechte des Schuldners rechtfertigen. Im Insolvenzverfahren werden z.T. Eingriffe in Grundrechte des Schuldners verwirklicht, was die Frage nach der Verfassungskonformität solcher Regelungen und auf sie gestützter Maßnahmen hervorruft.[156] Die

---

152 *Smid*, Kreditsicherheiten in der Insolvenz des Sicherungsgebers, 2003, § 7 Rn. 22.
153 *Smid*, DZWIR 2004, 1 ff.
154 *Pawlowski*, DZWIR 2001, 45 ff.
155 BGH, Urt. v. 13. 3. 2003 – IX ZR 64/02 – DZWIR 2003, 291; *Pape*, in: Uhlenbruck, InsO, 13. Aufl. 2010, § 1 Rn. 2–4.
156 *Lepa*, Insolvenzordnung und Verfassungsrecht, 2002, S. 17 ff., 35 et passim.

Verfassung als „höherrangiges" Recht wird damit Auslegungsmaßstab des Insolvenzrechts[157] – was erhebliche Schwierigkeiten nach sich zieht.

VI. Insolvenzverfahren und verfassungsrechtliche Garantien

1. Faires Insolvenzverfahren

67 **a) Materielle Rechtsstellung und Gleichbehandlung.** Das Insolvenzverfahren muss sich vor dem Urteil höherrangigen Verfassungsrechts bewähren.[158] Daher hat die Organisation eines – im Sinne von Art. 6 MRK[159] „fairen" – Insolvenzverfahrens eine Reihe von Voraussetzungen. Wesentlich dabei ist, dass die materielle Rechtsstellung der Gläubiger, soweit sie vorkonkurslich in einer rechtlich nicht zu beanstandenden Weise erworben worden ist, anerkannt wird und die Gläubiger nach der durch ihre vorkonkurslich erworbenen Berechtigung konstituierten Vorrechtsstellung gleich behandelt werden.[160] Deutschen Insolvenzpraktikern und Juristen im Allgemeinen erscheint dieser Rückgriff auf allgemeine grundrechtliche Gewährleistungen nicht zuletzt deshalb problematisch, weil das deutsche BVerfG die verfassungsrechtlichen Grundrechte dadurch zur Basis einer Art Gegenrechtsordnung ausgebaut hat, dass aus ihnen Sätze des allgemeinen Rechts unterhalb des Ranges der Verfassung deduziert werden.[161]

68 Fairness des Insolvenzverfahrens und die ihm eigene Funktion (die Effizienz der Haftungsverwirklichung) widersprechen einander nicht. Das Insolvenzverfahren ist „fair", wenn es die dargestellten Aufgaben erfüllt, was die Beteiligung der betroffenen Rechtsträger voraussetzt. Daher rechtfertigt die vorkonkursliche Einflussnahme die Einbeziehung eines Rechtsträger in die Allseitigkeit der insolvenzrechtlichen Haftungsordnung, was es u. a. als Gebot der Eigentumsgarantie der Insolvenzgläubiger erscheinen lässt, von Absonderungsberechtigten Verfahrenskostenbeiträge zu erheben.[162] In der Organisation besonderer Regeln zur differenzierten Einbeziehung verschieden bevorrechtigter Gläubiger kommt damit die Anerkennung ihrer Rechte zum Ausdruck, was es zugleich verbietet, Regelungen zu treffen oder gesetzliche Regelungen in einer Weise auszulegen, die zu einer völligen Aufhebung der Bevorrechtigung des Gläubigers führen würde.[163]

69 **b) Der Verhältnismäßigkeitsgrundsatz.**[164] Die höchstrichterliche Judikatur hat die Bedeutung verfassungsrechtlicher Rahmenbedingungen des Insolvenzrechts seit Inkrafttreten der InsO mit Nachdruck betont. Die Voraussetzungen der Anordnung der vorläufigen Verwaltung setzt nach einem wichtigen Urteil des BGH vom 18. 7.

---

157 *Lepa* (Fn. 151), S. 31 ff.

158 *Freesen,* Rechtsweggarantie und Insolvenzrecht – Zum Rechtsschutz im Insolvenzverfahren, 2011, passim. Zur verfassungskonformen Auslegung *Pawlowski,* Methodenlehre für Juristen, 3. Aufl. 1999, Rn. 432 ff., 944 ff.

159 Eingehend *Puschner,* Konkurs und Europäische Menschenrechtskonvention, 2000, bes. S. 81 ff.; *Prütting,* in: Kölner Schrift zur Insolvenzordnung, 2. Aufl. 2000, S. 221, 222 (Rn. 4); *Carl,* Teilnahmerechte im Konkurs, 1998, bes. S. 145 ff.

160 *Ganter,* in: MünchKomm, InsO, 1. Aufl. 2001, Einl. Rn. 77, 95 ff.

161 Krit. dagegen *Pawlowki,* Methodenlehre für Juristen, 3. Aufl. 1999, Rn. 51 a ff., 801 a, 802.

162 *Häsemeyer,* Insolvenzrecht, 3. Aufl. 2003, Rn. 18. 7.

163 Daher ist die Auslegung des § 245 Abs. 1, Abs. 2 Nr. 2 InsO durch das LG Traunstein v. 27. 8. 1999 – 4 T 2966/99 – DZWIR 1999, 464 rechtlich verfehlt.

164 *Lepa,* Insolvenzordnung und Verfassung, 2002, S. 97 ff.; *J. Roth,* Interessenwiderstreit im Insolvenzeröffnungsverfahren, 2004, S. 96 ff.

2002[165] voraus, dass das Insolvenzgericht prüft, ob sie „erforderlich erscheinen" (§ 21 Abs. 1 InsO[166]). Das Insolvenzgericht hat nach Antragstellung – ohne dass ihm ein Ermessenspielraum wegen des „ob" des Entscheidens zustünde[167] – eine Entscheidung darüber zu treffen, welche Eingriffe in die Rechtsstellung des Schuldners zum Zwecke des Schutzes seiner Vermögenslage und der Befriedigung seiner Gläubiger in einem zu eröffnenden Insolvenzverfahren (§ 21 Abs. 1 InsO[168]) erforderlich und daher vorläufig anzuordnen sind. Für den Zeitraum zwischen Antragstellung und der Entscheidung über die Verfahrenseröffnung schreibt das Gesetz jedenfalls nicht vor, dass der Schuldner stets und immer in vollem Umfang zu entmachten sei. Nicht allein die insolvenzrechtliche Literatur[169], sondern keine geringere Autorität als der IX. Zivilsenat des BGH[170] hat dieses Tatbestandsmerkmal der „Erforderlichkeit" von gegen den Insolvenzschuldner verhängten Zwangsmaßnahmen für das Eröffnungsverfahren so verstanden, dass sie die *Verhältnismäßigkeit* der Entmachtung des Schuldners beschreibt. Mit den zitierten Vorschriften der §§ 21 Abs. 1, 270 Abs. 2 InsO hat damit der Verhältnismäßigkeitsgrundsatz Eingang in das Insolvenzrecht gehalten.

Die Frage, ob die insolvenzgerichtlichen Entscheidungen dem Verhältnismäßigkeitsgrundsatz unter- 70
worfen sind, betrifft die Struktur des Insolvenzverfahrens im Kern. Sie berührt damit nicht allein ein Problem des deutschen Insolvenzrechts. Die vom BGH aufgegriffene Frage ist nicht deshalb typisch deutscher Provenienz, weil sie sich auf das Eröffnungsverfahren bezieht, dass es eigentlich in der hypertrophen Form der §§ 21 ff. InsO eben doch nur in Deutschland gibt, sondern weil das deutsche Verfassungsrecht aus verschiedenen Gründen in viel stärkerem Maße die Interpretation der unterverfassungsrechtlichen Rechtsnormen bestimmt; als dies in anderen europäischen Rechtsordnungen im Verhältnis zwischen Verfassungsrecht und einfachgesetzlichen Rechtsregeln der Fall ist. Der Satz, dass das Insolvenzverfahren sich vor dem Urteil höherrangigen Verfassungsrechts zu bewähren habe[171], begegnet keinen Zweifeln. Die Regelungsgegenstände des Insolvenzrechts sind in ihrer Wechselbezüglichkeit hochkomplex. In ihm verbinden sich schwierige materiellrechtliche und verfahrensrechtliche Fragen mit wirtschaftlichen Problemstellungen. Natürlich können die dabei auftretenden Rechtsprobleme auch grundrechtlich beleuchtet werden. Es liegt aber auf der Hand, dass es wenig sinnvoll wäre, das Insolvenzrecht gleichsam unter verfassungsrechtlichen Gesichtspunkten zu rekonstruieren. Aus der Verfassung läßt sich daher nur sehr begrenzt eine Struktur des Insolvenzverfahrens deduzieren, die sich aus dessen sachlichen Fragestellungen selbst ergeben muss.

Die Einwendungen gegen Verhältnismäßigkeit als Entscheidungsmaßstab sind wesentlich methodi- 71
scher Art. Verhältnismäßigkeit ist als Maßstab zweifelhaft, da sie auf Abwägungen zielt. Beide, Verhältnismäßigkeit und die auf Herstellung der ersteren gerichtete Abwägung sind nach dem kritischen Wort eines Autors[172] Rechtsmodewörter, die nicht viel mehr als die Ernsthaftigkeit der Entscheidung im konkreten Fall – dem Einzelfall – versichern. Die Kritik richtet sich gegen die Abwägung als methodische Anweisung für die Rechtserkenntnis des Prozessgerichts: Sie lebt von begrifflicher Un-

165 BGH, Urt. v. 18. 7. 2002 – IX ZR 195/01 – BGHZ 151, 353, 367 – ZIP 2002, 1625, 1629; Kirchhof, ZInsO 2004, 57; *Smid*, DZWIR 2002, 444 ff. Krit. z.B. AG Duisburg, Beschl. v. 17. 5. 2004 – 62 IN 124/04 – NZI 2004, 388 (abw.).
166 *Smid/Thiemann*, in: Smid, InsO, 2. Aufl. 2001, § 21 Rn. 14.
167 *Smid/Thiemann*, in: Smid, InsO, 2. Aufl. 2001, § 21 Rn. 14.
168 Eingehend hierzu *Thiemann*, Die vorläufige Masseverwaltung, 2000, Rn. 10 ff.
169 *Smid/Thiemann*, in: Smid, InsO, 2. Aufl. 2001, § 21 Rn. 14 ff.; *Haarmeyer*, in: MünchKomm, InsO, 1. Aufl. 2001, § 21 Rn. 23 ff.; *Uhlenbruck*, in: Uhlenbruck, InsO, 12. Aufl. 2003, § 21 Rn. 3.
170 BGH, Urt. v. 18. 7. 2002 – IX ZR 195/01 – BGHZ 151, 353 – ZIP 2002, 1625.
171 Zur verfassungskonformen Auslegung *Pawlowski*, Methodenlehre für Juristen, 3. Aufl. 1999, Rn. 432 ff., 944 ff.
172 *Leisner*, Der Abwägungsstaat, 1997, S. 5.

schärfe[173], da sie unvergleichbare Belange gegeneinanderstellt.[174] Abwägung setzt damit jenseits kontrollierbarer normativer Maßstäbe auf unüberprüfbare Fakten.[175] Das setzt die Abwägung als methodische Anweisung, das im Einzelfall streitige Recht zu erkennen, Zweifeln aus. Dieser methodischen Hinweise soll hier genug sein.

72 Die kritischen Erwägungen gegen den Verhältnismäßigkeitsgrundsatz als Rechtsmaßstab beanspruchen ihre Berechtigung im Zusammenhang mit der Kritik der Begründung von gerichtlichen Streitentscheidungen.[176] Bei der vorläufigen Anordnung des Insolvenzgerichts nach den §§ 21 ff. InsO handelt es sich ohne jeden Zweifel nicht um die Rechtserkenntnis zwischen den Parteien eines Rechtsstreits. Mit den Anordnungen nach den §§ 21 ff. InsO greift das Insolvenzgericht in die Rechte eines Schuldners ein, weil ein Antrag auf Eröffnung des Insolvenzverfahrens über sein Vermögen gestellt worden ist. Die vom IX. Zivilsenat angemahnte Verhältnismäßigkeit der vorläufigen Entscheidung des Insolvenzgerichts bezieht sich in dieser Lage *nicht* auf die Abwägung der Rechte eines oder der Gläubiger auf der einen und des Schuldners auf der anderen Seite. Darin unterscheidet sich diese Lage von derjenigen, in der das BVerfG über § 765 a ZPO[177] zu entscheiden hatte. Die geforderte Verhältnismäßigkeit der vorläufigen Anordnung nach §§ 21 ff. InsO (eingehend unten § 27 Rn. 8 ff.) beruht nicht auf einer Abwägung zwischen Gläubigerrechten und einem Schutz des Schuldners, sondern auf einer Abwägung zwischen den durch das Insolvenzgericht zu verfolgenden *Zielen* und den vom Gesetzgeber zu ihrer Erreichung bereitgestellten Mitteln. Dabei steht nicht etwa die Befriedigung der Gläubiger oder die Verwirklichung ihrer Rechte zur Diskussion oder die Erleichterung der Abwicklung des später zu eröffnenden Verfahrens durch den Insolvenzverwalter, sondern der Schutz der *Vermögenslage* des Schuldners. Dies erscheint selbstverständlich.

73 Es wird im Folgenden näher darauf einzugehen sein, dass die Verhältnismäßigkeit insolvenzgerichtlicher Eingriffe in die Rechte des Schuldners (aber auch die der Gläubiger) im Wesentlichen in zwei Fragenkreisen Bedeutung hat, nämlich der Reichweite vorläufiger Anordnungen im Eröffnungsverfahren (§ 21 InsO) und der Auslegung der gesetzlichen Maßstäbe, aufgrund der das Insolvenzgericht über die Anordnung der Eigenverwaltung zu entscheiden hat (§ 270 InsO).

2. Verfahrensmaximen

74 Nach alledem wäre es verfehlt, abstrakt aus verfassungsrechtlichen Grundrechten auf „allgemeine" Maximen schließen zu wollen, die von den Gerichten bei der Leitung des Insolvenzverfahrens zu beachten seien. Was als allgemeine Maxime erscheint, stellt sich vor dem Hintergrund der besonderen Struktur des Insolvenzverfahrens häufig in einem differenzierten Licht dar.

75 So ist selbstverständlich der Grundsatz der Gewährung rechtlichen Gehörs im Insolvenzverfahren zu beachten.[178] Wegen der Sicherungsfunktionen des Insolvenzverfahrens kann das rechtliche Gehör aber

---

173 *Leisner* (Fn. 167), S. 96 ff.
174 *Leisner* (Fn. 167), S. 72, 82.
175 *Leisner* (Fn. 167), S. 114.
176 *Pawlowski*, Methodenlehre für Juristen, 3. Aufl. 1999, Rn. 37 ff., 557 ff. und 584 ff.
177 BVerfG, Stattgebender Kammerbeschluss v. 25. 9. 2003 – 1 BvR 1920/03 – NJW 2004, 49 f.
178 *Prütting*, in: Kölner Schrift zur Insolvenzordnung, 2. Aufl. 2000, S. 221, 228 ff. (Rn. 21 ff.); *Ganter*, in: MünchKomm, InsO, 1. Aufl. 2001, Einl. Rn. 84.

nachgeholt werden; insbesondere die *Anhörungen* des Schuldners (§§ 10, 20 InsO, unten § 14) dienen so der Sachverhaltsermittlung, nicht der Erfüllung der Imperative des Art. 103 Abs. 1 GG.

Dabei lässt sich bereits an dieser Stelle sagen, dass im Eröffnungsverfahren die **Dispositionsmaxime**[179] herrscht – denn das Verfahren wird allein auf einen Antrag eines Gläubigers oder des Schuldners eingeleitet, der bis zu der Änderung des Status des Schuldner durch den Erlass des Eröffnungsbeschlusses zurückgenommen werden kann (unten § 24 Rn. 82ff.). Für die Ermittlung der dem Eröffnungsbeschluss zugrunde liegenden Tatsachen sowie im weiteren Verfahren herrscht der Amtsermittlungsgrundsatz **(Inquisitionsmaxime).**[180] Im eröffneten Insolvenzverfahren herrscht die **Offizialmaxime**[181], da das Gericht das Verfahren dann von Amts wegen zu betreiben hat. Im Übrigen gilt mit § 13 Abs. 1 InsO i.d.F. durch das InsolvenzverfahrensvereinfachungsG der Grundsatz der **Schriftlichkeit** des Verfahrens.[182] 76

VII. Struktur des Insolvenzverfahrens

1. Ausgangspunkt

Bei der Einordnung des Insolvenzverfahrens lassen sich – grob – zwei Tendenzen unterscheiden, nämlich eine „vollstreckungsrechtliche" und eine Tendenz, die auf die Funktion des Insolvenzverfahrens als staatliche Hilfestellung bei der Bewältigung der Folgen der Insolvenz des Gemeinschuldners für diesen selbst, seine Gläubiger und schließlich auch betroffene Interessen der Allgemeinheit verweist. Die „vollstreckungsrechtliche" Tendenz sieht im Insolvenzverfahren ein zivilprozessuales Sonderverfahren – wobei u.a. auch darauf verwiesen wird, dass das Insolvenzverfahren Titel produzieren kann, ein Argument, das freilich im Hinblick auf Vorschriften wie den § 794 Abs. 1 Nr. 5 ZPO nicht sehr stichhaltig ist. 77

2. Insolvenzverfahren als Erscheinung des Prozesses?

a) Konkurs als besonderer Prozess. Die gemeinrechtliche Lehre[183] bis in die Mitte des vergangenen 19. Jahrhunderts behandelte den Konkurs als besonderen Prozess,[184] in dem die Gläubiger ihre Forderungen *streitig* geltend machen. 78

Es liegt auf der Hand, dass dieser Prozess schon wegen der Vielzahl der Beteiligten und der zu entscheidenden Sachverhalte außerordentlich langwierig war und den Bedürfnissen der sich in den heranbildenden Industriestaaten entwickelnden Wirtschaft keineswegs entsprach. In Deutschland war es zunächst Preußen, das den KonkursProzess abschaffte und ein modernes Verfahren schuf, in dem 79

---

179 *Prütting,* in: Kölner Schrift zur Insolvenzordnung, 2. Aufl. 2000, S. 221, 228ff. (Rn. 21ff.); *Becker,* Insolvenzrecht, 2005, Rn. 192.
180 *Becker,* Insolvenzrecht, 2005, Rn. 195; zur Bedeutung: *Thiemann,* Die vorläufige Masseverwaltung im Insolvenzeröffnungsverfahren, 2000, S. 24.
181 *Thiemann* (Fn. 180).
182 Gesetzesentwurf der BReg. Stand 8. 2. 2006, Art. 1 Nr. 6.
183 *Bayer,* Theorie des Concurs-Processes nach gemeinem Recht, 4. Aufl. 1850; *Kori,* System des Concurs-Processes nebst der Lehre von den Classen der Gläubiger, 2. Aufl. 1828; *Ludovici,* Einleitung zum Concursprozess, 7. Aufl. 1729; *W.H. Puchta,* Über den Concursprozess, 1827.
184 *Oetker,* Konkursliche Grundbegriffe, 1891, S. 13ff.; *Hahn,* Mat. 40.

durch einfachere Beteiligungsformen (der Forderungsanmeldung) den Gläubigern die Möglichkeit der gemeinschaftlichen Rechtsdurchsetzung eröffnet wurde:[185] Zu den großen Leistungen der Reformen des vergangenen Jahrhunderts gehört, dass der *Prozess* um streitige Forderungen aufgrund einer Feststellungsklage (heute: § 180 InsO) außerhalb des Insolvenzverfahrens zu führen ist, das dadurch an Geschwindigkeit erheblich gewinnen konnte. Dabei handelt es sich nicht nur um trockene und abgelegte Rechtsgeschichte: Mit der Rezeption us-amerikanischen Rechts im Gefolge der jüngsten Reform befinden sich Erscheinungen auf dem Vormarsch, die an den überwunden geglaubten KonkursProzess erinnern und deren Kritik eine Kenntnis der Geschichte des modernen Insolvenzrechts wünschenswert erscheinen lässt.

80 Wie *Friedrich Oetker*[186] eingehend nachgewiesen hat, ist durch die Art seiner Organisation durch die KO der Konkurs als Verfahren richterlicher Hilfestellung bei der Verwirklichung der Haftung des Gemeinschuldners zu qualifizieren, das sich weder von den Feststellungsprozessen (§§ 146 KO, 180 InsO) her erklären läßt noch sich darin erschöpft, dass in ihm (streitige) Rechte der Gläubiger festgestellt werden können (zum Verfahren unten § 15).[187] Im Zusammenhang des Insolvenzverfahrens kann sich die Notwendigkeit einer prozessualen Feststellung des Rechts von Gläubigern ergeben. Das bedeutet aber *nicht,* dass es sich beim Insolvenzverfahren um eine besondere Form des Prozesses handle. Im Gegenteil: Die Normierung eines besonderen Feststellungsprozesses im Zusammenhang des Insolvenzverfahrens ist gerade deshalb erforderlich, *weil* es nicht als „Prozess" zu qualifizieren ist.

81 **b) Die „vis attractiva concursus".** Aus dem gemeinen Prozessrecht stammt der Grundsatz der „vis attractiva concursus",[188] mit dem die deutsche im Unterschied z.B. zur österreichischen KO weithin gebrochen hatte. Dieser Grundsatz besagt, das alle Rechtsfragen, die das Insolvenzverfahren berühren, vom Insolvenzgericht zu entscheiden sind, dessen Zuständigkeit durch die „Attraktionskraft" des Insolvenzverfahrens begründet wird. Mit anderen Worten handelt es sich bei diesem Rechtsinstitut um eine Form der Zuständigkeit kraft Sachzusammenhangs. Allerdings hat die Judikatur des EuGH zum Anfechtungsrecht diesen Grundsatz wieder Bedeutung gewinnen lassen.[189]

3. Insolvenzverfahren als nichtstreitiges Verfahren mit Elementen der freiwilligen Gerichtsbarkeit

82 Das Insolvenzverfahren fungiert aber auch nicht *nur* einfach als Gesamtvollstreckung – als aus der spezifischen Insolvenzlage begründeter „Sonderfall" der zivilprozessual normierten Individualvollstreckung. Gegenüber dieser verfahrensrechtlichen Beschreibung des Insolvenzverfahrens als besondere Form der Zwangsvollstreckung

---

185 *Koch,* Zur Reform des preußischen Konkursrechts, 1868, passim; *Thieme,* in: FS Einhundert Jahre Konkursordnung, 1977, S. 35 ff.

186 *Oetker,* Konkursliche Grundbegriffe, 1891, S. 13 ff.

187 *Spellenberg,* Zum Gegenstand der Konkursfeststellungsklage, 1973, passim.

188 *Weber,* in: Jaeger, Konkursordnung, 8. Aufl. 1973, Vorbem. 5 zu § 71 KO; *Häsemeyer,* Insolvenzrecht, 3. Aufl. 2006, Rn. 3.10.

189 EuGH, Urt. v. 12. 2. 2009 – C-339/07 (Deko Marty Belgium), DZWIR 2009, 294; BGH, Urt. v. 26. 6. 2008 – IX ZR 144/05, DZWIR 2008, 427.

weist die in Deutschland besonders von *Fritz Baur*[190] vertretene Darstellung des Insolvenzverfahrens als Form eines nichtstreitigen Gerichtsverfahrens, das dem Gebiet der freiwilligen Gerichtsbarkeit zuzuordnen ist,[191] erhebliche Vorzüge auf. Sie kann nämlich deutlich machen, dass es im Insolvenzverfahren um die Regelung rechtlicher Beziehungen einer Vielzahl von Beteiligten durch das Insolvenzgericht und den Konkursverwalter als einen von ihm eingesetzten Amtsträger geht. Und auch die Vertreter eines „vollstreckungsrechtlichen“ Ansatzes weisen heute zu Recht darauf hin, dass diese „Ordnungs-“ und „Regelungs“aufgaben besonders aufgrund der vielfältigen materiellrechtlichen Zusammenhänge, die im Zwangsvollstreckungsrecht im Rahmen des Vollstreckungsschutzes von Bedeutung sind[192], auch in der Gesamtvollstreckung im Insolvenzverfahren eine Rolle spielen.

Das BVerfG[193] und der IX. Zivilsenat des BGH[194] haben sowohl das – in der Zustän- **83**
digkeit des Rechtspflegers liegende – eröffnete Insolvenzverfahren als auch das Eröffnungsverfahren unter Einschluss des Erlasses des Eröffnungsbeschlusses, für das der Richter zuständig ist, dem Bereich materiell verwaltender Tätigkeit der Zivilgerichte zugeordnet – und damit dem der nichtstreitigen freiwilligen Gerichtsbarkeit.

Das Element der „Ordnung“ und „Regelung“ von Rechtsverhältnissen betrifft in einem nichtstreitigen **84**
gerichtlichen Verfahren der Insolvenz zunächst einmal die Art und Weise, in der die Aufgaben des staatlichen Insolvenzverfahrens bewältigt werden. Sie sagen noch nicht viel über diese Aufgaben selbst aus. Bleibt man schlechthin bei der Beschreibung des Insolvenzverfahrens als Verfahren der (nichtstreitigen) freiwilligen Gerichtsbarkeit stehen, so vermittelt dies zwar Erkenntnisse über dessen Struktur, nicht aber über seine materialen Aufgaben.

Das verweist auf „vollstreckungsrechtliche“ Betrachtungsweisen zurück: Damit ist **85**
nicht gemeint, dass das Insolvenzverfahren ein „zivilprozessuales Sonderverfahren“ sei, wie in der Literatur[195] häufig missverständlich ausgeführt wird. Vielmehr geht es um etwas anderes: Das Insolvenzverfahren ist *auch* Gesamtvollstreckungsverfahren[196]; es wird ein gerichtlich beaufsichtigtes und von einem durch das Gericht – nicht durch Gesellschafterbeschluss – eingesetzten Insolvenzverwalter abgewickeltes

190 *Schönke/Baur*, Zwangsvollstreckungs- Konkurs- und Vergleichsrecht; 9. Aufl. 1969, § 52 II, III; vgl. auch *Bötticher*, ZZP 86 (1973), 373, 378. Aus der älteren Lit. vgl. auch *Berges*, KTS 1960, 1, 2 ff.; *Münzel*, ZZP 66 (1953), 334, 337 ff.

191 Zum Bezug zur freiwilligen Gerichtsbarkeit auch *Baur/Stürner*, Zwangsvollstreckungs-, Konkurs- und Vergleichsrecht Bd. II 12. Aufl. 1990, Rn. 1.11; *Brehm*, Freiwillige Gerichtsbarkeit, 1993, Rn. 18; *Häsemeyer*, Insolvenzrecht, 3. Aufl. 2006, Rn. 3.05; *Becker*, in: Nerlich/Römermann, InsO, § 2 Rn. 8, § 5 Rn. 1; *Wagner*, Insolvenzordnung, 1. Aufl. 1998, § 1 Rn. 4; a. A. *Uhlenbruck*, in: Uhlenbruck, InsO, 12. Aufl. 2003, § 1 Rn. 2.

192 BGH, Beschl. v. 16. 10. 2008 – IX ZB 77/08, DZWIR 2009, 127, BGH, Beschl. v. 18. 12. 2008 – V ZB 750/08, ZIP 2009, 781.

193 BVerfG v. 3. 8. 2004 – 1 BvR 135/00 – 1 BvR 1086/01 – ZIP 2004, 1649 (Auswahl des Insolvenzverwalters). *Becker*, Insolvenzrecht, 2005, Rn. 250 ff., 252, hält diese Unterscheidung für „meist unerheblich“. Er verkennt damit insb. die Frage der Eröffnung des Rechtsweges gegen insolvenzgerichtliche Verrichtungen.

194 BGH, Beschl. v. 4. 3. 2004 – IX ZB 133/03 – ZIP 2004, 915 („Sachverständigenbeschluss“).

195 Diese Art der Darstellung hat einen verständlichen Hintergrund: Es wird nämlich versucht, die Reichweite des Anspruchs auf Gewährung rechtlichen Gehörs in diesem Verfahren auszuloten (vgl. *Uhlenbruck*, in: FS Baumgärtl, 1990, S. 569 ff.; *Prütting*, in: Kölner Schrift zur Insolvenzordnung, 2. Aufl. 2000, S. 221, 228 ff.; *Vallender*, in: Kölner Schrift zur Insolvenzordnung, 2. Aufl. 2000, S. 250, 251.

196 *Pape*, in: Uhlenbruck, InsO, 13. Aufl. 2010, § 1 Rn. 2.

Verfahren organisiert, weil es in ihm wesentlich um die Verwirklichung der Haftung des Insolvenzschuldners gegenüber seinen Gläubigern geht.

VIII. Zuständigkeitsordnung

1. Insolvenzgerichte

86 Die vollstreckungsrechtlichen Bezüge des Insolvenzverfahrens zeigen sich im Übrigen auch deutlich an der Ordnung der funktionellen Zuständigkeit innerhalb der Gerichte im Insolvenzverfahren. Als Insolvenzgerichte sind gem. § 2 Abs. 1 InsO in erster Instanz die Amtsgerichte zuständig. Die Bundesländer können durch Rechtsverordnung die Zuständigkeit bei besonderen Amtsgerichten konzentrieren (§ 2 Abs. 2 InsO).[197]

87 Das Insolvenzgericht hat das Verfahren zu leiten und den Insolvenzverwalter (§ 58 InsO) zu beaufsichtigen. Das deutsche Insolvenzrecht hat sich – jedenfalls bislang – gegen ein von den betroffenen Gläubigern überwiegend „autonom" gestaltetes Verfahren zugunsten einer Rechtsaufsicht des Insolvenzgerichts über einen primär vom Gericht eingesetzten Insolvenzverwalter entschieden und damit von Modellen abgewandt, die entweder ein „rein" hoheitliches Verfahren oder ein „rein" gläubigerautonomes Verfahren normiert haben. Denn im Konkurs bedarf sowohl der Gemeinschuldner des Schutzes vor seinen Gläubigern, als auch „schwächere" Gläubiger des Schutzes vor „stärkeren" Gläubigern.

2. Insolvenzrichter und Insolvenzrechtspfleger[198]

88 Das Insolvenzgericht ist besetzt mit Insolvenz*richtern,* zum anderen mit Insolvenz*rechtspflegern,* was im Übrigen deshalb gem. Art. 92 GG zulässig ist, weil insolvenzgerichtliche Angelegenheiten einen nichtstreitigen Charakter haben. Dem Insolvenzrechtspfleger kommt regelmäßig eine hervorragende Stellung zu. Gem. § 18 Abs. 1 RPflG i.d.F. durch Art. 20 EGInsO ist allerdings für alle Maßnahmen und Entscheidungen im Eröffnungsverfahren – also die im Folgenden (unten § 25 Rn. 19ff.) näher zu schildernden vorläufigen Anordnungen (Verwaltungs- und Verfügungsverbot, die Anordnung der vorläufigen Verwaltung über das Vermögen des potentiellen Gemeinschuldners) – **ausschließlich der Richter** zuständig.[199] § 18 Abs. 1 RPflG besagt weiter, dass dem Richter i.S.v. § 1 DRiG der Erlass des Eröffnungsbeschlusses gem. § 27 InsO vorbehalten ist, dabei namentlich die Auswahl und die Bestellung des Insolvenzverwalters. Für das Verfahren ist im Übrigen grundsätzlich der **Rechtspfleger**[200] zuständig. Vgl. zur künftigen funktionellen Zuständigkeit des Rechtspflegers für das Verbraucherinsolvenzverfahren und das Restschuldbefreiungsverfahren unten § 46 Rn. 35 aE.

---

197 Übersicht bei *Becker,* in: Nerlich/Römermann, InsO, § 2 Rn. 17; vgl. weiter *Pape,* in: Uhlenbruck, InsO, 13. Aufl. 2010, § 2 Rn. 9.

198 Vgl. *Holzer,* Entscheidungsträger im Insolvenzverfahren, 2. Aufl. 1998, passim; *Pape,* in: Uhlenbruck, InsO, 13. Aufl. 2010, § 2 Rn. 3f.; *Ganter,* in: MünchKomm, InsO, 1. Aufl. 2001, § 2 Rn. 20ff.

199 *Klopp/Kluth,* in: Gottwald, Insolvenzrechts-Handbuch, 3. Aufl. 2006, § 17 Rn. 16; *Uhlenbruck,* in: Uhlenbruck, InsO, 12. Aufl. 2003, § 2 Rn. 3; *Ganter,* in: MünchKomm, InsO, 1. Aufl. 2001, § 2 Rn. 20ff.

200 *Prütting,* in: Kübler/Prütting, Kommentar zur Insolvenzordnung, § 2 Rn. 18; *Kießner,* in: Braun, InsO, 2. Aufl. 2004, § 2 Rn. 9.

So ist der Rechtspfleger u.a. für die Festsetzung der Vergütung des Insolvenzverwalters zuständig. Dabei ist streitig ob dies auch für die Vergütung des vorläufigen Insolvenzverwalters gilt. Richtigerweise ist dabei darauf abzustellen, ob zum Zeitpunkt der Beantragung der Eröffnungsbeschluss bereits erlassen ist.[201] **89**

§ 18 Abs. 2 RPflG regelt, dass der Richter sich Entscheidungen konkret vorbehalten kann, also die Kompetenz-Kompetenz im Konkurs hat. Er kann also Aufgaben des Rechtspflegers an sich ziehen, aber auch wieder zurückübertragen.[202] **90**

Da der Richter sämtliche Handlungen im Rahmen der Gesamtvollstreckung an sich ziehen kann,[203] ist er universell zuständig. Soweit der Rechtspfleger seine funktionelle Zuständigkeit überschreitet, sind die von ihm getroffenen Maßnahmen unwirksam.[204] **91**

3. Aufgaben des Insolvenzgerichts

a) Kontrolle der Gläubigerversammlung. Durch das primär „Ziel" der Gläubigerbefriedigung par condicio creditorum gekennzeichnetes Recht findet das in seinen Zusammenhang eingeführte Moment des „Aushandeln" bei der Restschuldbefreiung in den über das Vermögen natürlicher Personen eröffneten Verfahren oder der Unternehmensrestrukturierung sein stetes Korrektiv in richterlichen Kontrollen, was zu einer Verlagerung von der vom Gesetzgeber[205] angestrebten Gläubigerautonomie zu weitgehenden Einflussnahmen des zum Zwecke der Kontrolle angerufenen Insolvenzgerichts führt. Diese Kontrollaufgaben beschränkten sich im bisherigen Recht auf die angesprochene Kassation masseschädigender Beschlüsse der Gläubigerversammlung (§ 78 InsO), die von jedem Insolvenzgläubiger, jedem absonderungsberechtigten Gläubiger und vom Insolvenzverwalter beantragt werden kann. **91a**

b) Weitere Eingriffsbefugnisse. Die angesprochenen Vorschriften der §§ 158 Abs. 2, 163 Abs. 1 InsO eröffnen dem Insolvenzgericht weitere Eingriffsaufgaben. Unten (§§ 29ff.) wird im Kontext des Insolvenzplanverfahrens auf die §§ 231, 233, 245 und 251 InsO hinzuweisen sein, mit denen an die Stelle der gläubigerautonomen Beschlussfassung über den Ablauf des Verfahrens insolvenzgerichtliche Entscheidungen treten. Im Insolvenzplanverfahren wird schließlich die Gläubigerversammlung

---

201 Str., wie hier LG Frankfurt, Beschl. v. 1.7. 1999 – 2/9 T 401/99 – ZInsO 1999, 542; AG Düsseldorf, Beschl. v. 24. 11. 1999 – 502 IN 76/99 – ZInsO 2000, 54; einschr. OLG Zweibrücken, Beschl. v. 23. 5. 2000 – 3 W 58/00 – InVo 2000 – 276 (wenn Richter sich nicht Festsetzung vorbehalten hat) ebenso OLG Köln v. 18. 8. 2000 – 2 W 97/00 – NZI 2000 – 1585; aA AG Köln v. 21. 1. 2000 – 75 IK 69/99 – InVo 2000, 166 – ZIP 2000, 418; *Ganter,* in: MünchKomm, InsO, 1. Aufl. 2001, § 2 Rn. 20ff.; a.A. *Uhlenbruck,* in: Uhlenbruck, InsO, 12. Aufl. 2003, § 2 Rn. 3.

202 Dazu *Uhlenbruck,* Rpfleger 1997, 356, 359; *Pape,* in: Kübler/Prütting, Kommentar zur Insolvenzordnung, § 27 Rn. 14; kritisch *Bernsen,* in: Kölner Schrift zur Insolvenzordnung, 2. Aufl. 2000, S. 1843, 1846 Rn. 5, 6; *Ganter,* in: MünchKomm, InsO, 1. Aufl. 2001, § 2 Rn. 21; *Kießner,* in: Braun, InsO, 2. Aufl. 2004, § 2 Rn. 10.

203 Vgl. zum Meinungsstand *H.M. Uhle,* Der Rechtpfleger und sein Richter, 1983, Rn. 238 m.w.N.

204 *Klopp/Kluth,* in: Gottwald, Insolvenzrechts-Handbuch, 3. Aufl. 2006, § 17 Rn. 14; *Ganter,* in: MünchKomm, InsO, 1. Aufl. 2001, § 2 Rn. 23; *Pape,* in: Uhlenbruck, InsO, 13. Aufl. 2010, § 2 Rn. 4.

205 Amtl. Begr. zum RegEInsO Allg. Teil 3. A) kk), BT-Drs. 12/2443, S. 79ff.: dort ist allerdings von „*Beteiligten*autonomie" die Rede, was den Weg hin zur eigenen Rechtsmacht des Schuldners nach nordamerikanischem Vorbild öffnet.

als Organ der Gläubigerselbstverwaltung zugunsten einer „Gruppenbildung“ durch den Planinitiator aufgegeben.

91b Die Vermehrung insolvenzgerichtlicher Kontroll- und Gestaltungsaufgaben hat weit reichende Folgen. Der Versuch einer „Deregulierung“ des Insolvenzverfahrens durch den Gesetzgeber ist insofern gründlich fehlgeschlagen, als aufgrund der Eingriffsbefugnisse des Schuldners eine weit reichende „Verrechtlichung“ des Insolvenzverfahrens in dem Sinne stattgefunden hat, dass an die Stelle der Abstimmung von Insolvenzverwalter und Gläubigerausschuss Entscheidungsaufgaben des Insolvenzgerichts getreten sind. Die radikale Erweiterung, die der verfahrensrechtliche Handlungsspielraum des Schuldners erfahren hat, kann zu erheblichen Belastungen zwischen dem Insolvenzgericht und dem Insolvenzverwalter führen. Bislang konnte man nämlich davon ausgehen, dass sich „mit zunehmenden Fortgang des Verfahrens ... die Intensität der Zusammenarbeit zwischen Richter und Insolvenzverwalter“ mindere.[206] Nach der Auswahl des Insolvenzverwalters bleibt es bei der Aufgabe der Kontrolle der Tätigkeit des Insolvenzverwalters – der Ausübung der Aufsicht gem. § 58 InsO. Wäre das Insolvenzgericht durch die Regelungen der §§ 158, 163 InsO rechtlich „gezwungen“, sich aufgrund verfahrensrechtlicher Interventionen des Schuldners inhaltlich mit der Verwertungstätigkeit des Insolvenzverwalters auseinanderzusetzen, könnten sich dadurch Verwerfungen zwischen Gericht und Verwalter ergeben, die einer obstruktiven Politik des Schuldners, nicht aber der ordnungsgemäßen Durchführung des Verfahrens dienlich wären; es käme zu der Überschneidung von Tätigkeitsfeldern von Gericht und Verwalter, die das überkommene Recht mit gutem Grunde zu vermeiden unternommen hatte.[207] Die durch das neue Recht erforderliche Abstimmung zwischen Verwalter und Gericht angesichts von Interventionen des Schuldners kann nicht in Form „allgemeiner Kontaktpflege“ (um einen Ausdruck *Holzers*[208] zu zitieren) erfolgen, die angesichts des streitigen Elements, das mit den Antragsrechten des Schuldners ins Insolvenzverfahren Einzug hält, schon aus Gründen der Unparteilichkeit des Gerichts fragliche Züge annehmen kann. Insolvenzgericht und Insolvenzverwalter werden nicht durch sozialpsychologische Techniken, sondern in erster Linie durch die Orientierung am Recht in ihrem Handeln im Verfahren entlastet. Die „vertrauensvolle“ Zusammenarbeit zwischen Insolvenzgericht und Insolvenzverwalter angesichts Anträgen des Schuldners nach den §§ 158, 163 InsO wird mit Blick auf die Aufgabe des Insolvenzverfahrens, die Haftung des Schuldners zu verwirklichen, erleichtert, wenn man die Antragsrechte einer einschränkenden Auslegung unterwirft.

4. Besondere Zuständigkeit des Insolvenzrichters im Insolvenzplanverfahren[209]

92 Art. 2 des ESUG hat § 18 RPflG geändert. In seinem ersten Absatz wird nach Nr. 1 eine Nr. 2 eingefügt, so dass das Verfahren über einen Insolvenzplan nach den §§ 217 bis 269 InsO dem Richter vorbehalten bleibt.[210] Zudem ist § 18 Abs. 3 RPflG neu gefasst worden. Er bestimmt, dass der Richter, sofern sich die Entscheidung des Rechtspflegers über die Gewährung des Stimmrechts nach § 77 InsO[211] auf das Ergebnis einer Abstimmung ausgewirkt, auf Antrag eines Gläubigers oder des Insolvenzverwalters das Stimmrecht neu festsetzen und die Wiederholung der Abstimmung anordnen kann.[212] Der Gesetzgeber hält es in diesem Zusammenhang auch unter verfassungs-

---

206 *Holzer*, Die Entscheidungsträger im Insolvenzverfahren, 1996, Rn. 516.
207 Zutreffend *Holzer*, Die Entscheidungsträger im Insolvenzverfahren, 1996, Rn. 534.
208 *Holzer*, Die Entscheidungsträger im Insolvenzverfahren, 1996, Rn. 549.
209 Vgl. *Holzer*, Entscheidungsträger im Insolvenzverfahren, 2. Aufl. 1998, passim; *Pape*, in: Uhlenbruck, InsO, 13. Aufl. 2010, § 2 Rn. 3 f.; *Ganter*, in: MünchKomm, InsO, 1. Aufl. 2001, § 2 Rn. 20 ff.
210 DiskE Art. 2 Nr. 1.
211 Amtsermittlung des Stimmrechtes: BGH, Beschl. v. 16. 7. 2009 – IX ZB 213/07, DZWIR 2009, 31.
212 DiskE Art. 2 Nr. 2.

rechtlichen Gesichtspunkten für vorzugswürdig, dass nunmehr mögliche Eingriffe in die Eigentumsrechte der Anteilsinhaber nur durch den Richter erfolgen.

IX. Bedeutung der Judikatur des BGH für das Insolvenzrecht

1. Unübersichtlichkeit des geltenden Insolvenzrechts

a) Insolvenzordnung als Großkodifikation. Die **Insolvenzordnung ist eine Großkodifikation,** deren gesetzgeberischer *Anspruch* an den der Kodifikationen des 19. Jahrhunderts heranreicht. Der Gesetzgeber hat mit der InsO ausdrücklich eine nachhaltige Umgestaltung des bis dahin geltenden Konkurs- bzw. Gesamtvollstreckungsrechts beabsichtigt. Ziel der Reform war bekanntlich die Schaffung eines modernen Insolvenzrechts, dessen Funktionstauglichkeit namentlich durch die Erleichterung der Verfahrenseröffnung, durch die Einbindung der absonderungsberechtigten Gläubiger in das Verfahren und ihre Beteiligung an dessen Kosten sowie nicht zuletzt durch die Einführung eines Reorganisationsverfahrens erreicht werden sollte. 93

b) InsO 1999. Das Inkrafttreten der InsO zum Jahresanfang 1999 hat bei vielen Insolvenzpraktikern nicht anders als in der wissenschaftlichen Auseinandersetzung mit dem neuen Recht Verunsicherung hervorgerufen. Auch wenn vielerorts zu hören war, es werde hinfort an bewährten Praktiken festgehalten, die erfolgreich unter der Geltung von Konkurs-, Vergleichs- und seit 1990 der Gesamtvollstreckungsordnung angewandt worden waren, stellte sich doch bald heraus, dass dies nur mit erheblichen Einschränkungen möglich war. Dass die rechtlichen Regelungen der InsO erhebliche Veränderungen gegenüber dem überkommenen Konkursrecht nach sich ziehen würden, hatte sich bereits vor dem Inkrafttreten des neuen Gesetzes abgezeichnet, als der BGH in einer Reihe von Entscheidungen sich bereits auf bestimmte noch nicht in Kraft gesetzte Regelungen des neuen Rechts stützte. Die Flut von Veröffentlichungen zum neuen Recht in Gestalt nicht allein von bald zahllosen Doktorarbeiten, Handbüchern und Kommentaren, sondern in der beispiellosen Schwemme von Aufsätzen in mittlerweile acht deutschsprachigen insolvenzrechtlichen Zeitschriften[213] ist ein Spiegel der Unsicherheit, wenn auch selten ein Mittel zu ihrer Abhilfe. Das inflatorische Auftreten nicht immer wirklich tragfähiger rechtsdogmatischer Meinungen zu Streitfragen des Insolvenzrechts hat zu einer nicht unerheblichen Verunsicherung beigetragen, zumal in den vergangenen Jahren rechtsdogmatische Klärung und berufsständische Interessen nicht selten in einer wenig hilfreichen Weise ineinandergeflossen sind. 94

c) Unüberschaubarkeit der Reformreparaturen. Die Gesetzgebung hat die Versuche, der auftretenden Friktionen Herr zu werden, im Allgemeinen allenfalls nachvollziehen können. Offenkundige gesetzgebungstechnische Mängel des neuen Gesetzes hat der Gesetzgeber zu beseitigen unternommen; Unklarheiten oder Bruchstellen wie die Anwendung des § 55 Abs. 2 InsO auf die Ansprüche der Bundesanstalt für Arbeit (vgl. § 55 Abs. 3 InsO) oder die der Eröffnung der sofortigen Beschwerde gegen vorläufige Anordnungen des Insolvenzgerichts (vgl. § 21 Abs. 1 Satz 2 InsO) sind durch Gesetzesänderungen korrigiert bzw. durch eine Änderung der Rechtslage entschärft worden. Die InsO hat allein durch die zahlreichen Änderungen, die sie während der kurzen Zeit ihrer Geltung erfahren hat, ihre Gestalt nicht unerheblich verändert. Die Europäisierung des Insolvenzrechts mit Inkrafttreten der EuInsVO am 31. Mai 2002 und die Anpassung des deutschen europäischen und internationalen Insolvenzrechts an die dadurch geschaffene neue Lage hat die legislativen Eingriffe in das deutsche Insol- 95

---

213 Eine weitere Zeitschrift hat sich sogar die nichtwissenschaftliche, journalistisch-erbauliche Berichterstattung über das Geschehen rund um das Insolvenzrecht zur Aufgabe gemacht.

venzrecht noch vertieft. Und ein Stillstand des Getriebes der insolvenzrechtlichen Gesetzgebung zeichnet sich nicht ab.

2. Ordnungsstiftende Funktion der insolvenzrechtlichen Judikatur des BGH

96 **a) Veröffentlichte Rechtsprechung.** Unzählige Erkenntnisse der erstinstanzlich zur Entscheidung berufenen Insolvenzgerichte und der Instanzgerichte besonders zum Komplex des bis zum Jahr 2006 geregelten Verbraucherinsolvenzverfahren, aber über dieses hinaus auch zu anderen Fragen des Insolvenzrechts füllen die Seiten der Fachzeitschriften, und drohen unter ihrer Fülle die Sicht auf Struktur und System des Insolvenzrechts eher dadurch zu verdunkeln, dass die Praxis in den ratlosen Zustand versetzt wird, ob sie sich an den ständig publizierten Einzelfallentscheidungen zu orientieren habe oder diese zu vernachlässigen seien. Es geht dabei nicht nur um besonders aus dem Rahmen fallende Entscheidungen wie dem Eröffnungsbeschluss des AG Duisburg in Sachen der Babcock-Borsig AG[214], der die *Überforderung* der Insolvenzgerichte deutlich macht. Vielmehr geht es um die Masse wenig ins Auge fallender, aber gleichwohl im Wald insolvenzrechtlicher Journale veröffentlichter Gerichtserkenntnisse. Auch der BGH hat eine große Zahl von Entscheidungen erlassen. Allein deren Zahl trägt vordergründig nicht dazu bei, Klarheit zu steigern. Im Unterschied zur Kakophonie instanzgerichtlicher Erkenntnisse folgt die Judikatur des IX. Zivilsenats jedenfalls auf dem Gebiet des allgemeinen Insolvenzrechts weithin einer sich zusehends deutlicher abzeichnenden Linie. Deren Nachvollzug macht klar, wohin sich die Rechtsprechung des IX. Zivilsenats entwickelt. Sie läßt die Strukturen des deutschen Insolvenzrechts deutlich hervortreten.

97 **b) Änderung des § 133 GVG.** Der Rechtsprechung des BGH kommt in dieser Lage des anhaltenden „Umbruchs" des deutschen Insolvenzrechts eine besondere Bedeutung zu. Jahrzehntelang hatte das Konkurs- und Vergleichsrecht unspektakulär funktioniert; höchstrichterliche Entscheidungen ergingen im Wesentlichen zu Fragen des materiellen Konkursrechts. Mit dem fragmentarisch geregelten Gesamtvollstreckungsrecht der neuen Bundesländer wurde der BGH zusehends vor die Aufgabe gestellt, aus der Systematik des Insolvenzrechts Konsequenzen für die Auslegung einer in sich nicht geschlossenen gesetzlichen Regelung abzuleiten. Der Gesetzgeber hat mit der Änderung gerichtsverfassungsrechtlicher Zuständigkeiten durch die Neufassung des § 133 GVG im Rahmen der Umgestaltung des Zivilprozessrechts über den Bereich des materiellen Insolvenzrechts hinaus eine umfassende Kompetenz des BGH für alle Fragen des Insolvenzrechts erzwungen – was freilich mit einer Überlastung des zuständigen Fachsenates einhergeht. An ihre Grenzen tritt die Zuständigkeit des BGH besonders in komplexen Fällen des Insolvenzplanrechts.[215] Daher ist die Streichung des § 7 InsO verständlich. Eine Entlastung des BGH ist an sich wünschenswert; die Errichtung von Zugangssperren zur Rechtsbeschwerdeinstanz ist aber der falsche Weg, dies zu erreichen.[216]

98 **c) „Insolvenzzwecke" und die höchstrichterliche Judikatur.** Der zuständige IX. Fachzivilsenat des BGH hat sich bereits in jener wie in der nach Inkrafttreten der InsO entstandenen Lage davor gehütet, mit auf jeweils unausweisbare „Abwägungen" gestützte Einzelfallentscheidungen auf diese Lage zu reagieren. Der IX. Zivil-

214 AG Duisburg, Beschl. v. 1. 9. 2002 – 62 IN 167/02 – ZIP 2002, 1636.
215 Krit. gegen BGH, Beschl. v. 7. 7. 2005 – IX ZB 266/04 – NZI 2005, 619; *Smid*, NZI 2005, 613 ff.
216 *Smid*, in: Smid, Reform 2006, S. 193, 197.

senat des BGH geht aufgrund der Aufgabe des Insolvenzverfahrens[217], das Vermögen des Schuldners den (Insolvenz-)Gläubigern haftungsrechtlich zum Zwecke ihrer bestmöglichen gemeinschaftlichen Befriedigung (§ 1 Satz 1, 1. Var. InsO) zu unterwerfen, davon aus, dass der Bestand der Masse durch das Insolvenzrecht in zweierlei Hinsicht geschützt wird. Von einer Systematisierung des Insolvenzrechts durch die Judikatur des IX. Zivilsenats des BGH zu schreiben ist durchaus kein Euphemismus. Die Achse, auf der die Erkenntnisse des IX. Zivilsenats ihre systematische Grundlegung erfahren, ruht damit auf zwei Eckpunkten. Solche Rechtshandlungen, die vor Eröffnung des Insolvenzverfahrens geeignet sind, die Masse unrechtmäßig zu schmälern, unterliegen der Insolvenzanfechtung, die zugleich die Grenze der Befugnis des anderen Teils zur Befriedigung im Wege der Aufrechnung auch dann bildet, wenn er diese im Rahmen der Abwicklung noch nicht vollständig erfüllter gegenseitiger Verträge mit dem insolvenzschuldnerischen Unternehmen erklärt. Ist durch die Eröffnung des Insolvenzverfahrens eine den Gläubigern zugewiesene Masse konstituiert, die durch einen Insolvenzverwalter (§ 80 InsO) oder den Insolvenzschuldner (§ 270 InsO), jedenfalls aber aufgrund der Beschlüsse der Gläubigerversammlung gem. §§ 156, 157 InsO verwaltet wird, sind die Rechtshandlungen von Insolvenzverwalter oder *debtor in possession* nur insoweit wirksam, als sie sich auf der Grundlage einer wirtschaftlichen Betrachtungsweise[218] als rechtmäßig erweisen. Der gemeinsame Kern dieser beiden Eckpunkte ist die Organisation der Gleichbehandlung der Gläubiger (par conditio creditorum), die den „Hauptzweck" des Insolvenzrechts bildet.[219] Der Grundsatz der Gläubigergleichbehandlung verweist somit auf den „Insolvenzzweck" – die Aufgaben von Insolvenzrecht und Insolvenzverfahren. Umgekehrt wird grundsätzlich damit die Wirksamkeit einer jeden auf die Masse bezogenen Rechtshandlung daraufhin in Frage gestellt, ob sie in insolvenzzweckwidriger Weise die Gläubigergleichbehandlung angreift. Es liegt auf der Hand, dass mit dem Insolvenzzweck auf einen zutreffenden, aber doch sehr *allgemeinen* Gesichtspunkt verwiesen wird.

Dies mag ein **Beispielsfall** deutlicher machen. Der IX. Zivilsenat hat auf die Insolvenzzweck*widrigkeit* **99**
des Handelns des Insolvenzverwalters in einem Fall[220] zurückgegriffen, in dem einem Insolvenzgläubiger im Wege eines *Vergleichs* die Befriedigung seiner Forderung vom Insolvenzverwalter zugesagt worden war. Der Insolvenzverwalter hatte dem anderen Teil ein finanzielles Zugeständnis gemacht, ohne dass der Masse durch die damit verbundene Belastung ein Vorteil erwuchs. Das „Zugeständnis" bezieht sich darauf, dass die Forderung, deren Befriedigung aus der Masse „vorab" vergleichsweise vereinbart worden war, als Insolvenzforderung nur mit der auf sie entfallenden Dividende aufgrund der Quote zu berücksichtigen gewesen wäre.

---

217 Vgl. *Pape,* in: Uhlenbruck, InsO, 13. Aufl. 2010, § 1 Rn. 5; *Smid,* in: Smid, InsO, 2. Aufl. 2002, § 1 Rn. 32.

218 Vgl. den Segelbootfall: Unten § 10 Rn. 7.

219 BGH, Urt. v. 13. 3. 2003 – IX ZR 64/02 – DZWIR 2003, 291; *Pape,* in: Uhlenbruck, InsO, 13. Aufl. 2010, § 1 Rn. 2–4.

220 BGH, Urt. v. 25. 4. 2002 – IX 313/99 – DZWIR 2003, 20, 22f. Vgl. bereits RG v. 16. 3. 1904 – V 384/03 – RGZ 57, 195, 199f.; RG v. 25. 4. 1906 – I 614/05 – RGZ 63, 203, 213; RG v. 6. 5. 1911 – I 164/10 – RGZ 76, 244, 249f.; BGH, Urt. v. 8. 12. 1954 – VI ZR 189/53 – LM § 6 KO Nr. 3; BGH, Urt. v. 3. 2. 1971 – VIII ZR 94/69 – WM 1971, 346, 347; BGH, Urt. v. 28. 10. 1993 – IX ZR 21/93 – NJW 1994, 323, 326; vgl. auch OLG Dresden v. 18. 12. 2003 – 13 U 972/03 – DZWIR 2004, 246 (m. Anm. *Rühle*); *Smid,* DZWIR 2004, 1, 3ff.

X. Verwirklichung der Haftung: Der Insolvenzbeschlag[221]

1. Verstrickung des pfändbaren Vermögens des Schuldners im Grundfall des liquidierenden Verfahrens

100 **a) Entmachtung des Schuldners.** Die Sammlung und Bündelung der Rechtsverfolgung durch die Insolvenzgläubiger (zum Begriff unten § 2 Rn. 28 ff.) – der concursus creditorum – setzt die Beschlagnahme des (pfändbaren: § 36 InsO) Vermögens des Schuldners voraus, womit dessen *Entmachtung* einhergeht, die hier vorerst nur skizziert werden kann: Durch einen Hoheitsakt – den Eröffnungsbeschluss, mit dem das Insolvenzverfahren eingeleitet wird (§ 27 InsO) – wird das schuldnerische Vermögen „verstrickt" und vom **Insolvenzbeschlag** erfasst.[222] Dem Schuldner sind dadurch Verfügungen über sein Vermögen untersagt (§ 80 InsO), was die Unwirksamkeit verbotswidriger Verfügungen zur Folge hat (§ 81 InsO). M. a. W. wird das Vermögen des Schuldners der Gesamtvollstreckung unterworfen. Die Befugnis, die erforderlichen tatsächlichen und rechtlichen Maßnahmen im Hinblick auf die Insolvenzmasse zu unternehmen, geht auf den durch das Insolvenzgericht mit dem Eröffnungsbeschluss einzusetzenden Insolvenzverwalter über, §§ 27, 80 InsO (eingehend unten §§ 27, 32 ff.).

101 Im vergangenen Jahrhundert sprach man in Anlehnung an ältere Rechte nach Erlass der KO von einem pfandrechtsartigen „Beschlagsrecht"[223] der Gläubiger,[224] das *„in blanco"* zu Gunsten unbestimmt welcher Gläubiger durch den Eröffnungsbeschluss begründet werde.[225]

102 **b) Eigenverwaltung.** Sind weder eine Verfahrensverzögerung noch andere Nachteile für die Gläubiger zu befürchten, ordnet das Insolvenzgericht auf Antrag des Schuldners dessen Eigenverwaltung an, § 270 InsO; dies ist nach zutr. Ansicht auch in einem liquidierenden Verfahren zulässig.[226] Auch in diesem Fall wird das Vermögen des Schuldners beschlagnahmt und den Gläubigern haftungsrechtlich zugewiesen.[227] Dem entspricht es, dass der Schuldner *(debtor in possession)* als Amtswalter in eigenen Angelegenheiten[228] neben einem gerichtlich zu bestellenden Sachwalter Aufgaben wahrnimmt, die ansonsten von einem Insolvenzverwalter zu erledigen wären. In Ansehung des Vermögensbeschlags stehen freilich das Verfahren unter Bestellung eines Insolvenzverwalters (§ 27 Abs. 1 Satz 1 InsO) und das unter Anordnung der Eigenverwaltung (§ 27 Abs. 1 Satz 2 InsO) gleich. Zwar schließt § 270 Abs. 3 Satz 3 InsO den

---

221 *Haarmeyer,* Hoheitliche Beschlagnahme und Insolvenzbeschlag, 2000, S. 39 ff.; *Mothes,* Die Beschlagnahme nach Wesen, Arten und Wirkungen, 1903, 46 ff.

222 *Holzer,* in: Kübler/Prütting, Kommentar zur Insolvenzordnung, § 35 Rn. 10; *Hirte,* in: Uhlenbruck, InsO, 13. Aufl. 2010, § 35 Rn. 5 ff.; *Lwowski,* in: MünchKomm, InsO, 1. Aufl. 2001, § 35 Rn. 22; *Bräuerle,* in: Braun, InsO, 2. Aufl. 2004, § 35 Rn. 3.

223 Hierzu eingehend *Henckel,* in: FS Weber, 1975, S. 237 ff.

224 *Kohler,* Leitfaden des Deutschen Konkursrechts, 1903, 99; *ders.,* Krit. Vierteljahrsschrift Bd. 22, 383.

225 *Kohler,* Leitfaden des Deutschen Konkursrechts, 1903, S. 102, 273.

226 *Wehdeking,* Die Masseverwaltung des insolventen Schuldners, 2005, Kap. 4 Rn. 34.

227 Eingehend hierzu *Wehdeking,* Masseverwaltung (Fn. 226) Kap. 1 Rn. 16, Kap. 3 Rn. 43 m. w. N.; *dies.,* in: Flöther/Smid/Wehdeking, Eigenverwaltung. Handbuch, 2005, Kap. 2 Rn. 4, 10, 106 ff.

228 *Wehdeking,* in: Flöther/Smid/Wehdeking, Eigenverwaltung. Handbuch, 2005, Kap. 25, 71, 90, 115 ff.

Eintrag eines Insolvenzsperrvermerks in die Register aus; allein der Umstand der Verhängung der Aufsicht durch einen Sachwalter (§ 274 InsO) zeigt aber, dass der Schuldner nicht mehr *frei* zu verfügen imstande ist. Allerdings sind die Beschlagswirkungen im Eigenverwaltungsverfahren gelockert.[229]

c) Aufhebung der Rechtsverfolgungsbefugnis des einzelnen Gläubigers. Sowohl die geordnete Abwicklung (Liquidation) als auch die Reorganisation eines insolventen schuldnerischen Unternehmens setzt voraus, dass mit Eröffnung des Insolvenzverfahrens eine jede Rechtsausübung gegen die Masse (das vom Insolvenzbeschlag erfasste Vermögen) nurmehr unter den durch das Insolvenzverfahren geschaffenen Bedingungen möglich ist.[230] 103

Die angloamerikanischen Insolvenzrechte kennen mit dem *„automatic stay"*[231] einen vergleichbaren Tatbestand, der die adequate protection des schuldnerischen Vermögens vor dem Zugriff seiner Gläubiger zum Gegenstand hat. Danach ist die Rechtsausübung eines jeden Gläubigers gegen den Schuldner angesichts der ausschließlichen Zuständigkeit des Insolvenzgerichts für sämtliche gegen die Masse erhobenen Klagen von einer entsprechenden Genehmigung des Insolvenzgerichts abhängig.[232] Die mitteleuropäischen Insolvenzrechte treffen eine andere Regelung. Massefremde Rechte (Aussonderungsrechte) können ohne Rücksicht auf die Eröffnung des Insolvenzverfahrens mit einer Leistungsklage geltend gemacht werden, während die Geltendmachung von Insolvenzforderungen im Wege der Forderungsanmeldung erfolgen.[233] Diese Unterschiede zwischen den anglo-amerikanischen und dem mitteleuropäischen Insolvenzsystem sind aber nur vordergründig. Letztendlich kennt auch das mitteleuropäische Insolvenzrechtssystem der Sache nach das Institut des *automatic stay,* das rechtsdogmatisch mit der Zuweisung der Rechtszuständigkeit für das gesamte schuldnerische Vermögen (die Ist-Masse) an den Insolvenzverwalter beschrieben ist[234], der auch Aussonderungsrechte erst dann bedienen darf, wenn er deren materielle Berechtigung hinreichend geprüft hat. Gegebenenfalls muss er zuvor die Organe der Gläubigerselbstverwaltung informieren. Dies ist dann der Fall, wenn es sich bei der Bedienung von Aussonderungsrechten um Vorgänge handelt, die von erheblichem Einfluss auf die weitere Abwicklung des Verfahrens sind. Die deutsche InsO hat darüber hinaus die Grenzen zwischen Aus- und Absonderungsrechten, die dem konkurslichen Regime unterworfen sind, fließend werden lassen: Der Eigentumsvorbehalt kann gem. § 107 Abs. 2 InsO seitens des Verkäufers in der Insolvenz des Käufers erst nach einer bestimmten Frist ausgeübt werden, die es dem Insolvenzverwalter erlaubt über das Nutzungspotential der Sachen bei der Verfahrensabwicklung zu verfügen, etwa um eine sogenannte Ausproduktion vorzunehmen. 104

Das rechtliche Verfahren des concursus creditorum zeitigt aber auch nachhaltige Folgen für die Rechtsstellung eines jeden Insolvenzgläubigers: Parallel zur Entmachtung des Schuldners wird die Befugnis jedes einzelnen Insolvenzgläubigers, seine Forderung in einem ordentlichen (Leistungs)Prozess zu verfolgen, aufgehoben: Er wird darauf verwiesen, sich zur Wahrnehmung seiner Rechte am Insolvenzverfahren 105

229 *Pape,* in: Kübler/Prütting, Kommentar zur Insolvenzordnung, § 270 Rn. 26; dazu *Hirte,* in: Uhlenbruck, InsO, 13. Aufl. 2010, § 35 Rn. 65; *Uhlenbruck,* in: Uhlenbruck, InsO, 13. Aufl. 2010, § 270 Rn. 45 f.

230 Vergleichend *Trunk,* International Insolvency Review, 1997, pp. 14.

231 *Baird,* The Elements of Bankrupty Law, 3. Aufl. 2001, p. 9; *Kennedy,* The Automatic Stay in Bankruptcy, 11 U. Mich. J. Law Rev. 170, 242 (1978).

232 Sec. 362 (d) United States Bankruptcy Code.

233 *Spellenberg,* Zum Gegenstand der Konkursfeststellungsklage, 1973, S. 81 ff.; BGH, Urt. v. 1. 12. 2005, IX ZR 95/04, *Betrag und Grund: SKLM:* – BGH, Urt. v. 2. 7. 2007; *Sammelanmeldungsfall:* BGH, Urt. v. 22. 1. 2009 – IX ZR 3/08, DZWIR 2009, 292.

234 *Habscheid,* Grenzüberschreitendes (internationales) Insolvenzrecht der Vereinigten Staaten von Amerika und der Bundesrepublik Deutschland, 1998, S. 118, 136 ff.

zu beteiligen (§§ 87, 174 InsO). Hat er einen Titel erlangt, hindert ihn die Eröffnung des Insolvenzverfahrens an der Durchführung einer Individualzwangsvollstreckung, §§ 88, 89 InsO.[235] Dies gilt in eingeschränktem Maße auch für die Inhaber von Sicherheiten, deren Befugnis zur Verwertung des Sicherungsgutes nach Maßgabe der §§ 165 ff. InsO begrenzt wird (unten § 34).

2. Der „Erhaltungsgrundsatz" und seine Grenzen

106 a) **Haftungsordnung.** Die materielle Insolvenz des Schuldners – seine Unfähigkeit, die Forderungen seiner Gläubiger zur Gänze zu befriedigen – hat eine allseitige Haftungsordnung zu Folge, der die Gläubiger unterworfen sind. Dabei ist aber zu beachten, dass die insolvenzrechtliche Haftungsordnung die vorkonkurslich wirksam erworbenen Rechtspositionen der Gläubiger unangetastet lässt. Soweit eine Forderung oder eine Sicherheit vorkonkurslich wirksam erworben wurde, ist sie im Insolvenzverfahren im Allgemeinen zu respektieren.[236]

107 b) **Erhaltung vorkonkurslich erworbener Rechte.** Dieser **Grundsatz der Erhaltung vorkonkurslich erworbener Rechte** im Insolvenzverfahren findet an verschiedener Stelle im Gesetz seinen Ausdruck. Besondere Bedeutung hat er im Rahmen der Absonderungsrechte, die in das Insolvenzverfahren eingebunden sind: So bestimmen die §§ 169, 172 InsO, dass Wertverluste auszugleichen sind, die der Inhaber von zu Absonderung berechtigenden Sicherheiten dadurch erleidet, dass er durch die Eröffnung des Insolvenzverfahrens über das Vermögen des Sicherungsgebers an eine Verwertung des Sicherungsgutes gehindert wird. Im Insolvenzplanverfahren, in dem nach Maßgabe des § 223 Abs. 2 InsO in den Bestand von Absonderungsrechten eingegriffen werden kann, findet der Erhaltungsgrundsatz seinen Ausdruck in der Rezeption der sog. absolute priority rule in § 245 Abs. 1 Nr. 2 und Abs. 2 Nr. 2 InsO.

108 c) **Gläubigergleichbehandlung.** Die Aufrechterhaltung vor Eröffnung des Insolvenzverfahrens begründeter Gläubigerrechte findet ihre Grenze in der Gewährleistung der Gläubigergleichbehandlung im und durch das Insolvenzverfahren. Verletzt der Erwerb eines Rechts dieses Prinzip, unterliegt er der **Insolvenzanfechtung.**

3. Eigenverwaltung des Schuldners: Insolvenzrecht als System abgestufter Eingriffe in die Rechte des Schuldners

109 a) **Voraussetzungen.** Das neue Insolvenzrecht sieht für den Fall, dass Gläubigerinteressen nicht gefährdet werden, die Möglichkeit vor, auf Antrag des Schuldners diesen in der Verfügungsgewalt über sein Vermögen zu belassen, § 270 InsO. In Anlehnung an us-amerikanische Konstruktionen des *„debtor in possession"*[237] wird in diesen Fällen ein Insolvenzverfahren eröffnet, *ohne* dass damit der Schuldner einer Entmachtung unterworfen würde; der Eröffnungsbeschluss zeitigt m.a.W. in diesen Fällen allein

---

235 BGH, Beschl. v. 21.9.2006 – IX ZB 127/05, DZWIR 2006, 80, *Smid*, Struktur VI, DZWIR 2007, 485, 499.

236 *Häsemeyer*, Insolvenzrecht, 3. Aufl. 2003, Rn. 2.21.

237 Dazu *Braun/Uhlenbruck*, Unternehmensinsolvenz, 1. Aufl. 1997, S. 691 ff.; *Uhlenbruck*, in: Uhlenbruck, InsO, 12. Aufl. 2003, § 270 Rn. 2; *Riggert*, in: Nerlich/Römermann, InsO, § 270 Rn. 3 ff.

die Wirkung eines automatic stay (Rn. 102), ohne dass dem Schuldner die Verfügungsmacht über sein Vermögen entzogen wäre.

Bislang galt es als erstrebenswert, wenn nicht gar für die effiziente Verfahrensabwicklung geradezu unabweisbar erforderlich, *und* von Gesetzes wegen gewollt, dass dem Schuldner die Zügel aus der Hand und einem erfahrenen Verwalter bereits im Eröffnungsverfahren übergeben werden sollten. Denn vom Schuldner wurde vermutet, er habe seine wirtschaftliche Krise wenigstens mitverursacht. Kaum ein Satz konnte mehr Überzeugungskraft ausstrahlen als der *Volker Grubs,* es dürfe mit dem Insolvenzschuldner durch Anordnung der Eigenverwaltung nicht der Bock zum Gärtner gemacht werden. Die Entwicklungen der Jahre seit Inkrafttreten der InsO zeigen, dass dies für das deutsche Insolvenzrecht nur noch unter eingeschränkten Voraussetzungen gesagt werden kann. Denn im vierten Jahr der InsO hat die höchstrichterliche Judikatur die Regeln der vorläufigen Anordnungen des Insolvenzgerichts und damit die vorläufige Verwaltung vom Kopf auf die Füße und damit auf den systematischen Boden des Rechts gestellt; zugleich haben Insolvenzgerichte in zwei ebenso spektakulär wie singulär anmutenden Großverfahren die Eigenverwaltung des Schuldners angeordnet. Beide Entwicklungen sind auf Bedenken gestoßen. Im Folgenden soll versucht werden, diese Entscheidungen als Ausdruck einer zwangsläufigen Entwicklung des deutschen Insolvenzrechts zu interpretieren und die Konsequenzen hieraus für das Verständnis des deutschen Insolvenzrechts anzudeuten. Es wird zu zeigen sein, dass damit nicht in dem Sinne ein Damm gebrochen ist, dass nunmehr Unheil über das deutsche Insolvenzrecht hereinbricht – wie vielfach vermutet wird und in Kritiken hin bis zu Persiflagen ausgeführt wird – ich denke dabei auch an den Hohn, den das AG Duisburg[238] in manchen Besprechungen mit seinem Eröffnungsbeschluss in Sachen *Babcock* auf sich gezogen hat. **110**

Die damit verbundenen Fragen haben alles andere als nur akademische Bedeutung. Die Geltung des Verhältnismäßigkeitsgrundsatzes greift über das Eröffnungsverfahren nunmehr auch in das eröffnete Verfahren.[239] Dort wird die Begrenzung der Entmachtung des Insolvenzschuldners allerdings als Bedrohung empfunden – indes widerstreitet die Anordnung einer Eigenverwaltung jedenfalls nicht Konkurs- bzw. Insolvenzzwecken. Denn der Konkursbeschlag des schuldnerischen Vermögens zugunsten seiner Gläubiger wird durch die Eigenverwaltung nicht in Frage gestellt. **111**

b) **Regelinsolvenzverfahren.** Herkömmlich bedeutete der Konkurs die Entmachtung des Insolvenzschuldners. Das gilt im Insolvenzverfahren nach § 27 Abs. 1 Satz 2 InsO nur, wenn nicht ein Antrag nach § 270 InsO gestellt worden ist und dessen Voraussetzungen vorliegen. In der Literatur wird dieses Verhältnis mit dem **Begriff des „Regelinsolvenzverfahrens“** umschrieben: Da sich unter dem „Dach“ des einheitlichen Insolvenzverfahrens verschiedene Optionen eröffnen, stellt sich die Frage, ob und wieweit sich in dem eröffneten Insolvenzverfahren die Entscheidung des Insolvenzgerichts über die Anordnung der Eigenverwaltung des Schuldners nach Maßgabe des Verhältnismäßigkeitsgrundsatzes beurteilt – unter der Voraussetzung, dass der Schuldner (die Organe der schuldnerischen Gesellschaft) einen entsprechenden Antrag nach § 270 InsO stellt bzw. im Falle der Fremdantragstellung der antragstellende Gläubiger entsprechende Erklärungen abgibt. Ob das über sein Vermögen zu eröffnende Insolvenzverfahren die Entmachtung des Schuldners nach sich zieht, hängt davon ab, ob dies zum Schutz der Gläubiger „erforderlich“ erscheint. **112**

Dies hat der Reformgesetzgeber so gewollt; es ist indessen nicht zu übersehen, dass mit einem derartigen Verfahren nicht nur dem Schuldner erhebliche Gestaltungsmöglichkeiten gegenüber seinen Gläu- **113**

---

238 AG Duisburg, Beschl. v. 1. 9. 2002 – 62 IN 167/02 – ZIP 2002, 1636.
239 *Smid/Wehdeking,* in: FS Rechberger, 2005, S. 603 ff.; *Wehdeking,* Die Masseverwaltung des insolventen Schuldners, 2005, Einl. Rn. 10 f., 29 f.; Kap. 3 Rn. 19 ff. m. w. N.

bigern an die Hand gegeben werden, sondern Gefahren eines Missbrauchs dieses Instituts[240] auf der Hand liegen.

114 **c) Reorganisation schuldnerischer Unternehmen.** Der Gesetzgeber hat mit der InsO das Insolvenzverfahren in das Zentrum aller Bemühungen um eine Reorganisation schuldnerischer Unternehmen gerückt. Der IX. Zivilsenat des BGH[241] hat dies insbesondere in seiner Judikatur zur Verantwortlichkeit des Sanierers bei Versuchen außergerichtlicher Sanierungen betont. Wenn die Betroffenen aber durch das geltende Recht in weitem Maße auf das Insolvenzverfahren verwiesen werden, um – unter verfahrensrechtlich strukturierter und gewährleisteter Aufsicht der Gläubiger und in geringerem Umfang auch des Insolvenzgerichts – den Unternehmensträger zu restrukturieren und zu sanieren, kann diese von der höchstrichterlichen Judikatur nachvollzogene Grundentscheidung des Gesetzgebers für die Bestimmung der Stellung des Schuldners bzw. der Organe schuldnerischer Gesellschaften im Verfahren nicht folgenlos bleiben. Droht dem eigenantragstellenden Schuldner die Entmachtung, wie *Friedrich Oetker*[242] den Entzug der Verwaltungs- und Verfügungsbefugnis bildhaft beschrieben hat, dann stellt sich der Versuch einer Reorganisation mit Instrumentarien des Insolvenzrechts gleichsam als selbstmörderisch dar. Für diejenigen Gläubiger, die bereit sind, eine Reorganisation „zu begleiten" – also Geld *(fresh money)* einzuschießen.

115 Daher waren die vom AG Duisburg im Fall Babcock-Borsig[243] beklagten Stellungnahmen der Politik nicht allein legitim, sondern es wäre umgekehrt unverständlich gewesen, wenn sich die Politik einer Landesregierung angesichts eines folgenreichen Verfahrens völlig bedeckt gehalten hätte. Natürlich ist die Sorge um Arbeitsplätze berechtigt. Unabhängig von der in jeder Hinsicht unverständlichen Reaktion des Insolvenzgerichts im *Babcock*-Fall zeigt die politische Intervention in diesem Fall, dass ein erhebliches Interesse gerade auch der Großgläubiger, namentlich der beteiligten Banken an der Anordnung der Eigenverwaltung bestehen. Aber auch über den Bereich der Unternehmenssanierung kann die Eigenverwaltung Sinn haben, um z.B. Individualzwangsvollstreckungen auszuschließen und *zugleich* Raum für eine kostengünstige Verwertung einer Masse zu erlangen. Unten (§§ 29ff.) wird näher zu erörtern sein, dass zwischen der Abwicklung des Insolvenzverfahrens nach einem vom Schuldner seinen Gläubigern zu präsentierendem Plan und der Anordnung der Eigenverwaltung des Schuldners ein sachlicher Zusammenhang besteht, der durch die gesetzlichen Regelungen freilich nicht angemessen abgebildet wird.

---

240 *Pape,* in: Kölner Schrift zur Insolvenzordnung, 2. Aufl. 2000, S. 896, 900 (Rn. 6).
241 BGH, Urt. v. 26. 10. 2000 – IX ZR 289/99 – ZIP 2001, 33.
242 *Oetker,* Konkursrechtliche Grundbegriffe, 1891, S. 19ff.
243 AG Duisburg, Beschl. v. 1. 9. 2002 – 62 IN 167/02 – DZWIR 2002, 522ff. m. Bespr. *Smid,* DZWIR 2002, 493ff.

Erster Teil: Die Personen

§ 2 Die Schuldner und Gläubiger als die Beteiligten des Insolvenzverfahrens

I. Ausgangslage

Als Verfahren, mit dem so nachhaltig wie ansonsten allenfalls in Strafverfahren in die Rechte des Unterworfenen eingegriffen wird, setzt das Insolvenzverfahren eine rechtliche Verfassung des Schuldners voraus, die eine Abgrenzung des Eingriffs in die Rechte des Schuldners zulässt – seine **Insolvenzverfahrensfähigkeit** (II.). Dies gilt auch, soweit der Schuldner das Insolvenzverfahren als Instrument der Beschränkung des Gläubigerzugriffs zum Zwecke seiner Sanierung zu nutzen beabsichtigt; in diesem Zusammenhang dient das Attribut „Insolvenzverfahrensfähigkeit" dem Ausschluss der zur Benachteiligung von Gläubigern durch den Schuldner eingesetzten Rechtsformen – was im Folgenden besonders bei der Gesellschaft bürgerlichen Rechts zu erörtern sein wird. Die **Gläubiger** (III.) bilden durchaus keinen homogenen Gegenpart des Schuldners, weder nach ihren (wirtschaftlichen[1]) Interessen noch nach der rechtlichen Qualität ihrer Forderungen. Diese Unterschiede wirken sich auf ihre Stellung im Verfahren aus. 1

II. Insolvenzverfahrensfähige Schuldner

1. Prozessuale Parteifähigkeit und Insolvenzverfahrensfähigkeit[2]

Insolvenzfähig sind natürliche Personen und „Personifikationen" – juristische Personen und „teilrechtsfähige" Gesellschaften. Die Unterscheidung zwischen natürlichen Personen und Personifikationen ist insbesondere deshalb wichtig, weil eine natürliche Person möglicher Weise besonderen verfahrensrechtlichen Regelungen im sog. Verbraucherinsolvenzverfahren nach den §§ 304ff. InsO untnerworfen sein kann. 2

a) Natürliche Personen. Schuldner im Insolvenzverfahren kann nur derjenige sein, der insolvenzverfahrensfähig ist. Insolvenzverfahrensfähigkeit bedeutet, dass der Schuldner oder das schuldnerische Unternehmen mit seinem Vermögen als Sach- und Rechtsgesamtheit einer Gesamtvollstreckung im Interesse aller verfahrensbeteiligten 3

---

1 *Jackson,* Logic and Limits of Bankruptcy Law, 1986, p 10 et passim; RegEInsO Allg. Begr. 4. a) cc), BT-Drs. 12/2443, S. 83.
2 Zur Begrifflichkeit *Henckel,* ZIP 2000, 2045, 2046.

Gläubiger unterliegt.[3] Lange Zeit konnte man davon ausgehen, dass die Insolvenzverfahrensfähigkeit der passiven Parteifähigkeit im Zivilprozess (§ 50 Abs. 2 ZPO, § 124 HGB) und der Fähigkeit, Schuldner im Verfahren der Einzelzwangsvollstreckung zu sein, entspricht.[4] Diesen Grundsatz durchbricht § 11 InsO, der die Insolvenzverfahrensfähigkeit weiter fasst als die Parteifähigkeit (jedenfalls im herkömmlichen Verständnis des § 50 ZPO).[5] Grundsätzlich lässt sich allerdings auch heute noch weitgehend von einer Gleichsetzung der Insolvenzverfahrensfähigkeit mit der passiven Parteifähigkeit ausgehen. Danach ist grundsätzlich jede natürliche Person aufgrund ihrer passiven Parteifähigkeit gem. § 50 Abs. 2 ZPO insolvenzverfahrensfähig, § 11 Abs. 1 Satz 1 InsO. Dabei kommt es – anders als in einer Reihe ausländischer Rechtsordnungen[6] – nicht darauf an, ob der Insolvenzschuldner ein Kaufmann ist oder ein Gewerbe betreibt; vielmehr ist jede Privatperson insolvenzverfahrensfähig, da es sich beim Konkurs, wie geschildert, um ein Verfahren der Haftungsverwirklichung handelt. Das ist wichtig, da (wie im vorangegangenen Paragraphen gezeigt) nach § 1 Satz 2 InsO das Insolvenzverfahren auch dazu dienen soll, eine Restschuldbefreiung überschuldeter privater Verbraucher zu ermöglichen. Bis zum Inkrafttreten der InsO hatte die Insolvenz von Privatpersonen allerdings nur im kaufmännischen und gewerblichen Bereich eine empirisch nachvollziehbare Bedeutung.

4 Vereinzelt wird im Gegensatz zur „Unternehmens-" von einer „Menscheninsolvenz" gesprochen. Das ist eine ausserordentlich fragwürdige façon de parlez: Der Mensch wird nicht insolvent; er ist mehr als Träger eines Vermögens (vgl. Art. 1 GG). Vermögensträger und Unterworfene einer Exekution sind Personen, denen Rechte und Pflichten zugeordnet werden; es ist daher zu empfehlen, an dieser richtigen Terminologie festzuhalten, und im übrigen damit die Einheit mit dem bürgerlichen Recht aufrecht zu erhalten.

5 **b) Juristische Personen.** Geradezu selbstverständlich ist es, dass juristische Personen insolvenzverfahrensfähig sind (§ 11 Abs. 1 Satz 1 InsO). Besonders in der Rechtsform der GmbH werden heute wirtschaftliche Tätigkeiten regelmäßig abgewickelt; andere Rechtsformen sind eher in den Hintergrund getreten. Die aus der juristischen Personen eigenen Haftungsbeschränkung hervorgehende Gefährdung der Gläubigerinteressen macht das über ihr Vermögen eröffnete Insolvenzverfahren im Bereich der Unternehmensinsolvenz besonders wichtig: Wird im Falle der Insolvenz ein Insolvenzverfahren nicht eröffnet (§ 26 Abs. 1 InsO), fällt die GmbH zwar in Liquidation (§§ 60 Abs. 1 Nr. 5, 65 Abs. 1 Satz 3 GmbHG), wobei die Auflösung nach der Neufassung durch Art. 48 EGInsO von Amts wegen einzutragen ist.[7] Allerdings kann die GmbH bis zu ihrer Löschung weiter tätig sein, was den Reformgesetzgeber Missbräu-

---

3 *Uhlenbruck,* in: Gottwald, Insolvenzrechts-Handbuch, 2. Aufl. 2001, § 5 Rn. 1; *Hirte,* in: Uhlenbruck, InsO, 13. Aufl. 2010, § 11 Rn. 5; *Kind,* in: Braun, InsO, 2. Aufl. 2004, § 11 Rn. 1; *Ott,* in: MünchKomm, InsO, 1. Aufl. 2001, § 11 Rn. 1.

4 *Gerhardt,* Grundbegriffe des Zwangsvollstreckungs- und Insolvenzrechts, 1. Aufl. 1985, Rn. 226; *Jauernig,* Zwangsvollstreckungsrecht, 21. Aufl. 1999, § 40 II, 1–4.

5 Allerdings geht nunmehr auch der BGH, Beschl. v. 29. 1. 2001 – II ZR 331/00 – ZIP 2001, 330 ff. von der passiven und aktiven Parteifähigkeit einer Gesellschaft bürgerlichen Rechts aus, jedenfalls soweit sie (im Falle des BGH: eine ARGE) wirtschaftlich tätig ist; *Hirte,* in: Uhlenbruck, InsO, 12. Aufl. 2003, § 11 Rn. 5.

6 So in einigen mittel- und osteuropäischen Rechtsordnungen, zu letzteren *Smid,* KTS 1998, 313 ff.

7 Zur Kritik an §§ 60, 65 a. F. GmbHG noch RegEInsO, Amtl. Begr. 1. a), BT-Drs., S. 72.

che hat besorgen lassen.[8] Die **Insolvenzverfahrensfähigkeit** juristischer Personen ergibt sich dabei daraus, dass sie (ebenso wie natürliche Personen) in ihrem Bestand (ihrer Identität: Firma) klar abgrenzbar sind (vgl. zur handelsregisterrechtlichen Erfassung § 8 HGB) und mit ihrem Vermögen über einen eindeutig zuzuordnenden Haftungsverband verfügen, auf den sich der gesamtvollstreckungsrechtliche Zugriff der Gläubiger richtet. Daher lässt sich in diesen Fällen eindeutig definieren, welches Vermögen vom Insolvenzbeschlag erfasst und der Verwertung (oder der von den Gläubigern betriebenen Zwangssanierung) unterworfen wird. Dies ist auch für die vom Unternehmensträger (Schuldner) betriebenen Sanierung wichtig: Denn aufgrund der Verfassung der juristischen Person lässt sich bestimmen, welche Gläubiger in den Sanierungsvorgang (vgl. §§ 217ff. InsO, unten § 38) einbezogen sind.

Im Einzelnen gilt: Die KGaA ist insolvenzverfahrensfähig, da es sich bei ihr gem. §§ 275, 278 Abs. 3, 41 AktG um eine rechtsfähige juristische Person handelt, § 11 Abs. 1 Satz 1 InsO. Ferner sind insolvenzverfahrensfähig: Aktiengesellschaften (§ 41 AktG), die Europäische Aktiengesellschaft (SE),[9] eingetragene Genossenschaften (gem. §§ 98ff. Genossenschaftsgesetz) sowie GmbH (gem. §§ 63ff. GmbHG). Dies gilt auch für **ausländische Gesellschaften,** namentlich die **englische limited.**[10] Kraft Gesetzes (§ 12 InsO i.V.m. landesgesetzlichen Regelungen) ist teilweise den Gemeinden und Landkreisen die Insolvenzverfahrensfähigkeit abgesprochen,[11] während Körperschaften, Stiftungen und Anstalten des öffentlichen Rechts grundsätzlich insolvenzverfahrensfähig sind.[12] Dies gilt auch für Kirchen, soweit sie als Körperschaften des öffentlichen Rechts anerkannt sind[13] sowie für öffentliche Sparkassen, deren Status freilich heute beendet ist.[14] 6

c) Personenhandelsgesellschaften. OHG, KG und die GmbH & Co. KG sind zwar keine juristischen Personen i. Satz d. §§ 21ff. BGB, aber aus den zu den juristischen Personen genannten Gründen insolvenzverfahrensfähig, § 11 Abs. 2 Nr. 1 InsO: OHG und KG verfügen über eigene Vermögen, §§ 124, 161 Abs. 2 HGB, das sich von dem ihrer Gesellschafter unterscheidet. Sie sind aufgrund ihrer Verfassung – der Organisation der Vertretungsregeln (§§ 125, 161 Abs. 2 HGB) und wegen der aus ihrer Registerfähigkeit (§ 8 HGB) erwachsenden Transparenz auch prozessfähig, § 124 Abs. 1 HGB. 7

d) Vorgesellschaften und Gesellschaften in Liquidation. Insolvenzverfahrensfähig sind ferner juristischen Personen, die errichtet, aber noch nicht im Handelsregister eingetragen worden sind.[15] Die In- 8

---

8 Zur Eröffnung des Insolvenzverfahrens über das Vermögen einer gelöschten, aber nicht vollbeendigten GmbH: BGH, Urt. v. 16. 12. 2004 – IX ZB 6/04 – m. Anm. *Smid*, jprins 6/2005, Anm. 6.

9 *Roitsch*, Die Auflösung, Liquidation und Insolvenz der Europäischen Aktiengesellschaft (SE) mit Sitz in Deutschland, 2006, 109ff.

10 *Buchmann*, Die Insolvenz der englischen Limited in Deutschland, 2007; *Walterscheid*, DZWIR 2006, 95ff.; zu deren Insolvenzantragspflicht: LG Kiel, Urt. v. 20. 4. 2006 – 10 S 44/05 – DZWIR 2006, 390; *Zerres*, DZWIR 2006, 356ff.; allgemein: *Schilling*, Insolvenz einer englischen Limited mit Verwaltungssitz in Deutschland, 2006; *Hirte/Bücker/Kasalowsky*, Grenzüberschreitende Gesellschaften, 1. Aufl. 2005, § 4; *Eidenmüller*, Ausländische Kapitalgesellschaften im deutschen Recht, 1. Aufl. 2004.

11 Eingehend hierzu *Cranshaw*, Insolvenz- und finanzrechtliche Perspektiven der Insolvenz von juristischen Personen des öffentlichen Rechts, insbesondere Kommunen, 2007. Übersicht bei *Prütting*, in: Kübler/Prütting, Kommentar zur Insolvenzordnung, § 12 Rn. 4; *Hirte*, in: Uhlenbruck, InsO, 13. Aufl. 2010, § 12 Rn. 7f.; *Ott*, in: MünchKomm, InsO, 1. Aufl. 2001, § 12 Rn. 23ff.

12 *Prütting*, in: Kübler/Prütting, Kommentar zur Insolvenzordnung, § 12 Rn. 5, 6; *Hirte*, in: Uhlenbruck, InsO, § 12 Rn. 9.

13 BVerfG, Urt. v. 13. 12. 1983 – 2 BvL 13/82 – JZ 1984, 471; vgl. aber auch *Hirte*, in: Uhlenbruck, InsO, 12. Aufl. 2003, § 12 Rn. 14.

14 Vgl. zu den verschiedenen Formen: *Hirte*, in: Uhlenbruck, InsO, 13. Aufl. 2010, § 12 Rn. 9.

15 BayObLG v. 23. 7. 1965 – 2 Z 7/65 – NJW 1965, 2254; *Uhlenbruck*, Die GmbH & Co. KG in Krise, Konkurs und Vergleich, 2. Aufl. 1988, S. 217ff.; *Scholz/K. Schmidt*, GmbHG, § 63 Anm. 1; *Uhlenbruck*, in:

solvenzverfahrensfähigkeit der Vorgesellschaft ergibt sich heute aus § 11 Abs. 2 Nr. 1 InsO; sie wurde bisher bejaht, wenn diese bereits ein Sondervermögen gebildet hat und ein kaufmännisch eingerichtetes Gewerbe nach §§ 1 Abs. 2, 105 HGB betreibt (§ 123 Abs. 2 HGB) sowie wenn sie im Rechtsverkehr als Gesellschaft in Erscheinung getreten ist.[16] Solange eine Gesellschaft noch nicht vollständig liquidiert (vollbeendigt) ist, sondern sich noch in Liquidation befindet, besteht nach § 11 Abs. 3 InsO noch die Möglichkeit, dass über ihr Vermögen ein Insolvenzverfahren eröffnet wird.[17]

2. Insolvenzverfahrensfähigkeit von Sondervermögen

9 Neben diesen Fällen der Insolvenz natürlicher und juristischer Personen und Personifikationen sieht § 11 Abs. 2 Nr. 2 InsO noch die Möglichkeit der Eröffnung des Verfahrens über Sondervermögen vor. Im Einzelnen handelt es sich um das Nachlassinsolvenzverfahren (§§ 315 ff. InsO) sowie das über das Gesamtgut der Gütergemeinschaft bei gemeinschaftlicher Verwaltung der Ehegatten und bei der fortgesetzten Gütergemeinschaft eröffnete Insolvenzverfahren (§§ 332 ff. InsO). In beiden Fällen lässt sich der den Gläubigern haftende Vermögensverband eindeutig von den Privatvermögen der gesamthänderisch verbundenen Personen unterscheiden, was es rechtfertigt, über diese Vermögen Sonderinsolvenzverfahren zuzulassen.

10 Ob diese Art der Beschreibung zutreffend ist, begegnet freilich Zweifeln, die der folgende Fall deutlicher werden lässt:

11 Erheblich nach Eröffnung des Insolvenzverfahrens über das Vermögen der Komplementär-GmbH einer GmbH & Co. KG hat das Insolvenzgericht einen zuvor gestellten Antrag hin aufgrund eines bejahenden Gutachtens des von ihm eingesetzten vorläufigen Verwalters das Insolvenzverfahren über das Vermögen der GmbH & Co KG eröffnet. Das Ausscheiden der Komplementär-GmbH aus einer GmbH & Co. KG mit nur einem Kommanditisten hat nach der Judikatur des II. Zivilsenats des BGH[18] die liquidationslose Vollbeendigung der KG unter Gesamtrechtsnachfolge des Kommanditisten zur Folge. Der Kommanditist haftet danach für die Verbindlichkeiten der KG nur mit dem auf ihn übergegangenen Vermögen.[19] Die Rechtslage entspricht, folgt man dieser Judikatur, derjenigen, die eintritt, wenn eine natürliche Person verstirbt: es kommt zur Gesamtrechtsnachfolge des oder der Erben (§ 1922 BGB). Würde man gegen diese Judikatur des II. Zivilsenats des BGH *nicht* davon ausgehen, die Eröffnung des Insolvenzverfahrens über das Vermögen der Komplementärgesellschaft führe bei einer zweigliedrigen KG zu deren liquidationsloser Vollbeendigung, wäre Folge der Insolvenz der Komplementärgesellschaft zwar die Auflösung der KG. Diese befände sich aber mit der Konsequenz in Liquidation, dass sie weiter taugliches Rechtssubjekt eines über ihr Vermögen zu eröffnendes Insolvenzverfahrens wäre.[20] In einem solchen Fall wäre der verbliebene Kommanditist gleichsam der „geborene" Liquidator der KG, der zunächst aus deren Vermögen deren Gläubiger zu befriedigen oder ein Insolvenzverfahren einzuleiten hätte. Beides wäre unproblematisch möglich, da das auf die Person der aufgelösten, aber noch nicht beendigten KG bezogene Vermögen dieser rechtlich zugeordnet wäre. Der Ansatz des II. Zivilsenats verstellt den Weg zu dieser Art der Behandlung des vorliegenden Falles und erzwingt im

---

Gottwald, Insolvenzrechts-Handbuch, 2. Aufl. 2001, § 5 Rn. 9, 10; *K. Schmidt*, in: Kölner Schrift, S. 1199, 1202; *Ley*, in: Beck/Depré, Handbuch der Insolvenz, 1. Aufl. 2003, § 4.

16 *Braun/Uhlenbruck*, Unternehmensinsolvenz, 1. Aufl. 1997, S. 68; *Hirte*, in: Uhlenbruck, InsO, 12. Aufl. 2003, § 11 Rn. 36; *Ott*, in: MünchKomm, InsO, 1. Aufl. 2001, § 11 Rn. 15; *Kind*, in: Braun, InsO, § 11 Rn. 9; *Hess*, InsO, 1. Aufl. 1999, § 11 Rn. 5 ff.

17 *Uhlenbruck*, in: Gottwald, Insolvenzrechts-Handbuch, 2. Aufl. 2001, § 5 Rn. 10; zur Insolvenzfähigkeit nach Löschung im Handelsregister *Mönning*, in: Nerlich/Römermann, InsO, § 11 Rn. 85, 86.

18 BGH, Urt. v. 15. 3. 2004 – II ZR 247/01 – ZIP 2004, 1047.

19 BGH, Urt. v. 15. 3. 2004 – II ZR 247/01 – ZIP 2004, 1047; OLG Düsseldorf v. 2. 7. 1997 – 3 Wx 94/97 – GmbHR 1997, 903; *K. Schmidt*, Gesellschaftsrecht, 4. Aufl. 2002, § 8 IV, [S. 164]; *Sudhoff*, GmbH & Co. KG, 6. Aufl. 2005, § 45 Rn. 6.

20 Zur Insolvenzverfahrensfähigkeits der in Liquidation begriffenen Gesellschaft vgl.: *Smid/Leonhardt*, in: LSZ, InsO 3. Aufl. 2010, § 11 Rn. 16 ff.; *Kuhn/Uhlenbruck*, KO, Vorbem. E § 207 Rn. 4.

Bereich insolventer zweigliedriger KG einen komplizierten Weg über die haftungsrechtlich auf das von der KG auf ihren Rechtnachfolger übergegangene Sondervermögen. Vor dem Hintergrund der Judikatur des II. Zivilsenats des BGH ist dies aber nicht zutreffend. Die Rechtsansicht des II. Zivilsenats des BGH[21] zur Vollbeendigung der zweigliedrigen KG bei Wegfall des Komplementärs unter Zuwachsen des Vermögens der KG auf die Person des verbliebenen Kommanditisten hat – wie im Folgenden zu behandeln sein wird – nach der Rechtsprechung des BGH im Individualzwangsvollstreckungsverfahren die Konsequenz, dass der verbliebene Kommanditist als Rechtsnachfolger der KG seine Haftung für die Verbindlichkeiten der KG auf deren (früheres) Vermögen als Haftungssondermasse beschränken kann.[22] Im Bereich des Insolvenzrechts führt dies aber zu äußerst problematischen Folgen, da es an jedweder Regelung fehlt, nach der eine solche Haftungsbeschränkung in einer Art von Sonderinsolvenzverfahren eingeleitet werden könnte. Für den Ansatz des II. Zivilsenats des BGH spricht eine Überlegung, die in den vom geltenden Gesellschaftsrecht getragenen Unterscheidungen ihren Grund hat: Anders als bei Kapitalgesellschaften kennt das Recht der Personenhandelsgesellschaften aber nicht die Liquidation als besonderen Status der Personenhandelsgesellschaft. Die „KG iL" ist keine dem deutschen Recht bekannte Form einer „Liquidation-Personenhandelsgesellschaft".

Unproblematisch sind diejenigen Fälle, in denen zum Zeitpunkt seines Todes über das Vermögen des Schuldners das Insolvenzverfahren bereits eröffnet worden war.[23] Denn dann ist das Vermögen des Erblassers mit Insolvenzbeschlag belegt, § 35 InsO – und geht in diesem rechtlichen Zustand auf den Erben über. Geht der Antragsteller dagegen vor Erlass des Eröffnungsbeschlusses unter – stirbt z.B. eine natürliche Person als Antragsteller vor der Entscheidung über seinen Eröffnungsantrag durch das Insolvenzgericht – wird ebenfalls behauptet, sein Rechtsnachfolger trete in seine *verfahrensrechtliche Lage* ein.[24] Dies gilt nicht allein für die Fremdantragstellung durch natürliche, sondern auch für die durch juristische Personen. Werden daher zwei Krankenkassen A und B rechtlich zur Krankenkasse C zusammengeschlossen, dann nimmt die Krankenkasse C die verfahrensrechtlichen Befugnisse wahr, die die Krankenkasse A oder B zuvor innehatte.[25] Fraglich ist freilich, was unter einem solchen „Eintritt" in die verfahrensrechtliche Lage des – verstorbenen früheren – Schuldners und Antragsgegners zu verstehen ist. 12

Mit Urteil vom 22. 1. 2004[26] hat der BGH (freilich in einem Fall, in dem es im Wesentlichen um Fragen der Gläubigerbenachteiligung durch Abführung der Lohnsteuer in der Insolvenz des Arbeitgebers ging), zu der Frage Stellung genommen, wie mit einem Fremdantrag zu verfahren ist, wenn der Schuldner vor Erlass des Eröffnungsbeschlusses verstirbt. Dieser Entscheidung lag folgender Sachverhalt zugrunde: Das als Anfechtungsgegner beklagte Land hatte gegen den Schuldner im März und September 1998 Pfändungs- und Einziehungsverfügungen wegen rückständiger Steuern erlassen. Der Schuldner bat unter Darlegung seiner wirtschaftlichen Verhältnisse mit Schreiben vom 9. 11. 1998 vergeblich um Stundung fälliger Umsatz- und Lohnsteuer. Das Finanzamt erließ darauf am 12. 11. 1998 eine neue Erfüllungs- und Einziehungsverfügung und pfändete alle Ansprüche des Schuldners gegen die X-Bank aus dem mit dieser bestehenden Kontokorrentvereinbarung mit drei Überweisungsvorgängen. Von dem gepfändeten Konto wurden die Forderungen des beklagten Landes bis zum 27. 11. 1998 vollständig getilgt. Am 19. 2. 1999 stellt die Innungskrankenkasse, die einen früheren Antrag für erledigt erklärt hatte, erneut einen Insolvenzantrag. Darauf wurde am 20. 8. 1999 das Nachlassinsolvenzverfahren über den Nachlass des am 6. 5. 1999 verstorbenen Schuldners eröffnet. Ersichtlich „wollte" der erkennende Senat in dieser Sache entscheiden, um grundsätzliche anfechtungsrechtliche Fragen klären zu können. Da sich im Übrigen der Erbe auf die Eröffnung des Nachlassverfahrens eingelassen und die Rechtmäßigkeit des Eröffnungsbeschlusses auch in den Vorinstanzen ersichtlich 13

21 BGH, Urt. v. 10. 5. 1978 – VIII ZR 32/77 – BGHZ 71, 296 ff.
22 BGH, Urt. v. 15. 3. 2004 – II ZR 247/01 – (Fn. 19).
23 So auch zutreffend *Nöll*, Der Tod des Schuldners in der Insolvenz, 2005, Rn. 239 et passim.
24 *Riering*, in: Nerlich/Römermann, InsO, § 315 Rn. 54; für eine analoge Anwendung von § 239 ZPO im Eigenantragsverfahren; *Nöll*, Der Tod des Schuldners in der Insolvenz, 2005, Rn. 119 ff., Rn. 208.
25 Nach *Nöll* (Fn. 23), Rn. 96, 208 Verfahrensfortsetzung im Fremdantragsverfahren analog § 779 ZPO.
26 BGH, Urt. v. 22. 1. 2004 – IX ZR 39/03 – ZIP 2004, 513.

nicht in Frage gestellt worden ist – der Erbe hätte sich dagegen mit der sofortigen Beschwerde gem. § 34 InsO gegen die Eröffnung des Nachlassinsolvenzverfahrens[27] zur Wehr setzen können – ist der erkennende Senat von der Wirksamkeit des Eröffnungsbeschlusses ausgegangen. Dies ist aus den im Folgenden darzulegenden Gründen selbst nicht frei von Bedenken.

14 Der gegen den bisherigen Schuldner gerichtete Antrag zielt zwar auf die Beschlagnahme des Vermögens – das nach dem Tod des Schuldners zum Nachlass[28] wird. Vordergründig ändert der Tod des Schuldners daher nichts an dem vermögensrechtlichen „Bezugspunkt" des zu eröffnenden Insolvenzverfahrens. Subjekt des Insolvenzverfahrens ist aber nicht eine Vermögensmasse[29], sondern der Schuldner[30] – der im Eröffnungsbeschluss antragsgemäß bezeichnet worden ist. In diesem Zusammenhang ist nämlich daran zu erinnern, dass das deutsche Recht außerhalb des Stiftungsrechts[31] subjektlose Vermögensmassen als Träger von Rechten und Pflichten außerhalb und in gerichtlichen Verfahren nicht kennt.[32] Dies gilt auch für das Insolvenzverfahren. Auch das Nachlassinsolvenzverfahren betrifft zwar wie Sekundärinsolvenzverfahren gem. Art. 3 Abs. 3 und Art. 27 EuInsVO[33] eine Sondermasse – nämlich den vom übrigen Vermögen des Erben gesonderten Nachlass[34] – die Möglichkeit einer **haftungsrechtlichen Separierung von Vermögenswerten** führt aber nicht zu deren verfahrensrechtlicher Verselbständigung gegenüber dem konkreten *Vermögensträger* – der Person im Rechtssinne, die Adressat haftungsrechtlicher Inanspruchnahme (vgl. § 1967 BGB[35]) ist. Der BGH ist in dieser Sache davon ausgegangen, auch das Eröffnungsverfahren werde gegen den *Erben* fortgesetzt.[36] Insofern gibt der Sachverhalt nichts dafür her, ob nach dem Tod des ursprünglichen Antragsgegners die antragstellende Krankenkasse als Gläubigerin ihren Antrag darauf umgestellt hat, dass er nunmehr gegen den Erben gerichtet werde. Eine derartige Antragsumstellung ist im Insolvenzeröffnungsverfahren durchaus möglich. Da dem IX. Zivilsenat ein vom Erben nicht angegriffener Eröffnungsbeschluss gem. § 315 InsO vorlag, konnte er davon ausgehen, dass der Eröffnungsantrag auf den Erben umgestellt und die Eröffnung des Verfahrens daher rechtsfehlerfrei erfolgt war.[37] Sie führt allerdings nicht ohne weiteres dazu, dass das Eröffnungsverfahren auf dem Stand „gegen den Erben" fortgesetzt wird, auf dem es sich als „Regelinsolvenz-Eröffnungsverfahren" gegen den verstorbenen bisherigen Antragsgegner befunden hat.

15 Das Urteil des BGH vom 22. 1. 2004[38] gibt daher nichts dafür her, wie zu verfahren ist, wenn dem Insolvenzgericht im Eröffnungsverfahren vor Erlass des Eröffnungsbeschlusses bekannt wird, dass der Schuldner verstorben ist. Die Kommentarliteratur zitiert diese Entscheidung des BGH freilich dafür, das Eröffnungsverfahren werde *ipso iure* gegen den Erben fortgesetzt.[39] Dies wäre aber weder von der höchstrichterlichen Judikatur gedeckt noch verfahrensrechtlich haltbar: Dabei mag dahingestellt bleiben, ob der Erbe einen Rechtsanspruch darauf hat, dass die Anhörung gem. §§ 10, 20 InsO mit ihm wiederholt wird. Denn die *Anhörung* stellt sich als Erkenntnisinstrument des Gerichts dar.[40] Jedenfalls aber hat der Erbe als „neuer" Adressat des Eröffnungsbeschlusses im Insolvenzverfahren *unstreitig* ein

---

27 *Lüer,* in: Uhlenbruck, InsO, 13. Aufl. 2010, § 315 Rn. 12.
28 Vgl. zum Umfang der Nachlassmasse *Fehl,* in: Smid, InsO, 2. Aufl. 2001, § 315 Rn. 9.
29 Vermögen ist Objekt des Verfahrens, *Pape/Uhlenbruck,* Insolvenzrecht, 1. Aufl. 2002, Rn. 202, S. 174.
30 *Pape/Uhlenbruck* (Fn. 29); *Häsemeyer,* Insolvenzrecht, 3. Aufl. 2003, Rn. 616, S. 98.
31 Vgl. *Gebel,* BB 2001, 2554.
32 Vgl. zum Begriff der Rechtsfähigkeit *Heinrichs,* in: Palandt, BGB, 65. Aufl. 2006, Überbl. v. § 1 Rn. 1.
33 *Smid,* Deutsches und Europäisches Internationales Insolvenzrecht, 1. Aufl. 2004, Art. 3 EuInsO Rn. 25 ff.; Art. 27 EuInsO Rn. 25.
34 *Häsemeyer,* Insolvenzrecht, 3. Aufl. 2003, Rn. 33, 14 ff., S. 872.
35 *Edenhofer,* in: Palandt, 65. Aufl. 2006, Einf. v. § 1967, Rn. 1 ff.
36 Dem BGH folgt darin die Kommentarliteratur ohne jede Kritik: *Pape,* in: Kübler/Prütting, InsO, § 13 Rn. 132; zustimmend *Bock/Jacoby,* ZGR 2005, 611, 642.
37 Zur Bindung des Prozessgerichts vgl. *Pape,* in: Kübler/Prütting, InsO, § 27 Rn. 9.
38 BGH, Urt. v. 22. 1. 2004 – IX ZR 39/03 – ZIP 2004, 513.
39 *Böhm,* in: Hamburger Kommentar, 1. Aufl. 2006, Vorb. zu §§ 315 ff. Rn. 16; *Schallenberg/Rafigpoor,* in: Frankfurter Kommentar, 4. Aufl. 2006, § 315 Rn. 2.
40 *Pape,* in: Uhlenbruck, InsO, 13. Aufl. 2010, § 10 Rn. 2.

Recht auf Gehör (Art. 103 Abs. 1 GG).[41] Denn der „Antragsgegner" – der als Adressat des Eröffnungsantrags genannte Insolvenzschuldner – kann auf den Antrag in unterschiedlicher Weise reagieren. Nicht zuletzt kann er die Forderung des Gläubigers befriedigen und damit dem Antrag dem Boden entziehen.[42] Im Falle der Nachlassinsolvenz ist es dem Erben unbenommen, etwa aus Gründen der Pietät die Nachlassgläubiger aus seinem („eigenen") Vermögen zu befriedigen. Diese Möglichkeiten einer Abwendung des Insolvenzverfahrens würden dem Erben abgeschnitten, würde *ohne weiteres* – das zu Lebzeiten gegen den Erblasser begonnene Eröffnungsverfahren gegen den Erben fortgesetzt.

Daraus folgt zunächst, dass das Insolvenzgericht mit Tod des im Eröffnungsantrag genannten Schuldners einen wirksamen Eröffnungsbeschluss nicht erlassen kann. Denn der gegen den Verstorbenen gerichtete Eröffnungsbeschluss ist insofern „gegenstandslos", als der Verstorbene jedenfalls nicht mehr Subjekt vermögensrechtlicher Haftung sein kann. Wie noch im Folgenden zu zeigen sein wird, ist ein gleichwohl erlassener Eröffnungsbeschluss ebenso **rechtlich wirkungslos**[43] wie ein gegen eine nicht existierende Person erlassenes Urteil.[44] Ein Vermögensbeschlag gem. § 35 InsO erfolgt dann nicht, denn der im Eröffnungsbeschluss genannte Verstorbene ist nicht Inhaber des Nachlasses, was, wie sich wegen des Rechts des Erben auf Gehör gezeigt hat, keine bloße Förmelei darstellt. **16**

Demgegenüber wird geltend gemacht, § 11 InsO lasse offen, ob „Passivsubjekt" des Insolvenzverfahrens ein Rechtsträger oder das diesem zugeordnete Vermögen sei.[45] Nach dem Wortlaut des § 11 Abs. 2 Nr. 2 InsO liegt vordergründig eine Interpretation nahe, nach der *neben* der über das Vermögen von bestimmten Rechtsträgern und beschränkt rechtsfähigen Gesellschaften in den in der zitierten Vorschrift bestimmten Fällen auch Vermögen insolvenzverfahrensfähig seien. Die Frage stellt sich aber schon deshalb nicht, weil das Insolvenzrecht kein dem allgemeinen bürgerlichen Recht entgegengesetztes eigenes System der Rechtsfähigkeit bildet. Als Recht allseitiger vermögensrechtlicher Haftung verweist es auf die bürgerlichrechtlichen Vorentscheidungen über die Rechts- und damit die Verfahrensfähigkeit.[46] Daher wird auch für den Fall der Nachlassinsolvenz die Schuldnerrolle dem Erben zugewiesen.[47] **17**

Erhalten der antragstellende Gläubiger oder das Insolvenzgericht vom Tod der mit dem Eröffnungsantrag adressierten Schuldners Kenntnis, hat das Insolvenzgericht (§ 139 ZPO iVm § 4 InsO) auf die Änderung des Eröffnungsantrags hinzuwirken. Eine „Umdeutung" des Eröffnungsantrags dahin, dieser richte sich nach dem Tod des ursprünglichen Adressaten „gegen den oder die Erben", kommt daher nicht in Betracht. Denn zum einen lässt sich eine Klärung durch den Antragsteller herbeiführen, was eine Auslegung seines Antrages ausschließt, zum anderen wäre ein derartiger Antrag im Übrigen unbestimmt und damit unzulässig. *Keinesfalls* kann das Insolvenzgericht von Amts wegen im Eröffnungsverfahren stillschweigend den bisherigen Antragsgegner durch den Erben ersetzen.[48] Denn dies würde voraussetzen, dass das Insol- **18**

---

41 *Prütting,* in: Kölner Schrift zur Insolvenzordnung, 2. Aufl. 2000, S. 221, Rn. 21 ff.; *Uhlenbruck,* in: Uhlenbruck, InsO, 13. Aufl. 2010, § 14 Rn. 101.

42 Bei einer späteren Insolvenzeröffnung besteht jedoch die Gefahr einer späteren Anfechtbarkeit der Befriedigungshandlung nach § 131 InsO, vgl. BGH, Urt. v. 18. 12. 2003 – IX ZR 199/02 – DZWIR 2004, 297.

43 *Bähr,* in: FS Heumann, Privatdruck 2006, 19 ff.

44 *Vollkommer,* in: Zöller, ZPO, 25. Aufl. 2005, vor § 300 Rn. 17.

45 *Nöll,* Der Tod des Schuldners in der Insolvenz, 2005, Rn. 61.

46 *Kießner,* in: Braun, InsO, 2. Aufl. 2004, § 4 Rn. 8; *Kirchhof,* in: H-K, InsO, 4. Aufl. 2006, § 4 Rn. 6; *Gauter,* in: MünchKomm, InsO, 1. Aufl. 2001, § 4 Rn. 1 ff.

47 BGH, Urt. v. 16. 5. 1969 – V ZR 86/68 – NJW 1969, 1349; *Siegmann,* in: MünchKomm, InsO, 1. Aufl. 2001, § 315 Rn. 1; *Marotzke,* in: H-K, InsO, 4. Aufl. 2006, vor §§ 315 ff. Rn. 7; *Schollenberg/Rafigpoor,* in: Frankfurter Kommentar, 4. Aufl. 2006, § 315 Rn. 22; *Bauch,* in: Braun, InsO, 2. Aufl. 2004, § 315 Rn. 3; *Hess,* InsO, 1. Aufl. 1999, § 315 Rn. 22.

48 Im Ergebnis wohl auch *Nöll,* Der Tod des Schuldners in der Insolvenz, 2005, Rn. 29 a. E.; anders aber Rn. 41.

venzgericht dessen Identität kennt, was nur ausnahmsweise aufgrund privaten Wissens des Richters der Fall sein dürfte. Das Insolvenzgericht ist aber auch weder verpflichtet noch berechtigt, von Amts wegen die Identität des oder der Erben zu ermitteln; vielmehr obliegt es dem Antragsteller Angaben darüber zu machen, gegen wen sich sein Eröffnungsantrag richtet. Denn es hat sich eingangs gezeigt, dass die Amtsermittlungspflicht des Insolvenzgericht die Einleitung eines Verfahrens durch einen zulässigen Antrag voraussetzt, der mangels Angabe eines insolvenzverfahrensfähigen Schuldners in der hier erörterten Fallkonstellation nicht vorliegt.[49]

19 Demgegenüber wird im Schrifttum die Ansicht vertreten, nach dem Tod des bisherigen Schuldners werde der („künftige") Schuldner hinreichend durch die Bezeichnung der zu beschlagnahmenden Vermögensmasse bezeichnet.[50] Dafür wird ins Spiel gebracht, dem Gläubiger sei es nicht zumutbar, Ermittlungen wegen der Identität des Erben anzustellen. Denn die Bezeichnung als Insolvenzverfahren über den Nachlass nach dem Erblasser/Schuldner genüge, um klarzustellen, dass zum einen der bisherige Schuldner nicht mehr insolvenzverfahrensfähig sei, der beabsichtigte Beschlag aber ein Sonderinsolvenzverfahren „gegen" jeden in Betracht kommenden Erben betreffe – was als Abgrenzung sinnvoller als die namentliche Bezeichnung des Erben sei, da auch in diesem Fall jedenfalls ein gegen sein gesamtes Vermögen wirkendes universelles Insolvenzverfahren ausgeschlossen werden müsse.[51]

3. Gesellschaft bürgerlichen Rechts[52]

20 a) **Gläubigergleichbehandlung.** § 11 Abs. 2 Nr. 1 InsO bestimmt darüber hinaus[53], dass zu den für insolvenzverfahrensfähig erklärten „Gesellschaften ohne Rechtspersönlichkeit" auch die Gesellschaft bürgerlichen Rechts[54], die Europäische Wirtschaftliche Interessenvereinigung, die Partenreederei (§ 489 HGB) und Partnerschaftsgesellschaft zählen.[55] Die Bestimmung des § 11 Abs. 1 Nr. 1 InsO hat eine erhebliche Bedeutung: Nach überkommener Lehre setzte der Zugriff der Gläubiger auf das Vermögen der Gesellschaft im Rahmen der Einzelzwangsvollstreckung gem. § 736 ZPO einen gegen alle Gesellschafter ergangenen Titel voraus.[56] Die Gesellschaftergläubiger konnten daher auf das Gesellschaftsvermögen der Gesellschaft nur dadurch Zugriff nehmen, indem sie gegen die Gesellschafter einzeln oder insgesamt vorgingen.[57] Mittlerweile hat der BGH die Teilrechtsfähigkeit der bürgerlichrechtlichen Außengesellschaft weiter ausgebaut. Nach der Entscheidung vom 29. 1. 2001[58] und vom 18. 2. 2002[59] ist die BGB-Gesellschaft im Zivilverfahren insoweit parteifähig, soweit sie vertraglich eigene Rechte und Pflichten begründet.

---

49 *Kind,* in: Braun, InsO, 2. Aufl. 2004, § 14 Rn. 6; *Hirte,* in: Uhlenbruck, InsO, 12. Aufl. 2003, § 14 Rn. 33.
50 *Nöll,* Der Tod des Schuldners in der Insolvenz, 2005, Rn. 41.
51 *Nöll,* Der Tod des Schuldners in der Insolvenz, 2005, Rn. 41.
52 *Fehl,* in: Pawlowski-Geburtstagsgabe, 1996, 243 ff.
53 Vgl. bereits § 1 Abs. 1 GesO.
54 *Schlichting,* Gesetzliche und vertragliche Haftung bei unternehmerisch tätigen Gesellschaften bürgerlichen Rechts, 1992.
55 *Smid/Leonhardt,* in: LSZ, InsO, 3. Aufl. 2010, § 11 Rn. 10; *Mönning,* in: Nerlich/Römermann, InsO, § 11 Rn. 65 ff.; *Hirte,* in: Uhlenbruck, InsO, 13. Aufl. 2010, § 11 Rn. 379 ff.; *Ott,* in: MünchKomm, InsO, 1. Aufl. 2001, § 11 Rn. 57 ff.; *Kind,* in: Braun, InsO, 2. Aufl. 2004, § 11 Rn. 8.
56 *Göckeler,* Die Stellung der Gesellschaft des bürgerlichen Rechts im Erkenntnis-, Vollstreckungs- und Konkursverfahren, 1992.
57 BGH, Urt. v. 14. 2. 1957 – VII ZR 250/56 – BGHZ 23, 307; *Neumann,* Konkurs der BGB-Gesellschaft, 1986, S. 10; *Michelfelder,* Einzelzwangsvollstreckung und Konkurs beim Vermögen der BGB-Gesellschaft, Diss. Freiburg/Brsg. 1985; *Schlichting,* Gesetzliche und vertragliche Haftung bei unternehmerisch tätigen Gesellschaften bürgerlichen Rechts, 1992.
58 BGH (Fn. 5); krit. *Jauernig,* NJW 2001, 2231 f.; *Ulmer,* ZIP 2001, 585; zust. *K. Schmidt,* NJW 2001, 993.
59 BGH, Beschl. v. 18. 2. 2002 – II ZR 331/00 – NJW 2002, 1207.

§ 11 Abs. 1 Satz 2 InsO erklärt nämlich – wie im alten Recht § 213 KO – den **nichtrechtsfähigen Verein** (§ 54 BGB) für Insolvenzverfahrensfähig, was u.a. damit zu tun hat, dass der nichtrechtsfähige Verein gem. § 50 Abs. 2 ZPO verklagt werden kann. Zur Unterwerfung eines „Rechtssubjekts" unter ein Vollstreckungsverfahren genügt in verfahrensrechtlicher Hinsicht aber seine passive Parteifähigkeit; und die körperschaftliche Struktur des nichtrechtsfähigen Vereins gewährleistet ein den Gläubigern haftendes, von dem der Mitglieder unterscheidbares Vermögen. **21**

Die Insolvenzverfahrensfähigkeit der Gesellschaft bürgerlichen Rechts hat weit reichende Folgen, die in der Unterscheidung der Vorgesellschaft und der **Vorgründungsgesellschaft**[60] deutlich werden. Gehen nämlich mehrere Personen eine gesellschaftsrechtliche Verpflichtung ein, miteinander eine Gesellschaft zu gründen, so bilden sie bereits hierdurch eine BGB-Gesellschaft: deren Zweck ist die Gründung einer Handelsgesellschaft oder einer juristischen Person. Nach überkommener Lehre war die Vorgründungsgesellschaft nur als „vollkaufmännische" Außengesellschaft bzw. nicht eingetragene OHG insolvenzverfahrensfähig;[61] dies würde nunmehr auch für die Außengesellschaft bürgerlichen Rechts gelten.[62] Es ist aber nicht nur an Vorgründungsgesellschaften zu denken, die in einer Grauzone von Tätigkeiten eines Handelsgeschäfts agieren. Von erheblicher Bedeutung sind auch Arbeitsgemeinschaften (ARGE), die, ohne Personenhandelsgesellschaften zu sein, als BGB-Gesellschaften zu qualifizieren sind. **22**

b) Probleme. Die Zulassung der Insolvenzverfahrensfähigkeit der Gesellschaft bürgerlichen Rechts ruft indessen eine Reihe weiterer Fragen hervor. So ist mit Recht darauf aufmerksam gemacht worden[63], dass die Innengesellschaft und die stille Gesellschaft nicht insolvenzverfahrensfähig seien. Denn sie stellen sich als schuldrechtliche Beziehungen der Gesellschafter untereinander dar, aus denen sich kein gemeinsamer, für den Haftungszugriff der Gläubiger abgrenzbarer Haftungsverband ergibt. Dies trifft etwa auf die Gesellschaft bürgerlichen Rechts zu, deren Mitglieder beispielsweise zum Verfolg des gemeinsamen Zwecks der Durchführung einer Saharareise gemeinsam einen Jeep erworben haben. Auch hier bestehen Bedenken, ob Verbindlichkeiten der Gesellschaft bürgerlichen Rechts deren Insolvenz auslösen. Die Betrachtung der Gründe, die schon früh zur Anerkennung der Insolvenzverfahrensfähigkeit des nichtrechtsfähigen Vereins geführt haben, tragen auch, wenn es um die Begründung *und* Begrenzung der Insolvenzverfahrensfähigkeit der Gesellschaft bürgerlichen Rechts geht. Soweit wirtschaftlich tätige Gesellschaften bürgerlichen Rechts der Verfassung von Personenhandelsgesellschaften angenähert sind, liegt dies nahe; aber auch, soweit sie als Außengesellschaft auftreten oder eine quasikörperschaftliche Verfassung aufweisen, was nicht selten bei Anlagemodellen der Fall ist. **23**

Die – isolierte – Gesamtvollstreckung in das Vermögen der BGB-Gesellschaft hat freilich nur soweit einen Sinn, wie aufgrund der Haftung der Gesellschafter eine Unterscheidung zwischen den Haftungsverbänden der Gesellschafter und des Gesellschaftsvermögens sinnvoll getroffen werden kann. Fälle einer Haftungsbegrenzung auf das Vermögen der Gesellschaft bürgerlichen Rechts sind vom BGH mehrfach in Entscheidungen im Hinblick auf Bauherrengemeinschaften anerkannt worden. So hat der BGH entschieden,[64] dass bei Handlungen eines Geschäftsführers oder Verwalters der Bauherrengemeinschaft (meist so genannter Vertragstreuhänder) ausschließlich die Gesellschaft bürgerlichen **24**

---

60 *Steenken*, Die Insolvenz der Vor-GmbH vor dem Hintergrund der Gründerhaftung, 2002; *Hess*, InsO, 1. Aufl. 1999, § 11 Rn. 15; *Kilger/K. Schmidt*, Insolvenzgesetze, 17. Aufl. 1997, § 207 KO Anm. 2; *Hirte*, in: Uhlenbruck, InsO, 13. Aufl. 2010, § 11 Rn. 36f.; *Ott*, in: MünchKomm, InsO, 1. Aufl. 2001, § 11 Rn. 14; *Kind*, in: Braun, InsO, 2. Aufl. 2004, § 11 Rn. 8.
61 *Kuhn*, in: Uhlenbruck, InsO, 12. Aufl. 2003, § 207 Vorbem. D Rn. 4a; *Scholtz*, in: K. Schmidt, Gesellschaftsrecht, 4. Aufl. 2002, § 63 Anm. 1; *Hess*, InsO, 1. Aufl. 1999, § 11 Rn. 15ff.
62 *Kirchhof*, in: HK, InsO, 4. Aufl. 2006, § 11 Rn. 16; für uneingeschränkte Insolvenzfähigkeit wohl *Prütting*, ZIP 1997, 1725, 1731; *Wellenkamp*, KTS 2000, 331, 332.
63 *K. Schmidt*, in: Kölner Schrift zur Insolvenzordnung, 2. Aufl. 2000, S. 1199, 1202; *Landsmann*, Die Stille Gesellschaft in der Insolvenz, 2007.
64 BGH, Urt. v. 8.12. 1986 – II ZR 59/86 – WM 1987, 691; nach BGH, Urt. v. 27.9. 1999 – II ZR 371/98 – BGHZ 142, 315, 320ff. ist ein einseitiger Haftungsausschluss durch einen Gesellschafter beim Vertragsschluss aber nicht mehr möglich.

Rechts mit ihrem Gesamthandsvermögen haftet, aber nicht die einzelnen Gesellschafter. Fälle weiterer Haftungsbeschränkung sind im Deliktsbereich von Bedeutung, sofern man mit der im Vordringen befindlichen Meinung[65] § 31 BGB auch entsprechend auf die teilrechtsfähige BGB-Außengesellschaft anwendet. Nach *Lindacher*[66] soll die Organhaftung des § 31 BGB sogar im Bereich der vertraglichen Haftung eingreifen, nämlich soweit, wie es sich um die haftungsrechtliche Zuordnung von Leistungsstörungen handelt.

25 *Karsten Schmidt* weist insoweit zur Ab- und Begrenzung der Insolvenzverfahrensfähigkeit von Gesellschaften bürgerlichen Rechts darauf hin,[67] dass Gesellschaften bürgerlichen Rechts – „die Gesamthand" – **Träger von Unternehmen** sein können. Das gilt für die Partenreederei gem. §§ 489 ff. HGB,[68] die unternehmenstragende BGB-Gesellschaft[69] und die unternehmenstragende Erbengemeinschaft.[70] *Karsten Schmidt* macht zudem darauf aufmerksam, dass zur Beantwortung der Fragen, die sich aus der Insolvenzverfahrensfähigkeit von BGB-Gesellschaften ergeben, erforderlich ist, zwischen dem über das Gesellschaftsvermögen eröffneten Insolvenzverfahren und dem Insolvenzverfahren über Sondervermögen zu unterscheiden.[71]

26 **c) Gemeinschaften.** Die Judikatur des BGH[72], nach der die Rechts- und Parteifähigkeit von **Wohnungseigentumsgemeinschaften** bejaht wird, wirft Fragen eigener Art auf. Im Schrifttum wurde die Entscheidung des BGH mit Skepsis aufgenommen.[73] Ausschlaggebend für die Beurteilung der Insolvenzverfahrensfähigkeit[74] ist, ob die Gemeinschaft identifizierbar ist – was aufgrund der Belegenheit der Immobilie und der Grundbuchlage der Fall ist –, und ob sie am Rechtsverkehr kontinuierlich teilnimmt, wofür die vorgenannten Kriterien sprechen. Das Verfahren wird dann über das verwaltete Gesamthandsvermögen unter Einschluss der gegen die Eigentümer bestehenden Forderungen eröffnet.

4. Juristische Personen des öffentlichen Rechts

26a § 12 InsO sieht vor, dass juristische Personen des öffentlichen Rechts grundsätzlich nicht insolvenzverfahrensfähig sind. Über ihr Vermögen kann nur dann ausnahmsweise ein Insolvenzverfahren eröffnet werden, wenn dies ausnahmsweise ausdrücklich gesetzlich in den sie regelnden öffentlich-rechtlichen Normwerken zugelassen ist.[75]

---

65 *Ulmer*, in: MünchKomm, BGB, 3. Aufl. 1997, § 705 Rn. 218 m.w.N.
66 *Lindacher*, JuS 1981, 820, 821.
67 *K. Schmidt*, Wege zu einem Insolvenzrecht der Unternehmen, 1990, 32, 33.
68 *Glitza*, Die Problematik der Konkurseröffnung über das Vermögen einer Partenreederei, 1968; *Hirte*, in: Uhlenbruck, InsO, 13. Aufl. 2010, § 11 Rn. 382; *Ott*, in: MünchKomm, InsO, 1. Aufl. 2001, § 11 Rn. 62 f.
69 *K. Schmidt*, JZ 1985, 914; *Neumann*, Konkurs der BGB-Gesellschaft, 1986, S. 92 ff. sowie dazu *K. Schmidt*, AcP 186 (1986), 521 ff.; vgl. weiter *Michelfelder*, Einzelzwangsvollstreckung und Konkurs beim Vermögen der BGB-Gesellschaft, Diss. Freiburg/Brsg. 1985.
70 *K. Schmidt*, NJW 1985, 2789; *ders.*, ZIP 1985, 716, 717.
71 *K. Schmidt* (Fn. 67), S. 30 f.; *ders.*, AcP 186 (1986), 521 ff.
72 BGH, Beschl. v. 2. 6. 2005 – V ZB 32/05 – BGHZ 163, 154.
73 *Bork*, ZIP 2005, 1209.
74 Insolvenzfähig – das heißt Subjekt der Zahlungsunfähigkeit – kann die WEG-Gemeinschaft sein; ob über ihr Vermögen ein Insolvenzverfahren eröffnet werden kann, steht auf einem anderen Blatt; begrifflich ungenau *Gundlach/Frenzel/Schmidt*, DZWIR 2006, 149 ff. Zu den Kompentenzen des Insolvenzverwalters in diesen Fällen KG Berlin, Beschl. v. 27. 4. 2005 – 24 W 26/04 – m. Anm. *Wehdeking*, jprins 7/2005 Anm. 6.
75 *Cranshaw*, Insolvenz- und finanzrechtliche Perspektiven der Insolvenz von juristischen Personen des öffentlichen Rechts, insbesondere Kommunen, 2007; *Naguschewski*, Kommunale Insolvenz, 2011.

III. Konzerninsolvenzen

Konzernmäßig verbundene Gesellschaften sind jeweils für sich nach Maßgabe des § 11 InsO insolvenzfähig; eine „Konzerninsolvenz" nach dem Vorbild des us-amerikanischen Rechts kennt das deutsche Recht nicht. Art. 3 Abs. 1 EuInsVO weicht in erheblichem Maße von § 3 InsO ab. Art. 3 Abs. 1 EuInsVO bestimmt, daß für die Eröffnung des Insolvenzverfahrens die Gerichte des Mitgliedstaates zuständig sind, in dem der Schuldner den Mittelpunkt seiner *hauptsächlichen Interessen* hat.[76] Der Begriff des „Interesses" eröffnet den Vorschriften der Art. 3 Abs. 1 EuInsVO ebenso wie dem Art. 102 § 1 EGInsO einen weiteren Anwendungsbereich. Umfasst werden handelsrechtlich relevante, gewerbliche und andere beruflich-wirtschaftliche Aktivitäten.[77] Gemeint sind daher die wirtschaftlichen Interessen.[78] Die Literatur[79] zur EuInsVO geht freilich ausdrücklich davon aus, dass sich aus Art. 3 Abs. 1 EuInsVO keine europäische Zuständigkeit für die Abwicklung von Konzerninsolvenzen herleite, was schon deshalb überzeugend erscheint, weil der Verordnungsgeber sich im Rahmen des europäischen Verhältnismäßigkeitsprinzips[80] einer Einwirkung auf nationale Insolvenzrechte weithin enthalten wollte und enthalten hat. **Etwas anderes** ergibt sich freilich aus der Art der Anwendungsregeln der EuInsVO, die in Deutschland vorgesehen sind.[81] Den bei der Anwendung des Art. 3 Abs. 1 EuInsVO bei Geltung des § 3 InsO auftretenden *Konflikt* entscheidet die Vorschrift des Art. 3 Abs. 1 EuInsVO dadurch, dass die Tatbestandsmerkmale des europäischen Gerichtsstands maßgeblich sind. § 3 Abs. 1 InsO wird somit verdrängt; Art. 102 § 1 Abs. 1 EGInsO, und nicht § 3 Abs. 1 InsO, ist daher das für die Bestimmung der örtlichen Zuständigkeit nach Art. 4 Abs. 1 EuInsVO maßgebliche nationale Insolvenzrecht. Mit Art. 102 § 1 Abs. 1 EGInsO, Art. 3 Abs. 1 EuInsVO kommt die in der Literatur[82] geforderte Konzentration der Eröffnung von Insolvenzverfahren über das Vermögen konzernmäßig verbundener Unternehmen an einem Gerichtsstand (vor einem Insolvenzgericht) in Betracht, wenn es sich um Unternehmen handelt, die grenzüberschreitend Vermögen im EU-Ausland haben – sofern nicht eine Exemtion nach § 1 Abs. 2 EurInsVO greift. Haben daher konzernmäßig verbundene, der Leitung der Konzernmutter unterstellte abhängige Tochterunternehmen zwar ihren satzungsmäßigen Sitz in anderen EU-Mitgliedsstaaten, begründet die Ausübung der Leitungsmacht für die Tochterunternehmen den internationalen und örtlichen Gerichtsstand am Sitz der Konzernmutter.[83] 27

Für einen **Konzerngerichtsstand**[84] besteht ein Anlass aus den Problemen der Durchführung des rechtstatsächlichen Befundes der gegenwärtigen Unternehmensverfassung: Wird z.B. die operativ tätige Betriebsgesellschaft auf einem von der Betriebsmittel-AG geleasten Grundstück betrieben, ist das Anlagevermögen regelmäßig (gem. §§ 95, 97 Abs. 1, 1120 BGB) wesentlicher Bestandteil des Grundstücks oder Grundstückzubehör und fällt demzufolge *nicht* in die Insolvenzmasse. Haftungsrechtlich betrachtet ist das plausibel, da das haftende Vermögen dann verschiedenen juristischen Personen und damit verschiedenen Gläubigergruppen zusteht. Die daraus folgenden Probleme ließen sich indes nur durch ein Konzerninsolvenzrecht lösen. Ein Konzerngerichtsstand kommt allenfalls unter der Voraussetzung in Betracht, dass eine zentrale Lenkung der Tochtergesellschaften durch die Mutterge- 28

---

76 *Lüke*, ZZP 111 (1998) 288; *Leible/Staudinger*, KTS 2000, 543.
77 *Fritz/Bähr*, DZWIR 2001, 224.
78 *Leipold*, in: *Stoll*, 190; *Huber*, ZZP Bd 114, 140.
79 *Smid*, Europäisches internationales Insolvenzrecht, Wien 2002, Rn. 5.35 ff.; *Duursma-Kepplinger/Duursma/Chalupsky*, EuInsVO Art. 1 Rn. 48 ff.
80 *Balz*, ZIP 1996, 946.
81 So nun auch unter Berufung auf diese Darstellung *Smid*, Internationales Insolvenzrecht (Ergänzungsband zu InsO. Kommentar, 2003) Art. 102 EGInsO § 12 Rn. 3.
82 Vgl. insbesondere *Ehricke*, Das abhängige Konzernunternehmen in der Insolvenz, 1998, 477 ff.; Rotstegge, Konzerninsolvenz, 2007, bes. 33 ff., 58 ff.
83 Eingehend hierzu *Wehdeking*, DZWIR 2003, 133 ff.; *Rotstegge* (Fn. 80) 397 ff.
84 Krit. K. *Schmidt*, in: Ganter-F., 2010, 351 ff.; mit einem Plädoyer für einen Konzerngerichtsstand; *Vallender*, in: Runkel-F., 2009, 373 ff.

sellschaft erfolgt[85]. Die in der Literatur[86] im Wesentlichen aus Gesichtspunkten der „Verfahrensökonomie“ diskutierte darüber hinausgehende Zusammenfassung von Insolvenzverfahren über konzernmäßig verbundene Unternehmen ruft Schwierigkeiten hervor, weil § 3 InsO ausdrücklich *keine* „Gesamtzuständigkeit“ nach us-amerikanischem Vorbild normiert hat[87]. Vermeintliche verfahrensökonomische[88] Aspekte müssen zurücktreten. Bedenken gegen eine Konstruktion einer solchen Zuständigkeit[89] aus dem Gesichtspunkt des Gebotes des gesetzlichen Richters haben Vorrang[90]. Ein **„Konzerninsolvenzverwalter“**, der sowohl in dem über die Muttergesellschaft als auch in den über die Tochtergesellschaften eröffneten Insolvenzverfahren eingesetzt wird, begegnet erheblichen Bedenken. Dieser „Konzerninsolvenzverwalter“ befindet sich nämlich in ständige Pflichtenkollision. Er hat z.B. Forderungen der Muttergesellschaft gegen die Töchter in deren Insolvenzverfahren und umgekehrt anzumelden, was selbstverständlich eine Prüfung ausschließt. Es sind Fälle ruchbar geworden, in denen Konzerninsolvenzverwalter die Verfahren von Tochterunternehmen durch „Umbuchungen“ zu „finanzieren“ versucht haben. In solchen Fällen ist die Absetzung oder Abwahl des Verwalters notwendig, wenigstens aber die ständige Bestellung von Sonderinsolvenzverwaltern[91]; damit wird auch vermieden, das – systemwidrig – § 181 BGB ausgehöhlt wird[92]. Die Bestellung eines Insolvenzverwalters, der verschiedenen Gläubigergemeinschaften in unterschiedlichen Verfahren gleichermaßen verantwortlich wäre, in einem Konzernverbund ist daher zu vermeiden.

IV. Insolvenzgläubiger und gesicherte Gläubiger (Absonderungsberechtigte)

1. Fragestellung

29 Wir haben im vorangegangenen gesehen, *gegen* wen sich das Insolvenzverfahren richtet bzw. wer es zur Organisierung eines Sanierungsverfahrens nutzen kann. Nun müssen wir uns den Personen zuwenden, „für die“ das Insolvenzverfahren in Fällen eines haftungsrealisierenden Liquidationsverfahrens klassischer Prägung durchgeführt wird bzw. die in ein Sanierungsverfahren einbezogen werden. Anders ausgedrückt: Im Folgenden ist danach zu fragen, *wer* denn angesichts der Insolvenz des Schuldners „zusammenläuft“ und zu gemeinsamer Rechtsverfolgung zusammengefasst wird.

2. Insolvenzgläubiger

30 **a) Einfache nichtnachrangige Insolvenzgläubiger.** Betroffen sind durch das Insolvenzverfahren grundsätzlich[93] alle persönlichen Gläubiger des Schuldners, die einen zur Zeit der Eröffnung des Verfahrens begründeten Vermögensanspruch gegen ihn haben (§ 38 InsO). Dabei ist es gleichgültig, ob es sich um zivilrechtliche oder öffent-

---

85 LG Dessau, Beschl. v. 30. 3. 1998, 7 T 123/98 – ZIP 1998, 1007.
86 *Ehricke*, Das abhängige Konzernunternehmen in der Insolvenz, 1998, 477 ff.
87 Vgl. *Scheel*, Konzerninsolvenzrecht, 1995, 37–39 et passim.
88 Zu den Bedenken: *Smid*, Richterliche Rechtserkenntnis, 1989, 88 ff.
89 Wie sie *Ehricke* (Fn. 80), 481 ff., befürwortet; vgl. auch *ders.*, DZWIR 1999, 353, 354 ff.
90 So im Ergebnis auch *Ehricke* (Fn. 80), 497.
91 Dies sieht auch *Scheel*, Konzerninsolvenzrecht, 1995, 39, der aber die Maßstäbe für überzogen hält; *Verfassungskonformität des Sonderinsolvenzverwalters?* BVerfG, 2. Kammer des ersten Senats, Beschl. v. 15. 3. 2010 – 1 BvR 2288/09, ZIP 2010, 1301; BGH, Urt. v. 17. 11. 2005 – IX ZR 179/04, DZWIR 2006 = BGHZ 165,96; *Bähr/Smid*, Rechtsprechung 2006, 132; BGH, Beschl. v. 5. 2. 2009 – IX ZB 187/08, DZWIR 2009, 298.
92 Abzulehnen daher LG Ulm, Urt. v. 23. 11. 1999 – 2 KfH O 221/99 m. Anm. *Kowalski*, § 21 GmbHG EWiR 1/2000, 29.
93 Zu Unterhaltsansprüchen s. § 40 InsO.

lich-rechtliche[94] Ansprüche handelt. Ausländische Gläubiger stehen bereits aus Gründen des Gleichbehandlungsgrundsatzes (Art. 3 Abs. 1 GG) inländischen gleich (so bislang ausdrücklich § 5 Abs. 1 KO). Im Geltungsbereich der EuInsVO greift darum Art. 39.[95] Die Insolvenzgläubiger sind in ihrer Rechtsverfolgung auf die Teilnahme am Insolvenzverfahren beschränkt (§§ 87ff. InsO); das hat zur Folge, dass sie mit der Dividende – der Insolvenzquote (§ 195 InsO) – an dem durch die Verwertung des schuldnerischen Vermögens erzielten Erlös beteiligt werden. Um ihr Recht zu verfolgen, müssen die nicht-nachrangigen Gläubiger ihre Forderungen gem. § 174 Abs. 1 InsO zur Tabelle anmelden (unten § 15) und deren Bestehen nach Abs. 2 darlegen.[96]

Voraussetzung dafür, dass eine persönliche Forderung als Insolvenzforderung behandelt wird, ist, dass sie zum Zeitpunkt des Erlasses des Eröffnungsbeschlusses (der Verhängung des Konkursbeschlags über das schuldnerische Vermögen) nach Maßgabe der §§ 41ff. InsO – unten Rn. 33 – schon bestanden hat. Andernfalls kann es sich um eine Masseverbindlichkeit handeln, die vorab zu befriedigen wäre, § 53 InsO – deren Inhaber also nicht auf die Quote verwiesen ist. Die Abgrenzung der Insolvenzforderungen ist daher für den Verlauf des Verfahrens wichtig; sie kann im Einzelfall fraglich sein: 31

Beispiel: Der Schuldner hat eine umfangreiche Fernsprechanlage gemietet, deren Ausbau 15000 € kostet. Der Insolvenzverwalter lehnt nach Eröffnung des Verfahren gem. § 103 InsO die Erfüllung ab, was ihn zur Gestattung der Wegnahme durch den Vermieter verpflichtet, bei dem Demontagekosten anfallen. Hätte der Verwalter diese Kosten vorab aus der Masse zu befriedigen, könnte dies zur Masseunzulänglichkeit (vgl. §§ 207ff. InsO, unten § 36) führen. Die hL[97] behandelt die Forderung des Vermieters auf Ersatz der Demontagekosten allerdings als Insolvenzforderung, da ihr Grund vor Eröffnung des Verfahrens gesetzt worden sei. 32

Nicht vorausgesetzt ist die **Fälligkeit** und **Bestimmbarkeit der Höhe** der Insolvenzforderung: Betagte Forderungen gelten als fällig, § 41 Abs. 1 InsO.[98] Eine unverzinsliche Forderung wird unter Berücksichtigung des gesetzlichen Zinsfußes abgezinst (§ 41 Abs. 2 InsO). Auflösend bedingte Forderungen werden wie unbedingte behandelt (§ 42 InsO). Aufschiebend bedingte Forderungen nehmen am Verfahren teil.[99] Grundsätzlich nicht nachrangig und damit gleichzubehandeln sind alle vor Eröffnung des Insolvenzverfahrens gegen den Schuldner begründeten Forderungen. Bei Erlass der KO im Jahre 1877 wurden Zinsforderungen erst durch den Ablauf des Entstehungszeitraums als begründet angesehen. Dies sprach § 63 Nr. 1 KO nur aus. Diese 33

---

94 Zu Steueransprüchen *Holzer,* in: Kübler-Prütting, Kommentar zur Insolvenzordnung, § 38 Rn. 36ff.; *Andres,* in: Nerlich/Römermann, InsO, § 38 Rn. 15ff.; Beck/Depré-*Holzer,* Praxis der Insolvenz, § 2 Rn. 45.

95 *Smid,* Deutsches und Europäisches Internationales Insolvenzrecht, 1. Aufl. 2004, Art. 39 EuInsVO Rn. 1.

96 BGH, Urt. v. 22. 1. 2009 – IX ZR 3/08, ZIP 2009, 483.

97 BGH, Urt. v. 5. 7. 2001 – IX ZR 327/99 – ZIP 2001, 1469, 1471; BGH, Urt. v. 6. 11. 1978 – VIII ZR 179/77 – BGHZ 72, 263 – NJW 1979, 310; *Pape,* in: Kübler/Prütting, Kommentar zur Insolvenzordnung, § 55 Rn. 49; *Andres,* in: Nerlich/Römermann, InsO, § 55 Rn. 91; *Ehricke,* in: MünchKomm, InsO, 1. Aufl. 2001 § 38 Rn. 68; *Sinz,* in: Uhlenbruck, InsO, 13. Aufl. 2010, § 38 Rn. 30.

98 *Schießer,* Bedingte und betagte Ansprüche nach altem und neuem Insolvenzrecht, 1998; *Bitter,* NZI 2000, 399ff.; *Ehricke,* in: MünchKomm, InsO, 1. Aufl. 2001, § 38 Rn. 17; *Sinz,* in: Uhlenbruck, InsO, 13. Aufl. 2010, § 38 Rn. 33.

99 *Eickmann,* in: H-K, InsO, 4. Aufl. 2006, § 42 Rn. 5; *Andres,* in: Nerlich/Römermann, InsO, § 42 Rn. 5, 6; *Smid/Leonhardt,* in: LSZ, InsO, 3. Aufl. 2010, § 42 Rn. 1, 2.

Vorschrift erfuhr dann aber einen Bedeutungswandel, denn in der Folgezeit wurden Zinsen als bereits mit der Kapitalüberlassung begründet angesehen, was zu ihrer Behandlung als – betagte – Konkursforderungen hätte führen müssen, hätte nicht § 63 Nr. 1 KO ihre Anmeldung gesetzlich ausgeschlossen. Der Grund für diese Ungleichbehandlung mit anderen betagten Konkursforderungen wurde darin gesehen, es werde angesichts unterschiedlicher Zinssätze und -laufzeiten die Gläubigergleichbehandlung verbessert und die Abwicklung des Verfahrens vereinfacht, da es von komplizierten Zinsberechnungen entlastet wird.

34 **b) Gesamtschuldverhältnisse: Doppelberücksichtigungsgrundsatz und Grundsatz des Verbots der Doppelanmeldung.** Nach § 43 InsO gilt das Prinzip der sog. Doppelberücksichtigung der Forderung des Gläubigers gegen den Schuldner und seiner Forderungen gegen einen mithaftenden Bürger oder persönlich haftenden Gesellschafter.[100] Der Gläubiger, der im Falle der Insolvenz des Schuldners nur quotenmäßige Befriedigung erfahren hat, wird danach nicht gezwungen, gegen den Bürgen[101] seinen Ausfall geltend zu machen, was im Falle der Insolvenz des Bürgen zu einem weiteren Ausfallschaden führen und damit den Sicherungszweck der Bürgschaft aushöhlen würde. Gegen jeden Gesamtschuldner kann in dessen Insolvenzverfahren nach dem Doppelberücksichtigungsgrundsatz der §§ 43 f. InsO der ganze Betrag geltend gemacht werden, den er zur Zeit der Eröffnung des Verfahrens schuldet. Nicht bezifferte Forderungen sind nach ihrem Schätzungswert als €-Forderungen geltend zu machen (§ 45 InsO).[102] Wiederkehrende Bezüge werden nach Abzug der Zwischenzinsen nach Maßgabe des § 46 InsO kapitalisiert.

35 Das **Verbot der Doppelanmeldung** soll die Gläubigergleichbehandlung sicherstellen. Die aus dem alten Recht entnommene Vorschrift des § 44 InsO bedarf aber der Korrektur im Hinblick auf das neue Restschuldbefreiungsverfahren. Ist der Bürge nämlich rechtlich daran gehindert, mit seiner künftigen Ausgleichsforderung am Insolvenzverfahren teilzunehmen, schließt ihn dies auch von der Beteiligung am Restschuldbefreiungsverfahren aus. Gleichwohl wird er durch dieses Verfahren in seinen Rechten berührt, da er nach Abschluss des Restschuldbefreiungsverfahrens mit einer aufschiebend bedingten Rückgriffsforderung wegen der künftigen Inanspruchnahme durch den Gläubiger nicht mehr gegen den Schuldner der Hauptforderung vorzugehen berechtigt ist;[103] dies ist mit seinem grundrechtlich gesicherten Anspruch auf Gewährung rechtlichen Gehörs unvereinbar, was eine verfassungsrechtlich bedingte korrigierende Auslegung des § 44 InsO nahe legt. Dem Bürgen ist eine Dividende nicht auszuschütten, ihm ist aber durch die Verfahrensbeteiligung rechtliches Gehör zu gewähren.[104] Die *lege ferenda* hat Art. 9 Nr. 5 MoMiG § 44a InsO eingefügt, dessen Abs. 1 folgende Regelung trifft: In dem Insolvenzverfahren über das Vermögen einer Gesellschaft kann ein Gläubiger für eine Forderung aus Darlehen, für die ein Gesellschafter eine Sicherheit bestellt oder für die er sich verbürgt hat, nur anteilsmäßige Befriedigung aus der Insolvenzmasse verlangen, soweit er bei der Inanspruchnahme der

---

100 BGH, Urt. v. 30. 10. 1984 – IX ZR 92/83 – BGHZ 92, 374 ff.; *Eickmann*, in: H-K, InsO, 4. Aufl. 2006, § 43 Rn. 1; *Wissmann*, Persönliche Mithaft im Konkurs, 1988; *Knof*, in: Uhlenbruck, InsO, 13. Aufl. 2010, § 43 Rn. 4 f., 14 ff.; *Bäuerle*, in: Braun, InsO, 2. Aufl. 2004, § 43 Rn. 2, 17 ff.

101 *Schießer*, Bedingte und betagte Ansprüche nach altem und neuem Insolvenzrecht, 1998, 110 ff.

102 Dazu gehören auch Ansprüche in fremder Währung, Ansprüche auf Sachleistungen sowie Ansprüche auf vertretbare Handlungen, nicht dagegen solche auf unvertretbare Handlungen wie z. B. auf Ausstellung eines Zeugnisses an Arbeiternehmer des Insolvenzschuldners; s. auch BGH, Urt. v. 26. 3. 1976 – V ZR 152/74 – NJW 1976, 2264.

103 *Marx*, DZWIR 2004, 312 ff.; *Smid*, in: Smid, InsO, 2. Aufl. 2001, § 44 Rn. 2.

104 *Smid*, (Fn. 103); vgl. aber auch *Lwowski/Bitter*, in: MünchKomm, InsO, 1. Aufl. 2001, § 44 Rn. 19; *Bäuerle*, in: Braun, InsO, 2. Aufl. 2004, § 44 Rn. 11.

Sicherheit oder des Bürgen ausgefallen ist. Abs. 2 des in das Gesetz einzufügenden § 44a Abs. 2 InsO soll vorsehen, dass, wenn die Gesellschaft ein Darlehen im letzten Jahr vor dem Antrag auf Eröffnung des Insolvenzverfahrens oder nach diesem Antrag an einen Dritten zurückerstattet hat, der Gesellschafter, der für das Darlehen eine Sicherheit bestellt hatte oder als Bürge haftete, den zurückgezahlten Betrag zur Insolvenzmasse zu erstatten hat; § 146 InsO gilt entsprechend. Die Verpflichtung besteht nur bis zur Höhe des Betrags, mit dem der Gesellschafter als Bürge haftete oder der dem Wert der von ihm bestellten Sicherheit im Zeitpunkt der Rückerstattung des Darlehens entspricht. Der Gesellschafter wird von der Verpflichtung frei, wenn er die Gegenstände, die dem Gläubiger als Sicherheit gedient hatten, der Insolvenzmasse zur Verfügung stellt.

Im **europäischen grenzüberschreitenden Insolvenzverfahren** ist in einem etwas anderen Sinne von Doppelanmeldung die Rede: Grundsätzlich können alle Gläubiger eines Schuldners ihre Forderungen sowohl im Haupt- als auch im Sekundärinsolvenzverfahren anmelden. Der EuInsVO liegt das Prinzip modifizierter Universalität bei gleichzeitig uneingeschränkter Universalität der Passivmasse zugrunde.[105] Dies würde es möglich machen, dass ein Gläubiger durch Forderungsanmeldungen sowohl im Haupt- als auch im Sekundärinsolvenzverfahren gleichheits- und damit konkurszweckwidrige Vorteile erlangen könnte.[106] Dies schließt Art. 20 Abs. 2 EuInsVO durch ein Verfahren einer Quotenanrechnung aus.[107] Dies mag ein Beispiel[108] deutlicher machen: Erlangt ein Gläubiger im Sekundärinsolvenzverfahren A eine Quote auf seine Forderung, nimmt er an der Ausschüttung der Teilungsmasse im Hauptinsolvenzverfahren B erst dann teil, wenn die übrigen Gläubiger gleichen Ranges im Verfahren B eine Quote erlangt haben, die der Quote entspricht, die sich rechnerisch bei Berücksichtigung der vom Gläubiger aufgrund der Dividende im Verfahren A erlangten Quote ergibt.[109] Art. 20 Abs. 2 EuInsVO führt daher nicht zu einem Verfahren der Abschöpfung des Erlangten, sondern einem **Ausschüttungsstop.**[110] 36

c) Nachrangige Insolvenzgläubiger. Den „einfachen" Insolvenzgläubigern gehen die in § 39 Abs. 1 InsO genannten Gläubiger im Range nach. D.h. sie erlangen erst dann Befriedigung, wenn an die „einfachen" Insolvenzgläubiger eine Dividende in Höhe von 100% des Nominalwertes der angemeldeten Forderungen ausgeschüttet werden kann[111]. Im Einzelnen handelt es sich um Forderungen gegen den Schuldner 37

- wegen der seit der Eröffnung des Verfahrens laufenden Zinsen und Säumniszuschläge, § 39 Abs. 1 Nr. 1 InsO;
- wegen der Kosten, welche den einzelnen Gläubigern durch ihre Teilnahme an dem Verfahren erwachsen, § 39 Abs. 1 Nr. 2 InsO;
- wegen Geldstrafen, Geldbußen, Ordnungsgelder und Zwangsgelder sowie solche Nebenfolgen einer Straftat oder Ordnungswidrigkeit, die zu einer Geldzahlung verpflichten, § 39 Abs. 1 Nr. 3 InsO[112];
- wegen Ansprüchen aus einer Freigebigkeit des Schuldners, § 39 Abs. 1 Nr. 4 InsO;

---

105 *Smid*, Deutsches und Europäisches Internationales Insolvenzrecht, 2004, Art. 20 EuInsVO Rn. 17.
106 *Morscher*, EuInsVO, 2002, S. 55; *Moss/Bayfield*, in: Moss/Fletcher/Isaacs, The EC Regulation on Insolvency Proceedings, 1. Aufl. 2002, Rn. 5.69, 5.70; *Paulus*, ZIP 2002, 729, 733.
107 *Moss/Bayfield*, in: Moss/Fletcher/Isaacs, The EC Regulation on Insolvency Proceedings, 1. Aufl. 2002, Art. 20 N. 8.176; *Pannen/Riedemann/Kühnle*, NZI 2002, 304; *Uhlenbruck*, InsO, 12. Aufl. 2003, Art. 20 EuInsVO Rn. 2; *Duursma-Kepplinger/Duursma/Chalupsky*, EuInsVO, 1. Aufl. 2002, Art. 20 Rn. 28; *Reinhart*, in: MünchKomm, InsO, 1. Aufl. 2001, Art. 20 Rn. 6; *Blitz*, Sonderinsolvenzverfahren im internationalen Insolvenzrecht, 2002, S. 227.
108 *Smid* (Fn. 105), Art. 20 EuInsVO Rn. 18.
109 *Spahlinger*, Sekundäre Insolvenzverfahren, 1997, S. 339 spricht von einem Anrechnungsmodell.
110 *Duursma-Kepplinger/Duursma/Chalupsky*, EuInsVO, 1. Aufl. 2002, Art. 20 Rn. 30.
111 *Holzer*, in: Beck/Depré, Praxis der Insolvenz, Handbuch der Insolvenz, 1. Aufl. 2003, § 2 Rn. 61.
112 Qualifikation strafrechtlicher Wertersatzverfallansprüche gem. §§ 73a, 74c StGB als nachrangige Insolvenzforderungen: BGH, Urt. v. 11. 5. 2010 – IX ZR 138/09, ZIP 2010, 1250.

38 Das MoMiG hat die Finanzierungsfolgeverantwortung der Gesellschafter unberührt gelassen. Sind auf Gesellschafterdarlehen hin in den letzten zwölf Monaten vor dem Insolvenzantrag Rückzahlungen erfolgt, sind diese gem. § 135 Abs. 1 InsO im Wege der insolvenzrechtlichen Anfechtung zu erstatten. Die Ansprüche des Gesellschafters, die damit wieder aufleben, werden aber von § 39 Abs. 1 Nr. 5 InsO[113] als nachrangige Insolvenzforderungen qualifiziert. Dieser Nachrang ist typisch für eigenkapitalähnliche Finanzierung. Das MoMiG bringt daher im Unterschied zum alten Recht eine Standardisierung der Tatbestandsvoraussetzungen: Alle Tilgungen, die innerhalb des letzten Jahres vor dem Insolvenzantrag durchgeführt wurden, unterliegen unabhängig davon, ob sich die Gesellschaft im Tilgungszeitpunkt schon in einer Krise befand oder nicht, der Insolvenzanfechtung. Liegt dagegen eine Tilgung weiter zurück, unterliegt sie allein unter der Voraussetzung, dass sie mit dem Vorsatz der Gläubigerbenachteiligung vorgenommen wurde, der Insolvenzanfechtung. In diesem Zusammenhang wird zu Recht kritisiert, dass diese Regelung einen erheblichen Anreiz zur verzögernden Unternehmensbestattung bietet. Umgekehrt sind auch regelmäßig bediente und voll besicherte Gesellschafterdarlehen nachrangig, während sie nach dem früheren Rechtszustand keine Krisenfinanzierung substituierten und nicht unter das Eigenkapitalersatzrecht fielen.

39 Gegenüber dem Ausschluss dieser Forderungen von der Teilnahme am Insolvenzverfahren durch den früheren § 63 KO erscheint § 39 InsO zunächst wenig verständlich, da regelmäßig nicht damit zu rechnen sein wird, dass die genannten nachrangigen Gläubiger bei einer Verteilung überhaupt Berücksichtigung finden werden. § 174 Abs. 3 Satz 1 InsO ordnet denn auch an, dass nachrangige Gläubiger sich mit der Anmeldung ihrer Forderungen nur am Insolvenzverfahren beteiligen dürfen, wenn das Insolvenzgericht im Eröffnungsbeschluss (§ 27 InsO) ausdrücklich zur Anmeldung dieser Forderungen auffordert. Der Sinn dieser Vorschriften erschließt sich nicht aus dem allgemeinen liquidierenden Insolvenzverfahren, sondern ergibt sich im Verfahren zur Sanierung des Unternehmensträgers. Bei der Berücksichtigung der Inhaber der in § 39 Abs. 1 InsO genannten Forderungen als nachrangiger Insolvenzgläubiger geht es nicht darum, sie tatsächlich an der Verteilung eines Erlöses zu beteiligen, sondern sie in ein Sanierungskonzept – also sehr häufig: einen Insolvenzplan gem. §§ 217ff. InsO – einzubinden, was ihre materielle Beteiligtenstellung als Insolvenzgläubiger voraussetzt[114].

40 **Beispiel:** Während des Laufs des eröffneten Insolvenzverfahrens ist die vom Schuldner S vorkonkurslich gegenüber der Bank B in der Hochzinsphase des Jahres 1993 eingegangene Darlehensverbindlichkeit von 1.000.000 DM um die Zinsen in Höhe von 12% um 240.000 DM angewachsen, was sich regelmäßig sanierungsunfreundlich auswirkt. Blieben diese Zinsforderungen außerhalb des Insolvenzverfahrens, könnten sie von den Wirkungen eines Sanierungs-Insolvenzplans nicht erfasst werden; der sanierte Unternehmensträger sähe sich daher nach Abschluss des Verfahrens alsbald mit den Zinsforderungen der Gläubiger aus der Zeit des Verfahrenslaufs konfrontiert, was zur Folge hätte, dass die Kreditoren der Sanierung immer die Verfahrenszinsen mitfinanzieren müssten; die Gläubigergleichbehandlung wäre so kaum zu gewährleisten.

---

113 BGH, Urt. v. 17. 2. 2011 – IX ZR 131/10, ZIP 2011, 575.

114 *Holzer*, in: Beck/Depré, Praxis der Insolvenz, Handbuch der Insolvenz, 1. Aufl. 2003, § 2 Rn. 60; *nicht Gesellschafter der Schuldnerin:* LG Mühlhausen, Beschl. v. 17. 9. 2007, IIT/06 NZI 2007, 724.

d) Abschaffung der Vorrangsordnung. Zwischen den in § 38 InsO genannten Insolvenzgläubigern herrscht rechtliche Gleichheit. Insbesondere nehmen sie einen gleichen Rang ein; die Konkursvorrechte von Konkursforderungen, die sich nach und nach im alten Recht herausgebildet hatten (§ 61 KO), hat der Gesetzgeber im Wesentlichen beseitigt.[115] Das damit dem Grundsatz *par condicio creditorum* Genüge getan wird, liegt auf der Hand. Allerdings leben Vorrangrechte an anderer Stelle wieder auf. Hat ein Gläubiger nach Maßgabe der §§ 264, 229 InsO im Rahmen eines Sanierungs-Insolvenzplans ein Sanierungsdarlehen gewährt, genießt er in einer Folgeinsolvenz Vorrang vor den weiteren Gläubigern des Unternehmens. 41

Die Einführung eines Anfechtungsvorrechts des Fiskus und der Sozialversicherungsträger, wie von Teilen der Presse gefordert und Finanzministerium favorisiert, wäre daher als systemwidrig und verfassungsrechtlich bedenklich abzulehnen. 42

e) Vorrecht der Absonderungsberechtigten. Einen bevorrechtigten Zugriff auf den Erlös der Verwertung des Sicherungsgutes durch den Insolvenzverwalter gewähren aber die Absonderungsrechte (§§ 49 ff. InsO). In der Judikatur[116] sind Absonderungsrechte freilich als „aliud" gegenüber Vorrechten behandelt worden auch um die Regelung des § 245 Abs. 2 Nr. 2 InsO anwenden zu können, der nach dem Vorbild der amerikanischen absolute priority rule die Berücksichtigung der Rechte „bevorrechtigter" Gläubiger im Rahmen der Verfahrensabwicklung durch einen Insolvenzplan sicherstellen soll. Das geht aber an der Struktur des Verfahrens nach der InsO vorbei. Mit der Abschaffung der Vorrechtsordnung ungesicherter Insolvenzforderungen hat der Reformgesetzgeber allein gewährleistet, dass die Gläubiger aufgrund ihres vorkonkurslich erworbenen Rechts gleichzubehandeln sind. Das Vorrecht[117] der Absonderungsberechtigten ist dadurch nicht berührt worden. 43

Soweit sie über eine gesicherte persönliche Forderung gegen den Schuldner verfügen, nehmen Absonderungsberechtigte seit der Reform 1999 am Verfahren mit der Forderung – und zwar in vollem Umfang – teil. 44

---

115 Allerdings: Art. 51 EGInsO hat § 32 DepotG neu gefasst (Amtl. Begründung zu § 49 RegEInsO, BT-Drs. 12/3803, 96), nach dem in dem über das Vermögen eines Verwahrers, Pfandgläubigers oder Kommissionärs der in den §§ 1, 17 und 18 DepotG bezeichneten Art eröffneten Insolvenzverfahren diejenigen Kommittenten, die das Eigentum oder Miteigentum an den zu beschaffenden Wertpapieren noch nicht erlangt haben (§ 32 Abs. 1 Nr. 1 DepotG), solche Hinterleger, Verpfänder oder Kommittenten, deren Eigentum durch rechtswidrige Verfügungen des Verwahrers, Pfandgläubigers oder Kommissionärs verletzt worden ist (§ 32 Abs. 1 Nr. 2 DepotG) oder die Gläubiger nach den Nrn. 1 und 2 des § 32 Abs. 1 DepotG, wenn der noch nicht erfüllte Teil der sie treffenden Verbindlichkeit 10% des Wertes ihres Wertpapierlieferanspruchs nicht überschreitet, Vorrang vor den anderen Insolvenzgläubigern genießen. Die bevorrechtigte Befriedigung der in § 32 Abs. 1 DepotG genannten Gläubiger erfolgt aus einer aus den in der Masse befindlichen Wertpapieren gebildeten Sondermasse, § 32 Abs. 3 Satz 1 DepotG. Die vorrangigen Forderungen werden nach § 32 Abs. 3 Satz 2 DepotG durch Lieferung der vorhandenen Wertpapiere beglichen; im Übrigen wird unter die bevorrechtigten Gläubiger der Erlös der Wertpapiere verteilt, sofern nicht nach § 32 Abs. 3 Satz 2 verfahren werden kann, § 32 Abs. 3 Satz 3. Vgl. zum Ganzen *Henckel,* in: FS Uhlenbruck, 2000, S. 19 ff.; zur Beschlagnahme nach § 76 AO *Bähr/Smid,* InVo 2000, 401, 407.

116 AG Mühldorf/Inn, Beschl. v. 27. 7. 1999 – 1 IN 26/99 – NZI 1999, 422; LG Traunstein, Beschl. v. 27. 8. 1999 – 4 T 2966/99 – DZWIR 1999, 464; beide Entscheidungen mit Besprechungen von *Braun,* NZI 1999, 473 und – scharf ablehnend – *Smid,* InVo 2000, 1.

117 So zutreffend *Bähr,* InVo 1998, 205.

45 **f) Ausfallgläubiger.** Die gesicherten Gläubiger können heute ebenso wenig wie vor der Reform nicht mehr mit einer 100%igen Befriedigung ihrer Forderungen aus der Ausschüttung des Verwertungserlöses rechnen. Soweit sie nach Ausschüttung des Verwertungserlöses gem. § 170 InsO „ausfallen" werden sie mit der verbleibenden Restforderung wie (andere) Insolvenzgläubiger i. Satz d. § 38 InsO angesehen und behandelt – also wie die anderen Insolvenzgläubiger gleichrangig bei der Ausschüttung einer Dividende aus der Teilungsmasse berücksichtigt. Man spricht insofern davon, dass die absonderungsberechtigten Gläubiger ihren sog. „Ausfall" geltend machen, § 52 InsO. Früher handelte es sich dabei um folgendes Problem: Wie sogleich näher zu zeigen sein wird, nehmen die gesicherten Gläubiger eine besondere Stellung im Verfahren ein. Sie brauchen sich nicht auf die Quote verweisen zu lassen, sondern können so genannte abgesonderte Befriedigung aus dem bei der Verwertung des Sicherungsgutes erzielten Erlöses verlangen. Soweit diese Absonderungsberechtigten auch persönliche Forderungen gegen den Schuldner innehaben, deren Befriedigung durch den Erlös des Sicherungsgutes nicht gedeckt wird, nehmen sie mit dem „Ausfall" an der Verteilung teil.[118] Heute haben sich die Nuancen dahin verschoben, dass die Absonderungsberechtigten überhaupt, und nicht nur mit dem Ausfall am Verfahren teilnehmen; die Rede von der Ausfallforderung macht nur die verschiedenen Phasen deutlich, in der die Absonderungsberechtigten mit jeweils eigenen Rechten am Verfahren partizipieren.

46 **Beispiel:** Hat der Kreditgeber wegen seiner Darlehensforderung über 400.000 € sich den Fuhrpark des schuldnerischen Unternehmens sicherungsweise übereignen lassen (vgl. § 51 Nr. 1 InsO) und wird bei dessen Verwertung ein Erlös in Höhe von 320.000 € erzielt, stellen die nicht gedeckten 80.000 € den Ausfall des Absonderungsberechtigten dar; in dieser Höhe ist der Kreditgeber berechtigt, seine persönliche Forderung zur Tabelle anzumelden, § 52 Satz 2 InsO. Wird eine Quote von 5% erzielt erhält er eine Dividende in Höhe von 4.000 € (*nicht* 20.000 €).

3. Absonderungsberechtigte Gläubiger

47 **a) Übersicht.** In der Praxis haben die absonderungsberechtigten Gläubiger, d.h. Gläubiger, die sich für ihre Forderung eine Sicherheit haben bestellen lassen, den größten Einfluss auf die Abwicklung des Insolvenzverfahrens. Dabei treten eine Reihe von Fragen auf, über die hier allein eine Übersicht gegeben werden kann.[119] Die absonderungsberechtigten Gläubiger werden insofern vorrangig[120] befriedigt, als sie gem. §§ 49, 50 Abs. 1, 51 InsO nach Maßgabe der §§ 28 Abs. 2, 165, 166 ff., 173 InsO zur so genannten abgesonderten Befriedigung aus dem Sicherungsgegenstand berechtigt sind. Wegen der weitgehenden Verpfändung zur Sicherung aufgenommener

---

118 *Klasmeyer/Elsner*, in: FS Merz, 1992, S. 303 ff.; *Prütting*, in: Kübler/Prütting, Kommentar zur Insolvenzordnung, § 52 Rn. 7; *Ganter*, in: MünchKomm, InsO, 1. Aufl. 2001, § 52 Rn. 2, 5; *Brinkmann*, in: Uhlenbruck, InsO, 13. Aufl. 2010, § 52 Rn. 5.

119 Vgl. *Smid*, Kreditsicherheiten in der Insolvenz des Sicherungsgebers, 2004, § 2 Rn. 1; *Niesert*, InVo 1998, 85.

120 Zur Diktion: *Henckel*, in: FS Weber, 1975, S. 237, 245 ff.; *Ganter*, in: MünchKomm, InsO, 1. Aufl. 2001, Vor § 49–52 Rn. 1; *Brinkmann*, in: Uhlenbruck, InsO, 13. Aufl. 2010, § 49 Rn. 2; *Bäuerle*, in: Braun, InsO, 2. Aufl. 2004, Vor §§ 49–52 Rn. 7.

Kredite[121] wird in der Regel das gesamte verwertbare Vermögen des Schuldners aufgebraucht. Infolgedessen können an die einfachen (ungesicherten) Gläubiger durchschnittlich nur 3 bis 5% des Wertes ihrer Forderung ausgezahlt werden.[122] Der BGH[123] hat darauf erkannt, dass wegen einer mit absonderungskraftbegabten Pfandrechten gesicherten Forderungen gem. § 50 Abs. 1 InsO auch nach Eröffnung des Insolvenzverfahrens Zinsen geschuldet werden.

Zur abgesonderten Befriedigung aus dem bei der Verwertung des Sicherungsgutes erzielten Erlös berechtigt sind: 48

- Grundpfandgläubiger, § 49 InsO[124];
- durch ein rechtsgeschäftliches Pfandrecht oder durch ein Pfändungspfandrecht[125] an einem Massegegenstand gesicherte Gläubiger, § 50 Abs. 1 InsO;
- Gläubiger, denen zur Sicherung einer Forderung bewegliche Vermögensgegenstände des Schuldners zur Sicherheit übereignet worden sind, § 51 Nr. 1 InsO; nach hL[126] gleichgestellt sind die Gläubiger, die unter verlängertem oder erweitertem Eigentumsvorbehalt geliefert haben
- Gläubiger, denen an massezugehörigen Sachen ein Zurückbehaltungsrecht (z.B. gem. §§ 369f., 371 HGB) zusteht, § 51 Nr. 2 und 3 InsO.
- sowie der Fiskus, wenn er wegen Steuern, Zöllen oder Abgaben an hinterlegten Sachen Sicherheiten geltend machen kann, § 51 Nr. 4 InsO.

Der § 49 InsO befasst sich mit Immobiliarpfandrechten.[127] Diejenigen, welche ein Recht auf Befrie- 49
digung aus denselben haben, also z.B. Grundpfandgläubiger, können die abgesonderte Befriedigung betreiben. Betroffen sind Grundstücke, grundstücksgleiche Rechte, z.B. Erbbaurechte, Wohnungseigentum, Bergwerkseigentum. Das Gleiche gilt für im Schiffsregister eingetragene Schiffe, Schiffsbauwerke, Docks sowie für Luftfahrzeuge und Hochseekabel. Die Grundpfandgläubiger, wie Hypotheken- und Grundschuldgläubiger erfassen mit ihren Rechten nicht nur den unbeweglichen Gegenstand, also das Grundstück usw., sondern nach § 1120 BGB auch das bewegliche Zubehör desselben, wenn es dem Grundstückseigentümer, also hier dem Insolvenzschuldner gehört.[128] Hat der Insolvenzverwalter dieses (vor der Beschlagnahme) versilbert, so hat er den Erlös an die Grundpfandgläubiger abzuführen, es sei denn, diese befriedigen sich voll aus dem belasteten unbeweglichen Gegenstand.[129] Dem Zugriff des Insolvenzverwalters wird das Zubehör in jedem Falle entzogen durch Anordnung der Zwangsversteigerung oder Zwangsverwaltung. Diese kosten aber Geld. Es kommt also vielfach zu einer Vereinbarung mit dem Insolvenzverwalter, dass dieser das Grundstück oder die

---

121 Zur Verpfändung von Lebensversicherungen: BGH, Urt. v. 7.4. 2005 – IX ZR 138/04, DZWIR 2005, 384 = ZIP 2005, 909, *Bähr/Smid*, Rechtsprechung 2006, 79.
122 Zu den rechtstatsächlichen Problemen vor der Insolvenzrechtsreform vgl. Vorauﬂ. § 2 Rn. 27.
123 BGH, Urt. v. 17.7. 2008 – IX ZR 132/07, ZIP 2008, 1539.
124 *Tetzlaff*, ZInsO 2004, 521; *Smid*, Kreditsicherheiten in der Insolvenz des Sicherungsnehmers, 2004, § 2 Rn. 3, § 16.
125 BGH, Beschl. v. 24.3. 2011 – IX ZB 217/08, ZIP 2011, 871.
126 *Prütting*, in: Kübler/Prütting, Kommentar zur Insolvenzordnung, § 47 Rn. 34ff., 39ff.; *Andres*, in: Nerlich/Römermann, InsO, § 47 Rn. 23ff., 27ff.; *Gottwald/Adolphsen*, in: Kölner Schrift zur Insolvenzordnung, 2. Aufl. 2000, S. 1043, 1047, 1048; *Ganter*, in: MünchKomm, InsO, 1. Aufl. 2001, Vor §§ 49–52 Rn. 28.
127 *Smid*, Kreditsicherheiten in der Insolvenz des Sicherungsnehmers, 2004, § 16.
128 *Andres*, in: Nerlich/Römermann, InsO, § 49 Rn. 7; *Ganter*, in: MünchKomm, InsO, 1. Aufl. 2001, § 49 Rn. 14; *Brinkmann*, in: Uhlenbruck, InsO, 13. Aufl. 2010, § 49 Rn. 13; *Bäuerle*, in: Braun, InsO, 2. Aufl. 2004, § 49 Rn. 4.
129 BGH, Urt. v. 21.3. 1973 – VIII ZR 52/72 – BGHZ 60, 267 – NJW 1973, 997; für Veräußerung und Enthaftung nach Beschlagnahme mit Hinweis auf die Ersatzabsonderung *Eickmann*, in: HK, InsO, 4. Aufl. 2006, § 48 Rn. 13; bei Veräußerung und Enthaftung vor der Beschlagnahme als Masseverbindlichkeit nach § 55 Abs. 1 Nr. 3; *Depré*, in: Smid, InsO, 2. Aufl. 2001, § 49 Rn. 37.

grundstücksgleichen Rechte unter den gleichen Bedingungen verwaltet wie ein Zwangsverwalter und dass er das Grundstück und den sonstigen unbeweglichen Gegenstand im Einvernehmen mit dem Grundpfandgläubiger freihändig veräußert. Dadurch werden Kosten und ein umständliches Verfahren erspart. Über den Umfang des Zubehörs geben die Kommentare zu § 94 BGB und § 1121 BGB Auskunft.

50 Nach § 50 InsO können Gläubiger, die ein rechtsgeschäftliches Pfandrecht an einem zur Masse gehörigen Gegenstand wirksam erworben haben[130], das Recht auf abgesonderte Befriedigung aus den ihnen verpfändeten Gegenständen wegen ihrer Pfandforderung verlangen, und zwar nach § 367 BGB zunächst wegen der Kosten, dann wegen der Zinsen und zuletzt wegen des Kapitals.[131]

51 **b) Einordnung des Sicherungseigentums in die Absonderungsrechte.** Schon diese kurze Aufzählung lässt erkennen, dass zu den Absonderungsberechtigten Inhabern von Rechten an massezugehörigen Sachen zählen, die, betrachtet man sie allein aus der Sichtweise des bürgerlichen Rechts, auf höchst unterschiedliche Grundlagen zu verweisen scheinen. So ist das rechtsgeschäftliche Pfandrecht vom Pfändungspfandrecht[132] nachhaltig sowohl nach Entstehungsgrund als auch Struktur verschieden; beide unterscheiden sich vom Sicherungseigentum oder von den verschiedenen Formen des Eigentumsvorbehalts. Beim Erlass der KO im Jahre 1877 war dagegen der mit dem Begriff des Absonderungsrechts bezeichnete Personenkreis klar umrissen; es handelte sich zum einen um die aufgrund vorkonkurslicher rechtsgeschäftlicher Abreden mit dem späteren Insolvenzschuldner durch Bestellung rechtsgeschäftlicher Pfänder an beweglichen Sachen und durch Grundpfandrechte gesicherten Gläubiger, zum anderen um solche Gläubiger, die eine Sicherheit durch ein vorkonkurslich erworbenes Pfändungspfandrecht (§ 804 ZPO) geltend machen konnten.

52 All diese Sicherheiten zeichnen sich durch ihre *Publizität* aus. Der Gläubiger, der den Schuldner kreditierte und sich im Unterschied zu den (einfachen) Insolvenzgläubigern für seine Forderung zu Lasten der künftigen Masse Sicherheiten bestellen ließ, tat dies in einer offenkundigen Weise dergestalt, dass die übrigen Gläubiger ihre Entscheidung, ihrerseits zu kreditieren, von der Reichweite der Einflussnahmen der gesicherten Gläubiger abhängig machen können. Der Kredit war höchst riskant; die gesetzlich bereitgestellten Formen von Sicherheiten spätestens mit Inkrafttreten des BGB wegen der beschränkten Reichweite des Besitzpfandrechts der §§ 1205 ff. BGB wenig attraktiv, da sie die Erwerbsgrundlage des Schuldners mit der Entziehung des verpfändeten Sicherungsguts schmälerten. Eine Vorverlagerung des Verlusts des Kredits und die Insuffizienz der Masse als Regelfall waren die Folge[133] – was mit Blick auf die Funktionen des Insolvenzrechts erwünscht ist.

53 Die *Umständlichkeit* rechtsgeschäftlicher Pfandrechte hat indessen zu der bekannten Entwicklung publizitätsloser Pfandrechte in Form der sicherungsweisen Übereignung von Vermögensgegenständen des Kreditnehmers geführt. Und der Warenkredit wird dem Schuldner regelmäßig nur unter der Voraussetzung eingeräumt, dass die gelieferte Ware unter dem Vorbehalt des Eigentums des Verkäufers steht, wobei üblicherweise Weiterveräußerungs- und Weiterverarbeitungsklauseln vereinbart zu wer-

---

130 *Fink*, ZInsO 2000, 353 (Kontenpfändungen).

131 So BGH, Urt. v. 17. 2. 2011 – IX ZR 83/10, ZIP 2011, 579 – was vor dem Hintergrund des par conditio creditorum bedenklich ist.

132 Vgl. *V. Lipp*, JuS 1988, 119 ff.

133 Ob dieses Bild in jeder Nuance historisch zutreffend ist, kann hier offenbleiben; es geht um die Charakterisierung von *Tendenzen*.

den pflegen. Zunächst zum Sicherungseigentum: Die Rechtsprechung[134] hat die vorkonkursliche sicherungsweise Übereignung von massezugehörigen Gegenständen sowie entsprechende Sicherungsabtretungen als besitzlose Pfandrechte behandelt. Im Gegensatz dazu nehmen sie im Allgemeinen Verfahren der Individualzwangsvollstreckung wie das Eigentum überhaupt die Stellung eines die Zwangsvollstreckung in den Gegenstand hindernden Rechts im Rahmen der Drittwiderspruchsklage gem. § 771 ZPO ein.[135] Diese Wirkung zeitigt das Sicherungseigentum an massezugehörigen Sachen und die Sicherungsabtretung im Insolvenzverfahren also nicht.

Im Schrifttum wird freilich vertreten, der Sicherungseigentümer oder Sicherungszessionar könne gegen die Individualzwangsvollstreckung eines Dritten in den Sicherungsgegenstand nicht die Drittwiderspruchsklage nach § 771 ZPO, sondern – wegen des Pfandrechtscharakters von Sicherungsübereignung bzw. Sicherungszession – allein die bevorrechtigte Befriedigung nach § 805 ZPO begehren.[136] Diese Ansicht geht fehl, da sie den Unterschied zwischen Individualzwangsvollstreckung vor und Gesamtvollstreckung nach Eröffnung des Insolvenzverfahrens verkennt. Denn vor Eröffnung des Insolvenzverfahrens ist der mit dem Sicherungsgegenstand gesicherte Kredit noch nicht fällig. Würde man den gesicherten Gläubiger (den Sicherungseigentümer) auf § 805 ZPO verweisen, wäre dieser gezwungen, aufgrund der Rechtsverfolgung des anderen Gläubigers die vorfällige Kündigung des Kredits hinzunehmen.[137] § 771 ZPO schützt daher zwar nicht das Eigentum, aber die Kreditbeziehung des klagenden Sicherungseigentümers. Im eröffneten Insolvenzverfahren ist dies anders, da § 44 InsO die laufenden Kredite fällig stellt. 54

Bei der *Sicherungsübereignung* wird der Sicherungsnehmer nicht Eigentümer des Sicherungsgutes; er erwirbt ein publizitätsloses Pfandrecht. Eigentümer und Besitzer bleibt der Kreditnehmer. Die Begründung des Pfandrechts erfolgt in der Form der §§ 929, 930, 868 BGB durch die Vereinbarung eines Besitzmittlungsverhältnisses. Sicherungsübereignungen sind das typische Sicherungsmittel beweglicher Sachen für die Banken.[138] Die Vereinbarung einer Sicherungsübereignung ist nur wirksam, sofern die Sicherheit nicht gegen den Bestimmtheitsgrundsatz verstößt; d.h. das Sicherungsgut muss genau bezeichnet – genau bestimmbar – sein.[139] Auch die Sicherungsübereignung eines Warenlagers mit wechselndem Bestand ist möglich.[140] Änderungen haben sich freilich mit der Insolvenzrechtsreform für die Zulässigkeit sog. Konzernklauseln ergeben: Mit Art. 33 Nr. 17 EGInsO ist dem § 455 a.F. (heute: § 449 BGB) BGB ein Abs. 2 angefügt worden, der bestimmt, dass die Vereinbarung eines Eigentumsvorbehalts dann nichtig ist, wenn der Eigentumsübergang davon abhängig gemacht wird, dass der Käufer Forderungen eines Dritten, insbesondere eines mit den Verkäufer verbundenen Unternehmens, erfüllt.[141] Damit greifen Erweiterungsformen des 55

---

134 BGH, Urt. v. 28. 6. 1978 – VIII ZR 60/77 – BGHZ 72, 141, 146ff.; BGH v. 23. 11. 1977 – VIII ZR 7/76 – NJW 1978, 632. Der Reformgesetzgeber hat dies nachvollzogen: Amtl. Begr. zu § 58 RegEInsO, BT-Drs. 12/2443, S. 125.

135 BGH, Urt. v. 12. 5. 1992 – VI ZR 257/91 – BGHZ 118, 202, 206f.; *Thomas/Putzo*, ZPO, 27. Aufl. 2005, § 771 Rn. 19.

136 *K. Schmidt*, in: MünchKomm, InsO, 1. Aufl. 2001, § 771 Rn. 29; *Hartmann*, in: Baumbach/Lauterbach, ZPO, 64. Aufl. 2006, § 771 Rn. 26.

137 *Henckel*, in: FS Zeuner, 1994, S. 193, 211 ff.

138 BGH, Beschl. v. 19. 3. 2009 – IX ZR 39/08, ZIP 2009, 817.

139 *Gottwald/Adolphsen*, in: Kölner Schrift zur Insolvenzordnung, 2. Aufl. 2000, S. 1043, 1050 (Rn. 25), *Andres*, in: Nerlich/Römermann, InsO, § 51 Rn. 6; *Ganter*, in: MünchKomm, InsO, 1. Aufl. 2001, § 51 Rn. 61; *Brinkmann*, in: Uhlenbruck, InsO, 13. Aufl. 2010, § 51 Rn. 7.

140 *Ganter*, in: MünchKomm, InsO, 1. Aufl. 2001, § 51 Rn. 63.

141 Begr. zu Art 31 RegEInsO, BT-Drs. 12/3803, S. 77.

Eigentumsvorbehalts jedenfalls dann nicht, wenn Konzernverrechnungsklauseln vereinbart werden sollten, die nach der Judikatur des BGH[142] freilich insolvenzrechtlich wirkungslos sind (unten § 16 Rn. 16f.). Zweifel entstehen vielfach hinsichtlich der Vereinbarung von Eigentumsvorbehalt oder Sicherungsübertragung im Hinblick auf § 138 BGB.[143]

56 Die Qualifikation der Stellung des Sicherungseigentums[144] als besitzloses Mobiliarpfandrecht ist plausibel. Denn die Begründung besitzloser pfandrechtsgleicher Sicherheiten höhlt die Masse aus, ohne dies gegenüber den Gläubigern offenkundig zu machen. Die Einräumung von Besitzpfandrechten verringert die Kreditmöglichkeiten, publizitätslose Sicherheiten eröffnen scheinbar beliebige Handlungsspielräume. Der Sicherungsnehmer nimmt daher gegenüber den anderen Gläubigern Einfluss auf den Schuldner, da die Auslösung der Insolvenzeröffnung hinausgeschoben wird.

57 **c) Erweiterter und verlängerter Eigentumsvorbehalt.**[145] Dem Sicherungseigentum als pfandrechtgleichem Recht stehen nach hL alle Formen des verlängerten und erweiterten Eigentumsvorbehalts gleich, die dem Vorbehaltsverkäufer und -eigentümer in der Insolvenz des Vorbehaltskäufers ein Absonderungsrecht einräumen.

58 Ein erweiterter Eigentumsvorbehalt liegt vor, wenn vereinbart wird, dass der Erwerber erst Eigentümer der Sache werden soll, wenn neben der vollständigen Kaufpreiszahlung noch „sämtliche Forderungen aus der Geschäftsverbindung mit dem Verkäufer (im Zeitpunkt der Saldierung)" getilgt sind (sog. „Kontokorrent-, Geschäftsverbindungs- oder Saldovorbehalt")[146] sofern nicht § 455 Abs. 2 BGB idF durch Art. 33 EGInsO eingreift.[147] Solche Vereinbarungen sind allerdings nur als Individualabrede oder als AGB-Klausel im kaufmännischen Verkehr grundsätzlich unbedenklich. Im nichtkaufmännischen Verkehr mit Letztverbrauchern verstößt eine solche Klausel dagegen gegen § 9 Abs. 2 Nr. 2 AGBG.[148] Führt ein erweiterter Eigentumsvorbehalt zu einer ursprünglichen Übersicherung des Lieferanten, so kann er gem. § 138 BGB nichtig sein[149], während die nachträgliche Übersicherung – etwa bei revolvierenden Sicherheiten (Warenlagern) – nicht zur Unwirksamkeit führt, sondern einen Freigabeanspruch des Sicherungsgebers auslöst, der bei beweglichen Sachen entsprechend § 237 Abs. 1 BGB unter Berücksichtigung eines Bewertungsabschlages bei maximal 150% des Forderungswertes

---

142 BGH, Urt. v. 15. 7. 2004 – IX ZR 224/03 – ZIP 2004, 1764.

143 Zu Reichweite der anfänglichen Übersicherung *Ganter,* WM 2001, 1 ff; für eine enge Handhabung im Hinblick auf die Kompensationsmöglichkeiten des Verwertungsverfahrens *Mönning,* in: FS Uhlenbruck, 2000, 239, 259. Vgl. BGH, Urt. v. 17. 3. 2011 – IX ZR 63/10, ZIP 2011, 773.

144 Vgl. eindrucksvoll *Henckel,* in: FS Zeuner, 1994, 193 ff. im Rahmen der Behandlung der Dogmatik der besitzlosen Mobiliarsicherheiten zum Sicherungseigentum 195 f. und 198 ff.; *Gaedertz,* ZInsO 2000, 256, 257. Demgegenüber ist die Bezeichnung des Sicherungseigentums als „Volleigentum ohne Aussonderungsrecht" (*Niesert,* InVo 1998, 141 f.) unzutreffend; dazu auch *Ganter,* in: MünchKomm, InsO, 1. Aufl. 2001, InsO § 51 Rn. 7.

145 *Henckel* (Fn. 144), S. 196 f.; *Gaedertz* (Fn. 144), S. 259; *Ganter,* in: MünchKomm, InsO, 1. Aufl. 2001, InsO § 51 Rn. 80 ff., 120 ff.; *Bäuerle,* in: Braun, InsO, 2. Aufl. 2004, § 51 Rn. 20; *Brinkmann,* in: Uhlenbruck, InsO, 13. Aufl. 2010, § 51 Rn. 18, 20; *Ringstmeier,* in: Beck/Depré, Praxis der Insolvenz, § 9 Rn. 25 ff.

146 *Gottwald,* Insolvenzrechts-Handbuch, 3. Aufl. 2006, § 43 Rn. 17; *Brinkmann,* in: Uhlenbruck, InsO, 13. Aufl. 2010, § 51 Rn. 16.

147 Vgl. *Schirmer,* ZInsO 1999, 379 ff.

148 OLG Koblenz v. 14. 4. 1989 – 2 U 1874/87 – NJW-RR 1989, 1460.

149 BGH, Urt. v. 9. 2. 1994 – VIII ZR 176/92 – BGHZ 125, 83; BGH, Urt. v. 12. 3. 1998 – IX ZR 74/95 – NJW 1998, 2047; in der Literatur wird die sittenwidrige Übersicherung vielfach bei 300% der gesicherten Forderung angesetzt; kritisch zu Pauschalisierungen *Ganter,* WM 2001, 1 ff. Differenzierend *Brinkmann,* in: Uhlenbruck, InsO, 12. Aufl. 2003, § 51 Rn. 20; *Ganter,* in: MünchKomm, InsO, 1. Aufl. 2001, Vor §§ 49–51 Rn. 82 ff.; *Bäuerle,* in: Braun, InsO, 2. Aufl. 2004, § 51 Rn. 12.

zuzüglich Umsatzsteuer anzusetzen ist.[150] Der verlängerte Eigentumsvorbehalt dient dazu, dem Verkäufer die Surrogate zu sichern, die nach der Verarbeitung (§ 950 BGB)[151], Verbindung (§§ 946, 947 BGB) und berechtigter Weiterveräußerung (§§ 929, 185 BGB) der Kaufsache an die Stelle der unter Eigentumsvorbehalt gelieferten Ware treten. Dies geschieht bei der Weiterveräußerung durch die Vorausabtretung künftiger Kaufpreisforderungen[152] und bei der Verarbeitung und Verbindung durch sog. Verarbeitungsklauseln, durch die der Veräußerer mindestens Miteigentümer an der neu hergestellten Ware wird.[153] Ohne dieses Sicherungsrecht würde der Vorbehaltsverkäufer das Eigentum am Sicherungsgut und damit seine Sicherheit verlieren.

Der erweiterte Eigentumsvorbehalt wirft in praxi weitere Abrenzungsprobleme auf, wie ein vom OLG Bremen entschiedener Fall[154] deutlich macht: 59

In dem vom OLG Bremen[155] entschiedenen Fall hatte der Lieferant von vier Luxuslimousinen zum Preis von je ca. 114.000 € nur einen einfachen Eigentumsvorbehalt mit der späteren Schuldnerin vereinbart. Die Lieferungen waren aufgrund von Bestellung aus März 2001 in den Jahren 2001 und 2002 erfolgt. Nach Eigenantrag vom 10. 6. 2002 wurde der spätere Beklagte mit insolvenzgerichtlicher vorläufiger Anordnung vom 11. 6. 2002 zum vorläufigen Insolvenzverwalter, später mit Eröffnungsbeschluss vom 1. 9. 2002 zum Insolvenzverwalter ernannt. Bereits am 31. 7. 2002 hatte die Schuldnerin mit Zustimmung des vorläufigen Insolvenzverwalters eine Vereeinbarung mit einem amerikanischen Unternehmen hinsichtlich der Übernahme des betriebsnotwendigen Anlage- und Umlaufvermögens geschlossen. Dies sollte die von der Klägerin gelieferten Limousinen umfassen. Die Klägerin teilte dem vorläufigen Verwalter ihr Eigentum an den Fahrzeugen mit und machte Aussonderungsrechte geltend, worauf der vorläufige Verwalter antwortete, die Fahrzeuge seien von der Schuldnerin zerlegt worden. Er schlug der späteren Klägerin vor, 30% des Kaufpreises an sie zu zahlen. Darauf untersagte die Klägerin dem vorläufigen Verwalter jegliche Verfügung über die gelieferten Fahrzeuge oder einzelner Teile vorzunehmen, bevor eine das Angebot des vorläufigen Verwalters übersteigende Regelung zwischen den Parteien getroffen werde. Der Insolvenzverwalter schloss später mit dem amerikanischen Investor einen Übernahmevertrag, der die Fahrzeuge umfasste. Er behauptet, bei einem Fahrzeug seien nurmehr Spezialreifen für gepanzerte Fahrzeuge zu montieren gewesen, im Übrigen sei dieses und zwei weitere Fahrzeuge, in die nurmehr das Panzerglas zu montieren gewesen sei, fertig gestellt gewesen. Allein das vierte Fahrzeug habe sich in zerlegtem Zustand befunden. Die klagende Lieferantin hat den Insolvenzverwalter auf Schadenersatz nach § 60 InsO in Anspruch genommen. 60

Der vom Insolvenzverwalter zu erstattende Schaden liege freilich in dem Wert der neu hergestellten Sache und ebenfalls nicht im Wert der gelieferten Fahrzeuge, sondern in dem Wert, den die Fahrzeuge nach den Verarbeitungseingriffen des Schuldners zum Zeitpunkt gehabt hätten, da der vorläufige Verwalter Kenntnis von dem Eigentum der Lieferantin erlangt habe. Das OLG gründet diese Entscheidung auf die Meinung, die Verarbeitung bzw. Umarbeitung der gelieferten Limousinen sei zu dem fraglichen Zeitpunkt im August 2002 noch nicht abgeschlossen gewesen und daher 61

---

150 BGH (GS), Beschl. v. 27. 11. 1997 – GSZ 1/97 – BGHZ 137, 212, 235 – NJW 1998, 671 ff.; *Brinkmann*, in: Uhlenbruck, InsO, 13. Aufl. 2010, § 51 Rn. 20; *Ganter*, in: MünchKomm, InsO, 1. Aufl. 2001, Vor §§ 49–51 Rn. 84.
151 *Elz*, ZInsO 2000, 478, 479 f.; *Brinkmann*, in: Uhlenbruck, InsO, 13. Aufl. 2010, § 51 Rn. 17; *Ganter*, in: MünchKomm, InsO, 1. Aufl. 2001, § 51 Rn. 109 ff.; *Bäuerle*, in: Braun, InsO, 2. Aufl. 2004, § 51 Rn. 21.
152 *Gottwald/Adolphsen*, in: Kölner Schrift zur Insolvenzordnung, 2. Aufl. 2000, S. 1043, 1047, 1049; *Andres*, in: Nerlich/Römermann, InsO, § 49 Rn. 25; *Brinkmann*, in: Uhlenbruck, InsO, 13. Aufl. 2010, § 51 Rn. 20; *Ganter*, in: MünchKomm, InsO, 1. Aufl. 2001, § 47 Rn. 119 ff.; *Bäuerle*, in: Braun, InsO, 2. Aufl. 2004, § 51 Rn. 23.
153 *Gottwald/Adolphsen*, in: Kölner Schrift zur Insolvenzordnung, 2. Aufl. 2000, S. 1043, 1048; *Andres*, in: Nerlich/Römermann, InsO, § 49 Rn. 24.
154 OLG Bremen, Urt. v. 4. 5. 2006 – 2 U 108/05.
155 OLG Bremen, Urt. v. 4. 5. 2006 – 2 U 108/05.

eine im Rechtssinne neue Sache noch nicht entstanden. Diese Prämisse begegnet ernsten Zweifeln. So fragt sich, ob das Anfang August 2002 komplett zerlegte Fahrzeug, das nach Angaben des OLG Bremen erst am 17. 1. 2003 fertig gestellt worden ist, eine Neusache i.S.v. § 59 Abs. 1 BGB dargestellt hat. Denn der Vorgang der Zerlegung der Limousine verschafft dem „Hersteller“ das Rohstofflager, dessen er bedarf, um hieraus ein in diesem Fall gepanzertes Fahrzeug herzustellen. Das OLG Bremen lehnt eine solche Sichtweise strikt ab. Es stellt auf die Endstufe der Verarbeitung ab, in der das den ihm zugedachten Zwecken dienliche Produkt erstellt sei. Daher lehnt es das OLG Bremen auch ab, die drei weiteren Fahrzeuge der Regelung des § 59 Abs. 1 BGB zu unterwerfen, da in Ermangelung eines Panzerglases und entsprechender Spezialbereifung der besondere Schutzzweck der hergestellten Fahrzeuge noch nicht erreicht werden könne und daher eine neue Sache noch nicht hergestellt sei.

62 Diese materiellrechtlichen Prämissen des OLG Bremen sind, wie anhand der Limousine Nr. 4 zu sehen ist, die sich in ein Ersatzteillager verwandelt hat, durchaus nicht zwingend für das Verständnis des § 59 Abs. 1 BGB. Denn im Verlauf eines Produktionsvorganges können in praxi häufig solche Zwischenschritte erfolgen, die signifikant sind. Würde man der Rechtsansicht des OLG Bremen folgen, würden stets an Halbfertigprodukten Aussonderungsrechte bestehen – u.U. von meheren Lieferanten gemeinsam nach §§ 946, 947 BGB – die im Verlauf eines Produktionsprozesses erstellt sind. Damit würde die Berechenbarkeit der Rechtsposition der Beteiligten erheblich herabgesetzt und nicht zuletzt die Möglichkeit einer Betriebsfortführung durch einen Insolvenzverwalter zugunsten einer Zerschlagung durch Eingriffe mit dem OLG Brmen als Aussonderungsberechtigten zu qualifizierenden Eigentumsvorbehaltslieferanten gefährdet.

63 Die Begründung der h.L. lautet, in diesen Fällen sei das vorbehaltene Eigentum durch Weiterveräußerung oder Weiterverarbeitung untergegangen; die Vertragsgestaltung zwischen den Parteien führe daher zu einer Besicherung der Forderung des Vorbehaltseigentümers an einen anderen neuen Sicherungsgegenstand. Ausschlaggebend ist, dass der „Substanzwert“ der durch Sicherungsübereignung „verpfändeten“ Gegenstände vom Sicherungsnehmer dem Vermögen des Schuldners dergestalt eingeräumt bleibt, dass anderen Kreditoren die Verpfändung nicht erkennbar ist. Daran ändert sich auch dann nichts, wenn man bedenkt, dass Sicherungsformen wie Sicherungsübereignung und Verlängerungen und Erweiterungen des Eigentumsvorbehalts üblich und zu erwarten sind. Denn auch wenn hiervon im Allgemeinen ausgegangen werden kann, ist doch dem Einzelnen Kreditgeber regelmäßig der konkrete Umfang der Aushöhlung des Vermögens des Schuldners nicht erkennbar.

64 **d) Einfacher Eigentumsvorbehalt.** Kompliziert ist die Beurteilung der Stellung des Inhabers eines einfachen Eigentumsvorbehalts im Insolvenzverfahren: Die hL[156] hält

---

156 BGH, Urt. v. 21. 5. 1953 – IV ZR 192/52 – BGHZ 10, 69, 72; BGH, Urt. v. 1. 7. 1970 – VIII ZR 24/69 – BGHZ 54, 214, 218; *Gottwald*, in: Gottwald, Insolvenzrechts-Handbuch, 3. Aufl. 2006, § 43 Rn. 7 ff.; *Honsell*, in: Staudinger, BGB, 13. Aufl. 1995, § 455 Rn. 49, 102; *Westermann*, in: MünchKomm, BGB, 3. Aufl. 1995, § 455 Rn. 84. Krit. dagegen m.w.N. der Gegenmeinung *Smid/Leonhardt*, in: LSZ, InsO, 3. Aufl. 2010, § 47 Rn. 24 ff.; *Hess*, InsO, 1. Aufl. 1999, § 47 Rn. 42 a ff.; *Gaedertz* (Fn. 144) 258; *Niesert* (Fn. 144) 88; *Brinkmann*, in: Uhlenbruck, InsO, 13. Aufl. 2010, § 47 Rn. 25; *Ganter*, in: MünchKomm, InsO, 1. Aufl. 2001, § 47 Rn. 55 f.; *Bäuerle*, in: Braun, InsO, 2. Aufl. 2004, § 51 Rn. 29; *Runkel*, in: FS Kirchhof, 2003, S. 455 ff.

den Eigentumsvorbehalt nicht für ein Sicherungsmittel; der Eigentumsvorbehaltsverkäufer sei Eigentümer der Kaufsache und als solcher dadurch zu schützen, dass ihm ein Aussonderungsrecht zuzugestehen sei, aufgrund dessen er „außerhalb" des Insolvenzverfahrens Herausgabe der Sache begehren könne.

Herkömmlich werden Aussonderungs- und Absonderungsrechte in engem Zusammenhang miteinander dargestellt, was im Hinblick auf die Nähe der gesetzlichen Regelungen beider Erscheinungen in den §§ 47f. und §§ 49ff. InsO nicht überrascht. Und der äußere Gesetzesaufbau auch der InsO wie zuvor der KO ist insofern auch nicht zufällig, da ja sowohl Aussonderungs- als auch Absonderungsrecht die insolvenzrechtliche Behandlung dinglicher Rechte Dritter gegenüber der Masse betreffen.[157] Aussonderung und Absonderung betreffen zwei voneinander zu trennende Rechtsstellungen: „Die ‚Aussonderung' bestimmt die Grenzen der haftungsrechtlichen Vermögenszuweisung an alle Konkursgläubiger. Die ‚Absonderung' regelt die ganz andere Frage, unter welchen Voraussetzungen einzelne Gläubiger vom Gleichbehandlungsgrundsatz dispensiert werden, indem Sicherheiten, die sie vom Insolvenzschuldner erlangt haben, trotz der Konkurseröffnung an massezugehörigen Rechten fortbestehen".[158] Der Unterschied zwischen Konkursforderungen, aussonderungsfähigen Rechten und absonderungsfähigen Rechten deckt sich nicht mit der Unterscheidung zwischen persönlichen Ansprüchen, dinglichen Vollrechten und beschränkten dinglichen Rechten.[159] 65

Man kann dies mit *Häsemeyer*[160] auch so ausdrücken, dass die Aussonderungsrechte zweiseitig (zwischen Rechtsinhaber und Masse) wirken, während die Absonderungsrechte „allseitige" Wirkungen entfalten. 66

Soweit der einfache Eigentumsvorbehalt in seinen Wirkungen einem Sicherungsrecht entspricht, wird der aussonderungsberechtigte Eigentumsvorbehaltsverkäufer jedenfalls zeitweise in das Verfahren einbezogen, da er nach § 107 Abs. 2 InsO und § 21 Abs. 2 InsO aus seinem Aussonderungsrecht die Herausgabe der Vorbehaltskaufsache bis zum Berichtstermin nicht betreiben kann.[161] 67

Ist ein Recht aufgrund eines Rechtsverhältnisses in das Vermögen des Insolvenzschuldners gelangt, das den Substanzwert des Rechts nicht erfasst hat, handelt es sich um ein aussonderungsfähiges Recht. Darunter sind[162] insbesondere Verwahrungs- und Nutzungsverträge: Hinterlegung, Verwahrung, Miete, aber auch dem Insolvenzschuldner im Zusammenhang von Geschäftsbesorgungs- und Treuhandverträgen übergebenes Gut[163] zu verstehen. Davon sind solche Rechte zu unterscheiden, die der Insolvenzschuldner dinglich auf Dritte übertragen hat, aber mit ihrem Substanzwert durch den Insolvenzschuldner „umgesetzt" werden: Überträgt der Insolvenzschuldner seinen Fuhrpark zur Sicherung eines Darlehens auf die kreditierende Bank, dann steht der Bank zwar „Sicherungseigentum" an den Fahrzeugen zu, die aber als Kreditsicherungsmittel *zunächst* Bestandteil des haftenden Vermögens sind. Diese Überlegung wird durch den Ausnahmecharakter der gesetzlichen Vorschriften über die abgesonderte Befriedigung bestätigt, die ihren Sinn in der grundsätzlichen haftungsrechtlichen Zuordnung des Sicherungsguts zur Masse haben. 68

Bekanntlich wurde besonders aus den Reihen der Kreditwirtschaft den Forderungen nach einem Verfahrenskostenbeitrag der gesicherten Gläubiger zur Finanzierung des Insolvenzverfahrens (§§ 170f. InsO) entgegengehalten, damit werde in Eigentumsrechte (Art. 14 Abs. 1 GG) in unzulässiger Weise 69

---

157 *Häsemeyer,* Insolvenzrecht, 3. Aufl. 2003, Rn. 18.01ff.
158 *Häsemeyer,* Insolvenzrecht, 3. Aufl. 2003, Rn. 18.03.
159 So noch ganz selbstverständlich beispielsweise *Jaeger,* Lehrbuch des Deutschen Konkursrechts, 8. Aufl. 1932, S. 101ff., 110ff.
160 *Häsemeyer,* Insolvenzrecht, 3. Aufl. 2003, Rn. 18.03.
161 *Wegener,* in: Uhlenbruck, InsO, 13. Aufl. 2010, § 107 Rn. 2ff.; *Marotzke,* in: H-K, InsO, 4. Aufl. 2006, § 107 Rn. 13.
162 *Häsemeyer,* Insolvenzrecht, 3. Aufl. 2003, Rn. 11.08ff.
163 *Fridgen,* ZInsO 2004, 530.

eingegriffen. *Häsemeyer* vermag die Notwendigkeit und Legitimität derartiger Eingriffe aus der Haftungsordnung des Insolvenzrechts zwanglos zu erklären.

V. Gläubiger, deren Forderungen „vorab außerhalb des Insolvenzverfahrens" zu befriedigen sind

1. Aussonderungsberechtigte Gläubiger

70 **a) Massefremdheit des Gegenstandes, auf den sich die Forderung des Gläubigers richtet.** Das Insolvenzverfahren tastet solche Rechte Dritter nicht an, die nicht rein schuldrechtlicher Art sind; dies gilt, soweit es die Stellung solcher Gläubiger betrifft, deren Sachen ihrem Substanzwert nicht in die Masse geflossen ist, auch im Rahmen des Insolvenzplanverfahrens, das (vgl. §§ 217, 223 InsO) allein Eingriffe in Sicherungsrechte zulässt. So bestimmt § 47 InsO, dass sich die Ansprüche auf Aussonderung eines dem Insolvenzschuldner nicht gehörenden Gegenstandes aus der Masse nach den außerhalb des Insolvenzverfahrens geltenden Gesetzen richten. Bei den aussonderungsberechtigten Gläubigern handelt es sich daher *nicht* um Gläubiger, denen Vermögen des Insolvenzschuldners zur gemeinschaftlichen Befriedigung zugewiesen ist – ihre Befriedigung erfolgt durch Herausgabe des auszusondernden Rechts.[164] Das unterscheidet sie strukturell nachdrücklich von den absonderungsberechtigten Gläubigern,[165] die auf den Verwertungserlös des Sicherungsguts verwiesen sind.

71 Zur Insolvenzmasse gehört daher nicht, was der Insolvenzschuldner treuhänderisch besitzt.[166] Dem Treugeber steht vielmehr ein Aussonderungsrecht zu. Voraussetzung ist, dass der Gegenstand dem Insolvenzschuldner aus dem Vermögen des Treugebers überlassen wurde.[167] Dabei muss vereinbart worden sein, dass der Insolvenzschuldner den ihm übertragenen Gegenstand im eigenen Namen, aber nicht zum eigenen Vorteil, nutzen oder verwerten soll; er soll vielmehr nur formell Inhaber des Rechts sein.[168]

72 **Beispiel**[169]: Der Werkunternehmer hat dem Besteller gem. **§ 17 VOB/B** eine Bürgschaft bestellt und die **Bürgschaftsurkunde** ausgehändigt, um die Auszahlung einbehaltener Restwerklohnbeträge zu erreichen. Vor Rückgabe der Bürgschaftsurkunde wird das Insolvenzverfahren über das Vermögen des Werkunternehmers eröffnet. Die Bürgschaft stellt sich nicht nur wirtschaftlich als massefremdes Sicherungsgut dar. Rechtlich gehört sie ebenso wenig wie das treuhänderisch übergebene Sicherungsgut in das Vermögen des Insolvenzschuldners. Der auf die Herausgabe der Bürgschaftsurkunde gerichtete Anspruch des Werkunternehmers mag daher zwar als Bereicherungsanspruch persönlicher Natur sein;

---

164 BGH, Urt. v. 7. 4. 2005 – IX ZR 138/04 – ZIP 2005, 909 m. Anm. *Balle* EWiR § 50 InsO 2/05, 641 (verpfändete Rückdeckungsversicherung); BGH, Urt. v. 8. 6. 2005 – IV ZR 30/04 – ZIP 2005, 1373 m. Anm. *Blank/Petersen*, § 47 InsO 1/05, 801.

165 *Häsemeyer*, Insolvenzrecht, 3. Aufl. 2003, Rn. 11.02; *Ganter*, in: MünchKomm, InsO, 1. Aufl. 2001, § 47 Rn. 12; *Bäuerle*, in: Braun, InsO, 2. Aufl. 2004, Vor §§ 49–52 Rn. 3.

166 *Ganter*, in: FS Kreft, 2004; *Assfalg*, Die Behandlung des Treugutes im Konkurs des Treugebers, 1960, S. 160. Zu den Grenzen BGH, Urt. v. 10. 2. 2011 – IX ZR 49/10, ZIP 2011, 777.

167 Zu den Grenzen vgl. BGH, Urt. v. 24. 6. 2003 – IX ZR 75/01 – DZWIR 2003, 510.

168 *Prütting*, in: Kübler/Prütting, Kommentar zur Insolvenzordnung, § 47 Rn. 26; *Andres*, in: Nerlich/Römermann, InsO, § 47 Rn. 37.

169 Nachgebildet: BGH, Urt. v. 10. 2. 2011 – IX ZR 73/10, NJW 2011, 1282; Brandenburgisches OLG v. 1. 9. 1998 – 11 U 252/97 – DZWIR 1999, 254.

das ändert aber nichts daran, dass er – insolvenzrechtlich gesprochen – ein Aussonderungsrecht des Sicherungsgebers in dem über das Vermögen des Sicherungsnehmers eröffneten Insolvenzverfahren begründet. Der Werkunternehmer als Sicherungsnehmer ist daher dazu befugt, „außerhalb des Konkurses" die Herausgabe der Bürgschaftsurkunde zu verlangen und gegebenenfalls klagweise durch eine gegen den Insolvenzverwalter gerichtete Leistungsklage zu verfolgen.

Ein weiterer praktisch relevanter Fall der Aussonderung liegt vor, wenn eine Wohnungseigentümer- 73
gemeinschaft durch ihren Verwalter (§ 27 Abs. 2 WEG) die Aussonderung der dem früheren insolventen Verwalter **treuhänderisch überantworteten Instandhaltungsrücklage** verlangt. Diese Rücklage ist nämlich in der Insolvenz des früheren WEG-Verwalters als „schuldnerfremd" zu qualifizieren. Dabei ist zu beachten, dass § 47 InsO keinen besonderen insolvenzrechtlichen Aussonderungsanspruch schafft, sondern die „außerhalb" des Insolvenzverfahrens bestehenden Ansprüche insoweit als „außerhalb" des Insolvenzverfahrens durchsetzbar anerkennt, wie dies aufgrund der insolvenzrechtlichen Haftungsordnung richtig ist. Über die materiellrechtlichen Folgen für den Insolvenzverwalter im eröffneten Verfahren hinaus ist es selbstverständlich, dass die Qualifikation der von dem Wohnungseigentumsverwalter treuhänderisch verwalteten Gelder als Aussonderungsgut bereits im Eröffnungsverfahren von Bedeutung sind; namentlich für die Beurteilung der Eröffnungsvoraussetzung des § 26 Abs. 1 InsO ist dies wichtig. Für den vorläufigen Verwalter ergeben sich daraus in Fällen der Verwaltung solcher Schuldner, die wie Wohnungsverwaltungsgesellschaften typischerweise treuhänderisch fremde Gelder zu Fonds treuhänderisch ansammeln und verwalten, für das Gutachten ebenso wie für seine Obhutspflichten für die durch ihn zu schützende Ist-Masse eine Reihe von Konsequenzen. So ist bei dem zu erstellenden Gutachten die Fremdheit des Treuguts zu berücksichtigen; und bereits der vorläufige Verwalter hat für den Fall, dass er nach § 22 Abs. 2 InsO ernannt worden ist, einer Herausgabe des Treuguts gegebenenfalls zuzustimmen.

Schließlich berechtigt der gegen den Anfechtungsgegner geltend gemachte **Anfechtungsanspruch** 74
den klagenden Insolvenzverwalter in dem über das Vermögen des Anfechtungsgegners eröffneten Insolvenzverfahren dazu, Aussonderung zu verlangen.[170]

Beispielsfall: Die spätere Insolvenzschuldnerin S-AG hatte im kritischen Zeitraum einen Betrag an K 75
gezahlt, den der Insolvenzverwalter A von K im Wege der Anfechtung zurückverlangt. Nun wird auch über das Vermögen des K ein Insolvenzverfahren eröffnet. In diesem Fall handelt es sich bei dem Rückgewähranspruch der Masse A gegen die Masse K nicht um eine Insolvenzforderung gem. § 38 InsO.[171] Zwar handelt es sich um eine an das Bereicherungsrecht angelehnte persönlich Forderung, die auch vorkonkurslich entstanden ist. Es kommt aber, wie bereits der auch bestimmte persönliche Forderungen umfassende Wortlaut des § 47 InsO zeigt, nicht hierauf, sondern auf den haftungsrechtlichen Zuweisungsgehalt des anfechtungsrechtlichen Rückgewähranspruchs an. Geht man so an diesen Fall heran, wird klar, dass die anfechtungsrechtliche Rückgewähr gerade die Wiederherstellung der in anfechtbarer Weise verschobenen Haftungslage zum Gegenstand hat. Dabei kommt es darauf an, dass bei einer Behandlung des Rückgewähranspruchs als einfacher Insolvenzforderung den Gläubigern des K außerhalb oder im über das Vermögen des K eröffneten Insolvenzverfahren der Zugriff auf Werte gestattet würde, die nach § 47 InsO haftungsrechtlich den Gläubigern der S zustehen. Das durch die anfechtbare Rechtshandlung Erlangte ist mithin massefremd und an den Rechtsinhaber im Wege der Aussonderung außerhalb des Insolvenzverfahrens herauszugeben.

Beispielsfall: Die THA (BvS)[172] klagt gegen den Gesamtvollstreckungsverwalter einer GmbH, eine frü- 76
here Treuhandgesellschaft, deren Gesellschaftsanteile die THA an die Gesellschafter der heutigen Insolvenzschuldnerin mit der Maßgabe veräußert hatte, die Immobilien seien nicht Teil des Betriebsvermö-

---

170 BGH, Urt. v. 24. 6. 2003 – IX ZR 228/02 – DZWIR 2004, 29 (Bestimmtheit des Treugutes); *Kreft*, ZInsO 1999, 370, 372; vgl. aber noch BGH, Urt. v. 10. 5. 1978 – VIII ZR 32/77 – BGHZ 71, 296, 302; BGH, Urt. v. 11. 1. 1990 – IX ZR 27/89 – NJW 1990, 990, 992. Zum Meinungsstreit *Haas/Henning*, ZIP 2003, 1123 ff.
171 So aber BGH (Fn. 170).
172 BGH, Urt. v. 24. 6. 2003 – IX ZR 75/01 – ZIP 2003, 1613; vgl. *Armbrüster*, DZWIR 2004, 485 ff.

gens; die heutige Insolvenzschuldnerin sollte als „Treuhänderin" die Immobilien für die THA als „Treugeberin" verwalten. Ihre Veräußerung wurde der heutigen Insolvenzschuldnerin mit der Abrede gestattet, dass der Erlös der THA für eine Bürgschaft haften sollte, die die THA für einen Kredit der heutigen Insolvenzschuldnerin zur Finanzierung des Erwerbs der Gesellschaftsanteile bestellt hatte. Die Insolvenzschuldnerin hat vorkonkurslich den Kredit ordnungsgemäß getilgt. In dem über ihr Vermögen eröffneten Gesamtvollstreckungsverfahren verlangt die THA die Aussonderung des bei der Veräußerung der Immobilien erzielten Erlöses. Vorab ist anzumerken, dass an diesem Fall erstaunt, dass die Vorinstanzen der Klage stattgegeben hatten. Denn Zweifel ruft nicht allein hervor, dass hier allein eine schuldrechtliche Treuhandabrede wegen der Immobilien vorlag, sondern dass die THA sich ihre Rechtsposition in grundbuchlich gehöriger Form zu sichern verabsäumt hat – was bereits für sich die Klagabweisung entscheidungsreif macht. Der IX. Zivilsenat hat dies so ausgedrückt, dass die Funktion des Grundbuchs weiter reicht als die Publizität des Besitzes und einen höheren Rang einnimmt. Der IX. Zivilsenat des BGH hat diesen Fall zum Anlass genommen, genauer die Reichweite des Aussonderungsrechts auch gem. § 47 InsO zu bestimmen. Gegenstand der Aussonderung können nur individuell bestimmbare Sachen und Rechte sein; hier tritt der Ursprung der Aussonderung in der Ausübung dinglicher Rechte zu Tage, die dem Bestimmtheitsgrundsatz zu genügen haben.[173] Das Bestimmtheitserfordernis hat der BGH, wie der IX. Zivilsenat in der vorliegenden Entscheidung ausdrücklich ausführt, nicht aufgegeben, sondern allein in solchen Fällen Ausnahmen zugelassen, in denen von dritter Seite Zahlungen auf eine Forderung erfolgten, die nicht dem Kontoinhaber, sondern dem Treugeber zustand.[174] § 47 InsO betrifft sowohl Rechte an beweglichen Sachen als auch solche an Immobilien[175]. Konkrete schuldnerfremde Geldzeichen können Gegenstand eines Aussonderungsrechts sein, solange sie sich individualisierbar und unterscheidbar in der Masse befinden[176]. Auf die Herausgabe von vertretbaren und verbrauchbaren Sachen kann sich die Aussonderung nur dann richten, wenn diese Sachen sich unterscheidbar in der Masse befinden.[177] Dabei weist der IX. Zivilsenat darauf hin, dass typischerweise die das Aussonderungsrecht begründende Massefremdheit auf der dinglichen Berechtigung, namentlich der Eigentümerstellung des Aussonderungsgläubigers beruht. Während außerhalb der spezifischen insolvenzrechtlichen Haftungsordnung der Eigentumsschutz unbeschränkt gegenüber dem Zugriff anderer Gläubiger unabhängig davon eingreift, ob der Gläubiger auf das Eigentum eines Vermieters, eines Vorbehaltsverkäufers oder eines Sicherungseigentümers zuzugreifen versucht, stellt sich dies, wie die mittlerweile nicht mehr ernsthaft in Zweifel gezogene insolvenzrechtliche Behandlung des Sicherungseigentums als pfandrechtgleichen und daher „nur" zur abgesonderten Befriedigung berechtigenden Rechts zeigt, unter den Bedingungen der Insolvenz des Schuldners anders dar. Dem Begründungsansatz des Aussonderungsrechts als Instrument des Eigentumsschutzes wird daher besonders von *Häsemeyer*[178] entgegengehalten, die Begründung des Aussonderungsrechts aus dem Schutz des Eigentums könne nicht erklären, weshalb das Sicherungseigentum kein Aussonderungsrecht begründe, sondern nur zum Recht auf abgesonderte Befriedigung führe[179]. Die Unterscheidung zwischen Aussonderungs- und Absonderungsrechten sei danach vorzunehmen, ob der Gemeinschuldner nur als Mieter, Pächter oder einem vergleichbaren Rechtsverhältnis über den Nutzungswert der Sache verfügen könne oder ob ihm der „Substanzwert" der Sache durch ihren Eigentümer zur Verfügung gestellt werde. Im ersten Fall soll ein Aussonderungsrecht bestehen, im zweiten Fall nur ein Recht auf abgesonderte Befriedigung[180]. Aber der Wortlaut des § 47 InsO selbst zeigt, dass die Aussonderung nicht hinreichend verstanden werden kann, wenn man versucht, sie auf das Eigentumsschutz-Argument zu gründen: § 47

173 RG v. 1. 10. 1907 – Rep. VII 524/06 – RGZ 67, 166, 167 f.; RG v. 2. 12. 1918 – Rep. VI 296/18 – RGZ 94, 191, 194; RG v. 19. 2. 1920 – Rep. VI 184/19 – RGZ 98, 143, 144 f.; BGH v. 8. 3. 1972 – VIII ZR 40/71 – BGHZ 58, 257, 258; BGH, Urt. v. 20. 12. 2007 – IX ZR 132/06, DZWIR 2008, 213.

174 Der IX. Zivilsenat verweist dabei u.a. auf die Entscheidungen: BGH, Urt. v. 19. 11. 1992 – IX ZR 45/92 – ZIP 1993, 213, 214; BGH v. 8. 2. 1996 – IX ZR 151/95 – WM 1996, 662, 663.

175 *Kuhn/Uhlenbruck*, KO, 11. Aufl. 1994, § 43 Rn. 2.

176 *Häde*, KTS 1991, 365, 370.

177 *Smid*, InsO, 2. Aufl. 2001, § 47 Rn. 7.

178 *Häsemeyer*, Insolvenzrecht, 3. Aufl. 2003, Rn. 11.04 ff.

179 Zur Unterscheidung vgl. *Gottwald*, Insolvenzrechts-Handbuch, 3. Aufl. 2006, § 45 Rn. 6 ff., 12 ff.

180 *Häsemeyer*, Insolvenzrecht, 3. Aufl. 2003, Rn. 11.05; *Smid*, Wirtschaftsrecht 1993, S. 256, 257 f.

Satz 1 InsO[181] spricht davon, dass zur Aussonderung nicht allein dingliche Ansprüche, sondern auch bestimmte persönliche Ansprüche berechtigen: auch obligatorische Verhältnisse berechtigen, so der Anspruch des Treugebers oder Geschäftsherrn auf Übertragung des Treuguts oder des durch die Geschäftsführung Erlangten gegen den Schuldner als Treunehmer oder Geschäftsführer[182]. Das Sachumsetzungs-Argument stimmt mit der Aufgabe des Insolvenzverfahrens[183], Haftungsordnung für den Insolvenzfall zu sein, überein. Es vermag zu erklären, dass die durch den Insolvenzfall geschaffene spezifische haftungsrechtliche Zuweisung von Vermögenswerten – also die Konstitution der Masse – durch die unterschiedliche vorkonkursliche Einflussnahme der Gläubiger auf die wirtschaftliche Lage des Schuldners bedingt ist.[184] Im Allgemeinen gilt daher in dem über das Vermögen des Treunehmers eröffneten Insolvenzverfahren, dass, soweit die Massefremdheit des Treuguts auf die wirtschaftliche Zugehörigkeit zum Vermögen des Treugebers zurückzuführen ist, dies ein Aussonderungsrecht des Treugebers in der Insolvenz des Treunehmers bzw. Treuhänders begründet. Generelle Voraussetzung hierfür ist, dass der Treuhänder Vermögensrechte in einer Weise übertragen erhält, dass er nur nach der Treuhandvereinbarung von ihnen Gebrauch machen kann. Diese allgemeine Art der Darstellung hat der IX. Zivilsenat im vorliegenden Fall konkretisiert. Gehören danach Gegenstände dem Schuldner, hat er aber später in eine Beschränkung seiner Eigentümerrechte eingewilligt, begründet dies kein Aussonderungsrecht. Der IX. Zivilsenat macht zutreffend darauf aufmerksam, dass es auch an jedem Bedürfnis der Anerkennung der Aussonderungskraft einer solchen schuldrechtlichen Abrede fehlt, da der Berechtigte sich durch die Abtretung der Ansprüche aus der Veräußerung der Immobilien hätte schützen können. Der IX. Zivilsenat begründet dies mit dem Gläubigerschutz durch das Insolvenzrecht, der im vorliegenden Fall eine einseitige Bevorzugung der THA ausschließt.

Beispielsfall: Der BGH hat über die Frage der Aussonderung von **irrtümlich noch nach der Kündigung des Treuhandverhältnisses auf ein Treuhandkonto geleisteten Geldbeträgen** zu entscheiden.[185] Dem lag vereinfacht wiedergegeben folgender Sachverhalt zugrunde: Die spätere Insolvenzschuldnerin war mit anderen Bauunternehmern Gesellschafterin einer ARGE, der Vertretung in kaufmännischen Belangen sowie die kaufmännische Geschäftsführung unter Einschluss der Eröffnung eines Bankkontos für die ARGE oblag. Sie eröffnete unter ihrer Firmenbezeichnung und der Objektbezeichnung WG ARGE I. ein Konto in laufender Rechnung bei der Volksbank Satz Auf dieses Konto erfolgten Zahlungen der Klägerin an die ARGE, wobei jeweils diese als Zahlungsempfängerin angegeben war. Leistungen, die der späteren Insolvenzschuldnerin zustehen sollten, wurden auf ein anderes Konto überwiesen. Aufgrund der Insolvenz der Schuldnerin und der daraufhin erfolgten Beendigung der ARGE und des auf ihr gründenden Treuhandverhältnisses erfolgten gleichwohl noch Zahlungen der heutigen Klägerin auf das Treuhandkonto. Die ARGE nahm später die Klägerin erfolgreich auf nochmalige Zahlung des Werklohns in Anspruch und trat der ARGE etwaige Aussonderungsansprüche gegen den Insolvenzverwalter der Schuldnerin ab. Aus diesem ging die Klägerin erfolgreich gegen den Verwalter vor. Hier lag eine uneigennützige Verwaltungstreuhand vor, in deren Rahmen die spätere Insolvenzschuldnerin das Sonderkonto eingerichtet hatte. Der Treugeber ist in der Insolvenz des Treuhänders zur Aussonderung gem. § 47 InsO berechtigt, dem entspricht in der Einzelzwangsvollstreckung die Widerspruchsbefugnis gem. § 771 ZPO. Nach der Judikatur ist hierfür eine Publizität des Treuhandkontos anders als beim Anderkonto nicht zwingend erforderlich.[186] Sofern Forderungen nicht in der Person des Treuhänders sondern unmittelbar in der Person des Treugebers entstanden sind,[187] erstreckt sich das Treuhandverhältnis auch auf die ihnen zugrunde liegenden von Dritter Seite eingegangenen Zahlungen, soweit das Konto offen ausgewiesen bzw. sonst nachweisbar ausschließlich zur Aufnahme von treuhänderisch gebundenen Fremdgeldern bestimmt ist.[188] 77

181 *Smid/Leonhardt*, in: LSZ, InsO, 3. Aufl. 2010, § 47 Rn. 2 ff., 20 ff.
182 *Häsemeyer*, Insolvenzrecht, 3. Aufl. 2003, Rn. 16.03.
183 *Smid*, InsO, 2. Aufl. 2001, § 1 Rn. 33.
184 *Smid*, InsO, 2. Aufl. 2001, § 47 Rn. 1.
185 BGH, Urt. v. 7. 7. 2005 – III ZR 422/04 – ZIP 2005, 1465.
186 BGH, Urt. v. 1. 7. 1993 – IX ZR 251/92 – ZIP 1993, 1185.
187 BGH, Urt. v. 24. 6. 2003 – IX ZR 75/01 – BGHZ 155, 227, 231.
188 BGH, Urt. v. 24. 6. 2003 – IX ZR 120/02 – ZIP 2003, 1404.

78 „Musterbeispiel" eines Aussonderungsrechts ist allerdings das „Eigentum".[189] Der Eigentümer einer Sache kann deren Herausgabe gem. § 985 BGB verlangen. Der Aussonderungsanspruch muss nicht von dem Inhaber des Rechts gegenüber dem Insolvenzverwalter geltend gemacht werden. Es genügt, dass demjenigen, der Aussonderung verlangt, ein persönlicher Anspruch zusteht, etwa in folgender Konstellation: Der Eigentümer hat einem Dritten ein Fahrrad geliehen und dieser hat es dem Insolvenzschuldner weiter verliehen, dann hat sowohl der Entleiher des Fahrrads als auch der Eigentümer desselben einen Aussonderungsanspruch gegenüber dem Insolvenzverwalter.

79 Anders verhält es sich bei bloßen Verschaffungsansprüchen. Hat z.B. der Käufer eines Anzugs den Kaufpreis angezahlt, und geht der Verkäufer vor Lieferung in Konkurs, so hat der Käufer nur eine Insolvenzforderung,[190] die ggf. nach § 45 InsO auf einen Euro-Betrag umzustellen ist.

80 Gegenstand der Aussonderung können nur **individuell bestimmbare Sachen und Rechte** sein; hier liegt der Ursprung der Aussonderung in der Ausübung dinglicher Rechte zu Tage, die dem Bestimmtheitsgrundsatz zu genügen haben.[191] § 47 InsO betrifft sowohl Rechte an beweglichen Sachen als auch solche an Immobilien.[192] Konkrete schuldnerfremde Geldzeichen können Gegenstand eines Aussonderungsrechts sein, solange sie sich individualisierbar und unterscheidbar in der Masse befinden.[193] Auf die Herausgabe von vertretbaren und verbrauchbaren Sachen kann sich die Aussonderung nur dann richten, wenn diese Sachen sich unterscheidbar in der Masse befinden. Aussonderungsfähig ist auch der Anspruch auf Zahlung von Geld,[194] nicht aber eine Summe Geldes an sich.[195] Die Lehre von der sog. Wertvindikation[196] sagt, das Aussonderungsrecht erstrecke sich auf den Wert gewechselten oder eingezahlten Geldes, wenn der *Wert* noch unterscheidbar in der Masse vorhanden wäre. Das ist abzulehnen.[197] Denn diese Lehre bevorzugt den Inhaber des Vindikationsanspruchs gegenüber anderen Konkursgläubigern in einer der Funktion des Insolvenzrechts widerstreitenden Weise.[198] Im Übrigen greift aber ein Aussonderungsanspruch auch für Rechte, wenn sie noch individualisierbar in der Masse ausgemacht werden können. Der Anspruch auf Rückerstattung einer schuldnerfremden Sache, der dem Schuldner gegen einen Dritten zusteht, unterliegt der Aussonderung.[199] Dies kann der Fall sein, wenn der Dritte

---

189 Vgl. *Gerhardt,* Grundbegriffe des Zwangsvollstreckungs- und Insolvenzrechts, 1. Aufl. 1985, Rn. 309; *Niesert* (Fn. 144), S. 87; *Brinkmann,* in: Uhlenbruck, InsO, 13. Aufl. 2010, § 47 Rn. 9; *Ganter,* in: MünchKomm, InsO, 1. Aufl. 2001, § 47 Rn. 37 ff.; *Bäuerle,* in: Braun, InsO, 2. Aufl. 2004, § 47 Rn. 18 ff.; zu Herausgabeansprüchen *Berger,* in: FS Kreft, 2004, 191 ff.

190 *Eickmann,* in: H-K, InsO, 4. Aufl. 2006, § 47 Rn. 3, *Prütting,* in: Kübler/Prütting, Kommentar zur Insolvenzordnung, § 47 Rn. 49; *Andres,* in: Nerlich/Römermann, InsO, § 47 Rn. 50; *Uhlenbruck,* InsO, 12. Aufl. 2003, § 47 Rn. 72; *Ganter,* in: MünchKomm, InsO, 1. Aufl. 2001, § 47 Rn. 347; *Bäuerle,* in: Braun, InsO, InsO, 2. Aufl. 2004, § 47 Rn. 57.

191 BGH, Urt. v. 8. 3. 1972 – VIII ZR 40/71 – BGHZ 58, 257, 258; BGH, Urt. v. 3. 6. 1996 – II ZR 166/95 – ZIP 1996, 1218 (Raumsicherungsvertrag); *Gottwald,* Insolvenzrechts-Handbuch, 3. Aufl. 2006, § 43 Rn. 41; *Prütting,* in: Kübler/Prütting, Kommentar zur Insolvenzordnung § 47 Rn. 9; *Uhlenbruck* InsO § 47 Rn. 5; *Ganter,* in: MünchKomm, InsO, 1. Aufl. 2001, § 47 Rn. 32.

192 *Andres,* in: Nerlich/Römermann, InsO, § 47 Rn. 14; *Ganter,* in: MünchKomm, InsO, 1. Aufl. 2001, § 47 Rn. 17, 20; *Bäuerle,* in: Braun, InsO, 2. Aufl. 2004, § 47 Rn. 8, 9.

193 *Häde,* KTS 1991, 365, 370; *Uhlenbruck,* InsO, 12. Aufl. 2003, § 47 Rn. 6; *Ganter,* in: MünchKomm, InsO, 1. Aufl. 2001, § 47 Rn. 19; *Bäuerle,* in: Braun, InsO, 2. Aufl. 2004, § 47 Rn. 11.

194 BGH, Urt. v. 15. 11. 1988 – IX ZR 11/88 – ZIP 1989, 118, 119.

195 BGH, Urt. v. 8. 3. 1972 – VIII ZR 40/71 – BGHZ 58, 257 – NJW 1972, 872.

196 *Westermann-Pinger,* Sachenrecht, 11. Aufl. 2005, § 30 V 3, 193 ff.

197 Vgl. aber die z. T. abw. Ansicht *Gundlachs,* in: Smid, InsO, 2. Aufl. 2001, § 48, Rn. 60; ablehnend *Gottwald,* Insolvenzrechts-Handbuch, 3. Aufl. 2006, § 41 Rn. 3.

198 *Medicus,* in: MünchKomm, BGB, 2. Aufl. 1986, § 985 Rn. 17; *Gursky,* in: Staudinger, 11. Aufl. 2006, § 985 Rn. 65; *Prütting,* in: Kübler/Prütting, Kommentar zur Insolvenzordnung, § 47 Rn. 10; *Andres,* in: Nerlich/Römermann, InsO, § 47 Rn. 6.

199 BGH, Urt. v. 9. 10. 1958 – II ZR 229/57 – WM 1958, 1417, 1419.

unmittelbarer Besitzer und der Schuldner mittelbarer Besitzer der Sache ist.[200] Auch jeder andere Anspruch des Schuldners gegen einen Dritten unterfällt der Aussonderung durch den Berechtigten, wenn der Anspruch dem Schuldner nicht zusteht, beispielsweise ein abgetretener Zahlungsanspruch.[201]

b) Ersatzaussonderung. Im Falle einer unberechtigten Veräußerung schuldnerfremden Gutes durch den Schuldner oder durch den Insolvenzverwalter räumt § 48 InsO dem Aussonderungsberechtigten einen Anspruch auf Abtretung des Rechts auf die Gegenleistung ein. Voraussetzung dafür ist, dass sie sich noch unterscheidbar in der Ist-Masse befindet. Diese Regelung wird z.T. mit Billigkeitserwägungen begründet, z.T. aus Gesichtspunkten einer Surrogation bzw. der „Wertverfolgung“[202] solcher Rechte, die der Inhaber dem Schuldner nicht anvertraut habe.[203] Dagegen spricht im Falle vorkonkurslicher Verfügungen des Schuldners,[204] dass damit eine **nicht zu rechtfertigende Ungleichbehandlung** der Gläubiger statuiert wird. Dagegen erscheint im Falle der Ersatzaussonderung wegen unrechtmäßiger Veräußerung von Aussonderungsgut **durch den Insolvenzverwalter** der Surrogationsgedankens im Hinblick auf die dem Aussonderungsberechtigten gegen die Masse zustehenden Schadenersatzansprüchen gerechtfertigt.[205] 81

c) Eigentumsvorbehalt. Nach der Vorstellung des der hL folgenden Gesetzgebers[206] gilt Folgendes: Zu den Aussonderungsberechtigten gehören auch Lieferanten, die Ware unter Eigentumsvorbehalt geliefert haben. 82

Auch der *erweiterte Eigentumsvorbehalt* berechtigt nach (überholter) Lehre den Gläubiger zur Aussonderung. Dies gilt allerdings nur, solange er „die im Zusammenhang mit der Vereinbarung stehende“ ursprüngliche Kaufpreisforderung sichert,[207] denn bis zu diesem Zeitpunkt entspricht er dem einfachen Eigentumsvorbehalt. Infolgedessen ist auch hier das Wahlrecht des Insolvenzverwalters zu beachten. Nachdem der Schuldner die eigentlichen Kaufpreisforderung erfüllt hat, ist der Veräußerer wie ein Pfandrechtsgläubiger nur noch absonderungsberechtigt. Das gilt auch dann, wenn er die Weiterveräußerung gestattet hat. Freilich verliert er das vorbehaltene Lieferanteneigentum mit der Weiterveräußerung, doch wird in der Regel der so genannte verlängerte Eigentumsvorbehalt vereinbart. Aufgrund des verlängerten Eigentumsvorbehalts wird der Anspruch des Käufers aus dem Weiterverkauf an den Dritten von vornherein an den Lieferanten zur Sicherheit abgetreten. Dem Lieferanten steht dann zwar kein Eigentumsvorbehaltsrecht mehr zu, wohl aber ein Recht auf *abgesonderte* Befriedigung. Der Verkäufer unter Eigentumsvorbehalt verliert das Eigentum auch, wenn der Insolvenzverwalter den Restkaufpreis zahlt (vgl. § 103 Abs. 1 InsO). Hingegen behält er das Aussonderungsrecht, wenn der Insolvenzverwalter die Erfüllung des Kaufvertrages nach § 103 InsO ablehnt oder er selbst nach § 455 BGB vom Vertrag zurückgetreten ist. 83

---

200 Zum Herausgabeanspruch gegen den mittelbaren Besitzer *Medicus,* in: MünchKomm, BGB, 2. Aufl. 1986, § 985 Rn. 10, 11; *Prütting,* in: Kübler/Prütting, Kommentar zur Insolvenzordnung § 47 Rn. 16; *Andres,* in: Nerlich/Römermann, InsO, § 47 Rn. 4.

201 *Prütting,* in: Kübler/Prütting, Kommentar zur Insolvenzordnung, § 47 Rn. 54; *Andres,* in: Nerlich/Römermann, InsO, § 47 Rn. 30; *Smid,* InsO, 2. Aufl. 2001, § 47 Rn. 7, 8; *Ganter,* in: MünchKomm, InsO, 1. Aufl. 2001, § 47 Rn. 205; *Bäuerle,* in: Braun, InsO, 2. Aufl. 2004, § 47 Rn. 51.

202 *W. Gerhardt,* Gläubigeranfechtung, 5. Aufl. 1990, S. 267 f.; *Brinkmann,* in: Uhlenbruck, InsO, 13. Aufl. 2010, § 48 Rn. 1; *Ganter,* in: MünchKomm, InsO, 1. Aufl. 2001, § 48 Rn. 3 f; *Bäuerle,* in: Braun, InsO, 2. Aufl. 2004, § 48 Rn. 1.

203 Zum Ganzen *Häsemeyer,* Insolvenzrecht, 3. Aufl. 2003, Rn. 11.19.

204 *Häsemeyer* (Fn. 203); *Dieckmann,* in: FS Henckel, 1995, S. 95 ff., 101 ff.

205 *Ganter/Bitter,* ZIP 2005, 93 ff.

206 RegEInsO, Amtl. Begr. A. 4. c) cc), BT-Drs., S. 87.

207 *Gottwald/Adolphsen,* in: Kölner Schrift zur Insolvenzordnung, 2. Aufl. 2000, S. 1043, 1047 (Rn. 15); *Andres,* in: Nerlich/Römermann, InsO, § 49 Rn. 29.

84 Kommt die Eigentumsvorbehaltsware aus dem Ausland, so ist das ausländische Recht heranzuziehen. Dieses kennt vielfach einen Eigentumsvorbehalt überhaupt nicht oder jedenfalls dann nicht, wenn der Käufer das Recht zur Weiterveräußerung hat. Vielfach bestehen auch Formvorschriften. Ob das ausländische Recht bei Abschluss des Lieferungsvertrages eingehalten ist, muss also geprüft werden. Jedoch wird die Auffassung vertreten, dass, sobald die Ware beim deutschen Besteller eingetroffen ist, deutsches Recht Gültigkeit erlangen soll.[208] Das lässt sich jedenfalls im Geltungsbereich der EuInsVO nicht mehr halten: Die Art. 5 und 7 EuInsVO ordnen für dingliche Rechte und Kreditsicherheiten die Geltung der lex rei sitae an.[209]

85 **d) Durchsetzung des Aussonderungsrechts.** Die Geltendmachung des vom Verwalter nicht anerkannten Aussonderungsrechts erfolgt nach allgemeinen Verfahrensregeln im Zivilprozess (vgl. § 47 Satz 2 InsO). Dementsprechend sind verschiedene Klageanträge des Aussonderungsberechtigten denkbar, z.B. die Klage auf Herausgabe (§§ 985, 1007 BGB), die Feststellungsklage (§ 256 ZPO) oder die Drittwiderspruchsklage nach § 771 ZPO gegenüber einer Zwangsvollstreckung durch den Insolvenzverwalter.[210] Gegner ist der Insolvenzverwalter, da dieser gem. § 80 InsO zunächst auch die fremden Vermögensstücke, die sich im Besitz des Schuldners befinden, zu verwalten hat.[211] Im Falle der Anordnung der Eigenverwaltung gem. § 270 InsO ist die Klage jedoch gegen den Schuldner zu richten.

2. Massegläubiger

86 **a) Grundsatz der Vorabbefriedigung.** Vor den Insolvenzforderungen der §§ 38, 39 InsO sind Massekosten und Masseschulden bei Abwicklung des Insolvenzverfahrens aus der Masse zu befriedigen, § 53 InsO[212]. Auch für die Gläubiger von Masseverbindlichkeiten greift daher das Leistungsklageverbot des § 87 InsO *nicht* ein.

87 Die Gläubiger von Masseverbindlichkeiten sind zudem in der Lage, im Rahmen des § 90 InsO ihre – titulierten – Forderungen auch im Wege der Individualzwangsvollstreckung in die Masse durchzusetzen. Dabei ist zwischen den vom Insolvenzverwalter aufgrund eigener Entscheidungen begründeten und **oktroyierten Masseverbindlichkeiten** zu unterscheiden[213]:

88 Soweit es sich um sog. oktroyierte Masseverbindlichkeiten handelt, genießt der Verwalter einen besonderen Vollstreckungsaufschub. Diese Fallgruppe wird in § 90 Abs. 1 InsO geregelt. Denn in diesen Fällen soll der Insolvenzverwalter insbesondere in der Anfangsphase des Verfahrens davor geschützt werden, dass die Masse durch Vollstreckungsmaßnahmen solcher Massegläubiger auseinander gerissen wird, deren Forderungen ohne Zutun des Verwalters entstanden sind. Zum anderen muss bei dro-

---

208 *Heldrich,* in: Palandt, 65. Aufl. 2006, § 43 EGBGB Rn. 8; BGH, Urt. v. 2. 2. 1966 – VIII ZR 153/64 – BGHZ 45, 95.

209 *Smid,* Deutsches und Europäisches Internationales Insolvenzrecht, 2004, Art. 5 EuInsO Rn. 2; Art. 7 EuInsO Rn. 1, 2.

210 *Gottwald,* Insolvenzrechts-Handbuch, 3. Aufl. 2006, § 40 Rn. 69; *Prütting,* in: Kübler/Prütting, Kommentar zur Insolvenzordnung, § 47 Rn. 81 ff; *Andres,* in: Nerlich/Römermann, InsO, § 47 Rn. 60; *Ganter,* in: MünchKomm, InsO, 1. Aufl. 2001, § 47 Rn. 479.

211 Zum Gerichtsstand: § 19a ZPO gilt, *Prütting,* in: Kübler/Prütting, Kommentar zur Insolvenzordnung, § 47 Rn. 92.

212 *Holzer,* in: Beck/Depré, Praxis der Insolvenz, § 1 Rn. 162.

213 Die im überkommenen Recht mit breitem Raum versehenen sog. unechten Masseverbindlichkeiten hat der Reformgesetzgeber im Zuge der Verbesserung der Gläubigergleichbehandlung gestrichen; *Uhlenbruck,* InsO, 12. Aufl. 2003, § 90 Rn. 2; *Ganter,* in: MünchKomm, InsO, 1. Aufl. 2001, § 47 Rn. 347; *Kroth,* in: Braun, InsO, 2. Aufl. 2004, § 90 Rn. 3.

hender oder bereits eingetretener Masseunzulänglichkeit verhindert werden können, dass einzelne der betroffenen Massegläubiger durch Einzelzwangsvollstreckungsmaßnahmen die Verteilung der Masse nach der durch § 209 InsO vorgeschriebenen Rangordnung gefährden. Für die erste Fallgruppe bestimmt § 90 Abs. 1 eine sechsmonatige Sperrfrist ab Verfahrenseröffnung. § 90 Abs. 2 InsO schränkt dies dahingehend ein, dass vom Verwalter selbst begründete Masseschulden (**„gewillkürte Masseverbindlichkeiten"**) nicht von dem Vollstreckungsschutz erfasst werden, weil die Parteien, die mit dem Verwalter neue Verträge abschließen, darauf vertrauen können müssen, dass die Erfüllung dieser Verträge vorbehaltlos erfolgt. § 90 Abs. 2 InsO normiert den Bereich der „gewillkürten" Masseverbindlichkeiten für den Fall eines gegenseitigem Vertrags, bei dem der Verwalter die Erfüllung wählt (Nr. 1), da der Verwalter die Erfüllung ablehnen kann, bedarf es keines Vollstreckungsschutzes. § 90 Abs. 2 Nr. 2 InsO bezieht die vom Verwalter zum frühest möglichen Termin nicht gekündigten Dauerschuldverhältnisse nach Ablauf diese Kündigungstermins mit ein, während Nr. 3 die vom Verwalter tatsächlich in Anspruch genommenen Dauerschuldverhältnisse betrifft. Problematisch ist die Zuordnung der durch den vorläufigen Verwalter nach § 55 Abs. 2 InsO ausgelösten Masseverbindlichkeiten.[214] Vom Gesetzeswortlaut her zählen sie zu den oktroyierten Masseverbindlichkeiten des § 90 Abs. 1 InsO.[215] Die wohl überwiegende Ansicht sieht aber den in § 90 Abs. 2 Nr. 1–3 InsO geltenden Vertrauensschutz auch für die durch den vorläufigen Verwalter begründeten oder in Anspruch genommenen Verbindlichkeiten als vorrangig an.[216] § 90 InsO enthält keine dem § 89 InsO vergleichbare Regelung zur Geltendmachnung der Vollstreckungssperre. Die Rechtswidrigkeit der Zwangsvollstreckung nach § 90 Abs. 1 InsO müsste daher durch den Verwalter durch Erinnerung nach § 766 ZPO bzw. sofortige Beschwerde nach § 793 ZPO, § 1 RpflG im Zwangsvollstreckungsverfahren geltend gemacht werden.[217]

b) Massekosten. Bei den Massekosten handelt es sich gem. § 54 InsO zum einen um die anfallenden Gerichtsgebühren, zum anderen um die Vergütung sowie die Erstattung der Auslagen des Verwalters, des vorläufigen Verwalters und der Mitglieder des Gläubigerausschusses. Der Gesetzgeber der InsO wollte damit eine „Legaldefinition" mit Blick auf § 26 Abs. 1 InsO schaffen. Das ist, wie im Folgenden näher zu behandeln sein wird, nur eingeschränkt gelungen. 89

c) Masseschulden. Masseschulden sind die aufgrund von Rechtshandlungen des Insolvenzverwalters entstehenden Verbindlichkeiten (§ 55 Abs. 1 Nr. 1 InsO), zu denen nach dem § 55 Abs. 2 InsO nach Verfahrenseröffnung auch die aus von einem vorläufigen Verwalter vorgenommenen Rechtsgeschäften herrührenden Verbindlichkeiten zählen, soweit auf den vorläufigen Verwalter die Verfügungsmacht übergegangen ist, § 22 Abs. 1 InsO. Als oktroyierte Masseverbindlichkeiten bezeichnet man die Ansprüche aus zweiseitigen Verträgen, die der Entscheidungsbefugnis des Insolvenzverwalters entzogen sind[218] – etwa weil er Arbeitnehmer noch nach Eröffnung des Insolvenzverfahrens fortbeschäftigen muss oder weiterhin aus Mietverträgen verpflichtet ist, da die jeweiligen Kündigungsfristen noch nicht erreicht sind (vgl. hierzu § 11 90

---

214 *Brinkmann,* in: Uhlenbruck, InsO, 13. Aufl. 2010, § 90 Rn. 16.

215 *Wittkowski,* in: Nerlich/Römermann, InsO, § 90 Rn. 3b; *Breuer,* in: MünchKomm, InsO, § 90 Rn. 11; *Kroth,* in: Braun, InsO, 2. Aufl. 2004, § 90 Rn. 8.

216 *Eickmann,* in: H-K, InsO, 4. Aufl. 2006, § 90 Rn. 3; *Lüke,* in: Kübler/Prütting, Kommentar zur Insolvenzordnung, § 90 Rn. 10.

217 Kritisch zur Zuständigkeit des Vollstreckungsgerichts *Lüke,* in: Kübler/Prütting, Kommentar zur Insolvenzordnung, § 90 Rn. 20; für eine entsprechende Anwendung von § 89 Abs. 3 InsO *Eickmann,* in: H-K, InsO, 4. Aufl. 2006, § 90 Rn. 13; BGH, Beschl. v. 27. 9. 2007 – IX ZB 16/06, DZWIR 2008, 79.

218 *Häsemeyer,* in: *Leipold* (Hrsg.), Insolvenzrecht im Umbruch, 1991, S. 103; *Brinkmann,* in: *Uhlenbruck,* InsO, 13. Aufl. 2010, § 90 Rn. 2; *Breuer,* in: MünchKomm, InsO, 1. Aufl. 2001, § 90 Rn. 8; *Kroth,* in: Braun, InsO, 2. Aufl. 2004, § 90 Rn. 3.

Rn. 6ff. und § 12 Rn. 6, 12). Ansprüche aus Dauerschuldverhältnissen bestehen auch nach neuem Recht (§ 108 Abs. 1 InsO) „mit Wirkung für die Insolvenzmasse" fort. Nun werden auch Forderungen aus Sozialplanvereinbarungen, die vom Verwalter nach Verfahrenseröffnung geschlossen worden sind, gem. § 123 Abs. 2 Satz 1 InsO nicht mehr Konkursforderungen, sondern Masseverbindlichkeiten. Ferner sind Masseverbindlichkeiten Ansprüche aus Bereicherung, die der Masse ohne Rechtsgrund zugeflossen ist (§ 55 Abs. 1 Nr. 3 InsO).

91 **Beispiel**[219]: Der Vermieter eines Grundstücks verlangt nach Kündigung des Mietvertrages vom Insolvenzverwalter der Mieterin, über deren Vermögen das Insolvenzverfahren eröffnet worden ist, Herausgabe und Räumung. Soweit der Vermieter nach § 985 BGB Herausgabe verlangen kann, begründet dieser Anspruch ein Aussonderungsrecht, das vorab aus der Masse zu befriedigen ist. Dagegen schuldet der Insolvenzverwalter nicht die Räumung gem. § 556 Abs. 1 BGB als Masseschuld; denn die schuldrechtliche Verpflichtung zur Räumung ist vorkonkurslich begründet (zu umweltrechtlichen Pflichten vgl. unten § 10).

92 **d) Rangordnung der Massegläubiger im masseunzulänglichen Verfahren.** Reicht die Insolvenzmasse zwar aus, die Verfahrenskosten nach § 54 InsO zu decken, nicht aber dazu, „die fälligen sonstigen Masseverbindlichkeiten zu erfüllen" (§ 208 Abs. 1 Satz 1 InsO, unten § 36), treten die Massegläubiger in die Rangordnung des § 209 InsO zueinander (unten § 36).

93 Mit der EuInsVO wird die Rechtsverfolgung durch die Gläubiger im Ausland ausgeschlossen, soweit nach Art. 17 Abs. 1 EuInsVO die europäisch-universelle Wirkung des Konkursbeschlages des Hauptinsolvenzverfahrens reicht. Die Universalität des Hauptinsolvenzverfahrens wird dabei durch die Pflicht der Gläubiger verwirklicht, dasjenige an den Verwalter des Hauptinsolvenzverfahrens herauszugeben, was sie in einem anderen Land außerhalb eines dort eröffneten Partikularinsolvenzverfahrens im Wege der Zwangsvollstreckung oder auf andere Weise aus der Masse erlangt haben. Daher sind die Gläubiger darauf angewiesen, im Insolvenzverfahren ihre Forderungen anzumelden, um am Teilungserlös (in Österreich: Verteilungserlös) partizipieren zu können. Im inländischen Verfahren räumt die EuInsVO den EU-Ausländern ein Recht auf Teilnahme am Verfahren und der Berücksichtigung in der Verteilung ein.[220] In einigen nationalen Insolvenzrechten ist dies allerdings zweifelhaft, soweit es sich um Anmeldungen seitens des Fiskus oder von Sozialversicherungsträgern handelt.[221] Daher erwähnt Art. 39 EuInsVO das Recht dieser Gläubiger zur Forderungsanmeldung besonders.[222] Das europäische Diskriminierungsverbot wird danach auch auf die Steuerbehörden[223] und Sozialversicherungsträger der Mitgliedstaaten erstreckt.[224]

---

219 BGH, Urt. v. 5. 7. 2001 – IX ZR 327/99 – ZIP 2001, 1469.
220 *Wimmer*, in: Frankfurter Kommentar, 4. Aufl. 2006, Anhang I Rn. 175.
221 *Spellenberg*, in: Stoll, Vorschläge und Gutachten, 1997, S. 183, 199: Grundsätzlich leiht kein Staat dem anderen Staat die Hand zur Eintreibung von Steuerforderungen.
222 *Wimmer*, in: Frankfurter Kommentar, 4. Aufl. 2006, Anhang I Rn. 175.
223 Zur Stellung öffentlichrechtlicher Forderungen, insb. von Steuerforderungen, vgl. *Habscheid*, KTS 1996, 201; *Gottwald*, Grenzüberschreitende Insolvenzen, 1. Aufl. 1997, S. 27; *Elliott*, Tolley's Insolvency Law and Practice vol 16 (2000) pp 224, 233.
224 Vgl. *Potthast*, Probleme eines europäischen Konkursübereinkommens, 1995, S. 166ff. Das ist unabhängig davon, ob und wieweit diesem Gläubiger öffentlichrechtlicher Forderungen durch das jeweilige nationale Insolvenzrecht Vorrechte eingeräumt werden, vgl. *Potthast*, a. a. O., S. 172ff.

§ 3 Die Eröffnungsgründe

I. Zahlungsunfähigkeit

1 Es hat sich gezeigt, welche Aufgaben das Insolvenzrecht und das Insolvenzverfahren, zu erfüllen haben. Und es ist deutlich geworden, wer die Beteiligten im weitesten Sinne des Insolvenzverfahrens sind. Bei deren Betrachtung haben sich bereits eine Reihe von materiellrechtlichen Wirkungen abgezeichnet, die an die Eröffnung eines Insolvenzverfahrens über das Vermögen einer Person geknüpft sind. Hierzu gehören Fragen wie die, ob und inwieweit ein beiderseits noch nicht erfüllter gegenseitiger Vertrag zu erfüllen ist, §§ 103ff. InsO, oder ob ein Gläubiger mit seiner Insolvenzforderung gegen eine Forderung, die dem Schuldner gegen ihn zusteht, die Aufrechnung gem. § 387 BGB erklären kann, §§ 94ff. InsO. Materiell zeitigt aber bereits vor der Eröffnung des Insolvenzverfahrens über das Vermögen einer Person deren sogenannte „materielle Insolvenz" Rechtsfolgen – Rechtshandlungen, die der Schuldner, aber auch solche, die seine Gläubiger vornehmen, können wie z.B. Zwangsvollstreckungsmaßnahmen im Monat vor der Antragstellung unwirksam (§ 88 InsO), andere können anfechtbar sein, §§ 129ff. InsO. Das zeigt, dass die Gründe, die zur Eröffnung eines Insolvenzverfahrens führen, sowohl verfahrensrechtlich als auch materiellrechtlich bedeutsam sind. Bevor die Behandlung der materiellrechtlichen Folgen „der Insolvenz" bzw. der Eröffnung des Insolvenzverfahrens behandelt werden, sind daher zunächst die Vermögenszustände des Schuldners zu beschreiben, die den Grund der Eröffnung eines Insolvenzverfahrens bilden.

2 Das Insolvenzverfahren dient der Haftungsverwirklichung, nicht aber – anders als der Prozess – der Feststellung streitigen Rechts. Diese wird, wie wir bereits oben (§ 1 Rn. 57ff.) gesehen haben, außerhalb des Insolvenzverfahrens betrieben. Mit ihm soll unter der Aufsicht eines staatlichen Gerichts den Gläubigern, aber, wie § 1 Satz 2 InsO zeigt, auch dem Schuldner angesichts seiner Insolvenz Hilfe geleistet werden. § 1 Satz 1, 2. HS InsO macht darüber hinaus deutlich, dass der Schuldner das Insolvenzverfahren auch dann soll in Anspruch nehmen können, wenn er seine Sanierung betreiben will. Während die Gläubiger regelmäßig an der geordneten Liquidation und Verteilung des Schuldnervermögens interessiert sein werden kann es Ziel des Schuldners sein, frühzeitig durch das Insolvenzverfahren Instrumente zur Einbindung seiner Gläubiger in ein Sanierungskonzept zu erhalten. Diesen unterschiedlichen Interessenlagen entsprechen die verschiedenen **Eröffnungsgründe,** die noch im Zeitpunkt des Erlasses des Eröffnungsbeschlusses[1] vorliegen müssen, damit ein Insolvenzverfahren eingeleitet und eröffnet werden kann. Zu den Eröffnungsgründen bei Nachlassinsolvenz § 45 Rn. 20 und Gesamtgut § 45 Rn. 30.

3 Für einen so einschneidenden Eingriff in die Rechte des Schuldners, wie ihn die Eröffnung eines Insolvenzverfahrens darstellt, bedarf es daher juristisch definierter Tatbestände, die im Sinn der Eröffnungsvoraussetzungen Zahlungsunfähigkeit und Überschuldung umfassen. Die Insolvenzgründe stellen die

---

1 BGH, Beschl. v. 27.7.2006 – IX ZB 204/04 – ZIP 2006, 1957 m. Anm. *Bruns*, EWiR § 16 InsO 1/07, 17.

Schranke dar, jenseits derer die Gläubiger befugt sind, zwangsweise die Vermögensliquidation (man spricht auch euphemistisch vom „Marktaustritt“[2]) des Insolvenzschuldners und gegebenenfalls auch seine gesellschaftsrechtliche Liquidation zu betreiben. Der Tatbestand der Überschuldung gibt den Zeitpunkt an, zu dem der Geschäftsführer oder Vorstand einer juristischen Person dazu verpflichtet ist, ein Insolvenzverfahren einzuleiten. Soweit die herkömmlichen Insolvenzgründe der Zahlungsunfähigkeit und der Überschuldung ihren Sinn im Wesentlichen in einem auf Liquidation gerichteten Verfahren entfalten, verhält es sich mit dem durch die Reform jüngst eingeführten Tatbestand der drohenden Zahlungsunfähigkeit anders; dieser bezieht sich auf ein – vor Eintritt der herkömmlicherweise durch Zahlungsunfähigkeit oder Überschuldung gekennzeichneten Insolvenz – vom Insolvenzschuldner einzuleitendes gerichtlichen Zwangssanierungsverfahren gegenüber den Gläubigern.

1. Tatbestand des § 17 InsO

4 **a) Allgemeiner Eröffnungsgrund.** Der Insolvenzgrund der **Zahlungsunfähigkeit** ist einschlägig für die Beurteilung der Insolvenz natürlicher Personen, Personen- und Personenhandelsgesellschaften sowie, gem. § 98 GenG, eingetragener Genossenschaften. Nach § 320 InsO gilt dies auch für die Nachlassinsolvenz – z. B. bei der Unternehmensfortführung.

5 **b) Gesetzliche Definition.** Nach § 17 Abs. 2 Satz 1 InsO wird die Zahlungsunfähigkeit im Unterschied zu § 102 Abs. 1 KO gesetzlich definiert.[3] Der Schuldner ist demnach zahlungsunfähig, wenn er nicht in der Lage ist, die fälligen Zahlungsverbindlichkeiten zu erfüllen. Bereits der Tatbestand der Zahlungsunfähigkeit hat damit durch die Reform des Insolvenzrechts wenn auch keine völlig neue Gestalt, wohl aber einen weiteren Anwendungsspielraum erhalten, da der Gesetzgeber bewusst auf die Merkmale einer dauerhaften und wesentlichen Zahlungsunfähigkeit verzichtet hat, um – auch mit Blick auf den neu eingeführten § 18 InsO – eine vorzeitigere Verfahrensauslösung durch die Gläubiger zu erreichen.[4] Die damit angestrebte Verfahrensbeschleunigung kann im Einzelfall durchaus folgenreich sein, etwa für die Abstimmung mit den durch § 284 Abs. 3 BGB neugeschaffenen Zahlungsfristen oder der bislang gehandhabten Überbrückung durch Insolvenzgeld.[5] In seiner Grundstruktur ist der Insolvenzgrund der Zahlungsunfähigkeit indes unangetastet geblieben. Der Wortlaut des § 17 Abs. 2 Satz 1 InsO ist aber selbst auslegungsbedürftig: Die Zahlungsunfähigkeit beschreibt herkömmlich einen Zustand, in dem der Schuldner nicht mehr genügend „flüssige“ Geldmittel zur Verfügung hat[6] und deshalb seine Zahlungsverpflichtungen nicht rechtzeitig erfüllen kann.[7]

6 „Geldmittel“ sind der Geldbestand in bar sowie neben dem Kassenbestand Bank- und Postgiroguthaben aller Art, sowie Wechsel und Schecks, sowie abrufbare Kredite[8]. Fällige Zahlungsverpflichtungen begründen alle gegen den Schuldner gerichteten Forderungen, sofern es sich beim Schuldner nicht um eine Gesellschaft handelt und die Forderungen aus dem Gesellschaftsverhältnis, mit Ausnahme der ei-

---

2 *Förster*, in: FS Kirchhof, 2003, S. 85 ff.
3 *Harz*, ZInsO 2001, 193 ff.
4 Amtl. Begr. zu § 20 RegEInsO, BT-Drs. 12/2443; *Kind*, in: Braun, InsO, 2. Aufl. 2004, § 17 Rn. 5.
5 Kritisch zum Ziel einer Verfahrensbeschleunigung daher *Himmelsbach/Thonfeld*, NZI 2001, 11, 13 ff.
6 *Temme*, Eröffnungsgründe, 1997, S. 7 f., 10; *Kind*, in: Braun, InsO, 2. Aufl. 2004, § 17 Rn. 2.
7 Im Einzelnen *Uhlenbruck*, in: Uhlenbruck, InsO, 13. Aufl. 2010, § 16 Rn. 4; *Eilenberger*, in: MünchKomm, InsO, 1. Aufl. 2001, § 17 Rn. 8; *Kind*, in: Braun, InsO, 2. Aufl. 2004, § 17 Rn. 2.
8 Vgl. *Temme* (Fn. 6) S. 12; *Uhlenbruck*, InsO, 12. Aufl. 2003, § 17 Rn. 6.

genkapitalersetzenden Darlehen herrühren[9]. Fällig sind die zum Beurteilungszeitpunkt vom Schuldner zu begleichenden Verbindlichkeiten, sofern ihre Fälligkeit nicht durch ausdrückliche Stundung hinausgeschoben ist[10]. Solange der Wert des Schuldnervermögens die Gesamtverbindlichkeiten übersteigt, soll es dem kreditfähigen Schuldner aus der Sicht des Gesetzgebers in der Regel möglich sein, drohende Liquiditätsprobleme durch Aufnahme von Beteiligungs- bzw. Fremdkapital oder durch Liquidierung einzelner Vermögensgegenstände abzuwenden,[11] womit sich auch die für eine Zahlungsstockung anzunehmende Frist verkürzt.

Die Rechtsprechung bezeichnete unter der Geltung der KO Zahlungsunfähigkeit 7
noch dadurch, dass der Schuldner andauernd aufhört, seine wesentlichen und ernsthaft eingeforderten fälligen Geldschulden zu begleichen, weil er wegen eines nicht nur vorübergehenden Mangels an Zahlungsmitteln dazu nicht mehr in der Lage ist[12].

Der Insolvenzgrund der Zahlungsunfähigkeit wird in § 17 InsO dadurch bestimmt, 8
dass er insbesondere dann vorliegt, wenn **Zahlungseinstellung** des Schuldners[13] erfolgt ist; allerdings bedarf es der Zahlungseinstellung nicht: Es genügt, wie der BGH in seinem Urt. v. 22. 11. 1990[14] entschieden hat, dass sich aus dem sonstigen Verhalten des Insolvenzschuldners seine Zahlungsunfähigkeit ergibt. Die bloße (subjektive „böswillige") Verweigerung der Zahlung durch den Schuldner genügt hierfür nicht.[15] Es ist aber auch nicht erforderlich, dass der Schuldner außerstande ist, seine Verbindlichkeiten überhaupt zu begleichen. Der Tatbestand der Zahlungsunfähigkeit ist vielmehr bereits dann erfüllt, wenn der Schuldner den **wesentlichen Teil seiner Verbindlichkeiten nicht erfüllen** kann. Zur **Prüfung**, ob Zahlungsunfähigkeit vorliegt, empfiehlt sich der Rückgriff auf den **IDW PS 800**, der die Kriterien des BGH sorgfältig aufgearbeitet hat.

Beispiel: Der Schuldner ist der Alleininhaber einer kleinen Druckerei. Die Maschinen sind siche- 9
rungsübereignet, Papier und Farben stehen unter Eigentumsvorbehalt. In der Kasse findet sich buchstäblich nichts. Die Telekom AG lässt wegen rückständiger Gebührenzahlungen in Höhe von 4.000 € pfänden. Der Gerichtsvollzieher stellt – wegen § 771 ZPO, aber auch wegen § 811 Nr. 5 ZPO! – eine Fruchtlosigkeitsbescheinigung aus, woraufhin die Telekom AG Antrag auf Eröffnung des Insolvenzverfahrens stellt, den sie auf den Insolvenzgrund der Zahlungsunfähigkeit stützt. – In diesem Fall kann es durchaus sein, dass tatsächlich Zahlungsunfähigkeit vorliegt. Ein vom Insolvenzgericht eingesetzter Sachverständiger wird allerdings in diesem Falle gut daran tun, den Schuldner zur Zahlung zu

---

9 Eigenkapitalersetzende Darlehen sind ohne Rangrücktritt im Überschuldungsstatut zu passivieren, BGH, Urt. v. 8. 1. 2001 – II ZR 88/99 – ZIP 2001, 235, 237; *Roth/Altmeppen*, GmbHG, § 63 Rn. 17. Dies alles ist höchst streitig, vgl. zum Ganzen *Lutter*, ZIP 1999, 641, 643; *Haack*, Der Konkursgrund der Überschuldung bei der Kapital- und Personenhandelsgesellschaften, 1980.

10 *Temme* (Fn. 6), S. 23; *Uhlenbruck*, in: Uhlenbruck, InsO, 13. Aufl. 2010, § 17 Rn. 11; *Eilenberger*, in: MünchKomm, InsO, 1. Aufl. 2001, § 17 Rn. 7ff; zur Fälligkeit vgl. auch: BGH, Beschl. v. 19. 7. 2007 – IX ZB 36/07, DZWIR 2007 mit Anm. Heinze; BGH, Urt. v. 20. 12. 2007 – IX ZR 93/06, DZWIR 2008, 211.

11 Amtl. Begr. zu § 21 RegEInsO, BT-Drs. 12/2443, S. 117; zust. *Mönning*, in: Nerlich/Römermann, InsO, § 17 Rn. 20; kritisch *Uhlenbruck*, KTS 1994, 169, 171.

12 BGH, Urt. v. 10. 1. 1985 – IX ZR 4/84 – NJW 1985, 1785; BGH, Urt. v. 30. 4. 1992 – IX ZR 176/91 – BGHZ 118, 171, 174.

13 *Uhlenbruck*, in: Uhlenbruck, InsO, 13. Aufl. 2010, § 17 Rn. 29; *Eilenberger*, in: MünchKomm, InsO, 1. Aufl. 2001, § 17 Rn. 22; *Kind*, in: Braun, InsO, 2. Aufl. 2004, § 17 Rn. 27; BGH, Urt. v. 8. 12. 2005 – IX ZR 182/01, DZWIR 2006, 198 m Anm. *Flöther/Bräuer*.

14 BGH, Urt. v. 22. 11. 1990 – IX ZR 103/90 – ZIP 1991, 39.

15 *Pape*, in: Kübler/Prütting, Kommentar zur Insolvenzordnung, § 17 Rn. 14, 16 (Vermutung für Zahlungsunfähigkeit ist vom Schuldner zu widerlegen); *Mönning*, in: Nerlich/Römermann, InsO, § 17 Rn. 21.

bewegen, da andernfalls ohne Not eine wirtschaftliche Einheit zerschlagen würde – ohne dass im Übrigen regelmäßig kostendeckende *freie* Masse vorläge!

10 Die Anforderungen an die Feststellung der Zahlungsunfähigkeit sind nicht zu überspannen, wie der folgende Fall zeigt:

11 Im Drei-Monats-Zeitraum vor Antragstellung hatte die Schuldnerin die Sozialversicherungsträgerin um Zahlungsstundung gebeten, da sie zur Zahlung der Sozialversicherungsbeiträge zum Zeitpunkt ihrer Fälligkeit außer Stande war. Zugleich zahlte sie mittels zweier Schecks, mit denen ihr Konto belastet wurde, an die spätere Beklagte, ein Wirtschaftsprüfungsunternehmen, ca. 118.000 DM Honorar aus. Nach Eröffnung des Insolvenzverfahrens über das Vermögen der Schuldnerin nahm der Insolvenzverwalter im Wege der Insolvenzanfechtung die Beklagte auf Rückzahlung des Honorars aus dem Gesichtspunkt kongruenter Deckung in Anspruch. Die Vorinstanzen wiesen diese Klage ab, da der Eintritt der Zahlungsunfähigkeit nicht festgestellt sei.

12 Dem ist der IX. Zivilsenat des BGH[16] entgegengetreten. Da bereits die tatsächliche Nichtzahlung eines erheblichen Teils der fälligen Verbindlichkeiten die Zahlungseinstellung begründet, lag in der Erklärung der Schuldnerin, die Sozialversicherungsbeiträge nicht zahlen zu können, zugleich die Erklärung, jedenfalls dann die Zahlung einzustellen, wenn die angestrebte Stundung nicht erfolgte.

2. Zahlungsstockung und Zahlungsunfähigkeit

13 a) Von der Zahlungsunfähigkeit ist die bloße **Zahlungsstockung** zu unterscheiden[17], letztere ist kein Grund für die Eröffnung eines Insolvenzverfahrens i. S. v. § 17 InsO. Eine Zahlungsstockung liegt vor, wenn der Schuldner innerhalb eines vorübergehenden Zeitraums durch den Eingang von Außenständen (voraussichtlich) zur Begleichung seiner Verbindlichkeiten in den Stand gesetzt wird.[18] Die Frist für eine Zahlungsstockung wird im Anschluss an die Vorgaben des Gesetzgebers nunmehr vielfach auf eine – § 64 Abs. 1 GmbHG entsprechende – zwei- bis dreiwöchige Frist zur Kreditbeschaffung beschränkt.[19] Für die Beurteilung der Frage, ob dieser Zeitraum „vorübergehend" ist, kommt es auf die **Wahrnehmung der jeweiligen Verkehrskreise** an.[20]

14 **b) Grenzen der Zahlungsunfähigkeit.** Der IX. Zivilsenat des BGH[21] hat mit einer Entscheidung aus Mai 2005 nicht allein die Maßstäbe einer Zahlungsstockung näher bestimmt, sondern den im Rahmen der Reform sehr weit gefassten Begriff der Zahlungsunfähigkeit (§ 17 InsO) konkretisiert und mit den Regelungen des § 64 Abs. 2

---

16 BGH, Urt. v. 11. 1. 2007 – IX ZR 31/05 – DZWIR 2007, 248 mit Anm. *Zeuner*, ZIP 2007, 438; BGH, Beschl. v. 1. 2. 2007 – IX ZB 248/05 – DZWIR 2007, 257.

17 *Uhlenbruck*, in: Uhlenbruck, InsO, 13. Aufl. 2010, § 17 Rn. 19; *Eilenberger*, in: MünchKomm, InsO, 1. Aufl. 2001, § 17 Rn. 22; *Beck*, in: Beck/Depré, Praxis der Insolvenz, 1. Aufl. 2003, § 5 Rn. 49 ff.

18 Zu den Anforderungen an die Feststellung der Zahlungsunfähigkeit durch den Tatrichter bei Insolvenzanfechtung: BGH, Urt. v. 12. 10. 2006 – IX ZR 228/03, DZWIR 2007, 116 m. Anm. *Heinze*.

19 AG Köln, Beschl. v. 9. 6. 1999 – 73 IN 16/99 – ZIP 1999, 1889; *Kirchhof*, in: H-K, InsO, 4. Aufl. 2006, § 17 Rn. 18; *Pape*, in: Kübler/Prütting, Kommentar zur Insolvenzordnung, § 17 Rn. 10, 11.

20 Für Pauschalisierung dagegen AG Köln, Beschl. v. 9. 6. 1999 – 73 IN 16/99 – ZIP 1999, 1889; *Himmelsbach/Thonfeld*, NZI 2001, 11; *Uhlenbruck*, in: Uhlenbruck, InsO, 13. Aufl. 2010, § 17 Rn. 19.

21 BGH v. 24. 5. 2005 – IX ZR 123/04 – ZIP 2005, 1426 m. Anm. *Wehdeking*, jprins 6/2006 Anm. 1; *Pöhlmann*, in: Graf-Schlicker, InsO, 2007, § 17 Rn. 10 ff.

GmbHG harmonisiert. Dem lag folgender, hier vereinfacht wieder gegebener Sachverhalt zugrunde:

Der über das Vermögen der K GmbH eingesetzte Insolvenzverwalter klagt auf Schadenersatz nach § 64 Abs. 2 GmbHG a. F. gegen den hälftigen Gesellschafter und alleinigen Geschäftsführer der der GmbH. Die GmbH, vertreten durch den heutigen Beklagten, hatte mit einer Vertragspartnerin sich vergleichsweise geeinigt, dass die andere Seite an sie unter Einbehalt von 400.000 DM zusammen 1,4 Mio. DM zahlen sollte. Auf weitergehende Ansprüche von angeblich 2,6 Mio. DM hatte die GmbH im Rahmen dieses Vergleichs verzichtet. Zum Zeitpunkt des Vergleichsschlusses ermittelte die Buchhaltung der GmbH Verbindlichkeiten in Höhe von ca. 2,6 Mio. DM, denen liquide Mittel und kurzfristig einbringliche Forderungen in Höhe von 1,1 Mio. DM entgegenstanden, bei deren Bemessung die Zahlungen des Vergleichspartners bereits berücksichtigt waren. Nach diesem Zeitpunkt zahlte der Beklagte an verschiedene Gläubiger 1,1 Mio. DM aus. Kurze Zeit später stellte er für die Schuldnerin wegen „drohender Zahlungsunfähigkeit" Insolvenzantrag. 15

Nach § 17 Abs. 2 Satz 1 InsO ist der Schuldner zahlungsunfähig, wenn er nicht in der Lage ist, die fälligen Zahlungspflichten zu erfüllen.[22] Während nach früherem Recht gem. § 102 KO die Zahlungsunfähigkeit des Schuldners voraussetzte, dass die wesentlichen Zahlungsverpflichtungen vom Schuldner nicht erfüllt werden konnten[23] und daher ermittelt werden musste, ob die Zahlung oder die Nichtzahlung Regel oder Ausnahme war, hat der Gesetzgeber der InsO auf die Merkmale der Dauer der Zahlungsunfähigkeit und der Wesentlichkeit der nicht erfüllbaren Zahlungsverpflichtungen verzichtet. Wie der IX. Zivilsenat zeigt, sollte durch den Gesetzeswortlaut der Begriff der Zahlungsstockung nicht aufgegeben werden, der nach altem, aber auch nach neuem Recht, einen Zustand vorübergehender, die Zahlungsunfähigkeit nicht begründender Nichterfüllung der fälligen Verbindlichkeiten beschreibt. Vielmehr sollte bei der Abgrenzung zu einer Zahlungsstockung und der darüber hinausgehenden Zahlungsunfähigkeit vermieden werden, einer untunlichen Einengung der Zahlungsunfähigkeit Vorschub zu leisten. Der IX. Zivilsenat zeigt dann auch, dass nach einer verbreiteten Auffassung davon ausgegangen wird, dass ein Schuldner zahlungsunfähig sei, wenn ihm die Erfüllung der fälligen Zahlungspflichten wegen eines objektiven kurzfristig nicht zu behebenden Mangels an Zahlungsmitteln nicht möglich sei. Dabei wird eine Quote, die eine Zahlungsstockung von der Zahlungsunfähigkeit abgrenzt, von einer Reihe von Autoren für aus dem Gesetz nicht ableitbar gehalten[24], wogegen Quoten von 5%[25], 10%[26] oder 20[27]–25%[28] befürwortet werden. In seiner bisherigen Judikatur[29] hat der BGH diese Frage bislang nicht erörtert. Mit der vorliegenden Entscheidung setzt sich der IX. Zivilsenat zunächst mit dem Zeitraum 16

---

22 *Mönning*, in: Nerlich/Römermann, InsO, § 17 Rn. 12–33; *Smid/Leonhardt*, in: LSZ, InsO, 3. Aufl. 2010, § 17, Rn. 3; *Eilenberger*, in: MünchKomm, InsO, 1. Aufl. 2001, § 17 Rn. 6–31.

23 *Hess*, in: Hess, KO, 6. Aufl. 1998, § 102 Rn. 5.

24 *Niesert*, ZInsO 2001, 738 f.; *Eilenberger*, in: MünchKomm, InsO, 1. Aufl. 2001, § 17 Rn. 15, 22; *Uhlenbruck*, InsO, 12. Aufl. 2003, § 17 Rn. 10; *Pape*, in: Kübler/Prütting, Kommentar zur Insolvenzordnung, § 17 Rn. 13.

25 AG Köln, Beschl. v. 9. 6. 1999 – 73 IN 16/99 – NZI 2000, 89, 91; *Mönning*, in: Nerlich/Römermann, InsO, § 17 Rn. 18.

26 *Kirchhof*, in: H-K, InsO, 4. Aufl. 2006, § 17 Rn. 20.

27 *Förster*, in: Haarmeyer/Wutzke, Handbuch zur Insolvenzordnung, 3. Aufl. 2001, Kap. 1 Rn. 85.

28 LG Augsburg, Beschl. v. 30. 12. 2002 – 7 T 4420/02 – DZWIR 2003, 304; *Harz*, ZInsO 2001, 193, 196.

29 BGH, Urt. v. 20. 11. 2001 – IX ZR 48/01 – ZIP 2002, 87.

auseinander, innerhalb dessen es dem Schuldner möglich sein muss, eine Zahlungsstockung zu beseitigen, damit diese nicht als Zahlungsunfähigkeit anzusehen ist. Dabei hat sich der IX. Zivilsenat von der Erwägung leiten lassen, dass der Gesetzgeber den von Judikatur und Lehre unter Geltung der KO entwickelten Maßstäben[30] eine Verkürzung des maßgeblichen Zeitraums entgegenhalten wollte. Maßgeblich ist daher der Zeitraum, den eine kreditwürdige Person benötigt, um sich die zur Behebung der Liquidität benötigten Mittel zu „leihen". Der IX. Zivilsenat hält hierfür einen Monat für zu lang und auf der anderen Seite den in der Literatur[31] angegebenen Zeitraum von 1–2 Wochen für zu kurz. Mit dem LG Bonn[32] meint der IX. Zivilsenat, innerhalb von 2–3 Wochen sei eine Kreditbeschaffung einem kreditwürdigen Schuldner möglich. Nicht anders als man sich bei der Lektüre der zitierten Literaturstelle fragt, wo die Autoren denn ihre Ansichten ableiten mögen, die sie ihren Zeitraumberechnungen zugrunde legen, muss sich der IX. Zivilsenat dieser Frage aussetzen. Der IX. Zivilsenat ist von einem für die Kreditbeschaffung erforderlichen Zeitraum von 2–3 Wochen deshalb ausgegangen, weil die Rechtsordnung selbst in § 64 Abs. 1 Satz 1 a. F. GmbHG von einem solchen Zeitraum ausgeht. Denn diese Vorschrift zeigt, „dass das Gesetz eine Ungewissheit über die Wiederherstellung der Zahlungsunfähigkeit der Gesellschaft längstens 3 Wochen hinzunehmen bereit ist", wie der BGH wörtlich ausführt.[33] Im Schrifttum ist freilich darüber gestritten worden[34], ob eine solche einschränkende Bestimmung des für eine Zahlungsstockung maßgeblichen Zeitraums mit den Vorgaben des bürgerlichen Rechts vereinbar sei, denn § 286 Abs. 3 BGB bestimmt, dass der Verzug des Schuldners spätestens nach 30 Tagen eintritt. Der IX. Zivilsenat verwirft diese Bedenken zutreffend. § 286 Abs. 3 BGB normiert in der Tat eine *Höchstfrist*[35], die nach der Ablauf die Fälligkeit einer Forderung eintritt, während es dem Gläubiger unbenommen bleibt, durch weitere Maßnahmen einen früheren Fälligkeitseintritt herbeizuführen. In der Tat hat dies mit der Frage, ob der Schuldner zahlungsunfähig ist oder ob nur eine ausräumbare Liquiditätsstockung vorliegt, nichts zu tun. Für die Haftung des Geschäftsführers nach § 64 Abs. 2 GmbHG a. F.[36] kommt es daher darauf an, ob innerhalb der vom BGH nach dem Leitbild des § 64 Abs. 1 Satz 1 GmbHG a. F.[37] bestimmten Frist zur Beseitigung der Zahlungsstockung Zahlungen an weitere Gläubiger vom Geschäftsführer vorgenommen werden dürfen. Dies ist der Fall, wenn keine endgültige Zahlungsunfähigkeit vorgelegen hat. Grundsätzlich muss nach Auffassung des IX. Zivilsenats der Geschäftsführer aber in dem 2–3 Wochen Zeitraum Zahlungen nicht zurückhalten, um sich einer Haftung nach § 64 Abs. 2 Satz 2 GmbHG a. F. zu entziehen. Denn andernfalls läge bereits eine Zahlungseinstellung vor, die Eröffnungsanträge von Gläubigern nach § 14 InsO provozieren würde. Dieses wäre erkennbar jeder Beschaffung von Liquidität durch den Geschäftsführer nachhaltig schädlich und für eine Reorganisation des Un-

---

30 *Hess,* in: Hess, KO, 6. Aufl. 1998, § 102 Rn. 5.
31 *Förster,* in: Haarmeyer/Wutzke, Handbuch zur Insolvenzordnung, 3. Aufl. 2001 Kap. 1, Rn. 86.
32 LG Bonn, Beschl. v. 8. 1. 2001 – 2 T 58/00 – ZIP 2001, 342, 346.
33 Vgl. im Übrigen *Niesert,* ZInsO 2001, 735, 738 f.
34 *Himmelsbach/Thonfeld,* NZI 2001, 11, 13; a. A. *Kind,* in: Braun, InsO, 2. Aufl. 2004, § 17 Rn. 16.
35 *Heinrichs,* in: Palandt, BGB, 65. Aufl. 2006, § 286 Rn. 26.
36 *Altmeppen,* in: Roth/Altmeppen, GmbHG, 5. Aufl. 2005, § 64 Rn. 74–90.
37 *Altmeppen,* in: Roth/Altmeppen, GmbHG, 5. Aufl. 2005, § 64 Rn. 45–47.

ternehmens tödlich. Erst nach Ablauf der 3-Wochenfrist darf daher der Geschäftsführer nicht mehr Zahlungen leisten. Anders ist dies nur zu beurteilen, wenn der Geschäftsführer erkennen kann, dass seine Erwartung (Prognose) Liquidität innerhalb des 3 Wochenzeitraums beschaffen zu können, sich als nicht haltbar erweist. In diesem Zusammenhang lehnt der BGH aber diejenigen Auffassungen ab, die davon ausgehen, der Schuldner (die GmbH), müsse innerhalb der 3-Wochenfrist in den Stand gesetzt werden, Liquidität zur 100%igen Deckung ihrer fälligen Verbindlichkeiten zu beschaffen. In der sehr sorgfältig begründeten Entscheidung setzt sich der IX. Zivilsenat freilich mit den Aspekten auseinander, die für eine solche strenge Auslegung des Tatbestandsmerkmals der Zahlungsunfähigkeit sprechen würden. Damit würde der „Rechtssicherheit" deshalb Rechnung getragen, weil der Geschäftsführer ohne weiteres über seine Antragspflichten und seine Pflichten im Zusammenhang des § 64 Abs. 2 GmbHG hätte. Für die im vorliegenden Urteil vertretene Auffassung spricht nach der Meinung des IX. Zivilsenats nicht allein eine Betrachtung der Motive des Gesetzgebers, der ganz geringfügige Liquiditätslücken für die Annahme einer Zahlungsunfähigkeit nicht ausreichen lassen wollte, und damit nicht allein auf dem Zeitrahmen, sondern auch auf quantitative Gesichtspunkte abgestellt hat. Maßgeblich ist dass die Forderung der Beschaffung 100%iger Deckung der fälligen Verbindlichkeiten sich mit der Wirklichkeit des „Geschäftslebens" nach Ansicht des IX. Zivilsenats nicht decken würde. In der Wirklichkeit wirtschaftlicher Betätigung wechseln sich nach Ansicht des IX. Zivilsenats Phasen mit guter Umsatz- und Ertragslage und Rückschläge ab. Liquiditätskrisen werden häufig dadurch ausgelöst, dass größere Aufträge nicht oder nicht vollständig bezahlt werden. Sind Liquiditätslücken gering, begründet dies die Erwartung, dass es dem Schuldner gelingen werde, sich in absehbarer Zeit Liquidität wieder zu beschaffen. Eine Einleitung des Insolvenzverfahrens über das Vermögen des Schuldners würde diese nicht selten begründeten Erwartungen vereiteln. Dass den Gläubigern hierdurch ein Vorteil gewährt würde, begegnet den Zweifeln des IX. Zivilsenats, der darauf verweist, dass im Schrifttum[38] Zweifel am Rechtsschutzinteresse des Antrag stellenden Gläubigers in diesen Fällen geäußert werden. Es lohnt sich, an dieser Stelle ein wenig zu verweilen. Der IX. Zivilsenat lässt die Kirche im Dorf. Die Intentionen eines modernen Insolvenzrechts sollten aber andere sein. Bevor der Schuldner in die bedrohliche Lage gerät, die der IX. Zivilsenat vollkommen zutreffend als „Realität des gegenwärtigen bundesdeutschen Geschäftslebens" charakterisiert hat, stellt ihm der Gesetzgeber mit dem Instrumentarium des auf drohende Zahlungsunfähigkeit gestützten Eigenantrages vor Eintritt einer Liquiditätskrise die Möglichkeit der Einleitung eines Insolvenzverfahrens zur Verfügung, in dem er als eigenverwaltender Schuldner eine Reorganisation betreibt. Dies entspricht auch den Vorstellungen des Reformgesetzgebers, worüber im Übrigen keinerlei Zweifel besteht, betrachtet man die Judikatur des IX. Zivilsenats zur Frage der Haftung des Sanierungsberaters bei außergerichtlichen Sanierungen.[39] Aufgrund der nachhaltigen Skepsis der Instanzgerichte gegenüber der Eigenverwaltung und dem Fehlen eines Rechtsschutzes des Eigenantrag stellenden Schuldners gegen die Versagung der Eigenverwaltung, sowie angesichts der Schwer-

---

38 *Mönning*, in: Nerlich/Römermann, InsO, § 17 Rn. 18.
39 BGH, Urt. v. 26. 10. 2000 – IX ZR 289/99 – m. Anm. *Smid*, WuB IV A § 675 BGB 3.01.

fälligkeit eines Insolvenzplanverfahrens, bei dem der Planinitiator Gefahr läuft, dass einzelne dissentierende Gläubiger, selbst solche, die am Verfahren nicht teilgenommen haben, sich gegen die Planbestätigung wenden und, ob sie denn im Ergebnis erfolgreich sein mögen oder nicht, allein durch die damit verbundene zeitliche Verzögerung die beschlossene Reorganisation zu vereiteln geeignet sind, bleibt dem Schuldner gar keine andere Wahl, als den schmalen Grat zur Beschaffung von Liquidität zu gehen, der ihm durch den IX. Zivilsenat eröffnet ist. Der Gesetzgeber wäre hier auf den Plan gerufen, der sich jahrelang um die Verteuerung und Komplizierung des Verbraucherinsolvenzverfahrens bemüht hat, statt einfache und effektive Instrumentarien der Reorganisation und Sanierung von Unternehmen bereit zu stellen.

17 Kleine Liquiditätslücken begründen danach keine Zahlungsunfähigkeit. Die Auffassung von *Pape* und anderen[40], wonach ein Schuldner, der schon geringe Forderungen nicht mehr ausgleichen könne, „erst recht" außerstande sei, größere Beträge zu zahlen, ist wie der IX. Zivilsenat zutreffend und schlicht geschrieben hat, unzutreffend.

18 **c) Abgrenzungskriterien aus § 64 GmbHG.** In Übereinstimmung mit der Judikatur der vergangenen Jahre des Senates stellt das vorliegende Urteil endlich klar, dass sich die Bestimmung der für die Abgrenzung von Zahlungsstockung und Zahlungsunfähigkeit maßgeblichen Grenze aus verfassungsrechtlichen Gesichtspunkten begründet. Soweit nämlich die Auftragslage des Schuldners gut ist, mit weiteren anderen Zahlungseingängen gerechnet werden kann oder ein Vergleichsschluss des Schuldners Drittschuldnern Liquiditätszuflüsse erwarten lässt usf., wäre eine Unterdeckung von „wenigen Prozent", die nicht innerhalb vom Gesetz vorgegebenen 3-Wochenfrist des früheren § 64 Abs. 1 Satz 1 GmbHG beseitigt werden kann, deshalb kein tragender Insolvenzgrund, weil der damit verbundene Eingriff in die Rechte des Schuldners unter dem Gesichtspunkt der Verhältnismäßigkeit bedenklich wäre. Die Berufsausübungsfreiheit (Art. 12 GG) und das Eigentumsrecht des Schuldners (Art. 14 BGB vom IX. Zivilsenat zutreffend verstanden als property right), wird daher unter dem allgemeinen rechtsstaatlichen Gesichtspunkt der Verhältnismäßigkeit auch im Kontext des Eröffnungsbeschlusses geschützt. Bislang ist dies im Rahmen der Judikatur des BGH für die vorläufige Anordnung des Insolvenzgerichts im Rahmen der §§ 21 ff. InsO thematisiert worden.[41]

19 Für die Annahme einer Zahlungsunfähigkeit im Kontext des früheren § 64 Abs. 2 GmbHG benötigt die Rechtsanwendung einen „Schwellenwert", wie es in dem vorliegenden Urteil heißt. Zwar ist es Aufgabe des Gesetzgebers, derartige Schwellenwerte (der IX. Zivilsenat spricht auch von „starren Grenzen") zu setzen. Allerdings fühlt sich der IX. Zivilsenat zur Bestimmung dieser Grenzen legitimiert, da der Gesetzgeber der Rechtsanwendung wohl eine gewisse Flexibilität einräumen wollte, wie es im vorliegenden Urteil heißt. Der vom IX. Zivilsenat angenommene Schwellenwert liegt bei 10%, da ein niedriger Wert bei 5% einem „rigorosen Null-Toleranz-Prinzip" zu sehr angenähert wäre. Der IX. Zivilsenat versagt es sich daher zunächst, einen eindeutigen Schwellenwert zu normieren, sondern bestimmt mit 5% eine mit den verfassungsrechtlichen Vorgaben des Verhältnismäßigkeitsgrundsatzes nicht

---

40 *Pape/Uhlenbruck*, Insolvenzrecht, 1. Aufl. 2002, Rn. 300; *Uhlenbruck*, in: Uhlenbruck, InsO, 13. Aufl. 2010, § 17, Rn. 21.
41 BGH, Urt. v. 18. 7. 2002 – IX ZR 195/01 – DZWIR 2002, 470; Bespr. durch *Smid*, DZWIR 2002, 444.

vereinbare Untergrenze. Denn sie würde dem betroffenen Geschäftsführer keine Wahl lassen, da sie zu nahe an dem Bereich einer 100%-Deckung der Verbindlichkeiten angesiedelt wäre. Andererseits ist der BGH im Gegensatz zum Gesetzgeber auch nicht legitimiert, eine 10%-Grenze als starre Grenze zu formulieren, da damit die Frage auftauchen würde, weshalb denn, wie im vorliegenden Fall, eine 9,2%ige Unterdeckung nicht zur Zahlungsunfähigkeit, eine 10,2%ige Unterdeckung aber zur Zahlungsunfähigkeit führen würde. Der IX. Zivilsenat nimmt daher die 10% als Annäherungswert und führt aus, dass je näher die konkret festgestellte Unterdeckung dem Schwellenwert komme, desto geringere Anforderungen an das Gewicht besonderer Umstände zu richten sei, mit denen die Vermutung einer Zahlungsunfähigkeit entkräftet werden könne. Der in einem Prozess wegen § 64 Abs. 2 GmbHG a.F. betroffene Beklagte muss also anhand des 10%-Schwellenwertes weitere die Vermutung der Zahlungsunfähigkeit entkräftende Tat Sachverhalte vortragen. Kritisch wird gegen die Judikatur des BGH vorgetragen, sie basiert auf einer „Bugwellentheorie". Danach könne der Schuldner eine „Bugwelle" künftig fällig werdender Verbindlichkeiten vor sich herschieben.[42]

d) Einzelne Indizien des Eintritts der Zahlungsunfähigkeit. Da es für die Eröffnung des Insolvenz- 20
verfahrens über das Schuldnervermögen darauf ankommt, ob eine bloße Zahlungsstockung oder eine Zahlungseinstellung vorliegt, sind die **Umstände des Einzelfalles** zu prüfen. Gegebenenfalls hat das Insolvenzgericht hierbei einen Sachverständigen einzuschalten (unten § 25 Rn. 7ff.). Im Einzelnen sind als Tatbestandsmerkmale, die eine Zahlungseinstellung anzeigen, zu nennen: die **Nichterfüllung erheblicher Geldverbindlichkeiten**[43] bei Versagung der Stundung durch die Gläubiger, **Nichtzahlung von Löhnen und Gehältern an mehr als einem Zahltag,**[44] gegen den Schuldner laufende **Zwangsvollstreckungsmaßnahmen in größerem Umfang**[45] oder auch **häufige Wechselproteste.**[46] Freilich sind auch Sachverhalte denkbar, in denen bereits eine einmalige Nichtzahlung einer fälligen Schuld oder auch nur ein Wechselprotest den plötzlich möglichen Eintritt der Zahlungsunfähigkeit des Schuldners nach außen erkennbar macht. Die Zahlungsunfähigkeit wird nur durch eine dem Schuldner gewährte objektive Stundung beseitigt.[47]

3. Maßgeblicher Zeitpunkt für das Vorliegen der Zahlungsunfähigkeit

Nicht selten stellt das Beschwerdegericht fest, dass zum Zeitpunkt seiner Entschei- 21
dung Zahlungsunfähigkeit vorliegt, wenn der Schuldner gem. § 34 InsO den Eröffnungsbeschluss mit der Begründung als rechtswidrig angreift, Zahlungsunfähigkeit habe im Zeitpunkt seines Erlasses nicht vorgelegen.

Bislang wurde verbreitet davon ausgegangen, in diesen Fällen sei die Beschwerde unbegründet. Obwohl das Beschwerdegericht als Tatsacheninstanz insolvenzgerichtliche Aufgaben wahrnimmt, hat der BGH (BGH v. 27. 7. 2006 – IX ZB 204/04 – DZWIR

---

42 *Prager/Jungclaus,* in: Wellensiek-F., 2011, 101 ff.
43 *Kirchhof,* in: H-K, InsO, 4. Aufl. 2006, § 17 Rn. 36.
44 So noch LAG Düsseldorf, Urt. v. 24. 8. 1987 – 17 Sa 674/87 – KTS 1988, 166; ferner vgl. BGH, Urt. v. 14. 2. 2008 – IX ZR 38/04, DZWIR 2008, 289.
45 BGH, Urt. v. 3. 3. 1959 – VIII ZR 176/58 – WM 1959, 471.
46 BGH, Urt. v. 7. 6. 1972 – VIII ZR 106/71 – WM 1972, 994, 995.
47 *Kirchhof,* in: H-K, InsO, 4. Aufl. 2006, § 17 Rn. 13; *Pape,* in: Kübler/Prütting, Kommentar zur Insolvenzordnung, § 17 Rn. 6; zu den Voraussetzungen vgl. BGH, Urt. v. 21. 6. 2007 – IX ZR 231/04, DZWIR 2007, 475.

2007, 151 mit Anm. U.P. Gruber, ZIP 2006, 1957) die Gegenmeinung vertreten. Allerdings handelt es sich bei der beschwerdegerichtlichen Entscheidung um die letzte Tatsachenentscheidung in der fraglichen Insolvenzsache. Für die Maßgeblichkeit dieses Zeitpunkts kann aber nicht gemäß § 4 InsO auf § 571 Abs. 1 Satz 1 ZPO verwiesen werden, nach dem das Beschwerdegericht neues Vorbringen berücksichtigen kann. Diese Vorschrift ist nach Ansicht des IX. Zivilsenats nicht nach § 4 InsO entsprechend heranzuziehen, da es bei der Beurteilung der Frage des Vorliegens von Eröffnungsgründen um eine spezifisch insolvenzverfahrensrechtliche Frage geht. Dies leitet der BGH aus § 16 InsO ab. So wird der Eröffnungsbeschluss nicht dadurch rechtmäßig, dass zwar zum Zeitpunkt seines Erlasses ein Eröffnungsgrund nicht vorgelegen hat, die Insolvenz des Schuldners aber später zum Zeitpunkt der Beschwerdeentscheidung vorgelegen hat, wie der BGH bereits entschieden hatte. (BGH, Urt. v. 17. 2. 2004 – IX ZR 135/03 – DZWIR 2004, 329 mit Anm. Graeber, ZIP 2004, 766; Bork, EWiR 2004, 553). Diese Auffassung begründet der BGH in überzeugender Weise, in dem er darauf verweist, dass an die materielle Insolvenz des Schuldners – das Vorliegen von Insolvenzgründen – durch den Eröffnungsbeschluss die Folgen der Entmachtung des Schuldners geknüpft sind: Diese Folgen bezeichnen u. a. die Einsetzung eines Insolvenzverwalters bzw. die Anordnung der Eigenverwaltung, die Unterbrechung von die Insolvenzmasse betreffenden Prozessen nach § 240 ZPO[48] und das Erlöschen von Geschäftsbesorgungsverträgen nach §§ 115, 116 InsO sowie im Allgemeinen die Regelungen der §§ 103 ff. InsO. Auch § 41 Abs. 1 InsO, der die gegen den Schuldner gerichtete Forderung fällig stellt, knüpft an den strikten, nach § 27 Abs. 2 Nr. 3 InsO nach Tag und Stunde zu bezeichnenden Zeitpunkt der Eröffnung des Verfahrens an. Der IX. Zivilsenat des BGH beschränkt im Übrigen die Befugnis des Beschwerdegerichts darauf, die Rechtmäßigkeit des Eröffnungsbeschlusses zu überprüfen.

4. Retrograde Ermittlung der Zahlungsunfähigkeit

22 Eine Reihe von Anfechtungstatbeständen stellen darauf ab, ob zum Zeitpunkt der Rechtshandlung, die angefochten werden soll, eine Zahlungsunfähigkeit des Schuldners vorgelegen hat. Für die insoweit erforderliche „retrograde" Ermittlung, zu welchem früheren Zeitpunkt vor Eröffnung des Insolvenzverfahrens möglicherweise bereits Zahlungsunfähigkeit vorgelegen hat, ist vom Bestand der fälligen Verbindlichkeiten im Zeitpunkt der Eröffnung des Insolvenzverfahrens auszugehen. Sodann sind die Fälligkeiten der Verbindlichkeiten, welche einzeln oder in Summe die nach der Rechtsprechung tolerierbare Grenze von bis zu 10% übersteigen, zurückzuverfolgen. Darüber hinaus sind die Verbindlichkeiten zu berücksichtigen, die in der Vergangenheit bestanden, jedoch zwischenzeitlich getilgt wurden. Entsprechendes gilt für die Ermittlung der jeweils verfügbaren Finanzmittel. Soweit sich dann ergibt, dass zu einem früheren Zeitpunkt die Grenze von 10% überschritten wurde, begründet diese Überschreitung der 10%-Grenze die Vermutung einer Zahlungsunfähigkeit zu diesem früheren Zeitpunkt.[49] In diesem Fall obliegt es dem damals Verantwortli-

---

48 BGH, Beschl. v. 11. 12. 2008 – IX ZB 232/08, ZIP 2009, 240; zur Vollstreckungsabwehrklage BGH, Beschl. v. 14. 8. 2008 – VII ZB 3/08, ZIP 2008, 683, 684.
49 BGH, Urt. v. 12. 10. 2006 – IX ZR 228/03, Rn. 28.

chen, nachzuweisen, dass er nach der damaligen Finanzplanung von einer Schließung der Liquiditätslücke ausgehen durfte.

Ist die auf diesen Zeitpunkt ermittelte Liquiditätslücke dagegen kleiner als 10%, ist zu beurteilen, ob auf Grundlage der damaligen Erkenntnisse – also nicht aus einer expost Betrachtung[50] – davon ausgegangen werden durfte, dass die Liquiditätslücke im maßgeblichen Planungszeitraum geschlossen werden kann. 23

5. Keine Beseitigung der Zahlungsunfähigkeit durch harte Patronatserklärung für das insolvente Tochterunternehmen

Der IX. Zivilsenat des BGH[51] hat darauf erkannt, dass die objektive Zahlungsunfähigkeit der Tochtergesellschaft durch eine an den Gläubiger gerichtete harte Patronatserklärung der Muttergesellschaft nicht beseitigt wird und im Übrigen auch die auf die Zahlungsunfähigkeit bezogene Kenntnis des Gläubigers nicht aufhebt. Diese Entscheidung erging auf folgenden, hier vereinfacht wiedergegebenem Sachverhalt: Alleingesellschafterin der insolvenzschuldnerischen B GmbH war die S AG, deren Grundkapital zu mehr als 75% von der D AG gehalten wird. Die Schuldnerin unterhielt bei dem beklagten Kreditinstitut zusammen mit ihren Tochtergesellschaften Kontokorrentkonten, die in einem Cashpool zusammengefasst waren. Der Schuldnerin und ihren Tochtergesellschaften war eine Kreditlinie in Höhe von ca. 5 Mio. Euro eingeräumt. Der alleinvertretungsberechtigte Vorstand der D AG, der Kaufmann X erteilte einem Vertreter der Beklagten fernmündlich eine Patronatserklärung. Nachdem wegen erheblicher Überschreitungen der gewährten Kreditlinie die Beklagte die Kontobeziehungen gekündigt hatte, war der Kontokorrentkredit durch zwei Zahlungen um ca. 1,5 Mio. Euro gemindert worden. Der in dem über das Vermögen der Insolvenzschuldnerin eröffneten Insolvenzverfahren bestellte Insolvenzverwalter verlangte im Wege der Insolvenzanfechtung diese 1,5 Mio. Euro von dem beklagten Kreditinstitut. Da es sich bei der Verrechnung von Zahlungseingängen auf einem debitorisch geführten Konto lediglich geduldeten Überziehung ohne vertragliche Grundlage um eine Verrechnung erfolgt, die auf der Grundlage vorgenommen wird, dass die Bank Rückzahlungen verlangen kann, ohne verkündigen zu müssen,[52] war die Verrechnung, die das Kreditinstitut im vorliegenden Fall vorgenommen hat, kongruent. Die Anfechtung dieser Verrechnung konnte daher allein unter der Voraussetzung des § 130 Abs. 1 S. 1 Nr. 1 InsO erfolgen, dass die Zahlungsunfähigkeit der Schuldnerin vorlag und das Kreditinstitut hiervon Kenntnis hatte. Im vorliegenden Fall verfügte die Schuldnerin nicht über die Mittel, die fälligen Verbindlichkeiten zu begleichen, wovon das Kreditinstitut auch Kenntnis hatte, bzw. aus den Umständen nach § 130 Abs. 2 InsO hierauf schließen musste. Damit stellte sich die Frage, ob die fernmündlich abgegebene Patronatserklärung die Zahlungsunfähigkeit und die hierauf bezogene Kenntnis des Kreditinstituts als Anfechtungsgegner beseitigten. Bereits

50 BGH, Urt. v. 30. 6. 2011 – IX ZR 134/10; Der BGH, Urt. v. 6. 6. 1994, – II ZR 292/91, GmbHR 1994, S. 539, führt im Zusammenhang mit der Pflicht zur Erstellung eines Überschuldungstatus aus, dass dem Geschäftsführer ein gewisser Beurteilungsspielraum IDW EPS 800 n.F.

51 BGH, Urt. v. 19. 5. 2011 – IX ZR 9/10, ZIP 2011, 1111.

52 BGH, Urt. v. 13. 1. 2005 – IX ZR 457/00, WM 2005, 319, 320.

in einer früheren Entscheidung[53] hatte der IX. Zivilsenat darauf erkannt, dass eine Patronatserklärung für sich genommen die Kenntnis von Umständen, die zwingend auf die Zahlungsunfähigkeit schließen lassen, nicht zu beseitigen geeignet sei. Hieran hält der BGH in der vorliegenden Entscheidung fest. Zwar lag in dem vom BGH zu entscheidenden Sachverhalt eine so genannte „harte" Patronatserklärung vor. Im Unterschied zu „weichen" Patronatserklärungen, bei denen es sich allein um bloße Informationen über die Solvenz einer Tochtergesellschaft unter Abgabe von Goodwill-Erklärungen handelt, die rechtsgeschäftliche Bindungswirkungen nicht entfalten sollen, wird durch die harte rechtsgeschäftliche Patronatserklärung die Verpflichtung durch den Patron übernommen, die Tochtergesellschaft in dergestalt auszustatten, dass sie in die Lage gerät, die gegen sie gerichteten Verbindlichkeiten zu befriedigen. Während eine so genannte konzerninterne Patronatserklärung (Verlust Deckungszusage oder Verlustübernahmeerklärung) der Tochtergesellschaft einen eigenen Ausstattungsanspruch gegen die Muttergesellschaft gewährt, der in ihrer Insolvenz vom Insolvenzverwalter verfolgt werden kann, stellt sich die externe Patronatserklärung in der Insolvenz der Schuldnerin als Pflicht des Gläubigers zur Direktzahlung an den Gläubiger dar. Eigene Ansprüche der Tochtergesellschaft gegen die Muttergesellschaft resultieren hieraus aber nicht. Da die externe Patronatserklärung daher das Vermögen der Tochtergesellschaft nicht nährt, sondern erst unter der Voraussetzung greift, dass der Gläubiger den Patron wegen der ihm gegenüber eingegangenen Zahlungsversprechen in Anspruch nimmt, vermag hierdurch eine Zahlungsunfähigkeit der Schuldnerin nicht beseitigt zu werden.

II. Überschuldung[54]

1. Übersicht

24 Die Überschuldung des Vermögens kommt dagegen als Insolvenzgrund bei juristischen Personen (Aktiengesellschaften – § 92 Abs. 1 AktG, GmbH – § 63 GmbHG, siehe § 19 Abs. 1 InsO), sowie bei der KGaA in Betracht. Schließlich ist die Überschuldung auch im Falle des Nachlasskonkurses Insolvenzgrund (vgl. **§ 320 Satz 1 InsO**).

2. Statische Betrachtungsweise

25 Für den Fall des Nachlasskonkurses kann die Überschuldung mit Hilfe einer „statischen"[55] Betrachtungsweise festgestellt werden, da die Nachlassgläubiger aus einem mit dem Tode des Erblassers abgeschlossenen Vermögen Befriedigung suchen.[56] Danach liegt eine Überschuldung des Nachlasses vor, wenn die Passiva die im Nachlass

53 BGH, Urt. v. 11. 2. 2010 – IX ZR 104/07, ZIP 2010, 682.

54 *Götz*, ZInsO 2000, 77 ff.; *Harz*, ZInsO 2001, 193 ff., 198; *K. Schmidt*, in: Hadding/Hopt/Schimansky (Hrsg.), Die neue Insolvenzordnung, 1. Aufl. 1999, S. 1 ff., 6 ff.; Zum alten Recht *Haack*, Der Konkursgrund der Überschuldung bei Kapital- und Personengesellschaften, 1980; *Watzlawik*, NZI 2004, 608; *Haas/Scholl*, ZInsO 2002, 645.

55 *K. Schmidt*, Wege zu einem Insolvenzrecht der Unternehmen, 1990, S. 47; *Kemper*, in: Kübler/Prütting, Kommentar zur Insolvenzordnung, § 320 Rn. 4.

56 *Hahn*, Materialien zur KO, 1881, S. 399 ff.

befindlichen Aktiva überschreiten.[57] Zu den Passiva sind auch Vermächtnisse, Auflagen („Überschwerung“ des Nachlasses[58]), sowie Pflichtteilsansprüche zu zählen.[59]

3. Liquidation und Fortführung

a) Diese **„statische“ Betrachtungsweise** liefert dagegen nach verbreiteter Ansicht[60] für die Analyse der Überschuldung von Unternehmen keine angemessenen Kriterien. Denn während der Nachlass i.d.R. eine im Wesentlichen feststehende Haftungsmasse darstellt, wirft die Beurteilung des Vermögensstandes eines Unternehmens Probleme eigener Art auf. Die Bewertung des Vermögens des Unternehmens kann nicht einfach in einer Saldierung von Aktiva und Passiva stehen bleiben auf der Basis einer **Liquidationsbilanz,** sondern muss berücksichtigen, dass mit der Fortführung des Unternehmens ein Wert realisiert werden kann, der den durch eine Liquidierung des Unternehmens voraussichtlich zu erzielender Erlös übersteigt. Zugleich rechtfertigt es die drohende Liquidation als eine Option des Insolvenzverfahrens nicht, die Bewertung des Unternehmens auf der Basis einer **Fortführungsbilanz** vorzunehmen. Daher besteht darüber Einigkeit, dass zur Feststellung der Überschuldung eine besondere **Überschuldungsbilanz** erstellt werden muss. Hierbei sind Maßnahmen von *Gläubigern* zu berücksichtigen, mit denen auf die Beseitigung der Überschuldung gezielt wird, etwa durch einen Forderungsrücktritt.[61] 26

b) Aus den genannten Gründen müssen **prognostische Elemente** Eingang in die Überschuldungsbilanz finden, um die **rechtliche Überschuldung** als Grund der Verfahrenseröffnung zu ermitteln. Hierüber bestand auch im Gesetzgebungsverfahren weithin Einigkeit.[62] In der Literatur[63] ist eine **zweistufige Prüfungsmethode**[64] vorgeschlagen worden, die nebeneinander die rechnerische Überschuldung und die negative Fortführungsprognose berücksichtigen will.[65] Dies hat vorübergehend zu dem Missverständnis[66] geführt, dass bereits die positive Fortbestehenprognose eine rechnerische Überschuldung beseitigen könne. Der Rechtsausschuss hat allerdings durch § 19 Abs. 2 Satz 2 klargestellt, dass die Fortbestehenprognose nur als „Einstieg“ für die Überschuldungsprüfung anzusehen ist.[67] Der BGH, der seit 1992 der zweistufigen Überschuldungsprüfung folgt,[68] hat inzwischen aber 27

---

57 *Hess,* in: Hess, InsO, 1. Aufl. 1999, § 320 Rn. 16.
58 *Siegmann,* in: MünchKomm, InsO, 1. Aufl. 2001, § 1992 Rn. 1.
59 *Kemper,* in: Kübler/Prütting, Kommentar zur Insolvenzordnung, § 320 Rn. 4; *Marotzke,* in: H-K, InsO, 4. Aufl. 2006, § 320 Rn. 4.
60 *Pape,* in: Kübler/Prütting, Kommentar zur Insolvenzordnung, § 19 Rn. 14.
61 *Haake,* KTS 1980, 309 ff.; *Teller,* Rangrücktrittsvereinbarungen zur Vermeidung der Überschuldung bei der GmbH, 1993, S. 93 ff.; *Pape,* in: Kübler/Prütting, Kommentar zur Insolvenzordnung, § 19 Rn. 14.
62 *K. Schmidt,* in: Kölner Schrift zur Insolvenzordnung, 2. Aufl. 2000, S. 1199, 1204 (Rn. 12 ff.).
63 *K. Schmidt* (Fn. 55), S. 46 ff.; *Uhlenbruck,* InsO § 19 Rn. 13; *Drukarczyk/Schüler,* in: MünchKomm, InsO, 1. Aufl. 2001, § 19 Rn. 38 ff.
64 Vgl. *Bähner,* KTS 1988, 443 ff.; *Teller* (Fn. 61), S. 50 ff.; *Harz,* ZInsO 2001, 199 ff.
65 Krit. *Uhlenbruck,* in: Gottwald, Insolvenzrechts-Handbuch, 3. Aufl. 2006, § 6 Rn. 24 m.w.N.; *Drukarczyk/Schüler,* in: MünchKomm, InsO, 1. Aufl. 2001, § 19 Rn. 39; *Uhlenbruck,* in: Uhlenbruck, InsO, 13. Aufl. 2010, § 19 Rn. 28.
66 *Lutter* (Fn. 9); *K. Schmidt,* Kölner Schrift zur Insolvenzordnung, 2. Aufl. 2000, S. 1199, 1205 (Rn. 13 ff).
67 RechtsA in BT-Drs. 12/7302, 157; zust. *Mönning,* in: Nerlich/Römermann, InsO, § 19 Rn. 13, 17.
68 BGH, Urt. v. 13. 7. 1992 – II ZR 269/91 – BGHZ 119, 201, 213 ff. (zur Beurteilung kapitalersetzender Darlehen im Zeitpunkt der Überschuldung); BGH, Urt. v. 20. 3. 1995 – II ZR 205/94 – BGHZ 129, 136, 159 ff. (Treupflicht des Minderheitsaktionärs bei überschuldeter AG); BGH, Urt. v. 2. 12.

klargestellt, dass eine positive Fortbestehensprognose für sich genommen den Überschuldungstatbestand noch nicht beseitigen kann.[69] Eine verbindliche Prüfungsreihenfolge wird durch § 19 InsO nach zutreffender Auffassung nicht vorgegeben.[70]

28 c) **Selbstprüfungspflichten des Unternehmens.** Die Fortführungsprognose ist nach Maßgabe eines mittelfristigen Liquiditätsplans zu erstellen;[71] dabei unterliegt die Geschäftsführung des Unternehmens gesellschaftsrechtlichen Prüfungspflichten.[72] *Karsten Schmidt* hat darauf aufmerksam gemacht, dass hinter der jeweiligen Konzeption des Überschuldungstatbestandes grundlegende Differenzen in der Beschreibung der Funktionsweise des Konkurses (der Insolvenz) auszumachen sind.[73] Seine Argumentation lautet, dass, wenn man den Insolvenzgrund als Grund für ein besonderes Vollstreckungsverfahren betrachtet, ein statischer Überschuldungsbegriff nahe liegt. Denn es gehe um die Festlegung des Zeitpunkts, zu dem der Zugriff der Gläubiger auf das schuldnerische Vermögen im Wege der Gesamtvollstreckung gerechtfertigt sei. Die Unternehmensinsolvenz erfordert nach dieser Argumentation dagegen einen dynamischen Überschuldungsbegriff. Denn es gehe nicht um Zeitpunkte, zu denen die Exekution gegen den Insolvenzschuldner legitim sei, sondern um Zeiträume, innerhalb derer die Selbstprüfungspflichten der Unternehmensleitung (der Organe des Unternehmensträgers!) und gegebenenfalls die Pflicht zur Aufgabe der eigenen Verwaltung des Unternehmens akut werden.[74]

29 d) **Passivseite des Überschuldungsstatus.** Auf der **Passivseite des Überschuldungsstatus** sollen nunmehr nach Ansicht des Reformgesetzgebers[75] auch die **nachrangigen Verbindlichkeiten** i.S.d. § 39 InsO uneingeschränkt zu berücksichtigen sein.[76] Hierunter fallen insbesondere Zahlungspflichten aus **kapitalersetzenden Darlehen** gem. § 39 Abs. 1 Nr. 5 InsO. Der Reformgesetzgeber hat dabei gemeint, die Praxis, durch den Rangrücktritt eines Gläubigers den Eintritt einer Überschuldung zu vermeiden oder eine bereits eingetretene Überschuldung wieder zu beseitigen, sei nicht hinreichend. Vielmehr könne eine Überschuldung nur dadurch beseitigt werden, dass die Forderung des Gläubigers für den Fall der Eröffnung eines Insolvenzverfahrens insgesamt erlassen werde[77] (zu den steuerrechtlichen Fragen oben § 1). Der BGH[78] bejaht eine Passivierung von Forderungen aus kapitalersetzenden Gesellschafterdarlehen in der Überschuldungsbilanz, weil diese „Forderungen“ seien; das geht an der Funktion der Überschuldung vorbei. Allerdings beschränkt das Gericht dies auf Fälle, in denen eine Rangrücktrittserklärung nicht abgegeben worden ist. Das MoMiG hat § 19 Abs. 1 InsO um eine Regelung ergänzt, die folgendes vorsieht: Forderungen auf Rückgewähr von Gesellschafterdarlehen und gleichgestellte Forderun-

---

1996 – II ZR 243/95 – NJW-RR 1997, 606, 607; BGH, Urt. v. 16. 6. 1997 – II ZR 154/96 – NJW 1997, 3026, 3027; BGH, Urt. v. 30. 3. 1998 – II ZR 146/96 – ZIP 1998, 778.

69 BGH, Urt. v. 11. 12. 1995 – II ZR 128/94 – ZIP 1996, 273; BGH, Urt. v. 4. 12. 1995 – II ZR 281/94 – ZIP 1996, 275.

70 *Kirchhof,* in: H-K, InsO, 4. Aufl. 2006, § 19 Rn. 16; *Lutter* (Fn. 9), S. 643; dies ist letztlich eine Frage der Verfahrensökonomie, vgl. auch *Drukarczyk/Schüler,* in: Kölner Schrift zur Insolvenzordnung, 2. Aufl. 2000, S. 95; *Uhlenbruck,* in: Uhlenbruck, InsO, 13. Aufl. 2010, § 19 Rn. 34.

71 *Pape,* in: Kübler/Prütting, Kommentar zur Insolvenzordnung, § 19 Rn. 16, 17; *Mönning,* in: Nerlich/Römermann, InsO, § 19 Rn. 20. Vgl. auch *Bork,* ZIP 2000, 1709 ff.

72 Anschaulich *Lutter* (Fn. 9), S. 643 ff.

73 *K. Schmidt* (Fn. 58), S. 47, 48.

74 Antragspflichten treffen auch den Geschäftsführer bei solchen Personenhandelsgesellschaften, deren persönlich haftender Gesellschafter keine natürliche Person ist (also im Falle der GmbH & Co KG, §§ 130 a, 177 a HGB).

75 Amtl. Begr. zu § 23 RegEInsO, BT-Drs. 12/2443, S. 115.

76 Zust. *Braun/Uhlenbruck,* Unternehmensinsolvenz, 1. Aufl. 1997, S. 298.

77 Amtl. Begr. zu § 23 RegEInsO, BT-Drs. 12/2443, S. 115.

78 BGH, Urt. v. 8. 1. 2001 – II ZR 88/99 – InVo 2001, 157, 159 f.

gen, die nach § 39 Abs. 1 Nr. 5 in einem Insolvenzverfahren über das Vermögen einer Gesellschaft nachrangig berichtigt werden, werden nach dieser Vorschrift ausdrücklich nicht bei den Verbindlichkeiten nach § 19 Abs. 1 Satz 1 InsO zu berücksichtigen sein.

e) Vorverlagerung des Eröffnungszeitpunkts. Gegenüber dem Insolvenzgrund der Zahlungsunfähigkeit verlagert die Überschuldung als Insolvenzgrund den Zeitpunkt vor, zu dem das Insolvenzverfahren über einen Insolvenzschuldner eröffnet werden kann oder gar muss.[79] Allein diese Vorverlagerung trägt den Zielen des Reformgesetzgebers, die Sanierung insolvenzschuldnerischer Unternehmen zu ermöglichen, kaum Rechnung: Die Einleitung eines gerichtlichen Sanierungsverfahrens ist regelmäßig dann Erfolg versprechend, wenn das Verfahren noch vor dem Eintritt einer Überschuldung i.S.d. § 19 InsO eingeleitet werden kann. 30

4. § 19 InsO iFd FinMStG

§ 19 Abs. 2 InsO ist durch Artikel 5 FMStG[80] dahingehend neu gefasst worden, dass Überschuldung vorliegt, wenn das Vermögen des Schuldners die bestehenden Verbindlichkeiten nicht mehr deckt. Bei der Bewertung des Vermögens des Schuldners ist jedoch die Fortführung des Unternehmens zugrunde zu legen, wenn diese nach den Umständen überwiegend wahrscheinlich ist. Damit soll nach dem zur Begründung vorgelegten Bericht der Abgeordneten Otto Fricke, Dr. Gesine Lötzsch, Alexander Bonde, Steffen Kampeter und Carsten Schneider das – so wörtlich – „ökonomisch unbefriedigende" Ergebnis vermieden werden, dass auch Unternehmen, die voraussichtlich weiter erfolgreich am Markt operieren können, zwingend ein Insolvenzverfahren zu durchlaufen haben, wenn das Vermögen des Schuldners die bestehenden Verbindlichkeiten nicht mehr deckt. Der Gesetzgeber meint aber, dass dieses unbefriedigende Ergebnis (!) vom 1. Januar 2011 an wieder den Rechtsgenossen zuzumuten sei: Der Rechtsausschuss hat nämlich in seiner Stellungnahme gerügt, die in Artikel 5 FMStG vorgesehene Änderung des § 19 Abs. 2 InsO bedeute eine Rückkehr des Insolvenzrechts zu den Grundregeln des Überschuldungsprinzips mit einer Fortbestehensprognose der ehemaligen (?, gemeint ist wohl: der 1999 ausser Kraft gesetzten) Konkursordnung. Die bis zum FMStG geltende Fassung des § 19 Abs. 2 InsO habe die Eröffnungsvoraussetzungen vorverlagert, um damit Gläubigerinteressen gerecht zu werden und eine frühzeitige Antragstellung zur Ermöglichung einer Sanierung des Unternehmens zu ermöglichen. In der Stellungnahme des Rechtsausschusses heißt es daher weiter, die derzeitige – im Oktober 2008 vorliegende – besondere Situation auf den Finanzmärkten rechtfertige nur eine vorübergehende Rückkehr zu dem alten und im Allgemeinen unerwünschten Rechtszustand. 31

---

79 Amtl. Begr. zu § 23 RegE, BT-Drs. 12/2443, S. 115; *Kirchhof*, in: H-K, InsO, 4. Aufl. 2006, § 19 Rn. 2; *Mönning*, in: Nerlich/Römermann, InsO, § 19 Rn. 8; *Uhlenbruck*, InsO § 19 Rn. 1; *Kind*, in: Braun, InsO, 2. Aufl. 2004, § 19 Rn. 2. Informativ: *Stracke*, Zur Übertragbarkeit des zivilrechtlichen Überschuldungsbegriffs in das Strafrecht, 2007.

80 FMStG v. 17. 10. 2008, BGBl. I 2008, 1982 m.W. zum 18. 10. 2008.

32 Der neue Tatbestand knüpft an den vor 1999 bestehenden Rechtszustand an.[81] Die Überschuldung ist als **Doppeltatbestand** zu verstehen, wonach die Überschuldung vorliegt, wenn das Vermögen bei einer normalen Liquidation die Schulden nicht decken würde und wenn zugleich aufgrund einer mit der Sorgfalt eines ordentlichen Kaufmanns erstellten Rentabilitätsrechnung die Fortführungsfähigkeit des Unternehmens nicht gewährleistet erscheint.[82] Damit enthält der Überschuldungstatbestand 2 voneinander zu unterscheidende selbständige Elemente, nämlich die rechnerische Überschuldung und eine Fortbestehens- oder Ertragsprognose. Die Korrektur des exekutorisch begriffenen Liquidationstatbestandes durch das prognostische Element der Fortführungsfähigkeit stellt sich als Bewertungsproblem dar. Ist festzustellen, dass die Gesellschaft nicht existenzfähig ist, ist von einem Fortbestand der Gesellschaft nicht auszugehen. Dann ist von der going-Konzernbewertung auf die Bewertung zu Liquidationswerten überzugehen. Danach ist die rechnerische Überschuldungsprüfung nach Liquidationswerten durch eine Fortbestehensprognose zu korrigieren, in der die rechnerische Überschuldung um die Differenz zu den Betriebsbestehenswerten zu berichtigen ist. Man spricht in diesem Zusammenhang auch von einem dynamischen Überschuldungsbegriff. Die rechnerische Überschuldung hat somit Warnfunktionen. Die Fortbestehensprognose setzt einen dokumentierten Finanz- und Ertragsplan voraus, der sich nach richtiger Meinung neben dem laufenden auch auf das folgende Geschäftsjahr zu beziehen hat.[83]

III. „Sanierungsgrund" der drohenden Zahlungsunfähigkeit

1. Problematik

33 **a) Verfahrenseinleitung ohne Insolvenz.** Die Überschrift dieses Abschnitts mag missverständlich sein. Der Gesetzgeber wollte – wie oben § 1 gezeigt – ein einheitliches Insolvenzverfahren schaffen, das im Wesentlichen durch einheitliche Eröffnungsgründe, ebenso wie durch ein einheitliches Eröffnungsverfahren geprägt sein sollte. Dieses selbstgesetzte Ziel hat der Reformgesetzgeber indessen verfehlt, wie sich u. a. am Eröffnungsgrund[84] der drohenden Zahlungsunfähigkeit zeigt:

34 **b) Befugnisse des Schuldners. Nur der Schuldner ist befugt,** seinen Eigenantrag auf drohende Zahlungsunfähigkeit zu stützen (§ 18 Abs. 1 InsO); dem antragstellenden Gläubiger ist dagegen die Berufung auf vermeintlich drohende Zahlungsunfähigkeit verwehrt, da andernfalls dieser Eröffnungsgrund zu Missbräuchen führen würde, die eine unerwünschte Kasuistik des § 14 Abs. 1 InsO notwendig werden ließen. Allerdings ist der Eröffnungsgrund der drohenden Zahlungsunfähigkeit nicht auf natürliche Personen in Fällen der Verbraucher- oder Kleininsolvenz gem. § 304 InsO beschränkt: Der Tatbestand greift beim Eigenantrag eines **jeden** Schuldners, also auch juristischer Per-

---

81 *Kirchhof,* in: Kreft, InsO, 5. Aufl. 2008, § 19 Rn. 1 ff.
82 BGH ZIP 1992, 1382, 1386.
83 *Bähner,* KTS 1988, 452; *Uhlenbruck,* ZIP 1980, 73 ff., 77.
84 Die Amtl. Überschrift des § 16 InsO spricht ja von Eröffnungs-, nicht von Insolvenzgründen, und das mit sehr gutem Grund: Auch wenn der Schuldner nicht insolvent ist, soll er Zugang zum Sanierungsverfahren erhalten.

sonen und Personenhandelsgesellschaften. Er ist der allgemeine Tatbestand, der es allen möglichen Schuldnern erlaubt, „insolvenzgerichtlichen Schutz" – automatic stay[85] (§ 1 Rn. 101 ff.) – zu erlangen und in der Ruhe des Vollstreckungsschutzes durch ein Insolvenzverfahren die eigene Sanierung betreiben zu können.

2. Einzelheiten

a) Voraussetzungen der drohenden Zahlungsunfähigkeit gem. § 18 Abs. 2 InsO. 35
§ 18 InsO stellt auf eine „Zeitraumilliquidität" ab; stärker noch als der Eröffnungsgrund der Zahlungsunfähigkeit gem. § 17 InsO wird § 18 InsO durch prognostische Gesichtspunkte geprägt.[86] § 18 Abs. 2 InsO knüpft an die *voraussichtliche* Unfähigkeit des Schuldners an, bereits (zum Zeitpunkt der Antragsstellung) begründete Verbindlichkeiten künftig im Zeitpunkt ihrer Fälligkeit nicht erfüllen zu können. Der Prognosezeitraum wird demnach durch den spätesten Fälligkeitszeitpunkt der bestehenden Zahlungsverpflichtungen des Schuldners bestimmt.[87]

Der Tatbestand der drohenden Zahlungsunfähigkeit ist im Insolvenzstrafrecht in den § 283 Abs. 1, 4 36
bzw. § 283 d Nr. 1 StGB enthalten, wobei bislang als Indizien die Nichteinlösung von Schecks, die Androhung der Kündigung von Bankkrediten, erfolglose Vollstreckungsmaßnahmen etc. genannt werden.[88] In der Betriebswirtschaftslehre wird[89] zu Recht darauf hingewiesen, dass nicht *externe* – also äußere und damit in gerichtlichen Verfahren überprüfbare Anzeichen für den Eröffnungsgrund der drohenden Zahlungsunfähigkeit maßgeblich sein können, sondern die *interne Finanzplanung des Schuldners.* Wieweit sich auf der Grundlage eines wegen vom Schuldner angenommener drohender Zahlungsunfähigkeit die Gläubiger dann beispielsweise auf Einschnitte in ihre Rechte zur Sanierung des Schuldners einlassen müssen, ist dann aber an äußere, in einem gerichtlichen Zivilverfahren feststellbare Merkmale zu knüpfen.

b) Bedeutung des Tatbestandsmerkmals der „drohenden Zahlungsunfähigkeit".[90] 37
§ 18 InsO regelt den unbestimmten, wenn man so will, den *voraussetzungslosen* Eröffnungsgrund. In der Reformarbeit[91] war erörtert worden, ob die auf § 18 InsO gestützte Antragsstellung an die Vorlage eines die drohende Zahlungsunfähigkeit glaubhaft machenden Liquiditätsplans geknüpft werden solle; verfahrensrechtliche Anforderungen an die Antragsstellung und der Eröffnungsgrund, auf den sich der Antrag stütze, flossen so ineinander. Dies ist aber aufgegeben worden, nachdem man die Reichweite des Insolvenzgrunds der drohenden Zahlungsunfähigkeit auf Eigenanträge des Schuldners beschränkt hat. Wenn aber der Schuldner zwar *pragmatisch* gehalten sein wird, seinem auf § 18 InsO gestützten Eigenantrag einen Liquiditäts-

---

85 *Kennedy,* The Automatic Stay in Bankruptcy, 11 U. Mich. J. Law Rev. 170, 247 (1978).
86 Dazu etwa *Drukarczyk/Schüler,* in: Kölner Schrift zur Insolvenzordnung, 2. Aufl. 2000, S. 95, 109 (Rn. 40 ff.); *Beck,* in: Beck/Depré, Praxis der Insolvenz, 1. Aufl. 2003, § 5 Rn. 71.
87 *Mönning,* in: Nerlich/Römermann, InsO, § 18 Rn. 34; *Drukarczyk/Schüler,* in: Kölner Schrift zur Insolvenzordnung, 2. Aufl. 2000, S. 95, 111.
88 *Möser,* Die drohende Zahlungsunfähigkeit des Schuldners als neuer Eröffnungsgrund, 2006, 11 ff.; *Tiedemann,* in: Leipziger Kommentar, StGB, 12. Aufl. 2006, Vor § 283 Rn. 129 ff.; dazu *Uhlenbruck,* InsO, 12. Aufl. 2003, § 18 Rn. 1.
89 *Drukarczyk/Schüler,* in: Kölner Schrift zur Insolvenzordnung, 2. Aufl. 2000, S. 5, 95, 109.
90 *Möser* (Fn. 171) 25 ff.; *Harz,* ZInsO 2001, 197 f.
91 Allg. Amtl. Begr. zum RegEInsO, BT-Drs. 12/2443, S. 84, 4 b aa).

plan beizufügen,[92] dies aber das *Gesetz* (arg. §§ 13 Abs. 1, 14 Abs. 1 InsO) nicht fordert, stellt sich der Eröffnungsgrund der drohenden Zahlungsunfähigkeit als das Instrument dar, das es dem Schuldner ermöglicht, zu einem von ihm zu bestimmenden Zeitpunkt in ein gerichtliches Sanierungsverfahren einzutreten. Wenn in der Literatur[93] die Überprüfbarkeit des Eröffnungsgrundes der drohenden Zahlungsunfähigkeit gefordert wird, steht dem der – eindeutige – Gesetzestext entgegen. Leistet der Schuldner daher einen Massekostenvorschuss, wird das Insolvenzgericht – wie noch zu zeigen sein wird – das Verfahren regelmäßig zu eröffnen haben, und zwar auch dann, wenn der Schuldner „eine Strategie zu Lasten der Gläubiger plant":[94] Denn *jede* Sanierung wird immer auch die Rechte der Gläubiger beschneiden müssen, will sie nicht von vornherein erfolglos bleiben. Der Vortrag des Schuldners, es drohe Zahlungsunfähigkeit, stellt m.a.W. bereits die hinreichende Darlegung des Vorliegens eines Insolvenzverfahrens-Eröffnungsgrundes dar.[95]

38 Die einzige Reaktion, die dem Insolvenzgericht zur Verfügung steht, wenn es der Schuldner unterlässt, seinen auf drohende Zahlungsunfähigkeit gestützten Antrag durch Vorlage entsprechender Unterlagen zu untermauern, kann sein, eine auf Kosten der Masse anzustellende Sicherung und Begutachtung einzuleiten: Kommt der Gutachter zu dem Schluss, dass eine verfahrenskostendeckende Masse vorliegt, hat das Gericht das Verfahren zu eröffnen. Liegt ein Antrag des Schuldners gem. § 270 InsO vor, ist dann regelmäßig die Eigenverwaltung anzuordnen; im Übrigen ist ein Insolvenzverwalter zu bestellen. Dem Schutz der Gläubiger wird dadurch Rechnung getragen. Will der Schuldner etwas anderes – namentlich die Eigenverwaltung, muss er seinen Eigenantrag mit einem Antrag auf Anordnung nach § 270 InsO verbinden.[96] Hierfür muss der Schuldner allerdings entsprechend vortragen, dass die Gläubiger nicht gefährdet sind, was im Wesentlichen die Vorlage eines Wirtschafts- und Finanzplans voraussetzt. Dieser Wirtschafts- und Finanzplan wird regelmäßig nicht ohne Abstimmung mit den beteiligten Banken erstellt werden können, da sich ansonsten der Eigenantrag als „wirtschaftlicher Selbstmord" darstellt, der die *eingetretene* Zahlungsunfähigkeit wegen Kündigung der Kreditlinien dem Vortrag *drohender* Zahlungsunfähigkeit auf dem Fuße folgen ließe.

39 Der Gesetzgeber hat die drohende Zahlungsunfähigkeit scheinbar aufgewertet: § 270b InsO besagt, dass der Schuldner mit dem Antrag auf Anordnung der Eigenverwaltung die Bescheinigung eines Steuerberaters, Wirtschaftsprüfers oder eines in Insolvenzsachen erfahrenen Rechtsanwalts vorzulegen hat, aus der sich ergibt, dass eine Zahlungsunfähigkeit droht und die angestrebte Sanierung nicht offensichtlich aussichtslos ist. Ergibt sich aus der Bescheinigung das Vorliegen der Anordnungsvoraussetzungen, bestimmt das Gericht eine Frist zur Vorlage des Plans und ernennt einen vorläufigen Sachwalter. Solange lediglich eine drohende Zahlungsunfähigkeit vorliegt und der Schuldner nicht überschuldet ist, soll ihm nach Vorstellung des Gesetzgebers das Verfahren des § 270b InsO dadurch „Rechtssicherheit" gewähren, dass ihm die Möglichkeit eröffnet wird, im Schutz eines besonderen Verfahrens in Eigenverwaltung einen Sanierungsplan zu erstellen, der anschließend im eröffneten Insol-

---

92 Dafür *Kirchhof,* in: H-K, InsO, 4. Aufl. 2006, § 18 Rn. 14; *Uhlenbruck,* in: Uhlenbruck, InsO, 13. Aufl. 2010, § 18 Rn. 13; *Drukarczyk,* in: MünchKomm, InsO, 1. Aufl. 2001, § 18 Rn. 13 ff.

93 *Pape,* in: Kübler/Prütting, Kommentar zur Insolvenzordnung, § 18 Rn. 11; *Mönning,* in: Nerlich/Römermann, InsO, § 18 Rn. 45; *Uhlenbruck,* InsO, 12. Aufl. 2001, § 18 Rn. 11; *Drukarczyk,* in: MünchKomm, InsO, 1. Aufl. 2001, § 18 Rn. 11.

94 *Mönning,* in: Nerlich/Römermann, InsO, § 18 Rn. 45.

95 *Möser* (Fn. 171) 70 ff., 84 ff.

96 *Uhlenbruck,* in: Uhlenbruck, InsO, 13. Aufl. 2010, § 270 Rn. 17.

venzplanverfahren durch einen Insolvenzplan umgesetzt werden soll. Mit Eintritt der Zahlungsunfähigkeit – der regelmäßige Folge der Eigenantragstellung ist, solange die Kreditinstitute nicht zur Aufrechterhaltung der Kreditlinien entgegen ihren AGB bewogen werden können – führt dann aber zum zwangsläufigen Ende dieses Moratoriums.

c) Verhältnis zu § 283 StGB. Der Tatbestand der drohenden Zahlungsunfähigkeit in 40
§ 18 InsO, der dem Schuldner die Möglichkeit eröffnen soll, durch eine frühzeitige Antragstellung das Verfahren bereits zu einem Zeitpunkt einzuleiten, in dem er noch über hinreichende Mittel verfügt, um aussichtsreich die Befriedigung der Gläubiger durch Maßnahmen der Reorganisation seines Vermögens zu verwirklichen, ist nicht zuletzt deshalb problematisch, weil die §§ 283 ff. StGB die Strafbarkeit des Schuldners auf Lagen ausdehnt, in denen die Zahlungsunfähigkeit nicht nur bereits eingetreten ist, sondern deren Eintritt droht. In der Literatur wird freilich darauf hingewiesen, dass hinsichtlich des Begriffs der drohenden Zahlungsunfähigkeit eine „problematische“ Inkongruenz zwischen dem zivilen Insolvenzrecht und dem Insolvenzstrafrecht“[97] bestehet. Denn während die InsO den Schuldner zur Stellung eines frühen Antrags durch die Regelung des § 18 InsO bewegen will, stellen sich die strafrechtlichen Vorschriften als Hinderungsgrund gegenüber solchen Anträgen des Schuldners dar[98]. *Uhlenbruck* hat daher vorgeschlagen, im Falle der Eröffnung eines Insolvenzverfahrens wegen drohender Zahlungsunfähigkeit gem. § 18 InsO dann von Straffreiheit des Eigenantrag stellenden Insolvenzschuldners auszugehen, wenn ein Insolvenzverfahren aufgrund von drohender Zahlungsunfähigkeit eröffnet und innerhalb dieses Verfahrens ein Insolvenzplan aufgestellt wird, der nicht die Liquidation, sondern eine Sanierung und Reorganisation des Schuldners vorsieht. Gegenüber einem Appell an den Gesetzgeber scheint freilich bereits aufgrund der Funktion des § 18 InsO eine von den strafrechtlichen Vorschriften abweichende Art der Auslegung geboten und möglich zu sein.

---

97 *Röhm*, NZI 2002, 134, 136; vgl. weiter *Möser* (Fn. 171) 151 f.
98 *Uhlenbruck*, ZInsO 1998, 251 f.; *ders.*, NZI 1998, 33.

§ 4 Verlust der Verwaltungs- und Verfügungsbefugnis des Schuldners

I. Zur systematischen Bedeutung des Eröffnungsbeschlusses

1 Die Eröffnung des Insolvenzverfahrens über das Vermögen des Schuldners äußert, so erklärte *Friedrich Oetker*[1], die „weitgreifendsten Rechtswirkungen". „Der Schuldner wird zum Gemeinschuldner[2] und unterliegt allen Nachteilen dieser Stellung. ... Der Eröffnungsbeschluss bedeutet für ihn im Zusammenhang mit der Ernennung des Konkursverwalters eine partielle Entmündigung".[3]

2 Für *Oetker* war die Auseinandersetzung mit der Funktionsweise des Eröffnungsbeschlusses aus zwei Gründen wichtig. Zum einen hatte sich die Konkursrechtswissenschaft mit der Abkehr vom überkommenen Verständnis des Konkurses als Form eines summarischen Prozesses[4] auseinanderzusetzen.[5] Zum anderen war bereits im gemeinen Prozessrecht über die Frage gestritten worden,[6] ob der formellen Eröffnung des Konkurses bereits ein materieller Zustand des Konkurses vorgelagert sei,[7] an den rechtliche Folgen geknüpft werden könnten.[8] Auf diese Lehre, die Ende des 19. Jahrhunderts als „bedauerliche Verirrung der Doktrin"[9] gescholten wurde, reagierte die Konkursrechtswissenschaft mit der rigiden Betonung der Bedeutung des Eröffnungsdekrets für die Auslösung der materiellen Rechtsfolgen des Konkurses. Gegenüber dem Verständnis des Konkurses als Erscheinungsform des Prozesses[10] hat *Oetker*[11] überzeugend dargestellt, dass der Eröffnungsbeschluss des Insolvenzgerichts keine Art von „Zwischenurteil" über einen „Konkursanspruch" der Gläubiger darstelle, auf das dann der („eigentliche") Konkurs„prozess" folge;[12] eine Analogie zwischen einem als Prozess verstandenen

---

1 *Oetker*, in: FS Windscheid, 1988, S. 5.

2 Dieser Begriff trifft die insolvenzrechtliche Stellung des Inhabers des der Gesamtvollstreckung unterworfenen Vermögens genauer als die von der InsO zugrundeliegende Redeweise vom „Schuldner".

3 *Oetker*, in: FS Windscheid, 1988, S. 5.

4 Vgl. zum praktischen Einfluss des überkommenen Konkursprozesses *Koch*, Zur Reform des preußischen Konkursrechts, 1868, S. 9f.

5 Dieses Verständnis hatte etwa auf *Schulzes* Konzeption eines (verfahrensrechtlichen) „Konkursanspruchs" des Konkursgläubigers Einfluß, vgl. *dessen* Werk, Das Deutsche Konkursrecht in seinen juristischen Grundlagen, 1880, 9 et passim.

6 *Gönner*, Handbuch des Civilprocesses, Bd. 4, § 21.

7 *Dabelow*, Ausführliche Entwicklung der Lehre vom Concurse der Gläubiger, 1801, S. 670ff.

8 *W. Gerhardt*, in: Einhundert Jahre KO, 1977, S. 111, 130 m.w.N.

9 *Oetker*, in: FS Windscheid, 1988, S. 7.

10 Vgl. *Häsemeyer*, Insolvenzrecht, 3. Aufl. 2003, Rn. 3.05, 6.05; differenzierend *Baur/Stürner*, Zwangsvollstreckungs-, Konkurs- und Vergleichsrecht, Bd. 2, 12. Aufl. 1990, Rn. 5.1ff.; in den Materialien zur KO wird das Eröffnungsverfahren als „kontradiktorisches" Verfahren bezeichnet, vgl. auch *Dernburg*, Preussisches Privatrecht Bd. I, 1. Halbband, 4. Aufl. 1896, S. 288, was auf einem Redaktionsversehen beruht; *Sarwey*, Die Konkursordnung für das deutsche Reich, 1879, § 100 Anm. 2, 503 m. Hinw. auf die Motive zu § 110 des Entwurfes der Gemeinschuldordnung, Bd. 2, S. 55; *Oetker*, in: FS Windscheid, 1988, S. 10f.

11 *Oetker*, in: FS Windscheid, 1988, S. 20.

12 *Oetker*, in: FS Windscheid, 1988, S. 11 hält *Schulze*, Das deutsche Konkursrecht in seinen juristischen Grundlagen, 1888, 16, 120f. entgegen, dieser gehe davon aus, zunächst stelle der Eröffnungsbeschluss das Vorliegen eines Konkursanspruchs fest, die Beendigung des Verfahrens durch Aufhebung des Beschlusses im Schlusstermin stelle dann die „Erledigung" des Konkursanspruchs fest, was keine sinnvolle Annahme sei – und im Übrigen in Fällen der Verfahrensbeendigung aufgrund Massearmut konstruktiv schwer nachvollziehbar wäre.

Konkursverfahren und dem ebenfalls durch Eröffnungsbeschluss eingeleiteten Strafprozess *verbiete* sich daher.[13] Der Eröffnungsbeschluss leitet keinen *Prozess* – kein Verfahren streitiger Rechtserkenntnis[14] – ein, sondern stellt den zeitlichen Scheidepunkt dar, der die Lage einer eigenverantwortlichen Verwaltung seines Vermögens durch den Schuldner von der hoheitlich angeordneten Zwangsverwaltung und Zwangsverwertung des Vermögens des nunmehrigen Gemeinschuldners als Konkursmasse trennt. Der Konkurs aber gehört – wie eingangs (§ 1 Rn. 59ff., 64ff.) ausgeführt – der Sache nach der nichtstreitigen freiwilligen Gerichtsbarkeit an. Das hat der Gesetzgeber 1877 in deutlicher Klarheit gesehen. In den Motiven[15] heißt es, „... das Konkursverfahren [stehe] nämlich im Zusammenhange mit dem allgemeinen Prozessrechte. Zwar ist der Konkurs nicht ein Prozess in dem engeren Sinne einer bürgerlichen Rechtsstreitigkeit unter bestimmten Parteien, vielmehr eine Vermögens-Liquidation, und die Teilnahme des Gerichts an derselben ist vorwiegend als Ausfluss der freiwilligen Gerichtsbarkeit zu erachten. Daher entsprach es allerdings nicht der Natur der Sache, wenn die gemeinrechtliche Praxis und Gesetzgebung das ganze Konkursverfahren in den Rahmen eines Prozesses einzwängte und dasselbe, abgesehen von der eigentlichen Vermögensverwaltung, stufenweise in die strengen Formen eines Rechtsstreites sich vorwärts bewegen ließ“. Gegen die gemeinrechtliche Lehre vom materiellen Konkurs[16] stellt die Betonung der Funktion des Eröffnungsbeschlusses klar, dass *alle* Wirkungen des Konkurses von dem richterlichen Beschluss *konstitutiv* abhängen.

II. Wirkungen auf den Status des Schuldners

1. Übersicht

Der Erlass des Eröffnungsbeschlusses als hoheitlicher Akt der Einleitung des Insolvenzverfahrens dient nicht nur der Rechtsdurchsetzung der Gläubiger und verschafft diesen kollektive Zugriffsmöglichkeiten auf das Vermögen des Schuldners, sondern entfaltet darüber hinaus in Bezug auf den Status des Schuldners spezifische Wirkungen. Ebenso wie die Pflegschaft im Falle physischen oder psychischen Unvermögens den Pflegling vor sich selber schützt, hat auch die Insolvenz statusrechtliche Wirkungen für den Insolvenzschuldner, von denen zu sprechen freilich in einer Reihe von Gesichtspunkten nur dann Sinn hat, wenn es sich beim Schuldner um eine natürliche Person handelt. 3

Mit Wirksamwerden des Eröffnungsbeschlusses verliert der Schuldner die Verfügungs- und Verwaltungsbefugnis hinsichtlich der von der Beschlagnahme erfassten Teile seines Vermögens,[17] § 80 Abs. 1 InsO. Im Einzelnen ist allerdings bei der Bestimmung der Wirkungen des Eröffnungsbeschlusses danach zu unterscheiden, wer die Person des Schuldners ist: 4

3. Wirkungen auf den Status natürlicher Personen

Der Schuldner verliert durch den Eröffnungsbeschluss selbstverständlich nicht seine Rechtsfähigkeit, aber auch nicht allgemein seine Geschäftsfähigkeit und seine Pro- 5

---

13 *Oetker,* in: FS Windscheid, 1988, S. 16.
14 *Smid,* Rechtsprechung. Zur Unterscheidung von Rechtsfürsorge und Prozess, 1990, S. 153 ff.
15 *Hahn,* Mat. Bd. 4, S. 273.
16 *Oetker,* in: FS Windscheid, 1988, S. 16.
17 *Wittkowski,* in: Nerlich/Römermann, InsO, § 80 Rn. 3; *Eickmann,* in: H-K, InsO, 4. Aufl. 2006 , § 80 Rn. 3. Zur Verfassungskonformität vgl. BVerfG v. 28. 7. 1992 – 1 BvR 859/92 – ZIP 1993, 686f.; *Uhlenbruck,* in: Uhlenbruck, InsO, 13. Aufl. 2010, § 80 Rn. 2; *Ott,* in: MünchKomm, InsO, 1. Aufl. 2001, § 80 Rn. 1; *Kroth,* in: Braun, InsO, 2. Aufl. 2004, § 80 Rn. 1.

zessführungsfähigkeit gem. § 52 ZPO.[18] Der Schuldner behält nämlich die Befugnis, über sein pfändungsfreies Vermögen zu verfügen[19] (unten § 13 Rn. 6); auch kann er wirksam Wechselverbindlichkeiten eingehen.[20] Mit der Inbesitznahme der Gegenstände des gepfändeten Vermögens durch den Verwalter verliert der Schuldner auch seinen unmittelbaren Besitz an den Gegenständen; er wird mittelbarer Besitzer (§ 868 BGB),[21] der Verwalter erlangt den unmittelbaren Fremdbesitz gem. § 872 BGB.[22] Er bleibt aber Eigentümer der ihm gehörenden Sachen und Inhaber der massezugehörigen Forderungen. Der Schuldner behält seine vor Eröffnung des Insolvenzverfahrens innegehabte Kaufmannseigenschaft,[23] dagegen ist in arbeitsrechtlicher Hinsicht zu differenzieren: Im vertragsrechtlichen Sinne ist der Schuldner Arbeitgeber. Dagegen ist der Verwalter im Falle der Betriebsfortführung „Betriebsleiter" im Hinblick auf die arbeitsrechtlichen Fürsorgepflichten.[24] Die Eröffnung des Insolvenzverfahrens erfasst aber auch die staatsbürgerliche Stellung des Schuldners.[25]

6 Mit Verfahrenseröffnung verliert der Schuldner seine Eignung, als Schöffe oder Handelsrichter zu fungieren (§§ 33 Nr. 5, 109 Abs. 3 Satz 2 GVG). Schließlich normiert §§ 7 Nr. 9, 14 Abs. 2 Nr. 7 BRAO, dass der Schuldner nach der Verfahrenseröffnung im Falle des Vermögensverfalls nicht als Rechtsanwalt zugelassen werden kann bzw. dass jenem die Zulassung entzogen werden kann.

III. Verlust der Verwaltungs- und Verfügungsbefugnis des Schuldners

1. „Entmachtung" des Schuldners

7 Im Insolvenzverfahren wird im allgemeinen gem. § 80 Abs. 1 InsO die Verfügungsbefugnis des Schuldners über sein Vermögen mit dem Wirksamwerden des Eröffnungsbeschlusses aufgrund gesetzlicher Regelungen beendet, weshalb nach der InsO der Zeitpunkt des Eröffnungsbeschlusses exakt feststellbar sein muss.[26]

---

18 *Lüke,* in: Kübler/Prütting, Kommentar zur Insolvenzordnung, § 80 Rn. 14; *Eickmann,* in: H-K, InsO, 4. Aufl. 2006, § 80 Rn. 4, 6; *Uhlenbruck,* in: Uhlenbruck, InsO, 13. Aufl. 2010, § 80 Rn. 7, 9; *Ott,* in: MünchKomm, InsO, 1. Aufl. 2001, § 80 Rn. 12; *Kroth,* in: Braun, InsO 2. Aufl. 2004, § 80 Rn. 12.
19 *Lüke,* in: Kübler/Prütting, Kommentar zur Insolvenzordnung, § 80 Rn. 7; *Eickmann,* in: Gottwald, Insolvenzrechts-Handbuch, 3. Aufl. 2006, § 30 Rn. 38; *Uhlenbruck,* in: Uhlenbruck, InsO, 12. Aufl. 2003, § 80 Rn. 5, 14.
20 *Jaeger/Henckel,* KO, 8. Aufl. 1973, § 6 Rn. 163; *Wittkowski,* in: Nerlich/Römermann, InsO, § 80 Rn. 19; *Uhlenbruck,* in: Uhlenbruck, InsO, 13. Aufl. 2010, § 80 Rn. 8; *Kroth,* in: Braun, InsO, 2. Aufl. 2004, § 80 Rn. 14.
21 *Jaeger/Henckel,* KO, 8. Aufl. 1978, § 6 Rn. 47, 48.
22 *Eickmann,* in: Gottwald, Insolvenzrechts-Handbuch, 3. Aufl. 2006, § 30 Rn. 40.
23 *Wittkowski,* in: Nerlich/Römermann, InsO, § 80 Rn. 33; *Uhlenbruck,* in: Uhlenbruck, InsO, 12. Aufl. 2003, § 80 Rn. 10; *Ott,* in: MünchKomm, InsO, 1. Aufl. 2001, § 80; *Kroth,* in: Braun, InsO, § 80 Rn. 14.
24 BAG AP Nr. 1 zu § 113 BetrVG 1972; *Uhlenbruck,* KTS 1973, 81, 88; *Lüke,* in: Kübler/Prütting, Kommentar zur Insolvenzordnung, § 80 Rn. 43; *Eickmann,* in: Gottwald, Insolvenzrechts-Handbuch, 3. Aufl. 2006, § 30 Rn. 42; *Uhlenbruck,* in: Uhlenbruck, InsO, 13. Aufl. 2010, § 80 Rn. 12.
25 Vgl. *Grub,* in: Kölner Schrift zur Insolvenzordnung, 2. Aufl. 2000, S. 705 (Rn. 91 ff.); *Lüke,* in: Kübler/Prütting, Kommentar zur Insolvenzordnung, § 80 Rn. 15 ff.; *Ott,* in: MünchKomm, InsO, 1. Aufl. 2001, § 80 Rn. 14.
26 *Hess,* § 27 Rn. 8, § 80 Rn. 5; *Kirchhof,* in: H-K, InsO, 4. Aufl. 2006, § 27 Rn. 15; *Uhlenbruck,* in: Uhlenbruck, InsO, 13. Aufl. 2010, § 27 Rn. 8, 19; *Schmahl,* in: MünchKomm, InsO, 1. Aufl. 2001, § 27 Rn. 37.

Die Verfügungsbefugnis des Schuldners im Insolvenzverfahren endet entweder mit dem im Eröffnungsbeschluss genannten Zeitpunkt (§ 27 Abs. 2 Nr. 3 InsO); wird eine solche Angabe versäumt, gilt der Konkurs zur Mittagsstunde des Tages als eröffnet, an dem der Eröffnungsbeschluss erlassen wurde (§ 27 Abs. 3 InsO). 8

2. Unwirksamkeit schuldnerischer Verfügungen

Nach § 81 Abs. 1 Satz 1 InsO sind Verfügungen unwirksam, die der Schuldner oder für ihn ein Dritter nach der Eröffnung, des Insolvenzverfahrens über einen Gegenstand der Insolvenzmasse getroffen hat. § 81 InsO ordnet die absolute Unwirksamkeit der Verfügung an.[27] 9

§ 81 InsO ordnet die Nichtigkeit von *Verfügungen* des Schuldners an,[28] also Rechtshandlungen, die auf eine dingliche Rechtsänderung hinsichtlich Teile der beschlagnahmten Masse gerichtet sind. Dass Verpflichtungen, die der Schuldner nach der Eröffnung des Insolvenzverfahrens begründet hat, im Verfahren nicht geltend gemacht werden können, ergibt sich bereits aus § 38 InsO.[29] 10

3. Rechtserwerb aus der Insolvenzmasse

a) **Allgemeiner Regelungsgehalt des § 91 InsO.** Nach § 91 Abs. 1 InsO können Rechte an den Gegenständen der Insolvenzmasse nach der Eröffnung des Insolvenzverfahrens nicht wirksam erworben werden, auch wenn keine Verfügung des Schuldners und keine Zwangsvollstreckung für einen Insolvenzgläubiger zugrunde liegt, es sei denn, es liegt ein Fall gestreckten Rechtserwerbs der §§ 878, 892, 893 BGB vor, deren Anwendbarkeit § 91 Abs. 2 InsO ausdrücklich anordnet. 10a

b) **Fallgruppen.** § 91 InsO ist wie schon § 15 KO[30] unklar gefasst, was insbesondere im Hinblick auf den Erwerb akzessorischer Rechte zu Problemen geführt hat. So wurden im Rahmen des § 15 KO verschiedene Fälle unterschieden. Streit besteht darüber, ob es zu einem Erwerb des Pfandrechts in Fällen kommt, in denen das Pfandrecht zur Sicherung einer künftigen Forderung bestellt wird. Handelt es sich bei dem Sicherungsinstrument um eine Hypothek, besteht darüber Einigkeit, dass ein Rechtserwerb durch den Hypothekar aufgrund der Akzessorietät von Hypothek und Forderung nicht in Betracht kommen kann; im Übrigen wird vertreten, der Rechtserwerb werde nicht gehindert, da der Erwerbsvorgang bereits vor dem Konkurs abgeschlossen sei.[31] Dagegen wird die erst nach Insolvenzeröffnung angezeigte Verpfändung einer Forderung gem. § 1280 BGB den Konkursgläubigern gegenüber nicht wirksam.[32] Den diesen Fällen zugrunde liegenden Rechtsgestaltungen ist gemeinsam, dass fraglich ist, wieweit ein Rechtserwerb des Dritten vorliegt, der die (zum Zeitpunkt der Verfahrenseröffnung vorhandene) Masse schmälert. 10b

---

27 Amtl. Begr. zu § 92 RegEInsO, BT-Drs. 12/2443, 136; *Eickmann,* in: Gottwald, Insolvenzrechts-Handbuch, 3. Aufl. 2006, § 31 Rn. 7; *Uhlenbruck,* in: Uhlenbruck, InsO, 12. Aufl. 2003, § 81 Rn. 2; *Ott,* in: MünchKomm, InsO, 1. Aufl. 2001,, § 81 Rn. 13; *Kroth,* in: Braun, InsO, 2. Aufl. 2004, § 81 Rn. 7.

28 Hierzu sehr lesenswert *E. v. Olshausen,* ZIP 1998, 1093 ff. zum Glauben des Gesetzgebers, „alles beim alten" belassen zu haben.

29 Amtl. Begr. zu § 92 RegEInsO (Fn. 27); *Smid,* in: LSZ, InsO, 3. Aufl. 2010, § 81 Rn. 2; *Landfermann,* in: Kölner Schrift zur Insolvenzordnung, 2. Aufl. 2000, S. 164 (Rn. 13).

30 Vgl. *Schumacher,* Die Sicherung der Konkursmasse gegen Rechtsverluste, die nicht auf einer Rechtshandlung des Gemeinschuldners beruhen (§ 15 KO), Diss. Göttingen 1975.

31 Vgl. *Baur/Stürner,* Zwangsvollstreckungs-, Konkurs- und Vergleichsrecht, Bd. II, 12. Aufl. 1990, Rn. 989; a. A. *Jaeger/Henckel,* KO, 8. Aufl. 1973, § 15 Rn. 21; *Eickmann,* in: Gottwald, Insolvenzrechts-Handbuch, 3. Aufl. 2006, § 31 Rn. 51 f., 59.

32 RG, Urt. v. 30. 4. 1912 – VII 484/11 – RGZ 79, 306, 309.

Entsteht die im Voraus abgetretene oder verpfändete Forderung erst nach Eröffnung des Insolvenzverfahrens, kann der Zessionar oder Pfandrechtsgläubiger gemäß § 91 Abs. 1 InsO kein Recht mehr zu Lasten der Masse erwerben.[33] Nur wenn der Zessionar oder Pfandrechtsgläubiger bereits vor der Eröffnung des Insolvenzverfahrens eine gesicherte Rechtsposition hinsichtlich der abgetretenen oder verpfändeten Forderung erlangt hat, ist die Abtretung oder Verpfändung insolvenzfest. Nach der Judikatur des IX. Zivilsenats ist es dafür entscheidend, ob der Vermögensgegenstand bereits im Zeitpunkt der Verfahrenseröffnung aus dem Vermögen des Schuldners ausgeschieden war. Dies ist der Fall, wenn für den Schuldner keine Möglichkeit mehr bestanden hat, den Vermögensgegenstand aufgrund alleiniger Entscheidung wieder zurück zu erlangen.[34] Eine gesicherte Rechtsposition erwerben der Zessionar der Sicherungsabtretung oder der Gläubiger eines Pfandrechts nach der Judikatur des IX. Zivilsenats des BGH[35] nur unter der Voraussetzung, dass das Recht ohne weiteres Zutun der Parteien entsteht.[36]

Mit einer Entscheidung aus dem Juni 2009[37] hat der BGH darauf erkannt, dass die Vorausabtretung kontokorrentgebundener Forderungen und des kausalen Schlusssaldos aus dem Kontokorrent nicht zum Rechtserwerb des Abtretungsempfängers führt, wenn die Kontokorrentabrede erst mit der Insolvenzeröffnung erlischt. Damit hat der BGH eine Judikatur aufgegeben,[38] die von Kreditinstituten lange Insolvenzverwaltern in Insolvenzverfahren entgegengehalten worden ist.

Die uneingeschränkte Übertragung eines bedingten Rechts ist insolvenzfest.[39] Das gleiche gilt für die unter einer Bedingung erfolgte Übertragung eines unbedingten Rechts.[40] Aus der Sicht des IX. Zivilsenats kommt es darauf an, ob das Recht aus dem Vermögen des Schuldners bereits zum Zeitpunkt der Insolvenzeröffnung ausgeschieden ist.

10c § 91 Abs. 1 InsO spielt naturgemäß eine erhebliche praktische Bedeutung, die sich in der Vielgestaltigkeit von Entscheidungen ausdrückt:. So sind für die Zeit nach Verfahrenseröffnung gem. § 91 Abs. 1 InsO Vorausverfügungen des Schuldners über Ansprüche, die sich gegen eine ärztliche Abrechnungsstelle richten, auch nach Einführung des § 35 Abs. 2 InsO unwirksam, wenn der Verwalter die Arztpraxis fortführt.[41]

10d Die Befugnis außerhalb des Insolvenzverfahrens stehender Dritter bleibt, wie der BGH meint, durch die Eröffnung des Insolvenzverfahrens unangetastet.[42] Der Genehmigende wird nur durch die Eröffnung eines Insolvenzverfahrens über sein Vermögen rechtlich an der Erklärung einer wirksamen Genehmigung gehindert, nicht aber daran, ein nach Bewirkung der Leistung über das Vermögen des Verfügenden eröffnetes Insolvenzverfahren die Genehmigung zu erteilen.[43] Dies gilt auch unter der Geltung des § 91 Abs. 1 InsO. Die Anordnung von Verfügungsbeschränkungen im Eröffnungsverfahren hindert folglich den Erwerb einer zuvor abgetretenen, aber erst nach der insolvenzgerichtlichen Anordnung entstandenen Forderung des Insolvenzschuldners nicht, da § 91 Abs. 1 InsO die Verfahrenseröffnung voraussetzt.[44] Der Rechtsansicht des späteren Verwalters, Daher steht § 91 InsO z.B. dem Erwerb eines Vermieterpfandrechts im Hinblick auf die während des Eröffnungsverfahrens entstehende Mietzinsforderungen nicht entgegen.[45]

---

33 BGHZ 135, 140, 145; 162, 187, 190; 167, 363, 365.
34 BGHZ 135, 140, 145; BGH, Urt. v. 17. 11. 2005 – IX ZR 162/04, ZIP 2006, 87, 89; BGH, Urt. v. 14. 12. 2006 – IX ZR 102/03, ZIP 2007, 191, 193; BGH, Urt. v. 21. 2. 2008 – ZR 255/06, ZIP 2009, 703, 704.
35 BGHZ 160, 1, 6.
36 BGH, Urt. v. 8. 1. 2009 – IX ZR 217/07, ZIP 2009, 380.
37 BGH, Urt. v. 25. 6. 2009 – IX ZR 98/08, ZIP 2009, 1529.
38 BGHZ 70, 86.
39 BGH, Urt. v. 13. 3. 2008 – IX ZR14/07, ZIP 2008, 885.
40 BGHZ 155, 87, 92f.
41 BGH, Beschl. v. 18. 2. 2010 – IX ZR 61/09, ZIP 2010, 587.
42 BGH, Beschl. v. 15. 1. 2009 – IX ZR 237/07, ZIP 2009, 485.
43 RGZ 134, 73, 78; BGH, Urt. v. 9. 10. 1958 – II ZR 229/57, WM 1958, 1417, 1418.
44 BGH, Urt. v. 22. 10. 2009 – IX ZR 90/08, ZIP 2009, 2347.
45 BGH, Urt. v. 14. 12. 2006 – IX ZR102/103, ZIP 2007, 191.

c) Verfügungen von Gläubigern über Gegenstände der Ist-Masse. Das neue Recht kompliziert die bisher durch Abreden zwischen Konkursverwalter und zu Pools zusammengefassten Gläubigern bewirkte Einbeziehung dinglich berechtigter Gläubiger für den das Verfahren organisierenden Insolvenzverwalter.[46] Das neue Recht zieht das Sicherungseigentum sowie die unter verlängertem und erweitertem Eigentumsvorbehalt stehenden beweglichen Sachen zur (Soll-)Masse.[47] Die Schwierigkeiten rühren eigentümlicherweise aus dieser Einbeziehung der von Absonderungsrechten erfassten Gegenstände in die Soll-Masse her; die Zugehörigkeit zu der der *Verwertungskompetenz* des Insolvenzverwalters zugehörigen Masse *schließt* aber ihre Disponibilität durch die Sicherungseigentümer *aus*. Nach bisherigem Recht war die Übertragung von Sicherungsgut auf einen weiteren Sicherungsnehmer oder auf einen Sicherheitenpool nach der Eröffnung möglich.[48] Denn der Pool als Treuhänder, der Inhaber der Sicherungsrechte wurde, erwarb an *massefremden* Gegenständen Rechte. Die Einbeziehung des Absonderungsgutes in die Masse führt nun zur Anwendbarkeit des § 91 InsO[49], der den Rechtserwerbs an Massegegenständen ausschließt. Diese Vorschrift erfasst nämlich auch den Rechtserwerb am Absonderungsgut. Die Absonderungsberechtigten können daher nicht mehr ohne Mitwirkung des Insolvenzverwalters „außerhalb" des Insolvenzverfahrens Verwertungspools bilden. Es wäre eine Fehleinschätzung, wollte man darin eine Erleichterung der Tätigkeit des Insolvenzverwalters gegenüber der bisherigen Rechtslage sehen, der nach neuem Recht seinen Ansprechpartner erst mit aus der Taufe heben muss. Das aber darf der Insolvenzverwalter wohl bei Drohung persönlicher Haftung nicht. **10e**

Unten (§ 34 Rn. 61 ff.) wird näher dargestellt, dass sich aus der geschilderten Stellung des absonderungsberechtigten Gläubigers ergibt, dass dinglich gesicherte Gläubiger im eröffneten Insolvenzverfahren die Rechtsmacht zur Konstitution eines Pools soweit nicht haben, wie sie dem konkurslichen Regime nach den §§ 166 ff. InsO unterworfen sind. **10f**

---

46 *Burgermeister,* Der Sicherheitenpool im Insolvenzrecht, 2. Aufl. 1996, S. 316; *Braun/Uhlenbruck,* Unternehmensinsolvenz, 1997, S. 348 f.; *Smid,* NZI 2000, 505; krit. *Riggert,* NZI 2000, 525, 526.

47 Zu diesem Begriff vgl. *Oetker,* ZZP Bd. 25 (1900) 1 ff. Es geht daher an der Sache völlig vorbei, wenn *Klasmeyer/Elsner/Ringstmeier,* in: Kölner Schrift zum Insolvenzrecht, 2. Aufl. 2000, S. 1087 (Rn. 19) von einem „formaljuristischen Gehören" schreiben – die Ist-Masse gem. § 35 InsO hängt mit § 148 Abs. 1 InsO zusammen, vgl. *Smid,* in: FS Rolland, 1999. Die §§ 166 ff. InsO machen stärker als die Regelung des § 127 KO deutlich, dass die Ist-Masse die Summe all derjenigen Vermögenswerte umfasst, die sich im *Besitz* des Schuldners befinden (vgl. den unerwartet klaren Wortlaut des § 7 Abs. 2 GesO, *Smid,* Gesamtvollstreckungsordnung, 3. Aufl. 1996/1997 § 7 Rn. 6 ff.) und die mit Verfahrenseröffnung in den Besitz des Verwalters übergeht. Zutreffend zum neuen Recht *Niesert,* InVo 1998, 85, 86; *Welzel,* ZIP 1998, 1823, 1824 („... es steht außer Diskussion, dass sicherungsübereignete Gegenstände zur Insolvenzmasse zählen"); *Braun/Uhlenbruck* (Fn. 46) 345; *Lwowski,* in: MünchKomm, InsO, 1. Aufl. 2001, § 35 Rn. 140 ff.

48 *Jaeger/Henckel,* KO, 8. Aufl. 1973, § 15 Rn. 70, *Kuhn/Uhlenbruck,* KO, 11. Aufl. 1994, § 15 Rn. 3; *Mönning,* Betriebsfortführung in der Insolvenz, 1997, Rn. 967 ff.

49 Unklar *Blersch,* in: Praktikerkommentar InsO, § 91 Rn. 3.

IV. Ausübung von Zwang gegen den Insolvenzschuldner

1. Kooperation des Gemeinschuldners als Voraussetzung reibungsloser Verfahrensabwicklung[50]

11 Der Insolvenzverwalter wird freilich regelmäßig im Insolvenzverfahren auf kooperationswillige, ja vielfach sogar durch die Anwesenheit eines sie entlastenden Insolvenzverwalters erleichterte Gemeinschuldner treffen. Dieser Regelfall wird indessen von Ausnahmen dolos handelnder, der ordnungsgemäßen Insolvenzverwaltung Abbruch tuender Schuldner durchbrochen.

12 **Beispiel:** Insolvenzverwalter machen Erfahrungen mit solchen Situationen, etwa wenn der Geschäftsführer der Gemeinschuldnerin – eines Unternehmens, das EDV bei Konstruktionen einsetzt – sich weigert, dem Insolvenzverwalter Zugang zur EDV und deren Nutzung zu verschaffen.

2. Legitimation von Zwangsmaßnahmen

13 *Dieses* Problem wird durch die §§ 97, 98 InsO gelöst oder doch abgemildert, die dem Insolvenzverwalter gegen den Geschäftsführer der Gemeinschuldnerin Druckmittel einräumen. § 97 Abs. 1 InsO bestimmt, dass der Schuldner verpflichtet ist, dem Insolvenzgericht, dem Insolvenzverwalter, dem Gläubigerausschuss und auf Anordnung des Gerichts der Gläubigerversammlung über alle das Verfahren betreffenden Verhältnisse Auskunft zu geben. Dabei hat er hat nach Satz 2 auch Tatsachen zu offenbaren, die geeignet sind, eine Verfolgung wegen einer Straftat oder einer Ordnungswidrigkeit herbeizuführen;[51] Satz 3 dieser Vorschrift bestimmt aber zur Wahrung der verfassungsrechtlich gebotenen Achtung der Menschenwürde im Anschluss an die Entscheidung des BVerfG vom 13. 1. 1981,[52] dass insoweit allerdings ein Verbot besteht, die Auskunft ohne Zustimmung des Schuldners im Strafverfahren zu verwerten. Der Schuldner hat nach § 97 Abs. 2 InsO den Verwalter bei der Erfüllung von dessen Aufgaben zu unterstützen.

14 Nach § 98 Abs. 1 InsO ordnet das Insolvenzgericht an, dass der Schuldner zu Protokoll an Eides Statt versichert, er habe die von ihm verlangte Auskunft nach bestem Wissen und Gewissen richtig und vollständig erteilt, wenn es zur Herbeiführung wahrheitsgemäßer Aussagen erforderlich erscheint. Das Gericht kann nach § 98 Abs. 2 InsO den Schuldner zwangsweise vorführen und nach Anhörung in Haft nehmen lassen, wenn der Schuldner eine Auskunft oder die eidesstattliche Versicherung oder die Mitwirkung bei der Erfüllung der Aufgaben des Insolvenzverwalters verweigert, wenn der Schuldner sich der Erfüllung seiner Auskunfts- und Mitwirkungspflichten entziehen will, insbesondere Anstalten zur Flucht trifft, oder wenn dies zur Vermeidung von Handlungen des Schuldners, die der Erfüllung seiner Auskunfts- und Mitwirkungspflichten zuwiderlaufen, insbesondere zur Sicherung der Insolvenzmasse, erforderlich ist.

---

50 *Uhlenbruck,* ZInsO 1999, 493 ff.

51 *Eickmann,* in: H-K, InsO, 4. Aufl. 2006, § 97 Rn. 13; *Wittkowski,* in: Nerlich/Römermann, InsO, § 97 Rn 7; *Kroth,* in: Braun, InsO, 2. Aufl. 2004, § 97 Rn. 10.

52 BVerfG, Beschl. v. 13. 1. 1981 – 1 BvR 116/77 – BVerfGE 56, 37.

Voraussetzung für die Anordnungen nach § 98 InsO ist deren **Bestimmtheit.** Das Insolvenzgericht muss daher in seinem Beschluss angeben, wegen welcher ***konkreten*** **Pflichtverletzung** des Schuldners es Sanktionen verhängt[53]: 15

Fall: Ein Arzt, über dessen Vermögen das Insolvenzverfahren eröffnet worden war, hatte trotz Androhung von Zwangsmaßnahmen auf Anfrage des Insolvenzverwalters nur anonymisierte Auskünfte wegen von ihm behandelter Privatpatienten erteilt. Darauf erließ das Insolvenzgericht Haftbefehl gegen den Schuldner, der zugleich darauf gestützt wurde, der Schuldner habe weitere Mitwirkungspflichten verletzt, die nicht näher angegeben, sondern u.a. durch Verweis auf ein Schreiben des Insolvenzverwalters bezeichnet wurden. 16

Der erkennende IX. Zivilsenat hat darauf erkannt, der gegen den Schuldner erlassene Haftbefehl sei rechtmäßig, da der Schuldner verpflichtet gewesen ist, dem Insolvenzverwalter die begehrte Auskunft über die von ihm behandelten Privatpatienten in nachvollziehbarer Form zu erteilen. Deshalb aber erübrige sich eine Prüfung der Rechtmäßigkeit des Haftbefehls und seine Teilaufhebung nicht, soweit er auf weitere Gründe gestützt werde. Wegen der Reichweite des mit dem Haftbefehl verbundenen schwerwiegenden Grundrechtseingriffs bedürfen die einzelnen Pflichten, deren Erfüllung mit ihm erzwungen werden sollen, hinreichender Bestimmtheit. Ist dies nicht gewährleistet, ist der Haftbefehl teilweise rechtswidrig und daher insoweit aufzuheben. § 97 Abs. 1 InsO bestimmt, dass der Schuldner verpflichtet ist, dem Insolvenzgericht, dem Insolvenzverwalter, dem Gläubigerausschuss und auf Anordnung des Gerichts der Gläubigerversammlung über alle das Verfahren betreffenden Verhältnisse Auskunft zu geben. Nach § 98 Abs. 1 InsO ordnet das Insolvenzgericht an, dass der Schuldner zu Protokoll an Eides Statt versichert, er habe die von ihm verlangte Auskunft nach bestem Wissen und Gewissen richtig und vollständig erteilt, wenn es zur Herbeiführung wahrheitsgemäßer Aussagen erforderlich erscheint. Das Gericht kann nach § 98 Abs. 2 InsO den Schuldner zwangsweise vorführen und nach Anhörung in Haft nehmen lassen, wenn der Schuldner eine Auskunft oder die eidesstattliche Versicherung oder die Mitwirkung bei der Erfüllung der Aufgaben des Insolvenzverwalters verweigert, wenn der Schuldner sich der Erfüllung seiner Auskunfts- und Mitwirkungspflichten entziehen will, insbesondere Anstalten zur Flucht trifft, oder wenn dies zur Vermeidung von Handlungen des Schuldners, die der Erfüllung seiner Auskunfts- und Mitwirkungspflichten zuwiderlaufen, insbesondere zur Sicherung der Insolvenzmasse, erforderlich ist.[54] Für den Insolvenzverwalter ist zu beachten: Der IX. Zivilsenat nimmt eine wichtige Unterscheidung vor. Die grundrechtlich geschützten Interessen des Patienten eines Arztes oder des Mandanten eines Rechtsanwaltes an der Geheimhaltung seiner Daten erstreckt sich neben den für die Wahrnehmung des Mandates oder die Durchführung der Behandlung im engeren Sinne erforderlichen Daten im allgemeinen zwar auch auf den Umstand, dass der Betreffende überhaupt einen Arzt oder Rechtsanwalt usf. aufgesucht hat. Der erkennende Senat hat – dem BVerfG[55] folgend aufgrund einer Güterabwägung die Interessen der Patienten bzw. der Mandanten des Schuldners hinter die seiner Gläubiger unter Verweis auf deren Grundrecht gem. Art. 14 Abs. 1 GG zurücktreten lassen. Mit der Offenlegung dieser Geheimnisse verstößt der Schuldner nicht gegen § 203 Abs. 1 StGB, da er im Rahmen der individualzwangsvollstreckungsweisen Forderungspfändung und -überweisung durch § 836 Abs. 3 ZPO, im Insolvenzverfahren durch § 35 InsO und § 97 Abs. 1 InsO, legitimiert wird. Die Entscheidung macht freilich deutlich, dass dies im Hinblick auf die Daten gilt, derer der Insolvenzverwalter sich zwingend bedienen muss, um die Forderung gegen Patienten oder Mandanten durchzusetzen; ob dies für Patienten- oder Mandantendaten im engeren Sinne gilt, begegnet danach eher Zweifeln. Für die Abwicklung von über das Vermögen Selbständiger eröffneter Insolvenzverfahren ist wichtig, dass der BGH hier erneut[56] darauf erkannt hat, die Abtretung von Honoraransprüchen an Dritte sei jedenfalls dann nichtig, wenn damit die Offenlegung 17

---

53 BGH, Beschl. v. 17. 2. 2005 – IX ZB 62/04 – NJW 2005, 1505. Die Pflicht des Schuldners erstreckt sich auch auf die Korrektur falscher Tatsachenfeststellungen des (vorläufigen) Verwalters: BGH, Beschl. v. 21. 10. 2010 – IX ZB 24/10.

54 *Smid*, Grundzüge des Insolvenzrechts, 4. Aufl. 2002, § 14 Rn. 17.

55 BVerfG, Beschl. v. 14. 9. 1989 – 2 BvR 1062/87 – BVerfGE 80, 367, 373.

56 BGH, Urt. v. 5. 12. 1995 – X ZR 121/93 – WM 1996, 928, 929.

solcher dem Schuldner anvertrauter Geheimnisse erfolge, die nach § 203 Abs. 1 StGB geschützt sind; diese Honoraransprüche sind und bleiben Teil der Insolvenzmasse.[57]

3. Erzwingung der Mitwirkung des Schuldners im grenzüberschreitenden Verfahren

18 Der IX. Zivilsenat des BGH[58] hat darauf erkannt, dass der Schuldner gem. § 97 InsO dazu verpflichtet ist, dem Insolvenzverwalter in dem in Deutschland eröffneten (Haupt-)Insolvenzverfahren eine umfassende Auslandsvollmacht zu erteilen, sofern die Umstände für die Existenz von im Ausland belegenen Massegegenständen sprechen. Dies gilt sowohl für grenzüberschreitende Insolvenzverfahren innerhalb als auch außerhalb des räumlichen Geltungsbereichs der EuInsVO.[59] Die EuInsVO hat mit Statuierung der automatischen Anerkennung der Rechtsmacht des Verwalters des Hauptinsolvenzverfahrens in allen Mitgliedsstaaten der EU gem. Art. 16, 17 und 18 EuInsVO (mit Ausnahme Dänemarks) die Verwertung der im Ausland belegenden Masse durch den deutschen Insolvenzverwalter erheblich erleichtert. Befindet sich Masse in solchen Staaten, in denen die EuInsVO nicht zur Anwendung gelangt, bedarf es nicht selten zeitaufwendiger und kostenintensiver Verfahren im Ausland, damit der Insolvenzverwalter seiner Aufgabe der Inbesitznahme (§ 148 Abs. 1 InsO) und Verwertung (§ 159 InsO) der dort befindlichen Massegegenstände nachzukommen in Stand versetzt wird. Einfacher als die im Ausland wirksame Legitimation durch Erlangung der „offiziellen" Anerkennung als rechtszuständige Insolvenzverwaltung ist es für den Insolvenzverwalter in derartigen Fällen, sich umfassend vom Insolvenzschuldner bevollmächtigen zu lassen. Der IX. Zivilsenat[60] hat darauf erkannt, dass der Insolvenzschuldner hierzu aufgrund seiner gesetzlichen Mitwirkungspflichten im Insolvenzverfahren verpflichtet ist:

19 **Fall:** Der Insolvenzverwalter stieß auf Unterlagen, die ihm die Existenz von Kontenverbindungen der Schuldnerin zu Schweizer Kreditinstituten nahe legten. Er forderte darauf von der Schuldnerin eine umfassende Vollmacht, mit allen schweizerischen Banken in Bezug auf das Vermögen der Schuldnerin handeln zu dürfen. Die Rechtspflegerin erließ einen Beschluss, mit dem der Schuldnerin die Erteilung einer derartigen Auslandsvollmacht aufgegeben wurde, wogegen die Schuldnerin Beschwerde einlegte, die vom AG als unbegründet zurückgewiesen wurde. Gegen den weiteren Beschluss des AG, mit dem die Zwanghaft gegen die Schuldnerin angeordnet wurde, legte diese Beschwerde und Rechtsbeschwerde ein.

20 Gegen die Anordnung der Haft sieht § 98 Abs. 3 Satz 3 InsO die sofortige Beschwerde vor, die aber unbegründet war: Auch wenn die Existenz von Auslandsvermögen nicht feststeht, sondern nach Lage der Dinge (aufgrund der dem Insolvenzverwalter *im Inland zugänglichen* Informationen) nicht unwahrscheinlich ist, ist nach dem Beschluss des IX. Zivilsenats der Schuldner zur Erteilung der geforderten Auslandsvollmacht verpflichtet. Dabei verdient es Zustimmung, dass der BGH die Ansicht vertritt, diese Pflicht bestehe auch in solchen Fällen, in denen das Recht des anderen Staates aufgrund des Universalitätsprinzips die Rechtsmacht des deutschen Insolvenzverwalters anzuerkennen bereit sei. So bedarf es in der Schweiz, deren internationales Insolvenzrecht auf dem Grundsatz der Universalität gründet, nach Art. 166 des schwIPRG[61], eines formellen Anerkennungsverfahrens, um die universellen Wirkungen des in Deutschland eröffneten Insolvenzverfahrens auf das in der Schweiz belegene Vermögen des Schuldners zu erstrecken. Der IX. Zivilsenat macht deutlich, dass die Mitwirkungspflichten des Schuldners die Pflicht einschließen, in derartigen Fällen Zeit- und Geldverluste bei der Masseverwertung im Ausland vermeiden zu helfen.

---

57 BGH, Beschl. v. 4. 3. 2004 – IX ZB 133/03 – NZI 2004, 312, 313.
58 BGH, Beschl. v. 18. 9. 2003 – IX ZB 75/03 – ZIP 2003, 2123 m. Anm. *Vallender,* EWiR 2004, 293.
59 Eingehend hierzu *Vallender,* EWiR 2004, 293 und *Smid,* DZWIR 2004, 397.
60 BGH, Beschl. v. 18. 9. 2003 – IX ZB 75/03 – ZIP 2003, 2123 – m. Anm. *Vallender,* EWiR 2004, 293.
61 BGH, Urt. v. 18. 7. 2002 – IX ZR 195/01 – DZWIR 2002, 470.

Zu Recht weist *Vallender*[62] in diesem Zusammenhang darauf hin, dass dies nicht nur Geltung in grenzüberschreitenden Insolvenzverfahren mit Bezug zu einem Staat außerhalb des Geltungsbereichs der EuInsVO[63] beansprucht. Die Pflicht des Schuldners, durch Erteilung einer Auslandsvollmacht zur Verfahrensbeschleunigung beizutragen und die Kosten zu senken, trifft ihn auch, wenn es darum geht, in denjenigen EU-Mitgliedsstaaten Massegegenstände in Besitz zu nehmen und zu verwerten, in denen die EuInsVO gilt. 21

V. Einflussmöglichkeiten des Schuldners auf den Ablauf des Insolvenzverfahrens

1. Eigene Verfahrensrechte des Schuldners[64]

Zu den erklärten Zielen der Insolvenzrechtsreform[65] gehört es, die Person des Gemeinschuldners in das Verfahren einzubinden:[66] § 1 Satz 2 InsO gibt den Rahmen an, in dem dies geschehen soll – dem „redlichen"[67] Schuldner soll Gelegenheit dazu gegeben werden, sich von seinen Verbindlichkeiten im Verlauf des Insolvenzverfahrens zu befreien, was im Übrigen nicht auf die Restschuldbefreiung natürlicher Personen beschränkt ist, sondern sich auch auf die Sanierung von Unternehmensträgern bezieht. Das hat verfahrensrechtliche Konsequenzen, die außerordentlich weit reichen.[68] War der Schuldner im alten Konkurs- und Gesamtvollstreckungsrecht den Rechtsfolgen des Konkurses unterworfen, nimmt er im neuen Verfahren eine eigene Stellung mit eigenen Rechten wahr. Nach neuem Recht kann der Schuldner nicht nur, wie bislang, mehr oder weniger fruchtlose Beschwerdeschreiben über und gegen den Insolvenzverwalter verfassen. Er hat in einer Reihe entscheidender Punkte die Befugnis, an das Insolvenzgericht *Anträge* zu richten, die nicht ignoriert werden dürfen, sondern förmlich verbeschieden werden müssen. Dem Schuldner sind damit Möglichkeiten zur Behinderung der Verfahrensabwicklung an die Hand gegeben, die ihm zugleich Druckmöglichkeiten gegen den Insolvenzverwalter eröffnen. 22

2. Rechtsmacht des Schuldners in neuen Regelinsolvenzverfahren

a) „Entmachtung" des Schuldners. Der „alte" Konkurs war zwar entgegen der Ansicht des Reformgesetzgebers nicht notwendig mit der Zerschlagung von Unternehmen und Unternehmensträgern verbunden, wohl aber – in den Worten *Friedrich Oetkers*[69] – mit seiner Entmachtung, Entmündigung und Enteignung. Unserer an euphemistische Umschreibungen harter Wirklichkeiten vertrauten Zeit mag diese 23

---

62 *Vallender*, EWiR 2004, 293.
63 *Smid*, Deutsches und Europäisches Internationales Insolvenzrecht. Kommentar. 2004 Art. 1 Rn. 6, 8. Die EurInsVO betrifft grenzüberschreitende Insolvenzverfahren innerhalb der EU (Binnenmarkt); sofern der Schuldner den Mittelpunkt seiner Interessen in einem Mitgliedstaat der EG hat (*Morscher*, EurInsVO, 2002, 19; *Huber*, ZZP Bd 114, 133, 136/137; *Herchen*, Das Übereinkommen über Insolvenzverfahren, 34 ff.; *Reinhart*, in: MünchKomm, InsO, 1. Aufl. 2001, Art. 1 EuInsVO Rn. 7. Gegenüber Drittstaaten entfaltet die EuInsVO keine Wirkungen (*Duursma*, in: Kepplinger/Duursma/Chalupsky, EuInsVO, 1. Aufl. 2001, Art. 1 Rn. 3; *Reinhart*, in: MünchKomm, InsO, 1. Aufl. 2001, Art. 1 EuInsVO Rn. 9 ff.).
64 Zum Folgenden *Smid/Nellessen*, InVO 1998, 113 ff.
65 Amtl. Begr. zum Regierungsentwurf einer Insolvenzordnung 3 d, BT-Drs. 12/2443, S. 81.
66 *Smid/Leonhardt*, in: LSZ, InsO, 3. Aufl. 2010, § 1 Rn. 1, et passim.
67 Hierzu im Rahmen der Unternehmensinsolvenz: *Smid*, „Sanierungswürdigkeit" als Maßstab des Insolvenzrechts, Rpfleger 1997, 501 ff., bes. 502.
68 Vgl. hierzu im Rahmen des Insolvenzplanverfahrens bereits *Smid/Rattunde*, Der Insolvenzplan, 2. Aufl. 2005, passim.
69 *Oetker*, Konkursliche Grundbegriffe, 1891, passim.

Art der Darstellung zu brutal überzeichnet und vielleicht, im Sinne des genauen Gebrauchs juristischer termini technici, sogar ungenau erscheinen.

24 Sie gibt aber exakt wieder, worum es im Konkurs ging: Die Ablösung des Insolvenzschuldners durch den Insolvenzverwalter, die Aufhebung der Rechtsmacht des Insolvenzschuldners (§ 80 InsO) bis hin zu einschneidenden statusrechtlichen Änderungen seiner Stellung und der Legitimation der Grundrechtseingriffe, wie sie heute nach den erwähnten §§ 97ff. InsO vorgesehen sind. Letztere lässt das neue Insolvenzrecht noch zu, doch ist nicht zu übersehen, dass ein „Paradigmenwechsel"[70] eingetreten zu sein scheint, der das Insolvenzrecht weg von der Entmachtung des Schuldners hin zu seinem Schutz unter der Prämisse eines fresh start-Denkens bewegt. Auf die Gefahren, die damit verbunden sind, ist verschiedentlich aufmerksam gemacht worden; im Folgenden soll es darum gehen zu zeigen, wie sich dies im allgemeinen liquidierenden Insolvenzverfahren nach neuem Recht niedergeschlagen hat und welche Folgen sich daraus für die Praxis der Insolvenzverwaltung ebenso wie für die Aufgabenstellungen der Insolvenzgerichte ergeben werden.

25 **b) Eigenverantwortliche Abwicklung der Insolvenz durch den Schuldner – die Eigenverwaltung als Regelfall[71]?** § 27 Abs. 1 Satz 2 InsO macht positiv-rechtlich deutlich, dass der Reformgesetzgeber die Anordnung der Eigenverwaltung gegenüber der Einsetzung eines Insolvenzverwalters als gleichwertig ansieht – sofern der Schuldner einen hierauf gerichteten Antrag nach § 270 Abs. 1 InsO gestellt *und* keine Versagungsgründe nach § 270 Abs. 3 InsO vorliegen. Dies folgt, wie bereits in den einleitenden Überlegungen dargestellt, aus der Geltung des Verhältnismäßigkeitsgrundsatzes im Insolvenzverfahren.

26 **c) Anspruch des Schuldners auf Gewährung rechtlichen Gehörs.** Die eigenen, dem Gemeinschuldner im allgemeinen liquidierenden Verfahren eingeräumten Rechte kommen in „actiones" zum Ausdruck, die der Gesetzgeber dem Gemeinschuldner im neuen Verfahren eingeräumt hat. Die Anerkennung eigener Verfahrensrechte des Gemeinschuldners im liquidierenden Verfahren durch das neue Recht gehen über die Selbstverständlichkeit hinaus, dass dem Gemeinschuldner in Form von *Anhörungen* (vgl. § 10 InsO[72]) die Möglichkeit zur Stellungnahme zu gewähren sei. Die InsO geht auch für das allgemeine liquidierende Verfahren weit darüber hinaus; sie räumt dem Gemeinschuldner in dem Sinne *rechtliches Gehör* (Art. 103 Abs. 1 GG) ein, dass er auf den Verlauf des Verfahrens Einfluss nehmen kann.[73]

27 **d) Verfahrensrechtliche „Gegenrechte" des Schuldners.** Dem Schuldner eröffnen die §§ 158, 163 InsO die Möglichkeit, Verwertungsmaßnahmen des Insolvenzverwalters zu „stoppen". Das Insolvenzgericht untersagt gem. § 158 Abs. 2 Satz 2 InsO[74] auf Antrag des Schuldners und nach Anhörung des Verwalters die Stilllegung, wenn diese

---

70 *Smid/Rattunde*, Der Insolvenzplan, 2. Aufl. 2005, Rn. 0.1 ff.

71 So *Wehdeking*, in: Smid (Hrsg.), Insolvenz als Sanierungschance – Neue Tendenzen des deutschen und internationalen Insolvenzrechts, 2005; *dies.*, Masseverwaltung des insolventen Schuldners, 2005, Kap. 1.

72 Zu deren durch die Funktion des Insolvenzverfahrens als *Eilverfahren* bestimmten und begrenzten Aufgabenstellung vgl. das OLG Frankfurt/M v. 6. 2. 1996 – 20 W 570/95 – ZIP 1996, 556.

73 So ausdrücklich *Prütting*, in: Kölner Schrift zur Insolvenzordnung, 2. Aufl. 2000, S. 221, 228 Rn. 21 ff., 22 ff. (zum rechtlichen Gehör als Maxime des Insolvenzverfahrens); *Kirchhof*, in: Heidelberger Kommentar, InsO, 4. Aufl. 2006, § 10 Rn. 2, 3 und *Grub*, in: Kölner Schrift zur Insolvenzordnung, 2. Aufl. 2000, S. 671, 694 Rn. 61 (zu den eigenen Antragsrechten des Schuldners). Mit w. Nachw., die sich auf die Funktion des rechtlichen Gehörs in nichtstreitigen Verfahren beziehen, *Smid*, Rechtsprechung, 1990. Zur Unterscheidung von Rechtsfürsorge und Prozess, 1990, 342 ff.

74 *Smid*, in: LSZ, InsO, 3. Aufl. 2010, § 158 Rn. 12 ff.; *Uhlenbruck*, in: Uhlenbruck, InsO, 12. Aufl. 2003, § 158 Rn. 12.

ohne eine erhebliche Verminderung der Insolvenzmasse bis zum Berichtstermin aufgeschoben werden kann. Auf Antrag des Schuldners kann das Insolvenzgericht nach Anhörung des Insolvenzverwalters gem. § 163 Abs. 1 InsO anordnen, dass die geplante Veräußerung des Unternehmens oder eines Betriebs nur mit Zustimmung der Gläubigerversammlung zulässig ist, wenn der Antragssteller glaubhaft macht, dass eine Veräußerung an einen anderen Erwerber für die Insolvenzmasse günstiger wäre. Nach § 163 Abs. 2 InsO ist der Schuldner als Antragssteller berechtigt, die Erstattung der ihm durch seinen Antrag entstandenen Kosten aus der Insolvenzmasse zu verlangen, sobald die Anordnung des Gerichts ergangen ist. Die Aussetzung der Verwertung der Masse nach § 158 InsO ist nur dann nicht „nachteilig", wenn ein Dritter Gewähr dafür übernimmt, dass der Masse die Barmittel zufließen, die ihr aus der Aussetzung des Verwertungsgeschäfts entgehen.

Beide Vorschriften haben einen vielschichtigen Hintergrund: Die Antragsbefugnis **28**
nach § 158 Abs. 2 InsO beruht auf dem Gedanken, es sei in der einleitenden Phase des Insolvenzverfahrens möglich, gleichsam ohne Nachteil für die Masse der Verwertungstätigkeit des Insolvenzverwalters „Ruhepausen" dadurch aufzuerlegen, dass ihm eine der Verwertung notwendig vorausgehende Betriebsstilllegung untersagt wird. Die Veräußerung eines Unternehmens an einen auswärtigen Erwerber duldet aber regelmäßig keinen Aufschub – ansonsten droht das Geschäft verloren zu gehen, der Erwerber sich andernorts umzusehen und damit die Masse dadurch gemindert zu werden, dass sie mit der Entsorgung von Schrott belastet wird anstatt dass ihr flüssige Mittel zugeführt werden *und* das Betriebsgrundstück geräumt wird! Jedes Zuwarten hat hier grundsätzlich nachteilige Folgen. Ausgangspunkt der Betrachtung des § 158 InsO muss daher immer die Pflicht des Insolvenzverwalters zur *unverzüglichen* Verwertung der Masse (§ 159 InsO) sein, die in Bezug auf die gleichbehandelnde Gläubigerbefriedigung als Primärfunktion (§ 1 Satz 1 InsO)[75] des Insolvenzverfahrens zu verstehen ist. Sieht man die genannten Vorschriften in dem Gleichklang, der bei der Auslegung des Gesetzes als systematische Prämisse zu unterstellen ist, wird deutlich, dass den Schuldner die Argumentationslast für die „Nachteilsneutralität" der Aussetzung der Verwertung trägt. Die Aussetzung der Stilllegung (und der weiteren Verwertung) ist dann nicht nachteilig, wenn der Schuldner einen Dritten als Gewähr dafür benennen kann, dass der Masse der aus der Aussetzung des Verwertungsgeschäfts zu erwartende Erlös jedenfalls zufließt. Ist dies nicht der Fall, kommt eine Aussetzungsanordnung nicht in Betracht.

Der Gesetzgeber hat sich freilich keine weiteren Gedanken über das Antragsrecht des Schuldners nach **29**
§ 158 InsO gemacht. Er hat sich damit begnügt, darauf aufmerksam zu machen, dass diese Vorschrift eine „Entsprechung" im überkommenen Recht habe. Das ist *so nicht richtig*, und zwar aus folgendem Grunde: Auch die Regelungen der §§ 130 Abs. 2, 129 Abs. 2 KO sahen eine insolvenzgerichtliche Untersagung einer Maßnahme des Konkursverwalters auf Antrag des Schuldners vor, nämlich die Untersagung der Betriebsstilllegung. Voraussetzung für Schuldnerantrag und insolvenzgerichtlichen Untersagungsbeschluss war, dass der Schuldner einen *Zwangsvergleichsvorschlag* unterbreitet hatte. Dem Schuldner wurde also nicht die Kompetenz eingeräumt, vor dem Berichtstermin die Untersagung einer Betriebsstilllegung oder -veräußerung zu beantragen. Vielmehr wurde der Versuch der vergleichsweisen Verfahrensbeendigung geschützt, der, da die §§ 173ff. KO die Konkursgläubiger durch die

---

75 *Smid*, Die Aufgaben des neuen Insolvenzverfahrens, DZWIR 1997, 309ff., 30ff.

Festschreibung Mindestquoten schützte, Missbrauchsgefahren als wenig wahrscheinlich erscheinen ließ. Die Antragsbefugnis der §§ 130 Abs. 2, 129 Abs. 2 KO hat denn auch eher in § 233 InsO ihre Entsprechung gefunden – was der Gesetzgeber im Übrigen in der Amtlichen Begründung zu § 277 RegEInsO auch gesehen hat! § 158 InsO stellt dagegen eine Neuerung dar, die dem Schuldner erweiterte Handlungsbefugnisse *gegen* den Insolvenzverwalter einräumt. Die zeitliche Begrenzung dieses Antragsrechts macht es nicht weniger gefährlich, da es in die Phase fällt, die für die Durchführung der unter der vorläufigen Verwaltung eingeleiteten Maßnahmen der Masseverwertung entscheidend ist; sie ist vielleicht im Hinblick auf § 157 Satz 2 InsO erklärlich, wodurch § 158 InsO einen Bezug zu den §§ 130 Abs. 2, 129 Abs. 2 KO erhält. Gleichwohl ist eine schadensbegrenzende Auslegung der Vorschrift unerlässlich.

30 Komplizierter und nicht minder problematisch ist die Anordnung nach § 163 InsO: Diese Vorschrift entstammt einer Periode der Gesetzgebung, in der die übertragende Sanierung – anders als heute – noch nicht als „gleichwertig" neben dem Insolvenzplanverfahren angesehen wurde,[76] da man diese wegen möglicher Kollusionslagen als „gefährlich" ansah. § 173 des Diskussionsentwurfs einer InsO aus dem Jahre 1989 sah dennoch vor, dass im Falle einer Betriebsveräußerung „unter Wert" das Insolvenzgericht auf Antrag des Schuldners oder einer qualifizierten Anzahl von Gläubigern sollte anordnen können, dass die Veräußerung nur auf der Grundlage eines Insolvenzplans zulässig sein sollte – was jedenfalls zu weiteren Prüfungsvorgängen durch das Insolvenzgericht (heute: §§ 231, 248 InsO) geführt hätte; die Begründung zu § 173 InsO stellte denn auch ausdrücklich unter Bezugnahme auf § 172 InsO darauf ab, dass die Einbindung einer Betriebsveräußerung „unter Wert" in den Rahmen der Vorschriften über den Insolvenzplan Mehrheitsbildungen nach § 244 InsO erforderlich machen und daher einen Minderheitenschutz bewirken würde. An der Tauglichkeit der Vorschriften des Insolvenzplanverfahrens, Minderheitenschutz zu realisieren, werden ernsthafte Zweifel formuliert. Die *Intention* des Gesetzgebers aber ist aus § 173 des Diskussionsentwurfs abzulesen; sie ist im Verlauf des Gesetzgebungsverfahrens nicht realisiert worden und § 163 InsO „hängt" nun beziehungslos „in der Luft". Der Gesetzgeber hat zu § 163 InsO folgendes mitgeteilt: „Parallel zur Betriebsveräußerung an Insider wird auch die Zulässigkeit der Betriebsveräußerung unter Wert von der Aufstellung eines Insolvenzplans abgekoppelt und der Zustimmung der Gläubigerversammlung unterstellt. Auch für diese Regelung steht das Interesse an der Gerichtsentlastung und der Verfahrensvereinfachung im Vordergrund".[77] Bei dieser Gelegenheit der Verfahrensvereinfachung hat die vorliegende Vorschrift allerdings ihren Sinn vollständig eingebüßt. Sie wird bei den allfälligen Reparaturen des Gesetzes bei nächstbester Gelegenheit ersatzlos zu streichen sein.[78] Ihr Inhalt ist heute nur-

---

76 Vgl. die Begründung zu § 182 RegE InsO BT-Drs. 12/2443, S. 175 Soweit die Literatur überhaupt zur Masseverwertung durch den Insolvenzverwalter Stellung bezieht, bleibt die dem § 163 InsO innewohnende Problematik merkwürdigerweise ausgeblendet, vgl. etwa *Hess/Pape*, InsO und EGInsO, 1996, Rn. 461 ff.; allenfalls bei *Haarmeyer/Wutzke/Förster*, Handbuch zur Insolvenzordnung, 1997, die Rn. 5321 einfach die Motive des Gesetzgebers referieren, wird l. c. Rn. 5/322 darauf hingewiesen, dass es entschluss- und risikofreudigen Handelns des Insolvenzverwalters bedürfe. Das ist zweifellos nicht falsch, aber schöpft die Fragestellungen keineswegs aus, die sich angesichts des § 163 InsO aufdrängen. Soweit ersichtlich haben als einzige Autoren *Grub*, in: Kölner Schrift zur Insolvenzordnung, 2. Aufl. 2000, S. 671, 694 Rn. 61 und *Onusseit*, in: Kübler/Prütting, Kommentar zur Insolvenzordnung, § 163 Rn. 2 die Gefahren dieser Regelung angesprochen.

77 Bericht des RechtsA zu § 182 RegEInsO, BT-Drs. 12/7302.

78 So die ausdrückliche Forderung, in: *Smid*, in: Smid, InsO, 2. Aufl. 2001, § 163 Rn. 1.

mehr folgender: Der Schuldner kann nicht nur übertragende Sanierungen zu torpedieren versuchen, sondern darüber hinaus auch noch die bei seinem Werk anfallenden Kosten der Masse entnehmen[79] und den Insolvenzverwalter dadurch umso mehr in die Bredouille bringen.[80]

Der Schuldner oder die Gläubigerminorität als Antragsteller muss glaubhaft machen, dass eine Veräußerung an einen anderen Erwerber einen für die Masse günstigeren Effekt hätte. Die Glaubhaftmachung folgt § 294 ZPO.[81] Im Einzelnen muss der Antragsteller glaubhaft machen, dass ein anderer als vom Verwalter vorgesehener Erwerber am Erwerb des Betriebes interessiert ist. Hierzu ist z.B. eine Erklärung dieses Erwerbers vorzulegen. Das Kontrahieren mit diesem Erwerber ist nur dann für die Masse günstiger als die vom Verwalter vorgesehene Veräußerung, wenn die Zahlung des Kaufpreises sichergestellt ist, wofür Bürgschaften u. dgl. m. vorzulegen sind. Schließlich ist – gegebenenfalls durch entsprechende Gutachten – ein Vergleich mit dem Sanierungskonzept des Verwalters vorzulegen. **31**

Die Vorschrift ist in ihrer gegenwärtigen Fassung nicht sinnvoll. Das in ihr normierte Zustimmungserfordernis ergibt sich bereits aus § 160 Abs. 2 Nr. 1 InsO. Sie hatte ursprünglich einen völlig anderen Inhalt, wie sich aus der Begründung zum RegEInsO steht: Sie stand im Zusammenhang mit dem vom Gesetzgeber ursprünglich präferierten Insolvenzplanverfahren. Heute hat sie keinen sinnvollen Inhalt mehr. Dem Schuldner wird durch sie aber jedenfalls mittelbar dadurch ein unangemessener Einfluss auf das Verfahren eingeräumt, dass er gegenüber der Gläubigerversammlung durch gegenstandslose Anträge die Insolvenzverwaltung zu diskreditieren versuchen kann und in die Lage versetzt wird, zugunsten seines gutachtenden Unternehmensberaters die Masse zu plündern. **32**

Die Vorschrift ruft nachgerade zwangsläufig Missbräuche hervor, die bis hin zu einem vom Gemeinschuldner vorgeschlagenen „deal" des Inhalts reichen können, der Insolvenzverwalter werde gegen Zahlung einer Summe x, die man, geht es doch um unternehmerische Beratungen, unter den Masseverbindlichkeiten unterbringt, mit Anträgen nach § 163 InsO „in Ruhe gelassen". Das Antragsrecht, das zunächst ausschließlich auf das Insolvenzplanverfahren hin gedacht war, hat im allgemeinen Regelinsolvenzverfahren keinen vernünftigen Raum: Um angesichts der schrankenlosen Reichweite der Vorschrift Missbrauchslagen zu vermeiden, ist ihre begrenzende Auslegung zu empfehlen. Daher ist § 163 InsO dahingehend zu interpretieren, dass der Schuldner nur dann berechtigt ist, einen Antrag nach § 163 InsO zu stellen, wenn die folgenden Voraussetzungen erfüllt sind: **33**

- der Schuldner hat einen Insolvenzplan gem. § 218 Abs. 1 InsO vorgelegt; im Falle eines vom Insolvenzverwalter initiierten Insolvenzplans hat der Schuldner insoweit kein „Rechtschutzbedürfnis", und **34**
- das Insolvenzgericht hat eine Aussetzung der Verwertung der Masse gem. § 233 InsO versagt; insoweit kann § 163 InsO gleichsam als „Auffangtatbestand" eingreifen.

Dieses zweite Kriterium beruht darauf, dass die Aussetzungsentscheidung nach § 233 InsO allein den Schutz der Durchführung des Insolvenzplans im Auge hat. Handelt es sich z.B. um einen Liquidationsplan, in dem die Verwertung des Schuldnervermögens geregelt wird, kann sich – z.B. wegen drastisch veränderter konjunktureller Bedingungen (man denke etwa an den in den vergangenen Jahren wetterwendigen Im- **35**

---

79 *Onusseit,* in: Kübler/Prütting, Kommentar zur Insolvenzordnung, § 163 Rn. 2; *Smid,* in: LSZ, InsO, 3. Aufl. 2010, § 163 Rn. 9.
80 *Smid,* in: LSZ, InsO, 3. Aufl. 2010, § 163 Rn. 6f.
81 Vgl. § 4 InsO, *Smid/Leonhardt,* in: LSZ, InsO, 3. Aufl. 2010, § 4 Rn. 9; *Görg,* in: MünchKomm, InsO, 1 Aufl. 2001, § 163 Rn. 9f.

mobilienmarkt!) – ein Antrag nach § 233 InsO als „außerordentlicher Rechtsbehelf“ des Schuldners gegenüber zwar planmäßig beschlossenen, aber ihrer Voraussetzung beraubter Verwertungsmaßnahmen sinnvoll sein. Darüber hinaus ist allerdings der Anwendungsbereich des Antragsrechts des Schuldners nach § 163 InsO nach dem (ursprünglich) dieser Vorschrift beigelegten Zweck einzuschränken.

§ 5 Stellung der Organe der schuldnerischen Gesellschaft

I. Fortbestand der gesellschaftsrechtlichen Organstruktur der schuldnerischen Gesellschaft

Grundsätzlich bleibt die gesellschaftsrechtliche Stellung der Organe der juristischen Person in dem über ihr Vermögen eröffneten Insolvenzverfahren – also der Hauptversammlung, des Aufsichtsrates und des Vorstandes der AG, des Vorstandes und der Versammlung der eG und der Geschäftsführung der GmbH – unangetastet. Denn die Verbandsrechte begründende Mitgliedschaft endet mit der Verfahrenseröffnung nicht. 1

II. Gesellschaftsrechtliche Wirkungen

a) Auflösung von Gesellschaften. Durch die Eröffnung des Insolvenzverfahrens über das Vermögen der Gesellschaft werden die oHG, die KG (§§ 131 Abs. 1 Nr. 3, 161 Abs. 2 HGB), die KGaA (§ 289 Abs. 1 AktG), der eingetragene Verein (§ 42 Abs. 1 Satz 1 BGB[1]), die GmbH (§ 60 Abs. 1 Nr. 4 GmbHG) und die AG (§ 262 Abs. 1 Nr. 3 AktG) aufgelöst. Auch die Gesellschaft bürgerlichen Rechts wird aufgelöst, wenn über ihr Vermögen das Insolvenzverfahren eröffnet wird, § 728 Abs. 1 Satz 1 BGB; anders als bei Personenhandelsgesellschaften liegt jedoch kein Registrierungsakt vor, über den die Auflösung der Gesellschaft bürgerlichen Rechts publik gemacht werden könnte. Im Falle der Verfahrenseinstellung auf Antrag des Schuldners oder der Verfahrensaufhebung nach Bestätigung eines Insolvenzplans, der den Fortbestand der Gesellschaft vorsieht, können bei entsprechendem Beschluss der Gesellschafter aufgelöste Gesellschaften fortgesetzt werden; dies folgt bspw. für die GbR aus § 728 Abs. 1 Satz 2 BGB, für die oHG aus § 144 Abs. 1 HGB und für die GmbH aus § 60 Abs. 1 Nr. 4 GmbHG. 2

b) Anwendbarkeit gesellschaftsrechtlicher Regelungen? Die gesellschaftsrechtlichen Wirkungen des Eröffnungsbeschlusses in dem die Einsetzung eines Insolvenzverwalters voraussetzenden Regelinsolvenzverfahrens unterscheiden sich von denen, die der die Eigenverwaltung anordnende Eröffnungsbeschluss zeitigt. Folgender Fall zeigt, worum es geht: 3

Die H. AG hält Anteile an der J., Inc., einem US-amerikanischen Baukonzern. Diese Anteile sind außerordentlich werthaltig; sie stellen einen wesentlichen Bestandteil der Insolvenzmasse in dem über das Vermögen der H. AG eröffneten Insolvenzverfahren dar. Der Insolvenzverwalter der H. AG beabsichtigt, diese Anteile zu veräußern. Der Insolvenzverwalter ist bei der Veräußerung von gesellschaftsrechtlichen Beteiligungen, die von der insolvenzschuldnerischen Gesellschaft gehalten werden, grundsätzlich nicht an gesellschaftsrechtliche Schranken gebunden, und zwar weder an Zustimmungserfordernisse der §§ 179, 179a AktG bzw. die vom BGH in der Holzmüller-Entscheidung[2] definierten Zustimmungserfordernisse. 4

---

1 *Reuter*, in: MünchKomm, BGB, 3. Aufl. 1997, § 42 Rn. 1.
2 BGH, Urt. v. 25. 2. 1982 – II ZR 174/80 – BGHZ 83, 122.

5 Im Falle der Veräußerung werthaltiger zum Vermögen der Aktiengesellschaft gehörender Anteile an einer anderen Gesellschaft sollen die Aktionäre der veräußernden Gesellschaft durch die in der „Holzmüller"-Entscheidung des BGH aufgestellten bzw. die in § 179a AktG normierten Grundsätze davor geschützt werden, dass durch die Übertragung[3] von wesentlichen Vermögensbestandteilen der *Bestand* der Aktiengesellschaft gefährdet wird.[4] Um diesen Schutz der Aktionäre zu verwirklichen, statuiert das Gesetz in § 179a AktG eine Zuständigkeit der Hauptversammlung zur Beschlussfassung über die entsprechenden Maßnahmen; dies ist Ausdruck des allgemeinen Grundsatzes, dass die Aktionäre ihre Rechte in Angelegenheiten der Gesellschaft durch die Hauptversammlung ausüben, § 118 AktG, die damit Organ der Gesellschaft ist.[5] **Grundsätzlich ist die Organstellung der Hauptversammlung durch die Eröffnung eines Insolvenzverfahrens über das Vermögen der Aktiengesellschaft nicht betroffen. Denn die Verbandsrechte begründende Mitgliedschaft endet mit der Verfahrenseröffnung nicht;** bei der Auslegung des § 118 AktG wird schließlich ausdrücklich zwischen der Ausübung von verbandsrechtlichen Mitgliedschaftsrechten der Aktionäre auf der einen und ihren Rechten als Gläubiger der Gesellschaft unterschieden.[6] In dem über das Vermögen der Aktiengesellschaft eröffneten Insolvenzverfahren fungieren die Aktionäre in der Tat nicht als deren Gläubiger.[7] Insofern besteht die Möglichkeit, als Gesellschaftsorgan zu fungieren, für die Hauptversammlung nach Eröffnung des Insolvenzverfahrens über das Vermögen der Gesellschaft grundsätzlich in dem Umfang, in dem auch Vorstand[8] und Aufsichtsrat[9] weiter als Gesellschaftsorgane fungieren. Die Aufgaben und Befugnisse der Hauptversammlung beziehen sich auf die Verfassung der Gesellschaft. Die Hauptversammlung nimmt keine Aufgaben der Verwaltung des Gesellschaftsvermögens wahr, sondern agiert in Bezug auf die anderen Gesellschaftsorgane, namentlich den Vorstand. Gesellschaftsrechtlich betrachtet folgt aus der Umstellung des Vermögens der insolvenzschuldnerischen Vermögen unter die insolvenzrechtliche Haftungsordnung folgendes: Die Aktiengesellschaft erfährt mit Eröffnung des Insolvenzverfahrens eine *Zweckänderung*[10]; die Gesellschaft ist auf Auflösung zum Zwecke der Verwertung des Gesellschaftsvermögens zur gemeinschaftlichen Befriedigung ihrer Gläubiger hin ausgerichtet. Die Entmachtung der Gesellschaftsorgane der fallierten Gesellschaft greift zunächst für den Fall der Vermögensverwertung durch Veräußerung, § 159 InsO – also den Fall der Liquidation. Denn dann ist jedenfalls im Hinblick auf die Funktion der Hauptversammlung der Zweck, die Aktionäre zu schützen, schlechthin gegenstandslos. Dies gilt aber weithin auch für den Fall einer Reorganisation der insolvenzschuldnerischen Gesellschaft durch Insolvenzplan. Denn auch die Reorgani-

---

3 Die sich gegenüber den Aktienären als Geschäftsführungsmaßnahme darstellt, *Kort*, Bezugrechtsfragen und „Holzmüller"-Fragen, AG 2002, 369, 370.

4 Holzmüller-Entscheidung: BGH, Urt. v. 25. 2. 1982 – II ZR 174/80 – BGHZ 83, 122, 128; vgl. weiter *Hüffer*, Aktiengesellschaft, 2. Aufl., 1995, § 179a Rn. 1; *Kraft*, in: Kölner Komm zum Aktiengesetz, 2. Aufl. 1986, § 361 a.F. Rn. 2.

5 Statt aller m.w.N. *Hüffer*, Aktiengesellschaft, 2. Aufl. 1995, § 118 Rn. 2.

6 *Hüffer*, Aktiengesellschaft, 2. Aufl. 1995, § 118 Rn. 6.

7 *Noack*, Gesellschaftsrecht, Sonderband zu Kübler/Prütting, InsO, 1999, Rn. 405.

8 BGH v. 25. 6. 1979 – II ZR 219/78 – ZIP 1980, 46; *Noack* (Fn. 7) Rn. 361.

9 *Noack* (Fn. 7) Rn. 376.

10 *Noack* (Fn. 7) Rn. 155.

sation durch Insolvenzplan soll den Gläubigern dienen (§ 1 Satz 1 InsO), was insbesondere § 245 Abs. 1 Nr. 2 i.V.m. Abs. 2 InsO zeigt.[11]

Diese Überlegungen sind im Ergebnis auch im gegenwärtigen Gesellschaftsrecht außer jedem Streit: Im Aktienrecht wird dabei von einer „Überschneidung" von Aktien- und Insolvenzrecht gesprochen.[12] Diese „Überschneidung" führt zu einer „Funktionsteilung" zwischen den – fortbestehenden – Gesellschaftsorganen und dem Insolvenzverwalter.[13] Zur näheren Bestimmung der durch die Eröffnung des Insolvenzverfahrens über das Vermögen der insolvenzschuldnerischen Gesellschaft geschaffenen Kompetenzordnung wird zwischen dem so genannten Verdrängungsbereich, dem Insolvenzschuldnerbereich und dem Überschneidungsbereich unterschieden.[14] Gesellschaftsrechtlich-verbandsrechtliche Organisationsakte wie Satzungsänderungen fallen in den Insolvenzschuldnerbereich; dort bleiben die Befugnisse der Gesellschaftsorgane ohne Beeinträchtigung durch die Eröffnung des Insolvenzverfahrens fortbestehen. Der Überschneidungsbereich betrifft im Wesentlichen aktienrechtliche Anfechtungsprozesse. Die Verwertung des Vermögens der insolvenzschuldnerischen Gesellschaft gehört demgegenüber ohne jeden weiteren Zweifel in den Verdrängungsbereich.[15] Diese zur Konkursordnung entwickelten Unterscheidungskriterien gelten auch ohne Einschränkungen im Rahmen der 1999 in Kraft getretenen Insolvenzordnung.[16] Denn entweder hat nach § 159 InsO der Insolvenzverwalter die Masse unverzüglich zu verwerten, oder er hat im Rahmen eines Insolvenzplans eine anderweitige Abwicklung des Insolvenzverfahrens auszuarbeiten – bei der freilich die Gläubiger nur dann mitwirken müssen, wenn sie gegenüber einer Befriedigung infolge Verteilung des durch Verwertung erzielten Erlöses nicht schlechter gestellt werden dürfen (best interest test – § 245 Abs. 1 InsO).[17] 6

Die aktienrechtlichen Verfahren des Aktionärsschutz gegen eine Beeinträchtigung des Bestandes des Unternehmens durch Maßnahmen der allgemeinen gesellschaftsrechtlichen Organe (Vorstand, Aufsichtsrat oder Abwickler) greifen nach den bisherigen Überlegungen nur gegen die Maßregeln dieser Organe; die Gesellschaft und damit die Bestandsrechte der Aktionäre genießen gegenüber dem Insolvenzverwalter daher keinen gesetzlich im Kontext des Aktienrechts geregelten Schutz.[18] Der Bestandsschutz des insolvenzschuldnerischen Unternehmens wird im Insolvenzverfahren gegen solche Akte des Insolvenzverfahrens, die in den Verdrängungsbereich fallen, durch spezifisch insolvenzrechtliche Rechtsbehelfe des Insolvenzschuldners verwirklicht, die an die Stelle aktienrechtlicher Regelungen treten: Der Insolvenzschuldner kann beim Insolvenzgericht beantragen, dass die Vornahme der Rechtshandlung vorläufig untersagt wird. Gibt das Insolvenzgericht dem Antrag statt, hat es eine Gläubigerversammlung einzuberufen, die anstelle des Gläubigerausschusses über die Zweckmäßigkeit der Vornahme der Handlung entscheidet. 7

Nach § 276a InsO n.F. unterstehen die zur Eigenverwaltung berufenen Gesellschaftsorgane nicht mehr gesellschaftsrechtlichen Regelungen. 8

---

11 *Smid/Rattunde*, Insolvenzplan, 2. Aufl. 2005, Rn. 13.80 ff.
12 *Hüffer*, Aktiengesellschaft, 2. Aufl. 1995, § 262 Rn. 13.
13 *Hüffer*, Aktiengesellschaft, 2. Aufl. 1995, § 264 Rn. 3; *Noack*, Gesellschaftsrecht, Sonderband zu Kübler/Prütting, InsO, 1999, Rn. 356.
14 *Fr. Weber*, KTS 1970, S. 73, 88.
15 *Hüffer*, Aktiengesellschaft, 2. Aufl. 1995, § 264 Rn. 3; *Noack*, Gesellschaftsrecht, Sonderband zu Kübler/Prütting, InsO, 1999, Rn. 356.
16 So zutreffend *Ott*, in: MünchKomm, InsO, 1. Aufl. 2001, § 80 Rn. 112 statt vieler.
17 Vgl. hier allein *Smid*, WM 2002, 1033 ff.
18 Dies gilt im Übrigen auch für Auskunfts- und Unterrichtungspflichten; an die Stelle der aktienrechtlichen Regelungen des Verhältnisses der Gesellschaftsorgane zueinander treten zwanglos insolvenzrechtliche Regelungen, die im Folgenden erörtert werden; hierzu vgl. *Kort*, Bekanntmachungs-, Berichts- und Informationspflichten bei „Holzmüller"-Beschlüssen, ZIP 2002, 685 ff.

9 Das Kammergericht[19] hat darauf erkannt, dass die Bestellung von fehlenden Aufsichtsratsmitgliedern nach § 104 AktG durch das Gericht auch dann möglich ist, wenn über das Vermögen der Aktiengesellschaft das Insolvenzverfahren eröffnet ist. Dieser Entscheidung lag folgender Sachverhalt zugrunde: Die insolvente Gesellschaft ist im Jahr 2000 beim AG Charlottenburg eingetragen. Im Juni 2002 hat das AG Cottbus die vorläufige Insolvenzverwaltung über das Vermögen der Gesellschaft angeordnet und mit Eröffnungsbeschluss vom 1. 8. 2002 das Insolvenzverfahren über ihr Vermögen eröffnet und einen Insolvenzverwalter bestellt. Mit Beschluss des AG Charlottenburg vom 23. 7. 2002 ist mit Zustimmung des damaligen vorläufigen Verwalters ein Aufsichtsratsmitglied auf Antrag des damaligen Vorsitzenden des Aufsichtsrats bestellt worden. Im Februar 2003 hatten alle bisherigen Aufsichtsratsmitglieder sowie die Ersatzmitglieder ihre Ämter niedergelegt. Darauf hat der Vorsitzende des Aufsichtsrats mit Schreiben vom 6. 2. 2003 beim Registergericht beantragt, den Aufsichtsrat nach § 104 Abs. 2 AktG zu ergänzen. Dementsprechend ist ein Beschluss des AG Charlottenburg am 1. 2. 2003 erlassen worden, mit dem neue Mitglieder des Aufsichtsrats bestellt worden sind. Dagegen hat der Insolvenzverwalter sofortige Beschwerde eingelegt, auf die hin das LG Berlin den Beschluss des AG aufgehoben hat, soweit bestimmte Beteiligte zu Aufsichtsratsmitgliedern bestellt worden waren.

10 Die Entscheidung ist aus zwei Gründen bemerkenswert. Zum einen stellt das KG zutreffend fest, dass durch die Eröffnung des Insolvenzverfahrens über ihr Vermögen gem. § 262 Abs. 1 Nr. 3 AktG die Gesellschaft aufgelöst wird, was allerdings nicht zur Anwendung der aktienrechtlichen Erfüllungsvorschriften gem. § 264 Abs. 1 AktG führt. Vielmehr wird, wenn nicht eine Sanierung und Reorganisation des Unternehmens im Insolvenzverfahren vorgenommen wird, die Abwicklung nach insolvenzrechtlichen Regeln durchgeführt. Daraus aber ergibt sich, dass neben den insolvenzrechtlichen Strukturen die gesellschaftsrechtlichen Strukturen der insolventen Gesellschaft und damit die Organstruktur unter Einschluss eines Aufsichtsrats fortbestehen. Andernfalls wäre die Gesellschaft als Insolvenzschuldnerin nicht handlungsfähig, von einer solchen Handlungsfähigkeit geht aber die InsO aus. Dies macht das KG durch Verweis auf die Vorschriften der § 141 Abs. 1 Satz 2, § 146 Abs. 2 Satz 1, § 148 Abs. 2, § 163 Abs. 1 InsO deutlich. Das KG lässt insoweit offen, ob in der Insolvenz der Aktiengesellschaft insolvenzfreies Vermögen bestehen kann, das nicht der Verwaltungs- und Verfügungsbefugnis des Insolvenzverwalters unterliegt – wie es nunmehr der BGH in der hier besprochenen Entscheidung über die Freigabebefugnis des Insolvenzverwalters entschieden hat. Ausschlaggebend ist nach Auffassung des KG, dass die Organstruktur der Aktiengesellschaft im Insolvenzverfahren schon deshalb unberührt bleiben muss, weil ansonsten die Aktionäre, deren Rechte durch die Gesellschaftsorgane wahrgenommen werden, im Verfahren keine Einwirkungsmöglichkeiten hätten.

11 Bestehen oder Nichtbestehen des Aufsichtsrats sind damit der Entscheidungsbefugnis des Insolvenzverwalters gem. § 80 InsO entzogen. Daraus folgt zugleich, dass die amtsgerichtliche Bestellung von Aufsichtsratsmitgliedern den Insolvenzverwalter nicht in seinen Rechten beschwert, so dass er sich hiergegen auch nicht mit der sofortigen Beschwerde wenden kann.[20]

---

19 KG, Beschl. v. 4. 8. 2005 – 1 W 397/03 – ZIP 2005, 1553.
20 KG, Beschl. v. 10. 4. 1990 – W 5405/87 – RPfleger 1990, 365.

§ 6 Der Insolvenzverwalter

I. Einführung

Mit dem Ende der Verwaltungsbefugnis des Schuldners im allgemeinen liquidierenden Regelinsolvenzverfahren müssen dessen rechtliche Befugnisse durch einen Insolvenzverwalter wahrgenommen werden, da die gemeinschaftliche Gläubigerbefriedigung im Wege einer Liquidierung oder – im günstigsten Falle – einer Sanierung des Schuldners über die Beschlagnahme des Vermögens voraussetzt, dass das Vermögen des Schuldners nach dessen wirtschaftlichem Zusammenbruch einer sachkundigen Verwaltung unterstellt wird. Zur **Auswahl** der hierfür im Einzelfall geeigneten Person unten § 26. Der Insolvenzverwalter erlangt die materiellrechtlichen Befugnisse und tritt in die Pflichten ein, die der Schuldner vor Verfahrenseröffnung innegehabt hat. Denn es hat sich eingangs (§ 1 Rn. 104 ff.) gezeigt, dass die Verfahrenseröffnung diejenigen Rechte unberührt lässt, die in unanfechtbarer Weise begründet bzw. erworben worden sind. Soweit freilich eine Ungleichbehandlung der Gläubiger verwirklicht wurde, die vom Insolvenzrecht nicht hingenommen wird (vgl. zu den §§ 203 ff. InsO unten § 28; zu den §§ 129 ff. InsO unten §§ 20 ff.), stehen dem Insolvenzverwalter Befugnisse und damit korrespondierende Pflichten zu, die ihren Grund im Insolvenzrecht haben und mit denen des Schuldners nicht deckungsgleich sind. Der IX. Zivilsenat des BGH hat dies in seiner Judikatur zur Widerrufsbefugnis des vorläufigen Insolvenzverwalters wegen Lastschriften dargelegt. 1

II. Die rechtliche Qualifikation der Stellung des Insolvenzverwalters

1. Bedeutung der Frage

Die rechtliche Qualifikation des Insolvenzverwalters betrifft nicht „nur akademische" Probleme; sie ist von hoher Bedeutung für die Praxis der Insolvenzverwaltung.[1] 2

Im Einzelnen sind es die folgenden Problemkreise,[2] für deren Behandlung die Bestimmung der Stellung des Verwalters Bedeutung erlangt. 3

Für wen und in welchem Namen tritt der Verwalter auf?
Haftet der Gemeinschuldner für Schulden, die der Verwalter begründet?
Wie gestaltet sich der Erwerb von Gegenständen zur Masse?
Welche Rechtsfolgen treten bei Pflichtenüberschreitungen vom Verwalter für den Gemeinschuldner auf?
Kann der Verwalter mit Aufgaben konfrontiert werden, die sich nicht aus dem Verfahrenszweck ergeben, insbesondere im öffentlichrechtlichen Bereich (Steuern und Umweltschutz)?
Kommt es für subjektive Tatbestandsmerkmale (z. B. Befangenheit) auf den Verwalter oder Gemeinschuldner an?

2. Theorienstreit

a) Vertreter der Insolvenzgläubiger. Eine mittlerweile weithin aufgegebene Auffassung ging davon aus, dass der Insolvenzverwalter im Insolvenzverfahren als Vertreter der Insolvenzgläubiger auftritt.[3] 4

---

1 Ähnlich *Ott*, in: MünchKomm, InsO, 1. Aufl. 2001, InsO § 80 Rn. 22 ff.; a. A. *Klopp/Kluth*, in: Gottwald, Insolvenzrechts-Handbuch, 3. Aufl. 2006, § 22 Rn. 20.

2 Eingehend *Smid*, in: Smid, InsO, 2. Aufl. 2001, § 80 Rn. 16 ff.; *Schwerdling*, Die Stellung des Insolvenzverwalters, 2000, S. 14 ff.; *Riedl*, Die Befugnisse des Masseverwalters im Zivilverfahrensrecht, 1995, S. 7 ff.

3 *Kohler*, Lehrbuch des Konkursrechts, 1891, S. 401; *Hellmann*, Konkursrecht, 1907, S. 632.

Diese *Vertretertheorie* ist schon aus dem Grund abzulehnen, da der Insolvenzverwalter nicht einseitig die Interessen der Gläubiger zu vertreten hat.[4] Neben diesen besteht für ihn auch die nicht unbeachtliche Pflicht zur Vertretung von Interessen des Gemeinschuldners. So besteht die Pflicht zu einer sorgfältigen Masseverwertung auch gegenüber dem Gemeinschuldner, um eine möglichst weitgehende Enthaftung zu erreichen, vgl. § 1 Satz 2 InsO – der mit Blick auf § 217 InsO (Regelung der Haftung des Schuldners!) auch im Insolvenzplanverfahren Bedeutung erlangt.

5 **b) Vertretertheorie: Vertreter des Schuldners.** Eine weitere, heute noch relevante Meinung stellt die so genannte „Vertretertheorie" dar. Nach dieser Auffassung ist der Insolvenzverwalter gesetzlicher Vertreter des Gemeinschuldners im Hinblick auf die Insolvenzmasse. Er handelt in fremdem Namen. Als Argument für diese Theorie wird u. a. angeführt, dass die Rechtsfolgen der Verwaltertätigkeit nicht diesen, sondern den Gemeinschuldner treffen.[5] Bereits die Prämissen dieser Theorie sind problematisch.[6] Denn der Insolvenzverwalter verpflichtet durch sein Handeln den Schuldner nur in engen Grenzen. Eine *Nachhaftung* des Schuldners bei Abschluss des Insolvenzverfahrens für die vom Insolvenzverwalter begründeten Masseverbindlichkeiten (vgl. § 205 InsO) findet nämlich nur beschränkt auf den an ihn herauszugebenden Überschuss sowie die unverwertbaren, an den Schuldner freigegebenen Gegenstände statt.[7] Die Gegenauffassung *Häsemeyers*[8], wonach der Schuldner nachkonkurslich für die vom Insolvenzverwalter begründeten Masseverbindlichkeiten als durch ihn veranlasste Vollstreckungskosten hafte, vermag nicht zu überzeugen. Sie überdehnt den Gedanken des Insolvenz- als eines (Gesamt-)Vollstreckungsverfahrens. Soweit der Insolvenzverwalter tätig wird, bezieht sich diese Tätigkeit „dinglich" auf die Masse. Dies zeigt das von *Häsemeyer*[9] angeführte Argument, der Schuldner würde andernfalls von einer rechtsgrundlosen Bereicherung der Masse (§ 55 Abs. 1 Nr. 3 InsO) profitieren – dort handelt es sich *nicht* um ein Tätigwerden des Insolvenzverwalters! Dieser Auffassung ist daher entgegenzuhalten, dass der Insolvenzverwalter nur in Bezug auf die Insolvenzmasse vertretungsbefugt ist. Er kann nicht wirksam über das insolvenzfreie Vermögen des Gemeinschuldners verfügen.[10] Somit handelt der Insolvenzverwalter nun gerade nicht subjektbezogen – wie es sonst im deutschen Zivilrecht bei gesetzlichen Vertretern der Fall ist –, sondern objektbezogen.[11] Ausschlaggebend ist, dass der Insolvenzverwalter nicht als Vertreter des Schuldners handelt: Der gegen den Insolvenzverwalter mit Wirkung auf das Vermögen des Schuldners ergangene Titel wegen einer Masseverbindlichkeit entfaltet nach hM keine Rechtskraft gegen den Schuldner.[12]

6 **c) (Modifizierte) Organtheorie.** Vertreter der Organtheorie sehen den Insolvenzverwalter als Organ der Insolvenzmasse.[13] *Henckel* lehnt diese Art der Darstellung ab, weil das Vermögen auch nach Eröffnung des Insolvenzverfahrens noch dem Schuldner gehöre und die Masse auch im Konkurs für die Verbindlichkeiten des Schuldners

---

4 *Jaeger/Henckel,* KO, 8. Aufl. 1973, § 6 Rn. 5; *Uhlenbruck,* in: Uhlenbruck, InsO, 13. Aufl. 2010, § 80 Rn. 2.

5 *Bley,* ZZP 62 (1941), 111; *Lent,* ZZP 62 (1941), 129; *Thomas/Putzo,* ZPO, 27. Aufl. 2005, § 51 Rn. 29.

6 Kritisch auch *Ott,* in: MünchKomm, InsO, 1. Aufl. 2001, § 80 Rn. 34.

7 BGH, Urt. v. 25. 11. 1954 – IV ZR 81/54 – NJW 1955, 339; *Kuhn/Uhlenbruck,* KO, 11. Aufl. 1994, § 57 Rn. 1; *Westphal,* in: Nerlich/Römermann, InsO, § 206 Rn. 9; *Knüllig-Dingeldey,* Nachforderungsrecht oder Schuldbefreiung, 1987, S. 12f.

8 *Häsemeyer,* Insolvenzrecht, 3. Aufl. 2003, Rn. 25, 30f.

9 *Häsemeyer,* Insolvenzrecht, 3. Aufl. 2003, Rn. 25.31.

10 *Jaeger/Henckel,* KO, 8. Aufl. 1973, § 6 Rn. 166.

11 *Kilger/K. Schmidt,* KO, 17. Aufl. 1997, § 6 Anm. 2 und *Jaeger/Henckel,* KO, 8. Aufl. 1973, § 6 Rn. 166; *Ott,* in: MünchKomm, InsO, 1. Aufl. 2001, InsO § 80 Rn. 34.

12 Das ist nicht vollständig plausibel, denn sowohl nach den Prämissen der Amts- als auch denjenigen der modifizierten Organtheorie verpflichtet der Insolvenzverwalter „die Masse"; soweit der Schuldner die haftende Masse nach Abschluss des Verfahrens zurückerhält, kann er auch wegen der titulierten Ansprüche von Massegläubigern mit Blick auf dieses Vermögen keine andere rechtliche Stellung einnehmen, als sie der Insolvenzverwalter eingenommen hat.

13 *Bötticher,* ZZP 77 (1964), 55ff.; *Erdmann,* KTS 1967, 87ff.

haftet.[14] Die Masse hat keine eigenen Rechte und Pflichten und somit jedenfalls im deutschen Rechtskreis auch keine eigene Rechtspersönlichkeit.[15] Für die Eröffnung eines Insolvenzverfahrens über das Vermögen einer natürlichen Person „passt" die Organtheorie daher nicht; das hat dazu geführt, dass *K. Schmidt* als ihr Hauptvertreter ihre „Modifikation" für richtig hält. Die **modifizierte Organtheorie** sieht im Insolvenzverwalter ein Organ der insolventen Gesellschaft – vergleichbar dem durch Gesellschafterbeschluss eingesetzten Liquidator.[16] Der Insolvenzverwalter übt danach eine der schuldnerischen Gesellschaft oktroyierte Fremdorganschaft aus.[17]

d) **Amtstheorie.** Die von der herrschenden Lehre[18] und der Rechtsprechung[19] vertretene Amtstheorie geht davon aus, dass der Insolvenzverwalter im eigenen Namen als Partei kraft Amtes handelt: Nach dieser Theorie ist der Insolvenzverwalter **Inhaber eines eigenen privaten Amtes,** im Prozess wird er als „Partei kraft Amtes" bezeichnet.[20] Seine Tätigkeit übt er unabhängig vom Willen des Gemeinschuldners aufgrund eigenen Rechts aus.[21] Diese Handlungen wirken für und gegen den Gemeinschuldner.[22] Gegner dieser Theorie führen dagegen an, dass die Rechtsfolgen eines im eigenen Namen Handelnden auch notwendigerweise diesen und nicht den Gemeinschuldner treffen dürften.[23] Dieses „fremdwirkende Handeln im eigenen Namen" sei innerhalb des Prozessrechts zwar unproblematisch, führe jedoch im materiellen Recht zu Widersprüchen.[24] 7

3. Stellungnahme

a) **Auseinandersetzung mit der (modifizierten) Organtheorie.** Die – heute überwiegend nicht mehr vertretenen – „Vertretermodelle" haben den Nachteil, dass sie die verfahrensrechtliche Rolle des Insolvenzverwalters im Hinblick auf die Wahrnehmung der Rechtsposition bestimmter Verfahrensbeteiligter hin beschreiben. Die 8

---

14 *Jaeger/Henckel*, KO, 8. Aufl. 1973, § 6 Rn. 167. Vgl. bereits grundlegend *Weber*, KTS 1970, 73 ff. zur Funktionsteilung zwischen Insolvenzverwalter und den Gesellschaftsorganen im Konkurs der Kapitalgesellschaft.

15 So BGH, Urt. v. 27. 3. 1961 – II ZR 294/59 – BGHZ 35, 13, 17; BGH, Beschl. v. 27. 10. 1983 – I ARZ 334/83 – BGHZ 88, 331, 334; *Ott*, in: MünchKomm, InsO, 1. Aufl. 2001, InsO § 80 Rn. 34; *Uhlenbruck*, in: Uhlenbruck, InsO, 12. Aufl. 2003, § 56 Rn. 69.

16 *K. Schmidt*, Wege zu einem Insolvenzrecht der Unternehmen, 1990, S. 104; *ders.*, NJW 1995, 911, 913.

17 *K. Schmidt*, Wege zu einem Insolvenzrecht der Unternehmen, 1990, S. 105.

18 *Weber*, KTS 1955, 102 ff.; *Jaeger/Henckel*, KO, 8. Aufl. 1973, § 6 Rn. 7, 168; *Lüke*, in: Kübler/Prütting, Kommentar zur Insolvenzordnung, § 80 Rn. 38 a.E.; *Eickmann*, in: H-K, InsO, 4. Aufl. 2006, § 56 Rn. 24; *Häsemeyer*, Insolvenzrecht, 3. Aufl. 2003, Rn. 15.06; wohl auch *Ott*, in: MünchKomm, InsO, 1. Aufl. 2001, § 80 Rn. 35.

19 St. Rspr.; vgl. BGH, Urt. v. 27. 3. 1961 – II ZR 294/59 – BGHZ 35, 13; BGH, Beschl. v. 27. 10. 1983 – I ARZ 334/83 – BGHZ 88, 331.

20 Vgl. § 116 S. 1 Nr. 1 ZPO, BGH, Urt. v. 21. 4. 2005 – IX ZR 281/03, DZWIR 2005, 387=ZIP 2005, 1034, *Bähr/Smid*, Rechtsprechung 2006, 104.

21 So BGH, Urt. v. 27. 3. 1961 – II ZR 294/59 – BGHZ 35, 13, 17; BGH v. 27. 10. 1983 – I ARZ 334/83 – BGHZ 88, 331, 334; *Ott*, in: MünchKomm, InsO, 1. Aufl. 2001, § 80 Rn. 34; *Uhlenbruck*, in: Uhlenbruck, InsO, 12. Aufl. 2003, § 56 Rn. 69.

22 *Jaeger/Henckel*, KO, 8. Aufl. 1973, § 6 Rn. 7.

23 *Bernhardt*, NJW 1962, 2194.

24 *K. Schmidt*, KTS 1984, 345, 358, 359.

Darstellung des Insolvenzverwalters als „Organ" hat den Vorteil, dass damit eine Reihe von Fragen rechtsdogmatisch „sauber" behandelt werden können, wie beispielsweise der Erwerb von Gegenständen durch den Insolvenzverwalter zur Masse. Dieser *scheinbare* Vorzug der Organtheorie zeigt sich noch in einem weiteren Fall:[25] So kann sie z.B. widerspruchsfrei erklären, weshalb der Insolvenzverwalter einer GmbH oder AG mit den handelsrechtlichen Wirkungen der §§ 377, 378 HGB auf ein kaufmännisches Bestätigungsschreiben schweigt: Als Zwangsorgan der Gesellschaft unterliegt er den Regelungen des Handelsrechts. *Dass* die Organtheorie hiervon ohne weiteres – ohne dieses Ergebnis zu problematisieren – ausgehen kann und muss, macht aber zugleich ihre *Schwäche* aus. Sie vermag nämlich nicht anzugeben, ob sich aus der Funktion des Insolvenzrechts Einschränkungen der Unterwerfung des Insolvenzverwalters unter handels-, steuer- oder andere öffentlichrechtliche Regelungsgebiete ergeben. Die Funktion des Insolvenzrechts verweist auf die Interessen der verschiedenen Gläubiger, aber auch auf das öffentliche Interesse an der Durchführung eines die Gläubigergleichbehandlung gewährleistenden Verfahrens. Diese Interessen zu betonen besteht Anlass, da der Insolvenzverwalter vom Insolvenzgericht eingesetzt und beaufsichtigt wird – er untersteht also in der Ausübung seiner Funktion selbst einem „konkurslichen Regime". Die Organtheorie kann dies nicht angemessen erfassen. Sie muss zudem „modifiziert" werden, da sie in einer „reinen" Fassung in denjenigen Fällen nicht „passt", in denen über das Vermögen einer natürlichen Person das Insolvenzverfahren eröffnet wird[26] (der Reformgesetzgeber hat sich in diesem Zusammenhang im Übrigen der Forderung danach verschlossen, ein besonderes Insolvenzrecht der Unternehmen zu statuieren).

9 **b) Vorzüge der Amtstheorie.**[27] Die Amtstheorie kann demgegenüber eine Reihe von Problemen angemessen lösen, etwa die Frage beantworten, weshalb der Insolvenzverwalter nicht befugt ist, über solche Sachen und Rechte des Schuldners zu verfügen, die nach § 36 InsO nicht dem Konkursbeschlag unterliegen. Sie hat – allgemeiner ausgedrückt – den entscheidenden Vorteil, dass mit Hilfe ihres Ansatzpunktes die Geltung allgemeiner Rechtsgrundsätze unter der Herrschaft des Insolvenzrechts in Frage gestellt werden kann. So kann die Amtstheorie z.B. zwanglos erklären, weshalb im GmbH-Recht geregelte Vergleichs- und Verzichtsverbote keine Hindernisse für eine vergleichsweise Regelung von Haftungsstreitigkeiten bilden, die der Insolvenzverwalter gegen den Geschäftsführer oder Gesellschafter nach Maßgabe der §§ 92, 93 InsO führt. Denn anders als nach den Prämissen der modifizierten Organtheorie ist der Insolvenzverwalter als Partei kraft Amtes nicht Adressat dieser Verbotsgesetze. Dies erleichtert die Vermeidung kostspieliger und insolvenzzweckfremder Prozesse, mit denen oftmals allenfalls Titel erlangt werden können, deren Vollstreckung innerhalb eines für das Insolvenzverfahren sinnvollen Zeitrahmens außer Betracht steht. Die Amtstheorie ist gleichsam die insolvenzrechtliche Theorie unter den verschiedenen Ansätzen, die sich in einer Erklärung des Status des Insolvenzverwalters versuchen.

---

25 Vgl. *Smid*, in: LSZ, InsO, 3. Aufl. 2010, § 80 Rn. 24ff.

26 Dort sei der Verwalter dann im Hinblick auf die zu verwaltende Masse gesetzlicher Vertreter, *K. Schmidt*, KTS 1984, 345, 370.

27 Siehe auch *Uhlenbruck*, in: Uhlenbruck, InsO, 12. Aufl. 2003, § 56 Rn. 74.

III. Widerruf von Lastschriften[28]

1. Grundsätzliche Fragen

Die besondere – auch von derjenigen des Schuldners unterschiedene – Stellung des Insolvenzverwalters ist in Fällen deutlich geworden, in denen der Insolvenzverwalter vom Schuldner vor Eröffnung des Insolvenzverfahrens eingeräumte Lastschriften widerrufen hat. Vor der Ende 2004 erlassenen Entscheidung des BGH[29] ist in der Wissenschaft nachhaltig über die Frage der Genehmigung von Lastschriften bzw. der Versagung der Genehmigung der Lastschriften durch den vorläufigen Verwalter bzw. den Insolvenzverwalter im Eröffnungs- bzw. eröffneten Insolvenzverfahren gestritten worden. Dabei ist die Ansicht vertreten worden, der vorläufige Verwalter bzw. der Insolvenzverwalter im eröffneten Verfahren handele pflichtwidrig, wenn er die Genehmigung der Lastschrift versage.[30] In dem vom BGH entschiedenen Fall hatte die Schuldnerin am 1. 8. 2002 Eigenantrag gestellt, woraufhin noch am selben Tag das Insolvenzgericht den späteren Beklagten zum vorläufigen Zustimmungsverwalter gemäß § 21 Abs. 2 Nr. 2 InsO bestellte. Zuvor hatte die spätere Klägerin mehrfach Kraftstoffe an die Schuldnerin geliefert. Die deswegen in Rechnung gestellten Beträge zog sie aufgrund einer ihr erteilten Einzugsermächtigung von einem Bankkonto der Schuldnerin ein. Dadurch wurde im Juli und August 2002 das Konto der Schuldnerin dreimal mit Beträgen von insgesamt 25.000 € belastet. Ohne Einwendungen gegen die Forderungen der Klägerin zu erheben, versagte der beklagte vorläufige Zustimmungsverwalter die Zustimmung zur Genehmigung dieser Lastschriften. Daher gab die Bank diese Lastschriften zurück. Nach Eröffnung des Insolvenzverfahrens am 29. 9. 2002 und der Bestellung des Beklagten zum Insolvenzverwalter begehrte die Klägerin vom Beklagten in Höhe der Rücklastschrift Schadenersatz gemäß § 826 BGB, da zu erwarten war, dass sie mit ihren Forderungen ausfällt. **10**

Der BGH hat den Widerruf der Lastschrift durch den Verwalter für rechtmäßig, ja sogar **11**
der Pflicht des Verwalter entsprechend, qualifiziert. Diese Auffassung konnte sich auf eine bankrechtliche Meinung stützen, derzufolge die Einziehungsermächtigung unter der auflösenden Bedingung des Widerspruchs stehe. Diese Auffassung stand im Widerspruch zu der sog. „Genehmigungstheorie" der Bankrechtssenate, der sich der IX. Zivilsenat angeschlossen hat. Der IX. Zivilsenat meint daher, die Einziehungsermächtigung bedürfe, um wirksam zu werden, der Genehmigung des Schuldners. Daher ist nicht etwa unter auflösender Bedingung, sondern gar nicht geleistet, und damit die Forderung nicht erfüllt, solange der Schuldner die Genehmigung nicht erklärt hat. Daher steht dem Gläubiger nur eine Insolvenzforderung und nicht etwa ein Anspruch auf eine Genehmigung durch den Insolvenzverwalter zu, wenn die Genehmigung bei Insolvenzeröffnung noch nicht erteilt worden ist. Im radikalen Gegensatz zu der Ge-

---

28 BGH, Urt. v. 25. 10. 2007 – IX ZR 217/06, ZIP 2007, 2273, *Bähr/Smid*, Rechtsprechung 2006, 117.
29 BGH, Urt. v. 4. 11. 2004 – IX ZR 22/03 – DZWIR 2005, 80; *Welsch*, DZWIR 2006, 221 ff.; *Rattunde/Berner*, DZWIR 2003, 185; *G. Fischer*, in: FS Walter, 2004, 223, 230; *Stritz*, DZWIR 2005, 18 ff.; *Feuerborn*, ZIP 2005, 604 ff. Zu Unrecht krit. *Nobbe/Ellenberger*, WM 2006, 1885 ff.; *Spliedt*, ZIP 2005, 1260 ff.; vgl. auch KG, Urt. v. 23. 11. 2004, 7 U 73/04 m. Anm. *Rattunde*, jprins 16/2005 Anm. 2.
30 *Bork*, ZIP 2004, 2446.

genmeinung ist der IX. Zivilsenat der zutreffenden Auffassung von *Rattunde/Berner*[31] gefolgt, die bereits seit einiger Zeit nachgewiesen hatten, dass der Insolvenzverwalter seine insolvenzspezifischen Pflichten verletzt, der der Einziehungsermächtigung seine Genehmigung erteilt. Der Zustimmungsverwalter im Eröffnungsverfahren ist entsprechend berechtigt und verpflichtet, einer Genehmigung des Schuldners die Zustimmung zu versagen, wenn dies dazu dient, eine Befriedigung der Forderung des Gläubigers mit Einziehungsermächtigung im Eröffnungsverfahren zu verhindern. Dies ist immer dann geboten, wenn die Befriedigung der Insolvenzanfechtung unterliegen würde, was wegen kongruenter oder inkongruenter Deckung im Eröffnungsverfahren nach Antragstellung der Fall wäre. Durch die Versagung der Genehmigung wird dem Gläubiger im Übrigen keine vorkonkurslich begründete Rechtsstellung genommen, da der Widerspruch bei einem im Soll geführten Konto des Schuldners nur ein Anspruch auf Korrektur der Belastung bewirkt. Diese Korrektur führt nicht zu einer Verrechnung durch das Kreditinstitut, sondern nur zur Beseitigung einer Buchung.

2. Einzelheiten

11a Die Entwicklung der Judikatur des IX. und des XI. Zivilsenats des BGH ergibt folgendes Bild: Im Falle des Widerspruchs gegen die Belastungsbuchung gegenüber der Schuldnerbank (Zahlstelle) hält der BGH an der sogenannten Genehmigungstheorie fest.[32] Dies hat die Konsequenz, dass die Rückholung der Lastschrift bei der Zahlstelle (Schuldnerbank) nur zu einer Korrekturbuchung führt. Verfügte die Schuldnerbank vor der Abbuchung über eine dinglich abgesicherte Verrechnungsposition, bleibt diese auch gegenüber der Masse fortbestehen.[33] Das Stichwort, unter dem diese Konstellation erörtert wird, lautet „Unterwasserkonto". Wird das Konto im Soll geführt, verringert die Rückbuchung nur den Debetsaldo mit der Konsequenz, dass der Widerspruch gegen die Belastungsbuchung zu einem reinen Gläubigertausch ohne Liquiditätserlös für die Masse führt.

11b Nach der Lastschriftentscheidung des BGH[34] aus dem Oktober 2010 ist die aus der Kontogutschrift folgende Buchposition des Gläubigers nicht isoliert genehmigungs- und erstattungsfähig. Das hat zur Folge, dass der Schuldner noch nicht geleistet hat, wenn die Genehmigung gegenüber der Schuldnerbank fehlt. In diesem Fall ist gegenüber dem Glaubiger allein die Zahlstelle kondiktionsberechtigt.[35] Liegt dagegen die Genehmigung gegenüber der Schuldnerbank vor, hat der Schuldner an den Gläubiger mit Rechtsgrund geleistet.[36]

11c Das hat für den vorläufigen Verwalter bzw. den Insolvenzverwalter in dem über das Vermögen des Schuldners eröffneten Insolvenverfahren die Konsequenz, dass gleich-

---

31 *Rattunde/Berner*, DZWIR, 2003, 185.
32 So nunmehr übereinstimmend IX. u. XI. Senat am 20. 7. 2010 – IX ZR 37/09 u. XI ZR 236/07.
33 BGH, Beschl. v. 1. 10. 2002 – IX ZR 125/02; Urt. 4. 11. 2004 – IX ZR 22/03; Urt. 7. 10. 2010 – IX ZR 209/09 Rn.15.
34 BGH, Urt. 7. 10. 2010 – IX ZR 209/09.
35 BGH, Urt. 11. 4. 2006 – XI ZR 220/05.
36 BGH, Urt. 20. 7. 2010 – XI ZR 236/07; Urt. v. 30. 9. 2010 – IX ZR 178/09; Urt. v. 21. 10. 2010 – IX ZR 240/09.

sam „die Uhr weiterläuft"! Die Fristen der Genehmigungsfiktion (bis 30. 10. 2009 Nr. 7 Abs. 3 AGB-Banken a.F. bzw. Nr. 7 Abs. 4 AGB-Spk. a.F.; seit 31. 10. 2009 Abschn. A Nr. 2.4 der Sonderbedingungen für den Lastschriftverkehr) laufen auch gegenüber dem vorläufigen Zustimmungsverwalter. Die Beantwortung der Frage nach der von ihm zu treffenden Entscheidung ist also mit seiner Amtseinsetzung vom Zustimmungsverwalter eilig zu beantworten.[37] Die Genehmigung der Belastungsbuchung ist nämlich u.U. schon deutlich vor Fristablauf konkludent erteilt[38]. Der BGH[39]: sieht eine konkludente Genehmigung bereits darin, dass ausreichende Kontodeckung hergestellt wird. Dazu genügt bei regelmässig wiederkehrenden Leistungen bzw. Dauerschuldbeziehungen wie bei Steuern und Abgabenzahlungen, sofern sie betragsmässig im üblichen Rahmen bleiben, dass Belatungsbuchungen auch zuvor nie widersprochen wurde und dass eine Überlegungsfrist verstrichen ist, die mit sonst üblichen Buchhaltungsablaufen korrespondiert.

So hat beispielsweise das OLG Karlsruhe[40] die Ansicht vertreten, regelmässige Abbuchungen von Rechnungen an eine Konditorei seien bereits als konkludent genehmigt anzusehen, wenn die letzte Buchung am 18. 7. 2008, die Bestellung zum vorläufigen Insolvenzverwalter am 31. 7. 2008 erfolgt sei. Bedenkt man, dass der vorläufige Zustimmungsverwalter möglichen Ansprüchen aus ungerechtfertigter Bereicherung persönlich als Anderkonteninhaber ausgesetzt sein kann, die ihn dazu zwingen, das Geld in kritischen Fällen weiter separat zu halten und ein zu schnelles Überführen auf das Massekonto direkt nach Verfahrenseröffnung gefährlich ist, da § 55 Abs. 1 Nr. 3 InsO insoweit noch nicht gilt ist, es evident, dass all dies nicht unbeträchtliche Haftungsrisiken für den Verwalter nach sich zieht. Im übrigen ist ein Widerruf auch im eröffneten Verfahren bei anstehender Masseunzulänglichkeit wegen der Rangkonkurrenzen des § 55 Abs. 1 Nr. 3 InsO mit anderen Forderungen (§ 209 InsO) nicht ungefährlich. 11d

IV. „Verwalterverfahren" und Eigenverwaltung

1. Bedeutung des Insolvenzverwalters

Es ist nicht übertrieben, zu sagen, der Insolvenzverwalter sei die zentrale Figur des Insolvenzverfahrens noch vor den Gläubigern und dem Insolvenzgericht – jedenfalls soweit es die konkrete Abwicklung des Verfahrens angeht. Die Gläubiger haben höchst unterschiedliche Interessen und das Gericht kann nicht „hautnah" die ökonomischen Probleme des krisenbefallenen Unternehmens lösen, wie es dem Verwalter obliegt. Im Insolvenzverwalter soll sich juristische und ökonomische Sachkompetenz mit einer Neutralität gegenüber den Betroffenen vereinen. Die Aufgabe des Insolvenzverwalters hat sich zudem in den vergangenen zwanzig Jahren erheblich gewandelt. Während der Insolvenzverwalter früher den insolventen Betrieb regelmäßig stilllegte und die Vermögenswerte durch Veräußerung zerschlug, ist heute die Betriebsfortführung durch den Insolvenzverwalter beinahe die Regel. Die ord- 12

37 BGH, Urt. v. 20. 7. 2010 – XI ZR 236/07; Urt. v. 30. 9. 2010 – IX ZR 178/09; Urt. v. 21. 10. 2010 – IX ZR 240/09.
38 BGH, Urt. v. 25. 10. 2010 – XI ZR 562/07.
39 BGH (Fn. 38).
40 OLG Karlsruhe – 17 U 117/09.

nungsgemäße Wahrnehmung seines Amtes wird durch die persönliche Haftung des Insolvenzverwalters gewährleistet.

2. Eigenverwaltung als „Gegenmodell"

13 **a) Nutzung des Kenntnispotentials des Schuldners.** Die Eigenverwaltung des Schuldners soll nach den Vorstellungen des Reformgesetzgebers dessen Fachwissen für das Verfahren nutzbar machen. Die Eigenverwaltung unter Aufsicht eines Sachwalters soll zudem die Verfahrenskosten senken und die Motivation des Schuldners steigern, frühzeitig einen Eigenantrag zu stellen.[41] Vorbild ist jedenfalls nach Vorstellung des Reformgesetzgebers die VerglO.[42] Damit soll eine Vereinfachung und Effizienzsteigerung des Verfahrens bei gleichzeitiger Geltung der Normen des materiellen Insolvenzrechts erreicht werden.[43] Die Eigenverwaltung mit Sachwalter setzt nicht voraus, dass es sich objektiv um ein Kleinverfahren handelt und dass nach der subjektiven Seite der Schuldner eine natürliche Person ist.[44] Verfahrensrechtlich hängt die Eigenverwaltung mit Sachwalter allein davon ab, dass sie vom Schuldner beantragt, § 270 Abs. 2 Nr. 1 InsO und – im Falle eines Fremdantrags – der die Insolvenzeröffnung beantragende Gläubiger ihr zugestimmt hat, § 270 Abs. 2 Nr. 2 InsO.[45] Die erste Gläubigerversammlung beschließt dann über die entsprechende Anordnung des Insolvenzgerichts, § 272 Abs. 1 InsO.[46] Die Gläubigerversammlung kann sogar – § 271 Satz 1 InsO – im Gegensatz zur ablehnenden Entscheidung des Insolvenzgerichts die Eigenverwaltung mit Sachwalter beschließen. Dem Sachwalter obliegt es, die wirtschaftliche Lage des Schuldners zu prüfen, die Geschäfts- und Lebensführung des Schuldners zu überwachen, § 274 Abs. 2 InsO.[47] Auf Antrag der Gläubigerversammlung (§ 277 Abs. 1 Satz 1 InsO), dass bestimmte Geschäfte des Schuldners der Zustimmung des Sachwalters bedürfen, § 277 InsO,[48] fasst das Insolvenzgericht einen entsprechenden Beschluss. Auf dessen Grundlage übt der Sachwalter seine Überwachungstätigkeit durch die Prüfung der zustimmungsbedürftigen Geschäfte aus; im Übrigen hat er gem. § 275 InsO bei Geschäften des Schuldners mitzuwirken, die nicht zum gewöhnlichen Geschäftsbetrieb des Schuldners gehören und kann er Geschäften des Schuldners widersprechen, mit denen er Verbindlichkeiten im Verlauf seines gewöhnlichen Geschäftsverkehrs begründet (§ 275 InsO). Die Verwaltungs- und Verfügungsbefugnis über die Masse verbleibt beim Schuldner, insbesondere die Befugnis, die Masse zu verwerten.

14 **b) Risiken und Voraussetzungen der Anordnung der Eigenverwaltung des Schuldners.** Im deutschen Insolvenzrecht ist die Anordnung der Eigenverwaltung rechtstatsächlich aufgrund der Praxis der Insolvenzgerichte die seltene Ausnahme ge-

---

41 Amtl. Begr. zum RegEInsO, BT-Drs. 12/2443, S. 222f.

42 Amtl. Begr. zum RegEInsO, BT-Drs. 12/2443, S. 222f.; *Schlegel*, Die Eigenverwaltung in der Insolvenz, 1999, S. 28ff.

43 Amtl. Begr. zum RegEInsO, BT-Drs. 12/2443, S. 222f.

44 Amtl. Begr. (Fn. 41) 100.

45 *Schlegel*, Die Eigenverwaltung in der Insolvenz, 1999, S. 69.

46 *Ders.*, Die Eigenverwaltung in der Insolvenz, 1999, S. 99.

47 *Ders.*, Die Eigenverwaltung in der Insolvenz, 1999, S. 208ff.

48 Der Beschluss ist nach § 277 Abs. 3 Satz 1 InsO öffentlich bekanntzumachen.

blieben. Wie *Wehdeking*[49] gezeigt hat, lehrt die kollektive Erfahrung der Insolvenzpraktiker ebenso wie die von Wirtschaftsstrafrechtlern[50] mit sehr starker Evidenz, dass die Fortdauer der Rechtsmacht des insolventen Schuldners Missbräuche befördern kann, die am ehesten durch die Entmachtung des Schuldners und die Bestellung eines Insolvenz- bzw. Masseverwalters vermieden werden. Allerdings zeigt eine rechtsvergleichende Betrachtungsweise, dass in allen Rechtsordnungen[51], in denen die Eigenverwaltung des insolventen Schuldners vorgesehen ist, die Einleitung eines insolvenzrechtlichen Haftungsverfahrens, in dem dem Schuldner Befugnisse zur Masseverwaltung überantwortet werden, *verfahrensrechtlich* daran geknüpft wird, dass der Schuldner einen entsprechenden *Antrag* stellt. Wie in den einleitenden Erwägungen deutlich geworden ist (§ 1 Rn. 68ff.) gebietet der Verhältnismäßigkeitsgrundsatz, dass in dem Fall eines entsprechenden schuldnerischen Antrags dem Schuldner die Befugnis zur Eigenverwaltung der Masse zu überantworten, es sei denn, es sprächen entscheidungserhebliche Gründe dagegen. Vor diesem Hintergrund erscheint es durchaus nicht mehr wirklich überraschend, wenn in der Literatur insbesondere *Wehdeking*[52] trotz der nicht unberechtigten Bedenken der Praxis das Verfahren einer Eigenverwaltung der Masse durch den insolventen Schuldner als *Regelfall* jedenfalls des deutschen Insolvenzverfahrens beschreibt. Entscheidungserheblicher Grund gegen die Eigenverwaltung des insolventen Schuldners ist nach alledem weder der Tatbestand der materiellen Insolvenz des Schuldners (seine Zahlungsunfähigkeit oder, im Falle juristischer Personen, die Überschuldung) noch die allgemeinen Befürchtungen aufgrund der zitierten Erfahrungen der Insolvenzpraxis. Ein derartiges Verständnis würde nämlich die gesetzlichen Regelungen der Eigenverwaltung ihres Anwendungsbereichs berauben, was dem Zweck des Gesetzes[53] zuwiderliefe. Der insolvente Schuldner soll durch die gesetzliche Einräumung der Möglichkeit der Eigenverwaltung nach dem erklärten Willen des Gesetzgebers[54] dazu ermutigt werden, alsbald in das Insolvenzverfahren einzutreten. Ein entscheidungserheblicher Grund gegen die Eigenverwaltung des insolventen Schuldners liegt daher nur dann vor, wenn die Eigenverwaltung droht, *Nachteile* gegenüber der Bestellung eines Insolvenz- bzw. Masseverwalters zu Lasten der Gläubiger auszulösen. Die Eigenverwaltung zieht für die Gläubiger Nachteile nach sich, wenn aus berechtigter Sicht der Schuldner persönlich unzuverlässig ist. So kannte die deutsche VerglO den Begriff der Vergleichsunwürdigkeit, die dem Schuldner die Möglichkeit eines Vergleichs verstellt. Für ein Insolvenzverfahren deutschen Rechts über selbständige oder Einzelhandelskaufleute lässt sich diese persönliche Unzuverlässigkeit durch einen Rückgriff auf das bisherige Verhalten des Schuldners, namentlich eine wirtschaftsstrafrechtliche Auffälligkeit, feststellen. Ein Versagungsgrund wegen persönlicher Unzuverlässigkeit kann im Übrigen auch in der

49 *Wehdeking*, in: Smid (Hrsg.), Insolvenzverfahren als Sanierungsinstrument, Tagungsband Hanns-Martin Schleyer Stiftung Kiel 2005, S. 75 ff.; *dies.*, Masseverwaltung des insolventen Schuldners, 2005, S. 120ff.

50 *Bittmann*, in: Bittmann, Insolvenzstrafrecht, S. 334 Rn. 21 f.

51 Zum Rechtsvergleich *Wehdeking*, Die Masseverwaltung des insolventen Schuldners, 2005, S. 30ff., 120ff.

52 *Wehdeking*, Die Masseverwaltung des insolventen Schuldners, 2005, S. 105.

53 Vgl. *Huhn*, Eigenverwaltung im Insolvenzverfahren, 2001; *Koch*, Die Eigenverwaltung nach der InsO, 1998; *Wehdeking*, Die Masseverwaltung des insolventen Schuldners, 2005, S. 105.

54 Amtl. Begr. zum RegEInsO 4b) ii), BT-Drs. 12/2443, S. 86.

mangelnden Befähigung des Schuldners zur Masseverwaltung in eigener Person liegen. Im Falle der Insolvenz juristischer Personen kann eine derartige Anknüpfung am Verhalten der handelnden natürlichen Personen nur bedingt aussagekräftig sein. So können frühere Geschäftsführer oder Vorstandsmitglieder sich im Vorfeld der Insolvenz wegen die Existenz der Gesellschaft bedrohender Handlungen[55] haft- und sogar strafbar gemacht haben. Hat die Gesellschafter- bzw. die Hauptversammlung diese Personen abgelöst und beschlossen[56], z. B. einen Insolvenz- und Sanierungspraktiker zum Vorstandsvorsitzenden bzw. Geschäftsführer zu berufen (wie in den Fällen der Babcock-Borsig AG[57] und der Kirch Media AG mit der Berufung der Insolvenzspezialisten *Piepenburg* bzw. *Betterey* geschehen), wird der Hinderungsgrund persönlicher Unzuverlässigkeit ausgeräumt. Es kommt insofern also auf die Personen von Vorstand oder Geschäftsführung nur vermittelt an. Eine Auswechslung dieser Personen widerspricht entgegen der Annahme des AG Duisburg[58] auch nicht dem Ziel des Gesetzgebers[59], die besonderen Kenntnisse des Schuldners durch die Anordnung der Eigenverwaltung nutzen zu können. Denn Subjekt der Eigenverwaltung ist freilich nunmehr nach § 276a InsO der Vorstand bzw. Geschäftsführer[60] als organschaftlicher Vertreter handelnd für die insolvente Gesellschaft.[61] Nach alledem ist die Eigenverwaltung anzuordnen, wenn der Schuldner mit seinem Antrag behauptet, die Anordnung sei für die Gläubiger nicht nachteilig und wenn das Insolvenzgericht im Zuge seiner amtswegigen Ermittlungen nicht feststellt, dass in Folge der Anordnung entsprechende Nachteile ausgelöst werden.

15 Der „Automatismus" der *ipso iure*-Anerkennung der Eröffnung eines Hauptinsolvenzverfahrens erfasst die Stellung des Insolvenzverwalters des Hauptinsolvenzverfahrens in anderen Mitgliedsstaaten; er bedarf zur Ausübung seiner Befugnisse insbesondere keiner wie auch immer gearteten Akkreditierung.[62] Die Formlosigkeit der „automatischen" Anerkennung der universellen Geltung des Konkursbeschlages des in einem Mitgliedstaat eröffneten Hauptinsolvenzverfahrens i. S. v. Art. 3 Abs. 1 EuInsVO und der statusrechtlichen Wirkung des Hoheitsaktes, von der Art. 16 Abs. 1 EuInsVO spricht, findet insbesondere in Art. 19 EuInsVO ihren weiteren Ausdruck.[63] Dort heißt es, dass der Nachweis der Stellung einer Person als Verwalter in einem Hauptinsolvenzverfahren durch die Vorlage einer beglaubigten Abschrift derjenigen Entscheidung (vgl. Art. 2 lit. e EuInsVO) durch die er bestellt worden ist oder durch eine andere vom zuständigen Gericht (Art. 3 Abs. 1 EuInsVO) ausgestellte Bescheinigung zu erbringen sei. M. a. W. stellt sich eine derartige Bescheinigung, der wohl die entsprechenden Institute des deutschen und österreichischen Insolvenzrechts Pate gestanden haben, als eine Art Akkreditierungsakt dar, der die internationale Zuständigkeit des Verwalters für die Vornahme bzw. die Prozessualwirkung der erforderlichen Masse sichernden und Masse mehrenden Handlungen in anderen Mitgliedsstaaten gewährleistet. Die Organe des anderen Staates haben trotz der *ipso iure*-Wirkung des Eröffnungsbeschlusses des Hauptinsolvenzverfahrens die Befugnis, gem. Art. 19 EuInsVO, eine Über-

---

55 Hierzu BGH, Beschl. v. 17. 9. 2001 – II ZR 178/99 – BGHZ 149, 10 ZIP 2001, 1874 (Vulkan).

56 Gesellschaftsrechtlich bedeutsam wegen der „Holzmüller"-Entscheidung des BGH: BGH v. 25. 2. 1982 – II ZR 174/80 – BGHZ 83, 122, 128.

57 AG Duisburg, Beschl. v. 1. 9. 2002 – 62 IN 167/02 – m. Anm. *Smid*, DZWIR 2002, 522 ff.

58 AG Duisburg, Beschl. v. 1. 9. 2002 – 62 IN 167/02 – m. Anm. *Smid*, DZWIR 2002, 522 ff.

59 Amtl. Begr. zum RegEInsO, BT-Drs. 12/2443, S. 222 f.

60 *Köchling*, ZInsO 2003, 53, 54 f. Anders freilich *Hess/Ruppe*, NZI 2002, 577, 578. So kürzlich auch AG Mönchengladbach v. 27. 4. 2004 – 19 IN 54/04 – ZIP 2004, 1064.

61 *Wehdeking*, Die Masseverwaltung des insolventen Schuldners, 2005, S. 130 ff.; Anm. *Smid*, DZWIR 2002, 493 ff. zu AG Duisburg v. 1. 9. 2002 – 62 IN 167/02.

62 *Virgos/Schmit*, in: Stoll, Vorschläge und Gutachten, 1997, Nr. 160.

63 *Leible/Staudinger*, KTS 2000, 561; *Lüke*, ZZP 111, 297.

setzung der Bestellungsurkunde in die jeweilige Amtssprache zu verlangen bzw. in die Amtssprachen des Mitgliedstaats, in dessen Gebiet der Verwalter rechtlich zu handeln beabsichtigt. Im Übrigen sagt aber Art. 19 EuInsVO ausdrücklich, dass eine Legalisierung, Nostrifikation oder eine entsprechende andere Förmlichkeit nicht abverlangt wird.[64]

---

64 *Leible/Staudinger*, KTS 2000, 562 – insbes. wird kein Apostille verlangt; vgl. auch *Potthast*, Probleme eines Europäischen Konkursübereinkommens, 1995, S. 111.

§ 7 Die öffentlich-rechtliche Verantwortlichkeit des Insolvenzverwalters

I. Problemstellung

1 Hinter den öffentlich-rechtlichen Pflichten des Insolvenzverwalters verbergen sich Probleme, die jüngst besonders *Häsemeyer*[1] auf den Punkt gebracht hat: Im Falle der Insolvenz des Schuldners greift die insolvenzrechtliche Haftungsordnung rigide ein. Sie betrifft alle Gläubiger. Damit bricht sich an der Rigidität des Insolvenzrechts die Unnachgiebigkeit öffentlich-rechtlicher (polizeilicher) Pflichten. Vor allen für weitere Überlegungen ist es daher entscheidend, im Auge zu behalten, dass sich für die Gläubiger öffentlich-rechtlich begründeter Forderungen aus ihrer hoheitlichen Stellung kein Vorrecht ergibt, zumal der Reformgesetzgeber den § 61 KO bewusst gestrichen hat.[2] Das erlaubt es, zwischen denjenigen öffentlich-rechtlichen Handlungspflichten des Insolvenzverwalters, die aus seinem Besitz der Massengegenstände bzw. dem Fortbetrieb des schuldnerischen Unternehmens folgen, und öffentlich-rechtlich begründeten Forderungen gegen die Masse zu unterscheiden. So muss es der Insolvenzverwalter z.B. unterlassen, Luft durch den Fortbetrieb kontaminierender Anlagen zu verunreinigen; öffentlich-rechtliche Beseitigungspflichten wegen in der Masse vorgefundenen Mülls führen demgegenüber nicht zu Masseverbindlichkeiten aufgrund Ersatzvornahmen (ausführlich unten Rn. 10ff.).

2 Da der Insolvenzverwalter rechtlich die Aufgaben wahrzunehmen hat, die der Schuldner zu erledigen hätte, wäre er nicht durch die Wirkungen des Eröffnungsbeschlusses nach § 80 Abs. 1 InsO hieran gehindert (§ 4 Rn. 7ff.), treffen ihn im Allgemeinen auch solche Pflichten, die aus öffentlich-rechtlichen Rechtsverhältnissen gegenüber Hoheitsträgern zu erfüllen sind. Zwei Bereiche sind insofern von Interesse, nämlich der Bereich steuerrechtlicher Pflichten aus der Masseverwaltung einerseits und die abfall- und umweltrechtlichen Verantwortlichkeiten, die aus einer Kontamination von massezugehörigen Grundstücken resultieren oder aufgrund vorgefundener Gift- und Abfallstoffe herrühren andererseits. Beide Bereiche sind insofern für den Ablauf eines Insolvenzverfahrens höchst wichtig, als eine Beachtung öffentlich-rechtlicher Pflichten unabhängig von dem Eintritt der Insolvenz des Schuldners nachgerade zwangsläufig in die Masseunzulänglichkeit der §§ 207, 208ff. InsO führt. *Dass* es steuer- und abfallrechtliche Pflichten im Allgemeinen gibt, steht daher nicht zur Debatte; von vitalem Interesse für die Funktionstüchtigkeit des Insolvenzrechts als Haftungsordnung ist aber, ob und wieweit die öffentlich-rechtliche Verantwortlichkeit des Insolvenzverwalters zu einer Vorab-Haftung aus Massemitteln führt oder ob die insolvenzrechtliche Haftungsordnung zur Reichweite dieser Pflichten Modifikationen zur Folge hat.

3 Wir haben bereits oben gezeigt, dass die Befriedigung dieser Masseverbindlichkeiten zur Masseunzulänglichkeit, aber damit auch zu einer „Vereinfachung“ der Verfahren führen kann: Wenn die Masse durch Erstellung von Bilanzen aufgezehrt und im Übrigen zur Abfallbeseitigung genutzt wird, bedarf

1 *Häsemeyer*, Insolvenzrecht, 3. Aufl. 2003, Rn. 2. 4.
2 Amtl. Begr. zum RegEInsO, BT-Drs. 12/2443, S. 80f.

es keiner aufwendigen Verteilung mehr. Dies kann durchaus im wirtschaftlichen Interesse des Insolvenzverwalters liegen, insbesondere in Fällen, in denen „nahe stehende" Steuerberaterbüros die Bilanzerstellung vornehmen. Der Gläubigergleichbehandlung und damit der Erfüllung der Aufgaben des Insolvenzverfahrens dient dies freilich nicht. Daher sind die öffentlich-rechtlichen Pflichten des Insolvenzverwalters mit den – durchaus auch öffentlichen[3] (!) – Funktionen und Aufgaben des Insolvenzverfahrens zu harmonisieren.

II. Steuerrechtliche Pflichten des Insolvenzverwalters

1. Übersicht

Lange Zeit war die Reichweite der öffentlich-rechtlichen Pflichten des Insolvenzverwalters streitig. Die InsO trifft Regelungen zumindest im Hinblick auf seine steuerrechtlichen Pflichten. Nach § 155 Abs. 1 InsO hat der Insolvenzverwalter mit der Eröffnung des Insolvenzverfahrens die handels- und steuerrechtlichen Pflichten des Schuldners zur Buchführung und zur Rechnungslegung wahrzunehmen. Der Insolvenzverwalter ist **daher steuerpflichtig.**[4] Der Insolvenzverwalter hat die steuerrechtlichen Pflichten des Gemeinschuldners, dem infolge der Eröffnung des Konkurses die Verwaltungs- und Verfügungsbefugnis über sein Vermögen entzogen worden ist, gem. § 34 Abs. 3 AO zu erfüllen.[5] Die Finanzämter erlassen regelmäßig auf der Grundlage der §§ 193 ff. AO unmittelbar nach Eröffnung des Verfahrens eine Prüfungsanordnung gegen den Insolvenzverwalter zur Durchführung einer **Betriebsprüfung.** Bei der Beurteilung der Pflichten, die den Insolvenzverwalter kraft seines Amtes in steuerrechtlicher Hinsicht im Insolvenzverfahren über das Vermögen des gemeinschuldnerischen Unternehmens treffen, ist insbesondere danach zu fragen, ob das Unternehmen fortgeführt oder stillgelegt wird.[6] Nach zutreffender Ansicht[7] ordnet **§ 251 Abs. 2 AO** den **Primat des Insolvenzrechts** über das Steuerrecht an. Somit reichen die steuerlichen Verpflichtungen des Insolvenzverwalters, der ein privates Amt ausübt, nur soweit, wie es das Insolvenzrecht, mithin die Erfüllung der dem Verwalter obliegenden Verpflichtungen, erfordert.[8] Der Verwalter hat jedenfalls die Steuererklärungspflichten des Schuldners zu erfüllen. Er muss **Steueranmeldungen** und **Steuererklärungen** abgeben.[9] 4

Im Einzelnen bestimmen sich die Steuererklärungspflichten des Insolvenzverwalters nach der Verfassung des Schuldners: Im Falle von **Einzelunternehmen** hat der Insolvenzverwalter eine Einkommens- 5

---

3 Man denke an die Ordnungs- und Befriedungsfunktion, oben § 1 Rn. 13 ff.

4 *Roth*, Insolvenzrecht, 2011, Rn. 2.112 ff., besonders Rn. 3.173 ff.; *Andres*, in: Nerlich/Römermann, InsO, § 155 Rn. 34 f.; *Onusseit*, in: Kölner Schrift zur Insolvenzordnung, 2. Aufl. 2000, S. 1786 (Rn. 18); *Frotscher*, in: Gottwald, Insolvenzrechts-Handbuch, 3. Aufl. 2006, § 22 Rn. 80; *ders.*, Besteuerung bei Insolvenz, 5. Aufl. 1999, S. 33.

5 *Maus*, in: Uhlenbruck, InsO, 12. Aufl. 2003, § 80 Rn. 44.

6 *Smid/Rattunde*, in: Smid, InsO, 2. Aufl. 2001, § 155 Rn. 7; vgl. auch *Kübler*, in: Kübler/Prütting, Kommentar zur Insolvenzordnung, § 155 Rn. 84.

7 *Smid*, in: Smid, LSZ, 3. Aufl. 2010, § 155 Rn. 8; *Klein/Orlopp*, AO, § 251 Anm. 1. Dieser „Vorrang" des Insolvenz- vor dem Steuerrecht ist daher entgegen der Ansicht *Häsemeyers* (Fn. 1) Rn. 1.10 keine bloße „Faustregel"; einschränkend aber auch *Frotscher* (Fn. 4) 18.

8 *Smid*, in: LSZ, InsO, 3. Aufl. 2010, § 155 Rn. 8; *Ott*, in: MünchKomm, InsO, 1. Aufl. 2001, § 80 Rn. 131.

9 *Andres*, in: Nerlich/Römermann, InsO, (Fn. 4).

steuererklärung i.S.v. § 25 Abs. 3 EStG i.V.m. §§ 149ff. AO abzugeben, denn trotz der Eröffnung des Insolvenzverfahrens ist der Steuerpflichtige i.S.v. § 2 EStG mit seinen gesamten Einkünften zur Einkommensteuer heranzuziehen.[10] Im Falle des über das Vermögen einer Kapitalgesellschaft eröffneten Verfahrens hat der Insolvenzverwalter eine **Körperschaftssteuererklärung** i.S.v. § 49 Abs. 2 KStG i.V.m. §§ 149ff. AO abzugeben.[11] Die Steuererklärungspflicht des Insolvenzverwalters für Personengesellschaften[12] verpflichtet ihn allerdings nicht zur Erklärung zur einheitlichen und gesonderten Feststellung i.S.v. §§ 181 Abs. 2 i.V.m. 180 Abs. 1 AO.[13] Abzugeben ist im Übrigen die **Gewerbesteuererklärung** i.S.d. § 14a GewStG i.V.m. §§ 149ff. AO.[14]

6 Dies kann er nur, wenn er die erforderlichen Tatsachen und Rechtsverhältnisse ermittelt, was ihm allerdings regelmäßig nur unter der Voraussetzung überhaupt möglich ist, dass eine entsprechende Buchführung des gemeinschuldnerischen Unternehmens aufrechterhalten bzw. durch ihn wieder eingerichtet werden kann. Unabhängig von der Art des schuldnerischen Unternehmensträgers obliegt dem Verwalter die **steuerrechtliche Buchführungspflicht** nach §§ 140, 141 AO, so dass er außer der Handelsbilanz auch eine Steuerbilanz und einen steuerlichen Jahresabschluss zum Zwecke der steuerlichen Gewinnermittlung zu fertigen hat[15]. Der Verwalter muss, damit die Finanzbehörde die Steuern richtig anmelden kann, die Einkommens- und die Körperschaftssteuererklärung abgeben, die Umsatzsteuervoranmeldungen einreichen und die Umsatzsteuerjahreserklärung abgeben. Er hat ferner die nach sonstigen Zoll- und Steuervorschriften abzugebenden Erklärungen und Anmeldungen zu fertigen. Als unrichtig erkannte Steuererklärungen hat er gem. § 153 AO zu korrigieren.[16] Dies gilt auch dann, wenn die Steuererklärung noch vor Konkurseröffnung vom nunmehrigen Gemeinschuldner abgegeben worden ist.[17] Bei Auslandssachverhalten trifft ihn die erhöhte Aufklärungspflicht gem. § 90 Abs. 2 AO. Spiegelbildlich mit den Aufzeichnungs-, Buchführungs- und Erklärungspflichten treffen die steuerlichen Aufbewahrungspflichten den Verwalter ebenfalls. Diese können wegen ihrer zeitlichen Dauer weit in die „nachkonkursliche“ Zeit hineinragen.[18]

2. Folgen

7 Aus der steuerrechtlichen Verantwortlichkeit des Insolvenzverwalters ergeben sich eine Reihe schwerwiegender Folgen. Gegen ihn persönlich können nämlich die Zwangsmittel der §§ 328ff. AO festgesetzt werden.[19] Dies gilt auch für Verspätungszuschläge nach § 152 AO. Der Insolvenzverwalter kann aufgrund seiner persönlichen steuerrechtlichen Verantwortlichkeit gegebenenfalls in seiner Person

---

10 Einzelheiten bei *Frotscher*, in: Gottwald, Insolvenzrechts-Handbuch, 3. Aufl. 2006, § 120 Rn. 1ff.
11 *Frotscher*, in: Gottwald, Insolvenzrechts-Handbuch, 3. Aufl. 2006, § 22 Rn. 83; § 95 Rn. 1ff.
12 *Frotscher*, in: Gottwald, Insolvenzrechts-Handbuch, 3. Aufl. 2006, § 95 Rn. 10ff.
13 BFH v. 12.11. 1992 – IV B 83/91 – ZIP 1993, 374 m. Anm. *App*, EWiR § 251 AO 1/93, 219; *Irschlinger*, in: H-K, InsO, 4. Aufl. 2004, § 155 Rn. 7; *Frotscher*, Besteuerung bei Insolvenz, 5. Aufl. 1999, S. 37.
14 *Frotscher*, in: Gottwald, Insolvenzrechts-Handbuch, 3. Aufl. 2006, § 22 Rn. 83, 86; § 123 Rn. 1ff.
15 *Pelka/Niemann*, Praxis der Rechnungslegung im Insolvenzverfahren, Rn. 246, 253; *Frotscher*, in: Gottwald, Insolvenzrechts-Handbuch, 3. Aufl. 2000, § 22 Rn. 81; vgl. auch *Ott*, in: MünchKomm, InsO, 1. Aufl. 2001, § 80 Rn. 131.
16 *Frotscher*, in: Gottwald, Insolvenzrechts-Handbuch, 3. Aufl. 2006, § 22 Rn. 85.
17 *Frotscher*, Besteuerung bei Insolvenz, 5. Aufl. 1999, S. 39.
18 *Smid*, in: LSZ, InsO, 3. Aufl. 2011, § 155 Rn. 20; *Förster/Tost*, ZInsO 1998, 297ff.
19 *Kübler*, in: Kübler/Prütting/Bork, InsO, § 155 Rn. 85; *Frotscher*, in: Gottwald, Insolvenzrechts-Handbuch, 3. Aufl. 2006, § 22 Rn. 88; *Schwarz*, AO, § 34 Rn. 2; § 251 Rn. 9.

Steuerstraftatbestände oder Steuerordnungswidrigkeiten (§§ 370, 378, 379 AO) anlässlich der Wahrnehmung der Insolvenzverwaltung verwirklichen.

3. Stellung des vorläufigen Verwalters

Dies alles gilt natürlich auch für den vorläufigen Verwalter, sofern er nach § 22 Abs. 1 InsO ernannt wird.[20] Vor dem Hintergrund des § 55 Abs. 2 InsO wird daran gedacht, eine sehr weit reichende Anordnung von Verwaltungs- und Verfügungsbefugnissen nach § 22 Abs. 2 InsO vorzunehmen, um einer Vorabbefriedigung von Umsatzsteuerforderungen des Finanzamts aus der Masse zu entgehen. Nach § 41 AO würde damit aber wahrscheinlich ein Umgehungstatbestand verwirklicht. 8

III. Die ordnungsrechtliche Haftung der Masse und des Insolvenzverwalters

1. Übersicht

Das Umweltschutzrecht hat auch im Zusammenhang des Insolvenzrechts ständig an Bedeutung gewonnen.[21] Wirtschaftlich betrachtet stellt die Einhaltung von umweltrechtlichen Auflagen freilich einen erheblichen Kostenfaktor für die Betriebe dar, dessen Gewicht ständig zunimmt. Es überrascht nicht, dass vielfach am Umweltschutz gespart wird, wenn bei einem Unternehmen wirtschaftliche Schwierigkeiten einsetzen. Und in Krise und Konkurs wird im gemeinschuldnerischen Unternehmen häufig nicht nur die Buchhaltung in einem beklagenswerten Zustand sein, sondern gerade auch der ökologische Zustand von Produktionsanlagen, besonders Betriebsgrundstücken. Die Möglichkeit der ökonomischen Sanierung eines krisenbefallenen Unternehmens wird daher nicht selten aufgrund des faktischen Zustandes seines Betriebsgeländes und der Produktionsanlagen in Frage gestellt werden. Die Risiken, die der Insolvenzverwalter und Sanierer eines Unternehmens eingeht, werden aufgrund des „ökologischen“ Befundes eines Unternehmens nicht selten unkalkulierbar und bis in den Bereich strafrechtlicher Verantwortlichkeit ausgeweitet. 9

2. Masseinsuffizienz und umweltpolizeiliche Inanspruchnahme

a) Insolvenz- und umweltrechtliche Zwecke. Eine umweltrechtliche Inanspruchnahme der Masse kann die Bemühungen der Diskussion um die Insolvenzrechtsreform konterkarieren, Insolvenzverfahren wieder in größerer Zahl zur Eröffnung zu bringen. In der Reformdiskussion ist diese Frage freilich bislang ausgespart worden; legislative Eingriffe können schon wegen der hohen emotionalen Brisanz von Fragen des Umweltschutzes[22] jedenfalls kaum zugunsten der Funktionsfähigkeit des Insolvenzrechts erwartet werden. 10

---

20 *Andres,* in: Nerlich/Römermann, InsO, § 155 Rn. 36; *Onusseit,* in: Kölner Schrift zur Insolvenzordnung, 2. Aufl. 2000, S. 1781 Rn. 3; *Frotscher,* Besteuerung bei Insolvenz, 5. Aufl. 1999, S. 43.

21 Vgl. neben den umweltschutzrechtlichen Handbüchern Arbeiten von *Schulte-Kaubrügger,* Erfüllung der Polizeipflicht nach Eröffnung des Konkursverfahrens, 1995; *Eichhorn,* Altlasten im Konkurs, 1996; *Wiester,* Altlastensanierung im Konkurs, 1996; *Westphal,* Umweltschutz und Insolvenz, 1998; auch *Uhlenbruck,* in: Uhlenbruck, InsO, 13. Aufl. 2010, § 80 Rn. 170: „eine der drängendsten Probleme des neuen Insolvenzrechts“.

22 *Blum,* Ordnungsrechtliche Verantwortlichkeit in der Insolvenz, 2001; *Pape,* KTS 1993, 551, 552.

11 Das BVerwG[23] hat in folgendem Fall zu entscheiden gehabt: Der Kläger war dazu herangezogen worden, Abfälle auf dem Betriebsgelände einer A-GmbH zu beseitigen, als deren Insolvenzverwalter er mit Eröffnungsbeschluss vom 1. 5. 2001 bestellt worden war. Am 29. 5. 2001 stellte der Kläger fest, dass sich Abfallstoffe auf dem Betriebsgelände befanden; am 1. 8. 2001 zeigte er Masseunzulänglichkeit an. Mit Vertrag vom 10. 10. 2001 verkaufte der Insolvenzverwalter das gesamte Anlagevermögen der A-GmbH an die X-GmbH und erklärte dem beklagten Verwaltungsträger, für die Entsorgung des Abfalls jedenfalls nunmehr nicht mehr verantwortlich zu sein. Seiner mit Bescheid des Beklagten erfolgten Inanspruchnahme trat der Kläger erfolglos vor dem VG Hannover[24] entgegen. Das BVerwG hat auf die Sprungrevision des Klägers hin den angegriffenen Bescheid aufgehoben.

12 In seinem Urteil vom 23. 9. 2004[25] hat das Bundesverwaltungsgericht daran festgehalten, der Insolvenzverwalter könne nach § 4 Abs. 3 Satz 1 BBodSchG als Inhaber der tatsächlichen Gewalt für die Sanierung von massezugehörigen Grundstücken herangezogen werden, die bereits vor der Eröffnung des Insolvenzverfahrens kontaminiert waren. Es hat insofern seine ältere Rechtsprechung vom Ende der 90er Jahre des vergangenen Jahrhunderts aufrechterhalten, als er daran festhält, die Verpflichtung des Insolvenzverwalters sei als Masseverbindlichkeit im Sinne des § 55 Abs. 1 Nr. 1 InsO zu qualifizieren. Dem lag folgender Fall zugrunde: Nachdem die Gemeinde Kontaminationen auf einem massezugehörigen Grundstück festgestellt hatte, nahm sie den Insolvenzverwalter zu Untersuchungs- und Sanierungsmaßnahmen in Anspruch und stellte fest, dass die Anordnungen vom Insolvenzverwalter wie Masseverbindlichkeiten im Sinne von § 55 InsO zu behandeln seien. Außerdem wurde der Insolvenzverwalter verpflichtet, eine Detailuntersuchung zur abschließenden Gefährdungsabschätzung auf den Grundstücken an ein qualifiziertes Fachbüro auf Kosten der Masse in Auftrag zu geben. Der Insolvenzverwalter gab durch Erklärung gegenüber dem Liquidator der Gemeinschuldnerin die betroffenen Grundstücke vom Insolvenzbeschlag frei.

13 **b) Rechtsprechung des Bundesverwaltungsgerichts.** Zunächst hat sich das Bundesverwaltungsgericht in seiner Entscheidung gegen die Kritik der Judikatur des BGH an der bisherigen Rechtsprechung des Bundesverwaltungsgerichts gewandt. Der BGH hatte die Ansicht vertreten, allein die sicherstellende Inbesitznahme störender Sachen des Gemeinschuldners durch einen Insolvenzverwalter könne eine Haftung der Masse für die Kosten der Störungsbeseitigung nicht begründen. Demgegenüber hält das BVerwG an seiner Judikatur fest, wonach der Insolvenzverwalter bereits mit der Besitzergreifung ordnungspflichtig werde. Nur dort, wo, wie in § 5 und § 22 BImSchG, die Pflicht an die Stellung als Betreiber einer Anlage anknüpft, und nicht an den bloßen Besitz, ist fragwürdig, ob schon die Inbesitznahme als solche für die ordnungsrechtliche Verantwortlichkeit des Insolvenzverwalters ausreicht. Soweit aber die Ordnungspflicht sich schließlich nicht aus der Verantwortlichkeit für den aktuellen Zustand von Massegegenständen ergibt, sondern an ein in der Vergangenheit liegendes Verhalten anknüpft, wie etwa die Verursachung einer schädlichen Bodenveränderung oder Altlast gemäß § 4 Abs. 3 Satz 1 BBodSchG oder die Erzeugung von Abfall im Sinne von § 11 Abs. 1 i.V.m. § 3 Abs. 5 KrW-/AbfG durch den Gemeinschuldner, kann die Besitzergreifung von vornherein nicht zur persönlichen Inanspruchnahme des Insolvenzverwalters führen, da seine Sachherrschaft zu den Voraussetzungen, die das Ordnungsrecht in diesen Fällen an die Störereigenschaft stellt, in keinem Bezug steht. Das Bundesverwaltungsgericht erkennt nunmehr aber an, dass der Insolvenzverwalter nach der Freigabe der betroffenen Grundstücke, zu deren Sa-

23 BVerwG, Urt. v. 22. 7. 2004 – 7 C 17/03 – DZWIR 2005, 22.
24 VG Hannover v. 14. 8. 2003 – 12 A 2078/02 – ZIP 2004, 625.
25 BVerwG, Urt. v. 23. 9. 2004 – 7 C 22/03 – DZWIR 2005, 25 ff.

nierung nicht mehr herangezogen werden darf. Denn nach dem durch die Freigabe begründeten Verlusts der tatsächlichen Gewalt über die Flächen erfüllt er nicht mehr die bodenschutzrechtlichen Voraussetzungen für eine Inanspruchnahme. Das Bundesverwaltungsgericht stellt fest, (bislang) sei die Freigabe von Gegenständen aus der Insolvenzmasse durch den Insolvenzverwalter nicht ausdrücklich einer gesetzlichen Regelung unterworfen worden. Sie sei aber bereits unter Geltung der KO ebenso, wie nunmehr nach der InsO, anerkannt. Gesetzliche Regelungen wie früher § 114 KO und heute § 32 Abs. 3 Satz 2 InsO setzten und setzen die Existenz der Freigabe als – so der erkennende VII. Senat des Bundesverwaltungsgerichts – „gewohnheitsrechtlich anerkanntes Institut“ voraus. Mit der Freigabe lebt die Verwaltungs- und Verfügungsbefugnis des Schuldners über die betreffenden Gegenstände wieder auf. Zweck der Freigabe ist es, wie das Bundesverwaltungsgericht ausdrücklich feststellt, solche Gegenstände aus der Masse zu entlassen, deren Verwertung keinen Gewinn ergeben oder die Masse sogar zusätzlich belasten würden. Pflicht des Insolvenzverwalters aber ist es, die Masse mit dem Ziel zu schonen, eine möglichst hohe Quote für die Insolvenzgläubiger zu erzielen. Daher kann es eine Amtspflicht des Insolvenzverwalters nach § 60 InsO entsprechen, die Freigabe zu erklären. In diesem Zusammenhang distanziert sich der erkennende Senat ausdrücklich von der von *K. Schmidt* vertretenen Meinung, eine Handelsgesellschaft könne eine insolvenzfreie Masse nicht haben. Dem ist bereits der BGH entgegengetreten[26]. Außerhalb des Insolvenzverfahrens kann daher bei der Abwicklung der insolventen Gesellschaft nach ihrem jeweiligen Gesellschaftsrecht eine insolvenzfreie Masse bestehen. Das Bundesverwaltungsgericht räumt in seiner Entscheidung aber auch mit weiteren Bedenken auf. Die Freigabe sei nicht deshalb nach § 138 Abs. 1 BGB sittenwidrig, weil sie allein dem Zweck diene, sich der Gefahrbeseitigung zu entziehen und diese der Allgemeinheit aufzubürden. Denn gerade dies ist von Gesetzes wegen – aus dem insolvenzrechtlichen Haftungskontext heraus – legitimes Ziel der Freigabe. Es ist außerordentlich zu begrüßen, dass in der vorliegenden Entscheidung ausdrücklich erklärt wird: „Eine differenzierte Bewertung danach, ob die Freigabe den Interessen privater Dritter oder dem staatlich wahrgenommenen Allgemeininteresse zuwider läuft, lässt sich jedenfalls ohne eine entsprechende gesetzliche Regelung mit einer freiheitlichen Rechtsordnung schwerlich vereinbaren.“

IV. Einfluss des EU-Subventionsrechts auf deutsche Insolvenzverfahren

In vielfältiger Weise werden Unternehmensgründungen nicht anders als der Betrieb bestehender Un- 14
ternehmen durch Vergabe staatlicher Subventionen gefördert. Einen Sonderfall stellte die Ausstattung von Unternehmen in den neuen Bundesländern mit Kapital durch die Treuhandanstalt/BvS als deren Alleingesellschafterin dar: Die Transformation der Wirtschaftsverfassung der DDR hat in den neuen Bundesländern viele Unternehmen zu Subventionsempfängern gemacht. Verstoßen diese Beihilfen gegen Vorschriften des EG-Vertrags erwachsen aus der dann erfolgenden Rückforderung Probleme[27],

26 BGH, Urt. v. 5. 7. 2001 – IX ZR 327/99 – BGHZ 148, 252, 258.
27 Erschöpfend hierzu *Cranshaw*, Einflüsse des Europäischen Rechts auf das Insolvenzverfahren, bes. 1151 ff.

die mittlerweile zu einem „Dauerbrenner“ der Insolvenzabwicklung besonders in den neuen Bundesländern[28] geworden sind.

15 Im Verfahren der Gröditzer Stahl GmbH[29] ist die Meinung[30] vertreten worden, der die Wirkung von Kommissionsentscheidungen bestimmende *effet utile*-Grundsatz erzwinge eine Umdeutung der Stellung und Aufgaben des Insolvenzverwalters in solchen Insolvenzverfahren, in denen ein staatlicher Gläubiger zur Umsetzung einer Kommissionsentscheidung Forderungen anmelde, die auf Rückzahlung unrechtmäßig gewährter Beihilfen gerichtet seien. In solchen Verfahren habe der Insolvenzverwalter nämlich primär die Aufgabe, der Verwirklichung der Kommissionsentscheidung zum Durchbruch zu verhelfen. Es begegnet aber nachdrücklichen Zweifeln, ob der Grundsatz des *effet utile*, den der EuGH in einer Reihe von Entscheidungen herausgearbeitet hat, in der Tat für das Handeln des Insolvenzverwalters die Bedeutung einnimmt, wie sie *Koenig* dargelegt hat.[31] Beim Insolvenzverfahren handelt es sich zwar um ein gerichtliches Verfahren. Der Insolvenzverwalter freilich ist Träger eines privaten Amtes (vgl. oben § 6 Rn. 7). Zwar wird er durch Hoheitsakt – einen Eröffnungsbeschluss des Insolvenzgerichts – in sein Amt eingesetzt. Die Amtsstellung selbst ist aber nicht öffentlich-rechtlich beschrieben. Vielmehr sind die Pflichten, die aus dem privaten Amt des Insolvenzverwalters folgen, aus der Funktion des Insolvenzrechts abgeleitet.

16 In der Literatur findet sich dagegen die Meinung, in den „einschlägigen“ Verfahren fungiere der Insolvenzverwalter als Sachwalter des Rückabwicklungsinteresses der EG-Beihilfenaufsicht.[32] Diese Auffassung ist irrig.[33] Der Insolvenzverwalter ist nicht Agent eines öffentlichen Interesses und darf es nicht sein. Vielmehr fungiert er als Garant für die *par condicio creditorum* erfolgende Abwicklung des Verfahrens. *Koenig* meint demgegenüber wohl, der *effet utile*-Grundsatz erzwinge insoweit eine gemeinschaftsrechtskonforme Umgestaltung des deutschen Insolvenzrechts, wie dieses der Verwirklichung von EU-Recht, insbesondere der Umsetzung von Kommissionsentscheidungen im Wege stehe. *Koenig* ist allerdings dabei Opfer eines kurios anmutenden Irrtums geworden, den die Lektüre seiner Stellungnahmen aufdeckt: Er lässt sich nämlich durch die Rede vom „Amt“ des Insolvenzverwalters dazu verleiten, ihn mit den Trägern hoheitlicher Amtsstellungen gleichzusetzen, was sich aus einer Orientierung am EU-Recht erklären lässt, aber völlig in die falsche Richtung weist. Erinnert man sich demgegenüber an die im Zivilrecht geführte Diskussion um die Qualifikation der Stellung des Insolvenzverwalters, dann macht alsbald ein Blick auf die Auseinandersetzung zwischen der Amts- und der modifizierten Organtheorie klar, dass es hier um die angemessene rechtsdogmatische Beschreibung der „Vertretung der Masse“ geht. Der zivilrechtliche Vermögensverwalter ist jedenfalls nicht Adressat von Entscheidungen der EU-Kommission, die demzufolge für seine Tätigkeit im Verfahren allenfalls Tatbestandswirkungen entfalten können. Er hat m.a.W. vom Faktum auszugehen, dass es die Kommissionsentscheidung gibt; bereits die Frage, ob und wieweit sie für die Bundesrepublik Deutschland als Gläubiger oder deren Län-

---

28 Zu dem „Paradefall“ der Gröditzer Stahlwerke GmbH und ihrer Tochterunternehmen vgl. *Smid*, in: FS Uhlenbruck, 2000, S. 405 ff.

29 Vgl. die Entscheidung der Kommission v. 8. 7. 1999, AblEG 292/27 (hiergegen ist unter dem Az. C-334/99 eine Nichtigkeitsklage beim EuGH anhängig).

30 *Koenig*, BB 2000, 573, 580.

31 *Koenig*, BB 2000, 573, 580.

32 *Koenig*, BB 2000, 573, 580.

33 Es bedarf an dieser Stelle keiner demokratietheoretischen Fragestellung der Legitimation von Kommissionsentscheidungen, da *Koenigs* Meinung bereits unabhängig davon der Kritik nicht standzuhalten vermag.

der, Anstalten usf. verbindlich ist, ergibt sich für den Insolvenzverwalter nicht zwangsläufig aus diesem Faktum. Eine unmittelbare Drittwirkung *zu Lasten Dritter* folgt nach der Judikatur des EuGH[34] nämlich auch nicht aus dem *effet utile*-Grundsatz.[35] Zwar finden sich in der Judikatur des EuGH Entscheidungen, in denen das Gericht festgestellt hat, dass Kommissionsentscheidungen sowohl gegenüber den Mitgliedsstaaten als den in ihnen bezeichneten Adressaten als auch gegenüber *Individuen* in diesen Mitgliedsstaaten unmittelbare Wirkungen entfalten.[36] Dies liegt aber in solchen Fällen vor, in denen sich Individuen gegen einen Mitgliedsstaat auf rechtliche Feststellungen berufen können, die in einer Kommissionsentscheidung getroffen worden sind. Eine unmittelbare Wirksamkeit von Kommissionsentscheidungen in den Mitgliedsstaaten liegt nach der Judikatur des EuGH[37] daher in solchen Fällen vor, in denen eine Entscheidung einen Mitgliedsstaat verpflichtet, den Individuen bestimmte Rechte einzuräumen und diese Pflicht des Mitgliedsstaates klar und eindeutig ist.[38]

In Bezug auf das *Insolvenzverfahren* gilt keinesfalls der Grundsatz, dass gemeinschaftsrechtlich unter- **17**
legte Ansprüche auf Rückforderung vermeintlich unrechtmäßig geleisteter Beihilfe jeden Grundsatz des Insolvenzrechts verdrängen. Der EuGH hat nämlich in einer wegen der Versagung der Genehmigung des Weinbaus ergangenen Entscheidung[39] ausdrücklich in einem obiter dictum zum Ausdruck gebracht, die Interessen der Gläubiger genössen rechtlichen Schutz. Dabei hat der EuGH zwar auf das *schutzwürdige* Vertrauen der Gläubiger abgestellt. Allerdings kennt das deutsche Recht den Grundsatz, wonach jeder Gläubiger das Insolvenzrisiko seines selbst gewählten Partners zu tragen habe.[40] Das ist zwar in dieser Allgemeinheit richtig, führt aber im Insolvenzfall nicht dazu, dass ein Vorrang von Gläubigern wegen Forderungen aus Rückgewähr von Beihilfen vor den einfachen Insolvenzgläubiger statuiert wäre. Dagegen spricht nicht allein, dass der Insolvenzrechtsreformgesetzgeber ausdrücklich Gläubigervorrechte abgeschafft hat und die Kreation von Insolvenzvorrechten nach deutschem Recht richterrechtlicher Rechtsfortbildung entzogen und dem Gesetzgeber vorbehalten ist.[41] Nun ist allerdings der EuGH in der Alcan-Entscheidung[42] von einer Pflicht des Mitgliedsstaates (Deutschland) ausgegangen, rechtswidrig gewährte Beihilfen auch dann noch zurückzuverlangen, wenn die Rücknahmefrist nach § 48 Abs. 4 Satz 1 VwVfG abgelaufen ist. Auch daraus kann aber nicht gefolgert werden, dass auch im Insolvenzverfahren der Insolvenzverwalter als Sachwalter des Beihilferückforderungsanspruchs fungiere. Die Alcan-Entscheidung betrifft – wie im Übrigen die EuGH-Judikatur zum *effet utile*-Grundsatz im Allgemeinen – *Verfahren der Verwaltung und der Verwaltungsgerichte*. Das Insolvenzverfahren ist aber ein zivilgerichtlich überwachtes Verfahren der privatrechtlichen Haftungsverwirklichung.[43] Die Judikatur des EuGH und die Lehre gehen davon aus, dass der *effet utile*- Grundsatz *nicht zu Lasten Dritter* greift.[44] Dritte in diesem Sinne sind im vorliegenden Fall die Insolvenzgläubiger. Eine primäre Berücksichtigung von Ansprüchen aus Rückforderung von Beihilfen im Insolvenzverfahren würde die Rechtsstellung der übrigen Gläubiger im Verfahren hintanstellen.

---

34 Im Hinblick auf Richtlinien: EuGH, Urt. v. 26. 2. 1986, Rs. 152/84, Slg. 1986, 723.
35 *Herdegen*, Europarecht, 2. Aufl. 1999, Rn. 185, 1. Absatz.
36 *Koenig/Haratsch*, Europarecht, 2. Aufl. 1998, Rn. 239 (S. 99).
37 EuGH, Urt. v. 6. 10. 1970, Rs. 9/70, Slg. 1970, 825.
38 *Koenig/Haratsch*, Europarecht, 2. Aufl. 1998, Rn. 239 (S. 99).
39 EuGH, Urt. v. 13. 2. 1979, Rs. 44/79, Slg. 1979, 3727.
40 *Koenig*, BB 2000, 573, 580 verweist auf *Canaris*, WM 1980, 354, 367.
41 Vgl. BVerfG, Beschl. v. 19. 10. 1983 – 2 BvR 485/80, 2 BvR 486/80 – ZIP 1984, 78, 80 – NJW 1984, 475 (zur Einordnung von Abfindungsansprüchen aus Sozialplänen als bevorrechtigte Forderungen).
42 EuGH, Urt. v. 20. 3. 1997, Rs. C-24/95, Slg. 1997, 1607.
43 Vgl. allein statt aller *Häsemeyer*, Insolvenzrecht, 3. Aufl. 2003, Rn. 1.11 et passim (S. 15 ff.)
44 EuGH, Urt. v. 26. 2. 1986, Rs. 152/84, Slg. 1986, 723; *Herdegen*, Europarecht, 2. Aufl. 1999, Rn. 185, 1. Absatz.

§ 8 Einfluß der Insolvenz auf Rechtsstreitigkeiten des Schuldners

I. Automatic stay: Beschränkung der Rechtsausübung durch die Gläubiger

1. Ausschluss von Leistungsklagen gegen den Insolvenzschuldner

1 Dem Entzug der Verwaltungs- und Verfügungsbefugnis des Schuldners entspricht, dass die Rechtsdurchsetzung seiner Gläubiger (zum Begriff: § 1 Satz 1 InsO) im eröffneten Insolvenzverfahren „eingefroren" wird (oben § 1 Rn. 101 ff. zum „automatic stay").

2 § 87 InsO bestimmt, dass die klagweise Rechtsverfolgung der **Insolvenzgläubiger** (gem. **§ 38 InsO**) gegenüber dem Schuldner nach Eröffnung des Insolvenzverfahrens nach Verfahrenseröffnung darauf begrenzt wird, dass die Insolvenzgläubiger ihre Forderungen **nur nach Maßgabe der Vorschriften für das Insolvenzverfahren** verfolgen dürfen. § 87 InsO betrifft den Schuldenmassestreit – also Passivprozesse des Schuldners über Insolvenzforderungen. Die Eröffnung des Insolvenzverfahrens führt zu einer Veränderung der prozessualen Situation[1]. Sie stellt eine „Schlüsselnorm" dar[2]; § 87 InsO betrifft im Kern die allgemeine Wirkung der Eröffnung des Insolvenzverfahrens. Anders als unter der Geltung des § 12 KO schließt § 87 InsO auch Klagen gegen den Insolvenzschuldner persönlich aus[3] – was allein schon durch § 35 Satz 2 InsO geboten ist. § 87 InsO gilt auch für Steuerforderungen; er schließt den Erlass eines **Festsetzungsbescheids** nach Eröffnung des Insolvenzverfahrens über das Vermögen des Schuldners aus.[4]

3 Die gegen den Insolvenzschuldner gerichtete Klage nach § 717 Abs. 2 ZPO ist als Schuldenmassestreit zu qualifizieren, der nach Eröffnung des Insolvenzverfahrens nicht nach § 240 ZPO aufgenommen werden kann.[5]

2. Ausschluss der Individualzwangsvollstreckung gegen den Insolvenzschuldner

4 Zum *Grundbestand*[6] eines jeden Insolvenzrechts gehört der Ausschluss von Individualvollstreckungen nach Eröffnung eines Insolvenzverfahrens.[7] Die Gleichbehandlungsfunktion des Insolvenzverfahrens (oben § 1 Rn. 25 ff.), die Insolvenzgläubiger gemeinschaftlich aus dem Vermögen des Schuldners zu befriedigen, fordert, dass den

---

1 *Smid,* DZWIR 1993, 485 ff.; BGH, Urt. v. 10. 1. 2008 – IX ZR 94/06, DZWIR 2008, 214.
2 *Kuhn,* in: Uhlenbruck, KO, 11. Aufl. 1994, § 12 Rn. 1; *Uhlenbruck,* in: Uhlenbruck, InsO, 13. Aufl. 2010, § 87 Rn. 1.
3 Amtl. Begr. zu § 98 RegEInsO, BT-Drs. 12/2443, 137; *Smid,* in: LSZ, InsO, 3. Aufl. 2010, § 87 Rn. 2; *Uhlenbruck,* in: Uhlenbruck, InsO, 12. Aufl. 2003, § 87 Rn. 5.
4 *Smid,* in: LSZ, InsO, 3. Aufl. 2010, § 87 Rn. 6; *Uhlenbruck,* in: Uhlenbruck, InsO, 13. Aufl. 2010, § 87 Rn. 16 ff.; *Breuer,* in: MünchKomm, InsO, 1. Aufl. 2001, § 87 Rn. 13; *Kroth,* in: Braun, InsO, 2. Aufl. 2004, § 87 Rn. 10.
5 BGH, Beschl. v. 12. 2. 2004 – V ZR 288/03 – WM 2004, 751.
6 Bedenklich daher BGH, Urt. v. 14. 1. 2010 – IX ZR 93/09, ZIP 2010, 380.
7 *Viertelhausen,* Einzelzwangsvollstreckungen während des Insolvenzverfahrens, 1999.

Insolvenzgläubigern die rechtliche Möglichkeit verstellt wird, während des Verfahrens die Einzelzwangsvollstreckung zu betreiben.[8] Daher ist jede Art der Einzelvollstreckung, also auch Arrest und einstweilige Verfügung, zugunsten eines **Insolvenzgläubigers** unzulässig.[9]

3. Ausschluss der Verwertung von Sicherheitengut durch die Absonderungsberechtigten

§ 165 InsO[10] und die §§ 166ff. InsO zeigen, dass die Zwangsvollstreckung durch **absonderungsberechtigte Gläubiger** nicht von § 89 InsO berührt wird[11]; soweit Absonderungsberechtigte die Herausgabevollstreckung betreiben, stellt die nach dem Schluss der mündlichen Verhandlung, auf die der Vollstreckungstitel erlangt worden ist, durch Eröffnungsbeschluss begründete Verwertungsbefugnis eine materielle Einwendung dar, die den Insolvenzverwalter zur Vollstreckungsabwehrklage gem. § 767 ZPO berechtigt. Nach den §§ 165, 166 InsO sind die absonderungsberechtigten Gläubiger anders als nach § 4 Abs. 2 KO nicht mehr dazu berechtigt, die Herausgabe des Absonderungsgutes zur Verwertung gegen die Masse zu verfolgen, sofern der Insolvenzverwalter nach § 148 InsO den Besitz an den Sicherungsgegenständen erlangt hat, vgl. § 166 Abs. 1 InsO (unten § 34 Rn. 23ff.).[12] 5

II. Wirkung der Verfahrenseröffnung auf Prozesse

1. Übersicht

Die Eröffnung des Insolvenzverfahrens unterbricht laufende Prozesse[13], an denen der Gemeinschuldner als Partei beteiligt ist. Gemeinhin – so auch vom BGH – wird § 240 ZPO auf die Regelung § 80 Abs. 1 InsO zurückgeführt, wonach der Gemeinschuldner mit Eröffnung des Insolvenzverfahrens die Verwaltungs- und Verfügungsbefugnis über sein Vermögen verliert und diese auf den Insolvenzverwalter übergeht. Der Übergang der Prozessführungsbefugnis vom Gemeinschuldner auf den Insolvenzverwalter[14] führt zu einer Situation, die im allgemeinen derjenigen im Falle des Todes einer Partei (§ 239 ZPO) vergleichbar ist. Dem Insolvenzverwalter muss in diesem Fall die Möglichkeit gegeben werden, sich in das neue Verfahren einzuarbeiten.[15] Mehr noch: § 180 Abs. 1 Satz 2 InsO bestimmt, dass die Eröffnung des Insolvenzverfahrens 6

8 Nur prozessual verständlich dagegen der Einzelfall: BGH, Urt. v. 14. 1. 2010 – IX ZR 93/09, ZIP 2010, 380; krit. Dazu *Smid*, DZWIR 2011, (1, 6).
9 *Gerhardt*, in: Insolvenzrecht 1998, S. 217, 224ff.
10 AG Rosenheim, Beschl. v. 24. 3. 2000 – 2 M 20167/00 – ZInsO 2000, 291.
11 LG Traunstein, Beschl. v. 9. 6. 2000 – 4 T 1597/00 – NZI 2000, 438.
12 Zum Ganzen *Smid*, Kreditsicherheiten in der Insolvenz des Sicherungsgebers, 2003,
13 *Voigt*, Der Einfluss des Konkurses auf die schwebenden Prozesse des Gemeinschuldners, 1903, S. 64ff.
14 Grundlegend *Weber*, KTS 1955, 102ff.; *Adam*, DZWIR 2006, 321ff.
15 *Gerhardt*, in: Gottwald, Insolvenzrechts-Handbuch, 3. Aufl. 2006, § 32 Rn. 1; s. *Rückert*, Einwirkung des Insolvenzverfahrens auf schwebende Prozesse, 2007; *Vallender*, in: Wellensiek-F., 2011, 241ff.; *P. Meyer*, Die Auswirkungen der Insolvenz usf. auf den anhängigen Zivilprozess, 2005, 6ff.

nicht zu einer „vis attractiva concursus" führt, wie sie das gemeine Recht kannte.[16] Vielmehr bleibt die einmal begründete Zuständigkeit des Prozessgerichts in zum Zeitpunkt der Eröffnung des Insolvenzverfahrens anhängigen Rechtsstreitigkeiten bestehen.[17] Die Eröffnung des Insolvenzverfahrens führt aber zu einer Veränderung der prozessualen Situation.[18] Nach Erlass des Eröffnungsbeschlusses können die Insolvenzgläubiger, wie oben (§ 1 Rn. 101ff.) gezeigt, ihre Forderungen nur nach Maßgabe der Vorschriften für das Insolvenzverfahren verfolgen (§ 87 InsO)[19]. Die Eröffnung des Insolvenzverfahrens schließt eine Zwangsvollstreckung aus einem Leistungstitel gegen den Insolvenzschuldner (die Masse) aus (§ 89 InsO)[20]; und da der Verwalter im Prozess als Partei kraft Amtes (unten § 6 Rn. 7ff.) agiert, ist es selbstverständlich, dass auch gegen ihn die Einzelzwangsvollstreckung nicht durchgeführt werden kann und ein Leistungsurteil, das sich gegen ihn richtet, nicht als allgemeine Insolvenzforderung tituliert werden kann. Insoweit greift nämlich jedenfalls der Grundsatz der gleichmäßigen Gläubigerbefriedigung im Konkurs ein, der es voraussetzt, dass die Gläubiger ihre Forderungen im Anmeldungsverfahren geltend machen (§§ 174ff. InsO). In diesen Verfahren werden keine Leistungsklagen erhoben, sondern spezifische Klagen in Form von Feststellungsklagen (§ 179 Abs. 1 InsO), die auf die Aufnahme der Forderung zur Tabelle gerichtet sind.[21]

7 Anders als im Falle des § 239 ZPO geht es also bei der Aufnahme des Prozesses durch den Insolvenzverwalter nicht allein darum, dass er sich in den laufenden Prozess „einarbeitet" – auch wenn dieser Gesichtspunkt für die Unterbrechung des Prozesses nach § 240 ZPO gewiss eine erhebliche Rolle spielt. Die Unterbrechung nach § 240 ZPO hat daher eine über diesen (bedeutsamen) Gesichtspunkt der Herstellung der Waffengleichheit der Parteien im Prozess hinausreichende Bedeutung. Dies zeigt sich besonders deutlich im Fall des Passivprozesses gegen den Gemeinschuldner zur Schuldenmasse.[22] Der Klageantrag einer ursprünglich vom Gläubiger erhobenen Leistungsklage im Passivprozess ist auf eine Feststellungsklage umzustellen. Der ursprünglich erhobene, auf Leistung gerichtete Antrag wird unzulässig. Nach § 180 Abs. 2 InsO ist diese Klage auf Feststellung „zur Tabelle" umzustellen.[23] Eine derartige Umstellung des Klageantrages ist nicht erforderlich in Fällen des Aktivprozesses oder des Passivprozesses zur Teilungsmasse. Dennoch löst die Eröffnung des Insolvenzverfahrens auch in diesen Fällen eine schwerwiegende Veränderung der prozessualen Situation aus: Mit der Minute der Eröffnung des Insolvenzverfahrens beginnt – wie der BGH zu Recht feststellt: von Gesetzes wegen – die Unterbrechung des Prozesses;[24] mit der Einsetzung des Insolvenzverwalters durch Wirksamwerden des Eröffnungsbeschlusses endet die Prozessführungsbefugnis des Insolvenzschuldners. Hierüber kann zwischen den Parteien Streit bestehen. Es empfiehlt sich dabei nicht, diese Unklarheiten ausschließlich in einem Zwischenfeststellungsstreit im Prozess auszuräumen. Insbesondere dient der Unterbre-

---

16 *Oetker*, Konkursrechtliche Grundbegriffe, 1891, S. 341.

17 Zur Zuständigkeit bei Streit über Massezugehörigkeit von Gegenständen: BGH, Urt. v. 10.1. 2008 – IX ZR 94/06, DZWIR 2008, 214.

18 *Smid*, DZWIR 1993, 485ff.; *Landfermann*, in: Kölner Schrift zur Insolvenzordnung, S. 166 (Rn. 22ff.).

19 *Riel*, Die Befugnisse des Masseverwalters im Zivilverfahrensrecht, 1995, S. 84ff.

20 *Gerhardt*, in: Gottwald, Insolvenzrechts-Handbuch, 3. Aufl. 2006, § 33 Rn. 1.

21 Im Einzelnen hierzu *Spellenberg*, Zum Gegenstand des Konkursfeststellungsverfahrens – §§ 138ff. KO –, 1973, bes. S. 25ff.

22 *Feiber*, in: MünchKomm, ZPO, 2. Aufl. 2000, § 240 Rn. 34; *Gerhardt*, in: Gottwald, Insolvenzrechts-Handbuch, 3. Aufl. 2006, § 32 Rn. 44ff.

23 BGH, Urt. v. 8. 11. 1961 – VIII ZR 149/60 – NJW 1962, 153; *Feiber*, in: MünchKomm, ZPO, 2. Aufl. 2000, § 240 Rn. 34.

24 *Feiber*, in: MünchKomm, ZPO, 2. Aufl. 2000, § 240 Rn. 7; *Gerhardt*, in: Gottwald, Insolvenzrechts-Handbuch, 3. Aufl. 2006, § 32 Rn. 1.

chungszeitraum der Möglichkeit zu prüfen, ob der anhängige Prozess überhaupt vom Wechsel in der Prozessführungsbefugnis betroffen wird.

Mit einem Urteil aus dem April 2005 hat der IX. Zivilsenat des BGH seine Judikatur zur näheren Bestimmung des Bereichs von Aktivprozessen der Masse ausgebaut.[25] Dabei ging es um folgenden Sachverhalt: Der heutige Kläger war Mitgesellschafter einer Gesellschaft Bürgerlichen Rechts, deren Zweck es war, ein Fachwerkhaus zu erwerben, umzubauen, in Wohnungseigentum aufzuteilen und die einzelnen Eigentumseinheiten zu veräußern bzw. selber zu nutzen. Hierzu erbrachte der heutige Kläger Architektenleistungen. Seine vorläufige Kostenzusammenstellung über ca. 850.000 DM wurde von den tatsächlichen Baukosten in Höhe von 1,5 Mio. DM um nahezu das Doppelte überschritten, weshalb ihn seine Mitgesellschafter auf Schadenersatz in Anspruch nahmen. Vor dem LG Göttingen wurde der Kläger durch Teilurteil zur Zahlung von 380.000 DM nebst Zinsen verurteilt; das Urteil war für die heutigen Beklagten gegen Sicherheitsleistung in Höhe von 540.000 DM vorläufig vollstreckbar, die auch durch eine Bürgschaft der Sparkasse erbracht wurde. Nach Zustellung der Bürgschaft an den Kläger zahlte dieser insgesamt 563.000 DM. Das landgerichtliche Urteil wurde durch Urteil des OLG Celle danach aufgehoben und die Bürgschaftssumme von 540.000 DM an den Kläger ausgezahlt. Der Kläger nahm daraufhin seine früheren Mitgesellschafter gem. § 717 Abs. 2 ZPO auf Schadenersatz in Anspruch, wegen des von der Bürgschaft nicht gedeckten Betrages in Höhe von 20.000 DM. Auf das zu seinen Gunsten hin ergangene Urteil hat allein der Beklagte zu sechs Berufung eingelegt, die als unzulässig verworfen wurde. Hiergegen hat der Beklagte zu sechs rechtzeitig begründete Revision eingelegt. Der auf den 6. 6. 2002 anberaumte Termin zur mündlichen Verhandlung ist indes aufgehoben worden, nachdem bekannt geworden war, dass über das Vermögen des Beklagten am 4. 6. 2002 das Insolvenzverfahren eröffnet worden ist. Mit Schriftsatz des Insolvenzverwalters vom 1. 7. 2004 hat dieser dem erstinstanzlichen Prozessbevollmächtigten des Klägers gegenüber erklärt, dass er nicht beabsichtige das Verfahren aufzunehmen. Darauf hat der Kläger mit Schriftsatz vom 29. 11. 2004 die Wiederaufnahme des Rechtsstreits erklärt und beantragt, das Verfahren fortzusetzen. Dabei trägt der Kläger vor, es liege ein Aktivprozess vor, denn der Kläger habe aufgrund des Instanzurteils zwar keine Zahlung erhalten, jedoch Sicherheitsleistung erwirkt. Dies begründet der Kläger mit einer seinem Aufnahmeschriftsatz in Ablichtung beigefügten Urkunde vom 15. 12. 1998, mit der die Sparkasse unter Bezugnahme eine Bankbürgschaft in Höhe von 147.000 DM zur Abwendung der Vollstreckung begründet. 8

Die gegen den Insolvenzschuldner gerichtete Klage auf Schadenersatz aus § 717 Abs. 2 ZPO ist als Schuldenmassestreit gem. § 87 InsO zu qualifizieren, der nach Eröffnung des Insolvenzverfahrens über das Vermögen des Beklagten einer Fortsetzung bzw. einer Aufnahme durch den Kläger nicht zugänglich ist. Vielmehr wird der Schuldenmassestreit gem. § 240 ZPO bis zur Beendigung des Insolvenzverfahrens unterbrochen; dem Kläger bleibt es unbenommen, seine Forderung durch Anmeldung zur Tabelle zu betreiben. Der IX. Zivilsenat des BGH stellt zutreffend fest, dass die Qualifikation eines Prozesses als Aktiv- oder Passivprozess nicht von der formellen Parteirolle abhängig ist, sondern danach zu beurteilen ist, ob in dem anhängigen Rechtstreit über die Pflicht zu einer Leistung gestritten wird, die in die Masse zu gelangen hat.[26] 9

Mit seiner Entscheidung aus dem Jahre 2004[27] hat der BGH bereits erkannt, dass, wenn der Titelschuldner in einem Rechtsmittelverfahren wegen seiner Leistung gem. § 717 Abs. 2 ZPO Ersatz verlangt, die er aufgrund eines vom Insolvenzschuldner vorinstanzlich titulierten Anspruchs erbracht hat, ein Aktivprozess nicht vorliegt. Die 10

---

25 BGH, Beschl. v. 14. 4. 2005 – IX ZR 221/04 – ZIP 2005, 952.
26 BGH, Urt. v. 27. 3. 1995 – II ZR 140/93 – ZIP 1995, 643 m. Anm. Weipert, EWiR 1995, 893.
27 BGH, Beschl. v. 12. 2. 2004 – V ZR 288/03 – ZIP 2004, 769 m. Anm. Johlke/Schröder, EWiR 2004, 813.

besondere Situation im vorliegenden Fall liegt darin, dass, anders als in dem vom V. Zivilsenat entschiedenen Fall es nicht um einen im Rechtsmittelverfahren anhängig gemachten Anspruch aus § 717 Abs. 2 ZPO geht, sondern der Schadenersatzanspruch in dem Verfahren, auf das hin das vorliegende Urteil ergangen ist, gesondert eingeklagt worden ist. Dies aber begründet – wie der IX. Zivilsenat des BGH überzeugend ausführt – keinen rechtserheblichen Unterschied für die Frage, ob ein Aktiv- oder Passivprozess vorliegt.

11 Der Umstand, dass der durch die vorangegangene Zwangsvollstreckung seitens des Beklagten geschädigte Kläger mit seinem Anspruch aus § 717 Abs. 2 ZPO durch die nach § 711 ZPO zu stellende Bürgschaft gesichert ist, begründet, wie der BGH im Jahr 2004 bereits ausgeführt hat, keine abweichende Betrachtung. Daher ist der Kläger zu einer Aufnahme nach § 86 InsO nicht befugt.

2. Aktivprozesse[28]

12 § 85 InsO bestimmt, dass Aktivprozesse, die vom Insolvenzschuldner als Partei[29] über das zur Insolvenzmasse gehörige Vermögen geführt werden, in der jeweiligen Lage vom Insolvenzverwalter aufgenommen werden können, in der sie sich zum Zeitpunkt der Eröffnung des Insolvenzverfahrens befinden.[30] Um einen Aktivprozess handelt es sich, wenn ein Recht geltend gemacht wird, das der später zu verteilenden Masse zukommt. *Jaeger* hat insofern eindrucksvoll vom „Teilungsmassestreit" gesprochen.[31] Der Insolvenzschuldner nimmt in diesen Streitigkeiten ein Recht in Anspruch, das der Masse zugute kommt;[32] der Gegner ist insofern „Angegriffener". Es kann ihm zugemutet werden, auf die Entscheidung über die Aufnahme des Prozesses durch den Insolvenzverwalter eine angemessene Frist zu warten.[33]

13 Lehnt es der Insolvenzverwalter ab, den Aktivprozess aufzunehmen, fällt die Befugnis zur Prozessführung an den Gemeinschuldner gem. § 85 Abs. 2 InsO zurück – § 265 ZPO ist insoweit nicht anwendbar;[34] das streitige Recht wird auf diese Weise an den Gemeinschuldner freigegeben.[35] Etwas anderes gilt nur dann, wenn die – formlose – Erklärung des Insolvenzverwalters anders auszulegen ist, etwa, wenn sich die Erklärung, den Prozess nicht aufnehmen zu wollen, als eine Art *pactum de non petendo* darstellt.[36]

---

28 *Voigt*, Der Einfluss des Konkurses auf die schwebenden Prozessse des Gemeinschuldners, 1903, S. 102 ff.; *Riel*, Die Befugnisse des Masseverwalters im Zivilverfahrensrecht, 1995, S. 96 ff., 116 f; *Schumacher*, in: MünchKomm, InsO, 1. Aufl. 2001, § 85 Rn. 3.

29 *Jaeger/Henckel*, KO, 8. Aufl. 1973, § 10 Rn. 5, 8; *Lüke*, in: Kübler/Prütting, Kommentar zur Insolvenzordnung, § 85 Rn. 22 ff.; einschränkend *Gerhardt*, in: Gottwald, Insolvenzrechts-Handbuch, 3. Aufl. 2006, § 32 Rn. 21; auf Parteirolle kommt es nicht an, *Schumacher*, in: MünchKomm, InsO, 1. Aufl. 2001, § 85 Rn. 4.

30 Dies gilt auch für das selbständige Beweisverfahren: OLG Hamburg, Beschl. v. 22. 3. 2000 – 11 W 11/00 – ZInsO 2001, 132; *Uhlenbruck*, in: Uhlenbruck, InsO, 12. Aufl. 2003, § 85 Rn. 1, 8.

31 *Jaeger*, Lehrbuch des Konkursrechts, 8. Aufl. 1932, S. 49.

32 *Eickmann*, in: H-K, InsO, 4. Aufl. 2006 , § 85 Rn. 5.

33 *Jaeger*, Lehrbuch des Konkursechts, 8. Aufl. 1932, S. 49; *Gottwald/Gerhardt*, in: Gottwald, Insolvenzrechts-Handbuch, 3. Aufl. 2006, § 32 Rn. 31; *Schumacher*, in: MünchKomm, InsO, 1. Aufl. 2001, § 85 Rn. 35.

34 BGH, Urt. v. 19. 12. 1966 – VIII ZR 110/64 – BGHZ 46, 249.

35 *Lüke*, in: Kübler/Prütting, Kommentar zur Insolvenzordnung, § 85 Rn. 69; *Eickmann*, in: H-K, InsO, 4. Aufl. 2006, § 85 Rn. 14; *Wittkowski*, in: Nerlich/Römermann, InsO, § 85 Rn. 19; a.A. wohl *Baur/Stürner*, Zwangsvollstreckungs-, Konkurs- und Vergleichsrecht, Bd. II, 12. Aufl. 1990, § 9 VI 3 b.

36 So im Falle BGH, Urt. v. 27. 11. 1968 – VIII ZR 204/66 – KTS 1969, 97, 99.

14 Der V. Zivilsenat des BGH[37] grenzt den Aktiv- vom Passivprozess danach ab, ob eine Leistung in die Masse zu erbringen sei – dann handelt es sich um einen Aktivprozess im Sinne von § 85 InsO –, oder ob eine in die Masse gelangte Leistung aus dieser herauszugeben sei – dann ist das Verfahren als Passivprozess im Sinne von § 86 InsO zu qualifizieren. Auf die Parteirolle des Insolvenzschuldners kommt es demnach nicht an.

3. Passivprozesse

15 Wird der (spätere) Insolvenzschuldner als Beklagter vom Kläger mit der Behauptung eines Rechts prozessual in Anspruch genommen, das – nach Insolvenzeröffnung – dem Kläger ein Recht auf Aussonderung oder auf Absonderung oder auf Befriedigung aus der Insolvenzmasse als Massegläubiger (vgl. § 55 Abs. 2 InsO!) verschaffen würde, greift § 86 InsO ein.[38] Danach können sowohl der Insolvenzverwalter, als auch der Gegner diesen Prozess aufnehmen. Erkennt der Insolvenzverwalter den mit der Klage geltend gemachten Anspruch i.S.v. § 93 ZPO „sofort an“, so ordnet § 86 Abs. 2 InsO an, dass ihm die Kosten nicht zur Last fallen. „Sofortiges Anerkenntnis“ bedeutet dabei, dass der Insolvenzverwalter auch die ihm nach den §§ 239, 240 ZPO zustehende Überlegungsfrist nicht nutzt, sondern unmittelbar das Anerkenntnis der klägerischen Forderung erklärt. Das führt aber nicht dazu, dass dem Kläger die Prozesskosten (etwa nach § 91 ZPO) aufgebürdet würden. Vielmehr wird der prozessuale Kostenerstattungsanspruch aufgrund des § 86 Abs. 2 InsO aus einer Masseschuld gem. § 55 Abs. 1 Nr. 1 InsO zu einer vom Kläger zur Tabelle anzumeldenden Insolvenzforderung.[39]

16 Während die Grundpfandgläubiger in ihrer Rechtsausübung durch die Eröffnung des Insolvenzverfahrens nicht behindert werden – Duldungsklagen sind gem. § 86 Nr. 2 ZPO auch nach Verfahrenseröffnung zulässig – ist eine Herausgabeklage von Sicherungseigentümern nach Eröffnung des Insolvenzverfahrens über das Vermögen des Sicherungsgebers ausgeschlossen; eine Herausgabeklage ist auf eine Klage auf Zahlung nach § 170 InsO (nicht auf eine Feststellungsklage) umzustellen. Im Falle der Verwertung von Sachen, an denen Pfändungspfandrechte bestehen, hat der Insolvenzverwalter nicht nach § 825 ZPO vorzugehen, sondern kann – feststellend – die Aufhebung der Verstrickung im Wege der Erinnerung (§ 766 ZPO) betreiben.[40]

4. Schuldenmassestreit[41]

17 Den gleichsam umgekehrten Fall des Teilungsmassestreits stellt die Schuldenmassestreitigkeit dar. Dabei geht es um Streitigkeiten, in denen der gegen den (späteren) Gemeinschuldner geltend gemachte Anspruch nach Eröffnung des Insolvenzverfahrens als einfache oder (im Rahmen heute noch anerkannter Vorrechte außerhalb der Bevorrechtigung dinglich gesicherter Gläubiger) bevorrechtigte Insolvenzforderung

37 BGH, Beschl. v. 12. 2. 2004 – V ZR 288/03 – ZIP 2004, 769; *Smid*, DZWIR 2004, 265, 280.
38 *Gerhardt*, in: Gottwald, Insolvenzrechts-Handbuch, 3. Aufl. 2006, § 32 Rn. 35; *Voigt*, Der Einfluss des Konkurses auf die schwebenden Prozesse des Gemeinschuldners, 1903, S. 84 ff. Zu den prozessualen Fragen vgl. weiters *Garlichs*, Passivprozesse des Testamentsvollstreckers, 1995.
39 Vgl. bereits *Jaeger/Henckel*, KO, 8. Aufl. 1973, § 11 Rn. 22; nunmehr *Hess*, InsO, 1. Aufl. 1999, § 86 Rn. 22.
40 *Smid*, ZInsO 2001, 433 ff.
41 *Voigt*, Der Einfluss des Konkurses auf die schwebenden Prozesse des Gemeinschuldners, 1903, S. 143 ff.; *Riel*, Die Befugnisse des Masseverwalters im Zivilverfahrensrecht, 1995, S. 117 f.

zu beurteilen ist.[42] Nach § 87 InsO wird dem Kläger (Insolvenzgläubiger) nicht allein die Individualvollstreckung seines Anspruchs abgeschnitten; ist dieser noch nicht tituliert, verweisen ihn die §§ 87, 174ff. InsO darauf, ihn im besonderen „Konkursprozess“ durch Anmeldung zur Tabelle geltend zu machen (oben Rn. 9, 10). Der laufende Prozess wird daher zunächst unterbrochen. Der Kläger meldet, wie alle Insolvenzgläubiger, seine Forderung zur Tabelle an. Erhebt sich nunmehr Widerspruch, so kann der Kläger den Streit dadurch austragen, dass er den unterbrochenen Prozess aufnimmt.[43] Da der Prozess sich aber nunmehr im Kontext des laufenden Forderungsanmeldungsverfahrens bewegt, hat der Kläger seinen Klagantrag auf Feststellung der Forderung umzustellen.[44]

18 Fraglich ist, wieweit der Insolvenzverwalter für die Führung dieser Prozesse Prozesskostenhilfe in Anspruch nehmen kann.[45] Nach § 116 Satz 1 Nr. 1 ZPO hängt die Beantwortung dieser Frage entscheidend davon ab, ob es den Gläubigern als wirtschaftlich an dem zu führenden Prozess Beteiligten „zugemutet“ werden kann, dessen Kosten zu finanzieren. Der BGH[46] hat dies für die BfA als Gläubigerin auf sie übergegangener Arbeitnehmeransprüche dahingehend beantwortet, dass die Zumutbarkeit von Prozesskostenvorschüssen an den Konkursverwalter regelmäßig ausgeschlossen sei, was schon deshalb plausibel erscheint, weil die BfA regelmäßig bereits das Konkursverfahren vorfinanziert hat. Der BGH[47] hat diese Judikatur eingeschränkt, soweit vorrangige fiskalische Forderungen zur Tabelle angemeldet worden sind: Das Konkursvorrecht des § 61 Abs. 1 Nr. 2 KO sollte jedenfalls dann nicht durch eine weitere Privilegierung im Rahmen der Befreiung von der Last der Erbringung von (Masse-) Prozesskostenvorschüssen erweitert werden, wenn der Fiskus als Hauptgläubiger in den primären Genuss einer Massemehrung durch die erfolgreiche Prozessführung gelangen würde. Diese Judikatur ist aus Gesichtspunkten der Gläubigergleichbehandlung zu begrüßen, erschwert freilich die Position des Insolvenzverwalters. Die weitgehende[48] Abschaffung der Konkursvorrechte durch den Reformgesetzgeber hat dazu geführt, dass alle Insolvenzgläubiger gleichermaßen in Höhe einer nicht wesentlichen Quote am Erfolg der Verwertung der Masse beteiligt sind. Wegen der geringfügigen wirtschaftlichen Partizipationsmöglichkeit am Erfolg eines für die Masse geführten Prozesses hat sich daher die Waage in Richtung der Unzumutbarkeit der Leistung von (Masse-)Prozesskostenvorschüssen durch einzelne Gläubiger gesenkt, was die Lage für den prozessführenden Insolvenzverwalter erleichtern wird. Es kann dagegen erwartet werden, dass die vorliegende Judikatur des BGH aber in einem anderen Bereich eine Wiederbelebung erfahren wird: Ist eine Sanierung des Unternehmensträgers im Insolvenzplanverfahren gescheitert und kommt es zu einer Folgeinsolvenz, sind die Gläubiger von Sanierungskrediten in dem Folgeinsolvenzverfahren gegenüber den übrigen Gläubigern privilegiert, vgl. §§ 264, 265 InsO. In diesen Fällen lebt also eine sehr harte Zwei-Klassen-Vorrechtsordnung auf. Da die Sanierungskreditgläubiger in diesen Fällen regelmäßig ausschließlich den wirtschaftlichen Vorteil aus der Führung von Masseprozessen erlangen, wird es ihnen zumutbar sein, Masseprozesskostenvorschüsse zu leisten.

---

42 *Gerhardt*, in: Gottwald, Insolvenzrechts-Handbuch, 3. Aufl. 2006, § 32 Rn. 44.

43 *Jaeger*, Lehrbuch des Konkursrechts, 8. Aufl. 1932, S. 50; *Landfermann*, in: Kölner Schrift zur Insolvenzordnung, 2. Aufl. 2000, S. 168 (Rn. 30).

44 *Hess*, InsO, 1. Aufl. 1999, § 87 Rn. 5, § 179 Rn. 27ff.; *Gerhardt*, in: Gottwald, Insolvenzrechts-Handbuch, 3. Aufl. 2006, § 32 Rn. 46; *Breuer*, in: MünchKomm, InsO, 1. Aufl. 2001, § 87 Rn. 21; *Uhlenbruck*, in: Uhlenbruck, InsO, 12. Aufl. 2003, § 87 Rn. 9.

45 Hierzu *Pape*, NZI 1998, 64ff.; *Klopp/Kluth*, in: Gottwald, Insolvenzrechts-Handbuch, 3. Aufl. 2006, § 17 Rn. 46ff.

46 BGH, Beschl. v. 27. 9. 1990 – IX ZR 250/89 – NJW 1991, 40; für Träger der Sozialversicherung: BGH, Beschl. v. 8. 10. 1992 – VII ZB 3/92 – BGHZ 119, 372, 327; vgl. auch BGH, Beschl. v. 7. 7. 1997 – II ZB 7/97 – WM 1997, 1724, 1725.

47 BGH, Beschl. v. 24. 3. 1998 – XI ZR 4/98 – ZIP 1998, 789.

48 Zu verbliebenen Vorrechten *Henckel*, in: FS Uhlenbruck, 2000, S. 19ff.; *J. Bauer*, Ungleichbehandlung der Gläubiger im geltenden Insolvenzrecht, 2007.

5. Wirkung der Verfahrenseröffnung auf Schiedsverfahren[49]

Welche Wirkung die Eröffnung des Insolvenzverfahrens auf die vertraglich vereinbarte Zuständigkeit von Schiedsgerichten hat, lässt sich nicht einfach beantworten: § 103 InsO, der die Auswirkung der Verfahrenseröffnung auf gegenseitige Verträge betrifft, suspendiert nach zutreffender in der Literatur vertretenen Auffassung nicht solche Schiedsabreden, die der Schuldner im Rahmen von Verträgen mit Gläubigern vor Eröffnung des Insolvenzverfahrens bzw. vor Erlass einer Anordnung des Insolvenzgerichts nach § 21 Abs. 2 Nr. 2 InsO getroffen hat.[50] Der Verwalter kann sich danach nicht durch die Ablehnung der Erfüllung eines mit einer Schiedsabrede verknüpften gegenseitigen Vertrages von den in der Schiedsabrede getroffenen Festlegungen lösen; zur Entscheidung von Streitigkeiten bleibt m. a. W. nach allgemeinen schiedsgerichtlichen Grundsätzen gegebenenfalls das vereinbarte Schiedsgericht unter Ausschluss des ordentlichen Rechtswegs zuständig. 19

Diese Ansicht stützt sich auf eine Reihe von Judikaten z. T. höchster Gerichte. In einer Entscheidung vom 28. 2. 1957[51] hatte der 7. Zivilsenat des BGH über folgenden Sachverhalt zu befinden: Die Vertragspartner hatten hinsichtlich bestimmter vertraglicher Ansprüche eine Schiedsabrede getroffen. Nach dem Konkurs eines der Partner der Schiedsabrede wollte dessen Konkursverwalter gewisse Ansprüche aus dem Zusammenhang dieser Vertragsbeziehungen außerhalb des Schiedsverfahrens im ordentlichen Rechtsweg geltend machen. Der BGH ging allerdings in dieser Entscheidung davon aus, dass der Konkursverwalter an eine zwischen dem Gemeinschuldner und seinem Vertragspartner getroffene Schiedsabrede gebunden sei. Der BGH schränkte diese Bindung nur in einer Hinsicht ein; sie erstrecke sich nicht auf solche Rechtsstreitigkeiten, mit denen der Verwalter einen Rückgewähranspruch aus der Konkursanfechtung gem. § 37 KO geltend macht, da sie sich nicht mehr aus dem Zusammenhang der Rechte und Pflichten begründet, die mit dem vom Gemeinschuldner mit dem Anfechtungsgegner geschlossenen Vertrag begründet werden. Denn Parteien der Anfechtung sind der Verwalter (für die Masse) und der Anfechtungsgegner.[52] Der 7. Zivilsenat des BGH berief sich dabei u. a. auf ein Urteil des RG vom 8. 7. 1932[53] sowie auf ein Urteil des 4. Zivilsenats des BGH vom 17. 10. 1956.[54] – Auch der Sachverhalt, den das RG in seinem vom BGH zitierten Urteil[55] zu entscheiden hatte, lag dem des BGH vergleichbar. Es ging im Falle des RG – verkürzt – um folgenden Sachverhalt: Der spätere Gemeinschuldner hatte bei der Klägerin ein Darlehen aufgenommen, das durch die Abtretung von Mieteinnahmen aus einem mit der Darlehenssumme vom späteren Gemeinschuldner erworbenen Hausgrundstück gesichert wurde. Dabei vereinbarten die Vertragsparteien, dass unter Ausschluss des ordentlichen Rechtswegs wegen Streitigkeiten aus diesem Vertrag ein Schiedsgericht ausschließlich zuständig sein solle. Nachdem später der Konkurs des Darlehensnehmers eröffnet wurde, verklagte die Darlehensgeberin den Verwalter vor dem Schiedsgericht wegen Zahlungsansprüchen aus dem Vertrage. Sowohl das LG Hamburg und das Hanseatische OLG Hamburg[56] als Vorinstanzen als auch das RG erklärten den ergangenen Schiedsspruch für vollstreckbar bzw. wiesen Berufung und Revision des beklagten Verwalters zurück.[57] Das RG führt zur Frage der Bindung der Schiedsabrede ausdrücklich aus, 20

---

49 BGH, Beschl. v. 30. 6. 2011 – III ZB 59/10. Eingehend hierzu *Flöther,* Auswirkungen des inländischen Insolvenzverfahrens auf Schiedsverfahren und Schiedsabrede, 2001; *Freimuth,* ÖJZ 1998, 848 ff.
50 A. A. *Häsemeyer,* Insolvenzrecht, 3. Aufl. 2003, Rn. 13.28.
51 BGH, Urt. v. 28. 2. 1957 – VII ZR 204/56 – BGHZ 24, 15, 18.
52 Vgl. hier nur statt der gesamten insolvenzrechtlichen Kommentarliteratur: *Zeuner,* in: Smid, InsO, 2. Aufl. 2001, § 129 Rn. 20 ff.
53 RG, Urt. v. 8. 7. 1932 – VII 49/32 – RGZ 137, 109.
54 BGH, Urt. v. 17. 10. 1956 – IV ZR 137/56 – NJW 1956, 1920.
55 RG, Urt. v. 8. 7. 1932 – VII 49/32 – RGZ 137, 109.
56 OLG Hamburg OLGZ 11, 362; vgl. auch OLGZ 42, 78.
57 BGH, Beschl. v. 29. 1. 2009 – III ZB 88/07, ZIP 2009, 627.

der *Verwalter* müsse die materiell- und verfahrensrechtliche Lage hinnehmen, die vom Gemeinschuldner mit seinen Vertragspartnern vorkonkurslich geschaffen worden sei. Die abweichenden Vorschriften der §§ 17 ff. und 29 ff. KO seien insoweit nicht einschlägig.[58] In der Entscheidung des 4. Zivilsenats des BGH aus dem Jahre 1956[59] ging es um folgenden Sachverhalt: Dort hatte der Beklagte gerügt, das vom Konkursverwalter mit seiner Anfechtungsklage angerufene staatliche Gericht sei aufgrund der vorkonkurslich geschlossenen Schiedsabrede unzuständig. Der BGH erkannte darauf, die Schiedsabrede entfalte in diesem Falle keine Wirkungen, da sie im Zusammenhang der Dispositionsbefugnisse des Gemeinschuldners gesehen werden müsse: Der (spätere) Gemeinschuldner kann keine für den späteren Konkursverwalter bindenden Abreden treffen, soweit es um die Anfechtung gläubigerbenachteiligender Handlungen geht. Aus der neueren Zeit liegt ein Urteil der 2. Zivilkammer des LG Paderborn vom 8. 8. 1980[60] vor, in dem es ebenfalls um die – ausschließliche – Zuständigkeit der ordentlichen Gerichte für eine Anfechtungsklage ging.

21 Die Eröffnung des Insolvenzverfahrens hebt grundsätzlich die rechtlichen Bindungen nicht auf, die der Gemeinschuldner eingegangen ist; das folgt bereits aus der Funktion der Befugnis des Insolvenzverwalters, die Erfüllung gegenseitiger Verträge zu verlangen oder sie abzulehnen. Insoweit hilft die Interpretation nicht weiter, die den Schutz der Masse und des Vertragspartners des Gemeinschuldners im Blick hat. Ausschlaggebend ist folgende Überlegung: § 103 InsO normiert Ausnahmetatbestände, die sich aus dem synallagmatischen Verhältnis von Leistung und Gegenleistung nach Maßgabe des vom Gemeinschuldner mit seinem Partner eingegangenen Vertrages begründen lassen. Dieser sachliche Grund der Ausnahmebestimmung des § 103 InsO greift zweifellos nicht, soweit es sich um eine Schiedsabrede handelt. Denn die Schiedsabrede steht evident *nicht* im Zusammenhang einer synallagmatischen Verknüpfung der Rechte und Pflichten der Vertragsparteien. Sie richtet sich nicht auf den Vorgang wechselseitiger Vertragserfüllung, sondern hat die Gestaltung der Modalitäten zur Aufgabe, unter denen die Parteien die Rechtsverfolgung im Hinblick auf den fraglichen materiellen Vertrag geregelt wissen wollen.

22 Die New Yorker Arbitration Convention des Jahres 1958 regelt den Fall der Insolvenz (bankruptcy) einer Partei des Schiedsverfahrens nicht.[61] Jedenfalls für gerichtliche Gestaltungsentscheidungen ist anerkannt[62], dass der Schiedsspruch des internationalen Schiedsgerichts dann gegen den ordre public verstößt, wenn das Schiedsgericht die Gestaltungsentscheidung des staatlichen Urteils ignoriert.[63] Zu diesen Gestaltungsentscheidungen staatlicher Gerichte gehören gewiss statusändernde Urteile wie besonders das Urteil gem. § 133 HGB. Es liegt daher nahe, dass das internationale Schiedsgericht rechtsändernde Urteile der staatlichen Gerichtsbarkeit zu berücksichtigen hat. Darin erschöpfen sich die Tatbestände einer Bindung des internationalen Schiedsgerichts nicht; auch der Eröffnungsbeschluss fällt hierunter. Denn auch die Eröffnung des Insolvenzverfahrens hat für den Schuldner eine statusändernde, gestaltende Wirkung, da die staatsbürgerlichen Rechte und die rechtsgeschäftliche Handlungsbefugnis durch den Eröffnungsbeschluss beschränkt werden. Diese Bindung des Schiedsgerichts gilt im Übrigen auch für gestaltende Wirkungen von Verwaltungsentscheidungen. Die Existenz von Verwaltungsmaßnahmen hat schlechthin eine faktische Bedeutung. Sie sind vom internationalen Schiedsgericht auch ebenso wie (andere) Tatsachen zu berücksichtigen. Bei der Tätigkeit des Insolvenzgerichts handelt es sich um Wahrnehmung von Aufgaben materieller Verwaltung,[64] mit der rechts-

---

58 RG, Urt. v. 8. 7. 1932 – VII 49/32 – RGZ 137, 109.
59 BGH, Urt. v. 17. 10. 1956 – IV ZR 137/56 – NJW 1956, 1920.
60 LG Paderborn, Urt. v. 8. 8. 1980 – 2 O 218/80 – ZIP 1980, 967.
61 *A. J. van den Berg,* The New York Arbitration Convention of 1958, p. 241.
62 *Schlosser,* Das Recht der internationalen privaten Schiedsgerichtsbarkeit, Rn. 881.
63 *Schlosser* (Fn. 62).
64 *Smid,* Rechtsprechung, 1990, S. 397 ff.

fürsorgerisch die Rechtsbeziehungen der Betroffenen umstrukturiert werden. Das internationale Schiedsgericht kann und darf die Eröffnung des Insolvenzverfahrens bereits aus verfahrensrechtlichen (gewissermaßen „immanenten") Gründen nicht ignorieren.[65] Das Schiedsgericht muss dem Insolvenzverwalter allerdings Zeit zur Einarbeitung in den Stand des Verfahrens geben. Andernfalls droht dem Schiedsspruch die Gefahr der Aufhebung wegen Versagung rechtlichen Gehörs (als dem allgemeinen Strukturprinzip unparteiischer Rechtsprechung,[66] im deutschen Recht vgl. § 1042 Abs. 1 Satz 2 ZPO und zum internationalen Schiedsverfahren Art. V 1 b des New Yorker Abkommens).

6. Selbständiges Beweisverfahren

Der VII. Zivilsenat hatte Ende 2003 die Meinung vertreten, dass die besondere Funktion des selbständigen Beweisverfahrens eine Anwendung des § 240 ZPO einschränke.[67] Davon hat sich der VII. Zivilsenat nunmehr mit seinem Beschluss vom 23. 3. 2011 – VII ZB 128/09 abgegrenzt.[68] Er hat Auffassung vertreten, dass die Duldung über einen Antrag nach § 494a ZPO in einem selbständigen Beweisverfahren nach der Eröffnung des Insolvenzverfahrens über das Vermögen einer Partei nicht mehr möglich sei. 23

7. Prozessführung des Schuldners für den Insolvenzverwalter

Aus den verschiedensten Gründen kann es sich für den Insolvenzverwalter als sinnvoll darstellen, einen die Masse betreffenden Prozess durch den Gemeinschuldner führen zu lassen. Das wirft wegen § 80 Abs. 1 InsO Fragen auf, da dem Gemeinschuldner durch den Eröffnungsbeschluss die Prozessführungsbefugnis entzogen wird. Der BGH[69] hat diese Frage verneint. Entweder sei die Ermächtigung des Gemeinschuldners zur Prozessführung in eigenem Namen deshalb nicht anzuerkennen, weil sie nur dazu diene, die Masse von Kosten zu entlasten[70] und daher dem Verdikt des § 138 Abs. 1 BGB unterfalle. Oder der Prozessausgang sei gewiss: Denn sei *kein eigenes Interesse* des Gemeinschuldners an der Prozessführung in eigenem Namen zu erkennen, scheide eine gewillkürte Prozessstandschaft daher aus. 24

III. Funktion des Eröffnungsbeschlusses im Sanierungsverfahren bei Eigenverwaltung des Schuldners

1. Eröffnung von Sanierungsverfahren

a) Initiativen des Schuldners. In dem Maße, in dem das Insolvenzrecht als Gesamtvollstreckungsrecht durch ein Insolvenzrecht abgelöst wird, dessen Aufgaben heterogenen Lebensbereichen angehören, wird deutlich, dass das Insolvenzverfahren aber 25

65 *Schütze/Tscherning/Wais*, Handbuch des Schiedsverfahrens, 1990, Rn. 151.
66 *Smid*, Rechtsprechung, 1990, S. 342ff.
67 BGH, Beschl. v. 11. 12. 2003 – VII ZB 14/03, BauR 2004, 531.
68 BGH, Beschl. v. 23. 3. 2011 – VII ZB 128/09.
69 BGH, Urt. v. 29. 5. 1961 – VII ZR 46/60 – BGHZ 35, 180.
70 *Gerhardt*, in: Gottwald: Insolvenzrechts-Handbuch, 3. Aufl. 2006, § 32 Rn. 28 a.E.; nicht überzeugend dagegen *Diederichsens* Argument, niemand habe einen Anspruch darauf, von einem wohlhabenden Kläger verklagt zu werden (KTS 1963, 94, 103).

nicht nur der „Entmachtung" des Schuldners dient, sondern sich zugleich – ja: umgekehrt – als dessen Rechtsinstrument darstellen kann: Durch die Eröffnung spezifisch insolvenzrechtlicher Möglichkeiten der Einleitung eines Insolvenzverfahrens seitens des Gemeinschuldners im Wege eines Eigenantrages (§ 13 InsO) verbunden mit Vorlage eines Insolvenzplans[71] (§ 218 Abs. 1 InsO) und der Anordnung der Eigenverwaltung[72] (§ 270 InsO) durch den Schuldner während des Insolvenzverfahrens soll nach Vorstellung des Gesetzgebers[73] das Insolvenzverfahren für den Gemeinschuldner attraktiv, weil sanierungsfreundlich, ausgestaltet werden.

26 **b) Fall der Eigenverwaltung gem. §§ 270ff. InsO.** Im **Falle der Eigenverwaltung**[74] gem. §§ 270ff. InsO werden die im vorangegangenen dargestellten Grundsätze aber geradezu auf den Kopf gestellt: Dort hat der so genannte **Sachwalter** von Gesetzes wegen (§ 284 Abs. 1 Satz 2 InsO) die Aufgabe, den Schuldner bei der Ausarbeitung des Insolvenzplans zu unterstützen. Allein die Betonung des Hauptzwecks der Verwertung des Schuldnervermögens (§ 1 Satz 1 InsO) gegenüber Sanierungsfunktionen des „einheitlichen" Insolvenzverfahrens bewirkt durch die Definition der Aufgaben des Sachwalters einen gewissen Schutz der Gläubiger.

27 Mit der Eröffnung der Möglichkeit einer Eigenverwaltung durch den Schuldner setzt der Gesetzgeber auf die vermeintliche Kompetenz des Gemeinschuldners[75]: Gerade diejenigen der neuen deutschen insolvenzrechtlichen Vorschriften, die spezifisch der Verknüpfung der Sanierung mit dem Insolvenzverfahren dienen sollen, hat der Reformgesetzgeber des deutschen Rechts dem us-amerikanischen *bankruptcy code* (11 USC[76]) entlehnt. Die Orientierung am us-amerikanischen Insolvenzrecht hat aber weitergehendere Folgen als „bloß" die der Umstellung vom exekutorischen auf ein gesellschaftsrechtliches Verständnis des Insolvenzrechts. Das us-amerikanische Insolvenzrecht bezweckt zunächst den Schutz des Schuldners vor dem Zugriff seiner Gläubiger.[77] Im Bereich der Unternehmensinsolvenz eröffnet chapter 11 bankruptcy code dem Schuldner den Zugang zu einem Reorganisationsverfahren, in dem er vor dem Zugriff seiner Gläubiger weithin sicher ist. Mit der Orientierung am us-amerikanischen Insolvenzrecht geht ein Paradigmenwechsel im mitteleuropäischen Insolvenzrecht einher.[78]

---

71 Dazu *Smid*, WM 1996, 1249ff.

72 *Obermüller/Hess*, InsO, 4. Aufl. 2003, Rn. 401–414; krit. *Smid*, DZWIR 1994, 278, 281; vgl. auch *Buchalik*, NZI 2000, 294.

73 Amtl. Begr. zum RegEInsO, BT-Drs. 12/2443, S. 86, 222f.

74 *Wehdeking*, Masseverwaltung des insolventen Schuldners, 2005, passim; *Schlegel*, Die Eigenverwaltung in der Insolvenz, 1999, bes. S. 67ff.

75 Vgl. Fn. 73.

76 Vgl. *Fassbach*, Die cram down power des amerikanischen Konkursgerichts im Reorganisationsverfahren nach Chapter 11 des Bankruptcy Codes, 1997, 8ff.

77 *Baird*, The Elements of Bankruptcy, 1992, p. 73, stellt die historischen Gründe für dieses Verständnis von der Funktion des Insolvenzrechts dar, die in der *drakonischen* Form des Umgangs mit Schuldnern im angelsächsischen Raum liegen.

78 Ähnlich verhält es sich interessanter Weise im neuen österreichischen Recht: Wie im deutschen Recht soll die Reorganisation aufgrund eines vom Unternehmen vorgelegten Reorganisationsplans (§ 11 URG), der durch den vom Gericht (§ 2 URG) im Eröffnungsbeschluss zu bestellenden (§ 4 Abs. 2 URG) Reorganisationsprüfer (§ 5 URG) zu prüfen (§ 14 URG) ist, in Eigenverwaltung durch das Unternehmen (§ 19 URG) vollzogen werden. Dieses Reorganisationsverfahren stellt keinen Grund dar, auf den sich die Gläubiger berufen könnten, um aus ihren vertraglichen Verpflichtungen gegenüber dem Schuldner herauszukommen, vgl. *Smid/Rattunde*, Der Insolvenzplan, 1998, Rn. 93ff.

2. Schutz des Schuldners vor dem Zugriff seiner Gläubiger

Folge der Anordnung der Eigenverwaltung gem. § 270 InsO ist es, dass die *Beschlagnahme* des Vermögens unterbleibt: Im us-amerikanischen Recht wird freilich angenommen, der *debtor in possession* nehme die Verwaltung der Masse „für das Konkursgericht" wahr,[79] was aber nur bedeutet, dass sich der Schuldner „unter den Schutz des Insolvenzgerichts" in dem Sinne stellt, dass in das weiterhin unter seiner Verwaltung und Verfügungsbefugnis stehende Vermögen Individualzwangsvollstreckungen nicht mehr möglich sind. Darin aber gleichen sich das us-amerikanische Institut des debtors in possession und das neue deutsche der Eigenverwaltung durch den Schuldner: Da mit Erlass des Eröffnungsbeschlusses jedenfalls die Wirkungen der §§ 85ff. InsO eintreten, schützt die Eröffnung des Sanierungsverfahrens den Schuldner vor gegen ihn gerichteten Leistungsprozessen ebenso, wie vor der Vollstreckung aus erlangten Titeln, aber auch in einem erheblichen Umfang gegen Aufrechnungen, wie die §§ 94ff. InsO deutlich machen.[80] 28

IV. Geltendmachung des „Gesamtschadens" durch den Insolvenzverwalter

1. Übersicht

a) Ausgleich einer Verminderung der Insolvenzmasse. Zu den „Errungenschaften" der InsO gehört die Anordnung einer ausschließlich den Insolvenzverwalter treffenden Befugnis zur Geltendmachung sog. Gesamtschäden in den §§ 92, 93 InsO.[81] § 92 Satz 1 InsO bestimmt, dass während der Dauer des Insolvenzverfahrens Ansprüche der Insolvenzgläubiger auf Ersatz eines Schadens, den diese Gläubiger gemeinschaftlich durch eine Verminderung des zur Insolvenzmasse gehörenden Vermögens vor oder nach der Eröffnung des Insolvenzverfahrens erlitten haben, nur[82] vom Insolvenzverwalter geltend gemacht werden können.[83] Die insolvenzrechtliche Gläubigergleichbehandlung soll m.a.W. auch im Hinblick auf Forderungen gegen Masseverbürgung oder andere Forderungen gegen persönlich haftende Gesellschafter verwirklicht werden.[84] 29

Die Unterscheidung zwischen Gesamt- und Individualschäden ist im Wesentlichen von *K. Schmidt* entwickelt worden; seine Auffassung hat in der Literatur zunehmend Zustimmung gefunden.[85] Sie beruht auf der von *K. Schmidt* vertretenen modifizierten Organtheorie und geht von einer zwischen dem Schuldner und dem Verwalter bestehenden Sonderrechtsbeziehung aus. Für Verletzung von Pflichten, die sich aus dieser Beziehung ergeben, soll der Insolvenzverwalter nach Ansicht *K. Schmidts* der Masse 30

---

79 *Fassbach* (Fn. 76), p. 15ff.
80 Amtl. Begr. zum RegEInsO, BT-Drs. 12/2443, S. 204f.
81 *Henssler/Dedek,* in: FS Uhlenbruck, 2000, S. 175ff.; *Feldmann,* in: Otto-Brenner-Stiftung (Hrsg.), Insolenzrechtliches Kolloquium 1998, S. 28ff.
82 *Oepen,* ZIP 2000, 526ff. zeigt, dass dies nicht gegen Art. 6 Abs. 1 MRK verstößt.
83 *Häsemeyer,* Insolvenzrecht, 3. Aufl. 2003, Rn. 6.08, 6.38; *Hirte,* in: Uhlenbruck, InsO, 12. Aufl. 2003, § 92 Rn. 4.
84 *Oepen,* ZInsO 2002, 162, 164; Vergl. auch *Hirte,* in: Uhlenbruck, InsO, 12. Aufl. 2003, § 92 Rn. 2 (Aspekt der Masseschmälerung).
85 *Hess,* KO, 6. Aufl. 1998, § 82, Rn. 9ff.; *Haug,* ZIP 1984, 773, 776.

im Innenverhältnis haften.[86] Zwischen Insolvenzverwalter und den in § 60 Abs. 1 Satz 1 InsO genannten „Beteiligten“[87] soll hingegen keine solche Sonderrechtsbeziehung bestehen. Das Verhältnis soll einen deliktsrechtlichen Charakter haben, da der Insolvenzverwalter den „Beteiligten“ gegenüber bestehende Amtspflichten verletzt und somit in einer haftungsrechtlichen Lage sei, die der des § 839 BGB entspreche.[88]

31 **b) Individual- und Gesamtschäden.** Grundsätzlich stehen die aus § 64 Abs. 1 GmbHG, aufgrund Verletzung vorvertraglicher oder vertraglicher Pflichten oder aus den unterschiedlichsten Gründen aus § 823 BGB[89] folgenden Schadenersatzansprüche gegen den haftpflichtigen Gesellschafter, Geschäftsführer oder Insolvenzverwalter den einzelnen (Insolvenz-)Gläubigern zu. Sie sind als Inhaber dieser Ansprüche nicht Insolvenzgläubiger, sondern machen diese, folgt man der Terminologie des § 87 InsO, außerhalb des Insolvenzverfahrens geltend: Denn das Insolvenzverfahren wird über das Vermögen des gemeinschuldnerischen Unternehmensträgers – der GmbH, AG usf. – eröffnet; im Rahmen der skizzierten Ansprüche haftet deren Gesellschafter, Vorstand oder Geschäftsführer, über dessen Vermögen ein weiteres Insolvenzverfahren nicht notwendig auch eröffnet worden ist. Die §§ 92, 93 InsO sehen m.a.W. vor, dass unter bestimmten Voraussetzungen Schadenersatzansprüche der Insolvenzgläubiger gegen bestimmte Schädiger vom Insolvenzverwalter geltend gemacht werden.[90] Dabei agiert der Insolvenzverwalter indessen nicht allein als Prozessstandschafter, der Ansprüche für andere geltend macht. Vielmehr sehen die §§ 92, 93 InsO auf eigentümliche Weise vor, dass der Insolvenzverwalter die Schadenersatzleistung *zur Masse* verlangt.[91] Dabei ist es bemerkenswert, dass „eigentliche“ Inhaber der dargestellten Schadenersatzansprüche nicht bereits durch § 87 InsO daran gehindert werden, gegen ihre Schuldner im Wege der Leistungsklage vorzugehen, da *insofern* die Wirkung der Eröffnung des Insolvenzverfahrens sich jedenfalls nicht ohne weiteres auf diese Fälle der Rechtsdurchsetzung gegen Dritte erstreckt.

32 Diese besondere Form der Ablösung der Rechtsdurchsetzungsbefugnis der – nach materiellem Recht – Anspruchsinhaber durch die Rechtsdurchsetzungsbefugnis des Insolvenzverwalters erzwingt aber bereits eine Unterscheidung auf der Ebene *„der Insolvenzgläubiger“*, von denen in § 92 InsO die Rede ist. Denn das den Ausschluss individueller Rechtsverfolgung rechtfertigende Moment aller Fälle nach den §§ 92, 93 InsO liegt darin, dass durch die Verkürzung der Masse infolge des inkriminierten Verhaltens des Anspruchsgegners die Befriedigungsaussicht der (betroffenen) Gläubiger im Insolvenzverfahren aufgrund der *Schmälerung ihrer Quote* (des so genannten „Quotenschadens“) beeinträchtigt worden ist. Soweit Insol-

---

86 *Kuhn/Uhlenbruck*, KO, 11. Aufl. 1994, § 82 Rn. 1 d).
87 Zum Begriff *Smid*, in: Smid, InsO, 2. Aufl. 2001, § 60 Rn. 9 ff.; *Uhlenbruck*, in: Uhlenbruck, InsO, 12. Aufl. 2003, § 60 Rn. 9.
88 *K. Schmidt*, NJW 1987, 812, 814; *ders.*, KTS 1976, 191, 195 f.
89 Vgl. im einzelnen *Haas*, Geschäftsführerhaftung und Gläubigerschutz, 1997; *Goette*, ZInsO 2001, 529.
90 BGH, Urt. v. 9. 10. 2006 – II ZR 193/05 – ZIP 2007, 79 ff.: § 93 InsO stellt keine eigenständige Anspruchsgrundlage dar.
91 Aus Sicht des betroffenen Gläubigers soll es sich dennoch um eine „Sperrwirkung“ des § 92 handeln: *Brandes*, in: MünchKomm, InsO, 1. Aufl. 2001, § 92 Rn. 14 (s. auch Rn. 9).

venzgläubiger daher erst nach Eintritt des schädigenden Ereignisses (also z.B. nach pflichtwidrigen Unterlassens der Stellung des Eigenantrags nach § 63 GmbHG) eine Forderung gegen den Schuldner erworben haben, ist das schädigende Ereignis für die schließlich an sie auszuschüttende Quote nicht i.S. eines „Quotenschadens“ kausal geworden. Diesen Insolvenzgläubigern gegenüber müsste daher im einzelnen durch die Bildung von „Sondermassen“ der auf sie entfallende Schadenersatzanteil ausgewiesen werden,[92] was der Funktion des Insolvenzverfahrens und der Bündelung der Rechtsverfolgungsmaßnahmen beim Insolvenzverwalter widerspräche.

c) Judikatur. Die Unterscheidung zwischen Gesamt- und Individualschaden zeigt sich insbesondere in der neueren Rechtsprechung des BGH[93] zur Konkursverschleppungshaftung des GmbH-Geschäftsführers,[94] soweit hier die – als Gesamtschaden[95] vom Verwalter geltend zu machende[96] – Quotenschmälerung der Altgläubiger von dem – auf das negative Interesse gerichteten – Individualschaden der einzelnen Neugläubiger[97] getrennt werden muss. 33

Der Unterschied zwischen dem als Quotenschaden erlittenen Gesamtschaden der Altgläubiger und dem Individualschaden der Neugläubiger[98] liegt, wie der BGH in seinem Urteil vom 30. März 1998[99] überzeugend dargelegt hat, in Folgendem begründet: Der Quotenschaden der Altgläubiger lässt sich einheitlich, bezogen auf den Zeitpunkt des Entstehens der Konkursantragspflicht, begründen; im Hinblick auf die Neugläubiger wäre statt dessen eine auf jeden einzelnen dieser Neugläubiger und 5auf den jeweiligen Schadenseintritt bezogene Sondermasse zu bilden.[100] Das würde für den Insolvenzverwalter bedeuten, dass er nicht für die Masse, sondern als Prozessstandschafter für eine Reihe von Einzel-Sondermassen zu streiten hätte. Die Gegenmeinung[101] hat geltend gemacht, die Neugläubiger seien Inhaber zweier verschiedener Schadenersatzansprüche, nämlich dem auf Ersatz des Quotenschadens und einem auf Ersatz des negativen Interesses gerichteten Anspruch; daher habe der Insolvenzverwalter wenigstens den Quotenschaden der Neugläubiger im Wege des § 92 InsO mit zu verfolgen. Dieser Ansicht hat der BGH[102] mit Erwägungen, die auch für das neue Recht Geltung beanspruchen können, eine Abfuhr erteilt. 34

Dabei kommt es entscheidend auf die schadenersatzrechtliche Qualifikation der eingetretenen Lage an. Geht man davon aus, dass sowohl die Alt- als auch die Neugläubiger als Insolvenzgläubiger zu qualifizieren sind, die nach dem Grundsatz par condicio creditorum gleichermaßen an der Masse partizipieren, begegnet der Ausschluss der Neugläubiger vom Quotenschaden durch Bildung einer Son- 35

92 Vgl. *Hirte*, in: Uhlenbruck, InsO, 13. Aufl. 2010, § 92 Rn. 15.
93 BGH, Urt. v. 6. 6. 1994 – II ZR 292/91 – BGHZ 126, 181 ff. Zur Fortgeltung dieser Judikatur *Henssler/Dedek*, in: FS Uhlenbruck, 2000, S. 181 ff.
94 Eingehend hierzu *Haas*, Geschäftsführerhaftung und Gläubigerschutz, 1997, passim.
95 *Häsemeyer*, Insolvenzrecht, 3. Aufl. 2003, Rn. 30.19.
96 *Kuhn/Uhlenbruck*, KO, 11. Aufl. 1994, § 1 Rn. 48 h.
97 Grundsätzlich BGH, Urt. v. 6. 6. 1994 – II ZR 292/91 – BGHZ 126, 181, 190 ff. mit Darstellung des Streitstandes, 192 ff. – NJW 1994, 2220.
98 *Henssler/Dedek*, in: FS Uhlenbruck, 2000, S. 178 ff.
99 BGH, Urt. v. 6. 6. 1994 – II ZR 292/91 – BGHZ 126, 181, 190 ff. mit Darstellung des Streitstandes, 192 ff. – NJW 1994, 2220.
100 Vertreten wurde von *Uhlenbruck* (ZIP 1994, 1153) auch die Ansicht, es sei eine Sondermasse für die Neugläubiger in ihrer Gesamtheit zu bilden; wohl auch wegen der Inpraktikabilität dieser Auffassung ist sie von *Uhlenbruck* aber aufgegeben worden (vgl. EWiR 1995, 263).
101 *K. Schmidt*, ZGR 1996, 209, 213 f.; *Bork*, ZGR 1995, 505, 510 f., 521; *Bork*, in: Kölner Schrift zur Insolvenzordnung, 2. Aufl. 2000, S. 1333, 1339.
102 BGH, Urt. v. 6. 6. 1994 – II ZR 292/91 – BGHZ 126, 181.

dermasse[103] grundsätzlichen Bedenken. Es ist darüber hinaus darauf hingewiesen worden, dass die Differenzierung von Alt- und Neugläubigern wegen des Quotenschadenersatzanspruchs zu Schwierigkeiten führt, da der Insolvenzverwalter im Prozess notwendig erheblichen Problemen bei der Darlegung ausgesetzt ist, wie die einzelnen Gläubiger zu qualifizieren und der Schaden zu bemessen ist. Er wird dies oft nicht mit Sicherheit sagen könne.[104]

2. Situation der Gläubiger von Schadenersatzansprüchen im Rahmen eines „Gesamtschadens"

36 **a) Erweiterung des § 87 InsO.** Der Erlass des Eröffnungsbeschlusses hat nach § 92 InsO spiegelbildlich zur Verlagerung der Rechtsmacht auf den Insolvenzverwalter zur Geltendmachung von Gesamtschäden die Wirkung, dass die einzelnen Altgläubiger, denen § 823 Abs. 2 BGB i. V. m. § 64 GmbHG einen eigenen Schadensersatzanspruch gibt, die Zuständigkeit zur Geltendmachung dieses Gesamtschadensersatzanspruchs verlieren. Die bislang schadenersatzberechtigten Gläubiger sind damit anstelle der Restitution, nämlich der Schadenersatzleistung des Verpflichteten in die Masse, auf die erhöhte Dividende verwiesen. Wenn in der Literatur[105] davon die Rede ist, § 92 InsO löse eine „Sperrwirkung" aus, aufgrund derer die Gläubiger mit Verfahrenseröffnung ihre Prozessführungs- und Einziehungsbefugnis verlören, ist dies zwar richtig, kennzeichnet aber § 92 InsO nicht spezifisch. Denn die Einbindung in die Form der insolvenzrechtlichen Geltendmachung von Rechten trifft auf die durch Eröffnung des Insolvenzverfahrens ausgelöste Rechtslage der Insolvenzgläubiger *im Allgemeinen* zu. Durch die Einbindung der individuellen Schadenersatzforderungen als Gesamtschaden in die Konstitution der Masse durch den Insolvenzverwalter verlagert sich die Rechtszuständigkeit für die Forderungen auf die Masse in der Weise, dass die nach materiellem Recht Schadenersatzberechtigten dadurch befriedigt werden, dass sie ausschließlich „in insolvenzrechtlicher Form" (§ 87 InsO) im Wege der Dividende kompensiert werden. Sie erleiden dadurch keinen eigenen Schaden, dass die Masse verkürzt wurde, wofür nun Kompensation verlangt wird.[106]

37 **b) Ersatzanspruch als Massebestandteil.** Der Schadenersatzanspruch im Innenverhältnis wird Massebestandteil und kann daher von einzelnen Gläubigern nicht prozessual geltend gemacht werden,[107] wohingegen einzelne Gläubiger oder sonstige Dritte, deren Vermögen angelegentlich der Masseverwaltung vom Insolvenzverwalter geschädigt worden ist, sich mit Schadenersatzansprüchen bereits während des laufenden Verfahrens an ihn halten können.[108] Um einen solchen Individualschaden

---

103 So BGH, Urt. v. 30. 3. 1998 – II ZR 146/96 – BGHZ 138, 211.

104 *K. Schmidt/Uhlenbruck*, Die GmbH in Krise, Sanierung und Insolvenz, 2. Aufl. 1999, Rn. 1239; a. A. *Flume*, ZIP 1994, 337, 339.

105 *Bork*, in: Kölner Schrift zur Insolvenzordnung, 2. Aufl. 2000, S. 1333, 1338 Rn. 13; *Brandes*, in: MünchKomm, InsO, 1. Aufl. 2001, § 92 Rn. 14; *Hirte*, in: Uhlenbruck, InsO, 12. Aufl. 2003, § 92 Rn. 26; *Kroth*, in: Braun, InsO, 2. Aufl. 2004, § 92 Rn. 9.

106 *Smid*, in: LSZ, InsO, 3. Aufl. 2010, § 92 Rn. 8.

107 RG, Urt. v. 25. 11. 1911 – VI 571/10 – RGZ 78, 186, 188; RG, Urt. v. 11. 12. 1916 – VI 365/16 – RGZ 89, 237, 240; BGH, Urt. v. 22. 2. 1973 – VI ZR 165/71 – NJW 1973, 1198; BGH, Urt. v. 5. 10. 1989 – IX ZR 233/87 – NJW-RR 1990, 45; siehe auch *Hirte*, in: Uhlenbruck, InsO, 13. Aufl. 2010, § 92 Rn. 4.

108 BGH, Urt. v. 1. 12. 1988 – IX ZR 61/88 – BGHZ 106, 134 – NJW 1989, 303.

handelt es sich unter Geltung der KO nach der Judikatur[109] auch beim Schaden des Massegläubigers aus schuldhafter Masseverkürzung durch den Insolvenzverwalter, vgl. § 61 InsO. Ferner stellt der Schaden, den derjenige Gläubiger erleidet, der in Unkenntnis der Insolvenzlage nach Eintritt der Antragspflicht noch mit dem Schuldner kontrahiert, einen Individualschaden und keine Masseverkürzung dar.[110] Hierbei handelt es sich um eine der Lage der culpa in contrahendo vergleichbare Situation,[111] die dem „Neugläubiger" nach der neueren Rechtsprechung jedoch nach § 823 Abs. 2 BGB, § 64 GmbHG einen Anspruch auf Ersatz seines Vertrauensschadens gegen den Geschäftsführer eröffnet, der aber außerhalb des Insolvenzverfahrens verfolgt werden muss.[112] Ob der „Neugläubiger" darüber hinaus noch einen Quotenschaden geltend machen kann, wird teilweise verneint, da sich eine Aktivlegitimation über § 92 InsO für diesen Fall kaum konstruieren lasse;[113] nach neuerer Auffassung wird dies dagegen für möglich gehalten, da § 64 GmbHG ein Dauerdelikt darstelle und für den Zeitraum nach dem Vertragsschluss auch bei „Neugläubigern" noch eine Quotenverschlechterung in Betracht kommen könne.[114] Insoweit kann der „Neugläubiger" zweigleisig verfahren: Er kann seinen Vertragsanspruch als Konkursforderung, zugleich aber auch seinen Vertrauensschaden in voller Höhe gegen den Geschäftsführer geltend machen.[115]

Beispiel[116]: Wegen Zahlungsschwierigkeiten der australischen Hauptabnehmer der von der späteren gemeinschuldnerischen GmbH produzierten Möbelstoffe hatte der Geschäftsführer der GmbH versucht, die Fortführung des Unternehmens durch Vergleichsverhandlungen Ende 1986 mit dem Hauptlieferanten sicherzustellen. Die in dem Vergleich vereinbarten Leistungspflichten der Gemeinschuldnerin wurden von dieser nicht mehr bedient, da mittlerweile ihre australischen Kunden in Konkurs gefallen und weitere Abnehmer ihrer Produkte weggefallen waren. Eine positive Fortführungsprognose[117] ließ sich zu diesem Zeitpunkt hinsichtlich des Unternehmens nicht mehr aufstellen. Erst wesentlich später – Dezember 1988 – wurde der Konkurs über das Vermögen der Gemeinschuldnerin eröffnet. Der Geschäftsführer wird sodann vom Konkursverwalter auch wegen der nach dem Winter 1986/1987 kontrahierenden „Neugläubiger" auf Ersatz eines Quotenschadens in Anspruch genommen – was der BGH abgelehnt hat. 38

3. Voraussetzungen

a) Bestehender Schadenersatzanspruch. § 92 InsO setzt einen bereits bestehenden Gesamtschadens- oder Haftungsanspruch voraus; die Vorschrift überträgt die Geltendmachung ausschließlich auf den Insolvenzverwalter. Dadurch soll verhindert werden, dass sich einzelne Gläubiger durch den gesonderten Haftungszugriff Vorteile verschaffen, die dem Grundsatz der Gleichbehandlung widersprechen wür- 39

---

109 BGH, Urt. v. 10. 5. 1977 – VI ZR 48/76 – BB 1977, 1118.
110 *Brandes*, in: MünchKomm, InsO, 1. Aufl. 2001, § 93 Rn. 36.
111 *K. Schmid*, ZIP 1988, 1497, 1503; *Flume*, ZIP 1994, 337, 338.
112 BGH, Urt. v. 6. 6. 1994 – II ZR 292/91 – BGHZ 126, 181, 189 – NJW 1994, 2220; *Brandes*, in: MünchKomm, InsO, 1. Aufl. 2001, § 93 Rn. 36.
113 *Karollus*, ZIP 1995, 269, 271 Fn. 27 m.w.N.
114 *Bork*, in: Kölner Schrift zur Insolvenzordnung, 2. Aufl. 2000, S. 1333, 1340 Rn. 18 f.
115 *Uhlenbruck*, EWiR § 64 GmbHG 1/95, 283, 284; Anm. zu BGH NJW 1995, 398.
116 Nach BGH, Urt. v. 6. 6. 1994 – II ZR 292/91 – BGHZ 126, 181.
117 Vgl. *Drukarczyk/Schüler*, in: Kölner Schrift zur Insolvenzordnung, 2. Aufl. 2000, S. 95 ff., 97 ff.; *Uhlenbruck*, in: Uhlenbruck, InsO, 13. Aufl. 2010, § 19 Rn. 42 ff.

den.[118] Sofern es sich dabei um Ansprüche handelt, die sich gegen den (bisherigen) Insolvenzverwalter richten, können sie nach § 92 Satz 2 InsO nur von einem neu bestellten Insolvenzverwalter geltend gemacht werden. Schon nach bisherigem Recht stand die Befugnis, diese Schäden geltend zu machen, in den meisten einschlägigen Fallgruppen allein dem (neuen) Insolvenzverwalter und nicht geschädigten Gläubigern zu, so etwa bei der Verwalterhaftung für Masseverkürzungen nach § 82 KO.[119] Für die Geltendmachung der Haftung des GmbH-Geschäftsführers[120] für einen durch Konkursverschleppung nach § 64 Abs. 1 GmbHG, § 823 Abs. 2 BGB verursachten Quotenschaden[121] war dies freilich nicht unumstritten.[122]

40 Zu den Ersatzansprüchen auf Erhalt der Masse zählt weiter der Anspruch der Gesellschaft gegen den Geschäftsführer auf Ersatz von Zahlungen, die er entgegen dem Verbot aus § 64 GmbHG vorgenommen hat.[123]

41 **b) Gesetzliche Fälle der Kompetenzzuweisung an den Insolvenzverwalter.** In anderen Fällen räumt bereits das Gesetz dem Insolvenzverwalter die Einziehungs- und Prozessführungsbefugnis ein, so z. B. im Falle des § 171 Abs. 2 HGB. Dabei geht es jedoch um einen Gesamtschaden der Gläubiger und nicht um die Durchsetzung originärer Gesellschaftsansprüche, die etwa nach §§ 62 Abs. 2 Satz 2, 309 Abs. 4 Satz 5 AktG auch dem Verwalter obliegen kann. Die Vorschrift ruft daher neue Aufgaben des Verwalters auf den Plan, die ihm interessante Möglichkeiten zur Erweiterung der Masse verschaffen. Satz 2 regelt im Übrigen den Fall, dass der Insolvenzverwalter den Schaden herbeigeführt hat.

4. Durchsetzung des Anspruchs auf Ersatz des Gesamtschadens gegen den (bisherigen) Insolvenzverwalter[124]

42 Ist der die Masse mindernde Schaden durch eine schuldhafte Pflichtverletzung des Insolvenzverwalters verursacht worden, bestimmt § 92 Satz 2 InsO, dass der aus § 60 InsO folgende Schadenersatzanspruch der Insolvenzgläubiger von einem Sonderinsolvenzverwalter[125] geltend zu machen, sofern nicht der Insolvenzverwalter ohnedies gem. § 59 InsO inzwischen abgesetzt und durch einen neuen Insolvenzverwalter ersetzt worden ist.[126] Gemeinschaftsschäden sind daher nach § 92 Satz 2 InsO wie nach bisher überwiegender Meinung während des Insolvenzverfahrens nur von einem neu

---

118 Amtl. Begr. zu § 103 RegEInsO, BT-Drs. 12/2443, 139; zur Ausgleichsfunktion der Gesamtschadensliquidation auch *Häsemeyer*, KTS 1982, 507, 537.
119 BGH, Urt. v. 22. 2. 1973 – VI ZR 165/71 – NJW 1973, 1198 – KTS 1973, 249.
120 Vgl. zu masseschädigenden Auszahlungen BGH, Urt. v. 8. 1. 2001 – III ZR 88/99 – ZInsO 2001, 260; *Pape*, ZInsO 2001, 397.
121 *Kuhn/Uhlenbruck*, KO, 11. Aufl. 1994, § 6 Rn. 40; *Haas*, in: Gottwald, Insolvenzrechts-Handbuch, 3. Aufl. 2006, § 92 Rn. 272 ff.
122 BGH, Urt. v. 6. 6. 1994 – II ZR 292/91 – BGHZ 126, 181.
123 BGH, Urt. v. 29. 11. 1999 – II ZR 273/98 – DZWIR 2000, 200; vgl. im Einzelnen *K. Schmidt*, GmbHR 2000, 1225 ff.; *App*, InVo 2000, 329 ff.
124 *Henssler/Dedek*, in: FS Uhlenbruck, 2000, S. 182 ff.
125 Vgl. *Rechel*, in: LSZ, InsO, 3. Aufl. 2010, § 56 Rn. 62; *Hirte*, in: Uhlenbruck, InsO, 13. Aufl. 2010, § 92 Rn. 30.
126 *Kroth*, in: Braun, InsO, 2. Aufl. 2004, § 92 Rn. 10.

bestellten Insolvenzverwalter geltend zu machen.[127] Der Insolvenzverwalter kann nicht gegen sich selbst vorgehen; er ist Inhaber eines Amtes, dessen ordnungsgemäße Ausübung nicht mehr gewährleistet wäre, wenn er genötigt würde, durch ihn selbst verursachte Schäden zu liquidieren.

5. Grenzen des § 92 InsO

Mit Urteil vom 25. 7. 2005[128] hat der BGH darauf erkannt, dass eine über den Ersatz des sog. Quoten- 43
schadens hinaus gehende Insolvenzverschleppungshaftung des Geschäftsführers einer GmbH sich gem. § 74 Abs. 1 GmbHG nur auf den Vertrauensschaden erstreckt, der dem Neugläubiger dadurch entsteht, dass er der aktuellen insolvenzreifen GmbH Kredit gewährt oder eine sonstige Vorleistung an sie erbringt. Dabei ging es allerdings um die eigene Haftung eines Gehilfen, der den Geschäftsführer der insolventen GmbH zur Untreue angestiftet hatte und von einer Neugläubigerin auf Ersatz eines Teils ihres Schadens aus betrügerischen Doppelabtretungen in Anspruch genommen worden war, den die gemeinschuldnerische GmbH im Stadium der Insolvenzverschleppung vorgenommen hatte. Der II. Zivilsenat des BGH hat darauf erkannt, die Haftung des Teilnehmers an einer Insolvenzverschleppung gem. § 830 Abs. 2 BGB erstrecke sich nicht auf Neugläubigerschäden, welche ohne sein Wissen durch kriminelle Machenschaften des Geschäftsführers im Stadium der Insolvenzverschleppung verursacht würden. Eine Täterschaft des Gehilfen komme deshalb nicht in Betracht, weil ein eigenständiges Handeln bei der Schädigung des Neugläubigers nicht vorgelegen habe. Die Bestimmung einer Gehilfenhaftung gem. § 830 Abs. 2 BGB richte sich nach strafrechtlichen Grundsätzen, wonach Beihilfe als vorsätzliche Hilfeleistung zur Vorsatztat eines anderen bestimmt wird (§ 27 Abs. 1 StGB). Der II. Zivilsenat schließt daraus, dass der in Anspruch genommene Berater keinen Gehilfenbeitrag i.S.v. einer psychischen Beihilfe durch Bestärken des Geschäftsführers der GmbH zur Insolvenzschleppung geleistet habe. Im Übrigen habe der in Anspruch genommene Berater in seinem Folgeverhalten eine Förderung der Eigenantragstellung der GmbH unterlassen. Mangels einer Garantenstellung des Klägers sei dies haftungsirrelevant. Trotz der vorliegenden Entscheidung lässt sich freilich nicht darauf schließen, dass der BGH in seiner bisherigen Judikatur zur eigenen Gehilfenhaftung des Beraters insolventer Gesellschaften abgerückt sei. Denn der erkennende Senat erinnert in dem vorliegenden Urteil daran, dass der Schutzzweck der gesetzlichen Konkursantragspflichten darin bestehe, konkursreife Gesellschaften mit beschränkter Haftungsform vom Geschäftsverkehr fernzuhalten, damit durch das Auftreten solcher Gebilde nicht Gläubiger geschädigt oder gefährdet werden. Hierzu kann insbesondere durch das aktive Mitwirken an außergerichtlichen Sanierungsbemühungen, psychische Beihilfe geleistet werden. Die vorliegende Entscheidung steht dem nicht entgegen. Bei einer entsprechenden Klage ist indes darauf zu achten, dass unterschieden werden muss, zwischen der Haftung wegen Konkursverschleppung bzw. der Beihilfe und weiteren deliktischen Handlungen des Geschäftsführers der GmbH, zu denen der Berater weder angestiftet noch Beihilfe geleistet hat. Denn die Insolvenzantragspflicht hat nicht den Zweck, potenzielle Deliktsgläubiger davor zu bewahren, nach Insolvenzreife noch Gehilfe des Delikts zu werden. Hierfür haften grundsätzlich der Geschäftsführer, bzw. sonstige Beteiligte nach den Voraussetzungen der betreffenden Norm. Der Gehilfe einer Insolvenzverschleppung wird nicht ipso iure hierfür in Anspruch genommen.

---

127 *Baur/Stürner*, Zwangsvollstreckungs-, Konkurs- und Vergleichsrecht, Bd. 2, 12. Aufl. 1990, Rn. 10, 22.
128 BGH, Urt. v. 25. 7. 2005 – II ZR 390/03 – ZIP 2005, 1734.

V. Geltendmachung der persönlichen Haftung des Gesellschafters durch den Insolvenzverwalter

1. Übersicht über die gesetzliche Regelung

44 **a) Reaktion auf § 128 HGB.** § 93 InsO sieht vor, dass die persönliche Haftung der Gesellschafter[129] während des Insolvenzverfahrens über das Vermögen der Gesellschaft nur vom Insolvenzverwalter geltend gemacht werden kann.[130] Diese Vorschrift ändert die in den Regelungen über die oHG getroffene Bestimmung über die Zuständigkeit zur Geltendmachung von Schadenersatzansprüchen: § 128 HGB, der die persönliche Haftung der Gesellschafter einer oHG gegenüber den Gläubigern der Gesellschaft normiert, sieht anders als § 171 HGB nicht vor, dass im eröffneten Insolvenzverfahren der eingesetzte Insolvenzverwalter zur Ausübung der Gläubigeransprüche berechtigt ist. Einem Gläubiger, der vor der Eröffnung des Insolvenzverfahrens über das Vermögen der Gesellschaft zur Aufrechnung gegen die Forderung eines Gesellschafters berechtigt war, bleibt dieses Aufrechnungsrecht allerdings in entsprechender Anwendung der §§ 406, 412 BGB auch im Insolvenzverfahren erhalten.[131]

45 Allerdings bedarf der Wortlaut des § 93 InsO einer Korrektur: Gemeint ist nicht jeder persönlich haftende Gesellschafter, denn auf den Kommanditisten bzw. auf seine Einlage kann und muss der Verwalter bereits nach § 171 HGB zugreifen.[132] Gemeint ist vielmehr der **unbeschränkt** persönlich haftende Gesellschafter.[133]

46 **b) Funktion der Vorschrift.** Damit soll verhindert werden, dass der Antrag auf Eröffnung des Insolvenzverfahrens über das Vermögen einer Gesellschaft mangels Masse abgewiesen werden muss, obwohl ein persönlich haftender Gesellschafter über ausreichendes Vermögen verfügt.[134]

2. Inanspruchnahme der Gesellschafter durch den Insolvenzverwalter

47 Die persönliche Haftung der Gesellschafter wird vom Insolvenzverwalter in der Weise geltend gemacht, dass er die Gesellschafter zur Zahlung der Beträge auffordert, die zur Befriedigung der Insolvenzgläubiger erforderlich sind.[135]

VI. Anwendbarkeit des § 82 InsO

48 Erfolgt eine Leistung zum Ersatz eines Gesamtschadens an die einzelnen Gläubiger in Unkenntnis der Eröffnung des Insolvenzverfahrens an die einzelnen Gläubiger[136], ist

---

129 Zur Haftung der ausgeschiedenen Gesellschafter vgl. *Gerhardt*, ZIP 2000, 2181 ff.
130 *Fuchs*, ZIP 2000, 1089 ff. Die Prozessführungsbefugnis geht nicht auf den Insolvenzverwalter über, wenn der Bürgschaftsgläubiger gegen die Gesellschafter als Bürge vorgeht, LG Bayreuth, Urt. v. 30. 5. 2000 – 33 O 244/00 – ZIP 2001, 1782; *Brandes*, in: MünchKomm, InsO, 1. Aufl. 2001, § 93 Rn. 21.
131 Amtl. Begr. zu § 105 RegEInsO, BT-Drs. 12/2443, S. 140.
132 *Smid*, in: Smid, InsO, 2. Aufl. 2001, § 93 Rn. 3.
133 Zutr. *Bork*, in: Kölner Schrift zur Insolvenzordnung, 2. Aufl. 2000, S. 017, 1025, Rn. 23.
134 Amtl. Begr. zu § 105 RegEInsO, BT-Drs. 12/2443, S. 140.
135 *Smid*, in: Smid, InsO, 2. Aufl. 2001, § 93 Rn. 1; *Hirte*, in: Uhlenbruck, InsO, 13. Aufl. 2010, § 93 Rn. 12.

im Falle des § 92 InsO der § 82 InsO anwendbar. Dies gilt auch für Leistungen, die ein Gesellschafter im Rahmen seiner persönlichen Haftung an einzelne Gläubiger erbracht hat, also für den Fall des § 93 InsO.[137] In beiden Fällen greift der Gutglaubensschutz schon aus allgemeinen Erwägungen ein, obwohl eine besondere Verweisung fehlt, da sie im Gesetzgebungsverfahren gestrichen worden ist.[138]

VII. Schadenersatzansprüche aus fehlerhafter Tätigkeit im Rahmen „außergerichtlicher Sanierungen"[139]

1. Haftung des Rechtsanwalts wegen außergerichtlicher Sanierungen

a) Beratung des Schuldners. Das Urteil des IX. Zivilsenats des BGH vom 26. 10. 2000[140] schafft über die Reichweite der Haftung wegen einer Teilnahme an Sanierungsbemühungen im Vorfeld der Insolvenzantragstellung Klarheit. Nach der Entscheidung des BGH besteht kein Zweifel mehr daran, dass ein Berater des schuldnerischen Unternehmens eine persönliche Haftung wegen einer Schädigung von Gläubigern nach Beginn seiner Beratungstätigkeit durch die Fortsetzung des Geschäftsbetriebes der Schuldnerin nur dadurch ausschließen kann, dass er die Organe der Schuldnerin zur Stellung eines Eigenantrages (§ 13 Abs. 1 InsO) auffordert und sie über die haftungsrechtlichen Folgen der Unterlassung der Stellung eines derartigen Eigenantrages (§§ 63ff. GmbHG, § 99 GenG, § 92 AktG) belehrt. Der BGH hat dabei darauf hingewiesen, dass diese Pflicht des Sanierungsberaters eines verschuldeten Unternehmens auch nicht dadurch suspendiert wird, dass die Schuldnerin von dritter Seite beraten bzw. betreut wird, wie es insbesondere im genossenschaftlichen Bereich (§ 54 GenG) im Rahmen der Betreuung von Genossenschaften durch genossenschaftliche Prüfungsverbände u. dgl. m. der Fall ist. Dem Urteil des BGH lag dabei ein Sachverhalt zugrunde in dem die Beratungstätigkeit durch einen Rechtsanwalt ausgeübt worden war, der von der schuldnerischen Genossenschaft als „außergerichtlicher Vergleichsverwalter" unter Fortdauer der organschaftlichen Tätigkeit von Vorstand und Aufsichtsrat der Genossenschaft bestellt worden war. Der beklagte Rechtsanwalt hat sich dann im Verlauf von über drei Jahren erfolglos um den Abschluss eines außergerichtlichen Vergleichs bemüht, bis es zur Stellung des Eigenantrags kam; u. a. aufgrund von Stellungnahmen des genossenschaftlichen Prüfungsverbandes war von Anfang an klar, dass die schuldnerische Genossenschaft überschuldet war. Auf Grund seiner anwaltlichen Standespflichten traf daher den außergerichtlichen Vergleichsverwalter in dem vom BGH entschiedenen Fall zweifelsfrei die Pflicht, die Mandantin darüber zu belehren, dass der Versuch eines außergerichtlichen Vergleichs mit den Gläubigern nach Eintritt eines Insolvenzeröffnungsgrundes wegen der daraus resultierenden erheblichen Haftungsfolgen sehr bedenklich war. Im Falle der Sanierungstätigkeit durch einen Rechtsanwalt ergibt sich aus den anwaltlichen Standespflichten 49

136 *Smid*, in: LSZ, InsO, 3. Aufl. 2010, § 92 Rn. 14.
137 *Brandes*, in: MünchKomm, InsO, 1. Aufl. 2001, § 93 Rn. 30.
138 Beschl.-Empf. des Rechtsausschusses zu § 105 RegEInsO, BT-Drs. 12/7302, S. 165.
139 Vgl. bereits BGH v. 12. 12. 1991 – IX ZR 178/91 – BGHZ 116, 319 – oben § 1 Rn. 48f.
140 BGH, Urt. v. 26. 10. 2000 – IX ZR 289/99 – WM 2001, 98.

unmittelbar, dass diese Belehrungspflicht auch unmittelbar gegenüber einer Mandantschaft besteht, von der der Anwalt annimmt, sie sei rechtlich und wirtschaftlich erfahren und die anderweitig Rechtsberatung in Anspruch nimmt. Dabei kommt es im Übrigen nicht darauf an, diese weitere Beratung durch einen genossenschaftlichen Verband oder durch dritte Berater (Steuer- und Wirtschaftsberater, Unternehmensberater, u.dgl.m.) ausgeübt wird. Der IX. Zivilsenat des BGH hat dabei erkennen lassen, wie gefährlich die außergerichtliche Sanierungstätigkeit für den Rechtsanwalt ist, wenn er den Mandanten nicht zur Eigenantragstellung veranlasst bzw. ihn über die Risiken der Unterlassung einer solchen Eigenantragstellung hinreichend belehrt. Denn regelmäßig wird dem beratenden Rechtsanwalt als außergerichtlichen Vergleichsverwalter auch die dreijährige Verjährungsfrist der § 51b BRAO nicht helfen. Solange das Mandat andauert, besteht nach der Feststellung des BGH möglicherweise ein Sekundäranspruch gegen den Rechtsanwalt als außergerichtlichen Vergleichsverwalter. Dieser Anspruch beruht darauf, dass der Rechtsanwalt verpflichtet ist, den Mandanten darauf hinzuweisen, dass bei der Beratungstätigkeit durch das Unterlassen des Hinweises auf die Bedenklichkeit eines außergerichtlichen Vergleichs bzw. Sanierungsverfahrens eine Pflichtwidrigkeit verwirklicht worden ist. Die Pflicht, einen derartigen Hinweis zur Ermöglichung der Realisierung von Regressansprüchen des Mandanten gegen den Rechtsanwalt zu geben, besteht bis zum Ende des Mandats. Für die sich aus der pflichtwidrigen Unterlassung dieses Hinweises ergebenden Regressansprüche beginnt der Lauf der Verjährungsfrist der § 51b BRAO mithin erst mit der Beendigung des Mandats. Die vorliegende Entscheidung des IX. Zivilsenats macht nur deutlich, dass der Insolvenzverwalter bei der Geltendmachung dieser Ansprüche die Verjährungsfrist des § 51b BRAO dadurch unterbricht, dass er die betreffenden Regressansprüche im Einzelnen genau beziffert.

50 **b) Keine Bardeckung wegen gezahlter Honorare aus fehlerhafter Sanierungstätigkeit.** Der als außergerichtliche Sanierungsverwalter tätige Rechtsanwalt kann sich wegen der vorkonkurslichen Befriedigung seiner aus dieser Tätigkeit hervorgegangenen Honoraransprüche auch nicht vor einer Insolvenzanfechtung sicher wähnen[141], wie der IX. Zivilsenat in seinem Urteil überzeugend darstellt. Etwas anderes käme nämlich nur dann in Betracht, wenn der außergerichtliche Sanierungsverwalter sein Honorar im Wege der so genannten Bardeckung vergütet erhalten würde und die ihm zugeflossenen Mittel daher gem. § 142 InsO behalten dürfte. Der IX. Zivilsenat erkennt dem gegenüber mit überzeugenden Erwägungen darauf, dass der Ausschluss der Insolvenzanfechtung erfolgter Honorarzahlung sich dann nicht auf den Gesichtspunkt der Bardeckung berufen kann, wenn die von dem Anfechtungsgegner erbrachte Tätigkeit sich als nicht sachgerecht erwiesen hat. Die außergerichtliche Sanierungsberatung ist, wenn sie nicht dazu führt, den Beratenen zum rechtzeitigen Stellen eines Eigenantrages zu veranlassen, immer sachwidrig. Durch eine sachwidrige Beratungstätigkeit, die in ihrem Ergebnis dazu führt, dass sowohl die Gläubiger des beratenen Schuldners Schäden erleiden, als auch eine Haftung der organschaftlichen Vertreter der beratenen Schuldnerin begründet wird, führt im Übrigen evident nicht dazu, dass das Vermögen des Schuldner einen Zuwachs erhält. Der Gesichtspunkt der Bardeckung gem. § 142 InsO beruht aber auf dem Gesichtspunkt, dass bei Bardeckung sich

141 A.A. *Riggert*, in: Braun, InsO, 2. Aufl. 2004, § 142 Rn. 10 (Anfechtbarkeit nur bei Fehlen jeglicher Erfolgsaussicht der Sanierung).

Leistung und Gegenleistung dergestalt gegenüber stehen, dass das schuldnerische Vermögen unmittelbar einen Wertzuwachs erhält.[142]

2. Haftung der Angehörigen anderer beratender Berufe

Wie wohl das Urteil des BGH v. 26. 10. 2000 sich auf die Haftung eines rechtsanwaltlichen Sanierungsberater bezieht, ist seine Bedeutung doch nicht auf diesen Berufskreis beschränkt. Sowohl den Wirtschaftsprüfer, der den Schuldner im Rahmen von Sanierungsbemühungen berät, trifft die Pflicht, sowohl ordnungsgemäß zu testieren (§ 15 WPO) als auch den Mandanten auf die Notwendigkeit einer Eigenantragstellung und die rechtlichen Haftungsfolgen auf die Unterlassung einer solchen Eigenantragstellung hinzuweisen, wenn Anzeichen für den Eintritt eines Insolvenzgrundes vorliegen. Gleiches gilt für die den Schuldner beratenden Steuerberater. Denn sowohl Steuerberater, als auch Wirtschaftsprüfer haben im Rahmen ihrer Tätigkeit auf diesen bezogenen Rechtsrat zu erteilen; die Unterlassung dieses Rates führt zu den von BGH für den Rechtsanwalt als außergerichtlichen Sanierungsberater entwickelten Rechtsfolgen. Das Urteil vom 26. 10. 2000 macht darüber hinaus aber auch klar, dass für die Angehörigen der diffusen Berufsbilder von beratenden Betriebswirten, Unternehmensberatern, Managementconsultern u. dgl. m. erhebliche Risiken mit ihrer Tätigkeit im Vorfeld verbunden sind. Dabei kommt es nicht darauf an, ob derartige Berater in Personen über hinreichende Rechtskenntnisse verfügen, die ihnen die Fähigkeit zur Ausübung von sanierungsberatenden Funktionen vermitteln würden. Alleine die Übernahme einer außergerichtlichen Sanierungstätigkeit bzw. -beratung begründet zwischen dem schuldnerischen Unternehmen und dem Berater ein Vertragsverhältnis, dass den Sanierer dazu verpflichtet alle rechtlich erforderlichen Schritte zur Abwendung von Schäden zu gehen, die die Gläubiger seines Mandanten bzw. dessen organschaftliche Vertreter treffen können. 51

Eine jede Beratung, die darauf zielt, die rechtliche gebotene Eigenantragstellung zu unterlassen oder pflichtwidrig hinaus zu zögern, stellte sich bis zum 31. 12. 2001 daher im Verhältnis zwischen den Parteien des Beratungsvertrags als positive Forderungsverletzung durch den Berater dar. Da die unternehmensberatenden Berufe von den standesrechtlichen Regelungen einer kürzeren Verjährung, wie sie § 51 b BRAO vorsieht, nicht privilegiert werden, greift wegen etwaiger Schadenersatzansprüche aus der durch eine fehlerhafte Beratung verwirklichten positiven Forderungsverletzung die 30-jährige Verjährungsfrist des § 195 BGB. Diese Frage ist freilich durch § 195 n. F. BGB nicht mehr relevant. 52

Soweit dem schuldnerischen Unternehmen aufgrund der nach den vorstehend dargestellten Grundsätzen aus einer Schlechtberatung durch den außergerichtlichen Sanierer Schadenersatzansprüche zustehen, ist für deren Geltendmachung im eröffneten Insolvenzverfahren der Insolvenzverwalter gem. § 80 Abs. 2 InsO zuständig; nach § 129 Abs. 1 InsO hat er wegen vorkonkurslich gezahlter Honorare die Insolvenzanfechtung klageweise geltend zu machen. Die Führung derartiger Prozesse hängt auch in Zukunft wie bislang selbstredend von wirtschaftlichen Überlegungen des Insolvenzverwalters ab. Die vorliegende Entscheidung zeigt aber, dass in Zukunft der Insolvenzverwalter im Lichte seiner Pflicht zur Mehrung der Masse nur dann wird Abstand nehmen dürfen, wenn der beklagte Berater vermögenslos ist und sich eine Zwangsvollstreckung aus einem erstrittenen Titel als nicht sinnvoll erweisen würde. Im Falle der außergerichtlichen Sanierungsberatung durch Rechtsanwälte, Steuerberater und Wirtschaftsprüfer wird eine Prozessführung durch den Insolvenzverwalter allerdings wegen der Berufshaftpflichtversicherung dieser Berufsträger regelmäßig sinnvoll sein. 53

3. Haftung des Beraters gegenüber Dritten

Einfach ist die Lage zu beurteilen, wenn der Sanierer aufgrund Art und Umfang seiner Tätigkeit als sog. faktischer Geschäftsführer zu qualifizieren ist. Unter faktischen Geschäftsführern versteht man eine 54

142 Ähnlich *Kirchhof*, in: MünchKomm, InsO, 1. Aufl. 2001, § 142 Rn. 1: wenigstens Gleichwertigkeit von Leistung und Gegenleistung; zur Abgrenzung: BGH, Urt. v. 11. 10. 2007 – IX ZR 195/04, DZWIR 2008, 116.

oder mehrere Personen, die, ohne satzungs- oder sonst ordnungsgemäß zum gesetzlichen Vertretungsorgan einer Gesellschaft bestellt zu sein, die Geschicke der Gesellschaft tatsächlich so lenken, als wären sie dies[143]. Im Falle von Insolvenzgläubigern eines fehlerhaft beratenden Mandanten hat die ständige Judikatur des BGH[144] eine drittschützende Wirkung abgelehnt. In Fällen eigenständiger täterschaftlicher Begehung von Insolvenzdelikten haftet der Sanierer auf Schadenersatz aus der deliktischen Verletzung der entsprechenden Strafrechtsnormen, die im deutschen Recht den Charakter von Schutzgesetzen i. S. v. § 823 Abs. 2 BGB haben. Sehr oft kann dem Sanierer aber eine täterschaftliche Begehung der in Frage kommenden Delikte schon deshalb nicht nachgewiesen werden, weil er nicht als faktischer Geschäftsführer qualifiziert werden kann. Gleiches gilt für eine Anstiftungshandlung, da die betroffenen organschaftlichen Vertreter der schuldnerischen Gesellschaft oftmals *omnimodi facturae*[145] und damit einer Anstiftung nicht mehr zugänglich sind. Was bleibt, ist eine Beteiligung am Insolvenzdelikt als Gehilfe begangen im Wege psychischer Beihilfe. Aus Sicht des Insolvenzverwalters genügt dies allemal: Zivilrechtlich führt diese – strafrechtlich geringste[146] – Form der Teilnahme im deutschen bürgerlichen Recht zu einer gesamtschuldnerischen Haftung des Teilnehmers neben dem Täter. Denn dies ordnet § 830 Abs. 1 BGB bei einer gemeinschaftlichen Verursachung eines Schadens an; und § 830 Abs. 2 BGB stellt die Tatbeiträge von Anstiftern und Gehilfen denen von Mittätern gleich.

4. Bankenhaftung[147]

55 Für die Kreditabteilungen ebenso wie für die Work-Out-Abteilungen der Kreditinstitute ergeben sich daraus Gesichtspunkte, die bei der Bearbeitung von Kreditengagements nicht übersehen werden dürfen, um das Kreditinstitut nicht einer möglichen eigenen Haftung gegenüber anderen Gläubigern auszusetzen.[148] Vor dem Hintergrund des Urteils des IX. Zivilsenats vom 26. 10. 2000 kann es sich nämlich als haftungsrechtlich bedenklich erweisen, wenn eine Kredit- oder eine Work-Out-Abteilung eines Kreditinstituts eines problematisch oder gar Not leidend gewordenen Kreditengagements auf die Geschäftspolitik des Schuldners Einfluss zunehmen zu versucht. In einen solchen Fall ist nicht auszuschließen, dass eine Haftung des Kreditinstituts aus Geschäftsbesorgungselementen des Kreditvertrages abgeleitet werden kann, die die Pflichten der Parteien aus dem reinen Darlehensvertrag überschreiten können.

56 Der Gesetzgeber der Insolvenzordnung wollte eine möglichst frühe Verfahrenseröffnung. Denn eine Verzögerung der Einleitung gerichtlicher Insolvenzverfahren durch außergerichtliche Sanierungsbemühungen hat nicht nur Quotenschäden der ungesicherten Insolvenzgläubiger zur Folge, sondern entzieht der Masse zur Finanzierung von Honoraransprüchen von Sanierern im erheblichen Mittel. Außergerichtliche Sanierungen sind keinesfalls preiswerter als Versuche einer Sanierung des schuldnerischen Unternehmens im eröffneten Insolvenzverfahren. Im Gegenteil lässt sich weder der Umfang der abfließenden Honorare für Berater nach einem objektivierbaren Maßstab bemessen noch sind die zu sanierende Gesellschaft, ihre organschaftlichen Vertreter und last, but not least ihre Gläubiger davor geschützt, dass wegen der außergerichtlichen Sanierung die Einleitung eines ordentlichen Verfahrens verzögert, unter Umständen sogar verhindert wird, wenn nämlich im Vorfeld durch die Kosten außergerichtlicher Sanierungstätigkeit die verfahrenskostendeckende Masse verbraucht wird. Der Gesetzgeber hat es daher mit einem noch vor Eintritt der materiellen Insolvenz greifenden Tatbestand

---

143 BGH, Urt. v. 21. 3. 1988 – II ZR 194/87 – NJW 1988, 1789.

144 BGH, Urt. v. 26. 10. 2000 – IX ZR 289/99 – NJW 2001, 517.

145 „omnimodo facturus = der bereits zur Tat Entschlossene“: siehe *Cramer/Heine*, in: Schönke/Schröder, StGB Kommentar, 27. Aufl. 2006, § 26 Rn. 7.

146 Vgl. *Roxin*, AT II, 2003, § 26 Rn. 197 ff.; Tröndle/Fischer, StGB Kommentar, 53. Aufl. 2006, § 27 Rn. 6.

147 *Dethleffsen*, Chancen und Risiken der Kreditinstitute im Rahmen der Sanierung ihrer Kreditnehmer, 2010; *Buchalik*, in: Buth/Hermann (Hrsg.), Restrukturierung, Sanierung, Insolvenz, 1998, § 2 Rn. 69 ff.; *Gawatz*, Bankenhaftung für Sanierungskredite, 1997, Rn. 61 ff., 416 ff; *Wenzel*, NZI 1999, 294, 295 ff.

148 *Wittig*, NZI 1998, 49 ff., 50 berücksichtigt dies nicht hinreichend.

der Eigenantragstellung aufgrund drohender Zahlungsunfähigkeit den Organen schuldnerischen Gesellschaften leichter zu machen versucht, eine Sanierung im gerichtlichen Insolvenzverfahren zu verwirklichen.

5. Haftung von Gesellschaftern wegen existenzvernichtenden Eingriffs[149]

Die Judikatur des (II.) Gesellschaftsrechtssenats des deutschen BGH zu bestandsgefährenden Handlungen der Gesellschafter (Vulkan[150] und KBV[151]) – bislang ebenso wenig tief in die deutsche Praxis eingedrungen wie das oben behandelte Urteil des IX. Zivilsenats des BGH im Genossenschaftsfall[152] – lassen eine haftungsbegründende Teilnahme des Beraters an schadenersatzbewehrten Handlungen und mehr noch: Unterlassungen der Gesellschaftsorgane weiter in den Vordergrund rücken. Der II. Zivilsenat judiziert, dass die Gesellschafter den Gläubigern den Schaden zu ersetzen haben, der daraus erwächst, dass sie – im Falle KBV – durch einen gesellschaftsrechtlichen Beschluss, Vermögenswerte der Gesellschaft auf eine andere Gesellschaft zu übertragen – den Gläubigern Haftungsmasse entziehen. Dies stellt sich als vom BGH sogen. existenzgefährdender Eingriff zu Lasten der Gesellschaft und damit ihrer Gläubiger dar. Der Insolvenzverwalter kann dann daher auf das Vermögen der Gesellschafter zugreifen – und zwar im Falle der Insolvenz einer KG auch auf das des Kommanditisten ohne eine summenmäßige Haftungsbeschränkung. 57

149 *Smid,* in: Konecny (Hrsg.), 11. Insolvenzforum, 2005, 191, 220; *Bork,* KTS 2006, 39 ff.
150 BGH, Urt. v. 17. 9. 2001 – II ZR 178/99 – BGHZ 149, 10.
151 BGH, Urt. v. 24. 6. 2002 – II ZR 300/00 – NJW 2002, 3024.
152 BGH, Urt. v. 26. 10. 2000 – IX ZR 289/99 – WM 2001, 98.

§ 9 Auswirkungen der Insolvenz auf beiderseits noch nicht erfüllte gegenseitige Verträge des Schuldners mit Gläubigern

I. Übersicht

1 Für die Systembildung im materiellen Insolvenzrecht hat die Frage zentrale Bedeutung angenommen, wie mit teilweise erfüllten gegenseitigen Verträgen umzugehen sei. Auch diese Verträge fallen nach allgemeiner Meinung seit jeher unter § 17 KO bzw. unter § 103 InsO.[1] Hinter dieser Konstellation verbergen sich verschiedene Probleme: Wählt der Insolvenzverwalter die Erfüllung des Vertrages, fragt sich, ob diese Erfüllungswahl auch die vorkonkurslich teilerfüllten Leistungen erfassen und Auswirkungen auf ihre konkursrechtliche Qualifikation zeitigen. Der BGH verneint dies seit Mitte der neunziger Jahre des vergangenen Jahrhunderts. Die damit verbundene Strukturentscheidung steht in unmittelbaren Zusammenhang mit der Frage, welche Einwendungen der andere Teil im Falle der Erfüllungswahl begründeten Leistungsverlangen des Insolvenzverwalters entgegensetzen, insbesondere wieweit er die Aufrechnung mit vorkonkurslich begründeten Leistungen erklären kann.

1. Lage vor Eröffnung des Insolvenzverfahrens

2 In einer Reihe von Fällen wird sich bereits der Insolvenzschuldner vor der Eröffnung des Insolvenzverfahrens gegenüber den Gläubigern (Vertragspartnern), soweit gegenseitige Verträge noch nicht erfüllt worden sind, dahingehend erklärt haben, diese Verträge könnten aufgrund der veränderten Lage nicht mehr erfüllt werden. Die Weigerung des Insolvenzschuldners, eingegangene Verpflichtungen zu erfüllen, stellt sich als Vertragsbruch dar, aus dem sich nach den allgemeinen bürgerlichrechtlichen Regelungen (§§ 280 ff. BGB) Schadenersatzansprüche der betroffenen Gläubiger herleiten. Diese Schadenersatzansprüche, als vor Verfahrenseröffnung begründete persönliche Forderungen, sind Insolvenzforderungen (§ 38 InsO).

2. Auswirkung der Verfahrenseröffnung auf Vertragsbeziehungen zwischen Gläubiger und Schuldner

3 Zu dem gemeinsamen Bestand, der ein jedes für vernünftig und zuverlässig geltendes Insolvenzrecht auszeichnet, gehört, das solche gegenseitigen Verträge, die beiderseits von den Parteien vorkonkurslich nicht oder nicht vollständig erfüllt worden sind, durch die Eröffnung des Verfahrens nicht automatisch aufgehoben werden. Bei aller Unterschiedlichkeit der Rechtsordnungen im schuldrechtsdogmatischen Ansatz – doch allen Insolvenzrechten gemeinsam, dass dem eigenverwaltenden Schuldner oder dem Insolvenzverwalter die Befugnis gegeben wird, trotz der materiellen Wirkung der Eröffnung des Insolvenzverfahrens an der Erfüllung des Vertrages festzuhalten, während dem Vertragspartner das Recht versagt wird, mit Wirkung gegen die Masse die Erfüllung des Vertrages nach Verfahrenseröffnung verlangen zu können.

4 Wird die Erfüllung des gegenseitigen Vertrages vom Insolvenzverwalter oder vom eigenverwaltenden Schuldner (§ 279 InsO) gewählt, dann sind die vertragsmäßig zu erbringenden Gegenleistungen vom Zeitpunkt der Erfüllungswahl an aus der Masse

---

1 BGH, Urt. 6. 7. 2006 – IX ZR 121/05, ZIP 2006, 1781, *Smid*, DZWIR 2007, 485, 500.

als Masseverbindlichkeiten zu erbringen, § 55 Abs. 1 Nr. 2 InsO.[2] Die Befugnis des Insolvenzverwalters oder des eigenverwaltenden Schuldners, trotz Eröffnung des Verfahrens über Vermögen des Schuldners die Erfüllung eines beiderseits vorkonkurslich noch nicht erfüllten gegenseitigen Vertrages verlangen zu können, muss mit einer Sicherung des zur Erbringung seiner Leistung aufgrund der Erfüllungswahl verpflichteten Vertragspartners korrespondieren. Dies kann durch die Befugnis geschehen, vom eigenverwaltenden Schuldner oder Insolvenzverwalter Sicherheiten zu verlangen, oder durch die Anordnung effizienter Schadenersatzpflichten eines Insolvenzverwalters für den Fall, dass er die aus der Erfüllung gegenseitiger Verträge resultierenden Masseverbindlichkeiten nicht erfüllt oder unter Verletzung der vertraglich vereinbarten Pflichten fehlerhaft und an weiteren Rechtsgütern des Vertragspartners schadensstiftend erfüllt.

II. Insolvenz und funktionelles Synallagma

1. Beeinflussung der Rechtsbeziehungen zwischen den Vertragsparteien

a) § 103 InsO. § 103 InsO beruht nach alledem auf der Überlegung, dass es unrichtig wäre, den Gläubiger nach Eröffnung des Insolvenzverfahrens einerseits seine Leistung noch voll erbringen zu lassen, ihn andererseits aber hinsichtlich der Gegenleistung auf die Quote zu verweisen.[3] Grundsätzlich sind alle persönlichen Gläubiger, die zur Zeit der Insolvenzeröffnung einen begründeten Vermögensanspruch gegen den Insolvenzschuldner haben, Insolvenzgläubiger. 5

Die Funktionsweise der Regelung des § 103 Abs. 1 InsO wird deutlich, wenn man sich deren Alternative vor Augen führt. Würde der Vertragspartner des Schuldners daran festgehalten, gegenseitige Verträge zu erfüllen, wäre es unbillig, ihn wegen der zu beanspruchenden Gegenleistung auf die Quote zu verweisen[4]. Umgekehrt wäre es nicht vertretbar, dem Vertragspartner stets die Stellung eines Massegläubigers einzuräumen, da er dann eine bessere Position hätte als derjenige, der vorkonkurslich Vorleistungen in die Masse erbracht hat. 6

b) Änderung der Beziehung zwischen Leistung und Gegenleistung. Jedenfalls aber erlischt der Vertrag nicht mit Eröffnung des Insolvenzverfahrens; es ändert sich aber die Beziehung zwischen Leistung und Gegenleistung. § 103 Abs. 1 InsO zieht die Konsequenz aus dem funktionellen Synallagma:[5] Wie *Häsemeyer*[6] zeigt, modifizieren die Vorschriften der §§ 103ff. InsO die vertragsrechtliche Regelung als auf das „bipolare“ Verhältnis zwischen dem Gemeinschuldner und seinem Vertragspartner zugeschnittene Recht im Hinblick auf die Insolvenzsituation. Aus der Wechselbezüglichkeit von Leistung und Gegenleistung wird das gegenüber allen Gläubigern „gemeinschaftlich“ wirkende Haftungsrecht. Der Gläubiger wird aufgrund gegenseitiger Verträge nicht gezwungen, eine Vorleistung zu erbringen und damit die Gefahr des Unvermögens des anderen Teils zur Leistung aufgrund Eintritts des Vermögens- 7

2 BGH, Urt. v. 1. 3. 2007 – IX ZR 81/05, DZWIR 2007, 301
3 BGH, Urt. v. 17. 3. 1972 – V ZR 53/70 – BGHZ 58, 246, 248.
4 BGH, Urt. v. 17. 3. 1972 – V ZR 53/70 – BGHZ 58, 246, 248.
5 *Häsemeyer*, KTS 1973, 2ff.
6 *Häsemeyer*, Insolvenzrecht, 3. Aufl. 2003, Rn. 20.04ff., 20.08.

verfalls zu übernehmen: Das funktionelle Synallagma schützt m.a.W. den Vertragspartner durch eine Zwangs- und eine Sicherungsfunktion. Er kann nach § 320 BGB[7] die Leistung einredeweise verweigern und, bei drohendem Vermögensverfall des anderen[8], die Leistung bis zur Sicherheitsleistung zurückhalten. Dem entspricht es, dass der Vertragspartner in der Individualzwangsvollstreckung die eigene Leistung nur präsentieren, nicht aber aushändigen muss, um wegen der Gegenleistung vollstrecken zu können[9].

8 **Beispielsfall:**[10] Zwischen der Brauerei B und dem C wurde ein **Darlehens-** und Getränkeliefervertrag[11] geschlossen, der u.a. zum Gegenstand hatte, dass B dem C ein zinsloses Darlehen über 100.000 DM gewährte, das während der zehnjährigen Vertragslaufzeit in jährlichen Raten von 10.000 DM „intern getilgt" werden sollte. Nach drei Jahren wurde das Insolvenzverfahren über das Vermögen der B eröffnet und deren Insolvenzverwalter fordert von C Zahlung von 70.00 DM. Der Vertragspartner des insolventen Getränkelieferanten kann seinen Anspruch auf Belieferung mit Getränken nicht mehr durchsetzten. Hier kommt es darauf an, dass der Insolvenzverwalter für die schuldnerische Brauerei aufgrund der insolvenzbedingt vorzeitigen Beendigung des Dauerschuldverhältnisses bzw. der Aufhebung der gegenseitigen Ansprüche aus dem Dauerschuldverhältnis vom Vertragspartner der Schuldnerin sofort die Rückzahlung des verbleibenden Gesamtbetrages des diesem von der Schuldnerin vorkonkurslich gegebenen Darlehens verlangen kann; das Erlöschen der aus dem Darlehen folgenden Hauptleistungspflicht, dem Darlehensnehmer die Darlehensvaluta zu überlassen, zeitigt Wirkungen, die der Kündigung des Darlehens (§ 609 BGB) bzw. des Ablaufs der vereinbarten Darlehenslaufzeit entsprechen. Der Rückgewähranspruch gem. § 607 BGB a.F. (heute: § 488 BGB) steht nicht im Synallagma und wird von den Rechtswirkungen der Eröffnung des Insolvenzverfahrens nicht erfasst[12]. Der IX. Zivilsenat des BGH weist dabei aber zutreffend darauf hin, dass auf diesem Wege der Masse nicht mehr zufließen darf und der andere Teil nicht mit mehr Pflichten belastet wird, als unter der Voraussetzung einer ordnungsgemäßen Abwicklung des Vertrages bestehen würden. Dann aber hätte der Vertragspartner an den Schuldner ratenweise zu zahlen, so dass die Forderung des Insolvenzverwalters für die Masse für den anderen Teil unter Berücksichtigung des dabei verwirklichten Zinsgewinnes durch Abzinsung auszugleichen ist. Eine solche Vorteils-/Nachteilsausgleichung hat nach der zutreffenden Ansicht des BGH auch insoweit stattzufinden als der andere Teil einen Schadenersatzanspruch wegen Nichterfüllung gem. § 103 Abs. 2 InsO geltend macht. Dabei kommt es zunächst nicht darauf an, dass es sich bei diesem Schadenersatzanspruch um eine Insolvenzforderung (§ 38 InsO) handelt und dass der Vertragspartner den Rückzahlungsanspruch des Insolvenzverwalter diesen Schadenersatzanspruch im Wege der Aufrechnung entgegenstellt. Unabhängig davon gilt nämlich, dass der Vertragspartner den von ihm vermeintlich erlittenen Schaden schlüssig dartun und beweisen muss. Er hat also vorzutragen, dass sich seine Vermögenslage bei einer ordnungsgemäßen Vertragserfüllung in einer Weise entwickelt hätte, aus der sich gegenüber der nunmehr nach Eröffnung des Insolvenzverfahrens über das Vermögen des Schuldners eingetretenen Lage die als Schaden geltend gemachte Differenz (§ 249 Abs. 1 BGB) ergibt. Im Rahmen des vom BGH entschiedenen Falls kann sich der Vertragspartner nicht darauf beschränken, einzelne Positionen darzustellen, sondern muss vortragen, welche Nachteile er erleidet und welche Vorteile er dadurch erlangt, dass er den Darlehensbetrag sofort

---

7 *Häsemeyer,* KTS 1973, 2, 3; *Tintelnot,* in: Kübler/Prütting, Kommentar zur Insolvenzordnung, § 103 Rn. 5; *Emmerich,* in: MünchKomm, BGB, 3. Aufl. 1997, § 320 Rn. 1, 3; *Huber,* in: MünchKomm, InsO, 1. Aufl. 2001, § 103 Rn. 55.

8 *Emmerich,* in: MünchKomm, BGB, 3. Aufl. 1997, § 321 Rn. 2; in der Insolvenz ist § 321 bei der Erfüllungswahl nicht anwendbar, *Tintelnot,* in: Kübler/Prütting, Kommentar zur Insolvenzordnung, § 103 Rn. 6.

9 *Jaeger/Henckel,* KO, 8. Aufl. 1973, § 17 Rn. 6.

10 BGH, Urt. v. 26. 10. 2000 – IX ZR 227/99 – WM 2001, 96.

11 Vgl. zur insolvenzrechtlichen Behandlung von Darlehen: *Heise,* Verbraucherkredit und Geschäftskredit in der Insolvenz, 2001, Rn. 61 ff.

12 *Heise,* Verbraucherkredit und Geschäftskredit in der Insolvenz, 2001, Rn. 98, 176ff.

an Stelle in den vertragsgemäß vereinbarten Raten zurück zu zahlen hat. Soweit der Vertragspartner dadurch Nachteile erleidet, dass durch die sofortige Zahlung Zinsnachteile eintreten, sind diese bereits im Zusammenhang der Bemessung der Rückzahlungsforderung der Schuldnerin durch deren Abzinsung zu berücksichtigen und können daher in den Schadenersatzanspruch des Vertragspartners keinen weiteren Eingang finden. Der von den Vertragspartner vorzutragende Schaden bezieht sich somit auf die Nichterfüllung des Liefervertrages selbst. Auch insofern genügt der Vertragspartner seiner Darlegungslast aber nur dann, soweit er erklärt, dass ihm an Stelle der von der Gemeinschuldnerin eingeräumten keine gleichwertigen Konditionen an keiner anderen Stelle gewährt werden. Soweit der Vertragspartner dadurch, dass er von der Bindung an die Schuldnerin freikommt anderweitige Verträge einzugehen in der Lage ist und dort gegebenenfalls wiederum im Rahmen von typengemischten Getränkelieferungsverträgen Darlehen eingeräumt erhält, hält der IX. Zivilsenat des BGH den Vertragspartner mit der Darlegungslast dafür beschwert, darzustellen welche möglichen Vorteile dem Vertragspartner aus seiner Befreiung aus der Verbindlichkeit dem Schuldner gegenüber erwachsen. Das ist insofern plausibel, als es dem Geschädigten obliegt, den Gesamtvermögensvergleich anzustellen, und die schuldnerischen Brauerei keine eigenen Wahrnehmungen hierüber haben kann. § 95 InsO lässt die Aufrechnung mit einer derartigen Forderung mit einer Forderung gegen die Masse gegen den anderen Teil zu.

Die Insolvenz des Schuldners zwingt dazu, gegenüber Forderungen einzelner Gläubiger ein Regime der Gläubigergleichbehandlung zu statuieren. Daher wird der auch nach Eröffnung des Insolvenzverfahrens fortbestehende, von beiden Seiten noch nicht erfüllte Vertrag zwischen dem Schuldner und dem anderen Teil im Ergebnis umgestaltet. Umstritten ist dabei jedoch, ob diese Umgestaltung erst die Folge der rechtsgestaltenden Ablehnung seitens des Verwalters[13] oder – im Anschluss an die neueste Praxis – bereits mit der Verfahrenseröffnung eintritt, womit der Erfüllungswahl dann eine weitergehende gestaltende Wirkung zukommt. Die bisherige Rechtsprechung des BGH[14] und die ältere hL[15] meinten noch, der Schutz des Vertragspartners stehe bei § 17 KO nur zugleich neben dem Erhalt der Masse[16] im Vordergrund. Damit ist zwar noch nicht klar, weshalb diesen Gläubigern vor anderen, die ebenfalls der Liquidität des späteren Insolvenzschuldners vertraut haben, in erhöhtem Maße Schutz zuteil werden soll, noch lassen sich die Grenzen dieses Schutzes, legt man noch die ältere Judikatur zugrunde, eindeutig und befriedigend bestimmen.[17] Die neueste, auch als „Wende"[18] bezeichnete Rechtsprechung des IX. Zivilsenats zu § 17 KO stellt dagegen den Erhalt der Masse in den Vordergrund.[19] Der IX. Zivilsenat des BGH ist dabei aber über die Rn. 8 zitierte Lehre hinausgegangen, die § 103 InsO als Folge des funktionellen Synallagma ansieht. Denn der BGH geht von der Grundthese aus, dass mit der Eröffnung zunächst die gegenseitigen Erfüllungsansprüche aus bei- 9

13 Zur älteren Praxis noch BGH, Urt. v. 5. 5. 1977 – VII ZR 85/76 – BGHZ 68, 379, 380 m.w.N.; BGH, Urt. v. 22. 10. 1980 – VIII ZR 264/79 – BGHZ 78, 258, 271; zur Erfüllungsablehnung auch noch LM Nr. 21 zu § 17 KO = NJW 1987, 1702.

14 BGH, Urt. v. 17. 3. 1972 – V ZR 53/70 – BGHZ 58, 246, 249; einschränkend BGH, Urt. v. 5. 5. 1977 – VII ZR 85/76 – BGHZ 68, 379, 383. Zur Entwicklung der Judikatur eingehend Rendtorff, Der beiderseitig nicht vollständig erfüllte Vertrag in der Insolvenz (§ 17 KO und §§ 103, 105 sowie § 107 InsO), 2004, passim.

15 *Wegener,* in: Frankfurter Kommentar, 4. Aufl. 2006, § 103 Rn. 1; *Balthasar,* in: Nerlich/Römermann, InsO, § 103 Rn. 3.

16 *Plander,* JZ 1973, 45, 47; *Musielak,* AcP 179 (1979) 189, 199.

17 Krit. Jaeger/Henckel, KO, 8. Aufl. 1973, § 17 Rn. 7, 8 zu BGHZ 58, 246, 249 (Fn. 3).

18 *Kreft,* in: FS Fuchs, 1996, 115 = ZIP 1997, 865; von einer „Neuorientierung der höchstrichterlichen Rechtsprechung" spricht BGH, Urt. v. 27. 2. 1997 – IX ZR 5/96 – BGHZ 135, 25, 27.

19 Jaeger/Henckel, KO, 8. Aufl. 1973, § 17 Rn. 7; *Henckel,* ZZP 99 (1986), 419.

derseits nicht erfüllten gegenseitigen Verträgen erlöschen[20] und beschränkt den Schutz des Vertragsgegners aus dem funktionellen Synallagma daher auf den Fall der Erfüllungswahl,[21] die damit erst rechtsgestaltende Wirkung erlangt. Diese Annahme wird in der neueren Literatur vielfach kritisiert.[22] Festhalten lässt sich jedenfalls, dass bei § 17 KO nach der neueren Praxis die Ausführung gegenseitiger Verträge zum Vorteil der Masse im Vordergrund steht und nur insoweit das funktionelle Synallagma geschützt wird;[23] die Gegenleistung für eine bereits vor der Eröffnung erbrachte Leistung der späteren Masse soll demnach nur der Masse zugute kommen, was etwa Vorausabtretungen ausschließt und eine vorkonkursliche Aufrechnungslage auf bereits erbrachte Teilleistungen beschränkt.[24] Jedenfalls erlischt der Vertrag mit Eröffnung des Insolvenzverfahrens nicht; es ändert sich aber die Verknüpfung von Leistung und Gegenleistung. Dies bedeutet zumindest, dass die wechselseitigen Erfüllungspflichten aufgrund der Eröffnung des Insolvenzverfahrens durch den Vertragsgegner allein nicht mehr durchgesetzt werden können. Insoweit war auch nach der älteren Praxis anerkannt, dass an die Stelle der beide Seiten treffenden Leistungs- bzw. Erfüllungspflichten die Pflicht der Masse tritt, dem Gläubiger nach der Erfüllungsverweigerung seitens des Verwalters den aus der Nichterfüllung folgenden Schaden zu ersetzen, da sich das gegenseitige Vertragsverhältnis dann in einen einseitigen Anspruch des Vertragsgegners auf Ersatz seines Nichterfüllungsschadens umwandele.[25]

10 Durch das Wahlrecht gem. § 103 InsO wird die im Privatrecht geltende Maxime, dass Verträge gehalten werden müssen (pacta sunt servanda), dahingehend modifiziert, dass dem Insolvenzverwalter ein dem Schuldner nicht zustehendes Gestaltungsrecht zuerkannt wird,[26] von dessen Ausübung es abhängen soll, ob der Vertrag durchgeführt wird oder nicht.[27] Das Wahlrecht des Insolvenzverwalters wird damit nach der überkommenen Lehre[28] entgegen der neueren Rspr. als „echtes" Wahlrecht i.S. eines Gestaltungsrechts zugunsten der Masse verstanden.[29] Damit soll zum Ausdruck gebracht werden, dass der Erfüllungsanspruch des Vertragspartners erst mit Ablehnung der Erfüllung durch den Insolvenzverwalter endgültig wegfällt.[30] Die Gestaltungserklärung erfordert eine einseitige, empfangsbedürftige Willenserklärung des Insolvenzverwalters, auf die die Regeln der Willenserklärung Anwendung finden.[31] Der Insolvenzverwalter ist dabei in der Frage, ob er von seinem Wahlrecht Ge-

---

20 St. Rspr. seit BGH, Urt. v. 11. 2. 1988 – IX ZR 36/87 – BGHZ 103, 250, 252 m.w.N. der Rechtsprechung des VIII. Zivilsenats; BGH, Urt. v. 20. 12. 1988 – IX ZR 50/88 – BGHZ 106, 236, 241 – NJW 1989, 1282; BGH, Urt. v. 4. 5. 1995 – IX ZR 256/93 – BGHZ 129, 336, 338 – NJW 1995, 1966.
21 BGH, Urt. v. 20. 12. 1988 – IX ZR 50/88 – BGHZ 106, 236, 243.
22 Eingehende Kritik vor allem bei *Bork*, in: FS Zeuner, 1994, 297 ff.; *Balthasar*, in: Nerlich/Römermann, InsO, § 103 Rn. 6; *Tintelnot*, in: Kübler/Prütting, Kommentar zur Insolvenzordnung, § 103 Rn. 11, 12; *Marotzke*, in: H-K, InsO, 4. Aufl. 2006, § 103 Rn. 2; *Marotzke*, Gegenseitige Verträge in der Insolvenz, 2. Aufl. 1998, Rn. 5.1, 12.7 ff.; zust. hingegen *Kreft*, in: MünchKomm, InsO, 1. Aufl. 2001, § 103 Rn. 3 f., 13.
23 *Kreft*, ZIP 1997, 865, 867.
24 *Kreft*, ZIP 1997, 865, 866.
25 BGH, Urt. v. 5. 5. 1977 – VII ZR 85/76 – BGHZ 68, 379, 380 m.w.N.
26 *Kilger/K. Schmidt*, KO, 17. Aufl. 1997, § 17 Anm. 4a.
27 *Rühle*, Gegenseitige Verträge nach Aufhebung des Insolvenzverfahrens, 2006, 8 et passim.
28 *Baur/Stürner*, Insolvenzrecht, 3. Aufl. 1991, S. 103 m.w.N.; *Jauernig*, Zwangsvollstreckungsrecht, 21. Aufl. 1999, § 49 II (S. 226); *Tintelnot*, in: Kübler/Prütting, Kommentar zur Insolvenzordnung, § 103 Rn. 10; a.A. BGH v. 20. 12. 1988 – IX ZR 50/88 – BGHZ 106, 236, 241 ff.
29 *Fr. Baur*, in: FS F. Weber, 1975, 41, 43.
30 *Jauernig*, Zwangsvollstreckungsrecht, 21. Aufl. 1999, § 49 II (S. 226).
31 *Tintelnot*, in: Kübler/Prütting, Kommentar zur Insolvenzordnung, § 103 Rn. 53; *Balthasar*, in: Nerlich/Römermann, InsO, § 103 Rn. 39; *Berscheid*, in: Uhlenbruck, InsO, 12. Aufl. 2003, § 103 Rn. 64.

brauch machen soll, nicht frei. Vielmehr ist er an die Interessen der Gläubigergemeinschaft im Sinne einer optimalen Gläubigerbefriedigung gebunden;[32] gegebenenfalls muss er deswegen den Gläubigerausschuss konsultieren.

2. Judikatur des BGH: Theorie der Durchsetzungshemmung

Bis zum Jahr 2002 hat der IX. Zivilsenat des BGH in diesem Zusammenhang folgende Ansicht vertreten: Die Insolvenzeröffnung berührt zwar nicht die Existenz des Rechtverhältnisses zwischen Insolvenzschuldner und seinen Vertragspartnern, jedoch gehen die wechselseitigen Erfüllungsansprüche unter. Anstelle des Anspruchs des Vertragspartners des Gemeinschuldners auf Erfüllung tritt nunmehr der Anspruch auf Schadenersatz wegen Nichterfüllung, der lediglich eine Insolvenzforderung gemäß § 38 InsO begründet. Grundsätzlich durchbricht die Eröffnung des Insolvenzverfahrens somit nicht den Grundsatz, dass eingegangene Verträge einzuhalten sind. Dieser allgemeine Grundsatz erleidet indessen besondere Ausprägungen unter den Bedingungen der Insolvenz. Dagegen hat der VIII. Zivilsenat seit der „Panzerbrücken"-Entscheidung[33] darauf aufmerksam gemacht, dass sich der Erfüllungsanspruch des Vertragsgegners ungeachtet von § 17 KO bereits mit der Eröffnung in eine (einfache) und damit der Deckungsanfechtung nach § 30 Nr. 1 Alt. 2 KO unterliegende Konkursforderung nach § 3 KO umwandele. Auch die Ablehnung der Erfüllung belasse es daher bei der durch die Eröffnung des Insolvenzverfahrens begründeten Situation – in diesem Zusammenhang wird in der Literatur auch von „normalen konkursrechtlichen Folgen"[34] gesprochen. Der IX. Zivilsenat[35] hat daraus schließlich die Schlussfolgerung gezogen, dass nur der Erfüllungswahl eine weitergehende Gestaltungswirkung zukomme, da durch sie dem Vertragspartner die Möglichkeit eingeräumt werde, eine Masseverbindlichkeit geltend zu machen. Da die insolvenzrechtliche Gläubigergleichbehandlung Erfüllungsansprüche des Gläubigers ausschließt, richtet sich das Wahlrecht des Verwalters daher allein darauf, anstelle des allgemeinen durch die Verfahrenseröffnung bewirkten Erlöschens von Erfüllungsansprüchen deren Wiederaufleben durch Erfüllungswahl gestaltend zu bewirken. 11

An der Grundstruktur von Aufgabe und Wirkungsweise des § 103 InsO ändert eine mittlerweile vorgenommene Modifikation seiner Judikatur durch den IX. Zivilsenat des BGH nichts: Der IX. Zivilsenat geht seit einer Entscheidung aus dem April 2002[36] davon aus, dass die Eröffnung des Insolvenzverfahrens über das Vermögen eines der Vertragspartner gegenseitiger Verträge zur Folge habe, dass die Leistungs- und Gegenleistungsansprüche aus dem Vertrag wegfallen. In einem weiteren Urteil aus Mai 2003[37] hat der IX. Zivilsenat die seit dem „Panzerbrücken"-Fall[38] aufrechterhaltene 12

---

32 *Tintelnot*, in: Kübler/Prütting, Kommentar zur Insolvenzordnung, § 103 Rn. 58; *Balthasar*, in: Nerlich/Römermann, InsO, § 103 Rn. 37; *Kroth*, in: Braun, InsO, 2. Aufl. 2004, § 103 Rn. 51.

33 BGH, Urt. v. 14. 12. 1983 – VIII ZR 352/82 – BGHZ 89, 189, 195; ebenso BGH v. 21. 12. 1983 – VIII ZR 71/74 – KTS 1984, 288.

34 Jaeger/Henckel, KO, 8. Aufl. 1973, § 17 Rn. 15 m.w.N.

35 BGH, Urt. v. 11. 2. 1988 – IX ZR 36/87 – BGHZ 103, 250, 252 – NJW 1988, 1790 – ZIP 1988, 322; BGH v. 20. 12. 1988 – IX ZR 50/88 – BGHZ 106, 236, 241 – NJW 1989, 2282 – ZIP 1989, 171.

36 BGH, Urt. v. 25. 4. 2002 – IX ZR 313/99 – BGHZ 150, 353.

37 BGH, Urt. v. 25. 4. 2002 – IX ZR 313/99 – BGHZ 150, 353.

38 BGH, Urt. v. 14. 12. 1983 – VIII ZR 352/82 – BGHZ 89, 189, 195.

Ansicht aufgegeben, nach der durch die Eröffnung des Insolvenzverfahrens der Bestand des gegenseitigen Vertrages beseitigt werde, die gegenseitigen Ansprüche auf weitere Leistungen würden durch die Verfahrenseröffnung lediglich in ihrer Durchsetzbarkeit gehindert. Damit hat sich der IX. Zivilsenat freilich nicht der Lehre angeschlossen, die davon ausgeht, durch die Eröffnung des Insolvenzverfahrens werde dem Insolvenzverwalter ein Gestaltungsrecht eingeräumt, das ihm die Beseitigung der Erfüllungsansprüche des anderen Teils erlaube.

13 Die rechtsdogmatische Einordnung dieser neuen Judikatur ruft weitere Fragen hervor, die über den vom IX. Zivilsenat entschiedenen Fall hinausreichen. Denn wäre in der Tat der Anspruch des anderen Teils auf die vertragsgemäße Erfüllung nicht mit Verfahrenseröffnung beseitigt, sondern nur in seiner Durchsetzbarkeit gehindert, täten sich für Insolvenzpläne zur Sanierung eines Insolvenzschuldners erhebliche Probleme auf. Man müsste dann nämlich fragen, ob (1.) der andere Teil für den Fall nach Aufhebung des Insolvenzverfahrens Erfüllung verlangen könnte, dass er keine Schadenersatzforderung zur Tabelle angemeldet hat und (2.) ob durch den Insolvenzplan dieser Erfüllungsanspruch beeinträchtigt werden kann.

14 Diese Probleme lassen sich freilich lösen, wie *Rühle*[39] gezeigt hat. Geht man mit der neueren Judikatur vom Fortbestand der ursprünglichen Erfüllungsansprüche trotz der Verfahrenseröffnung und der Erfüllungsablehnung aus, so sind die gegenseitigen, noch unerfüllten Primäransprüche nach der Verfahrensaufhebung im Regelinsolvenzverfahren gem. § 200 Abs. 1 InsO wieder durchsetzbar, wenn nicht der Vertragspartner durch Anmeldung seiner „Forderung wegen der Nichterfüllung" das Vertragsverhältnis in diese umgestaltet hat[40] bzw. vom Vertrag zurückgetreten ist. Dies ist insofern interessengerecht, als die InsO als Haftungsrecht das zwischen Schuldner und seinem Vertragspartner bestehende Schuldverhältnis nur solange „überlagern" darf, wie sich dies durch den Insolvenzzweck par condicio creditorum rechtfertigen lässt[41]. Ist es während des Insolvenzverfahrens nicht zu einer materiellrechtlichen Umgestaltung des Schuldverhältnisses gekommen und wird das Verfahren durch Beschluss gem. § 258 Abs. 1 InsO aufgehoben, so ist der Vertragspartner gleichwohl von den Festsetzungen des gestaltenden Teils des Insolvenzplans betroffen (vgl. § 254 Abs. 1 Satz 3, 1 InsO), es sei denn der Insolvenzverwalter hatte die Erfüllung des gegenseitigen Vertrages verlangt[42]. Der Versuch, die Planbetroffenheit des Vertragspartners abzulehnen, der sich bei einer Erfüllungsablehnung des Insolvenzverwalters nicht durch Anmeldung einer „Forderung wegen der Nichterfüllung" am Verfahren beteiligt hat, würde nicht nur der ausdrücklichen Regelung des § 254 Abs. 1 Satz 3 InsO widersprechen, sondern auch dem Gleichbehandlungsgebot[43]. Wird die „Forderung wegen der Nichterfüllung" oder den ursprünglichen Erfüllungsanspruch des Vertragspartners als planbetroffen angesehen, bleibt offen, wie der Vertragspartner vor der Unbilligkeit geschützt werden kann, einerseits selbst voll leisten

---

39 Zum Strukturproblem: *Häsemeyer*, KTS 1973, 2 ff.; *Rühle* (Fn. 27), Kap. A.III., B.II.
40 *Rühle*, Gegenseitige Verträge, Kap. D.II.3. m. w. N.
41 *Rühle*, Gegenseitige Verträge, Kap. A.III.
42 Dann ist der Vertragspartner nämlich gem. § 55 Abs. 1 Nr. 2 1. Var. InsO Massegläubiger und als solcher nicht planbetroffen.
43 *Rühle*, Gegenseitige Verträge, Kap. E.II.2.a).

zu müssen und im Gegenzug nur die im Plan vorgesehene Quote auf den eigenen Erfüllungsanspruch verlangen zu können. Um dies zu verhindern, wird vertreten, der Schuldner müsse nach der Verfahrensaufhebung gem. § 258 Abs. 1 InsO an die vorherige Erfüllungsablehnung des Insolvenzverwalters gebunden sein[44]. Damit wird indes die bloß verfahrensrechtliche Bedeutung der Erfüllungsablehnung verkannt, aufgrund derer das zwischen Schuldner und seinem Vertragspartner bestehende Schuldverhältnis nicht umgestaltet wird. Die Bindung des Schuldners an die Erfüllungsablehnung des Insolvenzverwalters würde nämlich de facto einer materiellrechtlichen Umgestaltung des Schuldverhältnisses gleichkommen, denn keine der Parteien hätte dann die Möglichkeit nach Verfahrensaufhebung auf die ursprünglichen Erfüllungsansprüche zurückzugreifen. Außerdem könnte eine derartige Bindungswirkung den zumeist mit dem Insolvenzplan verfolgten Sanierungszweck dann beeinträchtigen, wenn sich die Erfüllung des Vertrages nach Verfahrensaufhebung gem. § 258 Abs. 1 InsO als für den Schuldner günstig erweist[45] (vgl. im Übrigen zu den allgemeinen Wirkungen der Verfahrensaufhebung unten § 35 Rn. 13 ff., 21 ff.).

3. Erklärung der Ablehnung der Erfüllung oder Schweigen des Insolvenzverwalters bzw. des eigenverwaltenden Schuldners

Da die Hemmung der Durchsetzbarkeit der Forderung des Vertragspartners eine allgemeine Wirkung der Verfahrenseröffnung darstellt, muss der Insolvenzverwalter die Ablehnung der Erfüllung nicht ausdrücklich erklären. Aber auch die Ablehnung eines Vertrages durch den Insolvenzverwalter hat auf die Wirksamkeit des Vertrages grundsätzlich keinen Einfluss. Denn aus der durch den Insolvenzverwalter verwirklichten Verletzung des Vertrages aufgrund seiner Erfüllungsablehnung ergeben sich die allgemeinen Folgen des bürgerlich-rechtlichen Leistungsstörungsrechts. Die Erfüllungsablehnung modifiziert das Vertragsverhältnis zwischen den Parteien nur soweit, dass keine Erfüllung mehr verlangt werden kann. Dies gilt sowohl für den Insolvenzverwalter bzw. im Falle der Einstellung des Insolvenzverfahrens auch für den durch den Konkursverwalter gebundenen Gemeinschuldner als auch für den Vertragspartner.[46] Gibt der Insolvenzverwalter eine Wahlerklärung nach § 103 InsO nicht ab, so gibt § 103 Abs. 2 Satz 2 InsO dem Vertragspartner die Möglichkeit, den durch die Eröffnung des Insolvenzverfahrens über das Vermögen des Gemeinschuldners für das weitere Schicksal des Vertrages entstandenen Schwebezustand zu beenden. Der Insolvenzverwalter hat sich dem Vertragspartner „ohne Verzug" zu erklären. Das ist nicht gleichbedeutend mit einer sofort abzugebenden Erklärung, sondern heißt, dass der Insolvenzverwalter sich „ohne schuldhaftes Zögern",[47] also nach zügiger Prüfung der Sachlage im schuldnerischen Unternehmen, zu erklären hat. 15

---

44 *Marotzke*, Gegenseitige Verträge im neuen Insolvenzrecht, 3. Aufl., 2001, Rn. 12.18.

45 *Rühle*, Gegenseitige Verträge, Kap. E.II.2b) bb).

46 *Tintelnot*, in: Kübler/Prütting, Kommentar zur Insolvenzordnung, § 103 Rn. 108; *Balthasar*, in: Nerlich/Römermann, InsO, § 103 Rn. 60.

47 *Tintelnot*, in: Kübler/Prütting, Kommentar zur Insolvenzordnung, § 103 Rn. 71; *Balthasar*, in: Nerlich/Römermann, InsO, § 103 Rn. 44; *Berscheid*, in: Uhlenbruck, InsO, 12. Aufl. 2003, § 103 Rn. 68.

16 **§ 279 Satz 1 InsO** bestimmt, dass die Vorschriften über die Erfüllung der Rechtsgeschäfte und die Mitwirkung des Betriebsrats (§§ 103 bis 128 InsO) mit der Maßgabe im Verfahren der **Eigenverwaltung** gelten, dass an die Stelle des Insolvenzverwalters der Schuldner tritt. Das hat naturgemäß für die Attraktivität des eigenverwalteten Verfahrens eine erhebliche Bedeutung, unabhängig noch von der Möglichkeit des Schuldners, in Gläubigerrechte mittels Insolvenzplan[48] Eingriffe vorzunehmen.

---

48 Vgl. *Haas*, in: Gottwald, Insolvenzrechts-Handbuch, 3. Aufl. 2006, § 89 Rn. 9, 16.

§ 10 Anwendungsbereich des § 103 Abs. 1 InsO

I. Synallagmatische Schuldverhältnisse

Gegenseitige Verträge im Sinne von § 103 InsO sind alle diejenigen Schuldverhältnisse, deren Verpflichtungen in einem Abhängigkeitsverhältnis zueinander stehen (Synallagma)[1], soweit kein Dauerschuldverhältnis bzw. Auftrags- oder Geschäftsbesorgungsvertrag vorliegt. Eine objektive Gleichwertigkeit von Leistung und Gegenleistung ist nicht erforderlich, sondern nur die wechselseitige Bedingtheit von Leistung und Gegenleistung[2]. Ob Verpflichtungen in einem Gegenseitigkeitsverhältnis zueinander stehen, entscheidet der Parteiwille.[3] 1

An die Stelle des noch in § 17 Abs. 1 KO verwendeten Begriffs des zweiseitigen Vertrages ist in § 103 Abs. 1 InsO der Begriff des gegenseitigen Vertrages getreten. Der Gesetzgeber hat damit indes nicht beabsichtigt, die Reichweite des § 103 Abs. 1 InsO gegenüber derjenigen des § 17 KO inhaltlich zu verändern.[4] Unter gegenseitigen Verträgen in diesem Sinne werden solche verstanden, bei denen eine Partei ihre Leistung gerade wegen der Gegenleistung verspricht, also vollkommen zweiseitige Verträge.[5] § 103 InsO erfasst danach alle Verträge und Vertragstypen, die nicht den spezielleren Regelungen des zweiten Abschnitts des dritten Teils der Insolvenzordnung unterfallen und nicht beschlagfreie Vermögensgegenstände des Schuldners betreffen.[6] Da nur *bestimmte* Dauerschuldverhältnisse von den spezielleren §§ 108 ff. InsO erfasst werden, unterfallen auch Miet- und Pachtverträge über bewegliche Sachen als gegenseitige Verträge grundsätzlich dem Regelungsbereich des § 103 InsO.[7] 2

II. Schadenersatzanspruch des anderen Teils, § 103 Abs. 2 InsO

Als Folge der allgemeinen Wirkung der Eröffnung des Insolvenzverfahrens wandelt sich daher der Erfüllungsanspruch des anderen Teils in einen Schadenersatzanspruch um: Der andere Teil hat die Befugnis, seinen Nichterfüllungsschaden geltend zu machen[8]. Hat der Schuldner vorkonkurslich einen Titel über den Erfüllungsanspruch gegen den anderen Teil erlangt und wählt der Verwalter die Ablehnung der Erfüllung des Vertrages, wird dadurch die Vollstreckung aus dem Titel unzulässig.[9] Die Regelung des § 103 Abs. 2 InsO stellt sich vor diesem Hintergrund als Spezialregelung gegenüber § 45 InsO dar. 3

---

1 RG, Urt. v. 29. 12. 1906 – VI 176/06 – RGZ 65, 46, 47; *Heinrichs,* in: Palandt, BGB, 65. Aufl., Einf. v. § 320 Rn. 4.
2 RG, Urt. v. 17. 2. 1913 – IV 556/12 – RGZ 81, 364, 365.
3 *Balthasar,* in: Nerlich/Römermann, InsO, § 103 Rn. 8.
4 Amtl. Begr zu § 117 RegEInsO, BT-Drs. 12/2443 S. 145.
5 Vgl. *Wegener,* in: Frankfurter Kommentar, 4. Aufl. 2006, § 103 Rn. 5; *Berscheid,* in: Uhlenbruck, InsO, 13. Aufl. 2010, § 103 Rn. 24.
6 Jaeger/*Henckel,* KO, 8. Aufl. 1973, § 17 Rn. 35.
7 Zum Sonderfall von Software- und Lizenzverträgen vgl. *Adolphsen,* DZWIR 2004, 228 ff.; *Smid/Lieder,* DZWIR 2005, 7; a. A. *Fezer,* WRP 2004, 793.
8 RG, Urt. v. 23. 2. 1904 – VII 463/03 – RGZ 57, 105, 107.
9 BGH, Urt. v. 29. 1. 1987 – IX ZR 205/85 – ZIP 1987, 304 mit Anm. *v. Gerkan,* EWiR § 17 KO 1/87, 267.

4 Die Streitfrage, ob der Schadenersatzanspruch des Vertragspartners aus den Vorschriften des BGB über den gegenseitigen Vertrag abzuleiten ist[10] oder eine eigene konkursrechtliche Grundlage in § 103 Abs. 1 Satz 1 InsO[11] bzw. einem insolvenzrechtlichem Ausgleichsanspruch nach §§ 45, 103 InsO[12] findet, wird von manchen für praktisch wenig relevant angesehen, da man sich über den Inhalt des Schadenersatzanspruchs einig sei.[13] Freilich hat die Beantwortung dieser Frage Konsequenzen dafür, wie die Höhe des als Insolvenzforderung geltend zumachenden Schadens bemessen werden muss. Die überkommene Lehre kommt weithin zu folgenden Aussagen: Maßgebend für die Berechnung des Schadens ist das Erfüllungsinteresse, der Schaden kann konkret oder abstrakt berechnet werden.[14] Für Inhalt und Umfang des Schadenersatzanspruchs gelten im Übrigen die §§ 249 ff. BGB.[15] Das lässt aber außer Acht, dass die ursprünglich für § 111 Abs. 2 Satz 1 RefE vorgesehenen Formulierung „Schadensersatz wegen Nichterfüllung" nicht in § 103 Abs. 2 InsO übernommen wurde und im Konkurs Forderungen der Gläubiger nach dem „Nennwertprinzip" (*Häsemeyer*[16]) zu berücksichtigen sind. Das **Nennwertprinzip** bedeutet, dass alle Insolvenzforderungen mit dem Wert anzusetzen sind, der ihnen zum Zeitpunkt der Eröffnung des Insolvenzverfahrens zukommt, um die Gleichbehandlung der Insolvenzgläubiger zu gewährleisten. Das schließt insbesondere im Falle der Erfüllungsablehnung durch den Insolvenzverwalter die Anmeldung von Schadenersatz wegen Nichterfüllung insoweit aus, wie diese Forderung über den Nennwert des primären Hauptleistungsanspruchs hinausgeht.[17] Die Rechtsprechung[18] und die hL[19] gehen demgegenüber allerdings aufgrund ihrer Grundannahme über die Funktion der §§ 103 ff. InsO davon aus, dass die von der Erfüllungsablehnung des Insolvenzverwalters betroffenen Gläubiger den Erfüllungsschaden in dem durch das materielle (Leistungsstörungs-)-Recht normierten vollen Umfang unverkürzt sollen geltend machen können.

III. Anwendung des § 103 InsO auf teilweise erfüllte gegenseitige Verträge

1. „Theorienstreit"

5 Für die Systembildung im materiellen Insolvenzrecht hat die Frage zentrale Bedeutung angenommen, wie mit teilweise erfüllten gegenseitigen Verträgen umzugehen sei.[20] Auch diese Verträge fallen nach allgemeiner Meinung seit jeher unter § 17 KO bzw. unter § 103 InsO. Hinter dieser Konstellation verbergen sich verschiedene Probleme: Wählt der Insolvenzverwalter die Erfüllung des Vertrages, fragt sich, ob diese Erfüllungswahl auch die vorkonkurslich teilerfüllten Leistungen erfasst und Auswir-

---

10 BGH, Urt. v. 15. 4. 1955 – V ZR 22/54 – BGHZ 17, 127; *Baur/Stürner*, Insolvenzrecht, 3. Aufl. 1991, S. 106.
11 *Jaeger/Henckel*, KO, 8. Aufl. 1973, § 17 Rn. 171.
12 *Marotzke*, Gegenseitige Verträge in der Insolvenz, 2. Aufl. 1998, Rn. 5.64 ff.; *Häsemeyer*, Insolvenzrecht, 3. Aufl. 2003, Rn. 20.24; *Tintelnot*, in: Kübler/Prütting, Kommentar zur Insolvenzordnung, § 103 Rn. 98.
13 *Jaeger/Henckel*, KO 8. Aufl. 1973, § 17 Rn. 171; *Huber*, in: Gottwald, Insolvenzrechts-Handbuch, 3. Aufl. 2006, § 35 Rn. 32; *Kroth*, in: Braun, InsO, 2. Aufl. 2004, § 103 Rn. 77 f.
14 *Huber*, in: Gottwald, Insolvenzrechts-Handbuch, 3. Aufl. 2006, § 35 Rn. 34.
15 *Huber*, in: Gottwald, Insolvenzrechts-Handbuch, 3. Aufl. 2006, § 35 Rn. 34.
16 *Häsemeyer*, Insolvenzrecht, 3. Aufl. 2003, Rn. 17.02 ff., 17.15.
17 *Häsemeyer*, Insolvenzrecht, 3. Aufl. 2003, Rn. 20.24; zust. *Balthasar*, in Nerlich/Römmermann, InsO, § 103 Rn. 62.
18 BGH, Urt. v. 5. 5. 1977 – VII ZR 85/76 – BGHZ 68, 379, 383.
19 *Marotzke*, Gegenseitige Verträge im Konkurs und Vergleich, 1998, Rn. 5. 14 ff.; vgl. auch *Wegener*, in: Uhlenbruck, InsO, 13. Aufl. 2010, § 103 Rn. 165.
20 Hierzu die höchst informative historisch begründete Darstellung *W. Rendtorffs*, Der beiderseitig nicht vollständig erfüllte Vertrag in der Insolvenz (§ 17 KO und §§ 103, 105 sowie 107 InsO), 2004, bes. 40 ff.

kungen auf ihre konkursrechtliche Qualifikation zeitigt. Der BGH verneint dies seit Mitte der neunziger Jahre des vergangenen Jahrhunderts unter Berufung auf § 105 InsO; die überkommene Unterscheidung von Dauerschuldverhältnissen und Sukzessivlieferungsverträgen ist einer neuen Form der Bestimmung des insolvenzrechtlichen Begriffs der Teilleistung gewichen.[21] Die damit verbundene Strukturentscheidung steht in unmittelbarem Zusammenhang mit der Frage, welche Einwendungen der andere Teil dem im Falle der Erfüllungswahl begründeten Leistungsverlangen des Insolvenzverwalters entgegensetzen, insbesondere wieweit er die Aufrechnung mit vorkonkurslich begründeten Leistungen erklären kann. Erfüllungsansprüche aus beiderseits noch nicht vollständig erfüllten gegenseitigen Verträgen verlieren nach der Judikatur des BGH im Zeitpunkt der Eröffnung des Insolvenzverfahrens ihre Durchsetzbarkeit[22].

2. Sachsenmilch-Fall

Schon seit seiner frühen, vor Inkrafttreten der InsO ergangenen Entscheidung im Sachsenmilch-Verfahren[23] hat der IX. Zivilsenat § 105 InsO zum Beleg dafür herangezogen, dass sich im *Kontext des Insolvenzrechts* die Frage der Teilbarkeit von Leistungen anders als in dem des allgemeinen Schuldrechts (§ 266 BGB) darstellt. Seit der Sachsenmilch-Entscheidung, in der es um vor bzw. nach der Verfahrenseröffnung durch den Gesamtvollstreckungsverwalter erklärte Erfüllungswahl ging, hat der IX. Zivilsenat deutlich gemacht, dass die frühere Diskussion um die Frage, ob die Erfüllungswahl für Sukessivlieferungsverträge und Dauerschuldverhältnisse unterschiedlich zu beurteilen wäre, sich erledigt hat. Es kommt nämlich im Kontext des Insolvenzrechts weder darauf an, ob nach der Vertragsgestaltung rechtmäßig Teilleistungen erbracht worden sind oder ob bürgerlichrechtlich eine einheitliche Leistung zeitlich gestreckt erbracht wird usf. Ausschlaggebend ist ausschließlich, dass *tatsächlich* nicht die vollständige Leistung, sondern nur Teile vor Eröffnung des Insolvenzverfahrens erbracht worden sind. Daher sind im Regelfall auch Werk-(Bau-)leistungen teilbar[24], für die sich in einer aus dieser Judikatur naheliegenden Weise erhebliche Konsequenzen ergeben. Wie sich im folgenden (3.) sogleich zeigen wird, ist diese spezifisch insolvenzrechtliche Betrachtungsweise der Teilbarkeit von (Bau-)Leistungen wichtig wegen der Reichweite von Sicherheiten und einer Aufrechnungsbefugnis des anderen Teils: Die Entscheidung des IX. Zivilsenats ist durch die Segelbootentscheidung[25] vorbereitet worden, der folgender Sachverhalt zugrunde gelegen hatte: 6

3. Segelboot-Fall

Dies ruft im Einzelfall Probleme hervor, wie sie der **„Segelbootfall"** deutlich gemacht hat. Dort hatte der Beklagte der späteren Insolvenzschuldnerin den Auftrag zum Neubau eines Segelschiffes zum Festpreis von 14 Millionen DM erteilt. Mit einem rechtlichen selbständigen weiteren Vertrag hat der Beklagte ein altes Segelschiff der späteren Insolvenzschuldnerin für 1 Million DM verkauft, um Teile für den Neubau zu verwenden. Der Insolvenzverwalter wählte Erfüllung und ließ das Schiff fertig stellen. Gegen die Forderung der Masse erklärte der Beklagte in Höhe des Kaufpreises für das alte Segelboot die Aufrechnung. 7

---

21 Eingehend hierzu *Wiegmann*, Grund, Grenzen und Wirkungsweise des § 105 InsO, 2004.

22 BGH, Urt. v. 11. 2. 1988 – IX ZR 36/87 – BGHZ 103, 250, 252 – ZIP 1988, 322 mit Anm. *Marotzke*, EWiR § 17 KO 2/88, 285.

23 BGH, Urt. v. 27. 2. 1997 – IX ZR 5/96 – ZIP 1997, 688 – EWiR § 9 GesO 1/97, 517 m. Anm. *Huber*.

24 BGH, Urt. v. 4. 5. 1995 – IX ZR 256/93 – BGHZ 129, 336, 344f.; BGH v. 22. 2. 2001 – IX ZR 191/98, BGHZ 147, 28,33.

25 BGH, Urt. v. 22. 2. 2001 – IX ZR 191/98 – BGHZ 147, 28.

8 Nunmehr wird vom IX. Zivilsenat im „Segelbootfall“[26] in solcherart „aufzuspaltenden“ Fällen von der Erlöschenswirkung der Verfahrenseröffnung insoweit abgerückt, als dieses dogmatische Kriterium wenig hilfreich erscheinen soll, wenn der Insolvenzverwalter nur in sehr geringem Umfang Leistungen im eröffneten Verfahren erbracht hat, die Masse aber im kritischen Zeitraum bis hin zur Verfahrenseröffnung die Belastungen der Erfüllung des Vertrages getragen hat. Der Vertrag, der durch die Eröffnung unberührt bleibe, werde durch § 103 InsO einer spezifischen insolvenzrechtlichen – und d.h.: insolvenzgemäßen – Abwicklung unterworfen. Bei der Beurteilung des Umfangs der aufrechenbaren Gegenforderungen, die sich daraus ergeben, welche Leistungen mit Mitteln der Masse erbracht worden sind, soll nicht allein der Wert der im eröffneten Verfahren erbrachten Leistungen maßgeblich sein; vielmehr soll in die „wertende“ Betrachtung mit einbezogen werden, dass ebenfalls die in der kritischen Zeit der §§ 130, 131 InsO erbrachten Leistungen dem anderen Teil nicht zu Lasten der Masse zugutekommen dürfen. Sie sind daher in den („wirtschaftlich“) zu bestimmenden Zeitraum einzubeziehen, deretwegen die Masse in ihrem durch die Vertragserfüllung erbrachten Leistungen belastet worden ist.

4. Durchsetzungs-Hemmungs-Konstruktion

9 Die Reichweite der „insolvenzrechtlichen Teilbarkeitslehre“, die sich in der „Segelbootentscheidung“ angedeutet hat, ist mit dem Urteil vom April 2002 deutlich geworden, in dem sich der BGH der oben (Rn. 7ff.) angelegten „Theorie von der Durchsetzbarkeitshemmung“ zugewandt hat. Dort ging es um folgenden Sachverhalt[27]:

10 1996/1997 sind Rohbauarbeiten durch die spätere Insolvenzschuldnerin für eine ARGE durchgeführt worden. Am 13. 9. 1996 hatte die spätere Insolvenzschuldnerin mit der späteren Klägerin einen Subunternehmervertrag über die Herstellung und Lieferung von Betonfertigteilen abgeschlossen.. Am gleichen Tage trat die spätere Insolvenzschuldnerin die sich aus diesem Vertrag ergebenden Ansprüche gegen die ARGE an die spätere Klägerin zur Sicherung deren Werklohnansprüche ab. Dabei wurde vereinbart, dass die spätere Insolvenzschuldnerin die Forderungen gegen die ARGE auf ein Konto einziehen sollte, über das sie mit der Zessionarin gemeinsam sollte verfügen dürfen. Am 10. 12. 1996 widerrief die spätere Klägerin die Einziehungsvollmacht, am 16. 12. 1996 wurde die Sequestration angeordnet und am 1. 2. 1997 das Verfahren über das Vermögen der Insolvenzschuldnerin eröffnet.
Die ARGE zahlte aufgrund Abschlagsrechnungen u. a.:
4. Abschlz. vom 19. 12. 1996 am 15. 1. 1997 DM 200.000,– auf Sequesteranderkonto
5. Abschlz. vom 24. 1. 1997 am 14./15. 2. 1997 DM 181.000,– Masseanderkonto des Verwalters
6. Abschlz. vom April 1997 am 23. 7. 1997 DM 169.000,– Masseanderkonto des Verwalters
7. auf Schlussrechnung am 28. 11. 1997 DM 361.000,– Masseanderkonto des Verwalters.
Der IX. Zivilsenat stellte fest, dass der klagenden Zessionarin mit Blick auf § 48 InsO kein Absonderungsrecht hinsichtlich der am 15. 1. 1997 gezahlten DM 200.000,– zusteht, da die Zahlung nicht vor Verfahrenseröffnung erfolgte. Grundsätzlich ist aber bei der Einziehung einer Forderung wie in dem durch den BGH entschiedenen Fall eine Gegenleistung nicht vorhanden.[28] Die Gutschrift der 4. Abschlagszahlung stellte sich zwar als „Gegenleistung“ für die erbrachten Arbeiten dar, stand aber nicht mehr aus, da sie dem Vermögen der späteren Insolvenzschuldnerin bereits vor Verfahrenseröffnung zugeflossen war, als sie auf das Sequesterkonto gelangt ist. Damit ist das Recht auf die Gegenleistung

---

26 BGH, Urt. v. 22. 2. 2001 – IX ZR 191/98 – BGHZ 147, 28.
27 BGH, Urt. v. 25. 4. 2002 – IX ZR 313/99 – BGHZ 150, 353; *Mohrbutter/Mohrbutter*, DZWIR 2004, 1 ff.
28 BGH, Urt. v. 6. 4. 2000 – IX ZR 422/98 – BGHZ 144, 192, 194.

mit Einziehung vor Eröffnung nach allgemeinen schuldrechtlichen Regelungen (§ 362 Abs. 1 BGB) erloschen. Das ist allenfalls im Hinblick auf die Auslegung des § 48 InsO interessant und nicht wirklich spektakulär.

11 Im Zusammenhang des Rechts gegenseitiger Verträge ist folgende Erwägung des IX. Zivilsenats wichtig: Nach seiner Entscheidung steht ein Ersatzabsonderungsrecht wegen der Abschlagszahlung 6 und der Schlusszahlung der klagenden Zessionarin deshalb nicht zu, da insoweit mit Insolvenzeröffnung der Verlust der Durchsetzbarkeit der Ansprüche auf (weitere) Leistungen eintritt. Mit der Erfüllungswahl des Verwalters erlangt der andere Teil originäre Masseforderungen gem. § 55 Abs. 1 Nr. 1 InsO, wie es besonders der frühere Vorsitzende des IX. Zivilsenats *Kreft*[29] ausgeführt hat, dem sein Senat hierin gefolgt ist. Das ist bemerkenswert, denn der Verweis auf die *insolvenzrechtliche* Qualifikation der durch die Erfüllungswahl erlangten Gegenforderung macht es dem BGH möglich, die Untiefen des Streits um die materiellrechtlichen Folgen der Insolvenzeröffnung für gegenseitige Verträge zu verlassen, ohne seine strukturellen Prämissen aufgeben zu müssen. Diese Prämisse verweist auf die Funktion (den Zweck) des Insolvenzverfahrens (oben § 1 Rn. 13ff.), also die durch „den Konkurs" herbeigeführten automatic stay, der die individuelle Rechtsverfolgung zugunsten der materialen Gleichbehandlung der Gläubiger ausschließt. Die Argumentation des BGH ist m. a. W. „rein insolvenzrechtlich". Der Sinn der ipso iure Eröffnung des Verfahrens eingreifenden Regelungen der §§ 103ff. InsO liegt dann in dem Schutz der Masse vor einer Belastung mit Massekosten aus der Abwicklung eines teilerfüllten Vertrages.

12 Unter die „nicht abgeschlossenen" und daher der Rückschlagssperre des § 88 InsO unterfallenden Zwangsvollstreckungsmaßnahmen gehört die aufgrund der gegen den Schuldner vorkonkurslich ergangenen einstweiligen Verfügung erfolgte Eintragung einer Vormerkung zur Sicherung des Rechts auf Eintragung einer Sicherungshypothek. Fragen treten auf, wenn mit der Sicherungshypothek z.B. Bauhandwerker Werklohnforderungen in Konstellationen sichern wollen (§ 648 BGB), in denen die Werkleistungen noch nicht oder nicht vollständig erbracht worden sind. Dabei ist es unproblematisch, wenn der Insolvenzverwalter es bei den insolvenzrechtlichen Wirkungen der Eröffnung des Verfahrens über das schuldnerische Vermögen belässt[30]. Denn in derartigen Fällen steht dem Werkunternehmer allein eine Schadenersatzforderung zu, die er als Insolvenzforderung zur Tabelle anzumelden hat (§ 103 Abs. 2 InsO). Schwierigkeiten ergeben sich unter der Voraussetzung, dass der Insolvenzverwalter von der ihm gesetzlich eingeräumten Option Gebrauch macht, die Erfüllung des Vertrages zu wählen. Denn in diesem Fall wird (vorbehaltlich des § 105 InsO) die Werklohnforderung zur Masseforderung, § 55 Abs. 1 Nr. 2 InsO. Massegläubiger werden grundsätzlich (vgl. aber im neuen Recht § 90 InsO) nicht durch die Eröffnung des Insolvenzverfahrens über das schuldnerische Vermögen (vgl. § 89 InsO) daran gehindert, die Zwangsvollstreckung in die Masse zu betreiben; soweit Masseverbindlichkeiten vorkonkurslich begründet oder vorkonkurslich begründete Forderungen durch die Erfüllungswahl des Insolvenzverwalters zu Masseforderungen geworden sind und der Gläubiger vorkonkurslich bereits Zwangsvollstreckungsmaßnahmen eingeleitet hatte, stellt sich daher die Frage, ob die Erfüllungswahl die zwangsvollstreckungsweise Begründung der Sicherheit betrifft. Ginge man hiervon aus, wäre der Insolvenzverwalter regelmäßig daran gehindert, gegen die Zwangsvollstreckungsmaßnahme dadurch vorzugehen, dass er die Löschung der Vormerkung begehrte: Denn *grundbuchverfahrensrechtlich* wäre er nicht imstande, durch *Urkunden* den Nachweis dafür zu führen, dass er *nicht* die

---

29 *Kreft*, in: MünchKomm, InsO, 1. Aufl. 2001, § 103 Rn. 39ff., 47, 54.

30 Vgl. BGH, Urt. v. 11. 2. 1988 – IX ZR 36/87 – BGHZ 103, 250, 252 – NJW 1988, 1790; BGH, Urt. v. 20. 12. 1988 – IX ZR 50/88 – BGHZ 106, 236, 241 – NJW 1989, 2282; *Kreft*, in: FS Fuchs, 1996, 115 – ZIP 1997, 865.

Erfüllung gewählt hat. Mit der neueren Judikatur des IX. Zivilsenats des BGH zu den Wirkungen der Eröffnung des Insolvenzverfahrens auf beiderseits nicht erfüllte gegenseitige Verträge könnte „materiell" dahingehend argumentiert werden, wegen der Beendigung der gegenseitigen Leistungs- und Gegenleistungspflichten sei auch eine zur Erreichung einer Sicherung des Anspruchs erlangte Vormerkung des Gläubigers hinfällig geworden. Bekanntlich hat sich in der Literatur[31] erheblicher Widerstand gegen diese Art der Begründung geregt. Der V. Zivilsenat des BGH[32] ist diesen Weg nicht gegangen, sondern hat einen – eleganten und deshalb auch in der Sache überzeugenden – Argumentationsansatz gewählt, ohne die Auslegung des § 103 InsO durch den IX. Zivilsenat erörtern zu müssen. Ausgangspunkt ist das Verhältnis von § 89 InsO und § 103 InsO. Der erkennende Senat geht nämlich davon aus, dass vorkonkursliche Zwangsvollstreckungsmaßnahmen, seien sie zur Durchsetzung von Forderungen oder zur Erlangung von Sicherheiten für Forderungen angestrengt worden, unabhängig von deren weiteren Schicksal *unwirksam* seien. Daher werden vorkonkurslich erwirkte Vormerkungen zur Sicherung des Antrags auf Bauhandwerkssicherungshypotheken grundsätzlich von der Rückschlagsperre erfasst. Die Rückschlagsperre geht damit der Begründung einer Masseverbindlichkeit durch Ausübung der Erfüllungswahloption des Insolvenzverwalters vor. Das ist auch insofern plausibel, als der Bauhandwerker seine Masseforderung dadurch sichern kann, dass er ggf. gegen den Insolvenzverwalter seinen Anspruch auf Eintragung einer Sicherungshypothek durchsetzt.

IV. Unwirksamkeit vorkonkurslicher Lösungsklauseln gem. § 119 InsO[33]

13 Vereinbarungen, durch die im Voraus die Anwendung der §§ 103 bis § 118 ausgeschlossen oder beschränkt werden, sind nach § 119 InsO unwirksam. Diese Vorschrift hat einen weiteren Anwendungsbereich. Sie bestimmt, dass die §§ 103 bis 118 InsO als *zwingendes Recht* anzusehen sind.[34] §§ 103 bis 118 und die daraus resultierenden Gestaltungsmöglichkeiten zugunsten der Masse können daher für das eröffnete Verfahren nicht wirksam abbedungen werden. Eine „im Voraus" vereinbarte Vertragsauflösung für den Fall der Erfüllungswahl oder eine – hier nur gedachte – „Fortsetzungsklausel" für den Fall der automatischen Vertragsbeendigung nach den §§ 104, 115 ff. InsO oder die vom Insolvenzverwalter nach §§ 109, 113 InsO ausgesprochene Kündigung entfaltet keine Rechtswirkung und bindet den Verwalter daher nicht. § 119 InsO greift nur für frei vereinbarte Lösungsklauseln, nicht aber im Falle gesetzlicher Rücktrittsrechte bei Vertragsverletzungen wie etwa beim Schuldnerverzug (vgl. aber die Sonderregel des § 112 InsO, unten § 18 Rn. 11) ein. Das wirft weitere Abgrenzungsfragen insbesondere zu § 8 Nr. 2 VOB/B und zur Lösungsklausel nach der für Großprojekte im Baubereich besonders wichtige Klausel des § 23 Nr. 5 Mustervertrag ARGE auf.

14 Eine überwiegende Lehre[35] vertritt die Ansicht, § 8 Nr. 2 VOB/B werde von § 119 InsO nicht erfasst. Denn im Gesetzgebungsverfahren sei zunächst ausdrücklich ein Verbot von Lösungsklauseln unter ausdrücklicher Erwähnung des § 8 Nr. 2 VOB/B in Erwägung gezogen, aber nach Streichung durch den

---

31 *Bork,* in: FS Zeuner, 1994, 297 ff.; *Balthasar,* in: Nerlich/Römermann, InsO, § 103 Rn. 6; *Tintelnot,* in: Kübler/Prütting, Kommentar zur Insolvenzordnung, § 103 Rn. 11, 12; *Marotzke,* Gegenseitige Verträge in der Insolvenz, 2. Aufl. 1998, Rn. 5.1, 12.7 ff.

32 BGH, Beschl. v. 6. 4. 2000 – V ZB 56/99 – BGHZ 144, 181.

33 *Adam,* DZWIR 2005, 1 ff.; *Baldringer,* DZWIR 2004, 285 ff.

34 Amtl. Begr. zu § 137 RegEInsO, BT-Drs. 12/2443, 152.

35 *Niklisch,* in: Niklisch/Weick, VOB/B, 2. Aufl. 1991, § 8 Rn. 14; *Kuß,* VOB/B, 2. Aufl. 1997, § 8 Rn. 70; *Heidland,* Der Bauvertrag in der Insolvenz, 2. Aufl. 2003, Rn. 214; *ders.,* BauR 1998, 643 ff.; *Huber,* in: MünchKomm, InsO, 1. Aufl. 2001, § 119 Rn. 29, 30.

Rechtsausschuss des Deutschen Bundestages nicht nur nicht Gesetz geworden; vielmehr habe sich der Gesetzgeber durch die verabschiedete Fassung der InsO für die insolvenzrechtliche Wirksamkeit der Lösungsklausel des § 8 Nr. 2 Abs. 1 VOB/B entschieden. Der BGH hat in einer Entscheidung aus dem Jahr 1985[36] darauf erkannt, § 8 Nr. 2 VOB/B sei nicht wegen eines Verstoßes gegen die in § 17 KO gesetzlich verankerte Entscheidungskompetenz des Konkursverwalters nach § 134 BGB nichtig.[37] In der Tat hat seinerzeit der 7. Zivilsenat des BGH folgendermaßen argumentiert: Der Konkursverwalter übe seine Befugnisse im Rahmen der Rechtslage aus, die durch die vom Gemeinschuldner und seinen Vertragspartnern vorkonkurslich geschlossenen Verträge geschaffen sei.[38] Sofern nicht die Vertragsgestaltungen zwischen den Werkvertragsparteien der Anfechtung unterfielen, müsse sich der Konkursverwalter auf das wirksam vereinbarte Kündigungsrecht nach § 8 Nr. 1 Abs. 1 VOB/B einlassen. Selbst wenn der Konkursverwalter bereits die Erfüllung des beiderseits nicht erfüllten Vertrages gewählt hat, soll daher die Kündigung des anderen Teils nach § 8 Nr. 1 VOB/B erfolgen können.[39] Ob dies nach der Insolvenzrechtsreform noch so zu sehen ist, begegnet ernsthaften Zweifeln, da § 119 InsO die Vertragserfüllung durch den Verwalter auch im Interesse verbesserter Sanierungsmöglichkeiten schützt.

Diese – disponible – gesetzliche Regelung des § 728 Abs. 2 BGB wird durch den Mustervertrag § 23 **15**
Nr. 62 aufgegriffen, der das Ausscheiden eines Gesellschafters für den Fall der Eröffnung des Insolvenzverfahrens über den Gesellschafter als Grund für das zwangsläufige Ausscheiden des Gesellschafters behandelt, im Übrigen aber die Gesellschaft fortgeführt wird.[40] Begründet wird diese Regelung damit, der Eintritt des Ausschlusstatbestandes sei geeignet, die Verfolgung des Gesellschaftszwecks zu erschweren. Der ARGE-Vertrag unterfällt, soweit er Gesellschaftsvertrag ist, einer Inhaltskontrolle sei es nach AGB, sei es nach § 119 InsO im Allgemeinen *nicht,* vgl. § 310 Abs. 4 BGB.[41] Die in beiden Vorschriften vorgesehene Inhaltskontrolle legt nämlich Maßstäbe einer Vertragsgerechtigkeit – im Falle des § 119 InsO für die Insolvenz eines Teils – zugrunde, die sich auf Verträge über den Austausch von Leistungen bezieht. Jedenfalls soweit daher in Gesellschaftsverträgen oder Vereinssatzungen gesellschafts- oder mitgliedsschaftsrechtliche Rechte und Pflichten wie insbesondere die Ausübung von Stimmrechten; die Beendigung der Gesellschaft oder Mitgliedschaft oder Kündigung Gegenstand der Regelung sind, kommt eine Inhaltskontrolle explizit nicht zum Zuge; anders ist dies, wenn und soweit Leistungsbeziehungen zwischen der Gesellschaft und den Gesellschaftern geregelt werden.[42] Der Ausspruch der Kündigung durch die anderen ARGE-Gesellschafter hat eine doppelfunktionelle Bedeutung. Auf der einen Seite wird die ARGE vor unerwünschten Folgen der Insolvenz eines Gesellschafters durch dessen Ausschluss geschützt. Eine, insoweit auf den leistungs- und güteraustauschsrechtlichen Charakter der einschlägigen Regelungen des Mustervertrages ARGE bezogene, Inhaltskontrolle der § 23 Nr. 5 und 6 ARGE-Mustervertrag hat danach zu fragen, ob die vom Mustervertrag für den Fall der Abweichung von der gesetzlichen Folge des § 728 Abs. 2 BGB angemessen ist. Hieran sind erhebliche

---

36 BGH, Urt. v. 26. 9. 1985 – VII ZR 19/85 – BGHZ 96, 34 ff.

37 *Niklisch,* in: Niklisch/Weick, VOB/B, 2. Aufl. 1991, § 8 Rn. 14; *Kuß,* VOB/B, 2. Aufl. 1997, § 8 Rn. 70; *Heidland,* Der Bauvertrag in der Insolvenz, 2. Aufl. 2003, Rn. 214; *ders.,* BauR 1998, 643 ff.; *Huber,* in: MünchKomm, InsO, 1. Aufl. 2001, § 119 Rn. 29, 30.

38 *Niklisch,* in: Niklisch/Weick, VOB/B, 2. Aufl. 1991, § 8 Rn. 14; *Kuß,* VOB/B, 2, Aufl. 1997, § 8 Rn. 70; *Heidland,* Der Bauvertrag in der Insolvenz, 2. Aufl. 2003, Rn. 214; *ders.,* BauR 1998, 643 ff.; *Huber,* in: MünchKomm, InsO, 1. Aufl. 2001, § 119 Rn. 29, 30.

39 *Niklisch,* in: Niklisch/Weick, VOB/B, 2. Aufl. 1991, § 8 Rn. 14; *Kuß,* VOB/B, 2. Aufl. 1997, § 8 Rn. 70; *Heidland,* Der Bauvertrag in der Insolvenz, 2. Aufl. 2003, Rn. 214; *ders.,* BauR 1998, 643 ff.; *Huber,* in: MünchKomm, InsO, 1. Aufl. 2001, § 119 Rn. 29, 30.

40 *Niklisch,* in: Niklisch/Weick, VOB/B, 2. Aufl. 1991, § 8 Rn. 14; *Kuß,* VOB/B, 2. Aufl. 1997, § 8 Rn. 70; *Heidland,* Der Bauvertrag in der Insolvenz, 2. Aufl. 2003, Rn. 214; *ders.,* BauR 1998, 643 ff.; *Huber,* in: MünchKomm, InsO, 1. Aufl. 2001, § 119 Rn. 29, 30.

41 *Niklisch,* in: Niklisch/Weick, VOB/B, 2. Aufl. 1991, § 8 Rn. 14; *Kuß,* VOB/B, 2. Aufl. 1997, § 8 Rn. 70; *Heidland,* Der Bauvertrag in der Insolvenz, 2. Aufl. 2003, Rn. 214; *ders.,* BauR 1998, 643 ff.; *Huber,* in: MünchKomm, InsO, 1. Aufl. 2001, § 119 Rn. 29, 30.

42 *Niklisch,* in: Niklisch/Weick, VOB/B, 2. Aufl. 1991, § 8 Rn. 14; *Kuß,* VOB/B, 2. Aufl. 1997, § 8 Rn. 70; *Heidland,* Der Bauvertrag in der Insolvenz, 2. Aufl. 2003, Rn. 214; *ders.,* BauR 1998, 643 ff.; *Huber,* in: MünchKomm, InsO, 1. Aufl. 2001, § 119 Rn. 29, 30.

Zweifel für den Fall begründet, dass der insolvente Gesellschafter über liquide Mittel für eine Fortsetzung der Bauwerkleistungen im Rahmen der ARGEn verfügt und diesen mithin keine spezifischen Nachteile durch die materielle Insolvenz oder die förmliche Eröffnung des Insolvenzverfahrens über das Vermögen des Insolvenzschuldners erwachsen. Umgekehrt würden die anderen ARGE-Gesellschafter durch das Ausscheiden des insolventen Gesellschafters durch die Möglichkeit, das Werk alleine weiterzuführen, zu Lasten des insolvenzschuldnerischen Unternehmens unangemessene Vorteile erlangen.

§ 11 Besondere insolvenzrechtliche Regelungen wegen einzelner Vertragstypen

I. Gegenseitige Verträge mit Sicherungen zugunsten des anderen Teils

1. Insolvenz des Vorbehaltsverkäufers

Nach § 107 Abs. 1 InsO[1] ist das Ablehnungsrecht des Verwalters zugunsten eines Erfüllungsrechts des Vorbehaltskäufers ausgeschlossen, soweit eine bewegliche Sache unter Eigentumsvorbehalt verkauft wurde und dem Vorbehaltskäufer der Besitz durch den Verkäufer übertragen wurde.[2] Damit ist – trotz des wenig präzisen Gesetzeswortlauts – die Einräumung eines Anwartschaftsrechts gemeint, die zugleich aus der (aufschiebend) bedingten dinglichen Einigung folgt.[3] § 107 Abs. 1 erfasst daher nur den einfachen Eigentumsvorbehalt.[4] 1

2. Durch Auflassung gesicherte Grundstückskaufverträge

Bei einem **Grundstücksverkauf** ist der Auflassungsanspruch noch nicht bereits erfüllt, wenn die Auflassungsvormerkung ins Grundbuch eingetragen ist. Ein „schwebender" gegenseitiger Vertrag nach § 103 InsO liegt daher bei der Veräußerung von eintragungsfähigen Grundstücksrechten bis zur Umschreibung im Grundbuch vor,[5] aber auch bei der einseitigen Vorleistung des Kaufpreises oder einer vom Käufer noch nicht abgegebenen Auflassungserklärung kommt in der Insolvenz des Verkäufers eine Anwendung von § 103 in Betracht.[6] Wenn das Grundstück im Wege der Zwangsversteigerung erworben wurde, erlöschen die Rechte des Verkäufers mit dem Zuschlag, §§ 89, 91, 93 ZVG; es wäre also mit diesem Zeitpunkt bereits Erfüllung eingetreten.[7] **Im Einzelnen** ist aber zu berücksichtigen, dass ein Rechtserwerb nach Eröffnung des Insolvenzverfahrens über das Vermögen des Verkäufers nach §§ 91 Abs. 2, 106 InsO noch in drei Fällen möglich ist. Zum einen, wenn der Käufer vor der Eröffnung einen Eintragungsantrag für eine Vormerkung gestellt oder der Verkäufer hierzu die (bindende, § 873 Abs. 2 BGB) notarielle Eintragungsbewilligung (§§ 12, 29, 30 GBO) ausgehändigt hat: Hier greift für die Vormerkung zunächst § 91 Abs. 2 InsO i. V. m. § 878 BGB; die eingetragene Vormerkung kann der Erwerber dann nach § 106 durchsetzen,[8] da der durch die Vormerkung gesicherte Anspruch insolvenzfest ist. 2

---

1 Zur Rechtslage nach § 17 KO vgl. Voraufl. § 17 Rn. 18.

2 Vom Schutzzweck des § 107 Abs. 1 InsO soll trotz des ungenauen Gesetzeswortlauts auch die Verschaffung des mittelbaren Besitzes genügen, *Balthasar*, in: Nerlich/Römermann, InsO, § 107 Rn. 8.

3 Begr. zu § 121 RegEInsO, BT-Drs. 12/2443, 147; *Marotzke*, JZ 1995, 803 ff.

4 *Pape*, in: Kölner Schrift zur Insolvenzordnung, 2. Aufl. 2000, 531, 561 (Rn. 45).

5 RG, Urt. v. 8. 5. 1926 – V 239/25 – RGZ 113, 403, 405.

6 BGH, Urt. v. 26. 1. 1983 – VIII ZR 275/81 – NJW 1983, 1619.

7 *Jaeger/Henckel*, KO, 8. Aufl. 1973, § 17 Rn. 66.

8 BGH, Urt. v. 19. 3. 1998 – IX ZR 242/97 – BGHZ 138, 179, 187; *Lüke*, in: Kübler/Prütting, Kommentar zur Insolvenzordnung, § 91 Rn. 70; *Tintelnot*, in: Kübler/Prütting, Kommentar zur Insolvenzordnung, § 106 Rn. 5; *Wittkowski*, in: Nerlich/Römermann, InsO, § 91 Rn. 40, 41; *Wegener*, in: Uhlenbruck, InsO, 13. Aufl. 2010, § 91 Rn. 36.

§ 91 Abs. 2 InsO i.V.m. § 878 BGB greift auch dann ein, wenn der Käufer vor der Eröffnung den Antrag auf Eintragung im Grundbuch gestellt hat.[9] Da hier eine für den Verkäufer bindende (auch als Anwartschaftsrecht bezeichnete) Erklärung vorliegt, ist der Erwerber einzutragen, auch wenn bereits ein Insolvenzvermerk nach § 32 InsO eingetragen oder dem Grundbuchamt die Verfahrenseröffnung bekannt ist.[10] Insolvenzfest ist schließlich auch die vor der Eröffnung bereits zugunsten des Erwerbers eingetragene Vormerkung[11], hier kann der Erwerber vom Verwalter nach § 106 Abs. 1 InsO Erfüllung des gesicherten Anspruchs verlangen. Für Vormerkungen, die vorkonkurslich aufgrund einer einstweiligen Verfügung eingetragen worden sind, ist allerdings der Zeitraum der Rückschlagsperre des § 88 InsO zu beachten.[12]

II. Fixgeschäfte. Warentermingeschäfte

3 Für Fixgeschäfte über die Lieferung von Waren, deren Erfüllungszeit oder Fristablauf nach der Eröffnung des Insolvenzverfahrens eintritt, ordnet § 104 Abs. 1 InsO die Beendigung der beiderseitigen vertraglichen Leistungspflichten an. Zweck dieser Ausnahmevorschrift ist es, sofortige Gewissheit über das Schicksal des Vertrages zu schaffen. Die uneingeschränkte Anwendung des § 103 InsO würde dagegen stets zu einer Ungewissheit über das Schicksal des Vertrages und zu einer Verzögerung bei der Abwicklung führen. Denn der Konkursverwalter könnte sich zwischen Erfüllung und Nichterfüllung entscheiden und dafür eine angemessene Überlegungsfrist in Anspruch nehmen. Das würde der Verknüpfung der Leistungspflicht mit bestimmten Terminen als wesentlicher Inhalt des Schuldverhältnisses[13] widersprechen.

4 § 104 Abs. 1 InsO betrifft Fixgeschäfte über Waren, § 104 Abs. 2 InsO betrifft Finanztermingeschäfte.

5 Im Einzelnen gehört weiter zu den Voraussetzungen des § 104 Abs. 1 InsO:

- dass sämtliche Voraussetzungen des § 103 InsO vorliegen,
- eine „Ware" Gegenstand des gegenseitigen Vertrages ist,
- die Ware einen Markt- oder Börsenpreis hat. Ist ein solcher Preis nicht zu ermitteln, oder fehlen andere Voraussetzungen des § 104 Abs. 1 InsO,[14] so bleibt es bei der Anwendung des § 103 InsO,
- die Lieferung der Ware, also die Leistungspflicht des Verkäufers, muss im Sinne eines Fixgeschäftes terminiert sein. Der Termin oder der Fristablauf darf nicht vor Eröffnung des Insolvenzverfahrens liegen. Nach der Streichung der in § 18 Abs. 2, 3 KO vorgesehenen Mindestfrist von 2 Werktagen nach Konkurseröffnung genügt die Fälligkeit nach der Insolvenzeröffnung.[15] Liegen all diese Vor-

---

9 Die noch h. A. geht davon aus, dass ein vom Verkäufer gestellter Eintragungsantrag vom Verwalter zurückgenommen werden könne; dagegen mit Blick auf die Schutzfunktion der § 878 BGB, § 91 Abs. 2 InsO; *Jauernig,* BGB, 11. Aufl. 2004, § 878 Rn. 4; *Häsemeyer,* Insolvenzrecht, 3. Aufl. 2003, Rn. 10.31; *Scholtz,* ZIP 1999, 1693, 1700.

10 *Wittkowski,* in: Nerlich/Römermann, InsO, § 91 Rn 36.

11 Ebenso bei künftig bedingter Verfügung und Gegenstandsentstehung bis zur Eröffnung: BGH, Urt. v. 17. 11. 2005 – IX ZR 162/04, ZIP 2006, 87, 89.

12 BGH, Urt. v. 15. 7. 1999 – IX ZR 239/98 – BGHZ 142, 208 ff. zum Ausschluss der Durchsetzung der entgegen § 7 Abs. 3 GesO durch einstweilige Verfügung eingetragenen Bauhandwerkersicherungshypothek.

13 *Huber,* in: Gottwald, Insolvenzrechts-Handbuch, 3. Aufl. 2006, § 38 Rn. 1 ff.

14 *Balthasar,* in: Nerlich/Römermann, InsO, § 104 Rn. 15.

15 *Balthasar,* in: Nerlich/Römermann, InsO, § 104 Rn. 17; *Meyer,* in: Smid, InsO, 2. Aufl. 2001, § 104 Rn. 51.

aussetzungen des § 104 Abs. 1 InsO vor, so werden ebenso wie nach § 103 InsO die vertraglichen Leistungspflichten mit Konkurseröffnung über das Vermögen eines Beteiligten beiderseitig beendet. Erfüllung kann nicht mehr verlangt werden. Dies kann Schadensersatzansprüche für die eine wie für die andere Partei zur Folge haben. Die Berechnung der Schadensersatzforderung erfolgt abstrakt entsprechend § 104 Abs. 3 InsO.[16]

III. Miete, Pacht und Dienstverträge

§ 108 Abs. 1 InsO behandelt allein zwei Arten von Dauerschuldverhältnissen, nämlich Miet- und Pachtverträge[17] sowie Dienstverträge. Dem liegt folgende legislatorische Interessenabwägung zugrunde: Miet- und Pachtverhältnisse bedürfen einer besonderen Regelung gegenüber der Behandlung anderer gegenseitiger Verträge in § 103 InsO. Denn sonst befände sich der Verwalter in der Lage, entweder Erfüllung wählen zu müssen, andernfalls dem Aussonderungsverlangen des Vermieters nicht begegnen zu können. Umgekehrt sind auch Interessen des Vermieters im Spiel: Würde ein Miet- oder Pachtverhältnis gemäß § 103 InsO mit Eröffnung des Insolvenzverfahrens in ein Abwicklungsverhältnis übergeleitet werden und würde es ausschließlich von der Wahlbefugnis des Verwalters abhängen, ob der Vertrag ab Eröffnung fortgesetzt wird, müsste der Vermieter gegebenenfalls damit vorlieb nehmen, dass er wegen der zeitlichen Nutzungsspanne zwischen Verfahrenseröffnung und Rückgabe der Miet- oder Pachtsache nur Bereicherungsansprüche gegen die Masse richten kann[18]. Weiteres regelt der § 108 InsO zur Gewährung des sozialen Schutzes der Arbeitnehmer des Schuldners den Fortbestand von Dienstverträgen in der Insolvenz des Arbeitgebers. Der Insolvenzverwalter kann daher die Arbeitsverträge nicht dadurch beenden, dass er für die Zukunft nicht die Erfüllung wählt (so aber wäre es, kämen die §§ 103 Abs. 1, 105 InsO zur Anwendung). Er muss vielmehr kündigen, wobei die allgemeinen arbeitsrechtlichen Kündigungsschutzregeln durch die besonderen insolvenzrechtlichen Regelungen der §§ 113, 124ff. InsO überlagert werden. 6

1. Schuldner als Vermieter oder Verpächter

a) Kein konkursbedingtes Kündigungsrecht des Insolvenzverwalters. Ist der Insolvenzschuldner Vermieter oder Verpächter und der Gegenstand dem Mieter oder Pächter vor Eröffnung des Insolvenzverfahrens überlassen worden, so bleibt nach § 110 Abs. 1 InsO der Vertrag wirksam. Der Verwalter hat kein außerordentliches Kündigungsrecht[19], auch nicht das Wahlrecht nach § 103 InsO.[20] Damit ist der Mieter (Pächter) gegenüber dem Konkurs des Vermieters (Verpächters) geschützt. 7

b) Einschränkung der Wirksamkeit von Vorausverfügungen. Bei der Vermietung (Verpachtung) von Grundstücken (Räumen) wird die Masse gegen Vorausverfügun- 8

---

16 *Köndgen*, in: Kübler/Prütting, Kommentar zur Insolvenzordnung, § 104 Rn. 46; *Balthasar*, in: Nerlich/Römermann, InsO, § 104 Rn. 19; siehe auch *Jahn*, in: MünchKomm, InsO, 1. Aufl. 2001, § 104 Rn. 183ff.

17 *Zeuner*, in: LSZ, InsO, 3. Aufl. 2010, § 108 Rn. 1.

18 Jaeger/*Henckel*, KO, 8. Aufl. 1973, § 19 Rn. 3.

19 BGH, Urt. v. 19. 3. 2009 – IX ZR 58/08, ZIP 2009, 875.

20 *Jauernig*, Zwangsvollstreckungsrecht, 21. Aufl. 1999, § 49 VII (S. 230).

gen des Gemeinschuldners über den Mietzins nach § 110 InsO geschützt. Dabei ist es gleichgültig, ob die Verfügungen durch Rechtsgeschäft (z.B. Abtretung oder Einziehung des Mietzinses) oder im Wege der Zwangsvollstreckung (z.B. durch Pfändung) erfolgt sind.[21] Daher sind die Verfügungen des Insolvenzschuldners über die Grundstücksmiete (-pacht) nur für beschränkte Zeit wirksam. Dabei bestimmt § 110 Abs. 1 Satz 2 InsO, dass nur Vorausverfügungen des Insolvenzschuldners, die sich auf den zur Zeit der Eröffnung des Insolvenzverfahrens laufenden Kalendermonat beziehen, wirksam sind, bzw. wenn die Konkurseröffnung nach dem 15. Tag des Monats erfolgt, so ist die Verfügung des Gemeinschuldners auch für den folgenden Kalendermonat wirksam. Nach hM[22] gelten diese Beschränkungen nicht bei Vermietung oder Verpachtung beweglicher Sachen.

9 **c) Veräußerung des Miet- oder Pachtobjekts.** Eine freihändige Veräußerung des vermieteten (verpachteten) Grundstücks durch den Verwalter wirkt auf das Mietverhältnis nach § 111 InsO wie eine Zwangsversteigerung, gewährt also dem Erwerber des Grundstücks ein einmaliges vorzeitiges Kündigungsrecht unter Einhaltung der gesetzlichen Kündigungsfrist, §§ 21 Abs. 4 KO, 57a ZVG.[23] Ist der Gemeinschuldner Vermieter (Verpächter), der Gegenstand aber dem Mieter (Pächter) noch nicht überlassen worden, so gilt § 103 InsO.[24]

2. Kündigung von Miet- und Pachtverträgen wegen Immobilien durch den Insolvenzverwalter

10 Zunächst scheint es, als entspräche die Regelung der §§ 109ff. InsO[25] derjenigen der den Insolvenzverwalter in Bezug auf andere gegenseitige beiderseits noch nicht erfüllte Verträge betreffenden Regelung: Ist der Gemeinschuldner Mieter oder Pächter und war der Gegenstand ihm bereits vor Eröffnung des Insolvenzverfahrens überlassen, so kann nach § 109 InsO der Insolvenzverwalter das Miet- oder Pachtverhältnis kündigen. Dem anderen Teil ist aber die Kündigung wegen der Verfahrenseröffnung versagt, vgl. § 112 InsO. Zweck der Regel ist die Erhaltung des Nutzungspotentials massefremder Sachen durch den Insolvenzverwalter.

3. Vorkonkurslich getroffene Abreden über Kündigungsgründe bei Immobiliarmietverträgen wegen der Insolvenz des Mieters

11 Die Kündigung vorkonkurslich getroffener vertraglicher Abreden eines besonderen Kündigungsrechts wegen Insolvenz des Mieters ist im Insolvenzfall nach § 112 InsO

---

21 *Baur/Stürner,* Insolvenzrecht, 3. Aufl. 1991, S. 125.

22 BGH, Urt. v. 14.12. 1989 – IX ZR 283/88 = ZIP 1990, 180, 182; *Baur/Stürner,* Insolvenzrecht, 3. Aufl. 1991, S. 125 m.w.N.; *Berscheid,* in: Uhlenbruck, InsO, 12. Aufl. 2003, § 110 Rn. 1.

23 *Baur/Stürner,* Insolvenzrecht, 3. Aufl. 1991, S. 125. Zum **Schutz des Mieters/Pächters:** BGH, Urt. v. 7.4.2011 – V ZB 11/10, ZIP 2011, 1063; vgl. die hervorragende Studie des zu früh verstorbenen *H.-G. Böker,* Die Mietsicherungs- oder Mieterdienstbarkeit, 2008.

24 Str., wie hier: *Tintelnot,* in: Kübler/Prütting, Kommentar zur Insolvenzordnung, § 108 Rn. 20; a.A. *Balthasar,* in: Nerlich/Römermann, InsO, § 108 Rn. 8.

25 Zur Reform *Marotzke,* KTS 2001, 67ff.; *Vehlslage,* InsO 2001, 786ff. Vgl. zur **Betriebskostennachforderung:** BGH v. 13.4.2011 – VIII ZR 295/10, ZIP 2011, 924.

nicht mehr möglich. Die **Wirksamkeit von Auflösungsklauseln** wird für den Fall der Eröffnung des Insolvenzverfahrens über das Vermögen des Schuldners nunmehr ausdrücklich durch § 112 Nr. 2 InsO ausgeschlossen.[26] Vorkonkursliche Auflösungsklauseln werden durch § 119 InsO ausgeschlossen.[27]

§ 109 Abs. 1 Satz 2 n. F. InsO[28] gibt dem Verwalter von Gesetzes wegen die Befugnis zu erklären, dass zumindest neu entstehende Mietzinsforderungen nicht mehr die Masse belasten. Kann der Schuldner den Mietzins nicht mehr aus seinem pfändungsfreien Vermögen aufbringen, so steht dem Vermieter u. U. ein Recht zur außerordentlichen Kündigung zu. Der Gesetzgeber meint, durch diese Erklärung werde der Mietvertrag nicht beendet, sondern vom Schuldner fortgesetzt; Mieter ist aber auch im eröffneten Verfahren stets der Schuldner und nicht die subjektlose Masse oder gar der Verwalter in persona. Gemeint kann nur sein, dass der Mietvertrag mit der Maßgabe fortgesetzt werde, dass nurmehr das beschlagfreie Vermögen bzw. unpfändbare Arbeitseinkommens des Schuldners/Mieters für die Mietzinsen hafte. Das begegnet wegen des verfassungsrechtlich gebotenen Schutzes des Vermieters erheblichen Bedenken. Denn dem Vermieter wird ein de facto zahlungsunfähiger Mieter durch einseitige Erklärung des Verwalters oktroyiert, ohne dass dem Vermieter die Gelegenheit offen steht, sich bei Zeiten durch Kündigung des Mietvertrages von der Person dieses Mieters zu trennen (§ 119 InsO!)[29]. 12

4. Leasingverträge[30]

Nach der Novellierung des § 108 Abs. 1 InsO, die noch vor dem Inkrafttreten der InsO erforderlich geworden war, weil der Gesetzgeber an den heute so bedeutsamen Wirtschaftszweig der Leasingbranche betreffend beweglicher Wirtschaftsgüter nicht gedacht hatte und insbesondere das durch die neue Rechtslage geschaffene Ausfallrisiko übersehen hatte, bezieht sich der neu eingefügte § 108 Abs. 1 Satz 2 InsO auf Leasingverträge, bei denen das Leasingobjekt von dritter Seite, gemeint ist die vom Leasinggeber zwischengeschaltete Bank, finanziert worden ist. Damit sind nunmehr ausschließlich solche Leasingsverträge über bewegliche Wirtschaftsgüter insolvenzfest,[31] bei denen ein vom Leasinggeber zwischengeschalteter Dritter, also in der Regel eine Bank, die Anschaffung des Leasingguts finanziert hat. Es sind also die Fälle, in denen eine Forfaitierung vorliegt. Hat der Leasinggeber das Leasinggut selbst finanziert, also ohne Zwischenschaltung eines Drittfinanziers, so ist ein derartiger Leasingvertrag nicht insolvenzfest. Er unterliegt vielmehr dem Wahlrecht des Insolvenzverwalters gemäß § 103 InsO. 13

Nach seinem Wortlaut stellt § 108 Abs. 1 Satz 2 InsO anders als § 21 Abs. 1 KO nicht darauf ab, dass das Leasingobjekt bereits übergeben worden ist. Er ist, worauf *Norbert Fehl*[32] zutreffend aufmerksam macht, jedoch im Interesse des Schutzes der Insolvenz- 14

---

26 *Eckert,* ZIP 1996, 887, 899, 902; *Vehlslage,* InsO 2001, 787; *Depré,* Die anwaltliche Praxis in Insolvenzsachen, 1997, Rn. 922.
27 Vgl. zum Meinungsstreit über die Auslegung des § 119 InsO bis zum Inkrafttreten der InsO Voraufl. § 11 Rn. 21 ff.
28 *Marotzke,* KTS 2001, 67 ff.
29 Zu den Fragen vgl. *Kohte,* in: FS Uhlenbruck, 2000, 217 ff.; *Delhaes,* in: FS Uhlenbruck, 2000, 585 ff.; *Wimmer,* in: FS Uhlenbruck, 2000, 605 ff.; *Vallender/Dahl,* NZI 2000, 246 ff.
30 *Bornhollt,* Leasingnehmer und refinanzierende Bank in der Insolvenz des Leasinggebers nach der Insolvenzordnung, 1999; *Engel/Völckers,* Leasing in der Insolvenz, 1999.
31 Eingehend hierzu *Fehl* BB-Beilage: Finanzierung, 1998, S. 12; *Bien,* ZIP 1998, 1017.
32 *Fehl,* DZWIR 1999, 89, 91; *Tintelnot,* in: Kübler/Prütting, Kommentar zur Insolvenzordnung, § 108 Rn. 19 ff.

gläubiger im gleichen Sinne auszulegen. Im Übrigen wird in der Praxis die forfaitierende Bank in der Regel erst zahlen, wenn ihr die Übergabe des Leasingobjekts an den Leasinggeber nachgewiesen worden ist. Aufgrund dieser Konstellation wird die Frage nach dem für das Eingreifen des § 108 Abs. 1 Satz 2 InsO relevanten Übergabezeitpunkt stark relativiert. Nutzt der Insolvenzverwalter das Leasinggut, ist er jedenfalls im Falle des Finanzierungsleasing zur Zahlung der Leasingraten als Masseverbindlichkeiten verpflichtet.[33]

5. Lizenzverträge[34]

14a Nach Art. 1 Nr. 11 des Referentenentwurfs eines Gesetzes zur Verkürzung des Restschuldbefreiungsverfahrens, zur Stärkung der Gläubigerrechte und zur Insolvenzfestigkeit von Lizenzen wird § 108 InsO wird ein § 108a InsO eingefügt. Dessen Abs. 1 regelt den Fall, in dem der Schuldner als Lizenzgeber einen Lizenzvertrag mit dem Gläubiger geschlossen hat. Der Insolvenzverwalter kann nach § 103 InsO die Erfüllung eines Lizenzvertrages ablehnen. Dies hat die Rechtsprechung des BGH bestätigt: In seiner Entscheidung vom 17. November 2005 hat der BGH[35] ausgeführt, ein Lizenzvertrag werde zwar entsprechend der Rechtspacht als Dauernutzungsvertrag i.S. der §§ 108, 112 InsO eingeordnet. Weil insoweit jedoch kein unbewegliches Vermögen betroffen sei, eröffnen derartige Nutzungsverträge für den Insolvenzverwalter eines jeden der Beteiligten ein Wahlrecht nach § 103 InsO“. Das frühere Konkursrecht sah die Konkursfestigkeit von Lizenzverträgen vor, was sich aus der entsprechenden Anwendung des § 21 Abs. 1 KO auf Lizenzverträge ergab.

14b Der Gesetzgeber sieht in der Regelung des § 108a InsO einen Interessenausgleich zwischen den Gläubigern des – insolventen – Lizenzgeber und dem Lizenznehmer. Das Interesse der Gläubiger „erschöpfe“ sich darin, einen möglichst hohen Wert für sein geschütztes Recht zu erzielen. Eine Anpassung des bestehenden Dauerschuldverhältnisses „Lizenz“ müsse daher auf die Korrektur von vor Verfahrenseröffnung geschlossenen Lizenzverträgen zielen, die „ohne marktgerechte Vergütung abgeschlossen wurden“.

14c Im einzelnen soll dieser Interessenausgleich durch folgende Regelung erreicht werden, die allerdings überwiegend zu einem Schutz des Lizenznehmers führt: Der Lizenznehmer kann aber nach § 108a Abs. 1 S. 1 InsO vom Insolvenzverwalter oder – im Falle der übertragenden Sanierung – von einem einem Rechtsnachfolger den Abschluss eines neuen Lizenzvertrages verlangen, der dem Lizenznehmer zu angemessenen Bedingungen die weitere Nutzung des geschützten Rechts ermöglicht. Bei der Festlegung der Vergütung ist nach § 108a Abs. 1 S. 2 InsO eine „angemessene“ Beteiligung der Insolvenzmasse an den Vorteilen und Erträgen des Lizenznehmers aus der Nutzung des geschützten Rechts sicherzustellen; die Aufwendungen des Lizenzneh-

---

33 So zu Recht *Schmidt-Burgk*, ZIP 198, 1022 gegen *Eckert*, ZIP 1997, 2077.

34 RefE Gesetzes zur Verkürzung des Restschuldbefreiungsverfahrens, zur Stärkung der Gläubigerrechte und zur Insolvenzfestigkeit von Lizenzen, Stand 7. 12. 2011. Im folgenden wird – vorbehaltlich der Möglichkeit allfälliger Änderungen im Gesetzgebungsverfahren – von dem vorgesehenen § 108a InsO wie von geltendem Recht gehandelt.

35 BGH, Urt. v. 17. 11. 2005 – IX ZR 162/04.

mers zur Vorbereitung der Nutzung sind zu berücksichtigen, soweit sie sich werterhöhend auf die Lizenz auswirken.

§ 108a Abs. 2 InsO behandelt den Fall eines vom Schuldner als Lizenzgeber geschlossenen Unterlizenzvertrag. Ein Unterlizenznehmer des Schuldners kann nach der gesetzlichen Regelung des § 108a Abs. 2 Satz 1 InsO vom Hauptlizenzgeber den Abschluss eines Lizenzvertrages nach den in § 108a Abs. 1 InsO genannten Bedingungen verlangen, wenn der Insolvenzverwalter gegenüber dem Hauptlizenzgeber die Erfüllung des Lizenzvertrages ablehnt. Der damit verbundene Kontrahierungszwang wird durch § 108a Abs. 2 Satz 1 InsO abgemildert: Danach kann der Hauptlizenzgeber den Abschluss von einer Sicherheitsleistung abhängig machen, wenn Tatsachen vorliegen, aus denen sich ernsthafte Zweifel ergeben, dass der Unterlizenznehmer seine Verpflichtungen aus dem Vertrag wird erfüllen können. **14d**

Der Schutz des Lizenznehmers wird dadurch abgerundet, dass er den Insolvenzverwalter nach § 103 Abs. 2 InsO zur Erklärung nach § 108a Abs. 1 InsO auffordern kann. Nach § 108a Abs. 3 Satz 1 InsO bleibt er dann zur Nutzung des lizensierten Rechts bis zum Abschluss eines neuen Lizenzvertrages nach den Bedingungen des bisherigen Lizenzvertrag für eine Frist bis zu drei Monaten berechtigt. Wird innerhalb von drei Monaten nach Zugang der Aufforderung zum Neuabschluss des Lizenzvertrags kein neuer Lizenzvertrag abgeschlossen, endet die Nutzungsberechtigung nicht ohne weiteres. Die weitere Nutzung bleibt vielmehr nach § 108a Abs. 3 Satz 2 InsO nur unter der Voraussetzung zulässig, dass der Lizenznehmer spätestens innerhalb einer Ausschlussfrist von zwei Wochen nachweist, dass er gegen den Verwalter, im Fall des § 108a Abs. 2 InsO gegen den Hauptlizenzgeber, Klage auf Abschluss eines Lizenzvertrages erhoben hat (Nr. 2) und (Nr. 1). Der neue Vertrag wirkt nach § 108a Abs. 2 Satz 3 InsO auf den Zeitpunkt der Eröffnung des Insolvenzverfahrens zurück, es sei denn, die Parteien treffen eine andere Vereinbarung. **14e**

6. Die Erhaltung des Nutzungspotentials von Eigentumsvorbehaltsware für die Masse in dem über das Käufervermögen eröffneten Insolvenzverfahren

Für die Leistung unter Eigentumsvorbehalt trifft § 107 InsO eine besondere Regelung.[36] In diesem Fall hat der Verkäufer mangels Eintritts des Eigentumsübergangs noch nicht vollständig erfüllt. Wählt der Insolvenzverwalter Erfüllung, so muss er die restlichen Raten aus der Masse bezahlen. Das Eigentum an der Sache fällt dann in die Masse. Wählt er die Nichterfüllung, so kann der Vorbehaltsverkäufer grundsätzlich vom Vertrage Abstand nehmen (vergleiche §§ 323 Abs. 1, Abs. 2 Nr. 1, 449 Abs. 2 BGB). **15**

Welche Rechtsstellung der Verkäufer im Insolvenzverfahren einnimmt, hängt davon ab, welchen insolvenzrechtlichen Stellenwert sein gegen den Eigentumsvorbehaltskäufer gerichteter Herausgabeanspruch hat: Die h. M.[37] sieht ihn als Aussonderungsrecht gem. § 47 InsO an. Oben (§ 2 Rn. 54 ff.) wurde bereits der Streit über diese Art der Qualifikation der Stellung des Eigentumsvorbehaltsverkäufers im **16**

---

36 *Niesert*, InVo 1998, 85, 87–91.

37 *Baur/Stürner*, Insolvenzrecht, 3. Aufl. 1991, S. 103; *Uhlenbruck*, in: Uhlenbruck, InsO, 12. Aufl. 2003, § 47 Rn. 13; auch *Ganter*, in: MünchKomm, InsO, 1. Aufl. 2001, § 47 Rn. 38.

Konkurs des Käufers dargestellt; der Gesetzgeber, der davor zurückgescheut ist, dessen Position als Absonderungsrecht gem. § 51 InsO zu behandeln, hat aber jedenfalls das Aussonderungsrecht des Eigentumsvorbehaltsverkäufers abgeschwächt:

17 Nach § 107 Abs. 2 InsO kann der Insolvenzverwalter mit der Ausübung seines Wahlrechts nach § 103 Abs. 2 Satz 2 InsO bis nach dem Berichtstermin (§ 156 InsO) warten. Diese Regelung verfolgt den Zweck, dass unter Eigentumsvorbehalt gelieferte bewegliche Sachen nicht schon kurz nach der Eröffnung des Verfahrens aus dem Unternehmen des Schuldners herausgezogen werden können. Sie dient dem Ziel, das Vermögen im Besitz des Schuldners zunächst zusammenzuhalten, um Fortführungs- und Sanierungschancen zu wahren.

18 **Beispiel:** Das Insolvenzverfahren wird über das Vermögen der Druckerei GmbH eröffnet. Der Insolvenzverwalter kann hinreichende (§ 26 Abs. 1 InsO) Masse erzielen, wenn er einen Auftrag der X-Bank erfüllt und deren Geschäftsbericht auf einer Mehrfarb-Offsetdruckmaschine erstellt, der von der Druckmaschinenbau AG aus H. unter Eigentumsvorbehalt geliefert worden ist – die nach Kenntnis von der Antragsstellung und Verfahrenseröffnung die Maschine herausverlangt.[38] Der Gutachter hat angesichts einer solchen Lage dem Insolvenzgericht die Anordnung eines späten Berichtstermins (§§ 156, 157 InsO) zu empfehlen, um für den damit nach § 107 Abs. 2 InsO gewährten Aufschub eine „Ausproduktion" vornehmen zu können.

19 Schwieriger verhält es sich demgegenüber mit der Frage, ob der Eigentumsvorbehaltsverkäufer vor Eröffnung des Insolvenzverfahrens wirksam den Rücktritt mit der Folge erklären kann, dass einer Option des Insolvenzverwalters nach § 103 Abs. 1 InsO der vertragliche Boden unter den Füßen entzogen worden wäre. Es liegt auf der Hand, dass insoweit § 119 InsO einem Rücktritt nicht entgegensteht, da dieser nicht aufgrund vertraglicher Abreden zwischen den Parteien, sondern kraft Gesetzes (§§ 323 Abs. 1, Abs. 2 Nr. 1, 449 Abs. 2 BGB n.F.) erklärt wird. Mit *Marotzke*[39] empfiehlt es sich, § 112 InsO „analog" anzuwenden. Diese Vorschrift schützt die Fortführung des schuldnerischen Unternehmens, wenn der Schuldner Mieter oder Pächter ist. Denn gemietete oder gepachtete Gegenstände können für eine Fortführung des Unternehmens in gleicher Weise erforderlich sein wie Gegenstände, die unter Eigentumsvorbehalt geliefert oder mit Absonderungsrechten belastet sind[40]. Dieser Schutzzweck des § 112 InsO rechtfertigt es, die Vorschrift auch dort anzuwenden, wo es darum geht, der Masse das Nutzungspotential an Eigentumsvorbehaltsgut zu erhalten; denn insofern steht der Erhalt der Option des Insolvenzverwalters zur Erfüllungswahl gem. § 103 Abs. 1 InsO im Vordergrund.[41] Heute kann dies durch § 21 Abs. 2 Nr. 5 InsO entschärft werden.

20 Im Einzelnen sind die Rechtsverhältnisse zwischen Eigentumsvorbehaltsverkäufer und Insolvenzverwalter nicht immer einfach zu beurteilen. So wird anerkannt, dass dem Verkäufer gegen den Insolvenzverwalter ein Auskunftsanspruch wegen der Ware zusteht, der dessen Herausgabeanspruch nach § 985 BGB vorbereitet. Ist der Kaufvertrag wegen einer Erfüllungswahl des Insolvenzverwalters aber nach §§ 107 Abs. 2, 103 Abs. 1 InsO zu erfüllen, fällt damit der Herausgabeanspruch weg und zugleich

---

38 Vgl. *Smid/Rattunde*, Der Insolvenzplan, 2. Aufl. 2005, Rn. 358f.

39 *Marotzke*, in: H-K, InsO, 4. Aufl. 2006, § 107 Rn. 31, *ders.*, Gegenseitige Verträge in der Insolvenz, 3. Aufl. 2001, Rn. 4, 113.

40 *Smid*, in: LSZ, InsO, 3. Aufl. 2010, § 112 Rn. 2.

41 Eingehend *Smid*, Kreditsicherheiten in der Insolvenz des Sicherungsgebers, 2003, § 2 Rn. 39ff. (S. 24ff.).

der ihn „vorbereitende“ Auskunftsanspruch. Da dem Insolvenzverwalter die Option des § 103 Abs. 1 InsO im Falle eines beiderseits nicht erfüllten Eigentumsvorbehaltskaufs durch den Schuldner als Käufer gem. § 107 Abs. 2 InsO bis zum Berichtstermin offen gehalten wird, entsteht der Auskunftsanspruch erst, sobald die Erfüllungswahl nicht erfolgt ist.

7. Darlehensverträge

Nach einer verbreiteten Meinung sollen Darlehensverträge, die Insolvenzschuldner als Darlehensgeber eingegangen sind, nicht unter § 103 Abs. 1 InsO fallen. Das ist vorbehaltlich der für Finanzdienstleistungsunternehmen geltenden Regelungen des KWG nach dem Wortlaut des Gesetzes (§§ 108, 103 InsO) nicht haltbar. Davon geht im Übrigen auch der Gesetzgeber aus, der im Referentenentwurf 2004[42] eine entsprechende Erweiterung des § 108 InsO vorgesehen hatte, der aber nicht Gesetz geworden ist. 21

IV. Schutz der Masse vor schuldnerischen Verfügungen durch die Anordnung des Erlöschens von Geschäftsbesorgungsverhältnissen

1. Erlöschen von Aufträgen

a) Allgemeines. Die §§ 115, 116 InsO schirmen die Insolvenzmasse vor dem Eingreifen Dritter ab, die noch vor Verfahrenseröffnung von dem späteren Insolvenzschuldner mit bestimmten Tätigkeiten betraut worden waren.[43] Nach § 115 Abs. 1 InsO erlischt ein vom Schuldner erteilter Auftrag, der sich auf das zur Insolvenzmasse gehörende Vermögen bezieht, durch die Eröffnung des Insolvenzverfahrens. Auftragsverhältnisse erlöschen daher kraft Gesetzes und ohne weitere Erklärung des Verwalters insgesamt und endgültig, also nicht nur gegenüber der Masse und auch für die Zeit nach Abschluss des Insolvenzverfahrens, soweit sie sich auf massezugehörige Geschäfte beziehen.[44] Allerdings gilt der Auftrag nach § 115 Abs. 3 Satz 1 InsO zu seinen Gunsten als fortbestehend, solange der Beauftragte die Eröffnung des Verfahrens ohne Verschulden nicht kennt. 22

§ 115 Abs. 2 InsO trifft eine Regelung für die Notgeschäftsführung, indem für den Notfall der Auftrag als fortbestehend fingiert wird. Danach hat der Beauftragte die Besorgung des übertragenen Geschäfts bis zu einer anderweitigen Maßregel des Insolvenzverwalters fortzusetzen, wenn mit dem Aufschub Gefahr verbunden ist. 23

b) Im Eröffnungsverfahren erteilte Vollmacht zur Vertretung des Schuldners erlischt nicht. Der IX. Zivilsenat des BGH[45] hat darauf erkannt, dass die Vollmacht, die der Schuldner im Eröffnungsverfahren zu seiner Vertretung im Insolvenzverfahren erteilt hat, durch den Erlass des Eröffnungsbeschlusses entgegen § 117 Abs. 1 InsO nicht erlischt. 23a

---

42 Referentenentwurf September 2004, S. 4; *Freitag*, ZIP 2004, 2368 ff.
43 *Ott*, in: MünchKomm, InsO, 1. Aufl. 2001, § 115 Rn. 1.
44 *Ott*, in: MünchKomm, InsO, 1. Aufl. 2001, § 115 Rn. 13.
45 BGH, Beschl. v. 20. 1. 2011 – IX ZB 242/08, ZIP 2011, 1014.

2. Erlöschen von Geschäftsbesorgungsverhältnissen[46]

24 **a) Gesetzliche Regelung.** Nach § 116 InsO gilt § 115 InsO entsprechend für den Fall, dass sich jemand durch einen Dienst- oder Werkvertrag mit dem Schuldner verpflichtet hat, ein Geschäft für diesen zu besorgen.[47] Der Insolvenzverwalter muss jedoch die bis dahin vom Geschäftsbesorger erbrachten Tätigkeiten gegen die Masse gelten lassen, soweit auch der Insolvenzschuldner gebunden ist.[48] Für den Vergütungsanspruch desjenigen, dem die Geschäftsbesorgung anvertraut ist, stellt § 116 Satz 2 InsO klar, dass seine Ersatz- und Vergütungsansprüche einfache Insolvenzforderungen sind, soweit sie vor der Eröffnung erworben wurden.[49]

25 **b) Überweisungsverträge.** Das Überweisungsgesetz vom 21. Juli 1999 (BGBl. I 1642) entfaltet seit dem 1. Januar 2002 auch für Inlandsüberweisungen gem. Art. 228 Abs. 2 EGBGB Wirkung. Dafür wurde der neue Vertragstyp eines Überweisungsvertrages nach den §§ 676a–676c BGB n.F. eingeführt. Soweit Überweisungsverträge zum Zeitpunkt der Verfahrenseröffnung bereits geschlossen worden sind, bestimmt § 116 Satz 3 InsO, dass diese Verträge mit Wirkung für die Masse über die Verfahrenseröffnung hinaus bestehen. Sie werden m.a.W. nicht von der Wirkung der Verfahrenseröffnung von Aufträgen im Allgemeinen erfasst. § 116 Satz 3 InsO wird inhaltlich durch die materiell rechtlichen Regelungen des § 676a BGB n.F. ausgestaltet. Nach § 676a Abs. 3 BGB kann das überweisende Kreditinstitut den Überweisungsvertrag vor Beginn des Laufs der Ausführungsfrist ohne Angabe von Gründen kündigen, wenn ein Insolvenzverfahren über das Vermögen des Überweisenden eröffnet worden ist[50]. Im eröffneten Verfahren steht dem Insolvenzverwalter gem. § 676a Abs. 4 BGB ein Kündigungsrecht zu, solange die Ausführungsfrist noch nicht in Lauf gesetzt worden ist. Nach Fristbeginn hat der Insolvenzverwalter eine Kündigungsbefugnis, wenn die Kündigung dem Kreditinstitut des Begünstigten bis zu dem Zeitpunkt mitgeteilt wird, in dem der Überweisungsbetrag diesem Kreditinstitut endlich zur Gutschrift auf dem Konto des Begünstigten zur Verfügung gestellt wird. Etwas anderes gilt, wenn eine Überweisung im Rahmen von Zahlungsverkehrssystemen vorgenommen wird. Eine Kündigung ist dann von dem Zeitpunkt an ausgeschlossen nach dem eine Anweisung nach den Regeln diese Systems auch anfechtungsrechtlich wirksam bleibt.

26 **c) Scheck und Wechsel.** Der vorkonkurslich begebene Scheck wird durch die Eröffnung des Insolvenzverfahrens in seinem Bestand nicht berührt.[51] Bei Einlösung des Schecks hängt die Beurteilung der Sachlage von Folgendem ab: Handelte die Bank in Unkenntnis der Verfahrenseröffnung, erwirbt die Bank gutgläubig einen Aufwendungsersatzanspruch gegen die Masse; bei Kenntnis von der Verfahrenseröffnung erlangt die Bank allein einen Aufwendungsersatzanspruch als einfache Insolvenzforderung. Bei Ausstellung des Schecks nach Eröffnung des Verfahrens greift bei Einlösung des Schecks § 115 Abs. 1 InsO ein.[52] Die h.M. geht davon aus, dass auch in diesen Fällen der Gutglaubensschutz zugunsten der Bank eingreift,[53] was aber auf einen gutgläubigen Erwerb zu Lasten der Masse hinausliefe.[54] Der Zeitpunkt, an dem die Unkenntnis der Bank vorgelegen haben muss, ist bei Einlieferung des Schecks über das Abrechnungssystem der Landeszentralbank der Zeitpunkt, an dem der Scheck von dem Kreditinstitut des ausstellenden Gemeinschuldners spätestens hätte zurückge-

---

46 *Marotzke*, in: FS Henckel, 1996, 579ff.
47 Zur Prozessvollmacht: OLG Karlsruhe, Urt. v. 30.9. 2004 – 19 U 2/04 m. Anm. *Dzesiety*, jprins 1/2006 Anm. 4.
48 *Zeuner*, in: LSZ, InsO, 3. Aufl. 2010, § 115 Rn. 8.
49 *Zeuner*, in: LSZ, InsO, 3. Aufl. 2010, § 116 Rn. 7.
50 *Joeres*, Insolvenzrechtsforum 2000, S. 99.
51 *Obermüller*, Insolvenzrecht in der Bankpraxis, 5. Aufl. 1997, Rn. 3212. Eingehend insolvenzrechtlich: *Schmors*, Scheckzahlungsverkehr in der Insolvenz, 2010.
52 *Obermüller*, in: Gottwald, Insolvenzrechts-Handbuch, 3. Aufl. 2006, § 98 Rn. 35.
53 Statt vieler *Wittkowski*, in: Nerlich/Römermann, InsO, § 82 Rn. 13.
54 *Canaris*, Bankvertragsrecht, 4. Aufl. 1988, Rn. 851.

geben werden können.[55] Bei der Ausstellung kartengarantierter Schecks ist das Kreditinstitut zur Einlösung des vorkonkurslich ausgestellten Schecks auch nach Verfahrenseröffnung verpflichtet.[56] Die h.M.,[57] die davon ausgeht, die Bank könne sich auf dem Guthabenkonto des gemeinschuldnerischen Kunden erholen, ist abzulehnen,[58] da sich das Garantieversprechen nur gegen den Dritten richtete und keine haftungsrechtlichen Wirkungen im Innenverhältnis zwischen Bank und insolventen Kunden entfaltet. Auch bei der nachkonkurslichen Ausstellung garantierter Schecks ist die Sachlage entgegen der h.M.[59] wie bei der nachkonkurslichen Ausstellung nicht garantierter Schecks zu beurteilen.

Im **Wechselverkehr** ist zwischen der Insolvenz des Ausstellers und der Insolvenz des Bezogenen/Akzeptanten zu unterscheiden. Hat der Bezogene den Wechsel vor der Insolvenz des Ausstellers bereits angenommen, so steht dies der Barzahlung gleich. Der Wechselinhaber hat insoweit einen insolvenzfesten Anspruch gegen den Akzeptanten;[60] dessen Auftragsbeziehung zu seiner Domizilbank durch die Insolvenz des Ausstellers nicht berührt wird.[61] Hatte der Bezogene noch nicht angenommen, dann richtet sich die Wirksamkeit einer Leistung nach Eröffnung nach neuerer Auffassung nach § 82 Satz 2 InsO[62], der Bezogene wird also bei Unkenntnis der Eröffnung mit der Zahlung an den Inhaber gegenüber der Masse frei. Dieser steht aber gegen den Inhaber ein Bereicherungsanspruch nach §§ 816 Abs. 2, 812 BGB zu. In der Insolvenz des Bezogenen kann eine nach der Eröffnung erfolgte Annahme nur zu einer Verpflichtung mit dessen insolvenzfreien Vermögen führen.[63] Wird ein bereits vor der Eröffnung erteiltes Akzept vom Inhaber in der Insolvenz des Akzeptanten eingelöst, dann steht der domizilierten Bank infolge der nach § 116 InsO erloschenen Geschäftsbeziehung bei Insolvenzkenntnis kein Aufwendungsersatzanspruch zu. Erfolgt die Einlösung in Unkenntnis der Eröffnung, dann wird die Bank bei der Ausführung aus einem Guthaben nach § 82 InsO frei,[64] bei der Ausführung aus einem Debetsaldo ist ihr Aufwendungsersatzanspruch Insolvenzforderung.[65] 27

d) Schuldbefreiende Leistung nach § 16 Nr. 6 VOB/B. Nach Eröffnung des Insolvenzverfahrens über das Vermögen des Auftragnehmers kann der Auftraggeber keine Zahlungen mehr gem. § 16 Nr. 6 VOB/B schuldbefreiend an Gläubiger des Auftragnehmers leisten.[66] Denn durch die Eröffnung des Verfahrens verliert der Bauherr sein Wahlrecht, entweder an den Gemeinschuldner (die Masse) oder an Dritte leisten zu dürfen. 28

e) Akkreditivverträge. Hierbei handelt es sich um Werkverträge, die eine Geschäftsbesorgung zum Gegenstand haben.[67] Wird das Insolvenzverfahren über das Vermögen des Akkreditivauftraggebers vor Ausführung des Akkreditivs eröffnet, erlischt es gem. § 116 InsO;[68] die Bank darf das Akkreditiv nicht mehr eröffnen und muss erlangte Vorschüsse herausgeben. Wird das Verfahren nach Eröffnung 29

---

55 *Obermüller*, Insolvenzrecht in der Bankpraxis, 5. Aufl. 1997 Rn. 3213; *Kuhn/Uhlenbruck*, KO, 11. Aufl. 1994, § 8 Rn. 9f, 3. Abs.
56 *Obermüller*, Insolvenzrecht in der Bankpraxis, 5. Aufl. 1997, Rn. 3.222.
57 Statt vieler *Obermüller*, Insolvenzrecht in der Bankpraxis, 5. Aufl. 1997, Rn. 3.224, 3163.
58 *Jaeger/Henckel*, KO, 8. Aufl. 1973, § 8 Rn. 46; *Kuhn/Uhlenbruck*, KO, 11. Aufl. 1994, § 8 Rn. 9g.
59 Statt vieler *Obermüller*, Insolvenzrecht in der Bankpraxis, 5. Aufl. 1997, Rn. 3, 227.
60 BGH, Urt. v. 29. 4. 1974 – VIII ZR 200/72 – NJW 1974, 1336.
61 *Obermüller*, Insolvenzrecht in der Bankpraxis, 5. Aufl. 1997, Rn. 3.348.
62 *Jaeger/Henckel*, KO, 8. Aufl. 1973, § 8 Rn. 35; nach älterer Auffassung sollte dem Verwalter ein Widerrufsrecht zustehen; kritisch *Baumbach/Hefermehl*, WG, 22. Aufl. 2001, Art 9 WG Rn. 4.
63 *Obermüller*, Insolvenzrecht in der Bankpraxis, 5. Aufl. 1997, Rn. 3.338.
64 *Obermüller*, Insolvenzrecht in der Bankpraxis, 5. Aufl. 1997, Rn. 3.342; BGH, Urt. v. 16. 7. 2009 – IX ZR 118/08, DZWIR 2009, 431
65 *Obermüller*, Insolvenzrecht in der Bankpraxis, 5. Aufl. 1997, Rn. 3.345.
66 BGH, Urt. v. 24. 4. 1986 – VII ZR 248/85 – ZIP 1986, 720 m. Anm. *Dempewolf*, EWiR § 8 KO 1/86, 601; BGH, Urt. v. 16. 10. 2008 – IX ZR 2/05, ZIP 2008, 2324.
67 *Canaris*, Bankvertragsrecht Rn. 196ff.; siehe auch *Ott*, in: MünchKomm, InsO, 1. Aufl. 2001, § 116 Rn. 41.
68 *Obermüller*, Insolvenzrecht in der Bankpraxis, 5. Aufl. 1997, Rn. 4.33.

des Akkreditivs eröffnet, entfällt der Anspruch des Begünstigten bei einem widerruflichen Akkreditiv.[69] Dies gilt nicht bei unwiderruflich bestellten Akkreditiven.[70]

30 **f) Einziehungsermächtigungen.** Vorkonkurslich erteilte Einziehungsermächtigungen werden mit Eröffnung des Insolvenzverfahrens unwirksam; bei der Inkassozession kann der Verwalter wegen des Erlöschens des zugrunde liegenden Geschäftsbesorgungsvertrages vom Zessionar das Erlangte verlangen.[71] Das Gleiche gilt beim echten Treuhandvertrag, der der Masse kein Haftungsgut entziehen kann.[72]

31 **g) Factoring.** Beim **Factoring** erwirbt der so genannte Factor – zumeist eine Bank – die Forderungen seines Klienten (Anschlusskunden) gegen dessen Abnehmer (Debitoren). Der Wert der Forderungen wird dem Anschlusskunden dabei zunächst gutgeschrieben und sofort zur Verfügung gestellt. Der Anschlusskunde erhält somit einen Vorschuss, was auf die Finanzierungsfunktion des Factorings verweist. Dafür behält der Factor vom Nennwert der Forderungen eine Gebühr sowie Zwischenzinsen ein, die nach dem Zeitraum zwischen dem Vorschuss und der endgültigen Einziehung der Forderung beim Debitor berechnet werden. Hinzu kommt ein Sicherungseinbehalt für etwaige Mängelansprüche des Debitors, der nach der Einziehung an den Anschlusskunden ausgekehrt wird. Rechtlich ist dabei zwischen dem sog. Rahmenvertrag und dem Rechtsgrund für die Abtretung der einzelnen Forderungen zu unterscheiden.[73] Der zumeist über einen längeren Zeitraum laufende Rahmenvertrag regelt die Pflichten des Factors, aber auch die Verpflichtung des Kunden zur Andienung, d.h. zur Vorlage der einzelnen Rechnungen, die dann im Wege der Vorauszession an den Factor abgetreten werden. Aufgrund der eben beschriebenen Dienstleistungsfunktion wird der Rahmenvertrag heute zumeist als gemischttypischer Vertrag mit darlehens- und geschäftsbesorgungsrechtlichen Elementen beschrieben.[74] Da auch die Verfügungsbefugnis des Schuldners mit Verfahrenseröffnung erlischt, scheidet die Fortsetzung eines Rahmenvertrages in der Insolvenz des Kunden gemäß § 116 InsO aus.[75] Vom Schicksal des Rahmenvertrages ist die Behandlung der einzelnen Forderungen in dem über das Vermögen des Anschlusskunden eröffneten Insolvenzverfahren zu unterscheiden. Ob diese der Masse oder dem Factor zugeordnet sind, richtet sich nach dem Vollzug des Erwerbstatbestandes. Dabei kann die innerhalb des Rahmenvertrages vorab vereinbarte Zession unter der (aufschiebenden) Bedingung stehen, dass ein Ankauf der Forderung erfolgt. Das Angebot zu einem derartigen Kauf bzw. Darlehen beim unechten Factoring gibt der Kunde durch die sog. Andienung ab, indem er eine Rechnung über die jeweilige Leistung an den Debitor erteilt und sie dem Factor übermittelt. Dies hat zur Folge, dass der Zeitpunkt der Andienung und Gutschrift entscheidet: Die Forderung steht daher dem Factor zu, wenn sie noch vom späteren Gemeinschuldner vor der Eröffnung angedient wurde und der vereinbarte Gegenwert bereits gutgeschrieben wurde, mit der Folge, dass § 116 InsO nicht zur Anwendung gelangt.[76] Umgekehrt ist eine Andienung nach der Eröffnung unwirksam; die Forderung scheidet also

---

69 *Obermüller,* Insolvenzrecht in der Bankpraxis, 5. Aufl. 1997, Rn. 4.39.

70 *Obermüller,* Insolvenzrecht in der Bankpraxis, 5. Aufl. 1997, Rn. 4.40; *Tintelnot,* in: Kübler/Prütting, Kommentar zur Insolvenzordnung, § 115, 116 Rn. 27.

71 *Häsemeyer,* Insolvenzrecht, 3. Aufl. 2003, Rn. 20.79.

72 *Kießner,* in: Nerlich/Römermann, InsO, § 116 Rn. 19.

73 *Sinz,* in: Kölner Schrift zur Insolvenzordnung, 2. Aufl. 2000, S. 593, 620ff. (Rn. 69ff., 75ff.); *Sinz,* in: Uhlenbruck, InsO, 12. Aufl. 2003, §§ 115, 116 Rn. 38.

74 *Obermüller,* Insolvenzrecht in der Bankpraxis, 5. Aufl. 1997, Rn. 7.74; *Sinz,* in: Kölner Schrift zur Insolvenzordnung, 2. Aufl. 2000, Rn. 72; OLG Koblenz WM 1988, 1355; *Sinz,* in: Uhlenbruck, InsO, 12. Aufl. 2003, §§ 115, 116 Rn. 39.

75 *Tintelnot,* in: Kübler/Prütting, Kommentar zur Insolvenzordnung, §§ 115, 116 Rn. 20; *Balthasar,* in: Nerlich/Römermann, InsO, § 116 Rn. 22; *Meyer,* in: Smid, InsO, 2. Aufl. 2001, § 116 Rn. 38; *Sinz,* in: Uhlenbruck, InsO, 12. Aufl. 2003, §§ 115, 116 Rn. 39.

76 *Sinz,* in: Kölner Schrift zur Insolvenzordnung, 2. Aufl. 2000, S. 593, 623 (Rn. 77): Bei der Verpflichtung zum Forderungseinzug und der Auskehrung des Sicherungseinbehalts handele es sich um nachvertragliche Pflichten; str. a.A. *Canaris,* Bankvertragsrecht Rn. 1677; enger als die zuerst genannten *Tintelnot,* in: Kübler/Prütting, Kommentar zur Insolvenzordnung, §§ 115, 116 Rn. 29 (vor Auskehrung des Sicherungseinbehalts beim unechten Factoring noch keine Erfüllung).

nicht aus der Masse aus. Davon ist zunächst der Fall zu unterscheiden, dass eine Rechnung noch vor der Eröffnung (gegebenenfalls sogar vor der eigentlichen Erbringung der Leistung an den Abnehmer) erteilt und gutgeschrieben wird, die abgetretene Forderung aber erst während des Eröffnungsverfahrens werthaltig wird.

h) Konzernrechtliche Geschäftsbesorgungsverträge. Fraglich ist, ob die §§ 115, 116 InsO in der Insolvenz konzernmäßig verbundener Unternehmen zur Anwendung gelangt. 32

Die gesetzliche Anordnung des automatischen Erlöschens von Geschäftsbesorgungsverträgen dient – anders als § 115 InsO – dem Schutz der Masse in einer Reihe von Fällen nicht wirklich. Dies ist namentlich dort der Fall, wo die Beziehungen der zu sanierenden Konzernmutter zu Konzerntöchtern mit Eröffnung des Insolvenzverfahrens aufgehoben würden – was der Sanierung der Konzernmutter entgegenstünde; auch der Fall der Sanierung des Tochterunternehmens lässt sich in diesem Zusammenhang denken. Die Kommission zur Reform des Insolvenzrechts hatte empfohlen, im Reorganisationsverfahren dem Insolvenzverwalter die Befugnis zur Kündigung von Geschäftsbesorgungsverträgen einzuräumen.[77] Ob diese Fälle aber überhaupt vom Zweck der § 116 InsO erfasst sind, ist fraglich. Konzernrechtliche Beziehungen unterscheiden sich strukturell von bankmäßigen Geschäftsbesorgungsverträgen oder dem Factoring, die typische Fälle des § 116 InsO darstellen.[78] Daher drängt sich der Gedanke auf, dass konzernrechtliche Geschäftsbesorgungsverhältnisse im Ergebnis einer teleologischen Reduktion des § 116 InsO unter § 103 InsO mit der Wirkung fallen, dass der Insolvenzverwalter die Erfüllung der Verträge wählen kann.[79] 33

---

77 Kommission für Insolvenzrecht EB LS 2.4.1.9. Abs. 2.
78 *Sinz*, in: Uhlenbruck, InsO § 116 Rn. 37 ff.
79 Ausgeblendet bei *Rotstegge*, Konzerninsolvenz, 2007, 314 ff.

§ 12 Auswirkung der Eröffnung des Insolvenzverfahrens auf Arbeitsverhältnisse

I. Übersicht

1. Personalabbau[1] als Problem der Unternehmensinsolvenz

1 Für die erfolgreiche, also sowohl die Forderungen der Gläubiger bestmöglich bedienende als auch die Rechte des Schuldners wahrende Abwicklung eines Insolvenzverfahrens ist von zentraler Bedeutung, dass durch das Insolvenzrecht der angemessenen Behandlung von Arbeitsverträgen Rechnung getragen wird. Denn ist die Liquidation des schuldnerischen Vermögens erforderlich, dann bedarf es einer baldmöglichen Lösung der zwischen dem Schuldner und den Arbeitnehmern geschlossenen Arbeitsverträge. Dies gilt insbesondere auch für denjenigen Fall, in dem die Vermögensverwertung durch die Veräußerung des Unternehmens als Ganzes an einem Dritten erfolgt; eine solche Unternehmensveräußerung ist nur regelmäßig dann Erfolg versprechend, wenn der Dritte nicht gezwungen ist, die sehr häufig überzähligen Arbeitnehmer des Schuldners mit übernehmen zu müssen. Der Versuch einer Unternehmensreorganisation hängt im Wesentlichen davon ab, dass die Betriebsfortführung von den Arbeitnehmern mitgetragen wird. Dies ist nur dann der Fall, wenn sie mit ihren Lohn- und Gehaltsforderungen wenigstens für den Zeitraum, von dem an sie Arbeitsleistungen nach Verfahrenseröffnung im Rahmen der Betriebsfortführung erbringen, als bevorrechtigte Gläubiger (im deutschen und österreichischem Recht: als Massegläubiger) behandelt werden. Das Insolvenzarbeitsrecht kann daher keinesfalls als Instrument eines Ausgleichs zwischen Kapital und Arbeit verstanden werden; vielmehr geht es bei ihm darum, im Interesse der Verbesserung der Verwertungsbedingungen der Masse eine Besserstellung der Arbeitnehmer als Insolvenzgläubiger zu begründen.[2] Der Schutz der Arbeitnehmer im Insolvenzfall folgt mit anderen Worten daraus, dass dadurch dem Interesse der Masse am besten Rechnung getragen wird. Die Erfahrung zeigt, dass die Praxis sich außergerichtlichen Lösungen zuwendet, wenn dieser Zusammenhang außer Acht gelassen wird.

2 In den vorangegangenen §§ 10 und 11 ist es um die allgemeinen Auswirkungen der Eröffnung des Insolvenzverfahrens über das Vermögen einer Vertragspartei auf die aus dem Vertragsverhältnis fließenden Pflichten und Rechte gegangen. *Hier* geht es zunächst um die Folgen der Eröffnung des Insolvenzverfahrens für die Beschäftigungsverhältnisse in gemeinschuldnerischen Unternehmen. Wegen der arbeits-, namentlich der kündigungsschutzrechtlichen Besonderheiten, die in diesem Bereich zu beachten sind, sollen hier die arbeitsrechtlichen Probleme behandelt werden, mit denen der Insolvenzverwalter ebenso wie die Arbeitnehmervertreter konfrontiert werden.

3 Dabei sind von den zu Lasten des suspendierten Gemeinschuldners geschlossenen Arbeitsverträgen die Arbeitsverträge scharf zu trennen, die selbständige Rechtsgeschäfte des Insolvenzverwalters sind, wie zum Beispiel Verträge mit Assistenten und Sekretären.

2. Verhältnis der arbeitsrechtlichen Stellung von Insolvenzschuldner und Insolvenzverwalter

4 Nach § 108 Abs. 1 Satz 1 InsO bestehen Dienstverhältnisse des Schuldners mit Wirkung für die Insolvenzmasse mit der Folge fort, dass der Insolvenzverwalter nach Ver-

---

1 Zum Folgenden *Arend*, Der Personalabbau nach der Insolvenzordnung, 1998; *Caspers*, Personalabbau und Betriebsänderung im Insolvenzverfahren, 1998; *Berscheid*, in: Kölner Schrift zur Insolvenzordnung, 2. Aufl. 2000, S. 1395 ff.; *Smid*, NZA 2000, 113 ff.

2 Zur Zahlung von Insolvenzgeld für den Zeitraum von drei Monaten vor dem Insolvenzereignis nach §§ 183 ff. SGB III und den damit verbundenen Streitfragen oben § 4 Rn. 72 ff.

fahrenseröffnung fällig werdende Gehälter als Masseverbindlichkeiten aus der Masse zu zahlen hat (§ 55 Abs. 1 Nr. 2 InsO). Der Insolvenzverwalter ist regelmäßig dazu gezwungen, einer Anzahl von Arbeitnehmern des Insolvenzschuldners zu kündigen, was durch § 113 InsO erleichtert wird. Ist die **Eigenverwaltung** gem. § 270 InsO angeordnet, stehen diese Befugnisse dem Schuldner nach § 279 InsO zu.

Der Insolvenzschuldner bleibt Partei des vor Eröffnung des Insolvenzverfahrens begründeten Arbeits- 5
verhältnisses. Er wird im Übrigen auch Partei neuer, vom Insolvenzverwalter abgeschlossener Verträge, nur ist er für die Dauer des Insolvenzverfahrens daran gehindert, seine Rechte und Pflichten daraus wahrzunehmen. Der Insolvenzverwalter wird nicht Partei des Vertrages, kann jedoch wirksame Rechte und Pflichten geltend machen. Er tritt umfassend in die arbeitsrechtliche Beziehung ein und hat dabei, die Kündigung des Arbeitsvertrages einmal außer Acht gelassen, alle einzelvertraglichen, betriebsvereinbarten und tarifvertraglichen[3] Rechte und Pflichten, so wie diese bestehen und Bindungswirkung entfalten (Tarifbindung des ursprünglichen Arbeitgebers).[4]

II. Kündigung von Individualarbeitsverträgen[5]

1. Aufgaben des Insolvenzverwalters

Zur Verwertung der vorhandenen Güter des Insolvenzschuldners durch den Insolvenzverwalter erge- 6
ben sich verschiedene Möglichkeiten. Soweit sich im Vermögen des Schuldners ein Unternehmen befindet, wird der Verwalter möglicherweise gezwungen sein, das Unternehmen vollständig zu zerschlagen und die Einzelgüter zu verwerten. Unter Umständen kann es günstiger sein, den Betrieb nicht in Form einzelner Vermögensgegenstände zu verkaufen, sondern als Ganzes zu veräußern und an den Erwerber zu übertragen. Ist er dagegen gezwungen, das ganze Unternehmen, das heißt die dem Betriebszweck dienenden Organisationen stillzulegen[6], entspricht das der Betriebsauflösung. Wann tatsächlich eine Betriebsauflösung vorliegt oder eben eine Übertragung des Betriebes erfolgt, ist im Einzelnen schwierig abgrenzbar.[7] Unter diesem Aspekt müssen auch die in unmittelbarem Zusammenhang damit ausgesprochenen Kündigungen gesehen werden, da an die verschiedenen Tatbestände oftmals unterschiedliche arbeitsrechtliche Rechtsfolgen anknüpfen. Denn im Verhältnis zur Betriebsübertragung auf einen Bewerber gilt insbesondere § 613 a BGB,[8] wogegen für die Kündigung durch den Arbeitgeber/Insolvenzverwalter im Rahmen der Betriebsauflösung diese Vorschrift nicht gilt. Dagegen hat er bei der Betriebsauflösung §§ 111–113 BetrVG zu beachten: Diese Vorschriften regeln die Mitsprache des Betriebsrates bei einer Betriebsänderung. Im Bereich der Lösung von Arbeitsverhältnissen wegen Betriebseinstellung sind einige der strittigsten Fragen des Insolvenzrechts angesiedelt.

2. Kündigungsrecht des Arbeitnehmers und des Insolvenzverwalters

Der Insolvenzverwalter und der Dienstverpflichtete können sich daher im eröffneten 7
Insolvenzverfahren von längerfristigen Vertragsbindungen lösen. Dazu gehören die

3 Zur insolvenzbedingten Lösung aus tarifvertraglicher Bindung *Benedikt*, Die Kürzung von Tariflöhnen zur Sanierung, 2003, m. krit. Bespr. durch *Adam*, DZWIR 2005, 236 ff.

4 *Berscheid*, in: Kölner Schrift zur Insolvenzordnung, 2. Aufl. 2000, 1395, 1396 (Rn. 3).

5 *Berscheid*, ZInsO 1998, 115 ff., 159 ff.

6 *Berscheid*, in: Kölner Schrift zur Insolvenzordnung, 2. Aufl. 2000, 1395, 1406 (Rn. 23).

7 BAG v. 27. 7. 1994 – 7 ABR 37/93 – ZIP 1995, 236. Zur Abgrenzung bei § 613 a BGB vgl. *Hanau/Berscheid*, in: Kölner Schrift zur Insolvenzordnung, 2. Aufl. 2000, S. 1541, 1543 ff; *Hamacher*, in: Nerlich/Römermann, InsO, § 128 Rn. 17.

8 *Bichlmeier*, DZWIR 2006, 89 ff. (zum Wiedereinstellungsanspruch); *Grub*, KTS 1978, 129 ff.; *Mohrbutter*, KTS 1983, 3 ff.; *Druckarczyk/Rieger*, KTS 1986, 209 ff.

Befristung des Vertrages und der Ausschluss der ordentlichen Kündigungsmöglichkeit.[9] Das Kündigungsrecht nach § 113 InsO steht daher nur dem Verwalter im Sinne von § 27 InsO und nicht dem vorläufigen Verwalter zu.[10] Der vorläufige Verwalter tritt im Falle des § 22 Abs. 1 InsO zwar in die Arbeitgeberfunktion des Schuldners ein und ist daher u. a. auch berechtigt, Arbeitsverhältnisse zu kündigen. Dabei hat er aber die allgemeinen Kündigungsschutzvorschriften zu beachten. Aber insbesondere auch der Arbeitnehmer hat ein berechtigtes Interesse daran, wegen der Gefährdung seines Arbeitsplatzes durch den Insolvenzfall eine neue Tätigkeit zu suchen und dabei nicht durch lange Kündigungsfristen behindert zu werden.[11]

3. Gruppen von Arbeitnehmern

8 Bei der Frage, ob für § 113 InsO zwischen in Vollzug und nicht in Vollzug gesetzten Arbeitsverhältnissen zu unterscheiden ist – mit der Folge, dass für Letztere das Verwalterwahlrecht nach § 103 InsO gelten würde – ist die Neuregelung des § 108 InsO zu beachten. Dieser ordnet die Bestandskraft für alle „eingegangenen" Dienstverhältnisse an. Insoweit geht die wohl h. A. davon aus, dass § 113 InsO aufgrund einer bewussten rechtspolitischen Entscheidung des Gesetzgebers auch für nicht in Vollzug gesetzte Dienst- und Arbeitsverhältnisses gilt.[12]

4. Reichweite und Rechtsfolgen des besonderen Kündigungsrechts gem. § 113 InsO

9 **a) Begriff des Dienstverhältnisses.** § 113 Abs. 1 Satz 1 InsO bestimmt, dass in dem über das Vermögen des Arbeitgebers eröffneten Insolvenzverfahren der Insolvenzverwalter und der Arbeitnehmer das Dienstverhältnis (also Dauerschuldverhältnisse, bei denen der Verpflichtete zu Arbeit im weitesten Sinne verpflichtet ist, also in Abgrenzung zum Werkvertrag keinen Erfolg, sondern die Erbringung von Diensten schuldet) ohne Rücksicht auf eine vereinbarte Vertragsdauer oder einen vereinbarten Ausschluss des Rechts zur ordentlichen Kündigung kündigen können.

10 Anwendungsvoraussetzung für § 113 InsO ist das Vorliegen eines Dienstverhältnisses im Sinne des § 611 BGB,[13] das sich auf sämtliche Dienstverhältnisse bezieht. Der Begriff des Dienstverhältnisses umfasst nicht nur die typischen Arbeitsverträge, die durch unselbständige, fremdbestimmte Arbeit gekennzeichnet sind, sondern zum Beispiel auch die Dienstverpflichtung Selbständiger („freie Dienstverhältnisse").[14] Der Begriff des Dienstverhältnisses ist also weiter als der des Arbeitsverhältnisses. Deshalb tritt im Bereich des § 113 InsO die Auseinandersetzung um den Arbeitnehmerbegriff im In-

---

9 *Weisemann/Streuber,* in: Smid, InsO, 2. Aufl. 2001, § 113 Rn. 7.

10 *Weisemann/Streuber,* in: Smid, InsO, 2. Aufl. 2001 § 113 Rn. 9; a. A. *Wolf,* in: Braun, InsO, 2. Aufl. 2004, § 113 Rn. 45.

11 *Weisemann/Streuber,* in: Smid, InsO, 2. Aufl. 2001, § 113 Rn. 9.

12 *Düwell,* in: Kölner Schrift zur Insolvenzordnung, 2. Aufl. 2000, S. 1433, 1443 (Verwalterwahlrecht unangemessen); *Heinze,* in: Gottwald, Insolvenzrechts-Handbuch, 3. Aufl. 2006, § 103 Rn. 4; *Irschlinger,* in: H-K, InsO, 4. Aufl. 2006, § 113 Rn. 11; *Hamacher,* in: Nerlich/Römermann, InsO, § 113 Rn. 9; *Balthasar,* in Nerlich/Römermann, InsO, § 108 Rn. 10; *Bescheid,* ZInsO 1998, 115, 116; *Wolf,* in: Braun, InsO, 2. Aufl. 2004, § 113 Rn. 40; differenzierend bei nicht in Vollzug gesetzten Mietverhältnissen bei § 108 dagegen *Tintelnot,* in: Kübler/Prütting, Kommentar zur Insolvenzordnung, § 108 Rn. 19, 20.

13 *Kilger/K. Schmidt,* KO, 17. Aufl. 1997, § 22 Anm. 2.

14 *Heinze,* in: Gottwald, Insolvenzrechts-Handbuch, 3. Aufl. 2006, § 102 Rn. 35 ff.; *Düwell,* in: Kölner Schrift zur Insolvenzordnung, 2. Aufl. 2000, S. 1433, 1442 (Rn. 24 ff.).

solvenzrecht nicht so deutlich hervor; die Abgrenzung: Arbeitnehmer – sozial schutzbedürftige arbeitnehmerähnliche Person – nicht schutzbedürftige arbeitnehmerähnliche Person – ist hier zu vernachlässigen. Arbeitnehmerähnliche Personen (vgl. jetzt auch § 12a TVG) können jedenfalls dann unter § 113 InsO fallen, wenn sie im Rahmen eines Dienstverhältnisses tätig werden.[15] Selbständig tätige Hausgewerbetreibende und Zwischenmeister (§ 2 HAG) sowie Einfirmenhandelsvertreter nach § 92a HGB fallen daher nicht unter den Arbeitnehmerbegriff des § 113 InsO. Neben- und Teilzeitbeschäftigte sind dagegen Arbeitnehmer i. S. d. § 113 InsO sowie § 183 ff. SGB III, da die Arbeitnehmereigenschaft unabhängig vom Umfang der erbrachten Dienstleistung zu erbringen ist.

b) Ausbildungsverhältnisse. Ausbildungsverhältnisse unterfallen der Vorschrift nicht[16]. *Lohkemper*[17] meint, die Vorschrift sei nicht anwendbar, weil kraft Gesetz Ausbildungsverhältnisse befristet (§ 14 Abs. 1 BBiG) und nicht ordentlich kündbar seien (§ 15 Abs. 2 BBiG). Deshalb unterlägen sie einem ähnlichen besonderen Bestandschutz wie die Arbeitsverhältnisse von Organmitgliedern nach § 15 KSchG. 11

c) Kündigungsfristen. § 113 InsO modifiziert und ermöglicht die ordentliche Kündigung, ohne selbst einen neuen Kündigungsgrund zu schaffen oder einen wichtigen Grund i. S. d. § 626 BGB zu enthalten. § 113 InsO ist daher nicht als außerordentliche Kündigung (mit einer sog. Auslauffrist) zu verstehen[18]. Nach § 113 Abs. 1 Satz 2 InsO beträgt die Kündigungsfrist drei Monate zum Monatsende, wenn nicht aufgrund anderweitiger Regelungen eine kürzere Frist maßgeblich ist. § 113 InsO dient damit als „Kappungsgrenze", die auch gegenüber tarifvertraglich vereinbarten Kündigungsfristen[19] sowie bei befristeten Arbeitsverhältnissen[20] eingreift. 12

Insbesondere der Streit um die Einordnung tarifvertraglich verlängerter Kündigungsfristen als gesetzliche Fristen oder ihre Einstufung als nichtgesetzliche Fristen ist daher mittlerweile ohne Bedeutung[21] (zu Unkündbarkeitsklauseln unten Rn. 15). Die Beendigung von Arbeitsverhältnissen durch den Insolvenzverwalter kann prinzipiell durch eine ordentliche oder durch eine außerordentliche Kündigung erfolgen. Da die Konkurseröffnung keinen eigenständigen Grund für eine außerordentliche Kündigung darstellt,[22] hat in der Regel eine ordentliche Kündigung zu erfolgen. Voraussetzung einer wirksamen Kündigung ist zumindest eine Kündigungserklärung und die Beachtung der einschlägigen Kündigungsfristen.[23] Da der Insolvenzverwalter umfassend in die Arbeitgeberfunktion einrückt, hat er bei einer Kündigung im Rahmen des Insolvenzverfahrens alle betriebsverfassungsrechtlichen Mitbestimmungsrechte zu beachten.[24] Insbesondere hat er nach § 102 Abs. 1 BetrVG vor jeder Kündigung den Betriebsrat anzuhören, soweit im Unternehmen ein solcher existiert, dessen Mandat durch die Insolvenzeröffnung ebenfalls nicht aufgehoben wird.[25] Für die Kündigungserklärung durch den Insol- 13

---

15 *Heinze*, in: Gottwald, Insolvenzrechts-Handbuch, 3. Aufl. 2006, § 102 Rn. 38.

16 *Hamacher*, in: Nerlich/Römermann, InsO, § 113 Rn. 43 ff., 45; *Heinze*, in: Gottwald, Insolvenzrechts-Handbuch, 3. Aufl. 2006, § 102 Rn. 37.

17 *Lohkemper*, KTS 1996, 1, 10; *Hamacher*, in: Nerlich/Römermann, InsO, § 113 Rn. 45, str.

18 *Hamacher*, in: Nerlich/Römermann, InsO, § 113 Rn. 31.

19 Darin liegt nach h. A. kein Verstoß gegen Art 9 Abs. 3 GG, vgl. BAG, Urt. v. 16. 6. 1999 – 4 AZR 191/98 – ZIP 1999, 1933; BAG, Urt. v. 19. 1. 2000 – 4 AZR 70/99 – ZIP 2000, 985 (auch bei tarifvertraglichem Ausschluss der ordentlichen Kündigung); vgl. auch *Moll*, in: Kübler/Prütting, Kommentar zur Insolvenzordnung, § 113 Rn. 46, *Hamacher*, in: Nerlich/Römermann, InsO, § 113 Rn. 50; *Wolf*, in: Braun, InsO, 2. Aufl. 2004, § 113 Rn. 17.

20 BAG, Urt. v. 6. 7. 2000 – 2 AZR 695/99 – ZIP 2000, 1941 m. Anm. *Moll*, EWiR, § 113 InsO 1/2001, 27.

21 *Hamacher*, in: Nerlich/Römermann, InsO, § 113 Rn. 92 a. E.

22 BAG, Urt. v. 25. 10. 1968 – 2 AZR 23/68 – NJW 1969, 525; *Schmidt*, Kündigung und Kündigungsschutz in der Insolvenz, 148.

23 *Brox*, Arbeitsrecht, 16. Aufl. 2004, Rn. 178.

24 *Heinze*, Personalplanung, Einstellung, Kündigung, Rn. 468.

25 *Irschlinger*, Arbeitsrechtliche Probleme im Konkurs, Rn. 15.

venzverwalter gelten die gleichen inhaltlichen und formellen Erfordernisse wie außerhalb des Insolvenzverfahrens. Danach muss aus der Kündigungserklärung klar hervorgehen, dass gekündigt wurde und zu welchem Termin das Arbeitsverhältnis des Gekündigten beendet ist. Seit Mai 2000 bedarf die Kündigung von Arbeitsverhältnissen nach § 623 BGB n.F. der Schriftform, während freie Dienstverhältnisse weiterhin formfrei gekündigt werden können.[26] Auch sonstige Sonderregelungen, welche die Schriftform im Gesetz, z.B. § 15 Berufsbildungsgesetz, § 62 Abs. 1 Seemannsgesetz, durch Tarifvertrag, Betriebsvereinbarung oder einzelvertraglich für die Kündigung die Schriftform vorschreiben, sind für den Insolvenzverwalter verbindlich.[27] Ähnliches gilt für den Kündigungsgrund. Die ordentliche Kündigung kann auch ohne die Angabe des Kündigungsgrundes wirksam erfolgen.[28] Wiederum durch Tarifvertrag, Betriebsvereinbarung oder Einzelarbeitsvertrag kann festgelegt werden, dass die Angabe des Kündigungsgrundes Wirksamkeitsvoraussetzung der Kündigung sein soll.[29] Des Weiteren hat der Insolvenzverwalter die Kündigungsfristen zu beachten.

14 Die gesetzlichen Kündigungsfristen finden sich in §§ 621, 622 BGB und einigen wenigen Spezialgesetzen, wie dem Heimarbeitsgesetz (§ 29) und dem Seemannsgesetz (§ 63), die im Vergleich mit den BGB-Regelungen längere Kündigungsfristen vorschreiben. Für alle anderen Dienstverhältnisse bestimmen sich die Kündigungsfristen nach den §§ 621, 622 BGB. Vernachlässigt man einmal die durch die Rechtsprechung weiter präzisierten Kündigungsfristen, die sich nach § 622 Abs. 2 an Beschäftigungsdauer und Lebensalter des Arbeitnehmers orientieren,[30] gilt im Grundsatz für Arbeiter und Angestellte gemäß § 622 Abs. 1 BGB eine Kündigungsfrist von vier Wochen zum Fünfzehnten oder zum Ende eines Kalendermonats.

15 **d) Tarifvertragliche Unkündbarkeitsklauseln.** In engem Zusammenhang mit der Geltung von tarifvertraglichen Kündigungsfristen steht die Frage nach dem Schicksal von tarifvertraglich vereinbarten Unkündbarkeitsklauseln im Konkursfall. Auch diese werden von § 113 InsO zugunsten der damit ermöglichten ordentlichen Kündigung verdrängt.[31]

5. Außerordentliche Kündigungen gem. § 626 Abs. 1 BGB

16 Gemäß § 626 Abs. 1 BGB kann ein Arbeitsverhältnis fristlos durch außerordentliche Kündigung beendet werden. Voraussetzung dafür ist wiederum eine wirksame Kündigungserklärung und das Vorliegen eines wichtigen Grundes,[32] der die Fortsetzung des Arbeitsverhältnisses bis zum Ablauf einer ordentlichen Kündigungsfrist unzumutbar erscheinen lässt. Die Angabe des wichtigen Grundes ist auch hier kein Wirksamkeitserfordernis, gleichwohl besteht die Pflicht des kündigenden Vertragspartners, auf Verlangen des Gekündigten den Kündigungsgrund ohne schuldhaftes Zögern schriftlich mitzuteilen. Das BAG[33] hat früh festgestellt, dass der Konkurs des Arbeitgebers selbst kein wichtiger Grund im Sinne von § 626 Abs. 1 BGB ist. Heute ist dies unbestritten.[34] In dem damaligen Fall war ein Angestellter der Firma B wegen

---

26 *Heinze*, in: Gottwald, Insolvenzrechts-Handbuch, 3. Aufl. 2006, § 103 Rn. 34.
27 *Heinze*, in: Gottwald, Insolvenzrechts-Handbuch, 3. Aufl. 2006, § 103 Rn. 35.
28 *Hamacher*, in: Nerlich/Römermann, InsO, § 113 Rn. 58.
29 *Brox*, Arbeitsrecht, 16. Aufl. 2004, Rn. 181.
30 Vgl. dazu Übersicht zu § 622 Abs. 2 BGB bei *Hess*, InsO, 1. Aufl. 1999, § 113 Rn. 123.
31 BAG, Urt. v. 19. 1. 2000 – 4 AZR 70/99 – ZIP 2000, 985, *Heinze*, in: Gottwald, Insolvenzrechts-Handbuch, 3. Aufl. 2006, § 103 Rn. 61; *Wolf*, in: Braun, InsO, 2. Aufl. 2004, § 113 Rn. 11.
32 *Heinze*, in: Gottwald, Insolvenzrechts-Handbuch, 3. Aufl. 2006, § 103 Rn. 122, 124 ff.
33 BAG, Urt. v. 25. 10. 1968 – 2 AZR 23/68 – NJW 1969, 525.
34 *Heinze*, in: Gottwald, Insolvenzrechts-Handbuch, 3. Aufl. 2006, § 103 Rn. 126; *Löwisch/Caspers*, in: MünchKomm, InsO, 1. Aufl. 2001, § 113, Rn. 34.

Konkurseröffnung fristlos (nach dem damals noch geltenden § 70 Abs. 1 HGB) gekündigt worden.

Andere gewichtige Verletzungen der vertraglichen Pflichten werden im Konkurs aber genauso behandelt wie unter gewöhnlichen Bedingungen, so dass unter Umständen schon die Entwendung geringwertiger Sachen[35] die außerordentliche Kündigung rechtfertigen kann.[36] Problematisch ist dagegen schon wieder die Frage der gesetzlichen Ausschlussfrist des § 626 Abs. 2 Satz 1 BGB. Danach ist die außerordentliche Kündigung nur innerhalb einer zweiwöchigen Frist ab Erlangung der positiven Kenntnis vom Kündigungsgrund zulässig. Es ist hierbei auf die Kenntnis der Person, die im konkreten Fall zur Kündigung befugt ist, abzustellen.[37] Hier ist streitig, ob sich der Konkursverwalter die Zeit der Kenntnis des bisherigen Arbeitgebers vom Kündigungsgrund als eigene Kenntniszeit anrechnen lassen muss oder ob die Ausschlussfrist erst ab seiner Kenntnis läuft. Zum einen wird der Standpunkt vertreten, dass, wenn der Vorfall vor Konkurseröffnung lag (und der Arbeitgeber davon Kenntnis hatte), sich der Konkursverwalter die bereits verstrichene Zeit für die Kündigungsfristberechnung nach § 626 Abs. 2 BGB anrechnen lassen muss.[38] Da die Rechtsprechung aber die Kenntniserlangung des Kündigungsberechtigten als entscheidenden Punkt ansieht, beginnt danach die Kündigungsausschlussfrist von zwei Wochen erst ab Kenntniserlangung des Konkursverwalters über die maßgeblichen Tatsachen zu laufen.[39] Nach einer Entscheidung des OLG Düsseldorf ist dem Konkursverwalter darüber hinaus eine gewisse Einarbeitungszeit zuzubilligen, bis die Frist des § 626 Abs. 2 BGB zu laufen beginnt.[40] Begründet wird dieses mit der Vordringlichkeit der Erledigung von Problemen, die die Unternehmensgesamtheit betreffen.[41] 17

6. Stellung des vorläufigen Verwalters[42]

Ist im Eröffnungsverfahren ein vorläufiger Verwalter nach § 22 Abs. 1 InsO (oben § 4 Rn. 38ff.) bestellt, übt er zwar wie der Verwalter im eröffneten Verfahren die arbeitsrechtlichen Befugnisse des Schuldners aus. Die Befugnisse des § 113 InsO setzen aber die Verfahrenseröffnung voraus; sie stehen dem vorläufigen Verwalter nicht zu.[43] Auch das Insolvenzgericht kann ihn nicht dazu ermächtigen, nach § 113 InsO zu kündigen. 18

7. Kündigungsschutzklage

Die Dreiwochenfrist des § 4 KSchG für die Geltendmachung des Fehlens der sozialen Rechtfertigung einer Kündigung, wird daher durch § 113 Abs. 2 Satz 1 InsO für den Fall der Kündigung im Insolvenz- 19

---

35 BAG, Urt. v. 17. 5. 1984 – 2 AZR 3/83 – DB 1984, 2702.

36 Zur Übersicht: *Hillebrecht*, in: Kündigungsrecht, BGB, 5. Aufl. 1998, § 626 Rn. 299ff.

37 BAG v. 28. 10. 1971 – 2 AZR 32/71 – BAGE 23, 475 – NJW 1972, 463; *Brox*, Arbeitsrecht, 16. Aufl. 2004, Rn. 193.

38 *Jaeger/Henckel*, KO, 8. Aufl. 1973, § 22 Rn. 38; *Hess*, InsO, 1. Aufl. 1999, § 113 Rn. 363; *Hamacher*, in: Nerlich/Römermann, InsO, § 113 Rn. 203; *Frömling*, Probleme bei der Anwendung der Ausschlußfrist des § 626 II BGB, Diss. Göttingen 1984, 21.

39 *Heinze*, in: Gottwald, Insolvenzrechts-Handbuch, 3. Aufl. 2006, § 103, Rn. 128.

40 OLG Düsseldorf v. 8. 12. 1983 – 8 U 234/82 – ZIP 1984, 86; *Irschlinger*, Arbeitsrechtliche Probleme im Konkurs, Rn. 41.

41 Anders BGH, Urt. v. 2. 7. 1984 – II ZR 16/84 – ZIP 1984, 1113; ablehnend auch *Hamacher*, in: Nerlich/Römermann, InsO, § 113 Rn. 204.

42 BFH, Beschl. v. 27. 5. 2009 – VIIB156/08, ZIP 2009, 2255; er kann jedoch nicht nach § 103 Abs. 1 InsO vorgehen: BGH, Urt. v. 8. 11. 2007 – IX ZR 53/04, DZWIR 2008, 87.

43 Str., *Wolf*, in: Braun, InsO, 2. Aufl. 2004, § 113 Rn. 43–46; a.A. BAG, Urt. v. 8. 4. 2003 – 2 AZR 15/02 – ZIP 2003, 1260.

verfahren auf andere Gründe für die Unwirksamkeit einer Kündigung ausgedehnt.[44] Bei der Versäumung der Frist des § 4 KSchG kann der Arbeitnehmer unter den Voraussetzungen des § 5 KSchG die nachträgliche Zulassung der Kündigungsschutzklage beantragen.[45] Der Arbeitnehmer muss trotz Anwendung aller ihm nach Lage der Umstände zuzumutenden Sorgfalt verhindert gewesen sein, die Klage rechtzeitig einzureichen, § 5 Abs. 1 KSchG. Der Antrag auf nachträgliche Zulassung ist binnen zwei Wochen nach Behebung des Hindernisses zu stellen. Er kann nach Ablauf von sechs Monaten vom Ende der versäumten Frist an gerechnet nicht mehr gestellt werden, § 5 Abs. 3 KSchG.[46]

8. Schadenersatzanspruch des Arbeitnehmers

20 Für den Fall der Kündigung durch den Verwalter ordnet § 113 Abs. 1 Satz 3 InsO an, dass der andere Teil wegen der vorzeitigen Beendigung des Dienstverhältnisses als Insolvenzgläubiger Schadenersatz verlangen kann. Für Vorstandsmitglieder begrenzt § 87 Abs. 4 AktG den Schadenersatzanspruch auf Ansprüche wegen 2-jähriger Tätigkeit.

III. Mitwirkung des Betriebsrats[47]

1. Betriebsverfassungsrechtliche Regelungen

21 Ist im Betrieb des Schuldners ein Betriebsrat gewählt, so ist dieser vor Ausspruch jeder Kündigung zu hören, § 102 Abs. 1 Satz 1 BetrVG.[48] Der Arbeitgeber hat dem Betriebsrat die Gründe für die Kündigung mitzuteilen, § 102 Abs. 1 Satz 2 BetrVG. Der Betriebsrat hat im Falle einer ordentlichen Kündigung eine Woche Zeit, eine Stellungnahme abzugeben, § 102 Abs. 2 Satz 1 BetrVG.[49]

2. Verfahren des Interessenausgleichs

22 **a) Insolvenzrechtliche Begrenzung der Auswahlkriterien.** Ist – wie regelmäßig bei Liquidation oder Sanierung – eine Betriebsänderung (§ 111 BetrVG) geplant und kommt zwischen Insolvenzverwalter und Betriebsrat ein Interessenausgleich zustande, in dem die Arbeitnehmer, denen gekündigt werden soll, namentlich bezeichnet sind, wird § 1 KSchG angewendet unter der Vermutung, dass die Kündigung der Arbeitsverhältnisse der bezeichneten Arbeitnehmer durch dringende betriebliche Erfordernisse, die einer Weiterbeschäftigung in diesem Betrieb oder einer Weiterbeschäftigung zu unveränderten Arbeitsbedingungen entgegenstehen, bedingt ist (§ 125 Abs. 1 Nr. 1 InsO) und dass die soziale Auswahl der Arbeitnehmer nur im Hinblick auf die Dauer der Betriebszugehörigkeit, das Lebensalter und die Unterhaltspflichten und auch insoweit nur auf grobe Fehlerhaftigkeit nachgeprüft werden kann (§ 125 Abs. 1 Nr. 2 InsO).[50] Interessant dabei ist, dass diese Vorschrift über § 1 Abs. 3 KSchG, der von

---

44 *Hess*, InsO, 1. Aufl. 1999, § 113 Rn. 367; *Hamacher*, in: Nerlich/Römermann, InsO, § 113 Rn. 259.
45 *Aghamiri*, in: LSZ, InsO, 3. Aufl. 2010, § 113 Rn. 97.
46 *Hamacher*, in: Nerlich/Römermann, InsO, § 113 Rn. 275; vgl. auch *Berscheid*, in: Uhlenbruck, InsO, 12. Aufl. 2003, § 113 Rn. 129.
47 Dazu *Griese*, in: Kölner Schrift zur Insolvenzordnung, 2. Aufl. 2000, S. 1513 ff.
48 *Griese*, in: Kölner Schrift zur Insolvenzordnung, 2. Aufl. 2000, S. 1513, 1522 ff.; *Hamacher*, in: Nerlich/Römermann, InsO, § 113 Rn. 65.
49 *Hamacher*, in: Nerlich/Römermann, InsO, § 113 Rn. 70.
50 *Berscheid*, ZInsO 1999, 511 ff.

der „Sicherung“ einer angemessenen Personalstruktur spricht, hinausgehend anordnet, dass die Kündigung nicht als grob fehlerhaft anzusehen ist, wenn eine ausgewogene Personalstruktur erhalten oder geschaffen wird. § 125 InsO enthält wie der mittlerweile wieder zum 1. 1. 1999 aufgehobene[51] § 1 Abs. 5 KSchG folgende weitergehende Regelung: Wenn zwischen Insolvenzverwalter und Betriebsrat in einem Interessenausgleich Einigkeit darüber erzielt worden ist, welche Arbeitnehmer im Zusammenhang mit der geplanten Betriebsänderung entlassen werden müssen, ist es nach Ansicht des Gesetzgebers gerechtfertigt, die soziale Rechtfertigung der Kündigungen nur noch in Ausnahmefällen in Frage stellen zu lassen. Eine bloße Namensliste genügt zum Nachweis einer ordnungsgemäßen Sozialauswahl nicht.[52] Die Überprüfung der Sozialauswahl schränkt die Vorschrift auf die Kriterien Dauer der Betriebszugehörigkeit, Lebensalter und Unterhaltspflichten ein.[53] Der Interessenausgleich nach § 125 ersetzt dabei nicht die Anhörung des Betriebsrats nach § 102 BetrVG.[54]

b) Arbeitsgerichtliches Beschlussverfahren.[55] § 126 InsO eröffnet dem Insolvenzverwalter die Möglichkeit, einen Interessenausgleich nach § 125 InsO in einem arbeitsgerichtlichen Beschlussverfahren ersetzen zu lassen: Wenn der Betrieb keinen Betriebsrat hat oder aus anderen Gründen innerhalb von drei Wochen nach Verhandlungsbeginn oder schriftlicher Aufforderung zur Aufnahme von Verhandlungen ein Interessenausgleich nach § 125 Abs. 1 InsO nicht zustande kommt, obwohl der Verwalter den Betriebsrat rechtzeitig und umfassend unterrichtet hat, kann der Insolvenzverwalter beim Arbeitsgericht beantragen festzustellen, dass die Kündigung der Arbeitsverhältnisse bestimmter Arbeitnehmer durch dringende betriebliche Erfordernisse bedingt und sozial gerechtfertigt ist. Im Antrag sind die Arbeitnehmer namentlich zu bezeichnen, da der Tenor des begehrten Beschlusses an die Stelle des Interessenausgleichs tritt. Die soziale Auswahl der Arbeitnehmer kann dabei ebenfalls nur im Hinblick auf die Dauer der Betriebszugehörigkeit, das Lebensalter und die Unterhaltsverpflichtungen nachgeprüft werden. Das Arbeitsgericht entscheidet im Beschlussverfahren nach §§ 80ff. ArbGG.[56] Bei dem Beschlussverfahren handelt es sich gleichsam um ein präventives Kündigungsschutzverfahren.[57] Der Verwalter als Arbeitgeber ist im Verfahren Antragsteller und Beteiligter Nr. 1. Sofern ein Betriebsrat existiert, richtet sich der Antrag gegen den Betriebsrat als Antragsgegner und Beteiligten Nr. 2. Die zu kündigenden Arbeitnehmer sind die weiteren Beteiligten im Verfahren „zu Nr. 3 bis N.N“.[58] Sofern kein Betriebsrat besteht, sind die zu kündigenden Arbeitnehmer die Antragsgegner. Nicht beteiligt sind allerdings die Arbeit- 23

---

51 Zum Verhältnis von § 125 InsO und § 1 Abs. 5 a.F. KSchG *Hamacher,* in: Nerlich/Römermann, InsO, § 125 Rn. 4.

52 *Hamacher,* in: Nerlich/Römermann, InsO, § 125 Rn. 25ff., 29.

53 *Hamacher,* in: Nerlich/Römermann, InsO, § 125 Rn. 42.

54 BAG, Urt. v. 20. 5. 1999 – 2 AZR 532/98 – ZIP 1999, 1610 sowie BAG, Urt. v. 20. 5. 1999 – 2 AZR 148/99 – ZIP 1999, 1647; *Hamacher,* in: Nerlich/Römermann, InsO, § 125 Rn. 70; *Löwisch/Caspers,* in: MünchKomm, InsO, 1. Aufl. 2001, § 125, Rn. 47.

55 *Friese,* ZInsO 2001, 350ff.

56 *Hamacher,* in: Nerlich/Römermann, InsO, § 126 Rn. 26.

57 *Hamacher,* in: Nerlich/Römermann, InsO, § 126 Rn. 1; *Berscheid,* in: Uhlenbruck, InsO, 13. Aufl. 2010, § 126/127 Rn. 1.

58 *Hamacher,* in: Nerlich/Römermann, InsO, § 126 Rn. 30.

nehmer, die sich mit der Beendigung des Arbeitsverhältnisses oder mit den geänderten Arbeitsbedingungen einverstanden erklärt haben.[59]

24 **c) Bindungswirkung des Beschlusses.** Im Falle der Kündigungsschutzklage eines im Antrag gem. § 126 Abs. 1 InsO bezeichneten Arbeitnehmers gegen die Kündigung durch den Insolvenzverwalter ordnet § 127 Abs. 1 InsO an, dass die rechtskräftige Entscheidung im Verfahren nach § 126 InsO für die Parteien bindend ist, es sei denn, die Sachlage hat sich nach dem Schluss der letzten mündlichen Verhandlung wesentlich geändert. Die Bindungswirkung nach Abs. 1 Satz 1 bezieht sich nur auf die Sozialwidrigkeit der betriebsbedingten Beendigungs- oder Änderungskündigung nach §§ 1 Abs. 1 bis 3, 2 KSchG.[60]

3. Interessenausgleich und Betriebsveräußerung

25 **a) Insolvenzrechtliche Sonderregelungen.** Die §§ 125 bis 127 InsO sind nach § 128 Abs. 1 Satz 1 InsO auch dann anzuwenden, wenn die Betriebsänderung, die dem Interessenausgleich oder dem Feststellungsantrag zugrunde liegt, erst nach einer Betriebsveräußerung durchgeführt werden soll, was nach § 128 Abs. 1 Satz 2 InsO dadurch gewährleistet wird, dass der Erwerber des Betriebes an dem Verfahren nach § 126 beteiligt ist. In prozessualer Hinsicht bleibt der Betriebsveräußerer, der gekündigt hat, auch nach dem Betriebsübergang für die Kündigungsschutzklage passiv legitimiert.[61] § 128 InsO regelt lediglich die Möglichkeit der erleichterten Kündigung durch Interessenausgleich und Beschlussverfahren nach den §§ 125 bis 127 InsO; die Fortgeltung der Haftung des Betriebsübernehmers nach § 613 a BGB wird dabei vom Gesetzgeber vorausgesetzt (vgl. auch Art 91 EGInsO).[62]

26 **b) Voraussetzungen und Definitionen.** Unter einem **„Betrieb“** im Sinne der § 128 InsO, § 613 a BGB versteht man eine organisatorische Einheit, in der Personen mit Hilfe persönlicher, sachlicher oder immaterieller Mittel bestimmte arbeitstechnische Zwecke fortgesetzt verfolgen,[63] unter einem „Betriebsteil“ eine selbständige abtrennbare Abteilung des Betriebes.[64]

27 Betrieb ist daher die „organisatorische Einheit, innerhalb derer der Inhaber allein oder in Gemeinschaft mit seinen Mitarbeitern mit Hilfe von sachlichen und immateriellen Mitteln bestimmte arbeitstechnische Zwecke unmittelbar fortgesetzt verfolgt“.[65] Von einem Betriebsteil spricht man, wenn es sich um einen arbeitsorganisatorisch losgelösten Teil eines Betriebes handelt, der einen eigenständigen Leistungszweck darstellt, auch wenn dieser in den Gesamtbetrieb eingebunden ist.[66]

28 Der **Inhaberwechsel** muss **durch Rechtsgeschäft** herbeigeführt worden sein. Alle Fälle der Gesamtrechtsnachfolge fallen nicht unter § 613 a BGB.[67] Nach § 613 a Abs. 4

59 *Hamacher,* in: Nerlich/Römermann, InsO, § 126 Rn. 19; *Löwisch/Caspers,* in: MünchKomm, InsO, § 126, Rn. 30.
60 *Hamacher,* in: Nerlich/Römermann, InsO, § 127 Rn. 3.
61 BAG, Urt. v. 4. 3. 1993 – 2 AZR 507/92 – NZA 1994, 260; *Tretow,* ZInsO 2000, 309 ff.
62 Zu den europarechtlichen Zusammenhängen vgl. Voraufl. § 16 Rn. 24.
63 *Pfeiffer,* in: KR-BGB, 5. Aufl. 1998, § 613 a Rn. 16 m. w. N.; vgl. auch *Berscheid,* in: Uhlenbruck, InsO, 12. Aufl. 2003, Vor § 113 Rn. 29 ff.
64 *Pfeiffer,* in: KR-BGB, 5. Aufl. 1998, 613 a Rn. 16 und 21 m. w. N.
65 *Hamacher,* in: Nerlich/Römermann, InsO, § 128 Rn. 6.
66 *Heinze,* in: Gottwald, Insolvenzrechts-Handbuch, 3. Aufl. 2006, § 104 Rn. 12; *Wolf,* in: Braun, InsO, 2. Aufl. 2004, § 128 Rn. 4.
67 *Hamacher,* in: Nerlich/Römermann, InsO, § 128 Rn. 20.

Satz 1 BGB ist die Kündigung des Arbeitsverhältnisses eines Arbeitnehmers durch den bisherigen Arbeitgeber oder durch den neuen Inhaber wegen des Übergangs eines Betriebs oder Betriebsteils unwirksam. Die Vorschrift des § 613 a Abs. 4 BGB enthält einen sonstigen Unwirksamkeitsgrund im Sinne von § 13 Abs. 3 KSchG.[68]

Wird der Betrieb auf rechtsgeschäftlichem Weg an einen Erwerber übertragen, spricht man allgemein von einem **Betriebsübergang.** Daran knüpft die Regelung des § 613 a BGB an, die unter anderem den gesetzlichen Eintritt des Erwerbers in die bestehenden Arbeitsverhältnisse vorsieht. Inhaltlich verlangt § 613 a BGB, dass ein Betrieb oder Betriebsteil durch ein Rechtsgeschäft auf einen neuen Inhaber übertragen wird. Während die ältere Praxis zu § 613 a BGB allein den Übergang der sachlichen und immateriellen Betriebsmittel als maßgeblich ansah, ist im Anschluss an die neuere Praxis des EuGH[69] der Erhalt der wirtschaftlichen Einheit als organisatorische Einheit von Beschäftigten und Sachen ausschlaggebend. Bei Dienstleistungsbetrieben kann dies auch in der Übernahme von Aufträgen oder von Beschäftigten liegen. Die bloße Funktionsnachfolge[70], Abwerbung von Mitarbeitern ohne die Möglichkeit zur Fortführung des Schuldnerbetriebes[71] oder die Übernahme eines nach Anzahl oder Sachkunde bloßen Teils der Belegschaft[72] fällt dagegen nicht unter § 613 a BGB. 29

Bei **Erwerb von einzelnen Betriebsbestandteilen** liegt dann ein Betriebsübergang vor, wenn der Übernehmer der Betriebsmittel damit in der Lage ist, den ursprünglich verfolgten (Teil-)Zweck im Wesentlichen unverändert fortzuführen.[73] Maßgeblicher Zeitpunkt für den Übergang ist der Übergang der Organisations- und Leitungsmacht auf den Erwerber oder die Möglichkeit zur Weiterverfolgung von arbeitstechnischen (Teil)Zwecken.[74] Unerheblich soll es sein, wenn der Betrieb nicht durch ein, sondern durch mehrere Rechtsgeschäfte übertragen wird.[75] 30

Unabhängig von der durch die Regelungen der §§ 125 ff. InsO – wenn auch unbefriedigend, so doch: – erledigten Diskussion kommt es in der Praxis zu verschiedenen Umgehungsversuchen des § 613 a BGB bei der Veräußerung von Betrieben durch den Insolvenzverwalter. Zum Beispiel wird der Betrieb zum Schein stillgelegt[76] oder es werden Kündigungen im Vertrauen darauf, dass die Arbeitnehmer resignieren und nicht klagen, ausgesprochen.[77] Hierzu gehört das sog. „Lemgoer Modell". Inhalt dieses Modells ist es, die Arbeitsverhältnisse wegen der meist rückständigen Lohnzahlungen durch die Arbeitnehmer fristlos kündigen zu lassen. Gleichzeitig wird den Arbeitnehmern die Weiterbeschäftigung garantiert, werden mit dem Betriebserwerber neue Arbeitsverträge geschlossen,[78] jedoch zu geänderten Konditionen. Durch die fristlose Kündigung der Arbeitnehmer entfallen für den Arbeitgeber die Kosten der Betriebsstilllegung (Sozialplan), der Arbeitgeber erwirbt den Betrieb personallastenfrei, da die Kündigung den § 613 a BGB leer laufen lässt.[79] Das BAG hat dieses Modell durch das Urteil vom 28. 4. 1987[80] als *unzulässige Umgehung* des § 613 a BGB qualifiziert, da der zukünftige Erwerber die Ar- 31

68 Vgl. *Weisemann/Streuber,* in: Smid, InsO, 2. Aufl. 2001, § 128 Rn. 69.
69 EuGH, Urt. v. 11. 3. 1997 – Rs. C-13/95 zu Richtlinie 77/187/EWG („Ayse Süzen") – NJW 1997, 2039.
70 So jetzt BAG, Urt. v. 13. 11. 1997 – 8 AZR 295/95 – NJW 1998, 1885; *Heinze,* in: Gottwald, Insolvenzrechts-Handbuch, 3. Aufl. 2006, § 104 Rn. 14.
71 LAG Baden-Württemberg LAGE Nr. 65 zu § 613 a BGB.
72 BAG, Urt. v. 10. 12. 1998 – 8 AZR 676/97 – ZIP 1999, 632 (Übernahme von 75% der Belegschaft, wenig qualifizierte Arbeitsplätze), vgl. auch BAG, Urt. v. 2. 12. 1999 – 8 AZR 796/98 – ZIP 2000, 711 (Beibehaltung des Warensortiments und Übernahme des überwiegenden Teils der Belegschaft als Betriebsübergang nach § 613 a BGB).
73 *Hamacher,* in: Nerlich/Römermann, InsO, § 128 Rn 12.
74 *Schaub,* in: MünchKomm, BGB, 3. Aufl. 1997, § 613 a Rn. 56; *Hamacher,* in: Nerlich/Römermann, InsO, § 128 Rn. 15.
75 BAG, Urt. v. 22. 5. 1985 – 5 AZR 173/84 – BAGE 48, 376.
76 BAG, Urt. v. 27. 9. 1984 – 2 AZR 309/83 – ZIP 1985, 698.
77 *Pietzko,* ZIP 1990, 1105.
78 *Pietzko,* ZIP 1990, 1105, 1106.
79 *Stückemann,* BB 1981, 1102.
80 BAG, Urt. v. 28. 4. 1987 – 3 AZR 75/86 – ZIP 1988, 120, 122.

beitnehmer zu ihrer außerordentlichen Kündigung animiert hat. Durch diese Handlungsweise gelangt er in eine Stellung, in die er sonst nicht gelangen könnte. Aus diesem Grunde muss er sich die Kündigung der Arbeitnehmer zurechnen lassen. Diese Sicht des Vorganges wird von Literatur und Rechtsprechung bestätigt.[81] Die Zurechnung der Kündigungserklärung führt dazu, dass eine Kündigung wegen Betriebsübergang vorliegt, die nach § 613a BGB unzulässig ist. Die neuere Praxis hat jedoch zugleich klargestellt, dass ein vom Arbeitnehmer abgeschlossener Aufhebungsvertrag nicht unter § 613a Abs. 4 fällt, wenn er nicht mit einer Einstellung beim Übernehmer (z.B. einer Auffanggesellschaft), sondern der bloßen Möglichkeit der späteren Übernahme gekoppelt ist.[82]

IV. Reaktionsmöglichkeiten des Insolvenzverwalters auf Betriebsvereinbarungen

1. Herabsetzung von Leistungen

32 Der Insolvenzverwalter wird nicht selten auf Betriebsvereinbarungen treffen, in denen Leistungen vorgesehen werden, aufgrund derer die Insolvenzmasse belastet wird.[83] Der Wegfall der Geschäftsgrundlage einer Betriebsvereinbarung z.B. in Form eines Sozialplans führt nicht dazu, dass diese von selbst oder rückwirkend unwirksam wird.[84] In diesem Falle bestimmt § 120 Abs. 1 Satz 1 InsO, dass Insolvenzverwalter und Betriebsrat über eine einvernehmliche Herabsetzung der Leistungen beraten sollen. Das Gesetz spricht von Herabsetzung, nicht von Wegfall der Leistungen. Die Herabsetzung kann aber im Einzelfall auf null erfolgen, also zum vollständigen Wegfall der Leistung führen.[85] Leistungen, welche die Insolvenzmasse belasten, können nur unmittelbar aus einer Betriebsvereinbarung resultierende geldwerte Vorteile sein,[86] nicht aber sonstige Verpflichtungen des Schuldners, die sich z.B. aus einer den Tarifvertrag ergänzenden Betriebsvereinbarung ergeben oder die überhaupt keine Leistungen vorsehen wie z.B. Regelungen über Beginn und Ende der täglichen Arbeitszeit einschließlich der Pausen sowie die Verteilung der Arbeitszeit auf die einzelnen Wochentage im Sinne des § 87 Abs. 1 Nr. 2 BetrVG.[87] Nach § 120 Abs. 1 Satz 2 InsO können derartige Betriebsvereinbarungen auch dann mit einer Frist von drei Monaten gekündigt werden, wenn eine längere Frist vereinbart ist. Diese Regelung lässt gem. § 120 Abs. 2 InsO das Recht unberührt, eine Betriebsvereinbarung aus wichtigem Grund ohne Einhaltung einer Kündigungsfrist zu kündigen.

33 Die Betriebspartner haben eine umfassende Regelungskompetenz in den Grenzen des Tarifvorrangs des § 77 Abs. 3 BetrVG.[88] Danach können Arbeitsentgelte und sonstige Arbeitsbedingungen, die durch

---

81 *Wolf*, in: KR-BGB, 5. Aufl. 1998, § 613a BGB, Rn. 5f.; BAG DB 1989, 430; am Ende auch *Pietzko*, aber mit anderer Begründung, ZIP 1990, 1105, 1112.

82 BAG, Urt. v. 10.12. 1998 – 8 AZR 324/97 – ZIP 1999, 320 m. zust. Anm. *Hanau;* BAG „Dörries-Scharmann II"; ArbG Gelsenkirchen, Urt. v. 1.12. 1999 – 4 Ca 1686/99 – DZWIR 2000, 142, 144 m. Anm. *Weisemann.*

83 *Oetker/Friese*, DZWIR 2000, 397 ff.

84 *Weisemann/Streuber*, in: Smid, InsO, 2. Aufl. 2001, § 120 Rn. 12.

85 *Weisemann/Streuber*, in: Smid, InsO, 2. Aufl. 2001, § 120 Rn. 8.

86 *Hamacher*, in: Nerlich/Römermann, InsO, § 120 Rn. 25; vgl. auch Beispiele bei *Löwisch/Caspers*, in: MünchKomm, InsO, 1. Aufl. 2001, § 120, Rn. 8.

87 *Bichlmaier/Oberhofer*, AiB 1997, 161, 163; *Hamacher*, in: Nerlich/Römermann, InsO, 120 Rn. 26; a.A. *Löwisch/Caspers*, in: MünchKomm, InsO, 1. Aufl. 2001, § 120, Rn. 10.

88 *Oetker/Friese*, DZWIR 2000, 397 ff.

Tarifvertrag geregelt sind oder üblicherweise geregelt werden, nicht Gegenstand einer Betriebsvereinbarung sein. Dies gilt nicht, wenn ein Tarifvertrag den Abschluss ergänzender Betriebsvereinbarungen ausdrücklich zulässt, § 77 Abs. 3 Satz 2 BetrVG.[89]

2. Mitwirkung des Betriebsrats[90]

Betriebsänderungen in einem Betrieb, der mehr als zwanzig Arbeitnehmer hat, bedürfen nach § 111 BetrVG der Unterrichtung des Betriebsrates und der Beratung über einen Interessenausgleich und einen Sozialplan. Als Betriebsänderungen im Sinne des § 111 BetrVG gelten Einschränkungen und Stilllegung, die Verlegung des ganzen Betriebes oder von wesentlichen Betriebsteilen, der Zusammenschluss mit anderen Betrieben oder die Spaltung von Betrieben, grundlegende Änderungen der Betriebsorganisation, des Betriebszwecks oder der Betriebsanlagen, sowie die Einführung grundlegend neuer Arbeitsmethoden und Fertigungsverfahren.[91] Die Einschränkung und Stilllegung von wesentlichen Betriebsteilen im Sinne des § 111 Satz 2 Nr. 1 BetrVG kann auch in einer Personalreduzierung unter Beibehaltung der sächlichen Betriebsmittel liegen.[92] Selbst wenn also bei einer Betriebsänderung durch reinen Personalabbau nach § 112a BetrVG kein Sozialplan erzwingbar ist, kann die Betriebsänderung dennoch interessenausgleichspflichtig nach § 111 BetrVG sein.[93] 34

3. Verfahren

a) Einigungspflicht. An die Regelungen der §§ 120ff. InsO ist der Insolvenzverwalter gebunden. Der Interessenausgleich regelt das Ob, Wann und Wie einer Betriebsänderung. Er ist nicht erzwingbar. Allerdings ist der Insolvenzverwalter zur Vermeidung von Nachteilsausgleichsansprüchen nach § 113 Abs. 3 BetrVG gehalten, alles zu versuchen, um mit dem Betriebsrat eine Einigung zu erzielen.[94] Der Sozialplan regelt den Ausgleich der wirtschaftlichen Nachteile, die den Arbeitnehmern durch die Betriebsänderung entstehen. Er ist unter den Voraussetzungen der §§ 112 und 112a BetrVG erzwingbar. Ggf. entscheidet die Einigungsstelle über Volumen und Verteilungsmodus u.a. von Abfindungszahlungen verbindlich, § 112 Abs. 4 BetrVG.[95] 35

b) Arbeitsgerichtliches Beschlussverfahren. Das bisherige Verfahren ist durch das neue Recht deutlich abgekürzt: Nach § 112 Abs. 2 Satz 1 BetrVG können Betriebsrat und Unternehmer nach gescheiterten gemeinsamen Verhandlungen über einen Interessenausgleich und/oder Sozialplan vor Anrufung der Einigungsstelle den Präsidenten des Landesarbeitsamtes um Vermittlung ersuchen. Das Einigungsverfahren hat nach früherem Recht weniger der Durchsetzung der Interessen der Arbeitnehmer gedient als Verfahrensverzögerungen ausgelöst, die insbesondere einer übertragenden Sanierung des Unternehmens im Wege standen. Wurde die Betriebsänderung vor Abschluss dieses häufig zeitraubenden Verfahrens durchgeführt, so entstanden Ansprüche der Arbeitnehmer auf Nachteilsausgleich nach § 113 Abs. 3 BetrVG auch dann, 36

---

89 *Müller*, in: Smid, InsO, 1. Aufl. 1998, § 120 Rn. 5.
90 *Oetker/Friese*, DZWIR 2000, 402.
91 *Hamacher*, in: Nerlich/Römermann, InsO, vor § 121 Rn. 6.
92 BAG AP Nr. 32 zu § 111 BetrVG 1972.
93 *Weisemann/Streuber*, in: Smid, InsO, 2. Aufl. 2001, § 122 Rn. 8.
94 *Ennemann*, in: Kölner Schrift zur Insolvenzordnung, 2. Aufl. 2000, S. 1473, 1479 (Rn. 15); *Hamacher*, in: Nerlich/Römermann, InsO, vor § 121 Rn. 39; ähnlich *Berscheid*, in: Uhlenbruck, InsO, 12. Aufl. 2003, § 120 Rn. 11f.
95 *Weisemann/Streuber*, in: Smid, InsO, 2. Aufl. 2001, § 121 Rn. 4.

wenn die Betriebsänderung im Konkursverfahren stattfand und wenn sie die notwendige Folge einer wirtschaftlichen Zwangslage war.[96] Dieses Verfahren wird daher durch § 121 InsO nach Eröffnung des Insolvenzverfahrens über das Vermögen des Arbeitgebers dahingehend modifiziert, dass § 112 Abs. 2 Satz 1 BetrVG allein mit der Maßgabe gilt, dass dem Verfahren vor der Einigungsstelle nur dann ein Vermittlungsversuch des Präsidenten des Landesarbeitsamtes vorangeht, wenn der Insolvenzverwalter und der Betriebsrat gemeinsam um eine solche Vermittlung ersuchen.

37 Der Insolvenzverwalter kann gem. § 122 Abs. 1 Satz 1 InsO die Zustimmung des Arbeitsgerichts[97] dazu beantragen, dass die Betriebsänderung durchgeführt wird, ohne dass das Verfahren nach § 112 Abs. 2 BetrVG vorangegangen ist, wenn eine Betriebsänderung geplant ist und zwischen Insolvenzverwalter und Betriebsrat der Interessenausgleich nach § 112 BetrVG nicht innerhalb von drei Wochen nach Verhandlungsbeginn oder schriftlicher Aufforderung zur Aufnahme von Verhandlungen zustande kommt, obwohl der Verwalter den Betriebsrat rechtzeitig und umfassend unterrichtet hat. § 113 Abs. 3 BetrVG ist insoweit nicht anzuwenden. Das Arbeitsgericht erteilt gem. § 122 Abs. 2 InsO die Zustimmung, wenn die wirtschaftliche Lage des Unternehmens auch unter Berücksichtigung der sozialen Belange der Arbeitnehmer erfordert, dass die Betriebsänderung ohne vorheriges Verfahren nach § 112 Abs. 2 BetrVG durchgeführt wird.

38 **c) „Zweigleisiges" Vorgehen des Insolvenzverwalters.** Der Insolvenzverwalter kann den Antrag stellen, er muss ihn nicht stellen, er kann aber auch zweigleisig fahren[98] und den Antrag stellen und dennoch mit dem Betriebsrat über den Interessenausgleich weiterverhandeln, denn § 122 Abs. 1 Satz 3 InsO lässt das Recht des Verwalters, einen Interessenausgleich im Sinne des § 125 InsO zustande zu bringen, ausdrücklich unberührt.

V. Sozialplan im Insolvenzverfahren[99]

1. Sozialplanvolumen

39 In einem Sozialplan, der nach der Eröffnung des Insolvenzverfahrens aufgestellt wird, kann gem. § 123 Abs. 1 InsO für den Ausgleich oder die Milderung der wirtschaftlichen Nachteile, die den Arbeitnehmern infolge der geplanten Betriebsänderung entstehen, ein Gesamtbetrag von bis zu zweieinhalb Monatsverdiensten[100] (vgl. § 10 Abs. 3 KSchG) der von der Entlassung betroffenen Arbeitnehmer vorgesehen werden.

---

96 BAG, Urt. v. 9. 6. 1985 – 1 AZR 323/83 – NZA 1986, 100; *Hamacher*, in: Nerlich/Römermann, InsO, vor § 121 Rn. 82.

97 *Arend*, ZInsO 1998, 303 ff.

98 *Weisemann/Streuber*, in: Smid, InsO, 2. Aufl. 2001, § 122 Rn. 12; *Wolf*, in: Braun, InsO, 2. Aufl. 2004, § 122 Rn. 8.

99 Krit. gegen die Systemwidrigkeit der gesetzlichen Vorschriften *Häsemeyer*, ZIP 2003, 229 ff.; *Schwerdtner*, in: Kölner Schrift zur Insolvenzordnung, 2. Aufl. 2000, S. 1605 ff.

100 Zur absoluten Höchstgrenze des Sozialplans *Schwerdtner*, in: Kölner Schrift zur Insolvenzordnung, 2. Aufl. 2000, S. 1605, 1622 ff.

2. Sozialplanforderungen als Masseverbindlichkeiten

Im Gegensatz zum geltenden Recht ist es neu, dass die Forderungen aus Sozialplänen 40
nicht mehr bevorrechtigte Konkursforderungen sind. Dies bringt aber aufgrund des Nachrangs gegenüber anderen Masseverbindlichkeiten nur eine „formelle Verbesserung“[101] der Rechtsstellung der Arbeitnehmer mit Sozialplanforderungen mit sich. Die Verbindlichkeiten aus einem solchen Sozialplan sind gem. § 123 Abs. 2 Satz 1 InsO Masseverbindlichkeiten. Deren Umfang schränkt § 123 Abs. 2 Satz 2 InsO jedoch zum Schutz der Gläubigergleichbehandlung ein: Sofern nicht ein Insolvenzplan zustande kommt, darf für die Berichtigung von Sozialplanforderungen nicht mehr als ein Drittel der Masse verwendet werden, die ohne einen Sozialplan für die Verteilung an die Insolvenzgläubiger zur Verfügung stünde.[102] § 123 Abs. 2 Satz 3 InsO sieht vor, dass, wenn der Gesamtbetrag aller Sozialplanforderungen diese Grenze übersteigt, die einzelnen sich aus dem Sozialplan ergebenden Forderungen anteilig zu kürzen sind.

Da es sich bei einem Sozialplan um eine Betriebsvereinbarung handelt, entstehen 41
zwischen den Arbeitsvertragsparteien unmittelbar und zwingend Ansprüche, § 77 Abs. 4 Satz 1 BetrVG.[103] Wegen des erheblichen Umfangs der Sozialplanforderungen wäre aber die geordnete Abwicklung des Insolvenzverfahrens gefährdet, könnten ihre Erfüllung von den Massegläubigern ohne weiteres verlangt und durchgesetzt werden.

3. Beschränkung der Durchsetzung von Sozialplanforderungen

§ 123 Abs. 3 InsO bindet die Erfüllung der Sozialplanforderungen an den Stand der 42
Erzielung von Teilungsmasse durch den Insolvenzverwalter. Die Vorschrift zeigt im Übrigen, dass die Sozialplangläubiger im Hinblick auf ihre verfahrensrechtliche Stellung weiter wie Insolvenzgläubiger behandelt werden: § 123 Abs. 3 Satz 2 InsO ergänzt wegen der aus dem Sozialplan folgenden Masseverbindlichkeiten die Regelung des § 90 InsO, indem angeordnet wird, dass eine Zwangsvollstreckung der Sozialplangläubiger in die Masse unzulässig ist. Im Übrigen bestimmt § 123 Abs. 3 Satz 1 InsO, dass der Insolvenzverwalter mit Zustimmung des Insolvenzgerichts Abschlagszahlungen auf die Sozialplanforderung leisten soll, sooft hinreichende Barmittel in der Masse vorhanden sind.

VI. Insolvenzsicherung betrieblicher Versorgungsansprüche

Die Insolvenzsicherung, die sich auf Versorgungsansprüche und nach gesetzlichen 43
Vorschriften unverfallbare Versorgungsanwartschaften der betrieblichen Altersversorgung bezieht, wird durch die §§ 7 bis 15 BetrAVG geregelt.

---

101 So in der Begründung zu § 141 RegEInsO, BT-Drs. 12/2443, S. 154.
102 Zur relativen Höchstgrenze des Sozialplans *Schwerdtner,* in: Kölner Schrift zur Insolvenzordnung, 2. Aufl. 2000, S. 1605, 1632 ff.
103 *Aghamiri,* in: LSZ, InsO, 3. Aufl. 2010, § 123 Rn. 2.

44 § 3 Abs. 1 Satz 1 BetrAVG eröffnet die Möglichkeit, Anwartschaften geringen Umfangs abzufinden. Diese Vorschrift wird auf zwei weitere Fälle ausgedehnt. Es erfolgt auch dann eine Abfindung, wenn Kleinanwartschaften 1/10 der monatlichen Bezugsgröße gem. § 18 SGB IV oder bei Kapitalleistungen 12/10 dieser Bezugsgröße nicht überschreiten. Nach § 3 Abs. 1 Satz 4 BetrAVG gehen Wertsteigerungen von Anwartschaften nach Eröffnung des Insolvenzverfahrens nicht auf den PSVaG über. Diese Anwartschaftsteile werden vom Insolvenzverwalter bei vollständiger Betriebseinstellung abgefunden, wodurch der Insolvenzmasse Wertzuwächse zugutekommen können. Die erweiterten Abfindungsmöglichkeiten des § 3 Abs. 1 Satz 1 BetrAVG sind durch die Änderung des § 8 BetrAVG durch Art. 91 RegEEGInsO auf den PSVaG übertragen worden.

45 Für das Insolvenz- und das Insolvenzplanverfahren gelten insofern eine Reihe von Sonderregelungen: § 7 Abs. 1 Satz 2 BetrAVG erklärt die Eröffnung des Insolvenzverfahrens zum Sicherungsfall. In § 7 Abs. 1 Satz 3 BetrAVG erklärt die Vorschrift des § 11 VVG über die Fälligkeit von Versicherungsleistungen für den PSVaG für entsprechend anwendbar. § 7 Abs. 1 Satz 4 Nr. 2 BetrAVG meint einen außergerichtlichen Vergleich, der bereits vor einer eingetretenen Insolvenz geschlossen worden ist. Nach § 7 Abs. 4 Satz 5 BetrAVG ist im Plan vorzusehen, dass bei Besserung der wirtschaftlichen Lage des Arbeitgebers die vom PSVaG zu erbringenden Leistungen ganz oder teilweise wieder vom Arbeitgeber oder dem Versorgungsträger übernommen werden. Falls der Insolvenzplan eine solche Bestimmung nicht enthält, ist er vom Insolvenzgericht zurückzuweisen, da Satz 5 den Sollinhalt des Plans i. S. d. §§ 218, 221 InsO vorgibt. Nach § 9 Abs. 2 Satz 3 BetrAVG sind die auf den PSVaG übergegangenen Versorgungsanwartschaften nach Umrechnung und Feststellung zur Tabelle bei der Verteilung der Masse zu berücksichtigen, ohne dass abgewartet werden muss, bis die Versorgungsanwartschaft zu einem Versorgungsanspruch erstarkt ist. Gem. § 9 Abs. 4 Satz 2 BetrAVG kann der PSV, soweit im Insolvenzplan nicht anderes vorgesehen ist, Erstattung der von ihm erbrachten Leistungen verlangen, wenn innerhalb von drei Jahren nach Aufhebung des Insolvenzverfahrens ein Antrag auf Eröffnung eines erneuten Insolvenzverfahrens gestellt wird.

46 Die Übertragung der Rechte aus einer Direkt-Lebensversicherung vom Arbeitgeber auf den Arbeitnehmer im Monat vor dem Antrag auf Eröffnung des Insolvenzverfahrens hat das BAG[104] als inkongruente Deckung qualifiziert, weil der Arbeitnehmer zum Zeitpunkt der Rechtsübertragung noch keine unverfallbare Anwartschaft im Sinne der §§ 1 b, 30 f. BetrAVG erworben hatte.

47 Der 10. Senat des BAG[105] hat außerdem entschieden, dass die Buchung von Lohn- und Gehaltsansprüchen auf ein Arbeitszeitkonto, auf dem angesparte Arbeitsstunden gutgeschrieben werden, allein der Sicherung gleichmäßiger Einkünfte diene. Den Arbeitnehmern stehe kein Aussonderungsanspruch gemäß § 47 InsO gegen den Insolvenzverwalter an den auf dem Konto gebuchten Beträgen zu. Vielmehr handele es sich um eine Insolvenzforderung im Sinne von § 38 InsO.

---

104 BAG, Urt. v. 19. 11. 2003 – 10 AZR 110/03 – DZWIR 2004, 235; *Smid*, DZWIR 2004, 265, 268.
105 BAG, Urt. v. 24. 9. 2003 – 10 AZR 640/02 – DZWIR 2004, 287 mit Anm. *Bichlmeier; Smid*, DZWIR 2004, 265, 266.

Zweiter Teil: Die Herstellung der Insolvenzmasse als haftendes Vermögen

§ 13 Die Beschlagnahme des Vermögens des Schuldners und der Umfang der Masse

I. Das pfändbare Vermögen

1. Besitzergreifung der Masse

Die Eröffnung des Insolvenzverfahrens stellt eine tiefe Zäsur in der Innehabung der rechtlichen Kontrollbefugnis über das schuldnerische Vermögen dar, die man sich am besten an einem **Beispiel** verdeutlicht: Der Schuldner darf den gemieteten Pkw nicht selber an den Vermieter herausgeben, und der Vermieter darf nicht im Wege der Selbsthilfe den Pkw „zurückholen". Vor der Abwicklung aller den Schuldner betreffenden Rechtsbeziehungen steht die Prüfung der Sach- und Rechtslage durch den Insolvenzverwalter. Insofern spricht man von der Universalität des Konkursbeschlags, die dazu führt, dass der Verwalter über alle im Gewahrsam des Schuldners befindlichen Vermögensgegenstände seine Verwaltungsbefugnis auszuüben hat. 1

Der „Insolvenzbeschlag" (vgl. zum *Begriff* oben § 1 Rn. 98ff.) ergreift mit Ausnahme der durch § 36 Abs. 2 InsO ausdrücklich für pfändbar erklärten Gegenstände grundsätzlich nur die gem. §§ 811, 850ff. ZPO pfändbaren Teile des Schuldnervermögens (§ 36 Abs. 1 InsO), soweit es zum Zeitpunkt der Eröffnung des Insolvenzverfahrens bestanden hat.[1] Der sog. Neuerwerb, der nach der KO beschlagfrei[2] war, wird nunmehr gem. § 35 HS 2 InsO ebenfalls vom Konkursbeschlag erfasst.[3] 2

Nach deutschem Recht wirkt der Insolvenzbeschlag grundsätzlich *universell* und ergreift damit das gesamte pfändbare Vermögen des Schuldners.[4] Die faktische Wirkung des Insolvenzbeschlags stößt auf die Grenzen der Souveränität anderer Staaten.[5] Ob und nach welchen Regeln ein ausländischer Insolvenzverwalter in Deutschland legitimiert durch den Eröffnungsbeschluss des ausländischen Gerichts handeln, 3

---

1 *Raffel,* Die Verwertbarkeit der Firma im Konkurs, 1995; *Uhlenbruck,* ZIP 2000, 401ff. Zur Erstreckung des Konkursbeschlages auf das Recht zur Teilnahme an sportlichen Wettbewerben (Fall der Basketball-Gemeinschaft Bramsche): BGH, Urt. v. 22. 3. 2001 – IX ZR 373/98 – ZIP 2001, 889.

2 *Kalter,* KTS 1975, 1ff.; zur Reform *Dieckmann,* in: *Leipold* (Hrsg.), Insolvenzrecht im Umbruch, 1991, S. 127ff.

3 *Smid,* WM 2005, 625ff.; *Pech,* Die Einbeziehungen des Neuerwerbs in die Insolvenzmasse, 1999. Zur Universalinsolvenz *Foerster,* Insolvenzrecht, 3. Aufl. 2006, Rn. 141.

4 Zur geschichtlichen Entwicklung vgl. Voraufl. § 33 Rn. 1ff. sowie *Smid,* Europäisches internationales Insolvenzrecht, 1. Aufl. 2002, Kap. 2 Rn. 3–7.

5 *v. Savigny,* System des heutigen römischen Rechts, Bd. 8.

wieweit ein deutscher Insolvenzverwalter im Ausland handeln kann, richtet sich nach den Regeln des internationale Insolvenzrechts.

4 **Beispiel:** Über das Vermögen eines deutschen Gemeinschuldners wird durch Beschluss eines deutschen Insolvenzgerichts der Konkurs eröffnet. Der Gemeinschuldner verfügt nicht über nennenswertes Vermögen im Inland. Er ist aber Eigentümer wertvoller Immobilien in den USA. Der – deutsche, vom deutschen Insolvenzgericht eingesetzte – Konkursverwalter will den Grundbesitz des Gemeinschuldners in den USA verwerten.[6] Im umgekehrten Fall tritt der im Ausland eingesetzte Verwalter vor einem deutschen Gericht unter Berufung auf seine Ernennung auf.

5 Im Einzelnen werden beschlagnahmt:

Die im Eigentum des Schuldners stehenden Sachen, die dem Schuldner stehenden Forderungen und Rechte, namentlich die beschränkt persönliche Dienstbarkeit[7]; weiter Immaterialgüterrechte.[8] Eigene **Verwertungsbefugnisse des Schuldners** aufgrund seines **Urheberrechts**[9] fallen gem. **§§ 112, 113 UrhG** nur mit seiner Zustimmung in die verwertbare Masse[10]. Ansprüche des Schuldners auf Leistungen aufgrund **Versicherungsverträgen** gehören nach Maßgabe der **§§ 850b Abs. 1 Nr. 4, 850c ZPO** zu seinem verwertbaren Vermögen. Der IX. Zivilsenat des BGH[11] hat darauf erkannt, dass mit Eintritt des Versicherungsfalls der Begünstigte eines Lebensversicherungsvertrages den Anspruch auf die Versicherungssumme originär selbst erwirbt. Da der Anspruch zu keinem Zeitpunkt im Vermögen des Versicherungsnehmers oder der Insolvenzmasse vorhanden war, greift die Erwerbssperre gem. § 91 Abs. 1 InsO nicht ein.

Schwierig ist zu beurteilen, ob die **Firma** (der **Handelsname,** § 17 HGB) des Schuldners zu seinem dem Insolvenzbeschlag unterliegenden Vermögen gehört[12]. Der Insolvenzverwalter kann das insolvente Unternehmen unter der bisherigen Firma[13] fortführen (§ 32 HGB). Die Firma ist als Vermögenswert aber nicht verwertbar, wenn – etwa wegen des Familiennamens des Schuldners als Firmenbestandteil – Persönlichkeitsrechte entgegenstehen.[14] Der kommerziell genutzte Name eines Einzelkaufmanns – im Gegensatz zur Firma der GmbH – kann daher nur mit Zustimmung des Schuldners vom Verwalter verwertet werden. Andernfalls würde dem Schuldner jede Möglichkeit genommen, eine neue Existenz aufzubauen[15]. Diese Bedenken greifen allein bei der Insolvenz natürlicher Personen. Ist die Firma in der Unternehmensinsolvenz nicht mehr auf eine natürliche Person bezogen, kommt der handelsrechtliche Gesichtspunkt der Übertragbarkeit der Firma zusammen mit dem Unternehmen zum Tragen[16]. Daran ändert auch die Neufassung des § 18 HGB nichts; der Schuldner ist zwar nicht mehr gezwun-

---

6 Zur angelsächsischen Technik, zur Abstimmung der Befugnisse der beteiligten „Verwalter" „Protokolle" aufzustellen – Beispiele bei *Paulus,* ZIP 1998, 977 ff. und das Beispiel des „Protocol" in Sachen des Bankier *Nakash,* ZIP 1998, 1012 ff.

7 BGH, Urt. v. 29. 9. 2006 – V ZR 25/06 – ZIP 2006, 2321 f.

8 *Empting,* Immaterialgüterrechte in der Insolvenz, 2003; *Hoffmann,* in: 4. Leipziger Insolvenzrechtstag, 2003, S. 69.

9 *Wallner,* Die Insolvenz des Urhebers, 2002.

10 *Heilmann/Klopp,* in: Gottwald, Insolvenzrechts-Handbuch, 3. Aufl. 2006, § 26 Rn. 45.

11 BGH, Beschl. v. 27. 4. 2010 – IX ZR 245/09, ZIP 2010, 1964.

12 BGH, Urt. v. 26. 2. 1960 – I ZR 159/58 – BGHZ 32, 103 – NJW 1960, 1008; BGH v. 27. 9. 1982 – II ZR 51/82 – BGHZ 85, 221 – NJW 1983, 755; OLG Düsseldorf v. 26. 10. 1988, ZIP 1989, 457 m. Anm. *Schulz,* EWiR § 1 KO 2/89, 489; *Raffel,* Die Verwertbarkeit der Firma im Konkurs, 1995, *Kern,* BB 1999, 1717.

13 *Uhlenbruck,* ZIP 2000, 401; *Klanze,* Urheberrechtliche Nutzungsrechte in der Insolvenz, 2005.

14 *Raffel* (Fn. 7), 79 ff.

15 *Jaeger/Henckel,* Konkursordnung, 8. Aufl. 1973, § 1 Rn. 15.

16 BGH, Urt. v. 14. 12. 1989 – I ZR 17/88 – ZIP 1990, 388 m. Anm. *Lepsie,* EWiR § 6 KO 1/90, 491; OLG Koblenz, Beschl. v. 17. 10. 1991 – 6 U 982/91 – ZIP 1991, 1440 m. Anm. *Ackmann,* EWiR § 6 KO 2/91, 1105; zutr. die differenzierende Betrachtungsweise bei *Brandes,* Höchstrichterliche Rechtsprechung zum Insolvenzrecht, 1993, S. 2.

gen, seinen Namen als Handelsnamen zu führen.[17] Die **Rechtsanwaltspraxis** wird wegen ihres personalen Bezuges nicht vom Insolvenzbeschlag erfasst[18].

Vom Insolvenzbeschlag erfasst werden ferner alle Ansprüche, soweit diese nicht dem Schuldner höchstpersönlich geschuldet sind (vgl. § 664 Abs. 2 BGB), soweit ihre Übertragung nicht ausgeschlossen ist **(§ 851 ZPO, §§ 399, 400 BGB).** Bei der Beurteilung der Konkursbefangenheit von Honorarforderungen schweigepflichtiger Berufe kommt es darauf an, ob der Schutzzweck des (relativ wirkenden) Abtretungsverbotes erfasst ist oder nicht[19]. Vom Insolvenzbeschlag werden danach erfasst: Freistellungsansprüche gegen Dritte, da diese im Insolvenzfall in einen Zahlungsanspruch umgewandelt werden, Steuererstattungsansprüche[20], grundstücksgleiche Rechte wie Grundschulden, Hypothekenforderungen, Eigentümerhypotheken, Eigentümergrundschulden[21], nicht aber beschränkte persönliche Dienstbarkeiten (§§ 1090ff. BGB) wegen § 1092 Abs. 1 Satz 1 BGB i.V.m. § 851 ZPO[22], übertragbare (anerkannte oder rechtshängig gemachte) Pflichtteilsansprüche (vgl. § 852 Abs. 1 ZPO), Nutzungsbefugnisse aus Miet-, Pacht- und Leasingverträgen[23]. Soweit – was regelmäßig der Fall ist – vertraglich die Unübertragbarkeit dieser Rechte vereinbart ist, kann außer der weiteren Nutzung durch den Verwalter (vgl. §§ 148 ff.) keine anderweitige Verwertung dieser Nutzungsrechte erfolgen[24]. Software (EDV-Programme), über die der Schuldner aufgrund von Überlassungsverträgen (Lizenzen[25]) verfügt, fallen im Rahmen der vertraglichen Vereinbarungen bzw. des Urheberrechts in die Masse. Zur Ist-Masse gehören weiterhin unübertragbare Forderungen, **§ 319 HS 2 BGB, § 851 ZPO,** deren Sicherung bes. im Wege der Einziehung[26] nach Verfahrenseröffnung in die Rechtszuständigkeit des Insolvenzverwalters fällt, nicht aber deren Verwertung. Danach gehören als Insolvenzmasse zum Vermögen des Schuldners: **Rückständiges und** – wegen der Beschlagnahme des sog. Neuerwerbs (Rn. 2) – auch **künftiges Arbeitseinkommen,** soweit es der Zwangsvollstreckung nach den §§ 850ff. ZPO unterliegt, wobei besonders zu beachten ist, dass auch verschleierte Arbeitseinkünfte des Schuldners gem. **§ 850h ZPO** in das zur Verwertung stehende Vermögen gezogen werden können; ferner alle Ansprüche auf **Sozialleistungen**[27], soweit diese nach den **§ 850i Abs. 4 ZPO, § 54 SGB I** der Pfändung unterworfen sind, also namentlich **Arbeitslosengeld** und **Arbeitslosenhilfe,** aber auch Ansprüche des Schuldners auf **rückständiges Altersruhegeld,** nicht dagegen Ausbildungsförderungsansprüche, da sie nach § 11 Abs. 1 BAföG dem Unterhaltsbedarf des Berechtigten dienen, und auch nicht Ansprüche auf Sozialhilfe (§ 4 Abs. 1 Satz 2 BSHG). Dies gilt auch für Berufsunfähigkeitsrenten.[28]

Da der Pflichtteilsanspruch der Zwangsvollstreckung § 852 Abs. 1 ZPO unterliegt, wird er Teil der Insolvenzmasse.[29] Allerdings richtet sich dies danach, ob und wieweit der Erbe den Anspruch durchzusetzen bereit ist, da dies von der familiären Verbundenheit von Erblasser und Pflichtteilsberechtigten dem Erben überlassen bleibt[30]. Zwangsvollstreckung und Insolvenz stellen dieses Bestimmungsrecht des Schuldners nicht in Frage. Anders ist dies nur unter der Voraussetzung, dass der Schuldner seinen Pflichtteilsanspruch durchzusetzen bereit ist. Geschieht dies im eröffneten Insolvenzverfahren, liegt es

---

17 Anders *Uhlenbruck*, ZIP 2000, 401, 402ff.
18 FG Düsseldorf, Urt. v. 24. 3. 1992 – 16 K 138/88 U – ZIP 1992, 635 m. Anm. *Grub*, EWiR § 1 KO 1/92, 581.
19 BGH, Urt. v. 25. 3. 1999 – IX ZR 223/97, InVo 1999, 205; *Schörnig*, InVo 1999, 297ff.
20 *Kuhn/Uhlenbruck*, Konkursordnung, 11. Aufl. 1994, § 1 Rn. 73 b.
21 *Kilger/K. Schmidt*, Konkursordnung, 17. Aufl. 1997, § 1 Anm. 2 A.
22 *Hess*, Konkursordnung, 6. Aufl. 1998, § 1 Rn. 37.
23 *Baumgarte*, Leasing-Verträge über bewegliche Sachen im Konkurs, 1980.
24 BGH, Urt. v. 22. 5. 1963 – IV ZR 224/62 – NJW 1963, 2219; *Jaeger/Henckel*, Konkursordnung, 8. Aufl. 1973, § 1 Rn. 109.
25 *Klanze*, Urheberrechtliche Nutzungsrechte in der Insolvenz, 2006, bes. 29ff.; *Berger*, in: Wellensiek-F., 2011, 373ff.; *P. Wolff*, Urheberrechtliche Lizenzen in der Insolvenz von Film- und Fernsehunternehmen, 2007.
26 BGH, Urt. v. 27. 5. 1971 – VII ZR 85/69 – BGHZ 56, 233.
27 *Hess*, Konkursordnung, 6. Aufl. 1998, §§ 35, 36 Rn. 232.
28 BGH, Urt. v. 15. 7. 2010 – IX ZR 132/09, ZIP 2010, 1656.
29 BGH, Beschl. v. 2. 12. 2010 – IX ZB 184/09, ZIP 2011, 135.
30 BGH, Urt. v. 8. 7. 1993 – IX ZR 116/92, BGHZ 123, 183, 186.

in der Befugnis von Insolvenzverwalter oder Treuhänder, den Anspruch durchzusetzen. Macht der Schuldner den im eröffneten Insolvenzverfahren angefallenen Pflichtteilsanspruch nach Aufhebung des Verfahrens geltend, liegt eine Situation des § 203 Abs. 1 Nr. 3 InsO vor, wie der IX. Zivilsenat des BGH zutreffend feststellt.

Die **Arbeitskraft** ist kein Teil des Vermögens des Schuldners. Sie unterliegt daher nicht dem Konkursbeschlag; zivilprozessual ist „die Arbeitskraft" schließlich auch zu Recht nicht der Pfändung unterworfen. Verweigert der Schuldner eine Berufstätigkeit, kann er im Allgemeinen nicht zu ihrer Aufnahme gezwungen werden. Daher spricht gegen eine konkursrechtliche Arbeitspflicht des Schuldners bereits § 36 Abs. 2 Nr. 2 InsO. Etwas anderes ergibt sich aus diesen Gründen auch nicht aus § 283 Abs. 1 Nr. 6 StGB: Der Schuldner verkürzt nicht in strafbarer Weise die Masse, wenn er seine Beschäftigung kündigt. Und schließlich hieße es die Mitwirkungspflichten des § 97 InsO überziehen, wollte man die Beibehaltung seiner Erwerbstätigkeit oder die Aufnahme einer Erwerbstätigkeit als Teil seiner Pflicht zur Unterstützung des Insolvenzverwalters oder des Treuhänder bei der Mehrung der Masse begreifen, die im Falle der Verweigerung mit dem Sanktionsinstrumentarium des § 98 InsO erzwungen werden kann.

In dem über das Vermögen von **Personenhandelsgesellschaften** eröffneten Insolvenzverfahren sind die **geleisteten Einlagen der Gesellschafter** Teil der Insolvenzmasse.[31] Gem. § 859 Abs. 1 Satz 1 ZPO ist der **Anteil an Personengesellschaften** pfändbar[32] und unterliegt daher dem Gläubigerzugriff im Rahmen der Gesamtvollstreckung. Pfändbar ist ferner der **Erbteil** gem. § 859 Abs. 2 ZPO.[33]

2. „Ist-" und „Soll-"Masse

6 Das dem Konkursbeschlag unterliegende Vermögen wird vielfach als „Soll-Masse"[34] bezeichnet[35] im Gegensatz zur „Ist-Masse", der **alle** Gegenstände im Besitz des Gemeinschuldners zugeordnet werden, auch diejenigen, die ausgesondert werden müssen, weil sie dem Gemeinschuldner nicht gehören bzw. die in dem über das Vermögen einer natürlichen Person eröffneten Insolvenzverfahren zu dem unpfändbaren Vermögen oder Arbeitseinkommen des Schuldners zuzurechnen sind. Der Beschlag ist universell und überschreitet Staatsgrenzen, sofern nicht ein Territorial- bzw. Partikularinsolvenzverfahren eröffnet worden ist, das nur die Vermögensgegenstände ergreift, die im Territorium des Eröffnungsstaats liegen.[36] Dem Konkursbeschlag unterliegen auch die Geschäftsbücher (§ 36 Abs. 2 Nr. 1 InsO). Vom Konkursbeschlag ausgenommen sind nach § 36 Abs. 3 InsO Gegenstände, die zum gewöhnlichen Hausrat gehören und im Haushalt des Schuldners gebraucht werden,[37] wenn ohne weiteres ersichtlich ist, dass durch die Verwertung nur ein Erlös erzielt wird, der zu dem Werte außer allem Verhältnis steht (§ 812 ZPO).

---

31 *Armbruster*, Die Stellung der haftenden Gesellschafter in der Insolvenz der Personenhandelsgesellschaft nach geltendem und künftigem Recht, 1996, S. 26f.

32 *Smid*, JuS 1988, 613f.

33 *Smid*, JuS 1988, 613f.

34 Zur historischen Entwicklung dieser Kategorie Voraufl. § 7 Rn. 4.

35 *Hess*, §§ 35, 36 Rn. 25; *Holzer*, in: Kübler/Prütting, Kommentar zur Insolvenzordnung, § 35 Rn. 3; *Andres*, in: Nerlich/Römermann, InsO, § 35 Rn. 4; *Hirte*, in: Uhlenbruck, InsO, 13. Aufl. 2010, § 35 Rn. 46; *Lwowski*, in: MünchKomm, InsO, 1. Aufl. 2001, § 35 Rn. 19; *Bräuerle*, in: Braun, InsO, 2. Aufl. 2004, § 35 Rn. 1; *Holzer*, in: Beck/Depré, Handbuch der Insolvenz, 1. Aufl. 2003, § 8 Rn. 9.

36 *Becker*, Insolvenzrecht, 2005, Rn. 386, 387.

37 *Eickmann*, in: H-K, InsO, 4. Aufl. 2006, § 36 Rn. 31; *Hirte*, in: Uhlenbruck, InsO, 13. Aufl. 2010, § 36 Rn. 52; *Peters*, in: MünchKomm, InsO, 1. Aufl. 2001, § 36 Rn. 60; *Bräuerle*, in: Braun, InsO, 2. Aufl. 2004, § 36 Rn. 18.

a) Ist-Masse. Unter der „Ist-Masse" versteht man danach die Summe aller Vermögensgegenstände, die der Insolvenzverwalter beim Schuldner vorfindet und die er gem. § 148 InsO „in Besitz" zu nehmen verpflichtet ist.[38] „Besitz" ist als Sachherrschaft i.S.v. § 854 BGB zu verstehen, die durch eigene Mitarbeiter des Verwalters oder des Schuldners (§ 855 BGB) ausgeübt werden kann bzw. als durch Besitzmittler gemittelten mittelbaren Besitz gem. § 868 BGB. Der Begriff der Ist-Masse verweist daher auf die Sicherungsfunktion des Eröffnungsbeschlusses und auf die vom Insolvenzverwalter wahrzunehmenden Sicherungsaufgaben, und zwar gerade auch gegenüber denjenigen der gegenüber dem Schuldner dinglich berechtigten Gläubiger, die vermeintliche Herausgabeansprüche wegen Gegenständen in der Ist-Masse geltend machen. Denn es gehört geradezu zu dem typischen Erscheinungsbild der Insolvenz des Schuldners, dass es zum *concursus creditorum* – dem „Zusammenlaufen" der Gläubiger – kommt. Gegenüber dem Insolvenzverwalter werden in dieser Lage die unterschiedlichsten Forderungen erhoben, die bis zur Prüfung der Sach- und Rechtslage vom Insolvenzverwalter abgewehrt werden müssen, um unberechtigte Abflüsse aus dem „den Gläubigern" haftenden (§ 1 Satz 1 HS. 1 InsO) Vermögen zu verhindern. 7

§ 35 InsO bestimmt, dass alle Vermögenswerte des Schuldners vom Insolvenzbeschlag erfasst werden. Denn es können z.B. Dritte als Inhaber von Aussonderungsansprüchen nicht ohne vorherige Prüfung der Berechtigung durch den Insolvenzverwalter die Herausgabe von Sachen verlangen.[39] Die Rechtszuständigkeit des Insolvenzverwalters (§ 80 Abs. 1 InsO) erstreckt sich daher auf die Ist-Masse, deren Gegenstände er mit Verfahrenseröffnung in Besitz zu nehmen hat, § 148 Abs. 1 InsO. Aus der Ist-Masse stellt er insbesondere durch die Bedienung der Aussonderungsrechte die zu verwertende Soll-Masse her. 8

Die Rechtszuständigkeit für die Ist-Masse liegt daher – wenn nicht die Eigenverwaltung angeordnet ist – beim Insolvenzverwalter oder bei dem Schuldner im Falle der Anordnung der Eigenverwaltung. Auch der Aussonderungsberechtigte darf nicht einfach „seine" Sachen herausverlangen: 9

Beispiel: Auf dem Betriebshof der gemeinschuldnerischen GmbH oder vor dem Mietshaus, in dem der Schuldner wohnt, steht ein Pkw Marke Ferrari, der auch als Gebrauchtwagen extrem werthaltig ist. Der Insolvenzverwalter oder der Treuhänder dürfen den Pkw daher nicht einfach herausgeben, sondern bedürfen wenigstens hinreichender Zeit zur Prüfung[40] der Rechtsverhältnisse: Des Eigentums 10

---

38 *Holzer,* in: Kübler/Prütting, Kommentar zur Insolvenzordnung, § 35 Rn. 16; *Andres,* in: Nerlich/Römermann, InsO, § 35 Rn. 4. So sinngemäß auch z.B. *Baur/Stürner,* Zwangsvollstreckungs-, Konkurs- und Vergleichsrecht, Bd. 2: Insolvenzrecht, 12. Aufl. 1990, Rn. 12. 1. Vgl. insbes. auch *Jaeger,* Lehrbuch des Deutschen Konkursrechts, 8. Aufl. 1932, § 14, 1 (S. 86 ff.); *Holzer,* in: Beck/Depré, Handbuch der Insolvenz, 1. Aufl. 2003, § 8 Rn. 9. *Becker* (Insolvenzrecht, 2005, Rn. 1364) scheint zu meinen, die Besitzergreifung gem. § 148 Abs. 1 InsO sei „weiter" als die sachenrechtliche i.S.v. § 854 BGB. Freilich: Sachherrschaft an Forderungen und Rechten ist keine sinnvolle Vorstellung; der „Rechtsbesitz" des Insolvenzverwalters an Forderungen und Rechten des Schuldners folgt aus seinen allgemeinen Befugnissen aus seiner Rechtszuständigkeit gem. § 80 InsO.

39 Zweifelnd zur Massezugehörigkeit des Aussonderungsguts: *Andres,* in: Nerlich/Römermann, InsO, § 35 Rn. 6; ablehnend *Lwowski,* in: MünchKomm, InsO, 1. Aufl. 2001, § 35 Rn. 140.

40 Zur Prüfungspflicht des Verwalters im Aussonderungsverfahren *Andres,* in: Nerlich/Römermann, InsO, § 47 Rn. 59; *Prütting,* in: Kübler/Prütting, Kommentar zur Insolvenzordnung, § 47 Rn. 78; *Brinkmann,* in: Uhlenbruck, InsO, 13. Aufl. 2010, § 47 Rn. 4; *Ganter,* in: MünchKomm, InsO, 1. Aufl. 2001, § 47 Rn. 446 ff.

des Schuldners, der zur abgesonderten Befriedigung berechtigenden Sicherungsübereignung oder des zur Aussonderung berechtigenden fremden Eigentums etwa im Fall der Anmietung des Pkw durch den Schuldner.

11 **b) Soll-Masse.** Die *Soll-Masse* steht begrifflich für die Aufgabe, das den Gläubigern haftende Vermögen festzustellen und für sie zu verwerten; die Aufgabe des Insolvenzverwalters, „die Masse" unverzüglich nach dem Berichtstermin zu verwerten, bezieht sich auf die Soll-Masse.[41] Die Soll-Masse bezeichnet daher das Vermögen, das sowohl für die Verwaltung und Verwertung haftet[42] als auch den Gläubigern zur Haftung zugewiesen ist.[43] Der Insolvenzverwalter hat die Aufgabe, aus der Ist-Masse diejenigen Gegenstände zu isolieren, auf die von den Gläubigern Zugriff genommen werden kann. Auszusondern sind daher als schuldnerfremde all diejenigen Gegenstände, an denen Aussonderungsrechte i. S. v. § 47 bestehen (oben § 2 Rn. 70ff.). Er hat außerdem den Schuldner diejenigen Gegenstände herauszugeben, die wegen ihrer Pfändungsfreiheit (insbesondere § 811 ZPO) dem Konkursbeschlag nicht unterliegen. Der Insolvenzverwalter hat die Pflicht, die „Masse" für die Gläubiger zu verwerten, § 159 InsO. „Masse" bedeutet daher im Kontext der den Insolvenzverwalter treffenden Verwertungs- und Verteilungspflichten nicht „Ist-Masse"; gemeint ist insofern nicht die beim Schuldner angetroffenen Sachen, soweit sie dem Konkursbeschlag unterliegen, sondern eine durch die Maßnahmen der Insolvenzverwaltung herzustellende „Soll-Masse".

12 Dies gilt auch, soweit der Insolvenzverwalter Massegegenstände vom Insolvenzbeschlag freigibt – wozu er unabhängig davon nach § 80 InsO ermächtigt ist[44], ob das Insolvenzverfahren über das Vermögen natürlicher Personen oder Personengesellschaften oder juristischer Personen eröffnet worden ist.

13 **c) Teilungsmasse.**[45] Schließlich steht die *Teilungs-Masse,* also der Erlös, der bei der Verwertung der Gegenstände der Soll-Masse erzielt wird, für die Befriedigungsfunktion des Insolvenzverfahrens gem. § 1 Satz 1 InsO.

14 **d) Übersicht.** Daraus ergibt sich folgende Übersicht von Ist-, Soll- und Teilungsmasse:

41 *Jaeger,* Lehrbuch des Deutschen Konkursrechts, 8. Aufl. 1932, § 14 II (S. 87); vgl. auch *Andres,* in: Nerlich/Römermann, InsO, § 35 Rn. 4; die Formulierung bei *Baur/Stürner,* Zwangsvollstreckungs-, Konkurs- und Vergleichsrecht, Bd. 2: Insolvenzrecht, 12. Aufl. 1990, Rn. 14. 1, zur Konkursmasse („Sollmasse") sei nur „das dem Schuldner gehörige Vermögen" zu zählen, bringt die Haftungsfunktion der Sollmasse nicht hinreichend zum Ausdruck; *Uhlenbruck,* in: Uhlenbruck, InsO, 12. Aufl. 2003, § 35 Rn. 5.

42 *Smid/Leonhardt,* in: LSZ, InsO, 3. Aufl. 2010, § 35 Rn. 21 f.

43 *Holzer,* in: Kübler/Prütting, Kommentar zur Insolvenzordnung, § 35 Rn. 1 f.

44 Vgl. ausdrücklich BGH, Urt. v. 21. 4. 2005 – IX ZR 281/03 – NJW 2005, 2015.

45 *Holzer,* in: Kübler/Prütting, Kommentar zur Insolvenzordnung, § 148 Rn. 3 ff; *Onusseit,* in: Kübler/Prütting, Kommentar zur Insolvenzordnung, § 159 Rn. 4; *Uhlenbruck,* in: Uhlenbruck, InsO, 12. Aufl. 2003, § 35 Rn. 6 f.

15

Art der Masse	Beschlagnahmt	Abzugs-positionen	Hinzuzu-rechnende Positionen	Haftet
Im Wege der Besitzergreifung durch den Insolvenzverwalter (§ 148 InsO) entsteht die **Ist-Masse**	– Alle im Gewahrsam des Schuldner befindlichen Vermögenswerte – Jedweder Neuerwerb	Aussonderung (§§ 47 f. InsO) – Einfacher Eigentumsvorbehalt – Mietsachen – Treugut		
Durch Aussonderung schuldnerfremder Gegenstände entsteht die **Soll-Masse**			Masseverwertung Bereicherungsansprüche aus Insolvenzanfechtung (Schadenersatz aus Haftung Dritter, ggf. des früheren Insolvenzverwalters §§ 92 f. InsO)	„den Gläubigern“, § 1 Abs. 1 Satz 1 InsO unter Einschluss der Absonderungsberechtigten Gläubiger
Durch Verwertung der Gegenstände, an denen besitzlose Mobiliarsicherheiten bestehen, entsteht eine **Sondermasse gem. § 170**	Erlös aus der Verwertung von Gegenständen, an denen Absonderungsrechte bestehen	Verfahrenskostenbeiträge gem. § 170 InsO **Massekosten (§ 54 InsO)** – Gerichtskosten – Vergütung des vorläufigen Verwalters – Vergütung des Insolvenzverwalters – Vergütung der Mitglieder des Gläubigerausschusses – Auslagen – Mehrwertsteuer		den absonderungsberechtigten Gläubigern
Durch Verwertung der Gegenstände der freien Masse entsteht	Erlös derVerwertung der freien Masse	**Masseschulden (§ 55 InsO)** – Handlungen des Insolvenz-	Verfahrenskostenbeiträge (§§ 170 f. InsO)	Vorrangige Insolvenzgläubiger (§§ 264, 265 InsO) Nicht-nachrangige

Art der Masse	Beschlagnahmt	Abzugs-positionen	Hinzuzu-rechnende Positionen	Haftet
die **Teilungs-masse**		verwalters und des vorläufigen Verwalters nach § 55 Abs. 2 InsO – Dauerschuld-verhältnisse – Masseverwer-tungs- und -verwaltungs-kosten – Ungerechtfer-tigte Bereiche-rung der Masse		Insolvenzgläubiger (§ 38 InsO) Nachrangige Insol-venzgläubiger (§ 39 InsO)

3. Gütergemeinschaft

16 Wird das Insolvenzverfahren über das Vermögen eines Ehegatten eröffnet, der in Gütergemeinschaft lebt und das Gesamtgut verwaltet, so gehört dieses zu seiner Insolvenzmasse; eine Auseinandersetzung mit dem anderen Ehegatten gemäß § 84 InsO[46] findet nicht statt (§ 37 Abs. 1 und 2 InsO). Bei gemeinschaftlicher Verwaltung des Gesamtgutes wird das Gesamtgut durch die Eröffnung des Insolvenzverfahrens über das Vermögen eines Ehegatten nicht berührt; ebenso wenig bei Eröffnung des Insolvenzverfahrens über das Vermögen des Ehegatten, der das Gesamtgut nicht verwaltet. Es gibt aber bei gemeinschaftlicher Verwaltung ein besonderes Insolvenzverfahren über das Gesamtvermögen nach § 333 f. InsO.

4. Gemeinschaftsverhältnisse

17 Für die Gemeinschaftsverhältnisse, die bei Eröffnung mit einem Dritten bestehen, besagt § 84 Abs. 1 InsO, dass die Teilung oder sonstige Auseinandersetzung außerhalb des Insolvenzverfahrens erfolgt.[47] Zu diesen Gemeinschaften gehören u. a. die Bruchteilsgemeinschaft (§ 752 BGB), die Gesellschaft bürgerlichen Rechts (§ 705 BGB), die offene Handelsgesellschaft (§§ 131 f. HGB), die Kommanditgesellschaft (§ 161 BGB) und die Erbengemeinschaft (§ 2042 BGB).[48] Bei den genannten Gesellschaften bedeutet die Eröffnung des Insolvenzverfahrens, wie oben (§ 5 Rn. 2 ff.) gezeigt, die Auflösung (§ 728 BGB, § 131 Nr. 5 und § 161 Abs. 2 HGB). Der Insolvenzverwalter hat die Auseinandersetzungsbilanz zu erstellen. Der § 84 Abs. 2 InsO erleichtert im Übrigen die Kündigung der Gemeinschaft durch den Insolvenzverwalter; diese Vorschrift gilt freilich nicht für das Wohnungseigentum (§ 11 Abs. 2 WEG) und für den Kapitalanteil nach § 11 Abs. 1 des Gesetzes über Kapitalanlagegesellschaften.[49] Dagegen findet § 84 Abs. 1 Satz 1 InsO auf die stille Gesellschaft Anwendung, jedoch entstehen hier nach § 236

46 *Fehl/Streicher*, DZWIR 2005, 320 ff.

47 Zum Ganzen vertieft *L. Köster*, Die Auseinandersetzung einer Gesellschaft oder Gemeinschaft nach § 84 InsO, 2010.

48 *Eickmann*, in: H-K, InsO, 4. Aufl. 2006, § 84 Rn. 3 ff.; *Hirte*, in: Uhlenbruck, InsO, 12. Aufl. 2003, § 84 Rn. 3 ff.; *Stodolkowitz*, in: MünchKomm, InsO, 1. Aufl. 2001, § 84 Rn. 3 ff.; *Kroth*, in: Braun, InsO, 2. Aufl. 2004, § 84 Rn. 2.

49 *Lüke*, in: Kübler/Prütting, Kommentar zur Insolvenzordnung, § 84 Rn. 6, 7; *Hirte*, in: Uhlenbruck, InsO, 12. Aufl. 2003, § 84 Rn. 31, 33; *Stodolkowitz*, in: MünchKomm, InsO, 1. Aufl. 2001, § 84 Rn. 7, 20; *Kroth*, in: Braun, InsO, 2. Aufl. 2004, § 84 Rn. 3.

HGB in der Insolvenz des Geschäftsinhabers nur Insolvenzforderungen mit Ausnahme der Forderung des Stillen auf Ermittlung seines Anspruchs, die Masseforderung gemäß § 55 Abs. 1 Nr. 2 InsO ist.[50]

Die Reichweite der Vorschrift illustriert folgender Fall, der vom LG Hamburg[51] evident falsch entschieden worden ist: Der Kläger war in den Jahren 1978 bis 1988 gemeinschaftlich mit einem zwischenzeitlich insolventen Geschäftspartner an mehreren Immobilien beteiligt. Der Beklagte ist Insolvenzverwalter über das Vermögen des Geschäftspartners des Klägers. Mit seiner Klage nimmt der Kläger den beklagten Insolvenzverwalter als Partei kraft Amtes auf Grundbuchberichtigung, hilfsweise auf Auflassung in Anspruch. Im Jahr 1978 erwarben der Kläger und der spätere Insolvenzschuldner im Rahmen einer Erbteilsübertragung als Gesellschafter bürgerlichen Rechts einen Miteigentumsanteil an einem der Objekte in Hamburg. Geplant war die Errichtung eines Ladens. Zugrunde lag ein Gesellschaftsvertrag, worin neben der Abrede hälftiger Aufbringung der Kosten des geplanten Projektes auch Regelungen für den Fall der Pfändung eines Gesellschafteranteils oder des Konkurses über das Vermögen eines Gesellschafters getroffen wurden. Im Jahr 1981 kauften der Kläger und der spätere Insolvenzschuldner – in Gesellschaft bürgerlichen Rechts – verschiedene Grundstücke in Hamburg. Im Jahr 1987/88 betrieben der Kläger und der spätere Insolvenzschuldner eine Beendigung der gemeinsamen Tätigkeit. Am 20. 4. 1988 schlossen sie vor der Öffentlichen Rechtsauskunft- und Vergleichsstelle (ÖRA) der Freien und Hansestadt Hamburg einen Vergleich, worin es u. a. heißt: „1. Der gemeinsame Grundbesitz der Parteien wird dergestalt geteilt, dass ... der Antragsteller oder dessen Ehefrau oder ein noch zu benennender Dritter das Grundeigentum Klosterallee 67 und Langenfelder Damm erhält." ... „9. Die Parteien verpflichten sich, die zur Ausführung dieses Vergleichs erforderlichen notariellen Erklärungen zum Zwecke der Eigentumsübertragung ... abzugeben." Ebenfalls am 20. 4. 1988 schloss der Kläger mit seiner Ehefrau einen Anteilsübertragungsvertrag bzgl. der Objekte Klosterallee und Langenfelder Damm. In Umsetzung von Nr. 2 des Vergleichs ist nach dem eigenen Vortrag des Klägers das Festgeldkonto der Gesellschafter aufgelöst und das Guthaben hälftig geteilt worden. Entsprechend ist nach klägerischem Vortrag gemäß Nr. 3 des Vergleichs mit dem Bankkonto verfahren worden, der weiter vorträgt, die in Nr. 4 des Vergleichs in Bezug genommene Bankbürgschaft der Vereins- und Westbank sei ebenfalls hälftig in Anspruch genommen worden. Am 24. 10. 1994 erwirkte der Kläger im Wege der einstweiligen Verfügung die Eintragung von Auflassungsvormerkungen zu seinen Gunsten. Der auf Abgabe der Auflassungserklärung vom Kläger in Anspruch genommene Insolvenzverwalter ist vom LG Hamburg antragsgemäß zur Auflassung der streitgegenständlichen Grundstücks an den Kläger verurteilt worden. Das LG Hamburg verweist hierfür insbesondere auf § 84 InsO; die Verteidigung des Beklagten aus § 103 InsO ist verworfen worden. 18

§ 84 InsO kommt im vorliegenden Fall nicht zur Anwendung. Allerdings sind Gesellschaften und Gemeinschaften i. S. d. § 84 Abs. 1 InsO die Bruchteilsgemeinschaft gem. §§ 741 ff., 1008 ff. BGB sowie wie im vorliegenden Fall die GbR, §§ 705 ff. BGB[52]. Daher erfolgt die Teilung grundsätzlich nach den Regelungen des bürgerlichen Rechts, nicht nach denen des Insolvenzrechts. Der Verwalter nimmt an Stelle des Schuldners dessen Rolle im Teilungsverfahren ein[53]. Für die GbR richtet sich die Auseinandersetzung nach den §§ 731 ff. BGB[54]. *Im* Insolvenzverfahren sind im Übrigen alle Vereinbarungen unwirksam, die eine Auseinandersetzung der Gemeinschaft für immer oder auf Zeit durch Anordnungen einer Kündigungsfrist ausschließen, § 84 Abs. 2 Satz 1 InsO. Gleiches gilt für entsprechende Anordnungen in letztwilligen Verfügungen, § 84 Abs. 2 Satz 1 InsO. Auf gesetzliche Teilungsausschlüsse findet die Vorschrift keine Anwendung.[55] § 84 InsO gehört bereits aufgrund seiner gesetzessystematischen Stellung zu den Vorschriften, die die allgemeinen Wirkungen der Eröffnung eines Insolvenzverfahrens regeln. Die Vorschrift kommt daher nicht (mehr) zur Anwendung, wenn die Gesellschaft 19

---

50 Zur Auseinandersetzung *Haas,* in: Gottwald, Insolvenzrechts-Handbuch, 3. Aufl. 2006, § 94 Rn. 106.
51 LG Hamburg, Urt. v. 22. 9. 2005 – 310 O 519/04 –; dazu *Smid,* InVo 2006, 45.
52 *Lüke,* in: Kübler/Prütting, Kommentar zur Insolvenzordnung, § 84 Rn. 13.
53 RG, Urt. v. 29. 11. 1898 – III 205/98 – RGZ 42, 105.
54 *Smid,* in: LSZ, 3. Aufl. 2010, § 84 Rn. 5.
55 OLG Hamburg, Urt. v. 23. 8. 1960 – 2 U 56/60 – NJW 1961, 610, 612.

bereits vorkonkurslich aufgelöst worden ist. Richtig ist allerdings: Soweit wegen der noch nicht abgeschlossenen Vermögensauseinandersetzung die Gesellschaft gleichsam in Abwicklung fortbesteht, vollziehen sich die insofern (noch) erforderlichen Rechtsakte außerhalb des Insolvenzverfahrens. Das greift aber, wie zu zeigen sein wird, auf die Rechtszuständigkeiten durch.

II. Der Neuerwerb[56]

1. Einbeziehung in das vom Konkursbeschlag erfasste Schuldnervermögen

20 Der sog. Neuerwerb wird gem. § 35 HS. 2 InsO ebenfalls vom Konkursbeschlag erfasst. Diese Regelung wirft eine Reihe von Fragen auf.

21 § 1 KO bestimmte, dass zur Masse dasjenige Vermögen zählt, das dem Schuldner bei Konkurseröffnung gehört. Den nach Konkurseröffnung eventuell eintretenden Neuerwerb kann der Schuldner frei von den durch den Konkurs verhängten Verwaltungs- und Verfügungsbeschränkungen selbstständig zu seinen Zwecken einsetzen. Die Materialien zur KO zeigen, dass der Gesetzgeber noch die Vorstellung hatte, der Schuldner könne durch den Einsatz seines Neuerwerbs im Wege des Zwangsvergleichs das Verfahren beenden[57] – und im Übrigen auf diesem Wege eine Restschuldbefreiung erlangen. Diese Regelung der KO ordnet Haftungsmassen eindeutig zeitlich klar umrissen zu. Allerdings kennt auch die österreichische KO keinen beschlagfreien Neuerwerb des Schuldners, so dass die Reform insofern zu einer Harmonisierung der deutschsprachigen Insolvenzrechte geführt hat.

22 Ein **Beispielsfall** mag die Reichweite der konkurslichen Beschlagnahme des Neuerwerbs deutlich werden lassen: Der Schuldner hat nach Eröffnung des über sein Vermögen eröffneten Insolvenzverfahrens Wohnungseigentum in einer Wohnungseigentumsanlage erworben, in der er bereits vor Verfahrenseröffnung Wohnungseigentum an zwei anderen Wohnungen erworben hatte. Vor Verfahrenseröffnung hatte der Gemeinschuldner auf seine Kosten als Miteigentümer Arbeiten an der gemeinsamen Heizungsanlage vornehmen lassen. Wegen des nach Verfahrenseröffnung erworbenen Wohnungseigentums wird der Gemeinschuldner nunmehr mit Wohngeldansprüchen in Anspruch genommen. Der Gemeinschuldner hat dagegen die Aufrechnung erklärt. Das BayObLG[58] hatte unter der Geltung der Konkursordnung die Aufrechnung zu Recht für unwirksam erklärt, denn nach § 1 KO war der Gemeinschuldner in der Lage, nach Eröffnung des Verfahrens über sein bis zum Erlass des Eröffnungsbeschluss erlangtes Vermögens weiter die Verfügungs- und Verwaltungsmacht auszuüben, denn der sog. Neuerwerb war vom Konkursbeschlag frei. Der Gemeinschuldner war daher der richtige Antragsgegner, gegen den die übrigen Wohnungseigentümer ihren Antrag auf Wohngeldzahlung gerichtet haben. Soweit der Gemeinschuldner aber gegen die Inanspruchnahme wegen Wohngeldansprüchen mit vorkonkurslich erworbenen Ansprüchen die Aufrechnung erklärt hat, mangelt es ihm an der erforderlichen Rechtszuständigkeit. Nach § 35 HS. 2 InsO ist auch der Neuerwerb des Schuldners, den er nach Eröffnung des Insolvenzverfahrens erwirbt, dem Beschlag der Masse unterworfen. Kommt es zu einem Neuerwerb – beispielsweise durch Erwerb von Todes wegen – würde in einem Fall, der dem vorliegenden vergleichbar wäre, das Wohnungseigentum in die Masse fallen. Allerdings wären die Wohngeldansprüche dann Masseverbindlichkeiten (§ 55 Abs. 1 Nr. 1 InsO). Gegen Forderungen von Gläubigern von Masseverbindlichkeiten ist der Insolvenzverwalter zur Aufrechnung mit massezugehörigen Forderungen befugt.

23 Die Beschlagnahme des Neuerwerbs wird u.a. damit begründet, international habe das bisherige deutsche Recht eine Sonderstellung eingenommen. Der sachliche

---

56 *Pech*, Die Einbeziehung des Neuerwerbs in die Insolvenzmasse, 1999.
57 *Hahn*, Mat., S. 49 ff.
58 BayObLG, Beschl. v. 22. 5. 1998 – 2Z BR 79/98 – ZIP 1998, 1231.

Grund für die Einbeziehung des Neuerwerbs wird darin gesehen, dass es für den Schuldner ohne Restschuldbefreiung nicht sinnvoll ist, Neuerwerb zu erwirtschaften, der dann nach § 201 InsO (bislang nach § 164 Abs. 1 KO) den Gläubigern zugutekommt, während die Restschuldbefreiung die Einbeziehung des Neuerwerbs zwingend voraussetzt, wenn man sie in der von den §§ 286ff. InsO gewählten Weise ausgestaltet.[59] Hiergegen sind insbesondere von *Dieckmann*[60] Einwendungen erhoben worden, denen die praktischen Probleme mit der gesetzlichen Regelung heute mit Nachdruck Recht geben.

K. Schmidt[61] macht geltend, auch nach übernommenem Recht sei bereits der Neuerwerb in der Unternehmensinsolvenz dem Konkursbeschlag unterworfen gewesen. Denn dasjenige, was ein vom Konkursverwalter nach Konkurseröffnung fortgeführtes Unternehmen erwirtschafte, falle in die Masse. Das ist konsistent, begreift man den Insolvenzverwalter als januskäpfiges Gesellschaftsorgan (dazu § 9 Rn. 83ff., 87ff.). Legt man freilich den Ansatz der herrschenden Lehre zugrunde, erscheint *Schmidts* Fragestellung als Scheinproblem. 24

2. Probleme

Im Rahmen der selbständigen Tätigkeit des Schuldners[62], die er entweder nach Eröffnung des Insolvenzverfahrens über sein Vermögen aufnimmt oder fortsetzt, wird die Frage aufgeworfen, ob die vom Verwalter oder Treuhänder nicht angeordnete, nur geduldete, aber nicht untersagte selbständige Tätigkeit des Schuldners zu einer Masseverbindlichkeit führt[63], wenn der Schuldner dabei Verbindlichkeiten eingeht und nicht zahlt. Diese Fragen sind im Wesentlichen im Zusammenhang der rechtlichen Ausgestaltung der Wohlverhaltensperiode und des Verhältnisses der verschiedenen Gläubigerränge zu einander in Ansehung der nach § 292 Abs. 1 Satz 2 InsO[64] vorzunehmenden Ausschüttungen erörtert worden.[65] Überwiegend ist in diesem Zusammenhang vertreten worden, die durch die Fortführung einer selbständigen Tätigkeit des Schuldners entstandenen „neue“ Schulden seien als Masseverbindlichkeiten vor Ausschüttung der Teilungsmasse an die Insolvenzgläubiger zu befriedigen.[66] Wäre diese Meinung zutreffend, würden aus der selbständigen Tätigkeit natürlicher Personen nach Eröffnung des Insolvenzverfahrens über ihr Vermögen nicht unerhebliche Haftungsrisiken des Insolvenzverwalters oder Treuhänders folgen.[67] Der Gesetzgeber hatte mit dem Regierungsentwurf Juni 2005[68] diese Frage aufgegriffen. 25

59 Begr. zu § 42 RegEInsO, BT-Drs. 12/2443, S. 122.
60 *Dieckmann*, in: *Leipold*, Insolvenzrecht im Umbruch, 1991, 129; *Kiesbye*, in: LSZ, InsO, 3. Aufl. 2010, § 292 Rn. 6–8.
61 *K. Schmidt*, Wege zum Insolvenzrecht der Unternehmen, 1990, S. 70ff.
62 Zum Ganzen: *Harlfinger*, Der Freiberufler in der Insolvenz, 2005; *Smid*, WM 2005, 625ff.
63 *Henning*, ZInsO 2004, 586.
64 Vgl. *Haarmeyer*, in: Smid, InsO, 2. Aufl. 2001, § 292 Rn. 1ff.
65 *Mäusezahl*, ZVI 2003, 617; *Pape*, NZI 2004, 1.
66 A.A. allein *Voigt*, InsO 2002, 569.
67 Vgl. zur Haftung des Treuhänders: *Vallender*, in: Uhlenbruck, InsO, 12. Aufl. 2003, § 292 Rn. 11.
68 Der Entwurf mit Begründung ist abgedruckt in NZI aktuell Heft 7/2005, VI; zu dem anderen Ansatz im Referentenentwurf September 2004: *Smid*, WM 2005, 625.

26 Der IX. Zivilsenat hat festgestellt, dass in die Insolvenzmasse bei der Fortsetzung oder Aufnahme selbständiger Tätigkeit von natürlichen Personen nach Eröffnung des Insolvenzverfahrens nicht etwa nur der sich aus der Verminderung der Einnahmen um die betrieblich veranlassten Ausgaben ergebende Gewinn falle.[69] Die Honorar- bzw. Vergütungsansprüche von Selbständigen gegen Dritte, denen gegenüber Leistungen aus selbständiger Tätigkeit vom Schuldner erbracht worden sind, fallen nicht unter wiederkehrend zahlbare Vergütungen für persönlich geleistete Arbeiten oder Dienste i. S. v. § 850 i ZPO der geltenden Fassung. Daher unterfallen die vergleichbaren Honoraransprüche frei beruflich tätiger Personen in vollem Umfang der Pfändung im Rahmen der Individualzwangsvollstreckung. Demzufolge fallen sie ohne Abzüge in die Insolvenzmasse.[70] In seiner bisherigen Fassung besagt § 850 i Abs. 1 ZPO, dass, sofern eine nicht wiederkehrende zahlbare Vergütung für geleistete Arbeiten oder Dienste der Pfändung unterliegt, das Gericht dem Schuldner auf dessen Antrag hin so viel zu belassen hat, als er während eines angemessenen Zeitraums für seinen notwendigen Unterhalt den von den Unterhaltsberechtigten unter Würdigung der wirtschaftlichen Verhältnisse des Schuldners, insbesondere sonstiger Verdienstmöglichkeiten bedarf. Nach der Entscheidung des BGH liegt die Darlegungslast, hinsichtlich der Voraussetzungen für die Gewährung des geltend gemachten pfändungsfreien Anteils gem. § 850 i ZPO, beim Schuldner. Der Schuldner muss daher um die Reichweite des Insolvenzbeschlags zu begrenzen, nach der im Jahr 2001 eingeführten Vorschrift des § 36 Abs. 4 Satz 1 InsO den in § 805 i ZPO vorgesehenen Antrag beim Insolvenzgericht stellen.[71]

27 In dem vom BGH zu entscheidenden Fall ging es um die Frage, ob die Schuldnerin ihre Verpflichtungen verletzt und daher die Restschuldbefreiung gem. § 290 Abs. 1 Nr. 5 InsO zu versagen sei – was der IX. Zivilsenat des BGH mit nachvollziehbaren Gründen abgelehnt hat. Eine ganz andere Frage ist es aber, ob und wie weit die Vereinbarung zwischen dem Treuhänder und der Schuldnerin, auf die Letztere schon deshalb vertrauen können musste, da der vom Insolvenzgericht beaufsichtigte Treuhänder sie geschlossen hat, in dieser Form wirksam sein kann oder gar sich dem Verdikt einer Nichtigkeit aufgrund Insolvenzzweckwidrigkeit aussetzt. Dass es in dem vom BGH entschiedenen Fall überhaupt zu einer Entscheidung gekommen ist, liegt nämlich nicht zuletzt daran, dass die übrigen Verfahrensbeteiligten diese Handhabung als anstößig angesehen haben. Und unabhängig von der Frage, ob dieser Anstoß hinreichend gewesen ist, um der Schuldnerin die Restschuldbefreiung zu versagen oder nicht, wird auch deutlich, dass die Verletzung der gesetzlich vorgeschriebenen Verfahrensform den Treuhänder in eine Lage bringen kann, in der er wegen des bei den Gläubigern ausgelösten Verdachts einer Bevorzugung des Schuldners eigentlich nicht mehr haltbar sein kann. Denn insoweit ist auch der Treuhänder im Verbraucherinsolvenzverfahren ohne Einschränkung der Kriterienkatalog des § 56 Abs. 1 InsO anwendbar. Die Entscheidung verweist aber auf ein Paradoxon: § 35 HS. 2 InsO wurde eingeführt, um die Restschuldbefreiung zu finanzieren. Die Vorschrift gilt allgemein für jedes Insolvenzverfahren und führt dort zu erheblichen Problemen; im Restschuldbefreiungsverfahren gelten aber die weniger weit reichenden §§ 287, 295 InsO.

28 § 55 Abs. 1 Nr. 1 InsO bestimmt, dass Masseverbindlichkeiten durch *Handlungen* (also ein in § 194 BGB als „Tun" dem „Unterlassen" gleichgestellten, aber von letzterem darin zugleich *unterschieden* werden[72]) des Insolvenzverwalters oder in anderer Weise durch Verwaltung usf. der Masse begründet werden können.

Hierzu werden von manchen Autoren[73] auch Ansprüche aus Unterlassungen des Insolvenzverwalters gerechnet, wenn der Verwalter eine Amtspflicht zum Handeln hatte.[74] Maßstab der Beurteilung sind daher die Pflichten des Verwalters, wie die hierzu entwickelte Kasuistik deutlich macht.[75] Diese Pflichten beziehen sich auf die Verwaltung der Masse – also der vom Konkursbeschlag erfassten Vermögensgegen-

---

69 Erledigt damit: LG Erfurt, Urt. v. 30. 10. 2002 – 3 O 2992/01 – NZI 2003, 40.
70 BGH, Urt. v. 21. 4. 2005 – IX ZR 281/03 – NJW 2005, 2015.
71 *Kohte,* Altlasten in der Insolvenz, 1999, S. 394.
72 Statt vieler: *Heinrichs,* in: Palandt, BGB, 65. Aufl. 2006, § 194 Rn. 1.
73 *Jaeger/Henckel,* InsO 2004, § 55 Rn. 19.
74 *Eickmann,* in: H-K, InsO, 3. Aufl. 2003, § 55 Rn. 16.
75 *Jaeger/Henckel,* InsO 2004, § 55 Rn. 19.

stände des Schuldners. „Duldet" der Insolvenzverwalter oder Treuhänder daher die „Aufnahme" selbständiger Tätigkeit des Schuldners, „führt" der Verwalter den Schuldner nicht etwa „fort" so wie ein Betrieb in der Insolvenz des Unternehmens fortgeführt würde. Denn nur im Hinblick auf die Verwaltung der Masse kann der Insolvenzverwalter auf den Schuldner im Rahmen des § 97 InsO zugreifen.

Es gehört nicht in den Bereich der dem Insolvenzverwalter gesetzlich eingeräumten[76] Aufgaben (Befugnisse und Pflichten), im Falle der Insolvenz natürlicher Personen dem Schuldner vorzuschreiben, was er zu tun und zu lassen, namentlich, welche Erwerbstätigkeiten er auszuüben hat; eine „Betriebsstillegung" durch Untersagung weiterer selbständiger Tätigkeit des Schuldners ist auch von § 158 InsO nicht gedeckt.[77] Der Schuldner hat erst dann die Pflicht, in angemessenem Umfang einer Erwerbstätigkeit nachzugehen[78] oder sich um deren Aufnahme zu bemühen[79], wenn er nach Abschluss seines Insolvenzverfahrens in der sog. Wohlverhaltensperiode gem. § 287 Abs. 2 InsO[80] die Restschuldbefreiung für sich zu erlangen sucht. Die Sanktion der Verletzung seiner ihn in der Wohlverhaltensperiode treffenden Obliegenheiten liegt aber allein darin, dass ihm die Restschuldbefreiung versagt wird. Der Treuhänder hat indes nicht die Rechtsmacht, den Schuldner zur Erwerbstätigkeit zu zwingen. Man mag es noch für vertretbar halten, der Frage nachzugehen, ob entsprechend seinen Pflichten im Restschuldbefreiungsverfahren bereits in dem über sein Vermögen eröffneten Insolvenzverfahren der Schuldner zur Mehrung der Masse gem. § 35 HS. 2 InsO durch Aufrechterhaltung und Fortsetzung einer Erwerbstätigkeit verpflichtet sei. Davon ist die Frage zu unterscheiden, ob der Insolvenzverwalter verpflichtet und berechtigt sei, dem Schuldner eine Erwerbstätigkeit zu untersagen. Die Verwalterpflichten beziehen sich nicht auf die *Person* des Schuldners *selbst*. Es bedarf keiner besonderen Erwähnung, dass die Person des Schuldners selbstverständlich nicht wie auch immer konkurslich arretiert wird. Gleiches gilt für die *Arbeitskraft des Schuldners*. Sie mag der einzige „Wert" sein, über den der Schuldner verfügt, und doch erstreckt sich die konkursliche Beschlagnahme nicht auf sie.[81] Die Befugnisse des Verwalters erstrecken sich also jedenfalls soweit nicht auf die Entscheidungsfreiheit des Schuldners, wie der Verwalter nicht aus *besonderen* Gründen die Mitwirkung des Schuldners nach § 97 InsO[82] in Anspruch nimmt oder nach § 98 InsO erzwingt.[83] „Duldet" der Insolvenzverwalter nämlich die Aufnahme einer selbständigen Tätigkeit des Schuldners in einer neuen Arztpraxis oder in einer Klinik als Belegarzt oder des Kneipiers in einer neuen Kneipe, die er vorkonkurslich *nicht* bewirtschaftet hat, sind die mit dieser Tätigkeit ausgelösten Kosten für die Masse neutral und für den Insolvenzverwalter haftungsrechtlich irrelevant. Soweit der Schuldner mit der Aufnahme seiner selbständigen Tätigkeit Verbindlichkeiten eingeht, handelt es sich nicht um Masseverbindlichkeiten i. S. d. § 55 Abs. 1 Nr. 1 InsO. Denn soweit diese Tätigkeit nicht aufgrund einer Abrede mit dem Insolvenzverwalter erfolgt, ausdrücklich um durch den erzielten Neuerwerb die Masse zu mehren, liegt kein Fall des § 55 Abs. 1 InsO vor, der durch ein zurechenbares Verhalten des Insolvenzverwalters Masseverbindlichkeiten zu schaffen geeignet wäre. Fraglich ist, ob sich die „Duldung der Fortführung" durch den Insolvenzverwalter als Verwaltungshandlung i. S. v. § 55 Abs. 1 Nr. 1 InsO darstellen kann.[84] Voraussetzung dafür wäre, dass der Insolvenzverwalter „duldet", dass der Schuldner „den Betrieb" fortführt 29

76 Diese durch Gesetz bestimmte Reichweite seiner Befugnisse und Pflichten kann nicht durch Insolvenzgerichte oder andere Stellen „erweitert" werden, da damit ohne gesetzliche Grundlage in die Grundrechte des Schuldners eingegriffen würde, vgl. die „Sachverständigenentscheidung" des BGH, Beschl. v. 4. 3. 2004 – IX ZB 133/03 – ZIP 2004, 915.
77 Vgl. *Uhlenbruck*, in: Uhlenbruck, InsO, 13. Aufl. 2010, § 158 Rn. 3 ff.
78 *Vallender*, in: Uhlenbruck, InsO 13. Aufl. 2010, § 295 Rn. 9 ff.; *Lück*, in: Braun, InsO, 2. Aufl. 2004, § 295 Rn. 4 ff.
79 *Ehricke*, in: MünchKomm, InsO, 1. Aufl. 2001, § 295 Rn. 35; *Landfermann*, in: H-K, InsO, 4. Aufl. 2006, § 295 Rn. 2.
80 Vgl. zur Entscheidung über die Restschuldbefreiung: *Kohte/Ahrens/Grote*, Restschuldbefreiung und Verbraucherinsolvenzverfahren, 1999, S. 181.
81 Statt aller: *Lwowski*, in: MünchKomm, InsO, 1. Aufl. 2001, § 35 Rn. 16; *Jaeger/Henckel*, InsO, 2004, § 35 Rn. 16.
82 Vgl. *Uhlenbruck*, in: Uhlenbruck, InsO, 13. Aufl. 2010, § 97 Rn. 1 ff.
83 *Uhlenbruck*, in: Uhlenbruck, InsO, 12. Aufl. 2010, § 97 Rn. 1 ff.
84 So der Referentenentwurf September 2004, S. 20.

– in der *bisherigen Weise mit Mitteln der Masse* seine selbständige Tätigkeit aufrechterhält. Das sind Fälle, in denen der Schuldner die bisherige Gaststätte, Arztpraxis, Friseursalon usf. in den angemieteten Räumen auch nach Eröffnung des Insolvenzverfahrens über sein Vermögen weiter betreibt. Kosten, die infolge Bezuges von Strom, Gas, Wasser oder anderen Lieferungen und Leistungen an „den Schuldner" entstehen, mögen in diesem Fall der Masse als deren Verbindlichkeiten zuzurechnen sein. Soweit – und nur soweit – nach außen – im Rechtsverkehr – der Eindruck erweckt wird, *der Insolvenzverwalter* führe „durch die Person des Schuldners" „den Geschäftsbetrieb" des Schuldners fort, weil die Miet- und Pachtzinsen und Energielieferungen zur Unterhaltung des Geschäftslokals, Löhne und Gehälter für Bedienungen, Arzthelferinnen oder Friseusen usf. vom Insolvenzverwalter aus der Masse gezahlt werden, wird sich der Verwalter auch dann nicht darauf berufen können, der Schuldner habe auf eigene Rechnung und Gefahr seiner Vertragspartner gehandelt, wenn der Schuldner der Masse erzielten Neuerwerb vorenthält. Hier bleibt ein Haftungsrisiko für den Insolvenzverwalter bestehen, das sich aber nicht von allgemeinen Fällen unterscheidet. Er muss nämlich dafür Sorge tragen, dass der Neuerwerb i. S. v. § 35, 2. Halbs. InsO zur Masse gezogen wird. Das kann im Fall des Kneipiers problematisch sein, aber auch im Fall des Arztes: in beiden Fällen der Insolvenz natürlicher Personen wird die Neigung der betroffenen Schuldner bestehen, ihren Neuerwerb an der Masse vorbei in die eigenen Taschen zu lenken.[85] Hat der Insolvenzverwalter die Gläubiger, die neue Kredite gegeben haben (der Vermieter oder Verpächter, das Energieversorgungsunternehmen, den Telekommunikationsprovider usf.) nicht zur Lieferung an die Masse veranlasst, sondern haben diese Neugläubiger mit dem Schuldner unmittelbar kontrahiert, so tun sie dies auf die eigene Gefahr hin, vom Schuldner nichts zu erhalten. Die Gefahr, der der Gesetzgeber begegnen will, liegt daher eher auf der Ebene einer Überwachung des Schuldners, sofern dieser die Masse verpflichtende Gegenstände nutzt, die der Verwaltungsbefugnis des Insolvenzverwalters unterworfen sind. Kann der Insolvenzverwalter aus rein praktischen Erwägungen heraus die Tätigkeit des Schuldners nicht hinreichend überwachen, dann bleibt ihm die einfache Möglichkeit, die Kneipe oder die Arztpraxis tatsächlich zuzusperren und dem Schuldner den Zutritt zu verweigern; hierzu ist der Insolvenzverwalter nach § 158 InsO berechtigt und ggf. verpflichtet.[86] Geschieht dies, dann ist keine Möglichkeit zu ersehen, wie denn der Schuldner die Masse soll verpflichten können.

3. Umsatzsteuer auf Einkünfte aus freiberuflicher selbständiger Tätigkeit des Insolvenzschuldners

30 Die freiberufliche Tätigkeit des selbständig tätigen Schuldners, über dessen Vermögen ein Insolvenzverfahren eröffnet worden ist, hat bekanntlich im Jahr 2004 nach allerlei Aufgeregtheiten und nicht unberechtigten Sorgen von Insolvenzverwaltern, in die persönliche Haftung genommen zu werden, den Referentenstab des Bundesgesetzgebers auf den Plan gerufen. Im Referentenentwurf aus September 2004 sollte durch eine Änderung des § 35 InsO festgestellt werden, wieweit die Aufnahme neuer gewerblicher Tätigkeit des Insolvenzschuldners Masseverbindlichkeiten zu begründen geeignet sei, für die gegebenenfalls der Verwalter einzustehen habe. Dabei hat insbesondere die Frage eine Rolle gespielt, wer für die durch eine solche neue gewerbliche Tätigkeit des Insolvenzschuldners begründete Umsatzsteuer einzustehen habe.[87] Der BFH hat nunmehr entschieden, dass diejenigen Umsatzsteuerverbindlichkeiten, die dadurch begründet werden, dass der Schuldner während des über sein Vermögen eröffneten Insolvenzverfahrens eine neue selbständige Erwerbstätigkeit aufnimmt in deren Rahmen er durch seine Arbeit und mit Hilfe von nach § 811 Nr. 5

---

85 Problematisch ist dies für den Verwalter bei im Ausland erzielten Einkünften des Schuldners!
86 *Henning*, ZInsO 2004, 586, 592.
87 Zum Ganzen eingehend *Smid*, WM 2005, 625 ff.

ZPO unpfändbaren Gegenständen steuerpflichtige Leistungen erbringt, nicht zu den nach § 55 Abs. 1 Nr. 1 InsO zu zählenden Masseschulden gehört.[88] Dem lag folgender, hier vereinfacht wiedergegebener, Sachverhalt zugrunde:

Der Insolvenzverwalter war vom Finanzamt aufgrund einer Umsatzsteuersondervorauszahlung in Höhe von 3.000 € in Anspruch genommen worden. Der zugrunde lag, dass der Schuldner, dem eine Steuernummer für ein neu von ihm angemeldetes Gewerbe erteilt worden war, die Umsatzsteuervoranmeldung abgegeben, aber daraufhin nicht gezahlt hatte. Der Insolvenzverwalter hat S. aufgefordert, den pfändbaren Neuerwerb an die Masse abzuführen, dies war aber nicht geschehen. 31

Der erkennende Senat des BFH hat zunächst einmal festgestellt, dass unstreitig von S. Leistungen gegen Entgelt ausgeführt worden waren, was den Tatbestand des § 1 Abs. 1 Nr. 1 UStG erfüllt. Darauf schuldet der Schuldner Umsatzsteuer nach § 18 UStG und §§ 46, 47 UStDV. Zwar kann eine Masseverbindlichkeit auch dadurch begründet werden, dass neben eigenen Handlungen des Insolvenzverwalters in anderer Weise durch die Verwaltung der Insolvenzmasse Verbindlichkeiten ausgelöst werden. Dies ist aber nur dann der Fall, wie der BFH ausführt, wenn Umsatzsteuerschulden neben eigener Leistung der Masse vertreten durch den Insolvenzverwalter im Wege einer ertragbringenden Nutzung der zur Insolvenzmasse gehörenden Vermögensumsätze die Steuerpflicht auslösen verwirklicht worden sind. Soweit Personen, die aus ihrer körperlichen oder geistigen oder sonstigen persönlichen Leistung ihren Erwerb ziehen, dabei Gegenstände einsetzen, die dieser Erwerbstätigkeit dienen, sind diese der Zwangsvollstreckung nach § 811 Abs. 1 Nr. 5 ZPO nicht unterworfen und fallen daher nach § 36 Abs. 1 InsO nicht in die Insolvenzmasse. Soweit natürliche Personen daher mit derartigen Gegenständen ihren Erwerb verwirklichen und Umsätze erzielen, werden damit nach § 55 Abs. 1 Nr. 1 InsO keine Masseverbindlichkeiten ausgelöst. Für den Insolvenzverwalter bedeutet dies: 32

Der Insolvenzverwalter kann dem Schuldner z.B. im Falle eines Friseursalons oder einer Gastwirtschaft den Zutritt zu den Räumen, die etwa angemietet oder angepachtet sind verwehren, da das Nutzungspotenzial dieser Räume zweifellos in die Masse fällt. Damit werden, selbst soweit sich in diesen Räumen unpfändbare Gegenstände i. S. v. § 811 Abs. 1 Nr. 5 ZPO i. V. m. § 36 Abs. 1 InsO befinden, diese Gegenstände gleichsam entwidmet und vom Insolvenzbeschlag erfasst. Der Insolvenzverwalter kann aber auch dem Schuldner nahe legen, solche unpfändbare Gegenstände an sich zu nehmen und anderenorts einer eigenen Tätigkeit nachzugehen. Dann läuft er keine Gefahr mehr, auf die Umsatzsteuer in Anspruch genommen zu werden. 33

4. Zur Reichweite des § 36 InsO

a) „Unpfändbaren Bestandteile“. Erhebliche Schwierigkeiten ruft nach alledem die Frage hervor, in welchem Umfang die Anordnung durch § 36 InsO zu verstehen ist, wonach die unpfändbaren Bestandteile des Schuldnervermögens *nicht* „zur Insolvenzmasse gehören“. Das Zusammenspiel der §§ 35 und 36 InsO bereitet aus zwei Gründen Schwierigkeiten. Zum einen beruhen diese Vorschriften bereits in ihrem *Wortlaut* auf einer überwundenen Vorstellung von „einer Insolvenzmasse“, die außer Acht lässt, in welcher Phase sich das Insolvenzverfahren befindet.[89] Zum anderen hat der Zu- 34

---

88 BFH, Urt. v. 7. 4. 2005 – V R 5/04 – ZIP 2005, 1376.
89 *Smid,* in: Smid, InsO, 2. Aufl. 2002, § 35 Rn. 4.

sammenhang zwischen der Einführung der Beschlagnahme des Neuerwerbs des Schuldners mit der auf eine Restschuldbefreiung hin gerichteten Ausgestaltung eines besonderen Verbraucherinsolvenzverfahrens dazu geführt, dass Strukturen der Individualzwangsvollstreckung in das Insolvenzverfahrensrecht zu übertragen versucht worden sind. Die Beschlagnahme von Vermögensgegenständen des Schuldners durch Eröffnung des Insolvenzverfahrens über sein Vermögen wird nicht dadurch eingeschränkt, dass deren Einsatz ggfls. mittels der staatlichen Sozialhilfe ersetzt wird. Dies hat der IX. Zivilsenat des BGH[90] in einem Fall zu entscheiden gehabt, in dem es um die Kündigung der Mitgliedschaft des Schuldners in einer Wohnungsgenossenschaft durch den Insolvenzverwalter bzw. Treuhänder des Schuldners ging.

35 In dem über das Vermögen natürlicher Personen eröffnete Insolvenzverfahren spielt neben den Regelungen der §§ 811 ff. ZPO insbesondere die Frage eine Rolle, in *welchem Umfang* und in *welchem verfahrensrechtlichen Kontext* die Grenzen zu berücksichtigen sind, die der Pfändung des Arbeitseinkommens durch die §§ 850 ff. ZPO gezogen werden.[91] In der Verbraucherinsolvenz scheinen über den gesetzlichen Verweis auf die Pfändungsschutzbestimmungen Strukturen des Individualzwangsvollstreckungsverfahrens Eingang in das Insolvenzverfahren zu finden. Das ist umso eigenartiger, als allgemein für das Regelinsolvenzverfahren ebenso wie für das Verbraucherinsolvenzverfahren § 89 InsO den Ausschluss der Individualzwangsvollstreckung statuiert *und* daraus der Schluss gezogen wird, dass der Generalverweis des § 4 InsO auf Regelungen der ZPO zwar die Pfändungsschutzbestimmungen, aber nicht die verfahrensrechtlichen Regelungen des Rechts der Individualzwangsvollstreckung erfasst. Fragen der Sicherung des Unterhalts des Schuldners, die bislang nur eine marginale Rolle gespielt haben, berühren sich auf dem Feld der Verbraucherinsolvenz mit Problemen des Vollstreckungsschutzes.[92] Die §§ 811 ff., 850 ff. ZPO haben im Verfahren der Individualzwangsvollstreckung die Aufgabe, die Fortsetzung der Berufstätigkeit des Schuldners durch Sicherstellung seiner Subsistenzmittel zu gewährleisten. Bislang war dies im Insolvenzverfahren kein Problem. Wo dies überhaupt zur Debatte stand, wurde dem Schuldner der Unterhalt durch Entscheidung der Gläubigerversammlung aus der Konkursmasse zugebilligt, ohne dass ihm darauf ein Rechtsanspruch zugestanden hätte. Die Gläubigerversammlung, die auch insofern der insolvenzgerichtlichen Aufsicht nicht unterstand, konnte in ihrer Entscheidung nicht korrigiert werden, zumal dem Schuldner mit dem beschlagfreien Neuerwerb eine Quelle zur Bestreitung seines Lebensunterhalts zur Verfügung stand.

35a Der Insolvenzverwalter bzw. Treuhänder hat eine Entscheidung des Insolvenzgerichts herbeizuführen, wenn er die Herabsetzung des pfändungsfreien Betrages – und damit die Erweiterung des Insolvenzbeschlags der Soll-Masse – des Arbeitseinkommens des Schuldners gem. § 850c Abs. 4 ZPO wegen Anrechnung von Einkünften des Ehegatten des Schuldners begehrt.[93]

36 **b) Neuerwerb der schuldnerischen Gesellschaft.** In der Unternehmensinsolvenz ist die Frage des Neuerwerbs der schuldnerischen Gesellschaft regelmäßig nicht prob-

---

90 BGH, Beschl. v. 2. 12. 2010 – IX ZB 120/10, ZIP 2011, 90.

91 Dazu *Eickmann,* in: H-K, InsO, 4. Aufl. 2006, § 36 Rn. 7, *Andres,* in: Nerlich/Römermann, InsO, § 35 Rn. 37, 38; *Uhlenbruck,* in: Uhlenbruck, InsO, 12. Aufl. 2003, § 36 Rn. 7; *Peters,* in: MünchKomm, InsO, 1. Aufl. 2001, § 36 Rn. 40; *Bräuerle,* in: Braun, InsO, 2. Aufl. 2004, § 36 Rn. 6; zum fiktiven Arbeitseinkommen: BAG, Urt. v. 12. 3. 2008 – 10 AZR 148/08, ZIP 2008, 979.

92 Trotz der „Herkunft" des Gesetzes, das auf die Beschlagnahme des Neuerwerbs gem. § 5 öKO verweist (Amtl. Begr. zum RegierungsEInsO zu § 42, BT-Drs. 12/2443, 122), helfen rechtsvergleichende Betrachtungen hier kaum weiter. Denn auch in den österreichischen Quellen der deutschen Reformgesetzgebung wird nicht genau bestimmt, in welcher Weise das Arbeitseinkommen vom Konkursbeschlag betroffen wird.

93 BGH, Urt. v. 3. 11. 2011 – IX ZR 45/11, ZIP 2012, 95.

lematisch: bereits nach dem bisherigen Recht war man sich darüber einig, dass er vom Konkursbeschlag erfasst sei, wobei dies entweder mit Modellen einer dinglichen Surrogation oder wegen der Rechtszuständigkeit der schuldnerischen Gesellschaft begründet wurde.[94] Jedenfalls in Fällen der Insolvenz von juristischen Personen und Personengesellschaften liegt es auf der Hand, dass die dem Betrieb der schuldnerischen Gesellschaft dienenden Gegenstände nicht der Exemtion nach § 811 Abs. 1 Nr. 5 ZPO unterfallen.[95] Die Begründungen hierfür unterscheiden sich je nachdem, ob man mit der modifizierten Organtheorie die Gesellschaftsinsolvenz als besonderes insolvenzrechtliches Liquidationsverfahren betrachtet, was zwanglos eine Anwendbarkeit des § 811 Abs. 1 Nr. 5 ZPO ausschließt[96], oder ob man unter Zugrundelegung der Prämissen der Amtstheorie[97] im Wege einer teleologische Reduktion den Anwendungsbereich des § 811 Abs. 1 Nr. 5 ZPO begrenzt.

Bereits diese Fragen rufen aber in dem über das Vermögen natürlicher Personen eröffneten Insolvenzverfahren erhebliche Probleme auf. Man denke an den „kleinen Handwerker“, der in seiner Tischlerei an einer Werkbank und einer Fräsmaschine arbeitet. In der gegen ihn gerichteten Individualzwangsvollstreckung wären diese Gegenstände zweifellos unpfändbar; in dem über sein Vermögen eröffneten Insolvenzverfahren würde dies aber dazu führen, dass der Schuldner berechtigt wäre, über diese Maschinen usf. mit der Folge zu verfügen, dass ihr Wert der Masse entzogen würde. Der Schuldner könnte auf diese Weise auch eine Betriebsfortführung konterkarieren. Allein dies Beispiel zeigt, dass die Argumente, die gegen eine Anwendbarkeit des § 811 Abs. 1 Nr. 5 ZPO im Verfahren der Unternehmensinsolvenz sprechen, auch im Kontext der Insolvenz natürlicher Personen eine Rolle spielen können. M.a.W. bedarf es einer teleologischen Reduktion des § 36 InsO, um in den skizzierten Fällen eine ordnungsgemäße Abwicklung des Insolvenzverfahrens erreichen zu können. Während die Tatbestände des § 811 ZPO zum Teil mit der Sicherung der Fortführung der Erwerbstätigkeit des Schuldners im engeren Sinne, also dem, was in der Unternehmensinsolvenz den Fragenkreis der „Betriebsfortführung“ berührt, betreffen, geht es bei den §§ 850ff. ZPO um die Sicherstellung der Subsistenzmittel des Schuldners.[98] Während im überkommenen Insolvenzrecht der Satz galt, dass der Schuldner „gegen die Masse“ keinen Anspruch auf Unterhalt habe[99], scheint dies mit dem Inkrafttreten der Insolvenzordnung anders geworden zu sein.[100] Die §§ 850ff. ZPO waren bis dahin insolvenzrechtlich schlechthin irrelevant, sind aber durch die Einbeziehung des Neuerwerbs in den Konkursbeschlag unvermittelt in der Weise in den Mittelpunkt getreten, dass die Gewährung des schuldnerischen Unterhalts durch die Beschlagfreiheit von Subsistenzmitteln statuiert werde. Damit scheint verfahrensrechtlich die Pfändungsfreiheit von Teilen des Arbeitseinkommens zwangsvollstreckungsrechtlich zu beurteilen und der Abwicklung des Insolvenzverfahrens entzogen zu sein. Der „zwangsvollstreckungsrechtliche Ansatz“ ebnet dem Schuldner den Weg zur Flucht in eine neue Form der Massearmut: Wenn der Finanzierung des Insolvenzverfahrens die wesentlichen Vermögensgegenstände entzogen werden, dann wäre die Individualzwangsvollstreckung gegen den Schuldner ausgeschlossen, während dem Insol- 37

94 Zur KO vgl. *Kilger/K. Schmidt*, KO, 17. Aufl. 1997, § 1 Anm. 3Cf., Anm. 3D.
95 Im österreichischen Recht, auf das der deutsche Reformgesetzgeber zurückzugreifen versucht hat, hat dies der OGH (OGH 8 Ob 17/92) ausdrücklich ausgeführt, vgl. hierzu *Rechberger/Thurner*, Insolvenzrecht, 2000, II A 2.
96 *K. Schmidt*, Wege zu einem Insolvenzrecht der Unternehmen, 1990, S. 69ff.
97 Vgl. m.w.N. *Smid/Rattunde*, in: Smid, InsO, 2. Aufl. 2001, § 80 Rn. 22ff.
98 Die damit einhergehenden Probleme hat insbesondere *Grote*, Einkommensverwendung und Existenzminimum des Schuldners in der Verbraucherinsolvenz, 2000, thematisiert.
99 Ausführlich *Kohte*, in: Kölner Schrift zur Insolvenzordnung, 2. Aufl. 2000, S. 781, 782ff.
100 Zu den durch § 40 InsO erfassten Unterhaltsansprüchen *Eickmann*, in: H-K, InsO, 4. Aufl. 2006, § 40 Rn. 2, 3ff.; *Holzer*, in: Kübler/Prütting, Kommentar zur Insolvenzordnung § 40 Rn. 3; *Kothe*, in: Kölner Schrift zur Insolvenzordnung, 2. Aufl. 2000, S. 781, 790ff; *Peters*, in: MünchKomm, InsO, 1. Aufl. 2001, § 36 Rn. 43.

venzverwalter oder Treuhänder der Zugriff auf die werthaltigen Teile des schuldnerischen Vermögens versagt bliebe.

38 Die Diskussion um die Bedeutung der Pfändungsschutzvorschriften im Verbraucherinsolvenzverfahren droht nunmehr in bloß moralisierende Betrachtungsweisen abzugleiten. So fragt *Mäusezahl*[101], ob man es dem Schuldner zumuten dürfe, die „Wohlverhaltensperiode" durch von einem unter dem Sozialhilfesatz bemessenen Pfändungsfreibetrag leben zu müssen. Es wird noch im Folgenden darauf einzugehen sein, dass für das *Insolvenzverfahren* der Rückgriff auf das Restschuldbefreiungsverfahren systematisch verfehlt ist; eine Argumentation von vermeintlich sozial für wünschenswert gehaltenen Ergebnissen her gleitet in juristisch fragwürdiges Niveau ab.

39 **c) Pfändungsweise Beschlagnahme contra Neuerwerb.** Ausschlaggebend ist der Unterschied, der zwischen der pfändungsweisen Beschlagnahme einer konkreten Lohn- und Gehaltsforderung auf der einen und dem gesamtvollstreckungsrechtlichen Konkursbeschlag des Neuerwerbs im Rahmen der Beschlagnahme eines schuldnerischen Vermögens besteht. Im Rahmen des Verfahrens der Lohn- und Gehaltspfändung folgt daraus, dass mittels eines Pfändungs- und Überweisungsbeschlusses bestehende und künftige Lohn- und Gehaltsforderungen nur soweit gepfändet und der Verwertung durch den Gläubiger unterworfen werden können, wie diese Forderungen auf einem im Pfändungsbeschluss zu bezeichnenden Arbeitsverhältnis beruhen. Wechselt der Arbeitnehmer über den Bereich des § 833 ZPO hinaus seine Anstellung, bedarf es eines neuen Gehaltspfändungsverfahrens, um dem Gläubiger den Zugriff auf das aus der neuen Arbeitsstelle herrührendes Einkommen zu ermöglichen[102]. Die rechtlichen Grenzen des Konkursbeschlags nach § 36 Abs. 2 Nr. 2 InsO verweisen daher im Bereich des über das Vermögen natürlicher Personen eröffneten Insolvenzverfahrens auf die §§ 850ff. InsO.[103] Da es aber grundsätzlich *beliebig* ist, *woher* der Schuldner den Neuerwerb bezieht, der allgemein – sofern er nur rechtlich der Pfändung unterliegt – vom Konkursbeschlag erfasst wird, würde es dem Schuldner noch nicht einmal helfen, zur Beendigung des Verwertungsverfahrens den Arbeitsplatz zu wechseln oder gänzlich aufzugeben. Denn der Konkursbeschlag erfasst auch dieses an einem anderen Arbeitsplatz erworbene Arbeitseinkommen.

40 Bei diesen Überlegungen ist zwischen dem Insolvenzverfahren und dem Restschuldbefreiungsverfahren (der sog. Wohlverhaltensperiode) zu unterscheiden. Im Restschuldbefreiungsverfahren hat der Treuhänder in der Tat allein Inkassopflichten wegen der gem. § 287 InsO im Umfang der Pfändungsgrenzen *abgetretenen* Bezüge (und Überwachungsaufgaben wegen der Obliegenheiten) des Schuldners. Er fungiert nicht als Insolvenvzerwalter mit der Zuständigkeit für die Ist-Masse zur Sicherung der potentiellen, der Gläubigergemeinschaft haftenden Soll-Masse. Denn die den Gläubigern während der „Wohlverhaltensperiode" haftende Masse wird im Restschuldbefreiungsverfahren durch die Summe der abgetretenen Bezüge abzüglich der für den Schuldner zu bildenden Rücklagen gem. § 292 Abs. 1 Satz 3 InsO gebildet. Das mag deutlich machen, dass in der Tat im Restschuldbefreiungsverfahren ein insolvenzrechtlich-sichernder Zugriff (arg. § 148 InsO) auf die gesamten Bezüge des Schuldners nicht stattfindet; darin aber liegt ein wesentlicher Unterschied zum Verbraucherinsolvenzverfahren.

---

101 *Mäusezahl*, ZInsO 2000, 193, 196.
102 *Smid*, in: MünchKomm, ZPO, 2. Aufl. 2000, § 833 Rn. 2ff.
103 *Holzer*, in: Kübler/Prütting, Kommentar zur Insolvenzordnung, § 35 Rn. 77; *Andres*, in: Nerlich/Römermann, InsO, § 35 Rn. 37.

Das Insolvenzgericht ist gem. § 36 Abs. 4 InsO für die Entscheidung darüber zuständig, ob ein Gegenstand der Sollmasse zuzuordnen oder als unpfändbar und damit vom Insolvenzbeschlag frei an den Schuldner freizugeben ist. Antragsbefugt ist der Insolvenzverwalter (Treuhänder). 41

42 **d) Bestimmung des Zeitpunkts der Leistung mit befreiender Wirkung.** Grundsätzlich gilt nach § 82 InsO: Der Zeitpunkt, bis zu dem eine Leistung mit befreiender Wirkung in die Pfändungsmasse erfolgen kann, wird durch die öffentliche Bekanntmachung gem. § 29 und § 9 InsO bestimmt, d.h. nicht zwingend durch denjenigen Zeitpunkt, zu dem der Beschluss durch den Richter getroffen wird. Eine *Befreiung des Leistenden von einer Verbindlichkeit* erfolgt damit nur bei Leistung in die vom Insolvenzbeschlag erfasste Masse. Eine Leistung an einen Vertreter oder an einen Dritten, an den mit Einwilligung des Schuldners geleistet wird, steht einer Leistung an den Schuldner, der Subjekt des Insolvenzverfahrens ist, gleich[104]. Jedoch kann eine solche Leistung nachträglich durch den Verwalter gem. §§ 362 Abs. 2, 185 BGB genehmigt werden[105]. Ist das nicht der Fall, tritt keine Erfüllungswirkung ein, d.h. der Verwalter kann die nochmalige Leistung verlangen. Jedoch hat der Leistende hinsichtlich der ersten Leistung einen Anspruch gegen den Schuldner aus ungerechtfertigter Bereicherung, der nicht deswegen ausgeschlossen ist, weil der Leistende von der Eröffnung des Insolvenzverfahrens wusste. Der Leistende hätte damit rechnen können, dass der Schuldner die Leistung in die Masse abführt oder eine Genehmigung des Verwalters erfolgt. § 815 BGB ist deswegen nicht einschlägig[106]. *Steder*[107] ist also dahingehend durchaus Recht zu geben, dass der Arbeitgeber – auf seine Gefahr! – befugt und in der Lage ist, mit befreiender Wirkung an den Schuldner zu leisten, soweit es sich um nach § 36 InsO pfändungsfreie Beträge handelt. Es sollte allerdings nicht außer Acht bleiben, dass es dem Arbeitgeber schon aus anderen Gründen kaum möglich sein wird, diese Leistung unmittelbar an den Schuldner auszukehren. Regelmäßig wird ihm nämlich allein der Weg einer baren Auszahlung offen stehen – für die in den meisten Unternehmen keine Vorkehrungen mehr möglich sind. Denn die Konten des Schuldners stehen ihm mit Eröffnung des Verfahrens aufgrund §§ 115, 116 InsO nicht mehr offen; ob Kreditinstitute für Fälle von Verbraucherinsolvenzen besondere Konten anbieten, derer sich der Schuldner bedienen kann, ist im Übrigen eine *quaestio facti.* Der für den Arbeitgeber des insolventen Schuldners einfachere Weg ist die 100%ige Auszahlung des Nettoarbeitseinkommens an den Insolvenzverwalter (Treuhänder).

43 Dieser einfache Weg ist aber auch *materiell richtig.* Denn wie schon bei der Darstellung der Ist-Masse behandelt, hat der Insolvenzverwalter (Treuhänder) *auch* Sicherungsaufgaben zu erfüllen. *Deshalb* unterfallen alle Vermögensbestandteile des Schuldners nunmehr unter Einbeziehung des Neuerwerbs der Ist-Masse, für deren „Sichtung" der Insolvenzverwalter (Treuhänder) rechtlich zu ständig ist. Er hat – allerdings unter Zugrundelegung der gesetzlichen Regelungen der §§ 850ff. ZPO – die Reichweite der Soll-Masse festzustellen.

---

104 Vgl. *Kuhn/Uhlenbruck,* KO, 11. Aufl. 1994, § 8 Rn. 2; *Uhlenbruck,* in: Uhlenbruck, InsO, 13. Aufl. 2010, § 82 Rn. 2; zur Anfechtung: BGH, Beschl. v. 12. 3. 2009 – IX ZR 85/06, ZIP 2009, 726.
105 *Haarmeyer,* in: MünchKomm, InsO, 1. Aufl. 2001, § 82 Rn. 7; *Uhlenbruck,* in: Uhlenbruck, InsO, 13. Aufl. 2010, § 82 Rn. 5; *Kroth,* in: Braun, InsO, 2. Aufl. 2004, § 82 Rn. 4.
106 Vgl. zu diesem Problemkomplex: *Jaeger/Henckel,* KO, 8. Aufl. 1973, § 8 Rn. 47; *Uhlenbruck,* in: Uhlenbruck, InsO, 13. Aufl. 2010, § 82 Rn. 6; *Ott,* in: MünchKomm, InsO, 1. Aufl. 2001, § 82 Rn. 11.
107 *Steder,* ZIP 1999, 1874, 1876.

44 Die pfändungsfreien Teile des Arbeitseinkommens des Schuldners sind daher durch Freigabe[108] an diesen auszusondern und auszuzahlen. Damit ist im Übrigen durchaus kein unerträglicher Mehraufwand für den Insolvenzverwalter (Treuhänder) verbunden, sondern eine nachdrückliche Haftungserleichterung, da er ansonsten ggf. wegen geringfügiger Beträge gegen den Arbeitgeber zu klagen hätte. Umgekehrt wird der Schuldner nicht anders gestellt als die anderen Aussonderungsberechtigten und auf den Weg der Leistungsklage verwiesen.

III. Der registerrechtliche Insolvenzvermerk

1. Grundbuchsperre

45 Die Eröffnung des Insolvenzverfahrens ist nach § 32 Abs. 1 InsO bei Grundstücken, als deren Eigentümer der Schuldner eingetragen ist, und bei den für den Schuldner eingetragenen Rechten an Grundstücken und an eingetragenen Rechten, wenn nach der Art des Rechts und den Umständen zu befürchten ist, dass ohne die Eintragung die Insolvenzgläubiger benachteiligt würden, ins Grundbuch einzutragen. Sind dem Insolvenzgericht solche Grundstücke oder Rechte bekannt – insbesondere aufgrund der vom Schuldner seinem Eigenantrag beigefügten Vermögensübersicht oder aus dem vom Insolvenzgericht eingeholten Gutachten, hat es gem. § 32 Abs. 2 Satz 1 InsO das Grundbuchamt von Amts wegen um die Eintragung zu ersuchen. Nach § 32 Abs. 2 Satz 2 InsO kann die Eintragung auch vom Insolvenzverwalter beim Grundbuchamt beantragt werden. Funktion der Eintragung ist, dass bei einem Grundstück, das zur Insolvenzmasse gehört, die Eröffnung des Insolvenzverfahrens aus dem Grundbuch ersichtlich ist.[109] Durch den Insolvenzvermerk wird im Falle des liquidierenden Verfahrens der nach § 80 InsO mit der Eröffnung des Insolvenzverfahrens erfolgte Übergang der Verfügungsbefugnis auf den Verwalter kenntlich gemacht und damit verlautbart, dass nunmehr nur der Verwalter die Rechte des Schuldners geltend machen kann[110], und dass Verfügungsbeschränkungen des Schuldners bestehen. Damit werden die Voraussetzungen des § 892 Abs. 1 Satz 2 BGB erfüllt. Nach Eintragung des Insolvenzvermerks ist kein gutgläubiger Erwerb des Grundstücks oder des Rechts an dem Grundstück durch Dritte mehr möglich.[111] Der Vermerk bewirkt also eine Grundbuchsperre.[112]

---

108 Vgl. auch *Kießner,* in: Nerlich/Römermann, InsO, § 114 Rn. 7.

109 Amtl. Begr. zu § 39 RegEInsO, BT-Drs. 12/2443, S. 120. Zur Eintragung, wenn Schuldner Miterbe der im Grundbuch eingetragenen Erbengemeinschaft ist: BGH, Beschl. v. 19. 5. 2011 – V ZB 197/10.

110 *Landfermann,* in: Kölner Schrift zur Insolvenzordnung, 2. Aufl. 2000, S. 159, 161 Rn. 4, 5.

111 OLG Hamm, Beschl. v. 10. 3. 1970 – 15 W 512 /69 – KTS 1970, 314; *Holzer,* in: Kübler/Prütting, Kommentar zur Insolvenzordnung, § 32 Rn. 4; *Uhlenbruck,* in: Uhlenbruck, InsO, 13. Aufl. 2010, § 32 Rn. 17; *Schmahl,* in: MünchKomm, InsO, 1. Aufl. 2001, § 32 Rn. 43; *Kind,* in: Braun, InsO, 2. Aufl. 2004, § 32 Rn. 23.

112 *Mönning,* in: Nerlich/Römermann, InsO, § 32 Rn. 12; kritisch *Holzer,* in: Kübler/Prütting, Kommentar zur Insolvenzordnung § 32 RdNr. 5; *Uhlenbruck,* in: Uhlenbruck, InsO, 13. Aufl. 2010, § 32 Rn. 17; *Schmahl,* in: MünchKomm, InsO, 1. Aufl. 2001, § 32 Rn. 47; *Kind,* in: Braun, InsO, 2. Aufl. 2004, § 32 Rn. 23.

2. Probleme

Auch in diesem Zusammenhang treten wiederum Probleme auf, die sich bereits im Rahmen der Identifizierung des Schuldners nach § 27 Abs. 2 Nr. 1 InsO (oben § 28 Rn. 3 f.) gezeigt haben, wenn das Insolvenzverfahren über das Vermögen einer Gesellschaft bürgerlichen Rechts eröffnet worden ist: 46

Beispiel: Der Eröffnungsbeschluss ist gegen A, B und C als Gesellschafter bürgerlichen Rechts[113] in ihrer gesamthänderischen Verbundenheit erlassen worden. Betrifft dies neben der Gemeinschaft am Hausgrundstück Flurstück 200, in dessen Grundbuch A, B und C eingetragen sind, auch A, B und C zustehende Rechte an einem Hausgrundstück Flurstück 300, in dessen Grundbuch A, B, C und D eingetragen sind? 47

3. Weitere Register

Das in **Rn. 45** ausgeführte gilt auch für Schifffahrts- und Luftfahrzeugsregister, vgl. § 33 InsO. § 270 Abs. 3 Satz 2 InsO schließt die Anwendbarkeit der §§ 32, 33 InsO explizit aus. Das ist aber durchaus nicht ohne weiteres zu befolgen: Das Problem liegt nicht im Fehlen eines ins Grundbuch einzutragenden Insolvenzverwalters als vielmehr darin, dass die Rolle des die Eigenverwaltung übernehmenden Schuldners unklar ist. Es wäre verkürzt, in diesen Fällen deshalb keine Eintragung vorzunehmen, weil der Schuldner seiner Verwaltungs- und Verfügungsbefugnis nicht enthoben werde. Zum einen sieht das Gesetz ausdrücklich die Überwachung des Schuldners durch den Sachwalter vor (§§ 275 ff. InsO), zum anderen löst die Eröffnung auch des in Eigenverwaltung durchgeführten Verfahrens unabhängig von der Überwachung des Schuldners insolvenzrechtliche Folgen aus, wie insbesondere die §§ 279, 280, 282 deutlich machen. Der Schuldner ist im Übrigen in dem Sinne „debtor in possession", als ihm mit Anordnung der Eigenverwaltung die ihm infolge des Erlasses des Eröffnungsbeschlusses entzogene (§§ 27, 80 Abs. 1 InsO) Verwaltungs- und Verfügungsbefugnis mit insolvenzspezifischen Einschränkungen *rückübertragen* wird. Dies ist aber auch im Hinblick auf die immobiliarsachenrechtlichen Verhältnisse wichtig, in denen der Schuldner sich befindet. Wenigstens in denjenigen Fällen, in denen das Insolvenzgericht die Verfügungsbefugnis des eigenverwaltenden Schuldners beschränkt hat, ist dies im Grundbuch zu vermerken, vgl. hierzu auch § 277 Abs. 3 InsO. 48

V. Eigenverwaltung durch den Schuldner

Es liegt auf der Hand, dass die Beschlagnahme seines Vermögens im Rahmen der durch das Insolvenzgericht angeordneten Eigenverwaltung des Schuldners einen anderen Stellenwert einnimmt, als in den „normalen" Fällen der Überantwortung der Verwaltungs- und Verfügungsbefugnis auf einen Insolvenzverwalter. Allerdings ruft der systematische Aufbau des Gesetzes zunächst einen anderen Eindruck hervor: Die §§ 270 ff. InsO scheinen die Geltung der allgemeinen Regeln der §§ 35 ff. InsO über den Konkursbeschlag nicht einzuschränken. Richtig daran ist, dass auch im Falle der Eigenverwaltung das Schuldnervermögen zum Zwecke der Haftung den Gläubigern „zugewiesen" wird.[114] Der Schuldner ist nicht mehr frei darin, wie er mit dem Vermögen verfährt.[115] 49

---

113 LG Neubrandenburg, Beschl. v. 4. 4. 2001 – 4 T 84/01 – InVo 2001, 251: Im Grundbuch kann auch dann ein Insolvenzvermerk eingetragen werden, wenn das Grundstück sich im Gesamthandseigentum der Gesellschafter einer GdBR befindet.

114 *Häsemeyer,* Insolvenzrecht, 3. Aufl. 2003, Rn. 8.13; zust. *Pape,* in: Kübler/Prütting, Kommentar zur Insolvenzordnung § 270 Rn. 1.

115 Eingehend *Wehdeking,* Masseverwaltung des insolventen Schuldners, 2005, S. 104 ff.; *Flöther/Smid/Wehdeking,* Eigenverwaltung, 2005, Kap. 2 Rn. 107–110.

§ 14 Die Freigabe von Massegegenständen

I. Gesetzliche Anerkennung[1]

1 1. Regelung des § 32 Abs. 3 Satz 2 InsO

Der Insolvenzverwalter kann Vermögensgegenstände aus der Masse freigeben. Der Insolvenzverwalter fungiert als Partei kraft Amtes. Er ist in der Unternehmensinsolvenz nicht als „Organ" der insolventen juristischen Person anzusehen. Da der Insolvenzverwalter nicht Organ des schuldnerischen Unternehmens, sondern Inhaber eines privaten, hoheitlich begründeten Amtes des Inhalts der Abwicklung des Insolvenzverfahrens ist, steht auch im Fall der über das Vermögen einer juristischen Person eröffneten Insolvenzverfahrens der Freigabe von Vermögensbestandteilen des schuldnerischen Unternehmensträgers an diesen, soweit diese dem Insolvenzbeschlag unterliegen, nichts im Wege. Dies hat der IX. Zivilsenat des BGH mit seinem Urteil vom 21.4.2005[2] im Anschluss an die überwiegende Lehre erkannt. Die entgegenstehenden Annahmen der sog. modifizierten Organtheorie hat der IX. Zivilsenat damit als unzutreffend verworfen. Der IX. Zivilsenat meint, die Befugnis zur Freigabe mit der Folge, dass der Insolvenzbeschlag erlischt und der Schuldner die Verfügungsbefugnis zurückbehält, sei in der Insolvenzordnung nicht näher geregelt. Man kann dahingestellt bleiben lassen, ob das so stimmt. Zweifel folgen insbesondere aus § 80 Abs. 1 InsO, nachdem ein Übergang der Verwaltungs- und Verfügungsbefugnis vom Schuldner auf den Verwalter statuiert wird, was dem Verwalter Befugnisse einräumt, die im Lichte seiner Kernaufgabe, nämlich der Verwertung der Masse gem. § 159 InsO zu sehen ist. Diese Verwertung der Massegegenstände hat „unverzüglich", also ohne schuldhaftes Zögern des Verwalters nach Beschlussfassung durch die Gläubiger im Berichtstermin gem. §§ 156, 157 InsO zu erfolgen. Obwohl einem jeden bekannt ist, dass es sich beim Insolvenzverfahren, sobald denn einmal der Eröffnungsbeschluss erlassen worden ist, um ein langwieriges Verfahren handeln kann, sind die Bestrebungen des Gesetzgebers doch auf eine möglichst zügige Verfahrensabwicklung gerichtet. Schon deshalb schließt die Befugnis, solche Massegegenstände freizugeben, die Berechtigung ein, solche Massegegenstände freizugeben, deren Verwertung einen unverhältnismäßigen Zeitaufwand und die Masse über Gebühr belastende Kosten hervorrufen würde. Insofern hat der BGH zutreffend bereits in zahlreichen früheren Entscheidungen darauf erkannt, der Verwalter sei berechtigt, nicht werthaltige, sondern aufgrund von Umweltverschmutzungen etc. sogar die Masse mit Kosten belastende Grundstücke an den Schuldner freizugeben. Im Jahr 2004 ist das BVerwG[3] dem BGH im Ergebnis, in der Begründung leicht abweichend aber doch jedenfalls die Freigabebefugnis des Verwalters bejahend, gefolgt. Seine Kernaufgabe macht deutlich, dass der Insolvenzverwalter als Amtsträger, so gleichsam als Dritter, auftritt. Dies war

---

1 *Henckel,* in: FS Kreft, 2004, S. 291 ff.; *Smid,* WM 2005, 625 ff.; *Lüke,* in: FS Kirchhof, 2004, S. 287, 299 (Freigabe der Eigentumswohnung wegen Hausgeldes).

2 BGH, Urt. v. 21. 4. 2005 – IX ZR 281/03 – ZIP 2005, 1034.

3 BVerwG, Urt. v. 23. 9. 2004 – 7 C 22/03 – ZIP 2004, 2145.

im Übrigen zwischen der althergebrachten Amtstheorie und der sog. modifizierten Organtheorie jedenfalls soweit nicht im Streit, als es die Insolvenz natürlicher Personen betraf. Im Falle des über juristische Personen und Gesellschaften ohne Rechtspersönlichkeit eröffneten Insolvenzverfahrens meint die modifizierte Organtheorie, dass an die Stelle der gesellschafts- oder organschaftlichen Abwicklung das Insolvenzverfahren mit der Folge tritt, dass der Insolvenzverwalter gleichsam ein Zwangsorgan der juristischen Person oder Personenhandelsgesellschaft wird. Eine „Freigabe" würde daher rechtslogisch ins Leere gehen – der Verwalter würde gewissermaßen an sich selbst freigeben, was deutlich macht, dass nach den Prämissen der modifizierten Organtheorie die Freigabe rechtslogisch ausgeschlossen ist. § 1 Abs. 2 Satz 3 RegEInsO sprach von einer Ablösung gesellschaftsrechtlicher Entwicklung durch das Insolvenzverfahren; diese Vorschrift ist indes gestrichen worden. Der IX. Zivilsenat macht in der zitierten Entscheidung[4] deutlich, dass selbst ein „Bekenntnis" des Gesetzgebers zur modifizierten Organtheorie, wollte man die nicht in Kraft getretene Vorschrift so deuten, die Rechtsanwendung nicht zu binden vermöchte. Das tragende Argument ist insofern nicht die Vorschrift des § 32 Abs. 3 InsO, in der der Gesetzgeber fraglos von der Möglichkeit einer Freigabe ausgegangen ist, und die auch vom Bundesverwaltungsgericht zur Begründung seiner „Wende" aus dem Jahr 2004 herangezogen worden ist. Denn läge in der Tat eine Richtungsentscheidung des Gesetzgebers vor, mit der die modifizierte Organtheorie favorisiert würde, wäre es immerhin vorstellbar, dass § 32 Abs. 3 InsO für solche Fälle zur Anwendung zu bringen wäre, in der ein Insolvenzverfahren über das Vermögen natürlicher Personen eröffnet wird. § 32 Abs. 3 InsO wäre dann teleologisch zu reduzieren, da die Vorschrift etwas über die Folgen der erfolgten Freigabe, nicht aber über die Reichweite einer Freigabebefugnis des Insolvenzverwalters im allgemeinen aussagt. Wäre eine Freigabe im Bereich der Insolvenz juristischer Personen- und Handelsgesellschaften nämlich strukturell ausgeschlossen, hätte § 32 Abs. 3 InsO überhaupt nur einen sinnvollen Anwendungsbereich für die Insolvenz natürlicher Personen. Dies wäre im Übrigen insofern nicht völlig inkonsistent, als § 313 Abs. 3 InsO den absonderungsberechtigten Gläubigern, die sich im Bereich der Insolvenz natürlicher Personen im Wesentlichen aus dem Kreis der Grundpfandgläubiger rekrutieren, die Möglichkeit der Befriedigung außerhalb des Insolvenzverfahrens eröffnet. Wenn aber wesentliche Vermögensbestandteile in der Verbraucherinsolvenz ohnedies der Verwertungsbefugnis des Insolvenzverwalters entzogen sind, mag eine Freigabe insofern sinnvoll sein. All diese Argumente sind aber irrig. Dies hat der IX. Zivilsenat des BGH systematisch vollkommen überzeugend nachgewiesen.

2. § 85 Abs. 2 InsO

Entscheidend ist § 85 Abs. 2 InsO. Diese Vorschrift sieht vor, dass der Insolvenzverwalter die Aufnahme eines bei Verfahrenseröffnung anhängigen Aktivprozesses abzulehnen berechtigt ist. Diese Vorschrift behandelt nun nicht einen Sonderfall der Insolvenz natürlicher Personen, sondern regelt positivrechtlich einen konkreten Fall des Freigaberechts des Insolvenzverwalters. Denn soweit der Insolvenzverwalter einen Aktivprozess aufzunehmen ablehnt, wird der Schuldner wieder befugt, den Prozess aufzunehmen. Daher ist, wie der IX. Zivilsenat zutreffend ausführt, die Ablehnung der Aufnahme des Prozesses notwendigerweise mit der Freigabe des streitgegenständlichen Massegegenstandes verbunden. 2

4 BGH, Urt. v. 21. 4. 2005 – IX ZR 281/03 – ZIP 2005, 1034.

Die Rückerlangung der Prozessbeführungsbefugnis wegen der streitigen Forderung durch den Schuldner setzt nämlich voraus, dass diese wieder zum massefreien Vermögen wird. § 85 Abs. 2 InsO stellt eine allgemeine Regelung der Eröffnung des Insolvenzverfahrens gleich über das Vermögen eines wie auch immer rechtlich verfassten Schuldners eintretenden Rechtsfolgen dar.

II. Bruttobeschlagsprinzip

1. Erfassung des gesamten Neuerwerbs

3 **a)** Bislang bereits galt in der Insolvenz selbständiger Personen nach § 35 InsO das Bruttobeschlagsprinzip. Dieses Prinzip besagt, dass der gesamte Neuerwerb eines Schuldners vom Insolvenzbeschlag erfasst wird, ohne dass die dabei aufgewandten Mittel in Abzug zu bringen wären. Dies hat der BGH in der Physiotherapeuten-Entscheidung (BGH, v. 23. 9. 2003 – VI ZR 395/02 – NJW-PR 04, 65 ausdrücklich ausgeführt) klargestellt. Mit dem Bruttobeschlagsprinzip korrespondiert aber die Gefahr einer Verantwortlichkeit der Masse für die durch die selbständige Tätigkeit des Schuldners ausgelösten Masseverbindlichkeiten gem. § 55 Abs. 1 Nr. 1 InsO, sofern die Verbindlichkeiten in einer der Insolvenzverwaltung zurechenbaren Weise begründet worden sind. Daran mag man zweifeln, wenn z.B. der Schuldner ohne Kenntnis des Verwalters an anderem Ort seine Tätigkeit fortsetzt und dabei Verbindlichkeiten eingeht. Aber auch wenn nicht endgültig geklärt erscheint, ob die dabei ausgelösten Verbindlichkeiten unter § 55 Abs. 1 Nr. 1 InsO gefasst werden können, ist der Insolvenzverwalter in derartigen Fällen nicht unerheblichen Risiken ausgesetzt.

4 **b)** Hierauf hat der Gesetzgeber mit dem am 1. 7. 2007 in Kraft getretenen Insolvenzverfahrensvereinfachungsgesetz (Gesetz zur Vereinfachung des Insolvenzverfahrens, BGBl. Teil I Nr. 13 vom 17. April 2007, 509) zu reagieren versucht: Nach § 35 Abs. 2 S. 1 InsO muss der Insolvenzverwalter in einem jeden Fall selbständiger Tätigkeit des Schuldners die Erklärung abgeben, ob Vermögen aus der selbständigen Tätigkeit zur Insolvenzmasse gehört und ob Ansprüche aus dieser Tätigkeit im Insolvenzverfahren geltend gemacht werden können. Ihm steht insoweit wegen des „Ob“ der zu fällenden Entscheidung keinen Ermessensspielraum zu; er entscheidet folglich im Rechtssinne also auch dann, wenn er nichts erklärt, wenn er sich keine Gedanken über § 35 Abs. 2 S. 1 InsO macht oder übersieht, dass er eine Entscheidung fällen muss und sich hierüber zu erklären hat. Denn gibt er keine Erklärung ab, besagt § 35 Abs. 2 S. 1 InsO, dass auch in diesem Schweigen des Verwalters eine Erklärung liegt. Sein Schweigen ist beredt. Denn wird der schuldnerische Betrieb fortgeführt – steht der schuldnerische Gastwirt weiter hinter dem Tresen, schneidet die Friseuse in dem zu Masse gehörenden Frisiersalon mit massezugehörigen Scheren weiter Haare und behandelt der Zahnarzt weiter in seiner Zahnarztpraxis usf. – geschieht dies schon deshalb mit Wissen und Willen des Verwalters, weil der Verwalter diese Tätigkeit nicht dadurch abgebrochen hat, dass er schlicht und ergreifend das Schloss zu den Türen der Gastwirtschaft, des Frisiersalons, der Zahnarztpraxis usf. hat austauschen lassen.

5 **c) Auslegungsschwierigkeiten.** aa) Nach den Motiven des Gesetzgebers (BT-Drucks. 16/3227, 17) soll die Erklärung des Insolvenzverwalters nicht etwa Vermögen aus der selbständigen Tätigkeit – also den Neuerwerb erst zur Insolvenzmasse ziehen. Denn

der Gesetzgeber hat in den Motiven zum Insolvenzverfahrensvereinfachungsgesetz (BT-Drucks. 16/3227, 17) die Erklärung nach § 35 Abs. 2 S. 1 InsO als Form der Freigabe beschlagnahmter Gegenstände definiert. Daher ist die Vorschrift so zu verstehen, dass mit der Erklärung, ob Vermögen aus der selbständigen Tätigkeit zur Insolvenzmasse gehört, der Insolvenzverwalter gegebenenfalls erklärt, dass der zur Insolvenzmasse gehörende Neuerwerb freigegeben wird: Der Wortlaut des § 35 Abs. 2 S. 1 InsO legt freilich zunächst die Vermutung nahe, diese Vorschrift normiere eine weitere Voraussetzung für die Beschlagnahme des Neuerwerbs. Dieser durch den eigenartigen Wortlaut des § 35 Abs. 2 S. 1 InsO hervorgerufene Eindruck täuscht aber. Liest man die Gesetzesbegründung, handelt es sich bei der Erklärung nach § 35 Abs. 2 S. 1 InsO nämlich nicht darum, dass der Insolvenzverwalter durch seine Erklärung gegenüber dem Schuldner überhaupt erst den aus der selbständigen Tätigkeit zu erwartenden Neuerwerb zur Masse zieht. Die Regelung des § 35 Abs. 2 S. 1, 2. Halbsatz InsO ist so auszulegen, dass der Insolvenzverwalter eine Erklärung abgibt, dass er das aus der selbständigen Tätigkeit zu erwartende Vermögen (den Neuerwerb) nicht zur Insolvenzmasse ziehe und dass folglich die Verbindlichkeiten, die der Schuldner mit seiner selbständigen Tätigkeit begründet, im Insolvenzverfahren nicht als Masseverbindlichkeiten gem. § 55 Abs. 1 Nr. 1 InsO geltend gemacht werden können. Anders hätte es keinen Sinn, wenn der Gesetzgeber davon spricht, der § 35 Abs. 2 InsO regele für die Fälle der Eröffnung des Insolvenzverfahrens über das Vermögen Selbständiger eine besondere Form der Freigabe.

bb) Ähnlich unklar ist die Formulierung, ob Ansprüche aus dieser Tätigkeit im Insolvenzverfahren geltend gemacht werden können. Ansprüche aus dieser Tätigkeit könnten, da als Subjekte der Schuldner und Insolvenzverwalter in der Vorschrift genannt werden, Ansprüche des Schuldners gegen Dritte aufgrund erbrachter Leistungen im Rahmen der selbständigen Tätigkeit sein. Die Formulierung des Gesetzes aber ist – wie sich ebenfalls aus den Gesetzesmotiven (BT-Drucks. 16/3227, 17) ergibt – nicht in diese Richtung zu interpretieren. Denn der Gesetzgeber geht davon aus, dass die Freigabeerklärung nach § 35 Abs. 2 S. 1 InsO die Masse von der Inanspruchnahme aus Verbindlichkeiten freistellen soll, die der Schuldner durch seine selbständige Tätigkeit eingeht. Daher ist die Formulierung so zu interpretieren, dass der Verwalter erklärt, dass Forderungen Dritter aus Verbindlichkeiten, die der Schuldner in Ausübung seiner selbständigen Tätigkeit während des Insolvenzverfahrens begründet, im Insolvenzverfahren nicht als Masseverbindlichkeiten geltend gemacht werden können. Dies deckt sich im Übrigen auch mit dem Zweck der öffentlichen Bekanntmachung der Erklärung des Verwalters gem. § 35 Abs. 3 S. 2 InsO, der nur dann Sinn hat, wenn durch die öffentliche Bekanntmachung die interessierten Verkehrskreise – nämlich die Vertragspartner des Schuldners (Lieferanten, Vermieter, Arbeitnehmer) sich darauf einstellen können, dass ihnen nicht die Masse, sondern allein der freigegebene Neuerwerb des Schuldners haftet. Diese an den Gesetzesmotiven orientierte Auslegung führt dann im Übrigen auch zu der vom Gesetzgeber angestrebten Harmonisierung mit § 109 Abs. 1 S. 2 InsO (BT-Drucks. 16 /3227, 17). 6

2. Schweigen des Verwalters

7 a) Versteht man sich aber mit dem Gesetzgeber auf diese Interpretation des § 35 Abs. 2 S. 1 InsO, dann liegt zwingend im Schweigen des Verwalters die konkludente Erklärung, dass die Fortführung der selbständigen Tätigkeit des Schuldners zu einer Verpflichtung der Masse führt und dass der Bruttoerlös, der hierbei erzielt wird, zur Masse gezogen wird.

8 b) Schon aus Gründen des Art. 12 Abs. 1 GG ist die Tätigkeit des Schuldners dann zu vergüten. Da der Schuldner zwar selbständig tätig ist, seine Tätigkeit aber mit Mitteln der Masse und für die Masse ausübt und sämtlicher Erlös der Masse zusteht, ist er insofern jedenfalls wirtschaftlich in einer Lage, die einem abhängig Beschäftigten entspricht. Ihm ist daher jedenfalls der Pfändungsfreibetrag nach Maßgabe des § 850c ZPO auszukehren.

9 c) Fraglich ist aufgrund der Formulierung des Gesetzes freilich weiter, welche Wirkungen die Erklärung des Insolvenzverwalters nach § 35 Abs. 2 S. 1 InsO, den Neuerwerb freizugeben, in Ansehung der Judikatur des BFH (BFH v. 7.4. 2005 – V R 5/04 = BB 2005, 1669) für seine abgabenrechtlichen Verantwortlichkeiten wegen der Steuerschulden nach sich zieht, die der Schuldner mit Einnahmen aus seiner selbständigen Tätigkeit verwirklicht. Da der BFH (BFH v. 7.4. 2005 – V R 5/04 = BB 2005, 1669) zum entscheidenden Kriterium der steuerlichen Inanspruchnahme gemacht hat, ob die selbständige Tätigkeit des Schuldners mit Mitteln der Masse erzielt wird, stellt sich die Frage, ob dies auch nach nunmehr geltendem Recht so zu halten sei. Dagegen spricht der ausdrückliche Zweck, den der Gesetzgeber ausweislich der Gesetzesmaterialien mit der vorliegenden Regelung verfolgt. Aus der Praxis wird berichtet (Diesen Hinweis verdanke ich Herrn Rechtsanwalt Dr. Ulrich Wenzel, Potsdam), dass Finanzämter sich bereits vereinzelt mit der Erklärung gem. § 35 Abs. 2 S. 1 InsO zufrieden gegeben haben; ob der Verwalter damit in allen Fällen auf der sicheren Seite ist, mag aber dahingestellt bleiben. Sofern sich der Schuldner bei seiner selbständigen Tätigkeit im Übrigen der bisher zu seinem Vermögen gehörenden Gegenstände bedient, ruft dies über die steuerrechtliche Komponente hinaus eine Reihe weitere Fragen hervor.

10 Dies mag ein **Beispielsfall** deutlich machen: Im Restaurant des Schuldners steht eine dem Schuldner gehörende und nicht mit besitzlosen Mobiliarpfandrechten belastete Pastamaschine im Wert von 3.000 €. Solange der Schuldner eine selbständige Tätigkeit ausübt und dabei diese Maschine nutzt, ist die Maschine nicht Teil der Insolvenzmasse. Dies ergibt sich zwanglos aus § 36 InsO. Denn § 36 Abs. 1 S. 1 InsO ordnet an, dass nur das nach den Vorschriften der ZPO pfändbare Vermögen des Schuldners in dem Konkursbeschlag nach § 35 InsO unterliegt. Die Regelung des § 36 Abs. 1 S. 2 InsO bezieht sich insoweit allein auf den Neuerwerb, weil nur soweit die Vorschriften über die Forderungspfändung eine Rolle spielen. Für bewegliche Sachen greift § 36 Abs. 2 InsO ein. Dessen in diesem Zusammenhang einschlägige Nr. 2 führt aber § 811 Abs. 1 Nr. 5 nicht an, daher sind die Sachen, die der Erwerbstätigkeit des Schuldners dienen, der Pfändung nicht unterworfen. **Schließt** der Verwalter in dem hier angeführten Beispielsfall das Restaurant, dann wird die Pastamaschine **pfändungspfandrechtlich entwidmet**, da sie hinfort nicht mehr der selbständigen Erwerbstätigkeit des Schuldners dient. Das Gleiche gilt, wenn der Verwalter das Restaurant fortführt –

und zwar auch dann, wenn der Schuldner weiter in dem Restaurant als Koch usf. tätig ist. Denn insoweit handelt es sich nicht um die persönliche Erwerbstätigkeit des Schuldners, sondern die Verwaltung und Verwertung der Masse durch den Insolvenzverwalter. Auch insoweit ist selbstverständlich die fragliche Pastamaschine verwertbar und Teil der Insolvenzmasse. Anders verhält es sich nur, wenn der Schuldner auf eigene Rechnung, also in der Tat eine selbständige Tätigkeit ausübt, und sich dabei der vom Verwalter freigegebenen Maschine bedient. **Duldet der Verwalter**, dass der Schuldner die Pastamaschine in neuen Räumlichkeiten bei der Fortsetzung einer selbständigen Tätigkeit nutzt, mag die Sachlage im Licht der Judikatur des BFH unklar sein; es empfiehlt sich jedenfalls aus Sicht des Verwalters, für den Fall, dass er die Pastamaschine nicht für verwertbar hält, diese an den Schuldner freizugeben. Die Freigabe scheint nun vom Wortlaut des § 35 Abs. 2 S. 1 InsO nicht gedeckt zu sein; sie erfolgt aber jedenfalls nach §§ 80, 85 InsO iVm § 32 Abs. 3 InsO. (Nach Maßgabe der vom BGH v. 21. 4. 2005 – IX ZR 281/03 – ZIP 2005, 1034 behandelten Grundsätze). In diesen Fällen empfiehlt es sich also für den Insolvenzverwalter, neben seiner Erklärung nach § 35 Abs. 2 S. 1 InsO gegebenenfalls weitere für unverwertbar erachtete Massegegenstände an den Schuldner nach § 32 Abs. 3 InsO freizugeben.

d) Zu einer solchen Freigabe ist der Verwalter im Übrigen keineswegs verpflichtet. **11**
Das ergibt sich bereits zwanglos aus der Verpflichtung, den Schuldner für seine Mitarbeit zu vergüten, folgt aber im Übrigen aus einer Reihe weiterer systematischer Gesichtspunkte: Der Verwalter hat nicht etwa die Aufgabe, durch Überlassung werthaltiger Massegegenstände an den Schuldner diesem einen beruflichen Neustart oder eine Fortsetzung der beruflichen selbständigen Tätigkeit zu ermöglichen; dem insolventen Schuldner ist, wenn ihm die durch entsprechende Entwidmung gepfändeten und beschlagnahmten Vermögensgegenstände entzogen werden und er daher sich außerstande sieht, seine selbständige Tätigkeit fortzusetzen zuzumuten, hinfort in abhängiger Beschäftigung seiner Tätigkeit nachzugehen.

3. Auswirkung auf Dauerschuldverhältnisse

a) Gibt der Verwalter seine Erklärung nach § 35 Abs. 2 S. 1 InsO ab, hat dies nicht un- **12**
mittelbar Bedeutung für etwaige Miet- und Pachtverträge, die der Schuldner zur Erlangung des Nutzungspotenzials an Räumen abgeschlossen hat, in denen er seiner selbständigen Tätigkeit (bislang) nachgegangen ist. Nach der hier vertretenen am Wortlaut der Vorschrift orientierten engen Auslegung des § 35 Abs. 2 S. 1 InsO bleibt nämlich der Verwalter weiter zur Nutzung und damit zur Kündigung der Miet- und Pachtverträge an den ursprünglich vom Schuldner angemieteten Räumen befugt. Dies ergibt sich unmittelbar aus § 80 InsO. Dies gilt im Übrigen auch dann, wenn der Verwalter durch seine Kündigungserklärung dem Schuldner de facto die tatsächliche Grundlage für die Fortsetzung seiner selbständigen Tätigkeit entziehen würde. Denn die Erklärung nach § 35 Abs. 2 S. 1 InsO soll nicht die faktische Möglichkeit der selbständigen Tätigkeit schützen – wie sich bereits am Pastamaschinenbeispiel oben gezeigt hat. Dagegen spricht auch nicht, dass der Gesetzgeber in den Motiven zu § 35 n. F. (BT-Drucks. 16/3227, 17) auf das Beispiel des § 109 Abs. 1 S. 2 InsO verwiesen hat. Dort hat der Gesetzgeber bekanntlich dem Verwalter die Möglichkeit eingeräumt, gegen-

über dem Vermieter des vom Schuldner eigengenutzten Wohnraumes zu erklären, dass dieser Wohnraum nicht von der Masse genutzt und die Mietzinszahlungen nicht als Masseverbindlichkeiten aus dieser erbracht werden. Die Erklärung nach § 35 Abs. 2 S. 1 InsO soll für die aus der selbständigen Tätigkeit des Schuldners hervorgehenden Massenverbindlichkeiten eine vergleichbare Wirkung zeigen. Gerade dies macht aber deutlich, dass mit der Erklärung nach § 35 Abs. 2 S. 1 InsO nicht „automatisch" die Miet- und Pachtverträge des Schuldners aus der Verwaltungszuständigkeit des Verwalters nach § 80 InsO gleichsam automatisch wieder in diejenige des Schuldners zurückfallen. Das folgt schon allein daraus, dass, wie § 109 Abs. 1 S. 2 InsO zeigt, bei Dauerschuldverhältnissen die Erklärung gegenüber dem Schuldner als Mieter nicht sachgerecht ist, sondern gegenüber dem Vermieter oder Verpächter erfolgen muss. Denn wenn das Nutzungspotenzial der Miet- oder Pachtsache aus der Masse entlassen und die Masse von Miet- und Pachtzinszahlungen dadurch befreit werden soll, muss der Mieter in Stand gesetzt werden, sich ohne weiteres mit dem Schuldner ins Benehmen zu setzen und ihm gegebenenfalls außerordentlich zu kündigen. Dabei ist zu berücksichtigen, dass sich materiellrechtlich die Insolvenz des Schuldners als Wegfall der Geschäftsgrundlage des Miet- oder Pachtvertrages darstellen kann; denn die Schranken, die § 112 InsO der Rechtsausübung des Vermieters oder Verpächters setzt, beruhen darauf, dass die Masse nach Eröffnung des Insolvenzverfahrens von einem Insolvenzverwalter gepflegt wird. (Eckert, in: MünchKomm, InsO, 2002, § 112 Rn. 17) Wird aber die Rechtszuständigkeit des Insolvenzverwalters aufgegeben, besteht der Grund, der dem § 112 InsO zugrunde liegt, nicht weiter.

13 **b)** Anders sind demgegenüber Arbeitsverhältnisse zu betrachten, auch wenn es sich dabei ebenfalls um Dauerschuldverhältnisse der von § 108 InsO geregelten Art handelt. Denn die Arbeitnehmer sind in einer anderen Lage als der Vermieter, der mit der Besitzüberlassung sich als Gläubiger gleichsam im Zugzwang befindet. Zum einen hebt die Eröffnung des Insolvenzverfahrens das Arbeitsverhältnis zwischen Schuldner und Arbeitnehmern nicht auf. (Gottwald, Insolvenzrechts-Handbuch, 3. Aufl. 2006, § 104 Rn. 9) Setzten die Arbeitnehmer daher ihre Tätigkeit nach der Erklärung des Verwalters nach § 35 Abs. 2 S. 1 InsO ohne Weiteres beim Schuldner fort, spricht dies dafür, dass alle arbeitsrechtlichen Kompetenzen in Bezug auf diese Arbeitsverhältnisse vom Verwalter auf den Schuldner übergegangen sind. Denn es handelt sich hier um die Verbindlichkeiten, die aus der selbständigen Tätigkeit des Schuldners und nicht aus einem früher geschlossenen Vertrag ipso iure hervorgehen. Nicht zu übersehen bleibt aber, dass durch die Erklärung des Verwalters nach § 35 Abs. 2 S. 1 InsO den Arbeitnehmern nicht ihre Kündigungsrechte genommen werden können, die ihnen aufgrund der Insolvenz des Schuldners zustehen. Denn die an den Schuldner zu richtende Erklärung kann die verfahrensrechtliche Position der betroffenen Gläubiger nicht verschlechtern.

14 **c)** aa) Die Anordnung der Unwirksamkeit der Erklärung des Insolvenzverwalters durch das Insolvenzgericht gem. § 35 Abs. 2 S. 3 InsO steht nicht im Ermessen des Insolvenzgerichts. Der Wortlaut des Gesetzes ist insoweit eindeutig. Ebenso wie in § 272 Abs. 1 InsO, in dem das Insolvenzgericht die Eigenverwaltung aufzuheben hat, wenn die Gläubigerversammlung dies mehrheitlich beschließt, ohne dass dabei ein eigener Ermessenspielraum des Insolvenzgerichts greife, verhält es sich in § 35 Abs. 2

S. 3 InsO. Liegt also ein Antrag des Gläubigerausschusses oder Gläubigerversammlung vor, hat das Insolvenzgericht stets die Unwirksamkeit der Erklärung des Verwalters anzuordnen.

bb) Es stellt sich die Frage, ob eine Ex-tunc-Unwirksamkeit der Erklärung des Verwalters auf den Zeitpunkt des Zugangs beim Schuldner rückwirkend Folge der insolvenzgerichtlichen Unwirksamkeitsanordnung sei. Dabei ist zu bedenken, dass nach der hier vertretenen engen Auslegung des Wortlauts des § 35 Abs. 2 S. 1 InsO dieser sich allein auf den Neuerwerb des Schuldners bezieht. Da regelmäßig der Antrag der Gläubigerversammlung aufgrund entsprechender Beschlussfassung im Berichtstermin erfolgen wird, handelt es sich bei den durch die Erklärung des Verwalters der Masse entzogenen Vermögenswerten um den Neuerwerb, den der Schuldner durch seine selbständige Tätigkeit vom Zugang der Erklärung des Verwalters an bis zu einem Zeitpunkt von höchstens drei Monaten nach Eröffnung des Insolvenzverfahrens erzielt hat. Im äußersten Falle sind dies die Erträge, die der Schuldner im Verlauf eines Vierteljahres erzielt hat. Das wirtschaftliche Bedürfnis, der Unwirksamkeitsanordnung Extunkwirkungen beizulegen, darf daher nicht als so hoch angesiedelt werden. Umgekehrt würde der Verwalter durch die Annahme einer Extunkwirkung damit konfrontiert, dass diejenigen Verbindlichkeiten des Schuldners, die er im Verfolg seiner selbständigen Tätigkeit eingegangen ist, durch die insolvenzgerichtliche Unwirksamkeitsanordnung zu Masseverbindlichkeiten aufgewertet werden. Zwar hat der Gesetzgeber, anders als von Smid (Smid, WM 2005, 625) vorgeschlagen, die Frage der Berücksichtigung der Gläubiger im Rahmen der Freigabeentscheidung des Verwalters nicht im Kontext der §§ 160, 164 InsO geregelt. Gleichwohl ist nicht zu übersehen, dass es sich bei § 35 Abs. 2 S. 1 InsO und den besonders wichtigen Rechtshandlungen nach § 160 Abs. 2 Nr. 3 InsO um durchaus strukturell vergleichbare Regelungsgegenstände handelt. Ein Blick auf die Außenwirksamkeit der in § 160 Abs. 2 InsO beispielhaft genannten Handlungen des Insolvenzverwalters aufgrund der ausdrücklichen gesetzlichen Anordnung des § 164 InsO macht aber deutlich, dass die Annahme einer Extunkwirkung des Unwirksamkeitsbeschlusses zu einer unangemessenen Ungleichbehandlung dieser Regelungsgegenstände führen würde. Auf der anderen Seite ist ebenfalls nicht zu übersehen, dass der Gesetzgeber für § 35 Abs. 2 S. 3 InsO keine dem § 164 InsO vergleichbare Regelung getroffen hat. Auch die Veröffentlichung des Unwirksamkeitsbeschlusses, die § 35 Abs. 3 S. 2 InsO vorschreibt, hat nur aus dem Gedanken einen Sinn, dass der Erklärung des Verwalters nach § 35 Abs. 2 S. 1 InsO keine unbeschränkte Außenwirksamkeit gem. § 164 InsO zukommen kann. Das alles spricht für eine ex-nunc-Unwirksamkeit der Verwaltererklärung nach Anordnung der Unwirksamkeit durch das Insolvenzgericht. 15

d) Der Verweis des § 35 Abs. 2 S. 2 InsO auf § 295 Abs. 2 InsO – die Pflicht des selbständig tätigen Schuldners[5], von seinem erzielten Erwerb in angemessenem Umfang die Masse zu partizipieren – hat nicht allein Bedeutung für eine im auf das Insolvenzverfahren gegebenenfalls folgenden Restschuldbefreiungsverfahren. Sobald die Stundung nach §§ 4 a-d InsO mit deren Streichung wegfällt, kann die Zahlung des selbständigen tätigen Schuldners für die Frage kriegsentscheidend sein, ob das Verfahren 16

5 BAG, Urt. v. 10. 4. 2008 – 6 AZR 368/07, DZWIR 2008, 371.

überhaupt eröffnet werden kann oder ob Masseunzulänglichkeit oder gar Massearmut abgewendet wird.

17 Setzt der Schuldner seine freiberufliche Tätigkeit nach Eröffnung des Insolvenzverfahrens über sein Vermögen fort, geschieht dies häufig mit Sachmitteln, die in der Individualzwangsvollstreckung unpfändbar wären, da § 811 Abs. 1 Nr. 5 ZPO[6] die Zwangsvollstreckung in sie verbietet. Im Insolvenzverfahren folgt daraus, dass diese Sachen nach § 36 Abs. 1 InsO nicht vom Insolvenzbeschlag (§ 35 Abs. 1 InsO) erfasst werden.[7]

III. Form

18 Die Freigabe erfolgt durch einseitige empfangsbedürftige Willenserklärung des Insolvenzverwalters gegenüber dem Gemeinschuldner.[8] Eine Freigabe ist immer dann geboten, wenn der Gegenstand der Insolvenzmasse mehr Lasten als Vorteile bringt. Beispiele sind: ein über den Wert hinaus belastetes Grundstück wegen der darauf liegenden Grundsteuerverpflichtungen und wegen der Notwendigkeit, es beaufsichtigt und versichert zu halten, ferner bewegliche Sachen, die über den Wert hinaus mit fremden Rechten belastet sind, schließlich bewegliche Sachen, wenn diese bei Veräußerung durch den Insolvenzverwalter Mehrwertsteuerverpflichtungen mit sich bringen, die den Erlös für die Insolvenzmasse übersteigen.[9]

19 **Beispiel:** Das gemeinschuldnerische Unternehmen hat aus Melasse und anderen Stoffen Süßigkeiten produziert. Der Verkauf des Betriebsgrundstücks, auf dem sich die Fertigungsstätte befindet, durch den Insolvenzverwalter scheitert an Umständen, die er nicht zu vertreten hat. Nun beschweren sich die Nachbarn darüber, dass Wanderratten von dem Grundstück aus auf ihre Grundstücke übertreten. Die Gesundheitsbehörde nimmt aus seuchenpolizeilichen Aspekten Ermittlungen auf. Für die Beseitigung der noch vorhandenen, nach Jahren für die Produktion menschlicher Nahrung ungeeigneter Melassevorräte sowie Maßnahmen zur Verhinderung weiteren Wanderrattenbefalls fehlt es an hinreichender Masse; hier kann es sinnvoll sein, dass der Insolvenzverwalter das Grundstück freigibt, um eine polizeiliche Inanspruchnahme zu Lasten der Masse zu vermeiden.

IV. Freigabebezogene Abreden

1. Vereinbarungen zwischen Insolvenzverwalter und absonderungsberechtigten Gläubigern: Modifizierte Freigabe

20 Vielfach wird von den absonderungsberechtigten Gläubigern, insbesondere bei Grundstücken, mit dem Insolvenzverwalter vereinbart, dass er gegen Freistellung von allen Verpflichtungen aus der Unterlassung der Freigabe von dieser absieht, damit eine freihändige Veräußerung möglich bleibt. Der Insolvenzverwalter handelt dann treuhänderisch für die absonderungsberechtigten Gläubiger. Diese können ge-

---

6 *Smid/Leonhardt*, in: LSZ, InsO, 3. Aufl. 2010, § 36 Rn. 14.
7 BFH, Urt. v. 15. 12. 2009 VIIR18/09, ZIP 2010, 635.
8 *Holzer*, in: Kübler/Prütting, Kommentar zur Insolvenzordnung, § 35 Rn. 27; *Andres*, in: Nerlich/Römermann, InsO, § 36 Rn. 54; *Schmahl*, in: MünchKomm, InsO, 1. Aufl. 2001, § 32 Rn. 59.
9 *Kemper*, in: Kübler/Prütting, Kommentar zur Insolvenzordnung, § 171 Rn. 17.

genüber einer Versteigerung zu besseren Erlösen kommen, die letzten Endes wegen Verringerung der Ausfallforderung den anderen Gläubigern zugutekommen.

2. Abreden mit dem Schuldner

Um keine echte, sondern eine modifizierte Freigabe handelt es sich, wenn eine Forderung dem Gemeinschuldner gegenüber freigegeben wurde mit der Vereinbarung, den Erlös zur Masse abzuführen.[10] Solche Vereinbarungen sollen die Masse von Prozesskosten entlasten, da der Gemeinschuldner möglicherweise mit Prozesshilfekosten klagen kann und im Unterliegensfall ihm die Kosten auferlegt würden. Derartige Vereinbarungen dürften sittenwidrig und daher nichtig sein. **21**

a) **Freigegebenes KfZ**[11]. Probleme bestehen, wenn das Fahrzeug vom Schuldner zur Ausübung seiner beruflichen Tätigkeit benötigt wird und ist daher nach § 811 Abs. 1 Nr. 5 ZPO iVm § 36 InsO unpfändbar und daher nicht vom Insolvenzbeschlag belegt. In dem vom BFH entschiedenen war der Antragsteller und Beschwerdegegner ist Treuhänder gem. § 313 InsO in dem über das Vermögen der Schuldnerin G eröffneten Insolvenzverfahren. Die Schuldnerin G ist unselbständig tätig und benötigt das Fahrzeug zur Fortführung ihrer beruflichen Tätigkeit. Das Finanzamt hatte mit Bescheid gegen den Antrag stellenden Treuhänder Kraftfahrzeugsteuer in Höhe von jährlich 196,00 € festgesetzt, wogegen er sich vergeblich gewandt hatte. Der BFH gab, da das FG in der Hauptsache noch nicht entschieden, aber einem Aussetzungsantrag des Antragstellers stattgegeben hatte, dem Antragsteller recht und wies die vom Finanzamt erhobene Beschwerde zurück. **22**

Völlig überzeugend führt der BFH aus, dass nach § 34 Abs. 3 iVm Abs. 1 AO der Insolvenzverwalter und hier der ihm gleichstehende Treuhänder, steuerliche Pflichten des Gemeinschuldners nur insoweit zu erfüllen hat, wie die Verwaltungsaufgaben des Verwalters oder Treuhänders reichen. Die Verwaltungsbefugnis des Treuhänders erfasst aber das und nur das zur Insolvenzmasse gehörende Vermögen (§ 35 Abs. 1 InsO[12]). Dies umfasst grundsätzlich auch die Rechtsposition als Halter eines Kfz. Dies gilt insbesondere dann, wenn ein Kfz „im Geschäft" (so der BFH wörtlich) des Schuldners genutzt wird und damit in die Insolvenzmasse fallen kann. In dem über das Vermögen natürlicher Personen eröffneten Verfahren ist dies aber dann anders, wenn der Schuldner a) einer selbständigen wirtschaftlichen Tätigkeit nachgeht und hierfür das Kfz benötigt und nach § 35 Abs. 2 InsO diese selbständige berufliche Tätigkeit freigegeben worden ist[13] – denn dann ergreift die Freigabe jedenfalls auch die „Produktionsmittel", derer sich der Schuldner hierfür bedient; b) wie im vorliegenden Fall der Schuldner für seine unselbständige wirtschaftliche Tätigkeit das Kfz benötigt und somit von vornherein ein Insolvenzbeschlag des Kfz wegen § 35 Abs. 1, 36 iVm 811 Abs. 1 Nr. 5 ZPO nicht in Betracht kommt[14]. Daher handelt es sich bei den Kfz-Steuern in derartigen Fällen nicht um Masseverbindlichkeiten i. S. v. § 55 Abs. 1 Nr. 1 InsO. **23**

---

10 Zur modifizierten Freigabe *Holzer,* in: Kübler/Prütting, Kommentar zur Insolvenzordnung § 35 Rn. 26; *Andres,* in: Nerlich/Römermann, InsO, § 148 Rn. 56; *Hirte,* in: Uhlenbruck, InsO, 13. Aufl. 2010, § 35 Rn. 86; *Lwowski,* in: MünchKomm, InsO, 1. Aufl. 2001, InsO § 35 Rn. 88; *Bräuerle,* in: Braun, InsO, 2. Aufl. 2004, § 35 Rn. 76.

11 BFH, Urt. v. 16. 10. 2007 – IX R29/07, ZIP 2008, 283; gemietete und auf den Schuldner zugelassene KFZ: BFH, Urt. v. 18. 9. 2007 – IX R 56/06, ZIP 2008, 283; *Verkauf durch Schuldner 3 Jahre vor Verfahrenseröffnung bei Fortdauer Haltereigenschaft!* BFH, Urt. v. 29. 8. 2007 – IX R 58/06, ZIP 2007, 2038.

12 *Smid/Leonhardt,* in: LSZ, InsO, 3. Aufl. 2010, § 35 Rn. 20.

13 *Uhlenbruck,* in: Uhlenbruck, InsO, 13. Auflage 2010, § 55 Rn. 41.

14 *Farr,* NZI 2008, 78; *Menn,* ZInsO 2009, 1189.

24 Der BFH[15] hat in anderen Fällen, in dem wegen des Kfz des Schuldners § 811 Abs. 1 Nr. 5 ZPO deshalb nicht greift, weil das Kfz nicht zur Erwerbstätigkeit des Schuldners eingesetzt wird, erneut[16] darauf erkannt, dass der Insolvenzverwalter die nach Insolvenzeröffnung entstandene Kraftfahrzeugsteuer als Masseverbindlichkeit gem. § 55 Abs. 1 Nr. 1 InsO schuldet.[17] Denn der BFH geht davon aus[18], dass die Rechtsposition als Halter eines Kfz zur Insolvenzmasse gehört. Durch die Verwaltung der Insolvenzmasse wird damit die Verbindlichkeit aus der Kraftfahrzeugsteuer gem. § 55 Abs. 1 Nr. 1, 2. Var. InsO begründet. Der Insolvenzverwalter kann sich im Übrigen auch nicht dadurch aus der Schuldnerschaft für die Kraftfahrzeugsteuer befreien, dass er dem Straßenverkehrsamt formlos mitteilt, er ziehe das schuldnerische Fahrzeug nicht zur Masse, bzw. dass er eine Freigabe an die Straßenverkehrsbehörde mitteilt[19].

---

15 BFH, Beschl. v. 10. 3. 2010 – II B 172/09, ZIP 2010, 1302.

16 Zu den früheren Entscheidungen des BFH, Urt. v. 29. 8. 2007 – IX R 58/06, ZIP 2007, 2083 f.; Urt. v. 29. 8. 2007 – IX R 4/07, ZIP 2007, 2081 ff.; Urt. v. 16. 10. 2007, ZIP 2008, 283; Urt. v. 28. 9. 2008 – II B 62/09, BFH/NV 2010, 67 f.; Urt. v. 8. 9. 2008 – II B 63/09, ZIP 2010, 1188 f.: *Smid*, DZWIR 2009, 89, 96.

17 BFH, Urt. v. 29. 8. 2007 – IX R 4/07, ZIP 2007, 2081; BFH, Urt. v. 29. 8. 2007 – IX R 58/06, ZIP 2007, 2083.

18 BFH, Beschl. v. 10. 3. 2010 – II B 172/09, ZIP 2010, 1302.

19 Vgl. auch die Anm. von *Meier*, ZIP 2010, 1303 ff., der die Prämissen des BFH kritisiert.

§ 15 Feststellung der Passivmasse: Forderungsanmeldung, Feststellungsstreit und die Mittelung des Rechts der Absonderungsberechtigten

I. Aufnahme der Forderung in die Tabelle als Voraussetzung der Teilnahme an der Verteilung der Masse

1. Übersicht

a) Summarische Geltendmachung der Forderungen. Mit Eröffnung des Insolvenzverfahrens tritt an die Stelle des ordentlichen Rechtswegs zur streitigen bürgerlichen Gerichtsbarkeit die Teilnahme am Insolvenzverfahren, in dem die vorkonkurslich begründeten Forderungen summarisch geltend gemacht werden. Das hat den Vorteil der Beschleunigung des Verfahrens und dient der Gleichbehandlung der Gläubiger.[1] Die Forderungsanmeldung tritt m.a.W. an die Stelle der Leistungsklage (§ 253 ZPO); das Bestreiten an die Stelle der Erwiderung des Beklagten. 1

b) Abgrenzung. Im Gegensatz zu Massegläubigern nach den §§ 54ff. InsO können Inhaber von Insolvenzforderungen (§ 38 InsO) daher nur unter der Voraussetzung an der Verteilung des Erlöses der Masse gem. §§ 187ff. InsO teilnehmen, dass sie ihre Forderungen – unter bestimmten, noch darzustellenden Voraussetzungen – fristgerecht und unter Vorlage hinreichender Unterlagen beim Insolvenzverwalter[2] angemeldet haben (§§ 87, 174 InsO).[3] 2

c) Gegenstand der Forderungsfeststellung. Bereits das Reichsgericht[4] hat festgestellt, dass „Gegenstand dieser Feststellung … nicht etwa bloß das Teilnahmerecht am Konkurse, sondern die Forderung selbst" sei. „Die Wirkung dieser Feststellung auf das Konkursverfahren zu beschränken, dafür geben die erwähnten Vorschriften (der KO) keinen Anhalt. Die entgegengesetzte Auffassung würde mit dem Begriff des rechtskräftigen Urteils nicht wohl vereinbar sein. Ein solches schafft zwischen den Parteien unabänderliches Recht, dergestalt dass es auch für spätere Rechtsstreitigkeiten eine unverrückbare Grundlage bildet". So wurde das Absonderungsrecht des Absonderungsberechtigten (Hypothekenzinsen) rechtskräftig anerkannt. Der BGH hat diese Rechtsprechung des RG aufgegriffen und ausgeführt[5]: „Die Feststellung einer im Konkurs angemeldeten Forderung zur Tabelle wirkt wie ein rechtskräftiges Urteil, und zwar dann, wenn auch der Gemeinschuldner nicht widersprochen hat, auch ihm gegenüber und auch außerhalb des Konkursverfahrens (Nachweise). Das Recht, eine angemeldete Forderung im Prüfungstermin zu bestreiten, steht jedem von ihnen zu, die Ausübung dieses Rechts verhindert die Rechtskraftwirkung einer Forderungsfest- 3

---

1 Vgl. nur *Häsemeyer*, Insolvenzrecht, 3. Aufl. 2003, Rn. 22.01f.; auch *Pape*, in: Uhlenbruck, InsO, 13. Aufl. 2010, § 1 Rn. 4; sie ist Ausdruck der Dispositionsbefugnis der Insolvenzgläubiger, vgl. *Becker*, Insolvenzrecht 2005, Rn. 1245.

2 *Eckardt*, in: Kölner Schrift zur Insolvenzordnung, 2. Aufl. 2000, S. 749f. (Rn. 12); eingehend hierzu *Bähr*, InVo 1998, 205.

3 *Häsemeyer*, Insolvenzrecht, 3. Aufl. 2003, Rn. 22.08; *Eckardt*, in: Kölner Schrift zur Insolvenzordnung, 2. Aufl. 2000, S. 749 (Rn. 11).

4 RG, Urt. v. 1. 7. 1903 – V 78/03 – RGZ 55, 158.

5 BGH, Urt. v. 30. 1. 1961 – II ZR 98/59 – WM 61, 427ff.

stellung gegenüber dem Bestreitenden. Unterbleibt ... ein Widerspruch ..., so stellt der Tabelleneintrag das Bestehen einer (Schuld) ... rechtskräftig fest." Später hat der BGH diese Rechtsprechung fortgesetzt: In der Entscheidung vom 4. 10. 1984[6] hat sich der BGH mit der Frage befasst, ob die Eintragung in die Konkurstabelle wie ein rechtskräftiges Urteil wirkt und diese Frage bejaht. In seiner Entscheidung vom 21. 2. 1991[7] hat sich der BGH mit der Frage befasst, ob der Konkursverwalter gegenüber einem Gläubiger, dessen Forderung aus Darlehen zur Konkurstabelle festgestellt wurde, später einwenden könne, sie sei kapitalersetzend und diese Frage verneint: „indem der (Verwalter) nicht widersprochen hat, hat er anerkannt, dass es sich insoweit um ein normales Darlehen handelt, welches keinen kapitalersetzenden Charakter hat. Mit der Eintragung in die Konkurstabelle ist die streitbefangene Forderung als normale Darlehensforderung und damit als Konkursforderung rechtskräftig festgestellt worden". Bei Erlass der InsO hat sich der Gesetzgeber ausdrücklich mit dieser Rechtsprechung auseinandergesetzt. In der amtlichen Begründung zu § 178 InsO (Voraussetzungen und Wirkungen der Feststellung) wird das Urteil des BGH aus dem Jahr 1984 zitiert – und zwar mit Bezug auf die Rechtskraftwirkung der Tabelleneintragung.

4 In nahezu allen Kommentaren zur InsO[8] wird diese Auffassung vertreten. Sie kann als herrschende, beinahe als allgemeine Meinung bezeichnet werden. Sie allein wird der Konzentrationsmaxime gerecht. Wollte man wirklich, trotz „rechtskräftiger" Feststellung der Forderung, bei jedem Absonderungsrecht, gegenüber Bürgen, Mitschuldnern, bei der Aufrechnung, bei Haftungs- und Schadenersatzansprüchen jedes Mal die Forderung erneut in Frage stellen, wäre die Tabellenführung eine überflüssige Formalität. Denn die Quotenausschüttung ist gegenüber solchen Fragen nebensächlich. Dem Gläubiger wäre zu raten, statt oder neben der Forderungsanmeldung Feststellungsklage gegen den Schuldner zu erheben; indessen wird ihm dies durch § 87 InsO verwehrt.[9]

2. Form der Forderungsanmeldung

5 **a) Vortrag des anmeldenden Gläubigers.** Der Insolvenzgläubiger hat mit seiner schriftlich abzufassenden[10] Anmeldung den Betrag seiner Forderung anzugeben, wobei er in Euro Kapital, Kosten und die bis zur Eröffnung des Insolvenzverfahrens angefallenen Zinsen gesondert auszuweisen hat. Die Anmeldung hat sodann den Schuldgrund zu bezeichnen. Nach § 174 Abs. 2 InsO n.F.[11] hat der Gläubiger Tatsachen anzugeben, aus denen sich ergibt, dass die Forderung auf vorsätzlich begangener unerlaubter Handlung beruht. Dies entspricht den Anforderungen, die zivilprozessual an eine Klage gerichtet werden. Der Gläubiger hat die zur Ermöglichung der Prüfung erforderlichen Unterlagen (Belege usf.) beizufügen. Kann der Insolvenzverwalter wegen der fehlenden Belege die Forderung nicht anerkennen und muss der Gläubiger daher Feststellungsklage erheben, so hat er die dadurch anfallenden Prozesskosten zu tragen, da er den Rechtsstreit veranlasst hat.[12]

---

6 BGH, Urt. v. 4. 10. 1984 – IX ZR 159/83 – ZIP 84, 1509.
7 BGH, Urt. v. 21. 2. 1991 – IX ZR 133/90 – BGHZ 113, 381.
8 Statt aller *Uhlenbruck*, in: Uhlenbruck, InsO, 12. Aufl. 2003, § 178 Rn 11 ff. m. w. N.
9 Anders: *Henckel*, Der Gegenstand des Verfahrens zur Feststellung von Konkursforderungen, in: FS Michaelis, 1972, S. 151 ff.
10 *Bähr*, InVo 1998, 205, 207.
11 InsÄndG v. 26. 10. 2001, BGBl. I S. 2710.
12 OLG Hamm, Beschl. v. 12. 10. 1998 – 3O U 61/98 – ZInsO 1999, 352; *Pape*, in: Kübler/Prütting, Kommentar zur Insolvenzordnung, § 174 Rn. 28.

Der Gläubiger hat die zur Ermöglichung der Prüfung erforderlichen Unterlagen (Belege usf.) beizufügen. Eine Reihe von Insolvenzgerichten haben bislang für eine wirksame Forderungsanmeldung gem. § 174 InsO die Vorlage von Urkunden – namentlich im Falle titulierter Forderungen: des Titels – im Original verlangt. In der Praxis wurde vor diesem Hintergrund vertreten, der Gläubiger habe die Prozesskosten zu tragen, dass der Insolvenzverwalter wegen fehlender Belege die Forderung nicht anerkennt und der Gläubiger Feststellungsklage erhebt, da er den Rechtsstreit veranlasst habe.[13] 6

In einem vom BGH entschiedenen Fall[14] hatte der frühere Prozessbevollmächtigte der Schuldnerin seine Vergütung als deren Prozessbevollmächtigter in Höhe von ca. 200 DM gerichtlich festsetzen lassen und versuchte vergeblich die Vollstreckung. Im eröffneten Insolvenzverfahren meldete er seine Forderung zur Tabelle an, wobei er lediglich unbeglaubigte Fotokopien der vollstreckbaren Ausfertigung des Vergütungsfestsetzungsbeschlusses und der Gebührenrechnungen beifügte. Daraufhin bestritt die Insolvenzverwalterin im Prüfungsverfahren die Forderung mit der Begründung, ihr hätten weder der Titel noch sonstige Unterlagen im Original vorgelegen. Im daraufhin durchgeführten Feststellungsprozess hat das AG als Prozessgericht die Forderung zur Tabelle festgestellt, wogegen sich die beklagte Insolvenzverwalterin erfolglos mit der Berufung gewandt hat. Auch mit ihrer Revision ist die Beklagte erfolglos geblieben. Nach dem Wortlaut des § 174 Abs. 1 InsO sind die Urkunden, aus denen sich die Forderung ergibt, im Abdruck beizufügen. Der IX. Zivilsenat geht davon aus, dass damit sowohl dem Insolvenzverwalters als auch den übrigen Insolvenzgläubigern zur Prüfung der Ausübung ihrer Widerspruchsbefugnis (§ 178 Abs. 1 InsO) die Möglichkeit der Prüfung der angemeldeten Forderung eröffnet werden soll. Hierzu genügen Ablichtungen der entsprechenden Belege, während vom Gesetz die Vorlage von Originalen weder verlangt wird, noch sich eine entsprechende Notwendigkeit der Sache nach ergibt. Zwar sieht § 178 Abs. 2 Satz 3 InsO vor, dass vom Urkundsbeamten der Geschäftsstelle des Insolvenzgerichts für den Fall der Feststellung der zugrunde liegenden Forderung dies auf Wechseln und sonstigen Schuldurkunden zu vermerken ist, da deren Indossamentfunktion ansonsten einen Missbrauch durch den Gläubiger ermöglichen würde. Für übrige Urkunden ist in der Literatur zwar teilweise vertreten worden, der Gläubiger müsse sie spätestens im Prüfungstermin einreichen, was aber vom BGH in der vorliegenden Entscheidung mit zutreffenden Argumenten abgelehnt wird. Zutreffend weist der IX. Zivilsenat darauf hin, dass für den Fall einer bereits titulierten Forderung, wie im vorliegenden Fall, eine Doppeltitulierung im Verlauf des Insolvenzverfahrens dadurch vermieden werden kann, dass das Insolvenzgericht die spätere Erteilung des vollstreckbaren Auszugs von der Vorlage des Originaltitels zum Zwecke von dessen Entwertung abhängig macht. M. a. W. ist die Vorlage von Originalurkunden nach der nunmehr vorliegenden Rechtsprechung des BGH keine zwingende Voraussetzung für die Feststellung der Forderung zur Tabelle. Dies gilt im Übrigen auch im Feststellungsprozess nach § 180 InsO, wie der IX. Zivilsenat zutreffend feststellt. Auch hier bedarf es der Vorlage des Originaltitels keinesfalls, da der Forderungsnachweis im Feststellungsrechtsstreit nicht an die Instrumentarien des Urkundsbeweises gebunden ist. Vielmehr kann der Nachweis des Bestehens der Forderung mit sämtlichen Beweismitteln geführt werden, die 7

13 OLG Hamm, Beschl. v. 12. 10. 1998 – 3O U 61/98 – ZInsO 1999, 352; *Pape*, in: Kübler/Prütting, Kommentar zur Insolvenzordnung, § 174 Rn. 28.

14 BGH, Urt. v. 1. 12. 2005 – IX ZR 95/04 – m. Anm. *Smid*, jprins 7/2006 Anm. 3.

nach der ZPO zugelassen sind. Soweit daher der Insolvenzverwalter, oder soweit ein Gläubiger der Feststellung der angemeldeten Forderung zur Tabelle nur deswegen widerspricht, weil ihm das Original der entsprechenden Urkunde nicht vorgelegt worden ist, ist in einem derartigen Fall der Klage auf Feststellung deshalb stattzugeben, weil das Bestehen der Forderung in diesem Fall auch nicht inzidenter bestritten worden ist. M.a.W. ist das auf die Nichtvorlage der Urkunde gestützte Widerspruch kein erhebliches Bestreiten gegenüber der angemeldeten Forderung. Freilich weist der IX. Zivilsenat in der vorliegenden Entscheidung darauf hin, dass der anmeldende Gläubiger einen Widerspruch des Insolvenzverwalters oder anderer Gläubiger provoziert. Der IX. Zivilsenat hat im Übrigen festgestellt, dass, wenn der Insolvenzverwalter wegen der Nichtvorlage von Originalurkunden im Prüfungsverfahren von seinem Widerspruchsrecht Gebrauch macht, er sich mit den angemeldeten Forderungen des Klägers in der Sache auseinanderzusetzen hat. Hierfür gelten die allgemeinen Grundsätze. Der Insolvenzverwalter kann sich daher wegen des Bestehens der Forderung nicht gem. § 138 Abs. 4 ZPO pauschal mit Nichtwissen erklären. Vielmehr muss er sich aus den Geschäftsunterlagen des Schuldners über zugrunde liegende Vorgänge unterrichten und notfalls den Schuldner befragen. Da dem Insolvenzverwalter nach § 174 Abs. 1 InsO jedenfalls Fotokopien der Belege für die konkret bezeichneten Forderungen vorliegen, stellt sein Widerspruch dann ein Zugeständnis des klägerischen Begehrens auf Feststellung der Forderung gem. § 138 Abs. 3 ZPO dar, wenn er die Forderung im Übrigen nicht substantiiert bestreitet.

8 **b) Sammelanmeldungen.** Der BGH hatte in seinem Urteil vom 22. 1. 2009[15] über folgenden Sachverhalt zu entscheiden: In dem über das Vermögen der Schuldnerin eröffneten Insolvenzverfahren, in dem spätere Beklagte als Verwalter bestellt worden ist, meldete die Klägerin am 7. 8. 2002 in dem vom Insolvenzverwalter gefertigten und ihr zur Verfügung gestellten Anmeldeformular eine Hauptforderung aus Warenlieferung in Höhe von ca. 2 Mio. € und Zinsen in Höhe von ca. 23.000 € zur Insolvenztabelle an. Im November 2001 war die Schuldnerin einer von der Klägerin geschaffenen Handelsorganisation beigetreten, in deren Rahmen sie aufgrund der mit der Klägerin vereinbarten vertraglichen Regelung unmittelbar Lieferanten der Klägerin Ware bezog, die Klägerin die Zahlungsforderungen gegen die Schuldnerin beglich und die Lieferanten an die Klägerin ihre Forderungen gegen die Schuldnerin abtraten. Von der Klägerin wurden sodann zweimal monatlich Debitorenabrechnungen erstellt. Für den Abrechnungszeitraum Januar 2002 bis Februar 2003 wiesen diese Abrechnungen einen Forderungsbestand von ca. 3.000 € aus, auf die für die Monate Januar und Februar 2002 von der Schuldnerin durch Schecks ca. 925.000 € bezahlt wurden und ein Wechsel über 914.000 € ausgestellt wurde, der im Unterschied zu den Schecks nicht eingelöst wurde. Der beklagte Insolvenzverwalter widersprach der Forderungsanmeldung, woraufhin die Klägerin Feststellungsklage erhob und vor dem LG teilweise Erfolg hatte. Die Berufung des Beklagten hatte Erfolg; die Revision der Klägerin blieb erfolglos.

9 Der BGH sah die Forderung der Klägerin im vorliegenden Fall nicht hinreichend schlüssig dargelegt. Da die Forderungsanmeldung sich als Rechtsverfolgung des Gläubigers zum Zweck des Erwerbs eines Titels, aus dem die Zwangsvollstreckung betrieben werden kann, § 178 Abs. 3 InsO, darstellt, bedarf es einer eindeutigen Konkretisierung der geltend gemachten Forderung, damit die Rechtskraft des Tabelleneintrags eindeutig bestimmt werden kann.[16] Insoweit unterscheidet sich die Anforderung, die an die Anmeldung der Forderung zu stellen ist, nicht von den Anforderungen des

15 BGH, Urt. v. 22. 1. 2009 – IX ZR 3/08, ZIP 2009, 483.
16 BGH, Urt. v. 27. 9. 2001 – IX ZR 71/00, ZIP 2001, 2099.

§ 253 Abs. 2 Nr. 2 ZPO im streitigen (Zwei-Parteien-)Prozess. Im Insolvenzverfahren ist aber noch ein weiterer Gesichtspunkt maßgeblich, auf den der BGH bereits in seiner SKLM-Entscheidung[17] aufmerksam gemacht hat. Denn neben der Bestimmung der Reichweite der Rechtskraft dient die konkrete Bestimmung der einzelnen Forderung und ihrer Individualisierung dazu, dass sowohl der Verwalter als auch die übrigen Insolvenzgläubiger dazu in den Stand versetzt werden, den geltend gemachten Grund der Forderung zu prüfen und ggfls. die Anmeldung zu bestreiten. Diese Individualisierung der Forderung kann zum einen dadurch geschehen, dass der Gläubiger eine rechtliche Anspruchsgrundlage benennt, was aber u.U. verzichtbar sein mag.[18] Jedenfalls aber muss er bei der Anmeldung einen Lebenssachverhalt schlüssig darlegen, der in Verbindung mit einem Rechtssatz die geltend gemachte Forderung individualisiert und ihre rechtliche Begründbarkeit möglich macht. Insoweit kann der Gläubiger zwar auf die Unterlagen, die er nach § 174 InsO der Forderungsanmeldung beizufügen hat Bezug nehmen. Diese Unterlagen müssen aber geeignet sein, Rechtsgrund und Lebenssachverhalt, wie etwa eine erbrachte Leistung erkennbar werden zu lassen und entsprechend aufzuschlüsseln. Wird in einer Sammelanmeldung, wie in dem vom BGH entschiedenem Fall, vom klagenden Gläubiger eine Reihe von Forderungen geltend gemacht, die entweder ihm oder mehreren Berechtigten zustehen, die eine gebündelte Forderungsanmeldung vornehmen, genügt eine Pauschalabrechnung, wie sie der Gläubiger im vorliegenden Fall vorgenommen hat, den Anforderungen des § 174 InsO nicht. Denn im vorliegenden Fall hat der klagende Gläubiger allein mit der Klage die fraglichen Debitorenabrechnungen vorgelegt. Diese Debitorenabrechnungen wiesen lediglich Rechnungsaussteller – nämlich die klagende Gläubigerin –, das Rechnungsdatum und den Rechnungsbetrag aus. Gegenstand und die rechtliche Grundlage der Leistung gingen aus diesen Debitorenabrechnungen nicht hervor, so dass eine Individualisierung der den Abrechnungen zugrunde liegenden Forderungen, die von der klagenden Gläubigerin gesammelt geltend gemacht worden sind, nicht möglich war. Schon deshalb daher hatte die Gläubigerin die Anforderungen des § 174 InsO verfehlt. Hilfsweise prüft der BGH, ob in der mit der Feststellungsklage vorgelegten Debitorenabrechnung eine Neuanmeldung der Forderung zu sehen sei. Denn der anmeldende Gläubiger ist im Allgemeinen nicht daran gehindert, Forderungen auch nach Ablauf der Anmeldefrist noch nachzumelden, § 177 InsO. Bereits in der SKLM-Entscheidung[19] hatte der IX. Zivilsenat des BGH freilich eine Klageänderung bei der Änderung des zunächst mit der Forderungsanmeldung vom Gläubiger benannten Rechtsgrundes deshalb für unzulässig gehalten, weil dies dem Prüfungsverfahren der InsO widerspräche und den betroffenen Gläubigern die Möglichkeit nehme, im Verfahren der Forderungsprüfung ihre Recht gegen den anmeldenden Gläubiger geltend zu machen. Im vorliegenden Urteil greift der IX. Zivilsenat diese Überlegungen im Hinblick auf die Substanziierung der angemeldeten Forderung auf. Denn auch für den Fall, dass die mit der Feststellungsklage vorgelegte Debitorenabrechnung geeignet wäre, die in der Sammelanmeldung erfassten Forderungen zu substanziieren, ist die Feststellungsklage gleichwohl unzulässig. Denn die Sachurteils-

17 BGH, Urt. v. 5. 7. 2007 – IX ZR 221/05, ZIP 2007, 1760, 1761 f.
18 RGZ, 93, 13, 14.
19 BGH, Urt. v. 5. 7. 2007 – IX ZR 221/05, ZIP 2007, 1760, 1761 f.

voraussetzung der Feststellungsklage ist eine Forderungsprüfung nach § 176 InsO. Diese Forderungsprüfung war jedenfalls nicht im dem Maße möglich, das durch die Vorlage der Debitorenabrechnung erfolgte. Die Auslegung der Klagebegründung als Neuanmeldung scheitert damit an der Zulässigkeitsvoraussetzung der Durchführung eines Prüfungstermins, wie der IX. Zivilsenat überzeugend ausführt.

10 **c) Anmeldung von Forderungen aus Schuldverschreibungen.**[20] Die Regelungen der §§ 18, 19 des Gesetzes vom 4. Dezember 1899 sehen ausdrücklich vor, dass die Forderung des einzelnen Schuldverschreibungs-Gläubigers selbst dann nicht von diesem in dem über das Vermögen des Emittenten eröffneten Konkurs-Verfahren geltend gemacht werden kann, wenn er anders als im vorliegenden Fall Inhaber einer Schuldverschreibung ist. Art. 19 des Gesetzes v. 4. Dezember 1899 sieht vor, dass die Forderungen der Gläubiger, die Inhaber von Schuldverschreibungen des Insolvenzschuldners sind, zur Legitimation der durch den gewählten Vertreter der Anleihegläubiger angemeldeten Forderung nicht vorgelegt werden müssen.[21] Die Änderung des Gesetzes v. 4. Dezember 1899 durch Art. 53 EGInsO hat im Übrigen an den Erfordernissen der Forderungsanmeldung bzw. Rechtsverfolgung durch einzelne Anleihegläubiger nichts geändert; der Gesetzgeber hat ausdrücklich erklärt, keine Regelung der Rechtsausübung durch diejenigen Gläubiger zu treffen, die nicht im Besitz der effektiven Stücke der Schuldverschreibungen sind.[22] Regelmäßig sieht der Anleihevertrag vor, dass der *Treuhänder* zur Ausübung aller verfügbaren Rechtsbehelfe berechtigt sei, um die Zahlung von Kapital, ggf. Aufgeld usf. zu erzwingen.[23] Hierzu entbindet der Vertrag den Treuhänder von der Notwendigkeit, in einem Erzwingungsverfahren welcher Art es auch immer sein mag, (einzelne) Schuldscheine vorzulegen.

3. Grenzen

11 Der BGH[24] lehnt es ab, den Anspruch des Wandlungskäufers in der Insolvenz des Verkäufers auf Rückzahlung des Kaufpreises Zug-um-Zug gegen Rückgabe des Pkw zur Tabelle festzustellen. Denn dieser Antrag würde dem Käufer das insolvenzfeste Recht geben, die Wandelung des Kaufvertrages – in Ansehung des Kaufpreisrückzahlungsanspruches begrenzt auf die Quote – gegen den Willen des Insolvenzverwalters durchzusetzen. Die im Insolvenzverfahren sich verwirklichende Haftungsordnung beruht auf einer quotalen Beteiligung der Insolvenzgläubiger an dem aus der Masseverwertung erzielten Erlös. Das setzt voraus, dass eine Quote rechnerisch aus der Höhe der jeweils angemeldeten Forderung ermittelt werden kann. Ihrer geldmäßigen Höhe nach zunächst unbestimmte Forderungen müssen daher – bezogen auf den Zeitpunkt der Eröffnung des Insolvenzverfahrens – in einem konkreten Geldbetrag ausgedrückt werden, um diesen sich aus der Struktur des Insolvenzverfahrens ergebenden Anforderungen Genüge tun zu können.[25] In dem über das Vermögen des *Käufers* eröffneten Insolvenzverfahren sind daher Ansprüche des Verkäufers auf Rückgewähr gegen den Käufer aufgrund Wandelung des Kaufvertrages[26] zu kapitalisieren; im Werkvertrag gilt dies für Ansprüche des Bestellers auf Nachbesserung und Mängelbeseitigung gem. § 633 BGB.[27,28] Im Schrifttum[29] wird die Möglichkeit einer Anmeldung des Rückzahlungsanspruchs angesprochen. Der IX. Zivilsenat stützt

---

20 Zu den daraus sich ergebenden Rechtsfragen *Grub/Smid*, DZWIR 2003, 265.
21 *Obermüller*, Insolvenzrecht in der Bankpraxis, 6. Aufl. 2002, Rn. 1.464 a.E.
22 Begründung des Regierungsentwurfs zu Art. 51 RegE EGInsO (Allgemeines).
23 Der vertraglich genannte Treuhänder, nämlich die Y-Bank, ist allerdings nicht mit dem gemeinsamen Vertreter der Anleihegläubiger gem. § 14 Abs. 2 des Gesetzes v. 4. Dezember 1899 identisch. Vgl. hierzu *Than*, in: FS Horn, 1982, S. 521.
24 BGH, Urt. v. 23. 10. 2003 – IX ZR 165/02 – ZIP 2003, 2379 m. Anm. von *Holzer*, EWiR 2004, 191.
25 *Smid*, in: Smid, InsO, 2. Aufl. 2001, § 45 Rn. 1.
26 RG v. 30. 1. 1907 – V 153/06 – RGZ 65, 132, 133.
27 *Heidland*, BauR 1981, 21, 22.
28 *Smid*, in: Smid, InsO, 2. Aufl. 2001, § 45 Rn. 6.
29 *Huber*, in: MünchKomm, InsO, 1. Aufl. 2001, § 103 Rn.139; anders *Jaeger/Henckel*, KO, 8. Aufl. 1973, § 17 Rn. 92.

sich neben der Meinung *Henckels*[30], es gäbe für die Anmeldung des Anspruchs auf Rückzahlung des Kaufpreises Zug-um-Zug gegen Rückgabe des Pkw zur Tabelle keine gesetzliche Grundlage auf eine *verfahrensrechtliche Argumentation*. Im insolvenzrechtlichen Feststellungs- und Verteilungsverfahren ist nämlich keine Befriedigung des Insolvenzgläubigers in einer den §§ 756, 765 ZPO entsprechenden Weise vorgesehen.

II. Prüfungstermin

1. Funktion und Verlauf des Prüfungstermins

Die angemeldeten Forderungen werden in einem Prüfungstermin[31] – d.h. einer be- 12
sonders hierzu nach § 29 Abs. 1 Nr. 2 InsO anberaumten Gläubigerversammlung – geprüft (§ 176 InsO). Der Prüfungstermin unterliegt der Leitung durch das Insolvenzgericht.[32] Das Gericht hat daher – zusammen mit dem Eröffnungsbeschluss (§ 27 InsO) – die Insolvenzgläubiger zur Forderungsanmeldung aufzufordern (§ 28 InsO) und den Prüfungstermin festzusetzen, zu dem es die Beteiligten zu laden hat. Im Einzelnen sind neben den Insolvenzgläubigern (§ 38 InsO) der Gemeinschuldner und der Insolvenzverwalter zu laden. Die Prüfung findet auch dann statt, wenn der Gläubiger einer angemeldeten Forderung nicht im Termin anwesend ist. Die Vorschrift des § 143 KO findet zwar keine Entsprechung mehr in der InsO, ist aber ihrem Regelungsgehalt nach noch heranzuziehen.[33]

Die Prüfung erstreckt sich auf Grund und Betrag und insoweit auf das „Vorrecht" der behaupteten For- 13
derung, als die Insolvenzforderung nach § 38 InsO oder als nachrangige Forderung gem. § 39 InsO zu bestimmen ist oder es sich um ein Vorrecht nach den §§ 264 bis 266 InsO im Folgeinsolvenzverfahren bzw. gem. § 32 DepotG i.d.F. durch Art. 51 EGInsO handelt.[34] Der Insolvenzverwalter hat die Forderung unter Mitteilung der vom Gläubiger gemachten Angaben und beigefügten Belege im Termin summarisch zu prüfen und erst im Falle eines Widerspruchs „einzeln zu erörtern" (§ 176 Satz 2 InsO).[35] Das entspricht der Wirklichkeit in Unternehmensinsolvenzverfahren, in denen die „einzelne Erörterung" schon aus Zeitgründen verzichtbar ist; sie wäre zu aufwendig und würde den Gläubigern, sofern sie anwesend sind, keinen Nutzen bringen. Eine Erörterung findet ausnahmsweise statt, soweit es in der Tat um streitige Forderungen geht bzw. soweit bei anwesenden Gläubigern ein Aufklärungsbedarf besteht. Den Verfahrensbeteiligten ist dann hinsichtlich der vorgelegten, vom Insolvenzverwalter erstellten Tabelle über die Schuldenmasse (§ 175 Satz 2 InsO)[36] rechtliches Gehör zu gewähren. Versäumen Gläubiger die gesetzte Anmeldefrist (vgl. § 28 InsO), so ist gegebenenfalls[37] auf Kosten dieser Gläubiger ein besonderer Prüfungstermin anzuberaumen (§ 177 Abs. 1 InsO).

---

30 *Jaeger/Henckel*, KO, 8. Aufl. 1973, § 17 Rn. 92.
31 *Bähr*, InVo 1998, 205, 208.
32 *Irschlinger*, in: H-K, InsO, 4. Aufl. 2006, § 176 Rn. 2; *Eckardt*, in: Kölner Schrift zur Insolvenzordnung, 2. Aufl. 2000, S. 756 (Rn. 24); Vergl. auch *Nowak*, in: MünchKomm, InsO, 1. Aufl. 2001, § 176 Rn. 2.
33 Vgl. Beschl.-Empf. des RechtsA zu § 203 RegEInsO, BT-Drs. 12/7302, S. 178.
34 *Smid*, in: Smid, InsO, 2. Aufl. 2001, § 38 Rn. 3ff.; § 176 Rn. 4; *Becker*, in: Nerlich/Römermann, InsO, § 176 Rn. 13f.
35 *Pape*, in: Kübler/Prütting, Kommentar zur Insolvenzordnung, § 176 Rn. 1; *Becker*, in: Nerlich/Römermann, InsO, § 176 Rn. 23ff.; *Eckardt*, in: Kölner Schrift zur Insolvenzordnung, 2. Aufl. 2000, S. 756 (Rn. 25); zu einem bloß pauschalen Aufruf der Forderungen kritisch aber *Sinz*, in: Uhlenbruck, InsO, 13. Aufl. 2010, § 176 Rn. 2.
36 *Becker*, in: Nerlich/Römermann, InsO, § 175 Rn. 1ff.; *Bähr*, InVo 1998, 205ff.
37 Hierzu *Eickmann*, in: Gottwald, Insolvenzrechts-Handbuch, 3. Aufl. 2006, § 63 Rn. 49; *Uhlenbruck*, KTS 1975, 14ff.

2. Feststellung unbestrittener Forderungen

14 Eine angemeldete Forderung gilt als festgestellt, wenn kein Gläubiger gegen sie im Prüfungstermin Widerspruch erhoben hat, § 178 Abs. 1 InsO.[38] Nach § 178 Abs. 3 InsO wird die Feststellung der Forderung vom Insolvenzgericht beurkundet, womit der Forderungsinhaber einen **Titel** erwirbt.

3. Der Widerspruch gegen angemeldete Forderungen

15 **a) Gegenstand des Widerspruchs.** Im Prüfungstermin können die Gläubiger und der Verwalter das Bestehen angemeldeter Forderungen durch Erhebung des Widerspruchs bestreiten (§ 178 Abs. 1 Satz 1 InsO).[39] Der Widerspruch kann sich gegen die Anspruchsberechtigung, den Anspruchsgrund, die Anspruchshöhe oder das geltend gemachte Vorrecht richten.[40] In der Praxis hat es sich eingebürgert, dass Insolvenzverwalter Forderungen „vorläufig bestreiten". Das Gesetz kennt diese besondere Form des Bestreitens indes nicht.[41] Sie hat freilich den Sinn, den betroffenen Gläubigern zu signalisieren, der Insolvenzverwalter benötigt noch Zeit, um die betreffende Forderung zu prüfen. Einer Feststellungsklage könnte er dann mit einem sofortigen Anerkenntnis begegnen, was die Kostenfolge des § 93 ZPO nach sich ziehen würde.[42]

16 Widersprechen kann nach § 178 Abs. 1 Satz 2 InsO auch der Schuldner, dessen Widerspruch die Feststellung der Forderung aber nicht hindert.[43] Das Bestreiten des Schuldners hindert aber den Gläubiger an der nachkonkurslichen Verfolgung seiner Forderung insofern, als sie dann nicht durch den Tabelleneintrag tituliert ist, § 201 Abs. 2 Satz 1 InsO. Daher sieht § 175 Abs. 2 InsO vor, dass der Schuldner darüber zu belehren ist, dass er der Anmeldung einer Forderung aus vorsätzlich begangener unerlaubter Handlung widersprechen kann; ferner bestimmt § 184 InsO dass der Gläubiger Klage auf Feststellung der Forderung gegen den Schuldner erheben kann, wenn dieser bestritten hat. Hat der Schuldner ohne sein Verschulden den Prüfungstermin versäumt, wird ihm durch § 186 Abs. 1 InsO durch die Gewährung der Wiedereinsetzung in den vorigen Stand die Möglichkeit eingeräumt, angemeldete Forderungen nachträglich zu bestreiten.

17 **b) Rechtsfolgen des Widerspruchs.** Bestreitet der Insolvenzverwalter oder einer der im Prüfungstermin anwesenden Insolvenzgläubiger die Forderung, so wird der Widerspruch durch das Insolvenzgericht (den Rechtspfleger) in die Tabelle eingetragen (§ 178 Abs. 2 InsO).[44] Es obliegt dann gem. § 179 Abs. 1 InsO dem Gläubiger, die Feststellung seiner Forderung gegen den Bestreitenden zu betreiben.

---

38 *Bähr*, InVo 1998, 205, 209.

39 *Becker*, in: Nerlich/Römermann, InsO, § 178 Rn. 7 ff.; *Häsemeyer*, Insolvenzrecht, 3. Aufl. 2003, Rn. 22.21 ff.; *Eckardt*, in: Kölner Schrift zur Insolvenzordnung, 2. Aufl. 2000, S. 757 (Rn. 27).

40 *Eickmann*, in: Gottwald, Insolvenzrechts-Handbuch, 3. Aufl. 2006, § 64 Rn. 5.

41 Ablehnend deshalb *Hess*, InsO, 1. Aufl. 1999, § 179 Rn. 9 ff.; *Pape*, in: Kübler/Prütting, Kommentar zur Insolvenzordnung, § 179 Rn. 6; *Eickmann*, in: Gottwald, Insolvenzrechts-Handbuch, 3. Aufl. 2006, § 64 Rn. 7 f.; hingegen *Kießner*, in: Braun, InsO, 2. Aufl. 2004, § 176 Rn. 18: „pragmatische Verfahrensweise".

42 BGH, Beschl. v. 9. 2. 2006 – IX ZB 160/04 – m. Anm. *Smid*, jprins 17/2006 Anm. 2; OLG Düsseldorf v. 3. 11. 1981 – 16 W 46/81 – ZIP 1982, 201; *Robrecht*, KTS 1969, 67 ff.; ähnlich in praktischer Auswirkung *Eckardt*, in: Kölner Schrift zur Insolvenzordnung, 2. Aufl. 2000, S. 775 (Rn. 56); *Nowak*, in: MünchKomm, InsO, 1. Aufl. 2001, § 176 Rn. 31.; anders dagegen OLG Köln v. 20. 4. 1978 – 12 W 3/78 – KTS 1979, 119 f.

43 *Becker*, in: Nerlich/Römermann, InsO, § 178 Rn. 4; *Häsemeyer*, Insolvenzrecht, 3. Aufl. 2003, Rn. 22.26.

44 *Irschlinger*, in: H-K, InsO, 4. Aufl. 2006, § 178 Rn. 2; *Smid*, in: Smid, InsO, 2. Aufl. 2001, § 178 Rn. 9; *Sinz*, in: Uhlenbruck, InsO, 13. Aufl. 2010, § 178 Rn. 10.

Soweit der anmeldende Gläubiger bereits vorkonkurslich Leistungsklage gegen den späteren Gemeinschuldner erhoben hat, kann er diese Klage auf eine Feststellungsklage gegen den (bestreitenden)[45] Insolvenzverwalter gem. § 264 Nr. 1, 3 ZPO umstellen.[46] Die Forderung nimmt dann (vorerst) nicht an der Verteilung nach §§ 187 ff. InsO teil, gegebenenfalls wird der auf die Forderung entfallende Anteil bei der Verteilung aber lediglich zurückbehalten (vgl. § 189 InsO). 18

c) Bestreiten angemeldeter Forderungen durch den Insolvenzverwalter als Ausübung seiner Befugnis zur Masseverwaltung. Das Bestreiten des Insolvenzverwalters gegen von Insolvenzgläubigern angemeldeten Forderungen stellt sich als Form seiner Rechtsverfolgung für die Masse und damit zugleich in Ansehung der nach Abschluss des Insolvenzverfahrens greifenden Haftung des Schuldners (§ 201 InsO) für den Schuldner dar. Freilich hat der Schuldner die Möglichkeit, gegen die Forderungsanmeldung Widerspruch zu erheben (die Forderung zu bestreiten, § 184 InsO), was die Zwangsvollstreckung aus dieser Forderung nach Abschluss – und Aufhebung – des Verfahrens hindert, § 201 Abs. 2 InsO. Das ändert indes nichts an dem Rechtsschutzinteresse des Insolvenzverwalters, Forderungen, deren Rechtmäßigkeit er bezweifelt, im Prüfungstermin zu bestreiten. Dies gilt, wie der BFH in einem Urteil vom Ende des Jahres 2004 feststellt, auch für solche Fälle, in denen die Realisierbarkeit der Forderungen im und nach Beendigung des Insolvenzverfahrens als aussichtslos erscheint.[47] Dem lag folgender Fall zugrunde: 19

Fall: Das Finanzamt hatte gegen den Insolvenzverwalter einen Feststellungsbescheid gem. § 221 Abs. 3 AO erlassen, wegen Forderungen gegen den Insolvenzschuldner gem. § 71 AO aus Hinterziehung der von der GmbH geschuldeten Steuern. Hiergegen legte der Insolvenzverwalter Einspruch ein, der als unbegründet zurückgewiesen wurde; die dagegen gerichtete Klage des Insolvenzverwalters blieb erfolglos. 20

Der BFH hat die Rechtsauffassung des Finanzgerichts, das Rechtschutzbedürfnis des Insolvenzverwalters und damit die Zulässigkeit einer gegen den Feststellungsbescheid gerichteten Klage entfalle, soweit auf die im Prüfungstermin bestrittene Forderung voraussichtlich keine Quote entfällt, zurückgewiesen. Überdies sei dem Insolvenzverwalter – so das Finanzgericht – das Rechtsschutzbedürfnis abzusprechen, wenn auch nach Abschluss des Insolvenzverfahrens eine Realisierung der Forderung nicht zu erwarten sei. 21

Dem ist der BFH mit beachtlichen Argumenten entgegengetreten, die Zustimmung verdienen: Ausgangspunkt der Erwägungen des BFH ist die „in Rechtsprechung und Literatur vorherrschende Amtstheorie". Nach der Amtstheorie nimmt der Insolvenzverwalter die Stellung eines im eigenen Namen und im Interesse aller am Insolvenzverfahren Beteiligten, also sowohl der Gläubiger als auch des Schuldners, handelnden Amtstreuhänders ein. Dieser ist für sein Handeln allen Beteiligten verantwortlich (§ 60 InsO). Insofern tritt der Insolvenzverwalter in die Rechte und 22

---

45 Eine Insolvenzfeststellungsklage ist nur zulässig, wenn die in Frage stehende Forderung im Insolvenzverfahren angemeldet, geprüft und bestritten wurde, BAG, Urt. v. 16. 6. 2004 – 5 AZR 521/03 – ZIP 2004, 1867.

46 OLG Hamm, Urt. v. 6. 7. 1992 – 31 U 13/92 – ZIP 1993, 444; ausführlich hierzu *Häsemeyer*, Insolvenzrecht, 3. Aufl. 2003, Rn. 22, 33 ff.; *Eickmann*, in: Gottwald, Insolvenzrechts-Handbuch, 3. Aufl. 2006, § 64 Rn. 37 ff.

47 BFH, Urt. v. 30. 11. 2004 – VII R 78/03 – ZIP 2005, 954.

Pflichten einschließlich der steuerlichen Pflichten des Insolvenzschuldners ein, weshalb ihm auch die Berichtigung von Steuererklärungen abverlangt werden kann, die vom Insolvenzschuldner für die Zeit vor der Eröffnung des Verfahrens abgegeben worden sind. Da die Eintragung in die Tabelle in ihren Rechtswirkungen einer Steuerfestsetzung gleichkommt, gegen die grundsätzlich ein Rechtsbehelf nicht mehr gegeben ist, gehört zu den Befugnissen des Insolvenzverwalters (§ 80 Abs. 1 InsO) aber auch zu seinen haftungsrechtlich bewährten Pflichten gegebenenfalls, gegen einen Feststellungsbescheid, mit dem die Finanzverwaltung die Aufnahme in der Steuerforderung zur Tabelle und damit ihre Titulierung begehrt, entsprechende Rechtsbehelfe einzulegen. Gegenüber der in der Tat eigentümlich anmutenden Auffassung des vorinstanzlich entscheidenden Finanzgerichts hat der erkennende Senat des BFH zutreffend ausgeführt, es könne dem Insolvenzverwalter „schwerlich ein Interesse daran abzusprechen sein, im Prüfungstermin Forderungen, deren Rechtmäßigkeit er in Zweifel zieht, auch dann entgegen zu treten, wenn ihre Realisierbarkeit im und nach Beendigung des Verfahrens nahezu aussichtslos erscheint." Denn andernfalls müsste der Insolvenzverwalter „sehenden Auges" hinnehmen, dass mit dem Tabelleneintrag sowohl zum möglichen Nachteil der Gläubiger als auch dem des Insolvenzschuldners ein Vollstreckungstitel geschaffen würde. Zu Recht führt der BFH aus, dass u. U. zum Zeitpunkt der Einlegung von Rechtsmitteln – hier: der Klage des Insolvenzverwalters gem. § 179 Abs. 2 InsO – sich abzeichnen mag, dass eine Quote nicht ausgeworfen werden könne. Ob dies zum Abschluss des Insolvenzverfahrens immer noch so ist, stellt sich indes als quaestio facti dar, aufgrund derer das Rechtschutzbedürfnis des Insolvenzverwalters nicht in Abrede gestellt werden kann. Da der Insolvenzverwalter treuhänderisch auch die Rechte der Gläubiger an der ihnen haftungsrechtlich zugewiesenen Masse wahrnimmt, kann sein Rechtsschutzbedürfnis auch nicht dadurch in Abrede gestellt werden, dass auf die Möglichkeiten des Insolvenzschuldners zum Bestreiten nach § 189 InsO verwiesen wird; denn damit schützt der Insolvenzschuldner nur sich, nicht aber das gemeinsame Interesse der Insolvenzgläubiger.

23 **d) Titulierte Forderungen.** Etwas anderes gilt für Forderungen, die bereits zum Zeitpunkt der Eröffnung des Insolvenzverfahrens tituliert waren, deren Bestand also dadurch festgestellt ist, dass der Insolvenzgläubiger ein Urteil erstritten hat oder sich das Gläubigerrecht aus einem in § 794 ZPO genannten Vollstreckungstitel ergibt. Das bloße Bestreiten im Prüfungstermin räumt den titulierten Anspruch des Gläubigers dann nicht aus. Der Titel ist insofern „stärker" als der Widerspruch des Insolvenzverwalters oder anderer Insolvenzgläubiger im summarischen Verfahren der Forderungsprüfung vor dem Insolvenzgericht. § 179 Abs. 2 InsO hält dem Insolvenzverwalter und den anderen Gläubigern im Übrigen die Möglichkeit offen, unter besonderen Voraussetzungen gegen die Anmeldung der titulierten Forderung des betreffenden Gläubigers Feststellungsklage zu erheben.[48]

---

48 *Smid*, in: Smid, InsO, 2. Aufl. 2001, § 179 Rn. 6 ff.; *Eickmann*, in: Gottwald, Insolvenzrechts-Handbuch, 3. Aufl. 2006, § 64 Rn. 50 ff.

III. Klage und Urteil auf Feststellung einer Forderung zur Tabelle

Heute herrscht die Meinung vor, die Feststellungsklage nach § 179 InsO „sei" eine Feststellungsklage i.S.v. § 256 ZPO.[49] Daraus könnte man für den vorliegenden Fall den vom Reichsgericht im 16. Band seiner Amtlichen Sammlung vertretenen Schluß zu ziehen geneigt sein. Dies aber erscheint nicht richtig zu sein. Denn: „Das Reichsgericht hat wiederholt ausgesprochen, dass Zweck und Charakter der Feststellungsklage aus § 146 KO ein wesentlich anderer sei als der einer Feststellungsklage aus § 256 ZPO, die eine rein grundsätzliche Entscheidung bezwecke (JW 1900 S. 393 Nr. 13; 1903 S. 315 Nr. 12, RGZ Bd. 24 S. 405). Wenn die Feststellungsklage aus § 146 KO auch nicht auf eine Leistung geht, so hat die Forderung feststellende Erkenntnis doch in Verbindung mit mit dem daraufhin erfolgten Tabelleneintrag neben der Wirkung, daß die Forderung am Konkurs teilnehmen kann, noch die gleiche Wirkung wie eine Leistungsklage, nämlich die Wirkung der Vollstreckbarkeit über den Konkurs hinaus, falls der Gemeinschuldner im Prüfungstermin nicht widersprochen hat."[50] 23a

1. Zuständigkeitsordnung: Keine vis attractiva concursus

a) Übersicht. In den Fällen von Feststellungsprozessen des Gläubigers gegen den Widerspruch gem. §§ 179, 180 InsO liegt zunächst einmal eine gesetzliche Sonderregelung der Zuständigkeit für diese Rechtsstreitigkeiten vor: Ist der Rechtsweg zum ordentlichen Gericht gegeben, so bestimmt § 180 Abs. 1 Satz 2 InsO, dass für diese Streitigkeiten das Amtsgericht des Insolvenzverfahrens bzw. – streitwertabhängig – dessen übergeordnetes LG zuständig ist. Im Übrigen belässt es § 185 InsO bei der Zuständigkeit der die jeweilige Forderung betreffenden Fachgerichte oder Verwaltungsbehörden.[51] 24

b) Streitwert. Grundsätzlich gelten für die Festsetzung des Streitwertes der Feststellungsklage gem. § 180 InsO die allgemeinen zivilprozessualen Regelungen, die aber gem. § 182 InsO mit Rücksicht auf die Aussichten des Gläubigers, in der Schlussverteilung berücksichtigt zu werden, modifiziert werden. Wenn mit einer quotenmäßigen Befriedigung nicht zu rechnen ist, wird der Streitwert auf die geringste Wertstufe des Kosten- und Gebührenrechts (derzeit 300 €) festgesetzt.[52] 25

2. Umfang der Feststellung durch das Prozessgericht

a) Bindung des Prozessgerichts an den Umfang der Anmeldung. Die streitige Feststellung der angemeldeten Forderung richtet sich nach der (§ 308 ZPO nachgebildeten) Regelung des § 181 InsO darauf, dass Grund, Betrag und Rang der Forderung nur in der Weise begehrt werden, wie die Forderung in der Anmeldung oder im Prüfungstermin bezeichnet worden ist; das Prozessgericht ist also bei seinem Feststellungsur- 26

---

49 Vgl. zum Meinungsstand (krit.) *Gerhardt,* in: Jaeger-Henckel, InsO, § 179 Rn. 12, 13.
50 RG, Urt. v. 18. 3. 1927 – VI 540/26, RGZ 116, 368, 372.
51 Zum Ganzen *Becker,* in: Nerlich/Römermann, InsO, § 180 Rn. 24 ff.; *Eckardt,* in: Kölner Schrift zur Insolvenzordnung, 2. Aufl. 2000, S. 769 ff. (Rn. 48 ff.); *Bähr,* InVo 1998, 205, 211.
52 Vgl. BGH, Beschl. v. 12. 11. 1992 – VII ZB 13/92 – ZIP 1993, 50 f.; *Hess,* InsO, 1. Aufl. 1999, § 182 Rn. 7, 9; OLG Düsseldorf, Beschl. v. 17. 11. 2010 – 17 W 61/10.

teil an die Forderungsanmeldung als „Ersatz" des prozessualen Antrags bei der Leistungsklage gebunden.[53]

27 **b) Verfahrensrechtliche Fragen.** In dem Feststellungsprozess gilt die Dispositionsmaxime, § 179 Abs. 1 InsO.[54] 180 Abs. 2 InsO bestimmt, dass ein zur Zeit der Eröffnung des Insolvenzverfahrens anhängiger Rechtsstreit durch Aufnahme – also in der Form des § 240 ZPO – zu betreiben ist, was insbesondere dann problematisch ist, wenn die Aufnahme gegenüber mehreren Widersprechenden zu erfolgen hat.[55]

3. Zulässigkeit der Insolvenzfeststellungsklage

28 **a) Anmeldung der Forderung als Sachurteilsvoraussetzung.** Das BAG[56] hat darauf erkannt, dass eine Insolvenzfeststellungsklage unzulässig ist, wenn die Klageforderung im Insolvenzverfahren weder angemeldet, noch geprüft, noch bestritten worden ist. Anmeldung, Prüfung und Bestreitung seien Sachurteilsvoraussetzungen, die von Amts wegen in jeder Lage des Verfahrens zu prüfen seien. Dem lag folgender Sachverhalt zugrunde:

29 Der Kläger, ein früherer Arbeitnehmer der insolvenzschuldnerischen GmbH, hat gegen den beklagten Insolvenzverwalter Feststellung begeht, dass ihm eine Forderung gegen die insolvenzschuldnerische GmbH zustehe. Diese Forderung hatte der Kläger, der mit seiner Forderung Insolvenzgläubiger im Sinne von § 38 InsO ist, im Insolvenzverfahren nicht angemeldet. Folglich ist sie weder geprüft noch bestritten worden. Das BAG schließt sich mit seiner Erkenntnis der Judikatur des BGH zu den Sachurteilsvoraussetzungen der Insolvenzfeststellungsklage an.[57]

30 In diesem Zusammenhang tun sich für den klagenden Insolvenzgläubiger Risiken auf. Denn das Prozessgericht hat zwar von Amts wegen das Vorliegen der Anmeldung, Prüfung und des Bestreitens der Forderung im Insolvenzverfahren als Sachurteilsvoraussetzung zu prüfen, dass aber diese Prozessvoraussetzungen vorliegen, ist von den Parteien darzutun. Die Parteien – also der Insolvenzgläubiger – haben die Zulässigkeitsvoraussetzungen darzutun und hierfür die erforderlichen Nachweise zu beschaffen. Die Verpflichtung des Prozessgerichts zur amtswegigen Prüfung hat demzufolge nicht die Konsequenz, dass er sich nicht darauf verlassen kann, es ergebe sich die Anmeldung, die Prüfung und das Bestreiten seiner Forderung etwa aus beizuziehenden Insolvenzakten. Trägt nämlich der klagende Insolvenzgläubiger nichts zu diesen Zulässigkeitsvoraussetzungen der Insolvenzfeststellungsklage vor und legt der beklagte Insolvenzverwalter spätestens in der Revision seinerseits dar, es sei keine Anmeldung zur Tabelle erfolgt, ist noch in der Revisionsinstanz die Klage als unzulässig abzuweisen.

31 § 180 InsO ist eine auf die Insolvenzfeststellungsklage nach § 180 Abs. 1 S. 1 zugeschnittene Fassung des allgemeinen (zivil-)prozessualen Grundsatzes ne eat iudex

---

53 *Bähr,* InVo 1998, 205, 212; siehe auch *Pape,* in: Kübler/Prütting, Kommentar zur Insolvenzordnung, § 181 Rn. 1 f.; *Eickmann,* in: Gottwald, Insolvenzrechts-Handbuch, 3. Aufl. 2006, § 64 Rn. 48; *Sinz,* in: Uhlenbruck, InsO, 13. Aufl. 2010, § 181 Rn. 3.

54 *Häsemeyer,* Insolvenzrrecht, 3. Aufl. 2003, Rn. 22.27 a.E.; *Schumacher,* in: MünchKomm, InsO, 1. Aufl. 2001, § 179 Rn. 4 wählt den Begriff der „Betreibungslast".

55 BGH, Urt. v. 13. 3. 1980 – II ZR 239/78 – ZIP 1980, 427 f.; krit. *Häsemeyer,* Insolvenzrecht, 3. Aufl. 2003, Rn. 22.31 f.

56 BAG, Urt. v. 16. 6. 2004 – 5 AZR 521/03 – ZIP 2004, 1867.

57 BGH, Urt. v. 23. 10. 2003 – IX ZR 165/02 – DZWIR 2004, 200 mit Anm. *Becker.*

ultra petita partium (§ 308 Abs. 1 ZPO): Während das Zivilgericht im Allgemeinen nur das zuzusprechen befugt ist, was von den Parteien beantragt worden ist, begrenzt § 181 InsO die Antragsbefugnis des Klägers im Insolvenzfeststellungsstreit auf die Feststellung, das die angemeldete Forderung in dem Umfang, in dem der Kläger sie als Insolvenzgläubiger angemeldet hat (§ 174 Abs. 1 InsO), zur Tabelle festgestellt wird[58]. Der BGH hat in seinem Urteil vom 5. 7. 2007[59] hierzu auf Folgendes erkannt:

Die Anmeldung zur Tabelle (Rn. 25) ist Sachurteilsvoraussetzung; eine Feststellungsklage ohne Anmeldung wird für unzulässig gehalten[60]. Der Grund für das vorrangig zu betreibende Anmeldungs- und Prüfungsverfahren liegt darin, dass das Feststellungsurteil gegenüber dem Insolvenzverwalter und allen Gläubigern wirkt (§ 183 Abs. 1 InsO); diese müssen ebenso wie der Verwalter selbst zunächst Gelegenheit erhalten, die angemeldete Forderung zu prüfen und gegebenenfalls zu bestreiten. Maßgebend für diese Prüfung ist der Sachverhalt, der in der Anmeldung angegeben worden ist (§ 174 Abs. 1 Satz 1, Abs. 2 InsO). Dieser Sachverhalt (der „Grund" des Anspruchs) bestimmt, soweit die Forderung als anerkannt in die Tabelle eingetragen wird, den Umfang der Rechtskraft der Eintragung gegenüber den Gläubigern (§ 183 InsO) und, soweit die Forderung bestritten wird, den Umfang der Rechtskraft des im Feststellungsprozess ergehenden Urteils. Deswegen muss der Anspruchsgrund bei der Anmeldung zur Tabelle angegeben werden. Wird er nach der insolvenzrechtlichen Prüfung geändert, so bedarf es einer neuen Anmeldung; ohne sie ist eine auf den anderen Anspruchsgrund gestützte Feststellungsklage ebenso unzulässig wie eine Klage ohne jede Anmeldung.[61] 32

b) Negative Feststellungsklage des Insolvenzverwalters. Hieran bestehen aber Zweifel, jedenfalls soweit der Verwalter die angemeldete Forderung „vorläufig" bestritten hat. Häufig wird der Verwalter mit Anmeldungen konfrontiert, die Forderungen betreffen, deren Bestand er auch im Prüfungstermin nicht abschließend beurteilen kann. In derartigen Fällen tatsächlicher oder rechtlicher Ungewissheit über den Bestand der Forderung empfiehlt es sich aus Kostengründen für den Verwalter, die Forderung „vorläufig" zu bestreiten und mit einem „vorläufigen Widerspruch" in die Tabelle aufzunehmen. Nach höchstrichterlicher Judikatur[62] löst auch der Insolvenzverwalter, der eine von einem Insolvenzgläubiger zur Insolvenztabelle angemeldete Forderung lediglich „vorläufig" bestreitet, die vom Gesetz an das Bestreiten geknüpften Rechtsfolgen aus. Wird die zunächst vorläufig bestrittene Forderung später zur Insolvenztabelle festgestellt und erklären die Parteien daraufhin übereinstimmend den zuvor vom anmeldenden Gläubiger aufgenommenen Rechtsstreit für erledigt, ist die Kostenentscheidung nach den zu § 93 ZPO entwickelten Grundsätzen zu treffen[63]. 33

---

58 Amtl. Begr. zu §§ 207 bis 209 RegEInsO, BT-Drucks. 12/2443, 185.
59 BGH, Urt. v. 5. 7. 2007 – IX ZR 221/05, ZIP 2007, 1760, 1761 f.
60 BGH, Urt. v. 27. September 2001 – IX ZR 71/00, WM 2001, 2180, 2181; v. 23. 10. 2003 – IX ZR 165/02, WM 2003, 2429, 2432; MünchKomm, InsO/*Schumacher*, § 181 Rn. 3.
61 BGH, Urt. v. 27. 9. 2001 und v. 23. 10. 2003, jew. aaO.
62 BGH, Beschl. v. 9. 2. 2006 – IX ZB 160/04 – DZWIR 2006, 252 f.; BAG, Urt. v. 10. 8. 1988 – 5 AZR 478/87 – ZIP 1988, 1587, 1589.
63 BGH, Beschl. v. 9. 2. 2006 – IX ZB 160/04 – DZWIR 2006, 252 f.

34 Im Falle des Bestreitens von Verwalter oder Insolvenzgläubiger obliegt es vorbehaltlich des § 179 Abs. 2 InsO dem Gläubiger der bestrittenen Forderung, die Voraussetzungen für deren Berücksichtigung dadurch herbeizuführen, dass der Gläubiger ihre „Feststellung betreibt“. Der Gläubiger hat dabei regelmäßig ein Rechtsschutzinteresse an einer Feststellungsklage gegen den widersprechenden Verwalter oder Gläubiger, solange das Insolvenzverfahren nicht eingestellt und es nicht offenkundig ausgeschlossen ist, dass mit der Klage noch schutzwürdige Ziele zu erreichen sind[64]. Durch § 179 Abs. 2 InsO wird mithin lediglich die Klaglast vom Gläubiger auf den Bestreitenden verschoben.[65] Im Schrifttum wird nach alledem verbreitet die Meinung vertreten[66], der bestreitende habe *im allgemeinen* kein rechtliches Interesse an einer negativen Feststellungsklage gegen den Anmeldenden auf Nichtbestehen der Forderung. Diese Meinung stützt sich auf eine Entscheidung des Reichsgerichts[67] und eine – ältere – Entscheidung des BGH[68].

35 Es bedarf aber des Nachweises eines besonderen Feststellungsinteresses des die negative Feststellungsklage erhebenden bestreitenden Insolvenzverwalters überhaupt nicht. Die vom Reichsgericht vertretene Meinung, die Verlagerung der Feststellungslast schließe eine negative Feststellungsklage des Insolvenzverwalters von Gesetzes wegen aus, ist falsch. *Häsemeyer*[69] bejaht die Aktivlegitimation des Insolvenzverwalters zur Verfolgung seines Betreitens mittels einer negativen Feststellungsklage. Er begründet dies überzeugend aus allgemeinen prozessualen Gesichtspunkten der Waffengleichheit der Parteien. Dagegen spricht, wie *Häsemeyer*[70] mit guten Gründen darlegt, nicht etwa, dass der Insolvenzverwalter im Falle des § 179 Abs. 1 InsO durch die gesetzliche Verteilung der Feststellungslast begünstigt ist. Denn dies soll nicht gegen ihn gewendet werden. *Häsemeyer* kommt daher zu dem Schluss, dass „Widersprüche gegen nichttitulierte Forderungen ... vom Verwalter ... mit negativer Feststellungsklage verfolgt [werden können“].[71]

4. Wirkung des Tabelleneintrags und des rechtskräftigen Feststellungsurteils

36 Dass die Forderung feststellende und damit den Widerspruch ausräumende Urteil wirkt „gegen die Masse“[72] – was im Übrigen zur Folge hat, dass für den Fall des Obsiegens des den Feststellungsprozess betreibenden widersprechenden Gläubigers dessen Kosten aus der Masse zu erstatten sind (§ 183 Abs. 3 InsO), der dann allerdings der prozessuale Kostenerstattungsanspruch gegen den unterliegenden Gegner abzu-

64 BGH, Urt. v. 5. 2. 1998 – IX ZR 259/98 – ZIP 1998, 515 m. krit. Anm. *Johlke/Schröder* EWiR § 11 GesO 1/98, 501; *Schumacher*, in: MünchKomm, § 179 Rn. 10; *Pape*, in: Kübler/Prütting, § 179 Rn. 1 f.; *Graf-Schlicker*/Graf-Schlicker, § 179 Rn. 4.
65 *Smid*, in: LSZ § 179 Rn. 13.
66 *Schumacher*, in: MünchKomm, § 179 Rn. 21.
67 RG, Beschl. v. 24. 6. 1886 – Beschw.-Rep. IIIa 18/86, RGZ 16, 358 ff.
68 BGH, Urt. v. 28. 11. 1955 – III ZR 181/54, BGHZ 19, 163 ff.
69 *Häsemeyer*, Insolvenzrecht Rn. 22.38.
70 *Häsemeyer* (Fn. 69).
71 *Häsemeyer* (Fn. 69).
72 *Häsemeyer*, Insolvenzrecht, 3. Aufl. 2003, Rn. 22.40; vgl. auch *Eckardt*, in: Kölner Schrift zur Insolvenzordnung, 2. Aufl. 2000, S. 775 ff. (Rn. 57 ff.).

treten ist.[73] § 183 Abs. 1 InsO drückt diese Wirkung damit aus, dass die rechtskräftige Entscheidung, durch die eine Forderung festgestellt oder ein Widerspruch für begründet erklärt wird, gegenüber dem Insolvenzverwalter und allen Insolvenzgläubigern wirke. Aufgrund des Feststellungsurteils wird es dem obsiegenden Insolvenzgläubiger nach § 183 Abs. 2 InsO möglich, beim Insolvenzgericht die Berichtigung der Tabelle zu beantragen[74] – woraus man im Übrigen im Zusammenspiel mit § 175 InsO folgern kann, dass nicht der Insolvenzverwalter, sondern das Insolvenzgericht die Tabelle zu führen verpflichtet ist.

5. Vorsätzlich begangene unerlaubte Handlung

a) Verjährung der Feststellung. In den vergangenen 20 Jahren hat sich bekanntlich die Judikatur des BGH der Frage angenommen, unter welchen Voraussetzungen Gläubigerforderung aus vorsätzlich begangener unerlaubter Handlung mit der Folge begründet werden können, dass sie im Individualzwangsvollstreckungsrecht die Privilegierung des § 850 f Abs. 2 ZPO und der insolvenzrechtlichen Gesamtvollstreckung, die von der Restschuldbefreiung nicht erfasste freie konkursliche Nachforderung genießt. Nachdem der BGH zunächst[75] darauf bestanden hatte, dass der Gläubiger im Vollstreckungsverfahren vor dem Vollstreckungsgericht nicht mehr den Nachweis führen kann, dass es sich bei der Forderung um eine solche aus vorsätzlich begangener unerlaubter Handlung handelt, sondern dass er im Wege der Feststellungsklage nach § 256 Abs. 1 ZPO nach Erlangung eines nicht aus § 823 BGB, sondern auf eine andere Urteilsgrundlage auf breitesten Grund (§ 300 ZPO) gestützten Titels betreiben kann und muss, dass eine vorsätzlich begangene Handlung vorliegt, hat der IX. Zivilsenat später insbesondere darauf erkannt, dass auch ein rechtskräftiger Vollstreckungsbescheid nicht geeignet ist, die Feststellung des Vorliegens einer vorsätzlich begangenen unerlaubten Handlung zu begründen. Dies hat der IX. Zivilsenat auch auf das Versäumnisurteil erstreckt[76]. 37

Mit seiner Entscheidung aus dem Dezember 2010[77] hat der erkennende Senat darauf erkannt, dass der Anspruch auf Feststellung, dass sich der Leistungsanspruch des Klägers (auch) aus vorsätzlich begangener unerlaubter Handlung des Beklagten ergibt, nicht nach den Vorschriften verjährt, die für die Verjährung des Leistungsanspruchs gelten. Der IX. Zivilsenat unterscheidet die Feststellung einer Leistungspflicht von der Feststellung eines anderweitigen Rechtsverhältnisses oder einer Rechtslage. Die Feststellung eines „anderweitigen Rechtsverhältnisses" oder „einer Rechtslage" beruhe nicht auf einem Anspruch gem. § 194 Abs. 1 BGB. Soweit es sich um die Feststellung handelt, dass eine vorsätzlich begangene unerlaubte Handlung vorliege, schuldet der Beklagte nach Ansicht des erkennenden Senats kein Tun oder Unterlassen. Er habe 38

73 *Becker*, in: Nerlich/Römermann, InsO, § 183 Rn. 18 ff.; *Eickmann*, in: Gottwald, Insolvenzrechts-Handbuch, 3. Aufl. 2006, § 64 Rn. 61 ff.; *Schumacher*, in: MünchKomm, InsO, 1. Aufl. 2001, § 183 Rn. 11.
74 *Bähr*, InVo 1998, 205, 213.
75 Nachweise der Judikatur bei *Smid*, ZInsO 1321 ff.
76 BGH, Urt. v. 5. 11. 2009 – IX ZR 239/07, ZIP 2010, 150.
77 BGH, Urt. v. 2. 12. 2010 – IX ZR 247/09, ZIP 2011, 37.

vielmehr eine „sonstige Beurteilung" gegen sich gelten zu lassen. Dies unterliege nicht der Verjährung.

39 Im Schrifttum[78] ist die Ansicht vertreten worden, die Feststellung, Ansprüche beruhten auf unerlaubter Handlung, beruhten selber auf einem Anspruch i. S. v. § 194 Abs. 1 BGB und unterlägen damit der Verjährung[79]. Prozessual stellt sich in der Tat die vom Senat aufgeworfene Frage, darf unser heutiges Prozessrecht von einer Unterscheidung von Anspruch als materielle Befugnis auf der einen Seite und dem prozessualen Klagerecht als publizistischer (öffentlich-rechtlicher) Erscheinung auszugehen scheint. Die damit verbundene Trennung von materiellem Recht und Prozessrecht beruhte auf der Notwendigkeit, den rechtlichen Gehalt von Feststellungsklagen zu erklären, was seit *Adolf Wach*[80] mit dem Hinweis auf eine öffentlich-rechtliche Natur der Feststellungsklage verbunden war, die einem materiell-rechtlichen Anspruch nicht korrespondiere. Dies kommt in der Formulierung des erkennenden Senats im vorliegenden Fall zum Ausdruck, es gehe bei der Feststellung, ob eine vorsätzlich begangene unerlaubte Handlung vorgelegen habe, nicht (mehr) darauf an, über einen materiell-rechtlichen Anspruch zu erkennen – vielmehr gehe es um eine den Beklagten wirkende „sonstige Beurteilung".

40 Nun wäre freilich, erhöbe der Kläger eine Leistungsklage aus § 823 BGB nach Ablauf der Verjährungsfrist, der Anspruch der Verjährungseinrede ausgesetzt und bei deren Erhebung durch den Beklagten die Klage abzuweisen. Anders würde es sich verhalten, wenn der Klage aus breitesten anderem Rechtsgrund stattzugeben wäre § 300 ZPO. Dann wäre der geltend gemachte Leistungsantrag begründet, aber eben nicht aus § 823 BGB. Derartige Fälle lassen sich wegen der Regelverjährungsfrist von 3 Jahren gem. § 195 BGB allerdings nur in solchen Ausnahmefällen vorstellen, in denen der Lauf der Verjährungsfrist des anderen Antrags gehemmt war – etwa weil spezifisch hierüber Verhandlungen geführt worden sind.

41 Der IX. Zivilsenat meint nun, dass der Kläger dadurch vor dem Verjährungseintritt geschützt wird, wenn er zunächst eine vertragliche Anspruchsgrundlage geltend macht und einklagt und, nachdem er den Titel hieraus erstritten hat, auch nach Ablauf der Verjährungsfrist die für den deliktischen Anspruch gelten würde, deren Vorliegen festzustellen begehrt. Die Begründung hierfür stützt der IX. Zivilsenat auf die Funktion der Feststellung des Vorliegens einer vorsätzlich begangenen unerlaubten Handlung: Die Vollstreckungsgläubigerin will damit einer Vollstreckungsabwehrklage der Beklagten vorbeugen, die geltend macht, aus dem gegen sie ergangenen Urteil könne wegen Erteilung der Restschuldbefreiung nicht mehr vollstreckt werden.

42 **b) Rechtsschutzinteresse an Feststellung der unerlaubten Handlung.** In einer Entscheidung vom 2. 12. 2010, die dem am gleichen Tag ergangenen Urteil des IX. Zivilsenats zur Unverjährbarkeit des Anspruchs auf Feststellung des Rechts-

---

78 *Peters*, KTS 2006, 127, 131 f.; *Grothe*, ZInsO 2008, 776, 780; *Kollwe*, Deliktische Forderungen und Restschuldbefreiung, 2009, 200.

79 *Kahlert*, ZInsO 2005, 192, 194 f.

80 *Wach*, Der Feststellungsanspruch, Sonderabdruck aus der Festgabe der Leipziger Juristenfak. f. Windscheid, 1889.

grunds der vorsätzlich begangenen unerlaubten Handlung[81] zur Seite tritt, hat der IX. Zivilsenat[82] zum Rechtsschutzinteresse für Klagen eines Gläubigers mit vollstreckbarem Titel auf Feststellung des Rechtsgrundes der unerlaubten Handlung zu entscheiden gehabt. Dieser Entscheidung lag folgender, hier vereinfacht wiedergegebener Sachverhalt zugrunde:

Beispielsfall: Die Klägerin hatte ein rechtskräftiges Urteil gegen den Beklagten auf Zahlung von ca. 75.000 € erstritten. In den Urteilsgründen wurde ausgeführt, der Anspruch beruhe auf § 823 Abs. 2 BGB iVm § 266 a StGB. In dem über das Vermögen des Beklagten eröffneten Insolvenzverfahren meldete die Klägerin den titulierten Anspruch an, der mit dem Schuldgrund „Forderung aus vorsätzlich begangener unerlaubter Handlung" vom Verwalter zur Tabelle festgestellt wurde. Daraufhin widersprach der Schuldner dem Rechtsgrund der Forderung. Hiergegen richtete sich die Feststellungsklage der Klägerin, die in den Vorinstanzen für unzulässig gehalten wurde, da dieser Klage das Rechtsschutzbedürfnis fehle[83]. **43**

Dies war schon aus allgemeinen prozessualen Gründen verfehlt. Wie der IX. Zivilsenat des BGH zutreffend feststellt, fehlt es nach dem auf den Rechtsgrund beschränkten Widerspruch des Schuldners der Klage eines Titelgläubigers nicht an einem rechtlich geschützten Interesse. Denn die Bekämpfung des Widerspruchs des Schuldners, mit dem dieser sich gegen eine nachkonkursliche Vollstreckung aus der Tabelle zur Wehr setzen kann (§ 201 Abs. 2 InsO), dient dem Titelgläubiger dazu, die sich aus dem Titel ergebenden Wirkungen auch seinem vollstreckbaren Tabellenauszug beimessen zu lassen. Der IX. Zivilsenat stellt fest, dass der Gläubiger dies nicht nach § 183 Abs. 2 InsO durch Berichtigung der Tabelle erreichen kann, da die Tabelle nach Eintragung des Widerspruchs des Schuldners nicht unrichtig geworden ist. Es liegt auch kein Fall des § 184 Abs. 1 InsO vor, da der Gläubiger den auf § 823 BGB gestützten Titel nicht allein hat erstreiten können, weil ein vorsätzlich begangenes deliktisches handeln des Schuldners vorlag, sondern ein derartiger Titel auch im Falle vorsätzlich begangenen unerlaubten Handelns möglich gewesen sein kann. Daher wird in diesem Fall dem Gläubiger die Führung eines Forderungsfeststellungsstreits zugemutet, der damit aber auch zulässig auf ein Feststellungsinteresse gegründet ist. **44**

IV. Geltendmachung des Rechts zur abgesonderten Befriedigung im Insolvenzverfahren

1. Verfahrensteilnahme von Gläubigern als Absonderungsberechtigte

Wie sich bereits bei der Darstellung der verschiedenen Beteiligten des Insolvenzverfahrens gezeigt hat (oben § 2), sind die zur abgesonderten Befriedigung berechtigten dinglich gesicherten Gläubiger nicht nur als Insolvenzgläubiger mit dem Ausfall als bedingter Insolvenzforderung (§ 52 InsO) am Insolvenzverfahren beteiligt, sondern unabhängig davon als Sicherheitengläubiger in das Verfahren eingebunden. **45**

---

81 BGH, Urt. v. 2. 12. 2010 – IX ZR 247/09, ZIP 2011, 37.
82 BGH, Urt. v. 2. 12. 2010 – IX ZR 41/10, ZIP 2011, 39.
83 Im einzelnen Brandenburgisches OLG, ZIP 2010, 2022.

2. Mitteilung des Absonderungsrechts

46 Das Gesetz sieht allerdings nicht vor, dass der Absonderungsberechtigte sein Recht wie eine Forderung „anzumelden" habe, sondern spricht in § 28 Abs. 2 InsO von einer „Mitteilung" des Bestehens von zur abgesonderten Befriedigung berechtigenden dinglichen Sicherheiten an den Insolvenzverwalter. Daher sind die Regelungen über den Widerspruch gegen die Forderungsanmeldung auf die Mitteilung des Absonderungsrechts nicht anwendbar.

47 Diese Regelung setzt sich dem Einwand aus, dem allseitigen Charakter des Absonderungsrechts nicht hinreichend Rechnung zu tragen.[84]

3. Funktion der Mitteilung

48 Da die Mitteilung der die Absonderungsbefugnis begründenden Rechtsposition keinen Akt der verfahrensrechtlichen *Geltendmachung* des Rechts darstellt, hat sie zunächst eine Funktion nur für das Verfahren selbst. Aufgrund der Mitteilung nimmt der Absonderungsberechtigte nämlich in dieser Eigenschaft am Verfahren teil. Sie dient dabei insbesondere der Ermittlung des Stimmrechts des absonderungsberechtigten Gläubigers gem. § 74 InsO.

49 Die Mitteilung des Absonderungsrechts verfolgt im Übrigen im Wesentlichen eine „negative" Aufgabe, unterlässt der Absonderungsberechtigte die Mitteilung *und* erlangt infolgedessen der Insolvenzverwalter keine Kenntnis vom Bestehen des Absonderungsrechts, hat der Absonderungsberechtigte die Folgen davon hinzunehmen. Das ist wegen Besitzpfandrechten irrelevant, wegen ihrer grundbuchrechtlichen Registrierung weniger wahrscheinlich im Falle von Grundpfandrechten, aber insbesondere im Falle besitzloser Mobiliarsicherheiten (Sicherungseigentum) denkbar. Wohl nur in diesem Fall kann es denn auch zu der in § 28 Abs. 2 Satz 3 statuierten Verpflichtung zum Schadenersatz kommen.[85]

50 Die vom Absonderungsberechtigten zu tragenden Folgen der Unterlassung der Mittelung seines Rechts können darin bestehen, dass der Insolvenzverwalter die nach § 169 InsO geschuldeten Zinsen und den nach § 172 InsO zum Wertverlustausgleich zu zahlenden Betrag nicht an den Gläubiger abführt und später wegen Eintritts der Masseunzulänglichkeit dazu auch nicht mehr in der Lage ist. Eine schadenersatzrechtliche Inanspruchnahme des Insolvenzverwalters durch den Absonderungsberechtigten gem. § 61 InsO scheitert dann regelmäßig am fehlenden Verschulden. Dies gilt auch für solche Fälle, in denen der Insolvenzverwalter es mangels Kenntnis vom Bestehen des die Absonderungsbefugnis begründenden Rechts unterlässt, aus dem Erlös der Veräußerung des Absonderungsgegenstandes nach § 170 InsO eine Sonderteilungsmasse zu bilden. Nach Verteilung der Teilungsmasse kann der Absonderungsberechtigte wiederum in Ermangelung eines Verschuldens des Insolvenzverwalters seinen Schaden nicht nach § 60 InsO liquidieren.[86]

---

84 *Häsemeyer*, Insolvenzrecht, 3. Aufl. 2003, Rn. 22.07f.
85 Vgl. *Hess*, InsO, 1. Aufl. 1999, § 28 Rn. 5f.; *Becker*, in: Nerlich/Römermann, InsO, § 28 Rn. 44ff.
86 *Becker*, in: Nerlich/Römermann, InsO, § 28 Rn. 51f.

§ 16 Die Aufrechnung im eröffneten Insolvenzverfahren

I. Voraussetzungen

1. „Absonderungsähnliche" Sicherung des Aufrechnungsberechtigten

In § 53 KO hieß es, dass ein Gläubiger seine Forderung im Konkursverfahren nicht geltend zu machen brauchte, „soweit" er zur Aufrechnung befugt war. Die InsO spricht in ihrem § 94 dagegen allein von dem Erhalt der zum Zeitpunkt der Verfahrenseröffnung bestehenden Aufrechnungslage. 1

Die Eröffnung des Insolvenzverfahrens nimmt dem Gläubiger nicht die Aufrechungsbefugnis. § 94 InsO besagt ausdrücklich, dass, soweit der Insolvenzgläubiger zu einer Aufrechnung befugt ist, er seine Forderung im Insolvenzverfahren nicht geltend zu machen braucht. Der Aufrechnende kann damit auf die Masse zugreifen. Er steht solchen Insolvenzgläubigern gleich, die aufgrund von Sicherheiten aus der Masse abgesonderte Befriedigung verlangen können. Der Insolvenzgläubiger erlangt Befriedigung durch Erlöschen eigener Schuld.[1] Grund der Regelung der §§ 94ff. InsO ist es freilich, dass die Eröffnung des Insolvenzverfahrens über das Vermögen des Insolvenzschuldners ebenso wie den Bestand gegenseitiger Verträge das Bestehen der Aufrechnungslage unbeeinflusst lässt.[2] Die gesetzliche Zulassung der Aufrechnung im eröffneten Insolvenzverfahren schließt freilich bei gegebenem Tatbestand die insolvenzrechtliche Anfechtung der Aufrechnung bzw. der Herbeiführung der Aufrechnungslage[3] nicht aus.[4] 2

Ob ein Gläubiger zur Aufrechnung berechtigt ist, bestimmt sich im einzelnen nach § 387 BGB, d. h. es muss eine Aufrechnungslage zum Eröffnungszeitpunkt bereits bestanden haben.[5] Danach haben die Forderungen bei Eröffnung des Insolvenzverfahrens gegenseitig und gleichartig zu sein. Ein Bürge kann ebenso wenig mit der Forderung des Hauptschuldners aufrechnen[6] wie der Gesamtschuldner mit der Forderung eines anderen Gesamtschuldners, § 422 Abs. 2 BGB. Die Gegenforderung, mit der aufgerechnet wird, muss voll wirksam, fällig und erfüllbar sein und darf durch ein Gesetz nicht ausgeschlossen sein.[7] Einem Dritten, der zwar leisten darf (§ 267 BGB) ist die Aufrechnung grundsätzlich verwehrt. Ausnahmen sieht das Gesetz jedoch zugunsten Ablöseberechtigter vor, vgl. §§ 268 Abs. 2, 1142 Abs. 2, 1150, 1224, Satz 2 BGB.[8] Einreden nach § 390 Satz 1 BGB dürfen der Durchsetzung der Forderung nicht entgegenstehen. Schließlich muss die Hauptforderung, gegen die der Insolvenzgläubiger aufrechnet, erfüllbar sein.[9] 3

---

1 BGH, Urt. v. 4. 5. 1995 – IX ZR 256/93 – NJW 1995, 1966, 1967; *Bötticher*, in: FS Schima, 1969, S. 93 ff. m. w. N.; *Henckel*, in: FS Lüke, 1997, S 237, 240; *Dieckmann*, in: *Leipold* (Hrsg.), Insolvenzrecht im Umbruch, 1991, S. 211; *Henckel*, ZZP 99 (1986), 419, 422; *Jauernig*, § 79 II.; a. A. *Häsemeyer*, Insolvenzrecht, 3. Aufl. 2003, 1998, Rn. 19.01 ff., 19.02.

2 *Häsemeyer*, Insolvenzrecht, 3. Aufl. 2003, Rn. 19.04ff.; *Sinz*, in: Uhlenbruck, InsO, 13. Aufl. 2010, § 94 Rn. 1; *Becker*, DZWIR 2005, 221 ff.

3 BGH, Urt. v. 2. 6. 2005 – IX ZR 263/03 – ZIP 2005, 1521.

4 BGH, Urt. v. 2. 2. 1972 – VIII ZR 152/70 – NJW 1972, 633.

5 BGH, Urt. v. 14. 6. 2007 – IX ZR 56/06, DZWIR 2007, 473.

6 RG v. 8. 10. 1928 – IV 105/28 – RGZ 122, 146, 147.

7 Vgl. zu den Voraussetzungen *Heinrichs*, in: Palandt, BGB, 65. Aufl. 2006, § 387 Anm. 1 ff.

8 *Steder*, in: Weisemann/Smid, Praxis der Unternehmensinsolvenz, 1998, § 10.

9 *Steder*, in: Weisemann/Smid, Praxis der Unternehmensinsolvenz, 1998, § 10.

4 *Schwahn*[10] hat dies so beschrieben, dass die §§ 94ff. InsO eine Befriedigung durch Aufrechnung lediglich dann zulassen, wenn sich die abgesonderte Befriedigung durch Verrechnung bereits im Vorfeld der Insolvenzeröffnung „mit Sicherheit" abgezeichnet hat, vgl. §§ 94, 95 InsO. Insofern ist eine Aufrechnung immer dann unzulässig, wenn die Insolvenzforderung aus Sicht des Gläubigers bereits durch die Eröffnung des Insolvenzverfahrens bis auf die zu erwartende Quote entwertet ist. Hier darf die Forderung nicht wieder durch einen nachträglichen Verrechnungsvorgang aufgewertet werden, vgl. §§ 96 Abs. 1 Nr. 1[11] u. 2 InsO. Während die §§ 94, 95, 96 Abs. 1 Nr. 1, 2, 4 InsO die Masse vor „aushöhlenden" nachträglichen Verrechnungen schützen, gewährt § 96 Abs. 1 Nr. 3 InsO der Masse Schutz vor bereits erfolgten Aufrechnungen.[12] Im Insolvenzverfahren wird daher rückwirkend, ohne dass der Insolvenzverwalter eine entsprechende Anfechtungsklage erheben muss,[13] sichergestellt, dass der Grundsatz der Gläubigergleichbehandlung bereits während der materiellen Insolvenz wirkt und eine Forderung, die durch den Eintritt der Krise bereits entwertet ist, von einem Gläubiger, der die Situation kennt, nicht auf Kosten der übrigen Gläubiger durch das Schaffen einer Aufrechnungsmöglichkeit wieder aufgewertet werden kann.

2. Verfahrensrechtliche Fragen

5 Eine Aufrechnung nach der Eröffnung des Insolvenzverfahrens setzt eine Aufrechnungserklärung gem. § 388 BGB gegenüber dem Insolvenzverwalter (arg. § 80 InsO) voraus. Sie ist eine einseitige und empfangsbedürftige Willenserklärung. Sie kann sowohl schriftlich als auch mündlich auch noch im Prozess, einschließlich des Revisionsprozesses,[14] abgegeben werden, d. h. sie ist nicht formgebunden[15] und die Abgabe der Erklärung ist an keine Frist gebunden. Nach Zugang beim Aufrechnungsgegner kann sie nicht mehr von ihrem Urheber widerrufen werden.[16] Aus den eben genannten Grundsätzen ergibt sich auch, dass der zur Aufrechnung Berechtigte seine Forderung im Insolvenzverfahren – wie in § 94 InsO geregelt – nicht anzumelden hat. Er ist aber auch nicht daran gehindert, diese voll anzumelden und erst im Verfahren die Aufrechnung zu erklären, weil die Anmeldung nicht bedeutet, dass der Berechtigte auf sein Recht verzichtet hat.[17] Nach § 95 Abs. 2 InsO sind auch im Insolvenzverfahren Fremdwährungsforderungen soweit aufrechenbar, wie sie die allgemeinen Voraussetzungen der §§ 387ff. BGB erfüllen und aufgrund der Konvertibilität der zugrunde liegenden Währung zum Kurswert umgerechnet werden können. In der Anmeldung der zur Aufrechnung gestellten Gegenforderung zur Tabelle liegt kein Verzicht ihres Inhabers auf seine aus materiellem Recht folgende Aufrechnungsbefugnis. Daher verliert der Insolvenzgläubiger die Befugnis zur Aufrechnung auch nicht dadurch, dass er seine Insolvenzforderung zunächst im Verfahren zur Tabelle angemeldet hat; auch nach der Feststellung der Insolvenzforderung zur Tabelle ist der Insolvenzgläubiger daher noch befugt, mit seiner Insolvenzforderung zum Nennbetrag aufzurechnen. Klagt der Insolvenzverwalter die Hauptforderung gegen den Insolvenzgläubiger ein, so kann die Aufrechnung auch im Prozess erklärt werden.

---

10 *Schwahn*, der Aufrechnungsvertrag in der Insolvenz, Diss. Kiel 2003.

11 BGH, Urt. v. 29. 6. 2004 – IX ZR 195/03 – DZWIR 2004, 519.

12 BGH, Urt. v. 2. 6. 2005 – IX ZR 263/03 – m. Anm. *Cranshaw*, jprins 1/2006 Anm. 1.; Anfechtbare Erlangung der Aufrechnungslage, § 96 Abs. 1 Nr. 3 InsO, *Geltendmachen in der Frist des § 146 Abs. 1 InsO:* BGH, Urt. v. 12. 7. 2007 – IX ZR 120/04, DZWIR 2008, 74; BGH, Urt. v. 17. 7. 2008 – IX ZR 148/07, DZWIR 2008, 433.

13 BGH, Urt. v. 29. 6. 2004 – IX ZR 195/03 – DZWIR 2004, 519.

14 Vgl. BGH, Urt. v. 12. 10. 1983 – VIII ZR 19/82 – NJW 1984, 357, 358.

15 Vgl. *Haarmeyer/Wutzke/Förster*, Handbuch zur Insolvenzordnung, 3. Aufl. 2001, § 7 Rn. 53; BGH, Urt. v. 12. 10. 1983 – VIII ZR 19/82 – ZIP 1983, 1473.

16 *Bötticher*, in: FS Dölle, Band I, S. 41, 71 ff.

17 *Haarmeyer/Wutzke/Förster*, Handbuch zur Insolvenzordnung, 3. Aufl. 2001, § 7 Rn. 53; *Uhlenbruck*, in: Uhlenbruck, InsO, 12. Aufl. 2003, § 94 Rn. 41.

3. Wirkungen

Die Aufrechnungserklärung bewirkt gem. § 389 BGB, dass die Haupt- und die Gegenforderung soweit sie sich decken, erlöschen. Die Aufrechnung tilgt dabei unabhängig davon, zu welchem Zeitpunkt sie erklärt wurde, die Forderungen mit Rückwirkung auf den Zeitpunkt, in dem sich die Haupt- und die Gegenforderung erstmals aufrechenbar gegenüberstanden.[18] Dies ist nicht der Fall, wenn es sich um Schuldverschreibungsforderungen handelt, für die die allgemeinen Regelungen des Gesetzes betr. die gemeinsamen Rechte der Besitzer von Schuldverschreibungen im Konkurs (SchVKG) v. 4. 12. 1899 gelten.[19] Soweit eine Aufrechnung nicht zulässig war, ist die **Aufrechnungserklärung unwirksam,** d. h. die Forderung bleibt Bestandteil der Pfändungsmasse. 6

II. Reichweite der Aufrechnungsbefugnis im eröffneten Insolvenzverfahren

1. Reichweite des § 95 InsO

Aus der Zulassung der Aufrechnung im eröffneten Insolvenzverfahren ergibt sich, dass der Gläubiger eine eigene fällige Forderung gegen eine betagte Forderung des Gemeinschuldners sowie eine eigene betagte Forderung gegen eine fällige Forderung des Gemeinschuldners aufrechnen kann. Dasselbe gilt für bedingte Forderungen. Nur wird eine betagte unverzinsliche Forderung vermindert auf den Betrag, welcher mit Hinzurechnung der gesetzlichen Zinsen desselben für die Zeit von der Eröffnung des Verfahrens bis zur Fälligkeit dem vollen Betrag der Forderung gleichkommt. 7

Nach § 95 InsO gilt daher folgendes: Auch wenn die Gegenforderung erst nach der Verfahrenseröffnung fällig wird, ihre Fälligkeit aber vor Fälligwerden der Hauptforderung eintritt, bleibt der Insolvenzgläubiger zur Aufrechnung befugt, sobald die Hauptforderung erfüllbar ist.[20] Die Regelung des § 95 Abs. 1 Satz 1 InsO betrifft daher allein den Fall, in dem die Fälligkeit der Gegenforderung des Insolvenzgläubigers noch nicht eingetreten ist.[21] Dem liegt der Gedanke zugrunde, dass das Vertrauen eines Gläubigers nach Verfahrenseröffnung geschützt werden soll, der vor Verfahrenseröffnung davon ausgehen konnte, dass die Durchsetzung seiner Forderung mit Rücksicht auf die Entstehung einer Aufrechungslage keine Schwierigkeiten bereiten werde.[22] Davon ist der Fall zu unterscheiden, in dem das Aufrechnungshindernis im Laufe des Insolvenzverfahrens entfällt und sich dann Gegenforderung und Hauptforderung aufrechenbar gegenüberstehen. Hier ist der andere befugt, die Aufrechnung gegenüber dem Insolvenzverwalter im Rahmen des Insolvenzverfahrens zu erklären.[23] 8

---

18 *Heinrichs,* in: Palandt, BGB, 65. Aufl. 2006, § 389 Rn. 2; *Fehl,* in: Beck/Depré, Handbuch der Insolvenz, 1. Aufl. 2003, § 9 Rn. 18.
19 *Grub/Smid,* DZWIR 2004, 265, 269 ff.
20 *Steder,* in: Weisemann/Smid, Praxis der Unternehmensinsolvenz, 1998, § 10.
21 *Häsemeyer,* in: Kölner Schrift zur Insolvenzordnung, 2. Aufl. 2000, S. 489, 491 Rn. 7, 494 f. Rn. 15 f.; *Sinz,* in: Uhlenbruck, InsO, 13. Aufl. 2010, § 95 Rn. 2.
22 Begr. zu § 107 RegE (BR-Drs. 1/92 S. 140/141), auch abgedruckt in *Uhlenbruck,* Das neue Insolvenzrecht, S. 410 f.
23 *Steder,* in: Weisemann/Smid, Praxis der Unternehmensinsolvenz, 1998, § 10.

9 Ein **Beispielsfall**[24] mag dies deutlicher werden lassen: Typischerweise stehen sich in Fällen der Insolvenz eines Mitglieds einer Arbeitsgemeinschaft Auseinandersetzungsansprüche des Gesellschafters (also des Gemeinschuldners) auf der einen Seite und Verlustausgleichsansprüche der Arbeitsgemeinschaft gegen ihre Gesellschafter auf der anderen Seite gegenüber. Auf Seiten des Gesellschafters können noch weitere Ansprüche auf Abfindung wegen der Bereitstellung von Produktionsmittel an die Gesellschaft hinzutreten. Die dem Gesellschafter zustehenden Forderungen auf das Auseinandersetzungsguthaben sowie auf die geschilderte Vergütung sind zukünftige Forderungen, deren Rechtsgrund, wie der IX. Zivilsenat im Anschluss an frühere Judikatur der BGH bestätigt, dem Gesellschafter eine abtretbare Rechtsposition verschafft, die im allgemeinen nach § 54 KO – heute: § 95 InsO – abtretbar ist. Wenn die aufzurechnenden Forderungen im Zeitpunkt der Verfahrenseröffnung schon begründet, jedoch noch bedingt, nicht fällig oder nicht gleichartig waren, dürfen sie zunächst nicht aufgerechnet werden. Auf der anderen Seite soll die Befugnis des Gläubigers zur Aufrechnung durch die Eröffnung des Insolvenzverfahrens auch nicht erschwert werden: Entfällt das Hindernis für die Aufrechnung nach der Eröffnung des Verfahrens und stehen sich die Forderungen dann in aufrechenbarer Weise gegenüber, so schließt das Insolvenzverfahren grundsätzlich die Erklärung der Aufrechnung durch den Gläubiger nicht aus. A maiore ad minus geht der IX. Zivilsenat aber davon aus, dass der Anspruch des Gesellschafters auf das Auseindersetzungsguthaben von dem zunächst ungewissen Zustand abhängt, ob bei der Auflösung der Gesellschaft ein Guthaben besteht, während die Voraussetzungen für die Forderung aus der Bereitstellung von Produktionsmitteln nicht von vergleichbaren Ungewissheiten abhängen.

10 Diese Aufrechnungsbefugnis wird aber durch § 95 Abs. 1 Satz 3 InsO eingeschränkt. Diese Vorschrift bestimmt, dass die Möglichkeit der Aufrechnung durch den Insolvenzgläubiger entfällt, wenn die Hauptforderung, gegen die aufgerechnet wird, unbedingt und fällig wird, bevor die Aufrechnung erfolgen kann.[25] Wird daher nach Verfahrenseröffnung zeitlich nacheinander zunächst die Hauptforderung und erst später die Gegenforderung fällig, schließt § 95 Abs. 1 Satz 3 InsO die Aufrechnung aus. Die neue Regelung des § 95 Abs. 1 Satz 3 InsO ist an § 392 BGB angelehnt, der die Aufrechnung gegen eine beschlagnahmte Forderung entsprechend regelt.[26]

11 Zum Zwecke der Aufrechnung einer aufschiebend bedingten Forderung bei Eintritt der Bedingungen kann der Gläubiger Sicherstellung insoweit verlangen als die Forderung der von ihm einzuzahlenden Schuld gleichkommt. Darüber hinaus kann der Gläubiger mit einer Forderung aufrechnen, die nicht auf einen Geldbetrag gerichtet ist (§ 95 Abs. 1 Satz 1 InsO). Dagegen ist die Aufrechnung einer Geldforderung mit einer Forderung der Konkursmasse, die nicht auf einen Geldbetrag gerichtet ist, unzulässig. Die nicht auf einen Geldbetrag gerichtete Forderung des Gläubigers ist zum Zwecke der Aufrechnung nach § 45 InsO.

---

24 BGH, Urt. v. 9. 3. 2000 – IX ZR 355/98 – DZWIR 2000, 433 m. Anm. von *Gerhardt*, EWiR § 54 KO 1/2000, 742 und *Spliedt* (DZWIR 2000, 433); ferner *ders.*, DZWIR 2000, 418 ff. Vgl. unten Fn. 27.

25 BGH, Urt. v. 22. 9. 2005 – VII ZR 117/03 – ZIP 2005, 1972 m. Anm. *Vogel*, EWiR § 95 InsO 1/06, 405. *Steder*, in: Weisemann/Smid, Praxis der Unternehmensinsolvenz, 1998, § 10; *Kroth*, in: Braun, InsO, 2. Aufl. 2004, § 95 Rn. 10.

26 Begr. zu § 107 RegE (BR-Drs. 1/92 S. 140/141), auch abgedruckt in *Uhlenbruck*, Das neue Insolvenzrecht, 1994, S. 410 f.; *Verrechnung in ARGE (Philip Holzmann)* BGH, Urt. v. 14. 12. 2006 – IX ZR 194/05, ZIP 2007, 383; *Smid*, Struktur VI, DZWIR 2007, 485, 505; BGH, Urt. v. 22. 9. 2005 – VII ZR 117/03; BGHZ 154, 159; *Bähr/Smid*, Rechtsprechung 2006, 190.

2. Einzelprobleme

a) Gesellschaftsrechtliche Bezüge. Der IX. Zivilsenat des BGH hat in seinem Urteil vom 29. 6. 2004[27] Fragen der Aufrechnung mit der Forderung aus einer gesellschaftsrechtlichen Auseinandersetzungsbilanz zu entscheiden gehabt. Die Voraussetzung des § 95 Abs. 1 Satz 1 InsO hat der IX. Zivilsenat[28] als gegeben angesehen, da die unbedingte und fällige Forderung der Insolvenzgläubigerin (Aktivforderung) der bereits mit Begründung des Gesellschaftsverhältnisses angelegten, zukünftigen Forderung der Schuldnerin wegen des Auseinandersetzungsguthabens aufgerechnet worden sei. Der Anspruchsinhaber wird darin geschützt, dass er mit einer Forderung aufrechnen kann, die bereits fällig wird, ohne dass es einer weiteren Rechtshandlung des Anspruchsinhabers bedurfte. Der IX. Zivilsenat lehnt eine erweiternde Auslegung des § 95 Abs. 1 Satz 3 InsO in den Konstellationen ab, in denen wie in dem von ihm entschiedenen Fall lediglich die Forderung der Masse bedingt war. Gelangt die Passivforderung ohne weiteres Zutun der Parteien zum Entstehen, lässt der BGH dies für § 95 Abs. 1 Satz 1 InsO genügen. Hängt sie indes noch von einer Kündigung – in dem vom BGH entschiedenen Fall: des Insolvenzverwalters der ausscheidenden Genossin – ab, entsteht der Anspruch auf das Auseinandersetzungsguthaben nicht ohne weiteres „automatisch“. Dies genügt an sich nicht, um die Aufrechenbarkeit zu begründen. Der BGH lässt es aber genügen, dass der Anspruch aus dem Auseinandersetzungsguthaben mit Eröffnung des Insolvenzverfahren begründet wird. Diese Wirkung der Verfahrenseröffnung tritt – sieht der Gesellschaftsvertrag nichts anderes vor – spätestens mit Rechtskraft des Eröffnungsbeschlusses ein. 12

Der Fall der Verrechnung von Forderungen eines insolvenzbedingt ausgeschiedenen ARGE-Gesellschafters in der Auseinandersetzungsbilanz ist komplizierter.[29] Am 1. 6. 2002 wurde das Insolvenzverfahren über das Vermögen der Schuldnerin aufgrund deren Eigenantrag vom 22. 3. 2002 eröffnet. Diese hatte mit dem beklagten A, B und C am 25. 4. 1994 einen Gesellschaftsvertrag als Mustervertrag ARGE zur Durchführung eines Stadtbahnbauwerks geschlossen. Im Verhältnis ihrer Beteiligungen hatten die Gesellschafter Beiträge und Leistungen an die Arbeitsgemeinschaft zu erbringen durch Stellung von Bürgschaften, Geräten, Baustoffen und Personal. Gesellschafterrechnungen wurden im Rahmen sog. Kontenangleichung beglichen. Nach dem Mustervertrag ARGE scheidet ein Gesellschafter aus, wenn über sein Vermögen das Konkursverfahren eröffnet wird. Die verbleibenden Gesellschafter setzen dann die ARGE fort. Nach Insolvenzantragstellung hatte die Schuldnerin hier an die fortgeführte ARGE noch Leistungen erbracht, für die sie ca. 14.000 € in Rechnung stellte. Die ARGE verrechnete mit anderen Forderungen, was der klagende Insolvenzverwalter für unwirksam, jedenfalls aber für anfechtbar gehalten hat. 13

Typischerweise stehen sich in Fällen der Insolvenz eines Mitglieds einer Arbeitsgemeinschaft Auseinandersetzungsansprüche des Gesellschafters (also des Gemeinschuldners) auf der einen Seite und Verlustausgleichsansprüche der Arbeitsgemeinschaft gegen ihre Gesellschafter auf der anderen Seite gegenüber. Auf Seiten des Gesellschafters können noch weitere Ansprüche auf Abfindung wegen der Bereitstellung von Produktionsmittel an die Gesellschaft hinzutreten. Die in dem vom BGH entschiedenen Fall von der ARGE vorgenommene Verrechnung beruht auf einer antizipierten Aufrechnungsvereinbarung, deren Insolvenzfestigkeit nach den §§ 94 ff. 14

---

27 BGH, Urt. v. 29. 6. 2004 – IX ZR 147/03 – ZIP 2004, 1608. Hierzu *Köster*, Die Auseinandersetzung einer Gesellschaft oder Gemeinschaft nach § 84 InsO, 2010.
28 BGH, Urt. v. 29. 6. 2004 – IX ZR 147/03 – ZIP 2004, 1608.
29 BGH, Urt. v. 14. 12. 2006 – IX ZR 194/05 – ZIP 2007, 383.

InsO zu prüfen ist. Der IX. Zivilsenat geht davon aus, der Anspruch auf das Auseinandersetzungs- bzw. Abfindungsguthaben gemäß §§ 731 ff. BGB entstehe zwar mit der Auseinandersetzung der Gesellschaft, habe aber seinen Rechtsgrund bereits mit Abschluss des Gesellschaftsvertrages. Wegen des ohne Weiteres erfolgenden Ausscheidens des insolventen Gesellschafters mit der Eröffnung des Insolvenzverfahrens über sein Vermögen ist der Anspruch auf das Auseinandersetzungs- bzw. Abfindungsguthaben auch nach Insolvenzeröffnung entstanden.[30] Daher greift nicht § 94 InsO ein. Vielmehr sind die § 95 InsO bzw. § 96 Abs. 1 Nr. 3 InsO zugrundezulegen. Die dem Gesellschafter zustehenden Forderungen auf das Auseinandersetzungsguthaben sowie auf die geschilderte Vergütung sind zukünftige Forderungen, deren Rechtsgrund, wie der IX. Zivilsenat im Anschluss an frühere Judikatur des BGH bestätigt, dem Gesellschafter eine Rechtsposition verschafft, die im Allgemeinen nach § 54 KO – heute: § 95 InsO – abtretbar ist. Wenn die aufzurechnenden Forderungen im Zeitpunkt der Verfahrenseröffnung schon begründet, jedoch noch bedingt, nicht fällig oder nicht gleichartig waren, dürfen sie zunächst nicht aufgerechnet werden. Auf der anderen Seite soll die Befugnis des Gläubigers zur Aufrechnung durch die Eröffnung des Insolvenzverfahrens auch nicht erschwert werden: Entfällt das Hindernis für die Aufrechnung nach der Eröffnung des Verfahrens und stehen sich die Forderungen dann in aufrechenbarer Weise gegenüber, so schließt das Insolvenzverfahren grundsätzlich die Erklärung der Aufrechnung durch den Gläubiger nicht aus. A maiore ad minus geht der IX. Zivilsenat aber davon aus, dass der Anspruch des Gesellschafters auf das Auseindersetzungsguthaben von dem zunächst ungewissen Zustand abhängt, ob bei der Auflösung der Gesellschaft ein Guthaben besteht, während die Voraussetzungen für die Forderung aus der Bereitstellung von Produktionsmitteln nicht von vergleichbaren Ungewissheiten abhängen. Diese Aufrechnungsbefugnis wird aber durch § 95 Abs. 1 Satz 3 InsO eingeschränkt. Diese Vorschrift bestimmt, dass die Möglichkeit der Aufrechnung durch den Insolvenzgläubiger entfällt, wenn die Hauptforderung, gegen die aufgerechnet wird, unbedingt und fällig wird, bevor die Aufrechnung erfolgen kann. Wird daher nach Verfahrenseröffnung zeitlich nacheinander zunächst die Hauptforderung und erst später die Gegenforderung fällig, schließt § 95 Abs. 1 Satz 3 InsO die Aufrechnung aus. Diese Regelung des § 95 Abs. 1 Satz 3 InsO ist an § 392 BGB angelehnt, der die Aufrechnung gegen eine beschlagnahmte Forderung entsprechend regelt. Der IX. Zivilsenat hat die Verrechnung des Abfindungsanspruchs mit ARGE-eigenen Ansprüchen für zulässig erachtet: Nach Ansicht des erkennenden Senats soll die Anwendung des § 95 InsO an einer dem Kontokorrent vergleichbaren „Unselbständigkeit" der jeweils als Rechnungsposten eingestellten Gesellschafterforderungen scheitern. Dabei versucht der Senat, seine Erwägungen mit der Erwägung zu flankieren, es sei ein „Vorrang der innergesellschaftsrechtlichen Abrechnung" zu berücksichtigen, den der Senat zwar nicht näher begründet, den er aber durch § 84 Abs. 1 InsO[31] bestätigt sieht. Damit rückt der IX. Zivilsenat, wie *Cranshaw*[32] zutreffend ausführt, der Sache nach § 84 InsO in das Zentrum seiner Argumentation – hält aber an

30 BGH, Urt. v. 29. 6. 2004 – IX ZR 147/03 – DZWIR 2004, 517.
31 *Köster* (Fn. 27).
32 *Cranshaw*, jurisPR-InsR 10/2007 Anm. 3.

der bereits durch das RG begründeten Meinung fest, nach der schon die Vorgängernorm des § 84 InsO eine nur „deklaratorische" Bedeutung gehabt habe. Die vorliegende Entscheidung gibt den anderen ARGE-Gesellschaftern in ihrer gesamthänderischen Verbundenheit der Sache nach ein Absonderungsrecht an ihren Forderungen; sie werden gegenüber den übrigen Insolvenzgläubigern nachhaltig bessergestellt. In der hier entscheidenden Zeit nach Antragstellung kann der vorläufige Verwalter dem meist schon deshalb nicht entgegentreten, da er die Erbringung von Leistungen an die ARGEn, an denen das insolvenzschuldnerische Unternehmen beteiligt ist, regelmäßig deshalb weiter vertragsgemäß erbringen muss, um Schadenersatzansprüche abzuwehren und damit die Aussicht auf ein Auseinandersetzungsguthaben nicht vollständig zu riskieren – dessen Umfang freilich nicht immer absehbar sein wird.

Cranshaw weist in seiner Anmerkung zu diesem Urteil zu Recht darauf hin, dass es 15
Konsequenzen des Urteils nicht allein für die BGB-Gesellschaft, sondern sowohl für die von ihr abgeleiteten Rechtsformen des inländischen Gesellschaftsrechts wie die OHG, die KG und deren Gestaltungsformen mit juristischen Personen als Komplementär, u.a. die GmbH & Co. KG, als auch die Ltd.&Co. KG, die AG&Co. KG und die Partnerschaftsgesellschaft zeitigt. *Cranshaw* hat zutreffend darauf aufmerksam gemacht, dass diese Entscheidung des IX. Zivilsenats im Bereich der Bau-ARGEn nur die „übliche Form" der Bau-ARGE betrifft, die als Generalunternehmer eine Baumaßnahme durchführt und deren Gesellschafter zu diesem Zweck Beiträge leisten. Im Falle sog. Dach-ARGEn verhält sich dies grundlegend anders. Diese Dach-ARGEn schließen mit ihren Gesellschaftern Nachunternehmerverträge, die der Durchführung der geschuldeten Werkleistungen dienen und rechtlich das Verhältnis zwischen Gesellschafter und ARGE unter Überlagerung des Gesellschaftsverhältnisses bestimmen. Die erfolgten Leistungen unterliegen dann der Anfechtung, da sie ausserhalb des Gesellschaftsverhältnisses erfolgen.

3. Unwirksamkeit von Konzernverrechnungsklauseln[33]

Nach § 94 HS. 2 InsO ist die Aufrechnung auch im Falle vertraglich vereinbarter Auf- 16
rechnungsklauseln zulässig. Konzernverrechnungsklauseln waren dagegen nach der ständigen Rechtsprechung des BGH *nicht* konkursfest. Der Insolvenzrechtsreformgesetzgeber hat „klarstellend" in § 94 InsO ausgeführt, dass eine vorkonkursliche Aufrechnungslage auch nach Inkrafttreten der InsO dann insolvenzfest sei, wenn sie auf rechtsgeschäftlicher Vereinbarung beruht. Der IX. Zivilsenat des BGH hat nunmehr in einer Entscheidung vom 15. 7. 2004[34] § 94 InsO aufgrund der Motive des Gesetzgebers dahin ausgelegt, dass sich gegenüber der Rechtslage vor Inkrafttreten der InsO *nichts geändert* habe. Der IX. Zivilsenat hat die Aufrechnung für unzulässig erachtet; er wendet entsprechend § 96 Abs. 1 Nr. 2 InsO auf den Vorgang an. Aus dem Wortlaut

---

33 BGH, Urt. v. 15. 7. 2004 – IX ZR 224/03, DZWIR 2005, 119 = BGHZ 160, 107, *Bähr/Smid*, Rechtsprechung 2006, 192, *aber zu § 114 Abs. 2 InsO iVm § 52 SGB I:* BGH, Beschl. v. 29. 5. 2008 – IX ZB 51/07, DZWIR 2008, 412; Dagegen krit. Smid Struktur VII DZWIR 2009, 101.
34 BGH, Urt. v. 15. 7. 2004 – IX ZR 224/03 – ZIP 2004, 1764 und BGH, Urt. v. 13. 7. 2006 – IX ZR 152/04 m. Anm. *Raab*, jprins 22/2006 Nr. 3.

des § 94 InsO sei nicht zu entnehmen, dass der Schutz der Insolvenzmasse, die durch die §§ 95, 96 InsO geboten wird, nicht gewährt wird, wenn die Aufrechnung aufgrund rechtsgeschäftlich vereinbarter Konzernverrechnungsklauseln erfolgt. Der IX. Zivilsenat sieht sich in seiner Ansicht durch Art. 33 Nr. 17 EGInsO bestätigt, der die Vereinbarung eines Konzernvorbehalts durch § 449 Abs. 3 BGB für nichtig erklärt.

17 Die Parteien können allerdings mit einem „Vertrag über Aufrechnung" eine vertragliche Aufrechnungsbefugnis begründen. Insofern kann nach Ansicht *Schwahns* eine solche vertragliche Abrede als vertragliches Pendant zur gesetzlichen Aufrechnung angesehen werden. Ein solches vertragliches Gestaltungsrecht entfaltet gegenüber dem gesetzlichen Gestaltungsrecht insbesondere dann eigenständige Bedeutung, wenn die Parteien gleichzeitig die §§ 387 ff. BGB abbedingen. In diesen Fällen hält *Schwahn* die Bezeichnung der „vorgreiflichen Erweiterungsvereinbarung" für gerechtfertigt[35]. Im Rahmen der §§ 94 ff. InsO hat diese vertragliche Aufrechnungsbefugnis in der Insolvenz Bestand. Dabei macht das Gesetz keinen Unterschied, ob sich die Aufrechnungsbefugnis aus dem Gesetz oder aus einer Vereinbarung ergibt, vgl. § 94 InsO. Für den Insolvenzschutz bestehender vertraglicher Aufrechnungsbefugnisse wird der Gesetzgeber von der herrschenden Literatur zwar heftig kritisiert, weil der Grundsatz der Gläubigergleichbehandlung durch die neue Gesetzesfassung zur vorgreiflichen Disposition gestellt werde. Nach Ansicht *Schwahns* rechtfertigen die Regelungsaufgaben des Insolvenzverfahrens keinen Eingriff in eine bestehende vertragliche oder gesetzliche Aufrechnungsbefugnis (keine grundlose Ungleichbehandlung der Gläubiger).[36]

4. Aufrechnungen in Zahlungssystemen

18 § 96 Abs. 2 InsO erweitert die Aufrechnungsbefugnis in der Insolvenz des Schuldners nach Maßgabe der Richtlinie 98/26/EG des Europäischen Parlaments und des Rates vom 19. 5. 1998 über die Wirksamkeit von Abrechnungen in Zahlungs- sowie Wertpapierliefer- und -abrechnungssystemen. Art. 3 Abs. 1 dieser Richtlinie ordnet an, dass auch im Falle der Eröffnung eines Insolvenzverfahrens über das Vermögen eines Dritten Zahlungs- bzw. Überweisungsaufträge und Aufrechnungen (netting) rechtlich verbindlich bleiben, sofern die Zahlungs- bzw. Überweisungsaufträge vor dem Zeitpunkt der Verfahrenseröffnung in das „System" eingebracht worden sind oder, bei Einbringung nach Verfahrenseröffnung, die Verrechnungsstelle, die zentrale Vertragspartei oder die Clearingsstelle nachweist, keine Kenntnis von der Verfahrenseröffnung gehabt zu haben.[37]

III. Sonderregelungen

1. Aufrechnung gegen Lohn- und Gehaltsforderungen

18a a) Nach Art. 1 Nr. 12 des Referentenentwurfs eines Gesetzes zur Verkürzung des Restschuldbefreiungsverfahrens, zur Stärkung der Gläubigerrechte und zur Insolvenzfestigkeit von Lizenzen ist vorgesehen, dass die Abs. 1 und 2 des § 114 InsO aufgehoben werden sollen. § 294 Abs. 3 InsO i. d. F. des Referentenentwurfs eines Gesetzes zur Verkürzung des Restschuldbefreiungsverfahrens, zur Stärkung der Gläubigerrechte und zur Insolvenzfestigkeit von Lizenzen sieht vor, dass eine Aufrech-

---

35 *Schwahn*, Der Aufrechnungsvertrag in der Insolvenz, Diss. 2003, 62 ff.

36 *Schwahn*, Der Aufrechnungsvertrag in der Insolvenz, Diss. 2003, 9 ff., 12 ff.

37 Wegen Einzelheiten vgl. *Smid*, in: Smid: InsO, 2. Aufl. 2001, § 96 Rn. 20; *Obermüller*, in: FS Uhlenbruck, 2000, S. 365 ff.

nung gegen die Forderung auf die Bezüge, die von der Abtretungserklärung gem. § 287 Abs. 2 InsO erfasst werden, nicht zulässig ist. Die besondere Regelung der Rückschlagssperre in dem bisherigen Abs. 3 bleibt danach bestehen. Da nach Art. 12 des Gesetzes diese Änderung erst sechs Monate nach Inkrafttreten wirksam werden sollen, erscheint eine Darstellung des bisherigen Rechtszustandes freilich geboten.

b) Übersicht über die bisherige Regelung. § 394 BGB bestimmt, dass die Aufrechnung insoweit ausgeschlossen ist, wie eine der zur Aufrechnung gestellten Forderungen nicht abgetreten oder verpfändet werden kann.[38] § 114 Abs. 1 InsO trifft mit Blick auf das Verfahren der Verbraucherinsolvenz und das anschließende Restschuldbefreiungsverfahren eine Regelung, nach der die Wirksamkeit einer vor der Verfahrenseröffnung erfolgten Verpfändung oder Abtretung derartiger Bezüge auf einen Zeitraum von drei Jahren nach dem Ende des zur Zeit der Verfahrenseröffnung laufenden Kalendermonats befristet wird.[39] Für den gleichen Zeitraum, für den eine Abtretung oder Verpfändung der Bezüge wirksam ist, ordnet § 114 Abs. 2 InsO an, dass eine Aufrechnung gegen die Forderung auf Zahlung der Bezüge zulässig ist.[40] Der Arbeitgeber, der dem Arbeitnehmer vor der Eröffnung des Insolvenzverfahrens ein Darlehen gegeben hat, ist ebenso geschützt wie ein anderer Darlehensgeber, dem der Arbeitnehmer die Forderung auf seine künftigen Bezüge zur Sicherheit abgetreten hat.[41] 19

c) Verhältnis von § 114 Abs. 1 InsO bisheriger Fassung und § 91 InsO. In einem Fall, der Vergütungsansprüche eines Kassenarztes gegen die für ihn zuständige kassenärztliche Vereinigung betraf, hat der BGH das Verhältnis von § 114 Abs. 1 InsO und § 91 InsO näher beleuchtet. Dort war der Kläger Verwalter im Insolvenzverfahren über das Vermögen des in eigener Praxis tätigen Zahnarztes Dr. M. (fortan: Schuldner). Der Schuldner hatte der beklagten Bank am 29. September 1975 und am 14. September 1994 alle gegenwärtigen und zukünftigen Ansprüche gegen die für ihn zuständige Kassenärztliche Vereinigung sicherheitshalber abgetreten. Das Insolvenzverfahren wurde am 23. Januar 2002 eröffnet und der Kläger zum Verwalter bestellt. In der Zeit vom 24. Januar 2002 bis zum 20. März 2002 überwies die Kassenärztliche Vereinigung insgesamt ca. 30.000 € auf das Konto des Schuldners bei der Beklagten, deren Auszahlung der Kläger begehrt. Dem tritt die Beklagte mit dem Vortrag entgegen, ihr stehe dieser Betrag aufgrund der Abtretung in Verbindung mit der Vorschrift des § 114 InsO zu (vgl. oben § 4 Rn. 11 ff.). 20

Der IX. Zivilsenat stellt fest, dass nach allgemeinen Regeln § 91 Abs. 1 InsO einem Rechtsübergang der Vergütungsansprüche des Schuldners auf die Beklagten insoweit entgegensteht, als die zu vergütende ärztliche Leistung bei Eröffnung des Insolvenzverfahrens noch nicht erbracht war. Die Abtretung derjenigen Forderungen des Schuldners gegen die Kassenärztliche Vereinigung, die nach Eröffnung des Insolvenzverfahrens entstanden sind, ist gem. § 91 Abs. 1 InsO[42] unwirksam. Die Vorschrift des § 114 Abs. 1 InsO kommt insofern nicht zum Zuge und ändert daran daher nichts. Allerdings verdrängt die Vorschrift des § 114 Abs. 1 InsO im Rahmen ihres Anwendungsbereichs den § 91 Abs. 1 InsO. Der BGH wendet sich gegen die im Schrifttum vorherrschende Meinung, die die Vorschrift des § 114 InsO als Wirksamkeitsbeschränkung auffasst.[43] Der erkennende Senat hält diese auf Wortlaut und Entstehungsgeschichte der Vorschrift des § 114 InsO gestützte Auslegung mit überzeugenden Erwägungen weder für zwingend noch im Ergebnis für befriedigend, da der Gesetzgeber die Vorschrift des § 91 Abs. 1 InsO in diesem Zusammenhang nicht bedacht habe, wofür der IX. Zivilsenat auf die Begründung des Gesetzes zur Änderung der Insolvenzordnung und anderer Gesetze vom 26. Oktober 2001[44] 21

---

38 Vgl. zu § 2 Abs. 4 GesO: BGH v. 18. 4. 1996 – IX ZR 206/95 – ZIP 1996, 1015.
39 *Steder*, in: *Weisemann/Smid*, Praxis der Unternehmensinsolvenz, 1998, § 10.
40 *Häsemeyer*, in: Kölner Schrift zur Insolvenzordnung, 2. Aufl. 2000, S. 489, 509, Rn. 59; *Kroth*, in: Braun, InsO, 2. Aufl. 2004, § 114 Rn. 6f.
41 *Landfermann*, in: Kölner Schrift zur Insolvenzordnung, 2. Aufl. 2000, 127, 149 (Rn. 71).
42 Zur Reichweite § 91 Abs. 1 InsO: BGH, Urt. v. 21. 2. 2008 – IX ZR 255/06, DZWIR 2008, 295; BGH, Urt. v. 25. 6. 2009 – IX ZR 98/08, DZWIR 2009, 425 *Smid*, Struktur VIII DZWIR 2010, 15.
43 Vgl. allein *Flöther/Bräuer*, NZI 2006, 136, 142.
44 BGBl. I S. 2710.

verweist, durch das die „Wohlverhaltensperiode" auf sechs Jahre ab Eröffnung des Insolvenzverfahrens und die Frist des § 114 Abs. 1 InsO von drei auf zwei Jahre verkürzt worden ist.[45] Dort hat der Gesetzgeber geäußert, dass nach seiner Auffassung Vorausabtretungen der Bezüge aus einem Dienstverhältnis für die Zeit nach Eröffnung des Insolvenzverfahrens gem. § 91 Abs. 1 InsO generell unwirksam wären, wenn es die Vorschrift des § 114 Abs. 1 InsO nicht gäbe. Daraus folgert der BGH, § 114 Abs. 1 InsO enthalte eine Ausnahmevorschrift zu § 91 Abs. 1 InsO, die jeweils gesondert zu prüfen ist. Das führt den BGH dazu, die insolvenzrechtliche Einordnung von Vergütungsansprüchen eines Kassenarztes gegen die für ihn zuständige kassenärztliche Vereinigung zu prüfen. Dabei gelangt er zu dem Ergebnis, diese stellten keine Forderungen auf „Bezüge aus einem Dienstverhältnis oder an deren Stelle tretende laufende Bezüge" im Sinne des § 114 Abs. 1 InsO dar. Entscheidender Gesichtspunkt für die Anwendbarkeit des § 114 Abs. 1 InsO dabei ist nicht, ob eine Tätigkeit als „selbstständig" oder „unselbstständig" einzuordnen ist. Der IX. Zivilsenat stellt dagegen auf einen insolvenzrechtlichen Gesichtspunkt ab: Danach ist Ausgangspunkt der Privilegierung von Vorausabtretungen durch § 114 Abs. 1 InsO, dass die Arbeitskraft des Schuldners, mit der die abgetretenen Forderungen aus Dienstleistungen erwirtschaftet werden, gem. § 36 Abs. 1 InsO nicht zur Masse gehört.[46] Dies zeigt sich daran, dass der Schuldner nicht zur Aufnahme einer Erwerbstätigkeit gezwungen werden kann. Entscheidend ist, dass der in eigener Praxis tätige Kassenarzt sein Einkommen demgegenüber nicht allein aus der Verwertung seiner Arbeitskraft erzielt. Er muss hierzu eine eigene Praxis unterhalten und betreiben, was notwendig Ausgaben nach sich zieht. Vom Zeitpunkt der Eröffnung des Insolvenzverfahrens an sind diese Ausgaben von der Masse zu tragen, um überhaupt Vergütungsansprüche gegen die kassenärztliche Vereinigung erwirtschaften zu können. Der IX. Zivilsenat stellt fest, dass Ansprüche, welche die Begründung von Masseverbindlichkeiten voraussetzen, von § 114 Abs. 1 InsO nicht erfasst werden. Damit lehnt der BGH auch eine Ansicht ab[47], nach der der notwendige Schutz der Masse im Wege der Festsetzung eines die Kosten der Fortführung der Praxis deckenden Freibetrages gem. § 36 Abs. 4 InsO, § 850f ZPO bewirkt werden könne, da dies allein dem Schuldner zugutekommt, ohne jedoch die Masse zu entlasten. Der erkennende Senat führt zutreffend aus, an der grundsätzlichen Haftung der Masse für die noch vom Schuldner begründeten und vom Verwalter nicht beendeten Verträge würde sich durch einen Freibetrag ebenfalls nichts ändern. Zu begrüßen ist es, dass der Senat feststellt, § 114 Abs. 1 InsO enthalte keine Verpflichtung des Verwalters, für die Dauer von zwei Jahren von der Beendigung der zum Betrieb der Praxis erforderlichen Dauerschuldverhältnisse abzusehen, um die durch die Abtretung der Vergütungsansprüche begründete Sicherheit nicht zu entwerten. Eine Erweiterung des § 114 InsO auf Massebestandteile, deren Ertrag der Gesamtheit der Gläubiger gebührt, lehnt der BGH mit guten Gründen ab. Der Senat blockiert damit Auslegungsversuche, die Befugnis des Insolvenzverwalters aus § 114 InsO zu beschneiden, mit der Eröffnung des Insolvenzverfahrens nach den §§ 103ff. InsO über die Erfüllung der noch vom Schuldner geschlossenen, nunmehr die Masse berechtigenden und verpflichtenden Rechtsgeschäfte zu entscheiden. Der Senat betont, dass diese Rechte des Insolvenzverwalters in der Insolvenz eines Kassenarztes insbesondere hinsichtlich der Praxisräume und des angestellten Personals auszuüben sind. Damit kommt § 91 Abs. 1 InsO zur Anwendung. Danach können nach der Eröffnung des Insolvenzverfahrens Rechte an den Gegenständen der Insolvenzmasse auch dann nicht wirksam erworben werden, wenn keine Verfügung des Schuldners und keine Zwangsvollstreckung für einen Insolvenzgläubiger zugrunde liegt. Zwar ist bei Abtretung einer künftigen Forderung die Verfügung selbst mit Abschluss des Abtretungsvertrages beendet, doch erfolgt nach ständiger Judikatur des BGH[48] der Rechtsübergang erst mit dem Entstehen der Forderung. Zutreffend erinnert der IX. Zivilsenat daran, dass, wenn die im Voraus abgetretene Forderung nach Eröffnung des Insolvenzverfahrens entsteht, der Gläubiger gem. § 91 Abs. 1 InsO kein Forderungsrecht zu Lasten der Masse mehr erwerben kann.[49] Dies ist hier der Fall, weil der Kassenarzt ärztliche Leistungen aufgrund eines Behandlungsvertrages dienstvertraglichen Charakters mit dem jeweiligen

---

45 BT-Drs. 14/5680, S. 17.
46 *Smid*, WM 2005, 625, 628.
47 *Uhlenbruck*, ZVI 2002, 49, 53.
48 BGH, Urt. v. 30. 1. 1997 – IX ZR 89/96 – ZIP 1997, 513, 514.
49 BGH, Urt. v. 20. 3. 2003 – IX ZR 166/02 – ZIP 2003, 808, 809.

Patienten erbringt.[50] Ausschlaggebend ist daher, dass Voraussetzung jeglicher Vergütungsansprüche gegen die Kassenärztliche Vereinigung ist, dass der Kassenarzt vergütungsfähige ärztliche Leistungen erbringt, so dass der allgemeine Grundsatz, dass der Anspruch auf Vergütung für geleistete Dienste nicht vor der Dienstleistung entsteht[51], auch für den Vergütungsanspruch des Kassenarztes gegen die kassenärztliche Vereinigung zu beachten ist.

2. Aufrechnung des Mieters oder Pächters gegen Miet- oder Pachtzinsforderungen

Die Regelung des § 110 Abs. 3 InsO ordnet an, dass der Mieter oder Pächter befugt ist, die Aufrechnung 22
gegen die Miet- oder Pachtzinsforderung des Schuldners für den in § 110 Abs. 1 InsO bezeichneten Zeitraum mit einer Forderung zu erklären, die ihm gegen den Schuldner zusteht. Insoweit findet der Ausschluss der Aufrechnung gem. § 96 Nr. 1 InsO keine Anwendung. Die Aufrechnung ist daher auch im Hinblick auf die Miet- und Pachtzinsforderungen zulässig, die der Insolvenzgläubiger erst nach der Verfahrenseröffnung zur Insolvenzmasse schuldig wird.[52] Die daraus folgende Aufrechnungsbefugnis ist insofern zeitlich begrenzt, als der Mieter oder Pächter nur gegen die Miet- oder Pachtzinsforderung für den zur Zeit der Verfahrenseröffnung laufenden Kalendermonat (soweit die Verfahrenseröffnung bis zum 15. d.M. erfolgte) oder wenn die Verfahrenseröffnung nach dem 15. d.M. erfolgte, auch noch für den folgenden Kalendermonat, eine Forderung aufrechnen kann, die ihm gegen den Vermieter als Gemeinschuldner zusteht.

Das Verhältnis von § 95 Abs. 1 InsO und § 110 Abs. 3 InsO ist Gegenstand einer Ent- 23
scheidung des IX. Zivilsenats des BGH aus dem Dezember 2006 gewesen[53]. Dort ging es vereinfacht um folgenden Sachverhalt: Der beklagte Mieter des Insolvenzschuldners hatte ausweislich der Nebenkostenabrechnung durch den mit Eröffnungsbeschluss vom 1. September 2001 bestellten Insolvenzverwalter vom 14. 5. 2002 und 22. 5. 2002 für das Jahr 2000 ein Guthaben von ca. 890 €. Dies brachte der Beklagte von der Miete für Juli 2002 in Abzug. Mieten für Februar und März 2003 verrechnete der Beklagte mit einem Guthaben für den Zeitraum vom 1. 1. bis 31. 8. 2001 in Höhe von ca. 850 €. Die Berufung des Beklagten gegen seine erstinstanzliche Verurteilung blieb ohne Erfolg. Er drang aber mit der zugelassenen Revision durch.

Der BGH geht davon aus, dass § 95 Abs. 1 Satz 1 InsO weit auszulegen sei. Die Vor- 24
schrift solle alle Fälle erfassen, in denen nur eine vertragliche Bedingung oder gesetzliche Voraussetzung für das Entstehen der einen oder der anderen Forderung fehlt. Im vorliegenden Fall konnte der beklagte Mieter mit den Nebenkostenguthaben nur deshalb nicht im Jahr ihres Entstehens aufrechnen, weil nach Maßgabe zwischen den Parteien geschlossenen und nach § 108 Abs. 1 InsO mit Wirkung für die Insolvenzmasse fortbestehenden Mietvertrag jährlich abzurechnen war; daraus folgte, dass im Jahr der Eröffnung des Insolvenzverfahrens die Abrechnung für die Zeit bis zur Verfahrenseröffnung vorzunehmen war. Der BGH meint nun, da nur die Abrechnung gefehlt habe, mit deren Erteilung der Rückforderungsanspruch der auf Rückzahlung

---

50 BGH, Urt. v. 18. 3. 1980 – VI ZR 247/78 – BGHZ 76, 259, 261; BGH, Urt. v. 25. 3. 1986 – VI ZR 90/85 – BGHZ 97, 273, 276.
51 RG, Urt. v. 20. 11. 1933 – VI 245/33 – RGZ 142, 291, 295; BAG, Urt. v. 17. 2. 1993 – 4 AZR 161/92 – NJW 1993, 2699, 2700.
52 *Steder,* in: Weisemann/Smid, Praxis der Unternehmensinsolvenz, 1998, § 10.
53 BGH, Urt. v. 21. 12. 2006 – IX ZR 7/06, DZWIR 2007, 247, *Smid,* Struktur VI, DZWIR 2007, 485, 507.

des Guthabens gerichtet war und den der beklagte Mieter zur Aufrechnung stellte, fällig wurde (BGH v. 19. 12. 1990 – VIII ARZ 5/90 – BGHZ 113, 188, 194), greife § 95 Abs. 1 Satz 1 InsO ein. Da der beklagte Mieter mit Rückzahlungsansprüchen die Aufrechnung erklärte, die mit Erteilung der Abrechnung am 14. und 22. 5. 2002 fällig wurde, und die Aufrechnung gegen die im Juli 2002 fällige Mietzinsforderung erklärte, steht § 95 Abs. 1 Satz 3 InsO der Aufrechnung nicht entgegen; die Forderung des Mieters war vor der Gegenforderung gegen die er seine Aufrechnung erklärt hat, fällig. Der Verwalter hatte dagegen vorgetragen, die Möglichkeit der Aufrechnung gemäß § 95 InsO werde durch die Regelung des § 110 Abs. 3 Satz 1 InsO beschränkt. Diese Vorschrift sieht bekanntlich vor, dass der Mieter gegen die Miet- oder Pachtforderung für den in § 110 Abs. 1 InsO genannten Zeitraum des zurzeit der Eröffnung des Verfahrens laufenden Kalendermonats bzw. bei Eröffnung nach dem 15. Tag des Monats für den darauf folgenden Kalendermonat (§ 110 Abs. 1 S. 2 InsO) zustehe. Der IX. Zivilsenat interpretiert § 110 Abs. 3 InsO als Normierung eines besonderen zusätzlichen Aufrechnungsrechts, mit dem die Aufrechnungsmöglichkeiten nach § 95, 96 InsO nicht eingeschränkt würden. § 110 Abs. 1 InsO lasse die Aufrechnung in dem Zeitraum des § 110 Abs. 1 InsO über die Regelung des § 95 InsO hinaus auch dann zu, wenn der Gläubiger erst nach der Eröffnung des Insolvenzverfahrens etwas zur Masse schuldig geworden sei. Dabei beruft sich der IX. Zivilsenat auf die Materialien des Gesetzes. (BT-Drs. 12/2443, S. 147 zu § 124 RegE InsO)

3. Insolvenzspezifische Grenzen der Aufrechnungsbefugnis im eröffneten Verfahren[54]

25 **a) Verbot der Aufrechnung bei Erwerb von Forderung oder Gegenforderung nach Eröffnung des Insolvenzverfahrens.** § 96 Nr. 1 InsO schließt die Aufrechnung aus, wenn die gegen Insolvenzgläubiger gerichtete Hauptforderung erst nach Eröffnung des Insolvenzverfahrens begründet wurde. Die Aufrechnung ist ebenfalls dann unzulässig, wenn der Gläubiger bereits vor der Eröffnung Schuldner desjenigen war, über dessen Vermögen das Verfahren eröffnet wurde und danach eine Forderung durch Rechtsgeschäft oder Abtretung erlangte, ihm jedoch wegen der Kenntnis der drohenden Zahlungsunfähigkeit vorgeworfen werden kann, nur deshalb die Forderung erworben zu haben.[55] Eine vergleichbare Regelung trifft § 96 Nr. 2 InsO für den Fall, dass der Aufrechnende die Gegenforderung erst nach Erlass des Eröffnungsbeschlusses von einem anderen Gläubiger erworben hat[56], denn ließe man die Aufrechnung in diesem Falle zu, könnte eine Insolvenzforderung auf dem Wege der Abtretung vollständig befriedigt werden.

Dies mag folgender Beispielsfall[57] verdeutlichen: Der Schuldner nach der Eröffnung des Insolvenzverfahrens über sein Vermögen mit ausdrücklicher Zustimmung des Insolvenzverwalters seine selbständige Berufstätigkeit wieder aufgenommen. In diesem

---

54 *Herling*, Konkursrechtliche Schranken der Aufrechenbarkeit, 1932.

55 Vgl. auch LG Gera, Urt. v. 5. 5. 1994 – 4 O 292/93 – DtZ 1994, 253.

56 Für den Rückfall der sicherungszedierten Forderung verneint *Kessler* (ZInsO 2001, 148 ff.) dies in dem über das Vermögen des Sicherungsgebers eröffneten Insolvenzverfahren.

57 BFH, Urt. v. 15. 12. 2009 VIIR18/09, ZIP 2010, 635.

Zusammenhang reichte er eine Umsatzsteuererklärung ein, die für das Jahr 2004 einen Vergütungsbetrag auswies. Dieser wurde vom zuständigen Finanzamt mit rückständigen Einkommenssteuern des Schuldners für das Jahr 1996, also vor der Eröffnung des Insolvenzverfahrens im Jahr 2002, „umgebucht" und einen entsprechenden Abrechnungsbescheid erlassen. Gegen diesen Bescheid wandte sich der klagende Insolvenzverwalter.

Zu Recht hat der BFH darauf erkannt, dass die Aufrechnung durch das Finanzamt gem. § 96 Abs. 1 Nr. 1 InsO[58] unzulässig ist, weil die Erstattungsschuld, die die Finanzverwaltung aus der Umsatzsteuererklärung getroffen hat, erst nach der Eröffnung des Insolvenzverfahrens entstanden ist und daher das Aufrechnungsverbot des § 96 Abs. 1 Nr. 1 InsO zum Tragen kommt. Erwirbt der Schuldner daher eine Forderung auf Rückvergütung der Umsatzsteuer in der Zeit nach Eröffnung des über sein Vermögen durchgeführten Insolvenzverfahrens, wird auch diese Forderung vom Insolvenzbeschlag gem. § 35 Abs. 1 InsO erfasst und gehört zur Masse.[59] Da Verfügungen über diese Forderung nach § 91 Abs. 1 InsO ausgeschlossen wären, greift § 96 Abs. 1 Nr. 1 InsO unproblematisch.

Vor diesem Hintergrund stellte sich die Frage, welche Bedeutung es hatte, dass im vorliegenden Fall der Insolvenzverwalter seine Zustimmung zur Aufnahme der selbständigen beruflichen Tätigkeit des Schuldners erklärt hat. Dabei war zu berücksichtigen, dass zu dem Zeitpunkt dieser Erklärung im Jahr 2004 die Neufassung des § 35 Abs. 2 InsO noch nicht in Kraft getreten war. Nach dem Inkrafttreten dieser Vorschrift zum 1. Juli 2007 gem. Art. 6 des Gesetzes zur Vereinfachung des Insolvenzverfahrens[60] wäre zu fragen, ob die Zustimmungserklärung des Verwalters sich als Freigabe gem. § 35 Abs. 2 InsO darstellte. Wäre dies der Fall, und wären die Gläubiger dieser Freigabe nicht entgegengetreten, wäre ggf. der Rückerstattungsanspruch wegen der zu viel gezahlten Umsatzsteuer ebenfalls aus dem Insolvenzbeschlag freigegeben. In diesem Fall könnte diese Forderung des Schuldners ggf. zum insolvenzfreien Vermögen gerechnet werden.

Ob der Insolvenzverwalter vor dem 1. 7. 2007 derartige Erklärungen mit der Wirkung hat abgeben können, dass § 96 Abs. 1 Nr. 1 InsO nicht zum Zuge hat kommen können, hat der BFH füglich dahingestellt sein lassen. Er hat sich vielmehr zu Recht der allgemeinen Methodik der Auslegung von Willenserklärungen (§§ 133, 157 BGB) bedient. Denn um eine derartige Willenserklärung handelt es sich bei der Erklärung des Verwalters, er erteile der Fortsetzung der selbständigen wirtschaftlichen Tätigkeit des Schuldners. Der BFH hat hierzu zutreffend ausgeführt, es fehle im vorliegenden Fall an einer Willenserklärung des Insolvenzverwalters, aus der sich sein Wille zu einem dauernden Verzicht auf die Massezugehörigkeit der Umsatzsteuererstattungsansprüche unmissverständlich ergebe. In diesem Kontext verweist der BFH auf die Judikatur des BGH[61]. Die Auslegung durch unsere Gerichte freilich hängt immer von der prozessualen Lage ab: So auch hier, da der BFH ausgeführt hat, es sei keine Fest-

---

58 *Zeuner*, in: LSZ, InsO, 3. Aufl. 2010, § 96 Rn. 17.
59 *Smid*, DZWIR 2011, 4.
60 BGB l I 2007, 509; vgl. *Smid* (Hrsg.), Große Insolvenzrechtsreform 2006, 2006, 205 ff.
61 BGH, Urt. v. 7. 12. 2006 – IX ZR 161/04, ZIP 2007, 194.

stellung getroffen worden, aus der sich in irgendeiner Art und Weise ergebe, dass der Insolvenzverwalter eine solche Erklärung habe abgeben wollen.

Der BFH hat aus alledem den Schluss gezogen, dass es auf die Pfändbarkeit der Umsatzsteuererstattungsansprüche angekommen sei. Dabei sei aber zunächst darauf abzustellen, dass der Gesetzgeber (arg. § 35 S. 2 InsO a.F.[62]) von der Massezugehörigkeit des Neuerwerbs in großem Umfang ausgegangen ist.

An der Massezugehörigkeit des Umsatzsteuererstattungsanspruchs konnte in dem vom BFH entschiedenen Fall nur aus dem Grund Zweifel geäußert werden, dass die Tätigkeit des Schuldners mithilfe unpfändbarer Gegenstände ausgeübt worden war. Das in der Tat ist nun ein Problem, dass sich sowohl nach Inkrafttreten der Neufassung des § 35 InsO[63] als auch zuvor gestellt hat und das zu lösen der Gesetzgeber über das erforderliche Problembewusstsein nicht verfügt hat.[64] Allerdings hatte der BFH[65] darauf erkannt, dass solche Umsatzsteuerschulden nicht zu den Masseschulden gem. § 55 Abs. 1 Nr. 1 InsO gehörten, die nach Eröffnung des Insolvenzverfahrens über das schuldnerische Vermögen im Rahmen seiner selbständigen Erwerbstätigkeit begründet worden waren, wobei sich der Schuldner aber unpfändbarer Gegenstände bedient hatte, lasse sich nicht gegen diese Art der Klassifikation ins Feld führen. Der BFH führt zu Recht aus, dass der Fiskus zwar nicht in der Lage sei, sich, anders als andere Vertragspartner des Insolvenzschuldners, im Rahmen der Fortsetzung seiner selbständigen beruflichen Tätigkeit gegen Risiken abzusichern. Diese „Ungleichstellung" des Fiskus führe aber nicht dazu, dass „solche Vergütungsbeträge infolge der fehlenden rechtlichen Selbständigkeit anzurechnen seien, sondern lediglich gleichsam negativer Umsatzsteuerforderung des Fiskus darstellen, die zwar möglicherweise bei der Jahresveranlagung durch positive Rechnungsposten zum Ausgleich kommen, mangels Beitreibbarkeit einer dann ggf. ausgewiesenen Zahllast aber u.U. fiskalisch endgültig verloren sind". Diese Lage führt aber, wie der BFH zutreffend rechtlich ausführt, allein dazu, dass fiskalische Schulden und Vergütungsforderungen wegen ihrer Zuordnung zur Masse oder zum insolvenzfreien Vermögen des Schuldners gleich zu behandeln seien. Es komme aber insoweit auf die insolvenzrechtliche Zuordnung an.

Damit hat sich der BFH einer ebenso nachvollziehbaren wie einfachen Operation unterzogen. Er hat es nämlich unterlassen, eine aus steuerrechtlich-billigkeitsrechtlichen Gesichtspunkten begründete Argumentation gegen § 96 Abs. 1 Nr. 1 InsO ins Feld zu führen; ebenso hat er es sich versagt, Auffassungen einer Vorherrschaft des Insolvenzrechts über das Steuerrecht das Wort zu reden.

26 **b) Beachtlichkeit allgemeiner Aufrechnungsverbote.** Außerhalb der InsO geregelte Aufrechnungsverbote finden auch im Insolvenzverfahren Anwendung. Hierzu gehören die im bürgerlichen Recht geregelten Aufrechnungsverbote bei vorsätzlichen unerlaubten Handlungen (§ 393 BGB), Aufrechnung gegen unpfändbare Forderungen

62 Amtl. Begr. Zu § 42 RegEInsO, BT-Drs. 12/2443, 122.

63 Neufassung durch Art. 1 des Gesetzes zur Vereinfachung des Insolvenzverfahrens v. 13. 4. 2007 (BGBl. I, S. 509).

64 *Smid*, WM 2005/2006.

65 BFH, Urt. v. 7. 4. 2005 – V R 5/04, ZIP 2005, 1376.

(§ 394 BGB) und gegen öffentlich-rechtliche Forderungen anderer Kassen. Allgemein greifen daher auch unter der Bedingung eines Gesamtvollstreckungsverfahrens die Aufrechnungsverbote der §§ 393 bis 395 BGB; gegen unpfändbare Forderungen des Gemeinschuldners, die wegen § 36 Abs. 2 InsO nicht vom Konkursbeschlag erfasst werden, ist eine Aufrechnung wegen § 394 BGB ausgeschlossen; soweit die Forderung zwar pfändbar wäre, aber freigegeben worden ist, kann sich ein Aufrechnungsverbot gleichwohl aus § 242 BGB ergeben.[66] Die gleichen Grundsätze gelten für alle gesellschaftsrechtlichen und sonstigen Bereiche.[67] Das ist insbesondere der Fall wegen Aufrechnungen gegen die Einlageforderungen von Gesellschaften gem. §§ 19 Abs. 2 GmbHG,[68] §§ 66 Abs. 1 Satz 2, 278 Abs. 3 AktG,[69] § 22 Abs. 5 GenG; §§ 26, 53, 85 Abs. 2 VAG. Eine gegen den Alleingesellschafter einer GmbH gerichtete Forderung kann nicht gegen eine Gesellschaftsforderung aufgerechnet werden[70]. Der Kommanditist einer Publikums-KG kann nach der Judikatur des BGH[71] einen gesellschaftsrechtlichen Anspruch, dessen Erfüllung eine Rückgewähr seiner zum Eigenkapital der Gesellschaft geleisteten Beiträge darstellen würde, im über das Vermögen der Gesellschaft eröffneten Insolvenzverfahren nicht geltend machen; er kann daher wegen eines solchen Anspruchs auch nicht die Aufrechnung erklären. Dies gilt auch dann, wenn seine Beiträge die Haftungssumme überstiegen haben.

c) Unzulässigkeit der Aufrechnung. Zunächst ist somit eine Aufrechnung unzulässig, wenn nach Er- 27
öffnung des Insolvenzverfahrens eine Gläubiger- oder Schuldnerstellung begründet wurde oder jemand bereits Gläubiger war, dann jedoch später Schuldner der Masse wurde, z.B. aus neuen Geschäften mit dem Konkursverwalter, unerlaubter Handlung etc. So kann z.B. gegen eine Forderung aufgrund eines Erfüllungsverlangens des Verwalters nach § 103 Abs. 1 InsO nicht mit einem vor Eröffnung des Verfahrens und außerhalb des Vertragsverhältnisses begründeten Anspruch aufgerechnet werden.[72] Nach der Judikatur[73] gilt dieser Grundsatz aber nicht, wenn bereits eine Leistung erbracht worden ist. In diesem Fall soll die Forderung durch Aufrechnung erloschen sein. Anders ist demgegenüber eine Aufrechnung des Finanzamtes gegenüber dem Vorsteuerabzugsanspruch aus der Sequestervergütung mit vorkonkurslichen Steueransprüchen[74] zu beurteilen. Hier greift die Ausnahme des § 95 InsO, wonach eine Aufrechnung zulässig ist, wenn der Anspruch bereits betagt oder bedingt entstanden war. Anwendbar ist der Grundsatz, wenn eine Schuld entstand, die sich nicht gegen die Masse richtet, auf vor der Eröffnung entstandenen Forderungen des Schuldners, Aufrechnung mit Schadenersatzforderungen, die vor und nach der Eröffnung des Verfahrens entstanden sind[75] sowie wenn derjenige, über dessen Vermögen das Insolvenzverfahren eröffnet wurde, vor Eröffnung einen Anspruch abgetreten und der Verwalter diesen nach der Eröffnung zurück übertragen bekommen hat, wenn schon gegenüber dem Zessionar aufgerechnet werden konnte.[76]

---

66 BGH, Urt. v. 26. 5. 1971 – VIII ZR 137/70 – KTS 1972, 39.
67 *Hess/Binz/Wienberg*, Gesamtvollstreckungsordnung, 4. Aufl. 1998, § 7 Rn. 107 ff.
68 BGH, Urt. v. 13. 10. 1954 – II ZR 182/53 – BGHZ 15, 52, 56.
69 RG, Urt. v. 22. 10. 1918 – II 158/18 – RGZ 94, 62.
70 BGH, Urt. v. 7. 11. 1957 – II ZR 280/55 – BGHZ 26, 31.
71 BGH, Urt. v. 10. 12. 1984 – II ZR 28/84 – ZIP 1985, 233 m. Anm. *Seidl*, EWiR § 53 KO 1/85, 115.
72 Vgl. zu § 55 S. 1 Nr. 1 und § 17 KO: BGH v. 21. 11. 1991 – IX ZR 290/90 – ZIP 1992, 48 m. krit. Anm. *Marotzke*, EWiR § 55 KO 1/92, 71 f.
73 OLG Celle, Urt. v. 28. 1. 1993 – 22 U 279/91 – ZIP 1993, 845; Anm. *Paulus*, EWiR § 55 KO 1/93, 697 f.
74 Vgl. FG Baden-Württemberg, Urt. v. 9. 4. 1992 – 10 K 65/91 – ZIP 1992, 1093.
75 BGH, Urt. v. 2. 7. 1959 – VIII ZR 194/58 – BGHZ 30, 248.
76 BGH, Urt. v. 21. 4. 1971 – VIII ZR 190/69 – BGHZ 56, 111.

28 **d) Verbot der Aufrechnung gegen Forderungen, deren Erwerb der Insolvenzanfechtung ausgesetzt ist.** § 96 Nr. 3 InsO regelt das Verhältnis von Aufrechnung und Insolvenzanfechtung. Danach besteht ein Aufrechnungsverbot, wenn der aufrechnende Insolvenzgläubiger die Möglichkeit der Aufrechnung durch eine anfechtbare Rechtshandlung erlangt hat. Nicht in anfechtbarer Weise erlangt ist eine Aufrechnungsbefugnis, wenn das Sicherungsgut an den Sicherungsnehmer zu einem überhöhten Kaufpreis verkauft und anschließend verrechnet wurde.[77] Es bedarf allerdings keiner Anfechtungsklage des Insolvenzverwalters, da die Aufrechnung von Gesetzes wegen gem. § 96 Nr. 3 InsO ausgeschlossen ist. Ist das der zur Aufrechnung gestellten Forderung zugrunde liegende Geschäft anfechtbar, kann der Verwalter der Erklärung der Aufrechnung die **Einrede der Anfechtbarkeit nach den §§ 129ff. InsO** (sogleich §§ 17ff.) entgegenhalten, § 390 Satz 1 BGB.[78] Der Geltendmachung der Insolvenzanfechtung durch den Insolvenzverwalter bedarf es nicht, da die Aufrechnung gem. § 96 Nr. 3 InsO ausgeschlossen ist.[79] Der VII. Senat des BFH[80] hat darauf erkannt, dass bei Vorliegen der Voraussetzungen der §§ 130 oder 131 InsO das Aufrechnungs- bzw. Verrechnungsverbot des § 96 Abs. 1 Nr. 3 InsO auch in dem Fall greift, in dem Insolvenzforderungen des Finanzamts mit einem aus der Honorarzahlung an einen vorläufigen Insolvenzverwalter resultierenden Vorsteuervergütungsanspruch des Insolvenzschuldners erfolgen soll.

29 e) § 140 Abs. 3 InsO, der Befristungen i.S.v. § 163 BGB erfasst, soll nach Auffassung des BGH auch im Rahmen des § 96 Abs. 1 Nr. 3 InsO für die Anfechtbarkeit und die daraus folgende Unzulässigkeit von Aufrechnungen maßgeblich sein. Unter Rückgriff auf seine frühere Judikatur[81] geht der Senat davon aus, dass es nicht auf den Zeitpunkt der Zulässigkeit der Aufrechnung, sondern auf den Zeitpunkt ankommt, zu dem die spätere Forderung entstand und damit das Gegenseitigkeitsverhältnis begründet wurde. Die Herstellung der Aufrechnungslage sei nämlich eine mehraktige Rechtshandlung. Für die Anfechtbarkeit kommt es auf den letzten maßgeblichen Teilakt an. Denn die Aufrechnung steht, wie der IX. Zivilsenat insoweit überzeugend ausführt, „wirtschaftlich“ einer Vollstreckung gleich. Der bloße Vertragsabschluss und der daraus folgende Erwerb einer Forderung bringt aber noch nicht die Befriedigungsmöglichkeit, die sich aus der Aufrechnung ergibt.[82]

Das verweist auf die Regelungen des Insolvenzanfechtungsrechts, die im Folgenden darzustellen sind.

---

77 BGH, Urt. v. 22. 7. 2004 – IX ZR 270/03 – DZWIR 2005, 121; vgl. auch BGH, Urt. v. 2. 6. 2005 – IX ZR 263/03, ZIP 2005, 1521 m. Anm. *Beutler/Weissenfels* EWR § 96 InsO 1/06, 21.

78 *Sinz*, in: Uhlenbruck, InsO, 13. Aufl. 2010, § 96 Rn. 48.

79 *Steder*, in: Weisemann/Smid, Praxis der Unternehmensinsolvenz, 1998, § 10. Zum österreichischen Recht *Pechmann*, Fälle der unzulässigen Aufrechnung mit Konkursforderungen, 1995, bes. S. 15ff.

80 BFH, Urt. v. 2. 11. 2010 – VII R 6/10, ZIP 2011, 181.

81 BGHZ 159, 388, 395ff.; BGH, Urt. v. 11. 11. 2004 – IX ZR 237/03, ZIP 2005, 181, 182.

82 BGH, Urt. v. 11. 2. 2010 – IX ZR 104/07, ZIP 2010, 682.

§ 17 Die Insolvenzanfechtung

I. Funktion und rechtliche Struktur der Insolvenzanfechtung[1]

1. Gewährleistung von par condicio creditorum

Das Insolvenzanfechtungsrecht (§§ 129 ff. InsO) gibt dem Insolvenzverwalter bzw. im Falle der Eigenverwaltung des Schuldners dem Sachwalter (§ 280 InsO) das Instrumentarium an die Hand, gläubigerbenachteiligende „Rechtshandlungen" des Schuldners, in manchen Fällen auch der Gläubiger, durch Anfechtung zu beseitigen und dadurch aus der Masse vor Verfahrenseröffnung entfernte Vermögensgegenstände dieser wieder rückzuführen. Das Insolvenzanfechtungsrecht dient damit dem Ziel einer möglichst gleichmäßigen Befriedigung aller Gläubiger. Es kommt nicht selten vor, dass noch vor Eröffnung des Insolvenzverfahrens bereits die werthaltigen Bestandteile des Schuldnervermögens beiseite geschafft werden. Dabei kann es sich um einen relativ langen Zeitraum handeln. Denn häufig befindet sich das Unternehmen des Insolvenzschuldners für ihn wahrnehmbar über etliche Monate in der Krise, bevor er oder seine Gläubiger sich dazu entschließen, Antrag auf Eröffnung des Insolvenzverfahrens zu stellen. In diesem Zeitraum der Krise wird der Insolvenzschuldner nicht selten die Neigung haben, seine Verluste für den Fall des drohenden Zusammenbruchs zu minimieren; seine Gläubiger werden versucht sein, sich zum Nachteil anderer Gläubiger Befriedigung oder Sicherungen zu verschaffen. Das setzt voraus, dass er Teile seines Vermögens verschiebt, um sie dem Gläubigerzugriff zu entziehen. Die Gleichbehandlung der Gläubiger wird aber auch dadurch gefährdet, dass einzelnen Gläubigern im kritischen Zeitraum vor Eröffnung des Insolvenzverfahrens eine Befriedigung gewährt wird oder sie Sicherheiten eingeräumt erhalten, aufgrund derer sie in dem über das Vermögen des Schuldners eröffneten Insolvenzverfahren durch das Recht auf abgesonderte Befriedigung (§§ 49 ff. InsO) ein „Vorrecht" vor den übrigen ungesicherten Gläubigern wahrnehmen können, auf die sie (in dieser Weise) keinen Anspruch hatten. Die Anfechtung wird nicht dadurch ausgeschlossen, dass für die Rechtshandlung ein vollstreckbarer Schuldtitel erlangt oder dass die Handlung durch Zwangsvollstreckung erwirkt worden ist, § 141 InsO; Zwangsvollstreckung i.S.v. § 141 InsO ist auch die Vollziehung eines Arrestes oder einer einstweiligen Verfügung. 1

Sollten derartige Geschäfte nicht bereits nach allgemeinen Vorschriften – §§ 134, 138, 826 BGB – nichtig sein, so wird es dem Insolvenzverwalter nur in wenigen Fällen gelingen, das Vorliegen der Voraussetzungen dieser Bestimmungen nachzuweisen.[2] 2

---

1 *Zeuner*, Die Anfechtung in der Insolvenz, 1998, Rn. 1; *Frhr. v. Wiedersperg*, Die besondere Anfechtung in der Insolvenz, 2001.
2 *Paulus*, in: Kübler/Prütting, Kommentar zur Insolvenzordnung, § 129 Rn. 39; *Nerlich*, in: Nerlich/Römermann, InsO, § 129 Rn. 12, 13.

2. Verhinderung eines „Ausverkaufs der Masse“

3 Das Anfechtungsrecht hindert in einer gewissen kritischen Phase vor Eröffnung des Insolvenzverfahrens einen „Ausverkauf“ der zukünftigen Insolvenzmasse. Zu diesem Zweck trifft die InsO in ihren §§ 129ff. folgende Regelung: Rechtshandlungen, die vor Eröffnung vorgenommen sind, bleiben wirksam; es sei denn, es liegt ein bestimmter Tatbestand der Massebeeinträchtigung vor. In diesem Fall kann der Insolvenzverwalter Rückgewähr des weggegebenen Gegenstandes zur Masse verlangen.[3]

3. Abgrenzung

4 Die in den §§ 129ff. InsO geregelte Anfechtung ist kein besonderer Fall einer in den §§ 119ff. BGB geregelten Irrtumsanfechtungen.[4] Die Anfechtung nach dem BGB wird durch die Eröffnung des Insolvenzverfahrens nicht berührt. Anstelle des Insolvenzschuldners übt nun der Insolvenzverwalter das Anfechtungsrecht aus (§ 80 InsO, vgl. oben § 8 Rn. 8) bzw. wird Anfechtungsgegner. Eine wirksame Anfechtung nach Maßgabe der §§ 119ff. hat eine rückwirkende Unwirksamkeit der angefochtenen Willenserklärung zur Folge.[5] Im Gegensatz dazu lässt das Anfechtungsrecht nach der InsO das zugrunde liegende Rechtsgeschäft in seinem Bestand unberührt. Es entfaltet indes keine Wirkungen zu Ungunsten der Masse.

III. Anfechtungsgegner[6]

1. Wer hat etwas aus der Masse erlangt?

5 a) Anfechtungsgegner[7] ist derjenige, der durch die anzufechtende Rechtshandlung etwas aus der Masse erlangt hat bzw. sein Erbe oder sonstige Gesamtrechtsnachfolger (§ 25 HGB[8], aber auch der vorläufige Insolvenzverwalter), § 145 Abs. 1 InsO. Gegenüber sonstigen Sonderrechtsnachfolgern kann die Anfechtung nach § 145 Abs. 2 Nr. 1 InsO erklärt werden, wenn dem Rechtsnachfolger zur Zeit des Erwerbs des Vermögensgegenstandes die Umstände bekannt waren, auf die sich die Anfechtung stützt bzw. nach § 146 Abs. 2 Nr. 2 InsO, wenn es sich um Personen gem. § 138 InsO handelt (unten § 18 Rn. 36ff.).

Der BGH[9] hat nunmehr für Fälle der Auskehr fremdnützig von einer hierzu tarifvertraglich ermächtigten Stelle in der kritischen Zeit eingezogener und an die berechtig-

---

3 *Huber*, in: Gottwald, Insolvenzrechts-Handbuch, 3. Aufl. 2006, § 46 Rn. 3; zu den Verfahrenszielen auch *Henckel*, in: Kölner Schrift zur Insolvenzordnung, 2. Aufl. 2000, S. 813, 814 (Rn. 3 ff.); *de Bra*, in: Braun, InsO, 2. Aufl. 2004, § 29 Rn. 1.

4 BGH, Urt. v. 14. 10. 2010 – IX ZR 160/08, ZIP 2010, 2460; *Huber*, in: Gottwald, Insolvenzrechts-Handbuch, 3. Aufl. 2006, § 46 Rn. 8; *Kirchhof*, in: MünchKomm, InsO, 1. Aufl. 2001, Vor §§ 129 bis 147 Rn. 40; *Fehl*, in: Beck/Depré, Handbuch der Insolvenz, 1. Aufl. 2003, § 9 C Rn. 13.

5 *Huber*, in: Gottwald, Insolvenzrechts-Handbuch, 3. Aufl. 2006, § 46 Rn. 8; *Kirchhof*, in: MünchKomm, InsO, 1. Aufl. 2001, Vor §§ 129 bis 147 Rn. 40.

6 *Zeuner*, Die Anfechtung in der Insolvenz, 1998, Rn. 20; *de Bra*, in: Braun, InsO, 2. Aufl. 2004, § 129 bis 147 Rn. 43.

7 Vgl. (aus der Sicht des österreichischen Rechts) *König*, Die Anfechtung nach der Konkursordnung, 2. Aufl. 1993, Rn. 54ff.

8 *Huber*, in: Gottwald, Insolvenzrechts-Handbuch, 3. Aufl. 2006, § 51 Rn. 46.

9 BGH, Urt. v. 12. 2. 2004 – IX ZR 70/03 – ZIP 2004, 862; *Smid*, DZWIR 2004, 265, 271.

te Sozialversicherungskasse ausgekehrter Beiträge entschieden, dass Anfechtungsgegner die Einzugsstelle sei.

Wenn die Leistung des späteren Insolvenzschuldners durch einen im eigenen Namen handelnden Dritten (einen mittelbaren Stellvertreter) erbracht wird, der für die Erbringung der Leistung rechtlich eigenes Vermögen einsetzt, liegen zwei getrennte Rechtshandlungen vor. In diesem Fall ist zwischen dem Auftrag des Schuldners an den mittelbaren Stellvertreter auf der einen und dessen Leistung an den Dritten auf der anderen Seite zu unterscheiden. Dies kann aber in concreto fraglich sein, was folgender 6

Beispielsfall[10] illustrieren mag: Der spätere Insolvenzschuldner und Besteller A hatte im kritischen Zeitraum an den Generalunternehmer B Zahlungen erbracht zur Befriedigung der Forderungen von Subunternehmern. B „leitete" diese Zahlungen in einem Zeitraum an C weiter, in dem der B zahlungsunfähig war. Auch über das Vermögen des B wird das Insolvenzverfahren eröffnet. 7

Der BGH hat insofern überzeugend entschieden, dass der Insolvenzverwalter A im Valutaverhältnis zu dem Empfänger der Leistung C unmittelbar die Anfechtung erklären kann – und sich nicht an die Masse der Zwischenperson B halten muss. In derartigen Fällen bewirkt die Leistungserbringung durch die Zwischenperson zugleich unmittelbar die Minderung des Schuldnervermögens als auch die Zuwendung an den Dritten. Sofern der Charakter der Leistung als einer des A für den Leistungsempfänger wenigstens erkennbar ist, hält der IX. Zivilsenat des BGH die Leistung im Verhältnis zwischen A und C für anfechtbar; für den klagenden Insolvenzverwalter empfiehlt sich in diesen Fällen freilich eine Streitverkündung gegen den Insolvenzverwalter des B, schon um die Verjährung (§ 146 InsO) einer beim Unterliegen gegen C dann im Verhältnis zu B klagweise geltend zu machenden Anfechtung zu unterbrechen.[11] 8

b) **Dreiecksbeziehungen:** Bei der Insolvenzanfechtung von Leistungen, die in Dreiecksverhältnisse erbracht werden, kommt es wesentlich darauf an, die Rechtsbeziehungen der Beteiligten genau ins Auge zu nehmen. In einem Beschluss aus dem Oktober 2008 hatte der BGH darüber zu entscheiden, ob die Begleichung einer Gesellschaftsverbindlichkeit durch einen nicht persönlich haftenden Gesellschafter auf Kredit eine Gläubigerbenachteiligung i.S.v. § 129 InsO begründe.[12] Der Beklagte hatte gegen die Schuldnerin am 3. 9. 2003 wegen einer ihm zustehenden Forderung von 32.000 € Insolvenzantrag gestellt, aber mit ihr vereinbart, den Antrag gegen Zahlung von 28.000 € unter Verzicht auf die weitergehende Forderung zurückzunehmen. Für die Schuldnerin war eine Unternehmensberatung tätig, die den Beklagten darüber unterrichtete, dass eine Überweisung an ihn erfolge, die aus Drittmitteln stamme. Folglich sei eine Rückforderung bei einem weiteren Insolvenzantrag ausgeschlossen. Über das Vermögen der Schuldnerin war auf Antrag vom 7. 4. 2005 am 29. 8. 2005 ein Insolvenzverfahren eröffnet und der spätere Kläger als Verwalter eingesetzt worden, der von dem Beklagten Rückzahlung von 28.000 € verlangt. Der BGH hat überzeugend ausgeführt, dass eine Gläubigerbenachteiligung, die die unabdingbare Voraus- 9

10 BGH, Urt. v. 18. 5. 2000 – IX ZR 119/99 – NZI 2000, 468.
11 Zum Ganzen vgl. auch *Lüke*, ZIP 2001, 1 ff.
12 BGH, Beschl. v. 16. 10. 2008 – IX ZR 147/07, ZIP 2008, 2182.

setzung einer jeden Insolvenzanfechtung ist[13], (§ 129 InsO) deshalb nicht vorliegt, weil im vorliegenden Fall der Gläubiger mit Fremdmitteln befriedigt worden ist, die nicht in das Vermögen des Schuldners gelangt sind. Hier liegt nämlich ein Anweisungsfall vor, in dem keine Anweisung auf Schuld vorliegt. In einem solchen Fall der Anweisung auf Schuld tilgt nämlich der Angewiesene mit der Zahlung an den Empfänger eine eigene, gegenüber dem Anweisenden bestehende Verbindlichkeit. Dort gelangt die Zahlung gleichsam in das Vermögen auch des Anweisenden. Davon unterscheidet der IX. Zivilsenat Fälle der Anweisung auf Kredit. Der Angewiesene nimmt in dieser zweiten Fallgruppe nämlich die Zahlung an den Empfänger (den Anfechtungsgegner) vor, ohne dass er hierzu gegenüber dem Anweisenden verpflichtet wäre. Infolge der Zahlung wird er zum Gläubiger des Anweisenden. Anders als im Fall der Anweisung auf Schuld, bei der die Zahlung zum Verlust der Forderung des Anweisenden gegen den Angewiesenen führt, bewirkt die Anweisung auf Kredit allein grundsätzlich einen Gläubigerwechsel der Person des Angewiesenen. Die Masse wird insoweit zwar mit dem Rückgriffsanspruch des Angewiesenen belastet, wobei aber diese Belastung durch die Befreiung von der Schuld des Zahlungsempfängers einen Ausgleich erfährt.[14] Wird eine Zahlung durch nicht persönlich haftende Gesellschafter aus ihrem Privatvermögen zur Tilgung von Gesellschaftsverbindlichkeiten erbracht, handelt es sich um eine freiwillige Drittleistung, die der erkennende Senat mit einer lediglich geduldeten Kontoüberziehung vergleicht, die keine Gläubigerbenachteiligung auslöst, weil die bloße Duldung keinen Anspruch auf Kredit verschafft und darum keine pfändbare Forderung begründet.[15]

2. Anfechtungsbefugnis des Insolvenzverwalters und der Insolvenzgläubiger

10 **a) Regelinsolvenzverfahren und Verfahren der Eigenverwaltung.** Das Anfechtungsmonopol liegt beim Insolvenzverwalter: nur er kann das Anfechtungsrecht geltend machen. Anders als im außerkonkurslichen Anfechtungsrecht nach dem AnfG haben die Gläubiger daher nicht die Befugnis, in eigener Person die Anfechtung zu erklären. Das folgt schon allein daraus, dass durch die Anfechtung im Konkurs nicht die Rechtsdurchsetzung eines einzelnen Gläubigers, sondern die der Gläubigergemeinschaft sichergestellt werden soll. Den Gläubigern verbleibt allerdings ihr Anfechtungsrecht, soweit sie es hinsichtlich solcher Gegenstände ausüben, die nicht in die Masse fallen bzw. vom Konkursverwalter freigegeben worden sind. Die Befugnis des Insolvenzverwalters zur Insolvenzanfechtung tritt an die Stelle der Befugnis der die Einzelzwangsvollstreckung in das Schuldnervermögen betreibenden Gläubiger zur Gläubigeranfechtung nach dem AnfG. Die alleinige Anfechtungskompetenz steht im Übrigen auch im Verfahren der Eigenverwaltung durch den Schuldner (§§ 270 ff. InsO) nicht etwa diesem, sondern gem. § 280 InsO allein dem Sachwalter zu. Wie bereits früher in der zitierten Entscheidung aus November 2004 ausgeführt, sieht der

---

13 BGH, Urt. v. 9. 7. 2009 – IX ZR 86/08, DZWIR 2009, 515, BGH, Urt. v. 2. 6. 2005, IX ZR 181/03, DZWIR 2006, 29 ff. = ZIP 2005, 1651 ff. *nicht bei Erfüllung vormerkungsgesicherten Rückübertragungsanspruch des Schenkers.* BGH, Beschl. v. 13. 3. 2008 – IX ZB 39/05, DZWIR 2008, 298.

14 RGZ 45, 148, 151; AGZ 81, 144, 145 f.

15 BGHZ 170, 276, ZIP 2007, 435; BGH, Urt. v. 11. 1. 2007 – IX ZR 31/05, BGHZ 170, 276.

BGH[16] die Beiordnung eines Anwalts für Insolvenzanfechtungssachen wegen der hohen Komplexität dieser rechtlichen Spezialmaterie, die sich von der Verfolgung sonstiger materiell rechtlicher Ansprüche des Schuldners aus dessen unternehmerischer Tätigkeit abhebt, als begründet an. Der BGH führt hierzu aus, das Insolvenzanfechtungsrecht sei durch eine Mehrzahl von Anfechtungstatbeständen gekennzeichnet, die im objektiven und subjektiven Bereich unterschiedliche Tatbestandsvoraussetzungen aufweisen, deren Merkmale sich dem Gesetzeswortlaut zudem nicht sämtlich eindeutig entnehmen lassen. Das Anfechtungsrecht sei durch einen hohen rechtlichen Abstraktionsgrad und die Komplexität der gesetzlichen Regelung ausgezeichnet. Die sachgerechte Bearbeitung von Insolvenzanfechtungsklagen erfordere daher eine intensive Befassung mit dem System des Insolvenzanfechtungsrechts und die Kenntnis der hierzu ergangenen höchst richterlichen Rechtsprechung. Wegen der hieraus resultierenden nicht unerheblichen Haftungsrisiken und der nicht von vornherein abschätzbaren Beweisschwierigkeiten des grundsätzlich darlegungs- und beweispflichtigen Insolvenzverwalters sei es auch im Parteiprozess im Allgemeinen angezeigt, einen Rechtsanwalt mit der Klageerhebung und Prozessführung zu beauftragen.

b) Doppelinsolvenz von Gesellschaft und Gesellschaftern. Mit Urteil aus dem Oktober 2008[17] hat der BGH zur Anfechtungsbefugnis bei Doppelinsolvenz von Gesellschaftern und persönlich haftenden Gesellschaftern darauf erkannt, dass der Insolvenzverwalter, der in dem über das Vermögen der Gesellschaft eröffneten Insolvenzverfahren eingesetzt worden ist, grundsätzlich dann zur Anfechtung berechtigt ist, wenn der persönlich haftende Gesellschafter vor Eröffnung des Insolvenzverfahrens über das Vermögen der Gesellschaft Leistungen an Gesellschaftsgläubiger erbracht hat. Liegt eine Doppelinsolvenz von Gesellschaftern und Gesellschaft vor, dann steht dieses Anfechtungsrecht dem Insolvenzverwalter, der über das Vermögen der Gesellschaft eingesetzt worden ist, der von dem Gesellschaftsgläubigern in Anspruch genommen worden ist. Dieser Entscheidung liegt folgender, hier vereinfacht wiedergegebener Sachverhalt zugrunde: Von der Beklagten war gegen die KG, deren Komplementär die Insolvenzschuldnerin war, und gegen die Schuldnerin selbst aus einem rechtskräftigen Versäumnisurteil über ca. 184.000 € die Zwangsvollstreckung dadurch betrieben worden, dass sie einen Pfändungs- und Überweisungsbeschluss wegen einer Darlehensforderung des Schuldners gegen die drittschuldnerische Bank erwirkte. Dieser Pfändungs- und Überweisungsbeschluss wurde am 10. 10. 2003 zugestellt, woraufhin die drittschuldnerische Bank am 3. 11. 2003 einen Teilbetrag von knapp 3.400 € an die Beklagte auszahlte. Nach Kündigung des Darlehens durch die Drittschuldnerin zahlte sie einen weiteren Betrag von ca. 98.000 € an die Beklagte im Juli 2004. Über das Vermögen der KG ist aufgrund Antrags vom 23. 10. 2003 am 6. 1. 2004 das Insolvenzverfahren eröffnet worden, über das Vermögen der schuldnerischen Komplementärin aufgrund Eigenantrags vom 11. 2. 2004 am 25. 8. 2004; der zum Insolvenzverwalter in dem letzteren Insolvenzverfahren über das Vermögen der Komplementärin bestellte Kläger begehrt im Wege der Insolvenzanfechtung von der Beklagten Zahlung der an diese von der drittschuldnerischen Bank geleisteten ca. 101.000 €. 11

Die Vorinstanzen haben diese Klage abgewiesen, da § 93 InsO in der Insolvenz der Gesellschaft Leistungen aus dem Gesellschaftervermögen denjenigen aus dem Gesellschaftsvermögen dadurch gleichstelle, dass die Leistungen an den Gläubiger einheitlich nur über den Insolvenzverwalter der Gesellschaft abzuwickeln seien, weshalb allein diesem, nämlich im konkreten Fall dem in dem über das Vermögen der KG eröffneten Insolvenzverfahren bestellten Insolvenzverwalter, nicht aber dem Insolvenzverwalter der Komplementärin das Anfechtungsrecht zustehe. Der IX. Zivilsenat des BGH geht zunächst einmal von der Auslegung des § 93 InsO aus, dem zwei Rechtswirkungen innewohnen, nämlich die sog. Sperrwirkung, die sog. Ermächtigungswirkung. Die Sperrwirkung schließt die Gläubiger 12

16 BGH, Beschl. v. 11. 11. 2004 – IX ZB 48/04 – ZIP 2005, 36, 37; BGH v. 23. 3. 2006 – IX ZB 134/05.
17 BGH, Urt. v. 9. 10. 2008 – IX ZR 138/06, ZIP 2008 2224.

davon aus, in dem über das Vermögen der Gesellschaft eröffneten Insolvenzverfahren weiter gegen den persönlich haftenden Gesellschafter vorgehen zu können. Der persönlich haftende Gesellschafter kann daher nicht mehr mit befreiender Wirkung an die Gläubiger der Gesellschaft Leistungen erbringen. Während der Dauer des über das Vermögen der Gesellschaft (hier der KG(eröffneten Insolvenzverfahrens kann der Gläubiger daher seinen Haftungsanspruch weder durch Klage noch durch Zwangsvollstreckung gegen den persönlich haftenden Gesellschafter durchsetzen. Aufgrund der Ermächtigungswirkung des § 93 InsO erlangt der Insolvenzverwalter, der in dem über das Vermögen der Gesellschaft eröffneten Insolvenzverfahren bestellt wird, die treuhänderische Befugnis, die Forderungen der Gesellschaftsgläubiger gegen die Gesellschaft zu bündeln und so geltend zu machen. Die Gläubigerforderungen gehen dabei nicht etwa auf die Masse über, sondern bleiben in ihrer Selbständigkeit durch die Verfahrenseröffnung unangetastet.[18] Wenn Leistungen durch den persönlich haftenden Gesellschafter in dem Zeitraum der Krise der Gesellschaft vor Eröffnung des Insolvenzverfahrens über das Gesellschaftsvermögen durch den persönlich haftenden Gesellschafter erbracht werden, würden die Zwecke des § 93 InsO nicht erreicht. Der BGH folgt daher einer im Schrifttum[19] nach der § 93 InsO entsprechend auf diese Fälle mit der Folge anzuwenden ist, dass der in dem über das Vermögen der Gesellschaft eröffneten Insolvenzverfahren auch zur Anfechtung von Gesellschafterleistungen in dem Zeitraum der materiellen Insolvenz der Gesellschaft befugt ist.

13 Liegt aber eine Doppelinsolvenz von Gesellschaft und persönlich haftendem Gesellschafter vor vertritt der IX. Zivilsenat die Ansicht, dass die Sperrwirkungsfunktion des § 93 InsO in dieser Konstellation nicht greifen kann. Zur Begründung greift der BGH auf die Motive des Insolvenzrechtsreformgesetzgebers[20] zurück. Die von der Selbständigkeit der Insolvenzverfahren, die über die Vermögen von Gesellschaft auf der einen und Gesellschafter auf der anderen Seite eröffnet werden ausgeht. Dies ist auch der Sache nach – aufgrund der haftungsrechtlichen Zuordnung der in anfechtbarer Weise weggebenen Vermögensgegenstände – gerechtfertigt. Überzeugend rekurriert der BGH in diesem Zusammenhang auf seine Judikatur, derzufolge in der Insolvenz des Anfechtungsgegners ein Aussonderungsrecht des Insolvenzverwalters an den anfechtbar weggebenen Vermögensgegenstand anzunehmen ist.[21] Da der Insolvenzverwalter die Aufgabe hat, in dem über das Vermögen des Gesellschafters eröffneten Verfahren Gegenstände, die aufgrund einer in den §§ 129ff. InsO als anfechtbar qualifizierten Rechtshandlung aus dem Vermögen des schuldnerischen Gesellschafters ausgeschieden sind, der haftenden Masse wieder zuzuführen, werden diese Gegenstände – also auch die Gegenstände, wegen derer Anfechtungsansprüche bestehen – als ein Objekt der Vermögensmasse des insolventen Schuldners behandelt, die dem Zugriff der Gläubigergesamtheit in diesem Verfahren zur Verfügung stehen. Daher besteht nach überzeugender Auffassung des BGH in der Doppelinsolvenz zwischen von Gesellschaft und Gesellschafter kein sachlicher Grund, dem Insolvenzverwalter der Gesellschafterinsolvenz die Ausübung des Anfechtungsanspruches zu nehmen und ihn auf den Insolvenzverwalter der Gesellschaft zu übertragen; die Ermächtigungswirkung des § 93 InsO hat daher in dieser Konstellation keine Funktion. Für die Insolvenzanfechtung durch den über das Vermögen des Gesellschafters eröffneten Insolvenzverfahren eingesetzten Verwalter ist nach Ansicht des IX. Zivilsenats der gegen die KG gestellte Insolvenzantrag maßgeblich, nicht dagegen der ge-

18 BGH, ZIP 2007, 79, 80.
19 Nachweise aus der Entscheidung des BGH.
20 BT-Drucks. 12/2443, S. 140.
21 BGHZ 156, 350, 359.

gen die schuldnerische Komplementärin gerichtete Antrag. Dies widerstreitet, wie der IX. Zivilsenat sieht, den in den §§ 131 Abs. 1 Nr. 1, § 139 Abs. 1 und 2, S. 1 InsO getroffenen gesetzlichen Regelungen, wonach sich die Anfechtungsfristen grundsätzlich nach dem Insolvenzantrag berechnen, der dazu geführt hat, dass das Insolvenzverfahren über das Vermögen des Schuldners geführt hat. Dieser Zeitpunkt wäre hier später, nämlich am 11. 2. 2004. Der nach § 140 Abs. 1 InsO maßgebliche Zeitpunkt, nämlich die Zustellung des Pfändungs- und Überweisungsbeschlusses[22] an die Drittschuldnerin, läge außerhalb des Anfechtungszeitraums. Dies würde nun dazu führen, dass ein Gesellschaftsgläubiger sich unanfechtbar Befriedigung verschaffen könnte, ohne dass die Anfechtung durch den im Falle der Doppelinsolvenz rechtszuständigen Insolvenzverwalter des schuldnerischen Komplementärs eine Rückabwicklung herbeiführen könnte. Eben dies hatte das Berufungsgericht im Auge, als sie den § 93 InsO auf diese Fälle erstrecken wollte. Der IX. Zivilsenat des BGH lässt nun aber die Sperr- und Ermächtigungswirkung des § 93 InsO nicht unmittelbar durchschlagen, sondern zieht diese Funktionen zur näheren Bestimmung und Auslegung des § 139 InsO heran.

c) Abtretbarkeit des Anfechtungsanspruchs. Der IX. Zivilsenat des BGH[23] hat über die Klage eines Zessionars gegen einen Anfechtungsgegner zu entscheiden gehabt, dem der in dem über das Vermögen einer GmbH und Co. oHG eröffneten Insolvenzverfahren bestellte Insolvenzverwalter die massezugehörigen Insolvenzanfechtungs- und Bereicherungsansprüche gegen den Beklagten abgetreten hatte. Gegen seine in der früheren Judikatur[24] sowie in einem Großteil der älteren Literatur[25] vertretenen Auffassung hat sich der IX. Zivilsenat nunmehr der neueren Literatur[26] angeschlossen. Der IX. Zivilsenat meint, dass durch die Abtretung des Anfechtungsanspruchs die Verwertung des Schuldnervermögens bzw. die Sammlung der Masse erleichtert werde. Denn es werde dem Insolvenzverwalter damit erspart, von Gläubigern Prozesskostenvorschüsse beizubringen oder die stets problematische Beantragung von Prozesskostenhilfe zu betreiben. Die Masse werde insoweit geschützt, da gegen eine Verschleuderung zu einem in Anbetracht aller Umstände unangemessen niedrigen Preis, wie der BGH wörtlich ausführt, § 60 InsO einen Riegel vorschiebe und im Übrigen eine Abtretung ohne Gegenleistung insolvenzzweckwidrig und folglich nichtig sei. **13a**

d) Verbraucherinsolvenzverfahren. Von diesem allgemeinen Grundsatz wird im bisherigen Verbraucherinsolvenzverfahren (§§ 304, 311 ff. InsO) abgewichen: § 313 Abs. 2 InsO bestimmt, dass der nach § 312 Abs. 1 InsO einzusetzende Treuhänder nur aufgrund besonderer Ermächtigung durch die Gläubigerversammlung die Befugnis zur Ausübung des Insolvenzanfechtungsrechts hat. Im Übrigen sind die Insolvenzgläubiger zur Führung der Anfechtungsprozesse befugt[27]: Sie klagen allerdings nicht wie nach dem AnfG auf Duldung der Zwangsvollstreckung in den aus der Masse verschobenen Vermö- **14**

22 BGHZ 162, 143, 146.
23 BGH, Urt. v. 17. 2. 2011 – IX ZR 91/10, ZIP 2011, 1114.
24 RGZ 30, 71, 76; BGH, Urt. v. 10. 2. 1982 – VIII ZR 158/80, BGHZ 83, 102, 105.
25 So z.B. *Jaeger/Henckel,* KO 9. Aufl., § 37 Rn. 83; *Häsemeyer,* Insolvenzrecht 4. Aufl., Rn. 21.108 statt vieler.
26 *Jaeger/Henckel,* InsO § 143 Rn. 102.
27 *Wagner,* ZIP 1999, 689 ff., 691 ff., der von einer Invalidierung des Anfechtungsrechts spricht; *Kirchhof,* in: MünchKomm, InsO, 1. Aufl. 2001, Vor §§ 129 bis 147 Rn. 99.

gensgegenstand, sondern auf Rückgewähr zur (Soll-)Masse. Daher nimmt der den Insolvenzanfechtungsprozess führende Gläubiger im Verbraucherinsolvenzverfahren die Stellung eines gesetzlichen Prozessstandschafters für die Masse ein, für die im Übrigen allein der Treuhänder handlungsbefugt ist.[28] Es wird aber noch unten (Rn. 34) zu § 132 Abs. 2 InsO zu zeigen sein, dass die Verlagerung der Insolvenzanfechtungsbefugnis auf die Insolvenzgläubiger als Prozessstandschafter in einigen Lagen Effekte zeitigt, die sozialpolitisch erwünscht zu sein scheinen. Nach dem im 1. Quartal 2012 vorliegenden Referentenentwurf soll indes § 313 InsO ersatzlos gestrichen werden.

15 **e) Anfechtungsprozess[29], Gläubigerautonomie[30] und Haftung des Insolvenzverwalters.** Unterlässt es der Insolvenzverwalter trotz Aufforderung der Gläubiger oder der Gläubigerversammlung die Anfechtung durchzuführen, so gibt es keine Möglichkeit, dies durch einen entsprechenden, den Verwalter anweisenden Beschluss des zuständigen Gerichts zu erzwingen,[31] da der Verwalter gegenüber dem Gericht und den Gläubigern nicht weisungsabhängig ist. Führt er trotz Aufforderung eine Anfechtung nicht durch, macht er sich gegenüber den Gläubigern gem. § 60 InsO wegen des eintretenden Quotenschadens schadenersatzpflichtig. Dem Gericht steht allerdings gegenüber dem Insolvenzverwalter auch im Hinblick auf die Ausübung des Anfechtungsrechts kein Weisungsrecht zu. Der Insolvenzverwalter hat – wenigstens zur Fristwahrung – das Anfechtungsrecht durch Erhebung einer Anfechtungsklage durchzusetzen. Dabei muss er nicht den genauen gesetzlichen Anfechtungstatbestand benennen, aber mit seinem Sachverhaltsvortrag bestimmbar machen, worauf er seine Anfechtungsklage stützt.[32] Sein Sachverhaltsvortrag hat im Hinblick auf § 146 Abs. 1 InsO Bedeutung. Denn der Insolvenzverwalter kann nicht ohne weiteres seinen Sachverhaltsvortrag im Prozess ändern, wenn er damit einen anderen Anfechtungsgrund vorträgt, da dies gegebenenfalls auf eine – verspätete – Klageänderung hinauslaufen kann.[33] Insoweit gilt auch für die insolvenzrechtliche Anfechtungsklage, dass Klageerweiterungen bzw. -umstellungen gem. § 264 Abs. 2 ZPO fristwahrend erst mit Geltendmachung gem. § 261 Abs. 2 ZPO wirksam werden.[34] Häufiger sind freilich Fallgestaltungen, in denen der Insolvenzverwalter die zur Prozessführung nach § 160 Abs. 2 Nr. 3 InsO erforderliche Zustimmung des Gläubigerausschusses nicht zu erlangen vermag, weil ein Mitglied des Gläubigerausschusses wirtschaftlich an der Verhinderung des Rechtsstreits interessiert ist. Zwar ist der Insolvenzverwalter in diesen Fällen nicht an der Prozessführung gehindert (vgl. § 164 InsO); er wird aber in diesen Fällen regelmäßig eine entsprechende Beschlussfassung der Gläubigerversammlung herbeizuführen bestrebt sein, da ihn ansonsten ein erheblich erhöhtes Haftungsrisiko trifft.

---

28 *Wenzel*, in: Kübler/Prütting, Kommentar zur Insolvenzordnung, § 313 Rn. 2; *Kothe*, in: Frankfurter Kommentar, 4. Aufl. 2006, § 313 Rn. 79; *Buck*, in: Braun, InsO, 2. Aufl. 2004, § 313 Rn. 4.

29 *Mauer*, Der Anfechtungsprozeß, 2000, 5 ff.; *Paulus*, ZInsO 1999, 242 ff.

30 Als Leitprinzip des deutschen Insolvenzrechts: BVerfGK 5, 91, 94.

31 *Haarmeyer/Wutzke/Förster*, Handbuch zur Insolvenzordnung, 2. Aufl. 1998, Rn. 5/207; *Zeuner*, in: Smid, InsO, 2. Aufl. 2001, § 129 Rn 25.

32 BGH, Urt. v. 30. 9. 1993 – IX ZR 227/92 – BGHZ 123, 320, 322.

33 BGH, Urt. v. 29. 3. 1960 – VIII ZR 142/59 – WM 1960, 546; *Kirchhof*, in: MünchKomm, InsO, 1. Aufl. 2001, § 146 Rn. 19; BGH, Urt. v. 12. 7. 2007 – IX ZR 120/04, DZWIR 2008, 74.

34 *Gerhardt/Kreft*, Aktuelle Probleme der Insolvenzanfechtung, 7. Aufl. 1996, S. 66; *Paulus*, in: Kübler/Prütting, Kommentar zur Insolvenzordnung, § 143 Rn. 45: Es gelten die allgemeinen Regeln über den Streitgegenstand.

16 Hierbei stellt sich für den Insolvenzverwalter teilweise das Problem, wie er Fakten über möglicherweise anfechtbare Rechtshandlungen in Erfahrung bringen kann, zumal in aller Regel der Verwalter die Beweislast trägt und das nötige Tatsachenmaterial organisieren muss. Zunächst wird er versuchen, über § 97 Abs. 1 InsO vom Gemeinschuldner Auskunft zu erhalten. Sollte es aber aus irgendwelchen Gründen unmöglich sein, vom Gemeinschuldner hinreichend Auskunft zu erhalten, wird der Verwalter versuchen, seine Informationen direkt vom Anfechtungsgegner zu erlangen. Freilich ist die Rechtsprechung[35] wie im allgemeinen Prozessrecht auch im Zusammenhang des Anfechtungsrechts der Auffassung, dass eine Ausforschung des Klagegegners, die dem Insolvenzverwalter das Prozessrisiko abnehme, unzulässig sei.[36] Dem Insolvenzverwalter wird ein Auskunftsanspruch gegen den Anfechtungsgegner nur unter der Voraussetzung zugestanden, dass der Anfechtungsanspruch dem Grunde nach feststeht. Eine Ausforschung des Anfechtungsgegners soll ausgeschlossen sein.[37] Das begegnet freilich Zweifeln. Denn auch wenn nur die Höhe des Anfechtungsanspruches fraglich ist, besteht kein Anlass, dem (künftigen) Prozessgegner des Konkursverwalters zur Auskunftsperson zu machen; dem Insolvenzverwalter steht in diesen Fällen das Instrumentarium einer *Stufenklage* zur Verfügung.

17 Umstritten war einige Zeit die Frage, in welcher Form bzw. aus welcher verfahrensrechtlichen Stellung heraus der Insolvenzverwalter sein Anfechtungsrecht ausüben kann. Dabei wurde z. T. die Ansicht vertreten, der Insolvenzverwalter könne auch als Nebenintervenient die Anfechtung erklären.[38] Dabei ging es um folgende Fallkonstellation:[39] Ein Bauunternehmer trat seine Werklohnforderung gegen den Besteller an einen Dritten anfechtbar ab. Nach Eröffnung des Insolvenzverfahrens über das Vermögen des Bauunternehmers einigte sich der Insolvenzverwalter mit dem Besteller auf Zahlung des Werklohnes. Im Prozess des Zessionars gegen den Besteller auf Zahlung des abgetretenen Werklohnes trat der Insolvenzverwalter dem Streit auf Seiten des Beklagten bei und wandte die Anfechtbarkeit der Zession an. Der BGH[40] entschied, der Insolvenzverwalter könne die Anfechtungseinrede gem. § 146 Abs. 2 InsO nur als Partei, nicht dagegen als Streithelfer erheben, da letzteres ungeeignet sei, den schuldrechtlichen Rückgewährungsanspruch des § 143 Abs. 1 InsO durchzusetzen.[41] Dieser Anspruch aber sei, so der BGH[42], „untrennbar" mit dem Amt des Insolvenzverwalters verbunden (vgl. aber heute Rn. 13 a). Dem Insolvenzverwalter ist nach Ansicht des BGH im Übrigen die Erhebung der Anfechtungseinrede deshalb verwehrt, weil es sich insoweit nicht lediglich darum handelt, einen gegen die Masse erhobenen Anspruch abzuwehren.

17a **f) Rechtsweg für die Anfechtungsklage gegen Arbeitnehmer und Sozialversicherungsträger.** Der Gemeinsame Senat hat für Anfechtungsklagen, mit denen ein Rückgewähranspruch gegen einen Arbeitnehmer geltend gemacht wird, die Arbeitsgerichte für zuständig erachtet.[43] Diese Entscheidung war eingehend begründet worden, ist systematisch falsch. Der XI. Zivilsenat des BGH[44] hat nun darauf erkannt, dass der Rechtsweg zu den ordentlichen Gerichten für die insolvenzrechtliche Anfechtungsklage gegen Sozialversicherungsträger eröffnet ist. Der VII. Senat des BFH hat

35 BGH, Urt. v. 6. 6. 1979 – VIII ZR 255/78 – BGHZ 74, 379 ff.
36 BGH, Urt. v. 6. 6. 1979 – VIII ZR 255/78 – BGHZ 74, 379 ff.; zugleich gestützt auf das Zeugnisverweigerungsrecht von Angehörigen.
37 *Gerhardt/Kreft*, Aktuelle Probleme der Insolvenzanfechtung, 7. Aufl. 1996, S. 55; *Paulus*, in: Kübler/Prütting, Kommentar zur Insolvenzordnung, § 143 Rn. 39; vgl. BGH, Urt. v. 12. 11. 1991-KZR 18/290, BGHZ 116,47,56.
38 *Gerhardt*, KTS 1984, 177.
39 OLG Hamm, Urt. v. 5. 11. 1985 – 27 U 115/84 – ZIP 1986, 725.
40 BGH, Urt. v. 1. 12. 1988 – IX ZR 112/88 – BGHZ 106, 127.
41 BGH, Urt. v. 10. 2. 1982 – VIII ZR 158/80 – BGHZ 83, 102, 105.
42 BGH, Urt. v. 23. 10. 2003 – IX ZR 252/01 – BGHZ 156, 350, 360.
43 Gemeinsamer Senat, ZIP 2010, 2418, Beschl. v. 27. 9. 2010.
44 BGH, Beschl. v. 24. 3. 2011 – IX ZB 36/09, ZIP 2011, 683.

darauf erkannt, dass es sich um eine Streitigkeit über Abgabeangelegenheiten i. S. v. § 33 Abs. 1 FGO handelt, wenn der Insolvenzverwalter ohne nähere Konkretisierung seines Anliegens allgemeine Ansicht in die beim Finanzamt geführten Vollstreckungsakten des Insolvenzschuldners begehrt. In diesem Fall sei der Finanzrechtsweg eröffnet.[45] Die jüngste Judikatur des BGH zum Zivilrechtsweg im Falle des Anfechtungsprozesses wird indes vom BFH dadurch bestätigt, dass etwas anderes für den Fall zu gelten habe, wenn der Insolvenzverwalter zur Prüfung der Voraussetzungen der Insolvenzanfechtung Einsicht in die Vollstreckungsakten zu nehmen beabsichtigt, sofern dem Grunde nach ein Anfechtungsrecht nach der InsO besteht.

II. Gläubigerbenachteiligung als Grund der Anfechtung

1. Grundsatz des § 129 InsO

18 **a) Übersicht.** § 129 Abs. 1 InsO bestimmt daher, dass Rechtshandlungen, die vor der Eröffnung des Insolvenzverfahrens vorgenommen worden sind und die Insolvenzgläubiger benachteiligen, vom Insolvenzverwalter nach den §§ 130 ff. InsO angefochten werden können – und, da es die Pflicht des Insolvenzverwalters i. S. v. § 60 Abs. 1 InsO ist, die Masse gegenüber anfechtbaren Gläubiger benachteiligenden Handlungen zu schützen, angefochten werden müssen. Der Gesetzgeber unterwirft sowohl Rechtshandlungen des Schuldners als auch solche seiner Gläubiger der Insolvenzanfechtung[46]; ob eine Handlung des Gläubigers in concreto anfechtbar ist, hängt freilich von dem in Betracht zu ziehenden Tatbestand ab.[47] Sämtliche Insolvenzanfechtungstatbestände setzen eine vor Eröffnung des Insolvenzverfahrens erfolgte Rechtshandlung, eine dadurch verursachte Gläubigerbenachteiligung und einen Anfechtungsgrund voraus.

19 **b) Handeln[48] und Unterlassen[49].** Unter diese umfassende Formulierung des § 129 InsO fällt jedes Handeln und Unterlassen. Darunter wird z. B. das Verstreichenlassen einer Verjährungsfrist, das Unterlassen der Einlegung von Rechtsmitteln u. dgl. m. gefasst. Entscheidend ist, dass das Handeln oder Unterlassen eine materiellrechtliche oder prozessrechtliche Wirkung auslöst.[50] Davon erfasst sind nicht nur Rechtshandlungen des späteren Insolvenzschuldners mit dem Begünstigten selbst, sondern vielmehr auch die über sog. mittelbare Zuwendungen, die angefochten werden können.[51]

---

45 BFH, Beschl. v. 10. 2. 2011 – VII B 183, 10, ZIP 2011, 883.

46 *Smid*, in: Smid, InsO, 2. Aufl. 2001, § 129 Rn. 8; *Kirchhof*, in: MünchKomm, InsO, 1. Aufl. 2001, § 129 Rn. 35.

47 BGH v. 10. 2. 2005 – IX ZR 211/02 – ZInsO 2005, 260 ff.

48 *Zeuner*, Die Anfechtung in der Insolvenz, 1998, Rn. 16 ff.

49 *Schlie*, Die Anfechtung von Unterlassungen nach der Insolvenzordnung und dem Anfechtungsgesetz, 2009; *Zeuner*, Die Anfechtung in der Insolvenz, 1998, Rn. 25; *Kirchhof*, in: MünchKomm, InsO, 1. Aufl. 2001, § 129 Rn. 23 f.

50 *Paulus*, in: Kübler/Prütting, Kommentar zur Insolvenzordnung, § 129 Rn. 15; *Nerlich*, in: Nerlich/Römermann, InsO, § 129 Rn. 37; kritisch zur Reichweite unterlassenener Rechtshandlungen Paulus, in: FS Uhlenbruck, 2000, 33, 42 ff.; *Kirchhof*, in: MünchKomm, InsO, 1. Aufl. 2001, § 129 Rn. 25 ff.; *Fehl*, in: Beck/Depré, Handbuch der Insolvenz, 1. Aufl. 2003, § 9 C Rn. 21.

51 *Huber*, in: Gottwald, Insolvenzrechts-Handbuch, 3, Aufl. 2006, § 46 Rn. 20.

Das ist der Fall, wenn Vermögensgegenstände beispielsweise über eine Mittelsperson an den Dritten gelangen, etwa wenn auf Anweisung des späteren Gemeinschuldners dessen Schuldner seine Schuld durch Leistung an einen Gläubiger des Insolvenzschuldners erfüllt.[52] Bei mehraktigen Rechtshandlungen ist der vollendende Akt entscheidend.[53]

c) Anfechtung des Rechtsgeschäfts als Ganzen. Grundsätzlich muss das Rechtsgeschäft als Ganzes angefochten werden. Eine Teilanfechtung ist nur zulässig, wenn sich das Rechtsgeschäft von vornherein in einander unabhängige Teile zerlegen lässt oder die Erfüllungsleistung teilbar ist.[54] 20

Zu den unanfechtbaren Rechtsgeschäften zählen *höchstpersönliche* Rechtsgeschäfte wie Heirat, Adoption, aber auch die Ausschlagung einer Erbschaft.[55] 21

2. Gläubigerbenachteiligung[56] als Grundvoraussetzung des Insolvenzanfechtungsrechts

a) Übersicht. Im Mittelpunkt einer jeden Insolvenzanfechtung steht korrespondierend zum Ziel des Insolvenzanfechtungsrechts die Gläubigergleichbehandlung sicherzustellen, Voraussetzung der Anfechtung ist also die Benachteiligung der übrigen Gläubiger durch die anfechtbare Rechtshandlung. Dieses Merkmal der Gläubigerbenachteiligung ist allen Anfechtungstatbeständen der §§ 130ff. InsO gemeinsam. Eine Gläubigerbenachteiligung ist immer dann objektiv gegeben, wenn die Masse um den Wert gemindert ist, der durch das anfechtbare Rechtsgeschäft bzw. in Erfüllung des Geschäfts oder in Wahrnehmung der in anfechtbarer Weise hingegebenen Sicherheit dem Anfechtungsgegner zugeflossen ist.[57] Eine Gläubigerbenachteiligung liegt demnach immer dann vor, wenn sich die Befriedigung der Insolvenzgläubiger im Falle des Unterbleibens der Rechtshandlung günstiger gestaltet hätte. Von der Judikatur des BGH wird dabei die bloße Erschwerung des Zugriffs der übrigen Gläubiger auf die Soll-Masse in dem über das Vermögen des Insolvenzschuldners eröffneten Insolvenzverfahren als ausreichend angesehen, um eine Gläubigerbenachteiligung zu bejahen.[58] Es kommt daher entscheidend allein auf den Standpunkt der Gesamtheit der Insolvenzgläubiger dafür an, ob eine Benachteiligung infolge der Rechtshandlung vorliegt. Demgegenüber ist es ohne Bedeutung, ob die Rechtshandlung vom Standpunkt des Insolvenzschuldners oder eines Einzelgläubigers vorteilhaft erscheint. Demgegenüber liegt eine Gläubigerbenachteiligung nur dann nicht vor, wenn sich 22

52 Vgl. RG, Urt. v. 30. 4. 1901 – VII 75/01 – RGZ 48, 148.

53 BGH, Urt. v. 18. 12. 1970 – IV ZR 1082/68 – BGHZ 55, 105, 111.

54 *Huber*, in: Gottwald, Insolvenzrechts-Handbuch, 3, Aufl. 2006, § 46 Rn. 32; *de Bra*, in: Braun, InsO, 2. Aufl. 2004, § 129 Rn. 16.

55 BGH, Urt. v. 6. 5. 1997 – IX ZR 147/96 – LM H. 10/1997 Bl. 1951 § 1 AnfG Nr. 7 m. Anm. *Smid.*

56 BGH, Urt. v. 20. 1. 2011 – IX ZR 58/10, ZIP 2011, 438 (Zahlung an Eigentümer statt an insolventen Zwischenmieter); fragwürdig BGH, Urt. v. 17. 3. 2011 – IX ZR 166/08, ZIP 2011, 824 (Mittel aus zweckgebundenen Darlehen). *Eckardt*, Die Anfechtungsklage wegen Gläubigerbenachteiligung, 1994; *Allgayer*, Rechtsfolgen und Wirkungen der Gläubigeranfechtung, 2000.

57 BGH, Urt. v. 7. 6. 2001 – IX ZR 195/00, DZWIR 2001, 460.

58 Verneint bei Verrechnung des Grundpfandgläubigers mit vom Immobiliarhaftungsverbund ergriffenen Rechten (§ 1123 Abs. 1 BGB), BGH, Urt. v. 9. 11. 2006 – IX ZR 133/05 – ZIP 2007, 35f.

aus Sicht der Gemeinschaft der Insolvenzgläubiger (es lässt sich auch sagen: der Insolvenzmasse) das fragliche Rechtsgeschäft als sub specie des Anfechtungsgegenstandes wertneutral darstellt. Dies hat die Judikatur etwa in solchen Fällen angenommen, in denen ein Wert ausschöpfendes belastetes Grundstück weggegeben worden ist. Als ausschlaggebend ist in derartigen Fällen angesehen worden, ob die Sicherheit (noch) voll valutiert ist. Schließlich kann eine Gläubigerbenachteiligung dadurch ausgeschlossen erscheinen, dass durch das anfechtbare Rechtsgeschäft zugunsten der Masse Werte geschaffen werden, die ihr sonst nicht zugeflossen wären. Der IX. Zivilsenat des BGH schränkt dies indes auf solche Fälle ein, in denen der infolge des „an sich" anfechtbaren Rechtsgeschäfts der Masse zugeflossene Vermögensvorteil unmittelbar auf der angefochtenen Rechtshandlung beruht. Ist dies nicht der Fall und führt die angefochtene Rechtshandlung nur zur Erwartung, dass die Masse durch weitere Akte eine Mehrung erfahren könne, liegt gleichwohl eine Gläubigerbenachteiligung vor.

23 Diese zentrale Funktion des Begriffs der Gläubigerbenachteiligung für das Insolvenzanfechtungsrecht ist in der jüngsten Judikatur des BGH[59] hervorgehoben worden.

24 **Beispielsfall:** Während des Eröffnungsverfahrens führte der Insolvenzschuldner seine Gaststätte, in der im Rahmen er eine Hausbrauerei betrieb, fort. Er braute Bier. Dadurch entstand zugunsten der BRD Biersteuer. Diese setzte die BRD mit drei Bescheiden bis zum 28. 8. 2006 fest. Mit dem letzten Bescheid wurde die Beschlagnahme des Bieres angeordnet und dem Schuldner verboten über das Bier zu verfügen. Der mit Eröffnungsbeschluss vom 1. 9. 2006 zum Insolvenzverwalter bestellte Kläger begehrt die gezahlte Biersteuer zurück. Das LG hatte als Berufungsinstanz die Klage mit der Begründung abgewiesen, dass die Biersteuer gem. § 7 Abs. 2 Biersteuer und die Sachhaftung des gebrauten Bieres nach § 76 AO zum Entstehen gelange. Das Bier sei immer schon mit der Sachhaftung belastet entstanden, so dass die Insolvenzgläubiger durch den Anfall der Biersteuer nicht benachteiligt werden.

25 Dem ist der BGH entgegengetreten. Er hat die Voraussetzungen einer kongruenten Deckung gem. § 130 Abs. 1 S. 1 Nr. 2 InsO mit der Begründung bejaht, dass der Beklagten der Eröffnungsantrag bekannt gewesen sei, da sie ihre Bescheide an den Kläger als vorläufigen Insolvenzverwalter gerichtet hatte. In der Tat geht der BGH davon aus, dass die Deckung von Absonderungsrechten insoweit nicht anfechtbar ist, als der Empfänger der Leistung – hier der Zahlung der Biersteuer an die BRD – aus dem Absonderungsgegenstand Bier hätte Befriedigung erlangen können. Dabei sieht der BGH, dass die Sachhaftung – das Absonderungsrecht der BRD – am Bier gem. § 76 AO an einen rein tatsächlichen Vorgang, nämlich das Bierbrauen anknüpft, und daher einer Maßnahme der Zwangsvollstreckung nicht gleichsteht. Daher kommt eine Anwendung der Rückschlagsperre des § 88 InsO hier nicht in Betracht. Soweit zum Zeitpunkt der Entstehung der Sachhaftung bereits ein vorläufiger Zustimmungsverwalter gem. § 21 Abs. 2 S. 1 Nr. 2, 2. Var. InsO durch das Insolvenzgericht bestellt worden ist, hindert dies ebenfalls das Entstehen einer Sachhaftung nach § 76 Abs. 1 AO nicht. Hat nämlich der vorläufige Insolvenzverwalter dem Brauen des Biers durch den Schuldner zugestimmt, kann er später dem Entstehen der Sachhaftung nicht entgegentreten. Allerdings ist die Sachhaftung nach § 76 Abs. 2 AO nach Feststellung des BGH selbst in anfechtbarer Weise entstanden, da das Brauen von Bier eine Rechtshandlung i. S. v.

---

59 BGH, Urt. v. 13. 3. 2003 – IX ZR 64/02 – DZWIR 2003, 291. Krit. zur Fragestellung Güther, Die Insolvenzanfechtung der Deckung von Altverbindlichkeiten, 2006, bes. 89 ff.

§ 129 Abs. 1 InsO darstellt; denn wie der IX. Zivilsenat im Anschluss an seine bisherige Literatur bestätigt, ist der Begriff der Rechtshandlung weit auszulegen. Auch Realakte, denen das Gesetz Rechtswirkungen beimisst, wie das Einbringen einer Sache, das zu einem Vermieterpfandrecht führt, sind über den Bereich von Willenserklärungen als Bestandteil von Rechtsgeschäften aller Art hinaus zu den Rechtshandlungen zu zählen. Da mit dem Beginn des Herstellungsvorganges beim Brauen von Bier die Sachhaftung für Biersteuer zum Entstehen gelangt, ist auch das Brauen von Bier eine Rechtshandlung i.S.v. § 129 Abs. 1 InsO. Da eine Saldierung von Vor- und Nachteilen im Anfechtungsrecht nicht stattfindet, benachteiligt das Brauen von Bier auch die Gläubiger. Dass die Aktivmasse dadurch im Wege des Bierbrauens erhöht worden sein mag, dass die im Schuldnervermögen befindlichen Rohstoffe einen Wertzuwachs erlangt haben, bleibt außer Betracht. Weder durch das Entstehen der Biersteuer noch durch die Begründung der Sachhaftung ergibt sich für die Insolvenzmasse ein ausgleichender Vorteil. Damit stellte sich für den IX. Zivilsenat die Frage, wie die gläubigerbenachteiligende Wirkung, die durch die Rechtshandlung des Bierbrauens verursacht worden ist, rückgängig zu machen sei. Dabei erinnert der IX. Zivilsenat daran, dass die Insolvenzanfechtung keine Sanktionierung eines Handelsunrechts darstellt und daher nicht die Rechtshandlung selbst rückgängig gemacht wird. Die durch das Anfechtungsrecht zu beantwortende Frage ist daher, ob die gläubigerbenachteiligende Wirkung Bestand haben soll oder nicht. Daher geht um die Rückgewährung des beim Gläubiger eingetretenen Erfolges gem. § 143 Abs. 1 S. 1 InsO, so dass auch, wie der IX. Zivilsenat zutreffend darstellt, einzelne abtrennbare Wirkungen einer einheitlichen Rechtshandlung von der Insolvenzanfechtung erfasst werden können. Hat die angefochtene Rechtshandlung sonstige, für sich nicht anfechtbare Rechtsfolgen ausgelöst, wird die Insolvenzanfechtung nicht dadurch ausgeschlossen, dass diese die Masse erhöht haben. Der Insolvenzsenat stellt insoweit fest, dass im Insolvenzanfechtungsrecht ein Rechtsgrundsatz nicht gelte, dass mehrere von einer Rechtshandlung verursachte Wirkungen nur insgesamt oder gar nicht anfechtbar seien. Dies entspricht der Judikatur des IX. Zivilsenats zum Vermieterpfandrecht. Dort hat nämlich der IX. Zivilsenat nicht den Einbringungsvorgang als der Rückabwicklung unterworfen angesehen, sondern allein die gesetzlich gem. § 562 Abs. 1 BGB aus diesem Vorgang erwachsende Entstehung des Vermieterpfandrechts als Rechtswirkung des Einbringungsvorganges.[60] Daher kann, wie der erkennende Senat feststellt, ein Vorteilsausgleich mit sämtlichen anderen Wirkungen der Rechtshandlung deshalb nicht vorgenommen werden, weil maßgeblich auf die eingetretene Rechtswirkung abzustellen ist, aus der sich die Benachteiligung der Gläubigergesamtheit ergibt.

Die Bierbrauentscheidung knüpft an eine frühere Judikatur an, nach der die Gläubigerbenachteili- **26**
gung nicht ausgeschlossen ist, wenn eine Rechtshandlung mittelbar für die Masse vorteilhaft sein kann: Die spätere Insolvenzsschuldnerin errichtete in Saudi-Arabien eine Industrieanlage, die durch die Beklagte unter Einweisung des Personals in Betrieb genommen werden sollte. Nachdem die spätere Insolvenzschuldnerin am 14. 4. 2000 Eigenantrag gestellt und durch insolvenzgerichtlichen Beschluss der Kläger zum vorläufigen Zustimmungsverwalter (§ 21 Abs. 2 Nr. 2, Var. 2 InsO) bestellt worden sei, fragte die Insolvenzschuldnerin bei der Beklagten an, unter welchen Voraussetzungen sie zur Erbringung der vereinbarten Leistungen bereit war, ohne die der Besteller des Werkes der In-

60 BGHZ 170, 196, 199.

solvenzschuldnerin die Zahlung des erheblichen Werklohnes verweigern konnte. Die Beklagte verlangte neben der Zahlung der für Inbetriebnahme und Schulung vereinbarten 29.000 DM die Zahlung weiterer 42.000 DM auf eine Forderung, die aus der Zeit vor der Anordnung der vorläufigen Insolvenzverwaltung herrührte. Der vorläufige Insolvenzverwalter verweigerte dem seine Zustimmung mit der Begründung, eine Zahlung auf die Altforderung sei als gläubigerbenachteiligend zu qualifizieren und daher anfechtbar. Da die Beklagte die Ausführung der Arbeiten ohne Begleichung der Insolvenzforderung verweigerte, der vorläufige Insolvenzverwalter aber den Werklohn, der zur Masse nach Erbringung der Leistungen durch den Werkunternehmer geflossen wäre, dessen Ansprüche um ein Vielfaches überstiegen hätte, zur Verfahrenseröffnung benötigt, lässt er es zu, dass der Insolvenzschuldner auf den „deal" einging. Freilich wies der vorläufige Insolvenzverwalter darauf hin, die Erfüllung der Ansprüche des Werkunternehmers sei, soweit es die Insolvenzforderung angehe, anfechtbar. Er erhob darauf nach Verfahrenseröffnung als Insolvenzverwalter Anfechtungsklage. Der BGH hat die Verurteilung des Beklagten zur Zahlung von 42.000 DM aus § 132 Abs. 1 InsO aus dem Gesichtspunkt unmittelbarer Gläubigerbenachteiligung gestützt. Dabei ist nicht nur bemerkenswert, dass die vorliegende Entscheidung nach langen Jahren der zurückhaltenden Anwendung des § 132 Abs. 1 InsO bzw. des § 31 Nr. 1 KO ein Ende bereitet. Bislang hat die Rechtsprechung des BGH solche Fälle zu entscheiden gehabt, in denen der Schuldner eine vollwertige Gegenleistung für die hingegebene Leistung erhalten hat, was die Annahme einer unmittelbaren Gläubigerbenachteiligung ausschließt.[61]

27 Eine Gläubigerbenachteiligung liegt hier vor, weil die durch Bezahlung von Insolvenzforderungen „erkaufte" Fortführung des Schuldnerunternehmens zwar wirtschaftliche Vorteile für den Schuldner, aber eine Gläubigerungleichbehandlung verwirklicht. Unmittelbare Gläubigerbenachteiligung liegt danach vor, wenn gegen par condicio creditorum verstoßen und nicht direkt (nicht allein mittelbar) der Wertzuwachs für die – anderen – Insolvenzgläubiger unmittelbar realisiert wird (zu weiteren Beispielsfällen Voraufl Rn. 22f.).

28 Die ziselierte Judikatur des BGH zur Frage der Gläubigerbenachteiligung gem. § 129 InsO ist durch eine Entscheidung aus dem Spätherbst 2008[62] zur Frage der Verfügung über ein gepfändetes Konto nach Aussetzung der Pfändungsvollziehung weiter ausgebaut worden: Das Zentralfinanzamt M. hatte mit Pfändungs- und Einziehungsverfügung vom 20. 8. 2004 die Ansprüche der Schuldnerin gegen die Bank aus dem dort geführten Geschäftskonto gepfändet. Diese Pfändungs- und Einziehungsverfügung wurde durch das Zentralfinanzamt M. am 1. 9. 2004 gegen Zahlung von 16.000 € bis auf weiteres ausgesetzt. Der Vollstreckungsbeamte der beklagten Sozialversicherungsträgerin ließ sich von der Schuldnerin am 28. 10. 2004 einen Scheck aushändigen, den die Beklagte sodann bei der Bank zur Einlösung einreichte. Zur Zeit der Einreichung des Schecks standen gegen die Schuldnerin gerichtete Forderungen von insgesamt ca. 133.000 € liquide Mittel in Höhe von 2.600 € gegenüber. Nach einem Zahlungseingang von ca. 40.000 € zahlte die Bank am 8. 11. 2004 den Betrag von 4.000 € an die Zwangsvollstreckungsmaßnahmen der beklagten zuständigen Stelle aus. Am 12. 4. 2005 wurde das Insolvenzverfahren eröffnet und der Kläger als Insolvenzverwalter bestellt. Dieser klagt auf Rückgewähr der 4.000 €. Die beklagte Sozialversicherungsträgerin hat geltend gemacht, eine Gläubigerbenachteiligung läge im vorliegenden Fall nicht vor, da mit der Pfändungs- und Einziehungsverfügung die

61 BGH, Urt. v. 13. 3. 1997 – IX ZR 93/96 – ZIP 1997, 853, 854; BGH, Urt. v. 10. 12. 1998 – IX ZR 302/97 – ZIP 1999, 146, 147.
62 BGH, Urt. v. 20. 11. 2008 – IX ZR 130/07, ZIP 2009, 83.

Gelder auf dem fraglichen Konto ohnedies dem Zugriff der Gläubiger des Schuldners entzogen gewesen seien. Dem ist der IX. Zivilsenat zu Recht entgegengetreten. Die Aussetzung der Vollziehung der Pfändungs- und Einziehungsverfügung hat nämlich nach § 361 Abs. 2 S. 1 Halbs. 1 AO bewirkt, dass für ihre Dauer das Zahlungsverbot für den Drittschuldner – die Bank – und das Verfügungsverbot für den Schuldner unbeachtlich wurden. Die Verfügungsbefugnis der Schuldnerin über das Kontoguthaben war also für die Zeit der Wirkung der Aussetzung der Vollstreckungsmaßnahme wieder hergestellt. Damit konnten aber auch die übrigen Gläubiger der Schuldnerin auf das Konto Zugriff nehmen. Darauf, dass das Pfändungspfandrecht der Vollstreckungsgläubigerin als solches nicht entfallen ist,[63] kommt es, wie der IX. Zivilsenat überzeugend ausführt, nicht an. Denn die vorübergehende Freigabe des Kontos war im vorliegenden Fall ohne eine Bestimmung erfolgt, die Verfügungen des Schuldners nur an einen Gläubiger, nämlich den vollstreckenden Gläubiger, möglich machte oder von seiner Einwilligung oder Genehmigung abhängig machte. Da die Freigabe des Kontos hier uneingeschränkt erfolgte, war jedenfalls der auf dem Konto gutgeschriebene Betrag seinen Gläubigern haftendes Vermögen des Schuldners. Eine aus diesem Vermögen erfolgte Befriedigungshandlung führte daher, wie der BGH zutreffend feststellt, zur Benachteiligung der übrigen Gläubiger.

b) Grenzen der Gläubigerbenachteiligung. Eine Gläubigerbenachteiligung setzt voraus, dass infolge des anfechtbaren Rechtsgeschäfts Gegenstände des Schuldnervermögens (der künftigen Insolvenzmasse) weggeben worden sind. Dies liegt dann nicht vor, wenn schuldnerfremde Sachen vom Schuldner dem Dritten gegeben worden sind. Im Detail treten hier allerdings erhebliche Probleme auf. So ist z.B. die Mietsache, die vom Schuldner genutzt worden ist, zwar eine dem Vermieter gehörende und damit schuldnerfremde Sache. Das aus dem Mietvertrag fließende Nutzungspotenzial kann indes der Masse zustehen, wie § 112 InsO deutlich macht. Der Insolvenzanfechtung können demzufolge solche Rechtshandlungen unterliegen, die der Masse entgegen den Regelungen §§ 103 ff., 108, 112 InsO das Nutzungspotenzial der Masse entziehen. Eine Gläubigerbenachteiligung ist im Übrigen nicht gegeben, wenn etwa ein wertausschöpfend belastetes Grundstück weggegeben worden ist.[64] Ausschlaggebend ist insofern, ob die Sicherheit (noch) voll valutiert ist.[65] Eine Gläubigerbenachteiligung liegt demnach dann vor, wenn sich die Befriedigung der Konkursgläubiger im Fall des Unterbleibens der Rechtshandlung günstiger gestaltet hätte[66]. Bereits die bloße Erschwerung des Gläubigerzugriffs auf die Soll-Masse im Konkurs wird als ausreichend angesehen.[67] 29

Trotz dieses – systematisch überzeugenden – Ansatzes hat der BGH in der diesem Fall zugrunde liegenden Grundkonstellation der Vornahme anfechtbarer Rechtshandlungen des Schuldners während der vorläufigen Zustimmungsverwaltung später seine Judikatur geändert – und stellt nun auf Vertrauensschutzgesichtspunkte ab. 30

63 BGHZ, 162, 143, 156.
64 BGH, Urt. v. 23. 2. 1984 – IX ZR 26/83 – BGHZ 90, 207.
65 BGH, Urt. v. 10. 1. 1985 – IX ZR 2/84 – ZIP 1985, 372.
66 BGH, Urt. v. 20. 2. 1980 – VIII ZR 48/79 – NJW 1980, 1580, 1581; *Fehl*, in: Beck/Depré, Handbuch der Insolvenz, 1. Aufl. 2003, § 9 C Rn. 37.
67 BGH, Urt. v. 5. 11. 1980 – VIII ZR 230/79 – BGHZ 78, 318, 328.

3. Anfechtung der Zustimmung des vorläufigen Verwalters von Verfügungen des Schuldners

31 Mit einem im Jahr 2005 ergangenen Urteil[68] hat der IX. Zivilsenat noch einmal an die Judikatur des BGH unter Geltung der Konkursordnung angeknüpft, in der es unstreitig war, dass der Konkursverwalter solche Rechtshandlungen anzufechten berechtigt war, die er selbst in seiner Eigenschaft als Sequester vorgenommen hatte.[69]

32 Der Kläger war zum Insolvenzverwalter in dem über das Vermögen der Schuldnerin eröffneten Insolvenzverfahren eingesetzt worden. Zuvor hatte das Insolvenzgericht den Kläger zum Zustimmungsverwalter durch vorläufige Anordnung gem. § 21 InsO ernannt. In dieser Eigenschaft hatte der spätere Kläger zwar die Zustimmung der Auszahlung von Nettolöhnen, nicht aber einer Auszahlung der hierauf entfallenden Sozialversicherungsbeiträge erteilt. Die beklagte Sozialversicherungsträgerin kündigte ihm gegenüber darauf an, gegen ihn wegen Verstoßes gegen § 266a StGB Strafanzeige zu erstatten; um diese abzuwenden stimmte der Kläger unter dem Vorbehalt späterer Anfechtung und Rückforderung der Auszahlung der Arbeitnehmer an Beitragsanteile durch die Schuldnerin im Eröffnungsverfahren zu.

33 In seiner Entscheidung parallelisiert der BGH die Anfechtungsbefugnis wegen der Zustimmung des vorläufigen Insolvenzverwalters zu Rechtshandlungen des Schuldners auf der einen Seite und die Reichweite der Haftung der Masse für Rechtshandlungen des vorläufigen Insolvenzverwalters in Ausübung seiner eigenen Verfügungsbefugnis gem. § 55 Abs. 2 InsO. Nur soweit die Mitwirkung des vorläufigen Insolvenzverwalters an Schuldnerhandlungen zu Masseverbindlichkeiten führen würde, wäre die Anfechtung seiner Rechtshandlungen bzw. der Rechtshandlungen, an die nach §§ 130, 131 InsO angeknüpft wird, ausgeschlossen. Insofern ist freilich die vorliegende Entscheidung zwar für die Praxis hilfreich, da der IX. Zivilsenat sie in eine „Summe" münden lässt, wonach der maßgebliche Unterschied zwischen der Rechtshandlung des vorläufigen Insolvenzverwalters mit vollständiger Verwaltungs- und Verfügungsbefugnis gem. § 22 Abs. 1 InsO auf der einen Seite und großen Zustimmungsakten eines „Zustimmungsverwalters" auf der anderen Seite besteht. Gleichwohl ist es systematisch wenig hilfreich, wenn der IX. Zivilsenat von der „Anfechtung seiner (des vorläufigen Verwalters) Rechtshandlungen" spricht.

34 Dadurch wird – allerdings nicht ohne z.T. unklare Ausführungen im Schrifttum die hierzu Anlass zu bieten scheinen – erörtert, ob die Zustimmung des vorläufigen Insolvenzverwalters gem. § 21 Abs. 2 Nr. 2 Var. 2 InsO selbst Gegenstand einer gegebenenfalls auszuschließenden Insolvenzanfechtung sein kann. Dies ist aber, wie der IX. Zivilsenat immerhin doch im vorliegenden Urteil erkennen lässt, nicht der Fall. Soweit aber will der IX. Zivilsenat dann doch nicht gehen, da bereits in der Vergangenheit unter Geltung der KO, aber um so mehr unter Geltung der InsO mit ihrer detaillierteren Regelung der Befugnisse des vorläufigen Insolvenzverwalters und der verschiedenen Arten der Ausgestaltung seiner Stellung der Einwand erhoben wurde, es werde ein berechtigtes Vertrauen des Vertragspartners und späteren Anfechtungsgegners verletzt, wenn dem Insolvenzverwalter wegen Schuldnerhandlungen, die zur Befriedigung des Vertragspartners geführt hätten, eine Anfechtungsbefugnis eingeräumt wurde. Nun wäre nach der früheren Judikatur[70] die nahe liegende Konsequenz gewesen, zwischen befriedigten Altverbindlichkeiten und Neuverbindlichkeiten zu unterscheiden und bei letzterem den

---

68 BGH, Urt. v. 9. 12. 2004 – IX ZR 108/04 – ZIP 2005, 314; BGH, Urt. v. 15. 12. 2005 – IX ZR 156/04 – ZIP 2006, 431 m. Anm. Homann, EWiR 2006, 349 § 130 InsO 2/06.
69 *Smid*, DZWIR 2005, 414, 417.
70 BGH, Urt. v. 13. 3. 2003 – IX ZR 64/02 – BGHZ 154, 190, 194.

Gedanken eines Anfechtungsausschlusses wegen Bargeschäften gem. § 142 InsO heranzuziehen. Der IX. Zivilsenat ist aber diesen Weg im vorliegenden Urteil nicht gegangen. Vielmehr gibt der IX. Zivilsenat nunmehr dem Vertragspartner jedenfalls dann eine Einwendung gegen die spätere gegen ihn erhobene Anfechtungsklage, wenn der vorläufige Insolvenzverwalter gem. § 21 Abs. 2 Nr. 2 Var. 2 InsO Verträgen des Schuldners vorbehaltlos die Zustimmung erteilt hat, die der Schuldner mit dem Vertragspartner nach Anordnung von Sicherungsmaßnahmen beschließt und in deren Zusammenhang mit noch zu erbringenden Leistungen des Vertragspartners Erfüllungszusagen für Altverbindlichkeiten gegeben werden. Die vorliegende Entscheidung bewegt sich in der gegenwärtigen Tendenz des IX. Zivilsenats, seine Judikatur der vergangenen Jahre auf dem Gebiet des Insolvenzanfechtungsrechts zu relativieren.

In einer weiteren Entscheidung hat der BGH diese zur Einschränkung der Anfechtbarkeit solcher Verfügungen über das schuldnerische Vermögen fort, die nach Eröffnungsantrag und vorläufiger Anordnung des Insolvenzgerichts mit Bestellung eines vorläufigen Zustimmungsverwalters vorgenommen worden sind, aufgegriffen und fortgeschrieben.[71] Über die Frage wurde schon unter der Geltung der Konkursordnung gestritten. Die eingehenden Regelungen der §§ 21 ff. InsO haben diesen Streit nicht nur nicht beendet, sondern ihm neue Nahrung gegeben. **35**

Dieser lag folgender, geradezu typischer Sachverhalt zugrunde: **Beispielsfall:** Zwischen der Schuldnerin, die ein Unternehmen aus dem produzierenden Gewerbe betrieb und der späteren Beklagten bestand eine mehrjährige Geschäftsbeziehung, an der Schuldnerin und Beklagte auch nach Bestellung des vorläufigen Verwalters mit Zustimmungsvorbehalt durch das Insolvenzgericht festhalten wollten. Hierauf einigten sich Schuldnerin und Beklagte und es erfolgte eine Zahlung der Schuldnerin auf Altforderungen der Beklagten mit Zustimmung des Klägers. **36**

In seinem Urteil vom 13. 3. 2003[72] hatte der IX. Zivilsenat des BGH die Bezahlung von Altforderungen als unmittelbare Gläubigerbenachteiligung i. S. v. § 132 InsO qualifiziert.[73] Im vorliegenden Fall hat der erkennende Senat diese Vorschrift freilich nicht angewandt, weil die beklagte Gläubigerin im Prozess unwiderleglich behauptet hatte, die Vereinbarung mit der Insolvenzschuldnerin sei deshalb zustande gekommen, um die Gläubigerin davon abzuhalten, Aus- oder Absonderungsrechte auszuüben. In diesem Fall kommt nach einem in der vorliegenden Entscheidung ausgesprochenen obiter dictum des BGH eine Anfechtung der Zahlung nur in Betracht, wenn der Wert dieser Rechte offenkundig weitaus geringer war, als die Höhe der befriedigten Altforderung, wofür vorliegend keine Hinweise sprachen. Ausschlaggebend ist für Fallgestaltungen, die außerhalb des Bereichs des § 132 InsO liegen, Folgendes: Handelt ein vorläufiger Verwalter, auf den die Verwaltungs- und Verfügungsbefugnis des Schuldners übergegangen ist, und befriedigt er Altverbindlichkeiten, ist die damit verbundene Verfügung von der ihm insolvenzgerichtlich eingeräumten Ermächtigung grundsätzlich gedeckt; indes kann die Befriedigungshandlung insolvenzzweckwidrig und folglich nichtig sein. In den anderen Fällen, in denen ein vorläufiger Zustimmungsverwalter eingesetzt worden ist, ist zu berücksichtigen, dass der Schuldner grundsätzlich berechtigt bleibt, Verpflichtungen auch ohne das Einverständnis des vorläufigen Zustimmungsverwalters einzugehen. Dessen „Autorität“ (so der IX. Zivilsenat in der vorliegenden Entscheidung wörtlich) gründet sich vielmehr darauf, dass Verfügungen über das schuldnerische Vermögen ohne sein Einverständnis nicht wirksam werden. Da gerade dies, die Versagung oder Erteilung der Zustimmung zu Vermögensverfügungen, die Aufgabe des vorläufigen Zustimmungsverwalters ist, kann der Gläubiger grundsätzlich darauf vertrauen, dass eine Anfechtung derjenigen Rechtshandlungen des Schuldners, denen der vorläufige Zustimmungsverwalter die Zustimmung erteilt hat, von vornherein ausscheidet, da der vorläufige Verwalter durch die Erteilung der Zustimmung einen Schutz für den Vertrauenstatbestand gesetzt hat (§ 242 BGB). **37**

---

71 BGH, Urt. v. 9. 12. 2004 – IX ZR 108/04 – BGHZ 161, 315.
72 BGHZ 154, 190.
73 Hierzu vgl. *Güther*, Die Deckung von Altverbindlichkeiten durch den vorläufigen Insolvenzverwalter im Rahmen der Geschäftsfortführung als Gegenstand der Insolvenzanfechtung, Diss. Kiel 2005, Berlin 2006, S-INSO Bd. 4, passim.

38 Der Empfänger darf daher damit rechnen, ein auch nach Eröffnung des Insolvenzverfahrens nicht mehr entziehbares Recht erhalten zu haben.[74] Denn der Zustimmungsverwalter ist in die entsprechenden Erklärungen und Rechtshandlungen eingebunden, was eine spätere Entziehung der dem Gläubiger gewährten Vorteile ausschließt. Der BGH begründet dies damit, dass ohne einen solchen Vertrauensschutz bei Betriebsfortführungen es kaum möglich wäre, geeignete Vertragspartner zu finden und daher der Erhalt des Unternehmens gefährdet wäre. Dabei bleibt freilich außer Acht, dass sich die Vertragspartner des insolvenzschuldnerischen Unternehmens durch Formen des Bargeschäfts (§ 142 InsO; vgl. hierzu *Bräuer*, Ausschluss der Insolvenzanfechtung bei Bargeschäften nach Maßgabe des § 142 InsO, Diss. Kiel 2006) zu schützen. Der IX. Zivilsenat des BGH geht über diesen Bereich des Bargeschäfts indes hinaus und lässt das aus der Autorität der Zustimmung des vorläufigen Verwalters gegründete Vertrauen des Vertragspartners gegen eine Insolvenzanfechtung durchgreifen. Damit ist ein Regelfall formuliert. Die Ausnahme der Anfechtung der Erfüllung von Altverbindlichkeiten durch den Schuldner nach Eröffnung des Insolvenzverfahrens setzt voraus, dass der Gläubiger die Zustimmung des vorläufigen Verwalters nur aufgrund seiner wirtschaftlichen Machtstellung gegen den zunächst erklärten Widerstand des vorläufigen Verwalters durchsetzen konnte. Der Gläubiger kann nach Ansicht des BGH in derartigen Fallkonstellationen keinen Vorteil daraus ziehen, dass der vorläufige Verwalter den Widerstand, den er zunächst der Erfüllung von Altverbindlichkeiten entgegengesetzt hat, aufgrund wirtschaftlicher Zwänge wegen der besonderen Marktstärke bzw. Machtstellung des Gläubigers aufgegeben hat. Dass eine solche Ausnutzung einer wirtschaftlichen Machtstellung (z.B. durch die Drohung, die Weiterbelieferung der Schuldnerin einzustellen, sofern Altforderungen nicht erfüllt werden) erfolgte, hat der im Anfechtungsprozess klagende Insolvenzverwalter darzulegen und zu beweisen.

III. Keine Anfechtung der Erfüllung von Bargeschäften, § 142 InsO[75]

39 Eine Benachteiligung der Gläubiger liegt nicht vor, wenn der Gemeinschuldner für seine Leistung eine gleichwertige Gegenleistung erhält. Fließt der Masse aufgrund des fraglichen Geschäfts nämlich ein adäquater und realisierbarer Gegenwert zu, so liegt kein Grund vor, der eine Insolvenzanfechtung rechtfertigen könnte. So muss beispielsweise eine Benachteiligung bei der Vornahme von **Bargeschäften (§ 142 InsO)** verneint werden. Darunter versteht man die Geschäfte, bei denen Zug um Zug die Leistungen ausgetauscht werden.[76] Unter dem Aspekt der Gewährleistung des vermögensrechtlichen Verkehrs des späteren Gemeinschuldners während der Krise

---

74 BGH, Urt. v. 15. 12. 2005 – IX ZR 156/04 m. Anm. *Smid*, jprins 11/2006 Anm. 4.

75 *Kayser*, in: Fischer-F., 2008, 267, 269 ff. zum Ausnahmecharakter der Vorschrift; im übrigen Haarmeyer/Huber/Schnittmann (Hrsg.) – *Kupka*, Praxis der Insolvenzanfechtung, 2012, 271 ff.

76 *Nerlich*, in: Nerlich/Römermann, InsO, § 142 Rn. 3 ff.; *Riggert*, in: Braun, InsO, 2. Aufl. 2004, § 142 Rn. 3; *Durchführung von Überweisungsaufträgen* BGH, Urt. v. 7. 3. 2002 – IX ZR 223/01, DZWIR 2002, 385 = BGHZ 150,122; *Bähr/Smid*, Rechtsprechung 2006, 140; *dagegen „Sanierungsberater*: BGH, Urt. v. 26. 10. 2000 – IX ZR 289/99, WM 2001, 98; *Vorabzahlung Beraterhonorar als kongruente Deckung* BGH, Urt. v. 6. 12. 2007 – IX ZR 113/06, DZWIR 2008, 127; *Nicht bei Belastungsbuchungen, die eigene Forderungen der Bank betreffen* BGH, Urt. v. 11. 10. 2007 – IX ZR 195/04, DZWIR 2008, 116.

sollen normale Umsatzgeschäfte aus dem Bereich der Anfechtbarkeit herausgenommen werden. Zu Recht bemerkt der Reformgesetzgeber, der entscheidende Grund für die Ausnahmeregelung dieser Vorschrift liege in dem wirtschaftlichen Gesichtspunkt, dass ein Schuldner, der sich in der Krise befindet, praktisch vom Geschäftsverkehr ausgeschlossen würde, wenn selbst die von ihm abgeschlossenen wertäquivalenten Bargeschäfte der Anfechtung unterlägen.

Beispielsfall[77]: Die spätere Gesamtvollstreckungsschuldnerin unterhielt bei der Beklagten ein Girokonto, auf der ihr ein Kontokorrentkredit in Höhe von 1.500.000 DM eingeräumt war. Nach Eigenantrag der späteren Gesamtvollstreckungsschuldnerin ordnete das KreisG Frankfurt/Oder die Sequestration am 18. 11. 1993 an. Der Schuldsaldo betrug auf dem Konto an diesem Tage ca. 1.200.000 DM. Bis zum 23. 11. 1993 schrieb die Beklagte der späteren Gesamtvollstreckungsschuldnerin auf dem Konto ca. 250.000 DM gut. Sie ließ dagegen Belastungsbuchungen in Höhe von ca. 93.000 DM zu. Der klagende Gesamtvollstreckungsverwalter hat zunächst die Auszahlung aller Eingänge verlangt. In zweiter Instanz wurde die Beklagte zur Zahlung von 187.000 DM verurteilt. Der BGH hat die dagegen gerichtete Revision nur soweit zugelassen, als sie Belastungsbuchungen in Höhe von 93.000 DM vorgenommen hat. 40

Der BGH hat mit der zitierten Entscheidung[78] vom Gesamtvollstreckungsrecht, für das die Frage der Aufrechnungsbefugnis von Gläubigerbanken bereits Gegenstand des beachtenswerten Urteils des erkennenden Senats vom 25. Februar 1999 (WM 1999, 781) war, die Brücke zur Rechtslage nach den §§ 94ff. InsO und damit zum Insolvenzanfechtungsrecht geschlagen. Durch die von ihm veranlassten Überweisungsvorgänge trifft der Schuldner eigene Verfügungen. Ausschlaggebend ist, dass der Schuldner weiterhin geschäftlich tätig sein will und ihm dies durch die Verrechnung der Belastungen mit Gutschriften im Kontokorrent möglich bleibt. Umgekehrt *tilgt das Kreditinstitut nicht seine eigenen Forderungen gegenüber dem Kontoinhaber,* sondern führt unter Inanspruchnahme der gutgeschriebenen Beträge Aufträge des Schuldners aus. Der IX. Zivilsenat verweist insofern darauf, dass sich Ein- und Ausgänge vorliegend decken. Aufgrund des zeitlich engen Zusammenhangs zwischen Gutschrift und Belastungsbuchung[79] ist die Befriedigung der Forderung der Bank aus dem Kontokorrent im Wege der Saldenverrechnung anfechtungsrechtlich unter dem Gesichtspunkt eines Bargeschäfts i.S.v. § 142 InsO zu betrachten. Danach ist eine Leistung des Schuldners, für die unmittelbar eine gleichwertige Gegenleistung in sein Vermögen gelangt, nur anfechtbar, wenn die Voraussetzungen einer Absicht der Gläubigerbenachteiligung gem. § 133 Abs. 1 InsO gegeben sind.[80] In der vorliegenden Entscheidung erstreckt der IX. Zivilsenat diesen Gesichtspunkt auf das Aufrechnungsverbot des § 2 Abs. 4 GesO. Das ist nicht nur aufgrund der vom BGH angestellten Folgenerwägung plausibel. Würden die Banken sich bei der Durchführung von Überweisungsaufträgen der Gefahr ausgesetzt sehen, das im Kontokorrent verrechnete wieder zu verlieren, hätte dies eine zu frühzeitige Unterbrechung der Zahlungslinien zur Folge. Die Entscheidung des IX. Zivilsenats kann sich aber auch auf strukturelle 41

---

77 BGH, Urt. v. 6. 2. 2003 – IX ZR 449/99 – ZIP 2003, 675.

78 Vgl. die Entscheidung BGH, Urt. v. 23. 10. 2003 – IX ZR 10/02 – DZWIR 2004, 81; dazu *Smid,* DZWIR 2004, 265, 271.

79 Vgl. BGH, Urt. v. 7. 3. 2002 – IX ZR 223/01 – WM 2002, 951, 954f.; im Anschluss: BGH, Urt. v. 1. 10. 2002 – IX ZR 360/99, ZIP 2009, 2182, 2183; bestätigend: BGH, Urt. v. 15. 11. 2007 – IX ZR 212/06, ZIP 2008, 235.

80 Zu Recht spricht *Bork* (ZIP 2004, 1684ff.) von einer Renaissance des § 133 InsO.

Erwägungen stützen. Das durch § 2 Abs. 4 GesO statuierte Verbot einer Zwangsvollstreckung – die Rückschlagsperre – geht auf anfechtungsrechtliche Grundlagen zurück[81]. Es würde daher einen „Wertungswiderspruch" auslösen – zu einem Systembruch führen, wenn die Rückschlagsperre für solche Fälle Wirkungen entfalten würde, in denen das Insolvenzanfechtungsrecht nicht greifen könnte. Denn die Begrenzung des Aufrechnungsrechts im eröffneten Verfahren (vgl. § 96 Abs. 1 Nr. 3 InsO) würde hier durch den in § 142 InsO normierten Bargeschäftsgedanken überwunden.

42 Auch die Bestellung von Sicherheiten kann sich als Bargeschäft darstellen, das der Insolvenzanfechtung nicht unterliegt. Das ist der Fall, wenn der Konkursmasse durch das Rechtsgeschäft nur soviel entzogen wird, wie ihr umgekehrt zufließt, also im Falle der Gleichwertigkeit von Leistung und Gegenleistung.[82] Das kann, wie der BGH feststellt, durchaus auch bei Sicherheitenbestellungen im Einzelfall zu bejahen sein, etwa wenn die hingegebenen Sicherheiten den Wert des ausgezahlten Darlehens nur unwesentlich überschreiten. Das ist aber immer dann nicht der Fall, wenn die bestellten Sicherheiten (wie in den entsprechenden vorformulierten Sicherheitenabreden regelmäßig vorgesehen) alle Forderungen des Sicherungsnehmers abdecken sollen, gleich wann und aus welchem Anlass sie entstanden sind.

IV. Anfechtungsrechtliche Beurteilung gescheiterter Sanierungsversuche[83]

43 Problematisch ist die Beurteilung gescheiterter Sanierungsversuche, denn für § 133 Abs. 1 InsO genügt die bloße mittelbare Gläubigerbenachteiligung. Wenn bei Vornahme des Sanierungsgeschäftes konkrete Tatsachen vorlagen, infolge derer der Schuldner vom Erfolg der Sanierung und der damit verbundenen späteren Gläubigerbefriedigung ausgehen konnte, war nach der bisherigen (zur Vergleichs- und Konkursordnung ergangenen!) Judikatur des BGH regelmäßig eine Benachteiligungsabsicht zu verneinen.[84] Zur Erfüllung des subjektiven Tatbestandes war es danach erforderlich, dass der Anfechtungsgegner von der Benachteiligungsabsicht des Schuldners zur Zeit der Vornahme der Rechtshandlungen Kenntnis hatte.[85] Dieser Beweis war vom Insolvenzverwalter zu erbringen.[86]

44 So hat der BGH mit Urt. v. 12. November 1992[87] im Falle einer fehlgeschlagenen Sanierung entschieden, die Inkongruenz der Deckung sei ein Beweiszeichen für das Vorliegen der Benachteiligungsabsicht, das aber bei Geringfügigkeit der Inkongruenz „herabgesetzt" und gar entkräftet werde, wenn die angefochtene Rechtshandlung in unmittelbarem Zusammenhang mit der Durchführung eines Sanierungskonzepts steht. Dieser Entscheidung muss freilich widersprochen werden, da sie nicht nur die

---

81 *Smid*, JZ 1995, 1150 ff. m.w.N.

82 BGH, Urt. v. 21. 12. 1977 – VIII ZR 255/76 – BGHZ 70, 177, 185 (Lastschriftverfahren); BGH, Urt. v. 26. 1. 1977 – VIII ZR 122/75 – NJW 1977, 718 (Grundschuldbewilligung gegen Krediträumung); BGH, Beschl. v. 27. 9. 1984 – IX ZR 3/84 – WM 1984, 1430.

83 BGH, Urt. v. 8. 12. 2011 – IX ZR 156/09, ZIP 2012, 137.

84 BGH, Urt. v. 12. 11. 1992 – IX ZR 236/91 – ZIP 1993, 276; *Paulus*, in: Kübler/Prütting, Kommentar zur Insolvenzordnung, § 133 Rn. 11.

85 Zur Kenntnis der Bank bei inkongruenter Deckung: BGH, Urt. v. 13. 1. 2005 – IX ZR 457/00 m. Anm. *Smid*, jprins 1/2005 Anm. 4.

86 *Baur/Stürner*, Zwangsvollstreckungs-, Konkurs- und Vergleichsrecht, Bd. II, 12. Aufl. 1990, § 19 Rn. 19.17, *de Bra*, in: Braun, InsO, 2. Aufl. 2004, § 133 Rn. 22.

87 BGH, Urt. v. 12. 11. 1992 – IX ZR 236/91 – ZIP 1993, 276.

ökonomischen Interessen bei Sanierungsversuchen verkennt, sondern, gravierender, daran vorbeigeht, dass der vorkonkursliche Sanierungsversuch eine schwerwiegende Einflussnahme auf das Verhältnis zwischen späterem Gemeinschuldner und den übrigen Gläubigern darstellt, deren Rechtsdurchsetzungsaussichten beim Fehlschlagen der Sanierung oftmals nachdrücklich geschmälert werden, in aller Regel ohne dass sie Möglichkeiten haben, auf den Gang des Sanierungsversuches einzuwirken. Der Sanierungsversuch widerlegt daher nicht die Gläubigergefährdung.

Die Bezahlung der Kosten außergerichtlicher Sanierung (insbesondere Honorare eines Sanierungsberaters) unterliegt der Insolvenzanfechtung, da der Gesetzgeber mit der InsO für die gerichtliche Sanierung im Insolvenzverfahren optiert hat. Die Honorare der Sanierungsberater unterliegen nur dann nicht der Insolvenzanfechtung, wenn ihre Zahlung als Bargeschäft nach § 142 InsO qualifiziert und die Beratung zutreffend, also im Falle antragspflichtiger Schuldner auf die Einleitung eines Insolvenzverfahrens durch Eigenantragstellung gerichtet war.[88] 45

V. Voraussetzungen einer Gläubigerbenachteiligungsabsicht bei Unternehmensgründung

Der Gründer eines Unternehmens hatte der finanzierenden Bank nahezu sein gesamtes Vermögen zur Sicherung der Kredite übertragen. Der BGH[89] hat darauf erkannt, dabei handele der Gründer nicht mit Gläubigerbenachteiligungsvorsatz gem. § 133 Abs. 1 S. 1 InsO, wenn er die nicht unberechtigte Hoffnung hegen könne, die von ihm beabsichtigte Unternehmensgründung werde Erfolg haben. Der IX. Zivilsenat lehnt es in diesem Zusammenhang ab, die Grundsätze auf die Anschubfinanzierung von neu gegründeten Unternehmen anzuwenden, die von der Judikatur für die anfechtungsrechtliche Beurteilung von Sanierungskrediten entwickelt worden sind.[90] Die später beklagte Hausbank der Schuldnerin einer F GmbH, die wärme- und kältetechnische Anlagen herstellen und vertreiben sollte, der Schuldnerin Kontokorrentkredite über 750.000 und 870.000 DM gewährt. Nach dem Geschäftskonzept sollte eine Liquiditätslücke in Höhe von bis zu 800.000 DM mit Kontokorrentkrediten gedeckt werden, bis das Unternehmen nach seiner Gründung nach 18 Monaten in die Gewinnzone komme. Bei der Gründung veranschlagte der Gründer einen bestimmten Gesamtinvestitionsbedarf, legte Eigenmittel zugrunde sowie Fördermittel, die ihm auch gewährt wurden. Zur Sicherung der im Rahmen der Unternehmensgründung in Anspruch genommenen Darlehen verbürgte sich der Gründer selbstschuldnerisch, verpfändete eine Lebensversicherung und trat der beklagten Bank seine Außenstände aus Fördermitteln und Ansprüche aus auf Mehrwertsteuererstattung ab. Ferner wurden Grundschulden über insgesamt 2,6 Mio. DM am Betriebsgrundstück der Schuldnerin bestellt. Schließlich wurden der Beklagten alle Forderungen aus Warenlieferungen und Leistungen abgetreten und ihre alle neu anzuschaffenden Maschinen, Geräte und Einrichtungsgegenstände zur Sicherheit übereignet. Nachdem das Ge- 46

88 Vgl. m.w.N. *Smid*, in: Konecny, Insolvenzforum 2004, S. 189 ff.; zur Frage des Bargeschäftes bei Rechtsanwaltsleistungen betreffend die Antragsstellung: BGH, Urt. v. 6. 12. 2007 – IX ZR 113/06, DZWIR 2008, 127.
89 BGH, Urt. v. 5. 3. 2009 – IX ZR 85/07, ZIP 2009, 922.
90 BGH, Urt. v. 5. 3. 2009 – IX ZR 85/07, ZIP 2009, 922.

schäftskonzept der Schuldnerin nicht aufgegangen war und die vorhergesehenen Umsatzerlöse ausgeblieben waren, wurde das Insolvenzverfahren über das Vermögen der Schuldnerin eröffnet und der spätere Kläger als Insolvenzverwalter bestellt, der sich mit der Beklagten auf eine Veräußerung des Betriebsgrundstücks und des möglichen Anlagevermögens der Schuldnerin einigte. Hieraus wurde eine Gesamterlös von 520.000 € erzielt, der von der Masse separiert wurde, bis darüber eine Einigung zwischen den Parteien oder eine rechtskräftige Entscheidung ergehe. Die Berufungsinstanz hatte die Rechtsauffassung vertreten, die Sicherheitenbestellung sei nach § 133 InsO aus dem Gesichtspunkt vorsätzlicher Gläubigerbenachteiligung durch den Schuldner anfechtbar gewesen.[91] Der IX. Zivilsenat hat sich dieser Auffassung nicht angeschlossen. Der IX. Zivilsenat betont dabei, dass der Schuldner mit Gläubigerbenachteiligungsabsicht handelt, wenn er die Benachteiligung seiner Gläubiger als Erfolg seiner Rechtshandlung will oder sie als mutmaßliche Folge erkennt und billigend in Kauf nimmt.[92] Dies setzt das Wissen voraus, dass er neben dem Anfechtungsgegner nicht alle Gläubiger innerhalb angemessener Zeit befriedigen kann. Unter diesen Voraussetzungen ist eine Benachteiligungsabsicht des Schuldners nur unter der Voraussetzung ausgeschlossen, dass er aufgrund konkreter Umstände – wie der gewissen Aussicht, demnächst Kredit zu erhalten oder Forderungen realisieren zu können – damit rechnen kann, dass er seine Liquiditätskrise zu überwinden imstande sein wird. Hiervon grenzt der IX. Zivilsenat aber Gründungsvorgänge ab. Das macht die vorliegende Entscheidung außerordentlich wichtig in einer Zeit, in der Kapital für Unternehmensneugründungen mobilisiert werden können muss und die Kreditwirtschaft in den Stand gesetzt werden muss, Unternehmensneugründungen mit Überbrückungskrediten auszustatten. Würden derartige Fälle nach Maßgaben von Sanierungskrediten behandelt, würde dies eine Haftungslage für die Beteiligten kreieren, die auf Dauer investitionshemmend in höchstem Maße sein würde. Der IX. Zivilsenat argumentiert denn auch, dass bei der Unternehmensgründung ein schuldnerisches Unternehmen regelmäßig dann nicht illiquide (§ 17 Abs. 2 InsO) sei, wenn der Gründungsvorgang kreditiert werde und daher Liquidität zur Verfügung stehe. Die finanzierende Bank muss denn auch dann nicht damit rechnen, dass die ihr hierfür bestellten Sicherheiten im Wege der Insolvenzanfechtungen in einem Zeitraum von 10 Jahren vom Eröffnungsantrag zurückgerechnet wieder entzogen werden, wenn die begründete Aussicht bestanden hat, dass das Unternehmens- und Finanzierungskonzept des Unternehmensgründers Aussicht auf Erfolg gehabt habe.

VII. Fristen. Zeitpunkt der anfechtbaren Rechtshandlung

47 Für die Berechnung der im Rahmen der Anfechtungstatbestände maßgeblichen Zeiträume hat der Gesetzgeber in Anlehnung an die §§ 187 Abs. 1, 188 Abs. 2 und 3 BGB Regelungen getroffen: Nach § 139 Abs. 1 InsO beginnen die in den §§ 88, 130 bis 136 InsO bestimmten Fristen mit dem Anfang des Tages, der durch seine Zahl dem Tag entspricht, an dem der Antrag auf Eröffnung des Insolvenzverfahrens beim Insol-

91 Kritisch dagegen: *Cranshaw*, JurisPR-InsR17/07 Anm. 3.
92 BGH, Urt. v. 18. 12. 2008 – IX ZR 79/07, ZIP 2009, 573.

venzgericht eingegangen ist. Die Frist beginnt mit dem Anfang des folgenden Tages, wenn ein solcher Tag fehlt. § 139 Abs. 2 InsO ordnet an, dass der erste zulässige und begründete Antrag maßgeblich ist[93], wenn mehrere Eröffnungsanträge gestellt worden sind, auch wenn das Verfahren auf Grund eines späteren Antrags eröffnet worden ist.[94] Ein rechtskräftig abgewiesener Antrag wird nur berücksichtigt, wenn er mangels Masse abgewiesen worden ist.[95]

Danach wäre grundsätzlich zwar nur ein begründeter Antrag geeignet, die Wirkung des § 139 Abs. 2 InsO auszulösen.[96] War der einmal gestellte zeitlich frühere Fremdantrag aber begründet, also lag sowohl ein Eröffnungsgrund (§ 17 oder § 19 InsO) vor als auch zunächst insofern begründet, als dem Antragssteller eine Forderung gegen die Antragsgegnerin zustand, ist der Antrag aber durch das infolge Zahlung seitens der Schuldnerin an den Antragssteller eingetretene Erlöschen der Forderung unbegründet geworden, wäre dem Zweck des § 139 Abs. 2 InsO entsprechend auch dieser zeitlich frühere Antrag bei der Berechnung der Fristen der §§ 130ff. InsO zugrunde zu legen. Denn es kann vor dem Hintergrund der Funktion des § 139 Abs. 2 InsO das Argument nahe liegen, dass in Fällen, in denen der Antragsteller mit seinem – anfänglich begründeten – „Druckantrag“[97] die Leistung des Schuldners motiviert hat, der Eintritt der Unbegründetheit des Antrages insoweit außer Betracht bleibt, als diese sich auf das Erlöschen der Gläubigerforderung bezieht. Andernfalls würde das in einer Lage materieller Insolvenz des Schuldners „an sich“ der Insolvenzanfechtung unterliegende Handeln eines Gläubigers in einer den Zweck der Vorschriften der §§ 129ff. InsO verfehlenden Weise „belohnt“.[98] **48**

Nach § 140 Abs. 1 InsO[99] gilt eine Rechtshandlung als in dem Zeitpunkt vorgenommen, in dem ihre rechtlichen Wirkungen eintreten bzw. bei Rechtshandlungen, deren Wirksamkeit von einer registerrechtlichen Eintragung abhängig sind, wenn die Willenserklärung des Schuldners für ihn bindend geworden ist und der andere Teil[100] den Antrag auf Eintragung der Rechtsänderung gestellt hat. Ist der Antrag auf Eintragung einer Vormerkung zur Sicherung des Anspruchs auf die Rechtsänderung gestellt worden, tritt dieser Antrag an die Stelle des Antrags auf Eintragung der Rechtsänderung, § 140 Abs. 2 InsO. **49**

Ausgangsnorm ist § 140 Abs. 1 InsO. Bei mehraktigen Rechtshandlungen (Beisp.: Übereignung durch Einigung und Übergabe) kommt es auf den letzten wirksamkeitsbegründenden Teilakt an[101]. Abgrenzungsschwierigkeiten treten z.T. bei Dauerschuldverhaltnissen auf. Deren wichtigste Essentialia sind zwar schon im Ausgangsvertrag (z.B. Arbeits- oder Mietvertrag) – idR. auch terminlich – vorab bestimmt – Der synallagmatische Leistungsaustausch unterliegt jedoch durchweg einer gesonderten periodischen (häufig monatlichen)Betrachtung i.S.v. Anspruchsneubegründung. Es **50**

93 BGH, Urt. v. 2. 4. 2009 – IX ZR 145/08, ZIP 2009, 921.
94 BGH, Urt. v. 15. 11. 2007 – IX ZR 212/06, ZIP 2008, 235.
95 *G. Fischer*, ZIP 2004, 1679ff.
96 OLG Dresden, Urt. v. 31. 1. 2001 – 13 U 2535/00 – ZInsO 2001, 175ff.
97 Vgl. BGH, Urt. v. 20. 11. 2001 – IX ZR 48/01 – ZIP 2002, 87ff.; AG Hamburg, Beschl. v. 11. 12. 2000 – 67c IN 257/00 – ZIP 2001, 257.
98 Im Ergebnis: OLG Celle, Urt. v. 14. 9. 2000 – 13 U 255/99 – InVO 2002, 54; LG Lüneburg, Urt. v. 21. 10. 1999 – 4 O 93/99 – InVO 2002, 59; LG Magdeburg, Urt. v. 23. 2. 2001 – 10 O 2930/00 – InVO 2002, 60.
99 *Eckert*, Probleme der Bestimmung des für die Insolvenzanfechtung relevanten Zeitpunktes nach § 140 InsO, 2003.
100 Kritisch *Jauernig*, in: FS Uhlenbruck, 2000, S. 3, 14: Aufgrund eines Redaktionsversehens sei auch die Antragstellung durch den Gemeinschuldner einzubeziehen.
101 BGH, Urt. 11. 2. 2010 – IX ZR 104/07 Rn. 13.

erfolgt nämlich eine periodische Zahlung nur gegen periodischen Leistungserhalt. Das wirft die Frage nach der Reichweite der Sondernorm des § 140 Abs. 3 InsO auf: Ausser Betracht bleiben von „Bedingungen" oder „Befristungen". Unter Abs. 3 fallen nur rechtsgeschäftliche Bedingungen oder Befristungen, die genannte Vorschrift soll nur das Anwartschaftsrecht schützen[102], so entsteht der Anspruch des Vermieters auf Mietzinszahlung ebenfalls zum Anfang jeden Monats neu.

51 Nach wie vor ist es aufgrund der Judikatur des BGH unklar, ob sich § 140 Abs. 3 InsO nur auf bedingte oder befristete (Voraus)„Verfügungen"[103] oder auf die hiermit übertragenen, ggf. bedingten oder befristeten „Forderungen" bezieht.[104] Hierzu hat der BGH[105] den Satz aufgestellt, § 140 Abs. 3 InsO sei in den Fällen einer Vorausabtretung, Verpfändung oder Pfändung einer künftigen Forderung insofern nicht einschlägig, als die Entstehung der Forderung keine „Bedingung" für das Wirksamwerden der Vorausverfügung (also den Rechtsübergang bzw. den Erwerb des Pfändungspfandrechts)darstelle.§ 140 Abs. 3 InsO erfasse ohnedies nur Falle rechtsgeschäftlicher Bedingungen oder Befristungen; Zwangsvollstreckungsmaßnahmen seien darunter nicht subsumierbar.

52 § 140 Abs. 3 InsO setze schließlich voraus, dass die Rechtshandlung, an die angeknüpft werde, dem Gläubiger bereits eine gesicherte und werthaltige Rechtsposition verschafft habe (also z.B. bei der Miete die Überlassung schon stattgefunden habe). Der BGH wiederholt mit dem Urt. 17.9. 2009[106] ferner, dass ein bloßer Austausch gleichwertiger Sicherheiten nicht gläubigerbenachteiligend ist; Masseneutralitat setze aber voraus, dass die Alternativsicherheit auch bereits durchsetzbar bestehe. An dieser Judikatur ist wichtig und neu, dass der Haftungsverband der Grundschuld (§§ 1192 Abs. 1, 1123 Abs. 1 BGB) nach Ansicht des BGH für sich genommen allein noch kein dingliches Absonderungsrecht verschaffe.[107] In dieser Phase sei der Mietzins durch andere Gläubiger noch vollstreckbar (§ 865 Abs. 2 S. 2 ZPO)Entscheidend sei die reale Lage, nicht ein hypothetischer Kausalverlauf. Deshalb müsse der ZVG-Beschlag hinzukommen, also die Zwangsverwaltung nach §§ 146 Abs. 1, 148 Abs. 1 S. 1 ZVG, 20 Abs. 2, 21.

---

102 BGH, Urt. 11. 3. 2010 – IX ZR 104/09 Rn. 19. BSG, Urt. 3. 2. 2010 – B 6 KA 30/08 zum System der Vertragsarzthonorierung: schon Honoraranwartschaft vor dem maßgebl. „Bescheid. Grundlegend zusammenfassend, im speziellen Kontext von § 96 Abs. 1 Nr. 3 InsO, aber teils auch abw. zu früheren Judizien BGH, Urt. 17. 9. 2009 – IX ZR 106/08: Anspruch des Arbeitnehmers auf monatlichen Arbeitslohn entsteht zum Anfang jeden Monats neu (zuvor hat der Arbeitnehmer noch keine gesicherte Position; § 140 Abs. 3 InsO gilt hier nicht. Dazu ausf. Schon BGH, Urt. 17. 7. 2008 – IX ZR 203/07 Rn. 5

103 So insbes. *Ohlshausen*, ZIP 2010, 2073, 2075 u. zuvor bereits KTS 2009, 481, 483 f.

104 So BGH, Urt. 11. 2. 2010 – IX ZR 104/07 Rn. 13.

105 BGH, Urt. 17. 9. 2009 – IX ZR 106/08 Rn. 13.

106 BGH, Urt. v. 17. 9. 2009 (IX ZR 106/08.

107 Aufgabe von BGH, Urt. 9. 11. 2006 – IX ZR 133/05.

§ 18 Die Insolvenzanfechtung zur Beseitigung einseitiger Befriedigung oder Sicherung einzelner Gläubiger

I. Übersicht über die Insolvenzanfechtung von Rechtshandlungen zur Beseitigung nach den §§ 130, 131 InsO

1. „Materielle Insolvenz“[1] – Zeitliche Vorverlagerung der Insolvenzwirkungen

a) Grundsatz. Die besondere Insolvenzanfechtung nach den §§ 130, 131 InsO basiert auf dem Gedanken, dass zeitlich gesehen von der Zahlungseinstellung oder dem Eröffnungsantrag an das Vermögen des Schuldners der Gemeinschaft seiner Gläubiger verfallen ist. Über die Tatbestände der §§ 130, 131 InsO soll nun versucht werden, die gleichmäßige Befriedigung aller Konkursgläubiger schon zu einem früheren Zeitpunkt als dem der formellen Konkurseröffnung zu sichern, indem bestimmte Massebeeinträchtigungen, die nach der Zahlungseinstellung oder Antragstellung bzw. noch einen Monat davor vorgenommen worden sind, der Anfechtung unterworfen werden. 1

b) „Kritischer“ Zeitraum. Der Zeitraum zwischen Zahlungseinstellung bzw. dem Eröffnungsantrag und der Eröffnung des Insolvenzverfahrens wird Krise genannt.[2] Seine Zahlungen hat eingestellt, wer zwar noch geringe Zahlungen leistet, aber einem Großgläubiger, der die wirtschaftlichen Verhältnisse kennt, erklärt, dass er dessen ernsthaft angeforderte, einen wesentlichen Teil seiner fälligen Verpflichtungen bildende Forderung auch nicht teilweise mehr erfüllen könne.[3] Die Überschuldung allein ist kein Indiz für den Eintritt der Zahlungseinstellung[4] (oben § 3 Rn. 30ff.). Hiervon ist die Zahlungsstockung zu unterscheiden, bei der der Gläubiger erwarten kann, dass der Schuldner in bestimmter, vorübergehender Zeit zahlt.[5] 2

2. Anfechtung wegen „kongruenter Deckung“, § 130 InsO[6]

a) Übersicht. Unter dem Tatbestand der kongruenten Deckung versteht man Fälle, in denen der Gläubiger vom Schuldner die Erfüllung oder Sicherung kurz vor oder während der Krise verlangen durfte.[7] Die Anfechtung der kongruenten Deckung wird ermöglicht, weil kein Gläubiger während der Krise sich irgendwelche Vorteile sichern 3

---

1 *Gerhardt,* in: Einhundert Jahre Konkursordnung, 1977, S. 111, 130 m. Nachw. dort N. 35.
2 *Huber,* in: Gottwald, Insolvenzrechts-Handbuch, 3. Aufl. 2006, § 47 Rn. 6.
3 BGH, Urt. v. 10. 1. 1985 – IX ZR 4/84 – NJW 1985, 1785; *Kind,* in: Braun, InsO, 2. Aufl. 2004, § 17 Rn. 27; *Eilenberger,* in: MünchKomm, InsO, 1. Aufl. 2001, § 17 Rn. 26ff.
4 *Huber,* in: Gottwald, Insolvenzrechts-Handbuch, 3. Aufl. 2006, § 47 Rn. 10.
5 *Huber,* in: Gottwald, Insolvenzrechts-Handbuch, 3. Aufl. 2006, § 47 Rn. 9; *Kind,* in: Braun, InsO, 2. Aufl. 2004, § 17 Rn. 7ff.
6 *Zeuner,* Die Anfechtung in der Insolvenz, 2. Aufl. 2007, Rn. 84ff.
7 *Gerhardt/Kreft,* Aktuelle Probleme der Insolvenzanfechtung, 7. Aufl. 1996, S. 131; *de Bra,* in: Braun, InsO, 2. Aufl. 2004, § 130 Rn. 1.

soll,[8] selbst wenn ihm eine Befriedigung zusteht. Der Grundsatz der gleichmäßigen Befriedigung aller Gläubiger ist gleichsam das vom Anfechtungsrecht sanktionierte „oberste Gebot" des Konkurses.[9]

4 **b) Einzelne Regelungen.** Die Anfechtbarkeit vor dem Eröffnungsantrag vorgenommener Rechtshandlungen wird im Interesse der Rechtssicherheit zeitlich begrenzt. § 130 Abs. 1 Nr. 1 InsO sieht hier einen Zeitraum von drei Monaten vor dem Eröffnungsantrag vor. Unberührt bleibt die Anfechtung nach anderen Tatbeständen, insbesondere wegen vorsätzlicher Benachteiligung (§ 133 InsO).

5 Nach § 130 Abs. 1 Nr. 1 InsO[10] ist eine Rechtshandlung anfechtbar, die einem Insolvenzgläubiger eine Sicherung oder Befriedigung gewährt oder ermöglicht hat, wenn sie in den letzten drei Monaten vor dem Antrag auf Eröffnung des Insolvenzverfahrens vorgenommen worden ist, wenn zur Zeit der Handlung der Schuldner zahlungsunfähig war und wenn der Gläubiger zu dieser Zeit die Zahlungsunfähigkeit kannte.[11] Die Anforderungen an die Feststellung der Zahlungsunfähigkeit sind nicht zu überspannen, wie der folgende Fall zeigt: Im Drei-Monats-Zeitraum vor Antragstellung hatte die Schuldnerin die Sozialversicherungsträgerin um Zahlungsstundung gebeten, da sie zur Zahlung der Sozialversicherungsbeiträge zum Zeitpunkt ihrer Fälligkeit außer Stande war. Zugleich zahlte sie mittels zweier Schecks, mit denen ihr Konto belastet wurde, an die spätere Beklagte, ein Wirtschaftsprüfungsunternehmen, ca. 118.000 DM Honorar aus. Nach Eröffnung des Insolvenzverfahrens über das Vermögen der Schuldnerin nahm der Insolvenzverwalter im Wege der Insolvenzanfechtung die Beklagte auf Rückzahlung des Honorars aus dem Gesichtspunkt kongruenter Deckung in Anspruch. Die Vorinstanzen wiesen diese Klage ab, da der Eintritt der Zahlungsunfähigkeit nicht festgestellt sei. Dem ist der IX. Zivilsenat des BGH[12] entgegengetreten. Da bereits die **tatsächliche Nichtzahlung eines erheblichen Teils der fälligen Verbindlichkeiten** die Zahlungseinstellung begründet, lag in der Erklärung der Schuldnerin, die Sozialversicherungsbeiträge nicht zahlen zu können zugleich die Erklärung, jedenfalls dann die Zahlung einzustellen, wenn die angestrebte Stundung nicht erfolgte. § 130 Abs. 1 Nr. 2 InsO lässt die Anfechtung von Rechtshandlungen zu, wenn sie nach dem Eröffnungsantrag vorgenommen worden sind und wenn der Gläubiger zur Zeit der Handlungen die Zahlungsunfähigkeit oder den Eröffnungsantrag kannte. Der objektive Tatbestand des § 130 Abs. 1 InsO erfasst mit dem Begriff „Insolvenzgläubiger" auch die nachrangigen Gläubiger gem. § 39 Abs. 1 InsO. Weiter werden auch Rechtshandlungen einbezogen, die eine Deckung „ermöglichen". Damit sollen besonders Prozesshandlungen erfasst werden, die – wie ein Anerkenntnis – selbst zwar keine Deckung gewähren, jedoch zu einer solchen führen können. § 130 InsO stellt nicht auf die Zahlungseinstellung, sondern auf die

---

8 *Nerlich*, in: Nerlich/Römermann, InsO, § 129 Rn. 5; § 130 Rn. 4; *Kirchhof*, in: MünchKomm, InsO, 1. Aufl. 2001, §§ 129 bis 147 Rn. 1; *Fehl*, in: Beck/Depré, Handbuch der Insolvenz, 1. Aufl. 2003, § 9 Rn. 52.

9 BGH, Urt. v. 15. 3. 1972 – VIII ZR 159/70 – BGHZ 58, 240.

10 *Breutigam/Tanz*, ZIP 1998, 717; *Fehl*, in: Beck/Depré, Handbuch der Insolvenz, 1. Aufl. 2003, § 9 Rn. 62 f.

11 BGH, Urt. v. 27. 3. 2008 – IX ZR 98/07, DZWIR 2008, 24.

12 BGH, Urt. v. 12. 10. 2006 – IX ZR 228/03 – ZIP 2006, 2222.

Zahlungsunfähigkeit ab. In diesen Fällen soll die Anfechtung unter den gleichen Voraussetzungen möglich sein wie bei einer allgemeinen Einstellung der Zahlungen. § 130 InsO hält an den subjektiven Voraussetzungen in der Person des Anfechtungsgegners fest. Es genügt nach dieser Vorschrift die grob fahrlässige Unkenntnis der Zahlungsunfähigkeit[13] oder des Eröffnungsantrags. Ein Gläubiger, der eine vertraglich geschuldete Leistung erhalten hat, muss grundsätzlich darauf vertrauen können, dass er die ihm zustehende Leistung behalten darf.[14] Dieses Vertrauen verdient jedoch dann keinen Schutz, wenn er wusste, dass die Krise eingetreten war. Er trägt dann das Risiko, dass er die empfangene Leistung zur Insolvenzmasse zurückgewähren muss, wenn das Insolvenzverfahren innerhalb einer bestimmten Zeit eröffnet wird.[15] Die zeitliche Nähe des Erwerbs zur Verfahrenseröffnung rechtfertigt aber auch, die grob fahrlässige Unkenntnis der Krise genügen zu lassen.

c) Sonderregelung für Wechsel- und Scheckzahlungen. Wechsel- oder Scheckzahlungen des Schuldners können nach Maßgabe des **§ 137 Abs. 1 InsO** nicht auf Grund des § 130 InsO vom Empfänger zurückgefordert werden, wenn nach wechsel- bzw. scheckrechtlichen Regelungen (vgl. Art. 43ff., 77 WG) der Empfänger bei einer Verweigerung der Annahme der Zahlung den Wechselanspruch gegen andere Wechselverpflichtete verloren hätte.[16] 6

3. Anfechtung wegen „inkongruenter Deckung", § 131 InsO[17]

a) Übersicht. Im Fall der inkongruenten Deckung des § 131 InsO befindet sich der Anfechtungsgegner in einer ungünstigeren Lage als bei § 130 InsO. Im Einzelnen erlaubt diese Vorschrift eine Anfechtung des Rechtsgeschäfts in Fällen, in denen dem Gläubiger eine „inkongruente Deckung" gewährt wird. Davon ist auszugehen, wenn dem Gläubiger vor oder während der Krise unberechtigte Sicherungen oder Befriedigungen gewährt werden, die dieser nicht in der Art (Befriedigung bei Hingabe an Erfüllung statt – statt vereinbarter Bezahlung erfolgt Warenlieferung)[18] oder nicht zu der Zeit (Beanspruchung einer noch nicht fälligen Forderung) zu beanspruchen hätte.[19] 7

---

13 *Breutigam/Tanz,* ZIP 1998, 717, 718; *Fehl,* in: Beck/Depré, Handbuch der Insolvenz, 1. Aufl. 2003, § 9 Rn. 64; Zur Kenntnis des Arbeitnehmers: BGH, Urt. v. 19. 2. 2009 – IX ZR 62/08, ZIP 2009, 526.

14 BGH, Urt. v. 6. 4. 2006 – IX ZR 185/04 m. Anm. *Cranshaw,* jprins 18/2006 Nr. 1.

15 Vgl. ferner: BGH, Urt. v. 20. 11. 2001 – IX ZR 48/01, BGHZ 149, 178, 184f.

16 *Obermüller,* Insolvenzrecht in der Bankpraxis, 5. Aufl. 1997, Rn. 3195, 3326; *Fehl,* in: Beck/Depré, Handbuch der Insolvenz, 1. Aufl. 2003, § 9 Rn. 67.

17 *Zeuner,* Die Anfechtung in der Insolvenz, 1998, Rn. 122ff.

18 BGH v. 26. 5. 1971 – VIII ZR 61/70 – WM 1971, 908.

19 *Huber,* in: Gottwald, Insolvenzrechts-Handbuch, 3. Aufl. 2006, § 47 Rn. 35; *de Bra,* in: Braun, Handbuch der Insolvenz, 1. Aufl. 2003, § 131 Rn. 16; *Fehl,* in: Beck/Depré, Handbuch der Insolvenz, 1. Aufl. 2003, § 9 Rn. 68ff.; *Leistung auf Drohung mit Insolvenzantrag:* BGH, Urt. v. 18. 12. 2003 – IX ZR 199/02, DZWIR 2004, 297 = BGHZ 157, 242, *Bähr/Smid,* Rechtsprechung 2006, 152; *Anwendbarkeit des § 96 Abs. 1 Nr. 3 InsO auf die Herstellung von Verrechnungslagen:* BGH, Urt. v. 14. 12. 2006 – IX ZR 194/05, NZI 2007, 222; *Direktzahlung des Auftraggebers an Nachunternehmer nach § 16 Nr. 6 VOB/B:* BGH, Urt. v. 16. 10. 2008 – IX ZR 2/05, DZWIR 2009, 125, *Gutschrift von Zahlungseingängen bei Ausschöpfung ungekündigten Kontokorrentkredits:* BGH, Urt. v. 7. 5. 2009 – IX ZR 140/08, DZWIR 2009, 417, *Smid,* Struktur VIII DZWIR 2010, 50, *Globalzession bei Werthaltigmachung der zedierten Forderung:* BGH, Urt. v. 29. 11. 2007 – IX ZR 165/05, ZIP 2008, 372, BGH, Urt. v. 29. 11. 2007 – IX ZR 30/07, ZIP 2008, 183.

8 **b) Inkongruenz.** Der IX. Zivilsenat des BGH hat die Maßstäbe konkretisiert, aufgrund derer eine Zahlung durch Banküberweisung als inkongruent anzusehen ist.[20] Der klagende Insolvenzverwalter hat von der beklagten Sozialversicherungsträgerin Zahlung von 111.000 € verlangt. Die Schuldnerin hatte am 11. 4. 2000 Eigenantrag gestellt. Am 5. 4. 2000 war von ihr Zahlungen in Höhe von 219.000 DM für die für März 2000 geschuldeten Beiträge überwiesen worden, die nach der Satzung der beklagten Sozialversicherungsträgerin am 15. des Folgemonats fällig werden. Der IX. Zivilsenat hat darauf erkannt, die am 5. 4. 2000 durch Überweisung erfolgte Zahlung sei inkongruent im Sinne von § 131 Abs. 1 Nr. 1 InsO. Hierfür kommt es nämlich auf die Gesamtumstände an, nach denen die Rechtsverhältnisse zu beurteilen sind, die bei Vornahme der angefochtenen Rechtshandlung vorgelegen haben (vgl. § 140 Abs. 1 InsO)[21]. Ist die Zahlung nicht fällig, wird nicht zu dem Zeitpunkt geleistet, in dem der Gläubiger die Zahlung nach dem zwischen den Parteien bestehenden Rechtsverhältnis verlangen konnte. Auch der spätere Eintritt der Fälligkeit macht die bereits inkongruente Leistung nicht zu einer kongruenten, wie der IX. Zivilsenat im vorliegenden Urteil zutreffend ausführt. Allerdings ist bei zeitlich geringen Abweichungen oder bei gering anderen Arten der Leistung gegebenenfalls von einer Inkongruenz der Leistung dann nicht auszugehen, wenn unter Berücksichtigung der Verkehrssitte dies als „unverdächtig" anzusehen ist. So kann eine geringe Früherzahlung daraus resultieren, dass der Schuldner zur Vermeidung von Säumnisfolgen wegen einer Verzögerung im bargeldlosen Zahlungsverkehr zeitig die Anweisung vornimmt. Hierfür zieht der IX. Zivilsenat normative Kriterien aus dem geltenden Recht heran, in dem er auf § 676a Abs. 2 Nr. 2 BGB verweist. Diese Vorschrift sieht vor, dass ein mit einer Überweisung beauftragtes Kreditinstitut die Überweisung im inländischen Verkehr längstens binnen drei Bankgeschäftstagen zu bewirken hat. Im vorliegenden Fall war, selbst wenn man berücksichtigt, dass ein Zeitraum von fünf Tagen zur Bewirkung eines Bankgeschäfts erforderlich sein wird, auch dieser Zeitraum überschritten und damit die Leistungshandlung als inkongruent anzusehen. Die Anfechtung nach § 131 InsO setzt wenigstens eine mittelbare Gläubigerbenachteiligung voraus. Daher kommt es nicht darauf an, ob eine Zahlung der Schuldnerin wenige Tage nach dem tatsächlichen Datum kongruent gewesen wäre. Hypothetische nur gedachte Kausalverläufe können in Wirkung eines realen ursächlichen Ereignisses nicht entgegengestellt werden, so dass dies bei der Betrachtung der Gläubigerbenachteiligung nach § 131 InsO außer Betracht zu bleiben hat. Offen bleibt bei der Entscheidung des IX. Zivilsenats, wie z. B. Auslandsüberweisungen zu beurteilen sind, die einen erheblich längeren Zeitraum beanspruchen, und zwar bei EU-Zahlungsverkehr. Der IX. Zivilsenat lässt darüber hinaus auch die sog. inhouse-Überweisungen, die einen viel kürzeren als den von ihm angenommenen Zeitraum betreffen, unberücksichtigt. Schließlich ist zu fragen, wie es mit Barzahlung steht. Geht man beispielsweise von einer Barzahlung am 30. 3. bei Fälligkeit vom 31. 3. aus, stellt sich nach der vorliegenden Entscheidung die Frage, ob eine inkongruente oder kongruente Deckung vorliegt. Schließlich lässt die vorliegende Entscheidung offen, ob es auf die Einigung der Parteien oder die Leistungsbewirkung ankommt.

8a **c) Verrechnung im debitorisch Kontokorrent als inkongruente Befriedigung.** Der IX. Zivilsenat des BGH[22] hält an seiner bisherigen Rechtsprechung[23] fest, wonach die Verrechnung von Gutschriften im ungekündigten Kontokorrent mit Überziehungskredit kongruent ist[24], soweit erneute Verfügungen des Schuldners über die Deckungsmasse zugelassen werden. Stehen den Gutschriften keine Belastungsbuchungen gegenüber, stellt sich die Verrechnung deshalb als inkongruente Deckung dar, weil die Erfüllung des Rückzahlungsanspruchs noch nicht verlangt werden konnte.[25] Die bisherige Judika-

---

20 BGH, Urt. v. 9. 6. 2005 – IX ZR 152/03 – DZWIR 2005, 432 mit Anm. *Flöther/Bräuer* und *Paulus,* EWIR § 131 InsO 2/05, 829.

21 *Paulus,* in: Kübler/Prütting, InsO, Kommentar zur Insolvenzordnung, § 131 Rn. 5.

22 BGH, Urt. v. 7. 7. 2011 – IX ZR 100/10, ZIP 2011, 1576. Vgl. *Hirt,* Der Kontokorrent in der Konkurs- und Insolvenzanfechtung, Diss. Linz 2009.

23 BGH, Urt. v. 7. 3. 2001 – IX ZR 223/01, BGHZ 150, 122; BGH, Beschl. v. 6. 4. 2006 – IX ZR 107/05, Juris; BGH, Urt. v. 15. 11. 2007 – IX ZR 212/06, ZIP 2008, 235.

24 BGH, Beschl. v. 11. 2. 2010 – IX ZR 42/08, ZIP 2010, 588 (Kongruenz bei Vorliegen von Verrechnungsvereinbarungen).

25 BGH, Urt. v. 11.10.2007 – IX ZR 195/04, ZIP 2008, 237.

tur hat sich indes auf die Anfechtung nach § 131 Abs. 1 Nr. 1 InsO – also in Bezug auf den letzten Monat vor Antragstellung oder die Zeit danach – bezogen. Bei der Anfechtung der Verrechnung nach § 131 Abs. 1 Nr. 2 oder 3 InsO für den dritten oder zweiten Monat vor der Antragstellung, kann sich aber die Lage dadurch ändern, dass das „zum Schluss" im letzten Monat vor Antragstellung das Konto einen ebenso hohen oder gar höheren Schuldensaldo aufgewiesen hat, wie zu Beginn des Anfechtungszeitraums. Denn der IX. Zivilsenat des BGH ist der durchaus überzeugenden Ansicht, dass insoweit die Frage der Anfechtbarkeit für den gesamten Anfechtungszeitraum nur einheitlich beantwortet werden kann. Und dieser Anfechtungszeitraum läuft bis zur Eröffnung des Insolvenzverfahrens, wenn das Kontokorrent nicht zuvor gekündigt wird.

d) „Schwache Inkongruenz". Die Judikatur des IX. Zivilsenats zur Insolvenzanfechtung wird allerdings nicht allein im Rahmen der Auslegung des § 133 InsO „abgeschwächt". Die durch den Reformgesetzgeber nach österreichischem Vorbild[26] verstärkte Anfechtung wegen inkongruenter Deckung nach § 131 InsO ist vom IX. Zivilsenat in folgendem Fall[27] modifiziert worden: Die spätere Schuldnerin hatte den Beklagten als Subunternehmerin im Rahmen einer für die AOK durchgeführte Gebäudemodernisierung beschäftigt. Am 17. 2. 1997 trat die Schuldnerin an den Beklagten mit privatschriftlicher Urkunde von ihrem Werklohnanspruch gegen die AOK einen Forderungsteil in Höhe von ca. 110.000 DM zur Sicherung ab. Die AOK stimmte dieser Abtretung durch Vermerk auf der Urkunde zu. Noch im selben Monat überwies sie aufgrund Auszahlungsanordnung vom 25. 2. 1997 den abgetretenen Betrag auf ein Konto des Beklagten. Am 21. 3. 1997 beantragte die Schuldnerin die Eröffnung des Gesamtvollstreckungsverfahrens. In der Entscheidung ging es um die Frage, ob der Schuldner, wie es nach dem revisionsrechtlich feststehenden Sachverhalt vom BGH zugrunde zu legen war, zum Zeitpunkt der Sicherungsabtretung „zahlungsschwach" war. Den Beteiligten war bekannt, dass die spätere Schuldnerin sich in Liquiditätsproblemen befand. Würde in einer derartigen Lage an die Stelle eines fälligen und eingeforderten Anspruchs von der liquiditätsschwachen Schuldnerin eine Sicherheit mit der Absicht zur Verfügung gestellt, dass der Gläubiger sich daraus befriedige, liegt jedenfalls eine umfangreiche Deckung vor. Hat der Schuldner sich aber verpflichtet, an den Gläubiger die Forderung zur Sicherung abzutreten und tritt er sie stattdessen an Zahlung statt ab, ist die damit in Betracht kommende Inkongruenz im vorliegenden Urteil des IX. Zivilsenats „so schwach", dass sich für eine Absichtsanfechtung kein hinreichend starkes Beweiszeichen ableiten lassen kann. Die Beweiswirkung der Inkongruenz beruht nach der Feststellung des IX. Zivilsenats auf der allgemeinen Erfahrung, dass ein Schuldner im Geschäftsverkehr regelmäßig nicht bereit ist, etwas anderes oder mehr zu gewähren als das, wozu er vertraglich verpflichtet ist. Da der Gläubiger aber mit Eintritt des Sicherungsfalls sich aufgrund der Sicherungsabtretung aus der zedierten Forderung würde befriedigen können, stellt die erfüllungshalber erklärte Abtretung keine wesentliche weitere Leistung des Schuldners bzw. keine weitergehende Sicherung des Gläubigers dar, als sie ohnehin bereits dem Gläubiger vertraglich versprochen ist. 9

e) Einzelne Regelungen. Nach § 131 Abs. 1 Nr. 1 InsO ist eine Rechtshandlung anfechtbar, die einem Insolvenzgläubiger eine Sicherung oder Befriedigung gewährt oder ermöglicht hat, die er nicht oder nicht in der Art oder nicht zu der Zeit zu beanspruchen hatte, wenn die Handlung im letzten Monat vor dem Antrag auf Eröffnung des Insolvenzverfahrens oder nach diesem Antrag vorgenommen worden ist. Wegen der besonderen Verdächtigkeit inkongruenten Erwerbs ist es gerechtfertigt, für einen Zeitraum von bis zu einem Monat vor dem Eröffnungsantrag auf subjektive Voraussetzungen in der Person des Anfechtungsgegners ganz zu verzichten. Aus § 131 Abs. 1 Nr. 1 InsO ergibt sich daher, dass die innerhalb des letzten Monats vor dem Eröffnungsantrag gewährten inkongruenten Deckungen ohne Rücksicht auf subjektive Voraussetzungen und den tatsächlichen Eintritt der Zahlungsunfähigkeit anfechtbar 10

26 Vgl. *König*, Die Anfechtung nach der Konkursordnung, 3. Aufl. Wien 2003, S. 167ff., 186ff.
27 BGH, Urt. v. 18. 11. 2004 – IX ZR 299/00 – ZIP 2005, 769.

sind; Kenntnis und grob fahrlässige Unkenntnis von der Krise sowie die Krise selbst werden insoweit unwiderleglich vermutet. Dasselbe muss erst recht für diejenigen inkongruenten Deckungen gelten, die nach dem Eröffnungsantrag, also nach dem offenen Eintritt der Krise erfolgt sind.[28] § 131 Abs. 1 Nr. 2 InsO lässt die Anfechtung zu, wenn die Handlung innerhalb des zweiten oder dritten Monats vor dem Eröffnungsantrag vorgenommen worden ist und der Schuldner zur Zeit der Handlung zahlungsunfähig war.[29] Bei inkongruenten Deckungen, die innerhalb des zweiten oder dritten Monats vor dem Eröffnungsantrag erfolgt sind, ist eine unwiderlegliche Vermutung der Krise wegen des größeren zeitlichen Abstands zum Eröffnungsantrag nicht mehr gerechtfertigt. § 131 Abs. 1 Nr. 2 InsO bestimmt daher, dass der Schuldner zur Zeit ihrer Gewährung zahlungsunfähig gewesen sein muss. Diese objektive Voraussetzung hat der Insolvenzverwalter zu beweisen; die subjektiven Voraussetzungen (Kenntnis oder grob fahrlässige Unkenntnis von der Zahlungsunfähigkeit) werden dagegen wegen der besonderen Verdächtigkeit inkongruenten Erwerbs unwiderleglich vermutet.

11 **Globalzession.** Nunmehr liegt eine höchstrichterliche Entscheidung vor, mit der die Unsicherheit über die **Insolvenzfestigkeit der Globalzession** beendet wird, die eine Reihe nachinstanzlicher Entscheidungen ausgelöst hatte: Der BGH hat mit Urteil vom 29. November 2007[30] erkannt, dass die Entstehung künftiger, an Hand des Inhalts der getroffenen Vereinbarung nicht von Anfang an identifizierbarer Rechte **nicht generell eine inkongruente Deckung** begründet. Der BGH stützt seine Entscheidung darauf, dass die Sicherung kongruent ist, wenn bereits bei Abschluss des Globalabtretungsvertrags das dingliche Geschäft vollzogen und zugleich die schuldrechtliche Seite in dem vertragsrechtlich möglichen Maße derart konkretisiert wird, dass die **abgetretenen Forderungen zumindest bestimmbar** sind. Der Umfang der in Zukunft auf die Bank übergehenden Forderungen ist dann – im Unterschied zur Rechtslage bei der Bestellung von Sicherheiten gem. Nr. 13 bis 15 AGB-Banken – in abstrakter Form bereits rechtlich bindend festgelegt. Werden durch Erfüllungshandlungen künftige Forderungen werthaltig gemacht – etwa wenn ein Werk hergestellt oder die Kaufsache übergeben wird – ist dies als selbständige Rechtshandlung anfechtbar, wenn es dem Vertragsschluss mit dem Drittschuldner zeitlich nachfolgt; insoweit handelt es sich ebenfalls um eine kongruente Deckung, wenn dies für das Entstehen der Forderung zutrifft.

12 **§ 131 Abs. 1 Nr. 3 InsO als Sonderfall der Benachteiligungsanfechtung** verzichtet bei inkongruenten Deckungen, die innerhalb des zweiten oder dritten Monats vor dem Eröffnungsantrag vorgenommen sind, auf die objektive Voraussetzung der Zahlungsunfähigkeit, verlangt dafür aber als subjektive Voraussetzung in der Person des Anfechtungsgegners, dass ihm die Benachteiligung der anderen Gläubiger bekannt oder infolge grober Fahrlässigkeit unbekannt war. Bei dieser Regelung handelt es sich um einen auf inkongruente Deckungen bezogenen Sonderfall der Anfechtung wegen vorsätzlicher Benachteiligung nach § 133 InsO (der früheren Absichtsanfech-

---

28 *Fehl*, in: Beck/Depré, Handbuch der Insolvenz, 1. Aufl. 2003, § 9 Rn. 78.
29 *Fehl*, in: Beck/Depré, Handbuch der Insolvenz, 1. Aufl. 2003, § 9 Rn. 79.
30 BGH, Urt. v. 29. 11. 2007 – IX ZR 30/07, ZIP 2008, 183 = BGHZ 174, 297, 311.

tung).[31] Sie geht darauf zurück, dass die höchstrichterliche Rechtsprechung bei der Absichtsanfechtung inkongruenter Deckungen nach § 31 KO an den Nachweis der Benachteiligungsabsicht des Schuldners geringere Anforderungen als bei kongruenten Deckungen stellte.

Soweit die benachteiligende Rechtshandlung in einer Zwangsvollstreckungsmaßnahme besteht, unterliegt auch diese der Insolvenzanfechtung nach den Nrn. 2 und 3 des § 131 Abs. 1 InsO, die während der Monatsfrist der Nr. 1 aber durch die Rückschlagssperre des § 88 InsO „automatisiert" wird.[32] 13

Auf subjektiver Ebene ist die Kenntnis des Gläubigers bezüglich der Begünstigungsabsicht des späteren Insolvenzschuldners bei der inkongruenten Deckung nur noch im Falle des § 131 Abs. 1 Nr. 3 erforderlich, bei § 131 Abs. 1 Nr. 1, 2 wurde auf die Kenntnis der Begünstigungsabsicht verzichtet.[33] Bei § 131 Abs. 1 Nr. 3 – der einen verlagerten Fall der Absichtsanfechtung nach § 133 darstellt (unten Rn. 37) – muss zum (bedingten) Benachteiligungsvorsatz auf Seiten des Gemeinschuldners beim Anfechtungsgegner die Kenntnis der Tatsachen, die auf eine Benachteiligung schließen lassen, treten.[34] 14

Inkongruente Befriedigung i. S. d. § 131 Abs. 1 InsO wird insbesondere auch in solchen Fällen erlangt, in denen kurz vor oder bei Eintritt der Krise Gläubigerbanken fremde Forderungen an sich ziehen und versuchen, sie ihnen bestellten, noch nicht valutierten Sicherheiten zu unterstellen;[35] es kommen auch Fallkonstruktionen vor, in denen Vorausabtretungen künftiger Forderungen zu Sicherungszwecken erfolgt sind und eine Forderung infolge einer Rechtshandlung des abtretenden Sicherungsgebers nach Zahlungseinstellung des Sicherungsgebers entstanden ist.[36] Insofern ist die Abtretung nämlich erst mit Entstehung der Forderung im Krisenzeitraum abgeschlossen und infolgedessen anfechtbar.[37] Dabei kann die inkongruente Deckung auch im Wege der Inanspruchnahme staatlichen Rechtsschutzes entstehen, etwa im Wege des aufgrund Arrests erlangten Sicherungsmittels.[38] Die Begünstigungsabsicht fehlt, wenn der Schuldner der vollen Überzeugung war, er werde in absehbarer Zeit seine Gläubiger gänzlich befriedigen können.[39] 15

So unterfallen Verrechnungen von Zahlungseingängen auf debitorisch geführten Konten nach § 131 Abs. 1 InsO der Anfechtung einen Monat vor Antragsstellung[40]. Eine Anfechtung nach § 130 Abs. 1 InsO kommt in Betracht, wenn vor Zahlungseingang die Verbindung durch die Bank gekündigt worden ist, es sei denn, die Bank hat sehenden Auges nach der Kündigung die Geschäftsverbindung fortgesetzt. 16

In zwei vom BGH entschiedenen Fällen war es um die Sicherheitenbestellung in der kritischen Zeit gegangen. Im ersten Fall[41] hatte etwas mehr als einen Monat vor Antrag auf Eröffnung des Insolvenzverfahrens über ihr Vermögen die schuldnerische KG alle ihr noch aus Werkverträgen zustehenden Forde- 17

---

31 *Paulus,* in: Kübler/Prütting, Kommentar zur Insolvenzordnung, § 131 Rn. 20; *Nerlich,* in: Nerlich/Römermann, InsO, § 131 Rn. 64, *Kirchhof,* in: MünchKomm, InsO, 1. Aufl. 2001, § 131 Rn. 49.
32 *Smid,* in: LSZ, InsO, 3. Aufl. 2010, § 88 Rn. 4.
33 *Nerlich,* in: Nerlich/Römermann, InsO, § 131 Rn. 56; *Kirchhof,* in: MünchKomm, InsO, 1. Aufl. 2001, § 131 Rn. 52 ff.
34 *Nerlich,* in: Nerlich/Römermann, InsO, § 131 Rn. 67.
35 BGH, Urt. v. 25. 9. 1972 – VIII ZR 216/71 – BGHZ 59, 230; BGH, Urt. v. 30. 10. 1974 – VIII ZR 81/73, WM 1974, 1218; BGH v. 25. 6. 1975 – VIII ZR 71/74 – WM 1975, 947.
36 BGH, Urt. v. 30. 6. 1959 – VIII ZR 11/59 – BGHZ 30, 238.
37 *Gerhardt/Kreft,* Aktuelle Probleme der Insolvenzanfechtung, 7. Aufl. 1996, S. 153.
38 BGH, Urt. v. 2. 7. 1969 – VIII ZR 96/67 – WM 1969, 968.
39 *Huber,* in: Gottwald, Insolvenzrechts-Handbuch, 3. Aufl. 2006, § 47 Rn. 43.
40 *De Bra,* NZI 1999, 249 ff.
41 BGH, Urt. v. 29. 9. 2005 – IX ZR 184/04.

rungen an das Land als Fiskus wegen Steuerrückständen zur Sicherheit abgetreten. Unstreitig war die Schuldnerin zu diesem Zeitpunkt objektiv zahlungsunfähig. Dadurch erlangte die Steuerschuldnerin Stundungen. Die Gewährung von Stundungen nach Einräumung von Sicherheiten durch den Steuerschuldner entspricht nicht allein Übungen von Finanzverwaltungen, sondern ist in § 222 AO als Verfahren in derartigen Fällen vorgesehen. Danach ist die Gewährung der Stundung in das Ermessen der Finanzbehörden gestellt. Dort hatte die Revision gemeint, die Finanzbehörden seien in ihrer Ermessensentscheidung gebunden. Die Verweigerung der Stundung begründe bei einer krisenbefallenen Gesellschaft eine erhebliche Härte i.S.v. § 222 AO, so dass das Ermessen des Finanzamtes auf null geschrumpft sei. In diesem Falle aber sei die Sicherheitengewähr durch den Steuerschuldner nicht als inkongruent zu beurteilen, sondern stelle sich als zwingend geschuldeten Ausgleich der durch die Stundung erhöhten Ausfallrisiken dar – die Revision hat die Sicherheitengewähr daher wohl als kongruent behandelt wissen wollen. Der IX. Zivilsenat ist diesen Überlegungen nicht gefolgt und hat die stattgebenden vorinstanzlich vom Insolvenzverwalter als Anfechtungskläger erwirkten Urteile gehalten. Dabei hat sich der erkennende Senat auf die handels- und gesellschaftsrechtlichen Auswirkungen des Eintritts der materiellen Insolvenz auf die Handlungsfähigkeit der Vertreter bzw. Organe der insolventen Gesellschaft gestützt. Ohne Ansehens der Person des Drittschuldners dürfen die geschäftsführungsbefugten Gesellschafter einer Handelsgesellschaft (der BGH spricht in seiner Entscheidung missverständlich von organschaftlichen Vertretern) nach §§ 130a Abs. 2, 161 Abs. 2, 171a Satz 1 HGB einzelne Gläubiger nicht mehr befriedigen; nach § 64 Abs. 2 GmbHG gilt dies bekanntlich für den Geschäftsführer der GmbH.[42] Wenn die Geschäftsführung der Gesellschaft aber gesetzlich gehindert ist, aus dem Gesellschaftsvermögen zu leisten, dann ist es nicht angemessen, eine an Stelle der Leistung gewährte Sicherung als kongruent anzusehen.

18 In einem weiteren Fall[43] hatte die bereits zahlungsunfähige Schuldnerin am 15. 11. 2002 alle ihr aus einem Vertrag mit einem Landkreis über Elektroarbeiten an einer Schule zustehenden Forderungen an das Land abgetreten. Daraufhin stundete das beklagte Land am 4. 12. 2002 der Schuldnerin Steuern, Zinsen und Säumniszuschläge vom Nov. 2001 bis Okt. 2002 gegen Sicherheitsleistung vom 15. 11. 2002 an bis zur Auszahlung der abgetretenen Forderungen durch den Landkreis. Der Drittschuldner zahlte später einen Betrag von ca. 16.000 €. Der gestundete Betrag belief sich auf ca. 20.000 €. Die Stundung des übersteigenden Betrages wurde widerrufen. Der BGH hat die Anfechtungsklage des Insolvenzverwalters über das Vermögen der Schuldnerin eröffneten Insolvenzverfahrens, das auf Antrag vom 17. 12. 2002 am 1. 3. 2003 eröffnet wurde, für begründet erachtet. Denn die Abtretung war innerhalb der Frist des § 131 Abs. 1 Nr. 2 InsO zu einem Zeitpunkt vorgenommen worden, in dem die Schuldnerin objektiv zahlungsunfähig gewesen sei. Da die Steuerforderung auf Erfüllung durch Zahlung gerichtet und die Stellung einer Sicherheit nicht geschuldet gewesen sei, sei die Sicherungsabtretung auch inkongruent. Allerdings sieht § 222 AO vor, dass die Stundung einer Steuerforderung gegen Sicherheit erfolgen kann. Im vorliegenden Fall sei aber die Stundung erst nach der Vornahme der Abtretung erfolgt; zudem gewähre § 222 Satz 2 AO keinen unmittelbaren Anspruch auf Sicherheitsleistung.

19 **Bargeldlose Überweisungen** haben sich nach Erkenntnis des IX. Zivilsenats des BGH[44] als inkongruente Leistung dargestellt, wenn keine durchsetzbare Forderung gegen den späteren Insolvenzschuldner zu dem Zeitpunkt bestand, in dem der Anspruch des Gläubigers gegen das Kreditinstitut auf Gutschrift des für ihn bestimmten Geldeingangs entstand.[45] Hierfür kommt es maßgeblich darauf an, nach welchen materiellrechtlichen Regelungen sich die Fälligkeit der Werklohnforderungen des Subunternehmers im konkreten Fall berechnet. Ein Anspruch auf Abschlagszahlungen kann sich aus

---

42 BGH, Urt. v. 29. 11. 1999 – II ZR 273/98 – BGHZ 143, 184, 186.

43 BGH, Urt. v. 29. 9. 2005 – IX ZR184/04 – ZIP 2005, 2025 m. Anm. *Eisner*, EWiR § 131 InsO 1/06, 151.

44 BGH, Urt. v. 20. 6. 2002 – IX ZR 177/99 – DZWIR 2003, 160. Der Sachverhalt ist hier in stark abgewandelter Form zugrundegelegt.

45 BGH, Urt. v. 30. 4. 1992 – IX ZR 176/91 – BGHZ 118, 171, 176f.; BGH, Urt. v. 1. 3. 1984 – IX ZR 34/83 – ZIP 1984, 809, 811.

§ 632 a BGB ergeben.[46] Kommt § 16 Nr. 1 Abs. 1 und Abs. 3 VOB/B zur Anwendung, ergibt sich hieraus ein Anspruch auf Abschlagszahlungen binnen 18 Tagen nach Zugang einer prüfbaren Aufstellung, mit der die Leistungen nachgewiesen werden. Im Beispielsfall war der Beklagte mit dem Geschäftsführer der späteren Insolvenzschuldnerin zweimal zwischen der Krisensitzung und dem Tag der Stellung des Eröffnungsantrags zusammengetroffen. Der BGH[47] sieht hierin **Indizien,** die für die innere Tatsache der **Kenntnis des Beklagten von der Zahlungseinstellung** der späteren Insolvenzschuldnerin sprechen.

Ein Beispiel mag dies illustrieren: Wird der Kredit vor Rückablauf zurückgeführt, stellt sich dies als inkongruente Befriedigung der Bank dar. Dies mag ein weiterer **Beispielsfall**[48] zeigen: insolvenzschuldnerische S-GmbH unterhielt bei B-Bank ein Kontokorrentkonto, auf dem der S-GmbH ein Kreditrahmen bis 500.000 € eingeräumt war. Am 5. 3. 2002 war der Kredit bis zu einer Höhe von 325.478,15,– € in Anspruch genommen, am 4. 4. 2002 stellte die S-GmbH Eigenantrag auf Eröffnung des Insolvenzverfahrens über ihr Vermögen und teilte dies der Bank mit, die daraufhin gem. Nr. 19 Abs. 3 ihrer AGB den Kreditvertrag mit sofortiger Wirkung kündigte. Der Sollsaldo des Konto betrug 241.818,94 DM. Im vorangegangenen Monat waren auf dem Konto 405.128,67 DM Einzahlungen gutgeschrieben und in Höhe von 321.469,46 DM Auszahlungen verbucht worden. Der Sollsaldo war seit dem 5. 3. um 83.659,21 DM zurückgeführt worden; diesen Betrag erstattete die Bank dem zwischenzeitlich eingesetzten Insolvenzverwalter zur Masse, der die Bank auf Zahlung weiterer 174.521,85 DM verklagte als denjenigen Betrag, um den die Insolvenzschuldnerin die Kreditlinie am 5. 3. nicht ausgenutzt hatte. Der IX. Zivilsenat hat die Anfechtungsklage des Insolvenzverwalters als unbegründet abgewiesen[49] Aufgrund der Giroabrede ist die Bank berechtigt und verpflichtet, für den Kunden bestimmte Geldeingänge entgegenzunehmen und gutzuschreiben.[50] Daraus folgt regelmäßig das Recht der Bank, bei einem debitorisch geführten Konto den Sollsaldo zurückzuführen, während sie verpflichtet bleibt, im Rahmen ausreichender Deckung Überweisungen auszuführen. Durch die Kontokorrentabrede werden die einzelnen Gut- und Lastschriften in einer einheitlichen Rechnung zur Verrechnung und Saldofeststellung zusammengefasst; auf die Buchung kommt es dabei nicht an. Solange die Verrechnung nicht stattgefunden hat, stehen sich die einzelnen Posten im Kontokorrent gleichwertig gegenüber. § 355 Abs. 1 HGB bestimmt, dass eine Tilgung erst mit dem periodisch erfolgenden Rechnungsschluss eintritt. Der rechnerische Überschuss bildet die kausale Saldoforderung, die als Grundlage in eine neue Kontokorrentperiode eingeführt wird. Das entsprechende Verfahren der Bank ist vertragsgemäß, eine auf diesem Wege erlangte Befriedigung ist daher als kongruent anzusehen und unterfällt § 130 Abs. 1 InsO. Lässt die Bank dagegen Verfügungen des Kunden nicht mehr in der im Kontokorrentvertrag vereinbarten Weise zu, stellt sich die Verrechnung als vertragswidrig und die dadurch erlangte Befriedigung als inkongruent dar.[51] Der IX. Zivilsenat hat ausgeführt, dass in einer solchen Lage sogar die Annahme und Verbuchung von Gutschriften als Benachteiligung der Gläubiger des Bankkunden § 131 InsO unterfallen könne. Um eine inkongruente Sicherheit, die nach § 131 InsO zu beurteilen ist, handelt es sich ebenfalls bei einer auf ein Vertragspfand nach Art. 14 Abs. 1 AGB-Banken an den Ansprüchen der Kundin, die der Gutschrift zugrunde liegen, gestützten Verrechnung. Da nach der Entscheidung des IX. Zivilsenats des BGH vom 7. 3. 2002 sich die Verrechnung im Kontokorrent bei Aufrechterhaltung der vertragsgemäßen Durchführung – Zurückführung des Sollsaldos bei gleichzeitiger Ausführung von Überweisungen – als im anfechtungsrechtlichen Sinne kongruente Deckung erweist, müsste der klagende Insolvenzverwalter deren tatbestandliche Voraussetzungen, namentlich das Vorliegen der Zahlungsunfähigkeit, vortragen und beweisen. Bei der Verrechnung in dem vertragsgemäßen Zeitraum handelt es sich nach der Judikatur des IX. Zivilsenats aber um ein **Bargeschäft** i. S. v. **§ 142 InsO** – das ausschließlich bei kongruenten (vertragsgemäßen) 20

---

46 I. d. F. des Gesetzes zur Beschleunigung fälliger Zahlungen v. 3. 2. 2000, BGBl. I 330; anders nach § 641 BGB a. F., wonach die Gesamtvergütung erst mit der Abnahme der Bauleistung fällig wird.
47 BGH, Urt. v. 20. 6. 2002 – IX ZR 177/99 – DZWIR 2003, 160, 163.
48 BGH, Urt. v. 7. 3. 2002 – IX ZR 223/01 – DZWIR 2002, 385 ff. m. Anm. *Dietrich.*
49 BGH, Urt. v. 7. 3. 2002 – IX ZR 223/01 – DZWIR 2002, 385 ff. m. Anm. *Dietrich.*
50 BGH, Urt. v. 6. 12. 1994 – XI ZR 173/94 – BGHZ 128, 135, 139.
51 BGH, Urt. v. 7. 3. 2002 – IX ZR 223/01 – DZWIR 2002, 385 ff. m. Anm. *Dietrich.*

Rechtshandlungen[52] in Betracht kommt. Zwar wurde durch die Verrechnung der Gutschriften das Saldo der Bankkundin ausgeglichen und damit die Forderung der Bank im Verhältnis zu ihrer Schuldnerin befriedigt. Die Gutschriften wurden aber, wie der IX. Zivilsenat ausführt[53], dadurch „ausgeglichen", dass die Bank es der späteren Insolvenzschuldnerin als ihrer Kundin allgemein gestattete, Kredit mittels Überweisungsaufträgen in Anspruch zu nehmen. Die der Masse zugeflossene Gegenleistung liegt mithin in der Verfügbarkeit des der späteren Insolvenzschuldnerin eingeräumten Kredits. Dabei kommt es nicht darauf an, in welcher zeitlichen Reihenfolge die zur Verrechnung gestellten Rechtshandlungen – Gutschrift und erneute Überweisungen – vorgenommen worden sind; der IX. Zivilsenat bejaht einen engen zeitlichen Zusammenhang[54] ebenso wie in dem Fall, der dem Urteil vom 7. 3. 2002 zugrunde lag, die Gleichwertigkeit des in Anspruch genommenen Kredits mit den verrechneten Gutschriften. Nach der Ansicht des IX. Zivilsenats[55] kommt es nicht darauf an, ob die Bank dem Kreditnehmer einen höheren Kreditbetrag einräumt; es liegt vielmehr bei der geschilderten Fallkonstellation auch dann ein Bargeschäft i. S. d. § 142 InsO vor, wenn die Bank den Kunden einen ihm schuldrechtlich versprochenen Kredit tatsächlich ausnutzen lässt. Denn solange die Bank die Kreditlinie offen hält, liegt die Entscheidung darüber, ob der Kunde dies nutzen will, allein bei ihm. Damit wird der Funktion des § 142 InsO Rechnung getragen, der es dem Schuldner ermöglichen soll, Rechtsgeschäfte zeitnah abwickeln zu können, die eine unmittelbare Benachteiligung der Insolvenzgläubiger nicht nach sich ziehen.[56] Dieser Gesichtspunkt kommt hier zum Tragen: Würde die hier vorliegende Fallgestaltung der Verrechnung der Gutschriften im Kontokorrent nicht nach § 142 InsO beurteilt, würde die Bank, die – vertragsgemäß – Überweisungsaufträge ausführt, damit Gefahr laufen, die Überweisungen des Schuldners an Dritte später aus eigenen Mitteln erstatten zu müssen. Das würde sich aber schon deshalb als Verstoß gegen den Gleichbehandlungsgrundsatz darstellen, weil die Zahlungsempfänger in einer solchen Lage letztendlich zu Lasten der Bank befriedigt würden. Die Bank wäre dann gezwungen, bereits in einer Lage, in der sich die Gefahr einer wirtschaftlichen Krise des Schuldners abzeichnet, den Kredit fristlos zu kündigen.[57] Stellen sich die durch die Bank als Zahlstelle bewirkten Überweisungen – also die Zahlungen an Dritte – als anfechtbar dar, hat daher die Anfechtung gegenüber den Zahlungsempfängern Vorrang gegenüber der gegen die Bank als Zahlstelle.[58]

21 In einer neueren Entscheidung hat der BGH[59] entschieden, dass sich Sollbuchungen auf einem im Haben geführten Konto nicht als Kreditgewährung darstellen. In diesem Fall ging es aber nicht um die Anfechtbarkeit von Verrechnungen, sondern allein darum, wann ein Pfandrecht entsteht und ob dieser Zeitpunkt in die Krise im Sinne eines Anfechtungsrechts fällt.[60]

22 Die Erbringung einer Leistung an einen Gläubiger unter geduldeter Kontoüberziehung ist nach der Judikatur des BGH[61] auch dann nicht anfechtbar, wenn damit eine Zwangsvollstreckung abgewendet werden soll.

23 In dem vom BGH entschiedenen Fall wurde den von der später beklagten Kasse beauftragten Vollziehungsbeamten ein vordatierter Scheck über ca. 14.000 € zur Abwendung der Zwangsvollstreckung wegen rückständiger Sozialversicherungsbeiträge ausgehändigt. Später- im kritischen Zeitraum – wurde nach Eigenantrag der Schuldnerin das Konto der Schuldnerin bei der H. Sparkasse aufgrund des

52 BGH, Urt. v. 30. 9. 1993 – IX ZR 227/92 – BGHZ 123, 320, 328 f.
53 BGH, Urt. v. 7. 3. 2002 – IX ZR 223/01 – DZWIR 2002, 385, 388.
54 Vgl. bereits BGH, Urt. v. 25. 2. 1999 – IX ZR 353/98 – WM 1999, 781 ff.; BGH, Urt. v. 25. 1. 2001 – IX ZR 6/00 – DZWIR 2001, 374.
55 BGH, Urt. v. 7. 3. 2002 – IX ZR 223/01 – DZWIR 2002, 385, 388.
56 RegEInsO zu § 161, BT-Drs. 12/2443, S. 167; BGH, Urt. v. 30. 9. 1993 – IX ZR 227/92 – BGHZ 123, 320.
57 BGH, Urt. v. 7. 3. 2002 – IX ZR 223/01, DZWIR 2002, 385, 388; *Zuleger*, ZInsO 2002, 49, 52.
58 BGH, Urt. v. 16. 9. 1999 – IX ZR 204/98 – BGHZ 142, 284, 287 f.; in Abgrenzung dazu: BGH, Urt. v. 29. 11. 2007 – IX ZR 121/06, ZIP 2008, 190.
59 BGH, Urt. v. 12. 2. 2004 – IX ZR 98/03 – ZIP 2004, 620; *Smid*, DZWIR 2004, 265, 272, 273.
60 *Fischer/Dissen*, DZWIR 2004, 368 ff.
61 BGH, Urt. v. 11. 1. 2007 – IX ZR 31/05, DZWIR 2007, 248 mit Anm. *Zeuner* = ZIP 2007, 435.

Schecks belastet; für das Konto war ein vertraglicher Dispositionskredit bis 102.000 € eingeräumt worden. Das Konto befand sich bei der Abrufung aber mit 156.000 € im Soll.

Zwar bewirkt die zur Abwendung einer unmittelbar bevorstehenden Zwangsvollstreckung erbrachte Leistung des späteren Insolvenzschuldners innerhalb der letzten drei Monate vor dem Eröffnungsantrag eine inkongruente Deckung gemäß § 131 InsO.[62] Ob dies auch in diesem Fall so zu beurteilen war, lässt der BGH aber dahingestellt sein. Er bejaht zwar, dass die angefochtene Rechtshandlung innerhalb des letzten Monats vor Stellung des Insolvenzantrags vorgenommen worden ist und damit § 131 Abs. 1 Nr. InsO an sich zur Anwendung kommen könnte. Zwar seien Ausstellung eines Schecks und dessen Einlösung durch die bezogene Bank keine Teilakte eines einheitlichen Vorganges, sondern anfechtungsrechtlich voneinander zu trennen.[63] Wegen jeder Handlung ist die Anfechtbarkeit gesondert zu prüfen.[64] Für den Fall eines mit einem späteren Datum versehenen Textes sieht der BGH aber gemäß § 140 InsO als maßgeblichen Zeitpunkt denjenigen an, der zur Befriedigung des Gläubiger geführt hat, da in der Hinnahme eines solchen Schecks regelmäßig eine Stundung liege. Der BGH vertritt die Auffassung, dass hier eine Gläubigerbenachteiligung nicht bejaht werden könne, da bei der Inanspruchnahme von Mitteln aus einer lediglich geduldeten Kontoüberziehung die Deckung in der Insolvenz des Schuldners nicht zu einer Gläubigerbenachteiligung führt. Dies sei nur dann der Fall, wenn der Anspruch der Bank auf Rückzahlung des Kredits, auf dessen Gewährung der Schuldner keinen Anspruch hatte (Überziehungskredit), für die Insolvenzmasse ungünstiger ist, als der Anspruch des befriedigten Gläubigers, weil die Bank für ihren Darlehensrückzahlungsanspruch über bessere Sicherheiten verfügt. Im vorliegenden Fall stellten sich die Befriedigungsmöglichkeiten der Insolvenzgläubiger ohne die Handlung – Befriedigung durch Inanspruchnahme der geduldeten Überziehung – nicht günstiger dar, als ohne sie. Denn es kommt insofern nach Auffassung des BGH allein zu einem Gläubigeraustausch.[65] 24

Allerdings bejaht der BGH, dass der Anspruch auf Auszahlung eines zugesagten Darlehens mit dessen Abruf pfändbar und daher vom Insolvenzbeschlag erfasst sei.[66] Im Falle der Tilgung von Gläubigerforderungen mit Mitteln aus einer ungenehmigten Kontoüberziehung liegt dies indes schon deshalb anders, weil hier kein Anspruch (Recht) des Schuldners über einen Gegenstand vorliegt, der mit im Wege der Zwangsvollstreckung gepfändet werden könnte. Daher ist eine Massezugehörigkeit der Möglichkeit, geduldete Überziehungen in Anspruch zu nehmen, im Sinne von § 35 f. InsO zu verneinen.[67] Die bloße Duldung einer Kontoüberziehung gibt dem Kunden gegen die Bank keinen Anspruch auf Kredit und schafft damit keine pfändbare Forderung. Der BGH lehnt die Auffassungen ab, denen zu Folge in einer „juristischen oder logischen Sekunde“ vor der Ausführung der Zahlungsanweisung durch das Kreditinstitut ein Darlehensvertrag zustande komme. Hieraus könnten sich pfändbare An- 25

62 Vgl. allein BGH, Urt. v. 15. 5. 2003 – IX ZR 194/02, ZIP 2003, 1304 = EWiR 2003, 831 (Eckardt).
63 *Uhlenbruck/Hirte*, InsO, 12. Aufl., § 129 Rn. 70.
64 BGH, Urt. v. 21. 3. 2000 – IX ZR 138/99, ZIP 2000, 898 = EWiR 2000, 687 (M. Huber).
65 BGH, Urt. v. 7. 2. 2002 – IX ZR 115/99, DZWIR 2002, 251 = ZIP 2002, 489.
66 BGHZ 147, 193, 195 ff. = ZIP 2002, 825, 826 = EWiR 2001, 599 (Prütting/Stickelbrock).
67 BGHZ, 123, 183, 185 = ZIP 1993, 1662, 1663 = EWiR 1973, 1141 (Gerhardt).

sprüche des Kunden auf Auszahlung der Darlehensvaluta begründen.[68] Bei der ungenehmigten Kontoüberziehung besteht vor der im Belieben der Bank stehenden Durchführung der Zahlungsanweisung kein Anspruch auf Kredit, sondern nur eine Chance, dass die Bank die Überziehung duldet. In der Durchführung der Überweisung kann eine konkludente Annahme des Kundenangebots auf Abschluss des Darlehensvertrages liegen. Zu diesem Zeitpunkt ist die Liquidität, die der Schuldner hierdurch erhält, aber bereits geflossen; ein hierauf gerichteter Anspruch ist aber weder pfändbar noch Teil des vom Insolvenzbeschlag erfassten Schuldnervermögens.

26 **f) Kenntnis des Anfechtungsgegners.** Auf der Ebene des subjektiven Tatbestandes ist es erforderlich, dass dem Geschäftspartner die Krise des Gemeinschuldners bekannt gewesen sein muss. Wusste er darum, verliert er seine Schutzwürdigkeit, da er sich auf die Beständigkeit seines Erwerbs nicht verlassen konnte. Die Beweislast hierfür trägt der Insolvenzverwalter.[69]

27 Diese prozessuale Last des Insolvenzverwalters wird in der Judikatur des BGH indes dadurch gemildert, dass aus den Umständen des Falles darauf geschlossen wird, der Anfechtungsgegner habe die Zahlungsunfähigkeit des späteren Insolvenzschuldners gekannt – oder kennen müssen:

28 **Beispielsfall**[70]**:** Der vom Insolvenzverwalter der Insolvenzschuldnerin in Anspruch genommene Beklagte hatte als Subunternehmer der späteren Insolvenzschuldnerin dieser am 11. 3. des Jahres des Eröffnungsbeschlusses 70.000 € Abschlagszahlungen in Rechnung gestellt und am 11. 3. um weitere Zahlung in Höhe von 48.000 € gebeten. Bereits im März konnte die spätere Insolvenzschuldnerin die Löhne ihrer Mitarbeiter nicht mehr bezahlen. Am 15. 4. kam es zwischen den beiden Gesellschaftern, dem Geschäftsführer und den Leitern der Hoch- und Tiefbau-Abteilungen zu einem Krisengespräch wegen der Lage der späteren Insolvenzschuldnerin, für deren Tochterunternehmen am 19. 4. Eröffnungsantrag gestellt wurde. Mit Überweisungsaufträgen vom 19. 4. wurden zwei á conto Zahlungen auf die Abschlagsrechnung der Beklagten vom 5. 3. In Höhe von zusammen 60.000 € und mit weiterem Überweisungsauftrag vom 23. 4. auf die Abschlagsrechnung vom 11. 3. 15.000 € angewiesen. Am 24. 4. wurde für die Insolvenzschuldnerin Eröffnungsantrag gestellt.

III. Die „Rückschlagsperre", § 88 InsO

1. Funktion des § 88 InsO

29 § 88 InsO ordnet an[71], dass im Wege der Zwangsvollstreckung erlangte Sicherungen[72] der Insolvenzgläubiger[73] unwirksam sind, wenn sie in einer kritischen Periode von einem Monat vor der Ver-

68 WM 2004, 1109, 1110.

69 *Nerlich,* in: Nerlich/Römermann, InsO, § 130 Rn. 78, § 132 Rn. 44; *De Bra,* in: Braun, InsO, 2. Aufl. 2004, § 130 Rn. 37.

70 BGH, Urt. v. 20. 6. 2002 – IX ZR 177/99 – DZWIR 2003, 160. Der Sachverhalt ist hier in stark abgewandelter Form zugrundegelegt.

71 Zur Voraussetzung: BGH, Beschl. v. 19. 5. 2011 – IX ZB 284/09, ZIP 2011, 1372. Eingehend zum Verhältnis zum Insolvenzanfechtungsrecht *Grothe,* KTS 2001, 205 ff.; vgl. im Übrigen *Smid,* in: LSZ, InsO, 3. Aufl. 2010, § 88 Rn. 2.

72 *Lüke,* in: Kübler/Prütting, Kommentar zur Insolvenzordnung, § 88 Rn. 6 ff.; *Kroth,* in: Braun, InsO, 2. Aufl. 2004, § 88 Rn. 4.

73 *Lüke,* in: Kübler/Prütting, Kommentar zur Insolvenzordnung, § 88 Rn. 5; *Breuer,* in: MünchKomm, InsO, 1. Aufl. 2001, § 88 Rn. 7 ff.; BGH, Urt. v. 19. 1. 2006 – IX ZR 232/04, BGHZ 166, 74, 83.

fahrenseröffnung begründet worden sind.[74] Nach der Entscheidung des IX. Zivilsenats[75] greift die Rückschlagsperre allein unter der Voraussetzung ein, dass der Gläubiger etwas „durch eine Zwangsvollstreckungsmaßnahme erlangt" hat.

Über die Rückschlagsperre des § 88 InsO reichen die Vorschriften über die Unwirksamkeit der Pfändung von Miet- und Pachtzinsforderungen oder Arbeitseinkünften für die Zeit nach der Eröffnung des Verfahrens (§§ 110 Abs. 1 und 2, 114 Abs. 3 InsO) hinaus: Danach wirkt bei wiederkehrenden Leistungen (Dienstbezüge, Mietzinsen) die Rückschlagsperre sogar zeitlich unbegrenzt zurück. Im Verbraucherinsolvenzverfahren verlängern die §§ 305a, 312 Abs. 1 InsO n.F. die Rückschlagsperre auf drei Monate. 30

2. Ausschluss des Erwerbs eines Pfändungspfandrechts

Ein im kritischen Zeitraum erworbenes Pfändungspfandrecht erwirbt mithin keine „Absonderungskraft" (§ 50 Abs. 1 InsO).[76] § 88 InsO ergänzt damit das Recht der Insolvenzanfechtung wegen inkongruenter Deckung (§ 131 InsO),[77] was u.a. zur Folge hat, dass sich die Monatsfrist des § 88 InsO nach § 139 InsO berechnet.[78] Das ermöglicht die Wirkungen von Zwangsvollstreckungsmaßnahmen vor Verfahrenseröffnung im Wege der Geltendmachung der Insolvenzanfechtung rückgängig zu machen. Hat aber die Auskehrung des Erlöses stattgefunden und ist die Zwangsvollstreckung zum Eröffnungszeitpunkt vollständig beendigt, greift § 88 InsO nicht mehr. Eine durch Zwangsvollstreckung erlangte Befriedigung wird daher nicht nach § 88 InsO unwirksam[79], sondern unterliegt der Anfechtung wegen inkongruenter Deckung gem. § 131 Abs. 1 Nr. 1 InsO.[80] Die bezeichneten Vollstreckungsmaßnahmen, die in der Monatsfrist des § 88 InsO durchgeführt worden sind, verlieren nach alledem ihre Wirksamkeit rückwirkend seit Einleitung der Maßnahme. Nach § 775 Nr. 2 ZPO gelangt ein Pfändungspfandrecht nicht zur Entstehung. Damit ist auch die vorkonkurslich eingetragene Zwangssicherungshypothek unwirksam und das Grundbuch wird materiell unrichtig (§ 894 BGB).[81] Es entsteht eine Eigentümergrundschuld.[82] 31

Haben dagegen absonderungsberechtigte Gläubiger wegen ihrer Sicherheit die Zwangsvollstreckung vor Eröffnung des Insolvenzverfahrens betrieben, kommt § 88 InsO nicht zum Zuge. Dies gilt auch, sofern der Schuldner vor Eröffnung des Insolvenzverfahrens zwecks Abwendung der Zwangsvollstreckung dem Gläubiger eine Grundschuld bestellt hat[83]; allenfalls kann der Insolvenzverwalter dies gem. § 131 InsO anfechten. Denn das damit bestellte Absonderungsrecht gem. § 49 InsO ist nicht „au- 32

74 *Gerhardt*, in: Insolvenzrecht 1998, S. 217, 228 f.
75 BGH, Urt. v. 23. 10. 2003 – IX ZR 10/02 – DZWIR 2004, 81; dazu *Smid*, DZWIR 2004, 265, 271.
76 *Kilger/K. Schmidt*, KO, 17. Aufl. 1997, § 14 Anm. 4.
77 OLG Jena, Urt. v. 23. 8. 2000 – 2 U 92/00 – ZIP 2000, 1734; *Pfefferle*, Konkursanfechtung und Rückschlagsperre, Diss. Heidelberg 1982, 6 ff.
78 *Smid*, in: LSZ, InsO, 3. Aufl. 2010, § 88 Rn. 13.
79 BGH, Urt. v. 9. 9. 1997 – IX ZR 14/97 – BGHZ 136, 309; *Lüke*, in: Kübler/Prütting, Kommentar zur Insolvenzordnung, § 88 Rn. 10.
80 *Smid*, in: LSZ, InsO, 3. Aufl. 2010, § 88 Rn. 10; krit. *Grothe*, KTS 2001, 205, 210 ff.
81 *Keller*, ZIP 2000, 1324, 1330; *Smid*, in: Smid: InsO, 2. Aufl. 2001, § 88 Rn. 15.
82 BayObLG, Beschl. v. 15. 6. 2000 – 2Z BR 46/00 – DZWIR 2000, 372.
83 Vgl. aber zu § 7 Abs. 3 GesO, KG Berlin, Beschl. v. 5. 12. 1995 – 1 W 6677/95 – ZIP 1996, 645, 646.

tomatisch" nach § 88 InsO unwirksam, sondern gibt dem gesicherten Gläubiger die Befugnis zum Betrieb der Zwangsvollstreckung nach dem ZVG.[84]

3. Einzelfälle

33 a) **Zwangshypothek.** In einer Entscheidung[85] aus dem Jahr 2006 hat der IX. Zivilsenat des BGH die Reichweite der insolvenzrechtlichen Rückschlagsperre gem. § 88 InsO näher bestimmt. Dort war nach Eigenantrag des späteren Klägers über sein Vermögen das Insolvenzverfahren eröffnet worden. Später gab der Insolvenzverwalter einen zur Masse gehörigen, buchmäßig mit einer Zwangshypothek des heutigen Beklagten belasteten Grundstücksbruchteil aus der Masse frei. Darauf begehrte der Kläger vom beklagten Grundpfandgläubiger die Abgabe der Löschungsbewilligung. Bereits in seiner Judikatur zu § 7 Abs. 3 Satz 1 GesO hatte der IX. Zivilsenat des BGH entschieden, die nach § 7 Abs. 3 Satz 1 GesO eingetretene Unwirksamkeit des Sicherungsrechts wirke absolut.[86] Diese Wirkung greife aber nur sofern und solange als sie zum Schutze der Insolvenzgläubiger erforderlich sei. An dieser Judikatur hält der Senat in der vorliegenden Entscheidung fest. Der spätere Beklagte hatte die Zwangshypothek erst während des Eröffnungsverfahrens durch Eintragung in das Grundbuch erlangt. In der vorliegenden Entscheidung setzt sich der BGH noch einmal mit denjenigen Auffassungen auseinander, die vertreten, die Rückschlagsperre führe zu einer relativen Unwirksamkeit i. S. d. § 135 Abs. 1 BGB gegenüber den Insolvenzgläubigern oder dem Insolvenzverwalter als Rechtsfolge. Das würde dazu führen, dass die relative Unwirksamkeit des durch den Vollstreckungsakt erlangten Pfandrechts gegenüber anderen Absonderungsberechtigten keine Wirksamkeit entfalten würde. Dagegen spricht aber, dass der Insolvenzverwalter und die von ihm repräsentierte Gläubigergesamtheit gegenüber der Verfügung des Schuldners nicht als Dritte anzusehen sind. Würde man auf den Zeitpunkt der Verfahrenseröffnung abstellen, wäre eine relative Rückschlagsperre mit § 80 Abs. 2 Satz 1 InsO unvereinbar, wie der BGH zutreffend ausführt. Der IX. Zivilsenat führt aus, dass im Übrigen eine so verstandene relative Unwirksamkeit die Eintragung der Zwangshypothek im Grundbuch nicht durch Unrichtigkeitsnachweis gem. § 22 GBO beseitigt werden könnte. Der Insolvenzverwalter werde daher darauf verwiesen, entsprechend § 888 Abs. 2 BGB gegen den Inhaber des Sicherungsrechts mit dem Begehren einer Löschungsbewilligung vorzugehen. Wie bereits zu § 7 Abs. 3 Satz 1 GesO entschieden, erlischt daher eine von der Rückschlagsperre gem. § 88 InsO erfasste Zwangshypothek. Dies schließt das Entstehen einer Eigentümergrundschuld entspr. § 868 ZPO aus. Allerdings ist in der Vergangenheit zu den §§ 28, 87, 104 VerglO vertreten worden, die Rückschlagsperre habe das Entstehen einer Eigentümergrundschuld zur Folge. Gegen diese Auffassung führt der BGH an, die Masse habe kein begründetes Anrecht darauf, gegenüber einem aufgrund der Unwirksamkeit der Zwangssicherungshypothek aufrückenden Grundpfandgläubiger günstiger zu stehen, als wenn der gesperrte besserrangige Zwangshypothekar den Antrag auf Eintragung der Zwangshypothek vor Vollzug wieder zurückgenommen hätte. Diese früher zur VerglO vertretene Auffassung[87] ist, wie der IX. Zivilsenat überzeugend ausführt, seit der Einführung des gesetzlichen Löschungsanspruchs nachrangiger Grundpfandgläubiger überholt.

34 Der erkennende Senat nimmt indes eine Ungleichbehandlung vor zwischen der endgültigen Wirksamkeit von Pfändungspfandrechten (§ 804 ZPO) und der buchmäßig eingetragenen Zwangssicherungshypothek. Zu den §§ 28, 104 VerglO hat der BGH nämlich die endgültige Unwirksamkeit des unter der Rückschlagsperre erlangten Pfändungspfandrechts angenommen. Wegen der Zwangssicherungshypothek wendet der erkennende Senat indes § 185 Abs. 2 Satz 1 Var. 2 BGB an. Danach wird die

---

84 Zu § 7 Abs. 3 GesO, LG Gera, Beschl. v. 15. 3. 1996 – 5 T 132/96 – ZIP 1996, 681; bestätigt OLG Jena, Urt. v. 31. 3. 1996 – 6 W 183/96 – ZIP 1996, 1097; Zum Unwirksamwerden der Zwangssicherungshypothek, OLG Köln, Urt. v. 14. 7. 2010 – 2 WX 86/10, ZIP 2010, 1713.

85 BGH, Urt. v. 19. 1. 2006 – IX ZR 232/04 – ZIP 2006, 479 m. Anm. *Wehdeking*, jprins 13/2006 Anm. 4 und *Gundlach/Schmidt*, EWiR § 88 InsO 1/06, 317.

86 BGH, Urt. v. 3. 8. 1995 – IX ZR 34/95 – BGHZ, 130, 347, 354 f.; BGH, Urt. v. 15. 7. 1999 – IX ZR 239/98 – BGHZ 142, 208, 213.

87 *Müller*, KTS 1955, 92.

Verfügung eines nicht Berechtigten wirksam, wenn der Verfügende den Gegenstand erwirbt. Diese ex ante eintretende Wirksamkeit tritt dann ein, wenn der Verfügende ohne Verfügungsmacht gehandelt hat und diese nachträglich wiedererlangt.[88] Dies ist bei zunächst nach § 81 Abs. 1 Satz 1 InsO schwebenden unwirksamen Verfügungen des Schuldners der Fall, wenn das Insolvenzverfahren beendet ist. Der IX. Zivilsenat geht davon aus, dass diese Konvaleszenz auch auf Verfügungen, die im Wege der Zwangsvollstreckung zur Begründung einer Zwangshypothek erfolgt sind, zutrifft. Aus der Sicht des IX. Zivilsenats ist ausschlaggebend, dass der Vollstreckungsakt die sonst nötige rechtsgeschäftliche Einigungserklärung gem. § 873 BGB sowie die Eintragungsbewilligung des Schuldners ersetzt. Insofern unterscheidet sich die Zwangshypothek nicht von rechtsgeschäftlich bestellten Grundpfandrechten, da sie mit der Eintragung im Grundbuch gem. § 867 Abs. 1 Satz 2 ZPO zur Entstehung gelangt. Die Unwirksamkeit der hoheitlichen Vollstreckungsanordnung gem. § 88 InsO ist daher dem Wegfall des Einigseins vergleichbar. Solange die Eintragung der Zwangshypothek im Grundbuch nicht gelöscht ist, ist der Gläubiger nicht gezwungen, erneut im Wege der Zwangsvollstreckung gegen den Schuldner vorzugehen. Mit Wegfall der Verfügungsbeschränkungen kann die nach § 88 InsO unwirksam gewordene Zwangshypothek aufgrund der und innerhalb der vorhandenen Buchposition entsprechend § 185 Abs. 2 Satz 1 Var. 2 BGB neu entstehen. Die Konvaleszenz der Sicherungshypothek tritt auch nicht erst nach Beendigung des Insolvenzverfahrens ein. Denn andernfalls könnte der Schuldner durch Veräußerung des Sicherungsgegenstandes oder weitere Belastung das Wirksamwerden einer nach § 88 InsO gesperrten Sicherung vereiteln.

b) Pfändung zukünftiger Forderungen. Besondere Fragen treten bei der Pfändung zukünftiger Forderungen auf, wie ein vom BFH[89] entschiedener Fall deutlich macht. Dort hatte das Finanzamt mit Pfändungs- und Einziehungsverfügung vom 9. 11. 1998 wegen Steuerrückständen der insolvenzschuldnerischen GmbH alle der GmbH gegenwärtig und zukünftig zustehenden Forderungen gegen die Drittschuldnerin gepfändet und sich zur Einziehung überwiesen. Die Verfügung wurde der Drittschuldnerin am 11. 11. 1998 zugestellt. Am 14. 1. 1999 beantragte die GmbH die Eröffnung des Insolvenzverfahrens, das dann am 1. 2. 1999 auch eröffnet wurde. Der klagende Insolvenzverwalter meint, ab Mitte Dezember 1998 sei gemäß § 88 InsO das Pfändungspfandrecht des Finanzamts unwirksam geworden. Der BFH ist dem gefolgt, da nach § 88 InsO eine Sicherung, die ein Insolvenzgläubiger im letzten Monat vor dem Antrag auf Eröffnung des Insolvenzverfahrens oder nach diesem Antrag durch Zwangsvollstreckung an der zur späteren Insolvenzmasse gehörenden Vermögen des Schuldners erlangt hat, mit Eröffnung des Verfahrens unwirksam wird. Auch das durch eine Pfändungsverfügung erlangte Pfändungspfandrecht an einer Forderung, die zur Insolvenzmasse im Sinne von §§ 35, 36 InsO gehört, stellt eine durch Zwangsvollstreckung erlangte Sicherung dar. Die Monatsfrist des § 88 InsO wird nach § 139 Abs. 1 Satz 1 InsO bestimmt.[90] Der BFH führt insofern aus, die zukünftigen Forderungen seien zwar von dem Pfändungspfandrecht grundsätzlich erfasst. Dieses aber entstehe grundsätzlich mit der Zustellung der Verfügung an den Drittschuldner, was dem Finanzamt im vorliegenden Fall Recht gibt, da die Pfändungsverfügung der Drittschuldnerin bereits am 11. 11. 1998 mithin vor Beginn der Monatsfrist des § 88 zugestellt worden ist. Im Fall zukünftiger Forderungen und ihrer Pfändung sei dies aber anders. Das Pfändungspfandrecht an einer künftigen Forderung des Schuldners wird erst im Zeitpunkt wirksam, in dem die gepfändete Forderung tatsächlich entsteht, da bis zu diesem Zeitpunkt die Pfändung ins Leere geht. Daher ist das Pfändungspfandrecht in den vorliegenden Fällen jedenfalls innerhalb der Monatsfrist entstanden. Dies entspricht der h.M.[91] Die an die Zustellung der Pfändungsverfügung bzw. des Pfändungsbeschlusses nach § 829 Abs. 3 ZPO geknüpften Wirkungen beziehen sich grundsätzlich auf die Verfügungsbefugnis des Schuldners. Da diesem eine wirksame Abtretung auch einer zukünftigen Forderung freisteht, wird eine solche vereitelnde Verfügung des Schuldners ausgeschlossen. Die Begründung des Pfandrechts als eigenständiger Rechtsposition des Gläubigers ist nach § 88 InsO wie der BFH überzeugend ausführt, aber im Gleichklang mit anfech- 35

---

88 BGH, Urt. v. 18. 6. 1993 – V ZR 47/92 – BGHZ 123, 58, 62.

89 BFH, Urt. v. 12. 4. 2005 – VII R 7/03 – ZIP 2005, 1182.

90 Zu dieser Vorschrift vgl. eingehend *R. Eckert*, EWiR 2004, 395, 396.

91 *Häsemeyer*, Insolvenzrecht, 3. Aufl. 2003, Rn. 10.26; *Brehm*, in: Stein/Jonas, ZPO, 22. Aufl. 2002, § 829 Rn. 3.

tungsrechtlichen Regelungen zu ermitteln. Dabei ist maßgeblich, dass, hätte der Schuldner im Wege der Abtretung über die Forderung verfügt, eine anfechtungsrechtliche Gläubigerbenachteiligung sich nur dann verwirklichen kann, wenn die abgetretene Forderung tatsächlich zum Entstehen gelangt ist.[92] Dies sei, so führt der BFH überzeugend aus, im Anwendungsbereich des § 88 InsO nicht anders. Nach § 140 Abs. 3 InsO kommt es bei einer bedingten oder befristeten Rechtshandlung für die Bestimmung des Zeitpunkts zur Vornahme dieser Rechtshandlung auf den Zeitpunkt des Eintritts der Bedingung oder des Termins zwar nicht an, da die Pfändung einer künftigen Forderung bedingungslos ist.[93] Zutreffend führt der BFH aus, dass sich weder aus § 114 InsO noch aus § 190 InsO als Spezialregelung für die Reichweite von Vorausabtretung von Lohn-, Gehalt- und Mietzinsforderung etwas Abweichendes für die Reichweite des § 88 InsO ergibt.

VI. Vermutung der Kenntnis des Anfechtungsgegners bei „Insidergeschäften"[94]

36 In den Regelungen der §§ 130 Abs. 3, 131 Abs. 2 Satz 2, 132 Abs. 3 und 133 Abs. 2 InsO sowie § 137 Abs. 3 InsO wird die in den Tatbeständen geforderte Kenntnis des Anfechtungsgegners von den objektiven Anfechtungsvoraussetzungen vermutet, wenn es sich bei ihm um eine sog. „nahe stehende Person" handelt. § 138 InsO definiert von Gesetzes wegen den Kreis der Personen, die als „Insider" anfechtungsrechtlich besonders behandelt werden.[95]

37 a) **Verwandtengeschäfte.** „Verwandtengeschäfte" erscheinen als besonders „suspekt".[96] Unter § 138 InsO fallen diejenigen entgeltlichen Verträge, die mit dem Ehegatten selbst oder mit bestimmten, im Gesetz näher bezeichneten Verwandten des Gemeinschuldners oder dessen Ehegatten geschlossen worden sind. Dabei ist zwischen persönlich- und gesellschaftsrechtlich nahe stehenden Personen zu unterscheiden. Als „Insider" gelten nach § 138 Abs. 1 Nr. 1 InsO im Falle der über das Vermögen einer natürlichen Person eröffneten Insolvenzverfahrens der Ehegatte des Schuldners, auch wenn die Ehe erst nach der Rechtshandlung geschlossen oder im letzten Jahr vor der Handlung aufgelöst worden ist, Lebenspartner gem. § 138 Abs. 1 Nr. 1 a InsO, nach § 138 Abs. 1 Nr. 2 InsO Verwandte des Schuldners oder des in § 138 Abs. 1 Nr. 1 InsO bezeichneten Ehegatten in auf- und absteigender Linie und voll- und halbbürtige Geschwister des Schuldners oder des in § 138 Abs. 1 Nr. 1 InsO bezeichneten Ehegatten sowie die Ehegatten dieser Personen sowie gem. § 138 Abs. 1 Nr. 3 InsO Personen, die in häuslicher Gemeinschaft mit dem Schuldner leben oder im letzten Jahr vor der Handlung in häuslicher Gemeinschaft mit dem Schuldner gelebt haben.

38 b) **Überlegenes Wissen kraft gesellschaftsrechtlicher Stellung.** Unter „gesellschaftlich nahe stehenden Personen" (§ 108 Abs. 2 VerglO)[97] sind solche Empfänger von Vermögenszuwendungen aus der Masse seitens des Schuldners zu verstehen, die aufgrund ihrer Stellung einen tieferen Einblick in die Wirtschaftsweise des betreffenden Unternehmens gewinnen konnten; beispielsweise Mitglieder des Vertretungs- und Aufsichtsorgans, persönlich haftende Gesellschafter einer oHG oder KG.[98] Im Einzelnen gilt hier, dass für den Fall, dass es sich bei dem Schuldner um eine juristische Person oder eine Gesellschaft ohne Rechtspersönlichkeit handelt, dass als „Insider" gem. § 138 Abs. 2 Nr. 1 InsO die

---

92 BGH, Urt. v. 20. 3. 2003 – IX ZR 166/02 – ZIP 2003, 808.
93 Zum Ganzen *R. Eckert,* NZM 2005, 330.
94 Krit. gegen die Regelung des § 138 InsO *Hirte,* ZInsO 1999, 429 ff.
95 *Ropohl,* Gesellschaftsrechtlichen Insider nach § 138 Abs. 2 InsO, 2002.
96 *Killinger,* Insolvenzanfechtung gegen Insider, 1991; *König,* Die Anfechtung nach der Konkursordnung, 2. Aufl. 1993, Rn. 73 ff.
97 BGH, Urt. v. 20. 10. 1965 – VIII ZR 168/63 – WM 1965, 1152.
98 BGH, Urt. v. 22. 12. 1971 – VIII ZR 136/70 – BGHZ 58, 20; *Killinger,* Insolvenzanfechtung gegen Insider, 1991.

Mitglieder des Vertretungs- oder Aufsichtsorgans und persönlich haftende Gesellschafter des Schuldners sowie Personen, die zu mehr als einem Viertel am Kapital des Schuldners beteiligt sind, zu betrachten sind. § 138 Abs. 2 Nr. 2 InsO ordnet an, dass als „Insider" eine Person oder eine Gesellschaft zu behandeln ist, die auf Grund einer vergleichbaren gesellschaftsrechtlichen oder dienstvertraglichen Verbindung zum Schuldner die Möglichkeit hat, sich über dessen wirtschaftliche Verhältnisse zu unterrichten. Schließlich ist nach § 138 Abs. 2 Nr. 3 InsO eine Person als Insider anzusehen, die zu einer der in Nummer 1 oder 2 bezeichneten Personen in einer in § 138 Abs. 1 InsO bezeichneten persönlichen Verbindung steht; dies gilt nicht, soweit die in § 138 Abs. 2 Nr. 1 oder 2 InsO bezeichneten Personen kraft Gesetzes in den Angelegenheiten des Schuldners zur Verschwiegenheit verpflichtet sind.[99]

Die Aufrechnung der Bank gegenüber der Forderung des Gemeinschuldners aus dem Kontovertrag mit eigenen Kreditforderungen ist nur soweit möglich, wie diese Kreditforderungen vor Kenntnis der Bank von der Zahlungseinstellung begründet worden sind. Das wird sehr häufig der Fall sein; gelingt es aber dem Insolvenzverwalter, den Nachweis dafür zu erbringen, dass die Bank bei Kreditgewährung die Zahlungseinstellung des Kreditnehmers kannte – und z.B. eine Situation im Umfeld einer Konkursverschleppung vorliegt – so würde kein Zweifel daran bestehen, dass § 96 Nr. 3 InsO zur Anwendung gelangt.[100] *Canaris*[101] geht weiter als die Judikatur des BGH: Er will die Aufrechnung sogar dann dem Gläubiger als Selbsthilferecht versagen, wenn das Kreditinstitut in Kenntnis des Ausbruchs der Krise veranlasst hat, dass der Gemeinschuldner Zahlungseingänge auf das bei ihr geführte debitorische Konto geleitet hat.[102] Diese Auffassung interpretiert § 96 Nr. 3 InsO zutreffend als eine Vorschrift, mit der verhindert werden soll, das Aufrechnungslagen im Vorfeld der Eröffnung des Insolvenzverfahrens „künstlich" herbeigeführt werden.[103] Nach Erlöschen des Auftrags ist nach der Judikatur des BGH[104] eine Aufrechnung der früher beauftragten Bank mit vor Verfahrenseröffnung begründeten Forderungen gegen den Anspruch auf Herausgabe von Zahlungen, die erst nach Verfahrenseröffnung für den Gemeinschuldner eingegangen sind, unzulässig. Wenn der Gläubiger in einem Kontokorrentverhältnis nach Erlass des allgemeinen Verfügungsverbotes etwas schuldig geworden ist, greift § 96 Nr. 1 InsO; Verrechnungen innerhalb des Kontokorrentverhältnisses sind nach Erlass des Verfügungsverbotes daher unwirksam.[105]

Der auf den Verwalter übergegangene Anspruch der Insolvenzschuldnerin richtet sich bei einem debitorisch geführten Konto nur auf Korrektur der ungenehmigten Belastung. Ein Zahlungsanspruch entsteht insoweit nicht. Das Kreditinstitut tilgt nicht seine eigenen Forderungen gegenüber dem Kontoinhaber, sondern führt unter Inanspruchnahme der gutgeschriebenen Beträge Aufträge des Schuld- 39

99 *Paulus,* in: Kübler/Prütting, Kommentar zur Insolvenzordnung, § 138 Rn. 24, 25; *Kirchhof,* in: MünchKomm, InsO, 1. Aufl. 2001, § 138 Rn. 37.
100 BGH, Urt. v. 2. 2. 1972 – VIII ZR 152/70 – BGHZ 58, 108, 113.
101 *Canaris,* Bankvertragsrecht, Rn. 498.
102 AG Königswinter v. 6. 12. 1995 – 3 C 440/95 – ZIP 1996, 243 m. Anm. *Uhlenbruck,* EWiR § 55 KO 1/96, 131; *Kuhn/Uhlenbruck,* KO, 11. Aufl. 1994, § 55 Rn. 18; nunmehr *Sinz,* in: Uhlenbruck, InsO, 13. Aufl. 2010, § 96 Rn. 16.
103 *Baur/Stürner,* Insolvenzrecht, Bd. II, 3. Aufl. 1991, Rn. 16.15; vgl. auch *Brandes,* in: MünchKomm, InsO, 1 Aufl. 2001, § 96 Rn. 32 ff.
104 BGH, Urt. v. 23. 2. 1989 – IX ZR 143/88 – ZIP 1989, 453 m. Anm. *Stürner/Münch,* EWiR § 55 KO 1/89, 495.
105 OLG Stuttgart, Urt. v. 4. 2. 1994 – 2 U 93/93 – ZIP 1994, 798 m. Anm. *Paulus,* EWiR § 55 KO 1/94, 697; AG Königswinter ZIP 1996, 243 m. Anm. *Uhlenbruck,* EWiR § 55 KO 1/96, 131.

ners aus. Der IX. Zivilsenat[106] verweist insofern darauf, dass sich Ein- und Ausgänge vorliegend decken. Aufgrund des zeitlich engen Zusammenhangs zwischen Gutschrift und Belastungsbuchung[107] ist die Befriedigung der Forderung der Bank aus dem Kontokorrent im Wege der Saldenverrechnung anfechtungsrechtlich unter dem Gesichtspunkt eines Bargeschäfts i. S. v. § 142 InsO zu betrachten. Danach ist eine Leistung des Schuldners, für die unmittelbar eine gleichwertige Gegenleistung in sein Vermögen gelangt, nur anfechtbar, wenn die Voraussetzungen einer Absicht der Gläubigerbenachteiligung gem. § 133 Abs. 1 InsO gegeben sind. In der vorliegenden Entscheidung erstreckt der IX. Zivilsenat diesen Gesichtspunkt auf das Aufrechnungsverbot des § 2 Abs. 4 GesO. Das ist nicht nur aufgrund der vom BGH angestellten Folgenerwägung plausibel: Würden die Banken sich bei der Durchführung von Überweisungsaufträgen der Gefahr ausgesetzt sehen, das im Kontokorrent Verrechnete wieder zu verlieren, hätte dies eine zu frühzeitige Unterbrechung der Zahlungslinien zur Folge. Die Entscheidung des IX. Zivilsenats kann sich aber auch auf strukturelle Erwägungen stützen. Das durch § 2 Abs. 4 GesO statuierte Verbot einer Zwangsvollstreckung – die Rückschlagsperre – geht auf anfechtungsrechtliche Grundlagen zurück[108]. Es würde daher einen „Wertungswiderspruch“ auslösen – zu einem Systembruch führen, wenn die Rückschlagsperre für solche Fälle Wirkungen entfalten würde, in denen das Insolvenzanfechtungsrecht nicht greifen könnte. Denn die Begrenzung des Aufrechnungsrechts im eröffneten Verfahren (vgl. § 96 Abs. 1 Nr. 3 InsO) würde hier durch den in § 142 InsO normierten Bargeschäftsgedanken überwunden.

40 Die Bank ist gem. § 1281 Satz 2 Hs. 1 BGB zur Sicherstellung der späteren Verwertung des Guthabens des Schuldners durch eine Kontosperre berechtigt.[109] Denn vor Pfandreife kann der Pfandgläubiger verlangen, dass der Schuldner an ihn und den Gläubiger gemeinschaftlich leistet. Sind Schuldner und Pfandgläubiger identisch, soweit Ansprüche des Kunden gegen die Bank selbst erfasst werden, kann der Kunde als Gläubiger nicht Leistung an sich verlangen. Lässt die Bank nach der Kontensperre dadurch Verfügungen des Kunden über das Guthaben auf dem gesperrten Konto zu, dass sie Überweisungen zugunsten Dritter zulässt, liegt darin nach der vorliegenden Entscheidung des IX. Zivilsenats eine Freigabe der durch die Kontensperre erlangten Sicherheit. Folgt auf die Verfügung des Kunden und die Freigabe des Pfandrechts im Wege der Durchführung der Überweisung eine Erhöhung des Kontostandes auf dem gesperrten Konto, erlangt die Bank hieran ein Pfandrecht jedenfalls dann inkongruent, wenn die Erhöhung des Kontostandes im letzten Monat vor Stellung des Antrags auf Eröffnung des Insolvenzverfahrens durch Gutschriften erfolgt ist. Der IX. Zivilsenat hatte indes mit Urteil vom 7. 3. 2002[110] Überweisungen, die von einem im Soll geführten Konto vorgenommen werden, als Kreditgewährung angesehen und ihre Verrechnung mit Gutschriften als anfechtungsrechtliches Bargeschäft i. S. v. § 143 InsO qualifiziert. Diesen Fall sieht der IX. Zivilsenat hier aber nicht als gegeben an. Sollbuchungen auf einem im Haben geführten Konto stellen sich danach nicht als Kreditgewährung dar; im Übrigen hat der IX. Zivilsenat diese Frage dahingestellt bleiben lassen, da es im vorliegenden Fall nicht um die Frage der Anfechtbarkeit von Verrechnungen, sondern allein darum ging, wann ein Pfandrecht entsteht und ob dieser Zeitpunkt in die Krise im Sinne des Anfechtungsrechts fällt.

41 Vgl. aber den folgenden Fall: Der Bank waren Gegenstände sicherungsübereignet.[111] Die spätere Insolvenzschuldnerin verkaufte diese Gegenstände drei Wochen vor Stellung des Insolvenzantrags an die Beklagte; um dies zu ermöglichen, gab die Bank die Gegenstände mit der Maßgabe der Veräußerung an die Beklagte „frei“. Gegen die Kaufpreisforderung erklärte die Beklagte die Aufrechnung. Der klagende Insolvenzverwalter hält dies für unzulässig und begehrt Zahlung des Kaufpreises zur Masse. Das Rechtsgeschäft, auf dessen Abschluss hin die Aufrechnungslage entstanden ist, hat der Insolvenzverwalter im vorliegenden Fall zwar nicht angefochten. Gleichwohl hat der IX. Zivilsenat dem klagen-

106 BGH, Urt. v. 6. 2. 2003 – IX ZR 449/99 – ZIP 2003, 675.
107 Vgl. BGH, Urt. v. 7. 3. 2002 – IX ZR 223/01 – WM 2002, 951, 954 f.
108 *Smid*, JZ 1995, S. 1150 ff. m. w. N.
109 BGH, Urt. v. 12. 2. 2004 – IX ZR 98/03 – ZIP 2004, 620.
110 BGH, Urt. v. 7. 3. 2002 – IX ZR 223/01 – ZIP 2002, 812, 813.
111 BGH, Urt. v. 9. 10. 2003 – IX ZR 28/03 – ZIP 2003, 2370 m. Anm. *Beutler/Vogel*, EWiR 2004, 241.

den Insolvenzverwalter mit dem Argument Recht gegeben, dass § 96 Abs. 1 Nr. 3 InsO auch solche Fälle erfasse, in denen die Aufrechnung vor Eröffnung des Insolvenzverfahrens erklärt worden sei.[112] Voraussetzung dafür ist, dass die Aufrechungslage in anfechtbarer Weise hergestellt worden ist. Im vorliegenden Fall hatte die Beklagte keinen Anspruch auf den Abschluss des Kaufvertrages – der durch die Kreation der Hauptforderung die Aufrechnungsmöglichkeit erst herbeigeführt hat. Da dies innerhalb der Monatsfrist des § 131 Abs. 1 Nr. 1 InsO erfolgt war, stellte sich die mit der Aufrechnungslage geschaffene Befriedigungsmöglichkeit (Aufrechnung als Absonderungsrecht an der eigenen Forderung, wie es *Häsemeyer*[113] treffend formuliert) als anfechtbar dar. Überzeugend hat der IX. Zivilsenat dabei ausgeführt, dass mit dem Abschluss des Kaufvertrages auch eine Benachteiligung der Gläubiger verwirklicht worden ist. Die Kaufgegenstände waren zwar der Bank sicherungsübereignet, was darauf zu verweisen scheint, dass ihr Erlös wertmäßig außerhalb der den Gläubigern haftenden Masse angesiedelt sei. Die Insolvenzrechtsreform legt aber eine grundsätzlich andere Betrachtungsweise nahe, die sich allerdings nicht daraus ergibt, dass im eröffneten Verfahren der Masse bei Verwertung des Sicherungsgutes durch den Insolvenzverwalter eine Verwertungskostenpauschale zusteht.[114] Vielmehr stellt sich das Sicherungsgut seiner Werthaltigkeit nach als Teil der Soll-Masse[115] dar, da es gem. § 166 Abs. 1 InsO der Verwertungsbefugnis des Insolvenzverwalters zu dem Zweck unterworfen ist, um den Organismus des Unternehmens als solchen zu erhalten. Dies gilt auch für „wertausschöpfend" belastete Sicherungsgegenstände.

---

112 BGH, Urt. v. 28. 9. 2006 – IX ZR 136/05, BGHZ 150, 122, 126 = DZWIR 2002, 385 mit Anm. *Dietrich.*

113 *Häsemeyer*, Insolvenzrecht, 3. Aufl. 2003, Rn. 19. 3.

114 Gegen *Häsemeyer*, Insolvenzrecht, 3. Aufl. 2003, Rn. 21.20 und 13.49 sowie *Gundlach/Frenzel/Schmidt*, NZI 2002, 20,21 die oben besprochene Entscheidung BGH, Urt. v. 20. 11. 2003 – IX ZR 259/02 – ZIP 2004, 42.

115 Zur Begrifflichkeit *Foerste,* Insolvenzrecht, 2004, Rn. 18.

§ 19 Anfechtung wegen „unmittelbar nachteiliger Rechtshandlungen“, § 132 InsO[1]

1. Übersicht

1 § 132 InsO stellt einen Auffangtatbestand dar, der solche Rechtshandlungen der Insolvenzanfechtung unterwirft, die nicht zu den Rechtshandlungen gehören, die einem Insolvenzgläubiger eine Sicherung oder Befriedigung gewähren oder ermöglichen, da insofern die §§ 130, 131 InsO eingreifen. Erfasst werden von der Vorschrift auch einseitige Rechtsgeschäfte wie z.B. die Kündigung, worauf sogleich zurückzukommen sein wird. Es genügt nicht, dass zwischen der Vornahme der Rechtshandlung (des Rechtsgeschäfts) und der Gläubigerbenachteiligung irgendein ursächlicher Zusammenhang besteht, die Benachteiligung muss vielmehr unmittelbar durch die Vornahme des Rechtsgeschäfts eingetreten sein.[2] Die weiteren Voraussetzungen für die Anfechtbarkeit sind entsprechend geregelt wie in § 130 InsO. Hervorzuheben ist, dass auch im Rahmen dieser Vorschrift die Kenntnis der Umstände, die auf Zahlungsunfähigkeit oder den Eröffnungsantrag schließen lassen, grundsätzlich der Kenntnis gleich steht.[3] Ein Musterbeispiel ist der sog. krisenbedingte Schlussverkauf, bei dem noch vorhandene Waren unter Wert veräußert werden. Man spricht insofern auch von einer „Verschleuderungsanfechtung“.[4]

2. Einzelne Regelungen

2 a) **Grundsatz.** Nach § 132 Abs. 1 Nr. 1 InsO ist ein Rechtsgeschäft des Schuldners anfechtbar, das die Insolvenzgläubiger unmittelbar benachteiligt, wenn es in den letzten drei Monaten vor dem Antrag auf Eröffnung des Insolvenzverfahrens vorgenommen worden ist, wenn zur Zeit des Rechtsgeschäfts der Schuldner zahlungsunfähig war und wenn der andere Teil zu dieser Zeit die Zahlungsunfähigkeit kannte. § 132 Abs. 1 Nr. 2 InsO bestimmt, dass ein Rechtsgeschäft des Schuldners anfechtbar ist, wenn es nach dem Eröffnungsantrag vorgenommen worden ist und wenn der andere Teil zur Zeit des Rechtsgeschäfts die Zahlungsunfähigkeit oder den Eröffnungsantrag kannte.

3 **b) Die „Kopf-in-den-Sand“-Anfechtung:[5] § 132 Abs. 2 InsO.** Einem Rechtsgeschäft, das die Insolvenzgläubiger unmittelbar benachteiligt, steht gem. § 132 Abs. 2 InsO eine andere Rechtshandlung

---

1 *Zeuner*, Die Anfechtung in der Insolvenz, 2. Aufl. 2007, Rn. 149ff.

2 *Kein Ausschluss wegen mittelbarer Vorteile der Masse:* – BGH, Urt. v. 13. 3. 2003 – IX ZR 64/02, DZWIR 2003, 291 = BGHZ 154, 190; *Bähr/Smid*, Rechtsprechung 2006, 158.

3 Es handelt sich hier um eine Zwischenform zwischen Kenntnis und grober Fahrlässigkeit; str., vgl. *Nerlich*, in: Nerlich/Römermann, InsO, § 130 Rn. 69; sowie *Gerhardt*, in: FS Brandner, S. 606, 615, der die Umschreibung „Rechtsblindheit“ vorschlägt. Für die Beibehaltung der groben Fahrlässigkeit dagegen *Paulus*, in: Kübler/Prütting, Kommentar zur Insolvenzordnung, § 130 Rn. 33; vgl. aber *ders.* in WM 2000, 2225, 2228; *Fehl*, in: Beck/Depré, Handbuch der Insolvenz, 1. Aufl. 2003, § 9 Rn. 84f.

4 *Gerhardt/Kreft*, Aktuelle Probleme der Insolvenzanfechtung, 7. Aufl. 1996, 132.

5 Ich zitiere *Rolf Rattundes* treffenden Bonmot; eingehend hierzu *Schlie*, Die Anfechtung von Unterlassungen nach der Insolvenzordnung und dem Anfechtungsgesetz, 2009, bes. 13ff., 112ff., 220ff., 352ff.

des Schuldners gleich, durch die der Schuldner ein Recht verliert oder nicht mehr geltend machen kann oder durch die ein vermögensrechtlicher Anspruch gegen ihn erhalten oder durchsetzbar wird[6]. § 132 Abs. 2 InsO stellt nach der Vorstellung des Gesetzgebers[7] *einen Auffangtatbestand* für solche Rechtshandlungen dar, die für die Gläubiger nachteilig sind, ohne dass sie von der Deckungsanfechtung (§§ 130 und 131 InsO) oder der Anfechtung unmittelbar benachteiligender Rechtsgeschäfte (§ 132 Abs. 1 InsO) erfasst werden. Es soll erreicht werden, dass solche Rechtshandlungen nicht nur wegen vorsätzlicher Benachteiligung unter den strengeren Voraussetzungen des § 133 InsO anfechtbar sind, soweit nicht eine erleichterte (objektivierte) Anfechtung nach § 134 InsO (unentgeltliche Zuwendung) in Betracht kommt. Durch die Regelung des § 132 Abs. 2 InsO wird eine Regelungslücke geschlossen, die nach überkommenem Konkursrecht bei der Anfechtung von **Unterlassungen** im Bereich der besonderen Insolvenzanfechtung bestand. Der durch eine Rechtshandlung (Unterlassung) nach § 132 Abs. 2 InsO Begünstigte muss grundsätzlich darauf vertrauen können, dass es bei der eingetretenen Rechtsfolge bleibt. Nur wenn er wusste oder infolge zwingend erforderlicher Kenntnis nicht wusste, dass der Schuldner zahlungsunfähig war oder dass ein Eröffnungsantrag gestellt war, kann ihm zugemutet werden, den erlangten Vorteil wieder aufzugeben.

c) Situation im Verbraucherinsolvenzverfahren. Besonders § 132 Abs. 2 InsO gewinnt angesichts der Befugnis der Insolvenzgläubiger zur Insolvenzanfechtung im bisherigen Verbraucherinsolvenzverfahren aufgrund der Regelung des § 313 Abs. 2 InsO in diesem Verfahren erhebliche Bedeutung. Denn insbesondere die Anfechtung der Unterlassung von Rechtshandlungen des Schuldners kann eine erhebliche Minderung der Masse und damit eine Beeinträchtigung der Gläubigergemeinschaft abzuwehren geeignet sein. Der Referentenentwurf 2011/2012 sieht die Streichung dieser Vorschrift vor. 4

6 *Fehl*, in: Beck/Depré, Handbuch der Insolvenz, 1. Aufl. 2003, § 9 Rn. 86 ff.
7 Amtl. Begr. zu § 147 RegEInsO, BT-Drs. 12/1443 S. 159.

§ 20 Die Absichtsanfechtung

I. Absichtsanfechtung als „Grundtatbestand“

1. Funktion des § 133 InsO

1 Da den Anfechtungstatbeständen der InsO das objektive Merkmal der Gläubigerbenachteiligung gemeinsam ist, unterscheiden sich die einzelnen Tatbestände zunächst auf der subjektiven Ebene: Nimmt der spätere Insolvenzschuldner nämlich eine Rechtshandlung mit dem Vorsatz, seine Gläubiger zu benachteiligen vor, und kennt der andere Teil den Vorsatz des Schuldners, ordnet § 133 Abs. 1 Satz 1 InsO an, dass diese Rechtshandlung anfechtbar ist, sofern sie in den letzten zehn Jahren vor dem Antrag auf Eröffnung des Insolvenzverfahrens oder nach diesem Antrag vorgenommen worden ist. § 133 Abs. 1 Satz 1 InsO ist gleichsam der Grundtatbestand der Insolvenzanfechtungstatbestände, nicht allein deshalb, weil er die Zeitgrenze der Anfechtbarkeit der Rechtshandlung am weitesten zurückverlagert, sondern weil in diesem Tatbestand alle allgemeinen Elemente eingeschlossen sind, von denen die übrigen Insolvenzanfechtungstatbestände entweder durch eine Verschärfung der Anforderungen an die Anfechtbarkeit einer Rechtshandlung oder deren Erleichterung Ausnahmen statuieren.

2 Entscheidend für die Insolvenzanfechtung nach § 133 InsO ist daher der subjektive Tatbestand – also der Benachteiligungsvorsatz des Schuldners und die Kenntnis des Anfechtungsgegners hiervon.[1] „Vorsatz“ i.S.v. § 133 Abs. 1 Satz 1 InsO setzt keine Absicht im Sinne eines dolus directus ersten Grades voraus, sondern es genügt bereits ein dolus eventualis. Der Schuldner handelt somit immer dann in Benachteiligungsabsicht, wenn er damit rechnet, dass aufgrund seiner Rechtshandlung die Insolvenzgläubiger benachteiligt werden.

2. Beweisanforderungen

3 Auch im Falle des § 133 Abs. 1 InsO hat der klagende Insolvenzverwalter nach allgemeinen zivilprozessualen Grundsätzen die anspruchsbegründenden Tatsachen unter Beweis zu stellen. Er muss daher beweisen, dass der Schuldner mit Benachteiligungsvorsatz gehandelt und der andere Teil zur Zeit der Handlung den Vorsatz des Schuldners kannte.[2] Dabei hilft dem Insolvenzverwalter zunächst nach dem Gesetz bereits die Beweisregelung des § 133 Abs. 1 Satz 2 InsO, der zufolge die Kenntnis des anderen Teils vermutet wird, wenn dieser wusste, dass die Zahlungsunfähigkeit des Schuldners drohte und dass die Handlung die Gläubiger benachteiligte.

4 Wird ein güterrechtlicher Vertrag angefochten, schlägt Art. 6 Abs. 1 GG auch nicht etwa auf die tatrichterliche Würdigung der subjektiven Voraussetzungen der Vorsatzanfechtung gem. § 286 ZPO[3] durch. In diesem Zusammenhang stellt der IX. Zivil-

---

1 BGH, Urt. v. 20. 11. 2008 – IX ZR 188/07, DZWIR 2009, 330.
2 Zur Wissenszurechnung: BGH, Urt. v. 30. 6. 2011 – IX ZR 155/08, ZIP 2011, 1523.
3 Zu den Voraussetzungen: BGH, Urt. v. 29. 11. 2007 – IX ZR 121/06, DZWIR 2008, 161 mit Anm. *Wellensiek*.

senat überzeugend dar, dass der subjektive Tatbestand des § 133 Abs. 2 InsO nur dadurch widerlegt werden kann, dass aus objektiven Tatsachen die fehlende Kenntnis des Anfechtungsgegners erschlossen wird.[4] Ist allein der Umstand vorgetragen, dass der Anfechtungsgegner Subjektperson gem. § 138 InsO[5] ist, dann darf der Richter nicht im Rahmen einer freien Beweiswürdigung unabhängig von weiteren objektiven Tatsachen auf die Unkenntnis allein dadurch schließen, dass ein einziger Zeuge, der die ungünstige Vermögens- oder Liquiditätslage des Schuldners kannte, die Vertragschließenden hierüber nicht unterrichtet hat. Dies allein wäre nicht ausreichend, um der freien richterlichen Beweiswürdigung eine Grundlage zu geben.

Der IX. Zivilsenat des BGH hat darüber hinaus darauf erkannt, dass der Gesetzgeber mit § 133 Abs. 1 Satz 2 InsO keine abschließende Regelung gesetzlicher Vermutungen hat vornehmen wollen. Neben § 133 Abs. 1 Satz 2 InsO stellt nach ständiger Rechtsprechung des BGH die Gewährung einer sog. inkongruenten Deckung ein starkes Beweisanzeichen für die Gläubigerbenachteiligungsabsicht des Schuldner dar.[6] Das Vorliegen einer inkongruenten Deckung begründet zugleich ein starkes Beweisanzeichen für die Kenntnis des Anfechtungsgegners von dem Gläubigerbenachteiligungsvorsatz des Schuldners. Inkongruenz – auf deren Voraussetzung sogleich einzugehen sein wird – ist ein Rechtsbegriff, und deshalb genügt es nach der Judikatur des IX. Zivilsenats des BGH, dass der Anfechtungsgegner die Umstände kennt, aus denen die Inkongruenz folgt. Er muss dagegen die ihm bekannten Tatsachen nicht rechtlich werten. Für die Gläubigerbenachteiligung genügt es grundsätzlich, dass zwischen der Rechtshandlung und dem Wertabfluss aus der Masse eine Kausalbeziehung besteht. 5

Von einer inkongruenten Deckung spricht man, wenn das fragliche Rechtsgeschäft dem Anfechtungsgegner entweder Befriedigung oder eine Sicherung einer Forderung gewährt hat, die der Gläubiger aufgrund seiner sonstigen Rechtsbeziehungen zum Schuldner nicht in dieser Weise oder zu diesem Zeitpunkt hätte verlangen können. Wird eine Forderung des Darlehensgebers, für die zunächst keine Kreditsicherheit bestellt worden war, später „nachbesichert" oder sind die früher bestellten Kreditsicherheiten nicht mehr in vollem Umfang werthaltig und werden dem Darlehensgeber im weiteren Verlauf neue Sicherheiten bestellt, ohne dass er die Bestellung dieser neuen Sicherheiten aufgrund der Regelungen des Darlehensvertrages in dieser Weise und zu diesem Zeitpunkt hat verlangen können, so spricht man davon, es handele sich um inkongruente Sicherheiten. Das Gesetz erwähnt dies ausdrücklich in § 131 Abs. 1 InsO; die Judikatur des IX. Zivilsenats des BGH macht aber deutlich, dass eine inkongruente Deckung auch außerhalb der tatbestandlichen Grenzen des § 131 InsO, auf die in Folgendem näher einzugehen sein wird, vorliegen kann: Erhält der Gläubiger eine Leistung nicht in der vertragsgemäß vereinbarten Art – etwa Befriedigung bei Hingabe an Erfüllung statt – anstelle vereinbarter Bezahlung erfolgt Warenlieferung – oder nicht zu der vereinbarten Zeit, etwa bei Beanspruchung einer noch nicht 6

---

4 BGH, Urt. 1. 7. 2010 – IX ZR 58/09, ZIP 2010, 1702.

5 Vgl. *Stodolkowitz/Bergmann*, in: MünchKomm, InsO, 2. Aufl. 2008, § 138 Rn. 2; *Zeuner*, in: LSZ, InsO, 3. Aufl. 2010, § 138 Rn. 1; H-K, InsO/*Kreft*, 5. Aufl., § 138 Rn. 2; Braun/*Riggert*, InsO, 4. Aufl., § 138 Rn. 1.

6 BGH, Urt. v. 10. 1. 2008 – IX ZR 33/07, ZIP 2008, 467.

fälligen Forderung, liegt im Allgemeinen Inkongruenz vor. Dies ist auch der Fall, wenn eine geschuldete durch eine nicht geschuldete Leistung ersetzt wird.[7]

7 Zur Inkongruenz unten Rn. 20ff.

8 Ein Eckpfeiler der Judikatur des BGH zur Auslegung des § 133 Abs. 1 S. 2 InsO[8] ist die näher Bestimmung der Anknüpfungspunkte, aufgrund derer eine Vermutung für die Kenntnis vom Benachteiligungsvorsatz des Schuldners in der Person des Gläubigers bei dessen Kenntnis der drohenden Zahlungsunfähigkeit bildete. Dies hat der IX. Zivilsenat mit einem Urteil vom Ende des Jahres 2008[9] dadurch näher gefasst, dass er darauf erkannt hat, dass der Gläubiger in der Regel weiß, dass Rechtshandlungen des Schuldners die Gläubiger benachteiligen, wenn er Kenntnis davon hat, dass der Schuldner nicht in der Lage ist oder voraussichtlich nicht in der Lage sein wird, die bestehenden Zahlungspflichten im Zeitpunkt der Fälligkeit im Wesentlichen zu erfüllen.

9 Der Schuldner betrieb seit August 2001 ein Restaurant in Räumen, die er vom späteren Beklagten angemietet hatte. Das Mietverhältnis wurde vom Beklagten am 27. 10. 2002 wegen Mietrückständen in Höhe von 5.300 € fristlos gekündigt, wobei der Schuldner aber nicht räumte, sondern sein Tätigkeit in den gemieteten Räumen bis zum Entzug der Gaststättenerlaubnis und der Betriebseinstellung Ende 2004 fortsetzte. In diesem Zeitraum leistete der Schuldner nur unregelmäßige Barzahlungen in einer Größenordnung von 50 und 1.000 € auf den monatlichen Mietzins von 2.500–2.600 €. Dadurch lief ein Zahlungsrückstand von ca. 22.000 € im Jahr 2003 und schließlich im Jahr 2004 von 46.000 € auf, während der Schuldner zwischen dem Januar 2003 und dem November 2004 22.000 € Zahlungen leistete. Ohne Berücksichtigung der Ansprüche des Beklagten waren gegen den Schuldner in diesem Zeitraum offene Forderungen in Höhe von wenigstens 59.000 € begründet, denen liquide Mittel in Höhe von niemals mehr als 1.500 € gegenüberstanden. Dem Schuldner wurde zweimal der Strom abgestellt, was dem Beklagten bekannt war, dem von dem Steuerberater des Schuldners auch mitgeteilt worden war, dass wegen bestehender Steuerrückstände mit dem Finanzamt eine Abzahlungsvereinbarung getroffen worden sei.

10 Der IX. Zivilsenat sieht in der Lage des Schuldners in dem fraglichen Zeitraum 2003/2004 keine Zahlungsunfähigkeit – bzw. lässt offen, ob in diesem Zeitraum die Zahlungsunfähigkeit eingetreten sei, da es nach § 133 Abs. 1 InsO genügt, dass der Anfechtungsgegner die Umstände kennt, die zwingend auf eine drohende Zahlungsunfähigkeit hindeuten. Dies war hier zweifellos der Fall.

11 Die Krise des Schuldners kann sich über einen relativ langen Zeitraum hinziehen, in dessen Verlauf die Gläubiger angesichts der ihnen offenbar werdenden Liquiditätsprobleme des Schuldners dazu neigen werden, diesen unter Druck zu setzen, um Befriedigung ihrer Forderungen zu erlangen. Dies trifft insbesondere auf institutionelle Gläubiger wie die Finanzbehörden und die Sozialversicherungsträger zu. Hinter der Drohung des Sozialversicherungsträgers, einen Insolvenzantrag gegen den säumigen Schuldner zu stellen, steht die Drohung mit einer Strafbarkeit aus § 266a StGB. Häufig werden von

---

7 BGH, Urt. v. 29. 9. 2005 – IX ZR 184/04 – m. Anm. *Wehdeking*, jprins 2/2006 Anm. 2.

8 BGH, Urt. v. 18. 12. 2003 – IX ZR 199/02, DZWIR 2004, 197 = BGHZ 157, 242; *Bähr/Smid*, Rechtsprechung 2006, 162.

9 BGH, Urt. v. 20. 11. 2008 – IX ZR 188/07, ZIP 2009, 189.

Sozialversicherungsträgern sog. Druckanträge gestellt, um in den Unternehmensinsolvenzen die schuldnerische Gesellschaft bzw. ihre organschaftlichen Vertreter dazu zu nötigen, offene Forderungen zu begleichen und damit die Erledigung des Antrags[10] herbeizuführen. Die dabei erlangte Befriedigung erweist sich als inkongruent und kann daher regelmäßig nach § 133 Abs. 1 InsO im Wege der Insolvenzanfechtung zurückverlangt werden. In der Judikatur des BGH werden dabei insbesondere auch Zwangsvollstreckungsmaßnahmen eines Gläubigers gegen den zahlungsunfähigen Schuldner als inkongruente Deckung angesehen.[11] Erlässt z. B. das Finanzamt eine Pfändungs- und Überweisungsverfügung gegen den Schuldner, so stellt sich das hieraus erlangte Pfändungspfandrecht als inkongruente Sicherheit und die Einziehung von Beträgen beim Drittschuldner als inkongruente Befriedigung dar. Das Beweiszeichen inkongruenter Deckung, das die Benachteilungsabsicht des Schuldners und die Kenntnis des Anfechtungsgegners hiervon und den Eintritt der Zahlungsunfähigkeit widerleglich erhärtet, findet im Gesetz im Tatbestand des § 131 InsO – dem der Gesetzgeber insofern irreführend die besondere Überschrift „inkongruente Deckung" gegeben hat – einen besonderen Ausdruck. Die besondere Insolvenzanfechtung wegen inkongruenter Deckung nach den Nrn. 1 bis 3 des § 131 Abs. 1 InsO basiert auf dem Gedanken, dass zeitlich gesehen von der Zahlungseinstellung oder dem Eröffnungsantrag an das Vermögen des Schuldners der Gemeinschaft seiner Gläubiger verfallen ist.

Inkongruente Deckung kann nach einer neueren Entscheidung des OLG Rostock[12] auch im Fall eines Frachtführerpfandrechts vorliegen. Diese Entscheidung verdient Aufmerksamkeit, weil das Gericht mit ihr die in § 441 Abs. 1 HGB angelegte Tendenz, eine Art floating charge zuzulassen, begrenzt[13]. Der BGH[14] hat in dem Fall des OLG Rostock freilich die Voraussetzungen einer Anfechtung wegen kongruenter Deckung als nicht gegeben angesehen. 12

3. Keine Absichtsanfechtung passiver Hinnahme von Zwangsmaßnahmen des Gläubigers durch den Schuldner

Die Absichtsanfechtung greift, wie der BGH[15] in einer im Jahr 2005 ergangenen Entscheidung klarstellt, allein bei Leistungen auf Druckausübung des Gläubigers im Vorfeld der Zwangsvollstreckung hin. Sie greift nicht, wenn der Schuldner keine andere Wahl mehr hat, als auf die Zwangsmaßnahme des Gläubigers hin zu leisten. Es fehlt dann an einer typischerweise von § 133 Abs. 1 InsO geforderten eigenverantwortlichen Entscheidung des Schuldners, aus der allein heraus eine Gläubigerbenachteiligungsabsicht gedacht werden kann. Danach könnte nur die Rechtshandlung des Gläubigers Anknüpfungspunkt für die Anfechtung des Erwerbs des Pfändungspfandrechts sein. Während dem Schuldner keine andere Option als die Leistung als Unterwerfung unter den vom Gläubiger mit Erwerb des Pfändungspfandrechts ausgeübten Zwang bleibe und damit § 133 Abs. 1 InsO ausscheide, handelt umgekehrt allein der Gläubiger dadurch „eigenverantwortlich", aber außerhalb der dieses Handeln anfechtungsrechtlich erfassenden Fristen der §§ 130, 131 InsO: Der Gesetzgeber habe aber, so der BGH, die hoheitliche Zwangsvollstreckung bewusst durch die For- 13

---

10 BGH, Beschl. v. 11. 11. 2004 – IX ZB 258/03, DZWIR 2005, 131 = ZIP 2005, 91, *Bähr/Smid*, Rechtsprechung 2006, 41.

11 Zu den damit verbundenen Fragen *Thole*, DZWIR 2006, 191 ff.

12 OLG Rostock, Urt. v. 22. 12. 2003 – 3 U 95/03 – ZIP 2004, 864.

13 *Smid*, DZWIR 2004, 265, 272.

14 BGH, Urt. v. 21. 4. 2005 – IX ZR 24/04 – m. Anm. *Wehdeking*, jprins 10/05 Anm. 3 und Gerhardt, EWiR § 131 InsO 1/05, 545.

15 BGH, Urt. v. 10. 2. 2005 – IX ZR 211/02 – ZIP 2005, 494 m. Anm. *Smid*, jprins 3/2005 Anm. 1.; vgl. auch *Rendels*, ZIP 2004, 1289 ff. und 2085 ff.; *Sander*, ZIP 2003, 613 ff.

mulierung des § 133 Abs. 1 InsO aus dem Geltungsbereich dieser Vorschrift herausgenommen.[16] Der Schuldner soll auch bei Zustellung eines Vollstreckungsbescheids nicht unter Drohung mit Zwangsvollstreckungsmaßnahmen leisten.[17]

14 Der BGH[18] ist der Auffassung, dass der Schuldner in dem Fall, in dem der Vollstreckungsbescheid grundsätzlich von Amts wegen durch das Mahngericht zugestellt wird (§ 699 Abs. 4 Satz 1 ZPO), regelmäßig nicht unter dem Druck einer unmittelbar bevorstehenden Zwangsvollstreckung leistet. Denn ob der Gläubiger in diesem Zeitpunkt tatsächlich beabsichtigt, aus dem Vollstreckungsbescheid zugleich die Zwangsvollstreckung zu betreiben, kann der Schuldner allein infolge der Zustellung nicht erkennen, wie der BGH meint. Denn der Vollstreckungsbescheid enthält weder eine Vollstreckungsandrohung, eine letzte Zahlungsfrist oder Zahlungsaufforderung. Darauf, dass der Titelschuldner nach Zustellung alsbald mit der Zwangsvollstreckung beginnen kann (750 Abs. 1 ZPO), kommt es nach Ansicht des BGH nicht an. Denn dies sind Abläufe, in die der Schuldner keinen Einblick hat. Damit liegt bei Zustellung allein des Vollstreckungsbescheids keine Situation vor, die der einer „Vollstreckungsinkongruenz" gleichgestellt werden kann, die auf dem besonderen, von der eingeleiteten Zwangsvollstreckungshandlung ausgehenden Druckausübung des Gläubigers gekennzeichnet ist.

15 Der IX. Zivilsenat des BGH hat entschieden, dass eine anfechtbare Rechtshandlung des Insolvenzschuldners gem. § 133 Abs. 1 S. 1 InsO auch bei der Scheckübergabe zur Vermeidung eines voraussichtlich erfolglosen Pfändungsversuchs vorliegt.[19] Das vom Insolvenzverwalter klagweise in Anspruch genommene Land hatte zur Begleichung von Lohnsteuerrückständen nach Vollstreckungsankündigungen vom Schuldner Zahlungen erhalten. Da u.a. der Schuldner der anwesenden Vollstreckungsperson zur Vermeidung eines mangels pfändbarer Gegenstände voraussichtlich erfolglosen Pfändungsversuchs einen Scheck über den geforderten Betrag übergab, der nicht auf ein zuvor von der Gläubigerin gepfändetes Bankkonto der Schuldnerin, sondern ein anderes Geschäftskonto bezogen war, war die Beklagte der Auffassung, es habe an einer Rechtshandlung der Schuldnerin gefehlt. Der IX. Zivilsenat hielt daran fest, dass im Falle der Befriedigung des Gläubigers im Wege der Zwangsvollstreckung eine für die Vorsatzanfechtung erforderliche Rechtshandlung des Schuldners i. S. v. § 129, 133 Abs. 1 S. 1 InsO nicht vorliege. Anders verhält es sich dagegen, wenn der Schuldner selbst eine Leistung erbringt, wobei es nicht darauf ankommt, dass dies gegebenenfalls unter dem Druck der Androhung einer Zwangsvollstreckungshandlung geschieht. So aber lagen die Dinge im vorliegenden Fall. Denn der Vollstreckungsbeamte griff nicht auf beim Schuldner vorhandenes Bargeld zu oder auf pfändbare Gegenstände, deren Pfändung eine Befriedigung des Gläubigers hätte begründen können, zu, sondern ließ sich einen Scheck geben. Durch die Einreichung des Schecks

16 Krit. dagegen *Kreft*, KTS 2004, 205, 216 ff.; *Zeuner*, NZI 2007, 8 ff.
17 BGH, Urt. v. 7. 12. 2006 – IX ZR 157/05 – ZIP 2007, 136 f.; BGH, Urt. v. 20. 11. 2011 – IX ZR 8/10, ZIP 2011, 385 („letztmaliges Auffordern zur Leistung"); BGH, Urt. v. 3. 2. 2011 – IX ZR 213/09, ZIP 2011, 531 (Auffüllen der Kasse).
18 BGH, Urt. v. 7. 12. 2006 – IX ZR 157/05 – DZWIR 2007, 167 mit Anm. *Fritsche*, ZIP 2007, 136.
19 BGH, Beschl. v. 19. 2. 2009 – IX ZR 22/07, ZIP 2009, 728.

erlangte die Gläubigerin daher im Anweisungsverhältnis zwischen Schuldner und Bank eine Leistung, die dem Schuldner zuzurechnen war.

4. Die Auslegung des § 133 InsO durch den BGH verstößt nicht gegen Europarecht

Angesichts der eher fiskal- denn rechtspolitisch motivierten Diskussionen darüber, ob ein Anfechtungsvorrecht bestimmter Insolvenzgläubiger – namentlich des Fiskus und der Sozialversicherungsträger – geschaffen werden soll, ist es außerordentlich zu begrüßen, dass der BGH jedenfalls europarechtliche Bedenken aus der Welt geräumt hat: **16**

Mit ihrer Nichtzulassungsbeschwerde gem. § 544 ZPO macht der vom Insolvenzverwalter vorinstanzlich erfolgreich mit Insolvenzanfechtung wegen Rückzahlung gläubigerbenachteiligender Beitragszahlungen des Schuldners in Anspruch genommene Sozialversicherungsträger geltend, aus europäischen Rechtsvorschriften zum Schutz von Arbeitnehmern in der Insolvenz des Arbeitgebers (Richtlinie 80/987/EWG v. 20. 10. 1980) folge eine europarechtliche Bindung zur Bevorzugung der Sozialversicherungsträger. **17**

Bekanntlich liegen mit dem Pfändungsschutz der Altersvorsorge die rechtspolitischen Äußerungen des BMJ zu einer anfechtungsrechtlichen Entlastung der Sozialversicherungsträger vor. Die hier zu besprechende Entscheidung des BGH macht deutlich, dass jedenfalls höherrangiges Recht für derartige Bestrebungen nicht bemüht werden kann. **18**

5. Sonderproblem: Güterrechtliche Verträge

Der IX. Zivilsenat des BGH hat zutreffend festgestellt, dass der Abschluss eines **güterrechtlichen Vertrages über den vorgezogenen Zugewinnausgleich gem. § 1408 BGB** den Tatbestand der Vorsatzanfechtung gem. § 133 Abs. 2 S. 1 InsO erfüllten kann. Denn innerhalb des Zweijahreszeitraums vor dem Eröffnungsantrag gem. § 133 Abs. 2 S. 2 InsO hatte der Schuldner den güterrechtlichen Vertrag mit der Beklagten als einer ihm nahestehenden Person gem. § 138 Abs. 1 Nr. 1 InsO geschlossen. Der güterrechtliche Vertrag über den vorgezogenen Zugewinnausgleich gem. §§ 1375 Abs. 1 S. 1, 1376 Abs. 2, 3 BGB ist in diesem Zusammenhang als entgeltlicher Vertrag zu werten. Denn den Ausgleichspflichtigen trifft von Gesetzes wegen eine Leistungspflicht gegenüber dem Ausgleichsberechtigten, von der der Ausgleichspflichtige durch den Zugewinnausgleichsvertrag und dessen Erfüllung freikommt. Die im güterrechtlichen Vertrag versprochene und in seiner Erfüllung erbrachte Leistung befreit daher den Schuldner von einer Verbindlichkeit, so dass der erbrachten Leistung eine Gegenleistung entgegensteht. In diesem Zusammenhang stellt der güterrechtliche Vertrag über einen vorgezogenen Zugewinnausgleich eine inkongruente Deckung des Anspruchs auf Zugewinnausgleich der Ausgleichsberechtigten dar. Denn der Ausgleichsberechtigte Ehepartner hat einen Anspruch auf Zugewinnausgleich bei Beendigung des Güterstandes der Zugewinngemeinschaft bei Beendigung der Ehe. Zwar begründet auch die Vereinbarung nach § 1408 BGB einen solchen Anspruch, damit wird aber nur die Erfüllung des aus dem güterrechtlichen Vertrag folgenden Anspruchs kongruent. Die Anfechtung des Vertragsschlusses hingegen betrifft die inkongruente Herbeiführung der Begründung des Anspruchs auf Zugewinnaus- **19** gleich. Denn die Beklagte hatte (aufgrund der gesetzlichen Regelung über den Zugewinnausgleich) keinen Anspruch zu diesem Zeitpunkt und zu der vertraglich vereinbarten Art und Weise, den Zugewinnausgleich zu erhalten. Denn der Zugewinnausgleich ist auf die Auseinandersetzung des Vermögens als ganzen im Hinblick auf die Abschöpfung des während der Dauer des Güterstandes erzielten Zugewinnausgleichs gerichtet. In der güterrechtlichen Vereinbarung der beteiligten Ehegatten (Schuldner und Beklagte) war indessen die Zuwendung ganz bestimmter Vermögensgegenstände (eines Geldbetrages und der Übereignung einer Immobilie) vorgesehen. Weiter hat der IX. Zivilsenat festgestellt, dass neben schuldrechtlichen Verträgen auch güterrechtliche Vereinbarungen unter den Vertragsbegriff des § 133 Abs. 2 InsO zu subsumieren sind.[20]

---

20 BGH, Urt. 1. 7. 2010 – IX ZR 58/09, ZIP 2010, 1702.

§ 21 Anfechtung nach § 134 InsO wegen Unentgeltlichkeit der Leistung

I. Fragestellung

Die Anfechtung unentgeltlicher Leistungen nach § 134 InsO dient nicht primär der Durchsetzung des Prinzips der Gleichbehandlung aller Gläubiger im Insolvenzverfahren.[1] Vielmehr wird mit ihr die Aufgabe verfolgt, die Gläubiger entgeltlich begründeter Rechte gegen die Folgen unentgeltlicher Leistungen des Schuldners innerhalb bestimmter kritischer Zeiträume vor Eröffnung des Insolvenzverfahrens zu schützen.[2] Das Interesse des durch eine unentgeltliche Verfügung Begünstigten, das Empfangene zu behalten, wird durch das Recht des Gläubigers auf Befriedigung seiner vollstreckbaren Forderung verdrängt[3]. Damit findet in das Insolvenzanfechtungsrecht der das gesamte Zivilrecht beherrschende Grundsatz der geringeren Schutzwürdigkeit des **unentgeltlichen** gegenüber dem entgeltlichen Erwerbs (vgl. z. B. §§ 528, 816 Abs. 1 S. 2, 822, 988, 2287, 2325 BGB)[4] Eingang. 1

§ 134 Abs. 1 InsO ordnet an, dass **unentgeltliche Leistungen** des **Schuldners** anfechtbar sind, **sofern** sie innerhalb von **vier Jahren** vor Stellung des **Antrags** auf **Eröffnung** des **Insolvenzverfahrens** vorgenommen worden sind.[5] 2

Unter der Voraussetzung, dass ein Missverhältnis zwischen Leistung und Gegenleistung dergestalt bestanden hat, dass der Gegenstandswert den Betrag, der dem Schuldnervermögen zufließt, übersteigt, kann eine Anfechtung des Kaufvertrages nach § 134 InsO denkbar sein. 3

II. Unentgeltliche Rechtsgeschäfte

Nach § 134 Abs. 1 InsO sind unentgeltliche Leistungen des Schuldners anfechtbar, sofern sie innerhalb von vier Jahren vor Stellung des Antrags auf Eröffnung des Insolvenzverfahrens vorgenommen worden sind. Aus der Wendung „… es sei denn …" ergibt sich, dass dem Anfechtungsgegner die Beweislast dafür obliegt, dass die unentgeltliche Leistung vor diesem Zeitraum gewährt worden ist, wenn er dies behauptet.[6] § 134 Abs. 1 InsO betrifft unentgeltliche Leistungen.[7] Der Begriff der Leistung soll dabei jede Rechtshandlung umfassen, die zu einer die Gläubiger benachteiligenden Vermögensverschiebung führt[8]. 4

---

1 *Hirte,* in: Uhlenbruck, InsO, 13. Aufl. 2010, § 134 Rn. 1.

2 *Zeuner,* in: LSZ, InsO, 3. Aufl. 2010, § 134 Rn. 1.

3 BGH, Urt. v. 28. 2. 1991, IX ZR 74/90, ZIP 1991, 454, 456 = NJW 1991, 1610, 1611 m. Anm. *Gerhardt,* EWiR 1991 § 32 KO 1/91, 331.

4 BGH, Urt. v. 25. 5. 1992, IX ZR 4/91, ZIP 1992, 1089, 1092 = NJW 1992, 2421, 2423 m. Anm. *Marotzke/Assmann,* EWiR 1992 § 3 AnfG 2/92, 841; vgl. auch *Holzer,* WiB 1997, 729, 735; *Bork,* Handbuch des Insolvenzanfechtungsrechts, Kap. 6 Rn. 2.

5 *Zeuner,* in: LSZ, InsO, 3. Aufl. 2010, § 134 Rn. 2; *Entgeltliche Gegenleistung:* – BGH, Urt. v. 22. 7. 2004 – IX ZR 183/03, DZWIR 2004, 472 = ZIP 2004, 1819; *Bähr/Smid,* Rechtsprechung 2006, 169; *Stehenlassen ungekündigter, aber kündbarer Darlehensforderungen:* BGH, Urt. v. 7. 5. 2009 – IX ZR 71/08, DZWIR 2009, 461.

6 *Zeuner,* in: LSZ, InsO, 3. Aufl. 2010, § 134 Rn. 2.

7 *Zeuner,* in: LSZ, InsO, 3. Aufl. 2010, § 134 Rn. 4.

8 *Kirchhof,* in: MünchKomm, § 134 Rn. 5.

5 Unentgeltlichkeit liegt nach herkömmlicher Definition immer dann vor, wenn ein Wert aus dem Vermögen des nachmaligen Insolvenzschuldners zugunsten einer anderen Person aufgegeben wird, ohne dass der Empfänger eine ausgleichende Gegenleistung an den Veräußernden oder mit dessen Einverständnis an einen Dritten erbringt[9]. Ob die Leistung entgeltlich oder unentgeltlich ist, wird von der Rechtsprechung in zwei Schritten ermittelt: Zunächst wird nicht auf die subjektiven Vorstellungen der Parteien abgestellt, sondern auf die objektive Wertrelation zwischen Leistung des Schuldners und Gegenleistung des Empfängers. Andernfalls messen die Parteien in ihren rechtsgeschäftlichen Erklärungen der vom Schuldner gewährten objektiv wertlosen Leistung einen subjektiven Wert bei und könnten so den Zweck des Anfechtungstatbestandes vereiteln. Erst wenn feststeht, dass der Schuldner bei objektiver Betrachtungsweise überhaupt einen Gegenwert erhalten hat oder ihm versprochen worden ist[10], besteht in einem zweiten Schritt Anlass zur Prüfung, ob die Beteiligten die gewährte oder versprochene Gegenleistung tatsächlich als Entgelt angesehen haben.[11] Ob die Leistung des Schuldners von einer Zuwendung des anderen Teils unabhängig und damit unentgeltlich ist, lässt sich somit erst beurteilen, wenn man sie zusammen mit dem Grundgeschäft als Einheit betrachtet[12].

1. „Gemischte“ Zuwendungen

6 Etwas anders ist dies zu beurteilen, wenn eine gemischte Zuwendung vorliegt. Dies ist der Fall, wenn ein Rechtsgeschäft seinem Inhalt nach sowohl entgeltlich, als auch unentgeltlich ist, weil die Parteien vereinbart haben, dass der Wert der Leistung des einen Teils den Wert der Gegenleistung des anderen übersteigen soll. Dabei müssen sich die Parteien über die Wertdifferenz bewusst sein; andernfalls kommt nur eine Anfechtung nach § 132 InsO oder § 133 InsO in Betracht[13]. Für diese Fälle haben sich folgende Grundsätze herausgebildet: Die gemischten Schenkungen sind unter der Voraussetzung anfechtbar, wenn der Hauptzweck des Geschäfts auf Freigiebigkeit gerichtet ist[14].

2. Ausschluß der Anfechtung nach § 134 InsO bei gemeinsamer Preisbildung der Vertragsparteien im Falle eines Notverkaufs

7 Veräußert der spätere Insolvenzschuldner Gegenstände aus seinem Vermögen unter Wert, etwa um schnelle Liquidität zu erlangen (Notverkauf), liegt i.d.R. keine unentgeltliche Leistung vor, da die Parteien die Gegenleistung nach Lage der Dinge als angemessen ansehen[15]. Im vorliegenden Fall ist nach Schweigen der Parteien zu der Art der Preisgestaltung der seinerzeitigen Kaufvertragsparteien danach zu fragen, von welchem Sachverhalt dieses Gutachten auszugehen hat.

8 Dass ein unentgeltlicher Vertrag deshalb nicht vorliegt, weil es sich um einen Notverkauf gehandelt habe, muss der Anfechtungsgegner als eine anspruchszerstörende

---

9 BGH, Urt. v. 24. 5. 1993, IX ZR 96/92, ZIP 1993, 1170, 1173 = NJW-RR 1993, 1379, 1381 m. Anm. *Brehm/Berger*, EWiR 1993 § 415 ZPO 1/93, 933; BGH, Urt. v. 25. 5. 1992, IX ZR 4/91, ZIP 1992, 1089, 1091 f. = NJW 1992, 2421, 2422 m. Anm. *Marotzke/Assmann*, EWiR 1992 § 3 AnfG 2/92, 841.

10 *Häsemeyer*, ZIP 1994, 418, 422, spricht von der „Entgelttauglichkeit“ der Gegenleistung.

11 *Zeuner*, in: LSZ, InsO, 3. Aufl. 2010, § 134 Rn. 13.

12 BGH, Urt. v. 21. 1. 1993, IX ZR 275/91, ZIP 1993, 208, 209 f.

13 Vgl. *Henckel*, in: Jaeger, InsO, 1. Aufl. 2008, § 134 Rn. 20 m.w.N.; vgl. *Hirte*, in: Uhlenbruck, InsO, 13. Aufl. 2010, § 134 Rn. 39.

14 *Hirte*, in: Uhlenbruck, InsO, 13. Aufl. 2010, § 134 Rn. 39.

15 *Hirte*, in: Uhlenbruck, InsO, 13. Aufl. 2010, § 134 Rn. 21.

Tatsache vortragen. Demgegenüber ist auch dann nicht davon auszugehen, dass es sich – jedenfalls aus der Sicht der Kaufvertragsparteien – um einen gewöhnlichen Geschäftsvorgang bei der späteren Insolvenzschuldnerin gehandelt habe, wenn man die Ansicht teilt, wonach gem. § 138 InsO der Anfechtungsgegnerin Kenntnis von dem Eintritt der Zahlungsunfähigkeit der späteren Insolvenzschuldnerin zuzurechnen ist. Denn § 134 InsO verweist wegen anspruchszerstörender Tatsachen nicht auf § 138 InsO.

3. Weitere Fragen

Ist die Leistung unteilbar, so ist sie im Ganzen zurückzugewähren, wenn der unentgeltliche Charakter des Geschäfts überwiegt oder ein Interesse der Gläubiger an der Rückgewähr gerade dieser Leistung besteht. 9

4. Tilgung fremder Schuld

Bei der **Tilgung fremder Schuld**, der **Schuldübernahme** und der **Erfüllungsübernahme** handelt es sich um unentgeltliche Leistungen i. S. d. § 134 InsO, wenn der spätere Insolvenzschuldner zur Vornahme dieser Handlungen weder dem Schuldner, dem Gläubiger oder einem sonstigen Dritten gegenüber verpflichtet war und er weder die Forderung des Gläubigers, einen Anspruch auf Abtretung noch sonst irgendein Entgelt erwirbt[16]. Nicht als Entgeld anzusehen ist eine vom Leistungserbringenden als Gegenleistung erworbene Forderung, sofern diese wertlos ist[17]. Hat der Schuldner dagegen mit seinem Vertragspartner eine Vereinbarung darüber getroffen, dass dieser den Kaufpreis an einen Dritten zahlen solle und diese Zuwendung für den Dritten als Leistung des Insolvenzschuldners erkennbar war, denn dann richtet sich der Anspruch ausschließlich gegen den Dritten[18], wobei in diesen Dreieckskonstellationen wiederum zu berücksichtigen ist, dass, wenn die getilgte Forderung des Gläubigers gegen den Schuldner wirtschaftlich keinen Wert hatte, der Gläubiger als Zuwendungsempfänger einer unentgeltlichen Leistung als Anfechtungsgegner anzusehen ist[19]. 10

Liegt eine Verpflichtung des Insolvenzschuldners vor, die für die Forderung eines Dritten mithaftende Person von ihrer Ausgleichspflicht im Innenverhältnis schenkungshalber freizustellen, liegt eine unentgeltliche Verfügung des Schuldners an den Dritten auch dann vor, wenn er dadurch zugleich von einer eigenen Verpflichtung frei wird. Dies hat der BGH in einem Fall entschieden, in dem Eltern ihrer Tochter ein belastetes Grundstück überschrieben hatten, sich aber gleichzeitig verpflichteten, für 11

---

16 *Hirte,* in: Uhlenbruck, InsO, 13. Aufl. 2010, § 134 Rn. 31; *Henckel,* in: Jaeger/Henckel, InsO, 1. Aufl. 2008, § 134 Rn. 24.

17 BGH, Urt. v. 3. 3. 2005, IX ZR 441/00, ZIP 2005, 767, 768; BGH, Urt. v. 15. 4. 1964, VIII ZR 232/62, BGHZ 41, 298, 302 = NJW 1964, 1960; *Wittig,* NZI 2005, 606, 612; *Zeuner,* in: LSZ, InsO, 3. Aufl. 2010, § 134 Rn. 15 .

18 BGH, Urt. v. 16. 9. 1999, IX ZR 204/98, ZIP 1999, 1764.

19 BGH, Urt. v. 30. 3. 2006, IX ZR 84/05, ZIP 2006, 957, 958; m. Anm. *Kayser,* WM 2007, 1; in Abgrenzung dazu: BGH, Urt. v. 5. 6. 2008 – IX ZR 163/07, DZWIR 2008, 418 mit Anm. *Schulz/Schröder;* siehe auch BGH, Urt. v. 15. 4. 1964, VIII ZR 232/62, BGHZ 41, 298, 302; *Hirte,* in: Uhlenbruck, InsO, 13. Aufl. 2010, § 134 Rn. 17.

die Grundstücksbelastungen selber aufzukommen[20]. Auch die Schenkung des belasteten Grundstücks an sich begründet keine Unentgeltlichkeit, sondern schränkt die Gläubigerbenachteiligung wertmäßig in dem Maße ein, in dem die Belastung besteht. *Gerhardt* begrüßt diese Entscheidung, da sie in dem naturgemäß komplizierten Bereich der Rückabwicklung von Dreiecksverhältnissen den Grundstein einer Präzisierung legt, indem sie für die Frage der Unentgeltlichkeit entscheidend darauf abstellt, ob für die vom Insolvenzschuldner an den Dritten erbrachte Leistung, die sich günstig im Vermögen des Anfechtungsgegners niedergeschlagen hat, eine wie auch immer geartete Gegenleistung zu erbringen war[21].

12 Keine **unentgeltliche Leistung** liegt i. d. R. in der **freiwilligen Erfüllung** einer **eigenen Schuld,**[22] denn dann ist im Erlöschen der Forderung die erbrachte Gegenleistung zu sehen[23]. Dies setzt aber voraus, dass die Schuld entgeltlich begründet ist[24]. Erfüllt der Insolvenzschuldner dagegen eine **Nichtschuld** in Kenntnis ihres Nichtbestehens, so liegt eine unentgeltliche Leistung vor, unabhängig davon, ob die Begründung der Schuld entgeltlich oder unentgeltlich gewollt war[25]. War der Schuldner über das (Nicht-)Bestehen der Schuld im Irrtum, so liegt auch dann eine entgeltliche Leistung vor, wenn die Begründung der Schuld entgeltlich gewollt war. Der Schuldner (bzw. der Anfechtungsberechtigte) ist insoweit auf die Leistungskondiktion zu verweisen[26]. Dies muss auch gelten, wenn die Schuld unentgeltlich begründet werden sollte.[27]

III. Schenkungsanfechtung im Drei-Personen-Verhältnis

1. Bedeutung des § 267 Abs. 2 BGB

13 Entscheidend ist nicht, ob der Verfügende selbst einen Ausgleich für seine Verfügung erhalten hat. Für die Schenkungsanfechtung im Drei-Personen-Verhältnis kommt es vielmehr darauf an, ob der Zuwendungsempfänger seinerzeit eine Gegenleistung zu erbringen hatte. Der Zuwendungsempfänger darf die Leistung gem. § 267 Abs. 2 BGB nur bei Widerspruch seines Schuldners ablehnen. Verliert er dabei eine werthaltige Forderung gegen den Schuldner, kommt § 134 InsO nicht zum Zuge. Dies ist aber nicht der Fall, wenn er eine wertlose Forderung hat, da er wirtschaftlich nichts verliert, was als Gegenleistung für die Zuwendung angesehen werden kann. [28] Die Forderungen des Leistungsempfängers gegen seinen Schuldner waren zum Zeitpunkt als die Schuldnerin die Forderung beglich wirtschaftlich wertlos, wenn über das Vermö-

---

20 BGH, Urt. v. 4. 3. 1999, IX ZR 63/98, NJW 1999, 1549 = NZI 1999, 188 = WM 1999, 820 = ZInsO 1999, 286 = ZIP 1999, 628.
21 Anm. *Gerhardt*, EWiR 1999 § 32 KO 2/99, 509 zu BGH, Urt. v. 4. 3. 1999, IX ZR 63/98.
22 *Zeuner*, in: LSZ, InsO, 3. Aufl. 2010, § 134 Rn. 17.
23 *Hirte*, in: Uhlenbruck, InsO, 13. Aufl. 2010, § 134 Rn. 31.
24 Vgl. *Henckel*, in: Jaeger/Henckel, InsO, 1. Aufl. 2008, § 134 Rn. 12.
25 *Henckel*, in: Jaeger/Henckel, InsO, 1. Aufl. 2008, § 134 Rn. 13.
26 *Kirchhof*, in: MünchKomm, InsO, 2. Aufl. 2008, § 134 Rn. 24.
27 *Zeuner*, in: LSZ, InsO, 3. Aufl. 2010, § 134 Rn. 16.
28 BGH, Urt. v. 16. 11. 2007 – IX ZR 194/04, ZIP 2008, 125.

gen der Schuldnerin des Leistungsempfängers bereits die Eröffnung des Insolvenzverfahrens *beantragt* war.[29]

2. Voraussetzungen nach der Judikatur des BGH

Die Voraussetzungen der Anfechtung in diesen Fällen sind in der Judikatur des BGH näher präzisiert worden: 14

Eine Entscheidung des BGH aus dem Juni 2008[30] betrifft die Frage der möglichen Unentgeltlichkeit im Falle anfechtungsrechtlicher Dreiecksverhältnisse; der Entscheidung lag folgender, hier vereinfacht wiedergegebener Sachverhalt zugrunde: Die spätere Insolvenzschuldnerin hatte im kritischen Zeitpunkt von ihrem Geschäftskonto an die Versicherung ihre Kfz-Prämien überwiesen. Vertragspartner und Schuldner der Forderung der Beklagten war die S KG. Die auf § 134 InsO gestützte Klage der Insolvenzverwalterin ist erfolglos geblieben. Anders als das Berufungsgericht sah der BGH die Voraussetzung einer Schenkungsanfechtung im vorliegenden Fall nicht vor. 15

Dabei hat der Senat auch in seiner Entscheidung daran festgehalten, dass die Grundsätze einer Schenkungsanfechtung vorliegen, wenn in das Vermögen des Leistenden eine Gegenleistung nicht fällt. Da die Forderung der Anfechtungsgegnerin gegen die S KG wegen deren Insolvenz offenkundig wertlos war, kommt der Gesichtspunkt einer Befreiung von der Gegenleistungspflicht nicht zum Tragen, so dass aus diesem Grunde die Voraussetzungen der Schenkungsanfechtung nicht abzulehnen gewesen waren. Ausschlaggebend ist aber, dass die Versicherung als Zuwendungsempfänger zum Zeitpunkt des Erwerbs vom späteren Insolvenzschuldner noch verpflichtet war, die Gegenleistung an die Versicherungsnehmerin, die S KG, erst noch zu erbringen. Hier ist auch in der Folgezeit die Gegenleistung vertragsgemäß tatsächlich erbracht worden. Daher geht der BGH davon aus, dass die von der beklagten Versicherung zu erbringenden und tatsächlich erbrachte Gegenleistung werthaltig war. Dies ist schon deshalb der Fall, weil der zum Betrieb der KFZ erforderliche Versicherungsschutz gewährt worden ist. 16

Es kommt bei der Einschaltung einer dritten Person in einem Zuwendungsvorgang für die Frage der Unentgeltlichkeit nicht darauf an, ob der Schuldner selbst einen Ausgleich für seine Leistung erhalten hat, sondern darauf, ob der Empfänger seinerseits eine Gegenleistung schuldet. Denn nur für den Fall, dass der Empfänger einer Leistung keine ausgleichende Gegenleistung zu erbringen hat, verdient er nach § 134 InsO einen geringeren Schutz.[31] Wenn der Sicherungsnehmer dem Sicherungsgeber für seine Leistung die Kreditgewährung an einen Dritten verspricht, ist die Sicherung entgeltlich erfolgt. Eine Anfechtung der Sicherungsgewährung aus dem Gesichtspunkt der gläubigerbenachteiligenden Rechtshandlung nach § 133 Abs. 1 InsO scheidet im vorliegenden Fall ebenfalls aus. Allerdings war der Schuldner seinem Darlehensgeber gegenüber nicht verpflichtet, den Anspruch auf Rückzahlung des Kaufpreises an die klagende Bank zur Sicherung des Refinanzierungsdarlehens abzutreten. Damit kann sich die Sicherungshingabe als inkongruent darstellen. Der 17

29 BGHZ 162, 276, 279 f.; Urt. v. 30. 3. 2006 – IX ZR 84/05, ZIP 2006, 957.
30 BGH, Urt. v. 5. 6. 2008 – IX ZR 163/07, ZIP 2008, 1385.
31 BGHZ 141, 96, 99 f.; BGHZ 162, 276, 279; BGH, Urt. v. 30. 3. 2006 – IX ZR 84/05, ZIP 2006, 957; BGH, Urt. v. 5. 6. 2008 – IX ZR 163/07, ZIP 2008, 1385.

IX. Zivilsenat führt aber aus, dass der Kenntnis des Anfechtungsgegners von der Inkongruenz der Deckung nicht die ihr sonst innewohnende Indizwirkung zukommt, wenn ein Dreiecksverhältnis vorliegt. Denn bereits früher hatte der IX. Zivilsenat darauf erkannt, dass die Beweiswirkung im Deckungs- und im Valutaverhältnis gesondert zu beurteilen ist. Die an die Inkongruenz anknüpfenden Beweiswirkungen muss sich der Dritte bei einer Inkongruenz im Deckungsverhältnis nicht anrechnen lassen.[32]

3. Wertlosigkeit der getilgten Forderung bei materiell insolventem Schuldner

18 Mit einem Urteil aus dem Oktober 2009[33] hat der IX. Zivilsenat des BGH zur Schenkungsanfechtung einer Drittzahlung des späteren Insolvenzschuldners auf eine wegen Insolvenz des Schuldners nicht durchsetzbare Forderung zu entscheiden gehabt und damit seine Judikatur zur Schenkungsanfechtung weiter abgerundet. Der Entscheidung lag folgender Sachverhalt zugrunde:

19 Über das Vermögen der schuldnerischen A GmbH war am 1. 1. 2005 das Insolvenzverfahren eröffnet worden. Die A GmbH gehörte der Lanzendörfer Gruppe, ebenso wie ihre Schwestergesellschaft, die T GmbH, an. Seit dem 17. 1. 2003 war die T GmbH durchgehend zahlungsunfähig, so dass auf einen im November 2004 gestellten Antrag am 17. 12. 2004 das Insolvenzverfahren über ihre Vermögen eröffnet wurde. Der spätere Beklagte hatte der T GmbH im November 2003 und Januar 2004 Monitore und Drucker zum Preis von insgesamt 1.150 € geliefert. Die Verwalterin, die in dem über das Vermögen der A GmbH eröffneten Insolvenzverfahren bestellt worden war, nahm die Beklagte im Wege der Insolvenzanfechtung auf Erstattung des Rechnungsbetrages in Anspruch.

20 Der IX. Zivilsenat hat im Anschluss an seine frühere Judikatur[34] der in den Vorinstanzen unterlegenen Klägerin Recht gegeben, weil eine Drittzahlung sich dann als unentgeltlich i.S.v. § 134 InsO darstellt, wenn der Schuldner des Leistungsempfängers im Zeitpunkt der Bewirkung der Leistung insolvenzreif war. Das Erlöschen einer Forderung, die gegen den Schuldner nicht durchsetzbar war, weil in der Person des Schuldners des Leistungsempfängers ein Insolvenzgrund gegeben war, stellt keine ausgleichende Gegenleistung für die Entgegennahme der Drittleistung dar, wie der IX. Zivilsenat bestätigt. Die vierjährige Anfechtungsfrist nach § 134 InsO wird in Fällen einer Drittleistung nicht verkürzt, da bei mehreren Anfechtungsansprüchen jeder Anspruch getrennt auf seine Begründetheit und Durchsetzbarkeit zu prüfen ist. Daraus folgert der IX. Zivilsenat, dass auch im Fall einer Drittzahlung des späteren Insolvenzschuldners auf eine nicht durchsetzbare Forderung des Leistungsempfängers die vierjährige Anfechtungsfrist zur Anwendung gelangt. Dem liegt zugrunde, dass die Deckungsanfechtung des Forderungsschuldners der Schenkungsanfechtung des Zuwendenden im Zusammenhang der Begleichung einer Forderung im Wege der Drittleistung vorgeht. Die Beklagte war daher entweder einer Schenkungsanfechtung seitens der Klägerin als Verwalterin der A GmbH oder einer Deckungsanfechtung durch den Verwalter der T GmbH ausgesetzt. Allerdings hatte sich die Beklagte im vorlie-

32 BGH, Urt. v. 29. 11. 2007 – IX ZR 121/06, ZIP 2008, 190.
33 BGH, Urt. v. 22. 10. 2009 – IX ZR 182/08, ZIP 2009, 2303.
34 BGHZ 174, 228, 231; BGH, Urt. v. 6. 12. 2007 – IX ZR 113/06, ZIP 2008, 232, 233.

genden Fall nicht auf die Möglichkeit einer Deckungsanfechtung durch den Verwalter der T GmbH berufen. Ist dies aber nicht der Fall, kann nicht von einem Vorrang der Anfechtung innerhalb der jeweiligen Leistungsverhältnisse ausgegangen werden, zumal nicht ersichtlich ... sei, dass die A GmbH aufgrund einer Weisung der T GmbH eine Zuwendung aus Mitteln vorgenommen hatte, die ihr vonseiten der T GmbH zur Verfügung gestellt worden seien.

Materiell besteht nach der Lanzensdörfer-Entscheidung des IX. Zivilsenats des BGH 21
kein Zweifel, dass nicht die Eröffnung des Insolvenzverfahrens über das Vermögen des Schuldners des Leistungsempfängers ankommt – also darauf, ob ein Eröffnungsbeschluss gem. § 27 InsO erlassen worden ist.

Weiter kommt auch nicht darauf an, ob bereits ein Eröffnungsantrag gegen den 22
Schuldner des Leistungsempfängers gestellt worden ist. Ausschlaggebend ist vielmehr die materielle Insolvenz des Schuldners. Der Schuldner ist materiell insolvent, wenn er zahlungsunfähig war – wofür eine retrograde Ermittlung (§ 3 Rn. 22) anzustellen ist.

§ 22 Insolvenzanfechtung der Rückgewähr von Gesellschafterdarlehen

I. Systematische Stellung und Funktion der Regelungen der §§ 135, 136 InsO

1 Neben den im vorangegangenen Paragraphen dargestellten Tatbeständen der Insolvenzanfechtung sehen die §§ 135, 136 InsO Sonderregelungen für den Erhalt der Kapitalausstattung von Gesellschaften vor. Solche Befriedigungshandlungen der Gesellschaft gegenüber ihrem Gesellschafter wegen Darlehensansprüchen des Gesellschafters gegen die Gesellschaft unterliegen einer besonderen Anfechtung; Sonderregeln gelten weiterhin für stille Gesellschaften.

II. § 135 InsO – Gesellschafterdarlehen

1. Übersicht

2 § 135 InsO ist durch die Reform des Jahres 2008 völlig neu gefasst worden. Hintergrund dieser gesellschaftsrechtlichen Änderungen waren zum einen mehrere Entscheidungen des EuGH[1] zur Gründungstheorie und somit zur Rechtsfähigkeit einer in einem anderen EU-Mitgliedsstaat wirksam gegründeten Kapitalgesellschaft. Auf der Grundlage dieser Entscheidungen hat auch der BGH die Rechtsfähigkeit solcher wirksam gegründeter Gesellschaften, deren Verwaltungssitz sich in Deutschland befindet, anerkannt[2]. Infolge der mit der EuGH-Rechtsprechung festgestellten supranationalen Niederlassungsfreiheit ist es zu einem Wettbewerb der (europäischen) Rechtsformen gekommen, auf die der deutsche Gesetzgeber mit dem Gesetz zur Modernisierung des GmbH-Rechts und zur Bekämpfung von Missbräuchen (MoMiG) reagiert hat. Das MoMiG[3] hat weitreichende Änderung der bis zum Inkrafttreten des MoMiG für juristische Personen geltenden Kapitalerhaltungsregeln mit sich gebracht. Diese Regelungen fanden ihren Ausdruck in der alten Fassung des § 135 InsO, der durch die Reform völlig umgestaltet worden ist. Für eine Reihe von Rechtstreitigkeiten findet freilich das alte Recht dann weiter Anwendung. Dennoch soll schon aus Raumgründen auf die frühere Rechtslage nicht mehr eingegangen, sondern auf die Voraufl (dort § 22) verwiesen werden.

2. Reichweite

3 § 135 Abs. 1 InsO n. F. geht freilich auf den bisherigen § 135 a. F. InsO zurück.[4] Dagegen sind die Abs. 2–4 der Vorschrift durch das MoMiG vollständig neu gefasst wor-

---

1 „Centros", EuGH, Urt. v. 9. 3. 1999, C – 212/97, NJW 1999, 2027; „Überseering", EuGH, Urt. v. 5. 11. 2002, C – 208/00, ZIP 2002, 2037; „Inspire Act", EuGH, Urt. 30. 9. 2003, C – 167/01, ZIP 2003, 1885.

2 BGH, Urt. v. 14. 3. 2005 – II ZR 5/03, NJW 2005, 1648 = ZIP 2005, 805.

3 MoMiG v. 23. 10. 2008, BGBl. I S. 2026, 2038.

4 Jaeger/Henckel-*Henckel*, InsO, § 135 Rn. 1, 2.

den. Im § 135 Abs. 1 InsO n.F. sind klein anmutende, aber äußerst weit reichende und die Rechtsanwendung vereinfachende Änderungen vorgenommen worden. Der Bereich des „Eigenkapitalersatzrechtes" im Rahmen der Insolvenzanfechtung hat durch das MoMiG eine ganz wesentliche Neuerung (und damit auch Vereinfachung) erfahren: Nach Art. 1 Nr. 22 MoMiG werden die §§ 32a, 32b GmbHG aufgehoben. Die Regelungen zu den Gesellschafterdarlehen sind nunmehr in das systematisch zuständige Insolvenzrecht, den § 39 n.F. InsO, verlagert worden. § 32a Abs. 2 GmbHG a.F. ist in angepasster Form in § 44a InsO n.F. aufgegangen; die Regelungen des § 32b GmbHG a.F. finden sich nun im § 135 Abs. 2 InsO n.F. wieder. Gleichzeitig ist das Merkmal der „Krise" im neuen § 39 InsO gestrichen worden. Die Frage der Einstufung eines Darlehens als „kapitalersetzend" ist damit weggefallen. Infolgedessen ist im neuen § 135 Abs. 1 InsO n.F. im Verhältnis zum § 135 InsO a.F. auch das Adjektiv „kapitalersetzendes" vor dem „Darlehen" gestrichen; stattdessen muss es sich jetzt um ein „Darlehen im Sinne des § 39 Abs. 1 Nr. 5" handeln.

Ferner kam es durch das MoMiG im neuen Abs. 1 im Verhältnis zum alten § 135 InsO 4
bei der numerischen Aufzählung zu einer Klarstellung: am Ende der Nr. 1 wurde das Wort „oder" eingeführt. Damit ist nun klargestellt, dass es sich dabei um 2 alternierende Tatbestände handelt und nicht um einen Tatbestand mit kumulativen Anforderungen, was aber auch früher durch den klaren Wortlaut schon nie ernsthaft angezweifelt bzw. in Erwägung gezogen worden ist. Ansonsten ist der Abs. 1 des § 135 InsO im Verhältnis zum alten Vorschrift in seinem Wortlaut unangetastet geblieben.

a) Erfasste Darlehen. Durch die Streichung des Merkmals der „Krise" fällt jedes Ge- 5
sellschafterdarlehen unter den neuen § 135 Abs. 1 InsO. Die bisher in § 32b GmbHG getroffene Regelung hat inhaltlich in den neuen § 135 Abs. 2 InsO Eingang gefunden[5], was damit gerechtfertigt wurde, dass der § 32b GmbHG a.F. stets als „Parallelnorm" zum § 135 a.F. InsO angesehen worden ist[6], da es sich dabei auch um einen Anfechtungstatbestand handelt. Diese Neuregelung flankiert der dem § 143 InsO angefügte neue Abs. 3, der die Rechtsfolgen einer Anfechtung nach § 135 Abs. 2 InsO n.F. nach dem Vorbild der alten Rechtslage nach § 32b GmbHG a.F. regelt[7]. Nach dem § 135 Abs. 2 InsO ist eine Rechtshandlung anfechtbar, mit der der Insolvenzschuldner einem Dritten für eine Forderung auf Rückgewähr eines Darlehens Befriedigung gewährt hat, wenn die Befriedigung innerhalb der Jahresfrist vor dem Eröffnungsantrag oder nach dem Antrag (vgl. § 135 Abs. 1 Nr. 2 InsO) erfolgt ist und ein Gesellschafter für die Darlehensrückforderung eine Sicherheit bestellt hat oder als Bürge haftete. Diese Befriedigung der Darlehensrückforderung kann nicht nur in einer Rückzahlung bestehen, sondern auch in einer Aufrechnung oder jeder sonstigen Befriedigung (Erfüllung) des Dritten zu Lasten des Insolvenzschuldners. Dies war schon für den § 32b GmbHG a.F. anerkannt, obwohl der § 32b GmbHG a.F. noch von einem „zurückgezahlten" Darlehen sprach[8]. Durch die jetzt erfolgte Wortwahl einer „Befriedigung" ist diese weite Auslegung durch den Gesetzgeber ausdrücklich zum

5 Vgl. RegE. v. 25. 5. 2007, BT-Drs. 16/6140, 58.
6 Scholz/*K. Schmidt*, GmbHG, §§ 32 a, 32 b Rn. 185; *Zeuner*, Rn. 266.
7 Vgl. RegE. v. 25. 5. 2007, BT-Drs. 16/6140, 16.
8 Vgl. Baumbach/*Hueck*, GmbHG, § 32 b Rn. 2; Scholz/*K. Schmidt*, GmbHG, §§ 32 a, 32 b Rn. 188.

Gesetzesinhalt gemacht worden. Dies gilt nach dem letzten Halbs. des § 135 Abs. 2 InsO auch für solche Leistungen auf Forderungen, die einem Darlehen wirtschaftlich entsprechen.

6 Über den in § 135 Abs. 4 InsO enthaltenen Verweis gelten das Kleinbeteiligungs- und das Sanierungsprivileg auch in Bezug auf den Sicherheit gewährenden Gesellschafter; ebenso gelten auch die Grundsätze über den Quasi-Gesellschafter für die die Sicherheit gewährende Person.

III. Anfechtbarkeit der Rückgewähr von Einlagen stiller Gesellschafter

1. Übersicht

7 **a) Rechtsfolgen einer Anfechtung nach § 135 Abs. 2 n. F. InsO.** Die allgemeinen – bereicherungsrechtlich strukturierten – Rechtsfolgen einer Anfechtung nach § 143 Abs. 1 und 2 InsO passen nicht für eine Anfechtung nach § 135 Abs. 2 InsO, da nicht der Dritte, der das Darlehen gewährt hatte und die (Darlehens-)Rückzahlung erhalten hat, das (Rück-)Erlangte an die Masse erstatten soll, sondern der die Sicherung gewährende Gesellschafter. Daher sieht § 143 Abs. 3 InsO für den § 135 Abs. 2 InsO eine gesonderte Rechtsfolge vor. Danach muss bei einer Anfechtung nach § 135 Abs. 2 InsO wie dem bisherigen § 32b GmbHG a. F. der die Sicherheit gewährende Gesellschafter die dem Dritten gewährte Leistung der Insolvenzmasse (rück-)erstatten. Wenn der Dritte nach Insolvenzeröffnung noch nicht befriedigt worden ist, ist der Dritte Gläubiger i. S. v. § 44a InsO und daher verpflichtet, zunächst Befriedigung aus der Gesellschaftersicherheit zu suchen, um erst danach wegen des Betrages, mit dem er dabei ausfällt, anteilsmäßige Befriedigung aus der Insolvenzmasse verlangen zu können[9]. Dem entspricht es, dass dem Insolvenzschuldner ein Freistellungsanspruch gegen den die Sicherheit gewährenden Gesellschafter zusteht[10].

8 b) Da die durch das MoMiG veranlassten Neuerungen einen Verzicht auf das Merkmal „kapitalersetzend“ bei den (anzufechtenden/anfechtbaren) Darlehen hervorbrachten, ist damit die Grundlage der bisherigen Rechtsprechung zur eigenkapitalersetzenden Nutzungsüberlassung weggefallen. Der neue § 135 Abs. 3 InsO begegnet der Gefahr, dass dem Schuldner (und damit dem Insolvenzverwalter!) mit der Eröffnung des Insolvenzverfahrens die für die Betriebsfortführung notwendigen Gegenstände nicht mehr zur Verfügung stehen[11]. Daher hat der Gesetzgeber diesen Wegfall dadurch „kompensiert“, dass er die durch die Rspr. eingeführte Fallgruppe der eigenkapitalersetzenden Nutzungsüberlassung[12] in abgewandelter Form nun in dem

---

9 *Eickmann*, in: Kreft, InsO, 5. Aufl. 2008, § 44 a Rn. 1.

10 Vgl. insoweit ausf. § 143 Rn. 31.

11 Beschlussempf. des RechtsA, BT-Drs. 16/9737, 106.

12 Vgl. BGH, Urt. v. 2. 2. 2006, IX ZR 67/02, ZIP 2006, 578; BGH, Urt. v. 16. 10. 1989, II ZR 307/88, BGHZ 109, 55, 58 f. = NJW 1990, 516; BGH, Urt. v. 11. 7. 1994, II ZR 146/92, BGHZ 127, 1, 7 ff. = NJW 1994, 2349, 2350 f. m. Anm. *Altmeppen* „Lagergrundstück III“; BGH, Urt. v. 11. 7. 1994, II ZR 162/92, BGHZ 127, 17, 22 ff., 30 f. = NJW 1994, 2760, 2761 ff. „Lagergrundstück IV“; BGH, Urt. v. 16. 6. 1997, II ZR 154/96, ZIP 1997, 1375 „Lagergrundstück V“.

neuen § 135 Abs. 3 InsO gesetzlich verankert[13]. Dessen S. 1 schreibt vor, dass der Aussonderungsanspruch wegen eines von einem Gesellschafter dem Schuldner zum Gebrauch oder zur Ausübung überlassenen Gegenstandes während der Dauer des Insolvenzverfahrens, höchstens aber für eine Zeit von einem Jahr ab der Eröffnung des Insolvenzverfahrens nicht geltend gemacht werden, wenn der Gegenstand für die Fortführung des Unternehmens des Schuldners von erheblicher Bedeutung ist. Auch hier ist über den neuen Abs. 4 des § 135 InsO das Sanierungs- u. Kleinbeteiligungsprivileg des § 39 Abs. 4 und 5 InsO zu berücksichtigen.

2. Ausschluss der Anfechtung nach § 136 Abs. 2 InsO

a) Erfasste Überlassungen. Da ebenso wie bei den Darlehen selbst aufgrund des Wegfalls der „Krise" keine Unterscheidung mehr zwischen eigenkapitalersetzenden Überlassungen und „normalen" Überlassungen möglich bzw. erforderlich ist, war vom Gesetzgeber eine andere Unterscheidung zwischen den unter § 135 Abs. 3 n.F. fallenden und den nicht darunter fallenden Nutzungsüberlassungen zu treffen. Diese Unterscheidung bzw. die Anwendbarkeit des § 135 Abs. 3 n.F. ist nun geknüpft daran, dass der vom (Quasi-)Gesellschafter dem Schuldner zur Nutzung überlassene Gegenstand „für die Fortführung des Unternehmens des Schuldners von erheblicher Bedeutung ist". Es kommt daher im Rahmen des § 135 Abs. 3 InsO nicht darauf an, wann bzw. wie lange vor Eröffnung des Insolvenzverfahrens oder vor Eröffnungsantragsstellung die Nutzung überlassen worden ist, sondern jede – auch unmittelbar vor Eröffnung bzw. vor Eröffnungsantragsstellung getätigte – Nutzungsüberlassung wird von der Vorschrift erfasst, wenn die Nutzung des Gegenstandes für die Fortführung des Unternehmens von erheblicher Bedeutung ist. Eine erhebliche Bedeutung ist – ebenso wie nach § 21 Abs. 2 Nr. 5 InsO – bereits dann anzunehmen, wenn die Betriebsfortführung nicht nur geringfügig gestört werden würde, wobei dies durchaus weit auszulegen ist. 9

3. Konkurrenz

a) Erfasste Gegenstände. Auch zur Bestimmung der zur Nutzung überlassenen „Gegenstände" entspricht § 135 Abs. 3 InsO der Begrifflichkeit des § 21 Abs. 2 S. 1 Nr. 5 InsO.[14] Unter „Gegenstände" fallen demnach nicht nur (bewegliche u. unbewegliche) Sachen sondern auch Forderungen, Immaterialgüterrechte und sonstige Vermögensrechte[15]. 10

Dieser Ausschluss des Aussonderungsrechtes ist jedoch zeitlich begrenzt auf die Dauer des Insolvenzverfahrens, höchstens aber für ein Jahr ab der Eröffnung des Insolvenzverfahrens. Die bisherige Ungewissheit bzw. der Streit, wie lange der Gesellschafter die Nutzung des Gegenstandes durch den Insolvenzverwalter dulden muss, ist durch diese gesetzliche Begrenzung weggefallen Insolvenzverfahren dauern frei- 11

---

13 Zu der Tatsache, dass § 135 Abs. 3 n. F. ab dem 1. 11. 2008 und für die zu dem Zeitpunkt bereits eröffneten Insolvenzverfahren gilt, s. *Holzer,* ZIP 2009, 206 f.

14 Beschlussempf. des RechtsA, BT-Drs. 16/9737, 107.

15 *Heinrichs,* in: Palandt, BGB, Überbl vor § 90 Rn. 2.

lich im allgemeinen länger als ein Jahr. Die zeitliche Begrenzung auf höchstens ein Jahr beruht auf der gesetzgeberischen Erwägung, dass es im Falle ernsthafter Sanierungschancen dem Insolvenzverwalter regelmäßig innerhalb der Jahresfrist gelingen kann, eine Vereinbarung zu erreichen, die die Fortsetzung des schuldnerischen Unternehmens ermöglicht. Danach soll es nach Auffassung des Gesetzgebers sachgerecht sein, dass der Gesellschafter die Gegenstände herausverlangen kann[16].

12 **b) Ausgleichszahlung.** Die durch den zeitlich begrenzten Ausschluss des Aussonderungsrechtes ermöglichte Nutzung des Gegenstandes für die Masse ist grundsätzlich aus dieser zu vergüten ist; es ist ein „Ausgleich“ zu zahlen. Dieser dem Gesellschafter für die Nutzungsüberlassung nach Verfahrenseröffnung zustehende „Ausgleich“ bemisst sich nach der Vergütung, die ihm zuvor tatsächlich zugeflossen ist.[17] Zur Berechnung der Vergütung ist der Durchschnitt der im letzten Jahr vor Verfahrenseröffnung tatsächlich geleisteten Vergütung heranzuziehen; wenn die Nutzungsüberlassung seit weniger als 1 Jahr vor Verfahrenseröffnung bestand, ist der Durchschnitt der in diesem kürzeren Zeitraum tatsächlich geleisteten Zahlungen maßgeblich. Wurde tatsächlich keine Vergütung in der Zeit vor der Verfahrenseröffnung gezahlt, ist auch nach § 135 Abs. 3 InsO für das maximal 1 Jahr nach Eröffnung keine Vergütung zu zahlen; dasselbe gilt auch, wenn zwar eine Vergütung vereinbart worden war, diese aber tatsächlich z. B. aufgrund einer Stundung gar nicht gezahlt worden ist[18]. Damit soll der Gesellschafter für die Zeit nach Verfahrenseröffnung weder schlechter noch besser gestellt werden als in der Zeit davor. Diese Ausgleichszahlung, die eine Masseverbindlichkeit ist, ist selbst dann zu zahlen, wenn der Insolvenzverwalter an dem Vertragsverhältnis nicht mehr festhalten will und von seinem Sonderkündigungsrecht Gebrauch macht, den Gegenstand aber trotzdem für maximal ein Jahr weiter nutzt (aber z. B. aufgrund einer noch lange währenden Vertragslaufzeit den Gegenstand nicht länger als dieses eine Jahr nutzen will)[19].

III. Anfechtbarkeit der Rückgewähr von Einlagen stiller Gesellschafter

1. Übersicht

13 Nach § 136 InsO ist eine Rechtshandlung anfechtbar, durch die einem stillen Gesellschafter die Einlage zurückgewährt oder sein Anteil an dem entstandenen Verlust erlassen wird. Erfasst wird auch die nur teilweise Rückgewähr oder der nur teilweise Erlass. Voraussetzung für die Anwendbarkeit des § 136 InsO ist, dass die der Rückgewähr der Einlage oder dem Erlass des Verlustanteils zugrunde liegende Vereinbarung im letzten Jahr vor Antrag des Inhabers des Handelsgeschäfts auf Eröffnung des Insolvenzverfahrens abgeschlossen oder nach Stellung dieses Antrags getroffen worden ist. § 136 InsO erstreckt die Anfechtbarkeit im Übrigen auch auf solche Fälle, in denen

16 Beschlussempf. des RechtsA, BT-Drs. 16/9739, 106 f.
17 Beschlussempf. des RechtsA, BT-Drs. 16/9739, 107.
18 Beschlussempf. des RechtsA, BT-Drs. 16/9739, 107.
19 Beschlussempf. des RechtsA, BT-Drs. 16/9739, 107.

die stille Gesellschaft im Zusammenhang mit der Vereinbarung über Einlagerückgewähr oder Verlustanteilserlass aufgelöst worden ist.

Der Reformgesetzgeber meint, die besonderen gesellschaftsrechtlichen Beziehungen zwischen dem Inhaber des Handelsgeschäfts und dem stillen Gesellschafter stellten in diesem Fall die Rechtfertigung dafür dar, für die Anfechtbarkeit des Rechtsgeschäfts rein objektive Voraussetzungen zu statuieren;[20] § 136 InsO greift § 237 HGB auf, dessen Regelungsgehalt in das Insolvenzrecht „zurückgeführt" wurde. 14

2. Ausschluss der Anfechtung nach § 136 Abs. 2 InsO

Die Anfechtung soll gem. § 136 Abs. 2 InsO ausgeschlossen sein, wenn erst nach der 15
Vereinbarung ein Eröffnungsgrund eingetreten ist. Der Gesetzgeber[21] meint damit den Katalog der §§ 16 ff. InsO, also gem. § 18 InsO (drohende Zahlungsunfähigkeit), nach § 17 InsO (Zahlungsunfähigkeit), und bei juristischen Personen und Gesellschaften ohne persönliche Haftung einer natürlichen Person auch nach § 19 InsO (Überschuldung). Die Amtliche Begründung[22] zu § 151 RegEInsO vertritt die Ansicht, damit werde § 136 Abs. 2 InsO „für die Praxis handhabbar", was insofern wenig plausibel erscheint, als im weiteren Verlauf des Gesetzgebungsverfahrens bekanntlich im Rahmen des Tatbestandes des § 18 InsO auf das Erfordernis der Vorlage eines Liquiditätsplans verzichtet worden ist. Damit fehlt es aber an einer Kontrollmöglichkeit, aufgrund derer die objektiven Voraussetzungen der Anfechtbarkeit nach § 136 Abs. 1 InsO beurteilt werden könnten. In Fällen des § 18 InsO wird daher die Überprüfung der Liquiditätsentwicklung im Rahmen der Begründetheit des geltend gemachten Anfechtungsanspruchs zu prüfen sein, was erhebliche Rechtsverfolgungsrisiken für den Insolvenzverwalter nach sich zieht und im übrigen durch die Notwendigkeit, Sachverständigengutachten einzuholen, den auf § 136 InsO gestützten Anfechtungsprozess erheblich zu verteuern geeignet sein kann.

3. Konkurrenz

§ 136 InsO geht wie das überkommene Recht davon aus, dass alle Anfechtungstatbe- 16
stände miteinander konkurrieren. Daher kommt neben der Begründung des Anfechtungsanspruchs aus § 136 InsO in Betracht, dass der Insolvenzverwalter seine Klage auch darauf stützt, es handle sich bei der Rückgewähr einer Einlage oder dem Erlass eines Verlustanteils um ein anfechtbares unmittelbar nachteiliges Rechtsgeschäft (§ 132 Abs. 1 InsO) oder um eine unentgeltliche Leistung (§ 134 InsO), sofern die dort aufgestellten Voraussetzungen im Einzelfall vorliegen.

20 Amtl. Begr. zu § 151 RegEInsO, BT-Drucks. 12/2443, S. 161.
21 Amtl. Begr. zu § 151 RegEInsO, BT-Drucks. 12/2443, S. 161.
22 Amtl. Begr. zu § 151 RegEInsO, BT-Drucks. 12/2443, S. 161.

§ 23 Rechtsfolgen der Insolvenzanfechtung[1]

I. Übersicht über die gesetzliche Regelung

1 § 143 Abs. 1 InsO[2] besagt, dass Gegenstand der Rückgewähr all das ist, was durch die anfechtbare Handlung aus dem Vermögen des Insolvenzschuldners veräußert, weggegeben oder aufgegeben ist. Durch diese Art der „Rückgewähr" soll die Insolvenzmasse in die Lage zurückversetzt werden, in der sie sich befinden würde, wenn die anfechtbare Rechtshandlung unterblieben wäre. Zu betrachten ist stets, was dem Vermögen des Gemeinschuldners durch die anfechtbare Handlung entzogen worden ist, nicht was in das Vermögen des Anfechtungsgegners gelangt ist.[3]

2 Das angefochtene Rechtsgeschäft wird nicht dadurch nichtig, dass es nach den §§ 129 ff. InsO angefochten worden ist. (BGH v. 21. 9. 2006 – IX ZR 235/04 – DZWIR 2007, 108) Auch soweit die Anfechtung auf § 131 Abs. 1 Nr. 1 InsO beruht, kommt nicht § 134 BGB zur Anwendung. Dies ist nur dann der Fall, wenn über die Gläubigerbenachteiligung hinausgehende den Tatbestand eines Verbotsgesetzes außerhalb der InsO verwirklichende Umstände vorliegen. (BGH v. 4. 3. 1993 – IX ZR 151/92 – ZIP 1993, 602). Vielmehr kommt § 143 Abs. 1 Satz 1 InsO zur Anwendung, wonach die Anfechtung schuldrechtliche Rückgewähr aus Ansprüchen gewährt. Diese Ansprüche wirken grundsätzlich nicht dinglich. Dies zeigt ein Vergleich mit § 88 InsO der zur ipso iure-Unwirksamkeit der Vollstreckungsmaßnahme führt. (Amtl. Begr. zu § 99 RegE, BT-Drs. 12/2443, S. 137) Der Anfechtungsgegner ist daher solange berechtigt, aus dem ihm in anfechtbarer Weise verschafften Recht vorzugehen, wie er dieses nicht an den anfechtungsklagenden Insolvenzverwalter zurückgegeben und damit den Rückabwicklungsanspruch erfüllt hat. An die Stelle dieser Rückgabe kann auch ein entsprechendes Urteil mit den Wirkungen des § 894 ZPO treten. In beiden Fällen endet die Aktivlegitimation des Sicherungsgläubigers, der sein Absonderungsrecht aus einem anfechtbaren Rechtsgeschäft herleitet. Ist dies noch nicht der Fall, ist trotz Anfechtung bzw. Anfechtbarkeit des Rechtsgeschäfts, aus dem der Anfechtungsgegner seine Rechtsmacht herleitet, dieser im Prozess gegen den Drittschuldner prozessführungsbefugt.

3 Der **Rückgewähranspruch** erstreckt sich primär auf Rückgewähr in Natur.[4] So ist z. B. eine veräußerte Sache gem. §§ 929 ff. BGB bzw. §§ 873, 925 BGB zurück zu übereignen. Bei Unmöglichkeit der Rückgewähr ist der volle Wert zu ersetzen.[5] Ebenso sind nach § 147 Abs. 1 Satz 2 InsO i. V. m. §§ 819 Abs. 1,

1 *Koss*, Zur Wirkung der Insolvenzanfechtung nach der Insolvenzrechtsreform, 2001.
2 *Breutigam/Tanz*, ZIP 1998, 717, 723 ff.
3 *Baur/Stürner*, Zwangsvollstreckungs- und Konkursrechts und Vergleichsrecht, Bd. II, 12. Aufl. 1990, § 20 Rn. 20.5.
4 BGH, Beschl. v. 24. 5. 2005 – IX ZR 77/03 – NZI 2005, 453 m. Anm. *Schmitz*, EWiR § 129 InsO 6/05, 771; BGH, Urt. v. 15. 10. 1969 – VIII ZR 136/67 – NJW 1970, 44; *Kirchhof*, in: MünchKomm, InsO, 1. Aufl. 2001, § 143 Rn. 1.
5 BGH, Urt. v. 20. 2. 1980 – VIII ZR 48/79 – NJW 1980, 1580, 1581.

818 Abs. 4, 292, 987 BGB alle aus dem Gegenstand gezogenen Nutzungen zurückzugewähren bzw. ihrem Wert nach zu erstatten.[6]

Der BGH hat darauf erkannt, dass der Rückgewähranspruch nach § 37 KO nur solche Zinsen umfasst, die ohne die angefochtene Zahlung tatsächlich gezogen worden wären.[7] Der klagende Konkursverwalter hatte in dem vom BGH entschiedenen Fall von der Beklagten neben der Rückzahlung des durch die anfechtbare Handlung erlangten Geldbetrages Zinsen hierauf begehrt. Der IX. Zivilsenat hat diesen Zinszahlungsanspruch für unbegründet erachtet, da der Anfechtungsgegner nur dasjenige zur Insolvenzmasse zurück zu gewähren hat, was durch die angefochtene Handlung aus dem Vermögen des Insolvenzschuldners veräußert, weggegeben oder aufgegeben worden ist. M.a.W. geht es nicht darum, die Vorteile abzuschöpfen, die dem Vermögen des Anfechtungsgegners zugeflossen sind, sondern das Vermögen des Insolvenzschuldners – die Masse – in die Lage zu versetzen, in welcher sie sich befunden hätte, wenn das anfechtbare Verhalten unterblieben wäre. Wäre der nutzbare Gegenstand, der in anfechtbarer Weise verschoben worden ist, im Vermögen des Insolvenzschuldners geblieben, sind allerdings Nutzung herauszugeben bzw. zu ersetzen. Daher ist der Anfechtungsgegner unter der Voraussetzung zur Zahlung entgangener Zinsen verpflichtet, wenn festgestellt würde, dass das Geld ohne die anfechtbare Handlung verzinslich angelegt worden wäre. Hierfür ist der Insolvenzverwalter darlegungs- und beweispflichtig. 4

Werterhöhende Verwendungen des Rückgewährverpflichteten geben ihm einen Masseanspruch gem. § 55 Abs. 1 Nr. 3 InsO. Der Anfechtungsgegner kann daher nach der Rechtsprechung des BGH (unten Rn. 7) solche Zahlungen in Anrechnung bringen, die notwendig waren, um die Erfüllung des ihm anfechtbar abgetretenen Anspruchs zu bewirken, und die ohne die anfechtbare Handlung von der Masse hätten aufgebracht werden müssen. 5

Durch die Insolvenzanfechtung soll die Zugriffslage wieder hergestellt werden, die hinsichtlich des Schuldnervermögens bestanden hat, bevor das Schuldnervermögen als Haftungsmasse in anfechtbarer Weise geschmälert worden ist. Die rechtsdogmatische Konstruktion des hier zu bewirkenden Ausgleichs der Minderung des Schuldnervermögens ist bekanntlich umstritten. Diesseits dieses Streits besteht aber über eine Reihe von Problemen Einigkeit. Hierzu gehört die Frage, welches Schicksal Aufwendungen und Verwendungen auf Massegegenstände[8] erleiden, die der Anfechtungsgegner getätigt hat und die den Wert des von ihm der Masse rückzuerstattenden Vermögensgegenstandes erhöhen. 6

Das Urteil des IX. Senats des BGH vom 27. Februar 1992[9] bestätigt, dass derartige werterhöhende Aufwendungen des Anfechtungsgegners von dem rückzugewährenden abzuziehen sind. Der IX. Senat setzt damit seine Judikatur[10] fort, die in einschlägigen Stellungnahmen der Literatur[11] eine Grundlage findet. Dem Urteil vom 27. Februar 1992 lag – kurz gefasst – folgende Konstellation zugrunde: Der Gemeinschuldner hatte Grundstücke veräußert und dem beklagten Anfechtungsgegner seine Kaufpreisansprüche abgetreten. Da der Gemeinschuldner wegen eines Grundstücks noch nicht als Eigentümer eingetragen war, weil er seinerseits dem Voreigentümer den Kaufpreis nicht vollständig bezahlt hatte, hing die Auszahlung des abgetretenen Kaufpreisanspruchs davon ab, dass an die Voreigentümer vor dem Gemeinschuldner noch ein Restbetrag des Kaufpreises gezahlt wurde. Diese Zahlung nahm der Anfechtungsgegner vor und erreichte damit von den Erwerbern der Grundstücke die Auszahlung des damit fälligen Kaufpreises. Vom Konkursverwalter des Gemeinschuldners im Wege der Anfechtung in Anspruch genommen, machte der Beklagte geltend, zur Kürzung des vom Konkursverwalter 7

---

6 *Huber*, in: Gottwald, Insolvenzrechts-Handbuch, 3. Aufl. 2006, § 52 Rn. 9.
7 BGH, Urt. v. 22. 9. 2005 – IX ZR 272/01 – ZIP 2005, 1888.
8 *Nerlich*, in: Nerlich/Römermann, InsO, § 143 Rn. 16ff., 19; *Kirchhof*, in: MünchKomm, InsO, 1. Aufl. 2001, § 143 Rn. 64ff.
9 BGH, Urt. v. 27. 2. 1992 – IX ZR 57/91 – WM 1992, 773.
10 BGH, Urt. v. 18. 4. 1991 – IX ZR 149/90 – NJW 1991, 2144, 2146.
11 *Huber*, in: Gottwald, Insolvenzrechts-Handbuch, 3. Aufl. 2006, § 52 Rn. 10.

behaupteten Rückgewähranspruchs in Höhe seiner Zahlung an die Voreigentümer des Gemeinschuldners berechtigt zu sein. Die Berufungsinstanz hatte entschieden, der beklagte Anfechtungsgegner sei nicht dazu berechtigt, den Anspruch des anfechtenden Konkursverwalters in Höhe seiner Aufwendungen zu kürzen. Der IX. Senat des BGH hat dagegen festgestellt, dass es insoweit darauf ankommt, ob die vom Anfechtungsgegner getätigten Aufwendungen der Masse „zugute" kommen. Denn auch der Konkursverwalter hätte die Aufwendungen tätigen müssen, um die Kaufpreisansprüche des Gemeinschuldners als Weiterverkäufer seiner Grundstücke zugunsten der Masse verwerten zu können; hierzu hätte er gem. § 59 Abs. 1 Nr. 2 KO auf Mittel der Masse zurückgreifen müssen. Die Masse soll per Saldo durch den Rückgewähranspruch nicht begünstigt werden. Daher sind dem Anfechtungsgegner beispielsweise auch die Aufwendungen zu erstatten, die er zur Deckung wiederkehrender Lasten aufbietet, denn diese wiederkehrenden Lasten korrelieren mit den Nutzungen aus dem anfechtbar erworbenen Gegenstand; da der Anfechtungsgegner die Nutzungen herauszugeben hat,[12] kann er den Ersatz der aufgewendeten Lasten verlangen.

8 **Eingetretene Wertminderungen** muss der Anfechtungsgegner ersetzen, sofern sie nicht auch dann eingetreten wären, wenn der Gegenstand beim Gemeinschuldner verblieben wäre.[13] Dem Anfechtungsgegner darf durch die Insolvenzanfechtung gem. § 37 KO nicht ein Sicherungsgegenstand genommen werden, der ihm auch ohne das angefochtene Rechtsgeschäft zugestanden hätte. Im vorliegenden Urteil des IX. Senats des BGH vom 12. November 1992 war eventuell die Bestellung von Sicherheiten an einem Grundstück des Gemeinschuldners anfechtbar. Da das Grundstück aber schon lange vor Eröffnung des Insolvenzverfahrens zur Sicherung einer der im Pool zusammengefassten Gläubigerbanken mit Grundpfandrechten belastet worden war, kam es auf die Anfechtbarkeit der neuerlichen Verpfändung nicht an.

9 **Verzinsung.** Nach Ansicht des IX. Zivilsenates des BGH ist der Rückgewährschuldner aufgrund der Rechtsfolgenverweisung in § 143 Abs. 1 Satz 2 InsO auf § 819 Abs. 1 BGB einem bösgläubigen Bereicherungsschuldner gleichgestellt; der Rückgewähranspruch ist daher mit der Folge als rechtshängig anzusehen, dass die Beklagte Prozesszinsen gemäß §§ 818 Abs. 4, 291 Satz 1, 288 Abs. 1 Satz 2 BGB schuldet. Der geschuldete Zins sei auch nicht auf 4% dadurch zu ermäßigen, dass eine „teleologische Reduktion" des § 819 Abs. 1 BGB vorgenommen werde. Anders als im Falle des § 169 InsO, in dem es an einer dem § 143 Abs. 1 InsO entsprechenden Verweisung fehlt und bei dessen Auslegung darauf zu achten sei, dass die Masse vor Aushöhlung geschützt werden müsse, lasse § 143 Abs. 1 InsO für eine solche einschränkende Auslegung keinen Raum. Allerdings kann der Insolvenzverwalter „Prozesszinsen" erst ab Eröffnung des Insolvenzverfahrens verlangen. Damit gibt der IX. Zivilsenat seine frühere (BGH v. 23. 3. 2006 – IX ZR 116/03 – DZWIR 2006, 466) Auffassung auf, wonach der Zinsanspruch mit der Rechtshandlung entstehe. Dem hält *Cranshaw* entgegen, der beklagten Bank werde vom BGH zugemutet, zur Vermeidung erheblicher Zinszahlungen trotz der Anordnung des § 829 Abs. 1 Satz 1 ZPO (hier auch i. V. m. § 111c Abs. 3 StPO) an die Masse zu leisten, obwohl die Pfändungen nicht aufgehoben waren; damit werde dem Anfechtungsgegner die Prüfung auferlegt, ob ein im Sinne des § 291 BGB „durchsetzbarer" Anspruch besteht oder ob er einer Verstrickung zuwider auszahlt. Das überzeugt nicht wirklich. Denn der Grund der Leistungsverweigerung

---

12 *Huber*, in: Gottwald, Insolvenzrechts-Handbuch, 3. Aufl. 2006, § 52 Rn. 9.

13 *Kilger/K. Schmidt*, KO, 17. Aufl. 1997, § 37 Anm. 4f.; *Nerlich*, in: Nerlich/Römermann, InsO, § 143 Rn. 21.

durch den Anfechtungsgegner mag zufällig sein; die Entscheidung des BGH greift aber auch für andere Fälle.

II. Rechts„natur" des Rückgewähranspruchs

1. Anspruch sui generis

Der Rechtscharakter des Rückgewähranspruchs nach erfolgreicher Anfechtung ist seit jeher umstritten, da sich im Gesetz keine eindeutige Qualifizierung finden lässt. Eine dingliche Anfechtungswirkung, aus der folgt, dass mit Anfechtung durch den Verwalter bereits das Eigentum am zugewendeten Vermögensgegenstand zurückfällt, ist wenig überzeugend. Denn eine derartige Qualifikation der Anfechtungswirkung lässt sich kaum mit Grundsätzen der Rechtsklarheit und des Verkehrsschutzes im Sachenrecht vereinbaren. 10

Die InsO bezeichnet die Rechtshandlung als Gegenstand der Anfechtung. Dies ist jedoch missverständlich, da Handlungen durch das Recht nicht beseitigt oder rückgängig gemacht werden können[14]. Es kann ihnen lediglich die rechtlichen Wirkungen nehmen und den Anfechtungsgegner verpflichten, die Folgen seiner Handlung zu beseitigen. Die Rechtsfolgen der Anfechtung beziehen sich demnach nur auf die Wirkungen, die mit der Handlung herbeigeführt oder ausgelöst worden sind. 11

Zielt die Rechtshandlung – wie z.B. die Abgabe eines abstrakten Schuldversprechens – auf eine Vermehrung der Passiva[15], also der Schuldnermasse[16], ist die Anfechtung ist auch nicht deshalb ausgeschlossen, weil § 143 Abs. 1 InsO als Rechtsfolge der Anfechtung vorsieht, dass der in anfechtbarer Weise weggegebene Gegenstand nach bereicherungsrechtlichen Vorschriften zurückzugeben ist. Bei anfechtbar weggegebenen Gegenständen wird § 143 Abs. 1 InsO aber von der überzeugenden Lehre *Henckels*[17] im Sinne einer haftungsrechtlichen Unwirksamkeit der benachteiligenden Verfügungen bzw. verfügungsähnlichen Rechtshandlungen verstanden. In Fällen wie dem vorliegenden, in dem durch die anfechtbare Rechtshandlung eine Mehrung der Schuldenmasse erfolgt ist, führt diese Auslegung zu dem überzeugenden Ergebnis, dass der Anfechtungsgegner sich infolge der Insolvenzanfechtung nicht mehr auf die ihm eigenräumte Rechtsposition berufen kann. *Henckel* formuliert dies überzeugend mit den Worten, dass die haftungsrechtliche Konsequenz der Anfechtung der Schuldbegründung darin bestehe, dass die Masse für diese Verbindlichkeit nicht haftet.[18] Die Anfechtung zielt in diesen Fällen daher nicht darauf, einen Gegenstand in die Masse „zurückzuholen", um ihn der Verwertung durch den Insolvenzverwalter zu unterwerfen. Bei der Anfechtung der Schuldbegründung, um die es im vorliegenden Fall geht, beschränkt sich die Insolvenzanfechtung auf die Abwehr der anfechtbar begründeten Forderung; Verwertungshandlungen sind in diesem Fall nicht Gegenstand des Begehrens des Verwalters.[19] 11a

Henckel[20] folgt der Judikatur[21] darin, dass der Insolvenzverwalter auf Verzicht auf die anfechtbar begründete Forderung klagen könne. 11b

Diesem haftungsrechtlichen Ansatz von Henckel widerspricht die sog. schuldrechtliche Theorie der Insolvenzanfechtung – auf der Begründung hier nicht näher einzugehen ist. Sie geht davon aus, den

---

14 Kölner Schrift zur Insolvenzordnung-*Henckel,* 813, 814 Rn. 3; *Henckel,* in: Jaeger/Henckel, InsO, 1. Aufl. 2008, § 129 Rn. 14.
15 *Gerhardt,* in: Jaeger/Henckel, InsO, 1. Aufl. 2010, § 178 Rn. 47f.
16 BGH NJW 1992, 624, 627; *Henckel,* in: Jaeger/Henckel, InsO, 1. Aufl. 2010, § 129 Rn. 77.
17 *Henckel,* in: Jaeger/Henckel, InsO, 1. Aufl. 2010, § 143 Rn. 23ff., 32.
18 *Henckel,* in: Jaeger/Henckel, InsO, 1. Aufl. 2010, § 143 Rn. 37.
19 So überzeugend *Henckel,* in: Jaeger/Henckel, InsO, 1. Aufl. 2010, § 143 Rn. 37, der ausführt, § 147 Abs. 1 InsO passe hier nach seinem Wortlaut nicht.
20 *Henckel,* in: Jaeger/Henckel, InsO, 1. Aufl. 2010, § 143 Rn. 37.
21 LG Potsdam ZIP 1997, 1383.

Anfechtungsgegner treffe die Pflicht, die anfechtbar erworbene Forderung nicht geltend zu machen. Der Insolvenzverwalter habe den sich daraus ergebenden Unterlassungsanspruch einredeweise geltend zu machen.[22] Im Falle des § 179 Abs. 2 InsO soll der Insolvenzverwalter dies auch klageweise geltend machen können.

2. Haftungsprivileg des Empfängers unentgeltlicher Leistungen

12 § 143 Abs. 2 InsO stellt ein Haftungsprivileg dar, denn der gutgläubige Empfänger einer unentgeltlichen Leistung muss dieselbe nur insoweit zurückgewähren, als er durch sie noch bereichert ist. Diese Vorschrift gilt nur für die Schenkungsanfechtung, ist demzufolge unanwendbar, wenn zugleich auch die Voraussetzungen der §§ 130 ff. InsO oder des § 133 InsO erfüllt sind.[23] Begründen lässt sich diese Privilegierung damit, dass die Anfechtung gem. § 134 InsO relativ weit zurückliegende Verfügungen erfasst und es deshalb unbillig wäre, auch denjenigen Beschenkten auf vollen Wertersatz haften zu lassen, der bei Empfang der Zuwendung die objektive Gläubigerbenachteiligung nicht kannte oder kennen musste. Der Beschenkte muss allerdings auch noch bei Gebrauch, Veräußerung oder Vernichtung des Erworbenen gutgläubig sein.[24] Auch der Rückgewähranspruch nach § 143 Abs. 2 InsO ist kein Anspruch aus ungerechtfertigter Bereicherung. Er erstreckt sich nur auf die Bereicherung und wird in seinem Umfang durch § 818 BGB begrenzt.[25] Da § 143 Abs. 2 InsO ein Haftungsprivileg darstellt, muss derjenige, der es in Anspruch nehmen will, seine Gutgläubigkeit beweisen.

III. Schicksal der Gegenleistung des Anfechtungsgegners

13 Bei dem aufgrund der Anfechtung vorzunehmenden Leistungsaustausch muss das Schicksal der Gegenleistung des Anfechtungsgegners geregelt werden. Dies geschieht in § 144 InsO. Grundgedanke dieser Regelung ist der, dass die Masse einen Vorteil hätte, wenn sie das anfechtbare Weggegebene zurückbekäme, ohne erstatten zu müssen, was sie selbst erhalten hatte. Um dem entgegenzuwirken, greift § 144 Abs. 1 InsO ein, der den Verbleib der Gegenleistung regelt: Gewährt der Empfänger einer anfechtbaren Leistung das Erlangte zurück, so lebt seine Forderung wieder auf. Mit der Forderung leben rückwirkend kraft Gesetzes auch deren Sicherungen wieder auf, sofern sie unanfechtbar begründet worden sind. In diesen Fällen ist allerdings insoweit zu differenzieren, als eine Herausgabe der Gegenleistung nur möglich ist, wenn sie sich noch unterscheidbar in der Masse befindet oder diese noch um ihren Wert bereichert ist (vgl. § 144 Abs. 2 InsO). Ist dies der Fall, so handelt es sich um eine Masseschuldforderung im Sinn des § 55 Abs. 1 Nr. 3 InsO. Sollte die Gegenleistung nicht mehr vorhanden oder die Masse auch nicht mehr um ihren Wert bereichert sein, so kann der Erstattungsanspruch nur als einfache Insolvenzforderung geltend gemacht und zur Tabelle angemeldet werden.

14 Nach § 144 Abs. 2 Satz 2 InsO ist die vom Gemeinschuldner erbrachte Leistung anfechtbar, aber nicht das ihr zugrunde liegende Rechtsgeschäft selbst (z.B. Kaufpreiszahlung, aber nicht Abschluss des Kaufvertrages ist anfechtbar). Gewährt nun der Gläubiger die anfechtbar erbrachte Leistung zurück, so

---

22 So zur Konkursordnung, Jaeger/*Lent*, KO, 8. Aufl., § 37 Rn. 5.

23 *Kilger/K. Schmidt*, KO, 17. Aufl. 17. 1997, § 37 Anm. 13a; *Nerlich*, in: Nerlich/Römermann, InsO, § 143 Rn. 58.

24 *Huber*, in: Gottwald, Insolvenzrechts-Handbuch, 3. Aufl. 2006, § 52 Rn. 14.

25 *Huber*, in: Gottwald, Insolvenzrechts-Handbuch, 3. Aufl. 2006, § 52 Rn. 14; *Nerlich*, in: Nerlich/Römermann, InsO, § 143 Rn. 63.

tritt folglich gem. § 144 Abs. 2 Satz 2 InsO seine ursprüngliche Forderung (Anspruch aus § 433 Abs. 2 BGB) wieder in Kraft, mit der er am Konkursverfahren teilnehmen kann.[26]

IV. Verjährung des Anfechtungsanspruchs

1. Grundregel

Der Anfechtungsanspruch verjährt nach § 146 Abs. 1 InsO in einer Frist von zwei Jahren seit der Eröffnung des Insolvenzverfahrens. Analog § 209 BGB kann diese Frist nur durch Erhebung einer Klage oder die der Klageerhebung gleichgestellten Maßnahmen unterbrochen werden.[27] 15

Mit Gesetz vom 9. 12. 2004 hat der Gesetzgeber die Verjährungsfrist des Anfechtungsanspruchs den allgemeinen Regelungen des BGB angepasst, auf die § 146 Abs. 1 InsO verweist. Maßgeblich ist daher **§ 195 BGB**, der für die Verjährung von Ansprüchen eine Frist von **drei Jahren** anordnet. Im Sinne einer Einheitlichkeit von Verjährungsfristen im Bereich des Zivilrechts mag dies zu begrüßen sein. Für den Anfechtungsgegner bringt dies eine Verschiebung der prozessualen Chancen mit sich, die nach der Verlängerung der vom Verwalter zu wahrenden Anfechtungsfrist durch die Insolvenzrechtsreform bemerkenswert ist. 16

2. Leistungsverweigerungsrecht

Ist aufgrund des Fristablaufs eine Anfechtung nicht mehr möglich, so kann der Insolvenzverwalter lediglich ein Leistungsverweigerungsrecht geltend machen, wenn durch die anfechtbare Handlung eine Verpflichtung des Gemeinschuldners zu einer Leistung begründet worden ist (§ 146 Abs. 2 InsO). Mit dieser Regelung soll verhindert werden, dass Vermögenswerte, die noch in der Insolvenzmasse sind, aufgrund eines anfechtbaren Rechtserwerbs deshalb der Masse entzogen werden, weil die Frist des § 146 Abs. 1 InsO versäumt worden ist.[28] Nach Ablauf der Frist des § 146 Abs. 1 InsO kann der Insolvenzverwalter allerdings auch nicht Einwilligung in die Auszahlung eines hinterlegten streitigen Betrages verlangen.[29] Sein Leistungsverweigerungsrecht kann der Insolvenzverwalter aber gegebenenfalls mit der Drittwiderspruchsklage gem. § 771 ZPO geltend machen. 17

3. Einzelfragen

Die Frist zur Anfechtung die Insolvenzgläubiger benachteiligender Rechtshandlungen ist nicht gewahrt, wenn gegen einen rechtzeitig zugestellten oder beantragten 18

---

26 *Huber*, in: Gottwald, Insolvenzrechts-Handbuch, 3. Aufl. 2006, § 52 Rn. 17.

27 BGH, Urt. v. 13. 1. 2005 – IX ZR 33/04 – m. Anm. *Flöther*, jprins 1/2005 Anm. 2; *Gerhardt*, NJW 1981, 1542.

28 *Paulus*, in: Kübler/Prütting, Kommentar zur Insolvenzordnung, § 146 Rn. 7; *Nerlich*, in: Nerlich/Römermann, InsO, § 146 Rn. 12; *Riggert*, in: Braun, InsO, 2. Aufl. 2004, § 146 Rn. 7 ff.

29 *Gerhardt/Kreft*, Aktuelle Probleme der Insolvenzanfechtung, 7. Aufl. 1996, 66 f.; *Riggert*, in: Braun, InsO, 2. Aufl. 2004, § 146 Rn. 9 f.

Mahnbescheid Widerspruch erhoben und die Sache erst nach Ablauf der Frist und nicht alsbald, also mit einer Verzögerung, an das für das Streitverfahren zuständige Gericht abgegeben worden ist.

19 **Beispiel:** Der BGH hatte über folgenden Sachverhalt zu entscheiden:[30] Der Insolvenzverwalter hat eine gläubigerbenachteiligende Aufrechnung mit einem in der Frist des § 146 Abs. 1 InsO eingereichten und alsbald zugestellten Mahnbescheidantrag angefochten. Auf den Widerspruch der Antragsgegnerin hin hat der Insolvenzverwalter aber vier Monate zugewartet, bis er eine Antragsschrift eingereicht und den erforderlichen Prozesskostenvorschuss eingezahlt hat. Der BGH entschied, die Anfechtungsfrist sei in einem solchen Fall nicht gewahrt.

20 Die Verjährung des Anfechtungsanspruchs wird im Falle eines Antrags auf Gerichtsstandsbestimmung gemäß § 204 Abs. 1 Nr. 13 BGB unabhängig davon gehemmt, dass über den Antrag rechtsfehlerfrei entschieden wird, da der Zeitverlust eines Zuständigkeitsbestimmungsverfahrens verjährungsrechtlich grundsätzlich nicht dem Gläubiger, sondern dem Schuldner zugewiesen ist.[31]

30 BGH, Urt. v. 18. 10. 1990 – IX ZR 43/90 – WM 1990, 2008.
31 BGH, Urt. v. 28. 9. 2004 – IX ZR 155/03 – DZWIR 2005, 33 ff.; dazu auch *Smid*, DZWIR 2005, 89, 93 f.

Dritter Teil: Verfahren

§ 24 Der Antrag auf Eröffnung des Insolvenzverfahrens

Wir haben bereits in den einleitenden Überlegungen (oben § 2) gesehen, welche Personen am Insolvenzverfahren regelmäßig beteiligt sind bzw. sein können und welche gesetzlich definierten „Rollen" sie darin einnehmen. Bestimmte Verfahrensbeteiligte haben von Gesetzes wegen die verfahrensrechtliche Befugnis, manche sogar die Pflicht, zur Einleitung des Verfahrens beizutragen: Das Insolvenzverfahren dient der Durchsetzung zivilrechtlicher Forderungen oder der Sanierung des Schuldners (§ 1 InsO); es ist daher folgerichtig, dass es nicht vom Insolvenzgericht von Amts wegen, sondern durch **Anträge** der späteren Verfahrensbeteiligten eingeleitet wird. 1

I. Zuständigkeit

1. Zuständigkeit des Amtsgerichts

Nach § 2 Abs. 1 InsO ist für das Insolvenzverfahren das Amtsgericht, in dessen Bezirk ein Landgericht seinen Sitz hat, als Insolvenzgericht für den Bezirk dieses Landgerichts ausschließlich zuständig. Der Gesetzgeber sieht mittlerweile, dass bei Unternehmensinsolvenzverfahren, in denen eine Fortführung und Sanierung namentlich durch einen Insolvenzplan in Betracht kommt, eine „zügige und sachkundige Begleitung durch das Insolvenzgericht" ebenso unabdingbar wie durch das bisherige Recht nicht gewährleitstet ist. Um es zu ermöglichen, dass die beteiligten Gerichtspersonen Erfahrungen mit den Sanierungsinstrumenten der Insolvenzordnung sammeln können, sieht der Gesetzgeber, dass Fortbildungsmaßnahmen zum Recht der Unternehmensinsolvenz und des Insolvenzplans nur bei regelmäßiger Befassung von Richtern und Rechtspflegern sinnvoll sei können: Die vorgesehene Konzentration der Insolvenzgerichte ist dringend geboten, da sie zur Erhöhung der fachlichen, insbesondere der wirtschaftlichen Kompetenz der Gerichte unerlässlich ist. Erwerb von Erfahrungen setzt eine Konzentration von Zuständigkeiten voraus, was durch das „Gesetz zur weiteren Erleichterung der Sanierung von Unternehmen" dadurch gefördert werden soll, dass es in § 2 Abs. 2 InsO-E für die Insolvenzverfahren von Unternehmen eine stärkere Konzentration als bisher vorsieht.[1] Entsprechend einem im Land Berlin gewählten Modell wird künftig zwischen der Zuständigkeit für Unternehmensinsolvenzen einerseits und Verbraucherinsolvenzen andererseits unterschieden. Für Unternehmensinsolvenzen bleibt es nunmehr bei dem in § 2 Abs. 1 InsO niedergelegten Grundsatz, dass in jedem Landgerichtsbezirk nur ein Amtsgericht für Insolvenzsa- 2

1 DiskE Begr. zu Art. 1 Nr. 1.

chen zuständig ist. Um regionalen Wirtschaftsstrukturen weiterhin Rechnung tragen zu können, muss dies nicht zwingend das Amtsgericht am Sitz des Landgerichts sein. Die Länder können durch Rechtsverordnung auch ein anderes Amtsgericht im Landgerichtsbezirk bestimmen, nicht jedoch ein weiteres. Für Unternehmensinsolvenzen soll damit künftig in jedem Landgerichtsbezirk allein ein Amtsgericht zuständiges Insolvenzgericht sein. Daneben bleibt die bereits bestehende Ermächtigung, im Interesse einer noch stärkeren Konzentration Zuständigkeiten über die Grenzen eines Landgerichtsbezirks hinaus zu schaffen, erhalten. Es kann aber auch weiterhin, wie es vereinzelt bereits üblich ist, ein Amtsgericht für den Bezirk mehrerer Landgerichte als das zuständige Insolvenzgericht bestimmt werden. Dieses Modell ist allerdings am Widerstand der Bundesländer gescheitert.

2. Örtliche Zuständigkeit

3 a) Liegen die Voraussetzungen des § 3 Abs. 1 S. 2 InsO nicht vor, richtet sich die örtliche Zuständigkeit nach dem allgemeinen Gerichtsstand des Insolvenzschuldners (§ 4 i.V.m. §§ 12ff. ZPO).[2] Der Antragsteller hat im Insolvenzantrag die ladungsfähige Anschrift des Insolvenzschuldners und den Ort seiner wirtschaftlichen Tätigkeit anzugeben. Lässt sich aufgrund dieser Angaben der Insolvenzschuldner nicht ermitteln, ist der Insolvenzantrag als unzulässig abzuweisen.[3] Maßgeblich für die Bestimmung der örtlichen Zuständigkeit sind die **Verhältnisse im Zeitpunkt der Antragstellung.**[4] Es gilt der Grundsatz der perpetuatio fori gem. § 4 InsO i.V.m. § 261 Abs. 3 Nr. 2 ZPO, so dass ein nachträglicher Wegfall der Tatsachen die einmal begründete Zuständigkeit des angerufenen Insolvenzgerichts nicht beeinträchtigt.[5] Fehlt es zu diesem Zeitpunkt an einer Zuständigkeit des Gerichts, bei dem der Insolvenzantrag gestellt worden ist, kann sie noch bis zur Entscheidung über die Eröffnung des Verfahrens begründet werden.[6] Wird ein früherer Eröffnungsantrag wirksam zurückgenommen (§ 13 Abs. 2 InsO)[7] oder rechtskräftig abgewiesen, kommt es für die örtliche Zuständigkeit auf die Verhältnisse zum Zeitpunkt der Stellung eines nachfolgenden Insolvenzantrages an.[8]

---

2 *Smid,* in: LSZ, InsO, 3. Aufl. 2010, § 3 Rn. 11.

3 *Ganter,* in: MünchKomm, InsO, 2. Aufl. 2008, § 3 Rn. 37; *Gerhardt,* in: Jaeger/Henckel, InsO, 1. Aufl. 2004, § 3 Rn. 42.

4 OLG Schleswig, Beschl. v. 4. 2. 2004 – 2 W 14/04 – NZI 2004, 264; BayObLG, Beschl. v. 19. 9. 2003 – 1 Z AR 102/03 – NZI 2004, 148; OLG Frankfurt, Beschl. v. 21. 5. 2002 – 21 AR 113/01 – NZI 2002, 499; *Ganter,* in: MünchKomm, InsO, 2. Aufl. 2008, § 3 Rn. 5; *Gerhardt,* in: Jaeger/Henckel, InsO, 1. Aufl. 2004, § 3 Rn. 40; *Kirchhof,* in: Kreft, InsO, 5. Aufl. 2008, § 3 Rn. 5; *Pape,* in: *Uhlenbruck,* InsO, 13. Aufl. 2010, § 3 Rn. 3.

5 OLG Schleswig, Beschl. v. 4. 2. 2004 – 2 W 14/04 – NZI 2004, 264; OLG Köln, Beschl. v. 21. 5. 2003 – 2 W 60/03 – NZI 2003, 567, 568; OLG Frankfurt, Beschl. v. 21. 5. 2002 – 21 AR 113/01 – NZI 2002, 499; *Ganter,* in: MünchKomm, InsO, 2. Aufl. 2008, § 3 Rn. 5; *Gerhardt,* in: Jaeger/Henckel, InsO, 1. Aufl. 2004, § 3 Rn. 40; *Kirchhof,* in: Kreft, InsO, 5. Aufl. 2008, § 3 Rn. 5; *Mankowski,* NZI 2005, 368, 369 zugleich auf die Rspr. des englischen High Court hinweisend (dort Fn. 7), die auf den Zeitpunkt der Eröffnungsentscheidung abstellt.

6 *Gerhardt,* in: Jaeger/Henckel, InsO, 1. Aufl. 2004, § 3 Rn. 40; *Kirchhof,* in: Kreft, InsO, 5. Aufl. 2008, § 3 Rn. 5.

7 BGH, Beschl. v. 10. 7. 2008 – IX ZB 122/07, DZWIR 2009, 72.

8 *Kirchhof,* in: Kreft, InsO, 5. Aufl. 2008, § 3 Rn. 18.

b) Liegt der Mittelpunkt einer selbstständigen wirtschaftlichen Tätigkeit des Schuldners an einem anderen Ort, so ist ausschließlich das Insolvenzgericht zuständig, in dessen Bezirk dieser Ort liegt. Voraussetzung ist irgendeine Form selbstständiger wirtschaftlicher Tätigkeit, also eines wirtschaftlichen Handelns des Insolvenzschuldners in eigenem Namen.[9] Nicht erforderlich ist, dass es sich um eine Tätigkeit von erheblichem Umfang handelt oder dass sie einen kaufmännisch eingerichteten Gewerbebetrieb voraussetzt; jede auf Erwerb zielende Unternehmung genügt.[10] Eine Eintragung in das Handelsregister ist weder erforderlich noch maßgeblich.[11] Erfasst wird auch eine wirtschaftliche Aktivität, die sich noch im Gründungsstadium befindet.[12] 4

c) Maßnahmen im Stadium der Abwicklung bzw. Liquidation fallen unter § 3 Abs. 1 S. 2 InsO, wenn es sich um eine **werbende, nach außen gerichtete Tätigkeit** handelt.[13] Dies ist z.B. der Fall, wenn die Geschäftsräume noch nicht aufgegeben sind und restliche Warenbestände oder Inventar verkauft oder Außenstände eingezogen werden,[14] nicht dagegen bei einer bloßen Aufbewahrung von Geschäftsunterlagen.[15] Die Bestellung eines neuen Geschäftsführers mit der Aufgabe der Durchführung und Abwicklung eines Insolvenzverfahrens begründet für sich genommen keine Zuständigkeit am Wohnsitz des Geschäftsführers, und zwar auch dann nicht, wenn er die Geschäftsbücher und Unterlagen dorthin mitgenommen hat.[16] Bei Antragstellung (voll)beendete Tätigkeiten fallen unter S. 1.[17] Im Übrigen greift Abs. 1 S. 2 auch für die Bestimmung der Verfahrensart nach § 304 InsO ein, wenn der Insolvenzschuldner eine selbständige wirtschaftliche Tätigkeit mit überschaubaren Vermögensverhältnissen und ohne Verbindlichkeiten aus Arbeitsverhältnissen ausübt.[18] Der Mittelpunkt der selbstständigen wirtschaftlichen Tätigkeit bestimmt sich nach dem Ort, von dem aus der Insolvenzschuldner die zentralen Entscheidungen zur Regelung sei- 5

---

9 *Ganter,* in: MünchKomm, InsO, 2. Aufl. 2008, § 3 Rn. 7; *Kießner,* in: Braun, InsO, 4. Aufl. 2010, § 3 Rn. 4; *Prütting,* in: Kübler/Prütting, InsO, § 3 Rn. 7.

10 Amtl. Begr. zu § 3 RegEInsO, BT-Drs. 12/2443, 110; *Andres,* in: Andres/Leithaus, InsO, 2. Aufl. 2011, § 3 Rn. 4; *Gerhardt,* in: Jaeger/Henckel, InsO, 1. Aufl. 2004, § 3 Rn. 7; *Kirchhof,* in: Kreft, InsO, 5. Aufl. 2008, § 3 Rn. 7.

11 *Ganter,* in: MünchKomm, InsO, 2. Aufl. 2008, § 3 Rn. 7; *Gerhardt,* in: Jaeger/Henckel, InsO, 1. Aufl. 2004, § 3 Rn. 22.

12 *Ganter,* in: MünchKomm, InsO, 2. Aufl. 2008, § 3 Rn. 7a.

13 OLG Karlsruhe, Beschl. v. 16. 10. 2003 – 15 AR 35/03 – NZI 2004, 262, 263; OLG Braunschweig, Beschl. v. 13. 4. 2000 – 1 W 29/00 – NZI 2000, 266, 267; *Kirchhof,* in: Kreft, InsO, 5. Aufl. 2008, § 3 Rn. 8.

14 *Ganter,* in: MünchKomm, InsO, 2. Aufl. 2008, § 3 Rn. 7b.

15 OLG Celle, Beschl. v. 5. 9. 2006 – 4 AR 60/06 – ZInsO 2006, 1106, 1107; BayObLG, Beschl. v. 19. 9. 2003 – 1 Z AR 102/03 – ZInsO 2003, 1142, 1143; OLG Braunschweig, Beschl. v. 13. 4. 2000 – 1 W 29/00 – NZI 2000, 266, 267; OLG Düsseldorf, Beschl. v. 9. 8. 1999 – 19 Sa 65/99 – DZWIR 1999, 463; *Ganter,* in: MünchKomm, InsO, 2. Aufl. 2008, § 3 Rn. 7b; *Gerhardt,* in: Jaeger/Henckel, InsO, 1. Aufl. 2004, § 3 Rn. 25.

16 OLG Schleswig, Beschl. v. 4. 2. 2004 – NZI 2004, 264; *BayObLG,* Beschl. v. 19. 9. 2003 – 1 Z AR 102/03 – NZI 2004, 148; *Ganter,* in: MünchKomm, InsO, 2. Aufl. 2008, § 3 Rn. 8; *Gerhardt,* in: Jaeger/Henckel, InsO, 1. Aufl. 2004, § 3 Rn. 11.

17 OLG Schleswig, Beschl. v. 4. 2. 2004 – 2 W 14/04 – NZI 2004, 264; OLG Braunschweig, Beschl. v. 13. 4. 2000 – 1 W 29/00 – NZI 2000, 266, 267; OLG Köln, Beschl. v. 22. 3. 2000 – 2 W 49/00 – NZI 2000, 232; OLG Hamm, Beschl. v. 14. 1. 2000 – 1 Sbd 100/99 – NZI 2000, 220, 221; BayObLG, Beschl. v. 11. 8. 1999 – 4 Z AR 23/99 – NZI 1999, 457; OLG Düsseldorf, Beschl. v. 9. 8. 1999 – 19 Sa 65/99 – NZI 2000, 601; *Ganter,* in: MünchKomm, InsO, 2. Aufl. 2008, § 3 Rn. 7b.

18 *Pape,* in: Uhlenbruck, InsO, 13. Aufl. 2010, § 3 Rn. 4.

ner wirtschaftlichen Angelegenheiten trifft.[19] Als maßgeblich wird einerseits der Ort angesehen, an dem die Geschäfte unmittelbar nach außen, d.h. für den Rechtsverkehr erkennbar, abgeschlossen werden,[20] andererseits der Ort, von dem aus die wesentlichen unternehmensleitenden Entscheidungen getroffen werden.[21] Der Mittelpunkt der Tätigkeitsausübung einer juristischen Person oder Personenvereinigung ohne Rechtspersönlichkeit ist der Ort, an dem die laufenden Geschäftsführungsakte der dazu berufenen Vertretungsorgane vorgenommen werden.[22] Bei jur. Personen richtet sich die örtliche Zuständigkeit niemals nach dem Wohnsitz der gesetzlichen Vertreter.[23] Zweigniederlassungen sind auch dann nicht als Sitz des Insolvenzschuldners i.S.v. § 3 Abs. 1 S. 2 InsO anzusehen, wenn sie einen selbstständigen Geschäftsbetrieb entfalten,[24] so dass es bei mehreren Niederlassungen auf den Ort der **Hauptniederlassung** ankommt.[25] Gleiches gilt, wenn z.B. der Hauptbereich der Produktionstätigkeit eines Unternehmens an einem anderen Ort als dem der Hauptniederlassung abgewickelt wird,[26] am Ort der Hauptniederlassung jedoch die wesentlichen Entscheidungen der Geschäftsführung für die Zweigniederlassungen maßgeblich und verbindlich getroffen werden.[27] Das AG Düsseldorf hat hierzu auf den Ort der steuerlichen Veranlagung, der Geschäftskonten, über die der gesamte Zahlungsverkehr abgewickelt wird, der gesamten Lohnbuchhaltung und der Erstellung der Bilanzen abgestellt.[28] Es kommt bei der Bestimmung des Ortes der Hauptniederlassung als Sitz des Insolvenzschuldners weder auf das Vorliegen noch auf das Fehlen eines Handelsregistereintrages an. Maßgeblich ist der **effektive Verwaltungssitz** der juristischen Person.[29] Eine rechtlich unselbstständige Zweigniederlassung kann einen Gerichtsstand nur begründen, soweit es sich um das inländische Vermögen eines im Ausland ansässigen Insolvenzschuldners handelt (Art. 102 § 1 Abs. 3 S. 1 EGInsO).

3. Internationale Zuständigkeit

6 § 1 Abs. 1 Art. 102 EGInsO trifft eine vom Art. 3 InsO abweichende Bestimmung der örtlichen Zuständigkeit für Hauptinsolvenzverfahren; § 1 Abs. 2 Art. 102 EGInsO trifft eine entsprechende Regelung für Sekundärinsolvenzverfahren. § 1 Abs. 3 Art. 102 EGInsO betrifft die Mitwirkung deutscher Insolvenzgerichte an Maßnah-

19 *Ganter*, in: MünchKomm, InsO, 2. Aufl. 2008, § 3 Rn. 12; *Gerhardt*, in: Jaeger/Henckel, InsO, 1. Aufl. 2004, § 3 Rn. 22; *Pape*, in: Uhlenbruck, InsO, 13. Aufl. 2010, § 3 Rn. 4.

20 OLG Brandenburg, Beschl. v. 19. 6. 2002 – 1 AR 27/02 – NZI 2002, 438, 439; AG Düsseldorf, Beschl. v. 3. 6. 2008 – 500 IE 1/08 – BeckRS 2008 13261; *Kießner*, in: Braun, InsO, 4. Aufl. 2010, § 3 Rn. 7; *Kirchhof*, in: Kreft, InsO, 5. Aufl. 2008, § 3 Rn. 9.

21 AG Köln, Beschl. v. 1. 2. 2008 – 73 IN 682/07 (*PIN-Gruppe*) – NZI 2008, 254, 255; *Ganter*, in: MünchKomm, InsO, 2. Aufl. 2008, § 3 Rn. 10; *Gerhardt*, in: Jaeger/Henckel, InsO, 1. Aufl. 2004, § 3 Rn. 16, 23.

22 BGH, Urt. v. 21. 3. 1986 – V ZR 10/85 – ZIP 1986, 643, 644.

23 *Gerhardt*, in: Jaeger/Henckel, InsO, 1. Aufl. 2004, § 3 Rn. 13.

24 *Pape*, in: Uhlenbruck, InsO, 13. Aufl. 2010, § 3 Rn. 4.

25 Amtl. Begr. zu § 3 RegEInsO, BT-Drs. 12/2443, 110; *Gerhardt*, in: Jaeger/Henckel, InsO, 1. Aufl. 2004, § 3 Rn. 15.

26 Anders dagegen nach § 17 Abs. 2 ZPO *Vollkommer*, in: Zöller, ZPO, 29. Aufl. 2012, § 3 Rn. 15.

27 *Gerhardt*, in: Jaeger/Henckel, InsO, 1. Aufl. 2004, § 3 Rn. 16.

28 AG Düsseldorf, Beschl. v. 3. 6. 2008 – 500 IE 1/08 – BeckRS 2008 13261.

29 *Ganter*, in: MünchKomm, InsO, 2. Aufl. 2008, § 3 Rn. 10a, 11.

men ausländischer Verwalter bei der Bekanntmachung des Verfahrens oder der Inbesitznahme der Masse i. w. S.[30] Das Insolvenzverfahren soll regelmäßig in dem Mitgliedstaat eröffnet und durchgeführt werden, in dem aller Voraussicht nach sich der überwiegende Teil der Masse und der Großteil der Gläubiger befinden werden. Nach Art. 3 Abs. 1 EuInsVO ist deshalb das Hauptinsolvenzverfahren in dem Mitgliedstaat zu eröffnen, in dem der Schuldner den Mittelpunkt seiner hauptsächlichen Interessen hat. Dies ist der Ort, an dem der Schuldner üblicherweise – und für Dritte erkennbar – der Verwaltung seiner Interessen nachgeht. Mit dieser Regelung der EuInsVO wird jedoch nur die Internationale Zuständigkeit festgelegt, während sich die innerstaatliche Zuständigkeit nach dem Recht des betreffenden Mitgliedstaats bestimmt. Für die örtliche Zuständigkeit stellt § 3 Abs. 1 Satz 2 InsO auf den „Mittelpunkt einer selbständigen wirtschaftlichen Tätigkeit des Schuldners" ab. Da somit die zentralen Anknüpfungskriterien der EuInsVO und der InsO voneinander abweichen, ist nicht auszuschließen, dass in besonders gelagerten Einzelfällen nach der EuInsVO die internationale Zuständigkeit Deutschland zukommt, ohne dass die örtliche Zuständigkeit hinreichend bestimmt wäre. In diesen Fällen bestimmt § 1 Abs. 1 Art. 102 EGInsO die örtliche Zuständigkeit nach dem Kriterium des Art. 3 Abs. 1 EuInsVO.[31]

4. Abweichung vom deutschen nationalen Insolvenzrecht

Art. 3 Abs. 1 EuInsVO weicht in erheblichem Maße von § 3 InsO ab.[32] Art. 3 Abs. 1 Eu- 7
InsVO bestimmt, dass für die Eröffnung des Insolvenzverfahrens die Gerichte des Mitgliedstaates zuständig sind, in dem der Schuldner den Mittelpunkt seiner *hauptsächlichen Interessen* hat.[33] Der Begriff des „Interesses" eröffnet den Vorschriften der Art. 3 Abs. 1 EuInsVO ebenso wie dem § 1 Art. 102 EGInsO einen weiteren Anwendungsbereich. Umfasst werden handelsrechtlich relevante, gewerbliche und andere beruflich-wirtschaftliche Aktivitäten.[34] Gemeint sind daher die wirtschaftlichen Interessen.[35] Die Literatur[36] zur EuInsVO geht freilich ausdrücklich davon aus, dass sich aus Art. 3 Abs. 1 EuInsVO keine europäische Zuständigkeit für die Abwicklung von Konzerninsolvenzen herleite, was schon deshalb überzeugend erscheint, weil der Verordnungsgeber sich im Rahmen des europäischen Verhältnismäßigkeitsprinzips[37] einer Einwirkung auf nationale Insolvenzrechte weithin enthalten wollte und enthalten hat. **Etwas anderes** ergibt sich freilich aus der Art der Anwendungsregeln der Eu-

30 *Smid*, Deutsches und Europäisches Internationales Insolvenzrecht, 1. Aufl. 2002, Art. 102 EGInsO § 1 Rn. 1; *N. Carstens*, Die internationale Zuständigkeit im europäischen Insolvenzrecht, 2005.
31 *Smid*, Deutsches und Europäisches Internationales Insolvenzrecht, 1. Aufl. 2002, Art. 102 EGInsO § 1 Rn. 2.
32 *Smid*, Deutsches und Europäisches Internationales Insolvenzrecht, 1. Aufl. 2002, Art. 102 EGInsO § 1 Rn. 3.
33 *Lüke*, ZZP Bd. 111, 288; *Leible/Staudinger*, KTS 2000, 543.
34 *Fritz/Bähr*, DZWIR 2001, 224.
35 *Leipold*, in: Stoll, Vorschläge und Gutachten, 1997, S. 190; *Huber*, ZZP Bd. 114, 140.
36 *Smid*, Internationales Insolvenzrecht, 2. Aufl. 2009, § 2 Rn. 23; *Duursma-Kepplinger*, in: Duursma-Kepplinger/Duursma/Chalupsky, Europäische Insolvenzverordnung, 1. Aufl. 2002, Art. 1 Rn. 48 ff.
37 *Balz*, ZIP 1996, 946.

InsVO, die in Deutschland vorgesehen sind.[38] Den bei der Anwendung des Art. 3 Abs. 1 EuInsVO bei Geltung des § 3 InsO auftretenden *Konflikt* entscheidet die Vorschrift dadurch, dass die Tatbestandsmerkmale des europäischen Gerichtsstands maßgeblich sind. § 3 Abs. 1 InsO wird somit verdrängt; § 1 Abs. 1 Art. 102 EGInsO, und nicht § 3 Abs. 1 InsO, ist daher das für die Bestimmung der örtlichen Zuständigkeit nach Art. 4 Abs. 1 EuInsVO maßgebliche nationale Insolvenzrecht. Mit § 1 Abs. 1 Art. 102 EGInsO, Art. 3 Abs. 1 EuInsVO kommt die in der Literatur[39] geforderte Konzentration der Eröffnung von Insolvenzverfahren über das Vermögen konzernmäßig verbundener Unternehmen an einem Gerichtsstand (vor einem Insolvenzgericht) in Betracht, wenn es sich um Unternehmen handelt, die grenzüberschreitend Vermögen im EU-Ausland haben – sofern nicht eine Exemtion nach Art. 1 Abs. 2 EuInsVO greift. Haben daher konzernmäßig verbundene, der Leitung der Konzernmutter unterstellte abhängige Tochterunternehmen zwar ihren satzungsmäßigen Sitz in anderen EU-Mitgliedsstaaten, begründet die Ausübung der Leitungsmacht für die Tochterunternehmen den internationalen und örtlichen Gerichtsstand am Sitz der Konzernmutter.[40]

5. Partikularinsolvenzverfahren

8 Neben einem Hauptinsolvenzverfahren mit universaler Wirkung kennt die Verordnung auch Partikularverfahren, deren Wirkung auf das Gebiet eines Mitgliedsstaats beschränkt ist und die nur das dort belegene Vermögen des Schuldners erfassen. Die inländische Niederlassung, die nach Art. 3 Abs. 2 EuInsVO im Rahmen der internationalen Zuständigkeit zuständigkeitsbegründend wirkt, ist auch für die Bestimmung der örtlichen Zuständigkeit in diesen Verfahren maßgebend. Verfügt der Schuldner etwa im Inland über Grundstücke, die nicht am Ort der Niederlassung belegen sind, so kann an diesen Belegenheitsorten kein inländisches Partikularverfahren eröffnet werden. Betreibt der ausländische Schuldner im Inland mehrere Niederlassungen, so bestimmt sich nach § 3 Abs. 2 InsO die Zuständigkeit danach, bei welchem Insolvenzgericht zuerst die Eröffnung des Verfahrens beantragt worden ist.[41]

9 Selbst wenn im Inland nach der Verordnung (EG) Nr. 1346/2000 kein Verfahren eröffnet werden kann, dürften gleichwohl oftmals Mitwirkungshandlungen inländischer Insolvenzgerichte erforderlich sein. Dies gilt etwa für die öffentliche Bekanntmachung nach Art. 21 EuInsVO i. V. m. § 5 oder die Eintragung in öffentliche Register nach Art. 22 EuInsVO i. V. m. § 6. Für diese Handlungen ist jedes Insolvenzgericht zuständig, in dessen Bezirk Vermögen des Schuldners belegen ist. Um die Bildung von

---

38 So nun auch unter Berufung auf diese Darstellung *Smid*, Internationales Insolvenzrecht (Ergänzungsband zu InsO. Kommentar, 3. Aufl. 2003) Art. 102 EGInsO § 12 Rn. 3.

39 Vgl. insbesondere *Ehricke*, Das abhängige Konzernunternehmen in der Insolvenz, 1998, S. 477 ff.

40 Eingehend hierzu *Wehdeking*, DZWIR 2003, 133 ff.

41 *Smid*, Deutsches und Europäisches Internationales Insolvenzrecht, 1. Aufl. 2002, Art. 102 EGInsO § 1 Rn. 4.

Fachkompetenz an einzelnen Gerichten zu fördern, sieht Abs. 3 Satz 2 eine Konzentrationsermächtigung für die Länder vor.[42]

a) Die Frage nach der internationalen Zuständigkeit stellt sich immer, wenn ein inländischer Insolvenzschuldner Vermögen im Ausland hat oder umgekehrt. In diesem Fall tritt der Anspruch auf Universalität des Insolvenzbeschlages in Konflikt zur Souveränität der ausländischen Staaten. Ein von einem deutschen Insolvenzgericht eröffnetes Insolvenzverfahren erfasst auch das Auslandsvermögen des Schuldners. Die §§ 335 ff. InsO über das deutsche Internationale Insolvenzrecht regeln die Voraussetzungen für die Anerkennung eines ausländischen Insolvenzverfahrens und deren Einschränkungen sowie die Art und Weise der Durchsetzung dieser Anerkennung.[43] Aus § 354 InsO folgt, dass die Anerkennung eines ausländischen Insolvenzverfahrens die Eröffnung eines Partikularinsolvenzverfahrens über das inländische Vermögen durch ein inländisches Insolvenzgericht nicht ausschließt. Dagegen wird die internationale Zuständigkeit inländischer Insolvenzgerichte durch die InsO nicht normiert. Für grenzüberschreitende Insolvenzen im **Bereich der europäischen Mitgliedsstaaten** regelt die am 31. 5. 2002 in Kraft getretene Europäische Verordnung über Insolvenzverfahren (**EuInsVO**)[44] die internationale Zuständigkeit. Dagegen bleibt es **im Verhältnis zu Drittstaaten** bei der ausschließlichen Anwendbarkeit des autonomen deutschen Internationalen Insolvenzrechts (§§ 335ff.).[45] In diesem Fall entfaltet **Abs. 1** eine **Doppelfunktionalität**[46] und ist nicht nur für die Bestimmung der örtlichen Zuständigkeit, sondern auch für die Bestimmung der internationalen Zuständigkeit heranzuziehen. So ist z.B. die örtliche und die internationale Zuständigkeit bei einer im Inland tätigen ausländischen Gesellschaft, die nicht in einem Mitgliedstaat ansässig ist, nach Abs. 1 zu bestimmen. Daher ist dasjenige deutsche Insolvenzgericht international zuständig, in dessen Bezirk der faktische Hauptverwaltungssitz der Gesellschaft liegt.[47] Bei einer konkurrierenden internationalen Zuständigkeit in- und ausländischer Insolvenzgerichte ist die Prioritätsregel des Abs. 2 nicht entspr. anwendbar.[48] Ausnahmsweise können die §§ 335ff. auch im Regelungsbereich der EuInsVO ergänzend zur Anwendung kommen, wenn weder die EuInsVO noch Art. 102 EGInsO – wie z.B. bei der Ausgestaltung des Mitwirkungsrechts des Verwalters gem. Art. 32 Abs. 3 EuInsVO, weshalb § 341 anwendbar ist – Sondervorschriften 10

---

42 *Smid*, Deutsches und Europäisches Internationales Insolvenzrecht, 1. Aufl. 2002, Art. 102 EGInsO § 1 Rn. 5.

43 Amtl. Begr. vor § 384 RegEInsO, BT-Drs. 12/2443, 241.

44 VO (EG) Nr. 1346/00 des Rates v. 29. 5. 2000 über Insolvenzverfahren, ABlEG L 160/1; gilt nicht für Dänemark, Erwägungsgrund (33) EuInsVO.

45 Str. ist, ob Art. 3 EuInsVO i.V.m. Art. 25 Abs. 1, Art. 1 Abs. 2 EGVVO eine generelle Regelung der internationalen Zuständigkeit trifft, vgl. *Smid*, Deutsches u. Europäisches Internationales Insolvenzrecht, EuInsVO, Art. 3 Rn. 4ff.

46 OLG Köln, Beschl. v. 23. 4. 2001 – 2 W 82/01 – NZI 2001, 380, 381; *Gerhardt*, in: Jaeger/Henckel, InsO, 1. Aufl. 2004, § 3 Rn. 52. Nach BGH, Urt. v. 17. 12. 1998 – IX ZR 196-97 – NJW 1999, 1395, 1396, wird die internationale Zuständigkeit eines deutschen Gerichts regelmäßig durch dessen örtliche Zuständigkeit indiziert.

47 AG Ludwigsburg, Beschl. v. 20. 7. 2006 – 1 IN 536/05 – ZIP 2006, 1507, 1510f.; *Ganter*, in: MünchKomm, InsO, 2. Aufl 2008, § 3 Rn. 24; *Kirchhof*, in: Kreft, InsO, 5. Aufl. 2008, § 3 Rn. 3.

48 *Ganter*, in: MünchKomm, InsO, 2. Aufl 2008, § 3 Rn. 26.

enthalten.[49] Zutr. weist *Mankowski* darauf hin, dass sich das Internationale Insolvenzrecht von einem kaum beachteten Randgebiet des Insolvenzrechts zu einer Materie mit großem Gestaltungspotenzial und von noch größerem Interesse entwickelt.[50]

11 **b) Internationale Zuständigkeit nach der EuInsVO.**[51] Im Bereich des gemeinsamen Binnenmarkts der EU wird die grenzüberschreitende Mobilität von Unternehmen durch die Niederlassungsfreiheit nach Art. 43, 48 EG garantiert.[52] Gem. Art. 3 Abs. 1 S. 1 EuInsVO sind für die Eröffnung eines Insolvenzverfahrens die Gerichte des Mitgliedstaates zuständig, in dessen Gebiet der Insolvenzschuldner den **Mittelpunkt seiner hauptsächlichen Interessen** (= *centre of main interest*, COMI) hat (Rn. 25). Hierdurch soll im Bereich des europäischen Wirtschaftsraums die Effizienz des Insolvenzverfahrens mit grenzüberschreitender Wirkung verbessert werden.[53] Art. 3 EuInsVO regelt dabei die Entscheidungszuständigkeit der jeweiligen Insolvenzgerichte.[54] Denn mit der Beantwortung der Frage nach der internationalen Zuständigkeit des Insolvenzgerichtes wird das anwendbare Insolvenzstatut definiert.[55] Nach Art. 4 Abs. 1 EuInsVO gilt für das gesamte Insolvenzverfahren und seine Wirkungen grds., d.h. mit den in Art. 5 bis Art. 15 EuInsVO normierten Ausnahmen, das Insolvenzrecht des Mitgliedsstaats, in dem das Verfahren eröffnet wird (*lex fori concursus*).[56] Art. 4 Abs. 2 EuInsVO definiert den Geltungsbereich der *lex fori concursus*. In Ausführung des Erwägungsgrunds (22) EuInsVO bestimmt Art. 16 Abs. 1 EuInsVO, dass die wirksame Eröffnungsentscheidung eines Mitgliedstaates in allen anderen Mitgliedstaaten anzuerkennen ist. Eine Ausnahme von der automatischen Anerkennung kommt nur im Fall eines Verstoßes gegen den *ordre public* in Betracht (Art. 26 EuInsVO). Nach Art. 16 Abs. 2 EuInsVO gilt das **Prioritätsprinzip**, d.h. dasjenige Verfahren ist als Hauptinsolvenzverfahren anzuerkennen, welches das Insolvenzverfahren zuerst wirksam eröffnet hat.[57]

12 **c) Begriff des Mittelpunkts der hauptsächlichen Interessen (COMI).** Alleiniger[58] Anknüpfungspunkt zur Bestimmung der internationalen Zuständigkeit ist gem. Art. 3 Abs. 1 S. 1 EuInsVO der Mittelpunkt der hauptsächlichen Interessen des Insolvenzschuldners (*centre of main interests*). Dieses Tatbestandsmerkmal ist maßgebend durch

---

49 *Pannen/Riedemann*, NZI 2004, 301.
50 *Mankowski*, Anm. zu AG München, Beschl. v. 4. 5. 2004 – 1501 IE 1276/04 (Hettlage) – NZI 2004, 450.
51 Die EuInsVO findet keine Anwendung auf Dänemark u. Staaten, die nicht der EU angehören, sowie nicht auf außereuropäische Kapitalgesellschaften mit Verwaltungssitz in Deutschland, vgl. MünchKomm/*Ganter*, § 3 Rn. 22.
52 Von bes. Bedeutung für die Niederlassungsfreiheit ist die *Überseering*-Entscheidung des EuGH, Urt. v. 5. 11. 2002 – Rs. C-208/00 (*Überseering BV/Nordic Construction Company Baumanagement GmbH [NCC]*) – NZG 2002, 1164 ff., nach der die Rechtsfähigkeit u. damit auch Insolvenzfähigkeit einer nach dem Recht eines Mitgliedsstaates wirksam gegründeten Kapitalgesellschaft, die ihren tatsächlichen Verwaltungssitz in einen anderen Mitgliedsstaat verlegt hat, von diesem Staat anzuerkennen ist. Damit hat sich der EuGH für die Gründungstheorie u. gegen die bis dahin in Deutschland herrschende Sitztheorie (vgl. nur BGH, Urt. v. 21. 11. 1996 – IX ZR 148/95 – NJW 1997, 657, 658) entschieden.
53 *Smid*, Deutsches u. Europäisches Internationales Insolvenzrecht, EuInsVO, Art. 3 Rn. 2.
54 *Smid*, Deutsches u. Europäisches Internationales Insolvenzrecht, EuInsVO, Art. 3 Rn. 3.
55 EuGH, Urt. v. 2. 5. 2006 – C-341/04 (*Eurofood IFSC Ltd*) – NZI 2006, 360, 361 (Tz. 31).
56 *Smid*, Deutsches u. Europäisches Internationales Insolvenzrecht, EuInsVO, Art. 3 Rn. 30.
57 Vgl. auch *Pannen*, in: Pannen (Hrsg.), Europäische Insolvenzverordnung, Art. 3 EuInsVO, Rn. 7, 88; *Smid*, Deutsches u. Europäisches Internationales Insolvenzrecht, EuInsVO, Art. 3 Rn. 15.
58 *Smid*, Deutsches u. Europäisches Internationales Insolvenzrecht, EuInsVO, Art. 3 Rn. 9 f.

die ***Eurofood***-Entscheidung des EuGH konturiert worden.[59] Der COMI hat eine autonome Bedeutung und muss deshalb einheitlich und unabhängig von nationalen Rechtsvorschriften ausgelegt werden.[60] Nach dem Erwägungsgrund (13) EuInsVO ist hiermit der Ort gemeint, an dem der Insolvenzschuldner gewöhnlich der Verwaltung seiner Interessen nachgeht und der damit für Dritte erkennbar ist. Diese Voraussetzungen sind zur Wahrung der Rechtssicherheit und Vorhersehbarkeit bei der Bestimmung des für die Eröffnung eines Hauptinsolvenzverfahrens zuständigen Gerichts notwendig, insbesondere als die Bestimmung des zuständigen Gerichts nach Art. 4 Abs. 1 EuInsVO die *lex fori concursus* definiert. Bei **natürlichen Personen** ist auf den gewöhnlichen Aufenthaltsort abzustellen.[61] Darunter ist der auf Dauer angelegte Daseinsschwerpunkt, d. h. der Schwerpunkt der Lebensverhältnisse, zu verstehen.[62] Dieses gilt auch für natürliche Personen, die nicht unternehmerisch tätig sind, da es für ein Abstellen auf den Wohnsitz, wie z. B. nach Abs. 1 S. 1, an einem einheitlichen europäischen Wohnsitzbegriff mangelt.[63] Handelt es sich hingegen um eine **unternehmerisch tätige natürliche** Person, ist auf den Ort der gewerblichen Niederlassung als maßgeblichen Interessensmittelpunkt abzustellen.[64] Falls ein Einzelunternehmer mehrere Niederlassungen hat, ist dessen Hauptniederlassung maßgeblich.[65] Die Staatsangehörigkeit ist für die Bestimmung der örtlichen Zuständigkeit ohne Bedeutung.[66] Bei **Gesellschaften und juristische Personen** wird gem. Art. 3 Abs. 1 S. 2 EuInsVO bis zum Beweis des Gegenteils vermutet, dass der Mittelpunkt ihrer hauptsächlichen Interessen der Ort des satzungsmäßigen Sitzes ist. Hierfür maßgeblich ist der Ort, an dem der Geschäftsbetrieb organisiert und Entscheidungen der Geschäftsleitung getroffen und umgesetzt werden.[67] Der EuGH stellt hierbei auf den Ort der Tätigkeit der Gesellschaft ab,[68] und sieht deshalb die Vermutungsregel des Art. 3 Abs. 1 S. 2 EuInsVO z. B. bei einer „Briefkastenfirma", die im Gebiet des Mitgliedstaats, in dem sich ihr satzungsmäßiger Sitz befindet, keiner Tätigkeit nachgeht, als widerlegt an.[69] Demgegenüber soll die Tatsache, dass die wirtschaftlichen Entscheidungen einer Tochtergesellschaft, die ihrer Tätigkeit im Gebiet des Mitgliedstaats, in dem sie ihren satzungsmäßigen Sitz hat, nachgeht, von einer Muttergesellschaft mit Sitz in einem anderen Mitgliedstaat kontrolliert werden oder kontrolliert werden können, nicht ausreichen, um die Vermu-

---

59 EuGH, Urt. v. 2. 5. 2006 – C-341/04 *(Eurofood IFSC Ltd)* – NZI 2006, 360, 361.

60 EuGH, Urt. v. 2. 5. 2006 – C-341/04 *(Eurofood IFSC Ltd)* – NZI 2006, 360, 361 (Tz. 33).

61 *Kindler,* in: MünchKomm, BGB, Art. 3 EuInsVO, Rn. 134; HamK/*Undritz,* Art. 3 EuInsVO, Rn. 8; *Pannen,* in: Pannen (Hrsg.), Europäische Insolvenzverordnung, Art. 3 EuInsVO, Rn. 25; *Häsemeyer,* Insolvenzrecht, Kap. 35 Rn. 35.27a; *Mankowski,* NZI 2005, 368, 369 f.; einschränkend, d. h. grds. an den Wohnsitz anknüpfend AG Celle, Beschl. v. 18. 4. 2005 – 29 IN 11/05 – NZI 2005, 410, 411; *Smid,* Deutsches u. Europäisches Internationales Insolvenzrecht, EuInsVO, Art. 3 Rn. 15.

62 *Mankowski,* NZI 2005, 368, 370, m. w. N.

63 *Mankowski,* NZI 2005, 368, 370.

64 *Carstens,* Die Internationale Zuständigkeit im europäischen Insolvenzrecht, S. 52 f.; *Mankowski,* NZI 2005, 368, 370; *Pannen,* in: Pannen (Hrsg.), Europäische Insolvenzverordnung, Art. 3 EuInsVO, Rn. 28; MünchKomm/*Reinhardt,* Art. 3 EuInsVO, Rn. 2.

65 *Mankowski,* NZI 2005, 368, 370.

66 AG Celle, Beschl. v. 18. 4. 2005 – 29 IN 11/05 – NZI 2005, 410; *Mankowski,* NZI 2005, 368, 370.

67 EuGH, Urt. v. 2. 5. 2006 – C-341/04 *(Eurofood IFSC Ltd)* – NZI 2006, 360, 361 (Tz. 34 ff.); *Müller,* NZG 2003, 414, 415; *Rotstegge,* ZIP 2008, 955, 959.

68 EuGH, Urt. v. 2. 5. 2006 – C-341/04 *(Eurofood IFSC Ltd)* – NZI 2006, 360, 361 (Tz. 36).

69 EuGH, Urt. v. 2. 5. 2006 – C-341/04 *(Eurofood IFSC Ltd)* – NZI 2006, 360, 361 (Tz. 33).

tung des Art. 3 Abs. 1 S. 2 EuInsVO zu entkräften.[70] Umstritten ist, ob die Vermutungsregel des Art. 3 Abs. 1 S. 2 EuInsVO wieder greift, wenn eine in einem anderen Mitgliedsstaat als dem Sitzstaat tätige Gesellschaft ihre werbende Tätigkeit einstellt.[71]

12a **Ist der Geschäftsbetrieb einer Gesellschaft eingestellt**, die ihren satzungsgemäßen Sitz im Ausland hat, und ist die Gesellschaft nicht abgewickelt, soll sie, wie der IX. Zivilsenat des BGH[72] im Anschluss an die „Interedil"-Entscheidung des EuGH[73] meint, den Mittelpunkt ihres hauptsächlichen Interesses dort haben, wo er bei Einstellung des Geschäftsbetriebes lag.

13 Art. 3 Abs. 1 EuInsVO bestimmt, dass für die Eröffnung des Insolvenzverfahrens die Gerichte des Mitgliedsstaates zuständig sind, in dessen Mittelpunkt der Schuldner seine hauptsächlichen Interessen *(center of a debtor's main interests)* hat.[74] Der Begriff des „Interesses" soll einen weiteren Anwendungsraum eröffnen; er ist weiter als in § 3 InsO angelegt.[75] Umfasst werden handels-, gewerbliche und andere beruflich-wirtschaftliche Aktivitäten, aber auch allgemeine wirtschaftlich relevante Handlungen.[76] Gemeint sind daher die wirtschaftlichen Tätigkeiten[77]; der Begriff ist daher nicht auf gewerbliche oder berufliche Aktivitäten beschränkt.[78] Der Begriff des Mittelpunkts der hauptsächlichen Interessen wird z. T. als der Ort verstanden, an dem der Schuldner üblicherweise und für Dritte erkennbar der Verwaltung seiner Interessen nachgeht.[79] Mit diesem Anknüpfungspunkt soll dem spezifischen Risiko des Gläubigers Rechnung getragen werden, sich im Falle der Insolvenz des Schuldners auf das Recht des Ortes einzulassen, an dem der Schuldner für ihn erkennbar üblicherweise wirtschaftlich agiert.[80]

14 Andere Zuständigkeitsgründe (z.B. Belegenheit des Schuldnervermögens usw.) sind damit ausgeschlossen.[81] Eine vergleichbare Regelung sieht Art. 17 subp. 2 lit. a UNCITRAL-ml vor.[82] Insbesondere

---

70 EuGH, Urt. v. 2. 5. 2006 – C-341/04 *(Eurofood IFSC Ltd)* – NZI 2006, 360, 361 (Tz. 36, 37); **a. A.** noch, d. h. auf den Ort der Konzernleitung abstellend („head-office-functions"-Theorie): High Court of Justice Leeds, Urt. v. 16. 5. 2003 – (Re Daisytek-ISA Limited & Ors) – NZI 2004, 219, 221 (Tz. 13 ff.); High Court of Justice Birmingham, Beschl. v. 18. 4. 2005 – 2375 bis 2382/05 (MG Rover) – NZI 2005, 467, 468 (Tz. 10 ff.); AG München, Beschl. v. 4. 5. 2004 – 1501 IE 1276/04 (Hettlage) – NZI 2004, 450; AG Offenburg, Beschl. v. 2. 8. 2004 – 2 IN 133/04 – NZI 2004, 673; AG Siegen, Beschl. v. 1. 7. 2004 – 25 IN 154/04 (Zenith) – NZI 2004, 673 f. Zum **Konzerngerichtsstand** oben § 2 III (Rn. 27 ff.); *K. Schmidt* oben § 2 N. 81 a.

71 Für ein Fortbestehen der internationalen Zuständigkeit am Ort der werbenden Tätigkeit: AG Hamburg, Beschl. v. 1. 12. 2005 – 67a IN 450/05 – NZI 2006, 120, 121.

72 BGH, Beschl. v. 1. 12. 2011 – IX ZB 232/10, ZIP 2012, 139.

73 EuGH, Urt. v. 20. 10. 2011 – Rs. C-306/09, ZIP 2011, 2153.

74 *Smid,* Deutsches und Europäisches Internationales Insolvenzrecht, 1. Aufl. 2004, Art. 3 Rn. 9; *Fletcher,* in: Moss/Fletcher/Isaacs, The EC Regulation on Insolvency Proceedings, 1. Aufl. 2002, N. 3.10; *Morscher,* EuInsVO, 2002, S. 20; *Schumacher,* ZIK 2002, 282, 183.

75 AA *Uhlenbruck,* InsO, 12. Aufl. 2003, Art. 3 EuInsVO Rn. 1.

76 *Fritz/Bähr,* DZWIR 2001, 221, 224.

77 *Huber,* ZZP 114, 133, 140.

78 *Virgos/Schmit,* in: Stoll, Vorschläge und Gutachten, 1997, Nr. 75 Abs. 3.

79 *Fritz/Bähr* (Fn. 76), S. 224; *Duursma-Kepplinger,* in: Duursma-Kepplinger/Duursma/Chalupsky, Europäische Insolvenzverordnung, 1. Aufl. 2002, Art. 3 Rn. 12.

80 *Virgos/Schmit,* in: Stoll, Vorschläge und Gutachten, 1997, Nr. 75, 2. Abs.; *Duursma-Kepplinger,* in: Duursma-Kepplinger/Duursma/Chalupsky, Europäische Insolvenzverordnung, 1. Aufl. 2002, Art. 3 Rn. 12 a. E.

81 *Leible/Staudinger,* KTS 2000, 533, 542.

82 UNCITRAL-guide Nr. 126.

alle Anknüpfungen der internationalen Zuständigkeit bei der Belegenheit von Vermögenswerten wären Parallelinsolvenzverfahren förderlich, die wie im Folgenden näher auszuführen sein wird, von der EuInsVO zwar nicht gänzlich ausgeschlossen, aber doch grundsätzlich nicht gewünscht werden. Art. 3 Abs. 1 EuInsVO schließt im übrigen eine Alternativzuständigkeit aus.[83] Nur die Gerichte eines einzigen Staates sind für die Eröffnung eines Hauptinsolvenzverfahrens zuständig.[84]

§ 3 Abs. 1 Satz 2 InsO erleichtert die Feststellung der örtlichen Zuständigkeit dadurch, dass die Vorschrift an tatsächliche Gegebenheiten anknüpft[85]. Es kommt auf den (allgemeinen) Gerichtsstand des Schuldners nicht an[86]. Voraussetzung ist irgendeine Form selbstständiger wirtschaftlicher Tätigkeit, also eines wirtschaftlichen Handelns des Schuldners[87] in eigenen Namen. Jede auf Erwerb zielende Unternehmung genügt[88]. Davon weicht Art. 3 Abs. 1 EuInsVO ab, der bestimmt, dass für die Eröffnung des Insolvenzverfahrens die Gerichte des Mitgliedstaates zuständig sind, in dem der Schuldner den Mittelpunkt seiner *hauptsächlichen Interessen* hat.[89] Der Begriff des „Interesses" soll einen weiteren Anwendungsbereich eröffnen. Umfasst werden Handels-, gewerbliche und andere beruflich-wirtschaftliche Aktivitäten.[90] Gemeint sind daher die wirtschaftlichen Interessen.[91] Die Anknüpfung beim satzungsgemäßen Sitz einer juristischen Person entbindet das Gericht von der – ex officio anzustellenden[92] – Prüfung, ob an dem damit bezeichneten Ort in der Tat der Mittelpunkt der wirtschaftlichen Interessen der Schuldnerin liegt. Befindet sich daher i. S. d. Sitztheorie der effektive Verwaltungssitz[93] in einem anderen Staat als nach dem satzungsgemäßen Sitz der Gesellschaftsgründung, kommt es auf den effektiven Verwaltungssitz für die internationale Zuständigkeit zur Eröffnung eines universelle Wirkungen erlangenden Hauptinsolvenzverfahrens an.[94] Daher ist davon die Rede, der Rückgriff auf den satzungsgemäßen Sitz sei eine „Zweifels-" bzw. eine „Vermutungsregel".[95] Dies ist aber wenigstens missverständlich: Das Gericht hat nämlich nicht nur den satzungsgemäßen Sitz zugrundezulegen, sondern stets von Amts wegen zu prüfen[96], ob der Mittelpunkt der wirtschaftlichen Interessen von dem satzungsgemäßen Sitz abweicht.[97] **15**

In der Vergangenheit war wegen der Unklarheiten des Begriffs des Mittelpunktes des hauptsächlichen Interesses eine Tendenz festzustellen, Hauptinsolvenzverfahren betreffend Tochtergesellschaften in **16**

---

83 *Duursma-Kepplinger,* in: Duursma-Kepplinger/Duursma/Chalupsky, Europäische Insolvenzverordnung, 1. Aufl. 2002, Art. 3 Rn. 15.
84 *Smid,* Deutsches und Europäisches Internationales Insolvenzrecht, 1. Aufl. 2004, Art. 3 Rn. 10.
85 *Kirchhof,* in: H-K, InsO, 4. Aufl. 2006, § 3 Rn. 6; *Skrotzki,* KTS 1960 71.
86 *Becker,* in: Nerlich/Römermann, InsO, § 2 Rn. 22.
87 *Kübler,* in: Kübler/Prütting, Kommentar zur Insolvenzordnung, § 3 Rn. 7.
88 *Kirchhof,* in: H-K, InsO, 4. Aufl. 2006, § 3 Rn. 7.
89 *Lüke,* ZZP 111 (1998) 288; *Leible/Staudinger,* KTS 2000, 543.
90 *Fritz/Bähr,* DZWIR 2001, 224.
91 *Leipold,* in: Stoll, Vorschläge und Gutachten, 1997, S. 190; *Huber,* ZZP Bd. 114, 140.
92 *Gottwald,* Grenzüberschreitende Insolvenzverfahren, 1. Aufl. 1997, S. 20; *Huber* (Fn. 91), S. 141.
93 Vgl. *Gottwald* (Fn. 92), S. 20.
94 *Duursma-Kepplinger,* in: Duursma-Kepplinger/Duursma/Chalupsky, Europäische Insolvenzverordnung, 1. Aufl. 2002, Art. 3 Rn. 14; *Gottwald* (Fn. 92), S. 19 f.
95 *Huber* (Fn. 91), S. 141; *Duursma-Kepplinger,* in: Duursma-Kepplinger/Duursma/Chalupsky, Europäische Insolvenzverordnung, 1. Aufl. 2002, Art. 3 Rn. 14 a. E.
96 *Smid,* Europäisches Internationales Insolvenzrecht, 1. Aufl. 2002, Kap. 2 Rn. 34 m. w. N.
97 *Moss/Fletcher/Isaacs-Fletcher,* The EC Regulation on Insolvency Proceedings, 2002, N. 3.12; *Duursma-Kepplinger,* in: Duursma-Kepplinger/Duursma/Chalupsky, Europäische Insolvenzverordnung, 1. Aufl. 2002, Art. 3 Rn. 24.

den Staat der Mutter zu ziehen[98]. Neben englischen und italienischen Gerichten eröffnen auch deutsche Gerichte Insolvenzverfahren über ausländische, oft österreichische Gesellschaften[99]. *Konecny*[100] spricht in diesem Zusammenhang mit gutem Grund von **„Territorialkämpfen“**. Daher ist es zu begrüßen, dass der EuGH hierzu in seiner „Eurofood“-Entscheidung für mehr Klarheit gesorgt hat. Das Urteil des EuGH[101] war zur europäisch autonomen Auslegung sowohl des Begriffs des Mittelpunkts des hauptsächlichen Interesses als auch der Reichweite des ordre public Vorbehalts der europäisch automatischen Anerkennung von Insolvenzverfahren in anderen Mitgliedstaaten und schließlich des sog. Prioritätenprinzips von der Wissenschaft nicht anders als der Insolvenzpraxis dringlich erwartet worden.

17 Der schließlich vom EuGH entschiedene Kompetenzkonflikt um die Eurofood-IFSC-Ltd.[102] ist für die Funktionsweise des Art. 3 EuInsVO aufschlussreich: Die Gesellschaft war vom Parmalat-Konzern als Finanzierungsgesellschaft mit Sitz in Dublin gegründet worden. Die Eurofood führe im Wesentlichen drei Finanzierungsmaßnahmen in Form von Anleihemissionen durch, die von der Bank of America betreut wurden. Diese Emissionsgeschäfte wurden von der Parmalat, mit Sitz in Parma, als Garantiegeberin begleitet. Der Sitz in Dublin befand sich in der Anwaltssozietät McCanFitzgerald. Geschäftsführer der Gesellschaft war ein Sozius der Kanzlei McCanFitzgerald sowie eine Angestellte der Bank of America. Die maßgebenden Entscheidungen über die Unternehmenspolitik wurden indes von Angestellten der Konzernmutter in Parma auf dem Wege von Telefonkonferenzen mit den Geschäftsführern in Dublin getroffen. Über das Vermögen der Parmalat wurde das Verfahren der amministrazione straordinaria am 24. 12. 2003 eröffnet. Am 27. 1. 2004 beantragte die Bank of America beim High Court Dublin für die Eurofood die Bestellung eines Liquidators, was am gleichen Tag unter Festsetzung einer Einlassungsfrist bis zum 23. 2. 2004 erfolgte. Das Ministerium für Industriepolitik hat am 9. 2. 2004 für die Eurofood-IFSC-Ltd. als Unternehmen der Parmalat-Gruppe nach italienischem Recht (Art. 3 Abs. 3 decreto legge Nr. 347/03) das Verfahren der amministrazone straordinaria eröffnet und den im Verfahren Parmalat bestellten Commissario Dot. Enrico Bondi ebenfalls zum Commissario bestellt. Auf den Bericht und Antrag des Commissario vom 12. 2. 2004 stellte das Tribunale di Parma als zuständiges Insolvenzgericht am 19. 2. 2004 fest, dass die Eurofood-IFSC-Ltd. insolvent sei.

18 Der Begriff des Mittelpunkts des hauptsächlichen Interesses ist nach Ansicht des EuGH europäisch autonom nach Maßgabe der 13. Begründungserwägung der Verordnung auszulegen in der dieser Ort dadurch zu bestimmen sei, dass nach der gewöhnlichen Verwaltung der Interessen des Schuldners gefragt wird, die für Dritte[103] feststellbar sind (Rn. 32, 31[104]). Im Mittelpunkt steht daher die Objektivität der Feststellbarkeit des Mittelpunkts des hauptsächlichen Interesses im Interesse des Schutzes Dritter. Vorhersehbarkeit und Rechtssicherheit sind m.a.W. nach dem EuGH die zentralen Kriterien, die bei der Auslegung dieses Begriffs heranzuziehen sind (Rn. 33). Daraus folgt zunächst, dass der Ort des satzungsgemäßen Sitzes den Mittel-

---

98 Vgl. jüngst wieder die englische Haltung im Fall Rover: Informationen dazu unter www.eirdatabase.com.

99 Siehe AG München v. 4. 5. 2004 – 1501 IE 1276/04 – ZIK 2004/136, 106 – ZIP 2004, 962 – ZInsO 2004, 691 Hettlage; AG Siegen v. 1. 7. 2004 – 25 IN 154/04 – EWiR 2005, 175 (*Mankowski*) Zenith; AG Offenburg v. 2. 8. 2004 – 2 IN 133/04 – ZIK 2004/228, 177 – EWiR 2005, 73 (*Pannen/Riedemann*) Hukla Werke. Zum – gescheiterten – Versuch eindeutig in Deutschland agierender Gesellschaften, in Österreich ein Hauptinsolvenzverfahren zu erwirken, s. LG Salzburg v. 5. 8. 2004 – 44 S 29/04w bzw. 44 S 30/04t – ZIK 2004/229, 177 PEV.

100 *Konecny,* in: Smid (Hrsg.), Neue Fragen des deutschen und internationalen Insolvenzrechts, 2006, S. 106, 111 ff.

101 EuGH v. 2. 5. 2006 – C-341/04 – ZIP 2006, 907 (Eurofood IFSC limited).

102 *Riera/Wagner,* Anm. zu Tribunale Civile di Parma, EWiR Art. 3 EuInsVO 4/04, S. 597 f.

103 Vgl. eindrucksvoll *Konecny,* in: Smid (Hrsg.), Neue Fragen des deutschen und internationalen Insolvenzrechts, 2006, S. 106, 115 ff.

104 Die Randnummern beziehen sich auf die in der Entscheidung des EuGH.

punkt des hauptsächlichen Interesses einer Gesellschaft darstellt, da dies die objektive Verordnung der internationalen Zuständigkeit für die Eröffnung eines Hauptinsolvenzverfahrens nahe legt und für Dritte erkennbar macht (Rn. 34). Dieses objektive Kriterium kann indes widerlegt werden, wofür der EuGH das Beispiel von Briefkastenfirmen nennt (Rn. 34, 35). Geht aber die Gesellschaft im Sitzstaat einer eigenen Tätigkeit nach, genügt die bloße Kontrolle von einer Muttergesellschaft mit Sitz in einem anderen Mitgliedstaat nicht aus, um die in der Verordnung aufgestellte Vermutung zu entkräften (Rn. 36).

II. Die Prioritätsregel

Art. 3 EuInsVO enthält keine Regelung für den Fall, dass die Gerichte oder die für die Eröffnung des Insolvenzverfahrens zuständigen Behörden zweier Mitgliedstaaten unabhängig voneinander ihre internationale Zuständigkeit zur Eröffnung eines Hauptinsolvenzverfahrens i.S.v. Art. 3 Abs. 1 EuInsVO bejahen, weil sie die Voraussetzung der internationalen Zuständigkeit abweichend voneinander beurteilen. In diesem Zusammenhang wird darauf hingewiesen, dass es auf die zeitliche Reihenfolge der Verfahrenseröffnung im Sinne eines Prioritätsprinzips ankommt, da das zeitlich früher eröffnete Verfahren universelle Wirkung des Konkurses und des Beschlages beansprucht. Nach Art. 16 Abs. 1 EuInsVO ist die Eröffnung eines Insolvenzverfahrens durch das nach Art. 3 EuInsVO zuständige Gericht eines Mitgliedstaates in einem anderen Mitgliedstaat *ipso iure* anzuerkennen. Das Gericht eines anderen Mitgliedstaates ist daher nicht zu einer dahingehenden Prüfung befugt, ob das zeitlich früher eröffnende Gericht seine internationale Zuständigkeit in zutreffender Weise bejaht hat. Es greift insofern der Grundsatz des gegenseitigen Vertrauens, auf den die Motive der EuInsVO hinweisen.[105] Mit dem die Verfahrenseröffnung aussprechenden Hoheitsakt wird – legt man die Motive des Rates zu Grunde – die Entscheidung des zuerst eröffnenden Gerichts in den anderen Mitgliedstaaten anerkannt, ohne dass die Entscheidung des Eröffnungsgerichts ihrerseits einer Überprüfung zu unterziehen wäre.[106] Das zeitlich später als das Hauptinsolvenzverfahren eröffnete Verfahren nimmt damit die Funktion eines **Sekundärinsolvenzverfahrens** bei Bestehen einer Niederlassung ein und kann keine universelle Wirkung über das Territorium das dieses zweite Verfahren eröffnenden Mitgliedstaates hinaus beanspruchen. 19

Dies wird auch vom EuGH aus der 22. Begründungserwägung der Verordnung im Wege einer europäisch autonome Auslegung des Art. 16 Abs. EuInsVO dahingehend abgeleitet, dort sei die sog. **Prioritätsregel**[107] angesiedelt, nach der das in einem Mitgliedstaat eröffnete Hauptinsolvenzverfahren in allen übrigen Mitgliedstaaten anerkannt wird, sobald es im Staat der Verfahrenseröffnung wirksam ist. Grund hierfür ist der Grundsatz des gegenseitigen Vertrauens (Rn. 39). Problematisch ist, ob unter Eröffnung eines Insolvenzverfahrens auch die Bestellung eines vorläufigen Verwalters zu verstehen ist (Rn. 45ff.). Mit Blick auf die unterschiedliche Dauer, die nach 20

105 Grund Nr. 6.
106 *Virgos/Schmit*, in: Stoll, Vorschläge und Gutachten, 1997, Nr. 79.
107 *Smid*, Deutsches und Europäisches Internationales Insolvenzrecht, 1. Aufl. 2004, Art. 3 Rn. 19.

dem jeweiligen nationalen Recht eines Mitgliedstaates das Eröffnungsverfahren in Anspruch nehmen kann (Rn. 51), kommt der EuGH zu der Ansicht, bereits die Bestellung eines vorläufigen Verwalters wie eine professional liquidators Eurofood-Fall könne eine Insolvenzverfahren in Gang setzen. Voraussetzung sei, dass ein Gesamtvermögensbeschlag oder Bestellung eines in Anhang C genannten Verwalters verwirklicht werde (Rn. 58).

21 Da ein förmliches Exequaturverfahren nicht vorgesehen ist[108] und nach der Vorstellung des „Grundsatzes des gegenseitigen Vertrauens“ nicht greift[109], entfaltet bei widersprechenden Eröffnungsbeschlüssen der Gerichte verschiedener Mitgliedsstaaten zunächst der **zeitlich früher erlassene Beschluss** universelle Beschlagswirkungen, ein weiterer, in einem anderen Mitgliedstaat erlassener Beschluss[110] ist demgegenüber schwebend unwirksam, da er sich nun immer auf eine freie Masse beziehen kann.[111] Es greift, bezogen auf den Zeitpunkt des Erlasses des Eröffnungsbeschlusses, das Prioritätsprinzip i. S. v. Art. 2 lit. e EuInsVO.[112] Daher kommt es – anders als bisher nach Art. 28 EuGVÜ – nicht auf den Zeitpunkt der „Anrufung“ des Gerichts (z. B. auf jenen der Antragstellung) an.

22 Das Prioritätsprinzip ist entgegen einer in der Literatur[113] geäußerten Befürchtung nicht „voraussetzungslos“ und gegenüber der Struktur der EuGVVO gar systemwidrig. Das Gegenteil ist richtig.[114] Es folgt nicht einfach aus dem Grundsatz europäischen Vertrauens; dieser europarechtliche Grundsatz kann seine Wirkung vielmehr nur auf der Strukturentscheidung des Gesetzgebers in den Art. 16 ff. EuInsVO entfalten. Die Grundlage dafür, dass das europäische Recht Eröffnungsdekrete von anderen Judikaten unterscheidet, liegt in der Besonderheit von Eröffnungsbeschlüssen. Sie stellen administrative Hoheitsakte[115] zur Einleitung von Gesamtverfahren i. S. v. Art. 1 Abs. 1 EuInsVO[116] dar. Aufgrund der EuInsVO steht in den Mitgliedstaaten der EU fest, dass die Beschlagnahme des Schuldnervermögens durch Einleitung eines Gesamtverfahrens europäisch-universell erfolgt, *ohne* dass es einer (förmlichen)

---

108 *Lüke*, ZZP 111 (1998) 289.
109 Grund Nr. 22; *Leible/Staudinger*, KTS 2000, 545.
110 *Potthast*, Probleme eines Europäischen Konkursübereinkommens, 1995, S. 95 ff.
111 So zutreffend *Lüke*, ZZP 111 (1998) 290; *Leible/Staudinger*, KTS 2000, 545.
112 *Fritz/Bähr*, DZWIR 2001, 224.
113 *Mankowski*, EWiR Art. 3 EuInsVO 3/03, 767, 768.
114 *Smid*, Deutsches und Europäisches Internationales Insolvenzrecht, 1. Aufl. 2002, Art. 3 Rn. 19.
115 *Smid*, Deutsches und Europäisches Internationales Insolvenzrecht, 1. Aufl. 2002, Art. 3 Rn. 19.
116 Die EuInsVO versteht unter „Gesamtverfahren“ (collective insolvency proceedings – *Fletcher-Moss/Smith*, in: Moss/Fletcher/Isaacs, The EC Regulation on Insolvency Proceedings, 1. Aufl. 2002, Art. 1 N. 8.04; *Morscher*, EuInsVO, 2002, S. 18), dass alle betroffenen Gläubiger die Befriedigung ihrer Forderungen nur über das Insolvenzverfahren durchsetzen können, da individuelle Rechtsverfolgungsgsmaßnahmen ausgeschlossen sind (*Virgos/Schmit*, in: Stoll, Vorschläge und Gutachten, 1997, Nr. 49; *Fletcher-Moss/Smith*, in: Moss/Fletcher/Isaacs, The EC Regulation on Insolvency Proceedings, 1. Aufl. 2002, Art. 1 N. 8.04 Pt. 1.). Es ist darauf hinzuweisen. dass die Anwendbarkeit der EuInsVO nicht schon dadurch gegeben ist, dass das betreffende Verfahren generell diese Voraussetzungen erfüllt. Eine weitere Bedingung dafür, dass ein Insolvenzverfahren von der EuInsVO erfasst wird, ist nach Art. 2 lit. a und c, dass das Verfahren von dem betreffenden Staat ausdrücklich in die Liste der erfassten Verfahren in den Anhängen aufgenommen wurde, die Bestandteil der EuInsVO sind (*Reinhart*, in: MünchKomm, InsO, 1. Aufl. 2001, Art. 1 Rn. 1, 2.). Der Begriff des Gesamtverfahrens ist für sich genommen wenig aussagekräftig. Mit ihm sollen sehr unterschiedliche insolvenzrechtlich relevante Verfahren in Europa erfasst werden (*Duursma-Kepplinger*, in: Duursma-Kepplinger/Duursma/Chalupsky, Europäische Insolvenzverordnung, 1. Aufl. 2002, Art. 1 Rn. 10, 11; *Virgos/Schmit*, in: Stoll, Vorschläge und Gutachten, 1997, Nr. 49 lit. b.). Der Ausdruck des Gesamtverfahrens verweist auf zwei Gesichtspunkte, die für insolvenzrechtliche Verfahren maßgeblich sind, nämlich den universellen gegen den Schuldner gerichteten Vermögensbeschlag auf der einen Seite – der allerdings in Art. 1 Abs. 1 EuInsVO gesondert angeführt wird und daher mit dem Begriff des Gesamtverfahrens nicht eigens gemeint wird – und die Bündelung der Rechtsverfolgung der Gläubiger gegen den Schuldner. Erst diese Bündelung erlaubt es, allseitige Wirkungen des konkurslichen Regimes gegen alle Gläubiger durchzusetzen.

Anerkennung bedarf – sie ist schlichtweg nicht vorgesehen: Das Eröffnungsdekret wirkt daher ipso iure in allen Mitgliedstaaten, weil das Gesetz vorsieht, das die Einleitung des Insolvenzverfahrens in einem Mitgliedstaat als genügend zur Verwirklichung der Gläubigergleichbehandlung in allen anderen Mitgliedstaaten angesehen wird.[117] Dagegen geht es bei der Anerkennung eines Urteils in einem Zwei-Parteien-Prozess darum, ob ein einzelner Gläubiger aus dem von ihm im Ausland erlangten Titel die Vollstreckung im Inland betreiben kann. Nach Art 16 Abs. 1 EuInsVO wird die Eröffnung des Insolvenzverfahren durch das nach Art 3 EuInsVO zuständiges Gericht eines Mitgliedsstaates ipso iure in allen anderen Mitgliedsstaaten anerkannt. Das Zweitgericht eines anderen Mitgliedsstaat darf daher nicht prüfen, ob das erste Gericht seine internationale Zuständigkeit zutreffenderweise bejaht hat. Es greift insofern der Grundsatz gegenseitigen Vertrauens, worauf die Motive der EuInsVO hinweisen.[118] Mit dem die Verfahrenseröffnung aussprechenden Hoheitsakt wird, legt man die Motive des Rates zugrunde, die Entscheidung des zuerst eröffnenden Gerichts in den anderen Mitgliedsstaaten anerkannt, ohne dass die Entscheidung des Eröffnungsgerichts ihrerseits einer Überprüfung zu unterziehen wäre.[119] Das zeitlich später als das Hauptinsolvenzverfahren eröffnete Verfahren nimmt damit die Funktion eines Sekundärinsolvenzverfahrens ein und kann keine universelle Wirkung über das Territorium das dieses zweite Verfahren eröffnenden Mitgliedsstaates hinaus beanspruchen. Das Eingreifen des Prioritätsprinzips provoziert sowohl auf der Seite des Eigenantrag stellenden Schuldners als auch auf derjenigen des Gläubigers ein forum shopping.[120] Eine ausdrückliche Regelung sieht § 3 Art. 102 EGInsO vor, auf den unten (§ 43 Rn. 10ff.) näher einzugehen sein wird: Die Vorschrift ordnet an, dass die deutschen Gerichte ein Hauptinsolvenzverfahren über das zur Insolvenzmasse gehörende Vermögen weder einleiten noch ein später eröffnetes Verfahren fortsetzen dürfen, wenn das Gericht eines anderen Mitgliedstaats der Europäischen Union ein Hauptinsolvenzverfahren eröffnet hat, solange dieses Insolvenzverfahren anhängig ist, § 3 Abs. 1 Art. 102 EGInsO.

Die EuInsVO geht davon aus, dass Eröffnungsdekrete als allgemein wirksame Hoheitsakte nicht durch Hoheitsträger anderer Mitgliedstaaten konterkariert werden; dies ist eine wichtige Funktion der Art. 16ff. EuInsVO. Entgegen Befürchtungen im Schrifttum[121] „steht" das Prioritätsprinzip daher „in" der EuInsVO – wie der EuGH in der Parmalat-Entscheidung zutreffend ausgeführt hat. Denn nur in Bezug auf den zeitlich früheren Beschluss, mit dem ein Hauptverfahren i.S.v. Art. 3 Abs. 1 EuInsVO eröffnet wird, kann die Einschränkung der Anerkennung wegen Verletzung des ordre public des die Anerkennung verweigernden Mitgliedstaates gem. Art. 26 EuInsVO Sinn haben. 23

Liegt – wie dies bei einer natürlichen Person der Fall ist – bei Eröffnung des Verfahrens (vgl. Art. 2 EuInsVO) kein satzungsgemäßer Sitz vor, so ist für die Bestimmung des Mittelpunktes der hauptsächlichen Interessen nach allgemeinen Regeln (Art. 2 EG-Verordnung Nr. 44/2001) in erster Linie der Wohnsitz der Person maßgeblich.[122] Dieser „Regelfall" wird allerdings durchbrochen, wenn sich der Mittelpunkt der wirtschaftlichen Interessen eines Schuldners nicht an seinem Wohnsitz, sondern an einem anderen Ort befindet. Dann soll z.B. der Kanzlei- oder Bürositz maßgeblich sein.[123] 24

---

117 *Smid,* Deutsches und Europäisches Internationales Insolvenzrecht, 1. Aufl. 2004, Art. 16 Rn. 4.
118 Grund Nr. 6; *Fletcher-Moss/Smith,* in: Moss/Fletcher/Isaacs, The EC Regulation on Insolvency Proceedings, 1. Aufl. 2002, Art. 3 N. 8.47, 8.48.
119 *Virgos/Schmit,* in: Stoll, Vorschläge und Gutachten, 1997, Nr. 79.
120 *Huber,* ZZP Bd. 114, 140, 143f.
121 *Mankowski,* EWiR Art. 3 EuInsVO3/03, 767, 768.
122 *Taupitz,* ZZP 111 (1998) 327; *Huber,* ZZP 114, 140; vgl. bereits *Leipold,* in: Stoll, Vorschläge und Gutachten, 1997, S. 72, 75ff.
123 *Taupitz,* ZZP 111 (1998) 327; *Balz,* ZIP 1996, 949.

25 So überzeugend dies vordergründig anmutet, ist das damit eingerichtete Regel-Ausnahmeverhältnis alles andere als unproblematisch. So hat *Leipold*[124] am Beispiel eines in Riquewihr wohnenden und in Freiburg/Brsg. angestellten Ingenieurs darauf hingewiesen, dass der Verweis auf „wirtschaftliche Interessen" wenig weiterhilft. Verwirrend ist es, bei „beruflich tätigen Personen" auf den Tätigkeitsort und bei „natürlichen Personen" auf den „gewöhnlichen" Wohnsitz abzustellen.[125]

III. Zuständigkeit im Rahmen internationaler Insolvenzverfahren bei Sitzverlegung des Schuldners nach Antragstellung, aber vor Verfahrenseröffnung

26 Der IX. Zivilsenat des BGH[126] hat in folgendem Fall die Sache dem EuGH vorgelegt:

27 Die Insolvenzschuldnerin hat am 6. 12. 2001 Eigenantrag gestellt. Mit Beschluss vom 10. 4. 2002 lehnte das Insolvenzgericht die Eröffnung des Verfahrens mangels Masse ab, wogegen sich die Insolvenzschuldnerin zuletzt mit der Rechtsbeschwerde wendet. Nach Feststellung des Beschwerdegerichts hatte die Schuldnerin am 1. 4. 2002 ihren Wohnsitz nach Spanien verlegt, um dort zu wohnen und zu arbeiten.

28 Der Sachverhalt rief für den BGH die Frage nach einer Anwendbarkeit der Regelungen der EuInsVO hervor. Denn nach Art. 43 EuInsVO ist maßgeblicher Zeitpunkt für den Eintritt der Wirkung der EuInsVO das Wirksamwerden der Eröffnungsentscheidung.[127] Abweichend von der Subsidiaritätsregel des Art. 254 Abs. 2 EGV, die bestimmt, dass eine Verordnung am zwanzigsten Tag nach ihrer durch Art. 254 Abs. 1 vorgeschriebenen Veröffentlichung im Amtsblatt der EG in Kraft tritt, bestimmt Unterabs. 1 ausdrücklich den insbesondere nach Art. 43 relevanten Tag des Inkrafttretens der EuInsVO.[128] Der BGH ist dabei der in der Literatur insbesondere von *Duursma*[129] vertretenen Meinung gefolgt, dass, soweit vor dem 31. 5. 2002 aufgrund eines Antrags Maßnahmen im Eröffnungsverfahren (z. B. §§ 21 ff. InsO)[130] ergriffen worden sind, diese die Anwendung der EuInsVO nicht hindern, wenn nach dem 31. 5. 2002 ein Eröffnungsbeschluss von einem Gericht nach Art. 3 Abs. 1 EuInsVO zur Eröffnung eines Hauptinsolvenzverfahrens erlassen worden ist.[131] Für den IX. Zivil-

---

124 *Leipold*, in: Stoll, Vorschläge und Gutachten, 1997, S. 190.

125 So aber *Virgos/Schmit*, in: Stoll, Vorschläge und Gutachten, 1997, Nr. 75, 4. Abs.; Nach *Vogler*, ZIK 2001/290, geht bei Selbständigen und Freiberuflern der Ort der Geschäftstätigkeit dem Wohnort vor, während sich bei unselbständig Erwerbstätigen eine Dominanz des Wohnortes ergibt. Dagegen vgl. aber *Leipold*, in: FS Ishikawa, 2001, S. 221 ff.

126 BGH, Vorlagebeschl. v. 27. 11. 2003 – IX ZB 418/02 – ZInsO 2004, 34. *Mankowski*, EWiR 2004, 229 und *Liersch*, NZI 2004, 141.

127 *Smid*, Deutsches und Europäisches Internationales Insolvenzrecht, 1. Aufl. 2004, Art. 43 Rn. 2; krit. *Duursma*, in: Duursma-Kepplinger/Duursma/Chalupsky, Europäische Insolvenzverordnung, 1. Aufl. 2002, Art. 42 Rn. 6, 7.

128 *Morscher*, EuInsVO, 2002, 18; *Duursma*, in: Duursma-Kepplinger/Duursma/Chalupsky, Europäische Insolvenzverordnung, 1. Aufl. 2002, Art. 42 Rn. 1.

129 *Duursma*, in: Duursma-Kepplinger/Duursma/Chalupsky, Europäische Insolvenzverordnung, 1. Aufl. 2002, Art. 42 Rn. 12.

130 *Duursma*, in: Duursma-Kepplinger/Duursma/Chalupsky, Europäische Insolvenzverordnung, 1. Aufl. 2002, Art. 42 Rn. 13.

131 Ebenso *Smid*, Deutsches und Europäisches Internationales Insolvenzrecht, 2004, Art. 43 Rn. 5.

senat kommt es bei der Entscheidung über die Anwendbarkeit der Regelungen der EuInsVO darauf an, ob eine positive Eröffnungsentscheidung erlassen worden ist. Die Abweisung der Eröffnung mangels Masse wie im vorliegenden Fall zählt der IX. Zivilsenat nicht dazu.

In der Sache war der IX. Zivilsenat als Gericht der Rechtsbeschwerde gem. § 577 Abs. 2 Satz 4 i.V.m. § 559 Abs. 2 ZPO an die Feststellung des Beschwerdegerichts gebunden. Zu entscheiden war vor diesem Hintergrund die Rechtsfrage, ob mit der Wohnsitzverlegung die Zuständigkeit des spanischen Gerichts begründet oder ob für die Beurteilung der Zuständigkeit auf den Zeitpunkt der Antragsstellung abzustellen sei. Der IX. Zivilsenat hat hierzu eingehend ausgeführt, die Ansicht der Rechtsbeschwerde habe für sich, dass es im Interesse eines ordnungsgemäßen Funktionierens des europäischen Binnenmarktes[132] liege, zu verhindern, dass den Beteiligten durch Sitzverlagerung oder Verlagerung von Vermögensgegenstände die Möglichkeit eines *forum shopping* gegeben wird.[133] Dagegen spricht für die Annahme eines Zuständigkeitswechsels, dass insbesondere bei der Insolvenz natürlicher Personen Unzuträglichkeiten auftreten, wenn der Schuldner sich in einem anderen Mitgliedsstaat als dem das Verfahren durchführenden befindet. Eine „Abwägung" verbietet sich jedenfalls für die nationale Rechtsprechung. Sitzverlegungen in der Krise werden im Übrigen durch die EuInsVO keiner besonderen Regelung unterworfen; die hieran geübte Kritik[134] erscheint aber nicht gerechtfertigt. Denn die bloße Sitzverlegung „hilft" dem schuldnerischen Unternehmensträger nicht bei dem Versuch eine forum shoppings. Denn entweder verlagert sich im Sinne des Art. 3 Abs. 1 EuInsVO tatsächlich der Mittelpunkt der wirtschaftlichen Interessen – dann kommt es aber ggf. auf die Sitzverlegung nicht an. Dies wird aber schon deshalb nicht oft der Fall sein, weil eine Verlagerung des Mittelpunkts der Interessen i.S.e. faktischen Verlagerung der wirtschaftlichen Tätigkeit den Einsatz erheblicher finanzieller Mittel erfordern wird – woran derartiges in einer Liquiditätskrise regelmäßig scheitern wird. Wird dagegen eine Sitzverlegung mit Satzungsinstrumentarien vollzogen, und „zieht" der Mittelpunkt der wirtschaftlichen Interessen nicht „nach", bleibt es bei der ohnedies geltenden Regelung des Art. 3 Abs. 1 EuInsVO und das forum shopping des schuldnerischen Unternehmensträgers ist ebenfalls leer gelaufen.[135] Weder aus der EuInsVO noch aus den ihr beigegebenen Erwägungsgründen und ihren Materialien[136] ergeben sich eindeutige Kriterien, aufgrund derer sich dies entscheiden ließe, wie der IX. Zivilsenat zutreffend festgestellt hat. Für die deutsche Rechtsprechung war damit der Weg zu einer „eigenen" Auslegung dieser Vorschriften aus europarechtlichen Gründen verstellt. 29

---

132 Erwägungsgrund Nr. 4 der EuInsVO.

133 Krit. dagegen im Zusammenhang der im Folgenden unter II., III. zu erörternden Judikatur englischer Gerichte *Braun*, NZI 2004, Heft 1 Seite V.

134 *Duursma-Kepplinger*, in: Duursma-Kepplinger/Duursma/Chalupsky, Europäische Insolvenzverordnung, 1. Aufl. 2002, Art. 3 Rn. 17.

135 *Smid*, Deutsches und Europäisches Internationales Insolvenzrecht, 2004, Art. 3 Rn. 14.

136 Namentlich dem Bericht von *Virgos* und *Schmit* (z.B. zit., in: *Stoll*, [Hrsg.], Vorschläge und Gutachten zur Umsetzung des EU-Übereinkommens über Insolvenzverfahren im deutschen Recht, Tübingen 1997).

30 Der Generalanwalt *Colomer* hat mit seinem Schlussantrag[137] in dieser Sache dafür plädiert, einem forum shopping im Bereich der Insolvenz natürlicher Personen im Geltungsbereich der EuInsVO entgegenzutreten (Nrn. 70 ff.). Eine Wohnsitzverlegung („Umzug") des Schuldners zwischen Antragstellung und gerichtlicher Eröffnung des Insolvenzverfahrens ändert danach nichts an der einmal begründeten internationalen Zuständigkeit für die Eröffnung eines Hauptinsolvenzverfahrens (Nr. 83), da im Übrigen die dazwischen liegende Zeitspanne (Nr. 66) regelmäßig nicht genüge, um den Mittelpunkt des hauptsächlichen Interesses des Schuldners in einer Weise zu verlegen, die für die Gläubiger nachvollziehbar sei (Nr. 64).

31 Der BGH[138] hat mit einem Beschluss aus März 2006 die Judikatur des EuGH zu den Folgen der Sitzverlegung des Schuldners zwischen Antragstellung und Verfahrenseröffnung von einem in den anderen Mitgliedsstaat der EU in folgendem Fall angewandt:

32 Im Dezember 2003 hatte eine Gläubigerin beim Amtsgericht München die Eröffnung des Insolvenzverfahrens über das Vermögen der Schuldnerin, einer selbständigen Architektin mit Wohnsitz und Büro in München, gestellt. Nachdem die Schuldnerin Anfang Februar 2004 ihren Wohnsitz nach Salzburg verlagert hatte, wurden im März 2004 von drei weiteren Gläubigern Insolvenzanträge gestellt und vom Insolvenzgericht ein vorläufiger Insolvenzverwalter mit Zustimmungsbefugnis (§ 21 Abs. 2 Nr. 2, Var. 2 InsO) bestellt. Die Gläubigerin, die den ersten Antrag im Dezember 2003 gestellt hatte, erklärte Ende März 2004 ihren Antrag für erledigt und beantragte, der Schuldnerin die Verfahrenskosten aufzuerlegen. Das Erledigen des Ereignisses – die Zahlung an die Gläubigerin – war von der Schuldnerin ohne die erforderliche Zustimmung des vorläufigen Verwalters nach dessen Bestellung vorgenommen worden. Daher erachtete das Insolvenzgericht den Antrag für nicht erledigt und eröffnete Anfang Juni 2004 aufgrund der Anträge aller Gläubiger das Insolvenzverfahren über das Vermögen der Schuldnerin, die meint, wegen ihres Umzugs nach Salzburg sei die später eingegangenen Anträge nicht mehr geeignet, die Zuständigkeit des Amtsgerichts München zu begründen. Im Unterschied zum Amtsgericht München hat der BGH zutreffend ausgeführt, die Erledigungserklärung wegen des Antrags vom Dezember 2003 habe dazu geführt, dass eine Eröffnung des Insolvenzverfahrens aufgrund dieses Antrags nicht mehr hätte erfolgen dürfen. Die Erledigungserklärung im Insolvenzverfahren hat den Charakter einer Antragsänderung. Anstelle der Eröffnung des Verfahrens wird von dem Antragsteller, der die Erledigung erklärt, nunmehr nur noch begehrt, dass der Antrag zunächst zulässig und begründet gewesen sei und sich durch ein nachträgliches Ereignis erledigt habe. Soweit diese Erledigterklärung nicht hilfsweise erfolgt, kann daher ein Eröffnungsbeschluss nicht auf ihn begründet werden.

33 Daher stellte sich die Frage, ob die nachfolgenden Eröffnungsanträge bis zum Wegfall des ursprünglichen Antrags zur Eröffnung des Verfahrens hätten führen können, obwohl die Schuldnerin zwischenzeitlich aus Deutschland nach Österreich umgezogen war. Die Anträge, die schließlich allein den vom AG München erlassenen Eröffnungsbeschluss haben tragen können, sind in der Tat zu einem Zeitpunkt gestellt worden, zu dem die Schuldnerin ihren Sitz nicht mehr im Sprengel des zunächst angerufenen Insolvenzgerichts hatte. Hieraus könnte man folgende Argumentationskette entwickeln: Grundsätzlich hebt nach der Judikatur des EuGH die Sitzverlegung innerhalb der Mitgliedstaaten der EU die internationale Zuständigkeit des Insolvenzgerichts, bei dem der Eröffnungsantrag gestellt worden ist, nicht auf. Da der Eröffnungsantrag aber durch Erledigungserklärung beseitigt worden ist, muss das Insolvenzgericht für jeden Eröffnungsantrag seine internationale Zuständigkeit prü-

137 EuGH Rs C-1/04 – ZIP 2005, 1641.
138 BGH, Beschl. v. 2. 3. 2006 – IX ZB 192/04 – m. Anm. *Smid*, jprins 12/2006 Anm. 1.

fen und, wenn diese aufgrund der Sitzverlegung nicht mehr gegeben sein sollte, verneinen. Der IX. Zivilsenat stellt insoweit zutreffend fest, dass für Fälle eruopäisch-grenzüberscheitender Insolvenzen, zu dem der vorliegende Fall durch den Wohnsitzwechsel der Schuldnerin geworden ist, jedenfalls die Regelung des § 3 Abs. 2 InsO nicht einschlägig ist. Danach wird die Zuständigkeit anderer Insolvenzgerichte durch die desjenigen Gerichts ausgeschlossen, bei dem zuerst die Eröffnung des Insolvenzverfahrens beantragt worden ist. Die Zuständigkeit eines anderen potentiell ebenfalls zuständigen Gerichts kann danach nicht mehr begründet werden. Der Fall eines Wohnsitzwechsels ist in § 3 Abs. 2 InsO zwar nicht ausdrücklich geregelt, kann aber, wie der BGH zutreffend feststellt, nicht anders als andere Fallgestaltungen beurteilt werden, die unter § 3 Abs. 2 InsO fallen. Voraussetzung für die Anwendbarkeit des § 3 Abs. 2 InsO wäre indes, dass der Fall nach § 3 Abs. 1 InsO zu beurteilen wäre, was hier deshalb nicht der Fall ist, weil die EuInsVO – Art. 3 Abs. 1, 3 – zur Anwendung gelangt.

Zutreffend geht der erkennende Senat davon aus, dass der Wohnsitzwechsel der Schuldnerin ein Versuch der von der Begründungserwägung des EuGH ausdrücklich missbilligten Forumshoppings gewesen sei. Denn nach ihrem Wegzug nach Salzburg hatte die Schuldnerin die Forderung der im Dezember 2003 Antrag stellenden Gläubigerin beglichen, um den folgenden Anträgen durch die Vereitelung der internationalen Zuständigkeit des Münchener Insolvenzgerichts die Grundlage zu entziehen. **34**

Diese Erwägung des BGH ist zwar zutreffend, bedarf aber einer weiteren Erläuterung. Zwischenzeitlich hatte das Amtsgericht München die vorläufige Insolvenzverwaltung angeordnet. Zwar stellt der BGH zutreffen fest, dass erst der Eröffnungsbeschluss eine perpetuatio fori begründet. Dies gilt nicht bereits für vorläufige Anordnungen gem. § 21 InsO. Die Anordnung der Zustimmungsverwaltung führt zwar nicht dazu, dass das erledigende Ereignis nicht eingetreten wäre – weil es hierauf nicht ankommt. Die Anordnung der Zustimmungsverwaltung war indes nicht allein aufgrund des Antrags vom Dezember, sondern der vorangegangenen Anträge aus dem März 2004 zulässig. Weder die vorläufige Verwaltung noch die vor „Erledigung" des Erstantrags eingegangenen weiteren Anträge hatten sich aber erledigt. Der BGH stellt daher zutreffend fest, dass solche zwischenzeitlich eingegangenen aber noch nicht erledigten Anträge die Fortdauer der internationalen Zuständigkeit des zunächst angerufenen Gerichts zur Folge hätten. **35**

IV. Internationale Zuständigkeit nach Art. 3 EuInsVO ohne qualifizierten Auslandsbezug?

Streitig ist, ob darüber hinaus die EuInsVO auf Insolvenzverfahren Anwendung findet, die über das Vermögen von Schuldnern mit Sitz in Drittstaaten eröffnet werden[139], sofern sich die internationale Zuständigkeit nicht bereits aus dem nationalen internationalen Insolvenzrecht ergibt. Hat der Schuldner den Mittelpunkt seines wirtschaftlichen Interesses in einem EU-Mitgliedstaat, kommt nach einer verbreite- **36**

139 *Leible/Staudinger*, KTS 2002, 533, 538.

ten Auffassung[140] die EuInsVO für das Verhältnis des Hauptinsolvenzverfahrens zu dem Verfahren in außereuropäischen Staaten nur unter der Voraussetzung zur Anwendung, dass ein qualifizierter Auslandsbezug vorliegt, der in einem transnationalen Bezug zwischen dem Eröffnungsstaat und einem oder mehreren weiteren Mitgliedstaaten gesehen wird. Für die hier interessierende Fragestellung kommt es daher darauf an, ob die EuInsVO im Verhältnis zu Drittstaaten die Anerkennung der dort eröffneten Insolvenzverfahren betrifft. Dies ist aber aus einer Reihe von Gründen abzulehnen.[141] Würde nämlich im Verhältnis zu Drittstaaten die EuInsVO die Anerkennungsvoraussetzungen regeln, wäre damit in weiten Teilen das autonome internationale Insolvenzrecht der Mitgliedstaaten obsolet. Mag man diesen Gesichtspunkt noch als weniger erheblich ansehen, ist wichtiger, dass im Verhältnis zu Drittstaaten die Wechselseitigkeit nicht gewährleistet ist, die durch das Zusammenspiel des Art. 3 EuInsVO mit den Art. 16ff. EuInsVO für das Verhältnis der Mitgliedstaaten der EU unmittelbar geltendes Recht ist.

37 Unmittelbar aus Art. 3 Abs. 1 EuInsVO lässt sich nach alledem ohne qualifizierten EU-Auslandsbezug eines Falles die internationale Zuständigkeit eines Insolvenzgerichts nicht herleiten. Dies hängt vom jeweiligen autonomen internationalen Insolvenzrecht ab. In Deutschland wäre insofern auf § 343 InsO zu verweisen. Die Vorschrift gibt in ihrem Abs. 1 den das deutsche Internationale Insolvenzrecht beherrschenden Grundsatz der automatischen Anerkennung wieder. Die Anerkennung der Eröffnung des ausländischen Insolvenzverfahrens bedeutet, dass dieses unmittelbar, d.h. ohne ein besonderes Anerkennungsverfahren, im Inland die Wirkungen entfaltet‘ die es nach den maßgeblichen Insolvenzstatut (§ 335 InsO) – also dem Insolvenzrecht des Eröffnungsstaates – äußert. Die automatische Anerkennung ist lediglich ausgeschlossen, soweit den Gerichten des Staats der Verfahrenseröffnung nicht die internationale Zuständigkeit zukommt, wobei wie auch sonst im deutschen Recht die internationale Zuständigkeit über die örtliche Zuständigkeit (vgl. § 3 InsO) vermittelt wird. Im Übrigen ist eine Anerkennung nicht möglich, wenn sie gegen den deutschen ordre public verstoßen würde. Im vorliegenden Fall liegen nach der Sachlage Zweifel an der örtlichen Zuständigkeit des US-amerikanischen Gerichts nicht fern.

38 In der deutschen Literatur ist allerdings bereits vor Inkrafttreten der EuInsVO die Vermutung geäußert worden[142], das europäische Insolvenzrecht könne eine Abtrennung des europäischen Rechtsraumes vom Rest der Welt bedeuten; der Umgang[143] mit der Entscheidung des High Court of Justice Chancery Division[144] lässt diese Besorgnis als nicht unbegründet erscheinen, die sich aber aufgrund einer näheren Auseinandersetzung mit dieser Entscheidung als unbegründet erweisen. Der High Court of Justice Chancery Division[145] hat mit einer Ansicht in der Literatur[146] der For-

---

140 *Flessner,* in: Stoll, Gutachten und Vorschläge, 1997, S. 220; *Duursma-Kepplinger,* in: Duursma-Kepplinger/Duursma/Chalupsky, Europäische Insolvenzverordnung, 1. Aufl. 2002, Art. 1 Rn. 3, 51 ff.; *Herchen,* Das Übereinkommen über Insolvenzverfahren der Mitgliedstaaten der Europäischen Union, 1995, S. 35; vgl. auch *Leible/Staudinger,* KTS 2000, 533, 539; *Balz,* ZIP 1996, 948.

141 *Duursma-Kepplinger,* in: Duursma-Kepplinger/Duursma/Chalupsky, Europäische Insolvenzverordnung, 1. Aufl. 2002, Art. 1 Rn. 63.

142 So *Paulus* in seinem Vortrag vor der AID-Tagung in Bad Reichenhall im Sommer 2001.

143 Namentlich die weit reichende Interpretation, die *Sabel/U. Schlegel* in ihrer Anm. zu High Court of Justice Chancery Division Companies Court (England) v. 7. 2. 2003 – 0042/2003 – In re BRAC Rent-A-Car International Inc (2003) EWHC (Ch) 128, EWiR 2003 Art. 3 EuInsVO 1/03, 367, dieser Entscheidung angedeihen lassen.

144 High Court of Justice Chancery Division v. 7. 2. 2003 – 0042/2003 – ZIP 2003, 813.

145 High Court of Justice Chancery Division v. 7. 2. 2003 – 0042/2003 – ZIP 2003, 813.

derung nach einem qualifizierten Auslandsbezug eine Absage erteilt.[147] In dem seiner Entscheidung zugrunde liegenden Fall ging es um eine in den USA errichtete und eingetragene Gesellschaft, die ihre Geschäfte indes fast ausschließlich in England betreibt. Die Schuldnerin war Teil einer Gruppe, deren einzelne Unternehmen – also auch die Schuldnerin – in den USA Reorganisationsverfahren nach chapter 11 bankruptcy code eingeleitet haben. Dieses US-amerikanische Reorganisationsverfahren ist als Insolvenzverfahren anzusehen[148], das nach allgemeinen Grundsätzen im Ausland anerkannt werden kann. Das Gericht in England ging indes aufgrund der Entscheidung *Banque Indosuez v Ferromet*[149] davon aus, dass dieses Verfahren jedenfalls in England und Wales der Schuldnerin keinen Vollstreckungsschutz biete – obwohl die Einleitung eines Reorganisationsverfahrens nach chapter 11 durch den sog. *automatic stay* die Gläubiger grundsätzlich daran hindert, klagweise und im Wege der Individualzwangsvollstreckung gegen den Schuldner vorzugehen.[150]

In der Entscheidung des High Court of Justice Chancery Division[151] liegt der Beantwortung der Frage, **39**
ob die internationale Zuständigkeit der Insolvenzgerichte in den europäischen Mitgliedstaaten ohne qualifizierten Auslandsbezug Art. 3 Abs. 1 EuInsVO folgt, daher *nicht* die Frage nach der Anerkennung des US-amerikanischen Reorganisationsverfahrens zugrunde; die Frage der internationalen Zuständigkeit lässt sich im vorliegenden Fall aufgrund dessen spezifischer Ausgestaltung von der einer ipso iure-Anerkennung trennen[152]. Denn das Gericht hat sich zwar nicht die Frage gestellt, ob neben dem nordamerikanischen chapter 11-Verfahren ein Sekundärinsolvenzverfahren mit territorial-partikularen Wirkungen nach Art. 3 Abs. 2, 4 EuInsVO zu eröffnen sei, sondern seine Zuständigkeit für die Einleitung eines Reorganisationsverfahrens[153] für die Eröffnung eines Hauptinsolvenzverfahrens reklamiert. Was vordergründig als Verweigerung der Anerkennung des amerikanischen Verfahrens geradezu zwangsläufig vorauszusetzen scheint, erweist sich daher, betrachtet man die der Entscheidung zugrunde liegende Fallkonstellation näher, als pragmatischer Akt des englischen Gerichts zur Verwirklichung des automatic stay, *ohne* gegen die Präjudizien der eigenen englischen Gerichtsbarkeit angehen zu müssen.[154] Die vorliegende Entscheidung macht dies nicht recht deutlich; welchen Stellenwert sie einnimmt, wird aber klarer, wenn man in den Blick bekommt, welche *verfahrensrechtliche* Lage mit ihr erfasst wird: Denn sie richtet sich *nicht* gegen den debtor in possession oder einen ggf. eingesetzten trustee, der im chapter 11-Verfahren die Masse verwaltet, sondern gegen den die Zwangsvollstreckung betreibenden italienischen Gläubiger, dem durch die Anordnung eines Sanierungsverfahrens durch die administration order des englischen Gerichts *auch* der Zugriff auf das in England und Wales belegene Vermögen des Schuldners im Wege der Individualzwangsvollstreckung verwehrt und damit der automatic stay auch in diesem territorialen Bereich verwirklicht wird. Die Rechtsstellung des debtor in possession oder eines trustee bleibt damit nicht allein völlig unberührt. Vielmehr ist es außer Streit, dass englische Gerichte die im Verfahren nach chapter 11 bankruptcy court für die in-

---

146 *Huber*, ZZP Bd. 114, 133, 136; *Virgos/Schmit*, in: Stoll, Vorschläge und Gutachten, 1997, Nr. 44.
147 So *Sabel/U. Schlegel*, EWiR 2003 Art. 3 EuInsVO 1/03, 367.
148 Vgl. informativ *Reinhart*, Sanierungsverfahren im internationalen Insolvenzrecht, 1995, passim; zur Problemstellung auch *Smid*, Europäisches Internationales Insolvenzrecht, 1. Aufl. 2002, Kap. 1 Rn. 41.
149 *Banque Indosuez v Ferromet* (1993) BCLC 112.
150 *Baird/Jackson* Corporate Reorganization and the Treatment of Diverse Ownership Interests, 51 UnivChicLawRev (1984) 97, 98.
151 High Court of Justice Chancery Division v. 7. 2. 2003 – 0042/2003 – ZIP 2003, 813.
152 So auch die Erwägungen des Gesetzgebers: BR-Drs. 715/02.
153 Zur Funktion der administration: *G. Lightman/G. Moss*, The Law of Receivers and Administrators of Companies, 3nd edit 2000.
154 Dies wird von *Sabel/U. Schlegel*, EWiR 2003 Art. 3 EuInsVO 1/03, 367, nicht erörtert.

solvenzschuldnerische Gesellschaft Handelnden anerkennen.[155] Das mag es dem entscheidenden Gericht nahe gelegt haben, in seiner Auslegung des Art. 3 Abs. 1 EuInsVO einem weiten Ansatz zu folgen, da für das Gericht die beschränkte Reichweite dieser Art des Umgangs mit Art. 3 Abs. 1 EuInsVO nahe gelegen zu haben scheint. Dabei darf schließlich nicht übersehen werden, dass sich das Regelwerk der EuInsVO aus der Sicht der englischen anders als aus der kontinentaleuropäischer Juristen darstellt, namentlich solcher aus dem deutschsprachigen Raum. So weisen *Isaacs* und *Brent*[156] zutreffend darauf hin, dass sich aus der Multilingualität der EuInsVO besondere Auslegungsfragen ergeben, für englische Juristen von noch größerer Bedeutung die Notwendigkeit einer – im angelsächsischen Rechtskreis ausgesprochen ungewohnten – teleologischen Auslegung ist.[157] Die teleologische Auslegung achtet auch auf rechtsdogmatische Folgelasten, was das englische Gericht in der vorliegenden Entscheidung zu Art. 3 Abs. 1 EuInsVO seiner Rechtstradition folgend unbekümmert außer Betracht gelassen hat.

V. Der Antrag auf Einleitung des Insolvenzverfahrens

1. Antragsprinzip

40 Das Antragsprinzip im deutschen[158] Insolvenzrecht dient der privatrechtlichen Dispositionsfreiheit der Gläubiger und gegebenenfalls, im Falle eines Eigenantrages, auch des Schuldners. Das Antragsprinzip stellt sicher, dass alle Beteiligten im Vorfeld der Insolvenz Sanierungsbemühungen bzw. die Möglichkeiten einer stillen Liquidation (vgl. § 60 Abs. 1 Nr. 1 und 2 GmbHG; § 262 Abs. 1 Nr. 1 und 2 AktG) nutzen können.[159] Die Gläubiger haben durch das Antragsprinzip die Wahl, entweder durch die Einzelzwangsvollstreckung den Versuch zu unternehmen, die Haftung des Schuldners zu verwirklichen, oder die Universalexekution gegen den Schuldner unter Abwicklung seines gesamten, vom Insolvenzbeschlag erfassten Vermögens einzuleiten.

41 Der Gesetzgeber will in Art. 2 Nr. 1 RegE mit einem Satz, wonach der Antrag allein durch Zahlung des Schuldners nicht unzulässig wird, Fällen begegnen, in denen der Schuldner nach Antragstellung an den antragstellenden Gläubiger leistet. Dessen Forderung erlischt (§ 362 Abs. 1 BGB) und – nach geltendem Recht – damit auch seine Antragsbefugnis gemäß § 14 Abs. 1 InsO. Der Antragsteller muss seinen Antrag für erledigt erklären oder zurücknehmen, obwohl der Schuldner u. U. insolvent ist und das Verfahren alsbald aufgrund eines weiteren Antrags über sein Vermögen mit der möglichen Folge eröffnet wird, dass der frühere erfolglose Antragsteller das Erlangte nach Anfechtung durch den Insolvenzverwalter in die Masse zurückzahlen muss. Auch insofern ist die Behandlung des Druckantrags des Sozialversicherungsträgers ein zentrales Anliegen des Gesetzgebers. Diesem Kreis institutioneller Gläubiger wird gleichsam ein von den allgemeinen Voraussetzungen der Verfahrensteilnahme losgelöstes Antragsrecht eingeräumt. Da die geplante Gesetzesformulierung ein Antragsrecht vorsieht, das von der eigenen Stellung des Antragstellers als Beteiligtem des zu eröffnenden Insolvenzverfahrens

---

155 *Moss/Bayfield,* in: Moss/Fletcher/Isaacs-Fletcher, The EC-Regulation on Insolvency Proceedings, 1. Aufl. 2002, Rn. 5.07.

156 *Isaacs/Brent,* in: Moss/Fletcher/Isaacs-Fletcher, The EC-Regulation on Insolvency Proceedings, 1. Aufl. 2002, Rn. 2.18.

157 *Isaacs/Brent,* in: Moss/Fletcher/Isaacs-Fletcher, The EC-Regulation on Insolvency Proceedings, 1. Aufl. 2002, Rn. 2.25, die ausdrücklich hierzu unter Hinweis darauf ermuntern, dass sich hinter einer teleologischen Auslegung keine unzulässige Vermengung juridischer mit außerrechtlichen Aspekten verberge.

158 Zu einem praktischen Fall: *Smid,* InVo 2003, 1 ff. Eine Reihe ausländischer Rechtsordnungen lassen auch die amtswegige Eröffnung des Konkurses zu: z.B. Art. 4 II, 5 Franz. InsolvenzG v. 25. 1. 1985; *Holzer,* in: Beck/Depré, Praxis der Insolvenz, 1. Aufl. 2003, § 2 Rn. 74.

159 *Uhlenbruck,* in: Uhlenbruck, InsO, 13. Aufl. 2010, § 13 Rn. 78.

losgelöst (arg. § 38 InsO) ist, wird die Grundstruktur des Verfahrens verändert – ohne dass hierfür ein wirklich zwingender Grund zu erkennen wäre.

2. Anforderungen an den Antrag[160]

a) Form. Der Antrag kann nur schriftlich gestellt werden.[161] Die Antragstellung ist dabei jedenfalls an keine weitere Form gebunden; selbstverständlich kann sich der Antragsteller durch einen zugelassenen Rechtsanwalt vertreten lassen.[162] Die wirksame Antragstellung setzt voraus, dass der Antragsteller prozessfähig ist.[163] Der Antragsteller hat seine ladungsfähige Anschrift bzw. – im Falle des Gläubigerantrags – die des Schuldners als Antragsgegner unter dessen genauer Bezeichnung anzugeben.[164] 42

b) Inhalt. Der bedingungsfeindliche[165] (hierzu freilich unten Rn. 8ff.) Antrag muss zum Ausdruck bringen, welches Ziel mit ihm verfolgt werden soll.[166] Daher bedarf es der genauen Angabe, dass die **Beschlagnahme eines bestimmten Vermögens** begehrt wird. Dies kann im Falle eines gegen eine Gesellschaft bürgerlichen Rechts gerichteten Antrags problematisch sein[167], worauf bereits im vorangegangenen Paragraphen eingehender hingewiesen worden ist (oben § 2 Rn. 8ff.). 43

Beispiel: Der Gläubiger G stellt gegen die A, B und C-Gesellschaft bürgerlichen Rechts Eröffnungsantrag. Das Insolvenzgericht erlässt auch antragsgemäß den Eröffnungsbeschluss. Nun protestiert D: Er sei laut eines von ihm vorgelegten Gesellschaftervertrages Gesellschafter zusammen mit A, B und C. Hier kann sich wegen seines Gutachtens für den vorläufigen Verwalter (§ 22 Abs. 1 Nr. 3, Abs. 2 InsO) eine Haftungslage abzeichnen. Problematisch ist auch der folgende Fall: A, B und C sind Miteigentümer zahlreicher Immobilien. Wird der Eröffnungsbeschluss gegen die drei als Gesellschafter bürgerlichen Rechts erlassen fragt sich, in welches Grundbuch der Vermerk nach § 32 InsO einzutragen ist. 44

c) Bedingungsfeindlichkeit des Antrages. Der Antrag auf Eröffnung des Insolvenzverfahrens darf nicht von außerhalb des Verfahrens liegenden Bedingungen abhängig gemacht werden.[168] 45

---

160 *Fritsche,* DZWIR 2004, 234ff.

161 *Pape,* in: Kübler/Prütting, Kommentar zur Insolvenzordnung, § 13 Rn. 13; *Mönning,* in: Nerlich/Römermann, InsO, § 13 Rn. 22; *Uhlenbruck,* InsO, 12. Aufl. 2003, § 13 Rn. 13; *Schmahl,* in: MünchKomm, InsO, 1. Aufl. 2001, § 13 Rn. 73; *Kind,* in: Braun, InsO, 2. Aufl. 2004, § 13 Rn. 7; *Holzer,* in: Beck/Depré, Praxis der Insolvenz, 1. Aufl. 2003, § 2 Rn. 19.

162 *Mönning,* in: Nerlich/Römermann, InsO, § 13 Rn. 18; im Schuldenbereinigungsverfahren kann sich der Gläubiger durch ein Inkassounternehmen vertreten lassen, OLG Köln v. 1. 12. 2000 – 2 W 202/00 – InVo 2001, 125.

163 OLG Zweibrücken v. 20. 10. 2000 – 3 W 171/00 – ZIP 2000, 2172; *Uhlenbruck,* InsO, 12. Aufl. 2003, § 13 Rn. 10; *Schmahl,* in: MünchKomm, InsO, 1. Aufl. 2001, § 13 Rn. 64; *Kind,* in: Braun, InsO, 2. Aufl. 2004, § 13 Rn. 6.

164 *Mönning,* in: Nerlich/Römermann, InsO, § 13 Rn. 27; *Uhlenbruck,* in: Uhlenbruck, InsO, 13. Aufl. 2010, § 13 Rn. 35; *Schmahl,* in: MünchKomm, InsO, 1. Aufl. 2001, § 13 Rn. 77; *Kind,* in: Braun, InsO, 2. Aufl. 2004, § 13 Rn. 8.

165 AG Göttingen v. 30. 9. 1999 – 74 IK 37/99 – ZInsO 1999, 659; AG Köln v. 25. 2. 2000 – 71 IN 17/00 – NZI 2000, 284; *Uhlenbruck,* in: Uhlenbruck, InsO, 13. Aufl. 2010, § 13 Rn. 31; *Schmahl,* in: MünchKomm, InsO, 1. Aufl. 2001, § 13 Rn. 60; *Kind,* in: Braun, InsO, 2. Aufl. 2004, § 13 Rn. 6.

166 *Mönning,* in: Nerlich/Römermann, InsO, § 13 Rn. 20, 21; *Schmahl,* in: MünchKomm, InsO, 1. Aufl. 2001, § 13 Rn. 80.

167 AG Potsdam v. 10. 4. 2001 – 35 IN 69/01 – ZIP 2001, 797: Nennung der einzelnen Gesellschafter erforderlich.

168 *Smid/Leonhardt,* in: LSZ, InsO, 3. Aufl. 2010, § 13 Rn. 20; *Fuchs,* in: Graf-Schlicker InsO, 2007, § 13 Rn. 3 zu innerprozessualen Bedingungen.

46 Keine unzulässige Bedingung liegt im Eigenantrag, der mit dem Antrag auf Anordnung der Eigenverwaltung nach § 270 InsO dergestalt verknüpft wird, dass der Antragsteller allein die Eröffnung dieser Art des Verfahrens begehrt. Denn durch die Verbindung beider Anträge stellt der Antragsteller keine Bedingung, sondern bestimmt den Gegenstand seines Antrages.

47 Die Zahlung von Massekostenvorschüssen auf ein Verfahren, das der Antragsteller als Eigenverwaltungsverfahren begeht, steht nicht unter einer – unzulässigen – „Bedingung".[169] Der Schuldner hatte in einem vom BGH entschiedenen Fall bereits im Jahr 2001 die Zahlungen eingestellt, aber erst im Jahr 2004 Eigenantrag gestellt. Nun ist der Schuldner eine natürliche Person und hatte sowohl die Kopf- als auch die Summenmehrheit seiner Gläubiger hinter sich, um sein Konzept des in Eigenverwaltung durchzuführenden Insolvenzplanverfahrens durchzuführen. Vordergründig tragender Grund des Beschlusses des BGH ist, es habe nur eine Absichtserklärung von dritter Seite für die Zahlung eines Massekostenvorschusses vorgelegen. Ausgangslage des vorliegenden Beschlusses ist der Eigenantrag eines Schuldners, der zugleich die Anordnung der Eigenverwaltung begehrt. Ein Gläubiger verspricht, das Verfahren der Eigenverwaltung durch Verfahrenskostenvorschuss zu finanzieren. Das Landgericht hat darin eine unzulässige Bedingung gesehen; der BGH eine bloße, für § 26 Abs. 1 Satz 2 InsO nicht genügende Absichtserklärung. Früher – unter Geltung der KO – wäre die vorliegende Entscheidung nachvollziehbar gewesen. Denn die KO sah nur die Möglichkeit eines Eigenantrages vor, der auf die Eröffnung eines Konkursverfahrens unter Bestellung eines Konkursverwalters gerichtet war. Für den Fall, dass eine verfahrenskostendeckende Masse nicht vorlag, konnte ein Gläubiger einen Massekostenvorschuss erbringen. Wollte der Schuldner die Fremdverwaltung durch einen Konkursverwalter vermeiden, musste er einen Vergleichsantrag stellen. Schon mit Blick auf die zu versprechenden Quoten stellte sich die Frage der Gewährung von Massekostenvorschüssen damals nicht. Heute stellt sich die Rechtslage völlig anders dar: Der Gesetzgeber will die – reale, nicht irgendwie nur in einem sehr schlechten Sinn rechtstheoretische – Möglichkeit der Eigenverwaltung des insolventen Schuldners.[170] Die heutige politische Sphäre mag dazu verführen, das nicht ernst zu nehmen. Das wäre aber nicht nur fatal, sondern, schlimmer noch: falsch. Die zugleich auf Verfahrenseröffnung gerichteten Anträge richten sich nicht auf irgendeine beliebige „Verfahreneröffnung". Sie zielen auf die Eröffnung eines spezifischen Verfahrens. Dieses Insolvenzverfahren soll

- das Vermögen des Schuldners haftungsrechtlich seinen Gläubigern zuweisen[171];
- ihm dabei die Befugnis einräumen, die zur weitgehenden und im Übrigen strikt am Gleichheitssatz orientierten Schritte zur Befriedigung seiner Gläubiger erforderlichen Schritte zu gehen.

Damit wird der Verfahrensgegenstand definiert. Es ist heute unstreitig, dass ein Insolvenzverfahren mit Verwalter und ein vom Schuldner beantragtes Verfahren unter Eigenverwaltung zwei verschiedene Verfahren betreffen. Es steht dem Insolvenzgericht nicht frei, auf den Schuldnerantrag hin *beliebig* nach § 27 InsO zu entscheiden. Eröffnet es das Verfahren unter Einsetzung eines Insolvenzverwalters gem. § 27 Abs. 1 Satz 1 InsO, obwohl der Schuldner seinen Eigenantrag mit einem Antrag nach § 270 InsO verbunden hat, steht dem Schuldner gegen den Eröffnungsbeschluss die sofortige Beschwerde gem. § 34 InsO zu. Würde man der in dem vorliegenden Beschluss vertretenen Ansicht folgen, hätte zwar der Schuldner die geschilderten Rechte, der vorschussleistende Gläubiger wäre dem Belieben des Gerichts unterworfen.

48 Die Erklärung eines Gläubigers, Verfahrenskostenbeiträge zu leisten, orientiert sich an diesem Verfahrensgegenstand. Richtern mag dies exotisch erscheinen. Es entspricht aber nicht nur unserer Wirklichkeit, sondern *unserem Insolvenzrecht.* Wenn der Gläubiger ein Verfahren nach § 27 Abs. 1 Satz 2 i.V.m. § 270 InsO zu finanzieren beabsichtigt, will er keine Subsidien an einen Insolvenzverwalter zahlen – weil das Verfahren, um das es ihm geht, durch den Antrag des Schuldners definiert ist. Nun könnte man auf die Idee kommen, der Schuldner sei gleichsam der „Vertreter" des vorschussleistenden Gläubigers, da er „für" den Gläubiger durch sofortige Beschwerde die Eröffnung eines „Verwalterverfahrens" gem. § 27 Abs. 1 Satz 1 InsO verhindern könnte. Der am gleichen Tag erlassene „Konsumge-

169 Falsch: BGH v. 7. 7. 2005 – IX ZB 85/05 – DZWIR 2005, 475.
170 *Wehdeking,* in: Flöther/Smid/Wehdeking, Eigenverwaltung, 1. Aufl. 2005, insbes. Kap. 2.
171 *Wehdeking,* in: Flöther/Smid/Wehdeking, Eigenverwaltung (Fn. 170).

nossenschaftsbeschluss“ des IX. Zivilsenats[172] könnte eine solche Interpretation nahe legen. Indes – sie wäre abwegig. Dabei kommt es nicht entscheidend darauf an, dass die Interessen von massekostenvorschussleistendem Gläubiger und des Schuldners voneinander abweichen können. Der massekostenvorschußleistende Gläubiger kann den Bezug seiner Zahlung zum Antrag des Schuldners nur dadurch herstellen, dass er diese Zahlung unter der Bedingung verspricht, dass das Gericht dem schuldnerischen Antrag folgt. Der einzahlende Gläubiger stellt seine Vorschussleistung damit aber keinesfalls unter eine – verfahrensrechtlich unzulässige – Bedingung, wenn er ein Verfahren zu finanzieren beabsichtigt, das unter Anordnung der Eigenverwaltung des Schuldners eröffnet werden soll. Er erklärt – verfahrensrechtlich völlig unbedenklich – vielmehr, ein *bestimmtes* (eben nicht: „bedingtes“) Verfahren zu finanzieren. Der erkennende Senat des BGH hat die prozessuale Lage völlig verkannt. In der Tat sind Prozess bzw. Verfahrenshandlungen *im Allgemeinen* bedingungsfeindlich.[173] Dies gilt auch im Insolvenzverfahrensrecht. Dies gilt allerdings nur für *außerprozessuale Bedingungen*[174] einer Verfahrenshandlung. Denn diese würde einen Schwebezustand nach sich ziehen, der es nicht erlauben würde, die verfahrensrechtliche Lage eindeutig zu beurteilen. So darf der Verfahrenskostenvorschuss *nicht* unter der Bedingung versprochen werden[175], dass bestimmte Massegegenstände verwertet oder bestimmte Quoten ausgeschüttet werden, da dies außerprozessuale Ereignisse betrifft, deren Eintritt ungewiss ist. Es wäre dann nicht sicher, ob die gesetzlichen Tatbestandsvoraussetzungen der Verfahrenseröffnung vorliegen oder nicht. Schon im Recht des streitigen Prozesses gilt aber etwas anderes für *innerprozessuale Bedingungen.*[176] So ist die hier interessierende Verfahrenshandlung an die (inzidente) Bedingung geknüpft, dass das Gericht über die miteinander in einem Sinnzusammenhang stehenden zulässigen Anträge des Schuldners entscheidet. Die vom Bedingungsverbot perhorreszierte Ungewissheit *kann* in dieser Fallgestaltung schlechthin *nicht* eintreten. Es wäre sehr eigenartig, wollte man behaupten, es sei ungewiss, ob das Insolvenzgericht über einen zulässigen Antrag entscheiden wolle oder nicht. Für das Gericht ist die Entscheidungslage nämlich eindeutig:

- Entweder sieht es die Voraussetzung der Anordnung der Eigenverwaltung nach § 270 Abs. 2 Nr. 2 InsO als gegeben an; für diesen Fall liegen auch die Voraussetzungen der Verfahrenseröffnung nach § 26 Abs. 1 InsO wegen des an keine weitere Bedingung als die der Entscheidung über die Schuldneranträge geknüpften Versprechens, einen Verfahrenskostenbeitrag zu leisten, vor;
- oder das Insolvenzgericht verwirft den Schuldnerantrag. Dann kommt das Insolvenzgericht überhaupt nicht mehr zur Frage der Verfahrenskostendeckung gem. § 26 Abs. 1 InsO. Denn die Eröffnung eines „Verwalterverfahrens“ war nicht beantragt.

Demgegenüber läuft die vom Insolvenzgericht, dem Landgericht Berlin und dem BGH vertretene Meinung nicht allein darauf hinaus, dem Insolvenzgericht die Befugnis zu geben, über den Schuldnerantrag hinauszugehen und gleichsam von Amts wegen ein so nicht beantragtes Verfahren zu eröffnen. Vielmehr wird die eigene verfahrensrechtliche Stellung des vorschussleistenden Gläubigers vernachlässigt. Aus dem Ausgeführten folgt, dass das Insolvenzgericht eine zweistufige Prüfung vorzunehmen hat. Es gelangt nämlich nur dann zur Frage der Verfahrenskostendeckung, wenn und soweit es – positiv – über die Anträge des Schuldners *im Übrigen* entscheiden kann. Im vorliegenden Verfahren[177] hatten Insolvenzgericht und Beschwerdegericht die Erklärung des Gläubigers, einen Verfahrenskostenbeitrag leisten zu wollen, als bedingt und damit unwirksam angesehen und *deshalb* die Schuldneranträge verworfen. Sofern der BGH wie die Vorinstanzen in der Erklärung des Gläubigers eine unverbindliche Absichtserklärung sieht, kann dies freilich die Verwerfung der Schuldneranträge nicht tragen. Denn die Vorinstanzen waren von einer betragsmäßigen Verfahrenskostendeckung ausgegangen, die der Sachverständige im Eröffnungsverfahren anhand der Kosten für ein „Verwalterverfahren“ bemessen hatte und die somit die Kosten des vom Schuldner beantragten Verfahrens um ca. 40%

---

172 BGH v. 7. 7. 2005 – IX ZB 266/04 – BGHZ 163, 344; krit. *Wehdeking,* juris praxis-report Insolvenzrecht 14/2005 v. 27. 10. 2005 Anm. Nr. 1; *Smid,* NZI Heft 11/2005.
173 *Rosenberg/Schwab/Schilken,* Zivilprozessrecht, 16. Aufl. 2004, § 65 Rn. 23.
174 *Rosenberg/Schwab/Schilken* (Fn. 173), § 65 Rn. 24.
175 BGH, Beschl. v. 7. 7. 2005, IX ZB 266/04.
176 *Rosenberg/Schwab/Schilken* (Fn. 173), § 65 Rn. 25.
177 Vgl. *Smid,* DZWIR 2005, 169.

überschritt. Dem Gläubiger bleibt in dieser Lage nur der Verweis darauf, nach Prüfung der Voraussetzungen des § 270 InsO Verfahrenskosten decken zu wollen. Der BGH übersieht in seinem Beschluss m. a. W. die verfahrens*technische* Lage, in der sich der Gläubiger befindet.

3. Der Eigenantrag des Schuldners

49 a) **Antragsbefugnis.** Antragsberechtigt ist jedenfalls der Schuldner des künftigen Insolvenzverfahrens (§ 13 Abs. 1 Satz 2 InsO). Bei der Insolvenz natürlicher Personen ist dies der Betroffene bzw., wenn dieser prozessunfähig ist, dessen Vertreter.[178] Nach § 15a InsO[179] trifft den Schuldner die Pflicht zur Antragstellung. Auch für die Geschäftsführung einer limited bedarf es der Eigenantragstellung, um nicht eine verschärfte Eigenhaftung auszulösen.[180]

50 b) **Einzelheiten.** Der durch das MoMiG eingeführte § 15a InsO sieht vor: Bei einer juristischen Person ist im Fall der Führungslosigkeit (dem Fehlen organschaftlicher Vertreter) oder bei unbekanntem Aufenthalt der Vertreter auch jeder Gesellschafter zur Antragstellung berechtigt. Stellt nur einer der persönlich haftenden Gesellschafter den Antrag, so hat er den Insolvenzgrund glaubhaft zu machen, § 15 Abs. 2 InsO. Gleiches gilt für die Gesellschaft bürgerlichen Rechts (§§ 11 Abs. 2 Nr. 1, 15 Abs. 3 InsO). Hier ist jeder einzelne Gesellschafter unabhängig von den gesetzlichen Vertretungsregeln des § 709 BGB bzw. einer gegebenenfalls gesellschaftsvertraglich vereinbarten Gesamtvertretung antragsbefugt. Im Nachlasskonkurs ist allein der Erbe (§ 1980 Abs. 1 BGB) bzw. ist allein bei einer Mehrheit von Erben jeder einzelne Erbe zur Stellung des Antrages berechtigt. Stellt nur einer von mehreren Miterben den Antrag, so hat er dessen Voraussetzungen glaubhaft zu machen, § 317 Abs. 2 InsO. § 319 InsO normiert eine Antragsfrist von zwei Jahren seit Annahme der Erbschaft. Ein gegebenenfalls bestellter Nachlasspfleger ist neben den Erben antragsberechtigt;[181] antragsberechtigt ist auch der Testamentsvollstrecker, wenn ihm die Verwaltung des Nachlasses im Ganzen zusteht (§ 317 Abs. 1 InsO, §§ 2205, 2216 BGB).[182] – Nach § 106 Abs. 3 Satz 3 BetrVG muss der Schuldner bzw. der organschaftliche Vertreter des Schuldners allerdings einen im Unternehmen bestehenden Wirtschaftsausschuss vor Stellung des Antrags informieren. Dagegen steht dem Betriebsrat entgegen § 111 BetrVG kein Mitwirkungsrecht hinsichtlich der Antragstellung zu.[183] Der Betriebsrat des schuldnerischen Unternehmens ist im Übrigen beim Eigenantrag nicht antragsbefugt, da der Eröffnungsantrag selbst keine Betriebsänderung beinhaltet.[184] Bei einer juristischen Person ist im Fall der

---

178 *Kirchhof,* in: H-K, InsO, 4. Aufl. 2006, § 13 Rn. 4; *Mönning,* in: Nerlich/Römermann, InsO, § 13 Rn. 18; *Uhlenbruck,* InsO, 12. Aufl. 2003, § 13 Rn. 21; *Schmahl,* in: MünchKomm, InsO, 1. Aufl. 2001, § 13 Rn. 55; § 15 Rn. 66ff.
179 Vgl. *Haas,* DStR 1998, 1359.
180 *Hirte/Mock,* ZIP 2005, 474ff.
181 *Döbereiner,* in: Gottwald, Insolvenzrechts-Handbuch, 3. Aufl. 2006, § 111 Rn. 5; *Lüer,* in: Uhlenbruck, InsO, 12. Aufl. 2003, § 317 Rn. 7; *Siegmann,* in: MünchKomm, InsO, 1. Aufl. 2001, § 317 Rn. 4; *Bauch,* in: Braun, InsO, 2. Aufl. 2004, § 317 Rn. 4; zu den Anforderungen an einen Eröffnungsantrags eines Nachlasspflegers: BGH, Beschl. v. 12. 7. 2007 – IX ZB 82/04, DZWIR 2007, 482; ferner vgl. BGH, Urt. v. 6. 10. 1982 – IV ZR 166/81, NJW 1983, 226.
182 *Riering,* in: Nerlich/Römermann, InsO, § 317 Rn. 8; *Uhlenbruck,* InsO, 12. Aufl. 2003, § 317 Rn. 8.
183 *Braun/Uhlenbruck,* Unternehmensinsolvenz, 1. Aufl. 1997, S. 108.
184 *Mönning,* in: Nerlich/Römermann, InsO, § 13 Rn. 50.

Führungslosigkeit (dem Fehlen organschaftlicher Vertreter) oder bei unbekanntem Aufenthalt der Vertreter auch jeder Gesellschafter zur Antragstellung berechtigt

c) Weitere Anforderungen an den Eigenantrag. Außer in den soeben Rn. 12 dargestellten Fällen der Antragsstellung durch nur einen von mehreren Vertretungsbefugten bedarf es im Falle der Stellung des Eigenantrages *nicht* **der Glaubhaftmachung des Vorliegens eines Insolvenzgrundes.**[185] Freilich gilt aus allgemeinen verfahrensrechtlichen Gründen, dass auch der Eigenantrag des Schuldners Rechtsschutzbedürfnis erfordert.[186] **51**

Damit ist es aber aus der Sicht des Schuldners durchaus nicht getan. Wie unten (Rn. 30ff.) bei der Erörterung der Insolvenzgründe zu zeigen sein wird, zielen die Eröffnungsgründe auf die Einleitung höchst unterschiedlicher Verfahren, nämlich entweder einer, meist unter Entmachtung des Schuldners durchzuführender Verwertung des Schuldnervermögens, meist unter Liquidation des schuldnerischen Unternehmensträgers, oder der vom Schuldner initiierten, meist in Eigenverwaltung (§§ 270ff. InsO) durchgeführten Sanierung des schuldnerischen Unternehmensträgers. Um mit seinem Antrag die „Weichen" des Verfahrens richtig zu stellen, empfiehlt es sich für den Schuldner durchaus, zum Insolvenzgrund vorzutragen *und* jedenfalls im Falle der intendierten Einleitung eines Sanierungsverfahrens seine Vermögenssituation dem Insolvenzgericht gegenüber transparent werden zu lassen. Andernfalls läuft er Gefahr, dass das Insolvenzgericht zur Vermeidung von Gläubigerbenachteiligungen vorläufige Maßnahmen nach § 21 Abs. 2 InsO (dazu eingehend unten § 4 Rn. 28ff.) einleitet, womit einem Sanierungsversuch im Vorfeld der Insolvenz erhebliche Hindernisse in den Weg gelegt werden können. **52**

Beispiel: Der Schuldner rechnet aufgrund der ihn treffenden Verbindlichkeiten aus Bankkrediten, langfristigen Abnahmeverpflichtungen, die er gegenüber Lieferanten eingegangen ist sowie nicht zuletzt der Lohn- und Gehaltsstruktur seines Unternehmens damit, dass er in der Zukunft in die Lage wird kommen können, seine Verpflichtungen nicht erfüllen zu können (unten zu § 18: Rn. 66). Er stellt darauf Eigenantrag auf Eröffnung eines Insolvenzverfahrens und legt einen Insolvenzplan vor, in dem er den Gläubigern Maßnahmen zur Sanierung des Unternehmens vorschlägt. Der Schuldner ist im überkommenen Sinne (wenn man so will: „materiell") *nicht* insolvent. Häufig wird es angesichts einer sinnvollen Krisenprophylaxe des Schuldners nicht erforderlich sein, im Eröffnungsverfahren einen vorläufigen Verwalter und im eröffneten Verfahren einen Insolvenzverwalter zu bestellen. Im Gegenteil: Der Schuldner wird danach trachten, eine solche Fremdverwaltung zu vermeiden, um nachteilige Wirkungen für seinen Kredit abzuwenden. **53**

In diesem Fall eines auf § 18 InsO gegründeten Eigenantrages, der – im Vorfeld der „klassischen" Insolvenz – darauf gerichtet ist, ein Sanierungsverfahren unter Eigenverwaltung zu eröffnen, sollte der Schuldner durch Vorlage eines **Liquiditätsplans**[187] sowie der ihm vorliegenden Jahresabschlüsse nebst der notwendigen Anlagen unterlegen; „kombiniert" er seinen Antrag sinnvollerweise mit der Vorlage eines Insolvenzplans gem. § 218 Abs. 1 Satz 2 InsO, ist er ohnedies verpflichtet, seinem Planentwurf gem. § 229 InsO eine Vermögensübersicht, Ergebnis- und Finanzpläne beizufügen. – Auch im „Allgemeinen" ist der Schuldner im Übrigen verpflichtet, bereits im Eröffnungsverfahren umfänglich über seinen Vermögenszustand Auskunft zu erteilen, § 20 InsO, was es empfehlenswert erscheinen lässt, diese Auskünfte soweit möglich bereits mit dem Eigenantrag zu geben. **54**

Die automatische europäische internationale Anerkennung von Hauptinsolvenzverfahren gem. Art. 16 EuInsVO findet ihre Grenze gem. Art. 26 EuInsVO allein in einem **55**

---

185 *Kirchhof,* in: H-K, InsO, 4. Aufl. 2006, § 13 Rn. 18; *Hess,* InsO, 1. Aufl. 1999, § 13 Rn. 31; aA *Uhlenbruck,* InVo 1999, 334f.; aA *Schmahl,* in: MünchKomm, InsO, 1. Aufl. 2001 § 13 Rn. 84ff.
186 *Fuchs,* in: Graf-Schlicker, InsO, 2007, § 13 Rn. 19.
187 *Kirchhof,* in: H-K, InsO, 4. Aufl. 2006, § 18 Rn. 14; *Uhlenbruck,* in: Uhlenbruck, InsO, 13. Aufl. 2010, § 18 Rn. 12.

evidenten Verstoß des eröffnenden Gerichts gegen den Grundsatz des ordre public (unten § 39 Rn. 17ff.). Daraus folgt zwingend, dass insbesondere die im Inland bestehenden gesellschafts- und nebenstrafrechtlichen Eigenantragspflichten immer dann von einem Geschäftsführer insolventer Gesellschaften erfüllt werden, wenn sich der im Ausland gestellte Eröffnungsantrag nicht als unzulässig erweist. Der Antrag stellende Geschäftsführer trägt freilich das Risiko, einen unzulässigen Antrag gestellt zu haben, wenn das ausländische Gericht seine internationale Zuständigkeit zur Eröffnung eines Hauptinsolvenzverfahrens verneint hat. Bejaht dagegen das ausländische Gericht seine internationale Zuständigkeit und eröffnet es ein Hauptinsolvenzverfahren, dann wird damit der Zweck der inländischen Statuierung einer Eigenantragspflicht erfüllt: denn gem. Art. 1 Abs. 1 EuInsVO durch den Eröffnungsakt des ausländischen Gerichts wird ein vollständiger oder teilweiser Vermögensbeschlag über das schuldnerische Vermögen und die Einsetzung eines Verwalters i.S.v. Art. 2 Lit. b EuInsVO i.V.m. Anhang C verhängt.[188]

56 **Fall**[189]**:** Die schuldnerische Gesellschaft war im HRG des AG Köln eingetragen. Sie ist eine operative Gesellschaft der X-Gruppe; ihre alleinige Gesellschafterin ist eine Holding-AG mit Sitz in Köln, während die Konzernobergesellschaft die C-Corporation mit Sitz in den USA ist. Die Konzernobergesellschaft hat am 10. 5. 2005 Antrag auf Gläubigerschutz nach chapter eleven des US-bankruptcy code gestellt. Am 15. 7. 2005 hat die Schuldnerin – vertreten durch ihre Organe – in England einen Antrag auf Eröffnung der Verwaltung nach Schedule B 1 of the English Insolvency Act 1986 gestellt, dem der High Court of Justice, Chancery Division, am selben Tag entsprach. Mit Antrag vom 18. 7. 2005 stellte die Schuldnerin beim AG Köln wegen drohender Zahlungsunfähigkeit ebenfalls Antrag auf Eröffnung des Insolvenzverfahrens über ihr Vermögen, wobei sie darauf hinwies, sie stelle den Antrag allein deshalb, um ihren Pflichten gem. § 64 GmbHG auch in Deutschland nachzukommen. Ihr Antrag sei weder direkt noch indirekt als Antrag auf Eröffnung eines Sekundärinsolvenzverfahrens nach Art. 27ff. EuInsVO zu verstehen. Bereits in einer wissenschaftlichen Veröffentlichung[190] hatten die Richter des AG Köln darauf hingewiesen, der Zweck des § 64 Abs. 1 GmbHG erfordere nicht zwingend den Antrag auf Eröffnung eines Insolvenzverfahrens über das Vermögen des Schuldners in Deutschland. Vielmehr werde der von dieser Vorschrift beabsichtigte Gläubigerschutz durch die Eröffnung eines jeden Hauptinsolvenzverfahrens auch in einem anderen Mitgliedstaat der EU erfüllt. Diese wissenschaftliche Auffassung bildet die Grundlage des vorliegenden Beschlusses. Das AG Köln hat folgerichtig den Antrag auf Eröffnung eines Hauptinsolvenzverfahrens über das Vermögen der Schuldnerin nach Eröffnung des Hauptinsolvenzverfahrens über ihr Vermögen in England für unzulässig erklärt, wozu das Insolvenzgericht im Übrigen nunmehr nach § 3 Abs. 1 Satz 1 Art. 102 EGInsO gefordert wird. Diese Entscheidung ist zutreffend und verdient ungeteilte Zustimmung. Sie räumt mit Unklarheiten und Unsicherheiten im Hinblick auf die Bedeutung des im Ausland eröffneten Hauptinsolvenzverfahrens und die Reichweite des europäischen Rechts grenzüberschreitender Insolvenzen aus.

56a **d) Sonderanforderungen nach dem ESUG.** Durch das ESUG sind weitere Anforderungen an den Eigenantrag des Schuldners gesetzlich geregelt worden. So bestimmt § 13 Abs. 1 S. 3 InsO n.F., dass dem Antrag des Schuldners ein Verzeichnis der Gläubiger und ihrer Forderungen beizufügen ist. Hat der Schuldner die Anordnung der Eigenverwaltung beantragt, erfüllt er die Merkmale des § 22a Abs. 1 InsO erfüllt oder wurde die Einsetzung eines vorläufigen Gläubigerausschusses beantragt bestimmt § 13 Abs. 1 Satz 4 InsO, dass dass der Schuldner „verpflichtend“ weitere Angaben zu

188 *Smid*, Deutsches und Europäisches Internationales Insolvenzrecht, 1. Aufl. 2004, Art. 1 EuInsVO, Rn. 13, 18, 19, 21 ff.
189 AG Köln, Beschl. v. 10. 8. 2005 – 71 IN 416/05 – ZIP 2005, 1566.
190 *Vallender/Fuchs*, ZIP 2004, 829, 833.

machen hat, d.h. um den Preis der Unzulässigkeit des Eigenantrages zwingend hat der Schuldner, der Schuldner einen nicht eingestellten Geschäftsbetrieb unterhält, in dem nach Satz 3 vorzulegenden Verzeichnis besonders kenntlich gemacht werden. Im einzelnen hat der Schuldner

1. die höchsten Forderungen,
2. die höchsten gesicherten Forderungen,
3. die Forderungen der Finanzverwaltung,
4. die Forderungen der Sozialversicherungsträger sowie
5. die Forderungen aus betrieblicher Altersversorgung.

Das Gesetz bestimmt, dass der Schuldner in diesem Fall auch Angaben zur Bilanzsumme, zu den Umsatzerlösen und zur durchschnittlichen Zahl der Arbeitnehmer des vorangegangenen Geschäftsjahres zu machen hat.

Fehlt es an den entsprechenden Angaben, ist der Eigenantrag **unzulässig**. Fraglich **56b** ist, welche Folgen sich ergeben, wenn Angaben unvollständig oder in sich unschlüssig sind, etwa Forderungen anderer Gläubiger als dem Finanzamt als „höchste Forderungen" angegeben werden, sich aber weiterhin ergibt, dass die des Finanzamtes die betragsmäßig höchsten Forderungen darstellen. Der Zweck der Angaben, dass sich das Insolvenzgericht mit Blick auf § 22a Abs. 1 InsO ein Bild über die Gläubigerstruktur machen kann, ist in diesem Fall erfüllt, auch wenn die Angaben in sich unschlüssig sein sollten. Hier von einer Unzulässigkeit des Antrags auszugehen, wäre mit Blick auf § 15a InsO überzogen.

4. Der Antrag des Gläubigers auf Eröffnung des Insolvenzverfahrens

a) Problemstellung. Nach § 13 Abs. 1 Satz 2 InsO sind neben dem Schuldner „die **57** Gläubiger" antragsbefugt. Diese gesetzliche Formulierung ist sehr ungenau[191] und fällt (wie viele Formulierungen des Gesetzestextes der InsO) hinter die Klarheit der KO zurück (vgl. dort § 103 Abs. 2 KO): Dass der Gesetzgeber sich gezwungen gesehen hat, in den Materialien eine Richtigstellung des Gesetzestextes vorzunehmen, wirft ein betrübliches Licht auf Gesetz und Gesetzgebungsarbeit; der Begriff des „rechtlichen Interesses" des Gläubigers an der Eröffnung des Insolvenzverfahrens (§ 14 Abs. 1 InsO) ist nicht hinreichend konturiert und kann allein dazu dienen, eine Grenze für **rechtsmissbräuchliche** Antragsstellungen[192] zu formulieren. – Nachdem wir im vorangegangenen Paragraphen gesehen haben, dass die am Verfahren beteiligten „Gläubiger" sehr unterschiedliche Rechtsstellungen einnehmen, ist es erforderlich, danach zu fragen, um wen es sich bei den Antragsbefugten konkret handelt. Dies kann nicht dahingestellt bleiben, da es sich um eine Zulässigkeitsvoraussetzung der Eröffnung des Insolvenzverfahrens mit seinen weit reichenden Eingriffen in die Rechtsstellung, ja die Existenz des Schuldners handelt.

---

191 Dazu *Jauernig*, in: FS Uhlenbruck, 2000, S. 3, 10ff.
192 BGH, Beschl. v. 19. 5. 2011 – IX ZB 214/10, ZIP 2011, 1161; Amtl. Begr. zu § 15 RegEInsO, BT-Drs. 12/2443, S. 113; BGH; B. v. 7. 2. 2008 – IX ZB 137/07, DZWIR 2008, 288.

57a Im einzelnen meint der BGH[193], Aussonderungsrechte hätten kein Interesse an der Fremdantragstellung, weil sie ausserhalb des Insolvenzverfahrens ihre Rechte ausüben könnten, § 47 InsO; Absonderungsrechte hätten nur dann ein rechtliches Interesse an der Durchführung eines Insolvenzverfahrens, wenn er nicht ausreichend gesichert sei[194]. Kein i.S.v. § 14 Abs. 1 InsO zu berücksichtigendes Interesse hat ein Insolvenzgläubiger, wenn er versucht, durch das Insolvenzverfahren den Bestand einer streitigen oder rechtlich zweifelhaften Forderung zu klären[195], wenn Vermögenswerte im Eröffnungsverfahren zum Zwecke der Zwangsvollstreckung durch den Antragsteller ermittelt werden sollen[196] oder wenn er mit dem Fremdantrag den ausschließlichen Zweck verfolgt, den Antragsgegner als Mitwettbewerber auszuscheiden.[197]

58 **b) Kreis der antragsbefugten Gläubiger.** Antragsberechtigt sind danach zunächst die **Inhaber vorkonkurslich entstandener persönlicher Forderungen gegen den Schuldner als Insolvenzgläubiger i. Satz d. § 38 InsO.**[198] Das liquidierende Verfahren wird zuallererst in ihrem Interesse durchgeführt, sie sind geradezu die „geborenen" Fremdantragsteller.

59 Selbstverständliche Voraussetzung für die Fremdantragstellung sind Partei- und Prozessfähigkeit des antragstellenden Gläubigers. Keine Probleme ruft der Verlust der Parteifähigkeit in Fällen einer Gesamtrechtsnachfolge aus: Geht der Antragsteller unter – stirbt z.B. eine natürliche Person als Antragsteller vor der Entscheidung über seinen Eröffnungsantrag durch das Insolvenzgericht – tritt sein Rechtsnachfolger in seine verfahrensrechtliche Lage ein. Dies gilt nicht allein für die Fremdantragstellung durch natürliche, sondern auch für die durch juristische Personen. Werden daher zwei Krankenkassen A und B rechtlich zur Krankenkasse C zusammengeschlossen, dann nimmt die Krankenkasse C die verfahrensrechtlichen Befugnisse wahr, die die Krankenkasse A oder B zuvor innehatte. Anders ist dagegen folgender Fall[199] zu beurteilen: Die Antragsstellerin ist am 27. 12. 2001 im Handelsregister gelöscht worden. Die antragsstellende GmbH sei aber auch nicht Inhaberin der geltend gemachten Insolvenzforderung gewesen. Dies sei vielmehr immer die GmbH & Co KG gewesen. Für diese habe die GmbH treuhänderisch gehandelt und den Insolvenzantrag gegen den Antragsteller für diese gestellt. Daraufhin ist am 1. 9. 2002 gleichwohl das Verfahren eröffnet worden. Die Voraussetzungen der Verfahrenseröffnung müssen im Zeitpunkt des Erlasses des Eröffnungsbeschlusses vorliegen[200]; liegt daher unstreitig keine Forderung des Fremdantragstellers vor, darf der Eröffnungsbeschluss nicht erlassen werden. Denn damit ist die Forderung des Fremdantragsstellers nicht nur nicht glaubhaft gemacht, sondern im Gegenteil unstreitig, dass sie nicht besteht. Es wäre nicht nur unzutreffend, sondern wegen der Funktion des Insolvenzverfahrens schlechthin abwegig, wenn man davon ausgehen wollte, der Zessionar erwürbe die Forderung gleichsam wie im Falle des § 265 ZPO in dem Sinne als „rechtshängig", dass sie im Insolvenzeröffnungsverfahren geltend und rechtshängig gemacht worden sei mit der Folge, dass der ursprüngliche Antragssteller weiterhin am Insolvenzverfahren beteiligt sei. § 265 ZPO kommt auch über § 4 InsO

---

193 BGH, Beschl. v. 29. 11. 2007 – IX ZB 12/07.
194 BGH, Beschl. v. 5. 5. 2011 – IX ZB 251/10.
195 BGH, Beschl. v. 29. 6. 2006 – IX ZB 245/05.
196 BGH, Beschl. v. 9. 2. 2006 – IX ZB 160/04; BGH v. 15. 7. 2004 – IX ZB 280/03.
197 BGH, Beschl. v. 19. 5. 2011 – IX ZB 214/10.
198 Im alten Recht gab es Insolvenzgläubiger, die aus sozialpolitischen Gründen als **„unechte" Massegläubiger** eingestuft wurden (§ 59 Abs. 1 Nr. 3 KO) und denen in § 103 Abs. 2 KO eine eigene Antragsbefugnis eingeräumt wurde. Die Reform hat die unechten Masseverbindlichkeiten abgeschafft, so dass Massegläubiger unter der Geltung der InsO in keinem Fall antragsbefugt sein können.
199 Vgl. *Smid*, InVo 2003, 1 ff.
200 *Schmahl*, in: MünchKomm, InsO, 1. Aufl. 2001, § 27 Rn. 6, 7.

im Insolvenzrecht nicht zur entsprechenden Anwendung[201], wenn der Antragsteller die behauptete Insolvenzforderung vor Erlass des Eröffnungsbeschlusses zediert. Im Insolvenzeröffnungsverfahren geht es aber um ganz andere Sachfragen als im Zivilprozess. Das Verfahren auf Erlass des Eröffnungsbeschlusses zielt nicht auf Erlass eines Urteils zwischen zwei streitenden Parteien. Vielmehr geht es um die hoheitliche Feststellung, ob die Voraussetzungen dafür vorliegen, dass durch den Akt eines staatlichen Gerichts die allgemeine Haftungslage eines Schuldners verändert wird. Dabei könnte man die Ansicht vertreten, die Antragsstellung nach den §§ 13, 14 InsO stehe der prozessualen Geltendmachung einer Forderung durch deren Inhaber im Aktivprozess gleich; denn der Gläubiger stelle den Eröffnungsantrag, um Befriedigung seiner Forderung zu erlangen. Für eine solche Meinung scheint § 1 Satz 1 InsO zu sprechen, der statuiert, das Insolvenzverfahren diene der Befriedigung „der Gläubiger". Freilich ist in der Literatur anerkannt, dass der Gesetzgeber nicht Befriedigung der Gläubigerforderung meint, sondern die gleichmäßige Verteilung des Vermögens des Schuldners: Die Antragsstellung gibt dem Gläubiger die Sicherheit, dass ihm in der Gemeinschaft der Gläubiger i. S. v. § 1 Satz 1 InsO das gesamte pfändbare Vermögen des Schuldners nach §§ 35, 36 InsO unterworfen und dessen Erlös zugänglich gemacht wird. Das Insolvenzverfahren hat eine Gleichbehandlungs-, Befriedungs- und ggf. auch eine Restschuldbefreiungsfunktion; es dient aber allenfalls zweitrangig einer – zweifelhaften, weil allenfalls quotalen – Befriedigung des Gläubigers. Während durch den Antrag gem. § 253 Abs. 2 Nr. 2 ZPO im streitigen Zivilprozess die geltend gemachte Forderung den „Streitgegenstand" begründet, liegen die Dinge im Insolvenzeröffnungsverfahren grundlegend anders. Denn die Forderung bildet nicht den Verfahrensgegenstand; vielmehr ist Verfahrensgegenstand die Frage, ob das Vermögen des Schuldners universell der Gemeinschaft seiner Gläubiger haften soll und dies durch Eröffnungsbeschluss statuiert wird. Die behauptete Insolvenzforderung ist daher nicht Streitgegenstand, sondern Zulässigkeitsvoraussetzung des Eröffnungsverfahrens. Durch das Stellen des Eröffnungsantrags wird die als *Zulässigkeitsvoraussetzung* geforderte Insolvenzforderung auch nicht rechtshängig – obwohl ihr Bestehen gegebenenfalls im Eröffnungsverfahren streitig unter Beweis gestellt werden muss. Der Hoheitsakt des Insolvenzverfahrens gilt gegenüber der Allgemeinheit. Dabei dient das Erfordernis einer Forderung des Antragsstellers gegen den Antragsgegner dem *Ausschluss* von Popularanträgen. Das Insolvenzverfahren ist ein Verfahren der Universalexekution. Wem die Vermögenswerte des Schuldners haftungsrechtlich zur Verfügung stehen, wird zwar außerhalb des Insolvenzverfahrens entschieden (im Forderungsfeststellungsstreit, §§ 179ff. InsO); über die Universalexekution entscheidet aber das Insolvenzgericht, ohne dass die behauptete Insolvenzforderung Verfahrensgegenstand würde.Das entspricht im Übrigen der höchstrichterlichen Judikatur des BGH zu § 265 ZPO: Der BGH hat nämlich *ausdrücklich* ausgeführt, dass § 265 ZPO im Vollstreckungsverfahren *nicht* zur Anwendung gelangt. Bei Abtretung der titulierten Forderung kann der Gläubiger die Forderung nicht in gesetzlicher Vollstreckungsstandschaft weiterbetreiben;[202] auch eine gewillkürte Vollstreckungsstandschaft wäre ausgeschlossen.[203]

c) Zulässigkeit des Fremdantrages und „Neuforderungen" in der Insolvenz Selbständiger.[204] Zu den Neuerungen der InsO gegenüber dem überkommenen Konkurs- und Gesamtvollstreckungsrecht gehört es, dass der Gesetzgeber die Zulässigkeit des Fremdantrages eines Gläubigers auf Eröffnung des Insolvenzverfahrens über das Vermögen des Schuldners auf alle Gläubiger einer Person ausgedehnt hat, während nach früherem Recht allein Konkurs- bzw. Gesamtvollstreckungsgläubiger als Inhaber persönlicher Forderungen antragsbefugt waren. Damals hatte dies u.a. den Hin- 60

---

201 *Lüke,* in: MünchKomm, ZPO, 2. Aufl. 2000, § 265 Rn. 8. *Ganter,* in: MünchKomm, InsO, 1. Aufl. 2001, § 4 Rn. 53 und 54 erwähnt folgerichtig § 265 ZPO nicht als eine entsprechend im Rahmen des Insolvenzrechts anwendbare Vorschrift, gleiches gilt für *Kießner,* in: Braun, InsO, 2. Aufl. 2004, § 4 Rn. 26.
202 BGH, Urt. v. 26. 10. 1984 – V ZR 218/83 – BGHZ 92, 347, 349; *Lüke,* in: MünchKomm, ZPO, 2. Aufl. 2000, § 265 Rn. 9; *Foerste,* in: Musielak, ZPO, 3. Aufl. 2002, § 265 Rn. 2.
203 BGH, Urt. v. 9. 12. 1992 – VIII ZR 218/91 – BGHZ 120, 387, 396; *Lüke,* in: MünchKomm, ZPO, 2. Aufl. 2000, § 265 Rn. 10.
204 BGH, Beschl. v. 18. 5. 2004 – IX ZB 189/03, *Bähr/Smid,* Rechtsprechung 2006, 42.

tergrund, dass nach § 4 Abs. 2 KO absonderungsberechtigte Gläubiger ihre Befriedigung, von bestimmten Ausnahmen abgesehen, außerhalb des Insolvenzverfahrens vornehmen konnten. Die starke Ausdehnung des Kreises antragsbefugter Gläubiger durch den Wortlaut des § 14 Abs. 1 InsO hat der Gesetzgeber in dieser Vorschrift auf einer anderen Ebene dadurch zu begrenzen versucht, dass er die Zulässigkeit des Fremdantrages von einem rechtlichen Interesse des Antrag stellenden Gläubigers abhängig gemacht hat. Die Kommentarliteratur hat sich darum bemüht, dem vom Gesetzgeber eingeführten Begriff Konturen zu verleihen. Solche Anstrengungen müssen geradezu zwangsläufig solange farblos bleiben, wie nicht praktische Fälle die Reichweite legislatorischer Entscheidungen deutlich werden lassen. Dies macht ein Fall des BGH deutlich:[205]

61 **Fall:** Nach Eröffnung des Insolvenzverfahrens über das Vermögen des Schuldners hatte dieser mit Einverständnis des Insolvenzverwalters sein Restaurant fort betrieben. Daraus waren neue Verbindlichkeiten, nämlich Lohnansprüche seiner Mitarbeiter und weitere Forderungen von Gläubigern, aufgelaufen, die der Schuldner zu begleichen nicht in der Lage war. Einer der Mitarbeiter stellte darauf Antrag auf Eröffnung eines „zweiten" Insolvenzverfahrens über das Vermögen des Schuldners. Insolvenzgericht und Beschwerdegericht wiesen den Antrag bzw. die sofortige Beschwerde des Antragstellers zurück.

62 Auch der IX. Zivilsenat hat in der Sache nicht entschieden, sondern die Rechtsbeschwerde als unzulässig verworfen. Die Rechtssache habe keine grundsätzliche Bedeutung. Das ist richtig, da der Antragsteller im vorliegenden Fall zwar „Gläubiger" war, aber doch wenigstens soweit er auf das von § 35 InsO vom Konkursbeschlag erfasste Vermögen des Schuldners zugreifen wollte, als Massegläubiger auf die entsprechende Teilnahme am Insolvenzverfahren nach den §§ 53 ff. InsO verwiesen war. Insoweit hatte der BGH aber entschieden, dass bei der selbständigen Tätigkeit von Schuldnern nach Eröffnung des Insolvenzverfahrens über ihr Vermögen nicht etwa allein ein wie auch immer zu bestimmender Nettoerwerb, sondern das Bruttoeinkommen vom Insolvenzbeschlag gem. § 35 HS 2 InsO erfasst wird. Neugläubiger, wie der Antragsteller, sind damit grundsätzlich entweder Massegläubiger, soweit die selbständige Tätigkeit des Schuldners als Maßnahme der Insolvenzverwaltung anzusehen ist: dies ist im vorliegenden Fall deshalb nahe liegend gewesen, weil die Fortsetzung der selbständigen Tätigkeit des Schuldners zum einen mit Mitteln der Insolvenzmasse (nämlich in dem von ihm betriebenen Restaurant mit den dort vorhandenen sächlichen Ausstattungsmitteln), zum anderen mit ausdrücklichem Einverständnis des Insolvenzverwalters fortgesetzt wurde. Die Möglichkeit des „Neugläubigers", als Massegläubiger gem. § 55 Abs. 1 Nr. 1 InsO bzw. im Fall von fortbeschäftigten Mitarbeitern gem. § 55 Abs. 1 Nr. 2 InsO vorab aus der Masse Befriedigung zu verlangen (§ 53 InsO) führt zwangsläufig dazu, dass diese Neugläubiger kein rechtliches Interesse an der Eröffnung eines weiteren Insolvenzverfahrens haben können.

63 Der Beschluss des BGH führt freilich in die Wirrsale, die der Gesetzgeber durch die Beschlagnahme des Neuerwerbs gem. § 35, 2. HS InsO auf der einen Seite zur Finanzierung der Verbraucherinsolvenz und die Beschränkung der Abtretung gem. § 287 InsO iVm § 290 InsO auf der anderen Seite geschaffen hat. Denn es stellt sich die Frage, wie der Fall, der dem BGH vorgelegen hat zur beurteilen wäre, wenn der

---

205 BGH, Beschl. v. 18. 5. 2004 – IX ZB 189/03 – ZInsO 2004, 739.

Antrag stellende „Neugläubiger" nicht etwa ein bereits vor Eröffnung des Insolvenzverfahrens über das Vermögen des Schuldners in dessen Betrieb beschäftigter Mitarbeiter gewesen wäre, sondern der Schuldner anstelle des in der Schlossallee betriebenen apulischen Spezialitätenrestaurants nach Eröffnung des Insolvenzverfahrens über sein Vermögen in der Badstraße eine Wurstbude betreiben und der „Neugläubiger" ihn mit Würsten, Senf und Dosenbier beliefert hätte, ohne dass ihm hierfür der Insolvenzverwalter sein Einverständnis erteilt hätte. Es liegt auf der Hand, dass in der hier karikierten Fallabwandlung die Frage des rechtlichen Interesses des „Neugläubigers" an einem zweiten Insolvenzverfahren u.U. anders zu beurteilen wäre, als in dem vom BGH entschiedenen Fall, weil sich die Beschlagswirkung dieses zweiten Verfahrens auf eine von der des ersten Verfahrens unterschiedenen Masse beziehen würde.

d) Zulässigkeit des Fremdantrages und „Neuerwerb" des Schuldners nach vorangegangener Abweisung der Eröffnung des Verfahrens über sein Vermögen. Der Insolvenzrechtsreformgesetzgeber hatte es sich zu einem besonderen Anliegen gemacht, die nach altem Konkursrecht mögliche „Flucht in die Masselosigkeit" als Technik, der Eröffnung eines Insolvenzverfahrens und den damit verbundenen Weiterungen zu entgehen, den gesetzlichen Boden zu entziehen. Eine Entscheidung des BGH[206] macht deutlich, dass dieses Ziel der Insolvenzrechtsreform nicht dadurch vereitelt werden kann, dass die schuldnerische Gesellschaft durch einen abgewiesenen Eigenantrag aufgelöst wird. 64

Fall: Soweit eine schuldnerische Gesellschaft liquidiert und vollbeendigt ist, kann ein Insolvenzverfahren nicht mehr eröffnet werden. Denn es fehlt sowohl an dem Subjekt, das Adressat verfahrensrechtlicher Pflichten sein könnte, als auch an dessen Haftungsverband: Ist das Vermögen der Gesellschaft auf einen anderen übergegangen, mag dieser für deren Verbindlichkeiten haften.[207] 65

Im Übrigen kommt ein „subjektloses" Insolvenzverfahren nicht in Betracht. Im Regelfall gilt aber, wie die vorliegende Entscheidung deutlich macht, im deutschen Recht etwas anderes: Solange eine Gesellschaft noch nicht vollständig liquidiert ist, sondern sich noch in Liquidation befindet, besteht nach § 11 Abs. 3 InsO noch die Möglichkeit, dass über ihr Vermögen ein Insolvenzverfahren eröffnet wird. Wird im Falle der Insolvenz ein Insolvenzverfahren nicht eröffnet (§ 26 Abs. 1 InsO), fällt die GmbH zwar in Liquidation (§ 60 Abs. 1 Nr. 5, § 65 Abs. 1 Satz 3 GmbHG), wobei die Auflösung nach der Neufassung durch Art. 48 EGInsO von Amts wegen einzutragen ist. Allerdings kann die GmbH bis zu ihrer Löschung weiter tätig sein, was den Reformgesetzgeber Missbräuche hat besorgen lassen. Die Insolvenzverfahrensfähigkeit juristischer Personen ergibt sich dabei daraus, dass sie (ebenso wie natürliche Personen) in ihrem Bestand (ihrer Identität: Firma) klar abgrenzbar sind (vgl. zur handelsregisterrechtlichen Erfassung § 8 HGB) und mit ihrem Vermögen über einen eindeutig zuzuordnenden Haftungsverband verfügen, auf den sich der gesamtvollstreckungsrechtliche Zugriff der Gläubiger richtet. Daher lässt sich in diesen Fällen eindeutig definieren, welches Vermögen vom Insolvenzbeschlag erfasst wird. Um mit seinem Antrag durchzudringen, muss der Gläubiger nach der vorliegenden Entscheidung schlüssig vortragen, dass die – aufgelöste – schuldnerische Gesellschaft (noch) über Vermögen verfügt. Nicht erforderlich ist, dass dieses Vermögen die zu erwartenden Verfahrenskosten deckt, denn auch in diesen Fällen greift § 26 Abs. 1 InsO und 66

206 *Smid*, DZWIR 2007, 45, 53 ff.
207 Vgl. für die zweigliedrige KG: BGH, Urt. v. 15. 3. 2004 – II ZR 247/01 – ZIP 2004, 1047.

die dem antragsstellenden Gläubiger eingeräumte Befugnis, einen Verfahrenskostenvorschuss einzuzahlen.

66a Der IX. Zivilsenat des BGH[208] hält es nunmehr für möglich, dass auf Antrag eines Neugläubigers ein Insolvenzverfahren beschränkt auf das vom Insolvenzverwalter nach § 35 Abs. 2 InsO freigegebene, aus selbständiger Tätigkeit des Schuldners erlangte Vermögen eröffnet werden könne, während noch das ursprüngliche Insolvenzverfahren läuft. In dem vom BGH entschiedenen Fall war am 10. 4. 2007 über das Vermögen des Schuldners das Insolvenzverfahren eröffnet worden, der als selbständiger Steuerberater tätig war und ist. Am 18. 7. 2008 wurde die selbständige Tätigkeit des Schuldners durch den Insolvenzverwalter freigegeben. Am 15. 6. 2010 stellte eine Sozialversicherung wegen rückständiger Sozialversicherungsbeträge für den Zeitraum 1. 2. 2009 – 31. 5. 2010 Eröffnungsantrag über das freigegebene Vermögen des Schuldners. Die gegen den insolvenzgerichtlichen Beschluss der Abweisung des Antrags als unzulässig gerichtete sofortige Beschwerde der Gläubigerin blieb erfolglos. Das Beschwerdegericht hatte sich dabei darauf gestützt, dass die Freigabe allein den Schluss darauf zulasse, die selbständige Tätigkeit könne nicht wirtschaftlich fortgeführt werden und daher fiele es dem Antrag deshalb ein Rechtschutzbedürfnis, weil sich die freigegebenen Vermögensgegenstände nicht als wirtschaftlich erweisen würden.

66b Nun hat der BGH selbst schon früher[209] dem Neugläubiger das rechtliche Interesse an der Einleitung eines weiteren Insolvenzverfahrens abgesprochen.[210] Der Senat will aber für die Fälle, in denen eine Freigabe nach § 35 Abs. 2 InsO erfolgt ist, hiervon abweichen. Denn durch die Freigabe des Vermögens werde eine Haftungsmasse geschaffen, die der gewerblichen Tätigkeit des Schuldners, insbesondere der Befriedigung der aus den dabei eingegangenen Vertragsverhältnissen, gewidmet sei. Die Neugläubiger, die aus dieser wirtschaftlichen Tätigkeit Forderungen herleiten, können nach Ansicht des BGH auf das bei der freigegebenen selbständigen Tätigkeit erwirtschafteter Vermögen daher Zugriff nehmen und da es damit eine entsprechende Haftungsmasse gebe, sei auch ein gesondertes zweites Insolvenzverfahren möglich, soweit dies nur der Befriedigung der Neugläubiger diene. Dem stehe § 89 Abs. 1 InsO nicht entgegen, der für die Dauer des Insolvenzverfahrens die Zwangsvollstreckung auch in das nicht vom Insolvenzbeschlag erfasste Vermögen des Schuldners verbiete. Denn der erkennende Senat hat selbst die nach § 35 Abs. 2 InsO vom Insolvenzverwalter freigegebenen Vermögensgegenstände als sonstiges Vermögen gem. § 89 Abs. 1 InsO qualifiziert.[211] Er vertritt aber in der vorliegenden Entscheidung die Auffassung, dass die Eröffnung des weiteren Insolvenzverfahrens nicht als Zwangsvollstreckung zu Gunsten einzelner Insolvenzgläubiger qualifiziert werden könne.

67 e) **Antragsbefugnis nachrangiger Insolvenzgläubiger.** Fraglich ist die Antragsbefugnis **nachrangiger Insolvenzgläubiger** gem. § 39 Abs. 1 InsO: Die Inhaber von Forderungen gem. § 39 Abs. 1 Nr. 1 und 2 InsO scheiden von vornherein aus, da ihre Forderungen nicht vorkonkurslich entstanden sind. Antragsbefugt sind dagegen die

---

208 BGH, Beschl. v. 9. 6. 2011 – IX ZB 175/10, ZIP 2011, 1326.
209 BGH, Beschl. v. 18. 5. 2004 – IX ZB 189/03, NZI 2004, 444.
210 Vgl. auch BGH, Beschl. v. 3. 7. 2008 – IX ZB 182/07, ZIP 2008, 1976.
211 BGH, Beschl. v. 12. 2. 2009 – IX ZB 112/06, ZIP 2009, 818.

nachrangigen Insolvenzgläubiger gem. § 39 Abs. 1 Nr. 3 und 14 InsO.[212] Problematisch ist die Behandlung der Gläubiger von Forderungen aus kapitalersetzenden Gesellschafterdarlehen (§ 39 Abs. 1 Nr. 5 InsO), denen unter der Geltung der KO die Antragsbefugnis abgesprochen wurde. Dafür gibt es nun keinen Anhaltspunkt mehr; auch der Gesellschafter kann als Darlehensgeber der Gesellschaft ein Sanierungsverfahren oder das liquidierende Insolvenzverfahren einleiten, wobei seine Eigenantragsstellung gegebenenfalls unter Gesichtspunkten des Rechtsmissbrauchs wegen mangelnden rechtlichen Interesses (§ 14 Abs. 1 InsO) als unzulässig zu erachten sein kann. Während einfachen Gesellschafter-Gläubigern bereits nach § 15 InsO die Antragsbefugnis fehlt, sind Dritte als Darlehensgeber hinsichtlich ihres Ausfalls (§ 32a Abs. 2 GmbHG) Insolvenzgläubiger[213] und daher zur Antragstellung berechtigt.[214]

f) Antragsbefugnis absonderungsberechtigter Gläubiger. Nach dem Wortlaut des § 13 Abs. 1 Satz 2 InsO können **absonderungsberechtigte Gläubiger** unabhängig von einem etwaigen Ausfall auch dann einen Insolvenzantrag stellen, wenn sie keine persönliche Forderung gegen den Schuldner haben (der u. U. eine fremde Schuld gesichert hat), da sie zur Durchsetzung ihres Rechts auf das Verfahren verwiesen werden. Grundsätzlich legt es der Wortlaut der Vorschrift nahe, auch von einer Antragsbefugnis von **Aussonderungsberechtigten** auszugehen, was der Gesetzgeber[215] im Hinblick darauf wegen fehlenden Rechtsschutzbedürfnisses ausgeschlossen hat, dass den Aussonderungsberechtigten auch eine Rechtsdurchsetzungsmöglichkeit außerhalb des Insolvenzverfahrens zur Verfügung steht. 68

g) Inhaltliche Anforderungen an den Fremdantrag. Der Antragssteller kann seinen Antrag nicht auf Teilforderungen stützen.[216] 69

h) Glaubhaftmachung von Tatsachen.[217] Voraussetzung für die Stellung eines Eröffnungsantrages durch die Gläubiger ist, dass der Gläubiger glaubhaft macht, dass ihm eine Forderung gegen den Schuldner zusteht und dass ein Eröffnungsgrund – Zahlungsunfähigkeit bzw. Überschuldung – vorliegt.[218] Maßgeblich ist, dass § 294 ZPO eine Ausnahme vom Grundsatz des Vollbeweises gem. § 286 ZPO normiert. Während die Führung des Vollbeweises voraussetzt, dass die zu beweisende Tatsache aufgrund der Würdigung des Ergebnisses der Beweisaufnahme durch den Richter 70

---

212 *Smid/Leonhardt,* in: LSZ, InsO, 3. Aufl. 2010, § 14 Rn. 4f.; *Uhlenbruck,* in: Uhlenbruck, InsO, 13. Aufl. 2010, § 14 Rn. 26.

213 *Eickmann,* in: H-K, InsO, 4. Aufl. 2006, § 39 Rn. 11; *Holzer,* in: Kübler/Prütting, Kommentar zur Insolvenzordnung, § 39 Rn. 20; *Smid,* in: Smid, InsO, 2. Aufl. 2001, § 39 Rn. 17.

214 BGH, Beschl. v. 23. 9. 2010 – IX ZB 282/09, ZIP 2010, 2055; *Pape,* in: Kübler/Prütting, Kommentar zur Insolvenzordnung, § 14 Rn. 13; *Uhlenbruck,* in: Uhlenbruck, InsO, 13. Aufl. 2010, § 14 Rn. 3.

215 Amtl. Begr. zu § 15 RegEInsO BT-Drs. 12/2443, S. 113.

216 *Uhlenbruck,* in: Uhlenbruck, InsO, 12. Aufl. 2003, § 14 Rn. 26.

217 *Scherer,* Das Beweismaß bei der Glaubhaftmachung, 1986; *Uhlenbruck,* in: Uhlenbruck, InsO, 13. Aufl. 2010, § 14 Rn. 71; *Schmahl,* in: MünchKomm, InsO, 1. Aufl. 2001, § 14 Rn. 14, 29 ff.; *Kind,* in: Braun, InsO, 2. Aufl. 2004, § 14 Rn. 12; ferner vgl. BGH, Beschl. v. 12. 12. 2002 – IX ZB 426/02, BGHZ 153, 205, 208 = DZWIR 2003, 246 mit Anm. Fritsche; BGH, Beschl. v. 8. 12. 2005 – IX ZB 38/05; *Bähr/Smid,* Rechtsprechung 2006, 40; BGH, Beschl. v. 5. 2. 2004 – IX ZB 29/03, ZIP 2004, 1466, DZWIR 2006, 129 = ZIP 2006, 141.

218 *Holzer,* in: Beck/Depré, Praxis der Insolvenz, § 3 Rn. 87.

(§ 286 ZPO) „überzeugend wahrscheinlich" ist, genügt zur Glaubhaftmachung die Vermittlung der Überzeugung **„überwiegende Wahrscheinlichkeit"** des glaubhaft zu machenden Umstandes.[219] Glaubhaftmachung bedeutet demnach, dass der Gläubiger nach § 5 Abs. 1 InsO, § 294 Abs. 1 ZPO sich aller Beweismittel bedienen, insbesondere auch eine Versicherung an Eides Statt abgeben kann.[220] Nach § 294 Abs. 2 ZPO sind allerdings nur präsente Beweismittel zur Glaubhaftmachung zugelassen. Andere als präsente Beweismittel sind vom Insolvenzgericht als zur Glaubhaftmachung ungeeignet zurückzuweisen.[221] Es liegt damit nahe, dass der Gläubiger i.d.R. den Tatbestand der Überschuldung kaum wird beweisen können, da ihm entsprechende Unterlagen im Allgemeinen nicht vorliegen werden.[222]

71 Zur Glaubhaftmachung kann der Beweisführer daher **alle Beweismittel der §§ 355–455 ZPO** anführen, sofern sie **präsent** sind. D. h., der Beweisführer muss die Beweismittel zugleich mit seinem Vortrage dem erkennenden Gericht präsentieren, da § 294 Abs. 2 ZPO im Falle der Glaubhaftmachung eine Beweisaufnahme dann für unstatthaft erklärt, wenn diese nicht „sofort" erfolgen kann; für die schriftliche Antragstellung beschränkt § 294 Abs. 2 ZPO die Mittel der Glaubhaftmachung daher durch den Ausschluss des Beweisantritts durch Sachverständigen- oder Zeugenbeweis bzw. durch Bezugnahme auf vom Gericht erst einzuholende Auskünfte. Allerdings können diese Beweismittel dann zur Glaubhaftmachung dienen, wenn das Gericht erst aufgrund einer noch anzuberaumenden mündlichen Verhandlung entscheiden will. Im Rahmen der Vorbereitung der mündlichen Verhandlung kann durch Zeugenladungen u. dgl. m. die Präsenz der angebotenen Beweismittel in der ausschlaggebenden mündlichen Verhandlung herbeigeführt werden. Der Tatsachenvortrag ist im Übrigen regelmäßig durch die Vorlage von öffentlichen oder privaten Urkunden (zum Urkundsbegriff vgl. §§ 415 ff. ZPO), aber gem. § 294 Abs. 1 ZPO auch durch die Abgabe von Versicherungen an Eides Statt (vgl. § 156 StGB), anwaltliche Versicherungen, uneidliche Parteibefragungen, schriftliche Zeugenerklärungen i. Satz v. § 377 Abs. 4 ZPO oder die Bezugnahme auf dem Gericht unmittelbar verfügbare Akten glaubhaft zu machen.[223]

72 Die **Glaubhaftmachung seines Anspruchs**[224], auf den der Gläubiger seine Antragsbefugnis materiell gründet, erfordert die genaue Bezeichnung des Schuldners sowie die der **Forderung** (die nicht tituliert sein muss[225]), aus der der Gläubiger sein Antragsrecht im Insolvenzverfahren ableitet.[226] Die Forderung darf nicht verjährt und hinsichtlich der den Schuldner treffenden Zahlungspflicht darf keine Stundung gewährt sein. Hinsichtlich der Forderung hat der Gläubiger Belege vorzulegen. Dabei kann es sich um Buchauszüge, alle Arten von Schuldurkunden, Wechsel, Leistungsbescheide[227] aber auch

---

219 *Stephan,* in: Zöller, ZPO, 25. Aufl. 2005, § 294 Rn. 1; *Pape,* in: Kübler/Prütting, Kommentar zur Insolvenzordnung, § 14 Rn. 4; *Vallender,* in: Uhlenbruck, InsO, 13. Aufl. 2010, § 290 Rn. 10; *Schmahl,* in: MünchKomm, InsO, 1. Aufl. 2001, § 14 Rn. 14; *Kind,* in: Braun, InsO, 2. Aufl. 2004, § 14 Rn. 13.
220 OLG Köln, Beschl. v. 29. 2. 1988 – 2 W 9/88 – ZIP 1988, 664; *Uhlenbruck,* in: Uhlenbruck, InsO, 13. Aufl. 2010, § 14 Rn. 65; *Schmahl,* in: MünchKomm, InsO, 1. Aufl. 2001 § 14 Rn. 15; *Kind,* in: Braun, InsO, 2. Aufl. 2004, § 14 Rn. 12.
221 *Uhlenbruck,* in: Gottwald, Insolvenzrechts-Handbuch, 3. Aufl. 2006, § 12 Rn. 23.
222 *Mönning,* in: Nerlich/Römermann, InsO, § 14 Rn. 46.
223 *Stephan,* in: Zöller, ZPO, 25. Aufl. 2005, § 294 Rn. 3.
224 *Schulte,* Der Nachweis des Gläubigerrechts im Konkursverfahren, 1999, S. 59 ff.; *Uhlenbruck,* InsO, 12. Aufl. 2003, § 14 Rn. 44 ff.; *Schmahl,* in: MünchKomm, InsO, 1. Aufl. 2001, § 14 Rn. 8 ff.
225 LG Potsdam v. 24. 11. 1999 – 5 T 248/99 – NZI 2000, 233; *Schmahl,* in: MünchKomm, InsO, 1. Aufl. 2001, § 14 Rn. 12.
226 *Uhlenbruck,* in: Gottwald, Insolvenzrechts-Handbuch, 3. Aufl. 2006, § 12 Rn. 18.
227 OLG Dresden v. 28. 8. 2000 – 7 W 1396/00 – ZInsO 2000, 560; OLG Hamm v. 13. 3. 1980 – 15 W 308/79 – ZIP 1980, 258, 259; LG Itzehoe v. 21. 4. 1989 – 1 T 22/89 – KTS 1989, 730; OLG Naumburg v. 10. 3. 2000 – 5 W 18/00 – ZInsO 2000, 216; OLG Köln v. 29. 12. 1999 – 2 W 188/99 – NZI 2000, 78, 79 – ZIP 2000, 504 m. Anm. *A. Schmidt,* EWiR § 14 InsO 1/2000, 401; OLG Zweibrücken v. 26. 10. 2000 – 3 W

vom Gläubiger erstrittene Urteile handeln.[228] Im Falle des Antrags eines Sozialversicherungsträgers sind die rückständigen Beiträge, aus denen sich die Forderungen ergeben, nach Arbeitnehmern und Monaten genau aufzuschlüsseln und durch Vorlage von Leistungsbescheiden oder Beitragsnachweisen der Arbeitgeber glaubhaft zu machen.[229] Gegebenenfalls hat der Gläubiger sein Vorbringen mit einer eidesstattlichen Versicherung[230] zu bekräftigen. In **Fällen rechtlich zweifelhafter Forderungen** fordert die Rechtsprechung **deren vollen Beweis,** wenn der Bestand der Forderung selbst Insolvenzvoraussetzung ist.[231] Liegt der Eröffnungsgrund unabhängig von der Forderung des Antragstellers zur Überzeugung des Gerichts vor, dann genügt auch die Glaubhaftmachung der bestrittenen oder bereits anhängigen Forderung;[232] im Übrigen ist der Insolvenzantrag als unbegründet abzuweisen und der Antragsteller auf den Klageweg zu verweisen.[233] Zudem muss der Gläubiger den **Insolvenzgrund glaubhaft machen,**[234] also die Zahlungsunfähigkeit[235] oder die Überschuldung[236] des Schuldners. Auch insoweit hat der Gläubiger seinem Antrag Belege beizufügen, aus denen sich der behauptete Insolvenzgrund ergibt. Die Bescheinigung eines Vollstreckungsbeamten über die Fruchtlosigkeit der Zwangsvollstreckung gegen den Schuldner wird vielfach ausreichen. Die Darlegungslast des Gläubigers kann sich im Einzelfall dadurch erhöhen, dass er den zunächst gestellten Antrag nach der Befriedigung seiner Forderungen zurückgenommen und danach einen erneuten Antrag gestellt hat. Dagegen setzt die Stellung eines Insolvenzantrages nicht voraus, dass der Gläubiger einen Titel über seine Forderung bereits erstritten hat.[237]

Beispiel: Das Amtsgericht[238] und auf die Beschwerde des Gläubigers hin das LG Siegen als Beschwer- **73**
degericht, hatten den Antrag eines Sozialversicherungsträgers auf Eröffnung des Insolvenzverfahrens über das Vermögen eines Arbeitgebers wegen rückständiger Sozialversicherungsbeiträge als unzulässig zurückgewiesen, da die zugrunde liegende Forderung nach Antragstellung erfüllt worden sei. Der Antrag werde nicht dadurch wieder zulässig, dass sich neue Forderungen ergeben hätten.

Der IX. Zivilsenat hat die Anforderungen näher bestimmt, die an die Glaubhaftmachung einer Forde- **74**
rung im Insolvenzantrag zu stellen sind. Die Forderungen seien, so der IX. Zivilsenat, im Falle des Antrags eines Sozialversicherungsträgers nach Arbeitnehmern und Monaten, aus denen sich die rück-

---

206/00 – ZInsO 2000, 668; *Schmahl,* in: MünchKomm, InsO, 1. Aufl. 2001, § 14 Rn. 17; *Uhlenbruck,* InsO, 12. Aufl. 2003, § 14 Rn. 45; *Kind,* in: Braun, InsO, 2. Aufl. 2004, § 14 Rn. 15.

228 Es genügt nicht eine bloße Forderungsaufstellung: OLG Hamm v. 3. 7. 1970 – 15 W 282/70 – KTS 1971, 54; LG Duisburg v. 5. 8. 1999 – 24 T 157/99, Kurzwiedergabe in ZIP 1999, 2067; AG Duisburg v. 7. 7. 1999 – 60 IN 119/99 – ZIP 1999, 2065, 2066 m. Anm. *Pannen,* EWiR § 14 InsO 2/2000, 779.

229 BGH v. 5. 2. 2004 – IX ZB 29/03 – ZIP 2004, 1466; BGH v. 13. 6. 2006 – IX ZB 214/05 m. Anm. *Tetzlaff,* jprins 18/2006 Nr. 2.

230 *Stephan,* in: Zöller, 25. Aufl. 2005, § 294 Rn. 4; *Uhlenbruck,* InsO, 12. Aufl. 2003, § 14 Rn. 44; *Schmahl,* in: MünchKomm, InsO, 1. Aufl. 2001, § 14 Rn. 15; *Kind,* in: Braun, InsO, 2. Aufl. 2004, § 14 Rn. 12.

231 LG Meiningen v. 13. 4. 2000 – 4 T 13/00 – ZIP 2000, 1451; *Kohler* (Fn. 9), S. 536; *Pape,* in: Kübler/Prütting, Kommentar zur Insolvenzordnung, § 14 Rn. 22; *Schulte* (Fn. 224), 21 f.

232 OLG Köln, Beschl. v. 3. 1. 2000 – 2 W 268/99 – ZIP 2000, 151.

233 *Mönning,* in: Nerlich/Römermann, InsO, § 14 Rn. 58.

234 *Uhlenbruck,* in: Gottwald, Insolvenzrechts-Handbuch, 3. Aufl. 2006, § 12 Rn. 19; *Uhlenbruck,* in: Uhlenbruck, InsO, 13. Aufl. 2010, § 14 Rn. 78; *Schmahl,* in: MünchKomm, InsO, 1. Aufl. 2001, § 14 Rn. 29; *Kind,* in: Braun, InsO, 2. Aufl. 2004, § 14 Rn. 21; BGH, Beschl. v. 13. 6. 2006 – IX ZB 238/05, ZIP 2006, 1457, 1458.

235 *Uhlenbruck,* in: Gottwald, Insolvenzrechts-Handbuch, 3. Aufl. 2006, § 12 Rn. 23 19; *Uhlenbruck,* InsO, 12. Aufl. 2003, § 14 Rn. 51; *Schmahl,* in: MünchKomm, InsO, 1. Aufl. 2001, § 14 Rn. 32; *Kind,* in: Braun, InsO, 2. Aufl. 2004, § 14 Rn. 21.

236 *Uhlenbruck,* in: Gottwald, Insolvenzrechts-Handbuch, 3. Aufl. 2006, § 12 Rn. 21; *Uhlenbruck,* InsO, 12. Aufl. 2003, § 14 Rn. 53; *Schmahl,* in: MünchKomm, InsO, 1. Aufl. 2001, § 14 Rn. 37; *Kind,* in: Braun, InsO, 2. Aufl. 2004, § 14 Rn. 25.

237 *Mönning,* in: Nerlich/Römermann, InsO, § 14 Rn. 33; *Pape,* in: Kübler/Prütting, Kommentar zur Insolvenzordnung, § 14 Rn. 5.

238 BGH, Beschl. v. 5. 2. 2004 – IX ZB 29/03 – ZIP 2004, 1466.

ständigen Beiträge ergeben, aufzuschlüsseln. Die so einzeln aufgeschlüsselten Forderungen seien durch die Vorlage von Leistungsbescheiden oder Beitragsnachweisen der Arbeitgeber glaubhaft zu machen. Damit hat sich der IX. Zivilsenat einer verbreiteten amts- und landgerichtlichen Judikatur angeschlossen, nach der die bloße Vorlage eines Auszugs aus dem beim Sozialversicherungsträger über den Arbeitgeber geführten Kontos nicht ausreicht, um die behaupteten Forderungen im Sinne von § 14 Abs. 1 InsO glaubhaft zu machen. Denn durch die – in Zeiten wirtschaftlicher Krise häufige – Reduktion der Zahl von Arbeitnehmern oder in solchen Fällen, in denen der Arbeitgeber Ansprüche auf Ausgleich seiner Aufwendungen nach dem Lohnfortzahlungsgesetz hat, besteht die Möglichkeit, dass der Arbeitgeber nicht in dem vom Sozialversicherungsträger behaupteten Umfang beitragspflichtig war, was es richtig erscheinen lässt, die Anforderungen an die Glaubhaftmachung nicht abzusenken.

75 Durch Tilgung der Forderung des Gläubigers nach Antragstellung erlischt, wie der IX. Zivilsenat des BGH bestätigt, das Antragsrecht des Gläubigers. Das folgt einfach daraus, dass Eröffnungsgrund und die vom Gläubiger glaubhaft zu machende Forderungen zwei unterschiedliche Voraussetzungen des Eröffnungsantrags sind, die nebeneinander und unabhängig voneinander vorliegen müssen, damit der Antrag zulässig und begründet ist. Fehlt es an einem dieser Erfordernisse, ist der Antrag als unzulässig zu verwerfen. Das Erlöschen der Forderung ist unabhängig davon, ob es auf eine Erfüllungshandlung des Schuldners zurückzuführen ist, die gegebenenfalls der Insolvenzanfechtung unterliegt. Der IX. Zivilsenat hält es allerdings für zulässig, dass der Gläubiger die im Eröffnungsverfahren geltend gemachte Forderung auswechselt – und zwar unabhängig davon, ob die zunächst vorgetragene Forderung erloschen ist oder nicht. Der IX. Zivilsenat führt aber weiter aus, dass es dem Sozialversicherungsträger nicht auferlegt ist, zunächst einen erfolglosen Vollstreckungsversuch nachzuweisen. Denn wird die dem Eröffnungsantrag zugrunde gelegte Forderung im Übrigen glaubhaft gemacht, fehlt es dem Eröffnungsantrag des Sozialversicherungsträgers als Gläubiger im Sinne von § 38 InsO doch nicht an dem von § 14 Abs. 1 InsO geforderten Rechtsschutzbedürfnis. Das Insolvenzverfahren als Form der Rechtsdurchsetzung (Exekution), ist anderen Vollstreckungsformen gegenüber nicht subsidiär, wie der IX. Zivilsenat zutreffend feststellt.

76 Das **Vorliegen eines Insolvenzgrundes** kann insbesondere dadurch glaubhaft gemacht werden, dass unter Vorlage entsprechender Korrespondenz dargetan wird, der Schuldner habe die Einstellung seiner Zahlungen erklärt, dass gehäuft Wechsel- und Scheckproteste vorliegen; der Schuldner seinen Geschäftsbetrieb eingestellt hat; Löhne und Gehälter nicht mehr gezahlt werden; gegen den Schuldner im Falle der Insolvenz natürlicher Personen ein Haftantrag zur Erzwingung der Abgabe der eidesstattlichen Versicherung gestellt worden ist. Derartige vom Antragssteller vorgetragene Indizien sind vom Insolvenzgericht zu beachten; insbesondere gilt dies für Fruchtlosigkeitsbescheinigungen[239]. Hat der Schuldner aber trotz Scheckrückgaben oder Wechselprotesten über sein Geschäftskonto nicht unerhebliche Zahlungen nach einer Nachfrist oder Prolongierung an seine Gläubiger geleistet, kann daraus noch nicht auf eine Zahlungseinstellung geschlossen werden.[240] Dies gilt auch dann, wenn sich der Schuldner die Mittel unredlich beschafft hat.[241] Der Eröffnungsgrund (i.d.R. durch Zahlungseinstellung vermutete Zahlungsunfähigkeit) ist daher glaubhaft zu machen, z.B.: die Hausbank hat alle Kredite gekündigt und die Konten gesperrt; die Arbeitnehmer haben keinen Lohn erhalten; ein Titulargläubiger hat fruchtlos die Zwangsvollstreckung versucht (in allen diesen Fällen kann von Zahlungseinstellungen ausgegangen werden).

77 Die **Zulässigkeit des Gläubigerantrags** setzt **im Übrigen** nicht voraus, dass die schuldnerische Gesellschaft ordnungsgemäß vertreten ist[242], denn weder die Person des Schuldners noch die seines Repräsentanten wird benötigt, um festzustellen, ob gegebenenfalls aufgrund des eingegangenen Antrags

---

239 BayObLG v. 3. 4. 2000 – 4 Z BR 6/00 – InVo 2000, 301; *Uhlenbruck*, InsO, 12. Aufl. 2003, § 14 Rn. 51.
240 *Kirchhof*, in: H-K, InsO, 4. Aufl. 2006, § 17 Rn. 37.
241 *Kirchhof*, in: Kölner Schrift zur Insolvenzordnung, 2. Aufl. 2000, S. 285, 289.
242 So aber OLG Köln, Beschl. v. 3. 1. 2000 – 2 W 214/99 – ZIP 2000, 280.

Sicherungsmaßnahmen einzuleiten sind. Die Bestellung eines Notorgans kann insofern nachgeholt werden.[243]

78 **i) Risiken der Antragsstellung durch den Gläubiger.** Der Gläubiger muss sich über die Risiken einer Antragstellung im Klaren sein. Die fahrlässige Stellung eines unbegründeten Eröffnungsantrags verletzt nach höchstrichterlicher Rechtsprechung[244] nicht das Recht des Schuldners am eingerichteten und ausgeübten Gewerbebetrieb. Der Gläubiger ist insofern also im Allgemeinen keinen Schadensersatzpflichten nach § 823 Abs. 1 BGB ausgesetzt, folgt man der Judikatur.[245] Allerdings bleibt eine Schadensersatzhaftung des Gläubigers gegebenenfalls nach § 824 Abs. 1 BGB und § 823 Abs. 2 BGB i. V. m. § 186 StGB sowie § 826 BGB bestehen.[246] Riskanter noch als diese Schadensersatzpflichten des Gläubigers sind die allgemeinen insolvenzrechtlichen Folgen der Verfahrenseröffnung für seine Forderung und deren Durchsetzung. Der Gläubiger muss sich bei der Antragstellung vor Augen führen, dass er gegebenenfalls weitgehend leer ausgeht. Ein Kostenrisiko für die Anordnung der vorläufigen Verwaltung wird dagegen von der hA verneint: Da der Gesetzgeber die Kosten der vorläufigen Verwaltung bewusst von den erstattungsfähigen Auslagen des § 50 Abs. 1 Satz 2 GKG ausgenommen habe, scheide ein Rückgriff auf den Antragsteller aus.[247] Die Kosten sind daher vorab nach § 25 Abs. 2 Satz 1 InsO dem verwalteten Vermögen zu entnehmen;[248] nach einer differenzierenden Auffassung soll eine entsprechende Anwendung von § 91 ZPO bei unzulässigen oder unbegründeten Anträgen in Betracht kommen.[249]

79 Die Beziehungen zwischen Antrag stellender Bank und dem Bankkunden als Antragsgegner waren wohl so zerrüttet, dass die Bank mit einem Eröffnungsantrag gegen ihren Kunden vorging. Der Bankkunde wehrt sich gegen die Antrag stellende Bank mit Antrag auf Erlass einer einstweiligen Verfügung, mit der der Antragstellerin der Antragsgegnerin im einstweiligen Verfügungsverfahren verboten werden sollte, einen Insolvenzeröffnungsantrag zu stellen. Grundsätzlich ist die Wahrnehmung der Rechtsbehelfe, die das geltende Recht einem Rechtsgenossen zur Verfügung stellt, eine legitime Form der Wahrnehmung der Rechte des Betreffenden. Grundsätzlich kann daher dem Kläger nicht verboten werden zu klagen, dem Antragsteller die Antragstellung nicht untersagt werden usf. Ob die Klage zulässig und begründet, der Antrag positiv zu bescheiden oder abzuweisen ist, gehört dem Verfahren an, in dem die Klage erhoben bzw. der Antrag gestellt worden ist. Im Allgemeinen verbietet es sich, gegen die Entscheidungsbefugnis der durch Klage oder Antrag angerufenen Gerichts oder Behör-

---

243 Kritisch hingegen das OLG Köln v. 3. 1. 2000 – 2 W 214/99 – ZIP 2000, 280: *v. Gerkan*, EWiR 2000, 399; *Henckel*, ZIP 2000, 2045, 2046 f.

244 BGH, Urt. v. 3. 10. 1961 – VI ZR 242/60 – BGHZ 36, 18 – NJW 1961, 2254; BGH, Urt. v. 15. 2. 1990 – III ZR 293/88 – ZIP 1990, 805.

245 Kritisch dagegen *Häsemeyer*, Schadenshaftung im Zivilrechtsstreit, 1979, S. 154 ff.; *Hopt*, Schadensersatz aus unberechtigter Verfahrenseinleitung, 1968; *Baur*, JZ 1972, 95; *Uhlenbruck*, in: Gottwald, Insolvenzrechts-Handbuch, 3. Aufl. 2006, § 7 Rn. 14.

246 *Pape*, in: Kübler/Prütting, Kommentar zur Insolvenzordnung, § 13 Rn. 18; *Uhlenbruck*, InsO, 12. Aufl. 2003, § 14 Rn. 117; *Schmahl*, in: MünchKomm, InsO, 1. Aufl. 2001, § 14 Rn. 132 ff.

247 *Pape*, in: Kübler/Prütting, Kommentar zur Insolvenzordnung, § 13 Rn. 24; *Uhlenbruck*, in: Kölner Schrift zur Insolvenzordnung, 2. Aufl. 2000, S. 325, 372; *Mönning*, in: Nerlich/Römermann, InsO, § 26 Rn. 54.

248 *Kirchhof*, in: H-K, InsO, 4. Aufl. 2006, § 22 Rn. 52; *Pape*, in: Kübler/Prütting, Kommentar zur Insolvenzordnung, § 13 Rn. 24; *Uhlenbruck*, InsO, 12. Aufl. 2003, § 25 Rn. 13 ff.; *Haarmeyer*, in: MünchKomm, InsO, 1. Aufl. 2001, § 25 Rn. 26.

249 *Kirchhof*, in: H-K, InsO, 4. Aufl. 2006, § 13 Rn. 20. Dies wird allerdings neuerdings bestritten: *Uhlenbruck*, KTS 1983, 341, 346 ff. und *ders.*, KTS 1986, 541, 553.

de ein anderes Gericht oder gar eine andere Behörde zu mobilisieren. Der Grund dafür, einem Bürger das ihm rechtsstaatlich zu Gebote gestellte Handeln zu verbieten, könnte allein darin liegen, dass er damit unmittelbar und rechtswidrig in den geschützten Rechtskreis des Gegners eingreift. Dass überhaupt in einem rechtsstaatlichen Verfahren vorgegangen wird, gewährleistet nämlich hinreichend den Schutz des Betroffenen vor einer Beeinträchtigung seiner Rechte durch die Rechtsausübung des Klägers oder Antragstellers. Dies gilt im Übrigen auch für den boshaften Kläger oder Antragsteller, dem es gerade recht ist, den Beklagten bzw. Antragsgegner mit dem in Gang gesetzten Verfahren zu überziehen und sich dem Gegner gegenüber gar zu entsprechenden Äußerungen hinreißen lässt. Denn wie es Immanuel Kant einmal ausgedrückt hat, gilt das Recht – auch das Verfahrensrecht – für eine Gesellschaft von Engeln, also wie auch Teufeln. Auch derjenige, der ein Insolvenzverfahren einleitet, um den anderen „platt" zu machen und dies in schadenfroher Weise äußert, mag sich damit ein Stirnrunzeln zuziehen, nicht aber das Verbot, seine Rechte auszuüben. Das OLG Koblenz[250] weist zu Recht darauf hin, dass in bestimmten Sonderfällen die Rechtsordnung allerdings Schadenersatzansprüche an die Rechtsausübung in staatlichen Gerichtsverfahren knüpft. Dies ist nach § 717 Abs. 2 ZPO bei der Vollstreckung aus einem später aufgehobenen oder abgeänderten vorläufigen vollstreckbaren Urteil der Fall, weil der Vollstreckungsgläubiger weiß, dass seine Rechtsposition nur vorläufigen Charakters ist und die dem Vollstreckungsgegner durch die Zwangsvollstreckung zugefügten Nachteile materiellrechtlich zu kompensieren verpflichtet ist. Gleiches gilt bei der Vollziehung eines von Anfang an ungerechtfertigten Arrests gem. § 945 ZPO. Im Übrigen aber stellt sich die Ausübung von verfahrensrechtlichen Positionen nicht als schadenersatzpflichtiger Eingriff in die Rechte des Gegners dar. Es sei denn, es handelt sich um eine vorsätzlich begangene sittenwidrige Schädigung i. S. v. § 826 BGB. Dies zu begründen reicht allerdings nicht. Die bereits angesprochene Boshaftigkeit des Klägers oder Antragstellers, sondern wohl allein dadurch begründet, dass der Kläger oder Antragsteller einen Prozessbetrug begeht oder mit unwahren Angaben erschlichene Vollstreckungsmaßnahmen bewirkt.[251] Die vom OLG Koblenz angeführten Ausnahmefälle verdienen durchaus Aufmerksamkeit. Der **„Drohantrag"** von Sozialversicherungsträger oder Finanzamt stellt sich gewiss nicht als sittenwidriger Schädigung oder als Eingriff in den eingerichteten oder ausgeübten Gewerbebetrieb dar. Es ist indes nicht zu übersehen, dass der schädigende Antrag, der von einem Konkurrenten initiiert worden ist, in einer Reihe von Fällen in eine Grauzone trifft. Denn bedenkt man, dass gegen ein Unternehmensträger gerichtete Fremdantrag, dessen Insolvenz überhaupt erst zur Folge haben kann, weil unter den Bedingungen eines Fremdantrags die Bewertung des Unternehmens sich dramatisch verändern kann, wird deutlich, dass hier ein weites Feld angesprochen wird. Interessant sind weniger die Fragen, die sich im Vorfeld der Stellung des Eröffnungsantrags wie hier im Verfahren vorläufigen Rechtsschutzes ergeben können. Die Probleme setzen ein, wo der Gutachter im Eröffnungsverfahren zum Schluss kommt, dass ein Eröffnungsgrund nicht vorliegt bzw. vom Schuldner aus dem Weg geräumt werden kann oder auf Bewertungsproblemen bei Feststellung der Überschuldung beruht. In diesem Fall kann sich die Frage stellen, ob nicht der gegebenenfalls fahrlässig gestellte Eröffnungsantrag einen Akt des Eingriffs in den eingerichteten und ausgeübten Gewerbebetrieb darstellt. Die Judikatur des BGH[252] in Sachen Kirch zur Verantwortlichkeit insbesondere der Banken wegen grob fahrlässiger Äußerungen zur Liquidität des Bankkunden macht deutlich, dass die Bedeutung der Entscheidung des OLG Koblenz nicht überbewertet werden sollte.

80 In der Rechtswirklichkeit sind es daher auch nur selten die „allgemeinen" Gläubiger, die Insolvenzanträge stellen: Sie haben mit Blick auf ihre geringen Rechtsdurchsetzungschancen oftmals Grund, die Einleitung eines Insolvenzverfahrens eher zu scheuen! Nachgerade „geborene" Antragssteller nach § 14 InsO sind demgegenüber die Sozialversicherungsträger schon mit Blick auf eine persönliche Haftung der Betroffenen nach den §§ 823 Abs. 2 BGB i. V. m. § 266a StGB.[253] Mit der Eröffnung des Insol-

---

250 OLG Koblenz, Beschl. v. 17. 11. 2005 – 10 W 705/05 – ZInsO 2005, 1338, m. Anm. *Smid,* jprins 13/2006 Anm. 5.

251 BGH, Urt. v. 3. 10. 1961 – VI ZR 242/60, BGHZ 36, 18, 21.

252 BGH, Urt. v. 24. 1. 2006 – XI ZR 384/03 – ZIP 2006, 317.

253 BGH, Urt. v. 18. 1. 2007 – IX ZR 176/05 ZIP 2007, 541

venzverfahrens über das Vermögen des Schuldners endet im Übrigen die Versicherungspflicht für den Sozialversicherungsträger.

Das Insolvenzverfahren kennt **keine Geständnisfiktion.**[254] Ein Schweigen des Schuldners – was man sich einfach so vorstellen mag, dass die schuldnerische Gesellschaft zum Zeitpunkt der Fremdantragstellung keine Organe hat – enthebt das Insolvenzgericht daher nicht der Pflicht zur Amtsermittlung. Umgekehrt steht dem Schuldner das Mittel einer Gegenglaubhaftmachung zur Seite, durch die er den Insolvenzantrag unzulässig machen kann.[255] Daher können Antragssteller und Schuldner beim Fremdantrag das Insolvenzgericht durch ein „Unstreitigstellen" von Tatsachen in seiner Entscheidung über die Eröffnung des Insolvenzverfahrens nicht binden, von der nicht nur antragsstellender Gläubiger und Schuldner, sondern in erheblichem Umfang auch weitere potentielle Verfahrensbeteiligte (die Arbeitnehmer des Schuldners, um nur *ein* Beispiel zu nennen) betroffen sind. Bei seiner ihm nach § 5 Abs. 1 InsO obliegenden amtswegigen Ermittlung der Eröffnungsvoraussetzungen[256] hat das Insolvenzgericht entsprechende Erklärungen des Schuldners hinsichtlich seiner Zahlungsunfähigkeit oder Überschuldung zu überprüfen. 81

5. Rücknahme des Eröffnungsantrages[257]

a) Dispositionsbefugnis des Antragsstellers. Beim Insolvenzantrag handelt es sich um eine Verfahrenshandlung, die bis zur Unanfechtbarkeit (formelle Rechtskraft) des Eröffnungsbeschlusses zurückgenommen oder für erledigt erklärt[258] werden kann,[259] § 13 Abs. 2 InsO. Nach Erlass des Eröffnungsbeschlusses bzw. nach der rechtskräftigen Abweisung mangels Masse gem. § 26 InsO[260] ist die Antragsrücknahme ausgeschlossen[261], da das Insolvenzverfahrens dann aus einem Antrags- in ein Amtsverfahren übergeht.[262] **Zahlt der Schuldner nach Antragstellung,** haben das Insolvenzgericht und gegebenenfalls das Beschwerdegericht diese Tatsache bei ihren Entscheidungen zu berücksichtigen.[263] Nach der wohl überwiegenden Meinung soll in diesem Fall der Gläubiger seinen Antrag entsprechend § 91 a ZPO für **erledigt** erklären können.[264] 82

---

254 OLG Köln, Beschl. v. 14. 6. 2000 – 2 W 86/00 – DZWIR 2000, 385 m. Anm. *Smid.*
255 LG Göttingen, Beschl. v. 27. 5. 2000 – 10 T 27/00 – DZWIR 2000, 342; *Uhlenbruck,* InsO, 12. Aufl. 2003, § 14 Rn. 43, 46; *Schmahl,* in: MünchKomm, InsO, 1. Aufl. 2001 § 14 Rn. 19; *Kind,* in: Braun, InsO, 2. Aufl. 2004, § 14 Rn. 14.
256 Vgl. allein *Smid/Leonhardt,* in: LSZ, InsO, 3. Aufl. 2010, § 5 Rn. 6.
257 Vgl. zum Meinungsstreit *Delhaes,* in: Kölner Schrift zur Insolvenzordnung, 2. Aufl. 2000, S. 148 f.; *Uhlenbruck,* InsO, 12. Aufl. 2003, § 14 Rn. 82.
258 LG Göttingen, Beschl. v. 23. 3. 1992 – 6 T 215/91 – ZIP 1992, 572.
259 *Uhlenbruck,* in: Gottwald, Insolvenzrechts-Handbuch, 3. Aufl. 2006, § 11 Rn. 39; *Uhlenbruck,* InsO, 12. Aufl. 2003, § 14 Rn. 82, 84.
260 OLG Köln, Beschl. v. 17. 7. 1992 – 2 W 84/92 – ZIP 1993, 936 m. Anm. *Mohrbutter,* EWiR § 106 KO 1/93, 801.
261 OLG Celle, Beschl. v. 2. 3. 2000 – 2 W 15/00 – ZIP 2000, 673 m. Anm. *Frind,* EWiR § 13 InsO 1/2000, 499.
262 LG Dresden v. 16. 6. 1999 – 10 T 558/99 – RPfleger 1999, 505.
263 LG Kiel v. 27. 5. 1987 – 13 T 200/87 – ZIP 1987, 870 m. Anm. *Pape,* EWiR § 109 1/87, 913.
264 BGH, Urt. v. 20. 11. 2001 – IX ZR 48/01 – ZIP 2002, 87 ff., eingehend unten § 18 Rn. 56; AG Köln v. 15. 11. 1999 – 71 IN 160/99 – NZI 2000, 94; LG Magdeburg v. 27. 12. 1993 – 3 T 463/93 – ZIP 1994, 578; LG Frankfurt/O. v. 5. 7. 1995 – 16 T 145/95 – ZIP 1995, 1211 m. Anm. *Smid,* EWiR § 2 GesO 5/95, 993; *Kirchhof,* in: H-K, InsO, 4. Aufl. 2006, § 13 Rn. 16; *Pape,* in: Kübler/Prütting, Kommentar zur Insol-

83 b) **Geschäftsführerwechsel.** Probleme können sich ergeben, wenn einer von mehreren Geschäftsführern von einer GmbH unter Glaubhaftmachung eines Insolvenzgrundes Insolvenzantrag gestellt hat, der dann abberufen[265] wird und die neue Geschäftsführung die Rücknahme des Antrages erklärt.[266] Sofern kein Fremdantrag des früheren Geschäftsführers als Gläubiger der GmbH vorliegt, ist die neue Geschäftsführung zur Antragsrücknahme befugt; insbesondere bedarf es einer „Entkräftung" der Glaubhaftmachung des Insolvenzgrundes nicht.[267]

6. Festhalten am erledigten Gläubigerantrag nach dem HaushaltsBeglG 2011

84 Die Regelung des § 14 Abs. 1 InsO n.F. weicht von den im Rahmen der Arbeiten am Insolvenzrechtsvereinfachungsgesetz 2007 gemachten Vorschläge zu einer amtswegigen Eröffnung des Insolvenzverfahrens deutlich ab. Denn die neue Vorschrift, die nunmehr mit dem HBeglG 2011 Gesetz geworden ist, hat das Insolvenzgericht zwar das Insolvenzverfahren auch dann zu eröffnen, wenn der Antrag des Gläubigers deshalb unzulässig geworden ist, weil seine Forderung durch Erfüllung erloschen ist, § 362 Abs. 1 InsO. Nach § 14 Abs. 1 S. 2 InsP idF InsO hat der Gläubiger im Fall der Befriedigung der den Antrag tragenden Forderung auch die vorherige Antragstellung glaubhaft zu machen. Für den Gläubiger ist aber der interessante Fall nicht etwa, dass er in dieser Situation an seinem Antrag festhält. Er geht nämlich seiner erlangten Befriedigung verlustig dadurch, dass er an seinem unzulässig gewordenen Antrag festhält, wodurch dann die Anfechtungsmöglichkeit des Insolvenzverwalters nach §§ 130, 131 oder 133 Abs. 1 InsO eröffnet wird. Vielmehr wäre es interessant, Druckanträge, die eine einseitige Gläubigerbefriedigung und damit eine Gläubigerbenachteiligung herbeiführen, auch unter der Voraussetzung zur Eröffnung des Insolvenzverfahrens zu bringen, dass der Gläubiger Befriedigung erlangt hat, sein Antrag unzulässig geworden ist und er den Antrag zurückzieht. Interessant ist hier nicht, dem Gläubiger, wie es das Gesetz nunmehr tut, die Befugnis einzuräumen, selber darüber entscheiden zu können, ob er mit der an sich anfechtbar erlangten Befriedigung sich beruhigen und zurückziehen, oder ob er die Existenz des Schuldners (wenn es eine juristische Person ist) beenden will. Dies alles ist nicht sinnvoll. Sinnvoll wäre es gewesen, eine Befugnis Gläubigers zur Rücknahme seines Antrages in den vorliegenden Fällen auszuschließen.

85 Wenige – nämlich 29 – Tage vor Inkrafttreten der Neufassung des § 14 Abs. 1 InsO durch das HaushaltsbeglG 2011 hat der IX. Zivilsenat des BGH[268] im Übrigen verfahrensrechtlich überzeugend darauf erkannt, dass eine Befriedigung der Forderung des den Insolvenzantrag stellenden Gläubigers, die nach Erlass des Beschlusses, mit der die Eröffnung des Verfahrens mangels Masse abgewiesen worden ist, im Beschwerde-

venzordnung, § 13 Rn. 23; *Mönning,* in: Nerlich/Römermann, InsO, § 13 Rn. 109ff.; vgl. auch *Delhaes,* in: Kölner Schrift zur Insolvenzordnung, 2. Aufl. 2000, S. 141, 155 Rn. 52ff., der zumindest eine lediglich feststellende Entscheidung nach § 91a ZPO ablehnt. Zur Kritik daran Voraufl., § 3 Rn. 27.

265 BGH, Beschl. v. 10. 7. 2008 – IX ZB 122/07, DZWIR 2009, 72.

266 Vgl. zum Meinungsstreit *Delhaes,* in: Kölner Schrift zur Insolvenzordnung, 2. Aufl. 2000, S. 141, 148 (Rn. 30f.).; unklar AG Potsdam v. 11. 4. 2000 – 35 IN 110/00 – DZWIR 2000, 257.

267 Vgl. den Beispielsfall Voraufl., § 3 Rn. 29; BGH, Beschl. v. 10. 7. 2008 – IX ZB 122/07, DZWIR 2009, 72.

268 BGH, Beschl. v. 2. 12. 2010 – IX ZB 121/10.

verfahren nicht zu berücksichtigen ist. Die Frage der Eröffnung des Insolvenzverfahrens ist zur Entscheidung reif, wenn das Insolvenzgericht aufgrund des zulässigen Insolvenzantrages von Amts wegen die Voraussetzungen des Vorliegens eines Eröffnungsgrundes und der Deckung der Verfahrenskosten gem. § 26 Abs. 1 S. 1 InsO von Amts wegen ermittelt hat. Ob das Insolvenzverfahren zu eröffnen ist, hängt davon ab, ob bei Vorliegen eines Eröffnungsgrundes die Verfahrenskosten zum Zeitpunkt der Entscheidung über die Verfahrenseröffnung gedeckt sind. Ist dies nicht der Fall, wird der Antrag zurückgewiesen. Im vorliegenden Fall hatte dann in der Instanz der sofortigen Beschwerde der Schuldner die Gläubigerforderung ausgeglichen. Wäre dies vor der insolvenzgerichtlichen Ablehnungsentscheidung der Fall gewesen, wäre der Antrag wegen des Erlöschens der zugrundeliegenden Forderung (§ 362 Abs. 1 BGB iVm § 14 Abs. 1 InsO) unzulässig geworden. Im vorliegenden Fall aber lag ein zulässiger Eröffnungsantrag vor, der folgerichtig vom Insolvenzgericht auch hat verbeschieden werden können. Der nachträgliche, nach Eröffnung des Insolvenzverfahrens durchs Insolvenzgericht erfolgte Wegfall der dem Fremdantrag zugrundeliegenden Forderung, ist daher für die Frage der Eröffnung des Insolvenzverfahrens unbeachtlich. Insofern unterscheidet sich der vorliegende Fall von Gestaltungen, in denen zum Zeitpunkt der Beschwerdeentscheidung ein Eröffnungsgrund erst eintritt

§ 25 Ermittlungen und vorläufige Entscheidungen des Insolvenzgerichts

I. Tätigwerden des Insolvenzgerichts nach Eingang des Antrags[1]

1. Amtswegige Ermittlungen des Insolvenzgerichts[2]

1 Geht ein Antrag auf Eröffnung des Insolvenzverfahrens beim Insolvenzgericht ein, greift das **Amtsermittlungsprinzip** des § 5 InsO.[3] Das Gericht hat nach **pflichtgemäßem Ermessen** darüber zu entscheiden, **ob** und **wieweit** es die Voraussetzungen der Eröffnung des Insolvenzverfahrens ermittelt;[4] ebenso entscheidet es über die Erkenntnismittel, derer es sich dabei bedient. Das Gericht ist zur Ermittlung der Insolvenzvoraussetzungen zum einen dann verpflichtet, wenn an deren Vorliegen aufgrund der von den Beteiligten vorgelegten Unterlagen **Zweifel** bestehen. Das Gericht muss sich mithin Gewissheit vom Vorliegen der Antragsbefugnis des Antragstellers sowie vom Vorliegen eines Eröffnungsgrundes verschaffen.[5] Zum anderen hat das Gericht Ermittlungen anzustellen, um die künftige Tätigkeit des Insolvenzverwalters (unten § 27) für eine wirtschaftliche Handhabung der Insolvenz zu unterstützen. Dabei sind dem Gericht freilich enge Grenzen gesetzt, da es über keinen eigenen Ermittlungsapparat verfügt.[6]

2 So ist die Reichweite der Amtsermittlung durch das Insolvenzgericht insbesondere im Hinblick auf die Frage diskutiert worden, ob die gerichtlichen Nachforschungen der Vorbereitung von Anfechtungsprozessen dienen dürfen oder gar müssen.[7] Dagegen sind unter dem Gesichtspunkt der Wahrung der Waffengleichheit der Parteien des künftigen Prozesses Bedenken angemeldet worden.

3 Besonders im Rahmen der Auslegung des § 18 InsO wird darüber gestritten, ob der eigenantragstellende Schuldner den Eröffnungsgrund glaubhaft zu machen habe. Der BGH[8] hat nunmehr die Anforderungen präzisiert, die an den schuldnerischen Eigenantrag zu stellen sind:

4 Der Schuldner hatte zur Begründung seines Eigenantrags vortragen lassen, er sei bis vor kurzem als Gastronom Inhaber zweier Gaststätten gewesen. Er sei nun „masselos“ und gegen ihn seien Forderun-

---

1 BGH, Urt. v. 15. 3. 2004 – II ZR 247/01, ZIP 2004, 1047

2 BGH, Beschl. v. 4. 3. 2004 – IX ZB 133/03, DZWIR 2004, 381 = ZIP 2004, 915, *Bähr/Smid*, Rechtsprechung 2006, 116

3 Zur Reichweite: BGH, Beschl. v. 9. 6. 2005 – IX ZB 284/03 m. Anm. *Wehdeking*, jprins 9/2005 Anm. 5.

4 BGH, Beschl. v. 13. 4. 2006 – IX ZB 118/04 m. Anm. *Smid*, jprins 15/2006 Anm. 2 (das Gericht ist *verpflichtet*, die verfahrenskostendeckende Masse von Amts wegen zu ermitteln); *Thiemann*, Die vorläufige Masseverwaltung im Insolvenzeröffnungsverfahren, 2000, Rn. 19 ff.; *Uhlenbruck*, in: Gottwald, Insolvenzrechts-Handbuch, 3. Aufl. 2006, § 12 Rn. 33; *Uhlenbruck*, InsO, 12. Aufl. 2003, § 5 Rn. 4; *Ganter*, in: MünchKomm, InsO, 1. Aufl. 2001, § 5 Rn. 21.

5 *Kirchhof*, in: H-K, InsO, 4. Aufl. 2006, § 16 Rn. 9; *Uhlenbruck*, in: Gottwald, Insolvenzrechts-Handbuch, 3. Aufl. 2006, § 12 Rn. 34; deutlicher noch *Mönning*, in: Nerlich/Römermann, InsO, § 16 Rn. 7: objektive Feststellung; die subjektive Überzeugung des Insolvenzgerichts reiche nicht; *Pape*, in: Uhlenbruck, InsO, 13. Aufl. 2010, § 5 Rn. 1, 4; *Ganter*, in: MünchKomm, InsO, 1. Aufl. 2001, § 5 Rn. 13; *Holzer*, in: Beck/Depré, Praxis der Insolvenz, 1. Aufl. 2003, § 4.

6 *Smid/Leonhardt*, in: LSZ, InsO, 3. Aufl. 2010, § 5 Rn. 6 ff.; *Thiemann* (Fn. 249) Rn. 22; vgl. allgemein *Smid*, Rechtsprechung, 1990, §§ 7, 9.

7 *Pape*, in: Uhlenbruck, InsO, 13. Aufl. 2010, § 5 Rn. 22.

8 BGH, Beschl. v. 12. 12. 2002 – IX ZB 426/02 – DZWIR 2003, 246.

gen in einem Umfang von 60.000 DM gerichtet, die durch eine Gläubigerliste zu präzisieren er im Falle der Beiordnung seines Verfahrensbevollmächtigten als Rechtsanwalt in der Lage sei.

Der IX. Zivilsenat des BGH führt hierzu aus, der Eröffnungsgrund sei zwar nicht glaubhaft zu machen, sondern zu substantiieren. Denn im vom IX. Zivilsenat so bezeichneten „Zulassungsverfahren" – also dem Verfahren der Prüfung des *Antrags* durch das Insolvenzgericht – greife das Amtsermittlungsprinzip des § 5 InsO jedenfalls insoweit nicht, wie der eigenantragsstellende Schuldner es in der Hand hat, substantiiert – schlüssig[9] – das Vorliegen von Eröffnungsgründen vorzutragen. 5

Insolvenzgericht ist insoweit auch das LG als Beschwerdegericht, das auch zur Vorbereitung seiner Entscheidungen von Amts wegen zu ermitteln hat.[10] 6

2. Die Ermittlungen zur Vorbereitung der Entscheidung nach § 21 InsO

a) **Sachverständigengutachten.**[11] Wichtigstes Erkenntnisinstrument des Insolvenzgerichts ist die Einholung eines **Sachverständigengutachtens** (zur Stellung des Sachverständigen vgl. §§ 402ff. ZPO). Der Sachverständige wird nach § 5 Abs. 1 InsO beauftragt. Dabei ist zwischen dem nach § 5 Abs. 1 InsO zu beauftragenden und dem nach § 22 Abs. 1 Satz 2 Nr. 3 InsO einzusetzenden Sachverständigen zu unterscheiden. Letzterer hat zu prüfen, ob aufgrund eines zulässigen Antrages die Eröffnungsvoraussetzungen vorliegen (eingehend unten § 5 Rn. 4ff.), ersterer hat die Aufgabe, das Insolvenzgericht bei der Prüfung der Zulässigkeitsvoraussetzungen des gestellten Eröffnungsantrags zu unterstützen und die Entscheidung des Insolvenzgerichts über die Anordnung von Sicherungsmaßnahmen gem. § 21 InsO vorzubereiten.[12] Über deren Einsatz darf das Gericht nicht „ins Blaue" hin entscheiden und etwa die vermeintlich umfassendsten und daher „wirkungsvollsten" Maßnahmen ergreifen[13], da es den Grundsatz der Verhältnismäßigkeit der Mittel zu wahren hat[14] (unten Rn. 19ff.). 7

Beispiele: Der Geschäftsführer einer Maschinenbau-GmbH stellt Eigenantrag gestützt auf § 18 InsO, beantragt Anordnung der Eigenverwaltung nach § 270 InsO und präsentiert nach § 218 Abs. 1 InsO einen Insolvenzplan. Hier ist zu prüfen, ob – mit Blick auf eine beabsichtigte Sanierungsmaßnahme – Sicherungsmaßnahmen angeordnet werden sollen. Ohne einen Sachverständigen wird das Insolvenzgericht regelmäßig nicht beurteilen können, ob und in welcher Verfahrensart vorzugehen sein wird; schon wegen der infolge der neuen Verfahrensarten voraussichtlich eintretenden erheblichen Mehrbelastungen der Insolvenzgerichte wird es z.B. auszuschließen sein, dass ein Insolvenzrichter sich selbst auf den Weg macht, um sich ein *Bild* vom Insolvenzschuldnerischen Unternehmen zu verschaffen usf. 8

Es ist daher wichtig, die Unterscheidung zwischen den in den **unterschiedlichen Phasen des Eröffnungsverfahrens** zu bestellenden Sachverständigen vorzunehmen. Nicht in allen Verfahren wird es von der Zielsetzung des Antrags her sinnvoll und von der gesetzlich („erforderlich") geforderten Zweck-Mittel-Relation her gerechtfertigt, 9

---

9 BGH, Urt. v. 15. 3. 2004 – II ZR 247/01, ZIP 2004, 1047.
10 *Smid/Leonhardt*, in: LSZ, InsO, 3. Aufl. 2010, § 5 Rn. 13.
11 *Jungmann*, DZWIR 2002, 363ff.
12 Vgl. auch *Wessel*, DZWIR 1999, 230, 231ff.
13 *Smid*, in: 6. Leipziger Insolvenzrechtstag 2006, S. 47ff.
14 BGH, Urt. v. 18.7. 2002 – IX ZR 195/01 – BGHZ 151, 353, 364; *J. Roth*, Interessenwiderstreit im Insolvenzeröffnungsverfahren, 2004, S. 96ff.; *Engelhardt*, Die insolvenzgerichtliche Entscheidung nach §§ 21ff. InsO, 2002; *Lenenbach*, Sicherungsmaßnahmen im Eröffnungsverfahren, 2003, S. 99ff.; *Lepa*, Insolvenzordnung und Verfassungsrecht, 2002, S. 147ff.

weil erforderlich sein, das gestufte Instrumentarium des § 21 InsO zum Einsatz zu bringen. Das Insolvenzgericht *muss* aber nach dem eindeutigen Wortlaut des § 21 Abs. 1 InsO („... **hat** alle Maßnahmen zu treffen ...") eine Entscheidung über das „ob" von Sicherungsmaßnahmen treffen, zu denen die Bestellung des vorläufigen Verwalters als Gutachter gem. § 22 Abs. 1 Satz 2 Nr. 3 InsO gehört.[15] Das setzt denknotwendig die Bestellung eines Vor-Gutachters voraus,[16] die auch deshalb sinnvoll ist, da sich der nach § 5 Abs. 1 InsO zu bestellende Sachverständige von dem als Gutachter tätigen vorläufigen Verwalter schon vergütungsrechtlich unterscheidet.[17] Letzterer erhält eine Vergütung nach der InsVV, der Sachverständige gem. § 5 Abs. 1 InsO dagegen eine Vergütung nach dem ZSEG. Der Unterschied zwischen den verschiedenen Phasen des Eröffnungsverfahrens ist daher schon wegen der *Kostenfolgen*, die den jeweils zu treffenden Entscheidungen anhängen, keine bloß „akademische Differenzierung".

10 b) **Weitere Erkenntnismittel.**[18] Das Insolvenzgericht kann weiterhin **Auskünfte** z.B. der Wirtschaftsverwaltungsbehörden einholen und **Registerauszüge** vom Registergericht anfordern. Ferner kann das Gericht die Gläubiger anhören, die aber wie eine Partei im Zivilprozess ihre Aussage verweigern können, soweit durch die Aussage ihre Stellung im Insolvenzverfahren berührt wird. Zeugeneinvernahmen sind zulässig, haben aber im Allgemeinen keine nennenswerte praktische Relevanz.

11 c) **Befugnisse.** Die Befugnisse des § 5 Abs. 1 Satz 2 InsO ergeben sich aus dem Gesetz. Danach ist er auf die Kooperation des Schuldners angewiesen.

12 Der IX. Zivilsenat[19] hat aus dem Fehlen einer ausdrücklichen gesetzlichen Ermächtigung zur **Durchsuchung von Wohn- und Geschäftsräumen** des Schuldners im Falle der Bestellung eines Sachverständigen gem. § 5 Abs. 1 Satz 2 InsO gefolgert, dass dem Sachverständigen nur die im §§ 402 ff. ZPO normierten Befugnisse zustehen, da in Ermangelung einer eigenen Regelung der InsO gem. § 4 InsO auf die allgemeinen Bestimmungen der ZPO zurückzugreifen ist. Danach darf der Sachverständige die Wohn- und Geschäftsräume des Schuldners nur mit dessen Einverständnis betreten. Die dagegen gerichtete Auffassung[20] hat sich jedenfalls dadurch erledigt, dass die §§ 21, 22 InsO für den vorläufigen Verwalter einer ausdrückliche Ermächtigung zum Betreten und der Durchsuchung der *Geschäftsräume* (nicht: der Wohnräume) des Schuldners vorsehen. Um eine Durchsuchung der Geschäftsräume des Schuldners zu einem frühen Zeitpunkt zu ermöglichen, muss das Gericht daher einen vorläufigen Verwalter bestellen; um dies unter möglichst geringem Kostenrisiko und Wahrung des Verhältnismäßigkeitsgrundsatzes[21] zu tun, kann es den Anordnungsbeschluss darauf beschränken, den vorläufigen Verwalter allein zur Anfertigung eines Gutachtens zu beauftragen, zumal es diesen Beschluss abändern und erweitern kann, wenn das Gutachten eine Notwendigkeit hierfür zu Tage treten lässt. Vor diesem Hintergrund hat der IX. Zivilsenat[22] die Rechtsbeschwerde von durch eine gegen sie ergangene Durchsuchungsanordung betroffenen Dritten als begründet angesehen. Allein Bedürfnisse der Praxis können demgegenüber das Fehlen einer nach Art. 13 Abs. 1 GG gebotenen Ermächtigungsgrundlage nicht zu ersetzen.

---

15 *Ganter*, in: MünchKomm, InsO, 1. Aufl. 2001, InsO § 5 Rn. 37; a.A. *Pape*, in: *Uhlenbruck*, InsO, 13. Aufl. 2010, § 5 Rn. 16.
16 *Kirchhof*, in: H-K, InsO, 4. Aufl. 2006, § 22 Rn. 19; *Uhlenbruck*, in: Gottwald, Insolvenzrechts-Handbuch, 3. Aufl. 2006, § 12 Rn. 36.
17 Vgl. *Kirchhof*, in: H-K, InsO, 4. Aufl. 2006, § 22 Rn. 56 f.
18 *Kirchhof*, in: H-K, InsO, 4. Aufl. 2006, § 16 Rn. 11; *Ganter*, in: MünchKomm, InsO, 1. Aufl. 2001, § 5 Rn. 23 ff.; *Pape*, in: *Uhlenbruck*, InsO, 13. Aufl. 2010, § 5 Rn. 23 ff.; *Kießner*, in: Braun, InsO, 2. Aufl. 2004, § 5 Rn. 12 ff.
19 BGH v. 4. 3. 2004 – IX ZB 133/03 – ZIP 2004, 915.
20 *Wessels*, DZWIR 1999, 230 231 f.
21 BGH, Urt. v. 18. 7. 2002 – IX ZR 195/01 – DZWIR 2002, 470 m. Bespr. *Smid*, DZWIR 2002, 444 ff.
22 BGH, Beschl. v. 24. 9. 2009 – IX ZB 38/08, ZIP 2009, 2068.

3. Prüfungsgegenstände

In den vom Insolvenzgericht anzustellenden Vorermittlungen sind folgende Fragen zu beantworten: 13

a) **Prozessfähigkeit und Antragsbefugnis des Antragsstellers.** Die wirksame Antragstellung setzt voraus, dass der Antragsteller prozessfähig ist. Sofern Zweifel daran vorliegen, hat der Gutachter dem Insolvenzgericht für seine Entscheidung Anhaltspunkte zu liefern. 14

b) **Insolvenzverfahrensfähigkeit des Schuldners.** Es liegt auf der Hand, dass nur dann in ein Insolvenzeröffnungsverfahren einzutreten und eine Entscheidung nach § 21 Abs. 1 InsO vom Insolvenzgericht zu treffen ist, wenn der „Antragsgegner" – der Schuldner – nach § 11 InsO insolvenzverfahrensfähig ist (vgl. § 2 Rn. 2ff.). Dagegen kommt es auf die Prozessfähigkeit des Schuldners nicht an. 15

c) **Örtliche Zuständigkeit des angerufenen Insolvenzgerichts.** Nach § 3 Abs. 1 Satz 1 InsO bestimmt sich das örtlich zuständige Amtsgericht nach dem **allgemeinen Gerichtsstand** (Wohn- oder Unternehmenssitz) des Schuldners im Zeitpunkt des Eingangs des Insolvenzantrags beim Gericht. Der **Wohn- und Unternehmenssitz** des Schuldners richtet sich nach den allgemeinen Bestimmungen der §§ 13ff. ZPO.[23] Ähnliches gilt gem. § 315 InsO auch für das Nachlassinsolvenzverfahren, in dem sich die Zuständigkeit nach dem allgemeinen Gerichtsstand des Erblassers im Zeitpunkt seines Todes richtet. Liegt der **Mittelpunkt einer selbständigen wirtschaftlichen Tätigkeit** des Schuldners allerdings an einem anderen Ort als dem allgemeinen Gerichtsstand, so ist ausschließlich jenes Insolvenzgericht zuständig, § 3 Abs. 1 Satz 2 InsO.[24] Unter dem „Mittelpunkt selbständiger Tätigkeit" ist insoweit allein die **Hauptniederlassung**[25] zu verstehen, in der der Mittelpunkt des wirtschaftlichen Daseins des Unternehmens für den Verkehr mit Dritten liegt. Zweigniederlassungen sind dagegen auch dann nicht als maßgeblich anzusehen, wenn sie einen selbständigen Geschäftsbetrieb entfalten.[26] Im Falle der Insolvenz einer Gesellschaft bürgerlichen Rechts (oben § 2 Rn. 8ff.) bestimmt sich die Zuständigkeit danach, an welchem Ort für und gegen die Gesellschaft wirksam Zustellungen vorgenommen werden können, also danach, wo der oder die geschäftsführungsbefugten Gesellschafter ihren Wohnsitz haben. 16

d) **Haupt- oder Partikularinsolvenzverfahren.** Der Sachverständige muss weiter eine Aussage über die Frage treffen, ob das Verfahren als Haupt- (Art. 3 Abs. 1 EuInsVO, § InsO) oder Partikularinsolvenzverfahren (Art. 102 § 3 Abs. 1 EuInsVO, § 354ff. InsO) zu eröffnen ist (vgl. Art. 102 § 3 Abs. 1 EGInsO)[27]. Dabei ist drauf zu achten, dass die entscheidungsrechtlichen Tatbestandsmerkmale „Mittelpunkt des hauptsächlichen Interesses" des Schuldners[28]. 17

e) **Entscheidung über das „ob" von Sicherungsanordnungen.** Schließlich hat sich der Vor-Gutachter davon zu überzeugen, ob Sicherungsanordnungen nach § 21 InsO zu erlassen sind, was beispielsweise von vornherein dann auszuschließen ist, wenn sich entweder absehen lässt, dass zu einer Verfahrens- 18

---

23 *Becker,* in: Nerlich/Römermann, InsO, § 3 Rn. 8ff.; *Prütting,* in: Kübler/Prütting, Kommentar zur Insolvenzordnung, § 3 Rn. 5; *Kirchhof,* in: H-K, InsO, 4. Aufl. 2006, § 3 Rn. 13ff.; *Ganter,* in: MünchKomm, InsO, 1. Aufl. 2001, § 3 Rn. 16ff.; *Pape,* in: *Uhlenbruck,* InsO, 13. Aufl. 2010, § 3 Rn. 3; *Kießner,* in: Braun, InsO, 2. Aufl. 2004, § 3 Rn. 9f.

24 *Becker,* in: Nerlich/Römermann, InsO, § 3 Rn. 22; *Kirchhof,* in: H-K, InsO, 4. Aufl. 2006, § 3 Rn. 6; *Klopp/Kluth,* in: Gottwald, Insolvenzrechts-Handbuch, 3. Aufl. 2006, § 17 Rn. 6; *Uhlenbruck,* InsO, 12. Aufl. 2003, § 13 Rn. 6; *Ganter,* in: MünchKomm, InsO, 1. Aufl. 2001, § 3 Rn. 4ff.; *Uhlenbruck,* InsO, 12. Aufl. 2003, § 3 Rn. 4; *Kießner,* in: Braun, InsO, 2. Aufl. 2004, § 3 Rn. 3ff.

25 *Prütting,* in: Kübler/Prütting, Kommentar zur Insolvenzordnung, § 3 Rn. 7; *Ganter,* in: MünchKomm, InsO, 1. Aufl. 2001, § 3 Rn. 11; *Pape,* in: *Uhlenbruck,* InsO, 13. Aufl. 2010, § 3 Rn. 4f.

26 *Klopp/Kluth,* in: Gottwald, Insolvenzrechts-Handbuch, § 17 Rn. 6; krit. *Becker,* in: Nerlich/Römermann, InsO, § 3 Rn. 26ff.; a.A. *Pape,* in: *Uhlenbruck,* InsO, 13. Aufl. 2010, § 3 Rn. 4; *Ganter,* in: MünchKomm, InsO, 1. Aufl. 2001, § 3 Rn. 11.

27 *Smid,* InVo 2005, 437f.

28 *Smid,* Deutsches und europäisches internationales Insolvenzrecht, 2004, EuInsVO, Art. 3 Rn. 9.

eröffnung mangels Masse kein Raum besteht oder wenn evident ist, dass mangels Gefährdung von Gläubigerinteressen die Eigenverwaltung in einem Sanierungsverfahren anzuordnen ist.

II. Verhältnismäßigkeit vorläufiger Anordnungen des Insolvenzgerichts

1. Kein gesetzlicher Automatismus

19 Die Anordnung der vorläufigen Verwaltung setzt wie gezeigt voraus, dass das Insolvenzgericht prüft, ob sie „erforderlich erscheint" (§ 21 Abs. 1 InsO[29]). Das Insolvenzgericht hat nach Antragstellung – ohne dass ihm ein Ermessenspielraum wegen des „ob" des Entscheidens zustünde[30] – eine Entscheidung darüber zu treffen, welche Eingriffe in die Rechtsstellung des Schuldners zum Zwecke des Schutzes seiner Vermögenslage und der Befriedigung seiner Gläubiger in einem zu eröffnenden Insolvenzverfahren (§ 21 Abs. 1 InsO[31]) erforderlich und daher vorläufig anzuordnen sind. Für den Zeitraum zwischen Antragstellung und der Entscheidung über die Verfahrenseröffnung schreibt das Gesetz jedenfalls **nicht** vor, dass der Schuldner stets und immer in vollem Umfang zu entmachten sei. Nicht allein die insolvenzrechtliche Literatur[32], sondern keine geringere Autorität als der IX. Zivilsenat des BGH[33] hat dieses Tatbestandsmerkmal der „Erforderlichkeit" von gegen den Insolvenzschuldner verhängten Zwangsmaßnahmen für das Eröffnungsverfahren so verstanden, dass sie die *Verhältnismäßigkeit* der Entmachtung des Schuldners beschreibt.

20 Mit seiner Entscheidung vom 18. 7. 2002 zur vorläufigen Verwaltung hat der IX. Zivilsenat[34] *expressis verbis* die Entscheidung des Insolvenzgerichts über die Maßnahmen nach den §§ 21 ff. InsO im Eröffnungsverfahren der Forderung unterworfen, dass sie *verhältnismäßig* zu sein haben. Die heftige Kritik, die an dieser Entscheidung von Teilen der Literatur geübt worden ist, hat sich freilich vordergründig praxisorientierten Erwägungen[35] verschrieben. Verfahrensrechtlich – „technisch"-„prozessual" betrachtet geht es in dem Beschluss darum, dass der BGH klarstellt, dass das Insolvenzgericht *entweder* eine Anordnung nach § 21 Abs. 2 Nr. 2, 1. Var., § 22 Abs. 1 InsO erlässt und den so genannten „starken" Insolvenzverwalter einsetzt – was die im Gesetz in § 55 Abs. 2 InsO ausdrücklich geregelte Folge nach sich zieht, dass der vorläufige Verwalter die Masse verpflichten darf und auch verpflichtet, wenn er mit Wirkung für und gegen sie handelt. Erlässt das Insolvenzgericht diese Anordnung nicht – bis zum InsÄndG 2001 besonders deshalb, weil es dem vorläufigen Verwalter angesichts einer wenigstens unklaren Rechtslage die schwerwiegenden Folgen des § 55 Abs. 2 InsO für die Verfahrensfinanzierung mittels Insolvenzgeld vermeiden helfen wollte –, darf es dem vorläufigen Insolvenzverwalter nicht die Entscheidung darüber überlassen, in welchem Umfang er anstelle des Schuldners bzw. der Organe der schuldnerischen Gesellschaft bis zum Erlass des Eröffnungsbeschlusses für die Masse zu handeln und zur Verpflichtung der Masse (zur Begründung von Masseverbindlichkeiten) berechtigt und verpflichtet sein soll.

---

29 *Thiemann*, in: Smid, InsO, 2. Aufl. 2001, § 21 Rn. 16.
30 *Thiemann*, in: Smid, InsO, 2. Aufl. 2001, § 21 Rn. 14.
31 Eingehend hierzu *Thiemann*, Die vorläufige Masseverwaltung, 2000, Rn. 10 ff.
32 *Vallender*, in: Uhlenbruck, InsO, 13. Aufl. 2010, § 21 Rn. 3; *Pape*, in: Kübler/Prütting, Kommentar zur Insolvenzordnung, § 21 Rn. 15 ff.; *Haarmeyer*, in: MünchKomm, InsO, 1. Aufl. 2001, § 21 Rn. 19 ff., 23 ff.
33 BGH, Urt. v. 18. 7. 2002 – IX ZR 195/01 – BGHZ 151, 353 – ZIP 2002, 1625.
34 BGH, Urt. v. 18. 7. 2002 – IX ZR 195/01 – BGHZ 151, 353 – ZIP 2002, 1625.
35 Vgl. *Haarmeyer/Pape*, ZInsO 2002, 845–500.

2. Zweck-/Mittel-Relation

Die geforderte Verhältnismäßigkeit der vorläufigen Anordnung nach §§ 21ff. InsO beruht nicht auf einer von Fall zu Fall abweichenden Abwägung zwischen Gläubigerrechten und einem Schutz des Schuldners, sondern auf einer Abwägung zwischen den durch das Insolvenzgericht zu verfolgenden *Zielen* und den vom Gesetzgeber zu ihrer Erreichung bereitgestellten Mitteln. Dabei steht nicht etwa die Befriedigung der Gläubiger oder die Verwirklichung ihrer Rechte zur Diskussion oder die Erleichterung der Abwicklung des später zu eröffnenden Verfahrens durch den Insolvenzverwalter, sondern der Schutz der *Vermögenslage* des Schuldners. Dies erscheint selbstverständlich. 21

Der *Erfahrungsschatz* der deutschen Insolvenzverwalter spricht freilich vollständig gegen die Relativierung der Entmachtung des Schuldners durch Entzug seiner Verfügungsbefugnis und ihrer Übertragung auf einen Insolvenzpraktiker. Die vorläufige Anordnung darf nur dann in die Rechte des Schuldners eingreifen, wenn die Vermögenslage gefährdet erscheint: Die Gefährdung der Vermögenslage bezieht sich regelmäßig darauf, dass der *Schuldner* Vermögensgegenstände verschiebt oder einfach nicht mehr in der Lage ist, seine Geschäfte weiter wahrzunehmen, aber wie § 21 Abs. 2 Nr. 3 InsO zeigt auch darauf, dass *Gläubiger* durch Individualzwangsvollstreckungsmaßnahmen die Masse schmälern; in beiden Fällen hat im Übrigen die Anfechtbarkeit oder gar Unwirksamkeit dieser Handlungen im eröffneten Verfahren außer Betracht zu bleiben. Die verschiedenen Fälle, die § 21 Abs. 2 InsO erfasst, machen dabei deutlich, dass die in der Literatur[36] vertretene Meinung mit der rechtmäßigen Funktionsweise dieser Regelungen nicht in Einklang zu bringen ist, nach der die Einsetzung eines vorläufigen Verwalters mit umfassender Verwaltungs- und Verfügungsbefugnis unter vollständiger Entmachtung des Schuldners für eine Art gesetzlichen Regelfall hält. Diese weitest reichende Entscheidung ist die *ultima ratio* im Katalog möglicher insolvenzgerichtlicher Maßnahmen. Die Anordnung der so genannten starken vorläufigen Verwaltung gegen einen Schuldner, der mit dem insolvenzgerichtlich bestellten Sachverständigen kooperiert[37] und der nach Lage der Dinge weder im Verdacht steht, masseschädigende Handlungen begangen zu haben noch die Erwartung begründet, im weiteren Gang des Verfahrens derartige Handlungen zu begehen, wäre nicht erforderlich und damit wegen Verstoß gegen den Verhältnismäßigkeitsgrundsatz rechtswidrig. 22

Freilich liegen die Dinge im jeweiligen konkreten Fall meist differenzierter, was den Ausgangspunkt vom Verhältnismäßigkeitsgrundsatz außerordentlich unpraktisch und gefährlich erscheinen lässt. Die Erfahrung von Insolvenzverwaltern lehrt, dass es mit erheblichen Haftungsrisiken verbunden sein kann, wenn der Schuldner *nicht* bereits im Eröffnungsverfahren entmachtet wird. Die dem vorläufigen Verwalter vorenthaltene Rechtsmacht kann die Vereitelung des Insolvenzverfahrens nach sich ziehen. Und doch spricht dass weder gegen die Prämissen, die der IX. Zivilsenat seiner Entscheidung vom 18. 7. 2002 zugrunde gelegt, noch gegen die Folgerungen, die das Gericht aus ihnen gezogen hat. 23

3. Kostenfragen

Die Judikatur des BGH, dessen IX. Zivilsenat[38], hat ebenfalls im vergütungsrechtlichen Zusammenhang entschieden, dass die Staatskasse für die Vergütung des vorläufigen Verwalters in massearmen Verfahren nicht einzustehen hat, weil der Sachverständige mit seinem Gutachten erheblichen Einfluss auf die Dauer der vorläufigen Verwaltung und damit die Arbeitsbelastung des vorläufigen Verwalters zu nehmen in der Lage und hierzu auch rechtlich verpflichtet ist. Dieser Gesichtspunkt kommt indes auch im Rahmen der Diskussion um die Mindestvergütung des Insolvenzverwalters zur Geltung. 24

36 Z.B. *Haarmeyer,* in: MünchKomm, InsO, 1. Aufl. 2001, § 21 Rn. 46ff.
37 *Engelhardt,* Die gerichtliche Entscheidung nach §§ 21ff. InsO, S. 219ff.
38 BGH, Beschl. v. 22. 1. 2004 – IX ZB 123/03 – ZIP 2004, 571.

Denn im Regelinsolvenzverfahren gilt jedenfalls, dass sich im Zusammenhang des Gesetzes (§ 2 InsVV auf der einen und § 5 Abs. 1 InsO auf der anderen Seite) verfahrensrechtliche Mechanismen ergeben, die es dem Betroffenen Insolvenzpraktiker ermöglichen, nicht für eine Mindestvergütung arbeiten zu müssen. § 2 InsVV stellt eher einen Anreiz dar, als Sachverständiger ordentlich zu arbeiten, als dass damit ein Grundrechtseingriff verbunden wäre. Soweit es daher das Regelinsolvenzverfahren angeht, ist die Entscheidung des BGH[39] deshalb abzulehnen, weil durch § 2 InsVV ein Eingriff in das Grundrecht des Insolvenzverwalters aus Art. 12 Abs. 1 InsO nicht verwirklich werden kann.[40] Von einer Verfassungswidrigkeit des § 2 InsVV ist insofern nicht auszugehen, so dass ein Einschreiten des Gesetzgebers allenfalls deshalb geboten ist, um die in diesem Zusammenhang ergangene rechtsfehlerhafte Judikatur für die Zukunft auszuschließen. Denn mit § 2 InsVV wird ein Verstoß gegen Art. 12 Abs. 1 GG deshalb nicht verwirklicht, weil der Insolvenzverwalter nicht zu einer im Ergebnis unentgeltlichen Zwangsarbeit verpflichtet wird.[41] Für Verbraucherinsolvenzverfahren scheint nur vordergründig etwas anderes zu gelten. Durch das Stundungsmodell sind von Gesetzes wegen auch für die typischerweise massearmen Verfahren Regelungen getroffen, die zur Eröffnung des Verfahrens führen, so dass der Treuhänder für seine Arbeit auf die Mindestvergütung verwiesen wird. Aber auch in diesem Fall liegt keine Verpflichtung zur unentgeltlichen Zwangsarbeit und damit ein Verstoß gegen Art. 12 Abs. 1 GG vor. Denn der Treuhänder kann die Übernahme des Mandats verweigern.

III. Anhörung des Schuldners

1. Gesetzliche Regelung

25 Das Insolvenzgericht hat den Schuldner bzw. seine organschaftlichen Vertreter[42] nach dem Wortlaut des § 14 Abs. 2 InsO zu hören, wenn es den gegen ihn gestellten **Fremdantrag für zulässig** hält. Bei einem gegen eine oHG oder KG gerichteten Eröffnungsantrag sind nicht allein die geschäftsführenden, sondern alle vertretungsberechtigten Gesellschafter[43] zu hören.[44] Durch das MoMiG 2006 ist § 10 Abs. 2 InsO durch einen Satz ergänzt worden, der bestimmt, dass die an der juristischen Person beteiligten Personen gehört werden können, wenn diese „führungslos" ist, nämlich keinen organschaftlichen Vertreter hat.

2. Flucht des Schuldners oder der organschaftlichen Vertreter der schuldnerischen Gesellschaft

26 Die Pflicht des Insolvenzgerichts zur Anhörung des Schuldners nach § 14 Abs. 2 InsO wird durch **§ 10 InsO** begrenzt. Dagegen darf das Insolvenzgericht den Antrag auf Eröffnung des Verfahrens nicht deshalb zurückweisen, weil sich der Geschäftsführer

---

39 BGH, Beschl. v. 15. 1. 2004 – IX ZB 96/03 – ZIP 2004, 417.

40 Zum ganzen vgl. *Pawlowski*, JZ 2004, 719 ff.

41 Diese Ansicht ist alles andere als „verwalterfreundlich", vgl. die Kritik eines solchen Herangehens bei *Smid*, DZWIR 2004, 1 ff. Richtig verstanden und in ihren gesetzlichen Kontext gestellt, wird jedenfalls der Verwalter im Regelinsolvenzverfahren aber nicht belastet.

42 *Uhlenbruck*, GmbHR 1999, 390, 391; *Uhlenbruck*, InsO, 12. Aufl. 2003, § 14 Rn. 64; *Schmahl*, in: MünchKomm, InsO, 1. Aufl. 2001, § 14 Rn. 104; *Kind*, in: Braun, InsO, 2. Aufl. 2004, § 14 Rn. 28.

43 Zu Modifikationen bei Publikumsgesellschaften Voraufl. § 4 Rn. 13.

44 OLG Köln, Beschl. v. 3. 1. 2000 – 2 W 214/99 – ZIP 2000, 280 m. Anm. *v. Gerkan*, EWiR § 10 InsO 1/2000, 399; *Mönning*, in: Nerlich/Römermann, InsO, § 14 Rn. 52 f.; *Kirchhof*, in: H-K, InsO, 4. Aufl. 2006, § 14 Rn. 29; *Uhlenbruck*, InsO, 12. Aufl. 2003, § 14 Rn. 64 f.

der insolvenzschuldnerischen GmbH der Anhörung dadurch entzieht, dass er untertaucht – insoweit greift die Pflicht des Gerichts zur amtswegigen Ermittlung ein.[45]

Nach § 10 Abs. 1 Satz 1 InsO kann die **Anhörung des Schuldners unterbleiben,** wenn sie eine **öffentliche Zustellung** oder eine **Zustellung im Ausland** erforderlich machen würde und dies das Verfahren übermäßig verzögern würde. Die rechtlichen Folgen sind aber keineswegs dramatisch: Flieht etwa ein bekannter Bauträger, so wird ihm hinreichend Gelegenheit gegeben, rechtliches Gehör zu erlangen, wenn ihm durch die öffentliche Zustellung Kenntnis von dem in Lauf gesetzten Verfahren gegeben wird. Das gleiche gilt wie oben Rn. 25 gezeigt gem. § 10 Abs. 2 InsO für vertreterlos gewordene juristische Personen. Daher hat das OLG Frankfurt/M.[46] zu Recht darauf erkannt, dass der Fristbeginn für die Beschwerde gegen die Eröffnung des Insolvenzverfahrens beim Untertauchen des Insolvenzschuldners mit der öffentlichen Bekanntmachung des Eröffnungsbeschlusses beginnt. 27

IV. Verrichtungen und Sicherungsanordnungen des Insolvenzgerichts nach den Vorermittlungen

1. Katalog insolvenzgerichtlicher Sicherungsmaßnahmen

Das Insolvenzgericht hat die Aufgabe, in der Phase zwischen Antragsstellung und Erlass des Eröffnungsbeschlusses durch *vorläufige Regelungen* die Durchführung des zu eröffnenden Insolvenzverfahrens zu sichern, im Wesentlichen, um die Haftungsmasse vor *Manipulationen zu schützen.*[47] Bereits der *Wortlaut* der Vorschrift des § 21 Abs. 1 InsO zeigt, dass es dabei nicht im Ermessen des Insolvenzgerichts liegt, *ob* es eine Entscheidung fällt. Zum Schutz der (künftigen) Masse stehen dem Insolvenzgericht nach § 21 Abs. 2 InsO verschiedene, miteinander korrespondierende und miteinander kombinierbare Sicherungsmittel zur Verfügung, nämlich: 28

- die Anordnung eines allgemeinen, gegen den Schuldner zu erlassenden Verfügungsverbotes, § 21 Abs. 2 Nr. 2 InsO, in Verbindung mit der Einsetzung eines vorläufigen Insolvenzverwalters, § 21 Abs. 2 Nr. 1 InsO[48], oder
- die Anordnung eines gegen den Schuldner gerichteten gestuften, bestimmte Verfügungen erfassenden Verfügungsverbots, § 21 Abs. 2 Nr. 3 InsO, oder
- die Untersagung oder vorläufige Einstellung von Maßnahmen der Zwangsvollstreckung in bewegliche Sachen, Forderungen und Rechte, die gegen den Schuldner gerichtet sind, § 21 Abs. 2 Nr. 3 InsO,[49]
- Verbot der Geltendmachung von Aus- und Absonderungsrechten.

---

45 LG Göttingen v. 24. 11. 1995 – 6 T 277/95 – ZIP 1996, 144; *Henckel,* ZIP 2000, 2045, 2046; *Uhlenbruck,* in: Gottwald, Insolvenzrechts-Handbuch, 3. Aufl. 2006, § 12 Rn. 40 a.E.; *Vallender,* in: Kölner Schrift zur Insolvenzordnung, 2. Aufl. 2000, S. 259 f. (Rn. 32).

46 OLG Frankfurt/M. v. 6. 2. 1996 – 20 W 570/95 – ZIP 1996, 556 (Fall Dr. Jürgen Schneider – bestätigt LG Frankfurt/M. v. 10. 11. 1995 – 2-09 T 769/95 – ZIP 1995, 1836 m. Anm. *Tappmeier,* EWiR § 109 KO 1/96, 79); vgl. aber auch OLG Köln v. 3. 1. 2000 – 2 W 270/99 – ZIP 2000, 195; vgl. *Pape,* in: Kübler/Prütting, Kommentar zur Insolvenzordnung" § 34 Rn. 1 f.

47 *Kirchhof,* in: H-K, InsO, 4. Aufl. 2006, § 21 Rn. 7, 9; *Uhlenbruck/Delhaes,* Konkurs- und Vergleichsverfahren, 5. Aufl. 1990, S. 332; *Thiemann* (Fn. 4) Rn. 23 ff.; *Vallender,* in: Uhlenbruck, InsO, 13. Aufl. 2010, § 21 Rn. 1; *Haarmeyer,* in: MünchKomm, InsO, 1. Aufl. 2001, § 21 Rn. 1; *Kind,* in: Braun, InsO, 2. Aufl. 2004, § 21 Rn. 2.

48 BGH, Urt. v. 20. 9. 2007 – IX ZR 91/06, DZWIR 2008, 77. *Vallender,* in: Uhlenbruck, InsO, 13. Aufl. 2010, § 21 Rn. 26 ff.

49 *Steder,* ZIP 2002, 65 ff.; *Vallender,* in: Uhlenbruck, InsO, 13. Aufl. 2010, § 21 Rn. 26 ff.; *Haarmeyer,* in: MünchKomm, InsO, 1. Aufl. 2001, § 21 Rn. 70 ff., 79 ff.; *Kind,* in: Braun, InsO, 2. Aufl. 2004, § 21 Rn. 2.

29 Bei aller Unterschiedlichkeit der jeweiligen modernen Systeme eines Insolvenzrechts gehört es zu der gemeinsamen Erfahrung, dass mit dem Zeitpunkt der Antragsstellung – gleich ob es sich um einen Schuldner- oder einen Fremdantrag handelt – das schuldnerische Vermögen „einzufrieren" und sowohl dem Schuldner solche Verfügungen über sein Vermögen unmöglich zu machen, die eine optimale Gläubigerbefriedigung vereiteln würden. Weiter zählt es zu den fundamentalen Elementen eines Vertrauen erweckenden und erfolgreichen Rechts entweder der Reorganisation oder der Liquidation eines schuldnerischen Vermögens bzw. Unternehmens, auch den Gläubigern die Möglichkeit zu nehmen, durch gegen die Masse gerichtete Leistungsklagen oder Individualzwangsvollstreckung zu einem die Gläubigergleichbehandlung beeinträchtigenden Rechtsvorteil zu gelangen.[50] Das us-amerikanische Recht geht sogar weiter und ordnet zwingend einen *„automatic stay"* mit der Antragstellung an, während das deutsche und das österreichische Insolvenzrecht die Rechtswirkungen, die denen eines *„automatic stay"* entsprechen, erst dem durch richterlichen Hoheitsakt erlassenen Eröffnungsbeschluss zuschreiben; insbesondere das deutsche Recht gibt dem Insolvenzgericht aber die Befugnis, bereits nach der Antragstellung durch einstweilige Anordnungen die Wirkungen der Eröffnung des Verfahrens ganz oder zum Teil vorweg in Kraft treten zu lassen.[51] Hierzu gehört im deutschen Recht namentlich auch die Einsetzung eines vorläufigen Insolvenzverwalters, der Aufgaben des Schutzes der Masse bis hin zu einer Fortführung des schuldnerischen Betriebes bereits vor Eröffnung des Insolvenzverfahrens wahrzunehmen hat.[52] Durch diese rechtlichen Regelungen – seien sie dem us-amerikanischen *„automatic stay"* oder den mitteleuropäischen Regelungen absolut wirkender Verfügungsbeschränkungen nachgebildet – wird zum einen verhindert, dass einzelne Vermögensgegenstände verschleudert und kostspielige Rechtsstreitigkeiten geführt werden müssen, und zum anderen die Betriebsfortführung ermöglicht, die einen zu Ungunsten der Gläubiger verlaufenden Wertverlust vermeiden hilft.

30 Im Eröffnungsverfahren fallen die Würfel, die das Schicksal des weiteren Verfahrens entscheiden. Denn mit der Antragstellung wird eine Lage des Schuldners manifest, in der eine Aufrechterhaltung des Geschäftsbetriebs wenigstens außerordentlichen Hindernissen begegnet: Die Kreditlinien, von denen die Bezahlung der Lieferanten abhängt, werden regelmäßig geschlossen. Die Qualifizierteren der Arbeitnehmer, auf deren Tätigkeit die Betriebsfortführung beruht, sehen sich nach anderen Beschäftigungen um. Die Energieversorgungsunternehmen, der Telefonanbieter drohen damit, die Versorgung zu kappen. In dieser Belagerungssituation breitet sich unter der Geschäftsführung nicht selten eine Lähmung der Führungstätigkeit aus, schon weil sie das Vertrauen bei ihren Ansprechpartnern bei Banken, Lieferanten und Belegschaft verloren hat. Vorläufige Maßnahmen des Insolvenzgerichts haben vor diesem Hintergrund folgende Aufgaben: Den Bestand des den Gläubigern haftenden Vermögens zu sichern, gegebenenfalls die Geschäftsfortführung zu gewährleisten und einen Verantwortlichen als Ansprechpartner einzusetzen, der die tatsächlichen und rechtlichen Rahmenbedingungen ermittelt und gutachterlich beurteilt, um für die Entscheidung über die weitere Abwicklung des Verfahrensmaßstäbe bereit zu stellen.[53]

---

50 Zu den verfahrensrechtlichen Voraussetzungen *Haarmeyer,* ZInsO 2001, 203 ff.

51 *Uhlenbruck,* in: Gottwald, Insolvenzrechts-Handbuch, 3. Aufl. 2006, § 14 Rn. 1.

52 Das Rechtsbeschwerdegericht kann im Wege der einstweiligen Anordnung. Auch die Vollziehung der Entscheidung erster Instanz aussetzen: BGH, Beschl. v. 21. 3. 2002 – IX ZB 48/02, DZWIR 2002, 284.

53 *Uhlenbruck,* in: Gottwald, Insolvenzrechts-Handbuch, 3. Aufl. 2006, § 14 Rn. 1.

2. Frühzeitige Mitwirkung der Gläubiger

31 Die Verrichtungen des Insolvenzgerichts im Eröffnungsverfahren stehen als materiell der Verwaltung angehörende Tätigkeiten unter dem Gebot des verfassungsrechtlichen Verhältnismäßigkeitsgrundsatzes, wie der IX. Zivilsenat des BGH in seinem in diesem Zusammenhang wegweisenden Urteil vom 18. Juli 2002[54] ausgeführt hat. Nun betreffen die Entscheidungen zur Rechtsweggarantie und zum Verhältnismäßigkeitsgrundsatz im Eröffnungsverfahren Fallgestaltungen, in denen es darum geht, dass die Rechtsmacht des Schuldners durch insolvenzgerichtliche Entscheidungen beschränkt bzw. aufgrund insolvenzgerichtlicher Entscheidungen in Freiheitsrechte des Schuldners eingegriffen werden konnte. Betrachtet man die Auswirkungen der insolvenzgerichtlichen Verrichtungen im Eröffnungsverfahren bis hin zu der im Eröffnungsbeschluss (§ 27 Abs. 1 Satz 1 InsO) zu fällenden Entscheidung über die Person des vorläufigen Verwalters, mit der die über die Person des Insolvenzverwalters gem. § 56 Abs. 1 InsO in aller Regel vorweggenommen wird, im Licht der Gläubigerautonomie als Ausdruck der verfahrensrechtlichen Befugnisse, die den Gläubigern aus der Verwirklichung ihrer property rights im Insolvenzverfahren als Haftungsverfahren erwachsen, ist die verfassungsrechtlich motivierte Betrachtung etwas sperrig. Freilich wird unmittelbar deutlich, dass die in § 21 Abs. 1 InsO angelegte Zweck-Mittel-Relation (das Gesetz von Anordnungen, die zum Schutz der Vermögenslage des Schuldners geboten sind) nicht zuletzt auch die einstweilige Einschränkung der Rechtsdurchsetzung durch die Gläubiger betrifft, wie § 21 Abs. 2 Nr. 3 InsO deutlich macht.[55] Für die Gläubiger geht es bei der Entscheidung nach § 21 Abs. 2 Nr. 1 InsO als regelmäßig die Auswahlentscheidung gem. § 56 Abs. 1 InsO präjudizierende Vorauswahl des Insolvenzverwalters darum, ob sie ihre verfahrensrechtlichen Befugnisse (§ 57 InsO, § 157 InsO) effektiv ausüben können. Die Ausübung der Gläubigerautonomie ist aber konkreter Ausdruck des von den Gläubigern als Betroffene des Insolvenzverfahrens wahrzunehmenden rechtlichen Gehörs nach Art. 103 Abs. 1 GG[56], oder wenn man in Kategorien europäischen Rechts sprechen will, der Verfahrensfairness i. S. v. Art. 6 EMRK.[57]

32 Die Berücksichtigung der Gläubiger bei der Vorauswahl des Insolvenzverwalters durch die Entscheidung nach § 21 Abs. 2 Nr. 1 InsO ist daher nicht allein ein Akt der Courtoisie des Insolvenzrichters, sondern folgt Geboten, die sich aus dem Charakter des Insolvenzeröffnungsverfahrens als gerichtlich-administrativen staatlichen Verfahrens im Lichte des Art. 103 Abs. 1 InsO ergeben. Der von dem Detmolder Richter *Busch*[58] dargestellte Fall einer Kontaktaufnahme des Insolvenzgerichts mit den zur Koordination ihres Vorgehens in einem konkreten Fall versammelten Gläubigern und der dabei erreichten Abstimmung der Auswahl des Insolvenzverwalters in dem konkreten Fall, mag deshalb singulären Charakter haben, wie es *Schmidt* kritisiert, weil nur in Ausnahmefällen die Gläubiger alle an einem Platz um die im Rahmen des § 21 InsO zu fällenden Auswahlentscheidungen geht. Gleichwohl ist es nicht verfehlt, wenn *Busch* seinem Vorgehen in dem referierten Fall Modellcharakter beimisst.[59] Wenn das Gericht nämlich sich zu den versammelten Gläubigern (ich glaube nicht, dass es in dem referierten Fall wirklich *sämtliche* Gläubiger waren, vielmehr handelte es sich um diejenigen Gläubiger, die letzt-

---

54 BGH, Urt. v. 18. 7. 2002 – IX ZR 195/01 – DZWIR 2002, 470.

55 *Thiemann*, in: Smid, InsO, 2. Aufl. 2001, § 21 Rn. 50.

56 Insofern muss hier gleiches gelten wie für das immer wieder hervorgehobene rechtliche Gehör des Schuldners *Pohlmann*, Befugnisse und Funktionen des vorläufigen Insolvenzverwalters, 1998, Rn. 66.

57 *Pohlmann*, Befugnisse und Funktionen des vorläufigen Insolvenzverwalters, 1998, Rn. 66.

58 *Busch*, DZWIR 2004, 353.

59 *Busch*, DZWIR 2004, 353, 358 f.

endlich mit ihren Mehrheiten den Ausschlag im Rahmen des § 157 InsO geben) verfügen kann, so kann der Insolvenzrichter zur Vorbereitung seiner Entscheidung nach § 21 Abs. 2 Nr. 1 InsO unschwer zum Telefonhörer greifen und sich über das Meinungsbild bei den Gläubigern unterrichten. Wo dem Insolvenzgericht überhaupt keine Informationen über den Fall vorliegen, sondern einfach der nicht weiter unterfütterte Eigenantrag eines schuldnerischen GmbH-Geschäftsführers vorliegt, empfiehlt es sich ohnedies, zunächst durch ein Kurzgutachten die Entscheidung nach § 21 InsO gem. § 5 Abs. 1 Satz 2 InsO vorbereiten zu lassen, dass, wie es mir z.B. aus der sachsen-anhaltinischen oder baden-württembergischen Praxis bekannt ist, binnen 48 Stunden unschwer dem Gericht vorliegen und ihm ein weiteres procedere ermöglichen kann. Dabei begegnet es keinerlei Schwierigkeiten, dem Sachverständigen den Auftrag zu erteilen, u.a. dem Gericht Namen und Anschriften bzw. Telefonverbindungen der maßgeblichen Gläubiger mitzuteilen. Wenn demgegenüber behauptet wird, das Insolvenzgericht müsse gerade in solchen Fällen mangelnder Information sogleich *blindlings* mit allen verfügbaren Mitteln in den Nebel schießen und die vorläufige Insolvenzverwaltung anordnen, ist dies aus zweierlei Gründen verfehlt. Zum einen ist es kurios, dass gerade das Insolvenzgericht anders als ein Gericht in allen anderen Fällen ohne Sachverhaltsgrundlage blindlings eine Entscheidung soll fällen dürfen. Dies zu fordern ist aber nicht nur absurd, sondern verstößt selbst wieder gegen den Verhältnismäßigkeitsgrundsatz, denn es wäre ohne eine Sachverhaltsaufklärung durch das Instrumentarium des Sachverständigenvorgutachtens gem. § 5 Abs. 1 Satz 2 InsO[60] nicht auszumachen, ob denn eine Anordnung der vorläufigen Verwaltung in einem derartigen Fall verhältnismäßig wäre. Ein zweites, und böswilliges Missverständnisses des Detmolder Modells wäre es zu behaupten, das Insolvenzgericht lasse sich von einzelnen mächtigen Gläubigern einen Insolvenzverwalter oktroyieren.[61] Das ist, will man die Ausführungen von *Busch* nicht entstellen, in keiner Weise gemeint. Vielmehr geht es darum, dass der Vorschlag des Gerichts den Betroffenen in der gebotenen Eile kurzfristig zu bedenken gegeben wird. Dies ist nicht nur technisch möglich, sondern, wie ausgeführt, sogar geboten. So sparsam der Beschluss des Bundesverfassungsgerichts zur Verwalterauswahl[62] ausgefallen ist, ist es doch bemerkenswert, wenngleich im Schrifttum weithin untergegangen, dass durch die Kammer u.a. die Stellungnahme des Bundesverbandes der deutschen Kreditwirtschaft referiert worden ist, in der auf die Bedeutung der Gläubigerautonomie im Rahmen der Auswahlentscheidung des Insolvenzgerichts ausdrücklich hingewiesen worden ist. Seit Inkrafttreten des ESUG erlangt das Insolvenzgericht die erforderlichen Angaben bereits durch den Eigenantrag (vgl. oben § 24 Rn. 56a f.) und die Gläubigerbeteiligung ist durch die Einrichtung eines vorläufigen Gläubigerausschusses institutionalisiert (unten Rn. 59 ff.).

3. Einzelheiten

33 **a) Die Untersagung der Einzelzwangsvollstreckung in das bewegliche Vermögen des Schuldners.** Mit der Insolvenzantragstellung werden Individualzwangsvollstreckungsmaßnahmen in das Vermögen des Schuldners keinesfalls „automatisch“ unwirksam.[63] Zwangsvollstreckungen in das unbewegliche Vermögen bleiben im Gegenteil davon *überhaupt* unberührt, womit der Gesetzgeber erreichen will, dass die Absicherung von Realkrediten durch das Eröffnungsverfahren unbeeinträchtigt bleibt. Aber auch Zwangsvollstreckungen in das bewegliche Vermögen des Schuldners bleiben grundsätzlich trotz Antragstellung wirksam bzw. zulässig.[64] § 21 Abs. 2

---

60 *Smid/Leonhardt,* in: LSZ, InsO, 3. Aufl. 2010, § 5 Rn. 9; *Pape,* in: Uhlenbruck, InsO, 13. Aufl. 2010, § 5 Rn. 10ff.

61 Eine solche Verwalterauswahl wäre rechtswidrig, *Graeber,* in: MünchKomm, InsO, 1. Aufl. 2001, § 56 Rn. 96.

62 BVerfG, Beschl. v. 3. 8. 2004 – 1 BvR 135/00 – DZWIR 2004, 370.

63 Anders nach § 2 Abs. 4 GesO: BGH, Urt. v. 13. 6. 1995 – IX ZR 137/94 – BGHZ 130, 76.

64 Nicht aber eidestattliche Versicherungen: LG Würzburg, Beschl. v. 21. 9. 1999 – 9 T 1930/99, NZI 1999, 504; AG Rostock, Beschl. v. 10. 1. 2000 – 64 M 6512/99 – NZI 2000, 142; a.A. *Steder,* NZI 2000, 456 ff.

Nr. 3 InsO eröffnet dem Insolvenzgericht aber einen Ermessensspielraum, künftige Individualvollstreckungsmaßnahmen hinsichtlich beweglicher Gegenstände zu *untersagen* bzw. laufende Maßnahmen *vorläufig einzustellen* (vgl. §§ 775 Nr. 2, 776 ZPO).

Da die Untersagung bzw. einstweilige Einstellung der Individualzwangsvollstreckung gem. § 21 Abs. 2 Nr. 3 InsO *nicht* zu einer „Unwirksamkeit" von Vollstreckungsmaßnahmen von Gesetzes wegen führt,[65] lässt sich von § 21 Abs. 2 Nr. 3 InsO auch nicht der Bogen über § 394 BGB auf einen Ausschluss der Aufrechnung gegen massezugehörige Forderungen schlagen.[66] 34

b) Verfügungsverbot. Das Sicherungsmittel des Verfügungsverbots gem. § 21 Abs. 2 Nr. 2, Var. 1 InsO stellt die *rechtlich* wirksamste Maßnahme zur Verhinderung manipulativer Eingriffe zum Nachteil der künftigen Masse dar.[67] Es soll noch vor dem Verlust der Verfügungsbefugnis des Schuldners durch die Beschlagnahme seines pfändbaren Vermögens aufgrund des Erlasses des Eröffnungsbeschlusses gem. § 27 InsO, der die Wirkungen der §§ 80ff. InsO nach sich zieht, die künftige Insolvenzmasse vor Schiebereien des Schuldners und rechtlich massenachteiliger Manipulationen der Gläubiger schützen. Dieser Schutz wird dadurch verwirklicht, dass Verfügungen des Schuldners absolut unwirksam sind,[68] vgl. § 24 Abs. 1 InsO. 35

§ 21 Abs. 2 Nr. 2, Var. 2 InsO sieht vor, dass alternativ zu einem gegen den Schuldner verhängten *allgemeinen* Verfügungsverbot *gestufte* Verfügungsverbote, bezogen auf einzelne Rechtsgeschäfte oder Rechtsgeschäftstypen, bzw. ein Vorbehalt der Zustimmung eines vorläufigen Insolvenzverwalters verhängt werden können.[69] Ein derartiges Verfahren *kann* sich empfehlen, wenn dem Insolvenzgericht nicht Tatsachen bekannt werden, die den konkreten Verdacht masseschädigender Handlungen des Schuldners begründen. Die Stufung des gegen den Schuldner verhängten partiellen Verfügungsverbots entspricht dabei der Regelung des § 277 InsO, mit der dem Insolvenzgericht die Möglichkeit eingeräumt wird, dem zur Aufsicht über den eigenverwaltenden Schuldner eingesetzten Sachwalter (vgl. § 275 InsO, eingehend unten § 43 Rn. 12ff.) durch Anordnung von Zustimmungserfordernissen wegen einzelner Rechtsgeschäfte des Schuldners weitere Befugnisse einzuräumen. 36

Nach § 21 Abs. 2 Nr. 4 InsO[70] kann bereits im Eröffnungsverfahren eine **Postsperre** (vgl. § 99 InsO) angeordnet werden. Das ist naturgemäß nur im Zusammenhang mit der Anordnung vorläufiger Verwaltung sinnvoll[71], da die Post des Schuldners dann durch den vorläufigen Verwalter gesichtet wird; dabei kommt es nicht darauf an, ob der vorläufige Verwalter Partei kraft Amtes (§ 22 Abs. 1 InsO) oder Zustimmungsverwalter (§ 22 Abs. 2 InsO) ist.[72] 37

---

65 *Thiemann*, in: LSZ, InsO, 3. Aufl. 2010, § 21 Rn. 77.
66 Zum geltenden Recht BGH, Urt. v. 29. 6. 2004 – IX ZR 195/03 – BGHZ 159, 388 – ZIP 2004, 1558.
67 *Gerhardt*, Kölner Schrift zur Insolvenzordnung, 2. Aufl. 2000, S. 194 (Rn. 3); *Vallender*, in: Uhlenbruck, InsO, 13. Aufl. 2010, § 21 Rn. 54.
68 *Kirchhof*, in: H-K, InsO, 4. Aufl. 2006, § 24 Rn. 3; *Gerhardt*, in: Kölner Schrift zur Insolvenzordnung, 2. Aufl. 2000, S. 194 (Rn. 4); *Uhlenbruck*, in: Gottwald, Insolvenzrechts-Handbuch, § 14 Rn. 2; *Thiemann* (Fn. 4) Rn. 141. Zur Rechtslage nach der KO: RG v. 24. 4. 1909 – V 61/09 – RGZ 71, 38, 40; *Vallender*, in: Uhlenbruck, InsO, 13. Aufl. 2010, § 21 Rn. 55; *Haarmeyer*, in: MünchKomm, InsO, 1. Aufl. 2001, § 21 Rn. 19.
69 Mit relativer Wirkung *Kirchhof*, in: H-K, InsO, 4. Aufl. 2006, § 24 Rn. 4; *Uhlenbruck*, in: Gottwald, Insolvenzrechts-Handbuch, § 14 Rn. 14; a. A. *Pohlmann*, Befugnisse und Funktionen des vorläufigen Insolvenzverwalters, 1998, Rn. 259; *Kießling/Singhof*, DZWIR 2000, 353 ff.
70 Keine Durchsuchung Räume Dritter: BGH, Beschl. v. 24. 9. 2009 – IX ZB 38/08, DZWIR 2010, 73.
71 *Thiemann*, in: LSZ, InsO, 3. Aufl. 2010, § 21 Rn. 80; *Kirchhof*, in: H-K, InsO, 4. Aufl. 2006, § 21 Rn. 11; *Vallender*, in: Uhlenbruck, InsO, 13. Aufl. 2010, § 21 Rn. 34.
72 Anders OLG Celle, Beschl. v. 24. 1. 2001 – 2 W 124/00 – ZIP 2001, 468.

4. Kundgabe insolvenzgerichtlicher Verrichtungen

38 a) **Öffentliche Bekanntmachung. Öffentlich bekanntzumachen** sind die **Entziehung der Verfügungsgewalt** des Schuldners über sein Vermögen im Eröffnungsverfahren gem. § 23 Abs. 1 Satz 1 InsO, sowie die **Aufhebung von Sicherungsmaßnahmen** gem. § 23 Abs. 1 Satz 1 i.V.m. § 25 Abs. 1 InsO; die **Verfahrenseröffnung** gem. § 30 InsO; die **Festsetzung der Verwaltervergütung** gem. § 64 Abs. 2 Satz 1 InsO; die **Einberaumung der Gläubigerversammlung** gem. § 74 Abs. 2 Satz 1 InsO; die **Aufhebung des Verfahrens** gem. § 200 Abs. 2 Satz 1 InsO sowie seine **Einstellung** gem. § 215 Abs. 1 Satz 1 InsO; der Übergang der Fremd- zur **Eigenverwaltung** bzw. die Aufhebung der Anordnung der Eigenverwaltung, gem. § 273 InsO; die Erteilung der Restschuldbefreiung gem. § 300 Abs. 3 Satz 1 InsO sowie deren Widerruf gem. § 303 Abs. 3 Satz 3 InsO. Weiter ist der Antrag auf Verfahrenseröffnung in einem anderen Mitgliedsstaat der EU öffentlich bekanntzumachen, soweit das Recht des anderen Mitgliedsstaates dies vorschreibt, vgl. Art. 21 Abs. 1 Satz 1 EuInsVO sowie Art. 102 § 5 Abs. 1 EGInsO.

39 Mit Art. 2 des Gesetzesentwurfs wird die Verordnung zur öffentlichen Bekanntmachung in Insolvenzverfahren im Internet an den geänderten § 9 InsO angepasst, da in dem Gesetzentwurf zu § 9 InsO die Internetveröffentlichung als Regelfall ausgestaltet ist und damit die vorher als Regelfall vorgesehene Möglichkeit der Veröffentlichung in dem für amtliche Bekanntmachungen des Gerichts bestimmten Blatt aufgegeben wurde. An den datenschutzrechtlichen Vorgaben hat sich daher auch nichts geändert. Durch die Internetveröffentlichung tritt eine Entlastung der Masse ein, da die Kosten für eine Bekanntmachung geringer sind, die Gläubiger können somit mit einer etwas höheren Quote in dem Verfahren rechnen.

40 In seiner Fassung durch das InsolvenzvereinfachungsG bestimmt § 9 InsO, dass die öffentliche Bekanntmachung durch Veröffentlichung in einem länderübergreifenden, zentralen elektronischen Informations- und Kommunikationssystem erfolgt (insolvenzbekanntmachungen.de). Die öffentliche Bekanntmachung kann auszugsweise geschehen. Dabei ist der Schuldner genau zu bezeichnen, insbesondere sind seine Anschrift und sein Geschäftszweig anzugeben. Die Bekanntmachung gilt als bewirkt, sobald nach dem Tag der Veröffentlichung zwei weitere Tage verstrichen sind. Das Insolvenzgericht kann gem. § 9 Abs. 2 InsO n. F. weitere Veröffentlichungen veranlassen, soweit dies landesrechtlich bestimmt ist. § 9 Abs. 2 Satz 2 InsO ermächtigt das Bundesministerium der Justiz, durch Rechtsverordnung mit Zustimmung des Bundesrates die Einzelheiten der Veröffentlichung in einem länderübergreifenden, zentralen elektronischen Informations- und Kommunikationssystem zu regeln, womit insbesondere Löschungsfristen vorgesehen werden sollen sowie Vorschriften, die sicherstellen, dass die Veröffentlichungen „unversehrt", vollständig und aktuell bleiben, jederzeit ihrem Ursprung nach zugeordnet werden können und nach dem Stand der Technik durch Dritte nicht kopiert werden können. Gem. § 9 Abs. 3 InsO genügt die öffentliche Bekanntmachung zum Nachweis der Zustellung an alle Beteiligten, auch wenn dieses Gesetz neben ihr eine besondere Zustellung vorschreibt.

41 b) **Zustellung. Zugestellt** werden **Verfügungsverbote im Eröffnungsverfahren** gem. § 23 Abs. 1 Satz 2 InsO, der Eröffnungsbeschluss gem. § 30 Abs. 2 InsO sowie

beschwerdefähige Beschlüsse gem. § 329 Abs. 2 Satz 2 ZPO i.V.m. § 4 InsO. Gem. § 8 Abs. 1 Satz 1 InsO erfolgen die Zustellungen von Amts wegen, ohne dass es einer Beglaubigung des zuzustellenden Schriftstücks bedarf. § 8 Abs. 1 Satz 2 InsO bestimmt, dass die Zustellungen dadurch bewirkt werden können, dass das Schriftstück unter der Anschrift des Zustellungsempfängers zur Post gegeben wird; § 184 Abs. 2 Satz 1, 2 und 4 ZPO gilt entsprechend. Soll die Zustellung im Inland bewirkt werden, so gilt das Schriftstück drei Werktage nach Aufgabe zur Post als zugestellt. An Personen, deren Aufenthalt unbekannt ist, wird gem. § 8 Abs. 2 Satz 1 ZPO nicht zugestellt. Haben sie einen zur Entgegennahme von Zustellungen berechtigten Vertreter, so wird nach gem. § 8 Abs. 2 Satz 2 ZPO dem Vertreter zugestellt. Das Insolvenzgericht kann gem. § 8 Abs. 3 Satz 1 ZPO den Insolvenzverwalter beauftragen, die Zustellungen nach § 8 Abs. 1 InsO durchzuführen. Zur Durchführung der Zustellung und zu deren Beurkundung kann er sich Dritter, insbesondere auch eigenen Personals, bedienen. Der Insolvenzverwalter hat die von ihm nach § 184 Abs. 2 Satz 2 ZPO angefertigten Vermerke nach Abschluss des Insolvenzverfahrens zu den Gerichtsakten zu reichen.

§ 8 Abs. 1 S. 2, 2. Halbs. InsO verweist auf § 184 Abs. 2 S. 1, 2 und 4 ZPO. Danach gilt das Schriftstück zwei Wochen nach Aufgabe zur Post als zugestellt. In der Zustellungsanordnung nach § 184 Abs. 1 S. 2 ZPO ist auf diese Rechtsfolgen hinzuweisen. Zum Nachweis der Zustellung ist in den Akten zu vermerken, zu welcher Zeit und unter welcher Anschrift das Schriftstück zur Post gegeben wurde. Nach Abs. 1 S. 3 greift an Stelle der Zwei-Wochen-Frist des § 184 Abs. 2 S. 1 ZPO eine **kurze Frist von drei Tagen.** Seit dem 31. 5. 2001 erfolgen Zustellungen im europäischen Ausland nach der Verordnung EG Nr. 1348/00. Bei der förmlichen gem. Art. 4 ZustVO oder der direkten Zustellung kommt ein Einschreiben mit Rückschein gem. Art. 14 ZustVO in Betracht. Es kann auch durch Aufgabe zur Post zugestellt werden. Zu beachten ist jedoch, dass dann die 2-Wochen-Frist des § 184 Abs. 1 S. 1 ZPO gilt. 42

c) Einfache Mitteilung. Im Übrigen sind den Beteiligten alle Beschlüsse des Insolvenzgerichts durch **einfache Mitteilung** kundzugeben, sofern sie nicht zuzustellen sind, § 329 Abs. 2 Satz 1 ZPO i.V.m. § 4 InsO. Darüber hinaus erfolgt einfache Mitteilung zur Unterrichtung über den Zeitpunkt, zu welchem Verfahrenseinstellung gem. § 215 Abs. 1 Satz 2 InsO oder Verfahrensaufhebung nach Annahme und Bestätigung des Insolvenzplans gem. § 258 Abs. 3 Satz 2 InsO wirksam wird. 43

5. Insbesondere: Die Anordnung der vorläufigen Verwaltung

a) Begriffsbestimmung. Nach §§ 21 Abs. 2 Nr. 1, 22 InsO kann das Insolvenzgericht die vorläufige Verwaltung des Schuldnervermögens anordnen. Der Begriff erzwingt eine Klarstellung: Unter dem vorläufigen Verwalter verstand man lange Zeit den durch Eröffnungsbeschluss vorläufig, bis zur Bestätigung (oder Abwahl – deshalb „vorläufig"!) durch die Gläubigerversammlung eingesetzten Verwalter, den die InsO nach wie vor in § 57 InsO vorsieht. Dieser Verwalter ist indes nicht gemeint, sondern der im früheren Rechtszustand vielerorts vom Insolvenzgericht eingesetzte **Sequester.** 44

Die Probleme, um die es dabei geht, betreffen wesentlich Unternehmenskonkurse. Nur dort tritt in gravierendem Umfang ein Bedarf nach vielfältigen Rechtshandlungen des vorläufigen Verwalters auf, weil das Unternehmen als „Organismus" darauf angelegt ist, auch nach vorläufiger Verwaltung des Vermögens des Insolvenzschuldners weitergeführt zu werden: Ansonsten tritt ein Wertverfall ein, der den vitalen Interessen aller Beteiligten ersichtlich nicht entspricht: Die Befriedigungsaussichten der Gläubiger würden erheblich verkürzt, wollte man schlechthin in allen Fällen darauf verzichten, den 45

Wert des Unternehmens durch seine Fortführung zu erhalten oder einen beschleunigten Wertverfall zu vermeiden. Die Sequestrationsdauer kann dabei sehr kurz sein; empirisch dauern Sequestrationen zwischen drei Wochen und drei Monaten. Es liegt nahe, dass während einer derartig langen Dauer der vorläufigen Verwaltung eine Verlagerung der Gewichte der Tätigkeit des vorläufigen Verwalters von der Sicherung zur Erhaltung der Masse zum Gegenstand der rechtsdogmatischen Erörterung wird. Die Sicherungs- und die Aufklärungsfunktion des vorläufigen Insolvenzverwalter ist im Wesentlichen außer Streit; dagegen waren Begründung und Reichweite darüber hinausgehender Aufgaben Gegenstand lebhafter rechtsdogmatischer Kontroversen.[73] Der BGH hat mit seinem Urteil vom 18. 7. 2002[74] viele Unklarheiten ausgeräumt. Diese Entscheidung stellt einen Einschnitt dar: Die Anforderungen, unter denen der vorläufige Verwalter ermächtigt werden kann, die Masse zu verpflichten, wenn das Gericht ihn nicht zum vorläufigen Verwalter nach § 22 Abs. 1 InsO bestellt, sind vom BGH gegenüber der gerichtlichen Praxis jedenfalls in einem deutschen Bundesland genauer gefasst worden.

46 b) **Entscheidungslage des Insolvenzgerichts.** Worum es bei der vorläufigen Insolvenzverwaltung geht, mag folgendes

47 **Beispiel** zeigen: Die Insolvenzschuldnerische Unternehmensträgerin, eine Stahlbau GmbH, schuldet der AOK 450.000 € und dem kommunalen Energieversorgungsunternehmen 50.000 €; Löhne und Gehälter für die einhundert Mitarbeiter sind in den vergangenen drei Monaten nicht mehr gezahlt worden, insofern sind weitere 600.000 € aufgelaufen. All diese Verbindlichkeiten sind fällig. Der Geschäftsführer und Alleingesellschafter hat auf öffentliche Zuschüsse vertraut, die ihm zugesagt worden sein sollen. Die GmbH produziert unter Erfüllung höchster Qualitätsstandards bei hohem Energieaufwand Stahlbauwerke, wobei die Produktionsanlagen ebenso wie die Verwaltungsgebäude angemietet sind – eigenes Sachkapital ist nicht in nennenswertem Umfang vorhanden; die GmbH verfügt über ein Auftragsvolumen in Höhe von mehreren Millionen . Die vorhandenen liquiden Mittel reichen indes nunmehr hin, laufende Kosten wie Porti, Telefongebühren und die Kaffeekasse zu bestreiten. Kredite vermag der Geschäftsführer nicht zu erlangen. Die AOK stellt nach dem Scheitern von Stundungsverhandlungen mit dem Geschäftsführer beim zuständigen Insolvenzgericht Antrag auf Eröffnung des Insolvenzverfahrens. Man mag angesichts des Auftragsvolumens an einer Überschuldungslage zweifeln, gleichwohl ist die Stahlbau GmbH materiell insolvent: Es fehlt ihr nämlich an den erforderlichen liquiden Mitteln. Es kann unterstellt werden, hier liegt ein Fall der Zahlungsunfähigkeit vor, da von einer bloßen Zahlungsstockung bei der Schuldnerin nicht auszugehen ist. Ausschlaggebend dafür ist nämlich der Zeitraum, den ein – kreditwürdiger – Schuldner benötigt, sich die zur Begleichung seiner fälligen Verbindlichkeiten erforderlichen Mittel darlehensweise zu beschaffen, was auf einen Zeitraum von wenigen Tagen bis zu maximal zwei Wochen verweist[75]; bis zum Eingang von Werklohnzahlungen in einem der Höhe nach den Verbindlichkeiten der GmbH entsprechenden Umfang bedarf es indes eines erheblich längeren Zeitraums.

48 Der Fall ist durchaus typisch. Er führt die Beteiligten in ein Dilemma. Wird die Produktion eingestellt, werden die Arbeitnehmer gekündigt und damit die Hoffnung auf die Erzielung von Werklohn zunichte gemacht, wird es voraussichtlich an der gem. § 26 Abs. 1 InsO zur Eröffnung des Verfahrens erforderlichen Masse fehlen.[76] Eine Betriebsfortführung macht es dagegen erforderlich, die Erfüllung der dabei anfallenden Verbindlichkeiten sicherzustellen.

---

73 Eingehend hierzu *Thiemann* (Fn. 4) Rn. 40 ff.; *Pohlmann*, Befugnisse und Funktion des vorläufigen Verwalters, 1998.

74 BGH, Urt. v. 29. 6. 2004 – IX ZR 195/03 – BGHZ 159, 388 – ZIP 2004, 1558.

75 *Pape*, in: Kübler/Prütting, Kommentar zur Insolvenzordnung, § 17 Rn. 10 f.; enger noch *Mönning*, in: Nerlich/Römermann, InsO, § 17 Rn. 13 ff.; weiter *Kirchhof*, in: H-K, InsO, 4. Aufl. 2006, § 17 Rn. 18, 42 (3 Wochen) und *Penzlin*, NZG 1999, 1208 (2 Monate); *Vallender*, in: Uhlenbruck, InsO, 13. Aufl. 2010, § 17 Rn. 19 (2 bis 3 Wochen).

76 Über die Auslegung des § 26 Abs. 1 InsO wird nachdrücklich gestritten, vgl. *Rattunde/Röder*, DZWIR 1999, 309 ff. m. w. N. sowie im Folgenden unter § 5.

Die Entscheidung über die Eröffnung des Verfahrens setzt daher notwendig voraus, dass eine entsprechende Begutachtung der Verhältnisse der Schuldnerin vorgenommen wird. Diese Begutachtung nimmt freilich Zeit in Anspruch. Der Gesetzgeber hat dem Insolvenzgericht vorgeschrieben, dass es über vorläufige Maßnahmen entscheiden *muss*, die für die Zeit dieses Eröffnungsverfahrens zum Schutz der Gläubiger – wie es im Gesetz heißt – vor nachteiligen Veränderungen in der Vermögenslage des Schuldners erforderlich erscheinen (oben Rn. 17). **49**

Das Insolvenzgericht hat dabei im Wesentlichen darüber zu entscheiden, ob es gegen den Schuldner ein allgemeines Verfügungsverbot über sein Vermögen verhängt (§ 21 Abs. 2 Nr. 2, Var. 1 InsO), was notwendig die Einsetzung eines vorläufigen Verwalters für die Dauer des Eröffnungsverfahrens zur Folge hat, der nicht allein die Aufgabe hat, das Vermögen des Schuldners zu sichern und zu erhalten (§ 22 Abs. 1 Satz 2 Nr. 1 InsO), sondern der insbesondere das schuldnerische Unternehmen bis zur Entscheidung über die Eröffnung des Insolvenzverfahrens fortzuführen hat (§ 22 Abs. 1 Satz 2 Nr. 2 InsO) – man spricht in diesem Zusammenhang auch (unschön) von einem „starken" vorläufigen Verwalter[77] – *oder* es hat nur in Bezug auf konkrete, besonders gefährlich erscheinende Verfügungen Verbote zu verhängen und für diesen Fall einen (so genannten „schwachen"[78]) Verwalter mit solchen Befugnissen zu berufen, die den verhängten Verfügungsbeschränkungen entsprechen. Diese Entscheidung hat Folgen, die sich aus § 55 Abs. 2 InsO ergeben: Der nach § 22 Abs. 1 InsO unter vollständiger Entmachtung des Schuldners eingesetzte vorläufige Verwalter löst nämlich z.B. durch die zur Betriebsfortführung notwendig zu tätigenden Geschäfte Masseverbindlichkeiten aus, die vorab aus der Masse zu begleichen sind (§ 53 InsO); und auch die durch eine Weiterbeschäftigung der Arbeitnehmer ausgelösten Verbindlichkeiten sind nach § 55 Abs. 2 Satz 2 InsO dann als Masseverbindlichkeiten zu behandeln, wenn der vorläufige Verwalter mit den Kompetenzen gem. § 22 Abs. 1 InsO eingesetzt worden ist. Demgegenüber kann § 55 Abs. 2 InsO schon deshalb strukturell nicht eingreifen, wenn der vorläufige Verwalter nach § 22 Abs. 2 InsO eingesetzt wurde, weil in diesem Fall der Schuldner bzw. dessen Organe etwaige neue Verbindlichkeiten während der Dauer des Eröffnungsverfahrens begründet und der vorläufige Verwalter allein Zustimmungsaufgaben wahrnimmt.[79] Mit der Ruckstufung der Forderungen der BfA aus Insolvenzgeldzahlungen hat die Bedeutung dieser Fragen abgenommen. **50**

Die Funktionsweise der §§ 21, 22 InsO ist nach wie vor umstritten. Der Gesetzgeber ist wohl davon ausgegangen, dass die Einsetzung eines vorläufigen Verwalters mit umfassender Verfügungsgewalt gemäß § 22 Abs. 1 InsO den Regelfall darstellen soll. Die Praxis hat dem gegenüber Anordnungen nach § 22 Abs. 2 InsO den Vorzug gegeben, um zu vermeiden, dass bei einer Betriebsfortführung durch den **51**

---

77 *Ampferl*, Der „starke vorläufige Insolvenzverwalter" in der Unternehmensinsolvenz, 2002; *Bähr*, ZIP 1998, 1553, 1558; *Vallender*, in: Uhlenbruck, InsO, 13. Aufl. 2010, § 22 Rn. 2; *Kind*, in: Braun, InsO, 2. Aufl. 2004, § 22 Rn. 5 ff.

78 Diese mittlerweile verbreitete Diktion vom „starken" und „schwachen" vorläufigen Verwalter ist nicht nur recht schlicht, sondern schlicht falsch; zum schwachen vorläufigen Verwalter *Uhlenbruck*, InsO, 12. Aufl. 2003, § 22 Rn. 1; *Kind*, in: Braun, InsO, 2. Aufl. 2004, § 22 Rn. 5.

79 So zutreffend *Kirchhof*, in: H-K, InsO, 4. Aufl. 2006, § 22 Rn. 30; *Jaffé/Hellert*, ZIP 1999, 1204, 1205; *Uhlenbruck*, in: Gottwald, Insolvenzrechts-Handbuch, 3. Aufl. 2006, § 14 Rn. 49 a.E. Es besteht daher weder vom Gesetzeswortlaut noch aus systematischen Erwägungen heraus irgend ein Anlass, in diesen Fällen eine „Umgehung" des Gesetzes zu besorgen, wie es zu Unrecht *Bork* (ZIP 1999, 781 ff.) tut.

vorläufigen Verwalter Masseverbindlichkeiten gemäß § 55 Abs. 2 InsO begründet werden, was insbesondere im Falle der Vorfinanzierung von Löhnen und Gehältern die Verfahrenseröffnung nachdrücklich belastet.[80]

52 Dagegen ist befürchtet worden, es werde ein „Formmissbrauch" betrieben[81], zumal der Gesetzgeber die „starke" vorläufige Insolvenzverwaltung „gewollt" habe, um den Verwaltern die Verpflichtung der Masse zu ermöglichen. Nunmehr hat freilich auch der IX. Zivilsenat des BGH[82] diese Art der Argumentation unmissverständlich verworfen: Nach der Herabstufung der Forderungen der BfA wegen Insolvenzgeld ist die Argumentation der Gegenmeinung nicht mehr haltbar; der Gesetzgeber selbst hat die Verpflichtung der Masse durch den vorläufigen Verwalter in wesentlichen Bereichen eingeschränkt, unabhängig davon, ob es sich um einen vorläufigen Verwalter nach § 22 Abs. 1 oder Abs. 2 InsO handelt (näher unten Rn. 45 ff.).

53 c) Nach § 22 Abs. 2 InsO kann das Insolvenzgericht einen vorläufigen Verwalter einsetzen, der ausschließlich Überwachungsaufgaben (**Zustimmungsverwalter**[83]) oder nur **eingeschränkte Verwaltungsaufgaben** und **begrenzte Verfügungsbefugnisse** eingeräumt erhält[84] – sofern dies zum Schutz der schuldnerischen Vermögenslage geboten ist. Das Insolvenzgericht darf daher, soweit dies geboten ist, durch **konkrete Einzelanordnungen** einen mit weitgehenden Befugnissen ausgestatteten Insolvenzverwalter gemäß § 22 Abs. 2 InsO einsetzen. Da eine solche „abgestufte" Ermächtigung des vorläufigen Verwalters dem Verhältnismäßigkeitsgrundsatz entspricht, stellt sie keinen „Missbrauch" der gesetzlichen Regelungen dar.[85] Denn es hat sich bereits gezeigt, dass es Aufgabe des Insolvenzgerichts bei dem Erlass vorläufiger Anordnungen gemäß § 21 InsO ist, angemessene Maßnahmen zu treffen, die dem bestmöglichen Schutz der Masse zu dienen geeignet sind. Zugleich haben diese Anordnungen dem Verhältnismäßigkeitsgrundsatz in der Weise zu entsprechen, dass auch auf die Rechtsstellung des Schuldners Rücksicht zu nehmen ist, in dessen Status noch nicht durch einen seine Insolvenz feststellenden Hoheitsakt (den Eröffnungsbeschluss) eingegriffen worden ist. Dies alles ergibt sich bereits aus dem Wortlaut des § 21 Abs. 1 InsO. Die Orientierung an der Erforderlichkeit der Anordnungen zum Schutz der Masse verbietet eine Orientierung an einem schematischen Regel-Ausnahme-Verhältnis, wie es wegen der Abs. 1 und 2 des § 22 InsO bisweilen behauptet wird.[86]

54 Die bis zum Urteil des BGH vom 18. 7. 2002[87] gepflogene Praxis vieler Insolvenzgerichte, dem vorläufigen Insolvenzverwalter eine nicht näher eingegrenzte Pauschalermächtigung zu geben, sieht der

80 *Uhlenbruck*, in: Gottwald, Insolvenzrechts-Handbuch, 3. Aufl. 2006, § 14 Rn. 29; krit. *Pape*, in: Kübler/Prütting, Kommentar zur Insolvenzordnung, § 22 Rn. 5, 30; *Haarmeyer*, in: MünchKomm, InsO, 1. Aufl. 2001, § 22 Rn. 29; *Uhlenbruck*, InsO, 12. Aufl. 2003, § 22 Rn. 7.

81 *Bork* (Fn. 79); *Pape*, in: Kübler/Prütting, Kommentar zur Insolvenzordnung, § 22 Rn. 5, 30.

82 BGH, Urt. v. 18. 7. 2002 – IX ZR 195/01 – ZIP 2002, 1625, 1626 f.

83 Der Zustimmungsverwalter hat keine eigenen *Verwaltungs*aufgaben: BGH v. 11. 3. 2010 – IX ZB 122/08, ZIP 2010, 1909; er ist kein Vermögensverwalter gem. § 34 Abs. 3 AO: BFH v. 27. 5. 2009 – VII B 156/08, ZIP 2009, 2255.

84 *Beck*, in: Beck/Depré, Praxis der Insolvenz, 1. Aufl. 2003, § 6 Rn. 28. Zu dessen **Haftung** auch *S. Meyer*, Die Haftung des vorläufigen Verwalters, 2003.

85 So ausdrücklich BGH, Urt. v. 18. 7. 2002 – IX ZR 195/01 – ZIP 2002, 1625 – ZInsO 2002, 819. Die Kritik *Haarmeyers* (ZInsO 2002, 741) *vor* Verlautbarung des Wortlauts der Entscheidung überzeugt nicht.

86 *Pape*, in: Kübler/Prütting, Kommentar zur Insolvenzordnung" § 22 Rn. 5; *Pohlmann*, Befugnisse und Funktionen des vorläufigen Insolvenzverwalters, 1998, Rn. 21 ff.

87 BGH, Urt. v. 18. 7. 2002 – IX ZR 195/01

IX. Zivilsenat als rechtswidrigen Verstoß gegen das Gebot an, *bestimmte* Entscheidungen zu fällen: Die Reichweite seiner Ermächtigung darf nicht der vorläufige Verwalter festsetzen!

d) Vollentmachtung des Schuldners und Kompentenzübergang auf den vorläufigen Verwalter. Nach § 22 Abs. 1 InsO gibt es die vorläufige Verwaltung mit umfassenden Befugnissen des vorläufigen Verwalters bei Anordnung eines gegen den Schuldner erlassenen allgemeinen Verwaltungs- und Verfügungsverbots.[88] 55

Der IX. Zivilsenat[89] hat entschieden, gemäß § 4 InsO gelten zwar die §§ 41 ff. ZPO auch für das Insolvenzverfahren, soweit es um die Ablehnung von Gerichtspersonen gehe.[90] Weder für den im Eröffnungsverfahren bestellten Gutachter noch für den vorläufigen Insolvenzverwalter solle § 406 ZPO mit der Folge zur Anwendung kommen, dass diese wegen Befangenheit abgelehnt werden könnten[91] 56

6. Wirkung der Anordnung von Verfügungsbeschränkungen im Eröffnungsverfahren

a) Nach einem Urteil des BGH aus dem Oktober 2009[92] hindert die Anordnung von Verfügungsbeschränkungen im Eröffnungsverfahren den Erwerb einer zuvor abgetretenen, aber erst nach der insolvenzgerichtlichen Anordnung entstandenen Forderung des Insolvenzschuldners nicht. Unter Geltung der KO hat der BGH[93] die Auffassung vertreten, die Verfügungsbefugnis des Zedenten müsse zum Zeitpunkt des Entstehens der Forderung nicht mehr vorliegen.[94] Die Verfügungsbefugnis müsse vielmehr allein beim letzten Teilakt der Verfügung vorgelegen haben. Hieran hält der IX. Zivilsenat auch unter Geltung der InsO fest. 57

Allerdings konzediert der BGH, dass grundsätzlich bei Einigkeit über den Rechtsübergang sowohl bei unbeweglichen Gegenständen der Erwerb mit der Eintragung ins Grundbuch gem. § 873 Abs. 1 BGB als auch bei der Übertragung beweglicher Sachen mit der Erlangung des unmittelbaren oder mittelbaren Besitzes (§§ 929, 930 BGB) oder mit der Abtretung des Herausgabeanspruchs nach § 931 BGB[95] eintritt. Bei Abtretung einer bestehenden Forderung ist dies bereits mit der Einigung gem. § 398 BGB der Fall.[96] In all diesen Fällen soll der Rechtssatz Geltung beanspruchen können, dass die Verfügungsmacht des Verfügenden noch zum Zeitpunkt des Rechtserwerbs vorzuliegen hat.[97] Der IX. Zivilsenat meint, § 878 BGB[98] bestätige dies. Allerdings handele es sich bei der Verfügung über künftige Forderungen um einen anderen im Gesetz nicht geregelten Tatbestand. Denn der Übergang des Rechts könne sich in diesem Fall erst dann vollziehen, wenn die Forderung zum Entstehen gelangt.[99] Der Verfügungstatbestand und der Verfügungserfolg fallen bei der Abtretung künftiger Forderungen geradezu denknotwendig auseinander. Die Gegenmeinung von *Eckardt*[100] verwirft der IX. Zivilsenat. Eckardt hat gemeint, Verfügungen könnten sich schlechthin nur auf von der Verfügung betroffene bestehende 58

---

88 *Beck*, in: Beck/Depré, Praxis der Insolvenz, 1. Aufl. 2003, § 6 Rn. 31.
89 BGH, Beschl. v. 25. 1. 2007 – IX ZB 240/05 – DZWIR 2007, 216 mit Anm. *Graeber*, ZIP 2007, 548.
90 BGH, Beschl. v. 15. 7. 2004 – IX ZB 280/03 – ZVI 2004, 753.
91 BGH, Beschl. v. 25. 1. 2007 – IX ZB 240/05, DZWIR 2007, 216, *Smid*, Struktur VI, DZWIR 2007, 485, 492.
92 BGH, Urt. v. 22. 10. 2009 – IX ZR 90/08, ZIP 2009, 2347.
93 BGH, Urt. v. 20. 3. 1997 – IX ZR 71/96, BGHZ 135, 140 = ZIP 1997, 737.
94 Vgl. auch BGH, Urt. v. 9. 12. 2010 – III ZR 56/10.
95 BGH, Urt. v. 22. 10. 2009 – IX ZR 90/08, ZIP 2009, 2347.
96 BGH aaO Rn. 10
97 Allein MünchKomm-Schramm, BGB, 5. Aufl. § 185 Rn. 26.
98 BGH aaO Rn. 10
99 BGH, Urt. v. 16. 3. 1995 – IX ZR 72/94, ZIP 1995, 630.
100 *Eckardt*, ZIP 1997, 957, 960.

Recht beziehen und seien „sinnlos“, wenn das gemeinte Recht nicht existiere. Dem hält der IX. Zivilsenat entgegen, das Gesetz halte Vorauszessionen künftiger Forderungen – etwa in § 566b BGB[101] – für zulässig. Aus dem Sinnzusammenhang der InsO heraus erscheinen die Argument, die den IX. Zivilsenat zu seiner Ansicht bewogen haben, tragfähiger. Denn der erkennende argumentiert damit, dass § 24 Abs. 1 InsO[102] auf § 81 InsO[103] verweise. Damit werden Verfügungshandlungen nach Anordnung der Verfügungsbeschränkung erfasst. Es ist überzeugend, dass der IX. Zivilsenat dem entgegenhält, § 24 Abs. 1 InsO[104] verweise nicht auf § 91 InsO. Somit wird der Erwerb von solchen Gegenständen, die nach Eröffnung des Insolvenzverfahrens in die Masse fallen würden, nicht vorweg im Eröffnungsverfahren erfasst.[105] Damit fällt die Frage des Rechtserwerbs durch den Sicherungszessionar auf der einen Seite und die Problematik der anfechtungsrechtlichen Behandlung von Vorausabtretungen auseinander, wie der erkennende Senat sieht.[106]

7. Ab- und Aussonderungsrechte im Eröffnungsverfahren

59 a) § 21 Abs. 2 Nr. 5 InsO sieht vor, dass das Insolvenzgericht im Wege vorläufiger Anordnungen bestimmen kann, dass die Inhaber von Absonderungsrechten aufgrund der in § 166 InsO genannten publizitätslosen Rechte ihre Verwertungsrechte während der Dauer des Eröffnungsverfahrens nicht gegen die Masse ausüben dürfen – also insbesondere Sicherungseigentümer die Sachen nicht verwerten und Sicherungszessionare die Forderungen nicht einziehen dürfen; diese Rechte werden vom vorläufigen Insolvenzverwalter ausgeübt. Er hat den Erlös zu separieren und entsprechend § 170 InsO an die Absonderungsberechtigten auszukehren.

60 b) Entsprechendes sieht § 21 Abs. 2 Nr. 5 InsO für die Aussonderungsberechtigten (man denke besonders an den Eigentumsvorbehaltsverkäufer im Fall des § 107 Abs. 2 InsO) vor. Nach dem OLG Braunschweig[107] können Aussonderungsberechtigte, die durch eine vorläufige Anordnung des Insolvenzgerichts gem. § 21 Abs. 2 S. 1 Nr. 5 InsO daran gehindert werden, die Gegenstände, an denen ihr Aussonderungsrecht besteht, vom Schuldner heraus zu verlangen, gegebenenfalls. nach § 169 S. 2 InsO erst nach drei Monaten eine Zahlung eines Nutzungsentgeltes verlangen. Wird in diesem Zeitraum das Aussonderungsgut weiter genutzt, soll vom Aussonderungsberechtigten ein Wertersatz verlangt werden können. In dem eröffneten Verfahren sei dieser Anspruch Masseforderung nach § 55 InsO.

61 c) Die Anordnung nach § 21 Abs. 2 Nr. 5 InsO entfaltet (ebenso wie die übrigen Anordnungen nach Abs. 2) nur unter der Voraussetzung Wirkung, dass das Insolvenzgericht sie aufgrund einer Prüfung ihrer Gebotenheit im jeweils vorliegenden Einzelfall erlassen hat; eine nur pauschale, routinemäßige Anordnung ist unwirksam.[108]

62 d) Zieht der vorläufige Verwalter – nicht dagegen der Schuldner – **ohne** eine durch insolvenzgerichtliche vorläufige Anordnung erteilte Ermächtigung sicherungsze-

---

101 BGH, Urt. v. 22. 10. 2009 – IX ZR 90/08 Rn. 11.
102 BGH aaO Rn. 15.
103 BGH aaO.
104 BGH aaO.
105 BGHZ 170, 196, 199.
106 BGH, Urt. v. 29. 11. 2007 – IX ZR 165/05, ZIP 2008, 372.
107 OLG Braunschweig, Urt. v. 31. 3. 2011 – 1 U 33/10, ZIP 2011, 1275.
108 BGH, Urt. v. 3. 12. 2009 – IX ZR 7/09, NZI 2010, 95.

dierte Forderungen ein, scheint die Lage *strukturell* derjenigen vergleichbar zu sein, die § 21 Abs. 2 Nr. 5 InsO seit dem 1. Juli 2007 ausdrücklich normiert. Die Dinge liegen aber komplizierter. Der IX. Zivilsenat des BGH[109] hat tatsächlich in einem Fall zu entscheiden gehabt, der *vor* Inkrafttreten des § 21 Abs. 2 Nr. 5 InsO spielt. Die Entscheidung des BGH scheint vordergründig selbstverständlich zu sein, wenn der IX. Zivilsenat feststellt, dass der Insolvenzverwalter (im eröffneten Verfahren) zur abgesonderten Befriedigung des Sicherungsnehmers aus dem Erlös verpflichtet ist, wenn er aufgrund insolvenzgerichtlicher Ermächtigung die sicherungszedierte Forderung eingezogen hat. Denn dieses Ergebnis war in den Jahren vor Inkrafttreten der InsO zwar erörtert worden, ohne dass eine ausdrückliche gesetzliche Regelung vorgelegen gehabt hätte. Im Jahr 2000 hatte der BGH aber darauf erkannt, dass der Schuldner seine ihm regelmäßig in den Sicherungsvereinbarungen eingeräumte Befugnis zur Forderungseinziehung nicht verliere, wenn ein Eröffnungsantrag gestellt und die Einziehungsermächtigung vom Sicherungszessionar nicht widerrufen worden sei.[110]

Das Urteil des BGH[111] aus dem Januar 2010 ist verfehlt; es bleibt singulär und lässt sich nicht verallgemeinern. Der BGH meint ohne Rücksicht auf die durch die InsO gesetzlich festgeschriebenen Zwecke der Betriebsfortführung im Eröffnungsverfahren[112], der vorläufige Verwalter habe die Interessen des Sicherungszessionars zu wahren – und die Masse treffe ein Ersatzabsonderungsanspruch entsprechend § 48 InsO, wenn er im Eröffnungsverfahren sicherungszedierte Forderungen einziehe. Das ist unrichtig. Denn der Schuldner könnte, solange die Einziehungsermächtigung nicht widerrufen ist, rechtmäßig einziehen, so dass ein Ersatzabsonderungsrecht nicht zum Entstehen gelangt. Der vorläufige Verwalter hat aber jedenfalls kein minus an Rechtsmacht gegenüber dem Schuldner. 63

V. Bestellung eines vorläufigen Gläubigerausschusses gem. § 22a InsO n.F.

1. Funktion

Um eine frühzeitige Gläubigerbeteiligung an der Auswahl des vorläufigen Insolvenzverwalters bzw. des Insolvenzverwalters und die weitgehende Beteiligung an den Entscheidungsabläufen durch die vorläufige Insolvenzverwaltung im Eröffnungsverfahren zu institutionalisieren (vgl. zu § 56a InsO n.F. unten § 26 Rn. 30), sieht § 21 Abs. 2 Nr. 1a. Satz 1 InsO n.F. vor, dass das Insolvenzgericht mit vorläufiger Anordnung einen vorläufigen Gläubigerausschuss einsetzen kann. Für den vorläufigen Gläubigerausschuss gelten nach § 21 Abs. 2 Nr. 1a. Satz 2 InsO n.F. die allgemeinen Regeln des § 67 Abs. 2 InsO und die der §§ 69 bis 73 InsO entsprechend. 64

109 BGH, Urt. v. 21. 1. 2010 – IX ZR 65/09, ZIP 2010, 739.
110 BGH, Urt. v. 6. 4. 2000 – IX ZR 422/98, ZIP 2000, 895, 897.
111 BGH, Urt. v. 21. 1. 2010 – IX ZR 65/09, ZIP 2010, 739.
112 Vgl. hierzu ausdrücklich BGH, Urt. v. 6. 4. 2000 – IX ZR 422/98, ZIP 2000, 895, 897.

2. Fallgruppen

65 **a) Zwingend gesetzlich gebotene Einsetzung von Amts wegen.** § 22a Abs. 1 InsO n.F. bestimmt, dass das Insolvenzgericht einen vorläufigen Gläubigerausschuss nach § 21 Abs. 2 Nr. 1a InsO n.F. einzusetzen *hat*, wenn der Schuldner im vorangegangenen Geschäftsjahr wenigstens zwei der folgenden drei Kriterien erfüllt, nämlich mindestens 4.840.000 € Bilanzsumme nach Abzug eines auf der Aktivseite ausgewiesenen Fehlbetrags im Sinne des § 268 Abs. 3 HGB, mindestens 9.680.000 € Umsatzerlöse in den zwölf Monaten vor dem Abschlussstichtag erzielt, im Jahresdurchschnitt mindestens fünfzig Arbeitnehmer beschäftigt hat. Ein Ermessensspielraum des Gerichts besteht dann nicht.

66 **b) Einsetzung auf Antrag.** Dagegen steht es nach § 22a Abs. 2 InsO n.F. im Ermessen des Insolvenzgerichts, einen vorläufigen Gläubigerausschuss zu bestellen, wenn die Voraussetzungen des § 22a Abs. 1 InsO n.F. zwar nicht vorliegen, dessen Einsetzung aber vom Schuldner, dem vorläufigen Insolvenzverwalter oder eines Gläubigers beantragt wird, wenn der Antragsteller Personen benennt, die als Mitglieder des vorläufigen Gläubigerausschusses in Betracht kommen und seinem Antrag Einverständniserklärungen der benannten Personen beigefügt hat.

3. Auswahl der Mitglieder des vorläufigen Gläubigerausschusses

67 In beiden Fällen kann das Insolvenzgerichts den Schuldner oder den vorläufigen Insolvenzverwalter gem. § 22a Abs. 4 InsO dazu auffordern, Personen zu benennen, die als Mitglieder des vorläufigen Gläubigerausschusses in Betracht kommen. § 21 Abs. 2 Nr. 1a. Satz 3 InsO n.F. sieht vor, dass zu Mitgliedern des Gläubigerausschusses auch Personen bestellt werden können, die erst mit Eröffnung des Verfahrens Gläubiger werden.

68 In § 22 a InsO fehlt ein Verweis auf § 67 Abs. 3 InsO; vielmehr ist vorgesehen, dass Mitglieder des Gläubigerausschusses nur Personen werden können, die im weiteren Verlauf *noch* Insolvenzgläubiger werden. Damit wird verhindert, dass betriebsbetreuende Gewerkschaftssekretäre in Gläubigerausschüssen tätig werden. Dies ist sachwidrig.

4. Hinderungsgründe

69 § 22a Abs. 3 InsO n.F. bestimmt, dass sowohl im Falle des § 22a Abs. 1 InsO als auch in dem des § 22a Abs. 2 InsO ein vorläufiger Gläubigerausschuss nicht einzusetzen ist, wenn der Geschäftsbetrieb des Schuldners eingestellt ist, die Einsetzung des vorläufigen Gläubigerausschusses im Hinblick auf die zu erwartende Insolvenzmasse unverhältnismäßig ist oder die mit der Einsetzung verbundene Verzögerung zu einer nachteiligen Veränderung der Vermögenslage des Schuldners führt.

§ 26 Die Auswahl des (vorläufigen) Insolvenzverwalters durch das Insolvenzgericht

I. Grundsätzliche Regelung des § 56 Abs. 1 InsO

1. Auswahl als Rechtsfrage[1]

Im Folgenden sind die Maßstäbe zu erörtern, nach denen das Insolvenzgericht den zu ernennenden Insolvenzverwalter auswählt. Sie stellen nicht nur pragmatische Handlungsorientierungen dar, die vom Insolvenzgericht nicht weiter ausgewiesen werden müssen und deren Nichtbeachtung folgenlos bleibt. Vielmehr bilden die Auswahlkriterien den rechtlichen Rahmen, den das Insolvenzgericht einhalten muss, um bei der Auswahl des Insolvenzverwalters die Bindung an „Recht und Gesetz" zu wahren.[2] Das ESUG hat die Auswahlmaßstäbe dabei genauer gefasst; im übrigen hat es ein besonderes Verfahren der Beteiligung der Gläubiger an der Auswahl des Verwalters vorgesehen. Ob sich die getroffene gesetzliche Regelung bewährt kann derzeit naturgemäß noch nicht beurteilt werden. Die Rechtsprobleme der Verwalterauswahl sind durch das ESUG nicht gelöst worden. 1

2. Gesetzliche Auswahlmaßstäbe[3]

a) Natürliche Person. Als Insolvenzverwalter kann das Insolvenzgericht allein eine natürliche Person bestellen,[4] auf deren Tätigwerden und Beaufsichtigung durch das Gericht die Regelungen der InsO nach wie vor wenigstens insoweit zugeschnitten sind, wie es um die Organisation eines Verfahrens der Haftungsverwirklichung geht; insbesondere sei an die Haftungstatbestände der §§ 60 bis 62 InsO erinnert, in denen die persönliche Haftung des Insolvenzverwalters vorausgesetzt wird. 2

Beispiel: Gesetzt, der Reformentwurf wäre Wirklichkeit geworden und die Wirtschaftsberatungs-GmbH wäre als Verwalterin ernannt worden. Nach einem Sachbearbeiterwechsel findet der Rechtspfleger, der die Aufsicht über den Verwalter führt (§ 58 InsO) keinen Ansprechpartner. Riskante Sanierungsmanöver oder einfach allfällige Schlampereien könnten sich dann unter dem Schirm der Haftungsbeschränkung vollziehen! Interessenkollisionen wären noch schwerer aufzudecken als gegenüber natürlichen Personen. 3

b) Eignung. Im Einzelnen setzt die Bestellung eines Verwalters voraus, dass die für dieses Amt vorgesehene Person über die fachlichen und persönlichen Voraussetzungen verfügt, die Verwalterstellung zu bekleiden.[5] Im *Allgemeinen* kann die persönliche „Eignung" i.S.v. fachlicher Qualifikation im rechtmäßigen Führen des Titels 4

---

1 *Smid,* DZWIR 2001, 485.

2 Ähnlich *Mönning,* in: Kölner Schrift zur Insolvenzordnung, 2. Aufl. 2002, S. 396 (Rn. 72).

3 Vgl. zu den empirischen Maßstäben von Gerichten und Kreditinstituten die Befragungsanalyse von *Degenhardt/Borchers,* ZInsO 2001, 337 ff.

4 *Delhaes,* in: Nerlich/Römermann, InsO, § 56 Rn. 7; *Hess,* InsO, 1. Aufl. 1999, § 56 Rn. 47 ff. Die zu Recht kritisierte (*Grub,* ZIP 1993, 393, 397; *Pape,* ZIP 1993, 737 ff.) Regelung des § 65 Abs. 1 RegEInsO ist nicht Gesetz geworden.

5 *Mönning,* in: Kölner Schrift zur Insolvenzordnung, 2. Aufl. 2000, S. 390 (Rn. 49 ff., 83 ff.); *Eickmann,* in: H-K, InsO, 4. Aufl. 2006, § 56 Rn. 5 ff.; *Klopp/Kluth,* in: Gottwald, Insolvenzrechts-Handbuch, 3. Aufl. 2006, § 22 Rn. 10; zur persönlichen Eignung *Graeber,* in: MünchKomm, InsO, 1. Aufl. 2001, § 56 Rn. 36; *Ley,* in: Beck/Depré, Praxis der Insolvenz, 1. Aufl. 2003, § 7 Rn. 5 ff.

„Fachanwalt für Insolvenzrecht"[6] oder vergleichbare Ausweise (Veröffentlichungen, Nachweis von Berufserfahrung) gezeigt werden. § 56 Abs. 1 InsO formuliert die Eignungsmaßstäbe mit dem Verweis auf die im „jeweiligen **Einzelfall** geeignete, insbesondere geschäftskundige und von den Gläubigern und dem Schuldner unabhängige natürliche Person".

5 Einfach zu behandeln sind Fälle, in denen der Bewerber gerichtsbekannt in Vermögensverfall geraten ist: Dies rechtfertigt im Falle der Angehörigen rechts- und steuerberatender Berufe bekanntlich standesrechtliche Maßregeln und verbietet geradewegs selbstredend die Ernennung als Insolvenzverwalter! Gleiches gilt für Vorstrafen wegen Eigentums-, Vermögens-, Urkunds- oder Amtsdelikten[7]. Diese Vorstrafen begründen den Verdacht, dass der Bewerber zur Verwaltung fremder Vermögen ungeeignet ist; sie würden z.B. auch dazu führen, dass die Zulassung zur Rechtsanwaltschaft in Frage gestellt wäre.

6 Dies gilt aber auch für diejenigen Vorstrafen, die den Bewerber als Amtsträger in einem Insolvenzverfahren als einem gerichtlichen Verfahren ungeeignet erscheinen lassen. Hier ist allerdings zu differenzieren: Wird der Insolvenzverwalter wegen unerlaubter Abfallbeseitigung verurteilt, kann dies die Folge von Fehlentwicklungen im Rahmen einer Insolvenzverwaltung sein, die aber nicht notwendig die Eignung des Bewerbers in Frage stellen müssen. Demgegenüber ist es weder den Gläubigern, noch dem Schuldner und seinen Arbeitnehmern zuzumuten, mit einem Totschläger, Vergewaltiger usf. zusammenarbeiten zu müssen.

7 Nun sind dies Extremfälle, deren Evidenz sie praktisch irrelevant erscheinen lässt. Was Ungeeignetheit über den Rahmen dieser Extremfälle hinaus heißt, mögen einige Beispielsfälle beleuchten helfen:

8 **Beispiele:** Im Frühjahr 2012 hat A das 2. Juristische Staatsexamen absolviert. Er arbeitet nunmehr in der Kanzlei eines erfahrenen Insolvenzverwalters. Gleichwohl ist er noch nicht „geschäftskundig", da ihm in eigener Person naturgemäß jede erforderliche Erfahrung fehlt.

Der Unternehmensberater U bewirbt sich als Insolvenzverwalter. Hier sind Zweifel an der **„Geschäftskunde"** nicht deshalb begründet, weil U nicht verhandlungsgewandt wäre, was ihm nicht abgesprochen werden soll. Die hohe rechtliche Komplexität der Insolvenzverwaltung erfordert aber eine – möglichst durch Zusatzqualifikationen verstärkte – intensive juristische Ausbildung, die neben Juristen allenfalls Angehörige steuerberatender Berufe aufweisen.

Der Insolvenzverwalter I hat in mehreren Verfahren Massegläubiger, mit denen er kontrahiert hat, nicht bezahlen können und Haftungslagen nach § 61 InsO geschaffen; dies kann die Vermutung nahe, dass dieser Verwalter **ungeeignet** sein könnte.

9 **c) Unabhängigkeit von Gläubigern und Schuldner.**[8] Der Verwalter soll zudem von den Gläubigern und dem Schuldner unabhängig sein. Nach *Graeber*[9] soll gem. § 4 InsO sei § 406 Abs. 1 Nr. 1 ZPO, der auf die §§ 41, 42 ZPO verweist, im Rahmen des Insolvenzverfahrens über die von § 21 Abs. 2 Nr. 1 InsO i.V.m. § 26 Abs. 1 InsO hinaus anwendbar. *Graeber*[10] meint, dass sich die Maßstäbe, die den Begriff der Unabhängigkeit gem. § 56 Abs. 1 InsO die Ausschlussgründe des § 41 ZPO überschneiden. Er[11] auch die Regeln des § 42 ZPO für anwendbar. Der Prätendent für das Amt eines Insolvenzverwalters sei nicht unabhängig i.S.v. § 56 InsO, wenn entsprechend § 42 ZPO erhebliche Zweifel an der Neutralität und Un-

6 Zu den Rechtsgrundlagen und der Bedeutung vgl. Voraufl. § 9 Rn. 26ff.
7 Vgl. auch *Graeber,* in: MünchKomm, InsO, 1. Aufl. 2001, § 56 Rn. 45; so auch bei Insolvenzstraftaten: BGH, Beschl. v. 31. 1. 2008 – III ZR 161/07, ZIP 2008, 466.
8 Vgl. zu den im nachfolgenden zitierten Standards: www.vid.de
9 *Graeber,* NZI 2002, 345, 346.
10 *Graeber,* NZI 2002, 345, 347.
11 *Graeber,* NZI 2002, 345, 348.

abhängigkeit des Verwalters bestehen[12], z.B. wenn er als Poolverwalter für Insolvenzgläubiger bzw. für absonderungsberechtigte Gläubiger tätig war, die in dem Verfahren Forderungen anmelden bzw. Absonderungsrechte geltend machen[13]. Dies ist entgegen *Braun*[14] kein „unerträglicher Fundamentalismus“ in der Auslegung des § 56 Abs. 1 InsO. *Graeber*[15] weist darauf hin, dass der Insolvenzverwalter nach dem BGH[16] dem Verdacht, nicht unbeteiligt und unabhängig zu sein dadurch entgegentreten kann und muss, dass er entsprechende, diese Besorgnis begründende Tätigkeiten, Beteiligungen u.s.f. dem Insolvenzgericht unaufgefordert anzeigt.[17] Hierzu und zur Aufsicht und Bewertung von Insolvenzverwaltern formulieren d sog. die „Uhlenbruck-Kriterien“ (benannt nach dem Kölner Insolvenzrichter und Hochschullehrer Prof. Dr. Wilhelm Uhlenbruck) Kriterien. Unter Beteiligung des VID wurde damit ein Katalog entwickelt, der es Insolvenzgerichten ermöglichen soll, für Insolvenzverfahren ausschließlich geeignete Insolvenzverwalter zu identifizieren. Themen der „Uhlenbruck-Kriterien“ sind: Führung der Vorauswahlliste, Kriterien für die Bestellung im Einzelfall, Transparenz und Verbesserung der Aufsicht im Insolvenzverfahren. Der VID hat im Jahr 2011 „Grundsätze ordnungsgemäßer Insolvenzverwaltung“ (GOI) verabschiedet. Mit den darin normierten, für alle VID-Mitglieder verbindlichen „Grundsätzen ordnungsgemäßer Insolvenzverwaltung“ (GOI) will der VID Maßstäbe für eine unabhängige und transparente Insolvenzverwaltung setzten. Alle im VID zusammen geschlossenen Insolvenzverwalter haben sich weiter verpflichtet, eine Zertifizierung nach „DIN EN ISO 9001 – 2008“ (ISO:9001) vorzunehmen. Wenn Insolvenzverwalter externe Dienstleister für die Büroorganisation oder für Abwicklungstätigkeiten in Insolvenzverfahren nutzen, müssen auch diese nach ISO:9001 zertifiziert sein. Am 1.12.2011 haben sich weiter VID, Gravenbrucher Kreis und ZEFIS (Rheinland-pfälzische Zentrum für Insolvenzrecht und Sanierungspraxis) im Rahmen eines gemeinsamen Treffens in Düsseldorf auf das weitere Vorgehen zur Standardisierung eines Kontenrahmens geeinigt. Danach soll dieser gemeinsame Kontenrahmen, der den Namen „SKR-InsO“ tragen wird und aus dem bereits bekannten Datev -Kontenrahmen SKR–04 entwickelt wurde, an die Softwareanbieter übermittelt werden, um eine Übernahme in die Standard-Softwareprogramme zu ermöglichen.

d) Um insbesondere eine „geplante“, nämlich frühzeitige Eigenantragsstellung sinnvoll erscheinen zu lassen und insbesondere um es dem Schuldner und seinen Beratern zu ermöglichen, im Vorfeld der Eigenantragstellung jedenfalls im Entwurf wenn nicht gar „prepacked“ einen Insolvenzplan ausarbeiten und den Gläubigern vorlegen zu können, ist Planungssicherheit erforderlich. Hierzu zählt, dass der Schuldner sich frühzeitig auf die Person einzustellen in der Lage sein sollte, die als Insolvenzverwalter in Betracht kommt – und möglichst bereits im Vorfeld der Eigenantragstellung mit dieser Person sich vertraut machen und abstimmen kann. Dieses Erfordernis liegt auf der Hand. Die gesetzliche Ausgestaltung ist in der Diskussion um das ESUG freilich heftig umstritten gewesen. **9a**

Dem § 56 Abs. 1 Satz 3 InsO n.F. sieht nunmehr vor, dass die erforderliche Unabhängigkeit wird nicht schon dadurch ausgeschlossen, dass die Person vom Schuldner oder von einem Gläubiger vorgeschlagen worden ist oder den Schuldner vor dem Eröffnungsantrag in allgemeiner Form über den Ablauf eines Insolvenzverfahrens und dessen Folgen beraten hat: War man in der Vergangenheit vielfach davon ausgegangen, der vom Schuldner Vorgeschlagene sei für die Übernahme des Amtes „verbrannt“, reagiert. § 22a Abs. 2 InsO geht davon aus, dass der Schuldner dem Gericht **9b**

---

12 OLG Zweibrücken, Beschl. v. 31. 5. 2000 – 3 W 94/00 – NZI 2000, 373 m. Anm. *Pape*, EWIR 2001 169.
13 *Graeber*, NZI 2002, 345, 348.
14 NZI Editorial zu Heft 1/2002, VI.
15 *Graeber*, NZI 2002, 345, 350.
16 BGH, Urt. v. 24. 1. 1991 – IX ZR 250/89 – BGHZ 113, 262.
17 *Graeber*, NZI 2002, 345, 351; gegen Graeber: *Rigger*, NZI 2002, 352 ff.

einen Prätendenten als Insolvenzverwalter vorschlagen kann – und dass das Gericht hierzu einen vorläufigen Gläubigerausschuss bestellt, den es dazu anhört (§ 25 Rn. 61). Im übrigen bedeutet „Beratung in allgemeiner Form", dass der spätere Insolvenzverwalter auf die Folgen der Antragstellung hingewiesen hat; die Grenze des § 56 Abs. 1 Satz 3 InsO n.F. ist überschritten, wenn der spätere Insolvenzverwalter den Schuldner vor Antragstellung wegen einzelner Maßnahmen (z.B. Erfüllung oder Nichterfüllung von Verträgen) berät, mit Gläubigern für den Schuldner verhandelt oder mit der Ausarbeitung eines Insolvenzplans beginnt.

3. Auswahlentscheidung des Gerichts bei einer Vielzahl von Prätendenten

10 Die vorangegangenen Überlegungen lassen es zu, ungeeignete Bewerber bei der Bestellungsentscheidung „herauszufiltern". Sie genügen nicht vollständig, wo eine Vielzahl von Bewerbern um die Berücksichtigung als Verwalter nachsucht.

11 Die Diskussion über die Kriterien der Auswahl des Insolvenzverwalters leidet daran, dass der Prätendent, der an der Übernahme einer Insolvenzverwaltung in einem konkreten Fall interessiert ist oder überhaupt die Gewissheit haben möchte, vom Insolvenzgericht berücksichtigt zu werden, als Träger des Grundrechts nach Art. 12 Abs. 1 GG betrachtet und der Insolvenzrichter (die Insolvenzrichterin) als Inhaber des öffentlichen Amtes angesehen wird, dem es obliegt, gleichsam eine öffentlich rechtliche Vergabe vorzunehmen. Prätendent (der Insolvenzverwalter i.S.v. Art. 12 Abs. 1 GG) auf der einen und das Insolvenzgericht in Gestalt des Insolvenzrichters auf der anderen Seite werden so betrachtet, als handele es sich um besondere Fälle eines öffentlich rechtlichen Vergabeverhältnisses: Der Insolvenzverwalter steht dann für den Bauunternehmer und das Insolvenzgericht für das städtische Bauamt. Wäre dies richtig, dann hätte § 56 Abs. 1 InsO *vergaberechtliche* Implikationen.[18] *Kein* deutsches Insolvenzgericht hält sich indes an die rechtlichen Vorgaben des Vergaberechts – und zwar zu Recht. Denn die hier kritisierte binäre Betrachtungsweise der Erteilung des Auftrags – richtig: der Bestellung eines Prätendenten zum Insolvenzverwalter – blendet aus, was den „Geist" des Amtes des Insolvenzverwalters und damit der Berufung einer Person in dieses Amt ausmacht.

12 Dieses „Wesen" wird nämlich dadurch geprägt, dass der Insolvenzverwalter ein privates Amt aufgrund hoheitlicher Bestellung wahrnimmt, das er im Interesse der Gläubiger und im Übrigen sogar auch des Schuldners auszuüben verpflichtet ist.[19] Wie § 12 InsO deutlich macht, sind die betroffenen Schuldner regelmäßig Privatrechtssubjekte. Nur in Ausnahmefällen, in denen sie Privatrechtssubjekten gleich geachtet werden, können öffentliche Einrichtungen die Schuldnerrolle in einem Insolvenzverfahren wahrnehmen; die betroffenen Gläubiger (§§ 38, 49 ff. InsO) mögen u.U. auch juristische Personen des öffentlichen Rechts sein. Jedenfalls handeln sie aber im Insolvenzverfahren fiskalisch und sind damit im Verfahren schon aus Gleichheitsgründen wie Privatrechtssubjekte zu behandeln. Der Insolvenzverwalter erfüllt (ebenso wie das Insolvenzgericht) sein Amt unter der Maßgabe der vom Gesetzgeber ausdrücklich kodifizierten Zweckbestimmung des Insolvenzverfahrens.[20] § 1 Satz 1 InsO bestimmt, dass, gleich ob nach den allgemeinen Regeln das Schuldnervermögen liquidiert wird und der Erlös an

---

18 Vgl. hierzu auch *Wieland*, ZIP 2005, 233, 236 unter Rückgriff auf *Koenig*, Die öffentlich-rechtliche Verteilungslenkung, 1994, S. 139 ff.

19 *Smid*, DZWIR 2001, 485 ff.

20 *Smid/Leonhardt*, in: LSZ, InsO, 3. Aufl. 2010, § 1 Rn. 46 ff.

die Gläubiger verteilt oder nach den Regelungen eines Insolvenzplans aufgrund privatautonomer Übereinkunft der Gläubiger verfahren wird, jedenfalls die gemeinschaftliche Befriedigung der Gläubiger (par conditio creditorum[21]) „Zweck" des Insolvenzverfahrens ist.[22] Die Gläubiger haben daher völlig zu Recht die Letztentscheidungsbefugnis nach § 57 InsO über die Auswahl der Person des Insolvenzverwalters. Dies hängt eng mit ihrer Letztentscheidungsbefugnis über die Art der Abwicklung des Insolvenzverfahrens gem. § 157 InsO zusammen. In praxi mag es regelmäßig so sein, dass im Bericht des Verwalters nach § 156 InsO den Gläubigern auch gesagt wird, dass sie wenig Gestaltungsmöglichkeiten mehr haben, weil die Weichen des Verfahrens bereits gestellt sind. Das ändert aber nichts daran, dass die Gläubiger auch insofern Entscheidungen zu fällen befugt sind, soweit sie sich im Rahmen des § 78 InsO bewegen.[23]

Das Insolvenzgericht hat nach § 56 InsO eine Entscheidung zu fällen, die bereits nach den oben dargestellten legislatorischen Vorgaben des § 56 Abs. 1 InsO eine ausgesprochene Einzelfallentscheidung ist.[24] Die generalklauselartige Formulierung der Tatbestände dieser Vorschrift scheint ein „ausdrückliches Anforderungsprofil" des zu bestellenden Insolvenzverwalters vermissen zu lassen.[25] Denn § 56 Abs. 1 InsO normiert zwei verschiedene Ebenen von Auswahlkriterien als normative Maßstäbe der vom Insolvenzgericht zu fällenden Entscheidung – die jedenfalls in den nunmehr vergangenen Zeiten fehlender Attraktivität des Insolvenzverwalterberufes, aber auch danach lange Jahre ohne größere Probleme durch die Gerichte im großen und ganzen angemessen angewandt worden sind (wie überhaupt das Recht funktioniert, wenn es im großen und ganzen von den Gerichten zu einer ordentlichen Anwendung gebracht wird). Dabei gibt es hart verobjektivierbare Maßstäbe, nämlich zum einen die Frage, ob es sich bei dem Prätendenten um eine natürliche Person handelt, was vom Insolvenzgericht ohne größere Mühe nachvollzogen werden kann. Zum anderen fordert das Gesetz, dass dieser Prätendent von den Gläubigern unabhängig sein muss. Auch dies lässt sich nachvollziehen, wobei das Insolvenzgericht alle Mittel amtswegiger Nachforschung zur Klärung dieser Frage einzusetzen in der Lage ist. Im Einzelfall der Bestellung des Insolvenzverwalters für das konkrete Verfahren ruft die Frage nach seiner Eignung vordergründig Probleme hervor. So ist in der Vergangenheit de lege ferenda vorgeschlagen worden, Insolvenzverwalter zu klassifizieren, damit das Insolvenzgericht bei seiner Auswahlentscheidung den global player mit Eignung zur Abwicklung großer konzerngebundener Unternehmen vom mittelmäßigen Prätendenten mit Aussicht auf die Gaststätten-GmbH oder die Verbraucherinsolvenz zu unterscheiden in der Lage ist. Derartige Stellungnahmen waren in der Vergangenheit nicht überzeugend und sind es nach der Judikatur des Bundesverfassungsgerichts[26] erst recht nicht. Mit dem geltenden Recht, dessen Verfassungskonformität das Bundesverfassungsgericht nicht in Zweifel gezogen hat, haben sie nichts zu tun und können getrost beiseite gelegt werden. 13

§ 56 Abs. 1 InsO ist auch nicht deshalb im Lichte des Art. 12 Abs. 1 GG bedenklich, weil bei der Auswahlentscheidung durch das Insolvenzgericht einem u.U. sogar grundrechtlich geschützten Präten- 14

21 *Ganter*, in: MünchKomm, InsO, 1. Aufl. 2001, § 1 Rn. 52.
22 Vgl. statt aller allein *Häsemeyer*, Insolvenzrecht, 3. Aufl. 2003, 2.01.
23 *Ehricke*, in: MünchKomm, InsO, 1. Aufl. 2001, § 78 Rn. 3 ff.
24 *Graeber*, in: MünchKomm, InsO, 1. Aufl. 2001, § 56 Rn. 20.
25 *Stapper*, NJW 1999, 3441 ff.
26 BVerfG, stattgebender Kammerbeschluss vom 3. 8. 2004 – 1 BvR 135/00, 1 BvR 1086/01 – ZIP 2004, 1649.

denten eine angemessene Versorgung sichergestellt werden müsse. Freilich steht völlig außer Streit, dass eine ordnungsgemäße Abwicklung von Insolvenzverfahren voraussetzt, dass der Insolvenzverwalter zumindest in einem Verbund von Berufsträgern steht, die einen hoch komplexen Personal- und Sachapparat unterhalten, der sehr erheblich Mittel erfordert. Und es steht ebenso außer Streit, dass diese Vorhaltekosten nur dann getragen werden können, wenn der Insolvenzverwalter laufend mit solchen Verwaltungen beauftragt wird, die ertragreiche Vergütungsansprüche auslösen. Aus der Richterschaft[27] wird – aus praktischer ebenso wie aus rechtssoziologischer Sicht – darauf aufmerksam gemacht, dass das Insolvenzgericht mit denjenigen Verwaltern, mit denen es ständig zusammenarbeitet („seinen" Verwaltern), in ein Verhältnis tritt, das fürsorgeähnliche Gesichtspunkte nahe legt. In der Tat wird das Insolvenzgericht in dem Kreis der von ihm ständig beauftragten Verwalter darauf achten, dass jeder Verwalter in etwa in gleichem Umfang mit Verfahren bedacht wird – schon deshalb, um eine Überlast und damit eine „Qualitätssenkung" zu vermeiden. Im Übrigen aber haben Gesichtspunkte sozialer Versorgung und ökonomischer Existenzsicherung existierender Insolvenzverwalterkanzleien bei der Auswahlentscheidung nach § 56 Abs. 1 InsO ebenso wenig[28] etwas zu suchen, wie gar eine Frauenquote. Der Insolvenzrichter hat, anders als die Personalverwaltung öffentlicher Verwaltungen, nicht allgemeine Gleichheitsprogramme zu verwirklichen. Es geht um die Bestellung eines Treuhänders zur Wahrnehmung privater Vermögensinteressen, was Gesichtspunkte ausschließt, die sich außerhalb dieses Sachbezuges bewegen. Freilich: Ein Insolvenzgericht, das *geeignete* weibliche Prätendenten *diskriminierend* nicht beschäftigt, ist jedenfalls falsch besetzt.

15 Entscheidend ist vielmehr Folgendes: Das private Amt des Insolvenzverwalters ist auf die Verwaltung fremden Vermögens gerichtet. Die Eignung im konkreten Fall kann das Insolvenzgericht zunächst einmal aufgrund seiner *Erfahrung* mit einem konkreten Verwalter begründen und beurteilen. Die Gegenmeinung[29] hält eine Bevorzugung „bekannter und bewährter Berufsträger" für bedenklich. Auch wenn dieser Vergleich zunächst überraschen mag, kommen dabei ganz ähnliche Kriterien zum Tragen, wie sie z.B. in der Entscheidung über die elterliche Sorge zum Ausdruck kommen. Werden keine entsprechenden Anträge gestellt, bleibt alles beim Alten – beide Eltern behalten auch im Falle der Ehescheidung die elterliche Sorge. Und kommt es hierüber zum Streit, entscheidet das *Kontinuitätsinteresse.* Denn materiell-inhaltliche Maßstäbe sind in derartigen Fällen außerordentlich problematisch. Überträgt man diese Gesichtspunkte auf die Auswahlentscheidung nach § 56 Abs. 1 InsO (es geht um so etwas wie „wirtschaftliche Vormundschaft", wie es *Friedrich Oetker*[30] im späten neunzehnten Jahrhundert ausgedrückt hat), dann ergibt sich folgendes Bild: hat ein Gericht jahrelang gute Erfahrungen mit einem Verwalter gemacht, ist es legitim, diesen in weiteren Verfahren zu berufen. Denn der konkret zur Entscheidung berufene Richter kann sich auf das kollektive Gedächtnis seiner Institution verlassen und muss dies auch: denn da es um die Wahrnehmung fremder Vermögensinteressen geht (Arg. § 1 Satz 1 InsO) ist es entscheidend, dass das bestellende Gericht aufgrund seiner Erfahrung davon ausgehen kann, dass der in Aussicht genommene Verwalter zur ordnungsgemäßen Erledigung der ihm anvertrauten Aufgaben in der Lage sein wird. Insofern spielt der zutreffend in die Diskussion eingebrachte Gesichtspunkt der Ortsnähe[31] als objektives Kriterium eine Rolle. Denn das Insolvenzgericht (die Insolvenzrichter und

---

27 *Schmidt,* in: 6. Leipziger Insolvenzforum 2005, S. 31 ff.
28 Vgl. auch *Wieland,* ZIP 2005, 233, 236 gegen *Frind/Schmidt,* Insolvenzverwalterbestellung – Auswahlkriterien und Grenzen der Justiziabilität in der Praxis, NZI 2004, 533, 537.
29 *Wieland,* ZIP 2005, 233, 235 entnimmt dies der Entscheidung des BVerfG.
30 *Oetker,* Konkursliche Grundbegriffe, 1891.
31 Krit. *Wieland,* ZIP 2005, 233, 237.

Rechtspfleger) werden die am Ort ansässigen Insolvenzverwalter nicht nur in aller Regel persönlich kennen, sondern nicht selten wird sich das Insolvenzgericht auch ein Bild von der sächlichen Ausstattung der Kanzlei des Insolvenzverwalters machen können.

Die Auswahlentscheidung nach § 56 Abs. 1 InsO gewinnt m.a.W. die Kriterien, mit denen die gesetzlichen Maßstäbe des § 56 Abs. 1 InsO ausgefüllt werden, aus der Struktur und der Funktion des Insolvenzverfahrens selbst.[32] Es ist völlig selbstverständlich, rechtmäßig[33] und entspricht guter Übung der deutschen Insolvenzgerichte, neben Rechtsanwälten auch Steuerberater, Wirtschaftsprüfer und Unternehmensberater als Insolvenzverwalter zu bestellen, wobei schlechte Erfahrungen mit einer solchen Praxis bislang nicht berichtet worden sind. All diese Personen sind grundsätzlich in der Lage, hinreichend auch die rechtlichen Probleme eines Insolvenzverfahrens behandeln zu können, selbst dann, wenn konzediert wird, dass diese mit dem Inkrafttreten der InsO zugenommen haben.[34] 16

Allerdings sollte es dem Gericht unbenommen sein sollte, mit einem ihm bislang unbekannten und auch im Übrigen nicht in Erscheinung getretenen Prätendenten unabhängig von seiner Vorbildung ein Rechtsgespräch zu führen. Wer Insolvenzverwaltungen übernehmen will, sollte nicht nur Grundstrukturen des Insolvenzrechts beherrschen, sondern z.B. auf Befragen sich auch sinnvoll zur Judikatur des BGH äußern können, soweit diese einschlägig ist. Freilich lauern auch hier Gefahren. Diese werden deutlich, wenn „Qualitätstests“ durch das Insolvenzgericht dadurch vorgenommen werden, dass es einen Prätendenten auf „seine“ Rechtsansichten und „Leitlinien“ einzuschwören versucht. So bedenklich bereits an sich Partikularleitlinien von Amtsgerichten zur örtlichen Fassung eines Bundesrechts sind, das der Aufsicht des Fachsenates des BGH unterliegt, so kann es doch jedenfalls nicht angehen, dass ein Bewerber vor einem Gericht dessen „Leitlinien“ zu akklamieren hat. Es ist keine Polemik, wenn derartige Forderungen Bedenken nicht allein im Lichte des Art. 12 Abs. 1 GG, sondern in Ansehung der vom Insolvenzgericht zu achtenden *Würde* des Prätendenten auslöst. 17

Die Überlegungen zur Prüfung der persönlichen Eignung eines Prätendenten verweisen freilich *nicht* auf die Entscheidung nach § 56 Abs. 1 InsO. Denn außer in extremen Ausnahmefällen erfolgt die Entscheidung nach § 56 Abs. 1 InsO auf der Grundlage einer zuvor getroffenen Entscheidung des Insolvenzgerichts über die Bestellung eines vorläufigen Verwalters gem. § 21 InsO. Dabei handelt es sich um eine Eilentscheidung.[35] Es liegt auf der Hand, dass zur Vorbereitung der Berufung eines vorläufigen Verwalters keine aufwendigen und noch nicht einmal flüchtige „Prüfungsgespräche“ zwischen Insolvenzgericht und Prätendenten geführt werden können: Im Zeitdruck der Entscheidungsnot wird in aller Regel die Frage genügen, ob der in Aussicht Genommene derzeit genügend freie Kapazität zur Verfügung hat, um das ihm angetragene Amt übernehmen zu können. Liegt der Antrag auf Eröffnung des Insolvenzverfahrens beim Gericht vor, dann müssen die gebotenen Anordnungen gem. § 21 InsO nach dem Gesetz unverzüglich gefällt werden. Dies aber verweist wieder darauf 18

32 *Smid*, DZWIR 2001, 485 ff.
33 *Graeber*, in: MünchKomm, InsO, 1. Aufl. 2001, § 56 Rn. 38.
34 Dies wird klar, liest man die Entscheidung des BGH, Beschl. v. 11. 11. 2004 – IX ZB 48/04 – ZIP 2005, 36 zur vergütungsrechtlichen Berücksichtigung der Beschäftigung externer Fachleute wie insbes. Rechtsanwälte durch den Insolvenzverwalter. Vgl. bereits BGH, Beschl. v. 22. 7. 2004 – IX ZB 161/03 – ZIP 2004, 1717.
35 *Graeber*, in: MünchKomm, InsO, 1. Aufl. 2001, § 56 Rn. 9.

zurück, dass das Gericht bei seiner Entscheidung auf eine Vorauswahl von in Betracht kommenden Prätendenten zurückgreifen können *muss.*

19 Würde man allein die Auswahlentscheidung gem. § 56 Abs. 1 InsO und die Letztentscheidung der Gläubiger nach § 57 InsO berücksichtigen, hätte die gerichtliche Auswahl des Insolvenzverwalters in der Tat nur einen interimistischen Charakter, und sie würde hinter die gläubigerautonome Entscheidung deutlich zurücktreten. Mit der Vorentscheidung in § 21 Abs. 2 Nr. 1 InsO durch Bestellung eines vorläufigen Verwalters, der sich dann regelmäßig zum (endgültigen) Insolvenzverwalter entpuppt, definiert das Insolvenzgericht aber die Abwicklung des Insolvenzverfahrens für einen nicht nur langen, sondern für die im Verfahren vorzunehmenden Weichenstellungen entscheidenden *Zeitraum.* Durch das wegen der Finanzierung einer Ausproduktion durch Inanspruchnahme von Insolvenzgeld[36] regelmäßig dreimonatiger Eröffnungsverfahren verlagert sich die *faktische Herrschaft* über das Insolvenzverfahren von den Gläubigern auf den (vorläufigen) Insolvenzverwalter und das ihn auswählende Gericht.[37] Im Eröffnungsverfahren werden Fakten geschaffen, ohne dass die Gläubiger hierauf Einfluss nehmen können. Es wundert daher nicht, dass eine nicht abreißende Diskussion um die Zulässigkeit und die Modalitäten der Bestellung von vorläufigen Gläubigerausschüssen[38] geführt wird, die freilich allein die Überwachung des Insolvenzverwalters und seiner „Beratung" wahrnehmen können, auf seine Auswahl aber nur höchst mittelbar Einfluss zu nehmen in der Lage sind. Die zeitliche Abhebelung der vom Gesetz gewollten Gläubigerautonomenentscheidung von der Schaffung von Fakten stellt etwas anderes dar, als bloß eine „Fortentwicklung" des „gelebten Rechts" durch eine rechtsfortbildende Praxis. Vielmehr muss die faktische Beschneidung der Gläubigerautonomie durch das „gelebte" deutsche Insolvenzrecht vor dem Hintergrund derjenigen rechtlichen Eckpfosten betrachtet werden, die durch den IX. Zivilsenat des BGH[39] und das Bundesverfassungsgericht in seinem Beschluss zur Verwalterauswahl[40] gesetzt worden sind.

20 Das BVerfG[41] hat im Jahr 2005 in seiner Entscheidung zur *Abwahl* des Verwalters nach § 57 InsO betont, damit werde nicht in die Rechte des Abgewählten eingegriffen und die zentrale Bedeutung der Gläubigerautonomie hervorgehoben, womit es die Entscheidung des IX. Zivilsenats des BGH vom 7. 10. 2004[42] bestätigt.

21 Betrachtet man die Auswirkungen der insolvenzgerichtlichen Verrichtungen im Eröffnungsverfahren bis hin zu der im Eröffnungsbeschluss (§ 27 Abs. 1 Satz 1 InsO) zu fällenden Auswahlentscheidung gem. § 56 Abs. 1 InsO im Licht der Gläubigerautonomie als Ausdruck der verfahrensrechtlichen Befugnisse, die den Gläubigern aus der Verwirklichung ihrer property rights im Insolvenzverfahren als Haftungsverfahren erwachsen, ist die verfassungsrechtlich motivierte Betrachtung etwas sperrig. Freilich wird unmittelbar deutlich, dass die in § 21 Abs. 1 InsO angelegte Zweck-Mittel-Relation (das Gesetz von Anordnungen, die zum Schutz der Vermögenslage des Schuldners geboten sind) freilich auch die einstweilige Einschränkung der Rechtsdurchsetzung durch die Gläubiger betrifft, wie § 21 Abs. 2 Nr. 3 InsO deutlich macht.[43] Für die Gläubiger geht es bei der Entscheidung nach § 21 Abs. 2 Nr. 1 InsO als regelmäßig die Auswahlentscheidung gem. § 56 Abs. 1 InsO präjudizierende Vorauswahl des Insolvenzverwalters darum, ob sie ihre verfahrensrechtlichen Befugnisse (§ 57 InsO, § 157 InsO) effektiv ausüben können. Die Ausübung der Gläubigerautonomie ist aber konkreter Ausdruck des von den Gläubigern als Betroffene des Insolvenzverfahrens wahrzunehmenden rechtlichen Gehörs nach Art. 103

36 Jaeger/Henckel-*Gerhardt,* InsO, § 22 Rn. 56, 81.
37 Zur „Weichenstellung" im Eröffnungsverfahren vgl. statt aller nur Jaeger/Henckel-*Gerhardt,* InsO, § 22 Rn. 17.
38 Jaeger/Henckel-*Gerhardt,* InsO, § 22 Rn. 172 ff.; oben § 25 Rn. 64ff.
39 Zuletzt der „Sachverständigenbeschluß": BGH, Beschl. v. 4. 3. 2004 – Az: IX ZB 133/03 – ZIP 2004, 915.
40 BVerfG, Beschl. v. 3. 8. 2004 – 1 BvR 135/00, 1 BvR 1086/01 – ZIP 2004, 1649.
41 BVerfG, Beschl. v. 9. 2. 2005 – 1 BvR 2719/04 – ZIP 2005, 537.
42 BGH, Beschl. v. 14. 10. 2004 – IX ZB 114/04 – ZIP 2004, 2341.
43 *Mönning,* in: Nerlich/Römermann, InsO, § 21 Rn. 18, 82.

Abs. 1 GG[44], oder wenn man in Kategorien europäischen Rechts sprechen will, der Verfahrensfairness i. S. v. Art. 6 EMRK.[45] Die Berücksichtigung der Gläubiger bei der Vorauswahl des Insolvenzverwalters durch die Entscheidung nach § 21 Abs. 2 Nr. 1 InsO ist daher nicht allein ein Akt der Courtoisie des Insolvenzrichters, sondern folgt Geboten, die sich aus dem Charakter des Insolvenzeröffnungsverfahrens als gerichtlich-administrativen staatlichen Verfahrens im Lichte des Art. 103 Abs. 1 InsO ergeben. Der von dem Detmolder Richter *Busch*[46] dargestellte Fall einer Kontaktaufnahme des Insolvenzgerichts mit den zur Koordination ihres Vorgehens in einem konkreten Fall versammelten Gläubigern und der dabei erreichten Abstimmung der Auswahl des Insolvenzverwalters in dem konkreten Fall, mag deshalb singulären Charakter haben, wie es *Schmidt* kritisiert, weil es nur in Ausnahmefällen den Gläubigern alle an einem Platz um die im Rahmen des § 21 InsO zu fällenden Auswahlentscheidungen geht. Gleichwohl ist es nicht verfehlt, wenn *Busch* seinem Vorgehen in dem referierten Fall Modellcharakter beimisst.[47] Wenn das Gericht nämlich sich zu den versammelten Gläubigern (ich glaube nicht, dass es in dem referierten Fall wirklich *sämtliche* Gläubiger waren, vielmehr handelte es sich um diejenigen Gläubiger, die letztendlich mit ihren Mehrheiten den Ausschlag im Rahmen des § 157 InsO geben) verfügen kann, so kann der Insolvenzrichter zur Vorbereitung seiner Entscheidung nach § 21 Abs. 2 Nr. 1 InsO unschwer zum Telefonhörer greifen und sich über das Meinungsbild bei den Gläubigern unterrichten. Im Schrifttum wird die *Selbstherrlichkeit* eines Gerichts[48], das die Mitwirkung der Gläubiger an der Auswahl des (vorläufigen) Verwalters ablehnt, mit der Feststellung quittiert, das Gericht dürfe sich nicht von den Interessen des Richters leiten lassen.[49] Dabei gilt es zwei Missverständnisse zu vermeiden. Wo dem Insolvenzgericht überhaupt keine Informationen über den Fall vorliegen, sondern einfach der nicht weiter unterfütterte Eigenantrag eines schuldnerischen GmbH-Geschäftsführers vorliegt, empfiehlt es sich ohnedies, zunächst durch ein Kurzgutachten die Entscheidung nach § 21 InsO gem. § 5 Abs. 1 Satz 2 InsO vorbereiten zu lassen, das, wie es mir z. B. aus der sachsen-anhaltinischen oder baden-württembergischen Praxis bekannt ist, binnen 48 Stunden unschwer dem Gericht vorliegen und ihm ein weiteres procedere ermöglichen kann. Dabei begegnet es keinerlei Schwierigkeiten, dem Sachverständigen den Auftrag zu erteilen, u. a. dem Gericht Namen und Anschriften bzw. Telefonverbindungen der maßgeblichen Gläubiger mitzuteilen. Wenn demgegenüber behauptet wird, das Insolvenzgericht müsse gerade in solchen Fällen mangelnder Information sogleich *blindlings* mit allen verfügbaren Mitteln in den Nebel schießen und die vorläufige Insolvenzverwaltung anordnen, ist dies aus zweierlei Gründen verfehlt. Zum einen ist es kurios, dass gerade das Insolvenzgericht, anders als Gerichte in allen anderen Fällen, ohne Sachverhaltsgrundlage blindlings eine Entscheidung soll fällen dürfen. Dies zu fordern ist aber nicht nur absurd, sondern verstößt selbst wieder gegen den Verhältnismäßigkeitsgrundsatz, denn es wäre ohne eine Sachverhaltsaufklärung durch das Instrumentarium des Sachverständigenvorgutachtens gem. § 5 Abs. 1 Satz 2 InsO nicht auszumachen, ob denn eine Anordnung der vorläufigen Verwaltung in einem derartigen Fall verhältnismäßig wäre. Ein zweites und böswilliges Missverständnis des Detmolder Modells wäre es zu behaupten, das Insolvenzgericht lasse sich von einzelnen mächtigen Gläubigern einen Insolvenzverwalter oktroyieren.[50] Das ist, will man die Ausführungen von *Busch* nicht entstellen, in keiner Weise gemeint. Vielmehr geht es darum, dass der Vorschlag des Gerichts den Betroffenen in der gebotenen Eile kurzfristig zu bedenken gegeben wird. Dies ist nicht nur technisch möglich, sondern, wie ausgeführt, sogar geboten.

---

44 *von Münch/König*, Grundgesetz, Band 3, 5. Aufl. 2003, Art. 103 Rn. 3 ff.; *Schmidt-Bleibtreu/Klein*, Grundgesetz, 9. Aufl. 1999, Art. 103 Rn. 2 ff.; *Degenhart*, in: Sachs, Grundgesetz, 2. Aufl. 1999, Art. 103 Rn. 2 ff.

45 *Frowein/Peukert*, EMRK-Kommentar, 2. Aufl. 1996, Art. 6 Rn. 53 ff.; *Villinger*, Handbuch der EMRK, 1993, Rn. 423 ff.

46 *Busch*, DZWIR 2004, 353.

47 *Busch*, DZWIR 2004, 353.

48 Vgl. die Einwende *Frind*, DZWIR 2001, 497.

49 *Wieland*, ZIP 2005, 233, 235.

50 Eine solche Verwalterauswahl wäre rechtswidrig, *Graeber*, in: MünchKomm, InsO, 1. Aufl. 2001, § 56 Rn. 47 ff.

4. Keine „Konkurrentenklage" – BVerfG

22 Das BVerfG hat mit Senatsbeschluss vom 23. 5. 2006[51] darauf erkannt, dass die Eröffnung des Rechtsweges gegen die materiell zum Bereich verwaltender Tätigkeit der Insolvenzgerichte gehörende Entscheidungen über Auswahl und Bestellung des Insolvenzverwalters nicht durch § 6 Abs. 1 InsO beschränkt wird. Denn als Regelung des einfachen Gesetzesrechts kann § 6 Abs. 1 InsO aber den Rechtsweg nicht verstellen, wenn dieser von Verfassungs wegen eröffnet sein sollte. Auch dies entspricht im Übrigen der Judikatur des BGH in der bekannt gewordenen Sachverständigenentscheidung.[52] Art. 19 Abs. 4 GG eröffnet den Rechtsweg gegen Entscheidungen, die materiellen Verwaltungscharakter haben, zum Schutz der subjektiven Rechte des Betroffenen.[53]

23 Das BVerfG meint, dass der betroffene Insolvenzverwalter als Prätendent der Bestellung in einem konkreten Verfahren ein Recht auf willkürfreie Entscheidung des Insolvenzgerichts aus Art. 3 Abs. 1 GG habe. Grundrechtlich betrachtet, verlagert dadurch das BVerfG mit der Fokussierung auf Art. 3 Abs. 1 GG in einer nachgerade rhetorisch anmutenden Weise weg von der eher materiellen Betrachtungsweise, die sich seit der frühen Entscheidung des BVerfG aus dem Jahr 1993 zum Rang der Vergütungsansprüche des Verwalters in masseunzulänglichen Verfahren aus Art. 12 Abs. 1 GG ergeben haben. In der Tat haben noch die Kammerentscheidungen[54], die dem vorliegenden Beschluss vorangegangen sind, nicht anders als die rechtsdogmatische Diskussion sich auf den Schutz der Ausübung des Berufes des Insolvenzverwalters aus Art. 12 Abs. 1 GG konzentriert.[55] Wenn der erkennende Senat Art. 12 Abs. 1 GG auch nicht im Ansatz anspricht, ist dies freilich kein Kunstfehler[56], sondern die notwendige Folge daraus, dass die Berufsausübungsfreiheit des Insolvenzverwalters allenfalls durch solche Erklärungen des Insolvenzgerichts betroffen sein kann, die ihm abstrakt und allgemein die Fähigkeiten absprechen, bei der Entscheidung über die Bestellung zum Insolvenzverwalter überhaupt berücksichtigt werden zu können. Insofern hatten die Kammerentscheidungen bereits Eckpfähle eingezogen, wonach die Gerichte eine Begründungspflicht trifft, wenn sie einen Verwalter im Allgemeinen als nicht berücksichtigungsfähig ansehen.

24 Daraus ergeben sich geradezu zwangsläufig die Maßstäbe, nach denen sich eine insolvenzgerichtliche Auswahl- und Bestellungsentscheidung sachgerecht und damit nicht willkürlich erweist. Das BVerfG leitet diese aus der Funktion des Insolvenzverfahrens ab, dass es nach § 1 Satz 1 InsO wegen seiner Aufgabe der gemeinschaftlichen Befriedigung der Gläubiger[57] dem Feld des Zwangsvollstreckungsrechts zuord-

---

51 BVerfG. v. 23. 5. 2006 – 1 BvR 2539/04 – DZWIR 2006 m. Anm. *Rattunde*, jprins 19/2006 Nr. 1.

52 BGH, Beschl. v. 4. 3. 2004 – IX ZB 133/03 – ZIP 2004, 915; hierzu eingehend *Smid*, DZWIR 2004, 359 ff.

53 BGH, Beschl. v. 4. 3. 2004 – IX ZB 133/03, DZWIR 2004, 381 = ZIP 2004, 915, *Bähr/Smid*, Rechtsprechung 2006, 116

54 BVerfG, Beschl. v. 3. 8. 2004 – 1 BvR 135/00 – und – 1 BvR 1086/01 – DZWIR 2004, 370 m. Anm. *Wieland*, ZIP 2005, 233 und *Römermann*, ZInsO 2004, 937.

55 So im Übrigen auch die Literatur, vgl. etwa *Wieland*, ZIP 2005, 233, *Holzer/Kleine-Cosack/Prütting*, Die Bestellung des Insolvenzverwalters, 2001, passim.

56 So meint es aber zu Unrecht *Römermann*, ZIP 2006, 1332, 1334 f.

57 Krit. hierzu *Baird*, The Elements of Bankruptcy Law, 1992, p. 14.

net[58], auch wenn der Halt des Unternehmens durch einen Insolvenzplan Gegenstand des konkreten Verfahrens ist. Daher geht es im Insolvenzverfahren um Eigentümerpositionen zum einen der Gläubiger, deren Rechte durch das Insolvenzverfahren geschützt und verwirklicht werden, zum anderen solche des Schuldners. Betrachtet man allein die Rechte des Insolvenzverwalters, wäre eine – wie das BVerfG es ausdrückt – bipolare Lage zwischen Verwalter und Gericht zugrunde zu legen. Hier aber geht es um eine multipolare Konfliktlage, in der die Interessen der Bewerber am chancengleichen Zugang zum Insolvenzverwalteramt in den Hintergrund treten, da in erster Linie das Interesse der Gläubiger und des Schuldners an einem reibungslosen und zügigen Fortgang des Insolvenzverfahrens in der Auswahlentscheidung des Gerichts zugrunde zu legen sind.

Um dem Gebot einer willkürfreien Entscheidung in dem eilbedürftigen Verfahren der Auswahl und Bestellung zunächst des vorläufigen Insolvenzverwalters und dann des Insolvenzverwalters im eröffneten Verfahren entsprechen zu können, kann nach Erkenntnis des BVerfG keine Bestenauslese[59] wie z.B. in Berufungsverfahren auf ein öffentliches Amt vorgenommen werden – da damit der Eilbedürftigkeit[60] der zu treffenden Entscheidung nicht hinreichend Rechnung getragen und die Interessen von Gläubigern und Schuldner nicht in der gebotenen Weise berücksichtigt werden könnten. Um die nach § 56 Abs. 1 InsO zu bestellende geeignete Person herausfinden zu können, sieht das BVerfG das Verfahren von Vorauswahlmechanismen durch Erstellung von Auswahllisten als geeignetes Instrument an, dem Insolvenzgericht Maßstäbe für die Findung des geeigneten Insolvenzverwalters an die Hand zu geben. Eine geschlossene Liste, die die Zahl der aufgenommenen Bewerber begrenzt und nur bei Ausscheiden einer bereits geführten Person neuen Bewerbern Aufnahme in den Kreis möglicher Insolvenzverwalter gewährt, verstößt dabei gegen den Grundsatz der Chancengleichheit; beispielsweise das „Hamburger Modell" erweist sich damit als verfassungswidrig.[61] Als verfassungswidrig erweisen sich wegen Verstoß gegen das Willkürverbot auch solche Listen, aus denen rein formal und turnusmäßig eine Reihenfolge der Anmeldung zur Auswahlliste ausgerichtet eine Bestellungsentscheidung pauschaliert vorgenommen wird. 25

II. Kontrollmechanismen

1. Eröffnung des Rechtsweges gegen die Entscheidung des Insolvenzgerichts?[62]

Im Gefolge der bundesverfassungsrechtlichen Judikatur zum Rechtsschutz gegen rechtswidrige Diskriminierungen von Prätendenten bei der Vorauswahl (Listenbildung) durch das Insolvenzgericht gem. § 23 EGGVG ist die Auffassung vertreten 26

58 Zum Insolvenz- als Gesamtvollstreckungverfahren *Henckel*, in: FS Merz, 1992, S. 197ff.; vor dem Hintergrund der Struktur der InsO im Ergebnis zustimmend, aber moderater *Smid/Rattunde*, Der Insolvenzplan, 2. Aufl. 2005, Rn. 01 ff., 018 ff. et passim.

59 Wie sie in der Literatur z.B. von *Haarmeyer/Schaprian*, ZInsO 2006, 673 gefordert wird; dort freilich immer mit Blick auf Evaluierungen, die von Instituten vorgenommen werden, die freilich selbst zu evaluieren wären.

60 Zum Eilcharakter des Insolvenzverfahrens vgl. *Smid*, DZWIR 2004, 359ff.

61 So bereits die Kritik *Smids*, in: Berger u.a. (Hrsg.), Sechster Leipziger Insolvenztag 2005, S. 47ff. gegen *Schmidt*, in: 6. Leipziger Insolvenzforum, 2005, S. 31 ff.

62 Befürwortend *Holzer/Kleine-Cosack/Prütting*, Die Bestellung des Insolvenzverwalters, 2001; krit. dagegen Gegengutachten der Mehrheit des Gravenbrucher Kreises ZInsO 2001, 730ff., vgl. auch *Frind*, ZInsO 2001, 481 ff.

worden[63], aus dem aus Art. 19 Abs. 4 GG folgenden Gebot *effektiven* Rechtsschutzes[64] sei zu schließen, dem unberücksichtigt gebliebenen Prätendenten stünden im Verfahren nach § 23 EGGVG Feststellungsanträge und ggf. Verpflichtungsanträge, ja sogar vorläufiger Rechtsschutz zu Gebote. Die Frage danach, wie dies in praxi aussehen soll – wie dieser „effektive Rechtsschutz" in den Kontext des Insolvenzverfahrens implementiert werden kann – wird schon nicht erst gestellt; eine Antwort darauf bleibt diese Meinung zwangsläufig schuldig.

27 Es ist oben daran erinnert worden, dass in einem Zeitraum von bis zu drei Monaten nach Erlass des Eröffnungsbeschlusses die Letztentscheidung über die Auswahl des Insolvenzverwalters durch die Gläubigerversammlung nach § 57 InsO getroffen wird. Betrachtet man den Eröffnungsbeschluss isoliert, kommt es spätestens im Berichtstermin zur *Erledigung* etwaiger Feststellungs- oder Verpflichtungsanträge eines unberücksichtigt gebliebenen (*nicht:* abgewiesenen!) Prätendenten. Der IX. Zivilsenat des BGH hat freilich im Fall durch Zeitablauf erledigter, Grundrechte des *Schuldners* verletzender Entscheidungen des Insolvenzgerichts dem betroffenen Schuldner die verfahrensrechtliche Befugnis zugesprochen, sich mit einer „Fortsetzungsfeststellungsbeschwerde" zur Wehr zu setzen.[65] Aber: Der von einer grundrechtswidrig gestatteten Hausdurchsuchung durch den Sachverständigen betroffene Schuldner steht dem Insolvenzgericht gegenüber; im Falle der Bestellung eines Insolvenzverwalters haben wir es neben diesem mit den anderen Prätendenten und last but not least Schuldner und Gläubigern zu tun. Die *Erledigung* durch die – vom Prätendenten nach keiner Ansicht[66] anfechtbare – Entscheidung der Gläubigerversammlung unterscheidet sich daher von der durch Zeitablauf. Denn die insolvenzgerichtliche Entscheidung mag wegen einer Wiederholungsgefahr[67] fortdauern und damit eine Fortsetzungsfeststellungsbeschwerde tragen. Es ist aber mehr als fragwürdig, ob die insolvenzgerichtliche Entscheidung über die Bestellung des Insolvenzverwalters rechtsfehlerhaft war, die von den Gläubigern bestätigt worden ist: Die Entscheidung der Gläubigerversammlung rechtfertigt m.a.W. die Auswahlentscheidung im Eröffnungsbeschluss. Der Vorschlag, die Verpflichtung des Insolvenzgerichts zur Berücksichtigung des Prätendenten im nächstmöglichen Verfahren, für das er geeignet ist, auszusprechen, geht in die Leere, wenn mehrere Prätendenten auf ihre Berücksichtigung warten und solange das Insolvenzgericht Sachargumente für seine Auswahlentscheidung vorbringen kann. Es bleibt daher bei genauerer Betrachtung allein Raum für die Abwehr evident diskriminierender Nichtberücksichtigung.

28 Zweifelhaft ist im Übrigen, ob der Insolvenzrichter sich Amtshaftungsansprüchen gem. § 839 Abs. 2 BGB[68] wegen „Bevorzugung" eines Prätendenten aussetzt. Auch insofern haftet der Gegenmeinung der haut gout an, nicht nur mit allen Mitteln einem Prätendenten Zugang zur Verwaltung fremden Geldes eröffnen zu wollen, sondern die Tatbestandsvoraussetzungen des geltenden Rechts nicht vollständig in den Blick zu fassen. Hier soll der komplexere Fall außer Acht gelassen werden, dass mehrere Brautwerber den Insolvenzrichter belagern und (wie in solchen Fällen üblich) *alle* durch die nur mögliche Wahl des *einen* enttäuscht werden – was ja erhebliche *Kausalitätsfragen* auszulösen geeignet ist. Denn der Insolvenzrichter wird bei der Auswahlentscheidung überhaupt nur dann rechtswidrig und schuldhaft handeln und damit Schadenersatzansprüche eines Prätendenten auslösen, wenn der be-

---

63 *Wieland,* ZIP 2005, 233, 238f.

64 Hierzu vgl. auch *Smid/Wehdeking,* Verhältnismäßigkeit der Anordnungen des Eröffnungsbeschlusses, seine Begründung und seine Anfechtung durch die sofortige Beschwerde des Schuldnersin: FS Rechberger, 2005, S. 603ff.

65 „Sachverständigenbeschluß": BGH, Beschl. v. 4. 3. 2004 – IX ZB 133/03 – ZIP 2004, 915.

66 *Graeber,* in: MünchKomm, InsO, 1. Aufl. 2001, § 57 Rn. 44ff.; *Kind,* in: Frankfurter Kommentar, 4. Aufl. 2006, § 57 Rn. 17f.; *Lüke,* in: Kübler/Prütting, Kommentar zur Insolvenzordnung, § 57 Rn. 6; *Delhaes,* in: Nerlich/Römermann, InsO, § 57 Rn. 11.

67 Zur Wiederholungsgefahr bei verwaltungsprozessualen Fortsetzungsfeststellungsklagen vgl.: *Kopp/Schenke,* VwGO, 13. Aufl. 2003, § 113 Rn. 141.

68 *Wieland,* ZIP 2005, 233, 238.

stellte Verwalter erkennbar ungeeignet ist[69]; aber auch insofern haben dabei die Gläubiger das letzte Wort.

2. Neuwahl eines anderen Insolvenzverwalters durch die erste Gläubigerversammlung

Auf den Zusammenhang zwischen Gläubigerautonomie und Verwalteramt ist bereits eingehend hingewiesen worden: Die erste Gläubigerversammlung kann an Stelle des vom Insolvenzgericht nach § 56 Abs. 1 InsO ernannten Verwalters einen neuen Verwalter wählen, § 57 InsO.[70] Dafür ist der Berichtstermin (§ 156 InsO) deshalb geeignet, weil der Insolvenzverwalter in ihm seine Erkenntnisse über das Unternehmen und seine Vorstellung von der Abwicklung des Verfahrens entwickelt. Daher braucht die Gläubigerversammlung sich nicht auf Gründe zu stützen, die eine Absetzung des vom Gericht nach § 59 Abs. 1 Satz 1 InsO eingesetzten Verwalters im Wege seiner Aufsicht durch das Gericht gem. § 58 InsO stützen würden.[71] Zu den Fragen, die das häufig anzutreffende Übergewicht gesicherter Gläubiger auslöst, vgl. unten § 13 Rn. 24ff. 29

III. Gläubigerbeteiligung bei der Verwalterbestellung nach § 56a InsO n.F.

1. Anhörung des vorläufigen Gläubigerausschusses

Durch das ESUG neu in die InsO eingefügt ist § 56a InsO, dessen Abs. 1 Satz 1 vorsieht, dass dem vorläufigen Gläubigerausschuss (zu dessen Konstituierung § 25 Rn. 59ff.) vor der Bestellung des Verwalters durch das Insolvenzgericht Gelegenheit zu geben ist, sich zu den Anforderungen, die an den Verwalter zu stellen sind, und zur Person des Verwalters zu äußern. Die „Anforderungen", die der vorläufige Gläubigerausschuss nach § 56 Abs. 1 Satz 1 InsO n.F. zu formulieren hat, können keine Abweichungen von den allgemeinen gesetzlichen Eignungskriterien des § 56 Abs. 1 InsO festlegen, wie § 56a Abs. 2 InsO n.F. zeigt (sogleich Rn. 31). Von der Anhörung des vorläufigen Gläubigerausschusses ist nach § 56a Abs. 1 Satz 2 InsO nur dann abzusehen, wenn sie „offensichtlich zu einer nachteiligen Veränderung der Vermögenslage des Schuldners" führen würde. Damit wird aber die Mitwirkung des vorläufigen Gläubigerausschusses nicht dauerhaft abgeblockt: Für diesen Fall sieht nämlich § 56a Abs. 3 InsO vor, dass der vorläufige Gläubigerausschuss in seiner ersten Sitzung einstimmig eine andere Person als die bestellte zum Insolvenzverwalter wählen kann, wenn das Gericht mit Rücksicht auf eine nachteilige Veränderung der Vermögenslage des Schuldners von seiner Anhörung nach § 56a Abs. 1 InsO n.F. abgesehen hat. 30

2. Abweichung der Auswahlentscheidung vom Vorschlag des vorläufigen Gläubigerausschusses

Nach § 56a Abs. 2 Satz 1 InsO n.F. darf das Insolvenzgericht nur dann von einem einstimmigen Vorschlag des vorläufigen Gläubigerausschusses zur Person des Verwal- 31

69 *Graeber*, in: MünchKomm, InsO, 1. Aufl. 2001, § 56 Rn. 48, 136ff.; *Uhlenbruck*, in: Uhlenbruck, InsO, 12. Aufl. 2003, § 56 Rn. 15f., 78; *Holzer*, in: Beck/Depré, Handbuch der Insolvenz, 1. Aufl. 2001, § 2 Rn. 26, § 7 Rn. 11.
70 *Becker*, KTS 2000, 491, 498 spricht von einem „konstruktiven Misstrauen".
71 *Rechel*, in: LSZ, InsO, 3. Aufl. 2010, § 58 Rn. 13.

ters nur abweichen, wenn die vorgeschlagene Person für die Übernahme des Amtes nicht geeignet ist, also wenn er vom Schuldner oder den Gläubigern nicht unabhängig i.S.v. § 56 Abs. 1 InsO ist – oder keine Sachkunde besetzt, um den konkreten Einzelfall abzuwickeln. Es liegt auf der Hand, dass die Maßstäbe nach § 56 Abs. 1 InsO von dem durch den vorläufigen Gläubigerausschuss aufgestellten Anforderungsprofil nicht berührt werden. Würde der vorläufige Gläubigerausschuss daher eine besondere Nähe zu bestimmten Gläubigern fordern, wäre dies ein Grund, an der Eignung des vorgeschlagenen Erwerbers zu zweifeln. Unter dem „Anforderungsprofil" ist daher allein zu verstehen, dass z.B. Kenntnisse über die Branche, in der das schuldnerische Unternehmen tätig ist, für hilfreich erachtet werden – also dass der vom vorläufigen Gläubigerausschuss in dem Eröffnungsverfahren wegen eines Solarunternehmens Vorgeschlagene Prätendent X bereits Verwalter eines Solarunternehmens war und daher wegen der Kenntnis der besonderen Sachprobleme als besonders geeignet erscheint. Es liegt daher nahe, dass § 56a Abs. 2 Satz 2 InsO Das Gericht hat bei der Auswahl des Verwalters die vom vorläufigen Gläubigerausschuss beschlossenen Anforderungen an die Person des Verwalters zugrunde zu legen: Bestellt das Insolvenzgericht eine andere als die nach § 56a InsO vorgeschlagene Person zum Verwalter, greift § 27 Abs. 2 Nr. 5 InsO n.F. ein. Danach hat das Insolvenzgericht die Gründe, aus denen es von einem einstimmigen Vorschlag des vorläufigen Gläubigerausschusses zur Person des Verwalters abgewichen ist, im Eröffnungsbeschluss anzugeben. Den Namen der vorgeschlagenen und gleichwohl nicht bestellten Person darf es dabei nicht nennen. Der – mit gem. § 34 InsO nach wie vor mit Rechtsmitteln angreifbare – Eröffnungsbeschluss würde daher stets an einem Rechtsmangel leiden, verletzte das Insolvenzgericht diese Begründungspflicht – was es erwarten läßt, dass damit eine sachliche Auseinandersetzung mit der Eignung der vorgeschlagenen Person sichergestellt wird.

§ 27 Aufgaben und Befugnisse des vorläufigen Insolvenzverwalter im Eröffnungsverfahren

I. Übersicht

1. Der vorläufige Verwalter als Gutachter

Zur **Auswahl der Person des vorläufigen Verwalters** oben Rn. 38f. Allen Formen der vorläufigen Verwaltung ist es gemeinsam, dass der vorläufige Verwalter sowohl im Falle des § 22 Abs. 1 InsO, als auch in dem des § 22 Abs. 2 InsO regelmäßig gutachterliche Funktionen für das Insolvenzgericht wahrzunehmen hat. Das Gesetz selbst ist insofern unter systematischen Gesichtspunkten ungenau, da die angesprochene Gutachterfunktion des vorläufigen Verwalters als Nr. 3 des § 22 Abs. 1 Satz 2 InsO ausführlich behandelt wird, dessen Regelungsgehalt indessen auch auf den nach § 22 Abs. 2 InsO eingesetzten vorläufigen Verwalter ohne bzw. mit eingeschränkter Verfügungsmacht zutrifft, dessen Aufgaben ansonsten kaum mehr sinnvoll zu bestimmen wären.[1] 1

2. Zutritts- und Einsichtsbefugnisse, Auskunftsrechte

Der Sachverständige hat in aller Regel für das Insolvenzgericht ein Gutachten zu erstellen. In diesem Gutachten hat er sowohl das Vorliegen der Eröffnungsgründe (§§ 16, 17–19 InsO, oben § 3) und nach Maßgabe des § 22 Abs. 2 Satz 2 Nr. 3InsO die Möglichkeit einer Fortführung des schuldnerischen Unternehmens zu untersuchen sowie das Vorhandensein einer die Verfahrenskosten deckenden Masse gem. § 26 Abs. 1 InsO – zu begutachten.[2] Als **Mindestinhalt** des Gutachtens ist daher zu den gesetzlichen Eröffnungsvoraussetzungen und dem Vorliegen verfahrenskostendeckender Masse detailliert und belegt Stellung zu nehmen.[3] Es ist als Qualitätsmerkmal anzusehen, dass Sachverständige bei der Prüfung der Zahlungsunfähigkeit auf den IDW Prüfungsstandard 800 zurückgreifen (oben § 3 Rn. 8). Er hat ferner das Insolvenzgericht darauf hinzuweisen, wenn z.B. wegen des Schuldners die örtliche Zuständigkeit des angerufenen Insolvenzgerichts nach § 3 Abs. 1 InsO nicht vorliegt. Der Gutachter muss sich durch eigene Ermittlungen ein Bild über die Vermögenslage verschaffen und die Angaben des Schuldners überprüfen.[4] Hierfür räumt ihm § 22 Abs. 1 S. 2 Nr. 3 ein **originäres Informationsrecht** ein.[5] Auch soweit sich die Angaben des Schuldners als vollständig und richtig erweisen und die Buchhaltung und Jahresabschlüsse aktuell erstellt worden sind, darf sich der Gutachter nicht damit zufrieden 1a

---

1 *Kirchhof,* in: HK, InsO, 4. Aufl. 2006, § 22 Rn. 29; *Thiemann,* Die vorläufige Masseverwaltung im Insolvenzeröffnungsverfahren, 2000, Rn. 183; *Uhlenbruck,* in: Gottwald, Insolvenzrechts-Handbuch, 3. Aufl. 2006, § 14 Rn. 29, 42f.; *ders.,* NZI 2000, 289, 290; *Vallender,* in: Uhlenbruck, InsO, 13. Aufl. 2010, § 22 Rn. 198.

2 *Thiemann,* in: LSZ, InsO, 3. Aufl 2010, § 22 Rn. 23.

3 *Thiemann,* in: LSZ, InsO, 3. Aufl 2010, § 22 Rn. 30.

4 *Thiemann,* in: LSZ, InsO, 3. Aufl 2010, § 22 Rn. 27.

5 *Vallender,* in: Uhlenbruck, InsO, 13. Aufl. 2010, § 22 Rn. 198, 199; *Uhlenbruck,* KTS 1994, 169, 178.

geben, weil es Ansprüche gibt, die aus einem Jahresabschluss nicht ersichtlich sind und weil in der Insolvenz anders bewertet werden muss[6].

2 Der vorläufige Verwalter hat gem. § 22 Abs. 3 Satz 1 InsO *allgemein*[7] die Befugnis, die Geschäftsräume des Schuldners zu betreten. Diese Beschränkung auf die Geschäftsräume – die den Wohnbereich des Schuldners von dem von Zutrittsrechten des vorläufigen Verwalters umfassten Raum *ausnimmt* – hat insofern einen Sinn, als die Anordnung der vorläufigen Verwaltung außerhalb der Unternehmensinsolvenz wenig Sinn hat. Es entsteht dadurch auch weder eine Informationslücke noch ein Schlupfloch, das es dem Schuldner erlauben würde, seine Wohnung als „Bunkerplatz" für massezugehörige Sachen oder Geschäftsdokumente usf. zu nutzen. Denn nach § 22 Abs. 3 Satz 2 InsO steht dem vorläufigen Insolvenzverwalter die Einsicht in „Bücher und Geschäftspapiere" (dazu zählt selbstverständlich die EDV-Anlage des Unternehmens und das Notebook des Geschäftsführers!) zu; ferner kann er alle erforderlichen Auskünfte nach § 22 Abs. 3 Satz 3 InsO vom Schuldner bzw. seinen gesetzlichen Vertretern oder Organen (§ 101 InsO) verlangen und gegebenenfalls erzwingen.

3 **Beispiel:** Der vorläufige Verwalter kann sich aus *technischen* Gründen den Zugang zur EDV-Anlage des Insolvenzschuldners, in der Rechtsform einer GmbH betriebenen Unternehmens nicht verschaffen; er kennt das Passwort nicht und kann mit der Software nicht umgehen. Der Geschäftsführer könnte dem vorläufigen Verwalter helfen, versucht aber, Vorteile aus der Lage zu ziehen, indem er geltend macht, sein Gehalt sei schließlich nicht gezahlt worden: Er werde nur dann „für" den vorläufigen Verwalter tätig, wenn er mit einer erheblichen Summe dafür vergütet werde. Die InsO stellt dem vorläufigen Verwalter mit dem Verweis auf die §§ 97, 98, 101 Abs. 1 Satz 1, 2 und Abs. 2 InsO ein wirkungsvolles Instrumentarium zur Verfügung, um den Geschäftsführer zum Tätigwerden *zu zwingen.*[8] Gegebenenfalls kann auf Antrag des vorläufigen Verwalters das Insolvenzgericht den Geschäftsführer, wenn er sich weigert, den Verwalter zu unterstützen, nach § 98 Abs. 2 Nr. 1 InsO in Haft nehmen lassen.

4 Der nach § 5 Abs. 1 Satz 2 InsO zu Vorermittlungen eingesetzte Sachverständige hat diese Befugnisse dagegen nicht.[9] Der IX. Zivilsenat hat[10] zu Recht darauf erkannt, dass der vorläufige Insolvenzverwalter durch das Insolvenzgericht mit den vorläufigen Anordnungen nach § 21 InsO nicht dazu ermächtigt werden kann, Räume eines am Eröffnungsverfahren nicht beteiligten Dritten zu durchsuchen. Denn der Durchsuchungsanordnung fehlte es an einer gesetzlichen Grundlage, die insbesondere in § 21 Abs. 1 und 2 InsO nicht vorliegt. Allein Bedürfnisse der Praxis können demgegenüber das Fehlen einer nach Art. 13 Abs. 1 GG gebotenen Ermächtigungsgrundlage nicht zu ersetzen.

3. Schutz der Vermögenslage

5 Auch die Aufgabe, die Masse zu sichern und zu erhalten, trifft den vorläufigen Verwalter unabhängig davon, ob er nach § 22 Abs. 1 oder Abs. 2 InsO eingesetzt worden

---

6 *Thiemann,* in: LSZ, InsO, 3. Aufl 2010, § 22 Rn. 29; *Pluta,* in: Smid, GesO, § 2 Rn. 82 ff.; zust. auch *Haarmeyer,* in: MünchKomm, InsO, 2. Aufl. 2008, § 22 Rn. 143.
7 *Uhlenbruck,* in: Gottwald, Insolvenzrechts-Handbuch, 3. Aufl. 2006, § 14 Rn. 53; *Kirchhof,* in: H-K, InsO, 4. Aufl. 2006, § 22 Rn. 43.
8 *Kirchhof,* in: H-K, InsO, 4. Aufl. 2006, § 22 Rn. 38 f.
9 BGH, Beschl. v. 4. 3. 2004 – IX ZR 133/03 – ZIP 2004, 915.
10 BGH, Beschl. v. 24. 9. 2009 – IX ZB 38/08, ZIP 2009, 2068.

ist.[11] Das zeigt nicht nur der Umkehrschluss, wonach es unsinnig wäre, wenn der vorläufige Insolvenzverwalter die Masse bei drohender Gefahr nicht durch entsprechende Anträge beim Insolvenzgericht auf Erlass geeigneter weiterer Anordnungen schützen dürfe und müsse. Aufschlussreich ist vielmehr schon der Wortlaut des § 21 Abs. 1 InsO. Alle Anordnungen der §§ 21, 22 InsO haben dem Schutz der Masse zu dienen. Der Unterschied zwischen der Anordnung nach § 21 InsO und der nach § 22 InsO liegt daher in den Mitteln, die dem vorläufigem Verwalter zur Wahrnehmung des Schutzes der Masse zur Verfügung stehen. Dem vorläufigen Verwalter obliegt es demgegenüber regelmäßig nicht, das Vermögen des Schuldners zu verwerten,[12] weshalb die Zustimmung eines vorläufigen Insolvenzverwalters zu Zahlungen durch den Schuldner, die jedenfalls nicht der Fortführung eines erhaltungswürdigen Schuldnerunternehmens dienen, nach § 130 InsO anfechtbar sind.[13]

Beispiel: Der vorläufige Verwalter der Orientteppich-GmbH kann die Brandversicherung unter Verpflichtung der Masse abschließen, wenn er nach § 22 Abs. 1 InsO bestellt ist; anderenfalls muss er der Geschäftsführer veranlassen, auf Kosten der Masse diese Versicherung abzuschließen oder beim Insolvenzgericht eine entsprechende – spezifizierte – Ermächtigung erwirken. 6

Der typischerweise als Kontrolleur des Schuldners bzw. der schuldnerischen Organe 7 tätige vorläufige Verwalter nach § 22 Abs. 2 InsO hat gleichsam die Stellung eines siamesischen Zwillings des schuldnerischen Geschäftsführers; eindrucksvoll und zutreffend schreibt *Engelhardt*[14] von Kooperationslagen zwischen vorläufigem Verwalter und Schuldner bzw. organschaftlichen Vertretern der schuldnerischen Gesellschaft. Rechtlich zugerechnet werden die im Eröffnungsverfahren dem Schuldner; die Organe des Schuldners können aber jedenfalls in dem Umfang nicht ohne den vorläufigen Verwalter handeln, in dem das Verfügungsverbot dem Schuldner die Rechtsmacht entzogen hat.

4. Grundrechte

Der mit der Anordnung der vorläufigen Verwaltung notwendig verbundene – und insbesondere bei 8 Nutzung der Möglichkeiten des § 21 Abs. 2 Nr. 4 InsO[15] – weitgehende Grundrechtseingriff rechtfertigt sich aus der besonderen „anonymen" Struktur der juristischen Person: Selbstverständlich haben die Grundrechte besonders der Post- und Telegraphensperre (§ 99 und § 102 InsO) auch für juristische Personen Geltung. Freilich ist es anerkannt, dass der Grundrechtsschutz juristischer Personen deren besonderer Verfassung angepasst ist. Daher handelt sich auch nicht um eine methodisch bedenkliche Einzelfallabwägung, wenn man insoweit auf Unterschiede zwischen der Inanspruchnahme von Personengesellschaften im Insolvenzverfahren und juristischen Personen verweist, weil hier fallübergreifend ein in der Rechtsordnung angelegter Strukturunterschied zwischen der juristischen und der natürlichen Person zu berücksichtigen ist. Das gleiche liegt beim Eigenantrag des Geschäftsführers einer GmbH oder von Vorstandsmitgliedern einer AG vor. Denn die Eigenantragsstellung bedeutet, dass die

---

11 *Kirchhof,* in: H-K, InsO, 4. Aufl. 2006, § 22 Rn. 28; *Pohlmann,* Befugnisse und Funktionen des vorläufigen Insolvenzverwalters, 1998, Rn. 220ff.; *Uhlenbruck,* NZI 2000, 289, 290; *Uhlenbruck,* InsO, 12. Aufl. 2003, § 22 Rn. 18.

12 BGH, Beschl. v. 14. 12. 2000 – IX ZR 105/00 – BGHZ 146, 165 – InVo 2001, 163; *Haarmeyer,* in: MünchKomm, InsO, 1. Aufl. 2001, § 22 Rn. 73.

13 BAG, Urt. v. 27. 10. 2004 – 10 AZR 123/04 – DZWIR 2005, 112; dazu *Smid,* DZWIR 2005, 89, 90.

14 *Engelhardt,* Die gerichtliche Entscheidung nach §§ 21 ff. InsO, 2002, S. 219 ff.

15 Zur Post- und Telegraphensperre vgl. *Thiemann,* vorläufige Masseverwaltung, 2006, Rn. 39, 398 ff.; *Uhlenbruck,* in: Gottwald, Insolvenzrechts-Handbuch, 3. Aufl. 2006, § 14 Rn. 18.

Unternehmensleitung in diesen Fällen der gerichtlichen Unterstützung bedarf, die vom vorläufigen Verwalter wahrgenommen wird.

9 Hat ein Gläubiger unter den Voraussetzungen des § 270 Abs. 2 Nr. 2 InsO den Eröffnungsantrag gestellt und der Eigenverwaltung durch den Schuldner zugestimmt, ist das Insolvenzgericht gehalten, nach § 22 Abs. 2 InsO zu verfahren. Liegen dem Gericht freilich Hinweise auf Insolvenzstraftaten des Schuldners vor, oder sind Gründe des § 272 InsO an das Insolvenzgericht herangetragen und von dem Gläubiger glaubhaft gemacht worden, so hat das Gericht seinen Beschluss nach § 2 Abs. 2 InsO abzuändern und entsprechende Verfügungsbeschränkungen gegebenenfalls unter Anordnung der vorläufigen Verwaltung über den Schuldner zu verhängen. So kann es sein, dass notorische Tatsachen über den Schuldner dem Gericht bekannt sind, beispielsweise weil die Presse über den Schuldner berichtet oder insbesondere andere Rechtsstreitigkeiten des Schuldners bekannt sind, in denen sich die wirtschaftliche Lage ebenso wie Gründe offenbart haben, die es rechtfertigen, die vorläufige Verwaltung anzuordnen.

II. Aufgaben und Befugnisse des vorläufigen Verwalters mit umfassender Verfügungsbefugnis[16]

1. Bedeutung

10 Den nicht mit der Materie Vertrauten überrascht es dabei, dass während der Dauer des Vorverfahrens die Weichen des Insolvenzverfahrens wirtschaftlich ebenso wie rechtlich gestellt und vielfach die „eigentlichen" Arbeiten und Entscheidungen vorgenommen wurden; im eröffneten Verfahren werden diese vom vorläufigen Verwalter getroffenen Eilentscheidungen regelmäßig nunmehr durch die Gläubigerversammlung „abgesegnet". Bei alledem ist aber stets daran zu erinnern, dass der vorläufige Insolvenzverwalter auch im Falle des § 22 Abs. 1 InsO noch nicht „der" Insolvenzverwalter ist – und die Anordnung nach § 21 InsO den Statusakt des Eröffnungsbeschlusses nicht zu ersetzen vermag.

11 Bei einer Dauer der Eröffnungsverfahren, die von Tagen bis hin zu einer Reihe von Monaten, in evident missbräuchlichen Fällen sogar bis hin zu Jahren reichen kann, liegen ernste Schwierigkeiten zu Tage: *Ohne* die Förmlichkeit eines Eröffnungsbeschlusses macht es § 21 InsO möglich, schwerwiegende Eingriffe in die Rechtsstellung des Schuldners *und* seiner Gläubiger (arg. § 21 Abs. 2 Nr. 3 InsO!) vorzunehmen, ohne dass wenigstens die Gläubiger auf den Gang der Dinge Einfluss nehmen können. Hierauf hat besonders *Stephan Thiemann*[17] hingewiesen. Der *Gesetzgeber* hat die Hoffnung auf eine *baldige* Verfahrenseröffnung und dabei im Wesentlichen darauf gesetzt, dass dies durch Eigenanträge sanierungswilliger Insolvenzschuldner zu erreichen sei.[18] Weder dies noch die Erleichterung der Eröffnung (unten § 5 Rn. 4 ff.) des Verfahrens lassen aber erwarten, dass die durchschnittliche Dauer des Eröffnungsverfahrens tatsächlich sinken wird, für die die im Eröffnungsverfahren abzuarbeitenden Probleme maßgeblich sind.

12 Missbräuchen einer langandauernden vorläufigen Verwaltung hat der Gesetzgeber durch die Anordnung einer *Rechnungslegungspflicht* bei Beendigung der vorläufigen Verwaltung (§ 21 Abs. 1 Nr. 1 i. V. m. § 66 InsO)[19] einen Riegel vorgeschoben (dies gilt

---

16 *Uhlenbruck,* NZI 2000, 289 ff.; *Vallender,* in: Uhlenbruck, InsO, 13. Aufl. 2010, § 22 Rn. 17 ff.; *Haarmeyer,* in: MünchKomm, InsO, 1. Aufl. 2001, § 22 Rn. 36 ff.; *Kind,* in: Braun, InsO, 2. Aufl. 2004, § 22 Rn. 5 ff.
17 *Thiemann* (Fn. 10) Rn. 31.
18 Allg. Begr. zum RegEInsO, BT-Drs. 12/2443, S. 80.
19 *Pohlmann,* Befugnisse und Funktionen des vorläufigen Insolvenzverwalters, 1998, Rn. 248 ff.; *Vallender,* DZWIR 1999, 265, 275; *Vallender,* in: Uhlenbruck, InsO, 13. Aufl. 2010, § 22 Rn. 216 ff.; *Haarmeyer,* in: MünchKomm, InsO, 1. Aufl. 2001, § 22 Rn. 201 ff.

auch für den Fall des § 22 Abs. 2 InsO); darin mögen Mehrbelastungen für den vorläufigen Verwalter liegen, die aber unerlässlich sind, um Unterschleif zu verhindern.

2. Sicherungs- und Erhaltungsfunktionen[20]

a) Erhalt der Masse. § 22 Abs. 1 Satz 2 Nr. 1 InsO bestimmt, dass der vorläufige Verwalter die Aufgabe hat, rein tatsächlich die Masse zu sichern. Die Sicherungsaufgaben, die der vorläufige Verwalter wahrzunehmen hat, flankieren das vom Insolvenzgericht ausgesprochene vorläufige Verwaltungs- und Verfügungsverbot.[21] Es bedarf nämlich schon deshalb einer Aufsichtsperson „vor Ort", um zu gewährleisten, dass der Schuldner oder auch seine Arbeitnehmer nicht *tatsächlich* die künftige Masse durch Unterschleif schmälern.[22] Der die vorläufige Verwaltung anordnende Beschluss ermächtigt den vorläufigen Verwalter, die insoweit erforderlichen Maßnahmen unter Verpflichtung der Masse zu ergreifen; er kann sich und seinen Mitarbeitern Zugang zum Betrieb des Schuldners verschaffen, Vermögensgegenstände an sich nehmen, die Abwicklung von an den Schuldner gerichteten Zahlungen über ein von ihm, dem vorläufigen Verwalter, eingerichtetes Sonderkonto veranlassen, sich die Bücher des Schuldners vorlegen lassen, § 22 Abs. 3 InsO, oben Rn. 37f. Er hat aber auch alle weiteren, zur Verhinderung eines Wertverlusts der den Gläubigern haftenden Masse erforderlichen Maßnahmen zu ergreifen. Die zu schützende Masse ist zu diesem Zeitpunkt noch nicht gebildet; es fehlt insofern am Eröffnungsbeschluss als die Masse konstituierenden Hoheitsakt (arg. §§ 27, 35 InsO). Daher kommt eine „Freigabe" durch den vorläufigen Verwalter nicht in Betracht.[23] Dies gilt auch für den vorläufigen Verwalter gem. § 22 Abs. 1 InsO. Denn die von ihm wahrzunehmende Sicherungsfunktion übt er aufgrund einer konkreten Anordnung des Insolvenzgerichts aus.[24] Er darf auch den sächlichen Umfang der Sicherungsmaßnahmen nicht eigenmächtig bestimmen, wie sich auch aus § 22 Abs. 1 Satz 2 Nr. 2 InsO ergibt. 13

b) Prozessführung. Will man überhaupt die Rechtsstellung des vorläufigen „Zustimmungsverwalters" von der desjenigen nach § 22 Abs. 1 InsO sinnvoll abgrenzen, empfiehlt es sich danach zu fragen, wie die prozessualen Befugnisse des vorläufigen Verwalters ausgestaltet sind. Damit wird klarer, wo die Grenze verläuft, jenseits derer das Insolvenzgericht aufgrund der Summe von Einzelanordnungen eine Anordnung nach § 22 Abs. 1 InsO erlässt: Bleibt dem Schuldner nämlich kein Bereich eigener Verfügung und Verwaltung und ist ihm bereits die Prozessführungsbefugnis entzogen, muss der Insolvenzverwalter die Masse gem. § 55 Abs. 2 InsO verpflichten können. Denn anderenfalls würde im Prozess keine Person für die Masse auftreten können, die zu Lasten der Masse rechtsverbindliche Erklärungen abgeben könnte. Soweit dem Schuldner die Verwaltungs- und Verfügungsbefugnis über sein Vermögen entzogen worden ist, fungiert der vorläufige Verwalter wie der mit dem Eröffnungsbeschluss eingesetzte Verwalter als Partei kraft Amtes, vgl. § 24 Abs. 2 InsO.[25] 14

Beispiel: Dem Schuldner ist mit Beschluss des Insolvenzgerichts die Verwaltungs- und Verfügungsbefugnis über sein Vermögen vorläufig bis zur Entscheidung über den Erlass des Eröffnungsbeschlusses 15

---

20 *Lenenbach*, Sicherungsmaßnahmen im Eröffnungsverfahren, 2003, S. 69ff., 73ff.

21 *Beck*, in: Beck/Depré, Praxis der Insolvenz, § 6 Rn. 157.

22 *Kirchhof*, in: H-K, InsO, 4. Aufl. 2006, § 22 Rn. 4; *Uhlenbruck*, in: Gottwald, Insolvenzrechts-Handbuch, 3. Aufl. 2006, § 14 Rn. 1; *Pohlmann* (Fn. 6, 14) Rn. 110ff.

23 Abzulehnen *Becker*, Insolvenzrecht, 2005, Rn. 709.

24 So ausdrücklich BGH, Urt. v. 18.7.2002 – IX ZR 195/01 – DZWIR 2002, 470; Bespr. durch *Smid*, DZWIR 2002, 444.

25 Hierzu *Uhlenbruck*, in: Kölner Schrift zur Insolvenzordnung, 2. Aufl. 2000, S. 348 (Rn. 23); *Thiemann* (Fn. 10) Rn. 254ff.; *Haarmeyer*, in: MünchKomm, InsO, 1. Aufl. 2001, § 22 Rn. 24.

entzogen worden. Der Schuldner ist im Übrigen flüchtig oder kümmert sich um seine Angelegenheiten aus Gleichgültigkeit nicht mehr. Der vorläufige Verwalter nimmt nun einen Termin zur mündlichen Verhandlung wahr, in dem über eine Klage verhandelt wird, die eine Verurteilung des Schuldners unter Haftung der Masse zum Gegenstand hat. Der Kläger beantragt, ein Versäumnisurteil gem. § 331 ZPO zu erlassen. Oder der vorläufige Verwalter legt Einspruch gem. § 340 ZPO gegen ein gegen den Schuldner nach § 331 ZPO erlassenes Versäumnisurteil ein – besonders Beispiele auch aus dem Bereich des Abgabenrechts lassen diese Reihe beliebig fortsetzen. Probleme können in diesen Fällen durchaus auch dann auftauchen, wenn der Konkurs über das Vermögen des Schuldners eröffnet und ein Insolvenzverwalter eingesetzt wird, wobei dies regelmäßig der zuvor eingesetzte vorläufige Verwalter sein wird. Der Insolvenzverwalter ist, wie noch eingehend zu zeigen sein wird, zwar jedenfalls befugt und kraft seines Amtes verpflichtet, mit Wirkung für und gegen den Insolvenzschuldner zu handeln, so dass er sein Handeln als vorläufiger Verwalter im Nachhinein legitimieren kann, wenn es um ein außerprozessuales rechtsgeschäftliches Handeln geht; in den geschilderten Fallgestaltungen geht es aber darum, ob *im Prozess* Prozesshandlungen von einer dazu kompetenten Person abgegeben worden sind.

16 § 240 Satz 2 ZPO i.d.F. d. Art. 18 Nr. 2 EGInsO bestimmt, dass „entsprechend" der Unterbrechung anhängiger Prozesse aufgrund Eröffnung des Insolvenzverfahrens eine Unterbrechung dann eintrete, wenn der vorläufige Verwalter gem. § 22 Abs. 1 InsO eingesetzt wird. Das ist freilich alles andere als unproblematisch: Es wird gegenüber dem Insolvenzschuldner durch die Regelungen des § 24 Abs. 2 InsO und des Art. 18 Nr. 2 EG InsO nichts weniger als die Wahrnehmung des Zugangs zu Gericht in eigener Person verbaut.

III. Besondere Probleme im Eröffnungsverfahren einer Unternehmensinsolvenz

1. Befugnis zur Betriebsfortführung

17 **a) Befugnis zur Betriebsfortführung.** Die im Rahmen der Prozessführungsbefugnis behandelten Probleme wiederholen sich dort, wo es um den Gesamtkomplex der Befugnisse zur Betriebsfortführung eines schuldnerischen Unternehmens geht. Erhaltung und Sicherung sind dabei im Allgemeinen so stark aufeinander bezogen, dass keine gravierenden Probleme auftreten. Handelt es sich freilich wie bisher in aller Regel im Eröffnungsverfahren darum, ein Unternehmen zu beschlagnahmen, stellt sich die Frage, ob die Erhaltung des Vermögens bereits durch sichernde und konservierende Maßnahmen bewirkt werden kann: In der Unternehmensinsolvenz stellt sich daher geradezu notwendig die Frage nach der Fortführung des schuldnerischen Betriebes. Wird der Betrieb mit dem Ausspruch des vorläufigen Verwaltungs- und Verfügungsverbots geschlossen, dann kommt wegen des damit einsetzenden Wertverfalls eine spätere Eröffnung des Verfahrens schon deshalb häufig mangels Masse nicht mehr in Betracht, weil das Unternehmen wegen der Schließung auf dem Markt nicht mehr präsent ist und eine übertragende Sanierung (unten § 33 Rn. 4) in Ermangelung von Kaufinteressenten nicht mehr möglich sein wird.[26] § 22 Abs. 1 Satz 2 Nr. 2 InsO scheint auch diese Probleme mit einem reformgesetzgeberischen Federstreich gelöst zu haben. Aufgrund dieser Regelung ist wenigstens klar, dass der vorläufige Verwal-

---

26 *Uhlenbruck*, in: Gottwald, Insolvenzrechts-Handbuch, 3. Aufl. 2006, § 14 Rn. 35.

ter den schuldnerischen Betrieb bis zur Entscheidung über die Eröffnung des Insolvenzverfahrens fortführen *darf.*[27]

b) Probleme der Anordnung einer Pflicht zur Betriebsfortführung. Führt der Verwalter den Betrieb bis zur Eröffnung des Insolvenzverfahrens fort, muss er dies wohl bis zum so genannten Berichtstermin gem. § 156 InsO tun;[28] erst im Berichtstermin entscheidet die Gläubigerversammlung gem. § 157 Satz 1 InsO über die – weitere – Fortführung oder die Stilllegung des Betriebes. Darin erschöpfen sich die Schwierigkeiten, die § 22 Abs. 1 Satz 2 Nr. 2 InsO bereitet, aber durchaus nicht: 18

Beispiel: Der vorläufige Verwalter stellt fest, dass wegen des hohen Energieverbrauchs des Hochofens ein stahlproduzierender Betrieb nicht aufrechterhalten werden kann. Die Möglichkeit der Verfahrenseröffnung hängt aber davon ab, dass eine bestimmte anderweitige Verwertung einer Immobilie möglich ist. Die Unternehmensfortführung würde zu erheblichen Verlusten führen und die – ohnedies gefährdete – Eröffnung des Insolvenzverfahrens torpedieren. Demgegenüber stellt sich in derartigen Fällen eine Stilllegung als irrelevant dar: Der Hochofen, das Heizkraftwerk oder das Kühlhaus verlieren endgültig ihre Funktionstauglichkeit, wenn sie nur abgeschaltet werden. 19

§ 22 Abs. 1 Satz 2 Nr. 2 InsO spricht zwar davon, in einem solchen Fall sei eine Betriebsstilllegung durch den vorläufigen Verwalter möglich. Durch diese Vorschrift wird aber ein Regel-Ausnahme-Verhältnis statuiert, das nicht ungefährlich ist.[29] Denn dem vorläufigen Verwalter drohen haftungsrechtliche Folgen, wenn er ohne hinreichende Absicherung den insolvenzschuldnerischen Betrieb stilllegt: Der Hochofen im Beispielsfall Rn. 68 etwa ist, wird er nicht weiter befeuert, schlechthin abrissreif – was zu erheblichen Aufwendungen führt und eine Betriebsfortführung im Übrigen ausschließt. Derartiges lässt sich für viele Gewerbe sagen: Kühlhäuser, Geflügelfarmen usf., sie alle lassen eine Stilllegung nur um den Preis der Beendigung ihrer Funktionstüchtigkeit zu. Da der vorläufige Verwalter gem. § 21 Abs. 2 Nr. 1 i. V. m. § 60 InsO den Verfahrensbeteiligten zum Schadenersatz verpflichtet ist, wenn er schuldhaft die ihn treffenden Sorgfaltspflichten verletzt, bzw. gem. § 21 Abs. 2 Nr. 1 InsO i. V. m. §§ 61 und 55 Abs. 2 InsO er für die Erfüllung der von ihm eingegangenen Masseverbindlichkeiten haftet, ist die Regelung des § 22 Abs. 1 Satz 2 Nr. 2 InsO für den Verwalter riskant. Es ist wegen dieser Haftungsrisiken zu empfehlen, dass das Insolvenzgericht in seinen Beschluss nach § 21 InsO einen Passus aufnimmt, der es dem Insolvenzverwalter von vornherein gestattet, den Betrieb stillzulegen, wenn dies geboten ist.[30] 20

Andernfalls kann es problematisch werden. Man denke in unserem Beispielsfall daran, dass die Belegschaft eine Fortführung des Betriebes z. B. unter Aufnahme von so genannten Massekrediten zu ihrer Finanzierung fordert, was für den vorläufigen Verwalter stets mit Haftungsproblemen verbunden ist. 21

---

27 *Kirchhof,* in: H-K, InsO, 4. Aufl. 2006, § 22 Rn. 10; *Uhlenbruck,* InsO, 12. Aufl. 2003, § 22 Rn. 23 f.; *Haarmeyer,* in: MünchKomm, InsO, 1. Aufl. 2001, § 22 Rn. 83 ff.; zu Probeumlagen *Beck,* in: Runkel-F., 2009, 3 ff.

28 Vgl. *Pohlmann* (Fn. 6) Rn. 135 ff.; *Uhlenbruck,* in: Gottwald, Insolvenzrechts-Handbuch, 3. Aufl. 2006, § 14 Rn. 36.

29 Krit. auch *Thiemann* (Fn. 10) Rn. 229 f.; *Uhlenbruck,* in: Gottwald, Insolvenzrechts-Handbuch, 3. Aufl. 2006, § 14 Rn. 37.

30 So auch *Thiemann* (Fn. 10) Rn. 236; insbesondere sind die §§ 208 ff. InsO nicht entsprechend anzuwenden: *Kirchhof,* ZInsO 1999, 365, 369; aA wohl *Uhlenbruck,* in: Gottwald, Insolvenzrechts-Handbuch, 3. Aufl. 2006, § 14 Rn. 40 (unter Gesichtspunkten der Haftung des Insolvenzgerichts).

Denn es werden sich im Rahmen der Verwertung der Masse nur sehr selten sowohl Darlehensbetrag als auch Zinsen erzielen lassen.

2. Begründung von Masseverbindlichkeiten durch die Zustimmung des vorläufigen Zustimmungsverwalters gem. § 21 Abs. 2, 2. Var. InsO zu Rechtshandlungen des Schuldner, § 55 Abs. 4 n.F. i.d.F. d. Art. 3 Nr. 2 Haushaltsbegleitgesetz 2011

22 **a) Methodische Vorfragen zur insolvenzrechtlichen Tragweite fiskalrechtspolitischer Motive.** Nach § 55 Abs. 4 n.F. i.d.F. d. Art. 3 Nr. 2 Haushaltsbegleitgesetz 2011 gelten Verbindlichkeiten des Insolvenzschuldners aus dem Steuerschuldverhältnis, die von einem vorläufigen Insolvenzverwalter oder vom Schuldner mit Zustimmung eines vorläufigen Insolvenzverwalters begründet worden sind, nach Eröffnung des Insolvenzverfahrens als Masseverbindlichkeit. Namentlich die im Eröffnungsverfahren entstehende Umsatzsteuerschuld soll damit zur Masseverbindlichkeit aufgewertet werden. Die Amtliche Begründung zu Art. 3 Nr. 1 Haushaltsbegleitgesetz 2011 versucht den – falschen – Eindruck zu erwecken, mit dieser Regelung werde eine vom Insolvenzrechtsreformgesetzgeber der neunziger Jahre des vergangenen Jahrhunderts nicht abzusehende Fehlentwicklung korrigiert und dessen Ziele durch die Änderung der InsO erreichbar gemacht. In der Tat ging der Insolvenzrechtsreformgesetzgeber[31] davon aus, dass Personen, die Geschäfte mit einem vorläufigen Insolvenzverwalter abschließen oder ihm gegenüber ein Dauerschuldverhältnis erfüllen, dass sie mit dem Schuldner vereinbart hatten, von der Erfüllung ihrer hieraus resultierenden Forderungen ausgehen konnten. Soweit der vorläufig Verwalter einen Vertrauenstatbestand setzt, wird der Vertragspartner des Schuldners geschützt – was die anfechtungsrechtliche Rechtsprechung des BGH[32] bestätigt hat.

Der Gesetzgeber geht bei alledem – was angesichts der resortiellen Herkunft des Gesetzes nicht verwundert – von der rechtssystematisch falschen Vorstellung aus, durch die Umsatztätigkeit eines schwachen vorläufigen Insolvenzverwalters entstünden im Insolvenzeröffnungsverfahren weitere Steuerrückstände, ohne dass das Finanzamt hierauf Einfluss nehmen kann. Richtig aber ist, dass der Schuldner handelt, worauf unten im Zusammenhang des Anfechtungsrechts zurückzukommen sein wird. Insofern glaubt der Gesetzgeber, der Fiskus sei gegenüber anderen Gläubigern benachteiligt, die im Eröffnungsverfahren Vorkehrungen gegen drohende Verluste durchsetzen können.

23 **b) Folgerungen für den vorläufigen Insolvenzverwalter.** Für den Insolvenzverwalter folgt aus § 55 Abs. 4 n.F. InsO zunächst, dass er sich die Frage nach der Erfüllung der ihn aus dieser Vorschrift treffenden steuerrechtlichen Pflichten zu stellen hat. Denn wenn der Verwalter im eröffneten Verfahren Umsatzsteuerverbindlichkeiten als Masseverbindlichkeiten zu berichtigen verpflichtet ist, stellt sich die Frage, wieweit er verpflichtet ist, im Eröffnungsverfahren die erforderlichen Daten durch den Schuldner bereitgestellt werden. Hierfür hat der vorläufige Insolvenzverwalter be-

31 Bundestagsdrucksache 12/2443 S. 126.
32 BGH, Urt. v. 9. 7. 2009 – IX ZR 86/08, ZIP 2009, 1674.

reits durch entsprechende Aufforderungen gegenüber dem Schuldner Sorge zu tragen. Fraglich ist dann im Rahmen des Eröffnungsverfahrens, ob es zu den Sicherungsaufgaben des vorläufigen Insolvenzverwalters i.S.v. § 21 Abs. 1 Satz 1 InsO gehört, Vorkehrungen für eine ordnungsgemäße Fortführung der Buchhaltung durch den Schuldner zu treffen.

Wäre der vorläufige Insolvenzverwalter hierzu tatsächlich verpflichtet, und wäre eine steuerrechtlich ordnungsgemäße Buchhaltung durch den Schuldner nicht mehr gewährleistet und liegen auch keine Mittel vor, um eine Finanzbuchhaltung durch Dritte (Steuerberater) erstellen zu lassen, würde – bei Annahme einer solchen Pflicht – die Betriebsfortführung in Frage gestellt; der vorläufige Insolvenzverwalter hätte, die Richtigkeit dieser Annahme unterstellt, dann zu prüfen, ob er sich zum Insolvenzverwalter mit Verfügungs- und Verwaltungsbefugnis i.S.v. § 21 Abs. 2 Nr. 2, 1. Var. i.V.m. § 22 Abs. 1 InsO ermächtigen lässt, um dann mit entsprechender Genehmigung des Insolvenzgerichts eine Betriebsstilllegung vorzunehmen.

Skepsis ist hier geboten. Denn der vorläufige Insolvenzverwalter hat weder in- 24
solvenzspezifisch noch steuerrechtlich betrachtet die Pflicht, dafür zu sorgen, dass oktroyierte Masseverbindlichkeiten im eröffneten Verfahren erfüllt werden können. Vom Schuldner abzuführende Lohnsteuer im Eröffnungsverfahren bereitet demgegenüber in praxi jedenfalls eher keine Probleme. Regelmäßig fällt nämlich das Eröffnungsverfahren mit der Insolvenzgeldperiode zeitlich überein, so dass vom vorläufigen Verwalter Lohnsteuer nicht einzubehalten und abzuführen ist. Liegt ein derartiger Fall indes nicht vor, hat der vorläufige Insolvenzverwalter für die Einhaltung der den Schuldner insoweit betreffenden Verpflichtungen Sorge zu tragen, bzw. Mittel zur Befriedigung der sich insoweit ergebenden Masseverbindlichkeit bereitzustellen. Es kann sich weiter auch der Anfall von Körperschaftssteuer im Jahr der Verfahrenseröffnung ergeben.

c) Folgerungen für den Insolvenzverwalter im eröffneten Insolvenzverfahren. 25
Anfechtung der die Steuerschuld begründenden Rechtshandlungen des Schuldners. Mit der Frage nach den Sorgfaltsmaßnahmen, die geboten sind, um die sich aus der gesetzlichen Qualifikation der im Eröffnungsverfahren durch den Schuldner begründeten Steuerverbindlichkeiten als Masseverbindlichkeiten im eröffneten Verfahren begegnen zu können, ist es indes nicht getan. Vielmehr stellt sich die Frage, ob die Rechtshandlungen des Schuldners, mit denen die Steuerverbindlichkeiten begründet worden sind, im eröffneten Verfahren vom Insolvenzverwalter gem. § 129 InsO angefochten werden können.[33] Diese Frage erledigt sich nicht etwa bereits dadurch, dass der Gesetzgeber schließlich „gewollt" hat, dass diese Forderungen als Masseverbindlichkeiten vorab aus der Masse zu befriedigen sei und damit die geschilderten fiskalischen Zwecke erreichen wollte. Denn eine Anfechtung von Rechtshandlungen des Schuldners, die dieser im Eröffnungsverfahren vorgenommen hat und die die Gläubiger benachteiligen, wird nicht dadurch ausgeschlossen, dass dies dem Gesetzgeber unerwünschte fiskalische Folgen zeitigt. Der Insolvenzrechtsgesetzgeber ist nämlich auch dann an das allgemeine Insolvenzrecht und seine Strukturen gebunden, wenn er

33 BGH (Fn. 32).

seinen Sitz im Bundesfinanzministerium hat, wie es im vorliegenden Gesetz der Fall ist. Auch der ressortiell im Finanzministerium angesiedelte Insolvenzrechtsrefomgesetzgeber ist an die Strukturen des Gesetzes und die dogmatischen sich hieraus ergebenden Vorgaben gebunden und nicht etwa eine Erscheinungsform eines priceps legibus absolutus. Ausgangspunkt der Frage nach einer Insolvenzanfechtung der Begründung von Steuerverbindlichkeiten durch Rechtshandlungen des Schuldners ist die Judikatur des BGH zur Gläubigerbenachteiligung. Der IX. Zivilsenat des BGH hat nämlich in seiner Bierbrauentscheidung[34], auf die oben bereits eingegangen worden ist, zwei Fragen zu entscheiden gehabt. Zum einen die, ob Vor- und Nachteile einer Rechtshandlung zu saldieren seien, zum anderen die Frage, was denn als Rechtshandlung i.S.v. § 129, die der Anfechtung unterworfen ist, anzusehen sei. Hierum soll es zunächst gehen. Als Rechtshandlung i.S.v. § 129 InsO, die grundsätzlich möglicherweise der Anfechtung durch den Insolvenzverwalter in dem über das Vermögen des Schuldners eröffneten Insolvenzverfahren ausgesetzt ist, zählen neben rechtsgeschäftlichen Handlungen in einem engeren Sinne auch tatsächliche Handlungen, an die rechtliche Folgen geknüpft sind. Dies ist nun insbesondere im Zusammenhang von Rechtshandlungen der Fall, aus denen sich steuerrechtliche Folgen ergeben bzw. ergeben können. Der IX. Zivilsenat des BGH hat dies in Bezug auf das Brauen von Bier zu entscheiden gehabt. Wenn immer Bier gebraut wird, fällt damit Biersteuer an und es wird an dem gebrauten Bier gleichsam automatisch ein Absonderungsrecht zugunsten des Fiskus begründet. Die Biersteuer ist Insolvenzforderung. Das Absonderungsrecht indes führt zu einer Belastung der im Übrigen freien Masse. Der BGH hat deshalb das Bierbrauen als anfechtbare Rechtshandlung qualifiziert. Bekanntlich hat das Absonderungsrecht gem. § 49ff. iVm § 166ff. InsO (vgl. § 50 Abs. 1 InsO) die Aufgabe, dem Absonderungsberechtigten entweder die Möglichkeit zu geben, im Falle von Besitzpfandrechten die von ihm besessene Sache selber zu verwerten und sich aus dem Verwertungserlös zu befriedigen oder im Falle von besitzlosen Pfandrechten auf den vom Insolvenzverwalter erzielten Verwertungserlös gem. § 166 i.V.m. § 170 Abs. 1 InsO zuzugreifen. In beiden Fällen wird der Absonderungsberechtigte vorab aus der Insolvenzmasse befriedigt. Denn das Absonderungsgut ist, wie eingehend an anderer Stelle ausgeführt, Teil der so genannten Sollmasse. Vor diesem Hintergrund ist die Begründung einer zur Vorabbefriedigung berechtigenden Masseverbindlichkeit, die in der kritischen Zeit vorkonkurslich erfolgt, der Begründung eines Absonderungsrechts durch eine Rechtshandlung wie im Bierbrauurteil entschieden, strukturell vergleichbar. Freilich stellt sich in beiden Fällen die Frage, ob und wieweit der vorläufige Insolvenzverwalter im Eröffnungsverfahren durch die Erteilung seiner Zustimmung zur Rechtshandlung des Schuldners (die auch durch eine entsprechende Duldung ausgedrückt werden kann) beim Anfechtungsgegner einen Vertrauenstatbestand gesetzt hat, der die Insolvenzanfechtung auszuschließen geeignet sein kann.[35] Denn in seiner Judikatur zur Anfechtung von schuldnerischen Rechtshandlungen im Eröffnungsverfahren hat der IX. Zivilsenat des BGH den Gedanken des Vertrauens-

---

34 BGH (Fn. 32).

35 BGH, Urt. v. 9. 12. 2004, IX ZR 108/04, BGHZ 161, 315; *Güther*, Die Deckung von Altverbindlichkeiten durch den vorläufigen Insolvenzverwalter im Rahmen der Geschäftsfortführung als Gegenstand der Insolvenzanfechtung, Diss. Kiel 2005, Berlin 2006, S-INSO Bd. 4, passim.

schutzes des Schuldners geltend gemacht. Nun zeigt sich indes, dass auch im Zusammenhang der Bierbrauentscheidung derartige Vertrauensschutzgesichtspunkte keine Rolle gespielt haben, da es sozusagen um den Schutz vor der gleichsam automatischen Entstehung von Absonderungsrechten ging. Freilich könnte daran gedacht werden, dass die Anfechtbarkeit der die Masseverbindlichkeit begründenden Rechtshandlung allein schon aus systematisch gesetzlichen Erwägungen heraus ausgeschlossen wäre, weil dies nämlich dem erklärten Willen des Gesetzgebers zuwider liefe. Man könnte in diesem Zusammenhang nämlich auf die Idee kommen, dass der Gesetzgeber des HBeglG 2011 eine Anfechtbarkeit der die Masseverbindlichkeit begründenden Rechtshandlung aus den geschilderten, dem Gesetz zugrundegelegten fiskalischen Erwägungen ausdrücklich nicht gewollt habe. Dies aber erscheint für die Auslegung keine zulässige Erwägung zu sein, da der Gesetzgeber des HBglG sich ausdrücklich an insolvenzrechtliche Strukturen gehalten und sich an ihnen orientiert hat. Daher unterliegen die Normen des HBeglG, soweit sie einen insolvenzrechtlichen Inhalt haben, auch den allgemeinen systematischen Gesichtspunkten des geltenden Insolvenzrechts. Vertrauensschutzgesichtspunkte ließen sich ggfls. dadurch handhaben, dass der vorläufige Insolvenzverwalter den zuständigen Finanzbehörden gegenüber eine Erklärung des Inhalts abgibt, dass er seine Zustimmung zu den schuldnerischen Rechtsgeschäften unter dem Vorbehalt abgäbe, die Begründung einer Vorabbefriedigung gewährleistenden Masseverbindlichkeit in dem später zu eröffnenden Insolvenzverfahren anfechten zu wollen.

3. Verwertung des schuldnerischen Vermögens

a) Verwertungsverbot des vorläufigen Verwalters. Grundsätzlich darf der vorläufige Verwalter – unabhängig davon, ob er nach § 22 Abs. 1 oder nach Abs. 2 InsO eingesetzt worden ist, das sequestrierte Vermögen nicht verwerten, da dies der Erhaltung der Vermögenslage widerstreiten würde, die Aufgabe der vorläufigen Verwaltung ist.[36] So ist der Eigentumsvorbehaltsverkäufer[37] entspr. § 112 InsO nicht berechtigt, den Rücktritt vom Vertrage zu erklären; das Vorbehaltsgut verbleibt (zunächst) der Masse (§ 18 Rn. 15 ff.).[38] 26

Insbesondere die neuen Regelungen der §§ 165 ff. InsO, aufgrund derer der Insolvenzverwalter zur Verwertung solcher Gegenstände befugt ist, an denen besitzlose Pfandrechte bestehen, gelangen daher im Rahmen der vorläufigen Verwaltung *nicht* zur Anwendung. So stellen sich insbesondere Fragen der Verbindung, Vermischung und Verarbeitung oder der Veräußerung verbrauchbarer Güter primär im Eröffnungsverfahren, also vor Erlass des Eröffnungsbeschlusses. Dabei muss man nicht allein an verderbliche Ware denken, die der vorläufige Verwalter nicht allein verbrauchen oder veräußern darf, sondern in Wahrnehmung seiner Masseerhaltungs- und 27

---

36 Näher *Thiemann* (Fn. 10) Rn. 365 f.; *Kirchhof,* in: H-K, InsO, 4. Aufl. 2006, § 22 Rn. 7; *Vallender,* in: Uhlenbruck, InsO, 13. Aufl. 2010, § 22 Rn. 35 ff.; *Haarmeyer,* in: MünchKomm, InsO, § 22 Rn. 73 ff.
37 *Foltis,* ZInsO 1999, 386 ff.
38 *Marotzke,* in: H-K, InsO, 4. Aufl. 2006, § 107 Rn. 31.

-sicherungsaufgaben sogar sinnvoll verbrauchen oder veräußern muss (vgl. § 22 Abs. 1 Satz 2 Nr. 1 InsO).[39]

28 **Beispiel:** Der vorläufige Verwalter des Gummibärchen produzierenden Unternehmens muss aus Melasse und anderen Rohstoffen Gummibärchen herstellen und sie verkaufen. Andernfalls verderben die offen gelagerten Rohstoffe und rufen damit Interventionen des Gesundheitsamtes hervor. Das wiederum droht, Massearmut nach sich zu ziehen.

29 **b) „Faktische Verwertungsbefugnis" des vorläufigen Verwalters.** Soweit der vorläufige Verwalter nach § 22 Abs. 1 Satz 2 Nr. 2 InsO zur Betriebsfortführung verpflichtet ist, liegt seine Befugnis zum Verbrauch, zur Verarbeitung und zur Veräußerung beweglicher Güter in seiner allgemeinen Rechtszuständigkeit begründet;[40] es lässt sich von einer „faktischen Verwertungsbefugnis" sprechen. Dies gilt freilich nicht für Maschinen u.ä., also das Anlagevermögen, zu dessen Verwertung der vorläufige Verwalter jedenfalls solange nicht berechtigt ist, wie ihn die Pflicht zur Betriebsfortführung trifft. Nach bisherigem Konkursrecht war es dem Gutachter bzw. dem Sequester unbenommen, mit den Aus- und Absonderungsberechtigten Absprachen über die Nutzung von Aus- und Absonderungsgut im Rahmen einer Betriebsfortführung zu treffen.[41] Dies ist auch unter der Geltung des neuen Rechts erforderlich, weil andernfalls die Eröffnungsvoraussetzungen sehr häufig nicht hergestellt werden können.[42]

30 **Beispiel:** In dem über eine Ziegelei GmbH eröffneten Insolvenzverfahren wäre z. B. ohne Veräußerung der auf dem Betriebsgrundstück lagernden Ziegel die Verwertung der Immobilie nicht möglich – dann aber wäre die Masse nicht mehr kostendeckend usf. Die Unterschiede, die § 22 Abs. 1 InsO wegen der Verwertungsbefugnis des vorläufigen Verwalters hinsichtlich der verschiedenen Sicherungsgüter macht, erschwert freilich die zum Zwecke der Verwertung zwischen ab- und aussonderungsberechtigten Gläubigern sowie dem Insolvenzverwalter zu treffenden Abreden.

31 Es liegt auf der Hand, dass Liquidität durch die Verwertung beweglichen Absonderungsgutes im Eröffnungsverfahren *jedenfalls* nicht dadurch hergestellt werden kann, dass Gegenstände des Anlagevermögens (z.B. sicherungsübereignete Maschinen oder Fahrzeuge) durch Veräußerung an Dritte verwertet werden.[43] Denn nach der Judikatur des IX. Zivilsenats des BGH[44] steht es außer Zweifel, dass § 166 Abs. 1 InsO im Eröffnungsverfahren nicht zum Zuge kommt.[45] Auch ist der vorläufige Insolvenzverwalter nicht de lege lata zur Verwertung der Masse i.S.v. § 159 InsO berechtigt[46]. Lässt man die Insolvenzgeldproblematik als Mittel der Sicherung von Massekrediten beiseite, stellt sich die Frage, ob der Schuldner bzw. im Falle seiner Entmachtung vor Erlass des Eröffnungsbeschlusses ein nach § 22 Abs. 1 InsO eingesetzter vorläufiger („starker") Verwalter Liquidität gleichsam im gewöhnlichen Geschäftsgang dadurch

---

39 *Pohlmann* (Fn. 19) Rn. 400.

40 *Kirchhof,* in: H-K, InsO, 4. Aufl. 2006, § 22 Rn. 6; *Uhlenbruck,* in: Gottwald, Insolvenzrechts-Handbuch, § 14 Rn. 36; *Pohlmann* (Fn. 6) Rn. 404, 426 f.; *Berscheid,* NZI 2000, 1 ff.

41 Vgl. *Mönning,* in: Nerlich/Römermann, InsO, § 22 Rn. 58 ff.

42 *Kirchhof,* in: H-K, InsO, 4. Aufl. 2006, § 22 Rn. 90 a.E.; vgl. auch *Uhlenbruck,* in: Gottwald, Insolvenzrechts-Handbuch, 3. Aufl. 2006, § 14 Rn. 60 (unter dem Gesichtspunkt der Kostenbeiträge).

43 *Smid,* Kreditsicherheiten in der Insolvenz des Sicherungsgebers, 2004, § 6 Rn. 2 ff., 14 ff. m. w. N.

44 BGH, Urt. v. 4. 12. 2003 – IX ZR 222/02 – DZWIR 2004, 238.

45 BGH, Urt. v. 4. 12. 2003 – IX ZR 222/02 – DZWIR 2004, 238 mit Anm. *Mohrbutter/Mohrbutter.*

46 BGH, Urt. v. 14. 12. 2000 – IX ZB 105/00 – NJW 2001, 1496, 1499.

erhalten und zur Betriebsfortführung nutzen kann, dass Forderungen des Schuldners gegen Dritte (im Folgenden untechnisch: Drittschuldner) vereinnahmt und das dadurch erlangte Geld zur Bestreitung der im Rahmen der Betriebsfortführung anfallenden Kosten eingesetzt wird. In seiner – für die Entwicklung des Vergütungsrechts und die legislatorische Änderung des § 11 InsVV im Herbst 2006 wichtige – Entscheidung aus dem Juni 2006 führt der IX. Zivilsenat[47] vollkommen überzeugend aus, dass gemietete oder gepachtete Gegenstände, die vom Schuldner genutzt werden, schuldnerfremd sind. Diese können in aller Regel nicht zur Berechnung der Vergütung herangezogen werden. Der Wortlaut der InsVV zwingt aber auch nicht dazu, wie der IX. Zivilsenat ausführt, mit Absonderungsrechten belastete Gegenstände mit ihrem Verkehrswert ohne Abzug der Belastung als Schuldnervermögen anzusehen. Geht man allein von den anerkannten Methoden der Rechtsauslegung aus,[48] lässt sich gegen die Auslegung durch den BGH, nichts erinnern. Bei der Ermittlung des Gehalts der Vorschrift des § 11 Abs. 1 Satz 2 InsVV n.F. ist wegen der kurzen Zeitspanne, die zwischen der hier interessierenden Entscheidung und der Gesetzesänderung liegt, der gesetzgeberische Wille in besonderem Maße für die Auslegung verbindlich. Dabei ist vom BGH darauf hingewiesen worden, dass mit der Änderung der InsVV zwar die Judikatur des BGH[49] „nachvollzogen" werden sollte, der Senat sich freilich mit der hier interessierenden Frage der Gegenstände, an denen Aus- und Absonderungsrechte bestehen, nicht auseinandergesetzt, sondern allein danach gefragt hat, ob besondere Umstände zur Bemessung der Vergütung herangezogen werden können und müssen, aufgrund derer die Tätigkeit des vorläufigen Insolvenzverwalters erleichtert oder erschwert wird. Weiter hat der Gesetzgeber deshalb, weil es bei Beendigung der Tätigkeit des vorläufigen Verwalters noch keine Teilungsmasse gäbe, als Ermittlungsgrundlage der Vergütung das Vermögen herangezogen, auf das sich die Tätigkeit während des Eröffnungsverfahrens erstreckt. Der IX. Zivilsenat stellt zutreffend fest, dass auch insofern keine Schlüsse für die hier interessierende Frage gezogen werden können, die gerade die Frage der Begründung des Umfangs des Vermögens betreffen. In der gesetzgeberischen Begründung zu § 11 InsVV n.F. ist indes weiter ausgeführt worden, die Vergütung solle sich auch auf die Tätigkeit des vorläufigen Insolvenzverwalters beziehen, die nach den vom BGH in seinem Beschluss vom 14. 12. 2000 ermittelten Kriterien heranzuziehen seien. Daraus ist in der Literatur[50] der Schluss gezogen worden, der Verordnungsgeber habe gleichsam die vom IX. Zivilsenat des BGH entwickelten Maßstäbe in Verordnungsrang erhoben. Dem tritt der IX. Zivilsenat mit einer apodiktischen Feststellung entgegen, der Verordnungsgeber habe weiter der Judikatur die Bestimmung der Bemessungsgrundlagen der Vergütung überlassen wollen. Das erscheint deshalb als überzeugend, weil auch mit der Neufassung des § 11 Abs. 1 Satz 2 InsVV der Verordnungsgeber dem Gesetz eine Formulierung gegeben hat, die der Judikatur die Auslegung des Gesetzes ermöglicht. Freilich erklärt sich an dieser Stelle, weshalb etwa *Haarmeyer* vom Verordnungsgeber fordert, Leitentscheidungen zu fällen, die der Auslegungsbefugnis des BGH durch die

---

47 BGH, Beschl. v. 13. 7. 2006 – IX ZB 104/05 – DZWIR 2006, 432.
48 *Pawlowski,* DZWIR 2001, 45 ff.
49 BGH, Beschl. v. 18. 12. 2003 – IX ZB 50/03 – ZIP 2004, 518.
50 *Haarmeyer,* ZInsO 2006, 337; *Lersch,* S. 600.

Formulierung des Gesetzestextes Grenzen setzen bzw. den BGH zwingen, in Auslegung des Gesetzes wieder auf die Spur seiner früheren Judikatur zurück zu finden. Sofern eine „Leitentscheidung" des Verordnungsgebers für erforderlich gehalten wird, zeigt dies im Umkehrschluss, dass jedenfalls bislang der Gesetzestext keine die methodisch vertretbare Auslegung des BGH ausschließt. Der Wortlaut der Vorschrift schließt diese jedenfalls nicht aus. Das wirft die Frage nach der methodischen Richtigkeit der Entscheidung des BGH auf, systematische und teleologische Gesichtspunkte. Dabei kann das Motiv des BGH zu seiner Judikatur freilich keine Rolle spielen: In seiner Entscheidung führt der IX. Zivilsenat ausdrücklich aus, die Vergütungsansprüche des vorläufigen Insolvenzverwalters seien geeignet bereits im Eröffnungsverfahren die zu sichernde künftige Masse auszuzehren. Bedenken, die Vergütung von vorläufigen Verwaltern und Insolvenzverwaltern könnten zu Lasten der Masse und damit der Gläubigergemeinschaft gehen, sind derzeit bekanntlich verbreitet und haben u. a. nach ebenso populistischen wie abwegigen Äußerungen in der allgemeinen Presse zu den politischen Bemühungen im Umfeld des § 133 InsO geführt. Eine entsprechende rechtspolitische Intention, die Vergütung von Verwaltern zurückzuschrauben, kann freilich die Auslegung des Gesetzes nicht tragen. Sie ist nur dann bei einer systematisch-teleologischen Interpretation bedeutsam, wenn und soweit diese rechtspolitische Intention in die Systematik des Gesetzes selbst bereits Eingang gefunden hat. Darauf verweist der IX. Zivilsenat des BGH: er macht nämlich geltend, dass sowohl im eröffneten als auch im Eröffnungsverfahren bei der Ermittlung der Berechnungsgrundlage das von ihm so genannte „Überschussprinzip" gelte, das der Gesetzgeber in § 1 Abs. 2 Nr. 1 Satz 2 und 3, Nr. 2 InsVV sowie § 1 Abs. 2 Nr. 3, 4b InsVV festgeschrieben habe. Im Hinblick auf Absonderungsrechte führt das „Überschussprinzip" dazu, dass mit Absonderungsrechten belastete Gegenstände vom Verwalter verwertet werden. Nach der Systematik der InsO soll die dem Verwalter zu gewährende Mehrvergütung allerdings nicht aus der freien Masse, sondern durch die Absonderungsberechtigten getragen werden, wie die Regelung des § 171 InsO zeigt. Daher führt der IX. Zivilsenat in nachvollziehbarer Art und Weise aus, dass der überschießende Betrag der Vergütung aufgrund der Verwertung von Absonderungsgegenständen nicht über diesen Betrag hinausgehen dürfe, der IX. Zivilsenat meint sogar, er dürfe die Hälfte des nach § 171 Abs. 1 InsO, § 10 Abs. 1 Nr. 1a ZVG entfallenden Kostenbeitrages nicht übersteigen. Erzielt der Verwalter, der einen erheblichen Teil seiner Tätigkeit auf die mit Absonderungsrechten belasteten Gegenstände verwandt hat, keinen Mehrbetrag oder Überschuss, der nach § 1 Abs. 2 Nr. 1 InsVV bei der Bemessung der Berechnungsgrundlage zu berücksichtigen wäre, ist ihm ein Zuschlag gemäß § 3 Abs. 1 Lit. a InsVV zu gewähren. Soweit daher keine Vermehrung der Insolvenzmasse durch die Befassung mit Aus- und Absonderungsrechten erfolgt, ist diese Tätigkeit allein durch die Gewährung von Zuschlägen auf den Regelsatz zu vergüten. Völlig zutreffend führt der IX. Zivilsenat in diesem Zusammenhang aus, dass der vorläufige Insolvenzverwalter – unabhängig davon, ob es sich um einen Zustimmungsverwalter (§ 21 Abs. 2 Nr. 2, 2. Var. InsO), einen besonders ermächtigten Verwalter gem. § 22 Abs. 2 InsO oder um einen vorläufigen Verwalter mit Verwaltungs- und Verfügungsmacht gem. § 22 Abs. 1 InsO handelt – grundsätzlich nicht die Aufgabe der Verwertung des Schuldnervermögens hat. Hier liegt der Ausgangspunkt für die angemessene Auslegung des § 11 Abs. 1 Nr. 2 InsVV und nicht in einem in seinem Gehalt zweifelhaften gesetzgeberischen Willen oder in der vorangegangenen Judikatur des BGH, wie immer sie auch ausgefallen sein mag.

4. Globalzession schuldnerischer Forderungen und Liquiditätssicherung

a) Sicherung der Liquidität. Um den insolvenzschuldnerischen Betrieb als Partei kraft Amtes (§ 22 Abs. 1 InsO) fortführen oder die Betriebsfortführung durch die Organe des insolvenzschuldnerischen Unternehmensträgers als Zustimmungsverwalter i.S.v. § 22 Abs. 2 InsO gewährleisten zu können, muss der vorläufige Verwalter Liquidität sicherstellen. Regelmäßig wird aber die Insolvenzschuldnerin ihre Kreditgeber durch Globalzessionen besichert haben. 32

Beispielsfall:[51] Die Insolvenzschuldnerin hatte zur Sicherung von Kreditrückzahlungsansprüchen an die klagende Bank global ihre künftigen Forderungen gegen „Kunden bzw. Schuldner" unter dem Vorbehalt der Befugnis abgetreten, Forderungen einzuziehen und Schecks einzulösen, solange nicht die Zessionarin die Abtretungen gegenüber den Dritten offen legte. Gelder und Schecks sollten „auf Verlangen" an die Bank weiterzuleiten sein. Nach Antragstellung und Erlass von Anordnungen gem. § 21 InsO nahm der beklagte vorläufige Verwalter drei Schecks herein und ließ sie auf einem bei einer anderen Bank geführten Konto gutschreiben. Mit ihrer Klage verlangt die Zessionarin Auskehr dieses Betrages, hilfsweise Schadenersatz. 33

Grundsätzlich ist ein vorläufiger Verwalter unabhängig davon, ob er unter vollständiger Entmachtung des Schuldners mit umfassender Rechtsmacht wie ein Verwalter im eröffneten Verfahren ausgestattet, mit teilweisen Befugnissen bestellt (vgl. § 22 Abs. 2 InsO) oder ein Zustimmungsverwalter i.S.v. § 21 Abs. 2 Nr. 2, Var. 2 InsO ist – nicht dazu berechtigt, sicherungszedierte Forderungen einzuziehen, da auch § 166 Abs. 2 im Eröffnungsverfahren nicht zum Zuge gelangt[52]. Solange also auch kein Eröffnungsbeschluss erlassen ist, bleibt grundsätzlich der Sicherungszessionar zur Einziehung sicherungszedierter Forderungen soweit berechtigt, wie ihm die Sicherungsabrede diese Rechtsmacht einräumt. Erst nach Erlass des Eröffnungsbeschlusses ist es allein der Insolvenzverwalter, auf den diese Befugnis übergeht.[53] Erst nach Erlass des Eröffnungsbeschlusses würde sich eine Einziehung der Forderung durch den Sicherungszessionar als Verstoß gegen § 166 Abs. 2 InsO darstellen, der Schutzgesetzcharakter hat[54]; die Einziehung durch den Sicherungszessionar im eröffneten Verfahren gegen den Willen des Insolvenzverwalters stellt sich daher als rechtswidrig mit der Folge dar, dass gegebenenfalls z.B. wegen vergeblich aufgewandter Prozesskosten der Sicherungszessionar Schadenersatz an die Masse zu leisten hätte.[55] Nach *geltendem Recht* lässt sich vor Erlass des Eröffnungsbeschlusses daher eine Einziehungsbefugnis des vorläufigen Verwalters wegen sicherungszedierter Forderung auch nicht durch eine besondere vorläufige Anordnung des Insolvenzgerichts be- 34

51 BGH, Urt. v. 6. 4. 2000 – IX ZR 422/98 – ZIP 2000, 895.
52 BGH, Urt. v. 20. 2. 2003 – IX ZR 81/02 – DZWIR 2003, 332.
53 *Uhlenbruck,* InsO, 12. Aufl. 2003, § 22, Rn. 42; vgl. BGH, Urt. v. 2. 10. 1952 – IV ZR 2/52 – NJW 1953, 217, 218; BGH, Urt. v. 6. 4. 2000 – IX ZR 422/98 – ZIP 2000, 895.
54 BGH, Urt. v. 20. 11. 2003 – IX ZR 259/02 – DZWIR 2004, 205.
55 BGH, Urt. v. 20. 11. 2003 – IX ZR 259/02 – DZWIR 2004, 205.

gründen – wie sie manche Insolvenzgerichte[56] erlassen haben. Denn eine solche Anordnung würde nicht allein im Lichte des auch die betroffenen Sicherungsgläubiger schützenden Verhältnismäßigkeitsgrundsatzes[57] zweifelhaft sein, sondern wäre darüber hinaus als Eingriff in die Rechte des Sicherungszessionars nicht von einer ausdrücklichen gesetzlichen Genehmigung getragen.[58] Da aber eine solche Anordnung in verfassungsrechtlicher Hinsicht das Eigentumsrecht (Art. 14 Abs. 1 GG) des Sicherungszessionars beschneiden würde und sich die Verrichtungen des Insolvenzgerichts sowohl im Eröffnungs- als auch im eröffneten Insolvenzverfahren als Maßnahmen materieller Verwaltung darstellen,[59] würde nach Art. 19 Abs. 4 GG[60] sowohl der gesicherte Gläubiger als aber auch der in seinen Befugnissen durch die Überantwortung der Einziehungsbefugnisse an einen vorläufigen Verwalter beschnittene Schuldner hiergegen den Rechtsweg beschreiten können[61] – was sowohl den Sicherungszessionar als auch den Schuldner als Sicherungszedenten auf die sofortige Beschwerde (§ 21 Abs. 1 Satz 2 InsO) verweisen würden. Daher stellt sich die Frage nach der Herstellung von Liquidität im Eröffnungsverfahren nicht als Frage der insolvenzgerichtlichen Ausweitung der Befugnisse eines vorläufigen Verwalters. Der vorläufige Verwalter ist nach alledem entweder deshalb nicht zur Sicherheitenverwertung im Allgemeinen berechtigt, weil er allein „Zustimmungsverwalter" gem. § 21 Abs. 2 Nr. 2, 2. Var. InsO ist – dann kommt es auf den Schuldner an; hat er die Befugnis, die Masse zu verpflichten oder tritt er gar an die Stelle des Schuldners, steht ihm diese Befugnis ebenfalls nicht zu. Denn auch die Betriebsfortführung hat den Sinn, die „Vermögenslage" des Schuldners zu sichern.[62] Dem vorläufigen Verwalter stehen auch nicht die Befugnisse aus § 166 Abs. 2 InsO zu; im Eröffnungsverfahren ist aber auf die zweiseitige materielle Rechtslage zwischen Schuldner (Zedent) und Gläubiger (Zessionar) abzustellen.

35 In diesem Zusammenhang ist vorab zu bemerken, dass der Masse nicht allein dadurch Liquidität zufließt, dass etwa *Verfahrenskosten* aus dem vereinnahmten Betrag einbehalten werden können. Denn anders als die Kommission für Insolvenzrecht[63] hat der Reformgesetzgeber[64] mit der Regelung der §§ 170, 171 Abs. 1 und Abs. 2 Satz 1 u. Satz 2 InsO keinen Zuschuss der Sicherungsgläubiger zur Masse vorgesehen. Vielmehr handelt es sich bei den Verfahrenskostenbeiträgen gem. §§ 170, 171 InsO um die Kompensation solcher Vermögensnachteile, die der Masse dadurch entstehen, dass der zur Einziehung der sicherungszedierten Forderung befugte Verwalter nach der InsVV eine entsprechend höhere Vergütung erhält.[65] Dies hat insbesondere der „Lebensversicherungsfall"[66] deutlich gemacht. Dort hatte

56 LG Berlin v. 21. 4. 1999 – 81 T 264/99 – ZInsO 1999, 355; BayObLG v. 6. 8. 2001 – 4 Z BR 7/01 – NZI 2001, 592; *Kirchhof*, ZInsO 2001, 1. 3; *Haarmeyer*, in: MünchKomm, InsO, 1. Aufl. 2001, § 22, Rn. 55.
57 *Smid*, DZWIR 2002, 444, 445.
58 BGH, Beschl. v. 4. 3. 2004 – IX ZB 133/03 – ZIP 2004, 915.
59 So ausdrücklich die „Sachverständigenentscheidung" des BGH, Beschl. v. 4. 3. 2004 – IX ZB 133/03 – ZIP 2004, 915.
60 BVerfG, Beschl. v. 3. 8. 2004 – 1 BvR 135/00 – DZWIR 2004, 370; vgl. hierzu *Smid*, DZWIR 2004, 359 und *ders.*, Rechtsprechung. Zur Unterscheidung von Rechtsfürsorge und Prozeß, 1990, S. 111 ff. et passim.
61 BGH, Beschl. v. 4. 3. 2004 – IX ZB 133/03 – ZIP 2004, 915.
62 *Thiemann*, Die vorläufige Masseverwaltung im Insolvenzeröffnungsverfahren, 2000, Rn. 203, 204.
63 Zur Entstehungsgeschichte siehe *Kemper*, in: Kübler/Prütting, Kommentar zur Insolvenzordnung, § 170 Rn. 1.
64 Allg. Begr. zum RegEInsO, BT-Drs. 12/2443, S. 89.
65 BGH, Urt. v. 20. 11. 2003 – IX ZR 259/02 – DZWIR 2004, 205.
66 BGH, Beschl. v. 4. 7. 2002 – IX ZB 31/02 – DZWIR 2002, 464 mit Anm. *Becker*.

der Insolvenzverwalter Zustimmung zur Einziehung des bei der Lebensversicherung angesammelten Betrages an die Sparkasse als Sicherungszessionarin erteilt. Für das Zustimmungsschreiben wollte der Insolvenzverwalter seinerzeit Verwertungskosten in Höhe einer Geschäftsführungsgebühr gem. § 118 BRAGO geltend machen, was der IX. Zivilsenat des BGH verständlicherweise mit Verweis auf die Regelung des § 171 Abs. 2 Satz 2 InsO abgelehnt hat.[67]

b) Liquidität zur Sicherung der Betriebsfortführung. Liquidität fließt dem Schuldnervermögen daher nur unter der Voraussetzung zu, dass durch die Vereinnahmung der Forderung deren Betrag dem Schuldnervermögen zur Betriebsfortführung zur Verfügung gestellt wird. De lege lata ergibt sich folgende, nur vordergründig überraschenderweise nicht insolvenzrechtlich geprägte Lage, die durch folgende Szenarien illustriert werden kann. Dabei ist daran zu erinnern, dass die Rechtsbeziehungen zwischen Sicherungszessionar, regelmäßig der Bank, und dem Schuldner durch die Sicherungsabrede[68] geregelt werden, die im Allgemeinen vorsieht, dass der Schuldner und Sicherungsgeber zur Vereinnahmung des Forderungsbetrages (zur „Einziehung") berechtigt ist.[69] In der „Krise" des Sicherungsgebers hat die Bank die Befugnis[70], Darlehen und Sicherungsabrede zu kündigen und mit der letzteren Kündigung die materiell rechtliche Einziehungsbefugnis des Schuldners aufzuheben.[71] Legt nun die Bank in einem ersten Szenario – vorausgesetzt sie kenne den oder die Drittschuldner – die Sicherungszession gem. § 409 BGB[72] offen, muss der Drittschuldner die Abtretung dergestalt gegen sich wirken lassen, dass er nicht mehr mit befreiender Wirkung an den Schuldner leisten kann (§ 407 Abs. 1 BGB).[73] Die sicherungszedierte Forderung erlischt daher nicht, sondern die Bank bleibt weiter Inhaber eines Sicherungsrechtes an dem Sicherungsgegenstand. Der Drittschuldner wird aufgrund rechtsgrundloser Bereicherung Insolvenzgläubiger gem. § 38 InsO gegen die Masse.[74] Kündigt die Bank in einem zweiten Szenario zwar die Sicherungsabrede, erlischt die „Einziehungsbefugnis" des Schuldners und Sicherungsgebers. In einem Einziehungsprozess wäre daher der Schuldner nicht mehr „aktiv legitimiert". Eine Klage wäre, wenn dies in den Prozess eingeführt würde, abzuweisen. Erbringt der Drittschuldner aber in Unkenntnis der Abtretung die Leistung an den Schuldner und Sicherungsgeber, kann er sich auf § 407 Abs. 1 BGB[75] berufen, wonach seine Leistung an den Sicherungszedenten vor Offenlegung der Abtretung nach § 362 Abs. 1 BGB[76] das Erlöschen des Schuldverhältnisses (der Forderung) als Sicherungsgegenstand zur 36

---

67 *Smid*, DZWIR 2004, 1, 19.

68 Vgl. *Reinicke/Tiedtke*, Kreditsicherung, 4. Aufl. 2000, Rn. 504ff.; *Bülow*, Recht der Kreditsicherheiten, 5. Aufl. 1999, Rn. 43ff.

69 Vgl. *Reinicke/Tiedtke*, Kreditsicherung, 4. Aufl. 2000, Rn. 600; *Roth*, in: MünchKomm, BGB, 4. Aufl. 2001, § 398 Rn. 46.

70 Regelmäßig unter der Voraussetzung, dass der Sicherungsfall eingetreten ist; *Bülow*, Recht der Kreditsicherheiten, 6. Aufl. 2003, Rn. 1178; *Rohe*, in: Bamberger/Roth, BGB, 1. Aufl. 2003, § 398 Rn. 51.

71 *Rohe*, in: Bamberger/Roth, BGB, 1. Aufl. 2003, § 398 Rn. 70.

72 *Rohe*, in: Bamberger/Roth, BGB, 1. Aufl. 2003, § 398 Rn. 57; *Busche*, in: Staudinger, BGB, 2005, § 398 Rn. 23.

73 *Bülow*, Recht der Kreditsicherheiten, 5. Aufl. 1999, Rn. 1232.

74 *Sinz*, in: Uhlenbruck, InsO, 13. Aufl. 2010, § 38 Rn. 6; *Holzer*, in: Kübler/Prütting, Kommentar zur Insolvenzordnung, § 38 Rn. 8.

75 *Busche*, in: Staudinger, BGB, 2005, § 407 Rn. 8; *Roth*, in: MünchKomm, BGB, 4. Aufl. 2001, § 407 Rn. 2.

76 *Bülow*, Recht der Kreditsicherheiten, 7. Aufl. 2007, Rn. 1428, 1430.

Folge hat. Hatte der Schuldner im ersten Szenario noch die Rechtszuständigkeit, die Forderung „einzuziehen", fehlt sie ihm im zweiten Szenario. Es ist daher zu erörtern, welche Befugnisse die Bank in diesem Fall in Ansehung des vereinnahmen Geldbetrages hat. Keine Probleme ergeben sich aus Sicht der Bank im dritten Szenario, in dem sie sowohl die Sicherungsabrede kündigt, als auch dem Drittschuldner gegenüber die Zession offen legt.[77] Hier kann der Drittschuldner nicht mehr mit der erfüllenden Wirkung an den Schuldner leisten, dass der Sicherungsgegenstand gem. § 362 Abs. 1 BGB[78] vernichtet wird und der Schuldner als Sicherungsgeber hat jedenfalls keine Befugnis mehr, die Leistung zu fördern und auf die Forderung hin deren Betrag vereinnahmen. Im vierten Szenario – das tatsächlich nicht wirklich selten vorkommt – macht die Bank gar nichts. Dieses Untätigbleiben stellt sich der Sache nach als Finanzierungsentscheidung dar. Der Drittschuldner darf weiter an den Schuldner leisten und der Schuldner darf die Gelder vereinnahmen. Denn die Sicherungsabrede gibt ihm die materielle Befugnis hierzu. Kündigt die Bank daher die Sicherungsabrede nicht, erlischt die Forderung als Sicherungsgegenstand mit der Vereinnahmung des durch den Drittschuldner geschuldeten Betrages; dies ist durch die entsprechenden Sicherungsabreden gedeckt, solange die Bank nicht die Befugnis des Schuldners widerrufen hat, die sicherungszedierten Gelder einzuziehen. Eine Verbuchung des aus der Vereinnahmung aufgrund sicherungszedierter Forderung erlangten Geldes auf einem Sonderkonto ist nicht geboten.

37 Diese Lagen lassen sich noch einmal auf Seiten des Schuldners spiegeln: hat das Insolvenzgericht gem. § 5 Abs. 1 InsO einen Sachverständigen eingesetzt und – aus Gründung der Wahrung des Verhältnismäßigkeitsgrundsatzes[79] – auf die Bestellung eines vorläufigen Insolvenzverwalters nach den §§ 21 f. InsO verzichtet, handelt im Hinblick auf die Förderung jedenfalls der Schuldner bzw. die organschaftlichen Vertreter der schuldnerischen Gesellschaft.[80] Dies gilt im Übrigen auch dann, wenn durch insolvenzgerichtliche vorläufige Anordnung gem. § 21 Abs. 2 Nr. 2, Var. 2 InsO ein Zustimmungsverwalter eingesetzt worden ist. Denn Aufgabe dieses Zustimmungsverwalters ist es allein, mit seiner Zustimmung Rechtshandlungen des Schuldners bzw. der organschaftlichen Vertreter der schuldnerischen Gesellschaft Wirksamkeit zu Teil werden zu lassen (§ 21 Abs. 2 Nr. 2 i. V. m. §§ 81, 82 InsO).[81]

38 c) **„Einziehung" und „Verwertung".** In diesem Zusammenhang ist daran zu erinnern, dass der Gesetzestext der InsO die Interpretation des Verhaltens der Beteiligten auf Holzwege zu ziehen geeignet sein kann. Denn § 166 Abs. 2 InsO, der für das eröffnete Insolvenzverfahren von der Rechtszuständigkeit für sicherungszedierte Forderungen spricht, gibt dem Insolvenzverwalter die Befugnis zur „Einziehung" und „Verwertung".[82] Verwertung ist das factoring, der Forderungsverkauf.[83] Insofern

---

77 Vgl. *Ganter,* in: MünchKomm, InsO, 1. Aufl. 2001, § 51 Rn. 180 f.

78 *Bülow,* Recht der Kreditsicherheiten, 5. Aufl. 1999, Rn. 1232; BGH, Urt. v. 23. 4. 2009 – IX ZR 65/08, NJW 2009, 2304.

79 BGH, Beschl. v. 20. 3. 1986 – III ZR 55/85 – NJW-RR 1986, 1188, 1189; BGH v. 18. 7. 2002 – IX ZR 195/01 – DZWIR 2002, 470; *Smid,* DZWIR 2002, 444, 448; *Mönning,* in: Nerlich/Römermann, InsO, § 21 Rn. 72; *Haarmeyer,* in: MünchKomm, InsO, 1. Aufl. 2001, § 21 Rn. 19; *Uhlenbruck,* InsO, 12. Aufl. 2003, § 21 Rn. 3.

80 *Marotzke,* Das Unternehmen in der Insolvenz, 2000, S. 2 ff. et passim; *ders,* in: FS Kreft, 2004, S. 411, 425, vgl. *ders.,* Blomeyer-Gedächtnisschrift, 2004, S. 171 ff.

81 *Hess/Weis/Wienberg,* 2. Aufl. 2001, § 21 Rn. 24 ff.; *Kind,* in: Braun, InsO, 2. Aufl. 2004, § 21 Rn. 17 ff.

82 *Smid,* InsO, 2. Aufl. 2001, § 166 Rn. 19, 21; *Becker,* in: Nerlich/Römermann, § 166 Rn. 32; *Gerbers,* in: Braun, InsO, 2. Aufl. 2004, § 166 Rn. 11 ff.

83 *Leible/Sosnitza,* JuS 2001, 449, 453.

scheint es unzweifelhaft zu sein, dass der Zustimmungsverwalter regelmäßig die Zustimmung zu einem Forderungsverkauf im Falle sicherungszedierter Forderungen *nicht* wird erteilen dürfen – es sein denn, es handelt sich wegen des absehbaren Vermögensverfalls des Drittschuldners um eine Maßnahme der Notgeschäftsführung.[84] Insolvenzen von Finanzdienstleistungsgeschäften, zu deren Geschäftsbetrieb regelmäßig der Forderungsverkauf gehört, können in diesem Zusammenhang im Übrigen wegen der Besonderheiten des KWG außer Betracht gelassen werden. Es bleibt die Frage nach der Einziehungsbefugnis im Eröffnungsverfahren. Betrachtet man das „Einziehen" als Rechtsbegriff, fällt auf, dass hiervon im Rahmen des § 835 Abs. 1 ZPO[85] die Rede ist. Denn im Regelfall der Pfändung einer Forderung kann dem Pfändungsgläubiger die Einziehungsbefugnis durch vollstreckungsgerichtlichen Beschluss eingeräumt werden[86]; man spricht insoweit von der Überweisung der Forderung zur Einziehung und meint damit, dass der Zwangsvollstreckungsschuldner das Risiko der Bonität der Forderung trägt[87], während dem Zwangsvollstreckungsgläubiger die Rechtsmacht eingeräumt wird, die Forderung in eigenem Namen geltend zu machen.[88] Bereits § 166 Abs. 2 InsO regelt *phänomenologisch* aber einen anders gelagerten Fall. Überdies ist darauf aufmerksam zu machen, dass die Geltendmachung einer Forderung gegen den Drittschuldner im Klagewege nicht annähernd einen Regelfall, sondern eine höchst seltene Ausnahme im Zahlungsverkehr auch zwischen Krisen befallenen Rechtsträgern und ihren Drittschuldnern darstellt. Regelmäßig verbürgt sich hinter dem „Einziehen" der Forderung, soweit davon im Rahmen eines Insolvenzverfahrens über das Vermögen des Forderungsinhabers die Rede ist, daher ein ganz anderer Vorgang. Es geht nämlich darum, dass der Drittschuldner in aller Regel ohne jedwede prozessuale Inanspruchnahme auf die ihm in Rechnung gestellte Forderung hin die ihm gebührende Leistung durch Zahlung erbringt. Wird daher *nicht* unter Vollentmachtung des Schuldners der vorläufige Verwalter nach § 22 Abs. 1 InsO mit der vollständigen Verwaltung der Masse betraut[89] oder gem. § 22 Abs. 2 InsO[90] spezifische Ermächtigungen des vorläufigen Verwalters insbesondere im Hinblick auf die Konten des Schuldners durch das Insolvenzgericht vorläufig angeordnet, ist jedenfalls der Schuldner zu einer Empfangnahme von Leistungen von Drittschuldnern befugt.[91] Aber auch wenn vorläufige Verwalter gem. § 22 Abs. 1 InsO oder § 22 Abs. 2 InsO bestellt werden, ergibt sich deren Rechtsmacht im Hinblick auf sicherungszedierte Forderungen und die Vereinnahmung der daraus geschuldeten Beträge nicht aus ihrer insolvenzgerichtlichen Einsetzung, sondern wegen des Sicherungszwecks der vorläufigen Anordnung[92] nach § 21f. InsO aus der materiell rechtlichen Stellung des Schuldners, aus der der vorläufige Verwalter seine Rechtsbefugnisse ab-

---

84 Vgl. *Haarmeyer,* in: MünchKomm, InsO, 1. Aufl. 2001, § 22 Rn. 53; *Pape,* in: Kübler/Prütting, Kommentar zur Insolvenzordnung, § 22 Rn. 16, 78; *Kirchhof,* in: H-K, InsO, 4. Aufl. 2006, § 22 Rn. 14; *Smid,* InsO, 2. Aufl. 2001, § 22 Rn. 2.
85 *Smid,* in: MünchKomm, ZPO, 2. Aufl. 2000, § 835 Rn. 12.
86 *Smid,* in: MünchKomm, ZPO, 2. Aufl. 2000, § 835 Rn. 12.
87 *Stöber,* in: Zöller, 25. Aufl. 2005, § 835 Rn. 7.
88 *Smid,* in: MünchKomm, ZPO, 2. Aufl. 2000, § 835 Rn. 12.
89 *Haarmeyer,* in: MünchKomm, InsO, 1. Aufl. 2001, § 22 Rn. 23.
90 *Haarmeyer,* in: MünchKomm, InsO, 1. Aufl. 2001, § 22 Rn. 28.
91 Vgl. *Vallender,* in: Uhlenbruck, InsO, 13. Aufl. 2010, § 22 Rn. 8.
92 *Haarmeyer,* in: MünchKomm, InsO, 1. Aufl. 2001, § 22 Rn. 53.

leitet.[93] Daraus ergibt sich zwanglos, dass auch nach Antragstellung und Erlass vorläufiger Anordnungen des Insolvenzgerichts für die Rechtzuständigkeit wegen der Vereinnahmung von Leistungen aus sicherungszedierten Forderungen die Sicherungsabrede maßgeblich bleibt.[94] Ob, und mit welcher Rechtsmacht, ein vorläufiger Verwalter bestellt worden ist, bleibt hierfür ohne Belang.[95]

39 Allein im oben geschilderten zweiten Szenario stellt sich für den vorläufigen Verwalter die Frage, ob er verpflichtet ist, noch unterscheidbar vorgefundenes, nach Kündigung der Sicherungsabrede aber vor Offenlegung durch den Drittschuldner gezahltes Geld zu separieren.[96] Diese Frage verweist auf die Regelung der so genannten Ersatzabsonderung[97] durch die InsO. Allerdings hat der Reformgesetzgeber keine eigenständige gesetzliche Regelung der Ersatzabsonderung getroffen. Ebenso wie nach der 1999 außer Kraft getretenen KO regelt § 48 InsO allein die Ersatzaussonderung.[98] Es stellt sich daher die Frage, ob die Bestimmung des § 48 InsO demzufolge bei unberechtigter Veräußerung eines Gegenstandes vor der Eröffnung des Insolvenzverfahrens durch den Schuldner, dessen Aussonderung hätte verlangt werden können, die Abtretung des Rechts auf die Gegenleistung verlangt werden kann, soweit diese noch aussteht oder die in der Insolvenzmasse noch vorhandene Gegenleistung herausverlangt werden kann.[99] Stellt sich die Frage ob diese Regelung einer entsprechenden Anwendung auf solche Fälle zugänglich ist, in denen ein Absonderungsrecht untergegangen ist. Außerhalb des Bereichs des Szenarios zwei geht entweder der Sicherungsgegenstand nicht unter, so dass sich eine weitere Sicherung des Sicherungsnehmers nicht als Problem ergibt.

40 **d) Haftung des vorläufigen Verwalters.** Ein Verbrauch des im Übrigen rechtsgrundlos vom Drittschuldner auf die Schuldnerkonten gezahlten Geldes, führt nur dann zu einer Haftung des vorläufigen Verwalters nach § 21 Abs. 2 Nr. 1 i.V.m. § 60 InsO[100], wenn der vorläufige Verwalter hat erkennen

---

93 *Graeber,* in: MünchKomm, InsO, 1. Aufl. 2001, § 56 Rn. 103; *Kind,* in: Braun, InsO, 2. Aufl. 2004, § 22 Rn. 5 ff.

94 *Haarmeyer,* in: MünchKomm, InsO, 1. Aufl. 2001, § 22 Rn. 55 f.; *Kirchhof,* in: H-K, InsO, 4. Aufl. 2006, § 22 Rn. 40; *Pohlmann,* Befugnisse und Funktion des vorläufigen Insolvenzverwalters, 1998, Rn. 428.

95 Dementsprechend wird diese Problematik in der Kommentierung auch allgemein ohne Unterscheidung bezüglich des Ob und Wie der Bestellung eines vorläufigen Insolvenzverwalters behandelt, vgl. *Haarmeyer,* in: MünchKomm, InsO, 1. Aufl. 2001, § 22 Rn. 55 f.; *Kirchhof,* in: H-K, InsO, 4. Aufl. 2006, § 22 Rn. 40.

96 *Haarmeyer,* in: MünchKomm, InsO, 1. Aufl. 2001, § 22 Rn. 56.

97 Zur allgemeinen Anerkennung der Ersatzabsonderung trotz Fehlens einer entsprechenden Regelung durch den Gesetzgeber: BGH, Urt. v. 10. 3. 1967 – V ZR 72/64 – NJW 1967, 1370; *Uhlenbruck,* InsO, 12. Aufl. 2003, § 48 Rn. 30 ff.; *Harder,* KTS 2001, 97 ff.

98 Zu Normzweck und Rechtsnatur der Ersatzaussonderung und kritisch zur Nichtregelung der Ersatzabsonderung: *Ganter,* in: MünchKomm, InsO, 1. Aufl. 2001, § 48 Rn. 3 ff.; *Dieckmann,* Zur Reform des Ersatzaussonderungsrechts, FS-Henckel, 1995, S. 95 ff.; *Marotzke,* ZZP 109 (1996), 429, 434 ff.

99 Die h.M. bejaht dies: BGH, Urt. v. 10. 3. 1967 – V ZR 72/64 – NJW1967, 1370; BGH, Urt. v. 5. 5. 1982 – VIII ZR 162/81 – NJW 1982, 1751; BGH, Urt. v. 19. 3. 1998 – IX ZR 22/97 – ZIP 1998, 793, 797; *Uhlenbruck,* InsO, 12. Aufl. 2003, § 48 Rn. 30 ff.; *Prütting,* in: Kübler/Prütting, Kommentar zur Insolvenzordnung, § 48 Rn. 27; *Ganter,* in: MünchKomm, InsO, 1. Aufl. 2001, vor § 49–52 Rn. 167 ff.; *Baur/Stürner,* Insolvenzrecht, 3. Aufl. 1991, Rn. 14.31; *Häsemeyer,* Insolvenzrecht, 3. Aufl. 2003, Rn. 18.68 ff.; *Gottwald,* Insolvenzrechts-Handbuch, 3. Aufl. 2006, § 42 Rn. 146.

100 Zur Haftung des vorläufigen Insolvenzverwalters gem. § 60 InsO: *Feser,* in: Runkel-F., 2009, 41 ff.; *Wienberg,* in: Hess/Weis/Wienberg, InsO, 2. Aufl. 2001, § 22 Rn. 196; *Pape,* in: Kübler/Prütting,

können, dass gerade dieser Geldbetrag versehentlich vom Drittschuldner gezahlt worden ist und vom Schuldner nicht hätte verbraucht werden dürfen.[101] Das aber ist im Einzelfall eine questio facti. Denn der vorläufige Verwalter muss in diesen Fällen jedenfalls auch Kenntnis von der Offenlegung der Forderung dem Drittschuldner gegenüber gehabt haben.[102] Andernfalls hätte der Drittschuldner gem. § 407 Abs. 1 BGB mit befreiender Wirkung geleistet. Hat die Bank indessen gar nicht gehandelt, bleibt es bei der Sicherungsabrede und der vorläufige Verwalter ist nicht verpflichtet, im Sinne der Gewährung der Gläubigerbehandlung – ja sogar nicht einmal berechtigt, das vereinnahmte Geld zu separieren.[103]

Mit Inkrafttreten des Insolvenzverfahrensvereinfachungsgesetzes am 1. 7. 2007 ist eine neue Nr. 5 in § 21 InsO eingefügt worden. S. 1 dieser Regelung besagt, dass das Insolvenzgericht anordnen kann, dass Gegenstände, die im Falle der Eröffnung des Verfahrens von § 166 erfasst würden oder deren Aussonderung verlangt werden könnte, vom Gläubiger nicht verwertet oder eingezogen werden dürfen, und dass solche Gegenstände zur Fortführung des Unternehmens des Schuldners eingesetzt werden können, soweit sie hierfür von erheblicher Bedeutung sind; § 169 Satz 2 und 3 gilt entsprechend; ein durch die Nutzung eingetretener Wertverlust ist durch laufende Zahlungen an den Gläubiger auszugleichen. Nach § 21 Abs. 2 Nr. 5 S. 2 InsO n.F. besteht diese Verpflichtung zu Ausgleichszahlungen nur, soweit der durch die Nutzung entstehende Wertverlust die Sicherung des absonderungsberechtigten Gläubigers beeinträchtigt. S. 3 der neuen Vorschrift ordnet an, dass die §§ 170, 171 entsprechend gelten, wenn der vorläufige Insolvenzverwalter eine zur Sicherung eines Anspruchs abgetretene Forderung anstelle des Gläubigers einzieht.[104] **41**

Vorab ist zu bemerken: § 21 Abs. 2 Nr. 5 InsO n.F. **verpflichtet** das Insolvenzgericht **nicht** zum Erlass einer entsprechenden vorläufigen Anordnung – etwa um den Sicherungszessionar vor der Vereinnahmung der Forderung durch Schuldner oder vorläufigen Verwalter und damit den Untergang des Sicherungsgegenstandes zu schützen. Denn dem Sicherungszessionar steht mit dem Widerruf der mit der Sicherungsabrede dem Schuldner erteilten Einziehungsermächtigung ein hinreichendes Mittel zur Verfügung, um sich gegen Rechtsverluste abzusichern. **42**

§ 21 Abs. 2 Nr. 5 InsO n.F. geht an der rechtlichen Realität vorbei. Der IX. Zivilsenat des BGH (BGH v. 9. 4. 2000 – IX ZR 422/98 – BGHZ 144, 192) hat bereits im Jahr 2000 darauf erkannt, dass, wenn der im Falle der Sicherungszession der Sicherungsnehmer dem Sicherungsgeber eine Einziehungsermächtigung erteilt hat, diese nicht ohne Weiteres erlischt, wenn der Sicherungsgeber in die wirtschaftliche Krise geraten ist. Die Einziehungsermächtigung gilt fort, wenn der Sicherungsgeber in eine wirtschaftliche Krise geraten ist oder gar vorläufige Anordnungen des Insolvenzgerichts erlassen worden sind. Daher muss der Sicherungsgeber die Erteilung der Einziehungsbefugnis widerrufen, da andernfalls die Einziehungen des Sicherungsgebers rechtmäßig sind und mit der Folge gegen den Sicherungsnehmer wirken, dass die **43**

Kommentar zur Insolvenzordnung, § 22 Rn. 9; *Sinz,* in: Uhlenbruck, InsO, 13. Aufl. 2010, § 60 Rn. 3 ff. m.w.N; Amtspflichtbezug: BGH, Urt. v. 25. 1. 2007 – IX ZR 216/05, DZWIR 2007, 295, Smid, Struktur VI, DZWIR 2007, 485, 498

101 Etwas allgemeiner *Vallender,* in: Uhlenbruck, InsO, 13. Aufl. 2010, § 22 Rn. 223.

102 *Haarmeyer,* in: MünchKomm, InsO, 1. Aufl. 2001, § 22 Rn. 56.

103 A. A. *Haarmeyer,* in: MünchKomm, InsO, 1. Aufl. 2001, § 22 Rn. 56.

104 BGH, Urt. v. 22. 2. 2007 – IX ZR 2/06, DZWIR 2007, 297.

Forderung erlischt und damit als Sicherungsgegenstand wegfällt. Umgekehrt folgt daraus, dass Schuldner bzw. der vorläufige Verwalter sicherungszedierte Forderungen zur Masse vereinnahmen dürfen, solange – wie in vielen Fällen – der Widerspruch nicht erklärt ist. Die Anordnung nach § 21 Abs. 2 Nr. 5 InsO n.F. wirkt demgegenüber kontraproduktiv und masseschädigend.

44 Soweit Sachen, an denen Aussonderungsrechte begründet sind, nach § 21 Abs. 2 Nr. 5 S. 1 InsO n.F. im Eröffnungsverfahren vom Eigentümer nach entsprechender insolvenzgerichtlicher Anordnung nicht herausverlangt werden können, wird allgemein anerkannt, dass diese gesetzliche Regelung über ihr Ziel hinausschießt und „vorsichtig“ bzw. „zurückhaltend“ anzuwenden sei. (*Ganter*, NZI 2007, 549)

5. Arbeitsrecht im Eröffnungsverfahren

45 **a) Kündigung von Arbeitsverhältnissen.**[105] Zwar ist der nach § 22 Abs. 1 InsO ernannte vorläufige Verwalter zur Kündigung von Arbeitsverhältnissen ebenso befugt wie die schuldnerische Geschäftsführung mit gegebenenfalls erforderlicher Zustimmung des Zustimmungsverwalters nach § 22 Abs. 2 InsO.[106] Zudem ermächtigen manche Insolvenzgerichte den Zustimmungsverwalter zur Ausübung derartiger Befugnisse[107] – was im Übrigen im Kündigungsprozess vor dem Arbeitsgericht die Frage nach dem richtigen Beklagten auslöst: Geht man von der – insofern recht eindeutigen – gesetzlichen Ausgestaltung dieses Rechtsinstituts aus, ist nämlich der Zustimmungsverwalter nicht für die Masse prozessführungsbefugt[108], was es nahe legt, von einer Kündigung durch die schuldnerische Geschäftsführung auszugehen.[109] Unabhängig davon stellt sich hernach das Problem, ob mit dem vor Eröffnung des Insolvenzverfahrens erfolgten Ausspruch der Kündigung das auf die Betriebsstilllegung gestützte Kündigungsrecht *verbraucht* ist oder ob dem im Falle einer Verfahrenseröffnung einzusetzenden Insolvenzverwalter dennoch die Möglichkeit einer (Nach-)Kündigung unter Nutzung der kurzen Kündigungsfrist des § 113 Abs. 1 InsO zur Seite steht.[110]

46 Um sowohl die Unwägbarkeiten des neuen Insolvenzarbeitsrechts zu vermeiden als auch die Probleme zu umgehen, die aus der vor Eröffnung des Insolvenzverfahrens ausgesprochenen Kündigung folgen, behilft sich die Praxis[111] bekanntlich vielfach mit einer Verhandlungslösung, mit der die negativen Auswirkungen des § 613a BGB vermieden werden. Der Erwerber des Unternehmens schließt mit denjenigen Arbeitnehmern, die er für die Fortführung benötigt, Arbeitsverträge ab. Die übrigen Arbeit-

105 *Meyer*, DZWIR 2004, 58 ff. und *ders.*, DZWIR 2004, 133 ff.

106 *Kirchhof*, in: H-K, InsO, 4. Aufl. 2006, § 22 Rn. 24; *Uhlenbruck*, in: Gottwald, Insolvenzrechts-Handbuch, 3. Aufl. 2006, § 14 Rn. 46; *Berscheid*, in: Uhlenbruck, InsO, 13. Aufl. 2010, § 22 Rn. 53, 56 ff.

107 Vgl. *Kirchhof*, in: H-K, InsO, 4. Aufl. 2006, § 22 Rn. 31.

108 *Uhlenbruck*, in: Kölner Schrift zur Insolvenzordnung, 2. Aufl. 2000, S. 342 Rn. 15; *Berscheid*, NZI 2000, 1, 3.

109 BAG, Urt. v. 23. 6. 2004 – 10 AZR 495/03 – DZWIR 2004, 505 (Anspruch auf Zeugniserteilung keine Masseforderung); dazu *Smid*, DZWIR 2005, 89 f.

110 Die Möglichkeit der Nachkündigung wird im Schrifttum allgemein bejaht: *Hamacher*, in: Nerlich/Römermann, InsO, § 113 Rn. 93; *Berscheid*, NZI 2000, 1, 5 f. m.w.N.; a.A. ArbG Köln v. 8. 12. 1998 – 4 (15) Ca 5991/98 – NZI 1999, 282, 283.

111 Auf die mich der zu früh verstorbene *Dr. Ulrich Weisemann*, Bielefeld, freundlich hingewiesen hat; vgl. auch *Annuß*, ZInsO 2001, 49, 57 ff.

nehmer werden noch vor dem Betriebsübergang von der bisherigen Geschäftsführung freigestellt. Ihnen werden Abfindungen für den Fall angeboten, dass die Übernahme durch den Arbeitnehmer zustande kommt.

Die Reichweite der Befugnisse des vorläufigen Insolvenzverwalters, auf den die Verwaltungsverfügungsbefugnis des Schuldners gem. § 22 Abs. 1 InsO übergegangen ist, hat der Gesetzgeber eindeutig geregelt, was nachhaltige Verunsicherung der Praxis nicht ausschließt, wie die vorliegende zutreffende Entscheidung des BAG[112] deutlich macht. 47

In einer Bankinsolvenz nach Aufhebung der Erlaubnis der Schuldnerin zum Betreiben von Bankgeschäften und Finanzdienstleistungen durch die BaFin und die Anordnung der Abwicklung der Schuldnerin hatte der vom AG Charlottenburg bestellte vorläufige Insolvenzverwalter mit Verwaltungsverfügungsbefugnis nach § 22 Abs. 1 InsO den Geschäftsbetrieb der Schuldnerin stillgelegt und das Arbeitsverhältnis mit der späteren Klägerin innerhalb der Frist des § 113 Satz 1 InsO hilfsweise zum nächstmöglichen Termin gekündigt. 48

Das BAG hat in dem noch von ihm zu entscheidenden Streit, ob sich die Kündigungsfrist nach § 113 Satz 2 InsO bemisst, dahingehend entschieden, dass die Vorschrift des § 113 InsO nicht auf den „starken" vorläufigen Insolvenzverwalter anwendbar ist. Zwar ist auf den vorläufigen Insolvenzverwalter mit Verwaltungsverfügungsbefugnis die Rechtsmacht des Schuldners übergegangen. Der vorläufige Insolvenzverwalter hat aber auch in diesem Fall des § 22 Abs. 1 InsO eine mit der des endgültigen Insolvenzverwalters nicht vollständig deckungsgleiche Aufgabe und Befugnis. Dabei setzt sich das BAG mit dem Einwand auseinander, der vorläufige Insolvenzverwalter benötige zur Entlastung der Insolvenzmasse ein vorzeitiges Kündigungsrecht, da andernfalls nach § 55 Abs. 2 InsO als spezielle Vorschrift auf die Rechtsfolgen von Handlungen des vorläufigen Insolvenzverwalters mit Verwaltungsverfügungsbefugnis nach § 22 Abs. 1 InsO eine Haftung der Masse für Arbeitnehmerforderungen aus der Zeit der vorläufigen Insolvenzverwalter begründet wäre. Das BAG stellt aber fest, dass dies nicht notwendig nach § 55 Abs. 2 Satz 2 InsO zu Masseverbindlichkeiten führt. Denn die Einordnung der Forderung der Arbeitnehmer als sonstige Masseverbindlichkeit i. S. v. § 55 Abs. 2 InsO setzt die tatsächliche Inanspruchnahme der Arbeitsleistung des Arbeitnehmers durch den vorläufigen Insolvenzverwalter zu Gunsten der Masse voraus. Stellt der vorläufige Verwalter dagegen betriebsbedingt den Arbeitnehmer frei, wird die Masse nicht belastet. Eine ausdehnende „analoge" Anwendung des § 113 InsO ist daher gesetzessystematisch nicht zulässig aber auch aus pragmatischen Gründen nicht geboten. Die Entscheidung des BAG verdient daher Zustimmung. 49

b) Erteilung von Zeugnissen. Mit vorläufiger Anordnung vom 11. 4. 2002 hatte das Insolvenzgericht Maßnahmen gemäß § 21 Abs. 2 InsO getroffen und insbesondere angeordnet, dass der vorläufige Insolvenzverwalter gemäß § 22 Abs. 2 InsO das Unternehmen bis zur Entscheidung über die Eröffnung des Insolvenzverfahrens mit der Eigenantrag stellenden Schuldnerin fortführen solle. Weiter wird angeordnet, die Verfügungsbefugnis über bestehende Arbeitsverhältnisse obliege weiterhin der Antragstellerin. Die Begründung, Änderung und Beendigung bestehender Arbeitsverhältnisse bedürften der Zustimmung des vorläufigen Insolvenzverwalters. Wegen ausstehender Gehaltsforderung kündigte der spätere Kläger das Arbeitsverhältnis mit Schreiben vom 11. 7. 2002 fristlos. Das Insolvenzgericht eröffnete das Insolvenzverfahren über das Vermögen der Schuldnerin mit Beschluss vom 5. 8. 2002, in dem es den Beklagten zum Insolvenzverwalter bestellte. 50

Das BAG[113] stellt zutreffend fest, dass der Insolvenzverwalter nicht Gegner des Anspruches des Klägers auf Erteilung eines Arbeitszeugnisses gemäß § 630 BGB bzw. § 109 Abs. 1, Satz 1 und 3 GewO ist. Da das Arbeitsverhältnis bereits vor Eröffnung des Insolvenzverfahrens gekündigt worden war, ist der Insolvenzverwalter nicht zum Arbeitgeber des Klägers geworden. Etwas anderes ergibt sich auch nicht aus § 108 Abs. 1 InsO, denn die gesetzliche Formulierung eines „Fortbestehens" von Dienstverhältnissen verdeutlicht, dass vor dem Übergang des Verwaltungs- und Verfügungsrechts gemäß 51

112 BAG, Urt. v. 20. 1. 2005 – 2 AZR 134/04 – ZIP 2005, 1289.
113 BAG, Urt. v. 23. 6. 2004 – 10 AZR 495/03 – DZWIR 2004, 505.

§ 80 InsO auf den Insolvenzverwalter bereits beendete Dienstverhältnisse nicht erfasst werden. Insofern fingiert § 108 Abs. 1 InsO nach der zutreffenden Formulierung des BAG keine Arbeitgeberstellung des Insolvenzverwalters für bereits vor Eröffnung des Verfahrens beendete Arbeitsverhältnisse.

52 Grundsätzlich sind solche Ansprüche, die vor Eröffnung des Insolvenzverfahrens begründet worden sind, als Insolvenzforderung gemäß § 38 InsO geltend zu machen. Der vom Kläger geltend gemachte Anspruch auf Erteilung eines Zeugnisses ist jedoch kein Vermögensanspruch im Sinne von § 38 InsO und kann auch nicht nach § 45 InsO in einen Geldanspruch umgewandelt werden. Vielmehr handelt es sich um die Vornahme einer unvertretbaren Handlung im Sinne von § 888 ZPO, der schon deshalb keine Insolvenzforderung ist, weil er vom Schuldner persönlich zu erfüllen und nicht auf einer aus seinem Vermögen beitreibbare Leistung gerichtet ist. Allerdings würde der Insolvenzverwalter sich nicht erfolgreich gegen eine Inanspruchnahme auf Zeugniserteilung zur Wehr setzen können, wenn die Arbeitgeberstellung des Insolvenzschuldners mit Eröffnungsbeschluss wegen des Fortbestandes eines ungekündigten Dienstverhältnisses auf ihn übergegangen wäre. Zur Erfüllung des Zeugnisanspruches ist der Insolvenzverwalter daher verpflichtet, sich gegebenenfalls die hierfür erforderlichen Informationen beim Schuldner zu verschaffen, was ihm durch § 97 InsO möglich ist. Daraus ist der Schuldner verpflichtet, dem Insolvenzverwalter die erforderlichen Auskünfte zu verschaffen. Im Eröffnungsverfahren wäre dies nur dann der Fall, wenn dem Insolvenzverwalter im Rahmen eines dem Schuldner auferlegten allgemeinen Verfügungsverbotes gemäß § 22 Abs. 1 InsO, die Verwaltungs- und Verfügungsbefugnis uneingeschränkt übertragen worden wäre. In diesem Fall rückt der vorläufige Insolvenzverwalter in die Arbeitgeberstellung des Schuldners ein. Nach der vorliegenden Entscheidung des BAG genügt hierfür aber auch eine Einzelberechtigung gemäß § 22 Abs. 2 InsO, wenn diese vorsieht, dass die arbeitsrechtlichen Gestaltungsbefugnisse allein dem vorläufigen Insolvenzverwalter zur Verfügung stehen sollen. Eine solche Ermächtigung ist freilich schon aus pragmatischen Gründen kaum sinnvoll. Denn aus Sicht des vorläufigen Insolvenzverwalters ist mit der Kündigung im Eröffnungsverfahren ein Verlust der Erleichterungen verbunden, die die §§ 113 ff. InsO dem Insolvenzverwalter im eröffneten Verfahren einräumen. Zutreffend hat das BAG weiter festgestellt, dass es sich bei dem Zeugnisanspruch auch um keine Masseverbindlichkeit handelt, da er nicht durch eine Handlung des beklagten Insolvenzverwalters gemäß § 55 Abs. 1 Nr. 1 InsO herbeigeführt worden ist, sondern auf der Kündigung des klagenden Arbeitnehmers während des Laufs des Eröffnungsverfahrens beruht. Ebenso zutreffend ist es, dass das BAG es zurückweist, den Zeugniserteilungsanspruch auf § 55 Abs. 1 Satz 1 InsO zu gründen, da diese Vorschrift nur solche Verbindlichkeiten erfasst, die vom vorläufigen Insolvenzverwalter (im Rahmen seiner Rechtsmacht) durch eigene Handlungen begründet worden sind. Soweit es um die Erfüllung eigener Rechtspflichten des Schuldners – hier als Arbeitgeber – geht, wird damit die Masse nicht verpflichtet.

53 **c) Anfechtbarkeit von Gehaltszahlungen.** Der X. Senat des BAG hat in einem Urteil aus Oktober 2004[114] die Anfechtbarkeit solcher Gehaltszahlungen bejaht, deren Auszahlung im Eröffnungsverfahren vom Schuldner mit Zustimmung des nach § 21 Abs. 2 Nr. 2, Var. 2 InsO eingesetzten vorläufigen Insolvenzverwalters vorgenommen worden sind. Dem lag, vereinfacht, folgender Sachverhalt zugrunde:

54 Im April 2002 stellte das Finanzamt Eröffnungsantrag gegen die MAG, woraufhin im Juni 2002 der spätere Kläger zum vorläufigen Insolvenzverwalter ohne Verfügungsbefugnis bestellt wurde. In einer Belegschaftsversammlung Ende Juni 2002 stellte sich der vorläufige Insolvenzverwalter den Mitarbeitern vor und sprach u. a. über noch nicht gezahltes Märzgehalt 2002. Unabhängig von dem streitigen Inhalt der Belegschaftsversammlung wurde an den späteren Beklagten Mitte Juli 2002 das restliche Märzgehalt gezahlt; bereits zum 30. Juli 2002 wurde das Arbeitsverhältnis zwischen der Insolvenzschuldnerin und dem Beklagten beendet. Nach Eröffnung des Insolvenzverfahrens am 1. August 2002

---

114 BAG, Urt. v. 27. 10. 2004 – 10 AZR 123/04 – ZIP 2005, 86.

begehrte der zum Insolvenzverwalter bestellte Kläger die Rückzahlung des ausgezahlten Märzgehaltes unter Anfechtung seiner Auszahlung.

Das BAG lässt offen, ob aufgrund Insolvenzzweckwidrigkeit die Tilgung der Altschulden unwirksam war, wofür die einschlägige Judikatur des BGH[115] erhebliche Anhaltspunkte liefert. Weiter lässt es der erkennende Senat offen, ob die in der Literatur[116] vertretene Auffassung zutreffend sei, wonach in bestimmten Ausnahmefällen die Zustimmung des so genannten Zustimmungsverwalters einen Ausschluss der Anfechtbarkeit von gläubigerbenachteiligenden Leistungen vor Erlass des Eröffnungsbeschlusses bewirke. Nach Ansicht des erkennenden Senats des BAG hindert die Zustimmung des vorläufigen Insolvenzverwalters die Anfechtung nach § 130 InsO jedenfalls in solchen Fällen nicht, in denen die Zahlung nicht dazu dient, die Fortführung eines erhaltungswürdigen Schuldnerunternehmens zu gewährleisten. **55**

6. Begründung von Masseverbindlichkeiten

a) Betriebsfortführung. Eine Betriebsfortführung nach Erlass des Anordnungsbeschlusses gem. § 21 InsO ist beinahe ausgeschlossen, wenn der vorläufige Verwalter nicht in die Lage versetzt wird, auch tatsächlich für die Masse zu handeln[117]: Das aber setzt insbesondere voraus, dass er mit *Lieferanten* Geschäfte tätigen kann. Meist fehlt es hierfür dem Unternehmen an flüssigen Mitteln. Da der Anordnungsbeschluss gem. § 23 Abs. 1 Satz 1 InsO öffentlich bekanntzumachen ist, wird es mit dem Kredit nicht gut bestellt sein, den Gläubiger dem schuldnerischen Unternehmen einzuräumen bereit sind. Aus diesem Dilemma hilft dem Verwalter mit (uneingeschränkter) Verwaltungs- und Verfügungsbefugnis § 55 Abs. 2 InsO. Danach gelten Verbindlichkeiten, die der vorläufige Insolvenzverwalter, auf den die Verfügungsbefugnis übergegangen ist (§ 22 Abs. 1 InsO), eingeht als Masseverbindlichkeiten, die gem. § 53 InsO vorab (also vor den Insolvenzforderungen gem. § 38 InsO) aus der Masse zu befriedigen sind.[118] **56**

Beispiel: Der vorläufige Verwalter wird nicht zuletzt im Rahmen einer Betriebsfortführung das Nutzungspotential gemieteter oder geleaster Sachen in Anspruch nehmen *müssen:* Angemietete Büroräume werden weiter genutzt, von der gemieteten Telefonanlage aus gesprochen und auf dem geleasten Computer geschrieben, gerechnet oder gezeichnet. Auch insofern begründet der vorläufige Verwalter in Gestalt der anfallenden Mietzinsen gem. § 55 Abs. 2 Satz 2 InsO Masseverbindlichkeiten, allerdings nur soweit, wie er die Mietsache („die Gegenleistung") tatsächlich in Anspruch nimmt. **57**

b) Vorläufiger Zustimmungs-Verwalter. Auch der vorläufige Zustimmungs-Verwalter gem. § 22 Abs. 2 InsO kann aber seiner Aufgabe nur dann nachkommen, wenn er es dem Geschäftsführer der Schuldnerin durch Erteilung von Zustimmungen möglich macht oder selbst im Rahmen der ihm im Umfang konkreter Ermächtigungen **58**

---

115 BGH, Urt. v. 13. 3. 2003 – IX ZR 64/02 – DZWIR 2003, 291; hierzu *Smid*, DZWIR 2004, 1, 3.
116 *Kirchhoff*, in: MünchKomm, InsO, 1. Aufl. 2001, § 129 Rn. 46 m. w. N.
117 Zur Lage nach altem Konkursrecht vgl. BGH, Urt. v. 25. 3. 1993 – IX ZR 164/92 – ZIP 1993, 687 ff. m. Anm. *Smid*, EWiR 1993, 479 „Gummibärchen" und Voraufl. § 4 Rn. 72.
118 LG Leipzig, Urt. v. 30. 8. 2001 – 11 O 2044/01 – ZIP 2001, 1778, 1779 (Bast-Bau II); *Kirchhof*, in: H-K, InsO, 4. Aufl. 2006, § 22 Rn. 23; *Uhlenbruck*, in: Gottwald, Insolvenzrechts-Handbuch, 3. Aufl. 2006, § 14 Rn. 49; *Haarmeyer*, in: MünchKomm, InsO, 1. Aufl. 2001, § 22 Rn. 67; *Uhlenbruck*, InsO, 12. Aufl. 2003, § 22 Rn. 47.

gem. § 22 Abs. 2 InsO durch insolvenzgerichtlichen Beschluss eingeräumten Rechtsmacht dazu imstande ist, die Masse zu verpflichten.[119]

59 Auch bei einer Anordnung nach § 22 Abs. 2 InsO muss der vorläufige Verwalter dafür Sorge tragen, dass im Falle der Erteilung von Zustimmungen zu Geschäftsmaßnahmen des Schuldners die dabei eingegangenen Verbindlichkeiten bedient werden. Anderenfalls trifft den vorläufigen Verwalter auch im Falle des § 22 Abs. 2 InsO wegen einer pflichtwidrig erteilten Zustimmung eine Haftung, die sich gegebenenfalls aus den § 823 Abs. 2 BGB i.V.m. § 263 StGB bzw. aus der Verletzung von Aufklärungspflichten ergeben kann, wenn er beim Vertragspartner den Eindruck erweckt, dieser ginge kein Risiko ein. Eine solche persönliche Haftung kann sich aber auch aus anderen Zusammenhängen ergeben. Erklärt der gemäß § 22 Abs. 2 InsO eingesetzte vorläufige Verwalter z.B. im Rahmen der Auflassung eines massezugehörigen Grundstücks an einen Erwerber seine Zustimmung zu diesem Geschäft, haftet er nach § 2 Nr. 1 KostO persönlich für die dabei angefallenen Beurkundungskosten.

7. Verfahrensfinanzierung durch Vorfinanzierung des Insolvenzgeldes[120]

60 **a) Bedeutung, Übersicht.** Die Betriebsfortführung ist im Eröffnungsverfahren schon deshalb problematisch, weil die Schuldnerin insolvent ist, d.h. regelmäßig nicht mehr über flüssige Mittel verfügt, um die im Falle einer Betriebsfortführung zu zahlenden Löhne und Gehälter aufzubringen. Nötig ist daher regelmäßig eine Fremdfinanzierung, zu deren Gewährleistung es der Bestellung von Sicherheiten bedarf – die im Allgemeinen ebenfalls nicht mehr frei verfügbar sind. Werden dem vorläufigen Insolvenzverwalter seitens der Arbeitnehmer des schuldnerischen Unternehmens deren Ansprüche auf Insolvenzgeld nach den **§§ 165ff. SGB III**[121] abgetreten, kann er diese Ansprüche seinerseits an eine vorfinanzierende Bank sicherungszedieren.[122]

61 Die Bundesagentur für Arbeit erwirbt mit der Antragstellung für das Insolvenzgeld gem. § 169 SGB III i.V.m. §§ 401 Abs. 2, 412 BGB[123] die Arbeitsentgeltansprüche der Arbeitnehmer im Wege der cessio legis. Der Gesetzgeber hat mit dem „Gesetz zur Änderung der InsO und anderer Gesetze" diese Forderungen der BfA zu **einfachen Insolvenzforderungen** herabgestuft (§ 55 Abs. 3 InsO).[124]

62 **b) Insolvenzgeld.** Insolvenzgeld wird nach § 165 Abs. 1 Satz 1 SGB III für ausstehendes Arbeitsentgelt der letzten drei Monate des Arbeitsverhältnisses – nicht dagegen des Beschäftigungsverhältnisses – gewährt, die dem Insolvenzzeitpunkt vorausgehen.[125] Der Arbeitsentgeltausfall nach dem Ende der Beschäftigung wird also einbezogen, wenn das Arbeitsverhältnis andauert und das Ende des Beschäftigungsverhältnisses dem Ende des Arbeitsverhältnisses nicht gleichsteht.[126]

---

119 Krit. *Kirchhof,* in: HK, InsO, 4. Aufl. 2006, § 22 Rn. 29; vgl. weiter *Borke,* ZIP 2001, 1521ff. – Auf die dort vorgeschlagene „Analyse" des § 55 Abs. 2 InsO trifft dies aber nicht zu –; *Vallender,* in: Uhlenbruck, InsO, 13. Aufl. 2010, § 22 Rn. 48.

120 *Schaub,* NZI 1999, 215ff.; *Berkowsky,* NZI 2000, 253ff.; *Kasten,* Die deutsche Insolvenzgeldversicherung und EG-Recht, 2003.

121 *Braun,* ZInsO 1999, 496ff.

122 Zu den Problemen bis zum InsÄndG 2001 Voraufl. § 4 Rn. 77.

123 *Schaub,* NZI 1999, 215, 218.

124 § 55 Abs. 3 InsO eingef. durch G.v. 26. 10. 2001 (BGBl. I S. 2710); zur vorangegangenen Diskussion vgl. nur LAG Hamm, Urt. v. 10.1. 2000 – 19 Sa 1638/99 – ZInsO 2000, 113m. Anm. *Pape,* ZInsO 2000, 143f.; *Uhlenbruck,* in: Gottwald, Insolvenzrechts-Handbuch, 3. Aufl. 2006, § 14 Rn. 65f.; *Berkowsky,* NZI 2000, 253ff.

125 BSG, Beschl. v. 26.7.1999 – B 11/10 AL 5/98 B – ZInsO 2000, 174.

126 *Berscheid,* ZInsO 2000, 134, 135.

63 Als **Arbeitgeber** ist im Zusammenhang des Rechts der Insolvenzgeldgewährung nach am Zweck der Insolvenzgeldgewährung orientierter Ansicht der Bundesanstalt für Arbeit[127] im gleichen Sinne wie im Arbeitsrecht anzusehen, wem die Verfügung über die Arbeitskraft, die Einstellung, Verwendung und Entlassung zusteht, für dessen Rechnung der Lohn gezahlt wird und dem der Erfolg der Arbeitsleistung zugutekommt. Wie den Unternehmer kennzeichnet den Arbeitgeber insbesondere, dass er das Unternehmerrisiko trägt.[128] Anspruch aus Insolvenzgeld haben gem. § 165 Abs. 1 SGB III nur Arbeitnehmer. Als **Arbeitnehmer** ist nach allgemeinen arbeitsrechtlichen Maßstäben anzusehen, wer auf Grund eines privatrechtlichen Vertrages oder eines ihm gleichgestellten Rechtsverhältnisses im Dienst eines anderen zur Arbeit verpflichtet ist, wobei es ausschlaggebend darauf ankommt, dass der Arbeitnehmer Arbeit in persönlicher Abhängigkeit vom Arbeitgeber leistet, der ihm hinsichtlich Zeit, Dauer, Ort, Art und Inhalt der geschuldeten Arbeitsleistungen im Rahmen einer vom Dritten bestimmten Arbeitsorganisation Weisungen erteilt.[129] Danach zählen zu den anspruchsberechtigten Personen auch leitende Angestellte, Familienangehörige des Insolvenzschuldners, Volontäre, Praktikanten, Auszubildende (§ 101 Abs. 2 AFG). Auch versicherungsfreie Personen gehören zu den insolvenzgeldberechtigten Arbeitnehmern. Daher haben auch im insolvenzschuldnerischen Unternehmen beschäftigte Studenten, Schüler, Rentner und geringfügig Beschäftigte grundsätzlich Anspruch auf Insolvenzgeldzahlung.[130]

64 Als **Ansprüche auf Arbeitsentgelt** sind gem. § 165 Abs. 2 Satz 1 SGB III alle Ansprüche auf „Bezüge aus dem Arbeitverhältnis" anzusehen, also alle Ansprüche mit Entgeltcharakter aus dem Arbeitsverhältnis (Geld- und Naturalleistungen), die der Arbeitnehmer aus dem Arbeitsverhältnis als Gegenwert für seine Arbeitsleistung zu beanspruchen hat.[131] Zum Arbeitsentgelt i. S. d. insolvenzgeldrechtlichen Regelungen zählen auch die Ansprüche auf Ersatz der ihm bei Erbringung der Arbeitsleistung entstandenen (ggf. pauschal vergüteten) Auslagen. **Im Einzelnen** fallen unter das den Insolvenzgeldanspruch begründende Arbeitsentgelt das Gehalt, Lohn als Zeit- oder Akkordlohn, Vergütung bzw. Zuschläge für Mehrarbeit, Überstunden, Sonntags-, Feiertags- und Nachtarbeit, Gefahren-, Wege- und Schmutzzulagen, Auslösungen, Kleidergelder, Kostgelder, vermögenswirksame Leistungen, Gewinnanteile (Tantiemen), Sachbezüge, Urlaubsentgelte, Urlaubsgelder, Jahressonderleistungen, Jubiläumszuwendungen, Lohnausgleich im Baugewerbe, Zuschüsse zum Krankengeld, Zuschüsse zum Mutterschaftsgeld, Beiträge des Arbeitgebers zur Zukunftssicherung des Arbeitnehmers, Reisekosten und sonstige Spesen, die dem Arbeitnehmer in unmittelbarem Zusammenhang mit seiner Arbeitsleistung erstattet werden, Fahrgeldentschädigungen für Fahrten von der Wohnung zur Arbeitsstelle, Mankogelder, Werkzeuggelder, Provisionen.[132]

127 Insg-DA 4.2 Abs. 1 zu § 183 SGB III.
128 BSG, Urt. v. 28. 6. 1983 – 10 RAr 26/81 – ZIP 1983, 1224.
129 BAG, Urt. v. 25. 8. 1982 – 5 AZR 7/81 – AP Nr. 32 zu § 611 BGB Lehrer, Dozenten.
130 *Berscheid,* Arbeitsverhältnisse in der Insolvenz, 1. Aufl. 1999, Rn. 824.
131 BAG, Urt. v. 12. 3. 2008 – 10 AZR 148/08, ZIP 2008, 979.
132 Insg-DA 7.2 Abs. 1 zu § 183 SGB III.

65 Das Insolvenzgeld wird gem. § 167 Abs. 1 SGB III in Höhe des Nettoarbeitsentgelts geleistet, das sich ergibt, wenn das Arbeitsentgelt um die gesetzlichen Abzüge vermindert wird. Eine Leistungsbemessungsgrenze einer Obergrenze nach ist gesetzlich nicht vorgesehen, so dass auch hochbezahlte Arbeitnehmer Zahlung des vollen Nettoarbeitsentgelts beanspruchen können. Der Anspruch kann entfallen, wenn der Arbeitgeber, im Eröffnungsverfahren der vorläufige Insolvenzverwalter aufgrund ihm hierfür eingeräumter Verfügungsmacht oder im eröffneten Verfahren der Insolvenzverwalter nach Stellung des Antrags auf Zahlung von Insolvenzgeld das Arbeitsentgelt zahlt, sofern dies mit befreiender Wirkung erfolgt – also insbesondere die Zahlung nicht nach § 130 bzw. § 131 InsO angefochten worden ist.[133] Einen Anspruch auf Insolvenzgeld hat nur derjenige, welcher aus einem Arbeitsverhältnis durchsetzbaren Anspruch auf Arbeitsentgelt für den Insolvenzgeld-Zeitraum hat.[134] Dementsprechend hat der Arbeitnehmer gem. § 166 Abs. 1 SGB III keinen Anspruch auf Insolvenzgeld wegen solcher Ansprüche auf Arbeitsentgelt, die er wegen der Beendigung des Arbeitsverhältnisses oder für die Zeit nach der Beendigung des Arbeitsverhältnisses oder die er durch eine nach der Insolvenzordnung angefochtene Rechtshandlung oder eine Rechtshandlung erworben hat, die im Falle der Eröffnung des Insolvenzverfahrens anfechtbar wäre. Gleiches gilt, wenn der Insolvenzverwalter wegen eines Rechts zur Leistungsverweigerung nicht erfüllt. Nach § 166 Abs. 2 SGB III ist der Bundesagentur für Arbeit das Insolvenzgeld zu erstatten, wenn gleichwohl in einem solchen Fall die Zahlung von Insolvenzgeld erbracht worden ist.

66 Allerdings begründen solche Arbeitsentgeltansprüche gem. § 166 Abs. 1 Nr. 2 SGB III keinen Anspruch auf Zahlung von Insolvenzgeld, die der Arbeitnehmer durch eine Rechtshandlung erworben hat, die vom Insolvenzverwalter nach den Vorschriften der §§ 130 bis 133 InsO zu Recht angefochten worden ist oder hinsichtlich deren der Insolvenzverwalter von seinem Leistungsverweigerungsrecht nach § 146 Abs. 2 InsO zu Recht Gebrauch gemacht hat, § 166 Abs. 1 Nr. 3 SGB III. § 184 Abs. 1 Nr. 2 SGB III sieht vor, dass die anfechtbare oder angefochtene Rechtshandlung in einem Vertrag zwischen dem Schuldner und dem Arbeitnehmer bestehen muss, durch den Ansprüche auf Arbeitsentgelt begründet werden, insbesondere in einer in der kritischen Zeit vorgenommenen nicht gerechtfertigten Abrede über eine Lohn- oder Gehaltserhöhung. In Frage kommen daher insbesondere die Anfechtungsmöglichkeiten nach §§ 132 Abs. 1, 133 InsO.

67 § 170 Abs. 4 SGB III statuiert eine Einschränkung der bisher bestehenden Möglichkeiten der kollektiven Vorfinanzierung durch Dritte.[135] Zwar können nunmehr auch Gläubiger des Arbeitgebers oder an seinem Unternehmen Beteiligte die Funktion vorfinanzierender Dritter übernehmen. Zur Vorfinanzierung des Insolvenzgeldes kann der Anspruch auf Arbeitsentgelt an dritte Banken, Gläubigerbanken oder auch Anteilseignern übertragen (abgetreten) oder verpfändet werden. Die Abtretung bzw. Verpfändung der Ansprüche auf Arbeitsentgelt muss vor der Eröffnung des Insol-

---

133 BSG, Urt. v. 27. 9. 1994 – 10 RAr 1/93 – ZIP 1994, 1965.
134 BSG, Urt. v. 8. 4. 1992 – 10 RAr 4/91 – ZIP 1992, 945, 946.
135 *Kind,* InVo 1998, 57 ff.; *Kind,* in: Braun, InsO, 2. Aufl. 2004, § 22 Rn. 16 ff.; *Berscheid,* in: Uhlenbruck, InsO, 13. Aufl. 2010, § 22 Rn. 175; *Haarmeyer,* in: MünchKomm, InsO, 1. Aufl. 2001, § 22 Rn. 72.

venzverfahrens bzw. vor der Abweisung des Antrages mangels Masse und zur Vorfinanzierung der Ansprüche auf Arbeitsentgelt erfolgt sein.[136] Dieser zedierte oder verpfändete Arbeitsgeldanspruch begründet aber gem. § 170 Abs. 4 Satz 1 SGB III nur dann einen Anspruch auf Zahlung von Insolvenzgeld, wenn das Arbeitsamt der Übertragung oder Verpfändung vorher i.S.v. § 182 BGB zugestimmt hat. Die nach § 170 Abs. 4 Satz 1 SGB III erforderliche Zustimmung des Arbeitsamtes tritt ist an die Stelle des Missbrauchstatbestandes des § 141k Abs. 2a AFG getreten.[137] Die Zustimmung kann als vorherige Einwilligung gem. § 183 BGB oder als nachträgliche Genehmigung nach § 184 BGB erfolgen. Maßgeblich ist danach nicht, ob eine Aussicht auf Befriedigung der im Wege der cessio legis auf die Arbeitsverwaltung übergegangenen Arbeitsentgeltansprüche besteht.[138] Diese Zustimmung ist nach 170 Abs. 4 Satz 2 SGB III unter der Voraussetzung zu erteilen, dass Tatsachen vorliegen, aufgrund deren die Annahme überwiegend wahrscheinlich ist, dass infolge der Vorfinanzierung ein *erheblicher Teil der Arbeitsplätze erhalten* bleibt. Die Zustimmung nach § 170 Abs. 4 Satz 2 SGB III setzt daher eine positive Prognose der Agentur für Arbeit darüber voraus, dass ein Sanierungsversuch zu einem erheblichen Erhalt von Arbeitsplätzen führen kann[139], womit die frühzeitige Beteiligung des Arbeitsamtes am Insolvenzverfahren bereits im Vorfeld von Sanierungsbemühungen erreicht werden soll. Die Zustimmungserklärung kann daher noch nach der Übertragung der Arbeitsentgeltansprüche erfolgen und zwar grundsätzlich noch bis spätestens unmittelbar vor dem Insolvenzereignis.[140] Der Anspruch auf Insolvenzgeld ist aber ausgeschlossen, wenn Gläubiger oder Pfandgläubiger die Arbeitsentgelte vor dem Insolvenzereignis gegen Abtretung (§ 398 BGB) oder Verpfändung (§§ 1273, 1274, 1279 BGB) der Entgeltansprüche ohne Zustimmung des Arbeitsamtes vorfinanzieren.

Die „Erheblichkeit" bemisst sich nach der Durchführungsanordnung zum Insolvenzgeld (Pkt. 4.2. Abs. 8 zu § 188 SGB III a.F.)[141] entsprechend den in § 112a BetrVG niedergelegten Maßstäben, wobei in Fällen von Unternehmen in strukturschwachen Gebieten diese Anforderungen herabgesetzt werden können. Als Tatsachen, mit denen der nennenswerte Arbeitsplatzerhalt glaubhaft gemacht werden kann, kommen ein Sanierungskonzept, erste Schritte zur Verwirklichung desselben und ein positives Gutachten des vorläufigen Insolvenzverwalters gem. § 22 Abs. 1 Satz 2 Nr. 3 2. HS InsO in Betracht.[142] Dabei wird als Indiz für den Erhalt von Arbeitsplätzen, auf das das Arbeitsamt seine Zustimmung stützen kann, z.B. die Einräumung erheblicher Sanierungskredite angesehen.[143] Andererseits genügt es zur Erlangung der Zustimmung des Arbeitsamtes nicht, wenn der nach § 22 Abs. 1 InsO unter Verhängung eines allgemeinen Verfügungsverbots gegen den Schuldner ernannte vorläufige Verwalter auf die ihn treffende Pflicht zur Fortführung des Unternehmens gem. § 22 Abs. 1 Satz 2 Nr. 2 InsO verweist. **68**

---

136 Insg-DA 4.1. Abs. 2 zu § 188 SGB III.
137 Durchführungsanweisungen der BA zum Insolvenzgeld, Pkt. 4.1 zu § 188 SGB III, abgedr. in ZIP 1999, 205, 211; *Oberhofer*, DZWIR 1999, 319; *Kind*, in: Braun, InsO, 2. Aufl. 2004, § 22 Rn. 20.
138 *Oberhofer* (Fn. 137).
139 *Berscheid*, DZWIR 2000, 133 ff.; *Oberhofer*, DZWIR 1999, 317 ff.; *Smid*, NZA 2000, 113, 116 f.
140 Insg-DA 4.2. Abs. 5 zu § 188 SGB III.
141 Abgedruckt in ZIP 1999, 205, 211 f; *Berscheid*, in: Uhlenbruck, InsO, 13. Aufl. 2010, § 22 Rn. 172.
142 *Uhlenbruck*, Gottwald, Insolvenzrechts-Handbuch, 3. Aufl. 2006, § 14 Rn. 62; *Hase*, Sicherung der Arbeitnehmeransprüche in der Insolvenzpraxis, 1999, S. 192; *Oberhofer* (Fn. 319); *Braun-Kind*, InsO § 22 Rn. 24.
143 *Hase*, Sicherung der Arbeitnehmeransprüche in der Insolvenzpraxis, 1999, S. 190.

69 Der Erhalt eines erheblichen Teils der Arbeitsplätze ist nach alledem dann zu prognostizieren, wenn unter Berücksichtigung des bisherigen arbeitstechnischen Zwecks die betriebliche Funktion des insolvenzschuldnerischen Unternehmens erhalten bleibt. Dies ist der Fall, wenn die betriebliche Tätigkeit fortgeführt wird, und der Arbeitsmarkt nicht nur unwesentlich begünstigt wird. Wann dies der Fall ist, hat die Bundesanstalt für Arbeit in ihrer Durchführungs-Anweisung[144] durch Bestimmung von Größenverhältnissen der Betriebsgröße und der Zahl der Arbeitnehmer nach § 112a Abs. 1 Satz 1 Nr. 1 bis 4 BetrVG festgelegt. Unter Zugrundelegung dieser Maßstäbe bleibt ein erheblicher Teil der Arbeitsplätze i. S. v. § 170 Abs. 4 Satz 2 SGB III erhalten, soweit deren Umfang die Mindestgrenzen des § 112a Abs. 1 BetrVG erreicht oder überschreitet.[145]

70

Betriebsgröße	Mindestzahl der Arbeitsplätze
21–59 Arbeitnehmer	20% der jeweiligen Zahl, aber mindestens 6 Arbeitsplätze
60–249 Arbeitnehmer	20% der jeweiligen Zahl, aber mindestens 37 Arbeitsplätze
250– 499 Arbeitnehmer	15% der jeweiligen Zahl, aber mindestens 60 Arbeitsplätze
500 und mehr Arbeitnehmer	10% der jeweiligen Zahl, aber mindestens 60 Arbeitsplätze

71 Bei bloßer Ausproduktion[146] und Absehbarkeit des Verlustes der Arbeitsplätze darf die Zustimmung zur Vorfinanzierung nicht erteilt werden. In diesem Zusammenhang setzt die Zustimmung mit dem Erfordernis erheblichen Arbeitsplatzerhalts allerdings nicht voraus, dass etwa zu erwarten ist, mehr als die Hälfte der Arbeitsplätze blieben bestehen. Vielmehr reicht insoweit der voraussichtliche Arbeitsplatzerhalt für die in den §§ 111 Satz 1, 112a BetrVG, 17 Abs. 1 KSchG aufgeführten Mindestgrößen zu entlassender Arbeitnehmer aus.

72 **c) Bevollmächtigung des vorläufigen Insolvenzverwalters.** Der vorläufige Insolvenzverwalter lässt sich regelmäßig von den betroffenen Arbeitnehmern bevollmächtigen, gegenüber der vorfinanzierenden Bank oder Sparkasse alle notwendigen Erklärungen zur Durchführung der Vorfinanzierung des Insolvenzgeldes abzugeben. Dabei muss der vorläufige Insolvenzverwalter in der Vollmachtsurkunde von den Beschränkungen des § 181 BGB befreit werden. Auf diesem Wege wird vermieden, dass jeder einzelne Arbeitnehmer einzeln mit dem vorfinanzierenden Kreditinstitut kontrahieren muss.

8. Pflicht des vorläufigen Verwalters zur Sicherung der Gläubigergleichbehandlung

73 Da im Eröffnungsverfahren die Vermögenslage des Schuldners zu erhalten ist, um die Gläubigerbefriedigung par condicio im eröffneten Verfahren zu sichern, darf der vor-

---

144 Insg-DA 4.2. Abs. 8 zu § 188 SGB III.

145 *Berscheid,* DZWIR 2000, 133, 136.

146 *Mönning,* Betriebsfortführung in der Insolvenz, 1997, Rn. 716f; *Berscheid,* in: Uhlenbruck, InsO, 13. Aufl. 2010, § 22 Rn. 175; *Irschlinger,* in: HK, SGB III § 188 Rn. 12; *Oberhofer* (Fn. 137).

läufige Verwalter ebenso wenig wie der Schuldner Rechtshandlungen vornehmen, die dem Grundsatz der Gläubigergleichbehandlung widersprechen.

Der IX. Zivilsenat hat dies in einem Fall[147] für den **vorläufigen Zustimmungsverwalter** entschieden, in dem einem Insolvenzgläubiger im Wege eines *Vergleichs* die Befriedigung seiner Forderung vom Schuldner zugesagt worden war; der vorläufige Zustimmungsverwalter hatte darauf hingewiesen, dass eine entsprechende Befriedigungshandlung im eröffneten Verfahren **anfechtbar** sei. Der Schuldner hatte mit Zustimmung des vorläufigen Verwalters dem anderen Teil ein finanzielles Zugeständnis gemacht, ohne dass der Masse durch die damit verbundene Belastung ein unmittelbarer Vorteil erwuchs. Das „Zugeständnis" bezieht sich darauf, dass die Forderung, deren Befriedigung aus der Masse „vorab" vergleichsweise vereinbart worden war, als Insolvenzforderung nur mit der auf sie entfallenden Dividende aufgrund der Quote zu berücksichtigen gewesen wäre. In dieser Art von Fallgestaltung handelt der Schuldner; seine Handlung unterliegt im eröffneten Verfahren der Insolvenzanfechtung gem. §§ 129 ff. InsO, ohne dass eine etwaige Zustimmung des vorläufigen Verwalters dies ausschließt – der sich aber dadurch gem. § 60 InsO bzw. § 826 BGB schadenersatzpflichtig machen kann. 74

Ein vorläufiger Verwalter mit umfassender Rechtsmacht gem. § 22 Abs. 1 InsO handelt rechtlich vergleichbar wie der Insolvenzverwalter im eröffneten Verfahren. Dessen Rechtshandlungen sind, sofern sie gläubigerbenachteiligenden Charakter haben, z.B. weil sie einem Insolvenzgläubiger vollständige Befriedigung gewähren und damit den Gleichbehandlungsgrundsatz verletzen, **insolvenzzweckwidrig.** 75

Die Rechtsfolge aus der Insolvenzzweckwidrigkeit einer Handlung des Insolvenzverwalters sah die zitierte ältere Judikatur in der ipso iure-Unwirksamkeit der Handlung.[148] Der BGH lässt in der zitierten Entscheidung[149] offen, ob *Spickhoff*[150] zu folgen sei, der die Grundsätze des Missbrauchs der Vertretungsmacht mit der Folge anzuwenden vorschlägt, dass objektive Evidenz und grobe Fahrlässigkeit der Unkenntnis des Vertragspartners die Unwirksamkeit des Handelns des Insolvenzverwalters zur Folge habe. 76

IV. Rechtsmittel gegen die Anordnungen des Insolvenzgerichts gem. § 21 InsO

1. Gesetzliche Regelung

Angesichts des tief greifenden Charakters der Anordnungen, die das Insolvenzgericht im Vorfeld der Eröffnung des Verfahrens gegen den Schuldner erlassen kann, sieht § 21 Abs. 1 Satz 2 InsO vor, dass das Rechtsmittel der sofortigen Beschwerde gegen den Anordnungsbeschluss eingelegt werden kann.[151] 77

---

147 BGH, Urt. v. 25. 4. 2002 – IX ZR 313/99 – DZWIR 2003, 20, 22 f. Vgl. bereits RG, Urt. v. 16. 3. 1904 – V 384/03 – RGZ 57, 195, 199 f.; RG, Urt. v. 25. 4. 1906 – I 614/05, RGZ 63, 203, 213; RG, Urt. v. 6. 5. 1911 – I 164/10, RGZ 76, 244, 249 f.; BGH, Urt. v. 8. 12. 1954 – VI ZR 189/53 – LM § 6 KO Nr. 3; BGH, Urt. v. 3. 2. 1971 – VIII ZR 94/69 – WM 1971, 346, 347; BGH, Urt. v. 28. 10. 1993 – IX ZR 21/93 – NJW 1994, 323, 326.
148 *Vallender,* in: Uhlenbruck, InsO, 13. Aufl. 2010, § 22 Rn. 208 ff.
149 BGH, Urt. v. 25. 4. 2002 – IX ZR 313/99 – DZWIR 2003, 20, 22 f. (Fn. 147).
150 *Spickhoff,* KTS 2000, 15 ff.; vgl. auch *Ott,* in: MünchKomm, InsO, 1. Aufl. 2001, § 80 Rn. 61 m.w.N.
151 *Henckel,* ZIP 2000, 2045.

2. Vorläufiger Rechtsschutz gegen vorläufige Anordnungen des Insolvenzgerichts?

78 Bereits oben (§ 3 Rn. 39f.) ist danach gefragt worden, ob der Schuldner gegen rechtswidrige Fremdanträge im Wege vorläufigen Rechtsschutzes vorgehen kann. Die Judikatur verneint diese Frage. Es stellt sich aber weiter die Frage, ob ein Verfahrensbeteiligter im Wege einstweiligen Rechtsschutzes vorläufige Anordnungen des Insolvenzgerichts bekämpfen oder auf ihren Erlass hinwirken kann.

79 Mit einer Entscheidung aus dem Jahr 2005[152] macht der IX. Zivilsenat deutlich, dass dem durch die §§ 570 Abs. 3, 575 Abs. 5 ZPO enge Grenzen gezogen sind. Das Insolvenzgericht hatte die Eröffnung eines Insolvenzverfahrens über das Vermögen eines Finanzdienstleistungsunternehmens abgelehnt. Dessen von der BAFin eingesetzte Abwickler, der den entsprechenden Eröffnungsantrag gestellt hatte, legte gegen die insolvenzgerichtliche Entscheidung vergeblich die sofortige Beschwerde ein und beantragte schließlich zugleich mit seiner Rechtsbeschwerde die Anordnung von Sicherungsmaßnahmen gem. § 21 Abs. 2 Nr. 2 und 3 InsO durch den BGH.

80 Der BGH als Gericht der Rechtsbeschwerde entscheidet gem. § 4 InsO nach den für die Beschwerde geltenden zivilprozessualen Vorschriften, was auf die §§ 570 Abs. 3, 575 Abs. 5 ZPO verweist. Diese Vorschriften räumen dem Rechtsbeschwerdegericht die Befugnis zum Erlass einstweiliger Anordnungen ein. Mit diesem Instrument soll das Rechtsbeschwerdegericht die Möglichkeit haben, für die Dauer des Rechtsmittelverfahrens die Wirkung zu hemmen, die von den vorinstanzlichen Entscheidungen ausgeht.[153] Damit soll die für den Fall der Fortdauer der Wirkung der vorinstanzlichen Entscheidungen ausgehende schädliche Wirkung auf den Rechtsmittelführer vermieden werden – der BGH vergleicht daher § 570 Abs. 3 ZPO mit der Vollstreckungsaussetzung gem. § 707 ZPO. Über die Aussetzung der Vollziehung der angegriffenen Entscheidungen hinaus sollen sich indes keine weiteren einstweiligen Regelungsbefugnisse des Rechtsmittelgerichts aus diesen Vorschriften ergeben. Im Insolvenzverfahren/Rechtsbeschwerdeverfahren zieht der IX. Zivilsenat hieraus den Schluss, dass der für das Insolvenz(eröffnungs)verfahren typische Schutz der Masse durch vorläufige insolvenzgerichtliche Anordnungen nicht im Rahmen der §§ 570ff. ZPO vorgenommen werden kann. Dem Rechtsbeschwerdesenat ist es daher versagt, vorläufige Anordnungen gem. § 21 Abs. 2 InsO im Rahmen seiner zivilprozessualen Regelungsbefugnisse zu treffen. Denn dabei handle es sich um Anordnungen, die „tatrichterliche" Entscheidungen des Insolvenzgerichts oder des Beschwerdegerichts beträfen und die dem Rechtsbeschwerdegericht versagt seien. Damit sei eine „Aufgabenverteilung" zwischen Insolvenzgericht und Rechtsbeschwerdegericht auch im Rahmen des § 21 Abs. 2 InsO vorgenommen, aufgrund derer eine restriktive Handhabung der §§ 570ff. ZPO geboten sei. Der Verweis des erkennenden Senates auf die begrenzte Rechtsüberprüfungsaufgabe des Rechtsbeschwerdegerichts ist zwar nachvollziehbar; sein Hinweis auf die bislang restriktive Auslegung der §§ 570, 575 ZPO in der überkommenen Judikatur macht indes deutlich, dass eine differenzierende Art der Handhabung solcher Fragen nicht völlig ausgeschlossen gewesen wäre. So kann für den Fall, dass die erstinstanzliche Ablehnung der Verfahrenseröffnung allein auf

152 BGH, Beschl. v. 1. 12. 2005 – IX ZB 208/05 – DZWIR 2006, 128ff.
153 Vgl. allein *Jänich*, in: Wieczorek/Schütze, ZPO, 3. Aufl. 2005, § 570 Rn. 6.

Rechtsgründen beruht und aus den Akten im Übrigen zu folgern ist, dass die durch den Rechtsmittelzug bewirkte Verzögerung Schäden zu verursachen geeignet sein kann, insbesondere die Anordnung eines automatic stay (§ 21 Abs. 2 Nr. 3 InsO) als allgemeine Insolvenzvorwirkung auch ohne tatrichterliche Ermittlungen denkbar sein.

V. Aufhebung vorläufiger Anordnungen nach §§ 21, 22 InsO

Ist die Verfügungsbefugnis über das Vermögen des Schuldners auf einen vorläufigen Insolvenzverwalter übergegangen, so hat dieser vor der Aufhebung seiner Bestellung aus dem von ihm verwalteten Vermögen die entstandenen Kosten zu berichtigen und die von ihm begründeten Verbindlichkeiten zu erfüllen. Gleiches gilt für die Verbindlichkeiten aus einem Dauerschuldverhältnis, soweit der vorläufige Insolvenzverwalter für das von ihm verwaltete Vermögen die Gegenleistung in Anspruch genommen hat, § 25 Abs. 2 InsO.[154] **81**

Im Falle der – zulässigen – Rücknahme des Eigenantrages der Schuldnerin durch ihre gesellschaftsrechtlichen Organe (oben § 3 Rn. 28 f.) wird eine Lage hervorgerufen, die derjenigen entsprechen kann, wenn die vorläufige Insolvenzverwaltung aufgehoben wird, ohne dass es zur Eröffnung des Insolvenzverfahrens kommt – beispielsweise, wenn der Eröffnungsbeschluss erlassen, aber beschwerdeinstanzlich erfolgreich angegriffen wird. In einem derartigen Fall sind aber diejenigen Gläubiger schutzbedürftig, die den Schuldner im Vertrauen darauf kreditiert haben, dass die Zustimmung des vorläufigen Verwalters nur bei einer entsprechenden Deckung der Geschäfte und der Sicherstellung ihrer Befriedigung gewährleistet sei. Nicht zuletzt bedarf der vorläufige Verwalter wegen der Sicherung seiner Vergütungsansprüche eines Schutzes. Der vorläufige Verwalter ist daher berechtigt und ggf. verpflichtet, dem „sequestrierten" Vermögen einen Betrag zu entnehmen und auf Anderkonten zu verwahren,[155] der zur Befriedigung der durch die und während der vorläufigen Verwaltung begründeten Verbindlichkeiten dient. Soweit es sich um einen vorläufigen Verwalter nach § 22 Abs. 1 InsO handelt, bedarf er hierfür keiner besonderen Legitimation durch das Insolvenzgericht. Denn aufgrund seiner Stellung als Partei kraft Amtes, die in vollem Umfang der Rechtsmacht an die Stelle des Schuldners tritt, ist der vorläufige Verwalter zur Bildung einer „Sondermasse" i. Satz v. § 25 Abs. 2 InsO bereits mit seiner Einsetzung durch die vorläufige Anordnung des Insolvenzgerichts befugt. Im Falle eines vorläufigen „Zustimmungsverwalters" zeigt § 22 Abs. 2 InsO, dass sich dessen Befugnis nicht ohne weiteres auf die Beschlagnahme von Teilen des schuldnerischen Vermögens zum Zwecke der Befriedigung bestimmter Gläubiger erstreckt; hierfür bedarf es eines besonderen insolvenzgerichtlichen Beschlusses, soweit nicht ausdrücklich bereits in der vorläufigen Anordnung nach § 21 InsO dem vorläufigen Verwalter eine solche Rechtsmacht eingeräumt worden ist. Dies kann, wie das AG Duisburg[156] zutreffend erkennt, auch nachträglich auf Antrag des vorläufigen Verwalters durch gesonderten Beschluss erfolgen. **82**

---

154 Hierzu *Thiemann* (Fn. 10) Rn. 446 ff.; *Haarmeyer,* ZInsO 2000, 70 ff.
155 *Pohlmann,* Befugnisse und Funktionen des vorläufigen Insolvenzverwalters, 1998, Rn. 358 ff.
156 AG Duisburg, Beschl. v. 29. 3. 2000 – 62 IN 10/00 – DZWIR 2000, 306 m. Anm. *Smid,* DZWIR 2000, 307.

VI. Deutsches Eröffnungsverfahren als europäisches Hauptinsolvenzverfahren?

1. Fragestellung

83 Einige europäische Insolvenzrechte kennen vorläufige Anordnungen, denen nach dem nationalen Insolvenzrecht als Insolvenzstatut (Art. 4 Abs. 1 EuInsVO) Rückwirkungen oder gar die Wirkungen eines eröffneten Insolvenzverfahrens beigelegt werden.

2. Eurofood-Entscheidung des EuGH

84 Es sind daher Zweifel geäußert worden, ob im deutschen Recht der vorläufige Verwalter mit Verfügungsmacht (§ 22 Abs. 1 InsO) eine Stellung einnehmen könne, die z.B. das angelsächsische Recht dem irischen provisional liquidator zuschreibt. Dagegen hat der EuGH darauf erkannt, dass es für die Beurteilung eines Verfahrens nicht allein auf die Person des Verwalters ankommt. Der vorläufige Verwalter – und damit alle Formen des vorläufigen Verwalters nach §§ 21, 22 InsO – in Anhang C zur EuInsVO genannt. Das erfüllt die Anforderungen, die an einen Insolvenzverwalter i.S.v. Art. 1 Abs. 1 EuInsVO zu stellen sind. Dagegen genügt die Reichweite und der Umfang der Übertragung von Verfügungsbefugnissen auf den vorläufigen Verwalter nicht den Anforderungen, die an die Eröffnung eines Insolvenzverfahrens in dem vom EuGH angesprochenen Sinne zu richten sind. Zwar wird das Vermögen des Schuldners zur Sicherung der Vermögenslage beschlagnahmt, aber nicht im Sinne einer haftungsrechtlichen Zuweisung an die Gläubiger. Der systematische Zusammenhang zwischen Eröffnungsverfahren und dem schließlich eröffneten Insolvenzverfahren macht deutlich, dass ein haftungsrechtlicher Gesamtbeschlag des Vermögens durch das Eröffnungsverfahren nicht greift. Das deutsche Recht darf dies im Übrigen auch gar nicht anders sehen. Denn das in Deutschland das lange Eröffnungsverfahren im Erlass des Eröffnungsbeschlusses vorangeschickt wird, hat seinen Grund allein in der Finanzierung des späteren Insolvenzverfahrens durch das vor Eröffnungsbeschluss zu zahlende Insolvenzgeld: Das Insolvenzgeld kann und wird aber nur gezahlt, um den Ausfall von Arbeitsnehmern mit rückständigen Lohn und Gehalt zu kompensieren, der sich insolvenzrechtlich betrachtet als Ausfall der Arbeitnehmer mit Insolvenzforderungen darstellt. Da Insolvenzgeld die Ausfälle wegen rückständiger Lohn- und Gehaltsforderungen in den letzten drei Monaten vor Erlass des Eröffnungsbeschlusses abdeckt, wäre das ebenso filigrane wie heute funktionstüchtige System der Masseanreicherung durch Insolvenzgeldzahlungen ad absurdum geführt, würde Insolvenzgeld auf Lohn- und Gehaltszahlungen geleistet, die aus der Masse zu finanzieren wären. Dies wäre jedenfalls dann der Fall, wenn es sich bei dem Eröffnungsverfahren bereits um ein eröffnetes Insolvenzverfahren im Sinne europäischer Standards handeln würde. Es bedarf hier keiner Erwähnung, dass dann im Übrigen die Insolvenzgeldzahlung in noch stärkerem Maße beihilferechtlichen Bedenken ausgesetzt wäre, als dies bereits heute der Fall ist. Die Finanzierung der Masseanreicherung durch Insolvenzgeld und die dadurch bedingten langen deutschen Eröffnungsverfahren können also nicht zu eröffneten Insolvenzverfahren uminterpretiert werden, um zeitlich zwischen der in Deutschland erlassenen Anordnung nach § 21 InsO und dem schließlich erlassenen Eröffnungsbeschluss vorgenommenen ausländischen Eröffnungsbeschlüssen den prioritätsrechtlichen Wind aus den Segeln zu nehmen. Dass im Übrigen der EuGH für aktivierbare Maßstäbe an die Feststellung des Mittelpunktes des hauptsächlichen Interesses angelegt wissen will, mindert die Chancen bzw. Gefahren nicht, die von der Konkurrenz deutscher und ausländischer Insolvenzrechtssysteme für die deutsche Praxis ausgehen. Solange das ausländische Gericht – sei es ein griechisches, estisches oder slowakisches oder ein englisches Gericht – davon ausgeht, der Mittelpunkt des wirtschaftlichen Interesses begründe seine internationale Zuständigkeit und dabei das Vorliegen von verobjektivierbaren Kriterien nach Maßgabe der vorliegenden Entscheidung des EuGH bejaht, ändert die Judikatur des EuGH nichts an den bisher aufgeworfenen Problemen.

VII. Kritik am „deutschen" Eröffnungsverfahren

1. Wettbewerbsverzerrende Subvention?

Das Modell der Vorfinanzierung der Insolvenzabwicklung mit Insolvenzgeld ist der deutschen Insolvenzrechtspraxis in Fleisch und Blut übergegangen. Gleichwohl bestehen Bedenken. Aus dem Gesichtspunkt des EU-Beihilferechts[157] erscheint es denkbar, dass sich die durch Entscheidung einer staatlichen Agentur gewährte Insolvenzgeldleistung als – verbotene – Subvention der Insolvenzabwicklung darstellt. Die dreimonatige Insolvenzgeldlaufzeit bietet überdies einen unerwünschten Anreiz zur heute üblichen Ausdehnung des Eröffnungsverfahrens. **85**

2. Einschränkung der Gläubigerautonomie: Vorläufiger Gläubigerausschuss?

Durch das wegen der Finanzierung einer Ausproduktion durch Inanspruchnahme von Insolvenzgeld[158] regelmäßig dreimonatiger Eröffnungsverfahren verlagert sich die *faktische Herrschaft* über das Insolvenzverfahren von den Gläubigern auf den (vorläufigen) Insolvenzverwalter und das ihn auswählende Gericht.[159] Im Eröffnungsverfahren werden Fakten geschaffen, ohne dass die Gläubiger hierauf Einfluss nehmen können. Es wundert daher nicht, dass eine nicht abreißende Diskussion um die Zulässigkeit und die Modalitäten der Bestellung von vorläufigen Gläubigerausschüssen[160] geführt wird, die freilich allein die Überwachung des Insolvenzverwalters und seiner „Beratung" wahrnehmen können, auf seine Auswahl nur höchst mittelbar Einfluss zu nehmen in der Lage sind. Die zeitliche Abhebelung der vom Gesetz gewollten gläubigerautonomen Entscheidung von der Schaffung von Fakten stellt etwas anderes dar, als bloß eine „Fortentwicklung" des „gelebten Rechts" durch eine rechtsfortbildende Praxis. Vielmehr muss die faktische Beschneidung der Gläubigerautonomie durch das „gelebte" deutsche Insolvenzrecht vor dem Hintergrund derjenigen rechtlichen Eckpfosten betrachtet werden, die durch den IX. Zivilsenat des BGH[161] gesetzt worden sind. **86**

---

157 *Cranshaw*, Einflüsse des Europäischen Rechts auf das Insolvenzverfahren, 2006, S. 1328, 1333 ff.
158 *Irschlinger*, in: H-K, SGB III § 188 Rn. 12; *Oberhofer*, DZWIR 1999, 317, 321.
159 Zur „Weichenstellung" im Eröffnungsverfahren vgl. statt aller nur *Thiemann*, in: Smid, InsO, 2. Aufl. 2001, § 21 Rn. 47.
160 *Gerhardt*, in: Jaeger/Henckel, InsO, 1. Aufl. 2004, § 22 Rn. 172.
161 Zuletzt der „Sachverständigenbeschluss": BGH, Beschl. v. 4. 3. 2004 – IX ZB 133/03 – ZIP 2004, 915.

§ 28 Die kostendeckende Masse

I. Maßstäbe

1 Bereits in den vorangegangenen §§ 2 und 3 haben wir Maßstäbe erörtert, die im Unternehmensinsolvenzrecht vom Insolvenzgericht bei der Entscheidung über den Erlass eines Eröffnungsbeschlusses anzulegen sind.[1] So hat das Insolvenzgericht insbesondere festzustellen, ob der Gläubiger antragsbefugt und der Schuldner insolvenzverfahrensfähig ist und ob ein Insolvenzgrund vorliegt. Diese Voraussetzungen sind notwendig, um einen Eröffnungsbeschluss zu erlassen, aber für sich genommen noch *nicht hinreichend.* Das Insolvenzverfahren darf über das Vermögen des Schuldners nämlich nur dann eröffnet werden, wenn eine kostendeckende Masse vorliegt, vgl. § 26 InsO.[2]

2 Liegt keine Antragsbefugnis des Gläubigers, keine Insolvenzverfahrensfähigkeit des Schuldners oder kein Insolvenzgrund vor, so scheitert die Verfahrenseröffnung bereits an der **Unzulässigkeit** des Eröffnungsantrags. In diesen Fällen entfaltet die Abweisung der Eröffnung des Verfahrens keine Rechtsfolgen für den Schuldner. Das ist – wie allein schon § 26 Abs. 2 InsO zeigt – dann anders, wenn die Eröffnung mangels Masse abgewiesen wird.

3 Die Eröffnung des Verfahrens ist gem. § 26 Abs. 1 InsO aber auch dann abzulehnen, wenn das Gericht zu der Überzeugung gelangt, dass das eröffnete Verfahren mangels Masse alsbald einzustellen sein würde.[3] Dafür ist auf eine Prognose über den aufgrund der Verwertung der Masse zu erwartenden Erlös abzustellen.[4]

II. Auslegung der §§ 26 Abs. 1, 54 InsO

1. Die Intention des Reformgesetzgebers

4 **a) Bestimmung der verfahrenskostendeckenden Masse.** Umstritten ist, wie die verfahrenskostendeckende Masse zu bestimmen ist.[5] So war zu lesen[6], man dürfe den Willen des Gesetzgebers nicht verletzen. In der Judikatur[7] finden sich Entscheidungen, die Insolvenzverfahren deshalb eröffnen, weil aufgrund des eingeholten Gutach-

---

1 Zu der Verfahrenskostenstundung nach den §§ 4a ff. InsO a. F. Voraufl. unten Rn. 38.

2 *Metzger*, Verfahrenskostendeckende Masse, 2002.

3 LG Darmstadt, Beschl. v. 7. 4. 1981 – 5 T 258/81 – ZIP 1981, 470; vgl. *Kirchhof,* in: H-K, InsO, 4. Aufl. 2006, § 26 Rn. 4; *Uhlenbruck*, in: Uhlenbruck, InsO, 13. Aufl. 2010, § 26 Rn. 13; *Haarmeyer,* in: MünchKomm, InsO, 1. Aufl. 2001, § 26 Rn. 11, 14 ff.

4 *Pape,* in: Kübler/Prütting, Kommentar zur Insolvenzordnung, § 26 Rn. 7 ff.; *Mönning,* in: Nerlich/Römermann, InsO, § 26 Rn. 11; *Uhlenbruck,* in: Gottwald, Insolvenzrechts-Handbuch, 3. Aufl. 2006, § 16 Rn. 2 f.; *Uhlenbruck*, InsO, 12. Aufl. 2003, § 26 Rn. 12; *Kind,* in: Braun, InsO, 2. Aufl. 2004, § 26 Rn. 13.

5 *Dinstühler,* ZIP 1998, 1699; *Rattunde/Röder,* DZWIR 1999, 309 ff.; ihnen folgend *Frenzel/Schmidt,* InVo 2000, 149 ff.

6 *Dinstühler,* ZIP 1998, 1699; *Rattunde/Röder,* DZWIR 1999, 309 ff.; ihnen folgend *Frenzel/Schmidt,* InVo 2000, 149 ff.

7 AG Neuruppin, Beschl. v. 10. 5. 1999 – 15 IN 15/99 – DZWIR 1999, 306; AG Neu-Ulm, Beschl. v. 13. 1. 2000 – IN 137/99 – DZWIR 2000, 124; LG Berlin, Beschl. v. 8. 3. 2000 – 86 T 536/99 – ZInsO 2000, 224 m. abwegiger Begründung und zust. Anm. v. *Pape;* zust. auch *Kirchhof,* in: H-K, InsO, 4. Aufl. 2006, § 26 Rn. 12.

tens das Vorliegen eines Insolvenzgrundes feststehe, zwar die freie Masse nicht die Masseverbindlichkeiten, aber doch die Verfahrenskosten, nämlich die Gerichtsgebühren und die Verwaltervergütung (§ 54 InsO) decke. Diese Judikatur beruft sich auf einen vermeintlich „klaren Wortlaut" des § 26 InsO, wonach eine Abweisung mangels Masse nur unter der Voraussetzung zu erfolgen hat, dass die *Kosten* des Verfahrens nicht gedeckt sind. Die Kosten des Verfahrens sind in § 54 InsO, so meint etwa das Amtsgericht Neu-Ulm und mit ihm sehr viele[8], abschließend aufgeführt. Unerheblich ist danach insbesondere, ob das so eröffnete Verfahren alsbald wegen Masseunzulänglichkeit wieder eingestellt werden muss.

In der Tat war es eines der vornehmsten Ziele der Insolvenzrechtsreform[9], die Verfahrenseröffnung zu erleichtern und zwar dadurch zu erleichtern, dass die Schwelle für die Eröffnung abgesenkt wurde. Anders als nach der Konkursordnung[10] und Gesamtvollstreckungsordnung[11] sollte vermieden werden, dass in dem Fall, in dem die Masse, z.B. deren Verwaltungskosten nicht mehr deckte, die Eröffnung des Verfahrens ausgeschlossen wurde. Im Gegenteil sollte die Verfahrenseröffnung auch dann möglich sein, wenn nur bestimmte Kosten gedeckt sind.[12] Die Verfahrenseröffnung im Falle geringer Massen sollte nach Vorstellung der Reformgesetzgebung[13] in der Tat sozialschädliche Konflikte vermeiden helfen. Die „maximale Verteilungsgerechtigkeit" sollte erreicht werden, wenn nur die noch vorhandenen Vermögenswerte, die Kosten des Verfahrens deckten. Die Erleichterung der Verfahrenseröffnung durch Absenkung der Eröffnungsschwelle sollte nämlich dazu beitragen, dass ein staatlich überwachtes, durch das Insolvenzgericht beaufsichtigtes und geordnetes Verfahren zu einer Verteilung der Masse beiträgt. Dies war nach Vorstellung des Reformgesetzgebers[14] mit der Hoffnung verbunden, dass der im eröffneten Verfahren tätige Insolvenzverwalter dazu in der Lage sein sollte, werthaltige Massegegenstände zu verwerten und verschobene Güter, insbesondere durch das Führen von Anfechtungsprozessen, wieder in die Masse hineinzuziehen.[15] 5

b) Absenkung der Eröffnungsschwellen. Die Absenkung der Eröffnungsschwellen ist daher vom Gesetzgeber in der Tat „so gewollt".[16] Der Gesetzgeber hat in § 54 InsO die Kosten des Insolvenzverfahrens definiert. Es kann daher davon ausgegangen werden, dass sich der Begriff der verfahrenskostendeckenden Masse des § 26 Abs. 1 InsO auf die Verfahrenskosten als Masseverbindlichkeiten nach § 54 InsO bezieht. 6

8 AG Neu-Ulm, Beschl. v. 13. 1. 2000 – IN 137/99 – DZWIR 2000, 124; LG Berlin, Beschl. v. 8. 3. 2000 – 86 T 536/99 – ZInsO 2000, 224.

9 Amtl. Begr. zum RegEInsO, BT-Drs. 12/2443, S. 84 f.; *Pape,* in: Kübler/Prütting, Kommentar zur Insolvenzordnung, § 26 Rn. 1 f.; krit. dagegen *Schmerbach,* in: Frankfurter Kommentar, 4. Aufl. 2006, § 26 Rn. 2–4.

10 *Uhlenbruck*, in: Uhlenbruck, InsO, 13. Aufl. 2010, § 26 Rn. 1; *Haarmeyer,* in: MünchKomm, InsO, 1. Aufl. 2001, InsO, § 26 Rn. 1; *Kind,* in: Braun, InsO, 2. Aufl. 2004, § 26 Rn. 1.

11 *Haarmeyer/Wutzke/Förster,* Gesamtvollstreckungsordnung, 4. Aufl. 1998, § 4 Rn. 15 ff., 19 a.

12 So die LG Berlin, Beschl. v. 8. 3. 2000 – 86 T 536/99 – ZInsO 2000, 224; AG Neuruppin, Beschl. v. 10. 5. 1999 – 15 IN 15/99 – DZWIR 1999, 306; AG Neu-Ulm, Beschl. v. 13. 1. 2000 – IN 137/99 – DZWIR 2000, 124.

13 Amtl. Begr. (Fn. 9), S. 73.

14 Amtl. Begr. (Fn. 9, 13).

15 Zu den Motiven des Gesetzgebers vgl. die krit. Darstellungen von *Rattunde/Röder* (Fn. 6), 309 f. und *Frenzel/Schmidt* (Fn. 6), 149.

16 *Rattunde/Röder* (Fn. 6, 15) und *Frenzel/Schmidt* (Fn. 6, 15).

2. „Legaldefinition" der verfahrenskostendeckenden Masse

7 Folgt man nun der weithin geteilten[17] Prämisse, dass der Gesetzgeber in § 54 InsO durch eine Definition bestimmt hat, was die Verfahrenskosten seien, ergeben sich daraus vordergründig die in der Reformdiskussion für wünschenswert erachteten weit reichenden Folgen, die für die Insolvenzpraxis indes durchaus schädlich sind. Zu den Kosten des Verfahrens zählen dann nämlich zunächst einmal die Kosten des Gerichtes, ferner die Vergütung und Auslagen des vorläufigen und des im eröffneten Verfahren eingesetzten Insolvenzverwalters, sowie, was in Fällen „am Rande" der Massearmut eher unwahrscheinlich ist[18], die Vergütung der Mitglieder des Gläubigerausschusses.[19]

8 Der Gesetzgeber ist von der Erwartung ausgegangen, dass in diesen Fällen einer außerordentlich geringen Masse eine Eröffnung des Verfahrens möglich sein solle. Die nach den einschlägigen Tabellen der InsV anzusetzenden Vergütungen sehen in der Tat die auch in der Literatur lange Zeit diskutierte Möglichkeit vor, „2.000 DM–5.000 DM-Verfahren"[20] durchzuführen.

9 Die Probleme dieser Verfahren mit Minimalmasse mag ein Beispiel deutlich machen: In der *von Sicherheiten freien Masse* befindet sich ein symbolischer „Erinnerungseuro". Im Übrigen findet der Gutachter und spätere Insolvenzverwalter eine Maschine mit 200.000 € Wert vor und es findet sich tatsächlich zur Freude des vorläufigen Verwalters ein potentieller Erwerber, der bereit ist, diese 200.000 € zu zahlen.[21] Diese Maschine indessen war der X-Bank zur Sicherung übereignet. Gleichwohl scheint aus einem masselosen Verfahrens ein massehaltiges geworden zu sein, denn aus der Verwertung dieser Maschine erlangt der Insolvenzverwalter für die Masse Verfahrenskostenbeiträge zzgl. gesetzlicher Umsatzsteuer. Hat der Insolvenzverwalter beispielsweise bei der Verwertung einer sicherungsübereigneten Maschine brutto 200.000 € erzielt, fließen in die Masse vom Erlös gem. § 170 InsO einzubehaltende 50.000 €, nämlich 8.000 € Feststellungskosten (§ 171 Abs. 1 InsO), weitere 10.000 € pauschale Verwertungskosten (§ 171 Abs. 2 Satz 1 InsO) sowie 32.000 € aufgrund anfallender derzeit 16%iger MwSt. Denn die Verwertung von Sicherungsgut stellt sich als umsatzsteuerpflichtiger Vorgang dar. Die anfallende Mehrwertsteuer ist nach der herrschenden Lehre vom Doppelumsatz aus der Masse als sonstige Masseverbindlichkeit (gem. § 55 Abs. 1 Nr. 1 InsO) abzuführen. Da die Verwertung der Maschine in unserem Beispiel mithin i. Satz d. § 171 Abs. 2 Satz 3 InsO zu einer „Belastung" der Masse mit der Umsatzsteuer führt, ist diese von dem an den Absonderungsberechtigten abzuführenden Erlös ebenfalls einzubehalten. Aus der durch den Verfahrenskostenbeitrag auf 50.000 € angewachsenen Masse ist nach § 209 Abs. 1 Nr. 1 InsO als Masseverbindlichkeit vorrangig die Verwaltervergütung zu

---

17 *Kirchhof,* in: H-K, InsO, 4. Aufl. 2006, § 26 Rn. 8 ff.; *Mönning,* in: Nerlich/Römermann, InsO, § 26 Rn. 12; *Pape,* in: Kübler/Prütting, Kommentar zur Insolvenzordnung, § 26 Rn. 9a; *Uhlenbruck,* in: Gottwald, Insolvenzrechts-Handbuch, 3. Aufl. 2006, § 16 Rn. 2; *Uhlenbruck,* in: Uhlenbruck, InsO, 13. Aufl. 2010, § 26 Rn. 8; *Haarmeyer,* in: MünchKomm, InsO, 1. Aufl. 2001, § 26 Rn. 15; *Kind,* in: Braun, InsO, 2. Aufl. 2004, § 26 Rn. 1, 7.

18 *Smid/Leonhardt,* in: LSZ, InsO, 3. Aufl. 2010, § 26 Rn. 2.

19 Wie wohl natürlich ein gewisser Anlass dafür besteht, wenn man schon sieht, dass der Verwalter in einem Verfahren, das etwas irregulär nach den §§ 208 ff. InsO abzulaufen hat (*Smid,* WM 1998, 1313 ff.) nach Vorstellung des Gesetzgebers nun umfangreiche Prozesse führen soll: Anfechtungsprozesse und dergleichen mehr – dieses nun ohne Gläubigerausschuss zu tun, ist wenig nachvollziehbar. Grundsätzlich kann aber davon ausgegangen werden, dass dieser Punkt des § 54 Nr. 2 InsO doch eher eine Randerscheinung sein wird; *Uhlenbruck,* in: Uhlenbruck, InsO, 13. Aufl. 2010, § 26 Rn. 5; *Haarmeyer,* in: MünchKomm, InsO, 1. Aufl. 2001, § 26 Rn. 15; *Kind,* in: Braun, InsO, 2. Aufl. 2004, § 26 Rn. 10.

20 *Frenzel/Schmidt* (Fn. 6), S. 151.

21 Vgl. *Smid,* WM 1999, 1141 ff.; eingehend *Hess/Klaas,* InVo 1999, 183 ff.; *Haarmeyer,* ZInsO 1999, 488 ff.

zahlen. Der Berechnung der Vergütung des Insolvenzverwalters ist der Erlös des Absonderungsgutes, also 200.000 € zugrunde zu legen. Die Höhe der Vergütung beträgt nach den Sätzen der InsVV, legt man zunächst den Wert des Absonderungsgutes nach Maßgabe des § 1 Abs. 2 Nr. 1 Satz 1 InsVV zugrunde, 39.500 €[22] (also nicht die Mindestvergütung in Höhe von 1.000 €, § 2 Abs. 1 InsVV). § 1 Abs. 2 Nr. 1 Satz 2 InsVV ordnet aber eine „Kappungsgrenze" der Verwaltervergütung in diesen Fällen an und bestimmt, dass die festzusetzende Verwaltervergütung in derartigen Fällen einen Betrag in Höhe von 50% desjenigen Betrages nicht überschreiten darf, der durch die Verwertung des Absonderungsgutes der Masse zugeflossen ist. Daher sind im hier gebildeten Beispielsfall nicht 39.500 €, sondern 25.000 € festzusetzen. So die Vorstellung des Gesetzgebers.

Ob diese Vorstellung so richtig und der Beispielsfall ein in jeder Hinsicht vernünftig durchzuführendes Insolvenzverfahren ist, begegnet mehr als Zweifeln. Denn der vorläufige Verwalter muss sich darauf verlassen, in dem eröffneten Verfahren in der Tat die projektierten Erlöse aus der Verwertung von Sicherungsgut zu erzielen. Das ist die typische Situation des masseunzulänglichen Verfahrens, das der Gesetzgeber im Rahmen der §§ 209, 208 InsO im Auge hatte. Dieser vorläufige Insolvenzverwalter befindet sich letztendlich in einer Situation, dass er die Verfahrenseröffnung auf eine *Spekulation* stützt. Nämlich die Spekulation einer bestimmten Art von Verwertung der Masse. Die Empfehlung der Verfahrenseröffnung hängt dann von der Erwartung bestimmter Verwertungen ab. Das ist systematisch außerordentlich bedenklich, da das Gesetz im Übrigen im § 158 InsO dem Verwalter im eröffneten Verfahren *Spekulationsgeschäfte untersagt.* Man kann dieses **Spekulationsverbot** insbesondere auch noch in § 104 Abs. 2 InsO ausgedrückt finden. 10

3. Eröffnung masseunzulänglicher Verfahren und Haftung des Insolvenzverwalters

Die Folge der Verfahrenseröffnung zu „2.000 €" ist aber weit reichender, als man sie sich angesichts der Geringfügigkeit der Vergütung, die der Verwalter erhält, vor Augen führen kann. Die Verfahrenseröffnung zu 2.000 € führt nämlich zu Konsequenzen, die erhebliche Wertungswidersprüche aufdecken, wie sie zwischen der legislatorischen Entscheidung für die Absenkung der Eröffnungsschwelle auf der einen Seite und der Durchführung und der Ordnung, die das Gesetz für das masseunzulängliche Verfahren in den §§ 208, 209 InsO vorsieht[23], auftreten. 11

Vor dem Hintergrund der Rangfolge der Masseverbindlichkeiten gem. § 209 Abs. 1 Nr. 1 InsO scheint es so zu sein, dass der Verwalter, sofern nur seine Vergütung gedeckt ist, das Verfahren nach § 26 Abs. 1 InsO eröffnen kann und seine Tätigkeit zu beginnen hat. Diese Tätigkeit besteht dann in der Verwertung und Verwaltung der Masse, § 208 Abs. 3 InsO, denn die Pflicht des Verwalters zur Verwaltung und Verwertung der Masse nach den §§ 154ff. InsO bleibt auch im masseunzulänglichen Verfahren erhalten.[24] In dem masseunzulänglichen Verfahren – wie auch im Regelver- 12

---

22 40% aus 50.000 DM, 20% aus dem überschießenden Betrag von weiteren 50.000 DM und 7% aus den letzten 100.000 DM.

23 *Kübler,* in: Kölner Schrift zur Insolvenzordnung, 2. Aufl. 2000, S. 967, 969ff. (Rn. 3ff.); *Smid* (Fn. 19).

24 *Schulz,* in: Frankfurter Kommentar, 4. Aufl. 2006, § 208 Rn. 8ff.; *Westphal,* in: Nerlich/Römermann, InsO, § 208 Rn. 23; *Smid* (Fn. 19).

fahren – geht der Verwalter daher notwendig zum Erhalt eben sowie zur Verwertung der Masse *Verbindlichkeiten* ein. Mehr noch: Er geht diese Verbindlichkeiten ein, obwohl er notwendig (da er doch regelmäßig das Gutachten gem. § 22 Abs. 1 Nr. 3 InsO[25] erstellt hat) davon ausgehen muss, dass die Masse für die Begleichung dieser Verbindlichkeiten nicht ausreicht.

13 Dies mag ein **Beispiel** illustrieren. Es fällt Schnee. Der Verwalter ist vermöge seiner Amtsstellung nach § 148 InsO Besitzer einer Akkumulatorenfabrik – ein verfallenes Gebäude, um das Gebäude führen Fußwege. Hintergrund der Schwierigkeiten, in die der Verwalter jetzt gerät, ist sein Besitz an den Massegegenständen. Insbesondere muss er die Verkehrssicherungspflichten, die an die Installation seines Besitzes geknüpft sind, wahrnehmen. Die Verkehrssicherungspflichten sind heute in ihrer Intensität weit an die Gefährdungshaftung angenähert.[26]

14 Entspricht der Insolvenzverwalter den **Verkehrssicherungspflichten** nicht, dann mag sein Unterlassen dazu führen, dass die Masse nach § 55 Abs. 1 Nr. 1 InsO dem Geschädigten auf Ersatz des ihm entstandenen Schadens haftet.[27] Dieser Schadenersatzanspruch wäre eine neue Masseverbindlichkeit in der Diktion des BGH und des Bundesverfassungsgerichtes. Diese Neumasseverbindlichkeit wäre nachrangig den Verwaltervergütungen gem. § 209 Abs. 1 Nr. 2 InsO.[28] Mit anderen Worten: im eröffneten Verfahren würde der Geschädigte nichts erhalten. Damit würde er sich aber nicht zufrieden geben. Der Verwalter hat eine eigene ihn, in persona treffende Pflicht, den Schnee wegzuräumen. Er ist Besitzer und dies nicht nur Kraft seiner Stellung als Insolvenzverwalter der Masse. Dabei können die Streitigkeiten über die Qualifikation des Verwalters, die die Literatur[29] auch zu Recht beherrschen, hier dahingestellt bleiben. Wir brauchen uns darauf nicht einzulassen, denn der Verwalter hatte, Kraft seiner Amtsstellung, eine in eigener Person zu verwirklichende Pflicht, so dass ihn die Verkehrssicherungspflichten treffen. Er würde als Beklagter wohl nicht aus dieser Haftung entlassen werden: Es kann m.a.W. zu dem kommen, was in der Literatur[30] als „Doppelhaftung" von Masse und Verwalter bezeichnet worden ist. Um seiner Haftung zu entgehen, die im Übrigen gegebenenfalls auch weitere Dimensionen im strafrechtlichen Bereich hat, müsste er also den Schnee beräumen lassen, mit der Konsequenz, dass er *Aufwendungen*[31] zu erbringen hat, damit den Verkehrssicherungspflichten genügt ist.

15 Weitere Auslagen muss der Insolvenzverwalter aufwenden, um seiner **öffentlich-rechtlichen Verantwortlichkeit** zu entsprechen. Nach der Judikatur des Bundesverwaltungsgerichtes[32] befindet sich der Insolvenzverwalter nämlich in einer problematischen Lage, denn danach ist der Verwalter im eröffneten Verfahren einer Vielzahl von Pflichten ausgesetzt, denen er nicht ohne weiteres aus dem Wege gehen kann. Dies gilt nicht zuletzt auch für die Pflichten, die der Reformgesetzgeber dem Insolvenzverwalter wegen *handels-* und *steuerrechtlicher* Erklärungen durch *§ 155 InsO* auferlegt hat.[33]

---

25 Zum systematischen Standort dieser Vorschrift vgl. *Thiemann*, Die vorläufige Masseverwaltung im Insolvenzeröffnungsverfahren, 2000, Rn. 185 ff.

26 Hierauf hat mich *Norbert Fehl* hingewiesen.

27 *Andres*, in: Nerlich/Römermann, InsO, § 55 Rn. 23; *Pape*, in: Kübler/Prütting, Kommentar zur Insolvenzordnung, § 55 Rn. 31; *Jaeger/Henckel*, KO, 9. Aufl. 1997, § 6 Rn. 46; Gefährdungshaftung *Berscheid*, in: Uhlenbruck, InsO, 12. Aufl. 2003, § 55 Rn. 42; *Hefermehl*, in: MünchKomm, InsO, § 55 Rn. 35 f.

28 *Westphal*, in: Nerlich/Römermann, InsO, § 209 Rn. 6.

29 Eingehend dazu *Rattunde*, in: Smid, InsO, 2. Aufl. 2001, § 80 Rn. 13 ff.

30 Vgl. *Pape*, in: Kübler/Prütting, Kommentar zur Insolvenzordnung, § 55 Rn. 32; *Klopp/Kluth*, in: Gottwald, Insolvenzrechts-Handbuch, 3. Aufl. 2006, § 23 Rn. 8.

31 *Rattunde/Röder* (Fn. 6), S. 312 f.; *Frenzel-Schmidt* (Fn. 6), S. 152 f.

32 BVerwG, Urt. v. 10. 2. 1999 – 11 C 9/97 – ZIP 1999, 538 ff.; eingehend zu diesen Fragen *Lüke*, in: Kölner Schrift zur Insolvenzordnung, 2. Aufl. 2000, S. 859, 865 ff. (Rn. 19 ff.).

33 *Maus*, in: Uhlenbruck, InsO, 13. Aufl. 2010, § 155 Rn. 2; *Gerbers*, in: Braun, InsO, 2. Aufl. 2004, § 155 Rn. 4 ff., 10 ff.; *Weiskämpl*, in: MünchKomm, InsO, 1. Aufl. 2001, § 155 Rn. 4 ff., 25 ff.

16 Haftungsrisiken resultieren schließlich aus dem Schutz der Masse vor dem Verfall des Wertes ihrer Bestandteile[34]. Ein weiteres Beispiel soll dies darstellen. Der Insolvenzverwalter im masseunzulänglich eröffneten Verfahren muss sich sehr schnell überlegen, ob er einen Betrieb stilllegt, einen Hochofen abschaltet und damit in der Masse eine Industriebrache hat, auf der abzuräumende Immobilien stehen oder ob er mit der Folge in irgendeiner Weise die Produktion fortsetzt, dass damit erhebliche Kosten verbunden sind. Oder es ist an eine Konsumgenossenschaft zu denken, in der in den neuen Bundesländern möglicherweise mehrere hundert bulgarische Tiefkühltruhen vorgefunden werden, die nur unter unwirtschaftlichem Energieverbrauch betrieben werden können.

17 Daraus folgt aber, dass der Insolvenzverwalter sich in einer nicht nur faktischen, sondern mit Blick auf seine aus insolvenzrechtlichen Pflichtenlagen normativen Zwangslage befindet. Um einer schadenersatzrechtlichen Inanspruchnahme zu entgehen bzw. das Entstehen eines Schadenersatzanspruches gegen ihn persönlich zu vermeiden, *muss* der Insolvenzverwalter bestimmte Masseverbindlichkeiten, die aus der Verwaltung und Verwertung der Masse herrühren (§ 55 Abs. 1 Nr. 1 InsO) „vorab" befriedigen, obwohl sie nach Maßgabe der Rangordnung des § 209 Abs. 1 InsO erst nach Befriedigung seiner Vergütungsansprüche zu bedienen wären. Damit aber gerät er in eine Lage, in der er ggf. aus eigener Tasche die Kosten der Verwaltung und Verwertung, soweit sie unter § 55 Abs. 1 Nr. 1 InsO fallen, trägt, also z.B. den Reinigungsdienst, der den Schnee wegräumt, die Entsorgung von Müll usw.

18 Damit wird aber ein Wertungswiderspruch zwischen § 26 Abs. 1 InsO auf der einen Seite und der Abwicklung der Rangordnung der Masseverbindlichkeiten im masseunzulänglichen Verfahren nach § 209 InsO deutlich.[35] Und der Verwalter steht gleichsam vor einem dilemmatischen Entscheidungszwang: Bestellt er nämlich im eröffneten Verfahren z.B. einen Schneeräumdienst unter der ausdrücklich Erklärung, dieser werde nie Geld bekommen, da die Masse für die Bezahlung des Werklohnes nicht ausreiche, da er, der Verwalter zunächst seine Vergütung entnehme, wird sich kein Vertragspartner finden, der zur Durchführung der Arbeiten bereit ist. Verheimlicht der Insolvenzverwalter dem in Aussicht genommenen Vertragspartner diese Folgen, die sich aus der Eröffnung des masseunzulänglichen Verfahrens ergeben, begibt er sich in den Bereich eines Eingehungsbetruges. In diesen Fällen zahlt also der Verwalter, sei es nach § 61 InsO oder nach § 823 Abs. 2 BGB. Oder er zahlt sogleich.[36] Wenn das aber so richtig wäre, dann wäre deutlich, dass er zwar mit der Vergütung nach § 209 Abs. 1 Nr. 1 InsO gewissermaßen den ersten Rang der Massegläubiger einnimmt, dass er aber aus seiner Vergütung, sogleich und vorab bestimmte Auslagen zu finanzieren hätte. Dies stimmt nun nicht überein mit dem Schutz, den die Vergütung des Verwalters für seine Tätigkeit im eröffneten Verfahren aus Artikel 12 Abs. 1 GG[37] genießt, wie das Bundesverfassungsgericht in seinem Beschluss vom 30. 3. 1993[38]

---

34 *Rattunde/Röder* (Fn. 6), 312.

35 *Rattunde/Röder* (Fn. 6), 312; *Uhlenbruck*, in: Uhlenbruck, InsO, 13. Aufl. 2010, § 26 Rn. 6.

36 Die gesamte Diskussion beruht auf Prämissen, die für das mitteleuropäische Insolvenzrecht von Dänemark bis Österreich kennzeichnend sind und die darauf hinauslaufen, dass die Gläubiger durch den Akt der Einsetzung eines Insolvenzverwalters hinreichend geschützt seien – was u.a. dazu führt, dass allgemein davon ausgegangen wird, dass § 321 BGB mit Eröffnung des Insolvenzverfahrens ausgeschlossen sei. – Z.B. im us-amerikanischen Insolvenzrecht sieht man dies ganz anders und gibt gerade im eröffneten Insolvenzverfahren den Gläubigern die Befugnis, Sicherheit zu verlangen; allerdings ist die zentrale Gestalt dort der *debtor in possession*. An dieser Stelle kann dies nicht näher erörtert werden; ob aber nicht der den Betrieb fortführende Insolvenzverwalter (den es in dieser Gestalt noch nicht gab, als die heute noch herrschende Auslegung des § 321 BGB auftrat) die Gläubiger in einer Weise „gefährdet", wie es ein debtor in possession tut (den das deutsche Recht mittlerweile kennt), bleibt näher zu bedenken.

37 *v. Mangoldt/Klein/Starck-Manssen*, GG, 4. Aufl. 1999, § 12 Rn. 33, 34.

38 BVerfG, Urt. v. 30. 3. 1993 – 1 BvR 1045/89 – ZIP 1993, 838 – Wirtschaftsrecht 1993, 303ff. m. Anm. *Smid*.

festgestellt hat. Dagegen lässt sich auch nicht halten, wenn kein Gläubigerausschuss da ist, um ihn zu überwachen, sei das vielleicht alles halb so problematisch für den Insolvenzverwalter. Das Insolvenzgericht muss allemal die Rechnungslegung und die Tätigkeit des Verwalters, die dieser nach § 211 Abs. 2 i.V.m. § 66 InsO auch nach Abschluss des masseunzulänglichen Verfahrens zu erbringen hat[39], überprüfen[40] und auch hier drohen ihm Gefahren.

4. Berücksichtigung der notwendigen Auslagen des Insolvenzverwalters bei der Bemessung der verfahrenskostendeckenden Masse

19 **a) Judikatur.** Die Notwendigkeit einer Auslegung des § 26 Abs. 1 InsO wird von einigen Insolvenzgerichten durchaus gesehen. So sind eine Reihe von Beschlüssen des Amtsgerichtes Berlin-Charlottenburg[41] veröffentlicht worden, in denen dieses Amtsgericht die Ansicht vertreten hat, bei der Beurteilung der Voraussetzung für eine Eröffnung des Verfahrens sei nicht am Wortlaut der §§ 26 Abs. 1 und 54 InsO zu haften, sondern das Insolvenzgericht habe zu berücksichtigen, ob durch die Verfahrenseröffnung der eingesetzte Insolvenzverwalter aus drohender Inanspruchnahme Belastungen ausgesetzt sei, die er gegebenenfalls nicht an die Masse weitergeben könne. Das verweist vordergründig zunächst auf Abwägungen im Einzelfall. Eine ganze Reihe von Insolvenzgerichten, deren Beschlüsse überhaupt nicht an die Öffentlichkeit dringen, scheinen die Nöte der Verwalter, die im vorgegangenen dargestellt worden sind, wahrzunehmen und gewissermaßen zu so einer Abwägung übergehen, die darauf hinausläuft, im Einzelfall müsse man pragmatisch verfahren und nicht am Wortlaut des Gesetzes haften. Gegen eine Praxis der Abwägung im Einzelfall scheint denn auch die Kritik laut geworden zu sein, die einen Verstoß gegen den Geist des Gesetzes, ja geradezu eine Inobedienz gegen das Gesetz gesehen haben will.[42]

20 **b) Auslegungsmaßstäbe.** Die verfahrenskostendeckende Masse muss zunächst die Verfahrenskosten im eigentlichen Sinne, nämlich die Gerichtskosten nach den entsprechenden Gebührentatbeständen der Kostenordnung, die Verwaltergebühren nach der insolvenzrechtlichen Vergütungsverordnung, sowie die dort vorgesehenen Auslagen nach § 4 InsVV[43] decken. Darüber besteht, wie im vorangegangenen dargestellt, allgemein Einigkeit. Der § 26 Abs. 1 InsO fordert aber weiterhin das Vorliegen einer Masse, die darüber hinaus auch diejenigen Auslagen des Insolvenzverwalters

---

39 *Landfermann*, in: H-K, InsO, 4. Aufl. 2006, § 211 Rn. 3; *Smid*, InsO, 2. Aufl. 2001, § 211 Rn. 3; *Klopp/Kluth*, in: Gottwald, Insolvenzrechts-Handbuch, 3. Aufl. 2006, § 74 Rn. 45; *Ries*, in: Uhlenbruck, InsO, 13. Aufl. 2010, § 211 Rn. 2; *Hefermehl*, in: MünchKomm, InsO, § 211 Rn. 16; *Kießner*, in: Braun, InsO, 2. Aufl. 2004, § 211 Rn. 5.

40 *Westphal*, in: Nerlich/Römermann, InsO, § 211 Rn. 14; *Landfermann*, in: H-K, InsO, 4. Aufl. 2006, § 211 Rn. 4; *Smid*, InsO, 2. Aufl. 2001, § 66 Rn. 11 ff.; *Ries*, in: Uhlenbruck, InsO, 13. Aufl. 2010, § 211 Rn. 5, *Hefermehl*, in: MünchKomm, InsO, § 211 Rn. 18; *Kießner*, in: Braun, InsO, 2. Aufl. 2004, § 211 Rn. 5.

41 AG Berlin-Charlottenburg, Beschl. v. 26. 4. 1999 – 103 IN 502/99 – DZWIR 1999, 304 f.

42 *Haarmeyer*, ZInsO 2001, 103, 104; vgl. aber auch *Pawlowski*, DZWIR 2001, 45 ff. und *Smid*, in: Berger/Bähr/Naumann/Winderlich u.a., Erster Leipziger Insolvenzrechtstag, 2000, 23 ff. Zum Willen des Gesetzgebers als Auslegungsmaßstab vgl. Voraufl § 5 Rn. 20.

43 Vgl. allein *Eickmann*, Vergütungsrecht, 1999, § 4 Rn. 5: Auslagen sind danach im Gegensatz zu nicht besonders erstattungsfähigen allgemeinen Geschäftskosten des Verwalters diejenigen Aufwendungen für Sacheinsatz, die einem bestimmten Verfahren zuzuordnen sind; vgl. auch *Weisemann/Nisters*, in: Weisemann/Smid, Unternehmensinsolvenz, 1999, Rn. 5.32; *Uhlenbruck*, in: Uhlenbruck, InsO, 13. Aufl. 2010, § 26 Rn. 8 ff.

deckt, die er unabweisbar bei der Masseverwaltung tätigen muss, ohne dass sie unter § 4 InsVV fallen:

Über die Auslagen nach § 4 InsVV hinausgehende Masseverwaltungskosten, soweit sie der § 55 Abs. 1 Nr. 1 InsO erfasst, sind *nicht* mehr zu berücksichtigen, sofern sie nicht zu den unabweisbaren Ausgaben und damit den unausweislichen Auslagen des Verwalters gehören. Demgegenüber gehören zu den Auslagen all diejenigen Ausgaben, vgl. § 58 Abs. 2 KO, die der Verwalter tätigen muss, um öffentlich-rechtlichen Haftungen, strafrechtlicher Verantwortlichkeit und einem drohenden aktuellen Verderb der Masse entgegenzuwirken.[44] 21

III. Verfahren

1. Haftung der Gesellschafter für die Kosten des über das Vermögen der oHG eröffneten Insolvenzverfahrens?

Mit Teilurteil aus dem September 2009[45] hat der BGH darauf erkannt, dass die Gesellschafter für die Kosten des über das Vermögen der oHG eröffneten Insolvenzverfahrens nicht persönlich haften. In dem vom BGH entschiedenen Fall hatte der in dem über das Vermögen der schuldnerischen oHG eröffneten Insolvenzverfahren amtsgerichtlich bestellte Insolvenzverwalter die Gesellschafter der schuldnerischen oHG klagweise auf Zahlung der Kosten des Insolvenzverfahrens in Höhe von 10.500 € unter Einschluss der eigenen Vergütung und Auslagen in Höhe von 9.000 € sowie weiteren Masseverbindlichkeiten in Höhe von 4.100 €, insgesamt 14.600 € in Anspruch genommen. 22

Anspruchsgrundlage einer solchen Haftung ist auch nicht § 128 HGB, der statuiert, dass die Gesellschafter einer OHG über die Gesellschaftsverbindlichkeiten persönlich haften. Da aber der Schuldner nach einhelliger Auffassung in Rechtsprechung und Literatur für die durch Rechtshandlungen des Insolvenzverwalters nach Verfahrenseröffnung begründeten Masseverbindlichkeiten haftet, stellt sich die Frage einer Anwendbarkeit des § 128 HGB. Dies wird denn auch vereinzelt in der Literatur mit der Folge bejaht, dass eine Haftung der Gesellschafter auch für die durch den Insolvenzverwalter begründeten Masseverbindlichkeiten bejaht wird.[46] Die dagegen ins Feld geführte teleologische Reduktion des § 128 HGB, die *Karsten Schmidt* begründet hat[47], war, wie der IX. Zivilsenat in seiner wohl begründeten Entscheidung überzeugend ausführt, methodisch stets völlig verfehlt. Bereits aus insolvenzrechtlichen Gründen nämlich kann eine Haftung der Gesellschafter der oHG für vom Insolvenzverwalter begründete Neumassen Neuverbindlichkeiten nicht Raum greifen. Denn die Haftung des Schuldners – also der oHG – beschränkt sich nach Eröffnung des über die Gesellschaft verhängten Insolvenzverfahrens auf das mit dem Eröffnungsbeschluss in Beschlag genommene Vermögen und seine Gegenstände, also die Insolvenzmasse i. S. v. § 35 Abs. 1 InsO.[48] Der BGH beruft sich hier zu recht auf eine Literaturstimme[49], der gegen die von *Karsten Schmidt* eingeführte teleologische Reduktion des § 128 HGB ausführt, es liege bereits eine dem Verfahren immanente Haftungsbeschränkung vor. Der BGH verweist in diesem Zusammenhang überzeugend darauf, dass der Verwalter bereits nicht dazu befugt ist, den Schuldner persönlich mit seinem insolvenzfreien Vermögen zu verpflichten befugt ist. Denn die Verwaltungs- und Verfügungsbefugnis nach § 80 Abs. 1 InsO beschränkt sich auf das dem Insolvenzbeschlag unterworfene 23

44 Ähnlich *Mönning,* in: Nerlich/Römermann, InsO, § 26 Rn. 19; *Uhlenbruck,* in: Gottwald, Insolvenzrechts-Handbuch, 3. Aufl. 2006, § 15 Rn. 6; *Röder/Rattunde,* DZWIR 1999, 309 ff.; weiter wohl *Frenzel/Schmidt,* InVo 2000, 149, 155 f.; verneinend *Haarmeyer,* ZInsO 2001, 103, 104 f.; dazu *Uhlenbruck,* in: Uhlenbruck, InsO, 13. Aufl. 2010, § 26 Rn. 9; *Haarmeyer,* in: MünchKomm, InsO, 1. Aufl. 2001, § 26 Rn. 11.

45 BGH, Teilurt. v. 24. 9. 2009 – IX ZR 234/07, ZIP 2009, 2204.

46 *Lücke,* in: Kübler/Prütting, InsO, § 93 Rn. 27 ff., *Spliedt,* in: Runkel, Anwaltshandbuch Insolvenzrecht 2. Aufl. § 3 Rn. 107 ff.

47 *Karsten Schmidt,* ZAR 152 (1988, 105, 115 f).

48 BGH, Urt. v. 25. 11. 1954 – IV ZR 81/54, NJW 1955, 339.

49 *Kesseler,* NZI 2008, 42.

Vermögen des Schuldners. Der BGH meint, dass diese Grundsätze auch im Anwendungsbereich des § 128 HGB Geltung beanspruchen können. Grundsätzlich hat freilich der Gesellschafter der oHG für die Verbindlichkeiten der Gesellschaft nach § 128 HGB einzustehen. Da aber das Verfügungsrecht des Insolvenzverwalters auf die Gegenstände der Masse beschränkt ist, ergreift dies Verfügungsrecht das Privatvermögen der Gesellschafter jedenfalls nicht.[50] § 128 HGB ist daher nicht als eine Norm zu verstehen, aufgrund derer § 80 Abs. 1 InsO erweitert und der Verwalter ermächtigt wird, die Gesellschafter für die im Verfahren eröffneten Neuverbindlichkeiten der Gesellschaft in Haft zu nehmen. Dies begründet der BGH zutreffend damit, dass bereits das nicht zur Insolvenzmasse gehörende Vermögen des Schuldners einer wie auch immer begründenden Rechtsmacht des Verwalters nicht unterliegt: Denn der IX. Zivilsenat hatte bereits zum Beginn des Jahres 2006 zutreffend festgestellt, dass der Verwalter nicht der gesetzliche Vertreter des Schuldners im Hinblick auf das nicht zur Insolvenzmasse gehörende Vermögen, das beschlagsfreie Vermögen, sei.[51] Die oben zitierte Gegenauffassung von *Lüke* und *Spliedt* gründet sich freilich auf § 93 InsO. Nach dieser Vorschrift steht dem Insolvenzverwalter, der in dem über das Vermögen der Gesellschaft eröffneten Insolvenzverfahren eingesetzt wird, die Befugnis zu, bestimmt Forderungen zu bündeln und geltend zu machen, die aus gesellschaftsrechtlichem Grunde gegen die Gesellschafter geltend gemacht werden. Liest man § 93 InsO in dieser allgemeinen Weise, gewinnt die Auffassung von *Lüke* und *Spliedt* einen Sinn; in der Tat aber geht diese Art der Auslegung der Vorschrift an ihrem Gehalt vorbei. Der IX. Zivilsenat des BGH erinnert insoweit zutreffend daran, dass § 93 InsO die Kompetenzen des Insolvenzverwalters nicht unbegrenzt erweitert. Nach § 80 Abs. 1 ist der Insolvenzverwalter befugt und verpflichtet, eine bereits zum Zeitpunkt der Verfahrenseröffnung begründete Verbindlichkeit der Gesellschaft gegenüber den Gesellschaftern nach § 128 HGB geltend zu machen. Denn die Haftung der Gesellschafter ist in diesem Fall vorkonkurslich begründet und gleichsam als Vermögensbestandteil der Gesellschaft anzusehen. Hat daher in der Krise (§§ 130, 131 InsO) der persönlich haftende Gesellschafter Leistungen erbracht, können diese vom Verwalter analog § 93 InsO nach der Judikatur des BGH[52] angefochten werden, um die Gleichbehandlung der Gläubiger zu verwirklichen. Gerade diese Judikatur, die sich allein daraus erklärt, dass es keine allgemeine Gleichstellung zwischen Gesellschafts- und Gesellschaftervermögen gibt, macht aber deutlich, dass § 93 InsO dem Insolvenzverwalter allein die Befugnis verleiht, Forderungen der Gesellschaftsgläubiger gegen die Gesellschafter gebündelt einzuziehen.[53]

24 Soweit im übrigen von *Lüke* vertreten wird, die Gesellschafter hafteten für sämtliche durch den Insolvenzverwalter für die Gesellschaft begründeten Verbindlichkeiten unter der Maßgabe, dass bei außergewöhnlichen Geschäften ein Zustimmungsvorbehalt für die Gesellschafter zu berücksichtigen sei, führt der IX. Zivilsenat zutreffend aus, dass für diese akademische Meinung eine gesetzliche Grundlage in keiner Weise zu erkennen sei. Nun ist das Argument des IX. Zivilsenats, die nun von *Lüke* strapazierte Auffassung, seine Diskussionen in Gesetzgebungsverfahren, das dem Erlass der InsO vorangegangen ist, erörtert, aber vom Gesetzgeber nicht berücksichtigt worden, nicht wirklich tragfähig. Der IX. Zivilsenat selber hat in verschiedenen Entscheidungen sich zu recht verwahrt, seine Entscheidungen auf die Dezision oder Indezision des historischen Gesetzgebers der InsO zu stützen – da dieser historische Gesetzgeber nicht wirklich die Quelle einer systematischen Auslegung sein kann. Ausschlaggebend ist daher die systematische Argumentation, die in der vorliegenden Entscheidung entfaltet wird. Im vorliegenden Fall handelt es sich freilich nicht um Masseverbindlichkeiten nach § 55 Abs. 1 InsO, die während des laufenden Verfahrens durch Rechtshandlungen des Insolvenzverwalters begründet werden. Soweit der Insolvenzverwalter als Kläger hier die Kosten des Verfahrens von den Gesellschaftern der schuldnerischen oHG erstattet verlangt hat, handelt es sich um Masseverbindlichkeiten i.S.v. § 54 InsO, die durch die Eröffnung des Insolvenzverfahrens selbst begründet in ihrer endgültigen Höhe allerdings erst bei Beendigung des Verfahrens bestimmt werden können. Wenn man so will, haften die Massekosten an dem Vermögenszustand der insolvenzschuldnerischen oHG – ihre Zahlungsunfähigkeit. Dem IX. Zivilsenat des BGH ist daran zu folgen, wenn er ausführt, dass der-

---

50 Vgl. allein *Häsemeyer*, Insolvenzrecht 4. Aufl. Rn. 331.15.
51 BGH, Urt. v. 26. 1. 2006 – IX ZR 282/03, ZInsO 2006, 260 Rn. 6.
52 BGHZ 178, 171, 174 f.
53 BGHZ 178, 171, 174.

artigen Verbindlichkeiten nicht ohne weiteres als Neuverbindlichkeiten, die im eröffneten Verfahren ausgelöst werden, einzuordnen seien.

Die Verfahrenskosten sind freilich nach § 26 Abs. 1 S. 1 InsO allein aus der Masse (§ 35 Abs. 1, § 36 Abs. 1 InsO) zu bestreiten. Reicht die Masse nicht aus, die Verfahrenskosten zu decken, ist die Eröffnung des Verfahrens abzuweisen. Ein Zugriff auf fremde Vermögen zur Deckung der Verfahrenskosten sieht das Gesetz mit Ausnahme des Rückgriffs nach § 26 InsO nicht vor. Wäre die Haftung der Gesellschafter der oHG gem. § 128 HGB für die Verfahrenskosten richtig, dann wären diese bereits, wie der BGH zutreffend feststellt, im Zusammenhang des § 26 Abs. 1 InsO zu berücksichtigen. Derartiges wird in der Tat in der Literatur erörtert.[54] Dem hält der IX. Zivilsenat erneut fehlende Eindeutigkeit der Begründung des historischen Gesetzgebers entgegen. In der amtlichen Begründung zum Regierungsentwurf der InsO wird nämlich ausgeführt, dass ein über den Betrag, der bei Berücksichtigung des Wertes der bereits vorhandenen Insolvenzmasse zur Befriedigung aller Insolvenzgläubiger hinaus gehe, vom Verwalter nicht eingefordert werden dürfe.[55] Wie *Cranshaw*[56] ausgeführt hat, folgt hieraus allein, dass der Gesetzgeber der Konzeption sich verschrieben habe, die Gesellschafter sollten lediglich den Differenzbetrag zwischen dem vorhandenen Gesellschaftsvermögen und den Verbindlichkeiten der Gesellschaft aufbringen – was in der Tat bei einer vorurteilsfreien Betrachtung des § 128 HGB dessen Regelungsgehalt zu entsprechen scheint. Daher ist die Auffassung, der Gesetzgeber habe gewollt, die Gesellschafter sollten zusätzlich zu den Altschulden die Kosten des Insolvenzverfahrens aufzubringen haben[57] der Vorschrift nicht entnommen werden kann. Dies ergibt sich, wie der IX. Zivilsenat des BGH in der vorliegenden Entscheidung ausführt, auch nicht daraus, dass der Insolvenzverwalter eine in Wahrheit den Gesellschaftern obliegende Aufgabe der Liquidation wahrnehme.[58] Der IX. Zivilsenat des BGH erspart es sich, diesen Literaturstellen gegenüber auf allgemeine bürgerlich rechtliche Kriterien zu rekurrieren. Wollte man nämlich nun den strukturellen Ansatz dieser Mindermeinung mit Fragestellungen der Geschäftsführung ohne Auftrag zu kontrastieren, geriete man in ein Minenfeld. Könnte eigentlich der Gesellschafter vor dem Hintergrund seiner allgemeinen Liquidationsaufgabe, die zugleich auch immer im öffentlichen Interesse ist, angesichts des immerhin vorliegenden Eröffnungsbeschlusses eines Insolvenzgerichts geltend machen, dass die Geschäftsführung seinen mutmaßlichen Willen bzw. seinem tatsächlichen Willen widerspräche? Nun wäre eine solche Frage evident verfehlt. Der IX. Zivilsenat weist dies dadurch nach, dass er rekonstruiert, in welcher Art und Weise sich die Aufgaben eines Insolvenzverwalters und die eines gesellschaftsrechtlichen Liquidators grundsätzlich unterscheiden. Der Liquidator hat die Bedingungen einer Vollbeendigung der Gesellschaft außerhalb des Insolvenzverfahrens herbeizuführen. Demgegenüber wird die Auflösung der Gesellschaft bekanntlich durch den Erlass des Eröffnungsbeschlusses bewirkt. Der Insolvenzverwalter hat, trotz der wegen ihrer geistvollen Struktur massiv vorgetragenen Erinnerung *Karsten Schmidts*, in der Tat keine gesellschaftsrechtlichen Aufgaben nach dieser gleichsam automatischen insolvenzrechtlichen Wirkung mehr zu erfüllen. Ihm obliegt als Kurator bonorum die Befriedigung der Interessen der Gläubiger. Ihnen gegenüber hat, wie der IX. Zivilsenat in unverkennbarer Klarheit ausführt, das Ziel der Vollbeendigung der Gesellschaft zurückzutreten.[59] Daher sind in der Tat die Kosten der Liquidation und die eines Insolvenzverfahrens in keiner Weise vergleichbar. Der IX. Zivilsenat des BGH verweist darauf, dass im Regelfall der Gesellschafter aufgrund Gesellschafterbeschluss oder Gesellschaftsvertrag zum Liquidator gem. § 146 Abs. 1 S. 1 HGB bestellt werde und ihm allein die Vergütung der verauslagten Unkosten zustehe. Davon unterscheidet sich die Lage des Insolvenzverwalters nachdrücklich. *Müller*[60] hat in der Tat die Auffassung vertreten, dass durch ihre Haftung mit ihrem Privat- 25

---

54 *Spliedt*, in: Runkel, Anwaltshandbuch Insolvenzrecht, 2. Aufl., § 3 Rn. 117; *Haas*, in: Gottwald, Insolvenzrechts-Handbuch, 3. Aufl. 2006, § 94 Rn. 35, 78, 83.
55 BT-Drucks. 12/2443 S. 140.
56 JurisPRInsR 21/2007 Anm. 4 (C); *K. Schmidt*, KTS 2001, 373, 391.
57 MünchKomm Brandes, § 93 Rn 10 lehnt dies ausdrücklich ab.
58 Dies wird in der Tat von *Müller*, in: Jaeger/Henckel, InsO, 1. Aufl. 2007, § 93 Rn. 45, vertreten; *Spliedt*, in: Runkel, Anwaltshandbuch Insolvenzrecht, 2. Aufl., § 3 Rn. 107.
59 BGHZ 148, 252, 258: BGHZ 2005, 1034.
60 *Müller*, in: Jaeger/Henckel, InsO, 1. Aufl. 2007, § 93 Rn. 44.

vermögen die Gesellschafter der oHG die wirtschaftlich schlechte Lage der Gesellschaft zu verantworten hätten. Es handele sich daher bei den Verfahrenskosten um Altverbindlichkeiten. Eine solche Auffassung ist von *Sieweking*[61] vor 62 Jahren vertreten worden. Der IX. Zivilsenat argumentiert dagegen mit § 93 InsO: Die Verfahrenseröffnung ist danach aufgrund der materiellen Insolvenz der Gesellschaft nur tatsächlich Voraussetzung, nicht aber Rechtsgrund für die Verfahrenskosten.

2. Kostenvorschuss

26 Die Frage, ob die Voraussetzung des § 26 Abs. 1 InsO erfüllt ist, lässt sich in vielen Fällen nicht einfach beantworten. Das Insolvenzgericht wird freilich dann keine Mühe mit der Beurteilung des Vorhandenseins einer kostendeckenden Masse haben, wenn der Schuldner oder ein oder mehrere Gläubiger einen so genannten **Kostenvorschuss** in hinreichender Höhe einzahlen. § 26 Abs. 1 Satz 2 InsO bestimmt, dass die Abweisung der Konkurseröffnung mangels Masse unterbleibt, wenn ein zur Deckung der Massekosten ausreichender Geldbetrag als Vorschuss geleistet wird oder die Kosten des Verfahrens nach § 4 a InsO gestundet sind[62]. Der Vorschuss wird auf der Grundlage der dargestellten Positionen, also anhand der zu erwartenden Massekosten, berechnet.[63] Der geleistete Vorschuss wird nicht Teil der Masse.[64] Er ist grundsätzlich – auch im Falle des Eigenantrags des Schuldners, wenn er aus dessen beschlagfreiem Vermögen geleistet wird – zurückzugewähren, wenn nach dem Stand des Verfahrens keine Notwendigkeit mehr besteht, auf ihn zurückzugreifen.[65] Wird dem antragstellenden Gläubiger die Vorschussleistung aufgegeben, so kann aus dem insolvenzgerichtlichen Beschluss nicht in das Vermögen des Antragstellers vollstreckt werden. Erbringt der Gläubiger die Vorschussleistung nicht, so ist allein der Antrag abzuweisen.[66] Die Auflage, Vorschuss zu leisten, verhängt das Insolvenzgericht durch Beschluss.[67]

27 Aus **Sicht des Schuldners** kann dies durchaus dann einen Sinn haben, wenn er einen Eigenantrag stellt, den er auf den Eröffnungsgrund der drohenden Zahlungsunfähigkeit gem. § 18 InsO stützt, und zugleich unter Vorlage eines Insolvenzplanentwurfs nach § 218 InsO gem. § 270 InsO die Anordnung der Eigenverwaltung beantragt: Die Einzahlung eines ausreichenden Kostenvorschusses, der – um alle Zweifel zu zerstreuen – auch etwaig zu erwartende Verwalterkosten umfasst, enthebt das Insolvenzgericht der Notwendigkeit, zur Frage des § 26 Abs. 1 InsO ein Gutachten nach § 22 Abs. 1 Satz 2 Nr. 3

---

61 *Sieweking,* Die Haftung des Gemeinschuldners für Masseansprüche, 1937 S. 70 f.

62 § 26 Abs. 1 S. 2 Alt. 2 eingef. durch Gesetz v. 26. 10. 2001, BGBl. S. 2710; *Uhlenbruck,* in: Uhlenbruck, InsO, 13. Aufl. 2010, § 26 Rn. 5; *Haarmeyer,* in: MünchKomm, InsO, 1. Aufl. 2001, § 26 Rn. 27.

63 *Mönning,* in: Nerlich/Römermann, InsO, § 26 Rn. 40; *Uhlenbruck,* InsO, 12. Aufl. 2003, § 26 Rn. 17; a. A. wohl *Pape,* in: Kübler/Prütting, Kommentar zur Insolvenzordnung, § 26 Rn. 15.

64 *Jaeger/Weber,* KO, 8. Aufl. 1973, § 107 Rn. 4; *Pape,* in: Kübler/Prütting, Kommentar zur Insolvenzordnung, § 26 Rn. 21; *Mönning,* in: Nerlich/Römermann, InsO, § 26 Rn. 41; *Uhlenbruck,* in: Kölner Schrift zur Insolvenzordnung, 2. Aufl. 2000, S. 1171 (Rn. 22); *Uhlenbruck,* InsO, 12. Aufl. 2003, § 26 Rn. 20; *Haarmeyer,* in: MünchKomm, InsO, 1. Aufl. 2001, § 26 Rn. 30; *Kind,* in: Braun, InsO, 2. Aufl. 2004, § 26 Rn. 26.

65 *Pape,* in: Kübler/Prütting, Kommentar zur Insolvenzordnung“ § 26 Rn. 21; *Kind,* in: Braun, InsO, 2. Aufl. 2004, § 26 Rn. 23, 26; *Haarmeyer,* in: MünchKomm, InsO, 1. Aufl. 2001, § 26 Rn. 29; *Uhlenbruck,* InsO, 12. Aufl. 2003, § 26, Rn. 23.

66 *Mönning,* in: Nerlich/Römermann, InsO, § 26 Rn. 36; dazu *Uhlenbruck,* InsO, 12. Aufl. 2003, § 26, Rn. 25; *Haarmeyer,* in: MünchKomm, InsO, 1. Aufl. 2001, § 26 Rn. 32 ff.

67 Näher *Pape,* in: Kübler/Prütting, Kommentar zur Insolvenzordnung, § 26 Rn. 18 f.; *Hess,* InsO, 1. Aufl. 1999, § 26 Rn. 32; a. A. *Uhlenbruck,* in: Gottwald, Insolvenzrechts-Handbuch, 3. Aufl. 2006, § 15 Rn. 9.

InsO anzufordern. Die Ermittlungstätigkeit des Insolvenzgerichts wird sich dann häufig, sofern nicht gerichtsnotorische Tatsachen dagegen sprechen, auf die Ermittlung eines Sachverständigen nach § 5 Abs. 1 InsO beschränken können, der zu prüfen haben wird, ob eine Gläubigerbenachteiligung durch den Schuldner zu erwarten sein werde.

Für den **antragstellenden Gläubiger** hat die Erbringung eines Massekostenvorschusses regelmäßig einen Sinn, um sicherzustellen, dass der Insolvenzverwalter im eröffneten Verfahren verschobene Vermögensgegenstände des Schuldners wieder zur Masse zieht. **28**

Der IX. Zivilsenat des BGH[68] hat ausgeführt, durch die Mitteilung der Entscheidungen des Insolvenzgerichts gemäß §§ 5 Abs. 1 Satz 2, 21 InsO sowie des Ergebnisses eines Gutachtens werde der Schuldnerin, die nicht darüber unterrichtet worden war, dass die Zahlung des Massekostenvorschusses unterblieben war, hinreichend rechtliches Gehör gewährt. **29**

Probleme werfen Fälle auf, in denen der Schuldner Antrag nach § 270 InsO gestellt hat:[69] Oben (§ 3 Rn. 8ff.) ist im Zusammenhang der Erörterung des Grundsatzes der Bedingungsfeindlichkeit des Eröffnungsantrags darauf hingewiesen worden, dass die Verknüpfung des Verfahrenskostenvorschusses mit der Bedingung, es werde die vom Schuldner beantragte Eigenverwaltung angeordnet, eine zulässige innerprozessuale Bedingung darstellt. **30**

3. Erstattungsanspruch gegen den Antragspflichtigen

Die Leistung eines Massekostenvorschusses wird durch das neue Recht begünstigt: § 26 Abs. 3 Satz 1 InsO gibt demjenigen, der nach § 26 Abs. 1 Satz 2 InsO einen Massekostenvorschuss geleistet hat, einen Anspruch auf Erstattung des vorgeschossenen Betrages gegen jede Person, die entgegen den Vorschriften des Gesellschaftsrechts den Antrag auf Eröffnung des Insolvenzverfahrens pflichtwidrig und schuldhaft nicht gestellt hat.[70] Und Satz 2 der zitierten Vorschrift kehrt zuungunsten des Gegners des Erstattungsanspruchs die Beweislast um: Ist streitig, ob der Antragspflichtige pflichtwidrig und schuldhaft, gehandelt hat, so trifft ihn die Beweislast. § 26 Abs. 3 InsO bringt damit gegenüber dem überkommenen Insolvenzrecht eine wichtige Neuerung:[71] Wenn das Vermögen z.B. einer GmbH nicht einmal ausreicht, um die Kosten des ersten Verfahrensabschnitts zu decken, und der antragstellende Gläubiger deshalb einen Vorschuss leistet, sollen in Zukunft die Geschäftsführer der Gesellschaft persönlich zur Erstattung des Vorschusses herangezogen werden können; insoweit wird vermutet,[72] dass die Geschäftsführer schuldhaft ihre Pflicht verletzt haben, rechtzeitig das Insolvenzverfahren zu beantragen (§ 15a InsO). Den Geschäfts- **31**

---

68 BGH, Beschl. v. 16. 10. 2003 – IX ZB 475/02 – ZVI 2004, 24; *Smid*, DZWIR 2004, 265, 269.
69 BGH, Beschl. v. 7. 7. 2005 – IX ZB 266/04 (Podstawski) – ZInsO 2005, 927.
70 *Ulrich*, DZWIR 2000, 177, 181; BGH, Urt. v. 15. 1. 2009 – IX ZR 56/08, DZWIR 212; *Smid*, Struktur VIII DZWIR 2010, 5.
71 Krit. *Mönning*, in: Nerlich/Römermann, InsO, § 26 Rn. 58f.; *Uhlenbruck*, in: Gottwald, Insolvenzrechts-Handbuch, 3. Aufl. 2006, § 15 Rn. 17; *Uhlenbruck*, in: Uhlenbruck, InsO, 13. Aufl. 2010, § 26 Rn. 59; *Haarmeyer*, in: MünchKomm, InsO, 1. Aufl. 2001, § 26 Rn. 56.
72 *Kirchhof*, in: H-K, InsO, 4. Aufl. 2006, § 26 Rn. 34.

führern bleibt die Möglichkeit, sich durch den Nachweis zu entlasten, dass besondere Umstände vorlagen, auf Grund derer die Verzögerung der Antragstellung nicht pflichtwidrig oder nicht schuldhaft erscheint. Beispielsweise kann im Einzelfall der Verlust des gesamten Vermögens der Gesellschaft während der Dreiwochenfrist des § 15 a InsO.[73]

32 Die in § 26 Abs. 3 Satz 3 InsO angeordnete Verjährungsfrist lehnt sich an die entsprechenden Regelungen im Recht der Handelsgesellschaften und der Genossenschaft an (vgl. § 93 Abs. 6 AktG; § 43 Abs. 4 GmbHG; § 34 Abs. 6 GenG; § 130 a Abs. 3 Satz 6 HGB). Die Frist wird mit Erbringung des Kostenvorschusses, nicht erst mit Erlass des Eröffnungsbeschlusses in Lauf gesetzt.[74] Wie sich § 26 Abs. 4 InsO n. F. auswirken wird, bleibt abzuwarten.

4. Prüfungspflichten des Sachverständigen nach § 22 Abs. 1 Satz 2 Nr. 3 InsO

33 Ist demgegenüber ein derartiger Massekostenvorschuss nicht erbracht, muss geprüft werden, ob die Voraussetzungen des § 26 Abs. 1 InsO erfüllt sind oder ob der Eröffnungsantrag mangels Masse abzuweisen ist. Eigene Ermittlungen des Insolvenzrichters sind durchaus zulässig; insbesondere wird der Insolvenzrichter dadurch nicht entsprechend § 41 Nr. 5 ZPO im eröffneten Verfahren zum iudex inhabilis. Eigene Ermittlungen des Insolvenzrichters werden in aller Regel aber an schlichtem Zeitmangel wegen der Unübersichtlichkeit der Verhältnisse scheitern: er wird daher durch Einschaltung des vorläufigen Verwalters als Sachverständigen (§ 22 Abs. 1 Satz 2 Nr. 3 InsO) bzw., wenn kein vorläufiger Verwalter eingesetzt ist, durch einen nach § 5 Abs. 1 InsO zu beauftragenden Sachverständigen ermitteln.[75]

34 Nach zutreffender Feststellung des OLG Köln[76] ist es allein Aufgabe des Sachverständigen, den Sachverhalt für das Insolvenzgericht soweit zu ermitteln, dass dieses in den Stand gesetzt wird, seine Entscheidung nach §§ 21 f. InsO zu fällen. Im Einzelnen hat der Sachverständige sich zunächst auf die vom Schuldner im Rahmen der diesen treffenden Auskunfts- und Mitwirkungspflichten gem. § 20 InsO zu gebenden Angaben zu stützen, die er aber nicht ungeprüft seinem Gutachten zugrunde legen darf. Darüber hinaus kann der Gutachter die Beschäftigten des Insolvenzschuldners befragen[77] und im Rahmen seines ihm vom Gericht erteilten Auftrags Auskunft über den Schuldner bei dessen Hausbank einholen,[78] wobei sich die Auskunftspflichten der Bank über den gem. § 4 InsO entsprechend anwendbaren § 383 Abs. 1 Nr. 6 ZPO hinaus auf die nach § 840 Abs. 1 ZPO zu erteilenden Auskünfte erstrecken.[79] Schließlich ist der Gutachter befugt, Einsicht in staatsanwaltliche Ermittlungsakten zu nehmen.[80] Auch wenn die Angaben des Schuldners vollständig und richtig sind und die Buchhaltung und Jahresabschlüsse aktuell erstellt worden sind, darf sich der Gutachter, wie *Pluta* eindrucksvoll dargestellt hat, nicht damit zufrieden geben, weil es Ansprüche gibt, die aus einem Jahresabschluss nicht er-

---

73 *Uhlenbruck,* in: Gottwald, Insolvenzrechts-Handbuch, 3. Aufl. 2006, § 15 Rn. 16; *Haarmeyer,* in: MünchKomm, InsO, 1. Aufl. 2001, § 26 Rn. 59.

74 So wohl auch *Kirchhof,* in: H-K, InsO, 4. Aufl. 2006, § 26 Rn. 37; *Hirte,* in: Uhlenbruck, InsO, 12. Aufl. 2003, § 26 Rn. 57; *Kind,* in: Braun, InsO, 2. Aufl. 2004, § 26 Rn. 40.

75 *Kirchhof,* in: H-K, InsO, 4. Aufl. 2006, § 22 Rn. 18 f.; *Uhlenbruck,* in: Gottwald, Insolvenzrechts-Handbuch, § 14 Rn. 41; *Uhlenbruck,* InsO, 12. Aufl. 2003, § 26 Rn. 15.

76 OLG Köln, Urt. v. 16. 3. 2004 – 22 U 148/03 – ZIP 2004, 919; *Smid,* DZWIR 2004, 265, 282.

77 *Wessel,* Der Sachverständige im Konkurseröffnungsverfahren, 1993, S. 88.

78 *Wessel* (Fn. 77), S. 89.

79 *Wessel* (Fn. 77), S. 90/91.

80 *Wessel* (Fn. 77), S. 94.

sichtlich sind und weil in der Insolvenz anders bewertet werden muss. Dies betrifft insbesondere den Grundsatz der Bewertungsstetigkeit (§ 252 Abs. 1 Nr. 6 HGB) und den des going-concern (§ 252 Abs. 1 Nr. 2 HGB). Außerdem müssen die Kosten der Abwicklung ermittelt werden, die, außer im Fall einer vorhandenen Liquidationsbilanz, noch keinen Eingang in das vorhandene betriebliche Rechnungswesen gefunden haben. Im Einzelnen sind Ansprüche aus Anfechtungshandlungen nach §§ 129 ff. InsO, Ansprüche wegen eigenkapitalersetzender Gesellschafterdarlehen oder Bürgschaften nach §§ 31, 32 a, b GmbHG, § 172 a HGB gutachterlich zu prüfen; Ansprüche wegen fehlerhafter Kapitalerbringung bei einer Kapitalgesellschaft, insbesondere einer GmbH. Ferner Vermögenswerte, die auf Fehlern des Insolvenzschuldners bei der Gründung des Unternehmensträgers beruhen, namentlich statt vertraglich vorgeschriebener Bareinlage erbrachter Sacheinlage, im Gesellschaftsvertrag vereinbartes, aber nicht erbrachtes Kapital, erbrachtes, aber später zurückgezahltes Kapital; am Stichtag der Eintragung der Gesellschaft im Handelsregister nicht mehr vorhandenes Kapital; Eigentumsvorbehalte und Pfandrechte von Banken, Lieferanten, Vermietern und Spediteuren; Haftung der Geschäftsführer für verspätete Antragstellung nach § 64 Abs. 2 GmbHG, § 43 Abs. 2 und 3 GmbHG, § 93 Abs. 2 AktG, § 42 Abs. 2 Satz 2 BGB (Verein), § 130 a Abs. 3 HGB. Zu berücksichtigen hat der Gutachter ferner[81] einen möglichen Firmenwert bei Verkauf; Werte aus der Kündigung von Lebensversicherungen; Werte aus bezahlten Versicherungsprämien bei vorzeitiger Vertragsaufhebung. Der Bewertungsspielraum des Gutachters ist dabei sehr groß. Im Einzelfall kommt es kommt darauf an, wie er sich eine Stilllegung, Sanierung, Teilsanierung oder Auslaufproduktion vorstellt und gestalten will. Das Bewertungsergebnis kann deshalb[82] je nach beauftragtem Gutachter von Ablehnung der Eröffnung mangels Masse bei Betriebsstilllegung bis zur Quotenaufsicht auf der letzten Rangstufe bei gelungener Betriebsfortführung und Sanierung gehen.

Daher ist es anerkannt, dass die Anordnung der vorläufigen Verwaltung und die Bestellung des vorläufigen Verwalters als Gutachter im Wesentlichen auch dazu dient, festzustellen, ob sich die Eröffnung des Insolvenzverfahrens „lohnt" – etwa deshalb, weil der Insolvenzverwalter durch die Ausübung von Anfechtungsbefugnissen „verschobene" Vermögenswerte in die Masse zurückzieht und dadurch die zunächst vordergründig bestehende Masseinsuffizienz im Verlauf des Verfahrens beheben kann.[83] Voraussetzung der Vermehrung der Masse durch Zuführung von Werten mittels der Masseverwaltung ist freilich die Einsetzung des Verwalters, da nur ihm die Befugnis zur Erhebung von Klagen wegen Insolvenzanfechtungen (§§ 129 ff. InsO) oder der Geltendmachung von Gesamtschäden (§§ 92, 93 InsO) zusteht. 35

IV. Folgen der Ablehnung der Eröffnung des Verfahrens mangels Masse

Auch im Falle der Abweisung des Antrags mangels Masse werden die AG, die KGaA und die GmbH mit Eintritt der Rechtskraft des Abweisungsbeschlusses aufgelöst.[84] In Fällen der Abweisung eines gegen natürliche Personen gerichteten Eröffnungsantrages mangels Masse hat das Insolvenzgericht den Schuldner in ein Schuldnerverzeichnis gem. § 26 Abs. 2 InsO einzutragen. 36

81 *Pluta,* in: *Smid,* Gesamtvollstreckungsordnung, 2. Aufl. 1997, § 2 Rn. 85.
82 *Pluta,* in: *Smid,* Gesamtvollstreckungsordnung, 2. Aufl. 1997, § 2 Rn. 87.
83 *Kirchhof,* in: H-K, InsO, 4. Aufl. 2006, § 26 Rn. 6; *Uhlenbruck,* in: Gottwald, Insolvenzrechts-Handbuch, § 15 Rn. 3.
84 Näher *Uhlenbruck,* in: Kölner Schrift zur Insolvenzordnung, 2. Aufl. 2000, S. 1196 f. (Rn. 20); *Uhlenbruck,* in: Gottwald, Insolvenzrechts-Handbuch, § 16 Rn. 10; *Uhlenbruck,* in: Uhlenbruck, InsO, 13. Aufl. 2010, § 26 Rn. 55; *Haarmeyer,* in: MünchKomm, InsO, 1. Aufl. 2001, § 26 Rn. 46; *Kind,* in: Braun, InsO, 2. Aufl. 2004, § 26 Rn. 35.

37 Im Falle juristischer Personen führt die Ablehnung der Eröffnung mangels Masse dazu, dass die dadurch in Liquidation übergehende bankrotte Gesellschaft *de facto* dazu in der Lage ist, weiterhin zu operieren; nicht minder schlimm ist es, dass die durch die Geschäftsführung nicht selten vorgenommenen Unterschlagungen und Verschiebungen dann regelmäßig nicht mehr ans Licht gebracht werden.

38 Das Stundungsmodell der §§ 4aff. InsO als Instrument der Beseitigung bzw. Vermeidung der Masseunzulänglichkeit wird wegen der damit verbundenen unverhältnismäßigen Belastung der öffentlichen Haushalte als unangemessen empfunden. Allerdings ist es, anders als lange rechtspolitisch gefordert, nicht abgeschafft worden. Der Eigenantrag des völlig mittellosen privaten Verbrauchers führt daher nach wie vor nicht zur Ablehnung der Eröffnung des Insolvenzverfahrens.

V. Rechtsmittel des Schuldners bei Verfahrenseröffnung bzw. fehlender Verfahrenskostendeckung

39 Die auf fehlende Deckung der Verfahrenskosten gestützte sofortige Beschwerde einer Schuldnerin gegen den Eröffnungsbeschluss des Insolvenzgerichts war abgewiesen worden, weil das Beschwerdegericht davon ausging, die Schuldnerin sei in ihrer Rechtsstellung durch den Eröffnungsbeschluss nicht beeinträchtigt, da es bereits an einer Beschwer fehle.

40 Der BGH hat dagegen auf das Vorliegen einer Beschwer erkannt und ausgeführt, im Eröffnungsbeschluss liege jedenfalls eine materielle Beschwer des Schuldners. Der IX. Zivilsenat meint zutreffend, im Falle eines Fremdantrages liege sogar eine formelle Beschwer vor. Allenfalls kann es an einem für die Zulässigkeit der Beschwerde erforderlichen besonderen Rechtschutzbedürfnis fehlen. Dies wird z.T. angenommen, wenn der Schuldner sich im Falle eines Fremdantrages auf Masseunzulänglichkeit beruft. Dem ist der BGH nicht gefolgt, sondern meint mit überzeugenden Argumenten, dass ein Rechtschutzbedürfnisses des Schuldners für die Einlegung der sofortigen Beschwerde gegen den Eröffnungsbeschluss aufgrund mangelnder Kostendeckung vorliegt, da er in diesen Fällen schutzwürdig ist.

41 Der IX. Zivilsenat führt dies anhand der Folgen aus, die der Erlass des Eröffnungsbeschlusses über das Vermögen einer KG zeitigt, die keine natürliche Person als persönlich haftenden Gesellschafter aufweist. In diesen Fällen wird die Gesellschaft mit Rechtskraft des Abweisungsbeschlusses aufgelöst (§§ 161 Abs. 2, 131 Abs. 2 Nr. 1 HGB) und von Gesetzes wegen werden sämtliche Gesellschafter zu Liquidatoren berufen, die gemäß § 146 Abs. 1 Satz 1 HGB ihre Gesellschaft abwickeln. Die Eröffnung des Insolvenzverfahrens über das Vermögen der Gesellschaft hat demgegenüber zur Rechtsfolge, dass ein Insolvenzverwalter zu berufen ist, wenn nicht die Insolvenzschuldnerin Antrag gemäß § 270 InsO gestellt hat und die Voraussetzungen für die Anordnung der Eigenverwaltung gegeben sind. Der Schuldner hat daher in Fällen der Eröffnung des Insolvenzverfahrens trotz mangelnder Verfahrenskostendeckung im Sinne von § 26 Abs. 1 InsO ein Rechtsschutzbedürfnis zur Einlegung der sofortigen Beschwerde, da die Schuldnerin durch den Eröffnungsbeschluss regelmäßig daran gehindert wird, durch die hierfür gesetzlich vorgesehenen Organe gleichsam „eigenverwaltend" die Abwicklung ihres Vermögens zu betreiben. Die vorliegende Entscheidung reiht sich somit in die Tendenz der Judikatur des IX. Zivilsenats ein, dem

Schuldner effiziente Rechtsbehelfe gegen die Verkürzung seiner Grundrechte durch das und im Insolvenzverfahren einzuräumen.

VI. Stundungsregelung, §§ 4a ff. InsO

§ 26 Abs. 1 S. 2 InsO bestimmt, dass die Abweisung der Konkurseröffnung mangels Masse auch dann unterbleibt, wenn die Kosten des Verfahrens nach § 4a InsO gestundet sind.[85] Handelt es sich bei dem Schuldner um eine natürliche Person und hat er einen Antrag auf Restschuldbefreiung gestellt, sieht § 4a Abs. 1 Satz 1 InsO vor, dass ihm auf Antrag die Kosten des Insolvenzverfahrens bis zur Erteilung der Restschuldbefreiung gestundet werden, soweit sein Vermögen voraussichtlich nicht ausreichen wird, um diese Kosten zu decken. **42**

Eingehend hierzu unten § 46 Rn. 11 ff. **43**

1. Stundungsmodell der Verfahrenskosten, § 4a InsO

a) Stundung und Beiordnung eines Rechtsanwalts. Nach § 4a Abs. 1 Satz 1 InsO kommen **alle natürlichen Personen** in den Genuß einer Stundungsregelung **unabhängig davon,** ob es sich um ein **IN- oder ein IK-Verfahren** handelt: Ist der Schuldner eine natürliche Person, so werden ihm auf Antrag die Kosten des Insolvenzverfahrens bis zur Erteilung der Restschuldbefreiung gestundet, soweit sein Vermögen voraussichtlich nicht ausreichen wird, um diese Kosten zu decken. Der Antrag wird mit dem Antrag auf Erteilung der Restschuldbefreiung verbunden. § 4a Abs. 2 InsO bestimmt, dass dem Schuldner im Falle der Stundung der Verfahrenskosten auf Antrag ein zur Vertretung bereiter Rechtsanwalt seiner Wahl beigeordnet wird, wenn seine anwaltliche Vertretung trotz der dem Gericht obliegenden Fürsorge erforderlich erscheint. In diesem Fall kann der Rechtsanwalt Vergütungsansprüche nicht gegen den Schuldner geltend machen (§ 4a Abs. 3 InsO). **44**

Der Schuldner hat dem Antrag eine Erklärung beizufügen, ob einer der Versagungsgründe des § 290 Abs. 1 Nr. 1 und 3 InsO vorliegt. **45**

b) Gewährung für jeden Verfahrensschritt. Wie im Zivilprozess wird die Stundung im Verbraucherinsolvenzverfahren für jeden kostenrechtlichen „Rechtszug" gewährt (§ 119 ZPO). Das Insolvenzgericht hat daher über die Gewährung der Stundung gesondert für das Schuldenbereinigungs-, das Kleininsolvenz- und das Restschuldbefreiungsverfahren zu entscheiden.[86] **46**

2. Verlängerung und Aufhebung der Stundung

Für den Fall, dass der Schuldner nach Erteilung der Restschuldbefreiung nicht in der Lage ist, den gestundeten Betrag aus seinem Einkommen und seinem Vermögen zu zahlen, sieht § 4b Abs. 1 1 Satz 1 InsO vor, dass die Stundung durch insolvenzgericht- **47**

---

85 § 26 Abs. 1 S. 2 Alt. 2 eingef. durch G v. 26. 10. 2001, BGBl. S. 2710; *Uhlenbruck,* in: Uhlenbruck, InsO, 13. Aufl. 2010, § 26 Rn. 5; *Haarmeyer,* in: MünchKomm, InsO, 2. Aufl. 2008, § 26 Rn. 27.
86 *Smid,* in: Smid, InsO, 2. Aufl. 2001, § 4 a Rn. 10.

lichen Beschluss verlängert und die zu zahlenden Monatsraten festgesetzt werden können. Nach § 4c Abs. 1 InsO kann das Insolvenzgericht die Stundung aufheben, wenn

(Nr. 1) der Schuldner vorsätzlich oder grob fahrlässig unrichtige Angaben gemacht hat, die für die Eröffnung des Insolvenzverfahrens oder die Stundung maßgebend sind, oder eine vom Gericht verlangte Erklärung über seine Verhältnisse nicht abgegeben hat, (Nr. 2) die persönlichen oder wirtschaftlichen Voraussetzungen für die Stundung nicht vorgelegen haben. Die Aufhebung ist aber ausgeschlossen, wenn seit der Beendigung des Verfahrens vier Jahre vergangen sind, (Nr. 3) der Schuldner länger als drei Monate mit der Zahlung einer Monatsrate oder mit der Zahlung eines sonstigen Betrages schuldhaft in Rückstand ist und (Nr. 4) in entsprechender Anwendung des § 296 Abs. 2 Satz 2 und 3 InsO, wenn der Schuldner keine angemessene Erwerbstätigkeit ausübt und, wenn er ohne Beschäftigung ist, sich nicht um eine solche bemüht und eine zumutbare Tätigkeit ablehnt.

3. Rechtsmittel

48 Gegen die Ablehnung der Stundung oder deren Aufhebung sowie gegen die Ablehnung der Beiordnung eines Rechtsanwalts steht dem Schuldner gem. § 4d Abs. 1 InsO die sofortige Beschwerde zu. Weiterhin gewährt § 4c Abs. 2 InsO dem Schuldner die sofortige Beschwerde gegen den insolvenzgerichtlichen Beschluss über die Aufhebung der Stundung.

49 Nach § 4d Abs. 2 ist die Staatskasse beschwerdebefugt, wenn dem Schuldner die Stundung bewilligt worden ist **und** dies nach den persönlichen oder wirtschaftlichen Verhältnissen des Schuldners nicht hätte erfolgen dürfen. Daher kann sich wie nach § 127 Abs. 3 ZPO die Staatskasse nicht gegen die Beiordnung eines Rechtsanwalts[87], die Bewilligung als solche oder die Bewilligung von Ratenzahlungen beschweren[88]. Das Rechtsmittel richtet sich allein gegen die Unterlassung der Anordnung von Zahlungen.[89]

VII. Vergütungsfestsetzung auch nach Entscheidung gem. § 26 InsO

50 In der Vergangenheit sind nicht unerhebliche Probleme für den vorläufigen Verwalter aufgetreten, wenn das Insolvenzverfahren nicht eröffnet wird. Der BGH[90] hat darauf erkannt,[91] dass der vorläufige Insolvenzverwalter die Festsetzung seiner Vergütung nicht aus eigenem Recht betreiben kann, weil es an einer entsprechenden Kostengrundentscheidung fehlt. Der vorläufige Insolvenzverwalter kann auch keine Grundentscheidung erwirken. Im Eröffnungsverfahren ist der vorläufige Insolvenzverwalter nicht Partei des Verfahrens[92]. Das Insolvenzgericht durfte daher bislang weder über die Kostenlast noch über die Höhe der Vergütung entscheiden[93].

---

87 OLG Düsseldorf, MDR 1989, 827.
88 *Fischer*, in: Musielak, ZPO, 4. Aufl. 2005, § 127 Rn. 10.
89 *Wax*, in: MünchKomm, ZPO, 1. Aufl., § 127 Rn. 33.
90 BGH ZIP 2010, 89.
91 BGH, Beschl. v. 3. 12. 2009 – IX ZB 280/08, ZIP 2010, 89.
92 BGHZ 175, 48, 50.
93 LG Duisburg, Beschl. v. 20. 5. 2010 – 7 T 105/10, ZIP 2010, 1360, 1361.

Nunmehr bestimmt § 26a Abs. 1 Satz 1 InsO n.F., dass das Insolvenzgericht die Vergütung und die zu erstattenden Auslagen des vorläufigen Insolvenzverwalters gegen den Schuldner durch Beschluss fest, auch wenn das Insolvenzverfahren nicht eröffnet wird.[94]

---

94 Krit. *Frind,* ZInsO 2011, 2249ff.

§ 29 Der Eröffnungsbeschluss und Rechtsmittel

I. Bedeutung

1 Um die Ungerechtigkeit abzuwenden, die aus dem bei der Individualzwangsvollstreckung herrschenden Prioritätsprinzip im Falle der Insolvenz des Schuldners erwachsen würde, zeitigt der „Konkurs" – die Eröffnung eines Insolvenzverfahrens über das Vermögen des Schuldners – **allseitige Wirkungen** für alle Gläubiger in ihrer Beziehung zum Schuldner.[1] Der Hoheitsakt, mit dem das Insolvenzverfahren eingeleitet wird, hat mithin eine statusrechtliche Bedeutung unabhängig davon, ob dem Schuldner die Befugnis zur Eigenverwaltung teilweise gelassen wird oder nicht: Von *Ludwig Häsemeyer*[2] ist daher der treffende Ausdruck einer *Ausgleichshaftung* der Insolvenzgläubiger mit ihren Forderungen geprägt worden.

2 Durch einen Hoheitsakt – in den mitteleuropäischen Insolvenzrechten durch den Eröffnungsbeschluss, mit dem das Insolvenzverfahren eingeleitet wird (§ 27 InsO) – wird das schuldnerische Vermögen „verstrickt" und vom **Insolvenzbeschlag** erfasst.[3] Dem Schuldner sind dadurch Verfügungen über sein Vermögen untersagt (§ 80 InsO), was die Unwirksamkeit verbotswidriger Verfügungen zur Folge hat (§ 81 InsO). M. a. W. wird das Vermögen des Schuldners der Gesamtvollstreckung unterworfen.[4] Die Befugnis, die erforderlichen tatsächlichen und rechtlichen Maßnahmen im Hinblick auf die Insolvenzmasse zu unternehmen, geht auf den durch das Insolvenzgericht mit dem Eröffnungsbeschluss einzusetzenden Insolvenzverwalter über, §§ 27 Abs. 1 Satz 1, 80 InsO, oder der Schuldner verwaltet als debtor in possession die Masse für die Gläubiger.[5]

II. Inhalt des Eröffnungsbeschlusses

1. Allgemeine Angaben

3 Die vorangegangenen Erwägungen zur Funktion und Wirkung des Eröffnungsbeschlusses erklären weithin seinen, von Gesetzes wegen vorgeschriebenen Inhalt: § 27 Abs. 1 Satz 1 InsO bestimmt, dass im Eröffnungsbeschluss ein Insolvenzverwalter ernannt wird, es sei denn, das Insolvenzgericht ordnet die Eigenverwaltung durch den Schuldner (vgl. § 27 Abs. 1 Satz 2 InsO, dazu unten § 9 Rn. 31 ff.) an. Ferner muss der Eröffnungsbeschluss die Identität des Schuldners durch Angabe von Namen und Sitz eindeutig bestimmen (§ 27 Abs. 2 Nr. 1 InsO). Letzteres kann problematisch sein.

4 **Beispiel:** Zum einen ist an den Fall der Insolvenz einer Gesellschaft bürgerlichen Rechts zu denken, die nicht registerrechtlich identifizierbar ist und deren „Sitz" ebenso unklar sein mag, wie es ihr „Bestand" an Gesellschaftern ist: So können sich Probleme ergeben, wenn gegen die „ARGE-Teufelstalbrücke" ein Eröffnungsbeschluss in der Annahme erlassen wird, es handle sich um die gesamthänderische Verbindung der Gesellschafter A, B und C, während Gesellschafter A, B, C und D sind. Probleme treten auch bei Grundstücks-Gesellschaften bürgerlichen Rechts auf: X, Y und Z erwerben in Berlin in den Jahren 1991 und 1992 gemeinsam eintausend (!) Immobilien. In einigen Fällen ist ein weiterer Miterwerber der T. Handelt es sich um eintausend verschiedene Gesellschaften bürgerlichen Rechts? Auch dies alles hat der Gutachter vorbereitend im Vorfeld des Erlasses eines Eröffnungs-

---

1 *Smid*, Deutsches und Europäisches Internationales Insolvenzrecht, 2004, Art. 1 EuInsVO Rn. 11.
2 *Häsemeyer*, Insolvenzrecht, 3. Aufl. 2003, Rn. 2.33 ff., 2.36.
3 *Jaeger/Henckel*, InsO, 2004, § 35 Rn. 10.
4 *Laut*, Universalität und Sanierung im internationalen Insolvenzrecht, S. 24 f.
5 *Wehdeking*, Masseverwaltung des insolventen Schuldners, 2005, S. 32 ff.

beschlusses zu klären, was nicht frei von Haftungsrisiken ist! Damit aber nicht genug: In den vergangenen Jahren sind folgende Fälle[6] aufgetreten: Der Handwerker A, Alleingesellschafter und Geschäftsführer der A-GmbH, steckt in Nöten und liest in einer überregionalen Tageszeitung unter „Geschäftliches": „Finanzierungsprobleme? Insolvenz? Wir helfen Ihnen durch Unternehmensübernahme". Auf seine Anfrage bei einer Unternehmensberatungsagentur U wird A angeboten, dass, nach Zahlung einer „Aufwandsentschädigung" seitens A an U in Höhe von 20.000 € die Y-GmbH alle Geschäftsanteile der A-GmbH zu einem Kaufpreis in Höhe des Erinnerungswertes von 1 € erwerbe und sogleich der A als Geschäftsführer durch einen ausländischen Staatsbürger P ersetzt wird. Nach wenigen Tagen wird P entpflichtet und durch Gesellschafterbeschluss der R (wahrscheinlich wohnhaft in einer osteuropäischen Stadt – also nicht greifbar) bestellt. Regelmäßig erfolgt wegen unterlassener Abführung der Sozialbeiträge alsbald Antragstellung durch den Sozialversicherungsträger. Dieser Antrag scheint ins Leere zu gehen. Der A ist seine Probleme allerdings keineswegs los. Er hat sich nach den §§ 283 ff. StGB strafbar gemacht – allerdings auch der U.[7]

Schließlich hat das Insolvenzgericht gem. § 27 Abs. 2 Nr. 3 InsO die Stunde der Eröffnung anzugeben, 5
womit der Eintritt der Wirkungen des Konkursbeschlags sowie der den Schuldner treffenden Statuswirkungen und das Ende der allgemeinen Rechtsverfolgungsmöglichkeiten der Gläubiger bezeichnet wird.[8] Weiter sieht § 27 Abs. 2 Nr. 4 InsO vor, dass der Eröffnungsbeschluss einen Hinweis zu enthalten hat, ob der Schuldner Antrag auf Erteilung der Restschuldbefreiung (§ 287 Abs. 1 InsO) gestellt hat. Durch Art. 1 Nr. 3 des Referentenentwurfs eines Gesetzes zur Verkürzung des Restschuldbefreiungsverfahrens, zur Stärkung der Gläubigerrechte und zur Insolvenzfestigkeit von Lizenzen soll die Nr. 4 gestrichen werden, da mit dem zu veröffentlichenden Einleitungsbeschluss nach § 287a InsO künftiger Fassung die Gläubiger hinreichend unterrichtet würden – der mit dem Eröffnungsbeschluss verbunden werden kann.

Nach § 27 Abs. 2 Nr. 5 InsO n.F. muss dass Insolvenzgericht, bestellt es eine andere 5a
Person zum Insolvenzverwalter als die einstimmig vom vorläufigen Gläubigerausschuss gem. § 56a InsO (vgl. oben § 26 Rn. 30) vorgeschlagene zum Insolvenzverwalter, bedarf dies einer Begründung, die das Insolvenzgericht in den Eröffnungsbeschluss aufzunehmen hat. Angesichts des klaren Wortlauts der Norm und der nachvollziehbaren Intention des Gesetzgebers, das Insolvenzgericht an den Mechanismus des § 56a InsO zu binden, genügt eine Bezugnahme auf die Akten nicht.

2. Begründung, Aufforderungen, Belehrungen

Auf die insolvenzgerichtlichen Beschlüsse kommt nach § 4 InsO die Vorschrift des § 329 ZPO zur An- 6
wendung.[9] Hier genügt es, auf einige Rahmenbedingungen hinzuweisen, die sich aus § 329 ZPO ergeben: Danach müssen Beschlüsse, soweit sie der Anfechtung mit Rechtsmitteln unterworfen sind, mit einer *Begründung* versehen werden.[10] Das BVerfG[11] folgert aus der verfassungsrechtlichen Gewähr rechtlichen Gehörs (Art. 103 Abs. 1 GG), dass die der Rechtsverfolgung dienenden Tatsachenbehauptungen

6 Dabei handelt es sich um wirkliche Fälle, Massenerscheinungen organisierter Wirtschaftskriminalität, vgl. den außerordentlich lesenswerten Beitrag von *Rattunde*, DZWIR 1998, 271 ff.
7 Zu solchen „Firmenbestattungen" *Smid*, in: Konecny (Hrsg.), 11. Insolvenzforum 2004, S. 189 ff.
8 *Kirchhof*, in: H-K, InsO, 4. Aufl. 2006, § 27 Rn. 15; *Mönning*, in: Nerlich/Römermann, InsO, § 27 Rn. 10.
9 Vgl. allein BGH, Urt. v. 23. 10. 1997 – IX ZR 249/96 – NJW 1998, 610; *Kirchhof*, in: H-K, InsO, 4. Aufl. 2006, § 4 Rn. 14.
10 BGH, Beschl. v. 13. 10. 1982 – IVb ZB 154/82 – NJW 1983, 123; *Roth*, in: Stein/Jonas, ZPO, 22. Aufl. 2002, § 329 Rn. 7; *Musielak*, in: MünchKomm, ZPO, 2. Aufl. 2000, § 329 Rn. 4; *Vollkommer*, in: Zöller, ZPO, 25. Aufl. 2005, § 329 Rn. 24.
11 BVerfG, Beschl. v. 1. 2. 1978 – 1 BvR 426/77 – BVerfGE 47, 182, 189; BVerfG, Beschl. v. 15. 4. 1980 – 1 BvR 1365/78 – BVerfGE 54, 43, 46; BVerfG, Beschl. v. 21. 10. 1981 – 1 BvR 1024/79 – BVerfGE 58, 353, 357.

des Betroffenen in den Entscheidungsgründen zum Ausdruck gelangen. Formelhafte Wendungen, in denen allein die Usancen des Gerichts zum Ausdruck kommen, während die Umstände des Falles außer Betracht bleiben, genügen der Begründungspflicht nicht. Die Begründung eines anfechtbaren Beschlusses wird in dem Ausnahmefall für verzichtbar erachtet, wenn die Gründe der Entscheidung unmittelbar aus dem Gesetz folgen.[12] In Art. 102 EGInsO § 2 sieht das deutsche Insolvenzrecht zudem zwingend vor, dass das Insolvenzgericht angeben *und* begründen muss, ob das Verfahren gem. Art. 3 EuInsVO als Haupt- oder als Partikularinsolvenzverfahren[13] eröffnet wird.[14] *Uhlenbruck*[15] schreibt, es habe sich „eingebürgert", im Eröffnungsbeschluss als dessen fakultativen Inhalt den *Eröffnungsgrund* (§§ 16 ff. InsO) anzugeben. Die bisherigen Überlegungen haben aber gezeigt, dass dieser *Gebrauch* eine gesetzliche Grundlage hat – die nicht aus dem Text der InsO, wohl aber allgemeinem Verfahrensrecht folgt. Dass der weitreichendste zivilrechtliche Eingriff in den grundrechtlich geschützten Status der Person neben der Anordnung der Betreuung der Angabe des von Gesetzes wegen geforderten Grundes zwingend bedarf, sollte im Lichte rechtsstaatlicher Mindestanforderungen[16] frei von Zweifeln sein.[17]

7 Nach § 28 Abs. 1 InsO sind die Insolvenzgläubiger aufzufordern, ihre Forderungen beim Insolvenzverwalter anzumelden, wofür das Insolvenzgericht eine Frist zu setzen hat, die wenigstens zwei Wochen, höchstens aber drei Monate nach Zustellung (§ 9 InsO) des Eröffnungsbeschlusses betragen soll. Ferner ergeht im Eröffnungsbeschluss gem. § 28 Abs. 2 InsO die Aufforderung an die Gläubiger, Sicherungsrechte an beweglichen Sachen oder Rechten des Schuldners anzumelden.[18] – In beiden Fällen zieht das Verstreichenlassen dieser Fristen keine Präklusionswirkungen[19] nach sich, vgl. § 177 Abs. 1 Satz 1 InsO; wird eine Forderung nach Ablauf der gem. § 28 Abs. 1 InsO gesetzten Frist angemeldet, ist gegebenenfalls auf Kosten des verspätet anmeldenden Gläubigers ein besonderer Nachprüfungstermin anzuberaumen (§ 177 Abs. 1 Satz 2 InsO), seine Forderung wird aber berücksichtigt. Im Falle des § 28 Abs. 2 Satz 3 InsO führt eine nicht fristgerechte Anmeldung allein dazu, dass der säumige Sicherheitengläubiger für den entstehenden Schaden haftet.

8 Wird über das Vermögen natürlicher Personen das Insolvenzverfahren eröffnet, ordnet § 30 Abs. 3 InsO an, dass der Schuldner auf die Möglichkeit hinzuweisen ist, nach Maßgabe der §§ 286 ff. InsO die Restschuldbefreiung zu erlangen.

1. Darlegungspflicht gem. § 2 Art. 102 EGInsO

9 § 2 Art. 102 EGInsO bestimmt, dass, soweit anzunehmen ist, dass sich Vermögen des Schuldners in einem anderen Mitgliedstaat der Europäischen Union befindet, im Eröffnungsbeschluss die tatsächlichen Feststellungen und rechtlichen Erwägungen kurz dargestellt werden sollen, aus denen sich eine Zuständigkeit nach Art. 3 EuInsVO für die deutschen Gerichte ergibt. Entgegen ihrem Wortlaut handelt es sich bei der Vorschrift des § 2 Art. 102 EGInsO nicht um eine Sollvorschrift, denn sie normiert ver-

---

12 BayObLG, Beschl. v. 9. 5. 1990 – AR 1 Z 45/90 – NJW-RR 1991, 187, 188; OLG Frankfurt/M., Beschl. v. 27. 9. 1984 – 7 W 414/84, 7 W 451/84 – Rpfleger 1984, 477.

13 *Uhlenbruck*, in: Uhlenbruck, InsO, 13. Aufl. 2010, § 27 Rn. 6; *Smid*, Europäisches und deutsches internationales Insolvenzrecht, Art. 3 EGInsO Rn. 7 ff., 21 ff.

14 *Smid*, Europäisches und deutsches internationales Insolvenzrecht, Art. 102 EGInsO § 2 Rn. 2.

15 *Uhlenbruck*, in: Uhlenbruck, InsO, 13. Aufl. 2010, § 27 Rn. 17.

16 Vgl. hierzu *Ganter*, in: MünchKomm, InsO, 1. Aufl. 2001, § 5 Rn. 73 ff.

17 Es kann hier nicht näher erörtert werden, ob es ausreichend ist, wenn das Insolvenzgericht formelhaft Zahlungsunfähigkeit und Überschuldung als Eröffnungsgrund angibt. Im Lichte der bundesverfassungsgerichtlichen Judikatur (BVerfG oben Fn. 11) bestehen daran ernste Zweifel.

18 OLG Nürnberg, Beschl. v. 17. 11. 2006 – 3 U 1793/06, ZIP 2007, 642, *Smid*, Struktur VI, DZWIR 2007, 485, 508.

19 Hierzu im Kontext des Insolvenzrechts: *Smid*, in: FS E. Schneider, 1997, S. 379 ff.; vgl. auch *Kirchhof*, in: H-K, InsO, 4. Aufl. 2006, § 28 Rn. 5; *Mönning*, in: Nerlich/Römermann, InsO, § 28 Rn. 22.

bindliche Anforderungen an Eröffnungsbeschlüsse.[20] Die Vorschrift erweitert die Regelungen der §§ 27ff. InsO zum Inhalt des Eröffnungsbeschlusses. Sie ordnet an, dass das deutsche Insolvenzgericht im Eröffnungsbeschluss seine Erwägungen zur internationalen Zuständigkeit als Begründung seiner Entscheidung darzulegen hat. Da der Eröffnungsbeschluss anfechtbar ist (vgl. § 34 i. V. m. § 6 InsO) muss sich **jedenfalls** aus der **Insolvenzakte** ergeben, dass das Insolvenzgericht sachliche Erwägungen angestellt hat, die es zum Erlass des Eröffnungsbeschlusses bewogen haben. Darauf darf sich das Insolvenzgericht bei grenzüberschreitenden Fällen indes nicht beschränken, sofern auch nur voraussichtlich ein Auslandsbezug des Verfahrens besteht. § 2 Art. 102 EGInsO modifiziert daher § 27 InsO.[21] Allerdings ist – schon aus haftungsrechtlicher Sicht – darauf aufmerksam zu machen, dass der bloße Aktenvermerk dann nicht genügt, wenn andernfalls eine Prüfung der Ordnungsgemäßheit der Eröffnung eines Hauptinsolvenzverfahrens durch das deutsche Insolvenzgericht im europäischen Ausland nicht erfolgen kann – da die Akten dort nur unter erheblichen Mühen beigezogen werden könnten, wenn z. B. die Prüfung der Bestellung des Hauptinsolvenzverwalters nach Art. 18 EuInsVO erfolgt. Daher ist auf folgendes hinzuweisen[22]:

2. Auswirkungen auf die Pflicht zur Begründung von Eröffnungsbeschlüssen

Auf die insolvenzgerichtlichen Beschlüsse kommt nach § 4 Art. 102 EGInsO die Vorschrift des § 329 ZPO zur Anwendung.[23] Hier genügt es, auf einige Rahmenbedingungen hinzuweisen, die sich aus § 329 ZPO ergeben: Danach müssen Beschlüsse, soweit sie der Anfechtung mit Rechtsmitteln unterworfen sind, mit einer *Begründung* versehen werden.[24] Das BVerfG[25] folgert aus der verfassungsrechtlichen Gewähr rechtlichen Gehörs (Art. 103 Abs. 1 GG), dass die der Rechtsverfolgung dienenden Tatsachenbehauptungen des Betroffenen in den Entscheidungsgründen zum Ausdruck gelangen. Formelhafte Wendungen, in denen allein die Usancen des Gerichts zum Ausdruck kommen, während die Umstände des Falles außer Betracht bleiben, genügen der Begründungspflicht nicht. Die Begründung eines anfechtbaren Beschlusses wird in dem Ausnahmefall für verzichtbar erachtet, wenn die Gründe der Entscheidung unmittelbar aus dem Gesetz folgen.[26] 10

---

20 *Smid*, Deutsches und Europäisches Internationales Insolvenzrecht, 1. Aufl. 2002, Art. 102 EGInsO § 2 Rn. 2.

21 *Smid*, Deutsches und Europäisches Internationales Insolvenzrecht, 1. Aufl. 2002, Art. 102 EGInsO § 2 Rn. 1.

22 Vgl. zum Folgenden *Smid/Wehdeking*, in: Rechberger-FS, 2005.

23 Vgl. allein BGH, Urt. v. 23. 10. 1997 – IX ZR 249/96 – NJW 1998, 610; *Kirchhof*, in: H-K, InsO, 4. Aufl. 2006, § 4 Rn. 14.

24 BGH, Beschl. v. 13. 10. 1982 – IVb ZB 154/82 – NJW 1983, 123; *Roth*, in: Stein/Jonas, 21. Aufl. 1998, § 329 Rn. 7; *Musielak*, in: MünchKomm, ZPO, 2. Aufl. 2000, § 329 Rn. 4; *Vollkommer*, in: Zöller, 25. Aufl. 2005, § 329 Rn. 24.

25 BVerfG, Beschl. v. 1. 2. 1978 – 1 BvR 426/77 – BVerfGE 47, 182, 189; BVerfG, Beschl. v. 15. 4. 1980 – 1 BvR 1365/78 – BVerfGE 54, 43, 46; BVerfG, Beschl. v. 21. 10. 1981 – 1 BR 1024/79 – BVerfGE 58, 353, 357.

26 BayObLG, Beschl. v. 9. 5. 1990 – AR 1 Z 45/90 – NJW-RR 1991, 187, 188; OLG Frankfurt/M., Beschl. v. 27. 9. 1984 – 7 W 414/84 – Rpfleger 1984, 477; KG, Beschl. v. 10. 5. 1975 – 1 W 575/74 – NJW 1975, 2010.

3. Terminbestimmungen

11 Schließlich hat das Insolvenzgericht gem. § 29 InsO neben den Anmeldefristen des § 28 InsO Termine für Gläubigerversammlungen, nämlich den sog. Berichtstermin gem. § 156 InsO und den Termin, auf dem die angemeldeten Forderungen zu prüfen sind, zu bestimmen. Der Berichtstermin soll nicht früher als sechs Wochen und darf nicht später als drei Monate nach Zustellung des Eröffnungsbeschlusses anberaumt werden, der Prüfungstermin mindestens eine Woche und höchstens zwei Monate nach Ablauf der Anmeldefrist. Dabei handelt es nicht um rein technische Fragen. Vielmehr legen die Fristen sowohl des § 28 InsO, als besonders auch die des § 29 InsO den zeitlichen Rahmen fest, innerhalb dessen das Verfahren abläuft. Das ist deshalb von höchster Bedeutung, weil insbesondere Versuche einer Sanierung des Unternehmens keinen Aufschub dulden, sondern Eilentscheidungen erfordern. Aus den gesetzlichen Fristen ergibt sich das im Folgenden dargestellte Schaubild:

12 Schema der Ablauffristen des Insolvenzverfahrens[27]

Antrag	**Sicherungs-anordnung**	**Eröffnungs-beschluss (Anmeldefrist)**	**Berichts-termin**	**Prüftermin**	
		→	6 Wochen/ 3 Monate	→	
		2 Wochen § 28 InsO	3 Tage § 217 ZPO	3 Wochen § 29 i. V. m. § 28 InsO	**Mindestfrist**
		3 Monate §§ 22–29 InsO	3 Monate §§ 22–29 InsO	5 Monate §§ 22–29 InsO	**Längstfrist**

III. Voraussetzungen der Wirksamkeit des Eröffnungsbeschlusses

13 Die Bewirkung der Eröffnung des Insolvenzverfahrens hängt von der Unterzeichnung des Eröffnungsbeschlusses durch den Richter[28] (nicht den Rechtspfleger, oben § 1 Rn. 45) ab. Die Verfahrenseröffnung ist daher nicht erst mit Verkündung, öffentlicher Bekanntmachung (§ 30 Abs. 1 InsO) oder Zustellung des Eröffnungsbeschlusses bewirkt. **Wirksam** (im Sinne der Entfaltung rechtlicher Wirkungen des Beschlusses) wird der Eröffnungsbeschluss, **wenn er aufhört, eine interne Angelegenheit des Insolvenzgerichts** zu sein.[29] Das ist bereits dann der Fall, wenn der Eröffnungsbeschluss einem der Verfahrensbeteiligten – auch formlos[30] – zur Kenntnis gebracht wird.

14 Nach § 9 Abs. 1 Satz 3 InsO wird von Gesetzes wegen unterstellt, dass die Zustellung des Schriftstücks zwei Tage nach der Einrückung in die bezeichneten Publikationsorgane (also dem Tag der Veröffentli-

27 Nach: *Smid/Rattunde*, Der Insolvenzplan, 1998, S. 203.

28 BGH, Urt. v. 12. 6. 1968 – VIII ZR 92/66 – BGHZ 50, 242, 245; *Kirchhof*, in: H-K, InsO, 4. Aufl. 2006, § 27 Rn. 12; *Uhlenbruck*, in: Gottwald, Insolvenzrechts-Handbuch, 3. Aufl. 2006, § 16 Rn. 19; *Uhlenbruck*, in: Uhlenbruck, InsO, 13. Aufl. 2010, § 27 Rn. 19; *Schmahl*, in: MünchKomm, InsO, 1. Aufl. 2001, InsO § 27 Rn. 119; *Kind*, in: Braun, InsO, 4. Aufl. 2010, § 27 Rn. 8.

29 BGH, Urt. v. 1. 3. 1982 – VIII ZR 75/81 – ZIP 1982, 464, 465; *Pape*, in: Kübler/Prütting, Kommentar zur Insolvenzordnung, § 27 Rn. 12; *Mönning*, in: Nerlich/Römermann, InsO, § 27 Rn. 3; *Schmahl*, in: MünchKomm, InsO, 1. Aufl. 2001, § 27 Rn. 121.

30 BGH (Fn. 29); *Uhlenbruck*, in: Gottwald, Insolvenzrechts-Handbuch, 3. Aufl. 2006, § 16 Rn. 19; *Schmahl*, in: MünchKomm, InsO, 1. Aufl. 2001, § 27 Rn. 121 f.

chung) erfolgt ist. Erst dann beginnt die Rechtsmittelfrist gem. § 34 Abs. 2 InsO i.V.m. § 577 Abs. 2 ZPO zu laufen.[31]

Auf die sofortige Beschwerde eines Verfahrensbeteiligten hin kann gem. § 572 ZPO die Aussetzung der Vollziehung des Eröffnungsbeschlusses angeordnet werden. In diesem Fall wird das Beschwerdegericht die Masse gem. § 572 Abs. 3 ZPO mittels einstweiliger Anordnungen vor beeinträchtigenden Verfügungen des Gemeinschuldners schützen.[32] Die zulässige Beschwerde des Schuldners ist beispielsweise im Falle mangelnder Kostendeckung begründet, wenn er durch den Eröffnungsbeschluss an einer gleichsam „eigenverwaltenden" Abwicklung seines Vermögens gehindert wird. 15

IV. Bekanntmachung der Ernennung und Aushändigung einer Ernennungsurkunde

Die Verwalterbestellung wird als Teil des Eröffnungsbeschlusses öffentlich bekannt gemacht (§§ 27 Abs. 1 Satz 1, 30 Abs. 1 InsO). Dem Verwalter ist gem. § 56 Abs. 2 InsO die dort erwähnte Ernennungsurkunde als Legitimationsnachweis auszustellen. *Rolf Borchers* hat darauf hingewiesen, dass es sich nicht empfiehlt, mehrere Bestellungsurkunden auszustellen, da dies im Falle eines Erlöschens des Amtes dem Insolvenzgericht der Rückforderung der Urkunden Probleme bereiten würde. Regelmäßig ist nur ein Insolvenzverwalter zu bestellen. Das Gericht kann aber trotz des Fehlens einer entsprechenden Regelung in der InsO mehrere Insolvenzverwalter bestellen, wenn das insolvente Unternehmen mehrere Geschäftszweige hat (vgl. § 79 KO).[33] 16

Notwendige „Anerkennungsvoraussetzung" des Eröffnungsbeschlusses ist, dass der Hoheitsakt im Eröffnungsstaat wirksam geworden ist.[34] Einer Unanfechtbarkeit der Eröffnungsakte bedarf es nicht.[35] Die „automatische" Anerkennung[36] hat grundsätzlich die Ausdehnung sämtlicher Wirkungen, die das Recht des Eröffnungsstaates dem Hoheitsakt bescheinigt auf alle Mitgliedstaaten zur Folge. Dies stellt die Verwirklichung des Grundsatzes des **gegenseitigen Vertrauens**[37] dar.[38] 17

---

31 *Pape,* in: Kübler/Prütting, Kommentar zur Insolvenzordnung, § 34 Rn. 1 f, 1 g; *Hess,* InsO, 1. Aufl. 1999, § 34 Rn. 19; a. A. OLG Köln, Beschl. v. 3. 1. 2000 – 2 W 270/99 – ZIP 2000, 195.

32 A. A. *Pieper,* KTS 1963, 193 ff.

33 A. A. *Lüke,* in: Kübler/Prütting, Kommentar zur Insolvenzordnung, , § 56 Rn. 31; *Delhaes,* in Nerlich/Römermann, InsO, § 56 Rn. 21; *Klopp/Kluth,* in: Gottwald, Insolvenzrechts-Handbuch, 3. Aufl. 2006, § 22 Rn. 13; ablehnend auch *Uhlenbruck,* in: Uhlenbruck, InsO, 13. Aufl. 2010, § 56 Rn. 65.

34 *Virgos/Schmit,* in: Stoll, Vorschläge und Gutachten, 1997, Nr. 145; *Leible/Staudinger,* KTS 2000, 533, 560.

35 *Virgos/Schmit,* in: Stoll, Vorschläge und Gutachten, 1997, Nr. 147; *Lüke,* ZZP 111 (1998) 275, 288.

36 So ausdrücklich Satz 2 Grund Nr. 22; Grund Nr. 24; *Virgos/Schmit,* in: Stoll, Vorschläge und Gutachten, 1997, Nr. 143 a. E.; *Wimmer,* in: Frankfurter Kommentar, 4. Aufl. 2006, Anhang I Rn. 78 ff.; *Leible/Staudinger,* KTS 2000, 561: prozessuale Wirkung; *Fritz/Bähr,* DZWIR 2001, 221, 225; vgl. auch *Großfeld,* ZIP 1981, 925, 929.

37 Zu den europäischen Rechtsgrundsätzen vgl. *Fischer/Köck,* Europarecht, 3. Aufl. 1997, S. 323 f.; *Virgos/Schmit,* in: Stoll, Vorschläge und Gutachten, 1997, Nr. 147. Vgl. zum Misstrauen gegen ausländische Entscheidungen bereits *Jitta,* La codification de droit de la faillite (1895) 135; *Thieme,* RabelsZ Bd. 37 (1973) 682, 696; *Gottwald,* ZZP 103 (1990) 257, 260 ff.

38 Satz 3 Grund Nr. 22.

V. Ordre public

18 Der einzige Grund, dem im EU-Ausland eröffneten Hauptinsolvenzverfahren dadurch die „Anerkennung" zu versagen, dass ihm keine Wirksamkeit im Inland zuerkannt wird, ist nach Art. 26 EuInsVO ein Verstoß gegen den *ordre public*.[39] Diese Begrenzung entspricht dem Standard des internationalen Insolvenzrechts, vgl. Art. 6 UNCITRAL-ml.[40] Die *ordre public*-Klausel soll nur **ausnahmsweise** greifen.[41] Das ergibt sich schon daraus, dass sich der *ordre public* aus dem Recht des einzelnen Mitgliedstaates ableitet.[42] Gerade das ist aber problematisch, denn wie insbesondere *Virgos* und *Schmit* darstellen, können sich die Mitgliedstaaten nicht auf die *ordre public*-Klausel berufen, um das europäische Recht grenzüberschreitender Insolvenzen „auszuhöhlen".[43] Damit wird keine Verkürzung der Rechtsstellung inländischer Rechtsträger verwirklicht, denn die kollisionsrechtlichen Regelungen, insbesondere die der Art. 5, 7 tragen dem *ordre public* Rechnung.[44]

19 Üblicherweise unterscheidet man einen kollisionsrechtlichen *ordre public*, der bei der Frage der Anwendbarkeit des materiellen Rechts zu beachten ist, von einem verfahrensrechtlichen *ordre public*, bei dem es um die Anerkennung von ausländischen Entscheidungen im Inland geht.[45] Art. 26 EuInsVO normiert ausschließlich den **verfahrensrechtlichen** *ordre public*. Den Sachproblemen des kollisionsrechtlichen *ordre public* wird schon dadurch Rechnung getragen, dass die Art. 5 ff. EuInsVO kollisionsrechtliche Ausnahmen von Art. 4 normieren. Da aber Art. 4 vorsieht, dass die Gerichte wegen der Geltung der *lex fori concursus* regelmäßig ausländisches Verfahrensrecht anzuwenden haben und der kollisionsrechtliche *ordre public* sich auf das Problem der Anerkennung der ausländischen Entscheidung und somit auf ausländisches Recht bezieht,[46] stellt sich bspw. in Deutschland die Frage, ob Art. 26 EuInsVO die Vorschrift des Art. 6 EGBGB berührt.[47]

20 Nach alledem bedarf es einer Erklärung, was die EuInsVO damit ausdrücken will, wenn sie in ihrem Art. 26 statuiert, dass sich jeder Mitgliedstaat weigern kann, ein in einem anderen Mitgliedstaat eröffnetes Hauptinsolvenzverfahren anzuerkennen oder eine in einem solchen Verfahren ergangene Entscheidung zu vollstrecken,[48] soweit die Anerkennung oder Vollstreckung zu einem Ergebnis führt, das mit dem *ordre public* sich weigernde Mitgliedsstaaten offensichtlich unvereinbar ist,[49] was auf eine restriktive Handhabung verweist.[50] Dabei ruft nicht allein der Vorbehalt des *ordre public* Fragen hervor, sondern auch die Frage, was es bedeutet, wenn der betroffene

39 *Huber*, ZZP 114 (2001) 146; *Reinhard*, Sanierungsverfahren im internationalen Insolvenzrecht, 1995, S. 228 ff.

40 UNCITRAL-ml Nr. 86–88.

41 *Virgos/Schmit*, in: Stoll, Vorschläge und Gutachten, 1997, Nr. 204; *Wimmer*, in: Frankfurter Kommentar, 4. Aufl. 2006, Anhang I Rn. 79, spricht von „Extremfällen", vgl. auch *ders.*, a. a. O., Rn. 125 ff.

42 *Virgos/Schmit*, in: Stoll, Vorschläge und Gutachten, 1997, Nr. 205.

43 *Virgos/Schmit*, in: Stoll, Vorschläge und Gutachten, 1997, Nr. 205 a. E.

44 *Spahlinger*, Sekundäre Insolvenzverfahren, 1998, S. 278.

45 *Spellenberg*, in: Stoll, Vorschläge und Gutachten, 1997, S. 183, 184; *Reinhart*, Sanierungsverfahren im internationalen Insolvenzrecht, 1995, S. 229.

46 *Spellenberg*, in: Stoll, Vorschläge und Gutachten, 1997, S. 185.

47 *Spellenberg*, in: Stoll, Vorschläge und Gutachten, 1997, S. 186.

48 *Leible/Staudinger*, KTS 2000, 567 sprechen von einem Fremdkörper, der dem Grundsatz gegenseitiger Achtung widerspricht; vgl. BGH, Beschl. v. 24. 2. 1999 – IX ZB 2/98 – BGHZ 140, 395 mit Anm. v. *Roth*, JZ 1999, 419.

49 Satz 3 des Grundes 22; *Fritz/Bähr*, DZWIR 2001, 226.

50 *Völker*, Zur Dogmatik des ordre public, 1998, passim.

Mitgliedstaat sich „weigern" kann, eine Entscheidung i.S.v. Art. 2 lit. e EuInsVO „anzuerkennen". Soweit es um die Exequatur der Individualzwangsvollstreckung zugänglicher, im Rahmen des Hauptinsolvenzverfahrens getroffener Entscheidungen i.S.v. Art. 25 Abs. 2 EuInsVO geht, ist dies freilich nicht problematisch. Denn insoweit ist klar, dass sich die „Weigerung" des anderen Mitgliedstaates darauf bezieht, dass die Exequatur einer solchen – dem *ordre public* widerstreitenden – Entscheidung versagt wird.

Ein Problem ruft die Frage der Behandlung der „Weigerung" in den Fällen des Art. 25 Abs. 1 Satz 1 EuInsVO hervor. Diese Weigerung kann sich auf die Frage beziehen, ob dem Verwalter, der im Hauptinsolvenzverfahren eingesetzt worden ist, die Befugnisse nach Art. 18[51] in konkreten Gerichts- oder Verwaltungsverfahren „anerkannt" werden[52] oder ihm diese Anerkennung „verweigert" wird und auch auf die Frage, ob bei einem Verstoß des Hauptinsolvenzverfahrens gegen den *ordre public* des Mitgliedstaates eine Eintragung in öffentliche Register wie bspw. im Grundbuch, Handelsregister (in Österreich Firmenbuch) oder andere öffentliche Register im verweigernden Mitgliedstaat nach Art. 21 Abs. 1 EuInsVO vorgenommen wird. Inhaltliche Einwendungen können gegen die Entscheidung, der die Anerkennung verweigert wird, auf Grund von Art. 26 EuInsVO nicht entgegengehalten werden. Daher kann die fehlende Insolvenzverfahrensfähigkeit eines Schuldners nicht gerügt werden[53] (vgl. Art. 16 Abs. 2 EuInsVO). Ebenso wenig kann gerügt werden, ein in Anhang A aufgeführtes Sanierungsverfahren stelle einen Gläubiger schlechter als die Liquidation des Schuldnervermögens.[54] Die Aufnahme von Reorganisationsverfahren in den Anhang A hat daher zur Folge, dass europarechtlich von Verordnungs wegen unterstellt wird, dass diese Verfahren den Anforderungen an ein faires Insolvenzverfahren genügen. 21

Die Anerkennungsverweigerung bietet daher nicht die Möglichkeit einer *révision au fond*.[55] Bejaht das Gericht des Eröffnungsbeschlusses seine internationale Zuständigkeit zu Unrecht oder nimmt es rechtsirrig das Nichtvorliegen von Eröffnungsvoraussetzungen an, wird mit dem darauf beruhenden Verfahrensfehler zwar eine Rechtsverletzung verwirklicht, jedoch der *ordre public* der anderen Mitgliedstaaten nicht verletzt.[56] Der davon betroffene Verfahrensbeteiligte wird im Zweifelsfall auf den Instanzenzug in dem auf Grund des fremden Eröffnungsbeschlusses im Anerkennungsstaat eingeleiteten Verfahren verwiesen.[57] 22

Voraussetzung für das Eingreifen des *ordre public* nach allgemeinen Grundsätzen ist nach alledem, dass zur zu prüfenden Entscheidung eine genügende Inlandsbeziehung besteht. Dies ist regelmäßig der Fall, wenn der Insolvenzschuldner oder Gläubiger den Sitz im Inland hat. Probleme können sich ergeben, wenn ausschließlich insolvenzschuldnerisches Vermögen im Inland belegen ist und sich die Frage der Anerkennung eines in einem anderen Mitgliedstaat eröffneten Hauptinsolvenzverfahrens stellt. Denn in diesem Fall stellt sich nicht die dem *ordre public* zugrunde liegende Frage des Schutzes inländischer Verfahrensbeteiligter, sondern allein die der Durchsetzung der Universalität des im anderen Mitgliedstaat eröffneten Insolvenzverfahrens. 23

---

51 *Virgos/Schmit,* in: Stoll, Vorschläge und Gutachten, 1997, Nr. 158 ff.
52 Vgl. auch UNCITRAL-guide Nr. 28.
53 *Virgos/Schmit,* in: Stoll, Vorschläge und Gutachten, 1997, Nr. 148.
54 *Balz,* ZZP 1996, 953; *Huber,* ZZP 114 (2001) 146; *Reinhart,* Sanierungsverfahren im internationalen Insolvenzrecht, 1995, S. 221 ff.
55 *Virgos/Schmit,* in: Stoll, Vorschläge und Gutachten, 1997, Nr. 202 (N 1); ihnen folgend *Leible/Staudinger,* KTS 2000, 568.
56 *Virgos/Schmit,* in: Stoll, Vorschläge und Gutachten, 1997, Nr. 202 (N 2); *Lüke,* ZZP Bd. 111 (1998) 287; *Wimmer,* in: Frankfurter Kommentar, 4. Aufl. 2006, Anhang I Rn. 127; *Spellenberg,* in: Stoll, Vorschläge und Gutachten, 1997, S. 189 f.
57 *Leible/Staudinger,* KTS 2000, 568.

24 Die Eröffnung eines Gesamtvollstreckungsverfahrens über das Vermögen eines Insolvenzschuldners stellt einen tief greifenden Einschnitt in seine Statusrechte dar, der nach den unterschiedlichen Regelungen der jeweiligen Rechte auch zur Grundlage von erheblichen Eingriffen in die persönliche Freiheit des Insolvenzschuldners (im Fall juristischer Personen der sie vertretenden gesellschaftsrechtlichen Organe bzw. bei Personenhandelsgesellschaften der vertretungsbefugten Gesellschafter) führen kann.[58] So sieht eine Reihe von Insolvenzrechten vor, dass die genannten Personen im eröffneten Insolvenzverfahren zur Zusammenarbeit mit dem Insolvenzverwalter verpflichtet sind und dass diese Mitwirkungspflichten gegebenenfalls mit Zwangsmaßnahmen durchgesetzt werden können, die bis hin zur Beugehaft reichen können. Oftmals wird ebenfalls vorgesehen, dass in den Post-, Telefon- und sonstigen Kommunikationsfluss der insolvenzschuldnerischen Personen eingegriffen werden kann,[59] sobald das Insolvenzverfahren über ihr Vermögen eröffnet worden ist. In Deutschland ist dies sogar unter bestimmten Voraussetzungen nach Antragsstellung auf Grund insolvenzgerichtlicher vorläufiger Anordnung möglich. Es würde der ursprünglichen Aufgabe eines jeden Staates widerstreiten, die Freiheit seiner Bürger zu verteidigen, würde der Staat durch die Anerkennung von Hoheitsakten eines andern Staates zur Vollstreckung solcher Entscheidungen verpflichtet, die eine Einschränkung der persönlichen Freiheit oder des Postgeheimnisses zur Folge hätten. Daher trifft Art. 25 Abs. 3 EuInsVO eine Ausnahme von der Anerkennung und Exequatur insolvenzgerichtlicher Entscheidungen in Hauptinsolvenzverfahren eines anderen Mitgliedstaaten, soweit diese Freiheitseinschränkungen dort angeordnet werden.[60] Andere Mitgliedstaaten sind nach der zitierten Vorschrift nicht verpflichtet, eine derartige Entscheidung nach Art. 25 Abs. 1 EuInsVO anzuerkennen und zu vollstrecken.

25 Generalanwalt *Jacobs* hat in seinem Plädoyer im Parmalat-Fall mit der durchweg hL ausgeführt, dass die Regel des Art. 26 EuInsVO auf einen eng begrenzt zu verstehenden Ausnahmefall zu reduzieren sei (Nr. 131). Die dem EuGH vorgelegte Frage richtete sich darauf zu prüfen, ob das Eröffnungsdekret des Gerichts eines Mitgliedsstaates auch dann bindend sei, wenn nach der Ansicht des Gerichts eines anderen Mitgliedsstaates das Recht eines Betroffenen auf Gehör nicht gewährt worden sei. *Jacobs* (Nrn. 134, 147) verneinte dies (Nr. 150), betonte freilich, dass die Anforderungen an die Beteiligung nach dem Charakter des Insolvenzeröffnungs- als Eilverfahren zu bemessen sind (Nr. 150). Die Nichtgewährung von Gehör in Form wenigstens der Unterrichtung der Betroffenen von gerichtlichen Entscheidungen stellt nach *Jacobs'* Meinung jedenfalls eine *manifeste* Verletzung von Verfahrensrechten dar (Nr. 131), die zur Verweigerung der Anerkennung der auf dieser Grundlage getroffenen Entscheidung zu führen vermag. Das ist nicht frei von Risiken, da *Jacobs* damit in weiten Bereichen die Rechtsansicht des nationalen Gerichts genügen lassen will (Nr. 145).

26 Die Eurofood-Entscheidung des EuGH betont in diesem Zusammenhang, dass es weiterhin Unterschiede in den nationalen Insolvenzrechten auf dem Feld der Beteiligung

---

58 *Virgos/Schmit*, in: Stoll, Vorschläge und Gutachten, 1997, Nr. 193; *Leipold*, in: Stoll, Vorschläge und Gutachten, 1997, 195; Gem. § 150 Abs. 5 öKO ist eine Vereinbarung des Gemeinschuldners oder anderer Personen mit einem Gläubiger, wodurch diesem vor Abschluss des Zwangsausgleiches oder in der Zeit zwischen dem Abschluss und der Rechtskraft des Bestätigungsbeschlusses besondere Vorteile eingeräumt werden, ungültig und kann, unbeschadet weitergehender Ersatzansprüche, innerhalb von drei Jahren zurückgefordert werden.

59 *Wimmer*, in: Frankfurter Kommentar, 4. Aufl. 2006, Anhang I Rn. 123; *Huber*, ZZP 114, 149; *Potthast*, Probleme eines Europäischen Konkursübereinkommens, 1995, S. 118.

60 *Leible/Staudinger*, KTS 2000, 566.

der Gläubiger am Insolvenzverfahren – insbesondere der Art ihrer Unterrichtung – geben wird. Solange überhaupt den Gläubigern die Möglichkeit einer Unterrichtung vom Verfahren gegeben wird, sind jedenfalls aus Gründen europäischen Rechts extensive Mitteilungs-, Akteneinsichts- oder gar Aktenübersendungsinstrumentarien nicht zwingend zu schaffen, damit das jeweilige Verfahren dem durch Art. 26 EuInsVO garantierten europäischen ordre public[61] entspricht. Zugleich wird damit deutlich, dass im Allgemeinen das europäische Vertrauen, das dem Prioritätsprinzip zugrunde liegt, sich auf die Rechtsordnung des anderen Staates und deren Regelungen des Insolvenzrechts selbst erstreckt. Der EuGH bestätigt, dass insofern ein Verstoß gegen den ordre public als Grund der Versagung der europäisch-automatischen Anerkennung der in anderen Mitgliedstaaten eröffneten Insolvenzverfahren nur in Fällen evidenter und nachhaltiger Verstöße die Mechanismen der EuInsVO suspendieren.

Mit der Eurofood-Entscheidung des EuGH ist jedenfalls deutlich, dass eine europäische Konzerninsolvenz am Sitz der Muttergesellschaft nur in dem atypischen Fall in Betracht kommt, in dem der Anknüpfungspunkt der internationalen Zuständigkeit am satzungsgemäßen Sitz der Tochtergesellschaft nicht in Betracht kommt. Der typische Fall, in dem eine Insolvenz in einem anderen Mitgliedstaat der EU-Wirkung erlangt und in diesem *weiteren Sinn* „grenzüberschreitend" ist, wird weniger durch Fülle von Niederlassungen gekennzeichnet, die ein schuldnerisches Unternehmen in anderen Mitgliedstaaten unterhält, als vielmehr durch Auswirkungen der Insolvenz auf solche Unternehmensträger in anderen Mitgliedstaaten, die mit dem fallierten Unternehmensträger „konzernmäßig" durch Innehabung von Gesellschaftsanteilen und die Ausübung von Leitungsmacht verbunden sind. Die Art. 33 und 35 EuInsVO lassen sich in ihrem Sinn erst dann vollständig erfassen, wenn man das immer noch in der Diktion vom „Schuldner" vorherrschende Bild der Insolvenz natürlicher Personen verlässt und sich der Unternehmensinsolvenz zuwendet. Die auf Aussetzung der zerschlagenen Verwertung und Einleitung eines Reorganisations- und Sanierungsverfahrens gerichteten Antragsbefugnisse des Verwalters des Hauptinsolvenzverfahrens in Sekundärinsolvenzverfahren haben nämlich gerade ihren Sinn in den typischen Fällen, in denen eine Gesellschaft, über die das Hauptinsolvenzverfahren i. S. v. Art. 3 Abs. 1 EuInsVO eröffnet worden ist, nicht allein Vermögen im anderen Mitgliedstaat unterhält, sondern der Geschäftsbetrieb der dortigen Niederlassung z. B. zur Sicherung des Absatzmarktes der Produkte des Unternehmens in den anderen Mitgliedstaaten dient. Die Verwertung des Vermögens im Rahmen des Hauptinsolvenzverfahrens wird dann regelmäßig erheblichen Schwierigkeiten ausgesetzt sein, wenn nicht sogar scheitern, wenn es dem Verwalter nicht möglich ist, eine übertragende Sanierung im Hauptinsolvenzverfahren durchzuführen, was in aller Regel voraussetzt, dass die logistischen Voraussetzungen des Absatzes der Produkte des Unternehmens sichergestellt werden. Hierzu dient insbesondere die Bewahrung dieser Wege in den anderen Mitgliedstaaten der EU. 27

§ 3 Abs. 1 Satz 1 Art. 102 EGInsO ordnet an, dass ein entgegen Satz 1 der Vorschrift eröffnetes Verfahren nicht fortsetzt werden darf. Würde – etwa in Unkenntnis der ausländischen Verfahrenseröffnung – dennoch im Inland ein Insolvenzverfahren über das schuldnerische Vermögen eröffnet, so ist dieses nach § 4 Art. 102 EGInsO 28

61 Vgl. so auch *Smid*, Deutsches und Europäisches Internationales Insolvenzrecht, Art. 26 Rn. 5, 7.

einzustellen. Ausschlaggebend ist, ob dieses Verfahren Gegenstände der Insolvenzmasse erfasst.[62] Maßgebend hierfür sind nicht die §§ 35, 36 InsO, sondern gem. **Art. 4 Abs. 2 lit. b EuInsVO** die jeweiligen Regelungen des Konkursstatus des Hauptinsolvenzverfahrens. Nach dem Wortlaut der Vorschrift erstreckt sich Abs. 1 Hs. 2 aber seinem Wortlaut nach auch auf **Partikularinsolvenzverfahren.** Damit geht die Vorschrift über Art. 3 Abs. 4, Art. 36 EuInsVO hinaus. Das ist indes nicht immer sinnvoll. Entschließt sich nämlich später der Verwalter des Hauptinsolvenzverfahrens oder ein inländischer Gläubiger, nach Art. 29 EuInsVO die Durchführung eines Sekundärinsolvenzverfahrens zu beantragen, wäre zunächst das Partikularinsolvenzverfahren unter Abrechnung der Kosten (§ 54 InsO i.V.m. § 200 InsO) einzustellen (§ 4 Abs. 1 Art. 102 EGInsO). Zwar spricht § 4 Abs. 1 Art. 102 EGInsO, der auf die hier erläuterte Vorschrift des § 3 Art. 102 EGInsO verweist, nicht nur von der Einstellung eines Hauptinsolvenzverfahrens. Aber nur wegen Hauptinsolvenzverfahren tritt die Problematik der Priorität zeitlich früher eröffneter Verfahren auf. Daher empfiehlt es sich, § 3 Abs. 1 Satz 2 Art. 102 EGInsO einschränkend auszulegen.[63]

29 Die Verfahrenseinstellung in Deutschland hebt wegen der europäisch-universellen Wirkung der Eröffnung des Hauptinsolvenzverfahrens im anderen Mitgliedsstaat der EU die Beschlagswirkungen über das Schuldnervermögen nicht auf: Durch § 4 Abs. 3 Satz 4 Art. 102 EGInsO wird klargestellt, dass der Schuldner durch die Einstellung des inländischen Verfahrens nicht die Verfügungsbefugnis über sein in Deutschland belegenes Vermögen zurück erhält.[64] Der Insolvenzverwalter des einzustellenden Inlandsverfahrens hat demgemäß auch nicht dem Schuldner oder dessen Gläubigern Gegenstände des Inlandsvermögens auszuhändigen, sondern diese im Interesse des ausländischen Hauptinsolvenzverfahrens zu sichern.

VI. Verfahren

1. Anhörungspflichten

30 Darf das Insolvenzgericht ein bereits eröffnetes Insolvenzverfahren nach § 3 Abs. 1 Art. 102 EGInsO nicht fortsetzen, hat es von Amts wegen das Verfahren zugunsten der Gerichte des anderen Mitgliedstaats der Europäischen Union einzustellen. § 4 Abs. 1 Art. 102 EGInsO regelt das Verfahren, das bei der Einstellung einzuhalten ist.[65] Nach Satz 2 der Vorschrift „soll" das Insolvenzgericht vor der Einstellung den Insolvenzverwalter, den Gläubigerausschuss, wenn ein solcher bestellt ist, und den Schuldner hören.[66]

---

62 *Smid*, Deutsches und Europäisches Internationales Insolvenzrecht, 1. Aufl. 2004, Art. 102 EGInsO § 3 Rn. 3.
63 *Smid*, Deutsches und Europäisches Internationales Insolvenzrecht, 1. Aufl. 2004, Art. 102 EGInsO § 3 Rn. 3 a.E.
64 *Smid*, Deutsches und Europäisches Internationales Insolvenzrecht, 1. Aufl. 2004, Art. 102 EGInsO § 4 Rn. 6.
65 *Smid*, Deutsches und Europäisches Internationales Insolvenzrecht, 1. Aufl. 2004, Art. 102 EGInsO § 4 Rn. 1.
66 *Smid*, Deutsches und Europäisches Internationales Insolvenzrecht, 1. Aufl. 2004, Art. 102 EGInsO § 4 Rn. 2.

2. Pflicht zur Kooperation des deutschen mit dem ausländischen Insolvenzgericht

31 Abs. 3 konkretisiert die Kooperation des deutschen Insolvenzgericht mit dem nach Art. 3 Abs. 1 EuInsVO zuständigen Gericht des anderen Mitgliedsstaates. Mit Aufhebung des inländischen Insolvenzverfahrens unterfällt das im Inland belegene schuldnerische Vermögen dem Beschlag des ausländischen Hauptinsolvenzverfahrens. § 4 Abs. 3 Satz 2 Art. 102 EGInsO bestimmt, dass das deutsche Insolvenzgericht bei seiner Unterrichtung des Gerichts des anderen Mitgliedsstaates die Person – und aufgrund des Zwecks der Vorschrift folgerichtig auch – die Anschrift des Insolvenzverwalters des einzustellenden Insolvenzverfahrens zu benennen hat.[67] Durch § 4 Abs. 3 Satz 1 Art. 102 EGInsO wird sichergestellt, dass der Insolvenzverwalter des Hauptinsolvenzverfahrens möglichst schnell alle Maßnahmen ergreifen kann, um das inländische Vermögen des Schuldners zu sichern.[68] Dies gilt etwa für die öffentliche Bekanntmachung nach Art. 21 EuInsVO oder die Eintragung in öffentliche Register nach Art. 22 EuInsVO. § 4 Abs. 3 Satz 3 Art. 102 EGInsO ordnet an, dass dem nach Art. 3 Abs. 1 EuInsVO international zuständigen Gericht vom deutschen Insolvenzgericht eine Ausfertigung des Einstellungsbeschlusses zu übersenden ist.[69]

3. Bekanntmachungen

32 Der ausländische Verwalter[70] hat sich an das nach § 1 Art. 102 EGInsO zuständige Insolvenzgericht zu wenden und bei ihm die Veröffentlichung zu beantragen. Dieses Verfahren wird auch für das autonome Internationale Insolvenzrecht gewählt (vgl. § 345 InsO). Da bei diesem Gericht sich im Laufe der Zeit ein hinreichender Sachverstand über grenzüberschreitende Insolvenzverfahren bildet, ist dieses nach Vorstellung des Gesetzgebers „bestens geeignet“, die Voraussetzungen der Veröffentlichungen im Inland zu überprüfen. Um dem Gericht seine Arbeit zu erleichtern, sieht § 5 Abs. 1 Satz 2 Art. 102 EGInsO entsprechend Art. 19 Unterabs. 2 EuInsVO vor, dass eine Übersetzung verlangt werden kann, die in Anlehnung an Artikel 55 Abs. 2 EuGVVO von einer befugten Person zu beglaubigen ist. Durch die Verweisung in § 5 Abs. 1 Satz 2 Art. 102 EGInsO auf § 9 Abs. 1 und 2 InsO wird sichergestellt, dass das ausländische Verfahren wie ein inländisches veröffentlicht wird.[71] Wird der Antrag an ein unzuständiges Gericht gerichtet, so leitet dieses nach § 6 Abs. 2 Art. 102 EGInsO den Antrag unverzüglich an das zuständige Gericht weiter und unterrichtet hierüber den Antragsteller.[72] Nach Art. 21 Abs. 2 Satz 1 EuInsVO kann jeder Mitgliedsstaat, in dem

67 *Smid*, Deutsches und Europäisches Internationales Insolvenzrecht, 1. Aufl. 2004, Art. 102 EGInsO § 4 Rn. 5.
68 *Smid*, Deutsches und Europäisches Internationales Insolvenzrecht, 1. Aufl. 2004, Art. 102 EGInsO § 4 Rn. 4.
69 *Smid*, Deutsches und Europäisches Internationales Insolvenzrecht, 1. Aufl. 2004, Art. 102 EGInsO § 4 Rn. 7.
70 *Rossbach*, Europäische Insolvenzverwalter in Deutschland, 2006, bes. 12 ff.
71 *Smid*, Deutsches und Europäisches Internationales Insolvenzrecht, 1. Aufl. 2004, Art. 102 EGInsO § 5 Rn. 3.
72 *Smid*, Deutsches und Europäisches Internationales Insolvenzrecht, 1. Aufl. 2004, Art. 102 EGInsO § 5 Rn. 4, § 6 Rn. 4.

der Schuldner eine Niederlassung besitzt, eine obligatorische Bekanntmachung vorsehen. Mit § 5 Abs. 2 Art. 102 EGInsO wird von dieser Befugnis Gebrauch gemacht. Das Gericht oder der Verwalter des ausländischen Hauptinsolvenzverfahrens wird somit, je nach der innerstaatlichen Zuständigkeitsverteilung, durch Art. 21 Abs. 2 Satz 2 EuInsVO verpflichtet, das Insolvenzgericht über die Eröffnung des ausländischen Hauptinsolvenzverfahrens zu unterrichten. Im Interesse des Wirtschaftsverkehrs ist es geboten, nicht nur die Eröffnung des Verfahrens, sondern auch dessen Beendigung öffentlich bekannt zu machen.[73]

VII. Rechtsmittel und Rechtsmittelverfahren

1. Die sofortige Beschwerde

33 a) **Übersicht.** § 6 Abs. 1 InsO ordnet an, dass in den gesetzlich geregelten Fällen die sofortige Beschwerde statthaft ist.[74] Zur Erinnerung gegen Entscheidungen des Rechtspflegers nach § 11 RPflG sogleich unten Rn. 9, zu dem besonderen Verfahren in Fällen der Stimmrechtsentscheidung vgl. oben § 13 Rn. 15 ff., 27 ff. Zu den Besonderheiten im Insolvenzplanverfahren unten § 31 Rn. 41 ff.

34 b) **Statthaftigkeit der sofortigen Beschwerde.** Nach dem Wortlaut des § 6 Abs. 1 InsO ist **nur in den ausdrücklich vorgesehenen Fällen** (Enumerationsprinzip)[75] gegen insolvenzgerichtliche Entscheidungen **die sofortige Beschwerde von Gesetzes wegen statthaft**[76]: Der BGH[77] hat im Übrigen ausdrücklich entschieden, dass auch über die Verweisung gem. § 4 InsO keine Erweiterung der Rechtsbehelfe gegen insolvenzgerichtliche Entscheidungen greife; § 6 InsO stellt damit eine abschließende Regelung dar.[78]

35 c) **Statthaftigkeit der sofortigen Beschwerde bei grundrechtsverletzenden Verstößen des Richters gegen die gesetzliche Kompetenzordnung.** In seinem oben (§ 4 Rn. 45 a) zitierten „Sachverständigenbeschluss"[79] hat der IX. Zivilsenat ausgeführt, das insolvenzgerichtliche Eröffnungsverfahren sei als nichtstreitiges Verfahren zu qualifizieren (oben § 1 Rn. 81 ff.), das der nichtstreitigen freiwilligen Gerichtsbarkeit angehört oder doch strukturell entspricht; in diesem nichtstreitigen Verfahren nehmen die Richter Aufgaben materieller Verwaltung wahr; soweit sie damit Grundrechtseingriffe verwirklichen, ist der Rechtsweg gegen ihre Maßnahmen und Entscheidungen gem. Art. 19 Abs. 4 GG eröffnet – was im Wege der Eröffnung des Rechtsmittelzuges geschieht. § 6 Abs. 1 InsO schränkt dies nicht ein, da nach Ansicht des IX. Zivilsenats das Gesetz nur dann Rechtsmittel ausschließt, soweit es sich um Entscheidungen und Maßnahmen handelt, zu denen das Gericht von Gesetzes wegen ausdrücklich befugt ist. Findet sich wie im vorliegenden Fall dagegen keine Ermächtigung des Insolvenzgerichts zu einer bestimmten Entscheidung im Gesetz und greift das Gericht mit seiner nicht von einer entsprechenden gesetzlichen Ermächtigung gedeckten Entscheidung in Grundrechte des betroffenen Adressaten der Entscheidung ein, eröffnet Art. 19 Abs. 4 GG hiergegen den Rechtsweg.

---

73 *Smid*, Deutsches und Europäisches Internationales Insolvenzrecht, 1. Aufl. 2004, Art. 102 EGInsO § 5 Rn. 5.
74 *Smid*, in: Smid, InsO, 2. Aufl. 2001, § 6 Rn. 2; *Ganter*, in: MünchKomm, InsO, 1. Aufl. 2001, § 6 Rn. 6.
75 *Gerhardt*, in: FS Uhlenbruck, 2000, 75 ff., 77, *Ganter*, in: MünchKomm, InsO, 1. Aufl. 2001, § 6 Rn. 6.
76 *Hoffmann*, NZI 1999, 425.
77 BGH, Beschl. v. 16. 3. 2000 – IX ZB 2/00 – JZ 2001, 305 ff.
78 *Gerhardt*, in: FS Uhlenbruck, 2000, 75, 78, 79 ff.
79 BGH, Beschl. v. 4. 3. 2004 – IX ZB 133/03 – ZIP 2004, 915; *Smid*, DZWIR 2004, 265, 283.

d) Beschwerde gegen Entscheidung des Rechtspflegers. Gegen Entscheidungen des **Rechtspflegers** ist in den Fällen, in denen die InsO keine sofortige Beschwerde zulässt, die Erinnerung gem. § 11 Abs. 2 Satz 2 RPflG gegeben; das Enumerationsprinzip greift insofern nicht.[80] 36

e) Verfahren.[81] Die sofortige Beschwerde wird gem. § 569 Abs. 1 ZPO i. V. m. § 4 InsO in einer Notfrist von zwei Wochen durch Einreichung einer vom Verfahrensbevollmächtigten eigenhändig unterschriebenen Beschwerdeschrift[82] beim Insolvenzgericht oder in dringenden Fällen beim Beschwerdegericht oder zu Protokoll der Geschäftsstelle eingelegt, § 569 Abs. 2 ZPO. Nach § 571 Abs. 2 Satz 1 ZPO kann die sofortige Beschwerde auf neue Tatsachen und Beweise gestützt werden.[83] Eines bestimmten Antrags bedarf es nicht[84], es genügt, dass eine inhaltliche Änderung der angegriffenen Entscheidung begehrt wird. Ob ein Beschwerdeantrag vorliegt, ist durch Auslegung zu ermitteln.[85] 37

Das Beschwerdegericht ist eine vollwertige **zweite Tatsacheninstanz.** Die zuständige Beschwerdekammer am LG fungiert im Beschwerdeverfahren als Insolvenzgericht, das auch aufgrund **neuen Tatsachenvorbringens** entscheidet; der Amtsermittlungsgrundsatz des § 5 InsO greift auch hier[86]; den Schuldner trifft im Beschwerdeverfahren die Auskunftspflicht gem. § 20 InsO. Das **Verbot der Schlechterstellung** des Rechtsmittelführers (§ 528 Satz 2 ZPO) soll auch im insolvenzrechtlichen Beschwerdeverfahren greifen[87], soweit es um eine Schlechterstellung des Beschwerdeführers „als solches" gehe. Dies ist aber nur mit der Einschränkung richtig, dass im Falle der Zurückverweisung vom Insolvenzgericht neu entschieden werden kann.[88] Die Beschwerdeinstanz, die eigene Aufsichtsfunktionen wahrnimmt, erledigt somit ebenso wie das Insolvenzgericht erster Instanz Aufgaben materieller Verwaltung[89] – es hat eine der Widerspruchsbehörde im Verwaltungsaufbau vergleichbare Stellung. 38

f) Abhilfebefugnis des Insolvenzgerichts. Nach § 572 Abs. 1 ZPO kann das Insolvenzgericht der sofortigen Beschwerde abhelfen;[90] dies war bereits vor dem ZPO-RG durch § 6 Abs. 2 Satz 2 vorgesehen, der nunmehr „überflüssig" ist. Dies gilt nicht, wenn der Antragsteller seinen Eröffnungsantrag für erledigt erklärt hat.[91] Nach richtiger Ansicht[92] gilt dies auch für den Rechtspfleger. Begründet die Abhilfeentscheidung eine neue Beschwer, sei es für die bisher bereits oder für neue Beteiligte, ist der Beschwerdeweg insofern erneut eröffnet.[93] 39

g) Beschwerdebefugnis. Auch nach § 6 Abs. 1 InsO ist es allgemeine Voraussetzung für die Befugnis des Rechtsmittelführers, Rechtsmittel einzulegen, dass der Rechts- 40

---

80 *Gerhardt,* in: FS Uhlenbruck, 2000, S. 75, 84.
81 Eingehend *Gerhardt,* in: FS Uhlenbruck, 2000, S. 75 ff.
82 OLG Köln, Beschl. v. 3. 5. 2000 – 2 W 79/00 – NZI 2000, 435 m. Anm. *Römermann,* EWiR § 4 InsO 1/2000, 777.
83 *Reichold,* in: Thomas/Putzo, ZPO, 27. Aufl. 2005, Vor § 567 Rn. 2.
84 *Kirchhof,* in: H-K, InsO, 4. Aufl. 2006, § 6 Rn. 19.
85 OLG Karlsruhe, Beschl. v. 20. 12. 1999 – 9 W 82/99 – ZInsO 2000, 219; BayObLG, Beschl. v. 2. 12. 1999 – 4Z BR 8/99 – NZI 2000, 129.
86 KG, Beschl. v. 17. 12. 1999 – 7 W 8354/99 – ZInsO 2000, 216.
87 *Kirchhof,* in: H-K, InsO, 4. Aufl. 2006, § 6 Rn. 22 aE; *Kuhn/Uhlenbruck,* KO, 11. Aufl. 1994, § 73 Rn. 12 c.
88 Vgl. *Reichold,* in: Thomas/Putzo, ZPO, 27. Aufl. 2005, § 536 Rn. 7, 8.
89 *Smid,* Rechtsprechung, 1990, § 8 III 2 (491 ff.).
90 LG Göttingen, Beschl. v. 20. 8. 1999 – 10 T 44/99 – DZWIR 1999, 516 m. Anm. *Holzer,* § 6 InsO EWiR 1/2000, *Prütting,* in: Kübler/Prütting, Kommentar zur Insolvenzordnung, § 6 Rn. 22; *Henckel,* ZIP 2000, 2045, 2046; *Gerhardt,* in: FS Uhlenbruck, 2000, S. 75, 86 ff.; a. A. *Ganter,* in: MünchKomm, InsO, 1. Aufl. 2001, § 6 Rn. 44: keine Abhilfe bei sofortiger Beschwerde.
91 *Henckel,* in: Jaeger/Henckel, InsO 2004, § 6 Rn. 34.
92 *Henckel,* in: Jaeger/Henckel, InsO 2004, § 6 Rn. 36.
93 *Henckel,* in: Jaeger/Henckel, InsO 2004, § 6 Rn. 37.

mittelführer durch die angegriffene Entscheidung beschwert ist. Das ist der Fall, wenn das Gericht seinem Antrag nicht entsprochen hat (formelle Beschwer)[94]; es kommt aber auch in Betracht, dass die gerichtliche Entscheidung in die Rechte des Rechtsmittelführers eingreift (materielle Beschwer), was etwa bei der Einberufung einer Gläubigerversammlung der Fall sein kann. Gleiches gilt auch für die Beschwerdebefugnis des eigenantragstellenden Schuldners gegen den Eröffnungsbeschluss[95], vgl. § 34 InsO. Wegen der weitreichenden Folgen der Zurückweisung der Verfahrenseröffnung mangels Masse gem. § 26 InsO steht das aus § 1 Abs. 1 Satz 2 LöschG folgende Beschwerderecht auch der Gesellschaft zu[96]; der *sachliche* Grund liegt eher in Art. 19 Abs. 4 GG.[97] Der Beschwerdeberechtigte kann wirksam auf seine Beschwerdebefugnis verzichten.[98]

41 Ferner muss **Rechtsschutzbedürfnis** des Beschwerdeführers vorliegen, was jedenfalls dann der Fall ist, wenn mit der Entscheidung in seine rechtlichen Handlungsmöglichkeiten eingegriffen wird.[99] Der BGH[100] hat entschieden, dass die gesetzlich nach § 6 Abs. 1 InsO i.V.m. der jeweiligen gesetzlichen Ermächtigung der sofortigen Beschwerde bestehenden Befugnisse dann nicht greifen, wenn „abschließende Sonderregelungen“ einer grundsätzlichen Beschwerdebefugnis entgegenstehen. Im Einzelnen treten besonders im Rahmen des Insolvenzplanverfahrens (unten §§ 29ff.) Probleme auf: So stellt sich die Frage, ob nicht die Widerspruchsbefugnis des Gläubigers eine solche abschließende Sonderregelung in dem vom BGH gemeinten Sinne dergestalt darstellt, dass der Gläubiger, der die sofortige Beschwerde nach § 253 InsO einlegen will, zuvor seine Widerspruchsrechte im Verfahren geltend machen muss.[101]

42 Probleme bereitet die Rechtsmittelbefugnis des Eigenantrag stellenden Gläubigers, der gegen den Erlass des Eröffnungsbeschlusses die sofortige Beschwerde einlegt. Ein Fall aus der Judikatur des BGH macht dies deutlich: Dort hatte der schuldnerische Unternehmensträger seinen Eigenantrag auf drohende Zahlungsunfähigkeit gestützt. (BGH v. 18. 1. 2007 – IX ZB 170/06 – ZIP 2007, 499) Der vom Insolvenzgericht eingesetzte Sachverständige kam demgegenüber zu dem Ergebnis, dass die schuldnerische GmbH sowohl zahlungsunfähig als auch überschuldet sei. Hierauf gestützt eröffnete das Insolvenzgericht das Insolvenzverfahren wegen Zahlungsunfähigkeit und Überschuldung der Schuldnerin. Da die Dispositionsmaxime im Insolvenzverfahren gilt, hätte nach § 4 InsO i.V.m. § 269 ZPO die Schuldnerin bis zum Erlass des Eröffnungsbeschlusses ihren Eigenantrag zurücknehmen können. Der BGH stellt fest, dass in einem solchen Falle der gleichwohl erlassene Eröffnungsbeschluss rechtswidrig gewesen wäre. Es liege hier allein ein durch das ihm unangemessen erscheinende Gutachten des Sachverständigen hervorgerufener „Sinneswandel“ des Schuldners vor, der aber nach Ansicht des BGH nicht zu der angemessenen verfahrensrechtlichen Reaktion, nämlich zur Rücknahme des Insolvenzantrags auf Verfahrenseröffnung geführt hat. Dabei verweist der erkennende Senat darauf, we-

---

94 OLG Hamm, Beschl. v. 10. 3. 1970 – 15 W 512/69 – Rpfleger 1970, 210; OLG Köln, Beschl. v. 6. 10. 1982 – 2 Wx 27/82 – ZIP 1982, 1364, 1365; LG Göttingen, Beschl. v. 29. 6. 1999 – 10 T 23/99 – NZI 1999, 370 (keine Beschwerdebefugnis des antragsstellenden Gläubiger bei Eröffnung); OLG Celle, Beschl. v. 28. 4. 1999 – 2 W 36/99 – NZI 1999, 493; OLG Stuttgart, Beschl. v. 30. 9. 1999 – 8 W 111/99 – NZI 1999, 491 (beide: keine Beschwerdebefugnis des eigenantragsstellenden Schuldners bei Eröffnung).

95 Verkürzt dagegen LG Rostock, Beschl. v. 22. 3. 2000 – 2 T 47/00 – ZInsO 2000, 340.

96 OLG Düsseldorf, Beschl. v. 17. 11. 1992 – 3 W 412/92 – ZIP 1993, 214 m. Anm. *Pape*, EWiR § 109 KO 1/93, 277.

97 So jetzt auch der BGH, Beschl. v. 15. 6. 2004 – IX ZB 172/03 – ZInsO 2004, 923.

98 *Kirchhof*, in: H-K, InsO, 4. Aufl. 2006, § 6 Rn. 13.

99 Beschwerde des Schuldners gegen Eröffnungsbeschluss bei fehlender Verfahrenskostendeckung: BGH, Beschl. v. 15. 6. 2004 – IX ZB 172/03 – ZInsO 2004, 923.

100 BGH, Beschl. v. 17. 7. 2003 – IX ZB 530/02 – DZWIR 2003, 379.

101 *Smid*, DZWIR 2005, 234; *Smid/Rattunde*, Der Insolvenzplan, 2. Aufl. 2005, Rn. 16.23.

gen der Übereinstimmung zwischen Antrag und erlassener Entscheidung mangele es an der für die Zulässigkeit der sofortigen Beschwerde erforderlichen formellen Beschwer. So richtig diese Erwägung ist, reicht sie doch nicht aus, um für sich genommen die Entscheidung des BGH zu tragen. Denn wie der IX. Zivilsenat in einer Reihe von Entscheidungen[102] ausgeführt hat, wird das Verfahren dadurch charakterisiert, dass es Strukturelemente der nicht streitigen freiwilligen Gerichtsbarkeit aufweise. Im Eröffnungsverfahren mag dies deshalb in den Hintergrund treten[103], weil der zu erlassenden Entscheidung notwendig ein Antrag korrespondiert. Dennoch hat sowohl der BGH in der zitierten Entscheidung als auch das BVerfG in seinen Auswahlentscheidungen *sowohl* das Eröffnungsverfahren als auch das eröffnete Insolvenzverfahren als nicht streitiges Verfahren charakterisiert.

Zu bedenken ist im Übrigen, dass die Eröffnung des Insolvenzverfahrens über das Vermögen eines 43
Schuldners auch nach der Entstigmatisierung des Konkurses eine statusrechtliche Wirkung zeigt. Auch in anderen Bereichen unserer Rechtsordnung, namentlich im Ehescheidungsrecht, kennen wir statusrechtliche Entscheidungen, die, gleichviel, ob der Antragsteller ihren Erlass begehrt hat, durch diesen angefochten werden können. Die Auseinandersetzung mit der Frage, ob der Eröffnungsbeschluss gemäß § 27 InsO einer derartigen statusrechtlichen Entscheidung in rechtsmittelrechtlicher Hinsicht gleichzustellen sei, hat sich der IX. Zivilsenat in seinem Beschluss zu leicht gemacht, in dem dort allein auf die Gesetzgebungsgeschichte des heutigen § 34 InsO eingegangen wird. Der IX. Zivilsenat meint nämlich – insofern durchaus nachvollziehbar -, § 34 InsO knüpfe an § 109 KO an. Nur für den Fall, dass nicht ein Fremdantrag gestellt werde, sollte dem Schuldner die Rechtsmittelbefugnis gegeben werden. Im Übrigen hätten allgemeine verfahrensrechtliche Grundsätze zugrunde gelegt zu werden, mit der Folge, dass der Schuldner den von ihm beantragten Eröffnungsantrag nach seinem Erlass nicht mehr durch Einlegung eines Rechtsmittels erbringen könne. Fragt man danach, ob der Eigenantrag stellende Schuldner durch den Erlass des Eröffnungsbeschlusses materiell beschwert worden sei, fällt auf, dass der Eröffnungsbeschluss in der Tat seinen Status verändert hat. Anders als im Bereich eherechtlicher Entscheidung – namentlich des Scheidungsurteils – steht freilich die wirtschaftliche Dispositionsfreiheit des Eigenantrag stellenden Schuldners nicht unter einem besonderen verfassungsrechtlichen Schutz. Anders ist dies indes zu beurteilen, wenn der Schuldner gerade mit Antrag darauf zielt, seine allgemeine Handlungsfreiheit (Art. 2 Abs. 1 GG) und die Verfügungsbefugnis über sein Eigentum gemäß Art. 14 Abs. 1 GG expressis verbis zu erhalten. Das ist nicht allgemein aufgrund der Stellung des Eigenantrags der Fall – mit dem z.B. auch eine strafrechtliche Verantwortlichkeit soll vermieden werden können. Seine wirtschaftliche Dispositionsfreiheit versucht der Schuldner mit dem Eigenantrag zu schützen, wenn er ihn mit einem Antrag auf Anordnung auf Eigenverwaltung gemäß § 270 InsO verbindet. Aber gerade eine solche Konstellation hat im vorliegenden Fall nicht vorgelegen. Der BGH[104] sieht das Verfahren der Eigenverwaltung nicht als eigene Verfahrensform an und verschließt daher dem Schuldner bei Versagung der Eigenverwaltung die sofortige Beschwerde gemäß § 34 InsO. Dagegen spricht, dass die Insolvenzordnung in ihrem § 27 Abs. 1 vorsieht, dass ein Insolvenzverfahren entweder in der Weise durchgeführt wird, dass zur Verwertung der Masse ein Insolvenzverwalter eingesetzt wird, oder aber, bei Vorliegen eines entsprechenden Antrags des Schuldners und der weiteren hierfür vom Gesetz geforderten Voraussetzungen, dass dem Schuldner die Masseverwertung übertragen wird (Eigenverwaltung). Der Antrag des Schuldners auf Eröffnung eines Insolvenzverfahrens über sein Vermögen unter Anordnung der Eigenverwaltung zielt somit auf einen anderen Gegenstand als ein ohne den Antrag gemäß § 270 InsO gestellter Eröffnungsantrag.[105] Dies stellt der BGH mit seiner Entscheidung in Abrede. Der IX. Zivilsenat schließt sich der Rechtsan-

102 Namentlich im von mir so bezeichneten „Sachverständigen“-Beschluss, BGH, Beschl. v. 4. 3. 2004 – IX ZB 133/03 – DZWIR 2004, 381 mit Anm. Thiemann, ZIP 2004, 915.

103 *Uhlenbruck* hat aus Gründen des § 839 BGB verständlich, wenngleich nicht mit zutreffenden Gründen, das Eröffnungsverfahren als streitiges Verfahren charakterisiert, InsO, 12. Aufl. 2003, § 4 Rn. 1.

104 BGH, Beschl. v. 11. 1. 2007 – IX ZB 85/05 – „Podstawski“ – DZWIR 2007, 332.

105 *Schilken,* in: Jaeger/Henckel, InsO 2004, § 34 Rn. 22; *Smid,* DZWIR 2004, 359, 366 ff.; Flöther/Smid/*Wehdeking,* Die Eigenverwaltung, 2005, Kap. 1.

sicht an, die Anordnung der Eigenverwaltung sei im vorliegenden Fall von Gesetzes wegen, und zwar nach § 270 Abs. 2 Nr. 2 InsO, unzulässig.

44 Dem **Insolvenzverwalter** steht gegen die Ablehnung der Eröffnung des Insolvenzverfahrens kein Beschwerderecht zu[106]; nach § 6 InsO ist die sofortige Beschwerde nur dort statthaft, wo sie vom Gesetz ausdrücklich vorgesehen ist. § 34 InsO nennt aber im Kreis der Beschwerdeberechtigten, die sich gegen einen Eröffnungsbeschluss bzw. die Ablehnung der Eröffnung des Insolvenzverfahrens mit einem Rechtsmittel richten können, nicht den Insolvenzverwalter. Das ist richtig, da es hier nicht um eigene Rechte des Insolvenzverwalters geht: Da der Insolvenzverwalter erst im Eröffnungsbeschluss bestellt wird, kann er, wie der IX. Zivilsenat zutreffend feststellt, durch die Entscheidung des Insolvenzgerichts über den Eröffnungsantrag nie beschwert sein.

45 **h) Form der Beschwerdeentscheidung.** Die Beschwerdekammer beim LG entscheidet durch Beschluss, § 572 Abs. 4 ZPO. Der Beschluss kann gem. § 572 Abs. 1 ZPO ohne mündliche Verhandlung ergehen. Über die sofortige Beschwerde durch insolvenzrechtlichen Beschluss kann nur ohne mündliche Verhandlung entschieden werden, wenn das Beschwerdegericht keine Beweiserhebungen für erforderlich hält oder die Beschwerde nicht ganz oder teilweise für begründet erachtet. Beschwerdeentscheidungen ergehen durch Beschluss, weil sich die Beschwerde in aller Regel gegen Entscheidungen richtet, die eine vorherige mündliche Verhandlung nicht erfordern (§ 567 Abs. 1 Satz 2 ZPO)[107]. Insofern sind aber wiederum im Rahmen des Insolvenzplanverfahrens Besonderheiten zu beachten, da die mit der sofortigen Beschwerde angegriffene Entscheidung über die Bestätigung des Insolvenzplans durch das Amtsgericht eine mündliche Verhandlung voraussetzt, wie die §§ 235 Abs. 1, 252 Abs. 1 InsO zeigen.[108] Denn das Insolvenzgericht kann und darf erst aufgrund der Feststellung eines hochkomplexen, die unterschiedlichen Interessen aller Verfahrensbeteiligter – häufig mehrerer hundert – berücksichtigenden Erörterung und Sachaufklärung entscheiden. Das erzwingt es, neben dem Beschwerdeführer den übrigen Verfahrensbeteiligten – den Gläubigern aller Gruppen, dem Schuldner, den Massegläubigern und dem Insolvenzverwalter – rechtliches Gehör zu geben. Entbehrlich ist eine mündliche Verhandlung nur, sofern sich das Beschwerdegericht der einstimmigen Entscheidung dieser Verfahrensbeteiligten und des Amtsgerichts anschließt. Beabsichtigt das Beschwerdegericht dagegen, von der angegriffenen Entscheidung abzuweichen, darf dies nicht ohne Beteiligung derjenigen Personen geschehen, die über den Insolvenzplan erstinstanzlich beschlossen hatten. Andernfalls würde mit der beschwerdegerichtlichen Entscheidung gegen diejenigen Gläubiger entschieden werden, die im Abstimmungstermin für die Annahme des Insolvenzplans und damit inzidenter für die Herbeiführung der angefochtenen insolvenzgerichtlichen Bestätigungsentscheidung gemäß § 248 InsO entschieden haben. Diese Gläubiger, gegen deren Annahmeentscheidung sich die Beschwerde inzidenter richtet, sind daher gemäß Art. 103 Abs. 1 GG am beschwerdegerichtlichen Verfahren zu beteiligen, so dass der Gegenstand der sofortigen Beschwerde gegen den Bestätigungsbeschluss es erfordert, in mündlicher Verhandlung zu prozedieren.

2. Die sofortige weitere Beschwerde (Rechtsbeschwerde)[109]

46 **a) Charakter der Rechtsbeschwerde.** Bei der weiteren sofortigen Beschwerde handelt es sich um ein Rechtsmittel, mit dem nurmehr die **Rechtmäßigkeit,** nicht aber die Zweckmäßigkeit der angegriffenen Entscheidung zur Überprüfung gestellt wird.[110]

---

106 BGH, Beschl. v. 8. 3. 2007 – IX ZB 163/06 – DZWIR 2007, 261.
107 Vgl. *Reichold,* in: Thomas/Putzo, ZPO, 27. Aufl. 2005, Vor § 300 Rn. 2.
108 *Smid,* DZWIR 2005, 234.
109 Zum Vergleich der Rechtslage vom 1. Januar 2002 (Art. 53 Nr. 3 ZPO-RG) mit der bisherigen Rechtslage vgl. die Kommentierung zu § 7 in *Smid,* in: Smid, InsO, 2. Aufl. 2001.
110 *Smid,* in: Smid, InsO, 2. Aufl. 2001, § 7 Rn. 3.

Durch die **Aufhebung von § 7 InsO** ist die zulassungsfreie Rechtsbeschwerde zum BGH gegen Entscheidungen der Beschwerdegerichte in Insolvenzsachen abgeschafft worden. Die Rechtsbeschwerde ist daher nurmehr durch die Verweisung gem. § 4 InsO nach § 574 Abs. 1 Nr. 2 ZPO nur noch statthaft, wenn das Beschwerdegericht sie im Beschluss zugelassen hat. Die Zulassungsgründe regeln die § 543 Abs. 2 und § 574 Abs. 2 ZPO. Weitere Zulässigkeitsvoraussetzung für die Rechtsbeschwerde ist, dass die Rechtssache von grundsätzlicher Bedeutung ist oder die Entscheidung durch das Gericht der Rechtsbeschwerde der Sicherung einer einheitlichen Rechtsprechung dient, vgl. § 574 Abs. 2 ZPO n. F.; dem Rechtsbeschwerdegericht obliegt die Prüfung dieser Zulässigkeitsvoraussetzungen.[111] **47**

Die Zulassung der sofortigen weiteren Beschwerde setzt voraus, dass der Rechtsmittelführer seine Rechtsbeschwerde auf eine Verletzung des Gesetzes stützt und dass die Überprüfung der angegriffenen Entscheidung für die Wahrung einer einheitlichen Rechtsanwendung von Bedeutung ist. Die Beschwerde muss daher anführen, dass die angegriffene Entscheidung auf einer Nichtanwendung[112] einer Rechtsnorm[113] oder auf ihrer unrichtigen Anwendung aufgrund fehlerhafter Interpretation oder Subsumtion[114] beruht.[115] Der BGH[116] geht in st. Rspr.[117] davon aus, dass die vorinstanzliche Entscheidung einen Sachverhalt aufweisen muss, aus dem das tatsächliche Vorbringen ersichtlich ist, auf dem sie beruht. Diese Sachverhaltsdarstellung bindet das Gericht der Rechtsbeschwerde; umgekehrt folgt daraus unmittelbar, dass die erstinstanzliche Entscheidung auf einem Rechtsfehler beruht, wenn sie keinen entsprechenden Sachverhalt aufweist. **48**

b) Zuständigkeit des BGH. § 133 GVG bestimmt, dass der BGH in bürgerlichen Rechtsstreitigkeiten, zu denen insofern Insolvenzsachen zu zählen sind, für die Entscheidung über die Rechtsbeschwerde zuständig ist. Die frühere Zuständigkeit des OLG für Rechtsbeschwerden in Insolvenzssachen ist nach § 119 Abs. 1 GVG n.F. weggefallen[118]; das Vorlagenverfahren gem. § 7 Abs. 2 InsO findet nicht mehr statt. **49**

c) Einlegung. Regelmäßig liegt in der Einlegung der sofortigen weiteren Beschwerde zugleich der an das Rechtsbeschwerdegericht gerichtete Antrag auf Zulassung des Rechtsmittels[119], der in rechter Form und Frist angebracht werden muss: Die Zulassung hat zu erfolgen, wenn die sofortige weitere Beschwerde statthaft ist und ein Zulassungsgrund vorliegt[120]; Voraussetzung dafür ist, dass sich die sofortige weitere **50**

111 *Kirchhof*, ZInsO 2001, 729.
112 *Becker*, in: Nerlich/Römermann, InsO, § 7 Rn. 15; zust. *Pape*, in: Uhlenbruck, InsO, 13. Aufl. 2010, § 7 Rn. 19.
113 *Becker*, in: Nerlich/Römermann, InsO § 7 Rn. 13.
114 *Prütting*, in: Kübler/Prütting, Kommentar zur Insolvenzordnung, § 7 Rn. 23; *Uhlenbruck*, in: Uhlenbruck, InsO, 12. Aufl. 2003, § 7 Rn. 25; *Kießner*, in: Braun, InsO, 2. Aufl. 2004, § 7 Rn. 13.
115 Auch im Rahmen der sofortigen weiteren Beschwerde gem. § 7 InsO ist die Vermutung der Gesetzeswidrigkeit einer Entscheidung beim Vorliegen der in § 551 ZPO genannten Fälle zu berücksichtigen, vgl. Prütting, in: Kübler/Prütting, Kommentar zur Insolvenzordnung, § 7 Rn. 24; *Grunsky*, in: Stein/Jonas, ZPO, 22. Aufl. 2002, § 551 Rn. 25, 26.
116 BGH, Beschl. v. 7. 4. 2005 – IX ZB 63/03 – NJW-RR 2005, 916 – NZI 2005, 414-415.
117 BGH, Beschl. v. 20. 6. 2002 – IX ZB 56/01 – NJW 2002, 2648, 2649; BGH, Beschl. v. 5. 8. 2002 – IX ZB 51/02 – WM 2002, 1894, 1895; BGH, Beschl. v. 5. 2. 2004 – IX ZB 29/03 – WM 2004, 1686.
118 *Pape*, ZInsO 2001, 777, 778; *Kießner*, in: Braun, InsO, 2. Aufl. 2004, § 7 Rn. 45.
119 So zutr. *Becker*, in: Nerlich/Römermann, InsO, § 7 Rn. 12.
120 *Prütting*, in: Kübler/Prütting, Kommentar zur Insolvenzordnung, § 7 Rn. 7.

Beschwerde gegen eine beschwerdegerichtliche Entscheidung[121] richtet. Mit der sofortigen weiteren Beschwerde wird angegriffen, dass die beschwerdegerichtliche Entscheidung auf einer Gesetzesverletzung beruht. Der Rechtsmittelführer darf daher mit seiner Rechtsbeschwerde nicht nur geltend machen, eine beschwerdegerichtliche Entscheidung sei möglicherweise wirtschaftlich unzweckmäßig, denn allein dies vermag im allgemeinen seine Rechte nicht zu verletzen; die Würdigung von Tatsachen, die auf den Einzelfall bezogen sind, unterliegen nicht der Überprüfung durch die Rechtsbeschwerdeinstanz.[122]

51 Für die Einlegung der Rechtsbeschwerde gilt nach §§ 573 Abs. 2 Satz 2, 78 Abs. 3 ZPO kein Anwaltszwang.[123] Erforderlich ist der Eingang der Rechtsbehelfsschrift beim zuständigen Landgericht oder beim BGH, der Eingang bei einem anderen Gericht wirkt nicht fristwahrend.[124]

52 d) **Prüfungsumfang.** Im Rahmen der **Rechtsbeschwerde** hat das Rechtsbeschwerdegericht zu überprüfen, ob der Tatrichter die Würdigung der Mittel der Glaubhaftmachung unter Beachtung der gesetzlichen Beweisregeln und der Denkgesetze vorgenommen hat.[125] Die angegriffene Entscheidung beruht regelmäßig auf einer Rechtsverletzung, wenn das Gericht rechtliches Gehör verletzt hat.[126]

3. Die sofortige Beschwerde des Schuldners gegen den Erlass des Eröffnungsbeschlusses

53 Grundsätzlich ordnet § 34 Abs. 2 InsO an, dass der Schuldner gegen den Erlass des Eröffnungsbeschlusses die sofortige Beschwerde einlegen kann. Dies gilt auch, sofern das Verfahren auf seinen Eigenantrag hin eröffnet worden ist, denn aufgrund seiner Statuswirkungen begründet Eröffnungsbeschluss eine **materielle Beschwer** des Schuldners, die seine Befugnis zur Einlegung einer sofortigen Beschwerde rechtfertigt.[127] Wegen der mit der Verfahrenseröffnung jedenfalls bei Bestellung eines Insolvenzverwalters (§ 27 Abs. 1 Satz 1 InsO) verbundenen Entmachtung des Schuldners scheitert seine sofortige Beschwerde gegen den Eröffnungsbeschluss auch nicht mangels Rechtsschutzbedürfnisses, wenn er sich darauf beruft, die Eröffnung hätte mangels verfahrenskostendeckender Masse abgelehnt werden müssen.[128]

54 Bestellt das Insolvenzgericht im Eröffnungsbeschluss gem. § 27 Abs. 1 Satz 1 InsO einen Insolvenzverwalter, obwohl der Schuldner die Eigenverwaltung beantragt hat und die Voraussetzungen ihrer Anordnung nach den §§ 270, 27 Abs. 1 Satz 2 InsO vorliegen, verletzt diese Entscheidung den Schuldner in seinen Grundrechten.[129] Im Eröffnungsbeschluss liegt daher eine materielle Beschwer des Schuldners, die seine Befugnis zur Einlegung einer sofortigen Beschwerde rechtfertigt. Fraglich bleibt

---

121 Mit Ausnahme einer abhelfenden Entscheidung des Beschwerdegerichts, gegen die wiederum die sofortige Beschwerde gem. § 6 Abs. 1 InsO zulässig ist, vgl. *Becker,* in: Nerlich/Römermann, InsO, § 7 Rn. 1 a.E.

122 OLG Celle, Beschl. v. 8. 3. 2000 – 2 W 23/00 – ZIP 2000, 706.

123 OLG Köln, Beschl. v. 2. 11. 1999 – 2 W 137/99 – ZIP 1999, 1929; OLG Celle, Beschl. v. 8. 3. 2000 – 2 W 23/00 – ZIP 2000, 706; a.A. SchlHolst OLG, Beschl. v. 1. 2. 2000 – 1 W 51/99 – ZInsO 2000, 170; *Becker,* in: Nerlich/Römermann, InsO, § 7 Rn. 38; *Prütting,* in: Kübler/Prütting, Kommentar zur Insolvenzordnung, § 7 Rn. 20; *Pape,* in: Uhlenbruck, InsO, 13. Aufl. 2010, § 7 Rn. 13.

124 OLG Köln, Beschl. v. 3. 1. 2000 – 2 W 270/99 – ZIP 2000, 195, 196.

125 OLG Köln, Beschl. v. 29. 12. 1999 – 2 W 188/99 – NZI 2000, 78.

126 OLG Karlsruhe, Beschl. v. 30. 12. 1999 – 11 W 196/99 – ZInsO 2000, 171.

127 *Smid/Wehdeking,* in: FS Rechberger, 2005, S. 603 ff. m.w.N.

128 BGH, Beschl. v. 15. 6. 2004 – IX ZB 172/03 – ZInsO 2004, 923.

129 *Wehdeking,* Masseverwaltung des insolventen Schuldners, 2005, S. 140 ff.; *Smid/Wehdeking,* in: FS Rechberger, 2005, S. 603 ff.

aber, ob sein Rechtsmittel sich gegen den Eröffnungsbeschluss als Ganzen richten muss oder ob die InsO dem Schuldner die Möglichkeit einräumt, gleichsam eine „Teilanfechtung“ des Eröffnungsbeschlusses soweit durchzuführen, wie er durch ihn in seinen Rechten betroffen ist. Dem Schuldner bei Versagung der Anordnung gem. § 270 InsO Rechtsmittel zu versagen hieße ihn zum bloßen Objekt des Verfahrens zu machen – was einer verfassungswidrigen Auslegung des Gesetzes gleich käme.[130]

4. Rechtsmittel des ausländischen Verwalters

Gegen die Eröffnung des inländischen Verfahrens ist auch der Verwalter des ausländischen Hauptinsolvenzverfahrens beschwerdebefugt, § 3 Abs. 1 Satz 3 Art. 102 EGInsO. Die Vorschrift regelt die Statthaftigkeit der sofortigen Beschwerde des ausländischen Verwalters gem. § 6 Abs. 1 InsO; die sofortige Beschwerde ist immer auch zulässig, wenn die Voraussetzungen des § 3 Abs. 1 Satz 3 Art. 102 EGInsO vorliegen. Der ausländische Verwalter ist dann formell beschwert; § 3 Abs. 1 Satz 3 Art. 102 EGInsO tritt selbständig neben § 34 InsO. **55**

Wegen der Bedeutung, die die öffentliche Bekanntmachung oder die Eintragung in einem öffentlichen Buch oder Register für das Verfahren, insbesondere für die Sicherung der Insolvenzmasse, haben kann, wird dem Antragsteller gem. § 7 Art. 102 EGInsO gegen die Ablehnung der öffentlichen Bekanntmachung oder des Ersuchens um Eintragung durch das Insolvenzgericht die sofortige Beschwerde eröffnet. Handelt es sich etwa um die Eintragung der Verfahrenseröffnung im Grundbuch, so finden auf die Entscheidung des Grundbuchamts hinsichtlich des Ersuchens des Insolvenzgerichts zusätzlich die im Grundbuchverfahren geltenden Beschwerdevorschriften (§§ 71 ff. GBO) Anwendung.[131] **56**

5. Rechtsmittel von Insolvenzgläubigern gegen die Verfahrenseinstellung

Wird das Insolvenzverfahren eingestellt, so ist nach § 4 Abs. 1 Satz 3 Art. 102 EGInsO jeder Insolvenzgläubiger beschwerdebefugt.[132] **57**

6. Wiederaufnahmebeschwerden entspr. §§ 578 ff. ZPO

Unter Rückgriff auf die ältere Judikatur zum Konkursverfahren[133] hat der BGH[134] ausgeführt, nach § 4 InsO sei auch im Insolvenzverfahren ein Wiederaufnahmegesuch gegen urteilsvertretende Beschlüsse statthaft. Voraussetzung sei, dass ein Beschluss in Rechtskraft erwachsen sei, der die bürgerlich-rechtlichen Rechtsbeziehungen zwischen am Verfahren beteiligten Personen festlege. Man kann sich nicht recht vorstellen, in welchen Fällen dies eintrifft. Allerdings hat die InsO dem Insolvenzgericht eine Reihe von neuen Entscheidungen auferlegt. Diese betreffen aber im Wesentlichen die Organisation des Verfahrens. Die bürgerlich-rechtlichen Beziehungen der Beteiligten werden indes allein dort mit materieller Rechtskraft festgelegt, wo es darum geht, den Umfang der Schuld des Schuldners **58**

---

130 Vgl. *Bärenz*, EWIR § 34 InsO 1/03, 483 f.
131 *Smid*, Deutsches und Europäisches Internationales Insolvenzrecht, 1. Aufl. 2004, Art. 102 EGInsO § 7 Rn. 2.
132 *Smid*, Deutsches und Europäisches Internationales Insolvenzrecht, 1. Aufl. 2004, Art. 102 EGInsO § 4 Rn. 2.
133 OLG Karlsruhe, Urt. v. 25. 2. 1965 – VII ZR 112/63 – NJW 1965, 1023, 1024.
134 BGH, Beschl. v. 2. 2. 2006 – IX ZB 279/04 – DZWIR 2006, 297.

zu bestimmen. Dies trifft auf die Entscheidung über die Bestätigung des Insolvenzplans wegen §§ 225, 226 InsO ebenso wie die Entscheidungen des Insolvenzgerichts über die Ankündigung bzw. die Erteilung der Restschuldbefreiung zu.

§ 30 Gläubigerautonomie

I. Insolvenzrechtliche Organe der Gläubiger[1]

Im Zusammenhang der Auswahl und Bestellung des Insolvenzverwalters ist bereits die Bedeutung der Gläubigerautonomie im deutschen Insolvenzrecht deutlich geworden. Durch die Eröffnung des Insolvenzverfahrens erfolgt die Beschlagnahme des pfändbaren Schuldnervermögens (vgl. § 13 I). Es wird durch den Erlass des Eröffnungsbeschlusses an die Gemeinschaft der Insolvenzgläubiger haftungsrechtlich zugewiesen, die durch die Gläubigerversammlung als ihrem Selbstverwaltungsorgan auf das Verfahren Einfluss nehmen kann. Neben dem Insolvenzgericht und dem Insolvenzverwalter sieht das Verfahren daher zwei weitere Organe der Gesamtvollstreckung vor, nämlich die Gläubigerversammlung (§ 74 InsO) und – wenn ein solcher von der Gläubigerversammlung gewählt wird – den Gläubigerausschuss[2] (§ 67 InsO). Die Gläubigerversammlung umfasst alle Insolvenzgläubiger sowie alle absonderungsberechtigten Gläubiger des Gemeinschuldners, § 74 Abs. 1 Satz 2 InsO.[3] Massegläubiger gem. §§ 53ff. InsO sind dagegen von der aktiven Teilnahme an der Gläubigerversammlung ausgeschlossen.[4] Denn der Sinn der Abstimmung ist die Betätigung der Gläubigerautonomie zur Überwachung der Verwaltung der Masse. 1

Mit der Beschlussfassung über die Strategie der Insolvenzabwicklung gem. § 157 InsO hat die Gläubigerversammlung, bzw. durch die Entscheidung über besonders wichtige Rechtsgeschäfte gem. §§ 160ff. InsO haben die Gläubigerversammlung und der Gläubigerausschuss die Entscheidungsgewalt im Hinblick auf die zentralen, im Rahmen des Insolvenzverfahrens zu fällenden Entscheidungen. Dem leistet der Umstand keinen Abbruch, dass in der Rechtwirklichkeit sehr häufig keine oder nur wenige Gläubiger in der Gläubigerversammlung erscheinen[5] und dass schon wegen der Geringfügigkeit der Masse ein Gläubigerausschuss nicht bestellt wird. 2

Allerdings wird vor diesem empirischen Hintergrund die Grenze deutlich, an die der Grundsatz der Gläubigerselbstverwaltung trifft. Zum einen ist eine Teilnahme an der Gläubigerselbstverwaltung nur unter engen wirtschaftlichen Voraussetzungen überhaupt sinnvoll, so dass es dem Gläubiger angesichts geringer Befriedigungschancen oftmals angeraten erscheint, den Insolvenzverwalter das Erforderliche tun zu lassen, ohne einen eigenen Einfluss darauf zu nehmen, insbesondere wenn es sich um einen erfahrenen Verwalter handelt. Zum anderen erscheint durch den unten (Rn. 30ff.) zu erörtern- 3

---

1 Zum Ganzen *Pape*, ZInsO 1999, 675ff.; *ders.*, Gläubigerbeteiligung im Insolvenzverfahren, 2000.

2 Dieser muss aus min. zwei Mitgliedern bestehen: BGH, Beschl. v. 5. 3. 2009 – IX ZB 148/08, ZIP 2009, 727.

3 *Buck*, in: Huntemann/Graf Brockdorf, Der Gläubiger im Insolvenzverfahren, 1999, S. 259f.; *Pape*, ZInsO 1999, 305, 307; *Holzer*, in: Beck/Depré, Handbuch der Insolvenz, 1. Aufl. 2003, § 2 Rn. 134; eine Forderungsprüfung ist nicht Voraussetzung: BGH, Beschl. v. 21. 12. 2006 – IX ZB138/06, ZIP 2007, 55; *Smid*, Struktur VI, DZWIR 2007, 485, 495.

4 *Delhaes*, in: Nerlich/Römermann, InsO, § 77 Rn. 9; *Kind*, in: Braun, InsO, 2. Aufl. 2004, § 74 Rn. 10.

5 Vgl. *Ehricke*, NZI 2000, 57f.

den Einfluss dinglich gesicherter (Groß-)Gläubiger der Versuch einer Einwirkung auf den Verfahrensablauf durch die übrigen Gläubiger illusorisch.[6]

3a Die faktische Möglichkeit insbesondere ungesicherter, nicht institutioneller Gläubiger, am Verfahren teil- und auf seinen Gang Einfluß zu nehmen, scheitert nicht selten an den damit verbundenen Kosten und fällt der verständlichen Entscheidung, nicht „gutes Geld dem „schlechten hinterherzuwerfen, zum Opfer. Trotz des Fehlens einer Stellung, wie sie sie im österreichischen Recht wahrnehmen, können sich als sinnvoll erweisen **Gläubigerschutzverbände,** die sich von Gläubigern mandatieren lassen, ihre Interessen im Verfahren wahrzunehmen, sobald sie Professionalität im Auftreten in Verfahren erlangen und mit Gerichten und Insolvenzverwaltungen kooperieren. Rechtspolitisch ist es vor diesem Hintergrund verfehlt, dass mit dem ESUG § 67 Abs. 3 InsO bisheriger Fassung gestrichen wurde, der die Mitgliedschaft von Nicht-Gläubigern im Gläubigerausschuss (unten Rn. 44ff.) ermöglichte. Der nunmehr gestrichene Abs. 3 des § 67 InsO erlaubte eine Versachlichung der Tätigkeit von Gläubigerausschüssen. Besonders mißlich ist es, dass durch die Streichung die Arbeitnehmerinteressen nurmehr aus dem Kreis der als Gläubiger betroffenen ihre Stimme verliehen bekommen und die legitime Interessenvertretung durch Industriegewerkschaften verhindert wird. Das Argument, hiermit würden verhindert, dass Betriebsfremde in das Insolvenzverfahren einwirken, ist sachwidrig und vor dem Hintergrund der Wertungen des BetrVG abwegig.

II. Konstituierung und Aufgaben der Gläubigerversammlung

1. Berichtspflichten des Insolvenzverwalters und Gegenstände der Beschlussfassung durch die Gläubigerversammlung

4 **a) Festlegung der konkreten Pflichten des Insolvenzverwalters.** Die Gläubigerversammlung hat den vom Gericht eingesetzten Insolvenzverwalter und den Gläubigerausschuss zu bestätigen oder neu zu wählen (§§ 57 Satz 1,[7] 68 Abs. 1 Satz 2, Abs. 2 InsO). Die Gläubigerversammlung legt fest, wie weit die Berichts- bzw. Rechnungslegungspflicht (§ 79 InsO) des Verwalters ihr gegenüber reicht.[8] Dabei darf die Festlegung durch Beschluss der Gläubigerversammlung nicht den Rahmen des Zumutbaren sprengen. Sie muss sich daher an einer sinnvollen Relation zwischen dem Arbeits- und Zeitaufwand des Verwalters einerseits und den Gläubigerinteressen andererseits orientieren; eine Überdehnung der Berichtspflichten des Verwalters wäre allerdings bei der Bemessung seiner Vergütung zu berücksichtigen. Hieraus folgt im einzelnen,

---

6 In Österreich stellt sich diese Lage im Übrigen anders dar. Denn aufgrund der dort existierenden Gläubigerschutzverbindungen, die im Verfahren Vorrechte wahrnehmen, „lohnt“ sich eine Teilnahme an der Gläubigerselbstverwaltung über diese Verbände in anderer Weise als in Deutschland.

7 Zur Versagung der Ernennung des Gewählten gem. § 80 Satz 2 KO vgl. *Wild*, KTS 1982, 63ff.; dagegen *Uhlenbruck*, KTS 1989, 229ff.; *Hegmanns*, Der Gläubigerausschuss, 1986, S. 15; zur neueren Diskussion vgl. *Graeber*, ZIP 2000, 1465, 1467ff.; *Muscheler/Bloch*, ZIP 2000, 1474, 1477ff.; *Marotzke*, ZIP 2001, 173f.

8 *Kübler*, in: Kübler/Prütting, Kommentar zur Insolvenzordnung, § 79 Rn. 4; *Delhaes*, in: Nerlich/Römermann, InsO, § 79 Rn. 3; i. Erg. auch *Uhlenbruck*, in: Uhlenbruck, InsO, 13. Aufl. 2010, § 79 Rn. 2.

dass der Insolvenzverwalter die Entwicklung der Vermögenssituation des Gemeinschuldners bis zur Verfahrenseröffnung darzustellen und, unter Vorlage des Masseverzeichnisses, des Inventars und der Bilanz, die von ihm erstellt werden müssen, die wirtschaftliche Situation zu beleuchten hat.

Die Gläubigerversammlung nimmt in der Frage der Betriebsstilllegung oder einstweiligen Betriebsfortführung den Bericht des Verwalters entgegen. Diese Maßnahme stellt einen der zentralen Gegenstände dar, über den die Gläubigerversammlung nach § 157 InsO zu beschließen hat. Ist die Gläubigerversammlung nicht beschlussfähig, so trifft das Insolvenzgericht nach pflichtgemäßem Ermessen Maßnahmen zur Fortsetzung des Verfahrens.[9] Die Gläubigerversammlung hat m.a.W. die Aufgabe, Entscheidungen von zentraler Bedeutung zu fällen. Schon nach geltendem Recht bestimmte sie in nicht unerheblichem Maße über die weitere Politik im Hinblick auf das insolvente Unternehmen. Die InsO hat diese Einflussnahme der Gläubiger vertieft; das Instrumentarium eines Insolvenzplans (unten §§ 38ff.) wurde bereits mehrfach erwähnt. Die Gläubigerversammlung ist der Ort, an dem die Gläubigerautonomie ausgeübt wird. Damit stellt sich die Stimmrechtsentscheidung des Insolvenzgerichts als Einflussnahme auf die Ausübung der Gläubigerautonomie dar (unten Rn. 12ff.).[10] 5

b) Anrufung des Insolvenzgerichts. Gelangen Insolvenzverwalter und Gläubigerversammlung nicht zu einem Konsens über den Umfang der dem Verwalter auferlegten Berichtspflichten, so kann das Insolvenzgericht von den Gläubigern mit der Anregung angerufen werden, Aufsichtsmaßnahmen über den Verwalter gem. § 58 InsO bis hin zu seiner Abberufung gem. § 59 InsO zu verhängen.[11] 6

2. Ablauf der Gläubigerversammlung

a) Einberufung der Gläubigerversammlung. Das Insolvenzgericht beruft die Versammlung in den gesetzlich vorgeschriebenen Fällen (vgl. §§ 29 Abs. 1 Nrn. 1 und 2, 66, § 241 Abs. 1 InsO) und sonst grundsätzlich nach eigenem pflichtgemäßen Ermessen ein[12]; im Übrigen ist die Gläubigerversammlung nach dem Katalog des § 75 Abs. 1 InsO einzuberufen auf Antrag des Insolvenzverwalters (Nr. 1), des Gläubigerausschusses (Nr. 2), auf Antrag von wenigstens fünf absonderungsberechtigten Gläubigern, deren Absonderungsrechte und Forderungen nach Schätzung des Insolvenzgerichts wenigstens ein Fünftel der Summe des Wertes aller Absonderungsrechte und der Forderungsbeträge nicht nachrangiger Gläubiger ausmachen (Nr. 3) oder schließlich auf Antrag eines oder mehrerer Gläubiger, deren Forderungen oder Absonderungsrechte wenigstens zwei Fünftel des Schätzwertes nach Nr. 3 ausmachen (Nr. 4).[13] 7

---

9 LG Frankenthal v. 10. 2. 1993 – 1 T 29/93 – ZIP 1993, 378; krit. *Ehricke*, NZI 2000, 57, 60ff.
10 BGH, Beschl. v. 23. 10. 2008 – IX ZB 235/06, ZIP 2008, 2428.
11 *Kübler*, in: Kübler/Prütting, Kommentar zur Insolvenzordnung, § 79 Rn. 7; *Delhaes*, in: Nerlich/Römermann, InsO, § 79 Rn. 3; *Kind*, in: Braun, InsO, 2. Aufl. 2004, § 79 Rn. 11.
12 *Buck*, in: Huntemann/Graf Brockdorf, Der Gläubiger im Insolvenzverfahren, 1999, S. 248ff.; *Holzer*, in: Beck/Depré, Handbuch der Insolvenz, 1. Aufl. 2003, § 2 Rn. 142.
13 Zum Beschwerderecht bei Antragsablehnung: BGH, Beschl. v. 21. 12. 2006 – IX ZB 138/06, ZIP 2007, 551.

8 Der BGH hat folgendem Konflikt zu entscheiden gehabt: Gläubiger, die angemeldete Forderungen mit ca. 40% der Gesamtsumme der angemeldeten Forderungen repräsentieren, haben vor Feststellung der Forderungen die Einberufung einer Gläubigerversammlung begehrt, der der Insolvenzverwalter entgegengetreten ist.

9 Der IX. Zivilsenat[14] hat zutreffend darauf erkannt, das sowohl solche Insolvenzgläubiger die Einberufung einer Gläubigerversammlung beantragen können, deren Forderungen noch nicht festgestellt, als auch solche, deren Forderungen endgültig bestritten worden sind.

10 Die Befugnis, einen Antrag auf Einberufung der Gläubigerversammlung zu stellen, hängt daher nach der Judikatur des BGH[15] nicht von der vorangegangenen Prüfung der Forderung bzw. des Stimmrechts der Insolvenzgläubiger bzw. Absonderungsberechtigten durch den Verwalter oder die übrigen Gläubiger ab, sondern allein von der Prüfung durch das Insolvenzgericht, die auf der Grundlage einer Schätzung vorgenommen werde. Dies korrespondiert mit einer weiteren Entscheidung des BGH[16]. Danach ist die sofortige Beschwerde eines Insolvenzgläubigers gemäß § 64 Abs. 3 Satz 1 InsO gegen die Vergütungsfestsetzung des Insolvenzverwalters unabhängig davon statthaft, ob die Insolvenzforderung tatsächlich besteht. Vielmehr soll jeder Gläubiger, der seine Forderung im eröffneten Insolvenzverfahren zur Tabelle angemeldet hat, auf die Vergütungsentscheidung des Insolvenzgerichts einwirken können. Allein für den Fall, dass rechtskräftig festgestellt wird, dass dem vermeintlichen Gläubiger die zunächst angemeldete Forderung nicht zusteht, entfällt seine Beschwerdeberechtigung.

11 b) **Ladung.** Da die Gläubiger ihre Mitwirkungsrechte am Verfahren gem. Art. 103 Abs. 1 GG in der bzw. durch die Gläubigerversammlung ausüben, sind die **Gläubiger zu laden.** Das geschieht gem. § 74 Abs. 2 InsO durch öffentliche Bekanntmachung gem. § 9 InsO. Die Angabe der Tagesordnung[17] (vgl. § 74 Abs. 2 InsO) ist erforderlich, um den Gläubigern zur Wahrnehmung rechtlichen Gehörs die Vorbereitung der Versammlung zu ermöglichen. Ihr Inhalt ergibt sich aus den Aufgaben der Gläubigerversammlung.[18] Wird ein Beschluss gefasst, dessen Gegenstand nicht ordnungsgemäß in der Ladung angekündigt war, so ist dieser Beschluss von Gesetzes wegen[19] nichtig,[20] es sei denn alle Beteiligten waren anwesend und haben keinen Widerspruch erhoben.[21]

12 Nach § 4 InsO kommen die Regelungen der ZPO (§§ 136–144, 156) über die Verhandlungsleitung und die gerichtsverfassungsrechtlichen Vorschriften über die Ausübung der Ordnungsgewalt in der Sit-

---

14 BGH, Beschl. v. 14. 10. 2004 – IX ZB 114/04 – ZIP 2004, 2339.

15 BGH, Beschl. v. 21. 12. 2006 – IX ZB 138/06 – DZWIR 2007, 215.

16 BGH, Beschl. v. 21. 12. 2006 – IX ZB 138/06 – DZWIR 2007, 215.

17 Nicht ausreichend sind lediglich Paragraphenketten: BGH, Beschl. v. 20. 3. 2008 – IX ZB 104/07, DZWIR 2008, 259.

18 BGH, Beschl. v. 20. 3. 2008 – IX ZB 104/07, DZWIR 2008, 259.

19 Es bedarf keiner förmlichen Aufhebung durch das Insolvenzgericht: *Kuhn/Uhlenbruck*, KO, 11. Aufl. 1994, § 98 Rn. 3; *Delhaes*, in: Nerlich/Römermann, InsO, § 74 Rn. 9 gegen RG, Urt. v. 30. 1. 1934 – VII 294/33 – RGZ 143, 263, 266.

20 RG, Urt. v. 30. 1. 1934 – VII 294/33 – RGZ 143, 263, 265; *Kübler*, in: Kübler/Prütting, Kommentar zur Insolvenzordnung, § 74 Rn. 13; *Uhlenbruck*, in: Uhlenbruck, InsO, 13. Aufl. 2010, § 78 Rn. 8.

21 *Kübler*, in: Kübler/Prütting, Kommentar zur Insolvenzordnung, § 74 Rn. 15; *Delhaes*, in: Nerlich/Römermann, InsO, § 74 Rn. 9.

zung (§§ 176–183 GVG) zur entsprechenden Anwendung, obwohl es sich bei der Gläubigerversammlung als einem Organ der insolvenzrechtlichen Gläubigerselbstverwaltung zwar nicht um eine Sitzung vor dem erkennenden Gericht i.S.v. § 169 GVG handelt, aber die genannten Vorschriften über diesen Bereich hinaus allgemeine Regelungen und Ermächtigungen für alle richterlichen Verhandlungsleitungen enthalten.[22] Dem Insolvenzgericht obliegt nach § 4 i.V.m. § 176 GVG die Wahrnehmung der Sitzungspolizei, die es gem. § 178 GVG durch Verwarnungen bei ungebührlichem oder störendem Verhalten, die Festsetzung von Ordnungsgeld bis zu 1.000 € oder Ordnungshaft bis zu einer Dauer von einer Woche ausüben kann; der Rechtspfleger kann indessen nur Geldstrafen verhängen, § 4 Abs. 2 Nr. 2 RPflG, Art. 104 Abs. 2 GG. Die Sitzung ist (arg. § 169 GVG) grundsätzlich nichtöffentlich,[23] da sie die Belange der Gläubiger bzw. der übrigen zugelassenen Verfahrensbeteiligten einschließlich des Verwalters betrifft. Das Gericht hat daher durch Eingangskontrollen, gegebenenfalls auch durch Zuweisung von Sitzplätzen u. dgl. m. sicherzustellen, dass keine Unbefugten an der Sitzung teilnehmen können. Der Presse ist gem. § 175 Abs. 2 GVG grundsätzlich auch zu ansonsten nichtöffentlichen Sitzungen der Zutritt zu gestatten. Das gilt auch für die Gläubigerversammlung,[24] die insofern im Rahmen der Gesamtvollstreckung tagt und hinsichtlich deren Verlaufs ein Informationsbedürfnis der breiten Öffentlichkeit bestehen kann. Störende Ton-, Lichtbild- oder Filmaufnahmen können im Rahmen seiner Sitzungspolizei vom Gericht indessen untersagt werden. Zur Sitzung sind ferner Rechtsreferendare[25] am Insolvenzgericht zugelassen.

3. Verfahren der Beschlussfassung im allgemeinen liquidierenden Verfahren

a) Verschiedene Gewichtigkeiten der Gläubigerselbstverwaltung und verschiedene Abstimmungsmodi in den verschiedenen Verfahrensarten. Auch im Hinblick auf die Abstimmungsmodi ist nach den verschiedenen unter dem Dach der InsO vordergründig „vereinheitlichten“ verschiedenen Verfahren zu unterscheiden: Die Abstimmung der Gläubiger über gemeinsame Beschlüsse verläuft im allgemeinen liquidierenden Verfahren grundlegend anders als in dem als Sanierungsverfahren vorgesehenen Insolvenzplanverfahren. Das in dieser Darstellung ständig wiederholte Monitum gegenüber der Diskrepanz zwischen reformgesetzgeberischer Intention und dem völligen Fehlschlagen ihrer Verwirklichung gilt auch im Kontext der Verfahren der Gläubigerselbstverwaltung: Der Gesetzgeber, angetreten ein „dereguliertes“, also einfaches Verfahren unter Stärkung der Gläubigerautonomie zu schaffen, hat die Dinge gegenüber der KO erheblich kompliziert und an die Stelle der Entscheidungsfreiheit der Gläubiger in zentralen Punkten Letztentscheidungsbefugnisse des Insolvenzgerichts gesetzt – was nicht zuletzt Rechtsmittel auf den Plan gerufen und Verfahrensverzögerungen heraufbeschworen hat. 13

Die Insolvenzrechtskommission hat der Gläubigerautonomie zentrale Bedeutung beigemessen.[26] Und auch die verabschiedete InsO verfolgt erklärtermaßen das Ziel, die Gläubigerautonomie durch „Dere- 14

---

22 *Uhlenbruck/Delhaes*, Konkurs- und Vergleichsverfahren, 5. Aufl. 1990, Rn. 595; *Prütting*, in: Kübler/Prütting, Kommentar zur Insolvenzordnung, § 4 Rn. 15.

23 *Delhaes*, in: Nerlich/Römermann, InsO, § 74 Rn. 11; *Ehricke*, in: MünchKomm, InsO, 1. Aufl. 2001, § 76 Rn. 5.

24 LG Frankfurt/M., Beschl. v. 8. 3. 1983 – 2/9 T 222/83 – ZIP 1983, 344; *Kuhn/Uhlenbruck*, KO, 11. Aufl. 1994, § 72 Rn. 7.

25 *Uhlenbruck/Delhaes*, Konkurs- und Vergleichsverfahren, 5. Aufl. 1990, Rn. 46f; *Delhaes*, in: Nerlich/Römermann, InsO, § 76 Rn. 1.

26 BMJ (Hrsg.), Diskussionsentwurf eines Gesetzes zur Reform des Insolvenzrechts, 1988, S. A 13.

gulierung“ zu stärken.[27] Seine Verfasser erheben den Anspruch, dabei die Arbeit der Insolvenzrechtskommission in den Schatten zu stellen. Der Streit darüber, wem dabei der Vorrang gebührt, wird mit Erbitterung geführt. Die Fronten verlaufen entlang zweier Orientierungspunkte, die sich mit den Schlagworten „Gläubigermacht versus Richtermacht“ bezeichnen lassen. Dieser Streit lässt sich nur dann sinnvoll behandeln und die Frage der Stellung der Gläubiger im Verfahren lässt sich nur unter der Voraussetzung angemessen legislativ lösen, wenn man die Gläubigerautonomie und die Richtermacht im Konkurs auf ihre Funktionen hin befragt. Die Gläubigerautonomie soll es den Gläubigern ermöglichen, sachgerechte Entscheidungen bei der Verwaltung und Verwertung des schuldnerischen Unternehmens zu treffen. Die Gläubigerautonomie steht im Dienste der *Gleichbehandlung der Gläubiger,*[28] aus der sich erst der Sinn der Durchführung des Insolvenzverfahrens ergibt. Sie kann ihre Aufgabe nur erfüllen, wenn sie in ein staatliches Verfahren eingebettet ist – das vom deutschen Recht aus vielen guten Gründen unabhängigen Gerichten überantwortet ist. Gläubigerautonomie und Richtermacht widersprechen sich daher – idealiter – nicht. Beide sind nur dann zu verstehen, wenn man in den Blick fasst, dass das Verfahren auf die Gleichbehandlung der Gläubiger hin strukturiert ist. Nicht allein schon wegen der Vermögensinsuffizienz des Schuldners, sondern zum Ausgleich unterschiedlicher vorkonkurslicher Einflussnahmen bilden die Gläubiger bei der Haftungsverwirklichung der Masse eine Gemeinschaft.[29] Das rechtfertigt es, ja erzwingt es geradezu, alle Gläubiger in den gemeinsamen Entscheidungszusammenhang der Gläubigergemeinschaft einzubinden. Die Ausübung des Stimmrechts in der Gläubigerversammlung dient daher der Ausgleichsfunktion des Konkurses. An die Stelle der ungleichgewichtigen vorkonkurslichen Einflussnahme der Gläubiger tritt deren „Zusammenlaufen“ und gleichmäßige Entscheidung über die Bewältigung der Krise des Gemeinschuldners. Eingriffe des Insolvenzgerichts in die kollektive Willensbildung der Gläubiger stellen sich daher entweder als *Korrektiv* dar, sofern ein Beschluss die rechtliche Gläubigergleichbehandlung stört, *oder* als Überlagerung der Gläubigerautonomie, besonders wenn das Insolvenzgericht *gegen* die Gläubiger eine Sanierung des Schuldners durchsetzt.

15 Im Einzelnen gilt heute Folgendes:

b) Mehrheitsbildung. Die Beschlussfassung erfolgt auf folgende Weise: Nach § 76 Abs. 2 InsO entscheidet die Mehrheit der von den abstimmenden Gläubigern repräsentierten Forderungsbeträge, wobei im Falle der absonderungsberechtigten Gläubiger, denen der Schuldner nicht persönlich haftet, der Wert ihres Absonderungsrechts an die Stelle des Forderungsbetrages tritt.

16 **c) Stimmrecht.** Nach § 77 Abs. 1 Satz 1 InsO gewähren die Forderungen ein Stimmrecht, die angemeldet und weder vom Insolvenzverwalter noch von einem stimmberechtigten Gläubiger bestritten worden sind. Gewiss ist daher zunächst, dass die **Gläubiger festgestellter und anerkannter Forderungen** Stimmrechte haben, soweit sich im Prüfungstermin oder schriftlichen Verfahren kein Widerspruch mehr erhebt, § 178 InsO, oder nur der Gemeinschuldner widerspricht, § 184 InsO[30]. Die Vorschrift des Abs. 1 Satz 2 des § 77 InsO, demzufolge nachrangige Gläubiger nicht stimmberechtigt sind, kann hier dahingestellt bleiben. Auch diejenigen Gläubiger, deren Forderungen bestritten werden, genießen nach § 77 Abs. 2 Satz 1 InsO Stimmberechtigung, soweit sich in der Gläubigerversammlung der Verwalter und die erschienenen stimmberechtigten Gläubiger über das Stimmrecht geeinigt haben. Nur für den Fall, dass es zu einer solchen Einigung nicht kommt, ordnet § 77 Abs. 2 Satz 2 InsO an,

---

27 Amtl. Begr. zum RegEInsO, BT-Drs. 12/2443, S. 78.
28 Hierzu *Häsemeyer,* KTS 1984, 507 ff.
29 Vgl. *Häsemeyer,* Insolvenzrecht, 3. Aufl. 2003, Rn. 2.26 f.
30 *Kuhn/Uhlenbruck,* KO, 11. Aufl. 1994, § 95 Rn. 1.

dass das Insolvenzgericht über das Stimmrecht eine Entscheidung trifft, die es nach § 77 Abs. 2 Satz 3 InsO auf den Antrag des Verwalters oder eines in der Gläubigerversammlung erschienenen Gläubigers ändern kann. Der Grundsatz, dass angemeldete und nicht bestrittene Forderungen ein Stimmrecht gewähren (§ 77 Abs. 1 Satz 1 InsO), gilt in der InsO für Insolvenzgläubiger ebenso wie für die gesamten Forderungen absonderungsberechtigter Gläubiger[31]. Durch § 77 Abs. 1 Satz 2 InsO wird erreicht, dass die Forderungen, die nur mit Nachrang zu den übrigen Insolvenzforderungen am Verfahren teilnehmen und daher i.d.R. keinen wirtschaftlichen Wert verkörpern, kein Stimmrecht gewähren[32]. Die Wirkung einer solchen Gerichtsentscheidung beschränkt sich auf das Stimmrecht und auf die in § 256 InsO für den Fall der Bestätigung eines Plans festgelegten Rechtsfolgen. Die materielle Berechtigung des Gläubigers bleibt unberührt. Auf seine Antrags- und Beschwerderechte im Verfahren ist die Entscheidung über das Stimmrecht ohne Einfluss.

Beispiel: Das Verfahren ist durch Eigenantrag der Schuldnerin, einer metallverarbeitenden GmbH, **17**
eingeleitet worden. Die Forderungen der Lieferanten sind aus den unterschiedlichsten Rechtsgründen bestritten, die der Banken, die hinter einem Sanierungskonzept der Schuldnerin stehen, scheinen rechtlich unangreifbar und fallen daher unter § 77 Abs. 1 Satz 1 InsO. Nun beauftragt die erste Gläubigerversammlung (Berichtstermin) nach § 157 Satz 2 InsO den Insolvenzverwalter, einen Insolvenzplan auszuarbeiten, der u.a. die Forderungen der Lieferanten kürzen und deren Sicherungsrechte beschneiden soll, §§ 217, 224, 223 Abs. 2, 228 InsO. Ob sich die Lieferanten gegen eine Sanierung zu ihren Lasten bereits mittels ihres Abstimmungsverhaltens zur Wehr setzen können oder ob sie erst auf dem Rechtsmittelwege verfahren müssen, hängt davon ab, ob sie Stimmrechte zuerkannt erhalten.

Stimmrecht genießen daher die Insolvenzgläubiger gem. § 38 InsO und die absonderungsberechtigten **18**
Gläubiger (§ 77 Abs. 1 Satz 1 InsO), nicht dagegen die nachrangigen Insolvenzgläubiger gem. § 39 InsO (§ 77 Abs. 1 Satz 2 InsO). Der Sinn der Abstimmung ist die Betätigung der Gläubigerautonomie zur Überwachung der Verwaltung der Masse. Allerdings steht das Stimmrecht denjenigen Gläubigern zu, die Forderungen innehalten, „die angemeldet" worden sind. „Anmeldung" ist für die Insolvenzgläubiger die ordnungsgemäße Anmeldung zur Tabelle nach § 28 Abs. 1 Satz 1 InsO und den §§ 174ff. InsO.

d) Stimmrechtsentscheidung des Insolvenzgerichts. Die Feststellung des Stimm- **19**
rechts wird vom Gericht jeweils für die anstehende Gläubigerversammlung getroffen[33]. Funktionell zuständig sind der Richter oder der Rechtspfleger[34].

Im Falle nicht festgestellter oder bestrittener Forderungen hing das Stimmrecht des **20**
betreffenden Gläubigers nach dem eindeutigen Wortlaut des § 95 Abs. 1 Satz 2 KO unter der Geltung des alten Rechts von einer Einigung zwischen den streitenden „Parteien" ab. Gemeint waren damit der Verwalter und die stimmberechtigten Gläubiger, soweit sie der Anmeldung widersprachen, und der anmeldende Interessent der nicht festgestellten Forderung[35]. Nur wenn über das Stimmrecht keine Einigung er-

---

31 Amtl. Begr. zu § 88 RegEInsO, BT-Drs. 12/2443, S. 133.
32 *Kuhn/Uhlenbruck*, KO, 11. Aufl. 1994, § 95 Rn. 1 a.E.
33 *Heilmann/Klopp*, in: Gottwald, Insolvenzrechts-Handbuch, 3. Aufl. 2006, § 21 Rn. 1; *Kuhn/Uhlenbruck*, KO, 11. Aufl. 1994, § 95 Rn. 3 m.w.N.
34 Zum Antrag auf Neufestsetzung des Stimmrechts gem. § 18 Abs. 3 S. 2 RPflG AG Mönchengladbach v. 31. 10. 2000 – 32 IN 53/00 – ZInsO 2001, 141.
35 *Jaeger/Henckel*, KO, 8. Aufl. 1973, § 95 Rn. 2; *Kilger/K. Schmidt*, KO, 17. Aufl. 1997, § 95 Anm. 2); *Kuhn/Uhlenbruck*, KO, 11. Aufl. 1994, § 95 Rn. 2; *Pape*, ZIP 1991, 837, 839.

zielt werden konnte, entschied das Gericht nach § 95 Abs. 1 Satz 3 KO. Auch § 71 Abs. 2 VerglO setzte eine Einigung aller erschienenen Beteiligten einschließlich des anmeldenden Gläubigers voraus[36]. Von dieser Handhabung scheint auch der Reformgesetzgeber auszugehen, der in der Begründung zu § 88 RegEInsO auf die §§ 95 KO, § 71 Abs. 2 VerglO verweist[37]. Bleibt man strikt beim Wortlaut des § 77 Abs. 2 Satz 1 InsO, der sich in der Formulierung an § 71 Abs. 2 Satz 1 VerglO anlehnt, macht die Einfügung „stimmberechtigte Gläubiger" deutlich, dass der Gesetzgeber allein die Einigung der übrigen stimmberechtigten Gläubiger mit dem Verwalter genügen lässt.

21 Das neue Insolvenzrecht hat damit die Frage nach der Überprüfung von Stimmrechtsentscheidungen, die sich in der jüngeren Vergangenheit insbesondere im Geltungsbereich der GesO gestellt hatte, verschärft; ihre Bedeutung ist im Hinblick auf die Dramatisierung der Möglichkeit der Durchführung von Sanierungsverfahren sogar noch gestiegen.

22 **e) Korrigierende Auslegung des Gesetzes.** Zur Auslegung des § 77 Abs. 2 InsO lässt sich zunächst sagen, dass das Insolvenzgericht (der Rechtspfleger) *stets* zur Entscheidung über das Stimmrecht zuständig ist, wenn sich in dieser Frage ein Konflikt abzeichnet. Durch einen Vertrag zu Lasten Dritter kann einem Gläubiger nicht das Stimmrecht entzogen werden. Dann stellt sich aber die Frage, welche Möglichkeiten einem Gläubiger offen stehen, wenn ihm durch das Insolvenzgericht das Stimmrecht entzogen wird.

23 Bislang wurde in der Frage nach der Anfechtbarkeit von Stimmrechtsentscheidungen überwiegend schlicht auf den Gesetzestext der KO rekurriert, wonach gegen diese Entscheidung des Insolvenzgerichts Rechtsmittel ausgeschlossen sind. Freilich sind zusehends Zweifel daran laut geworden, ob es richtig ist, den Gesetzestext in dieser Weise einfach hinzunehmen. Diese Zweifel nähren sich aus folgenden Gesichtspunkten: Auch die überkommene Lehre, die mit dem Gesetzeswortlaut der KO von der Unanfechtbarkeit von Stimmrechtsentscheidungen des Insolvenzgerichts ausgeht, behauptet nicht, dass diese Entscheidung im freien Ermessen des Gerichts stünde. Daher sind in der Literatur folgerichtig materiell-rechtliche Kriterien dafür entwickelt worden, unter welchen Voraussetzungen die Anerkennung des Stimmrechts eines Gläubigers durch das Insolvenzgerichts versagt werden darf. Im Einzelnen sind diese materiell-rechtlichen Kriterien durchaus überzeugend.

24 Lässt man die Teilnahmerechte der Insolvenzgläubiger als Problem eigener Art vorerst außer Betracht, so leuchtet es zunächst unmittelbar ein, wenn in Ansehung ihres Stimmrechts z. B. Insolvenzgläubiger titulierter Forderungen anders behandelt werden als Inhaber untitulierter Forderungen, es leuchtet ein, dass der Stimmrechtsentzug gegenüber Insolvenzgläubigern, die ihre Forderung mit präsenten Beweismitteln – besonders Urkunden – belegen können, erheblich problematischer ist als in Fällen, in denen der Insolvenzgläubiger schon bei der Forderungsanmeldung seiner Darlegungslast nicht hinreichend nachgekommen ist. Noch klarer ist, dass unsachliche Argumente, die zu einer nicht aus ihrer materiell-rechtlichen Berechtigung getragenen Ungleichbehandlung der Insolvenzgläubiger führen würden, unzulässig sind, da das Insolvenzverfahren der Gleichbehandlung der Gläubiger dient und außer in den gesetzlich geregelten Fällen insolvenzrechtlicher Bevorrechtigungen die Gläubiger ohne Ansehen der Person behandelt werden müssen. Daraus lassen sich Gesichtspunkte für die Beurteilung der Entscheidungen des Insolvenzgerichts ableiten, soweit sie die Teilnahme der einzelnen Gläubiger an der Ausübung und Verwirklichung dieser Autonomie angehen: Das Insolvenzgericht leitet das Verfahren. Hierzu gehört besonders auch die Leitung der Gläubigerversammlung. Bei seiner Verfahrensleitung hat das Insolvenzgericht Aspekte der Effizienz der Gläubigerbefriedigung zu berücksichtigen.

---

36 *Böhle-Stamschräder*, in: Kilger, VerglO, 10. Aufl. 1980, § 71 Rn. 4.
37 Amtl. Begr. zu § 88 RegEInsO, BT-Drs. 12/2443, S. 133.

Es nimmt daher kaum Wunder, dass aus der Praxis[38] Berichte laut werden, nach denen es sich feststellen lassen soll, dass Insolvenzgerichte z.T. bei Stimmrechtsentscheidungen zu eklatanten Ungleichbehandlungen der Gläubiger neigen: Es ist zu hören, dass etwa öffentlich-rechtliche Gläubiger besser behandelt werden als private Gläubiger oder dass das Gericht auf ein zu erwartendes Stimmverhalten eines Gläubigers abstellt. Das ist selbstverständlich unrechtmäßig und es erstaunt nur, dass darüber überhaupt ein Wort verloren wird.[39] Allgemeiner gesprochen: Die Aufgabe, den Konkurs effizient abwickeln zu helfen, begründet eine strukturelle Parteilichkeit des Insolvenzgerichts. Diese „Parteilichkeit" des Insolvenzgerichts, von der aus der Praxis zu hören ist, gilt es aber zu verstehen, d.h. auf strukturell im Verfahren angelegte Ursachen hin zu befragen, von denen zu erwarten ist, dass sie ihren Grund im Konkursrecht selbst haben. Diese Ursachen werden verständlicher, wenn man die Stellung des Insolvenzgerichts näher in den Blick fasst. Das Insolvenzgericht hat nicht die Aufgabe, als unparteiischer Dritter einen Streit zwischen zwei Parteien zu entscheiden. Es hat die Aufgabe, die Befriedigung der Gemeinschaft der Gläubiger unter den Bedingungen der Insuffizienz des Vermögens ihres Schuldners gewährleisten zu helfen. Mit der InsO sind weitere Aufgaben des Insolvenzgerichts dazugekommen: es sei an die Sanierung des schuldnerischen Unternehmens und das „Ziel" der Restschuldbefreiung erinnert, dem die Arbeit des Insolvenzgerichts wird genüge tun müssen. Das Insolvenzgericht ist daher schon aufgrund der gesetzlichen Definition seiner Aufgabenstellung an der Effizienz des Verfahrens „interessiert". Mehr noch: Die Diskussionen, die ich mit Insolvenzrichtern in den neuen Bundesländern habe führen können, haben sehr anschaulich vor Augen geführt, dass dabei von Insolvenzrichtern durchaus das Interesse an einer hohen Quote als eigenes – wenn auch amtliches – Interesse formuliert wird.[40]

Diese Prämissen legen es nahe, sich über die Struktur des Insolvenzverfahrens und die Einordnung der Tätigkeiten des Insolvenzrichters erneut Gedanken zu machen. Und das heißt in einem Gerichtsverfahren wie dem früheren Konkurs- oder dem jetzigen Insolvenzverfahren: Gegen diese verwaltenden Entscheidungen des Richters gewährleistet die Verfassung den Rechtsweg in Gestalt der Möglichkeit, Rechtsmittel gegen diese Entscheidungen einzulegen. In einem summarischen Verfahren wie dem Insolvenzverfahren empfiehlt es sich aber weder, gegen verfahrensleitende Maßnahmen Rechtsmittel zu eröffnen noch durch Feststellungsprozesse das Stimmrecht das Verfahren de facto undurchführbar zu machen. Daher ist eine differenzierende Art der Betrachtung vorzunehmen. Ausgangspunkt jeder Überlegung für das geltende Recht muss der summarische Charakter des Insolvenzverfahrens sein. Im Falle der Stimmrechtsentscheidung führt das dazu, nur dann Anfechtungsmöglichkeiten durch die sofortige Beschwerde zu eröffnen, wenn dem Gläubiger das Stimmrecht zur Gänze entzogen worden ist. Denn in den Fällen, in denen dem Gläubiger *eingeschränkt* ein Stimmrecht gewährt wird, kann er weiter auf das Verfahren Einfluss nehmen (Art. 103 Abs. 1 GG). 25

Die gesetzliche Regelung erweist sich freilich insofern als systemkonform, als der Gesetzgeber die Gestaltung des Verfahrens den Gläubigern in die Hand gegeben hat (§ 157 InsO). Es liegt auf der Hand, dass dies allein diejenigen Gläubiger sein können, deren Forderungen in dem rechtlichen Sinne feststehen, dass sie weder von einem Gläubiger noch vom Insolvenzverwalter bzw. bei Anordnung der Eigenverwaltung vom Schuldner und/oder vom Sachwalter bestritten worden sind. Denn es liegt auf 26

38 *Pape*, ZInsO 2000, 469, 471 ff.
39 Vgl. zu den Gegenargumenten *Pape*, ZInsO 2000, 469, 471 ff.
40 Was im Verfahren nach der GesO wegen deren § 14 Abs. 1 Satz 1 eine Reihe schwerwiegender Probleme aufgeworfen hat, *Smid*, KTS 1993, 1 ff.

der Hand, dass nur solche Personen Einfluss auf die Verfahrensgestaltung nehmen dürfen, deren Rechte durch das Verfahren beeinflusst werden – die also Forderungen gegen den Schuldner haben oder Absonderungsrechte an massezugehörigen Gegenständen geltend machen können. Die Einigungs-Entscheidung nach § 77 Abs. 2 Satz 1 InsO ist daher denjenigen überantwortet, die von Rechts wegen jedenfalls auf das Verfahren Einfluss nehmen können.

27 **f) Insolvenzrichterliches freies Ermessen bei der Stimmrechtsfestsetzung?** Im Schrifttum wird die Meinung vertreten, dem Insolvenzgericht sei bei der Stimmrechtsfestsetzung ein „freies Ermessen" eingeräumt. Ob diese Ansicht unter der Geltung der Konkursordnung begründet war, mag hier dahingestellt bleiben; unter der InsO mit den durch sie insbesondere im Insolvenzplanverfahren eröffneten weiten Gestaltungsmöglichkeiten kann sie allenfalls unter der Voraussetzung zutreffend sein, dass damit die Festsetzung der Höhe des Stimmrechts, nicht aber die Festsetzung des Stimmrechts dem Grunde nach gemeint ist. Denn das Insolvenzgericht ist an die nachfolgend zu erörternden rechtlichen Voraussetzungen der Stimmrechtserteilung gebunden.

28 **g) Entscheidung des Insolvenzrichters nach Stimmrechtsfestsetzung des Insolvenzrechtspflegers.** Der Reformgesetzgeber hat durchaus gesehen, *dass* hier Probleme liegen. Er hat aber weder erkannt, um *welche* Fragen es sich handelt noch die richtigen Maßnahmen getroffen, um sie zu beantworten. Der Gesetzgeber[41] ist nämlich davon ausgegangen, das Problem der Stimmrechtsentscheidung läge in der funktionellen Zuständigkeitsordnung: Durch Art. 14 EGInsO wurde als „Korrektiv" zur Regelung des § 11 Abs. 5 Satz 2 RPflG in § 18 Abs. 3 RPflG angeordnet, dass, sofern das Abstimmungsergebnis möglicherweise auf der Stimmrechtsentscheidung des Rechtspflegers beruht, der betroffene Gläubiger beantragen kann, dass der Konkurs*richter* die Stimmrechtsentscheidung wiederholt.

29 Diese Regelung beruht auf der verbreiteten Annahme, dass Kern der rechtsstaatlichen Gewährleistung des Art. 19 Abs. 4 GG sei, dass ein i.S.d. DRiG bestallter Richter entscheide. Die Regelung des § 18 Abs. 3 RPflG geht daher von einer Bewertung des Rechtspflegers als aus rechtsstaatlicher Sicht *minderwertigen* Richters aus. Schon diese Prämisse ist aus jedem denkbaren Grunde unhaltbar. Sie verkennt aber darüber hinaus den prozessualen Gehalt der verfassungsrechtlichen Gewährleistung des Rechtsweges,[42] der darauf zielt, eine nicht mit der Verfolgung des administrativen Verfahrenszwecks betraute Institution zur Entscheidung über rechtliche Einwendungen gegen die einen Verfahrensbeteiligten betreffenden Maßnahmen zu berufen: § 18 Abs. 3 RPflG ist eine zur Lösung der angesprochenen Fragen ungeeignete Vorschrift, da auch der Konkursrichter wie der Rechtspfleger das Insolvenzgericht konstituiert – und damit strukturell „Partei" des Verfahrens ist.

30 **h) Maßstäbe der Stimmrechtsentscheidung.** Bei der Lösung dieser Probleme kann bei den „materiellen" Maßstäben angesetzt werden, die das Insolvenzgericht seiner Stimmrechtsentscheidung zugrunde zu legen hat.[43] Dabei ist zu beachten, dass es sich bei dem Insolvenzverfahren um ein summarisches Verfahren handelt, dessen Entscheidungen schon deshalb Eilcharakter haben, weil die von der Gläubigerversammlung nach § 157 InsO zu fassenden Beschlüsse regelmäßig keinen Aufschub dulden. Daher hat der Rechtspfleger unter der Voraussetzung das Stimmrecht trotz Bestreitens zu erteilen, wenn der

41 Amtl. Begr. zu Art. 14 Nr. 5 RegEEGInsO, BT-Drs. 12/3803, S. 64 ff. – § 18 Abs. 3 RPflG.
42 Zum Ganzen *Smid*, Rechtsprechung, 1990. Zur Unterscheidung von Rechtsfürsorge und Prozess, 1990, passim.
43 Hierzu eingehend: *Carl*, Teilnahmerechte im Konkurs, 1999, passim.

Gläubiger durch einen Titel legitimiert ist (arg. § 179 Abs. 2 InsO). Ist die bestrittene Forderung nicht tituliert, macht der Gläubiger sie aber durch Vorlage von Urkunden (§§ 415 ff. ZPO) glaubhaft (§ 294 ZPO i.V.m. § 4 InsO), darf das Stimmrecht nicht versagt werden und muss im Allgemeinen in voller Höhe erteilt werden. Eine Versagung der Stimmrechtserteilung kommt danach nur unter der Voraussetzung in Betracht, dass eine Forderung angemeldet worden ist, deren Bestand bereits aus jedem in Betracht kommenden rechtlichen Grunde ausgeschlossen ist. In den verbleibenden Fällen ist ein Stimmrecht, allerdings in reduziertem Umfang, zu erteilen.

III. Übermacht gesicherter Gläubiger

1. Die positivrechtlich geschaffene „Lage"

Der Reformgesetzgeber der InsO hat insbesondere die Verbesserung der Bedingungen einer Sanierung schuldnerischer Unternehmensträger im Blick gehabt.[44] Das alte Vergleichsverfahren war unter anderem daran gescheitert, dass Eingriffe in die Rechte der Absonderungsberechtigten nicht vorgenommen werden konnten. Sowohl die Grundpfandgläubiger als auch die Inhaber besitzloser Mobiliarsicherheiten sind durch das neue Recht (§§ 165, 166 InsO, § 30d ZVG) in das Insolvenzverfahren dergestalt „eingebunden"[45], dass die Befugnis, die Gegenstände der Sicherheiten zu verwerten, entweder beim Insolvenzverwalter liegt oder der Insolvenzverwalter diese Befugnis an sich zu ziehen rechtlich instand gesetzt worden ist[46], was u.a. „übertragende Sanierungen"[47] erheblich erleichtert. 31

Wird der Betrieb durch den Insolvenzverwalter aufgrund Beschlusses der Gläubigerversammlung (§ 157 InsO) fortgeführt, steht dies einer alsbaldigen Verwertung des Sicherheitengutes unabhängig von einer übertragenden Sanierung regelmäßig entgegen, was einen Eingriff in den Wert der Sicherheiten nach sich zieht. Mehr noch: Im Insolvenzplanverfahren sieht § 223 Abs. 2 InsO ausdrücklich die Möglichkeit vor, Eingriffe in die Rechte der Sicherheitengläubiger durch einen Insolvenzplan – gegebenenfalls auch gegen den Willen der Absonderungsberechtigten – vorzusehen[48] und plangemäß auszuführen.[49] 32

Mit dieser Unterwerfung der Absonderungsrechte unter das konkursliche Regime korrespondiert nachgerade zwangsläufig die Beteiligung absonderungsberechtigter Gläubiger an der Gläubigerselbstverwaltung durch Einräumung von Sitz (§ 74 Abs. 1 33

---

44 Amtl. Begr. zum RegEInsO, BT-Drs. 12/2443, S. 87 f.
45 *Gottwald/Adolphsen,* in: Kölner Schrift zur Insolvenzordnung, 2. Aufl. 2000, S. 1070 ff. (Rn. 104 ff.); *Braun,* in: FS Uhlenbruck, 2000, S. 463, 473 ff.
46 Vgl. statt vieler m. w. N. *Smid,* WM 1999, 1141 ff.
47 Zum Begriff *K. Schmidt,* ZIP 1980, 328, 336; *ders.,* Wege zum Insolvenzrecht der Unternehmen, 1990, 138 sowie *ders.,* in: *Leipold* (Hrsg.), Insolvenzrecht im Umbruch, 1991, S. 67 ff. Vgl. zudem *Gottwald,* KTS 1984, 1 ff., 16 ff.; *Uhlenbruck,* in: Uhlenbruck, InsO, 13. Aufl. 2010, § 159 Rn. 41; *Wellensiek,* NZI 2002, 233.
48 *Braun,* in: FS Uhlenbruck, 2000, S. 463, 477; *Smid/Rattunde,* Der Insolvenzplan, 1998, Rn. 312 ff.; *Smid,* InVo 2000, 1 ff.
49 Allerdings wird im Rahmen des Insolvenzplanverfahrens ein Stimmrecht nur soweit gewährt, wie in die Rechtsstellung des Gläubiger eingegriffen wird, vgl. *Smid,* InsO, 2. Aufl. 2001, § 238 Rn. 5; *Braun,* in: FS Uhlenbruck, 2000, S. 463, 477 spricht dagegen von einer wirtschaftlichen Betroffenheit des Gläubigers als maßgeblichem Kriterium.

Satz 1 InsO[50]) und Stimme (§ 77 InsO[51]) in der Gläubigerversammlung[52] gem. § 76 Abs. 2 InsO.[53] Die Einbindung des Sicherungsgutes in die Verwertung der Masse und Einschnitte in die Sicherungsrechte durch Zwangsakkord setzen notwendig voraus, dass die gesicherten Gläubiger auf den Gang des Verfahrens Einfluss zu nehmen rechtlich befähigt sind. Dies indes hat das Gewicht in der Ausübung der Gläubigerautonomie zugunsten derjenigen Großgläubiger verschoben, die aufgrund ihres zu erwartenden Ausfalls Insolvenzgläubiger werden und mit ihrem Absonderungsrecht auf das Verfahren unmittelbar Einfluss nehmen können.[54] So wird nicht ohne Grund festgestellt, die „Beherrschung" von Gläubigerversammlungen durch absonderungsberechtigte Gläubiger sei „vorprogrammiert".[55] Einen erheblichen Einfluss hatten die Sicherheitsgläubiger freilich schon unter der Geltung des alten Rechts aus *tatsächlichen* Gründen.[56] Denn der Konkursverwalter war regelmäßig darauf angewiesen, zur sinnvollen Verwaltung der überwiegend mit Absonderungsrechten behafteten Masse eine Übereinkunft mit den dinglich berechtigten Gläubigern herbeizuführen. Der dabei mobilisierte tatsächliche Einfluss auf die Abwicklung des Konkursverfahrens alten Rechts war regelmäßig erheblich und hing von dem Umfang der Beteiligung dieser Gläubiger an der Gläubigerselbstverwaltung nicht ab. Die Institutionalisierung dieses Einflusses hat indes alsbald erhebliche Bedenken darüber hervorgerufen[57], ob nicht die Gläubigerselbstverwaltung durch eine erstickende Übermacht gesicherter Gläubiger in der Gläubigerversammlung ad absurdum geführt wird.

34 Diese Übermacht kommt zunächst in der Auswahl des Insolvenzverwalters zum Ausdruck[58] – denn der Insolvenzverwalter ist nach wie vor die entscheidende Person des Insolvenzverfahrens.[59] Durch das Verfahren nach § 57 InsO[60] kann der Verwalter von der Gläubigerversammlung ausgewählt werden, der zu der Verfahrensweise „passt", die von der Gläubigerversammlung für die Abwicklung der Insolvenz beschlossen wird (§ 157 InsO). Die starke Stellung der Absonderungsberechtigten gibt ihnen bestimmenden Einfluss in beiden Entscheidungen.[61]

---

50 *Delhaes*, in: Nerlich/Römermann, InsO, § 74 Rn. 11; *Lüke*, in: Kübler/Prütting, Kommentar zur Insolvenzordnung, § 74 Rn. 9; *Hössl*, in: Frankfurter Kommentar, 4. Aufl. 2006, § 74 Rn. 1; *Smid*, in: Smid, InsO, 2. Aufl. 2001. § 74 Rn. 2; *Kind*, in: Braun, InsO, 2. Aufl. 2004, § 74 Rn. 10.
51 *Delhaes*, in: Nerlich/Römermann, InsO, § 77 Rn. 6; *Lüke*, in: Kübler/Prütting, Kommentar zur Insolvenzordnung, § 77 Rn. 5; *Smid*, in Smid, InsO, 2. Aufl. 2001, § 77 Rn. 2.
52 Vgl. *Pape*, ZInsO 1999, 305, 307.
53 *Pape*, ZInsO 2000, 470.
54 *Oelrichs*, Gläubigermitwirkung und Stimmverbote im neuen Insolvenzverfahren, 2000, 21 ff.; krit. *Smid*, ZZP Bd. 114 (2001), 105 ff.
55 *Pape*, ZInsO 2000, 470.
56 So zutreffend *Braun*, in: FS Uhlenbruck, 2000, S. 463, 483 f.
57 Drastisch, aber typisch für den Stil der gegenwärtigen Diskussion: *Förster*, ZInsO 1999, 625.
58 Vgl. mit einer Rekapitulation der Pressestimmen zu den Entwicklungen seit 1999 *Braun*, in: FS Uhlenbruck, 2000, S. 463, 466, 467.
59 *Jaeger/Henckel*, KO, 8. Aufl. 1973, § 78 Rn. 7; *Stüdemann*, in: FS Einhundert Jahre KO, S. 401, 438.
60 Dagegen ist kein Rechtsbehelf des Verwalters statthaft: BVerfGK 5, 91, 94.
61 *Braun*, in: FS Uhlenbruck, 2000, S. 463 hat zu Recht auf die Verwilderungserscheinungen hingewiesen, die im Umgangsstil eingetreten sind und dabei insbesondere auf die Erscheinungen einer insolvenzrechtlichen Boulevardpresse aufmerksam gemacht. Vgl. auch *Henckel*, ZIP 2000, 1.

2. Besondere Mehrheiten bei der Entscheidung nach § 57 InsO

Um den geschilderten Bedenken gerecht zu werden, ist mit der 2001 vorgenommenen Änderung des § 57 InsO neben die Mehrheit der Forderungssummen der abstimmenden Gläubiger gem. § 76 Abs. 2 InsO zusätzlich eine Kopfmehrheit der abstimmenden Gläubiger für die Wahl eines neuen Verwalters vorgeschrieben worden.[62] 35

3. Kein Rechtsbehelf des früheren Insolvenzverwalters gegen seine Abwahl bzw. die Bestellung des neuen Insolvenzverwalters

Der IX. Zivilsenat des BGH[63] hat zutreffend[64] festgestellt, dass dem abgewählten „alten" Insolvenzverwalter gegen die Bestellung des „Neuen" kein Rechtsmittel zusteht. Das BVerfG[65] hat im Jahr 2004 diese Entscheidung auch aus der Sicht des Verfassungsrechts gehalten. Dass dem abgewählten Insolvenzverwalter gegen seine Abwahl kein Rechtsbehelf[66] zur Seite steht, hat den Grund, dass die Abwahl ebenso wenig wie die Bestätigung des neu gewählten Verwalters in seine Rechte eingreift. 36

4. Entscheidungsmaßstäbe im Falle eines Gläubigerantrags

a) Eigener Regelungsbereich des § 78 InsO. Die Bestellung des Insolvenzverwalters nach § 57 InsO darf danach aber nur erfolgen, wenn nicht einer der in § 78 Abs. 1 InsO genannten Gläubiger noch in der Gläubigerversammlung (dem Berichtstermin) den Antrag[67] auf Aufhebung des Beschlusses nach § 57 Satz 1 InsO[68] stellt *und* die durch die Ablösung des Insolvenzverwalters evozierten höheren Kosten rügt. Liegt ein solcher Antrag vor, wird er nicht durch die Entscheidung nach § 57 InsO erledigt.[69] Verfahrensrechtlich betrachtet geht es nämlich um verschiedene Verfahrens- und Entscheidungs*gegenstände,* denn von Amts wegen darf das Insolvenzgericht die „Interessenkonformität" des Abwahlbeschlusses der Gläubigerversammlung nicht überprüfen. Bereits hieraus ergibt sich, dass das Insolvenzgericht allein schon zeitlich vor der Entscheidung nach § 57 Satz 2 InsO über den Antrag nach § 78 Abs. 1 InsO entscheiden muss – um nicht dessen materielle Maßstäbe unter den Tisch fallen zu lassen. Daraus folgt indes nicht zwingend, dass dieser Antrag auch zur Aufhebung des Abwahlbeschlusses führen muss. Dabei ist zu berücksichtigen, dass die Abwahl des Insolvenzverwalters unter der Geltung des neuen Rechts nicht mehr notwendig einen diskriminierenden Charakter haben muss. Nachdem das neue Recht wenigs- 37

62 Zur vorangegangenen Diskussion vgl. Voraufl. Rn. 32ff.

63 BGH, Beschl. v. 17. 7. 2003 – IX ZB 530/02 – ZIP 2003, 1613; BGH, Beschl. v. 7. 10. 2004 – IX ZB 128/03 – ZIP 2004, 2341.

64 Nachweise der vorangegangenen Diskussion in der Voraufl.

65 BVerfG, stattgebender Kammerbeschluss vom 3. 8. 2004 – 1 BvR 135/00, 1 BvR 1086/01 – ZIP 2004, 1649.

66 OLG Zweibrücken, Beschl. v. 19. 10. 2000 – 3 W 198/00 – ZIP 2000, 2173. So auch *Delhaes,* in: Nerlich/Römermann, InsO, § 57 Rn. 7; *Becker,* KTS 2000, 491, 509f.; *Graeber,* in: MünchKomm, InsO, 1. Aufl. 2001, § 57 Rn. 44; *Kind,* in: Braun, InsO, 2. Aufl. 2004, § 57 Rn. 11.

67 *Pape,* ZInsO 2000, 306.

68 Aufhebung des Beschlusses: *gemeinsames Interesse der Insolvenzgläubiger:* BGH, Beschl. v. 12. 6. 2008 – IX ZB 220/07, DZWIR 2008, 423.

69 *Graeber,* ZIP 2000, 1465, 1472, behandelt dagegen nur die Frage einer Beschwerdebefugnis des abgewählten Insolvenzverwalters, dazu sogleich.

tens in seinen tatsächlichen Konsequenzen insbesondere den absonderungsberechtigten Gläubigern eine zentrale bestimmende Rolle bei der Auswahl des Verwalters einräumt, überrascht es nicht, dass von dieser Möglichkeit Gebrauch gemacht wird, ohne das zwingend der Fall eines Fehlverhaltens des abgewählten (vorläufigen) Insolvenzverwalters im aktuellen oder in anderen Verfahren vorgelegen haben muss.

38 Es liegt allerdings auf der Hand, dass sich der Fall der Abwahl des Insolvenzverwalters von anderen Konstellationen unterscheidet, in denen das Insolvenzgericht zur Abwehr quotenschädigender Beschlüsse der Gläubigerversammlung angerufen wird. Während im allgemeinen § 78 Abs. 1 InsO dem Insolvenzverwalter ein Antragsrecht einräumt, fragt es sich, ob dies auch im Zusammenhang der Abwahl des (vorläufigen) Insolvenzverwalters gem. § 57 Satz 1 InsO der Fall sein kann. Geht man vom Wortlaut des § 78 Abs. 1 InsO aus, dann wäre in der Tat der bisherige Insolvenzverwalter befugt, einen Antrag beim Insolvenzgericht auf Aufhebung des Beschlusses, mit dem er abgewählt worden ist, zu stellen. Denn in der Gläubigerversammlung – dort muss der Antrag nach § 78 Abs. 1 InsO gestellt werden – ist der neue Insolvenzverwalter zunächst noch nicht bestellt, so dass sich auch die Frage einer „Priorität" nicht stellt. Geht man nun aber davon aus, dass die Abwahl des (vorläufigen) Insolvenzverwalters u.a. wegen des erheblichen Gewichts absonderungsberechtigter Gläubiger nach neuem Recht keinen diskriminierenden Charakter hat[70], ergeben sich daraus Konsequenzen für die Antragsbefugnis des bisherigen Insolvenzverwalters nach § 78 Abs. 1 InsO. Denn anders als mit der sofortigen Beschwerde gegen seine Abberufung nach § 59 Abs. 2 InsO würde ein Antrag des bisherigen Insolvenzverwalters nach § 78 Abs. 1 InsO evident nicht das Ziel verfolgen, sein Recht (Art. 12 Abs. 1 GG) zu verteidigen.[71] Denn der Insolvenzverwalter kann mit Rechtsbehelfen das Ziel verfolgen, eine seine Berufsausübung behindernde oder gefährdende Diskriminierung abzuwehren. Demgegenüber hat er – entgegen einer im Vordringen befindlichen, aber gleichwohl abzulehnenden Auffassung[72] – keinen Anspruch auf Bestellung zum Insolvenzverwalter: Bei dem Antrag des Insolvenzverwalters nach § 78 Abs. 1 InsO geht es denn auch um die Wahrnehmung der ihm gegenüber den Insolvenzgläubigern obliegenden Schutzpflichten. Dabei liegt aber auf der Hand, dass mit seiner Abwahl mit dieser Pflicht zum Schutz der gemeinsamen Interesse der Insolvenzgläubiger auch die prozessuale Befugnis des bisherigen Insolvenzverwalters endet, hierzu Anträge zu stellen.[73] Zutreffend wird denn auch in der Literatur darauf aufmerksam gemacht, dass der Maßstab des gemeinsamen Interesses der Insolvenzgläubiger „eng" auszulegen[74] sei.

39 **b) Das „gemeinsame Interesse der Insolvenzgläubiger".** Dies zeigen die § 60 und § 92 InsO: hinter dem „gemeinsamen Interesse der Insolvenzgläubiger", das auf „bestmögliche Befriedigung"[75] gerichtet ist, verbirgt sich das Interesse an einer hohen Quote, und der Antrag des Insolvenzverwalters nach § 78 Abs. 1 InsO stellt sich als Kehrseite seiner Befugnisse gem. § 92 InsO dar, einen Quotenschaden geltend zu

---

70 Die *Motivationslagen*, die zur Abwahl führen können (referiert von *Graeber*, ZIP 2000, 1465, 470/1471), mögen einer Ab- bzw. Neuwahl des Insolvenzverwalters zugrunde liegen; ihre Darstellung ist aber nicht Voraussetzung des Verfahrens nach § 57 InsO.

71 Bereits *Görg*, DZWIR 2000, 364, führt daher zutr. aus, der abgewählte Insolvenzverwalter könne nicht seine „Interessen" mit der Beschwerde nach § 78 InsO verfolgen.

72 OLG Koblenz, Beschl. v. 16. 12. 1999 – 12 VA 5/99 – NZI 2000, 276 – ZIP 2000, 507 m. Anm. *Holzer*, § 23 EGGVG 1/2000 EWiR, 175; krit. *Lüke*, ZIP 2000, 485; gegen ein Rechtsmittel zur Erlangung der Verwalterbestellung mit überzeugenden Erwägungen: *Kesseler*, ZIP 2000, 1565, 1573 ff. Dagegen *Lüke*, ZIP 2000, 1574.

73 Undifferenziert a. A. *Muscheler/Bloch*, ZIP 2000, 1474, 1480.

74 *Pape*, ZInsO 2000, 470, 477; *Uhlenbruck*, in: Uhlenbruck, InsO, 12. Aufl. 2003, § 78 Rn. 11.

75 *Muscheler/Block*, ZIP 2000, 1474, 1478; *Delhaes*, in: Nerlich/Römermann, InsO, § 78 Rn. 5; *Lüke*, in: Kübler/Prütting, Kommentar zur Insolvenzordnung, § 78 Rn. 6; *Ehricke*, in: MünchKomm, InsO, 1. Aufl. 2001, § 78 Rn. 17.

machen. Bei seinem Antrag nach § 78 Abs. 1 InsO lässt sich das Handeln des Insolvenzverwalters daher – untechnisch – als eine Art „Prozessstandschaft" für die Insolvenzgläubiger beschreiben. Bereits mit seiner nach § 57 Satz 1 InsO erfolgten Abwahl hat aber der bisherige Insolvenzverwalter nicht mehr die Aufgabe, die gemeinsamen Interessen der Insolvenzgläubiger für diese im Verfahren geltend zu machen. Man kann dies damit erklären, dass es dem bisherigen Insolvenzverwalter in diesen Fällen *materiell* an der Antragsbefugnis fehle.[76]

In der Literatur[77] ist die These aufgestellt worden, dass bereits die durch die Auswechslung des Insolvenzverwalters notwendig ausgelösten höheren Kosten den Antrag nach § 78 Abs. 1 InsO rechtfertigten und zur Aufhebung des Abwahlbeschlusses führen müssten. Wäre dies richtig, würde das Abwahlrecht immer dann leer laufen, wenn die Abwahl nicht einstimmig erfolgte – denn es läge bei der überstimmten Minderheit, den Beschluss umzuwerfen. Bereits die Prämisse bedarf allerdings der Überprüfung, ob tatsächlich jede Auswechslung des Insolvenzverwalters notwendig zu einer Belastung der Masse durch höhere Kosten führt. Daran lässt sich schon aus zwei Gründen zweifeln. Zum einen ist es fraglich, wieweit der Vergütungsanspruch des bisherigen Insolvenzverwalters wegen der Tätigkeit zwischen Eröffnungsbeschluss und Berichtstermin – und darum handelt es sich! – reicht, zumal er regelmäßig wegen des entscheidenden Zeitraums nach § 11 InsVV als vorläufiger Verwalter einen Vergütungsanspruch erworben hat. Soweit § 3 Abs. 2 lit. c InsVV vorsieht, dass von der Insolvenzverwaltervergütung Abschläge vorzunehmen sind, wenn das Amt vorzeitig endet und – in Ansehung der Vergütungsansprüche des neu gewählten Verwalters – gem. lit. a und b der Vorschrift die vorangegangene Tätigkeit zu berücksichtigen ist, ist eine Mehrbelastung der Masse durch die Ab- und Neuwahl des Insolvenzverwalters gem. § 57 InsO bereits vergütungsrechtlich zu vermeiden; eine pauschale Aufhebung des Beschlusses gem. § 57 InsO lässt sich damit allemal nicht rechtfertigen. Soweit Mehrkosten aus der Neuwahl als solcher folgen sollten, ist *Uhlenbruck*[78] darin zu folgen, dass diese Mehrkosten schon deshalb hinzunehmen sind, weil das Verfahren nach § 57 InsO andernfalls regelmäßig leer laufen würde.[79] 40

5. § 78 InsO: Entscheidung über liquidierende Verwertung oder Betriebsfortführung gem. § 157 InsO[80]

Durch die Einbeziehung der absonderungsberechtigten Gläubiger ist der Einfluss der Sicherheitengläubiger in der Gläubigerversammlung und damit auf die Abwicklung des Verfahrens mit der InsO erheblich gewachsen. Mit der Beteiligung gesicherter Gläubiger an der Beschlussfassung über die weitere Abwicklung des Insolvenzverfahrens stehen sich in der Gläubigerversammlung nicht selten einander diametral widersprechende Strategien gegenüber. Denn die gesicherten Gläubiger haben nicht selten ein Interesse daran, dass durch eine rasche Liquidierung des schuldnerischen Vermögens die zügige Verwertung ihres Sicherheitengutes erfolgt. Eine Verwertung des Vermögens des Schuldners in Ganzen kann dabei im Interesse der Sicherheitengläubiger sein. Es ist aber auch häufig denkbar, dass dabei der Wert der Sicherheiten aus 41

76 So zutreffend *Graeber,* ZIP 2000, 1465, 1473.
77 *Muscheler/Bloch,* ZIP 2000, 1474, 1479; ablehnend auch *Uhlenbruck,* in: Uhlenbruck, InsO, 13. Aufl. 2010, § 78 Rn. 17 a.E.
78 *Kuhn/Uhlenbruck,* KO 11. Aufl. 1994, § 80 Rn. 2.
79 Vgl. auch *Haarmeyer,* ZInsO 1999, 563, 564.
80 *Mönning,* Betriebsfortführung in der Insolvenz, 1997, bes. Rn. 86ff.; aus der Sicht des österreichischne Rechts *Lentsch,* Unternehmensfortführung durch den Masseverwalter, 1998, bes. S. 23ff., 105ff.

der Sicht der Absonderungsberechtigten zu niedrig angesetzt wird. Die ungesicherten Insolvenzgläubiger (§ 38 InsO) haben dagegen nicht selten ein Interesse an einer übertragenden Sanierung des schuldnerischen Unternehmens, durch die alleine eine Quote erzielt werden kann, die nicht erbracht werden könnte, würden die durch Sicherheitenrechte befangenen Massegegenstände einer liquidierenden Verwertung zugeführt. Damit zeichnet sich ein Konflikt ab, der in einer Vielzahl von Verfahren einfach dadurch gelöst wird, dass die gesicherten Gläubiger vermöge ihrer Stellung in der Gläubigerversammlung eine Mehrheit erzielen und auf die Politik der Abwicklung der Verfahrens entscheidenden Einfluss zu nehmen in der Lage sind. Für die „unterlegenen" Insolvenzgläubiger bleibt in einer derartigen Lage nur die Anrufung des Insolvenzgerichts gemäß § 78 Abs. 1 InsO.[81] Maßstab der Überprüfung der Entscheidung der Gläubigerversammlung ist das gemeinschaftliche Interesse der Insolvenzgläubiger, was, wie bereits gezeigt, darauf verweist, ob ein Beschluss der Gläubigerversammlung geeignet ist, eine höchstmögliche Quote zu realisieren oder deren Realisierung gefährdet. Wäre dieser Maßstab des § 78 Abs. 1 InsO das „letzte Wort" des Gesetzgebers, dann hätten sich die Sicherheitengläubiger in jedem Fall den Quoteninteresse der Insolvenzgläubiger unterzuordnen. Damit wäre ihr Einfluss auf die Willensbildung der Gläubigerselbstverwaltung in dem entscheidenden Punkt der Festlegung der Politik der Verfahrensabwicklung nachdrücklich beschränkt; wirtschaftlich und rechtlich wären sie gezwungen, Einbußen in der Realisierung der Wertes ihrer Sicherheiten hinzunehmen, wann immer dies dem Quoteninteresse der gesicherten Insolvenzgläubiger entspricht.

42 **Beispiel:** In einem Fall des AG Neubrandenburg[82] hat das Insolvenzgericht die Betriebsfortführung durch Korrektur eines mit Mehrheit der gesicherten Gläubiger herbeigeführten Beschlusses der Gläubigerversammlung angeordnet, indem die sofortige Verwertung der Masse beschlossen worden war. Das Amtsgericht Neubrandenburg hat dies damit begründet, im Wege einer Betriebsfortführung könne durch eine „Ausproduktion" freie Masse geschaffen und damit eine Quote der ungesicherten Gläubiger gewährleistet werden.

43 Bei der Entscheidung eines möglichen Konflikts zwischen gesicherten und ungesicherten Gläubigern in der Gläubigerselbstverwaltung steht das gemeinsame Interesse der Insolvenzgläubiger allerdings unter dem Vorbehalt, dass dem oben (§ 1 Rn. 78f.) beschriebenen Erhaltungsprinzip Rechnung getragen wird.[83] Die gesicherten Gläubiger sind nämlich über die von ihnen geleisteten Verfahrenskostenbeiträge hinaus nicht zu einem Sonderopfer zugunsten der ungesicherten Insolvenzgläubiger verpflichtet. Wenn die Beschlussfassung der Gläubigerversammlung bzw. deren insolvenzgerichtliche Korrektur dazu führt, dass die Verwertung von Sicherheitengut hinausgeschoben wird, damit die Realisierung eines entsprechenden Wertes zu Gunsten der gesicherten Gläubiger gefährdet wird, müssen sich die gesicherten Gläubiger hierauf nur dann einlassen, wenn ihre Rechtsposition in der durch die §§ 169 und 172 InsO vorgesehenen Weise sichergestellt wird. Einen Wertverlust, der durch die Nut-

---

81 Und zwar auch nach erfolgter Veräußerung: LG Berlin, Beschl. v. 9. 8. 2000 – 86 T 480/00 – DZWIR 2000, 478 ff.

82 AG Neubrandenburg, Beschl. v. 18. 1. 2000 – 21 IN 313/99 – ZInsO 2000, 111 m. Anm. *Förster*; vgl. auch *Kübler*, in: FS Kreft, 2004, S. 373, 387 f.

83 In Österreich diskutiert man daher darüber, ob Fortführungsgarantien zu stellen seien, *Chalupsky/Einöckl*, Unternehmensfortführung im Konkurs, 1985, 57 ff., 71 ff.

zung des Sicherungsgutes verwirklicht wird, ist den gesicherten Gläubigern daher aus der Masse vorab als Masseverbindlichkeit auszugleichen; Zinsverluste hat die Masse gemäß § 169 InsO zu tragen. Dabei müssen sich die gesicherten Gläubiger nicht darauf verlassen, dass für den Fall der Masseunzulänglichkeit eine persönliche Haftung des Insolvenzverwalters gemäß § 61 InsO eintritt. Denn in den Fällen der Beschlussfassung einer Gläubigerversammlung über die Betriebsfortführung gemäß § 157 InsO wäre bereits ein Verschulden des Insolvenzverwalters fraglich. Zum Schutz der Rechtsposition der gesicherten Gläubiger darf das Insolvenzgericht wie in dem Beispiel des Amtsgerichts Neubrandenburg[84] eine Betriebsfortführung daher nur dann anordnen, wenn aus der vorhandenen Masse hinreichend Sicherheit für die Befriedigung der möglichen Forderungen der Insolvenzgläubiger gemäß §§ 169, 172 InsO geleistet werden kann.

IV. Stellung und Aufgaben des Gläubigerausschusses[85]

1. Funktion des Gläubigerausschusses

Die Gläubigerversammlung mit ihren komplizierten Einberufungsmechanismen und – sofern sie besucht wird – der Unwägbarkeit ihres Verlaufs und ihrer Ergebnisse ist kein sehr geeignetes Instrument, den Interessen der Gläubiger im Verfahren einer Unternehmensinsolvenz auf sinnvolle Weise Gehör zu verschaffen; sie vermag insbesondere einen dauerhaften Dialog zwischen Gläubigerschaft und Insolvenzverwalter über die Abwicklung des Verfahrens kaum zu gewährleisten. Daher sieht – ebenso wie zuvor die KO – auch die InsO die Einrichtung eines für die Verfahrensdauer dem Insolvenzverwalter zur Seite stehenden Gläubigerausschusses vor. Als Kollektivorgan handelt der Gläubigerausschuss aufgrund zuvor gefasster Mehrheitsbeschlüsse, § 72 InsO. 44

2. Einsetzung des Gläubigerausschusses

a) Zuständigkeit für die Einsetzung. Umfang des Gläubigerausschusses. Der Gläubigerausschuss kann nach Ermessen des Insolvenzgerichts[86] von ihm vor der ersten Gläubigerversammlung (Berichtstermin, § 156 InsO) vorläufig eingesetzt werden, § 67 Abs. 1 InsO. Hat das Insolvenzgericht keinen vorläufigen Gläubigerausschuss eingesetzt oder will die Gläubigerversammlung andere oder weitere Personen in den Gläubigerausschuss berufen, gibt hierzu § 68 InsO die Rechtsgrundlage. Der Gläubigerausschuss muss aus wenigstens zwei[87] und soll aus mindestens drei Personen bestehen.[88] 45

---

84 AG Neubrandenburg, Beschl. v. 18. 1. 2000 – 21 IN 313/99 – ZInsO 2000, 111 m. Anm. *Förster*; vgl. auch *Kübler*, in: FS Kreft, 2004, S. 373, 387 f.

85 *Hegmanns*, Der Gläubigerausschuß, 1986.

86 *Delhaes*, in: Nerlich/Römermann, InsO, § 67 Rn. 3; *Heidland*, in: Kölner Schrift zur Insolvenzordnung, 2. Aufl. 2000, S. 715 f. (Rn. 9); zust. *Kind*, in: Braun, InsO, 2. Aufl. 2004, § 67 Rn. 2.

87 Die Zulässigkeit des „Zweierausschusses" ist anerkannt, siehe nur BGH, Urt. v. 11. 11. 1993 – IX ZR 35/93 – BGHZ 124, 86, 90 f.; *Heidland*, in: Kölner Schrift zur Insolvenzordnung, 2. Aufl. 2000, S. 716 f. (Rn. 12); krit. unter dem Gesichtspunkt der Aktionsfähigkeit wegen der dann erforderlichen Einstimmigkeit *Klopp/Kluth*, in: Gottwald, Insolvenzrechts-Handbuch, 3. Aufl. 2006, § 21 Rn. 7.

88 Zur Anwendung dieser Soll-Bestimmung ausführlich *Heidland*, in: Kölner Schrift zur Insolvenzordnung, 2. Aufl. 2000, S. 716 f. (Rn. 12).

46 **b) Auswahlmaßstäbe.** Sowohl das Gericht als aber auch die Gläubigerversammlung haben bei der Bestellung des Gläubigerausschusses bestimmte Maßstäbe zu beachten, die sich aus der Funktion dieses Organs als Instrument der Überwachung des Verwalters und der Vertretung von Gläubigerinteressen ergeben. Juristische Personen können Mitglied im Gläubigerausschuss werden, denn sie sind Gläubiger und würden, zöge man eine Parallele zur Person des Verwalters (§ 56 InsO, oben § 9 Rn. 13 f.), keine Möglichkeit haben, sich im Gläubigerausschuss vertreten zu lassen. Behörden können dagegen im Insolvenzverfahren nicht Mitglied im Gläubigerausschuss werden.[89] Ihnen fehlt die Personenqualität (vgl. den Wortlaut von § 67 Abs. 3 InsO). In den praktisch häufig auftretenden Fällen der **Besorgnis der Befangenheit**[90] eines zur Wahl stehenden Gläubigerausschussmitglieds ist von dessen Berufung Abstand zu nehmen.

47 **c) Aufsicht des Insolvenzverwalters. Stellung der Mitglieder.** Die Mitglieder des Gläubigerausschusses unterliegen – vergleichbar dem Insolvenzverwalter – der Aufsicht durch das Insolvenzgericht, § 70 InsO, und haften den Insolvenzgläubigern und den absonderungsberechtigten Gläubigern dann auf Schadenersatz, wenn sie schuldhaft die ihnen nach der InsO obliegenden Pflichten verletzen, § 71 InsO, also im Wesentlichen, wenn sie ihren Aufsichtsaufgaben nicht hinreichend nachkommen.[91] Die Mitglieder des Gläubigerausschusses erhalten gem. § 73 InsO eine Vergütung, deren Höhe und Umfang in §§ 17 f. InsVV geregelt ist.

48 Wird die Aufsichtspflicht z. B. durch das damit beauftragte Mitglied etwa bei unsorgfältiger Rechnungsprüfung verletzt, haften alle Ausschussmitglieder als Teile des Organs[92]; es greifen entsprechend die Grundsätze, die der BGH zur Haftung der Mitglieder des Aufsichtsrats entwickelt hat.

49 Der BGH meint, es stelle keinen wichtigen Grund im Sinne von § 70 InsO dar, der die **Entlassung** aus dem Amt als Mitglied des Gläubigerausschusses rechtfertige, wenn das Vertrauen zwischen dem Betroffenen, dem Verwalter, anderen Mitgliedern des Gläubigerausschusses und selbst der Mehrheit der Gläubigerversammlung gefehlt habe. Auch dann, wenn Verwalter, Mehrheit von Gläubigerausschuss und Gläubigerversammlung kein Vertrauen mehr in die Bereitschaft der Beteiligten zur konstruktiven Zusammenarbeit gehabt haben und der Verwalter sogar schon in anderer Sache Strafanzeige gegen das Mitglied des Gläubigerausschusses erstattet habe, sei es nicht ausreichend, wenn der Eindruck entstanden sei, das Mitglied des Gläubigerausschusses sei anderweitig motiviert gewesen. Nach § 70 InsO kann das Insolvenzgericht ein Mitglied des Gläubigerausschusses nämlich nur dann entlassen, wenn ein wichtiger Grund hierfür vorliegt, der auf einem pflichtwidrigen Verhalten des Mitglieds beruht. Auch insofern ist die Regelung des § 70 des § 59 InsO nachgebildet. Der BGH stützt sich insofern auf seine Entscheidung aus dem Dezember 2005.[93] Dort hatte der BGH wegen der Entlassung eines Rechtsanwalts aus seiner Stellung als Insolvenzverwalter darauf erkannt, dass die Tatsachen, die den Entlassungsgrund bildeten, regelmäßig zur vollen Überzeugung des Insolvenzgerichtes nachgewiesen sein müssen.

Das Vorliegen konkreter Anhaltspunkte für die Verletzung von wichtigen Verwalterpflichten könne für eine Entlassung genügen, um dadurch die Gefahr größerer Schäden für die Masse abzuwenden. Die bloße Störung des Vertrauensverhältnisses zwi-

---

89 BGH, Urt. v. 11. 11. 1993 – IX ZR 35/93 – BGHZ 124, 86, 90f m. Anm. *Lüke*, EWiR § 89 KO 1/94, 281; zulässig hingegen die Bestellung eines *bestimmten* Mitarbeiters einer Behörde, *Delhaes*, in: Nerlich/Römermann, InsO, § 67 Rn. 6; *Kind*, in: Braun, InsO, 2. Aufl. 2004, § 67 Rn. 10.

90 *Hegmanns*, Der Gläubigerausschuß, 1986, S. 118 ff.

91 Hierzu *Heidland*, in: Kölner Schrift zur Insolvenzordnung, 2. Aufl. 2000, S. 725 ff. (Rn. 26 ff.).

92 *Ganter*, in: Fischer-F., 2008, 121 ff.

93 BGH, Beschl. v. 8. 12. 2005 – IX ZB 308/04 – DZWIR 2006, 165.

schen Insolvenzverwalter und Insolvenzgericht reiche indes niemals für eine Entlassung aus.

3. Aufgaben des Gläubigerausschusses

Der Insolvenzverwalter hat, wenn die Sanierung des Gemeinschuldners sich nicht realisieren lässt und die Gläubigerversammlung keinen entgegenstehenden Beschluss gefasst hat, die Vermögensgegenstände des Schuldners zu Geld zu machen. Die dabei zu tätigenden Rechtsgeschäfte bedürfen im Falle der §§ 160 ff. InsO (Veräußerung von Grundstücken und anderen Rechtshandlungen, die erhebliche Auswirkung auf den Bestand des verwalteten Vermögens haben) der Genehmigung des Gläubigerausschusses, sofern ein solcher Ausschuss vom Gericht oder von der Gläubigerversammlung eingesetzt worden ist. Gem. § 69 InsO hat der Insolvenzverwalter dem Gläubigerausschuss jederzeit auf dessen Anforderung über die Lage zu berichten und nach Maßgabe von § 260 BGB Rechnung zu legen. Hierbei hat der Verwalter dem Gläubigerausschuss Einblick in die Geschäftsbücher und andere für die zu treffenden Entscheidungen erhebliche Unterlagen und Bescheide zu geben.[94] 50

So sind im Einzelnen folgende Maßnahmen des Verwalters genehmigungspflichtig:[95] Kreditaufnahmen (§ 160 Abs. 2 Nr. 2 InsO), da diese die zur Verteilung gelangende Masse schmälern, und die Übernahme von Verbindlichkeiten. Nach der ratio des § 160 Abs. 2 Nr. 2 InsO ist damit allein die Übernahme fremder Verbindlichkeiten gemeint,[96] worunter Schuldübernahmen im Sinne von §§ 414 ff. BGB, die Übernahme von Bürgschaften gem. §§ 765 ff. BGB oder die dingliche Belastung von Grundstücken, die sich im gepfändeten Vermögen befinden, zur Sicherung fremder Schuld zu verstehen sind. Weiterhin bedürfen alle Grundstücksgeschäfte des Verwalters der Zustimmung des Gläubigerausschusses, da sie entweder wesentliche Vermögensgegenstände aus dem Haftungsverband nehmen oder – wie im Fall des Erwerbs von Grundstücken – Verwertungsfragen aufwerfen (§ 160 Abs. 2 Nr. 1 InsO). Schließlich bestimmt § 160 Abs. 2 Nr. 3 InsO die Zustimmungspflicht bezüglich des Anhängigmachens von Rechtsstreitigkeiten, nicht dagegen die Erwiderung auf Klagen, die gegen die Masse gerichtet sind; bezüglich der Ablehnung der Aufnahme von Aktiv- oder Passivprozessen, prozessualer Verzichtserklärungen und außergerichtlicher oder gerichtlicher Vergleichsabschlüsse. Neben diesen Regelbeispielen[97] erfordern gem. § 160 Abs. 1 Satz 1 InsO solche Rechtshandlungen des Verwalters eine Zustimmung, die erhebliche Auswirkungen auf den Bestand des verwalteten Vermögens haben[98]: Darunter fallen Verpflichtungsgeschäfte, die auf die Veräußerung von Massegegenständen gerichtet sind, deren Veräußerung im Zeitpunkt des Vertragsschlusses noch nicht wirtschaftlich geboten ist und u. U. das Erfüllungsverlangen des Verwalters (§ 103 InsO, nicht dagegen die Verweigerung der Erfüllung) oder Forderungsabtretungen. Der Insolvenzverwalter hat dem Gläubigerausschuss darüber Mitteilung zu machen, wenn er die Geschäftsschließung beabsichtigt (§ 158 Abs. 1 InsO). 51

---

94 *Delhaes,* in: Nerlich/Römermann, InsO, § 69 Rn. 21 ff.; *Eickmann,* in: H-K, InsO, 4. Aufl. 2006, § 69 Rn. 2.

95 Vgl. auch *Klopp/Kluth,* in: Gottwald, Insolvenzrechts-Handbuch, 3. Aufl. 2006, § 21 Rn. 21 ff.; *Heidland,* in: Kölner Schrift zur Insolvenzordnung, 2. Aufl. 2000, S. 728 ff. (Rn. 35 ff.); *Pape,* ZInsO 1999, 675 ff.

96 Ähnlich *Eickmann,* in: H-K, InsO, 4. Aufl. 2006, § 160 Rn. 8.

97 *Balthasar,* in: Nerlich/Römermann, InsO, § 160 Rn. 28; *Uhlenbruck,* in: Uhlenbruck, InsO, 13. Aufl. 2010, § 160 Rn. 19.

98 *Eickmann,* in: H-K, InsO, 4. Aufl. 2006, § 160 Rn. 3; *Heidland,* in: Kölner Schrift zur Insolvenzordnung, 2. Aufl. 2000, S. 730 f. (Rn. 48 f.).

52 In der Praxis wird nicht selten von Insolvenzverwaltern und Gläubigerausschussmitgliedern eine Abrede über pauschale Genehmigungen bestimmter Rechtsgeschäfte des Konkursverwalters durch den Gläubigerausschuss getroffen.

4. Wirkung der Zustimmung des Gläubigerausschusses oder der Gläubigerversammlung zu Rechtsgeschäften des Insolvenzverwalters

53 Die Judikatur[99] geht davon aus, dass im Falle rechtswidrigen Verhaltens des Insolvenzverwalters eine Exkulpation durch einen zustimmenden Beschluss von Gläubigerausschuss oder Gläubigerversammlung gem. § 160 Abs. 2 InsO nicht soll erfolgen können.[100] Das erscheint deshalb zweifelhaft, weil der Insolvenzverwalter – wie die §§ 157, 159 InsO zeigen – sogar in Fällen „strategischer" Entscheidungen der Gläubigerversammlung an diese gebunden ist.[101] Man bekommt diese Fragen nur dann in den Griff, wenn man Fälle zu differenzieren versucht:

54 **1. Fall.** Die Gläubigerversammlung beschließt die Betriebsfortführung der gemeinschuldnerischen privaten Nuklearmedizinischen Praxisgemeinschaft, obwohl für betriebswichtige Anlagen die erforderlichen atomrechtlichen Genehmigungen abgelaufen sind. Auch hier ist der Insolvenzverwalter zur Remonstration berechtigt und verpflichtet, also zur Antragsstellung nach § 78 Abs. 1 InsO, denn jedenfalls würden Dritte (die Behörde, Nachbarn, Arbeitnehmer) durch die beschlussgemäße Fortführung beeinträchtigt. Auch in diesem Falle des Verstoßes gegen allgemeine Schutzgesetze müsste das Insolvenzgericht amtswegig gegen den Insolvenzverwalter Aufsichtsmaßnahmen einleiten, woran die Beschlussfassung der Gläubigerversammlung nichts ändern würde.

55 **2. Fall.** Der Insolvenzverwalter beabsichtigt die Führung eines Prozesses, dessen Ausgang aus rechtlichen oder aus tatsächlichen Gründen fragwürdig ist. Die Zustimmung des Gläubigerausschusses enthaftet den Insolvenzverwalter nicht, wohl aber ein entsprechender Beschluss der Gläubigerversammlung, wenn der Gegenstand der Beschlussfassung in der Ladung hinreichend genau angekündigt worden ist. Denn auch nicht anwesende stimmberechtigte Mitglieder der Gläubigerversammlung müssen den Beschluss gegen sich gelten lassen. Der Insolvenzverwalter ist im Übrigen nicht zur Remonstration nach § 78 Abs. 1 InsO verpflichtet, denn die Gläubigerversammlung darf auch unwirtschaftliche Entscheidungen fällen. Da die Kontrolle der Wahrung des gemeinsamen Interesse der Insolvenzgläubiger dem Insolvenzgericht nicht von Amts wegen obliegt, sondern hier ein Antrag eines Gläubigers vorausgesetzt wird, der zudem bis zum Schluss der Gläubigerversammlung gestellt werden muss, liegt die Bindung des Insolvenzverwalters ebenso auf der Hand wie der Umstand, dass der Insolvenzverwalter bei der Ausführung des Beschlusses rechtmäßig handelt, was eine Haftung nach § 60 InsO ausschließt.

56 **3. Fall.** Der Ausschuss ermächtigt den Insolvenzverwalter unter Einsatz erheblicher Mittel eine Fliesenproduktion und eine Tongrube fortzuführen, um die – höheren – Stilllegungskosten zu vermeiden. Nach Ablösung des bisherigen und Einsetzung eines neuen Verwalters begehrt dieser nach § 92 InsO Schadenersatz. Dies setzt freilich die kausale Schadensverursachung voraus.

---

99 BGH, Urt. v. 22. 12. 1985 – VI ZR 131/83 – ZIP 1985, 423, 425 f. m. Anm. *Kübler*, EWiR § 82 KO 3/85, 313.

100 Krit. *Lüke*, in: Kübler/Prütting, Kommentar zur Insolvenzordnung, § 60 Rn. 44 ff.; *Brandes*, in: MünchKomm, InsO, 1. Aufl. 2001, §§ 60, 61 Rn. 102.

101 Damit sei die Zustimmung Indiz für sorgfältiges Verhalten: *Eickmann*, in: H-K, InsO, 4. Aufl. 2006, § 60 Rn. 14; *Abeltshauser*, in: Nerlich/Römermann, InsO, § 60 Rn. 62 f.; *Klopp/Kluth*, in: Gottwald, Insolvenzrechts-Handbuch, 3. Aufl. 2006, § 23 Rn. 13.

Ein wesentliches Anliegen der gegenwärtigen Bestrebungen nach einer Verbesserung der Sanierungsinstrumentarien des deutschen Insolvenzrechts ist die Stärkung der Beteiligung der Gläubiger. Da die Verwalterauswahl seit langem als „Schicksalsfrage" des Verfahrens der Haftungsverwirklichung, nennen wir es Konkurs- oder Insolvenzverfahren, bezeichnet wird, hängt sie unlösbar mit der Reichweite der Gläubigerautonomie zusammen. 57

5. Vorläufiger Gläubigerausschuss

Um den Gläubigereinfluss namentlich auf die Verwalterauswahl durch das Insolvenzgericht, aber auch die Abwicklung des Eröffnungsverfahrens durch den vorläufigen Verwalter weitestmöglich zu stärken, sieht § 22a InsO nF die Bildung eines vorläufigen Gläubigerausschusses vor (oben § 25 Rn. 59ff.). 58

§ 31 Die Aufsicht des Insolvenzgerichts über den Insolvenzverwalter

I. Die Aufsichtsgegenstände

1. Rechtsaufsicht und Fachaufsicht

1 Das Insolvenzgericht hat die Ordnungsgemäßheit (Rechtmäßigkeit) der Maßnahmen des Verwalters zu überprüfen[1]. Im Rahmen seiner Amtsermittlungstätigkeit obliegt ihm die Aufgabe, auch die wirtschaftliche Zweckmäßigkeit der Maßnahmen des Verwalters zu überwachen[2]. Zwar ist dem Verwalter hinsichtlich der von ihm (in Abstimmung mit dem Gläubigerausschuss) zu treffenden Maßnahmen ein eigenes Ermessen eingeräumt[3], weshalb *Jaeger* denn auch kategorisch das Verhältnis zwischen Insolvenzgericht und Verwalter in das Schlagwort „Aufsicht, nicht Leitung" gefasst hat[4]. In der Literatur[5] ist aber darauf aufmerksam gemacht worden, eine grobe Unzweckmäßigkeit des Verwalterhandelns könne zu dessen Rechtswidrigkeit und damit zu einem Aufsichtsfall führen. Man kann in der Tat erhebliche Zweifel daran äußern, ob das Insolvenzgericht befugt ist, dem Verwalter im Hinblick auf einzelne Maßnahmen Weisungen zu erteilen. Das hebt aber die gerichtliche Aufsichtspflicht nicht auf, die sich darauf richtet, masseschmälernde Maßnahmen des Verwalters zu verhindern.[6] Ob eine Maßnahme des Verwalters möglicherweise zu Schäden führt oder nicht, ist Frage einer ermessensfehlerfrei vom Insolvenzgericht anzustellenden Prognose, die aber immer Zweckmäßigkeitsgesichtspunkte einschließen muss[7].

2. Instrumentarien insolvenzgerichtlicher Aufsicht

2 **a) Das „ob" und das „wie" der insolvenzgerichtlichen Aufsicht.** Da der Insolvenzverwalter durch das Insolvenzgericht *auch* als sein Erkenntnisorgan eingesetzt wird,

---

1 Eingehend: *Rechel*, Die Aufsicht des Insolvenzgerichts über den Insolvenzverwalter, 2009; *Eickmann*, in: H-K, InsO, 4. Aufl. 2006, § 58 Rn. 3; *Naumann*, in: Kölner Schrift zur Insolvenzordnung, 2. Aufl. 2000, S. 443 (Rn. 26); *Häsemeyer*, Insolvenzrecht, 3. Aufl. 2003, Rn. 6.32; *Uhlenbruck*, in: Uhlenbruck, InsO, 12. Aufl. 2003, § 58 Rn. 1.

2 Einschränkend *Delhaes*, in: Nerlich/Römermann, InsO, § 58 Rn. 5; *Eickmann*, in: H-K, InsO, 4. Aufl. 2006, § 58 Rn. 3; *Naumann*, in: Kölner Schrift zur Insolvenzordnung, 2. Aufl. 2000, S. 443 (Rn. 27 f.); aA *Hess*, InsO, 1. Aufl. 1999, § 58 Rn. 25; *Graeber*, in: MünchKomm, InsO, 1. Aufl. 2001, § 58 Rn. 20; aA *Uhlenbruck*, in: Uhlenbruck, InsO, 12. Aufl. 2003, § 58 Rn. 3.

3 *Kuhn/Uhlenbruck*, KO, 11. Aufl. 1994, § 83 Rn. 5, 6; *Kilger/K. Schmidt*, KO, 17. Aufl. 1997, § 83 Anm. 1; *Lüke*, in: Kübler/Prütting, Kommentar zur Insolvenzordnung, § 58 Rn. 11; *Kind*, in: Braun, InsO, 2. Aufl. 2004, § 58 Rn. 1.

4 *Jaeger/Henckel*, KO, 8. Aufl. 1973, § 83 Rn. 1.

5 *Lüke*, in: Kübler/Prütting, Kommentar zur Insolvenzordnung, , § 58 Rn. 11; *Eickmann*, in: H-K, InsO, 4. Aufl. 2006, § 58 Rn. 3; *Naumann*, in: Kölner Schrift zur Insolvenzordnung, 2. Aufl. 2000, S. 443 (Rn. 28).

6 *Uhlenbruck*, in: Uhlenbruck, InsO, 12. Aufl. 2003, § 58 Rn. 3.

7 Zu dieser Konsequenz aus der verfahrensrechtlichen Einordnung vgl. näher *Smid*, Rechtsprechung, 1990, § 7 II 3, 4 (411 ff.), ferner § 2 II (164 ff.).

bedarf die vom Gericht auszuübende *Kontrolle* der Insolvenzverwaltung einer näheren Betrachtung.

Dabei ist zwischen dem „ob“ und dem „wie“ der Kontrolle zu unterscheiden. Das „ob“ betrifft die Reichweite der Interventionsmöglichkeiten, die dem Insolvenzgericht gegenüber dem Verwalter eingeräumt werden, das „wie“ die dabei anzuwendenden Kontrollinstrumentarien. Die Frage nach dem „wie“ lässt sich durch einen Blick in das Gesetz unschwer beantworten; Probleme bereitet indessen die Frage nach dem „ob“ – also danach, unter welchen Voraussetzungen das Insolvenzgericht welche Instrumentarien einzusetzen hat. 3

b) Berichtspflichten. Der Insolvenzverwalter übt sein Amt unter der Aufsicht durch das Insolvenzgericht aus, § 58 Abs. 1 Satz 1 InsO. Funktional zuständig ist hierfür vorbehaltlich der Ausübung seiner Kompetenz-Kompetenz durch den Insolvenzrichter der Insolvenzrechtspfleger.[8] Seiner Aufsichtsaufgabe kommt das Insolvenzgericht durch Einholung von Auskünften und Berichten des Insolvenzverwalters über den Sachstand und seine Geschäftsführung nach;[9] der Insolvenzverwalter ist insofern nach § 58 Abs. 1 Satz 2 InsO dem Insolvenzgericht berichtspflichtig. 4

c) Einsatz von Sachverständigen. Das richterliche und rechtspflegerische Personal übt die Aufsicht unter Einsatz des Instrumentariums des § 5 InsO aus: So hat das Insolvenzgericht (die Insolvenzrechtspfleger[10]) nach § 66 Abs. 2 Satz 1 InsO die Aufgabe, die Schlussrechnung des Insolvenzverwalters auf ihre formelle Richtigkeit hin[11] zu prüfen. Anerkannt[12] ist, dass in umfangreichen oder komplizierten Fällen das Insolvenzgericht einen Sachverständigen mit der Durchsicht der Akten beauftragen darf[13], dessen Kosten der Masse nach § 54 Nr. 1 InsO zur Last fallen: Umgangssprachlich ausgedrückt würde dies zu dem *Fehlschluss* führen, der Sachverständige prüfe die Schlussrechnung. § 5 Abs. 1 InsO zeigt indes, dass dies durchaus nicht so ist. Denn das Insolvenzgericht hat alle Umstände von Amts wegen[14] zu ermitteln, die für das Verfahren von Bedeutung sind, und kann nach pflichtgemäßem Ermessen[15] dazu Sachverständige beauftragen.[16] Auf der Grundlage seiner Prüfung der Schlussrechnung erstattet der Sachverständige ein Gutachten (§ 407 Abs. 1 ZPO[17], auf den § 4 InsO verweist[18]), das selbst wiederum Grundlage der eigenen Prüfung der Schlussrechnung durch das Insolvenzgericht wird. Nicht der Sachverständige, sondern das Insolvenzgericht erstellt den Prüfvermerk gem. § 66 Abs. 2 Satz 2 InsO[19], mit dem seine Prüfung abgeschlossen wird. Die Beauftragung eines Sachverständigen hebt m. a. W. die Wahrnehmung der Prüfungsaufgabe durch das Insolvenzgericht nicht auf. 5

d) Verhängung von Zwangsgeld. Kommt der Insolvenzverwalter seinen Pflichten, also sowohl seinen Berichtspflichten gegenüber dem Insolvenzgericht als auch Pflichten gegenüber den Verfahrensbeteiligten nicht nach, kann das Insolvenzgericht gem. 6

---

8 *Naumann,* in: Kölner Schrift zur Insolvenzordnung, 2. Aufl. 2000, S. 436 (Rn. 13).
9 *Eickmann,* in: H-K, InsO, 4. Aufl. 2006, § 58 Rn. 4; *Naumann,* in: Kölner Schrift zur Insolvenzordnung, 2. Aufl. 2000, S. 445 (Rn. 36 ff.).
10 *Smid,* in: Smid, InsO, 2. Aufl. 2002, § 66 Rn. 16.
11 *Smid,* in: Smid, InsO, 2. Aufl. 2002, § 66 Rn. 17.
12 OLG Hamm, Beschl. v. 9. 12. 1985 – 15 W 441/85 – ZIP 1986, 724 f. (Sachverständigenkosten als Massekosten); *Eickmann,* in: H-K, InsO, § 66 Rn. 10; *Kind,* in: Braun, InsO, 2. Aufl. 2004, § 66 Rn. 18; *Nowak,* in: MünchKomm, InsO, 1. Aufl. 2001, § 66 Rn. 19 ff.
13 *Smid,* in: Smid, InsO, 2. Aufl. 2002, § 66 Rn. 18.
14 *Smid/Leonhardt,* in: LSZ, InsO, 3. Aufl. 2010, § 5 Rn. 6 ff.
15 *Smid/Leonhardt,* in: LSZ, InsO, 3. Aufl. 2010, § 5 Rn. 15.
16 *Kirchhof,* in: H-K, InsO, 4. Aufl. 2006, § 5 Rn. 10, 13.
17 *Damrau,* in: MünchKomm, ZPO, 2. Aufl. 2000, § 407 Rn. 2.
18 *Smid/Leonhardt,* in: LSZ, InsO, 3. Aufl. 2010, § 4 Rn. 8.
19 *Smid,* in: Smid, InsO, 2. Aufl. 2002, § 66 Rn. 19.

§ 58 Abs. 2 InsO nach vorheriger Androhung Zwangsgelder in der Höhe von bis zu 25.000 € festsetzen.

7 **e) Entlassung aus dem Amt.** Das schärfste Aufsichtsinstrument statuiert § 59 InsO: Aus „wichtigem Grund“ kann das Insolvenzgericht den Insolvenzverwalter gem. § 59 Abs. 1 Satz 1 InsO entlassen.[20]

8 **f) Verhältnis der Aufsichtsinstrumentarien zueinander.** Die Verhängung von Zwangsgeld und die Entlassung des Insolvenzverwalters stehen nicht dergestalt in einem Rangverhältnis zueinander, dass zunächst Zwangsgelder zu verhängen wären, bevor das Insolvenzgericht zur Entlassung des Insolvenzverwalters schreitet.[21] Treten nämlich Pflichtwidrigkeiten des Insolvenzverwalters zu Tage, die seine Eignung zur Wahrnehmung des Amtes in Frage stellen kann, darf das Insolvenzgericht seiner Entlassung keinen Aufschub geben.

9 Maßstab und Ausgangspunkt der Frage nach Grund und Reichweite insolvenzgerichtlicher Aufsichtsmaßnahmen ist die verfahrensrechtliche Struktur des Insolvenzverfahrens, das sich als *Dauerverfahren* darstellt. Muss das Insolvenzgericht aufgrund des Verhaltens des Insolvenzverwalters den Eindruck gewinnen, dass er insgesamt für die Dauer des Verfahrens außer Stande ist, seine Aufgaben ordentlich zu erfüllen, muss es dessen Absetzung als Aufsichtsmaßnahme ins Auge fassen. Handelt es sich bei den Aufgaben, um deren Erfüllung es geht, dagegen nur um „Teilbereiche“ des Verfahrens, deren Erledigung Einfluss auf das Verfahren haben mag, aber dessen Gesamtablauf im Wesentlichen unberührt lässt, kommt für den Fall, dass Abmahnungen erfolglos geblieben sind, eine Verhängung von Ordnungsgeldern zur Durchsetzung der ordnungsgemäßen Wahrnehmung der Aufgaben des Verwalters in Betracht.

3. Pflichtenverstöße des Insolvenzverwalters

10 **a) Pflichtverletzungen.** Abgemahnt und mit der Verhängung von Zwangsgeld bekämpft werden können daher das Nichtbeachten der den Insolvenzverwalter treffenden Berichtspflichten, aber auch das Nichterscheinen auf einer Gläubigerversammlung (arg. §§ 156 Abs. 1, 74 Abs. 1 Satz 2 InsO – wegen Nichtausschöpfung der dem Insolvenzverwalter zu Gebote stehenden Informationsrechte und wegen der Verletzung der ihn treffenden Informationspflichten), das Nichterscheinen vor dem Gläubigerausschuss, zu dessen Sitzung er geladen worden ist (arg. § 69 InsO) oder das Unterlassen der Information der absonderungsberechtigten Gläubiger gem. § 167 InsO.[22] Hierzu gehören aber auch Pflichten, die dem Insolvenzverwalter durch Beschluss der Gläubigerversammlung auferlegt werden, § 76 InsO. Verletzt der Insolvenzverwalter die in den zitierten Vorschriften statuierten Pflichten, wird damit die Abwicklung des Verfahrens par condicio creditorum zwar nicht gefährdet; der Insolvenzverwalter stört aber dadurch den vorschriftsmäßigen Verlauf des Verfahrens.

11 **b) Rechtsbehelfe des Insolvenzverwalters.** Gem. § 78 Abs. 1 InsO hat der Insolvenzverwalter die Befugnis, den Antrag an das Insolvenzgericht zu richten, einen Be-

---

20 AG Bonn. v. 5. 9. 2001 – 98 IN 196/99 – DZWIR 2002, 82 m. Anm. *Smid*; BGH, Beschl. v. 17. 6. 2004 – IX ZR ZB 92/03, ZVI 2004, 544, *Bähr/Smid*, Rechtsprechung 2006, 130.

21 Vgl. auch *Graeber*, in: MünchKomm, InsO, 1. Aufl. 2001, § 58 Rn. 44.

22 Unterrichtung des Gläubigers über die Verwertung als Pflicht: BGH, Urt. v. 4. 12. 2003, IX ZR 222/02, DZWIR 2004, 238 = ZIP 2004, 326, *Bähr/Smid*, Rechtsprechung 2006, 91.

schluss der Gläubigerversammlung aufzuheben, „der den gemeinsamen Interessen" der Insolvenzgläubiger und der absonderungsberechtigten Gläubiger widerspricht. Ob es solche gemeinsamen Interessen dieser Gläubigergruppen gibt, mag hier dahinstehen (vgl. unten § 25 Rn. 20ff.). Entscheidend ist aber in dem hier interessierenden Zusammenhang, dass eine auf die Beschlusslage der Gläubigerversammlung bezogene vermeintliche Pflichtverletzung des Insolvenzverwalters dann nicht zur Verhängung von Zwangsmitteln führen kann, wenn der Insolvenzverwalter sich nach Maßgabe des § 78 Abs. 1 InsO gegen den betreffenden Beschluss der Gläubigerversammlung verwahrt hat.[23]

4. Entlassungsgründe

a) Fragestellung. Was der Begriff „wichtiger Grund" bedeutet, ist im Einzelnen zweifelhaft. Die Auslegungsversuche decken eine große Spannbreite möglicher Bedeutungen ab[24]. Sie reichen von der Entlassung aufgrund eines durch den Insolvenzverwalter gesetzten „bösen Scheins" unordentlicher oder unredlicher Amtsführung[25] bis hin zu seiner Entlassung wegen fehlender Haftungsbonität[26]. 12

Beispiele: α) Konsum-Fall. Der Insolvenzverwalter beauftragt den wegen § 41 Abs. 1 DRiG hierzu nicht berechtigten designierten Präsidenten des Amtsgerichts mit der Erstellung eines auf eines der Verfahren bezogenen Gutachtens und zahlt dafür ein Honorar in erheblicher Höhe. Dem schlecht ausgestatteten Insolvenzgericht „schenkt" der Insolvenzverwalter einen gebrauchten Photokopierapparat, dem Insolvenzrichter verkauft er einen gebrauchten Pkw. Da das Amt des Insolvenzverwalters durch Hoheitsakt begründet wird, ist die Schenkung eines Photokopiergerätes (oder juristischer Fachliteratur usf.) solange unbedenklich, wie diese Gaben ordnungsgemäß inventarisiert und nicht zielgerichtet an den Insolvenzrichter gelenkt werden. Die Gutachtenvergabe an Richter begründet schon wegen des Verbotstatbestandes des § 41 Abs. 1 DRiG den bösen Schein, dass damit in unzulässiger Weise Einfluss auf die Auswahl des Insolvenzverwalters ausgeübt wird. Als hoheitliches (justizförmiges) Verfahren muss das Insolvenzverfahren von dem Verdacht der Korruption freigehalten werden. Die Gutachtenvergabe *kann* im Einzelfall dazu führen, dass der Insolvenzverwalter seines Amtes zu entheben ist. Allerdings sollte man bedenken, dass sich der Fall anders darstellen würde, wäre der Richter zu wissenschaftlichen Vorträgen geladen. 13

β) Mimona-Fall. Der Insolvenzverwalter veranlasst, dass er durch das Insolvenzgericht für einen Tag von seinem Amt entpflichtet und sein Socius für diesen Tag als Sonderverwalter bestellt wird. An diesem Tag erwirbt er durch notariell beurkundeten Kaufvertrag und Auflassung durch den Sonderverwalter ein Grundstück zu einem angemessenen Kaufpreis aus der Insolvenzmasse. Den Kaufpreis finanziert er durch Aufnahme eines Kredits, wobei das Darlehen durch eine zugunsten der Bank auf dem erworbenen Grundstück einzutragende Grundschuld gesichert werden soll. Dabei kommt es zu einem Versehen: Es werden neben dem veräußerten Grundstück noch drei weitere, zur Masse gehörige Grundstücke belastet. Als dies herauskommt, erklärt die Bank, sie sei jederzeit bereit gewesen, eine Löschungsbewilligung wegen der drei massezugehörigen Grundstücke zu erteilen. Der Erwerb von Massegegenständen durch den Insolvenzverwalter stellt einen Missstand dar, der durchaus verbreitet ist.

---

23 Vgl. aber *Kesseler,* DZWIR 2002, 133ff.

24 Vgl. *Hess,* InsO, 1. Aufl. 1999, § 59 Rn. 11ff.; *Eickmann,* in: H-K, InsO, 4. Aufl. 2006, § 59 Rn. 3; *Klopp/Kluth,* in: Gottwald, Insolvenzrechts-Handbuch, 3. Aufl. 2006, § 22 Rn. 19; *Kind,* in: Braun, InsO, 2. Aufl. 2004, § 59 Rn. 5ff.

25 AG Halle-Saalkreis, Beschl. v. 13. 10. 1993 – 50 N 15/92 – ZIP 1993, 1743 (anders dann im Rechtszug LG Halle, Beschl. v. 22. 10. 1993 – 2 T 247/93 – DZWIR 1994, 74ff. m. Anm. *Carl,* ZIP 1993, 1739–1743.

26 So bei einer Vielzahl strafrechtlicher Ermittlungen: BGH, Beschl. v. 17. 3. 2011 – IX ZB 192/10, DZWIR 2011, 294.

γ) Der Insolvenzverwalter nimmt einen teuren Chefsessel an sich, den er im Büro des Geschäftsführers der Gemeinschuldnerin vorgefunden hat. „Abwandlung“: Er zahlt in die Masse aus Affektionsgründen mehr als den Gegenwert ein.

δ) Der Betriebsratsvorsitzende B schreibt an das Insolvenzgericht, in der Tatsachendarstellung wahrheitsgemäß, der Insolvenzverwalter behandle die Arbeitnehmer schlecht, da er nicht beabsichtige, ihre Forderungen als bevorrechtigt zu behandeln. In diese Richtung geht auch ein Gläubiger: Der Insolvenzverwalter handle gewiss kriminell, denn er weigere sich, ihm in zweimonatiger Frist zu berichten. Vielmehr seien als Anlage zu einem Formschreiben nur die an Gläubigerversammlung bzw. das Insolvenzgericht gerichteten Berichte übersandt worden.

Diese Fälle mögen kurios erscheinen, sind aber (leider) aus dem Leben gegriffen – das sich nach bisherigem Rechtsmittelrecht im Übrigen durch die obergerichtliche und höchstrichterliche Judikatur durchaus nur in engen Ausschnitten widergespiegelt gesehen hat. In ihnen kommt die Reichweite der Möglichkeiten zwischen Sinn und Unsinn der Disziplinarmaßnahmen gegen Insolvenzverwalter zum Tragen. Der Konsum-Fall und der Mimona-Fall betreffen Fälle, in denen der Insolvenzverwalter das Verfahren jeweils im Übrigen ordentlich abgewickelt hat. Im Fall α muss das aufsichtsführende Insolvenzgericht freilich die Umstände der Ernennung des Insolvenzverwalters schon deshalb im Auge behalten, weil damit die „Gesetzlichkeit“ des Verfahrens steht und fällt – was übrigens einem soziologisch unterlegten laissez-faire Gedanken im Rahmen des Auswahlrechts radikal widerspricht. Im Fall β hat das erkennende LG[27] zutreffend darauf aufmerksam gemacht, dass bereits der Erwerb von Massegegenständen anstößig ist, die mühselige Konstruktion zur Umgehung des § 181 BGB ist nicht minder bedenklich. Schließlich ist es aber unerträglich, wenn der Insolvenzverwalter angesichts des Immobilienerwerbs zu aufgeregt ist, um noch an den Schutz der Masse denken zu können. Auf die konkrete Masseschädigung kommt es daher nicht an. Gleiches gilt für den „Chefsesselfall“: Um die Reputation des Insolvenzverwalters nachhaltig zu beschädigen, genügt es vollständig, dass „man“ ihn auf einem (vormals) fremden Chefsessel sitzen sieht; ob er ihn bezahlt hat oder nicht, ist unerheblich: Der erweckte „böse Schein“ kann den Insolvenzverwalter unerträglich werden lassen, da es um die „mani politi“ der Insolvenzverwaltung im Sprengel des Insolvenzgerichts geht.[28] Das ist deshalb so wichtig, damit Fälle wie unter δ beschrieben vom Insolvenzgericht kurz und schmerzlos ad actam gelegt werden können. Angesichts der Aufgeregtheit der Betroffenen in Insolvenzverfahren kommen Vorwürfe gegen den Insolvenzverwalter durchaus vor. Sie können regelmäßig noch nicht einmal zu ernsthaften Ermittlungen, geschweige zu einer Amtsenthebung führen. Das aber setzt die „Reinheit“ der Verwaltung im Übrigen voraus.

14 **b) Judikatur des BGH.** Die Voraussetzungen der Entlassung des Insolvenzverwalters wegen Pflichtverletzungen gem. § 59 InsO war in der Vergangenheit Gegenstand von Meinungsstreitigkeiten in der Literatur. So ist die sehr weite Auffassung vertreten worden, wegen der besonderen Treuestellung, die der Insolvenzverwalter einnimmt, genüge es, dass die begründete Besorgnis der Parteilichkeit oder der Pflichtwidrigkeit des Insolvenzverwalters beim Insolvenzgericht bestehe.[29] Die Gegenansicht hatte die Meinung vertreten, die Entlassung dürfe nur dann ausgesprochen werden, wenn die Umstände, die einen wichtigen Grund i.S.v. § 59 InsO für die Entlassung darstellen könnten, zur vollen Überzeugung des Insolvenzgerichts festgestellt seien. Die bloße Auslösung des bösen Scheins einer Pflichtverletzung genüge indes nicht aus, um die Entlassung des Insolvenzverwalters zu rechtfertigen. Zwischen diesen Extrempositionen bewegten sich Auffassungen, wonach konkrete Verdachtsgründe für Verfehlungen schwerster Art, insbesondere die Verursachung größerer Ausfälle zu Lasten der Gläubiger oder dem Verdacht von gegen die Masse gerichteten oder gelegentlich der Verwaltung begangener Strafta-

27 LG Halle, Beschl. v. 28. 1. 1994 – 2 T 284/93 – ZIP 1994, 572 (AG Halle-Saalkreis, Beschl. v. 15. 11. 1993 – 50 N 18/91 – ZIP 1993, 1912); vgl. hierzu *Smid,* Das Insolvenzrecht der neuen Bundesländer, 2. Aufl. 1996, Rn. 264 ff.

28 A. A. *Graeber,* in: MünchKomm, InsO, 1. Aufl. 2001, § 59 Rn. 15.

29 *Rechel,* in: LSZ, InsO, 3. Aufl. 2010, § 59 Rn. 9 f.

ten.[30] Der IX. Zivilsenat hat mit seiner Entscheidung aus dem Jahr 2005 die Maßstäbe näher bestimmt, aufgrund derer die Entlassung des Insolvenzverwalters sich als begründet erweist. Die aus der früheren Art der Darstellung gewonnene Ansicht, wonach es auch einen wichtigen Grund darstelle, den Insolvenzverwalter zu entlassen, hat der IX. Zivilsenat ebenso wie die weite Interpretation des wichtigen Grundes mit Blick auf den verfassungsrechtlichen Schutz der Ausübung des Berufs des Insolvenzverwalters verworfen. Der IX. Zivilsenat hatte in folgendem Fall zu entscheiden[31]: Das AG Leipzig hat als Insolvenzgericht den späteren Rechtsbeschwerdeführer im Jahr 1999 zum Insolvenzverwalter bestellt. Mit Beschluss vom 23. 5. 2002 wurde gegen den Insolvenzverwalter ein Zwangsgeld von 1.000 € festgesetzt. Damit sollte er zur Abgabe einer mehrfach angemahnten Ein- und Ausgabenrechnung angehalten werden. Dieser Beschluss wurde allerdings aufgehoben, weil der Beschwerdeführer die Rechnung innerhalb der Beschwerdefrist einreichte. Das Zwangsgeld wurde aufgehoben. Bereits am 26. 6. 2002 drohte das Insolvenzgericht dem Verwalter an, ihm wegen unangemessen verzögerter Eröffnung der Berichtspflicht gem. § 59 InsO aus dem Amt zu entlassen. Dazu erstatte er am 15. 8. 2002 seinen Schlussbericht. Mit Schreiben vom 19. 8. 2002 wurde der Insolvenzverwalter vom Insolvenzgericht dazu aufgefordert, eine Reihe von Fragen zu erledigen. Dabei spielte es u.a. eine Rolle, dass auf das Stammkapital der Schuldnerin von 50.000 DM ein Betrag von 20.000 DM nicht erbracht worden sei. Der Beschwerdeführer solle mitteilen, ob und inwieweit er sich um die Beitreibung bemüht habe. Da die nachfolgende Korrespondenz das Insolvenzgericht nicht zufrieden stellte, wurde mit Beschluss vom 6. 1. 2003 gem. § 56 InsO ein Sonderinsolvenzverwalter mit dem Auftrag bestellt, insbesondere festzustellen, ob sämtliche Vermögenswerte der Schuldnerin verwertet worden seien. Mit Bericht vom 29. 7. 2003 kam der Sonderinsolvenzverwalter zu dem Ergebnis, wegen der Fehlentrichtung von Stammkapital kämen Ansprüche in Betracht, die der Insolvenzverwalter nicht berücksichtigt habe. Mit Beschluss vom 19. 8. 2004 hat das Insolvenzgericht den Beschwerdeführer entlassen. Der IX. Zivilsenat geht davon aus, dass für die Entlassung des Insolvenzverwalters zu fordern sei, dass die Tatsachen, die den Entlassungsgrund bilden, zur vollen Überzeugung des Insolvenzgerichts nachgewiesen sind. Ausschlaggebend sei dabei, dass die Entlassung des Insolvenzverwalters voraussetzt, dass sein Verbleiben im Amt die Belange der Gläubigerschaft und die Rechtmäßigkeit der Verfahrensabwicklung objektiv nachhaltig beeinträchtigen würde, wobei die schutzwürdigen Interessen des Verwalters zu berücksichtigen sind. Eingriffe in die Rechtsstellung des Inhabers des Insolvenzverwalteramtes, das durch Art. 12 GG geschützt ist, sind nach Ansicht des IX. Zivilsenats nur dann zulässig, wenn sie durch höherwertige Interessen des Gemeinwohls gerechtfertigt sind. Dabei ist nach zutreffender Auffassung des Senates die Unschuldsvermutung auch vom Insolvenzgericht zu beachten, die Art. 6 Abs. 2 EMRK für ein gerichtliches Verfahren formuliert. Daher verwirft der IX. Zivilsenat jede Auffassung, die eine Entlassung des Insolvenzverwalters wegen des bösen Scheins von Pflichtwidrigkeiten oder gar einer Störung des Vertrauensverhältnisses zwischen Insolvenzverwalter und Insolvenzgericht begründet. Dies sei niemals für die Entlassung des Verwalters ausschlaggebend. Der bloße Verdacht also könne die Entlassung wegen des verfassungsrechtlich gewährleisteten Schutz zur Berufstätigkeit des Insolvenzverwalters nicht begründen. Vielmehr müsse eine dem Insolvenzverwalter vorgeworfene Pflichtverletzung die einen wichtigen Grund zur Entlassung des Insolvenzverwalters darstellt zur Überzeugung des Gerichts festgestellt sein. Der IX. Zivilsenat geht allerdings davon aus, dass auch der Verdacht des Vorliegens von Pflichtverletzungen dann zur Entlassung des Insolvenzverwalters ausreicht, wenn dem Gericht konkrete Anhaltspunkte hierfür vorliegen und im Rahmen zumutbarer Amtsermittlungen gem. 5 Abs. 1 InsO diese Verdachtsmomente nicht ausgeräumt werden können. Allerdings ist die Entlassung dann nur unter der Voraussetzung rechtmäßig, wenn damit die Gefahr größerer Schäden für die Masse abgewendet werden soll. Nur unter diesen Voraussetzungen müssen der Schutz der Berufsausübungsfreiheit und die Unschuldsvermutung zurücktreten, da dann überwiegende öffentliche Interessen sowie die Grundrechte der Gläubiger aus Art. 14 Abs. 1 Satz 1 GG gefährdet wären. Die Entscheidung des IX. Zivilsenats ist zu begrüßen. Sie schafft für Insolvenzgerichte und Verwalter Rechtsklarheit; „Fehden“ zwischen Richter und Verwalter, die sie dem vorliegenden

---

30 *Graeber*, in: MünchKomm, InsO, 1, Aufl. 2001, § 59 Rn. 14ff.
31 BGH, Beschl. v. 8. 12. 2005 – IX ZB 308/04 – m. Anm. *Wehdeking*, jprins 7/2006 Anm. 1.

Fall wohl zugrunde gelegen haben, wird damit für die Zukunft der Boden entzogen, was der sachlichen Verfahrensabwicklung dienlich ist.

II. Insolvenzgerichtliche Aufsicht und Durchsetzung zivilrechtlicher Ansprüche

1. Fragestellung

15 Die insolvenzgerichtliche Aufsicht über den Insolvenzverwalter vollzieht sich nicht kontinuierlich. Sie erlebt gleichsam dem Verfahren folgend ruhigere Phasen, auf die Phasen höherer Intensität der Aufsicht folgen. Dies gilt insbesondere für die Tätigkeiten, die zur Vorbereitung der Beendigung des Verfahrens vorzunehmen sind. Besondere Probleme treten auf, wenn ein Verwalterwechsel vorfällt. Denn in diesen Fällen bedarf es der sowohl der Aufsicht über den neuen Verwalter als auch der Frage von Aufsichtskompetenzen des Insolvenzgerichts wegen der Tätigkeit des durch ihn abgelösten Verwalters. Dabei treten oftmals Konflikte auf, die sich daraus ergeben, dass insolvenzgerichtliche Aufsichtsmaßnahmen und der vor den Prozeßgerichten ausgetragene Streit zwischen dem bisherigen und dem neuen Verwalter überlappen.

2. Fallbeispiel

16 Worum es geht, wird deutlicher, betrachtet man den folgenden Fall:

In dem über das Vermögen einer Schuldnerin eröffneten Insolvenzverfahren ist zunächst A als vorläufiger Verwalter und mit dem Eröffnungsbeschluss als Verwalter bestellt und dann – später – gem. § 57 InsO abgewählt und der neugewählte Verwalter B durch das Insolvenzgericht bestätigt worden. Zuvor hatte der abgewählte Verwalter (vor der Abwahl) die Festsetzung seiner Vergütung als vorläufiger Verwalter beantragt. Nach der Abwahl und Bestätigung des neugewählten Verwalters hat das Insolvenzgericht die beantragte Vergütung als vorläufiger Verwalter festgesetzt. Der neugewählte Verwalter begehrt vom bisherigen (abgewählten) Verwalter die Herausgabe der Barmasse, unverkürzt durch den festgesetzten Vergütungsbetrag. Das Insolvenzgericht hat mit zwei Beschlüssen den abgewählten Verwalter zur Herausgabe der Barmasse, unverkürzt durch den festgesetzten Vergütungsbetrag, aufgefordert.

III. Berechtigung des abgewählten Verwalters zur Entnahme der Vergütung aufgrund der Vergütungsfestsetzung

1. Problem

17 Der Streit zwischen früherem und neuem Verwalter ist in derartigen Fällen nicht selten vorprogrammiert. Denn wird die Tätigkeit des früheren Verwalters vergütet, kann dies zur Masseunzulänglichkeit führen. Das gleiche gilt, wenn der neue Verwalter sieht, dass die Masse nurmehr „seine“ Vergütung zu tragen ausreicht. Damit stellt sich die Frage, wie sich die um die geringe Masse konkurrierenden Vergütungsansprüche zueinander verhalten und wie sie „durchgesetzt“ werden.

2. Abweichende Vergütung des abgewählten Verwalters im Wege der Auszahlung der Vergütung durch den neugewählten Verwalter?

Die Festsetzung der Vergütung und Auslagen sowie der vom Verwalter zu zahlenden Umsatzsteuer erfolgt auf Antrag des Verwalters durch Beschluß des Insolvenzgerichts.[32] 18

In dem Beispielsfall (oben Rn. 16) scheinen das Insolvenzgericht und der gewählte Verwalter davon auszugehen, dass im Falle des § 57 InsO ein anderes Verfahren als das der Entnahme der Vergütung aus der Masse vorzunehmen und auch der auf die Vergütung entfallende Betrag vom gewählten dem abgewählten Verwalter auszuzahlen sei. Das ergibt sich freilich aus dem Gesetz in keiner Weise. Ob das Insolvenzgericht einen Festsetzungsbeschluss hätte erlassen dürfen, in dem abgewählten Verwalter ein materiellrechtlicher, vom gewählten Verwalter aus der Masse zu erfüllender Anspruch eingeräumt wird, begegnet ernsthaften Zweifeln. Denn ein solcher Festsetzungsbeschluss hätte nur deklaratorische Bedeutung. Denn der Verwalter hat, wie die §§ 53, 54 Nr. 2 InsO zeigen, materiellrechtlich zwingend wegen § 63 InsO einen Anspruch gegen die Masse. Die Massegläubiger sind gem. § 53 InsO vorweg zu befriedigen.[33] Zu den Verfahrenskosten (Massekosten) zählen gem. Nr. 1 die Gerichtskosten, nach Nr. 2 die Vergütungen und der Auslagenersatz für den Verwalter und die Mitglieder des Gläubigerausschusses; nach neuem Recht gem. Nr. 2 auch – für den Fall der Eröffnung des Verfahrens – die Kosten eines vorläufigen Verwalters gem. § 22.[34] Der Vergütungsanspruch des Verwalters entsteht daher aufgrund seiner Tätigkeit.

Der Vergütungsbeschluss des Insolvenzgerichts hatte aber keine einschränkende Bestimmung vorgesehen und entsprach damit der gesetzlichen Regelung des § 64 InsO.[35]

3. Masseunzulänglichkeit

Denn zeigt der neugewählte und bestätigte Verwalter die Masseunzulänglichkeit an, 19
kommt es zur Befriedigung der Masseverbindlichkeiten gem. § 209 InsO.[36]

Die Verteilung nach den allgemeinen Verteilungsprinzipien wird dabei durch § 209 InsO überlagert, wonach grundsätzlich die Neumassegläubiger der Rangklasse 2 den Altmassegläubigern der Rangklasse 3 vorgehen. Im Einzelnen gilt:[37] Die Befriedigung der Kosten des Insolvenzverfahrens (§§ 54, 207 Abs. 1 InsO) nimmt den 1. Rang der Masseverbindlichkeiten ein.[38] Grundsätzlich rangieren die (festgesetzten) Vergütungsansprüche des abgewählten Verwalters in der Rangklasse 1. Es handelt sich dabei insbesondere auch nicht um Altmasseverbindlichkeiten, weil sie zeitlich vor der

---

32 *Smid,* in: LSZ, InsO, 3. Aufl. § 64 Rn. 2.
33 *Smid,* in: LSZ, InsO, 3. Aufl. § 53 Rn. 1.
34 *Smid,* in: LSZ, InsO, 3. Aufl. § 54 Rn. 2.
35 Vgl. hierzu etwa *Lüke,* in: Kübler/Prütting/Bork, InsO, Stand: Mai 2010, § 64 Rdnr. 2.
36 BGH, Beschl. v. 19. 11. 2009 – IX ZB 261/08, DZWIR 2010, 158.
37 *Smid,* in: LSZ, InsO, 3. Aufl. § 209 Rn. 4.
38 *Smid,* in: LSZ, InsO, 3. Aufl. § 209 Rn. 5.

Anzeige der Masseunzulänglichkeit entstanden sind.[39] Denn das Gesetz entscheidet wegen der Verwaltungskosten nicht zwischen Alt- und Neumasseverbindlichkeiten. Diese Entscheidung wird nur wegen der Masseverbindlichkeiten gem. § 55 InsO getroffen. Aufgrund der Rangordnung des § 209 Abs. 1 InsO tritt daher der Vergütungsanspruch des abgewählten Verwalters nicht hinter den des Gewählten im Rang zurück. Der neugewählte Verwalter müsste daher sogleich nach Erhalt des Betrages der Barmasse, in dem sich betragsmäßig die Vergütung des abgewählten Verwalters befindet, die Vergütung an den abgewählten Verwalter zur Auszahlung bringen.

4. Materiellrechtliche Zurückbehaltungsrechte des abgewählten Verwalters

20 Dies erinnert an bürgerlichrechtliche Strukturen, in denen sich das Herausgabebegehren deshalb als rechtlich unbeachtlich erweist, weil die herausverlangte Sache alsbald wieder herauszugeben wäre (dolo agit qui petit quod statim redditures est).[40] Der abgewählte Insolvenzverwalter könnte zudem ein Zurückbehaltungsrecht haben.

Da der Vergütungsanspruch zivilrechtlicher Natur ist – es handelt sich keinesfalls um einen hoheitlich begründeten Titel – darf der Verwalter zwar ohne Vergütungsfestsetzung nicht die Vergütung der Masse entnehmen; ihm steht aber, solange sein Anspruch nicht befriedigt worden ist, gegenüber auf die Masse gerichteten Herausgabeansprüchen des neuen Verwalters ein Zurückbehaltungsrecht gem. § 271 BGB zu.

Voraussetzung des Zurückbehaltungsrechts ist die Gegenseitigkeit der Ansprüche[41], nicht deren Gleichartigkeit. Sie müssen zudem konnex sein – sich aus demselben Rechtsverhältnis ergeben. Das ist hier wegen dem Bezug auf die Masseverwaltung der Fall. Daran ändert sich nichts, dass der neue Verwalter als treuhänderische Partei die Herausgabe der Masse betreibt, da die materielle Rechtsbeziehung gem. § 54 InsO zwischen dem vergütungsberechtigten früheren Verwalter als Anspruchsinhaber und der Masse besteht.

Die materiellen Rechtsbeziehungen zwischen Masse und früherem Verwalter hat – wie bereits angesprochen – das Insolvenzgericht nicht ordnungsrechtlich zu entscheiden; dies fällt in die Befugnisse allein der Prozeßgerichte. Hierzu ist auf das eingehende Werk *Rechels* zu verweisen.[42]

5. Folgerungen

21 Damit kann sich die Frage der Herausgabe „der Masse" wie in dem hier angeführten Beispielsfall als ein durchaus aufwendiger Komplex vielfach ineinander verschränkter Rechtsprobleme darstellen. Bereits an dieser Stelle lässt sich daher erkennen, dass insolvenzgerichtliche Zwangsmittel nur begrenzt geeignet sein können, in derartigen Konstellationen die ordnungsgemäße Abwicklung des Verfahrens zu verbessern.

---

39 BGH, Urt. v. 13. 4. 2006 – IX ZR 22/05, BGHZ 167, 178, 186 ff.
40 *Roth,* in: MünchKomm, 5. Aufl. (2007), § 242 Rdnrn. 373 ff.
41 *Krüger,* in: MünchKomm, BGB, 6. Aufl. 2012, § 271 Rn. 8.
42 *Rechel,* Die Aufsicht des Insolvenzgerichts, 2009.

Denn das Insolvenzverfahren als nichtstreitiges Verfahren[43] ist darauf gerichtet, die Verwaltung, Verwertung und Verteilung des beschlagnahmten und haftenden Schuldnervermögens zugunsten der Gläubiger zu verwirklichen; bereits Streitigkeiten, die wie Anfechtungsprozesse (§ 129 InsO) oder Prozesse auf Feststellung der Forderung des Gläubigers (§ 180 InsO) im unmittelbaren Zusammenhang damit auftreten, werden nicht vor dem Insolvenzgericht, sondern von den Prozeßgerichten ausgetragen.[44] Aufgabe des Insolvenzgerichts ist die Beaufsichtigung der Verfahrensabwicklung durch den Insolvenzverwalter.

IV. Anwendbarkeit aufsichtsrechtlicher Vorschriften auf den abgewählten Insolvenzverwalter

1. Der Aufsicht unterworfene Personen[45]

22 Dies wirft die Frage auf, welche Personen überhaupt der insolvenzgerichtlichen Aufsicht unterworfen sein können. Dabei tritt naturgemäß zunächst der „amtierende" Insolvenzverwalter in den Blick. Auf ihn sind die Regelungen in der Vorschrift des § 58 InsO zugeschnitten.[46] Neben dem folglich ausdrücklich in § 58 Abs. 1 InsO genannten Insolvenzverwalter sind aufgrund gesetzlicher Verweisungen in §§ 21 Abs. 2 Nr. 1, 274 Abs. 1, 292 Abs. 3 S. 2, 313 Abs. 1 S. 3 InsO auch der vorläufige Insolvenzverwalter, der Sachwalter, der Treuhänder im vereinfachten Insolvenzverfahren und der Treuhänder der Wohlverhaltensperiode der insolvenzgerichtlichen Aufsicht unterworfen.[47]

2. Beginn und Ende der insolvenzgerichtlichen Aufsicht

23 Nicht unumstritten sind die Bestimmung von Beginn und Ende der Aufsicht des Insolvenzgerichts.[48] Im allgemeinen setzt die Ausübung insolvenzgerichtlicher Aufsicht gem. § 58 Abs. 1 S. 1 InsO nach dem Wortlaut dieser Vorschrift die Existenz eines Funktionsträgers des Insolvenzverfahrens voraus. Problematisch ist freilich nicht eine wie auch immer zu bestimmende „Vorverlagerung" insolvenzgerichtlicher Aufsicht – wie sie z.B. von *Rechel*[49] in der Vorauswahl und Auswahl des Insolvenzverwalters durch das Insolvenzgericht gesehen wird. Schwierigkeiten bereitet die Frage, ob die insolvenzgerichtliche Aufsichtskompetenz über die Innehabung seines Amtes durch den Insolvenzverwalters hinausreicht.

---

43 *Smid/Leonhardt*, in: Leonhardt/Smid/Zeuner, InsO, 3. Aufl. § 4 Rn. 3ff.
44 BGH, Urt. v. 7. 5. 1991 – IX ZR 30/90 – ZIP 1991, 737 [zu §§ 129ff. InsO]; *Häsemeyer*, Insolvenzrecht, 4. Aufl. Rn. 22/28 [zu §§ 180ff. InsO].
45 *Rechel*, in: LSZ, InsO, 3. Aufl. § 58 Rn. 4.
46 *Rechel*, in: LSZ, InsO, 3. Aufl. § 58 Rn. 1.
47 *Rechel*, in: LSZ, InsO, 3. Aufl. § 58 Rn. 4.
48 *Rechel*, in: LSZ, InsO, 3. Aufl. § 58 Rn. 5.
49 *Rechel*, Aufsicht (Fn. 1).

24 So wird im allgemeinen das Ende der insolvenzgerichtlichen Aufsicht durch die Beendigung der Amtsstellung[50] der beaufsichtigten Person[51] bestimmt. Das Ende des Amtes des Insolvenzverwalters tritt im Regelfall kraft Gesetzes mit der Verfahrensbeendigung durch Einstellung nach §§ 207 Abs. 1 S. 1, 211 Abs. 1, 212f. InsO oder durch Aufhebung nach §§ 200 Abs. 1, 258 Abs. 1 InsO ein.[52]

Über den Zeitraum der Innehabung seines Amtes hinaus treffen den Insolvenzverwalter auch nach Verfahrensbeendigung noch Handlungspflichten, die sich gleichsam aus der Sache selbst ergeben. Hierzu zählt namentlich die Schlussrechnungslegungspflicht (§ 66 Abs. 1 InsO und die Pflicht zur Rückgabe der Bestallungsurkunde (§ 56 Abs. 2 S. 2 InsO).[53] Diese Pflichten können schlechthin erst nach formaler Beendigung der Amtsstellung erfüllt werden und reichen damit über das Verfahrensende hinaus.[54] Sie betreffen das Verhältnis des Verwalters zum Verfahren und zum Insolvenzgericht. Denn die Schlussrechnungslegungspflicht eröffnet dem Insolvenzgericht die Möglichkeit der Prüfung der Amtstätigkeit des Insolvenzverwalters; die Pflicht zur Rückgabe der Bestellungsurkunde dient dazu, die Legitimationsurkunde des Insolvenzverwalters mit Erlöschen seines Amtes einzuziehen.[55] Soweit daher nach Beendigung seines Amtes greifende verfahrensrechtliche Pflichten des Insolvenzverwalters gegenüber dem Insolvenzgericht vorliegen, korreliert damit eine Aufsichtsbefugnis des Insolvenzgerichts. Es liegt nämlich auf der Hand, dass das Insolvenzgericht gegen den Verwalter nicht auf Schlussrechnungslegung oder auf Herausgabe der Bestellungsurkunde zu klagen hat; vielmehr bedient es sich Zwangsmittel des § 58 InsO.

3. Aufsicht über den entlassenen Insolvenzverwalter

25 Diese Selbstverständlichkeiten lassen freilich für den Fall, der Anlass zu diesen Erwägungen bietet, noch keine Rückschlüsse zu.

Primäres Mittel insolvenzgerichtlicher Aufsicht sind die Androhung und die Verhängung eines Zwangsgelds gegen den entlassenen Insolvenzverwalter.[56] Der BGH hat deshalb festgestellt, dass die Aufsicht des Insolvenzgerichts über den Insolvenzverwalter bis zur vollständigen Erfüllung der über die Amtsbeendigung hinaus nachwirkenden Amtspflichten des entlassenen Insolvenzverwalters andauert.[57] Die §§ 58 Abs. 1 S. 2, Abs. 2 S. 1, 66 Abs. 1 InsO stellen nach Ansicht des BGH dabei eine den verfassungsrechtlichen Anforderungen genügende Ermächtigungsgrundlage zur Zwangsgeldfestsetzung gegen den die Vorlage der Teilschlussrechnung verweigernden, entlassenen Insolvenzverwalter dar.[58] Im Schriftum wird dieser Judikatur mit

---

50 *Rechel*, in: LSZ, InsO, 3. Aufl. § 58 Rn. 6.
51 *Gerhardt*, in: Jaeger/Henckel, InsO 2007, § 56 Rn. 75.
52 So zutr. *Rechel*, in: LSZ, InsO, 3. Aufl. § 58 Rn.
53 *Smid/Leonhardt*, in: LSZ, InsO, 3. Aufl. § 66 Rn. 4.
54 Ausführl. *Rechel*, Kap. D.III.2.
55 *Uhlenbruck*, in: Uhlenbruck, InsO, 13. Aufl. 2010, § 56 Rn. 57.
56 *Rechel*, in: LSZ, InsO, 3. Aufl. § 58 Rn. 32.
57 BGH, Beschl. v. 14. 4. 2005 – IX ZB 76/04, NZI 2005, 391.
58 BGH, Beschl. v. 14. 4. 2005 – IX ZB 76/04, NZI 2005, 391, 392.

den Argumenten zugestimmt, dass § 58 Abs. 2 S. 1 InsO ganz allgemein auf die Nichterfüllung der Verwalterpflichten abstelle.[59] Die Gesetzesmaterialien liessen nicht erkennen, dass der Gesetzgeber durch die Regelung in § 58 Abs. 3 InsO die Durchsetzbarkeit der Rechnungslegungspflichten des entlassenen Insolvenzverwalters mit dem Zwangsmittel des § 58 Abs. 2 InsO einschränken wollte.[60] Wird der Verwalter vom Insolvenzgericht entlassen, kann seine Schlussrechnungslegungspflicht vor Rechtskraft des Entlassungsbeschlusses im Zwangsgeldverfahren durchgesetzt werden. Eine Beschwerde gegen den Entlassungsbeschluss hätte keine aufschiebende Wirkung hat (§ 4 i.V.m. § 570 Abs. 1 ZPO) und der Insolvenzverwalter bleibt zur (Teil)Schlussrechnungslegung verpflichtet.[61] Erst recht kann das Insolvenzgericht nach § 58 Abs. 1 S. 2 InsO die Rechnungslegung über die bisherige Amtsführung des Insolvenzverwalters einfordern und diese Rechnungslegungspflicht im Zwangsgeldverfahren durchsetzen, wenn die Vollziehung des Beschlusses über die Amtsentlassung einstweilen ausgesetzt worden ist und deshalb das Amt des Insolvenzverwalters noch andauert.[62]

4. Aufsicht über den abgewählten Insolvenzverwalter?

Kommt der nach § 57 InsO „abgewählte" oder der nach § 59 Abs. 1 InsO entlassene 26
Insolvenzverwalter seiner (Teil-)Schlussrechnungslegungspflicht (§ 66 Abs. 1 InsO) nur unzureichend oder gar nicht nach stellt sich die Frage, wie zu verfahren ist. Im Schrifttum wird dabei z.T. behauptet, der nachfolgende Insolvenzverwalter könne Auskunfts- und Rechnungslegungsanspruch außerhalb des Insolvenzverfahrens auf dem Zivilrechtsweg durchsetzen.[63] Und das Gegenargument, die damit verbundene zeitliche Verzögerung werde dem Interesse des Nachfolgeverwalters an einer zeitnahen und vollständigen Information über die bisherige Insolvenzabwicklung nicht gerecht, verfängt dann nicht, wenn nicht die Zulässigkeit eines insolvenzgerichtlichen Zwangsgeldverfahrens nach § 58 Abs. 2 InsO gegeben ist.[64] Sie ist für den Fall des abgewählten Verwalters allerdings in der Literatur umstritten.[65] Für die Zulässigkeit der Verhängung eines Zwangsgeldes zur Erzwingung der Schlussrechnungslegung durch den abgewählten Verwalter spricht, dass nach § 66 Abs. 1 InsO die Schlussrechnungslegungspflicht die Beendigung des Insolvenzverwalteramts voraussetzt.[66] Die Lage ist hier nicht von der unterschieden, die sich im Falle der Verfahrensbeendigung und der Entlassung des Insolvenzverwalters ergibt.

---

59 *Rechel,* in: LSZ, InsO, 3. Aufl. § 58 Rn. 29; Uhlenbruck/ *Uhlenbruck,* InsO, 12. Aufl. § 58 Rn. 25.
60 Amtl. Begr. zu § 69 RegEInsO, BT-Drs. 12/2443, S. 128.
61 BGH, Beschl. v. 14. 4. 2005 – IX ZB 76/04 – NZI 2005, 391, 392.
62 *Rechel,* in: LSZ, InsO, 3. Aufl. § 58 Rn. 32.
63 *Rechel,* in: LSZ, InsO, 3. Aufl. § 58 Rn. 32.
64 *Rechel,* in: LSZ, InsO, § 58 Rn. 32. (?)
65 Bejahend *Nowak,* in: MünchKomm, InsO, 2. Aufl. 2008, § 66 Rn. 35 a.E.; *Delhaes,* in: Nerlich/ Römermann, InsO, 22. Erf. Lfg. 2012, § 66 Rn. 13; *Blersch,* in: BK, InsO, 38. Aufl. 2011, § 58 Rn. 18; verneinend *Eickmann,* in: Kreft, InsO, 5. Aufl. 2008, § 58 Rn. 14; *Gerhardt,* in: Jaeger/Henckel, InsO 2007, § 66 Rn. 21; *Onusseit,* in: Kübler/Prütting, InsO, § 66 Rn. 10; *Uhlenbruck,* in: Uhlenbruck, InsO, 13. Aufl. 2010, § 58 Rn. 42, § 66 Rn. 23.
66 *Uhlenbruck,* in: Uhlenbruck, InsO, 13. Aufl. 2010, § 66 Rn. 7; *Rechel,* in: Leonhardt/Smid/Zeuner, InsO, § 58 Rn. 32.

V. Insolvenzgerichtliche Aufsichtsmaßnahme oder Klage des neuen Verwalters auf Auskunft oder Schlussrechnungslegung gegen den bisherigen Verwalter?

1. Judikatur des BGH

27 Zweifel bestehen dagegen daran, ob in der Tat parallel zu insolvenzgerichtlichen Aufsichtsmitteln der nachfolgende Insolvenzverwalter gegen den abgewählten Verwalter eine Auskunftsklage erheben könnte. Der BGH[67] hat allerdings zu Auskunftspflichten des vorläufigen Insolvenzverwalters und des Insolvenzverwalters gegenüber dem Absonderungsberechtigten in einem Fall entschieden, in dem es allerdings um Aufkunftsbegehren eines dinglich gesicherten Gläubigers gegen den nachfolgenden Insolvenzverwalter wegen des Verbleibs der sicherungsübereigneten Waren im Zeitraum des Amtes des entlassenen Verwalters ging. Der neue Verwalter hatte sich dagegen mit dem Vorbringen verteidigt, in Ermangelung von Unterlagen habe er keine Kenntnis vom Verbleib der Sachen. Der IX. Zivilsenat hat dagegen die Ansicht vertreten, auch der nach Ausscheiden des früheren Insolvenzverwalters bestellte Insolvenzverwalter habe die Pflicht, sich über die geschäftlichen Verhältnisse der Insolvenzschuldnerin und die Vorgänge zu informieren, die bis zu seinem Amtsantritt geherrscht haben, wozu ihm Auskunftsansprüche gegen den vorzeitig aus dem Amt Entlassenen sowie aus den §§ 97, 98 InsO gegen den Schuldner bzw. die Organe der schuldnerischen Gesellschaft zustehen.[68] Dabei meint der IX. Zivilsenat des BGH, dass der in Anspruch genommene neue Verwalter er eine „Negativauskunft" in dem Sinne erteilt werden darf, dass der Insolvenzverwalter dem Auskunftsbegehrenden mitteilt, dass sich bestimmte Vorgänge, der Verbleib von Absonderungsgut usf. aufgrund der bis zu seinem Amtsantritt unordentlich geführten Verwaltung nicht ermitteln lassen. Der Insolvenzverwalter muss allerdings nachvollziehbar vortragen und ggf. unter Beweis stellen, dass Unterlagen nicht zu beschaffen und Auskünfte nicht zu ermitteln seien. Auch mit dieser Negativauskunft ist dem Absonderungsberechtigten im Übrigen gedient. Denn *er* kann dann gegen den entlassenden früheren Insolvenzverwalter Schadenersatzansprüche gem. § 60 InsO geltend machen. Bemerkenswert ist, dass es der IX. Zivilsenat dabei vermieden hat, von Auskunftsansprüchen des Absonderungsberechtigten gegen den entlassenen Insolvenzverwalter zu sprechen.

Diese Entscheidung gibt für die Zulässigkeit einer Auskunftsklage des neuen gegen den früheren Insolvenzverwalter nichts her.

2. Doppeltes Zwangsgeld gegen den bisherigen Verwalter auf Durchsetzung einer unvertretbaren Handlung?

28 Ausschlaggebend ist die Frage, was denn mit der Auskunftsklage erreicht wird. Dies beantwortet sich vor dem Hintergrund des angestrebten Titels. Die Erteilung der Auskunft oder die Schlussrechnungslegung in diesen Fällen stellt sich als unvertret-

---

67 BGH, Urt. v. 4. 12. 2003, IX ZR 222/02, DZWIR 2004, 238 = ZIP 2004, 326.
68 BGH, Urt. v. 4. 12. 2003, IX ZR 222/02, ZVI 2004, 105,108; *Rechel,* in: Leonhardt/Smid/Zeuner, InsO § 58 Rn. 35.

bare Handlung des früheren Insolvenzverwalters dar; er und nur er kann die Auskunft erteilen bzw. nur er kann die Schlussrechnung legen.[69] Vollstreckt wird das Urteil auf Abgabe einer Auskunft oder Schlussrechnungslegung durch Festsetzung eines Zwangsgeldes durch das Prozeßgericht. Wollte man die Auskunftsklage daher parallel neben insolvenzgerichtlichen Aufsichtsmaßnahmen zulassen, würde dies darauf hinauslaufen, den in Anspruch genommenen früheren Verwalter doppelten Zwangsgeldfestsetzungen auszusetzen. Dagegen bestehen aber erhebliche Bedenken, die sich auch verfassungsrechtlich begründen lassen. Denn die Verhängung von Zwangsgeld stellt sich zum einen als Eingriff in Grundrechte des verurteilten bisherigen Verwalters dar, der durch eine parallel zu insolvenzgerichtlichen Aufsichtsmaßnahmen erhobene Auskunftsklage oder Schlussrechnungslegungsklage, würde der bisherige Verwalter antragsgemäß verurteilt, gleichsam verdoppelt würde. Zum anderen ergeben sich darüber hinaus bereits Fragen aus der gesetzlichen Kompetenzverteilung. Wenn die Durchsetzung von Aufsichtsmaßnahmen gegen den entlassenen oder abgewählten Verwalter nämlich in die Zuständigkeit des Insolvenzgerichts fällt ist es mehr als bedenklich, dem neuen Insolvenzverwalter die Befugnis zuzusprechen, ein Urteil zu erstreiten, das keine andere vollstreckungsrechtlichen Wirkungen als die insolvenzgerichtliche Aufsichtsmaßnahme zeitigt.

Dieser vollstreckungsrechtliche Gleichlauf legt erhebliche Zweifel daran nahe, ob der klagende neue Insolvenzverwalter für den auf Auskunftserteilung oder Schlussrechnungslegung prozeßführungsbefugt ist: Denn er verwaltet die Masse, er leitet aber nicht die Verfahrensaufsicht. Es ist daher schon bedenklich, seine Prozeßführungsbefugnis auf § 80 Abs. 1 InsO[70] stützen zu wollen. Selbst wenn man dies aber bejahen würde, scheiterte doch die Zulässigkeit einer solchen Klage des neuen Insolvenzverwalters daran, dass es ihm an dem erforderlichen Rechtschutzbedürfnis: Er könnte nichts anderes erreichen als durch das insolvenzgerichtliche Aufsichtsinstrumentarium erreicht werden könnte. **29**

Ein Seitenblick mag dies abrunden: Auch das Insolvenzgericht darf den neuen Verwalter nicht etwa mit einer derartigen Klage „beauftragen“, etwa um sich die Mühen eigener Aufsichtsmaßnahmen zu ersparen. Denn solche Aufträge kennt das Gesetz nur im Rahmen des § 8 Abs. 3 InsO[71]; eine „Teilprivatisierung“ der insolvenzgerichtlichen Aufsicht, wie sie mit dem gesetzlich unabgesicherten Institut der Sonderverwalter[72] zur Zeit im Schwange ist, kann doch nicht auf den hier beschriebenen Fall erstreckt werden. **30**

---

69 *Uhlenbruck,* in: Uhlenbruck, InsO, 13. Aufl. 2010, § 66 Rn. 9.
70 *Smid,* in: Leonhardt/Smid/Zeuner, Inso , 3. Aufl. § 80 Rn. 1.
71 *Kirchhof,* in: Kreft/Eickmann, InsO, § 8 Rn. 10.
72 *Rechel,* in: LSZ, § 56 Rn. 51; anders: *Graeber,* in: MünchKomm, InsO, 2. Aufl. 2008, § 56 Rn. 155.

VI. Durchsetzung der Herausgabe der Masse

1. Fragestellung

31 In dem hier interessierenden Zusammenhang wird im Schrifttum[73] stets aber auch die Herausgabe eines nach Verteilung verbleibenden Überschusses an den Insolvenzschuldner (§ 199 InsO) genannt und für diesen Fall ebenfalls die Anwendbarkeit des § 58 InsO bejaht. Vordergründig ist dies nicht völlig von der Hand zu weisen. Denn die Herausgabe des Überschusses an den Schuldner bzw. der Masse an den neuen Verwalter ist nicht anders als die Schlussrechnungspflicht eine Rechtspflicht des bisherigen Insolvenzverwalters.[74]

32 Dennoch ist die Anwendbarkeit des § 58 InsO auf diese Fälle alles andere als selbstverständlich. Nach den oben (IV 2 Rn. 28ff.) getroffenen Feststellungen zur Bedeutung der Vollstreckungsform für die Kompetenzverteilung zwischen Insolvenzgericht und neuem Verwalter in Konflikten mit dem bisherigen Verwalter liegt eine andere Bewertung dieser Fälle nahe. Diese abweichende Bewertung läuft auf eine gegenüber den Auskunfts- und Schlussrechnungsfällen „umgekehrte" Behandlung der Herausgabefragen nahe.

2. Person des Adressaten von insolvenzgerichtlichen Zwangsmitteln

33 Fraglich ist allerdings bereits, wer in diesen Fällen Herausgabeverpflichteter ist.[75] § 58 Abs. 3 InsO benennt nur den entlassenen Insolvenzverwalter als Herausgabeverpflichteten. Aus der gesetzlichen Verweisung in § 21 Abs. 2 Nr. 1 InsO ergibt sich ohne weiteres die Anwendbarkeit des § 58 Abs. 3 InsO auch auf den vorläufigen Insolvenzverwalter, der z.B. bei Verfahrenseröffnung nicht zum Insolvenzverwalter bestellt worden ist. Zudem ist diese Vorschrift entsprechend. auf den Sachwalter (§ 274 Abs. 1 InsO) und den Treuhänder im vereinfachten Insolvenzverfahren (§ 313 Abs. 1 S. 3 InsO) anwendbar.[76]

34 Im Schrifttum wird weiter die Ansicht vertreten, die Herausgabepflicht treffe auch den nach § 57 InsO „abgewählten" Insolvenzverwalter.[77] An der methodischen Richtigkeit dieser „teleologischen Erweiterung" des § 58 Abs. 3 InsO bestehen aber Zweifel. Für sie wird ins Feld geführt, schließlich könne auch der abgewählte Verwalter seine Pflichten verletzen; der Gesetzgeber habe diesen Fall übersehen. Die dadurch entstandene „Lücke" sei zu schließen. Dagegen ist zu halten:

Insolvenzgericht und Verwalter stehen sich sub specie der vom Insolvenzverwalter zu erfüllenden (verfahrensrechtlichen) Pflichten in einem Subordinationsverhältnis gegenüber. Das Insolvenzverfahren ist ein administratives Gerichtsverfahren[78] und die

---

73 *Rechel,* in: Leonhardt/Smid/Zeuner, InsO, 3. Aufl. § 58 Rn.
74 *Uhlenbruck,* in: Uhlenbruck, InsO, 13. Aufl. 2010, § 199 Rn. 2.
75 *Rechel,* in: Leonhardt/Smid/Zeuner, InsO, 3. Aufl. § 58 Rn. 34.
76 *Rechel,* in: Leonhardt/Smid/Zeuner, InsO, 3. Aufl. § 58 Rn. 34.
77 *Frind,* in: HambKomm, InsO, 3. Aufl. 2010, § 58 Rn. 11; *Gerhardt,* in: Jaeger/Henckel, InsO 2007, § 58 Rn. 33; *Graeber,* in: MünchKomm, InsO, 2. Aufl. 2008, § 57, Rn. 40.
78 Eingehend hierzu *Smid,* DZWIR 2004, 359ff. und DZWIR 2006, 353 ff. m.w.N.

Aufsichtsmaßnahmen des Insolvenzgerichts stellen sich somit als hoheitliche Eingriffe in die Rechtssphäre des bisherigen Verwalters dar.[79] § 58 Abs. 3 InsO beschreibt den Umfang der insolvenzgerichtlichen Aufsichtsmaßnahmen zur Herausgabeerzwingung in personeller Hinsicht. Dass der – ja schließlich wegen Pflichtwidrigkeiten, § 59 InsO![80] – entlassene Verwalter auch wegen der Herausgabe der Masse durch insolvenzgerichtliche Zwangsmittel angehalten werden kann, lag für den Gesetzgeber auf der Hand. Denn der entlassene Verwalter muss zügig die Masse herausgeben, um deren weitere Schädigung zu vermeiden.

Die Abwahl ist demgegenüber Mittel der Verwirklichung der Gläubigerautonomie. Die Bestätigung des neuen Verwalters, mit der das Amt des bisherigen abgewählten Verwalters endet, ist selbst kein Aufsichtsmittel.

Eine „teleologische" Ergänzung des § 58 Abs. 3 InsO ist nach alledem methodisch nicht vertretbar. Sie gäbe dem Insolvenzgericht Eingriffsmittel, die der Gesetzgeber nicht vorgesehen hat. Diese Eingriffsmittel sind aber auch nicht erforderlich, wie der Blick auf die Form der Herausgabevollstreckung deutlich macht.

3. Herausgabevollstreckung gegen den entlassenen Verwalter[81]

Bevor daher die Frage nach der Behandlung von Herausgabeansprüchen gegen den abgewählten Verwalter erörtert werden kann ist der gesetzlich eindeutige Fall zu diskutieren, in dem die Herausgabe vom entlassenen Verwalter begehrt wird. 35

Erfüllt der entlassene Insolvenzverwalter seine Herausgabepflicht nicht, kann diese zwar nach § 58 Abs. 3 InsO mit dem Zwangsgeldverfahren gem. § 58 Abs. 2 InsO durchgesetzt werden. Eine Vollstreckung des Herausgabeanspruchs ist demgegenüber gesetzlich nicht normiert; das Insolvenzgericht kann die Herausgabehandlung des entlassenen Verwalters noch „erzwingen" – indem es ihm den finanziellen Nachteil des Zwangsgeldes auferlegt. Im Regierungsentwurf zur InsO war zwar ursprünglich vorgesehen, dass auf die der §§ 883, 887 f. ZPO in diesem Zusammenhang verwiesen und damit die Herausgabevollstreckung zur Anwendung kommen sollte. ist Im Gesetzgebungsverfahren ist dies aber aus Gründen der Verfahrensvereinfachung gestrichen worden. Auch § 148 Abs. 2 InsO kann nicht helfen, da Vorschrift nach Wortlaut voraussetzt, dass sich die Unterlagen oder Massegegenstände im Besitz des Insolvenzschuldners befinden[82]; eine Herausgabevollstreckung aus dem Eröffnungsbeschluss gegen Dritte sieht diese Regelung nicht vor.

Solange das Insolvenzgericht sich des Zwangsmittels des § 58 Abs. 3 InsO bedient, wäre der neue Verwalter zwar prozeßführungsbefugt – schließlich geht es um seine genuinen Zuständigkeiten, § 80 Abs. 1 InsO. Es würde seiner Klage aber solange am Rechtschutzinteresse fehlen, wie noch erwartet werden kann, dass die insolvenzge-

---

79 Oben Fn. 24.
80 *Rechel*, in: LSZ, InsO, 3. Aufl. § 59 Rn. 1.
81 *Rechel*, in: LSZ, InsO, 3. Aufl. § 58 Rn. 36.
82 *Eickmann*, in: Kreft, InsO, 5. Aufl. 2008, § 58 Rn. 15.

richtlichen Zwangsmaßnahmen ihre Wirkung entfalten und der bisherige Verwalter die Masse herausgibt.

36 Erst wenn das Zwangsgeldverfahren in der vom Insolvenzgericht dem bisherigen Verwalter zur Herausgabe gesetzten oder einer im Übrigen angemessenen Frist ergebnislos verlaufen ist, hat sein Nachfolger im Amt das Rechtschutzinteresse zur Erhebung der Herausgabeklage auf dem Zivilrechtsweg.[83] Ein gegen die Entlassung eingelegtes Rechtsmittel ist dabei keine zulässige Einwendung gegen die Zulässigkeit der Herausgabeklage, da der sofortigen Beschwerde keine aufschiebende Wirkung zukommt (§ 4 i.V.m. § 570 Abs. 1 ZPO).

Es ist aber bereits an dieser Stelle darauf aufmerksam zu machen, dass die Rechtmäßigkeit insolvenzgerichtlicher Aufsichtsmaßnahmen gem. § 58 Abs. 3 InsO kein „Selbstläufer" ist. Denn dem entlassenen Verwalter können Zurückbehaltungsrechte an der Masse zustehen, beispielsweise wenn das Insolvenzgericht wie in dem oben (Rn. 28ff.) dargestellten Beispielsfall Vergütungen zu seinen Gunsten festgesetzt hat. Bekanntlich führen auch Pflichtverstöße des Verwalters grundsätzlich nicht zu einer Verwirkung seiner Vergütungsansprüche.

4. Herausgabevollstreckung gegen den abgewählten Verwalter[84]

37 Insolvenzgerichtliche Zwangsmittel gegen den abgewählten Verwalter nach Bestätigung des neuen Verwalters im Amte können nach alledem die effiziente Durchsetzung seiner Verwaltungsbefugnis durch den neuen Verwalter allenfalls verzögern.

Im Unterschied zur oben behandelten Auskunfts- oder Schlussrechnungslegungsproblematik besteht keine Zweifel daran, dass der neugewählte und in seinem Amt insolvenzgerichtlich bestätigte Verwalter dazu legitimiert ist, Herausgabeansprüche wegen der Masse gegen den abgewählten Verwalter einzuklagen.

5. Bestellung eines Sonderverwalters[85]

38 **a) Rechtliche oder tatsächliche Verhinderung des Insolvenzverwalters.** Liegt in bestimmten Fällen eine Hinderung des Insolvenzverwalters zur Wahrnehmung seiner Aufgaben vor, kann das Insolvenzgericht einen Sonderverwalter bestellen. Die InsO sieht freilich keine ausdrückliche Regelung vor, auf deren Grundlage ein Sonderinsolvenzverwalter eingesetzt werden kann. Im Regierungsentwurf zur InsO war noch die Bestimmung eines § 77 vorgesehen, die besagte, ein Sonderinsolvenzverwalter sei zu bestellen, soweit der Insolvenzverwalter aus rechtlichen oder tatsächlichen Gründen seine Aufgaben nicht wahrnehmen kann. Weiter sollte danach ein Sonderinsolvenzverwalter bestellt werden können, wenn zur Befriedigung bestimmter Gläubigergruppen Sondermassen zu bilden sind. Der Rechtsausschuss hat diese Vorschrift mit der Begründung gestrichen, dass die Bestellung eines Sonderinsolvenz-

---

83 *Graeber*, in: MünchKomm, InsO, 2. Aufl. 2008, § 58 Rn. 58; *Uhlenbruck*, in: Uhlenbruck, InsO, 13. Aufl. 2010, § 58 Rn. 42.
84 *Rechel*, in: LSZ, InsO, 3. Aufl. § 58 Rn. 36.
85 *Graf/Wunsch*, DZWIR 2002, 177 ff.; *Schäfer*, Der Sonderinsolvenzverwalter, 2009.

verwalters auch ohne ausdrückliche Regelung möglich ist. Dies entspreche der bisherigen Praxis der KO, die ebenfalls keine spezielle Regelung zu dieser Problematik enthielt.[86] Dass ein Sonderinsolvenzverwalter bestellt werden kann, lässt sich im geltenden Recht der Bestimmung des § 92 Satz 2 InsO entnehmen, der einen neu zu bestellenden Insolvenzverwalter für den Fall normiert, dass Ansprüche auf Ersatz eines Gesamtschadens gegen den Insolvenzverwalter geltend zu machen sind.

Der Insolvenzverwalter wird im Allgemeinen bei Einsetzung eines Sonderinsolvenzverwalters nicht entlassen. Der Sonderinsolvenzverwalter handelt neben dem Insolvenzverwalter in dem ihm übertragenen Aufgabenbereich eigenverantwortlich. Insbesondere ist er nicht als Gehilfe oder Vertreter des Insolvenzverwalters anzusehen. Hinsichtlich seines Aufgabenkreises ist der Sonderinsolvenzverwalter selbständiger Insolvenzverwalter mit sämtlichen Befugnissen und Pflichten, der wegen Pflichtverstößen nach den §§ 60, 61 InsO haftet. Die Dauer der Tätigkeit des Sonderinsolvenzverwalters bemisst sich üblicherweise nach Art und Umfang der ihm übertragenen Aufgaben. In bestimmten Fällen kann ein Sonderinsolvenzverwalter mit der **restlichen Abwicklung** eines Verfahrens betraut werden, etwa wenn der eingesetzte Insolvenzverwalters die Erstellung einer Schlussrechnung verweigert. 39

Für die **Auswahl** der Person des Sonderinsolvenzverwalters gelten die in § 56 InsO normierten Maßstäbe. Da die Bestellung eines Sonderverwalters die Vermeidung von Interessenkollisionen bezweckt, ist insbesondere derjenige nicht geeignet, dieses Amt wahrzunehmen, der z. B. als Mitarbeiter des Insolvenzverwalters von dem Verwalter wirtschaftlich abhängig ist. 40

Das Insolvenzgericht hat zwingend einen Sonderinsolvenzverwalter zu bestellen, wenn der Verwalter gem. § 181 BGB im Einzelfall davon ausgeschlossen ist, für die Insolvenzmasse aufzutreten oder wenn eine über die Regelung des § 181 BGB hinausgehende **Interessenkollision** bei einem Insolvenzverwalter zu befürchten ist. In diesen Fällen ist der Verwalter aus rechtlichen Gründen gehindert, seine Aufgaben wahrzunehmen.[87] Eine derartige Interessenkollision ist u. a. dann gegeben, wenn **persönliche Belange** des Insolvenzverwalters betroffen sind oder widerstreitende Interessen innerhalb zweier Insolvenzverwaltungen vorliegen. 41

Dagegen ist eine tatsächliche Verhinderung des Insolvenzverwalters – z. B. dessen Ortsabwesenheit aufgrund seines Jahresurlaubs – allenfalls dann Anlass zur Benennung eines Sonderinsolvenzverwalters, wenn keine anderen organisatorischen Maßnahmen getroffen werden können; in dem genannten Beispielsfall gehört es zu den Pflichten des Verwalters, durch seinen Apparat die geeigneten Vorkehrungen für die Verfahrensabwicklung und seine Erreichbarkeit sicherzustellen. Anders mag es bei absehbar zeitlich begrenzten, vorübergehenden Krankenhausaufenthalten sein. In beiden Fällen muss das Insolvenzgericht freilich auch eine Abberufung des Verwalters prüfen. Denn das Institut der Sonderinsolvenzverwaltung darf nicht dazu missbräuchlich eingesetzt werden, einen Insolvenzverwalter zu bestellen, bei dem eine Interessenkollision schon bei dessen Amtsantritt bekannt ist.[88] 42

b) Durchsetzung von Ansprüchen gegen den Insolvenzverwalter. Wird durch ein pflichtwidriges Verhalten des Insolvenzverwalters die Masse geschmälert, handelt es sich um einen Schaden, welcher der Gemeinschaft der (Alt-)Gläubiger zur Last fällt und durch Zahlung in die Insolvenzmasse auszugleichen ist. Mit der Geltendmachung eines solchen Anspruchs ist ggf. ein Sonderinsolvenzverwalter zu betrauen.[89] Allein, dass es notwendig wird, derartige Ansprüche der Masse gegen den Insolvenz- 43

---

86 BT-Drs. 12/7302, S. 162.
87 BGH, Urt. v. 24. 1. 1991 – IX ZR 250/89 – NJW 1991, 982.
88 OLG Celle, Beschl. v. 23. 7. 2001 – 2 W 41/01 – ZIP 2001, 755.
89 BGH, Urt. v. 22. 4. 2004 – IX ZR 128/03 – DZWIR 2004, 336.

verwalter zu prüfen, rechtfertigt die Bestellung eines Sonderinsolvenzverwalters.[90] Nach einer in der Judikatur vertretenen Auffassung[91] genügt es für die Bestellung eines Sonderinsolvenzverwalters, dass es nicht auszuschließen ist und auch nicht völlig fern liegt, dass eine Schadensersatzpflicht gegen den amtierenden Insolvenzverwalter besteht.[92] Dabei kann ein Sonderinsolvenzverwalter auch dazu bestellt werden, die Rückzahlung entnommener Vergütungen durchzusetzen[93] oder zu prüfen, ob der Insolvenzverwalter die Masse ordentlich verwaltet und restlos verwertet hat.

44 In einem vom BGH[94] entschiedenen Fall hatte das Konkursgericht einen Sonderverwalter bestellt, um Ansprüche gegen den Konkursverwalter wegen von diesem der Masse entnommener Vergütungen zu prüfen und geltend zu machen. Der Beschluss, mit dem die entsprechenden Vergütungen festgesetzt worden waren, ist auf Beschwerde eines Gläubigers aufgehoben worden. Eine erneute Entscheidung des Insolvenzgerichts über die Vergütung ist nicht erfolgt. In dem vom Sonderverwalter gegen den Konkursverwalter angestrengten Prozess auf Rückzahlung der Vergütung hat der Beklagte mit anderen, ebenfalls noch nicht rechtskräftig festgesetzten Vergütungsansprüchen die Aufrechnung erklärt. In zwei Instanzen ist er verurteilt worden. Mit der Revision macht er unter anderem geltend, wegen der über ihn ausgeübten insolvenzgerichtlichen Aufsicht fehle es der Klage des Sonderverwalters am Rechtsschutzbedürfnis. Der erkennende Senat hat diesen Einwand verworfen. Denn es kommt für die Frage des Rechtsschutzbedürfnisses des Klägers darauf an, welches Amt ihm als Sonderverwalter anvertraut ist. Da sich im vorliegenden Fall der vom Sonderverwalter angestrengte Prozess im Rahmen des ihm ausdrücklich durch das Insolvenzgericht anvertrauten Aufgabenkreises bewegt, habe er auch die Befugnis, einen Prozess in Wahrnehmung seiner Amtspflichten zu führen. Das Rechtsschutzbedürfnis für die Führung eines im Rahmen der Pflichten und Aufgaben der Partei kraft Amtes geführten Prozesses sei daher allgemein gegeben. Im Falle des Sonderverwalters bestehen auch nicht deshalb Zweifel an dem Rechtsschutzbedürfnis für seine gegen den Konkursverwalter erhobene Leistungsklage, weil eine einfachere verfahrensrechtliche Form der Rechtsverfolgung gegeben wäre. Denn es ist streitig, ob das Insolvenzgericht im Rahmen seiner Aufsicht Titel schaffen kann, um die Rückzahlung fehlerhaft entnommener Vergütungen vom Konkurs- oder Insolvenzverwalter durchzusetzen; der Wortlaut der gesetzlichen Vorschriften der §§ 58, 59 InsO spricht entschieden gegen eine solche Möglichkeit. In der Sache hat der BGH darauf erkannt, die Klage des Sonderverwalters sei aus § 717 Abs. 2 ZPO begründet. Dem liegt folgende Erwägung zugrunde: Die insolvenzgerichtliche Vergütungsfestsetzung stellt sich als Titel dar, aufgrund dessen der Insolvenzverwalter auf die Masse zugreifen darf. Dies ist von der Rechtskraft des Vergütungsbeschlusses unabhängig. Solange der Titel indes nicht unanfechtbar – formell rechtskräftig – ist, läuft der Insolvenzverwalter Gefahr, die entnommene Vergütung rückerstatten zu müssen. Darin unterscheide sich seine Lage nicht von der des Vollstreckungsgläubigers im allgemeinen, der nach § 717 Abs. 2 ZPO für das durch ungerechtfertigte Vollstreckungsmaßnahmen Erlangte haftet. Freilich bezieht sich § 717 Abs. 2 ZPO auf ein Zwei-Parteien-Verfahren der Zwangsvollstreckung. Obwohl eine solche Lage im Insolvenzverfahren nicht gegeben ist, kommt die Strukturentscheidung des § 717 Abs. 2 ZPO auch im Insolvenzverfahren zum Tragen. Eine Aufrechnung gegen den Anspruch aus § 717 Abs. 2 ZPO mit nicht rechtskräftig festgestellten Vergütungsansprüchen scheidet im Übrigen nach der vorliegenden Entscheidung aus, weil die Befugnis der Feststellung dieser Vergütungsansprüche beim Insolvenz-, und nicht beim Prozessgericht liegt.

45 **c) Bedenken.** Dient die Einsetzung eines Sonderinsolvenzverwalters dazu, auf Anregung bzw. Antrag des „regulären" Insolvenzverwalters Interessenkonflikte in beson-

---

90 BGH, Urt. v. 22. 4. 2004 – IX ZR 128/03; BGH, Urt. v. 5. 10. 1989 – IX ZR 233/87 – ZIP 1989, 1407.
91 OLG München, Beschl. v. 20. 1. 1987 – 25 W 3137/86 – ZIP 1987, 656, 657.
92 Eidesstattliche Versicherung des Insolvenzverwalters im Anhörungstermin zur Vorbereitung der Prüfung von Schadenersatzansprüchen durch den Sonderinsolvenzverwalter: BGH, Beschl. v. 17. 12. 2009 – IX ZB 177/08, ZIP 2010, 383; vgl. weiter BGH, Beschl. v. 17. 12. 2009 – IX ZB 2/09, ZIP 2010, 382.
93 BGH, Urt. v. 17. 11. 2005 – X ZR 179/04 – DZWIR 2006, 293.
94 BGH, Urt. v. 17. 11. 2005 – IX ZR 179/04 – ZIP 2006, 36.

deren Lagen (z. B. bei der Auseinandersetzung zu unterscheidender Massen, besonderen Beurkundungslagen u. dgl. m.) auszuschließen, bestehen gegen dieses Rechtsinstitut keine Bedenken. Denn der „reguläre" Verwalter initiiert dabei *selber* die Beschränkung seiner Befugnisse. Er gibt m. a. W. temporär aufgrund eigener Initiative einen Teil seiner Verwaltungsmaßnahmen aus der Hand. Dient die Einsetzung eines Sonderinsolvenzverwalters dagegen der Durchführung der insolvenzgerichtlichen Aufsicht über den Verwalter ist aber daran zu erinnern, dass deren Instrumente indessen – abschließend! – in den §§ 58, 59 InsO normiert werden. Wird vom Insolvenzgericht in die Rechtsstellung des Insolvenzverwalters durch die Bestellung eines Sonderinsolvenzverwalters eingegriffen (Anders BGH v. 1. 2. 2007 – IX ZB 45/05 – DZWIR 2007, 255 mit Anm. *Graeber*, ZIP 2007, 57 mit Anm. *Tetzlaff*, jurisPR-InsR 14/2007 Anm. 2), dem die Führung von Haftpflichtprozessen eingeräumt wird (Dies wird vom BGH für zulässig gehalten: BGH v. 17. 11. 2005 – IX ZR 179/04 – DZWIR 2006, 293; BGH NZI 2006, 474, 475) geht dies an dem System der §§ 58, 59 InsO und dem § 92 S. 2 InsO vorbei. Es handelt sich um eine vom Gesetz nicht gedeckte und damit rechtswidrige Aufsichtsmaßnahme gegen den Verwalter.

Das BVerfG[95] hat die gegen die Bestellung eines Sonderinsolvenzverwalters[96] gerichtete Verfassungsbeschwerde eines Insolvenzverwalters nicht zur Entscheidung angenommen, da es ihr an grundsätzlicher verfassungsrechtlicher Bedeutung fehle. Durch die Bestellung eines Sonderinsolvenzverwalters werde keine Teilentlassung des Insolvenzverwalters ausgesprochen, da die an den Sonderinsolvenzverwalter zu Geltendmachung von Schadenersatzansprüchen gegen den Insolvenzverwalter vorgenommene Aufgabenübertragung einen Sonderbereich beträfen, der nur durch einen Sonderinsolvenzverwalter wahrgenommen werden könne. 46

d) Bildung von Sondermassen. Darüber hinaus kann ein Sonderinsolvenzverwalter bestellt werden, wenn zur Befriedigung bestimmter Gläubigergruppen Sondermassen zu bilden sind, wie dies z. B. nach § 32 Abs. 3 DepotG der Fall ist.[97] 47

e) Antragsrecht von Insolvenzgläubigern im Falle des § 92 Satz 1 InsO. Da es dem einzelnen Insolvenzgläubiger von Gesetzes wegen verwehrt ist, Ansprüche auf Ersatz eines Gesamtschadens i. S. v. § 92 Satz 1 InsO geltend zu machen, da der Insolvenzverwalter zwingend als sein gesetzlicher Prozessstandschafter fungiert, hat der an der Wahrnehmung seiner Rechte in eigener Person gehinderte Insolvenzgläubiger nach zutreffender Ansicht[98] die verfahrensrechtliche Befugnis, einen Antrag auf Benennung eines Sonderinsolvenzverwalters zu stellen. Dieses Antragsrecht setzt voraus, dass der Gläubiger in seinen eigenen Rechten betroffen ist. Daher ist kein Antragsrecht gegeben, wenn der Antragsteller nicht zum Kreis der bei Erlösauszahlung zu berücksichtigenden Insolvenzgläubiger gehört. Fraglich ist, welche Rechte dem antragstellenden Insolvenzgläubiger zustehen, wenn sein Antrag durch das Insolvenzgericht verworfen wird. Dabei kann nicht ohne weiteres auf § 6 Abs. 1 InsO zurückgegriffen werden, da das Gesetz den Fall der Entscheidung über einen solchen Antrag 48

---

95 BVerfG, 2. Kammer des ersten Senats, Beschl. v. 15. 3. 2010 – 1 BVR 2288/09, ZIP 2010, 1301.
96 Vgl. *Raab*, DZWIR 2006, 234 zur Judikatur des BGH.
97 *Uhlenbruck*, in: Uhlenbruck, InsO, 13. Aufl. 2010, § 56 Rn. 67.
98 *Lüke*, ZIP 2004, 1693.

nicht ausdrücklich vorsieht. Ausgangspunkt ist, dass es für den antragstellenden Gläubiger um den Zugang zum Rechtsweg i. S. einer effizienten gerichtlichen Rechtsverfolgung geht (Art. 19 Abs. 4 GG). Nach zutreffender Ansicht ist daher gegen die ablehnende Entscheidung des Insolvenzgerichts die sofortige Beschwerde zulässig.[99]

49 **f) Funktionelle Zuständigkeit.** Umstritten ist die Frage der funktionellen Zuständigkeit für die Anordnung und Bestellung eines Sonderinsolvenzverwalters. Zwar ist für die insolvenzgerichtlichen Entscheidungen im eröffneten Insolvenzverfahren im Allgemeinen der **Rechtspfleger** funktionell zuständig, woraus von einer Meinung die Zuständigkeit für die Bestellung eines Sonderverwalters abgeleitet wird.[100] Dagegen spricht aber, dass mit der Bestellung eines Sonderverwalters in die Grundlinien der Verwaltung im Einzelfall eingegriffen wird, was nach der Aufgabenverteilung im Insolvenzverfahren für die Zuständigkeit des Insolvenzrichters spricht; nach zutreffender Ansicht[101] ist daher der **Insolvenzrichter** zuständig.

50 **g) Gläubigerversammlung.** Der **Gläubigerversammlung** steht entsprechend § 57 InsO das Recht zu, in der ersten Gläubigerversammlung, die auf die Bestellung des Sonderinsolvenzverwalters folgt, eine andere Person als die vom Insolvenzgericht eingesetzte Person zu wählen, da andernfalls in diesem zentralen Bereich die vom Gesetz gewollte Gläubigerautonomie ausgehöhlt würde. So verwies § 77 Regierungsentwurf zur InsO auf den Gehalt des jetzt geltenden § 57 InsO als entsprechend anwendbare Vorschrift.[102] Die Gläubigerversammlung hat dagegen nicht die Befugnis, die Aufhebung der gerichtlichen Anordnung einer Sonderinsolvenzverwaltung zu beschließen, da dies in den eigenen Aufgabenbereich der gerichtlichen Aufsicht fällt.

51 **h) Vergütung.** Umstritten ist, auf welcher Grundlage der Sonderinsolvenzverwalter zu **vergüten** ist. Nach einer Ansicht richtet sich die Vergütung des Sonderinsolvenzverwalters nach den Vorschriften des RVG, soweit ein Rechtsanwalt mit dieser Tätigkeit betraut wird.[103] Ansonsten seien die Vorschriften über die Vergütung eines Pflegers nach §§ 1915, 1909 BGB anwendbar.[104]

6. Weitere Eingriffsbefugnisse

52 **a) Übersicht.** Die angesprochenen Vorschriften der §§ 158 Abs. 2, 163 Abs. 1 InsO eröffnen dem Insolvenzgericht weitere Eingriffsaufgaben. Unten (§§ 38ff.) wird im Kontext des Insolvenzplanverfahrens auf die §§ 231, 233, 245 und 251 InsO hinzuweisen sein, mit denen an die Stelle der gläubigerautonomen Beschlussfassung über den Ablauf des Verfahrens insolvenzgerichtliche Entscheidungen treten. Im Insolvenzplanverfahren wird schließlich die Gläubigerversammlung als Organ der Gläubigerselbstverwaltung zugunsten einer „Gruppenbildung“[105] durch den Planinitiator aufgegeben.

---

99 *Lüke*, ZIP 2004, 1963.
100 *Frege/Riedel*, Schlussbericht und Schlussrechnung im Insolvenzverfahren, 2005, Rn. 202.
101 *Schmahl*, in: MünchKomm, InsO, 1. Aufl. 2001, §§ 27–29 Rz. 134; *Schmerbach*, in: Frankfurter Kommentar, 4. Aufl. 2006, § 2 Rz. 2; *Lüke*, ZIP 2004, 1693, 1697.
102 BT-Drs. 12/2443, S. 20.
103 LG Gießen v. 10. 9. 1980 – 7 T 239/80 – ZIP 1980, 1073.
104 LG Frankfurt/Oder v. 9. 12. 1998 – 16 T 427/98 – ZInsO 1999, 45.
105 *Zwingend*: LG Frankfurt, Beschl. v. 29. 10. 2007 – II/0 T198/07, II/09 T198/07, NZI 2007, 2229.

b) Kritik. Die Vermehrung insolvenzgerichtlicher Kontroll- und Gestaltungsaufgaben hat weit reichende Folgen. Der Versuch einer „Deregulierung" des Insolvenzverfahrens durch den Gesetzgeber ist insofern gründlich fehlgeschlagen, als aufgrund der Eingriffsbefugnisse des Schuldners eine weit reichende „Verrechtlichung" des Insolvenzverfahrens in dem Sinne stattgefunden hat, dass an die Stelle der Abstimmung von Insolvenzverwalter und Gläubigerausschuss Entscheidungsaufgaben des Insolvenzgerichts getreten sind. Die radikale Erweiterung, die der verfahrensrechtliche Handlungsspielraum des Schuldners erfahren hat, kann zu erheblichen Belastungen zwischen dem Insolvenzgericht und dem Insolvenzverwalter führen. Bislang konnte man nämlich davon ausgehen, dass sich „mit zunehmenden Fortgang des Verfahrens … die Intensität der Zusammenarbeit zwischen Richter und Insolvenzverwalter" mindere.[106] Nach der Auswahl des Insolvenzverwalters bleibt es bei der Aufgabe der Kontrolle der Tätigkeit des Insolvenzverwalters – der Ausübung der Aufsicht gem. § 58 InsO. Wäre das Insolvenzgericht durch die Regelungen der §§ 158, 163 InsO rechtlich „gezwungen", sich aufgrund verfahrensrechtlicher Interventionen des Schuldners inhaltlich mit der Verwertungstätigkeit des Insolvenzverwalters auseinanderzusetzen, könnten sich dadurch Verwerfungen zwischen Gericht und Verwalter ergeben, die einer obstruktiven Politik des Schuldners, nicht aber der ordnungsgemäßen Durchführung des Verfahrens dienlich wären; es käme zu der Überschneidung von Tätigkeitsfeldern von Gericht und Verwalter, die das überkommene Recht mit gutem Grunde zu vermeiden unternommen hatte.[107] Die durch das neue Recht erforderliche Abstimmung zwischen Verwalter und Gericht angesichts von Interventionen des Schuldners kann nicht in Form „allgemeiner Kontaktpflege" (um einen Ausdruck *Holzers*[108] zu zitieren) erfolgen, die angesichts des streitigen Elements, das mit den Antragsrechten des Schuldners ins Insolvenzverfahren Einzug hält, schon aus Gründen der Unparteilichkeit des Gerichts fragliche Züge annehmen kann. Insolvenzgericht und Insolvenzverwalter werden nicht durch sozialpsychologische Techniken, sondern in erster Linie durch die Orientierung am Recht in ihrem Handeln im Verfahren entlastet. Die „vertrauensvolle" Zusammenarbeit zwischen Insolvenzgericht und Insolvenzverwalter angesichts Anträgen des Schuldners nach den §§ 158, 163 InsO wird mit Blick auf die Aufgabe des Insolvenzverfahrens, die Haftung des Schuldners zu verwirklichen, erleichtert, wenn man die Antragsrechte einer einschränkenden Auslegung unterwirft. 57

---

106 *Holzer,* Die Entscheidungsträger im Insolvenzverfahren, 1996, Rn. 516.
107 Zutreffend *Holzer,* Die Entscheidungsträger im Insolvenzverfahren, 1996, Rn. 534.
108 *Holzer,* Die Entscheidungsträger im Insolvenzverfahren, 1996, Rn. 549.

Vierter Teil: Die Masseverwaltung

§ 32 Aufgaben des Insolvenzverwalters und die Mittel zu ihrer Wahrnehmung

1. „Insolvenzverwalter“ als Berufsbild

a) Voraussetzungen für die Tätigkeit als Insolvenzverwalter. Insolvenzverwalter 1
ist heute ein Beruf.[1] Das hat mit einer Reihe von Faktoren zu tun. Um die – im Folgenden näher darzustellende, von § 56 Abs. 1 InsO geforderte – fachliche Kompetenz ebenso wie die Unabhängigkeit gegenüber den Verfahrensbeteiligten[2] verlangen zu können, muss der Insolvenzverwalter nicht nur einen eigenen Büroapparat unterhalten, der es ihm erlaubt, die komplexen Vorgänge um arbeits-, gewerbe-, umwelt-, steuer- und gesellschaftsrechtlichen Vorgänge ebenso zu bearbeiten wie die Lohn- und Gehaltsbuchhaltung und die handels-, steuer- und insolvenzrechtlichen Rechenwerke, deren Bearbeitung ihm obliegt. Dies lässt sich nicht ad hoc gewährleisten, sondern setzt umfassende organisatorische Aufwendungen voraus, die eine erhebliche Kapitalausstattung schon zur Abdeckung der Prämien für die abzuschließenden Berufshaftpflichtversicherungen bedingen. Mehr noch: Der Insolvenzverwalter kann sich auf längere Sicht nicht unbedingt mit anderen, Allgemeinmandate bearbeitenden Kollegen zusammenschließen, weil dies seine Unabhängigkeit gefährden würde[3]. Die Entscheidung, als Insolvenzverwalter tätig zu werden, ist daher insofern „endgültig“, als sie erhebliche Weiterungen für die Berufsausübung nach sich zieht. Die Art der Berufsausübung durch die Insolvenzverwalter ergibt sich aus den Tätigkeiten, die ihm aufgrund der InsO im Rahmen der Masseverwaltung, -verwertung oder der Reorganisation des schuldnerischen Vermögens obliegen; sie sind im übrigen im Unterschied zu den Ordnungen verkammerter Berufe (wie Steuerberatern und Rechtsanwälten) nicht gesondert gesetzlich geregelt. Unter dem Eindruck in der Öffentlichkeit skandalisierter, zahlenmäßig weniger Einzelfälle hat der Verband der Insolvenzverwalter Deutschlands (VID) **Berufsgrundsätze der Insolvenzverwalter** in Anlehnung an frühere durch den DAV erstellte Richtlinien[4] aufgestellt, die insbesondere für die Gerichte bei der Auswahl des und der Aufsicht über den Insolvenz-

---

1 *Mönning*, in: Kölner Schrift zur Insolvenzordnung, 2. Aufl. 2000, S. 396 (Rn. 71); *Haarmeyer/Wutzke/Förster*, Handbuch zur Insolvenzordnung, 3 Aufl. 2001, V/Rn. 15; wohl auch *Hess*, InsO, 1. Aufl. 1999, § 56 Rn. 24; skeptisch noch *Uhlenbruck*, KTS 1998, 1, 26. A. A. *Lüke*, in: Kübler/Prütting, Kommentar zur Insolvenzordnung, ZIP 2000, 485, 487f. (Schutz der Tätigkeit lediglich im Rahmen der Berufsausübung); ähnlich wohl *Braun-Kind*, § 56 Rn. 19; explizit ablehnend *Graeber*, in: MünchKomm, InsO, 1. Aufl. 2001, § 56 Rn. 39.

2 *Graeber*, NZI 2002, 345; *Rigger*, NZI 2002, 352.

3 Zur berufsrechtlichen Limitierung des als Verwalter tätigen Anwalts *Kind*, in: Braun, InsO, 2. Aufl. 2004, § 56 Rn. 23 ff.

4 Vgl. Voraufl. § 9 Rn. 43.

verwalter, aber auch bei der Beurteilung seiner persönlichen Haftung Maßstäbe geben können.

2 Solange der Konkurs allein zerschlagende Funktionen hatte und Leitbild des Schuldners „der Kaufmann“ war, ließ sich die Konkursverwaltung vielfach neben anderen Tätigkeiten durchführen: Der allgemein tätige Rechtsanwalt, aber auch der Gemeindepfarrer (!) oder ein Kaufmann kamen daher für die Durchführung der Vermögensliquidation in Betracht. Insolvenzen wiesen lange Zeit noch nicht die Komplexität auf, die ihnen heute eigen ist; als bloße Abwicklungen hatten sie einen mehr exekutorischen Charakter und konnten daher von Fall zu Fall wahrgenommen werden.

3 Durch die Entscheidung des BVerfG vom 30. 3. 1993[5] wird in Deutschland Anschluss an eine Entwicklung gefunden, die sich im Ausland bereits seit geraumer Zeit dazu verdichtet hat, Insolvenzverwalter als besondere Berufsgruppe anzuerkennen und deren Spezialisierung zu fördern. Soweit in der Literatur das französische Beispiel herangezogen wird,[6] ist dies freilich problematisch, da die dirigistische Struktur des französischen Insolvenzverfahrens einen Vergleich mit dem deutschen Recht problematisch erscheinen lässt: Zur Abwicklung der *redressement judicaire* bestellt das Insolvenzgericht einen Insolvenzverwalter (*administrateur judicaire,*[7] der die Aufgaben der Geschäftsleitung wahrzunehmen hat; wie seit dem Beschluss des BVerfG vom 30. 3. 1993 im deutschen Recht behandelt das französische Recht die Insolvenzverwalter als einen eigenen Berufsstand), einen Gläubigervertreter (*mandataire--liquidateurs,*[8] dem die Sichtung der Gläubigerforderungen – also in etwa die Führung der Tabelle – obliegt und der Vergleichsangebote annimmt) und einen *commissaire a l'exécution du plan;*[9] die Entscheidung über das Schicksal des Unternehmens liegt dabei in Händen des Gerichts, das darüber entscheidet, ob das Unternehmen liquidiert oder ob und auf welche Weise es saniert wird.[10] Die Gläubiger haben keine verfahrensrechtlichen Mitbestimmungsmöglichkeiten, die an die der deutschen Regelungen heranreichen; Organe der Gläubiger fehlen daher.[11]

4 **b) Judikatur des BVerfG.** Dass Insolvenzverwalter ein Beruf sei, ist heute durchweg anerkannt. Die Judikatur des BVerfG[12] hat sich eindeutig festgelegt und ausdrücklich erklärt, der Beruf des Insolvenzverwalters genieße den grundrechtlichen Schutz des Art. 12 Abs. 1 GG[13].

5 **c) Problem.** Wie in anderen europäischen Ländern ist daher „Insolvenzverwalter“ in Deutschland ein Beruf.[14] Die Anerkennung des grundrechtlichen Schutzes des Berufs des Insolvenzverwalters gem. Art. 12 Abs. 1 GG hat zur Folge, dass die Auswahl des Insolvenzverwalters[15] nicht beliebig erfolgen darf: Das dem Insolvenzgericht eingeräumte Ermessen ist m.a.W. rechtlich gebunden. Dagegen sträuben sich viele Autoren. Das hat mit der Praxis der Auswahl des Insolvenzverwalters zu tun: Sie scheint zu funktionieren, *weil* die Insolvenzgerichte in ihrer Ermessensentscheidung keinen

5 BVerfG, Beschl. v. 30. 3. 1993 – 1 BvR 1045/89, 1 BvR 1381/90, 1 BvL 11/90 – ZIP 1993, 838 – Wirtschaftsrecht 1993, 303 ff. m. Anm. *Smid.*
6 *Kuhn/Uhlenbruck*, KO, 11. Aufl. 1994, § 78 Rn. 2 b.
7 *Kremer*, Unternehmenssanierung in Frankreich, 1995, S. 88.
8 *Kremer*, Unternehmenssanierung in Frankreich, 1995, S. 91.
9 *Kremer*, Unternehmenssanierung in Frankreich, 1995, S. 48.
10 *Kremer*, Unternehmenssanierung in Frankreich, 1995, S. 49.
11 *Kremer*, Unternehmenssanierung in Frankreich, 1995, S. 50.
12 Zur Verwalterbestellung bzw. zur Berücksichtigung von Prätendenten auf Vorauswahllisten: BVerfG, stattgebender Kammerbeschluß v. 3. 8. 2004 – 1 BvR 135/00, 1 BvR 1086/01 – ZIP 2004, 1649–1653.
13 Das verkennt *Graeber*, in: MünchKomm, InsO, 1. Aufl. 2001, § 56 Rn. 40. Vgl. zum Ganzen *Köster*, Die Bestellung des Insolvenzverwalters, 2004.
14 Fn. 1.
15 *Graeber*, DZWIR 2005, 177 ff.

Kontrollen unterliegen.[16] Die neuere Literatur macht indessen deutlich, dass es Missstände gibt, wenn sie Tipps für Bewerber um die Berücksichtigung bei der Ernennung erteilt, die es vermeiden helfen sollen, den auswählenden Richter zu verstimmen! Nun ist es gewiss verständlich, wenn insbesondere Insolvenzrichter bestrebt sind, eine „Justizialisierung" dieses Bereichs möglichst zu vermeiden. In den behäbigen Zeiten liquidierender Konkursverwaltung mag die Auswahl des Konkursverwalters nach sachfremden Erwägungen am Stammtisch vollzogen worden sein; die moderne komplexe Insolvenzverwaltung mit ihren hohen Vorhaltekosten und der Notwendigkeit der Bündelung hochgradiger Professionalität setzt dagegen voraus, dass eine Relation zwischen Bereitstellung der für die Insolvenzverwaltung erforderlichen Ressourcen und der Beauftragung des Insolvenzverwalters besteht. Die damit zusammenhängenden Fragen sind bislang noch nicht gelöst worden. An die Stelle rechtlicher Maßstäbe ist mancherorts der böse Ruch der Korruption getreten. Die Behandlung des Insolvenzverwalters als Beruf im deutschen Recht ist trotz dieser Strukturunterschiede aber auch deshalb richtig, wenn man den hohen Grad an Spezialisierung und Vorhalteleistungen bedenkt, der erforderlich ist, um Insolvenzverwaltungen professionell abwickeln zu können. Das Insolvenzgericht hat daher – nach Maßgabe der Eignung vor dem Hintergrund der konkreten Verfahren – unter Einhaltung des Gleichbehandlungsgrundsatzes (Art. 3 Abs. 1 GG) und Wahrung des Grundrechts der betroffenen Insolvenzverwalter auf freie Berufsausübung (Art. 12 Abs. 1 GG) Verwalterbestellungen vorzunehmen.[17] Der überkommene Satz, jeder könne als Insolvenzverwalter tätig werden,[18] hat daher heute der Anerkennung hochspezialisierter Ausbildung und Arbeitsteilung in entsprechend ausgestatteten Insolvenzverwalterkanzleien zu weichen.

I. „Kernbereich" des Tätigkeitsfeldes „Insolvenzverwaltung"

1. Insolvenzverwaltung als Vermögensverwaltung

a) Insolvenzverwaltung als gewerbesteuerpflichtige Tätigkeit? Der BFH hat in seinem Urteil vom 12. 12. 2001[19] die Insolvenzverwaltung als gewerbesteuerpflichtige Tätigkeit qualifiziert, wenn und soweit sich der Insolvenzverwalter qualifizierter Mitarbeiter bei der Erfüllung seiner Aufgaben bedient bzw. wenn er sich in erheblichem Umfang Hilfskräften bedient. Diese Judikatur ist mittlerweile aufgegeben worden (unten Rn. 29 a) – sie macht aber die Vielgestaltigkeit der Tätigkeitsfelder der Insolvenzverwaltung deutlich. Den Kern der Entscheidung des BFH bildet die Prämisse, Insolvenzverwaltung sei Vermögensverwaltung[20] – wie die durch den Verwalter einer WEG-Anlage. Die Bedeutung dieser Entscheidung für sich genommen ist Grund, sich mit den normativen Bedingungen der Aufgaben zu befassen, die das „Amt" oder, neutraler ausgedrückt, die Art der Tätigkeit kennzeichnen, die sich aus den gesetzlichen Pflichten des Insolvenzverwalters ergeben. Hieraus ergeben sich nicht allein 6

---

16 *Kind,* in: Braun, InsO, 2. Aufl. 2004, § 56 Rn. 13.

17 *Mönning,* in: Kölner Schrift zur Insolvenzordnung, 2. Aufl. 2000, S. 395 (Rn. 69 ff.); *Haarmeyer/Wutzke/Förster,* Handbuch zur Insolvenzordnung, 3. Aufl. 2001, V/Rn. 7; skeptisch dagegen noch *Baade,* Die Auswahl des Konkurs- und Vergleichsverwalters, KTS 1959, 40; *Uhlenbruck,* Aus- und Abwahl des Insolvenzverwalters, KTS 1989, 229, 245; rechtsvergleichend *Köhler-Ma,* DZWIR 2006, 228 ff.

18 *L. Levy,* zitiert nach *Kuhn/Uhlenbruck,* KO, 11. Aufl. 1994, § 78 Rn. 2 b a.E.

19 BFH v. 12. 12. 2001 – XI R 56/00 – DZWIR 2002, 112 ff. m. Anm. v. *Welsch.*

20 Krit. gegen die fehlende Differenzierung in dieser Prämisse: *Pluta,* AnwBl 6/2002, 3.

erhebliche Konsequenzen für die gerichtliche Aufsicht über den Insolvenzverwalter, sondern für die Tätigkeit des Insolvenzverwalters selbst, da sie nach Ansicht des BFH die Tätigkeit seiner Nicht-Insolvenzverwalter-Anwaltssozien gewerbesteuerrechtlich „infiziert".[21]

7 Diese Entscheidung ruft nicht allein erhebliche Konsequenzen für die Praxis der Insolvenzverwaltung hervor, denn sie würde die Sozietät des Insolvenzverwalters der Gewerbesteuerpflicht unterwerfen – während der Rechtsanwalt, der eine personell umfangreiche Mahnabteilung unterhält davon nicht berührt wäre.[22] Sie ist in sich nicht unproblematisch. Denn die – im Folgenden im Kontext näher einer kritischen Betrachtung zu unterwerfenden – Prämissen der Entscheidung des BFH sind in einer eigenartigen unabgesichert. Denn der vom BFH entschiedene Sachverhalt lässt erkennen, dass für die fallentscheidende Frage nach dem nicht der Delegation fähigen „Kernbereich" der Tätigkeit eines Insolvenzverwalters[23] vor dem Finanzgericht nicht hinreichend vorgetragen bzw. aufgeklärt worden ist und dass der zuständige Senat des BFH kein klares Bild hiervon gewonnen hat und seiner Entscheidung zugrunde legen konnte.

8 Eine „Vervielfältigung"[24] der Erfüllung der Aufgaben durch vom Insolvenzverwalter eingeschaltete Dritte ist allerdings nur insoweit möglich und überhaupt denkbar, wie nicht von Gesetzes wegen die Erfüllung der Aufgaben, die sich aus dem Amt des Insolvenzverwalters ergeben, eine höchstpersönliche zu sein hat. Geht man zunächst vom Gesetz – der InsO – aus, scheint sich freilich eine mannigfaltige Vielheit von Aufgaben zu ergeben[25], deren Summe das Tätigkeitsfeld des Insolvenzverwalters und damit „die Insolvenzverwaltung" ausmachen. Hierzu zählen namentlich aufgrund entsprechenden Beschlusses des Insolvenzgerichts die Pflicht, Zustellungen vorzunehmen (§ 8 Abs. 3 InsO), die Masse in Besitz zu nehmen (§ 148 InsO[26]), Berichtspflichten gegenüber dem Insolvenzgericht (§ 58 Abs. 1 Satz 2 InsO), die Pflicht, der ersten Gläubigerversammlung den Bericht zu erstatten, von dem das Gesetz ihren Namen herleitet, Inventarisierungspflichten (§§ 152 ff. InsO[27]), steuer- und handelsrechtliche Buchführungspflichten gem. § 155 InsO[28], die Pflicht, die Masse unverzüglich zu verwerten (§ 159 InsO[29]) oder aufgrund entsprechender Beschlussfassung durch die Gläubigerversammlung gem. § 157 InsO einen Insolvenzplan zu erstellen (§ 218 InsO). Nach § 240 ZPO entscheidet der Insolvenzverwalter über die Führung von Prozessen und nach den §§ 103 ff. InsO[30] über die Wahl der Erfüllung beiderseits nicht erfüllter gegenseitiger Verträge.[31] Nach §§ 129 ff. InsO[32] führt der Insolvenzverwalter Anfechtungs-, nach den §§ 92 f. InsO[33] Schadenersatzprozesse. Diese Auflistung ließe sich beliebig fortsetzen. Die Summe dieser Tätigkeiten könnte dann begrifflich als „Insolvenzverwaltung" gefasst werden. In der Tat ist diese Summe von Tätigkeiten Vermögensverwaltung in dem weiten Sinne, den der BFH in den Blick genommen hat. Und betrachtet man diese Auflistung äußerlich, scheint in einer Reihe von Fällen eine Vertretung des Insolvenzverwalters zulässig und damit die „Vervielfältigung" in dem vom BFH gemeinten gewerbesteuerrechtlichen Sinne denkbar zu sein. Dass im Übrigen mittler-

---

21 BFH v. 12. 12. 2001 – XI R 56/00 – DZWIR 2002, 112 ff.

22 *Grasshof* Anm. zu BFH. v. 12. 12. 2001 – XI R 56/00 – DStR 2002, 355, 357, weist auf die Probleme der Entscheidung im Hinblick auf Art. 3 Abs. 1 GG hin.

23 So z. B. *Stöcker*, NZI 2002, 309.

24 BFH v. 11. 8. 1994 – IV R 126/91 – BFHE 175, 284.

25 Diesen Eindruck hinterlässt beispielsweise die sehr gründliche und naturgemäß äußerst sachkundige Abhandlung *Wellensieks* zu den Aufgaben des Insolvenzverwalters, in: Kölner Schrift zur Insolvenzordnung, 2. Aufl. 2000, S. 403 ff.

26 *Wellensiek* (Fn. 24) Rn. 2 ff.

27 *Wellensiek* (Fn. 24) Rn. 6 ff.

28 *Wellensiek* (Fn. 24) Rn. 67 ff.

29 *Wellensiek* (Fn. 24) Rn. 76 ff.

30 *Wellensiek* (Fn. 24) Rn. 12 ff.; *Rechtshängigkeit als Voraussetzung*: BGH, Beschl. v. 11. 12. 2008 – IX ZB 232/08, DZWIR 2009, 202; *Vollstreckungsverfahren:* BGH, Beschl. v. 17. 7. 2008 – IX ZR 150/05, DZWIR 2008, 525.

31 BGH, Urt. v. 8. 11. 2007 – IX ZR 53/04, DZWIR 2008, 87.

32 *Wellensiek* (Fn. 24) Rn. 41 ff.

33 *Wellensiek* (Fn. 24) Rn. 44 ff.

weile die Bestellung von Fachanwälten für Insolvenzrecht sehr häufig vorgenommen wird, spricht entgegen einer in der Literatur verbreiteten Auffassung[34] dem BFH zufolge nicht gegen seinen Ansatz. Der Verkauf z.B. von Wintergärten durch einen Rechtsanwalt macht *diese Tätigkeit* – den Verkauf – nicht zu einer freiberuflichen Tätigkeit, und zwar auch dann nicht, wenn er Fachanwalt ist.

b) Problem der Einschaltung Dritter bei der Insolvenzverwaltung. Diese „Vervielfältigung", von deren Zulässigkeit der BFH verallgemeinernd ausgeht, ist indessen schon von Gesetzes wegen nicht bei allen Tätigkeiten zulässig, die das Gesetz auflistet. So sind die Berichtspflichten des Insolvenzverwalters höchstpersönlicher Natur[35], die er also nicht durch andere erledigen lassen kann. Andere Tätigkeiten kann der Verwalter auf Dritte übertragen. Auch wenn mit der Unterscheidung von höchstpersönlichen und anderen Aufgaben des Insolvenzverwalters dem Ansatzpunkt des BFH Grund gegeben zu werden scheint, begegnet die zitierte Entscheidung des BFH dennoch Zweifeln. Den Auslöser dieser Bedenken mag folgendes Beispiel deutlich machen: Es mag zur faktischen Tätigkeit des Vormundes gehören, Windeln zu wechseln oder Medizin zu reichen, um die Sorge für das Mündel auszuüben; Vormundschaft ist aber rechtlich betrachtet Teilnahme am *Verfahren* der Sorge für das Mündel.[36] Betrachtet man die Insolvenzverwaltung, fällt ins Auge, dass auch hier „mechanische Tätigkeiten" auszuüben sind, deren Erledigung im Rahmen seiner ordentlichen Pflichterfüllung seitens des Insolvenzverwalters sichergestellt werden müssen, ohne dass sie seine Tätigkeit in ihrem „Kern" bestimmen würden: Der Insolvenzverwalter „führt" die Tabelle[37] dadurch, dass er – wie § 175 Satz 1 InsO wörtlich sagt – „jede angemeldete Forderung ... in die Tabelle einzutragen" hat. In der Tat darf diese den Kernbereich seiner Tätigkeiten definierende Aufgabe der Tabellenführung nicht auf Dritte übertragen werden; es ist aber ebenso eindeutig, dass der Insolvenzverwalter nicht in personam die Tabelle *schreiben* muss, sondern hierzu Personal einzusetzen berechtigt ist. Zugleich sollte es frei vom Streit sein, dass die Tätigkeit des „Tippens" der Tabelle bzw. das Anlegen einer entsprechenden EDV-Datei usf. keine Tätigkeit der Insolvenzverwaltung ist! Der BFH schwankte in der Vergangenheit indes in der Beurteilung dieser Frage. In dem zitierten Urteil heißt es nämlich, dass es die Beurteilung der Umstände im Einzelfall[38] nahe legen könne, auch beim Einsatz bloßer Hilfskräfte zur Ausübung flankierender mechanischer Tätigkeiten von einer gewerblichen anstelle einer selbständigen Tätigkeit des Insolvenzverwalters im gewerbesteuerrechtlichen Sinne auszugehen. Freilich bleibt in seinem Urteil offen, wie weit der BFH hier gehen und wo er Grenzen ziehen will; „Aufhänger" der Entscheidung ist denn auch weniger die Zahl der bei den seinerzeitigen Klägern Beschäftigten als die abhängige Beschäftigung zweier Rechtsanwälte. 9

Die Tätigkeiten des Insolvenzverwalters mögen daher „mehr kaufmännisch-praktische[r] Natur" sein, wie es der BFH[39] einmal ausgedrückt hat. Die *Aufgabe* des Insolvenzverwalters als Maßstab des „Kern- 10

---

34 Vgl. *Korn*, EwiR 1/2002 § 18 EstG, 433, 434; *Strahl*, BB 2002, 603; *Grashoff*, BB 2002, 355; *Durchlaub*, ZInsO 2002, 319.

35 Mündliche Erstattung des Berichts: *Flessner*, in: H-K, 4. Aufl. 2006, § 156 Rn. 5; vgl. auch *Haarmeyer/Wutzke/Förster*, Handbuch zur Insolvenzordnung, 3. Aufl. 2001, Rn. 3/475.

36 So eindrucksvoll *Pawlowski*, in: Pawlowski/Smid, Freiwillige Gerichtsbarkeit, 1993, Rn. 73 ff.

37 *Wellensiek* (Fn. 24) Rn. 9 ff.

38 Vgl. hierzu *Olbing/Kamps*, AnwBl. 3/2002, 168, 170.

39 BFH v. 29. 3. 1961 – IV 404/60 U – BFHE 73, 100, 103.

bereichs" seiner Tätigkeit lässt sich aber nur unter Rückgriff auf seine Stellung im Insolvenzverfahren bestimmen. Dies hat der BFH in der Vergangenheit durchaus gesehen. Denn er hat konzediert, dass der Insolvenzverwalter kaufmännisch-praktische Tätigkeiten „unter Verwertung qualifizierter geistiger Wirtschafts- und Rechtskenntnisse" ausübe.[40] Freilich ist damit noch nicht viel geklärt: Im Folgenden wird daher auszuführen sein, dass und wie sich der „Kernbereich" der Aufgaben des Insolvenzverwalters nur im Kontext seiner hoheitlichen Bestellung ergeben, auf die der BFH überhaupt nicht eingeht. Die Begründung des zitierten Urteils des BFH ist damit in sich nicht völlig klar. Sie weist Dunkelheiten auf, die *erkennbar* ihren Grund in der Unsicherheit über die normative Beschaffenheit der Tätigkeit des Insolvenzverwalters haben; damit ist weniger ein Vorwurf an den BFH verbunden, der wie jedes Gericht darauf angewiesen ist, dass die entscheidenden Aspekte des Falles – hier: die Art der Tätigkeit des Insolvenzverwalters – hinreichend vorgetragen werden. Ihr Ausgangspunkt bei einem Begriff der Insolvenzverwaltung als Vermögensverwaltung findet in der differenzierten gesetzlichen Ausgestaltung der verschiedenen Aufgaben oder Befugnisse ebenso wenig einen Rückhalt wie in ihrer aufsichts- und vergütungsrechtlichen Behandlung.

11 **c) Amt des Insolvenzverwalters als fremdnützige Treuhand.** Die erste Frage ist, welches denn die Aufgabe des Insolvenzverwalters sei – will man nicht zirkulär auf eine „Insolvenzverwaltung" verweisen. Ausgangspunkt ist hier folgender: Der Insolvenzverwalter ist Inhaber eines privaten Amtes, das er fremdnützig auszuüben hat:[41] Er hat ein fremdes Vermögen – nämlich das des Insolvenzschuldners – zum Nutz und Frommen der Gläubiger zu verwalten und im Regelfall zu verwerten (vgl. § 159 InsO). Zur besseren Beschreibung der prozessualen Stellung des Insolvenzverwalters hat ihn die Rechtsprechung als Partei kraft Amtes – also als Inhaber eines privaten Amtes dargestellt.[42] Wiewohl der Streit zwischen der „Amtstheorie" und der modifizierten Organtheorie wie im Folgenden noch näher zu zeigen sein wird durchaus nicht nur „akademische" Bedeutung hat[43], sondern höchst praktisch relevant ist, kann er doch an dieser Stelle dahin gestellt bleiben. Denn die modifizierte Organtheorie geht im Rahmen der Unternehmensinsolvenz von Gesellschaften sogar davon aus, dass der Insolvenzverwalter zwangsweise eingesetztes gesellschaftsrechtliches Organ der Insolvenzschuldnerin sei. Beide Theorien kommen in dem hier interessierenden Zusammenhang der materiellen Maßstäbe für die Ausübung der Auswahlbefugnis des Insolvenzgerichts zu dem Ergebnis, dass der Insolvenzverwalter als Partei kraft Amtes oder gar als gesellschaftsrechtliches Organ fremde Vermögensinteressen wahrzunehmen hat. Kern der Berufstätigkeit des Insolvenzverwalters ist also die fremdnützige Treuhand.

2. Der Bereich der „eigenen" Aufgaben des Insolvenzverwalters

12 **a) Gesetzliche Aufgaben des Insolvenzverwalters.** Insolvenzverwaltung – der „Kernbereich" der dem Insolvenzverwalter anvertrauten Tätigkeiten – wird nach dem Maßstab der dem Insolvenzverwalter durch Gesetz überantworteten Aufgaben bestimmt. Diese Aufgaben sind höchstpersönlich zu erfüllen; ihre Delegation würde sich als Pflichtverletzung darstellen, aber nicht die Tätigkeit der Insolvenzverwaltung definieren. Im Falle der durch die InsO benannten Aufgaben wird „Eigenhän-

---

40 BFH v. 29. 3. 1961 – IV 404/60 U – BFHE 73, 100, 103.
41 *Smid,* DZWIR 2001, 485 ff., 493 ff.
42 *Smid,* DZWIR 2001, 485 ff., 493 ff. *ders.,* Grundzüge des Insolvenzrechts, 4. Aufl., 2002, § 9 Rn. 40 ff., 45 ff.
43 Unklar *Holzer/Kleine-Cosack/Prütting,* Die Bestellung des Insolvenzverwalters, 2001, S. 11 f.

digkeit" geschuldet, was aber die Erledigung von Hilfstätigkeiten (Sekretariat u. dgl. m.) nicht ausschließt. Im Falle der unbenannten gesetzlichen Pflichten schuldet der Insolvenzverwalter höchstpersönliche Organisations- und Entscheidungsleistungen. Außerhalb des durch die höchstpersönliche Wahrnehmung der benannten und unbenannten Pflichten zu bestimmenden „Kernbereichs der Tätigkeit des Insolvenzverwalters ist der Insolvenzverwalter berechtigt, aber gegebenenfalls auch verpflichtet, über Hilfspersonen im technisch-mechanischen Bereich hinaus geeignete qualifizierte Dritte zur Wahrnehmung von Aufgaben der Vertretung oder Beratung „der Masse" zu mandatieren oder entsprechende Mandate an eigene qualifizierte Mitarbeiter zu erteilen. Damit delegiert er nicht eigene Aufgaben, sondern nimmt durch die Mandatserteilung eigene Aufgaben war. Dabei ist es möglich, rechtlich zwischen gesetzlich „benannten"[44] und ohne ausdrückliche gesetzliche Erwähnung „unbenannten" Tätigkeiten im „Kernbereich" Tätigkeit des Insolvenzverwalters in Erfüllung seiner amtlichen Aufgaben zu unterscheiden.

b) „Benannte" Tätigkeiten im Kernbereich des Tätigkeitsfeldes des Insolvenzverwalters. Zu den höchstpersönlichen Tätigkeiten des Insolvenzverwalters gehören danach: 13

- die Veranlassung der ihm gerichtlich aufgetragenen Zustellungen[45] (§ 8 Abs. 3 InsO[46]);
- die Teilnahme an Gläubigerversammlungen (§§ 74 Abs. 1 Satz 2[47], 57, 156 f.[48] usf. InsO);
- die Erstattung der Gläubigerversammlung, Gläubigerausschuss oder dem Insolvenzgericht zu gebenden Berichte (§§ 58 Abs. 1 Satz 2[49], 69[50], 79[51], 156 InsO);
- die Aufstellung der Verzeichnisse gem. §§ 151, 152, 153 InsO[52];
- die Erstellung bzw. Abgabe – *nicht* die Anfertigung – der in § 155 InsO[53] genannten Rechnungslegungswerke[54];

---

44 *Wellensiek*, in: Kölner Schrift zur Insolvenzordnung, 2. Aufl. 2000, Rn. 23 ff. spricht von insolvenzrechtlichen Aufgaben im Laufe der Verfahrensabwicklung.

45 *Kießner*, in: Braun, InsO, 2. Aufl. 2004, § 8 Rn. 13 ff.; *Schmerbach*, in: Frankfurter Kommentar, 4. Aufl. 2006, § 8 Rn. 21 ff.; *Becker*, in: Nerlich/Römermann, InsO, § 8 Rn. 20.

46 *Smid*, in: Smid, InsO, 2. Aufl. 2001, Insolvenzordnung, 2. Aufl. 2002, § 8 Rn. 9 ff.

47 In der Literatur *Kind*, in: Braun, InsO, 2. Aufl. 2004, § 74 Rn. 10; *Ehricke*, in: MünchKomm, InsO, 1. Aufl. 2001, § 74 Rn. 28 oder auch *Delhaes*, in: Nerlich/Römermann, InsO, § 74 Rn. 5 ist häufig von einem Beteiligungsrecht die Rede; im Falle des Insolvenzverwalters handelt es sich indes um eine höchstpersönliche Teilnahmepflicht.

48 *Gerbers*, in: Braun, InsO, 2. Aufl. 2004, § 156 Rn. 3; *Wegener*, in: Frankfurter Kommentar, 4. Aufl. 2006, § 156 Rn. 2 ff.; Nerlich-Römermann-*Balthasar* § 156 Rn. 10 ff.

49 Wie hier: *Eickmann*, in: H-K, InsO, 4. Aufl. 2006, InsO, § 58 Rn. 3 ff.; *Graeber*, in: MünchKomm, InsO, 1. Aufl. 2001, § 58 Rn. 22; demgegenüber gehen *Kind*, in: Braun, InsO, 2. Aufl. 2004, § 58 Rn. 8 und *Hössl*, in: Frankfurter Kommentar, 4. Aufl. 2006, § 58 Rn. 13, davon aus, die Auskunft sei nicht höchstpersönlich zu erbringen.

50 *Kind*, in: Braun, InsO, 2. Aufl. 2004, § 69 Rn. 8; *Gößmann*, in: MünchKomm, InsO, 1. Aufl. 2001, § 69 Rn. 18.

51 *Kind*, in: Braun, InsO, 2. Aufl. 2004, § 79 Rn. 8–10; *Smid*, in: Smid, InsO, 2. Aufl. 2002 § 79 Rn. 2.

52 Die hierzu erschienene Spezialliteratur (vgl. z.B. *Möhlmann*, Die Berichterstattung im neuen Insolvenzfverfahren, 1999, passim) unterscheidet freilich nicht zwischen der Pflicht zur Aufstellung und Vorlage der Berichte einerseits, die dem Insolvenzverwalter in personam obliegt, und der Ausarbeitung der Verzeichnisse, die z.B. durch einen Verwerter erfolgen kann, wenn dies zweckmässig ist.

53 *Rattunde/Schmid*, in: Smid, Insolvenzordnung, 2. Aufl. 2002, § 156 Rn. 1,2 et passim.

54 Denn der Insolvenzverwalter hat die Steuererklärung wie ein anderer Steuerpflichtiger zu unterschreiben; umgekehrt wird die vom Steuerberater für den Steuerpflichtigen gefertigte Steuererklärung ja nicht zur Steuererklärung des Steuerberaters!

- die Führung[55] der Liste und die Prüfung der angemeldeten Forderungen sowie die Erhebung des Widerspruchs (§§ 175 ff. InsO):
- die Erstellung des Verteilungsverzeichnisses (§ 188 InsO[56]);
- die Anzeige der Massearmut (§ 207 Abs. 3 InsO)[57] bzw. der Masseunzulänglichkeit (§ 208 Abs. 1 Satz 1 InsO[58]);
- die Schlussrechnungslegung (§ 66 InsO)[59].

14 **c) Unbenannte Tätigkeiten im Kernbereich des Tätigkeitsfeldes des Insolvenzverwalters.** Darunter sind all diejenigen Aufgaben zu verstehen, die das Gesetz dem Insolvenzverwalter zuweist, ohne dass sich bereits aus dem Gesetz ergibt, wie diese Aufgaben zu erfüllen sind. Hierzu zählt namentlich die Pflicht, nach dem Berichtstermin die Beschlüsse der Gläubigerversammlung auszuführen und im Regelfall die Soll-Masse unverzüglich zu verwerten, § 159 InsO, oder die anderen in § 157 InsO vorgesehenen Beschlüsse der Gläubigerversammlung[60] auszuführen. Dabei kommen die unterschiedlichsten Fallgestaltungen in Betracht, die im Gesetz in den §§ 160ff. InsO Erwähnung gefunden haben. Schon deshalb liegt es nahe, dass es sich bei der Pflicht gem. § 159 InsO um eine Pflicht zur *Umsetzung* von Beschlüssen – und d.h. um eine Entscheidungs- und Organisationstätigkeit handelt. So hat der Insolvenzverwalter z.B. für die Einschaltung eines geeigneten Verwerters Sorge zu tragen – und es gehört zu den *benannten* höchstpersönlichen Pflichten des Insolvenzverwalters, die Genehmigung der Gläubigerversammlung einzuholen. Dies – nämlich die Entscheidung, mit einem Verwerter zu kontrahieren – obliegt ihm höchstpersönlich; nur er ist nach § 80 Abs. 1 Satz 2 InsO ermächtigt, den Vertrag mit Wirkung für und gegen die Masse zu schließen. Allerdings kann er sich beim Vertragsschluss nach den allgemeinen Regeln der §§ 164ff. BGB vertreten lassen. Denn in den Kernbereich der Tätigkeit des Insolvenzverwalters gehört die Organisation der Verfahrensabwicklung, nicht der konkrete Vertragsschluss: So kann es zweckmäßig sein, die Verwertung der Masse durch die Organe der insolvenzschuldnerischen Gesellschaft vornehmen zu lassen; der Insolvenzverwalter genehmigt dann die erforderlichen Akte und trägt die Verantwortung hierfür – höchstpersönlich. Dass diese Vertretung keine „Vervielfältigung" der zum Kernbereich seiner Aufgaben gehörenden Tätigkeit des Insolvenzverwalters ist, zeigt nämlich die Position des Sachwalters im Verfahren der Eigenverwaltung nach den §§ 270ff., 274 InsO. Denn dem Sachwalter stehen nur Überwachungsfunktionen zu: So hat er sich und seinen Mitarbeitern Zugang zum Betrieb des Schuldners zu verschaffen und sich die Bücher des Schuldners vorlegen zu lassen. Dagegen darf er keine Vermögensgegenstände an sich nehmen[61]; seine Tätigkeit der Insolvenzverwaltung beschränkt sich auf Aufsichts- und Genehmigungsfunktionen. Die faktische Handlung liegt bei den Organen des insolvenzschuldnerischen Unternehmensträgers.

---

55 Wie oben ausgeführt: nicht deren „Tippen". Der Wortlaut des § 175 S. 1 InsO leidet an einer sprachlichen Ungenauigkeit.
56 *Wellensiek* (Fn. 24) Rn. 78f.; BGH, Urt. v. 11. 12. 2008 – IX ZR 156/07, ZIP 2009, 243.
57 *Wellensiek* (Fn. 24) Rn. 80.
58 *Wellensiek* (Fn. 24) Rn. 81.
59 *Wellensiek* (Fn. 24) Rn. 85ff.
60 Vgl. hierzu *Smid,* in: LSZ, InsO, 3. Aufl. 2010, § 157 Rn. 2ff.
61 *Wehdeking,* in: LSZ, InsO, 3. Aufl. 2010, § 274 Rn. 4.

3. Problemfälle einer „Vervielfältigung" der Tätigkeit des Insolvenzverwalters

a) Prozessführung und Anfertigung von Steuererklärungen. Die Prozesse, die die Masse betreffen, werden *außerhalb* des Insolvenzverfahrens geführt. In ihnen ist der Insolvenzverwalter kraft seines Amtes *Partei* – nicht dagegen Prozessanwalt des Insolvenzschuldners.[62] Wie der Insolvenzschuldner und wie jede andere Partei kann und gegebenenfalls muss er vielmehr zur Führung dieser Prozesse Rechtsanwälte mandatieren – deren Gebühren sich im Übrigen als Auslagen darstellen, die aus der Masse zu erstatten sind. Wo diese Rechtsanwälte beschäftigt sind, ist dafür unerheblich, da die Prozessführung (die Postulation vor Gericht) eine von der amtlichen Verrichtung des Insolvenzverwalters sachlich ebenso wie verfahrenstechnisch unterschiedene Tätigkeit ist. Ihre „Ausgliederung" oder Delegation ist daher entgegen der vom BFH angedeuteten Rechtsauffassung unerheblich. Sie stellt aber aus der Sichtweise des BFH einen gewichtigen Grund dafür dar, von einer Vervielfältigung der Tätigkeit des Insolvenzverwalters in gewerbesteuerrechtlicher Sicht zu sprechen, wenn er z.B. einen in seiner Sozietät angestellten Rechtsanwalt mit der Durchführung der für und gegen die Masse anfallenden Prozesse betraut. 15

Handelt es sich bei dem Insolvenzverwalter wie in dem vom BFH entschiedenen Falle um einen Rechtsanwalt, mag man vordergründig die Argumentation des BFH für nachvollziehbar halten. Schon der Blick auf einen mit Insolvenzverwaltungen betrauten Steuerberater zeigt indessen, dass diesem gar nichts anderes übrig bleibt, als durch angestellte oder von Fall zu Fall mandatierte Rechtsanwälte die Rechtsstreitigkeiten durchführen zu lassen. Umgekehrtes gilt für den Rechtsanwalt, dem § 155 InsO die Abgabe von Steuererklärungen[63] für den insolvenzschuldnerischen Unternehmensträger nunmehr als insolvenzrechtliche Pflicht[64] aufgibt: Er ist im Zweifelsfall sogar gehalten, in Ansehung der Komplexität aufgrund der ständigen Änderungen im Steuerrecht einen Steuerberater zu beschäftigen. Man muss also nicht an den *Gemeindepfarrer* als Insolvenzverwalter denken, den sich der Gesetzgeber der Reichskonkursordnung vor 1877 noch als Konkursverwalter vorstellen konnte, um zu verstehen, dass die „Ausgliederung" der Wahrnehmung von Prozessführung oder der Wahrnehmung steuerlicher Vertretung der Masse legitim, ja sogar aufgrund der Vermögensfürsorgepflichten des Insolvenzverwalters geboten sein kann und regelmäßig geboten sein wird. 16

Die dem Insolvenzverwalter durch § 80 InsO eingeräumte Rechtsmacht deckt die Erteilung von Untervollmachten jedenfalls soweit, wie er diese Untervollmachten zum Erreichen der ihm überantworteten Aufgaben erteilen muss: Auch der vor allen Land- und Oberlandesgerichten postulationsfähige Rechtsanwalt wird zwangsläufig einen beim BGH zugelassenen Anwalt mandatieren müssen, wenn gegen 17

---

62 *Mohrbutter/Mohrbutter,* Handbuch der Insolvenzordnung, 7. Aufl. 1997, Rn. 6ff.
63 *Pelka/Niemann,* Praxis der Rechnungslegung im Insolvenzverfahren, 5. Aufl. 2002, Rn. 102f., 142ff.
64 Krit. *Rattunde/Smid,* in: Smid, InsO, 2. Aufl. 2001, Insolvenzordnung, 2. Aufl. 2002, § 155 Rn. 1, aber auch 9ff.

ein Urteil nach den §§ 129ff. InsO, die er für die Masse erstritten hat, Revision eingelegt worden ist – um Schädigungen der Masse abzuwehren.[65]

18 **b) Delegation von Aufgaben im Rahmen einer Betriebsfortführung[66] an Dritte.** Führt der Insolvenzverwalter einen insolvenzschuldnerischen Betrieb fort, bedarf es hierzu regelmäßig der Einschaltung von Mitarbeitern, deren eigener Sach- und Fachverstand für die Betriebsfortführung benötigt wird.[67] Auch insofern empfiehlt es sich, zu unterscheiden:

19 **aa) Einsatz von Mitarbeitern des insolvenzschuldnerischen Unternehmens im Rahmen ihrer bisher ausgeübten Tätigkeit.** § 60 Abs. 2 InsO geht ausdrücklich davon aus, dass eine Lage gegeben sein kann, in der der Insolvenzverwalter „zur Erfüllung der ihm als Verwalter obliegenden Pflichten Angestellte des Schuldners im Rahmen ihrer bisherigen Tätigkeit einsetzen muss". Damit ist der der Fall gemeint, in dem die Verkäuferin in der Filiale A des insolvenzschuldnerischen Betriebes weiter Waren verkauft, der Direktor der Vertriebsabteilung seine Verbindungen zur Verwertung von Warenbeständen nutzt usf. Es kommt also überhaupt nicht darauf an, ob es sich hierbei um untergeordnete Hilfstätigkeiten oder um Tätigkeiten der Leitung des insolvenzschuldnerischen Betriebes handelt. Die Tätigkeit eines Mitarbeiters des insolvenzschuldnerischen Unternehmens in Produktion oder Vertrieb auf welcher Ebene auch immer stellt sich daher nie als „Insolvenzverwaltung" dar.[68] Durch einen entsprechenden Personaleinsatz wird die Vervielfältigungstheorie nicht greifen. Denn das insolvente Bauunternehmen, die insolvente Werft, der insolvente Medienkonzern usf. mögen zwar, wenn die Gläubiger dies beschließen (arg. § 157 InsO), auch in der Insolvenz weiter werbend wirken – mit der Folge, dass gewerbesteuerrechtliche Maßstäbe hierauf angewendet werden; dies hat aber keine Auswirkungen auf die Tätigkeit des Insolvenzverwalters.

20 **bb) Einsatz eigener Mitarbeiter des Insolvenzverwalters bei der Betriebsfortführung: Gebot der Wirtschaftlichkeit des Insolvenzverfahrens.** Für die Unternehmensinsolvenz ist in der Literatur[69] darauf hingewiesen worden, dass der Insolvenzverwalter als Organ des Unternehmensträgers fungiere. Die Prämissen und Folgerungen dieser Lehre (modifizierte Organtheorie) sind in diesem Zusammenhang nicht eingehend zu erörtern. Sie beruhen freilich auf einer Beobachtung, die einen zutreffenden Kern hat. Wenn sich die Verwertung eines insolvenzschuldnerischen Vermögens in der Unternehmensinsolvenz nicht darauf beschränken kann, vorhandene Vermögensgegenstände zu veräußern, sondern wenn die Abwicklung der Unternehmensinsolvenz komplexe Vorgänge der Betriebsführung sei es auch nur zur Vorbereitung seiner Schließung impliziert, muss der Insolvenzverwalter eine Rechtsmacht innehaben, die es ihm erlaubt, den insolvenzschuldnerischen Betrieb zu führen – was für die Eröffnung des Verfahrens von § 22 Abs. 1 Nr. 2 InsO, für das eröffnete Verfahren von § 157 InsO gesehen wird.[70] Da mit der Eröffnung des Insolvenzverfahrens den Organen der Gesellschaft gem. § 80 Abs. 1 InsO die Rechtsmacht entzogen ist, mit Wirkung für und gegen die Gesellschaft zu handeln, tritt an ihre Stelle der Insolvenzverwalter, § 80 Abs. 2 InsO. Diese hier naturgemäß nur sehr grob zu skizzierende Lage schafft für den Insolvenzverwalter folgende Entscheidungssituation: *Entweder* bedient er sich bei der Betriebsfortführung des Personals des insolvenzschuldnerischen Unternehmens – was u. U. Risiken birgt, da diese Personen nicht immer des Vertrauens des Insolvenzverwalters würdig sein werden. Oder er schaltet Dritte ein. Letzteres kann zu Lasten der Masse mit erheblichen Mehrkosten gegenüber der dritten Variante des Einsatzes eigener qualifizierter Mitarbeiter verbunden sein. Das Insolvenzverfahren steht aber unter dem Primat des wirtschaftlich-sparsamen Einsatzes der dem

---

65 Hierzu darf der Insolvenzverwalter die Masse verpflichten: BGH, Beschl. v. 11. 11. 2004 – IX ZB 48/04 – ZIP 2005, 36; vgl. bereits BGH, Beschl. v. 22. 7. 2004 – IX ZB 161/03 – ZIP 2004, 1717–1721.
66 Vgl. *Mönning*, Betriebsfortführung in der Insolvenz, 1997, passim.
67 *Wellensiek* (Fn. 24) Rn. 58ff.
68 Vgl. z. B. *Götker*, Der Geschäftsführer in der Insolvenz der GmbH, 1999, Rn. 883ff.; aber auch *Mönning*, Betriebsfortführung in der Insolvenz, 1997, Rn. 731ff.
69 Namentlich von *K. Schmidt*, Wege zu einem Insolvenzrecht der Unternehmen, 1990.
70 *Thiemann*, Die vorläufige Masseverwaltung im Insolvenzeröffnungsverfahren, 2000.

Insolvenzverwalter anvertrauten Masse.[71] Die Vorhaltung und Einschaltung von in seiner Kanzlei beschäftigten qualifizierten Mitarbeitern zur Erledigung derjenigen Aufgaben, die in Ausführung zum Kernbereich der Tätigkeit des Insolvenzverwalters gehörenden Entscheidungen eingesetzt werden, bedeutet daher nicht die Erledigung „der Insolvenzverwaltung" durch andere – und damit „Vervielfältigung" in dem vom BFH gemeinten Sinne.

c) Einschaltung dritter Rechtsanwälte und Steuerberater. Umstritten war lange, wieweit er „externe Fachleute" zur Erledigung besonderer Aufgaben beauftragen und aus der Masse bezahlen darf, ohne dass er sich dies bei der Festsetzung seiner Vergütung anrechnen lassen muss.[72] Eine Entscheidung des IX. Zivilsenates des BGH[73] hat hier für Klarheit gesorgt: 21

Der Insolvenzverwalter hatte die Festsetzung seiner Vergütung auf ca. 36.000 € beantragt. Das Insolvenzgericht hat mit Beschluss vom Oktober 2003 die Vergütung auf 26.000 € festgesetzt. Zu diesem Satz ist das Gericht dadurch gelangt, dass es von der beantragten Vergütung die Kosten der vom Insolvenzverwalter beauftragten Rechtsanwälte in Höhe von ca. 6.000 € sowie der ebenfalls vom Insolvenzverwalter Steuerberatungsgesellschaft in Höhe von ca. 4.000 € abgezogen hatte, der Insolvenzverwalter hatte diese Kosten jeweils aus der Masse bezahlt. Nachdem der Insolvenzverwalter gegen die Vergütungsfestsetzung erfolglos sofortige Beschwerde eingelegt hatte, hat er sein Begehren weiter mit der Rechtsbeschwerde verfolgt, auf die hin der BGH die Beauftragung Externer näher in den Blick genommen hat. 22

Nach einer in Judikatur und Literatur vertretenen Auffassung[74] hat das Insolvenzgericht im Rahmen der Vergütungsfestsetzung entweder die festzusetzende Vergütung entsprechend zu kürzen, wenn es zu der Auffassung gelangt, die Beauftragung von aus der Masse vergüteten Fachleute sei nicht notwendig gewesen; es kann nach dieser Meinung den Insolvenzverwalter aber auch anweisen, den entnommenen Betrag in die Masse zurückzuzahlen. Eine andere Meinung geht davon aus, die Beurteilung der Rechtmäßigkeit der Beauftragung von externen Fachleuten und ihre Bezahlung aus Mitteln der Masse habe im Vergütungsfestsetzungsverfahren nicht zu erfolgen. Die Berichtigung von Beauftragung und der Entnahme von Massemitteln sei hingegen im ordentlichen Rechtsweg zu klären.[75] Der IX. Zivilsenat des BGH[76] hat sowohl die verfahrensrechtlichen Fragen der Berücksichtigung der Beauftragung externer Fachleute durch den Insolvenzverwalter im Vergütungsfestsetzungsverfahren geklärt als auch die Voraussetzungen selbst näher bestimmt, unter denen der Insolvenzverwalter Externen Aufträge im Rahmen der Entwicklung eines Insolvenzverfahrens zu erteilen mit der Folge berechtigt ist, dass er die dadurch entstehenden Auslagen aus der Masse zu entnehmen befugt ist. 23

---

71 Vgl. zur Verfahrensökonomie als Rechtskriterium m.w.N. *Smid*, Richterliche Rechtserkenntnis, 1989, S. 86ff.
72 Vgl. noch eine Entscheidung des AG Hamburg zur Beauftragung eines Steuerberatungsbüros durch den Insolvenzverwalter, dem vorkonkurslich bereits vom Schuldner die Lohnbuchhaltung übertragen worden war: Beschl. v. 30. 9. 2004 – 67g IN 228/04 – ZInsO 2004, 1093.
73 BGH, Beschl. v. 11. 11. 2004 – IX ZB 48/04 – ZIP 2005, 36; BGH, Beschl. v. 3. 3. 2005 m. Anm. *Smid*, jprins 8/2005 Anm. 1. Vgl. bereits BGH, Beschl. v. 22. 7. 2004 – IX ZB 161/03.
74 OLG Köln, Beschl. v. 21. 4. 1976 – 2 W 46/76 – KTS 1977, 56, 61; *Eickmann*, Vergütungsrecht, 2. Aufl., § 5 InsVV Rn. 22.
75 *Nowack*, in: MünchKomm, InsO, 1. Aufl. 2001, § 5 Rn. 4, § 8 InsVV Rn. 7.
76 BGH, Beschl. v. 11. 11. 2004 – IX ZB 48/04 – ZIP 2005, 36.

24 Grundsätzlich gilt, dass mit der Vergütung des Insolvenzverwalters gem. § 4 Abs. 1 Satz 1 InsVV die dem Insolvenzverwalter bei der Abwicklung des Verfahrens mit zur Last fallenden allgemeinen Geschäftskosten abgegolten werden. Soweit besondere Aufgaben zu erledigen sind, ist der Verwalter berechtigt, für und zu Lasten der Masse Dienst- oder Werkverträge abzuschließen. In diesem Fall darf er die für den Dienst- oder Werknehmer anfallende angemessene Vergütung mit Mitteln begleichen, die er der Masse zu entnehmen berechtigt ist, § 4 Abs. 1 Satz 3 InsVV. Die Regelung des § 4 Abs. 1 InsVV wird durch die des § 5 Abs. 1 InsVV für die besonderen Fällen konkretisiert, in denen der Insolvenzverwalter entweder selbst nicht als Rechtsanwalt zugelassen ist, aber Tätigkeiten angemessenerweise einem Rechtsanwalt übertragen hat[77] und diesen nach Maßgabe der geltenden Rechtsvorschriften über die Vergütung von Rechtsanwälten wegen der anfallenden Gebühren und Auslagen aus der Insolvenzmasse vergütet (§ 5 Abs. 1 InsVV). Entsprechendes gilt, wenn der Insolvenzverwalter eine andere Qualifikation aufweist, wie etwa die eines Steuerberaters. Entscheidend ist, ob die besonderen Aufgaben, die entweder einem Externen übertragen worden sind oder die der Insolvenzverwalter aufgrund seiner spezifischen Qualifikation in eigener Person wahrnimmt, sich als allgemeine Geschäfte der Insolvenzverwaltung darstellen oder ob hierin besondere Aufgaben abgewickelt werden, die gesondert aus der Masse zu vergüten gerechtfertigt sind. Der IX. Zivilsenat stellt in diesem Zusammenhang fest, dass die Regelung des § 8 Abs. 2 InsVV, die es dem Insolvenzverwalter auferlegt, in seinem Vergütungsfestsetzungsantrag die zur Überprüfung dieser Frage erforderlichen Angaben zu machen, einen Anlass dafür gibt, dass die Berücksichtigung der Entnahme der Vergütung Externer aus der Masse bei der Vergütungsfestsetzung im Vergütungsfestsetzungsverfahren selbst zu erfolgen hat.

25 Bereits vor Inkrafttreten der InsVV hatte der IX. Zivilsenat mit Urteil vom 17.9. 1998[78] ausgeführt, dass ein Konkursverwalter zusätzliche Gebühren nach der BRAGO neben seiner Vergütung als Konkursverwalter in Rechnung stellen dürfe, wenn er zugleich als Rechtsanwalt zugelassen sei und in seiner amtlichen Tätigkeit als Konkursverwalter eine Aufgabe wahrgenommen habe, die besonderer rechtlicher Fähigkeiten bedurft habe. Hätte ein Konkursverwalter gehandelt, der nicht selbst Volljurist gewesen sei, und wäre in dem Fall bei sachgerechter Arbeitsweise in der Regel die Angelegenheit einem Rechtsanwalt übertragen werden müssen, dann könne der Insolvenzverwalter, der zugleich Rechtsanwalt und/oder Steuerberater sei, eine Sondervergütung beanspruchen.

26 In diesem Zusammenhang ist es nicht entscheidend, ob die Angelegenheit die gerichtliche oder außergerichtliche Tätigkeit eines Rechtsanwalts oder Steuerberaters betrifft. Der vom BGH entschiedene Fall lässt eine Reihe von Konstellationen erkennen, die es erlauben, im allgemeinen stellt sich dabei die Verwertung der Masse als Kernaufgabe – in der Diktion der InsVV als „allgemeine Aufgabe" – des Insolvenzverwalters dar, worauf bereits § 159 InsO zu verweisen scheint. Im Rahmen der Vermögensverwertung können sich aber Schwierigkeiten ergeben, die ein Insolvenzverwalter ohne volljuristische Ausbildung zu lösen nicht imstande ist. In der Entscheidung aus dem Jahr 1998[79] war bei der Verwertung einer Immobilie der schließlich abgeschlossene Vertrag das Ergebnis umfangreicher und schwieriger Verhandlungen, in deren Verlauf die Käuferin anwaltlich vertreten war. Dabei waren mehrere Vertragsentwürfe gefertigt und Besprechungen durchgeführt worden. In dem nunmehr vom IX. Zivilsenat entschiedenen Fall lag die Besonderheit der Veräußerung darin, dass der Insolvenzverwalter nicht ein Grundstück der Schuldnerin zu verwerten hatte, sondern ein Erbbaurecht verkauft wurde. In diesem Zusammenhang bedurfte es der Einholung der Zustimmung des Grundstückseigentümers und der Regelung des Eintritts in den schuldrechtlichen Erbbaurechtsvertrag. Erschwerend kam hinzu, dass der Insolvenzverwalter allein das Vermögen eines Vertriebsunternehmens verwaltete, während das Produktionsunternehmen zum Vermögen eines ebenfalls insolventen anderen Schuld-

77 BGH, Beschl. v. 23. 3. 2006 – IX ZB 130/05, DZWIR 2006, 257.
78 BGH, Urt. v. 17. 9. 1998 – IX ZR 237/97 – BGHZ 139, 309.
79 BGH, Urt. v. 17. 9. 1998 – IX ZR 237/97 – BGHZ 139, 309.

ners gehörte, der sich auf dem Erbbaugrundstück eingemietet hatte. Bei der Veräußerung des Erbbaurechts waren dann im Hinblick auf rückständige Erbbauzinsen und für das Bestehen von Altlasten Regelungen zu treffen. Auch in diesem Fall wurden eine Reihe von Vertragsentwürfen gefertigt. Soweit Steuerberatungskosten der Masse entnommen worden sind, die wie in dem vom IX. Zivilsenat des BGH entschiedenen Fall, durch die im Rahmen der Umsatzsteuervoranmeldung vorgenommene Aufbuchung angefallen sind, hat es der erkennende Senat darauf ankommen lassen, ob bereits vor der Insolvenzeröffnung die Buchhaltung innerhalb oder außerhalb des Schuldner-Unternehmens wahrgenommen wurde. Hatte der Schuldner nämlich seine Buchhaltung bereits vorkonkurslich einem Externen überantwortet, ist es dem Insolvenzverwalter nicht zuzumuten, eine neue Buchhaltung anzulegen oder sie selbst oder von eigenen Mitarbeitern zu führen.[80] Die Einschaltung von Hilfskräften oder die Beauftragung externer Fachleute darf sich daher nicht vergütungsmindernd auswirken.

Die Beauftragung eines externen Rechtsanwalts allein zum Forderungseinzug ist 27
vom Senat dagegen skeptisch beurteilt worden, obwohl dies in der Literatur zum Teil so gesehen worden ist. In dem vom BGH entschiedenen Fall war ein Rechtsanwalt zu dem Zweck eingeschaltet worden, die Rückkaufswerte dreier von der Insolvenzschuldnerin abgeschlossener Lebensversicherungen schnellstmöglich zur Masse zu ziehen. Hierzu besteht in der Tat kein hinreichender Anlass, liegen nicht weitere Umstände vor, die es erforderlich machen, eine derartige Angelegenheit einem Rechtsanwalt zu übertragen. Die Kündigung der fraglichen Lebensversicherungsverträge gegenüber dem Versicherer kann mit einem einfachen Schreiben erfolgen, zu dessen Abfassung es über die Beherrschung der geltenden Orthografie hinaus jedenfalls keiner intrikaten juridischen Fertigkeiten bedarf. In diesem Zusammenhang ist daran zu erinnern, dass der IX. Zivilsenat dies bereits in einem anderen Zusammenhang, nämlich dem der Verwertungskosten im Rahmen der Verfahrenskostenbeiträge, die der Sicherungszessionar in einem vergleichbaren Fall abführen sollte, so gesehen hat.[81] Diese Entscheidung ist zu begrüßen. Sie macht nämlich deutlich, dass der Insolvenzverwalter als Generalist (die im Einzelfall geeignete natürliche Person) grundsätzlich die Tätigkeiten im Rahmen des Insolvenzverfahrens in eigener Person[82] wahrzunehmen hat. Wo er aufgrund besonderer eigener Fähigkeiten besondere Aufgaben erledigt, wird er hierfür gesondert entlohnt; wo dies durch externe Fachleute erfolgt, wirkt deren aus der Masse bezahlte Belohnung nicht vergütungsmindernd.

4. Höchstpersönlichkeit der Erfüllung der „eigenen" Aufgaben des Insolvenzverwalters

Entscheidend ist nach alledem für die Beurteilung der „Vervielfältigung" der Amtstä- 28
tigkeit des Insolvenzverwalters folgendes: Ausgangspunkt ist § 56 InsO, der bestimmt, dass in das Amt eines Insolvenzverwalters nur eine natürliche Person berufen werden kann.[83] Die Delegation von Aufgaben des Insolvenzverwalters im organisatorischen Kontext einer juristischen Person soll damit ausgeschlossen werden; dahinter verbirgt sich der Gedanke, dass die natürliche Person als Amtsträger die Entschei-

---

80 BGH, Beschl. v. 22. 7. 2004 – IX ZB 161/03 – ZIP 2004, 1717, 1720.

81 BGH, Urt. v. 11. 7. 2002 – IX ZR 262/01 – DZWIR 2004, 464 mit Anm. *Becker*; vgl. auch *Smid*, DZWIR 2004, 1, 19.

82 Vgl. zur Reichweite der Höchstpersönlichkeit der Aufgaben des Insolvenzverwalters auf der einen Seite und der Möglichkeit der Delegation auf Hilfskräfte *Smid*, DZWIR 2002, 265 ff.

83 Statt vieler *Eickmann*, in: H-K, InsO, 4. Aufl. 2006, § 56 Rn. 2.

dungen in eigener Person fällen und soll verantworten müssen.[84] Die Entscheidung über die Führung eines Anfechtungsprozesses oder die Aufnahme eines nach § 240 ZPO unterbrochenen Prozesses – nicht die darauf gegründete anwaltliche Durchführung des Prozesses, die Entscheidung über die Kündigung und Entlassung von Arbeitnehmern, nicht die Durchführung der Kündigung bzw. Abwicklung der Entlassung, für die ein Arbeitsrechtsexperte eingesetzt werden kann, oder die Entscheidung über die Art der Verwertung der Masse, nicht die Durchführung einer Versteigerung u. dgl. m. All diese *Entscheidungen* sind vom Insolvenzverwalter höchstpersönlich zu treffen; dass er sich hierzu – zur Entscheidung – durch Erlangung eines entsprechenden Wissens- und Informationsstandes höchstpersönlich in den Stand zu setzen hat, bedarf keiner weiteren Erörterung. Höchstpersönlich ist aber nicht die „Umsetzung". So muss der Insolvenzverwalter nicht die technische Realisierung einer Ausproduktion anleiten oder gar in eigener Person versuchen, aus Einzelteilen eine Maschine zusammenzusetzen oder einen „abgestürzten" Computer zum „Laufen" zu bringen. Dieser Befund bestätigt sich im Übrigen, soweit das Gesetz dem Insolvenzverwalter höchstpersönliches Handeln vorschreibt wie in den oben erwähnten Fällen von Berichtspflichten nach den § 58 Abs. 1 Satz 2, § 156 InsO[85]. Denn die Berichtspflichten des Insolvenzverwalters spiegeln seine Entscheidungs- und Anweisungsaufgaben.[86] Daraus folgt im Übrigen, dass der Insolvenzverwalter *in persona* den Bericht vor der Gläubigerversammlung nach § 156 InsO abzugeben hat; diesen durch den Mund eines „Boten" gleichsam als Kundgabe seines Willens[87] verlesen zu lassen kommt schon deshalb nicht in Betracht, da der Insolvenzverwalter den Gläubigern Gelegenheit zu Rückfragen zu geben hat – die nur *er* beantworten kann, da es um seine Verantwortung für die Abwicklung des Verfahrens geht.[88] Das folgt allein schon aus dem Ablauf des Berichtstermins, der selbst aus den Aufgaben der Gläubigerversammlung folgt und den allgemeinen im Insolvenzverfahren einzuhaltenden Regelungen entspricht. Danach ist vom Verwalter über die Entstehung der Insolvenz Bericht zu erstatten, die gegenwärtige Lage darzustellen und der bisherige Verfahrensgang unter Einschluss der ergriffenen Maßnahmen zu schildern, über die Wahl eines anderen Verwalters zu beraten, über die Bestellung eines Gläubigerausschusses zu beraten und zu beschließen, über Schließung oder Fortführung des Unternehmens des Schuldners zu entscheiden und Zeitraum und Art der Berichterstattung durch den Verwalter festzulegen.[89] Wie in allen anderen Fällen höchstpersönlicher Aufgaben ist zu deren Erledigung die Bestellung eines Boten ausgeschlossen.[90] Daher kann er auch keinesfalls einen „Stellvertreters" bestellen. Denn dieser würde in den Fragen der essentiellen das

84 *Smid,* in: Smid, InsO, 2. Aufl. 2002, § 56 Rn. 3, 4.

85 *Wellensiek,* in: Kölner Schrift zur Insolvenzordnung, 2. Aufl. 2000, Rn. 20 ff.

86 *Mönning,* Betriebsfortführung in der Insolvenz, 1997, Rn. 735, spricht von Führungs- und Richtungsentscheidungen.

87 Siehe nach wie vor *G. Hueck,* AcP 152 (1952/1953) 432; *Schramm,* in: MünchKomm, BGB, 3. Aufl. 1997, Vor § 164 Rn. 40; *Smid,* JuS 1986, L 9 ff.

88 *Smid,* in: LSZ, InsO, 3. Aufl. 2010, § 156 Rn. 3.

89 *Delhaes,* in: Uhlenbruck, InsO, 12. Aufl. 2003, Rn. 606; *Onusseit,* in: Kübler/Prütting, Kommentar zur Insolvenzordnung, § 156 Rn. 5.

90 Vgl. allein *Schilken,* in: Staudinger-BGB, 2004, Vor § 164 Rn. 79.

Verfahren betreffenden Fragen eigene Willenserklärungen für den Insolvenzverwalter abgeben[91] – also an seiner Stelle handeln. Beides ist ausgeschlossen.

Die Sekretärin, die den Bericht an das Insolvenzgericht nach Diktat schreibt und per Fax übermittelt, wird dadurch ebenso wenig insolvenzrechtlich zur Vertreterin des Insolvenzverwalters wie sie es bürgerlichrechtlich würde; sie bleibt Hilfskraft. Der selbständige Charakter der Tätigkeit des Insolvenzverwalters wird durch den Einsatz einer Sekretärin, eines Fahrers, einer Reinigungskraft usf. in keiner Weise beeinträchtigt. Es ist dabei auch nicht zu sehen, dass eine sehr hohe Zahl (wonach immer man dies bemessen mag!) von für einen einzigen Insolvenzverwalter tätigen Hilfspersonen indizieren könnte, dass er seine Aufgaben nicht selbständig, nämlich höchstpersönlich, wahrnimmt. Ausschlaggebend ist, dass die ihm anvertrauten Entscheidungs- und Anweisungsaufgaben durch den Insolvenzverwalter wahrgenommen werden. Wird demgegenüber freilich von der Sekretärin des Insolvenzverwalters über die Kündigung von Mitarbeitern oder die Anfechtung von gläubigerbenachteiligenden Rechtsgeschäften *entschieden*, oder berichtet sie für den Insolvenzverwalter dem Insolvenzgericht (anders, wenn sie den Begleitzettel eines Berichts, der z.B. „nach Diktat verreist" unterschrieben ist, unterfertigt), wird damit nicht die Tätigkeit des Insolvenzverwalters aus einer selbständigen zu einer gewerblichen; vielmehr kann dies anzeigen, dass eine Pflichtverletzung des Insolvenzverwalters vorliegt! Ob aber ein Insolvenzverwalter, der seine Pflichten dadurch verletzt, dass er die ihn höchstpersönlich treffenden Aufgaben delegiert, gewerbesteuerrechtlich nicht als Selbständiger zu privilegieren ist, mag eine Folge einer spezifisch steuerrechtlichen Betrachtungsweise sein. Jedenfalls setzt er sich, wenn dies ruchbar wird, der Gefahr aus, vom Insolvenzgericht als ungeeignet nicht für weitere Verfahren bestellt zu werden, oder es werden gar Aufsichtsmaßnahmen (§ 59 InsO) gegen ihn ins Werk gesetzt. Aus einer Pflichtwidrigkeit des Insolvenzverwalters kann aber *weder* auf die Aufgabenstruktur des Insolvenzverwalters geschlossen noch der Einsatz von Hilfspersonal als Grund für die Leugnung der Selbstständigkeit der Tätigkeit des Insolvenzverwalters herangezogen werden. Die in der Art eines *obiter dictum* geäußerte Ansicht des BFH, die bloße Zahl von Hilfskräften könne auf eine Gewerblichkeit der Tätigkeit des Insolvenzverwalters schließen lassen[92], geht daher an der normativen Grundstruktur der aus dem Amt folgenden Aufgaben des Insolvenzverwalters vorbei. Das in der zitierten Entscheidung beschworene „Gesamtbild" der Umstände des Falles erweist sich solange als insignifikant, wie es nicht in den normativen Zusammenhang der Ausübung des Amtes des Insolvenzverwalters eingestellt wird. 29

5. Judikatur des BFH

Zu Beginn des ersten Jahrzehnts des 21. Jahrhunderts hat der BFH (oben Rn. 6) auf der Grundlage der so genannten Vervielfältigungstheorie die Ansicht vertreten, der Insolvenzverwalter sei allein wegen des Einsatzes qualifizierter Mitarbeiter der Gewerbsteuer unterworfen – was bekanntlich zu erheblichen Problemen in der Branche geführt und die Diskussionen um die Ausübung von Insolvenzverwaltungen als Beruf nicht unerheblich mit beeinflusst hat.[93] Diese Vervielfältigungstheorie hat der BFH nunmehr aufgegeben.[94] Gegen die Insolvenzverwalterin, eine Rechtsanwältin, war ein Gewerbesteuermessbescheid erlassen und auch ihre übrigen aus Anwaltstätigkeit folgenden Einkünfte nach § 5 Abs. 3 Nr. 1 EStG als gewerbliche Einkünfte angesehen und als gewerbesteuerpflichtig behandelt worden. Der BFH hält nun daran fest, dass die Insolvenz-, Zwangs- und Vergleichsverwaltung keine freiberufliche Tätigkeit i.S.v. § 18 Abs. 1 Nr. 1 EStG, sondern eine vermögensverwaltende Tätigkeit i.S.v. § 18 Abs. 1 Nr. 3 EStG ist. Auch die Ausübung der Insolvenzverwaltung durch 29a

91 *G. Hueck*, AcP 152 (1952/1953) 432.
92 BFH, Urt. v. 12. 12. 2001 – XI R 56/00 – DZWIR 2002, 112, 114.
93 *Smid*, DZWIR 2002, 265.
94 BFH, Urt. v. 15. 12. 2010 – VIII R 50/09, ZIP 2011, 582.

Rechtsanwälte ändert daran nichts, weil sie nach der Judikatur des BFH für einen Rechtsanwalt nicht berufstypisch sei.[95] Der BFH sieht sich in dieser Art der Qualifikation durch die Entwicklung der Tätigkeit zu einem verfassungsrechtlich geschützten eigenständigen Beruf mit einer Prägung durch eigene Berufsgrundsätze, wie sie der VID der Öffentlichkeit zugänglich gemacht hat.[96] Ausschlaggebend ist insoweit § 56 InsO, der nicht an die Rechtsanwaltszulassung anknüpft, sondern die Bestellung zum Insolvenzverwalter von der Eignung im konkreten Fall abhängig macht. Gegen die Vervielfältigungstheorie, die bereits der RFH begründet hatte, spricht, dass sich, betrachtet man einen „Leitbild" der Insolvenzverwaltung, der Insolvenzverwalter zentrale Fragen in der Tat höchstpersönlich zu entscheiden und bestimmte zum Kern der Tätigkeit des Insolvenzverwalters gehörende Tätigkeiten höchstpersönlich auszuüben hat. So hat er als Partei Prozesse nach den §§ 129ff. InsO oder den §§ 92f. InsO zu führen, Aktivprozesse nach § 85 InsO aufzunehmen oder über die Behandlung von Passivprozessen nach § 86 InsO zu entscheiden. Ihm obliegen höchstpersönlich die Berichtspflichten des § 58 InsO und insbesondere die Berichte nach § 157 und die Teilnahme an dem Schlusstermin. Im Rahmen der Insolvenzverwaltung fallen aber eine Reihe weiterer Tätigkeiten an, wie z.B. die Durchführung von Auktionen, die Vervielfältigung von Schreiben, die Frankierung, Kuvertierung usf.[97] Denn wie die Judikatur des BGH zum Einsatz von Fachleuten etwa bei der Führung von Anfechtungsprozessen oder der Erledigung steuerrechtlicher Aufgaben oder bei der Verwertung von Massegegenständen führt dies nicht dazu, dass ein Minderungsfaktor zu berücksichtigenden wäre. Dies gilt auch, wenn der Insolvenzverwalter sich des Personals des schuldnerischen Unternehmens oder seiner Gesellschafter bedient (vgl. § 60 Abs. 2 InsO zur grundsätzlichen Zulässigkeit).

II. Pflichten des Insolvenzverwalters im Einzelnen

1. Aufnahme von Verzeichnissen

30 Der Insolvenzverwalter hat das Massegegenstandsverzeichnis (§ 151 InsO)[98], das Inventar und die Eröffnungsbilanz aufzustellen (§ 153 InsO). Unter dem Inventar versteht man eine umfassende Darstellung der Aktiva unter Einschluss der Passiva des Schuldners nach kaufmännischen Gesichtspunkten, auf deren Grundlage der Insolvenzverwalter dann die Bilanz zu erstellen hat, die ihm und den Gläubigern einen Überblick über die Erfolgsaussichten bei einer Veräußerung von Massebestandteilen verschaffen soll. Bei diesen Aufgaben hat ihn der Gemeinschuldner zwar zu unterstützen (§ 97 InsO). Aber oftmals befinden sich die Bücher des Gemeinschuldners in so schlechtem Zustand und ist der Gemeinschuldner so wenig zu ordnenden Maßnahmen in der Lage, dass der Insolvenzverwalter auf sich gestellt bleibt: Diese Aufgaben zeigen jedenfalls, wie illusorisch es ist, von Möglichkeiten einer Eigenverwaltung des Schuldners auszugehen.

---

95 BFH, Urt. v. 12. 12. 2001 – XI R 56/00, BFHE 197, 422.
96 www.vid.de = ZIP 2006, 2147.
97 Hierzu bereits *Smid*, DZWIR 2002, 265.
98 *Möhlmann*, Die Berichterstattung im neuen Insolvenzverfahren, 1999, S. 127ff.; *Mitlehner*, ZIP 2000, 1825ff.; auch *Maus*, in: Uhlenbruck, InsO, 12. Aufl. 2003, § 151 Rn. 9.

2. Handels- und steuerrechtliche Rechnungslegungs- und Buchhaltungspflichten

Streitig war lange Zeit, ob sich die Aufgaben des Insolvenzverwalters auf die allgemeine gesellschafts- und handelsrechtliche Buchführung im gemeinschuldnerischen Unternehmen erstrecken. Von seiner Konzeption des Insolvenzverwalters als Gesellschaftsorgan her meint *K. Schmidt* konsequent, den Insolvenzverwalter träfen die Pflichten aus § 270 AktG, § 71 GmbHG und § 154 HGB.[99] Auch nach neuem Recht kann man daran zweifeln, dass dies ohne weiteres so zutrifft, zumal *Schmidts* Ansicht zu erheblichen Kostenbelastungen der Masse führt: § 155 InsO bestimmt, dass die handels- und steuerrechtlichen Pflichten des *Schuldners* zur Buchführung und zur Rechnungslegung durch die Eröffnung des Insolvenzverfahrens unberührt bleiben und nach Eröffnung des Insolvenzverfahrens vom *Insolvenzverwalter* wahrzunehmen sind;[100] die Kosten gehen zu Lasten der Masse.[101] Da es sich insofern um eine erhebliche Belastung handeln kann, bedarf es einer einschränkenden Auslegung des § 155 InsO: Nur diejenigen steuerrechtlichen Pflichten sind im liquidierenden Verfahren vom Insolvenzverwalter zu erfüllen, die angesichts der Vermögensliquidation erbracht werden müssen; es gilt der so genannte Primat des Insolvenzrechts.[102] Der Insolvenzverwalter einer Aktiengesellschaft genügt seinen Pflichten, wenn er in der Hauptversammlung erläutert, dass ihn die Gläubigerversammlung mit der Erstellung eines Insolvenzplans beauftragt, er den Insolvenzplan mit dem darin enthaltenen Sanierungskonzept erstellt und die Gläubigerversammlung hierüber entschieden hat. Damit sind Aktionärsfragen zu Gesprächen zwischen Beteiligten über das Sanierungskonzept hinreichend beantwortet; einen Anspruch auf Einsichtnahme in den Insolvenzplan gewährt § 131 AktG dem Aktionär nicht.[103] 31

Im Einzelnen hat der Insolvenzverwalter im *liquidierenden Verfahren* eine Rumpfjahr-Schlussbilanz für den verkürzten Zeitpunkt zwischen dem Schluss der letzten regulären Geschäftsjahresbilanz und dem Zeitpunkt der Eröffnung des Insolvenzverfahrens[104] sowie eine Gewinn- und Verlustrechnung und einen Lagebericht als abschließendes Rechenwerk der werbenden Gesellschaft gem. §§ 238ff. HGB aufzustellen. Ferner trifft ihn die Pflicht zur Erstellung einer handelsrechtlichen Eröffnungsbilanz bezogen auf den Stichtag der Eröffnung des Insolvenzverfahrens unter Beifügung eines die Eröffnungsbilanz erläuternden Berichts entspr. § 270 Abs. 1 AktG, § 71 Abs. 1 GmbHG; jährlicher Zwischenbilanzen nebst Lageberichten und einer handelsrechtlichen Schlussbilanz, Gewinn- und Verlustrechnung sowie eines erläuternden Lageberichts zum Abschluss des Insolvenzverfahrens.[105] Dies gilt entsprechend für eine (auch nur zeitweilige) Unternehmensfortführung.[106] 32

Der Verwalter (ebenso der vorläufige Verwalter gem. § 21 Abs. 2 Nr. 1 InsO) hat im Übrigen die Steuererklärungspflichten des Schuldners zu erfüllen. Er muss Steueranmeldungen und Steuererklärungen abgeben. Dies kann er nur, wenn er die hierfür erforderlichen Tatsachen und Rechtsverhältnisse ermittelt, was im Allgemeinen nur bei einer Aufrechterhaltung bzw. Einrichtung einer entsprechenden 33

---

99 *K. Schmidt*, Wege zu einem Insolvenzrecht der Unternehmen, 1990, 127.
100 Amtl. Begr. zu § 174 RegEInsO, BT-Drs. 12/2443, S. 172.
101 *Heni*, ZInsO 1999, 609: „Zahlenfriedhöfe auf Kosten der Gläubiger?"
102 *Smid/Rattunde*, in: Smid, InsO, 2. Aufl. 2001, § 155 Rn. 8; a. A. *Maus*, in: Uhlenbruck, InsO, 12. Aufl. 2003, § 155 Rn. 2.
103 LG Berlin, Beschl. v. 25. 5. 2005 – 99 O 110/04, DZWIR 2005, 479.
104 *Pink*, ZIP 1987, 177, 180.
105 *Rattunde/Schmid*, in: Smid, InsO, 2. Aufl. 2001 , § 155 Rn. 3.
106 *Rattunde/Schmid*, in: Smid, InsO, 2. Aufl. 2001, § 155 Rn. 4.

Buchführung möglich ist. Nach Abs. 1 hat der Verwalter die sich aus §§ 238 ff. HGB ergebenden kaufmännischen Buchführungspflichten mit der Folge, dass gem. § 140 AO eine entsprechende steuerrechtliche Buchführungspflicht besteht.[107]

3. Zusammenveranlagung des Insolvenzschuldners mit Ehegatten

33a Im November 2010[108] hat der IX. Zivilsenat des BGH zur Frage zu entscheiden gehabt, ob und wieweit eine Zustimmungspflicht des Insolvenzverwalters zur Zusammenveranlagung in der Insolvenz eines Ehepartners besteht.

33b **Beispielsfall:** Über das Vermögen des Ehemannes, der mit seiner Frau in „intakter Ehe" zusammen lebte, war das Insolvenzverfahren eröffnet worden. Nachdem in den Jahren 1999 und 2000 eine Veranlagung zur Einkommenssteuer getrennt vorgenommen worden war, hatten die Ehegatten für das Jahr 2001 die Zusammenveranlagung beantragt. Auf Antrag des in dem im Juni 1999 über das Vermögen des Ehemanns eröffneten Insolvenzverfahren bestellten Insolvenzverwalters war im Jahr 2002 durch das zuständige Finanzamt die getrennte Veranlagung durchgeführt worden. Mit ihrer Klage verlangte die Ehefrau von dem Insolvenzverwalter der Zusammenveranlagung der Eheleute für die Jahre 2002, 2003, 2004 gegenüber dem zuständigen Finanzamt die Zustimmung zu erteilen. Das brandenburgische OLG[109] hat der Berufung der Klägerin stattgegeben, wogegen sich der beklagte Insolvenzverwalter mit der Revision wandte. Das Berufungsgericht hat den Beklagten Zug um Zug gegen Abgabe einer Erklärung der Klägerin verurteilt, mit der sich diese verpflichtet, den Schuldner von etwa künftig eintretenden steuerlichen Nachteilen freizustellen, die aus der Zusammenveranlagung folgen.

33c Nach der Judikatur des familienrechtlich zuständigen XII. Zivilsenats des BGH ist ein Ehegatte dem anderen gegenüber gem. § 1353 Abs. 1 BGB dazu verpflichtet, der steuerrechtlichen Zusammenveranlagung die Zustimmung zu erteilen, wenn dem Zustimmenden hieraus keine Nachteile erwachsen. Nun folgt die Zustimmungspflicht aus der allgemeinen Wirkung der Ehe. Hier handelt es sich aber nicht um eine höchstpersönliche Pflicht, die gewissermaßen dem inneren Bereich der Ehe angehört, sondern um eine organisationsrechtlich-äußere Rechtspflicht[110]. Der IX. Zivilsenat des BGH sieht nun, dass es sich bei der Zustimmung um eine Form der Vermögensverwaltung handelt, die nach Eröffnung des Insolvenzverfahrens dem Insolvenzverwalter obliegt. Insbesondere handelt es sich, wie der erkennende Senat zutreffend feststellt, bei dem aus § 1353 Abs. 1 BGB folgenden Anspruch der Klägerin nicht um eine nach Umrechnung gem. § 45 InsO zur Tabelle anzumeldende und festzustellende Insolvenzforderung. Es handelt sich nämlich nicht um einen Vermögensanspruch, sondern um ein Veranlagungswahlrecht[111]. Zwar ist der Insolvenzverwalter für die Erklärung der Zustimmung zuständig. Er hat diese aber wegen der materiell-rechtlichen Pflicht des Insolvenzschuldners zu erfüllen.

---

107 *Rattunde/Schmid,* in: Smid, InsO, 2. Aufl. 2001, § 155 Rn. 15 ff.; *Gerbers,* in: Braun, InsO, 2. Aufl. 2004, § 155 Rn. 10: Prinzip der sog. „abgeleiteten Buchführungspflicht".
108 BGH, Urt. v. 18. 11. 2010 – IX ZR 24007, ZIP 2010, 2515.
109 OLG Brandenburg ZVI 2008, 30.
110 *Pawlowski,* Die bürgerliche Ehe als Organisation, 1982, 47, 71, 81 f., 84 f.
111 BGH, ZIP 2007, 1917, NZI 2007, 455, 456.

4. Allgemeine, sich aus dem Insolvenzrecht ergebende Aufgaben

Der Insolvenzverwalter hat weiterhin über die Beendigung oder Erfüllung gegensei- 34
tiger Verträge zu entscheiden, benachteiligende Rechtshandlungen anzufechten, über die Herausgabe von Gegenständen aufgrund geltend gemachter Pfandrechte zu entscheiden und auf die vorab zu erledigenden Ansprüche (Masseverbindlichkeiten) zu leisten. Der Verwalter hat an der Gläubigerversammlung teilzunehmen. In der ersten Gläubigerversammlung gibt der Insolvenzverwalter einen Bericht über die Ursachen der Krise und den gegenwärtigen Stand der Verhältnisse des Gemeinschuldners ab. Insbesondere nimmt der Insolvenzverwalter am Prüfungstermin sowie am Schlusstermin teil, in dem er seine Schlussrechnung gem. § 155 InsO aufmacht.

5. Übersicht über die Sofortaufgaben des Insolvenzverwalters

Wer zum Insolvenzverwalter bestellt wird, wird von zahlreichen Sofortaufgaben be- 35
drängt. Er muss primär – oft unter Hinzuziehung der tätigen Hilfe des Betriebsrats des schuldnerischen Unternehmens – Maßregeln zur Sicherung der Masse treffen.[112] Nachstehend sollen einige der wichtigsten Aufgaben (ohne Anspruch darauf, alle möglichen Fallgestaltungen auch nur annähernd abdecken zu können) aufgeführt werden:[113]

- In der Regel werden dem Insolvenzverwalter mit den Insolvenzeröffnungsakten der Eröffnungsbe- 36
schluss und die Bestallung übersandt. Der Insolvenzverwalter muss sich über den Akteninhalt informieren und dann die Akten zurückgeben mit der Erklärung, dass er die Bestellung als Insolvenzverwalter annimmt.
- Der Insolvenzverwalter muss sogleich die Räume des Gemeinschuldners aufsuchen und die beweglichen Sachen in Besitz nehmen. Soweit der Gemeinschuldner sich wehrt, dient als Titel der Eröffnungsbeschluss (vgl. §§ 27, 97, 148 Abs. 2 InsO), aufgrund dessen der Verwalter mit Hilfe des Gerichtsvollziehers die Sachen in Besitz nehmen muss.[114]
- Der Insolvenzverwalter muss die „Geschäftsbücher" des schuldnerischen Unternehmens in Besitz nehmen. Allerdings stellen „Bücher" heute sicherlich schon einen Atavismus dar: Insbesondere gehört es daher zu den Sicherungsaufgaben des Insolvenzverwalters, sich nicht nur in den Besitz der EDV-Anlage des schuldnerischen Unternehmens zu setzen, sondern deren Verfügbarkeit (durch Erlangung von Zugangscodes usf.) sicherzustellen.
- Die Arbeitnehmer, oft vertreten durch die Gewerkschaften, werden an den Insolvenzverwalter herantreten wegen alsbaldiger Ausfertigung einer formularmäßigen Bescheinigung für das Arbeitsamt, damit die Arbeitnehmer auf die offen stehenden Arbeitsvergütungen für die letzten drei Monate des Arbeitsverhältnisses ihren Nettolohn vom Arbeitsamt ausgezahlt bekommen. Besteht keine Möglichkeit, die im Dienst befindlichen Arbeitnehmer für die Zukunft zu bezahlen, da flüssige Mittel nicht vorhanden sind, wird der Insolvenzverwalter diese Arbeitnehmer freistellen, damit sie die Möglichkeit haben, Arbeitslosenunterstützung zu beziehen.
- Besteht ein Betriebsrat, so muss der Insolvenzverwalter unverzüglich Verhandlungen mit diesem aufnehmen wegen eines Sozialplans und Nachteilsausgleichs (§§ 111–113 BetrVG).

---

112 *Siegelmann,* KTS 1967, 198 ff. Eingehend *Mohrbutter/Mohrbutter,* Handbuch, 6. Aufl. 1989, 39 ff.; *Gottwald/Klopp/Kluth,* Insolvenzrechts-Handbuch, § 22 Rn. 26 ff.

113 Vgl. auch die Zusammenstellung bei *Naumann,* in Kölner Schrift zur Insolvenzordnung, 2. Aufl. 2000, S. 438 (Rn. 17 ff.).

114 *Andres,* in: Nerlich/Römermann, InsO, § 148 Rn. 39; *Hess,* InsO, 1. Aufl. 1999, § 148 Rn. 15 ff.; *Gerbers,* in: Braun, InsO, 2. Aufl. 2004, § 148 Rn. 5.

- Der Insolvenzverwalter muss prüfen, welche Miet-, Pacht- und Dienstverträge sofort gekündigt werden müssen, um die Masse zu entlasten (s. § 55 Abs. 1 Nr. 2 InsO). Dazu braucht er bei Dienstverträgen die Mitwirkung des Betriebsrats. Im Hinblick auf die insoweit unsichere Rechtslage muss solche Kündigung auch gegenüber Mitgliedern von Organen der in Konkurs befindlichen Gesellschaften erfolgen. Dabei kann es sich empfehlen, gleichzeitig fristlos zu kündigen, da ja diese häufig für den Zusammenbruch der Firmen mitverantwortlich sind. Anders ist es, wenn der Insolvenzverwalter auf das Wissen und die Fertigkeiten der Arbeitnehmer bei einer Betriebsfortführung zurückgreifen muss oder will.
- Hat der Insolvenzschuldner Lebensversicherungsverträge, bei denen widerrufliche Begünstigungen bestehen, müssen die Begünstigungen sofort widerrufen werden. Stirbt der Insolvenzschuldner, bevor der Widerruf ausgesprochen ist, fällt die Versicherungssumme nicht in die Insolvenzmasse, sondern an den Begünstigten.
- Bei Stromlieferungs- und ähnlichen Verträgen empfiehlt es sich, eine Klarstellung herbeizuführen, dass von der Ablehnung gemäß § 103 InsO Gebrauch gemacht wird und Neuabschluss beansprucht wird. Dazu sind aufgrund der Monopolstellung die Unternehmen der Energiewirtschaft verpflichtet.
- Soweit Grundstücke und grundstücksgleiche Rechte und sonstige eingetragene Rechte festgestellt werden, muss der Insolvenzverwalter, soweit er dies noch nicht als vorläufiger Verwalter getan hat, dies dem Gericht anzeigen, damit die Eintragung eines Insolvenzvermerks erfolgt. Die Eintragung kann auch vom Insolvenzverwalter beim Grundbuchamt oder Registergericht beantragt werden (§§ 32f. InsO).

III. Kontenführung des Insolvenzverwalters

1. Pflicht zur Unterhaltung eines Sonderkontos

37 Für das eröffnete Insolvenzverfahren ist nach Ansicht des IX. Zivilsenats des BGH[115] ein Sonderkonto für die Masse einzurichten, das kein Anderkonto ist – da der Insolvenzverwalter über die Masse kraft seiner Amtsgewalt aus § 80 Abs. 1 InsO verfügen kann und daher ein Anderkonto ein insolvenzzweckwidriger Abfluss von Masse darstellen würde. Der BGH hat zu seinem Begriffsverständnis des Sonderkontos aber nichts ausgeführt. Da Masseverbindlichkeiten direkt „aus der Masse" gezahlt werden können, sind Treuhandkontenstruktionen entbehrlich. Im Gesetz ist vorgesehen, dass der Gläubigerausschuss eine Bestimmung darüber treffen kann, bei welcher Stelle und zu welchen Bedingungen Geld, Wertpapiere und Kostbarkeiten hinterlegt oder angelegt werden sollen (§ 149 Abs. 1 S. 1 InsO). Ist ein Gläubigerausschuss nicht bestellt oder ermangelt es an einem Beschluss des Gläubigerausschusses hierzu, kann das Insolvenzgericht anordnen, welches die Hinterlegungsstelle sein soll. Diese Vorschrift ermöglicht es dem Verwalter ein offenes Treuhandkonto mit klarer Massezuordnung zu führen und dies auch nach außen transparent zu machen. Allerdings halten wenige Banken hierzu spezielle Vertragsmuster oder SonderkontenAGBs vor[116]. Das Insolvenzgericht kann die Bank mit Eröffnung anschreiben und von dort die ausdrückliche Bestätigung erbitten, dass ein Hinterlegungskonto für die Masse geführt wird. Damit ist zugleich zu verbinden der Hinweis, dass dies nicht ein allgemeines Anderkonto sein kann, sondern wie in der Organisation von mündelsicheren

---

115 BGH, Urt. v. 18. 12. 2008 – IX ZR 132/07.
116 Vgl. zum Problem *Ringstmeyer* in Runkel-Festschr. 2009, 187, 191; *Kuder*, ZInsO 2009, 584, 586.

Anlagen im Betreuungs- oder Nachlassfällen, das Konto auf den Schuldner als Rechtsträger zu lauten hat, aber mit einem Sperrvermerk zu versehen ist, wonach nur der amtierende und namentlich zu benennende Insolvenzverwalter die Verfügungsbefugnis über das Konto hat[117]. Für den Insolvenzverwalter empfiehlt es sich, die Art des Kontos und der Bezeichnung klar begrifflich zu unterscheiden, so dass während der vorläufigen Verwaltung ein echtes Anderkonto mit Begriffszusatz in der Bemerkungszeile Treuhandkonto vorläufige Verwaltung im Verfahren ABC vorzunehmen ist. Nach der Eröffnung ist ein offenes allgemeines Treuhandkonto mit dem Begriffszusatz in der Bemerkungszeile Hinterlegungskonto als Massekonto im eröffneten Verfahren ABC vorzunehmen. In der Insolvenz natürlicher Personen wird es nicht selten zur Wohlverhaltungsperiode kommen, in der ein echtes Anderkonto mit dem Begriffszusatz in der Bemerkungszeile Treuhandkonto Restschuldbefreiungsphase im Verfahren ABC anzubringen ist. Denn mit der Aufhebung des Hauptverfahrens nach § 200 InsO der umfassende Massebeschlag beendet und die Befugnis des Treuhänders erfasst nur die gem. § 287 Abs. 2 InsO abgetretenen Einkünfte, nicht aber Kontenguthaben. Auch hier besteht zur besonderen Vorsicht des Treuhänders Anlass, da bei Irrläufern das Risiko der persönlichen Herausgabe wegen ungerechtfertigter Bereicherung besteht, ohne dass der Einwand der Masseunzulänglichkeit erhoben werden kann.

2. Zahlung auf Verwalteranderkonto nach Aufhebung des Insolvenzverfahrens

Der IX. Zivilsenat des BGH[118] hat darauf erkannt hat, dass Zahlungen, die der Drittschuldner nach Verfahrensaufhebung vornimmt, dann keine schuldbefreiende Wirkung haben, wenn diese auf das Anderkonto des vormaligen Insolvenzverwalters erfolgen und der Schuldner dem Insolvenzverwalter keine Einziehungsermächtigung erteilt hat. Dieser Entscheidung lag folgender, hier vereinfacht wiedergegebener Fall zugrunde. 38

Das über das Vermögen des Schuldners eröffnete Insolvenzverfahren war nach rechtskräftiger Bestätigung eines Insolvenzplans mit Beschluss des Insolvenzgerichts am 1. 2. 2006 aufgehoben worden. Der vormalige, in dem aufgehobenen Insolvenzverfahren bestellte Insolvenzverwalter unterhielt ein Anderkonto. Hierauf überwies eine Drittschuldnerin nach der Verfahrensaufhebung wegen offener Forderungen, die die Schuldnerin gegen sie geltend machen konnte und die auf laufender Geschäftsbeziehung beruhten, ca. 28.000 €. Der vormalige Insolvenzverwalter zahlte hiervon 10.000 € an die Schuldnerin aus und vereinnahmte für sich 18.000 € als Vergütung seiner Tätigkeit als Insolvenzverwalter. Die Schuldnerin stellte daraufhin erneuten Antrag auf Eröffnung eines Insolvenzverfahrens über ihr Vermögen, woraufhin das Insolvenzgericht das Verfahren in der Tat erneut eröffnete und eine andere Person als Insolvenzverwalter bestellte, der daraufhin die Auszahlung der von der Drittschuldnerin auf das Anderkonto des im ersten Insolvenzverfahren bestellten Insolvenzverwalters überwiesenen 28.000 € verlangte. Auf die Weigerung des Erstinsolvenzverwalters, zu zahlen, hin, ließ sich der später klagende Insolvenzverwalter von der Drittschuldnerin deren Forderungen gegen den Beklagten abtreten. Insbesondere wurde dabei die Abtretung aus Bereicherungsrecht vorgenommen. Er verklagte danach den Erstinsolvenzverwalter auf Zahlung. Nachdem die Klage von Landgericht als unbegründet 39

117 *Ringstmeyer*, in: Runkel-F., 2009, 187ff.
118 BGH, Urt. v. 12. 5. 2011 – IX ZR 133/10.

abgewiesen worden war, hatte der Kläger mit Berufung und Revision Erfolg. Der Kläger hatte ausdrücklich ausgeschlossen, die Klage als Genehmigung der Forderungseinziehung einzusehen.

40 Da Anderkonten als offene Vollrechtstreuhandkonten ausschließlich den das Konto eröffnenden Rechtsanwalt persönlich der kontenführenden Bank gegenüber berechtigen,[119] hat der Drittschuldner durch die Zahlung nicht an den Schuldner geleistet. Auch eine Zahlung in bzw. zur Insolvenzmasse kommt nicht in Betracht. Denn selbst wenn über das Vermögen des Schuldners das Insolvenzverfahren noch zur Zeit der Zahlung durchgeführt worden wäre, wäre die Zahlung auf das Anderkonto außerhalb der Insolvenzmasse erfolgt. Maw würde es sich bei dem Eingang des Geldes nicht um Neuerwerb nach § 35 Abs. 1 2. HS InsO handeln. Völlig überzeugend führt der IX. Zivilsenat insoweit aus, dass – a maiore ad minus – erst recht nach rechtskräftiger Planbestätigung und Aufhebung des Insolvenzverfahrens gem. § 258 Abs. 1 InsO nicht der Schuldner „bereichert" wäre, da die insolvenzrechtlichen Ämter und mithin das Amt des Insolvenzverwalters mit der Aufhebung nach § 259 Abs. 1 InsO erloschen sind. Der Schuldner erhält damit das Recht zurück, über sein Vermögen auch insoweit frei zu verfügen, als Vermögensgegenstände vom Insolvenzbeschlag zuvor erfasst worden waren (der IX. Zivilsenat ist hier begrifflich ungenau, da er davon spricht, die Schuldnerin habe mit der Verfahrensaufhebung das Recht zurückerhalten, über die Insolvenzmasse frei zu verfügen; da aber der Insolvenzbeschlag mit der Wiedererlangung der Verwaltungs- und Verfügungsbefugnis endet, führt die Aufhebung des Insolvenzverfahrens allein zu der Selbstverständlichkeit, dass das Schuldnervermögen sich nicht mehr als haftende Insolvenzmasse darstellt). Zwischen den Parteien war im vorliegenden Fall im Übrigen streitig, ob der beklagte Erstinsolvenzverwalter mit der Schuldnerin eine Vereinbarung des Inhalts getroffen hatte, das Insolvenz-Anderkonto auch nach Aufhebung des Insolvenzverfahrens als Rechtsanwalts-Anderkonto weiterzuführen. Denn das hätte allein dazu geführt, dass die sich auf dem Anderkonto befindlichen Gelder bis zur Endabrechnung dort gebucht hätten sein sollen. Dies führt indessen nicht dazu, dass eine nach Verfahrensaufhebung erfolgende Zahlung des Drittschuldners auf das Anderkonto diesen nicht befreit. Auswirkung herbeizuführen hätte entweder

- der Schuldner die Drittschuldnerin zur Zahlung auf das Anderkonto gem. § 362 Abs. 2, § 185, Abs. 1 BGB anweisen;
- die Zahlung der Drittschuldnerin auf das Anderkonto nachträglich genehmigen (§ 362 Abs. 2, § 185 Abs. 2 BGB oder
- den Beklagten zur Forderungseinziehung ermächtigen müssen oder
- es hätte von der Drittschuldnerin die Zahlung gutgläubig in Unkenntnis von der Aufhebung des Insolvenzverfahrens vorgenommen werden müssen.

41 Die Vorinstanzen hatten indes keine Tatsachenfeststellungen über eine gutgläubige in Unkenntnis der Verfahrensaufhebung erfolgte Leistung des Drittschuldners erbracht und der beklagte vormalige Insolvenzverwalter war den Tatsachenfeststellungen nicht entgegengetreten und hat auch keine Verfahrensrügen diesbezüglich erhoben.

---

119 BGH, Urt. v. 18. 12. 2008 – VIII ZR 192/07, WM 2009, 562.

Nachdem der vormalige Erstinsolvenzverwalter von seinem Anderkonto Zahlungen an den Schuldner vorgenommen und seine ihm festgesetzte Vergütung entnommen hatte, hat er sich freilich auf Wegfall der Bereicherung berufen. Die Voraussetzungen des § 818 Abs. 3 BGB können aber hier naturgemäß nicht vorliegen, da er allein aus dem treuhänderisch gebundenen Anderkonto Geld auf sein treuhandfreies Konto „umgebucht" hat. Er hätte vortragen müssen, im Vertrauen auf das Bestehen eines Rechtsgrundes für sonst nicht getätigte Luxusausgaben das Geld verbraucht zu haben, was hier nicht geschehen ist.

§ 33 Die Verwertung der Gegenstände der Soll-Masse

I. Die „unverzügliche Verwertung" als Grundsatz

1 In § 148 InsO verpflichtet[1] das Gesetz den Insolvenzverwalter dazu, Sachen des der Pfändung unterliegenden Vermögens unverzüglich **in Besitz**[2] zu nehmen. Erst diese Inbesitznahme ermöglicht es ihm tatsächlich, das schuldnerische Vermögen zu sichern, **zu verwalten** und durch Verkauf oder in anderer Weise über die Gegenstände der Masse zu verfügen.[3] Ziel dieser Maßregeln ist die Erzielung eines Erlöses, aus dem die Gläubiger zu befriedigen sind.

2 § 159 InsO ordnet an, dass der Insolvenzverwalter nach dem Berichtstermin „unverzüglich" (ohne schuldhaftes Zögern – § 121 Abs. 1 BGB) das zur Insolvenzmasse gehörende Vermögen zu verwerten hat, soweit dem die Beschlüsse der Gläubigerversammlung nicht entgegenstehen. Eine gesetzliche Typisierung der Verwertungsformen sieht die InsO nicht vor; der Insolvenzverwalter hat daher die zur Umsetzung der von der ersten Gläubigerversammlung gefassten Beschlüsse geeigneten Maßnahmen zu treffen. Damit wird der Herrschaft der Gläubiger im Verfahren Rechnung getragen. Zum Verfahren, wenn der Insolvenzverwalter das schuldnerische Unternehmen vor dem Berichtstermin stilllegen will oben § 14 Rn. 5/6.

II. „Techniken" und Verfahren der Masseverwertung

1. Verwertung einzelner Massegegenstände

3 Die Verwertung der Masse kann sowohl durch die Zerschlagung des schuldnerischen Vermögens und die Veräußerung der (einzelnen) Vermögensgegenstände als auch auf dem Wege einer sog. übertragenden Sanierung[4] erfolgen. Die Verwertung des schuldnerischen Vermögens erfolgt durch **freihändige Veräußerungen** von der Soll-Masse zugehörigen Gegenständen (insbesondere der Räumungsverkauf gem. § 6 UWG)[5], aber auch eine **öffentliche Versteigerung** zu Gebote. Diese Art der Verwertung kommt immer dann in Betracht, wenn die Vermögensgesamtheit der Soll-Masse keinen Vermögenswert repräsentiert, der namentlich durch einen zur Fortführung des schuldnerischen Betriebes bereiten Erwerber nutzbar gemacht werden könnte.

---

1 *Wellensiek*, in: Kölner Schrift zur Insolvenzordnung, 2. Aufl. 2000, 403 (Rn. 1); *Uhlenbruck*, in: Uhlenbruck, InsO, 13. Aufl. 2010, § 148 Rn. 1; *Gerbers*, in: Braun, InsO, 2. Aufl. 2004, § 148 Rn. 3, der insoweit nur vom „Gebot" spricht.

2 Zur Parallelerscheinung des § 2205 Satz 2 BGB *Thöne*, Die Verwaltung des Testamentsvollstreckers, 1999, S. 39 f.

3 Amtl. Begr. zu § 167 RegEInsO, BT-Drs. 12/2443, S. 170.

4 Begrifflich grundlegend: *K. Schmidt*, ZIP 1980, 328, 336; *ders.*, Wege zum Insolvenzrecht der Unternehmen, 1990, 138, *ders.*, in: *Leipold* (Hrsg.), Insolvenzrecht im Umbruch, 1991, 67 ff.; vgl. zudem *Gottwald*, KTS 1984, 1 ff., 16 ff.; *Balz*, Sanierung von Unternehmen und Unternehmensträgern, 1986, 71 ff.; *ders.*, ZIP 1988, 273, 287 ff.; *Tretow*, ZInsO 2000, 309.

5 *Smid*, in: LSZ, InsO, 3. Aufl. 2010, Insolvenzordnung, § 159 Rn. 4; *Gerbers*, in: Braun, InsO, 2. Aufl. 2004, § 159 Rn. 5.

2. Übertragende Sanierung

4 Unter einer übertragenden Sanierung versteht man sowohl die Veräußerung des dem Betriebe dienenden beweglichen und unbeweglichen Vermögens der Schuldnerin („assets“) als auch den Verkauf der Gesellschaftsanteile an dem schuldnerischen Unternehmensträger an einen Erwerber. Die übertragende Sanierung stellt sich m.a.W. als Veräußerung des Betriebsvermögens an einen Investor, ggf. an einen neu gegründeten Unternehmensträger (Auffanggesellschaft[6]) dar, der sodann an einen Erwerber veräußert wird. Die übertragende Sanierung führt vielfach zu einer wirtschaftlich sinnvolleren Abwicklung als durch Veräußerung einzelner Massegegenstände. Der Gesetzgeber[7] geht von einer **„Gleichwertigkeit“ von Liquidation, übertragender Sanierung und Sanierung des Unternehmensträgers** aus.

5 Die übertragende Sanierung wird im Insolvenzverfahren durch **Haftungsprivilegien zugunsten des Erwerbers** unterstützt. Denn diejenigen Vorschriften greifen im eröffneten Insolvenzverfahren nicht ein[8], die bei der Unternehmensübertragung die Verbindlichkeiten auf den Erwerber übergehen lassen, (vgl. § 75 AO – Freistellung von der Haftung für Steuerverbindlichkeiten, § 25 HGB, § 613a BGB i.V.m. Art. 232 § 5 EGBGB).

3. Gewährleistung gegenüber dem Erwerber

6 Für die Verwertung im Wege der freihändigen Veräußerung von Massegegenständen trifft gem. § 55 Abs. 1 Nr. 1 InsO die Masse und ggf. nach § 61 InsO den Insolvenzverwalters gegenüber dem Erwerber im allgemeinen die kaufrechtliche Gewährleistungshaftung, unabhängig davon, ob bei einer Zerschlagung des schuldnerischen Unternehmens einzelne Massegegenstände veräußert oder ob „das Unternehmen“ oder „der Betrieb“ verkauft[9] oder massezugehörige Gesellschaftsanteile durch Verkauf verwertet werden.[10] Das behindert ersichtlich die zügige und sinnvolle Abwicklung der Verwertung der Masse und die zeitnahe Ausschüttung des Verwertungserlöses an die Gläubiger, wenn der Insolvenzverwalter zur Vermeidung persönlicher Haftung aus § 61 InsO dazu gezwungen ist, Mittel zur Befriedigung etwaiger Gewährleistungsansprüche des Erwerbers vorzuhalten. Dies kann der Insolvenzverwalter dadurch vermeiden, dass er – was regelmäßig geschieht – Gewährleistungsansprüche des Erwerbers vertraglich ausschließt. Ein solcher Gewährleistungsausschluss ist jedenfalls soweit zulässig, wie der – im Unterschied zu einem veräußernden Unternehmensinhaber üblicherweise nicht in vollem Umfang branchenkundige – Insolvenzverwalter den Erwerber belehrt bzw. wenn er dem anderen Teil Gelegenheit zur Prüfung des Kaufgegenstandes (*„due diligence“*) gegeben hat.[11]

7 Durch die Schuldrechtsreform[12] hat der Gesetzgeber die Art der Gewährleistung beim Kauf derjenigen beim Werkvertrag angeglichen; kaufvertraglich geschuldet ist nunmehr die Lieferung einer mangelfreien Sache.[13] Nach § 437 BGB kann der Käufer nämlich im Falle der Mangelhaftigkeit der Sache Rücktrittsrechte ausüben; primär vom Verkäufer mangelfreie Lieferung verlangen.[14] Der Insolvenz-

---

6 *Baumann,* Unternehmenssanierung durch Auffanggesellschaften, 1988, bes. S. 42ff.
7 Allg. Amtl. Begr. RegEInsO, 3a bb S. 77.
8 BGH, Urt. v. 11.4.1988 – II ZR 313/87 – BGHZ 104, 151, 153 (Nichtanwendbarkeit von § 25 HGB und § 419 BGB, wobei letztere Vorschrift zum 1.1.1999 gem. Art. 33 Nr. 16 EGInsO aufgehoben worden ist).
9 *Kammel,* NZI 2000, 102, 105f.; *Stengel/Scholderer,* NJW 1994, 158, 159.
10 BGH, Urt. v. 29.9.1999 – VIII ZR 232/98 – NZI 2000, 73.
11 *Stengel/Scholderer,* NJW 1994, 158; *Keller,* DZWIR 2005, 133ff.
12 Gesetz zur Modernisierung des Schuldrechts v. 26.11. 2001, BGBl. I 3138ff.; *Ehmann/Rust,* JZ 1999, 853ff.; *Brüggemeier,* JZ 2000, 529ff.
13 *Däubler,* NJW 2001, 3729ff.; *Schwab,* JuS 2002, 1.
14 Eingehend hierzu *Huber,* NJW 2002, 1004ff.

verwalter, der nach Maßgabe der Massegegenstände veräußert, läuft Gefahr, wegen Gewährleistungsansprüchen in Anspruch genommen zu werden.[15] Wie wir gesehen haben (§ 9 Rn. 88 ff.) ist der Insolvenzverwalter nach deutschem Recht – folgt man der höchstrichterlichen Judikatur und der wohl überwiegenden Meinung – Partei des Vertrages, aus und mit dem er als Partei kraft Amtes die Masse verpflichtet. Diese haftet (§ 31 BGB) für die Schäden, die der Insolvenzverwalter an fremden Rechtsgütern bei der Masseverwaltung verursacht. Das macht die Suche nach Abhilfen zur Aufgabe des zur Verwertung der Masse und damit zur Veräußerung von Massegegenständen oder des Unternehmens als Gesamtheit verpflichteten Insolvenzverwalters erforderlich. Dabei kommen zwei Modelle in Betracht. Zum einen wird es die Aufgabe der Kautelarjurisprudenz der kommenden Monate und Jahre sein, der Praxis Instrumentarien einer Haftungsbeschränkung bis hin zu einem Haftungsausschluss des Verkäufers bereitzustellen.[16] Wegen der möglicherweise damit verbundenen Risiken wird dem Insolvenzverwalter im Übrigen die Bildung von Rücklagen und – nach Ablauf der Verjährungsfristen – eine diesbezügliche Nachtragsverteilung empfohlen.[17]

8 Allerdings kann mittels der Veräußerung durch einen Verwerter, der die Sachen versteigert, die Haftung ausgeschlossen werden. Denn § 445 BGB sieht eine Haftungsbegrenzung bei öffentlichen Versteigerungen vor, unter denen die Versteigerung zur Pfandverwertung erfolgt, sofern der Gegenstand unter der Bezeichnung als Pfandsache angeboten wird.[18] Neben der Versteigerung aufgrund von Pfandrechten eines Gläubigers ist dies aber auch erfüllt, soweit auf Veranlassung des Insolvenzverwalters die öffentliche Versteigerung aufgrund des an den zu versteigernden Sachen begründeten Insolvenzbeschlags betrieben wird. Der Insolvenzbeschlag als „Universalpfandrecht“[19] an der Sache erfüllt mithin die Voraussetzungen[20] des § 445 BGB n.F. Dies trifft nach alledem auch zu, lässt der Insolvenzverwalter Sachen, die zur Soll-Masse gehören, öffentlich versteigern.

9 § 453 Abs. 1 BGB n.F. unterstellt den Unternehmenskaufvertrag als Vertrag über „sonstige Gegenstände“ dem Recht des Sachkaufs.[21] Die bisherige Differenzierung zwischen dem Anteilsverkauf (share deal) – bei dem Sachgewährleistungsrechte allein bei Einräumung eines beherrschenden Einflusses an den Käufer griffen[22] – und dem Unternehmensverkauf als Veräußerung einer Sachgesamtheit (asset deal) ist damit obsolet. Mit zutreffenden Argumenten ist kritisiert worden[23], dass wegen der Ausrichtung des neuen Rechts am Verbrauchsgüterkauf die bereits früher gesetzlich nicht geregelten Fragen des Unternehmensverkaufs nicht nur auch zukünftig in weiten Bereichen ungeregelt bleiben, sondern wegen der neuen Paradigmatik des Schuldrechts eher unklarer geworden sind. Das entscheidende Problem des Unternehmenskaufs liegt in der Beschreibung der Leistungspflicht, die den Verkäufer trifft. Hierzu werden die wertbildenden Faktoren im Einzelnen beschrieben, was für den Insolvenzverwalter auch mit Blick auf § 168 InsO wichtig sein kann. Derartige Beschreibungen des Leistungsgegenstandes sind für den Verkäufer regelmäßig nur dann hinnehmbar, wenn die haftungsrechtlichen Folgen übersehen oder ausgeschlossen werden können, die eintreten, wenn sich erweist, dass die Leistungsbeschreibung nicht den Tatsachen entspricht. Daher wurden diese Beschreibungen nicht als kaufrechtliche Zusicherung einer Eigenschaft gem. § 463 a.F. BGB gefasst, sondern als selbständiger Garantievertrag aus § 305 BGB a.F. abgeleitet.[24] Das neue Kaufrecht bietet vordergründig nicht anders als das überkommene Recht zwei Optionen an, nämlich entweder die Beschaffenheitsvereinbarung nach § 434 Abs. 1 Satz 1 BGB n.F. oder den Abschluss eines selbständigen Garantievertrages. Die

15 *Ringstmeier/Homann*, ZIP 2002, 505.
16 *Graf v. Westphalen*, NJW 2002, 12 ff.
17 *Ringstmeier/Homann* ZIP 2002, 505, 509.
18 *H.P. Westermann*, in: MünchKomm, BGB, 3. Aufl. 1997, § 461 Rn. 1.
19 Vgl. *Smid*, in: LSZ, InsO, 3. Aufl. 2010, § 35 Rn. 1.
20 *H.P. Westermann*, in: MünchKomm, BGB, 3. Aufl. 1997, § 461 Rn. 2.
21 *Gronstedt/Jürgens*, ZIP 2002, 52, 53.
22 BGH, Urt. v. 12. 11. 1975 – VIII ZR 142/74 – BGHZ 65, 246, 251; BGH, Urt. v. 28. 3. 1990 – VIII ZR 169/89 – NJW 1990, 1659; *Dauner-Lieb/Thiessen*, ZIP 2002, 108, 109.
23 *Schubel*, JuS 2002, 313 f., der auf die Folgen für Nichtverbraucherkäufe hinweist; *Gronstedt/Jürgens*, ZIP 2002, 52, 53.
24 *Gronstedt/Jürgens*, ZIP 2002, 52, 56.

Rechtsfolgen unterscheiden sich aber von denen, die das bisherige Recht vorgesehen hat. Denn im Falle der Beschaffenheitsvereinbarung kommen die kaufrechtlichen Regelungen der §§ 439ff. BGB zum Zuge, die dem Insolvenzverwalter Risiken auferlegen, die nicht unkalkulierbar, sondern unerträglich sind. Für den Fall selbständiger Garantieverträge verbietet dagegen § 444 BGB n.F. einen Haftungsausschluss.[25] Außerhalb des Bereichs von Garantieverträgen wird ein Haftungsausschluss, sofern er überhaupt zulässig ist, eng ausgelegt.[26] Ob § 444 BGB n.F. im Übrigen einer teleologischen Reduktion zugänglich ist oder nicht wird im Schrifttum leidenschaftlich erörtert; eine summenmäßige Begrenzung der Haftung wird überwiegend ausgeschlossen.[27] Dagegen wird gesagt, § 444 BGB[28] reiche nur soweit, wie der Garant eine Garantie übernommen habe. Die systematischen Argumente, die für die Möglichkeit einer Haftungsbeschränkung angeführt werden sind ebenso wie die Gesichtspunkte überzeugend, die sich auf den in den Gesetzesmaterialien artikulierten Willen des Gesetzgebers berufen zu können meinen. Dem Insolvenzverwalter wird damit freilich nicht wirklich geholfen[29], da er regelmäßig mit der Unsicherheit über die zu fällende Entscheidung nicht leben kann. Der Insolvenzverwalter wird zu prüfen haben, ob und wieweit er das von ihm angestrebte Verwertungsgeschäft im Geltungsbereich des deutschen Rechts nach dessen Regeln abzuwickeln gezwungen ist bzw. ob sich ein anderes als das deutsche Recht wählen lässt.[30]

---

25 *Westermann,* NJW 2002, 241, 247; eingehend *Gronstedt/Jürgens,* ZIP 2002, 52, 58; *Dauner-Lieb/Thiessen,* ZIP 2002, 108, 113f.; *Graf v. Westphalen,* ZIP 2002, 545, 547ff.

26 BGB-Handk.-*Saenger,* § 444 Rn. 3; BGH, Urt. v. 29. 10. 1956 – II ZR 79/55 – BGHZ 22, 96; BGH, Urt. v. 4. 6. 1975 – VIII ZR 55/74 – BGHZ 64, 355, 359.

27 *Graf v. Westphalen,* ZIP 2001, 2107; *Dauner-Lieb/Thiessen,* ZIP 2002, 108, 109.

28 *Hermanns,* ZIP 2002, 696, 697.

29 *Hermanns,* ZIP 2002, 696, 697.

30 So sind z.B. durch den *österreichischen Gesetzgeber* die EG-Richtlinien übernommen worden, ohne dass damit das kaufrechtliche Gewährleistungssystem in seinem Grunde geändert worden ist. An der bisher nicht beanstandeten Praxis von Haftungsausschlüssen im Rahmen von Unternehmenskaufverträgen (vgl. *Puck,* Der Unternehmenskauf, 1996, bes. S. 101ff., 132, 145).

§ 34 Verwertung von Gegenständen, an denen Absonderungsrechte bestehen

I. Übersicht

1. Verwertungsbefugnis des Insolvenzverwalters bzw. des eigenverwaltenden Schuldners

1 a) **Grundsatz.** Die §§ 165ff. InsO geben dem Insolvenzverwalter die ausschließliche (unten Rn. 8) Befugnis, Gegenstände, an denen Absonderungsrechte bestehen, zu nutzen und zu verwerten. Der Kreis der absonderungsberechtigten Gläubiger gem. §§ 49 bis 51 InsO ist oben (§ 2 Rn. 44ff.) dargestellt worden. Die bei der Feststellung und Verwertung anfallenden Kosten sind durch den Insolvenzverwalter nach den §§ 170f. InsO vom durch die Verwertung erzielten Erlös ab- und zur Masse zuziehen.[1] Bei der Erörterung der Auswirkung der Eröffnung des Insolvenzverfahrens auf Vorbehaltskaufverträge (oben § 2 Rn. 54ff.) ist deutlich geworden, dass der Masse in einer Reihe von Konstellationen das Nutzungspotential solcher Sachen zufließt, die im Eigentum Dritter stehen: Der Vermieter muss die Nutzung der Sache im eröffneten Verfahren der Masse – also dem Insolvenzverwalter – belassen, gegenüber dem Herausgabeverlangen des Eigentumsvorbehaltsverkäufers muss der Insolvenzverwalter sich erst nach dem Berichtstermin (§ 156 InsO) erklären.

2 b) **Eigenverwaltung des Schuldners.** Ist die **Eigenverwaltung des Schuldners** angeordnet, nimmt nach **§ 282 Abs. 1 Satz 1 InsO** der Schuldner die Befugnisse nach §§ 165ff. InsO bzw. den §§ 30dff. ZVG wahr.

3 c) **Verhältnis zu Zielen der Insolvenzreform.** Der Gesetzgeber[2] hat die Aufgaben der Einbindung[3] dinglich gesicherter Gläubiger in das Insolvenzverfahren und der Statuierung einer Verwertungsbefugnis des Insolvenzverwalters am Absonderungsgut mit der Formulierung der Ziele der Insolvenzreform bestimmt (gemeint ist damit die Unterwerfung gesicherter Gläubiger unter das konkursliche Regime): Erstens ging es um die Einbindung der absonderungsberechtigten Gläubiger in das Insolvenzverfahren. Zweitens sollte die „Verteilungsgerechtigkeit" im Insolvenzverfahren gegenüber dem bisherigen Rechtszustand verbessert werden, schließlich ging es dem Gesetzgeber im Wesentlichen auch aus ordnungspolitischen Gesichtspunkten um die Erhöhung der Eröffnungsquote. So lässt sich insbesondere das Problem der Massearmut nur dadurch lindern, dass die Insolvenz von den Gläubigern gesicherter Forderungen finanziert wird; der Gesetzgeber hat sich freilich dazu entschieden, den absonderungsberechtigten Gläubigern die Kompensation der Kosten[4] abzuverlangen, die durch die zu ihren Gunsten erfolgte Verwertung von Sicherungsgegenständen erwachsen sind.[5]

4 Die *Rechtfertigung* für die damit einhergehenden Belastungen der absonderungsberechtigten Gläubiger muss bei deren Beziehung zu dem insolventen Unternehmen ansetzen: Die Begründung des RegE-

---

1 *Smid*, Kreditsicherheiten, 2. Aufl. 2008, § 2, Rn. 15.

2 Amtl. Begr. zu § 191 RegFInsO, BT-Drs. 12/2443, S. 178.

3 So z.B. *Gottwald/Adolphsen*, in: Kölner Schrift zur Insolvenzordnung, 2. Aufl. 2000, S. 1043ff.; *Ganter*, in: MünchKomm, InsO, 1. Aufl. 2001, § 1 Rn. 31, der von Einbeziehung spricht.

4 BGH, Urt. v. 20. 11. 2003 – IX ZR 259/02 – ZIP 2004, 42.

5 Zur Reformdiskussion vgl. Voraufl. § 20 Rn. 11ff.

InsO[6] geht allerdings hierauf mit keinem Wort ein; sie begnügt sich mit der lapidaren Feststellung: „Die alleinige (sic!) Rechtfertigung für die Einbeziehung der Sicherungsgläubiger liegt darin, dass für die Verwertung des Schuldnervermögens im Ganzen möglichst günstige Bedingungen geschaffen werden sollen". Das greift aber neben die eigentlichen Sachfragen. Denn wenn es nur darum ginge, günstige Verwertungsbedingungen zu schaffen, dann wäre es keinesfalls gerechtfertigt, die Sicherungsgläubiger hierzu heranzuziehen – ein derartiger Grund kann sich allein aus der vorkonkurslichen Stellung dieser Gläubiger zum Schuldner ergeben; andernfalls würde es sich in der Tat um eine fragwürdige Beschneidung der Eigentumspositionen dieser Gläubiger handeln. Die Heranziehung der gesicherten Gläubiger an der Tragung der Kosten des Insolvenzverfahrens *und* die Überantwortung von Nutzungs- und Verwertungsbefugnissen des Insolvenzverwalters hinsichtlich des Sicherungsgutes wird *sachlich* dadurch gerechtfertigt, dass die gesicherten Gläubiger vorkonkurslich auf den Gemeinschuldner in einer Weise durch dessen Kreditierung Einfluss genommen haben, die wegen der Art der publizitätslosen Besicherung der Kredite den anderen Gläubigern nicht erkennbar werden konnte.[7]

2. Sachgründe des Kostenbeteiligungsmodells

Die Rechtfertigung des Kostenbeteiligungsmodells folgt aus der aus der Abwicklung 5
der Sicherungsabreden durch den Insolvenzverwalter folgenden finanziellen Belastung der Masse: Es verursacht Kosten, um den Bestand von Sicherheiten rechtlich zu prüfen; so bedarf es aber auch rein tatsächlicher Aufwendungen, um festzustellen, wieweit Sicherheiten Bestand haben und – werthaltig sind! Hat – was nach den Sicherungsabreden regelmäßig der Fall ist – der Schuldner bzw. in dem über sein Vermögen eröffneten Insolvenzverfahren die Masse diese Kosten zu tragen, gehen diese Kosten, die durch die Realisierung der Sicherheiten verursacht werden und damit dem Interesse der Absonderungsberechtigten dienen, zu Lasten der Teilungsmasse, denn sie schmälern die Teilungsmasse und fallen daher den ungesicherten Insolvenzgläubigern zur Last. Der Ansatz bei der Tragung der Verfahrenskosten setzt rechtsdogmatisch auf eine Abwägung der Interessen der Absonderungsberechtigten gegenüber denen der ungesicherten Insolvenzgläubiger, die mit dem Billigkeitsargument zugunsten letzterer vorgenommen wird, die ohnehin unter der Aushöhlung der Teilungsmassen leidenden Insolvenzgläubiger bedürften der Entlastung. Der *tragende* rechtsdogmatische Aspekt – die vorkonkursliche Einflussnahme der Kreditgeber als Sicherungsnehmer auf den Gemeinschuldner – bleibt dabei ungenannt, rechtfertigt aber selbstverständlich im Ergebnis auch das Kostenbeteiligungsmodell.

Ist die **Eigenverwaltung des Schuldners** angeordnet, werden nach § 282 Abs. 1 Satz 2 InsO Kosten der 6
Feststellung der Gegenstände und der Rechte an diesen nicht erhoben. Der Gesetzgeber[8] geht davon aus, dass dem Schuldner die Rechtslage bekannt sein sollte. Das erscheint angesichts des Umstandes, dass die Schuldner vielfach die Rechtslage selbst nicht einschätzen können und daher die rechtlichen Schwierigkeiten, die infolge einer Verwertung von Sicherungsgut auftreten, häufig nicht ohne Inanspruchnahme fachkundigen Rats überschauen können, realitätsfremd.[9]

---

6 Allg. Begr. RegEInsO, BT-Drs. 12/2443, S. 48.
7 *Smid*, Kreditsicherheiten, 2. Aufl. 2008, § 2, Rn. 6 ff.
8 Amtl. Begr. zu § 343 RegEInsO, BT-Drs. 12/2443, S. 226.
9 Krit. auch *Pape*, in: Kölner Schrift zur Insolvenzordnung, 2. Aufl. 2000, S. 919 f. (Rn. 42 f.).

II. Verwertung grundpfandrechtsbelasteter unbeweglicher Sachen[10]

1. Konkurrierende Verwertungsbefugnisse von Grundpfandgläubiger und Verwalter bzw. eigenverwaltendem Schuldner

7 Aufgrund ihrer Werthaltigkeit wirtschaftlich am bedeutendsten sind die Grundpfandrechte. Hypothek, Sicherungs- und Zwangshypothek ebenso wie Grundschulden gewähren kein Zugriffsrecht des Gläubigers auf die Immobilie; vielmehr vermitteln sie dem Gläubiger dadurch eine Sicherheit seiner Forderung, dass sie ihm außerhalb des Insolvenzverfahrens die Befugnis der Verwertung des Grundstücks geben. Die Funktion des Insolvenzrechts, die Gleichbehandlung der Gläubiger zu gewährleisten, macht es erforderlich, dieses Zugriffsrecht mit der Universalexekution in das schuldnerische Vermögen zu harmonisieren; der durch Grundpfandrechte gesicherte Gläubiger ist daher als Absonderungsberechtigter am Verfahren beteiligt (vgl. §§ 67 Abs. 2 Satz 1, 170, 217 InsO).[11] Die Sanierungsfunktion des Insolvenzverfahrens[12] erfordert es zudem, das Verwertungsrecht des Gläubigers für die Verfahrensdauer dadurch zu beschränken, dass die Verwertungsrechte der Absonderungsberechtigten beim Insolvenzverwalter gebündelt werden.[13] Grundsätzlich bleiben aber nach § 49 InsO die Gläubiger, denen ein Recht auf Befriedigung aus Gegenständen zusteht, die der Zwangsvollstreckung in das unbewegliche Vermögen unterliegen (unbewegliche Gegenstände), nach Maßgabe des ZVG zur abgesonderten Befriedigung berechtigt.

2. Stellung des Insolvenzverwalters[14] bzw. des eigenverwaltenden Schuldners[15]

8 **a) Befugnis des Insolvenzverwalters.** Der Insolvenzverwalter ist ungeachtet der auch im eröffneten Insolvenzverfahren bestehenden Verwertungsbefugnis des Grundpfandgläubigers gem. § 165 InsO befugt, alle massezugehörigen unbeweglichen Gegenstände unabhängig von Grundpfandrechten – Absonderungsrechten (vgl. § 49 InsO) –, die an ihnen bestehen, zu verwerten.[16] Ist der unbewegliche Gegenstand mit einem Absonderungsrecht belastet, so steht außer dem Grundpfandgläubiger[17] auch dem Verwalter das Recht zu, die Verwertung im Wege der Zwangsversteigerung oder der Zwangsverwaltung zu betreiben. Aufgrund der geänderten Fassung des ZVG wird deutlich, dass der Verwalter nunmehr aufgrund „eigenen", auf die Durchsetzung der Ansprüche auf Zahlung von Kostenpauschalen gerichteten Pflichtrechts[18]

---

10 *Jungmann*, Grundpfandgläubiger und Unternehmensinsolvenz, 2004, bes. 50ff.; *Niesert*, InVo 1998, 144ff.
11 Amtl. Begr. zum RegEInsO, Allg. 4. c), BT-Drs. 12/2443, S. 86f.
12 *Smid*, in: Smid: InsO, 2. Aufl. 2001, § 1 Rn. 38ff.
13 *Depré*, in: Smid: InsO, 2. Aufl. 2001, § 165 Rn. 2, 3; *Gerbers*, in: Braun, InsO, 2. Aufl. 2004, § 165 Rn. 1.
14 *Wenzel*, NZI 1999, 101ff.; *Gerbers*, in: Braun, InsO, 2. Aufl. 2004, § 165 Rn. 1.
15 *Wehdeking*, in: Flöther/Smid/Wehdeking, Eigenverwaltung, Kap. 2, Rn. 113–149.
16 *Raab*, DZWIR 2006, 234ff.
17 BGH, Beschl. v. 16. 10. 2008 – IX ZR 46/08, ZIP 2008, 2276.
18 Vgl. *Rechel*, in: LSZ, InsO, 3. Aufl. 2010, § 56 Rn. 1.

am Zwangsversteigerungsverfahren beteiligt ist. § 10 Abs. 1 Nr. 1a Satz 2 ZVG schließt eine entsprechende Verfahrensbeteiligung des Gemeinschuldners im Falle der Anordnung der Eigenverwaltung (§ 270 InsO) implizit dadurch aus, dass die Geltendmachung der Kostenpauschale auf den Fall der Bestellung eines Verwalters beschränkt wird; dies spricht im Übrigen für die Annahmen, die von der Amtstheorie[19] angeführt werden.

b) Ausnahme: Verwertungsbefugnisse in Verbraucherinsolvenzverfahren. § 165 InsO greift nach bisher geltendem Recht allerdings nicht im Verfahren der Klein- oder Verbraucherinsolvenz: Der dort die Stelle des Insolvenzverwalters einnehmende Treuhänder hat gem. § 313 Abs. 3 InsO nicht die Befugnis, solche Gegenstände zu verwerten, an denen die abgesonderte Befriedigung begründende Rechte bestehen; vielmehr bleibt nach dieser Vorschrift die Verwertungsbefugnis bei den absonderungsberechtigten Gläubigern, was insbesondere im Hinblick auf Grund- und Wohnungseigentum des Schuldners dessen Ablösebefugnis nach § 314 Abs. 1 InsO in dem Regelfall der Belastung der Immobilie mit Grundpfandrechten leer laufen lassen wird. 9

c) Einleitung eines Zwangsversteigerungsverfahrens durch den Insolvenzverwalter.[20] Die Einleitung eines Zwangsversteigerungsverfahrens wird für den Insolvenzverwalter wirtschaftlich interessant. Die Art der Ausübung des Verwertungsrechts, das dem Verwalter zuerkannt wird, hat der Reformgesetzgeber in Art. 20 EGInsO durch Änderungen des Zwangsversteigerungsverfahrens (insbesondere durch Ergänzung der §§ 172 bis 174 des ZVG) näher geregelt. Ist der unbewegliche Gegenstand mit einem Absonderungsrecht belastet, so steht außer dem Verwalter auch dem Gläubiger das Recht zu, die Verwertung im Wege der Zwangsversteigerung oder der Zwangsverwaltung zu betreiben (vgl. § 49 InsO). Insoweit soll gegenüber dem geltenden Konkursrecht keine Änderung der Rechtslage eintreten.[21] Das Verwertungsrecht des Gläubigers ist allerdings durch die auf der Grundlage des Art. 20 EGInsO erfolgenden Änderungen des ZVG erheblich eingeschränkt.[22] Der Insolvenzverwalter, der auf Grund von § 172 ZVG die Zwangsversteigerung betreibt, kann verlangen, dass das Grundstück auch in der Weise ausgeboten wird, dass im geringsten Gebot abgesehen von den Kosten des Verfahrens (vgl. § 10g Abs. 1 ZVG) nur die Ansprüche aus § 10 Abs. 1 Nr. 1 ZVG berücksichtigt werden. Von diesem Recht wird der Insolvenzverwalter insbesondere dann Gebrauch machen, wenn sich andernfalls wegen der hohen Belastungen des Grundstücks kein Bieter in der Zwangsversteigerung finden würde. 10

§ 10 Abs. 1 Nr. 1 a ZVG (Art. 20 Nr. 1 EGInsO) erlaubt es, dass aus dem Verwertungserlös Feststellungskosten als zur Insolvenzmasse gehörende Ansprüche beglichen werden. Damit wird das Recht der Verwertung massezugehöriger Immobilien dem der Verwertung beweglicher Sachen angeglichen:[23] 11

d) Zubehör als Berechnungsgrundlage der Verwertungskostenpauschale. Die Erstattung der Feststellungskosten wird ausschließlich auf das Grundstückszubehör 12

---

19 *Smid*, in: LSZ, InsO, 3. Aufl. 2010, § 80 Rn. 27 ff.

20 Eingehend zum Verfahren *Muth*, ZIP 1999, 945 ff.; *Schmidt*, InVo 1999, 73 ff.

21 Amtl. Begr. zu § 56 RegEInsO.

22 Die ursprünglich geplante Aufnahme dieser Regelungen in die InsO (§§ 187 bis 190 RegEInsO) und eine damit verbundene Zuständigkeitsverlagerung auf das Insolvenzgericht wurden abgelehnt, siehe Beschl.-Empf. des Rechtsausschusses zu §§ 187 bis 190, BT-Drs. 12/7302, S. 176.

23 Amtl. Begr. zu Art. 20 RegEEGInsO, BT-Drs. 12/3803, S. 68; *Marotzke*, ZZP Bd. 109 (1996), 429, 458 ff., nach seiner Ansicht fehlt es jedoch an einer § 171 Abs. 2 S. 3 entsprechenden Vorschrift über die Tragung einer evtl. anfallenden Umsatzsteuerlast (*Marotzke*, ZZP Bd. 109 (1996), 429, 465 ff.).

bezogen, da der Gesetzgeber sich dem Glauben hingegeben hat, dass die Feststellung der Rechte an dem Grundstück selbst für den Insolvenzverwalter typischerweise unproblematisch sein werde,[24] was nicht allein im Geltungsbereich des § 233 EGBGB immer noch und auf lange Sicht durchaus alles andere als zutreffend ist. Der Verwalter hat nunmehr oft Probleme, zu klären, ob die beim Schuldner vorgefundenen beweglichen Sachen rechtlich als Zubehör einzuordnen sind und ob die Voraussetzung des § 1120 BGB gegeben ist, dass die Zubehörstücke ins Eigentum des Schuldners gelangt sind.

13 **Beispiel:** Bei größeren Produktionsmitteln, Maschinen – man denke an einen Kran u. dgl. m. – kommt es daher darauf an, ob dieser z.B. durch ein Fundament mit dem Grundstück mit der Folge verbunden ist, dass es sich um wesentliche Bestandteile des Grundstücks handelt. Dann kann der Grundpfandgläubiger auf den in unserem Beispiel genannten Kran unbeeinträchtigt durch das Insolvenzverfahren zugreifen. Soweit es sich aber um Zubehör i.S.d. § 97 BGB handelt, ist der Insolvenzverwalter berechtigt, nach § 30d ZVG einen Verfahrenskostenbeitrag wegen Feststellung der an dem Zubehör bestehenden grundpfandrechtlichen Sicherheit zur Masse zu ziehen.[25]

14 **e) Vorläufige Einstellung des Zwangsversteigerungsverfahrens.** Nach § 30d Abs. 1 ZVG i.d.F. des Art. 20 Nr. 4 EGInsO kann der Insolvenzverwalter die vorläufige Einstellung laufender Zwangsversteigerungsverfahren zur Sicherung der Masse und zur Ermöglichung einer Sanierung unter folgenden Voraussetzungen beantragen:[26]

- nach § 30d Abs. 1 Satz 1 Nr. 1 ZVG, wenn im Insolvenzverfahren der Berichtstermin nach § 29 Abs. 1 Nr. 1 noch bevorsteht,
- nach § 30d Abs. 1 Satz 1 Nr. 2 ZVG, wenn das Grundstück nach dem Ergebnis des Berichtstermins nach § 29 Abs. 1 Nr. 1 im Insolvenzverfahren für eine Fortführung des Unternehmens oder für die Vorbereitung der Veräußerung eines Betriebs oder einer anderen Gesamtheit von Gegenständen benötigt wird, was zum einen voraussetzt, dass ein entsprechender Beschluss der Gläubigerversammlung gem. § 158 InsO gefällt worden ist, zum anderen, dass der Betrieb nicht auch auf einem anderen Grundstück fortgeführt werden könnte. Regelmäßig werden die Voraussetzungen des § 30d Abs. 1 Satz 1 Nr. 2 ZVG vorliegen; im Zweifelsfall ist – gegebenenfalls im Wege der Einholung von Sachverständigengutachten – Beweis zu erheben;
- nach § 30d Abs. 1 Satz 1 Nr. 3 ZVG, wenn durch die Versteigerung die Durchführung eines vorgelegten Insolvenzplans gefährdet würde. Voraussetzung hierfür ist, dass entweder der Verwalter oder aber auch der Schuldner einen Insolvenzplan vorgelegt haben (§ 218 InsO);
- oder schließlich nach § 30d Abs. 1 Satz 1 Nr. 4 ZVG, wenn „in sonstiger Weise" durch die Versteigerung die angemessene Verwertung der Insolvenzmasse wesentlich erschwert würde, was insbesondere dann der Fall sein kann, wenn der Insolvenzverwalter eine aussichtsreichere Verwertung (es ist hier insbesondere an die Rn. 8 erwähnte übertragende Sanierung zu denken) voraussichtlich durchzuführen imstande ist. Der Antrag ist an das Vollstreckungsgericht zu richten. Nach § 30d Abs. 1 Satz 2 ZVG ist der Antrag des Insolvenzverwalters abzulehnen, wenn die einstweilige Einstellung dem betreibenden Gläubiger unter Berücksichtigung seiner wirtschaftlichen Verhältnisse nicht zuzumuten ist. Vgl. hierzu auch § 153b Abs. 1 ZVG.

15 § 30d Abs. 2 ZVG trägt der durch die Reform gestärkten verfahrensrechtlichen Stellung des Schuldners nur unzureichend dadurch Rechnung, indem angeordnet wird, dass, wenn der Schuldner einen Insolvenzplan vorgelegt hat und dieser nicht nach

---

24 So die Amtl. Begr. zu Art. 20 RegEEGInsO.

25 *Smid*, Kreditsicherheiten, 2. Aufl. 2005, § 2, Rn. 5.

26 Dazu Amtl. Begr. zu § 187 RegEInsO, BT-Drs. 12/2443, S. 176 und Beschl.-Empf. des Rechtsausschusses zu Art. 20 Nr. 2 bis 3c, BT-Drs. 12/7303, S. 108.

§ 231 InsO zurückgewiesen worden ist, die Zwangsversteigerung auf Antrag auch des Schuldners unter den Voraussetzungen des § 30d Abs. 1 Satz 1 Nr. 3, Satz 2 ZVG einstweilen einzustellen ist. Die Zuständigkeit des Vollstreckungsgerichts statt des Insolvenzgerichts ist oft nicht sachgerecht.

f) Aufhebung der einstweiligen Einstellung der Zwangsversteigerung. Im Falle des § 30d Abs. 1 bis 3 ZVG ist nach § 30f Abs. 1 ZVG die einstweilige Einstellung auf Antrag des Gläubigers aufzuheben, wenn die Voraussetzungen für die Einstellung fortgefallen sind, wenn die Auflagen nach § 30e nicht beachtet werden oder wenn der Insolvenzverwalter, im Falle des § 30d Abs. 2 ZVG der Schuldner, der Aufhebung zustimmt. Auf Antrag des Gläubigers ist weiter die einstweilige Einstellung aufzuheben, wenn das Insolvenzverfahren beendet ist. Die einstweilige Einstellung nach § 30d Abs. 4 ZVG ist gem. § 30f Abs. 2 ZVG auf Antrag des Gläubigers aufzuheben, wenn der Antrag auf Eröffnung des Insolvenzverfahrens zurückgenommen oder abgewiesen wird.[27] **16**

§ 30e ZVG trifft eine den §§ 169, 172 InsO entsprechende Regelung. Danach gilt folgendes: Die einstweilige Einstellung ist mit der Auflage anzuordnen, dass dem betreibenden Gläubiger für die Zeit nach dem Berichtstermin nach § 29 Abs. 1 Nr. 1 ZVG laufend die geschuldeten Zinsen binnen zwei Wochen nach Eintritt der Fälligkeit aus der Insolvenzmasse gezahlt werden. Ist das Versteigerungsverfahren schon vor der Eröffnung des Insolvenzverfahrens nach § 30d Abs. 4 ZVG einstweilig eingestellt worden, so ist die Zahlung von Zinsen spätestens von dem Zeitpunkt an anzuordnen, der drei Monate nach der ersten einstweiligen Einstellung liegt. Wird das Grundstück für die Insolvenzmasse genutzt, so ordnet das Gericht auf Antrag des betreibenden Gläubigers weiter die Auflage an, dass der entstehende Wertverlust von der Einstellung des Versteigerungsverfahrens an durch laufende Zahlungen aus der Insolvenzmasse an den Gläubiger auszugleichen ist. Dies gilt nicht, soweit nach der Höhe der Forderung sowie dem Wert und der sonstigen Belastung des Grundstücks nicht mit einer Befriedigung des Gläubigers aus dem Versteigerungserlös zu rechnen ist.[28] Dies gilt auch für die Einstellung nach § 153b Abs. 1 ZVG, vgl. § 153b Abs. 2 ZVG. **17**

III. Nutzung und Verwertung beweglichen Sicherungsgutes[29] durch den Insolvenzverwalter

1. Ausschließliche Verwertungsbefugnis des Insolvenzverwalters

a) Verwertungsbefugnis des Insolvenzverwalters. Dem Insolvenzverwalter wird mit der Regelung des § 166 InsO eine weitgehende Verwertungsbefugnis an solchen beweglichen Sachen und an Forderungen eingeräumt, an denen Sicherungsrechte für – absonderungsberechtigte – Gläubiger bestellt sind.[30] Damit soll sowohl die Verwertung der Masse, besonders auch im Wege übertragender Sanierung, aber auch die Sanierung eines schuldnerischen Unternehmensträgers erleichtert werden. Den absonderungsberechtigten Gläubigern wird durch die Statuierung des Verwertungsrechts des Insolvenzverwalters am Absonderungsgut der Zugriff auf die wirtschaftliche Einheit des schuldnerischen Unternehmens verwehrt.[31] **18**

---

27 *Smid*, Kreditsicherheiten, 2004, § 16, Rn. 47.

28 Vgl. die Amtl. Begr. zu § 188 RegEInsO, BT-Drs. 12/2443, S. 176f., der als Vorlage für § 30e ZVG diente, Beschl.-Empfehlung des Rechtsausschusses zu Art. 20 Nr. 2 bis 3c, BT-Drs. 12/7303, 108; *Marotzke*, ZZP Bd. 109 (1996), 429, 452ff.

29 *Hess*, in Hadding/Hopt/Schimansky (Hrsg.), Die neue Insolvenzordnung, 1999, S. 101 ff.

30 *Smid*, Kreditsicherheiten, 2. Aufl. 2008, § 2, Rn. 6; *Berger*, in: Fischer-F., 2008, 1 ff.

31 *Mönning*, in: FS Uhlenbruck, 2000, S. 239ff.

19 Die Verwertung von Absonderungsgegenständen iSd § 166 InsO im eröffneten Verfahren durch Absonderungsberechtigte ist rechtswidrig.[32] Es unterliegt aber nicht der Insolvenzanfechtung, wenn sich der Absonderungsberechtigte vor Verfahrenseröffnung in der kritischen Zeit das Absonderungsgut vom Schuldner verschaffen lässt und vor Verfahrenseröffnung verwertet. Der BGH[33] hat diesen Zusammenhang von Anfechtungsrecht und Rechtsausübung durch den absonderungsberechtigten Gläubiger in der kritischen Zeit präziser gefasst. Während es in der Entscheidung vom 23. 9. 2004 um die Verwertung des Sicherungsgutes durch den Sicherungsnehmer vor Eröffnung des Insolvenzverfahrens über das Vermögen des Sicherungsgebers ging, hatte der BGH in seiner weiteren Entscheidung ausgeführt, der Fall, in dem der Absonderungsberechtigte den Besitz an sicherungsübereigneten Gegenständen vor Eröffnung des Verfahrens erlangt und erst nach Eröffnung Verwertungshandlungen durchführt, sei im Gesetzgebungsverfahren nicht bedacht worden. Der BGH hält es mit den Zielen der Insolvenzordnung für unvereinbar, wenn aufgrund einer Verwertung durch den Absonderungsberechtigten im eröffneten Insolvenzverfahren die Insolvenzmasse belastet werde. Dies wird mit anfechtungsrechtlichen Erwägungen begründet. Nach Ansicht des BGH steht dem Insolvenzverwalter gegen die absonderungsberechtigte Bank zu Gunsten der Masse ein Schadenersatzanspruch zu, sofern § 170 Abs. 2 InsO nicht anwendbar wäre; der Schadenersatzanspruch gründe sich auf die §§ 129, 130 Abs. 1 S. 1 Nr. 1, § 143 Abs. 1 S. 2 InsO, § 819 Abs. 1, 814 Abs. 4, § 292 Abs. 1, § 989 BGB.

20 Die absonderungsberechtigten Gläubiger werden aber dadurch geschützt, dass dem Insolvenzverwalter durch § 167 Abs. 1 InsO die Pflicht auferlegt wird, dem absonderungsberechtigten Gläubiger auf dessen Verlangen Auskunft über den Zustand der Sache zu erteilen, oder dem Gläubiger zu gestatten, die Sache zu besichtigen.[34]

21 Dem Insolvenzverwalter wird die Möglichkeit eröffnet, durch eine gemeinsame Verwertung zusammengehöriger, aber für unterschiedliche Gläubiger belasteter Gegenstände einen höheren Verwertungserlös zu erzielen.[35] Es liegt auf der Hand, dass damit eine übertragende Sanierung des Unternehmens nicht unerheblich erleichtert und die Insolvenzverwalter von langwierigen Verhandlungen mit den absonderungsberechtigten Gläubigern entlastet werden.

22 Die schon in der heutigen Praxis anzutreffende Tendenz einer Reihe von Lieferanten, von allein zur abgesonderten Befriedigung berechtigten Erweiterungs- bzw. Verlängerungsformen des Eigentumsvorbehalts abzugehen und gleichsam Bargeschäfte mit dem Kunden von Lagerflächen aus vorzunehmen, die der Lieferant auf dem Betriebsgrundstück des Kunden anmietet, werden dadurch allerdings wohl eher angeregt.

23 **b) Unmittelbarer Besitz des Schuldners bzw. des Insolvenzverwalters.** Das Verwertungsrecht des Verwalters nach § 166 Abs. 1 InsO setzt voraus, dass sich die an den beweglichen Sachen bestellten Sicherheiten nicht im Besitz des Sicherungsnehmers

---

32 BGH, Urt. v. 20. 11. 2003 – IX ZR 259/02 – DZWIR 2004, 205 ff.

33 BGH, Urt. v. 23. 9. 2004 – IX ZR 25/03 – DZWIR 2005, 123 ff. (Fortführung BGH, Urt. v. 20. 11. 2003).

34 *Lwowski*, in: MünchKomm, InsO, 1. Aufl. 2001, § 167 Rn. 3.

35 *Gerbers*, in: Braun, InsO, 2. Aufl. 2004, § 166 Rn. 3.

befinden.[36] Das Verwertungsrecht beruht damit darauf, dass Gläubiger eines besitz- und somit publizitätslosen Sicherungsrechts die Stellung von absonderungsberechtigten Gläubigern haben (§ 51 InsO). Die Voraussetzung für die Anwendung des § 166 Abs. 1 InsO kann nach Maßgabe des § 50 InsO aber auch für gepfändete Sachen und für mit einem Vermieterpfandrecht belastete Sachen zutreffen.[37]

Sachen im Besitz des Verwalters, an denen ein einfacher Eigentumsvorbehalt besteht, werden dagegen nach den von der h. L. getroffenen Prämissen von der Regelung des § 166 Abs. 1 InsO nicht erfasst, da der einfache Eigentumsvorbehalt den Vorbehaltsverkäufer in dem über das Schuldnervermögen eröffneten Insolvenzverfahren zum Herausgabeverlangen im Wege der Aussonderung berechtigen soll. 24

c) Mittelbarer Besitz.[38] Aber auch wenn der Schuldner Sicherungsgut beispielsweise als Autoverleiher usf. an Dritte vermietet oder verpachtet, hat der Verwalter die Sache zwar nicht im unmittelbaren Besitz. Der Verwalter erlangt aber durch den Erlass des Eröffnungsbeschlusses vom Schuldner dessen mittelbaren Besitz an der Sache, der durch § 868 BGB als Besitz anerkannt wird. Auch der mittelbare Besitz des Verwalters rechtfertigt dessen durch die Verfahrenseröffnung begründetes Verwertungsrecht immer dann, wenn er in einer Kette von Besitzmittlungsverhältnissen näher am unmittelbaren Besitz steht als der Sicherungsgläubiger.[39] 25

Hat der Schuldner einem Kommissionär vorkonkurslich das Sicherungsgut zur Kommission übergeben, ist der Kommissionär Besitzer des Gutes. Grundsätzlich wäre er seitens des Sicherungseigentümers einem Herausgabeanspruch gem. § 985 BGB ausgesetzt. Dieser Anspruch greift aber nicht dergestalt durch, dass er das Verwertungsrecht des Verwalters vereiteln könne: Der Verwalter hat gegen den Kommissionär einen eigenen das Kommissionsgut betreffenden Herausgabeanspruch, da die Kommission mit Eröffnung des Insolvenzverfahrens gem. §§ 115, 116 InsO erlischt. Gegenüber dem Sicherungseigentümer gilt aber die Kommission gem. § 115 Abs. 2 Satz 2 InsO als fortbestehend, so dass der Kommissionär dem Verwalter auf Verlangen den unmittelbaren Eigenbesitz am Sicherungsgut zu verschaffen hat.[40] 26

d) Veräußerung des Sicherungsgutes durch den Insolvenzverwalter. Erfolgt die Verwertung des Sicherungsgutes im Wege seiner Veräußerung durch den Insolvenzverwalter, hat – unter Berücksichtigung des vom Sicherheitengläubiger zu leistenden Verfahrenskostenbeitrags – der Insolvenzverwalter den nach den §§ 170, 171 InsO „bereinigten" Erlös (sogleich unter Rn. 50ff.) an den Gläubiger auszukehren.[41] Seinen damit korrespondierenden Zahlungsanspruch kann der Sicherheitengläubiger im Zweifelsfall vor dem Prozessgericht im Wege einer allgemeinen Leistungsklage geltend machen. 27

---

36 *Nicht disponibel:* BGH, Beschl. v. 24. 5. 2009 – IX ZR 112/08, DZWIR 2009, 348; *Schutzgesetz i.S.v. § 823 Abs. 2 BGB:* BGH, Urt. v. 23. 4. 2009 – IX ZR 65/08, NJW 2009, 2304; BGH, Urt. v. 23. 4. 2009 – IX ZR 19/08, NJW-RR 2009, 1059; *Smid,* Struktur VIII DZWIR 2010, 16.

37 *Smid,* Kreditsicherheiten, 2004, § 2, Rn. 33, 34.

38 *Smid,* Kreditsicherheiten, 2004, § 2, Rn. 6, 7.; *Bork,* in: FS Gaul, 1997, S. 71ff., 75; *Ringstmeier,* in: Beck/Depré, Handbuch der Insolvenz, 1. Aufl. 2003, Praxis der Insolvenz, § 9 Rn. 111 Dagegen z.B. *Mönning,* in: FS Uhlenbruck, 2000, 242; *Flowtex:* BGH, Urt. v. 16. 2. 2006, IX ZR 26/05 ZIP 2006, 814ff. = BGHZ 166, 215ff.; *Gartenmaschinen:*- BGH, Urt. v. 16. 11. 2006, IX ZR 135/0, ZIP 2006, 2390ff. Vgl. auch *Hirte,* in: Fischer-F., 2008, 239ff.

39 *Smid,* Kreditsicherheiten, 2004, § 2, Rn. 7.

40 *Smid,* Kreditsicherheiten, 2004, § 2, Rn. 7.

41 *Smid,* Kreditsicherheiten, 2. Aufl. 2008, § 2, Rn. 9.

28 Nach § 168 InsO hat der Insolvenzverwalter vor der Veräußerung des Sicherungsgutes dem absonderungsberechtigten Gläubiger mitzuteilen, auf welche Weise der Gegenstand veräußert werden soll und dem Gläubiger Gelegenheit zu geben, binnen einer Woche auf eine andere, für den Gläubiger günstigere Möglichkeit der Verwertung des Gegenstands hinzuweisen.[42] Das OLG Celle[43] hat die Anwendbarkeit des § 168 InsO auf Fälle bejaht, in denen das Sicherungsgut im Wege freiwilliger öffentlicher Versteigerung verwertet wird.

29 Der BGH[44] hat zu **Auskunftspflichten** des vorläufigen Insolvenzverwalters und des Insolvenzverwalters gegenüber dem Absonderungsberechtigten über folgenden Sachverhalt zu entscheiden gehabt:

30 Die Klägerin hatte an die Insolvenzschuldnerin Räume vermietet, in der diese einen Möbeleinzelhandel betrieb. Zunächst war Rechtsanwalt R zum vorläufigen Insolvenzverwalter ohne Verfügungsmacht, dann in dem über das Vermögen der Schuldnerin eröffneten Insolvenzverfahren als Insolvenzverwalter bestellt worden. Daraufhin machte die spätere Klägerin ihr Vermieterpfandrecht geltend. Die Warenbestände waren mit Raumsicherungsübereignung an die Hausbank der späteren Insolvenzschuldnerin sicherungsübereignet. Während des Eröffnungsverfahrens wurden Waren von der Schuldnerin, nach Eröffnung des Insolvenzverfahrens von Rechtsanwalt R als Insolvenzverwalter veräußert, der ein viertel Jahr nach Verfahrenseröffnung Masseunzulänglichkeit anzeigte. Die Klägerin begehrt im Wege der Stufenklage von R Auskunft und eidesstattliche Versicherung wegen der Warenabgänge vom Zeitpunkt der Ausübung des Vermieterpfandrechts bis zur Eröffnung des Insolvenzverfahrens und für einen Zeitpunkt vom Erlass des Eröffnungsbeschlusses an sowie darauf zu berechnende Zahlung. Nach erstinstanzlicher Verurteilung wurde Rechtsanwalt R in der Berufungsinstanz als Insolvenzverwalter entlassen. Der an seine Stelle getretene „neue“ Insolvenzverwalter verteidigt sich u.a. damit, er habe von den vor dem Beginn seiner Amtszeit liegenden Vorgängen keine Kenntnis erlangt und könne daher keine Auskunft erteilen.

31 Der IX. Zivilsenat hat dies nicht gelten lassen. Auch der nach Ausscheiden des früheren Insolvenzverwalters bestellte Insolvenzverwalter habe die Pflicht, sich über die geschäftlichen Verhältnisse der Insolvenzschuldnerin und die Vorgänge zu informieren, die bis zu seinem Amtsantritt geherrscht haben, wozu ihm Auskunftsansprüche gegen den vorzeitig aus dem Amt Entlassenen sowie aus den §§ 97, 98 InsO gegen den Schuldner bzw. die Organe der schuldnerischen Gesellschaft zustehen. Soweit es sich um Vorgänge unter der vorläufigen Verwaltung handelt, kommt es nach zutreffender Ansicht des BGH insbesondere nicht darauf an, ob ein vorläufiger Insolvenzverwalter mit oder ohne Verfügungsbefugnis gehandelt hat. Denn in beiden Fällen hat der vorläufige Insolvenzverwalter Überwachungsaufgaben wahrzunehmen, die eine Dokumentation der Geschäftstätigkeit des schuldnerischen Unternehmens gewährleisten. Der neue Insolvenzverwalter hat vor diesem Hintergrund nicht die Befugnis, die Auskunft zu verweigern. Damit wird ihm aber keine Haftung für eine nicht selten unzureichende Dokumentation und Aktenführung seines Vorgängers zugemutet. Die Entscheidung des BGH macht vielmehr deutlich, dass eine „Negativauskunft“ in dem Sinne erteilt werden darf, dass der Insolvenzverwalter dem Auskunftsbegehrenden mitteilt, dass sich bestimmte Vorgänge, der Verbleib von Absonderungsgut usf. aufgrund der bis zu seinem Amtsantritt unordentlich geführten Verwaltung nicht ermitteln lassen. Der Insolvenzverwalter muss allerdings nachvollziehbar vortragen und ggf. unter Beweis stellen, dass Unterlagen nicht zu beschaffen und Auskünfte nicht zu ermitteln seien. Auch mit dieser Negativauskunft ist dem Absonderungsberechtigten im Übrigen gedient. Denn er kann dann (kein Fall des § 92 InsO!) gegen den entlassenen früheren Insolvenzverwalter Schadenersatzansprüche gem. § 60 InsO geltend machen.

32 Nach § 168 Abs. 3 InsO[45] kann der Insolvenzverwalter das seiner Verwertungsbefugnis unterstellte bewegliche Sicherungsgut an den Absonderungsberechtigten zur Verwertung freigeben.

---

42 OLG Celle, Urt. v. 20. 1. 2004 – 16 U 109/03 – ZIP 2004, 725 (öffentliche Versteigerung).
43 OLG Celle, Urt. v. 20. 1. 2004 – 16 U 109/03 – DZWIR 2004, 243, 245 mit Anm. *Gundlach/N. Schmidt; Smid,* DZWIR 2004, 265, 269.
44 BGH, Urt. v. 4. 12. 2003 – IX ZR 222/02 – ZIP 2004, 326.
45 Verhältnis zu *Verhältnis zu § 60 Abs. 1 InsO:* OLG Karlsruhe, Urt. v. 9. 10. 2008 – 9 U 147/08, ZIP 2009, 282.

e) Verwertungserlös bei Freigabe nach § 168 Abs. 3 InsO. Ende 2005 hat der BGH[46] eine Entscheidung zur Anrechnung eines Mehrerlöses bei Verwertung eines Gegenstandes durch Übernahme und Weiterveräußerung seitens des absonderungsberechtigten Insolvenzgläubigers gefällt. Dieser Entscheidung lag folgender – hier vereinfacht wiedergegebene – Sachverhalt zugrunde: 33

Die klagende Sicherungsnehmerin hatte der Schuldnerin einen Nettokredit über ca. 61.000 € gewährt. Das Darlehen diente der Finanzierung eines Mobilbaggers, der zur Sicherheit der Klägerin übereignet wurde. Der beklagte Geschäftsführer der Schuldnerin übernahm zudem eine selbstschuldnerische Bürgschaft bis zum Betrag von ca. 70.000 €. Später wurde das Insolvenzverfahren über das Vermögen der Schuldnerin eröffnet. Der Insolvenzverwalter traf mit der Klägerin eine Vereinbarung nach der die Sicherungsnehmerin den Bagger verwerten und an die Masse eine Feststellungs- und Verwertungskostenpauschale in Höhe von 9% aus 12.000 € (also 1.080 €) auskehren sollte. Im vorliegen Fall hatte der Insolvenzverwalter den Bagger nicht der Klägerin nach § 170 Abs. 2 InsO zur Verwertung überlassen, sondern eine Vereinbarung dahingehend geschlossen, dass Sicherungsnehmerin den sicherungsübereigneten Gegenstand übernehmen solle, § 168 Abs. 3 Satz 1 InsO. Dabei waren vom Insolvenzverwalter und der Sicherungsnehmerin der Wert der Sache zur Bemessung der Feststellungs- und Verwertungskosten als Verfahrenskostenbeitrag der Klägerin auf 12.000 € bemessen worden. Die Restforderung der Klägerin betrug damals 26.000 €. Für den Bagger erzielte die Klägerin einen Erlös von 27.500 €. Sie will davon nur einen Betrag von 12.000 € auf die Hauptforderung anrechnen und hat den Beklagten auf der Grundlage folgender Abrechnung in Anspruch genommen. Restforderung 26.000 €, Feststellungs- und Verwertungskosten 1.080 € = zusammen 27.080 €, abzüglich Verwertungserlös 12.000 €, bleibt eine Forderung in Höhe von 15.080 €. Die Klägerin ist in allen Instanzen erfolglos geblieben. 34

In diesem Fall sagt die h.L.[47], der Gläubiger müsse sich einen Erlös, der den Wert übersteige, nicht auf die Forderung gegen den Schuldner anrechnen lassen. Dies wird aus der systematischen Stellung des § 168 Abs. 3 Satz 1 InsO gefolgert, wonach die Übernahme durch den absonderungsberechtigten Gläubiger zu den Verwertungsmaßnahmen zählt, die das Gesetz dem Verwalter selbst ermöglicht. Von dieser Form der Verwertung ist die „Freigabe" des Sicherungsgegenstandes nach § 170 Abs. 2 InsO zur eigenen Verwertung durch den Gläubiger zu unterscheiden. Der IX. Zivilsenat meint, dass diese Auslegung des § 168 Abs. 3 Satz 1 InsO dem Willen des Gesetzgebers entspricht[48]. Denn ein sachgerecht handelnder Verwalter, so hofft der IX. Zivilsenat, wird auf das Angebot des Gläubigers nur eingehen, wenn er nach Einholung entsprechender Auskünfte mit einem besseren Preis nicht rechnen kann. In dem Vorgehen des § 168 Abs. 3 InsO wird daher die Masse nicht benachteiligt, insbesondere weil der absonderungsberechtigte Gläubiger nicht vom Verwalter dazu gezwungen werden kann, die Sache nach § 170 Abs. 2 InsO selber zu verwerten. Die Vereinbarung, die zu der entsprechenden Behandlung der Masse führt, und die vom BGH gehaltene Auslegung des § 168 Abs. 3 InsO führt indes nicht dazu, dass der Bürge über das Akzessorietätsprinzip durch den Bestand der Insolvenzforderung nach § 168 Abs. 3 InsO gebunden wäre. Der Bürge hat nämlich keinen Einfluss auf den Gang des Insolvenzverfahrens, an dem er gem. § 44 InsO nicht teilnimmt, weil die Klägerin dort ihre Forderung geltend gemacht hat. Daher kommen allein die §§ 765 ff. BGB zum Tragen. Der BGH meint insoweit, dass der von der Klägerin auf der Grundlage der Berechnungsweise nach § 168 Abs. 3 InsO berechnete Anspruch nicht im Einklang mit Sinn und Zweck des § 767 Abs. 1 Satz 3 BGB steht. Vereinbarungen, die nachträglich zwischen Gläubiger und Hauptschuldner getroffen werden, können die Pflichten des Bürgen nicht zu seinem Nachteil verändern. Zwar begründet die Vereinbarung zwischen Insolvenzverwalter und Sicherungsnehmer keine Erweiterung des in der Höchstbetragbürgschaft festgelegten Haftungsrahmens § 767 Abs. 1 Satz 3 BGB bezweckt aber nicht nur, den Bürgen vor einer späteren Erhöhung seiner Verpflichtung zu schützen, sondern auch davor, dass Gläubiger und Hauptschuldner durch nachträgliche Absprachen das Haftungsrisiko des Bürgen in einer Weise verschärfen, die für ihn 35

---

46 BGH, Urt. v. 3. 11. 2005 – IX ZR 181/04 – ZIP 2005, 2214.

47 *Lwowski,* in: MünchKomm, InsO, 1. Aufl. 2001, § 168 Rn. 65; *Smid,* in: Smid: InsO, 2. Aufl. 2001§ 168 Rn. 14; *Brinkmann,* in: Uhlenbruck, InsO, 13. Aufl. 2010, § 168 Rn. 10.

48 Der Senat zitiert BR-Drs. 1/92, Begr. zu § 193 RegE S. 179.

bei Abschluss des Bürgschaftsvertrages nicht erkennbar war.[49] Da die Verwertungsvereinbarung zwischen dem Insolvenzverwalter und der Sicherungsnehmerin bewirkt, dass die Hauptforderung der Klägerin nicht in Höhe des durch die Weiterveräußerung erzielten Erlöses abzüglich der entstandenen Unkosten sondern nur in Höhe von 12.000 € sinkt, wird der Bürge beeinträchtigt. Denn für den Bürgen ist dadurch ein Haftungsrisiko entstanden, mit dem er bei Abschluss des Vertrages mit der Klägerin nicht zu rechnen brauchte. Der BGH stützt seine Entscheidung schließlich auf § 776 BGB. Die Vorschrift bestimmt, dass der Bürge frei wird, wenn der Gläubiger ein mit der Forderung verbundenes Vorzugsrecht aufgibt. Darum handelt es sich unter anderem auch bei dem Sicherungseigentum.[50] Allerdings behandelt § 776 i.V.m. mit § 774 BGB nur den Fall, dass der Gläubiger auf das Recht verzichtet oder es einem Dritten überlässt und damit die Möglichkeit sich aus ihm zu befriedigen in zurechenbarer Weise nicht wahrnimmt. Der Fall des § 168 Abs. 3 Satz 1 InsO, in dem die Sicherungsnehmerin den sicherungsübereigneten Gegenstand verwertet, den Erlös aber teilweise nicht auf die Bürgenforderung angerechnet hat, stellt sich aber im Ergebnis genauso wie in den Fällen der §§ 776, 774 BGB dar.

36 **f) Ersatzabsonderung.** Die Literatur geht davon aus, dass trotz des Verwertungsrechts des Insolvenzverwalters auch nach der Reform die Ersatzabsonderung vorgesehen sei. § 48 InsO regelt freilich auch nach der Reform allein die Ersatzaussonderung. Ob die Ersatzabsonderung unter entsprechender Anwendung des § 48 InsO eingreifen kann, ist nach der jeweiligen Fallgestaltung zu unterscheiden. So ist der Grundpfandgläubiger zur Ersatzabsonderung an dem noch unterscheidbar in der Masse vorhandenen erzielten Erlös berechtigt, wenn der Insolvenzverwalter durch eine nicht genehmigte Veräußerung rechtswidrig Zubehör enthaftet hat, §§ 1121, 1122 Abs. 2, 1135 BGB.[51] Im Übrigen wird aus der Gesetzgebungsgeschichte geschlossen[52], eine Anwendung des § 48 InsO auf den Absonderungsberechtigten sei ausdrücklicher Wille des Gesetzgebers[53]. Das ist so nicht überzeugend. Der Ersatzabsonderung ist jedenfalls für diejenigen Fälle der Boden entzogen, in denen der Insolvenzverwalter Besitzer des Sicherungsgutes ist, arg. § 166 InsO[54], und zwar auch für den Fall, dass der Absonderungsberechtigte eine günstigere Form der Verwertung nach § 168 InsO nachgewiesen hat. Denn dadurch wird die Verwertung des Absonderungsgutes durch den Insolvenzverwalter nicht i. S. v. § 48 InsO unrechtmäßig.

37 Allerdings hat der BGH in dem Fall ein Absonderungsrecht des Sicherungszessionars am Erlös der vom vorläufigen Verwalter eingezogenen sicherungszedierten Forderung anerkannt, in dem der Sicherungszessionar die dem Schuldner vorkonkurslich erteilte Einziehungsbefugnis widerrufen hatte. Denn der Sicherungszessionarin steht dann gegen den vorläufigen Verwalter ein Anspruch nach § 816 Abs. 2 BGB auf Auskehr des Erlöses zu, den dieser aufgrund der Einziehung der Forderungen erlangt hat. Nach Widerruf der Einziehungsermächtigung ist auch der vorläufige Verwalter nicht mehr zur Einziehung berechtigt gewesen – anders wäre dies aufgrund insolvenzgerichtlicher Anordnung nach § 21 Abs. 2 Nr. 5 InsO n.F., die dem Sicherungszessionar freilich den Erlösauskehranspruch gem. § 170 Abs. 1 InsO gewährt. Da der Sicherungszessionar grundsätzlich ausschließlich zur Inempfangnahme, Einziehung bzw. weiteren Verfügung über die sicherungszedierte Forderung nach der durch die Kündigung aufgehobenen Einziehungsermächtigung des Schuldners befugt war,

49 BGH, Urt. v. 18. 5. 1995 – IX ZR 108/94 – BGHZ 130, 19, 27, 33.

50 BGH, Urt. v. 24. 9. 1980 – VII ZR 291/79 – BGHZ, 78, 137, 143; BGH, Urt. v. 11. 1. 1990 – IX ZR 58/89 – BGHZ 110, 41, 43; BGH, Urt. v. 2. 3. 2000 – IX ZR 328/98 – BGHZ 144, 52, 54 f.

51 *Smid/Leonhardt,* in: LSZ, InsO, 3. Aufl. 2010, § 48 Rn. 19.

52 *Gundlach/Frenzel/Schmidt,* DZWIR 2001, 441 ff.

53 *Holzer,* in: Kübler/Prütting, Kommentar zur Insolvenzordnung, § 48 Rn. 26 f.; *Bäuerle,* in: Braun, InsO, 4. Aufl. 2010, § 48 Rn. 39; *Brinkmann,* in: Uhlenbruck, InsO, 13. Aufl. 2010, § 84 Rn. 30; vgl. auch *Lüke,* in: Fischer-F., 2008, 353 ff.

54 *Smid/Leonhardt,* in: LSZ, InsO, 3. Aufl. 2010, § 48 Rn. 18.

stellt sich folgerichtig die Frage, welche Wirkungen die Leistung des Drittschuldners auf das Anderkonto des vorläufigen Insolvenzverwalters hatte. Der Drittschuldner war in dem vom BGH entschiedenen Fall wegen der dem Insolvenzverwalter zustehenden Einziehungsbefugnis gutgläubig, was die befreiende Wirkung seiner Leistung nach § 407 Abs. 1 BGB zur Folge hat. Das ändert nichts daran, dass die damit dem Anderkonto zugeflossene Vermögensmehrung sich als ungerechtfertigte Bereicherung darstellt, die nach § 816 Abs. 2 BGB auszugleichen ist. Der IX. Zivilsenat stützt diesen Anspruch darauf, dass nach Eröffnung des Insolvenzverfahrens über das Vermögen des Schuldners der dann als Insolvenzverwalter eingesetzte frühere vorläufige Verwalter verpflichtet gewesen wäre, die eingezogenen Forderungen zur Erfüllung des zugunsten der Klägerin entstandenen Ersatzabsonderungsrechts gemäß § 48 InsO an diese auszukehren. Der BGH hat damit die Voraussetzungen eines Ersatzabsonderungsrechts als vorliegend angesehen, da der vorläufige Verwalter unrechtmäßig über den Sicherungsgegenstand verfügt habe.

g) Verwertung durch Gebrauch des Nutzungspotentials der Sicherungsgegenstände für die Masse durch den Insolvenzverwalter. Besonders bei der Betriebsfortführung, aber auch bei der so genannten „Ausproduktion“ wird Sicherungsgut (z.B. Maschinen) regelmäßig vom Insolvenzverwalter genutzt werden – wie sich schon im Rahmen der Regelung des § 107 InsO für unter Eigentumsvorbehalt gelieferte Sachen gezeigt hat. Insbesondere bei einer längeren Dauer der Abwicklung des Insolvenzverfahrens, die in der Unternehmensinsolvenz den Regelfall darstellt, drohen dem Sicherheitengläubiger Nachteile aus einem durch seine Nutzung resultierenden Wertverlust des Sicherungsgutes. Deshalb bestimmt § 172 Abs. 1 InsO, dass der Insolvenzverwalter den durch die Nutzung des Sicherungsgutes entstehenden Wertverlust von der Eröffnung des Insolvenzverfahrens an durch laufende Zahlungen an den Gläubiger auszugleichen hat.[55] Soweit Sicherungsrechte an Rohstoffen oder Halbfertigprodukten bestehen, gestattet es § 172 Abs. 2 InsO dem Verwalter, solche Sachen zu verbinden, zu vermischen und zu verarbeiten (§§ 946 ff. BGB), soweit dadurch die Sicherung des absonderungsberechtigten Gläubigers nicht beeinträchtigt wird; er muss also dafür Sorge tragen, dass nicht das Sicherungseigentum untergeht und gegebenenfalls mit dem Gläubiger die hierfür erforderlichen Abreden treffen. Soweit sich in einem derartigen Fall das Recht des von der Verbindung, Vermischung oder Verarbeitung[56] betroffenen Gläubigers an einer anderen Sache fortsetzt, ist der Gläubiger allerdings zur Freigabe der neuen Sicherheit insoweit verpflichtet, als sie den Wert der bisherigen Sicherheit übersteigt. 38

Der Wert der – als Masseverbindlichkeit „vorab“ aus der Masse zu leistenden![57] – Nutzungsentschädigung ist nicht allein unter Abstellen auf allgemeine Abschreibungssätze oder in concreto unter Berücksichtigung von sachverständigen Schätzungen zu bemessen. Vielmehr ist darauf Rücksicht zu nehmen, welche Vorteile der absonderungsberechtigte Gläubiger daraus zieht, dass das Sicherungsgut 39

---

55 *Smid*, Kreditsicherheiten, 2. Aufl. 2008, § 2, Rn. 84, 104.

56 *Klasmeyer/Elsner/Ringstmeier*, in: Kölner Schrift zur Insolvenzordnung, 2. Aufl. 2000, S. 1083, 1092 (Rn. 35 ff.); *Mönning*, in: FS Uhlenbruck, 2000, S. 259 ff.

57 Anders dagegen, wenn ein Mietverhältnis schon vor Eröffnung aufgelöst wurde: BGH, Urt. v. 21. 12. 2006 – IX ZR 66/05, DZWIR 2007, 243.

aufgrund von Wartungsmaßnahmen usf. nicht der Verwahrlosung anheim fällt und *dadurch* Wertverluste erleidet.[58]

40 **h) Verzinsung der Forderung bei Verzögerung der Verwertung der Sicherungsgegenstände durch den Insolvenzverwalter.** Gem. § 169 Satz 1 InsO sind dem Absonderungsberechtigten aus der Masse Zinsen zu zahlen[59], wenn die Verwertung beweglichen Sicherungsgutes, die dem Insolvenzverwalter gem. § 166 Abs. 1 InsO obliegt, von diesem verzögert wird. Die Zinszahlungspflicht gem. § 169 InsO gehört zu den dunklen und konfliktträchtigsten Regelungen[60] der Insolvenzordnung. Mit einem Urteil aus Februar 2006 hat der IX. Zivilsenat über Grund und Grenzen der Zinszahlungspflicht größere Klarheit geschaffen.[61] Dem lag – vereinfacht wiedergegeben – folgender Sachverhalt zugrunde:

41 Die Sicherungseigentümerin hatte die ihr übereigneten 185 Nutzfahrzeuge der Schuldnerin finanziert. Zum Teil hatten die Fahrzeuge eine nicht marktgängige Ausstattung wie z. B. Horizontalbohrsysteme nebst Versorgungseinheiten. Der Eröffnungsbeschluss war am 1. 4. 2000 erlassen worden, Berichtstermin fand am 23. 5. 2000 statt. Der beklagte Verwalter gab der Klägerin am 14. 7. 2000 88 Fahrzeuge zur Verwertung frei. Am 29. 7. 2000 gab der Verwalter der Klägerin einen marktgängig ausgestatteten Bus sowie 14 Fahrzeuge, die sich im Besitz von ausländischen Betriebsgesellschaften befunden hatten, frei. Weitere 51 Fahrzeuge wurden am 29. 1. 2001 frei gegeben. 31 Fahrzeuge die an in- und ausländische Unternehmen vermietet waren, veräußerte der Beklagte mit Hilfe eines Verwerters im Jahr 2000. Die klagende Sicherungseigentümerin begehrte Zinsen für die Zeit vom Berichtstermin bis zum jeweiligen Zeitpunkt der Freigabe der Fahrzeuge. Landgericht und Berufungsgericht gaben der Klage statt und führten aus, der beklagte Insolvenzverwalter habe nicht hinreichend darlegen können, durch die spätere Rückgabe der Fahrzeuge an die Klägerin sei die Verwertung nicht verzögert worden. Bei einer unmittelbar im Anschluss an den Berichtstermin erfolgten Freigabe der Fahrzeuge hätte die Klägerin diese früher verwerten können. Zweifel ob dies der Klägerin wirtschaftlich zugute gekommen wäre, gingen zu Lasten des beweisbelasteten Beklagten. Nach dem Gesetz löse jede im Interesse der Masse eingetretene Verzögerung den Zinsanspruch aus, was im Übrigen auch für fruchtlose Verwertungsversuche des Insolvenzverwalters gelte.

42 Demgegenüber hat der IX. Zivilsenat ausgeführt, nach § 169 Satz 1 InsO seien dem Gläubiger vom Berichtstermin zwar laufend die geschuldeten Zinsen aus der Insolvenzmasse zu zahlen. Voraussetzung sei, dass ein Gegenstand, zu dessen Verwertung der Insolvenzverwalter nach § 166 InsO berechtigt ist, nicht verwertet werde, wobei die Zinszahlung ein Ausgleich dafür sein soll, dass der gesicherte Gläubiger wegen des Verlustes seines Einziehungsrechts im Interesse der Insolvenzmasse auf die ihm zustehenden Verwertungserlöse warten müsse. Ausschlaggebend ist daher nicht die Verfahrenseröffnung, sondern der Berichtstermin, da erst von diesem Termin an der Insolvenzverwalter die Pflicht und das Recht hat, die zur Insolvenzmasse gehörenden Vermögensgegenstände „unverzüglich" zu verwerten. Denn erst im Berichtstermin ergehen entsprechende Beschlüsse der Gläubigerversammlung, die den Insolvenzverwalter legitimieren bzw. an die Stelle der Masseverwertung andere Maßnahmen der Insolvenzverwaltung treten lassen. Vom Berichtstermin an greift indes keine gleichsam automatische Verzinsungspflicht. Denn es gehört nicht zu den Rechten des Sicherungsgläubigers, dass er von der Insolvenzmasse die Bewahrung der Werthaltigkeit des Sicherungsgutes verlangen kann. Aus der Insolvenzmasse ist an den Sicherungsgläubiger nur insoweit zu zahlen, wie ihm Schutz vor einer Verzögerung der Verwertung gewährleistet wird, Satz 3 des § 169 InsO.

---

58 Zum Absonderungsrecht *Smid*, Kreditsicherheiten, 2. Aufl. 2008, insbes. §§ 2, 7.
59 BGH, Urt. v. 17. 7. 2008 – IX ZR 132/07, ZIP 2008, 1539.
60 Krit. *Grub*, DZWIR 2002, 441 ff.
61 BGH, Urt. v. 16. 2. 2006 – IX ZR 26/05 – ZIP 2006, 814.

Ist das Sicherungsgut überhaupt nicht verwertungsfähig, entfällt die Verzinsungspflicht vollkommen. Das kann der Fall sein etwa bei Spezialgeräten, die nur für die von der Schuldnerin betriebenen Produktionen einsatzfähig waren, aufgebrauchten Maschinen, Mobiliar, das in dieser Form nicht gebraucht wird usf. 43

Die Beweislast hierfür trägt in der Tat der Insolvenzverwalter. Dies leitete der BGH aus dem Wortlaut des § 169 Satz 3 InsO ab, der als Ausnahmetatbestand ausgestaltet ist und etwa § 932 Abs. 2 BGB entspricht. Für das Eingreifen eines Ausnahmetatbestandes trägt derjenige die Darlegungslast, der sich auf ihn beruft.[62] 44

Der BGH geht davon aus, dass die Verzinsungspflicht einen Entschädigungscharakter hat.[63] Der Vollbeweis des Fehlens einer Verwertungsmöglichkeit ist für den Insolvenzverwalter mit unverhältnismäßigen Schwierigkeiten verbunden. Daher kommt ihm die Beweiserleichterung des § 287 ZPO zugute. Das Prozessgericht entscheidet daher unter Würdigung aller Umstände nach freier Überzeugung, ob und in welchem Umfang eine Verzögerung der Verwertung auf insolvenzspezifischen oder nicht insolvenzspezifischen Ursachen beruht hat. Daraus ergibt sich eine Reihe von Maßstäben. Sicherungsgut durchschnittlicher Beschaffenheit und folglich gewöhnlicher Verwertungsfähigkeit begründet wegen jeder Verzögerung der Verwertung eine Verzinsungspflicht. 45

Der BGH geht davon aus, die nach § 169 InsO geschuldeten Zinsen an dem ungestörten Hauptverhältnis zwischen Gläubiger und Schuldner zu bemessen. Nur für den Fall, das Zinsen als Hauptleistung nicht geschuldet oder vereinbarte Zinssatz unter 4% lag, soll in Anlehnung an den gesetzlichen Zinssatz des § 246 BGB eine Mindestverzinsung von 4% im Rahmen des § 169 InsO vorgenommen und aus der Masse geschuldet werden.[64] 46

2. Anspruch des Absonderungsberechtigten auf Erlösauskehr

a) Herausgabeanspruch des Sicherungsnehmers. Die Verwertungsbefugnis des Insolvenzverwalters schließt einen Herausgabeanspruch des Sicherungsnehmers gem. § 985 BGB auf sicherungsübereignete Sachen aus. Daraus folgt, dass auch eine Übereignung des Sicherungsgutes durch den Sicherungsnehmer nach § 931 BGB unter „Umgehung“ des Insolvenzverwalters bereits aus materiellrechtlichen Gründen nicht möglich ist: Denn dem Sicherungseigentümer steht wegen der dem publizitätslos-nichtakzessorischen Sicherungsrecht „Sicherungseigentum“ innewohnenden dinglichen Schranken ein zedierbarer Herausgabeanspruch gegen den Verwalter weder gem. § 985 BGB noch aus der Sicherungsabrede zu. Soweit von einer Mindermeinung zum alten Recht ein besonderer konkursrechtlicher Herausgabeanspruch aus § 127 Abs. 2 KO abgeleitet wurde, steht außer Zweifel, dass dieser Anspruch jedenfalls der Verwertungsbefugnis des Insolvenzverwalters nach § 166 InsO gewichen ist.[65] 47

Die §§ 165ff. BGB stellen sich nach der Judikatur des BGH als Schutzgesetze dar; eine Verwertungsmaßnahme durch den Absonderungsberechtigten unter Bruch der Verwertungsbefugnis des Verwalters ist rechtswidrig[66] und kann Schadenersatzansprüche nach § 823 Abs. 2 BGB auslösen.[67] Der Mas- 48

62 BGH, Urt. v. 16. 6. 1983 – VII ZR 370/82 – BGHZ 87, 393, 399f.
63 BGH, Urt. v. 20. 2. 2003 – IX ZR 81/02 – BGHZ 154, 72, 86f.
64 BGH, Urt. v. 16. 2. 2006, IX ZR 26/05, ZIP 2006, 814ff. = BGHZ 166, 215ff.
65 *Smid*, WM 1999, 1155.
66 BGH, Urt. v. 20. 2. 2003, IX ZR 81/02, DZWIR 2003, 332ff. = ZIP 2003, 632ff. = BGHZ 154, 72, – BGH, Urt. v. 20. 11. 2003, IX ZR 259/02, DZWIR 2004, 205ff. = ZIP 2004, 42ff., – BGH, Urt. v. 16. 11. 2006, IX ZR 135/05, ZIP 2006, 2390ff.; anders: Verwertung vor Eröffnung: BGH, Urt. v. 23. 9. 2004 – IX ZR 25/03, DZWIR 2005, 123 = ZIP 2005, 40, Bähr/Smid, Rechtsprechung 2006, 137.
67 BGH, Urt. v. 20. 11. 2003 – IX ZR 259/02 – ZIP 2004, 42 – DZWIR, 2004, 205, 207 mit Anm. *Notthoff*; vgl. *Smid*, DZWIR 2004, 265, 270.

se, der jedenfalls die Kosten der Feststellung des Absonderungsrechts erwachsen sind, haftet der Absonderungsberechtigte daher auf die Feststellungspauschale, die im Fall des Urteils vom 20. 11. 2003 allerdings an die Masse gezahlt worden ist.[68]

49 **b) Anspruch auf Erlösauskehr.** An die Stelle des Herausgabeanspruchs tritt im eröffneten Insolvenzverfahren der Anspruch nach § 170 Abs. 1 InsO auf Erlösauskehr.[69]

3. Verfahrenskostenbeiträge der gesicherten Mobiliarpfandgläubiger[70]

50 **a) Deckung der Feststellungs- und Verwertungskosten aus dem Verwertungserlös.** § 170 Abs. 1 InsO sieht vor, dass sowohl Gläubiger von Forderungen, die durch Immobiliarsicherheiten gesichert sind als auch Gläubiger, für deren Forderungen Mobiliarsicherheiten bestellt sind,[71] einen Beitrag zu den Verfahrenskosten leisten,[72] die bei der Feststellung dieser Sicherheiten anfallen.[73] § 170 Abs. 1 InsO bestimmt, dass der Insolvenzverwalter nach der Verwertung einer beweglichen Sache oder einer Forderung aus dem Verwertungserlös die Kosten der Feststellung und der Verwertung des Gegenstands vorweg für die Insolvenzmasse zu entnehmen habe.[74] Auch für den Fall der Freigabe des Sicherungsgutes durch den Insolvenzverwalter an den Absonderungsberechtigten zur Verwertung durch diesen fließt der Masse ein Verfahrenskostenbeitrag nach § 170 Abs. 2 InsO in Höhe der Kosten der Feststellung sowie des Umsatzsteuerbetrages zu. Der Absonderungsberechtigte hat nach dem Veranlassungsprinzip nur für die der Masse wirklich entstandenen Kosten aufzukommen und sich diese vom auszukehrenden Erlös in Abzug bringen zu lassen.[75]

51 Der BGH[76] hatte in folgendem **Fall** zu entscheiden: Die spätere Insolvenzschuldnerin hatte an ihre Kunden Heizkessel nebst Zubehör verkauft, die von der späteren Beklagten unter verlängertem und erweitertem Eigentumsvorbehalt geliefert worden waren. Am 13. 6. 2000 stellte die Schuldnerin Eigenantrag, woraufhin der spätere Kläger am selben Tag vom Insolvenzgericht zum vorläufigen Insolvenzverwalter bestimmt worden war. Nach einer Besprechung zwischen dem vorläufigen Insolvenzverwalter und der späteren Beklagten forderte die Lieferantin die Abnehmer der Insolvenzschuldnerin mit Schreiben vom 26. 6. 2000 auf, nicht mehr an diese, sondern an sie als Lieferantin zu zahlen. Die Lieferantin hat hieraus insgesamt ca. 280.000 DM erlangt, woraus sie als Feststellungspauschale ca. 11.000 DM an die Masse abgeführt hat. Der Insolvenzverwalter hat gegen die Beklagte auf Zahlung einer Verwertungskostenpauschale in Höhe von ca. 7.000 € geklagt. Zur Begründung hat er ausgeführt, die Beklagte habe durch ihr eigenmächtiges Vorgehen ihm die Einziehung der Forderung unmöglich gemacht und damit die Masse verkürzt.

---

68 BGH, Urt. v. 20. 11. 2003 – IX ZR 259/02 – DZWIR, 2004, 205; vgl. aber auch BGH, Urt. v. 23. 9. 2004 – IX ZR 25/03 – DZWIR 2005, 123; krit. *Smid*, DZWIR 2005, 89, 94 f.

69 *Smid*, Kreditsicherheiten, 2004, § 2, Rn. 8.

70 *Zimmermann*, NZI 1998, 57 ff.

71 *Mönning*, in: FS Uhlenbruck, 2000, S. 248 ff. m. w. N. Vgl. im übrigen *Drukarczyk*, KTS 1983, 183 ff. sowie *Drukarczyk/Duttle/Rieger*, Mobiliarsicherheiten, 1985.

72 Vgl. *Stürner*, in: Kübler/Prütting, Kommentar zur Insolvenzordnung, § 170, Rn 52 f.; *Lwowski*, in: MünchKomm, InsO, 1. Aufl. 2001, § 170 Rn. 1.

73 *Gottwald*, in: Leipold, Insolvenzrecht im Umbruch, 1991, S. 205.

74 *Smid*, Kreditsicherheiten, 2. Aufl. 2008, § 2, Rn. 8–13.

75 BGH, Urt. v. 20. 11. 2003 – IX ZR 259/02 – ZIP 1994, 42 und BGH v. 11. 6. 2002 – IX ZR 262/01 – ZInsO 2002, 826 (Kosten bei Kündigung des Lebensversicherungsvertrages durch den Verwalter).

76 BGH, Urt. v. 20. 11. 2003 – IX ZR 259/02 – ZIP 2004, 42.

Der IX. Zivilsenat hat festgestellt, dass der Masse Verfahrenskostenbeiträge der absonderungsberechtigten Gläubiger soweit nicht zustehen, wie vor Insolvenzeröffnung durch Zahlung an den absonderungsberechtigten Gläubiger abgetretene Forderungen eingezogen worden sind. Da es sich bei der Lieferantin im vorliegenden Fall um eine absonderungsberechtigte Gläubigerin handelte (vgl. § 51 Nr. 1 InsO, da erweiterter und verlängerter Eigentumsvorbehalt unstreitig der Sicherungsabtretung im Falle des verlängerten und der Sicherungsübereignung im Falle des erweiterten Eigentumsvorbehalts gleichstehen[77]) und aufgrund von mit der Schuldnerin getroffenen Sicherungsvereinbarung regelmäßig die Eigentumsvorbehaltslieferanten im Falle des verlängerten Eigentumsvorbehalts vertraglich berechtigt sind, nach Offenlegung der Abtretung die Forderung bei den Drittschuldnern einzuziehen[78] konnte der IX. Zivilsenat davon ausgehen, dass jedenfalls für die vor Eröffnung des Insolvenzverfahrens über das Vermögen der Insolvenzschuldnerin eingezogenen Forderungen eine Einbindung dieser Forderungen in das Insolvenzverfahren nicht vollzogen worden war und daher Verfahrenskostenbeiträge nicht geschuldet waren. Demgegenüber stellte sich für den Senat die Frage, wie es mit der Verwertungskostenpauschale wegen einer eigenmächtigen Einziehung nach Eröffnung des Insolvenzverfahrens über das Vermögen des Schuldners durch den Absonderungsberechtigten stehe. Ausgangspunkt der Erwägungen des Senats ist dabei § 166 Abs. 2 Satz 1 InsO, nach dem das Einziehungs- und Verwertungsrecht an sicherungshalber abgetretenen Forderungen umfassend auf den Insolvenzverwalter übergeht[79]. Aufgrund dieser umfassenden Verwaltungs- und Verwertungsbefugnis des Insolvenzverwalters hat dieser die Möglichkeit, dem Absonderungsberechtigten die Forderung gem. § 170 InsO zur Verwertung im eigenen Namen zu überlassen. Sofern dies nicht erfolgt ist, handelt – wie der IX. Zivilsenat mit seinem Urteil vom 20. 11. 2003 erneut feststellt – der Absonderungsberechtigte objektiv rechtswidrig. Der Masse, der jedenfalls die Kosten der Feststellung des Absonderungsrechts erwachsen sind, schuldet der Absonderungsberechtigte daher die Feststellungspauschale, die im Fall des Urteils vom 20. 11. 2003 allerdings jedenfalls an die Masse gezahlt worden ist, nicht jedoch die Verwertungskostenpauschale. Der IX. Zivilsenat klärt in dieser Entscheidung, ob sich aus dem rechtswidrigen Verhalten des Absonderungsberechtigten rechtliche Folgen ergeben, aus denen die Forderung einer Verwertungskostenpauschale gerechtfertigt werden könnte. Dabei greift der Senat auf die Struktur zurück, die der Gesetzgeber dem Recht der Kostenbeteiligung im Insolvenzverfahren gegeben hat. Ausschlaggebend ist insofern, dass der Gesetzgeber den Vorstellungen der Kommission für Insolvenzrecht nicht gefolgt ist. In deren Berichten, dem Gedanken einer Vorrangstellung der Absonderungsberechtigten im Insolvenzverfahren Rechnung tragend, sollte den gesicherten Gläubigern ein Anteil am Verwertungserlös als Verfahrensbeitrag zu Gunsten der freien Masse abgezogen werden. Demgegenüber ist der Reformgesetzgeber dem Veranlassungsprinzip jedenfalls insoweit gefolgt, als die Verfahrenskostenbeiträge dazu dienen sollen, den Abfluss zu kompensieren, den die freie Masse dadurch erleidet, dass von ihr die Kosten getragen werden, die durch die Feststellung und bei der Verwertung von Gegenständen mit Absonderungsrechten entstehen. Soweit der absonderungsberechtigte Gläubiger gegen die durch § 166 InsO statuierte Zuständigkeitsordnung verstößt und somit rechtswidrig handelt, greift der Absonderungsberechtigte in die Soll-Masse ein. Der IX. Zivilsenat hat in diesem Zusammenhang § 166 InsO ausdrücklich als Schutzgesetz zu Gunsten der Gläubigergesamtheit qualifiziert, so dass der Insolvenzverwalter für die Masse solche Vermögensschäden gegen den Absonderungsberechtigten geltend machen kann, die dieser durch die eigenmächtige Verwertungshandlung verwirklicht hat. Im Rahmen sowohl des § 166 Abs. 1 als auch des Abs. 2 InsO lässt sich dabei daran denken, dass der Absonderungsberechtigte durch seine Verwertungshandlung einen geringeren Erlös erzielt hat, als er durch den Insolvenzverwalter hätte erzielt werden können. Einen entsprechenden Differenzbetrag soll der Absonderungsberechtigte der Masse als Schadenersatz schulden. Diese Hilfserwägung des BGH überzeugt nicht vollständig. Denn die Masse wird bei einer eigenmächtigen Verwertungshandlung des Absonderungsberechtigten weder mit höheren Verwertungskosten belastet noch entgeht ihr ein Differenzbetrag zwischen einem möglicherweise zu erzielenden und dem tatsächlich vom gesicherten 52

77 BGH, Urt. v. 9. 11. 1978 – VII ZR 54/77 – BGHZ 72, 308, 312.
78 BGH, Urt. v. 6. 4. 2000 – IX ZR 422/98 – BGHZ 144, 192, 197.
79 BGH, Urt. v. 20. 2. 2003 – IX ZR 81/02 – WM 2003, 694, 695; BGH, Beschl. v. 24. 3. 2009 – IX ZR 112/08, ZIP 2009, 768.

Gläubiger erzielten Erlös. Für einen nach § 823 Abs. 2 BGB zu ersetzenden Schaden lässt sich insofern wenig erkennen. Nachvollziehbarer ist dagegen die Erwägung des IX. Zivilsenats, der ausführt „der eigenmächtig vorgehende Gläubiger handele insoweit auf eigene Gefahr". Denn insofern kann es allein darauf ankommen, dass für den Falle einer ungünstigeren Form der Verwertung der Absonderungsberechtigte das Quoteninteresse der ungesicherten Gläubiger nicht dadurch beeinträchtigt, dass er gegebenenfalls gem. § 52 InsO einen höheren Ausfall als im Falle der Verwertung durch den Insolvenzverwalter zur Tabelle anmeldet. Interessant sind die Ausführungen des IX. Zivilsenats dagegen im Fall des § 166 Abs. 1 InsO. Verwertet nämlich der gesicherte Gläubiger Gegenstände, an denen er Sicherungseigentum hat, eigenmächtig – beispielsweise dadurch, dass er sie gegen den Willen des Insolvenzverwalters an sich bringt und weiter veräußert – hilft die vorliegende Entscheidung des BGH weiter. Es wird dadurch nämlich klar, dass der Absonderungsberechtigte gem. § 823 Abs. 2 BGB i. V. m. § 166 Abs. 1 InsO der Masse all diejenigen Schäden zu ersetzen hat, die daraus erwachsen, dass der Insolvenzverwalter mit dem Absonderungsgut nicht weiter verfahren kann. Hierzu aber zählt unter anderem auch die „Verwertung" durch Gebrauch des Absonderungsgutes.

53 **b) Berechnung der Höhe der Feststellungs- und Verwertungskosten.** Nach § 171 Abs. 1 InsO umfassen die Kosten der Feststellung die Kosten der tatsächlichen Ermittlung (des Auffindens des Gegenstands) und der Feststellung der an ihm bestehenden Rechte; die Feststellungskosten sind im Rahmen der Verrechnung nach § 170 InsO vom Insolvenzverwalter pauschal mit 4% des Verwertungserlöses anzusetzen. Nach § 171 Abs. 2 InsO sind zur Vermeidung weitläufiger Rechtsstreitigkeiten zwischen dem absonderungsberechtigten Gläubiger und dem Insolvenzverwalter die Verwertungskosten pauschal mit 5% des Verwertungserlöses anzusetzen; soweit eine erhebliche Über- oder Unterschreitung dieser Pauschale durch die tatsächlich angefallenen Kosten eintritt, sind diese anzusetzen.

54 **Beispiel:** Die Veräußerung der Druckmaschine in dem über die Druck GmbH eröffneten Insolvenzverfahren erbringt einen Erlös von 120.000 €. Die X-Bank hatte vorkonkurslich Sicherungseigentum an der Druckmaschine erworben. Die Feststellungskosten sind unabhängig davon, welche Kosten bei der juristischen Prüfung der Sicherungsabrede usf. angefallen sind, mit 4%, also mit 4.800 € anzusetzen. Legt man die Verwertungskostenpauschale zugrunde, sind weiterhin 6.000 €, also zusammen 10.800 € vom Verwertungserlös abzuziehen und für die Masse zur Deckung der bei der Feststellung und Verwertung angefallenen Masseverbindlichkeiten (§ 55 Abs. 1 Nr. 1 InsO) einzubehalten; der Restbetrag in Höhe von 109.200 € ist an den absonderungsberechtigten Gläubiger auszukehren. Sind höhere Verwertungskosten angefallen, der Insolvenzverwalter z. B. einen professionellen Verwerter eingeschaltet hat, kommt es auf die „Erheblichkeit" der Überschreitung der Pauschale an, wobei auf die Funktion der Pauschale, Rechtsstreitigkeiten zu vermeiden, abzustellen ist. Dabei empfiehlt es sich, eine Kostenüberschreitung von über 100% als „erheblich" anzusehen, so dass, wenn in unserem Beispielsfall Verwertungskosten in Höhe von 12.500 € angefallen wären, diese konkret zu berechnen und in Abzug zu bringen wären. Umgekehrt ist anstelle des Pauschalsatzes nur der Betrag der konkreten Verwertungskosten zu berechnen, wenn der Pauschsatz um mehr als die Hälfte unterschritten wird.

55 Der BGH[80] hat es mit Blick auf die eindeutige legislatorische Entscheidung in § 171 Abs. 2 S. 1 und 2 InsO abgelehnt , die Verwertungspauschale gem. § 171 Abs. 2 S. 1 InsO mit einer **„Mischberechnung"** neben dem Ansatz beziffert auf Verwertungskosten zugleich nach Pauschsätzen zu berechnen.

---

80 BGH, Beschl. v. 22. 2. 2007 – IX ZR 112/06 – ZIP 2007, 686.

56 Soweit aufgrund der Doppelumsatztheorie die Masse aufgrund der Verwertung des Sicherungsgutes mit Mehrwertsteuer belastet wird, ist diese ebenfalls vom auszukehrenden Erlös abzuziehen, § 171 Abs. 2 Satz 3 InsO.[81]

4. Kompensation entstandener Kosten

57 Die Verfahrenskostenbeiträge sollen nach dem „Veranlassungsprinzip" dazu dienen, den Abfluss zu kompensieren, den die freie Masse dadurch erleidet, dass aus ihr die Kosten getragen werden, die bei der Feststellung und bei der Verwertung von Gegenständen mit Absonderungsrechten entstehen.[82]

58 **Fall:** Einer informativen Entscheidung des BGH lag folgender Sachverhalt zugrunde: Die spätere Insolvenzschuldnerin hatte 1995 Ansprüche aus einem bestimmten Lebensversicherungsvertrag an die von dem später eingesetzten Insolvenzverwalter verklagte Sparkasse abgetreten. Nach Eröffnung des Insolvenzverfahrens erteilte der klagende Insolvenzverwalter schriftlich seine Zustimmung dazu, dass die Rückvergütung an die Beklagte ausgezahlt werden sollte.

59 Mit der Entscheidung durch den IX. Zivilsenat des BGH steht fest, dass, wenn der Insolvenzverwalter Kapitallebensversicherungsverträge des Schuldners kündigt, die dieser an eine Bank zur Sicherung abgetreten hat, der Masse jedenfalls Feststellungskosten nach § 171 Abs. 1 InsO in Höhe von 4% des zur Auszahlung gebrachten Betrages zustehen. Dies gilt auch, wenn die Zahlung nach einer aufgrund des Verwertungsrechts des Insolvenzverwalters unter Verstoß gegen § 166 Abs. 2 InsO[83] und damit unrechtmäßig erfolgten Kündigung seitens des Sicherungszessionars unmittelbar an diesen erfolgt ist. In der zitierten Entscheidung ist die Frage offen geblieben, ob und in welchem Umfang in derartigen Fällen der Masse Verwertungskosten entstehen und diese durch den Sicherungszessionar zu tragen sind, etwa dann, wenn der Insolvenzverwalter die Kündigung der Lebensversicherung ausspricht oder einer Auszahlung des Betrages an den Sicherungszessionar die Zustimmung erteilt. Hier ist zum Teil die Auffassung vertreten worden, dass es sich bei der Kündigung der Lebensversicherung bzw. der Zustimmung zur Auszahlung an den Sicherungszessionar um die Wahrnehmung eine Rechtsgeschäfts i. S. v. § 118 BRAGO handle und damit aus dem zur Auszahlung gebrachten Betrag eine Anwaltsgebühr die Höhe der Verwertungskosten bestimme – was im Übrigen allerdings nur dann sein kann, wenn ein Rechtsanwalt zum Insolvenzverwalter bestellt worden ist bzw. ein Rechtsanwalt mit diesem Rechtsgeschäft mandatiert wurde. Dagegen ist in der amtsgerichtlichen Judikatur[84] entschieden worden, dass § 171 Abs. 2 Satz 1 und 2 InsO auf konkrete Verwertungskosten abheben und diese nicht selbst durch Rückgriff auf eine Pauschalgebühr zu bestimmen seien. Das ist plausibel. Denn der Insolvenzverwalter bedarf grundsätzlich zur Vornahme derartiger Verwertungshandlungen keines anwaltlichen Beistandes, der nach BRAGO- bzw. RVG-Sätzen in Rechnung zu stellen wäre[85]. Der IX. Zivilsenat hat damit allen Versuchen einer „Korrektur" des Gesetzestextes eine Abfuhr erteilt, wonach die Offenlegung der Sicherungszession dazu führe, dass die zedierte Forderung einer verpfändeten gleichzustellen sei. Aus Gesetz und Gesetzesmaterialien ergibt sich eindeutig etwas anderes, wobei dem Gesetzgeber die Vermeidung von nachkonkurslichen Manipulationen und die Herstellung einer zweifelsfreien Zuständigkeit des Insolvenzverwalters vorgeschwebt hat, wie der IX. Zivilsenat zutreffend ausführt. Missverständlich freilich bleibt an der vorliegenden Entscheidung die Rede des BGH davon, die sicherungszedierte Forderung sei Teil der Ist-Masse; das sind schuldnerfremde Gegenstände auch. Denn der

81 Mit Nachw. *Smid*, Kreditsicherheiten, 2. Aufl. 2008, § 2, Rn. 23.
82 BGH, Urt. v. 20. 11. 2003 – IX ZR 259/02 – ZIP 2004, 42; hierzu eingehend *Smid*, DZWIR 2004, 265, 270.
83 Verwertung sicherungszedierter Forderungen: – BGH, Urt. v. 11. 7. 2002, IX ZR 262/01, ZIP 2002, 1630 ff.; *Bähr/Smid*, Rechtsprechung 2006, 103
84 AG Bonn, Urt. v. 11. 10. 2000 – 16 C 322/00, NZI 2001, 50.
85 Vgl. insoweit *Smid*, DZWIR 2002, 265 ff.

Insolvenzverwalter muss beispielsweise auch prüfen, ob Dritte in der Tat aussonderungsberechtigt sind oder ob der Inhaber eines Pfandrechts an einer Forderung dieses zu Recht geltend macht usf.

60 Die durch den Gesetzgeber mit § 166 InsO neu geschaffene Lage besteht vielmehr darin, dass der Insolvenzverwalter nicht nur das Bestehen fremder Rechte an in seinem Besitz befindlichen Gegenständen zu prüfen hat, sondern dass ihm die Verwertung dieser Gegenstände obliegt – herkömmlich spricht man daher davon, dass diese Gegenstände Teil der so genannten Soll-Masse seien[86].

IV. „Pool"– und Sicherheitenabgrenzungsvereinbarungen[87]

61 Bis zum Zeitpunkt des Inkrafttretens der Insolvenzordnung Anfang 1999 hatten sich Pools dinglich berechtigter Gläubiger zur typischen Form der Rechtsdurchsetzung dinglich berechtigter Gläubiger im Konkursverfahren entwickelt. Aus der Sicht der Konkursverwalter stellten sie ein wichtiges Instrument dar, um die Durchführung des Verfahrens zu erleichtern.[88] Mittels Sicherheitenabgrenzungsverträgen[89] konnte die gebotene Verteilung *außerhalb* des Insolvenzverfahrens vorgenommen werden. Hintergrund der Bildung von „Pools" ist, dass es den Aus- und Absonderungsberechtigten bisweilen schwer fällt, ihr Recht an den in der vom Verwalter in Besitz genommenen Ist-Masse gegenüber dem Konkurs- oder Insolvenzverwalter nachzuweisen. Der Sicherheitengläubiger muss nämlich dartun und gegebenenfalls in einem Herausgabeprozess[90] beweisen, dass das Recht an dem Sicherungsgegenstand ihm, und keinem anderen zusteht. Ein Sicherheitenpool, der *alle* – also 100% – Sicherheiten bzw. dingliche Rechte aller Aus- oder Absonderungsberechtigten umfasste, konnte den Inhabern dieser Rechte daher *Beweiserleichterungen*[91] verschaffen, mit denen sie die Konkretisierung des Gegenstandes ihres Rechts gegenüber dem Insolvenzverwalter erreichen konnten. Die Zugehörigkeit des im Besitz des Insolvenzverwalters befindlichen Absonderungsgutes zur Soll-Masse durch seine Unterwerfung unter die Verwertungsbefugnis des Insolvenzverwalters führt nun *zwingend* zur Anwendbarkeit des § 91 InsO[92], der den Rechtserwerbs an Massegegenständen ausschließt. Diese Vorschrift erfasst selbstverständlich nicht den Rechtserwerb an den Gegenständen, die vom Insolvenzverwalter aus der Ist-Masse an Berechtigte herauszugeben sind. Sie dient nicht dem Schutz seiner Sicherungsaufgaben, die ja possessorisch gewährleistet werden kann. Vielmehr hat § 91 Abs. 1 InsO die Funktion, die Verwertung der *den Gläubigern* haftenden (Soll-)Masse durch den Insolvenzverwalter zu sichern. Dabei ist zu beachten, dass die Vorschrift des § 91 Abs. 1 InsO *nicht* von der Unwirksamkeit des Rechtserwerbs an *Vermögens*gegenständen des Schuldners[93] spricht, sondern vom Erwerb von Massegegenständen.[94]

62 Einen nach § 91 Abs. 1 InsO unwirksamen Rechtserwerb kann der Verwalter dadurch heilen, dass er nachträglich genehmigt[95]. Dabei liegt auf der Hand, dass dieser Akt der Genehmigung besonderer Gründe bedarf, um eine haftungsrechtlicher Inanspruchnahme gem. § 60 Abs. 1 InsO des Insolvenzverwalters zu vermeiden, etwa, wenn durch den Pool gesicherter Gläubiger eine Betriebsfortführung finanziert wird, durch die eine – den Wert des Unternehmens sichernde übertragende Sanierung gewährleistet wird, um nur einen Gesichtspunkt zu nennen.

---

86 Vgl. hierzu eingehend *Smid/Leonhardt*, in: LSZ, InsO, 3. Aufl. 2010, § 35 Rn. 39.
87 Eingehend *Smid*, Kreditsicherheiten, 2. Aufl. 2008, § 24; anders *Berner*, Sicherheitenpools der Lieferanten und Banken im Insolvenzverfahren, 2006.
88 Vgl. *Bohlen*, Der Sicherheiten-Pool, 1984, S 52ff., 58ff.; *Lwowski*, in: MünchKomm, InsO, 1. Aufl. 2001, § 166 Rn. 201ff.
89 *Gottwald*, in: Gottwald, Insolvenzrechts-Handbuch, 3. Aufl. 2006, § 44 Rn. 11.
90 *Kilger/K. Schmidt*, KO, 17. Aufl. 1997, Anm. 5 b).
91 *Gottwald*, in: Gottwald, Insolvenzrechts-Handbuch, 3. Aufl. 2006, Rn. 15; Beck/Depré-*Ringstmeier*, in: Beck/Depré, Handbuch der Insolvenz, 1. Aufl. 2003, § 9 Rn. 78.
92 Unklar *Blersch*, in: Praktikerkommentar, § 91 Rn. 3.
93 So aber NR-*Wittkowski*, § 91 Rn. 3.
94 Zum Ganzen eingehend *Smid*, Kreditsicherheiten, § 17, Rn. 21.
95 *Smid*, in: LSZ, InsO, 3. Aufl. 2010, § 91 Rn. 6.

In einer im Jahr 2005 ergangenen Entscheidung hat der IX. Zivilsenat des BGH[96] aus der Zugehörigkeit der Gegenstände, an denen Absonderungsrechte bestehen, zu der vom Insolvenzverwalter zu verwaltenden Soll-Masse[97] auf die Reichweite der Befugnisse der Poolgläubiger, vor Verfahrenseröffnung über die Sicherungsgegenstände zu verfügen, Folgerungen gezogen: 63

Fall: Im Jahr 1994 hatten dinglich gesicherte Gläubiger der E.GmbH & Co. KG einen Sicherheitenpoolvertrag abgeschlossen, den auch die spätere Insolvenzschuldnerin als Sicherungsgeberin mitunterzeichnete. Zu den Poolgläubigern gehörten die spätere Beklagte und die D-AG. Die Sicherheiten, zu denen Sicherungszessionen für gegenwärtige und künftige Forderungen der späteren Insolvenzschuldnerin gehörten, sollten auf die D-AG übertragen und von ihr treuhänderisch für die anderen Poolgläubiger verwaltet werden. Im Poolvertrag hat die Sicherungsgeberin ihre künftigen Forderungen gegen jede der am Pool beteiligten Banken gleichrangig und zu Gunsten jeder der Banken als Sicherheit verpfändet. Nr. 14 Abs. 1 Satz 2 der AGB-Banken sieht ein Pfandrecht der Beklagten an den Ansprüchen der Schuldnerin aus bankmäßiger Verbindung vor. Wegen dieses Pfandrechts hat die Beklagte im Poolvertrag zugunsten des Pfandrechts der Poolbeteiligten den Rangrücktritt erklärt. Nachdem die schuldnerische Gesellschaft am 6. 9. 1999 Eigenantrag auf Eröffnung des Insolvenzverfahrens über ihr Vermögen stellte, kündigte die Beklagte den der Schuldnerin eingeräumten Kontokorrentkredit. Sie schrieb einen auf dem Konto der Schuldnerin am 7. 9. 1999 eingegangenen Betrag dem im Soll stehenden Kontokorrentkonto der Gesellschaft gut. Die Zahlung war auf eine an die D-AG abgetretene Forderung erfolgt. 64

Die an die D-AG sicherungszedierte Forderung war mit Zahlung durch den Drittschuldner erloschen (§ 362 Abs. 1 BGB). Das an deren Stelle getretene AGB-Pfandrecht hatte die beklagte Bank im Poolvertrag zwar vorab abgetreten; der Rechtserwerb an dem Pfandrecht unterliegt, wie der IX. Zivilsenat gezeigt hat, indes der Insolvenzanfechtung: Die beklagte Bank hat aber an diesem Pfandrecht ein Absonderungsrecht nicht erwerben können. Denn ihr standen zunächst dinglich weder die sicherungszedierte Forderung noch ein an deren Stelle tretendes AGB-Pfandrecht an bankmäßigen Forderungen zu. Daran ändert die Qualifikation der Forderung als Treugut nichts, dass die D-AG für die anderen Poolgläubiger gehalten hat. 65

Der nach dem Poolvertrag vorgesehene Rechtserwerb der Poolmitglieder an Sicherheiten unterliegt daher der Insolvenzanfechtung. Auch soweit dieser Rechtserwerb als kongruent zu beurteilen ist, weil er auf einer entsprechenden Abrede zwischen dem Schuldner und seinen Sicherheitengläubigern in der Poolabrede beruht, greift doch § 130 Abs. 1 Nr. 2 InsO. Wörtlich führt der IX. Zivilsenat aus, ein „Verschieben" von Sicherheiten zugunsten der Gläubiger nicht gesicherter Forderungen sei rechtlich ausgeschlossen.[98] 66

Die Folgerungen für Poolverträge sind weitreichend. Wenn der vor Verfahrenseröffnung auf ihrer Grundlage greifende Rechtserwerb anfechtbar ist, hat dies Konsequenzen für den Abschluss von Poolverträgen nach Verfahrenseröffnung, auf die dann § 91 Abs. 1 InsO zur Anwendung gelangt.[99] 67

---

96 BGH, Urt. v. 2. 6. 2005 – IX ZR 181/03 – DZWIR 2006, 29; krit. *Berner*, KTS 2006, 359 ff.; *Leiner*, ZInsO 2006, 460 ff.
97 *Smid*, Kreditsicherheiten, 2. Aufl. 2008, § 24 Rn. 20 ff.
98 Vgl. zum Ganzen auch *Smid*, Kreditsicherheiten, 2004, § 17 Rn. 24 ff.
99 *Smid*, Kreditsicherheiten, 2004, § 7 Rn. 20 ff., 27 ff.

V. Keine Masseverwertung durch den vorläufigen Verwalter im Eröffnungsverfahren

68 Oben (§§ 25 und 26) ist dargestellt worden, dass auch im Falle der vorläufigen Verwaltung nach § 22 Abs. 1 InsO der vorläufige Verwalter weder „entsprechend" §§ 158, 159 InsO noch nach §§ 165 ff. InsO zur Masseverwertung berechtigt ist; Maßnahmen, die zur Betriebsfortführung oder Notgeschäftsführung erforderlich sind, bleiben davon unberührt.

§ 35 Abschluss des Verfahrens und seine Wirkungen[1]

I. Abschlags-, Schluss- und Nachtragsverteilung

1. Voraussetzung einer Verteilung

Ist Teilungsmasse vorhanden und die Schuldenmasse geklärt, so schließt sich daran folgerichtig die Verteilung an. Nach Abhaltung des ersten allgemeinen Prüfungstermins (vgl. § 187 Abs. 1 InsO) soll, so oft hierzu eine bare Masse vorhanden ist (§ 187 Abs. 2 InsO), die Verteilung an die Insolvenzgläubiger durch den Insolvenzverwalter (§ 187 Abs. 3 InsO) erfolgen. Dabei ist zu beachten, dass aus der Masse zunächst die Masseschulden und -kosten gedeckt werden müssen. Nur der Überschuss steht zur Verteilung zur Verfügung. Unberücksichtigt bleiben freilich Masseansprüche, welche bis zur Feststellung des Prozentsatzes oder der Beendigung des Schlusstermins oder der Bekanntmachung einer Nachtragsverteilung dem Insolvenzverwalter nicht zur Kenntnis gelangt sind (§ 206 InsO). **Besonderheiten** gelten im grenzüberschreitenden Insolvenzverfahren.[2] 1

2. Abschlagsverteilungen bei Vorhandensein barer Masse

a) Grundsatz. In der Regel erfolgen im Insolvenzverfahren Abschlagsverteilungen. Gläubiger, die bei der Abschlagsverteilung unberücksichtigt geblieben sind (§§ 190, 191 InsO), erhalten in einer weiteren Abschlagsverteilung oder bei der Schlussverteilung die bisher festgesetzten Prozente nachgezahlt, wenn nunmehr die Voraussetzungen vorliegen, wonach sie berücksichtigt werden dürfen (§ 192 InsO). Zu den Abschlagsverteilungen sowie zur Schlussverteilung bedarf der Verwalter der Genehmigung eines etwa bestehenden Gläubigerausschusses (§§ 67, 69 InsO, dazu oben § 29 Rn. 44ff.). Vor der Verteilung hat er ein Verzeichnis der zu berücksichtigenden Forderungen auf der Geschäftsstelle zur Einsicht der Beteiligten niederzulegen und die Summe der Forderungen sowie den zur Verteilung verfügbaren Massebestand öffentlich bekanntzumachen (§ 197 InsO). 2

Im Einzelnen gilt: Nach § 189 Abs. 1 InsO haben Insolvenzgläubiger, deren Forderungen nicht festgestellt sind und für deren Forderungen ein mit der Vollstreckungsklausel versehener Schuldtitel, ein Endurteil oder ein Vollstreckungsbefehl nicht vorliegt, bis zum Ablauf der Ausschlussfrist von zwei Wochen nach der öffentlichen Bekanntmachung dem Insolvenzverwalter den Nachweis zu führen, dass und für welchen Betrag die Feststellungsklage erhoben oder das Verfahren in dem früher anhängigen Prozess aufgenommen ist. Gläubiger, die abgesonderte Befriedigung beanspruchen und deren Forderungen dementsprechend auf Ausfall anerkannt wurden, haben innerhalb der Ausschlussfrist den Nachweis des Verzichts auf das Absonderungsrecht oder den Nachweis der Höhe des Ausfalls zu erbringen, andernfalls werden ihre Ausfallforderungen nicht berücksichtigt (§ 190 Abs. 1 InsO).[3] Zur Berücksichtigung bei einer Abschlagszahlung genügt es aber, wenn bis zum Ablauf der Ausschlussfrist 3

1 *Smid/Lambrecht*, Verwertung und Verteilung der Masse, 2010; *S. Mohrbutter*, Der Ausgleich von Verteilungsfehlern in der Insolvenz, 1998.
2 Vgl. nur *Smid*, Internationales Insolvenzrecht, 2009, 116.
3 BGH, Urt. v. 2. 7. 2009 – IX ZR 126/08, ZIP 2009, 1580.

dem Verwalter der Nachweis, dass die Veräußerung des zur abgesonderten Befriedigung dienenden Gegenstandes betrieben ist, geführt und der Betrag des mutmaßlichen Ausfalls glaubhaft gemacht wird (§ 190 Abs. 2 InsO). Auflösend bedingte Forderungen sind nach § 42 InsO bis zum Eintritt der Bedingung wie unbedingte Forderungen zu behandeln und deshalb im Gläubigerverzeichnis aufzuführen, es greift § 191 InsO ein.

4 **b) Vorrang der Sozialplangläubiger.** Bei der Verteilung ist die Regelung des § 123 Abs. 3 Satz 1 InsO zu berücksichtigen. Vor den Insolvenzgläubigern hat der Insolvenzverwalter Ansprüche aus einem von ihm vereinbarten Sozialplan aus der baren Teilungsmasse zu befriedigen. Die Regelung des § 123 InsO zeigt freilich, dass die Sozialplangläubiger vom Gesetzgeber zwar als Massegläubiger bezeichnet werden, dies aber im Widerspruch dazu steht, dass sie im masseunzulänglichen Verfahren in der Rangfolge des § 209 InsO keinen Platz gefunden haben. Gegenüber der gesetzlichen Diktion erscheint es daher als sinnvoll, von einer Vorrangstellung der Sozialplangläubiger bei ihrem Zugriff auf die Teilungsmasse zu sprechen.

3. Verfahren bei Unklarheiten oder Unrichtigkeiten des Teilungsplans

5 Einwendungen gegen das Gläubigerverzeichnis können bei der Abschlagsverteilung bis zum Ablauf einer Woche nach dem Ende der Ausschlussfrist bei dem Insolvenzgericht erhoben werden, das darüber entscheidet (§ 194 Abs. 1 InsO). Den Prozentsatz der Abschlagsverteilung bestimmt der Gläubigerausschuss (§ 195 Abs. 1 Satz 1 InsO), und, wenn ein solcher nicht besteht, der Insolvenzverwalter. Zur Schlussverteilung bedarf es der Genehmigung des Gerichts. Sie ist vorzunehmen, sobald die Verwertung der Masse beendet ist (§ 196 Abs. 2 InsO). Das Gericht setzt einen Schlusstermin an zur Erhebung von Einwendungen gegen das Schlussverzeichnis, die bei der Schlussverteilung spätestens in diesem Termin vorzubringen ist. Der Schlusstermin ist außerdem zur Beschlussfassung der Gläubigerversammlung über die nicht verwertbaren Vermögensstücke, vor allem aber zur Abnahme der Schlussrechnung bestimmt. Der Schlussbericht (§ 66 InsO), der vom Gericht geprüft wird, soll eine ordnungsgemäße Einnahme- und Auslagen-Abrechnung enthalten sowie einen genauen Bericht über die Verwaltung und Verwertung der Masse, wobei auf die laufenden Sachberichte Bezug genommen werden kann.

II. Aufhebung des Insolvenzverfahrens

6 Der BGH[4] hat zur Wirksamkeit einer Verfahrensaufhebung mit Beschlussfassung des Insolvenzgerichts zu entscheiden gehabt. Dem Beschluss lag folgender, hier vereinfacht wiedergegebener Sachverhalt zugrunde:

7 **Beispielsfall:** Das Insolvenzgericht hatte dem Schuldner die Restschuldbefreiung angekündigt und für die Zeit nach Aufhebung des Verfahrens die bisherige Treuhänderin als Treuhänderin für die Zeit nach Aufhebung des Verfahrens bestellt. Mit Beschluss v. 1. 11. 2007 wurde dann die Aufhebung des Verfahrens beschlossen. Am

4 BGH, Beschl. v. 15. 7. 2010 – IX ZB 229/07, ZIP 2010, 1610.

11. 1. 2007 starb auch der Vater des Schuldners. Die Treuhänderin im vereinfachten Insolvenzverfahren beantragte daraufhin wegen des Erbanfalls beim Schuldner die Nachtragsverteilung, wogegen sich der Schuldner mit der Beschwerde wandte. Der Schuldner vertrat die Auffassung, es sei § 295 InsO anzuwenden. Gegen die Aufhebung der Nachtragsverwaltung wandte sich die vormalige Treuhänderin im vereinfachten Verfahren. Das Beschwerdegericht[5] war davon ausgegangen, erst mit der Veröffentlichung des Aufhebungsbeschlusses am 15. 1. 2008 sei nach Ablauf weiterer zweier Tage unter Anwendung des § 9 Abs. 1 S. 3 InsO die Verfahrensaufhebung wirksam geworden. Die Erbschaft sei daher in die Insolvenzmasse gefallen, es sei aber als lex speciales § 295 Abs. 1 Nr. 2 InsO anzuwenden.

Der BGH stellt fest, dass die InsO anders als § 40 Abs. 2 FamFG[6] für den Aufhebungsbeschluss keine Regelung vorsieht. Da aus einem Fehlen einer dem Wirksamwerden des Eröffnungsbeschlusses gem. § 27 Abs. 2 Nr. 3 Abs. 3 InsO[7] entsprechenden Vorschrift könne aber nicht der Gegenschluss gezogen werden, erst mit der öffentlichen Bekanntmachung der Entscheidung werde die Verfahrensaufhebung wirksam. Vielmehr tritt die Wirksamkeit mit Beschlussfassung des Insolvenzgerichts ein. Kommt es zu Zuschüssen zum Schuldnervermögen im Verlaufe des Wirkungstages, enthalte das Gesetz eine Regelungslücke, die der BGH durch Anlehnung an den Rechtsgedanken des § 27 Abs. 3 InsO schließt. Es kommt daher auf die Mittagsstunde des Tages an, an dem der Aufhebungsbeschluss vom Gericht gefasst worden ist, wenn kein besonderer Wirkungszeitpunkt in dem Beschluss angegeben worden ist. Erlangt der Schuldner daher Neuerwerb im Zeitraum nach Ankündigung der Restschuldbefreiung aber vor der Aufhebung des Insolvenzverfahrens, fällt dieser wie im vorliegenden Fall die Erbschaft in die Masse. Der Schuldner hat daher auch nicht die Obliegenheit entsprechend § 295 Abs. 2 InsO[8], die Hälfte der Erbschaft zur Befriedigung der Gläubiger in der Wohlverhaltensperiode herauszugeben, da ihm dies überhaupt nicht möglich ist. Denn der Neuerwerb ist nach § 35 Abs. 1, 2. Var. InsO[9] beschlagnahmt. Im Übrigen stellt der IX. Zivilsenat des BGH zutreffend fest, dass erst mit Wirksamkeit der Verfahrensaufhebung die Obliegenheiten zu denen § 295 InsO zählt einsetzen. Allerdings führte der Neuerwerb der Erbschaft dazu, dass der Eröffnungsgrund beseitigt war. Der Schuldner kann nämlich durchaus seine Zahlungsfähigkeit wiedererlangt haben, was dazu führt, dass nach § 212 InsO auf Antrag des Schuldners das Verfahren einzustellen gewesen wäre.[10] Dies erstreckt sich – wie der BGH überzeugend darstellt – auch auf das Nachtragsverteilungsverfahren. Anders ist es dagegen, wenn den Gläubigern der Zugriff auf das Schuldnervermögen, das nunmehr die Zahlungsfähigkeit des Schuldners begründen würde, verwehrt ist. Dies ist aber nach § 294 InsO[11] der Fall, wenn dem Schuldner die Restschuldbefreiung angekündigt worden ist. 8

a) **Einholung von Sachverständigengutachten zur Schlussrechnungsprüfung.** Mit Beschluss aus dem Jahr Oktober 2009 hat das OLG Stuttgart[12] sich der Auffassung angeschlossen, dass bei der Prüfung der vom Insolvenzverwalter vorgelegten Schlussrechnung sich das Insolvenzgericht der Hilfe eines Sachverständigen bedienen dürfe und dass die Kosten des Sachverständigen von der Insolvenzmasse als Verfahrenskosten zu tragen seien. Es wird ja viel über die Ausplünderung von Insolvenzmassen durch bösartige Insolvenzverwalter, Gläubigerausschussmitglieder und andere Personen gesprochen. Ein ganzer Berufsstand steht unter Kollektivverdacht, der mittlerweile auch an populärwissenschaftlichen Abhandlungen an die Öffentlichkeit getragen wird. Seit bald einem Jahrzehnt indes ist die vom 9

5 LG Dortmund ZVI 2008, 32.
6 *Borth/Grandel,* in: Musielak/Borth, FamFG, 2. Auflage, § 40 Rn. 5 ff.
7 *Smid/Leonhardt,* in : LSZ, InsO, 3. Aufl. § 27 Rn. 33.
8 *Kiesbye,* in: Leonhardt/Smid/Zeuner, InsO, 3. Aufl. § 295 Rn. 24.
9 *Smid/Leonhardt,* in: LSZ, InsO, 3. Aufl.§ 35 Rn. 2.
10 BGH, Beschl. v. 27. 7. 2006 – IX ZB 204/04 = DZWIR 2007, 151 = ZIP 2006, 1957
11 *Kiesbye,* in : LSZ, InsO, 3. Aufl. § 294 Rn. 7.
12 OLG Stuttgart, Beschl. v. 15. 10. 2009 – 8 W 265/09, ZIP 2010, 491; LG Heilbronn, Beschl. v. 4. 2. 2009 – 1 T 30/09, ZIP 2009, 1437; Krit. *Smid,* Struktur VIII DZWIR 2010, 56.

OLG Stuttgart neben vielen anderen Gerichten, die ebenso entscheiden, sanktionierte Praxis zur Entscheidung in diesen Angelegenheiten sind die OLGs berufen. Das ist außerordentlich misslich, denn nach der Reform des Jahres 2001 entbehren die entsprechenden Senate endgültig der erforderlichen Fachkompetenz, die bekanntlich beim BGH monopolisiert. In der Tat geht es bei der zu entscheidenden Frage um haftungsrechtliche Probleme, die darauf abzielen, wem die Insolvenzmasse zugewiesen ist. In einem streitigen Zivilprozess zwischen zwei Parteien liegt es bei den Streitenden, darüber zu entscheiden, welche Kosten sie mit ihrem Konflikt und seiner Austragung vor Gericht evozieren wollen und in welchem Umfang sie damit ihre Vermögen belasten wollen. Die Eröffnung des Insolvenzverfahrens führt dagegen zum Insolvenzbeschlag des schuldnerischen Vermögens, das hierdurch (§ 35 Abs. 1 InsO) zu der Insolvenzmasse wird, die haftungsrechtlich den Gläubigern zugewiesen ist. Durch die Bereitstellung eines Verfahrens, in dem ein Treuhänder (der Kurator, nämlich der Insolvenzverwalter, der regelmäßig vom Insolvenzgericht über das Vermögen des Schuldners eingesetzt wird) zur gleichmäßigen Befriedigung der Ansprüche der Gläubiger durchgeführt wird, soll sichergestellt werden, dass dieses Verfahren ohne Unterschleif und möglichst unter Berücksichtigung wirtschaftlicher Gesichtspunkte die Masse im Interesse der Gläubiger verwaltet und verwertet. Die Überwachungsaufgaben, die der Staat – seine Gerichtsbarkeit – im Zusammenhang dieses im Wesentlichen der administrativen Rechtsfürsorge angehörenden Gerichtsverfahrens zu erbringen hat, werden im allgemeinen durch die Gerichtskosten des Insolvenzverfahrens abgegolten. Es ist daher zweifellos Aufgabe und Pflicht des Trägers der Justizhoheit, dass in diesem Zusammenhang gerichtlich beschäftigtes Personal (die Rechtspflegerinnen und Rechtspfleger) in der Weise auszubilden und auf solchen Ist-Stärken zu halten, dass sie im Stande sind, ihre Aufsichtsaufgaben zu erfüllen. Es mag Sonderfälle geben. Höchst komplexe Verfahren können im Einzelfall Rechtspflegerinnen und Rechtspfleger bei ihrer Aufsichtsaufgabe im Zusammenhang der Schlussrechnungsprüfung überfordern. In diesem Fall mag es geboten sein, externe Sachverständige zur Schlussrechnungsprüfung heranzuziehen. Es fehlt in dem Beschluss des OLG Stuttgart schlechthin an jedem Hinweis darauf, dass ein solcher Ausnahmefall vorgelegen hat. Krieg, Seuchen, Unruhen und vergleichbare allgemeine Notstände können ebenfalls die Rechtspflege dazu zwingen, sich externer Hilfe zu bedienen – von derartigen Zuständen ist die Bundesrepublik Deutschland Gott sei Dank weit entfernt. Die positivistische Berufung war auf Nr. 9005 des Kostenverzeichnisses zum GKG i. V. m. § 8 ff. JVEG demgegenüber allein ein Zugeständnis, dass die materiell-administrativen Aufgaben der Justiz in einem rechtsversorgerischen Verfahren wie denen der insolvenzgerichtlichen Aufsicht über den Insolvenzverwalter von der Justiz (aus welchen Gründen auch immer) nicht erfüllt wird.

10 Sonderinsolvenzverwalter bzw. Sachverständige werden im Rahmen der Schlussprüfung nicht selten mit der Beantwortung intrikater juristischer Probleme beauftragt. Die Organisation eines Insolvenzverfahrens durch ein Gericht hat aber nur dadurch einen Sinn, dass in dem Gericht juristischer Sachverstand konzentriert und durch die Verfahrensleitung und die Beaufsichtigung des Insolvenzverwalters zum Einsatz gebracht wird. Die Delegation bestimmter juristischer Prüfungsaufgaben auf einen Externen ist gewiss außerhalb des Bereichs der Frage der Auslegung ausländischen Rechts in einem deutschen Gerichtsverfahren nicht zulässig. Dass das OLG Stuttgart demgegenüber die hierauf bezogenen Einwendungen des Beschwerdeführers mit der Bemerkung abtut, es sei im Interesse der Verwertbarkeit der gutachterlichen Feststellung sachgerecht, wenn das AG im einzelnen konkretisierte Prüfungsaufträge in Bezug auf rechtliche Kategorien setze, wird dies der zu beurteilenden Problemstellung in keiner Weise gerecht.

1. Insolvenzgerichtlicher Aufhebungsbeschluss

11 Nach Abhaltung des Schlusstermins hebt das Gericht das Insolvenzverfahren durch unanfechtbaren Beschluss auf und macht dies öffentlich bekannt (§ 200 InsO). Beschwerden von Gläubigern werden nach dem Schlusstermin präkludiert.[13]

---

13 BGH, Beschl. v. 18. 5. 2006 – IX ZB 103/05 m. Anm. *Wehdeking*, jprins 22/2006 Nr. 1.

2. Nachtragsverteilung

Nicht selten kommt es vor, dass ein einzelner Gegenstand oder auch einige Gegenstände zur Zeit des Schlusstermins nicht verwertet worden sind, so etwa, wenn die Fälligkeit einer Forderung weit hinaus liegt oder eine Forderung nur in Raten beigetrieben werden kann. Deshalb braucht das Gericht mit der Aufhebung des Insolvenzverfahrens nicht zu warten, sondern kann den Anspruch im Aufhebungsbeschluss vorbehalten[14] zur Realisierung und Nachtragsverteilung, die durch Beschluss gem. § 204 InsO angeordnet wird. Dieses Verfahren empfiehlt sich, weil anderenfalls den Insolvenzgläubigern wegen eines nicht einmal unbedingt wesentlichen Gegenstandes die Vollstreckung aus der Tabelle in den Neuerwerb des Schuldners ungebührlich lange versagt bliebe. Solche Nachtragsverteilungen kommen gemäß § 205 InsO auch vor, wenn Anteile zur Masse zurückfließen, die nach den §§ 189 ff. InsO vom Insolvenzverwalter zurückgestellt sind, weil sie entfallen. 12

III. Prozessführungsbefugnis des Insolvenzverwalters im Rahmen der Anordnung der Nachtragsverteilung

1. Beendigung seiner materiellen und prozessualen Wirkungen mit Aufhebung des Insolvenzverfahrens

Im Nachtragsverteilungsverfahren[15] stellen sich die Fragen der Prozessführungsbefugnis des bisherigen Insolvenzverwalters *vordergründig* in einer vergleichbaren Weise wie in dem auf die Bestätigung des Insolvenzplans und den Beschluss nach § 258 InsO folgenden Überwachungsverfahren – in beiden Fällen ist das Insolvenzverfahren aufgehoben und damit sind seine materiellen Wirkungen beseitigt worden. 13

2. Auswirkungen der Aufhebung des Verfahrens gem. § 200 InsO

a) Unterbrechung von durch den Insolvenzverwalter geführten Prozessen gem. § 239 ZPO. Es ist in diesem Zusammenhang zunächst daran zu erinnern, dass im Allgemeinen die anhängigen Aktivprozesse der Masse in Analogie zu § 239 ZPO wegen des Verlusts der Prozessführungsbefugnis des Insolvenzverwalters unterbrochen werden,[16] wenn das Insolvenzverfahren aufgehoben wird. Der Schuldner erlangt seine Verwaltungs- und Verfügungsbefugnis zurück,[17] wird also insbesondere auch wegen derjenigen massezugehörigen Ansprüche (wieder) prozessführungsbefugt, die 14

---

14 Dies kann auch stillschweigend geschehen, s. OLG Celle v. 5. 5. 1972 – 8 U 127/71 – KTS 1972, 265. Zum Ganzen eingehend *Ludewig*, in: Smid (Hrsg.), Aktuelle Probleme des geltenden deutschen Insolvenzrechts, 2009, 77 ff.

15 BGH, Beschl. v. 6. 12. 2007 – IX ZB 229,06, DZWIR 2008, 129.

16 *Gehrlein*, in: MünchKomm, ZPO, 3. Aufl. 2008, § 239 Rn. 14; *Holzer*, in: Kübler/Prütting, InsO, Stand: Dezember 2009, § 200 Rn. 8.

17 *Huber*, in: MünchKomm, InsO, Band II, 2. Aufl. 2008, § 259 Rn. 11; *Kebekus*, in: Graf-Schlicker, 1. Aufl. 2007, InsO, § 259 Rn. 2; *Smid/Rattunde*, Insolvenzplan, 2. Aufl. 2005, Rn. 17.2.

während der Dauer des Insolvenzverfahrens vom Insolvenzverwalter anhängig gemacht worden sind.[18]

15 Dies gilt aber nicht für alle Fälle, wobei folgende Fallkonstellationen zu unterscheiden sind:

16 **b) Feststellungsprozesse.** Wird ein Feststellungsprozess erst nach Aufhebung des Insolvenzverfahrens entscheidungsreif, stellt sich die Frage nach der Prozessführungsbefugnis von Insolvenzverwalter oder Schuldner. Dabei kommt es darauf an, ob der die Feststellungsklage erhebende Gläubiger gem. § 189 Abs. 1 InsO den Nachweis der Klageerhebung geführt hat. Dann ist gem. § 189 Abs. 2 InsO der auf die Forderung entfallende Anteil bei der Verteilung der Masse vom Insolvenzverwalter zurückzubehalten[19] und eine Nachtragsverteilung gem. § 203 Abs. 1 Nr. 1 InsO[20] wegen Freiwerdens zurückbehaltener Beträge für die Verteilung anzuordnen. In diesem Falle dauert an diesem Anteil die Prozessführungsbefugnis des Insolvenzverwalters fort.[21] Sachlicher Grund hierfür ist, dass sich an dem zurückbehaltenen, auf die Forderung entfallenden Anteil an der Teilungsmasse der Insolvenzbeschlag fortsetzt – diese Mittel werden nicht „für den Schuldner" frei, sondern sind unabhängig vom Ausgang des Feststellungsprozesses vom Insolvenzverwalter entweder an den obsiegenden Feststellungskläger auszuschütten oder quotal an die anderen Gläubiger zu verteilen.[22] Eine Fortdauer des Insolvenzbeschlags bei Anordnung der Nachtragsverteilung greift nämlich nicht in dem von § 35 Abs. 1 i.V.m. § 36 Abs. 1 InsO beschriebenen dinglichen Umfang, sondern nur soweit, wie Vermögensgegenstände („Beträge") der Nachtragsverteilung durch die konkursgerichtliche Anordnung vorbehalten (d.h. konkret bezeichnet) werden.[23]

17 **c) Anfechtungsprozesse.** Im Übrigen erstreckt sich eine „Fortdauer"[24] der Prozessführungsbefugnis des Insolvenzverwalters auf Anfechtungsklagen. Das ist gewiss praktikabel, aber rechtsdogmatisch ebenso wenig wirklich einfach zu begründen wie die Regelung des § 259 Abs. 3 InsO. Der BGH[25] wird damit zitiert, er habe die Fortdauer der Befugnis des Insolvenzverwalters, die Anfechtungsprozesse auch nach Aufhebung des Insolvenzverfahrens zu führen, mit der Zugehörigkeit des Rückgewähranspruchs gem. § 143 InsO[26] zur Masse begründet. Dies ist solange schief, wie nicht in

---

18 *Huber*, in: MünchKomm, InsO, Band II, 2. Aufl. 2008, § 259 Rn. 15; *Kebekus*, in: Graf-Schlicker, 1. Aufl. 2007, InsO, § 259 Rn. 2; *Frank*, in: Braun, 2. Aufl. 2004, InsO, 3. Aufl. § 259 Rn. 5.

19 *Smid*, in: Leonhardt/Smid/Zeuner, InsO, 3. Aufl. 2010, § 189 Rn. 7.

20 BGH, Beschl. v. 1. 12. 2005 – IX ZB 17/04, NZI 2006, 180f.

21 *Hintzen*, in: MünchKomm, InsO, Band II, 2. Aufl. 2008, § 203 Rn. 23; *Holzer*, in: Kübler/Prütting, InsO, Stand: Dezember 2009, § 203 Rn. 24; *Mäusezahl*, in: Graf-Schlicker, InsO, 1. Aufl. 2007, § 203 Rn. 6.

22 *Hintzen*, in: MünchKomm, InsO, Band II, 2. Aufl. 2008, § 203 Rn. 1; vgl. *Holzer*, in: Kübler/Prütting, InsO, Stand: Dezember 2009, § 203 Rn. 20f.; *Kießner*, in: FK, InsO, 5. Aufl. 2009, § 203 Rn. 8.

23 Kilger/K. Schmidt, KO, 17. Aufl. 1997, § 166 KO Anm. 2.

24 So *Mäusezahl*, in: Graf-Schlicker, InsO, 1. Aufl. 2007, § 200 Rn. 7, vgl. *Uhlenbruck*, in: Uhlenbruck, InsO, 13. Aufl. 2010, § 200 Rn. 14; Schon das Reichsgericht bejahte die Befugnis des Konkursverwalters zur Fortführung der Anfechtungsprozesse, wenn der Konkursbeendigung eine Schlussverteilung vorangegangen und eine Nachtragsverteilung i. S. v. § 166 KO möglich war, RGZ 52, 330, 333.

25 BGH, Urt. v. 10. 2. 1982, VIII ZR158/80, BGHZ 83, 102, 103.

26 Vgl. dazu *Friedrich L. Cranshaw*, Anmerkung zum BGH, Urt. v. 10. 12. 2009, IX ZR 206/08, jurisPR-

den Blick genommen wird, dass wegen aufgrund siegreicher Anfechtungsklagen erlangter Beträge regelmäßig die Nachtragsverteilung gem. § 203 Abs. 1 InsO angeordnet und damit die Fortdauer des Insolvenzbeschlags sichergestellt worden ist. Nur dann aber kann davon gesprochen werden, der Rückgewähranspruch „gehöre zur Masse". Wird nämlich die Nachtragsverteilung nicht vorbehalten, sind zurückfließende Beiträge und nachträglich ermittelte Vermögensgegenstände mit der Aufhebung des Insolvenzverfahrens als Teile des aus dem Insolvenzbeschlag gelösten Schuldnervermögens frei geworden.[27] Erst mit dem Beschluss, der z.B. im Falle der Nrn. 2 und 3 des § 203 Abs. 1 InsO eine Nachtragsverteilung nach Aufhebung des Insolvenzverfahrens anordnet, tritt wieder eine Beschlagswirkung ein.

d) Bedeutung der späteren insolvenzgerichtlichen Anordnung der Nachtragsverteilung ohne früheren Nachtragsvorbehalt. Etwas anderes gilt, wenn das Insolvenzgericht die Nachtragsverteilung angeordnet wird.[28] Streitig ist allerdings, welche Wirkungen die Anordnung der Nachtragsverteilung nach § 203 InsO zeitigt. So wird die Auffassung vertreten, die Anordnung der Nachtragsverteilung nach § 203 InsO bewirke gegenüber der allgemeinen Aufhebung des Insolvenzbeschlages bei Aufhebung des Insolvenzverfahrens, dass der Insolvenzbeschlag aufrechterhalten bleibt[29] und die Verwaltungs- und Verfügungsbefugnis des Insolvenzverwalters begründet bleibt. Der Insolvenzbeschlag besteht nach dieser Ansicht insoweit über den Schlusstermin und die Aufhebung des Insolvenzverfahrens fort, soweit er sich auf der Nachtragsverteilung unterworfene, vor Aufhebung des Insolvenzverfahrens bekannte Gegenstände bezieht,[30] da es sich beim Nachtragsverteilungsverfahren nicht um ein neues Insolvenzverfahren, sondern um die Fortsetzung des früheren Insolvenzverfahrens handelt.[31] 18

Demgegenüber hat *Weber* zu § 166 KO[32] kritisch angemerkt, dass dies dem Verkehrsschutz widerstreiten würde, da – diese Auffassung einer zeitlich unbegrenzten Dauer des Insolvenzbeschlages zugrunde gelegt – die betroffenen Verkehrskreise (die Vertragspartner des Schuldners nach Aufhebung des Insolvenzverfahrens gem. § 163 KO) – nie Gewissheit erlangen könnten, ob dem Schuldner hinsichtlich eines Vermögensgegenstandes die Verwaltungs- und Verfügungsbefugnis (wieder) zusteht. Weber[33] konstruiert daher die allgemeine Beschlagswirkung des konkursgerichtlichen Nachtragsverteilungsbeschlusses dergestalt, dass der Beschlag mit der konkursgerichtlichen Anordnung ohne rückwirkende Kraft einsetze.[34] Während Weber ausführt, in den Fällen des § 166 Abs. 1 S. 1, 1. Variante KO dauere der ursprüngliche Konkursbe- 19

InsR 3/2010 Anm. 2.

27 *Mäusezahl,* in: Graf-Schlicker, InsO, 1. Aufl. 2007, § 203 Rn. 6, 2. Abs.

28 BGH, Beschl. v. 6. 12. 2007 – IX ZB 229/06, DZWIR 2008, 129.

29 *Uhlenbruck,* in: Kuhn/Uhlenbruck, KO, 10. Aufl. 1986, § 166 Rn. 6.

30 *Weber,* in: Jaeger-Weber, KO, 8. Aufl. 1973, § 163 Rn. 7 im Widerspruch zu seiner Kommentierung des § 166 KO.

31 Zum Ganzen *Eickmann,* RWS-Skript No. 88 S. 82.

32 *Weber,* in: Jaeger/Weber, KO, 8. Aufl. 1973, § 166 Rn. 7; *Uhlenbruck,* in: Kuhn/Uhlenbruck, KO, 11. Aufl. 1994, § 166 Rn. 7a.

33 *Weber,* in: Jaeger/Weber, KO, 8. Aufl. 1973, § 166 Rn. 7.

34 *Weber,* in: Jaeger/Weber, KO, 8. Aufl. 1973, § 166 Rn. 7.

schlag fort, soll im Fall des § 166 Abs. 2 KO der Konkursbeschlag ex nunc wiederhergestellt werden.[35]

20 Dieser Streit spielt zunächst einmal eine Rolle bei der Beurteilung der Zulässigkeit der Individualvollstreckung in die von § 203 Abs. 1 InsO erfassten Gegenstände – was u. U. auf Duldungsklagen Auswirkungen haben könnte, die Gläubiger gegen Anfechtungsgegner nach dem AnfG führen.

IV. Nachkonkursliche Rechte der Insolvenzgläubiger

21 Insolvenzgläubiger, die ganz oder teilweise ausgefallen sind, können nach Aufhebung des Insolvenzverfahrens aufgrund eines vollstreckbaren Auszugs der Tabelleneintragung ihre Forderung unbeschränkt gegen den Insolvenzschuldner ihre Forderung vollstreckungsweise geltend machen (§ 201 Abs. 1 InsO). Im Gegensatz zur englischen und amerikanischen Rechtsordnung kennt das deutsche Insolvenzrecht damit keine ipso iure eingreifende Freistellung einer natürlichen Person als Insolvenzschuldner von den durch das Insolvenzverfahren nicht regulierten Schulden. Nach anglo-amerikanischem Recht ist einer der Zwecke des Konkursverfahrens, den Schuldner von seiner Schuldenlast zu befreien, damit er einen neuen Start machen kann. Nach der Konkursordnung gilt dieses nicht, obwohl der Schuldner sein ganzes Vermögen den Gläubigern zur Verfügung gestellt hat. Dies ist jedenfalls dann unsozial, wenn das Insolvenzverfahren – wie nicht selten – auf Vorgänge zurückzuführen ist, die für den Gemeinschuldner unvorhersehbar und nicht steuerbar waren.

22 Da das Insolvenzverfahren den Bestand der materiellen Rechtsbeziehung des Schuldners zu Dritten unberührt lässt (§ 1 Rn. 104ff.), soweit im Insolvenzverfahren Forderungen dadurch eine Inhaltsänderung erfahren, dass gem. § 41 Abs. 1 InsO fällige Forderungen abgezinst anzumelden sind und auf ausländische Währung lautende bzw. nicht auf Geld gerichtete Forderungen umzurechnen sind, bleibt es nicht bei der Inhaltsänderung[36], sondern der Schuldner haftet nachkonkurslich ausschließlich nach Maßgabe der getroffenen Vereinbarungen.[37] Mit Teilnahme am Insolvenzverfahren müssen die förmliche Voraussetzungen der §§ 41ff. InsO erfüllt werden. Dadurch erlangt der Insolvenzgläubiger nach Verfahrensabschluss keine weiteren Rechte als er vor dem Verfahren innehatte.[38]

23 Geht man davon aus, dass mit der „neuen" Judikatur des IX. Zivilsenats des BGH[39] die Eröffnung des Insolvenzverfahrens über das Vermögen des Schuldners nicht zum Erlöschen der Erfüllungsansprüche des anderen Teils mit der Folge führt, dass er gem. § 103 Abs. 2 Satz 1 InsO den beschriebenen Schadenersatzanspruch zur Tabelle anzumelden berechtigt ist, folgt daraus zwingend, dass der Hauptleistungsanspruch „erhalten" bleibt. Die Eröffnung des Insolvenzverfahrens lässt im Allgemeinen mate-

---

35 *Weber,* in: Jaeger-Weber, KO, 8. Aufl. 1973, § 166 Rn. 10.
36 Anders die früher h. M., vgl. allein *Irschlinger,* in: H-K, InsO, 4. Aufl. 2006, § 201 Rn. 3.
37 *Häsemeyer,* Insolvenzrecht, 3. Aufl. 2003, Rn. 25.15; *Westphal,* in: Nerlich/Römermann, InsO, § 201, 202 Rn. 13, 14.
38 *Häsemeyer,* Insolvenzrecht, 3. Aufl. 2003, Rn. 25.18.
39 BGH, Urt. v. 27. 5. 2003 – IX ZR 51/02 – ZIP 2003, 1208.

rielle außerkonkurslich begründete Rechtspositionen unbeeinflusst. In der Literatur wird z.B. von *Häsemeyer* die Auffassung vertreten[40], auch mit der ausdrücklichen Ablehnung der Erfüllung durch den Insolvenzverwalter gingen die Erfüllungsansprüche des anderen Teils nicht unter, sondern könnten von diesen nach der Beendigung des Verfahrens erneut gegen den Schuldner durchgesetzt werden.[41] Die herrschende Auffassung bejaht dies jedenfalls für den Fall, in dem der andere Teil nicht mit der Anmeldung seiner Schadenersatzforderung zur Tabelle am Insolvenzverfahren teilgenommen hat; *Häsemeyer* geht darüber hinaus und will auch für diesen Fall nach den ursprünglichen Vereinbarungen zwischen dem Schuldner und dem anderem Teil unter Berücksichtigung der im Insolvenzverfahren erzielten Quote im Wege einer Anrechnung[42] dem anderen Teil die Befugnis geben, nachkonkurslich seine Ansprüche gegen den Schuldner durchzusetzen.

Dem hat *Rühle*[43] folgende Überlegung entgegengehalten: Weil es weder durch die Verfahrenseröff- **24**
nung noch durch die Erfüllungsablehnung zu einer materiellrechtlichen Umgestaltung des Schuldverhältnisses gekommen ist, könnten die Parteien nach Verfahrensaufhebung jedenfalls dann wieder auf die ursprünglichen Erfüllungsansprüche zurückgreifen, wenn sich der Vertragspartner nicht am Insolvenzverfahren beteiligt hat. Streitig sei allerdings die Rechtslage, wenn sich der Vertragspartner am Verfahren beteiligt hat. Dann sei zu prüfen, ob es zu einer materiellrechtlichen Umgestaltung des Schuldverhältnisses in die „Forderung wegen der Nichterfüllung" gekommen ist bzw. ob die Rechtskraft des Tabelleneintrags einem Rückgriff der Parteien auf ihre ursprünglichen Erfüllungsansprüche entgegensteht. *Rühle*[44] differenziert nach der jeweiligen Rechtsgrundlage der „Forderung wegen der Nichterfüllung". Bei einem Anspruch wegen zu vertretender Unmöglichkeit gem. §§ 280 Abs. 1, 3, 283 BGB sei ein Rückgriff auf die ursprünglichen Erfüllungsansprüche schon deshalb ausgeschlossen, weil die Unmöglichkeit stets eine dauerhafte sei. Bei einem Anspruch aus §§ 280 Abs. 1, 3, 281 BGB sei ein Rückgriff auf die ursprünglichen Erfüllungsansprüche mit Anmeldung dieser Forderung zur Tabelle regelmäßig ausgeschlossen, denn in der Anmeldung sei ein Schadenersatzverlangen nach § 281 Abs. 4 BGB zu sehen. Dieses könne allerdings bis zum Zeitpunkt der regelmäßigen Kenntnisnahme durch den Schuldner durch Rücknahme der Anmeldung widerrufen werden. Wenn die „Forderung wegen der Nichterfüllung" nicht durch einen bürgerlichrechtlichen Schadenersatzanspruch „ausgefüllt" wird, fehle es eigentlich an einer die Umgestaltung vorsehenden Rechtsgrundlage. Trotzdem kommt es nach *Rühles* Ansicht zu einer solchen Umgestaltung aufgrund einer analogen Anwendung des § 281 Abs. 4 BGB. Diese sei geboten, da ansonsten der Inhaber eines berücksichtigungsfähigen bürgerlichrechtlichen Schadenersatzanspruchs benachteiligt würde.

---

40 *Häsemeyer*, Insolvenzrecht, 3. Aufl. 2003, Rn. 20.07; *Marotzke*, Gegenseitige Verträge, 3. Aufl. 2001, Rn. 3.35 f.
41 *Häsemeyer*, Insolvenzrecht, 3. Aufl. 2003, Rn. 25.14; *Marotzke*, Gegenseitige Verträge, 3. Aufl. 2001, Rn. 3.37 ff.
42 *Häsemeyer*, Insolvenzrecht, 3. Aufl. 2003, Rn. 25.15; *Marotzke*, Gegenseitige Verträge 3. Aufl. 2001, Rn. 3.55 ff.
43 *Rühle*, Gegenseitige Verträge nach Aufhebung des Insolvenzverfahrens, Diss. 2006, insb. S. 92 ff.
44 *Rühle*, Gegenseitige Verträge nach Aufhebung des Insolvenzverfahrens, Diss. 2006, S. 106 ff.

§ 36 Die Abwicklung masseunzulänglicher Insolvenzverfahren[1]

I. Problemstellung

1. Erleichterte Verfahrenseröffnung in Fällen unzureichender Masse

1 **a) Steigerung der Zahl massearmer Verfahren unter der Geltung des neuen Rechts?** Für die Fähigkeit einer Insolvenzrechtsordnung, Gläubigergleichbehandlung zu gewährleisten, ist es mit ausschlaggebend, wie sie die Masseverhältnisse ordne[2]: Gegenwärtig wird in dem weitaus überwiegenden Teil der Fälle, in denen Anträge auf Eröffnung des Insolvenzverfahrens gestellt werden, der Erlass eines Eröffnungsbeschlusses mangels Masse abgelehnt (§ 107 KO, § 4 Abs. 2 GesO). Das künftige Recht, dessen § 26 InsO die Verfahrenseröffnung erleichtern helfen wird, mag hier Abhilfe schaffen.[3] Ebenso wie im bisherigen Recht wird sich damit aber – vielleicht bei einer größeren Zahl eröffneter Verfahren sogar dramatischer als bisher[4] – in sehr vielen Verfahren die Frage stellen, was zu geschehen hat, wenn „Massearmut" oder „Masseunzulänglichkeit" eintreten; das wird dann in einer hohen Zahl zunächst eröffneter Verfahren zur alsbaldigen Einstellung gem. § 207 InsO führen[5] (unten Rn. 11). Die Eröffnung auch masseunzulänglicher Verfahren erfolgt allerdings *nicht* (allein oder vornehmlich) im „Allgemeininteresse",[6] sondern dient der Haftungsrisiken minimierenden Schaffung der rechtlichen und tatsächlichen Möglichkeit des Insolvenzverwalters, ein Verfahren aus der Masseunzulänglichkeit „herauszuführen"; selbst wo dies nicht gelingt, können im masseunzulänglichen Verfahren unerledigt gebliebene Aufgaben des Gemeinschuldners „nachgeholt" werden, deren Abarbeitung nicht allein im öffentlichen Interesse liegt, sondern den Insolvenzgläubigern oder einzelnen Gläubigergruppen dient; hier sei z.B. an die Ausstellung von Arbeits- und Verdienstnachweisen u. dgl. m. erinnert, die schon in rentenrechtlicher Hinsicht für die betroffenen Arbeitnehmer (also Insolvenzgläubiger!) von höchster Bedeutung sind.

2 Schwerwiegender noch ist, dass vielfach im überkommenen Recht sich der Schuldner des Mittels einer „Flucht" in die Massearmut bediente, das ihm dazu verhalf, nach Abweisung der Eröffnung des Verfahrens oder der Einstellung des eröffneten Verfahrens die Kontrolle über das Vermögen zurückzuerlangen.[7] Selbst die mit der Abweisung der Verfahrenseröffnung verbundene Zwangsliquidation solcher Schuldner, bei denen es sich um juristische Personen handelt, hat diesem Weg, sich dem kollektiven Zugriff der Gläubiger zu entziehen, keinen Riegel vorzuschieben vermocht, da der Unternehmensträger auch im Zustand der Liquidation weiterhin tätig werden kann. Diesen Möglichkeiten

---

1 Hierzu die sorgfältige Analyse von *H. Schröder*, Die Abwicklung des masseunzulänglichen Verfahrens, 2010.

2 *Häsemeyer*, in: Leipold (Hrsg.), Insolvenzrecht im Umbruch, 1991, S. 101, 110.

3 Vgl. *Häsemeyer*, in: Leipold (Hrsg.), Insolvenzrecht im Umbruch, 1991, S. 101; *Uhlenbruck*, Das neue Insolvenzrecht, 1994, Einführung, S. 44.

4 Vgl. *Pape*, KTS 1995, 189f.; *Kübler*, in: Kölner Schrift zur Insolvenzordnung, 2. Aufl. 2000, S. 735; zweifelnd *Uhlenbruck*, Das neue Insolvenzrecht (Fn. 2). Schließlich *Haarmeyer/Wutzke/Förster*, Handbuch zur InsO/EGInsO, 3. Aufl. 2001, Rn. 8/109ff.

5 Diese Vermutung *Grubs* (ZIP 1993, 393, 395) erscheint plausibel.

6 So aber *Häsemeyer*, in: Leipold (Hrsg.), Insolvenzrecht im Umbruch, 1991, S. 106.

7 RegEInsO Amtl. Begründung. Allg. Teil 1 b.

einen Riegel dadurch vorzuschieben, dass die Verfahrenseröffnung erleichtert wird[8] und die Aufrechterhaltung des Regiments des Verwalters im eröffneten Verfahren auch unter der Voraussetzung des Eintritts der Massearmut gefördert wird, ist ein Anliegen der Reform gewesen.

b) Begriff der kostendeckenden Masse. Für die Eröffnung des Verfahrens stellt § 26 3
Abs. 1 InsO darauf ab, dass die „Kosten des (Insolvenz)verfahrens" aus der Masse gedeckt sind. Die Kosten des Verfahrens definiert die InsO in ihrem § 54: Darunter versteht der Reformgesetzgeber die Gerichtskosten, die Vergütung des vorläufigen Verwalters, des Insolvenzverwalters und gegebenenfalls der Mitglieder des Gläubigerausschusses sowie die jeweiligen notwendigen Auslagen.[9] Aufgrund dieser Legaldefinition des Kostenbegriffes des § 26 Abs. 1 InsO durch § 54 InsO soll klargestellt sein, dass die so genannten Masseverwaltungs- und verwertungskosten jedenfalls *nicht* bei der Beurteilung der Kostendeckungsfähigkeit der Masse im Eröffnungsverfahren heranzuziehen sind; bereits oben (§ 28 Rn. 7ff.) ist aber darauf hingewiesen worden, dass bei der Bestimmung der kostendeckenden Masse die notwendigen „Ausgaben" der Insolvenzverwaltung zu berücksichtigen sind.[10]

c) Genossenschaftsinsolvenz als Sonderfall. Eine beachtenswerte Besonderheit gilt auch künftig im 4
Genossenschaftskonkurs: Die Nachschusspflicht des § 105 GenG führt dazu, dass gem. § 100 Abs. 3 GenG das Verfahren nicht mangels Masse eingestellt werden darf, es sei denn, eine Nachschusspflicht besteht nicht oder sie kann nicht durchgesetzt werden.

2. Das „arme" Verfahren als das „Regelinsolvenzverfahren"

Auch der Insolvenzrechtsreformgesetzgeber hat daher keine Wunder bewirken kön- 5
nen. Und zwar nicht nur deshalb, weil von einer Anzahl namhafter Autoren z.T. heftige Kritik an der InsO als dem Produkt der Insolvenzrechtsreform geübt wird, sondern vielmehr, weil die Reform im Großen und Ganzen die mannigfaltigen Rahmenbedingungen nicht hat verändern können, die zur viel beklagten Krise des überkommenen Konkursrechts geführt haben. Dass sich während des Verfahrens herausstellt, dass die Masse „unzureichend" ist, hat der Gesetzgeber zwangsläufig nicht abwenden können; allerdings finden sich in den §§ 207ff. InsO detaillierte Regelungen, wie in den verschiedenen Konstellationen der Massearmut bzw. der Masseunzulänglichkeit zu verfahren ist.

3. Exkurs: Beseitigung der Massearmut durch Massekostenvorschüsse und -kredite als Sanierungsmaßnahmen

In diesem Zusammenhang sollte auch die Chance dargestellt werden, die sich aus der Regelung des 6
§ 26 InsO für Sanierungsmaßnahmen in der Regie der Gläubiger ergeben kann: Anders als das österreichische InsRÄndG von 1997, das auf die anfechtungsfreie Vergabe von Sanierungskrediten in einem gerichtlich beaufsichtigen Vorverfahren setzt,[11] stellen sich bekanntlich im deutschen Recht vorkon-

---

8 Vgl. *Smid/Leonhardt*, in: LSZ, InsO, 3. Aufl. 2010, § 26 Rn. 6; *Kind*, in: Braun, InsO, 2. Aufl. 2004, § 26 Rn. 2.

9 *Smid/Leonhardt*, in: LSZ, InsO, 3. Aufl. 2010, § 26 Rn. 7; *Obermüller*, Insolvenzrecht in der Bankpraxis, 1997, Rn. 1504; *Beck*, in: Beck/Depré, Handbuch der Insolvenz, 1. Aufl. 2003, § 5 Rn. 160.

10 *Smid/Leonhardt*, in: LSZ, InsO, 3. Aufl. 2010, § 26 Rn. 8ff., vgl. auch *Kübler*, in: Kölner Schrift zur Insolvenzordnung, 2. Aufl. (Fn. 3) 736.

11 Hierzu näher *Smid/Rattunde*, Der Insolvenzplan, 1997, Rn. 93 ff. m.w.N.

kursliche Sanierungsmaßnahmen als riskant dar.[12] Die zur Durchführung einer Sanierung bereiten Gläubiger tun gut daran, die Eröffnung des Insolvenzverfahrens zu unterstützen und dort Massekredite[13] zu begeben; zum einen sind sie gegenüber dem Geschäftsführer der Gemeinschuldnerin nach § 26 Abs. 3 InsO dadurch geschützt,[14] dass sie ihn für den Fall pflichtwidrig verspäteter[15] oder gar unterlassener Antragstellung wegen der Massekredite unter Umkehrung der Beweislast in die persönliche Haftung nehmen können; wird über den Bereich der Ausräumung der Massearmut hinaus das Verfahren kreditiert, gewinnt der Gläubiger damit nicht nur Einfluss auf Sanierungsmaßnahmen, sondern ist regelmäßig durch die persönliche Haftung des Insolvenzverwalters gem. § 61 InsO[16] abgesichert.

7 In der Literatur[17] wird aber mit gutem Grund vor einer Vorschussgewährung nach § 26 Abs. 1 InsO durch den Insolvenzverwalter gewarnt. Dieses Bedenken erstreckt sich auch auf eine Kreditierung der Masse durch eigene seitens des Insolvenzverwalters begebene Darlehen, der durch eine derartige Praxis nicht nur in die Lage eines „Insolvenzverfahrensunternehmers"[18] zu geraten droht, dessen Stellung nicht mehr die eines Unbeteiligten wäre – wie es § 56 Abs. 1 InsO fordert.[19]

II. Massearmut

1. Legaldefinition der Massearmut[20]

8 **a) Abgrenzung von den Masseverwertungskosten.** Massearmut liegt vor, wenn zu erwarten ist, dass die weiterhin voraussichtlich entstehenden Kosten des Verfahrens nicht aus der vorhandenen Masse bestritten werden können.[21] Nach der ausdrücklichen Regelung des § 207 Abs. 1 Satz 1 InsO gehören die notwendigen Masseschulden (vgl. § 55 Nr. 1 und Nr. 2 InsO)[22] nicht zu den durch die Verwaltung hervorgerufenen Kosten und haben daher bei der Beurteilung des Eintritts der Masseinsuffizienz außer Betracht zu bleiben; aus der Sicht des Verwalters sind sie aber haftungsrechtlich riskant – § 61 InsO bestimmt nunmehr ausdrücklich, dass der Insolvenzverwalter den Massegläubigern wegen der Befriedigung solcher Forderungen *persönlich* haftet, die er

12 Vgl. nur *Gawatz,* Bankenhaftung für Sanierungskredite, 1997, passim.
13 Eingehend hierzu aus der Sicht der beteiligten Banken *Obermüller,* Insolvenzrecht (Fn. 9) Rn. 5278 ff.
14 Skeptisch: *Uhlenbruck,* Das neue Insolvenzrecht, 1994, S. 45.
15 Zu dieser erweiternden Auslegung des – aufgrund eines der zahlreichen Redaktionsversehen zu „eng" geratenen – Wortlauts des § 26 Abs. 3 InsO vgl. *Kübler,* Kölner Schrift zur Insolvenzordnung, 2. Aufl. 2000, S. 736.
16 *Smid,* in: Kölner Schrift zur Insolvenzordnung, 2. Aufl. 2000, S. 337 ff., 340 f.; *Obermüller,* Insolvenzrecht in der Bankpraxis, 1997, Rn. 5281; *Uhlenbruck,* Das neue Insolvenzrecht, 1994, S. 91; BGH, Urt. v. 17. 12. 2004 – IX ZR 185/03, DZWIR 2005, 211 = ZIP 2005, 311, *Bähr/Smid,* Rechtsprechung 2006, 134, *Nur wegen Nichterfüllung Primär-, nicht Sekundäransprüchen:* BGH, Urt. v. 25. 9. 2008 – IX ZR 235/07, DZWIR 2009, 41.
17 *Häsemeyer,* in: Leipold (Hrsg.), Insolvenzrecht im Umbruch, 1991, S. 109.
18 So wörtlich *Häsemeyer,* in: Leipold (Hrsg.), Insolvenzrecht im Umbruch, 1991, S. 109.
19 *Rechel,* in: LSZ, InsO, 3. Aufl. 2010, § 56 Rn. 14.
20 *Kübler,* Kölner Schrift zur Insolvenzordnung, 2. Aufl. 2000, S. 739 Rn. 14 gebraucht den Begriff einer Masseunzulänglichkeit „in weiterem Sinne"; vgl. auch *Obermüller/Hess,* InsO, 1995, Rn. 175.
21 *Haarmeyer/Wutzke/Förster,* Handbuch der Insolvenzordnung, 3. Aufl. 2001, Rn. 8/111; *Bork,* Einführung in das neue Insolvenzrecht, 1995, Rn. 176; *Kuhn/Uhlenbruck,* KO, 11. Aufl. 1994, § 107 Rn. 1; *Beck,* Praxis der Insolvenz, 1. Aufl. 2003, § 4 Rn. 195 ff.
22 *Smid/Leonhardt,* in: LSZ, InsO, 3. Aufl. 2010, § 55 Rn. 2.

mit Wirkung für die Masse eingegangen ist, obwohl er wusste oder wissen musste, dass er sie aus der Masse nicht würde befriedigen können.[23]

b) Fehlende Deckung der reinen Verfahrenskosten als Maßstab. § 207 InsO markiert somit gleichsam den Zeitpunkt, zu dem das Insolvenzverfahren „völlig tot" ist. Insbesondere die durch die Fortführung des Unternehmens entstandenen Verwaltungsaufwendungen, aus denen Ansprüche Dritter gegen die Masse aufgrund zweiseitiger Geschäfte des Verwalters und aufgrund zweiseitiger Verträge entstehen, sind im Rahmen des § 207 Abs. 1 InsO *nicht* in Ansatz zu bringen. Es geht nur um die Frage, ob die elementarsten Voraussetzungen der Masseverwaltung (noch) vorliegen. 9

2. Keine Sicherstellung ordnungsgemäßer Insolvenzverwaltung

Sind die Kosten des Insolvenzverfahrens nicht gedeckt, führt dies dazu, dass der Insolvenzverwalter nicht mehr vergütet werden kann, was eine ordnungsgemäße Abwicklung nach allgemeinen Grundsätzen ausschließt. Sofern sich herausstellt, dass die Insolvenzmasse nicht ausreicht, die Kosten des Verfahrens zu decken, hat der Insolvenzverwalter gem. § 207 Abs. 1 InsO das Insolvenzgericht hiervon unverzüglich zu unterrichten. 10

3. Einstellung des Insolvenzverfahrens durch das Insolvenzgericht

Das Insolvenzgericht hat sodann das Insolvenzverfahren einzustellen.[24] Das Insolvenzgericht ist zur Verfahrenseinstellung mangels Masse verpflichtet, wenn sich die Unzulänglichkeit des Schuldnervermögens im Verlauf des eröffneten Insolvenzverfahrens ergibt. Dies festzustellen und dem Insolvenzgericht anzuzeigen gehört zu den Pflichten des Insolvenzverwalters,[25] auf deren Einhaltung das Insolvenzgericht im Rahmen der Wahrnehmung seiner Aufsicht (§ 58 InsO[26]) zu achten hat. Das folgt aus der Normierung der Aufsicht, die das Insolvenzgericht über das Insolvenzverfahren, konkret über den Verwalter gem. § 58 Abs. 1 InsO ausübt. Zuständig hierfür ist vorbehaltlich der Ausübung des Eintrittsrechts des Richters der Rechtspfleger, § 18 RPflG.[27] Die Einstellung erfolgt durch Beschluss, der gem. § 215 InsO durch Veröffentlichung in dem für amtliche Bekanntmachungen des Gerichts bestimmten Blatt (§ 9 Abs. 1 Satz 1 InsO[28]) bekanntzumachen ist. 11

Das Insolvenzgericht hat die Gläubigerversammlung nach § 207 Abs. 2 InsO vor der Einstellung des Insolvenzverfahrens mangels Masse zu hören,[29] u.a., um den Gläubigern die Möglichkeit zu einer Abwendung der Verfahrenseinstellung nach § 207 Abs. 1 Satz 2 InsO zu geben. 12

---

23 Eingehend hierzu *Smid,* in: Kölner Schrift zur Insolvenzordnung, 2. Aufl. 2000, S. 340 f.; *Kind,* in: Braun, InsO, 2. Aufl. 2004, § 61 Rn. 7.
24 *Kübler,* in: Kölner Schrift Schrift zur Insolvenzordnung, 2. Aufl. 2000, S. 735, 747 Rn. 45 f.
25 *Unger,* KTS 1961, 97; *Weber/Irschlinger/Wirth,* KTS 1979, 133 ff.
26 *Rechel,* in: LSZ, InsO, 3. Aufl. 2010, § 58 Rn. 3 ff.
27 *Helwich,* MDR 1997, 13 ff.
28 *Pape,* in: Uhlenbruck, InsO, 13. Aufl. 2010, § 9 Rn. 1.
29 *Obermüller/Hess,* InsO, 4. Aufl. 2003, Rn. 176; *Haarmeyer/Wutzke/Förster,* Handbuch der Insolvenzordnung, 3. Aufl. 2001, Rn. 8/118; zum bisherigen Recht: *Hess,* KO, 6. Aufl. 1998, § 204 Rn. 14.

4. Einstellung von Maßnahmen der Masseverwertung oder Fortsetzung der Masseverwertung durch den Insolvenzverwalter

13 **a) Ende der Masseverwertungspflicht unter Fortdauer der Masseverwertungsbefugnis.** Der Insolvenzverwalter ist dann nicht mehr verpflichtet, eine weitere Masseverwertung durchzuführen,[30] § 207 Abs. 3 Satz 2 InsO – nimmt er weitere Verwertungsmaßnahmen vor, etwa um seine Vergütung zu erwirtschaften, haftet er selbstverständlich persönlich für die zur Deckung der dabei anfallenden weiteren Kosten begründeten Verbindlichkeiten. Die Verwertungs*befugnis* des Insolvenzverwalters gem. § 159 InsO[31] *endet also nicht zwingend* mit Eintritt der Massearmut gem. § 207 InsO; er kann daher insbesondere auch das bewegliche Sicherungsgut gem. § 166 InsO rechtmäßig verwerten; den Insolvenzverwalter trifft dann freilich die Pflicht, unter Abzug eines gem. §§ 170, 171 InsO zur Masse zu ziehenden Verfahrenskostenbeitrags den erzielten Erlös an die Gläubiger auszukehren. Ob dies angesichts der § 166 InsO innewohnenden rechtlichen Beurteilungsprobleme[32] und der niedrigen Kostenpauschalen des § 171 InsO sinnvoll ist, entscheidet sich freilich als *quaestio facti* im Einzelfall.

14 **b) Verwendung der Barmittel zur Deckung der Kosten.** Wird das Verfahren nach § 207 Abs. 1 Satz 1 InsO mangels Masse eingestellt, hat der Verwalter die vorhandenen Barmittel zuvor zur Begleichung der Kosten des Verfahrens gem. § 54 InsO zu verwenden. Unter den Kosten hat er vorrangig die Auslagen zu berichtigen. Reicht die Masse hierfür nicht aus, hat er die vorhandenen Barmittel quotal nach dem Betrag der Auslagen auf diese zu verteilen.

5. Massekostenvorschüsse zur Abwendung der Verfahrenseinstellung

15 § 207 Abs. 1 Satz 2 InsO sieht vor, dass die Einstellung des Verfahrens mangels Masse durch die Stellung eines Kostenvorschusses abgewendet werden kann. Zum Erbringen eines Kostenvorschusses sind entsprechend § 207 Abs. 1 Satz 2 InsO der Schuldner, die Gläubiger oder Dritte berechtigt.[33] Den Gläubigern ist durch die Möglichkeit einer Vorschussleistung der Zugang zum Insolvenzverfahren und damit zu der durch § 1 Satz 1 InsO[34] garantierten gleichförmigen und gemeinschaftlichen Befriedigung eröffnet. Dies ist schon deshalb wichtig, da andernfalls die Rechte der aus- und absonderungsberechtigten Gläubiger (Art. 14 Abs. 1 GG) nicht in einem geregelten Verfahren gewahrt werden können. Allein schon die Verwirklichung der verfassungsrechtlich geschützten (Art. 14 Abs. 1 GG) Rechte der Gläubiger erzwingt es, ihnen diesen Weg des Zugangs zum Insolvenzverfahren zu eröffnen, zumal sie damit allein aufgrund ihres eigenen, betriebswirtschaftlich kalkulierbaren Risikos handeln, da nicht notwendig gewährleistet ist, dass sie im Verfahren auch nur ihren Kostenvor-

---

30 *Obermüller/Hess*, InsO, 4. Aufl. 2003, Rn. 177; *Haarmeyer/Wutzke/Förster*, Handbuch der Insolvenzordnung, 3. Aufl. 2001, Rn. 8/115; *Ries*, in: Uhlenbruck, InsO, 13. Aufl. 2010, § 207 Rn. 11.

31 Hierzu m. w. N. *Smid*, in: Smid: InsO, 2. Aufl. 2001, § 159 Rn. 2 ff.

32 *Smid*, in: LSZ, InsO, 3. Aufl. 2010, § 166 Rn. 12 ff.

33 *Kübler*, in: Kölner Schrift zur Insolvenzordnung, 2. Aufl. 2000, S. 735, 738 Rn. 12. Zum früheren Recht vgl. etwa *Lübchen*, GesO, § 4 Anm. 5.

34 *Smid*, DZWIR 1997, 309 ff.; *Kießner*, in: Braun, InsO, 2. Aufl. 2004, § 1 Rn. 3.

schuss „herausbekommen“. Ein weiterer, ebenso wichtiger Grund für die Möglichkeit der Gläubiger, durch Kostenvorschüsse den Abweisungsgrund der Massearmut auszuräumen, liegt im Sanierungszweck, den das Insolvenzverfahren verfolgen kann. Die Möglichkeit, den Schuldner im Wege des Insolvenzverfahrens zu sanieren, wäre den Gläubigern und Kreditgebern verstellt, wenn sie nicht die Verfahrenseröffnung durch ihre Vorschussleistung herbeiführen könnten.

III. Masseunzulänglichkeit

1. Unterschied zur fehlenden Kostendeckung

a) Betroffene Forderungen. Vom Fall der fehlenden Kostendeckung nach § 207 InsO unterscheidet sich[35] derjenige der Masseunzulänglichkeit nach § 208 InsO, in dem zwar die Masse ausreicht, die Massekosten gem. § 54 InsO zu decken, aber die sonstigen, aus § 55 InsO folgenden Masseverbindlichkeiten aus der Masse nicht oder nicht vollständig bedient werden können.[36] Hier kann also eine Situation eintreten, die als „Konkurs im Konkurs“ bezeichnet worden ist, da die Gläubiger der Masseverbindlichkeiten (§§ 53, 55 InsO) einer zur Deckung ihrer Forderungen insuffizienten Masse gegenüberstehen. 16

Im Einzelnen handelt es sich also darum, dass die Gläubiger der „sonstigen“ Masseverbindlichkeiten im Falle des Eintritts der Masseunzulänglichkeit keine Aussicht mehr haben, befriedigt werden zu können; namentlich handelt es sich dabei um die Gläubiger solcher Forderungen, die aus der Verwaltung und Verwertung der Masse herrühren (früher: Masseverwaltungskosten,[37] im neuen Recht: § 55 Abs. 1 Nr. 1 InsO), aus solchen gegenseitigen Verträgen, deren Erfüllung der Insolvenzverwalter nach Maßgabe der §§ 103 ff. InsO begehrt bzw. deren Kündigung er unterlassen hat, § 55 Abs. 1 Nr. 2 InsO sowie aus ungerechtfertigter Bereicherung der Masse gem. § 55 Abs. 1 Nr. 3 InsO und schließlich gem. § 55 Abs. 2 InsO solchen Verbindlichkeiten, die ein vorläufiger Verwalter[38] eingegangen ist, wenn dieser unter umfassender Verwaltungs- und Verfügungsbefugnis gem. § 22 Abs. 1 InsO bei Anordnung eines allgemeinen Verwaltungs- und Verfügungsverbots gegen den Schuldner gem. § 21 Abs. 2 Nr. 2 Hs. 1 InsO eingesetzt wurde. Zu den im Rahmen des § 208 InsO ausschlaggebenden sonstigen Masseverbindlichkeiten zählen aber gem. § 123 Abs. 2 Satz 1 InsO die Verbindlichkeiten aus einem Sozialplan nicht, den der Insolvenzverwalter mit den Arbeitnehmern des gemeinschuldnerischen Unternehmens vereinbart hat. 17

b) Verfahren der Befriedigung der Massegläubiger nach Rängen. § 208 InsO trifft Regelungen für ein Verfahren, in dem die verbleibende Masse in diesem Teil unter den Gläubigern der Masseverbindlichkeiten nach Maßgabe der von § 209 InsO normierten Rangfolge zu verteilen ist. Dieses Verteilungsproblem, an dessen Seite die persönliche Haftung des Verwalters nach § 61 InsO tritt,[39] ist aber nur ein Aspekt der Masseunzulänglichkeit. 18

---

35 Ungenau und zu sehr am früheren Rechtszustand orientiert daher *Hess/Obermüller,* Die Rechtsstellung der Verfahrensbeteiligten nach der Insolvenzordnung, 1995, S. 1405, wo die (allgemeine) Massearmut mit der Masseunzulänglichkeit begrifflich vermischt wird.

36 *Bork,* Einführung in das neue Insolvenzrecht, 1995, Rn. 277; *Haarmeyer/Wutzke/Förster,* Handbuch der Insolvenzordnung, 3. Aufl. 2001, Rn. 8/136.

37 Vgl. allein *Kuhn/Uhlenbruck,* KO, 11. Aufl. 1994, § 58 Rn. 8 b–9.

38 Vgl. *Smid,* WM 1996, 1249 ff.

39 *Bork,* Einführung in die neue Insolvenzordnung, 1995, S. 278.

Mit seinem Beschluss aus dem November 2009 hat der IX. Zivilsenat[40] die Voraussetzungen näher gefasst, unter denen die Tilgungsreihenfolge des § 209 Abs. 1 InsO eingreift und damit die Massekosten unter Einschluss der Verwaltervergütung bevorzugt aus der vorhandenen Insolvenzmasse befriedigt werden können. In dem vom IX. Zivilsenat entschiedenen Fall war in dem über das Vermögen einer natürlichen Person eröffneten Insolvenzverfahren dem Insolvenzschuldner nach § 4a InsO Kostenstundung gewährt worden. **Voraussetzung der Stundung** ist, dass das Vermögen des Schuldners, also die spätere **Insolvenzmasse, nicht ausreichend** ist, um die Kosten des Verfahrens zu decken. Nach Vorstellung des Gesetzgebers soll der Einsatz öffentlicher Mittel zur Durchführung eines Insolvenzverfahrens lediglich *ultima ratio* in den Fällen sein, in denen ansonsten eine Abweisung mangels Masse nach § 26 Abs. 1 InsO erfolgen müsste. Dies wird in der Praxis freilich häufig wegen der Bequemlichkeit der Stundung missachtet. Vorrangig ist somit das Vermögen des Schuldners heranzuziehen. Da nach § 35 Abs. 1 InsO auch der Neuerwerb während des Insolvenzverfahrens zur Masse gehört, ist vor der Gewährung einer Stundung zu prüfen, ob das in diesem Zeitraum vom Schuldner erlangte pfändbare Einkommen zur Deckung der Verfahrenskosten ausreichen wird. Auch kurzfristig zu realisierende Ansprüche des Schuldners sind in Betracht zu ziehen[41], wie der BGH[42] in folgendem **Fall erkannt hat:** Der Verwalter hatte aus einer freien Masse von 10.900 € 7.250 € Masseforderungen befriedigt. Weiter hat er Gerichtskosten in Höhe von 870 € aus der freien Masse beglichen. Seine Vergütung wurde durch insolvenzgerichtlichen Beschluss auf 10.400 € festgesetzt. Um die Differenz zu der freien Masse von 10.800 € nach Abzug der Verwaltervergütung und der Gerichtskosten gem. § 4a InsO zu kompensieren, wurden ihm 403,91 € ausbezahlt. Der IX. Zivilsenat hat sich der Rechtsansicht von Insolvenzgericht und Beschwerdegericht angeschlossen, dass die Staatskasse nicht auf einen Betrag haftet, der sich daraus ergibt, dass die noch vorhandene Masse die Verwaltervergütung nach Bezahlung von gem. § 209 Abs. 1 InsO nachrangigen Masseverbindlichkeiten nicht ausreicht. Dabei geht der IX. Zivilsenat davon aus, dass die Rangfolge des § 209 Abs. 1 InsO vom Insolvenzverwalter auch dann einzuhalten ist, wenn die Verfahrenskosten gestundet worden sind. Denn die Verfahrenskostenstundung greift nur unter der Voraussetzung ein, dass eine die Kosten des Verfahrens deckende Masse nicht vorhanden ist. Wäre eine Verfahrenskostenstundung nach § 4a InsO nicht erfolgt gewesen, hätte das Verfahren nach § 207 InsO mangels Masse sofort eingestellt werden müssen. Der Verwalter hätte nach § 207 Abs. 3 InsO vor der Einstellung soweit möglich die Kosten des Verfahrens berichtigen müssen.[43] Dabei kommt es im Übrigen nicht darauf an, ob der Verwalter dies dem Gericht angezeigt hat oder nicht. Der IX. Zivilsenat beruft sich dabei darauf, dass der Gesetzgeber bei

40 BGH, Beschl. v. 19. 11. 2009 – IX ZB 261/08 – DZWIR 2010, 158.

41 *Smid*, in: LSZ, InsO, 3. Aufl. § 4a Rn. 7.

42 BGH, Beschl. v. 19. 11. 2009 – IX ZB 261/08 – DZWIR 2010, 158 .

43 BGH, Beschl. v. 14. 10. 2010 – IX ZB 224/08 – DZWIR 2011, 78 „1. Veräußert der Insolvenzverwalter nach eingetretener Masseunzulänglichkeit Massegegenstände, gehört die dabei anfallende Umsatzsteuer nicht zu den vorrangig zu berichtigenden Kosten des Insolvenzverfahrens (Rn. 8).
2. Führt der Insolvenzverwalter unter Verletzung des gesetzlichen Vorrangs der Verfahrenskosten Umsatzsteuer an das Finanzamt ab, ist sein bei Stundung der Verfahrenskosten bestehender Anspruch auf Vergütung gegen die Staatskasse entsprechend zu kürzen (Rn. 6)."

Einführung der Kostenstundung die Vorschrift des § 209 Abs. 1 Nr. 1 InsO im Unterschied zu § 207 Abs. 1 InsO nicht geändert hat. Die Verfahrenskostenstundung ändert nichts daran, dass die Kostenforderungen erfüllt werden können. Öffentliche Mittel sollen in diesem Zusammenhang nur dann ausgegeben werden, wenn der Schuldner nicht in der Lage ist, die Verfahrenskosten aus seinem Vermögen zu befriedigen. Der Umstand, dass der Verwalter die Masseunzulänglichkeit nicht anzeigt, ist demgegenüber nicht beachtlich. Auch bei eingetretener aber nicht angezeigter Masseunzulänglichkeit hat die Berichtigung der Kosten des Insolvenzverfahrens absoluten Vorrang vor den übrigen Masseverbindlichkeiten.

c) **Feststellung der Masseunzulänglichkeit.** Die neue Vorschrift lehnt sich an das 19
üblich gewordene Verfahren an; sie bringt durch die gesetzliche Einrichtung eines förmlichen Feststellungsverfahrens allerdings eine spürbare Verbesserung.[44] Die Feststellung der Masseunzulänglichkeit wird allerdings dem Insolvenzgericht übertragen (§ 208 Abs. 1 Satz 1 InsO),[45] um eine Überprüfung der Einschätzung des Insolvenzverwalters zu ermöglichen, insbesondere auf der Grundlage der Stellungnahmen des Gläubigerausschusses – oder der Gläubigerversammlung – und der betroffenen Massegläubiger, denen, was nicht zuletzt unter Kostengesichtspunkten unpraktikabel, die Anzeige der Masseunzulänglichkeit zuzustellen ist (§ 208 Abs. 2 InsO); die Zustellung ist in § 8 Abs. 1 InsO als Aufgabe zur Post bestimmt, die gem. § 8 Abs. 3 InsO vom Insolvenzgericht dem Insolvenzverwalter auferlegt werden kann.[46] Regelmäßig wird das Insolvenzgericht dem Insolvenzverwalter die Zustellung aufgeben, da er über Namen und Anschriften der Massegläubiger verfügt. In § 208 Abs. 1 Satz 2 InsO wird die drohende Masseunzulänglichkeit für ausreichend erklärt, parallel zum Eröffnungsgrund der drohenden Zahlungsunfähigkeit; denn auch wenn die Masseunzulänglichkeit noch nicht eingetreten ist, aber ihr baldiger Eintritt voraussehbar ist, kann sich der Verwalter schadenersatzpflichtig machen, wenn er neue Masseverbindlichkeiten eingeht, die später nicht voll erfüllt werden können (vgl. § 61 InsO). Regelmäßig wird der Verwalter aus Haftungsgründen stark daran interessiert sein, den Antrag rechtzeitig zu stellen. Im Einzelfall kann die Feststellung der Masseunzulänglichkeit entbehrlich sein, etwa wenn sich diese erst in einem Zeitpunkt herausstellt, in dem die Masse bereits vollständig verwertet ist. Die Rechtsfolgen der Feststellung der Masseunzulänglichkeit, insbesondere das Recht der „Neumassegläubiger" auf vorrangige Befriedigung, sind in den Vorschriften der §§ 208, 209 InsO geregelt.

Das Insolvenzgericht hat bei der Feststellung der Masseunzulänglichkeit nach den allgemeinen insol- 20
venzrechtlichen Regeln zu verfahren; der in § 5 Abs. 1 Satz 1 InsO festgelegte Amtsermittlungsgrundsatz kommt zum Zuge;[47] dabei stützt es sich freilich auf die Anzeige der Masseunzulänglichkeit durch

---

44 *Häsemeyer,* in: Leipold (Hrsg.), Insolvenzrecht im Umbruch, 1991, 108.

45 *Kübler,* in: Kölner Schrift zur Insolvenzordnung, 2. Aufl. 2000, S. 735, 739 Rn. 16; siehe auch *Hefermehl,* in: MünchKomm, InsO, 1. Aufl., § 208 Rn. 10.

46 *Kießner,* in: Braun, InsO, 2. Aufl. 2004, § 8 Rn. 13.

47 Keine Grundlage im Gesetz findet die im übrigen l. c. auch nicht näher belegte Ansicht von *Haarmeyer/Wutzke/Förster,* Handbuch der Insolvenzordnung, 3. Aufl. 2001, 8/166, wonach das Insolvenzgericht „für die die Masseunzulänglichkeit begründenden Tatsachen" keine Prüfungskompetenz habe. Von der Geltung des Amtsermittlungsgrundsatzes, der hier in keiner Weise suspendiert ist, hat man alden Insolvenzverwalter, der auch im massearmen Verfahren als insolvenzgerichtliches „Erkenntnisorgan“ fungiert.

21 **d) Konkretisierung bei Anordnung der Eigenverwaltung.** Bei **Anordnung der Eigenverwaltung** konkretisiert die dem Sachwalter obliegende Anzeige der Masseunzulänglichkeit an das Insolvenzgericht gem. § 285 InsO die Warnfunktionen, die der Sachwalter nach § 274 Abs. 3 InsO zu erfüllen hat: Das Insolvenzgericht hat dann nach § 208 Abs. 2 InsO den Eintritt der Masseunzulänglichkeit bekanntzumachen, um den Gläubigern zu ermöglichen, eine Gläubigerversammlung mit dem Ziel durchzuführen, die Aufhebung der Eigenverwaltung zu beantragen.[48]

2. Fortsetzung der Masseverwaltung und der Verteilung der Teilungsmasse[49]

22 **a) Keine Einstellung des Verfahrens.** Wenn sich während des Verfahrens der Eintritt der so genannten Masseunzulänglichkeit herausstellt, soll das Verfahren nur dann abgebrochen werden, wenn aus der Masse nicht einmal die reinen Verfahrenskosten bestritten werden können. Sind jedoch die Kosten des Verfahrens gedeckt und können nur die übrigen Masseverbindlichkeiten nicht voll erfüllt werden, wird das Verfahren weitergeführt. Eine Feststellung der Masseunzulänglichkeit durch das Gericht erlaubt dann dem Verwalter, neu begründete Masseverbindlichkeiten vorrangig zu erfüllen; er gewinnt dadurch seine Handlungsfreiheit zurück und es wird vermieden, dass die noch nicht verwertete Masse in Widerspruch zu den Massegläubigern an den Schuldner zurückgegeben werden muss.

23 Reicht die Masse aus, um die Verfahrenskosten gem. § 54 InsO zu decken, darf eine Einstellung des Verfahrens mangels kostendeckender Masse nicht nach § 207 InsO erfolgen.[50] Vielmehr hat sich der Gesetzgeber mit der Unterscheidung der Masselosigkeit nach § 207 InsO von der Masseunzulänglichkeit nach § 209 InsO der Ansicht[51] angeschlossen, die davon ausgeht, dass für den Fall der Masseunzulänglichkeit das Verteilungsverfahren des früheren § 60 KO durchzuführen ist.

24 **b) Einstellung nach Verteilung der Restmasse.**[52] Die Masseunzulänglichkeit hebt den Grundsatz *par condicio creditorum* nicht auf. Die Einstellung erfolgt erst nach Verteilung des Restvermögens.[53] Wegen des Haftungsrisikos des Verwalters ist nach der Judikatur zu § 60 KO der Verwalter zu einer Verwertung von Massegegenständen nicht mehr verpflichtet, wenn die Kosten nicht gedeckt sind.[54] Vor einer Verteilung der kostendeckenden Masse ist es dem Insolvenzgericht verwehrt, einen Einstel-

---

lerdings zu unterscheiden, durch welche Instrumentarien das Gericht seine Amtsermittlungsaufgabe ausübt.

48 Näher *Pape*, in: Kölner Schrift zur Insolvenzordnung, 2. Aufl. 2000, S. 916 (Rn. 36), der insbesondere auf das Haftungsrisiko verweist.

49 *Runkel/Schaumbusch*, NZI 2000, 49 ff.

50 *Henckel*, in: Einhundert Jahre KO-F., S. 169, 187; vgl. ferner *Hefermehl*, in: MünchKomm, InsO, 1. Aufl. 2001, § 207 Rn. 7 ff.

51 *Uhlenbruck*, ZIP 1993, 241, 243.

52 *Obermüller/Hess*, InsO, 4. Aufl. 2003, Rn. 186.

53 *Heilmann*, KTS 1976, 96, 102; *Weber/Irschlinger/Wirth*, KTS 1979, 133, 143; *Uhlenbruck*, KTS 1976, 212, 220.

54 *Kuhn/Uhlenbruck*, KO, 11. Aufl. 1994, § 204 Rn. 4 a. E.

lungsbeschluss zu erlassen.[55] Der Insolvenzverwalter hat in diesen Fällen besonders Rechnung zu legen.[56] Die dem Verwalter obliegenden steuerrechtlichen Pflichten fallen mit der Einstellung des Verfahrens mangels Masse *ex nunc* weg.[57]

c) **Fortdauer der Pflichten und Befugnisse des Insolvenzverwalters.** Das Insolvenzverfahren wird im ausdrücklichen Gegensatz zur fehlenden Kostendeckung gem. § 207 InsO im Falle der Masseunzulänglichkeit nicht eingestellt. Daher bleibt das Amt des Insolvenzverwalters mit allen daraus folgenden Rechten und Pflichten unangetastet.[58] § 208 Abs. 3 InsO bestimmt daher, dass der Verwalter alle ihm aus § 80 InsO treffenden Verwaltungs- und die aus den §§ 148ff. InsO folgenden Verwertungsaufgaben weiterhin zu erfüllen hat; er kann insbesondere Insolvenzanfechtungen nach den §§ 129ff. InsO durchführen.[59] Insbesondere die Erfüllung der steuerlichen Verpflichtungen (§ 155 InsO) ist aber nicht Selbstzweck, sondern im Insolvenzverfahren dessen Zweck untergeordnet. Deshalb ist es höchst zweifelhaft, wenn Gerichte und Autoren[60] in massearmen Verfahren Wert auf Erfüllung sämtlicher denkbarer Verpflichtungen aus dem Steuerrechtsverhältnis (Aufarbeitung von Buchführung, Fertigung von Bilanzen, Abgabe von Steuererklärungen) legen,[61] auch wenn bereits vorher feststeht, dass gar keine Steuern gezahlt werden müssen und das Insolvenzverfahren für den Fiskus ergebnislos bleibt.[62] Da nach §§ 370ff. AO die Missachtung und die Verletzung der steuerlichen Verpflichtungen auch durch Unterlassen regelmäßig unter Strafe steht und die Vermögenshaftung des verpflichteten Verwalters nach § 69 AO begründet, ist die Frage für die Insolvenzabwicklung von Belang. Insofern gilt der Primat des Insolvenzrechts und der Primat des Insolvenzzwecks: Der Verwalter ist nur insofern verpflichtet mitzuwirken, als das Insolvenzrecht und der Zweck des jeweiligen Insolvenzverfahrens es erfordern.[63] 25

Hieraus lässt sich ein wichtiges Zwischenresümee ziehen: Der Insolvenzverwalter bleibt auch nach Anzeige der Masseunzulänglichkeit gem. § 208 InsO nicht nur zur Verwertung der Masse *berechtigt*, vielmehr dauert seine aus dem Amte fließende *Pflicht* zur Masseverwertung (§ 159 InsO) in diesem Fall fort[64] – was nahe liegender Weise seine Risiken erhöht: Es bleibt ihm daher kein Ermessensspielraum, ob er sich beispielsweise der aufwendigen und riskanten Prozedur der Prüfung der Voraussetzungen des § 166 InsO bei der Verwertung beweglichen Absonderungsgutes (§§ 50f. InsO) unterziehen will oder nicht; er bleibt insofern unter der Aufsicht des Insolvenzgericht gem. § 58 InsO. Er setzt sich, unterlässt er die Verwertung, u.U. einer persönlichen Haftung nach § 60 InsO aus. 26

d) **Auslösung von „Neumasseverbindlichkeiten“.** Dabei entstehen für den Zeitraum nach der Anzeige des Eintritts der Masseunzulänglichkeit zu Lasten der Masse Verpflichtungen (Neumasseverbindlichkeiten). Deren Berücksichtigung und die der 27

---

55 *Uhlenbruck,* ZIP 1993, 241, 244; a.A. *Pape,* ZIP 1992, 747.
56 *Bähner,* KTS 1991, 347, 359.
57 BFH v. 8. 8. 1995 – VII R 25/94 – ZIP 1996, 430.
58 *Haarmeyer/Wutzke/Förster,* Handbuch der Insolvenzordnung, 3. Aufl. 2001, 8/142; *Hefermehl,* in: MünchKomm, InsO, 1. Aufl. 2001, § 208 Rn. 1.
59 *Pape,* ZIP 2001, 901.
60 So z.B. *Pelka/Niemann,* Rechnungslegung im Insolvenzverfahren, 5. Aufl. 2002, S. 7, 8; *Wellensiek,* in: Kölner Schrift zur Insolvenzordnung, 2. Aufl. 2000, S. 297, 314f. Rn. 69f.
61 In diesem Sinne auch *Weiß,* Insolvenz und Steuern, S. 66; vgl. auch *Uhlenbruck,* KTS 1989, 229.
62 So etwa auch *Mönning;,* in: Kölner Schrift zur Insolvenzordnung, 2. Aufl. 2000, S. 275, 289 Rn. 54.
63 *Smid/Rattunde,* in: Smid, InsO, 2. Aufl. 2001, § 155.
64 *Kübler,* in: Kölner Schrift zur Insolvenzordnung, 2. Aufl. 2000, S. 735, 744 Rn. 32.

vorrangigen Kosten wird durch den Verteilungsmodus des § 209 InsO sichergestellt. Die Verteilung der – unzureichenden – Masse ist daher nach § 209 InsO vom Verwalter in einem eigens geregelten Verteilungsverfahren vorzunehmen. Erst wenn die Verwertung der Masse und die Verteilung des Erlöses erfolgt ist, kann die Einstellung des Verfahrens erfolgen, § 211 InsO.

28 Um sich nicht wegen einer Unerfüllbarkeit von Masseverbindlichkeiten schadenersatzpflichtig zu machen muss der Insolvenzverwalter eine Liquiditätsplanung vornehmen, vgl. folgenden Paragraphen.

3. Funktion des § 208 InsO

29 **a) Geordnete Abwicklung der weiteren Masseverwertung.**[65] Da es Ziel der Regelung des § 208 InsO ist, eine geordnete Abwicklung der vorhandenen, wenn auch unzureichenden Masse unter Herrschaft von Insolvenzgericht und Verwalter sicherzustellen, sieht § 208 Abs. 1 InsO keine Einstellung des Verfahrens vor. Der Insolvenzverwalter ist in dieser Lage zur Verwertung der zur Soll-Masse gehörigen Gegenstände, aber auch zur Führung von Anfechtungsprozessen berechtigt und verpflichtet.[66] Schon wegen der drohenden Haftung gem. § 61 InsO hat der Verwalter dem Insolvenzgericht aber den Eintritt der Masseunzulänglichkeit anzuzeigen.[67]

30 **b) Verbot der Einzelzwangsvollstreckung.** Sobald der Insolvenzverwalter die Masseunzulänglichkeit angezeigt hat, verbietet § 210 InsO die Vollstreckung wegen einer Altmasseverbindlichkeit[68] im Sinne des § 209 Abs. 1 Nr. 3 InsO.[69] Nach der Amtlichen Begründung gibt die Vorschrift dem Verwalter das Recht, die Anordnung der einstweiligen Einstellung der Zwangsvollstreckung zu verlangen, wenn ein „Altmassegläubiger" entgegen der Rangordnung des § 209 InsO seine volle Befriedigung im Wege der Individualvollstreckung durchsetzen will; der Wortlaut der Vorschrift entspricht aber etwa dem § 2 Abs. 4 GesO, der vom BGH im Sinne einer gesetzlichen Untersagung der Individualvollstreckung verstanden wurde.[70] Die Individualzwangsvollstreckung ist dann nach § 210 InsO ex lege unzulässig.[71] Hierfür ist in entsprechender Anwendung des § 89 Abs. 3 InsO das Insolvenzgericht zuständig.[72] Zur Wahrung der Rechte der Beteiligten sind dabei die betroffenen Gläubiger vor der Anordnung anzuhören, obwohl die im Gesetzgebungsverfahren vorgesehene Vorschrift des § 322 Abs. 2 RegEInsO nicht Gesetz geworden ist.[73]

---

65 *Kluth,* ZInsO 2000, 177 ff. spricht allerdings von einem „Himmelfahrtskommando"; *Hefermehl,* in: MünchKomm, InsO, 1. Aufl. 2001, § 208 Rn. 1.
66 *Biel/Borgrakos,* DZWIR 2002, 139 ff.; *Ahrendt/Struck,* ZInsO 2000, 264 ff.
67 *Kübler,* in: Kölner Schrift zur Insolvenzordnung, 2. Aufl. 2000, S. 735, 742 Rn. 27; *Hefermehl,* in: MünchKomm, InsO, 1. Aufl. 2001, § 208 Rn. 34.
68 *Bork,* Einführung in das neue Insolvenzrecht, 1995, Rn. 277 a.E.; *Kießner,* in: Braun, InsO, 2. Aufl. 2004, § 210 Rn. 2.
69 *Kübler,* in: Kölner Schrift zur Insolvenzordnung, 2. Aufl. 2000, S. 735, 746 Rn. 43.
70 *Smid,* in: Smid: InsO, 2. Aufl. 2001, § 210 Rn. 1.
71 *Obermüller/Hess,* InsO, 4. Aufl. 2003, Rn. 183.
72 *Windel,* in: Jaeger/Henckel, InsO, 1. Aufl. 2010, § 210 Rn. 14 m.w.N.
73 *Smid,* in: LSZ, InsO, 3. Aufl. 2010, § 210 Rn. 5.

c) **Beschränkung der Aufrechnungsbefugnis der Massegläubiger.** Nach Anzeige der Masseunzulänglichkeit ist es ausschließlich Aufgabe des weiteren Verfahrens, die gleichmäßige Befriedigung der Massegläubiger sicherzustellen. Das spricht dagegen, in dieser Verfahrensphase weiterhin die Aufrechnung ohne weitere Einschränkungen zuzulassen. Die verfahrensrechtliche Lage, in der sich die Altmassegläubiger nach Anzeige der Masseinsuffizienz befinden, entspricht derjenigen der Insolvenzgläubiger im Rahmen des allgemeinen Insolvenzverfahrens. Das rechtfertigt es, den im allgemeinen Insolvenzverfahren greifenden Aufrechnungsausschluss gem. § 95 Abs. 1 InsO und das Aufrechnungsverbot gem. § 96 InsO Nr. 1 und Nr. 2 InsO (nicht aber dessen Nr. 3[74] und 4) entsprechend anzuwenden.[75] Hierfür spricht insbesondere auch das besondere Einzelzwangsvollstreckungsverbot des § 210 InsO. Neumassegläubiger bleiben weiterhin in ihrer Aufrechnungsmöglichkeit unbeschränkt. Die Neumassegläubiger sind daher ungeachtet der Anzeige der Masseunzulänglichkeit zur Aufrechnung mit der (Neumasse)forderung gegen eine zur Insolvenzmasse zu erfüllende Forderung befugt, sofern die materiellrechtlichen Voraussetzungen einer Aufrechnung vorliegen. Insolvenzrechtlichen Beschränkungen unterliegt die Aufrechnung eines Neumassegläubigers in diesem Falle nicht.[76] **31**

4. Insolvenzplan

Auch im masseunzulänglichen Verfahren kann ein Insolvenzplan vorgelegt werden, **31a**
§ 210a InsO nF (eingehend unten § 38 Rn. 9f.).

5. Anzeige der Masseunzulänglichkeit[77]

Ist für den Insolvenzverwalter absehbar, dass er die auflaufenden sonstigen Masse- **32**
verbindlichkeiten i.S.v. § 55 InsO zum Zeitpunkt ihrer Fälligkeit nicht wird aus der vorhandenen Masse befriedigen können, ist er ebenfalls berechtigt und verpflichtet, den Eintritt der Masseunzulänglichkeit alsbald[78] anzuzeigen.[79] Die Massegläubiger müssen über die Feststellung der Masseunzulänglichkeit unterrichtet werden, damit sie sich auf die Rechtsfolgen einstellen können (§ 208 Abs. 1 InsO). Ein Rechtsmittel wird ihnen jedoch nicht eingeräumt, da keine formelle rechtsmittelfähige Entscheidung des Insolvenzgerichts vorliegt; der Gesetzgeber hat darauf verzichtet, dem Insolvenzgericht aufzugeben, den ursprünglich im Gesetzgebungsverfahren vorgesehenen Feststellungsbeschluss zu erlassen.[80] Dies soll der zügigen Abwicklung des massearmen Verfahrens dienen.

---

74 A.A. *Henckel,* in: Festschrift Lüke, S. 237, 263, der auch Nr. 3 analog anwenden will, wobei die Anfechtungsvoraussetzungen auf die Krise während des Verfahrens – also die drohende Masseunzulänglichkeit – zu beziehen seien.

75 *Steder,* in: Weisemann/Smid, Unternehmensinsolvenz, 1998, 311 ff. Vgl. auch *Dieckmann,* in: Leipold (Hrsg), Insolvenzrecht im Umbruch, 1991, S. 211, 215.

76 *Steder,* in: Weisemann/Smid, Unternehmensinsolvenz, 1998, 311 ff.

77 *Pape,* ZInsO 2001, 60 ff.

78 *Kübler,* in: Kölner Schrift zur Insolvenzordnung, 2. Aufl. 2000, S. 735, 741 Rn. 25 ff.; *Haarmeyer/Wutzke/Förster,* Handbuch der Insolvenzordnung, 3. Aufl. 2001, Rn. 8/144; *Hefermehl,* in: MünchKomm, InsO, 1. Aufl. 2001, § 208 Rn. 30.

79 LArbG Düsseldorf v. 30. 11. 2000 – 2 Sa 1233/00 – ZIP 2001, 526; *Obermüller/Hess,* InsO, 4. Aufl. 2003, Rn. 180.

80 *Kübler,* in: Kölner Schrift zur Insolvenzordnung, 2. Aufl. 2000, S. 735.

6. Rangfolge des § 209 InsO auch ohne Anzeige

32a Der IX. Zivilsenat des BGH[81] hat darüber zu entscheiden gehabt, welche Rechtsfolgen die Befriedigung solcher Masseverbindlichkeiten durch den Verwalter hat, die nach § 209 InsO nachrangig nach Massekosten zu befriedigen wäre, wenn in dem Verfahren Kostenstundung gewährt worden ist. Der Schuldner bekam mit Beschluss vom 15. 1. 2004 Verfahrenskostenstundung für das am gleichen Tag eröffnete Verfahren. Der spätere Beschwerdeführer wurde zum Verwalter bestellt und zeigte am 5. 2. 2004 die Unzulänglichkeit der Masse an. Durch freihändige Veräußerung verwertete er im weiteren Lauf des Verfahrens Gegenstände des Anlagevermögens der vom Schuldner betriebenen Zimmerei. Dabei fiel Umsatzsteuer an, die er an das Finanzamt abführte. Seine Vergütung wurde später auf ca. 17.000 € festgesetzt, während der aus der Landeskasse zu erstattende Betrag des Verfahrens auf ca. 6.800 € festgesetzt wurde.

32b § 209 InsO und die dort vorgesehene Rangfolge der Masseverbindlichkeiten mit dem Vorrang der Kosten des Insolvenzverfahrens gilt auch unter der Voraussetzung, dass dem Schuldner die Verfahrenskosten gestundet werden, da auch in diesem Fall die Verfahrenskosten absoluten Vorrang vor der Befriedigung der übrigen Masseverbindlichkeiten haben, wie der IX. Zivilsenat in einem früheren Beschluss[82] festgestellt hat. Der Insolvenzverwalter muss sich an diese Reihenfolge halten, da andernfalls im Ergebnis die Landeskasse mittelbar die übrigen Masseverbindlichkeiten befriedigen würde, obwohl sie nur für die Tragung der Verfahrenskosten i.S.v. § 54 InsO einzustehen hätte. Dies führt dazu, dass der Erstattungsanspruch gegen die Staatskasse nach § 63 Abs. 2 InsO entsprechend zu kürzen ist. Dies trifft auch zu, wenn der Insolvenzverwalter im laufenden Verfahren Umsatzsteuer abgeführt hat. Die Umsatzsteuer kann nicht als Teil der Kosten des Insolvenzverfahrens i.S.v. § 209 Abs. 1 Nr. 1 InsO angesehen werden, wie der Senat zutreffend feststellt. Zwar hat der IX. Zivilsenat an anderer Stelle Steuerberatungskosten unter bestimmten Voraussetzungen als Auslagen behandelt, die aus der Staatskasse im Falle der Verfahrenskostenstundung dem Insolvenzverwalter zu erstatten sind[83]. Jedenfalls stellen aber die Umsatzsteuerschulden keine unausweichlichen Verwaltungskosten dar. Denn derartige unausweichliche Verwaltungskosten, die u.a. im Zusammenhang der Beurteilung der des Vorliegens einer verfahrenskostendeckenden Masse zu berücksichtigen wären, sind solche Verbindlichkeiten, die der Verwalter aus tatsächlichen oder rechtlichen Grüßen zwingend begleichen muss. Hierzu zählt die genannte Steuererklärung, aber auch Kosten die der Masse wegen Verkehrssicherungsmaßnahmen treffen. Abführung der Umsatzsteuer aus der Veräußerung eines Massegegenstandes zählt, wie der IX. Zivilsenat überzeugend ausführt, nicht hierzu. Eine persönliche Haftung für die Umsatzsteuerschuld trifft den Insolvenzverwalter in diesem Zusammenhang, wie der IX. Zivilsenat ausführt, nicht. Denn ein Haftungsbescheid nach der AO kann in diesem Fall deshalb nicht ergehen, weil die unterlassene Anmeldung der Umsatzsteuer nicht ursächlich für den Steuerausfall ist. Da der Verwalter sich mit der Berücksichtigung der Rangfolge des § 2009 InsO pflichtgemäß verhält, kommt eine Schadener-

---

81 BGH, Beschl. v. 14. 10. 2010 – IX ZB 224/08, ZIP 2010, 2252.
82 BGH, Beschl. v. 19. 11. 2009 – IX ZB 261/08, ZIP 2010, 145.
83 BGH, Beschl. v. 22. 7. 2004 – IX ZB 161/03, BGHZ 160, 176, 183.

satzpflicht nach § 61 InsO wegen der Nichtabführung der Umsatzsteuer auch nicht in Betracht.

IV. Die Rangfolge der Masseverbindlichkeiten im Verfahren nach Anzeige der Masseunzulänglichkeit[84]

1. Hintergrund der Regelung des § 209 InsO

§ 209 InsO regelt die Verteilung der zur Befriedigung aller Masseverbindlichkeiten nicht hinreichenden Masse, indem eine Rangordnung eingerichtet wird, nach der die Verbindlichkeiten bei Gleichbehandlung von Masseforderungen gleichen Ranges zu befriedigen sind. 33

Die getroffene Regelung ist nicht frei von Kritik, die ihr gegenüber mit beachtlichen Argumenten erhoben worden ist: *Häsemeyer*[85] hat völlig überzeugend gerügt, dass durch die Regelung, die Eingang in die InsO gefunden hat, die Ansprüche derer, die durch einen vielleicht nicht unerlaubten, aber doch ungerechtfertigten Eingriff in fremdes Vermögen oder durch andere Bereicherungen ohne Rechtsgrund materiellrechtlich ausgleichspflichtige Vermögensminderungen erfahren haben, hintangestellt werden. Das steht im Widerspruch zur Gewährleistung des Eigentums in Art. 14 Abs. 1 GG, dessen Regelungsgehalt jedenfalls dann zum Tragen gelangt, wenn es um die Bestimmung der Reichweite der Pflichten des Gesetzgebers geht. 34

2. Verfahren des Insolvenzverwalters bei Masseunzulänglichkeit

Im masseinsuffizienten Verfahren zahlt der Verwalter die an sich fälligen Masseschulden nicht, sondern trägt sie lediglich in ein (manchmal so genanntes) Masseschuldenbuch ein, eine Art Insolvenztabelle, anhand derer bei Verfahrensabschluss die diversen Massegläubiger jedenfalls anteilig befriedigt werden. Der Verwalter wird auch das Problem haben, dass er häufig bei Mitteilung der Masseinsuffizienz keinen abschließenden Überblick über die tatsächliche Masseunzulänglichkeit und eine gegebenenfalls an Massegläubiger zu zahlende Quote hat. Grund hierfür sind: Unbekanntheit noch offener Verbindlichkeiten aus von Verwalter zu erfüllenden Verträgen, Unkenntnis der Höhe der tatsächlichen Verwaltervergütung und der Gerichtskosten, mögliche Räumungskosten oder Altlastenbeseitigungskosten im Range von vorrangigen Masseverbindlichkeiten, unbekannte Höhe der tatsächlichen Lohn- und Sozialversicherungsrückstände, z. B., weil die Höhe derselben tatsächlich unbekannt ist oder aber weil deren Höhe von dem noch unbekannten Ausmaß tatsächlich in Anspruch genommenen Insolvenzgeldes ist. 35

Der Verwalter hat vor der Verteilung[86] alle in Frage kommenden Massegläubiger – auch potentielle – über die Masseunzulänglichkeit zu informieren, um sie um Anmeldung ihrer – gegebenenfalls analog §§ 41 ff. InsO zu ermittelnden – Masseforderungen unter Fristsetzung zu ersuchen. Er hat dann eine Verteilung vorzunehmen. Dabei hat er die §§ 187 ff. InsO entsprechend zu beachten. Danach ist bei dem Insolvenzgericht ein Verteilungsvorschlag einzureichen, dem das Gericht entspr. § 196 Abs. 2 InsO die Zustimmung zu erteilen hat. Eine entsprechende Anwendung der §§ 197 ff. InsO kommt im 36

84 *Hess/Pape*, InsO und EGInsO, 1996, Rn. 531.
85 *Häsemeyer*, in: Leipold (Hrsg.), Insolvenzrecht im Umbruch, 1991, S. 104 f.
86 *Häsemeyer*, Insolvenzrecht, 3. Aufl. 2003, S. 284.

Übrigen nicht in Betracht, da es insoweit angesichts der insolvenzgerichtlichen Aufsicht an einem Bedürfnis an der Einrichtung von Mitverwaltungsorganen der Massegläubiger fehlt. Nach der Verteilung ist ein Bericht über die erfolgte Verteilung anzufertigen und diese zu prüfen. Auch im masseunzulänglichen Verfahren besteht die allgemeine Schlussrechnungslegungspflicht des Insolvenzverwalters gem. § 66 InsO. Hierbei gelten aber Besonderheiten, die der Gefährlichkeit des masseunzulänglichen Verfahrens geschuldet sind: Er hat bei der Schlussrechnung zwischen seiner Tätigkeit bis zum Zeitpunkt der Anzeige auf der einen und seiner Tätigkeit nach Anzeige der Masseunzulänglichkeit zu unterscheiden, § 211 Abs. 2 InsO.[87]

3. Die Rangordnung im Einzelnen

37 a) **Übersicht über die gesetzliche Regelung.** Die Befriedigung der Kosten des Insolvenzverfahrens (§§ 54, 207 Abs. 1 InsO) nimmt den ersten Rang der Masseverbindlichkeiten ein. Im Range nach den Kosten des Insolvenzverfahrens, aber vor den übrigen Masseverbindlichkeiten sollen nach § 209 Abs. 1 Nr. 2 InsO die sogenannten Neumasseverbindlichkeiten berücksichtigt werden. Der Grund hierfür liegt in den Rn. 7 dargestellten Erwägungen: Um seiner in § 208 Abs. 3 InsO festgeschriebenen Aufgabe der Fortsetzung der Verwaltung und Verwertung der Masse entsprechend handeln zu können, muss der Verwalter nicht nur Kosten i. S. v. § 209 Abs. 1 Nr. 1 i. V. m. § 54 InsO, sondern auch aus der Eingehung von Rechtsgeschäften usf. herrührende Verbindlichkeiten verursachen. Das wäre unzumutbar, müsste er sehenden Auges sich einer Haftung nach § 61 InsO aussetzen. Dies lässt sich nur durch die Vorranggewährung durch § 209 Abs. 1 Nr. 2 InsO beherrschen.

38 Unabhängig von dem Rechtsgrund, auf dem sie beruhen, haben all diejenigen Masseverbindlichkeiten den Rang des § 209 Abs. 1 Nr. 2 InsO, die nach Anzeige des Eintritts der Masseunzulänglichkeit begründet werden.

39 b) **Bedenken.** § 209 InsO läßt die Altmasseverbindlichkeiten auch soweit unberücksichtigt, als sie durch Maßnahmen des Insolvenzverwalters begründet worden sind. Gegenüber den Gläubigern von Neumasseverbindlichkeiten, die nach Anzeige der Masseunzulänglichkeit angefallen sind, mag dies einleuchten, und zwar auch soweit, wie nach diesem Zeitpunkt Tatbestände auftreten, aufgrund derer eine Vergütung des Insolvenzverwalters erhöht wird. Kritik begegnet diese Regelung aber soweit, wie wegen der bis zur Anzeige der Masseunzulänglichkeit aufgelaufene Vergütungsforderungen des Insolvenzverwalters im Rang den von ihm begründeten Altmasseverbindlichkeiten vorgehen.[88]

87 *Haarmeyer/Wutzke/Förster*, Handbuch der Insolvenzordnung, 3. Aufl. 2001, Rn. 145.
88 So zutreffend *Häsemeyer*, Insolvenzrecht, 3. Aufl. 2003, Rn. 7.80, 14.22 ff.

§ 37 Die Haftung des Insolvenzverwalters[1]

1. Bedeutung der persönlichen Haftung des Insolvenzverwalters

1 Ihre Entsprechung findet die Aufsicht über den Insolvenzverwalter in seiner persönlichen Haftung: Er hat nicht nur mit seinem Amt für Fehler einzustehen, die er begeht, sondern mit seinem persönlichen Vermögen den Beteiligten für den Schaden zu haften, den er ihnen gegebenenfalls zufügt.

2 Die Haftung des Insolvenzverwalters stellt sich sehr vielschichtig dar. Es wurde bereits oben darauf hingewiesen, dass die Ordnungsgemäßheit der Amtsführung des Insolvenzverwalters durch seine persönliche Haftung sichergestellt wird. Die dogmatische Qualifikation der persönlichen Haftung des Insolvenzverwalters stellt dann auch ein Spiegelbild seiner Amtspflichten dar. Soweit es um Schäden geht, die auf der Verletzung insolvenzrechtlicher Pflichten durch den Insolvenzverwalter herrühren, ergibt sich seine Haftung aus den §§ 60, 61 InsO. Neben dieser insolvenzspezifischen Haftung gibt es auch außerhalb der InsO verschiedene Haftungsgrundlagen, die gegebenenfalls eingreifen, wenn ein Insolvenzverwalter Schäden verursacht hat. So ist eine Haftung des Insolvenzverwalters auch aus Delikt (§ 823 BGB),[2] aus der Übernahme eigener vertraglicher Verpflichtungen, aus § 69 AO und aus c.i.c. bei Begründung eines eigenen Vertrauenstatbestands denkbar.[3]

2. Verantwortlichkeit gegenüber den „Beteiligten" des Insolvenzverfahrens

3 **a) Begriff der Beteiligten.** Nach § 60 Abs. 1 Satz 1 InsO ist der Verwalter allen Beteiligten für die Erfüllung der ihm obliegenden Pflichten verantwortlich. Die heute herrschende Meinung versteht als Beteiligte all diejenigen, gegenüber denen der Insolvenzverwalter ihm obliegende Amtspflichten zu erfüllen hat.[4] Dieser materiellrechtliche Beteiligtenbegriff orientiert sich an den in der InsO normierten Pflichten. Das Vorliegen einer Beteiligtenstellung hängt somit davon ab, ob dem Insolvenzverwalter bestimmte insolvenzspezifische Pflichten obliegen. Nach dieser Auffassung fallen neben dem Gemeinschuldner und den Insolvenzgläubigern insbesondere auch Ab[5]- und Aussonderungsberechtigte[6], und der Steuerfiskus unter den Beteiligtenbegriff.[7] Dies hat zur Folge, dass sich im Vergleich zum verfahrensrechtlichen Verständnis der Umfang der Insolvenzverwalterhaftung nach § 82 KO nicht unwesentlich erweitert hat.

---

1 *Pape/Graeber* (Hrsg.), Handbuch der Insolvenzverwalterhaftung, 2009.

2 *Klopp/Kluth*, in: Gottwald, Insolvenzrechts-Handbuch, 3. Aufl. 2006, § 23 Rn. 27; hierzu eingehend *Eckardt*, KTS 1997, 411 ff.; *Sinz*, in: Uhlenbruck, InsO, 13. Aufl. 2010, § 60 Rn. 58.

3 Vgl. *Lüke*, in: Kübler/Prütting, Kommentar zur Insolvenzordnung, § 60 Rn. 48 ff.; *Klopp/Kluth*, in: Gottwald, Insolvenzrechts-Handbuch, 3. Aufl. 2006, § 23 Rn. 7 f.; zur steuerrechtlichen Haftung vgl. *Brandes*, in: MünchKomm, InsO, 1. Aufl. 2001, §§ 60, 61 Rn. 81 ff.

4 BGH, Urt. v. 4. 12. 1986 – IX ZR 47/86 – BGHZ 99, 151, 153, 154; *Lüke*, in: Kübler/Prütting, Kommentar zur Insolvenzordnung, § 60 Rn. 13; *Abeltshauser*, in: Nerlich/Römmermann, InsO, § 60 Rn. 16 ff.; *Häsemeyer*, Insolvenzrecht, 3. Aufl. 2003, Rn. 6.37; *Merz*, KTS 1989, 277, 278; *Vallender*, ZIP 1997, 345, 346 f.; *Sinz*, in: Uhlenbruck, InsO, 13. Aufl. 2010, § 60 Rn. 9; *Brandes*, in: MünchKomm, InsO, 1 Aufl. 2001, §§ 60, 61 Rn. 68.

5 *Gerhardt*, ZInsO 2000, 574, 581 ff.; *Sinz*, in: Uhlenbruck, InsO, 13. Aufl. 2010, § 60 Rn. 29.

6 *Gerhardt*, ZInsO 2000, 574, 579 ff.; *Sinz*, in: Uhlenbruck, InsO, 13. Aufl. 2010, § 60 Rn. 29, 39.

7 *Lüke*, in: Kübler/Prütting, Kommentar zur Insolvenzordnung, § 60 Rn. 14 ff., 51 ff.; *Eickmann*, in: H-K, InsO, 4. Aufl. 2006, § 60 Rn. 5 ff.

4 **b) Insbesondere Aus- und Absonderungsberechtigte.** *Gerhardt*[8] führt zutreffend aus, dass den Insolvenzverwalter die Pflicht trifft, Aussonderungsrechte zu beachten. Diese Pflicht führt *Gerhardt* überzeugend darauf zurück, dass den Insolvenzverwalter die Aufgabe trifft, die Ist-Masse durch Aussonderung nicht vom Insolvenzbeschlag betroffener Rechte in die Soll-Masse zu überführen. Dabei handelt es sich um eine spezifisch insolvenzrechtliche Pflicht, so dass der Verwalter objektiv pflichtwidrig handelt, wenn er der Insolvenzmasse Werte einverleibt, die ihr wegen des Bestehens von Aussonderungsrechten eines Dritten nicht gebühren. Anders verhält es sich demgegenüber mit den Pflichten, die den Insolvenzverwalter gegenüber Absonderungsberechtigten treffen. Maßgeblich ist hier, dass es sich bei den Absonderungsberechtigten um Verfahrensbeteiligte handelt, vgl. die §§ 165 ff. InsO.[9] Der Insolvenzverwalter ist daher bereits dazu verpflichtet, Gegenstände an denen Absonderungsrechte bestehen, in seinen unmittelbaren Besitz zu überführen (§ 148 InsO).[10] Er ist weiter dazu gehalten, den Gegenstand, an dem Absonderungsrechte bestehen, zu sichern. Diese Sicherungspflicht besteht in tatsächlicher Hinsicht, so dass er eine Schädigung eines mit Grundpfandrechten belasteten Hauses in Folge Rohrbruchs abzuwenden hat[11] oder Feuerversicherungsprämien zu erbringen hat.[12] Diese Schadenersatzansprüche konkurrieren aber jedenfalls nicht mit Ansprüchen aus dem Eigentümer-Besitzer-Verhältnis, wie die Darstellung von *Gerhardt* deutlich macht.

5 **c) Bürgen als materiell Beteiligte.** Der Bürge kann, wie bereits dargestellt wurde, aufgrund des Verbotes der Doppelanmeldung nach § 44 InsO die Forderung, die er durch eine Befriedigung des Gläubigers künftig gegen den Schuldner erwerben könnte, im Insolvenzverfahren nur dann geltend machen, wenn der Gläubiger seine Forderung nicht geltend macht. Die Forderungen des Gläubigers gegen den Schuldner und die Rückgriffsforderung[13] des Bürgen oder des Gesamtschuldners, die diese durch eine Befriedigung des Gläubigers erwerben können[14], sind jedenfalls bei wirtschaftlicher Betrachtung identisch[15]. Forderung und Rückgriffsforderung dürfen daher im Verfahren nicht nebeneinander geltend gemacht werden. Man spricht in diesem Zusammenhang vom sog. Verbot der Doppelanmeldung, um zu verhindern, dass zwar nicht auf den jeweiligen Gläubiger, aber auf die Forderung im Ergebnis eine höhere Dividende entfällt, als sie sich aufgrund der Quote ergäbe. Das Verbot der Doppelanmeldung gilt aber nur für die *formelle* Verfahrensteilnahme der Bürgen. **Materiell** bleiben sie, wie die Wirkungen des Insolvenzverfahrens gem. § 301 InsO zeigen, am Verfahren beteiligt. Das Verbot der formellen Verfahrensteilnahme schlägt daher nicht auf § 60 InsO durch, der auf die materielle Teilnahme am Insolvenzverfahren abstellt.

3. Insbesondere Massegläubiger

6 **a) Grund der Haftung.** § 61 InsO bestimmt, dass der Insolvenzverwalter den Massegläubigern dann haftet, wenn aufgrund einer von ihm vorgenommenen Rechtshandlung Masseverbindlichkeiten begründet worden sind, die aus der Insolvenzmasse nicht oder nicht voll erfüllt werden können, sofern der Insolvenzverwalter bei Vornahme der Rechtshandlung erkennen konnte, dass die Masse voraussichtlich zur Er-

---

8 *Gerhardt*, ZInsO 2000, 574, 579.

9 *Gerhardt*, in: Aktuelle Probleme des Insolvenzrechts. 50 Jahre Kölner Arbeitskreis, 2000, S. 127 ff., 136; *Gottwald/Adolphsen*, in: Kölner Schrift zur Insolvenzordnung, 2 Aufl. 2000, S. 1070 (Rn. 104 ff.).

10 OLG Hamburg, Urt. v. 14. 12. 1995 – 10 U 103/94 – ZIP 1996, 386, 387.

11 RG JW 1916, 1016 Nr. 3.

12 BGH, Urt. v. 29. 9. 1988 – IX ZR 39/88 – BGHZ 105, 230, 237.

13 BGH, Beschl. v. 6. 12. 2007 – IX ZR 215/06, DZWIR 2008, 197.

14 Zum bisherigen Recht: BGH, Urt. v. 20. 3. 1958 – II ZR 2/57 – BGHZ 27, 51, 54; BGH, Urt. v. 21. 12. 1970 – VIII ZR 50/69 – BGHZ 55, 117, 120; vgl. auch BGH, Urt. v. 19. 12. 1996 – IX ZR 18/96 – ZIP 1997, 372 m. zust. Anm. von *Gerhardt*, EWiR § 68 KO 1/97, 269; *Kuhn/Uhlenbruck*, KO, 11. Aufl. 1994, § 68 Rn. 13, 5 b; *Kilger/K. Schmidt*, KO, 17. Aufl. 1997, § 67 Anm. 1.

15 Amtl. Begr. zu § 51 RegEInsO, BT-Drs. 12/2443, S. 124.

füllung nicht ausreichen werde.[16] Die Massegläubiger sind im Übrigen „Beteiligte" des Verfahrens i. S. v. § 60 InsO; schädigt der Verwalter sie außer durch Nichtbefriedigung gem. § 61 InsO, kann sich seine Haftung aus § 60 InsO ergeben. § 61 InsO schließt daher § 60 InsO nicht aus, sondern normiert einen speziellen Haftungsfall.[17]

§ 61 InsO ruft für den Insolvenzverwalter insbesondere bei Betriebsfortführungen erhebliche Risiken hervor. Die Berufungsgerichte haben in der Vergangenheit es für die Schadenersatzpflicht des Insolvenzverwalters genügen lassen, dass er nicht in der Lage sei, die Masseschulden aus der Masse bei Fälligkeit zu erfüllen und eine Entlastung nach § 61 Satz 2 InsO scheitern lassen, da der Insolvenzverwalter gemäß § 61 InsO nach Begründung einer Masseverbindlichkeit die Bezahlung dieser Verbindlichkeiten sicherzustellen habe. Der IX. Zivilsenat[18] ist dem Berufungsgericht zwar darin gefolgt, dass eine Schadenersatzpflicht nach § 61 Satz 1 InsO nicht dadurch ausgeschlossen wird, dass der Masse nach Ansprüche gegen Dritte in einer Höhe zustehen, die die Masseforderungen übersteigen. Denn wenn der Insolvenzverwalter die Masseunzulänglichkeit angezeigt hat und die vorhandenen offenen Forderungen der Masse gegen Dritte nicht ohne Weiteres durchsetzbar sind, liegt ein Ausfallschaden gem. § 61 InsO vor. Die Anzeige der Masseunzulänglichkeit durch den Insolvenzverwalter schließt insofern eine nur temporäre Masseunzulänglichkeit aus. 7

b) Ausschluss der Haftung. Eine Haftung nach § 61 Satz 2 InsO ist nach der Judikatur des BGH[19] dann ausgeschlossen, wenn der Insolvenzverwalter den Nachweis dafür erbringen kann, dass er bei der Begründung der Verbindlichkeit nicht erkennen konnte, dass die Masse voraussichtlich zur Erfüllung nicht ausreichen werde. Der IX. Zivilsenat sieht zwei Arten möglichen Entlastungsvorbringens durch den beklagten Insolvenzverwalter. Entweder legt der beklagte Insolvenzverwalter dar und stellt unter Beweis, dass objektiv davon ausgegangen werden konnte, dass die Masse zur Erfüllung der Verbindlichkeiten ausreichen werde. Oder er trägt vor und stellt unter Beweis, dass er die Unzulänglichkeit der Masse nicht hat erkennen können.[20] Für beide Fälle bestimmt der BGH die an den Beweis zu stellenden Anforderungen in einer einheitlichen Art und Weise, die deutlich macht, dass die Formulierung des Gesetzes allein eine Beweiserleichterung für den Insolvenzverwalter bezweckt. Die Anforderungen an Sachverhaltsvortrag und Beweis des beklagten Insolvenzverwalters leitet der IX. Zivilsenat aus der Pflicht des vorläufigen Verwalters und des Insolvenzverwalters aus § 61 InsO ab, eine „plausible Liquiditätsrechnung" zu erstellen und diese „bis zum Zeitpunkt der Begründung der Verbindlichkeit ständig" zu überprüfen und aktualisieren.[21] Die Entlastungsmöglichkeit des § 61 Satz 2 InsO korrespondiert m. a. W. mit der spezifisch insolvenzrechtlichen Pflicht des Insolvenzverwalters zu einer Liquiditätsprognose aufgrund realistischer Einschätzung der Liquiditätslage der Masse sowie ausstehender offener Forderungen und der künftigen Geschäftsentwicklung für die Dauer der Fortführung. Die Entlastung des Insolvenzverwalters bei einer In- 8

---

16 *Meyer/Schulteis,* DZWIR 2004, 319 ff.; *Klopp/Kluth,* in: Gottwald, Insolvenzrechts-Handbuch, 3. Aufl. 2006, § 23 Rn. 24 ff.
17 BGH, Urt. v. 1. 12. 2005 – IX ZR 115/01 – ZIP 2006, 194 m. Anm. *Pape,* EWiR § 82 KO 1/06, 179.
18 BGH, Urt. v. 6. 5. 2004 – IX ZR 48/03 – ZIP 2004, 1107, 1108; BGH, Urt. v. 17. 12. 2004 – IX ZR 185/03 – ZIP 2005, 311 m. Anm. *Pape,* EWiR § 61 InsO 2/05, 679.
19 BGH, Urt. v. 6. 5. 2004 – IX ZR 48/03 – ZIP 2004, 1107, 1108, m. Anm. *Vallender,* EWiR 2004, 765. Überholt durch die Judikatur: *Kallweit,* Die Eigenhaftung des Insolvenzverwalters für prozessuale Masseverbindlichkeiten, 2004.
20 *Weber,* in: FS Lent, S. 301, 318.
21 BGH, Urt. v. 6. 5. 2004 – IX ZR 48/03 – ZIP 2004, 1107.

anspruchnahme wegen einer Haftung gem. § 61 Satz 1 InsO nach § 61 Satz 2 InsO kommt daher dann nicht in Betracht, wenn der Verwalter keine präzisen Berechnungen darüber anstellt, über welche Einnahmen er verfügt und welche Ausgaben er zu tätigen hat. Der IX. Zivilsenat stellt in diesem Zusammenhang klar, dass der vor § 61 Satz 2 InsO verlangte Beweis sich auf die Erkenntnismöglichkeiten des Insolvenzverwalters bezieht, über die er im Zeitpunkt der Begründung der Ansprüche verfügte. Dabei ist ausschlaggebend, wann der Rechtsgrund der Masseverbindlichkeiten gelegt ist. Zutreffend stellt der IX. Zivilsenat darauf ab, wann der anspruchsbegründende Tatbestand materiellrechtlich abgeschlossen ist. Dies ist regelmäßig der Zeitpunkt des Vertragsabschlusses. Hat daher zum Zeitpunkt des Vertragsschlusses ein aus der Sicht der damaligen Verhältnisse auf „zutreffenden Anknüpfungstatsachen" beruhender Liquiditätsplan vorgelegen, aufgrund dessen die Erfüllung der Masseverbindlichkeiten zu erwarten war, gelingt dem Insolvenzverwalter gegen die Haftung aus § 61 Satz 1 InsO der Entlastungsbeweis. Umgekehrt folgt daraus weiter, dass die bloße Falsifikation der früheren Prognose des Insolvenzverwalters nicht zu einer Haftung an sich führen kann. Denn § 61 Satz 2 InsO beruht überhaupt darauf, dass die Einschätzung zur Zeit der Begründung der Verbindlichkeiten (also regelmäßig des Vertragsschlusses) sich später als unrichtig erweist und die Tatsachen durch die weitere Entwicklung über den Haufen geworfen werden. Der IX. Zivilsenat stellt daher vollkommen zutreffend fest, dass es nicht darauf ankommen kann, zu welchem Zeitpunkt später einzelne Verbindlichkeiten bei Fälligkeit nicht bezahlt worden sind.

9 Die Haftung des Insolvenzverwalters für Masseverbindlichkeiten aufgrund der Betriebsfortführung, die ihm im Falle der Bestellung zum vorläufigen Insolvenzverwalter unter Entmachtung des Schuldners gesetzlich durch § 22 Abs. 1 InsO und nach Erlass des Eröffnungsbeschlusses bis zum Berichtstermin durch § 158 InsO gesetzlich abverlangt wird, erschien seit Inkrafttreten der InsO als nicht immer kalkulierbares Risiko. Die Judikatur der OLG[22] hat diese Haftung nach § 61 InsO noch erheblich verschärft. Der IX. Zivilsenat des BGH hat in folgendem Fall[23] die Haftung für Masseverbindlichkeiten in ihre systemkonformen Schranken verwiesen:

10 **Fall:** Der Insolvenzverwalter der S-GmbH hatte durch eine Wirtschaftsprüfungsgesellschaft im Eröffnungsverfahren feststellen lassen, ob der vorhandene Auftragsbestand der Schuldnerin wirtschaftlich sinnvoll abgearbeitet werden könne. Die Wirtschaftsprüfungsgesellschaft bejahte die Möglichkeit einer Betriebsfortführung in einem Gutachten, das im Übrigen zu dem Ergebnis kam, die Betriebsfortführung sei mit einem deutlichen Überschuss zu Gunsten der Masse möglich. In seinem Gutachten an das Insolvenzgericht empfahl der vorläufige Verwalter daher die Eröffnung des Insolvenzverfahrens, zeigte freilich die Masseunzulänglichkeit dort bereits an. Aufgrund eines wider Erwarten ungünstigen Verlaufs der Entwicklung der Masse fällte im eröffneten Verfahren der Gläubigerausschuss den Beschluss, es seien nur noch die vorhandenen Restaufträge abzuarbeiten und der Geschäftsbetrieb anschließend einzustellen. Der Insolvenzverwalter bestellte vor der beschlossenen Einstellung des Geschäftsbetriebs zur Betriebsfortführung noch bei der Klägerin Warenlieferungen in einem Umfang von ca. 58.000 DM. Den Bestellungen war ein Formschreiben beigefügt, in dem der Insolvenzverwalter die Erklärung abgab, die beigefügte Bestellung solle ausgeführt werden, da die Zahlung aus Massemitteln

22 Statt vieler OLG Düsseldorf, Urt. v. 26. 3. 2004 – 16 U 216/02 – ZIP 2004, 1365; OLG Celle, Urt. v. 18. 9. 2003 – 16 U 88/03 – ZInsO 2003, 1147; OLG Hamm, Urt. v. 16. 1. 2003 – 27 U 45/02 – ZInsO 2003, 714.

23 BGH, Urt. v. 17. 12. 2004 – IX ZR 185/03 – ZIP 2005, 311.

gewährleistet sei. Der Kläger leistete freilich die Zahlungen nicht und die Lieferantin erwirkte über die Liefersumme einen Mahnbescheid. Zwei Tage nach dem der Mahnbescheid dem Beklagten als Insolvenzverwalter zugestellt wurde, zeigte der Beklagte dem Insolvenzgericht erneut die Masseunzulänglichkeit an; zuvor leistete er eine Zahlung über ca. 30.000 DM. Der beklagte Insolvenzverwalter berief sich darauf, der von den durch ihn veranlassten Planungen abweichende Liquiditätsengpass der Masse habe allein darauf beruht, dass eine Drittschuldnerin sich nicht vorhersehbar geweigert habe, die Restforderung der Schuldnerin zu bezahlten. Die Klägerin hat den Beklagten nach § 61 Satz 1 InsO auf Schadenersatz in Anspruch genommen. Dabei hat das Landgericht die Klage abgewiesen. Das Berufungsgericht, OLG Hamm, den Beklagten verurteilt.

Das Berufungsgericht hat dabei die Rechtsansicht vertreten, die Schadenersatzpflicht des Insolvenzverwalters beruhe allein und bereits darauf, dass er nicht in der Lage sei, die Masseschulden aus der Masse bei Fälligkeit zu erfüllen. Wegen Altmasseverbindlichkeiten aus Zeiträumen vor Anzeige der Masseunzulänglichkeit sei die Ersatzpflicht auch deshalb gerechtfertigt, weil der Massegläubiger aufgrund der Regelung des § 210 InsO daran gehindert sei, seine Forderungen mit der Leistungsklage zu verfolgen. Eine Entlastung nach § 61 Satz 2 InsO greife nicht, das Berufungsgericht hat der Klägerin eine Anspruch auf Ersatz des positiven Interesses zugestanden. Denn der Insolvenzverwalter habe gemäß § 61 InsO nach Begründung einer Masseverbindlichkeit die Bezahlung dieser Verbindlichkeiten sicherzustellen. Der IX. Zivilsenat ist dem Berufungsgericht jedenfalls darin gefolgt, dass eine Schadenersatzpflicht nach § 61 Satz 1 InsO nicht dadurch ausgeschlossen wird, dass der Masse nach Ansprüche gegen Dritte in einer Höhe zustehen, die die Masseforderungen übersteigen. Denn wenn der Insolvenzverwalter die Masseunzulänglichkeit angezeigt hat und die vorhandenen offenen Forderungen der Masse gegen Dritte nicht ohne weiteres durchsetzbar sind, liegt ein Ausfallschaden gem. § 61 InsO vor.[24] Die Anzeige der Masseunzulänglichkeit durch den Insolvenzverwalter schließt insofern eine nur temporäre Masseunzulänglichkeit aus. Im vorliegenden Fall konnte es der IX. Zivilsenat daher dahingestellt sein lassen, ob die Schadenersatzpflicht nach § 61 Satz 1 InsO auch dann besteht, wenn die Masseunzulänglichkeit nur temporären Charakter hat. Denn nach Anzeige der Masseunzulänglichkeit kommt es zu mehr als einer bloß zeitlichen Verzögerung der Zahlung wegen des Ausschlusses der Durchsetzbarkeit seiner Ansprüche gegen die Masse durch den Massengläubiger.[25] 11

Daraus lassen sich die folgenden Grundsätze ableiten: § 61 InsO verpflichtet den Verwalter zur Schadensersatzleistung an den Massegläubiger, wenn eine Masseverbindlichkeit, die durch eine Rechtshandlung des Verwalters begründet wurde, nicht voll erfüllt werden konnte. Ansprüche aus § 60 und § 61 InsO bilden unterschiedliche Streitgegenstände. Daher ist eine Klage, die sie nicht in das Verhältnis von Haupt- und Hilfsantrag setzt, mangels Bestimmtheit unzulässig.[26] Daneben kommt in sehr engen Grenzen auch eine Haftung aus § 826 BGB wegen vorsätzlicher sittenwidriger Schädigung in Betracht. Der Insolvenzverwalter hat vor jeder Verteilung der Masse zu kontrollieren, ob die noch offenen Masseverbindlichkeiten vollständig aus der verbleibenden Insolvenzmasse bezahlt werden können. Sind mehrere Masseschulden 12

24 BGH, Urt. v. 6. 5. 2004 – IX ZR 48/03 – ZIP 2004, 1107, 1108, m. Anm. *Vallender*, EWiR 2004, 765.
25 BGH, Urt. v. 3. 4. 2003 – IX ZR 101/02 – BGHZ 154, 358, 360.
26 BGH, Urt. v. 6. 5. 2004 – IX ZR 48/03 – BGHZ 159, 104, 122 – NJW 2004, 3334, 3336.

fällig und einredefrei, muss er sie anteilig befriedigen, sofern er momentan zur vollständigen Bezahlung nicht in der Lage ist. Beachtet der Verwalter dies nicht, hat er einem benachteiligten Massegläubiger in Höhe des Betrages einzustehen, der auf ihn bei anteiliger Befriedigung entfallen wäre.[27]

13 § 61 InsO regelt ausschließlich die Haftung des Insolvenzverwalters für die pflichtwidrige Begründung von Masseverbindlichkeiten. Der Verwalter darf keine Masseschulden eingehen, die er voraussichtlich nicht zu tilgen vermag. Dagegen normiert die Vorschrift keine insolvenzspezifischen Pflichten für die Zeit der Vertragsdurchführung.[28] Der Insolvenzverwalter hat sich für den Zeitpunkt der Begründung der Ansprüche zu entlasten. Er hat zu beweisen,

- entweder, dass objektiv von einer zur Erfüllung der Verbindlichkeit voraussichtlich ausreichenden Masse auszugehen war,
- oder, dass die Unzulänglichkeit der Masse für ihn nicht erkennbar war.[29]

4. Insolvenzspezifische Pflichten

14 **a) Fragestellung.** Nach heute überwiegender Meinung erfasst § 60 InsO nur die Verletzung solcher Pflichten, die sich aus der InsO selbst ergeben.[30] Die wohl wichtigste Aufgabe des Insolvenzverwalters ist es, die Erfüllung des Liquidationszwecks – die gemeinschaftliche und möglichst umfassende Befriedigung „der Gläubiger" (§ 1 Satz 1 InsO, krit. oben § 1 Rn. 21, § 2 Rn. 14) – zu verfolgen. Diese Pflicht besteht sowohl gegenüber dem Gemeinschuldner, der nicht allein im Falle seiner Redlichkeit ein schützenswertes Interesse daran hat, möglichst weitgehend enthaftet zu werden (§ 1 Satz 2 InsO), als auch gegenüber den Insolvenzgläubigern. Eine Verkürzung der Masse, z.B. durch Anerkennung unberechtigter Forderungen,[31] führt zu einer Verletzung dieser Pflicht.

15 Doch können Pflichten gegenüber den einzelnen Beteiligten auch sehr unterschiedlich sein. Im Folgenden sollen einige typische Pflichten des Insolvenzverwalters gegenüber den Beteiligten genannt werden.

16 **b) Pflichten gegenüber dem Insolvenzschuldner.** Im Hinblick auf den Gemeinschuldner ist wohl vor allem die generelle Pflicht des Insolvenzverwalters zu sorgfältiger Masseverwertung zu erwähnen. Der Gemeinschuldner hat daran ein besonderes Interesse, da die Insolvenzgläubiger ihn vorbehaltlich der Möglichkeit einer Restschuldbefreiung nach Aufhebung des Insolvenzverfahrens wegen nicht befriedigter Forderungen nach § 201 Abs. 1 InsO unbeschränkt in Anspruch nehmen können. So ist der Insolvenzschuldner natürlich an einer weitgehenden Enthaftung und am Erreichen eines gegebenenfalls möglichen Vermögensüberschusses interessiert und so

---

27 BGH, Urt. v. 6. 5. 2004 – IX ZR 48/03 – BGHZ 159, 104, 114f. – NJW 2004, 3334, 3336.

28 BGH, Urt. v. 6. 5. 2004 – IX ZR 48/03– BGHZ 159, 104, 108f.

29 BGH, Urt. v. 6. 5. 2004 – IX ZR 48/03 – BGHZ 159, 104, 115ff.; BGH, Urt. v. 17. 12. 2004 – IX ZR 185/03, WM 2005, 337, 338 – NZI 2005, 222.

30 Auch *Kind,* in: Braun, InsO, 2. Aufl. 2004, § 60 Rn. 6.

31 *Kuhn/Uhlenbruck,* KO, 11. Aufl. 1994, § 82 Rn. 9e; *Kilger/K. Schmidt,* KO, 17. Aufl. 1997, § 82 Anm. 3a.

kann auch eine übereilte Unternehmensveräußerung durch den Insolvenzverwalter zu dessen Haftung führen.[32]

Nach der Rechtsprechung ist zu den insolvenzspezifischen Pflichten des Insolvenzverwalters gegenüber dem Insolvenzschuldner die ordnungsgemäße Erfüllung der steuerlichen Buchführungspflichten zu zählen.[33] Diese Entscheidung ist in der Literatur auf herbe Kritik gestoßen.[34] Die Pflicht des Insolvenzverwalters zur Erfüllung dieser Buchführungspflichten wird dabei nicht bestritten, sie obliegt dem Insolvenzverwalter nach dieser Auffassung jedoch gegenüber dem Fiskus. Zwar haftet er für eventuelle Schädigungen durch zu hoch geschätzte Steuerforderungen seitens des Finanzamts auch gegenüber den Insolvenzgläubigern und dem Gemeinschuldner.[35] Dies ist jedoch in der zitierten Entscheidung[36] nicht der Fall. Dort macht der Kläger (Insolvenzschuldner) den Verlust eines Verlustvortrags geltend. Durch das Unterlassen des Insolvenzverwalters wurde die Konkursmasse zwar nicht verkürzt, der betroffene Gemeinschuldner kann jedoch der Gesellschaft entstandene Verluste gegenüber dem Finanzamt nicht nachweisen. Ihm geht somit ein steuerlicher Vorteil verloren. Die Schaffung der dafür nötigen Voraussetzungen ist aber keine von der InsO gedeckte Pflicht des Verwalters. Zwar ist es richtig, dass der Gemeinschuldner während des Verfahrens nicht in Besitz der erforderlichen Bücher ist, jedoch ist es als ausreichend anzusehen, wenn dem Gemeinschuldner die entsprechenden Unterlagen zugänglich gemacht werden.[37] Danach bleibt es Sache des Insolvenzschuldners, die Voraussetzungen für steuerliche Vorteile nach Abschluss des Insolvenzverfahrens zu schaffen und dafür auch die Kosten zu tragen.[38] 17

c) Pflichten gegenüber den Insolvenzgläubigern. Der Insolvenzverwalter hat nach § 159 InsO die Pflicht, die der gemeinschaftlichen Befriedigung aller Insolvenzgläubiger dienende Masse zu sammeln und zu verwerten.[39] Er hat dabei eine gleichmäßige und möglichst weitgehende Befriedigung der Insolvenzgläubiger anzustreben. Zwar besteht keine unmittelbare Pflicht besonders zur ordnungsgemäßen Buchführung gegenüber den Insolvenzgläubigern. Jedoch kann der Verwalter seine Pflicht weitgehender Befriedigung verletzen, wenn er die steuerliche Buchführung unterlässt und das Finanzamt eine zu hoch geschätzte Forderung zur Tabelle anmeldet, die der Verwalter widerspruchslos einträgt. Keine Pflichten obliegen dem Insolvenzverwalter gegenüber den Bürgen einer als Insolvenzforderung angemeldeten Hauptforderung: Eine Pflichtverletzung kann aufgrund dadurch entstehender Masseunzulänglichkeit zu einer Inanspruchnahme des Bürgen führen. Dies ist jedoch nur ein durch den Schaden in der Person des Insolvenzgläubigers vermittelter Nachteil.[40] Es würde zu weit führen, auch den Personen eine Beteiligtenstellung zuzugestehen, die erst dadurch einen Schaden erleiden, dass ein Insolvenzgläubiger während des Insolvenzverfahrens nicht voll befriedigt wird. Dadurch würde sich nicht mehr zufrieden stellend 18

32 BGH, Urt. v. 22. 1. 1985 – VI ZR 131/83 – ZIP 1985, 423 m. Anm. *Kübler*, EWiR § 82 KO 3/85, 313; *Uhlenbruck*, in: Uhlenbruck, InsO, 12. Aufl. 2003, § 60 Rn. 12.

33 BGH, Urt. v. 29. 5. 1979 – VI ZR 104/78 – BGHZ 74, 316, 318; *Brandes*, in: MünchKomm, InsO, 1. Aufl. 2001, §§ 60, 61 Rn. 65. Zur steuerrechtlichen Zusammenveranlagung des Schuldners mit seinem Ehegatten: BGH, Beschl. v. 18. 11. 2010 – IX ZR 24/07, ZIP 2010, 2515.

34 *Kuhn/Uhlenbruck*, KO, 11. Aufl. 1994, § 82 Rn. 9; *Kilger*, ZIP 1980, 26; nunmehr *Sinz*, in: Uhlenbruck, InsO, 13. Aufl. 2010, § 60 Rn. 62: keine Pflicht zur Verschaffung von Steuervorteilen.

35 *Kilger*, ZIP 1980, 26; *Abeltshauser*, in: Nerlich/Römermann, InsO, § 60 Rn. 23.

36 BGH, Urt. v. 29. 5. 1979 – VI ZR 104/78 – BGHZ 74, 316, 318.

37 *Kilger*, ZIP 1980, 26, 27.

38 Jahresabschlüsse: BGH, Urt. v. 16. 9. 2010 – IX ZR 121/09, ZIP 2010, 2164.

39 BGH, Urt. v. 22. 2. 1973 – VI ZR 165/71 – KTS 1973, 249 – NJW 1973, 1198; *Klopp/Kluth*, in: Gottwald, Insolvenzrechts-Handbuch, 3. Aufl. 2006, § 22 Rn. 26ff.

40 BGH, Urt. v. 11. 10. 1984 – IX ZR 80/83 – ZIP 1984, 1506, 1508.

abgrenzen lassen, wer überhaupt Beteiligter im Sinne des § 60 InsO ist und die sich ohnehin schon weit reichende Haftung des Insolvenzverwalters noch erhöhen.

19 **Beispiel:** Differenziert ist die Stellung des Steuergläubigers zu beurteilen, wie der folgende Fall[41] zeigt: Der Beklagte war Insolvenzverwalter der insolventen S-KG. Das Finanzamt des klagenden Landes hatte Steueransprüche als bevorrechtigte Konkursforderungen angemeldet. Diese wurden festgestellt und, nachdem das Vermögen bereits 1980 im Wesentlichen verwertet worden war, erst im September 1986 beglichen. Das klagende Land macht geltend, dass der Insolvenzverwalter die Auszahlung schuldhaft verzögert und dabei gegen seine Pflicht einer ordnungsgemäßen Schlussrechnung verstoßen habe. Es sei dadurch genötigt gewesen, Kredite aufzunehmen und verlangt deshalb Ersatz des Zinsschadens. Das Landgericht hat der Klage stattgegeben, das Berufungsgericht diese dagegen abgewiesen. Die Revision führte zur Aufhebung des Berufungsurteils und zur Zurückverweisung an das Oberlandesgericht. Das Berufungsgericht war unzutreffenderweise von einer Haftung des Insolvenzverwalters aus § 69 AO ausgegangen und hatte deshalb den Rechtsweg zu den Zivilgerichten verneint. Hier ist nach Ansicht des BGH zu differenzieren. § 82 KO – nunmehr § 60 InsO – ist bei Verletzung konkursspezifischer Pflichten, § 69 AO bei Verstoß gegen steuerrechtliche Pflichten anzuwenden. Dabei ist es möglich, dass eine Norm die andere verdrängt. So richtet sich die Erfüllung steuerrechtlicher Insolvenzforderungen gemäß § 87 InsO allein nach den insolvenzrechtlichen Vorschriften.[42] Der Steuergläubiger ist folglich als Insolvenzgläubiger und insoweit als Beteiligter im Sinne von § 60 InsO zu betrachten. Somit ist eine Haftung des Insolvenzverwalters nach § 60 InsO bei schuldhafter Verzögerung der Abgabe einer ordnungsgemäßen Schlussrechnung gegenüber dem Steuerfiskus durchaus möglich. Handelt es sich jedoch bei den Steuerforderungen um Masseverbindlichkeiten im Sinne des § 55 Abs. 1 InsO, gilt § 87 InsO nicht. Dieser beschränkt nur die Insolvenzgläubiger. Insoweit verdrängt § 69 AO als speziellere Regelung den § 60 InsO. Eine Haftung ist nur nach den steuerrechtlichen Regelungen möglich.[43] Die Haftung nach § 60 InsO wegen Verletzung konkursspezifischer Pflichten kann es gegenüber dem Steuerfiskus mithin nur geben, wenn dieser Insolvenzgläubiger ist.

20 **d) Pflichten gegenüber Aus- und Absonderungsberechtigten.**[44] Für den Insolvenzverwalter besteht gegenüber den Aus- und Absonderungsberechtigten insbesondere die Pflicht, deren dingliche Rechte zu berücksichtigen. Dazu müssen diese Rechte dem Insolvenzverwalter jedoch bekannt sein. Die von einem Aussonderungsrecht erfassten Gegenstände sind dem Insolvenzverwalter vom Berechtigten anzuzeigen. Es ist dem Insolvenzverwalter nicht zuzumuten, ohne solche Angaben zeitraubende Nachforschungen in den Büchern des Gemeinschuldners zu betreiben.[45] Der Gläubiger muss innerhalb einer angemessenen Frist glaubhaft machen, dass ein bestimmter Gegenstand aus der Masse in seinem Eigentum steht. Er hat dabei die Pflicht, die Eigentumsvermutung des § 1006 BGB zu widerlegen.[46] Kennt der Insolvenzverwalter jedoch ein bestehendes Aussonderungsrecht, haftet er nach § 60 InsO, wenn er dieses schuldhaft verletzt.[47] Er muss dabei insbesondere darauf achten, dass mit einem solchen Recht behaftete Gegenstände nicht verwertet werden.

---

41 BGH, Urt. v. 1. 12. 1988 – IX ZR 61/88 – NJW 1989, 303 ff m. Anm. *Wellensiek*, EWiR § 82 KO 1/89, 389; vgl. auch *Lüke*, in: Kübler/Prütting, Kommentar zur Insolvenzordnung, § 60 Rn. 51 ff.; *Vallender*, ZIP 1997, 345, 348.

42 BGH, Urt. v. 1. 12. 1988 – IX ZR 61/88 – NJW 1989, 303, 304.

43 BGH, Urt. v. 1. 12. 1988 – IX ZR 61/88 – NJW 1989, 303, 304.

44 *M. Kirchhof*, Die Haftung des Insolvenzverwalters nach § 60 InsO gegenüber den Absonderungsberechtigten, 2004.

45 OLG Köln v. 14. 7. 1982 – 2 U 20/82 – ZIP 1982, 1107.

46 BGH, Urt. v. 9. 5. 1996 – IX ZR 244/95 – ZIP 1996, 1181, 1183; OLG Hamburg, Urt. v. 12. 10. 1983 – 8 U 52/83 – ZIP 1984, 348, 350; *Brandes*, in: MünchKomm, InsO, 1. Aufl. 2001, §§ 60, 61 Rn. 54.

47 *Lüke*, in: Kübler/Prütting, Kommentar zur Insolvenzordnung, § 60 Rn. 14 f.; *Abeltshauser*, in: Nerlich/Römermann, InsO, § 60 Rn. 38 f.

e) Pflichten gegenüber potentiellen Massegläubigern. Der BGH[48] hat darauf erkannt, dass den Insolvenzverwalter keine insolvenzspezifische Pflicht trifft, Masseunzulänglichkeit zu dem Zweck rechtzeitig anzuzeigen, dass nachfolgende Wohngeldansprüche einer Wohnungseigentümergemeinschaft als Neumasseschulden bevorzugt zu befriedigen sind. **20a**

5. Kausalität und Verschulden

a) Sorgfaltsmaßstab. Die Haftung nach den §§ 60f. InsO setzt Kausalität und Verschulden voraus. Für das Verschulden ist leichteste Fahrlässigkeit ausreichend. Nach § 276 BGB handelt fahrlässig, wer die im Verkehr erforderliche Sorgfalt außer Acht lässt. Dabei ist zu fragen, welche Sorgfalt hier anzuwenden ist. Der Wortlaut des § 74 a.F. KO (1877)[49] sagte dazu noch aus: „Der Verwalter hat die Sorgfalt eines ordentlichen Hausvaters anzuwenden." Eine solche Regelung vermag das moderne Recht indes nicht zu treffen. Nun heißt es, der Insolvenzverwalter habe für die Sorgfalt eines ordentlichen und gewissenhaften Insolvenzverwalters „einzustehen". Sprachlich ist diese Vorschrift nicht frei von Ecken und Kanten, inhaltlich läuft sie auf eine Tautologie hinaus, da sie die Sorgfaltsanforderungen, die an das Handeln des Insolvenzverwalters zu richten sind, vom Leitbild eines Insolvenzverwalters her konkretisiert. **21**

Der Sinn der tautologisch anmutenden Formulierung der an den Insolvenzverwalter gerichteten Sorgfaltsanforderungen erschließt sich in der Tat aus dem alten Bild des „Hausvaters". Damit wird bildhaft ein Verbot spekulativen Handelns formuliert, das der „ordentliche Hausvater" tunlichst vermeidet und das dem Insolvenzverwalter auch dann untersagt ist, wenn ihm die Betriebsfortführung obliegt. **22**

Das Verschulden des Insolvenzverwalters entfällt nicht automatisch mit Zustimmung durch Gläubigerversammlung und Gläubigerausschuss.[50] Sie kann jedoch Indiz dafür sein, dass der Insolvenzverwalter seinen Sorgfaltspflichten Genüge getan hat. So beispielsweise, wenn der Insolvenzverwalter auf Wunsch der Gläubigerversammlung und mit Zustimmung des Insolvenzgerichts ein Unternehmen trotz Masseunzulänglichkeit fortführt.[51] Dies setzt jedoch voraus, dass er die Gläubigerversammlung und das Gericht ausdrücklich über die Masseunzulänglichkeit informiert hat. **23**

b) Adäquanz. Der Insolvenzverwalter haftet nach den §§ 60f. InsO nur, wenn sich der entstandene Schaden adäquat kausal auf die Verletzung der ihm obliegenden Pflichten zurückführen lässt. Die Folgen müssen einem einseitigen Tun oder Unterlassen billigerweise zuzurechnen sein.[52] **24**

c) Zurechnung des Verschuldens Dritter. Nach § 60 Abs. 2 InsO haftet der Insolvenzverwalter für Personen, derer er sich zur Erfüllung seiner Pflichten bedient, nach **25**

---

48 BGH, Urt. v. 21. 10. 2010 – IX ZR 220/09, ZIP 2010, 2356.

49 *Hahn,* Mat. zur KO, 1881, S. 281.

50 Vgl. BGH, Urt. v. 22. 1. 1985 – VI ZR 131/83 – ZIP 1985, 423, 425; *Lüke,* in: Kübler/Prütting, Kommentar zur Insolvenzordnung, § 60 Rn. 44ff.; *Eickmann,* in: H-K, InsO, 4. Aufl. 2006, § 60 Rn. 14; *Kind,* in: Braun, InsO, 2. Aufl. 2004, § 60 Rn. 19.

51 OLG Nürnberg, Urt. v. 15. 1. 1986 – 4 U 1334/85 – ZIP 1986, 244, 245 m. Anm. *Finken,* EWiR § 82 KO 1/86, 499; *Eickmann,* in: H-K, InsO, 4. Aufl. 2006, § 60 Rn. 14; *Klopp/Kluth,* in: Gottwald, Insolvenzrechts-Handbuch, 3. Aufl. 2006, § 23 Rn. 13.

52 *Sinz,* in: Uhlenbruck, InsO, 13. Aufl. 2010, § 60 Rn. 88.

§ 278 BGB.[53] Diese Haftung kann sich bei Hinzuziehung Selbständiger auf die Haftung für Auswahlverschulden beschränken, so beispielsweise bei Übertragung steuerlicher Angelegenheiten an einen geeigneten Steuerbevollmächtigten.[54] Diese Beschränkung soll jedoch nicht gelten, wenn der Insolvenzverwalter erkennen kann, dass dieser nachlässig arbeitet.[55] Eine weitere Einschränkung der Zurechnung ist nunmehr mit § 60 Abs. 2 InsO im Hinblick auf vom Verwalter eingesetzte Angestellte des Schuldners erfolgt: Ist der Verwalter auf diese Personen angewiesen, sei es aus fachlichen oder finanziellen Gründen,[56] so hat er deren Verschulden nicht gem. § 278 BGB zu vertreten, sofern sie nur nicht offensichtlich ungeeignet sind. Er haftet dann (aus eigenem Verschulden) nur für deren Überwachung und für Entscheidungen von besonderer Bedeutung.

6. Haftung aus § 826 BGB

26 Der IX. Zivilsenat des BGH hatte darüber zu enscheiden, ob der Insolvenzverwalter neben den §§ 60, 61 InsO auch aus § 826 BGB haften können. Dem lag die Klage eines Prozessgegners zugrunde, der nach Obsiegen über die Masse wegen deren Unzulänglichkeit seinen prozessualen Kostenerstattungsanspruch nicht hat gegen die Masse realisieren können. Der IX. Zivilsenat erkannte daraufhin, eine Haftung für die Prozesskosten des Gegners wegen vorsätzlicher sittenwidriger Schädigung setze nicht nur voraus, dass der den Rechtsstreit einleitende Insolvenzverwalter die materielle Unrichtigkeit seines Prozessbegehrens kennt. Vielmehr müssten zusätzlich besondere Umstände aus der Art und Weise der Prozesseinleitung oder -durchführung hinzutreten, die das Vorgehen als sittenwidrig prägen.[57]

7. Umfang des Schadenersatzanspruchs

27 Der Umfang des Schadenersatzes richtet sich auf das **negative Interesse**[58], wobei ein eventuelles Mitverschulden des Geschädigten nach § 254 BGB zu berücksichtigen ist.[59] Gemäß § 254 BGB kann ein solches Mitverschulden die Haftung des Schädigers dem Grunde nach ausschließen oder die Haftung dem Umfang nach mindern. Dies ist auch auf die Haftung Insolvenzverwalters aus § 60 InsO anzuwenden. Daneben ist jedoch auch möglich, dass der Insolvenzverwalter aus §§ 60 f. InsO und die Mitglieder des Gläubigerausschusses nach § 71 InsO haften; letztere können gleichzeitig Geschädigte sein. Dies ist nicht durchweg unproblematisch, jedoch herrscht über die Handhabung weitgehende Einigkeit.

---

53 BGH, Urt. v. 21. 3. 1961 – VI ZR 149/60 – MDR 1961, 493 – LM Nr. 3 zu § 82 KO; BGH, Urt. v. 17. 1. 1985 – IX ZR 59/84 – BGHZ 93, 278, 284; *Eickmann*, in: H-K, InsO, 4. Aufl. 2006, § 60 Rn. 15; *Merz*, KTS 1989, 277, 284; *Brandes*, in: MünchKomm, InsO, 1. Aufl. 2001, §§ 60, 61 Rn. 93.

54 *Brandes*, in: MünchKomm, InsO, 1. Aufl. 2001, §§ 60, 61 Rn. 94.

55 BGH, Urt. v. 29. 5. 1979 – VI ZR 104/78 – BGHZ 74, 316, 318.

56 *Lüke*, in: Kübler/Prütting, Kommentar zur Insolvenzordnung, § 60 Rn. 40; *Eickmann*, in: H-K, InsO, 4. Aufl. 2006, § 60 Rn. 18.

57 BGH, Urt. v. 25. 3. 2003 – VI ZR 175/02 – BGHZ 154, 269.

58 BGH, Urt. v. 3. 11. 2005 – IX ZR 140/04 – ZIP 2005, 2265 m. Anm. *Fersler*.

59 *Lüke*, in: Kübler/Prütting, Kommentar zur Insolvenzordnung, § 60 Rn. 42; *Abeltshauser*, in: Nerlich/Römermann, InsO, § 60 Rn. 66.

8. Verjährung

Schadenersatzansprüche aus Pflichtverletzungen des Insolvenzverwalters verjähren in drei Jahren, § 62 Satz 1 InsO.[60] Wie nach § 852 BGB ist für den Beginn des Laufs der Verjährungsfrist gem. § 62 Satz 1 InsO der Zeitpunkt maßgeblich, zu welchem der Verletzte Kenntnis vom Schaden und der Person des Ersatzpflichtigen erlangt.[61] Dies stellt sich bei Einzelschäden regelmäßig als unproblematisch dar, da diese schon während des laufenden Verfahrens geltend gemacht werden können. 28

9. Betriebsfortführung und Sanierung als besondere insolvenzrechtliche Haftungslage

Die Sanierungstätigkeit des Insolvenzverwalters mit ihren vielfältigen wirtschaftlich motivierten Entscheidungen des Verwalters trägt in erheblich höherem Maße das Risiko eines Scheiterns in sich als die bloße Verwertung eines Unternehmens – es sei in diesem Zusammenhang nur an das Problem der Masseverbindlichkeiten erinnert, das sich ja besonders bei der Betriebsfortführung[62] stellt. Denn bei der Fortführung muss der Verwalter in weitaus höherem Maße als bei einer „reinen" Verwertung seine Entscheidungen auf Prognosen über die Entwicklung des wirtschaftlichen Werts des gemeinschuldnerischen Vermögens gründen, was begreiflicherweise schon deshalb außerordentlich riskant ist, weil die Entwicklung von Betriebsvermögenswerten auf einer Vielzahl von Faktoren beruht, die zum Zeitpunkt der Fällung von Entscheidungen nicht immer bekannt sein können. Die Berufshaftpflichtversicherungen für Insolvenzverwalter schließen ein Eintreten regelmäßig dann aus, wenn ein Schaden auf „unternehmerischen" Entscheidungen des Insolvenzverwalters beruht. Damit sind freilich nicht solche „unternehmerischen" Entscheidungen des Insolvenzverwalters gemeint, die er im Rahmen der Verwertung der Masse durch Sanierungskonzepte verwirklicht.[63] 29

---

60 BGH, Urt. v. 8. 5. 2008 – IX ZR 54/07, DZWIR 2008, 457.
61 *Smid/Leonhardt*, in: LSZ, InsO, 3. Aufl. 2010, § 62 Rn. 1.
62 BGH, Urt. v. 4. 12. 1986 – IX ZR 47/86 – BGHZ 99, 151 m. Anm. *Merz*, EWiR § 82 KO 2/86, 1229; OLG Nürnberg, Urt. v. 15. 1. 1986 – 4 U 1334/85 – ZIP 1986, 244, 245.
63 *Abeltshauser*, in: Nerlich/Römermann, InsO, § 60 Rn. 74; *Klopp/Kluth*, in: Gottwald, Insolvenzrechts-Handbuch, 3. Aufl. 2006, § 23 Rn. 14; vgl. dazu auch *Sinz*, in: Uhlenbruck, InsO, 13. Aufl. 2010, § 60 Rn. 132 ff.

Fünfter Teil: Die Abwicklung des Verfahrens durch einen Insolvenzplan

§ 38 Einleitung: Systematischer Standort der Regelungen über den Insolvenzplan

I. Von den allgemeinen Regeln abweichende Organisation des Verfahrens

1. Ablösung des Rechts von Vergleich und Zwangsvergleich

Die Vorschriften der §§ 217 bis 269 InsO über den Insolvenzplan stellen das „Kernstück" des neuen Insolvenzrechts dar.[1] Mit ihnen hat der Gesetzgeber das Insolvenzverfahren einer Regelung unterzogen, um die es ihm mit der Reform im Wesentlichen ging, nämlich die Eröffnung einer funktionsfähigen Sanierungsmöglichkeit im Rahmen eines „einheitlichen" Insolvenzverfahrens.[2] Nach § 217 InsO soll die Sanierung des Unternehmens durch eine von den gesetzlichen Regeln abweichende Festlegung hinsichtlich der Befriedigung der absonderungsberechtigten Gläubiger und der Insolvenzgläubiger und hinsichtlich der Haftung des Schuldners bewirkt werden können.[3] 1

§ 217 InsO bestimmt, durch Insolvenzplan könne von den Vorschriften „dieses Gesetzes" – also der InsO – abgewichen werden. Dies ist *soweit* der Fall, soweit die Regelungen der InsO *überhaupt* der Gestaltung durch einen zur Vorlage eines Planes Berechtigten und die Gläubiger disponibel sind.[4] Zu dem insolvenzplan-dispositiven Insolvenzrecht zählen (z.T. vorbehaltlich der Zustimmung der Beteiligten) die Regeln der §§ 103 bis 217 InsO, während die Vorschriften über die allgemeine Verfahrensstruktur, das Eröffnungsverfahren und die Wirkungen des Eröffnungsbeschlusses der Disposition durch einen Insolvenzplan entzogen sind.[5] Als Instrument der Disposition über die Art der Verfahrensabwicklung stellt sich der Insolvenzplan seit dem ESUG als Planungsakt der hierzu befugten Gläubiger (vgl. § 157 InsO) dar[6], der Elemente eines vermögens- und haftungsrechtlichen Vertrages[7] aufweist. 2

---

1 Beschl.-Empf. des RechtsA zum RegEInsO, BT-Drucks. 12/7302, 181; vgl. *Flessner,* in: H-K, 4. Aufl. 2006, vor §§ 217 ff. Rn. 2 f; *Maus,* in: Kölner Schrift zur Insolvenzordnung, 2. Aufl. 2000, S. 931 (Rn. 1).

2 *Rattunde,* in: LSZ, InsO, 3. Aufl. 2010, § 217 Rn. 2; Amtl. Begr. zum RegEInsO, Allg. 4a), BT-Drucks. 12/2443, 82 f.; *Balz* ZIP 1988, 273, 283.

3 *Rattunde,* in: LSZ, InsO, 3. Aufl. 2010, § 217 Rn. 5; Amtl. Begr. zu § 253 RegEInsO, BT-Drucks. 12/2443, 195.

4 *Rattunde,* in: LSZ, InsO, 3. Aufl. 2010, § 217 Rn. 1.

5 *Flessner,* in: H-K, 4. Aufl. 2006, § 217 Rn. 8.

6 *Happe,* Die Rechtsnatur des Insolvenzplans, 2004

7 BGH, Urt. v. 6. 10. 2005 – IX ZR 36/02, ZIP 2006, 39 ff.; *Madaus,* Der Insolvenzplan, passim; *Häsemeyer,* in: FS Gaul, 1997, 175 ff.; ebenso *Hess/Obermüller,* Insolvenzplan, Restschuldbefreiung und Verbraucherinsolvenz, 1998, Rn. 5 a; vgl. auch *Smid/Rattunde,* Der Insolvenzplan, 2. Aufl. 2005, Rn. 2.42; ähnlich *Schiessler,* Der Insolvenzplan 1997, 21 ff. (privatautonome Übereinkunft sui generis). Ablehnend *Gottwald/Braun,* Insolvenzrechts-Handbuch, § 66 Rn. 19; *Eidenmüller,* JbfNPolÖk Bd. 15 (1996), 164 f. (mehrseitige Verwertungsvereinbarung, die durch Organisationsakt der Gläubigergemeinschaft in Beschlussform zustande kommt).

3 In der Amtlichen Begründung zum RegEInsO[8] heißt es dazu, die Reform vertraue darauf, dass marktwirtschaftlich rationale Verwertungsentscheidungen, wie sie unter Wettbewerbsbedingungen durch freie Entscheidungen der Beteiligten zustande kommen, „am ehesten ein Höchstmaß an Wohlfahrt herbeiführten und somit auch im gesamtwirtschaftlichen Interesse lägen"; an diesem Pathos müssen sich die Regelungen messen lassen, die Gesetz geworden sind. Der Gesetzgeber meint, unter marktwirtschaftlichen Bedingungen werde ein Unternehmen saniert, wenn seine Fortführung durch den bisherigen oder einen neuen Rechtsträger für die Beteiligten oder für neue Geldgeber vorteilhafter sei als seine Liquidation; sei der Liquidationswert höher als der Fortführungswert, kommt es zur Liquidation, wobei die in dem Unternehmen gebundenen Produktionsfaktoren wirtschaftlicheren Verwendungen zugeführt werden.[9] Der Verfahrensablauf und die Verfahrensgestaltung werden m.a.W. dem ökonomischen Kalkül der Beteiligten unterstellt.[10]

4 Das Gesetz geht dabei von einem „Gleichrang" von Liquidation, übertragender Sanierung und Sanierung durch den Insolvenzplan aus.[11] Dieser „Schwenk" des Reformgesetzgebers hat zu erheblichen Unsicherheiten geführt, wenn z.B. von einer übertragenden Sanierung „durch" einen Insolvenzplan die Rede ist.[12]

2. Funktionen eines Insolvenzplans – Übersicht

5 **a) Faktoren des Insolvenzplanverfahrens.** Das Insolvenzplanverfahren kennzeichnen im Wesentlichen folgende Faktoren: (1) Das Insolvenzplanverfahren ist der Eröffnung des Insolvenzverfahrens anders als der Vergleich nicht mehr zeitlich vorgelagert.[13] Vielmehr wird es umgekehrt im eröffneten Insolvenzverfahren – nach Erlass des Eröffnungsbeschlusses – eingeleitet und durchgeführt. (2) Mittels eines Insolvenzplans kann nicht nur in die Forderungen der Insolvenzgläubiger mit Kürzungen eingegriffen werden. Wichtiges Instrument der Sanierung[14] von angeschlagenen Unternehmen ist nach § 217 InsO, dass mittels des Insolvenzplans in die Sicherheiten der absonderungsberechtigten Gläubiger eingegriffen werden kann. Schließlich (3) ermöglichen es die verfahrensrechtlichen Regeln der Beschlussfassung über die Annahme des Insolvenzplans, den Widerstand opponierender Gläubiger leichter zu brechen, als dies nach den Abstimmungsquoten des Vergleichsverfahrensrechts möglich war.

6 Durch den Insolvenzplan kann mittlerweile gem. § 225 a InsO durch debt-to-equity-swap in die Stellung der Gesellschafter des schuldnerischen Unternehmens eingegriffen werden.[15] Dies gilt aber nicht für andere massefremde Rechte wie namentlich diejenigen der Aussonderungsberechtigten.[16]

7 Die §§ 217 ff. InsO bewirken, dass *nur mehr* in dem relativ komplizierten Verfahren der Planvorlegung, -zulassung und -annahme eine Sanierung des schuldnerischen Unternehmens*trägers* versucht werden kann: Da es keine einfachen Regeln über mehrheitliche Zwangsvergleichsannahme (§ 182 InsO) mehr

---

8 Amtl. Begr. zum RegEInsO, BT-Drucks. 12/2443, Allg. 2, 76.
9 Vgl. hierzu *Smid/Rattunde*, Der Insolvenzplan, 2. Aufl. 2005, Rn. 2.29 ff.
10 Eingehend krit. Voraufl. § 24 Rn. 15 ff.
11 Amtl. Begr. zum RegEInsO, BT-Drucks. 12/2443, Allg. 3 a bb), 77.
12 Vgl. *Rattunde*, in: Leonhardt/Smid/Zeuner, InsO, 3. Aufl. 2010, § 217 Rn. 12 ff.
13 *Rattunde*, in: Leonhardt/Smid/Zeuner, InsO, 3. Aufl. 2010, § 220 Rn. 6.
14 *Seagon*, in: *Buth/Hermann*, Restrukturierung, Sanierung, Insolvenz, 1998, § 3 Vor Rn. 111 ff.; *Kaltmeyer*, ZInsO 1999, 255 ff.
15 Vgl. dazu Beschl.-Empf. des RechtsA (Fn. 1), 181; Gesellschafter der Schuldnerin sind keine Beteiligten: LG Mühlhausen, Beschl. v. 17. 9. 2007, IIT/06 NZI 2007, 724.
16 *Niesert*, InVo 1998, 141, 142.

gibt, kann auch durch einen Beschluss der Gläubigerversammlung (§§ 156, 157 InsO) nicht mehr der Weg eines schnellen und kostengünstigen Vergleichsverfahrens eingeschlagen werden: Insbesondere für solche natürlichen Personen ist dies nach bisherigem Recht schwierig[17], die an der Grenze des § 304 InsO stehen. Entgegen einer in der Literatur vertretenen Meinung[18] haben *Rattunde* und *Smid*[19] aufgrund praktischer Erfahrungen mit diesem Institut rechtlich gangbare Wege zu einem **schlanken Insolvenzplan** aufgezeigt.

Anwendungsfälle eines Insolvenzplans liegen vor, wenn keine Möglichkeit einer übertragenden Sanierung in Ermangelung der Verwertbarkeit der Masse besteht bzw. keine Interessenten an einer übertragenden Sanierung auftreten[20]; 8
- im Falle börsennotierter Aktiengesellschaften wie im Beispiel der Senator Film AG[21];
- bei den Wert der Masse ausmachenden Konzessionen wie im Falle von Fußballvereinen;
- bei realkonzessionierte Unternehmen, Beispiel: ein Vulkanisierwerk im Naturschutzgebiet
- bei single asset real estate cases[22],
- zur Ermöglichung der Liquidation durch Ersetzung der Mitwirkung von Gläubigern, namentlich Absonderungsberechtigten;
- bei selbständigen natürlichen Personen – hoch verschuldeten Ärzten, Rechtsanwälten, Notaren pp. – in deren Fällen freilich – wegen der standesrechtlichen Probleme wegen überzogener Hoffnungen zu warnen ist.

Die Grenze verläuft bei nicht selbständigen tätigen natürlichen Personen, § 312 Abs. 2 InsO.

Mit dem Eintritt der Masseunzulänglichkeit ist immer verbunden, dass die Befriedigung der nachrangigen Massegläubiger im Rang des § 209 Abs. 1 Nr. 3 InsO nicht mehr gewährleistet ist. Allein die Masseunzulänglichkeit des Verfahrens rechtfertigt freilich eine Zurückweisung des Planes gem. § 231 Abs. 1 Nr. 3 InsO nicht. Freilich war dies bislang umstritten.[23] Der Rechtsausschuss[24] hatte im Gesetzgebungsverfahren des Jahres 1994 die Entscheidung dieser Frage ausdrücklich der Rechtsprechung überantwortet. Bereits nach geltendem Recht ist aber davon auszugehen, dass der Eintritt der Masseunzulänglichkeit das Insolvenzplanverfahren nicht hindert.[25] Mit dem Gesetz zur Erleichterung der Unternehmenssanierung wird dies klargestellt und werden für das Insolvenzplanverfahren bei Masseunzulänglichkeit Regeln einge- 9

---

17 Vgl. den einem wirklichen Fall nachgebildeten Beispiel im Anhang zu *Flöther/Smid/Wehdeking*, Eigenverwaltung, 2005, Teil 3.
18 Vgl. einen allerdings sehr früh vorgeschlagenen Musterinsolvenzplan, in: *Braun/Uhlenbruck*, Muster eines Insolvenzplans, 1997.
19 *Smid/Rattunde*, Der Insolvenzplan, 2. Aufl. 2005, Rn. 4.8 f.
20 *Rattunde*, in: Leonhardt/Smid/Zeuner, InsO, 3. Aufl. 2010, § 217 Rn. 8.
21 LG Berlin, Beschl. v. 8. 2. 2005 – 86 T 5/05, DZWIR 2005, 301, Smid, Zu den Grenzen der sofortigen Beschwerde gegen einen Insolvenzplan, in: DZWIR 2005, 364–369.
22 *Rattunde*, in: Leonhardt/Smid/Zeuner, InsO, 3. Aufl. 2010, § 217 Rn. 15; *Eidenmüller*, in: MünchKomm, § 217, Rn. 172.
23 Zum Ganzen *Smid/Rattunde/Martini*, Insolvenzplan, 3. Aufl. 2010/2011, Rn. 2.91 f.
24 RechtsA, BT-Drucks 12/7302, 180.
25 *Kreft-Flessner*, § 217 Rn. 10. So ausdrücklich *Smid/Rattunde*, Insolvenzplan, 3. Aufl. 2010/2011, Rn. 2.92 f

führt: § 210a Nr. 1 InsO[26] sieht vor, dass bei Anzeige der Masseunzulänglichkeit an die Stelle der nicht nachrangigen Insolvenzgläubiger die Massegläubiger mit dem Rang des § 209 Abs. 1 Nr. 3 InsO treten. § 258 Abs. 2 InsO verlangt zwar für die Aufhebung des Insolvenzverfahrens eine vollständige Tilgung aller Masseverbindlichkeiten[27], was bei Eintritt der Masseunzulänglichkeit nicht möglich ist. Die bisherige Regelung des § 258 Abs. 2 InsO wurde daher als zweckwidrig kritisiert.[28] Durch § 210a InsO wird klargestellt, dass ein Insolvenzplan auch dann zulässig ist, wenn der Verwalter bereits Masseunzulänglichkeit angezeigt hat. Bei der Ausgestaltung der Regelung wird auf die entsprechende Vorschrift im Regierungsentwurf der Insolvenzordnung zurückgegriffen (§ 323 Absatz 2 RegE InsO).

10 Die Zulässigkeit eines Insolvenzplans nach der Anzeige der Masseunzulänglichkeit bedeutet zwangsläufig, dass in die Rechte dieser Massegläubiger eingegriffen werden kann und dass diese über den Plan abstimmen müssen.[29] Die nicht nachrangigen Insolvenzgläubiger haben in aller Regel keine Befriedigungsaussichten mehr und rücken daher in die Position, die sonst die nachrangigen Insolvenzgläubiger einnehmen. Für sie gilt daher § 246 Nr. 2 InsO entsprechend. Nach dieser Vorschrift gilt die Zustimmung zum Plan als erteilt, wenn sie sich nicht an der Abstimmung beteiligen. Die Massegläubiger nehmen im masseunzulänglichen Insolvenzplanverfahren eine Stellung ein, die derjenigen der nicht-nachrangigen Insolvenzgläubiger als Gruppe nach § 222 Abs. 1 Nr. 2 InsO entspricht, während die nicht-nachrangigen Insolvenzgläubiger zur Gruppe nach § 222 Abs. 1 Nr. 3 InsO werden.[30] Tritt im Verlauf des Insolvenzplanverfahrens nach Terminierung des Erörterungs- und Abstimmungstermins unter Übersendung der Zusammenfassung wesentlichen Inhalte des Planes die Masseunzulänglichkeit ein, hat der Plan dies regelmäßig nicht bereits vorgesehen; er ist daher schon von Gesetzes wegen zu ändern, so dass die Umstellung des Plans auf die Anforderungen des § 210a InsO nach § 240 InsO zulässig ist.

11 **b) Liquidationsplan.** Da es bei dem Insolvenzplan um die Optimierung der Befriedigungsaussichten der Gläubiger geht, lassen die §§ 217 ff. InsO auch einen Liquidationsplan zu[31] – was im Rahmen des früheren Vergleichsverfahrens wegen § 18 Nr. 4 VerglO nicht möglich war: Der Plan kann nach Vorstellung des Gesetzgebers auch darauf beschränkt werden, die Verwertung der Insolvenzmasse und deren Verteilung an die Beteiligten – die absonderungsberechtigten Gläubiger, die Insolvenzgläubiger, den Schuldner oder die an ihm beteiligten Personen – abweichend von den gesetzlichen Vorschriften zu gestalten. Das deutsche Insolvenzverfahren ist durch weit reichende Gläubigerautonomie geprägt; dies gilt nicht zuletzt auch für das Insolvenzplanverfahren. Es liegt bei den Gläubigern zu bestimmen, in welche Richtung ein Insolvenzverfahren läuft. Durch einen von ihnen verabschiedeten Insolvenzplan können aber allein die gestaltenden Regelungen vorgesehen werden, mit denen nach den §§ 223 ff. InsO in die Rechte von Absonderungsberechtigten, Insolvenzgläubigern und nachrangigen Insolvenzgläubigern eingegriffen wird. Die Gläubiger, die mit der Annahme des Insolvenzplans die Abwicklung des *Insolvenzverfahrens* modifizieren, haben indessen auch dann nicht die Befugnis, in öffentlich-

---

26 DiskE Art. 1 Nr. 7.
27 *Kreft-Flessner*, § 258 Rn. 3.
28 *Kreft-Flessner*, § 253 Rn. 7.
29 *Eidenmüller*, in: MünchKomm, InsO, 2. Aufl. 2008, § 217, Rn. 84.
30 DiskE Begr. zu Art. 1 Nr. 11; *Gruppe mit Absonderungsberechtigten, die werthaltige Rechte haben, mit solchen, deren Rechte nicht werthaltig sind, unzulässig* – BGH, Beschl. v. 7. 7. 2005 – IX ZB 266/04, DZWIR 2006, 74, Smid NZI 2005, 613.
31 Vgl. *Haarmeyer/Wutzke/Förster*, Handbuch zur Insolvenzordnung, 1997, V Rn. 361.

rechtliche Statusverhältnisse des Schuldners einzugreifen, wenn dies aus Sicht einer Optimierung der Befriedigung der Gläubiger sich als wünschenswert erweisen würde. Zwar ist im Schrifttum zutreffend davon die Rede, das Insolvenzrecht könne für sich einen „Primat" beanspruchen.[32] Das betrifft indes die Frage, ob die Masse mit dem Zwang zur Erfüllung öffentlich-rechtlicher Pflichten des Schuldners belastet werden darf – womit eine Ungleichbehandlung der Gläubiger durch eine von der insolvenzrechtlichen Haftungsordnung ausgeschlossene Aufwertung der „öffentlichen Hand" vom Insolvenz- zum Massegläubiger einhergehen würde. Dagegen liegt auf der Hand, dass die Gläubiger mit ihren Entscheidungen (sei es nach § 157 InsO, sei es nach § 241 InsO) sich im Rahmen der Rechtsmacht bewegen, die dem Schuldner vor Eröffnung des Insolvenzverfahrens über sein Vermögen zugestanden hat: Daraus folgt aber zwingend, dass die Beschlussfassung der Gläubiger über eine „Betriebsfortführung" des Notars die Entscheidung der Landesjustizverwaltung über eine Amtsenthebungsmaßnahme gegen den insolventen Notar nicht zu binden vermag.

Ein Liquidationsplan ist außerhalb des Bereichs der Insolvenz natürlicher Personen in der Unternehmensinsolvenz nicht unproblematisch. Denn dort wird regelmäßig der schuldnerische Unternehmensträger mit Verfahrensabschluß (§ 258 InsO) liquidiert. 12

Der erkennende Senat des BGH übersieht mit seinem Beschluss, dass die begründete Erwartung der Fähigkeit des Antragstellers, seine Einkommens- und Vermögensverhältnisse wieder zu ordnen und die gegen ihn gerichteten Forderungen zu befriedigen, zu den gesetzlichen Tatbestandsmerkmalen zählt, aufgrund derer der Amtsenthebungsgrund des § 50 Abs. 1 Nr. 8 BNotO widerlegt werden kann. Der Beschluss der Gläubigerversammlung, mit dem der Insolvenzverwalter zur Ausarbeitung eines Insolvenzplans beauftragt worden war, lag einen Monat vor Erlass des Amtsenthebungsbeschlusses. Liegt aber eine derartige Entscheidung der Gläubiger eines Schuldners vor, ist zu erwarten, dass ein Insolvenzplan – wie im vorliegenden Fall denn auch im Ergebnis geschehen – durch die zu bildenden Abstimmungsgruppen angenommen werden wird. Ist dies der Fall, gibt es fast keine stärkere Vermutung für das zu erwartende Gelingen einer Vermögensreorganisation eines Schuldners. Denn die Transparenz des gerichtlichen Insolvenzplanverfahrens bietet den Betroffenen ein Höchstmaß an möglicher Unterrichtung und Kontrolle für das weitere Verfahren. Dies alles war der Landesjustizverwaltung bekannt. Es wäre absurd, einem in Vermögensverfall geratenen Notar eine Schuldenbereinigung außerhalb eines Insolvenzplanverfahrens zu eröffnen, um die Amtsenthebung abzuwenden, das vom Bundesgesetzgeber im Rahmen der Insolvenzrechtsreformen als der außergerichtlichen Reorganisation vorzuziehende Insolvenzplanverfahren aber geradezu als Anlass dafür zu nehmen, eine in diesem Verfahren unter gerichtlicher Kontrolle und Aufsicht zu realisierende Reorganisation nicht nur bei der Beurteilung der Tatbestandsvoraussetzung nach § 50 Abs. 1 Nr. 8 BNotO auszublenden, sondern geradezu als Fallstrick anzusehen. Die vorliegende Entscheidung läuft in eklatantem Maße nicht allein den reformgesetzgeberischen Intentionen zuwider, sondern verfehlt schwerwiegend die einschlägigen notarrechtlichen Rechtsgrundlagen. Das BVerfG[33] hat die Vollziehung der Amtsenthebung des Notars in diesem Fall aufgrund einer von ihm eingelegten Verfassungsbeschwerde bis zur Entscheidung über die Verfassungsbeschwerde ausgesetzt. Im Hauptsacheverfahren müsse der BGH nämlich, anders als in der vorliegenden Entscheidung geschehen, prüfen, ob die Amtsenthebung im vorliegenden Fall als schwerster Eingriff in die durch Art. 12 Abs. 1 GG geschützte berufliche Stellung des Notars verhältnismäßig sei. 13

II. Reichweite möglicher Regelungen durch Insolvenzpläne

a) „Grundfall" eines Insolvenzplans ist der Sanierungsplan. In der Amtlichen Begründung[34] heißt es dazu, es stünden im Insolvenzplanverfahren Regelungen im 14

32 Zum Ganzen: *Häsemeyer*, in: FS Uhlenbruck, 2000, 175 ff.; *Smid*, Grundzüge des Insolvenzrechts, 4. Aufl. 2002, § 9 Rn. 34.
33 BVerfG, einstweilige Anordnung v. 28. 4. 2004 – 1 BvR 912/04, zit. n. der Entscheidung des BGH: ZIP 2004, 1008.
34 Amtl. Begr. zu § 253 RegEInsO (Fn. 7), 195.

Vordergrund, die das Hauptziel des Insolvenzverfahrens, die bestmögliche Befriedigung der Gläubiger, betreffen. Als *Sanierungsplan* zielt der Plan auf die Wiederherstellung der Ertragskraft des schuldnerischen Unternehmens und die Befriedigung der Gläubiger aus den Erträgen des Unternehmens. Zugleich kann entweder vorgesehen werden, dass der Schuldner das Unternehmen fortführen und die langfristig gestundeten Insolvenzforderungen im Laufe der Jahre berichtigen soll, oder es wird eine „übertragende Sanierung" geplant, die durch Übertragung des Unternehmens an einen Dritten vorgenommen wird.[35] Die §§ 217ff. InsO lassen aber auch einen Liquidationsplan zu[36] (anders früher § 18 Nr. 4 VerglO). Der Plan kann nach Vorstellung des Gesetzgebers auch darauf beschränkt werden, die Verwertung der Insolvenzmasse und deren Verteilung an die Beteiligten – die absonderungsberechtigten Gläubiger, die Insolvenzgläubiger, den Schuldner oder die an ihm beteiligten Personen – abweichend von den gesetzlichen Vorschriften zu gestalten. Somit ist es möglich, das bisherige Instrumentarium einer übertragenden Unternehmenssanierung als Liquidationsplan im Rahmen eines Insolvenzplanverfahrens nutzbar zu machen und Probleme der Masseunzulänglichkeit beispielsweise durch Eingriffe in die Rechtsstellung der absonderungsberechtigten Gläubiger zu steuern. Schließlich sind Insolvenzpläne möglich, mit denen dem Schuldner Zahlungsaufschübe und Stundungen eingeräumt werden.[37] Freilich ist sowohl nach der gesetzgeberischen Vorstellung (vgl. § 227 InsO) als auch in der Praxis ein teilweiser Schuldenerlass seitens der Insolvenzgläubiger regelmäßiger Bestandteil des gestaltenden Teils eines Sanierungsinsolvenzplans. Anders ist eine Sanierung des Unternehmensträgers auch bei frühzeitiger Antragstellung in aller Regel nicht finanzierbar.

15 **b) Debt-equity swap.** Das bis zum 29. Februar 2012 geltende deutsche Insolvenzplanrecht ließ bei einer Sanierung mittels eines Insolvenzplans Eingriffe in Rechte der Anteilsinhaber des insolventen Unternehmens nicht zu[38]; die Anteilseigner waren keine Beteiligten des Insolvenzplanverfahrens. Daher konnten durch den Plan Gesellschafterbeschlüsse, wie sie zum Beispiel für eine Kapitalherabsetzung und eine Kapitalerhöhung erforderlich sind, oder Willenserklärungen einzelner Gesellschafter zur Übertragung ihrer Anteile nicht ersetzt werden. § 217 InsO sieht nunmehr vor, dass auch Anteilseigner Beteiligte des Insolvenzplanverfahrens sein können.[39] Aussergerichtliche Sanierungen von Kapitalgesellschaften erfolgen nicht selten durch einen sogenannten Kapitalschnitt.[40] Darunter versteht man eine nominelle Kapitalherabsetzung, auf die eine Kapitalerhöhung vorgenommen wird. Die §§ 58a Abs. 5, 53 Abs. 2 S. 1 i.V.m. § 3 Abs. 1 Nr. 3 GmbHG sehen vor, dass die Kapitalherabsetzung nur mit Dreiviertelmehrheit der Gesellschafter beschlossen werden kann. Die Kapi-

---

35 Zum vorangegangenen *Braun,* in: Nerlich/Römermann, InsO vor § 217 Rn. 197ff.; *Smid/Rattunde,* Der Insolvenzplan, 2. Aufl. 2005, Rn. 1.6; *Haarmeyer/Wutzke/Förster,* Handbuch zur Insolvenzordnung, V/Rn. 319ff.; *Maus,* in: Kölner Schrift zur Insolvenzordnung, 2. Aufl. 2000, S. 935 (Rn. 15ff.).

36 Vgl. *Smid/Rattunde,* Der Insolvenzplan, 2. Aufl. 2005, Rn. 2.12; *Haarmeyer/Wutzke/Förster,* Handbuch zur Insolvenzordnung, 1997, V Rn. 361; *Maus,* in: Kölner Schrift zur Insolvenzordnung, 2. Aufl. 2000, S. 934 (Rn. 10ff.).

37 *Braun,* in Nerlich/Römermann, InsO, vor § 217 Rn. 202.

38 *Kreft-Flessner,* § 217 Rn. 11.

39 DiskE Art. 1 Nr. 9 *Bay/Seeburg* ZInsO 2011, 1927ff.

40 *Eidenmüller/Engert* ZIP 2009, 541, 542.

talherabsetzung erfolgt dadurch, dass die Anteile zusammengelegt oder in ihrem Anteil reduziert werden. Die Kapitalherabsetzung setzt die in die Gesellschaft einzubringende Forderung in ein realistisches Verhältnis zum Wert der Gesellschaft.[41] Die Kapitalerhöhung durch Einbringung der Forderung als Sacheinlage[42]. Dies erfolgt regelmäßig durch Konfusion, durch die die Forderung erlischt, oder durch Erlaßvertrag. Bei der AG muss hierbei das Bezugsrecht der Altaktionäre ausgeschlossen werden.[43] Zwar hat der BGH[44] im Rahmen der Sanierung einer GmbH & Co. KG eine Treuepflicht von Gesellschaftern zur Mitwirkung an einer Sanierung anerkannt. Gleichwohl verblieb den Anteilsinhabern ein erhebliches Blockadepotential[45], da sie nur freiwillig sich den Wirkungen des Insolvenzplans unterwerfen mussten. § 254a Abs. 2 InsO ordnet nun an, dass Gesellschafterbeschlüsse und sonstige Willenserklärungen, die § 225a InsO planmäßig vorsieht, gegen die Gesellschafter wirken.

Dies geschieht insbesondere durch die Umwandlung von Forderungen in Gesellschaftsanteile, also einen Debt-Equity-Swap. Zutreffend weist die Allgemeine Begründung zum Diskussionsentwurf[46] darauf hin, dass eine Überschuldung durch den Wegfall von Verbindlichkeiten beseitigt werden kann und zugleich das Erlöschen von Zins- und Tilgungspflichten die Zahlungsfähigkeit des Unternehmens wiederherstellen kann. Die Gläubiger werden durch die Umwandlung ihrer Forderungen in Anteile an künftigen Erträgen des sanierten Unternehmens beteiligt und können über dessen künftige Aktivitäten mitbestimmen.

Durch das Gesetz zur weiteren Erleichterung von Unternehmenssanierungen ist ein neuer § 225a in die InsO eingefügt worden, der diese Eingriffe in Rechte der Anteilseigner erlaubt. § 225a Abs. 1 InsO sieht vergleichbar der Regelung des § 223 Abs. 1 InsO hinsichtlich der Absonderungsberechtigten vor, dass die Anteils- oder Mitgliedschaftsrechte der am Schuldner beteiligten Personen vom Insolvenzplan grundsätzlich unberührt bleiben. Dabei erlaubt es § 225a Abs. 2 S. 1 InsO, im gestaltenden Teil des Plans vorzusehen, dass Forderungen von Gläubigern in Anteils- oder Mitgliedschaftsrechte am Schuldner umgewandelt werden. Nach § 225a Abs. 2 S. 2 InsO kann der Plan insbesondere eine Kapitalherabsetzung oder -erhöhung, die Leistung von Sacheinlagen, den Ausschluss von Bezugsrechten oder die Zahlung von Abfindungen an ausscheidende Anteilsinhaber vorsehen.[47]

c) Nach § 225a Abs. 3 InsO wird daher im Plan jede gesellschaftsrechtlich zulässige 16
Regelung getroffen werden können, namentlich die Fortsetzung einer aufgelösten Gesellschaft oder die Übertragung von Anteils- oder Mitgliedschaftsrechten. Dadurch wird es ermöglicht, die gesellschaftsrechtlichen Strukturen des Schuldners auch au-

41 *Scheunemann/Hoffmann*, DB 2009, 983, 984.
42 BGHZ 132, 141, 143. *Schmidt/Uhlenbruck*, Die GmbH in Krise, Sanierung und Insolvenz, 4. Aufl. 2009 Rn. 2.279.
43 *Hölzle*, NZI 2011, 124, 128.
44 BGH, Urt. v. 19. 10. 2009 – II ZR 240/08 (Sanieren oder ausscheiden).
45 Christian Meyland hat dies im WS 2011/2012 in meinem Seminar hervorragend dargestellt.
46 DiskE allg. Begr. A I 2.
47 DiskE Begr. zu Art. 1 Nr. 12.

ßerhalb eines Debt-Equity-Swap grundlegend umzugestalten und den Bedürfnissen des Insolvenzplanverfahrens anzupassen.[48]

Im Plan ist nach § 225a InsO im Einzelnen zu regeln, wie die Umwandlung einer Forderung in Eigenkapital rechtlich umgesetzt werden soll. Es ist allgemein anerkannt, dass auch Forderungen, die gegen die Gesellschaft selbst gerichtet sind, einlagefähig sind. Gesellschaftsrechtlich ist Mittel dazu regelmäßig eine Kapitalherabsetzung mit anschließender Kapitalerhöhung, wobei die Forderung als Sacheinlage eingebracht wird. Die Einbringung erfolgt entweder durch eine Forderungsübertragung, wobei die Forderung durch Konfusion erlischt, oder durch einen Erlassvertrag. Zugleich sind Regelungen für eventuell bestellte Sicherheiten zu treffen, sofern diese nicht ohnehin erlöschen, weil sie akzessorisch zur umzuwandelnden Forderung sind. Es ist im Plan insbesondere anzugeben, welche Kapitalmaßnahmen durchgeführt werden sollen, mit welchem Wert ein Anspruch anzusetzen ist und wem das Bezugsrecht zustehen soll. Zur Frage der Werthaltigkeit des Anspruchs sind nach Maßgabe des einschlägigen Gesellschaftsrechts Gutachten einzuholen. Der Gesetzgeber geht davon aus, dass die Werthaltigkeit der Forderung aufgrund der Insolvenz des Schuldners regelmäßig reduziert sein wird.

17 **d) Art. 14 Abs. 1 GG: Entschädigung der Anteilseigner.** Bereits zum Diskussionsentwurf der InsO wurde diskutiert, Eingriffe in Anteilseignerrechte zu ermöglichen. Dagegen wurden seinerzeit verfassungsrechtliche Bedenken vorgebracht, die auf die Eigentumsgarantie des Art. 14 Abs. 1 GG gestützt wurden. Wegen des aufgrund des geltenden Rechts bestehenden Blockadepotentials der Anteilseigner, das noch dadurch verstärkt wird, dass für Gesellschafterbeschlüsse über Kapitalmaßnahmen wie insbesondere im Falle von Kapitalerhöhungen gem. § 182 AktG bzw. § 53 GmbHG in der Regel ¾-Mehrheiten erforderlich sind, sind diese Bedenken der Insolvenzpraktiker in den Hintergrund getreten. Eine Einschränkung oder der Verlust des Mitgliedschaftsrechts im Insolvenzplanverfahren hält der Gesetzgeber nunmehr für unbedenklich, weil der Anteilsinhaber nach Eröffnung eines Insolvenzverfahrens, das ohne den Plan zu einer Abwicklung und damit Löschung des insolventen Rechtsträgers im Register führt, ohnehin nicht mehr mit dem Erhalt seines Anteils- oder Mitgliedschaftsrechts rechnen könne.[49] Dabei ist zu berücksichtigen, dass seit den Diskussionen in den späten achtziger Jahren des vergangenen Jahrhunderts das aktienrechtliche squeeze out verfassungsrechtlich vom BVerfG[50] unter bestimmten Voraussetzungen als mit Art. 14 Abs. 1 GG vereinbar angesehen worden ist. Bekanntlich hat ein Aktionär, der direkt oder über von ihm abhängige Unternehmen mindestens 95% des Grundkapitals einer Aktiengesellschaft (oder einer Kommanditgesellschaft auf Aktien) hält, grundsätzlich jederzeit, insbesondere auch in der Liquidation der AG, das Recht, die restlichen Aktionäre (freie oder Minderheitsaktionäre) gegen Zahlung einer angemessenen Abfindung aus dem Unternehmen zu drängen. Man kann die geplante Vorschrift des § 225a Abs. 4 InsO in diesem Zusammenhang verstehen. Sie soll vorsehen, dass für eine Maßnahme im Sinne von § 225a Abs. 2 oder 3 InsO,

---

48 DiskE Begr. zu Art. 1 Nr. 12.
49 DiskE Begr. zu Art. 1 Nr. 30.
50 BVerfG ZIP 2000, 1670.

mittels derer in die Anteils- oder Mitgliedschaftsrechte der am Schuldner beteiligten Personen eingegriffen wird, im Plan eine angemessene Entschädigung vorzusehen sein wird. Ein völliger Ausschluss der Entschädigung der Anteilseigner für den Fall, dass die Gläubiger nicht mindestens 100% ihrer Forderungen erhalten, um „räuberischen Aktionären" keinen Stoff für Rechtsstreitigkeiten zu bieten, ist vor diesem Hintergrund aus pragmatischer Sicht wünschenswert, wäre aber mit den grundrechtlichen Rahmenbedingungen des Insolvenzplanverfahrens nicht vereinbar.[51]

e) Sanierungsprivilegien und debt-equity-swap. Das Sanierungsprivileg des § 39 Abs. 4 S. 2 InsO und ggf. das Kleinbeteiligungsprivileg des § 39 Abs. 5 InsO kommt den Gläubigern zugute, die im Wege des debt-equity-swaps zu Anteilsinhabern werden. Erwirbt der Gläubiger die Anteile aufgrund eines Debt-Equity-Swap in einem Insolvenzplan, ist davon auszugehen, dass sie zum Zweck der Sanierung im Sinne des § 39 Abs. InsO 4 erworben wurden. 18

f) Rechtliche Form der Beteiligung der Anteilseigner am Insolvenzplanverfahren. § 244 InsO wird durch das Gesetz zur weiteren Erleichterung von Unternehmenssanierungen ein Abs. 3 angefügt, der vorsieht, dass für die am Schuldner beteiligten Personen § 244 Abs. 1 Nr. 2 InsO entsprechend mit der Maßgabe gilt, dass an die Stelle der Summe der Ansprüche die Summe der Beteiligungen tritt. 19

§ 246a InsO sieht eine Regelung der Ersetzung der Zustimmung der Anteilsinhaber für den Fall vor, dass sich kein Mitglied einer Gruppe der Anteilsinhaber an der Abstimmung beteiligt. Unter dieser Voraussetzung gilt die Zustimmung der Gruppe als erteilt. Diese Regelung in § 246a InsO dient der Vereinfachung des Abstimmungsverfahrens. Die Anteils- bzw. Mitgliedschaftsrechte der Anteilseigner können in den Plan einbezogen werden, auch wenn sich kein Anteilsinhaber der Gruppe an der Abstimmung beteiligt. Die Regelung entspricht der des § 246 Nr. 2 – bisher Nr. 3 – InsO über die Zustimmung der nachrangigen Insolvenzgläubiger. Der Gesetzgeber erwartet, dass in Fällen, in denen offensichtlich ist, dass die Anteile durch die Insolvenz wertlos geworden sind und in dem auch der Plan keine Leistungen an die Anteilsinhaber vorsieht, deren Interesse an der Abstimmung gering sein wird.

g) Wirkungen des bestätigten Insolvenzplans gegen die Anteilseigner. Abs. 2 des § 254a InsO bestimmt, dass die in den Plan aufgenommenen Beschlüsse der Anteilsinhaber oder sonstigen Willenserklärungen der Beteiligten als in der vorgeschriebenen Form abgegeben gelten, soweit die Anteils- oder Mitgliedschaftsrechte der am Schuldner beteiligten Personen gem. gem. § 225a InsO in den Plan einbezogen sind. Nach S. 2 dieser Vorschrift gelten gesellschaftsrechtlich erforderliche Ladungen, Bekanntmachungen und sonstige Maßnahmen zur Vorbereitung von Beschlüssen der Anteilsinhaber als in der vorgeschriebenen Form bewirkt.[52] 20

51 DiskE Art. 1 Nr. 12.
52 DiskE Art. 1 Nr. 34.

§ 39 Ablauf eines Insolvenzplanverfahrens[1]

I. Berechtigung zur Vorlage eines Insolvenzplans

1. Gesetzliche Regelung

1 § 218 Abs. 1 Satz 1 InsO bestimmt, dass der Insolvenzverwalter und der Schuldner zur Vorlage eines Insolvenzplanes an das Insolvenzgericht „berechtigt" sind. Der vom Schuldner vorgelegte Insolvenzplan kann nach § 218 Abs. 1 Satz 2 InsO auch mit dem Eigenantrag des Schuldners verbunden werden. Der Schuldner kann grundsätzlich nur einen Plan vorlegen, da sich der Plan als an die Insolvenzgläubiger und die absonderungsberechtigten Gläubiger als die weiteren Beteiligten des Insolvenzplanverfahrens gem. § 217 InsO gerichtetes Angebot der weiteren Verfahrensabwicklung darstellt, das, um Gegenstand des Verfahrens und der Beschlussfassung sein zu können, bestimmt sein muss.[2] Der vom Insolvenzverwalter vorgelegte Insolvenzplan kann aufgrund seiner Beauftragung durch Beschluss der ersten Gläubigerversammlung (im „Berichtstermin", § 156 InsO) vorgelegt werden, §§ 157 Satz 2, 218 Abs. 2 Hs. 1 InsO. Die Gläubigerversammlung hat auch die Befugnis, dem Insolvenzverwalter die Ausarbeitung des Plans zu untersagen, da sie liquidationshemmende (vgl. § 233 InsO) Maßregeln abzuwehren befugt ist.[3] Das ursprünglich einmal vorgesehene Initiativrecht von Einzelgläubigern (§§ 254, 255 RegEInsO) hat der Gesetzgeber demgegenüber aufgrund der nachhaltigen Kritik, die daran geübt wurde,[4] gestrichen. Damit werden über die bislang in § 2 Abs. 1 Satz 2 VerglO statuierte Befugnis des Schuldners hinaus, Sanierungsversuche anzustoßen, dem Insolvenzverwalter Initiativrechte eingeräumt.

2. Insolvenzgerichtliche Prüfung

2 Den vorgelegten Insolvenzplan hat das Insolvenzgericht – im eröffneten Verfahren gem. §§ 3 Nr. 2e) u. g), 18 RPflG der Rechtspfleger, bei einem prepackaged plan ggf. auch der Richter im Eröffnungsverfahren, der sich die Sache im eröffneten Verfahren aber häufig vorbehalten wird – nach § 231 InsO vorab zu prüfen und über seine Zulassung zum weiteren Insolvenzplanverfahren zu entscheiden (unten RdNr. 9ff.).[5] Die Voraussetzungen, die das Gesetz an die Insolvenzplaninitiative des Insolvenzverwalters knüpft, unterscheiden sich erheblich von denen, die vom Schuldner erfüllt werden müssen:

---

1 *Fritze/Rattunde*, Insolvenzplanverfahren und Eigenverwaltung, 2010, 15 ff.

2 *Smid*, WM 1996, 1249; a. A. *Hess/Obermüller*, Insolvenzplan, Restschuldbefreiung und Verbraucherinsolvenz, 1998, Rn. 26.

3 *Smid/Rattunde*, Der Insolvenzplan, 2. Aufl. 2005 Rn. 3.12 ff.; a. A. *Hess/Obermüller*, Insolvenzplan, Restschuldbefreiung, Verbraucherinsolvenz, 1998, Rn. 26.

4 *Stürner*, in: Leipold (Hrsg.), Insolvenzrecht im Umbruch, 1991, 41, 42.

5 Zur Reichweite der insolvenzgerichtlichen Vorprüfung, § 231 InsO: verboten Stimmrechtskauf und Forderungskauf: BGH, Beschl. v. 3. 3. 2005 – IX ZB 153/04, DZWIR 2005, 255

Nach dem Katalog des § 231 Abs. 1 InsO hat das Insolvenzgericht den Insolvenzplan von Amts wegen zurückzuweisen[6], wenn (Nr. 1) die Vorschriften über das Recht zur Vorlage und den Inhalt des Plans nicht beachtet sind und der Vorlegende den Mangel nicht beheben kann oder innerhalb einer angemessenen, vom Gericht gesetzten Frist nicht behebt. Hierzu gehören nicht zuletzt auch die Regeln über die Gruppenbildung gem. § 222 InsO (unten Rn. 19ff.).[7] Eine Zurückweisung erfolgt auch, wenn (Nr. 2) ein vom Schuldner vorgelegter Plan offensichtlich keine Aussicht auf Annahme durch die Gläubiger oder auf Bestätigung durch das Gericht hat[8] oder (Nr. 3) wenn die Ansprüche, die den Beteiligten nach dem gestaltenden Teil eines vom Schuldner vorgelegten Plans zustehen, offensichtlich nicht erfüllt werden können.[9] Hatte der Schuldner in dem Insolvenzverfahren bereits einen Plan vorgelegt, der von den Gläubigern abgelehnt, vom Gericht nicht bestätigt oder vom Schuldner nach der öffentlichen Bekanntmachung des Erörterungstermins zurückgezogen worden ist, ordnet § 231 Abs. 2 InsO an, dass das Insolvenzgericht einen neuen Plan des Schuldners zurückzuweisen hat, wenn der Insolvenzverwalter mit Zustimmung des Gläubigerausschusses, sofern ein solcher bestellt ist, die Zurückweisung beantragt.[10] 3

Nach der Judikatur des BGH hat der vom Schuldner vorgelegte Plan keine Aussicht auf Annahme durch die Gläubiger oder auf Bestätigung durch das Insolvenzgericht, wenn der Schuldner – ohne ersichtlichen Grund – einen gegenüber erstem, abgelehntem Plan abweichenden Sachverhaltsvortrag bringt.[11] Dagegen ist die Ablehnung durch die Gläubiger nicht schon deshalb anzunehmen, weil der Plan auf ungeklärten steuerrechtlichen Fragen beruht. Denn hier liegt das Risiko bei den abstimmenden Gläubigern.[12] 4

Von einer offenbaren Nichterfüllbarkeit der durch den gestaltenden Teil des Schuldnerplans gewährten Ansprüche ist bei einem offensichtlich fehlenden Wirklichkeitsbezug des vom Schuldner vorgelegten Zahlenwerks auszugehen.[13] 5

II. Planinitiative des Insolvenzverwalters

Bevor ein Insolvenzplan durch den Insolvenzverwalter vorgelegt wird, sollen nach § 218 Abs. 3 InsO neben dem Schuldner der Betriebsrat des schuldnerischen Unternehmens und der Sprecherausschuss der leitenden Angestellten zur Beratung herangezogen werden, was bereits der vorläufige Verwalter unabhängig von dem Umfang der ihm eingeräumten Rechtsbefugnisse[14] vorbereitend für das zu eröffnende Verfahren nutzen kann. Diese Mitwirkung löst keine besonderen Vergütungs- oder Entschädigungsansprüche aus.[15] In der Literatur[16] wird die Ansicht vertreten, das Gericht habe den Plan zurückzuweisen, wenn der Verwalter die in § 218 Abs. 3 InsO Genannten nicht zur Beratung und Mitwirkung herangezogen habe. Diese Meinung ist ver- 6

---

6 Im Einzelnen *Smid/Rattunde,* Der Insolvenzplan, 2. Aufl. 2005, Rn. 7.6ff.
7 *Smid/Rattunde,* Der Insolvenzplan, 2. Aufl. 2005, Rn. 7.9ff.
8 *Smid/Rattunde,* Der Insolvenzplan, 2. Aufl. 2005, Rn. 9.2.
9 *Smid/Rattunde,* Der Insolvenzplan, 2. Aufl. 2005, Rn. 9.2.
10 *Smid/Rattunde,* Der Insolvenzplan, 2. Aufl. 2005, Rn. 9.46ff.
11 BGH, Beschl. v. 6. 4. 2006 – IX ZB 289/04.
12 LG Bielefeld, 30. 11. 2001 – 23 T 356/01, ZInsO 2002, 198.
13 BGH, Beschl. v. 6. 4. 2006 – IX ZB 289/04
14 Vgl. *Thiemann,* in: LSZ, InsO, 3. Aufl. 2010, § 21 Rn. 50ff., § 22 Rn. 5, 49ff.
15 *Smid/Rattunde,* Der Insolvenzplan, Rn. 114.
16 *Haarmeyer/Wutzke/Förster,* Handbuch der Insolvenzordnung, 1997 V Rn. 365.

fehlt. § 218 Abs. 3 InsO sieht eine *beratende Mitwirkung*[17] von Schuldner, Betriebsrat und Sprecherausschuss vor, auf die sich der Insolvenzverwalter stützen kann; da diese Personen oder Gremien aber ohnedies zum Planentwurf anzuhören sind (§ 232 InsO) und da dem Insolvenzverwalter in der Ausarbeitungsphase nicht bereits Auseinandersetzungen auferlegt werden müssen, wenn es beispielsweise um die Ausarbeitung eines Liquidationsplans geht,[18] führt die fehlende Beteiligung nach § 218 Abs. 3 InsO nicht zu einem Fehler des Plans; aus § 218 Abs. 3 InsO ergibt sich daher nur eine Konsultations*befugnis* des Insolvenzverwalters nebst damit korrespondierender Mitwirkungspflicht der Konsultanten.[19]

7 Der vorläufige Verwalter (§§ 21 Abs. 2 Nr. 1, 22 InsO)[20] ist nicht vorlageberechtigt. Schon zur Gewährleistung eines zügigen Verfahrensablaufs, der ein wesentlicher Garant des Erfolgs von Insolvenzplänen ist, wird aber der vorläufige Verwalter in Abstimmung mit dem Gericht und bekannten Großgläubigern einen entsprechenden Entwurf während des Eröffnungsverfahrens ausarbeiten.[21]

III. Vorlage des Insolvenzplans durch den „sanierungswürdigen" Schuldner

8 Legt der *Schuldner* einen Insolvenzplan vor, stellen sich etwas andere Fragen. Das folgt allein schon daraus, dass *grundsätzlich* auch nach dem Verständnis des Reformgesetzgebers das Insolvenzverfahren *primär* der „Befriedigung der Insolvenzgläubiger" dienen soll (§ 1 Satz 1 InsO).[22] Darunter hat man die gleichmäßige Verwirklichung der Haftung des Schuldners zu verstehen. Dem muss auch der vom Schuldner vorgelegte Insolvenzplan genügen.

9 Das überkommene Vergleichsrecht hat diese Gefahren gesehen und die Einleitung eines Vergleichsverfahrens an Tatbestände der §§ 17 und 18 VerglO geknüpft, aufgrund derer das Vorliegen einer „Vergleichswürdigkeit" des Schuldners (§ 2 InsO) festgestellt werden konnte. In einer Reihe von Fällen haben diese Tatbestände in der Vergangenheit freilich Probleme hervorgerufen,[23] weil die *Gläubiger* ein Interesse an einer Bereinigung der Krise im Vergleichsverfahren auch dann haben konnten, wenn der Schuldner nicht „vergleichswürdig" war – wobei daran zu erinnern ist, dass unter der Geltung der VerglO die Gläubiger keinen Einfluss auf die Einleitung eines sanierenden Vergleichsverfahrens zu nehmen in der Lage waren. Der Reformgesetzgeber hat die Tatbestände der Vergleichswürdigkeit nach den §§ 17, 18 VerglO allerdings *ausdrücklich abgeschafft.* Die Tatbestände der Vergleichsunwürdigkeit sollten seit jeher die Schuldner nicht diskriminieren, sondern dem Gläubigerschutz dienen.[24] Soweit die §§ 17 und 18 VerglO solche spezifischen insolvenzrechtlichen Pflichten des Schuldners zum Maßstab der Beurteilung seiner Vergleichswürdigkeit gemacht haben, kann ihr Grundgedanke im Rahmen des § 231 InsO dazu herangezogen werden, die Voraussetzungen einer Zurückweisung des vom Schuldner vorgelegten Planentwurfs zu prüfen. Die §§ 17 und 18 VerglO können daher im künftigen Recht des § 231 InsO gleichsam als „Regelbeispiele" dienen. Verletzt der Schuldner die in den „Regelbeispielen" verletzten Verfahrenspflichten, so macht er damit die Sanierung entweder aufgrund Ver-

---

17 *Smid/Rattunde,* Der Insolvenzplan, 2. Aufl. 2005, Rn. 9.12.
18 *Smid/Rattunde,* Der Insolvenzplan, 2. Aufl. 2005, Rn. 2.12.
19 *Smid/Rattunde,* Der Insolvenzplan, 2. Aufl. 2005, Rn. 9.12.
20 *Smid/Rattunde,* Der Insolvenzplan, 2. Aufl. 2005, Rn. 3.6 ff.
21 *Rattunde,* ZIP 2003, 589 ff. (Herlitz); *Smid/Rattunde,* Der Insolvenzplan, 2. Aufl. 2005, Rn. 3.5.
22 Vgl. *Smid,* DZWIR 1997, 309 ff.
23 Zum Folgenden eingehend *Smid,* Rpfleger 1997, 501 ff.
24 *Baur/Stürner,* Insolvenzrecht, Rn. 26.9.

sagung eigener geeigneter Mitwirkung unmöglich oder er setzt durch sein Verhalten besondere Gefahren für die Gläubiger, die typischerweise nicht hingenommen werden können.[25]

IV. Insolvenzgerichtliche Prüfung von Gliederung und gesetzlichem Inhalt des Insolvenzplans

Wie schon gezeigt, setzt die Vorbereitung der Beschlussfassung über den Plan voraus, dass der Plan- 10
entwurf zunächst dem Insolvenzgericht zur Vorprüfung vorgelegt wird (§ 231 InsO). Das Gericht hat den ihm zur Vorprüfung zugeleiteten Plan zurückzuweisen, wenn einer oder mehrere der Zurückweisungsgründe des § 231 Abs. 1 InsO oder des § 231 Abs. 2 InsO vorliegen. Die Zulassung des vorgelegten Plans stellt sich nicht nur als verfahrensleitende Verrichtung des Insolvenzgerichts, sondern als gegenüber den Verfahrensbeteiligten wirksame förmliche Entscheidung dar, die als Beschluss ergeht.[26]

Die Vorprüfung des Plans durch das Insolvenzgericht soll[27] sicherstellen, dass die gesetzlichen Be- 11
stimmungen über das Vorlagerecht sowie den Inhalt des Plans beachtet und insbesondere die im Plan vorgesehenen Gruppen der Gläubiger nach sachgerechten, im Plan angegebenen Kriterien voneinander abgegrenzt werden[28]. Hierzu gehört wegen § 218 Abs. 1 Satz 2 InsO auch die Einhaltung der Vertretungsregeln des § 15 InsO. Zu den gesetzlichen Vorschriften über den Inhalt des Plans zählen die §§ 220, 221 InsO, aber auch die der §§ 228 bis 230 InsO. Der planinitiierende Schuldner muss seinem Planentwurf einen Sachbericht voranstellen. Dessen Ordnungsmäßigkeit wird durch den gleichwohl zu erstattenden Bericht des Verwalters zu überprüfen sein. Das wird gegebenenfalls zu einer Zurückweisung der Planinitiative gem. § 231 Abs. 1 Nr. 1 InsO führen. Zudem hat das Insolvenzgericht eine Elementarkontrolle der gem. § 229 InsO dem Plan beizufügenden Rechnungen und Belege durchzuführen[29]. Im verwalterlosen Verfahren der Eigenverwaltung unter Aufsicht eines Sachwalters trifft den Schuldner ohnedies gem. § 270 InsO die Pflicht, die Gläubigerversammlung über seine Lage und die Ursachen, die zu ihr geführt haben, zu unterrichten[30]. Zum Inhalt des gestaltenden Teils des Plans ist auch die Ausgestaltung der Abstimmungsgruppen zu zählen.[31]

Im Übrigen ist der Plan zurückzuweisen, wenn ein vom Schuldner vorgelegter Plan offensichtlich kei- 12
ne Aussicht auf Annahme durch die Gläubiger oder auf Bestätigung durch das Gericht hat (§ 231 Abs. 1 Nr. 2 InsO) oder wenn die Ansprüche, die den Beteiligten nach dem gestaltenden Teil eines vom Schuldner vorgelegten Plans zustehen, offensichtlich nicht erfüllt werden können (§ 231 Abs. 1 Nr. 3 InsO). Die Tatbestände des § 231 Abs. 1 Nrn. 2 und 3 InsO formulieren Generalklauseln, aufgrund derer das Insolvenzgericht die Zurückweisung des **vom Schuldner vorgelegten**[32] Planes auszusprechen hat.[33]

---

25 *Smid/Rattunde,* in: Smid, InsO, 2. Aufl. 2001, Rn. 14 ff.
26 *Smid/Rattunde,* in: Smid, InsO, 2. Aufl. 2001, Rn. 14 ff.
27 Amtl. Begr. zu § 275 RegEInsO, BT-Drucks. 12/2443, 204.
28 In diese Richtung geht auch die Argumentation *Brauns* trotz seiner grundsätzlich anderen Strukturbeschreibung der Stellung des Insolvenzgerichts bei der Entscheidung nach § 231 Abs. 1, *Braun/Uhlenbruck,* Unternehmensinsolvenz, 1. Aufl. 1997, S. 518.
29 *Braun/Uhlenbruck,* Unternehmensinsolvenz, 1. Aufl. 1997, S. 518; *Otte,* in Kübler/Prütting, Kommentar zur Insolvenzordnung, Stand: November 2004, § 231 Rn. 12; *Breuer,* in: MünchKomm, InsO, 2001, § 231 Rn. 13; a. A. *Hess/Weis,* InVo 1998, 64, 65; *Lüer,* in: Uhlenbruck, InsO, 13. Aufl. 2010, § 231 Rn. 30.
30 *Smid,* InsO, 2. Aufl. 2005, § 270 Rn. 12; *Wehdeking,* in: Flöther/Smid/Wehdeking, Die Eigenverwaltung in der Insolvenz, 2005, Kap. 2 Rn. 17.
31 *Smid/Rattunde,* in: Smid, InsO, 2. Aufl. 2005, Rn. 7.1 ff.
32 OLG Dresden, Beschl. v. 21. 6. 2000 – 7 W 0951/00 – ZIP 2000, 1303, 1305; vgl. auch FK-*Jaffé,* InsO, 3. Aufl., 2002, § 231 Rn. 29.
33 *Smid/Rattunde,* in: Smid, InsO, 2. Aufl. 2005, Rn. 9.7 ff.

V. Gesetzlicher Planinhalt

1. Übersicht

13 Die InsO regelt in ihrem § 219 den gesetzlichen Inhalt bzw. die Gliederung, die der vorgelegte Insolvenzplan aufweisen muss, um zum weiteren Verfahren zugelassen werden zu können. Dort ist von einem „darstellenden" und einem „gestaltenden" Teil des Insolvenzplans die Rede. Das ist freilich nur eine sehr grobe Einteilung, die der Präzisierung im Wege einer Auslegung der §§ 220 bis 222 InsO bedarf. Diese Auslegung ergibt, dass der den gesetzlichen Anforderungen genügende Insolvenzplan aus fünf Teilen besteht, nämlich dem darstellenden, dem bewertenden, dem gestaltenden Teil, der Bildung der Abstimmungsgruppen und den Anlagen als dokumentierendem Teil. Die Regelungen im Plan sind nach allgemeinen Grundsätzen auszulegen.[34]

Gesetzlicher Inhalt des Insolvenzplans, §§ 219 ff. InsO			
	Gesetzliche Grundlage	**Bezeichnung des Teils**	**Gegenstand**
1. Teil (Materiell)	§ 220 Abs. 1 InsO	Darstellender Teil i. e. S.	Bericht über Krise und Ursachen, Zustand des Unternehmens, Maßnahmen laut Plan
2. Teil (Materiell)	§ 220 Abs. 2 InsO	Bewertender Teil	Bewertung der zu treffenden Maßnahmen wg. Auswirkungen zur Entscheidung durch Gläubiger
3. Teil (Materiell)	§ 221 InsO	Gestaltender Teil	In vollstreckbarer Form (§§ 254, 257 InsO) gefasste Rechtsgestaltungen
4. Teil (Verfahrensrechtlich)	§ 222 InsO	Gruppenbildung	Einteilung der betroffenen Gläubiger (§§ 237 f. InsO) in Abstimmungsgruppen
5. Teil (Dokumentierend)	§§ 229, 230 InsO	Anlagen	Vermögensübersicht, Ergebnis- und Finanzplan; ggf. Zustimmung des Schuldners zur Unternehmensfortführung, notwendige Erklärungen von Gläubigern

2. Auf die Verwaltung bezogene („materielle") Planbestandteile

14 **a) Bericht im darstellenden Teil des Plans.** Darunter ist bei genauerer Betrachtung Folgendes zu verstehen: Nach § 220 Abs. 1 InsO ist ein Bericht über die Krisenursachen, den Stand des Unternehmens und die mit dem Insolvenzplan ins Auge gefassten Maßnahmen zu erstatten (*darstellender Teil* i. e. S.). Der Insolvenzplan enthält in seinem darstellenden Teil Angaben über die Ursachen der Insolvenz[35]. Anzugeben sind die Gründe für die Verluste, den Aufbau der Verbindlichkeiten und der historische Werdegang, der zur Zahlungsunfähigkeit oder zur Überschuldung geführt hat oder voraussichtlich führen wird. Die Ursachen sind z. B. durch eine Gewinn- und

34 BGH, Urt. v. 6. 10. 2005 – IX ZR 36/02 – ZIP 2006, 39 m. Anm. B. *Bähr/Landry*, EWiR § 259 InsO 1/06, 87.

34 *Rattunde*, in: LSZ, InsO, 3. Aufl. 2010, § 220 Rn. 6.

Verlustrechnung zur Darstellung einer Überschuldungslage möglichst genau zu beschreiben und zu analysieren.[36] Hierzu gehört die Darstellung beiderseits noch nicht erfüllter gegenseitiger Verträge und ihre beabsichtigte Behandlung[37], die anfechtbaren Rechtsgeschäfte[38], die beabsichtigte Verwertung von Sicherheiten[39] usf.

Die Formalisierung des Insolvenzplans ist hilfreich.[40] Zu beachten ist, dass entgegen Empfehlungen im Schrifttum die **Aussagen des Plans kurz sein, allgemeinen Charakter haben und insbesondere verständlich sein müssen,** damit sie von den betroffenen Gläubigern verstanden und im Verfahren flexibel gehandhabt werden können.[41] „Zahlenmaterial" wird im Anlagenapparat (§ 229 InsO) dokumentiert. **15**

Danach sind im Einzelnen in den darstellenden Teil des Plans folgende Angaben aufzunehmen:[42] Es bedarf Angaben über die Ziele und die Regelungsstruktur des Plans, Beschreibungen des Unternehmens im Zeitraum bis zur Stellung des Insolvenzantrags unter Angabe der bisherigen Unternehmensentwicklung, der rechtlichen und finanz- und leistungswirtschaftlichen Verhältnisse, organisatorischer Grundlagen und eventueller umweltpolizeilicher Probleme, einer Insolvenzursachenanalyse und der Darstellung der durch den Plan zu verwirklichenden Maßnahmen. **16**

b) „Bewertender" Teil des Plans. § 220 Abs. 2 InsO schreibt darüber hinaus vor, dass der darstellende Teil i.w.S. noch Aussagen treffen soll, die es den Gläubigern im Rahmen der von ihnen zu treffenden Entscheidung über Annahme oder Verwerfung des Plans ermöglichen, seine möglichen bzw. zu erwartenden Auswirkungen abzuschätzen; es bedarf also eines *bewertenden Teils*[43]. **17**

c) Gestaltender Teil als Vollstreckungsgrundlage. Der *gestaltende Teil* enthält gem. § 221 InsO wie der Tenor eines Urteils[44] den Ausspruch der durch den Insolvenzplan vorzunehmenden Rechtsänderungen. Mögliche Eingriffe in materielle Rechtstellungen sehen die §§ 223 bis 225 InsO vor: Sieht der Plan Eingriffe in Absonderungsrechte vor, ist der Umfang des Eingriffs nach § 223 Abs. 2 InsO unter Beachtung des sachenrechtlichen Bestimmtheitsgebots anzugeben. Ebenso sind nach § 224 InsO hinreichend bestimmte (vgl. § 253 Abs. 2 Nr. 2 ZPO!) Angaben darüber zu machen, in welchem Umfang durch Kürzung, Stundung oder sonstige Regelung in die Forderungen der einfachen Insolvenzgläubiger eingegriffen wird und ob und welche Sicherheiten für sie bestellt werden. In die *Gesellschafterstellung* kann durch den Plan nach Maßgabe des § 225a InsO eingegriffen werden.[45] **18**

§ 221 Satz 2 InsO sieht vor, dass der gestaltende Teil des Planes den Insolvenzverwalter dazu „bevollmächtigen" (gemeint zu sein scheint: ermächtigen) kann, offensichtliche Fehler des Planes zu berichtigen. In diesem Fall bedarf es einer besonderen Bestätigung des Insolvenzplans durch das Insolvenzgericht gem. § 248a Abs. 1 InsO n.F., vor der **18a**

---

36 *Smid/Rattunde,* Der Insolvenzplan, 2. Aufl. 2005, Rn. 5.19.
37 Kein Eröffnungsgrund, wenn der Gläubiger mit der späteren Befriedigung einverstanden war: BGH, Beschl. v. 19. 7. 2007 – IX ZB 36/07, DZWIR 2007, 522.
38 *Rattunde,* in: LSZ, InsO, 3. Aufl. 2010, § 220 Rn. 7.
39 *Eilenberger,* in: Münchener Kommentar InsO, 2. Aufl. 2008, § 220 Rn. 7 .
40 Zum IDW-Standard: *Smid/Rattunde,* Der Insolvenzplan, 2. Aufl. 2005, Rn. 5.14ff.
41 Eingehend *Smid/Rattunde,* Der Insolvenzplan, 2. Aufl. 2005, Rn. 5.15ff.
42 *Braun/Uhlenbruck,* Unternehmensinsolvenz, 1. Aufl. 1997, S. 679ff.
43 *Rattunde,* in: LSZ, InsO, 3. Aufl. 2010, § 220 Rn. 19.
44 *Smid/Rattunde,* Der Insolvenzplan, 2. Aufl. 2005, Rn. 5.67.
45 *Smid/Rattunde,* Der Insolvenzplan, 2. Aufl. 2005, Rn. 6.13ff.

der Gläubigerausschuss, die betroffenen Gläubiger, Anteilsinhaber und der Schuldner gem. § 248a Abs. 2 InsO zu hören sind. Damit sind wohl Schreib- und Rechenfehler gemeint (vgl. § 319 ZPO). Weiter kann der Insolvenzverwalter dazu ermächtigt werden, die zur Umsetzung des Planes notwendigen Maßnahmen zu treffen.

19 **d) Willenserklärungen der Beteiligten.** In den gestaltenden Teil werden die Willenserklärungen der Beteiligten über einen Schulderlass oder eine Schuldstundung, darüber hinaus ggf. (vgl. § 228 InsO) auch Willenserklärungen von Sicherungsnehmern aufgenommen, die eine Begründung, Änderung oder Aufhebung ihrer Rechte beinhalten wie die Übertragung von Sicherungseigentum, die Begründung oder die Freigabe von Grundschulden, die Bildung eines Sicherheitenpools (Poolvertrag) oder ein Verzicht auf Absonderungsrechte. In den gestaltenden Teil können jedenfalls die Beschlüsse aufgenommen werden, die dem Verwalter bestimmte Handlungen erlauben. Dies sind etwa Maßnahmen der Betriebsfortführung, der übertragenden Sanierung, der Entlassung von Arbeitnehmern, der Kreditaufnahme, der Veräußerung oder Belastung von Grundstücken etc. Im Einzelnen sind Entscheidungen nach den §§ 157, 158 Abs. 1, 160, 162, 163 InsO zu nennen.[46] In den gestaltenden Teil können ferner Willenserklärungen des Verwalters aufgenommen werden, die sich auf die Begründung, Änderung oder Aufhebung eines Rechts, eine Anfechtung, einen Verzicht etc. beziehen.[47] Schließlich können in den gestaltenden Teil Willenserklärungen oder sonstige Rechtshandlungen eines Dritten (nicht am Insolvenzplanverfahren beteiligte Personen) aufgenommen oder diesem Teil beigefügt werden, die mit der Willenserklärung des Verwalters oder eines Verfahrensbeteiligten korrespondieren (Begründung eines neuen Mietvertrages, Erwerb oder Freigabe von Sicherungsgut etc.).[48]

20 **e) Unterschiedliche Stellung von Aus- und Absonderungsberechtigten.**[49] Es ist zu beachten, dass nach § 217 InsO *Aussonderungsberechtigte* i.S.d. § 47 InsO nicht am Insolvenzplanverfahren beteiligt sind; Eingriffe in deren Rechte kann der Plan daher nur vorsehen, sofern sie als *Dritte* auf Rechte verzichtet haben – was im Übrigen nach der Novellierung des § 3 Nr. 66 EStG wie im Falle des Forderungsverzichts Einkommenssteuerpflichten des sanierten Unternehmensträgers auslöst. Nicht vom Zwangsakkord des Insolvenzplans erfasst sind daher Verleiher, Vermieter oder – im Falle des einfachen Eigentumsvorbehalts – der Eigentumsvorbehaltsverkäufer. Dagegen kann in die Sicherheiten eingegriffen werden, wenn es sich um Pfandgläubiger, Pfändungspfandgläubiger (§ 50 InsO) oder Sicherheitengläubiger (§ 51 Nr. 1 InsO) auch im Falle von Erweiterung- oder Verlängerungsformen des Eigentumsvorbehalts handelt.

21 **f) Rechte der nachrangigen Gläubiger.** Nach § 225 InsO kann durch den Plan in die Rechte der nachrangigen Gläubiger (§ 39 Abs. 1 Nr. 1 bis 2, 4 bis 5 InsO) eingegriffen werden, was insbesondere den Sinn hat, anders als nach § 63 Nr. 1 und 2 KO den Unternehmensträger nach erfolgreich abgeschlossener Sanierung von einer Inanspruchnahme mit den Verfahrenskosten und den während des Verfahrens aufgelaufenen Zinsen durch den Plan freistellen zu können[50].

22 **g) Maßnahmen des Insolvenzgerichts.** In den gestaltenden Teil können ferner die Maßnahmen des Insolvenzgerichts aufgenommen werden, die für den Verwalter etwa eine Genehmigung, eine Befreiung oder eine Erlaubnis beinhalten.[51]

---

46 *Smid/Rattunde,* Der Insolvenzplan, 2. Aufl. 2005, Rn. 5.64.
47 *Smid/Rattunde,* Der Insolvenzplan, 2. Aufl. 2005, Rn. 5.70.
48 *Smid/Rattunde,* Der Insolvenzplan, 2. Aufl. 2005, Rn. 5.71.
49 BGH, Urt. v. 27. 3. 2008 – IX ZR 220/05, WM 2008, 821.
50 Amtl. Begr. zu § 268 RegEInsO, BT-Drucks. 12/2443, 201.
51 *Smid/Rattunde,* Der Insolvenzplan, 2. Aufl. 2005, Rn. 5.65.

3. Verfahrensrechtlicher Planbestandteil: Gruppenbildung[52]

a) Gesetzliche Regelung.[53] Nach § 222 InsO muss der Insolvenzplan die Gläubiger, in deren Rechtsstellung durch den Plan eingegriffen werden soll (arg. §§ 237, 238 InsO), in Abstimmungsgruppen einteilen. Damit will der Gesetzgeber bewusst das allgemeine Mehrheitsprinzip in der Gläubigerselbstverwaltung gem. § 76 Abs. 2 InsO für das Verfahren der Abstimmung über den Insolvenzplan aufheben[54]; dem liegt der – an sich zutreffende – Gedanke zugrunde, dass „die Gläubiger" keine homogene Masse bilden, sondern nach ihrer Rechtsstellung und ihren wirtschaftlichen Interessen Gruppierungen bilden, deren Heterogenität verfahrensrechtlich Rechnung getragen werden soll. Der Plan kann nicht auf die Gruppenbildung verzichten; sie ist Voraussetzung dafür, dass das weitere Verfahren überhaupt durchgeführt werden kann: Die betroffenen Gläubiger müssen daher den von § 220 Abs. 1 und Abs. 3 InsO vorgesehenen gesetzlichen Gruppen zugeteilt werden; im Einzelnen bilden die absonderungsberechtigten Gläubiger gem. §§ 49ff. InsO (§ 222 Abs. 1 Nr. 1 InsO), die (einfachen) Insolvenzgläubiger gem. § 38 InsO (§ 222 Abs. 1 Nr. 2 InsO) und die nachrangigen Insolvenzgläubiger gem. § 39 Abs. 1 InsO (§ 222 Abs. 1 Nr. 3 InsO) jeweils eine Abstimmungsgruppe. Die Gruppe der einfachen Insolvenzgläubiger kann sich nach § 222 Abs. 3 InsO weiter unterteilen, nämlich in die Gruppe der Arbeitnehmer, wenn diese wirtschaftlich bedeutsame Forderungen halten, und die Gruppe von Kleingläubigern, deren Reichweite allerdings einer Legaldefinition entbehrt.[55] 23

Löst sich schon durch die generalklauselartigen Formulierungen des § 222 Abs. 3 InsO die Kontur zulässiger Gruppenbildungen auf, ermöglicht § 222 Abs. 2 InsO eine weitere Differenzierung nach wirtschaftlich gleichartigen Interessen, die zu unterschiedlichen Gruppen innerhalb der allgemeinen gesetzlichen Gruppen führen. Von Kritikern[56] ebenso wie von Befürwortern[57] des Insolvenzplanverfahrens wird gleichermaßen befürchtet, dass mit der Gruppenbildung nach § 222 Abs. 2 InsO den Planinitiatoren Missbrauchsmöglichkeiten eröffnet werden. Dies gilt aber auch im Falle des vom Insolvenzverwalter vorgelegten Plans, denn der Verwalter kann aus mancherlei Gründen ein Interesse haben, durch die Art der Gruppenbildung die Verfahrensteilnahmerechte solcher Gläubigergruppen zu verkürzen, in deren materiellen Rechtspositionen durch den Plan eingegriffen wird. Der Vergleich mit den entsprechenden Regelungen des US-amerikanischen Rechts, dem § 222 Abs. 2 InsO nachgebildet ist, hilft wenig weiter; es bedarf daher einer auf unser Recht zugeschnittenen Lösung des angesprochenen Problems. Diesen Missbrauchsmöglichkeiten[58] lässt sich nur dadurch begegnen, dass die über die gesetzliche Gruppenbildung hinausgehende Fragmentierung der Gläubiger nur dann zulässig ist, wenn der Planinitiator über die Darlegung der besonderen wirtschaftlichen Interessen der zu bildenden Gruppe hinaus darlegt, dass durch die weitere Gruppenbildung das Abstimmungsverhalten nicht manipulativ beeinflusst wird;[59] diesen Nachweis zu führen wird schwer sein und der Gruppenbildung nach § 222 Abs. 2 InsO im Wege stehen. Dies ist aber im Interesse einer Gewährleistung und Wahrung der Teilnahmerechte der Gläubiger auch im Insolvenzplanverfahren in Kauf zu nehmen. 24

---

52 *Zwingend*: LG Frankfurt, Beschl. v. 29. 10. 2007 – II/0T198/07 II/09T198/07, NZI 2007, 2229.
53 *Smid/Rattunde,* Der Insolvenzplan, 2. Aufl. 2005, Rn. 7.1 ff.
54 Amtl. Begr. zu § 265 RegEInsO, BT-Drucks. 12/2443, 199 f.
55 *Smid/Rattunde,* Der Insolvenzplan, 2. Aufl. 2005, Rn. 7.18; *Rattunde,* in: Leonhardt/Smid/Zeuner, InsO, 3. Aufl. 2010, § 222 Rn. 28.
56 *Smid/Rattunde,* Der Insolvenzplan, 2. Aufl. 2005, Rn. 7.9 ff.
57 *Braun/Uhlenbruck,* Unternehmensinsolvenz, 1. Aufl. 1997, S. 592 ff., 597.
58 Vgl. auch *Hess/Obermüller,* Insolvenzplan, Restschuldbefreiung und Verbraucherinsolvenz, 1998, Rn. 57, 153 a. E.; anders *Kaltmeyer,* ZInsO 1999, 255, 259 ff.
59 *Smid,* InVo 1997, 196 ff.

25 Daher sind besondere Gruppen soweit zu bilden, wie dies aufgrund anderweitiger gesetzlicher Vorgaben in das Ermessen des Planinitiators gestellt ist: § 222 Abs. 2 InsO verweist daher nicht auf die *Willkür* oder das *taktische Kalkül* des Planinitiators, sondern auf rechtliche Vorgaben außerhalb der InsO. So kann z.B. gem. § 9 Abs. 4 Satz 1 BetrAVG (i.d.F. durch Art. 91 Nr. 4 EGInsO) der Pensions-Sicherungs Verein (PSV) eine besondere Gruppe nach § 222 Abs. 2 InsO bilden.[60]

26 **b) Insolvenzgerichtliche Kontrolle.** Insbesondere die durch den Planinitiator vorgesehene Gruppenbildung unterliegt gem. § 231 Abs. 1 Nr. 1 InsO der insolvenzgerichtlichen Kontrolle[61] (oben Rn. 3).

27 **c) Fehlerhafte Gruppenbildungen.** Fehlerhafte Gruppenbildungen gefährden die insolvenzgerichtliche Bestätigung des Planes, da selbst bei insolvenzgerichtlicher Zulassung des Planes nach § 231 InsO und seiner Annahme durch die Gläubigergruppen gem. § 244 InsO der Plan an einem Inhaltsfehler leidet, der nach § 250 InsO seiner Bestätigung rechtlich im Wege steht.

28 **Fall:** Das LG Berlin[62] hatte den insolvenzgerichtlichen Bestätigungsbeschluss im Verfahren Konsumgenossenschaft Berlin-Brandenburg auf gem. § 253 InsO erhobener sofortiger Beschwerde einiger nicht nachrangiger Gläubiger (§ 38 InsO) Insolvenzplan aufgehoben. Der Plan hätte wegen Verstoßes des Insolvenzplans gegen Verfahrensvorschriften gem. § 250 Nr. 1 InsO nicht vom Insolvenzgericht bestätigt werden dürfen. Denn der Plan sah die Einordnung einer Gläubigerbank, deren Forderung nur zu einem Teil grundpfandlich besichert war, mit dem vollen Betrag der Forderung in die Gruppe der absonderungsberechtigten Grundpfandgläubiger vor. Damit wurde zum einen die auf die nicht nachrangigen (ungesicherten) Insolvenzgläubiger im Plan vorgesehene Quote niedriger angesetzt, als sie bei richtiger Einordnung der betreffenden Bank ausgefallen wäre. Zum anderen sah das Beschwerdegericht in der von ihm gemessen an § 220 InsO als rechtsfehlerhaft qualifizierten Gruppenbildung die Gefahr einer Beeinflussung des Abstimmungsverlaufs. Gegen die beschwerdegerichtliche Entscheidung haben sich Gläubiger, deren Rechtsstellung i.S.d. §§ 237, 238 InsO durch den Insolvenzplan betroffen worden sind, mit der Rechtsbeschwerde gewandt.

29 Der IX. Zivilsenat[63] geht demgegenüber von folgenden Prämissen aus: Absonderungsberechtigte Gläubiger sind mit ihren Ausfallforderungen (§ 52 InsO) als Insolvenzgläubiger in eine Gruppe nicht nachrangiger Insolvenzgläubiger gem. §§ 220 Abs. 1 Nr. 2 InsO, 38 InsO einzuordnen. Dies verdient ebenso Zustimmung[64] wie die Feststellung des BGH, Mischgruppen absonderungsberechtigter Gläubiger und nicht nachrangiger Insolvenzgläubiger seien unter der Voraussetzung zulässig, dass eine Ungleichbehandlung der verschiedenen Rechtspositionen innerhalb der Gruppe gewährleistet werde. Der IX. Zivilsenat meint aber, es läge im Konsumgenossenschaft Berlin-Brandenburg-Fall keine Mischgruppe vor. Denn bei der Beurteilung der Sicherheit seien die dinglichen Zinsen zu berücksichtigen. Betreibe – was nach § 49 InsO auch im eröffneten Insolvenzverfahren nicht ausgeschlossen ist – der Grundpfandgläubiger die Zwangsverwaltung, komme er in den Genuss der Erträge des Grundstücks. Dies sei im Rahmen des § 220 Abs. 1 Nr. 1 InsO zu berücksichtigen. Die erstaunlich lange Dauer der Laufzeit des Insolvenzplans[65] im vorliegenden Fall (bis zum 31. 12. 2013!) verführt zu solchen Erwägungen. Vordergründig gehört es zu den Faktoren, die den „Wert“ des Grundpfandrechts konstituieren, dass der Grundpfandgläubiger auf die Früchte des Grundstücks zugreifen kann. Gleichwohl sind sie unzutreffend. Wesentliche Aspekte bleiben im vorliegenden Beschluss unberücksichtigt: Eine Verwertung der grundpfandrechtlich gesicherten Immobilie durch den Absonderungsberechtigten im Wege der Zwangsverwaltung nach dem über das Vermögen des Schuldners eröffneten Insolvenzver-

---

60 Vgl. auch *Hess/Obermüller,* Insolvenzplan, Restschuldbefreiung, Verbraucherinsolvenz, 1998, Rn. 155.
61 *Rattunde,* in: LSZ, InsO, 3. Aufl. 2010, § 222 Rn. 22.
62 LG Berlin, Beschl v. 8. 10. 2004 – 86 T 588/04 – NZI 2005, 338 m. Bespr. *Smid.*
63 BGH, Beschl. v. 7. 7. 2005 – IX ZB 266/04.
64 *Smid,* in: FS Gerhardt, 2004, 931 ff.
65 Vgl. auch *Smid/Rattunde,* Der Insolvenzplan, 2. Aufl. 2005, Rn. 4.8 f.

fahrens kann vom Insolvenzverwalter durch Anträge auf einstweilige Einstellung der Zwangsversteigerung (§ 30d ZVG) bzw. Zwangsverwaltung (§ 153b ZVG) abgewendet werden – was insbesondere geboten ist, wenn die Verwertung der Masse nach § 233 InsO[66] ausgesetzt worden ist, um einen Reorganisationsplan zu ermöglichen. Nach § 153b ZVG kann der Insolvenzverwalter die Zwangsverwaltung insoweit einstellen lassen, als dadurch seine Tätigkeit ernsthaft behindert wird[67], insbesondere wenn durch die Zwangsverwaltung die Vermietung des Grundbesitzes an einen Dritten drohte und der Insolvenzverwalter gezwungen wäre, den Betrieb vorzeitig stillzulegen[68] Der Gesetzgeber ist davon ausgegangen[69], dass durch die Vorschrift mittelbar klargestellt werde, dass die Verwaltungsrechte des Insolvenzverwalters Vorrang vor den Rechten des Zwangsverwalters hätten. Daraus könnte man den Schluss ziehen, dass im Zweifel den Interessen des Insolvenzverwalters der Vorrang gebührt.[70] Der Nachteil, den der Absonderungsberechtigte durch die einstweilige Einstellung der *Zwangsvollstreckung* nach § 30d ZVG erleidet, liegt darin, dass die gesicherte Forderung nicht befriedigt wird – m. a. W. der Ausfall der persönlichen Forderung. Der weitere Nachteil, den der Absonderungsberechtigte dadurch erleidet, dass die Verwertung des Sicherungsgutes zugunsten einer Betriebsfortführung aufgehoben oder auch nur aufgeschoben wird, liegt m. a. W. in dem Zinsverlust, der durch die Verzögerung der Tilgung der persönlichen Forderung eintritt. Es liegt daher nahe, im Falle des § 30d ZVG von den persönlichen, nicht den dinglichen Zinsen auszugehen. Nichts anderes gilt entgegen der vom BGH in der vorliegenden Entscheidung geäußerten Ansicht für die Zwangsverwaltung: Wird die Einstellung der Zwangsverwaltung angeordnet, ist sie nach § 153b Abs. 2 ZVG mit der Auflage zu verbinden, dass der betreibende Gläubiger zum Ausgleich für die ihm entstehenden Nachteile Zahlungen aus der Insolvenzmasse erhält. Die Höhe der Ausgleichszahlungen richtet sich nach dem durch Vermietung oder Verpachtung des Grundstücks an Dritte erzielbaren Entgelt, das durch das die Einstellung anordnende Vollstreckungsgericht zu ermitteln ist[71]. Dies kompensiert die vom vollstreckenden Gläubiger aufgewendeten Kosten sowie – nicht anders als im Falle des § 30d ZVG – den Nachteil, der durch die Verzögerung bei der Tilgung der gesicherten Forderung entsteht. Auch insofern bleiben die dinglichen Zinsen außer Betracht, die als Pauschsätze für die Individualvollstreckung sinnvoll sind, im Insolvenzverfahren, in dem unterschiedliche Rechtspositionen der Gläubiger auszutarieren sind, führt ihre Berücksichtigung zu dysfunktionalen Ergebnissen. Fraglich ist, ob die Ausgleichszahlungen der Höhe nach der erzielbaren Miete entsprechen und unter welchen Voraussetzungen von einem Ausfall des Gläubigers ausgegangen werden kann. Richtigerweise wird darauf abgestellt, was der die Zwangsverwaltung betreibende Gläubiger durch die Fortführung der Zwangsverwaltung erhalten hätte[72]. Nachteile erleidet der Gläubiger daher nicht, wenn und soweit er auch bei Durchführung der Zwangsverwaltung keine Zahlungen erhalten hätte, etwa weil vorrangig Verwaltungsausgaben und Verfahrenskosten bedient werden müssten[73].

4. Dokumentierender Teil: Anlagen

Schließlich bedarf der darstellende und bewertende Teil nicht anders als der Bericht 30
des Insolvenzverwalters (vgl. § 156 InsO und § 155 InsO) der entsprechenden Doku-

66 *Smid/Rattunde*, Der Insolvenzplan, 2. Aufl. 2005, Rn. 10.15.
67 *Depré*, in: LSZ, InsO, 3. Aufl. 2010, § 49 Rn. 71; *Depré-Mayer*, Praxis der Zwangsverwaltung, 2002 Rn. 760.
68 Vgl. dazu etwa *Wenzel*, Die Rechtsstellung des Grundpfandrechtsgläubigers im Insolvenzverfahren, NZI 1999, 101, 103; *Hintzen*, Insolvenz und Immobiliarzwangsvollstreckung, Rpfleger 1999, 256, 262; ferner *Zeller/Stöber*, 16. Aufl., § 153b ZVG, Rn. 2. 3.
69 Amtl. Begr. zu § 190 RegEInsO, BT-Drucks. 12/2443, 177.
70 *Smid-Depré*, InsO, 2. Aufl. 2002, § 49 Rn. 71, 72.
71 *Hess/Pape*, InsO und EGInsO, Rn. 545.
72 In diesem Sinne auch *Wenzel*, Die Rechtsstellung des Grundpfandrechtsgläubigers im Insolvenzverfahren, NZI 1999, 101, 103, sowie *Zeller/Stöber*, 16. Aufl., § 153b ZVG, Rn. 5. 1, mit näheren Erläuterungen in Rn. 5. 2.
73 So richtigerweise *Zeller/Stöber*, 16. Aufl., § 153b ZVG, Rn. 5.2.

mentation: Daher sollten die entsprechenden Gutachten der Bewerter von Anlage- und Umlaufvermögen, der Bewerter von Grundstücken, der Berechner von Ertragskraft, Gewinn und Verlust (also: sogenannter Unternehmensberater) von vornherein dem Insolvenzplan beigefügt werden.[74]

31 Der dokumentierende Teil des Insolvenzplans erhält – gleich ob er vom Insolvenzverwalter oder vom Schuldner vorgelegt wird – wenigstens folgende Anlagen: Vermögensstatusunterlagen (Bilanz, Gewinn- und Verlustrechnung, Listen von Gläubigern und Schuldnern und Anlagevermögen und Umlaufvermögen etc. – vgl. im überkommenen Recht § 4 Abs. 1 Nr. 1 VerglO); sanierungsbezogene Unterlagen (Sanierungskonzept, Ertragsberechnungen, Unternehmensbewertungen und Prognosen, Marktanalysen etc.); Gutachten zum bewertenden Teil (Bewertungen von Grundstücken und Vermögen), Bewertungen von Unternehmensberatern und Wirtschaftsprüfern, Alternativrechenmodelle etc.; sonstige Anlagen (Verträge, Unterlagen, Erklärungen, Beweismittel); Willenserklärungen von Nichtverfahrensbeteiligten (vgl. bisher § 4 Abs. 1 Nr. 4 VerglO). Zur Abwehr von Gefahren für die Gläubiger sollte auch im neuen Recht der Schuldner dem von ihm vorgelegten Plan eine Erklärung über die Bereitschaft zur Abgabe der eidesstattlichen Versicherung entsprechend § 4 Abs. 1 Nr. 5 i.V.m. § 69 Abs. 2 VerglO beifügen.[75]

32 Im Übrigen werden die Anforderungen an den dokumentierenden Teil von § 229 InsO bestimmt: Soweit vorgesehen ist, dass die Gläubiger aus den Erträgen des vom Schuldner oder von einem Dritten fortgeführten Unternehmens befriedigt werden sollen, ist dem Insolvenzplan eine Vermögensübersicht beizufügen, in der die Vermögensgegenstände und die Verbindlichkeiten, die sich bei einem Wirksamwerden des Plans gegenüberstünden, mit ihren Werten aufgeführt werden, § 229 Satz 1 InsO. Dieser Gegenüberstellung ist nach § 229 Satz 2 InsO eine Darstellung beizufügen, aus der sich ergibt, welche Aufwendungen und Erträge für diesen Zeitraum der Befriedigung der Gläubiger zu erwarten sind und durch welche Abfolge von Einnahmen und Ausgaben die Zahlungsfähigkeit des Unternehmens während dieses Zeitraums gewährleistet werden soll.[76]

5. Planzusammenfassung

33 Zudem wird es sich für den Initiator empfehlen, dem vorgelegten Plan eine Zusammenfassung beizufügen; das Insolvenzgericht hat die Möglichkeit, ihm nach Zulassung zum Insolvenzplanverfahrens die Einreichung einer Zusammenfassung aufzugeben, § 235 Abs. 3 Satz 2 InsO (unten Rn. 42) oder Abdrucke des Plans in für seine Zustellung hinreichender Zahl.[77]

---

74 *Smid/Rattunde,* Der Insolvenzplan, 2. Aufl. 2005, Rn. 5.84.

75 *Smid/Rattunde,* Der Insolvenzplan, 2. Aufl. 2005, Rn. 5.85; *Rattunde,* in: Leonhardt/Smid/Zeuner, InsO, 3. Aufl. 2010, § 229 Rn. 4.

76 *Rattunde,* in: LSZ, InsO, 3. Aufl. 2010, § 229 Rn. 5.

77 Legt man *Braun/Uhlenbrucks* Musterinsolvenzplan (Fn. 56) zugrunde ist dies schlechthin illusorisch; selbst der im Anhang der Darstellung von *Smid/Rattunde* (Fn. 62) vorgelegte, erheblich weniger umfangreiche Plan würde sich wegen seines bloßen Umfangs, sieht man in ihm eine Zusammenfassung ohne das erforderliche Zahlenmaterial (§ 229 InsO!), kaum zur Versendung eignen.

VI. Grenzen der Gestaltungen durch Insolvenzpläne und Fehlerquellen

1. Plandispositive Gegenstände

Unzulässig sind Regelungen von Insolvenzplänen, die Eingriffe in Aussonderungsrechte, besonders in die Rechte der Eigentumsvorbehaltslieferanten vorsehen (§§ 47, 107 Abs. 2 InsO) – eine Beteiligung Aussonderungsberechtigter gem. § 47 InsO ist nicht plandispositiv.[78] 34

Wieweit Regelungen von Insolvenzplänen, die Eingriffe in Rechte von Massegläubigern vorsehen, so eine Beteiligung des Insolvenzverwalters mit seinem Anspruch auf Vergütung, die Massekosten gem. § 54 Nr. 2 InsO sind, nach der Neufassung des § 217 InsO zulässig sind, wird sich erweisen. Bislang wurde dies wegen fehlender Beteiligung des Insolvenzverwalters mit der Folge abgelehnt, weil dies kein plandispositiver Gegenstand sei, dass eine gleichwohl aufgenommene Regelung keine Bindung des Gerichts und des Verwalters an den in den Plan aufgenommenen Vergütungsansatz nach sich zieht.[79] 35

Weiter war bislang die Berechnungsmodalität der Forderung kein plandispositiver Gegenstand.[80] 36

2. Informationen

Hat der planinitiierende Schuldner es unterlassen, eine Gewinn- und Verlust-Rechnung nach § 229 InsO dem Plan beizufügen, obwohl der Plan vorsieht, dass aus den zu erwirtschaftenden Erlösen die durch den Plan festgesetzten Ansprüche der Gläubiger befriedigt werden sollen, ist es möglich, dass schriftsätzlich die fehlende Liquiditätsrechnung durch den Schuldner für den Planzeitraum nachgereicht werden kann. Dabei greifen über deren Umfang wegen der Vielfalt der in Betracht kommenden Pläne sowie der unterschiedlichen Schuldner keine bindenden Maßstäbe, vielmehr hat der Tatrichter die Anforderungen an Übersichten und Prognoseberechnungen zu bestimmen.[81] 37

Den planinitiierenden Schuldner trifft keine Pflicht dazu, Angaben über Tatsachen zu machen, die zur Versagung der Restschuldbefreiung führen würden, da insoweit die Gläubiger die Darlegungs- und Beweislast trifft.[82] 38

VII. Anhörungs-, Erörterungs- und Abstimmungsverfahren

1. Stellungnahmen nach § 232 InsO

Wird die Planinitiative nicht auf der frühen Stufe der Vorprüfung nach § 231 InsO zurückgewiesen, leitet das Insolvenzgericht unter „angemessener Fristsetzung" den 39

78 BGH, Beschl. v. 5. 2. 2009 – IX ZB 230/07.
79 BGH, Beschl. v. 22. 2. 2007 – IX ZB 106/06.
80 BGH, Beschl. v. 5. 2. 2009 – IX ZB 230/07, ZIP 2009, 480 (Phoenix).
81 BGH, Beschl. v. 3. 12. 2009 – IX ZB 30/09.
82 BGH, Beschl. v. 19. 5. 2009 – IX ZB 236/07, ZIP 2009, 1384.

Planentwurf u.a. dem Betriebsrat[83] zur Abgabe der bereits im Rahmen der Vorlagebefugnis des Insolvenzverwalters angesprochenen Stellungnahme zu (§ 232 Abs. 1 InsO). Angesichts der Komplexität von insolvenzplanrechtlichen Regelungen wird eine Fristbemessung zur Stellungnahme regelmäßig nicht unter einer Woche erfolgen können.[84]

2. Aussetzung der Verwertung und Verteilung

40 § 233 InsO bestimmt, dass das Insolvenzgericht auf Antrag die Aussetzung der Verwertung und Verteilung anordnet. Voraussetzung dafür soll sein, dass die Durchführung eines vorgelegten Insolvenzplans durch die Fortsetzung der Verwertung und Verteilung der Insolvenzmasse gefährdet würde (§ 233 Satz 1 InsO). In der Literatur wird die Ansicht vertreten, diese Aussetzung der Verwertung solle den „Regelfall"[85] darstellen. Durch Verwertungsmaßnahmen würde dem Plan geradezu zwangsläufig die tatsächliche Grundlage entzogen werden, noch bevor die Gläubiger Gelegenheit hatten, über die Annahme des Plans zu entscheiden.[86] Sowohl der Insolvenzverwalter als auch der Schuldner sind antragsbefugt. Allerdings hat der Antrag des Insolvenzverwalters einen haftungsrechtlich wichtigen Grund: Er suspendiert die Verwertungspflicht des § 159 InsO,[87] was insbesondere im Falle eines vom Insolvenzverwalter vorgelegten Plans wichtig sein kann, da dem Insolvenzverwalter ansonsten widerstreitende Pflichten aus Gesetz einerseits und aus dem Plan andererseits oblägen. Dem Schuldner wird durch § 233 Satz 1 InsO demgegenüber ein Instrument an die Hand gegeben, sowohl im Falle eigener Planinitiativen als auch solcher des Insolvenzverwalters die Masseverwertung zu unterbrechen – was im Einzelfall zu erheblichen Problemen führen kann. Dies hat der Gesetzgeber gesehen und mit § 233 Satz 2 InsO eine Korrektur eingebaut:

41 Das Insolvenzgericht hat von der Anordnung der Aussetzung der Verwertung abzusehen oder seine bereits erlassene Anordnung aufzuheben, wenn mit ihr die Gefahr erheblicher Nachteile für die Masse verbunden ist. § 233 Satz 2 Hs. 2 InsO konkretisiert dies für den Fall, dass der Insolvenzverwalter die Fortsetzung der Verwertung und Verteilung mit Zustimmung des Gläubigerausschusses oder der Gläubigerversammlung beantragt. Ist letzteres der Fall, steht dem Insolvenzgericht kein Ermessens- oder Beurteilungsspielraum mehr offen: Es hat von der Anordnung nach § 233 Satz 1 InsO abzusehen oder die erlassene Anordnung aufzuheben.[88] Soweit das Gericht nach § 233 Satz 2 Hs. 1 InsO zu entscheiden hat, ist bei der Bestimmung der Maßstäbe ebenso wie der Anforderungen an die zu treffenden Tatsachenfeststellungen durch das Insolvenzgericht zu berücksichtigen, dass es sich auch beim Insolvenzplanverfahren um ein eilbedürftiges Verfahren handelt, dem die aufwendige Begutachtung wirtschaftlicher Fragestellungen aus Gründen immanenter Verfahrensökonomie von vornherein fremd sein müssen: Tritt der Schuldner, dem wegen der vom Gericht zu erlassenden Entscheidung Gehör zu gewähren ist, der Aufhebung der Anordnung entgegen, hat er positiv darzutun, dass eine Gefährdung der Gläubigerbefriedigung durch die Aussetzung der Verwertung und Verteilung nicht zu besorgen ist. Hier genügt keine prognostische Vergleichsrechnung, denn die Gläubigergemeinschaft braucht sich nicht einfach auf wirtschaftliche Prognosen des Schuldners einzulassen. Der Schuldner genügt daher seiner Darlegungslast nur unter der Voraussetzung, dass er die Sicherstellung der Gläubigergleichbehandlung z.B. durch Bürgschaften in entsprechender Höhe nachweist.[89] Damit wird die Darlegungslast des Schuldners nachdrücklich erschwert, was mit Blick auf die durch das Verfahren zu gewährleistende Befriedigung der Gläubiger (vgl. § 1 Satz 1 InsO) aber seinen guten Grund hat.

---

83 *Berscheid,* ZInsO 1999, 27, 28.
84 *Breuer,* in: MünchKomm, InsO, 2. Aufl. 2008, § 233 Rn. 11 mwN; *Lüer,* in: Uhlenbruck, InsO, 12. Aufl. 2003, § 233 Rn. 7.
85 *Haarmeyer/Wutzke/Förster,* Handbuch der InsO, 1997, V Rn. 383.
86 Amtl. Begr. zu § 277 RegEInsO.
87 *Smid/Rattunde,* Der Insolvenzplan, 2. Aufl. 2005, Rn. 10.16.
88 *Smid/Rattunde,* Der Insolvenzplan, 2. Aufl. 2005, Rn. 10.22.
89 *Smid/Rattunde,* Der Insolvenzplan, 2. Aufl. 2005, Rn. 10.27.

3. Niederlegung und Zustellung des Plans. Ladung zum Erörterungstermin

Nach § 234 InsO hat das Insolvenzgericht den Plan nebst Anlagen und eingegangenen Stellungnahmen in der Geschäftsstelle zur Einsicht der Beteiligten niederzulegen. Damit nicht genug. Zur Vorbereitung des weiteren Verfahrens ist nach § 235 Abs. 3 Satz 2 InsO „ein Abdruck des Plans oder eine Zusammenfassung seines wesentlichen Inhalts“ den zu Erörterungs- und Abstimmungstermin zu ladenden Gläubigern der Ladung beizufügen. Die Übersendung eines Abdrucks des Plans mit der Ladung (Zustellung nach § 8 InsO?) ist schon aus Kostengründen kaum ein gangbarer Weg, zumal neben den Insolvenzgläubigern, die Forderungen angemeldet haben, die absonderungsberechtigten Gläubiger unabhängig von einer Anmeldung sowie der Betriebsrat und der Sprecherausschuss der leitenden Angestellten zu laden sind.[90] Der Ladung kann die von § 235 Abs. 3 Satz 2 InsO genannte Zusammenfassung des „wesentlichen“ Planinhalts beigefügt werden. 42

Der Termin zur Erörterung über den Plan und zur Festlegung der Stimmrechte ist spätestens einen Monat nach Ablauf der Frist zur Stellungnahme nach § 232 Abs. 3 InsO anzusetzen, § 235 Abs. 1 Satz 2 InsO. Dieser Termin kann nach § 236 InsO mit dem Prüfungstermin verbunden werden – was allerdings dann kaum zu bewältigen sein wird, wenn sich Gläubiger anders als im allgemeinen Verfahren an diesen Terminen beteiligen, was ihnen anzuraten ist, weil sie ansonsten kaum Einwendungen gegen Eingriffe in ihre Rechtspositionen erheben werden können.[91] Zur Abstimmung über den Plan kann ein gesonderter Abstimmungstermin bestimmt werden, der nach § 241 Abs. 1 Satz 2 InsO nicht länger als einen Monat nach dem Erörterungstermin anzuberaumen ist. 43

4. Änderung des Plans durch den Vorlegenden

Der Vorlegende hat die Möglichkeit, im Erörterungstermin aufgetretenen Einwendungen gegen den Plan durch Änderungen zu begegnen, § 240 InsO. Dies ruft Probleme hervor, da die insolvenzgerichtliche Vorprüfung des Planentwurfs nach § 231 InsO und das „Nachbesserungsrecht“ des § 240 InsO nunmehr verfahrensrechtlich auseinanderfallen.[92] Die insolvenzgerichtliche Vorprüfung droht – liest man allein den Gesetzeswortlaut des § 240 InsO – unterlaufen werden zu können. 44

So könnte – ginge man allein vom Wortlaut des § 240 InsO aus – der Vorlegende insbesondere im Nachhinein die Abstimmungsmodalitäten durch eine „geschickte Fraktionierung“[93] der Gläubiger verändern, nachdem eine „unverdächtige“ Gruppenbildung zunächst die insolvenzgerichtliche Kontrolle „passiert“ hat. Aber auch Veränderungen des darstellenden Teils können zu Veränderungen führen, aufgrund derer sich die gestaltenden Rechtsänderungen für die Gläubiger in einem anderen Lichte darstellen. Um Missbräuche abzuwehren bedarf es einer einschränkenden Auslegung des § 240 InsO.[94] 45

Gegenüber unscharf bleibenden „materialen“ Kriterien wie der Unterscheidung zwischen einem Plankern von unwesentlichen Änderungen[95] empfiehlt es sich, einen ver- 46

---

90 *Rattunde*, in: LSZ, InsO, 3. Aufl. 2010, § 234 Rn. 1; *Hintzen*, in: MünchKomm, InsO, 2. Aufl. 2008, § 235 Rn. 18.
91 *Hintzen*, in: MünchKomm, InsO, 2. Aufl. 2008, § 236 Rn. 4.
92 *Rattunde*, in: LSZ, InsO, 3. Aufl. 2010, § 240 Rn. 5.
93 *Smid/Rattunde*, Der Insolvenzplan, 2. Aufl. 2005, Rn. 11.31 ff; *Rattunde*, in: LSZ, InsO, 3. Aufl. 2010, § 240 Rn. 5 f.
94 *Haarmeyer/Wutzke/Förster*, Handbuch zur Insolvenzordnung, 1997, IX Rn. 11.
95 *Haarmeyer/Wutzke/Förster*, Handbuch zur Insolvenzordnung, 1997, IX Rn. 11.

fahrensrechtlichen Ansatz der Korrektur des § 240 InsO zu suchen. Absolute Mängel des Plans, die zur Zurückweisung nach § 231 Abs. 1 InsO führen würden, sind im Vorverfahren nach richterlicher Aufforderung zu beheben, nicht aber durch Änderung nach § 240 InsO. Diese bezieht sich allein auf relative Mängel, die die Beseitigung einer Schlechterstellung (§ 245 Abs. 1 Nr. 1 und 2 InsO) von Gläubigergruppen betreffen.[96]

VIII. Die Abstimmung über die Annahme des Insolvenzplans

47 Wird nicht im schriftlichen Verfahren nach § 242 InsO über die Annahme des Plans entschieden, treten die durch den Plan gem. § 222 InsO gebildeten Abstimmungsgruppen jeweils gesondert zur Abstimmung zusammen, § 243 InsO. Die Modalitäten des Abstimmungsverfahrens, durch das innerhalb jeder Gruppe (§ 243 InsO) über die Annahme oder Ablehnung des vorgelegten und zugelassenen (§ 231 InsO) Plans entschieden wird, regelt § 244 InsO: Ausschlaggebend ist für die Annahme des Planes, dass Mehrheiten innerhalb der Gruppen erreicht werden. Für die Zustimmung der Gläubiger zum Plan wird eine doppelte Mehrheit verlangt,[97] nämlich eine Mehrheit nach der Zahl der Gläubiger (Kopfmehrheit) und eine Mehrheit nach der Höhe der Ansprüche (Summenmehrheit).[98] Diese Mehrheiten können durch Abwesenheiten oder fehlende Mitwirkung erheblich von den realen Kopfzahlen der Gläubiger und damit den in § 76 Abs. 2 InsO geforderten Mehrheiten abweichen.[99] Im Zusammenspiel mit den noch zu erörternden §§ 245, 246 InsO stellt § 244 InsO tendenziell eine bedenkliche Abkehr vom Grundsatz der Mehrheitsentscheidung der Gläubiger dar.[100]

48 Ist in jeder der Abstimmungsgruppen nach diesen Grundsätzen eine Mehrheit für die Annahme des Insolvenzplans erreicht worden, ist der Plan damit angenommen. Wird die Mehrheit Zustimmender in auch nur einer Gruppe verfehlt, ist damit der Plan grundsätzlich verworfen; auf die insolvenzgerichtliche Bestätigung des Plans wegen „obstruktiver" Verweigerung der Zustimmung nach § 245 InsO wird noch im Fortgang zurückzukommen sein.

IX. Fristen und Verfahrensdauer

1. „Verwalterplan"

49 Die Vorlage eines Insolvenzplans durch den Insolvenzverwalter setzt – selbstverständlich – die Eröffnung des Insolvenzverfahrens (also den Erlass eines Eröffnungsbeschlusses gem. § 27 InsO) voraus. Angenommen, der Insolvenzverwalter hat bereits als vorläufiger Verwalter[101] den Insolvenzplan ausgearbeitet und alle nach § 232 InsO

---

96 *Smid/Rattunde*, Der Insolvenzplan, 2. Aufl. 2005, Rn. 11.30.
97 Darstellung der Auseinandersetzungen de lege ferenda bei *Schiessler*, Der Insolvenzplan, 159 ff; *Lüer*, in: Uhlenbruck, InsO, 13. Aufl. 2010, § 244 Rn. 2.
98 *Smid/Rattunde*, Der Insolvenzplan, 2. Aufl. 2005, Rn. 11.67.
99 *Smid/Rattunde*, Der Insolvenzplan, 2. Aufl. 2005, Rn. 11.67.
100 Zu Recht krit. daher *Henckel*, KTS 1989, 477, 491 f.
101 *Smid/Rattunde*, Der Insolvenzplan, 2. Aufl. 2005, Rn. 3.6 ff.

erforderlichen Stellungnahmen[102] vorab eingeholt, dann ergibt sich für den zeitlichen Rahmen[103] des Verfahrensablaufs folgendes Bild, bei dem vorausgesetzt werden soll, dass keiner der Verfahrensbeteiligten Einwendungen erhebt:

Bereits vor Erlass des Eröffnungsbeschlusses legt der Insolvenzverwalter als vorläufiger Verwalter dem Insolvenzgericht den Insolvenzplan zur Prüfung nach § 231 InsO nebst zuvor eingeholten Stellungnahmen nach § 232 InsO unter Erklärung des Verzichts von Schuldner, Betriebsrat und Sprecherrat der leitenden Angestellten auf weitere Prüfung des Planentwurfs vor.[104] Das Insolvenzgericht kann nunmehr grundsätzlich den Plan nach § 234 InsO niederlegen. Die Anberaumung des Erörterungstermins setzt nun voraus, dass die Anmeldefrist des § 28 Abs. 1 Satz 2 InsO und die Frist zur Bestimmung des Prüfungstermins gem. § 29 Abs. 1 Nr. 2 InsO eingehalten wird. Daraus ergibt sich, dass nach Zulassung des Insolvenzplans durch das Insolvenzgericht am Tage des Erlasses des Eröffnungsbeschlusses bei einer Anmeldefrist von zwei Wochen (§ 28 Abs. 1 Satz 2 InsO) und einer weiteren Ein-Wochenfrist gem. § 29 Abs. 1 Nr. 2 InsO der nach §§ 235, 236 InsO verbundene Prüfungs-, Erörterungs- und Abstimmungstermin stattfinden könnte und ein Insolvenzplan nach Ablauf von drei Wochen nach Eröffnung des Verfahrens bestätigt werden und Wirkung entfalten könnte. Käme es nicht zur Vorabklärung mit den in § 232 InsO zur Stellungnahme Berechtigten, bedürfte es einer zeitaufwendigen Prüfung durch das Insolvenzgericht nach Verfahrenseröffnung gem. § 231 InsO. Würden die Fristen der §§ 28 Abs. 1 Satz 2, 29 Abs. 1 Nr. 2 InsO indessen ausgeschöpft werden, würde sich die Lage dagegen dramatisch anders darstellen. Denn dann müsste schon wegen der Stimmrechtsentscheidung nach den §§ 237, 238 InsO wenigstens der Ablauf der Anmeldefrist von bis zu drei Monaten abgewartet werden, zuvor wären die Stellungnahme- und Auslegefristen zu berücksichtigen. Für eine Unternehmensfortführung durch den Schuldner mag dies angehen, wenn er davon ausgehen kann, dass die Sanierungskreditgeber, auf die er setzt, ihm die Stange halten werden. Ein potentieller Erwerber des Unternehmens wird angesichts dieser Laufzeiten des Planverfahrens schwerwiegende Bedenken wegen seines Engagements bekommen, zumal die Dinge meist nicht so einfach liegen werden, wie es hier unterstellt wurde.[105] 50

2. Schuldnerplan

51 Für den Schuldnerplan stellen sich die zeitraubenden Umständlichkeiten des Insolvenzplanverfahrens insbesondere dann als weniger gravierend dar, wenn das Insolvenzgericht die Eigenverwaltung durch den Schuldner gem. § 270 InsO angeordnet hat (vgl. unten § 42).

52 Sieht ein Insolvenzplan eine Stundung, einen Erlass oder sonstige Einschränkungen der Rechte der Gläubiger vor, so darf er nach Art. 9 EuInsVO vom Insolvenzgericht nur bestätigt werden, wenn alle betroffenen Gläubiger dem Plan zugestimmt haben.

53 Nach Art. 32 Abs. 3 EuInsVO ist der ausländische Verwalter berechtigt, an einem inländischen Verfahren „wie ein Gläubiger" teilzunehmen, wobei die Einzelheiten durch das nationale Recht geregelt werden.[106] Ergänzend schreibt Art. 31 Abs. 3 EuInsVO vor, der Verwalter eines Sekundärinsolvenzverfahrens habe dem Hauptverwalter Gelegenheit zu geben, Vorschläge für die Verwertung oder sonstige Verwendung

---

102 *Smid/Rattunde,* Der Insolvenzplan, 2. Aufl. 2005, Rn. 10.1 ff.
103 Vgl. das Tableau in *Smid/Rattunde,* Der Insolvenzplan, 2. Aufl. 2005, Rn. 2.134.
104 *Smid/Rattunde,* Der Insolvenzplan, 2. Aufl. 2005, Rn. 10.3.
105 *Smid/Rattunde,* Der Insolvenzplan, 2. Aufl. 2005, Rn. 1.26.
106 *Virgos/Schmit,* in: Stoll, Vorschläge und Gutachten, 1997, Nr. 240.

der Masse zu unterbreiten. Die Vorschrift verschärft die Anforderungen an die Voraussetzungen für die Bestätigung eines Insolvenzplans.[107]

54 Wird in einem deutschen Sekundärinsolvenzverfahren ein Insolvenzplan beschlossen, so sollen nach Art. 34 Abs. 2 EuInsVO die in dem Plan vorgesehenen Einschränkungen der Rechte der Insolvenzgläubiger nur dann Auswirkungen auf das nicht vom Sekundärinsolvenzverfahren betroffene Vermögen haben, wenn alle betroffenen Gläubiger der Maßnahme zustimmen. Ist diese Voraussetzung nicht erfüllt, so entfaltet die Maßnahme hinsichtlich des in einem anderen Mitgliedstaat belegenen Vermögens selbst gegenüber den Gläubigern keine Wirkung, die ihre Zustimmung erklärt haben. Andererseits bedeutet dies aber auch, dass die Zustimmung einzelner Gläubiger zu einem im Sekundärinsolvenzverfahren vorgeschlagenen Insolvenzplan ersetzt werden kann, sofern nur das vom Partikularverfahren erfasste Vermögen betroffen ist. Wenigstens die Gläubiger, die einem solchen Insolvenzplan nicht zugestimmt haben, könnten sich dann gleichwohl an dem Hauptinsolvenzverfahren beteiligen und dort ihre Forderungen anmelden. Ein solches Verständnis würde im deutschen Recht aber zu einer Reihe von Schwierigkeiten aufgrund von Wertungswidersprüchen führen. Nach § 254 Abs. 1 InsO entfaltet der Plan mit der formellen Rechtskraft seiner Bestätigung eine rechtsgestaltende Wirkung gegenüber allen Beteiligten. Sieht der Plan bspw. vor, dass Ansprüche teilweise erlassen werden, so steht den betroffenen Gläubigern allenfalls noch eine Naturalobligation (vgl. § 254 Abs. 3 InsO) zu, die sie nicht im Hauptinsolvenzverfahren gelten machen können.[108] Um die hieraus erwachsenden Schwierigkeiten zu vermeiden, soll Art. 34 Abs. 2 EuInsVO bei seiner Anwendung im deutschen Recht im Sinne von § 355 Abs. 2 InsO umgesetzt und eine Bestätigung des Plans nur zugelassen werden, wenn alle betroffenen Gläubiger zugestimmt haben. Obwohl Art. 34 Abs. 2 EuInsVO lediglich den bereits bestätigten Plan anspricht und keine Bestätigungsvoraussetzung aufstellt, hat sich der Gesetzentwurf für diese Lösung entschieden, um die EuInsVO möglichst widerspruchsfrei in das deutsche Recht einzupassen, ohne jedoch gegen den Geist der Verordnung zu verstoßen.[109]

---

107 *Smid*, Deutsches und Europäisches Internationales Insolvenzrecht, 1. Aufl. 2004, Art. 102 EGInsO § 9 Rn. 1.
108 *Rattunde*, in: LSZ, InsO, 3. Aufl. 2010, § 254 Rn. 14.
109 *Smid*, Deutsches und Europäisches Internationales Insolvenzrecht, 1. Aufl. 2004, Art. 102 EGInsO § 9 Rn. 2.

§ 40 Die insolvenzgerichtliche Bestätigung des Insolvenzplans

I. Annahme des Plans

1. Mehrheit in allen Abstimmungsgruppen

Wie oben (§ 39 Rn. 47 f.) dargestellt, setzt die Annahme des Plans die Erreichung einer Mehrheit in jeder Abstimmungsgruppe voraus[1] – was schon deshalb kaum zu erwarten sein wird, weil jedenfalls in die Rechte einer Gruppe umverteilend einzugreifen sein wird, um eine Sanierung des schuldnerischen Unternehmensträgers zu erreichen. Der Gesetzgeber hat die „einfache" Annahme wie die nach § 182 KO auch gar nicht als den zu erwartenden „Grundfall" angenommen, da er das „Aushandeln" eines Insolvenzplans als wirtschaftliches Optimierungsinstrument ansieht (oben § 29 Rn. 3). Die Regelungen über eine insolvenzgerichtliche Bestätigung wegen Beurteilung der Versagung der Zustimmung zum Plan durch eine Gläubigergruppe als „obstruktiv" sollen wohl wegen ihres „Abschreckungscharakters" eher dem Aushandeln des Plans *vor* den gerichtlichen Terminen dienen[2] als in praxi zur Anwendung kommen, da das Obstruktionsverfahren mit der streitigen Verhandlung über die ökonomische Bewertung der Chancen des zu rettenden Unternehmens und der damit verbundenen negativen Publizität jedenfalls im Falle eines Sanierungsplans den *Tod* eines jeden Sanierungsvorhabens bedeuten müsste. 1

Das Gesetz sieht eine Reihe von insolvenzgerichtlichen Interventionsfällen im Bestätigungsverfahren vor. Der spektakulärste Fall ist die bereits angesprochene Obstruktionsentscheidung nach § 245 InsO. Da aber auch der Schuldner seine Zustimmung zum Plan erteilen muss, ordnet § 247 InsO eine Ersetzungsbefugnis des Insolvenzgerichts an, wenn die Verweigerung der Zustimmung „unbeachtlich" ist. Stellt das Insolvenzgericht einen Verstoß gegen Verfahrensvorschriften fest, ist die Bestätigung gem. § 250 InsO *ad limine* zu versagen. Schließlich ist die Bestätigung nach § 251 InsO aus Gesichtspunkten des Minderheitenschutzes auch nur eines durch den Plan benachteiligten Gläubigers zu versagen. 2

Grundvoraussetzung der gerichtlichen Bestätigung eines Insolvenzplans ist daher, dass die Mehrheit der Gläubiger einer betroffenen Gruppe, in deren Rechte eingegriffen wird, dem Rechtseingriff zustimmt.[3] Die Ausnahme von diesem „Konsensualprinzip" bildet die gerichtliche Bestätigung des Planes gegen den Mehrheitswillen einer dissentierenden Gruppe, wenn sich deren Ablehnung als rechtsmissbräuchlich erweist. 3

2. Grundvoraussetzungen der Bestätigung eines Insolvenzplans

Wird der Plan nicht durch eine in einer jeden Abstimmungsgruppe erzielten Mehrheit der vom Plan betroffenen abstimmungsberechtigten Gläubiger erzielt, ist es sowohl zum Schutz der Gläubiger als auch dem des Schuldner unerlässlich, dass ein solcher Reorganisationsplan nur unter der Voraussetzung Rechtswirkungen entfalten kann, dass er durch das Insolvenzgericht bestätigt worden ist. Diese insolvenzgerichtliche Bestätigung muss sich an Regeln orientieren[4], die klar, einfach zu identifizieren, wirtschaftlich praktikabel und den Anforderungen eines fairen Verfahrens entspre- 4

---

1 *Hintzen*, in: MünchKomm, InsO, 2. Aufl. 2008, § 244 Rn. 9; *Rattunde*, in: Leonhardt/Smid/Zeuner, InsO, 3. Aufl. 2010, § 244 Rn. 3.
2 *Rattunde*, in: LSZ, InsO, 3. Aufl. 2010, § 245 Rn. 3 ff.
3 *Rattunde*, in: LSZ, InsO, 3. Aufl. 2010, § 245 Rn. 10.
4 *Rattunde*, in: LSZ, InsO, 3. Aufl. 2010, § 248 Rn. 3 ff.

chend sind. Diese Regeln schließen in sich eine Abwägung zwischen den Schutz der einzelnen Gläubiger (Minderheitenschutz) und der wirtschaftlichen Effizienz der Reorganisation eines schuldnerischen Unternehmens ein. Die Maßstäbe, die das Insolvenzgericht bei der Bestätigung eines Reorganisationsplanes anzulegen hat, lassen sich schlagwortartig in sieben Regeln wiedergeben:

5 Aufgrund des Insolvenzplanes muss jeder Gläubiger wenigstens den Betrag erhalten, der an ihn im Fall einer Liquidation des schuldnerischen Unternehmens an die Verwertung der Masse ausgekehrt wird.[5]

6 Wenn der Insolvenzplan nicht die Liquidation des Schuldnervermögens regelt, sondern ein Betriebs- bzw. eine Unternehmensfortführung vorsieht, müssen im Plan die Voraussetzungen dafür nachgewiesen werden, dass ein hinreichendes Vermögen vorhanden ist, um die infolge der gewöhnlichen Geschäftstätigkeit des Schuldners auftretenden neuen Verbindlichkeiten bedienen zu können, um zu verhindern, dass der Bestätigung des Planes alsbald ein auf die Liquidation des Schuldnervermögens zulaufendes neues Insolvenzverfahren folgt.

7 Im Zusammenhang damit muss sichergestellt werden, dass im Vollzug eines bestätigten Planes alle Masseverbindlichkeiten vollständig befriedigt werden.

8 Bei der Regelung der Behandlung der Forderungen der Insolvenzgläubiger darf eine wie immer auch geartete Leistung oder Vorteilsgewährung an rangniedrigere Gläubiger nur unter der Voraussetzung erfolgen, dass entweder ranghöhere Gläubiger befriedigt worden sind oder die ranghöheren Gläubiger einer Ausschüttung oder Vorteilsgewährung an die rangniedereren Gläubiger Zustimmung erteilt haben (absolute priority rule[6]). In Erwägung, dass in einem solchen von Reorganisationsrecht geprägten Insolvenzrecht die dinglichen Sicherheiten zur Soll-Masse gezogen und der Verwertung durch einen Insolvenzverwalter oder einen eigenverwaltenden Schuldner im Rahmen einer Betriebsfortführung unterworfen worden sind und die gesicherten Gläubiger daher nicht außerhalb des Insolvenzverfahrens die Verwertung des Sicherheitsguts durchzuführen berechtigt sind, nehmen die gesicherten Gläubigern eine vor den anderen Insolvenzgläubigern bevorrechtigte und daher bei der Regelung der Ausschüttung im Insolvenzplans zu berücksichtigende Stellung ein.

9 Die insolvenzgerichtliche Bestätigung darf nur unter der Voraussetzung erteilt werden, dass der Plan keine gegen Verbotsgesetze oder die guten Sitten verstoßende Regelungen trifft.[7]

10 Eine Fortführung des Betriebs bzw. des Unternehmens durch den bisherigen Unternehmensträger darf durch den Insolvenzplan nur unter der Voraussetzung vorgesehen werden, dass entweder eine Befriedigung der Gläubiger aller Klassen und sei es pro rata temporis sichergestellt oder alle Gläubiger der Betriebsfortführung durch den sanierten Unternehmensträger ihre Zustimmung erteilen oder eine durch den Insolvenzplan vorgesehene Verwertung im Wege einer übertragenden Sanierung durch Veräußerung des Unternehmens als Ganzes durch Dritte sich nicht hat realisieren lassen. Sieht der Plan den Erwerb von Gesellschaftsanteilen an dem schuldnerischen Unternehmensträger vor und handelt es sich bei dem Erwerber um einen Insider in dem Sinne, dass der Erwerber bereits Gesellschaftsanteile am schuldnerischen Unternehmensträgers gehalten hat, Mitglied der gesellschaftsrechtlich vertretungsberechtigten Organe bzw. vertretungsberechtigter Mitgesellschafter am schuldnerischen Unternehmensträger war/ist oder aufgrund einer Beraterstellung Insiderwissen über das schuldnerische Unternehmen hat, muss der Plan vorsehen, dass der vom Erwerber zu zahlende Preis, dem Wert des Unternehmensanteils nach gelungenem Abschluss der Reorganisation entspricht, um einen Ausverkauf der Massewerte zu Ungunsten der Gläubiger und eine Sanierung des schuldnerischen Unternehmensträgers auf Kosten der Gläubiger zu verhindern.

---

5 *Smid/Rattunde,* Der Insolvenzplan, 2. Aufl. 2005, Rn. 13.51.

6 *Warringholz,* Die angemessene Beteiligung der Gläubiger an dem wirtschaftlichen Wert der Masse aufgrund eines Insolvenzplans, 2005, 33 ff.; *Smid/Rattunde,* Der Insolvenzplan, 2. Aufl. 2005, Rn. 13.57 ff.; *Smid,* in: FS Gerhardt, 2004, 931, 952 ff.

7 BGH, Beschl. v. 3. 3. 2005 – IX ZB 153/04 – DZWIR 2005, 255.

Schließlich ist es Voraussetzung für die Bestätigung eines Insolvenzplans durch das Insolvenzgericht, dass alle Klassen von Gläubigern mehrheitlich den Plan angenommen haben.[8] Wenn nicht in allen Klassen von Gläubigern eine Mehrheit für die Annahme des Plans erzielt worden ist, kann eine Bestätigung des Planes durch ein Insolvenzgericht erfolgen, wenn der Plan wenigstens von einer Mehrheit von Gruppen von Gläubigern angenommen worden ist, sofern die Gläubiger dieser Gruppe aufgrund der Regelung des Plans keine volle Befriedigung ihrer Forderungen zu erwarten haben; wenn jeder gesicherte Gläubiger aufgrund des Plans die Befugnis zum Zugriff auf das Sicherheitengut erhält oder durch den Plan vorgesehen wird, dass an die gesicherten Gläubiger Zahlungen erfolgen, die dem Wert des Sicherheitengutes entsprechen, alle Masseverbindlichkeiten berichtigt werden und schließlich die vorangegangen unter (1) bis (6) erfassten Regeln beachtet werden. 11

II. Das Verbot obstruktiver Versagung der Zustimmung zum Insolvenzplan

1. Systematische Stellung des Obstruktionsverbots

Diese allgemeinen „Grundstrukturen", die einen „fairen" Umgang mit einem Reorganisationsverfahren entsprechen, haben in der Normierung des sogenannten Obstruktionsverbots in der Vorschrift des § 245 InsO ihren Ausdruck gefunden. 12

Im Kern der insolvenzgerichtlichen Entscheidung bei der Bestätigung eines Insolvenzplans steht § 245 InsO – die „Obstruktionsentscheidung". Ohne die Möglichkeit, eine solche Entscheidung zu treffen, würde das Insolvenzplanverfahren *immer* ins Leere laufen, da andernfalls eine auch nur marginale „Akkordstörung" durch Herstellung einer Mehrheit *gegen* den Insolvenzplan in auch nur einer Gläubigergruppe zum Scheitern des Plans führen könnte. Da die Aufstellung eines Insolvenzplans in hohem Maße kostenintensiv ist, lohnt sich seine Ausarbeitung überhaupt nur, wenn sichergestellt werden kann, dass er nicht an kleinlichem Partikularinteresse einzelner Gläubiger oder Gläubigergruppen scheitert. Die Zustimmungserfordernisse des § 244 InsO erzwingen daher förmlich die Schaffung eines Verfahrens zur Beseitigung von Akkordstörungen. 13

§ 245 InsO bezeichnet einen der Wendepunkte, an denen die reformgesetzgeberische Intention einer „Deregulierung" des Insolvenzverfahrens durch die Eröffnung der Wahl zwischen dem dispositiven regulär-gesetzlich normierten Verfahrensrecht einerseits und einem aufgrund privater Rechtssetzung im Insolvenzplan geordneten Verfahren umschlägt in ein hoheitlich-autoritativ bestimmtes Verfahren. Dieses „Umkippen" verläuft zwangsläufig. Will man überhaupt ein in die Hände der Gläubiger gelegtes Insolvenzplanverfahren ins Leben rufen, müssen Grenzen der Gläubigerautonomie bestimmt werden. Andernfalls scheitert das Verfahren am Widerstreit der Interessen innerhalb einer inhomogenen Gläubigerschaft. Ein Verbot obstruierender Versagung der Zustimmung zum Insolvenzplan soll die notwendige Voraussetzung dafür schaffen, dass Insolvenzpläne gem. §§ 248, 245 InsO auch dann vom Gericht bestätigt werden können, wenn sie nicht mehrheitlich auf Zustimmung der Gläubiger stoßen. 14

Vorbild des deutschen Insolvenzrechtsreformgesetzgebers war das Reorganisationsverfahren nach chapter 11 des US-Bankruptcy code und dessen cramdown-Verfahren (der Zwang gegenüber einer Gläubigergruppe, den Plan „herunterzuwürgen" – so die wörtliche Übersetzung des cramdown). Das neue deutsche Insolvenzplanverfahren ist dem amerikanischen Recht weitgehend getreu nachgebildet. 15

2. Gesetzliche Tatbestände

a) Übersicht. Im Einzelnen bestimmt § 245 Abs. 1 InsO die tatbestandlichen Voraussetzungen des Obstruktionsverbots: § 245 Abs. 1 Nr. 1 InsO ordnet die Fiktion der Zustimmung an, wenn die Gläubiger der dissentierenden Gruppe durch den Insolvenzplan nicht schlechter gestellt werden, als sie ohne 16

8 *Sinz*, in: MünchKomm, InsO, 2. Aufl. 2008, § 248 Rn. 6.

Plan, also nach den gesetzlichen Liquidationsregeln, stünden. Nach Nr. 2 wird die Zustimmung ersetzt, wenn die Gläubiger dieser Gruppe „angemessen am wirtschaftlichen Wert beteiligt werden, der auf der Grundlage des Planes den Beteiligten zufließen soll“, und nach Nr. 3 gilt die Zustimmung als ersetzt, wenn die Mehrheit der abstimmenden Gruppen dem Plan die Zustimmung erteilt hat. Dieser Regelung liegt folgende Überlegung zugrunde: Die Gruppe der Arbeitnehmer (§ 222 Abs. 3 InsO) wird oft an einer Sanierung des Schuldners interessiert sein. Angesichts weniger eröffneter Verfahren und äußerst geringer Werte freier Masse werden die nicht nachrangigen Insolvenzgläubiger (§ 222 Abs. 1 Satz 2 Nr. 1 InsO) häufig ohnedies wirtschaftlich leer ausgehen. Deren möglicher Widerstand gegen eine Sanierung soll überwunden werden können, da sie diese Gläubiger scheinbar „nichts kostet“. Und die Absonderungsberechtigten (§ 222 Abs. 1 Satz 2 Nr. 1 InsO) werden – da sie Sicherheiten halten – einer Sanierung regelmäßig nicht entgegentreten. Eine „Akkordstörung“ seitens der betroffenen Gläubiger soll dadurch ausgeschlossen werden, dass deren Position durch das den Insolvenzplan bestätigende Gericht als wirtschaftlich wertlos bewertet und daraus der rechtliche Schluss gezogen wird, die Rechtsverfolgung dieser Gläubiger im gesetzlich geregelten Insolvenzverfahren sei nicht schutzwürdig; es sei daher rechtsmissbräuchlich, wenn diese Gläubiger einem Insolvenzplan die Zustimmung versagen.

Durch das Gesetz zur weiteren Erleichterung von Unternehmenssanierungen wird § 245 InsO durch einen Abs. 3, der vorsieht, dass für eine Gruppe der Anteilsinhaber eine angemessene Beteiligung im Sinne des Abs. 1 Nr. 2 vorliegt, wenn nach dem Plan kein Gläubiger wirtschaftliche Werte erhält, die den vollen Betrag seines Anspruchs übersteigen, und kein Anteilsinhaber, der ohne einen Plan den Anteilsinhabern der Gruppe gleichgestellt wäre, besser gestellt wird als diese. Wenn daher z. B. die Angehörigen einer Gruppe der geringfügig beteiligten Anteilsinhaber im Sinne von § 222 Abs. 3 Satz 2 InsO nach dem Plan mehr bekommen sollen als die übrigen, gleichgestellten Anteilsinhaber, kann die fehlende Zustimmung der Gruppe dieser übrigen Anteilsinhaber nicht durch das Obstruktionsverbot überwunden werden.

17 b) **§ 245 InsO als Rechtsmissbrauchstatbestand.**[9] Das Obstruktionsverbot stellt eine Form der gesetzlichen Missbilligung eines (vermeintlichen) Rechtsmissbrauchs wegen wirtschaftlicher Wertlosigkeit der Rechtsposition des betroffenen Gläubigers dar. Diese Art der Begründung eines Rechtsmissbrauchstatbestandes ist im Übrigen im bisherigen Recht ohne Vorbild. Wo eine Begrenzung prozessualer Rechtsausübung in der Judikatur zur sittenwidrigen Nutzung arglistig erschlichener Titel sich auf § 826 BGB[10] stützt oder es um die Einschränkung rechtsmissbräuchlicher aktienrechtlicher Anfechtungsklagen gegen Hauptversammlungsbeschlüsse geht, lässt sich rechtlich aus der Nähe zu prozessualen Restitutionsgründen oder aus gesellschaftsrechtlichen Treuepflichten argumentieren. Im Falle des Obstruktionsverbots fehlt es an solchen rechtlich-systematischen Anknüpfungspunkten an die Wertungen der Rechtsordnung; was bleibt ist das bloße Verdikt vermeintlicher wirtschaftlicher Wertlosigkeit der das verfahrensrechtliche Teilnahmerecht des Gläubigers begründenden Insolvenzforderung.

18 Vermeintliche Erfahrungssätze wie der, die Rechtsposition allgemeiner Insolvenzgläubiger sei wirtschaftlich betrachtet wertlos, ändern nichts daran, dass es bei dieser insolvenzgerichtlichen Entscheidung um den Eingriff in *Rechte* der betroffenen Gläubiger geht. Im Wege der „Obstruktionsentscheidung“ verkürzt das Insolvenzgericht nachhaltig die Teilnahmerechte dieser Gläubiger, auf das Verfahren und sein Ergebnis einzuwirken (Art. 103 Abs. 2 GG!). Der Anspruch auf rechtliches Gehör, der auch im Insolvenzverfahren seine Gültigkeit besitzt, steht freilich nicht unter dem Vorbehalt der wirtschaftlichen Werthaltigkeit der Rechtsposition, um deren Durchsetzung es im Verfahren geht.

19 c) **Aufgabe der Insolvenzgerichte.** Den Insolvenzgerichten wird mit der „Obstruktionsentscheidung“ die Aufgabe zugewiesen, sowohl die wirtschaftlichen Aussagen des Insolvenzplans als auch Einwendungen, die einzelne Gläubiger oder Gläubigergruppen gegen ihn erheben, ökonomisch zu gewichten und gegeneinander abzuwägen. Das ist deshalb schwierig, weil Gerichte gewöhnlich aufgrund juristi-

---

9 *Rattunde,* in: LSZ, InsO, 3. Aufl. 2010, § 245 Rn. 5.
10 Krit. *Braun,* Rechtskraft und Restitution, Bd. 1 1982, Bd. 2 1985.

scher Kriterien entscheiden – „Recht anwenden“, ohne dabei „zu kalkulieren“. Wären die Tatbestände des § 245 InsO wörtlich zu nehmen, so hätte das Gericht unter bestimmten Voraussetzungen die wirtschaftlichen Folgen eines bestätigten Insolvenzplans zu prüfen.

3. Sachverhaltsermittlung und Kosten des Verfahrens

a) Aufzehrung der Masse durch amtswegige Ermittlung. Die gesetzliche Ausgestaltung der Obstruktionsentscheidung lässt das Gespenst aufwendiger „Sachverständigenschlachten“ um das Vorliegen der betriebswirtschaftlichen Voraussetzungen für ein *cram down* auftreten. Die cram-down Entscheidung ergeht aufgrund der Vorlage eines Insolvenzplans, was regelmäßig seitens des Schuldners und in dessen Interesse geschieht; dagegen ergeht die Obstruktionsentscheidung im Rahmen der Bestätigung des Insolvenzplans von Amts wegen. 20

Die dem Verfahren damit drohenden Gefahren sind dramatisch, da die Insolvenzgerichte sich dem Vorwurf aussetzen, ihre Pflicht zur sorgfältigen Durchführung erforderlicher Ermittlungen[11] zu verletzen, was Amtshaftungsansprüche[12] nach sich ziehen kann, wegen derer das Spruchrichterprivileg nicht greift.[13] 21

Würde sich die Amtsermittlung durch das Insolvenzgericht auch auf die Feststellung der Tatbestände des § 245 Abs. 1 InsO erstrecken, fielen die dabei entstehenden Kosten einer „Masse“ zur Last, die nach § 1 Satz 1 InsO der Gläubigergemeinschaft haften soll. 22

Das LG Traunstein[14] hat die verfahrensrechtlichen Voraussetzungen, unter denen es die fehlende Zustimmung einer den Plan ablehnenden Gläubigergruppe nach § 245 InsO zu ersetzen befugt ist, durch eine *restriktive* Auslegung des § 5 Abs. 1 Satz 2 InsO auf ein „sparsames“ Modell zu bringen versucht. Das ist vordergründig überraschend erfreulich, da das Insolvenzgericht für die „Obstruktionsentscheidung“ des § 245 InsO eine wirtschaftliche Prognoseentscheidung fällen muss.[15] In der Literatur[16] waren wegen der wirtschaftswissenschaftlichen Implikationen dieser Prognoseentscheidungen denn auch „Sachverständigenschlachten“ befürchtet worden, die nach Stellungnahmen amerikanischer Insolvenzrechtler[17] im US-amerikanischen Recht gang und gäbe sein sollen. So ist die Ansicht[18] vertreten worden, eine „Schlacht“ um Obstruktionsentscheidungen ließe sich in den europäischen Rechtsordnungen schon deshalb nicht vermeiden, weil zu der Gewährleistung eines *fairen Verfahrens* gem. Art. 6 der EMRK die Eröffnung eines Rechtsweges gegebenenfalls in Gestalt des Instanzenzuges gehöre[19]. In der Verfassung Deutschlands folge dies aus der Rechtsweggarantie des Art. 19 Abs. 4 GG[20]. Andernfalls 23

---

11 Vgl. hierzu auch *Bollig*, KTS 1990, 599.
12 *Heil*, Akteneinsicht und Auskunft im Konkurs, 1995, Rn. 149.
13 *Heil* (Fn. 6).
14 Vorinstanz: AG Mühldorf/Inn v. 27. 7. 1999 – 1 IN 26/99 – NZI 1999, 422; LG Traunstein v. 27. 8. 1999 – 4 T 2966/99 – DZWIR 1999, 464 – NZI 1999, 461 – ZInsO 1999, 577; beide Entscheidungen mit Besprechungen von *Braun*, NZI 1999, 473 und – scharf ablehnend – *Smid*, InVo 2000, 1.
15 *Fassbach*, Die cram down power des amerikanischen Konkursgerichts nach chapter 11 des Bankruptcy Code, 1997, 160 ff., 162 ff. zur wirtschaftstheoretischen Bedeutung von wertenden Prognoseentscheidungen des Insolvenzgerichts.
16 *Smid/Rattunde*, Der Insolvenzplan, 2. Aufl. 2005, Rn. 13.26; *Smid*, InVo 1996, 314 ff.; *Fassbach* (Fn. 9) 166; *Wittig*, ZInsO 1999, 373, 377.
17 Statt vieler *Buchbinder*, A Practical Guide to Bankruptcy, 1990, 312.
18 *Smid/Rattunde*, Der Insolvenzplan, 2. Aufl. 2005, Rn. 13.26.
19 *Smid*, Rechtsprechung. Zur Unterscheidung von Rechtsfürsorge und Prozeß, 1990, § 1 I 1 (37 ff.), § 8 II (481 ff.).
20 *Smid* (Fn. 19), § 8 II (481 ff.); str., a. A. vgl. allein *Schmidt-Aßmann*, in: Maunz/Dürig, Grundgesetz, 1994, Art. 19 Abs. 4, Rn. 179.

entfalte sich ein Szenario, dass der zitierte amerikanische Autor[21] damit beschreibt, im Ausgang dieser Schlachten sähe sich „the victor‘ be left standing alone in the rubble of the debtor“. Das LG Traunstein sagt demgegenüber – vereinfacht – folgendes: § 5 Abs. 1 Satz 2 InsO zwinge das Insolvenzgericht nicht dazu, einen Sachverständigen zur Vorbereitung seiner Entscheidung nach § 245 InsO heranzuziehen. Die Insolvenzgerichte seien vielmehr darin frei, bei der Bewertung der „voraussichtlichen“ Entwicklung die ihnen vorliegenden Tatsachen zu würdigen. Das erscheint unmittelbar vernünftig. Denn wie die Literatur betont hat, müssen sich die Kosten, die zur Ermittlung der Entscheidungsgrundlage über wirtschaftlichen Sinn und Unsinn eines Plans zu investieren sind, im Rahmen der üblichen Massekosten halten, insbesondere dürfen sie nicht den Gläubigern den geringen Rest quotaler Befriedigungschancen entziehen.[22] Gerade auch für das insolvenzgerichtliche Verfahren leuchtet die Gültigkeit dieses *Grundsatzes der Sparsamkeit einzusetzender Mittel* unmittelbar ein. Das ergibt sich aus der Unterscheidung zwischen Insolvenzforderungen und Masseverbindlichkeiten: Die Kosten des Verfahrens sind gem. § 53 InsO bzw. „vorab“ aus der Masse, also „außerhalb des Konkurses“ zu befriedigen; ein Verfahren, das unnötig und exzessiv Kosten verursacht, stellt sich vor diesem Hintergrund deshalb als *falsch* dar, weil es seiner Aufgabe, die Haftung des gemeinschuldnerischen Vermögens zugunsten der Gläubigergemeinschaft zu gewährleisten, nicht oder doch nur schlecht erfüllt[23] – was u.a. durch die Haftungsvorschrift des § 61 InsO deutlich gemacht wird.[24]

24 Damit ist aber noch nicht gesagt, wie diese Verfahrensökonomie im Einzelnen mit der auch im Insolvenzverfahren verfassungsrechtlich gebotenen Gewährung rechtlichen Gehörs[25] und der Gleichbehandlung der Verfahrensbeteiligten (der Herstellung ihrer verfahrensrechtlichen Chancen- oder „Waffen“gleichheit)[26] zu vereinbaren ist und wie sich die Grenzen der Amtsermittlung und der Aufklärungspflichten[27] des Insolvenzgerichts bestimmen lassen.[28] In diesem Zusammenhang unterscheidet man allgemein zwischen der Amtsermittlungspflicht des Gerichts einerseits und der Ausübung der Aufsicht über den Verwalter (§ 58 InsO)[29], der eine abschließende Regelung der Amtsermittlung in Bezug auf die Tätigkeit des Verwalters treffe, andererseits.[30]

25 **b) Reichweite und Grenzen der insolvenzgerichtlichen Amtsermittlungspflicht im Planverfahren.** Die Maßstäbe, nach denen sich die Prüfungspflichten des Insolvenzgerichts wegen eines vom Verwalter initiierten, aber mehrheitlich abgelehnten Plans richten, ergeben sich ebenfalls aus der Stellung des Verwalters im Verfahren.[31] Dabei ist zunächst danach zu unterscheiden, ob der Verwalter auf Beschluss der Gläubigerversammlung gem. § 157 Satz 2 InsO oder aus eigenem Antrieb den Plan initiiert. Die Regelungen der Aufsicht des Insolvenzgerichts über die Tätigkeit des Verwalters gem. § 58 InsO bzw. § 83 KO scheinen es nahezulegen, dem Insolvenzgericht amtswegige Ermittlungen aufzuerlegen: Das Insolvenzgericht hat nämlich zu über-

---

21 *Buchbinder* (Fn. 11).
22 *Smid/Rattunde,* Der Insolvenzplan, 2. Aufl. 2005, Rn. 13.27.
23 *Smid/Rattunde,* Der Insolvenzplan, 2. Aufl. 2005, Rn. 13.27.
24 Vgl. dazu *Lüke,* in: FS Uhlenbruck, 2000, 519 ff.; *Smid,* in: Kölner Schrift zur Insolvenzordnung, 2. Aufl. 2000, S. 453, 468.
25 Vgl. allein *Prütting,* in: Kübler/Prütting, Kommentar zur Insolvenzordnung, Stand: November 2004, § 5 Rn. 24 ff.
26 *Prütting,* in: Kübler/Prütting, Kommentar zur Insolvenzordnung, Stand: November 2004, § 5 Rn. 15.
27 Hierzu *Brass,* KTS 1956, 25 ff.
28 Zur Frage, ob das Konkursgericht Amtsermittlungen zur Vorbereitung von Anfechtungsprozessen durchführen darf oder gar muss: *Kuhn/Uhlenbruck,* Konkursordnung, 11. Aufl. § 75 Rn. 3 ff.; *H. Schmidt* KTS 1984, 201.
29 *Kuhn/Uhlenbruck,* KO, § 75 Rn. 2.
30 *Smid/Rattunde,* Der Insolvenzplan, 2. Aufl. 2005, Rn. 13.28.
31 *Smid/Rattunde,* Der Insolvenzplan, 2. Aufl. 2005, Rn. 13.31.

wachen, ob der Verwalter Beschlüsse der Gläubigerversammlung ausführt[32]. Daraus ist aber nicht darauf zu schließen, dass vom Insolvenzgericht amtswegig die Voraussetzungen des § 245 Abs. 1 InsO ermittelt werden müssten, wenn einem vom Verwalter aufgrund Auftrags gem. § 157 InsO vorgelegten Plan durch die Gläubigerversammlung mehrheitlich die Zustimmung versagt worden ist. Legt der Schuldner den Insolvenzplan vor, bedarf es keiner amtswegigen Ermittlungen des Insolvenzgerichts, um Tatsachen festzustellen, auf deren Grundlage sich die Verweigerung der Zustimmung zum Plan durch die Majorität der Gläubiger als verbotener und damit als „Obstruktion" zu wertender Missbrauch darstellt. Lehnen die Gläubiger diesen Planvorschlag mehrheitlich ab, kann er nicht bestätigt werden. Der Schutz des Schuldners wird bereits durch die allgemeinen Verfahrensregelungen gewährleistet[33]. Da § 218 InsO dem Schuldner aber wegen der Planinitiative ein eigenes Verfahrensteilnahmerecht einräumt, muss dem Schuldner die Möglichkeit offenstehen, sein verfahrensrechtliches Initiativrecht effizient zu verfolgen; dem Schuldner wird es regelmäßig darum gehen, mit dem Insolvenzplan Regelungen zu treffen, die eine wie auch immer geartete *Restschuldbefreiung*[34] zu seinen Gunsten vorsehen. Voraussetzung dafür ist aber, dass er die tatsächlichen Voraussetzungen in das Verfahren einführen kann, aufgrund derer der von ihm vorgelegte Plan trotz der Ablehnung durch die Gläubigermajorität vom Insolvenzgericht zu bestätigen ist. Daher ist der Schuldner zu hören, wenn er beantragt, ein Sachverständigengutachten zu den Voraussetzungen des § 245 Abs. 1 InsO einzuholen, sofern der Schuldner einen entsprechenden *Kostenvorschuss*[35] leistet. Insofern kommt trotz der grundsätzlichen, dem Gericht anvertrauten Aufgabe amtswegiger Ermittlung des Sachverhalts zum Tragen, dass der Schuldner mit seiner Insolvenzplaninitiative *eigene Rechte* gegen die Mehrheit der Gläubiger vertritt; die Lage im Verfahren wegen der Feststellung der Voraussetzungen einer Bestätigung des Planes gem. §§ 248, 245 InsO unterscheidet sich von der im Eröffnungsverfahren beim Eigenantrag des Schuldners, in dem wegen der zur Feststellung des Insolvenzgrundes notwendigen Kosten dem Schuldner ein Vorschuss nicht abverlangt werden darf[36].

c) **Kostentragung aus der freien Masse des Schuldners oder aus neu eingebrachten Mitteln.** Die Kosten des cram down stellen sich aber als Rechtsverfolgungskosten des Schuldners dar, die ihm zur Last fallen. Im mitteleuropäischen Recht dagegen ist die Haftungszuweisung der Masse an die Gläubigergemeinschaft mit Verfahrenseröffnung vollzogen; alle Kosten, die entstehen, wenn der Verwalter ein Insolvenzplanverfahren initiiert, sind Massekosten. Das gilt aber auch für die Kosten wegen gerichtlich bestellter Gutachter im Fall der Planinitiative des Schuldners. **26**

---

32 BGH, Urt. v. 12. 7. 1965 – III ZR 41/64 – KTS 1966, 17, 20; RG v. 7. 4. 1937 – V 290/36 – RGZ 154, 291, 297; *Kuhn/Uhlenbruck* (Fn. 29), § 83 Rn. 1.

33 *Pawlowski,* ZZP Bd. 80 (1967) 345 ff.; *Gaul,* AcP 168 (1968) 27 ff.; *Henckel,* Prozeßrecht und materielles Recht, 1970, 41 ff.

34 *Rattunde,* in: LSZ, InsO, 3. Aufl. 2010, § 245 Rn. 45.

35 *Rattunde,* in: LSZ, InsO, 3. Aufl. 2010, § 245 Rn. 45.

36 *Uhlenbruck/Delhaes,* Konkurs und Vergleich, 5. Aufl. 1990, Rn. 1320 ff., insbes. 1326.

4. Rechtliche Maßstäbe der insolvenzgerichtlichen Obstruktionsentscheidung

27 **a) Generelle Bemerkungen.** Nach diesen Überlegungen muss das insolvenzgerichtliche Verfahren bei der Obstruktionsentscheidung so ausgestaltet sein, dass es kostengünstig und schnell zu einer Förderung des Verfahrens führen kann,[37] was eine entsprechende Auslegung der Obstruktionstatbestände erzwingt. Als wenig problematisch stellt sich § 245 Abs. 1 Nr. 2 InsO dar. Diese Vorschrift sichert die Gläubigergleichbehandlung. Komplizierte Prognosen sind hier vom Insolvenzgericht nicht anzustellen. Vielmehr ist allein der betragsmäßige Nennwert der angemeldeten Forderung mit den Festlegungen des Insolvenzplans zu vergleichen. Der Umgang mit § 245 Abs. 1 Nr. 3 InsO ist schwieriger, denn das Verfahren der Abstimmung nach Gruppen könnte es nach dem Wortlaut des § 245 Abs. 1 Nr. 3 InsO ermöglichen, dass eine numerische Minderheit von Gläubigern sowohl gemessen nach Kopfzahlen als auch nach der Summe der von ihnen angemeldeten Forderungen die Annahme des Insolvenzplans bewirken kann, sofern sie nur die Abstimmungsgruppen wegen der Art der Gruppenbildung nach § 222 InsO majorisiert, was sich auch nach § 231 Abs. 1 Nr. 1 InsO nicht völlig ausschließen lässt. § 245 Abs. 1 Nr. 3 InsO hat die verfahrensrechtliche Funktion, die Gläubigerautonomie zu schützen, was im übrigen nach § 76 Abs. 2 InsO im allgemeinen Regelinsolvenzverfahren dadurch erfolgt, dass Beschlüsse der Gläubigerversammlung zustandekommen, wenn die Summe der Forderungsbeträge der zustimmenden Gläubiger mehr als die Hälfte der Summe der Forderungsbeträge der abstimmenden Gläubiger beträgt. Um diese Aufgabe durch § 245 Abs. 1 Nr. 3 InsO zu erfüllen, muss die Vorschrift um ein ungeschriebenes Tatbestandsmerkmal erweitert werden, das neben der Mehrheit der abstimmenden Gruppen eine Mehrheit der Gläubiger gem. § 76 Abs. 2 InsO vorsieht.

28 **b) Verbot der „Schlechterstellung“, § 245 Abs. 1 Nr. 1 InsO.**[38] Am schwierigsten erweist sich in praxi der Umgang mit § 245 Abs. 1 Nr. 1 InsO, da diese Vorschrift dem Insolvenzgericht die Aufgabe aufzuerlegen scheint, intrikate wirtschaftliche Bewertungen nachzuvollziehen. Geht man vom Wortlaut dieser Vorschrift aus, scheint sie die Obstruktionsentscheidung auf eine wirtschaftlich begründete Wertung durch den Vergleich zwischen der durch den Insolvenzplan geschaffenen Rechtslage mit den Befriedigungschancen eines Gläubigers einer vom Plan betroffenen dissentierenden Gruppe ohne den Insolvenplan im ordentlichen Insolvenzverfahren festzulegen. Wäre das Insolvenzgericht gezwungen, diese Bewertungen nachzuvollziehen und dazu gegebenenfalls Sachverständigengutachten einzuholen, würde dies nicht nur zu außerordentlichen zeitlichen Verzögerungen führen (die – für sich genommen – bereits das Verfahren ad absurdum führen müssten), sondern durch die Kosten einer Begutachtung die Masse auszuhöhlen.[39]

29 Das LG Traunstein[40] stellt in diesem Zusammenhang wie die Vorinstanz darauf ab, eine Schlechterstellung der Gläubiger der dissentierenden Gläubigergruppe sei nicht gegeben, weil die Forderungen dieser Gläubiger nach dem Insolvenzplan nicht gekürzt würden *und* ihre vertragsgemäße Verzinsung erfolgen sollte. In der Aussetzung der Tilgung der Forderungen sei wirtschaftlich keine Schlechterstellung zu sehen, da auch die Sicherheitenverwertung im Falle der zerschlagenden „Regelabwicklung“ der Insolvenz einen erheblichen Zeitraum in Anspruch nehmen würde, in dessen Verlauf eine Befriedigung der Gläubiger nicht verwirklicht werde. Allein der Umstand, dass seitens der Gläubiger der Schuldnerin weiter Kredit gewährt werde, beeinträchtige ihre Rechte gegenüber der zerschlagenden „Regelabwicklung“ nicht. Denn die Beschwerdekammer meint, die Forderungen der Gläubiger seien

---

37 *Rattunde*, in: LSZ, InsO, 3. Aufl. 2010, § 245 Rn. 33 ff.
38 *Grub*, in: FS Uhlenbruck, 2000, 501 ff., 513 ff.
39 *Rattunde*, in: LSZ, InsO, 3. Aufl. 2010, § 245 Rn. 37 f.
40 LG Traunstein, Beschl. v. 27. 8. 1999 – 4 T 2966/99, DZWIR 1999, 464.

„ausreichend" besichert. Es ist evident, dass diese Art der Behandlung des Dissenses von Gläubigern einer beliebigen Behandlung Tür und Tor öffnet.

c) Respektierung von Vorrechten. § 245 Abs. 1 Nr. 2 InsO betrifft ein Sachproblem. Im Zusammenhang der allgemeinen Erörterung der Funktion des Insolvenzverfahrens ist der hier sogenannte Erhaltungsgrundsatz in den Blick getreten. Zugleich hat sich gezeigt, dass die Gewährleistung eines fairen Insolvenzverfahrens es gebietet, vorkonkurslich begründete Vorrechte, die rechtlich in nicht zu beanstandender Weise begründet worden sind, zu respektieren (absolute priority rule). 30

Es überrascht nicht, dass diese Grundsätze in den unterschiedlichsten Rechtsordnungen Eingang gefunden haben. In der früheren deutschen Vergleichsordnung, in der früheren österreichischen Ausgleichsordnung ebenso wie im italienischen Diritto di fallimento wird nicht anders, als den an diesen Regelungen orientierten Rechten insbesonders in Mittel- und Osteuropa die Vorabbefriedigung der gesicherten Gläubiger im Versicherungsgut gewährleistet. Im US-amerikanischem Insolvenzrecht ist eine Voraussetzung dafür, dass ein vom Schuldner im Insolvenzverfahren vorgelegter Organisationsplan auch gegen den Widerstand von Gläubigern vom Insolvenzgericht durchgesetzt werden kann, der als „fair and equitable" anzusehen ist. Wie *Manuel M. Ferber* zutreffend dargestellt hat, setzt diese Qualifikation eines Planes als „fair and equitable" u.a. voraus, dass mit den Regelungen des Planes keine Zuwendung an nachrangige Gläubiger vorgesehen werde, solange höherrangige Klassen nicht vorher befriedigt werden. Diese „absolute priority rule" beruht auf dem Gedanken der Haftungsverwirklichung durch Zuweisung des schuldnerischen Vermögens an die Gläubiger zum Zwecke ihrer Befriedigung[41]: In ihrem ursprünglichen Inhalt brachte die „absolute priority rule" mit anderen Worten, die durch die Einleitung des Insolvenzverfahrens bewirkte Enteignung des Schuldners zum Ausdruck; betrachtet man das Englische Recht wurde dort ein entsprechender Effekt durch das sog. „receivership"[42] bewirkt, worunter man sich eine Einweisung der Gläubiger in das Vermögen des Schuldners vorstellen kann. In rechtsvergleichenden Betrachtungen deutscher Juristen wird nicht selten verkannt, dass die ursprünglich formulierte „absolute priority rule" im weiteren Verlauf durch die Judikatur abgewandelt wurde, um eine Mobilisierung weiterer, der Befriedigung der Gläubiger dienender Mittel zu ermöglichen. So wurde in den 20er Jahren[43] entschieden, dass die Fortführung von Unternehmensträgern auch unter Beteiligung der Altgesellschafter möglich sei[44]. Als Voraussetzung hierfür wurde angesehen, dass die Altgesellschaften neue Mittel (new value) in die haftende Masse hinein gäben. Was das heißt, hat die Entscheidung Los Angeles Lumber Products[45] näher ausgeführt. Danach bedeutet die Zufuhr von new value das Einschießen von „money" oder „money's worth"[46]. Nach dem Inkrafttreten des bankcruptcy code im Jahre 1978 hat nunmehr der US supreme court in der auch in Deutschland bis hin zu Insolvenz- und Beschwerdegerichten[47] bekannt gewordenen LaSalle-Entscheidung zu den Voraussetzungen eines gerichtlichen Reorgansiationsverfahrens Stellung bezogen[48]. In der deutschen Rezeptionsliteratur zu dieser Entscheidung sind sowohl der zugrunde liegende Sachverhalt als auch der Inhalt der Entscheidung durchaus nicht unstreitig. 31

41 Northern Pacific Railway Co. v. Boyd, 228 U.S. 482 (1913); *Ferber,* in: Berger/Bähr u.a., 11. Leipziger Insolvenzrechtstag 2000, 43, 47.

42 *Lightman/Moss/Snowdon,* The Law of Recervers and Administrators of Companies, London 2000, insbes. 1-001, 2-017, 2-019.

43 Kansas City Terminal Railway Co. v. Central Union Trust Co.

44 *Ferber,* in: Berger/Bähr u.a., 11. Leipziger Insolvenzrechtstag 2000, 43, 47.

45 Case v. Los Angeles Lumber Products 308 U.S. 306 (1939).

46 *Ferber,* in: Berger/Bähr u.a., 11. Leipziger Insolvenzrechtstag 2000, 48. Diesen Zusammenhang verkennt *Kaltmeyer,* ZInsO 1999, 316, 319.

47 LG Traunstein (Fn. 40).

48 Bank of America National Trust and Saving Assoc. v. 203 North Lassal Street Partnership 126 F. 3rd 955 7th cir. 1997; *Ferber* (Fn. 36) 48. Hierzu eigehend *Willig,* ZInsO 1999, 373 ff.

32 **d) Die Stellung nachrangiger Gläubiger.** § 246 InsO bestimmt für die Annahme des Insolvenzplans durch die nachrangigen Insolvenzgläubiger, dass die Zustimmung der Gruppen mit dem Rang des § 39 Abs. 1 Nr. 1 oder 2 InsO als erteilt gilt, wenn die entsprechenden Zins- oder Kostenforderungen im Plan erlassen werden oder nach § 225 Abs. 1 InsO als erlassen gelten,[49] wenn schon die Hauptforderungen der Insolvenzgläubiger nach dem Plan nicht voll berichtigt werden und dass die Zustimmung der Gruppen mit einem Rang hinter § 39 Abs. 1 Nr. 3 InsO als erteilt gilt, wenn kein Insolvenzgläubiger durch den Plan besser gestellt wird als die Gläubiger dieser Gruppen.

III. Die Entscheidung über die Versagung der Zustimmung des Schuldners zum angenommenen Insolvenzplan

33 Da dem Schuldner durch die InsO eine eigene Stellung als Verfahrensbeteiligter[50] eingeräumt wird, bedarf es zur Bestätigung des Plans auch der Zustimmung seitens des Gemeinschuldners. § 247 Abs. 1 InsO bestimmt, dass die Erteilung dieser Zustimmung fingiert wird, wenn der Gemeinschuldner dem Plan nicht spätestens im Abstimmungstermin schriftlich oder zu Protokoll der Geschäftsstelle des Insolvenzgerichts widerspricht.[51] Um einer Obstruktion des Schuldners zu begegnen, ist § 247 InsO im Hinblick auf den von dieser Vorschrift bezweckten Schutz des Schuldners hin auszulegen.

34 Wenn der Schuldner einem von ihm vorgelegten Plan widerspricht, ist das Widerspruchsrecht des Schuldners ausgeschlossen, wenn der vom Schuldner entworfene und initiierte Plan von den Gläubigern *unverändert* angenommen wurde.[52] Im Übrigen sind bei der Beurteilung einer Schlechterstellung des Schuldners nicht wirtschaftliche, sondern seine *Rechtsstellung* betrachtende rechtliche Kriterien zugrundezulegen.[53]

IV. Minderheitenschutz nach § 251 InsO

35 Der Widerspruch eines Gläubigers gegen den Plan, den dieser spätestens im Abstimmungstermin schriftlich erklärt oder zu Protokoll gegeben hat, berechtigt ihn gem. § 251 Abs. 1 Nr. 1 InsO zu beantragen, dass das Insolvenzgericht dem Plan die Bestätigung zu versagen habe. Begründet soll der Widerspruch nach Vorstellung des Gesetzegebers sein, wenn die Bestätigung des Planes gegenüber der Durchführung eines Regelinsolvenzverfahrens die wirtschaftlichen Interessen des einzelnen Gläubigers dadurch verletzt[54], dass er gegenüber dem Regelinsolvenzverfahren durch den Insolvenzplan schlechter gestellt wird.[55] Die Zulässigkeit des Gläubigerantrags setzt die Glaubhaftmachung der von ihm behaupteten wirtschaftlichen Schlechterstellung durch den Plan voraus.[56]

---

49 *Rattunde,* in: LSZ, InsO, 3. Aufl. 2010, § 246 Rn. 1 f.; ; *Lüer,* in: Uhlenbruck, InsO, 13. Aufl. 2010, § 246 Rn. 5.
50 Eingehend und krit. hierzu *Grub,* in: Kölner Schrift zur Insolvenzordnung, 2. Aufl. 2000, S. 671 ff.
51 Begr. RegEInsO, BT-Drucks. 12/2443, 210 (zu § 293).
52 *Smid/Rattunde,* Der Insolvenzplan, 2. Aufl. 2005, Rn. 14.17.
53 *Smid/Rattunde,* Der Insolvenzplan, 2. Aufl. 2005, Rn. 14.27.
54 Amtl. Begr. zu § 298 RegE, 211.
55 OLG Dresden, Beschl. v. 21. 6. 2000 – 7 W 951/00 – DZWIR 2000, 464, 465 f. m. Anm. *Becker.*
56 BGH, Beschl. v. 19. 5. 2009 – IX ZB 236/07, ZIP 2009, 1384.

Auch die Anteilseigner als Beteiligte am Insolvenzplanverfahren kommen in den Genuss des Minderheitenschutz gem. § 251 Abs. 1 InsO, der bislang den einzelnen Gläubigern zugute kommt.[57] Es liegt auf der Hand, dass dies das Verfahren künftig nicht unerheblich belasten wird. Der Gesetzgeber will damit aber – nach den oben angestellten Erwägungen zu Recht – dem verfassungsrechtlichen Eigentumsschutz gem. Art. 14 GG genügen.[58] Dem im Einzelfall möglicherweise fortbestehenden restlichen Vermögenswert des Anteils- oder Mitgliedschaftsrechts soll durch einen Ausgleich im Insolvenzplan Rechnung getragen werden. Durch § 251 Abs. 1 InsO will der Gesetzgeber gewährleisten, dass die Anteilsinhaber den Liquidationswert ihrer Rechtsstellung nicht verlieren und durch den Plan nicht schlechter gestellt werden, als sie im Falle der Abwicklung des Rechtsträgers stünden.

Der Antrag nach § 251 Abs. 1 InsO ist nach Abs. 2 der Vorschrift abzuweisen, wenn im gestaltenden Teil des Plans Mittel für den Fall bereitgestellt werden, dass ein Beteiligter eine Schlechterstellung nachweist. § 251 Abs. 2 InsO hat die Funktion klarzustellen, dass in einem Plan dafür Vorsorge getroffen werden kann, dass ein Gläubiger oder eine Minderheit von Gläubigern bzw. ein Anteilsinhaber oder eine Minderheit von Anteilsinhabern eine Schlechterstellung durch den Plan geltend macht.[59] Trifft der Plan eine entsprechende Regelung, aufgrund derer ein Gläubiger oder Anteilsinhaber für eine nachgewiesene Schlechterstellung einen finanziellen Ausgleich erhält, soll „im Ergebnis" keine Schlechterstellung vorliegen.[60] Unter der bisherigen Rechtslage sind allerdings Zweifel geäußert worden, ob salvatorische Klauseln trotz des Gleichbehandlungsgebots des § 226 InsO wirksam sein können – was bereits zur Versagung der Bestätigung des Planes nach § 250 InsO führen müsste. Dabei meint der Gesetzgeber, die Finanzierung der im Plan für Fälle der Rüge einer Schlechterstellung durch einen Gläubiger oder Anteilseigner gem. § 251 Abs. 1 InsO vorgesehene finanziellen Ausgleichs sei durch eine Rücklage, eine Bankbürgschaft oder in ähnlicher Weise zu sichern. Nun wird vor dem Hintergrund der Motive des Reformgesetzgebers zu erwägen sein, ob in der Tat § 226 InsO künftig als mit salvatorischen Klauseln vereinbar anzusehen sein wird. Die wirtschaftlichen Probleme salvatorischer Klauseln, auf die bereits bislang hingewiesen worden ist[61], werden damit aber jedenfalls nicht aufgehoben.

V. Amtswegige Versagung der Bestätigung des Insolvenzplans gem. § 250 InsO

1. „Abkauf" des Widerspruchsrechts durch salvatorische Klauseln

Salvatorische Klauseln, mit denen zusätzliche Leistungen an solche Beteiligte vorgesehen werden, die dem Plan widersprechen und den Nachweis führen, dass sie ohne solche Zusatzleistungen durch den Plan schlechter gestellt werden als ohne einen Plan, sollen verhindern helfen, dass der Plan wegen 36

57 DiskE Art. 1 Nr. 30.
58 DiskE Begr. zu Art. 1 Nr. 30.
59 *Rattunde,* in: LSZ, InsO, 3. Aufl. 2010 § 251 Rn. 16; *Sinz,* in: MünchKomm, InsO, 2. Aufl. 2008, § 251 Rn. 29.
60 DiskE Begr. zu Art. 1 Nr. 30.
61 *Smid/Rattunde,* Insolvenzplan, 2. Aufl. 2005, Rn. 8.4.

§ 251 InsO „platzt". Das begegnet schon deshalb Bedenken,[62] weil salvatorische Klauseln das Vorhandensein hinreichender Mittel zur Befriedigung der Gläubiger voraussetzen – was im Rahmen einer Insolvenz selten gegeben sein wird. Zudem können salvatorische Klauseln dem Gebot der Gläubigergleichbehandlung innerhalb der Abstimmungsgruppen zuwiderlaufen, § 226 Abs. 1 InsO: Dem „Abkauf" des Widerspruchsrechts einzelner Gläubiger sind daher enge rechtliche Grenzen gesetzt, durch die einer Realisierung salvatorischer Klauseln der wirtschaftliche Boden entzogen wird – worauf das Insolvenzgericht bereits nach § 231 Abs. 1 Nr. 2 InsO zu achten haben wird![63]

37 Salvatorische Klauseln, die einzelnen Gläubigern Vorteile zusichern, sind grundsätzlich als gleichheitswidrige Regelungen des Planes verboten und führen nach § 231 Abs. 1 Nr. 1 InsO zur Zurückweisung des Plans.[64] Salvatorische Klauseln kommen daher nur dann in Betracht, wenn sie entweder alle Gläubiger einer Gruppe begünstigen oder eine Gruppe nur aus einem Gläubiger besteht. Die Bildung von „Ein-Gläubiger-Gruppen" ist nach § 222 Abs. 2 InsO zulässig, soweit es sich um die Aufspaltung der gesetzlichen Gruppe der absonderungsberechtigten Gläubiger (§ 222 Abs. 1 Nr. 1 InsO) handelt.[65] Eine „Ein-Gläubiger-Gruppe" ist im Übrigen nur in den gesetzlich ausdrücklich vorgesehenen Fällen zulässig. Salvatorische Klauseln können daher nur in sehr eingeschränktem Maße wirken. Die Abkauftechnik durch salvatorische Klauseln stärkt *im Vorfeld* des Insolvenzplans und damit im Vorfeld eines sanierenden Insolvenzverfahrens die Einflussmöglichkeiten der gesicherten Gläubiger. Da das in § 226 Abs. 3 InsO aufgestellte Verbot von Abreden[66] auf den Insolvenzplan hin geeignet ist, diese Stellung der gesicherten Gläubiger zu gefährden, stellen sich salvatorische Klauseln kaum als effiziente Abhilfe gegen die aus der Gewährung individueller Widerspruchsrechte (§ 251 InsO) fließenden Verzögerungen und Verteuerungen des Verfahrens dar.[67]

38 Der IX. Zivilsenat des BGH[68] hat die Reichweite des § 226 Abs. 3 InsO im Lichte der Vorschrift des § 250 Nr. 2 InsO – des Verbotes einer unlauteren Herbeiführung des Insolvenzplans – weit gefasst.[69] In dem vom IX. Zivilsenat entschiedenen Fall ging es um folgenden Sachverhalt: Die Schuldnerin war bis zur Eröffnung am 15. September 2005 des Insolvenzverfahrens über ihr Vermögen Marktführerin im sog. Golfplatzmarketing. Um die in Verträgen mit Golfplatzbetreibern liegenden Vermögenswerte zu erhalten, legte die Schuldnerin einen Insolvenzplan vor, der u.a. einen Fortbetrieb in Kooperation mit der von Schuldnerin mit Beteiligten zu 2) gegründeten „b" vorsah. Um den Plan gegen den opponierenden Beteiligten zu 2) durchzusetzen, erwarb die „b" von zahlreichen, aber nicht allen Insolvenzgläubigern deren Forderungen zu Quoten von ca. 50%; die durch den Plan vorgesehene Quote sollte bei ca. 16% im Vergleich zu der Quote bei Abwicklung ohne Plan in Höhe von ca. 7% liegen. In den Verträgen zwischen „b" und den von ihr angesprochenen Insolvenzgläubigern wurden u.a. Forderungskauf und Forderungsabtretung unter der aufschiebenen Bedingung der rechtskräftigen Bestätigung des Insolvenzplans, weiter die Erteilung einer Stimmrechtsvollmacht der Insolvenzgläubiger an die „b" und Verschwiegenheit hierüber vereinbart. Nachdem der Plan mit Mehrheit von Dreivierteln der Stimmen angenommen wurde, begehrte der Insolvenzverwalter wegen des ihm bekannt gewordenen „Stimmenkaufs", dem Plan die Bestätigung zu versagen und der BGH gab ihm Recht.

39 Nach **§ 226 Abs. 3 InsO** ist jedes Abkommen des Insolvenzverwalters, des Schuldners oder anderer Personen mit einzelnen Beteiligten, durch das diesen für ihr Verhalten bei Abstimmungen oder sonst im Zusammenhang mit dem Insolvenzverfahren ein nicht im Plan vorgesehener Vorteil gewährt wird,

---

62 *Grub,* in: FS Uhlenbruck, 2000, 501, 512f.; *Smid/Rattunde,* Der Insolvenzplan, 2. Aufl. 2005, Rn. 15.17ff.

63 *Smid,* ZInsO 1998, 347ff.

64 *Rattunde,* in: Leonhardt/Smid/Zeuner, InsO, 3. Aufl. 2010, § 251 Rn. 12.

65 *Smid/Rattunde,* Der Insolvenzplan, 2. Aufl. 2005, Rn. 7.33ff.

66 BGH, Beschl. v. 3. 3. 2005 – IX ZB 153/04 – DZWIR 2005, 255; *Smid/Rattunde,* Der Insolvenzplan, 2. Aufl. 2005, Rn. 8.13ff.

67 *Smid,* NZI 2005, 296; *Smid/Rattunde,* Der Insolvenzplan, 2. Aufl. 2005, Rn. 8.9f.

68 BGH, Beschl. v. 3. 3. 2005 – IX ZB 153/04 – ZIP 2005, 719.

69 Der BGH lehnt sich dabei an seine frühere Judikatur zu § 8 VerglO an: BGH, Urt. v. 16. 6. 1952 – IV ZR 131/51 – BGHZ 6, 232, 239f.

nichtig[70]. Der versprochene Vorteil muss sich auf die Beteiligung an dem aus dem Verfahren für den Gläubiger bezogenen Erlös beziehen, den er unter Zurücksetzung anderer Gläubiger erhält. Insoweit lässt sich aber bereits sagen, dass Abreden über die Gewährung von Vorteilen aufgrund salvatorischer Klauseln jedenfalls gefährlich sind, da sie zur Nichtigkeit der entsprechenden Regelungen führen und damit Annahme und Bestätigung des Insolvenzplans in Frage stellen.[71] § 226 Abs. 3 InsO ordnet die Nichtigkeit, jedes Abkommens des Insolvenzverwalters, des Schuldners oder anderer Personen mit einzelnen Beteiligten, durch das diesen für ihr Verhalten bei Abstimmungen oder sonst im Zusammenhang mit dem Insolvenzverfahren ein nicht im Plan *vorgesehener Vorteil* gewährt wird. Die Gewährleistung der Gläubigergleichbehandlung innerhalb der Abstimmungsgruppen darf nicht durch solche Vereinbarungen unterlaufen werden, aufgrund derer einzelnen Gläubigern Vorteile gegenüber den anderen Gläubigern gewährt werden. Jede Art von Vereinbarung kann dies sein, so sie sich nur als kollusives Handeln gegen die Gleichbehandlung darstellt[72]. Ausgeschlossen sind daher insbesondere auf das Abstimmungsverhalten im Insolvenzplanverfahren, aber auch vor dem Insolvenzplanverfahren in der Gläubigerversammlung bezogene, mit *einer Bevorzugung verknüpfte* Stimmrechtsvereinbarungen. Ein sonstiger Zusammenhang mit dem Insolvenz- oder Insolvenzplanverfahren kann darin bestehen, dass der Gläubiger sich seinen Widerspruch gegen einen Planentwurf „abkaufen“ lässt. Dabei ist freilich zu beachten, dass im Plan offen gelegte Klauseln bzw. Vermögenszuwendungen zulässig sein können[73]. Der versprochene Vorteil muss sich auf die Beteiligung an dem aus dem Verfahren für den Gläubiger bezogenen Erlös beziehen, den er unter Zurücksetzung anderer Gläubiger erhält. Parteien der vom Verbot des § 226 Abs. 3 InsO erfassten Vereinbarungen sind der verbots- und gleichheitswidrig besser gestellte Gläubiger einerseits und der Verwalter, Schuldner oder Dritte andererseits. § 226 Abs. 3 InsO ordnet als Rechtsfolge des Verstoßes gegen das Verbot die Nichtigkeit der verbotswidrig geschlossenen Vereinbarung an.

Der Gesetzgeber des ESUG mag meinen, salvatorische Klauseln, die einzelnen Gläubigern Vorteile gewähren, verstießen nicht gegen § 226 InsO. Es obliegt der Rechtsprechung, festzustellen, ob dies tatsächlich so ist. Ein gesetzlich zulässiger Zweck salvatorischer Klauseln ist die Korrektur von Rechenfehlern, wie es § 221 Satz 2 InsO n.F. nahe legt. **39a**

Gegen Stimmen im Schrifttum, denen zufolge ein „Stimmenkauf“ nicht „unlauter“ i.S.v. § 250 Nr. 2 InsO sei[74], da Forderungen grundsätzlich frei verkäuflich seien und die Motive des Erwerbers außer Betracht zu bleiben hätten und einer weiteren Meinung, die davon ausgeht, der Forderungserwerb im gerichtlichen Reorganisationsverfahren durch einen Dritten zum Verfolg seiner eigenen Ziele sei nicht unlauter[75], unterwirft der IX. Zivilsenat des BGH Fälle wie den ihm vorliegenden Sachverhalt dem § 250 Nr. 2 InsO, weil er diese Vorschrift in ihrem systematischen Zusammenspiel mit § 226 Abs. 3 InsO versteht. Denn sofern dadurch den betreffenden Insolvenzgläubigern als Verkäufern eine Befriedigung gewährt wird, deren Quote höher liegt als die durch den Plan vorgesehene, versteht der IX. Zivilsenat den Vertrag, mit dem der Forderungskauf vereinbart wird, als Abkommen i.S.d. § 226 Abs. 3 InsO, mit dem ein die durch § 226 Abs. 1 InsO geforderte und gewährleistete Gleichbehandlung der Rechte der Insolvenzgläubigern nach dem Insolvenzplan verletzt wird. Voraussetzung hierfür ist, dass nicht außerhalb des Insolvenz- bzw. Insolvenzplanverfahrens *alle* Forderungen *aller* Insolvenzgläubiger erworben werden. Denn dann würde die insolvenzrechtlich geforderte Gläubigergleichbehandlung in einer Weise durch den personell und sächlich „umfassenden“ Forderungskauf außerhalb **40**

70 *Smid*, ZInsO 1998, 347.
71 *Smid/Rattunde*, Der Insolvenzplan, 2. Aufl. 2005, Rn. 8.14.
72 *Kilger/K. Schmidt*, VerglO, 17. Aufl., 1997, § 8 Anm. 4; *Kilger/K. Schmidt*, KO, 17. Aufl., 1997, § 181 Anm. 3.
73 Amtl. Begr. zu § 269 RegEInsO, BT-Drucks. 12/2443, 201.
74 *Braun*, in: Nerlich/Römermann, Kommentar zur InsO, § 250 Rn. 13; *Wimmer/Jaffé*, § 250 Rn. 25; zum alten Recht des Zwangsvergleichs *Skrotzki*, KTS 1958, 105, 106.
75 *Krebs*, NJW 1951, 788, 759.

des Insolvenzverfahrens in einer Weise verwirklicht, die Bedenken ausschließen würde – was in praxi dann nicht umsetzbar ist, wenn, wie in dem vom BGH entschiedenen Fall, sich ein Gläubiger ohnedies gegen den Plan wendet und die Forderungskaufoperation ohne ihn und ihm gegenüber verdeckt durchgeführt werden muss. Dieser Vertrag verstößt m.a.W. gegen den Grundsatz par condicio creditorum, dessen Geltung sich auch auf die inhaltliche Ausgestaltung des Insolvenzplans erstreckt. Dieser Verstoß gegen die gesetzliche Anordnung des § 226 Abs. 3 InsO hat die Nichtigkeit dieses Vertrages zur Rechtsfolge – wobei es nach zutreffender Ansicht des BGH nicht darauf ankommt, ob die von den Beteiligten des Forderungskaufs angestrebten Ziele offen oder heimlich verfolgt werden.[76]

2. Reichweite der Abwendung des Widerspruchs von Gläubigern

41 **Salvatorische Klauseln,** mit denen zusätzliche Leistungen an solche Beteiligte vorgesehen werden, die dem Plan widersprechen und den Nachweis führen, dass sie ohne solche Zusatzleistungen durch den Plan schlechter gestellt werden als ohne einen Plan, sollen verhindern helfen, dass der Plan wegen § 251 InsO „platzt". Das begegnet schon deshalb Bedenken,[77] weil salvatorische Klauseln das Vorhandensein hinreichender Mittel zur Befriedigung der Gläubiger voraussetzen – was im Rahmen einer Insolvenz selten gegeben sein wird. Zudem können salvatorische Klauseln dem Gebot der Gläubigergleichbehandlung innerhalb der Abstimmungsgruppen zuwiderlaufen,[78] § 226 Abs. 1 InsO: Dem „Abkauf" des Widerspruchsrechts einzelner Gläubiger sind daher enge rechtliche Grenzen gesetzt, durch die einer Realisierung salvatorischer Klauseln der wirtschaftliche Boden entzogen wird – worauf das Insolvenzgericht bereits nach § 231 Abs. 1 Nr. 2 InsO zu achten haben wird![79]

VI. Rechtsmittel

42 Wird der Bestätigungsbeschluss erlassen oder die Bestätigung des Insolvenzplans versagt, steht dagegen den Gläubigern und dem Schuldnern die sofortige Beschwerde zu, § 253 InsO. Angesichts der weitgehenden Eingriffe, die mit dem Insolvenzplan gestaltend in die Rechte der Beteiligten vorgenommen werden können, erscheint es sowohl aus pragmatischen als aber auch aus verfassungsrechtlichen Gesichtspunkten[80] *geboten,* Rechtsmittel zuzulassen. Allerdings stellt die *bloße Möglichkeit,* dass einer der Beteiligten Rechtsmittel einlegt, eine substantielle Bedrohung für die Funktionsfähigkeit des Insolvenzplanverfahrens dar.[81]

43 Mit § 253 InsO wird deutlich, dass der Insolvenzverwalter bei seiner Planinitiative immer damit rechnen muss, dass an ihn der „Abkauf" von Widerspruchs- und Rechtsmittelbefugnissen in einer Weise herangetragen werden *kann,* die im Rahmen einer übertragenden Sanierung *ohne* Insolvenzplan im Regelinsolvenzverfahren jedenfalls keine verfahrensrechtliche Stütze finden würde. Allein der durch § 6 InsO eröffnete Rechtsmittelzug – gegebenenfalls bis hin zum BGH – macht deutlich, welche Risiken für die Realisierung eines Sanierungskonzepts hieraus erwachsen.

---

76 *Smid/Rattunde,* Der Insolvenzplan, 2. Aufl. 2005, Rn. 4.13.
77 *Grub,* in: FS Uhlenbruck, 2000, 501, 512f.; *Smid/Rattunde,* Der Insolvenzplan, 2. Aufl. 2005, Rn. 15.17ff.
78 *Rattunde,* in: LSZ, InsO, 3. Aufl. 2010, Rn. 6; *Lüer,* in: Uhlenbruck, InsO, 12. Aufl. 2003, § 226 Rn. 3; *Breuer,* in: MünchKomm, InsO, 2. Aufl. 2008, § 226 Rn. 7.
79 *Smid,* ZInsO 1998, 347ff.
80 *Smid,* Rechtsprechung, 1990, 490ff. et passim.
81 Vgl. die Fälle LG Berlin v. 20. 10. 2004 – 86 T 578/04 – NZI 2005, 335 m. Bespr. *Smid;* LG Berlin, Beschl. v. 8. 10. 2004 – 86 T 588/04 – NZI 2005, 338 m. Bespr. *Smid.*

1. Art und Umfang des rechtlichen Gehörs im beschwerdegerichtlichen Verfahren

Die Rechtsbeschwerdeführer haben im Fall Konsumgenossenschaft Berlin-Brandenburg gerügt, nicht formell am beschwerdegerichtlichen Verfahren beteiligt und daher in ihrem Recht auf Gehör (Art. 103 Abs. 1 GG)[82] verletzt worden zu sein. Dem ist der IX. Zivilsenat nicht gefolgt – was im Interesse einer Funktionsfähigkeit des Rechtsmittelverfahrens in Insolvenzplansachen an sich zu begrüßen ist: Man stelle sich ansonsten einen Termin zur beschwerdegerichtlichen Verhandlung mit mehreren hundert Beteiligten vor, dessen Abstimmung der Terminierung in arbeitsgerichtlichen Beschlussverfahren ähneln und damit das Insolvenzplanverfahren zum Scheitern bringen würde. Die „Interessen" der Gläubiger, die dem Insolvenzplan ihre Zustimmung erteilt haben, würden im Beschwerdeverfahren durch den Insolvenzverwalter vertreten. Aber in welcher rechtlichen Weise? Fungiert der Insolvenzverwalter als *Vertreter* dieser Gläubiger? Das wird durch § 56 Abs. 1 InsO ausgeschlossen. Der Insolvenzverwalter darf nämlich – der Neutralität seines Amtes wegen – nicht Interessen einzelner Gläubigergruppen wahrnehmen.[83] Das Insolvenzplanverfahren soll nach dem ausdrücklichen Willen des Gesetzgebers[84] die gegenläufigen Interessen der Gläubiger in einen Plan einfließen lassen – also der Durchsetzung des jeweils eigenen Interesses der Gläubiger einer Gruppe dienen (arg, § 222 Abs. 2 InsO[85]). Das Gesetz stellt hierzu mit dem Erörterungstermin gem. § 235 Abs. 1 InsO[86] und der Abänderungsbefugnis des § 240 InsO[87] geeignete Instrumentarien zur Verfügung. In dem *Widerstreit* der Interessen der Gläubiger untereinander ist der Insolvenzverwalter nicht „Partei" – und darf es nicht sein. Denn der Insolvenzverwalter bündelt die Quoteninteressen der nicht nachrangigen Gläubiger (arg. §§ 92, 93 InsO[88]); dies aber als Vertreter „der Masse": Der Insolvenzverwalter nimmt also das *gemeinsame* (berechtigte) Interesse der Gläubiger wahr. Schon deshalb begegnet es Bedenken, den Insolvenzverwalter als eine Art gesetzlichen Verfahrensstandschafter[89] der dem Plan zustimmenden Gläubiger im Beschwerdeverfahren anzusehen. Der BGH stützt sich allerdings auf eine Stelle in der Kommentarliteratur[90], der zu Folge an einem Beschwerdeverfahren nach § 253 InsO nur die Planinitiativberechtigten, also gem. § 218 Abs. 1 InsO Insolvenzschuldner und Insolvenzverwalter, zu beteiligen seien. Die vom Senat zitierte Beschlussempfehlung des Rechtsausschusses[91] gibt dazu freilich nichts her. Hinter dieser Meinung steht wohl die Vorstellung, ein „Schuldnerplan" werde in der Beschwerdeinstanz vom Schuldner „verteidigt", ein „Verwalterplan" vom Verwalter. Das Planinitiativrecht hat nun zunächst nichts mit der Frage der rechtlichen Beschwer eines dem Plan zustimmenden Gläubiger mit der beschwerdegerichtlichen Aufhebung des Bestätigungsbeschlusses zu tun. Weder der Schuldner noch der Insolvenzverwalter nehmen – geht man von dieser Meinung aus – Vertreter oder Standschafterstellung für die zustimmenden Gläubiger ein; gleichwohl findet sich im Beschwerdeverfahren ein Beteiligter, der „für" den Bestätigungsbeschluss spricht. Fraglich ist aber, ob diese zunächst wegen ihres verfahrensökonomischen Effekts[92] reizvolle Konstruktion rechtlich haltbar ist. Die sofortige Beschwerde gegen den Bestätigungsbeschluss ist nach alledem den materiell Beteiligten bekannt zu geben und ihnen die 44

---

82 LG Berlin, Beschl. v. 20. 10. 2004 – 86 T 578/04 – NZI 2005, 335.

83 Statt aller *Smid*, InsO, 2. Aufl. 2002, § 56 Rn. 8, 11.

84 RegEInsO Allg. Begr. 4. e) aa).

85 *Smid/Rattunde*, Der Insolvenzplan, 2. Aufl. 2005, Rn. 2.51, 75 ff.

86 *Smid/Rattunde*, Der Insolvenzplan, 2. Aufl. 2005, Rn. 11.4 ff.

87 *Smid/Rattunde*, Der Insolvenzplan, 2. Aufl. 2005, Rn. 11.23 ff.

88 *Smid/Wehdeking*, ZInsO 2000, 293 ff.

89 Zu einer Parallelproblematik vgl. *Smid*, Grund und Grenzen der Prozessstandschaft des Sachwalters im Planerfüllungsverfahren", NZI 2006, 201 ff.

90 *Braun*, InsO, 2. Aufl., § 253 Rn. 8.

91 Beschlussempfehlung und Bericht des Rechtsausschusses zu §§ 254, 255 RegEInsO, BT-Drucks. 12/7302 S. 181.

92 Zu den Risiken einer Gründung verfahrensrechtlicher Erwägungen auf Gesichtspunkte von vermeintlicher Effizienz und „Wirtschaftlichkeit": *Smid*, Richterliche Rechtserkenntnis, 1989, 86 ff. m. umf. Nachw.

Möglichkeit einer Beteiligung am (eines Beitritts zum) Beschwerdeverfahren zu geben.[93] Die Beteiligung *aller* materiell in Rechten Betroffenen ist in allen anderen strukturell vergleichbaren Verfahren eine Selbstverständlichkeit des deutschen Rechts, es genügt hier an Verfahren der Nachlassauseinandersetzung gem. §§ 342 ff. FamFG[94] oder an Verfahren nach den §§ 200 ff. FamFG[95] zu erinnern.

2. Art und Umfang der beschwerdegerichtlichen Entscheidung

45 Die Argumentation des IX. Zivilsenats erweist sich damit jedenfalls in ihrer vorliegenden Form als nicht frei von inneren Spannungen. Sie machen es erforderlich, sich über die Ausgestaltung des beschwerdegerichtlichen Verfahrens näher Gedanken zu machen. Nach st. Judikatur des BGH[96] stellt sich das insolvenzgerichtliche Verfahren als Verfahren dar, in dem das Insolvenzgericht Aufgaben materieller Verwaltung in einer Weise wahrnimmt, wie sie von den Gerichten der *nichtstreitigen* freiwilligen Gerichtsbarkeit erfüllt werden.[97] Während in einem *Streitverfahren* (sei es im Zivilprozess i. e. S., sei es in einem Verfahren der streitigen freiwilligen Gerichtsbarkeit) die formelle Beteiligung aufgrund der Behauptung des materiellen Rechts – durch streitige Anträge – konstituiert wird[98], hat das Gericht in einem nichtstreitigen Verfahren die Aufgabe, die formelle Beteiligung materiell zu beteiligender Personen *herzustellen.*[99] Im Insolvenzverfahren geschieht dies durch die öffentliche Bekanntmachung des Eröffnungsbeschlusses, in dem die materiell zu Beteiligenden aufgefordert werden, sich entweder als Insolvenzgläubiger durch Anmeldung oder als absonderungsberechtigte Gläubiger durch Mitteilung[100] *formell* zu beteiligen. Im beschwerdegerichtlichen Verfahren scheint diese Struktur anders zu sein. Der Beschwerdeführer stellt einen Antrag, wodurch vordergründig eine streitige Situation geschaffen wird: Dem Beschwerdeführer scheint ein Antragsgegner in Parteirolle entgegenzustehen. An dieser Stelle muss nicht erörtert werden, ob dies auch für das insolvenzrechtliche Beschwerdeverfahren im Allgemeinen zutrifft. Jedenfalls im Falle der Anfechtung des *insolvenzplanrechtlichen Bestätigungsbeschlusses*[101] sind die bereits skizzierten Strukturen des Insolvenzplanverfahrens zu beachten. Der Erörterungstermin dient dazu, dass *alle* vom Insolvenzplan in ihren Rechten betroffenen Gläubiger Einwendungen gegen den Plan erheben und Änderungsvorschläge verfolgen können[102] – rechtlich gesprochen: ihnen rechtliches Gehör gewährt wird. Geht man allein von § 572 Abs. 3 ZPO aus, scheint das Beschwerdegericht ohne weiteres die Sache an das AG unter Zurückversetzung in den status quo ante zurückverweisen zu können. Dies würde aber außer Acht lassen, dass die zivilprozessualen Vorschriften im Insolvenzverfahren nach ausdrücklicher Anordnung des § 4 InsO *entsprechend*[103] – also in einer an die Funktionsweise des Insolvenz- bzw. Insolvenzplanverfahrens angepasster – Weise anzuwenden sind. Die Zurückverweisung nach Anfechtung des Bestätigungsbeschlusses kann aber nur in dieser Weise funktionieren, sollen Verfahrensfehler gem. § 250 Nr. 1 InsO ausgeräumt werden!

---

93 *Sinz,* in: MünchKomm, InsO 2. Aufl. 2008, § 253 Rn. 15 b.
94 *Keidel/Winkler,* FGG § 86 Rn. 44 ff.
95 *Bärmann/Pick/Merle,* WEG § 43 Rn. 67 ff.
96 BGH, Beschl. v. 4. 3. 2004 – ZIP 2004, 915, hierzu *Smid,* DZWIR 2004, 265, 282 ff. und 362 ff.
97 So im übrigen bereits die Motive der RKO: Begründung des Entwurfs zu §§ 65–69 (S. 297), *Hahn,* Die gesamten Materialien zu den Reichs-Justizgesetzen, Bd. 4: Die gesamten Materialien zur Reichs-Konkursordnung, 1881, 273.
98 Zum Strukturprinzip des Zwei-Parteienprozesses *Smid,* Rechtsprechung, Zur Unterscheidung von Rechtsfürsorge und Prozeß, 1990, 313 ff.
99 *Pawlowski/Smid,* Freiwillige Gerichtsbarkeit, 1993, Rn. 138 ff.
100 *Smid,* Kreditsicherheiten in der Insolvenz des Sicherungsgebers, 2004, Rn. § 9 Rn. 2 ff.
101 *Smid,* Rechtsmittelverfahren nach Anfechtung des Bestätigungsbeschlusses nach § 248 InsO, NZI 2005, 613, 614.
102 *Smid/Rattunde,* Der Insolvenzplan, 2. Aufl. 2005, Rn. 11.24 ff.
103 *Smid/Leonhardt,* in: LSZ, InsO, 3. Aufl. 2010, § 4 Rn. 1, 2.

3. Rechtsschutzinteresse des Beschwerdeführers

Viele Probleme ließen sich mühelos ausräumen, könnte einer *sofortigen Beschwerde* bereits aus allgemeinen Gründen die Zulässigkeit abgesprochen werden. Der IX. Zivilsenat folgt im oben (§ 30 Rn. 25 ff.) zitierten Fall Konsumgenossenschaft Berlin-Brandenburg indes dem Ansatz des LG Berlin[104], die Beschwerdeführer hätten ein Rechtsschutzinteresse an der Einlegung der sofortigen Beschwerde gegen den Bestätigungsbeschluss. Den Umstand, dass eine Korrektur des Fehlers bei der Gruppenbildung die nach Plan an die nicht nachrangigen Gläubiger auszuschüttende Quote nur geringfügig bessern würde – was im Konsum-Fall auch noch gestreckt über mehrere Jahre zu erfolgen hätte und nach Abzinsung für jeden der Beschwerdeführer auf einen Minimalbetrag hinausliefe – hat der BGH außer Betracht gelassen. Das Insolvenzplanverfahren fordert das wirtschaftliche Handeln der beteiligten Gläubiger,[105] das außerhalb des Bereichs des § 245 InsO nicht vom Gericht ersetzt wird. Ein ungutes Gefühl bleibt gleichwohl zurück. Allerdings: Im Fall Konsumgenossenschaft Berlin-Brandenburg sind solche Fragen *nicht* vom BGH geprüft worden, die das Verhältnis der Fehlerrüge der Beschwerdeführer nach § 251 InsO zum Rechtsschutzinteresse für die sofortige Beschwerde gem. § 253 InsO berühren.[106] 46

§ 253 InsO ist vor dem Hintergrund der Verfahrensbeteiligung der rechtsmittelführenden Gläubiger einschränkend auszulegen. Hat der Gläubiger von seinem Widerspruchsrecht nach § 251 InsO keinen Gebrauch gemacht, ohne an der Verfahrensteilnahme unverschuldet gehindert gewesen zu sein[107], fehlt es seinem Rechtsmittel am Rechtsschutzbedürfnis.[108] 47

Im Übrigen wird von *Lüer*[109] demjenigen Gläubiger die Beschwerdebefugnis abgesprochen, der dem Plan zugestimmt hat.[110] Protagonisten dieser Auffassungen meinen, dass die Beschwerdebefugnis eines Gläubigers, der im Abstimmungstermin dem Insolvenzplan zugestimmt hat, daraus folge, dass er zwar ohne Insolvenzplan möglicherweise sogar schlechter stünde, aber gleichwohl deshalb ein Interesse daran habe, Verstöße gegen Verfahrensvorschriften gem. § 250 InsO zu rügen, weil er damit eine Beseitigung dieses Versagensgrundes erreichen und er infolge dessen noch besser gestellt werden könne. Darum geht es aber nicht. Ziel der Beschwerde ist die Aufhebung des Bestätigungsbeschlusses, mithin die Beseitigung des Insolvenzplans. Hat die Beschwerde Erfolg, fällt der Insolvenzplan weg und der Gläubiger steht exakt so, wie er ohne den Plan stünde, nicht schlechter und nicht besser. Ein „besserer" Insolvenzplan, wie er von *Sinz*[111] seiner Überlegung zugrunde gelegt wird, kann von dem Beschwerdeführer mit der Beschwerde nach § 253 InsO schlechthin nicht erreicht werden. Allein die Abwicklung des Insolvenzverfahrens nach den allgemeinen Regeln ohne Plan tritt aufgrund der erfolgreichen Beschwerde in Wirkung. Sofern ihn diese besser stellt, hätte ihm die Möglichkeit eines Widerspruchs nach § 251 InsO zu Gebote gestanden. Die von *Sinz* vertretene Gegenauffassung verkennt, dass der Beschwerdeführer eine „Besserstellung" durch seine Beschwerde nur dann erreicht, wenn er nach Aufhebung des Bestätigungsbeschlusses veranlassen kann, dass ein neuer, besserer Insolvenzplan aufgestellt wird und die übrigen Verfahrensbeteiligten diesen Plan akzeptieren. Dies ist 48

---

104 LG Berlin, Beschl. v. 8. 10. 2004 – 86 T 588/04 – NZI 2005, 338 m. Bespr. *Smid.*
105 *Smid,* Rechtsmittelverfahren nach Anfechtung des Bestätigungsbeschlusses nach § 248 InsO, NZI 2005, 613, 615.
106 Hierzu eingehend *Smid/Rattunde,* Der Insolvenzplan, 2. Aufl. 2005, Rn. 16.20 ff.
107 *Sinz,* in: MünchKomm, InsO, 2001, § 251 Rn. 13, verzichtet sogar auf das Erfordernis des Verschuldens.
108 *Smid/Rattunde,* Der Insolvenzplan, 2. Aufl. 2005, Rn. 16.23.
109 *Lüer,* in: Uhlenbruck, InsO, 12. Aufl., 2003, § 253 Rn. 2.
110 AA *Flessner,* in: H-K, 4. Aufl. 2006, § 253 Rn. 2; *Sinz,* in: MünchKomm, InsO, 2001, § 253 Rn. 6. Im Widerspruch zu der Kommentierung zu § 251 InsO: Wenn schon desjenigen Beschwerde aussichtslos ist, der keinen Antrag nach § 251 InsO stellt, wie soll der sich beschweren können, der die Entscheidung sogar ausdrücklich akzeptiert und ihr zugestimmt hat.
111 *Sinz,* in: MünchKomm, InsO, 2001, § 253 Rn. 2.

also nur eine bloße Nebenfolge einer Beschwerde, die der Beschwerdeführer selbst nicht bewirken kann.[112]

49 Dies unterscheidet freilich die sofortige Beschwerde gem. § 253 InsO nicht von der allgemeinen Lage im deutschen Rechtsmittelrecht. Besondere Fragen wirft freilich das Verhältnis des § 253 InsO zu § 251 InsO auf. Denn § 251 InsO, der, wie wir an anderer Stelle gezeigt haben, den Minderheitenschutz regelt,[113] sieht vor, dass ein einzelner überstimmter Gläubiger beantragen kann, die Bestätigung des Insolvenzplans zu versagen, wenn er den Plan im Abstimmungstermin ausdrücklich widersprochen und glaubhaft gemacht hat, dass er durch den Plan schlechter gestellt wird, als er ohne den Plan stünde.[114] Es stellt sich nämlich die Frage, ob die Beschwerde eines einzelnen Gläubigers gem. § 253 InsO auch dann zulässig sein kann, wenn der Beschwerdeführer nicht zuvor nach § 251 InsO seine aus dem gesetzlichen Datenschutz folgenden verfahrensrechtlichen Befugnisse ausgeübt hat. Der BGH[115] hat entschieden, dass die gesetzlich nach § 6 Abs. 1 InsO i. V. m. der jeweiligen gesetzlichen Ermächtigung der sofortigen Beschwerde bestehenden Befugnisse dann nicht greifen, wenn „abschließende Sonderregelungen" einer grundsätzlichen Beschwerdebefugnis entgegenstehen. Es stellt sich daher die Frage, ob nicht die verfahrensrechtliche Widerspruchsbefugnis eine solche abschließende Sonderregelung in dem vom BGH gemeinten Sinne in dergestalt darstellt, dass der Gläubiger, der die sofortige Beschwerde nach § 253 InsO einlegen will, zuvor seine Widerspruchsrechte im Verfahren geltend machen muss.[116]

50 Die amtliche Begründung zu § 251 InsO verweist für die Voraussetzungen von § 251 Abs. 1 InsO auf § 247 Abs. 1 InsO, wo es heißt, dass in Abs. 1 Satz 1 [im Interesse der Rechtssicherheit] vorgesehen [ist], dass der Widerspruch nur berücksichtigt wird, wenn er spätestens im Abstimmungstermin ... erklärt wird. Nach der amtlichen Begründung zu § 251 Abs. 1 Nr. 2 und Abs. 2 InsO soll diese Vorschrift das Insolvenzgericht davor bewahren, dass ein Antrag, der auf bloße Vermutung gestützt wird, zu aufwendigen Ermittlungen durch das Gericht führen muss.[117]

51 Das Gesetz geht mit der zwingenden Anordnung eines Erörterungstermins davon aus, dass jeder Verfahrensbeteiligte einen „besseren" Insolvenzplan grundsätzlich in offener Aussprache mit den übrigen Verfahrensbeteiligten vor der Abstimmung mit der Bestätigung des Planes soll durchsetzen können.[118] Denn der Gesetzgeber ist noch der Ansicht – so wenig dies auch wirtschaftlich überzeugen mag – dass alternierende Insolvenzpläne konkurrierend zur Abstimmung sollen gestellt werden können. Wollte man es jedem Gläubiger erlauben, dem Erörterungstermin einfach fernzubleiben, und seine Argumente im Beschwerdeverfahren vorzubringen, so wäre der Erörterungstermin sinnlos.[119]

4. Rechtsbeschwerde in Insolvenzplanverfahren

52 Daraus, dass die dem Plan zustimmenden Gläubiger *keine Beschwerdebefugnis* gegen den Bestätigungsbeschluss gehabt hätten, lässt sich aber nichts für die Befugnis zur Einlegung der Rechtsbeschwerde herleiten.[120] *Zutreffend* hat der BGH nämlich im Fall Konsumgenossenschaft Berlin-Brandenburg die *Zulässigkeit* der Rechtsbeschwerde bejaht[121], da in der beschwerdegerichtlichen Aufhebungsentscheidung eine neue, eigenständige Beschwer der Rechte dieser Gläubiger liegt. Soweit eine gerichtliche Ent-

---

112 *Smid/Rattunde*, Der Insolvenzplan, 2. Aufl. 2005, Rn. 16.26.
113 *Rattunde*, in: LSZ, InsO, 3. Aufl. 2010, § 251 Rn. 4 ff.
114 *Rattunde*, in: LSZ, InsO, 3. Aufl. 2010, § 251 Rn. 16.
115 BGH, Beschl. v. 17. 7. 2003 – IX ZB 530/02 – ZInsO 2003, 750.
116 *Smid/Rattunde*, Der Insolvenzplan, 2. Aufl. 2005, Rn. 16.23.
117 *Smid/Rattunde*, Der Insolvenzplan, 2. Aufl. 2005, Rn. 16.24.
118 *Hintzen*, in: MünchKomm, InsO, 2. Aufl. 2008, § 235 Rn. 12 ff.
119 *Smid/Rattunde*, Der Insolvenzplan, 2. Aufl. 2005, 16.27.
120 *Smid*, Rechtsmittelverfahren nach Anfechtung des Bestätigungsbeschlusses nach § 248 InsO, NZI 2005, 613, 614.
121 BGH, Beschl. v. 7. 7. 2005 – IX ZB 266/04 – NZI 2005, 619 (m. Anm. Smid, NZI 2005, 613 ff.). Unter Berufung auf *Ganter*, in: MünchKomm, InsO, 2001, § 7 n. F. Rn. 30.

scheidung in Rechte eingreift, *muss* der Rechtsträger auf diese Entscheidung in rechtlich gehöriger Weise Einfluss nehmen könnten.

Nach der Judikatur des BGH[122] steht dem planinitiierenden Insolvenzverwalters gegen die Versagung der Bestätigung nicht das Rechtsmittel der sofortigen Beschwerde zu; das ist eine konsequente Fortsetzung der Judikatur des IX. Zivilsenats zu den plandispositiven Gegenständen, wonach der Verwalter nicht Beteiligter des Insolvenzplanverfahrens ist.[123]

122 BGH, Beschl. v. 5. 2. 2009 – IX ZB 230/07, ZIP 2009, 480 (Phoenix).
123 BGH, Beschl. v. 22. 2. 2007 – IX ZB 106/06.

§ 41 Wirkungen des rechtskräftig bestätigten Insolvenzplans

I. Übersicht

1. Übergang vom Insolvenz- in das Planüberwachungsverfahren

1 a) **Formelle Rechtskraft des Bestätigungsbeschlusses als Wirksamkeitsvoraussetzung des Insolvenzplans.** Wird der insolvenzgerichtliche Bestätigungsbeschluss gem. § 248 InsO *formell* rechtskräftig,[1] treten die in den §§ 254ff. InsO bezeichneten Rechtsfolgen ein.[2]

2 b) **Aufhebung des Insolvenzverfahrens.**[3] Mit Eintritt der formellen Rechtskraft des Bestätigungsbeschlusses ordnet das Insolvenzgericht durch besonderen Beschluss die Aufhebung des Insolvenzverfahrens an, § 258 Abs. 1 InsO.[4] Voraussetzung dafür ist nach § 258 Abs. 2 InsO, dass der Insolvenzverwalter die unstreitigen Masseverbindlichkeiten (§§ 53ff. InsO)[5] zuvor berichtigt hat.

3 Wird im Insolvenzplan nicht die Überwachung der Planerfüllung nach den §§ 260ff. InsO angeordnet (sogleich Rn. 9ff.), endet gem. § 259 Abs. 1 Satz 1 InsO mit dem Wirksamwerden des Plans aufgrund Verkündung seiner Bestätigung das Amt des Insolvenzverwalters. Ist eine Planüberwachung nicht vorgesehen, hat der Insolvenzverwalter die noch in seinem Besitz befindlichen Massegegenstände an den Schuldner herauszugeben, ihm insbesondere die Geschäftsbücher zu überlassen. Der Schuldner erlangt dann die Befugnis, anhängige Prozesse aufzunehmen; diese werden hierzu unterbrochen.[6] Im gestaltenden Teil des Plans kann vorgesehen werden, dass der Insolvenzverwalter auch nach Aufhebung des Insolvenzverfahrens zur Führung von Anfechtungsprozessen befugt sei, § 259 Abs. 3 Satz 1 InsO.

2. Gestaltungswirkungen im Einzelnen

4 a) **Übersicht.** Mit der Rechtskraft des Bestätigungsbeschlusses treten die Gestaltungswirkungen des Planes (vgl. § 221 InsO) gem. § 254 Abs. 1 Satz 1 InsO ein. Dabei handelt es sich um die im gestaltenden Teil des Plans vorgesehenen materiellrechtlichen Regelungen wie Erlass, Verzicht, Stundung, Fristverlängerungen.[7] Nach § 228 Satz 2 InsO, § 925 Abs. 1 Satz 3 BGB[8] können Auflassungen im Plan erklärt werden.

---

1 Eine Frage eigener Art stellt sich vor dem Hintergrund des § 7 InsO danach, ob die *sofortige weitere Beschwerde* wegen des Eingriffscharakters eines Insolvenzplans zum Schutz der Teilnahmerechte der betroffenen Gläubiger allgemein zuzulassen sei, vgl. zur Problemstellung *Carl,* Teilnahmerechte im Konkurs, Diss. Halle 1998, 170ff.

2 *Rattunde,* in: Leonhardt/Smid/Zeuner, InsO, 3. Aufl. 2010, § 248 Rn. 5; *Lüer,* in: Uhlenbruck, 12. Aufl. 2003, § 253 Rn. 7.

3 *Grub,* DZWIR 2004, 317ff.

4 *Lüer,* in: Uhlenbruck, InsO, 12. Aufl. 2003, § 258 Rn. 1.

5 Zu deren Umfang vgl. *Smid/Rattunde,* Der Insolvenzplan, 2. Aufl. 2005, Rn. 17.7.

6 *Otte,* in: Kübler/Prütting, Kommentar zur Insolvenzordnung, Stand: November 2004, § 259 Rn. 15; *Smid/Rattunde,* Der Insolvenzplan, 2. Aufl. 2005, Rn. 17.1; vgl. auch *Westphal,* in: Nerlich/Römermann, InsO, § 200 Rn. 11.

7 *Rattunde,* in: LSZ, InsO, 3. Aufl. 2010, § 221 Rn. 2.

8 Art. 33 Nr. 26 EGInsO. Zu den Motiven vgl. Amtl. Begr. zum RegEEGInsO, BT-Drucks. 12/3803, 78 (zu Art. 31 Nr. 26) und Beschl.-Empf. des RechtsA, BT-Drucks. 12/7303, 111 (zu Art. 31 Nr. 26).

Gegenüber Dritten – Bürgschaftsgeber, aber vor dem Inkrafttreten des § 225a InsO auch Gesellschafter[9] usf. – die sich ohne Vorbehalt der Vorausklage im Rahmen des Planes verpflichtet haben, ist der Plan nach § 257 Abs. 2 InsO Vollstreckungstitel,[10] wobei diese Dritten mit der Drittwiderspruchsklage gem. § 771 ZPO geltend machen können, sie seien nicht am Verfahren beteiligt gewesen.[11]

Werden durch den Plan Rechte an Gegenständen begründet, geändert, übertragen oder aufgehoben, gelten die in den Plan aufgenommenen Willenserklärungen der Beteiligten als in der vorgeschriebenen Form abgegeben, § 254 Abs. 1 Satz 2 Hs. 1 InsO.[12] Dies gilt auch, soweit durch den Plan Geschäftsanteile einer Gesellschaft mit beschränkter Haftung abgetreten werden[13] und gem. § 254 Abs. 1 Satz 2 Hs. 2 InsO für die in den Plan aufgenommenen Verpflichtungserklärungen, die einer Begründung, Änderung, Übertragung oder Aufhebung von Rechten an Gegenständen oder einer Abtretung von Geschäftsanteilen zugrunde liegen. 5

b) Wiederauflebensklausel.[14] Sofern nicht der Plan eine andere Regelung vorsieht (vgl. § 255 Abs. 3 InsO), greift die sog. Wiederauflebensklausel des § 255 Abs. 1 InsO: Wenn der Schuldner bei Erlass oder Forderungsstundung mit der Erfüllung der durch Plan anerkannten Forderungen der Gläubiger in einen erheblichen Rückstand gerät, leben die ursprünglichen Forderungen dieser Gläubiger wieder auf, § 255 Abs. 1 Satz 1 InsO. 6

Ein erheblicher Rückstand liegt vor,[15] wenn der Schuldner trotz schriftlicher Mahnung (zur Schriftform § 126 BGB) des Gläubigers unter Nachfristsetzung von wenigstens zwei Wochen mit der Begleichung fälliger Verbindlichkeiten im Rückstand ist (§ 255 Abs. 1 Satz 2 InsO), wobei für die Art der Erfüllung die allgemeinen bürgerlich-rechtlichen Regelungen der §§ 269, 270 BGB[16] maßgeblich sind. Stundungen und Erlasse werden zunächst nur für die Gläubiger hinfällig, denen gegenüber der Schuldner in erheblichen Rückstand geraten ist; für die übrigen Insolvenzgläubiger entfallen sie ohne diese Voraussetzung erst, wenn vor vollständiger Erfüllung des Plans ein neues Insolvenzverfahren über das Vermögen des Schuldners eröffnet wird.[17] 7

3. Zwangsvollstreckung aus dem Insolvenzplan[18]

Nach § 257 Abs. 1 Satz 1 InsO betreiben die Gläubiger die Zwangsvollstreckung aus dem Plan *„in Verbindung* mit der Eintragung in die Tabelle" (vgl. §§ 175, 178 Abs. 2 Satz 1 InsO).[19] 8

---

9 Zu deren Stellung im Verfahren vgl. *Smid/Rattunde*, Der Insolvenzplan, 2. Aufl. 2005, Rn. 6.9ff.; *Gottwald/Braun*, Insolvenzrechts-Handbuch, § 69 Rn. 2, 14.
10 *Otte*, in: Kübler/Prütting, InsO, § 257 Rn. 12ff.; *Smid/Rattunde*, Der Insolvenzplan, 2. Aufl. 2005, Rn. 19.8.
11 *Smid/Rattunde*, Der Insolvenzplan, 2. Aufl. 2005, Rn. 19.8; *Braun*, in: Nerlich/Römermann, InsO, § 257 Rn. 6.
12 *Rattunde*, in: LSZ, InsO, 3. Aufl. 2010, § 254 Rn. 8.
13 *Flessner*, in: H-K, 4. Aufl. 2006, § 254 Rn. 5.
14 *Rattunde*, in: Leonhardt/Smid/Zeuner, InsO, 3. Aufl. 2010, § 255 Rn. 1; *Huber*, in: MünchKomm, InsO, 2. Aufl. 2008, § 255 Rn. 11.
15 *Häsemeyer*, Insolvenzrecht, Rn. 28.76, 2. Abs.
16 *Hess/Obermüller*, Insolvenzplan, Restschuldbefreiung, Verbraucherinsolvenz, 1998, Rn. 287.
17 *Häsemeyer* (Fn. 15) Rn. 28.78.
18 *Huber*, in: MünchKomm, InsO, 2. Aufl. 2008, § 257 Rn. 10ff.; *Rattunde*, in: LSZ, InsO, 3. Aufl. 2010, § 257 Rn. 2.
19 *Smid/Rattunde* Fn. 10.

II. Die Planüberwachung

9 Nach § 260 InsO kann im Plan angeordnet werden, dass die Erfüllung der in ihm festgelegten Pflichten überwacht wird.[20] Nach § 261 Abs. 1 Satz 1 InsO hat grundsätzlich der Insolvenzverwalter die Aufgabe der Planüberwachung wahrzunehmen. Der Insolvenzverwalter hat im Rahmen der Planüberwachung wie ein vorläufiger Insolvenzverwalter das Recht, sich in den Geschäftsräumen des Schuldners über die Einzelheiten der Geschäftsführung zu unterrichten (§ 261 Abs. 1 Satz 3 InsO i. V. m. § 22 Abs. 3 InsO).[21] Im Einzelnen hat der Insolvenzverwalter nach § 261 Abs. 2 InsO über den Stand der Planerfüllung dem Gläubigerausschuss, dessen Amt ebenfalls fortdauert,[22] zu berichten; ferner hat er im Rahmen der Planüberwachung nach § 262 Abs. 1 InsO dem Gläubigerausschuss und dem Insolvenzgericht anzuzeigen, wenn Ansprüche, deren Erfüllung überwacht wird, nicht erfüllt werden oder nicht erfüllt werden können. Sofern dies im Insolvenzplan vorgesehen ist, hat der Insolvenzverwalter zustimmungspflichtige Geschäfte des Schuldners zu überwachen und über deren Durchführung zu entscheiden. Verwaltungsaufgaben des Sachwalters, die über die Fortsetzung von Anfechtungsprozessen (§ 261 InsO) hinausgehen, können nicht angeordnet werden.[23]

10 **Fall:** Das OLG Düsseldorf[24] hatte in folgendem – hier vereinfacht wiedergegebenen – Sachverhalt zu entscheiden: Der spätere Beklagte hatte als Insolvenzverwalter der X AG einen Insolvenzplan ausgearbeitet, der von der Gläubigerversammlung angenommen und vom Insolvenzgericht bestätigt worden ist. Der Insolvenzplan sah vor, dass nach der – schließlich erfolgten – Aufhebung des Insolvenzverfahrens der bisherige Insolvenzverwalter die Planerfüllung als Sachwalter überwachen sollte. Im Aufhebungsbeschluss des Insolvenzgerichts[25] finden sich achtzehn Einzelermächtigungen, die dem Sachwalter Masseverwaltungsaufgaben auferlegen. Die Insolvenzschuldnerin nimmt mit ihrer Klage den Sachwalter auf Erstattung anteiliger Kosten aus der Erstellung und Prüfung von Jahresabschlüssen in Anspruch. Sie trägt vor, diese Kosten seien daraus entstanden, dass sich in ihrem Aktivvermögen Immobilien befunden haben, die zu Gunsten der Insolvenzgläubiger verwertet werden sollten. Die dabei entstehenden Kosten seien daher von den Insolvenzgläubigern zu tragen. Hierfür sei der Sachwalter zuständig gewesen; er könne daher wie ein Insolvenzverwalter verklagt werden. Das LG Düsseldorf ist der Rechtsansicht des verklagten Sachwalters gefolgt, dass er nicht wie der Insolvenzverwalter als Partei kraft Amtes verklagt werden könne.

11 Wie die kurzfristig entschiedene Zurückverweisung der Sache durch das OLG Düsseldorf zeigt, war das erstinstanzliche Urteil *evident* falsch. Der Beklagte war, soweit lässt sich dem Sachverhalt des vorliegenden Urteils entnehmen, aufgrund welchen Rechtsverhältnisses auch immer, Verwalter von bestimmten Bestandteilen des Vermögens der Klägerin. Ihm die *Passivlegitimation* abzusprechen, hätte zur merkwürdigen Folge, dass z. B. nach dem Ablauf der gesetzlichen Höchstfrist[26] von drei Jahren für die Planüberwachung (§ 268 Abs. 1 Nr. 2 InsO) eine Leistungsklage gegen den Sachwalter nach Ablauf seines Amtes ausgeschlossen wäre – was evident abwegig wäre. Soweit das LG Düsseldorf mit seiner

---

20 *Rattunde,* in: LSZ, InsO, 3. Aufl. 2010, § 260 Rn. 1.
21 *Rattunde,* in: LSZ, InsO, 3. Aufl. 2010, § 261 Rn. 3.
22 *Braun,* in: Nerlich/Römermann, InsO, § 261 Rn. 2; *Flessner,* in: H-K, 4. Aufl. 2006, § 261 Rn. 3.
23 *Smid,* NZI 2006, 201 ff.
24 OLG Düsseldorf I – 7 U 148/05, Vorinstanz: LG Düsseldorf, Urt. v. 31. 5. 2005 – NZI 2006, 240.
25 Hinweise hierauf finden sich in der Urteil des OLG Düsseldorfs; den Aufhebungsbeschluss (AG Essen, Beschl. v. 7. 5. 2000 – 160 IN 20/99) hat mir freundlicherweise Herr Rechtsanwalt *Burkhard Niesert,* Köln, zur Verfügung gestellt.
26 *Smid/Rattunde* (Fn. 10) Rn. 18.23.

Überlegung auf die Frage zielte, ob aufgrund der Anordnung der Planüberwachung das Vermögen des Schuldners ein „Sondervermögen" sei, das nicht rechtsfähig ist, wie es nach dem festgestellten Sachverhalt der beklagte Sachwalter vorgetragen hat, ist darauf aufmerksam zu machen, dass dies bereits dem Rubrum des vorliegenden Urteils nicht entspricht. Danach nimmt der Sachwalter in Person, nicht ein Sondervermögen, die Beklagtenrolle ein. Liest man das Berufungsurteil, wird die Abwegigkeit des landgerichtlichen Urteils vollständig deutlich.

Sind alle im Plan festgeschriebenen Ansprüche erfüllt und liegt kein Antrag auf Eröffnung eines neuen 12
Insolvenzverfahrens vor (vgl. § 268 InsO), hebt das Insolvenzgericht durch Beschluss die Überwachung nach Ablauf von drei Jahren seit Aufhebung des Insolvenzverfahrens (§ 258 InsO) auf.[27] Nach § 269 InsO trägt der Schuldner die Kosten der Planüberwachung.

III. Voraussetzungen der Prozessführungsbefugnis des planüberwachenden bisherigen Insolvenzverwalters gem. § 259 Abs. 3 InsO

1. Insolvenzbeschlag und Prozessführungsbefugnis

Die Überlegungen zur Prozessführungsbefugnis des bisherigen Insolvenzverwalters 13
nach Verfahrensbeendigung haben deutlich werden lassen, dass sie auf zwei Elementen beruhen. Im Zusammenhang von Anfechtungsklagen kann gem. § 129 InsO überhaupt nur der Insolvenzverwalter diese Prozesse führen.[28] Die Prozessführungsbefugnis des Insolvenzverwalters setzt aber schon in diesem Falle einen bereits bei Verfahrensaufhebung ergangenen Beschluss über die Nachtragsverteilung gem. § 203 Abs. 1 Nr. 1 InsO voraus; die Prozessführungsbefugnis beruht m.a.W. auf der partiellen Fortdauer des Insolvenzbeschlags der streitbefangenen Gegenstände. Umso mehr gilt dies in Fällen von Feststellungsprozessen gem. §§ 180ff. InsO.

Ausschlaggebend ist die partielle Aufrechterhaltung des Insolvenzbeschlages über die streitbefangenen Vermögensgegenstände des Schuldners, der die deckungsgleiche partielle Fortdauer der Prozessführungsbefugnis des Insolvenzverwalters entspricht.[29]

Hieran aber fehlt es zunächst nach Aufhebung des Insolvenzverfahrens über das Vermögen des Schuldners aufgrund eines bestätigten Insolvenzplans gem. § 258 InsO.

Nach alledem erlöschen die Ämter von Insolvenzverwalter und Gläubigerausschuss gem. § 259 Abs. 1 InsO. Die vom 2. Zivilsenat des BGH vertretene Meinung, der frühere Verwalter habe bei entsprechenden Regelungen im Plan die Befugnis, nach Verfahrensaufhebung ggf. als Treuhänder zu prozessieren, ist demgegenüber problematisch.[30]

---

27 *Rattunde*, in: LSZ, InsO, 3. Aufl. 2010, § 268 Rn. 2.
28 *Rattunde*, in: LSZ, InsO, 3. Aufl. 2010, § 259 Rn. 10f.
29 *Rattunde*, in: LSZ, InsO, 3. Aufl. 2010, § 259 Rn. 11.
30 BGH, Urt. v. 7. 1. 2008 – II ZR 283/06, BGHZ 175, 86

2. Voraussetzungen und Reichweite der Planüberwachung

14 Wird ein Insolvenzplan in den gem. § 244 InsO erforderlichen Mehrheiten[31] angenommen oder seine Annahme nach § 245 InsO fingiert und durch das Insolvenzgericht gem. § 248 InsO bestätigt, wird das Insolvenzverfahren gem. § 258 InsO aufgehoben, wenn die dort genannten Voraussetzungen erfüllt sind, namentlich die Masseverbindlichkeiten durch den Insolvenzverwalter erfüllt worden sind.[32] Nach § 260 Abs. 1 InsO kann im gestaltenden Teil des Insolvenzplans vorgesehen werden, dass die Erfüllung des Plans überwacht wird. Nach Abs. 2 des § 260 InsO ist Gegenstand der Planüberwachung die Erfüllung derjenigen Ansprüche, die den Gläubigern nach dem gestaltenden Teil gegen den Schuldner zustehen. Nach § 261 Abs. 1 S. 1 InsO ist die Überwachung Aufgabe des Insolvenzverwalters.[33] Der (bisherige) Insolvenzverwalter hat dann – wie es der Begriff einer „Überwachung" nahe legt – die Gläubiger nach § 262 InsO[34] darüber zu unterrichten, wenn die plangemäßen Ansprüche der Gläubiger durch den Schuldner nicht erfüllt werden. Darüber hinaus kann der planüberwachende frühere Insolvenzverwalter durch eine entsprechende Regelung im gestaltenden Teil des Insolvenzplans gem. § 263 InsO[35] damit beauftragt werden, seine Planüberwachung vergleichbar den Aufgaben eines vorläufigen Zustimmungsverwalters (§ 21 Abs. 2 Nr. 2, 2. Var. InsO)[36] dadurch auszuüben, dass bestimmte Rechtsgeschäfte des Schuldners oder der Übernahmegesellschaft während der Zeit der Planüberwachung nur wirksam sind, wenn er ihnen zustimmt;[37] nach alledem hat der Insolvenzverwalter nach Aufhebung des Insolvenzverfahrens und der zwangsläufig daraus folgenden Beendigung seines Amtes und dem damit verbundenen Erlöschen seiner Verwaltungsbefugnisse gem. § 80 InsO[38] jedenfalls keine Befugnisse mehr hinsichtlich des schuldnerischen Vermögens; der Schuldner erlangt vielmehr die Verwaltungs- und Verfügungsbefugnis vorbehaltlich der Zustimmungsbefugnis des Verwalters gem. § 263 InsO mit Aufhebung des Insolvenzverfahrens zurück.

Für eine Nachtragsverteilung ist wegen der Bindungswirkungen des Insolvenzplans kein Raum, § 203 InsO gehört m.a.W. zu den „allgemeinen" Gesetzesvorschriften, die durch die Regelung des Insolvenzplans gem. § 217 InsO derogiert werden.[39]

---

31 *Smid/Rattunde*, Insolvenzplan, 2. Aufl. 2005, Rn. 13.1.
32 Vgl. Übersicht *Smid/Rattunde*, Insolvenzplan, 2. Aufl. 2005, Rn. 17.5.
33 Vgl. zur Anzeigepflicht des § 262: *Lüer*, in: Uhlenbruck, InsO, 13. Aufl. 2001, § 262 Rn. 1 ff.; *Kebekus*, in: Graf-Schlicker, InsO, 1. Aufl. 2007, § 262 Rn. 1 ff.
34 *Smid/Rattunde*, Insolvenzplan, 2. Aufl. 2005, Rn. 18.6; *Lüer*, in: Uhlenbruck, InsO, 13. Aufl. 2010, § 262 Rn. 1 ff.; *Stephan*, in: MünchKomm, InsO, Band II, 2. Aufl. 2008, § 263 Rn. 1 ff.; *Kebekus*, in: Graf-Schlicker, InsO, 1. Aufl. 2007, § 263 Rn. 1 ff.
35 Vgl. dazu *Vallender*, in: Uhlenbruck, InsO, 13. Aufl. 2010, § 21 Rn. 16; *Voß*, in: Graf-Schlicker, InsO, 1. Aufl. 2007, § 21 Rn. 10; *Kind*, in: Braun, InsO, 3. Aufl. 2004, § 21 Rn. 17.
36 Zu den allgemeinen Befugnissen des Insolvenzverwalters vgl. etwa: *Scherer*, in: Graf-Schlicker, InsO, 1. Aufl. 2007, § 80 Rn. 15; *Kroth*, in: Braun, InsO, 3. Aufl. 2004, § 80 Rn. 25 ff. und 32 ff.
37 *Rattunde*, in: LSZ, InsO, 3. Aufl. 2010, § 263 Rn. 2; *Stephan*, in: MünchKomm, InsO, 2. Aufl. 2008, 3 263 Rn. 5.
38 *Lüer*, in: Uhlenbruck, InsO, 13. Aufl. 2010, § 263 Rn. 1; *Kebekus*, in: Graf-Schlicker, InsO, 1. Aufl. 2007, § 263 Rn. 1.
39 *Smid*, in: LSZ, InsO, 3. Aufl. 2010, § 237 Rn. 6 und § 238 Rn. 5.

3. Anfechtungsprozesse

a) Gesetzliche Regelung. Allerdings sieht § 259 Abs. 3 InsO für Anfechtungsprozesse *ausdrücklich* die Fortdauer der Prozessführungsbefugnis des bisherigen Insolvenzverwalters vor, die im Falle des § 200 InsO allein dogmatisch konstruiert wird.[40] 15

Allein wirft schon diese Vorschrift für sich genommen eine Reihe von Fragen auf – die von „der Praxis" freilich vielleicht zunächst für weniger aufregend gehalten werden mögen: Wie kann eigentlich, nachdem aus der konkursrechtlichen Anfechtung der insolvenzrechtliche Anfechtungsanspruch gem. § 146 Abs. 1 InsO geworden ist, der mit Verfahrenseröffnung entsteht, auch nach dessen Aufhebung noch geltend gemacht werden? Mehr noch:

Die Anordnung der Planüberwachung, die sich im Rahmen der gesetzlichen Regelungen bewegt, geht allein den Schuldner, in dessen Rechtsstellung durch eine Regelung nach § 263 InsO eingegriffen wird, und die den Regelungen des Plans unterworfenen Gläubiger etwas an – nämlich die Gläubiger, in deren Rechte eingegriffen wird und die daher zur Teilnahme an der Abstimmung über den Plan gem. §§ 237, 238 InsO berechtigt sind.[41]

b) Erweiterung der Befugnisse gem. § 259 Abs. 3 InsO?[42] Die Dinge liegen aber komplizierter, weil in praxi die Möglichkeit der Fortsetzung von Insolvenzanfechtungsprozessen durch den Insolvenzverwalter nach Aufhebung des Insolvenzverfahrens für nicht ausreichend gehalten wird: 16

4. Prozessstandschaft des Verwalters?

a) Judikatur des II. Zivilsenats des BGH. In einem Fall, die einer Entscheidung des II. Zivilsenats des BGH aus dem Jahr 2008[43] zugrunde lag, ging es aber darum, dass der Insolvenzverwalter einen massezugehörigen Anspruch klageweise geltend gemacht hatte. Zu diesem Zeitpunkt war aber das Insolvenzverfahren nach insolvenzgerichtlicher Bestätigung des Insolvenzplans bereits aufgehoben worden. Der Kläger führte dazu in seiner Klage aus, er sei nach dem Insolvenzplan „befugt und veranlasst", Schadenersatzansprüche der Schuldnerin gegenüber der Beklagten auch nach der Aufhebung des zuvor über das Vermögen der Anspruchsinhaberin eröffneten Insolvenzverfahrens weiter zu verfolgen. Denn im Insolvenzplan war in diesem Falle vorgesehen, dass die Schuldnerin den streitigen Anspruch an den Kläger – als Treuhänder – mit der Maßgabe abgetreten habe, hierauf eingehende Zahlungen der Beklagten seien nach den Regelungen des Insolvenzplans zu verteilen. Der II. Zivilsenat stellt fest, dem Kläger fehle wegen der Schadensersatzforderung nicht die Aktivlegi- 17

---

40 *Stephan*, in: MünchKomm, InsO, 2. Aufl. 2008, § 259 Rn. 21 ff.; *Rattunde*, in: Leonhardt/Smid/Zeuner, InsO, 3. Aufl. 2010, Rn. 10.

41 BGH, Urt. v. 7. 1. 2008 – II ZR 283/06, BGHZ 175, 86 ff.

42 Vgl. zur Fortführung des Anfechtungsprozesses durch den Insolvenzverwalter: *Huber*, in MünchKomm, InsO, 2. Aufl. 2008, § 259 Rn. 22 ff.

43 BGH, Urt. v. 7. 1. 2008 – II ZR 283/06, BGHZ 175, 86, 90; vgl. ferner *Lüer*, in: Uhlenbruck, InsO, 13. Aufl. 2010, § 258 Rn. 1 ff.

timation. Der Kläger habe die Schadenersatzklage zwar als Partei kraft Amtes „als Insolvenzverwalter" erhoben. Sein Prozessführungsrecht als Partei kraft Amtes in seiner Eigenschaft als Insolvenzverwalter habe mit rechtskräftiger Bestätigung des Insolvenzplans gem. § 254 Abs. 1 InsO der Kläger mit Aufhebung des Insolvenzverfahrens gem. § 258 InsO[44] verloren. In dem vom II. Zivilsenat zu entscheidenden Fall lag auch keine Lage des § 259 Abs. 3 InsO[45] vor, da kein Anfechtungsprozess gem. § 129 InsO[46] zu führen war.

18 **b) Fiduziarische Abtretung der streitbefangenen Forderung an Stelle des Insolvenzbeschlags.** Der erkennende Senat begründete das Prozessführungsrecht des Klägers nach Aufhebung des Insolvenzverfahrens daraus, dass im Insolvenzplan die fiduziarische Abtretung der fraglichen streitbefangenen Forderung vorgesehen war. Der Insolvenzbeschlag mag dann aufgehoben sein; an seine Stelle tritt an die treuhänderische Veränderung der Rechtszuständigkeit für die Forderung. Der II. Zivilsenat meint dabei, die Treuhandzession sei auch nicht nach § 259 Abs. 1 InsO unwirksam.[47] Denn § 228 InsO lässt zu, dass im gestaltenden Teil des Insolvenzplans Forderungsübertragungen vorgenommen werden.[48]

19 **c) Beendigung der Parteistellung kraft Amtes und gewillkürte Prozessstandschaft[49].** Der Insolvenzplan sah allerdings weiter für den Fall des Obsiegens des Klägers vor, dass der Kläger eine Nachtragsverteilung vornehmen sollte. Nach der hier vertretenen Auffassung zu § 217 InsO wäre dies unzulässig; die entsprechende Regelung des Insolvenzplans hat aber keine Bedeutung für die Beurteilung der Prozessführungsbefugnis des Insolvenzverwalters erlangt. Denn die entsprechenden Regelungen des Insolvenzplans haben nach – insoweit unproblematisch zutreffender – Auffassung des II. Zivilsenats des BGH nicht dazu geführt, dass der frühere Insolvenzverwalter ein Prozessführungsrecht als Partei kraft Amtes[50] hinsichtlich dieser Forderung wieder erlangt hätte.

Der BGH geht aber davon aus, der bisherige Insolvenzverwalter sei durch den Insolvenzplan *gewillkürter Prozessstandschafter* des Schuldners geworden.[51]

---

44 § 259 Abs. 2 InsO „behält" trotz Aufhebung des Insolvenzverfahrens die Vorschriften über die Überwachung der Planerfüllung bei, sofern diese im gestaltenden Teil des Plans gemäß § 260 Abs. 1 InsO vorgesehen sind, *Smid/Rattunde*, Insolvenzplan, 2. Aufl. 2005, Rn. 18.5; *Lüer*, in: Uhlenbruck, 12. Aufl. 2003, § 259 Rn. 14; *Kebekus*, in: Graf-Schlicker, InsO, 1. Aufl. 2007, § 259 Rn. 1 f.

45 Vgl. zum Anfechtungsrecht *Hirte*, in: Uhlenbruck, 12. Aufl. 2003, § 129 Rn. 9 ff.; *Kebekus*, in: Graf-Schlicker, InsO, 1. Aufl. 2007, § 129 Rn. 27.

46 BGH, Urt. v. 7. 1. 2008 – II ZR 283/06, BGHZ 175, 86, 90.

47 *Lüer/Maus*, in: Uhlenbruck, InsO, 13. Aufl. 2010, § 228 Rn. 1; *Breuer*, in: MünchKomm, InsO, Band II, 2. Aufl. 2008, § 228 Rn. 2; *Kebekus*, in: Graf-Schlicker, InsO, 1. Aufl. 2007, § 228 Rn. 1.

48 Vgl. dazu BGHZ 88, 331, 334.

49 *Lüer*, in: Uhlenbruck, InsO, 13. Aufl. 2010, § 259 Rn. 17.

50 BGH, Urt. v. 7. 1. 2008 – II ZR 283/06, 4, BGHZ 175, 86,90; *Smid/Rattunde*, Insolvenzplan, 2. Aufl. 2005, Rn. 18.1, *Huber*, in: MünchKomm, InsO, Band II, 2. Aufl. 2008, § 259 Rn. 22.

51 Vgl. *Lüer*, in: Uhlenbruck, InsO, 13. Aufl. 2010, § 259 Rn. 17. aE.

5. Reichweite der Bindungswirkung von prozessualen Regelungen des Insolvenzplans

Bei der Frage der Rechtszuständigkeit geht es nun in der Tat zunächst um Fragen des „Verkehrsschutzes" bzw. des Schutzes von „Drittinteressen":[52] Die Bestimmtheit des Abtretungsgegenstandes betrifft den Schutz (anderer) Gläubiger des Zedenten. Deren Rechte sind freilich durch die universelle Wirkung des Insolvenzplans (§ 254 Abs. 1 S. 3 InsO)[53] selbst dann von den Wirkungen des Insolvenzplans erfasst, wenn sie nicht am Verfahren teilgenommen haben. Das scheint allein darauf zu verweisen, ob die Gläubiger mit dem Insolvenzplan eine gewillkürte Prozessstandschaft des bisherigen Insolvenzverwalters angeordnet haben – die dann deshalb anzuerkennen wäre, weil sie „im Plan steht". 20

Dieser Schein trügt jedoch.

Die Regelungen des Insolvenzplans können nämlich für sich genommen die Entscheidung darüber, ob der (bisherige) Insolvenzverwalter im Rahmen der Planüberwachung gewillkürter Prozessstandschafter kraft eines Treuhandverhältnisses mit dem Schuldner sein kann, nicht festlegen.

Allein die mit den gesetzlich geforderten Mehrheiten gefällte Entscheidung der Gläubiger, die über den eine solche Regelung vorsehenden Insolvenzplan abgestimmt haben, genügt nicht, um eine auf einem Treuhandverhältnis zwischen Schuldner und Insolvenzverwalter beruhende gewillkürte Prozessstandschaft des bisherigen Insolvenzverwalters für über § 259 Abs. 3 InsO hinausreichende Prozesse zu begründen. Der Gegner eines solchen Prozesses mag selbst Gläubiger und als solcher möglicherweise den Regelungen des Insolvenzplans als Beteiligter[54] unterworfen sein; soweit er indes Drittschuldner des Schuldners ist, bindet ihn in dieser Rolle der Insolvenzplan nicht, da er als Drittschuldner nicht Verfahrensbeteiligter des Insolvenzplans ist.[55]

Daran ändert sich auch nicht dadurch etwas, dass jedenfalls auch der Schuldner in das Verfahren des Zustandekommens und Wirksamwerdens des Insolvenzplans einbezogen ist. Der Plan bedarf der Zustimmung des Schuldners,[56] die als erteilt gilt, wenn er gegen den Insolvenzplan nicht Widerspruch einlegt, § 247 InsO.[57]

Aus der Sicht des Schuldners stellt sich die materiellrechtliche Wirksamkeit der Treuhandzession an den früheren Insolvenzverwalter unter der Voraussetzung der

---

52 *Smid,* in: LSZ, InsO, 3. Aufl. 2010, § 254 Rn. 14; *Lüer,* in: Uhlenbruck, InsO, 13. Aufl. 2010, § 254 Rn. 19ff.; *Flessner,* in: H-K InsO, 5. Aufl. 2008, § 254 Rn. 13.

53 Zur Beteiligtenstellung im Insolvenzplanverfahren: *Lüer,* in: Uhlenbruck, InsO, 13. Aufl. 2010, § 254 Rn. 19ff.

54 *Lüer,* in: Uhlenbruck, InsO, 13. Aufl. 2010, § 254 Rn. 14; *Huber,* in: MünchKomm, InsO, Band II, 2. Aufl. 2008, § 254 Rn. 25; *Flessner,* in: H-K InsO, 5. Aufl. 2008, § 254 Rn. 10ff.

55 Vgl. zur Zustimmung des Schuldners: *Lüer,* in: Uhlenbruck, 12. Aufl. 2003, § 247 Rn. 1; *Sinz,* in: MünchKomm, InsO, Band II, 2. Aufl. 2008, § 247 Rn. 22a; *Flessner,* in: H-K InsO, 5. Aufl. 2008, § 247 Rn. 2; *Kebekus,* in: Graf-Schlicker, InsO, 1. Aufl. 2007, § 247 Rn. 1.

56 *Lüer,* in: *Uhlenbrück,* InsO, 12. Aufl. 2003, § 247 Rn. 2.

57 *Lüer,* in: Uhlenbruck, InsO, 13. Aufl. 2010, § 259 Rn. 17; vgl. *Huber,* in: MünchKomm, InsO, Band II, 2. Aufl. 2008, § 254 Rn. 22; *Flessner,* in: H-K, InsO, 5. Aufl. 2008, § 259 Rn. 2; *Kebekus,* in: Graf-Schlicker, InsO, 1. Aufl. 2007, § 259 Rn. 2; *Otte,* in: Kübler/Prütting, InsO, Stand: Dezember 2009, § 259 Rn. 11ff.

Bestimmtheit bzw. Bestimmbarkeit des Abtretungsgegenstandes als Frage der Leistungsbestimmung dar, die im Falle der Prozessführung durch den früheren Insolvenzverwalter als Treuhänder des Schuldners regelmäßig keine Probleme aufwirft oder doch wenigstens jedenfalls in dem vom BGH entschiedenen Falle keine aufgeworfen hat.

Die Frage, ob die gewillkürte Prozessstandschaft greift oder nicht, entscheidet sich in dem gegen den Drittschuldner geführten Prozess nicht allein nach materiellrechtlichen Gesichtspunkten – der vom II. Zivilsenat angesprochenen Zulässigkeit der Treuhandzession –, sondern nicht zuletzt auch nach prozessualen Gesichtspunkten. Es kommt nämlich darauf an, ob durch die Einschaltung einer anderen Person als der des Schuldners als Partei des Prozesses die Waffengleichheit des Drittschuldners als Partei des vom Insolvenzverwalter laut Plan zu führenden Prozesses beeinträchtigt wird.

IV. Voraussetzungen einer gewillkürten Prozessstandschaft[58]

1. Ermächtigung des Insolvenzverwalters

21 Verneint man nicht überhaupt die Zulässigkeit einer gewillkürten Prozessstandschaft,[59] ist folgendes zu beachten: Die Begründung der Prozessführungsbefugnis des Klägers für das (fremde) Recht eines anderen Rechtsinhabers durch eine gewillkürte Prozessstandschaft muss zwei Voraussetzungen erfüllen. Zum einen bedarf es der Ermächtigung des Klägers durch den Rechtsinhaber (§ 185 BGB),[60] zum anderen wird durch die Ermächtigung die Prozessführungsbefugnis nur dann wirksam begründet, wenn der Kläger ein eigenes Interesse an der der Prozessführung in eigenem Namen hat.[61]

22 Die erste Voraussetzung mittels eines Insolvenzplans zu erfüllen fällt nicht wirklich leicht. Mit dem Plan kann die Abwicklung des Insolvenzverfahrens geregelt werden. Dies geschieht durch seinen gestaltenden Teil, §§ 219, 221 InsO.[62] Über den Plan und somit die Regelungen des gestaltenden Teil des Plans entscheiden mit ihrer Abstimmung über den Plan die Gläubiger.[63] Eine Ermächtigung des Verwalters durch den Insolvenzschuldner als Inhaber der streitbefangenen Forderung zur Prozessführung ist nicht zu erkennen. Allerdings:

---

58 *Lüer*, in: Uhlenbruck, InsO, 13. Aufl. 2010, § 259 Rn. 17f.

59 *Heinrichs*, in: *Palandt*, BGB, 67. Aufl. 2008, § 185, Rn. 7; *Schramm*, in: MünchKomm, BGB, Band I, 5. Aufl. 2006, § 185 Rn. 39.

60 Vgl. bei fehlendem Eigeninteresse BGH, Urt. v. 24. 10. 1985 – VII ZR 337/84 –, BGHZ 96, 151; BGH, Urt. v. 14. 11. 1984 – VIII ZR 283/83 –, BGHZ 92,397.

61 *Maus*, in: Uhlenbruck, 12. Aufl. 2003, § 219; *Eilenberger*, in: MünchKomm, InsO, Band II, 2. Aufl. 2008, § 219 Rn. 9; *Flessner*, in: H-K, InsO, 5. Aufl. 2008, § 221 Rn. 6; *Kebekus*, in: Graf-Schlicker, InsO, 1. Aufl. 2007, § 247 Rn. 4.

62 *Smid*, in: LSZ, InsO, 3. Aufl. 2010, § 221 Rn. 3; *Maus/Lüer*, in: Uhlenbruck, 12. Aufl. 2003, § 221 Rn. 3 ff.

63 *Lüer*, in: MünchKomm, InsO, Band II, 2. Aufl. 2008, § 260 Rn. 1; *Otte*, in: Kübler/Prütting, InsO, Stand: Dezember 2009, § 221 Rn. 8/§ 260 Rn. 3 ff.

Aber auch wenn man das Unterlassen eines Widerspruchs des Schuldners gegen den durch die Gläubiger mit den erforderlichen Mehrheiten angenommenen Plan als – konkludente? – Ermächtigung des Verwalters ansehen wollte, ergäben sich doch weitere Probleme. Denn das Gesetz sieht für den Inhalt des gestaltenden Teils des Plans allein die Planüberwachung vor, nicht aber eine darüber hinausgehende Prozessstandschaft.[64] Es stellt sich damit die Frage, ob eine Anordnung gewillkürter Prozessstandschaft des Insolvenzverwalters sich mit den zwingenden (§ 250 Nr. 1 InsO)[65] Vorschriften über den Inhalt des Planes vereinbaren lässt.

2. Fehlen eines eigenen Interesses des bisherigen Insolvenzverwalters an der Prozessführung in fremden Namen

Es liegt aber in der hier zu besprechenden Konstellation kein eigenes Interesse des bisherigen Insolvenzverwalters vor, im eigenen Namen nach Rückerwerb der Verwaltungsbefugnis durch den Schuldner für dessen Vermögen zu streiten. Folgt man *Henckel*[66] sind Grundlage einer jeden Prozessführungsbefugnis die Verfügungsbefugnis über das streitbefangene Recht sowie das Prozessführungsinteresse der Partei. Der Amtswalter, der im eigenen Namen für fremdes Recht (das Vermögen des Schuldners, das haftungsrechtlich den Gläubigern zugewiesen ist) prozessiert, hat zwar am Prozess kein eigenes Vermögensinteresse; sein Interesse folgt aber aus seinem Amt.[67] Der Gesetzgeber erkennt dies in einer Reihe von Fällen wie dem der §§ 80, 85 ff. InsO[68] ausdrücklich an. Und in allen anderen Fällen, in denen keine – eben: gesetzliche – anerkannte Form der Prozessstandschaft vorliegt, wird dem Gegner ein Parteiwechsel nur unter der Voraussetzung zugemutet, dass durch den Prozess die eigene Rechtsstellung des Klägers beeinflusst werden kann – der Kläger also mit seinem Vermögen wegen des Prozessausganges haftet.[69] Das ist z.B. beim Gesellschafter einer Personen- oder Personenhandelsgesellschaft der Fall, wenn ihn die Gesellschaft zur Führung von Prozessen der Gesellschaft ermächtigt.[70] Allein ein wirtschaftliches Interesse des Verwalters genügt indes nicht.[71] 23

64 Zu den zwingenden Vorschriften über den Inhalt und die verfahrensmäßige Behandlung des Plans: Vgl. *Braun,* in: Braun, 2. Aufl. 2004, InsO, 3. Aufl. § 250 Rn. 3 ff.; *Lüer,* in: MünchKomm, InsO, Band II, 2. Aufl. 2008, § 250 Rn. 2; *Rattunde,* in: Leonhardt/Smid/Zeuner, InsO, 3. Aufl. 2010, § 250 Rn. 4.

65 *Henckel,* Parteilehre und Streitgegenstand, 1961, 108.

66 *Henckel* (Fn. 58) 113, *Windel,* in: Jaeger, InsO, Band II, 1. Aufl. 2007, § 80 Rn.; *Ott/Vuia,* in: MünchKomm, InsO, Band I, 2. Aufl. 2007, § 80 Rn. 27; *Scherer,* in: Graf-Schlicker, InsO, 1. Aufl. 2007, § 80 Rn. 8; *Uhlenbruck,* in: Uhlenbruck, InsO, 13. Aufl. 2010, § 80 Rn. 79.

67 *Smid,* in: LSZ, InsO, 3. Aufl. 2010, § 80 Rn. 17.

68 Vgl. *Rosenberg/Schwab/Gottwald,* Zivilprozessrecht, 16. Aufl. 2004, § 46 Rn. 34; *Bork,* in: Stein/Jonas, ZPO, 22. Aufl. 2004, vor § 50 Rn. 54 ff.; *Lindacher* in MünchKomm, ZPO, Band. I, 3. Aufl. 2008, vor § 50 Rn. 55 ff.; *Zeiss/Schreiber,* Zivilprozessrecht, 11. Aufl. 2009, Rn. 132.

69 *Rosenberg/Schwab/Gottwald,* Zivilprozessrecht, 16. Aufl. 2004, § 46 Rn. 41; BGH, Urt. v. 12. 10. 1987 – II ZR 21/87, NJW 1988, 1585 ff.; vgl. auch am Beispiel einer Kapitalgesellschaft: BGH, Urt. v. 14. 7. 1965 – VIII ZR 121/64, NJW 1965, 1962.

70 Vgl. BGH, Urt. v. 10. 11. 1999 – VIII ZR 78/98, NJW 2000, 738.

71 *Gerbers,* in: Braun, 2. Aufl. 2004, InsO, 3. Aufl. § 166 Rn. 11 ff.; *Mäusezahl,* in: Graf-Schlicker, InsO, 1. Aufl. 2007, § 166 Rn. 4; *Lwowski/Tetzlaff,* in: MünchKomm, InsO, Band II, 2. Aufl. 2008, § 166 Rn. 48 ff.; *Smid,* Kreditsicherheiten in der Insolvenz, 2. Aufl. 2008, § 12 Rn. 4.

In der Judikatur ist noch unter der Geltung der Konkursordnung der Fall entschieden worden, dass ein absonderungsberechtigter Gläubiger den Konkursverwalter ermächtigte, gepfändete Forderungen geltend zu machen. In diesem Fall lag freilich ein eigenes Amtsinteresse des Konkursverwalters an der Geltendmachung der Forderung vor, das *heute* im Übrigen von § 166 Abs. 2 InsO[72] anerkannt wird.

Erwirbt der Kläger das streitbefangene Recht, gehört dies zu seinem Vermögen, § 398 BGB.[73] Damit haftet er aber ohnedies für den Prozessausgang. Insofern liegt ein Fall des § 265 ZPO[74] vor, nicht aber ein Fall der gewillkürten Prozessstandschaft. Grundlegend anders ist dies aber in Konstellationen wie in dem vom II. Zivilsenat entschiedenen Fall. Die fiduziarische Treuhand hat schließlich den Sinn, den Vermögensgegenstand nicht endgültig aus dem Vermögen des Schuldners zu entlassen, wie ihre Behandlung in Fällen der Insolvenz des Treuhänders deutlich macht.[75] Der Kläger mag insoweit die ihm zedierte Forderung geltend machen, handelt aber weiter sachlich für den Schuldner. Prozessual ist dies nicht geeignet, die gewillkürte Prozessstandschaft zu rechtfertigen. In den „Insolvenzplanfällen" ist freilich nicht davon auszugehen, dass der Verwalter vom Schuldner die Forderung (endgültig) erwerben will; richtig ist, die treuhänderische Abtretung begründet demgegenüber kein Interesse des klagenden bisherigen Insolvenzverwalters, die den Parteiwechsel als nicht willkürlich erscheinen lässt.

V. Lage der Insolvenzgläubiger in einem Folgeinsolvenzverfahren

1. Problemstellung

24 Die erfolgreiche Sanierung eines Unternehmens – die Rettung des Unternehmensträgers – setzt das voraus, was dem angeschlagenen Schuldner regelmäßig fehlt: freie finanzielle Mittel. Die Mobilisierung von Sanierungskrediten entscheidet also über die Möglichkeit, eine Sanierung vorzunehmen. Kreditgeber werden sich dabei aber nur unter der Voraussetzung finden lassen, dass sie mit ihrem Engagement besonders abgesichert werden. Scheitert die Sanierung und wird über das Vermögen des Unternehmensträgers – sei es des bisherigen Schuldners oder sei es einer Übernahmegesellschaft – erneut ein Insolvenzverfahren eröffnet, wären die Sanierungskreditgeber nach den allgemeinen Regeln mit ihrem Ausfall gleichrangig neben den bisherigen und neuen Gläubigern als Insolvenzgläubiger zu behandeln (§§ 52, 38 InsO). Um Anreize einer Kreditierung des zu sanierenden Unternehmens zu gewähren, ordnet daher die InsO für die Folgeinsolvenz eine Rangordnung an, die den Kreditgebern von Sanierungskrediten vor den Alt- und Neu-Insolvenzgläubigern eine Vorrangstellung einräumt.

2. Rangordnung der Folgeinsolvenzgläubiger

25 Nach § 264 Abs. 1 InsO können aufgrund einer Regelung im Plan die durch den Plan anerkannten Forderungen von Insolvenzgläubigern hinter die Forderungen aus Krediten im Rang zurückgestuft werden, die während der Zeit der Erfüllung des Plans

72 *Ganter*, in: MünchKomm, InsO, Band I, 2. Aufl. 2007, Rn. 369.
73 *Roth*, in: MünchKomm, InsO, 5. Aufl. 2007, § 398 Rn. 1 f.
74 *Becker*-Eberhard, in: MünchKomm, ZPO, 3. Aufl. 2008, § 265 Rn. 8 ff.
75 *Henckel* (Fn. 58) 112.

aufgenommen worden sind.[76] § 264 Abs. 1 Satz 1 InsO stellt diesen Krediten diejenigen Kredite gleich, die schon während des Insolvenzverfahrens vom Insolvenzverwalter aufgenommen worden sind und bei denen der Gläubiger bereit ist, die Rückzahlung über den Zeitpunkt der Aufhebung des Verfahrens hinauszuschieben, den Kredit also in die Zeit der Überwachung hinein „stehen zu lassen". Voraussetzung für den Vorrang der Sanierungskredite ist, dass sie sich in dem Kreditrahmen bewegen, der durch den gestaltenden Teil des Plans festgeschrieben ist und maximal dem im Vermögensverzeichnis nach § 229 Satz 1 InsO ausgewiesenen Aktivvermögen des reorganisierten Unternehmensträgers entsprechen.[77]

Selbst Befürworter[78] dieses Instituts haben danach gefragt, ob es sich bei § 264 InsO um einen „Papiertiger" handele und kommen zum Ergebnis,[79] seine Regelungen seien nur „bedingt geeignet", eine Sanierungsfinanzierung zu stützen. Zwar ist die Besicherung neuer Kredite durch die Bestellung von Grundpfandrechten oder besitzlosen Sicherheiten in dem Maße möglich, wie in vorkonkurslich begründete Sicherheiten durch den Plan eingegriffen worden ist; es ist aber realistisch, wenn der Gesetzgeber davon ausgeht, dass dies nicht immer genügen wird, um dem Sicherheitsbedürfnis von Sanierungskreditoren Rechnung zu tragen.[80] 26

76 Vgl. KölSch-*Braun*, 1137 ff.
77 *Smid/Rattunde*, Der Insolvenzplan, 2. Aufl. 2005, Rn. 18.19.
78 *Kölsch-Braun* (Fn. 19).
79 Amtl. Begr. zu § 311 RegEInsO.
80 Amtl. Begr. (Fn. 22).

§ 42 Funktion und Anordnung der Eigenverwaltung durch den Schuldner

I. Insolvenzplaninitiative des Schuldners und Abwicklung des Verfahrens in Eigenverwaltung

1 Für den Schuldner ist eine Verfahrenseinleitung zur Sanierung seines Unternehmens mittels eines Insolvenzplans nicht sehr attraktiv, wenn er der Drohung ausgesetzt ist, unter das Regiment eines Insolvenzverwalters gestellt zu werden, der als nach § 56 Abs. 1 InsO notwendig „Externer" vom Schuldner unabhängig ist – der gegebenenfalls das vorgesehene Sanierungskonzept unberücksichtigt lässt.[1] Dem Schuldner wird daher durch § 270 Abs. 2 Nr. 1 InsO die Möglichkeit eingeräumt, die Eigenverwaltung[2] zu beantragen.

2 Während für den Insolvenzverwalter das cram-down-Verfahren (oben § 31 Rn. 12ff., 27ff.) wegen seiner Zeit- und Kostenintensität höchst riskant ist, kann der Schuldner gegebenenfalls damit leben, wenn er in seiner Konzeption der Aufrechterhaltung und Fortführung des Betriebes durch seine wesentlichen Gläubiger Unterstützung findet und seine Sanierungsvorstellungen im wesentlichen eigenverantwortlich umzusetzen berechtigt bleibt.[3] Damit ergibt sich ein zwingender Zusammenhang zwischen den Regeln der §§ 217ff. InsO über das Insolvenzplanverfahren einerseits und denen über die insolvenzgerichtliche Anordnung des Verfahrens der Eigenverwaltung andererseits[4], der sich durch den bloßen Gesetzestext aufgrund Aufeinanderfolge des Siebten auf den Sechsten Teil der InsO nicht notwendig erschließen ließe.

3 In der Literatur wird das Insolvenzplanverfahren überwiegend als Ersatz für Vergleich und Zwangsvergleich im herkömmlichen Recht angesehen und gedanklich dem regulären Insolvenzverfahren zugeordnet, dessen „zentrale Gestalt"[5] der Insolvenzverwalter war und auch künftig noch sein wird. Wenn aber das Insolvenzplanverfahren im Wesentlichen ein Schuldnerverfahren wird, ist zu erwarten, dass dieses Verfahren unter Eigenverwaltung des Schuldners betrieben werden wird bzw. dass die Schuldner *jedenfalls* entsprechende Anträge stellen werden. Das Eigenverwaltungsverfahren ist aber in der Literatur z.T. als „Sonderinsolvenzverfahren" behandelt,[6] z.T. als *allgemeine* Erscheinung im Rahmen der Darstellung des Regelinsolvenzverfahrens erörtert worden.[7] Beide Ansätze sind nicht sinnvoll. Denn das allgemeine, auf Liquidation gerichtete Regelinsolvenzverfahren findet in einer Lage „materieller Insolvenz" (der Zahlungsunfähigkeit oder Überschuldung) des Schuldners statt, in der es keinen Raum für die Anordnung der Eigenverwaltung gibt. Im Übrigen ist die Eigenverwaltung

---

1 *Wehdeking*, Masseverwaltung durch den insolventen Schuldner, 2005, 25ff., 104ff.; *Flöther/Smid/Wehdeking*, Eigenverwaltung, 2005, Teil A Rn. 5ff.; *Brinkmann/Zipperer*, ZIP 2011, 1337; *Fröhlich/Bachstädt*, ZInsO 2011, 985ff.; *Pape*, ZInsO 2010, 1582ff.

2 *Wehdeking*, in: LSZ, InsO, 3. Aufl. 2010, § 270 Rn. 3.

3 *Wehdeking*, in: LSZ, InsO, 3. Aufl. 2010, § 270 Rn. 4.

4 *Huntemann/Dietrich*, ZInsO 2001, 113ff.

5 Eine interessante Ausnahme bildet *Häsemeyer*, Insolvenzrecht, Rn. 8.01ff.

6 *Braun/Uhlenbruck* (Unternehmensinsolvenz, 1. Aufl. 1997, S. 691ff.) behandeln das Eigenverwaltungsverfahren als „besondere Verfahrensart", ohne den Zusammenhang zum Schuldnerplan darzustellen.

7 *Häsemeyer* (Fn. 5), Rn. 8.01. Erstaunlicher Weise behandelt *Obermüller*, Insolvenzrecht in der Bankpraxis, 5. Aufl. 1997, das eigenverwaltete Verfahren *überhaupt nicht;* das wird der Bedeutung dieses Rechtsinstitut für die Banken im Rahmen der Gewährung von Sanierungskrediten in keiner Weise gerecht.

kein „Sonderinsolvenzverfahren" in dem Sinne, in dem man bisher z.B. von Nachlasskonkursverfahren sprach, sondern bezeichnet eine bestimmte Form der Intervention des Schuldners mit dem Instrumentarium des Insolvenzrechts.[8]

II. Die insolvenzgerichtliche Entscheidung über die Anordnung der Eigenverwaltung

1. Sinn der Anordnung der Eigenverwaltung

Bereits eingangs (§ 1 Rn. 68ff.) wurde darauf hingewiesen, dass der im Insolvenzverfahren zu berücksichtigende Verhältnismäßigkeitsgrundsatz gebietet, auf dem Schuldner die Verwaltungs- und Verfügungsbefugnis über sein Vermögen auf seinen Antrag hin zu belassen, wenn die Erreichung der Insolvenzzwecke (§ 1 InsO) dadurch nicht gefährdet werden.[9] § 270 InsO statuiert die Voraussetzungen der Anordnung der Eigenverwaltung und der damit verbundenen Bestellung eines Sachwalters.[10] 4

Der Reformgesetzgeber erhofft sich von der Eigenverwaltung Effizienzsteigerungen und Kostenersparnis.[11] Zudem soll das know how des Schuldners nutzbar gemacht werden.[12] 5

2. Anordnung durch insolvenzgerichtlichen Beschluss

Die Eigenverwaltung setzt eine insolvenzgerichtliche Anordnung voraus, die durch Beschluss ergeht. Die Eigenverwaltung wird entweder im Eröffnungsbeschluss (§ 27 InsO – vgl. dort Abs. 1 Satz 2!)[13] angeordnet oder es ergeht eine Entscheidung über die Anordnung im eröffneten Verfahren mit gesondertem Beschluss gem. § 271 InsO[14], der nach § 273 InsO der öffentlichen Bekanntmachung bedarf, für die die allgemeinen Regeln nach § 9 InsO zu beachten sind.[15] Dies gilt auch für den Beschluss über die Aufhebung der Anordnung der Eigenverwaltung.[16] 6

In beiden Fällen handelt es sich im Übrigen nicht um eine Angelegenheit spruchrichterlicher Tätigkeit; die Anordnung der Eigenverwaltung ist haftungsrechtlich nicht gem. § 839 Abs. 2 BGB privilegiert.[17] 7

---

8 Vgl. zu den verschiedenen, unter dem „Dach" eines einheitlichen Insolvenzrechts abgewickelten besonderen Verfahren *Smid/Frenzel*, DZWIR 1998, 442ff.; vgl. insbes. auch *Schlegel*, Die Eigenverwaltung in der Insolvenz, 1999, 120ff., 128ff.

9 Rechtsvergleichend vgl. *Wehdeking*, Masseverwaltung durch den insolventen Schuldner, 2005, 30ff.

10 *Schlegel* (Fn. 8), 127; *Gottwald/Haas*, Insolvenzrechts-Handbuch, § 89 Rn. 1; KölSch-*Grub*, 678 (Rn. 21); *ders.*, in: Otto-Brenner-Stiftung (Hrsg.), Symposium Insolvenzrecht, 1998, 42ff.; dort vgl. auch *Bichlmeier* 40f.; KölSch-*Pape*, 907 (Rn. 16).

11 Amtl. Begr. zum RegEInsO, BT-Drucks. 12/2443, Allg. 4h) bb), 100.

12 *Wehdeking*, Masseverwaltung durch den insolventen Schuldner, 2005, 20ff.; *Flöther/Smid/Wehdeking*, Eigenverwaltung, 2005, Teil A, Rn. 8ff.

13 *A. Koch*, Die Eigenverwaltung nach der Insolvenzordnung, 1998, 76ff.; *Schlegel* (Fn. 8), 67ff.

14 *Smid*, § 270 Rn. 5; *Schlegel* (Fn. 8), 99f.

15 *Pape*, in: Kübler/Prütting, InsO, § 273 Rn. 1; *Riggert*, in: Nerlich/Römermann, InsO, § 273 Rn. 1.

16 *Gottwald/Haas*, Insolvenzrechts-Handbuch, § 88 Rn. 8.

17 Näher *Schlegel* (Fn. 8), 107ff. Zu den strukturellen Problemen *Smid*, Jura 1990, 225ff.

3. Konkursbeschlag im Insolvenzverfahren unter Eigenverwaltung[18]

8 **a) Grundsatz.** Das (dem gesamtvollstreckungsweisen Zugriff der Gläubiger unterliegende) Vermögen des Schuldners wird auch im Falle der Anordnung der Eigenverwaltung von einem Insolvenzbeschlag erfasst[19] und wird zur Insolvenzmasse.[20] Auch dies scheint eine hoch abstrakte Frage zu sein; in der Tat ist sie sehr allgemein – freilich in dem Sinne, dass sie Voraussetzung einer Reihe praktisch äußerst relevanter Konsequenzen ist. Das Gesetz schweigt zu dieser Frage, lässt aber im Übrigen die allgemeinen Regelungen der §§ 35 ff. InsO unberührt. Daraus lassen sich, geht man von der Rechtsstellung des eigenverwaltenden Schuldners als Amtswalter in eigenen Sachen (unten § 34) aus, eine Reihe von Schlussfolgerungen ziehen. Mit Erlass des Eröffnungsbeschlusses verwaltet der Schuldner sein Vermögen in einem Insolvenzverfahren.[21] Dessen Aufgaben (Funktionen) sind gesetzlich definiert. § 1 Satz 1 InsO bestimmt zunächst, dass das Vermögen des Schuldners seinen Gläubigern im Insolvenzverfahren gemeinschaftlich haftet. Dieser Haftungsverwirklichung dient primär auch die Eigenverwaltung, was den Schuldner freilich, wie *Häsemeyer*[22] völlig richtig feststellt, in eine Konfliktsituation bringt, die im übrigen für ihn im Lichte des § 283 StGB[23] betrachtet hochgradig riskant ist. § 275 Abs. 1 InsO macht deutlich, dass, auch wenn der eigenverwaltende Schuldner nicht *besonderen* Verfügungsbeschränkungen unterworfen ist, doch eine Überwachung der Erfüllung seiner haftungsrechtlichen Aufgaben stattfindet.

9 Im Rahmen der Eigenverwaltung treten die haftungsrechtliche Zuweisung des Vermögens des Schuldners an die Gläubiger auf der einen und die konkursrechtlichen Verfügungs- und Verwaltungsbeschränkungen (§§ 80 ff. InsO), auf der anderen Seite *auseinander.*[24] Der Konkursbeschlag des Vermögens des Schuldners ist m. a. W. nicht abhängig von der Beschränkung der Rechtsmacht des Schuldners.

10 **b) Folgerungen.** Wegen der Drittwirkung der Anordnung besonderer Verfügungsbeschränkungen des Schuldners nach § 277 InsO sind nach dessen Abs. 3 eine öffentliche Bekanntmachung und die Verlautbarung der Anordnung im Handelsregister gem. § 31 InsO und gegebenenfalls im Grundbuch gem. § 32 InsO erforderlich. Solange der Schuldner verfügungsbefugt bleibt, ist nach § 270 Abs. 3 Satz 3 InsO eine Eintragung der Verfahrenseröffnung im Grundbuch oder in einem anderen sachenrechtlichen Register grundsätzlich nicht vorzunehmen. Diese Eintragung hat erst zu erfolgen, wenn eine Verfügungsbeschränkung angeordnet wird.[25]

11 Die Regelung ist allerdings zweifelhaft, da auch im eigenverwalteten Verfahren die Masse zugunsten der Gläubiger beschlagnahmt wird (arg. §§ 35, 36 InsO).[26]

---

18 *Wehdeking,* in: LSZ, InsO, 3. Aufl. 2010, § 270 Rn. 5.

19 Vgl. *Riggert,* in: Nerlich/Römermann, InsO, § 270 Rn. 7; *Schlegel* (Fn. 8), 134 f., 137 ff.

20 *Wehdeking,* Masseverwaltung durch den insolventen Schuldner, 2005, 107; *Flöther/Smid/Wehdeking,* Eigenverwaltung, 2005, Teil E., Rn. 106 ff.

21 *Wehdeking,* in: LSZ, InsO, 3. Aufl. 2010, § 270 Rn. 7.

22 (Fn. 5) Rn. 8.04, 2. Abs.

23 Ob der Gesetzgeber für den Fall eines liquidierenden Verfahrens dem Schuldner nicht wegen der vielfältigen strafrechtlichen Probleme einen Bärendienst mit der Eigenverwaltung erweist, mag hier dahingestellt bleiben.

24 *Flöther/Smid/Wehdeking,* Eigenverwaltung, 2005, Teil F, 2005, Rn. 115.

25 *Landfermann,* in: HK, 4. Aufl. 2006, § 270 Rn. 7 f.; K/P-*Pape,* § 270 Rn. 21 f.

26 *Wehdeking,* in: LSZ, InsO, 3. Aufl. § 270 Rn. 19.

4. Voraussetzungen der Anordnung

a) **Antrag des Schuldners.** Die Eigenverwaltung kann vom Schuldner mit dem Eröffnungsantrag beantragt[27] und mit dem Eröffnungsbeschluss angeordnet werden; die Anordnung kann aber auch noch im eröffneten Verfahren erfolgen. Andere Verfahrensbeteiligte, als der Schuldner oder der Insolvenzverwalter sind nicht nach § 270 Abs. 2 InsO antragsberechtigt und eine amtswegige Anordnung durch das Insolvenzgericht kommt überhaupt nicht in Betracht;[28] allerdings kann die Gläubigerversammlung im eröffneten Verfahren die Eigenverwaltung beantragen. Im Vorfeld des Verfahrens können Gläubiger sich durch Einreichung einer Schutzschrift gegen die „drohende" Anordnung der Eigenverwaltung wehren.[29] Im ersteren Fall der Verbindung von Eröffnungsbeschluss und Anordnung der Eigenverwaltung gilt: Die Anordnung der Eigenverwaltung muss vom Schuldner beantragt werden (§ 270 Abs. 2 Nr. 1 InsO) und im Falle eines Fremdantrages muss der antragstellende Gläubiger dem Antrag des Schuldners auf Anordnung der Eigenverwaltung zustimmen (§ 270 Abs. 2 Nr. 2 InsO). Der Schuldner hat dazu Gelegenheit, wenn er selbst den Antrag auf Eröffnung des Insolvenzverfahrens stellt oder zu dem Antrag eines Gläubigers angehört wird (vgl. § 14 Abs. 2 InsO). Die Zustimmung kann nicht aus den Umständen geschlossen werden, sondern bedarf der ausdrücklichen Erklärung durch den Gläubiger,[30] da sie den Ausnahmefall betrifft, in dem der Gläubiger nicht die vollständige Beschlagnahme des Schuldnervermögens unter Anordnung der Fremdverwaltung will. Der Gläubiger muss seine Ablehnung der Eigenverwaltung nicht begründen; darin liegt keine inadäquate Machtzuweisung an den Gläubiger,[31] dessen Rechtsposition in einem seiner Befriedigung dienenden Verfahren schließlich durch die Eigenverwaltung tendenziell gefährdet ist. Sowohl beim Eigenantrag des Schuldners nach § 13 InsO als auch für den Fremdantrag des zustimmenden Gläubigers nach § 14 InsO setzt § 270 Abs. 2 Nr. 3 InsO voraus, dass nach den Umständen zu erwarten ist, dass die Anordnung nicht zu einer Verzögerung des Verfahrens oder zu sonstigen Nachteilen für die Gläubiger führen wird.[32] In der Regel soll nach der in der Amtl. Begr. geäußerten Überzeugung des Gesetzgebers davon ausgegangen werden können, dass ein Schuldner, der selbst das Insolvenzverfahren beantragt oder den der antragstellende Gläubiger für vertrauenswürdig hält, dazu geeignet ist, bis zur Entscheidung der ersten Gläubigerversammlung die Eigenverwaltung zu führen.[33] 12

b) **Darlegungslasten des Schuldners.**[34] Dem Insolvenzgericht wird durch § 270 InsO keine Pflicht zur Vornahme besonderer Nachforschungen auferlegt, wie auch der Gesetzgeber zutreffend in der Amtl. Begr. gesehen hat.[35] Denn der Schuldner begehrt mit seinem Antrag eine ihm günstige Abweichung vom allgemeinen Insolvenzrecht, deren Voraussetzungen er darzulegen hat.[36] 13

c) Regelmäßig muss der Schuldner mit seinem Antrag[37] vortragen, welche Maßnahmen er im Verfahren als debtor in possession zu ergreifen beabsichtigt. Dies muss nicht zwangsläufig, wird aber regelmäßig in Form eines Insolvenzplans geschehen.[38] 14

---

27 *Hintzen*, ZInsO 1998, 15 ff.
28 *Pape*, in: Kübler/Prütting, InsO, § 270 Rn. 8
29 *Bichlmeier*, DZWIR 2000, 62 ff.
30 *Pape*, in: Kübler/Prütting, InsO, § 270 Rn. 10; *Smid*, § 270 Rn. 9.
31 So aber *Neumann*, Die Gläubigerautonomie in einem künftigen Insolvenzverfahren, 1995, 364; *A. Koch* (Fn. 11), 83.
32 *A. Koch* (Fn. 11), 86 ff.
33 Amtl. Begr. zum RegEInsO, BT-Drucks. 12/2443, 223.
34 *Wehdeking*, in: LSZ, InsO, 3. Aufl. 2010, § 270 Rn. 32.
35 Fn. 33.
36 *Smid*, § 270 Rn. 12; KölSch-*Pape*, 903 (Rn. 8 a. E.).
37 *Uhlenbruck*, in: Uhlenbruck, InsO, 13. Aufl. 2010, § 270 Rn. 17.
38 *Wehdeking*, Masseverwaltung durch den insolventen Schuldner, 2005, 83 ff.; *Flöther/Smid/Wehdeking*, Eigenverwaltung, 2005, S. 140 ff.

15 Die Voraussetzungen des § 270 Abs. 2 Nr. 3 InsO kann der Schuldner dadurch dartun, dass er durch Vorlage entsprechender Einverständniserklärungen der maßgeblichen mit ihm in Beziehung stehenden Banken und Lieferanten und einer Erklärung des Betriebsrats darlegt, dass aus Sicht seiner wesentlichen Gläubiger eine Gefährdung von der Anordnung der Eigenverwaltung nicht ausgeht.[39] Dabei ist aber zu berücksichtigen, dass auch bei Zustimmung der „Großgläubiger" und der Arbeitnehmer andere Gläubigergruppen auf der Strecke bleiben können; wie § 222 InsO insofern plausibel zeigt, muss deren besonderer Lage auch dann vom Insolvenzgericht bei der Entscheidung über die Anordnung der Eigenverwaltung Rechnung getragen werden, wenn Großgläubiger sich hinter eine Eigenverwaltung des Schuldners stellen. Der Schuldner muss daher vortragen und glaubhaft machen, dass z.B. die Erfüllung der Forderungen seiner Kleingläubiger auch bei Anordnung der Eigenverwaltung etwa dadurch sichergestellt wird, dass die Großgläubiger dies garantieren.

16 Handelt es sich bei dem Schuldner um eine juristische Person, ist auch im Rahmen der Beantragung der Eigenverwaltung das für die Vertretung als juristischer Personen organisierter Schuldner vorgeschriebene Verfahren entsprechend § 15 InsO zu beachten.[40] Das die Eigenverwaltung beantragende Mitglied des Vertretungsorgans hat daher nicht allein den Insolvenzgrund glaubhaft zu machen (§ 15 Abs. 2 Satz 1 InsO), sondern auch, dass mit der Eigenverwaltung Gläubigerinteressen nicht gefährdet werden; auch hierzu hat das Insolvenzgericht die übrigen Organmitglieder zu hören, § 15 Abs. 2 Satz 2 InsO.[41]

Durch § 270a Abs. 2 InsO soll dem Schuldner die sehr frühzeitige Eigenantragstellung unter Beantragung der Eigenverwaltung attraktiver als bisher werden. Das Insolvenzgericht hat dann dem Schuldner unter der Angabe von Gründen mitzuteilen, dass es die Eigenverwaltung ablehnen will und dem Schuldner Gelegenheit zur Rücknahme des Insolvenzantrags zu geben. Das ist nicht unproblematisch, da das Verhältnis des § 270a InsO zu § 15a InsO noch ungeklärt ist.

17 **d) Beschluss der (ersten) Gläubigerversammlung.**[42] Die nachträgliche Anordnung der Eigenverwaltung nach Erlass des Eröffnungsbeschlusses kann nur im Verfahren nach § 271 InsO durch die Gläubigerversammlung beantragt werden;[43] nach Erlass des Eröffnungsbeschlusses kommt ein Antrag des Schuldners nicht mehr in Betracht.[44]

18 Die in § 271 InsO eröffnete Möglichkeit der ersten Gläubigerversammlung (im Berichtstermin), die insofern vorläufige Entscheidung des Gerichts über den Antrag des Schuldners auf Eigenverwaltung im Falle der Ablehnung zu korrigieren und die Eigenverwaltung zu beschließen,[45] entspricht ihrer Befugnis, einen anderen Insolvenzverwalter zu wählen oder den Gläubigerausschuss anders zusammenzusetzen (§§ 59, 68 Abs. 2 InsO).

III. „Schutzschirmphase" im Eröffnungsverfahren

19 Mit § 270b InsO[46] wird dem Schuldner im Zeitraum zwischen dem Eröffnungsantrag und der Verfahrenseröffnung ein eigenständiges Sanierungsverfahren zur Verfügung gestellt. § 270b InsO sieht vor, dass der Schuldner die Chance erhält, im Schutz eines

---

39 Vgl. auch *Riggert*, in: Nerlich/Römermann, InsO, § 270 Rn. 27.

40 *Riggert*, in: Nerlich/Römermann, InsO, § 270 Rn. 20; abweichend *A. Koch* (Fn. 11), 68, 77ff.

41 *Smid*, § 270 Rn. 8.

42 *Wehdeking*, in: LSZ, InsO, 3. Aufl. 2010, § 271 Rn. 1; *Uhlenbruck*, in: Uhlenbruck, InsO, 13. Aufl. 2010, § 271 Rn. 2.

43 *Gottwald/Haas*, Insolvenzrechts-Handbuch, § 87 Rn. 27.

44 *Pape*, in: Kübler/Prütting, InsO, § 270 Rn. 9; *A. Koch* (Fn. 11), 80f.; *Neumann* (Fn. 31), 363.

45 *Neumann* (Fn. 31), 366f.

46 DiskE für ein Gesetz zur weiteren Erleichterung der Sanierung von Unternehmen, Beilage 1 zu ZIP 28/2010, S. 17; zum Ganzen eingehend *Smid*, DZWIR 2010, 397, 407f.; *Hirte*, ZInsO 2011, 401ff.

besonderen Verfahrens in Eigenverwaltung einen Sanierungsplan zu erstellen, der anschließend durch einen Insolvenzplan umgesetzt werden kann. Voraussetzung dafür, dass er unter den „Schutzschirm" dieses Verfahrens gestellt wird, ist, dass er seinen Eröffnungsantrag bei drohender Zahlungsunfähigkeit gestellt und die Eigenverwaltung beantragt hat und überdies die angestrebte Sanierung nicht offensichtlich aussichtslos ist. Mit Erlass des Beschlusses durch das Insolvenzgericht wird dem Schuldner eine Frist bis zu drei Monaten eingeräumt, innerhalb derer er unter einem gesetzlichen „Schutzschirm" unter Kontrolle des Gerichts sowie eines vorläufigen Sachwalters von Zwangsvollstreckungsmaßnahmen seiner Gläubiger ebenso wie drohenden Fremdanträgen unbehelligt Sanierungsmaßnahmen vorzubereiten. Der Vorteil in diesem Verfahren liegt darin, dass durch insolvenzgerichtliche vorläufige Anordnung dem Schuldner ein Moratorium gewährt wird, der ihm Schutz vor Individualvollstreckungen bietet und ihm damit für einen begrenzten Zeitraum Ruhe vor dem unmittelbaren Zugriff seiner Gläubiger bietet.

Die Anordnungsvoraussetzungen hat der Schuldner durch Vorlage einer Bescheini- 20
gung eines Steuerberaters, Wirtschaftsprüfers oder eines in Insolvenzsachen erfahrenen Rechtsanwalts zu erbringen[47]. Ergibt sich aus der Bescheinigung das Vorliegen der Anordnungsvoraussetzungen, bestimmt das Gericht eine Frist zur Vorlage des Plans und ernennt eine natürliche Person zum vorläufigen Sachwalter, die vom Schuldner vorgeschlagen wird. Nur in den Fällen darf das Insolvenzgericht von dem Schuldnervorschlag abweichen, in denen die benannte Person offensichtlich für das Amt ungeeignet ist. Der Schuldner kann daher regelmäßig damit rechnen, dass die Sanierung durch das Insolvenzplanverfahren mit einer für ihn vertrauenswürdigen, gleichzeitig aber unabhängigen Person vorbereitet werden kann.

Während für die Dauer der gerichtlich bestimmten Frist keine vorläufigen Siche- 21
rungsmaßnahmen gem. § 21 Abs. 2 Nr. 1 und 2 InsO zu treffen sind, hat das Insolvenzgericht Maßnahmen der Zwangsvollstreckung gegen den Schuldner zu untersagen oder einzustellen (§ 21 Abs. 2 Nr. 3 InsO).

Die Regelungen von § 30d und § 153b ZVG finden im Schutzschirmverfahren unter 22
der Maßgabe Anwendung, dass anstelle des vorläufigen Insolvenzverwalters der vorläufige Sachwalter für die Stellung von Anträgen zur vorläufigen Aussetzung eines Zwangsversteigerungsverfahrens zuständig ist[48].

Das Insolvenzgericht hat die Schutzschirmanordnung gem. § 270b Abs. 3 InsO auf- 23
zuheben, wenn

- Zahlungsunfähigkeit eintritt (Nr. 1)
- die angestrebte Sanierung aussichtslos geworden ist (Nr. 2) oder
- Umstände bekannt werden, die erwarten lassen, dass die Anordnung zu Nachteilen für die Gläubiger führen wird (Nr. 3).

---

47 DiskE für ein Gesetz zur weiteren Erleichterung der Sanierung von Unternehmen, Beilage 1 zu ZIP 28/2010, S. 18.
48 DiskE für ein Gesetz zur weiteren Erleichterung der Sanierung von Unternehmen, Beilage 1 zu ZIP 28/2010, S. 18.

In diesen Fällen ist das Eröffnungsverfahren nach den allgemeinen Vorschriften der §§ 21 bis 25 InsO sowie des § 270a InsO fortzuführen[49]. Damit wird der Gefahr begegnet, dass unter dem Schutzschirm das verbleibende haftende Vermögen des Schuldners zu Lasten der Gläubiger vernichtet wird. Mit der Aufhebung des Verfahrens nach § 270b InsO stehen dem Gericht wieder alle im Eröffnungsverfahren bestehenden Optionen zur Verfügung.

24 Der Eintritt der Überschuldung während der Frist ist hingegen allein kein ausreichender Grund für die Aufhebung der Anordnung.

25 Nach Ablauf der gerichtlich gesetzten Frist oder im Falle der Aufhebung der Schutzschirmanordnung nach § 270b Abs. 3 InsO entscheidet das Insolvenzgericht über die Eröffnung des Insolvenzverfahrens[50], wobei die allgemeinen Vorschriften zur Anwendung kommen.

26 Der Schuldner hat dem Insolvenzgericht den innerhalb der Frist vorbereiteten Insolvenzplan (einen „pre-packaged plan") vorzulegen. Über den Plan wird dann im eröffneten Insolvenzverfahren nach den allgemeinen Vorschriften über den Insolvenzplan entschieden.

IV. Rechtsbehelfe gegen Anordnung oder Versagung der Eigenverwaltung

1. Aufhebung auf Antrag der Gläubigerversammlung oder einzelner Gläubiger

27 Auch das nach § 18 InsO eingeleitete Verfahren birgt für die Gläubiger erhebliche Risiken, insbesondere wenn durch einen Insolvenzplan in ihre Rechte eingegriffen werden soll. Die reguläre Fremdverwaltung kann diese Gefahren minimieren helfen. Gegen die Majorisierung in der Frage der Anordnung der Eigenverwaltung im Berichtstermin und der Gefährdung ihrer Rechte und Interessen durch die von der Mehrheit in der Gläubigerversammlung getroffene Entscheidung kann die Minderheit das allgemeine Verfahren beschreiten, nach dem Beschlüsse der Gläubigerversammlung, die einen Teil der Gläubiger unangemessen benachteiligen, vom Gericht aufgehoben werden können (§ 78 Abs. 1 InsO).[51] Die Anordnung der Eigenverwaltung unter Aufsicht wird immer dann wieder aufgehoben, wenn dies von einer Gläubigerversammlung beantragt wird. Nicht nur die erste Gläubigerversammlung, die nach § 271 InsO über die Eigenverwaltung zu entscheiden hat, sondern auch jede spätere Gläubigerversammlung kann die Eigenverwaltung beenden (§ 272 Abs. 1 Nr. 1 InsO).[52] Der Reformgesetzgeber hat in der Amtl. Begr. folgendes Beispiel gebildet: Es können gläubigerschädigende Handlungen des Schuldners nicht mit der Insolvenzanfechtung rückgängig gemacht werden, auch nicht nach einer Aufhebung der Ei-

---

49 DiskE für ein Gesetz zur weiteren Erleichterung der Sanierung von Unternehmen, Beilage 1 zu ZIP 28/2010, S. 18.
50 DiskE für ein Gesetz zur weiteren Erleichterung der Sanierung von Unternehmen, Beilage 1 zu ZIP 28/2010, S. 16.
51 *Pape*, in: Kübler/Prütting, InsO, § 271 Rn. 6; Smid, § 271 Rn. 2. Krit.; Neumann (Fn. 27), 369.
52 *Riggert*, in: Nerlich/Römermann, InsO, § 272 Rn. 2; KölSch-Pape, 905 f. (Rn. 14).

genverwaltung. Daher muss es auch möglich sein, die Eigenverwaltung unter Aufsicht des Sachwalters kurzfristig zu beenden, wenn eine Gefährdung der Interessen der Gläubiger sichtbar wird.[53] Diese Möglichkeit ergibt sich aus § 272 Abs. 1 Nr. 2 InsO, der anordnet, dass unabhängig vom Zusammentritt einer Gläubigerversammlung jeder Einzelgläubiger berechtigt ist, unter Glaubhaftmachung (§ 294 ZPO)[54] einer drohende Benachteiligung der Gläubiger die Aufhebung der Anordnung der Eigenverwaltung zu beantragen.

2. Aufhebung auf Antrag des Schuldners

Neben der Gläubigerversammlung und einzelnen Gläubigern steht auch dem Schuldner die Befugnis zu, einen Antrag auf Anordnung der Aufhebung der Eigenverwaltung zu stellen.[55] Auch wenn der Schuldner zunächst bei Einleitung des Insolvenzverfahrens noch bereit war, das Unternehmen in eigener Person weiter fortzuführen und Antrag auf Anordnung der Eigenverwaltung gestellt hatte, wird es vorkommen, dass seine Bereitschaft hierzu im weiteren Verlauf des Insolvenzverfahrens entfällt. Denn er ist in seinen Entscheidungen nicht frei, so dass er sich mit Weisungen des Gläubigerausschusses oder mit den ihm auf Antrag der Gläubigerversammlung auferlegten Einschränkungen auseinandersetzen muss. Ihm wird daher durch § 272 Abs. 1 Nr. 3 InsO die Möglichkeit eingeräumt, die Eigenverwaltung vorzeitig beenden zu lassen. 28

3. Rechtsmittel

a) Keine sofortige Beschwerde gegen die Anordnung nach § 271 InsO.[56] Nicht ganz einfach ist die Frage zu beantworten, ob den Verfahrensbeteiligten Rechtsmittel zu Gebote stehen, mittels derer sie die Anordnung der Eigenverwaltung anfechten können. Folgt man dem in § 6 InsO niedergelegten Grundsatz, dass Rechtsmittel nur dort statthaft sind, wo sie von Gesetzes wegen *ausdrücklich* vorgesehen werden, scheint die sofortige Beschwerde gegen die Anordnung der Eigenverwaltung deshalb nicht eröffnet zu sein, weil die §§ 270ff. InsO sie nicht vorsehen. 29

b) Rechtsmittel gegen den die Eigenverwaltung versagenden Eröffnungsbeschluss? Ebenso kompliziert ist die Beurteilung der Frage, ob den Gläubigern nicht die Möglichkeit offensteht, die Anordnung der Eigenverwaltung im Eröffnungsbeschluss (§§ 270 Abs. 1, 27 InsO) mit der sofortigen Beschwerde anzugreifen.[57] Eine *isolierte* Anfechtung ist jedenfalls nicht möglich. Der *Wortlaut* des § 34 Abs. 2 InsO scheint es nahezulegen, dass auch eine Anfechtung des Eröffnungsbeschlusses als Einheit durch die Gläubiger nicht statthaft sei. Der Sinn der Eigenverwaltung legt aber eine erweiternde Auslegung des § 34 Abs. 2 InsO nahe. Denn mit der Verfahrenseinleitung nach § 18 InsO wegen drohender Zahlungsunfähigkeit unter Anordnung der Eigenverwaltung wird dem Schuldner die Möglichkeit eröffnet, in einem gerichtlichen Verfahren seine Gläubiger zu einem Vergleichsschluss zwingen zu können. Diese Grundsituation unterscheidet sich daher von derjenigen bei der Eröffnung des haftungsverwirklichenden Regelinsolvenzverfahrens grundlegend. Die Eröffnung des Insolvenzverfahrens unter Anordnung der Eigenverwaltung stellt daher ebenso wie bei der Abweisung der Eröffnung des 30

53 Amtl. Begr. zu § 333 RegEInsO), 224.
54 *Pape*, in: Kübler/Prütting, InsO, § 272 Rn. 3; *Smid*, in: LSZ, InsO, 3. Aufl. 2010, § 4 Rn. 9.
55 *Wehdeking*, in: LSZ, InsO, 3. Aufl. 2010, § 272 Rn. 3.
56 *Uhlenbruck*, in: Uhlenbruck, InsO, 13. Aufl. 2010, § 271 Rn. 7.
57 Abl. *Riggert*, in: Nerlich/Römermann, InsO, § 270 Rn. 29; *Pape*, in: Kübler/Prütting, InsO, § 270 Rn. 25; *Gottwald/Haas*, § 87 Rn. 24; *A. Koch* (Fn. 11) 135.

Regelinsolvenzverfahrens eine Schmälerung der Rechtsposition der betroffenen Gläubiger dar, was es rechtfertigt, die sofortige Beschwerde in diesem Fall zuzulassen.[58]

V. Rechtsbehelfe gegen den Erlass des Eröffnungsbeschlusses ohne die Anordnung der vom Insolvenzschuldner beantragten Eigenverwaltung?

31 Bestellt das Insolvenzgericht im Eröffnungsbeschluss einen Insolvenzverwalter trotz eines vom Schuldner gestellten Antrages gem. § 270 InsO, kann der Schuldner sich mit der sofortigen Beschwerde gem. § 34 InsO[59] gegen den Eröffnungsbeschluss wenden. Denn auf die Entscheidung, *ob* (überhaupt) im Eröffnungsbeschluss ein Insolvenzverwalter bestellt oder die Eigenverwaltung angeordnet wird, kann der Schuldner durch seinen Antrag nach § 270 InsO Einfluss nehmen. Der Angriff des Schuldners kann sich auch *teilweise* gegen den Eröffnungsbeschluss richten, denn – anders als nach §§ 6 Abs. 2, 78 Abs. 1 KO gehört die Bestellung eines Insolvenzverwalters nicht zu dem zwingenden gesetzlichen Inhalt des Eröffnungsbeschlusses nach § 27 Abs. 1 InsO.[60]

VI. Aufhebung der Eigenverwaltung

1. Keine Beendigung der Eigenverwaltung von Amts wegen

32 Das Insolvenzgericht hebt auch in Fällen, in dem ihm durch den Sachwalter der Eintritt einer von der Eigenverwaltung ausgehenden Gläubigergefährdung angezeigt worden ist (§ 274 Abs. 3 Satz 1 InsO) die Eigenverwaltung nicht von Amts wegen auf.[61] Das unterscheidet die Stellung des eigenverwaltenden Schuldners von derjenigen des Insolvenzverwalters, der aus wichtigem Grunde gem. § 59 Abs. 1 InsO vom Insolvenzgericht seines Amtes enthoben werden kann. Die Aufhebung der Eigenverwaltung setzt also einen Beschluss der Gläubigerversammlung, den Antrag eines Gläubigers (oben Rn. 19) oder nach § 272 Abs. 1 Nr. 3 InsO den Antrag des Schuldners selbst (oben Rn. 20) voraus.

2. Wirkung der Aufhebung der Eigenverwaltung

33 Die Aufhebung der Eigenverwaltung unter Aufsicht eines Sachwalters hat die Folge, dass das Verfahren nach den allgemeinen Regelungen abzuwickeln ist. Daher hat das Insolvenzgericht nunmehr einen Insolvenzverwalter einzusetzen. Der Verwalter übernimmt dann gem. §§ 80 ff. InsO die Verwaltung der Insolvenzmasse. Die Bestellung erfolgt nach allgemeinen Regeln zunächst durch das Gericht. In der Regel wird es vorteilhaft sein, zum Insolvenzverwalter den bisherigen Sachwalter zu bestellen, da dieser bereits einen Einblick in die Vermögensverhältnisse des Schuldners gewonnen hat.[62] Im Falle des § 271 InsO wird dies regelmäßig der bereits verfahrenseinleitend eingesetzte Insolvenzverwalter sein.

---

58 Vgl. zur Art der Argumentation *Smid*, ZIP 1995, 1137 ff., bes. 1144 f. Hingegen verbleibt es dabei, dass die Ablehnung des schuldnerischen Antrags auf Anordnung der Eigenverwaltung nicht isoliert anfechtbar ist; ebenso die in Fn. 57 Genannten und *Schlegel*, ZIP 1999, 954, 956.

59 *Smid/Leonhardt*, in: LSZ, InsO, 3. Aufl. 2010, § 34 Rn. 11.

60 *Smid/Wehdeking*, in: FS Rechberger, 2005, 603 ff.; *Wehdeking*, Masseverwaltung durch den insolventen Schuldner, 2005, 140 ff.; *Flöther/Smid/Wehdeking*, Eigenverwaltung, 2005, S. 20 ff.

61 *Riggert*, in: Nerlich/Römermann, InsO, § 272 Rn. 1.

62 *Wehdeking*, Masseverwaltung durch den insolventen Schuldner, 2005, Rn. 4.13.

§ 43 Rechtsstellung des eigenverwaltenden Schuldners, des Sachwalters und der Gläubiger

I. Befugnisse des eigenverwaltenden Schuldners[1]

1. Verwaltungs- und Verfügungsbefugnis, insbesondere: Besicherung von Krediten

1 Aufgrund der Anordnung der Eigenverwaltung bleibt der Schuldner nach Eröffnung des Insolvenzverfahrens zur Verwaltung seines Vermögens berechtigt. Er hat die Befugnis, Verfügungen über sein Vermögen zu treffen.[2] Das begünstigt die Gläubiger von Sanierungskrediten, die nicht befürchten müssen, dass sie einer Inanspruchnahme im Wege der Insolvenzanfechtung nach den §§ 129ff. InsO ausgesetzt sind, wenn sie sich wegen ihrer Kredite durch den Schuldner Sicherheiten bestellen lassen.

2 Der Umkehrschluss aus § 275 Abs. 1 Satz 1 InsO macht deutlich, dass Verbindlichkeiten, die zum gewöhnlichen Geschäftsbetrieb gehören, vom Schuldner aus eigener Verfügungsbefugnis heraus begründet werden können, ohne dass es der Zustimmung des Sachwalters bedürfte. Allerdings hat der Sachwalter die Möglichkeit, der Eingehung der Verbindlichkeiten, die zum gewöhnlichen Geschäftsbetrieb gehören, zu widersprechen, § 275 Abs. 1 Satz 2 InsO.[3]

2. Entnahme des Unterhalts aus der Insolvenzmasse durch den Schuldner

3 Nach § 278 Abs. 1 InsO ist der Schuldner berechtigt, für sich und die in § 100 Abs. 2 Satz 2 InsO genannten Familienangehörigen aus der Insolvenzmasse die Mittel zu entnehmen, die unter Berücksichtigung der bisherigen Lebensverhältnisse des Schuldners eine bescheidene Lebensführung gestatten. Er bedarf hierzu weder der Zustimmung der Gläubigerversammlung noch des Gläubigerausschusses, wenn dieser eingesetzt ist; Kontrolle übt nur der Sachwalter aus.[4]

3. Spezifisch insolvenzrechtliche Befugnisse des eigenverwaltenden Schuldners

4 **a) Amtswalterstellung.** Der Schuldner erlangt durch die Anordnung der Eigenverwaltung eine Reihe von Befugnissen, die ansonsten dem Insolvenzverwalter deshalb zustehen, weil er die Aufgabe hat, die Gläubigergleichbehandlung sicherzustellen. Das hat damit zu tun, dass, wie es *Häsemeyer*[5] treffend ausgedrückt hat, der Schuldner im eröffneten Verfahren der Eigenverwaltung „Amtswalter in eigenen Angelegenheiten" ist.[6] Er erlangt mit der Verfahrenseröffnung Befugnisse, die seine ihm im rechtsge-

---

1 *Buchalik*, NZI 2000, 294ff.

2 *Wehdeking*, in: LSZ, InsO, 3. Aufl. 2010, § 270 Rn. 1.

3 *Wehdeking*, Masseverwaltung durch den insolventen Schuldner, 2005, 110; *Flöther/Smid/Wehdeking*, Eigenverwaltung, 2005, 66.

4 *Riggert*, in: Nerlich/Römermann, InsO, § 278 Rn. 4; *A. Koch*, Die Eigenverwaltung nach der Insolvenzordnung, 1998, 186 m.w.N.

5 Insolvenzrecht, Rn. 8.13.

6 Ebenso *Landfermann*, in: H-K, 4. Aufl. 2006, § 270 Rn. 9; *Gottwald/Haas*, Insolvenzrechts-Handbuch, § 89 Rn. 1; KölSch-*Pape*, 918 (Rn. 40).

schäftlichen Kontakt zu anderen zustehenden Befugnisse übersteigen und sich allein aus der besonderen haftungsrechtlichen Lage im Insolvenzverfahren erklären.

5 **b) Buchführung. Rechnungslegung.** Es liegt auf der Hand, dass sich im Verfahren der Eigenverwaltung nicht die Fragen stellen, die mit dem Übergang der handels- und steuerrechtlichen Buchführungspflichten auf den Insolvenzverwalter diskutiert[7] worden sind und nunmehr in § 155 InsO wenn nicht gelöst, so doch geregelt werden (vgl. oben § 32 Rn. 31 f.). Denn der Schuldner bleibt Subjekt der Pflichten, die ihn bereits vor Verfahrenseinleitung getroffen haben; wenn § 281 Abs. 3 InsO bestimmt, dass den Schuldner die Buchführungspflicht des § 155 InsO trifft, wird damit eine Selbstverständlichkeit ausgesprochen.[8]

6 Allerdings treffen auch den eigenverwaltenden Schuldner die handels- und steuerrechtlichen Pflichten nur in dem Umfang, der durch die Reichweite und Art des Insolvenzverfahrens bestimmt ist. Die steuerlichen Verpflichtungen des eigenverwaltenden Schuldners, der – wie gezeigt – ein privates Amt ausübt, reichen nur soweit, wie es das Insolvenzrecht, mithin die Erfüllung der dem eigenverwaltenden Schuldner obliegenden Verpflichtungen, erfordert (arg. 251 Abs. 1 AO).

7 Der Schuldner hat nach § 281 Abs. 1 Satz 1 InsO das Verzeichnis der Massegegenstände, das Gläubigerverzeichnis und die Vermögensübersicht (§§ 151 bis 153 InsO) zu erstellen.[9] Darüber hinaus bestimmt § 281 Abs. 3 InsO, dass der Schuldner die Schlussrechnung nach § 66 InsO zu erstellen hat.[10]

8 **c) Bestreiten von Forderungen.** Diese Ausdehnung der Befugnisse des Schuldners wird deutlich, wenn man sich den Ablauf des Verfahrens der Eigenverwaltung vor Augen führt. Auch in diesem Verfahren haben die Insolvenzgläubiger ihre Forderungen (beim Sachwalter, § 270 Abs. 3 Satz 2 InsO) anzumelden, um berücksichtigt zu werden. Nach § 283 Abs. 1 Satz 2 InsO hat das Bestreiten einer Forderung durch den Schuldner im Unterschied zu § 178 Abs. 1 Satz 2 InsO die Wirkung, dass es die Feststellung der Forderung hindert.[11]

9 **d) Aufnahme von Prozessen.** Der Schuldner führt die Prozesse in Prozessstandschaft, da sich mit Erlass des Eröffnungsbeschlusses die Rechtszuständigkeit der Masse geändert hat. Auf die prozessualen Folgen hat *Häsemeyer*[12] hingewiesen: Wird mit der Aufhebung der Eigenverwaltung nach § 272 InsO ein Insolvenzverwalter eingesetzt, tritt er als Rechtsnachfolger des eigenverwaltenden Schuldners gem. § 239 ZPO in den Prozess ein.

10 **e) Wahl der Erfüllung gegenseitiger Verträge.** Auch im Fall der Anordnung der Eigenverwaltung stellt die Eröffnung des Insolvenzverfahrens eine Zäsur für die Vertragsbeziehungen des Schuldners zu seinen Gläubigern dar. Wie im Regelinsolvenzverfahren bewirkt daher die Eröffnung eines Verfahrens unter Eigenverwaltung, dass wegen beiderseitig nicht erfüllten gegenseitigen Verträgen § 103 InsO eingreift und der Gläubiger die Erfüllung vom Schuldner nicht mehr verlangen, sondern nurmehr eine Forderung auf Schadenersatz wegen Nichterfüllung zur Tabelle anmelden kann. Da an die Stelle des Insolvenzverwalters der Schuldner rückt, erlangt dieser Befugnisse, die im Regelinsolvenzverfahren dem Insolvenzverwalter zustehen: So ordnen

---

7 *K. Schmidt,* Liquidationsbilanzen und Konkursbilanzen, 1989, 16 ff., 75 ff.; *Pink,* ZIP 1987, 177, 178.
8 *Wehdeking,* in: LSZ, InsO, 3. Aufl. 2010, § 281 Rn. 8.
9 *Flöther/Smid/Wehdeking,* Eigenverwaltung, 2005, 70 ff.
10 *Flöther/Smid/Wehdeking,* Eigenverwaltung, 2005, 71.
11 *Häsemeyer,* Insolvenzrecht, Rn. 8.16; krit. KölSch-*Pape,* 923 (Rn. 50 2. Abs.).
12 *Häsemeyer,* Insolvenzrecht, Rn. 8.15 a. E.

§ 279 Satz 1 InsO an, dass der Schuldner grds. über die Erfüllung der Rechtsgeschäfte entsprechend den Vorschriften der §§ 103 ff. InsO bestimmen kann. Freilich wird diese Position des Schuldners durch die Sätze 2 und 3 des § 279 InsO abgeschwächt, wobei ersterer allerdings keinen Einfluss auf die Wirksamkeit der vom Schuldner vorgenommenen Rechtshandlungen hat. Der Schuldner erlangt in diesem Verfahren in *arbeitsrechtlicher Hinsicht* eine gegenüber dem allgemeinen Recht erheblich bessere Rechtsstellung, es gelten die oben § 12 zu den arbeitsrechtlichen Befugnissen des Insolvenzverwalters getroffenen Feststellungen.[13]

f) Verwertungsrecht an Sicherungsgut. Nach § 282 Abs. 1 Satz 1 InsO steht bei Anordnung der Eigenverwaltung dem Schuldner das Recht des Insolvenzverwalters 11
gem. § 166 InsO zur Verwertung von Gegenständen, an denen Absonderungsrechte bestehen, zu.[14] Häufig wird sich diese Befugnis mit den dem Schuldner als Vertragspartner des Sicherungsnehmers z.B. im Rahmen der Sicherungsabrede oder der Vereinbarung von Erweiterungs- oder Verlängerungsformen des Eigentumsvorbehalts eingeräumten Befugnissen decken; die Verwertungsbefugnis nach §§ 282 Abs. 1 Satz 1 i.V.m. 166 InsO kann aber im Einzelfall darüber hinausgehen, etwa wenn dem Schuldner zwar die Weiterverarbeitung und Veräußerung des Produkts, nicht aber die Veräußerung der gelieferten Ware vertraglich eingeräumt war.

II. Einsetzung, Stellung und Aufgaben des Sachwalters

1. Bestellung des Sachwalters

a) Form. Wird die Eigenverwaltung angeordnet, so ist kein Insolvenzverwalter, son- 12
dern ein Sachwalter zu bestellen (§ 270 Abs. 3 Satz 1 InsO). Die Be- und Ernennung erfolgt im Falle der Anordnung der Eigenverwaltung im Eröffnungsbeschluss in diesem gem. § 27 Abs. 1 Satz 2 InsO. Wird erst nachträglich nach § 271 InsO ein (isolierter) Anordnungsbeschluss erlassen, erfolgt die Be- und Ernennung des Sachwalters unter Berücksichtigung der in § 27 Abs. 2 Nr. 2 InsO vorgeschriebenen Formalia in diesem Beschluss.[15]

b) Insolvenzgerichtliche Aufsicht und Haftung. Da der Sachwalter neben dem Schuldner die Stel- 13
lung eines Insolvenzverwalters jedenfalls insoweit einnimmt, wie dieser für das Insolvenzgericht Kontrollaufgaben wahrnimmt, unterliegt er der insolvenzgerichtlichen Aufsicht gem. § 274 Abs. 1 i.V.m. §§ 58, 59 InsO – was freilich im Wesentlichen mit Blick auf seine im folgenden näher darzustellenden Aufgaben nach den §§ 275 ff. InsO von Bedeutung sein dürfte. Für seine gesamte Amtstätigkeit ist entscheidend, dass der Sachwalter den Beteiligten des Verfahrens – also sowohl den Insolvenzgläubigern und absonderungsberechtigten Gläubigern als aber auch den Aussonderungsberechtigten und last but not least dem Schuldner (!) – nach §§ 274 Abs. 1 i.V.m. 60 InsO bzw. § 277 Abs. 1 Satz 3 i.V.m. § 61 InsO persönlich für Schäden haftet, die diesen aus einer Pflichtverletzung erwachsen.[16]

---

13 Zu Einschränkungen aufgrund des § 279 Abs. 3 InsO: *Landfermann*, in: H-K, 4. Aufl. 2006, § 279 Rn. 4; KölSch-*Pape*, 921 (Rn. 48).
14 *Smid*, Kreditsicherheiten in der Insolvenz des Sicherungsgebers, 2. Aufl. 2008, § 26.
15 Näher *Pape*, in: Kübler/Prütting, InsO, § 271 Rn. 4 f.; *Gottwald/Haas*, Insolvenzrechts-Handbuch, § 87 Rn. 30.
16 Vgl. KölSch-*Pape*, 909 f. (Rn. 20 f.).

2. Die verschiedenen Aufgaben und Befugnisse des Sachwalters

14 Rechte und Pflichten des Sachwalters werden in den §§ 274 bis 285 InsO geregelt und gegenüber der Rechtsstellung des Schuldners abgegrenzt. *Häsemeyer*[17] hat kritisiert, dass die Zuweisung von Kompetenzen an den Sachwalter unsystematisch sei. Gleichwohl lassen sich Grundlinien der Abgrenzung der Zuständigkeitsbereiche von eigenverwaltendem Schuldner einerseits und Sachwalter andererseits ausmachen[18]: Dabei ist es im Grundsatz ausschlaggebend, dass die laufenden Geschäfte vom Schuldner geführt werden und dass der Sachwalter diese Geschäftsführung kontrolliert und unterstützt. Ihm obliegt aber nicht nur die Kontrolle des eigenverwaltenden Schuldners; er hat zudem nach Ansicht des Reformgesetzgebers[19] die „besonderen Aufgaben" wahrzunehmen, die dem Insolvenzverwalter in „erster Linie im Interesse der Gläubiger" übertragen sind.

15 **a) Eigene Befugnisse des Sachwalters im Rahmen der Insolvenzverwaltung.** Zunächst hat der Sachwalter die Aufgabe, die Gläubigerbefugnisse gleichsam zu „bündeln". Zu den „besonderen", im Gläubigerinteresse liegenden Aufgaben zählt die Amtliche Begründung[20] insbesondere die Anfechtung von gläubigerbenachteiligenden Rechtshandlungen, § 280 InsO[21], die in der ausschließlichen Zuständigkeit des Sachwalters liegt. Diese gesetzliche Kompetenzzuweisung ist nicht allein aus dem pragmatischen Grunde nachvollziehbar, dass es misslich wäre, wenn dem Schuldner die Befugnis zur Führung von Anfechtungsprozessen übertragen würde, in denen es gegebenenfalls um den Ausgleich solcher Gläubigerbenachteiligungen geht, die er in eigener Person verwirklicht hat. Dogmatisch ist die Regelung des § 280 InsO deshalb nachvollziehbar, weil es bei der Insolvenzanfechtung schließlich um die Bündelung von Gläubigerbefugnissen geht und nicht um den Übergang von Rechtsausübungsbefugnissen des Schuldners auf den Insolvenzverwalter. Dieser Gesichtspunkt trifft auch für den zweiten in § 280 InsO geregelten Fall der Geltendmachung des Gesamtschadens durch den Sachwalter zu. Zum einen leuchtet es ein, dass, sofern der eigenverwaltende Schuldner Schäden zulasten der Gläubigergemeinschaft verwirklicht hat, nicht er, sondern der Sachwalter diese Schäden geltend zu machen aktivlegitimiert ist. Dieser Aspekt ist aber auch im Hinblick auf die Gesamtschadensliquidation beispielsweise im Zusammenhang von § 823 Abs. 2 BGB i.V.m. § 64 GmbHG maßgeblich.[22]

16 Der Sachwalter fungiert darüber hinaus aber als Hilfs- **und Erkenntnisorgan des Insolvenzgerichts.**[23] § 270 Abs. 3 Satz 2 InsO bestimmt, dass anstelle der Anmeldung der Forderungen beim Insolvenzverwalter (§ 174 Abs. 1 Satz 1 InsO) diese beim Sachwalter anzumelden sind; der Sachwalter hat daher die Tabelle zu führen und nach § 175 InsO zu verfahren.[24] Bedeutsamer als die beschriebene Tabellenführungsaufgabe sind die Warnfunktionen, die der Sachwalter nach dem Gesetz sowohl dem Insolvenzgericht als auch den Gläubigern gegenüber wahrzunehmen hat. Grundlage seiner Warnfunktionen sind seine Überwachungsaufgaben: Nach § 274 Abs. 2 Satz 1 InsO hat der Sachwalter die wirtschaftliche Lage des Schuldners zu prüfen und die Geschäftsführung sowie die Ausgaben für die

---

17 *Häsemeyer*, Insolvenzrecht, Rn. 8.14.
18 *Wehdeking*, Masseverwaltung durch den insolventen Schuldner, 2005, 108 ff.; *Flöther/Smid/Wehdeking*, Eigenverwaltung, 2005, 65 ff.
19 Amtl. Begr. zu § 341 RegEInsO.
20 (Fn. 17).
21 *Wehdeking*, in: LSZ, InsO, 3. Aufl. 2010, § 280.
22 *Gottwald/Haas*, Insolvenzrechts-Handbuch, § 89 Rn. 17; KölSch-*Pape*, 914 f. (Rn. 32 f.).
23 *Wehdeking*, in: Leonhardt/Smid/Zeuner, InsO, 3. Aufl. 2010, § 274 Rn. 7.
24 *A. Koch* (Fn. 4) 245; krit. KölSch-*Pape*, 913 f. (Rn. 30); a.A. *Riggert*, in: Nerlich/Römermann, InsO, § 270 Rn. 10.

Lebensführung zu überwachen. Damit der Sachwalter den eigenverwaltenden Schuldner zu überwachen in der Lage ist, hat ihn das Gesetz mit den Befugnissen ausgestattet, die auch dem vorläufigen Verwalter nach § 22 Abs. 3 InsO zustehen: Danach ist der Sachwalter berechtigt, die Geschäftsräume des Schuldners zu betreten und dort Nachforschungen anzustellen. Der Sachwalter kann vom Schuldner verlangen, dass dieser ihm Einsicht in seine Bücher und Geschäftspapiere gewährt; der Schuldner hat dem Sachwalter alle erforderlichen Auskünfte zu erteilen. Die Einhaltung dieser Pflicht kann vom Sachwalter nach den §§ 97, 98, 101 Abs. 1 Satz 1, 2, Abs. 2 InsO erzwungen werden. Der Sachwalter hat nach § 281 Abs. 1 Satz 2 InsO die vom Schuldner vorgelegten Verzeichnisse und die Vermögensübersicht zu prüfen und jeweils schriftlich zu erklären, ob nach dem Ergebnis seiner Prüfung Einwendungen zu erheben sind.

Nach § 274 Abs. 3 Satz 1 InsO trifft den Sachwalter die Pflicht, unverzüglich dem Gläubigerausschuss 17
und dem Insolvenzgericht die Feststellung solcher Umstände anzuzeigen, die erwarten lassen, dass die Fortsetzung der Eigenverwaltung zu Nachteilen für die Gläubiger führen wird.

§ 274 Abs. 3 Satz 2 InsO ordnet für den Fall, dass ein Gläubigerausschuss nicht bestellt ist, die Pflicht des 18
Sachwalters an, die Insolvenzgläubiger, die Forderungen angemeldet haben, und die absonderungsberechtigten Gläubiger an Stelle des Gläubigerausschusses zu unterrichten. Diese Regelung ist nicht allein insofern wirklichkeitsfremd, als dem Sachwalter zugemutet wird, gegebenenfalls eine Vielzahl von Gläubigern anzuschreiben – und dies zur eigenen Absicherung gegenüber einer späteren schadenersatzrechtlichen Inanspruchnahme möglichst mit Zugangsnachweisen! Problematisch ist vielmehr, dass der Sachwalter in Ermangelung eines Ansprechpartners in Gestalt eines Gläubigerausschusses regelmäßig *auch gegenüber dem Schuldner* in ein sehr weitgehendes Haftungsrisiko gedrängt wird.

b) Eigene Masseverwaltungsaufgaben des Sachwalters. Die Verbindlichkeiten, die 19
der eigenverwaltende Schuldner begründet, werden wie im allgemeinen Verfahren Masseverbindlichkeiten (§ 55 Abs. 1 InsO).[25] Die §§ 275, 277 InsO sehen ein abgestuftes System des Erfordernisses der Zustimmung des Sachwalters zu solchen Rechtsgeschäften vor, die der Schuldner vornimmt. Ohne dass es weiterer insolvenzgerichtlichen Anordnungen bedürfte, bestimmt § 275 Abs. 1 InsO, dass der Schuldner von Gesetzes wegen Verbindlichkeiten, die nicht zum gewöhnlichen Geschäftsbetrieb gehören, nur mit Zustimmung des Sachwalters eingehen *soll.* § 275 Abs. 1 Satz 2 InsO sieht ein Widerspruchsrecht des Sachwalters vor, das zur Folge hat, dass der Schuldner auch Verbindlichkeiten nicht eingehen *soll,* die zum gewöhnlichen Geschäftsbetrieb gehören, wenn der Sachwalter widerspricht. Liegt diese Zustimmung nicht vor bzw. ist der Widerspruch erklärt, wird damit die vom Schuldner eingegangene Verpflichtung aber nicht unwirksam;[26] allenfalls liegt ein Grund für den Sachwalter vor, nach § 274 Abs. 3 InsO vorzugehen. Dagegen zeitigt es die weiteren, der allgemeinen konkurslichen Verwaltungs- und Verfügungsbeschränkung entsprechenden Wirkungen der §§ 81, 82 InsO, wenn das Insolvenzgericht nach § 277 Abs. 1 Satz 1 InsO anordnet, dass bestimmte Rechtsgeschäfte des Schuldners nur wirksam sind, wenn der Sachwalter ihnen zustimmt. Eine derartige Anordnung ergeht im Verfahren der Eigenverwaltung auf Antrag der Gläubigerversammlung. Hat der Schuldner daher im eröffneten Verfahren nach der Anordnung des Zustimmungserfordernisses durch das Insolvenzgericht über einen Gegenstand der Insolvenzmasse verfügt, so ist diese Verfügung unwirksam.[27]

---

25 *Gottwald/Haas,* Insolvenzrechts-Handbuch, § 89 Rn. 2.

26 *Landfermann,* in: H-K, 4. Aufl. 2006, § 275 Rn. 2; *Riggert,* in: Nerlich/Römermann, InsO, § 275 Rn. 7; *Smid,* § 275 Rn. 9.

27 *Landfermann,* in: H-K, 4. Aufl. 2006, § 277 Rn. 3; K/P-*Pape,* § 277 Rn. 6.

20 Stimmt der Sachwalter der Begründung einer Masseverbindlichkeit zu, bestimmt § 277 Abs. 1 Satz 3 InsO, dass § 61 InsO entsprechend gilt; es liegt auf der Hand, dass dem Sachwalter, der bestenfalls Kenntnis von der Lage des schuldnerischen Unternehmens, aber nur höchst eingeschränkt über Interventionsmöglichkeiten verfügt, ein erhebliches Haftungsrisiko aufgebürdet wird.[28]

21 Nach § 275 Abs. 2 InsO kann der Sachwalter vom Schuldner verlangen, dass alle eingehenden Gelder nur vom Sachwalter entgegengenommen und Zahlungen nur vom Sachwalter geleistet werden. Eine Verletzung dieses Verlangens durch den Schuldner hat indessen nicht die Folge des § 82 InsO, dass der an den Schuldner leistende Gläubiger von seiner Verpflichtung nicht frei kommt. Wie im Zusammenhang der Zustimmungserfordernisse nach § 275 Abs. 1 InsO dargestellt (unten Rn. 24), hat die Pflichtverletzung des Schuldners nur die Folge des § 274 Abs. 3 InsO.[29]

22 **c) Beratungsaufgaben des Sachwalters gegenüber dem Schuldner.** Der Sachwalter wirkt gem. § 284 Abs. 1 Satz 2 InsO beratend an der Ausarbeitung des Insolvenzplans mit, wenn der Auftrag der Gläubigerversammlung zur Ausarbeitung an den Schuldner gerichtet wird. Für den standesrechtlich gebundenen Sachwalter (den Rechtsanwalt, aber auch den Angehörigen steuerberatender Berufe) ergeben sich hieraus nicht unwesentliche Probleme wegen der gebotenen Unparteilichkeit, die das Gesetz ihm im Übrigen auferlegt (§ 56 Abs. 1 InsO). Daher darf diese Beratungsaufgabe nicht als gesetzlich statuiertes Zwangsmandat missverstanden werden.

III. Stellung der Gläubiger im Verfahren der Eigenverwaltung

1. Entgegennahme des Berichts des Schuldners

23 Nach § 281 Abs. 2 Satz 1 InsO hat der Schuldner im Berichtstermin anstelle des im Regelinsolvenzverfahren berichtenden Insolvenzverwalters den Bericht zu erstatten. Der Sachwalter hat nach § 281 Abs. 2 Satz 2 InsO zu dem Bericht Stellung zu nehmen.

2. Zustimmungserfordernisse

24 § 276 Satz 1 InsO bestimmt, dass der Schuldner die Zustimmung des Gläubigerausschusses einzuholen hat, wenn er Rechtshandlungen vornehmen will, die für das Insolvenzverfahren von besonderer Bedeutung sind. Ist ein Gläubigerausschuss nicht bestellt, greift nach § 276 Satz 2 InsO die Regelung des § 160 Abs. 1 Satz 2 InsO ein, der bestimmt, dass dann die Zustimmung der Gläubigerversammlung einzuholen ist.

3. Mitwirkung bei der Aufhebung der Eigenverwaltung

25 **a) Beschluss der Gläubigerversammlung.** Wird ein entsprechender Beschluss von der Gläubigerversammlung gefasst, hat das Insolvenzgericht die Aufhebung ohne weitere Prüfung zu beschließen; das Vorliegen der entsprechenden Mehrheitsentscheidung der Gläubiger (§ 76 Abs. 2 InsO) stellt damit *unwiderleglich* fest, dass die Eigenverwaltung den Interessen der Gläubiger zuwiderläuft (vgl. § 270 Abs. 2 Nr. 3

28 KölSch-*Pape*, 909 f. (Rn. 21).
29 *Flöther/Smid/Wehdeking*, Eigenverwaltung, 2005, 90.

InsO). Nicht nur die erste Gläubigerversammlung, sondern auch jede spätere Gläubigerversammlung[30] kann die Eigenverwaltung beenden.[31]

Es ist Aufgabe des Sachwalters, alsbald bei Bekanntwerden von Tatsachen des § 274 Abs. 3 InsO die Einberufung einer Gläubigerversammlung nach § 75 Abs. 1 Nr. 1 InsO beim Insolvenzgericht zu beantragen; er wird, insbesondere im Falle des Eintritts der Masseunzulänglichkeit (vgl. § 285 InsO) dann aber Schwierigkeiten haben, Gläubiger zur Teilnahme zu bewegen. Hier wird der Sachwalter darauf hinzuwirken haben, dass wenigstens eine Beschlussfassung möglich wird, da ansonsten nur unter den erschwerten Bedingungen des § 272 Abs. 1 Nr. 2 InsO durch einen einzelnen Gläubiger der Eigenverwaltung ein Ende bereitet werden kann. **26**

30 Amtl. Begr. zu § 333 RegEInsO, Amtl. Begr. zum RegEInsO, BT-Drucks. 12/2443, 224.
31 *Riggert*, in: Nerlich/Römermann, InsO, § 272 Rn. 2; *Pape*, in: Kölner Schrift zur Insolvenzordnung, 2. Aufl. 2000, S. 905 f. (Rn. 14).

§ 44 Konkursabwendende Verfahren

I. Rechtspolitische Bestrebungen zur Regelung „konkursabwendender Verfahren"

1 Der zerschlagende Konkurs gehört der Rechtsgeschichte an; die Sanierung im Insolvenzverfahren als Instrument der Gläubigerbefriedigung ist noch nicht wirklich in einer Weise geregelt, und die bestehenden Instrumente werden nicht in der Weise genutzt, dass die Herausforderungen des gebotenen Umbaus der deutschen Wirtschaft in einer angemessenen Weise bewältigt werden können, die den Beteiligten Planungsicherheit bietet. Auch wenn Politiker wie der SPD-Generalsekretär *Hubertus Heil* während der Krise 2008/2009 öffentlich verbietet, über die Insolvenz eines Unternehmens nachzudenken: Wenn ein Unternehmen seine fälligen Verbindlichkeiten nicht begleichen kann, ist es zahlungunfähig und insolvent. Ein Insolvenverfahren ist dann nicht nur wirtschaftlich vernünftig, sondern aus strafrechtlichen Gründen geboten, da die Vorstände und Geschäftsführer zur Stellung eines Insolvenzantrages verpflichtet sind. Unsere Politik geht hierüber hinweg: Das Signal an die Führungskräfte der Wirtschaft ist nicht, dass sich Rechtstreue bewährt, weil das Insolvenzrecht als Sanierungsinstrument ausgebaut wird, sondern dass die – strafbare – Insolvenzverschleppung sich lohnt, wenn sie in großem Umfang betrieben wird.

2 Die deutsche Rechtspolitik, die sich beinahe uni sono z.B. der Sozialutopie einer kostenfreien Null-Plan-Restschuldbefreiung verschrieben und die hochspezialisierte Fachleute an Insolvenzgerichten und aus den Reihen der Insolvenzverwalter dazu verdammt hatte und hat, Verbraucherinsolvenzverfahren durchzuführen, in denen keine Masse verwaltet, keine Gläubiger befriedigt werden und deren Ergebnisse einem Ritual gleichend immer schon feststehen, diese Rechtspolitik steht nun an, den Einsatz des Insolvenzrechts auf seinem ureigenen Anwendungsfeld der Unternehmensinsolvenz zu perhorreszieren. Eine unheilige Große Allianz aus Großer Koalition und juristisch unzureichend beratener Opposition erschaudert bei dem Gedanken an die Eröffnung von Insolvenzverfahren; das von der Rechtspolitik als Kern des neuen Insolvenzrechts gefeierte Insolvenzplanverfahren wird vergessen zugunsten der Verschleuderung von Steuergeldern zugunsten fragwürdiger Sanierungsmodelle. Wenn Bundesfinanz- und Bundeswirtschaftsministerium verlauten lassen, der Gläubigerschutz werde durch das deutsche Recht überdehnt, lässt dies ebenso wenig Gutes für unsere rechtspolitische Zukunft erwarten, wie es die Gegenwart noch düsterer erscheinen lässt, als sie sich vordergründig darstellt. Die Unordnung der Anstiftung und Beihilfe zur Insolvenzverschleppung im Großen Stil durch juristische Laien erscheint weiten Kreisen der Politik der Ordnung und der Transparenz des Insolvenzverfahrens vorzugswürdig; ein „geordnetes Insolvenzverfahren" ist geradezu ein Schimpfwort, und wer es auch nur in Erwägung zieht, zeigt damit aus der Sicht sozialutopischer Laienmodelle eine nicht mehr hinnehmbare Kaltherzigkeit. Es ist noch keine drei Wochen her, dass die deutschen Politprofis sich als Sanierungsdilettanten im Fall Opel erwiesen haben, als ihnen kurzerhand am letzten Donnerstag im Mai früh morgens klar gemacht wurde, dass sie ihre absurden Ziele nur erreichen können, wenn sie am darauffolgenden ersten Dienstag im Juni einmal 300 Millionen Euro Liquidität bereitstellten[1] – selbst ein Berufsanfänger unter den Insolvenzverwaltern hätte nicht so vorgeführt werden können. Nach Tische las es sich dann anders, und am letzten Freitag des Mai waren es dann 1,5 Milliarden, die der Steuerzahler aufbringt, damit ein us-amerikanischer Konzern ein deutschen Unternehmen an ein russisch-

---

1 FAZ v. 29. Mai 2009 (Nr. 123 22 D 2, Seite 1: In Berlin helles Entsetzen über das Verhalten der Amerikaner.

österreichisches Unternehmen verkauft. Denkt man weiter daran, dass die deutsche Insolvenzrechtspolitik der vergangenen Jahre angetreten ist, den Wirtschaftsstandort Deutschland durch die Verbesserung der Sanierungsinstrumentarien des deutschen Insolvenzrechts wettbewerbsfähiger zu machen, ist der Fall Opel die Bankrotterklärung einer Politik, die an ihre eigenen Verlautbarungen ebenso wenig glaubt wie sie Vertrauen in die Gesetze hegt, die sie produziert. Den Opelarbeitern seis gewünscht, dass sie von ihrer Unsicherheit bald durch einen Insolvenzverwalter erlöst werden, der bei der Betriebsfortführung dann keinen Erpressungen mehr ausgesetzt und in der Lage ist, Arbeitsplätze zu erhalten. Im übrigen ist aus Sicht der Gläubiger, und zu den Gläubigern zählen die Kreditinstitute ja typischer Weise, ein kompetenter Ansprechpartner immer besser als eine Mischung aus hilflosem Vertrauen politischer Geldgeber auf organschaftliche Vertreter der Schuldnergesellschaften.

Wie der IDW Standard PS 6 zeigt, bedarf es für die aussergerichtliche Sanierung nicht nur einer positivien Fortführungprognose iSd § 252 HGB; vielmehr verspricht eine Sanierung nur dann Erfolg, wenn die Wettbewerbs- und Renditefähigkeit des Unternehmens wiedererlangt werden kann. Hiervon ist freilich zu unterscheiden, welchen Risiken sich die Beteiligten aussetzen, schlägt der Sanierungsversuch fehl: Hierzu bedarf es einer Klärung der Bedingungen, unter denen eine aussergerichtliche Sanierung haftungsprivilegiert und straffrei von den Beteiligten unternommen werden kann. Der BGH hat in diesem Zusammenhang Eckpfeiler eingeschlagen, die ich hier nur umreißen kann: Alle Beteiligten an einer erfolgreichen aussergerichtlichen Sanierung mögen sich feiern lassen; schlägt sie fehl, stellt sich die Frage nach der Haftung für die dadurch ausgelösten Schäden. Zivilrechtlich haften gesamtschuldnerisch neben den „Tätern" – die organschaftlichen Vertreter der schuldnerischen Gesellschaft – auch die Anstifter bis hin zu denjenigen, die psychische Beihilfe durch Bestärkung des Täters in seinem Tun (oder dem Unterlassen zeitgerechter Antragstellung) leisten. Diese Haftung ist dann – aber auch nur dann – ausgeschlossen, wenn realistische Aussichten bestanden, dass der Sanierungsversuch Erfolg haben werde. Das kann bei dem power seller der Fall sein, dem ein Internetauktionator aufgrund neuer power-selling-conditions den Zugang zu Verkaufsaktionen gesperrt hat, dann der Fall sein, wenn er sich eines Kommissionärs zum Vertrieb seiner Waren bedienen kann. Denn durch den Ausschluss von Verkaufsaktionen mag sogar eine Zahlungsstockung eintreten; die materielle Insolvenz hat dies bei realistischen Fortführungsperspektiven nicht zur Folge. Anders mag dies bei einem Emmissionshaus sein, dem Kerngebiete seiner Tätigkeit von der BaFin untersagt worden sind; dann ist ein Sanierungsversuch nicht mehr als realistisch zu betrachten und löst die Haftung der Beteiligten aus. Hier sind die Kriterien hilfreich, die der BGH für die retrograde Beurteilung der Zahlungsunfähigkeit aufgestellt hat und die in den IDW Standart 20 PS 800 eingegangen sind: Nicht anders als der Insolvenzverwalter bei der Betriebsfortführung müssen die organschaftlichen Vertreter der schuldnerischen Gesellschaft fortlaufend eine durch Liquiditätsbilanzen zu überprüfende fortschreibende Liquiditätsplanung vornehmen. Damit wird eine für den antragspflichtigen schuldnerischen Organträger nachvollziehbare Grenze der Zulässigkeit aussergerichtlicher Sanierungsbemühungen aufgezeichnet, und Beratern ebenso wie den Kreditinstituten, von denen die Sanierung begleitet wird, stehen valide Daten zur Verfügung, die ihnen die Risiken ihrer Tätigkeit begrenzen helfen. 3

II. KreditReorgG

4 Durch die Finanzmarktkrise des Jahres 2008/2009 ist das Bedürfnis der Abwendung von Insolvenzverfahren insbesondere hinsichtlich der Krisenlage von Kreditinstituten laut geworden. Insofern stellt das KredtReorgG ein Beispiel für einen gesetzgeberischen Versuch der Normierung eines Konkursabwendungsverfahrens dar.

1. Persönlicher Geltungsbereich

5 Das Gesetz zur Reorganisation systemrelevanter Kreditinstitute (KredReorgG) dient der Einleitung eines Reorganisationsverfahrens, um sanierungsbedürftigen Kreditinstituten die Möglichkeit einer Reorganisation zu eröffnen und damit der Stabilisierung des Finanzmarktes Hilfestellung zu bieten (§ 1 Abs. 2 und Abs. 1 KredReorgG). Dieses Gesetz weist naturgemäß eine ganze Anzahl von auf Kreditinstitute zugeschnittenen Besonderheiten auf. So ist den KWG die Antragsbefugnis der Bafin nachgestaltet, § 2 Abs. 1 KredReorgG. Auf diese Besonderheiten soll an dieser Stelle nicht eingegangen werden, sondern danach gefragt werden, welche Impulse von der spezifisch auf Themen der Sanierungsbedürftigkeit von Kreditinstituten zugeschnittenen gesetzlichen Regelung auf eine allgemeine insolvenzrechtliche Gesetzgebung auszustrahlen geeignet sind. Hier rückt die Gestalt eines Reorganisierungsberaters in den Mittelpunkt des Interesses. Für den Fall des nach § 2 KredReorgG bei dem zuständigen OLG Bonn (§ 2 Abs. 3 KredReorgG) gestellten Antrags, wird vom OLG Bonn ein Reorganisationsberater bestellt. Dieser Reorganisationsberater wird von dem Kreditinstitut zusammen mit seiner Anzeige der Sanierungsbedürftigkeit bei der Bafin (§ 2 Abs. 2 KredReorgG) und der Vorlage eines Sanierungsplans benannt. Es liegt angesichts des durch § 2 Abs. 2 KredReorgG vorgezeichneten Procedere nahe, dass dieser Reorganisationsberater personenidentisch mit dem (Mit-)Verfasser des Sanierungsplans ist. Interessant ist nun, dass für besonders wichtige Unternehmen, in denen, wie man seit einem Jahr weiß, besondere Missbräuche an der Tagesordnung sind, die zum Teil in aller Öffentlichkeit vor parlamentarischen Untersuchungsausschüssen und an anderer Stelle erörtert werden, der von dem reorganisations- und sanierungsbedürftigen Institut bestellte Berater dieser Reorganisationsberater nicht automatisch für das vom Gericht in dem gerichtlich eingeleiteten Reorganisationsverfahren „verbrannt“ ist. Dergleichen wird bisweilen von den Insolvenzgerichten wegen Insolvenzverwalter behauptet, wenn diese in Vorbereitung eines der Reorganisation und Sanierung eines Unternehmens dienenden Insolvenzverfahren mit den schuldnerischen Organträgern Kontakt aufgenommen hatten, mit diesen über das Verfahren gesprochen haben, sich mit diesen abgestimmt und von ihnen Unterlagen erhalten haben und dgl. mehr. Die Vorbereitung eines Insolvenzverfahrens durch einen Insolvenz- und Reorganisations- und Sanierungsspezialisten führt im allgemeinen Insolvenzverfahren dazu, dass dieser „verbrannt“ vom Amt des Insolvenzverwalters ausgeschlossen ist. Das nun wiederum hat aber zur Folge, dass besonders der sorgfältig vorbereitete Insolvenzplan u.U. auf ein eröffnetes Verfahren stößt, in dem jemand völlig anderes, der mit der Sachlage nicht vertraut ist – gegebenenfalls nach 08/15 oder etwas Schlimmeren das Verfahren abzuwickeln gedenkt, konfrontiert wird, mit der Konsequenz, dass der vorbereitete Insolvenzplan u.U. allein deshalb scheitert,

weil er auf Widerstände aus dem Gericht und dem vom Gericht präferierten Insolvenzverwalter stößt. Schlimmer noch: die Eigeninitiative des Schuldners – genau genommen der schuldnerischen Gesellschaft und ihrer Organträger, in ein insolvenzrechtliches Reorganisationsverfahren einzutreten, wird durch diese Art der Handhabung, die dem Gericht sozusagen eine im Übrigen gesetzlich wegen § 57 InsO nicht vorgesehene Letztentscheidungskompetenz zuweist, torpediert.

Der erste Teil des Reorganisationsplanverfahrens, nämlich das sog. Sanierungsverfahren stellt eine Erweiterung der bisher schon in § 45 KWG geregelten Befugnisse dar. Der Vorteil dieses Sanierungsverfahrens, aber zugleich auch sein Nachteil liegt in der justizförmigen Ausgestaltung, die zwar notwendig ist für Eingriffe in die Entscheidungshoheit der Geschäftsführer und Gesellschafter, aber für unerwünschte Öffentlichkeit und für erheblichen Zeitverlust sorgt. Damit aber ist diese Art der Sanierung schon zum Tode verurteilt, bevor sie überhaupt begonnen hat. 6

Einen Sinn kann ein solches Verfahren nur unter der Voraussetzung haben, dass es ganz diskret durchgeführt wird, was wiederum nur dann möglich ist, wenn ein Einvernehmen mit Geschäftsführern und ggfls. Gesellschaftern über die einzelnen Maßnahmen (wenn auch unter mehr oder weniger sanftem Druck) erzielt wird. Die Bestellung des Reorganisationsberaters und seine in § 4 vorgesehene Rechtsstellung kann nämlich auch ohne Verwaltungsakte und ohne gerichtliche Entscheidung herbeigeführt werden, wenn ein Konsens mit der Geschäftsführung erreicht wird. So ist an das umfangreiche Vertragswerk mit der SMH-Bank zu erinnern, das in wochenlangen zähen Verhandlungen ohne staatliche Eingriffe erreicht wurde. Ein solches Verfahren sollte als Variante zu dem Sanierungsverfahren nach §§ 2 ff. ermöglicht werden oder noch besser an seine Stelle treten. 7

Diese Kritik erscheint uns erforderlich. Dennoch ist darauf hinzuweisen, dass § 3 Abs. 1 KredReorgG gegenüber den Regelungen der InsO erhebliche Vorzüge aufweist und geeignet ist, positive Impulse für das allgemeine Insolvenzrecht auszusenden: Denn das Gericht hat den vorgeschlagenen Reorganisationsberater zu bestellen, sofern dieser nicht offensichtlich ungeeignet ist. Es liegt aufgrund der Struktur des Gesetzes nahe, dass diese offensichtliche fehlende Eignung sich gerade nicht aus seiner vorkonkurslichen Befassung mit dem Kreditinstitut seiner Beratungstätigkeit und seiner Mitwirkung an der Erstellung von Sanierungskonzeptionen ergibt. Das Gericht hat daher zu prüfen, ob der vorgeschlagene Reorganisationsberater in die vorangegangene Geschäftspolitik des Hauses in einer Art und Weise verwickelt war, die ihm für die Zukunft eine sachliche Befassung mit dem Reorganisationsplan nicht erlaubt. Das ist der Fall, wenn er selbst Angestellter, ggfls. organschaftlicher Vertreter der schuldnerischen Gesellschaft war, wenn er kraft langjähriger Mandate für die Gesellschaft und/oder deren organschaftliche Vertreter in einer Art und Weise anwaltlich mit dem Institut verbunden ist, die es ihm aufgrund seiner anwaltlichen Treuepflichten nicht erlauben würde, mit der gebotenen Sachlichkeit das Reorganisationsverfahren zu begleiten. Dies sind die Kriterien, die das Gericht zur Prüfung offensichtlicher Ungeeignetheit des Reorganisationsberaters anzuwenden hat. Im Übrigen muss das Gericht den Reorganisationsberater bestellen. Es liegt im Übrigen auf der Hand, dass die Regelung des § 3 Abs. 1 KredReorgG zur Auslegung des § 270 Abs. 2 Nr. 3 InsO heranzuziehen hilfreich sein kann. 8

2. Debt equity swap

Die Vorschrift des § 8 KredReorgG sieht vor, dass im gestaltenden Teil des Reorganisationsplans vorgesehen werden kann, dass Forderungen von Gläubigern in Gesellschaftsanteile umgewandelt werden können. Dies setzt allerdings (§ 8 Abs. 1 S. 2 KredReorgG) die Zustimmung der betroffenen Gläubiger voraus. Einen dahingehenden Willen der Gläubiger zur Umwandlung ihrer Forderungen in Kapital würde es beflügeln, wenn der Gläubiger mit seinen nicht umgewandelten Forderungen von den Regeln über Gesellschafterdarlehen sicher befreit wäre; die Regelung in § 39 Abs. 4 InsO ist bekanntlich untauglich. 9

Dies setzt eine angemessene Entschädigung durch das Kreditinstitut voraus, § 8 Abs. 2 KredReorgG. § 9 KredReorgG sieht vor, dass alle nach dem Gesellschaftsrecht 10 zulässigen Maßnahmen in den gestaltenden Teil des Reorganisationsplans aufgenommen werden können. Das Gesetz zählt in S. 2 des § 9 KredReorgG auf:

- Kapitalerhöhung
- Kapitalherabsetzung
- Ausschluss des Bezugsrechts
- sonstige Satzungsänderungen.

Auch diese Maßnahmen setzen voraus, dass eine angemessene Entschädigung gezahlt wird. Es ist freilich dunkel, wie sich dies vor dem Hintergrund des Sinns der Kapitalherabsetzung realisieren lassen soll.

3. Reorganisationsberater

11 Der Reorganisationsberater ist die zentrale Figur des gesamten Verfahrens, dessen Rechtsstellung nach dem Vorbild insolvenzrechtlicher Regelungen ausgestaltet worden ist.

12 In der amtlichen Begründung des § 3 wird insbesondere darauf hingewiesen, dass ein Vorverfassungsverbot nicht hinsichtlich der Beteiligung einer Erstellung des Sanierungs- oder Reorganisationsplanes besteht. Denn diese Vorbefassung sei nicht unerwünscht, was in einer Gesetzesbegründung lesen zu können außerordentlich befriedigend ist. Ausschlussgründe sind nach Vorstellung des Gesetzgebers allein eine im Vorfeld bestehende zu enge Verbindung zum Unternehmen. § 8 Abs. 2 KredReorgG trägt Art. 14 Abs. 1 GG Rechnung: Denn sofern Anteile, die in einen Reorganisationsplan einbezogen werden, noch werthaltig sind, muss für deren Entziehung eine finanzielle Kompensation des Altgesellschafters vorgesehen werden. (Amtliche Begründung zu § 8, 9. Abs.) In der allgemeinen Begründung des Gesetzes wird ausdrücklich ausgeführt, dass es keinen Sinn hat, bei einem Austausch des Managements im Rahmen der Krise und der Leitung des Instituts durch Personen, die sowohl von dem Vertrauen der BaFin, als auch dem der wesentlichen Gläubiger getragen werden, diesen Personen einen institutsfremden nicht mit dem Reorganisationskonzept vorbefassten Reorganisationsberater voranzustellen. (Amtliche Begründung A2.b).

Sechster Teil: Das Insolvenzverfahren über Sondervermögen

§ 45 Insolvenzverfahren über Nachlass und Gesamtgut

I. Das Nachlassinsolvenzverfahren[1]

1. Zulässigkeit[2]

a) **Übersicht.** § 11 Abs. 2 Nr. 3 InsO bestimmt, dass über die Vermögensmasse „Nachlass“ – ebenso wie über das Gesamtgut einer fortgesetzten Gütergemeinschaft – ein Insolvenzverfahren eröffnet werden kann.[3] Die §§ 315ff. InsO treffen besondere Regelungen zur Ausgestaltung dieses Sonderinsolvenzverfahrens, die z.T. nicht unerheblich von den allgemeinen Bestimmungen über das Regelinsolvenzverfahren abweichen. 1

§ 316 Abs. 1 InsO sieht vor, dass die Eröffnung des Insolvenzverfahrens nicht dadurch ausgeschlossen wird, dass der Erbe die Erbschaft noch nicht angenommen hat[4] oder dass er für die Nachlassverbindlichkeiten unbeschränkt haftet, also auch dann, wenn die gesetzliche Ausschlagungsfrist (§ 1944 BGB) oder die Frist zur Anfechtung der Annahme (§ 1954 BGB) oder die Ausschlagungsversäumung (§ 1956 BGB) noch nicht abgelaufen ist.[5] Die unbeschränkte Haftung des Erben für Nachlassverbindlichkeiten steht der Eröffnung des Nachlassinsolvenzverfahrens nicht entgegen.[6] 2

Gemäß § 1922 BGB rückt der Erbe voll in die vermögensrechtliche Position des Erblassers ein. Das Vermögen des Erblassers als Ganzes geht auf den Erben über, er haftet gemäß § 1967 Abs. 1 BGB für die Nachlassverbindlichkeiten unbeschränkt.[7] Diese unbeschränkte Haftung unterliegt aber der Möglichkeit einer Beschränkung durch entsprechende Erklärungen des Erben.[8] Dabei kommt es nicht darauf an, ob es sich um einen Alleinerben oder um mehrere Erben handelt. Dagegen ist eine Sonderinsolvenz über einzelne Erbteile oder über einen Erbteil unzulässig, wie sich aus § 316 Abs. 3 InsO ergibt. 3

Zur **Herbeiführung der Haftungsbeschränkung**[9] stellt das Gesetz dem Erben verschiedene Möglichkeiten zur Verfügung. So kann er bis zur Klärung der Nachlassverbindlichkeiten die Haftung vorläufig 4

1 *Hüsemann*, Das Nachlaßinsolvenzverfahren, Diss. Münster 1997.
2 *Roth*, Nachlassinsolvenzverfahren, S. 1 ff.
3 *Fehl*, in: LSZ, InsO, 3. Aufl. 2010, § 315 Rn. 2.
4 Vgl. *Siegmann*, in: MünchKomm, InsO, 1. Aufl. 2003, § 316 Rn. 3; vgl. *Fehl*, in: Leonhardt/Smid/Zeuner, InsO, 3. Aufl. 2010, Rn 2f.
5 *Fehl*, in: LSZ, InsO, 3. Aufl. 2010, § 316 Rn. 4.
6 *Fehl*, in: LSZ, InsO, 3. Aufl. 2010, § 316 Rn. 5.
7 *Häsemeyer*, Insolvenzrecht, 3. Aufl. 2003, Rn. 33.02.
8 *Küpper*, in: MünchKomm, BGB, 5. Aufl. 2010, § 1967 Rn. 23.
9 *Küpper*, in: MünchKomm, BGB, 5. Aufl. 2010, § 1967 Rn. 23, Rn. 42; Zu den Möglichkeiten der Haftungsbeschränkung durch den Erben: *Schreiber*, Jura 2010, 117–121; *Sick*, ZErb 2010, 325–332.

beschränken, er kann aber auch den Nachlass zur Befriedigung der Nachlassgläubiger freigeben, um sich mit einem eventuellen Verwertungsüberschuss zu begnügen.[10] Wird das Nachlassinsolvenzverfahren eröffnet, so erhält der Erbe die Einrede der beschränkten Erbenhaftung (§ 1975 BGB), die er dann im Falle der Inanspruchnahme für eine Nachlassverbindlichkeit gem. §§ 780, 781, 785 i.V.m. §§ 767, 769, 770 ZPO geltend machen kann.

5 **b) Einzelfragen.** Unzulässig ist ein Sonderinsolvenzverfahren über ein **ererbtes Unternehmen.**[11] Sofern eine Gesellschaft Trägerin des Unternehmens war, ist sie dies auch nach dem Tod des Erblasser-Gesellschafters geblieben. War der Erblasser nur einer von mehreren Gesellschaftern, fällt sein Anteil in den Nachlass, wobei die erbrechtliche Behandlung dieses Nachlasses sich nach den konkreten diesbezüglichen Bestimmungen des Gesellschaftsvertrages richtet. War dagegen der Erblasser Alleinunternehmer, so gehört das Unternehmen im Falle der Nachlassinsolvenz zur Insolvenzmasse.[12]

2. Insolvenzmasse im Nachlassinsolvenzverfahren[13]

6 **a) Erlass des Eröffnungsbeschlusses als maßgeblicher Zeitpunkt.** Der Umfang der Insolvenzmasse bestimmt sich nicht nach dem Zeitpunkt des Erbfalls, sondern ausschließlich nach dem Zeitpunkt der Verfahrenseröffnung,[14] d.h. zur Nachlassmasse gehört das gesamte im Zeitpunkt der Insolvenzeröffnung vorhandene vollstreckungsfähige Nachlassvermögen.[15] Zur Insolvenzmasse gehört ferner, was zwischen Erbfall und Verfahrenseröffnung in den Nachlass gelangt ist, sowie all jene Gegenstände, um welche sich die Nachlassmasse (sei es durch Erwerb oder in sonstiger Weise) vermehrt hat, einschließlich eventueller Ersatzansprüche gegen den Erben oder den Nachlassverwalter aus zwischenzeitlicher Nachlassverwaltung bzw. aus Verletzung der Insolvenzantragspflicht (§§ 1978 Abs. 2, 1980, 1985 Abs. 2 BGB). Sofern eine Erbengemeinschaft vorliegt, ist die in § 2041 BGB angeordnete dingliche Surrogation zu beachten. Im Falle der Miterbengemeinschaft wird grundsätzlich das Gesamthandsvermögen insgesamt in der Nachlassinsolvenz liquidiert. Im Falle des Alleinerben sieht das Gesetz eine dem § 2041 BGB entsprechende Surrogationsregelung nicht vor.

7 **Beispiel:** Hat der Erbe der Insolvenzmasse durch Veräußerung einen Gegenstand entzogen, so erfolgt der Ausgleich über § 1978 BGB, wobei es sich jedoch nicht um einen Surrogationstatbestand handelt, sondern um ein Forderungsrecht gegen den Erben, das dem Nachlass zugeordnet wird.[16]

8 **b) Fortführung eines Handelsgeschäfts.**[17] Hat der Erbe ein zur Nachlassmasse gehörendes Handelsgeschäft des Erblassers fortgeführt, so fallen die Erträge des Unternehmens in die Masse. Nach Auffassung des OLG Braunschweig[18] soll der vom Erben

---

10 *Weber*, in: Jaeger, Konkursordnung, 8. Aufl. 1973, § 214 Rn. 1 ff.
11 *Smid*, DZWIR 2006, 1, 5.
12 *Kuhn/Uhlenbruck*, Konkursordnung, 11. Aufl. 1994, § 214 Rn. 1.
13 *Hüsemann*, Insolvenzrecht, 3. Aufl. 2003, S. 92 ff.
14 *Roth*, Nachlassinsolvenzverfahren, S. 25 ff.
15 *Kuhn/Uhlenbruck*, Konkursordnung, 11. Aufl. 1994, § 214 Rn. 2.
16 *Kilger/K. Schmidt*, Insolvenzgesetze, 17. Aufl. 1997, § 214 Anm. 2.
17 *Roth*, Nachlassinsolvenzverfahren, S. 210 f.
18 OLG Braunschweig, Urt. v. 23. 7. 1909 – OLGE 19, 231, 232.

erwirtschaftete Ertrag dann nicht in die Masse fallen, wenn er maßgeblich auf die persönliche Leistung des Erben zurückzuführen ist.[19] Ist die unbeschränkte Erbenhaftung eingetreten, so bestimmt § 2013 BGB, dass die Tatbestände der §§ 1978 bis 1980 BGB nicht mehr anwendbar sind. In diesem Falle beschränkt sich die Insolvenzmasse auf jene Nachlassgegenstände, die im Zeitpunkt der Insolvenzeröffnung vorhanden sind. Der Erbe bleibt in diesem Fall zur Herausgabe der Nachlassgegenstände verpflichtet, da sich diese Pflicht aus §§ 148, 159 und nicht aus § 1978 BGB ergibt.[20]

c) **Testamentsvollstreckung.**[21] Der Nachlass fällt vorläufig in die Masse, wenn der Schuldner vor der Eröffnung des Insolvenzverfahrens oder während des Verfahrens Erbe geworden ist.[22] Auch nach Eröffnung des Insolvenzverfahrens über sein Vermögen steht gem. § 83 Abs. 1 InsO die Annahme oder Ausschlagung der Erbschaft ausschließlich dem Schuldner zu. Hat er die Erbschaft angenommen, kann er sie gemäß § 1943 BGB nicht mehr ausschlagen. Von diesem Zeitpunkt an ist der Nachlass endgültig Bestandteil der Insolvenzmasse[23], aus der die Nachlassgläubiger und die Eigengläubiger des Erben (Erbengläubiger) zu befriedigen sind, sofern nicht eine Trennung der Vermögensmassen durch Insolvenzverwalter, Erben oder Nachlassgläubiger herbeigeführt wird, namentlich durch Beantragung der Nachlassverwaltung oder des Nachlassinsolvenzverfahrens, §§ 1975 ff. BGB.[24] In einem Urteil aus dem Jahr 2006[25] hat der BGH entschieden, dass dies auch der Fall ist, wenn für einen Nachlass Testamentsvollstreckung angeordnet ist und über das Vermögen des Erben das Insolvenzverfahren eröffnet wird. Dies ist in der Vergangenheit unter Berufung auf § 36 Abs. 1 S. 1 InsO, § 2214 BGB in der oberlandesgerichtlichen Judikatur und von einem großen Teil des Schrifttums abgelehnt worden.[26] Dort waren die beiden Kläger die Söhne der Erblasserin aus erster Ehe, der Schuldner ihr Sohn aus zweiter Ehe, der von der Erblasserin testamentarisch als Alleinerben unter Anordnung der Testamentsvollstreckung eingesetzt worden war. Nach Annahme der Erbschaft durch den Schuldner trat der Beklagte zu 2 das Amt des Testamentsvollstreckers an. Die Kläger erhoben wegen ihrer Pflichtteils- und Pflichtteilsergänzungsansprüche Stufenklage auf Auskunft und Zahlung gegen den Schuldner sowie Klage auf Duldung der Zwangsvollstreckung in den Nachlass gegen den Testamentsvollstrecker, woraufhin 9

19 *Kuhn/Uhlenbruck*, Konkursordnung, 11. Aufl. 1994, § 214 Rn. 4.
20 *Weber*, in: Jaeger, Konkursordnung, 8. Aufl. 1973, § 214 Rn. 27; *Kuhn/Uhlenbruck*, Konkursordnung, 11. Aufl. 1994, § 214 Rn. 4.
21 *Roth*, Nachlassinsolvenzverfahren, S. 406 f.
22 BGH, Urt. v. 11. 5. 2006 – IX ZR 42/05 – ZIP 2006, 1258 ff.
23 *Schumann*, in: MünchKomm, InsO, 1. Aufl. 2001, § 83 Rn. 5; *Eickmann*, in: H-K, InsO, 4. Aufl. 2006, § 83 Rn. 3 f; *Lüke*, in: Kübler/Prütting, Kommentar zur Insolvenzordnung, § 83 Rn. 5 f.
24 *Schumann*, in: MünchKomm, InsO, 1. Aufl. 2001, § 83 Rn. 6 f.
25 BGH, Urt. v. 11. 5. 2006 – IX ZR 42/05 – ZIP 2006, 1258 ff.
26 OLG Düsseldorf, KTS 1962, 115, 116; *Damrau*, in: Soergel, BGB 13. Aufl. § 2214 Rn. 1, 3; *Zimmermann*, in: MünchKomm, BGB, 4. Aufl. 2004, § 2214 Rn. 3; *Mayer*, in: Bamberger/Roth, BGB, 1. Aufl. 2003, § 2214 Rn. 4; *Holzer*, in: Kübler/Prütting, Kommentar zur Insolvenzordnung, § 35 Rn. 19; wie der BGH dagegen LG Aachen NJW 1960, 46, 48; *Eickmann*, in: Gottwald, Insolvenzrechts-Handbuch, 2. Aufl. § 31 Rn. 129; *Weber*, in: Jaeger, Konkursordnung, 8. Aufl. 1973, § 234 Rn. 6; *Uhlenbruck*, in: Uhlenbruck, InsO, 13. Aufl. 2010, § 83 Rn. 7; *Lüke*, in: Kübler/Prütting, Kommentar zur Insolvenzordnung, § 83 Rn. 7; *Siegmann*, in: MünchKomm, InsO, 1. Aufl. 2003, § 331 Rn. 7.

der Schuldner zunächst rechtskräftig zur Auskunft verurteilt wurde. Nach Eröffnung des Insolvenzverfahrens über sein Vermögen wurde der spätere Beklagte zu 1 zum Insolvenzverwalter bestellt. Der Schuldner erteilte die Auskunft; die Kläger meldeten ihre Pflichtteils- und Pflichtteilsergänzungsansprüche zur Tabelle an. Nachdem der Insolvenzverwalter die angemeldeten Beträge bestritten hatte, haben die Kläger den Rechtsstreit aufgenommen und von ihm Auszahlung ihrer Pflichtteils- und Pflichtteilsergänzungsansprüche aus dem Nachlass verlangt. Der BGH begründet seine Entscheidung damit, auch im Falle der Anordnung der Testamentsvollstreckung falle der Nachlass mit dem Erbfall vorläufig, mit der Annahme der Erbschaft endgültig in die Masse. Der Insolvenzverwalter hat aber keine weiterreichenden Befugnisse als der Erbe/Schuldner. Daher besteht die Testamentsvollstreckung auch während des Insolvenzverfahrens mit der Folge fort, dass die Verfügungsbeschränkung des Erben nach § 2211 BGB auch für den Insolvenzverwalter gilt. Der Testamentsvollstrecker kann im Rahmen seiner Befugnisse den Nachlass verwalten und über Nachlassgegenstände verfügen. Daher können gem. § 2214 BGB die Erbengläubiger keine Befriedigung aus den der Testamentsvollstreckung unterliegenden Gegenständen verlangen. Bis zur Beendigung der Testamentsvollstreckung kann folglich der Insolvenzverwalter den Nachlass zwar nicht verwerten[27], daraus kann aber nicht darauf geschlossen werden, der Nachlass falle dann gem. § 36 Abs. 1 Satz 1 InsO i.V.m. § 2214 BGB nicht in die Masse.

10 Der erkennende Senat betont zu Recht, der unter Testamentsvollstreckung stehende Nachlass sei nicht gem. § 2214 BGB schlechthin unpfändbar, sondern nur für die Gläubiger des Erben (Schuldners), die nicht zu den Nachlassgläubigern gehören, und auch diesen ist der Nachlass nicht auf Dauer, sondern nur für die Dauer der Testamentsvollstreckung entzogen, so dass keine Unpfändbarkeit i.S.v. § 36 Abs. 1 Satz 1 InsO vorliegt. Der Schutz der Lebensgrundlage des Schuldners, den § 36 Abs. 1 Satz 1 InsO bezweckt, wird, wie der BGH zutreffend ausführt, durch den eintretenden Insolvenzbeschlag nicht beeinträchtigt, denn § 2214 BGB zielt allein darauf, dem Testamentsvollstrecker die Erfüllung seiner Aufgaben zu erleichtern.[28] Der Insolvenzverwalter kann, wie der IX. Zivilsenat überzeugend in einer flankierenden Erwägung ausführt, seine Aufgabe, den Nettowert des Nachlasses für die Insolvenzmasse sichern und im Falle der Überschuldung die Eröffnung eines Nachlassinsolvenzverfahrens zu beantragen, um die Masse vor dem Zugriff der Nachlassgläubiger zu schützen,[29] nur erfüllen, wenn die Beschlagnahme des Nachlasses auch im Falle der Anordnung der Testamentsvollstreckung erfolgt. Der Pflichtteilsberechtigte benötigt zur Befriedigung durch Zwangsvollstreckung in den der Verwaltung des Testamentsvollstreckers unterliegenden Nachlass einen Titel auf Duldung der Zwangsvollstreckung gegen den Testamentsvollstrecker gem. § 2213 Abs. 3 BGB, § 748 Abs. 3 ZPO.[30] Dagegen muss die Zahlungsklage nach Eröffnung des Insolvenzverfahrens gegen den Insolvenzverwalter gerichtet werden. Damit verwirft der BGH die Auffassung Marotzkes, § 2213 Abs. 1 S. 3 BGB sei auf den Fall des Insolvenzverfahrens analog anzuwenden.[31] Marotzke meint, der Insolvenzverwalter dürfe den Schuldner in Pflichtteilsahngelegenheiten nicht „bevormunden"; das ergebe sich schon daraus, dass dies auch der Testamentsvollstrecker nicht dürfe. Diese Meinung lehnt der BGH mit der überzeugenden Erwägung ab, dass es in § 2213 BGB darum geht, die vormalige Stellung des Testamentsvollstre-

---

27 *Schumann*, in: MünchKomm, InsO, 1. Aufl. 2001, § 83 Rn. 8; *Lüke*, in: Kübler/Prütting, Kommentar zur Insolvenzordnung, § 83 Rn. 7; *Uhlenbruck*, InsO 12. Aufl. § 83 Rn. 5.

28 *Mugdan*, Materialien zum BGB, Bd. V S. 868.

29 *Lüer*, in: Uhlenbruck, InsO, 13. Aufl. 2010, § 317 Rn. 10; *Schumann*, in: MünchKomm, InsO, 1. Aufl. 2001, § 83 Rn. 6; *Marotzke*, in: FS Otte (2005) 223, 228 f, 230.

30 BGH, Urt. v. 3. 12. 1968 – III ZR 2/68 – BGHZ 51, 125, 130.

31 *Marotzke*, ZEV 2005, 310.

ckers als gleichsam fortlebendem Erblasser zurückzudrängen. Der Streit um das Erbrecht ist nach dem BGB auch bei Anordnung der Testamentsvollstreckung zwischen den vermeintlichen Erben auszutragen werden.[32] Der Testamentsvollstrecker hat die testamentarischen Bestimmungen auszuführen, nicht als Vertreter des Erblassers das Testament zu verteidigen. Das Pflichtteilsrecht steht dabei dem Erbrecht gleich; der richtige Beklagte auch dieses Anspruchs ist der Erbe.

Die Verwaltungs- und Verfügungsbefugnis des Schuldners über sein Vermögen geht umfassend auf den Insolvenzverwalter über[33], § 80 Abs. 1 InsO; er – nicht der Testamentsvollstrecker – ist daher allein zur Führung von Rechtsstreitigkeiten über das Erbrecht und das Pflichtteilsrecht berufen. Weitergehende höchstpersönliche Rechte als das in § 83 InsO als abschließender Sondervorschrift[34] dem Schuldner vorbehaltene Recht auf Annahme oder Ausschlagung der Erbschaft sieht die InsO nicht vor. Eine Regelungslücke besteht danach nicht. Daraus folgert der IX. Zivilsenat, dass der Streit um den Pflichtteil im Insolvenzverfahren im Interesse der Insolvenzgläubiger dem Insolvenzverwalter obliegt, da er einen allgemeinen vermögensrechtlichen Anspruch betrifft und kein höchstpersönliches Recht des Erben. 11

3. Erbe als Insolvenzschuldner[35]

Der Erbe als Träger aller aktiven und passiven Vermögenswerte des gesamten Nachlasses ist im Nachlassinsolvenzverfahren der Gemeinschuldner. Der Erbe hat in der Nachlassinsolvenz alle Rechte und Pflichten eines Gemeinschuldners, die diesem nach der InsO oder diese ergänzenden Bestimmungen eingeräumt sind. Er hat namentlich gem. § 97 InsO Auskunft zu erteilen,[36] die eidesstattliche Versicherung gem. § 98 InsO abzugeben[37] und sich über die angemeldeten Forderungen im Prüfungstermin gem. § 176 InsO zu erklären. Die in der InsO gegen den Gemeinschuldner vorgesehenen Zwangsmittel finden im Falle der Nachlassinsolvenz in gleicher Weise auf den Erben Anwendung, jedoch werden die staatsbürgerlichen Rechte des Erben durch die Verfahrenseröffnung nicht beeinträchtigt. 12

Ist der Erbe nicht in Person bekannt und daher ein Nachlasspfleger nach den §§ 1960f. BGB bestellt, nimmt dieser die Schuldnerrolle im Verfahren ein. Hat der Erbe die Erbschaft verkauft, tritt nach § 330 Abs. 1 InsO der Käufer im Insolvenzverfahren an seiner Stelle in die Rolle des Schuldners ein. 13

4. Insolvenzgläubiger und Massegläubiger

a) Nicht-nachrangige Nachlassinsolvenzgläubiger. Im Insolvenzverfahren über einen Nachlass können nach § 325 InsO nur die Nachlassverbindlichkeiten geltend gemacht werden.[38] Der Begriff der Nachlassverbindlichkeiten des § 325 InsO deckt sich mit dem Begriff Nachlassverbindlichkeiten i. S. v. § 1967 BGB.[39] Dabei handelt es sich 14

---

32 *Mugdan*, Materialien zum BGB, Bd. V S. 125, 676f.
33 *Roth*, Nachlassinsolvenzverfahren, S. 125 f.
34 *Schumann*, in: MünchKomm, InsO, 1. Aufl. 2001, § 83 Rn. 13.
35 *Häsemeyer*, Insolvenzrecht, 3. Aufl. 2003, S. 115ff. Zur „unternehmenstragenden" Erbengemeinschaft in der Insolvenz vgl. mit gleichlautendem Titel das Buch von *Meßink*, 2007.
36 *Roth*, Nachlassinsolvenzverfahren, S. 62 ff.
37 *Roth*, Nachlassinsolvenzverfahren, S. 69.
38 *Häsemeyer*, Insolvenzrecht, 3. Aufl. 2003, Rn. 33.30.
39 *Fehl*, in: LSZ, InsO, 3. Aufl. 2010, § 325 Rn. 1.

um die sog. Erblasserschulden, soweit sie auf den Erben weitergeleitet werden – was z.B. im Hinblick auf Unterhaltspflichten nach den §§ 1360a Abs. 3, 1615 BGB nicht der Fall ist, da sie mit dem Tod des Erblassers erlöschen.

15 Im Übrigen kann der Erbe nach § 326 Abs. 1 InsO die ihm gegen den Erblasser zustehenden Ansprüche geltend machen.[40] Hat der Erbe eine Nachlassverbindlichkeit erfüllt, so tritt er nach § 326 Abs. 2 InsO, soweit nicht die Erfüllung nach § 1979 des Bürgerlichen Gesetzbuches als für Rechnung des Nachlasses erfolgt gilt, an die Stelle des Gläubigers, es sei denn, dass er für die Nachlassverbindlichkeiten unbeschränkt haftet.

16 **b) Nachrangige Nachlassinsolvenzgläubiger.**[41] Im Rang nach den in § 39 InsO bezeichneten Verbindlichkeiten sind nach § 327 InsO die Verbindlichkeiten gegenüber Pflichtteilsberechtigten, die Verbindlichkeiten aus den vom Erblasser angeordneten Vermächtnissen und Auflagen und die Verbindlichkeiten gegenüber Erbersatzberechtigten nachrangig.

17 **c) Massegläubiger.**[42] Davon sind die sog. Erbfallschulden als durch den Erbfall ausgelöste Verbindlichkeiten sowie die Nachlassverwaltungsschulden abzugrenzen, die Masseverbindlichkeiten darstellen.[43] Bei den sogenannten Nachlasserbenschulden handelt es sich um Verbindlichkeiten, die beispielsweise dadurch begründet werden, dass der Erbe ein zum Nachlass gehörendes Geschäft oder Unternehmen fortführt und insoweit mit Wirkung für wie auch gegen den Nachlass Verbindlichkeiten eingeht.[44]

5. Stellung des Insolvenzverwalters

18 Die Stellung des Insolvenzverwalters ist im Nachlassinsolvenzverfahren die gleiche wie die eines Insolvenzverwalters in einem anderen Insolvenzverfahren. Der Insolvenzverwalter ist Partei kraft Amtes.

6. Antragsbefugnis

19 Zum Antrag auf Eröffnung des Insolvenzverfahrens über einen Nachlass ist nach § 317 Abs. 1 InsO jeder Erbe, der Nachlassverwalter sowie ein anderer Nachlasspfleger, ein Testamentsvollstrecker, dem die Verwaltung des Nachlasses zusteht und jeder Nachlassgläubiger berechtigt. Nach § 319 InsO ist der Antrag eines Nachlassgläubigers auf Eröffnung des Insolvenzverfahrens unzulässig, wenn seit der Annahme der Erbschaft zwei Jahre verstrichen sind. § 317 Abs. 2 InsO trifft eine § 15 Abs. 3 InsO entsprechende Regelung: Wird der Antrag nicht von allen Erben gestellt, so ist er zulässig, wenn der Eröffnungsgrund glaubhaft gemacht wird.[45] Das Insolvenzgericht hat die übrigen Erben zu hören. Gegebenenfalls ist nach § 317 Abs. 3 InsO ein Testamentsvollstrecker zu hören.

---

40 Krit. dagegen *Häsemeyer*, Insolvenzrecht, 3. Aufl. 2003, Rn. 33.05.
41 *Roth*, Nachlassinsolvenzverfahren, S. 48 f.; 119 f.
42 *Roth*, Nachlassinsolvenzverfahren, S. 112 f.; 373 f.
43 *Häsemeyer*, Insolvenzrecht, 3. Aufl. 2003, Rn. 33.31.
44 *Fehl*, in: LSZ, InsO, 3. Aufl. 2010, § 325 Rn. 5.
45 *Roth*, Nachlassinsolvenzverfahren, S. 21 f.

7. Eröffnungsgründe

Grund für die Eröffnung des Insolvenzverfahrens über einen Nachlass war nach überkommenem Recht die Überschuldung.[46] § 320 InsO nennt nunmehr als Eröffnungsgrund im Falle der Nachlassinsolvenz auch die Zahlungsunfähigkeit[47] und für den Fall des Antrags des Erben, des Nachlassverwalters oder eines anderen Nachlasspflegers oder des Testamentsvollstreckers auch die drohende Zahlungsunfähigkeit. In der Begründung des Regierungsentwurfs[48] wird darauf hingewiesen, dass für die Anerkennung der Zahlungsunfähigkeit[49] als weiterer Eröffnungsgrund auch der Umstand spreche, dass die Feststellung der Überschuldung des Nachlasses erhebliche Zeit in Anspruch nehme. 20

8. Wirkungen des Eröffnungsbeschlusses

a) **Anfechtungsrechtliche Fragen.** Die sich auf den Gemeinschuldner beziehenden gesetzlichen Vorschriften sind für Sachverhalte, welche in der Zeit vor dem Erbfall liegen, auf den Erblasser zu beziehen, – diese sind besonders bedeutsam für die Insolvenzanfechtung nach §§ 129ff. InsO sowie für Verträge des Erblassers und deren Behandlung gemäß §§ 103 ff. InsO – ansonsten kommen für die Folgezeit die insolvenzrechtlichen Bestimmungen ausschließlich für den Erben zur Anwendung.[50] Auch wenn die Nachlassverwaltung angeordnet ist, können die Nachlassgläubiger während dieser Zeit in den Nachlass vollstrecken und diesem damit wertvolle Vermögensstücke entziehen. Dies ergibt sich aus § 1985 BGB. Diese Gegenstände können gegebenenfalls unter den Voraussetzungen des Anfechtungsrechts rückgewonnen werden, wenn schließlich die Überschuldung festgestellt und das Nachlassinsolvenzverfahren eröffnet wird.[51] 21

Wird infolge der Anfechtung einer von dem Erblasser oder ihm gegenüber vorgenommenen Rechtshandlung etwas zur Insolvenzmasse zurückgewährt, verbietet es § 328 Abs. 1 InsO, dies zur Erfüllung der in § 327 Abs. 1 InsO bezeichneten Verbindlichkeiten zu verwenden. 22

§ 322 InsO erweitert den Katalog der allgemeinen insolvenzrechtlichen Anfechtungsgründe um den Fall, in dem der Erbe vor der Eröffnung des Insolvenzverfahrens aus dem Nachlass Pflichtteilsansprüche, Vermächtnisse oder Auflagen erfüllt hat. Diese Rechtshandlungen sind in gleicher Weise anfechtbar wie eine unentgeltliche Leistung des Erben. 23

Maßnahmen der Zwangsvollstreckung in den Nachlass, die nach dem Eintritt des Erbfalls erfolgt sind, gewähren gem. § 321 InsO kein Recht zur abgesonderten Befriedigung. § 321 InsO umfasst auch die „relative" Unwirksamkeit einer im Wege der einstweiligen Verfügung nach dem Erbfall erlangten Vormerkung.[52] Damit wird für eine derartige Vormerkung die Schutzbestimmung des § 106 InsO ausgeschlossen. Im 24

---

46 *Häsemeyer,* Insolvenzrecht, 3. Aufl. 2003, Rn. 33.06 N. 14.
47 *Häsemeyer,* Insolvenzrecht, 3. Aufl. 2003, Rn. 33.08.
48 Amtl. Begr. zu § 363 RegEInsO, BT-Drucks. 12/2443, 231.
49 *Häsemeyer,* Insolvenzrecht, 3. Aufl. 2003 (Fn. 33).
50 *Kuhn/Uhlenbruck,* Konkursordnung, 11. Aufl. 1994, § 214 Rn. 6 m.w.N.
51 *Fehl,* in: LSZ, InsO, 3. Aufl. 2010, § 320 Rn. 3.
52 *Roth,* Nachlassinsolvenzverfahren, S. 132.

Nachlassinsolvenzverfahren steht folglich dem Inhaber einer entgegen § 321 InsO erwirkten Vormerkung weder ein Absonderungs- noch ein Aussonderungsrecht zu.[53]

25 **b) Absonderungsrechte.** Ein Zurückbehaltungsrecht des Erben schließt § 323 InsO insoweit ausdrücklich aus. Stattdessen muss er seinen Aufwendungsersatzanspruch gem. § 324 Abs. 1 Nr. 1 InsO als Masseforderung geltend machen.[54] § 324 InsO erweitert für den Bereich des Nachlassinsolvenzverfahrens den Kreis der Masseverbindlichkeiten. Aufwendungen, die typischerweise nach Eintritt des Erbfalls im Rahmen einer ordnungsgemäßen Verwaltung der Erbschaft erfolgt sind, werden begünstigt. Der Grundsatz, dass die Wirkungen der Eröffnung des Nachlassinsolvenzverfahrens soweit wie möglich auf den Zeitpunkt des Erbfalls zurückbezogen werden sollen, kommt auch hier zum Tragen.

II. Insolvenzverfahren über das Gesamtgut einer Gütergemeinschaft

1. Problem

26 Vereinbaren die Ehegatten die Gütergemeinschaft, werden dadurch unterschiedliche Vermögensmassen gebildet, hinsichtlich derer unterschiedliche Haftungsverhältnisse insolvenzrechtlich Berücksichtigung finden.[55]

2. Gesamtgut unter gemeinschaftlicher Verwaltung

27 Steht das Gesamtgut unter gemeinschaftlicher Verwaltung der Ehegatten, haftet das Vermögen jedes der Ehegatten für die aus der gemeinschaftlichen Verwaltung hervorgegangenen Kosten, § 1459 Abs. 1 BGB. Wird über das Vermögen eines oder beider Ehegatten das Insolvenzverfahren eröffnet, lässt dieses Verfahren im Allgemeinen[56] das Gesamtgut unberührt.

28 Nach § 333 InsO ist jeder Gläubiger antragsberechtigt, der aus dem Gesamtgut die Erfüllung einer Verbindlichkeit verlangen kann, und nach § 333 Abs. 2 InsO jeder Ehegatte. Sofern die Ehegatten den Antrag gemeinschaftlich stellen, ist auch die drohende Zahlungsunfähigkeit Eröffnungsgrund. Wird der Antrag nicht von beiden Ehegatten gestellt, ist nur die Zahlungsunfähigkeit Eröffnungsgrund. In diesem Falle hat das Insolvenzgericht wie im Falle des § 15 Abs. 3 InsO den anderen Ehegatten zu hören.

3. Fortgesetzte Gütergemeinschaft[57]

29 Die Ehegatten können nach § 1483 Abs. 1 S. 1 BGB durch Ehevertrag vereinbaren, dass die Gütergemeinschaft nach dem Tode eines Ehegatten zwischen dem überlebenden Ehegatten und den gemeinschaftlichen Abkömmlingen fortgesetzt wird. Macht der überlebende Ehegatte nach § 1484 BGB von seinem Recht Gebrauch, die Fortsetzung der Gemeinschaft abzulehnen, kommt ein Insolvenzverfahren über das Gesamtgut nicht mehr in Betracht. Die Gläubiger können im Falle der fortgesetzten Gütergemeinschaft nur ein einheitliches, das Vermögen ihres Schuldners und das Gesamtgut umfassendes Insolvenzverfahren beantragen.[58]

---

53 *Fehl*, in: LSZ, InsO, 3. Aufl. 2010, § 321 Rn. 5.
54 *Fehl*, in: LSZ, InsO, 3. Aufl. 2010, § 323 Rn. 1.
55 *Häsemeyer*, Insolvenzrecht, 3. Aufl. 2003, Rn. 34.01.
56 *Häsemeyer*, Insolvenzrecht, 3. Aufl. 2003, Rn. 34.02.
57 *Roth*, Nachlassinsolvenzverfahren, S. 347 f.
58 *Fehl*, in: LSZ, InsO, 3. Aufl. 2010, § 332 Rn. 1.

Antragsberechtigt ist der überlebende Ehegatte unabhängig von seiner persönlichen Haftung;[59] die gemeinschaftlichen Abkömmlinge sind dagegen nicht antragsberechtigt.[60] Wie beim Nachlassinsolvenzverfahren gemäß § 320 InsO sind **Insolvenzgründe**[61] die Überschuldung des Gesamtguts sowie die Zahlungsunfähigkeit und, sofern der überlebende Ehegatte oder ein Gesamtgutsverwalter die Eröffnung beantragt, gemäß § 320 S. 2 InsO auch die drohende Zahlungsunfähigkeit. **30**

---

59 *Häsemeyer*, Insolvenzrecht, 3. Aufl. 2003, Rn. 34.10.
60 *Häsemeyer*, Insolvenzrecht, 3. Aufl. 2003, Rn. 34.11.
61 *Häsemeyer*, Insolvenzrecht, 3. Aufl. 2003, Rn. 34.08.

§ 46 Restschuldbefreiung[1]

I. Funktion

1 Sowohl nach den gesetzgeberischen Intentionen als auch nach der systematischen Stellung des Restschuldbefreiungsverfahrens im Gesetz bedarf es besonderer Erläuterungen, weshalb es im Rahmen eines eigenen Abschnittes *neben* dem Regelinsolvenzverfahren dargestellt wird. In der Literatur[2] findet sich denn auch die Behauptung, das Restschuldbefreiungsverfahren sei „integraler Bestandteil" des Regelinsolvenzverfahrens, was mit Blick auf § 1 Satz 2 InsO eine gewisse Berechtigung für sich beanspruchen kann. Denn die Regelungen über die Restschuldbefreiung in den §§ 286 bis 303 InsO gelten auch in Fällen eines vorangegangenen „Regel"-Insolvenzverfahrens, sofern es sich nur um eine natürliche Person[3] als Schuldner gehandelt hat.

II. Gang des Restschuldbefreiungsverfahrens

1. Persönlicher Geltungsbereich

2 **a) Natürliche Personen.** Das Restschuldbefreiungsverfahren dient der Befreiung natürlicher Personen von einer nachkonkurslichen Inanspruchnahme durch ihre Gläubiger wegen des erlittenen Ausfalls, § 286 InsO.[4]

3 **b) „Würdigkeit" des redlichen Schuldners.**[5] Es geht gleichsam um die nachkonkursliche Sanierung des Schuldners. Bereits aus § 1 Satz 2 InsO ergibt sich freilich eine Einschränkung dieses Grundsatzes, der bestimmt, dass sich die Möglichkeit einer Restschuldbefreiung nur für den *redlichen* Schuldner eröffnen soll. Damit wird ein „Würdigkeitskriterium"[6] eingeführt, das in § 290 InsO durch die Statuierung von Gründen konkretisiert wird, deren Vorliegen die Versagung der Restschuldbefreiung zur Folge hat.

4 § 290 InsO normiert die Tatbestände, deren Vorliegen auf Antrag eines Insolvenzgläubigers zur Versagung der Restschuldbefreiung führen, noch bevor es zur Aufhebung des Insolvenzverfahrens kommt[7], sofern der Antrag stellende Insolvenzgläubiger sie darlegt und glaubhaft macht.[8]

5 Die Tatbestände der § 290 Abs. 1 Nr. 1 und – künftig – Nr. 1 a InsO begrenzen durch eine „pauschale" Regelung etwaige Rechtsmissbräuche.[9] Nach der zutreffenden Er-

---

1 Zur geplanten Reform, die im folgenden eingearbeitet ist: *Jacobi*, ZInsO 2011, 2177.
2 *Haarmeyer*, in: Smid, InsO, 2. Aufl. 2001, § 286 Rn. 2.
3 *Wittig*, WM 1998, 209; *Hess/Obermüller*, Insolvenzplan, Restschuldbefreiung und Verbraucherinsolvenz, 1998, Rn. 929.
4 Nachw. Fn. 3.
5 *Häsemeyer*, Insolvenzrecht, 3. Aufl. 2003, Rn. 26.01.
6 So zu Recht *Häsemeyer*, Insolvenzrecht, 3. Aufl. 2003, Rn. 26.17 ff.; *Hess/Obermüller* (Fn. 3) Rn. 963,
7 Amtl. Begr. zu § 239 RegE InsO, BT-Drs. 12/2443, 190.
8 *Kiesbye*, in: LSZ, InsO, § 290 Rn. 1.
9 Anders dagegen *Häsemeyer*, Insolvenzrecht, 3. Aufl. 2003, Rn. 26.21, der die erste Alt. der Vorschrift sub specie des Redlichkeitserfordernisses für systematisch verfehlt hält.

kennntnis des Reformgesetzgebers kann auch ein Schuldner „unredlich" sein, der durch eine Straftat die wirtschaftlichen Interessen oder das Vermögen eines späteren Insolvenzgläubigers beeinträchtigt[10], obwohl dadurch die Insolvenzmasse nicht geschmälert wird. Neben den bislang greifenden Insolvenzstraftaten (§ 290 Abs. 1 Nr. 1 InsO) führen künftig nach einer in § 290 InsO einzufügenden Nr. 1a auch Verurteilungen wegen Vermögensdelikten zum Nachteil eines Insolvenzgläubigers zur Versagung der Restschuldbefreiung.

Der Gesetzgeber des Referentenentwurfs eines Gesetzes zur Verkürzung des Restschuldbefreiungsverfahrens, zur Stärkung der Gläubigerrechte und zur Insolvenzfestigkeit von Lizenzen führt in § 290 InsO eine Fünfjahresfrist ein, nach deren Ablauf der Gesetzgeber die Versagung der Restschuldbefreiung aufgrund einer Verurteilung wegen der aufgeführten Straftaten für nicht mehr gerechtfertigt hält – was rechtspolitisch gewiss zu Bedenken Anlass geben mag. Mit der Einführung der fünfjährigen Frist orientiert sich der Reformgesetzgeber an den Höchstfristen des § 34 des BZRG über die Fristen, die für die Aufnahme von Straftaten in ein Führungszeugnis gelten, sowie an § 6 Abs. 2 Nr. 3 lit. b des GmbHG, § 76 Abs. 3 Nr 3 lit b des AktG. Der Gesetzgeber folgt darin *Häsemeyer*[11], der schon früher bemerkt hat, dass die Berücksichtigung von Straftaten nur in den für das Strafregister geltenden Tilgungsfristen greifen könne. Ob dies haftungsrechtlich vollständig überzeugend ist, ruft allerdings Zweifel hervor. Die Versagung der Restschuldbefreiung wegen der im Katalog des § 290 InsO angeführten Straftaten will, nach den Vorstellungen der Verfasser des Referentenentwurfs eines Gesetzes zur Verkürzung des Restschuldbefreiungsverfahrens, zur Stärkung der Gläubigerrechte und zur Insolvenzfestigkeit von Lizenzen darüber hinaus durch die Statuierung einer sog. Erheblichkeitsgrenze einschränken. Danach soll nurmehr die Verurteilung zu einer Geldstrafe von mindestens 90 Tagessätzen oder zu einer Freiheitsstrafe von mindestens drei Monaten zur Versagung der Restschuldbefreiung führen. Das steht im Widerspruch zu den im übrigen, namentlich in § 850 f Abs. 2 ZPO und § 302 InsO, getroffenen Entscheidungen und wird verfahrensrechtlich mit Blick auf § 174 Abs. 2 aE InsO zu Verwerfungen führen. 6

Die Versagung der Restschuldbefreiung kann sich nach § 290 Abs. 1 Nr. 2 InsO auch darauf stützen, dass der Schuldner in den letzten drei Jahren vor dem Antrag auf Eröffnung des Insolvenzverfahrens oder nach diesem Antrag vorsätzlich oder grob fahrlässig schriftlich unrichtige oder unvollständige Angaben über seine wirtschaftlichen Verhältnisse gemacht hat, um einen Kredit zu erhalten, Leistungen aus öffentlichen Mitteln zu beziehen oder Leistungen an öffentliche Kassen zu vermeiden. 7

Nach § 297 InsO versagt das Insolvenzgericht **auf Antrag eines Insolvenzgläubigers** die Restschuldbefreiung, wenn der Schuldner in dem Zeitraum zwischen Schlusstermin und Aufhebung des Insolvenzverfahrens oder während der Laufzeit der Abtretungserklärung wegen einer Straftat nach den §§ 283 bis 283 c des Strafgesetzbuchs, künftig: auch wegen der in § 290 Abs. 1 Nr. 1 a InsO genannten Straftaten, rechtskräf- 8

---

10 Bereits nach OLG Celle, Beschl. v. 5. 4. 2001 – 2 W 8/01 – InVo 2001, 238 muss diese Verurteilung nicht mit dem laufenden Insolvenzverfahren in Zusammenhang stehen.
11 *Häsemeyer*, Insolvenzrecht, 3. Aufl. 2003, Rn. 26.19.

tig verurteilt wird und sich das Strafmaß in dem in den Nrn 1 und 1a des § 290 Abs. 1 InsO normierten Rahmen bewegt.

9 § 290 Abs. 1 Nr. 3 InsO ordnet an, dass dem Schuldner die Restschuldbefreiung zu versagen ist, wenn ihm innerhalb der letzten zehn Jahre eine Schuldbefreiung erteilt oder nach den §§ 296, 297 versagt worden ist; nach künftigem Recht soll im Falle der Versagung nach den §§ 296, 297 InsO nurmehr eine fünfjährige Frist greifen.

10 Dem Schuldner ist weiter nach gem. Art. 1 Nr. 19 Referentenentwurfs eines Gesetzes zur Verkürzung des Restschuldbefreiungsverfahrens, zur Stärkung der Gläubigerrechte und zur Insolvenzfestigkeit von Lizenzen einzufügender Nr. 3a des § 290 Abs. 1 InsO die Restschuldbefreiung zu versagen, wenn ihm in den letzten drei Jahren vor dem Antrag auf Eröffnung des Insolvenzverfahrens oder nach diesem Antrag bereits die Restschuldbefreiung nach § 290 Abs. 1 Nr 5 oder 6 InsO oder aufgrund dieser Tatbestände nach § 297a InsO versagt worden ist.

11 Die Restschuldbefreiung ist nach § 290 Abs. 1 Nr. 4 InsO zu versagen, wenn der Schuldner im letzten Jahr vor dem Antrag auf Eröffnung des Insolvenzverfahrens oder nach diesem Antrag vorsätzlich oder grob fahrlässig die Befriedigung der Insolvenzgläubiger dadurch beeinträchtigt hat, dass er unangemessene Verbindlichkeiten begründet oder Vermögen verschwendet oder ohne Aussicht auf eine Besserung seiner wirtschaftlichen Lage die Eröffnung des Insolvenzverfahrens verzögert hat oder wenn er während des Insolvenzverfahrens Auskunfts- oder Mitwirkungspflichten nach diesem Gesetz vorsätzlich oder grob fahrlässig verletzt hat. Hierzu zählen sämtliche Auskunfts- und Mitwirkungspflichten während des gesamten Insolvenzverfahrens bis zum Schlusstermin,worunter auch die in dem gerichtlichen Verfahren über den Schuldenbereinigungsplan und die im Eröffnungsverfahren erfasst werden. Dies will der Gesetzgeber künftig durch die Streichung der Worte „während des Insolvenzverfahrens" ausdrücklich klarstellen.

12 Die Nrn. 5 und 6 des § 290 Abs. 1 InsO betreffen Verletzungen von verfahrensrechtlichen Pflichten:[12] Wie in der alten VerglO bestimmt § 290 Abs. 1 Nr. 5 InsO, dass die Restschuldbefreiung versagt wird, wenn der Schuldner während des Insolvenzverfahrens Auskunfts- oder Mitwirkungspflichten nach den §§ 20, 97 InsO vorsätzlich oder grob fahrlässig verletzt hat. Schließlich bestimmt § 290 Abs. 1 Nr. 6 InsO, dass die Restschuldbefreiung versagt wird, wenn der Schuldner in den nach § 305 Abs. 1 Nr. 3 InsO vorzulegenden Verzeichnissen seines Vermögens und seines Einkommens, seiner Gläubiger und der gegen ihn gerichteten Forderungen vorsätzlich oder grob fahrlässig unrichtige oder unvollständige Angaben gemacht hat.

13 Der IX. Zivilsenat des BGH[13] hat freilich darauf erkannt, dass die Versagung der Restschuldbefreiung wegen der Verletzung einer Auskunftspflicht durch den Schuldner unter der Voraussetzung unverhältnismäßig sein kann, wenn der Schuldner, bevor der Sachverhalt aufgedeckt und ein hierauf gestützter Versagungsantrag gestellt

---

12 *Häsemeyer*, Insolvenzrecht, 3. Aufl. 2003, Rn. 26.23 f.
13 BGH, Beschl. v. 6. 12. 2010 – IX ZB 63/09, ZIP 2011, 133.

worden ist, die gebotene Auskunft von sich aus nachgeholt hat. Dieser Entscheidung liegt folgender, hier vereinfacht wiedergegebener Sachverhalt zugrunde:

Beispielsfall: In dem vom Schuldner mit seinem Antrag auf Eröffnung des Regelinsolvenzverfahrens über sein Vermögen und Erteilung der Restschuldbefreiung vorgelegten Vermögensverzeichnis führte der Schuldner eine ihm gehörende Eigentumswohnung auf Mallorca nicht auf. Eine Darlehensforderung seiner Mutter war im Gläubigerverzeichnis nicht ausgewiesen. Im Februar 2003 wurde das Insolvenzverfahren über sein Vermögen eröffnet, in dessen Verlauf er im Mai 2003 dem Insolvenzverwalter mitteilte, eine Wohnung auf Mallorca habe er unter eigenem Namen für seine Mutter als Alterssitz gekauft, die später, im Jahr 2006, eine Darlehensforderung über rd. 800.000 € gegen den Schuldner zur Tabelle anmeldete. Das Insolvenzgericht hat nach Abschluss des Verfahrens zunächst wegen Verstoßes gegen die Obliegenheit des § 290 Abs. 1 Nr. 5 InsO die Restschuldbefreiung versagt, im Abhilfeverfahren wurde auf sofortige Beschwerde des Schuldners diese Entscheidung aufgehoben und Versagungsanträge zurückgewiesen, woraufhin das Beschwerdegericht auf sofortige Beschwerde eines Gläubigers die Restschuldbefreiung erneut versagte. Der BGH hat auf die Restbeschwerde des Schuldners hin die beschwerdegerichtliche Entscheidung aufgehoben. 14

Nun ist eine Heilung von Obliegenheitsverletzungen des Schuldners nicht vorgesehen, von der der IX. Zivilsenat denn auch nur in „“ schreibt. Das Beschwerdegericht war der Auffassung gewesen, eine verwirklichte Obliegenheitsverletzung könne nur bis zur Eröffnung des Insolvenzverfahrens durch entsprechende Mitteilungen und Erklärungen des Schuldners aus der Welt geschafft („geheilt“) werden. Der IX. Zivilsenat führt aber aus, dass im vorliegenden Fall wegen der Erklärungen des Schuldners vom Mai 2003, also relativ kurzfristig nach Eröffnung des Insolvenzverfahrens, gegenüber dem Insolvenzverwalter diesem die Möglichkeit einer Prüfung der Sachlage ermöglicht wurde. Eine Schmälerung der Masse und eine Gefährdung der Gläubiger waren daher nicht zu befürchten. In einem derartigen Fall, so mit zutreffenden Erwägungen der IX. Zivilsenat des BGH, wäre die Versagung der Restschuldbefreiung unverhältnismäßig. 15

Schließlich versagt das Insolvenzgericht dem Schuldner die Restschuldbefreiung nach einer durch Art. 1 Nr. 19 Referentenentwurfs eines Gesetzes zur Verkürzung des Restschuldbefreiungsverfahrens, zur Stärkung der Gläubigerrechte und zur Insolvenzfestigkeit von Lizenzen einzufügenden Nr. 7., wenn der Schuldner seine Erwerbsobliegenheit nach § 295 Abs. 1 InsO bzw. seine Obliegenheit nach § 296 Abs. 2 InsO verletzt und dadurch die Befriedigung der Insolvenzgläubiger beeinträchtigt, es sei denn, den Schuldner trifft kein Verschulden 16

Der nachvollziehbare Verzicht auf einen kompromißlosen, über § 300 Abs. 1 InsO künftiger Fassung hinausgehenden Übergang zu Mindestquoten als Voraussetzung einer discharge ist vor dem Hintergrund zu sehen, dass das Gesetz auch in seiner Neufassung für das Entschuldungsverfahren an der Notwendigkeit einer Redlichkeitsprüfung festhält.[14] Besonderen Wert legt der Gesetzgeber auf vom Gericht amtswegig einfach festzustellende Versagensgründe. Hier legt der Gesetzgeber wert insbesondere auf die Begehung von Insolvenzstraftaten nach den §§ 283–283 StGB gem. § 290 Abs. 1 Nr. 1 InsO bzw. die Verletzung von Auskunfts- oder Mitwirkungspflichten gem. § 290 Abs. 1 Nr. 5 InsO. Wegen der Entschuldungsfunktion des Verfahrens legt der Gesetzgeber dem Schuldner die Obliegenheiten auf, die ihn in § 295 InsO im Restschuldbefreiungsverfahren treffen, namentlich die Erwerbsobliegenheit nach § 295 Abs. 1 Nr. 1 InsO[15]. Zwar korrespondiert mit der Erwerbsobliegenheit kein Vermö- 17

---

14 A (I2c) ff).
15 A (I2c) gg).

gensbeschlag des Neuerwerbs im § 35 InsO bzw. keine Abtretung i. S. v. § 287 InsO. Die Erwerbsobliegenheit soll dem Schuldner aber vor Augen führen, dass er sich während des Verfahrens um eine bestmögliche Befriedigung seiner Gläubiger zu bemühen hat.

18 **c) Zeitpunkt des Versagungsantrages.** Der Reformgesetzgeber reagiert mit der Neufassung des § 290 InsO und mit der Einführung eines § 297a InsO n.F. auf einen Mißstand: Bislang wurde – wie die Amtliche Begründung zutreffend ausführt – trotz Vorliegens von Versagungsgründen die Restschuldbefreiung nur deshalb erteilt, weil die Ausgestaltung des Verfahrens den Gläubigern zu mühselig war: Die Erfahrungen der Praxis zeigen, dass viele Gläubiger den Aufwand scheuen, persönlich im Schlusstermin zu erscheinen und die Versagung der Restschuldbefreiung zu beantragen. Folglich unterbleiben Versagungsanträge auch in Fällen, in denen eine Versagung wahrscheinlich erschien. Mit Art. 1 Nr. 24 des Referentenentwurfs eines Gesetzes zur Verkürzung des Restschuldbefreiungsverfahrens, zur Stärkung der Gläubigerrechte und zur Insolvenzfestigkeit von Lizenzen wird in einem neuen § 297a S. 1 InsO vorgesehen, dass das Insolvenzgericht die Restschuldbefreiung auf Antrag eines Insolvenzgläubigers versagt, wenn sich nach dem Schlusstermin herausstellt, dass ein Versagungsgrund nach § 290 Abs. 1 vorgelegen hat. Eine Versagung ist danach auch dann möglich, wenn den Gläubigern ein Versagungsgrund erst nach der Ankündigung der Restschuldbefreiung bekannt geworden ist; dies ist vom antragsstellenden Gläubiger gem. § 297a Satz 3 InsO glaubhaft zu machen. Allerdings können die Gläubiger die Versagung der Restschuldbefreiung gem. § 297a Satz 2 InsO nur innerhalb einer Überlegungsfrist von sechs Monaten nach Kenntnis vom Vorliegen des Versagungsgrundes beantragen.

19 Wegen des Verzichts auf die nach dem § 291 InsO bisheriger Fassung vorgeschriebene Ankündigung der Restschuldbefreiung, dessen Aufhebung Art. 1 Nr. 20 des Referentenentwurfs eines Gesetzes zur Verkürzung des Restschuldbefreiungsverfahrens, zur Stärkung der Gläubigerrechte und zur Insolvenzfestigkeit von Lizenzen vorsieht, bedarf es keiner (bislang) obligatorischen Ankündigungsentscheidung mehr. Nach alledem hat das Insolvenzgericht künftig nach dem Schlusstermin auch noch dann über die Versagung der Restschuldbefreiung zu entscheiden, wenn ein Gläubiger einen Versagungsantrag nach § 290 InsO gestellt hat.

20 **d) Restschuldbefreiung nur auf Antrag.** Nach § 287 Abs. 1 Satz 1 InsO setzt die Zulassung des Schuldners zum Restschuldbefreiungsverfahren (die sogenannte „Ankündigung") einen Antrag[16] des Schuldners voraus, der nach § 287 Abs. 1 Satz 2 InsO im Regelinsolvenzverfahren spätestens im Berichtstermin entweder schriftlich beim Insolvenzgericht einzureichen; handelt es sich um eine Verbraucherinsolvenz, hat der eigenantragstellende Schuldner den Antrag bereits mit dem Eröffnungsantrag nach § 305 Abs. 1 Nr. 2 InsO zu stellen.[17] Der Schuldner hat mit seinem Antrag zu erklären, dass er – für den Fall der Zulassung zum Restschuldbefreiungsverfahren – seine pfändbaren Bezüge für einen Zeitraum von sechs Jahren (die sog. „Wohlverhaltensperiode") an einen Treuhänder abtreten werde, § 287 Abs. 2 InsO.

---

16 *Häsemeyer*, Insolvenzrecht, 3. Aufl. 2003, Rn. 26.14; *Hess/Obermüller*, Insolvenenzplan, Restschuldbefreiung und Verbraucherinsolvenz, 1998, Rn. 935.

17 Das OLG Köln (InVo 2000, 303) meint, der Antrag auf Restschuldbefreiung sei nur im Falle einer Eigenantragsstellung zulässig.

War der Schuldner bereits vor dem 1. 1. 1997 zahlungsunfähig, so verkürzt sich nach Art. 107 EGInsO die Laufzeit der Abtretung (Treuhandphase) von sechs auf fünf Jahre.[18] 21

Die Insolvenzordnung sieht vor, dass, wenn es sich bei dem Schuldner um eine natürliche Person handelt, er vom Insolvenzgericht darauf hingewiesen werden soll, dass er nach Maßgabe der §§ 286 bis 303 InsO Restschuldbefreiung erlangen kann. Wird der Antrag auf Restschuldbefreiung daher nicht mit dem Eigenantrag verbunden, bestimmt das Gesetz in § 287 Abs. 1 Satz 2 InsO, dass er innheralb einer Frist von zwei Wochen nach dem Hinweis gem. § 20 Abs. 2 InsO zu stellen ist. 22

In einem vom BGH entschiedenen **Fall**[19] war gegen den Schuldner ein Antrag seitens einer seiner Gläubiger gestellt worden. Zugleich mit der Zustellung dieses Antrags an ihn erfolgte die Belehrung des Schuldners über die Möglichkeit, Antrag auf Restschuldbefreiung zu stellen und darüber, dass er hierzu einen Eigenantrag auf Eröffnung des Insolvenzverfahrens stellen müsse. Hierfür wurde dem Schuldner aber keine Frist vom Insolvenzgericht gesetzt. Nachdem auf den Fremdantrag hin das Insolvenzverfahren eröffnet worden war, stellte der Schuldner Eigenantrag und beantragte Restschuldbefreiung. Beide Anträge wurden vom Insolvenzgericht verworfen. Die sofortige Beschwerde des Schuldners blieb ohne Erfolg. 23

Der Eigenantrag des Schuldners ging in dem vom BGH entschiedenen Fall freilich ins Leere. Denn es besteht in der Judikatur[20] und im Schrifttum[21] Einigkeit darüber, dass nach Eröffnung des Insolvenzverfahrens über das Vermögen ein Eigenantrag des Schuldners erst nach Verfahrensbeendigung wieder gestellt werden kann und bis dahin unzulässig ist. Die gesetzlich in § 20 Abs. 2 InsO normierte Hinweis- und Belehrungspflicht konkretisiert die das Insolvenzgericht im Allgemeinen bereits aufgrund der Verweisung des § 4 InsO nach § 139 Abs. 1 ZPO treffende Hinweispflicht[22], schränkt sie aber nicht ein. Damit dem Normzweck des § 20 Abs. 2 InsO Genüge getan wird, natürlichen Personen die Restschuldbefreiung im Anschluss an ein über ihr Vermögen eröffnetes Insolvenzverfahren zu ermöglichen,[23] erstrecken sich daher die von der insolvenzgerichtlichen Hinweispflicht erfassten Gegenstände über die im reinen Wortlaut des § 20 Abs. 2 InsO genannten hinaus. Sie betreffen auch das Antragserfordernis und die Frist gem. § 287 Abs. 1 InsO. Insbesondere ist der Schuldner über die Folgen einer Fristversäumnis zu unterrichten, was denknotwendig voraussetzt, dass er über den möglichen Lauf dieser Frist unterrichtet wird. Der IX. Zivilsenat bekräftigt diese im Schrifttum bereits anerkannten Überlegung zum Umfang der insolvenzgerichtlichen Belehrung des Schuldners. Gegen eine verbreitete Meinung, die auf die Stellung des von § 287 Abs. 1 Satz 1 InsO geforderten Eigenantrags die Zwei-Wochen-Frist gem. § 287 Abs. 1 Satz 2 InsO anzuwenden, hat der IX. Zivilsenat in der vorliegenden Entscheidung überzeugend entschieden, eine analoge Anwendung dieser Vorschrift auf den Eigenantrag sei ausgeschlossen, da die kurze Frist des § 287 Abs. 1 Satz 2 InsO nur deshalb angemessen sei, weil nach der bereits erfolgten Eigenantragsstellung für die Stellung des Restschuldbefreiungsantrags dem Schuld- 24

18 BT-Drs. 12/7303, 113.
19 BGH, Beschl. v. 17. 2. 2005 – IX ZB 176/03 – m. Anm. *Wehdeking*, juris-praxisreport Insolvenzrecht.
20 BGH, Beschl. v. 18. 5. 2004 – IX ZB 189/03 – NZI 2004, 444.
21 *Kirchhof*, in: H-K, InsO, 4. Aufl. 2006, § 27 Rn. 9.
22 Vgl. *Smid*, Insolvenzordnung, 2. Aufl. 2002, § 4 Rn. 8.
23 *Kirchhof*, in: H-K, InsO, 4. Aufl. 2006, § 20 Rn. 23.

ner keine lange Überlegungszeit gelassen werden müsse. Das ist in der Sache nachvollziehbar und nicht unrichtig. Methodisch korrekter wäre es gewesen, hätte der BGH darauf abgestellt, dass gesetzliche Fristen einer Analogie nicht zugänglich sind.[24] Der IX. Zivilsenat hat daraus den Schluss gezogen, das Insolvenzgericht habe dem Schuldner für den gebotenen Eigenantrag eine gerichtliche Frist zu setzen, innerhalb der er durch die Eigenantragstellung die Voraussetzungen für die erfolgreiche Beantragung der Restschuldbefreiung zu schaffen habe. Unterbleibt dies unter Verletzung der so vom BGH genauer gefassten insolvenzgerichtlichen Fürsorgepflichten, wird der Schuldner nach der vorliegenden Entscheidung trotz des Gesetzeswortlauts nicht von der Restschuldbefreiung ausgeschlossen. Unterlässt der Schuldner nämlich aus Rechtsunkenntnis die gebotenen Anträge zu stellen, darf ihm deswegen die Restschuldbefreiung nach zutreffender Ansicht des Senates nicht versagt werden. Die Eröffnung des Insolvenzverfahrens aufgrund Fremdantrags hindert danach die Restschuldbefreiung nicht. Der Eigenantrag, so der IX. Zivilsenat überzeugend, sei in diesen Fällen eine Äußerlichkeit, die jeden Beschleunigungseffekts entkleidet sei.

25 Die Versagung der Restschuldbefreiung setzt einen Antrag der Insolvenzgläubiger voraus. Die Gläubiger haben nach § 290 Abs. 2 InsO das Vorliegen eines der Versagungsgründe des § 290 Abs. 1 InsO glaubhaft zu machen.[25]

2. Insolvenzgerichtliche Entscheidung

26 **a) Ankündigung der Restschuldbefreiung nach bisherigem Recht.** Das Verfahren war bislang etwas unübersichtlich geregelt. Das Gesetz unterscheidet zwischen den Entscheidungen des Insolvenzgerichts in § 289 InsO einerseits und der Ankündigung der Restschuldbefreiung nach § 291 InsO andererseits. Selbstverständlich ist den Insolvenzgläubigern rechtliches Gehör zu gewähren, § 289 Abs. 1 Satz 1 InsO. Gemeint sind die Gläubiger nach den §§ 38, 39 InsO, da von der Restschuldbefreiung dingliche Sicherheiten und damit die Rechtsstellung der absonderungsberechtigten Gläubiger nicht berührt wird. Das Insolvenzgericht entscheidet nach Beendigung des Schlusstermins[26] des über das Vermögen des Schuldners durchgeführten Insolvenzverfahrens darüber, ob der Schuldner mit seinem nach § 287 Abs. 1 InsO gestellten Antrag zum Restschuldbefreiungsverfahren zugelassen wird oder, wenn Versagungsgründe greifen und die Insolvenzgläubiger einen entsprechenden Antrag nach § 290 InsO gestellt haben, die Restschuldbefreiung zu versagen ist.

27 Das Insolvenzgericht hat nach bisherigem Recht eine versagende Entscheidung zu erlassen, wenn das Insolvenzverfahren mangels Masse nach § 207 InsO eingestellt worden ist; eine Ankündigung der Restschuldbefreiung kommt nach § 289 Abs. 3 InsO a.F. nur unter der Voraussetzung in Betracht, dass die Masse nach § 209 InsO verteilt worden und die Einstellung nach § 211 InsO erfolgt ist.[27]

---

24 *Pawlowski*, Methodenlehre für Juristen, 2. Aufl. 1999, Rn. 336.
25 *Hess/Obermüller*, Insolvenzplan, Restschuldbefreiung und Verbraucherinsolvenz, 1998, Rn. 970.
26 *Häsemeyer*, Insolvenzrecht, 3. Aufl. 2003, Rn. 26.25.
27 *Wittig*, WM 1998, 209, 210.

b) Regelungen nach dem Referentenentwurfs eines Gesetzes zur Verkürzung des Restschuldbefreiungsverfahrens, zur Stärkung der Gläubigerrechte und zur Insolvenzfestigkeit von Lizenzen. Nach Art. 1 Nr. 17 des Referentenentwurfs eines Gesetzes zur Verkürzung des Restschuldbefreiungsverfahrens, zur Stärkung der Gläubigerrechte und zur Insolvenzfestigkeit von Lizenzen wird ein § 287a InsO eingefügt. Nach § 287a Abs. 1 InsO setzt die Durchführung des Restschuldbefreiungsverfahrens voraus, dass das Insolvenzgericht in einem – öffentlich bekanntzumachenden – Beschluss eine Eingangsentscheidung über den Antrag des Schuldners auf Restschuldbefreiung trifft. Dieser Beschluss kann mit dem Eröffnungsbeschluss verbunden werden (oben § 29 Rn. 5). Die Entscheidung nach § 287a Abs. 1 InsO ist der Entscheidung gem. § 4a Abs. 1 Satz 3 und 4 InsO nachgebildet. 28

Damit soll nach Absicht des Gesetzgebers frühzeitig „Rechtsklarheit" darüber hergestellt werden, ob der Schuldner am Ende des Verfahrens überhaupt Restschuldbefreiung erlangen kann – um für den Fall, dass diese Frage zu verneinen ist, „Aufwand und die Kosten eines für den Schuldner dann häufig überflüssigen Insolvenzverfahrens" zu vermeiden – wie es in der Amtlichen Begründung des Reformgesetzes heißt. § 287a Abs. 2 InsO sieht daher vor, dass das Insolvenzgericht dem Schuldner Gelegenheit zu geben hat, seinen Antrag auf Eröffnung des Insolvenzverfahrens *oder* den Antrag auf Restschuldbefreiung zurückzunehmen. Die Entscheidung nach § 287a InsO löst für ein späteres Restschuldbefreiungsverfahren keine Sperrfrist nach § 290 Abs. 1 Nr. 3a InsO aus. 29

c) Amtswegige Prüfung von Versagungsgründen. Dem Insolvenzgericht wird auferlegt, von Amts wegen zu prüfen, ob Versagungsgründe nach § 290 Abs. 1 Nr. 1, 1a, 3 oder 3a InsO vorliegen, wozu der Schuldner anzuhören ist, während nach der Amtlichen Begründung eine Anhörung der Gläubiger nicht erforderlich ist. Weniger tragfähig ist die Erwägung des Gesetzgebers, dass zu dem frühen Zeitpunkt des Verfahrens, in dem die Eingangsentscheidung zu treffen ist, die Gläubigereigenschaft häufig noch nicht feststeht. Ausschlaggebend erscheint demgegenüber, dass durch die Eingangsentscheidung spätere Einwendungen der Gläubiger nicht präkludiert werden, da von den Gläubigern Versagungsgründe nach § 290 Abs. 1 InsO bis zum Schlusstermin und nach Maßgabe des § 297a InsO sogar darüber hinaus geltend gemacht werden können. 30

d) Beschluss über die Möglichkeit der Restschuldbefreiung. Liegen keine Versagungsgründe nach § 290 Abs. 1 Nummer 1, 1a, 3 und 3a InsO vor, so stellt das Gericht in dem Beschluss fest, dass der Schuldner Restschuldbefreiung erlangt, wenn er den Obliegenheiten des § 295 InsO nachkommt und die Voraussetzungen einer Versagung nicht vorliegen. 31

e) Funktionelle Zuständigkeit. Die Neufassung des § 18 Abs. 1 Nr. 2 RPflG durch Art. 14 EGInsO hatte die Zuständigkeit im Restschuldbefreiungsverfahren in wesentlichen Bereichen auf den *Insolvenzrichter* verlagert. Danach sind allein **dem Richter vorbehalten** die Entscheidung über die Einleitung oder Versagung des Restschuldbefreiungsverfahrens auf der Grundlage des Antrages des Schuldners nach § 289 InsO, die Entscheidung über die vorzeitige Beendigung wegen Pflichtverletzungen des Schuldners nach §§ 296, 297 InsO, die Entscheidung über die endgültige Erteilung nach § 300 InsO, wenn ein Gläubiger die Versagung beantragt hat, und schließlich die Entscheidung über den Widerruf der Restschuldbefreiung nach 32

§ 303 InsO.[28] Mit Artikel 3 des Referentenentwurf eines Entwurf eines Gesetzes zur Verkürzung des Restschuldbefreiungsverfahrens, zur Stärkung der Gläubigerrechte und zur Insolvenzfestigkeit von Lizenzen soll die funktionelle Zuständigkeit für das Verbraucherinsolvenzverfahren und das Restschuldbefreiungsverfahren auf den Rechtspfleger übertragen werden.

33 Zur **Zuständigkeit des Rechtspflegers** im Restschuldbefreiungsverfahren gehören der Erlass des feststellenden Beschlusses zur Ankündigung der Restschuldbefreiung nach § 291 InsO, die Versagung der Restschuldbefreiung nach § 298 InsO sowie alle Entscheidungen, die die Belange des Treuhänders betreffen einschließlich der Frage seiner Vergütung.[29] Der Richter kann das Verfahren an sich ziehen.[30]

34 **f) Rechtsmittel.**[31] Versagt das Insolvenzgericht dem Schuldner die Restschuldbefreiung, steht ihm gegen den Beschluss die sofortige Beschwerde zu. Gleiches gilt für diejenigen Gläubiger, die einen Antrag nach § 290 Abs. 1 InsO gestellt haben; im Übrigen steht gegen den Beschluss, mit dem die Restschuldbefreiung angekündigt wird, keinem der Beteiligten Rechtsmittel zu.

35 **g) Wirkung des Ankündigungsbeschlusses nach bisherigem Recht.**[32] Mit dem Erlass des Ankündigungsbeschlusses,[33] der Aufhebung des über das Vermögen des Insolvenzverfahrens und der Einleitung des Restschuldbefreiungsverfahrens dauern wesentliche Wirkungen fort, die im Allgemeinen den Eröffnungsbeschluss kennzeichnen. Da die Wohlverhaltensperiode des Restschuldbefreiungsverfahrens eine Phase fortdauernden Zugriffs der Gläubiger auf das pfändbare Vermögen des Schuldners in einem Verteilungsverfahren par condicio creditorum kennzeichnet, wird die Gläubigergleichbehandlung durch § 294 InsO in einer Reihe hierfür zentraler Bereiche sichergestellt:

36 Zwangsvollstreckungen für einzelne Insolvenzgläubiger in das Vermögen des Schuldners sind nach § 294 Abs. 1 InsO während der Laufzeit der Abtretungserklärung nicht zulässig.[34] Nach bisherigem Recht gilt die alte Fassung des § 294 Abs. 3 InsO, dass der Verpflichtete eine Forderung gegen den Schuldner gegen die Forderung auf die Bezüge, die von der Abtretungserklärung erfaßt werden, nur aufrechnen kann, soweit er bei einer Fortdauer des Insolvenzverfahrens nach § 114 Abs. 2 InsO zur Aufrechnung berechtigt wäre.[35] Künftig gilt: Zum Verbot der Aufrechnung gegen die Forderung auf die Bezüge, die von der Abtretungserklärung gem. § 287 Abs. 2 InsO erfasst werden, gem. § 294 Abs. 3 InsO idF des Referentenentwurfs eines Gesetzes zur Verkürzung des Restschuldbefreiungsverfahrens, zur Stärkung der Gläubigerrechte und zur Insolvenzfestigkeit von Lizenzen, vgl. oben § 16 Rn. 18a.

---

28 *Haarmeyer,* in: Smid, InsO, 2. Aufl. 2001, § 286 Rn. 27.
29 *Haarmeyer,* in: Smid, InsO, 2. Aufl. 2001, § 286 Rn. 28.
30 AG Köln, Beschl. v. 22. 12. 2000 – 71 IK 4/99 – ZInsO 2001, 139.
31 *Häsemeyer,* Insolvenzrecht, 3. Aufl. 2003, Rn. 26.27.
32 *Wittig,* WM 1998, 209, 212; *Hess/Obermüller,* Insolvenzplan, Restschuldbefreiung und Verbraucherinsolvenz, 1998, Rn. 975 a. E.
33 Zur Form: *Häsemeyer,* Insolvenzrecht, 3. Aufl. 2003, Rn. 26.25.
34 *Hess/Obermüller,* Insolvenzplan, Restschuldbefreiung und Verbraucherinsolvenz, 1998, Rn. 954ff.
35 *Wittig,* WM 1998, 209, 213f.; *Hess/Obermüller,* Insolvenzplan, Restschuldbefreiung und Verbraucherinsolvenz, 1998, Rn. 954ff.

Schließlich bestimmt § 294 Abs. 2 InsO, dass jedes Abkommen nichtig ist, das der Schuldner oder anderer Personen mit einzelnen Insolvenzgläubigern schließen und durch das einzelnen Insolvenzgläubigern ein Sondervorteil verschafft wird. 37

h) Stellung der „Neugläubiger". Gläubiger, die nicht Massegläubiger waren (zu deren Stellung § 206 InsO) und die nicht Insolvenzgläubiger i. S. v. § 38 InsO sind, werden durch das Abtretungsmodell des § 287 Abs. 2 InsO auf das freie Vermögen des Schuldners verwiesen, was ihre Zwangsvollstreckungsmaßnahmen regelmäßig leerlaufen lassen wird.[36] Liegen die Voraussetzungen der Restschuldbefreiung im laufenden Verfahren vor (unten Rn. 76f.), kommt künftig § 301a Abs. 2 Satz 2 InsO zum Zuge: Der ordnet an, dass bei rechtskräftiger Erteilung der Restschuldbefreiung die Vorschrift des § 89 InsO keine Anwendung mehr findet, also die Zwangsvollstreckung in den insoweit dem Schuldner zustehenden Neuerwerb stattfindet. 38

3. Objektive Voraussetzung der Restschuldbefreiung

Das Restschuldbefreiungsverfahren wird nach bisherigem Recht erst eingeleitet, wenn aufgrund des Ankündigungsbeschlusses das Insolvenzverfahren über das Vermögen des Schuldners aufgehoben wird, so die ausdrückliche Regelung des § 289 Abs. 2 Satz 2 InsO.[37] Vgl. künftig § 287a InsO (oben Rn. 31ff.). 39

4. Bestimmung und Rechtsstellung eines Treuhänders[38]

a) Aufhebungsbeschluss. Nach bisherigem Recht ist in dem Ankündigungsbeschluss ein Treuhänder einzusetzen. Künftig gilt: Da der nach bisherigem Recht nach dem aufzuhebenden § 291 InsO zu fällende Beschluss über die Ankündigung der Restschuldbefreiung entfällt, wird der Treuhänder, an den die die nach § 287 Abs. 2 InsO abgetretenenen pfändbaren Bezüge treuhänderisch übergehen, nach der Fassung des § 200 Abs. 1 Satz 2 InsO durch Art. 1 Nr. 13 des Art. 1 Nr. 20 des Referentenentwurfs eines Gesetzes zur Verkürzung des Restschuldbefreiungsverfahrens, zur Stärkung der Gläubigerrechte und zur Insolvenzfestigkeit von Lizenzen im Aufhebungsbeschluss bestimmt. 40

b) Auswahl. Regelmäßig wird das Insolvenzgericht den im Insolvenzverfahren tätigen Insolvenzverwalter bzw. Treuhänder mit der Wahrnehmung des Amtes im Restschuldbefreiungsverfahren beauftragen. Allerdings räumt § 288 InsO dem Schuldner und den Insolvenzgläubigern ein Vorschlagsrecht[39] ein. Der sogleich darzustellende beschränkte Aufgabenkreis des Treuhänders erlaubt es anders als beim Insolvenzverwalter für dieses Amt auch Personen zu bestimmen, die nicht über die besonderen Fähigkeiten verfügen, die bei einem Insolvenzverwalter notwendige Voraussetzung für eine Bestellung sind. Treuhänder können daher grundsätzlich alle geschäftskundigen Personen wie Rechtsanwälte, Steuerberater, Notare oder Wirtschaftsprüfer, 41

36 *Häsemeyer*, Insolvenzrecht, 3. Aufl. 2003, Rn. 26.47.
37 *Smid*, in: FS Rolland, 1998.
38 *Müller*, ZInsO 1999, 335ff.
39 *Häsemeyer*, Insolvenzrecht, 3. Aufl. 2003, Rn. 26.30.

aber auch andere Personen sein, nicht aber Bekannte oder Familienangehörige des Schuldners, da § 56 InsO grundsätzlich auch für den Treuhänder Anwendung findet.[40]

42 § 292 Abs. 3 Satz 2 InsO bestimmt allerdings, dass nur die §§ 58 und 59 InsO für den Treuhänder im Restschuldbefreiungsverfahren entsprechend gelten, auf **§ 56 InsO** verweist das Gesetz nicht. Der Treuhänder hat aber aufgrund seiner Inkassoaufgaben eine Stellung, die der des Insolvenzverwalters in Teilbereichen entspricht. Im Hinblick auf seine treuhänderischen Pflichten verbietet es sich aber, nur eine Person einzuschalten, die von den Beteiligten unabhängig ist.

43 Ferner fehlt ein Verweis auf § 60 InsO; es entspricht aber ebenso einhelliger wie zutreffender Meinung,[41] dass der Treuhänder entsprechend § 60 InsO haftet.

44 Nach § 293 InsO ist der Treuhänder zu vergüten.[42] Die Vergütung des Treuhänders nach § 293 InsO der Insolvenzordnung wird gem. § 14 Abs. 1 InsVV nach der Summe der Beträge berechnet, die auf Grund der Abtretungserklärung des Schuldners (§ 287 Abs. 2 InsO) oder auf andere Weise zur Befriedigung der Gläubiger des Schuldners beim Treuhänder eingehen. Die Vergütung beträgt nach § 14 Abs. 3 InsVV mindestens 100 € für jedes Jahr der Tätigkeit des Treuhänders.

45 Die **Entlassung des Treuhänders** durch das Inolvenzgericht kann im Restschuldbefreiungsverfahren nach § 292 Abs. 3 Satz 2 Hs. 2 InsO von jedem Insolvenzgläubiger beantragt werden kann; die sofortige Beschwerde gem. § 59 InsO steht jedem Insolvenzgläubiger zu.

46 **b) Aufgaben und Befugnisse.** Die Rechtsstellung des Treuhänders entspricht am ehesten derjenigen des Insolvenzverwalters, dem die Planüberwachung durch bestätigten Plan überantwortet wird. Er hat nach § 292 Abs. 1 InsO den zur Zahlung der Bezüge Verpflichteten über die Abtretung zu unterrichten, die Beträge, die er durch die Abtretung erlangt und sonstige Leistungen des Schuldners oder Dritter von seinem Vermögen getrennt zu halten und einmal jährlich auf Grund des Schlussverzeichnisses an die Insolvenzgläubiger zu verteilen. *Häsemeyer*[43] ist darin zuzustimmen, dass den Treuhänder gegebenenfalls die Pflicht trifft, gegen den zur Zahlung verpflichteten Drittschuldner einen Einziehungsprozess zu führen.

47 Die Gläubigerversammlung kann dem Treuhänder zusätzlich die Aufgabe übertragen, die Erfüllung der Obliegenheiten des Schuldners zu überwachen. In diesem Fall hat der Treuhänder die Gläubiger unverzüglich zu benachrichtigen, wenn er einen Verstoß gegen diese Obliegenheiten feststellt. Der Treuhänder ist nur zur Überwachung verpflichtet, soweit die ihm dafür zustehende zusätzliche Vergütung gedeckt ist oder vorgeschossen wird.

---

40 *Haarmeyer*, in: Smid, InsO, 2. Aufl. 2001, § 288 Rn. 3.

41 *Häsemeyer*, Insolvenzrecht, 3. Aufl. 2003, Rn. 26.32; *Hess/Obermüller*, Insolvenzensplan, Restschuldbefreiung und Verbraucherinsolvenz, 1998, Rn. 1013 ff. will auf bürgerlich-rechtliche Haftungsgesichtspunkte bei der uneigennützigen doppelseitigen Treuhand zurückgreifen.

42 Einzelheiten bei *Hess/Obermüller*, Insolvenzplan, Restschuldbefreiung und Verbraucherinsolvenz, 1998, Rn. 1016 ff.

43 *Häsemeyer*, Insolvenzrecht, 3. Aufl. 2003, Rn. 26.33.

Wie der Insolvenzverwalter bzw. der Treuhänder im Verbraucherinsolvenzverfahren hat der Treuhänder im Restschuldbefreiungsverfahren bei der Beendigung seines Amtes dem Insolvenzgericht Rechnung gem. § 292 Abs. 3 Satz 1 InsO zu legen; damit ist aber im Regelfall des § 292 Abs. 1 InsO nur eine Abrechnung der Einnahmen und Ausschüttungen gemeint. Er hat daher weder externe Buchführungs- oder Bilanzierungspflichten, noch steuerrechtliche Verpflichtungen des Gemeinschuldners zu erfüllen, da er gesetzlich nur zur internen Rechnungslegung gegenüber dem Insolvenzgericht verpflichtet ist.[44] 48

c) Sammlung des Treuhandvermögens. Der Treuhänder im Restschuldbefreiungsverfahren verwaltet und verteilt keine Insolvenzmasse (§ 35 InsO), sondern verwaltet[45] treuhänderisch diejenigen Beträge des pfändbaren Arbeitseinkommens des Schuldners, die dieser für den Fall der Einleitung des Restschuldbefreiungsverfahrens par condicio creditorum zu seinen Händen nach § 287 Abs. 2 InsO zediert hat. Er nimmt daher nicht Zugriff auf das gesamte künftige Arbeitseinkommen des Schuldners unter Auskehr der unpfändbaren Bezüge an den Schuldner, sondern nimmt eine dem Zwangsvollstreckungsgläubiger im Verfahren der Lohn- und Gehaltspfändung vergleichbare Stellung ein. Da die Bildung eines zur Verteilung zu bringenden Treuhandvermögens sich aber auf der Grundlage zivilrechtlicher Zessionen nach den §§ 398 ff. BGB vollzieht, hat der Treuhänder nach Übernahme seines Amtes dem oder den zur Zahlung Verpflichteten unter Aufgabe der Zahlung auf ein vom Treuhänder zu benennendes Anderkonto die Abtretung gem. § 409 BGB anzuzeigen, was regelmäßig durch Vorlage der Abtretungserklärung unter Beifügung eines mit Rechtskraftvermerk versehenen Beschlusses des Insolvenzgerichts zu erfolgen hat.[46] Handelt es sich um einen selbständig tätigen Schuldner, hat der Treuhänder *ihn* aufzufordern, die zu zahlenden Beträge auf das angegebene Treuhandkonto zu bestimmten Fälligkeitsterminen einzuzahlen. Zu dem dadurch gebildeten Treuhandvermögen zählen zur Hälfte ihres Wertes auch diejenigen Sachen oder Forderungen, die der Schuldner während der Dauer der sechsjährigen „Wohlverhaltensperiode“ von Todes wegen oder mit Rücksicht auf ein künftiges Erbrecht erwirbt, arg. § 295 Abs. 1 Nr. 2 InsO. 49

d) Reichweite der Abtretung gem. § 287 InsO. Von der Abtretungserklärung gemäß § 287 Abs. 2 Satz 1 InsO werden nur Einkünfte aus Arbeitseinkommen erfasst. Dazu zählen nicht z. B. Einkommenssteuererstattungen, da diese öffentlich-rechtlicher Natur sind und nicht den Charakter eines Einkommens haben, das den Berechtigten aufgrund eines Arbeits- oder Dienstverhältnisses zusteht.[47] 50

Fall: Über das Vermögen des Schuldners war am 24. 10. 2001 das vereinfachte Insolvenzverfahren eröffnet und ein Treuhänder bestellt worden.[48] Nach Durchführung des Schlusstermins erfolgte die Verfahrensaufhebung mit Beschluss vom 18. 11. 2003. Der bisherige Treuhänder wurde zum Treuhänder im Restschuldbefreiungsverfahren bestimmt. Für das Jahr 2003 stand dem Schuldner ein Einkom- 51

---

44 So zutreffend *Haarmeyer,* in: Smid, InsO, 2. Aufl. 2001, § 292 Rn. 3.
45 *Hess/Obermüller*, Insolvenzplan, Restschuldbefreiung und Verbraucherinsolvenz, 1998, Rn. 1019 ff.
46 *Haarmeyer,* in: Smid, InsO, 2. Aufl. 2001, § 292 Rn. 4.
47 BGH, Urt. v. 21. 7. 2005 – IX ZR 115/04 – ZVI 2005, 437, 438.
48 BGH, Beschl. v. 2. 1. 2006 – IX ZB 239/04 – ZIP 2006, 340.

menssteuererstattungsanspruch in Höhe von ca. 12.000 € zu. Nach Aufhebung des Insolvenzverfahrens am 18. 11. 2003 überwies das Finanzamt den auf die Zeit vor Aufhebung des Insolvenzverfahrens entfallenen Betrag in Höhe von ca. 1.000 € an die Gerichtskasse, den Restbetrag an den Schuldner. Nachdem das Amtsgericht von Amts wegen entschied, dass auch der an die Gerichtskasse überwiesene Betrag dem Schuldner zustehe und dass auf sofortige Beschwerde des Treuhänders das ... Landgericht diesen Beschluss abgeändert hat, hat der IX. Zivilsenat des BGH die erstinstanzliche Entscheidung wiederhergestellt.

52 Der fragliche Betrag unterfällt der Verwaltungs- und Verfügungsbefugnis des Schuldners. Gleichwohl ist die insolvenzgerichtliche Entscheidung nicht frei von Fehlern gewesen. Denn das Insolvenzgericht ist auch im Verbraucherinsolvenzverfahren verpflichtet, die Anordnung einer Nachtragsverteilung gem. § 203 Abs. 1 InsO zu prüfen, wenn nach dem Schlusstermin Massegegenstände auftauchen. In der Tat handelt es sich bei den Einkommenssteuererstattungszahlungen um solche Massebestandteile, die vom Insolvenzbeschlag gem. § 35 InsO erfasst wurden. Zwar entsteht der Anspruch auf Steuererstattung erst mit Ablauf des Veranlagungszeitraums, § 38 AO i. V. m. § 36 Abs. 1 EStG. Ob aber ein Anspruch auf Steuererstattung vom Insolvenzbeschlag erfasst ist, ist nicht nach steuerrechtlichen, sondern nach Maßgabe insolvenzrechtlicher Regelungen zu beurteilen. Die Vollentstehung des Rechts, wie der IX. Zivilsenat zutreffend ausführt, ist in diesem Zusammenhang nicht maßgebend. Vielmehr kommt es darauf an, ob der Rechtsgrund für den Anspruch gelegt und die weitere Entstehung des Anspruchs nur noch vom Zeitablauf abhängt.[49] Danach ist der Rechtsgrund für den Erstattungsanspruch bereits mit der Abführung der Lohnsteuer entstanden. Mit der Vorauszahlung hat der Insolvenzschuldner daher eine Anwartschaft auf den am Ende des Veranlagungszeitraums entstehenden Erstattungsanspruch. Diese Anwartschaft fällt daher in die Insolvenzmasse, wenn vor Eröffnung des Insolvenzverfahrens oder während dessen Dauer der ihn begründende Sachverhalt verwirklicht ist.

53 **e) Verteilung der eingezogenen Bezüge.** Der Treuhänder hat nach § 292 Abs. 1 Satz 2 InsO einmal jährlich die eingezogenen Bezüge aufgrund des Schlussverzeichnisses[50] (§ 196 InsO) an die Gläubiger zu verteilen.[51] Im Übrigen bestimmt das Gesetz einen Selbstbehalt des Schuldners:[52] Von den Beträgen, die er durch die Abtretung erlangt, und den sonstigen Leistungen hat der Treuhänder gem. § 392 Abs. 1 Satz 3 InsO an den Schuldner nach Ablauf von vier Jahren seit der Aufhebung des Insolvenzverfahrens zehn vom Hundert, nach Ablauf von fünf Jahren seit der Aufhebung fünfzehn vom Hundert und nach Ablauf von sechs Jahren seit der Aufhebung zwanzig vom Hundert abzuführen.

---

49 BGH, Urt. v. 25. 10. 1984 – IX ZR 110/83 – BGHZ 92, 339, 341.
50 *Häsemeyer,* Insolvenzrecht, 3. Aufl. 2003, Rn. 26.55.
51 *Hess/Obermüller,* Insolvenzplan, Restschuldbefreiung und Verbraucherinsolvenz, 1998, Rn. 1019, 1037.
52 *Hess/Obermüller* Insolvenzplan, Restschuldbefreiung und Verbraucherinsolvenz, 1998, Rn. 1019, 1038.

III. Versagung der Restschuldbefreiung

1. Antrag der Insolvenzgläubiger

Einzelne Insolvenzgläubiger können beantragen, dass die Wohlverhaltensperiode vorzeitig abgebrochen[53] und dem Schuldner die Restschuldbefreiung durch das Insolvenzgericht versagt wird, § 296 Abs. 1 Satz 1 InsO. Nach § 297 Abs. 1 InsO versagt das Insolvenzgericht die Restschuldbefreiung auf Antrag eines Insolvenzgläubigers, wenn der Schuldner in dem Zeitraum zwischen Schlusstermin und Aufhebung des Insolvenzverfahrens oder während der Laufzeit der Abtretungserklärung wegen einer Straftat nach den §§ 283 bis 283 c StGB rechtskräftig verurteilt wird; künftig auch in Fällen, in denen der Schuldner zu Ungunsten des Gläubigers ein Eigentums- oder Vermögensdelikt verwirklicht hat; zu beachten sind die Fristen des § 290 Abs. 1 Nr. 1 und Nr. 1 a InsO n. F. Darüber hinaus ist nach § 296 Abs. 1 InsO Voraussetzung für die Versagung der Restschuldbefreiung, dass der Schuldner während der Laufzeit der Abtretungserklärung („Wohlverhaltensperiode") eine seiner Obliegenheiten verletzt *und dadurch* die Befriedigung der Insolvenzgläubiger beeinträchtigt. Es genügt also keine bloße Obliegenheitsverletzung, wenn diese sich nicht auf die Befriedigung der Gläubiger ausgewirkt hat. Neben dieser objektiven Versagungsvoraussetzung statuiert § 296 Abs. 1 Satz 1 InsO ein subjektives Moment, da die Versagung nur ausgesprochen werden kann, wenn den Schuldner hinsichtlich der Obliegenheitsverletzung ein Verschulden trifft. Der Antrag kann gem. § 296 Abs. 1 Satz 2 InsO nur binnen eines Jahres nach dem Zeitpunkt gestellt werden, in dem die Obliegenheitsverletzung dem Gläubiger bekanntgeworden ist; der Gläubiger hat nach § 296 Abs. 1 Satz 3 InsO glaubhaft zu machen, dass den Schuldner eine schuldhaft verwirklichte Obliegenheitspflichtverletzung trifft *und* dass die Frist des § 296 Abs. 1 Satz 2 InsO eingehalten ist. **54**

Damit wird ein außerordentlicher „Zündstoff" angehäuft[54] und werden den Gläubigern erhebliche verfahrensrechtliche Lasten aufgebürdet, die ihren Widerhall in der Belastung der Insolvenzgerichte während der Dauer der „Wohlverhaltensperiode" finden werden. Denn es ist zu erwarten, dass insbesondere Inkassounternehmen das Schuldnerverhalten unter der Geltung des neuen Rechts aufmerksam beobachten und von ihren Antragsbefugnissen als Insolvenzgläubiger Gebrauch machen werden. Die Entscheidung des Insolvenzgerichts unterliegt nach § 296 Abs. 3 InsO der Anfechtung im Wege der sofortigen Beschwerde mit den Konsequenzen, die sich insbesondere in den ersten Jahren nach Inkrafttreten der InsO aus § 7 InsO für den Rechtsmittelzug ergeben! **55**

---

53 *Hess/Obermüller* Insolvenzplan, Restschuldbefreiung und Verbraucherinsolvenz, 1998, Rn. 1019, 1035.
54 So zu Recht *Häsemeyer,* Insolvenzrecht, 3. Aufl. 2003, Rn. 26.40.

2. Obliegenheiten des Schuldners im Restschuldbefreiungsverfahren[55]

56 **a) Funktion.** Die Obliegenheiten des Schuldners, deren Verletzung § 296 InsO sanktioniert, beziehen sich auf die Konstitution des Treuhandvermögens. Hieran muss der Schuldner zwangsläufig deshalb mitwirken, da ansonsten die Abtretungserklärung des § 287 Abs. 2 InsO leerlaufen würde. Nur der sich bestmöglich bemühende Schuldner soll Restschuldbefreiung erlangen („best-effort"-Standard).[56]

57 **b) Mehrung des Treuhandvermögens.** Nach § 295 Abs. 1 InsO obliegt es dem Schuldner – nach bisherigem Recht während Laufzeit der Abtretungserklärungen, künftig ab Eröffnung des Insolvenzverfahrens bis zum Ende der Abtretungsfrist, eine angemessene Erwerbstätigkeit auszuüben und, wenn er ohne Beschäftigung ist, sich um eine solche zu bemühen und keine zumutbare Tätigkeit abzulehnen (bislang § 295 Abs. 2 Nr. 1 InsO).

58 Maßstäbe der Zumutbarkeit lassen sich zum einen denen des § 103 Abs. 5 AFG nachbilden, zum anderen wegen der ähnlichen Situation eines Schuldner-Gläubiger-Verhältnisses wohl auch den Maßstäben zur Aufnahme zumutbarer Arbeitsverhältnisse durch Unterhaltsschuldner im Familienrecht.

59 § 295 Abs. 2 InsO ordnet weiter an, dass es dem Schuldner nach Aufhebung des Insolvenzverfahrens obliegt, während der Laufzeit der Abtretungserklärung, Vermögen, das er von Todes wegen oder mit Rücksicht auf ein künftiges Erbrecht erwirbt, zur Hälfte des Wertes an den Treuhänder herauszugeben

60 Soweit der Schuldner eine selbständige Tätigkeit ausübt, obliegt es ihm nach § 296 Abs. 2 InsO, die Insolvenzgläubiger durch Zahlungen an den Treuhänder so zu stellen, wie wenn er ein angemessenes Dienstverhältnis eingegangen wäre.[57] Stellt der Schuldner seine selbständige Tätigkeit ein oder erzielt er aus ihr auch mittelfristig nur ein Einkommen, von dem eine Abführung an die Gläubiger nicht möglich ist, obliegt auch ihm die Aufnahme einer unselbständigen Arbeit, sofern sie ihm zumutbar ist.[58]

61 **c) Ermöglichung der Kontrolle und Rechtsverfolgung.** Der **Ermöglichung der Kontrolle und Rechtsverfolgung** dient die in § 295 Abs. 1 Nr. 3 InsO statuierte Obliegenheit des Schuldners, jeden Wechsel des Wohnsitzes oder der Beschäftigungsstelle unverzüglich dem Insolvenzgericht und dem Treuhänder anzuzeigen, keine von der Abtretungserklärung erfassten Bezüge und kein von § 295 Abs. 1 Nr. 2 InsO erfasstes Vermögen zu verheimlichen und dem Gericht und dem Treuhänder auf Verlangen Auskunft über seine Erwerbstätigkeit oder seine Bemühungen um eine solche sowie über seine Bezüge und sein Vermögen zu erteilen.

62 **d) Par condicio creditorum.** Schließlich obliegt es dem Schuldner nach § 295 Abs. 1 Nr. 4 InsO, Zahlungen zur Befriedigung der Insolvenzgläubiger nur an den Treuhän-

55 *Häsemeyer,* Insolvenzrecht, 3. Aufl. 2003, Rn. 26.35 ff.; *Hess/Obermüller,* Insolvenzplan, Restschuldbefreiung und Verbraucherinsolvenz, 1998, Rn. 989 ff.
56 Amtl. Begr. zu § 244 RegEInsO, BT-Drs. 12/2443, 192.
57 *Hess/Obermüller,* Insolvenzplan, Restschuldbefreiung und Verbraucherinsolvenz, 1998, Rn. 995.
58 *Haarmeyer,* in: Smid, InsO, 2. Aufl. 2001, § 295 Rn. 4 ff.

der zu leisten und keinem Insolvenzgläubiger einen Sondervorteil zu verschaffen; der Schuldner darf nicht die durch das im Restschuldbefreiungsverfahren durchgeführten Verteilungsverfahren verwirklichte Gläubigergleichbehandlung vereiteln. Letztere Bestimmung rundet die Regelung des § 294 Abs. 2 InsO ab, die bestimmt, dass **jedes Abkommen des Schuldners oder anderer Personen mit einzelnen Insolvenzgläubigern, durch das diesen ein Sondervorteil verschafft wird, nichtig ist** (Rn. 40).

3. Antrag des Treuhänders

Den Schuldner trifft neben den Obliegenheiten nach § 295 InsO die Pflicht, die Mindestvergütung des Treuhänders sicherzustellen,[59] was regelmäßig durch entsprechende Vorschussleistungen zu geschehen hat. Ist dies nicht der Fall, ordnet § 298 InsO an, dass auf Antrag des Treuhänders die Restschuldbefreiung vom Insolvenzgericht zu versagen ist. Voraussetzung dafür ist, dass die an den Treuhänder abgeführten Beträge für das vorangegangene Jahr seiner Tätigkeit die Mindestvergütung nicht decken und der Schuldner den fehlenden Betrag nicht einzahlt, obwohl ihn der Treuhänder schriftlich zur Zahlung binnen einer Frist von mindestens zwei Wochen aufgefordert und ihn dabei auf die Möglichkeit der Versagung der Restschuldbefreiung hingewiesen hat, es sei denn, die Kosten des Verfahrens sind nach § 4 a InsO gestundet worden. Vor der Entscheidung ist der Schuldner zu hören. Nach § 298 Abs. 2 Satz 2 InsO n. F. unterbleibt die Versagung, wenn der Schuldner binnen zwei Wochen nach Aufforderung durch das Gericht den fehlenden Betrag einzahlt oder ihm dieser gestundet wurde. 63

4. Verfahren

Vor der Entscheidung über den Antrag hat das Insolvenzgericht den Treuhänder, den Schuldner und die Insolvenzgläubiger zu hören. Den Schuldner trifft die verfahrensrechtliche Obliegenheit, über die Erfüllung seiner Obliegenheiten Auskunft zu erteilen und, wenn es der Gläubiger beantragt, die Richtigkeit dieser Auskunft an Eides Statt zu versichern. Durch das Insolvenzgericht ist nach § 296 Abs. 2 Satz 3 InsO die Restschuldbefreiung zu versagen, wenn der Schuldner die Auskunft oder die eidesstattliche Versicherung ohne hinreichende Entschuldigung nicht innerhalb der ihm gesetzten Frist abgibt oder trotz ordnungsgemäßer Ladung ohne hinreichende Entschuldigung nicht zu einem Termin erscheint, den das Gericht für die Erteilung der Auskunft oder die eidesstattliche Versicherung anberaumt hat. 64

5. Wirkung der Versagungsentscheidung wegen Obliegenheitsverletzungen

Macht der Schuldner über seine Schulden mit der Folge unrichtige Angaben, dass der den Versagungsantrag stellende Gläubiger benachteiligt wird, kann dies die Versa- 65

59 *Hess/Obermüller*, Insolvenzplan, Restschuldbefreiung und Verbraucherinsolvenz, 1998, Rn. 1042.

gung tragen.[60] Wird die Restschuldbefreiung nach den §§ 296, 297 oder 298 InsO versagt, ordnet § 299 InsO die vorzeitige Beendigung der Laufzeit der Abtretungserklärung an. Mit Eintritt der (formellen) Rechtskraft der Entscheidung hierüber endet zugleich das Amt des Treuhänders und die Beschränkung der Rechte der Gläubiger.

IV. Gewährung der Restschuldbefreiung

1. Entscheidung des Insolvenzgerichts

66 a) Der bloße Ablauf der Dauer der Wohlverhaltensperiode führt nicht „automatisch“ zum Eintritt einer Restschuldbefreiung zugunsten des Schuldners. Hierüber hat vielmehr das Insolvenzgericht nach § 300 Abs. 1 InsO unter der Voraussetzung zu entscheiden, dass die Laufzeit der Abtretungserklärung nach § 287 Abs. 2 InsO ohne eine vorzeitige Beendigung nach § 299 InsO verstrichen ist. Das Insolvenzgericht entscheidet gem. § 300 Abs. 1 InsO durch Beschluss über die Erteilung der Restschuldbefreiung.

67 b) Das Gericht entscheidet grundsätzlich gem. § 300 InsO erst nach Ablauf der Abtretungsfrist über die Erteilung der Restschuldbefreiung. Die Erteilung der Restschuldbefreiung ist aber auch bei **Einstellung des Verfahrens** erteilt werden. Nach § 289 InsO idF durch Art. 1 Nr. 17 des Referentenentwurfs eines Gesetzes zur Verkürzung des Restschuldbefreiungsverfahrens, zur Stärkung der Gläubigerrechte und zur Insolvenzfestigkeit von Lizenzen kann im Fall der Einstellung des Insolvenzverfahrens Restschuldbefreiung aber nur unter der Voraussetzung erteilt werden, wenn nach Anzeige der Masseunzulänglichkeit die Insolvenzmasse nach § 209 InsO verteilt worden ist und die Einstellung nach § 211 InsO erfolgt.

68 c) Grundsätzlich ist für die Erteilung der Restschuldbefreiung die Laufzeit der Abtretungserklärung, also sechs Jahre gem. § 287 Abs. 2 InsO, maßgeblich. Für die Erteilung der Restschuldbefreiung wird das Gesetz gem. § 300 Abs. 1 InsO in der von Art. 1 Nr. 26 des Referentenentwurfs eines Gesetzes zur Verkürzung des Restschuldbefreiungsverfahrens, zur Stärkung der Gläubigerrechte und zur Insolvenzfestigkeit von Lizenzen vorgesehenen Fassung aber darüber hinaus verschiedene Laufzeiten der Abtretungserklärung vorsehen:

- Nr. 1 des § 300 Abs. 1 InsO künftiger Fassung sieht vor, dass dem Schuldner die Restschuldbefreiung erteilt wird, wenn **drei Jahre der Laufzeit** der Abtretungserklärung verstrichen sind und die Insolvenzgläubiger **mindestens 25 Prozent ihrer Forderungen erhalten** haben, die im Schlussverzeichnis aufgenommen sind.
- Nach der Nr. 2 des künftigen § 300 Abs. 1 InsO wird die Restschuldbefreiung erteilt, wenn **fünf Jahre der Laufzeit** der Abtretungserklärung verstrichen sind und der Schuldner **die Kosten des Verfahrens** berichtigt hat. In beiden Fällen der Nr. 1 oder der Nr. 2 hat der Schuldner das Vorliegen der Voraussetzungen glaubhaft zu machen.

---

60 LG Saarbrücken v. 25. 4. 2000 – 5 T 22/00 – NZI 2000, 380; AG Münster v. 1. 2. 2000 – 71 IK 4/99 – ZInsO 2000, 235.

2. Versagungsantrag des Gläubigers[61]

69 Hierzu bedarf es der Anhörung der Insolvenzgläubiger, des Treuhänders und des Schuldners. Den Gläubigern eröffnet § 300 Abs. 2 InsO die Möglichkeit, einen Antrag auf Versagung der Restschuldbefreiung zu stellen. Für das dabei zu beachtende Verfahren verweist die Vorschrift auf die Regelung des § 296 Abs. 1 InsO. Diese Verweisung bewirkt, dass auch für den nach § 300 Abs. 2 InsO gestellten Versagungsantrag gilt, dass der Antrag auf das Vorliegen einer Verletzung der den Schuldner nach § 295 InsO treffenden Obliegenheiten gestützt werden und dass die Frist von einem Jahr seit der Kenntnis der Obliegenheitsverletzung vorliegen muss. Schließlich ergibt sich daraus, dass die Versagungsgsgründe in seinem Antrag vom Gläubiger glaubhaft gemacht werden müssen. Die Restschuldbefreiung kann auch versagt werden, wenn der Schuldner einem anberaumten Anhörungstermin fernbleibt oder es ablehnt, Auskunft zu erteilen und die Richtigkeit eidesstattlich zu versichern (§ 296 Abs. 2 Satz 3 InsO).

3. Wirkung der Restschuldbefreiung

70 **a) „Universelle" Wirkung der Restschuldbefreiung.** Wird die Restschuldbefreiung erteilt, so wirkt sie gem. § 301 Abs. 1 Satz 1 InsO gegen alle Insolvenzgläubiger. Nach § 301 Abs. 1 Satz 2 InsO sind Gläubiger, die sich nicht am Verfahren beteiligt haben, mit ihren Einwendungen *und* hinfort mit der Geltendmachung ihrer Forderungen präkludiert: Die Restschuldbefreiung gilt danach auch für Gläubiger, die ihre Forderungen nicht angemeldet haben. Die Gläubiger haben aufgrund der Erteilung der Restschuldbefreiung an den Schuldner nicht mehr die Befugnis, ihren in der Tabelle titulierten Ausfall im Wege der Zwangsvollstreckung (vgl. § 201 InsO) gegen den Schuldner durchzusetzen. Die von den Gläubigern im Verfahren erlangten Titel werden aber gleichsam „imperfekt": Denn – wie sich aus § 301 Abs. 3 InsO ergibt – behalten die Gläubiger ihren Anspruch gegen den Schuldner, können aber dessen Befriedigung nicht mehr verlangen. Der titulierte Anspruch bildet aber nach dieser Vorschrift auch nach Erteilung der Restschuldbefreiung die *causa* dafür, dass die Gläubiger das Erlangte behalten dürfen, wenn sie nach Erteilung der Restschuldbefreiung vom Schuldner Befriedigung ihres Anspruchs erhalten.

71 § 301 Abs. 2 Satz 1 InsO bestimmt, dass die Rechte der Insolvenzgläubiger gegen Mitschuldner und Bürgen des Schuldners sowie die Rechte dieser Gläubiger aus einer zu ihrer Sicherung eingetragenen Vormerkung oder aus einem Recht, das im Insolvenzverfahren zur abgesonderten Befriedigung berechtigt, durch die Restschuldbefreiung nicht berührt werden. Das ist – da es sich insofern um Abreden zwischen „Dritten" handelt, geht man vom Insolvenzverfahren aus – auch folgerichtig. Und legt man die Funktion der Restschuldbefreiung (§ 1 Satz 2 InsO!) zugrunde, ist es auch völlig verständlich, dass der Schuldner nach § 301 Abs. 2 Satz 2 InsO gegenüber dem Mitschuldner, dem Bürgen oder anderen Rückgriffsberechtigten in gleicher Weise befreit wird wie gegenüber den Insolvenzgläubigern, da andernfalls die Restschuldbefreiung im Regressprozess leerlaufen müsste. Oben (§ 2 Rn. 19 ff.) wurde aber darauf auf-

61 *Hess/Obermüller,* Insolvenzplan, Restschuldbefreiung und Verbraucherinsolvenz, 1998, Rn. 1050.

merksam gemacht, dass es diese Ausdehnung der Wirkung der Restschuldbefreiung auf den Bürgen erforderlich macht, das im allgemeinen Insolvenzrecht (§§ 43, 44 InsO) verankerte Doppelberücksichtigungsverbot verfahrensrechtlich zu entschärfen. Andernfalls würde dem Bürgen die Möglichkeit der Teilnahme am Restschuldbefreiungsverfahren mit den damit verbundenen Antragsrechten gem. §§ 296 Abs. 1, 300 Abs. 2 InsO genommen, obwohl er von den Folgen des Verfahrens betroffen wäre, was sich im Hinblick auf Art. 103 Abs. 1 GG nicht halten lässt.

72 **b) Einschränkungen.** Der Gesetzgeber hat eine Reihe von Verbindlichkeiten von den Wirkungen der Erteilung der Restschuldbefreiung ausgenommen. Im Einzelnen handelt es sich nach § 302 Nr. 1 InsO dabei um Verbindlichkeiten des Schuldners aus einer vorsätzlich begangenen unerlaubten Handlung, was der „Wertung" des § 850 f Abs. 2 ZPO entspricht. Ferner werden nach § 302 Nr. 2 InsO Geldstrafen und die diesen in § 39 Abs. 1 Nr. 3 InsO gleichgestellten Verbindlichkeiten des Schuldners von der Erteilung der Restschuldbefreiung nicht berührt. Der Reformgesetzgeber will § 302 Nr. 1 InsO durch die Worte „oder aus einem Steuerschuldverhältnis, sofern der Schuldner im Zusammenhang damit wegen einer Steuerstraftat nach § 370 oder § 373 der Abgabenordnung rechtskräftig verurteilt worden ist" wegen des besonderen Unrechtsgehalts dieser Taten ergänzen.

4. Behandlung des Neuerwerbs bei Erteilung der Restschuldbefreiung vor Beendigung des Insolvenzverfahrens

73 In Fällen, in denen die sechsjährige Laufzeit der Abtretungsfrist (§ 287 Absatz 2 Satz 1 InsO) endet, bevor das Insolvenzverfahren aufgehoben worden ist, hat der BGH[62] darauf erkannt, dass die Zugehörigkeit des Neuerwerbs zur Insolvenzmasse auf die Laufzeit der Abtretungserklärung nach § 287 Abs. 2 Satz 1 InsO beschränkt sei. Der Gesetzgeber erwartet, dass wegen der vorgeschlagenen Verkürzung der Restschuldbefreiungsdauer davon auszugehen sei, dass sich solche Fälle weiter häufen werden. Daher wird durch den Referentenentwurf ein § 301 a InsO eingefügt, der die Judikatur des BGH aufgreift. § 301 a Abs. 1 Satz 1 InsO sieht vor, dass, wenn die Laufzeit der Abtretungserklärung verstreicht oder die Voraussetzungen für eine frühzeitige Erteilung der Restschuldbefreiung nach § 300 Abs. 1 Nr. 1 und 2 InsO vorliegen, der Neuerwerb iSv § 35 Abs. 1, 2. Variante InsO nicht mehr zur Insolvenzmasse gehört, sofern dem Schuldner Restschuldbefreiung erteilt wird. Dies soll nach § 301 a Abs. 1 Satz 2 InsO nicht für Neuerwerb gelten, „der seinem Grunde nach" schon vor dem Eintritt der in § 301 Abs. 1 Satz 1 InsO genannten Ereignisse „angelegt war". Gemeint kann damit nur sein, dass der Schuldner in diesem Zeitrahmen bereits alle Leistungen (mit Mitteln der Insolvenzmasse!) erbracht hat – so dass der Beschlag des Neuerwerbs sachgerecht bleibt. Es liegt auf der Hand, dass dieser Satz Anlass zu Konflikten geben wird.

74 § 301 a Abs. 2 InsO erlegt es dem Verwalter auf, den Neuerwerb, der dem Schuldner zusteht, bis zur rechtskräftigen Erteilung der Restschuldbefreiung treuhänderisch zu vereinnahmen und zu verwalten. Das ist mit nicht unerheblichen Aufwendungen ver-

---

62 BGH, Beschl. v. 3. 12. 2009 – IX ZB 247/08.

bunden, denn der Verwalter muss diese Mittel auf einem besonderen Treuhandkonto separieren.

V. Widerruf der Restschuldbefreiung

§ 303 InsO legt die verfahrensrechtlichen Modalitäten einer „Auffangposition" fest, die es den Insolvenzgläubigern ermöglicht, den Widerruf einer zu Unrecht erteilten Restschuldbefreiung durch das Insolvenzgericht herbeizuführen. § 303 Abs. 1 InsO setzt einen Antrag eines Insolvenzgläubigers voraus, der nach § 303 Abs. 2 InsO nur zulässig ist, wenn er innerhalb eines Jahres nach der Rechtskraft der Entscheidung über die Restschuldbefreiung gestellt wird und wenn der Gläubiger glaubhaft macht, dass sich nachträglich herausstellt, dass der Schuldner schuldhaft objektiv gläubigerbenachteiligende Obliegenheitsverletzungen nach den §§ 296, 295 InsO verwirklicht hat. Der Gläubiger darf hiervon bis zum Eintritt der Rechtskraft der Entscheidung keine Kenntnis von den Obliegenheitsverletzungen des Schuldners gehabt haben. Künftig soll auch die Kenntniserlangung einer Verurteilung des Schuldners wegen einer Straftat iSv § 290 Abs. 1 Nr. 1 oder Nr. 1a InsO innerhalb der vergangenen fünf Jahre den Widerruf der Restschuldbefreiung begründen. 75

VI. Widerruf der Restschuldbefreiung de lege ferenda

Nach dem gem. Art. 1 Nr. 30 Referentenentwurf 2011 neu in die InsO einzufügenden § 303a hat das Insolvenzgericht den Schuldner, dem die Restschuldbefreiung erteilt, aber nach den §§ 290, 296, 297 oder 297a ZPO versagt oder dessen Restschuldbefreiung widerrufen worden ist, in das Schuldnerverzeichnis nach § 882b der ZPO einzutragen. Art. 2 des Referentenentwurfs hat diese Vorschrift bereits abgeändert und ihr einen Satz 2 angefügt, der besagt, dass das Insolvenzgericht die Anordnung unverzüglich elektronisch dem zentralen Vollstreckungsgericht nach § 882h Abs. 1 ZPO übermittelt; Satz 3 bestimmt, dass die Vorschriften der § 882c Abs. 2 und 3 ZPO entsprechend gelten. Grund dafür ist, dass das Schuldnerverzeichnis noch in den §§ 915ff. ZPO geregelt ist, aber mit Wirkung zum 1. Januar 2013 in den §§ 882bff. ZPO geregelt sein wird. Mit Ablauf des 31. Dezember 2012 wird gem. Art. 12 der § 303a InsO durch die in Art. 2 Referentenentwurf vorgesehene Fassung ersetzt. 76

§ 47 Das Verbraucherinsolvenzverfahren

I. Schuldenbereinigungs- als Vor-Eröffnungsverfahren

1. Funktion des Kleininsolvenzverfahrens

1 **a) Übersicht.** Voraussetzung für den Zugang zum Restschuldbefreiungsverfahren der §§ 286ff. InsO ist nach der Konzeption des Reformgesetzgebers, dass über das Vermögen des Schuldners zuvor ein Insolvenzverfahren durchgeführt *und* abgeschlossen worden ist.[1] Es liegt auf der Hand, dass die Verbindung von Restschuldbefreiung und Insolvenz jedenfalls dann untunlich wäre, wenn der Schuldner auf das allgemeine Regelinsolvenzverfahren verwiesen wäre. Der Gesetzgeber hat daher nicht nur ein vereinfachtes Insolvenzverfahren für diese Fälle geschaffen, sondern dem Eröffnungsverfahren und dem eröffneten vereinfachten Verfahren ein weiteres, besonderes Verfahren vorgeschaltet, um vergleichsfähige Fälle möglichst außergerichtlich oder, wenn dies nicht möglich ist, in einem summarischen gerichtlichen Vergleichsverfahren abzuwickeln, das dem eigentlichen Eröffnungsverfahren des Kleininsolvenzverfahrens vorgeschaltet ist; der überkommene Vergleich lebt hier in – allerdings stark veränderter Gestalt fort.

2 **b) Funktionelle Zuständigkeit.** Für die Erledigung der einschließlich des Erlasses des Eröffnungsbeschlusses anfallenden Verrichtungen ist ausschließlich der Richter i.S.v. Art. 92 GG zuständig, vgl. § 18 RPflG. Wenn die Aufgaben des Insolvenzgerichts im Folgenden beschrieben werden, ist daran zu denken, dass in einem als Massenphänomen konzipierten Verfahren die Insolvenzrichter keine Entlastung innerhalb des Justizapparats zu gewärtigen haben; es wird zu zeigen sein, dass Aufgaben allenfalls im Rahmen des § 5 Abs. 1 InsO auf Sachverständige bzw. im Rahmen der §§ 306 Abs. 2, 21 Abs. 2 Nr. 1, 22 Abs. 2 InsO auf Gutachter delegiert werden können.

2. Subjektive Zugangsvoraussetzungen

3 Restschuldbefreiung ist ein Problem der natürlichen Personen.[2] Der als juristische Person oder Personengesellschaft organisierte Unternehmensträger fällt aufgrund des Insolvenzverfahrens entweder der gesellschaftsrechtlichen Liquidation anheim oder er wird im Wege eines Insolvenzplans saniert (vgl. § 227 Abs. 1 InsO); als Formkaufmann[3] (vgl. die bisherige Fassung des § 5 HGB) unterfallen juristische Personen daher den Regelungen des allgemeinen Insolvenzverfahrens, nicht denen des vereinfachten. Die natürliche Person überlebt „den Konkurs"; ihr räumt § 304 Abs. 1 InsO unter der Voraussetzung, dass sie keine selbständige wirtschaftliche Tätigkeit ausübt, den Zugang zum Verbraucherinsolvenzverfahren als einem (vermeintlich) vereinfachten Insolvenzverfahren ein. In ihm gelten für das Verfahren die allgemeinen Vor-

1 Zum „Stufenplan", dem der Gang des Verfahrens folgt vgl. *Hess/Obermüller*, Insolvenzplan, Restschuldbefreiung und Verbraucherinsolvenz, 1998, Rn. 700 sowie *Häsemeyer*, Insolvenzrecht, 3. Aufl. 2003, Rn. 29.10ff.

2 *Kohte*, ZInsO 2002, 53ff.; *Wittig*, WM 1998, 159; *Hess/Obermüller*, Insolvenzplan, Restschuldbefreiung und Verbraucherinsolvenz, 1998, Rn. 703.

3 *Hess/Obermüller*, Insolvenzplan, Restschuldbefreiung und Verbraucherinsolvenz, 1998, Rn. 704ff.

schriften nur mit Maßgabe der in den §§ 305 ff. InsO vorgesehenen Vereinfachungen. Es ist auffällig, dass § 304 InsO sich **nicht** an der „Legaldefinition" des Verbrauchers nach § 13 BGB n.F. orientiert; trotz Parallelität des Reformvorhaben erweist sich der allgemeine Teil des Bürgerlichen Rechts als nicht mehr aussagefähig.

Hat der Schuldner eine selbständige wirtschaftliche Tätigkeit ausgeübt, ist ein Verbraucherinsolvenzverfahren nur einzuleiten, wenn die Vermögensverhältnisse des Schuldners überschaubar sind und keine Forderungen aus Arbeitsverträgen gegen den Schuldner erhoben werden, § 304 Abs. 1 Satz 2 InsO n.F. Das Gesetz definiert die „Überschaubarkeit" von Vermögensverhältnissen in § 304 Abs. 2 InsO n.F. dadurch, dass ein Schuldner weniger als zwanzig Gläubiger hat. **4**

Der IX. Zivilsenat des BGH[4] hat darauf erkannt, dass über das Vermögen eines Schuldners nach der Regelung des § 304 Abs. 1 S. 1 InsO zwar grundsätzlich ein Regelinsolvenzverfahren (IN-Verfahren) zu eröffnen ist, wenn er einer selbständigen Beschäftigung nachgeht. Dies soll aber nur unter der Voraussetzung gelten, dass es sich um eine hauptberufliche selbständige Tätigkeit handelt. Ist der Schuldner dagegen abhängig beschäftigt und geht er daneben einer wirtschaftlich selbständigen Nebentätigkeit nach, die nur gelegentlich ausgeübt wird und sich zu einer einheitlichen Organisation noch nicht verdichtet hat, handele es sich nicht um eine selbständige Erwerbstätigkeit, die es rechtfertigt, von § 304 Abs. 1 S. 1 InsO abzuweichen. Nur unter der Voraussetzung, dass der Schuldner einer selbständigen wirtschaftlichen Nebentätigkeit nachgeht, die einen nennenswerten Umfang erreicht und sich organisatorisch verselbständigt hat, ist ein IN-Verfahren zu eröffnen. **Beispielsfall:** Die Schuldnerin war bei einer Vermögensverwaltungsgesellschaft mit einem monatlichen Bruttoeinkommen von 1.360 € Vollzeit beschäftigt. Sie stellte Antrag auf Eröffnung eines IK-Verfahrens und stellte Antrag auf Gewährung der Restschuldbefreiung. Danach meldete sie ein Gewerbe für Schreibarbeiten an, mit dem sie ein Jahr später einen Umsatz von 840 € erzielte. Ein Dreivierteljahr zuvor hatte sie ihren Insolvenzantrag mit der Begründung zurückgenommen, es sei ihr nicht gelungen, mit dem Gläubiger einer Forderung aus unerlaubter Handlung zur Einigung zu gelangen. Im November 2009 stellte sie einen Insolvenzantrag mit dem Antrag auf Restschuldbefreiung, mit dem sie zugleich einen Insolvenzplan vorlegte. Nach dem Plan sollten von dritter Seite 20.000 € gezahlt werden, der nach Abzug der Kosten an die Gläubiger verteilt und die Restschuldbefreiung der Schuldnerin gewährt werden sollte. Gegen den Widerstand des Gläubigers der Deliktsforderung nahm die Mehrheit der Gläubiger den Plan an. Der Gläubiger hat sich gegen die Bestätigung des Plans mit der sofortigen Beschwerde und der Rechtsbeschwerde gewandt. Der BGH stellt zweierlei fest: zum einen wäre ein Verbraucherinsolvenzverfahren aus den eingangs genannten Gründen zu eröffnen gewesen. Zum anderen führt aber die verfahrensfehlerhafte Eröffnung eines IN-Verfahrens nicht dazu, dass die Bestätigung des Insolvenzplans auf Antrag des Gläubigers nach § 251 Abs. 1 Nr. 2 InsO zu versagen sei. Denn dies ist nur der Fall, wenn der Gläubiger die Verletzung seines wirtschaftlichen Interesses glaubhaft gemacht hat. Allein der Umstand, dass in der „falschen" Form des Insolvenzverfahrens prozediert worden ist, genügt dem nicht. **5**

Anfang 2011[5] hat der IX. Zivilsenat des BGH darauf erkannt, dass auch solche Forderungen aufgrund von Ansprüchen auf Arbeitsentgelt, wie auch die Bundesagentur für Arbeit wegen eines Antrags auf Insolvenzgeld übergegangen sind, als Forderungen aus Arbeitsverhältnissen zu qualifizieren sind. Sie stehen der Eröffnung eines Verbraucherinsolvenzverfahrens über das Vermögen eines ehemals Selbständigen daher entgegen (§ 304 Abs. 1 S. 2 InsO). Der IX. Zivilsenat hat dies freilich in einem Streitverfahren zwischen dem klagenden Insolvenzschuldner und seinem früheren, seine Insolvenzberatung wahrnehmenden Rechtsanwalt als Beklagten entschieden. In dem auf durch den Beklagten für seinen Mandanten beantragten Insolvenzverfahren hatte der Insolvenzverwalter den Rückkauf einer der Altersvorsorge dienenden Lebensversicherung zur Masse eingezogen, womit die Kosten des Insolvenzverfahrens gedeckt werden konnten. Der klagende Insolvenzschuldner nahm nun seinen Rechtsanwalt auf Schadenersatz wegen einer positiven Vertragsverletzung in Anspruch. Neben Ansprüchen von Sozialversicherungsträgern auf Arbeitnehmer- oder Arbeitgeberbeitragsanteile, die in dem über das **6**

---

4 BGH, Beschl. v. 24. 3. 2011 – IX ZB 80/11, ZIP 2011, 966.
5 BGH, Urt. v. 20. 1. 2011 – IX ZR 238/08, ZIP 2011, 578.

Vermögen ehemals Selbständiger eröffneten Insolvenzverfahren angemeldet werden können, stellen sich auch diejenigen Forderungen auf Arbeitsentgelt als Forderungen iSv § 304 Abs. 1 S. 2 InsO dar, die wegen der Gewährung von Insolvenzgeld gem. § 183 SGB III nach § 187 S. 1 SGB III im Wege der cessio legis auf die Bundesagentur für Arbeit übergegangen sind, da der Begriff des Arbeitsentgelts in § 304 Abs. 1 S. 2 InsO, wie der IX. Zivilsenat des BGH zutreffend ausführt, nach dem Zweck dieser Vorschrift weit auszulegen sei.

7 Über das Vermögen des geschäftsführenden Mehrheitsgesellschafters einer GmbH ist ein IN-Verfahren („Regelinsolvenzverfahren") zu eröffnen, da er eine selbständige wirtschaftliche Tätigkeit iSv § 304 InsO ausübt. Dies gilt, wie der IX. Zivilsenat des BGH entschieden hat, auch für den Fall, dass die GmbH persönlich haftende Gesellschafterin einer GmbH & Co. KG ist.[6] Der Schuldner rügte die Abweisung des von ihm gestellten Antrags auf Eröffnung eines Verbraucherinsolvenzverfahrens damit, er habe keine selbständige berufliche Tätigkeit ausgeübt. Eine frühere Entscheidung des BGH[7], wonach der alleinige Gesellschafter und Geschäftsführer einer GmbH, der eine selbständige berufliche Tätigkeit ausübe, könne auf ihn nicht angewandt werden. Denn er habe nur 96 % der Anteile gehalten. Es sei auf den Schuldner nicht anwendbar, da in der früheren Entscheidung des BGH ein Alleingesellschafter Verfahrensbeteiligter war. Der IX. Zivilsenat stellt zu Recht fest, dass der Unterschied zwischen einem Alleingesellschafter und einem zu 96 % beteiligten Gesellschafter, wie dem hier beschwerdeführenden Schuldner, nicht zu erkennen war. In der Tat lagen hier zwar weniger als 20 Gläubiger vor, da aber eine Vielzahl von Anfechtungsansprüchen zu prüfen und gegebenenfalls durchzusetzen waren, hatte das Beschwerdegericht die Vermögensverhältnisse des Schuldners für unüberschaubar angesehen.

8 Ein richterlicher Ermessensspielraum besteht bei der Einordnung eines Verfahrens als IN- oder IK-Verfahren nicht. Die Änderung beseitigt aber nicht alle Fragen: Wie ist es z.B. mit Forderungen einer Haushaltshilfe? Mehr noch: Was hat zu geschehen, wenn das Insolvenzgericht in der fälschlichen Annahme, es handle sich um ein IK-Verfahren, das Verfahren eröffnet und einen Treuhänder bestellt hat, der dann feststellt, dass der Schuldner z.B. einen Friseursalon mit zwei Teilzeitkräften betreibt?

3. Gesetzlicher Verfahrensformzwang – keine Option

9 Der Gesetzgeber hat dem Schuldner mit den §§ 304ff. InsO keine Option[8] für ein vereinfachtes Schuldenbereinigungs- und Insolvenzverfahren eingeräumt; liegen die Voraussetzungen des § 304 InsO vor, führt dies zwingend[9] dazu, dass der eigenantragstellende Schuldner die sogleich näher dazustellenden Voraussetzungen des § 305 InsO zu erfüllen hat, die gleichsam dem § 26 InsO vorgeschaltete weitere Eröffnungsvoraussetzungen eines vereinfachten Insolvenzverfahrens darstellen. Damit ist aber zugleich der Zugang zu einem allgemeinen Regelinsolvenzverfahren anders als nach geltendem Recht versperrt.

10 Der leitende Angestellte, dem es nach bisherigem Konkurs- oder Gesamtvollstreckungsrecht durchaus möglich war, die Eröffnung eines Konkursverfahrens über sein persönliches Vermögen mit dem Ziel zu beantragen, darin einen Zwangsvergleich (§§ 173 ZVG, 16 GesO) zu erreichen, hat wegen der abhängigen Beschäftigung, in der er steht, diese Möglichkeit nach neuem Recht nicht mehr. Die beratende Praxis wird daher u.a. die Aufgabe haben, in derartigen Fällen rechtzeitig die Voraussetzungen *herzustellen,* die erforderlich sind, dem Schuldner Zugang zu einem Regelinsolvenzverfahren zu schaffen, in dem er z.B. einen Insolvenzplan vorlegen kann. Dies kann etwa dadurch geschehen, dass der Schuldner neben seiner abhängigen Beschäftigung eine eigenständige wirtschaftliche Tätigkeit aufnimmt, die sich jedenfalls nicht erkennbar im Bereich der „Geringfügigkeit" bewegt.[10]

6 BGH, Beschl. v. 12. 2. 2009 – IX ZB 215/08, ZIP 2009, 626.
7 BGH, Beschl. v. 22. 9. 2005 – IX ZB 55/04, ZIP 2005, 2070.
8 *Fuchs,* ZInsO 1999, 185 ff.; *Klaas,* ZInsO 1999, 545 ff.
9 *Häsemeyer,* Insolvenzrecht, 3. Aufl. 2003, Rn. 29.06, 29.07.
10 *Haarmeyer,* in: Smid, InsO, 2. Aufl. 2001, § 304 Rn. 7, 15–17.

II. Antragsbefugnis

Wie im allgemeinen Insolvenzverfahren gilt auch für das vereinfachte (Klein-) Insolvenzverfahren, dass dieses Verfahren nur auf Antrag eingeleitet wird.[11] Grundsätzlich geht der Gesetzgeber davon aus, dass der Schuldner das Verfahren mittels Eigenantrag einleitet, um in den Genuss der (vermeintlichen) Wohltaten der Möglichkeit einer Restschuldbefreiung zu gelangen. In der Tat werden Gläubiger sehr häufig kein Interesse an der Eröffnung eines Insolvenzverfahrens haben, zumal § 312 Abs. 3 InsO den gesicherten Gläubigern durch das Verfahren keine weitergehendere Möglichkeiten als das Individualzwangsvollstreckungsverfahren eröffnet. Zur Vermeidung von Kosten werden die Gläubiger daher sinnvoller Weise außerhalb des Verfahrens auf das Sicherungsgut Zugriff zu nehmen versuchen. Allerdings wird die Einleitung von Verbraucherinsolvenzverfahren auch durch Anträge des Gläubigers nicht ausgeschlossen. Beantragt ein Gläubiger die Eröffnung des Verfahrens, ordnet § 306 Abs. 3 Satz 1 InsO an, dass dem Schuldner vom Insolvenzgericht Gelegenheit zur Stellung eines Eigenantrags vor der Entscheidung über die Eröffnung zu geben ist. Stellt der Schuldner diesen „konkurrierenden" Eigenantrag, wird ein Schuldenbereinigungsverfahren eingeleitet. Stellt er keinen eigenen Antrag, tritt das Verfahren unmittelbar ohne Zwischenverfahren in das verkürzte Insolvenzverfahren nach den §§ 311ff. InsO ein.[12] Jedenfalls wird aber ein vereinfachtes Insolvenzverfahren eingeleitet; ein Regelinsolvenzverfahren wird nicht eröffnet. 11

III. Voraussetzungen und Gang des Vor-Eröffnungsverfahrens

1. § 305 Abs. 1 InsO als besondere Eröffnungsvoraussetzung

a) Anforderungen an den Schuldnerantrag. Mit dem Antrag auf Eröffnung des Insolvenzverfahrens (§ 311 InsO) oder unverzüglich nach diesem Antrag hat der Schuldner nach § 305 Abs. 1 InsO eine Reihe von Unterlagen vorzulegen; dabei handelt es sich um eine besondere Verfahrenseröffnungsvoraussetzung. Denn verletzt er diese ihn treffende Obliegenheit, und hat der Schuldner die in § 305 Abs. 1 InsO genannten Erklärungen und Unterlagen nicht vollständig abgegeben, hat das Insolvenzgericht ihm rechtliches Gehör zu gewähren (vgl. § 139 ZPO i.V.m. § 4 InsO) und ihn nach § 305 Abs. 3 Satz 1 InsO aufzufordern, das Fehlende unverzüglich zu ergänzen. Kommt der Schuldner dieser Aufforderung nicht binnen eines Monats nach, so gilt sein Antrag auf Eröffnung des Insolvenzverfahrens nach § 305 Abs. 3 Satz 2 InsO als zurückgenommen. 12

b) Zeugnis einer Schuldnerberatungsstelle. Nach § 305 Abs. 1 Nr. 1 InsO hat der Schuldner seinem Antrag zunächst einmal eine Bescheinigung beizufügen, die von einer geeigneten Person oder Stelle[13] ausgestellt ist und aus der sich ergibt, dass eine außergerichtliche Einigung mit den Gläubigern über die Schuldenbereinigung auf 13

---

11 *Hess/Obermüller*, Insolvenzplan, Restschuldbefreiung und Verbraucherinsolvenz, 1998, Rn. 764.
12 *Haarmeyer*, in: Smid, InsO, 2. Aufl. 2001, § 305 Rn. 6.
13 *Hess/Obermüller*, Insolvenzplan, Restschuldbefreiung und Verbraucherinsolvenz, 1998, Rn. 721 ff.

der Grundlage eines Plans[14] innerhalb der letzten sechs Monate vor dem Eröffnungsantrag erfolglos[15] versucht worden ist.

14 Die mit dem Eigenantrag vorzulegende Bescheinigung kann auch ausweisen, dass eine außergerichtliche Einigung offensichtlich aussichtslos war vorzulegen. § 305 Abs. 1 Nr. 1 InsO trifft künftig eine Legaldefinition der „offensichtlichen Aussichtslosigkeit" der Einigung. Diese liegt danach in der Regel vor, wenn die Gläubiger im Rahmen einer Schuldenbereinigung voraussichtlich nicht mehr als fünf Prozent ihrer Forderungen erhalten hätten oder der Schuldner mehr als 20 Gläubiger hat.

Die Gründe für das Scheitern sind zu erläutern. In der **Vorphase vor Stellung des Eröffnungsantrags** hat der Schuldner daher auf der Grundlage eines Schuldenbereinigungsplans zunächst eine außergerichtliche Einigung mit den Gläubigern zu versuchen. Dies soll gewährleisten, dass eine außergerichtliche Einigung von einer qualifizierten Person oder geeigneten Stelle ernstlich betrieben worden ist.[16] Vor Erstellung der Bescheinigung haben sich die bescheinigenden Stellen und Personen ein Bild von der Sachlage dadurch zu machen, dass sie sich Unterlagen vorlegen lassen und Erklärungen des Schuldners anfordern, welche die vorausgegangenen Schuldenregulierungsbemühungen dokumentieren.[17] Davon wird eine Filterwirkung[18] für das „eigentliche" gerichtliche Insolvenzverfahren erhofft. Betreibt ein Gläubiger nach Aufnahme der außergerichtlichen Verhandlungen die Individualzwangsvollstreckung gegen den Schuldner, gilt die außergerichtliche Einigung als gescheitert, § 305a InsO.

15 Die Länder haben in Ausführungsgesetzen zur InsO[19] auf der Grundlage des § 305 Abs. 1 Nr. 1 InsO bestimmt, welche Personen oder Stellen als geeignet anzusehen sind. Als geeignet werden solche Stellen anerkannt,[20] die einem Verband der freien Wohlfahrtspflege oder einer Verbraucherzentrale angehören oder die Einrichtung einer Kommune oder eines Landkreises sind oder als innerbetriebliche Sozialeinrichtung arbeiten, um gewerbliche „Schuldenregulierer" auszuschließen, deren Einschaltung allenfalls geeignet ist, neue Schulden hervorzurufen;[21] freilich werden im letztgenannten Falle des vorkonkurslichen Tätigwerdens eines solchen „Schuldenregulierers" besonders die Sozialämter für den Fall, dass sie als Gläubiger auftreten, von ihrer Anfechtungsbefugnis nach § 312 Abs. 2 InsO Gebrauch zu machen haben (§ 14 Rn. 7, 35 f.).

16 Den anerkannten Stellen obliegt eine rechtliche Beratung des Schuldners (vgl. auch § 8 BSHG), was nach einer Änderung des RechtsBerG[22] rechtlich unbedenklich ist. Allerdings ist die anerkannte Schuldnerberatungsstelle keine advokatorische Instanz, sondern hat *mediatorische* Aufgaben wahrzunehmen. Insbesondere dürfen sich die Schuldnerberater nicht dazu verleiten lassen, in der Mitwirkung an der Vorbereitung des Schuldenbereinigungsplans zur außergerichtlichen Regulierung in der Sechs-Monats-Frist des § 305 Abs. 1 Nr. 1 InsO vor den Gläubigern Vermögenswerte zu verbergen o. dgl. m.; sie haben einen dem beiderseitigen Interessenausgleich die-

---

14 *Wittig*, WM 1998, 157, 160.
15 *Häsemeyer*, Insolvenzrecht, 3. Aufl. 2003, Rn. 29.19 f.
16 *Haarmeyer*, in: Smid, InsO, 2. Aufl. 2001, § 305 Rn. 3.
17 *Haarmeyer*, in: Smid, InsO, 2. Aufl. 2001, § 305 Rn. 11.
18 *Haarmeyer*, in: Smid, InsO, 2. Aufl. 2001, § 305 Rn. 2.
19 Vgl. das Hess. und das Nordrhein-Westf. AusführungsG, abgedr. ZInsO 1998, 132 ff.
20 *Haarmeyer*, in: Smid, InsO, 2. Aufl. 2001, § 305 Rn. 8.
21 *Bindemann*, Handbuch Verbraucherkonkurs, 1997, 44.
22 EGInsOÄndG BR-Drs. 501/98 Art. 1 Nr. 3.

nenden Vergleichsvorschlag objektiv mitvorzubereiten. Der **Inhalt des Plans** ist im Übrigen nicht ausdrücklich gesetzlich geregelt[23]; es liegt aber nahe, dass er den Anforderungen des nach § 305 Abs. 1 Nr. 4 InsO zu präsentierenden Plans entsprechen sollte.[24]

c) Antrag auf Erteilung von Restschuldbefreiung gem. § 287 InsO. Der **Antrag auf Erteilung von Restschuldbefreiung gem. § 287 InsO** oder die Erklärung, dass Restschuldbefreiung nicht beantragt werden soll, muss dem Eröffnungsantrag des Schuldners nach § 305 Abs. 1 Nr. 2 InsO beigefügt werden.[25] Seinem Antrag muss eine den Erfordernissen des § 287 Abs. 2 InsO entsprechende Abtretungserklärung beigefügt sein, wenn der Schuldner die Bewilligung der Restschuldbefreiung beantragt.[26] 17

d) Verzeichnisse.[27] § 305 Abs. 1 Nr. 3 InsO ordnet weiterhin an, dass dem Eröffnungsantrag des Schuldners ein Verzeichnis des vorhandenen Vermögens und des Einkommens, ein Verzeichnis der Gläubiger und ein Verzeichnis der gegen ihn gerichteten Forderungen beizufügen ist; der Schuldner hat zu den Verzeichnissen zu erklären, dass die in diesen enthaltenen Angaben richtig und vollständig sind.[28] Damit stellt § 305 Abs. 1 Nr. 3 InsO an den Eigenantrag des Schuldners im Kleininsolvenzverfahren höhere Anforderungen als an den im Regelinsolvenzverfahren, was allerdings damit zu rechtfertigen ist, dass der Schuldner in diesem Verfahren „etwas" – nämlich die Erlangung der Restschuldbefreiung – von seinen Gläubigern „will". Es ist daher richtig, ihm eine gegenüber dem Regelinsolvenzverfahren erhöhte Darlegungslast aufzubürden. Diesen gesetzlichen Vorgaben nachzukommen, wird dem Schuldner aber sowohl in tatsächlicher Hinsicht als auch im Hinblick auf die dabei entstehenden Kosten erleichtert: In dem Verzeichnis der Forderungen kann gem. § 305 Abs. 2 Satz 1 InsO auch auf beigefügte Forderungsaufstellungen der Gläubiger Bezug genommen werden. Ferner sind nach § 305 Abs. 2 Satz 2 InsO die Gläubiger auf eine unter Bezug auf einen künftig zu stellenden Eröffnungsantrag ergehende Aufforderung des Schuldners verpflichtet, auf ihre Kosten dem Schuldner zur Vorbereitung des Forderungsverzeichnisses eine schriftliche Aufstellung ihrer gegen diesen gerichteten Forderungen zu erteilen.[29] Dabei haben sie ihm insbesondere die Höhe ihrer Forderungen und deren Aufgliederung in Hauptforderung, Zinsen und Kosten anzugeben. 18

e) Schuldenbereinigungsplan. Gegenstand des Vor-Eröffnungsverfahrens der §§ 305 ff. InsO ist die Regulierung der Schulden auf der Grundlage eines Plans, der – da er gleichsam die Konkretion des verfahrensrechtlichen Begehrens des Schuldners in diesem Abschnitt des Verfahrens bildet – selbstverständlich dem Eröffnungsantrag beizufügen ist (§ 305 Abs. 1 Nr. 4 InsO). Anders als über den Insolvenzplan trifft das 19

---

23 Zu den insolvenzgerichtlichen Prüfungspflichten *Klass,* ZInsO 1999, 620 ff.
24 *Wittig,* WM 1998, 157, 161.
25 *Wittig,* WM 1998, 157, 163; *Hess/Obermüller,* Insolvenzplan, Restschuldbefreiung und Verbraucherinsolvenz, 1998, Rn. 779.
26 *Haarmeyer,* in: Smid, InsO, 2. Aufl. 2001, § 305 Rn. 33.
27 *Wittig,* WM 1998, 157, 163; *Hess/Obermüller,* Insolvenzplan, Restschuldbefreiung und Verbraucherinsolvenz, 1998, Rn. 781 ff.
28 *Hess/Obermüller,* Insolvenzplan, Restschuldbefreiung und Verbraucherinsolvenz, 1998, Rn. 782.
29 *Wittig,* WM 1998, 157, 164.

Gesetz nur außerordentlich sparsame Regelungen hinsichtlich der inhaltlichen Ausgestaltung des Schuldenbereinigungsplans.[30] Dieser soll (der Gesetzeswortlaut ist insoweit mißverständlich!) alle Regelungen enthalten, die unter Berücksichtigung der Gläubigerinteressen sowie der Vermögens-, Einkommens- und Familienverhältnisse des Schuldners geeignet sind, zu einer „angemessenen" Schuldenbereinigung zu führen.[31] In den Plan ist aufzunehmen, ob und inwieweit Bürgschaften, Pfandrechte und andere Sicherheiten der Gläubiger vom Plan berührt werden sollen.

20 Nicht mehr wirklich streitig ist, welche Bedeutung das Erfordernis der „Angemessenheit" hat. Eine Reihe von Autoren[32] neigen dazu, dieses Erfordernis unter den Tisch fallen zu lassen; es sei nach § 308 InsO Angelegenheit der Gläubiger, die „Angemessenheit" des Vergleichsvorschlags des Schuldners in dem vorgelegten Schuldenbereinigungsplan zu beurteilen. Zudem werde das Insolvenzgericht durch eine Angemessenheitsprüfung unangemessen überfordert. Diese Argumente gehen fehl. Zwar ist richtig, dass den Gläubigern die Annahme des Plans oder seine Verwerfung obliegt; durch die Zulassung des Eröffnungsantrags des Schuldners werden den Gläubigern aber eigene Lasten aus der Verfahrensteilnahme aufgebürdet, die bis hin zur Unterwerfung unter die Obstruktionsentscheidung gem. § 309 InsO münden. Dies kann nicht ohne eine Vorprüfung durch das Insolvenzgericht geschehen, die im Übrigen ihre Parallele im Unternehmensinsolvenzverfahren in § 231 InsO findet. Damit ist auch keine Überlastung der Insolvenzgerichte verbunden, die nach § 306 Abs. 2 InsO die Befugnis haben, im Rahmen vorläufiger Maßnahmen auch einen Sachverständigen zu bestellen, dem die Aufgabe der gutachterlichen Vorprüfung übertragen wird (sogleich Rn. 23 ff.). Der Plan ist jedenfalls dann „unangemessen", wenn er apriori erkennbar den in § 309 InsO statuierten Grundsatz der Gläubigergleichbehandlung[33] verletzt.

21 Der Schuldenbereinigungsplan kann auch als sog. **„Null-Plan"** ausgestaltet werden, in dem den Gläubigern keine Quote versprochen wird.[34] Anders als das österreichische Verbraucherinsolvenzrecht sieht die deutsche InsO keine Mindestquoten vor; ein „Null-Plan" wird sich daher als „angemessen" darstellen, wenn nicht zu erwarten ist, dass ein Schuldner innerhalb der Wohlverhaltensperiode des § 287 Abs. 2 InsO ein Einkommen erzielt, das über die Pfändungsgrenzen hinausreicht.

2. Ruhen des Eröffnungsverfahrens und vorläufige Maßnahmen des Insolvenzgerichts

22 **a) Keine Entscheidung über die Eröffnung des Insolvenzverfahrens.** Ist der Eröffnungsantrag des Schuldners vollständig oder hat der Schuldner fristgerecht auf Hinweis des Gerichts den Antrag vervollständigt, ordnet § 306 Abs. 1 Satz 1 InsO an, dass das Verfahren über den Antrag auf Eröffnung des Insolvenzverfahrens bis zur Entscheidung über den Schuldenbereinigungsplan ruht.[35] Dieser Zeitraum soll nach § 306 Abs. 1 Satz 2 InsO drei Monate nicht überschreiten; wie sogleich zu zeigen sein

30 *Hess/Obermüller,* Insolvenzplan, Restschuldbefreiung und Verbraucherinsolvenz, 1998, Rn. 731 ff.

31 *Wittig,* WM 1998, 157, 164 f.

32 *Wimmer,* Insolvenzordnung, 1999, § 305.

33 *Hess/Obermüller,* Insolvenzplan, Restschuldbefreiung und Verbraucherinsolvenz, 1998, Rn. 745.

34 OLG Frankfurt/M. v. 9. 3. 2000 – 26 W 162/99 – InVo 2000, 345; *Wittig,* WM 1998, 157, 161/162; *Haarmeyer/Wutzke/Förster,* Handbuch zur Insolvenzordnung, Rn. 1997 10/34; *Hess/Obermüller,* Insolvenzplan, Restschuldbefreiung und Verbraucherinsolvenz, 1998, Rn. 735; *Hennin,* InVo 1996, 288; *Vallender,* ZIP 1996, 2058.

35 *Wittig,* WM 1998, 157, 163; *Häsemeyer,* Insolvenzrecht, 3. Aufl. 2003, Rn. 29.18; *Hess/Obermüller,* Insolvenzplan, Restschuldbefreiung und Verbraucherinsolvenz, 1998, Rn. 800.

wird, ist es aber wahrscheinlich, dass die Praxis dieses Zeitlimit nicht wird einhalten können, da allein die vorzunehmenden Anhörungen der Beteiligten voraussichtlich besonders dann mehr Zeit beanspruchen werden, wenn eine Vielzahl von Verfahren auf die Insolvenzgerichte zukommen sollte. Diese „Ruheperiode" stellt freilich keinen Stillstand des Verfahrens dar; es „ruht" nur die Entscheidung über das Verfahren des Insolvenzgerichts nach den §§ 311, 26, 27 InsO, nicht aber das Vor-Eröffnungsverfahren, in dem das Insolvenzgericht die Entscheidung der Gläubiger über den Schuldenbereinigungsplan organisiert. Wenn nach der freien Überzeugung des Insolvenzgerichts der Schuldenbereinigungsplan keine Aussicht darauf hat, angenommen zu werden, ordnet das Gericht die Fortsetzung des Verfahrens an, § 306 Abs. 1 Satz 2 InsO n.F.

b) Sicherungsmaßnahmen. Durch das „Ruhen" des Verfahrens stellt sich die Lage daher nicht anders dar, als sie im Regelinsolvenzverfahren vorliegt, wenn der allgemeine Eröffnungsantrag gestellt wird: Das Insolvenzgericht muss auch in der „Ruheperiode" – wie § 305 Abs. 3 InsO und die Rn. 18 angestellten Überlegungen zeigen – die Zulässigkeit und Begründetheit des Eröffnungsantrags prüfen. Ferner muss in Erwägung gezogen werden, ob der Schuldner mit seinem Eigenantrag versucht, Zeit zu gewinnen, um gläubigerbenachteiligende Handlungen begehen zu können, also: Masse beiseite zu schaffen. Schließlich bildet die „Ruheperiode" für die betroffenen Insolvenzgläubiger naturgemäß ein Alarmsignal – sie werden geneigt sein, noch aus Titeln die Individualzwangsvollstreckung[36] durchzuführen oder an sich Abtretungen vornehmen zu lassen, um sich gegenüber den anderen Gläubigern Vorteile zu verschaffen. **23**

Das Insolvenzgericht kann die sich hieraus ergebenden Fragen ebensowenig aus eigener Wahrnehmung beantworten wie im Verfahren der Unternehmensinsolvenz. Da aber auch im Kleininsolvenzverfahren das Amtsermittlungsprinzip gilt (§ 5 Abs. 1 InsO), muss und *kann* das Insolvenzgericht schon wegen § 5 Abs. 1 Satz 2 InsO einen Sachverständigen beauftragen (der dann nach dem ZSEG zu vergüten ist). **24**

Darüber hinaus bestimmt § 306 Abs. 2 InsO, dass auch im Vor-Eröffnungsverfahren die Anordnung von Sicherungsmaßnahmen gem. § 21 InsO möglich ist. Hier kommen *alle* Maßregeln des Katalogs des § 21 InsO in Betracht.[37] Selbstverständlich kann das Insolvenzgericht gegebenenfalls ein vorläufiges Verfügungs- und Verwaltungsverbot gegen den Schuldner nach § 21 Abs. 2 Nr. 2 InsO verhängen, wobei allerdings regelmäßig ein beschränktes Verfügungsverbot in Betracht kommt, z.B. um Lohn- und Gehaltsabtretungen oder die Veräußerungen pfandfreier besonders werthaltiger Vermögensgegenstände zu verhindern. Dies gilt aber auch für die Einsetzung eines vorläufigen Verwalters: **25**

Beispiel: Wenn der Sachverständige z.B. darauf hinweist, dass zwar die persönlichen Voraussetzungen des § 304 InsO vorliegen, aber allem Anschein nach erhebliches Vermögen vorläge, kann die Einsetzung eines vorläufigen Verwalters nach § 21 Abs. 2 Nr. 1 InsO geboten sein, um *Al Capone jr.* an Vermögensverschiebungen zu hindern. **26**

---

36 *Hess/Obermüller,* Insolvenzplan, Restschuldbefreiung und Verbraucherinsolvenz, 1998, Rn. 750.
37 A.A. *Wittig,* WM 1998, 157, 163; *Hess/Obermüller,* Insolvenzplan, Restschuldbefreiung und Verbraucherinsolvenz, 1998, Rn. 803.

27 Das Verbot der Individualzwangsvollstreckung auch im Schuldenbereinigungs-, Verbraucherinsolvenz- und im Restschuldbefreiungsverfahren (§ 314a InsO). Voraussetzung des im außergerichtlichten Einigungsverfahren für einen Zeitraum von sechs Monaten (§ 314b Abs. 2 InsO; § 314b Abs. 4 Satz 3 InsO: Verlängerung um drei Monate bei Verzögerungen) zu gewährenden Vollstreckungsschutzes ist es, dass der Schuldner sich mit dem Begehren nach Einleitung der außergerichtlichen Einigung an eine geeignete Stelle (§ 305 Abs. 1 Nr. 1 InsO) gewandt **(§ 314b Abs. 1 Satz 1 InsO)** und die geeignete Stelle eine vom Schuldner beim Insolvenzgericht einzureichende Bescheinigung hierüber ausgestellt hat **(§ 314b Abs. 1 Satz 2 InsO).** Bereits ergangene Maßnahmen in laufenden Zwangsvollstreckungen werden durch das **Insolvenzgericht** auf Antrag des Schuldners aufgehoben. Mit seinem an Stelle der Erinnerung gem. § 766 ZPO zu stellenden Antrag hat der Schuldner die Bescheinigung vorzulegen.

3. Verrichtungen des Insolvenzgerichts während der „Ruhephase"

28 **a) Zustellungen an die Gläubiger.** Während des Ruhens des Eröffnungsverfahrens obliegt dem Insolvenzgericht die Organisation des Verfahrens zur Entscheidung der Gläubiger über die Annahme oder Zurückweisung des vom Schuldner mit dem Eröffnungsantrag nach § 305 Abs. 1 Nr. 4 InsO vorgelegten Schuldenbereinigungsplans. Das dabei zu berücksichtigende Verfahren stellt sich als Konsequenz des Anspruchs der Verfahrensbeteiligten – der betroffenen Insolvenzgläubiger und der absonderungsberechtigten Gläubiger und des Schuldners – auf Gewährung rechtlichen Gehörs dar: Nach § 307 Abs. 1 Satz 1 InsO n. F. hat das Insolvenzgericht die vom Schuldner genannten Gläubiger darauf hinzuweisen, dass beim Insolvenzgericht das Vermögensverzeichnis, das Gläubigerverzeichnis, das Forderungsverzeichnis und der Schuldenbereinigungsplan niedergelegt worden sind und es hat die Gläubiger aufzufordern, binnen einer Notfrist von einem Monat dazu Stellung zu nehmen und ihnen Gelegenheit zur Ergänzung und gegebenenfalls Forderungsanmeldung zu geben. Die Zustellungserleichterung des § 8 Abs. 3 InsO kommt schon deshalb nicht zum Zuge,[38] weil in dieser Phase das Verfahren noch nicht eröffnet ist. Soweit den Gläubigern aus der Verfahrensteilnahme Kosten erwachsen, schließt § 310 InsO deren Geltendmachung gegen den Schuldner aus, was etwa der Regelung des § 225 Abs. 1 InsO im Verfahren der Unternehmenssanierung entspricht.

29 Mit § 307 Abs. 1 Satz 1 InsO gehen erhebliche Belastungen für die Gerichte, insbesondere für die Geschäftsstellen und nicht zuletzt nachhaltige Kosten einher. Denn die Zustellung i. S. d. Vorschrift folgt dem § 8 InsO durch Aufgabe zur Post, was bei Schriftsätzen, deren Umfang sich aus § 305 Abs. 1 InsO ergibt, teuer ist. Soweit es die *Arbeitsbelastung* der Gerichte betrifft, bietet § 306 Abs. 2 InsO die Möglichkeit einer Abhilfe, da die Vorbereitung der Schriftsätze nach § 307 Abs. 1 InsO dem einzusetzenden Gutachter anvertraut werden kann.

30 **b) Belehrung der Gläubiger und Präklusion.** Die Gläubiger sind im Rahmen ihrer Unterrichtung vom Schuldnerantrag – wie es in § 307 Abs. 1 Satz 2 InsO heißt: „ausdrücklich" – darauf hinzuweisen, dass Forderungen, die in dem vom Schuldner vor-

---

38 *Hess/Obermüller*, Insolvenzplan, Restschuldbefreiung und Verbraucherinsolvenz, 1998, Rn. 815.

gelegten Verzeichnis nicht aufgeführt sind, ergänzend anzumelden sind, da andernfalls die Präklusionsfolgen des § 308 Abs. 3 Satz 2 InsO eingreifen und die Forderung erlischt.[39]

Diese Präklusionswirkungen sind nicht unproblematisch. Dies ist in der Diskussion um § 14 Abs. 1 Satz 1 GesO in der Vergangenheit deutlich geworden.[40] Die Insolvenzgläubiger stehen anders als die Parteien eines Zivilprozesses nicht in einem Prozessrechtsverhältnis[41] zueinander. Die Gesamtheit der Insolvenzgläubiger bildet zum Zwecke ihrer gemeinschaftlichen anteiligen Befriedigung (oben § 1 Rn. 13) im Falle der Insolvenz des Schuldners eine Risikogemeinschaft.[42] Selbstverständlich gilt das grundsätzlich auch für die Abwicklung der Insolvenz im Rahmen des Insolvenzverfahrens. Damit wird deutlich, dass die Gründe, die eine Nichtberücksichtigung von Insolvenzgläubigern bei der Aufstellung der Tabelle und damit deren Ausschluss von der Verteilung der Masse rechtfertigen können, aus der Struktur der Gesamtheit der Gläubiger als Risikogemeinschaft abgeleitet werden oder doch mit dieser Grundstruktur des Insolvenzverfahrens vereinbar sein müssen. Denn die Konstituierung der Risikogemeinschaft der Gläubiger im Konkurs dient der Realisierung und Durchsetzung der verfassungsrechtlich garantierten Eigentumsrechte der Gläubiger gegenüber dem nicht mehr vollständig leistungsfähigen Schuldner. Wenn das Insolvenzverfahren demgegenüber umgekehrt dazu führt, dass bestimmte Gläubiger diese Rechte gerade nicht mehr durchsetzen können, bedarf dies einer besonderen Rechtfertigung. Schon von den Kritikern des § 14 Abs. 1 Satz 1 GesO ist aber darauf hingewiesen worden, dass die von einer Präklusion ausgehenden Beschleunigungswirkungen im Zusammenhang von Verfahren der Entschuldung bzw. Schuldenbereinigung privater Verbraucher legitim sein kann. 31

Lässt ein Gläubiger die ihm gesetzte Stellungnahmsfrist verstreichen, ohne von seinem verfahrensrechtlichen Recht Gebrauch zu machen, fingiert § 307 Abs. 2 InsO die Zustimmung des Gläubigers. 32

c) Stellungnahme des Schuldners.[43] Nach Ablauf der den Gläubigern zur Stellungnahme gesetzten Frist ist dem Schuldner gem. § 307 Abs. 3 Satz 1 InsO Gelegenheit zu geben, den Schuldenbereinigungsplan binnen einer vom Gericht zu bestimmenden Frist zu ändern oder zu ergänzen. Diese Befugnis des Schuldners wird auf solche Fälle beschränkt, in denen die Ergänzung oder Änderung auf Grund der Stellungnahme eines Gläubigers erforderlich oder zur Förderung einer einverständlichen Schuldenbereinigung sinnvoll erscheint. Haben daher die Gläubiger keine Stellungnahmen abgegeben oder sind nur Zustimmungen eingegangen, ist kein Raum für eine Abänderung des Vortrags des Schuldners. 33

Auch die Änderungen oder Ergänzungen sind den Gläubigern nach § 8 InsO zuzustellen. § 307 Abs. 3 Satz 2 InsO schränkt dies mit den Worten „soweit dies erforderlich ist" ein; gemeint ist damit aber nicht die Unterrichtung der Gläubiger, deren Erfordernis sich aus Art. 103 Abs. 1 GG ergibt. Allenfalls kann im Einzelfall eine förmliche Zustellung nach § 8 InsO dann entbehrlich sein, wenn das Gericht bei einer sehr geringen Zahl von Gläubigern und solchen Korrekturen des Schuldners, die sich im Bereich des § 319 ZPO bewegen, z. B. in telefonischen Kontakt mit den Gläubigern tritt. Das sind freilich Ausnahmefälle. 34

39 Einschränkend *Vallender,* ZIP 2000, 1288, 1289.
40 Vgl. allein m. w. N. *Smid,* Gesamtvollstreckungsordnung, 3. Aufl. 1996/1997, § 14 Rn. 9ff.
41 *Kohler,* Der Prozess als Rechtsverhältnis, 1868; zur heutigen Rechtslage *Smid,* Rechtsprechung, 1990, S. 325ff. m. w. N.
42 Was durch das „Zusammenlaufen" (den „Konkurs" der Gläubiger) plastisch ausgedrückt wird.
43 OLG Karlsruhe, Beschl. v. 16. 3. 2000 – 9 W 1/00 – NZI 2000, 375.

4. Annahme oder Zurückweisung des Schuldenbereinigungsplans

35 a) **Voraussetzungen der Annahme.** Sind von keinem der Gläubiger gegen den Schuldenbereinigungsplan Einwendungen erhoben worden, gilt der Schuldenbereinigungsplan als angenommen, § 308 Abs. 1 Satz 1 InsO. Grundsätzlich setzt die Annahme des Schuldenbereinigungsplans daher wie im außergerichtlichen Bereich Einstimmigkeit unter den Gläubigern voraus.[44] Der Plan gilt aber auch dann als angenommen, wenn die Zustimmung eines dissentierenden Gläubigers nach § 309 InsO durch das Insolvenzgericht ersetzt wird.

36 Auf eine „erste Ablehnung“[45] hin ist dem Schuldner gem. § 307 Abs. 3 Satz 1 InsO Gelegenheit zur Nachbesserung und Änderung des Schuldenbereinigungsplans zu geben mit einer darauf folgenden Zustellung der Noven an die Gläubiger.

37 b) **Das Verfahren nach § 309 InsO** im Falle einer „zweiten Ablehnung“[46] des Schuldenbereinigungsplans durch die Gläubiger entspricht in seinen Grundzügen dem *cram down*-Verfahren im Insolvenzplanrecht (oben § 26 Rn. 30ff.): Die fehlende Zustimmung eines dissentierenden Gläubigers kann vom Insolvenzgericht ersetzt werden, wenn dem Schuldenbereinigungsplan mehr als die Hälfte der benannten Gläubiger zugestimmt haben und die Summe der Ansprüche der zustimmenden Gläubiger mehr als die Hälfte der Summe der Ansprüche der benannten Gläubiger beträgt. Die Ersetzung der Zustimmung durch das Insolvenzgericht setzt den Antrag eines Gläubigers oder des Schuldners voraus. Macht der Gläubiger einen unter § 309 Abs. 1 Satz 2 InsO fallenden Sachverhalt glaubhaft (vgl. § 309 Abs. 2 Satz 2 InsO), kann die Ersetzungsentscheidung nicht ergehen. Eine Ersetzungsentscheidung kommt nach § 309 Abs. 1 Satz 2 Nr. 1 InsO dann nicht in Betracht, wenn der Gläubiger, der Einwendungen erhoben hat, im Verhältnis zu den übrigen Gläubigern nicht angemessen beteiligt wird. Dabei geht es darum, ob der betreffende Gläubiger im Vergleich mit den übrigen Gläubigern gleichbehandelt wird.[47] Künftig hängt die Ersetzung davon ab, dass mehr als die Hälfte der benannten Gläubiger dem Schuldenbereinigungsplan zugestimmt hat, wenn die Summe der Ansprüche der zustimmenden Gläubiger mehr als die Hälfte der Summe der Ansprüche der benannten Gläubiger beträgt.

38 Ferner ist die insolvenzgerichtliche Ersetzung nach § 309 Abs. 1 Nr. 2 InsO ausgeschlossen, wenn dieser Gläubiger durch den Schuldenbereinigungsplan wirtschaftlich schlechter gestellt wird, als er bei Durchführung des Verfahrens über die Anträge auf Eröffnung des Insolvenzverfahrens und Erteilung von Restschuldbefreiung stünde, wobei z.B. die Kosten eines Verbraucherinsolvenzverfahrens und der Restschuldbefreiung eine Rolle spielen.[48]

---

44 *Wittig*, WM 1998, 157, 166.
45 So anschaulich *Hess/Obermüller*, Insolvenzplan, Restschuldbefreiung und Verbraucherinsolvenz, 1998, Rn. 823.
46 *Hess/Obermüller*, Insolvenzplan, Restschuldbefreiung und Verbraucherinsolvenz, 1998, Rn. 826.
47 AG Mönchengladbach ZInsO 2000, 233; *Hess/Obermüller*, Insolvenzplan, Restschuldbefreiung und Verbraucherinsolvenz, 1998, Rn. 831.
48 AG Göttingen, Beschl. v. 25. 2. 2000 – 74 IK 60/99 – ZInsO 2000, 233.

Um diese Prognose überhaupt stellen zu können, ordnet § 309 Abs. 1 Nr. 2 InsO an, im Zweifel ein Gleichbleiben der Einkommens-, Vermögens- und Familienverhältnisse des Schuldners zum Zeitpunkt des Antrags während der gesamten Dauer des Verfahrens zugrundezulegen. Das Insolvenzgericht hat daher im Fall eines vom Schuldner vorgelegten Nullplans im Zweifel die Tilgungsunfähigkeit des Schuldners für die Dauer des Insolvenzverfahrens und der anschließenden Treuhandphase zu unterstellen. Nach zutreffender Ansicht[49] kann infolge dessen ein Gläubiger nicht mit dem Einwand gehört werden, der Schuldner werde während der Treuhandphase möglicher Weise noch zu Einkommen gelangen; dadurch werde eine Teilbefriedigung möglich, die dem Gläubiger im Falle eines festgestellten Schuldenbereinigungs-Nullplans (mit gleichlanger Laufzeit) genommen werde. Zu beachten ist aber § 35 Hs. 2. InsO. 39

Das Insolvenzgericht ist im Übrigen nach § 309 Abs. 3 Satz 1 InsO daran gehindert, die Einwendung eines Gläubigers zu ersetzen, wenn er Tatsachen glaubhaft macht, aus denen sich „ernsthafte Zweifel" ergeben, ob eine vom Schuldner angegebene Forderung überhaupt bzw. in der angegebenen Höhe besteht *und* vom Ausgang dieses Streites abhängt, ob der einwendende Gläubiger im Verhältnis zu den übrigen Gläubigern angemessen beteiligt wird.[50] 40

c) Verfahren. Rechtsmittel. Zu den Einwendungen des dissentierenden Gläubigers sind den übrigen Gläubigern und dem Schuldner rechtliches Gehör zu gewähren, § 309 Abs. 2 Satz 1 InsO. Gegen den insolvenzgerichtlichen Beschluss eröffnet § 309 Abs. 2 Satz 3 InsO Rechtsmittel; die Vorschrift ist nicht ganz klar gefaßt. Gemeint ist, dass derjenige, der den Ersetzungsantrag gestellt hat, gegen den Zurückweisenden und der Gläubiger, dessen Zustimmung ersetzt wird, gegen den ersetzenden Beschluss die sofortige Beschwerde einzulegen befugt ist. 41

Dem Gesetzgeber war bekannt,[51] dass die insolvenzgerichtlichen Entscheidungen im Restschuldbefreiungsverfahren Rechtsmittel nachgerade erzwingen (man denke an Art. 92 GG).[52] Die Einführung von Rechtsmitteln führt zu einer dem Prozess angenäherten Ausgestaltung auch des Verbraucherinsolvenzverfahrens. Es lässt sich zwar für das Unternehmensinsolvenzverfahren sagen, drohende Rechtsmittel förderten die Neigung der Beteiligten zum (außergerichtlichen) Aushandeln; im Schuldenbereinigungs- und im Verbraucherinsolvenzverfahren wird demgegenüber zweifelsfrei deutlich, dass hier ein „Aushandeln" schlechthin nicht sinnvoll ist. Anders als im Regelinsovenzverfahren, in dem der Schuldner mit seiner Insolvenzplaninitiative scheitert, bleiben die gesicherten Gläubiger von dem Akkordversuch in ihren Rechten letztendlich wegen § 313 Abs. 3 InsO unberührt, da sie vor einer cram down-Entscheidung nach § 309 InsO gut daran tun, ihre Rechte individualzwangsvollstreckungsrechtlich durchzusetzen. Denn auch eine nach § 306 Abs. 2 InsO erlassene einstweilige Verfügung erfasst nicht die (wirtschaftlich interessanten) Immobiliarzwangsvollstreckungen (vgl. § 21 Abs. 2 Nr. 3 InsO). Und *vor* Verfahrenseröffnung nach § 312 InsO hat der Schuldner im Verfahren nach dem ZVG keine Möglichkeit, eine Einstellung herbeizuführen, vgl. § 30d Abs. 3 ZVG i.d.F. d. Art. 20 EGInsO. 42

d) Insolvenzgerichtlicher Beschluss. Das Insolvenzgericht stellt die Annahme des Schuldenbereinigungsplans gem. § 308 Abs. 1 Satz 1 InsO durch Beschluss fest.[53] 43

---

49 *Haarmeyer,* in: Smid, InsO, 2. Aufl. 2001, § 309 Rn. 11.

50 LG München, Beschl. v. 23. 2. 2000 – 14 T 22166/99 – ZInsO 2000, 296.

51 Meine verfassungsrechtlich motivierten Hinweise (*Smid,* in: Leipold [Hrsg.], Insolvenzrecht im Umbruch, 1991, S. 139ff.), sind trotz der daran geübten (durchaus heftigen) Kritik gehört worden; dies hat allerdings die Unpraktikabilität des Verfahrens eher noch erhöht.

52 Auch das ist ja außerordentlich streitig, vgl. *Smid,* Rechtsprechung, 1990, passim.

53 Zum Verfahren der Feststellung der Mehrheit OLG Karlsruhe, Beschl. v. 16. 3. 2000 – 9 W 1/00 – ZInsO 2000, 238.

Wird die Annahme des Planes festgestellt, gelten damit nach § 308 Abs. 2 InsO die Anträge auf Eröffnung des Insolvenzverfahrens und auf Erteilung von Restschuldbefreiung als zurückgenommen.

5. Wirkungen des angenommenen Schuldenbereinigungsplans

44 Der Schuldenbereinigungsplan hat nach § 308 Abs. 1 Satz 2 InsO die Wirkung eines Vergleichs im Sinne des § 794 Abs. 1 Nr. 1 ZPO.[54] Soweit Forderungen in dem Verzeichnis des Schuldners nicht enthalten sind, können die Gläubiger vom Schuldner Erfüllung verlangen. Allerdings erlischt gem. § 308 Abs. 3 Satz 2 InsO die Forderung, soweit ein Gläubiger den Angaben über seine Forderung in dem Forderungsverzeichnis, das beim Insolvenzgericht zur Einsicht niedergelegt ist, nicht innerhalb der gesetzten Frist widersprochen hat, obwohl ihm der Schuldenbereinigungsplan übersandt wurde und die Forderung vor Ablauf der Frist entstanden war. Allerdings können – soweit nicht die oben besprochene Präklusionswirkung reicht – diejenigen Gläubiger gem. § 308 Abs. 3 Satz 1 InsO von dem Schuldner ungeachtet der Annahme des Schuldenbereinigungsplans Erfüllung verlangen, deren Forderungen in dem Verzeichnis des Schuldners nicht enthalten sind und auch nicht nachträglich bei dem Zustandekommen des Schuldenbereinigungsplans berücksichtigt worden sind.

IV. Verbraucherinsolvenzverfahren

45 Die Vorschriften der §§ 312 bis 314 InsO sollen nach Maßgabe des Referentenentwurfs des Bundesministeriums der Justiz Entwurf eines Gesetzes zur Verkürzung des Restschuldbefreiungsverfahrens, zur Stärkung der Gläubigerrechte und zur Insolvenzfestigkeit von Lizenzen aufgehoben werden, weil nach Ansicht des Reformgesetzgebers die bisherigen Erfahrungen gezeigt haben, dass sich die Regelungen nicht bewährt haben. Bisher für die bis zu einer bevorstehenden Änderung des positiven Gesetzesrechts gilt:

1. Entscheidung über die Eröffnung des Insolvenzverfahrens

46 **a) Deckung der Verfahrenskosten.** Werden Einwendungen gegen den Schuldenbereinigungsplan erhoben, die nicht gemäß § 309 InsO durch gerichtliche Zustimmung ersetzt werden, nimmt das Insolvenzgericht nach § 311 InsO das Verfahren über den Eröffnungsantrag von Amts wegen wieder auf; das Schuldenbereinigungsverfahren wird in das Eröffnungsverfahren übergeleitet. Nunmehr greifen die allgemeinen Vorschriften ein. Denn § 312 Abs. 1 InsO trifft abweichende Regelungen allein für den Eröffnungsbeschluss, nicht hinsichtlich der Voraussetzungen, unter denen er zu erlassen ist. Insbesondere gilt dies für § 26 InsO.

---

54 *Wittig*, WM 1998, 157, 166; *Hess/Obermüller*, Insolvenzplan, Restschuldbefreiung und Verbraucherinsolvenz, 1998, Rn. 848.

In Ergänzung der mit den §§ 4a ff. InsO n.F. vorgesehenen Stundungslösung ist § 26 Abs. 1 Satz 2 InsO dahingehend ergänzt worden, dass eine Abweisung mangels Masse unterbleibt, wenn das Gericht dem Schuldner eine Stundung der Verfahrenskosten bewilligt. 47

b) Eröffnungsgrund. Insbesondere hat ein **Eröffnungsgrund**[55] – also, da es sich beim Schuldner um eine natürliche Person[56] handelt, gem. § 17 InsO Zahlungsunfähigkeit oder nach § 18 InsO drohende Zahlungsunfähigkeit[57] – vorzuliegen, was regelmäßig im Fall erheblicher Verschuldung von Verbrauchern gegeben sein wird. 48

2. Der Eröffnungsbeschluss und seine Wirkungen

Im Allgemeinen sind die Vorschriften der §§ 27ff. InsO für den Erlass des Eröffnungsbeschlusses maßgeblich. Bei der Eröffnung des Insolvenzverfahrens wird abweichend von § 29 InsO nur der Prüfungstermin bestimmt; ein Berichtstermin (§ 156 InsO) wird nicht abgehalten.[58] Allerdings bleibt es den Gläubigern nach den allgemeinen Regeln unbenommen, den Treuhändern zur Berichterstattung auf dem Prüfungstermin oder in einem gesonderten Termin zu zwingen, vgl. §§ 75, 76 InsO. Dies gilt auch, sofern das Insolvenzgericht das schriftliche Verfahren mit einem jederzeit abänderbaren (§ 312 Abs. 2 Satz 2 InsO) Beschluss anordnet, wozu es befugt ist, wenn die Vermögensverhältnisse des Schuldners überschaubar und die Zahl der Gläubiger oder die Höhe der Verbindlichkeiten gering sind (§ 312 Abs. 2 Satz 1 InsO). 49

Die Regelungen über die Wirkung der Eröffnung des Insolvenzverfahrens nach den §§ 80ff. InsO kommen aufgrund des Eröffnungsbeschlusses insbesondere im Hinblick auf Verfügungen des Schuldners und die Vollstreckung in das Vermögen des Schuldners zur Anwendung.[59] 50

3. Treuhänder

a) Übersicht. Im Kleininsolvenzverfahren kommt es nicht zur Einsetzung eines Insolvenzverwalters.[60] Seine Aufgaben werden im Kleininsolvenzverfahren von einem Treuhänder wahrgenommen, der ursprünglich nur für das Restschuldbefreiungsverfahren vorgesehen war, weshalb § 313 Abs. 1 InsO eigentümlicherweise auf § 292 InsO und damit auf eine Vorschrift zurückverweist, die ein Verfahren betrifft, das in der Chronologie des Verfahrensablaufs erst nach dem Verbraucherinsolvenzverfahren relevant wird. Nur daraus erklärt sich die wegen § 27 Abs. 1, Abs. 2 Nr. 1 InsO merkwürdig erscheinende Vorschrift des § 313 Abs. 1 Satz 2 InsO, der anordnet, dass der Treuhänder im Verbraucherinsolvenzverfahren „abweichend von § 291 Abs. 2 InsO“ bereits bei der Eröffnung des Insolvenzverfahrens bestimmt werde – was „eigentlich“ selbstverständlich ist! 51

---

55 Eingehend *Uhlenbruck,* NZI 2000, 16ff.
56 *Wittig,* WM 1998, 157, 167.
57 *Wittig,* WM 1998, 157, 167.
58 *Wittig,* WM 1998, 157, 168; *Hess/Obermüller,* Insolvenzplan, Restschuldbefreiung und Verbraucherinsolvenz, 1998, Rn. 868.
59 *Hess/Obermüller,* Insolvenzplan, Restschuldbefreiung und Verbraucherinsolvenz, 1998, Rn. 874; *Haarmeyer,* in: Smid, InsO, 2. Aufl. 2001, § 312 Rn. 2.
60 *Hess/Obermüller,* Insolvenzplan, Restschuldbefreiung und Verbraucherinsolvenz, 1998, Rn. 903.

52 b) **Rechtsstellung.**[61] Die Stellung des Treuhänders gleicht der des Insolvenzverwalters im Allgemeinen Regelinsolvenzverfahren: Nach § 312 Abs. 1 Satz 3 InsO sind die Regelungen der §§ 56 bis 66 InsO auf ihn „entsprechend" anwendbar: Insbesondere gilt das für seine Auswahl im Rahmen der Darstellung des Insolvenzverwalters Gesagte (oben § 9 Rn. 13ff.).

53 c) **Einschränkung der Befugnisse des Treuhänders.** Zur Anfechtung von Rechtshandlungen kann der Treuhänder durch die Gläubigerversammlung ermächtigt werden; ansonsten ist zur Anfechtung gem. § 313 Abs. 2 Satz 1 InsO jeder einzelne Insolvenzgläubiger berechtigt. Aus dem Erlangten sind dem aus eigener Initiative prozessierenden Gläubiger nach § 313 Abs. 2 Satz 2 InsO die ihm entstandenen Kosten vorweg zu erstatten; für den Fall, dass die Gläubigerversammlung ihn mit der Anfechtung beauftragt hat (vgl. § 313 Abs. 2 Satz 3 InsO n.F.) sind ihm nach § 313 Abs. 2 Satz 3 InsO die nicht dadurch gedeckten entstandenen Kosten aus der Insolvenzmasse zu erstatten. Der Treuhänder ist im Übrigen gem. § 313 Abs. 3 InsO nicht zur Verwertung von Gegenständen berechtigt, an denen Pfandrechte oder andere Absonderungsrechte bestehen. Das Recht zur Verwertung des Sicherungsgutes steht nicht dem Treuhänder, sondern durch die Verfahrenseröffnung unbeeinträchtigt dem Gläubiger zu.[62]

54 d) **Verhältnis des Treuhänders zum Schuldner.** Regelmäßig wird es sich beim Schuldner um einen Arbeitnehmer handeln, mit der Folge, dass sich die Masse im Wesentlichen aus seinem Arbeitseinkommen konstituiert. Die sich in diesem Zusammenhang aus § 35 Hs. 2 InsO ergebenden Probleme sind oben (§ 7 Rn. 16ff.) angesprochen worden. Für den *Treuhänder* ergeben sich aus der Beschlagnahme des Neuerwerbs des Schuldners aber „praktische" Fragen eigener Art, die damit zu tun haben, dass im eröffneten Verbaucherinsolvenzverfahren das Arbeitseinkommen des Schuldners nicht durch Pfändungs- und Überweisungsbeschluss nach Maßgabe des § 829 ZPO gepfändet, sondern aufgrund des Eröffnungsbeschlusses vom Konkursbeschlag erfasst wird. Damit endet die Befugnis des Schuldners, überhaupt die Zahlung auch nur der Teile der Bezüge vom Drittschuldner zu fordern, die dieser gegebenenfalls für pfändbar hält – denn es liegt kein Blankettbeschluss vor, der vom Drittschuldner zu konkretisieren wäre. Mit dem Eröffnungsbeschluss wird zunächst das gesamte Vermögen des Schuldners beschlagnahmt und gem. § 80 Abs. 1 InsO der Verwaltung durch den Insolvenzverwalter unterstellt.[63] Mit dem Konkursbeschlag ändert sich daher die „Rechtszuständigkeit" auch im Hinblick auf das (künftige) Arbeitseinkommen des Schuldners mit der Folge, dass der Insolvenzverwalter anstelle des Schuldners dessen Auszahlung vom Drittschuldner (Arbeitgeber) verlangen kann und (aus haftungsrechtlichen Gesichtspunkten den Gläubigern gegenüber) *muss.* Wieweit das gepfändete Arbeitseinkommen daher Teil der Sollmasse ist und wieweit es als unpfändbarer Teil der Ist-Masse an den Schuldner auszuzahlen ist, hat der Treuhänder zu beurteilen.[64]

---

61 *Vallender,* InVo 1999, 73ff.

62 AG Leipzig, Beschl. v. 26. 1. 2000 – 93 IK 26/99 – DZWIR 2000, 216; *Evers,* ZInsO 1999, 340ff.

63 *Smid,* in: FS-Rolland, 1998.

64 Ob die Literatur die sich daraus ergebenden Konsequenzen sieht, wird nicht immer deutlich, vgl. etwa *Hess/Obermüller,* Insolvenzplan, Restschuldbefreiung und Verbraucherinsolvenz, 1998, Rn. 875.

Daher unterscheidet sich die Situation in der Verbraucherinsolvenz dramatisch von der im Kontext der Lohn- und Gehaltspfändung: Dort hat der Drittschuldner die unpfändbaren Beträge nach der Tabelle gem. § 850c Abs. 1 ZPO auszuzahlen, von der er nur aufgrund besonderer vollstreckungsgerichtlicher Beschlüsse abzuweichen befugt ist. 55

Für den Treuhänder ist demgegenüber nicht die Tabelle nach § 850c Abs. 1 InsO ohne weiteres maßgeblich. Ihm obliegt es daher, zu konkretisieren, wieweit der Konkursbeschlag der Forderungen gem. §§ 36 InsO, 850c Abs. 1 oder auch Abs. 4 InsO reicht. Ist der Schuldner etwa verheiratet, hat der Treuhänder – der ja primär für die Gläubiger exekutorische Aufgaben wahrzunehmen hat, § 1 Satz 1 InsO – aufgrund der Angaben des Schuldners (§ 97 InsO) z.B. Beträge im Umfang des § 850c Abs. 4 InsO einzubehalten; hiergegen kann sich der Schuldner gegebenenfalls durch Anrufung der insolvenzgerichtlichen Aufsicht zur Wehr setzen. 56

4. Rechtsverfolgung durch die Gläubiger im Kleininsolvenzverfahren

a) Forderungsanmeldung. Die Regelungen der §§ 174ff. InsO über die Forderungsanmeldung sind auch im vereinfachten Verfahren grundsätzlich zu beachten. Wegen des Ausschlusses einer diesbezüglichen Restschuldbefreiung soll der Gläubiger bei der Forderungsanmeldung Gründe angeben, wegen derer seine Forderung auf vorsätzlich unerlaubter Handlung beruht.[65] 57

b) Gläubigerausschuss. Die Einsetzung eines Gläubigerausschusses gem. § 67 Abs. 1 InsO durch das Insolvenzgericht ist auch im vereinfachten Insolvenzverfahren nicht ausgeschlossen.[66] 58

5. Vereinfachte Verwertung[67] und Verteilung

a) Funktion und Reichweite. Eine schwerwiegende Vereinfachung des Kleininsolvenzverfahrens soll durch § 314 InsO ermöglicht werden. Nach der Vorschrift des § 314 Abs. 1 Satz 1 InsO ordnet das Insolvenzgericht auf Antrag des Treuhänders an, dass von einer Verwertung der Insolvenzmasse ganz oder teilweise abgesehen wird. Damit soll erreicht werden, dass im Regelfall des Verbraucherinsolvenzverfahrens, bei dem verwertungsfähige Masse in nennenswertem Umfang nicht vorhanden ist, der Verfahrensaufwand auf ein Minimum reduziert wird.[68] Es wird auch von einem „besonders" vereinfachten Verfahren gesprochen.[69] Stellt der Treuhänder den Antrag, von einer Verwertung absehen zu dürfen, hat das Insolvenzgericht nach § 314 Abs. 1 Satz 2 InsO dem Schuldner aufzugeben, binnen einer vom Gericht festgesetzten Frist an den Treuhänder einen Betrag zu zahlen, der dem Wert der Masse entspricht, die an die Insolvenzgläubiger zu verteilen wäre. 59

Wegen § 313 Abs. 3 InsO ist die Vorschrift aus der Sicht des Schuldners nur interessant, soweit er vom Konkursbeschlag erfasste Gegenstände von Affektionsinteresse (das seit alters im Familienbesitz be- 60

65 Krit. *Smid,* InsO, 2. Aufl. 2001, § 174 Rn. 13.
66 *Hess/Obermüller,* Insolvenzplan, Restschuldbefreiung und Verbraucherinsolvenz, 1998, Rn. 908; *Haarmeyer,* in: Smid, InsO, 2. Aufl. 2001, § 312 Rn. 13.
67 *Vallender,* NZI 1999, 385.
68 *Hess/Obermüller,* Insolvenzplan, Restschuldbefreiung und Verbraucherinsolvenz, 1998, Rn. 912f.; *Krug/Haarmeyer,* in: Smid, InsO, 2. Aufl. 2001, § 314 Rn. 1.
69 *Haarmeyer,* in: Smid, InsO, 2. Aufl. 2001, § 314 Rn. 2.

findliche Kunstwerk usf.) vor der Verwertung zu bewahren trachten will und dem Treuhänder insofern eine „Ranzion“ (Brandschatzung) anbietet. Das Eigenheim, dessen Erwerb regelmäßig zu erheblichen Verschuldungslagen privater Verbraucher führt, bleibt außerhalb der Ranzionsvorschrift des § 314 Abs. 1 InsO: Solange Grundpfandrechte auf der Immobilie lasten, bleibt es beim Verwertungsrecht der Grundpfandgläubiger im Verfahren nach dem ZVG gem. § 313 Abs. 3 InsO.

61 **b) Ausnahme.** Das Insolvenzgericht „soll“ nach § 314 Abs. 1 Satz 3 InsO von der Anordnung absehen, wenn die Verwertung der Insolvenzmasse insbesondere im Interesse der Gläubiger „geboten erscheint“. Ob dies der Fall ist, hat das Gericht nicht von Amts wegen zu ermitteln oder festzustellen. Es liegt ihm mit dem Antrag des Treuhänders schließlich eine Sachstandsdarstellung seines „Erkenntnisorgans“ vor! Allerdings hat das Insolvenzgericht nach § 314 Abs. 2 InsO vor Erlass der Anordnung die Insolvenzgläubiger anzuhören, wobei sich Erkenntnisse ergeben können, aufgrund derer die Anordnung auszubleiben hat.[70]

V. Würdigung

62 Die Durchführung eines Kleininsolvenzverfahrens ist nur für solche Personen vorteilhaft, die nicht Gefahr laufen, z.B. die Nutzung von Immobilien aufgrund eines Zwangsversteigerungsverfahrens nach § 313 Abs. 3 InsO zu verlieren. Zudem ist zu erwarten, dass auch das Kleininsolvenzverfahren nicht von heute auf morgen abgewickelt werden kann. Denn der Treuhänder hat jedenfalls auch für den Fall der Abwicklung eines „besonders“ vereinfachten Verfahrens nach § 314 Abs. 1 InsO die Aufgabe, die von den Gläubigern angemeldeten *Forderungen zu prüfen.* Dabei treten nicht deshalb geringere rechtliche Probleme auf, weil es sich nicht um massehaltige Großinsolvenzen handelt; im Gegenteil. Der Treuhänder wird nämlich typischerweise in derartigen Verfahren insbesondere die Wirksamkeit von Bürgschaftsverpflichtungen oder die Sittenwidrigkeit von Ratenkreditverträgen usf. zu prüfen haben – also den gesamten Bereich des Kreditengagements, in das der „Verbraucher“ involviert ist, einer rechtlichen Prüfung zu unterziehen und gegebenenfalls die wegen der sich daraus ergebenden Konsequenzen anzustrengenden Prozesse zu führen haben. Nicht selten wird sich erst aufgrund des Ausgangs dieser Prozesse das „Schicksal“ des Kleininsolvenzverfahrens entscheiden lassen, etwa wenn der Bürgschaftsnehmer Hauptgläubiger in dem Verfahren ist. Der Treuhänder wird regelmäßig auf eine Durchführung dieser Prozesse – für die er im Allgemeinen wird Prozesskostenhilfe nach den §§ 114ff. ZPO beanspruchen können – schon deshalb nicht verzichten können, da er insofern dem Schuldner gegenüber nach § 60 InsO in einem haftungsrechtlichen Verhältnis befangen ist.

63 Es ist daher insbesondere eine Illusion, anzunehmen, das Verbraucherinsolvenzverfahren ließe sich „schnell“ abwickeln. Das *kann* im Einzelfall durchaus so sein; dem Treuhänder ist aber eine sorgfältige Abwicklung zu empfehlen, die nun einmal Zeit kostet!

---

70 *Haarmeyer,* in: Smid, InsO, 2. Aufl. 2001, § 314 Rn. 3.

Stichwortverzeichnis